제4판

헌법소송법

Constitutional Litigation

前 헌법재판관
이동흡 저

박영사

제 4 판 머리말

헌법소송법 제 3 판을 발간하고서 세월이 3년 가까이 흘렀다.

그동안 2025. 1. 31. 헌법재판소법이 개정되어 같은 날짜부터 시행되었으므로 개정된 법령의 반영이 필요하였다. 또한 헌법재판소에서 많은 결정들을 선고하였고, 헌법재판 관련사항에 대하여 다수의 대법원 판결이 선고되었다. 이 책에서는 2022. 1. 1.부터 2025. 4. 10.까지 사이에 선고된 헌법재판소의 주요결정들뿐만 아니라 헌법재판 관련사항에 대하여 판시한 대법원 판결들을 빠짐없이 관련 항목에 압축하여 반영하기로 하였고, 아울러 헌법재판소가 2023. 3. 발간한 헌법재판 실무제요 제 3 개정판도 참조하여 관련 항목에 필요한 내용들을 보완하기로 하였다. 그리고 위헌법률심판 항목에 있던 '심판대상의 확정' 부분을 일반심판절차 항목으로 옮기고, 헌법소원심판 절차 항목에 있던 가처분 절차 부분을 일반심판절차의 가처분 부분과 중복된다는 이유로 삭제하였으며, 재정신청의 대상 범죄가 모든 범죄로 확대되어 2008. 1. 1.부터 시행된 개정 형사소송법이 적용되기 이전의 검사의 처분에 대한 헌법재판소의 판례에 대한 설명 부분은 삭제하였다.

그런데 제21대 국회에서는 당시 여당이었던 더불어민주당이 안동완, 손준성, 이정섭 검사 및 이상민 행전안전부 장관에 대한 탄핵소추안을 가결하였으나 안동완 검사, 이정섭 검사 및 이상민 장관에 대한 탄핵심판청구를 기각하는 헌법재판소의 결정이 있었다. 저자는 안동완 검사와 손준성 검사에 대한 탄핵소추심판 사건의 대리인으로서 변론절차 등에 적극적으로 참여하였는바, 이 책에서 위 탄핵심판사건들의 주요 쟁점에 대한 헌법재판소의 판시취지를 관련 항목에 자세히 반영하였다. 또한 제22대 국회에 들어와서는 거대 야당이 된 더불어민주당이 현직 검사 4명과 방송통신위원장, 감사원장에 대한 탄핵소추안을 발의하였다. 더불어민주당이 현직 검사에 대한 탄핵소추안을 연이어 발의하자 법조계에서는 명확한 근거 없이 정치적 압박용으로 탄핵소추권을 남용한다는 지적이 있다는 언론 보도가 있었고, 헌법학계의 원로교수 한 분은 언론 기고문에서 "당대표 방탄용 탄핵을 통해 수사기관과 사법부를 겁박하는 정치행태는 탄핵제도를 악용하는 위헌적 처사"라고 개탄하기도 하였다.

한편 국회에서 국회 추천 몫 3인 재판관을 여야가 몇 명을 추천할지를 두고 대립하여 재판관들의 임기 만료 시까지 결론을 내지 못하자 2024. 10. 18.부터는 재판관이 6인밖에 재직하지 않게 되어 헌법재판소법 제23조 제 1 항 소정의 심리정족수를 채우지 못하는 사태에 이르렀다. 그러자 헌법재판소는 2024. 10. 14. 헌법재판소법 제23조 제 1 항 효력정지 가처분 사건에서 "헌법재판소법 제23조 제 1 항 중 헌법재판소 재판관이 임기만료로 퇴직하여 재판관의 공석 상태가 된 경우에 적용되는 부분의 효력은 헌법재판소 2024헌마900 헌법소원심판 사건의 종국결정 선고 시까지 정지한다."는 가처분 인용결정을 하였다.

그런데 2024. 12. 3. 22:30경 윤석열 대통령이 비상계엄을 선포하였다가 국회의 의결로 계엄해제 요구가 있자 선포 후 6시간여 만에 비상계엄을 해제하는 사태가 벌어졌다. 뒤이어 12. 7. 대통령(윤석열) 탄핵소추안이 발의되었으나 정족수 미달로 불성립되었고, 일주일 뒤인 12. 14. 제 2 차 탄핵소추안이 발의되어 재적의원 300인 중 204인의 찬성으로 가결되었다. 대통령(윤석열) 탄핵소추안은 대통령의 12·3 비상계엄 선포가 실체적, 절차적 요건을 구비하지 못한 위헌, 위법한 행위이고, 윤대통령이 계엄선포권을 남용하여 국헌을 문란할 목적으로 폭동하는 내란죄를 범하였다는 내용이었다. 헌법재판소에서는 건국 이래 세 번째의 대통령 탄핵심판 사건을 심리하게 되었다. 뒤이어 대통령 권한대행자인 한덕수 국무총리에 대한 탄핵소추안이 국회재적의원 과반수의 찬성으로 가결되었는데, 국무총리로서 행한 업무와 관련된 탄핵사유로는 ① 김건희 여사 특검법, 채해병 특검법 재의요구권 행사 방치 ② 비상계엄 내란행위 공모·묵인·방조 ③ 한동훈·한덕수 공동운영체제 등이고, 대통령 권한대행 업무와 관련된 탄핵사유로는 ① 내란상설특검 임명회피 ② 헌법재판관 임명거부가 적시되었다. 헌법재판소는 2025. 3. 24. 5인의 다수의견으로(기각의견 5인, 각하의견 2인, 인용의견 1인) 한덕수 국무총리에 대한 탄핵심판청구를 기각하였고, 2025. 4. 4. 대통령(윤석열)에 대한 탄핵심판청구에 대하여 재판관 8인 전원일치로 인용결정을 하였다.

한편 국회는 한덕수 국무총리에 대한 탄핵소추로 인하여 대통령 권한대행이 된 최상목 부총리 겸 기획재정부 장관이 국회가 선출한 헌법재판소 재판관 마은혁을 임명하지 아니한 거부 또는 부작위가 청구인의 권한을 침해하였다는 취지로 권한쟁의심판을 최상목 대통령 권한대행을 상대로 청구하였고, 저자는 이 사건의 최상목 대통령 권한대행의 대리인으로 활동하였다. 헌법재판소는 결정 선고 2시간 전에 변론을 재개하는 우여곡절을 거친 끝에 2025. 2. 27. 위 권한쟁의심판 사건에서, 피청구인이 마은혁 후보자를 재판관으로 임명하여야 할 헌법상 구체적 작위의무를 부담함에도 불구하고 피청구인의 임명부작위는 청구인의 재판관 선출을 통한 헌법재판소 구성권을 침해하였다고 8인의 인용결정(국회가 헌법상 권한대행으로서 다른 국가기관을 상대로 권한쟁의심판을 청구하기 위해서는 본회의 의결을 거쳐야 한다는 3인의 별개의견)을 하였다.

마지막으로, 처음부터 이 책의 발행을 격려해 주시던 이시윤 전 감사원장 겸 재판관께서 얼마 전 안타깝게 유명을 달리 하셨다. 이시윤 재판관님께서는 저자의 대학 재학 시 민사소송법 교수이시고, 석사학위 지도교수님이었을 뿐만 아니라 저자가 평생 법관 또는 변호사로서 살아오는 동안 올바른 법조인의 자세가 어떠해야 하는지를 지도해 주시던 인생의 스승님이셨다. 재판관님께서는 인생의 마지막에 이르기까지 열정을 가지시고 국내뿐만 아니라 외국의 민사소송법 발전 동향을 파악하여 민사소송법 교과서 개정판을 매년 발간하시는 에너지 넘치는 분이셨다. 저자는 민사소송법 공부도 할 겸 수년에 걸쳐 해마다 민사소송법 교과서 내용을 정독하면서 오탈자나 수정할 부분이 있는지를 검토하여 재판관님께 갖다 드렸다. 재판관님께서는 신민사소송법 제17판 서문에서, 저자와의 관계를 대학원의 사제관계에서 나이 들어 친우관계가 되었다고 표현하시기도 하였다. 정말 훌륭하시고 실력 있는 법조계의 거목이 떠나셨다. 재판관님의 명복을 빈다.

2025. 7.
분당 우거에서
이 동 흡

제 3 판 머리말

헌법소송법 제 2 판을 발행하고서 세월이 4년여가 흘렀다.

그동안 2022. 2. 3. 헌법재판소법이 개정되어 같은 날짜부터 시행되었고, 헌법재판소 심판규칙도 2021. 9. 14. 개정되어 같은 날짜로 시행되었으므로 바뀐 개정법령의 반영이 필요하였다.

또한 2018. 1. 1.부터 2021. 12. 31.까지 사이에 선고된 헌법재판소의 주요 결정들뿐만 아니라 헌법재판 관련사항에 대하여 판시한 대법원 판결들도 빠짐없이 관련 항목에 압축하여 반영하기로 하였고, 전판에서 설명이 부족한 부분이나 잘못된 부분에 대해서는 이를 보충하거나 수정하였다.

지난해에는 우리나라 사법역사상 최초의 법관(임성근)에 대한 탄핵심판 사건에 대하여 헌법재판소의 결정이 있었다. 저자는 이 사건의 대표대리인으로서 이 사건 준비절차, 심리절차를 비롯하여 4회의 변론절차에 적극적으로 참여하였다. 헌법재판소는 대통령(박근혜) 탄핵심판 사건 때와는 대조적으로 심리를 졸속으로 진행하지도 않고 피청구인의 방어권을 충분히 배려하는 심리절차를 9개월간 진행한 끝에 심판청구를 5 : 3의 다수의견으로 각하하는 결정(5인의 각하의견, 1인의 심판절차 종료의견, 3인의 헌법위반확인 인용의견)을 선고하였다. 이 사건의 중요한 쟁점은 법관이 임기만료로 퇴직한 후에도 본안 심리를 할 심판의 이익을 인정할 수 있느냐 여부였으나, 이에 관련한 세부적 쟁점에 대한 판단을 포함하여 100페이지가 넘는 방대한 분량의 결정문이 선고되었다. 이 책에는 위 탄핵심판 사건의 주요 쟁점들에 대한 판시취지를 관련 항목에 자세히 반영하였다.

마지막으로 이 책의 제 3 판 발행을 격려해 주신 이시윤 전 재판관님께 다시 한번 감사드리고, 책 내용에 대해 좋은 충고를 해주었을 뿐만 아니라 교정까지 맡아 준 임성근 변호사에게 감사드리며, 어려운 출판 여건에도 불구하고 흔

쾌히 출판해주신 박영사 안종만 회장님, 안상준 대표님, 출판에 기여한 조성호 이사, 이승현 과장께도 고마움을 전한다.

2022. 4.
분당 우거에서
이 동 흡

제 2 판 머리말

헌법소송법 초판을 발행하고서 세월이 3년여가 흘렀다. 그동안 2014. 12. 30. 헌법재판소법이 개정되어 2015. 7. 1.부터 시행되었고, 헌법재판소 심판규칙이 2017. 5. 30. 개정되어 같은 날짜로 시행되었으므로 바뀐 개정법령의 반영이 필요하였다.

또한 2015. 1. 1.부터 2017. 12. 31.까지 사이의 헌법재판소의 주요 결정들을 빠짐없이 관련 항목에 압축하여 반영하기로 하였고, 저자가 헌법재판소의 법정의견과 다른 의견을 가졌을 경우에는 서슴없이 비판적 의견을 제시하기도 하였다. 아울러 헌법재판소가 2015. 12. 발간한 '헌법재판 실무제요' 제 2 개정판과 헌법재판연구원이 발간한 '주석 헌법재판소법'도 참조하여 관련항목에 필요한 내용들을 보완하였다.

한편으로 초판을 발행하면서 저자 본인이 직접 교정도 보고 내용을 확인하였으므로 책에 오류가 적을 것이라고 자신하였으나, 책 발행 후 수차례 걸쳐 확인해본 결과 의외로 오타나 논리적 설명이 부족한 부분들이 다수 발견되어 이를 최대한 수정, 보완하였다.

지난 해에는 우리나라뿐만 아니라 전 세계의 주목을 받아 '세기의 재판'이라고 불린 대통령(박근혜) 탄핵심판 사건에 대한 헌법재판소의 결정이 있었다. 이성을 잃고 흥분한 촛불시위로 시작된 시민들의 여론의 압박에 떠밀려 이루어진 국회의 탄핵소추의결에 기초한 대통령 탄핵심판 사건에서 피청구인 대리인으로서 위임장을 제출하고 법정에 나서는 일이 큰 용기 없이는 하기 어려운 일이었다. 우여곡절 끝에 대통령 탄핵사건에서 저자가 피청구인 대리인단의 대표변호사로서 직접 심판에 참여하여 수차례에 걸친 구두변론을 통하여 법리주장을 개진하기도 하였다. 그러나 헌법재판소는 대통령의 직무수행 단절로 인한 국정공백사태와 국론분열로 인한 국가손실이 엄중한 상황임을 내세워 최소한 재판관 8인 구성의 재판부에서 탄핵심판에 대한 결론을 내려야 한다는 전제 하에 심판절차를 신속하게 진행하여 사건 접수 3개월 만에 대통령을 파면한다는 결정을 선고하였다. 따라서 대통령(박근혜) 탄핵심판사건의 심리과정과 그 결정에서 노출된 생생한 문제점들도 이 책의 개정판에 담아보기로 하였다.

아무쪼록 본 개정판이 헌법재판 실무가들이나 헌법소송법을 공부하는 후학들에게 조금이나마 도움이 되었으면 하는 마음이 간절하다.

2018년 새봄을 맞으며,
분당 우거에서
이 동 흡

서 문

저자는 1985년 판사 재직 시 미국 유학의 기회를 가졌는데 죠지타운 로스쿨에서 LL.M 과정을 수료하면서 주로 세법, 회사법을 중심으로 수강신청을 하였다. 그런데 전공과목이 아닌 교양과목으로서, 당시 세계적으로 헌법재판이 가장 활발하다는 평가를 받던 미국의 헌법을 공부하는 것이 좋겠다고 생각하여 미국헌법사를 수강한 것이 저자가 헌법재판과 인연을 가지게 된 계기가 되었다. 그 당시 우리나라에서는 사법시험을 준비할 때에만 헌법을 공부하였지, 사법시험 합격 후에는 헌법책을 읽어 보지도 않고 재판실무에서도 헌법적 쟁점에 대하여 검토하지 않는 것이 실태였다고 솔직히 말할 수 있다.

그런데 저자가 1986년 귀국 후, 우리나라에서도 민주화항쟁의 결실로서 마련된 1987년 헌법에 의해 헌법재판소가 창설되고 헌법재판이 활성화됨에 따라, 법전의 장식품으로 치부되던 헌법이 새로이 생명력을 갖게 되어 국민의 생활 속에서 최고의 규범으로 자리 잡게 되었다. 그 뒤 저자는 1991년 법원에서 헌법재판소 헌법연구부장으로 파견되어 헌법재판실무를 현장에서 직접 경험할 수 있는 기회가 있었고, 1993년 법원에 복귀 후에도 10년 가까이 사법연수원 교수 또는 재판부 재판장으로서 사법연수원 연수생들 또는 법관 연수를 받는 판사들에게 헌법소송이라는 과목으로 헌법재판 절차에 대하여 강의하는 경험을 쌓을 수가 있었다. 이러한 헌법재판과의 인연이 도움이 되었을까? 저자는 2006년 9월에 제4기 헌법재판소 재판관으로 임명되었다.

저자는 재판관 재임 중 내가 낸 결론이 외부로부터 어떻게 평가받을까 하는 것에 연연하지 아니하고 나의 가치관에 따른, 법리에 충실한 결정을 하는 데 주력하였고, 왜 그러한 결론에 이르렀나 하는 것을 논리적으로 명확하고 설득력 있게 설명하려고 노력하였다. 또한 헌법재판에 있어 법적 안정성도 중요한 덕목 중의 하나라고 생각하여 재판부의 변경에 따라 기존의 판례를 전면적으로 수정하는 것은 헌법재판소가 취할 바람직한 태도가 아니라고 생각하였다. 그러나 저자의 의견이 소수의견에 그침으로써, 저자의 재임기간 중 기존 판례의 법리가 잘못되었음을 충실히 논증하지 않은 채 종래의 판례를 폐기한 사례가 있다는 비판을 학계로부터 받기도 한 것은 유감스러운 일이다.

또한 저자는 재판관 재임 중 우리나라 헌법재판의 세계화에 노력하였다. 저자는 2008년 아시아헌법재판소연합 창립준비위원회 위원장직을 맡아 3년여의 각고의 노력 끝에 2012년 한국, 필리핀, 몽골, 태국, 인도네시아, 터키, 우즈베키스탄 등 아시아 지역 8개국이 참여한 아시아헌법재판소연합을 창설하는 결실을 맺을 수 있었다. 아시아헌법재판소연합은 2년에 한 번씩 총회를 열어 각국의 헌법재판 경험을 나누는 기구로서 역할을 충실히 하고 있다. 저자는 아시아헌법재판소연합 창립준비위원회 위원장으로서의 활동 외에도 선진 외국 헌법재판기관과의 교류경험을 정리하여 '세계로 나아가는 한국의 헌법재판(博英社刊, 2011)'이라는 책자를 발간하기도 하였다.

그런데 저자는 이 '헌법소송법' 책을 집필하면서 우선적으로 헌법재판 실무가들에게 도움이 될 수 있도록 하는 데 신경을 많이 썼다. 그래서 특정항목에 대한 기본법리 뿐만 아니라 다양한 사례에 있어 실제 적용례를 최대한 압축하여 망라하도록 하였다. 특히 위헌법률심판의 재판의 전제성 부분이나 헌법소원심판에 있어서 적법요건 부분 등의 경우가 그러하다. 그리고 판례를 따로 게재하지 아니하고 본문 속에 녹여 기술하였으며, 중요한 판례는 요지부분을 그대로 인용하기도 하였다. 헌법재판 실무가가 아닌 학생이나 일반인들은 이들 망라된 판례 부분은 가볍게 넘어가는 것이 이 책을 보는 한 방법이 될 것이다. 책의 내용 중에는 헌법재판소의 판례의 입장임을 밝히고 판례내용을 기술한 부분도 있고, 저자의 의견임을 전제로 기술하고 헌법재판소의 판례가 같은 내용일 때 각주에서 헌법재판소 판례번호를 기재한 부분도 있다. 헌법재판소의 판례는 주로 법정의견을 중심으로 기술하였고, 특별히 필요한 부분에서는 소수의견의 내용도 기술하였다. 특히 저자가 재임기간 중 소수의견을 내었던 부분은 거의 모두 표시하였다. 또한 저자가 헌법재판소의 입장과 다른 의견을 가졌을 경우에는 서슴없이 비판적 의견을 제시하기도 하였다.

이 책을 저술하는 데는 기존의 여러 교수님들의 헌법소송법 교과서가 큰 도움이 되었을 뿐만 아니라 헌법재판소에서 발간한 헌법재판실무제요도 많은 참조가 되었다. 특히 실무적인 헌법재판 절차에 있어서의 서류양식 등은 헌법재판실무제요의 양식을 그대로 인용하였다. 또한 저자가 재판관으로 재임 중인 2008년 1월 초에 처음으로 헌법재판소 심판규칙이 제정·시행되었는데 저자는 동 심판규칙 제정위원으로서 심판규칙의 제정에 깊이 관여하였는바, 이 심판규칙의 내용을 관련 부분에 빠짐없이 반영하였고, 헌법재판 실무에 있어서 개선할 필요성이 있다고 생각되는 부분에 대해서는 과감히 저자의 의견을 개진하였다.

헌법재판의 역사가 우리나라보다 앞선 미국이나 독일, 프랑스 등의 헌법재판 관련 법률규정이나 판례들을 비교법적으로 검토해 보는 것도 꼭 필요한 일이라고 할 것인데, 위와 같은 선진국의 사례들은 여러 교수님들의 저서 또는 헌법재판실무제요에서 재인용한 부분도 있다. 다만 저자가 재판관 재임 중 위 국가들을 직접 방문하여 확인했던 사항은 관련 부분에 기술하였다. 아무튼 이 책이 교단에 몸담지 않고 헌법재판의 순수 실무가 경력을 가진 저자가 저술한 책인 만큼 나름대로 실무경험에서 우러난 장점도 있는 반면에 이론적인 면, 학술적인 면에서 부족한 부분도 있을 것으로 생각된다. 앞으로 강호제현의 충고를 받아 부족한 부분은 판이 거듭됨에 따라 보충해 나갈 것을 약속드린다.

더불어 이 책을 저술하는 데 저자의 은사이신 이시윤 전 헌법재판소 재판관이자 전 감사원장님의 가르침과 격려가 큰 힘이 되었음을 말하지 않을 수 없다. 민사소송법 및 헌법의 대가이자 30년 베스트셀러인 '신민사소송법'의 저자이신 이시윤 교수님께서는 저자에게 후학들을 위해 재판관으로서의 경험을 살려 헌법소송법을 저술할 것을 권해 주셨을 뿐만 아니라, 책의 저술방향이나 기술방법 등에 관하여 자세히 지도해 주시고, 어려운 상황에 처한 저자에게 큰 힘이 되어 주셨다. 이 자리를 빌려 다시 한 번 감사드린다.

마지막으로 책을 집필하기 위한 자료 수집을 도와준 헌법재판소 배보윤 연구관, 노희범 연구관에게 감사드리고, 어려운 출판여건에도 불구하고 흔쾌히 출판해 주신 박영사 안종만 회장님과 출판에 기여한 조성호 이사님, 이승현 대리님께도 고마움을 전한다.

2015. 1.
분당 우거에서
이 동 흡

추 천 사

나는 초대 헌법재판관을 지내며 헌법재판에 대하여 알고 있고 경험한 바를 보완·발전시키는 의미에서 헌법재판소법 주석서를 내기로 출판계약까지 맺었다가 임기만료 9개월을 앞두고 전직하였기 때문에 뜻을 이루지 못한 것을 아쉬워하던 터에 서울대 대학원 시절부터 나와 인연을 맺어온 이 재판관이 '헌법소송법'의 저서를 간행하게 되어 내 몫을 대신해준 것 같아 매우 기쁘다. 또한 사법연수원 교수로 헌법재판강의 → 헌법연구부장 → 헌법재판관 → 헌법재판소장 후보의 경력에 걸맞는 저서의 등장은 우리 법학계와 실무계가 모두 반길 일이 아닐 수 없다.

이 재판관은 대구지방법원 부장판사 재직 시에는 국가배상법 제16조에서 배상심의회의 심의결정에 재판상 화해의 효력을 부여한 것은 국민의 재판을 받을 권리를 침해한 것이라고 보고 위헌법률심판제청을 하였으며, 그 신청이 헌법재판소에서 받아들여져서 위헌결정이 났다. 나는 그가 헌법적 감각을 갖춘 법관이라 생각하면서 '소송법의 헌법화 시도'라고 높이 평가하였다. 뒤이어 그는 헌법재판소로 파견되어 헌법연구부장으로 활약하는 경력을 쌓았으며, 법원으로 돌아와 서울고법 부장판사와 서울가정법원, 수원지방법원 법원장을 지내면서 재판실무경험을 깊이 축적해 나갔다.

수원지방법원장 재직 중 그가 헌법재판관으로 발탁되었을 때 나는 적절한 인사라고 보고, 건전한 자유주의 철학을 가진 이 재판관에게 큰 기대를 가졌다. 그는 그 기대에 맞게 일관된 기조 하에 헌법수호자로서 소신을 발휘해 온 것으로 알며, 그로 인하여 뒤에 헌법재판소장 후보로 지명까지 받았다. 그의 헌법재판에서 제시한 의견으로 매우 인상적이었던 것을 몇 가지 들어 본다.

첫째로 소위 '미디어법 날치기 사건'에서 제시한 소수의견이다.

그는 이른바 미디어법을 날치기로 국회에서 통과시킨 데에 대하여 야당의

원들이 제기한 국회의원의 심의의결권 침해를 원인으로 한 권한쟁의심판청구에 대한 헌재 2009. 10. 29. 2009헌라8·9·10 결정에서, 재판관으로서 유일하게 소수의견을 내었다.

미디어법의 국회통과 과정에서 국회의장의 의사진행을 방해하거나 다른 국회의원의 표결권행사를 위헌적으로 불가능하게 하려고 적극적으로 방해한 국회의원이 자신의 심의의결권을 침해당했다고 주장하는 소권의 행사는 부적법하다는 취지였다. 다수당으로 하여금 불가피하게 '날치기' 통과의 위법위헌의 원인을 제공해 놓은 당사자인 처지에서 그 결과를 나무라며 재판해 달라는 것은 신의칙상 허용될 수 없다는 법의 보편성의 천명이다. 신의칙이나 권리남용의 법리를 헌법에 관철시킨 탁견으로 본다. 나머지 재판관들이 이에 동조하지 않았다는 것은 매우 아쉬운 일이다. 다수의견으로 채택되었다면 야당에 의한 다수당의 날치기 통과를 비난할 명분에 쐐기를 박았을 것이고, 지금처럼 소위 '국회선진화법'이라는 위헌적인 법률의 등장으로 다수결 원칙의 관철이 어려워져 집권 여당의 소신정책도 맥을 못 추며 집권하나 마나인 우리나라 정치의 파행도 면할 수 있었을 것이다.

둘째로 그는 시류나 일반 여론에만 영합하기보다 "흑은 흑이요, 백은 백이다."의 법리에 충직한 재판의 노력을 보였다. 헌재 2001. 3. 31. 2008헌바141의 친일반민족행위자재산의 국가귀속에 관한 법률인 친일파재산환수법 위헌소원사건에서, 이 법은 소급입법에 의한 재산권의 박탈을 금지한 헌법 제13조 제2항의 규정과 연좌제금지의 동조 제3항 규정에 충분히 저촉될 수 있는 법률인데, 5 대 4로 합헌결정이 났으며, 국민정서법을 헌법에 우선시킨 인상을 지울 수 없다. 그러나 이 재판관은 반대의견으로 한정위헌의견을 내었다. 친일파재산환수법에는 1904년 러일전쟁 개시로부터 1945년 8월 15일까지 친일반민족행위자가 취득한 재산은 친일행위의 대가로 취득한 재산으로 추정하고 국가가 이를 환수한다는 추정규정이 있는데, 이 규정이 문제라는 지적이다. 친일행위와 관계없이 1904년 이전에 취득한 재산의 경우 100여 년 전의 일로 반대증거를 제시하기도 어려운 일임에도 그렇지 못하면 친일재산으로 보게 되는 이 추정규정은 분명히 문제라 하여 법이 잘못되었다는 취지의 한정위헌의 견해였다. 입법자가 미처 생각하지 못한 절차법의 허점에 대한 예리한 지적이었다.

그럼에도 그가 헌법재판소장 후보자로서 국회 청문회에 섰을 때, 이 법률이 소급입법에 의한 재산권 침해의 위헌법률이라고 하는 단순위헌의견이 아니었음에도, 친일파 두호의 매국적 재판을 한 것으로 매도된 것은 내용도 제대로 파악하지 못한 포퓰리즘의 전형이라 하겠다. 국회가 졸속입법에 대한 자성을 하기는 커녕 호통쳐서 낙마시키기에 바빴던 것이다.

셋째로 이 재판관은 법원 출신이지만 반드시 법원에 친한 재판이 아닌 공정한 재판을 하려고 힘썼다고 본다. 그는 헌재 2012. 5. 31. 2009헌바123·126 구 조세감면규제법 부칙 제23조 위헌소원 사건에서 동 규정이 전부 개정법의 시행으로 실효된 것으로 보아야 함에도 실효되지 않은 것으로 해석하는 것은 해석을 통하여 법률을 창설해 내는 일종의 입법행위로서 사법부의 월권이 되어 헌법상의 권력분립원칙 등에 위배된다는 위헌결정을 이끌어 내었던 주심재판관으로 알고 있다. 헌법재판소의 위상에 걸맞는 참신한 판단이다. 법해석에는 문리해석, 논리해석, 목적론적 해석 그리고 합헌적 해석이 있다. 재판관할상 앞의 세 가지 해석은 법원의 권한이로되 마지막 것은 헌법재판소가 있는 나라에서는 헌법재판소의 관할에 속할 수밖에 없다.

국회가 분명히 실효시킨 법규정을 법원이 살아있다고 해석하여 시행하는 것은 어떠한 이유로든 시정되어야 할 것으로 그 시정은 헌법재판소의 몫이라고 본 것이다. 국가의 입법작용, 행정작용 모두 합헌적 통제를 받아야 한다면 사법작용만이 통제의 예외적인 법역이어야 할 것인가, 이 사건의 헌재 결정은 법원의 판결인 재판 자체를 취소시킨 것도 아닌데, 법원 측의 큰 실수임에도 적극적인 반발은 과도한 느낌이 든다.

독일에 Zeidler라는 유명한 연방헌법재판소장이 있었다. 이 분은 사민당(SPD) 출신의 재판관임에도, 사민당의 기조와는 좀 거리가 있는 보수성향의 재판을 했다고 한다. 그래서 친정인 사민당에서 섭섭하다는 비판이 속출하였는데, 이에 대해 Zeidler는 "나는 사민당이라는 당의 재판관이 아니라 독일 국민에 의한, 국민을 위한, 국민의 재판관"이라는 취지로 답하였다고 한다. 이에 비추어 이 재판관은 친정의 재판관이 아닌 국민의 재판관으로 자기 할 일을 제대로 한 것 그 이상도 그 이하도 아닐 것이다. 나아가 상고심의 오판으로부터 당사자의 권리구제의 주된 목적과는 양립하기 어렵다고 할 대법원의 현안인 심리불속행 제도에 대하여도 문제점을 지적하였다. 이유도 알리지 않는 심리불속행 기각판결은 판결로 선고할 것이 아니라 기각결정으로 결정문 송달로 고지함이 옳다고 하였다(헌재 2009. 4. 30. 2007헌마589 보충의견).

그 밖에 야간옥외집회의 허가제에 대한 위헌의 다수의견에 대하여, 집시법 제10조가 헌법 제21조에서 금지하고 있는 허가에 해당한다고 볼 수 없고, 밤과 낮은 법적으로도 구별하여야 한다고 합헌의견을 낸 것도 돋보이는 면이다(헌재 2009. 9. 24. 2008헌가25 반대의견).

이와 같은 그의 헌법재판소에서의 활약상을 밝히고 그간의 헌법재판의 경험과 학구적인 연구를 토대로 헌법재판의 새로운 가이드라인을 제시한 이 책을 추천하고자 한다.

이 책을 추천하면서 아쉬움을 말한다면, 이 전 재판관이 동료 중의 1인자로서, 평결 주재의 재판관으로서 6년 더 우리 헌법재판을 이끌며 헌법수호자로서의 정치적 후진성을 극복할 획기적 기회가 막혔다는 점이다. 법관 재직 시에 미국에 가서 LL.M 학위를 위한 공부를 할 때에 가족들의 생활비가 빠듯하여 유효기간이 지난 싸구려 식료품 가게도 자주 찾았다는 말을 들은 바도 있다. 이 재판관은 청빈한 법관생활을 하였고, 관직사회 관행에 크게 일탈하지도 아니한 처신을 하였음에도 불구하고 그 동안 받았던 항간의 오해와 계속적 매질은 사필귀정으로 끝나서 기쁘다. 이 재판관은 어려움을 잘 참으며 좌절함이 없이 이 책에 온 정열을 쏟은 것으로 안다. 이 책을 통해서도 오염되지 아니한 그의 청심을 읽을 수 있을 것이다.

독일에서 헌법재판관(Verfassungsrichter)으로 현장경험을 쌓은 Hesse는 헌법학저서, Leibholz/Rinck는 헌법재판판례 주석서를 내어 독일 헌법재판의 발전에 지대한 공헌을 한 바 있다. 우리나라 재판관 출신의 최초의 이 체계서가 그들과 같은 차원에서 우리나라 헌법재판의 활성화에 기여하여 선진 법치주의의 안착에 큰 도움을 줄 것으로 믿는다. 나아가 이 재판관의 '장내의 헌법재판소장'의 꿈은 접었으나, 이 책의 간행을 계기로 '장외의 헌법재판소장'으로 전진의 나래를 펼칠 것을 기대한다.

2015. 1.

前 감사원장, 헌법재판소 재판관 이 시 윤

차　　례

제 1 편　헌법재판 총론

제 1 장　헌법재판　3

제 1 절　헌법재판의 의의 ··· 3

제 2 절　헌법재판의 기능 ··· 3

1. 헌법보호기능 ··· 3
2. 권력통제기능 ··· 4
3. 기본권 보호기능 ··· 4
4. 정치적 평화보장기능 ··· 5
5. 헌법의 규범력과 실효성 보장기능 ··· 5
6. 교육적 기능 ··· 6

제 3 절　헌법재판의 법적 성격 ··· 6

1. 정치작용설 ··· 7
2. 입법작용설 ··· 7
3. 사법작용설 ··· 7
4. 제 4 의 국가작용설 ··· 7
5. 사　　견 ··· 8

제 2 장　우리나라 헌법재판제도의 역사　9

제 1 절　제헌헌법(제 1 공화국 헌법) ··· 9

1. 헌법규정 ··· 9
2. 헌법위원회에 의한 위헌법률심사와 구체적 규범통제의 이원화 ··· 9
3. 헌법위원회의 활동 ··· 10
4. 탄핵재판소 ··· 10

제 2 절　1960년 헌법(제 2 공화국 헌법) ··· 11

1. 헌법재판소의 설치 ······ 11
2. 헌법재판소의 관장사항 ······ 12
가. 헌법규정 12
나. 규범통제 12
다. 헌법에 관한 최종적 해석 13
라. 국가기관간 권한쟁의심판 13
마. 정당해산심판 13
바. 탄핵재판 14
사. 대통령·대법원장·대법관의 선거에 관한 소송 14
3. 헌법재판의 실제 ······ 14
제 3 절 1962년 헌법(제 3 공화국 헌법) ······ 14
1. 대법원의 헌법재판 ······ 14
가. 개 설 14
나. 대법원의 구성 15
다. 구체적 규범통제 15
라. 위헌정당해산심판 15
2. 탄핵심판위원회 ······ 16
가. 탄핵심판위원회의 구성 16
나. 탄핵심판 16
3. 헌법재판의 실제 ······ 16
제 4 절 1972년 헌법(유신헌법, 제 4 공화국 헌법) ······ 18
1. 헌법위원회의 구성 ······ 18
2. 헌법위원회의 관장사항 ······ 19
가. 구체적 규범통제 19
나. 탄핵심판 19
다. 위헌정당해산심판 20
3. 헌법위원회의 활동 ······ 20
제 5 절 1980년 헌법(제 5 공화국 헌법) ······ 20
1. 헌법위원회의 구성 ······ 20
2. 헌법위원회의 관장사항 ······ 21
3. 헌법위원회의 활동 ······ 21
제 6 절 1987년 헌법(현행헌법) ······ 22

제 2 편 헌법재판소

제 1 장 헌법재판소의 구성 25

제 1 절 구성 방식 ········ 25

제 2 절 재판관 임명의 절차 ········ 26

제 3 절 재판관의 자격과 신분 ········ 28

1. 재판관의 자격 ········ 28
2. 재판관의 임기와 정년 ········ 29
3. 재판관의 신분보장과 전념의무 ········ 30

제 2 장 헌법재판소의 조직 32

제 1 절 헌법재판소장 ········ 32

제 2 절 재판관회의 ········ 32

제 3 절 사 무 처 ········ 33

1. 심판지원총괄과 ········ 34
2. 심판민원과 ········ 35
3. 심판사무과 ········ 35

제 4 절 헌법연구관 등 ········ 35

제 5 절 헌법재판연구원 ········ 38

제 3 장 헌법재판소의 권한 40

제 1 절 헌법재판소의 재판권 ········ 40

제 2 절 헌법재판소의 규칙제정권과 입법의견의 제출 ········ 40

1. 규칙제정권 ········ 40
2. 규칙제정의 대상과 범위 ········ 41
3. 규칙과 내규의 차이점 ········ 41
4. 규칙제정의 방법과 절차 ········ 42
5. 입법의견의 제출 ········ 42

제 4 장 헌법재판소와 법원의 관계 43

제 3 편 일반심판절차

제 1 장 총 설 49

제 2 장 재 판 부 51

제 1 절 전원재판부 ······ 51
1. 구 성 ······ 51
2. 심판정족수 ······ 51
제 2 절 지정재판부 ······ 53
1. 구 성 ······ 53
2. 재 판 장 ······ 54
제 3 절 재판관의 제척·기피·회피 ······ 54
1. 헌법재판에서의 특성 ······ 54
2. 제 척 ······ 54
가. 의 의 54
나. 절 차 56
(1) 신청방법 / 56
(2) 제척신청의 각하 / 56
(3) 신청과 소송절차의 정지 / 56
(4) 제척신청에 대한 재판관의 의견서 제출 / 57
(5) 제척신청에 대한 심판 / 57
3. 기 피 ······ 57
4. 회 피 ······ 59
5. 헌법연구관, 사무처 공무원에 대한 준용 여부 ······ 60

제 3 장 헌법소송의 당사자 62

제 1 절 헌법재판과 당사자의 지위 ······ 62
1. 위헌법률심판 ······ 62
2. 탄핵심판 ······ 63
3. 정당해산심판 ······ 64
4. 권한쟁의심판 ······ 64
5. 헌법재판소법 제68조 제 1 항에 의한 헌법소원심판 ······ 64
6. 헌법재판소법 제68조 제 2 항에 의한 헌법소원심판 ······ 65

제 2 절 당사자의 지위와 권리 ········ 65
1. 당사자의 지위 ········ 65
2. 당사자의 권리 ········ 66
3. 피청구인의 기재 ········ 66
제 3 절 당사자변경의 허용 여부 ········ 68
1. 임의적 당사자변경 ········ 68
2. 피청구인의 직권변경 ········ 69
3. 당사자 표시정정 ········ 69
제 4 절 이해관계인 및 참가인 ········ 70
1. 이해관계인 ········ 70
2. 참 가 인 ········ 72

제 4 장 대표자·대리인 77

제 1 절 정부가 당사자인 경우 ········ 77
제 2 절 국가기관 또는 지방자치단체가 당사자인 경우 ········ 77
제 3 절 사인이 당사자인 경우 ········ 78
1. 총 설 ········ 78
2. 소송대리인이 없는 사인이 한 소송행위의 효과 ········ 79
3. 소송대리인의 사임과 기존소송행위의 효력 ········ 79
4. 대리인 선임 보정명령 ········ 80
제 4 절 대리권의 증명 등 ········ 80
제 5 절 대표대리인 ········ 83

제 5 장 심판의 청구 84

제 1 절 심판서류의 작성방법 등 ········ 84
제 2 절 심판청구의 방식 ········ 84
제 3 절 심판서류의 접수와 보정권고 등 ········ 85
제 4 절 청구서의 송달 ········ 86
제 5 절 심판청구의 보정 ········ 86

제 6 절 심판청구의 효력발생과 효과(중복제소금지) ······ 87
제 7 절 답변서의 제출 ······ 88

제 6 장 심판대상의 확정 89

제 1 절 심판대상의 확정과 헌법재판의 특수성 ······ 89
제 2 절 심판대상의 한정 ······ 91
1. 원 칙 ······ 91
2. 형벌규정의 경우 ······ 94
제 3 절 심판대상의 확장 ······ 96
1. 헌법재판소법 제45조 단서의 적용에 의한 경우 ······ 96
2. 동일 심사척도가 적용되는 경우 ······ 97
3. 체계적으로 밀접불가분한 경우 ······ 101
4. 심판대상조항의 적용의 전제가 되는 경우 ······ 105
5. 개정법률 등 유사법률조항에 대한 확장의 문제 ······ 107
6. 기 타 ······ 108
제 4 절 심판대상의 변경 ······ 109
제 5 절 심판대상법령의 표시 방법 ······ 114
1. 정확한 법령표시의 필요성 ······ 114
2. 실무상 기준 ······ 115
(1) 최소단위까지 세분화 / 115
(2) 연혁의 특정 / 115

제 7 장 심리의 방식 118

제 1 절 구두변론과 서면심리 ······ 118
제 2 절 변론의 진행 ······ 119
1. 변론의 순서 ······ 119
2. 변론의 방식과 제한 ······ 119
3. 변론관행의 개선방안 ······ 120
제 3 절 준비절차 ······ 122
제 4 절 심 문 ······ 123

제 5 절 참고인 진술 …… 124
1. 참고인 지정 …… 124
2. 참고인 지정결정의 송달 …… 124
3. 참고인 의견서의 제출 …… 124
4. 참고인의 진술과 심문 …… 125
제 6 절 석명권의 행사 및 석명처분 …… 125
제 7 절 의견서의 제출 …… 126
제 8 절 증거조사 …… 127
1. 서 론 …… 127
2. 당사자신문 …… 128
3. 증인신문 …… 129
가. 의 의 129
나. 신 청 129
다. 증인신문사항의 제출 129
라. 증인의 출석요구 129
마. 불출석의 신고와 증인이 출석하지 아니한 경우 130
바. 증인신문의 방법 130
4. 서 증 …… 131
가. 의 의 131
나. 서증신청의 방식 131
다. 문서의 직접제출 131
라. 문서제출명령 131
마. 문서의 송부촉탁 132
바. 문서 있는 장소에서의 서증조사 133
사. 협력의무 134
아. 문서제출방법 등 134
5. 감 정 …… 135
6. 검 증 …… 135
제 9 절 국가 또는 공공단체에 대한 자료제출요구 …… 136
제10절 심판의 장소 및 공개 …… 138
제11절 심판의 지휘와 심판정경찰권 …… 138
1. 재판장의 심판지휘권 …… 138

2. 재판장의 심판정 질서유지권 ··· 139
제12절 심판정의 언어와 녹화 등의 금지 ··· 140

제8장 평 의 141

제1절 평의의 절차 ··· 141
제2절 심판정족수와 평결방식 ··· 142
제3절 여러 의견이 분립되는 경우의 주문결정 ··· 143
1. 주문의 선택 ··· 143
2. 결정문의 기재순서 ··· 148

제9장 가 처 분 150

제1절 가처분의 의의와 필요성 ··· 150
제2절 현행법상 가처분의 허용 여부 ··· 150
1. 가처분에 관한 명문규정 ··· 150
2. 재판정지, 권한행사정지에 관한 규정과의 구별 ··· 151
3. 헌법소원 등 그 외의 심판절차와 가처분 ··· 151
제3절 가처분신청 등 ··· 153
1. 신청 또는 직권 ··· 153
2. 신청방식과 신청기간 ··· 154
3. 가처분신청사건의 접수 및 송달 ··· 154
제4절 가처분의 적법요건 ··· 156
1. 당 사 자 ··· 156
2. 본안심판과의 관계 ··· 156
3. 권리보호이익 ··· 158
4. 변호사강제주의의 적용 및 국선대리인 선정의 효력 ··· 159
제5절 가처분의 실체적 요건 ··· 159
1. 본안심판의 승소가능성 고려 여부 ··· 159
2. 가처분의 필요성 ··· 161
가. 회복하기 어려운 손해의 예방 161
나. 긴급한 필요 161

다. 이익형량 163
3. 가처분신청 인용 사례 ······ 164
제 6 절 가처분신청사건의 심리 ······ 169
1. 구두변론의 여부 ······ 169
2. 증거조사 및 자료제출요구 ······ 170
3. 심판정족수 ······ 170
제 7 절 가처분에 관한 결정 ······ 171
1. 신청 각하 및 기각 결정 ······ 171
2. 가처분결정(가처분신청의 인용결정) ······ 171
3. 가처분결정의 형식 ······ 172
4. 가처분 인용결정의 주문례 ······ 173
5. 가처분결정의 효력 ······ 175
가. 확 정 력 175
나. 형 성 력 176
다. 기 속 력 176
제 8 절 가처분결정 이후의 절차 ······ 176
1. 가처분결정의 송달, 공시 ······ 176
2. 가처분결정에 대한 이의신청 ······ 176
3. 가처분결정의 취소 ······ 177

제10장 종국결정 178

제 1 절 결정서의 작성과 재판관 의견의 표시 ······ 178
제 2 절 종국결정의 선고 ······ 179
제 3 절 종국결정의 송달과 공시 ······ 180
제 4 절 사건의 병합 ······ 180

제11장 결정의 효력 182

제 1 절 개 설 ······ 182
제 2 절 확 정 력 ······ 182
1. 불가변력(자기 기속력) ······ 183
2. 불가쟁력(형식적 확정력) ······ 183

3. 기판력(실체적 확정력) ···· 183

제 3 절 기 속 력 ···· 185

1. 의의 및 법적 근거 ···· 185
2. 기속력의 내용 ···· 187
3. 법률의 위헌 여부를 판단한 결정의 기속력 ···· 187
   가. 위헌결정 187
   나. 합헌결정 188
   다. 한정위헌·한정합헌결정 188
   라. 헌법불합치결정 189
4. 기속력의 범위 ···· 191
   가. 객관적 범위 191
   나. 주관적 범위 192

제 4 절 법규적 효력(일반적 구속력) ···· 193

제 5 절 재심의 허용 여부 ···· 194

1. 개 설 ···· 194
2. 위헌법률심판, 헌법재판소법 제68조 제 2 항의 헌법소원심판 및 헌법재판소법 제68조 제 1 항에 의한 헌법소원심판 중 법령에 대한 헌법소원심판의 재심허용 여부 ···· 195
3. 헌법재판소법 제68조 제 1 항의 헌법소원심판 중 권리구제형 헌법소원심판의 재심허용 여부 ···· 196
4. 정당해산결정에 대한 재심의 허용 여부 ···· 198
5. 재심의 청구와 심판절차 ···· 199

제 6 절 결정의 경정 ···· 199

1. 의 의 ···· 199
2. 요 건 ···· 200
3. 절 차 ···· 200

제12장 심판비용 201

제 1 절 원칙적 국가부담 ···· 201

제 2 절 예비적 당사자의 비용부담과 공탁금 ···· 202

제13장 심판기간 204

제 4 편 특별심판절차

제 1 장 위헌법률심판 207

제 1 절 개 관 ······ 207

1. 규범통제심판의 유형 ······ 207
2. 위헌법률심판 개관 ······ 209

제 2 절 위헌제청절차 ······ 210

1. 당사자의 위헌제청신청 ······ 210
   가. 제청신청권자 210
   나. 제청신청서의 제출 210
   다. 제청신청에 대한 법원의 결정 212
   라. 제청신청에 대한 법원의 기각결정과 재신청금지 212
2. 법원의 직권제청 ······ 214
3. 법원의 위헌제청결정 및 송부 ······ 214
4. 위헌제청서의 기재사항 ······ 215
5. 위헌제청서의 예시 ······ 216
6. 당해사건의 재판 정지 ······ 219

제 3 절 위헌법률심판절차 ······ 219

1. 사건의 접수 ······ 219
2. 위헌제청서의 송달과 의견서 제출 ······ 220
3. 자료제출요구 ······ 220
4. 위헌제청의 철회 ······ 221

제 4 절 위헌법률심판의 적법요건 ······ 224

1. 제청권자 ······ 224
   가. 법 원 224
   나. 법률의 위헌성에 대한 의심의 정도 225
   다. 직권에 의한 위헌법률심판의 가능성
   (다른 심판절차에서의 부수적 규범통제 가능성) 226
2. 위헌제청의 대상적격이 있는 법규범 ······ 228
   가. 법 률 228
   (1) 대한민국의 형식적 의미의 법률 / 228
   (2) 시행되어 효력이 발생한 법률 / 228

(3) 유효한 법률 / 228
(4) 입법부작위의 경우 / 230
(5) 심판대상 법률규정의 해석과 적용의 문제가 헌법재판소의 심판대상이 될 수 있는지 여부 / 232
나. 긴급재정·경제명령 및 긴급명령 또는 긴급조치 234
다. 조 약 235
라. 헌법규정 236
마. 명령·규칙·조례 237
바. 관 습 법 239
3. 재판의 전제성 ………… 240
가. 재판의 '전제성' 240
(1) 구체적인 사건이 법원에 계속 중일 것 / 241
(2) 위헌여부가 문제되는 법률이 당해 소송사건의 재판에 적용되는 것일 것 / 246
(3) 그 법률이 헌법에 위반되는지의 여부에 따라 당해사건을 담당하는 법원이 다른 내용의 재판을 하게 되는 경우일 것 / 267
(4) 특수문제: 평등원칙위반과 재판의 전제성 / 295
나. '재판'의 의미 299
(1) 개 요 / 299
(2) '재판'의 개념과 관련된 특수 문제들 / 300
다. 재판의 전제성 요건의 심사 306
(1) 제청법원 견해의 존중 / 306
(2) 법원의 견해와 다르게 헌법재판소가 판단한 경우 / 308
라. 전제성판단 기준시점과 사정변경 311
(1) 기준시점 / 311
(2) 제청 후의 사정변경과 그 법적 효과 / 312
(3) 재판의 전제성이 없는 경우의 헌법적 해명의 필요성 / 315
4. 이미 심판을 거친 법률조항에 대한 위헌제청(헌법소원심판)과 결정의 기속력 ………… 317
가. 위헌결정의 경우의 기속력 317
(1) 개 설 / 317
(2) 법원에 대한 기속력 / 318
(3) 행정기관과 지방자치단체에 대한 기속력 / 321
(4) 입법부에 대한 기속력 / 321
(5) 헌법재판소에 대한 기속력 / 324
나. 합헌결정의 경우의 기속력 324

다. 한정합헌결정의 경우의 기속력 326
라. 한정위헌결정의 경우의 기속력 328
마. 헌법불합치결정의 경우의 기속력 335

제5절 위헌법률심판의 절차 및 심사기준 ······ 338
1. 개 설 ······ 338
2. 입법사실의 조사와 입법자의 예측판단에 대한 심사 ······ 338
3. 위헌법률심판의 심사기준 ······ 339
가. 헌법의 모든 규정 339
나. 헌법원칙 340
다. 헌법관습법 341
라. 조약이나 국제법규 341
마. 위헌심사의 관점 342

제6절 종국결정 및 그 효과 ······ 343
1. 종국결정의 기본적 유형 ······ 343
2. 합헌결정 ······ 344
가. 의 의 344
나. 위헌불선언결정의 문제 344
다. 입법개선촉구결정(立法改善促求決定) 345
3. 위헌선언의 범위 ······ 345
가. 원 칙 345
나. 위헌선언 범위의 확장 346
4. 위헌결정의 효력의 시간적 범위 ······ 349
가. 원칙적인 장래효와 장래효의 기산점 349
나. 예외적인 소급효 351
(1) 법정 소급효, 재심청구 및 그 범위 / 351
(2) 해석에 의한 소급효 / 356
(3) 대법원의 입장 / 357
5. 변형결정 ······ 362
가. 변형결정의 의의 362
나. 변형결정의 유형 362
(1) 한정합헌 / 363
(2) 한정위헌 / 365
(3) 합헌적 법률해석의 한계 및 법원의 법령해석권과의 관계 / 371
(4) 헌법불합치 / 373

다. 변형결정의 기속력 413
제 7 절 결정정본의 송달과 당해 소송절차의 속개 ······ 414

제 2 장 헌법소원심판 416

제 1 절 총 설 ······ 416
1. 헌법소원심판의 의의 ······ 416
2. 헌법소원심판의 종류와 성격 ······ 417
3. 헌법소원심판의 기능 ······ 420
가. 주관적 권리구제 기능 420
나. 객관적인 헌법질서 수호·유지 기능 420
제 2 절 헌법소원심판의 대상 ······ 421
1. 개 설 ······ 421
2. 입법권의 작용 ······ 427
가. 법 률 427
나. 조약·국제법규와 헌법의 개별 조항 430
다. 입법부작위 431
(1) 의 의 / 431
(2) 입법의무가 부인된 사례 / 433
(3) 입법의무가 인정된 사례 / 442
(4) 부진정 입법부작위의 경우 / 444
라. 입법기관의 부작위 451
마. 입법기관의 내부행위 452
바. 입법기관의 처분 453
3. 행정권의 작용 ······ 453
가. 통치행위 453
나. 행정입법(법규명령·규칙 등) 455
(1) 헌법 제107조 제 2 항과 행정입법의 심사 / 455
(2) 헌법소원의 대상이 되는 행정입법(법규명령의 헌법소원 대상성) / 456
(3) 행정규칙의 경우 / 457
(4) 행정규칙에 대해 헌법소원 대상성을 인정한 사례 / 460
(5) 행정규칙에 대해 헌법소원 대상성을 부인한 사례 / 463
다. 행정청의 행위 464
(1) 권력적 사실행위 / 464

(2) 행정기관의 내부적 의사결정행위 또는 감독작용 / 471
(3) 국민의 신청에 대한 행정청의 거부행위 / 473
라. 행정권력의 부작위 475
(1) 의 의 / 475
(2) 헌법소원의 대상이 되는 행정권력의 부작위로 인정된 사례 / 476
(3) 헌법소원의 대상이 되는 행정권력의 부작위로 인정되지 아니한 사례 / 477
마. 재판을 거친 경우의 원행정처분 487
바. 자치입법(조례 등) 491
사. 행정계획, 행정지도 및 공고 493
(1) 행정계획 / 493
(2) 행정지도 / 495
(3) 공 고 / 497
아. 행정입법부작위 501
(1) 개 설 / 501
(2) 행정입법부작위에 해당한다고 본 사례 / 502
(3) 행정입법부작위에 해당하지 않는다고 본 사례 / 504
자. 행정청의 사법상의 행위 506
차. 단순한 사실의 고지 508
카. 각종 위원회의 결정 등 509
타. 검사의 처분 512
(1) 총 설 / 512
(2) 범죄피해자인 고소인이 청구하는 헌법소원 / 512
(3) 고소하지 않은 범죄피해자가 청구하는 헌법소원 / 513
(4) 피의자가 청구하는 헌법소원 / 514
(5) 고발인이 청구하는 헌법소원 / 517
(6) 기소처분 / 517
(7) 공소취소처분 / 518
(8) 진정(내사)공람종결처분 / 518
(9) 수사재기결정 / 519
4. 사법권의 작용 519
가. 재 판 519
(1) 재판소원의 원칙적 금지 / 519
(2) 법원의 재판의 의미 / 521
(3) 헌법소원의 대상이 될 수 있는 법원의 재판 / 522
(4) 헌법소원의 대상이 되지 않는 법원의 재판 / 525

나. 사법권력의 부작위 530
다. 재판 이외의 처분 532
(1) 법원행정처장의 질의회신 또는 각급 법원장에 대한 예산집행에 관한 지시 / 532
(2) 법원사무관 등의 접수처분 / 533
(3) 재판장의 소송지휘 또는 재판진행 / 533
(4) 법원의 녹취불허결정 등 / 534
(5) 공판정 심리의 녹음물 폐기행위 / 534
(6) 대법원장의 법관에 대한 인사처분 / 534
(7) 청원에 대한 대법원 법정국장의 심사결과 통지 / 535
(8) 법원 접수담당 공무원의 협의이혼의사확인신청서 반려행위 / 535
(9) 대법원 실무편람 / 535
라. 사법입법 및 입법부작위 535
5. 기타 공권력의 행사가 아닌 것 ········ 537
가. 민원회신 537
나. 기 타 538
제 3 절 헌법소원심판의 요건 ········ 543
1. 청구권자 ········ 543
가. 자 연 인 544
(1) 원 칙 / 544
(2) 외 국 인 / 545
(3) 태아·배아 및 사자(死者)의 청구인 능력 / 547
나. 사법인과 기타 사적 결사, 단체의 내부기관 548
다. 국가, 지방자치단체나 그 기관 및 공법인 등 550
2. 공권력행사 또는 불행사의 존재 ········ 553
3. 기본권의 침해 ········ 555
가. 헌법상 보장된 기본권 555
(1) 의 의 / 555
(2) 기본권성이 부인된 사례 / 558
(3) 기본권성이 인정된 사례 / 561
나. 기본권의 침해가능성 564
(1) 의 의 / 564
(2) 기본권 침해가능성이 부인된 사례 / 568
(3) 기본권 침해가능성이 인정된 사례 / 587
4. 법적 관련성 ········ 588

가. 자기관련성 589
(1) 개 설 / 589
(2) 자기관련성이 인정된 사례 / 592
(3) 자기관련성이 부인된 사례 / 596
(4) 제3자 소송담당의 문제 / 606
나. 현 재 성 607
(1) 개 설 / 607
(2) 현재성을 인정한 사례 / 608
(3) 현재성을 부인한 사례 / 609
(4) 주기적으로 반복되는 선거와 현재성 / 612
다. 직접성(直接性) 613
(1) 개 설 / 613
(2) 직접성을 인정한 사례 / 632
(3) 직접성을 부인한 사례 / 636
5. 보 충 성 ·· 649
가. 의 의 649
나. 보충성과 재판소원금지 650
다. 다른 법률의 구제절차의 예 651
(1) 검사 또는 군검찰관의 불기소처분에 대한 헌법소원의 경우 / 651
(2) 행정권의 작용에 대한 헌법소원의 경우 / 656
(3) 사법권의 작용에 대한 헌법소원의 경우 / 661
라. 보충성의 예외 661
(1) 법률상 권리구제절차가 없는 경우 / 662
(2) 사전에 구제절차를 거칠 것을 기대하기가 곤란한 경우 / 670
6. 청구기간 ·· 680
가. 의 의 680
나. 청구기간의 법적 성격 682
다. 유 형 683
(1) 다른 법률에 의한 구제절차가 없는 경우 / 683
(2) 다른 법률에 의한 구제절차를 거친 경우 / 687
(3) 부작위에 대한 헌법소원의 경우 / 687
(4) 일정기간 계속되는 공권력의 행사 / 688
라. 법령에 대한 헌법소원심판의 청구기간 689
(1) 개 설 / 689
(2) 현재성 요건으로서 상황성숙이론과 청구기간과의 관계 / 691
(3) 현재관련성 확장과 청구기간 / 693

(4) 법령시행과 관련된 유예기간이 있는 경우 청구기간의 기산점 / 693
(5) 기본권침해가 주기적으로 반복되는 경우와 청구기간 / 694
(6) 처벌조항과 청구기간 / 695
(7) 당연퇴직 조항과 청구기간 / 696
(8) '사유가 발생한 날'의 구체적 적용례 / 697
(9) '사유가 있음을 안 날'의 구체적 적용례 / 704
(10) 헌법소원심판청구의 청구취지 추가 또는 변경이 이루어진 경우 청구기간 준수 판단 기준시점 / 711
(11) 부진정 입법부작위(불완전입법)를 대상으로 한 헌법소원 / 711
마. 청구기간의 도과와 정당한 사유 712
바. 국선대리인선임신청과 청구기간 714
7. 변호사강제주의 715
가. 의 의 715
나. 변호사강제주의의 위헌여부 716
다. 국선대리인 제도 718
(1) 의의 및 신청절차 / 718
(2) 국선대리인예정자 명부 / 721
(3) 국선대리인의 선정 / 721
(4) 국선대리인의 심판청구서 제출 / 722
(5) 선정의 취소 및 재선정 / 722
(6) 국선대리인에 대한 보수지급 / 723
(7) 보수지급확인 / 724
8. 권리보호이익 724
가. 개 설 724
(1) 권리보호이익의 의의 / 724
(2) 헌법소원심판 청구 당시 권리보호이익의 흠결 / 725
나. 공소시효와 권리보호의 이익 728
(1) 불기소처분의 대상이 된 피의사실에 대한 공소시효가 완성된 경우 / 728
(2) 공소시효 경과 후에도 피의자에게 보다 유리한 처분이 기대되는 경우 / 729
(3) 공소시효 완성으로 인한 공소권없음 처분에 대한 헌법소원 / 729
(4) 헌법소원사건 심판회부 시 심판대상인 피의사실에 대한 공소시효가 정지되는지 여부 / 730
(5) 대통령 재직 중 공소시효의 진행이 정지되는지 여부 / 731

(6) 공소시효가 완성된 경우의 공정거래위원회의 심사불개시 결정 등의 취소를 구할 권리보호이익 / 731
다. 심판청구 후 사정변경으로 권리보호이익이 없어진 경우 732
라. 권리보호이익이 인정된 사례 740
마. 침해반복의 위험이 있거나 헌법적 해명이 긴요한 사항인 경우 심판의 이익의 예외적 인정 743
(1) 예외적 심판이익 인정사례 / 748
(2) 예외적 심판이익을 부인한 사례 / 758
9. 일사부재리 ···················· 770
가. 의의 및 제도의 취지 770
나. 동일한 사건 771
다. 각하결정과 일사부재리 772
라. 재심청구와 일사부재리 773
제 4 절 헌법소원심판청구의 절차 ···················· 773
1. 심판청구서의 제출 ···················· 773
2. 심판청구서의 기재사항 ···················· 774
가. 개 설 774
나. 청구인 및 대리인의 표시 775
다. 피청구인 777
라. 침해된 권리 778
마. 침해의 원인이 되는 공권력의 행사 또는 불행사 779
바. 청구이유 780
사. 기타 필요한 사항 780
아. 기재사항에 관한 보정명령 780
3. 심판청구서의 예시 ···················· 781
제 5 절 헌법소원심판의 절차 ···················· 786
1. 심판절차의 개관 ···················· 786
2. 사전심사 ···················· 787
가. 지정재판부에 의한 각하 787
나. 심판회부 791
다. 통 지 792
3. 심판절차 ···················· 792
가. 서면심리원칙 792
나. 증거조사, 자료제출요구 등 792

다. 심판의 장소 및 공개 792
4. 종국결정 ········ 793
가. 개 관 793
나. 종국결정의 유형 795
다. 인용결정 796
(1) 개 요 / 796
(2) 인용결정의 효력 / 798
(3) 인용결정의 유형 / 800
라. 심판절차종료선언 806
(1) 청구인의 사망 / 806
(2) 심판청구의 취하 / 808
5. 기 타 ········ 810
가. 심판비용 810
(1) 심판비용의 의의 / 810
(2) 심판비용 국가부담주의 / 811
(3) 심판비용 부담과 재판 / 811
나. 준용법령 812
(1) 개 설 / 812
(2) 민사소송법의 준용 / 813
(3) 행정소송법의 준용 / 815
(4) 형사소송법의 준용 / 816
다. 재 심 816
(1) 개 설 / 816
(2) 권리구제형 헌법소원에 있어서 판단유탈이 재심사유가 되는지 여부 / 816
(3) 법령소원의 경우 재심이 허용되는지 여부 / 819
제 6 절 헌법재판소법 제68조 제 2 항의 헌법소원(위헌소원) ········ 819
1. 개 설 ········ 819
가. 의 의 819
나. 위헌심판제청신청의 제한 821
다. 헌법재판소법 제68조 제 2 항 헌법소원의 법적 성격과 적법요건 822
2. 위헌소원심판의 대상 ········ 824
가. 법 률 824
나. 유효한 법률 828

다. '위헌제청신청기각' 결정의 대상법률 828
라. 헌법의 개별규정 829
마. 긴급재정·경제명령과 긴급명령 또는 긴급조치 829
바. 조 약 830
사. 관 습 법 830
아. 조 례 831
3. 재판전제성 ········ 831
4. 권리보호의 이익 ········ 837
가. 의 의 837
나. 권리보호이익이 부인된 사례 837
다. 권리보호의 이익이 인정된 사례 838
라. 헌법적 해명의 필요, 침해반복의 위험과 심판의 이익 840
5. 청구기간 ········ 841
가. 의 의 841
나. 청구기간의 경과와 정당한 사유 843
6. 심판청구서의 기재사항 ········ 843
가. 개 설 843
나. 법률조항에 대한 한정위헌의 판단을 구하는 청구의 적법여부 844
(1) 개 설 / 844
(2) 한정위헌청구가 적법한 경우 / 846
(3) 한정위헌청구의 적법성에 관한 선례변경 결정과 그에 대한 비판 / 847
7. 종국결정 ········ 856
가. 개 설 856
나. 종국결정의 유형 856
(1) 개 설 / 856
(2) 인용결정의 유형 / 858
다. 종국결정의 효력 861
(1) 일반적 효력 861
(2) 당해사건에 대한 재심청구 및 그 범위 861
8. 기 타 ········ 864

제 3 장 권한쟁의심판 866

제 1 절 개 관 ········ 866
1. 권한쟁의심판제도의 의의 ········ 866

2. 권한쟁의심판제도의 특징 …… 867

제 2 절 권한쟁의심판의 종류와 당사자 …… 868

1. 개 설 …… 868
2. 국가기관 상호간의 권한쟁의 …… 869
   가. 의 의 869
   나. 독일에서의 당사자범위의 확장 869
   다. 권한쟁의의 당사자인 '국가기관'의 해당 기준 및 범위 871
3. 국가기관과 지방자치단체 간의 권한쟁의 …… 877
4. 지방자치단체 상호간의 권한쟁의 …… 880

제 3 절 권한쟁의심판권의 범위 …… 887

1. 소극적 권한쟁의 …… 887
2. 헌법재판소의 권한쟁의심판권과 법원의 행정재판 관할권 …… 890
   가. 권한쟁의심판과 기관소송 890
   나. 권한쟁의심판과 지방자치법상의 소송 890
      (1) 지방자치법 제188조의 소송(위법·부당한 명령·처분의 취소) / 890
      (2) 지방자치법 제189조의 소송(지방자치단체의 장에 대한 직무이행명령) / 891
      (3) 지방자치법 제 5 조 제 9 항의 소송 / 891
   다. 권한쟁의심판과 행정소송법상 항고소송 및 당사자소송 893
      (1) 권한쟁의심판과 항고소송 / 893
      (2) 권한쟁의심판과 당사자소송(또는 민사소송) / 895

제 4 절 심판청구의 절차 …… 896

1. 심판청구서의 제출 …… 896
2. 심판청구서의 기재사항 …… 896
   가. 청구인 또는 청구인이 속한 기관 및 심판수행자 또는 대리인의 표시 896
   나. 피청구인의 표시와 피청구인 경정 896
   다. 심판의 대상이 되는 피청구인의 처분 또는 부작위 897
   라. 청구취지 897
      (1) 권한의 유무 또는 범위 확인 / 897
      (2) 처분의 취소 또는 무효확인 / 898
   마. 청구이유 898
   바. 그 밖에 필요한 사항 899
3. 심판청구서의 예시 …… 899

4. 사건의 접수 및 통지 899
제 5 절 심판청구의 적법요건 902
1. 당 사 자 902
가. 당사자능력 902
나. 당사자적격 902
다. 제 3 자 소송담당 905
2. 피청구인의 처분 또는 부작위의 존재 906
가. 처 분 907
나. 부 작 위 909
3. '권한의 침해 또는 현저한 침해위험'의 가능성 911
4. 청구기간 923
5. 심판의 이익 925
제 6 절 심리 등 927
1. 변 론 927
2. 소송참가 927
3. 가 처 분 928
제 7 절 종국결정 930
1. 심판정족수 930
2. 종국결정의 유형 931
3. 본안결정의 내용 및 결정주문 932
가. 권한의 유무 또는 범위 확인 932
나. 처분의 취소 또는 무효확인 936
다. 심판절차종료선언 941
라. 권한쟁의심판청구가 인용된 주요사례 942
4. 결정의 효력 944
가. 개 설 944
나. 입법절차의 흠으로 권한침해를 확인한 인용결정의 기속력 944
다. 취소결정의 효력제한 946

제 4 장 탄핵심판 947

제 1 절 총 설 947
1. 탄핵심판제도의 의의 947

2. 우리나라 탄핵심판제도의 연혁 ········· 947
3. 탄핵제도에 관한 규범 ········· 948
4. 탄핵심판제도의 성질과 기능 ········· 948
5. 탄핵심판제도의 운용실태 ········· 951
제 2 절 탄핵의 대상과 사유 ········· 952
1. 탄핵의 대상이 되는 공직자 ········· 952
2. 탄핵의 사유 ········· 954
가. 직무집행의 의미 958
나. '헌법이나 법률을 위배한 경우'의 의미 960
제 3 절 탄핵의 소추 ········· 968
1. 탄핵소추의 발의 ········· 968
가. 발의정족수 및 구비요건 968
나. 발의 후의 절차 969
다. 발의의 기간제한 여부 970
라. 탄핵소추권의 남용 여부 971
2. 탄핵소추의 의결 ········· 973
가. 의결정족수 973
나. 의결사항 973
다. 의결방식 974
라. 소추의결서 정본의 송달 975
3. 탄핵소추의 효과 ········· 977
가. 권한행사의 정지 977
나. 사직원 접수, 해임의 금지 977
다. 피소추자가 탄핵심판이 개시된 단계에서 사임·퇴임한 경우 978
라. 소추위원의 탄핵심판청구 의무 980
제 4 절 탄핵심판 ········· 981
1. 탄핵심판의 청구 ········· 981
가. 소추의결서 정본의 제출 981
나. 사건의 접수 981
다. 심판청구의 효과 981
라. 심판절차의 중단 982
마. 심판청구의 취하 982
2. 탄핵심판의 절차 ········· 983

가. 탄핵심판절차의 성격 983
나. 탄핵심판의 심판대상과 탄핵소추사유의 추가 984
(1) 탄핵심판의 심판대상 / 984
(2) 탄핵소추사유의 추가·철회 및 변경 / 985
다. 탄핵심판의 심리 987
(1) 탄핵심판의 당사자 / 987
(2) 심의정족수 규정(헌법재판소법 제23조 제 1 항)에 대한 효력정지 가처분 / 988
(3) 심리의 방식 / 988
(4) 증거조사 / 990
(5) 최종의견 진술 / 991
(6) 심판절차의 정지 / 991
3. 탄핵심판의 종국결정 ······ 992
가. 각하결정 992
나. 기각결정 992
다. 탄핵결정 996
(1) 탄핵결정의 내용과 주문형식 / 996
(2) 탄핵결정의 효력 / 998
라. 소수의견의 공표 1000
마. 종국결정의 효력 1000
바. 탄핵결정에 대한 재심 1001
사. 탄핵심판이 기각 또는 각하되었을 때 피청구인에 대한 비용보상 1002

제 5 장 정당해산심판 1003

제 1 절 총 설 ······ 1003
1. 정당해산심판의 의의 ······ 1003
2. 정당해산심판제도의 목적 ······ 1003
3. 정당해산심판제도의 연혁 ······ 1004
4. 독일의 정당해산심판의 사례 ······ 1005
제 2 절 정당해산심판의 청구 ······ 1006
1. 심판청구의 주체 ······ 1006
가. 청구절차 1006
나. 심판청구권행사의 성격 1006

2. 심판청구의 절차 ········· 1007

제 3 절 정당해산심판의 절차 ········· 1007

1. 사건의 접수 및 통지 ········· 1007
2. 심판청구 후의 자진해산, 분당·합당 ········· 1008
3. 심판청구의 취하 ········· 1008
   가. 청구취하의 가능성 1008
   나. 청구취하에 대한 피청구인의 동의 1008
   다. 청구취하에도 불구하고 예외적으로 본안결정을 할 수 있는지 여부 1009
4. 가 처 분 ········· 1009
5. 정당해산심판의 심리 ········· 1011

제 4 절 정당해산심판의 대상이 되는 정당 ········· 1012

제 5 절 정당해산의 사유 ········· 1015

1. '민주적 기본질서'의 의미 ········· 1015
2. 목적이나 활동의 민주적 기본질서 위배 ········· 1016
3. 비례원칙의 준수 ········· 1019

제 6 절 정당해산심판의 결정과 그 효력 ········· 1020

1. 정당해산심판의 종국결정의 유형 ········· 1020
2. 정당해산심판의 종국결정의 일반적 효력 ········· 1021
3. 해산결정의 효력 ········· 1022
   가. 정당의 해산 1022
   나. 잔여재산의 국고귀속 1022
   다. 대체정당의 금지 및 동일 당명 사용금지 1023
   라. 해산정당 소속 국회의원의 자격상실 1023
   마. 해산정당 소속 지방의회의원의 자격상실 여부 1024
4. 결정서의 송달과 정당해산결정의 집행 ········· 1026
   가. 결정서의 송달 1026
   나. 정당해산결정의 집행 1026
5. 정당해산결정에 대한 재심의 허용 여부 ········· 1027

부록(헌법재판소법·헌법재판소 심판 규칙) ········· 1031

색인(판례색인·사항색인) ········· 1063

서식 차례

[서식례 1] 대리인선임에 관한 안내 1
(대리인선임 없이 심판청구한 경우) ······ 81
[서식례 2] 대리인선임에 관한 안내 2
(국선대리인선임신청을 기각한 경우) ······ 82
[서식례 3] 가처분신청서 예시(권한쟁의심판의 경우) ······ 155
[서식례 4] 위헌제청신청서 예시 ······ 211
[서식례 5] 위헌제청결정서 양식(당사자의 신청에 의한 경우) ······ 217
[서식례 6] 위헌제청결정서 양식(직권에 의한 경우) ······ 218
[서식례 7] 기록등본송부요청서 양식 ······ 222
[서식례 8] 위헌제청결정 취소 결정서 양식 ······ 223
[서식례 9] 국선대리인 선임신청서 양식 ······ 720
[서식례 10] 법령에 대한 헌법소원심판청구서 예시 ······ 782
[서식례 11] 불기소처분(기소유예처분)에 대한
헌법소원심판청구서 예시 ······ 783
[서식례 12] 행정행위에 대한 헌법소원심판청구서 예시 ······ 784
[서식례 13] 부작위에 대한 헌법소원심판청구서 예시 ······ 785
[서식례 14] 헌법재판소법 제68조 제2항 헌법소원심판 청구서의 예시 ······ 855
[서식례 15] 권한쟁의심판청구서 예시 1 ······ 900
[서식례 16] 권한쟁의심판청구서 예시 2 ······ 901
[서식례 17] 탄핵소추의결서 예시 ······ 976
[서식례 18] 정당해산심판청구서 예시 ······ 1014

주요 참고문헌

(괄호 안은 인용약어임)

1. 교과서

김철수, 헌법학신론, 박영사, 2013. (김철수)

김하열, 헌법소송법, 박영사, 2023. (김하열)

성낙인 외, 헌법소송론, 법문사, 2021. (성낙인)

신 평, 헌법재판법, 법문사, 2007. (신평)

이시윤, 신민사소송법, 박영사, 2024. (이시윤, 신민사소송법)

이시윤, 신민사집행법, 박영사, 2020. (이시윤, 신민사집행법)

정종섭, 헌법소송법, 박영사, 2019. (정종섭)

허 영, 헌법소송법론, 박영사, 2023. (허영)

2. 기타 문헌

헌법재판실무제요(제 3 개정판), 헌법재판소, 2023. (실무제요)

헌법재판실무제요(제 2 개정판), 헌법재판소, 2015. (구 실무제요)

주석 헌법재판소법, 헌법재판연구원, 2015.

이동흡, 세계로 나아가는 한국의 헌법재판 I, 박영사, 2011.

______, 세계로 나아가는 한국의 헌법재판 II, 박영사, 2015.

정당해산심판제도에 관한 연구, 헌법재판소, 2004.

정연주, 위헌결정의 기속력, 헌법재판소, 2006.

헌법재판소 공보, 제 1 호 내지 제341호, 1993. 5. ~ 2025. 2.

헌법재판소 판례집, 제 1 권 내지 제36권 제 2 집, 1989 ~ 2024.

헌법재판소 판례요지집, 1989 ~ 2024.

일러두기

1. 법령약어

이 책에서의 법령의 인용은 한글의 약어로 표기하되, 아래의 법령약어에 없는 법령은 원래의 명칭으로 표기하였다.

국선대리인 선정 및 보수 지급에 관한 내규	국선내규
대한민국헌법	헌법
민사소송규칙	민소규칙
민사소송법	민소법
민사집행법	민집법
헌법재판소 국선대리인의 선임 및 보수에 관한 규칙	국선규칙
헌법재판소 심판 규칙	심판규칙
헌법재판소법	헌재법
형사소송법	형소법

2. 판례의 인용

판례는 선고일과 사건번호로 표시하고, 병합사건은 사건번호를 모두 표시하지 않고 하나의 사건번호만 표시하고 「등」으로 약하는 방식을 따랐다.

제 1 편

헌법재판 총론

제 1 장 헌법재판

제 2 장 우리나라 헌법재판제도의 역사

제 1 장 헌법재판

제 1 절 헌법재판의 의의

일반적으로 헌법재판이라 함은 헌법을 적용함에 있어 헌법의 내용과 의미에 대하여 분쟁이 발생할 경우에 독립된 지위와 관할권을 가진 헌법기관이 헌법규범을 기준으로 유권적으로 결정하여 그 분쟁을 해결함으로써 헌법질서를 유지·수호하는 국가작용을 일컫는다.[1] 오늘날 헌법재판제도는 대의제, 권력분립제, 선거제, 공무원제, 지방자치제 등과 같이 통치구조의 불가결한 구성 부분으로 인식되고 있으며, 국가권력의 기본권기속과 국가권력 행사의 절차적 정당성을 확보하기 위한 기능적 권력통제의 한 장치로 이해되면서 권력분립의 차원에서도 중요한 의미를 갖게 되었다.[2]

제 2 절 헌법재판의 기능

1. 헌법보호기능

헌법재판은 헌법의 규범적 효력을 관철시킴으로써 국가의 최고규범인 헌법을 보호하는 기능을 갖는다.[3] 한편 헌법재판은 자유민주주의 헌법질서를 위협하는 세력으로부터 헌법을 보호하는 기능을 갖는다. 헌법질서를 위협하는 세력은 국가권력뿐만 아니라 개인이나 단체 또는 정당일 수도 있다.[4] 따라서 위헌정당해산·탄핵심판·위헌법률심판·헌법소원심판·권한쟁의심판·기본권실효

1) 동지: 실무제요, 3면; 성낙인, 3면; 정종섭, 3면; 허영, 3면.
2) 실무제요, 3면.
3) 실무제요, 3면.
4) 성낙인, 7면; 정종섭, 8면; 허영, 12면.

제도와 같은 사항들이 헌법보호기능을 하는 헌법재판제도에 포함된다.

2. 권력통제기능

헌법재판은 포괄적인 권력통제장치로서 입법·행정·사법의 모든 국가작용이 헌법이 설정한 권력분립과 견제의 체계 내에서 작용되도록 보장한다.[1] 뿐만 아니라 헌법재판은 오늘날 권력분립주의의 현대적 실현형태로서 중요한 기능적·효율적 권력통제의 장치로 간주되고 있다. 즉, 헌법재판제도는 사회구조의 변화와 정당국가화에 따른 권력통합현상 때문에 고전적·구조적 권력분립제도가 제대로 구실을 못하고 있는 상황에서 새로운 권력통제의 장치로서 기능하는 것이다. 특히 자유민주적 정치질서 내의 다수와 소수의 기능적인 상호견제의 장치는 소수자를 보호하는 헌법재판제도에 의해서 비로소 그 실효성을 기대할 수 있다. 예를 들어, 정치적 소수(국회의원, 야당교섭단체 등)에게 권한쟁의심판의 제소권을 주는 것은 다수의 권력행사에 대한 강력한 통제효과를 나타내는 것이다.[2]

우리나라의 경우에는 헌법재판소가 담당하는 권한쟁의심판은 물론 위헌법률심판, 탄핵심판, 정당해산심판, 헌법소원심판도 국가권력에 대한 통제기능을 담당하게 된다.[3]

3. 기본권 보호기능

헌법재판은 국가권력의 기본권 기속성과 국가권력 행사의 절차적 정당성을 확보함으로써 국민의 자유와 권리를 보호하는 기능을 갖는다. 사실상 헌법이 보장하는 기본권과 법률유보 및 기본권 제한입법의 한계조항 등은 헌법재판제도에 의해서 그 규범적 효력이 제대로 관철될 수 있을 때 비로소 그 실효성을 발휘할 수 있다. 따라서 헌법재판제도는 모든 국가적 권능의 정당성 근거인 동시에 국가권력의 최종 목적인 국민의 기본권 보장을 가장 실질적으로 확보해 주는 제도라고 할 수 있다.[4] 기본권을 보호하는 기능을 담당하는 헌법재판제도

1) 김하열, 20면.
2) 실무제요, 4면.
3) 성낙인, 7면.
4) 실무제요, 4면.

로는 헌법소원심판제도와 위헌법률심판제도가 대표적이다.[1)]

4. 정치적 평화보장기능

헌법재판은 헌법질서를 이탈하여 걷잡을 수 없을 만큼 극단적일 수도 있는 정치세력들의 힘의 투쟁을 대신하여 헌법질서 내에서 평화적으로 헌법적 가치를 실현시키는 최후보루로 기능함으로써, 국가가 위기에 봉착하거나 또는 저항권이 행사되기 전에 합헌적인 예방창구를 열어 주어 정치적 대립풍토를 순화시키는 촉매의 역할을 하고, 또한 사회통합의 동기를 더욱더 활성화시켜 주는 기능을 한다. 특히 권한쟁의심판과 정당해산심판을 통해서 헌법문제와 관련된 많은 정치적인 문제들이 해결될 수 있고, 자칫 '장외 정치'로 빠질 위험이 있는 정치적 사건들이 헌법재판에 의해 해결되어 정치적 평화를 가져오는 효과가 생긴다. 또한 정치적 소수세력에게 헌법재판을 통해 그들의 주장을 밝힐 수 있는 기회를 줌으로써 국가권력의 정당성 확보에도 기여하는 효과를 가져 온다.[2)]

그 외에도 정치적 평화보장기능을 하는 헌법재판으로는 추상적 규범통제, 선거소송, 대통령과 국회의원의 신분 또는 지위확인 등을 드는 견해[3)]와 기본권 실효제도, 연방국가적 쟁의제도 등을 드는 견해[4)]가 있다.

5. 헌법의 규범력과 실효성 보장기능

헌법은 국가의 최고규범이고, 국가의 법질서는 헌법을 정점으로 위계적 체계로 짜여져 있다. 그런데 헌법의 규범력은 헌법질서에 위배되는 모든 국가작용에 의하여 일상적으로 침해될 수 있다. 헌법에 위반되는 법률의 제정, 법적 한계를 벗어난 행정처분, 권한 없거나 권한의 범위를 벗어난 국가기관의 조치, 헌법규정에 반하는 정치권력자의 행위, 헌법과 법률에 위반한 법원의 재판, 민주적 기본질서에 반하는 정당의 활동 등에 의하여 헌법의 규범력은 훼손된다. 그러므로 규범통제심판, 헌법소원심판, 권한쟁의심판, 탄핵심판, 정당해산심판

1) 김하열, 19, 20면; 성낙인, 6면; 정종섭, 6면; 허영, 14면.
2) 실무제요, 5면.
3) 김하열, 20면.
4) 허영, 15면.

등 모든 헌법재판작용은 헌법의 규범력 보장을 목적으로 한다.

헌법재판을 통한 헌법규범력의 관철은 물론 일반법원의 재판과 다른 특성을 지니고 있다. 일반재판의 경우 우월한 국가공권력, 심지어는 물리력을 동원하여 재판의 결과를 관철함으로써 법질서를 관철할 수 있다. 그러나 헌법재판은 그 당사자가 국가의 권력기관, 헌법기관, 정치적 기관일 뿐만 아니라, 권력분립에 기초한 기능적 한계 등을 이유로 재판결과의 강제적 관철이 어렵거나 바람직하지 않을 경우가 많다. 그리하여 헌법재판 결과의 존중과 자발적 준수, 위헌성 교정에 대한 광범위한 판단여지와 같은 방식을 통하여 헌법재판의 효력이 관철될 수 있다. 이와 같이 실효성 확보 방식에 일반재판과는 다른 특성이 있지만 오늘날 헌법재판은 헌법의 규범력을 확보할 수 있는 유효적절한 제도로 정착되고 있다.[1)]

6. 교육적 기능

헌법재판을 통한 유권적 헌법해석은 곧바로 정치·경제·사회·문화 등 모든 영역에서 헌법에 합치하는 질서를 형성하는 기능을 한다. 따라서 헌법재판은 분쟁해결 및 기본권 보호의 기능에 더하여 모든 국가기관이 헌법적 가치에 입각하여 행위를 하도록 유도하는 교육적·예방적 기능을 가진다.[2)]

제3절 헌법재판의 법적 성격

헌법재판은 헌법에 의하여 부여된 국가작용의 하나이지만 입법부의 입법작용, 행정부의 행정작용, 법원의 사법작용과는 구별되는 특수한 성격을 가진 공권력작용이다. 헌법재판은 위헌법률심판, 탄핵심판, 정당해산심판, 권한쟁의심판, 헌법소원 등 구체적인 재판작용에 따라서 차이점을 가지나 헌법재판으로서 일정한 공통점을 가지므로 이를 통하여 헌법재판의 법적 성격을 도출할 수 있다. 헌법재판의 법적 성격에 대하여는 여러 가지 상이한 이론이 제시되고 있다.

---

1) 김하열, 18면에서 인용. 동지: 정종섭, 5면; 허영, 13면은 헌법의 규범력 보장기능을 헌법의 유권적 해석기능이라고 설명한다.
2) 실무제요, 5면.

1. 정치작용설

정치작용설은 헌법은 정치적 결단이며, 헌법재판의 대상이 되는 분쟁은 법적 분쟁이 아닌 정치적 분쟁이므로 헌법재판의 본질을 정치작용으로 보고 있다.[1)]

2. 입법작용설

입법작용설은 헌법재판을 통한 헌법의 해석은 일반법률의 해석과는 달리 헌법을 보충하고 형성하는 기능을 가진다는 점에 착안하여 헌법재판을 입법작용으로 이해한다. 즉 헌법재판소의 위헌 또는 일부위헌결정은 법률의 폐지나 삭제를, 한정위헌결정은 법률의 변경을, 법률개선입법촉구결정을 동반한 헌법불합치결정은 법률의 개정을, 입법부작위 위헌확인은 입법강제와 같은 결과를 초래하므로 입법작용이라 할 수도 있다. 하지만 국회의 입법작용이 적극적 입법작용이라면 헌법재판소의 입법작용은 소극적 입법작용에 불과하다.

3. 사법작용설

사법작용설은 헌법재판도 헌법분쟁에 대하여 헌법규범의 의미와 내용을 해석하고 정립하는 국가작용이라는 점에서 착안하여 헌법재판을 전형적인 사법적 법인식작용으로 보고 있다.[2)]

4. 제 4 의 국가작용설

사법작용설·정치작용설·입법작용설도 모두 한계를 가지고 있다고 보아 헌법재판은 국가의 통치권 행사가 언제나 헌법정신에 따라 행해질 수 있도록 입법·사법·행정 등 모든 국가작용을 통제한다는 제 4 의 국가작용이라는 것이다.[3)]

---

1) 독일의 Carl Schmitt.
2) 김하열, 15면; 성낙인, 10면.
3) 허영, 20면.

5. 사 견

헌법재판은 헌법이 갖는 특성에 입각하여 정치작용, 입법작용 내지 권력통제작용의 복합적 성질을 가지고 있기는 하나, 헌법재판은 헌법분쟁에 대하여 헌법규범을 해석·적용하여 유권적으로 결정하므로 그 본질에 있어서는 어디까지나 사법작용이라고 보아야 할 것이다(사법작용설).

제 2 장 우리나라 헌법재판제도의 역사

제 1 절 제헌헌법(제 1 공화국 헌법)

1. 헌법규정

1948년 제정된 대한민국헌법은 제81조 제 1 항에서 "대법원은 법률의 정하는 바에 의하여 명령·규칙과 처분이 헌법과 법률에 위반되는 여부를 최종적으로 심사할 권한이 있다."고 규정하고, 제 2 항에서 "법률이 헌법에 위반되는 여부가 재판의 전제가 되는 때에는 법원은 헌법위원회에 제청하여 그 결정에 의하여 재판한다."라고 규정하여 위헌법률심판을 위하여 헌법위원회를 설치하도록 하였다. 한편, 탄핵심판에 대하여는 제47조에서 "탄핵사건을 심판하기 위하여 법률로써 탄핵재판소를 설치한다."라고 규정하여 탄핵재판소를 설치하도록 하였다.

2. 헌법위원회에 의한 위헌법률심사와 구체적 규범통제의 이원화

제헌헌법은 헌법위원회의 구성에 대하여, 헌법위원회는 부통령을 위원장으로 하고, 대법관 5인과 국회의원 5인의 위원을 합하여 총 11인으로 구성하도록 규정하였으며(헌법 제81조 제 3 항), 헌법위원회의 조직과 절차에 대하여는 법률로 정하도록 하였다(헌법 제81조 제 5 항). 그 이후 1952년 제 1 차 헌법개정으로 국회의 구성에 있어서 양원제를 도입하면서 국회의원 5인의 위원은 민의원의원 3인과 참의원의원 2인으로 수정하였다.

제 1 공화국의 헌법재판은 구체적 규범통제만 인정하였고, 명령·규칙·처분의 규범통제는 대법원이 관할하고, 법률의 규범통제는 헌법위원회가 관할하도록 그 권한을 분배하였다. 법률의 하위규범인 명령·규칙과 처분이 헌법과 법률에 위반되는 여부에 대하여는 최종적으로 대법원이 심판하였으며, 명령·규칙 등의 위헌 또는 위법 여부가 재판의 전제가 되는 경우 그 사건은 필요적 상고 사건에 해당되어 반드시 대법원의 심판을 받도록 하였다.

한편, 국회가 제정한 법률의 위헌여부가 재판의 전제가 된 경우에는 법원은 헌법위원회에 제청하여 그 결정에 의하여 재판을 진행하였다(헌법 제81조 제 2 항). 법원이 위헌심판을 제청하려면 반드시 대법원을 경유해야 하며, 대법원은 제청에 관한 의견서를 첨부할 수 있도록 규정하였다(헌법위원회법 제12조). 법원이 위헌심판을 제청한 경우에는 해당 재판은 정지되며(헌법위원회법 제10조), 헌법위원회의 위헌결정은 장래효를 가지나, 형벌법규에 대해서는 소급효를 인정하였다(헌법위원회법 제20조).

3. 헌법위원회의 활동

제 1 공화국에서 헌법위원회는 모두 6건의 위헌법률심사를 하였고, 그 중 2건에 대하여 위헌결정을 하였다. 위헌결정을 한 법률은 농지개혁법과 '비상사태하의범죄처벌에관한특별조치령'에 관한 것이었으며, 모두 헌법상 재판을 받을 권리는 최종심으로 대법원에 의하여 심판받을 권리를 포함하므로 이를 제한하는 것은 헌법에 위반된다는 것이었다.

4. 탄핵재판소

고위 공직자에 대한 탄핵사건은 탄핵재판소에서 심판하였으며, 탄핵재판소는 부통령을 재판장으로 하고 대법관 5인과 국회의원 5인이 심판관이 되고, 대통령과 부통령을 심판할 때에는 대법원장이 재판장의 직무를 행하도록 하였다(헌법 제47조 제 2 항). 헌법 제46조 제 1 항은 "대통령, 부통령, 국무총리, 국무위원, 심계원장, 법관 기타 법률이 정하는 공무원의 그 직무수행에 관하여 헌법 또는 법률에 위배한 때에는 국회는 탄핵의 소추를 결의할 수 있다."라고 규정하여 탄핵심판의 대상과 사유를 제한하였다. 또한 탄핵소추는 국회가 담당하도록 하여 제46조 제 2 항은 "국회의 탄핵소추의 발의는 의원 50인 이상의 연서가 있어야 하며 그 결의는 재적의원 3분지 2 이상의 출석과 출석의원 3분지 2 이상의 찬성이 있어야 한다."라고 규정하였다.

국회에 의하여 탄핵이 소추된 경우에 탄핵심판은 구두변론에 의하며(탄핵재판소법 제15조), 심판관의 평의는 공개하지 않도록 하였다(탄핵재판소법 제21조). 제헌 헌법은 탄핵심판의 정족수에 대하여는 제47조 제 3 항에서 "탄핵판결은 심판관 3분지 2 이상의 찬성이 있어야 한다."고 규정하고, 탄핵심판의 효과에 대하여는 제47조 제 4 항에서 "탄핵판결은 공직으로부터 파면함에 그친다. 단, 이에 의하여 민사상이나 형사상의 책임이 면제되는 것은 아니다."라고 규정하였다. 또한, 탄핵심판에도 일사부재리의 원칙이 적용되며(탄핵재판소법 제22조), 탄핵소추를 받은 사람이 재판 전에 해직된 경우에는 탄핵소추를 기각하도록 규정하였다(탄핵재판소법 제30조).

1952년 제 1 차 개정헌법에서는 양원제를 도입하여 탄핵재판소의 구성에 있어서 국회의원 5인의 심판관을 참의원의원 5인으로 바꾸었으며, 탄핵소추의 발의를 민의원의원 50인 이상의 찬성으로 하고 그 결의는 양원합동회의에서 각 원의 재적의원 3분의 2 이상의 출석과 출석의원 3분의 2 이상의 찬성을 요하도록 하였다. 또한 1954년 제 2 차 개정헌법에서는 국무총리제가 폐지됨에 따라서 탄핵의 대상에서 국무총리를 제외하였고, 탄핵소추의 발의와 결의요건을 완화하여 민의원의원 30인 이상의 발의가 있어야 하며, 이에 대한 소추결의는 양원에서 각각 그 재적의원 과반수의 찬성이 필요하도록 개정하였다. 그런데, 제 1 공화국에서 탄핵재판소는 1건도 탄핵심판을 하지 않았다.

제 2 절 1960년 헌법(제 2 공화국 헌법)

1. 헌법재판소의 설치

1960년 개정된 제 2 공화국 헌법에서는 헌법재판소를 설치하며, 그 구성은 대통령, 대법원, 참의원이 각 3인씩 선임하는 9인의 심판관으로 구성하는 것으로 규정하였다(헌법 제83조의4 제 1 항, 제 2 항). 심판관의 임기는 6년으로 하고 2년마다 3인씩 개임하며(헌법 제83조의4 제 3 항), 심판관 9명은 대통령이 3인을 임명하고, 대법원은 대법관회의에서 선출한 3인을 선임하며, 참의원은 재적의원 과반수의 찬성으로 3인을 선임하도록 하였다(헌재법 제 3 조 제 1 항, 제 2 항). 헌법재판소장은 심판관 중에서 재적심판관 과반수의 찬성으로 호선하여 대통령이 확인하며(헌재법 제 5 조 제 2 항, 제 3 항), 심판관은 모두 법관의 자격을 가진 자로 제한하였다(헌재법 제 2 조).

또한 헌법재판의 독립을 보장하기 위하여 심판관은 정당에 가입하거나 정치에 관여할 수 없도록 규정하였다(헌법 제83조의4 제 4 항). 헌법재판소는 원칙적으로 심판관 5인 이상의 출석으로 심리하고, 심판관 5인 이상의 찬성으로 심판하며(헌재법 제 8 조 제 1 항), 법률의 위헌결정과 탄핵결정은 심판관 6인 이상의 출석으로 심리하고 6인 이상의 찬성으로 심판하도록 하였다(헌법 제83조의4 제 5 항).

제 2 공화국 헌법은 제대로 된 헌법재판소제도를 도입하였으나 헌법재판소법이 공포된 후 1개월 만에 헌법에 규정된 헌법재판소가 구성되기도 전에 5·16 군사쿠데타가 발생하여 헌법재판소는 출범도 하지 못하고 헌법전(憲法典)의 제도로 끝나고 말았다.

2. 헌법재판소의 관장사항

가. 헌법규정

제 2 공화국 헌법은 제83조의3에서 "헌법재판소는 다음 각 호의 사항을 관장한다. 1. 법률의 위헌여부 심사 2. 헌법에 관한 최종적 해석 3. 국가기관간의 권한쟁의 4. 정당의 해산 5. 탄핵재판 6. 대통령, 대법원장과 대법관의 선거에 관한 소송"이라고 규정하여 관장사항을 열거하였다. 헌법재판소의 관장사항에는 헌법소원이 포함되어 있지 않았다.

나. 규범통제

규범통제에 대하여는 헌법 제81조에서 "대법원은 법률의 정하는 바에 의하여 명령·규칙과 처분이 헌법과 법률에 위반되는 여부를 최종적으로 심사할 권한이 있다."라고 규정하여 명령·규칙·처분에 대한 위헌·위법여부의 심판은 대법원이 관장하고, 헌법재판소는 법률에 대한 위헌법률심판을 관장하도록 하였다. 헌법재판소의 위헌법률심판권은 구체적 규범통제뿐만 아니라 추상적 규범통제도 인정하였다. 따라서 법원에 사건이 계속되지 않아 재판의 전제성이 없는 경우에도 위헌심판제청을 받아 위헌심판을 할 수 있었으며, 제청인의 범위에 제한을 두지 않은 것이 특징이다. 또한, 규범통제에서 위헌법률심사의 제청이 있으면 제청법원 또는 당해법원의 사건이 당연히 정지되는 것이 아니라 헌법재판소가 결정으로 헌법재판소의 판결이 있을 때까지 당해사건을 정지시킬 수 있도록 규정하였다(헌재법 제 9 조 제 1 항). 위헌판결을 받은 법률 또는 법률조항은 판결이 있은 날로부터 법률로서의 효력을 상실하지만, 형벌에 관한 조항은 소급하여 그 효력을 상실하도록 규정하였다(헌재법 제22조 제 2 항).

다. 헌법에 관한 최종적 해석

헌법재판소는 헌법에 관한 최종적 해석권한을 가졌는데, 이는 국가의 모든 작용에 적용되어 헌법질서와 헌법해석의 통일을 위한 것이다. 헌법에 관한 최종적 해석을 헌법재판소에 구하는 것은 법원에 사건이 계속되지 아니한 경우에도 가능하였으며(헌재법 제 9 조 제 1 항), 그 제청인의 범위를 국가기관으로 제한하지 않아 일반국민도 제청할 수 있도록 한 것이 특징이다. 또한, 헌법재판소법은 "헌법해석에 관한 헌법재판소의 판결은 법원과 기타 국가기관 및 지방자치단체의 기관을 기속한다."라고 규정하여(헌재법 제22조 제 1 항) 헌법재판소의 결정에 기속력을 인정하였다.

라. 국가기관간 권한쟁의심판

제 2 공화국 헌법은 우리 헌정사에서 최초로 헌법재판소의 관장사항에 권한쟁의심판을 포함시켰다. 헌법은 권한쟁의심판의 대상을 국가기관간의 권한쟁의로 한정하였으나, 헌법재판소법은 권한쟁의에 관한 헌법재판소의 판결은 모든 국가 또는 지방자치단체의 기관을 기속한다고 규정하였다(헌재법 제22조 제 3 항).

마. 정당해산심판

위헌정당해산심판을 인정하여 정당의 목적이나 활동이 헌법의 민주적 기본질서에 위배될 때에는 정부가 대통령의 승인을 얻어 소추하고 헌법재판소가 판결로써 그 정당의 해산을 명하도록 정하였다(헌법 제13조).

바. 탄핵재판

헌법재판소는 탄핵재판을 관장사항으로 하여 고위공직자에 대하여 국회가 탄핵소추를 의결하고, 헌법재판소는 파면재판의 선고를 통하여 탄핵소추를 받은 공직자를 파면한다고 하였다(헌재법 제22조 제 4 항).

사. 대통령·대법원장·대법관의 선거에 관한 소송

헌법재판소는 대통령, 대법원장과 대법관의 선거에 관한 소송을 관장하였는데, 대의기관의 구성을 신속하게 마무리함으로써 국정의 공백이 발생하는 것을 방지하기 위하여 선거에 관한 소송은 모든 사건에 우선하여 심리하도록 하였다(헌재법 제17조 제 1 항 단서).

3. 헌법재판의 실제

1961. 4. 17. 헌법재판소법이 제정된 지 1개월 만에 5·16 군사쿠데타가 발생하여 헌법재판소는 구성되지 못하였고, 1960년 헌법의 헌법재판제도는 미실현제도에 그쳤다.

제 3 절 1962년 헌법(제 3 공화국 헌법)

1. 대법원의 헌법재판

가. 개 설

제 3 공화국 헌법은 우리 헌정사에서 처음으로 헌법재판에 대하여 미국형의 사법심사제도를 도입하여 사법부인 대법원이 규범통제를 하도록 규정하였다. 이때 헌법재판기관으로서 대법원은 구체적 규범통제권과 위헌정당해산심판권을 가졌으며, 탄핵심판위원회는 탄핵심판권을 가지도록 하였다.

나. 대법원의 구성

대법원은 16인 이하의 법관으로 구성되며(헌법 제97조 제 2 항), 대법원장은 법관추천회의의 제청에 의하여 대통령이 국회의 동의를 얻어 임명하고(헌법 제99조 제 1 항), 대법원판사인 법관은 대법원장이 법관추천회의의 동의를 얻어 제청하고 대통령이 임명하였다(헌법 제99조 제 2 항). 법관추천회의는 법관 4인, 변호사 2인, 대통령이 지명하는 법학교수 1인, 법무부장관과 검찰총장의 9인으로 구성하였다(헌법 제99조 제 4 항). 대법원장의 임기는 6년으로 연임될 수 없으나(헌법 제100조 제 1 항), 나머지 법관의 임기는 10년으로 연임이 가능하였다(헌법 제100조 제 2 항). 법관의 정년은 획일적으로 65세이며(헌법 제100조 제 3 항), 법관은 탄핵 또는 형벌에 의하지 아니하고는 파면되지 않으며, 징계처분에 의하지 아니하고는 정직, 감봉 또는 불리한 처분을 받지 않도록 하여(헌법 제101조) 그 신분을 보장하였다.

다. 구체적 규범통제

헌법 제102조 제 1 항은 "법률이 헌법에 위배되는 여부가 재판의 전제가 된 때에는 대법원은 이를 최종적으로 심사할 권한을 가진다."라고 규정하여 위헌법률심판에 있어서 구체적 규범통제권을 대법원에 부여하였다. 대법원이 법률에 대해서 위헌결정을 하면 그 법률은 당연히 효력을 상실하는 것은 아니지만 사실상 하급법원에서 적용이 배제되는 효력이 있었다. 한편, 헌법 제102조 제 2 항은 "명령·규칙·처분의 위헌여부가 재판의 전제가 된 때에는 대법원은 이를 최종적으로 심사할 권한을 가진다."라고 규정하여 명령·규칙·처분에 대하여도 법률의 규범통제와 동일하게 인정하였다.

라. 위헌정당해산심판

헌법 제 7 조 제 3 항은 "정당은 국가의 보호를 받는다. 다만 정당의 목적이나 활동이 민주적 기본질서에 위배될 때에는 정부는 대법원에 그 해산을 제소할 수 있고, 정당은 대법원의 판결에 의하여 해산된다."라고 규정해서 위헌정당해산심판권도 대법원의 관장사항으로 하였다. 대법원이 정당해산을 명하는 판결을 하기 위해서는 대법원 법관 정수의 5분의 3 이상의 찬성을 얻도록 규정하였다(헌법 제103조).

2. 탄핵심판위원회

가. 탄핵심판위원회의 구성

탄핵심판위원회는 대법원장을 위원장으로 하고 대법원판사 3인과 국회의원 5인 등 9인으로 구성하였으며, 대법원장을 심판할 경우에는 국회의장이 위원장이 되도록 하였다(헌법 제62조 제 2 항). 탄핵심판위원은 각각 대법원과 국회에서 선출하는데, 대법원과 국회는 별도로 각 3인과 5인의 예비심판위원도 함께 선출하게 했다(탄핵심판법 제10조).

나. 탄핵심판

헌법 제61조 제 1 항은 "대통령, 국무총리, 국무위원, 행정각부의 장, 법관, 중앙선거관리위원회위원, 감사위원 기타 법률에 정한 공무원이 그 직무집행에 있어서 헌법이나 법률을 위배한 때에는 국회는 탄핵의 소추를 의결할 수 있다." 라고 규정하였다. 국회의 탄핵소추는 국회의원 30인 이상의 발의가 있어야 하며, 그 의결은 재적의원 과반수의 찬성이 있어야 했다(헌법 제61조 제 2 항). 탄핵소추의 의결을 받은 자는 탄핵결정이 있을 때까지 그 권한행사가 정지되며(헌법 제61조 제 3 항), 탄핵결정은 구성원 6인 이상의 찬성이 있어야 가능하였다(헌법 제62조 제 3 항). 탄핵결정은 공직으로부터 파면함에 그치지만, 민사·형사상의 책임이 면제되지는 않는다(헌법 제62조 제 4 항).

고위공직자가 탄핵심판을 받아 파면된 경우에는 선고일부터 3년이 경과한 때와 파면사유가 없었다는 분명한 증거가 발견된 때에는 탄핵파면된 자가 탄핵심판위원회의 자격회복의 판결을 받아 헌법 제61조 제 1 항이 정하는 공직에 취임할 수 있었다(탄핵심판법 제30조 내지 제32조). 한편 1969년의 제 6 차 개정헌법에서는 대통령에 대한 탄핵소추의 요건을 강화하여 국회의원 50인 이상의 발의와 재적의원 3분의 2 이상의 찬성이 필요하도록 개정하였다(헌법 제61조 제 2 항 단서).

3. 헌법재판의 실제

제 3 공화국에서의 대법원은 국가배상법과 법원조직법에 의하여 위헌판결을 하였는데, 위 위헌판결에 찬성한 대법원판사들이 모두 해직되는 소위 '사법파동'을 초래한 원인으로 작용하였다. 1971년 대법원은 국가배상법 제 2 조 제 1 항 단서에 대하여 "군인 또는 군속이 공무원의 직무상 불법행위의 피해자인 경우에 그 군인 또는 군속에게 이로 인한 손해배상청구권을 제한 또는 부인하는 국가배상법 제 2 조 제 1 항 단행은 헌법 제26조에서 보장된 국민의 기본권인 손해배상청구권을 헌법 제32조 제 2 항의 질서유지 또는 공공복리를 위하여 제한할 필요성이 없이 제한한 것이고 또 헌법 제 9 조의 평등의 원칙에 반하여 군인 또는 군속인 피해자에 대하여서만 그 권리를 부인함으로써 그 권리자체의 본질적 내용을 침해하였으며 기본권 제한의 범주를 넘어 권리자체를 박탈하는 규정이므로 이는 헌법 제26조, 같은 법 제 8 조, 같은 법 제 9 조 및 같은 법 제32조 제 2 항에 위반한다."라고 판결하였다.[1)]

이때 다수의 위헌의견은 9명이었고, 합헌의견은 7명이었는데, 대법원은 법원조직법 제59조 제 1 항 단서 규정에 대하여도 "현행 법원조직법 제59조 제 1 항은 '합의심판은 헌법 및 법률에 다른 규정이 없으면 과반수로서 결정한다. 다만 대법원이 제 7 조 제 1 항 제 1 호의 규정에 의한 합의심판을 하는 때에는 대법원판사 전원의 3분의 2 이상의 출석과 출석인원 3분의 2 이상의 찬성으로 결정한다.'라고 규정하여 합의정족수를 제한하여 위헌심사권을 제한하고, 동법 부칙 제 3 항에서 '이 법 시행 당시 대법원이 법률, 명령 또는 규칙이 헌법에 위반한다고 재판한 종전의 판결에 따라 재판하는 경우에도 제59조 제 1 항 단서를 적용한다.'고 규정하였는바, 위 개정 법원조직법 및 같은 법 부칙의 규정은 위에서 본 바와 같이 아무런 제한 없이 일반원칙에 따라 법률 등의 위헌심사를 할 수 있는 권한을 대법원에 부여한 헌법 제102조에 위반하여 대법원의 위헌심사권을 제한하여 헌법의 근거 없이 과반수 법관의 의견으로 재판할 수 없다는 재판의 본질에 어긋나는 것을 요구하는 결과가 되고, 법원조직법 제59조 제 1 항 단항을 적용한다면 대법원 법관 16명 전원이 출석하여 합의하는 경우에는 헌법 제103조에서 제한한 정당해산의 판결은 대법원 법관 10명의 찬성으로 할 수 있음에도 불구하고 헌법에 제한이 없는 법률 등의 위헌판결은 11명의 대법원법관의 찬성이 있어야 할 수 있게 되는 모순이 생기게 될 것이므로 법원조직법 제59조 제 1 항 단항 및 같은 법 부칙 제 3 항은 헌법 제102조에 위반됨이 명백하다."라고 판결하였다.

1) 대법원 1971. 6. 22. 선고 70다1010 전원합의체 판결(손해배상사건).

또한 대법원은 군형법 제47조와 국가배상법 제 3 조, 반공법 제 4 조 제 1 항, 형법상의 사형제도, 강간죄의 객체를 여자에 한정하는 규정에 대해서는 합헌판단을 내렸다.

제 4 절 1972년 헌법(유신헌법, 제 4 공화국 헌법)

1. 헌법위원회의 구성

1972년에 유신헌법이 등장하면서 헌법위원회를 부활시키고 위헌법률심판, 탄핵심판, 정당해산심판을 관장하도록 규정하였다. 헌법위원회는 9인의 위원으로 구성되며, 그 가운데 국회가 3인을 선출하고, 대법원장이 3인을 지명하도록 하고 모두 대통령이 임명하도록 하였다. 9인의 위원은 모두 대통령이 임명하였는데, 대통령이 임명하기 전 국회가 3인을 선출하고 대법원장이 3인을 지명하였다(헌법 제109조 제 2 항, 제 3 항). 위원의 임기는 6년이며, 정당에 가입하거나 정치에 관여할 수 없었다. 헌법위원회 위원의 자격요건에는 법관의 자격을 요구하지 않으며, 대통령·국회의장·대법원장·국무총리·국무위원·법제처장의 직에 있던 자, 20년 이상 판사·검사 또는 변호사의 직에 있던 자, 판사·검사 또는 변호사의 자격이 있는 자로서 20년 이상 법원·검찰청·법무부·국방부·법제처·국회사무처 또는 법원행정처에서 법률사무를 전담한 자, 20년 이상 공인된 법과대학에서 법률학조교수 이상의 직에 있던 자 중에서 임명하였다(헌법위원회법 제 3 조). 헌법위원회 위원 중에서 대통령이 임명하는 위원장과 상임위원 1인을 두고, 나머지 위원은 모두 비상임 명예직으로 하였다(헌법위원회법 제 6 조, 제10조 제 1 항).

헌법위원회는 위원 7인 이상의 출석으로 심리하고 법률의 위헌결정, 탄핵결정, 정당해산결정은 위원 6인 이상의 찬성으로 하며(헌법 제111조 제 1 항) 그 외의 결정은 출석위원 과반수의 찬성으로 행하였다(헌법위원회법 제 9 조).

2. 헌법위원회의 관장사항

가. 구체적 규범통제

제 4 공화국 헌법은 제105조 제 1 항에서 "법률이 헌법에 위반되는 여부가 재판의 전제가 된 때에는 법원은 헌법위원회에 제청하여 그 결정에 의하여 재판한다."라고 규정하여 구체적 규범통제를 인정하였다. 이때 하급법원도 법률의 위헌여부를 제청할 수 있으나, 그 심판제청서는 반드시 대법원을 경유하도록 하여 대법원은 제청법률에 대한 1차적인 심사를 통하여 제청이 불필요하다고 판단하면 헌법위원회에 제청서를 송부하지 않을 수 있도록 하였다(헌법위원회법 제15조 제 3 항). 법률의 위헌결정에는 위원 6인 이상의 찬성이 필요하며(헌법 제111조 제 1 항), 위헌결정에 대하여는 법원 기타 국가기관이나 지방자치단체를 기속하는 기속력을 인정하였다(헌법위원회법 제18조 제 2 항). 한편, 헌법 제105조 제 2 항은 "명령·규칙·처분이 헌법이나 법률에 위반되는 여부가 재판의 전제가 된 때에는 대법원은 이를 최종적으로 심사할 권한을 가진다."라고 규정하여 명령·규칙·처분에 대하여는 대법원의 관장사항으로 인정하였다.

나. 탄핵심판

헌법은 제99조 제 1 항에서 "대통령·국무총리·국무위원·행정각부의 장·헌법위원회위원·법관·중앙선거관리위원회위원·감사위원 기타 법률에 정한 공무원이 그 직무집행에 있어서 헌법이나 법률을 위배한 때에는 국회는 탄핵의 소추를 의결할 수 있다."라고 규정하고, 국회의 탄핵소추는 국회재적의원 3분의 1 이상의 발의가 있어야 하며, 그 의결은 국회재적의원 과반수의 찬성이 있어야 하고, 다만, 대통령에 대한 탄핵소추는 국회재적의원 과반수의 발의와 국회재적의원 3분의 2 이상의 찬성이 있어야 한다(헌법 제99조 제 2 항). 탄핵소추의 의결을 받은 자는 탄핵결정이 있을 때까지 그 권한행사가 정지되며(헌법 제99조 제 3 항), 탄핵결정은 위원 6인 이상의 찬성이 필요하고(헌법 제111조 제 1 항), 탄핵결정은 공직으로 파면함에 그치나, 민사상이나 형사상의 책임이 면제되지는 아니한다(헌법 제99조 제 4 항).

다. 위헌정당해산심판

헌법 제 7 조 제 3 항은 "정당의 목적이나 활동이 민주적 기본질서에 위배되거나 국가의 존립에 위해가 될 때에는 정부는 헌법위원회에 그 해산을 제소할 수 있고, 정당은 헌법위원회의 결정에 의하여 해산된다."라고 규정하여 위헌정당해산심판권을 헌법위원회에 부여하였다. 유신헌법은 정당해산의 사유로 '국가의 존립에 위해가 되는 경우'를 추가한 것이 특징이다. 정당해산의 결정은 위원 6인 이상의 찬성이 필요하였다(헌법 제111조 제 1 항).

3. 헌법위원회의 활동

대통령의 독재체제를 강화한 유신헌법의 통치구조 속에서 헌법재판제도는 명목상 장식에 불과한 것이었고, 더욱이 헌법위원회의 구체적 규범통제마저도 대법원에게 부여한 하급법원의 위헌제청서 불송부결정권으로 인하여 무용지물화 되어 헌법위원회에 단 1건의 위헌제청도 접수되지 않았다.

제 5 절 1980년 헌법(제 5 공화국 헌법)

1. 헌법위원회의 구성

제 5 공화국 헌법은 제 4 공화국의 헌법재판제도를 거의 그대로 유지하였으며, 헌법위원회를 구성하여 구체적 규범통제권, 탄핵심판권, 정당해산심판권을 관장하도록 하였다(헌법 제112조). 헌법위원회는 대통령이 임명하는 9인의 위원으로 구성하는데, 3인은 국회에서 선출하는 자를, 3인은 대법원장이 지명하는 자를 임명해야 하며, 위원장은 위원 중에서 대통령이 임명했다(헌법 제112조 제 2 항, 제 3 항, 제 4 항). 헌법위원회 위원의 임기는 6년이며 법률이 정하는 바에 의하여 연임이 가능했다. 헌법위원회 위원은 정당에 가입하거나 정치에 관여할 수 없었으며, 탄핵 또는 형벌에 의하지 않으면 파면되지 않았는데, 그 자격은 법률로 정했다(헌법 제113조).

2. 헌법위원회의 관장사항

제 5 공화국 헌법은 제108조 제 1 항에서 "법률이 헌법에 위반되는 여부가 재판의 전제가 된 경우에 법원은 법률이 헌법에 위반되는 것으로 인정할 때에는 헌법위원회에 제청하여 그 결정에 의하여 재판한다."라고 규정하여 위헌법률심판의 제청사유로서 '법률이 헌법에 위반되는 것으로 인정할 때'를 추가했다. 한편 헌법 제108조 제 2 항에서는 "명령·규칙·처분이 헌법이나 법률에 위반되는 여부가 재판의 전제가 된 경우에는 대법원은 이를 최종적으로 심사할 권한을 가진다."라고 규정하여 명령·규칙·처분에 대하여는 종전과 마찬가지로 대법원의 관장사항으로 인정하였다.

헌법위원회는 탄핵심판권을 가졌는데 그 내용과 절차에 대하여 제 4 공화국의 내용을 그대로 계승하여 규정하였다. 한편 헌법 제 7 조 제 4 항에서는 "정당의 목적이나 활동이 민주적 기본질서에 위배될 때에는 정부는 헌법위원회에 그 해산을 제소할 수 있고, 정당은 헌법위원회의 결정에 의하여 해산된다."라고 규정하여 종전의 정당해산의 요건에서 '국가의 존립에 위해가 된 때'를 삭제하였다.

3. 헌법위원회의 활동

제 5 공화국의 헌법위원회도 제 4 공화국의 헌법위원회와 마찬가지로 군사독재의 긴장된 정치상황 속에서 제 구실을 하지 못했나. 내법원의 하급법원의 위헌제청에 대하여 대법원판사 전원의 3분의 2 이상으로 구성되는 합의체에서 당해법률이 헌법에 위반되는 것으로 인정할 때에만 그 제청서를 헌법위원회에 송부하도록 함으로써(헌법위원회법 제15조 제 3 항), 위헌법률심사를 더욱 어렵게 만들었으며 결국 구체적 규범통제는 대법원의 불송부결정권 때문에 전혀 이루어지지 않았다. 그 결과 헌법위원회는 하는 일 없이 국가 재정만 축내는 휴면기관의 신세를 면치 못했다.[1)]

1) 실무제요, 5면; 허영, 94면.

제 6 절 1987년 헌법(현행헌법)

1987년 6월 민주항쟁의 산물이라고 할 수 있는 현행헌법은 제 2 공화국에서와 마찬가지로 독립한 헌법재판소를 설치하고, 위헌법률심판, 탄핵심판, 정당해산심판, 권한쟁의심판, 헌법소원심판을 관장하도록 하였다(헌법 제111조 제 1 항). 특히, 헌법재판소는 헌정사에서 처음으로 헌법소원제도를 도입하여 국민의 기본권을 실효적으로 보장하고 헌법의 규범력을 실질화하고 있다. 마침내 1988년 9월 1일 헌법재판소법이 발효되고 그 달 15일에 헌법재판관 9명이 임명되어 헌법재판소가 출범하였는바, 헌법재판소의 출범에 대하여 기대와 우려가 교차하였으나, 헌법재판이 37년여 동안 진행되면서 국내적으로는 물론 세계적으로도 성공적으로 운영되고 있다고 평가받고 있다.

제 2 편

헌법재판소

제 1 장 헌법재판소의 구성
제 2 장 헌법재판소의 조직
제 3 장 헌법재판소의 권한
제 4 장 헌법재판소와 법원의 관계

제 1 장 헌법재판소의 구성

제 1 절 구성 방식

헌법재판소는 9인의 재판관으로 구성한다. 9인의 재판관 모두 대통령이 임명하나, 그 중 3인은 국회에서 선출하는 자를, 3인은 대법원장이 지명하는 자를 임명한다(헌법 제111조 제 2 항, 제 3 항). 국회에서 선출하는 자나 대법원장이 지명하는 자에 대한 대통령의 임명권은 형식적인 권한에 불과하고 실질적 권한이 아니므로 대통령이 임명을 거부할 수 없다고 보는 견해도 있다. 그러나 이러한 견해는 '임명하여야 한다'가 아니라 '임명한다'는 헌법의 명문규정의 의미를 벗어나는 견해라 할 수도 있다.[1] 결국 헌법재판소 재판관 선출에 관한 국회의 결정을 대통령이 내용적으로 심사하는 것은 헌법 제111조 제 3 항 및 헌재법 제 6 조 제 1 항 후문의 규정 내용에 비추어 제한되지만, 재판관 자격요건이 충족되었는지 여부 및 국회의 선출절차에 하자가 있는 경우 등에는 재판관의 임명을 거부할 수 있다고 보아야 할 것이다.[2] 헌법재판소도 2025헌라1 사건에서 "대통령은 청구인이 헌법 제111조 제 3 항에 따라 재판관으로 선출한 사람이 헌법과 헌법재판소법에서 정한 자격요건을 갖추고 그 선출과정에 의회민주주의를 원칙으로 하는 헌법 및 국회법 등 법률을 위반한 하자가 없는 한 헌법 제111조 제 2 항에 따라 그 사람을 재판관으로 임명할 헌법상 의무를 부담한다."고 판시하였다.[3]

헌법재판소장은 국회의 동의를 얻어 재판관 중에서 대통령이 임명한다(헌법 제111조 제 4 항). 헌법재판소장은 재판부의 재판장이 되지만(헌재법 제22조 제 2 항), 심판에 있어서는 다른 재판관과 동등하게 재판부 구성원의 1인일 뿐이므로 다른 재판관에게 지시를 하거나 영향력을 미치는 행위를 할 수도 없다.[4]

---

1) 김하열, 75면.
2) 주석 헌법재판소법, 103면.
3) 헌재 2025. 2. 27. 2025헌라1.
4) 동지: 김하열, 75면; 정종섭, 91면.

그런데 직접적인 민주적 정당성을 국민으로부터 수여받지 못한 기관인 대법원장이 헌법재판관 3인을 지명할 수 있게 한 것은 민주적 정당성 관점에서 정당하지 아니하고 위헌법률심판권을 보유한 최고사법기관의 재판관을 대법원장이 지명하도록 한 것은 권력구조의 관점에서 불균형을 야기하므로 헌법개정시 개선되어야 한다는 견해가 많다.[1)]

한편 재판관의 숫자를 대법관의 숫자 정도로 증원하는 것을 검토할 필요가 있다는 견해[2)]도 있으나, 헌법재판소의 사건부담에 비추어서도 9인의 재판관 수가 적다고 할 수 없다. 무엇보다 전원합의체에서 평의를 함에 있어 효율성에 비추어 보더라도 재판관 9인의 숫자를 유지하는 것이 바람직하다고 생각한다.

제 2 절 재판관 임명의 절차

재판관은 국회의 인사청문을 거쳐 임명·선출 또는 지명된다. 대통령이 고유의 권한으로 임명하는 재판관 3인의 경우 임명하기 전에, 대법원장이 지명하는 3인의 경우에도 지명하기 전에 국회에 인사청문을 요청해야 한다(헌재법 제 6 조 제 2 항).

국회에서 선출하는 재판관 후보자나 헌법재판소장 후보자에 대한 인사청문은 국회 인사청문특별위원회에서 실시하고(국회법 제46조의3 제 1 항, 제65조의2 제 1 항), 그 밖의 재판관 후보자에 대한 인사청문은 상임위원회에서 실시한다(국회법 제65조의2 제 2 항). 헌법재판소 재판관 후보자가 헌법재판소장 후보자를 겸하는 경우에는 인사청문특별위원회의 인사청문회를 열고, 이 경우에는 소관 상임위원회의 인사청문회를 겸하는 것으로 본다(국회법 제65조의2 제 5 항).

그런데 재판관 임명절차와 관련하여 국회 청문절차, 본회의 표결 등에서 수차례 파행을 겪은 사례가 있은 것은 매우 유감스러운 일이다.

먼저 전효숙 헌법재판소장 임명동의안 처리절차에서는 전 후보자가 새로 헌법재판소장이 되는 경우에 재판관의 잔여임기가 아니라 6년의 임기를 새로 보장해 주려는 의도에서 전 후보자에게 재판관직을 사직하게 한 것을 문제삼아 당시 야당인 한나라당이 극렬 반대하자 결국 본회의 표결절차에 나아가지 못하

1) 김하열, 78면; 성낙인, 90면; 허영, 115면(허영 교수는 대법원장의 선임 대신 헌법재판소장의 제청으로 국회의 동의를 받아 대통령이 임명하도록 하는 것이 보다 합리적이라고 한다.).
2) 성낙인, 69면.

고 대통령이 헌법재판소장 임명동의안을 철회하는 것으로 마무리하였다.

또한 2011. 6. 28. 야당인 민주당 추천의 조용환 재판관 후보자에 대한 인사청문회가 실시되어 종료되었으나 선출안에 대한 심사경과보고서의 채택이 보류된 상태에서 조대현 재판관이 퇴임하고 그 후 2개월이 경과한 2011. 9. 8. 선출안에 대한 심사경과보고서가 채택되었다. 그러나 심사경과보고서 채택 후 5개월이 경과하도록 이를 본회의에 부의하지 아니한 채 방치하였다가 2012. 2. 9.에야 본회의에서 부결되었고, 그로부터 7개월이 경과한 후인 2012. 9. 4.에 이르러서야 후임 재판관에 대한 선출안을 인사청문특별위원회에 회부하여 2012. 9. 19. 본회의에서 선출안을 가결하였다.

결국 1년이 넘는 기간 동안 9인의 재판관이 아닌 8인의 재판관이 헌법재판을 하는 파행적인 결과가 초래되었다.

한편 이동흡 헌법재판소장 임명동의안 처리절차에서는 야당인 민주당이 앞서 본 전효숙, 조용환 건에 대해 보복이라도 하려는 듯이 이 후보자의 판결성향, 특정업무경비 사적 유용 의혹[1] 등을 문제삼아 극렬 반대하였고, 마침 야당 출신인 인사청문특별위원회 위원장이 인사청문 경과보고서 채택을 거부하자 결국 이 후보자가 헌법재판소장 후보직을 자진사퇴하는 것으로 사태가 마무리 되었다.

그 뒤 박근혜 대통령에 대한 탄핵결정으로 인한 정권교체 이후 이루어진 김이수 헌법재판소장 임명동의 절차에서는, 입장이 뒤바뀐 야당에서 후보자의 정치적 편향성을 문제 삼아 코드인사를 통한 사법부 통제시도라고 반발함으로써 국회 임명동의안 표결에서 2표 차이로 부결되는 충격적인 결과를 낳았으며, 그 여파로 재판관 잔여임기 9개월을 남긴 이진성 재판관이 후임 헌법재판소장으로 취임하는 결과로 발전하였다.

다행히 제 7 대 헌법재판소장으로 유남석 재판관이 2018년 9월 21일 무난히 취임하고, 같은 해 10월 18일 제 6 기 재판부가 구성을 완료하였다.

유남석 소장이 2023. 11. 10. 임기만료로 퇴임한 후 이종석 재판관이 헌재소장으로 취임하였으나 잔여임기가 10개월 정도밖에 남아 있지 않아 재판관 연임될지 여부가 주목되었다. 그러나 국회에서 국회 추천 몫 3인 재판관을 여야가 몇 명을 추천할지를 두고 대립하여 임기만료 시까지 결론을 내지 못하자 이

1) 한 시민단체가 이 후보자를 업무상 횡령죄로 고발하였으나 검찰의 철저한 수사 끝에 무혐의 불기소처분을 하였다.

종석 소장은 2024. 10. 17. 재판관 임기만료로 퇴임하였다.

국회 추천 몫 3인의 재판관을 여야가 몇 명씩 추천할 것인지 협의가 이루어지지 않다가 야당이 2인, 여당이 1인 재판관을 추천하되 헌법재판소장은 대통령 또는 여당 측에서 추천하는 사람을 임명하는 것으로 논의 절차가 진행되던 중 윤대통령이 선포한 비상계엄 사태가 일어나고 한덕수 대통령 권한대행 체제가 들어서게 되었다. 그런데 대통령 권한대행이 국회 추천 재판관을 임명할 수 있는지에 관하여 여야가 심각하게 대립하는 상황이 되었다. 한덕수 권한대행이 국회추천 재판관의 임명을 여야 합의 시까지 보류하자 한 권한대행을 다시 탄핵소추하여 부총리 겸 기획재정부장관 최상목이 대통령 권한대행과 국무총리 권한대행을 맡게 되어 국회추천 재판관 중 2인을 임명하고 1인은 여야 합의 시까지 보류하는 사태에 이르렀고, 국회는 최상목 대통령 권한대행을 상대로 마은혁 재판관 후보자를 임명하지 아니한 것이 국회의 재판관 선출권, 헌법재판소 구성권을 침해하였다고 권한쟁의심판 청구를 하였다.[1)]헌법재판소는 2025헌라1 사건에서, 대통령은 청구인이 헌법 제111조 제 3 항에 따라 재판관으로 선출한 사람이 헌법과 헌법재판소법에서 정한 자격요건을 갖추고 그 선출과정에 의회민주주의를 원칙으로 하는 헌법 및 국회법 등 법률을 위반한 하자가 없는 한 헌법 제111조 제 2 항에 따라 그 사람을 재판관으로 임명할 헌법상 의무를 부담하고, 피청구인이 대통령 권한대행으로서 청구인이 선출한 마은혁을 헌법재판소 재판관으로 임명하지 아니한 부작위는 헌법에 의하여 부여된 청구인의 헌법재판소 재판관 선출을 통한 헌법재판소 구성권을 침해한 것이라고 결정하였다.[2)]

제 3 절 재판관의 자격과 신분

1. 재판관의 자격

재판관은 법관의 자격을 가져야 하는데(헌법 제111조 제 2 항), i) 판사, 검사, 변호

1) 저자가 이 사건의 피청구인의 대리인으로 활동하였다.
2) 헌재 2025. 2. 27. 2025헌라1(각 교섭단체가 추천하는 특정 후보자에 대해 다른 교섭단체가 합의를 한 경우에 한해 선출하는 국회의 관행이 있었다고 보이지 않는다고 했다).

사 ii) 변호사의 자격이 있는 자로서 국가기관, 국영·공영 기업체, 「공공기관의 운영에 관한 법률」 제 4 조에 따른 공공기관 또는 그 밖의 법인에서 법률에 관한 사무에 종사한 사람 또는 iii) 변호사 자격이 있는 사람으로서 공인된 대학의 법률학 조교수 이상의 직에 있던 사람 등에 각 15년 이상(그 이상의 직에 있던 사람의 재직기간은 이를 통산한다) 있던 40세 이상인 사람은 재판관의 자격이 있다(헌재법 제 5 조).

이상의 자격요건을 갖추었어도 i) 다른 법령에 의하여 공무원으로 임용하지 못하는 사람, ii) 금고 이상의 형을 선고받은 사람, iii) 탄핵에 의하여 파면된 후 5년을 경과하지 아니한 사람, iv) 정당법 제22조에 따른 정당의 당원 또는 당원의 신분을 상실한 날부터 3년이 경과되지 아니한 사람, v) 공직선거법 제 2 조에 따른 선거에 후보자(예비후보자를 포함한다)로 등록된 날부터 5년이 경과되지 아니한 사람, vi) 공직선거법 제 2 조에 따른 대통령 선거에서 후보자의 당선을 위하여 자문이나 고문의 역할을 한 날부터 3년이 경과되지 아니한 사람은 재판관으로 임용할 수 없다(헌재법 제 5 조 제 2 항).

헌법재판소장의 자격 또한 재판관의 자격과 같다. 헌법 제111조 제 4 항은 '재판관 중에서' 헌법재판소장을 임명하도록 규정하고 있지만, '재판관 중에서'라는 규정의 뜻은 '헌법재판소장도 재판관의 1인'이라는 뜻으로 풀이해야 한다. 그러므로 재판관의 자격요건을 갖춘 사람이라면 현직 재판관이 아니더라도 헌법재판소장으로 임명될 수 있고, 우리 헌정사상 헌법재판소장 임명의 실제도 그러하였다.[1)]

2. 재판관의 임기와 정년

재판관의 임기는 6년이며 연임할 수 있다(헌법 제112조 제 1 항). 연임 횟수의 제한은 없다.

헌법은 제105조 제 1 항에서의 대법원장의 임기는 6년으로 규정하고 있지만 헌법재판소장의 임기를 따로 규정하고 있지 않다. 그렇다면 헌법재판소장도 재판관인 이상 재판관의 임기에 관한 규정이 그대로 적용될 것이므로 헌법재판소장의 임기는 6년이다.

그런데 대통령이 재임 중인 재판관 중에서 국회의 동의를 얻어 헌법재판소장을 임명하는 경우에는 재판관의 잔여임기 동안만 헌법재판소장으로 재임한

1) 동지: 김하열, 76면; 허영, 116면.

다고 보아야 할 것이다.[1] 헌법이 헌법재판소장의 임기를 6년으로 명시적으로 규정하고 있지 않음에도 불구하고 헌법재판소장의 임기 6년을 보장해 주기 위하여 재임 중의 재판관을 사직시킨 후 헌법재판소장인 재판관으로 다시 임명하는 것은 헌법정신에 부합하기 어렵다고 보아야 할 것이다.[2]

재판관의 정년은 65세이고, 헌법재판소장의 정년은 70세였으나(구 헌재법 제 7 조 제 2 항), 2014. 12. 30. 재판관의 경우도 헌법재판소장과 마찬가지로 정년을 70세로 연장하는 것으로 개정되었다(헌재법 제 7 조 제 2 항).

재판관의 임기가 만료되거나 정년이 도래하는 경우에는 임기만료일 또는 정년 도래일까지 후임자를 임명해야 하고, 재판관이 임기 중 결원된 경우에는 결원된 날부터 30일 이내에 후임자를 임명해야 한다(헌재법 제 6 조 제 3 항, 제 4 항).[3]

그런데 6년의 임기는 전문적인 헌법재판 업무를 효율적으로 수행하기에는 너무나 짧은 기간이므로 선진 외국의 예에 비추어 보더라도[4] 적어도 재판관의 임기를 9년 내지 10년으로 연장할 필요가 있고, 오히려 재판관 연임을 허용하지 않는 것이 바람직하다고 생각한다.[5]

3. 재판관의 신분보장과 전념의무

재판관은 탄핵 또는 금고 이상의 형의 선고에 의하지 않고는 파면되거나

1) 동지: 성낙인, 94면; 허영, 116면.
2) 동지: 허영, 116면.
3) 헌재 2014. 4. 24. 2012헌마2에서, 헌법재판소는 국회가 공석인 재판관의 후임자를 선출함에 있어 준수하여야 할 기간은 훈시규정인 헌법재판소법 제 6 조 제 3 항 내지 제 5 항이 규정하고 있는 기간이 아니라, 헌법 제27조, 제111조 제 2 항 및 제 3 항의 입법취지, 공석인 재판관 후임자의 선출 절차 진행에 소요되는 기간 등을 고려한 '상당한 기간'이라 할 것이므로, 국회는 '상당한 기간'내에 공석이 된 재판관의 후임자를 선출할 헌법상 작위의무를 부담하는바, 국회는 공석이 된 조대현 전 재판관의 후임자를 선출함에 있어 준수하여야 할 '상당한 기간'을 정당한 사유 없이 경과함으로써, 공석인 재판관의 후임자를 선출하여야 할 헌법상 작위의무의 이행을 지체하였다고 판시하였다.
4) 외국 헌법재판소의 재판관 임기 및 연임여부(헌법재판소, 헌법재판연구, 제16권, 144면).

구분	오스트리아	독일	이탈리아	스페인	프랑스	미국	포르투갈	루마니아	폴란드	태국	헝가리	체코
임기	무	12년	9년	9년	9년	종신제	9년	9년	9년	9년	9년	10년
연임 여부	무	불가	불가	불가 (재임 3년 미만은 가능)	불가 (재임 3년 미만은 가능)	무	불가	불가	불가	불가	1회 연임 가능	연임 가능

5) 동지: 김하열, 77면; 성낙인, 92면; 허영, 112면.

그 의사에 반하여 해임되지 않는다(헌법 제112조 제 3 항, 헌재법 제 8 조). 재판관은 정무직으로 하고, 그 대우와 보수는 대법관의 예에 의한다(헌재법 제15조 제 1 항). 재판관은 정당에 가입하거나 정치에 관여할 수 없다(헌법 제112조 제 2 항). 재판관은 국회 또는 지방의회의 의원의 직, 국회·정부 또는 법원의 공무원의 직, 법인과 단체 등의 고문·임원 또는 직원의 직을 겸하거나 영리를 목적으로 하는 사업을 할 수 없다(헌재법 제14조). 이와 같이 한편으로 재판관의 신분을 보장하면서 다른 한편으로 정치적 중립의 의무나 겸직금지의무를 부과한 것은 헌법수호라는 막중한 임무를 수행하는 재판관들이 오로지 헌법과 법률, 양심에 따라 독립하여 재판할 수 있도록 하기 위한 것이다.

제 2 장 헌법재판소의 조직

제 1 절 헌법재판소장

헌법재판소장은 헌법재판소를 대표하고, 헌법재판소의 사무를 총괄하며, 소속 공무원을 지휘·감독한다(헌재법 제12조 제 3 항).

헌법재판소장의 대우와 보수는 대법원장의 예에 의한다(헌재법 제15조).

헌법재판소장이 일시적인 사고로 인하여 직무를 수행할 수 없을 때에는 재판관 중 임명일자 순으로 그 권한을 대행한다. 다만, 임명일자가 같을 때에는 연장자 순으로 대행한다(헌재법 제12조의2 제 1 항). 헌법재판소장이 궐위되거나 1개월 이상 사고로 인하여 직무를 수행할 수 없을 때에는 재판관 중 재판관회의에서 선출된 사람이 그 권한을 대행한다. 다만, 그 권한대행자가 선출될 때까지는 제 1 항에 해당하는 사람이 권한을 대행한다(헌재법 제12조의2 제 2 항). 제 2 항 단서의 권한대행자는 제 2 항의 사유가 생긴 날부터 7일 이내에 제 2 항 본문의 권한대행자를 선출하기 위한 재판관회의를 소집하여야 한다(헌재법 제12조의2 제 3 항). 제 2 항 본문의 권한대행자는 재판관 전원의 3분의 2를 초과하는 인원의 출석과 출석인원 과반수의 찬성으로 선출한다. 다만, 1차 투표결과 피선자(被選者)가 없을 때에는 최고득표자와 차점자에 대하여 결선투표를 하여 그 중 다수득표자를 피선자로 하되, 다수득표자가 2명 이상일 때에는 연장자를 피선자로 한다(헌재법 제12조의2 제 4 항).

제 2 절 재판관회의

재판관회의는 재판관 전원으로 구성하며, 헌법재판소장이 의장이 된다(헌재법 제16조 제 1 항). 의장은 회의를 주재하고 의결된 사항을 집행한다('헌법재판소 재판관회의 규칙' 제 3 조).

재판관회의는 헌법재판소장이 필요하다고 인정하거나 재판관 3인 이상의 요청이 있는 때에 헌법재판소장이 소집한다(동 규칙 제 2 조).

재판관회의는 재판관 전원의 3분의 2를 초과하는 인원의 출석과 출석인원 과반수의 찬성으로 의결한다(헌재법 제16조 제 2 항). 의장은 의결에 있어 표결권을 가진다(헌재법 제16조 제 3 항). 재판관회의의 의결을 거쳐야 하는 사항으로는 헌법재판소규칙의 제정과 개정, 헌법재판소법 제10조의2에 의한 입법의견의 제출 등에 관한 사항, 예산 요구·예비금 지출과 결산에 관한 사항, 사무처장, 사무차장, 헌법재판연구원장, 헌법연구관 및 3급 이상 공무원의 임면(任免)에 관한 사항, 특히 중요하다고 인정되는 사항으로서 헌법재판소장이 재판관회의에 부치는 사항 등이다(헌재법 제16조 제 4 항).

의안은 보고안건과 의결안건으로 구분하여 사무처장이 재판관회의 전일까지 의사일정표와 함께 각 재판관에게 배포하는데, 다만 긴급한 사항에 대하여는 그러하지 아니하다(동 규칙 제 4 조). 보고사항이나 의결사항으로서 경미한 사항은 서면으로 의결할 수 있다(동 규칙 제 5 조). '비밀' 표시의 안건에 대하여는 헌법재판소장의 승인 없이 이를 발표하지 못한다(동 규칙 제 6 조).

사무처장은 소관사무에 관하여 재판관 회의에 출석하여 발언할 수 있고, 사무차장, 기획조정실장, 심판지원실장은 재판관 회의에 배석하며, 헌법재판소장이 필요하다고 인정하는 때에는 헌법연구관, 공보관, 국장, 도서심의관 등을 배석하게 하거나, 담당공무원 또는 관계전문가를 출석시켜 발언 또는 의견을 들을 수 있다(동 규칙 제 4 조의2).

간사는 재판관회의록(동 규칙 제 5 조의 규정에 의한 서면의결을 한 때에는 재판관회의 결의록)을 작성하고 서명하여야 하는데, 재판관회의의 간사는 헌법재판소사무처 기획조정실장이 된다(동 규칙 제 7 조, 제 8 조 제 1 항). 헌법재판소장은 위 회의록 또는 결의록을 확인하고 서명한다(동 규칙 제 8 조 제 2 항).

제 3 절 사 무 처

헌법재판소의 행정사무를 처리하기 위하여 헌법재판소에 사무처를 둔다(헌재법 제17조 제 1 항).

사무처장은 헌법재판소장의 지휘를 받아 사무처의 사무를 관장하며, 소속 공무원을 지휘·감독한다(헌재법 제17조 제 3 항). 사무처장은 국회 또는 국무회의에 출석하여 헌법재판소의 행정에 관하여 발언할 수 있다(헌재법 제17조 제 4 항). 사무차장은 사무처장을 보좌하며, 사무처장이 부득이한 사유로 인하여 직무를 수행할 수 없을 때에는 그 직무를 대행한다(헌재법 제17조 제 6 항).

사무처에 실·국·과를 두고(헌재법 제17조 제 7 항), 실에는 실장, 국에는 국장, 과에는 과장을 두되, 사무처장·차장·실장 또는 국장 밑에 정책의 기획, 계획의 입안, 연구·조사·심사·평가 및 홍보업무를 보좌하는 심의관 또는 담당관을 둘 수 있다(헌재법 제17조 제 8 항). 실장은 1급 또는 2급, 국장은 2급 또는 3급, 심의관 및 담당관은 2급 내지 4급, 과장은 3급 또는 4급의 일반직 국가공무원으로 임명한다. 다만 담당관 중 1인은 3급 또는 4급 상당의 별정직 국가공무원으로 임명할 수 있다(헌재법 제18조 제 3 항).

사무처의 하부조직으로서 기획조정실·심판지원실 및 행정관리국을 두며, 사무차장 밑에 공보관 및 도서심의관을 둔다('헌법재판소 사무기구에 관한 규칙' 제 7 조). 그 중 헌법재판에 관한 행정사무를 직접 담당하는 부서가 심판지원실이다.

심판지원실에 실장을 두며, 그 밑에 심판지원총괄과·심판민원과·심판사무과 및 심판정보국을 둔다. 심판정보국에 국장을 두며, 그 밑에 자료편찬과·정보화기획과 및 정보보호과를 둔다. 이중 심판지원총괄과, 심판민원과 및 심판사무과의 업무분장은 다음과 같다(동 규칙 제11조).[1)]

1. 심판지원총괄과

① 심판관련 국회업무 총괄
② 심판관련 법령 제·개정 등 제도개선
③ 심판업무 지원체계의 개선·조정
④ 헌법재판실무제요 편찬 및 발간
⑤ 헌법재판소 결정의 사후관리
⑥ 헌법재판소 기록물의 보존 및 관리업무

1) 실무제요, 10, 11면.

⑦ 행정심판제도의 운영
⑧ 헌법재판소 및 헌법재판소공무원에 대한 소송
⑨ 헌법재판소 상설전시관 운영
⑩ 그 밖에 실 내의 다른 과의 직무에 속하지 아니하는 사항

2. 심판민원과

① 심판사건 및 문건의 접수
② 공탁 및 심판비용에 관한 업무
③ 민원사무 처리
④ 방청객 안내 및 심판정의 안전 관리
⑤ 정보공개제도의 운영
⑥ 심판기록의 열람·복사
⑦ 심판사건에 관한 각종 증명원 발급
⑧ 개인정보 열람

3. 심판사무과

① 심판사건의 배당 보조
② 심판사건에 관한 서류의 작성·보관
③ 심판사건 송달에 관한 사항
④ 심판사건 통계업무
⑤ 헌법연구관으로부터 위임받은 사실관계 확인을 위한 현황 파악, 사진촬영 등의 기초조사

제 4 절 헌법연구관 등

헌법재판소에는 헌법재판소규칙으로 정하는 수의 특정직국가공무원인 헌법연구관을 둔다(헌재법 제19조 제 1 항, 제 2 항).

헌법연구관은 재판관회의의 의결을 거쳐 헌법재판소장이 임용하는데, 다음 중의 한 가지 자격을 갖추어야 한다. 즉, i) 판사·검사·변호사의 자격이 있는 사람, ii) 공인된 대학의 법률학 조교수 이상의 직에 있던 사람, iii) 국회, 정부 또는 법원 등 국가기관에서 4급 이상의 공무원으로서 5년 이상 법률에 관한 사무에 종사한 사람, iv) 법률학에 관한 박사학위 소지자로서 국회, 정부, 법원, 헌법재판소 등 국가기관에서 5년 이상 법률에 관한 사무에 종사한 사람, v) 법률학에 관한 박사학위 소지자로서 헌법재판소규칙이 정하는 대학 등 공인된 연구기관에서 5년 이상 법률에 관한 사무에 종사한 사람 등이다. 다만, 국가공무원법 제33조 제5호에 해당할 때에는 그러하지 아니하다(헌재법 제19조 제4항). 그러나 i) 국가공무원법 제33조의 결격사유에 해당하는 사람, ii) 금고 이상의 형의 선고를 받은 사람, iii) 탄핵결정에 의하여 파면된 후 5년이 경과하지 아니한 사람은 헌법연구관으로 임용될 수 없다(헌재법 제19조 제6항). 헌법연구관이 위의 임용제척사유에 해당할 때에는 당연히 퇴직한다(헌재법 제19조 제8항).

헌법연구관은 헌법재판소장의 명을 받아 사건의 심리 및 심판에 관한 조사·연구에 종사한다(헌재법 제19조 제3항). 헌법연구관은 주장의 정리나 자료의 제출을 요구하거나, 조사기일을 여는 방법 등으로 사건의 심리 및 심판에 관한 조사를 할 수 있으며, 조사대상자가 조사기일에 직접 출석하기 어려운 경우 조사대상자의 동의를 받아 인터넷 화상장치를 이용하여 조사기일을 열 수 있다(헌법재판소 심판규칙 제11조의2). 헌법재판소장은 헌법연구관을 사건의 심리 및 심판에 관한 조사·연구업무 외의 직에 임명하거나 그 직을 겸임하게 할 수 있다. 이 경우 헌법연구관의 수는 헌법재판소규칙으로 정하며, 보수는 그 중 고액의 것을 지급한다(헌재법 제19조 제11항).

헌법연구관의 임기는 10년으로 하며, 연임할 수 있고, 정년은 60세로 한다(헌재법 제19조 제7항).

사무차장은 헌법연구관의 직을 겸할 수 있다(헌재법 제19조 제10항).

헌법연구관을 신규임용하는 경우에는 3년간 헌법연구관보로 임용하여 근무하게 한 후 그 근무성적을 참작하여 헌법연구관으로 임용한다(헌재법 제19조의2 제1항). 다만, 경력 및 업무능력을 고려하여 헌법재판소규칙으로 정하는 바에 따라 헌법연구관보 임용을 면제하거나 그 기간을 단축할 수 있다(헌재법 제19조의2 제1항). 헌법연구관보는 헌법재판소장이 재판관회의의 의결을 거쳐 임용한다(헌재법 제19조의2 제 2 항).

헌법연구관보는 별정직국가공무원으로 하고, 그 보수와 승급기준은 헌법연구관의 예에 따르며, 헌법재판소장이 재판관회의의 의결을 거쳐 임용한다(헌재법 제19조의2 제 2 항, 제 3 항). 헌법연구관보가 근무성적이 불량한 경우에는 재판관회의의 의결을 거쳐 면직시킬 수 있다(헌재법 제19조의2 제 4 항).

헌법재판소장은 다른 국가기관에 대하여 그 소속공무원을 헌법연구관으로 근무하게 하기 위하여 헌법재판소에의 파견근무를 요청할 수 있다(헌재법 제19조 제 9 항).

실제로 법원과 검찰에서 상당수 중견법관과 검사가 헌법재판소에 파견되어 헌법연구관으로 근무하고 있다. 이에 관하여 장기적으로는 파견근무하는 헌법연구관의 수를 줄이고 헌법재판소에 소속된 자체 전속 헌법연구관을 많이 확보하는 것이 바람직할 것이라는 견해[1)]도 있다. 그러나 독일에서는 헌법재판소 재판관이 자신의 재량으로 연구관을 선발하여 법원이나 행정부처, 대학 등에서 파견받아 3년 정도 근무하게 하고 있고, 미국에서도 연방대법원 재판관이 law school 우수 졸업생들을 재판관 재량으로 선발하여 2년 내지 3년 정도 근무하게 하는 사례에 비추어 보면 우리나라에서도 우수한 판사나 검사를 헌법재판소에 파견받아 2년 내지 3년 정도 헌법재판의 보조인력으로 활용하는 것이 헌법재판의 수준을 높이는 데 도움이 된다고 할 것이다.

뿐만 아니라 헌법재판소 자체 전속 헌법연구관들은 일정기간 근무 후에는 법원이나 검찰, 법무법인 또는 대학 등으로 임용되는 관행을 확립하는 것이 우수인력을 헌법연구관으로 확보하는 데 기여하는 방안이 될 것이다.

한편 우리나라 헌법재판소에서는 헌법연구관의 각 재판관에 대한 배치에 대해서도 재판관의 의사를 반영하지 아니하고 헌법재판소장이 결정하는 대로 배치하고 있다. 그러나 위에서 본 바와 같이 미국이나 독일에서는 연구관의 선발 자체를 재판관의 재량에 맡기고 있고, 특히 독일에서는 재판관의 의사에 반하여 연구관을 배치할 수 없도록 연방헌법재판소 규칙으로 정하고 있는 점에 비추어 보면 우리나라에서도 재판관의 보조인력인 헌법연구관의 선발이나 배치에 재판관의 의사를 반영하는 것이 '재판관에 의한 재판'이라는 헌법재판의 성질에 부합하는 방안이라 할 것이다.

---

1) 허영, 122면.

연구관 운영실태에 관해서도, 제 4 기 재판부에서는 다수 재판관의 반대에도 불구하고 각 재판관에게 1명의 전속 헌법연구관만을 배치하여 헌법소원 사건의 사전심사만 맡기고, 기타 사건들은 모두 공동 연구관들에게 맡겨 연구보고서 작성이나 결정문 초안 작성에 관여하게 하였는바, 전속 연구관 인력의 부족으로 인하여 재판관들이 반대의견을 내는 경우에 연구관의 조력을 받는 데 지장이 많았다. 다행히 제 5 기 재판부에 들어와 전속 연구관의 수를 종전과 같이 재판관 1명당 3.5명씩 배정한 것은 '연구관에 의한 재판'이 아닌 '재판관에 의한 재판'이 되는 데 도움이 된다 할 것이다.

그 밖에 헌법재판소는 사건의 심리 및 심판에 관한 전문적인 조사·연구를 수행하는 헌법연구원, 법제연구업무를 수행하는 법제연구관, 조세연구업무를 수행하는 조세연구관 등의 전문임기제공무원을 두고 있다(헌법재판소 공무원 규칙 제 4 조의3 제 3 항).

헌법재판소에 사건의 심리 및 심판에 관한 조사 및 연구업무를 담당하는 헌법연구관(보), 헌법연구위원, 헌법연구원 등으로 구성되는 연구부를 둔다(헌법재판소 연구부 및 선임헌법연구관 등에 관한 내규 제 2 조 제 1 항). 헌법재판소 연구부에는 전속부와 공동부를 둘 수 있고, 전속부는 재판관에 배속된 헌법연구관 등으로, 공동부는 재판관에 배속되지 아니한 헌법연구관 등으로 구성하며, 필요한 경우 전문분야별로 수개의 공동부를 둘 수 있다(위 내규 제 2 조 제 2 항, 제 3 항, 제 4 항). 헌법재판소장은 법조경력 10년 이상 및 헌법연구관 경력 3년 이상의 헌법연구관 중에서 선임헌법연구관을 임명할 수 있다(위 내규 제 3 조). 헌법연구관에 대하여 수석부장연구관, 선임부장연구관 및 부장연구관의 보직, 그리고 행정사무를 담당하거나 지원하기 위한 보직을 부여할 수 있으며, 원칙적으로 선임헌법연구관으로 보한다(위 내규 제 4 조).

제 5 절 헌법재판연구원

헌법재판소에는 헌법 및 헌법재판연구와 헌법연구관, 사무처 공무원 등의 교육을 위해서 헌법재판연구원을 둔다(헌재법 제19조의4 제 1 항). 헌법재판연구원의 정원은 원장 1인을 포함하여 40인 이내로 하고, 원장 밑에 부장, 팀장, 연구관 및 연구원을 둔다(헌재법 제19조의4 제 2 항). 원장 밑에 연구 및 교육을 담당하는 연구교수부와 이를 지원하는 기획행정과를 두며, 연구교수부장 밑에 제도연구팀·기본권연구팀·비교헌법연구팀 및 교육팀을 둔다(헌재법 제19조의4 제 3 항, 헌법재판소 사무기구에 관한 규칙 제14조, 제15조, 제16조). 원장은 헌법재판소장이 재판관회의의 의결을 거쳐 헌법연구관으로 보하거나 1급인 일반직국가공무원으로 임명한다(헌재법 제19조의4 제 3 항). 부장은 헌법연구관이나 2급 또는 3급 일반직공무원으로, 팀장은 헌법연구관이나 3급 또는 4급 일반직공무원으로 임명하고, 연구관 및 연구원은 헌법연구관 또는 일반직공무원으로 임명한다(헌재법 제19조의4 제 4 항). 연구관 및 연구원은 다음 각 호의 어느 하나에 해당하는 사람 중에서 헌법재판소장이 보하거나 헌법재판연구원장의 제청을 받아 헌법재판소장이 임명한다. 즉 ⅰ) 헌법연구관, ⅱ) 변호사의 자격이 있는 사람(외국의 변호사 자격을 포함한다), ⅲ) 학사 또는 석사학위를 취득한 사람으로서 헌법재판소규칙으로 정하는 실적 또는 경력이 있는 사람, ⅳ) 박사학위를 취득한 사람 등이다(헌재법 제19조의4 제 5 항). 그 밖에 헌법재판연구원의 조직과 운영에 필요한 사항은 헌법재판소규칙으로 정한다(헌재법 제19조의4 제 6 항).

헌법재판연구원은 ① 헌법 및 헌법재판제도에 관한 중장기적·비교법적 연구, ② 기본권 및 국민의 의무 등 헌법사항에 관한 국내외 이론·판례 연구, ③ 외국 헌법재판기관의 사건 동향 및 운영 실태 조사·분석, ④ 그 밖에 헌법 및 헌법재판에 관한 연구에 관한 사무를 관장하며, 헌법재판소 공무원(파견 받은 공무원 포함), 국가기관 및 지방자치단체의 공무원, 법학전문대학원생, 변호사 및 국선대리인, 외국 사법기관 직원 및 로스쿨 학생 등의 교육에 관한 사무를 관장한다(헌재법 제19조의4 제 6 항, 헌법재판연구원 운영 규칙 제 2 조).

제 3 장 헌법재판소의 권한

제 1 절 헌법재판소의 재판권

헌법재판소가 재판기관으로서 관장하는 심판사항은 다음과 같다(헌법 제111조 제 1 항, 헌재법 제 2 조).

① 법원의 제청에 의한 법률의 위헌여부심판

② 탄핵의 심판

③ 정당의 해산 심판

④ 국가기관 상호간, 국가기관과 지방자치단체간 및 지방자치단체 상호 간의 권한쟁의에 관한 심판

⑤ 법률이 정하는 헌법소원에 관한 심판

제 2 절 헌법재판소의 규칙제정권과 입법의견의 제출

1. 규칙제정권

헌법 제113조 제 2 항은 “헌법재판소는 법률에 저촉되지 아니하는 범위 안에서 심판에 관한 절차, 내부규율과 사무처리에 관한 규칙을 제정할 수 있다.”고 규정하여 헌법재판소가 규칙제정권을 가지고 있음을 인정하고 있다. 이와 같이 헌법이 헌법재판소에 대하여 규칙제정권을 인정한 취지는 헌법재판소의 자주성과 독립성을 보장하고 전문적·기술적인 사항은 헌법재판소로 하여금 제정하게 함으로써 헌법재판의 실정에 적합한 규칙을 제정하게 하려는 데에 있다. 헌법이 직접 헌법재판소의 규칙제정권을 인정하고 있으므로 법률에 정함이 없더라도 헌법재판소는 필요한 범위 안에서 규칙을 제정할 수 있다고 할

것이다.[1)]

2. 규칙제정의 대상과 범위

헌법재판소가 규칙으로 제정하는 것은 심판에 관한 절차, 내부규율과 사무처리에 관한 사항이다(헌법 제113조 제 2 항, 헌재법 제10조 제 1 항). 그리고 헌법재판소법은 헌법재판소규칙으로 정할 수 있는 사항을 예시하고 있는데, 헌법재판소장 유고 시 대리할 재판관의 순서(헌재법 제12조 제 4 항), 재판관회의의 운영에 관하여 필요한 사항(헌재법 제16조 제 5 항), 사무처의 조직·직무범위, 사무처에 두는 공무원의 정원 기타 필요한 사항(헌재법 제17조 제 9 항), 헌법재판소장 비서실의 조직과 운영(헌재법 제20조 제 3 항), 당사자의 신청에 의한 증거조사의 비용(헌재법 제37조 제 1 항), 공탁금의 납부와 국고귀속(헌재법 제37조 제 2 항, 제 3 항), 국선대리인의 보수(헌재법 제70조 제 6 항), 지정재판부의 구성과 운영(헌재법 제72조 제 6 항)이 그것이다. 이에 따라 '헌법재판소 재판관회의 규칙'(1988. 9. 24. 헌법재판소규칙 제 1 호), '지정재판부의 구성과 운영에 관한 규칙'(1988. 10. 15. 헌법재판소규칙 제 5 호), '헌법재판소 국선대리인의 선임 및 보수에 관한 규칙'(1988. 10. 15. 헌법재판소규칙 제 6 호), '헌법재판소장의 권한대행에 관한 규칙'(1990. 5. 7. 헌법재판소규칙 제24호), '헌법재판소 공무원 규칙'(1999. 7. 1. 헌법재판소규칙 제105호), '헌법재판소 사무관리 규칙'(2004. 12. 23. 헌법재판소규칙 제166호), '헌법재판소 사건의 접수에 관한 규칙'(2005. 3. 11. 헌법재판소규칙 제170호), '헌법재판소 심판 규칙'(2007. 12. 7. 헌법재판소규칙 제201호, 2018. 6. 15. 일부개정 헌법재판소규칙 제399호), '헌법재판소 사무기구에 관한 규칙'(2007. 12. 31. 헌법재판소규칙 제204호), 헌법재판연구원 운영규칙(2021. 9. 1. 헌법재판소규칙 제435호) 등이 제정되어 있다.

3. 규칙과 내규의 차이점

헌법재판소가 제정하는 자율입법으로는 규칙 외에 '변론 등의 속기와 녹취에 관한 내규'(1995. 5. 20. 헌법재판소내규 제23호), '심판사무 문서의 서식에 관한 내규'(1995. 7. 7. 헌법재판소내규 제25호), '국선대리인 선정 및 보수 지급에 관한 내규'(1995. 12. 22. 헌법재판소내규 제29호), '헌법재판소 결정서 작성방식에 관한 내

1) 실무제요, 17면; 김하열, 82면; 허영, 125면.

규'(1997. 5. 9. 헌법재판소내규 제35호), '헌법재판소 사건의 배당에 관한 내규'(2005. 3. 10. 헌법재판소내규 제71호) 등의 내규가 있는데, 이는 단순한 내부규율에 관한 사항을 정한 것에 불과하다는 점에서 국민의 권리·의무에 밀접한 관련을 가지는 사항에 관한 규칙과 구별된다. 따라서, 규칙은 대국민적 구속력을 가지는 법규명령의 효력을 갖고 공포를 요함에 비하여, 내규는 행정규칙에 해당하는 것으로 공포를 요하지 아니한다.[1]

4. 규칙제정의 방법과 절차

헌법재판소규칙의 제정과 개정은 재판관회의의 의결을 거쳐야 하고(헌재법 제16조 제 4 항), 관보에 게재하여 이를 공포하여야 한다(헌재법 제10조 제 2 항).

규칙에는 전문(前文)을 붙여야 하고('헌법재판소규칙의 공포에 관한 규칙' 제 2 조 제 1 항), 그 전문에는 재판관회의의 의결을 얻은 뜻을 기재하고 헌법재판소장이 서명한 후 헌법재판소장인을 날인하고 그 일자를 명기하여야 한다(동 규칙 제 2 조 제 2 항). 규칙은 일련번호를 붙여서 공포하고(동 규칙 제 3 조), 재판관회의에서 의결된 규칙은 의결된 후 15일 이내에 사무처장이 공포절차를 취하는데(동 규칙 제 4 조 제 1 항), 관보에 게재하는 방법으로 공포한다(동 규칙 제 4 조 제 2 항). 규칙의 공포일은 그 규칙을 게재한 관보가 발행된 날로 하고(동 규칙 제 5 조), 규칙은 특별한 사정이 없는 한 공포한 날로부터 20일을 경과함으로써 효력을 발생한다(동 규칙 제 6 조).[2]

5. 입법의견의 제출

헌법재판소장은 헌법재판소의 조직·인사·운영·심판절차 그 밖에 헌법재판소의 업무에 관련된 법률의 제정 또는 개정이 필요하다고 인정하는 경우에는 국회에 서면으로 그 의견을 제출할 수 있다(헌재법 제10조의2).

---

1) 허영, 127면.
2) 실무제요, 19면.

제 4 장 헌법재판소와 법원의 관계

현행헌법은 제 5 장에서 대법원과 각급법원으로 조직되는 법원을 설치하고, 제 6 장에서는 헌법재판소를 따로 설치함으로써 사법기능을 두 개의 기관에 분장시키고 있다. 그런데, 헌법은 헌법재판소와 법원의 관계에 관해 구체적으로 규정하는 바가 없기 때문에 두 기관이 어떠한 관계에 놓이게 되는가에 관하여 문제가 발생할 수 있다.

헌법은 제101조 제 1 항에서 "사법권은 법관으로 구성된 법원에 속한다."라고 규정하여 법원에 포괄적인 사법권을 부여하고 있다. 따라서, 헌법 기타 법령에 특별한 규정이 없는 한 법원은 사법권을 행사한다. 한편, 헌법은 제111조에서 헌법재판소가 특별히 관장할 심판사항을 규정하고 있으므로 법원은 헌법재판소의 심판사항에 대하여는 사법권을 행사할 수 없다는 제한을 받게 된다.

헌법은 제107조 제 1 항에서 이를 구체화하여 "법률이 헌법에 위반되는 여부가 재판의 전제가 된 경우에는 법원은 헌법재판소에 제청하여 그 심판에 의하여 재판한다."라고 규정하여, 법률이 헌법에 위반되는지 여부에 관하여는 법원 스스로 판단할 수 없도록 정하고 있다. 따라서, 법원의 법률해석권은 법률내용에 대한 '위헌심판권'이 제외되어 있는 법률해석권을 의미하게 된다. 법원은 구체적인 사건에서 법률을 해석하여 적용함에 있어서 첫째로 법률내용이 헌법에 위반되지 아니하도록 해석하여 적용할 것이며, 둘째로 법문에 따라 법률을 해석하여 일정한 법률내용을 적용하려고 할 때, 그 법률내용이 위헌이라고 의심되는 경우에는 재판절차를 정지하고 그러한 해석으로 인하여 도출된 법률내용이 헌법에 합치하는지의 여부를 먼저 헌법재판소에 심판제청한 뒤, 헌법재판소의 결정에 따라 재판을 하여야 한다. 심판의 결과 헌법재판소가 그와 같은 법률의 내용에 대하여 위헌이라고 선언한 경우에는, 헌법재판소법 제47조에 따라 그 법률내용은 법률로서의 효력을 상실하고, 법원은 헌법재판소의 위헌결정에 기속되어 그 법률을 구체적인 사건에서 더 이상 적용할 수 없게 된다.

헌법재판소의 권한쟁의심판과 법원의 기관소송과의 관계에 대하여는 행정소송법 제 3 조 제 4 호 단서에서 "헌법재판소법 제 2 조의 규정에 의하여 헌법재판소의 관장사항으로 되는 소송(권한쟁의심판)은 행정소송법상의 기관소송에서 제외된다."고 명문으로 규율되고 있다. 따라서, 법원은 헌법재판소의 권한쟁의심판의 대상이 되는 사항에 대하여는 기관소송 관할권을 행사할 수 없게 된다. 한편, 지방자치법은 주무부장관 또는 시·도지사가 한, 지방자치단체의 장의 자치사무에 관한 명령이나 처분에 대한 취소 또는 정지에 대한 이의(지방자치법 제188조 제 6 항), 지방자치단체의 장에 대한 국가위임사무나 시·도위임사무의 직무이행명령 등에 대한 이의(위 법 제189조 제 6 항) 및 행정안전부장관의 매립지와 지적공부 누락지의 귀속에 관한 결정에 대한 이의(위 법 제 5 조 제 9 항)에 대하여 지방자치단체의 장이 대법원에 제소할 수 있도록 규정하고 있는데, 이러한 지방자치법상 이의소송과 헌법재판소의 권한쟁의심판의 관계가 문제될 수 있다(상세한 설명은 제 4 편 제 3 장 권한쟁의심판의 해당 부분 참조).[1]

헌법재판소의 헌법소원심판절차는 공권력의 행사 또는 불행사로 인하여 기본권을 침해받은 자를 구제하는 절차이다. 따라서, 헌법소원심판은 행정청의 위법한 처분 그 밖에 공권력의 행사·불행사 등으로 인한 국민의 권리 또는 이익의 침해를 구제하는 행정소송법상의 소송절차와 마찰을 빚을 가능성이 있다. 이에 헌법재판소법은 제68조 제 1 항에서, 헌법소원심판을 청구할 때 다른 법률에 구제절차가 있는 경우에는 그 절차를 모두 거친 후가 아니면 청구할 수 없도록 규정하고 있다. 여기에서의 '다른 법률'에 행정소송법이 포함됨은 물론이므로, 행정소송절차에 의하여 구제될 수 있는 공권력의 행사 또는 불행사에 대하여는 먼저 행정소송절차를 통하여 구제받게 된다. 따라서, 헌법재판소는 행정소송법 기타 다른 법률에 의하여 구제되지 아니하는 사항에 대하여만 헌법소원심판권을 바로 행사하게 된다. 또한 헌법재판소법은 제68조 제 1 항에서 법원의 재판을 헌법소원심판의 대상에서 제외하고 있으므로, 헌법재판소는 법원의 재판에 대하여도 헌법소원심판권을 행사할 수 없게 되었다. 이로써 행정소송의 대상이 되는 공권력 작용은 사실상 대부분 헌법소원심판의 대상에서 제외되는 결과가 되었다. 이러한 공권력 작용에 대해 헌법소원심판을 청구하면 보충성 요건의 흠결로 부적법한 청구가 될 것이며, 사전에 행정소송절차를 거치면 공권력 작용을 대상으로 하건, 행정소송절차의 재판을 대상으로 하건 재판소원금

---

1) 실무제요, 20면.

지의 취지에 저촉되어 부적법한 청구가 될 것이기 때문이다. 이와 같이 법원의 재판을 거쳐 확정된 행정처분에 대한 헌법소원 심판청구는 헌법재판소법 제68조 제 1 항의 입법취지 등에 비추어 원칙적으로 허용되지 않지만, 이러한 원행정처분을 심판의 대상으로 삼았던 법원의 재판이 예외적으로 헌법소원심판의 대상이 되어 그 재판 자체가 취소되는 경우에는 예외적으로 원행정처분에 대하여도 헌법소원 심판청구가 허용된다.[1]

그러나 헌법소원의 대상에서 제외되는 법원의 재판에 헌법재판소가 위헌으로 결정한 법령을 적용함으로써 국민의 기본권을 침해한 재판은 포함되지 않는다.[2] 또한, 법률에 대한 위헌결정의 기속력에 반하는 재판은 예외적으로 헌법소원심판의 대상이 된다.[3] 따라서 헌법재판소는 그 범위에서 법원의 재판에 대하여도 심판할 수 있다(상세한 설명은 제 4 편 제 2 장 헌법소원심판의 해당 부분 참조).[4]

1) 헌재 1997. 12. 24. 96헌마172등; 헌재 2022. 7. 21. 2013헌마242.
2) 헌재 1997. 12. 24. 96헌마172등.
3) 헌재 2022. 6. 30. 2014헌마760등; 헌재 2022. 7. 21. 2013헌마242.
4) 실무제요, 22면.

제 3 편

일반심판절차

제 1 장 총 설
제 2 장 재 판 부
제 3 장 헌법소송의 당사자
제 4 장 대표자 · 대리인
제 5 장 심판의 청구
제 6 장 심판대상의 확정
제 7 장 심리의 방식
제 8 장 평 의
제 9 장 가 처 분
제10장 종국결정
제11장 결정의 효력
제12장 심판비용
제13장 심판기간

제 1 장 총　　설

헌법재판소법은 제 3 장에서 각종 심판절차에 일반적으로 적용되는 **일반심판절차**를, 제 4 장에서 개별심판절차에 적용되는 **특별심판절차**로 나누어 규정하고 있다. 특별심판절차는 다시 위헌법률심판절차, 탄핵심판절차, 정당해산심판절차, 권한쟁의심판절차, 헌법소원심판절차로 나누어진다. 헌법재판소의 심판절차에 관하여는 헌법재판소법의 규정이 우선 적용되고, 헌법재판소법에 특별한 규정이 없는 경우에는 헌법재판의 성질에 반하지 아니하는 한도 내에서 **민사소송에 관한 법령**의 규정을 준용한다(헌재법 제40조 제 1 항 전문). 이 경우 탄핵심판의 경우에는 **형사소송에 관한 법령**을, 권한쟁의심판 및 헌법소원의 경우에는 **행정소송법**을 함께 준용한다(헌재법 제40조 제 1 항 후문). 이 때 형사소송에 관한 법령 또는 행정소송법이 민사소송에 관한 법령과 저촉될 때에는 민사소송에 관한 법령은 준용하지 아니한다(헌재법 제40조 제 2 항). 심판절차의 보다 구체적·세부적 사항에 관하여는 **헌법재판소 심판규칙**이 적용된다. 헌법재판소 심판규칙에 특별한 규정이 없으면 다시 헌법재판소법 제40조의 규정에 따라 관련 법령이 준용된다. 준용은 어떤 사항에 대해 직접 규율하지 않고 유사한 다른 사항에 관한 규율을 의미에 맞게 적용하도록 하는 입법기술을 의미한다. 헌법재판소법 제40조는 '헌법재판의 성질에 반하지 아니하는 한도에서'라는 문구를 준용에 추가함으로써 헌법재판소가 헌법재판의 고유성과 특수성에 맞게 탄력적으로 민사소송법 등 다른 절차법령의 규정을 준용하여야 함을 강조하고 있고, 헌법재판소도 "헌법재판의 성질에 반하지 아니하는 경우의 의미에 관하여 다른 절차법의 준용이 헌법재판의 고유한 성질을 훼손하지 않는 경우를 말하고, 이는 헌법재판소가 구체적·개별적으로 판단한다."고 하여 그 의미를 분명히 하였다.[1] 한편 정당해산심판과 관련하여, 준용이 배제되어 법률의 공백이 생기는 부분에 대하여는 '심판제도의 목적과 취지에 맞는 절차를 창설하여 실체적 진실을 발견하고 이에 근거하여 헌법정신에 맞는 결론을 도출해내는 것이 헌법이 헌법재판소에 부여

1) 헌재 2014. 2. 27. 2014헌마7.

한 고유한 권한이자 의무'라고 보았다.[1)]

여기에서는 각종 심판절차의 통칙에 해당되는 일반심판절차를 중심으로 설명하기로 한다.

1) 헌재 2014. 2. 27. 2014헌마7.

제 2 장 재 판 부

제 1 절 전원재판부

1. 구 성

헌법재판소법에 특별한 규정이 있는 경우가 아니면 헌법재판소의 심판은 재판관 전원으로 구성되는 '재판부'에서 관장하며, 재판부의 재판장은 헌법재판소장이 된다(헌재법 제22조). 헌법재판소법에서는 지정재판부라고 하지 않는 한 재판관 전원으로 구성되는 전원재판부를 '재판부'라고 표시하고 있다.

2. 심판정족수

헌법재판의 심판정족수에는 **심리정족수**와 **결정정족수**가 있다. 헌법재판소는 9인의 재판관으로 구성되는 전원재판부에서 재판관 7인 이상의 출석으로 사건을 심리한다(헌재법 제23조 제 1 항). 다만 헌재 2024. 10. 14. 2024헌사1250 가처분 사건에서 헌재법 제23조 제 1 항 중 헌법재판소 재판관이 임기만료로 퇴직하여 재판관의 공석상태가 된 경우에 적용되는 부분의 효력은 헌법재판소 2004헌마900 헌법소원 본안심판 사건의 종국결정 선고 시까지 정지한다는 효력정지 가처분 인용결정이 있었다.

재판부는 종국심리에 관여한 재판관의 과반수의 찬성으로 사건에 관한 결정을 하되 위헌결정·탄핵결정·정당해산결정 및 헌법소원의 인용결정, 그리고 종전에 헌법재판소가 판시한 헌법 또는 법률의 해석적용에 관한 의견을 변경하는 경우에는 재판관 6인 이상의 찬성이 있어야 한다(헌법 제113조 제 1 항, 헌재법 제23조 제 2 항). 이와 같은 경우에 다른 일반정족수보다 가중하여 재판관 6인 이상의 찬성을 요구하도록 규정한 것은 헌법재판의 인용결정의 중요성으로 인해

사회에 미치는 파급효과와 법적 안정성을 고려한 것이다.

그리하여 재판관 5명이 위헌의견으로 다수이지만 법률에 대한 위헌결정을 위한 심판정족수에는 이르지 못하여 합헌결정을 한 사례가 종종 있었다.[1)]

대통령(박근혜) 탄핵심판 사건에서 8인의 재판관만으로 탄핵심판 여부에 대해 결정을 하는 것은 피청구인의 '9인으로 구성된 재판부로부터 공정한 재판을 받을 권리'를 침해하는 것이라는 주장에 대하여, "헌법재판관 1인이 결원이 되어 8인의 재판관으로 재판부가 구성되더라도 탄핵심판을 심리하고 결정하는 데 헌법과 법률상 아무런 문제가 없고, 새로운 헌법재판소장 임명을 기다리며 현재의 헌정 위기 상황을 방치할 수 없는 현실적 제약을 감안하면 8인의 재판관으로 구성된 현 재판부가 이 사건 결정을 할 수밖에 없다."고 판시하면서 피청구인의 주장을 배척하였다.[2)]

외국의 입법례를 보면, 독일의 경우 결정정족수는 과반수를 원칙으로 하되(가부동수인 경우에는 기본법 또는 기타 연방법에 위반하는 것으로 확인할 수 없다) 기본권의 실효, 정당의 위헌여부, 대통령과 법관의 탄핵결정에 있어서는 재판부소속 재판관 3분의 2 이상으로 규정하고 있다(독일 연방헌법재판소법 제15조 제 3 항). 한편 오스트리아, 스페인, 일본의 경우는 전체 재판관 중 과반수로 규정하고 있다. 미국 연방대법원의 경우는 9인 중 6인 이상의 출석으로 사건을 심리하고, 그 중 과반수로 결정한다.

위헌법률심판이나 헌법소원심판과 같이 표결로 헌법의 의미를 확정하는 사안에서는 특별다수결이 아닌 단순다수결로 결정하는 것이 타당하다는 견해[3)]도 있으나, 재판관으로서 직접 결정에 참여한 저자의 경험에 비추어보면 우리 헌법재판소의 경우에는 특별다수결로 결정함에도 불구하고 위헌법률심판이나 헌법소원심판에서 위헌결정이 내려지는 사건이 다수인 실정이므로 아직은 단순다수결로 결정하도록 변경할 필요성은 적다고 생각한다.

---

1) 헌재 1996. 2. 16. 96헌가2등; 헌재 2001. 8. 30. 99헌바90; 헌재 2012. 12. 27. 2011헌바217; 헌재 2021. 6. 24. 2017헌가31 등.

2) 헌재 2017. 3. 10. 2016헌나1.

3) 정종섭, 117면.

제 2 절 지정재판부

1. 구 성

헌법재판소장은 헌법소원심판사건에 있어서 재판관 3인으로 구성되는 지정재판부를 두어 사전심사를 담당하게 할 수 있다(헌재법 제72조 제 1 항). 지정재판부는 소속재판관 전원의 일치된 의견에 의한 결정으로 헌법재판소법 제68조 제 1 항뿐만 아니라 헌법재판소법 제68조 제 2 항에 의한 헌법소원심판청구를 각하할 수 있다(헌재법 제72조 제 3 항).

이에 따른 '지정재판부의 구성과 운영에 관한 규칙'(제정 1988. 12. 15. 최종개정 1998. 4. 17.)에 의하면 헌법재판소에는 제 1 지정재판부, 제 2 지정재판부 및 제 3 지정재판부를 두고, 각 지정재판부는 재판관 3인으로 구성한다(동 규칙 제 2 조). 각 지정재판부의 구성원은 재판관회의의 의결을 거쳐 헌법재판소장이 다음과 같이 가열, 나열 및 다열로 편성한다(동 규칙 제 3 조).

[도표 1] 지정재판부편성표

구 분	가 열	나 열	다 열
제 1 지정재판부			
제 2 지정재판부			
제 3 지정재판부			

지정재판부의 재판관이 일시 궐위되거나 직무를 수행할 수 없을 때에는 제 1 지정재판부는 제 2 지정재판부의, 제 2 지정재판부는 제 3 지정재판부의, 제 3 지정재판부는 제 1 지정재판부의 같은 열에 속하는 재판관이 그 직무를 대행한다. 다만, 같은 열에 속하는 재판관이 대행할 수 없을 경우에는 바로 뒷 열의 재판관이 대행하되, 다열의 재판관의 경우에는 가열의 재판관이 대행한다(동 규칙 제 5 조). 따라서 지정재판부는 항상 재판관 3명의 출석으로 사건을 심리한다.

2. 재 판 장

각 지정재판부의 재판장은 주심재판관 바로 앞 열의 재판관으로 하되, 가열의 재판관이 주심재판관이 된 경우에는 다열의 재판관이 재판장이 된다. 다만, 제 1 지정재판부의 재판장은 헌법재판소장이 된다(동 규칙 제 4 조).

제 3 절 재판관의 제척 · 기피 · 회피

1. 헌법재판에서의 특성

헌법재판소법은 헌법재판의 공정성을 보장하여 재판에 대한 신뢰성을 확보하기 위하여 제24조에 재판관의 제척 · 기피 · 회피제도를 마련하고 있다.[1] 그러나 헌법재판은 대체로 개별적 · 구체적 이해관계를 다루는 것이 아니라 규범에 대한 추상적 헌법판단을 하는 재판이다. 또한 헌법재판소는 지정재판부가 아닌 한 단일의 재판부를 구성하므로 재판부의 교체가능성이 없으며, 예비재판관제도도 없다. 이런 특성에도 불구하고 민사소송법상의 제척 · 기피 · 회피에 관한 규정을 그대로 적용하는 것은 헌법재판의 특성과 기능에 부합하지 않을 수 있다. 제척 · 기피 · 회피로 인해 재판관이 재판에서 배제될 경우 위헌판단이나 인용판단에 있어 재판관 6인 이상의 찬성을 필요로 하는 현행제도 하에서는 위헌판단의 확률은 그만큼 낮아질 수 있으며, 헌법재판소 구성의 균형이 깨어질 수도 있다. 따라서 헌법재판의 제척 · 기피 · 회피의 사유는 일반재판의 경우에 비해 보다 좁은 것으로 보아야 할 것이다.[2]

2. 제 척

가. 의 의

제척(除斥)이라 함은 재판관이 구체적인 사건에 관하여 법률이 정하는 특수한

1) 헌재 2016. 11. 24. 2015헌마902.
2) 실무제요, 29면. 동지: 김하열, 101면; 성낙인, 105면.

관계가 있는 경우에 법률상 당연히 그 사건에 관한 직무집행으로부터 제외되는 제도를 말한다. 재판부의 제척결정은 확인적 성질(선언적 의미)을 가질 뿐이다.[1)]

제척의 사유는 다음과 같다(헌재법 제24조 제1항).

① 재판관이 당사자이거나 당사자의 배우자 또는 배우자였던 경우(제1호)

② 재판관과 당사자가 친족관계이거나 친족관계였던 경우(제2호)

③ 재판관이 사건[2)]에 관하여 증언이나 감정을 하는 경우(제3호)

④ 재판관이 사건에 관하여 당사자의 대리인이 되거나 되었던 경우(제4호)

⑤ 그 밖에 재판관이 헌법재판소 외에서 직무상 또는 직업상의 이유로 사건에 관여한 경우(제5호)

제척사유 판단 단위로서의 '사건'에는, 직무집행의 제외 여부가 문제되고 있는 '헌법재판소에 계속 중인 특정 사건'이 포함됨은 의문의 여지가 없으나, 헌법재판소 외의 절차에 계속 중이거나 계속 중이었던 특정 사건도 포함되는지 여부에 대하여는 ① 제척사유를 좁게 해석해야 한다는 관점에서 '사건'은 헌법재판소에 계속된 사건으로 한정하고, 나머지 '사건'과 재판관과의 관계는 기피 사유에 해당하는지의 문제로 해결하자는 견해와 ② 위 ①의 견해와 같이 좁히면 제척 제도의 취지를 살릴 수 없으므로 적정한 범위 내에서 실체법적으로 '사건'의 범위를 확장하는 것이 필요하다는 견해가 있다.[3)] 저자는 후설에 찬동한다. 참고로, 독일 연방헌법재판소법도 재판관의 제척사유에 대하여 우리 헌법재판소법과 유사하게 규정하고 있는데,[4)] 독일에서도 '사건'의 범위를 넓게 보아, 헌법재판소에 계속 중인 사건뿐만 아니라 헌법재판소의 절차에 직접 선행하고 거기에 사항적으로 포섭되는 절차도 제척 여부 판단의 단위가 되는 '사건'에 포함시키고 있다.[5)]

---

1) 이시윤, 신민사소송법, 89면; 김하열, 106면; 정종섭, 198면.

2) 본호의 '사건'을 포함하여 제24조의 '사건'이란 현재 계속중인 당해사건을 가리킨다. 이시윤, 신민사소송법, 87면; 대법원 1965. 8. 31. 선고 65다1102 판결 참조.

3) 주석 헌법재판소법, 302면.

4) 독일 연방헌법재판소법 제18조(재판관의 제척) ① 연방헌법재판소의 재판관이 다음 각호에 해당하는 경우에는 그 직무집행에서 제척된다.

1. 재판관이 사건에 관하여 당사자이거나 당사자였거나, 당사자의 배우자 또는 배우자였던 경우 또는 재판관과 당사자 간에 직계로는 혈족 또는 인척관계에 있거나 방계로는 3촌 이내의 혈족 또는 2촌 이내의 인척관계에 있는 경우
2. 같은 사건에 관하여 재판관이 이미 직무상 또는 직업상의 이유로 관여한 경우

5) 주석 헌법재판소법, 303면.

나. 절 차

(1) 신청방법

제척의 원인이 있는 때에는 헌법재판소는 **직권** 또는 **당사자의 신청**에 의하여 제척의 결정을 한다(헌재법 제24조 제 2 항). 재판부의 재판관에 대한 제척은 사전심사 단계에서는(헌법소원의 경우) 해당 **지정재판부**에, 전원재판부에 회부된 경우에는 **전원재판부**에, 수명재판관에 대한 제척은 **그 재판관**에게 이유를 밝혀 신청하여야 하며, 제척하는 이유와 소명방법은 신청한 날부터 3일 내에 서면으로 제출하여야 한다(헌재법 제24조 제 6 항, 민소법 제44조 제 1 항, 제 2 항).

제척신청을 할 수 있는 당사자는 후술할 헌법재판에서의 당사자 개념과 같다. 다만 **보조참가인**이 제척 또는 기피 신청권을 가지느냐에 대해서는 견해가 나누어져 있다. 보조참가인은 제척 또는 기피신청인 적격이 없다고 보는 견해[1]와 보조참가인도 기피신청권이 있다는 견해[2]가 있다. 보조참가인과 재판관 사이에 생긴 사정에 기하여 보조참가인에 대하여도 독자의 기피신청권이 있다고 보아야 할 것이다. 특히 보조참가인이 공동소송적 보조참가인 성격을 가진 경우에는 독자적인 기피신청권을 인정할 필요성이 더욱 크다.

제척신청이 있을 경우에는 신청사건부에 등재하여 접수하며, 기록은 별도의 표지를 붙여 따로 만들되 본안사건기록에 첨철하여야 한다.

(2) 제척신청의 각하

제척신청이 법정의 방식에 위배되거나 재판의 지연을 목적으로 하는 것이 분명한 경우에는 신청을 받은 재판부 또는 수명재판관은 결정으로 이를 각하한다(헌재법 제24조 제 6 항, 민소법 제45조 제 1 항).

(3) 신청과 소송절차의 정지

제척신청이 있는 경우에는 그 신청에 대한 심판이 확정될 때까지 본안절차를 정지하여야 한다. 다만, 제척신청이 각하된 경우 또는 종국결정을 선고하거나 긴급을 필요로 하는 행위를 하는 경우에는 그러하지 아니하다(헌재법 제24조 제 6 항, 민소법 제48조).

---

1) 허영, 134면.
2) 이시윤, 신민사소송법, 92면.

(4) 제척신청에 대한 재판관의 의견서 제출

제척을 당한 재판관은 그 제척신청이 전술과 같은 사유로 각하된 경우를 제외하고는 그 제척신청에 대한 의견서를 작성하여 제출하여야 한다(헌재법 제24조 제 6 항, 민소법 제45조 제 2 항).

(5) 제척신청에 대한 심판

제척신청에 대한 심판은 재판부에서 결정으로 한다(헌재법 제24조 제 6 항, 민소법 제46조 제 1 항). 헌법소원사건의 지정재판부 재판관에 대한 제척 또는 기피신청에 대한 결정도 **전원재판부**에서 하는 것이 헌법재판소의 실무이다. 그런데 본안사건이 제척신청의 대상인 재판관이 소속되지 않은 지정재판부에서 각하되는 경우 신청인이 제척을 구하고 있는 재판관들은 본안사건에 관하여 직무를 집행하지 않게 되었으므로 신청인의 제척신청은 이를 유지할 이익이 없다는 이유로 **지정재판부**에서 각하한 사례가 있다.[1] 이때 제척신청을 받은 재판관 자신은 이 심판에 관여하지 못하나 의견을 진술할 수는 있다(헌재법 제24조 제 6 항, 민소법 제46조 제 2 항).

그런데 한 사건에서 3인 이상의 재판관에게 제척사유가 있을 경우에는 재판부의 심판정족수(헌재법 제23조)와 관련하여 헌법재판소의 기능이 마비되는 문제가 생길 수 있으므로 동일한 사건에서 2명 이상의 재판관에 대한 기피신청을 제한하는 것(헌재법 제24조 제 4 항)과 마찬가지로 제척의 경우에도 입법적 해결이 필요하다고 하겠다.

제척의 신청에 대한 결정을 한 때에는 결정서 정본을 신청인에게 바로 송달하여야 한다(심판규칙 제51조 제 2 항).

3. 기　피

기피(忌避)라 함은 특정한 재판관에게 제척사유 이외에 심판의 공정을 기대하기 어려운 사정이 있는 경우에 당사자의 신청을 기다려 그 재판관을 직무집행으로부터 제외시키는 제도이다. 재판부의 기피결정은 제척결정과 달리 **형성적 성격**을 갖는다.[2]

---

1) 헌재 2015. 7. 7. 2015헌사669.
2) 동지: 이시윤, 신민사소송법, 89면; 김하열, 110면, 정종섭, 201면.

제척원인을 제외한 다른 사유로서 심판의 공정을 기대하기 어려운 사정이 기피의 사유에 해당한다(헌재법 제24조 제 3 항). 기피사유는 공정한 심판을 기대하기 어려운 객관적 사정만을 의미하며 당사자의 주관적인 의혹만으로는 기피사유에 해당하지 않는다고 할 것이다.[1] 또한 평균적 일반인으로서의 당사자의 관점에서 위와 같은 의심을 가질 만한 객관적인 사정이 있는 때에는 실제로 재판관에게 편파성이 존재하지 아니하거나 헌법과 법률이 정한 바에 따라 공정한 재판을 할 수 있는 경우에도 기피가 인정될 수 있다.[2]

헌법재판소는 불기소처분취소 헌법소원과 관련하여 검사 출신 재판관에 대한 기피신청(2001헌사309), 신청인이 이전에 제기한 헌법소원 사건을 기각한 재판관에 대한 기피신청(2001헌사287), 재판에 대한 헌법소원을 청구하여 그 결정이 있은 후 다시 동일한 사안을 기초로 하여 입법부작위 위헌확인심판청구(본안사건)를 하면서 앞의 사건에 관여한 재판관에 대한 기피신청(94헌사10)을 모두 기각하면서 위 사유들은 심판의 공정을 기대하기 어려운 사유라고 보기 어렵다고 하였고,[3] 그 전 민사재판이 본안사건인 불기소처분취소 사건과 관련된 것이었다고 하더라도 이미 종료된 민사재판에 관하여 상대방의 대리인이 아니라 그 대리인들이 속한 법무법인의 대표였다는 점만 가지고 헌법재판에서 심판의 공정을 기대하기 어려운 사정이 있다고 볼 수 없다고 하였으며,[4] 이석태 재판관이 세월호 특조위 위원장과 과거 민변이나 참여연대의 회장 또는 대표를 역임했다는 사정만으로는 기피신청의 본안사건인 법관 탄핵 사건에 있어서 공정한 심판을 기대하기 어려운 객관적 사정이 있다고 보기 어렵다고 하였다.[5]

기피신청을 할 수 있는 자는 헌법재판의 당사자인데(헌재법 제24조 제 2 항), 보조참가인도 기피신청을 할 수 있는지에 대하여는 앞서 제척신청을 할 수 있는 자 부분에서 같이 설명하였다.

재판관에 대한 기피는 그 이유를 명시하여 신청하여야 하며, 기피하는 이유와 소명방법은 신청한 날부터 3일 내에 서면으로 제출하여야 한다(헌재법 제24조 제 6 항, 민소법 제44조 제 2 항). 그러나, 만일 당사자가 변론기일에 출석하여 본안에 관한 진술을 한 때에는 신청권을 상실한다(헌재법 제24조 제 3 항 단서).

1) 헌재 2021. 3. 8. 2021헌사152; 대법원 1992. 12. 30.자 92마783 결정 참조.
2) 대법원 2019. 1. 4.자 2018스563 결정 참조. 동지: 주석 헌법재판소법, 310면.
3) 실무제요, 32면.
4) 헌재 2009. 6. 25. 2007헌사556.
5) 헌재 2021. 3. 8. 2021헌사152.

당사자는 동일한 사건에 대하여 2인 이상의 재판관을 기피할 수 없다(헌재법 제24조 제 4 항). 재판부의 심판정족수를 고려하여 헌법재판소의 심판기능이 중단되는 것을 막기 위한 불가피한 규정이다.[1] 오스트리아의 경우는 헌법재판소 재판관에 대한 기피신청을 허용하지 않고 있다(오스트리아 헌법재판소법 제12조 제 1 항).

그 밖의 절차는 전술한 제척신청의 경우와 같다.

4. 회 피

회피(回避)라 함은 재판관이 스스로 전술한 제척 또는 기피의 사유가 있다고 인정하여 특정사건의 직무집행을 피하는 제도를 말한다. 당사자에게 알려지지 않은 공정한 심판을 기대하기 어려운 사정이 있거나 위헌법률심판 등과 같이 당사자를 상정하기 어려운 헌법재판절차에서 중요한 의미를 갖는다.[2] 이 경우에는 별도의 심판을 요하지 않으나 재판장의 허가를 얻어야 한다(헌재법 제24조 제 5 항). 재판장의 허가는 사법행정상의 처분으로서 재판이 아니다.

그런데 재판관 7인 이상의 출석이 있어야 사건을 심리할 수 있으므로, 제척의 경우와 마찬가지로 한 사건에서 3인 이상의 재판관이 회피하는 경우에는 문제가 생길 수 있다. 따라서 제척사유가 있는 경우를 제외하고는 재판부를 구성할 수 없을 경우에는 회피는 허용되지 않는다고 볼 것이다.[3]

주심재판관이 제척·기피되거나 또는 회피하는 경우 실무상으로는 사건을 재배당한다. 회피신청서는 별도로 '재배당신청부'에 철하여 보존하고, 사건기록에는 신청서의 사본을 철한다.[4]

재판장인 재판관이 회피할 경우에 관하여는 관련 규정이 없어 그 절차·방식을 어떻게 할 것인지 문제될 수 있다. 재판장이 회피한 경우, 당해 심판절차에 형사소송에 관한 법령이 준용된다면 재판장의 신청과 재판부의 결정에 의해 회피할 수 있지만(형소법 제24조, 제21조), 그렇지 않은 경우라면 회피의 절차·방식에 관한 아무런 규정이 없다. 이에 관하여는 보다 엄격한 절차인 제척·기피의

---

1) 실무제요, 33면. 헌재 2016. 11. 24. 2015헌마902.
2) 실무제요, 33면
3) 실무제요, 33면.
4) 실무제요, 33면.

절차를 유추하여, 재판부의 결정으로 회피를 허가하는 방안이나, '특히 중요하다고 인정되는 사항으로서 헌법재판소장이 재판관회의에 부치는 사항'(헌재법 제16조 제 4 항 제 4 호)에 해당한다고 보아 재판관회의의 의결로 허가하는 방안을 생각해 볼 수 있다는 견해[1]가 있다. 생각건대 우리나라도 독일의 경우처럼 회피의 경우에도 재판장의 허가가 아니라 **재판부의 결정**으로 회피신청에 대한 재판을 거치도록 법률을 개정하는 것이 마땅할 것이다. 헌법재판소는, 법인세 산정시 자산·부채 평가에 관한 구 법인세법 제42조 제 3 항의 위헌 여부가 문제된 2005헌바53 사건의 헌법소원심판절차에서 재판장이 한 회피요청에 대해 전원재판부의 나머지 재판관들의 결정으로 '회피요청은 이를 받아들이지 아니한다.'고 판단한 바 있다(회피요청불허결정서는 위 2005헌바53 사건의 기록에 편철).

5. 헌법연구관, 사무처 공무원에 대한 준용 여부

제척·기피·회피의 제도는 기본적으로 재판관에 관해서만 규율하고 있지만 재판관의 명을 받아 사건의 심리 및 심판에 관한 조사·연구에 종사하는 헌법연구관이나 헌법재판소 사무처 공무원에 대해서도 민사소송에 관한 법령의 준용규정(헌재법 제40조 제 1 항)을 근거로 제척·기피·회피의 법리가 준용된다고 보아야 할 것인지가 문제된다. **부정설**[2]은 법관에 대한 제척·기피·회피 제도를 법원사무관 등에게 준용하도록 하는 민사소송법 제50조는 제척·기피 신청에 관한 심판에 준용이 필요한 민사소송법 규정으로 열거(헌재법 제24조 제 6 항)하는 것에서 제외되어 있는바, 이와 같이 개별 준용규정을 통해 명백히 제외된 민사소송법 규정을 일반 준용규정인 헌법재판소법 제40조를 근거로 다시 준용하는 것은 체계적인 해석이 아니어서 부당하다는 것이다. 반면에 **긍정설**[3]은 헌법연구관의 경우, 판사, 검사, 변호사, 특정 부서 공무원으로서 해당 사건을 직접 다룬 경우도 있고 해당 사건에 직접 이해관계가 있거나 영향을 줄 수 있는 지위에 있을 수 있으므로 해당 사건에 대한 조사와 연구를 하여 재판관에게 의견이나 결과 등을 제시하는 업무의 성격상 이러한 제척·기피·회피의 법리를 준용하는 것이 필요하고, 헌법재판소 사무처 공무원에게도 준용되어야 한다는 것이다.

1) 김하열, 111면.
2) 김하열, 112면; 허영, 137면.
3) 정종섭, 196~197면.

생각건대 헌법재판소법 제24조 제6항에서 열거된 민사소송법 규정들은 당사자의 제척 및 기피 신청에 관한 심판절차에 준용되는 규정들일 뿐이므로 법원사무관등에 대하여 제척·기피·회피 제도를 인정한 민사소송법 제50조를 헌법재판소의 심판절차에 준용하는 것이 헌법재판의 성질에 반한다고 보기 어려우므로 **헌법재판소 사무관** 등에 대해서는 긍정설에 찬성하고 싶다. 헌법재판소도 헌법재판소의 사무관등은 기피신청의 대상이 된다고 판시하였다.[1] 다만 **헌법연구관**에 대해서는 업무의 성격상 재판관의 제척·기피·회피의 법리를 준용할 필요가 있기는 하나 민사소송법 제50조와 같은 명문규정이 없으므로 준용할 법적 근거가 없어 결국 준용을 부정할 수밖에 없다고 할 것이다.[2]

---

1) 헌재 2003. 12. 2. 2003헌사536.

2) 헌재 2003. 12. 2. 2003헌사535에서 헌법연구관에 대한 기피신청을 신청방식 흠결을 이유로 각하 하였는바 헌법연구관이 기피신청의 대상이 되는지에 대해서는 판단하지 않았다.

제 3 장　헌법소송의 당사자

제 1 절　헌법재판과 당사자의 지위

헌법재판절차에 있어서 자기 이름으로 심판을 청구하는 자를 **청구인**이라 하고, 그 상대방인 당사자를 **피청구인**이라 한다. 그러므로 청구인과 피청구인이 당사자가 된다. 그런데 헌법재판의 목적과 기능은 주관적 권리구제 외에 헌법질서의 보장에도 있으므로 헌법재판의 유형에 따라 누가 당사자가 되는지가 문제되고 또한 당사자를 상정하기 어려운 경우도 있을 수 있다. 따라서 개별 헌법재판의 유형별로 당사자 문제를 검토하는 것이 필요하다.[1)]

1. 위헌법률심판

우선 법원의 제청에 의한 위헌법률심판의 경우, 청구인이 '법원'이라고 볼 여지도 있다. 그런데 법원은 재판 중 적용될 법률이 위헌이라고 볼 경우 재판을 중지하고 헌법재판소에 위헌여부심판을 요청하여야 할 의무가 있는 것이며, 비록 그 심판절차는 법원의 제청에 의하여 개시되지만, 실무상 법원이 위헌제청결정서 제출 외에 적극적인 당사자로서 심판절차에 참여하는 것은 아니다. 또한 헌법재판소법상(제24조, 제25조 제 1 항, 제30조, 제31조) 당사자에게 부여된 권리 내지 지위는 제청법원에게 적용하기 어렵다. 그러므로 법원이 '당사자'라고 단정하기 어렵다고 할 것이다.[2)] 어쨌든 법원은 결정서의 송달 대상이 되고 있다(헌재법 제46조).

독일의 경우 구체적 규범통제절차에 있어서 제청법원이나 당해사건의 당사자를 '당사자'로 보지 않고 있다.

---

1) 실무제요, 35면.
2) 동지: 실무제요, 35면; 김하열, 115면; 허영, 138면.

한편 위헌법률심판에서 당해사건의 당사자는 위헌제청신청권만 있을 뿐 이 심판절차에서 직접 사건을 청구한 주체가 아니기 때문에 당사자로 볼 수 없다. 다만, 이해관계가 있으므로 헌법재판소법은 그 당사자에게 제청서 등본이 송달되도록 하였으며(제27조 제 2 항), 의견서를 제출할 수 있도록 하고 있다(제44조). 그리고 변론을 여는 경우에는 실무상 제청신청인에게 당사자에 준하는 절차참여를 허용하고 있다.[1] 변론절차에서 당해 사건의 당사자가 대리인을 선임하지 않는 경우, 헌법재판소는 직권으로 국선대리인을 선정할 수 있다.[2]

한편 위헌법률심판절차에서 청구의 상대방이 되는 당사자는 존재하지 않는다고 볼 것이다. 이론상으로는 법률의 제정권자인 입법부가 상대방이 된다고 할 수도 있으나, 실무상 그렇게 보지 않고 있다.[3] 다만, 법무부장관이나 해당법률을 집행하는 국가기관 등 이해관계가 있는 국가기관이나 공공기관은 의견서를 제출할 수 있고(헌재법 제44조, 심판규칙 제10조 제 1 항), 변론을 여는 경우에는 이들 이해관계기관에게도 당사자에 준하는 절차참여를 허용하고 있다.[4]

2. 탄핵심판

탄핵심판의 경우 탄핵결정을 구하는 적극적 당사자가 국회인지, 소추위원인 국회 법제사법위원회 위원장인지에 관하여는 견해가 나뉠 수 있으나 탄핵제도는 국민의 대의기관인 국회가 소추대상자의 법적 책임을 묻고, 피소추자는 그에 대립하여 방어하는 것이 본질적 구도인 점에 비추어 보면 국회를 적극적 당사자로 보는 것이 타당하다.[5] 헌법재판소는 대통령 탄핵 사건에서 결정문 첫머리의 '청구인'란에 '국회'라고 쓰고 이어 줄을 바꿔 그 밑에 '소추위원 국회 법제사법위원회 위원장'이라고 표시하였다.[6] 국회의 탄핵소추 의결을 받은 탄핵소추 대상자가 피청구인이 된다(헌재법 제49조).

탄핵심판의 경우 헌법재판소법상 그 심리방식(제30조 제 1 항), 탄핵소추위원의 피청구인에 대한 신문권(제49조 제 2 항), 권한행사의 정지 효과(제50조), 당사자

1) 실무제요, 36면.
2) 헌재 2015. 12. 23. 2013헌가9. 직권으로 국선대리인을 선정한 사례.
3) 실무제요, 36면.
4) 실무제요, 36면.
5) 동지: 김하열, 116면; 정종섭, 442면.
6) 헌재 2004. 5. 14. 2004헌나1.

의 불출석과 심리(제52조), 결정의 내용 및 효력(제53조, 제54조) 등을 감안할 때, 그 심판절차는 대립적 소송절차구조로 되어 있다.

3. 정당해산심판

정당해산심판의 경우 청구인은 '정부'이며(헌재법 제55조), 피청구인은 해당 '정당'이라고 할 수 있다. 정부가 당사자인 경우 법무부장관이 이를 대표하므로(헌재법 제25조 제 1 항) 결정문 첫머리의 '청구인란'에 '대한민국 정부'라고 기재한 후 줄을 바꿔 그 밑에 '법률상 대표자 법무부장관'을 표시한다.[1]

정당해산심판 역시 탄핵심판의 경우와 마찬가지로 헌법재판소법상(제30조 제 1 항, 제56조 제 1 호, 제57조, 제59조) 그 심판절차는 대립적 소송절차구조로 되어 있다.

4. 권한쟁의심판

권한쟁의심판 역시 청구인과 피청구인이 명확히 정해진다(헌재법 제61조, 제62조). 권한쟁의심판의 경우 헌법재판소법상 그 심리방식(제30조 제 1 항), 청구사유(제61조), 종류(제62조), 결정의 내용(제66조) 등 규정을 감안하면 그 소송절차구조가 대립적으로 되어 있고, 헌법재판소법 제64조 제 2 호는 청구서의 기재사항의 하나로 '피청구인의 표시'를 규정하고 있어서, 피청구인을 상정하고 있다.

5. 헌법재판소법 제68조 제 1 항에 의한 헌법소원심판

청구인은 '공권력의 행사 또는 불행사로 인하여 헌법상 보장된 기본권을 침해받은 자'가 될 것이다. 그런데 피청구인은 누가 될 것인지가 문제된다.

헌법재판소법 제71조는 그 청구서의 기재사항의 하나로 '침해의 원인이 되는 공권력의 행사 또는 불행사' 등을 규정할 뿐, '피청구인'의 기재 여부에 대하여는 명시하지 아니하고 있으나 헌법재판소 심판규칙 제68조 제 1 항은 법령에 대한 헌법소원의 경우를 제외하고는 피청구인을 기재하도록 하고 있으며, 피청구인의 기재가 누락되거나 명확하지 아니함에도 불구하고 보정명령에 불응한

1) 헌재 2014. 12. 19. 2013헌다1.

경우에는 심판청구를 각하할 수 있도록 하고 있다(심판규칙 제70조). 헌법재판소법 제75조 제 4 항은 "공권력의 불행사에 대한 헌법소원을 인용하는 결정을 한 때에는 피청구인은 결정취지에 따라 새로운 처분을 하여야 한다."고 규정하여 '피청구인' 개념을 쓰고 있다.

실무상으로는 법령을 심판대상으로 하는 헌법소원심판의 경우 위헌법률심판과 마찬가지로 청구의 상대방이 되는 당사자를 상정하지 않고 절차를 진행하는 반면, 그 밖의 공권력 행사 또는 불행사를 다투는 헌법소원심판의 경우에는 피청구인의 존재를 상정하고서 절차를 진행한다.[1)]

6. 헌법재판소법 제68조 제 2 항에 의한 헌법소원심판

이 심판의 청구인은 위헌제청신청을 했던 신청인임이 명백하다(헌재법 제68조 제 2 항). 이 절차는 위헌법률심판 절차와 유사하므로 피청구인은 따로 없다고 봄이 상당하다.

제 2 절 당사자의 지위와 권리

1. 당사자의 지위

헌법재판의 당사자는 심판절차에 참여해서 헌법재판소법에서 정한 권리를 행사하고 의무를 이행함으로써 소송을 수행해 나가는 지위를 가진다. 다만 헌법소송절차의 특성 때문에 직권심리주의가 적용되므로 민사소송절차에 비해서 소송당사자의 소송절차상 지위는 약화된다.[2)]

헌법재판소가 관장하는 심판 중 위헌법률심판과 헌법소원심판은 원칙적으로 서면심리의 방식에 의하되, 다만 필요하다고 인정하는 경우 변론을 열어 당사자·이해관계인 그 밖의 참고인의 진술을 들을 수 있다(헌재법 제30조 제 2 항). 그러므로 위 심판절차에서 당사자 등은 변론 시 진술을 할 수 있는 지위를 가질 수 있다.

1) 실무제요, 38면.
2) 김하열, 119면; 허영, 139면.

한편 탄핵심판, 정당해산심판 및 권한쟁의심판은 당사자의 구두변론에 의한 심리구조로 되어 있다(헌재법 제30조 제 1 항). 이 경우 당사자는 대립적인 변론의 주체로서 절차에 참여하게 된다.

2. 당사자의 권리

당사자는 심판절차에서 자기의 이익을 옹호하기 위하여 필요한 소송법상의 권리, 예컨대 청구서 또는 답변서를 제출하고 심판결정의 송달을 받을 권리, 기일의 소환(출석요구)을 받을 권리, 기일지정의 신청권, 제척·기피신청권, 변론권, 질문권 등을 갖는다(헌재법 제24조, 제27조, 제28조, 제29조, 제30조, 제36조 제 4 항 참조). 또한 증거조사를 신청할 수 있다(헌재법 제31조 제 1 항).

또한 심판의 내용에 관하여, 예컨대 청구서 또는 답변서의 내용을 주장·정리하고 보완하며 추가로 자기 의견을 제출하는 등 자기 주장을 뒷받침할 수 있는 재판의 실체적 사항에 대하여 자료를 제출하고 의견을 진술할 권리, 심판청구의 취하·포기 등 심판청구 자체를 임의로 처분할 수 있는 권리(청구인의 경우)와 그 밖에 심판의 변론에 참여하고 그에 따른 증거조사에 직접 참여하는 권리를 갖는다(헌재법 제26조, 제31조 제 1 항 참조).

우리 헌법은 제27조에서 국민의 재판청구권을 보장하고 제111조 제 1 항에서 헌법재판소의 관장사항을 명시하고 있으므로, 이에 따라 당사자는 심판절차의 주체로서 헌법재판을 청구하고 심판절차에 참여할 수 있는 지위가 보장될 수 있다고 할 것이다.[1)]

3. 피청구인의 기재

청구인이 헌법재판소에 심판을 청구하면서 청구인에 대한 기본권 침해나 헌법질서의 위배에 관여하였다고 생각되는 사람(피청구인)을 명시적으로 기재하지 아니하거나 잘못 기재한 경우 그 심판청구가 적법한지 여부가 문제된다.

이 문제는 관련규정과 해당 심판의 유형과 성격, 심판대상 및 소송절차의 구조 등에 대한 이해와 기본권 침해나 헌법질서 위배에 관여한 행위 주체의 외

1) 실무제요, 38면.

부적·객관적 명확성의 정도를 함께 고려하여 판단하여야 할 것이다.

앞서 살펴본 당사자 개념을 토대로 심판유형별로 판례 및 실무례에 입각하여 살펴보면 아래와 같다.

(1) 위헌법률심판의 경우 헌재법 제43조는 위헌여부심판 제청서의 기재사항으로, "① 제청법원의 표시, ② 사건 및 당사자의 표시, ③ 위헌이라고 해석되는 법률 또는 법률의 조항, ④ 위헌이라고 해석되는 이유, ⑤ 그 밖에 필요한 사항"을 규정하고 있으며, 제44조는 위헌여부심판의 전제가 된 당해 소송사건의 당사자와 법무부장관이 법률의 위헌 여부에 대한 의견서를 제출할 수 있다고 규정하고 있을 뿐 피청구인에 대한 별도의 규정을 두고 있지 아니하다.

그동안 헌법재판소의 실무에서도 위헌법률심판에서 피청구인의 표시가 문제된 적은 없었고, 결정서에도 제청법원·제청신청인·당해사건을 기재하였을 뿐 따로 피청구인을 상정하여 기재하지는 않았다.

이와 같은 실무관행은 위헌법률심판의 대상인 법률은 국회의원 또는 정부의 제안, 국회의 법률안에 대한 심의·의결, 대통령 또는 국회의장의 공포 등 일련의 절차를 거쳐 확정·시행되는 것이므로 피청구인을 특정하는 것이 곤란하고, 심판대상도 법률의 제·개정 행위가 아니라 특정 법률 자체의 위헌 여부이며, 위헌법률심판절차를 대립당사자구조로 상정하였다고 볼 만한 관련 법규정도 찾기 어려운 점을 염두에 둔 것으로 판단된다. 따라서 피청구인의 기재가 요구되지 않는다.[1)]

(2) 단핵심판, 정당해산심판, 권한쟁의심판의 경우 피청구인(공무원, 정당, 국가기관 등)이 존재하며 따라서 피청구인의 기재가 필요하다.

(3) 헌법재판소법 제68조 제 1 항에 따른 헌법소원의 경우 법상 피청구인의 기재를 명시적으로 요구하고 있지 않고(헌재법 제71조 제 1 항), 실무상으로도 피청구인의 기재를 엄격히 요구하지 않는 것이 보통이다. 즉, 헌법재판소는 헌법소원심판절차에서 피청구인의 기재 흠결이나 적정 여부는 적법요건이 아니라고 하고, 심판청구서에 기재된 피청구인이나 청구취지에 구애됨이 없이 청구인의 주장요지를 종합적으로 판단하여야 하며, 청구인이 주장하는 침해된 기본권과 침해의 원인이 되는 공권력을 직권으로 조사하여 피청구인과 심판대상을 확정하여 판단하여야 한다고 하였다.[2)]

1) 실무제요, 40면.

다만 심판규칙은 법령에 대한 헌법소원의 경우를 제외하고는 피청구인의 기재를 요구하고 있고(심판규칙 제68조 제 1 항 제 2 호), 그 기재가 누락되거나 명확하지 아니함에도 보정명령에 불응한 경우에는 심판청구를 각하할 수 있도록 하고 있다(심판규칙 제70조).

(4) 헌법재판소법 제68조 제 2 항에 따른 헌법소원의 경우 법에서 그 심판절차와 관련하여 위헌법률심판의 규정을 준용하고 있고(헌재법 제71조 제 2 항, 제74조 제 2 항, 제75조 제 6 항 내지 제 8 항), 헌법재판소도 헌재법 제68조 제 2 항에 따른 헌법소원의 실질을 위헌법률심판제도로 이해하고 있으므로[1] 피청구인의 기재에 관하여는 위에서 본 위헌법률심판과 같다.

제 3 절 당사자변경의 허용 여부

1. 임의적 당사자변경

헌법소원심판절차에서 당사자의 의사에 따라 당사자를 변경 또는 추가하는 임의적 당사자변경을 인정할 것인지가 문제된다. 이 점에 관해서는 헌법재판소법에 명문의 규정이 없기 때문에 준용규정인 헌법재판소법 제40조에 의거하여 행정소송법과 민사소송법의 규정을 준용하여 판단할 수밖에 없다. 민사소송법 제260조는 **피고의 경정**을, 민사소송법 제68조는 **필수적 공동소송인의 추가**를 인정하고 있으며, 행정소송법 제14조는 **피고의 경정**을 인정하고 있다. 헌법재판소는 권한쟁의심판에서 청구인이 피청구인을 잘못 지정한 것이 분명한 경우에 당사자의 신청에 따라 **피청구인의 경정**을 허가한 바 있다.[2] 당사자변경을 자유로이 허용한다면 심판절차의 진행에 혼란을 초래하고 또 상대방의 방어권 행사에도 지장을 줄 우려가 있기 때문에 당사자의 동일성을 해치는 임의적 당사자변경(특히 청구인의 변경)은 헌법소원심판에서도 원칙적으로 허용되지 않는다.[3]

---

2) 헌재 1993. 5. 13. 91헌마190; 헌재 2001. 7. 19. 2000헌마546.

1) 헌재 1997. 7. 16. 96헌바36등.

2) 헌재 2005. 12. 22. 2004헌라3(피청구인 정부를 정부 및 국회로 경정); 헌재 2007. 7. 26. 2005헌라8(피청구인 정부를 대통령으로 경정); 헌재 2008. 3. 27. 2006헌라1(피청구인 대한민국 정부를 1. 해양수산부장관, 2. 부산지방해양수산청장으로 경정).

3) 헌재 1998. 11. 26. 94헌마207; 헌재 2003. 12. 18. 2011헌마163; 헌재 2012. 3. 29. 2010헌마97.

헌법재판소도 헌법소원심판에서의 **청구인의 추가**는 당사자표시정정의 범위를 넘을 뿐만 아니라 이를 허용할 법률적 근거가 없고, 오히려 헌법재판소법 제40조 제 1 항에 의하여 준용되는 민사소송법에 의하여 그러한 형태의 임의적 당사자변경은 허용되지 아니한다고 하였다.[1)]

다만 헌법소원 심판에서 그 목적이 청구인과 제 3 자에게 합일적으로 확정되어야 할 경우, 헌법재판소법 제40조 제 1 항에 의하여 준용되는 민사소송법 제83조 제 1 항에 따라 그 제 3 자는 **공동청구인**으로서 심판에 참가할 수 있고, 헌법재판소는 청구인추가신청이 공동심판참가의 요건을 구비한 때에는 적법한 공동심판참가신청으로 선해한 경우도 있다.[2)] 이 경우 공동심판참가인은 별도의 헌법소원을 제기하는 대신에 계속 중인 심판에 공동청구인으로서 참가하는 것이므로 그 참가신청은 헌법소원 청구기간 내에 이루어져야 한다.[3)]

2. 피청구인의 직권변경

헌법재판소는 피청구인 경정의 요건과 절차를 거치지 않고도 직권으로 피청구인을 변경할 수 있다고 본다.[4)]

3. 당사자 표시정정

당사자 표시정정이란 당사자의 표시가 명백히 잘못 기재된 경우에 당사자의 동일성을 해치지 아니하는 범위 내에서 이를 바로 잡는 것을 말한다.[5)] 헌법재판절차에서도 당사자의 표시정정은 허용된다.[6)]

1) 헌재 2019. 5. 30. 2018헌마1208등; 헌재 2020. 4. 23. 2015헌마1149; 헌재 2020. 6. 25. 2018헌마974.
2) 헌재 2008. 2. 28. 2005헌마872등; 헌재 2009. 4. 30. 2007헌마106; 헌재 2020. 4. 23. 2015헌마1149.
3) 헌재 2009. 4. 30. 2007헌마106; 헌재 2021. 12. 23. 2019헌마656.
4) 헌재 1999. 11. 25. 98헌마456 사건은 피청구인을 건설교통부장관에서 한국토지공사로 직권변경하였고, 헌재 2001. 7. 19. 2000헌마546 사건은 피청구인을 경찰청장에서 영등포 경찰서장으로 직권변경하였다.
5) 이시윤, 신민사소송법, 143면.
6) 헌재 1994. 6. 30. 93헌마71.

제 4 절 이해관계인 및 참가인

1. 이해관계인

헌법재판은 공동체의 기본질서에 관한 개방적이고 추상적인 헌법규범을 해석하는 것이므로 당사자 외에도 여러 관계자의 참여를 통하여 다양한 헌법적 논거가 개진되는 것이 바람직하다.[1)]

이와 관련하여 헌법재판소법 제30조 제 2 항은, 위헌법률심판 및 헌법소원심판에서 "재판부는 필요하다고 인정하는 경우에는 변론을 열어 당사자·이해관계인 그 밖의 참고인의 진술을 들을 수 있다."고 하여 '**이해관계인**', '**참고인**'을 **변론참여자**로 규정하고 있다. 한편 위헌법률심판의 경우에는 '당해 소송사건의 **당사자** 및 **법무부장관**'이(헌재법 제44조), 헌법소원심판에서는 '**이해관계가 있는 국가기관** 또는 **공공단체**와 **법무부장관**'이 **의견서**를 제출할 수 있다고 규정하고 있다(헌재법 제74조 제 1 항).

'이해관계가 있는 국가기관 또는 공공단체'에 해당하는 자는 당해사건별로 개별적·구체적으로 판단할 수밖에 없을 것이다. 현행 헌법재판소법상 위헌법률심판에서 당해소송사건의 당사자로서 의견서를 제출할 수 있는 경우를 제외하고는 일반 **사인**(私人)이나 **사적 단체**가 이해관계인의 지위를 가지고 헌법재판절차에 참여할 길은 없다.[2)]

한편 **국가인권위원회**는 인권의 보호와 향상에 중대한 영향을 미치는 재판이 계속 중인 경우 헌법재판소의 요청이 있거나 필요하다고 인정할 때에는 헌법재판소에 법률상의 사항에 관하여 **의견**을 제출할 수 있고(국가인권위원회법 제28조 제 1 항), 동법 제 4 장(인권침해 및 차별행위의 조사와 구제)의 규정에 의하여 동 위원회가

---

1) 실무제요, 43면.

2) 동지: 주석 헌법재판소법, 237면; 김하열, 129면. 2023헌나2 검사(안동완) 탄핵심판사건에서 소외 유우성이 변론에서 자신의 진술기회를 달라고 요청하였는바, 피청구인 대리인이었던 저자가 "현행 헌법재판소법상 위헌법률심판에서 당해 소송사건의 당사자로서 의견서를 제출할 수 있는 경우를 제외하고는 일반 사인이나 사적단체가 이해관계인의 지위를 가지고 헌법재판 절차에 참여할 길은 없고 일반 사인인 유우성이 변론참여자로 나서는 것은 헌법재판에 영향을 미칠 수 있기 때문에 허용되어서는 안 된다."고 이의를 제기하였다. 이에 대하여 헌재 재판부는, 동 사건이 일반 형사사건 절차가 아니고 탄핵심판사건이므로 유우성 개인에게 진술할 기회를 당연히 주어야 할 상황이 아니라고 설명하면서 유우성의 변론참여를 거부하였다.

조사 또는 처리한 내용에 관하여 재판이 계속 중인 경우에도, 동 위원회는 법원 또는 헌법재판소의 요청이 있거나 필요하다고 인정할 때에는 법원의 담당재판부 또는 헌법재판소에 사실상 및 법률상의 사항에 관하여 의견을 제출할 수 있다(국가인권위원회법 제28조 제 2 항).

헌법재판소 심판규칙은 이러한 법의 취지를 보다 확장적으로 해석하여 모든 심판절차에 이해관계인이 참여할 수 있는 길을 열어두고 있다고 보는 견해가 있다.[1] 즉 헌법재판소 심판규칙은 헌법재판소의 심판에 이해관계가 있는 국가기관 또는 공공단체와 법무부장관은 헌법재판소에 의견서를 제출할 수 있고, 헌법재판소는 이들에게 의견서를 제출할 것을 요청할 수 있으며, 헌법재판소는 필요하다고 인정하면 당해 심판에 이해관계가 있는 사람에게 의견서를 제출할 수 있음을 통지할 수 있고(심판규칙 제10조 제 1 항, 제 2 항), 헌법재판소는 그러한 경우에 당해 심판의 제청서 또는 청구서의 등본을 송달한다(심판규칙 제10조 제 3 항)고 규정하고 있다고 본다. 그러나 헌법재판소는 헌법재판소법과 다른 법률에 저촉되지 아니하는 범위 내에서 심판에 관한 절차, 내부규율과 사무처리에 관한 규칙을 제정할 수 있을 뿐이고(헌법 제113조 제 2 항, 헌재법 제10조 제 1 항), 위에서 본 바와 같이 헌법재판소법 제44조, 제74조 제 1 항에서 위헌법률심판 및 헌법소원심판의 경우에만 당해 소송사건의 당사자 또는 이해관계 있는 기관 또는 공공단체와 법무부장관이 그 심판에 관한 의견서를 제출할 수 있다고 규정하고 있으므로 헌법재판소 심판규칙 제10조가 위헌법률심판, 헌법소원심판뿐만 아니라 헌법재판소의 모든 심판절차에서 이해관계인에게 의견서 제출의 기회를 부여하였다고 해석할 수 없을 것이다. 따라서 헌법재판소 심판규칙 제10조는 위헌법률심판 및 헌법소원심판절차에 있어서 당해 소송사건의 당사자, 법무부장관, 이해관계기관 등의 의견서 제출절차를 규정한 것이라고 해석하여야 한다고 생각한다.

헌법재판절차에 있어서의 이해관계인은 자기 이름으로 결정을 구하거나 재판을 청구하는 것이 아니므로 진정한 의미의 당사자라고는 할 수 없으나, 법이 정하는 바에 따라 의견서를 제출하거나 변론에 참여하는 경우에는 당사자에 갈음하는 정도의 지위가 부여될 수도 있다. 특히 위헌법률심판, 헌법재판소법 제68조 제 2 항에 의한 헌법소원심판, 헌법재판소법 제68조 제 1 항에 의한 헌법소원

1) 실무제요, 44, 78면; 주석 헌법재판소법, 237면; 김하열, 129면.

중 법령에 의한 직접적인 기본권침해를 다투는 헌법소원심판과 같이 피청구인을 상정하기 어려운 심판절차에서는 당해 **법령 시행의 주무관청**으로 하여금 이해관계인으로서 당사자에 준하여 실질적으로 심리에 관여하게 하는 것이 실무이다.[1)]

헌법재판소의 심판절차에 관하여 헌법재판소법에 특별한 규정이 있는 경우를 제외하고는 민사소송에 관한 법령이 준용되므로 이해관계인은 **보조참가**, **공동심판참가** 등 심판참가를 할 수 있다(헌재법 제40조 제 1 항 전문, 민소법 제71조, 제83조).[2)]

2. 참 가 인

계속 중인 다른 사람 사이의 심판에 당사자가 아닌 제 3 자가 자기의 이익을 옹호하기 위해 관여하는 것을 **심판참가**라 한다. 심판참가에는 **보조참가**와 **당사자참가**가 있고, 당사자참가에는 **독립당사자심판참가**와 **공동심판참가**가 있다.[3)]

헌법재판소법 제25조는 헌법재판에서 '참가인'을 상정하고 있을 뿐만 아니라, 헌법재판소법 제40조에 따라 심판참가에 관한 다른 법령들이 준용되므로 헌법재판의 성질에 반하지 않는 심판참가는 헌법재판에서도 허용된다. 심판참가를 하려면 참가의 형태별로 요구되는 **참가사유**가 있어야 하고, 원칙적으로 **제 3 자의 참가신청**이 있어야 한다.[4)]

먼저, 소송결과에 이해관계가 있는 제 3 자는 한 쪽 당사자를 돕기 위해 **보조참가**를 할 수 있다(민소법 제71조).[5)] 여기서 '**한쪽 당사자를 돕기 위하여**'란 적어도 한쪽 당사자와 보조참가 신청자의 이해관계가 일치하여야 한다는 것을 의미한다.[6)] 헌법재판소는 "헌법재판소의 심판절차에 관하여는 헌법재판소법에 특별한 규정이 있는 경우를 제외하고는 헌법재판의 성질에 반하지 아니하는 한도에

1) 실무제요, 44면.
2) 헌재 2000. 12. 14. 2000헌마308; 헌재 2003. 9. 25. 2001헌마143; 헌재 2008. 2. 28. 2005헌마872등 참조.
3) 이시윤, 신민사소송법, 819면.
4) 김하열, 123면.
5) 보조참가가 허용되었던 사건으로는 헌재 1991. 9. 16. 89헌마163; 헌재 2000. 12. 14. 2000헌마308; 헌재 2003. 9. 25. 2001헌마143; 헌재 2006. 3. 30. 2005헌마598 등이 있다.
6) 헌재 2023. 5. 25. 2020헌마1336(이 사건 참가신청인은 이 사건 대학의 전임교원으로 구성된 단체로서, 이 사건 헌법소원심판에서 청구인들(대학 소속 직원들과 전국공무원노동조합 지부)과 상반되는 이해관계를 가지므로 청구인들을 위한 보조참가를 할 수 없다고 하였다).

서 민사소송에 관한 법령을 준용한다(헌재법 제40조 제 1 항 참조). 보조참가와 관련하여 민사소송법 제71조는 '소송결과에 이해관계가 있는 제 3 자는 한쪽 당사자를 돕기 위하여 법원에 계속 중인 소송에 참가할 수 있다.'라고 규정하고 있다. 여기서 이해관계란 사실상·경제상 또는 감정상의 이해관계가 아니라 법률상의 이해관계를 말하는 것으로, 그 소송의 판결의 기판력이나 집행력을 당연히 받는 경우 또는 적어도 그 판결을 전제로 하여 보조참가를 하려는 자의 법률상 지위가 결정되는 관계에 있는 경우를 의미한다(대법원 2017. 6. 22. 선고 2014다225809 전원합의체 판결 참조). 심판대상조항(선박안전법 제84조 제 1 장 제11호)과 같은 형벌조항의 위헌 여부와 법률상 이해관계가 있다고 하려면, 해당 형벌조항의 적용을 받아 기소되었거나 이미 유죄판결을 받아 확정된 경우로서 그 위헌 여부에 따라 다른 내용의 재판을 받거나 재심을 청구할 수 있는 등 자신의 법률상 지위에 변동이 발생한다는 사정이 소명되어야 할 것이다."라고 판시하였다.[1] 그런데 권한쟁의심판과 헌법소원심판청구 등 결정의 효력이 일반 제 3 자에게 확장되는 경우 이와 같은 심판에 제 3 자가 보조참가를 하면 **공동심판적 보조참가**(민소법 제78조)가 된다는 견해[2]가 있다.

다음으로, 심판목적이 한 쪽 당사자와 제 3 자에게 합일적으로 확정되어야 할 경우 그 제 3 자는 **공동심판참가**를 할 수 있다(민소법 제83조). 공동심판참가 신청이 적법하기 위해서는 참가신청인도 청구인적격을 가져야 하고, 청구기간 준수 등 적법요건을 갖추어야 한다.[3] 공동심판참가의 요건이 구비되어 있지 않더

1) 헌재 2024. 5. 30. 2020헌바234(참가신청인들 스스로가 심판대상조항의 적용을 받아 기소되었거나 유죄 확정판결을 받았다는 자료를 찾아볼 수 없을 뿐만 아니라, 참가신청인들이 심판대상조항의 수범자에 해당한다고 보기도 어려우므로, 참가신청인들에게 심판대상조항의 위헌 여부에 관한 법률상 이해관계가 존재한다고 보기 어렵다. 따라서 참가신청인들의 보조참가신청은 부적법하다고 하였다); 헌재 2024. 8. 29. 2020헌마389등(교도소에 수용중인 신청인은 이 사건 심판청구결과에 법률상 이해관계가 있다고 보기 어려우므로 보조참가신청도 부적법하다고 하였다); 헌재 2025. 2. 27. 2023헌바155(국민참여재판을 신청하였는지 여부조차 소명되지 아니한 자의 경우 심판대상조항의 위헌 여부에 따라 법률상 지위가 변동된다고 보기 어렵고, 당해 사건 역시 참가신청인과 무관한 청구인의 형사 본안 사건의 국민참여재판 배제결정에 대한 즉시항고이므로 법률상 이해관계가 있다고 볼 수 없어 보조참가신청 역시 부적법하다고 하였다).

2) 이시윤, 신민사소송법, 833면.

3) 헌재 1991. 9. 16. 89헌마163 사건에서는 참가신청인이 소원 청구인적격자가 아니어서 공동심판참가신청이 부적법하다고 하였다; 헌재 2009. 4. 30. 2007헌마106; 헌재 2024. 8. 29. 2020헌마389등(교도소에 수용중인 신청인의 주장은 기후변화에 대한 적응과 관련된 교정처우에 관한 것으로, 신청인은 이 사건 심판결청구결과에 관하여 합일적으로 확정되어야 할 법적 지위에 있다고 보기 어려우므로 공동심판참가신청은 부적법하다고 하였다); 헌재 2024. 8. 29. 2020헌마839(법무사, 행정사 또는 법원공무원으로서 기본권 침해를 주장하면서 제기한 헌법소원심판 사건에서 참가신청을

라도 보조참가의 요건을 갖추고 있으면 보조참가로 볼 수 있다.[1)]

그런데 헌법재판소는 규범통제 절차인 헌법재판소법 제41조 제 1 항에 의한 **위헌법률심판사건**에서 민사소송법 제71조를 준용한 **보조참가신청이 허용되는지 여부**에 관하여, "규범통제절차인 헌법재판소법 제41조 제 1 항에 의한 위헌법률심판절차에 있어서는 대립 당사자 개념을 상정할 수 없을 뿐만 아니라, 보조참가인에게 이른바 참가적 효력을 미치게 할 필요성이 존재한다고 볼 수도 없기 때문에, 보조참가를 규정하고 있는 민사소송법 제71조는 위헌법률심판의 성질상 준용하기 어렵다. 그렇다면 이 사건 보조참가신청인의 보조참가신청은 위헌법률심판의 성질에 반하여 준용되지 아니하는 민사소송법 제71조에 근거한 것으로서 허용되지 아니한다."고 판시하였다.[2)]

참가인은 청구의 변경, 청구의 취하와 같이 소송물을 처분·변경하는 행위나 피참가인의 행위와 어긋나는 행위를 제외하고는, 재판에 관하여 공격·방어·이의 등 모든 소송행위를 할 수 있다(헌재법 제40조, 민소법 제76조). 한편, 보조참가신청인의 보조참가가 허용되지 아니하더라도 **이해관계인**으로서 위헌법률심판절차에 참여할 수 있는 **법적인 기회**(변론에서 진술, 의견서 제출, 열람·복사 신청 등)가 부여되고 있다.[3)]

또한 행정소송법 제16조(제 3 자의 소송참가) 제 1 항은 "법원은 소송의 결과에 따라 권리 또는 이익의 침해를 받을 **제 3 자**가 있는 경우에는 당사자 또는 제 3 자의 신청 또는 직권에 의하여 결정으로써 그 제 3 자를 소송에 참가시킬 수 있다."라고 규정하고 있고, 행정소송법 제17조(행정청의 소송참가) 제 1 항은 "법원은 다른 행정청을 소송에 참가시킬 필요가 있다고 인정할 때에는 당사자 또는 당해 행정청의 신청 또는 직권에 의하여 결정으로써 그 행정청을 소송에 참가시킬 수 있다."라고 규정하고 있으므로, 행정소송법이 우선적으로 준용되는 권한쟁의심판 및 헌법소원심판의 경우(헌재법 제40조 제 1 항 후문, 제 2 항)에는 **제 3 자 또는 피청구인이 아닌 다른 행정청의 심판참가**도 가능하다고 하겠다.[4)]

한 세무사는 헌법소원심판의 목적이 합일적으로 확정되어야 하는 경우가 아니므로 공동심판참가신청이 부적법하고, 청구기간을 준수하지 않은 공동심판참가신청은 부적법하다고 하였다); 헌재 2025. 2. 27. 2023헌바155(공동심판참가신청의 청구기간을 준수하지 못하고, 당해 사건 및 관련 형사 본안사건과도 무관한 자의 공동심판참가신청은 부적법하다고 하였다).

1) 헌재 2008. 2. 28. 2005헌마872; 헌재 2010. 10. 28. 2008헌마408 참조.

2) 헌재 2020. 3. 26. 2016헌가17 등; 헌재 2023. 5. 25. 2020헌마1336; 헌재 2024. 1. 25. 2021헌가14.

3) 헌재 2020. 3. 26. 2016헌가17등.

4) 실무제요, 46면. 헌재 2008. 10. 30. 2005헌마1005 사건에서는 공정거래위원회의 무혐의처분에

다만, 법령에 대한 헌법소원 사건에서는 청구인과 법적 지위를 같이하는 제 3 자가 자기의 이익을 옹호하기 위해 관여하는 경우 헌법소원의 결과에 따라 권리 또는 이익의 침해를 받게 되는 것이 아니므로 행정소송법은 준용될 여지가 없고 민사소송법만이 준용되고, 따라서 법령에 대한 헌법소원심판에서 그 목적이 청구인과 제 3 자에게 **합일적으로 확정**되어야 할 경우 그 **제 3 자는 공동청구인**으로서 심판에 참가할 수 있다. 또한 헌법재판소는 청구인 추가신청이 공동심판참가의 요건을 구비한 경우 적법한 공동심판참가신청으로 선해해 왔다.[1] 다만 공동심판참가인은 별도의 헌법소원을 제기하는 대신에 계속중인 심판에 공동청구인으로서 참가하는 것이므로 그 참가신청은 헌법소원 **청구기간 내에** 이루어져야 한다.[2] 그리고 민사소송법 제76조(현행 민소법 제83조) 소정의 공동소송참가란 소송의 목적이 당사자의 일방과 제 3 자에 대하여 합일적으로만 확정될 경우에 그 제 3 자는 별소를 제기하는 대신에 계속 중의 소송에 공동소송인으로 참가하는 것으로서 자기 자신도 피참가인인 당사자와 마찬가지로 **당사자적격**을 구비하지 않으면 안 된다.[3]

헌법재판소는 교육부 고시 공통교육과정 등 위헌확인사건에서 "이 사건 공동참가신청인들은 이 사건 교육과정의 수범자가 아닐 뿐만 아니라 이 사건 교육과정에 따라 사회나 역사, 한국사 교육을 받아야 할 법적 의무를 부담하거나 법적 제한을 받고 있는 사람들이 아니다. 위 참가신청인들은 이 사건 교육과정과 관계없이 자유롭게 역사를 연구하거나 학습하는 것이 가능하므로, 이 사건 교육과정으로 인하여 어떠한 기본권적 제한을 받고 있다고 보기 어렵다. 따라서 이 사건 교육과정이 위헌으로 결정되어 그 효력을 상실하게 된다고 하더라도, 위 참가신청인들의 기본권 제한 여부나 법적 지위에 어떠한 변동이 발생하는 것은 아니므로, 위 참가신청인들은 이 사건 교육과정에 대하여 기본권침해

대하여 청구된 헌법소원심판이 계속중인 상태에서 당해 무혐의처분을 받은 자가 행정소송법 제16조의 제 3 자의 소송참가를 신청한 경우 신청인은 헌법소원심판의 결과에 따라 권리 또는 이익의 침해를 받을 제 3자에 해당한다는 이유로 신청인의 피청구인을 위한 참가를 허가하였다. 그러나 헌재 2012. 2. 23. 2009헌마623 사건에서는 참가신청인들이 헌법소원심판에 대한 참가에 있어 단순히 사실상 또는 경제상의 권리나 이익에 영향을 받는 자일 뿐이라는 이유로 참가신청이 부적법하다고 하였다.

1) 헌재 2008. 2. 28. 2005헌마872; 헌재 2009. 4. 30. 2007헌마106; 헌재 2010. 10. 28. 2008헌마408; 헌재 2013. 12. 26. 2011헌마499; 헌재 2020. 4. 23. 2015헌마1149; 헌재 2021. 5. 27. 2018헌마1108.
2) 헌재 1993. 9. 27. 89헌마248; 헌재 2008. 2. 28. 2005헌마872등; 헌재 2009. 4. 30. 2007헌마106; 헌재 2010. 10. 28. 2008헌마408; 헌재 2021. 12. 23. 2019헌마656; 헌재 2025. 2. 27. 2023헌바155.
3) 헌재 1991. 9. 16. 89헌마163; 헌재 2025. 2. 27. 2023헌바155.

가능성이나 자기관련성이 인정된다고 보기 어렵다. 그러므로 이 사건 공동심판참가신청은 부적법하다."고 판시하였고,[1] 국민의 형사재판 참여에 관한 법률 제 9 조 제 1 항 제 3 호 위헌소원 사건에서, "참가신청인은 법원의 위헌법률심판제청신청 기각결정을 청구인이 송달 받은 날부터 30일이 지난 후에 비로소 공동심판참가신청을 하여 청구기간을 준수하지 못하였고, 참가신청인은 당해 사건은 물론 이와 관련된 형사 본안사건(서울중앙지방법원 2022고합738)과도 무관하므로 참가신청인의 공동심판참가신청은 그 요건을 충족하지 못하였다."고 판시하였다.[2]

한편, 소송 계속 중에 소송목적인 권리, 의무의 전부나 일부를 승계한 제 3 자가 독립당사자참가 신청의 규정에 따라 소송에 참가하는 **승계참가**(민소법 제81조)도 헌법재판에서 인정될 수 있다.[3]

심판참가가 있는 경우에는 기록의 표지에 이를 표시하며, 동 참가서면을 당사자 쌍방에게 송달한다(민소법 제72조 제 2 항).

1) 헌재 2021. 5. 27. 2018헌마1108.
2) 헌재 2025. 2. 27. 2023헌바155.
3) 승계참가가 허용되었던 사건으로는 헌재 2003. 4. 24. 2001헌마386이 있다.

제 4 장 대표자 · 대리인

제 1 절 정부가 당사자인 경우

각종 심판절차에 있어서 정부가 당사자(참가인을 포함한다. 이하 같다)인 때에는 법무부장관이 이를 대표한다(헌재법 제25조 제 1 항). 정부는 정당해산심판(헌재법 제55조), 권한쟁의심판(헌재법 제62조)에서 당사자로 될 수 있다.

제 2 절 국가기관 또는 지방자치단체가 당사자인 경우

각종 심판절차에 있어서 당사자 또는 참가인인 국가기관 또는 지방자치단체는 변호사 또는 변호사의 자격이 있는 소속직원을 대리인으로 선임하여 심판을 수행하게 할 수 있다(헌재법 제25조 제 2 항).

국가기관 또는 지방자치단체가 당사자나 참가인인 때에는 변호사대리가 강제되지 않으므로, 국가기관은 스스로, 지방자치단체는 그 대표자가 직접 심판을 수행할 수도 있고, 위와 같이 변호사대리 제도를 활용할 수도 있다.[1)]

실무상으로는 이해관계인인 국가기관 또는 지방자치단체가 변론에 참여할 때에도 변호사 또는 변호사의 자격이 있는 소속직원을 대리인으로 선임하는 것이 통례이다.[2)] 그런데 변호사를 대리인으로 선임하는 것은 변호사대리의 원칙을 규정한 민사소송법에 그 근거를 두는 것이어서(헌재법 제40조, 민소법 제87조) 문제가 없지만, 헌법재판소법 제25조 제 2 항은 변호사대리의 원칙에 대한 예외를

1) 동지: 김하열, 130면. 그런데 헌재법 제25조 제 2 항을 헌법재판에서의 변호사강제주의가 소송당사자인 국가기관 또는 지방자치단체에도 적용된 결과라고 보는 견해도 있으나(허영, 141면), 각종 심판절차에서 사인이 당사자인 경우에만 변호사강제주의가 적용되는 것이라고 보는 것이 타당하다(헌재법 제25조 제 3 항 참조).
2) 실무제요, 47면.

특별히 허용하는 규정인데, 이를 이해관계인까지 포함하는 것으로 확장해석하여 변호사가 아니라 변호사의 자격이 있을 뿐인 소속 직원을 이해관계인인 국가기관 또는 지방자치단체의 대리인으로 선임하는 것도 가능한지에 대해 의문을 제기하는 견해[1]가 있다.

제 3 절 사인이 당사자인 경우

1. 총 설

각종 심판절차에 있어서 **당사자인 사인**(私人)은 변호사를 대리인으로 선임하지 아니하면 심판청구를 하거나 심판수행을 하지 못한다. 다만, 그가 변호사의 자격이 있는 때에는 그러하지 아니하다(헌재법 제25조 제 3 항). 이를 **'변호사강제주의'** 라고 하며, 주로 헌법소원심판에서 문제된다.

사인(私人)이 당사자가 될 수 있는 경우로는 헌법재판소법 제68조 제 1 항이든, 제 2 항이든 헌법소원심판의 적극적 당사자(청구인), 탄핵심판 및 정당해산심판의 소극적 당사자(피청구인)를 상정해 볼 수 있다. 따라서 변호사강제주의는 **탄핵심판, 위헌정당해산심판, 헌법소원심판** 절차에 있어서만 적용된다고 보아야 할 것이다.[2] 이들 심판절차 가운데서도 무자력자의 헌법재판을 받을 권리의 침해가능성이 문제되는 것은 당사자적격에 아무런 제한을 두고 있지 않은 헌법소원심판청구의 경우이다.

변호사강제주의에 대해서는 재판업무에 분업화원리의 도입, 헌법재판의 원활한 운영과 질적 개선, 재판심리의 부담 경감 및 효율화 등이 제도의 정당화 근거로 제시되고 있지만,[3] 민·형사소송과 달리 헌법재판에서만 유독 변호사강제주의를 채택하여 제소요건을 더 엄격히 할 근거가 부족하다든지, 변호사를 선임할 자력이 부족한 국민이 헌법재판을 청구할 기회를 제약할 우려가 있다든

1) 김하열, 131면.
2) 동지: 성낙인, 113면. 탄핵심판이나 정당해산심판의 피청구인은 사인의 지위가 아니라 공적 지위에서 심판절차의 당사자가 되는 것이어서 변호사강제주의가 적용되지 않는다는 견해(김하열, 133면)도 있다.
3) 헌재 1990. 9. 3. 89헌마120; 헌재 2001. 9. 27. 2001헌마152; 헌재 2004. 4. 29. 2003헌마78; 헌재 2010. 3. 25. 2008헌마439.

지 하는 비판론이 있다.[1] 변호사강제주의의 장점을 유지하면서도 변호사를 대리인으로 선임할 자력이 부족한 일반국민에게 헌법소원을 청구할 기회를 실질적으로 보장하기 위해 헌법소원심판에서는 국선대리인제도가 마련되어 있다(헌재법 제70조).

참고로 독일 연방헌법재판소의 재판절차에서는 변호사에 의한 소송대리의 강제가 없고, 다만 구두변론절차에서는 변호사나 법학교수를 대리인으로 선임해야 한다(독일 연방헌법재판소법 제22조 제 1 항).

2. 소송대리인이 없는 사인이 한 소송행위의 효과

변호사의 자격이 없는 사인인 청구인이 한 헌법소원심판청구나 주장은 변호사인 대리인이 추인한 경우에 한하여 적법한 헌법소원심판청구와 심판수행으로서의 효력이 있다.[2] 그러므로 변호사인 대리인이 제출한 심판청구서에 청구인이 한 심판청구와 주장을 묵시적으로라도 추인하고 있다고 볼 내용이 없다면, 대리인의 심판청구서에 기재되어 있지 아니한 청구인의 그 전의 심판청구 내용과 대리인의 심판청구 이후에 청구인이 제출한 추가된 별개의 심판청구와 주장은 당해사건의 심판대상이 되지 않는다.[3]

3. 소송대리인의 사임과 기존소송행위의 효력

한편, 헌법재판소법 제25조 제 3 항의 취지는 헌법소원심판청구인의 헌법재판청구권을 제한하려는 데 그 목적이 있는 것이 아니므로 변호사인 대리인에 의한 헌법소원심판청구가 있었다면 그 이후 심리과정에서 대리인이 사임하고 다른 대리인을 선임하지 않았더라도 청구인이 그 후 자기에게 유리한 진술을 할 기회를 스스로 포기한 것에 불과할 뿐, 헌법소원심판청구를 비롯하여 기왕의 대리인의 소송행위가 무효로 되는 것은 아니다.[4] 다만, 위와 같은 판단은 대리인의 소송수행이 충분히 이루어진 이후에나 가능한 것이고, 청구인의 헌법

1) 허영, 141면; 성낙인, 114면.
2) 헌재 1992. 6. 26. 89헌마132; 헌재 2016. 2. 25. 2013헌바260; 헌재 2021. 6. 24. 2019헌바133등.
3) 헌재 1995. 2. 23. 94헌마105; 헌재 2009. 12. 29. 2008헌바64; 헌재 2016. 2. 25. 2013헌바260.
4) 헌재 1992. 4. 14. 91헌마156.

소원심판청구서가 제출된 이후에 선임된 대리인이 청구인의 헌법소원심판청구에 관하여 추인하는 내용의 서면이나 새로운 심판청구서 등 심판청구에 관한 아무런 서면을 제출함이 없이 대리인 지위를 사임하여 헌법재판소가 대리인 선임과 그 대리인 명의로 된 헌법소원심판청구서 제출을 명하는 보정명령을 발하였음에도 보정기간 내에 보정하지 아니하였다면 그 심판청구는 부적법하다.[1]

4. 대리인 선임 보정명령

헌법재판소의 실무는, 대리인의 선임없이 심판청구한 경우 지정재판부의 사전심사 단계에서 상당한 기간(7일 내지 10일)을 정하여 대리인을 선임하도록 보정명령을 발하고 있다. 이때, 청구인이 국선대리인의 선임을 신청하지 아니한 경우에는 보정명령서 등본과 함께 '대리인 선임에 관한 안내 1'과 국선대리인 선임신청서의 양식을 송달함으로써 변호사를 대리인으로 선임할 자력이 없는 자에 대한 국선대리인 선임 제도를 안내하고 있다. 또한, 청구인이 국선대리인의 선임을 신청하였으나 그 신청을 기각한 경우에는 그 결정서 정본과 함께 '대리인 선임에 관한 안내 2'를 송달하여 사선대리인을 선임하도록 안내하고 있다.[2] 대리인 선임에 관한 안내 양식은 다음과 같다.

제 4 절 대리권의 증명 등

법정대리권이 있는 사실, 법인이나 법인이 아닌 사단 또는 재단의 대표자나 관리인이라는 사실, 소송행위를 위한 권한을 받은 사실은 서면으로 증명하여야 한다(심판규칙 제 6 조).

헌법재판소는 법인이 아닌 사단 또는 재단이 당사자일 때에는 정관이나 규약, 그 밖에 그 당사자의 당사자능력을 판단하기 위하여 필요한 자료를 제출하게 할 수 있다(심판규칙 제 7 조).

---

1) 헌재 2004. 9. 23. 2003헌마16; 헌재 2004. 11. 25. 2003헌마788.
2) 실무제요, 48면.

[서식례 1] 대리인선임에 관한 안내 1(대리인선임 없이 심판청구한 경우)

대리인선임에 관한 안내(1)

1. 각종 심판절차에 있어서 당사자인 사인(私人)은 변호사를 대리인으로 선임하지 아니하면 심판청구를 하거나 심판수행을 하지 못하기 때문에 헌법소원심판을 청구함에 있어서 청구인이 변호사의 자격이 있는 경우를 제외하고는 반드시 변호사를 대리인으로 선임하여야 합니다(헌법재판소법 제25조 제 3 항).

2. 다만, 변호사를 대리인으로 선임할 자력이 없는 경우에는 소정의 무자력 소명자료를 첨부하여 붙임 서식에 의하여 헌법재판소에 국선대리인선임을 신청할 수 있으며, 이 경우 헌법재판소에서는 무자력의 여부, 헌법소원심판사건의 부적법 또는 권리남용 여부, 공익해당 여부 등을 판단하여 국선대리인 선임여부를 결정하게 됩니다(헌법재판소법 제70조).

3. 변호사를 대리인으로 선임하였더라도 다음 각호의 1에 해당하는 경우 헌법소원 심판청구가 각하될 수도 있음을 양지하시기 바랍니다(헌법재판소법 제72조 제 3 항).
   가. 다른 법률에 의한 구제절차가 있는 경우 그 절차를 모두 거치지 않았거나 법원의 재판에 대하여 헌법소원 심판을 청구한 경우
   나. 헌법재판소법 제69조에 따른 청구기간 경과 후에 헌법소원심판을 청구한 경우
   다. 기타 헌법소원심판의 청구가 부적법하고 그 흠결을 보정할 수 없는 경우

4. 기타 자세한 사항은 헌법재판소 심판사무과(☏ 708-34ㅁㅁ)로 문의하시기 바랍니다.

<붙임> 국선대리인 선임신청서 1부. 끝.

[서식례 2] 대리인선임에 관한 안내 2(국선대리인선임신청을 기각한 경우)

대리인선임에 관한 안내(2)

1. 각종 심판절차에 있어서 당사자인 사인(私人)은 변호사를 대리인으로 선임하지 아니하면 심판청구를 하거나 심판수행을 하지 못하기 때문에, 헌법소원심판을 청구함에 있어서 청구인이 변호사의 자격이 있는 경우를 제외하고는 반드시 변호사를 대리인으로 선임하여야 합니다(헌법재판소법 제25조 제 3 항).

2. 변호사를 대리인으로 선임하였더라도 다음 각호의 1에 해당하는 경우 헌법소원 심판청구가 각하될 수도 있음을 양지하시기 바랍니다(헌법재판소법 제72조 제 3 항).
   가. 다른 법률에 의한 구제절차가 있는 경우 그 절차를 모두 거치지 않았거나 법원의 재판에 대하여 헌법소원 심판을 청구한 경우
   나. 헌법재판소법 제69조에 따른 청구기간 경과 후에 헌법소원심판을 청구한 경우
   다. 기타 헌법소원심판의 청구가 부적법하고 그 흠결을 보정할 수 없는 경우

3. 기타 자세한 사항은 헌법재판소 심판사무과(☏ 708-34ㅁㅁ)로 문의하시기 바랍니다.

제 5 절 대표대리인

재판장은 복수의 대리인이 있을 때에는 당사자나 대리인의 신청 또는 재판장의 직권에 의하여 대표대리인을 지정하거나 그 지정을 철회 또는 변경할 수 있다. 실무에서는 소송위임장에 담당변호사로 표시된 자, 송달주소를 관리하는 자를 대표대리인으로 보나 이러한 기재가 없는 경우에는 청구서를 작성·제출하는 등 사건을 주도적으로 처리하는 자를 대표대리인으로 간주한다. 사건 배당 이후 대리인이 추가 선임된 경우 그 때마다 1인의 대표대리인을 증원할 수 있으나 총 3명을 초과할 수 없다. 대표대리인 1명에 대한 통지 또는 서류의 송달은 대리인 전원에 대하여 효력이 있다(심판규칙 제 8 조). 그러나 실무에서는 대표대리인 모두에게 송달한다.[1]

1) 실무제요, 51면.

제 5 장 심판의 청구

제 1 절 심판서류의 작성방법 등

헌법재판소에 제출하는 서면에는 사건의 표시, 서면을 제출하는 사람의 이름, 주소, 연락처(전화번호, 팩시밀리번호, 전자우편주소 등), 덧붙인 서류의 표시, 작성한 날짜를 기재하고 기명날인하거나 서명하여야 한다(심판규칙 제 2 조 제 1 항). 제출한 서면에 기재한 주소 또는 연락처에 변동사항이 없으면 그 후에 제출하는 서면에는 이를 기재하지 않아도 된다(동조 제 2 항).

각종 심판서류는 간결한 문장으로 분명하게 작성하여야 하며, 심판서류의 용지크기는 특별한 사유가 없으면 가로 210mm, 세로 297mm(A4 용지)로 한다(심판규칙 제 3 조). 외국어나 부호로 작성된 문서에는 국어로 된 번역문을 붙여야 한다(심판규칙 제 4 조).

제 2 절 심판청구의 방식

헌법재판소에의 심판청구는 심판절차별로 정하여진 **청구서**를 헌법재판소에 제출함으로써 한다. 심판청구를 구두로 하는 것은 허용되지 아니한다. 헌법재판소에 청구서를 제출하는 사람은 9통의 **심판용 부본**을 함께 제출하여야 하고, 송달하여야 하는 심판서류를 제출할 때에는 송달에 필요한 수만큼의 부본을 따로 제출하여야 한다(심판규칙 제 9 조, 제23조). 다만, 위헌법률심판에 있어서는 법원의 제청서, 탄핵심판에 있어서는 국회의 소추의결서의 정본으로 청구서에 갈음한다(헌재법 제26조 제 1 항). 청구서에는 필요한 증거서류 또는 참고자료를 첨부할 수 있다(동조 제 2 항).

한편, 청구서는 전자문서(컴퓨터 등 정보처리능력을 갖춘 장치에 의하여 전자적인 형태로 작성되어 송수신되거나 저장된 정보를 말한다)화하고 이를 정보통신망을 이용하여 헌법재판소에서 지정·운용하는 전자정보처리조직(심판절차에 필요한 전자문서를 작성·제출·송달하는 데에 필요한 정보처리능력을 갖춘 전자적 장치를 말한다)을 통하여 제출할 수 있다(헌재법 제76조 제 1 항). 심판서류는 「헌법재판소 심판절차에서의 전자문서 이용 등에 관한 규칙」에 따라 전자헌법재판시스템을 통하여 전자문서로 제출할 수 있다(심판규칙 제 2 조 제 3 항). 전자문서로 제출된 청구서는 서면으로 제출된 청구서와 같은 효력을 가진다(헌재법 제76조 제 2 항). 전자문서로 제출된 청구서가 접수되는 때에는 당사자나 관계인에게 전자적 방식으로 그 접수사실을 알려야 한다(헌재법 제76조 제 4 항).

전자헌법재판시스템을 이용하고자 하는 당사자나 이해관계인은 전자헌법재판센터에 접속하여 제공된 서식에 따라 사용자정보를 입력함으로써 등록을 하여야 한다(헌법재판소 심판절차에서의 전자문서 이용 등에 관한 규칙 제 3 조 제 1 항). 이와 같이 사용자등록을 한 등록사용자로서 전자헌법재판시스템을 이용하여 심판청구를 하고자 하는 사람은 전자서명을 위한 인증서를 발급받은 후 전자헌법재판센터에 접속하여 심판절차의 전자적 진행에 동의하고 청구서를 전자헌법센터에서 제공하는 서식에 따라 빈칸 채우기 또는 파일 첨부의 방식으로 작성하여 전자문서로 제출할 수 있는데, 청구서에 첨부할 위임장 등 서류는 전자이미지로 변환한 후 전자헌법재판센터를 통하여 제출하여야 한다. 청구서를 전자문서로 제출할 경우 헌법재판소 심판규칙에서 정하는 부본 제출의무는 면제되나, 첨부파일의 용량이 지나치게 클 경우 헌법재판소는 등록사용자에게 부본의 제출을 요구할 수 있다(헌법재판소 심판절차에서의 전자문서 이용 등에 관한 규칙 제 4 조).

제 3 절 심판서류의 접수와 보정권고 등

청구서가 제출되면 헌법재판소는 이를 사건으로 접수해야 한다. 접수공무원은 당사자가 제출하는 사건에 대하여 정당한 이유 없이 그 접수를 거부하지 못하며, 다만 접수된 사건서류의 흠결을 보완하기 위하여 필요한 안내를 할 수 있다. 접수공무원은 사건을 접수함에 있어서 사건서류의 형식적 요건만을 심사하고, 그 실질적 내용을 심사할 수 없다(헌법재판소사건의 접수에 관한 규칙 제 4 조, 제 5 조).

전자문서로 제출된 청구서는 전자정보처리조직에 전자적으로 기록된 때에 접수된 것으로 본다(헌재법 제76조 제 3 항).

심판서류를 접수한 공무원은 심판서류를 제출한 사람이 요청하면 바로 접수증을 교부하여야 하며, 제출된 심판서류의 흠결을 보완하기 위하여 필요한 보정을 권고할 수 있다(심판규칙 제 5 조 제 1 항, 제 2 항). 헌법재판소는 필요하다고 인정하면 심판서류를 제출한 사람에게 그 문서의 전자파일을 전자우편이나 그 밖에 적당한 방법으로 헌법재판소에 보내도록 요청할 수 있다(심판규칙 제 5 조 제 3 항).

접수된 사건은 사건명과 사건번호가 부여됨으로써 특정된다(헌법재판소사건의 접수에 관한 규칙 제 7 조 제 1 항).

제 4 절 청구서의 송달

헌법재판소가 청구서를 접수한 때에는 지체 없이 그 등본을 피청구기관 또는 피청구인에게 송달하여야 한다(헌재법 제27조 제 1 항). 위헌법률심판의 제청이 있으면 법무부장관 및 당해 소송사건의 당사자에게 그 제청서의 등본을 송달한다(동조 제 2 항).

헌법재판소는 당사자나 관계인에게 전자정보처리조직과 그와 연계된 정보통신망을 이용하여 청구서를 송달할 수 있다. 다만, 당사자나 관계인이 동의하지 아니하는 경우에는 그러하지 아니하다. 전자정보처리조직을 이용한 서류 송달은 서면으로 한 것과 같은 효력을 가진다(헌재법 제78조 제 1 항, 제 3 항, 심판규칙 제22조 제 1 항).

헌법재판소는 우편이나 재판장이 지명하는 사무처 직원에 의하여 심판서류를 송달한다(심판규칙 제22조의3).

제 5 절 심판청구의 보정

헌법재판사건을 배정받은 주심재판관은 우선 심판청구의 적법성을 심사한다. 즉 심판청구서의 필요적 기재사항을 비롯한 형식요건의 심사를 한다. 심사

결과 심판청구가 부적법하지만 보정(補正)할 수 있다고 인정하는 경우에는 재판장에게 보정을 요구하도록 요청한다. 재판장만이 심판청구인에게 보정요구를 할 수 있기 때문이다(헌재법 제28조 제 1 항). 그러나 재판장은 필요하다고 인정하는 경우에는 재판관 중에서 1인에게 보정요구를 할 수 있는 권한을 부여할 수 있다(헌재법 제28조 제 5 항). 이는 사건을 배당받은 주심재판관이 사실상 보정명령의 필요 여부를 결정하고, 재판장의 명의로 보정명령을 하였던 실무적인 불편을 개선한 것으로서, 특히 헌법소원의 사전심사단계에서 적극적으로 활용하고 있다.[1)]

재판장은 심판청구가 부적법하나 보정할 수 있다고 인정하는 경우에는 상당한 기간을 정하여 보정을 요구하여야 한다(헌재법 제28조 제 1 항). 이에 의한 보정이 있는 때에는 처음부터 적법한 심판청구가 있는 것으로 본다(동조 제 3 항). 헌법재판소는 헌법소원심판 청구서의 필수 기재사항이 누락되거나 명확하지 아니한 경우에 적당한 기간을 정하여 이를 보정하도록 명할 수 있으며, 이 보정기간까지 보정하지 아니한 경우에는 심판청구를 각하할 수 있다(심판규칙 제70조).

제 6 절 심판청구의 효력발생과 효과(중복제소금지)

청구서를 헌법재판소에 제출한다는 것은 청구서가 헌법재판소에 도달함을 의미한다. 따라서 우편으로 청구서를 발송하는 경우에도 청구서가 **접수된 날**을 기준으로 청구기간을 기산하는 것이지 발송일을 기준으로 할 것은 아니다.[2)]

심판이 청구되면 그 사건에 관하여 헌법재판소에 심판절차가 현실적으로 존재하는 상태, 즉 헌법재판소가 심판을 하는 데 필요한 행위를 할 수 있는 상태인 **심판계속**이 발생한다. 헌법재판소에 심판이 계속되면 동일한 당사자는 계속된 사건과 동일한 심판청구를 다시 할 수 없는 제한을 받게 되는데 이를 **중복제소금지**라고 한다(헌재법 제40조, 민소법 제259조). 그러나 당사자가 동일하고 심판의 대상인 법률조항이 동일하다고 하더라도 심판의 유형이 다르면 중복제소에 해당하지 아니한다.[3)]

1) 실무제요, 54면.
2) 헌재 1990. 5. 21. 90헌마78.
3) 헌재 1994. 4. 28. 89헌마221(심판유형이 헌재법 제68조 제 1 항에 의한 헌법소원과 헌재법 제68

제 7 절 답변서의 제출

청구서 또는 보정서면을 송달받은 피청구인은 헌법재판소에 답변서를 제출할 수 있으며, 답변서에는 심판청구의 취지와 이유에 대응하는 답변을 기재하여야 한다(헌재법 제29조 제 1 항, 제 2 항).

조 제 2 항에 의한 헌법소원인 경우).

제 6 장 심판대상의 확정

제 1 절 심판대상의 확정과 헌법재판의 특수성

민사소송 등 다른 소송절차와 마찬가지로 헌법재판에서도 심판대상은 중요한 의미를 가진다. 헌법재판소의 심리가 심판대상을 중심으로 이루어지고, 종국결정의 효력이 미치는 범위도 심판대상이 원칙적인 기준이 되기 때문이다.

심판대상은 심판의 유형별로 다르다. 위헌법률심판이나 헌법재판소법 제68조 제 2 항에 따른 헌법소원에서는 당해사건에 적용되는 법률조항의 위헌 여부, 탄핵심판에서는 피청구인이 직무집행에 있어서 헌법이나 법률을 위배했는지 여부 및 피청구인에 대한 파면결정을 선고할 것인지 여부, 정당해산심판에서는 피청구인의 목적이나 활동이 민주적 기본질서에 위배되는지, 피청구인에 대한 해산결정을 선고할 것인지 및 만약 해산결정을 선고할 경우 피청구인 소속 국회의원에 대한 의원직 상실을 선고할 것인지 여부, 권한쟁의심판에서는 피청구인의 처분 또는 부작위로 청구인의 권한이 침해되었는지 여부, 헌법재판소법 제68조 제 1 항에 따른 헌법소원에서는 특정 공권력의 행사 또는 불행사로 청구인의 기본권이 침해되었는지 여부를 각 심판대상으로 볼 수 있다.[1)]

헌법재판소의 심판절차는 다른 소송절차에서와 마찬가지로 심판유형별로 정해진 청구서를 제출하는 것으로 개시된다. 따라서 청구서를 제출할 때에는 헌법재판소에 누가, 무엇에 대해, 어떤 심판을 구하는지를 분명히 기재하여야 하며, 이로써 일차적으로 심판대상이 특정된다. 이는 주관적 권리구제를 우선적인 목적으로 하는 모든 사법작용에 일반적으로 적용되는 신청주의(Antragsprinzip)의 요청이다.

그러나 헌법재판은 단순히 제청신청인이나 청구인의 권리구제에만 목적이 있는 것이 아니라, 헌법질서의 수호와 헌법문제의 해명이라는 성격도 아울러

1) 실무제요, 55면.

가지고 있다. 그리고 법적 명확성과 통일성의 확보, 소송경제의 관점에서 신청주의를 그대로 관철할 수는 없을 것이다. 따라서 헌법재판소는 헌법재판의 이와 같은 특수성을 반영하여 직권으로 심판대상을 **제한**하거나 **확장**하며, 필요한 경우 이를 **변경**하기도 한다.[1)]

한편 헌법재판소법 제68조 제 1 항 또는 제 2 항에 의한 헌법소원심판이 청구되면 헌법재판소는 심판청구서에 기재된 청구취지에 구애됨이 없이 청구인의 주장요지를 종합적으로 판단하여야 하며, 청구인이 주장하는 침해된 기본권과 침해의 원인이 되는 공권력을 직권으로 심사하여 피청구인과 심판대상을 확정하여 판단하여야 한다.[2)]

헌법재판소는 "청구인들은 중·대형임대주택에 관한 입법부작위를 다투고 있지만, 공공주택 특별법 시행령 제56조 제 7 항의 문언, 개정이유, 대법원의 판결내용 등을 종합하여 보면, 중·대형임대주택의 분양전환가격에 대해서는 입법이 이루어지지 않은 것이 아니라, 분양전환가격을 공공주택사업자가 자율적으로 정할 수 있도록 하는 적극적 입법이 이루어졌음을 알 수 있고, 청구인들의 주장은 중·대형임대주택의 분양전환가격도 위 조항의 적용범위에 포함시켜 공공주택 특별법상 보호를 해야 한다는 취지이다. 이상을 종합하여 보면, 청구인들의 기본권 침해의 원인이 되는 공권력은 공공주택 특별법 시행령 제56조 제 7 항 중 '전용면적 85제곱미터를 초과하는 경우는 제외한다.' 부분이다."라고 판시하였다.[3)]

심판대상의 확정문제는 위헌법률심판에서 뿐만 아니라 헌법재판소법 제68조 제 2 항의 헌법소원 및 헌법재판소법 제68조 제 1 항의 헌법소원에서도 마찬가지로 생기는 문제이므로 이하에서 함께 설명하기로 한다.

1) 실무제요, 56면.
2) 헌재 1993. 5. 13. 91헌마190; 헌재 1994. 12. 29. 92헌마216; 헌재 1998. 3. 26. 93헌바12; 헌재 1998. 9. 30. 96헌바88; 헌재 1998. 10. 15. 98헌마168; 헌재 2003. 5. 15. 2002헌마90; 헌재 2010. 12. 28. 2008헌마527; 헌재 2013. 2. 28. 2012헌아99; 헌재 2015. 5. 28. 2013헌마619; 헌재 2015. 12. 23. 2013헌마182; 헌재 2017. 12. 28. 2016헌마45; 헌재 2019. 4. 11. 2017헌마820; 헌재 2021. 4. 29. 2020헌마923.
3) 헌재 2021. 4. 29. 2020헌마923.

제 2 절 심판대상의 한정

1. 원 칙

헌법재판소는 위헌법률심판절차에서 원칙적으로 제청법원에 의하여 제청된 법률 또는 법률조항만을 심판대상으로 삼을 수 있다. 심판대상은 결정의 효력이 미치는 범위를 정하는 기준이 되므로 제청법원은 당해사건에서 재판의 전제가 되는 법률조항이 분할될 수 있으면 가능한 한 세분하여 재판에 적용되는 부분에 대하여 위헌법률심판제청을 하여야 하고, 헌법재판소의 심판범위 역시 그 범위로 한정하는 것이 원칙이다. 이는 구체적 규범통제제도의 본질에서 비롯하는 당연한 결론이다.[1)]

이러한 설명은 헌법재판소법 제68조 제 2 항에 따른 헌법소원심판의 경우에도 그대로 적용된다. 청구인은 위헌법률심판제청신청을 하였다가 제청신청이 기각된 부분에 한하여 헌법소원심판을 청구할 수 있고, 헌법재판소의 심판범위도 여기에 한정된다.

실무상 제청법원이나 헌법소원심판청구인은 심판대상을 적절하게 제한하지 않고 당해 법률조항 전부 또는 심지어 법률 전부에 대하여 위헌심판제청이나 헌법소원심판청구를 하는 사례가 많다. 이 경우 헌법재판소가 재판의 전제성이 없는 부분을 처리하는 실무는 결정의 이유 중에서 심판의 대상을 제한하고 그 제한된 대상에 대하여만 주문에서 판단하는 경우가 일반적이다.[2)]

예컨대 헌법재판소는, 구 지방공무원법 제 2 조 제 3 항 제 2 호 나목 등 위헌소원 사건에서 "청구인들은 구 지방공무원법 제 2 조 제 3 항 제 2 호 나목 전부에 대하여 헌법소원심판을 청구하였으나 청구인들은 동장으로 재직 중 동장의 직무에서 배제된 자들이므로 위 나목 중 '동장' 부분에 대하여만 헌법소원심판을 청구한 것이라고 해석되므로 이 부분 심판의 대상을 '동장' 부분으로 한정

1) 실무제요, 56면.

2) 헌재 1997. 3. 27. 96헌바86; 헌재 1998. 2. 27. 95헌바32; 헌재 1999. 4. 29. 97헌가14; 헌재 2000. 6. 29. 99헌가16; 헌재 2001. 3. 21. 2000헌바25; 헌재 2006. 5. 25. 2005헌가17; 헌재 2014. 7. 24. 2012헌바188; 헌재 2014. 7. 24. 2012헌바370; 헌재 2014. 8. 28. 2012헌바433; 헌재 2014. 8. 28. 2011헌마28등; 헌재 2015. 6. 25. 2013헌가17등; 헌재 2015. 6. 25. 2014헌바61; 헌재 2016. 12. 29. 2013헌바436; 헌재 2019. 4. 11. 2017헌가34.

한다."고 판시하였고,[1] 상속세법 제 9 조 제 4 항 위헌소원 사건에서 "청구인들은 청구취지를 '상속세법 제 9 조 제 4 항은 헌법에 위반된다.'라고 기재하였으나, 청구이유와 위헌심판제청신청 기각결정이유에 따르면, 이 사건 법률 제 9 조 제 4 항 각 호 중 제 1 호 내지 3호 규정은 그 위헌여부가 당해소송사건에 있어서 재판의 전제가 될 수 없고, 제 4 호의 위헌여부만이 재판의 전제가 되므로 이 사건 심판의 대상을 이 사건 법률 제 9 조 제 4 항 제 4 호로 본다."고 판시하였으며,[2] "가정의례에 관한 법률 제 4 조 제 1 항 제 7 호는 '경조기간' 중의 주류 및 음식물 접대에 관한 것인데, 이 사건 청구인들의 법적 지위 및 청구이유를 종합하면 청구인들은 혼례 내지 회갑연에 관련하여 주류 및 음식물 접대 금지의 위헌성을 다투고 있는바, 이는 '경조' 중 '경'에 해당되는 경우로서, 상례와 같은 '조'의 경우와는 구분되므로 이 사건에서는 심판의 대상을 좀 더 한정하는 것이 바람직하다."고 판시하였다.[3]

또한 구 먹는물관리법 제28조 제 1 항 위헌제청 사건에서 "제청법원은 법 제28조 제 1 항 전부에 대하여 위헌제청을 하였으나, 이 조항은 먹는 샘물 제조업자와 먹는 샘물 수입판매업자에 관한 부분으로 나뉘는데, 제청신청인들은 모두 먹는 샘물 제조업자들이다. 따라서 이 사건 심판의 대상은 법 제28조 제 1 항 중 먹는 샘물 제조업자에 관한 부분의 위헌여부이다."라고 판시하였고,[4] 금융실명거래및비밀보장에관한법률 부칙 제12조 위헌확인 사건에서, "청구인들은 위 법률 부칙 제12조 전체에 대한 위헌확인을 구하고 있으나, 청구인들의 청구이유의 요지는 결국 금융소득에 대한 분리과세를 하면서 그 세율을 인상한 것이 위헌이라는 것인바, 부칙 제12조 중 이와 직접 관련되는 제 1 항과 제 2 항에 대하여서만 심판대상으로 삼는다."라고 판시하였다.[5]

또한 위헌제청된 금융기관의 연체대출금에 관한 특별조치법 제 3 조 중 제청법원 및 청구인이 위헌으로 주장하는 것은 발송송달 부분이고, 공시송달 부분에 대해서는 아무런 주장을 하지 않으며 당해사건들 역시 발송송달의 위헌여부가 문제된 사안이라 하여 발송송달에 관하여 규정한 같은 조항 전단 부분의 위헌여부가 심판대상이라 한 예[6]가 있고, 청구인이 증권거래법 제33조 제 2 항

1) 헌재 1997. 4. 24. 95헌바48.
2) 헌재 1998. 4. 30. 96헌바78.
3) 헌재 1998. 10. 15. 98헌마168.
4) 헌재 1998. 12. 24. 98헌가1.
5) 헌재 1999. 11. 25. 98헌마55.

제 3 호 전체에 대한 위헌확인을 구하였으나 그 중 "금고 이상의 선고를 받은 자" 부분은 청구인과 아무런 관련성이 없고 청구인이 그 부분에 관하여 위헌주장을 하는 것도 아니며 적극적 해명의 필요성도 없다고 하여 심판대상을 나머지 부분으로 한정한 예[1]도 있으며, 청구인들이 구 교원의 노동조합 설립 및 운영 등에 관한 법률 제 3 조 전부를 심판대상조항으로 기재하고 있으나, 청구인들이 실제 다투는 것은 동법 제 3 조 중 '일체의 정치활동' 부분이므로 이에 한정한다고 한 예,[2] 아동·청소년 이용 음란물 중 실제 아동·청소년이 등장하는 경우가 아니라 '아동·청소년으로 인식될 수 있는 사람이나 표현물'이 등장하여 그 밖의 성적 행위를 하는 내용을 표현하는 것이 문제되므로 심판대상을 이 부분으로 한정한 예,[3] 국선대리인이 민사소송 등 인지법 제 1 조 전부를 심판대상으로 삼고 있으나, 당해사건과 관련된 부분인 제 1 조 본문 중 '민사소송절차의 소장'에 관한 부분으로 심판대상을 한정한 예,[4] 예비적 청구가 동일한 심판대상조항에 관한 주위적 청구의 양적 일부분에 불과한 경우, 예비적 청구를 별도의 심판대상으로 삼지 아니하고, 다만 그에 관한 주장을 판단의 이유 중에서 함께 판단한 예,[5] 제청법원이 금융회사의 지배구조에 관한 법률 제32조 제 1 항과 제 6 항 전부에 대하여 위헌법률심판제청을 하였으나 심판대상조항을 금융회사의 지배구조에 관한 법률 제32조 제 6 항 중 '제 1 항에 규정된 법령의 위반에 따른 죄' 가운데 '금융과 관련하여 대통령령으로 정하는 법령' 관련 부분으로 한정한 예,[6] 청구인들이 국가배상법 제 2 조 제 1 항 본문 중 '고의 또는 과실로 법령을 위반하여' 부분에 관하여 헌법소원심판을 청구하였으나, '법령을 위반하여' 부분을 제외하고 '고의 또는 과실로' 부분을 심판대상으로 삼은 예,[7] 청구인들이 헌법재판소법 제75조 제 8 항 중 '재심제기기간 부분(동조에 의하여 준용되는 민사소송법 제456조 제 1 항)'에 대하여 헌법소원심판을 청구하였으나, 당해사건이 국가배상사건의 확정판결에 대한 재심사건이므로 헌법재판소법 제75조 제 8 항 중 '국가배상사건에 대하여 민사소송법 제456조 제 1 항을 준용하는 부분'을 심판

6) 헌재 1998. 9. 30. 98헌가7등.
1) 헌재 2001. 3. 21. 99헌마150.
2) 헌재 2014. 8. 28. 2011헌바32등.
3) 헌재 2015. 6. 25. 2013헌가17등.
4) 헌재 2015. 6. 25. 2014헌바61.
5) 헌재 2016. 5. 26. 2015헌바176; 헌재 2017. 12. 28. 2017헌바130.
6) 헌재 2019. 4. 11. 2017헌가34.
7) 헌재 2020. 3. 26. 2016헌바55 등.

대상으로 삼은 예[1]도 있다.

2. 형벌규정의 경우

형벌규정은 **구성요건**을 규정한 부분과 **형벌**을 규정한 부분으로 이루어져 있다. 그러므로 제청의 대상과 심판대상을 해당 부분에 한정하여야 할 것이다. 다만 구성요건 부분이 위헌으로 선언되면 형벌 부분은 독자적인 존재의의를 상실하므로 그 부분까지 위헌선언을 하는 것은 별개의 문제이다.

그런데 구성요건에 해당하는 **금지규정**과 그 위반에 대한 효과로서의 **처벌규정**을 각 독립된 조항에서 규정하는 경우에 당해사건과의 관계에서 심판대상을 어떻게 확정할 것인가의 문제이다.

그동안 실무에서는 금지규정만을 심판대상으로 삼은 경우도 있고,[2] 금지규정뿐만 아니라 처벌규정 중 금지규정 부분까지 심판대상으로 삼은 경우도 있었다.[3]

그런데 경우에 따라서는 금지규정 위반에 대한 제재로서 처벌규정이 존재하는 것과는 별개로 해당 금지규정 위반에 대한 제재로서 허가나 인가의 취소, 과태료 부과, 자격 정지나 박탈 등과 같은 행정제재가 존재하는 경우, 금지규정 그 자체를 심판대상으로 삼아 죄형법정주의원칙 위반 등 형사처벌과 관련한 이유로 위헌결정을 하게 되면 해당 금지규정은 그 효력을 상실하게 되는바, 그 결과 위헌성이 확인되지 아니한 행정제재의 근거규정으로서도 기능할 수 없게 된다. 이러한 이유로 금지규정을 심판대상에 포함시키는 것에 대해 의문을 제기하는 반대의견이 있어 왔다. 해당 금지규정의 효력을 당해사건에서 문제된 형사처벌과 관련하여서만 상실시킬 필요가 있고, 이를 위해서는 금지규정 그 자체가 아니라 처벌규정 중 해당 금지규정 부분으로 심판대상을 제한하여야 한다는 것이다. 그러한 이유에서 헌법재판소는 다수의 사건에서 심판대상을 '**처벌규정 중 금지규정 부분**'으로 한정하였다.[4]

1) 헌재 2020. 9. 24. 2019헌바130.
2) 헌재 2007. 4. 26. 2006헌가2; 헌재 2008. 11. 27. 2007헌가13; 헌재 2010. 5. 27. 2009헌바183.
3) 헌재 2007. 8. 30. 2003헌바51등; 헌재 2008. 10. 30. 2005헌바32; 헌재 2009. 4. 30. 2007헌바29등; 헌재 2009. 5. 28. 2006헌바24; 헌재 2009. 9. 24. 2008헌가25; 헌재 2009. 10. 29. 2008헌바146등; 헌재 2010. 12. 28. 2008헌바89.
4) 헌재 2011. 11. 24. 2011헌바51; 헌재 2013. 2. 28. 2012헌바62; 헌재 2013. 8. 29. 2011헌가19등;

그런데 헌법재판소는 “청구인은 의료법 제56조 제 1 항의 위헌여부를 다투고 있으나, 위 조항은 일정한 행위의 금지의무를 부과하는 것으로서 처벌조항인 의료법 제89조의 구성요건을 이루고 있고, 처벌조항에 관한 판단에는 금지의무에 관한 판단도 포함되므로 이 사건 심판대상을 처벌조항의 위헌여부로 변경함이 상당하다.”라고 판시하였고,[1] 청구인이 금지조항과 처벌조항 전체를 심판대상으로 삼았으나 형사사건인 당해사건에서 적용되는 법률조항은 금지조항 자체가 아니라 이를 구성요건으로 하면서 형사처벌의 근거가 되는 처벌조항이므로 심판대상을 처벌조항 중 당해사건의 범죄사실과 관련있는 부분으로 한정한다고 하였으며,[2] 구 ‘아동·청소년의 성보호에 관한 법률’ 제 2 조 제 5 호는 처벌조항인 동법 제 8 조 제 2 항 및 제 4 항의 구성요건 중 “아동·청소년이용음란물”의 정의조항에 해당하므로 제 8 조 제 2 항 및 제 4 항을 심판대상으로 삼으면 족하다고 하였다.[3]

그러나 심판대상을 처벌규정 중 금지규정 부분으로 확정하는 경우, 제청법원이나 청구인이 실제로 다투는 부분은 대부분 구성요건으로서 금지규정에 있고, 헌법재판소 역시 결정이유에서 주로 금지규정의 위헌 여부에 대해 논증하고 있음에도, 그 주문에서는 다시 처벌규정의 위헌 여부에 대해 판단하는 문제점이 있었다. 이와 같은 결정의 주문과 이유 사이의 부정합성은 결정서의 체계를 혼란스럽게 하고 그 가독성을 떨어뜨리는 원인이 된다는 반성에서 다시 실무관행을 변경하였다.[4]

그 결과 제청법원이나 청구인이 금지규정이 아니라 처벌규정만을 다투는 경우가 명백하면 ‘처벌규정 중 금지규정’ 부분으로 심판대상을 확정하고, 그렇지 않고 금지규정만을 다투거나 금지규정과 아울러 처벌규정의 위헌성도 함께 다투는 경우에는 금지규정 또는 금지규정 및 ‘처벌규정 중 금지규정’ 부분으로 심판대

헌재 2014. 5. 29. 2012헌바390등; 헌재 2014. 9. 25. 2013헌바162 참조.

1) 헌재 2014. 3. 27. 2012헌바293; 동지: 헌재 2013. 8. 29. 2011헌가19등(청구인은 구 약사법 제47조의 행위금지의무 부과조항과 구 약사법 제95조 제 1 항 제 8 호의 처벌조항의 위헌확인을 구하였으나, 헌법재판소는 처벌조항의 판단에는 금지의무에 관한 판단도 포함되므로 금지의무 부분은 별도의 심판대상으로 삼지 아니한다고 하였다); 헌재 2013. 2. 28. 2012헌바62; 헌재 2012. 5. 31. 2010헌바401; 헌재 2010. 3. 25. 2008헌가5.

2) 헌재 2014. 4. 24. 2011헌바17등; 헌재 2014. 8. 28. 2012헌바433; 헌재 2014. 9. 25. 2013헌바162.

3) 헌재 2015. 6. 25. 2013헌가17등.

4) 실무제요, 59면. 헌재 2015. 9. 24. 2013헌바102; 헌재 2015. 9. 24. 2014헌바291; 헌재 2015. 10. 21. 2014헌바266 등 참조.

상을 확정한다.[1)]

헌법재판소는 "제청법원은 금지조항에 해당하는 구 공직선거법 제60조 제 1 항 제 5 호 중 제53조 제 1 항 제 8 호 부분을 위헌제청하였는바, 당해사건이 형사재판이므로 재판에 직접 적용되는 처벌조항도 금지조항과 함께 심판대상으로 삼는 것이 타당하다."고 하였고,[2)] "청구인은 의료인이 아닌 자의 의료에 관한 광고를 금지하는 의료법 제56조 제 1 항에 대하여 위헌확인을 구하고 있다. 그런데 당해사건은 형사재판이므로 재판에 직접 적용되는 처벌조항인 의료법 제89조도 위 금지조항과 함께 심판대상으로 삼는 것이 타당하다."고 하였다.[3)]

다만 금지규정과 처벌규정 모두에 대하여 심판청구를 한 경우라고 할지라도, 청구권이 처벌규정의 고유한 위헌성을 전혀 주장하지 않는 경우에는 처벌규정을 심판대상에서 제외한다.[4)]

제 3 절 심판대상의 확장

반면에 헌법재판의 실무상으로는 심판대상 법률조항을 분할하는 것이 어렵거나 관련조항과의 관계에서 심판대상을 확장함이 보다 합목적적인 경우가 생기게 된다. 따라서 법적 명확성, 법적 안정성, 법의 통일성, 소송경제 등의 관점에서 불가피하게 심판의 대상을 법원에 의하여 위헌제청된 법률 또는 법률조항에만 국한시키지 아니하고 다른 법률 또는 법률조항들에까지 확장해야 할 필요가 있을 경우도 있다.[5)]

1. 헌법재판소법 제45조 단서의 적용에 의한 경우

헌법재판소법 제45조 단서는 심판대상이 된 법률조항이 위헌으로 결정되어 당해법률 전부를 시행할 수 없다고 인정될 때에는 헌법재판소는 그 전부에 대하여 위헌의 결정을 할 수 있는 것으로 규정하고 있으므로, 이 경우에는 제청

1) 실무제요, 59면.
2) 헌재 2016. 6. 30. 2013헌가1; 동지: 헌재 2019. 4. 11. 2018헌가14.
3) 헌재 2016. 9. 29. 2015헌바325; 동지: 헌재 2018. 2. 22. 2015헌바124.
4) 헌재 2021. 6. 24. 2017헌마408등 참조.
5) 실무제요, 60면.

된 법률조항뿐만 아니라 **법률 전부**에 대하여 심판대상이 확장된다.[1] 위 규정은 법률 전부에 대한 심판범위의 확장을 규정하고 있지만, 심판대상이 된 법률조항을 위헌으로 결정함으로 인하여 동일 법률의 일부 다른 조항의 독자적인 존재의미가 없게 되는 경우에는 그 부분에 대하여만 심판범위를 확장할 수 있을 것이다.[2]

2. 동일 심사척도가 적용되는 경우

제청법원이 단일 조문 전체를 위헌제청하고 그 조문 전체에 같은 심사척도가 적용될 경우에 그 조문 전체에 대하여 심판대상을 확장할 수 있다.

헌법재판소는 이와 관련하여 법률조항 중 당해사건의 재판에서 적용되지 않는 내용이 들어 있는 경우에도 제청법원이 단일 조문 전체를 위헌제청하고 그 조문 전체가 같은 심사척도가 적용될 위헌심사대상인 경우 그 **조문 전체**가 심판대상이 된다고 하면서, "이 사건의 관련사건은 토지에 관한 소유권이전등

1) 예컨대, 토지초과이득세 사건. 헌재 1994. 7. 29. 92헌바49등(토초세법 중 일부는 헌법에 위반되고, 헌법에 합치되지 아니하여 개정입법을 촉구할 대상이지만, 각 위헌적 규정들 중 지가에 관한 제 1 조 제 2 항과 세율에 관한 제12조는 모두 토초세제도의 본 요소로서 그 중 한 조항이라도 위헌결정으로 인하여 그 효력을 상실한다면 토초세법 전부를 시행할 수 없게 될 것이므로, 이 사건에서는 헌법재판소법 제45조 단서 규정에 따라 토초세법 전부에 대하여 위헌결정을 선고할 수밖에 없다고 하였다); 반국가행위자의처벌에관한특별조치법 사건. 헌재 1996. 1. 25. 95헌가5(위 법 제 7 조 제 5 항, 제 6 항, 제 7 항 본문, 제 8 조가 위헌으로 실효될 경우 위 법 전체가 존재의미를 상실하여 시행될 수 없게 되므로 헌법재판소법 제45조 단서규정에 의하여 위 법 전체에 대하여 위헌결정을 한다고 하였다); 택지소유상한에관한법률 사건. 헌재 1999. 4. 29. 94헌바37등(택지소유의 상한을 정한 법 제 7 조 제 1 항, 법 시행 이전부터 이미 택지를 소유하고 있는 택지소유자에 대하여도 택지소유 상한을 적용하고 그에 따른 처분 또는 이용·개발의무를 부과하는 부칙 제 2 조, 그리고 부담금의 부과율을 정한 법 제24조 제 1 항이 위헌으로 결정된다면 법 전부를 시행할 수 없다고 인정되므로, 헌재법 제45조 단서의 규정취지에 따라 법 전부에 대하여 위헌결정을 하는 것이 보다 더 합리적이라고 하였다).

2) 예컨대, 헌재 1989. 11. 20. 89헌가102(구 변호사법 제10조 제 3 항은 제 2 항이 규정한 지방법원의 관할범위를 규정한 것으로서 법 제10조 제 2 항이 헌법에 위반된다고 인정되는 마당에 독립하여 존속할 의미가 없으므로 헌법재판소법 제45조 단서에 의하여 아울러 헌법에 위반되는 것으로 인정하였다); 헌재 1991. 11. 25. 91헌가6(지방세법 제31조 제 3 항 중 "으로부터 1년"이라는 부분은 같은 법 제31조 제 2 항 제 3 호 중 "으로부터 1년"이라는 부분이 헌법에 위반된다고 인정되는 마당에 독립하여 존속될 수 없으므로 헌법재판소법 제45조 단서에 의하여 아울러 심판의 대상에 포함시켜 위헌결정을 한다고 하였다); 헌재 2001. 7. 19. 2000헌마91(비례대표국회의원선거의 근간이 되는 공선법 제189조 제 1 항이 위헌이라면 그에 부수되는 동조 제 2 항 내지 제 7 항은 독자적인 규범적 존재로서의 의미를 잃게 되므로 그에 대하여도 아울러 위헌선언을 한다고 하였다). 그 밖에도 부수적 위헌선언을 한 사례로는 헌재 1991. 11. 25. 91헌가6; 헌재 1996. 12. 26. 94헌바1; 헌재 2003. 9. 25. 2001헌가22 등이 있다.

기말소 사건이므로 위헌제청이 있은 공공용지의 취득 및 손실보상에 관한 특례법 제 6 조 소정의 '토지 등'에서 관련사건의 재판에 적용되지 않는 내용은 제외시켜 재판의 전제성을 따져야 할 것이나, 공특법 제 6 조에는 '토지 등'이라고 병렬적으로 적용대상이 규정되어 있더라도 이는 공시송달에 의한 협의의제라는 같은 법리가 적용되는 같은 조문 내의 일체화된 내용으로서 이 사건에서 굳이 이들 재산들을 분리해내어 판단하는 것은 적절치 않으며, 이러한 상황(제청법원이 단일조문 전체를 위헌제청하고, 그 조문 전체가 같은 심사 척도가 적용될 위헌심사대상인 경우)이 구체적 규범통제제도의 취지에 벗어나는 것으로 보이지 아니하므로 이 사건에서는 공특법 제 6 조 전체가 심판대상이 되는 것이라고 볼 것이다."라고 판시하였고,[1] 관세법 제182조 제 2 항과 같이 예비범과 미수범이 병렬적으로 적용대상이 규정되어 있는 경우라도 그 내용이 서로 밀접한 관련이 있어 같은 심사척도가 적용될 위헌심사대상인 경우 그 내용을 분리하여 따로 판단하는 것이 적절하지 아니하다고 판시한 바 있다.[2]

또한 헌법재판소는 지방세법 제112조 제 2 항 전단 중 '고급주택' 부분 위헌제청 사건에서, "제청법원이 위헌심판제청을 한 법률조항은 법 제112호 제 2 항 전단 중 '고급주택' 부분이다. 그런데 동항 후단은 '별장 등을 구분하여 그 일부를 취득하는 경우에도 또한 같다.'고 규정하고 있는바, 입법기술상 '별장 등'이라고만 간략히 규정하였으나 그 내용은 전단규정의 '대통령령으로 정하는 별장·골프장·고급주택 …… 고급선박'과 동일함이 분명하고, 그리하여 전단 중 '고급주택' 부분과 후단에 포함되어 있는 고급주택 부분의 위헌여부를 판단함에 있어서는 완전히 동일한 심사척도와 법리가 적용된다. 그렇다면 후단 중 고급주택에 관한 부분도 함께 심판대상으로 삼아 한꺼번에 그 위헌여부를 판단하는 것이 법질서의 통일성과 소송경제의 측면에서 바람직하므로 이를 이 사건 심판의 대상에 포함시키기로 한다."고 판시하였고,[3] 국적법 제 2 조 제 1 항 제 1 호 위헌제청 사건에서, "1955. 9. 3.생인 제청신청인은 개정된 신법에 의해서도 10년 동안이라는 기간제한이 있는 부칙조항으로 인하여 대한민국 국적을 취득할 수 없으나, 만일 헌법재판소의 부칙조항에 대한 위헌 내지 헌법불합치 결정과 개선입법을 한다면 국적취득을 할 수 있기 때문에, 부칙조항도 같이 위

1) 헌재 1995. 11. 30. 94헌가2.
2) 헌재 1996. 11. 28. 96헌가13.
3) 헌재 1999. 1. 28. 98헌가17.

헌여부심판을 해 주는 것이 법질서의 정합성과 소송경제 측면에서도 바람직하므로 이를 심판대상에 포함시키기로 한다."고 판시하였다.[1]

그리고 영화상영등급과 관련하여 제한상영가등급을 규정하고 있는 영화진흥법 제21조 제 3 항 제 5 호가 문제된 사건에서는, 동일한 내용을 정하고 있는 '영화 및 비디오물 진흥에 관한 법률' 제29조 제 2 항 제 5 호 역시 동일한 심사척도가 적용된다는 이유로 심판대상을 확장하였고,[2] 제19대 국회의원 선거와 관련하여 공직선거법 제15조 제 1 항, 제 2 항의 국회의원선거 및 지방자치단체장 선거의 선거권 행사 연령 제한이 문제된 사건에서도, 청구취지를 종합적으로 해석하면 19세 미만의 자에 대하여 각종 선거의 선거권을 제한하고 있는 것이 위헌이라는 취지이고, 대통령 선거나 지방의회의원 선거에 있어서도 선거권 제한에 있어서 동일한 심사척도가 적용될 것이므로 공직선거법 제15조 제 1 항, 제 2 항 전체를 심판대상조항으로 한다고 하였으며,[3] 자기 또는 특정인을 금고의 임원으로 당선되게 하거나 당선되지 못하게 할 목적으로, '금고의 정관으로 정하는 기간 중에' 회원의 호별방문 행위 등을 한 자를 처벌하는 새마을금고법 조항에 관한 위헌제청 사건에서, 당해사건 재판에 적용되는 법률조항은 새마을금고법 제85조 제 3 항 가운데 '제22조 제 2 항 제 5 호에 관한 부분' 중 '정관으로 정하는 기간 중에 회원의 호별로 방문' 부분이고, '정관으로 정하는 기간 중에 특정 장소에 모이게 하는 행위' 부분은 당해사건 재판에 적용되지 않으나, 위헌심사에 있어 동일한 심사척도가 적용되는 경우이므로, 제청법원이 제청한 법률조항 전부를 심판대상으로 확정하였고,[4] 보건복지부장관이 2001. 12. 1.에 한 2002년도 최저생계비 고시가 헌법에 위반되는지 여부가 문제된 사건에서도, 청구인들에게는 위 고시 중 3인 가구 최저생계비가 적용되나, 그 고시 전체에 동일한 심사척도가 적용될 수 있으므로 위 고시 전체로 심판대상을 확장하는 것이 타당하다고 하였으며,[5] 또한 '공익사업을 위한 토지 등의 취득 및 보상에 관한 법률' 제91조 제 1 항 중 환매권의 발생기간에 관한 '토지의 협의취득일 또는 수

---

1) 헌재 2000. 8. 31. 97헌가12. 그 외에도 헌법재판소가 동일한 심사척도가 적용될 수 있다는 이유로 심판대상을 확장한 사례로는 헌재 2001. 1. 18. 99헌바112; 헌재 2003. 6. 26. 2001헌가17; 헌재 2004. 10. 28. 2002헌마328 등이 있다.

2) 헌재 2008. 7. 31. 2007헌가4.

3) 헌재 2014. 4. 24. 2012헌마287.

4) 헌재 2019. 5. 30. 2018헌가12.

5) 헌재 2004. 10. 28. 2002헌마328.

용의 개시일부터 10년 이내에' 부분이 문제된 사건에서, 당해사건에서 문제된 협의취득뿐만 아니라 공용수용에 관한 부분을 심판대상에 포함시키면서, 그 이유로 협의취득과 공용수용이 비슷한 공법적 기능을 수행하고 있고 각 경우에 규정된 환매권 인정요건이 같아서 동일한 심사척도가 적용되기 때문이라고 보았다.[1)]

반면에, 제청법원이 국가보안법 제13조 전부에 대하여 위헌제청을 한 것에 대하여, 위 규정 중 재판의 전제가 되는 부분은 전범(前犯), 후범(後犯) 모두 국가보안법 제 7 조 제 5 항, 제 1 항 부분에 한한다 할 것이고, 그것이 나머지 법률조항들과 위헌성 판단에 있어 완전히 동일한 심사척도와 법리가 적용된다거나, 서로 필연적인 연관관계가 있다거나, 그 적용의 전제가 된다고는 볼 수가 없어 심판의 대상을 국가보안법 제13조 전부에 대하여 확장할 것은 아니라고 하였다.[2)]

그런데 독일의 경우에는 연방헌법재판소법 제82조 제 1 항, 제78조 제 2 문("동일한 법률의 다른 규정이 동일한 이유로 기본법 또는 기타의 연방법률과 합치하지 아니하는 경우에는 연방헌법재판소는 그 규정도 무효로 선언할 수 있다")에 의하여 같은 조문 중의 내용에 대해서만이 아니라 동일한 법률 중의 다른 규정에 대해서까지 심판대상을 확장하고 있는바, 위와 같은 명문의 규정이 없는 우리나라의 경우에도 독일과 같이 확대할 수 있을지는 판례에 의하여 밝혀질 사안이라 하겠다.

그런데 헌법재판소는 "군인연금법 제21조 제 5 항 제 3 호, 제 4 호 및 제 5 호는 지급정지대상기관의 종류만 다를 뿐 구체적인 대상기관의 선정을 국방부령에 위임하고 지급정지의 요건 및 내용을 대통령령에 위임하면서 구체적으로 범위를 정하지 않고 위임을 하고 있는 점에서는 심판대상조항인 군인연금법 제21조 제 5 항 제 2 호와 전적으로 동일하다. 따라서 심판대상조항인 법 제21조 제 5 항 제 2 호가 포괄위임금지의 원칙에 위반된다는 이유로 위헌으로 인정되는 이상 법 제21조 제 5 항 제 3 호, 제 4 호 및 제 5 호도 같은 이유로 위헌이라고 보아야 할 것이고 그럼에도 불구하고 이들을 따로 분리하여 존속시켜야 할 이유가 없으므로 법 제21조 제 2 호 내지 5호에 대하여 헌법재판소법 제45조 단서에 의하여 아울러 위헌을 선고한다."고 판시하였다.[3)]

1) 헌재 2020. 11. 26. 2019헌바131.
2) 헌재 2002. 11. 28. 2002헌가5.
3) 헌재 2003. 9. 25. 2001헌가22.

3. 체계적으로 밀접불가분한 경우

헌법재판소는 재판의 전제성이 있는 부분과 체계적으로 밀접한 관련이 있는 부분에 대하여도 심판대상을 확장하고 있다. 이에 관한 판례를 보면 다음과 같다.

먼저, "이 사건의 전제가 되는 제청법원에 계속되어 있는 민사소송절차에서의 소송물은 이 사건 분조합(원호대상자정착직업재활조합 서울목공분조합)의 자산에 한정되지만, 법률의 위헌여부심판에 있어서는 그 대상범위가 전제되는 당해사건에서의 소송물 자체에 직접 관련되는 부분에 국한할 것이 아니라 위헌법률심판이 제청된 당해법률조항에 내포되어 있고 그 소송물 자체와 **체계적으로 밀접불가분**의 관계를 이루고 있는 부분까지 판단할 수 있으며, 보훈기금법 부칙 제 5 조는 이 사건 분조합의 자산과 부채를 일괄하여 대한민국에 귀속시키고 있으므로 법적 문제 해결을 위하여는 이를 일괄판단함이 옳다."고 판시하였고,[1)]"헌법심판의 대상이 된 법률조항 중 일정한 법률조항이 위헌선언된 경우 위헌인 법률조항이 나머지 법률조항과 극히 **밀접한 관계**에 있어서 전체적·종합적으로 양자가 분리될 수 없는 일체를 형성하고 있는 경우, 위헌인 법률조항만을 위헌으로 선언하게 되면 전체규정의 의미와 정당성이 상실되는 때에는 위헌으로 선언된 법률조항을 넘어서 다른 법률조항 내지 법률 전체를 위헌선언 하여야 할 경우가 있다."고 판시하였다.[2)]

또한 "제청법원들이 제청법률조항으로 삼고 있지는 않지만, 종합토지세의 분리과세대상토지의 종류와 그 과세표준을 정하고 있는 지방세법 제234조의15 제 2 항 단서 제 5 호 중 '기타 사치성 재산으로 사용되는 토지로서 대통령령으로 정하는 토지' 부분은 제청법률조항인 구 지방세법 제234조의16(분리과세대상토지의 세율) 제 3 항 제 2 호 중 '기타 사치성 재산으로 사용되는 토지' 부분의 전제가 되므로 양 법률조항들은 **체계적으로 밀접하게 연관되어** 있다. 따라서 이 법률조항들의 위헌여부를 판단함에 있어서는 동일한 심사척도와 법리가 적용된다. 그러므로 지방세법 제234조의15 제 2 항 단서 제 5 호 중 '기타 사치성 재산으로

---

1) 헌재 1994. 4. 28. 92헌가3.

2) 공판기일 전 증인신문제도 사건. 헌재 1996. 12. 26. 94헌바1(증인신문절차의 참여권 및 반대신문권을 규정하고 있는 구 형사소송법 제221조의2 제 5 항은 진술증거를 강제적으로 수집할 수 있는 절차를 규정한 같은 조 제 2 항의 증인신문절차의 핵심적 구성부분이라고 보아야 하므로, 위 제 5 항을 위헌선언하는 경우에는, 위 제 2 항도 함께 위헌선언함이 타당하다고 하였다).

사용되는 토지로서 대통령령으로 정하는 토지' 부분도 함께 심판대상으로 삼아서 한꺼번에 그 위헌여부를 판단하는 것이 법질서의 통일성과 소송경제의 측면에서 바람직하므로 이를 이 사건 심판대상에 포함시키기로 한다."고 판시하였고,[1] "음반법 제17조 제 1 항 및 제25조 제 2 항 제 3 호와 착오법률조항은 **일체를 형성**하고 있어 착오법률조항을 제외한 나머지 법률조항에 대해서 위헌결정을 하게 되면 착오법률조항의 의미와 정당성이 상실된다고 할 것이므로 비록 착오법률조항에 대하여 위헌제청이 되지 아니하였다고 하더라도 그 부분에 대하여 판단하는 것이 타당하다."고 판시하였다.[2]

헌법재판소법 제68조 제 1 항에 따른 법령에 대한 헌법소원사건에서는 **법률조항**에 더하여 **시행령조항**으로 **심판대상**을 **확장**하기도 한다. 즉 '재외동포의 출입국과 법적 지위에 관한 법률'에 관한 사건에서는, 재외동포법 시행령 제 3 조는 재외동포 중 '외국국적동포'에 관한 재외동포법 제 2 조 제 2 호의 규정을 구체화하는 것으로서 양자가 **일체를 이루어** 동일한 법률관계를 규율대상으로 하고 있고, 시행령규정은 모법규정을 떠나 존재할 수 없다는 이유로 심판대상을 시행령규정에까지 확장하였고,[3] 군 복무기간의 공무원 재직기간 산입과 관련한 공무원연금법 사건에서도, 공무원연금법 제23조 제 3 항은 복무기간의 재직기간 산입에 관한 수권조항으로서 복무기간의 유형과 범위에 관해 정하고 있는 공무원연금법 시행령 제16조의2와 서로 **불가분의 관계**를 이루면서 전체적으로 하나의 규율 내용을 형성하고 있다는 이유로 그 시행령 조항에까지 심판대상을 확장하였다.[4]

이와 달리 하위법령만을 심판대상으로 하여 헌법소원심판을 청구하였지만, **수권법률조항**으로 심판대상을 **확장**한 사례도 있는데, 청구인들은 '고등법원 부의 지방법원 소재지에서의 사무처리에 관한 규칙' 제 4 조 제 1 항 제 1 호 및 제 2 호에 대하여만 심판을 청구하였으나, 헌법재판소는 이 조항들이 수권조항인 법원조직법 제27조 제 4 항의 위임에 따라 고등법원 원외재판부 제도를 구체화하고 있는 것으로서 양자는 서로 **불가분의 관계**를 이루면서 전체적으로 하나의 규율 내용을 형성하고 있다는 이유로 심판대상을 법원조직법 제27조 제 4 항까지

1) 헌재 1999. 3. 25. 98헌가11등.
2) 헌재 1999. 9. 16. 99헌가1.
3) 헌재 2001. 11. 29. 99헌마494; 동지: 헌재 2015. 12. 23. 2013헌마575등.
4) 헌재 2012. 8. 23. 2010헌마328.

확장하여 함께 판단하였다.[1)]

그 외에도 헌법재판소는 수표법 제29조 제 4 항은 수표법 제29조 제 1 항을 보충하는 규정으로서 두 규정이 서로 **필연적 연관관계**에 있다는 이유로 심판대상에 포함시켜 판단하였고,[2)] 심판대상인 소득세법 제61조 제 1 항과 **밀접한 일체**를 형성하고 있는 소득세법 제61조 제 2 항 내지 제 4 항도 독자적인 규범적 존재로서의 의미를 잃게 된다는 이유로 심판대상을 확장하여 위헌선언을 하였고,[3)] 심판대상조항인 군인연금법 제21조 제 5 항 제 2 호와 포괄위임금지원칙에 위반된다는 **동일한 위헌성**을 가지고 있는 군인연금법 제21조 제 5 항 제 3 호, 제 4 호 및 제 5 호에 대해서도 헌법재판소법 제45조 단서에 대하여 아울러 위헌선고를 하였으며,[4)] 처의 부가(夫家) 입적을 규정한 민법 제826조 제 3 항 후단은 위헌제청한 민법 제778조, 제789조와 **밀접한 관계**에 있고 위 규정들과 결합하여 호주제의 골격을 이루고 있다는 이유로 심판대상을 확장하였고,[5)] 구 개발제한구역의 지정 및 관리에 관한 특별조치법 제20조 제 1 항은 위헌제청된 같은 법 제22조 및 제23조 제 1 항과 **밀접한 관련성**이 있다는 이유로 직권으로 심판대상에 추가하였으며,[6)] 도시 및 주거환경 정비법 제28조 제 5 항의 동의요건조항은 청구인들의 위헌제청신청에 대하여 법원이 기각한 동법 제 2 조 제11호 나목과 **필연적 연관관계**를 맺고 있고, 위헌제청신청 이유 역시 실질적으로 위 동의요건조항과 관련된 것이라고 볼 수 있으므로 위 동의요건조항에 대한 심판청구는 헌법재판소법 제68조 제 2 항에 따른 적법요건을 갖추었다고 하였으며,[7)] 병합사건의 청구인들 및 제청법원은 형법 제241조 제 1 항에 대하여만 헌법소원심판청구 또는 위헌법률심판 제청을 하였으나 형법 제241조 제 2 항은 간통죄가 친고죄라는 사실 및 배우자가 간통을 종용하거나 유서한 때에는 고소할 수 없다는 규정이므로 형법 제241조 제 1 항과 **불가분의 일체**를 이루고 있고, 따라서 형법 제241조 전체가 심판대상이 된다고 하였다.[8)]

또한 청구인이 '독립유공자예우에 관한 법률'상 유족 또는 가족의 범위와

---

1) 헌재 2013. 6. 27. 2012헌마1015.
2) 헌재 2001. 1. 18. 2000헌바29.
3) 헌재 2002. 8. 29. 2001헌바82.
4) 헌재 2003. 9. 25. 2001헌가22.
5) 헌재 2005. 2. 3. 2001헌가9등.
6) 헌재 2007. 5. 31. 2005헌바47.
7) 헌재 2012. 4. 24. 2010헌바1.
8) 헌재 2015. 2. 26. 2009헌바17등.

관련하여 위 법률 제 5 조 제 3 항 단서의 위헌성을 주장한 사안에서, 위 법률 제 5 조 제 3 항 본문에 따라 자녀의 범위에 포함되는 양자에 한하여 단서조항이 적용되는 것이므로, 이를 고려하여 본문조항도 심판대상에 포함하여 판단하였고,[1] 기존에 설치된 전원설비의 토지 사용권원을 확보하는 사업에 관하여 전원개발사업자가 해당 토지를 공용사용 할 수 있도록 정한 전원개발촉진법 제 6 조의2 제 1 항 부분의 위헌성을 주장한 사안에서, 청구인이 주장하는 위헌사유는 전기사업법 제89조의2 제 4 항 중 제 2 항에 관한 부분에도 존재하는 것이고, 위 전원개발촉진법 조항과 전기사업법 조항은 체계적으로 밀접한 관련이 있다는 이유로, 전기사업법 제89조의2 제 4 항 중 제 2 항에 관한 부분으로 심판대상을 확장하였으며,[2] 청구인이 기초연금법 제 3 조 제 3 항 제 1 호 중 '공무원연금법 제28조에 따른 퇴직연금일시금을 받은 사람에게 기초연금을 지급하지 아니하도록 한 부분'에 대하여 헌법소원심판을 청구한 사건에서, 위 조항은 '퇴직연금일시금을 받은 사람 중 대통령령으로 정하는 사람'이 기초연금 지급대상에서 제외된다고 규정하고 있을 뿐이고, 그 구체적인 범위는 위임을 받은 기초연금법 시행령 제 5 조 제 1 호 가목에서 비로소 정하고 있으며, 수권조항인 위 법률조항과 하위법령인 위 시행령조항은 서로 불가분의 관계를 이루면서 전체적으로 하나의 규율 내용을 형성하고 있다는 이유로 시행령조항까지 심판대상을 확장하였고,[3] 청구인이 등록료 납무의무에 관한 대한변호사협회의 구 '변호사 등록 등에 관한 규정' 제 9 조 제 1 호에 대하여 심판을 청구하였으나, 수권조항인 대한변호사협회의 '변호사 등록 등에 관한 규칙' 제12조 제 1 항과 불가분의 관계를 이루면서 하나의 규율 내용을 형성하고 있다는 이유로 위 수권조항까지 심판대상을 확장하여 함께 판단하였다.[4]

반면, 정당으로부터 지지 또는 추천을 받았음을 표방하였다는 범죄사실의 형사재판에서 제청법원이 지지 또는 추천 금지조항과 함께 공천금지조항에 대해서도 위헌제청을 한 사건에서는, "공직선거법 제84조는 후보자에 대해 정당으로부터의 지지 또는 추천 받음을 표방할 수 없게 한 조항인 데 반하여, 같은 법 제47조 제 1 항은 정당에 대해 후보자를 공천하지 못하도록 한 조항으로서,

1) 헌재 2021. 5. 27. 2018헌바277.
2) 헌재 2019. 12. 27. 2018헌바109.
3) 헌재 2022. 5. 26. 2020헌마1342.
4) 헌재 2019. 11. 28. 2017헌마759.

각 그 수범자와 규율 내용을 달리하는 등 그 위헌 여부가 제84조의 위헌 여부와 체계적으로 밀접불가분한 관계에 있다고 보기 어렵다."는 이유로 이를 심판대상에서 제외하였다.[1]

4. 심판대상조항의 적용의 전제가 되는 경우

헌법재판소는 심판대상이 되는 법률조항을 적용하기 위하여 그 전제가 되는 규정에 대하여도 심판대상을 확장하고 있다.

제청법원이 수산업법 제52조 제 2 항 및 같은 법 제79조 제 2 항의 위헌여부만을 제청한 데 대하여 헌법재판소는, 제52조 제 2 항의 내용을 확정하기 위해서는 같은 조 제 1 항의 규정이 전제로 되며, 또한 같은 법 제79조 제 2 항의 내용을 확정하기 위해서는 마찬가지로 제 1 항이 전제가 된다는 이유로 제청된 법률조항이 아닌 수산업법 제52조 제 1 항, 제79조 제 1 항의 관련 부분에 대하여 심판대상을 확장하였고,[2] 종합토지세의 분리과세대상토지의 종류와 그 과세표준을 정하고 있는 구 소득세법 제234조의15 제 2 항 단서 제 5 호 중 "기타 사치성 재산으로 사용되는 토지로서 대통령령으로 정하는 토지" 부분에 대해서도, 이는 제청법률조항인 구 소득세법 제234조의16(분리과세대상토지의 세율) 제 3 항 제 2 호 중 "기타 사치성 재산으로 사용되는 토지" 부분의 전제가 되므로 이 법률조항들의 위헌 여부를 판단함에 있어서는 동일한 심사척도와 법리가 적용될 수 있다는 이유로 심판대상에 포함시켰다.[3] 공직선거 및 선거부정방지법 제87조 단서 위헌확인 사건에서, "청구인은 이 사건 심판대상을 법 제87조 단서로 특정하여 한정하고 있다. 그러나 법 제87조 단서는 노동조합에 대하여 선거운동의 자유를 회복시키는 규정일 뿐 청구인의 기본권을 직접적으로 제한하는 규정이라고 보기 어렵고 오히려 청구인이 침해당하고 있다고 주장하는 정치적 표현의 자유, 선거운동의 자유는 법 제87조 본문에 의하여 직접적으로 제한되는 것이며, 다만 법 제87조 단서가 신설됨으로써 청구인은 법 제87조 본문으로 인하여 법 제87조 단서가 정하는 노동조합에 비하여 차별적으로 불이익을 당하고 있다는 주장을 할 수 있게 되었다고 볼 수 있다. 그렇다면, 헌법재판소로서는 청구

1) 헌재 2003. 1. 30. 2001헌가4.
2) 헌재 1994. 6. 30. 93헌가15등.
3) 헌재 1999. 3. 25. 98헌가11등.

인의 이 사건 헌법소원심판 대상을 법 제87조 본문과 단서 전부에 대한 위헌여부라고 보고 판단하기로 한다."고 판시하였다.[1]

또한 법무사법 제 2 조 제 1 항 제 2 호 위헌확인 사건에서, "청구인이 위헌확인을 구한 것은 고소·고발장의 작성을 법무사의 업무로 규정한 법무사법 제 2 조 제 1 항 제 2 호뿐이나 일반 행정사에게 고소·고발장의 작성을 규제하는 것은 법무사가 아닌 자의 단속규정인 법무사법 제 3 조 제 1 항에 의하여 제한되는 것이므로 위 제 3 조 제 1 항도 심판대상으로 하여 같이 판단한다."고 판시하면서 직권으로 그 심판대상을 확장하였고,[2] 공직선거법 제26조 제 1 항에 의한 '시도의회의원 지역선거구 구역표'의 위헌여부가 문제된 사건에서, 청구인들은 위 법 제22조 제 1 항을 별도의 심판대상으로 삼지 않았으나, 법 제22조 제 1 항은 시도의회 의원정수를 정하고 있는 법률조항으로서 시도의회의원 지역선거구 획정 및 그 결과물인 위 선거구구역표의 전제가 되어 이들과 체계적으로 밀접하게 연관되어 있으므로 함께 심판의 대상으로 삼아서 한꺼번에 그 위헌여부를 판단하는 것이 법질서의 통일성과 소송경제의 측면에서 바람직하다고 하며 심판의 대상에 포함시켰고,[3] 당해사건이 청구인들에 대한 형사처벌 여부가 문제되는 사안이므로, 직권으로 청구인 A에게 적용된 처벌조항인 파견근로자보호 등에 관한 법률 제43조 제 1 의2호 중 당해사건 재판의 전제가 되는 부분은 심판대상에 포함시킨다고 하였다.[4]

한편, 심판대상조항을 적용하는 전제가 되지만 심판대상을 확장하지는 않고 그 이유에서 전제가 되는 법률조항의 위헌 여부를 판단한 사례도 있다. 조산사가 임부의 촉탁이나 승낙을 받아 낙태하게 한 때를 처벌하는 업무상동의낙태죄의 위헌 여부와 관련하여, '업무상동의낙태죄와 자기낙태죄는 대향범이고 이 사건은 낙태하는 임부를 도와주는 조산사의 낙태를 처벌하는 것이 위헌인지 여부가 문제되는 사안으로서 임부의 낙태를 처벌하는 것이 위헌이라고 판단되는 경우에는 동일한 목표를 실현하기 위해 임부의 동의를 받아 낙태시술을 한 조산사를 형사처벌하는 업무상동의낙태죄 조항도 당연히 위헌이 되는 관계에 있다고 봄이 상당하다'고 하여 심판대상인 업무상동의낙태죄 조항의 위헌여부 판

1) 헌재 1999. 11. 25. 98헌마141.
2) 헌재 2000. 7. 20. 98헌마52.
3) 헌재 2007. 3. 29. 2005헌마985등.
4) 헌재 2017. 12. 28. 2016헌바346.

단에 앞서 자기낙태죄 조항의 위헌 여부를 판단하였지만 심판대상으로 확장하지는 않았다.[1)]

5. 개정법률 등 유사법률조항에 대한 확장의 문제

위헌제청은 개정 전 법률조항에 대하여 이루어졌지만 개정법률 또는 다른 유사법률에 제청된 법률과 마찬가지의 위헌성이 있는 경우 이에 대하여 심판대상을 확장할 수 있는가 하는 문제가 제기될 수 있다. 헌법재판소가 적극적 입장을 취한 예는 발견하기 어려웠다.

예컨대 대한변호사협회 징계위원회에서의 이의절차를 밟은 후 곧바로 대법원에 즉시항고 하도록 규정한 변호사법 제81조 제 4 항 내지 제 6 항이 법관에 의한 재판을 받을 권리를 침해하는 것인지 여부 등이 쟁점으로 된 사건에서 헌법재판소는 2000. 6. 29. 구 변호사법 동 조항에 대해 위헌결정을 하였는데, 개정 변호사법에 실질적으로 같은 내용의 규정이 있었는데도 이에 대해서까지 심판대상을 확장하지 않았다. 다만 위 결정 선고일 당시에는 아직 개정된 법률의 시행일이 도래하지는 않았다.[2)] 또한 요양기관 강제지정에 관한 구 의료보험법 제32조 제 1 항에 대한 헌법소원심판청구에서도 실질적으로 같은 내용의 규정인 개정된 의료보호법 제32조 제 1 항을 심판대상에서 제외하였다.[3)]

한편 당해사건에 적용된 구법조항이 아니라 동일한 내용의 신법조항에 대하여 위헌여부심판을 제청한 것이 부적법하다고 각하한 예가 있다.[4)]

그런데 헌법재판소법 제68조 제 1 항의 헌법소원 사건이기는 하나, 방송법 개정으로 방송광고 사전심의의 주체가 방송위원회로부터 방송통신심의위원회로 변경된 경우 법질서의 정합성과 소송경제의 측면에서 개정된 방송법에 대해서도 위헌을 선언할 필요가 있다는 이유로 구 방송법 규정과 함께 개정된 방송법 제32조 제 2 항, 제 3 항에 대해서도 심판대상 및 위헌결정의 범위를 확장한

1) 헌재 2012. 8. 23. 2010헌바402.
2) 헌재 2000. 6. 29. 99헌가9.
3) 헌재 2002. 10. 31. 99헌바76등.
4) 헌재 2001. 4. 26. 2000헌가4(이에 대하여 3인의 반대의견은 신법이 형식상 별개의 법률조항이기는 하나 그 실질적 내용에는 아무런 변화 없이 동일성이 유지되고 있으므로 형식적인 법률개정의 유무에 얽매여 위헌제청신청을 각하할 것이 아니라, 신법조항을 심판의 대상으로 삼아 판단함이 상당하다고 하였다).

사례가 있었다.[1)]

그 후 심판대상을 개정된 신법조항으로 확장하는 사례로는, 태아의 성별고지를 금지한 구 의료법 제19조의2 제 2 항에 대한 헌법소원사건에서 헌법재판소는, 위 구 의료법 조항의 태아 성별 고지금지 내용이 개정 의료법 규정에도 그대로 있음을 이유로 동일한 내용의 개정 의료법 제20조 제 2 항을 심판대상에 포함시켰고,[2)] 위헌제청이 있은 이후 개정되어 현재 시행중인 병역법 제35조 제 3 항은 일부 자구상의 표현만 다를 뿐 그 내용은 구 병역법 제35조 제 3 항과 동일한 경우 그 위헌여부에 관하여 구법 조항과 결론을 같이할 것이 명백하다고 할 것이므로, 법질서의 정합성과 소송경제를 위하여 현행법조항도 심판대상에 포함시키기로 한다고 하였다.[3)]

6. 기 타

그 밖에도 헌법재판소는 법적 명확성, 법적 안정성, 법의 통일성, 소송경제 등의 관점에서 직권으로 심판대상을 당해사건의 내용을 고려하여 확장한다.

국적법에 관한 사건에서 부계혈통주의를 채택한 제청대상 구법조항이 부모양계혈통주의로 개정되고, 부칙조항에서 신법 시행 이전 10년 동안에 대한민국 국민을 모로 하여 출생한 자에 대하여 대한민국 국적을 취득할 수 있도록 하는 경과규정을 둔 것과 관련하여, "제청신청인은 개정된 신법에 의해서도 10년 동안이라는 기간 제한이 있는 부칙조항으로 인하여 대한민국 국적을 취득할 수 없으나, 부칙조항에 대한 위헌 내지 헌법불합치결정이 내려져 국회가 개선입법을 한다면 국적취득을 할 수 있기 때문에, 부칙조항도 같이 위헌여부심판을 해주는 것이 법질서의 정합성과 소송경제 측면에서도 바람직"하다고 하면서

1) 헌재 2008. 6. 26. 2005헌마506.
2) 헌재 2008. 7. 31. 2004헌마1010등.
3) 헌재 2010. 7. 29. 2008헌가28; 동지: 방송법 제100조 제 1 항 제 1 호 사건. 헌재 2012. 8. 23. 2009헌가27; 공직선거법 제 8 조의3 제 3 항 사건. 헌재 2015. 7. 30. 2013헌가8; 폭력행위 등 처벌에 관한 법률 제 3 조 제 1 항 중 "흉기 기타 위험한 물건을 휴대하여 형법 제260조 제 1 항(폭행), 제283조 제 1 항(협박), 제366조(재물손괴등)의 죄를 범한 자"에 관한 부분 사건. 헌재 2015. 9. 24. 2014헌바154등; 헌재 2015. 11. 26. 2012헌마858(구 '형의 집행과 수용자의 처우에 관한 법률 시행령' 제58조 제 2 항과 실질적 내용이 동일한 현행 시행령 조항도 포함); 헌재 2015. 12. 23. 2013헌바168(개정된 정치자금법 제 6 조를 심판대상에 포함); 헌재 2016. 11. 24. 2015헌바62(개정된 농업협동조합법 제50조 제 4 항, 제172조 제 2 항 제 2 호도 심판대상에 포함); 헌재 2020. 6. 25. 2019헌가9등; 헌재 2021. 1. 28. 2018헌마456등; 헌재 2022. 2. 24. 2018헌마146.

이를 심판대상에 포함시켰다.[1]

중국 북경 소재 북경중의약대학을 졸업하여 중의학 학사학위와 중의사자격증을 취득하고 귀국한 청구인들이 한의사 국가고시 응시자격을 부여받기 위하여 보건복지부장관에게 외국대학인정승인신청을 하였으나 거부되자 이의 취소를 구하는 소를 제기한 사례에서, 청구인들은 구 의료법(1994. 1. 7. 법률 제4732호로 개정되기 전의 것) 제 5 조 제 3 호 및 부칙 제 4 조 중 각 "보건복지부장관이 인정하는" 부분이 헌법에 위배된다고 주장하고 있으나 당해사건에서는 외국대학 인정 여부가 문제되므로 심판대상은 의료법 제 5 조 제 3 호 중 "보건복지부장관이 인정하는 외국의 제 2 호에 해당하는 학교" 부분과, 동법 부칙 제 4 조 중 "보건사회부장관이 인정하는 외국의 해당 대학" 부분으로 확장하여 특정함이 타당하고, 다른 한편 청구인들은 신 의료법(1994. 1. 7. 법률 제4732호로 개정된 것)이 시행될 당시 북경중의약대학에 재학 중이었기 때문에 같은 대학이 보건사회부장관이 인정하는 외국의 한방의학을 전공하는 대학으로 인정받게 된다면, 신 의료법 부칙 제 4 조에 의거하여 구 의료법 제 5 조 제 3 호의 적용을 받아 외국의 한의사면허증이 없다고 하더라도 위 대학의 한의학사학위를 받은 것만으로 한의사자격시험에 응시할 자격을 갖게 된다고 주장하였으므로 구 의료법 제 5 조 제 3 호 중 "보건사회부장관이 인정하는 외국의 제 2 호에 해당하는 학교" 부분의 위헌 여부도 심판대상으로 삼는 것이 타당하다고 한 예도 있다.[2]

제 4 절 심판대상의 변경

헌법재판소는 당사자가 청구취지 등에서 위헌확인을 구하고 있는 대상조항에 대하여, 심판청구이유, 법원에서의 위헌여부심판제청신청사건의 경과, 당해사건 재판과의 관련성의 정도, 이해관계기관의 의견 등 여러 가지 사정을 종합하여, 직권으로 청구인이 구한 그 심판의 대상을 변경하여 확정하는 경우가 있다.[3]

헌법재판소는 청구인들이 법원에 위헌여부심판의 제청을 구하였으나 그 신청이 기각된 법률조항은 하천법 제 2 조 제 1 항 제 2 호 다목이고 헌법소원심

1) 헌재 2000. 8. 31. 97헌가12.
2) 헌재 2001. 6. 28. 99헌바34.
3) 헌재 2010. 2. 25. 2008헌바159.

판청구를 통하여 위헌확인을 구하는 부분도 동 조항이었던 사건에서, 청구인들의 심판청구이유, 법원에서의 위헌여부심판제청신청사건의 경과, 당해사건 재판과의 관련성의 정도, 이해관계기관의 의견 등 여러 가지 사정을 종합하여 직권으로 심판의 대상을 위 하천법 제 2 조 제 1 항 제 2 호 다목에서 동법 제 3 조로 변경하였고,[1] 도시계획법 제 6 조 위헌소원 사건에서, "청구인들은 법 제 6 조에 대하여 심판청구를 하였으나, 청구취지와 그 원인을 살펴보면, 청구인들은 일정한 요건 아래에서 그 보상을 정하고 있는 법 제 6 조의 위헌성을 문제삼고 있는 것이 아니라, 청구인들 소유의 위 토지들이 도시계획결정으로써 학교시설용지로 지정되고도 장기간 사업시행이 지연됨에 따라 재산적 손실이 발생하였음에도 법이 이에 대하여 아무런 보상규정을 두고 있지 않다는 것을 문제삼고 있다. 따라서 청구인들의 재산권을 제한하는 규정이자 청구취지에 부합하는 심판대상은, 도시계획이 시행되는 구역 내의 토지소유자들에게 시장이나 군수의 허가를 받지 아니하고는 원칙적으로 토지의 형질변경이나 건축 등을 금지하면서도 이러한 재산권 행사의 제한에 대하여 아무런 보상규정을 두고 있지 않은 법 제 4 조의 규정이라고 할 것이다. 따라서 청구인들의 헌법소원심판청구의 이유, 위헌여부심판제청신청 및 그 기각결정의 이유, 당해사건 재판과의 관련성 정도 등 여러 사정을 종합하여 볼 때, 직권으로 이 사건 심판의 대상을 법 제 4 조로 변경하는 것이 타당하다고 판단된다."고 판시하였으며,[2] 파산법 제298조 제 2 항 위헌소원 사건에서, "청구인들은 파산법 제298조 제 2 항에 대하여 위헌확인을 구하고 있으나, 이 사건 기록을 살펴보면, 청구인들은 화의채무자의 보증인 내지 담보제공자들로서 화의법 제61조가 파산상의 강제화의의 효력에 관한 규정의 하나인 파산법 제298조 제 2 항을 준용함으로써 화의법에 의한 화의절차에 있어서 보증인 및 담보제공자 등을 화의인가에 따른 면책 등의 효력이 미치는 범위에서 제외하도록 하고 있는 것을 다투고 있는 것이므로, 화의와 관련된 이 사건에서 파산법 제298조 제 2 항이 직접 심판의 대상이 될 수는 없다. 따라서, 직권으로 이 사건 심판의 대상을 파산법 제298조 제 2 항에서 '화의법 제61조 중 파산법 제298조 제 2 항을 준용하는 부분'으로 변경하기로 한다."고 판시하였다.[3]

---

1) 헌재 1998. 3. 26. 93헌바12.
2) 헌재 1999. 10. 21. 97헌바26.
3) 헌재 2000. 8. 31. 98헌바27등. 그 외에도 헌법재판소가 심판대상을 변경하여 확정한 사례로는

또한 헌법재판소는 청구인이 개정된 법률조항에 대하여 위헌확인을 구하였으나, 직권으로 당해사건에 적용된 구법조항을 심판대상으로 확정한 사례도 있고,[1] "청구인은 의료법 제56조 제 1 항의 위헌여부를 다투고 있으나, 위 조항은 일정한 행위의 금지의무를 부과하는 것으로서 처벌조항인 의료법 제89조의 구성요건을 이루고 있고, 처벌조항에 관한 판단에는 금지의무에 관한 판단도 포함되므로 이 사건 심판대상을 처벌조항의 위헌여부로 변경함이 상당하다."라고 판시하였으며,[2] 청구인들이 '억류지에서 사망하여 생환하지 못한 국군포로의 보수청구절차 및 국가유공자 신청절차를 입법하지 아니한 부작위'가 진정입법부작위라고 주장하며 그 위헌확인을 구한 사안에서, 청구인들이 실질적으로 다투고자 하는 것은 국군포로의 보수지급과 국가유공자의 범위에 관하여 불완전, 불충분하게 규율하고 있는 국군포로법 제 9 조 제 1 항 및 국가유공자법 제 4 조 제 1 항의 위헌확인, 즉 부진정 입법부작위라고 할 것이라고 하여 위 법률조항들을 심판대상으로 하여 판단한 사례도 있고,[3] 금융감독원의 4급 이상 직원에 대해 공직자윤리법상 재산등록의무를 부과하는 공직자윤리법 시행령 제 3 조 제 4 항 제15호와 제31조의 위헌확인을 구한 사건에서는, 청구인들이 다투고자 하는, 금융감독원의 4급 이상 직원에 대해 직접 재산등록의무를 부과하고 퇴직 후 재취업에 일정한 제한을 가하는 규정은 위 시행령 조항들이라기보다 그 근거규정인 공직자윤리법 제 3 조와 제17조라는 이유로 그 심판대상을 변경하였으며,[4] 청구인이 근로연도 중도퇴직자의 중도퇴직자 근로에 관하여 1개월마다 1일의 유급휴가를 보상하는 규정을 마련하지 않은 것이 진정입법부작위라고 주장하여 그 위헌확인을 구한 사안에서, 근로기준법 제60조 제 2 항 전단이 1개월 개근시 1일의 유급휴가 보장에 관하여는 규정하면서도 근로연도 중도퇴직자의

헌재 2003. 5. 15. 2002헌마90; 헌재 1999. 7. 22. 97헌바55; 헌재 2007. 5. 31. 2005헌마172; 헌재 2009. 10. 29. 2007헌마1423; 헌재 2010. 9. 30. 2009헌바2; 헌재 2011. 10. 25. 2010헌바126; 헌재 2012. 12. 27. 2012헌바46; 헌재 2013. 2. 28. 2012헌아99; 헌재 2014. 2. 27. 2012헌바424; 헌재 2014. 4. 24. 2012헌마928; 헌재 2014. 7. 24. 2011헌바275; 헌재 2015. 3. 26. 2013헌바186; 헌재 2015. 3. 26. 2014헌바156; 헌재 2015. 10. 21. 2013헌바248; 헌재 2015. 11. 26. 2012헌마858; 헌재 2015. 6. 25. 2014헌마674 등이 있다.

1) 헌재 2010. 2. 25. 2008헌바159.

2) 헌재 2014. 3. 27. 2012헌바293; 동지: 헌재 2013. 8. 29. 2011헌가19등(청구인은 구 약사법 제47조의 행위금지의무 부과조항과 구 약사법 제95조 제 1 항 제 8 호의 처벌조항의 위헌확인을 구하였으나, 헌법재판소는 처벌조항의 판단에는 금지의무에 관한 판단도 포함되므로 금지의무 부분은 별도의 심판대상으로 삼지 아니한다고 하였다).

3) 헌재 2014. 6. 26. 2012헌마757.

4) 헌재 2014. 6. 26. 2012헌마331.

중도퇴직 전 근로에 관하여는 그러한 유급휴가를 보장하지 않은 불충분한 입법을 다투는 취지로 볼 수 있으므로 근로기준법 제60조 제 2 항을 심판대상으로 하여 판단하였고,[1] 청구인이 당초 이행강제금 부과에 대하여 규정한 구 건축법 제80조에 대하여 헌법소원을 청구한 사안에서, 이를 위 이행강제금 조항 자체보다는 그 조항을 적용하는 데에 예외를 두지 아니한 개정된 건축법 부칙 제 9 조가 위헌이라는 주장이므로 심판대상을 위 부칙조항으로 변경함이 상당하다고 하였다.[2]

또한 헌법재판소는 "청구인의 주장은 신분관계에 의하여 법정상속순위를 규정한 민법 제1000조 제 1 항 제 2 호보다는 상속결격사유를 규정한 민법 제1004조에 피상속인에 대한 부양의무를 이행하지 않은 직계존속의 경우를 상속결격사유로 규정하지 않은 것의 위헌성을 다투고 있는 것으로 보아야 하므로, 심판대상을 직권으로 민법 제1000조 제 1 항 제 2 호에서 민법 제1004조로 변경한다."고 판시하였고,[3] 청구인이 구 '디엔에이신원확인정보의 이용 및 보호에 관한 법률' 제10조 제 1 항 제 1 호가 채취대상자의 생체정보를 대상자 사망 시까지 관리할 수 있도록 규정하여 개인정보자기결정권 등을 침해한다고 주장하며 헌법소원심판을 청구한 사건에서는, 위 조항은 업무처리 방식을 규정한 것에 불과하고 청구인이 다투고자 하는 조항은 위 법률 제13조 제 3 항 중 '수형인 등'에 관한 부분이라는 이유로 직권으로 심판대상을 변경하였으며,[4] 청구인이 근로기준법의 적용범위를 정한 근로기준법 제11조에 대해 헌법소원심판을 청구한 사안에서 청구인이 주장하는 기본권 침해는 근로기준법 제23조 제 1 항과 제28조 제 1 항이 4인 이하 사업장에 적용되지 않는다는 데 기인하고 이는 4인 이하 사업장에 적용될 조항을 정한 근로기준법 시행령 제 7 조 [별표1]의 부진정입법부작위를 다투는 취지라는 이유로 직권으로 심판대상을 변경하였고,[5] 청구인이 '겸직'의 정의규정인 사회복무요원 복무관리 규정 제 2 조 제24호에 대해 헌법소원심판을 청구한 사안에서, 분할복무로 복무중단된 기간 동안 대학에서 수학하는 행위를 할 수 있도록 해 달라는 청구인의 주장은 구 병역법 시행령 제65조의3 제 4 호의 부진정입법부작위를 다투는 취지라는 이유로 직권으로 심

1) 헌재 2015. 5. 28. 2013헌마619.
2) 헌재 2015. 10. 21. 2013헌바248.
3) 헌재 2018. 2. 22. 2017헌바59.
4) 헌재 2020. 5. 27. 2017헌마1326.
5) 헌재 2019. 4. 11. 2017헌마820.

판대상을 변경하였다.[1)]

또한 헌법재판소는 "청구인 이○○는 헌법재판소법 제75조 제 7 항 중 '인용'에 헌법재판소의 한정위헌결정을 포함시키지 아니하는 것으로 해석하는 한 청구인의 기본권을 침해하고, 형사소송법 제420조 제 5 호 소정의 재심이유 중 '명백한 증거가 새로 발견된 때'에 '유죄의 확정판결 후 동 판결에서 적용한 법률조항에 헌법재판소의 한정위헌결정이 있는 때'를 포함시키지 아니하는 것으로 해석하는 한 청구인의 기본권을 침해한다고 주장하며 위 조항들에 대해서도 심판청구를 하고 있다. 그런데 헌법재판소법 제75조 제 7 항은 같은 법 제68조 제 2 항에 따른 헌법소원심판의 계기를 부여한 사건의 당사자가 재심을 청구하는 경우에 적용되는 조항이므로, 형벌에 관한 법률조항이 위헌결정으로 소급하여 그 효력을 상실함으로써 헌법재판소법 제75조 제 6 항, 제47조 제 4 항에 따라 유죄판결에 대하여 재심을 청구하게 된 위 청구인과는 직접적인 관련이 없다. 따라서 위 조항에 대한 심판청구 부분은 이 사건 심판대상에서 제외한다. 또한 형사소송법 제420조 제 5 호에 관한 심판청구 부분은 이 사건 한정위헌결정의 기속력을 인정하지 않고 재심청구를 기각한 법원의 재판결과를 다투는 것으로 이 사건 한정위헌결정을 재심사유로 보지 않은 법원의 재판에 대하여 청구인이 별도로 그 취소를 구하고 있는 이상 위 조항에 대한 심판청구 부분은 이 사건 심판대상에서 제외한다."고 판시하였으며,[2)] "청구인 한○○은 형사보상법 제 2 조가 '재심절차에서 감형된 경우'를 형사보상 대상으로 규정하지 아니한 것을 다툰다. 그런데 형사보상법 제 2 조는 '무죄재판을 받아 확정된 사건'의 피고인에 대한 형사보상 요건을 규정하는 조항이므로, 무죄재판을 받지 아니한 청구인 한○○이 이 사건에서 다투는 쟁점은 '무죄재판을 받지는 않았으나 이와 실질적으로 동일시할 수 있는 일정한 경우'에 형사보상청구권을 인정하고 있는 형사보상법 제26조 제 1 항의 규율범위와 밀접한 관련성이 있다. 따라서 2018헌마998 사건의 심판대상조항은 형사보상법 제26조 제 1 항으로 변경하기로 한다."고 판시하였고,[3)] "친족상도례를 규정한 형법 조항 중 청구인들과 직접 관련되는 부분 및 당해 사건에 적용되는 부분을 엄격하게 한정한다면 '문제된 개별 재산범죄에 형법 제328조 제 1 항을 준용하는 조항 중 관련 친족에 관한 부

1) 헌재 2021. 6. 24. 2018헌마526.
2) 헌재 2022. 6. 30. 2014헌마760등.
3) 헌재 2022. 2. 24. 2018헌마998등.

분'을 심판대상으로 삼아야 할 것이나, 청구인들이 주장하는 기본권 침해 내지 위헌성은 일정한 친족 사이 재산범죄의 경우 일률적으로 형을 면제하도록 한 것에 있고, 형법 제328조를 준용하는 개별 조항에 대해서는 동일한 심사척도가 적용되며, 친족상도례 규정의 체계적 특성상 형법 제328조의 위헌 여부의 판단은 준용조항 모두에 미치는 점을 고려할 때, 법질서의 정합성과 소송경제의 관점에서 그 내용을 범죄별로 또는 친족의 범위별로 모두 분리하여 따로 판단하는 것은 적절하지 않다. 따라서 여기서는 개별 준용조항이 아닌 형법 제328조 제 1 항을 직접 심판대상으로 삼기로 한다."고 판시하였으며,[1] "청구인은 '학교법인'의 재산에 관하여 규정한 사립학교법 제28조 제 2 항에 대하여 이 사건 헌법소원심판을 청구하고 있으나, 청구인은 '학교법인'이 아닌 '사립학교경영자'로서 당해 사건에서 청구인에게 적용되는 법률조항은 구 사립학교법 제51조에 의해 준용되는 같은 법 제28조 제 2 항이므로, 직권으로 이 사건의 심판대상을 구 사립학교법 제51조 중 제28조 제 2 항을 사립학교경영자에게 준용하는 부분으로 변경하기로 한다."고 판시하였다.[2]

제 5 절 심판대상법령의 표시 방법

1. 정확한 법령표시의 필요성

헌법재판에 있어서 법령이나 법령조항은 심판대상으로서 주문에 표시되며, 결정의 효력은 주문에 표시된 법령 및 법령조항에 대하여만 미친다. 특히 위헌결정의 경우에는 법령의 표시에 따라 법령이 실효되는 범위와 위헌결정을 통해 영향을 받는 인적 범위가 달라진다. 예를 들어 법령의 표시가 너무 협소하여 위헌결정의 효력이 좁혀지면 동일한 법적 상황에 놓인 사람들이 구제를 받기 위해 별도로 헌법재판을 청구하여야만 하므로 소송경제에 반하는 결과를 초래할 수 있다. 반대로 법령의 표시가 너무 포괄적이어서 위헌결정의 효력이 너무 넓으면 법적 안정성의 관점에서 문제가 생긴다. 따라서 심판대상이 된 법령 또는

1) 헌재 2024. 6. 27. 2020헌마468등.
2) 헌재 2024. 6. 27. 2021헌바201.

법령조항을 정확하고 간명하게 통일적으로 표시하는 것은 헌법재판의 실무에서 대단히 중요하다.

현행 법령은 양적으로 방대할 뿐만 아니라 체계적으로 긴밀한 상관성이 있고 시간적으로도 부단히 변화한다. 법령의 시간적 변화는 개정을 통하여 이루어지는데, 법령개정의 방식과 의미는 매우 다양하므로 심판대상으로 삼아 판단하고자 하는 법령의 시간적 범위를 정확히 특정하여 적정히 표시하여야 한다. 실무상으로 개정의 경과가 서로 다른 여러 법령조항들이 한꺼번에 하나의 심판대상이 되기도 하고, 하나의 법률이 수차례의 개정을 거치면서 조항마다 또는 조항 내에서도 서로 연혁이 달리지는 등 다양하고 복잡한 사례들이 발생하여 법령표시를 어떻게 할 것인지가 문제되는 경우가 많다.[1]

2. 실무상 기준

실무적으로 자주 이용되는 표시의 방법과 사례는 다음과 같다.[2]

(1) 최소단위까지 세분화

법령표시는 조, 항, 본문과 단서, 전문과 후문, 호, 목, 별표 등으로 형식상 구분되는 최소단위까지 세분하여 한다. 해당 조, 항 등의 일부만이 심판대상이 되는 경우 그 부분으로 한정하여 표시한다.

한편 법령연혁은 법령명의 뒤에 소괄호를 하고 그 안에 표시한다(예: 공직선거법(2010. 1. 25. 법률 제9974호로 개정된 것) 제53조 제 2 항 제 2 호 중 '지방공무원이 국회의원재선거에 입후보하는 경우'에 관한 부분).

(2) 연혁의 특정

(가) 조문별 연혁 특정

심판대상조항의 연혁은 조문별로 별도로 연혁을 표시한다. 여기서 조문별이라 함은 위에서 말하는 형식상 구분되는 최소단위이고, 심판대상이 아닌 다른 조항의 개정경과는 원칙적으로 고려하지 않는다. 따라서 ○○법 제 5 조가 심판대상으로서 1995년에 개정되었고, 심판대상이 아닌 제 6 조가 1997년에 개정된 경우라면 '○○법(1995 ····. 법률 제····호로 개정된 것) 제 5 조'로 표시하고, '○

---

1) 실무제요, 74면.
2) 실무제요, 74면~76면.

○법(1997 ····. 법률 제····호로 개정된 것) 제 5 조'로 표시하지 않는다.

다만, 하나의 조·항·호·목 안에서 본문과 단서, 제 1 문과 제 2 문, 제 3 문 등으로 나눈 부분에 대해서는 별도로 연혁을 추적하지 않는다. 즉, 하나의 조·항·호·목 안에서 심판대상은 "제 1 문 중 '대통령령으로 정하는 재산' 부분"으로 한정한 경우에도, 해당 심판대상조항 중 제 3 문의 개정이 있었다면 그 개정연혁은 반영해서 표시해 주어야 한다. 이는 앞서 말한 다른 조항의 개정경과가 아니라는 것이다. 헌법재판소는, 2012. 2. 1. 법률 제11295호로 개정된 '여객자동차 운수사업법' 제87조 제 1 항에 같은 항 제 3 호에 적용되는 단서규정이 신설된 후 2014. 1. 28. 법률 제12377호로 위 단서규정에 '제 6 호의2'에 관한 내용을 추가하는 개정이 이루어진 사안에서, 위 법률 제87조 제 1 항 단서 제 3 호에 관한 부분의 연혁을 2014년 개정 법률을 기준으로 특정하고, 2012년 개정 법률의 입법절차상의 하자를 주장한 청구인의 주장을 배척하였다.[1)]

(나) 구법의 표시

법령조항이 개정되어 현행 조항이 아닌 경우에는 법령명 앞에 현행 조항이 아님을 의미하는 '구' 표시를 하고, 해당 개정 경과에 덧붙여 그 후 다시 개정이 있었음을 의미하는 '개정되기 전의 것'이라는 표시를 한다. 법령조항이 개정되었으나 개정 조항이 아직 시행되기 전인 경우, 개정이 있었음을 의미하는 '개정되기 전의 것'이라는 표시는 그대로 하되, 개정 전의 법령조항이 여전히 현행 조항이므로 '구' 표시는 하지 않는다(예: 구 소득세법(1995 ····. 법률 제····호로 개정되고 1997 ····. 법률 제····호로 개정되기 전의 것) 제23조 제 2 항).

(다) 형식적이거나 사소한 부분의 개정

내용에는 변화 없이 부서 명칭이나 자구의 수정 등 극히 사소한 부분의 개정만 있는 경우에도 그 개정연혁을 반영하여 표시함이 원칙이다. 조문내용은 전혀 변하지 않고 법률명만 변경된 경우(예컨대, '공직선거 및 선거부정에 관한 법률'은 2005. 8. 4. 법률 제7681호로 법명이 '공직선거법'으로 개정되었으나, 대부분의 법률조항의 내용은 변함이 없었다)에는 법률개정으로 보지 않으므로 이를 표시할 필요가 없다.

(라) 부칙 조항의 연혁 표시

심판대상이 부칙 조항인 경우에는 법령연혁을 표시할 때 공포일자와 공포번호만 기재하며, '구', '…로 개정된 것', '…로 개정되기 전의 것'과 같은 개정의

---

1) 헌재 2018. 5. 31. 2016헌바14등.

경과는 표시하지 아니한다. 다만 해당 부칙 조항 자체가 개정 또는 폐지된 경우에는 그 개정의 경과를 표시한다(예: 군인연금법 부칙(1982. 12. 28. 법률 제3587호) 제 1 항 단서 중 제16조 제 5 항에 관한 부분가축전염병 예방법 부칙(2011. 1. 24. 법률 제10427호) 제 2 조 제 3 항 중 '사용정지 또는 사용제한의 명령을 받은 도축장의 소유자'에 관한 부분특정 범죄자에 대한 위치추적 전자장치 부착 등에 관한 법률 부칙(2008. 6. 13. 법률 제9112호, 2010. 4. 15. 법률 제10257호로 개정된 것)).

제 7 장 심리의 방식

제 1 절 구두변론과 서면심리

탄핵의 심판, 정당해산심판, 권한쟁의의 심판은 **구두변론**에 의하고, 위헌법률심판과 헌법소원심판은 **서면심리**에 의하되 재판부가 필요하다고 인정하는 경우에는 변론을 열어 당사자, 이해관계인 그 밖의 참고인의 진술을 들을 수 있다(헌재법 제30조 제 1 항, 제 2 항). 구두변론이란 당사자 등이 대립한 형태로 변론기일에 심판정에서 재판부에 대하여 구두로 주장하거나 진술하는 소송행위 또는 구두로 사실과 증거를 제출하는 방법으로 사건을 심리하는 절차를 말한다. 탄핵심판, 정당해산심판, 권한쟁의심판의 심리는 구두변론에 의한다. 입법자는 구두변론을 원칙으로 규정함으로써 이 심판절차들에는 **당사자 대립주의적 성격**을 보다 강하게 부여하였다고 할 것이다. 이 심판절차들에서도 심판청구가 부적법하고 그 흠을 보정할 수 없는 경우에는 변론 없이 심판청구를 각하할 수 있다(헌재법 제40조, 민소법 제219조. 헌재 2009. 9. 24. 2008헌라5; 헌재 2009. 11. 26. 2008헌라3). 구두변론주의에 의할 경우 구두진술로부터 받는 선명한 인상과 즉각적인 반문에 의하여 진상파악·모순발견이 쉽고, 여기에 증거조사를 집중시켜 신속·적정한 재판을 할 수 있다. 또 당사자는 변론의 진행상황을 알 수 있다. 그러나 헌법재판소에 청구되는 사건의 대부분을 차지하는 위헌법률심판과 헌법소원심판의 경우 구두변론의 필요성이 있는 사건도 없지는 않으나 모든 사건을 구두변론을 거치도록 한다면 재판부의 업무가 가중되는 불편함이 있으므로 현행법은 서면심리를 원칙으로 하고 전문지식을 가진 참고인의 진술을 청취하기 위한 경우 등 필요 시 구두변론을 열 수 있는 것으로 규정하였다.

그러나 헌법재판은 국민 일반의 생활에 중대한 영향을 미치고, 국민의 지대한 관심사항이 되고 있으므로 헌법재판에서는 공개변론을 통해 공적 토론의 장(場)을 마련하여 줌으로써 국민의 의사가 현출, 집약되는 과정을 거칠 필요가 있는 경우가 많다.

헌법재판의 변론은 올바른 헌법판단에 기여함은 물론 헌법적 쟁점에 대한 국민의 주의를 환기시킴으로써 국민의 법의식을 제고시키는 법교육의 장으로도 기능할 수 있으며 헌법재판소의 활동을 국민에게 널리 알리는 홍보효과를 가져온다.

다만, 변론을 열 것인지 여부는 사건의 중요성(국민일반의 관심정도, 국민생활과 국가기관에의 파급효과 정도)과 변론의 필요성(증거수집이나 쟁점석명의 필요성, 재판활동의 홍보효과) 등을 기준으로 하여 판단할 것이나, 아울러 헌법재판소의 업무부담도 감안하여야 할 것이다.[1)]

실무적으로는 변론을 열 만한 후보사건들을 수집하여 재판관 평의에서 임의적 변론사건과 필요적 변론사건의 목록을 6개월 정도 앞서서 결정한다.

제 2 절 변론의 진행

1. 변론의 순서

헌법재판에서의 변론은 통상적으로, ① 청구인 또는 제청신청인의 변론, ② 피청구인 또는 이해관계인의 변론, ③ 재판부의 질문 및 이에 대한 답변, ④ 청구인 또는 제청신청인 측 참고인의 진술, 재판부의 이에 대한 질문 및 답변 순으로 진행된다.

2. 변론의 방식과 제한

헌법재판소는 당사자나 참고인등에게 미리 변론요지서나 의견서를 제출하도록 하고, 변론 시 당사자나 참고인 등으로 하여금 그 변론요지서나 의견서를 중심으로 약 10분 내지 20분 동안 진술하게 한다.

변론은 사전에 제출한 준비서면을 읽는 방식으로 하여서는 아니 되고, 쟁점을 요약정리하고 이를 명확히 하는 것이어야 하고(심판규칙 제12조 제 1 항), 재판

1) 실무제요, 628면.

관은 언제든지 당사자에게 질문할 수 있다(심판규칙 제12조 제 2 항). 재판관은 필요에 따라 각 당사자의 변론시간을 제한할 수 있고, 이 경우에 각 당사자는 그 제한된 시간 내에 변론을 마쳐야 한다. 다만, 재판장은 필요하다고 인정하는 경우에 제한한 변론시간을 연장할 수 있다(심판규칙 제12조 제 3 항). 각 당사자를 위하여 복수의 대리인이 있는 경우에 재판장은 그 중 변론을 할 수 있는 대리인의 수를 제한할 수 있다(심판규칙 제12조 제 4 항). 재판장은 심판절차의 원활한 진행과 적정한 심리를 도모하기 위하여 필요한 한도에서 진행 중인 변론을 제한할 수 있다(심판규칙 제12조 제 5 항). 변론의 방식과 제한에 관한 위 규정들은 이해관계인이나 참가인이 변론을 하는 경우에도 준용된다(심판규칙 제12조 제 6 항).

변론조서에는 서면, 사진, 속기록, 녹음물, 영상녹화물, 녹취서 등 헌법재판소가 적당하다고 인정한 것을 인용하고 소송기록에 첨부하거나 전자적 형태로 보관하여 조서의 일부로 할 수 있다(심판규칙 제12조 제 7 항). 속기록, 녹음물, 영상녹화물, 녹취서를 조서의 일부로 한 경우라도 재판장은 사무관 등으로 하여금 당사자, 증인, 그 밖의 심판관계인의 진술 중 중요한 사항을 요약하여 조서의 일부로 기재할 수 있다(심판규칙 제12조 제 8 항).

3. 변론관행의 개선방안

우리나라 헌법재판소의 경우 변론시간이 긴 경우에는 한 사건에 2시간 내지 3시간 이상이나 되어 변론의 쟁점에 관하여 집중이 되지 아니하고 너무 지루한 느낌을 주며, 당사자 즉 청구인이나 피청구인 또는 이해관계인의 진술공방과 재판부의 질문에 대한 답변 등이 변론의 중심이 되지 아니하고, 참고인 진술 및 참고인에 대한 재판부의 질의·응답 중심으로 변론이 진행되고 있는 실정이다. 저자는 헌법재판소 재판관으로 근무하는 동안 위와 같은 헌법재판소의 변론관행은 선진국 최고재판소의 그것과 비교해 볼 때 다소 개선할 점이 있다고 느꼈던바, 그 점에 관하여 몇 가지 의견을 제시해 본다.

첫째, 미국 연방대법원의 경우는 오랜 역사적 경험에 비추어 한 사건 당 원칙적으로 1시간 내에 변론을 마치고, 원고 측과 피고 측에 재판부의 질문에 답하는 시간까지 합해서 각 30분씩(원고의 경우는 5분간의 유보시간을 가질 수 있는바, 우선 25분을 소비하고 피고의 변론이 있는 후 5분을 사용하여 피고 주장에 대하여 반박함) 배당하고 있다.

우리나라의 경우도 청구인과 피청구인 또는 이해관계인이 쟁점에 대한 주장의 핵심을 10분 내지 15분간 진술하고, 나머지 15분을 재판부의 질문에 답하는 방식으로 변론시간을 사용하는 것이 효율적이라고 생각한다.

둘째, 현재 헌법재판소 실무는 위헌법률심판 또는 법령에 대한 헌법소원심판 사건에 대하여 변론을 여는 경우 예외 없이 위헌의견을 제시하는 참고인과 합헌의견을 제시하는 참고인을 지정하여 참고인 진술서를 제출시킨 후 법정에서 참고인 진술을 듣고 참고인에게도 재판부가 질의·응답을 하는 방식으로 진행하고 있는바, 이러한 관행을 재고할 필요가 있다고 하겠다. 민사소송법 제430조 제 1 항은 "상고법원은 상고장·상고이유서·답변서, 그 밖의 소송기록에 의하여 변론없이 판결할 수 있다."고 규정하고, 제430조 제 2 항은 "상고법원은 소송관계를 분명하게 하기 위하여 필요한 경우에는 특정한 사항에 관하여 변론을 열어 참고인의 진술을 들을 수 있다."고 규정하고 있다. 따라서 대법원에서 상고심의 심리절차로 변론을 여는 경우에는 참고인의 진술을 듣는 것이 필수적인 절차로 여겨질 수 있다. 그러나 헌법재판소의 심리방식으로는 탄핵의 심판, 정당해산의 심판 및 권한쟁의 심판은 구두변론에 의하고(헌재법 제30조 제 1 항), 위헌법률의 심판과 헌법소원에 관한 심판은 서면심리에 의하되, 재판부가 필요하다고 인정하는 경우에는 변론을 열어 당사자, 이해관계인, 그밖의 참고인의 진술을 들을 수 있으므로(헌재법 제30조 제 2 항) 변론을 여는 경우에도 참고인의 진술을 듣는 것이 필수적인 절차로 볼 수 없다. 미국 연방대법원의 경우에는 당사자의 소송대리인이 그 분야의 법률전문가이므로 따로 전문가의 진술을 들을 필요는 없고, 당사자의 소송대리인의 공방을 중심으로 변론을 진행하면 되고, 특별히 전문가의 의견이 필요한 경우에는 'amicus curiae brief'를 제출하게 하여 심리에 참고한다고 한다.[1] 우리의 경우에도 위헌법률심판이나 법령에 대한 헌법소원 사건에서 변론을 여는 경우 참고인 지정을 하지 않고 당사자의 변론만을 듣는 변론기일을 연다든지, 참고인을 지정하더라도 참고인 진술서를 제출받아 심리에 참고하고 예외적인 경우에만 심판정에서 참고인 진술을 듣는 방법을 사용한다면 변론시간을 대폭 줄일 수 있을 뿐더러 변론을 여는 사건수를 증가시킬 수도 있을 것이다.

셋째, 헌법재판의 변론에서는 당사자에게 최후변론시간을 따로 줄 필요는

1) 졸저, 세계로 나아가는 한국의 헌법재판 I, 17면 참조.

없다고 할 것이다. 왜냐하면 청구인과 피청구인들이 자신에게 배정된 시간에 주장하고자 하는 것을 모두 진술하였는데 또 최후진술을 하라고 하니 무익한 반복에 지나지 않을 경우가 대부분이기 때문이다. 따라서 앞서 본 바와 같이 청구인과 피청구인들에게 변론시간을 미리 배정해주고, 다만 청구인 측에 대하여 원한다면 유보시간을 주어 상대방의 변론을 듣고 난 후에 이에 대응하는 반박을 하는 기회를 주는 것으로 충분할 것이다(상대방의 경우는 청구인 측의 변론을 모두 듣고 난 다음 변론하므로 유보시간을 따로 가질 필요가 없다).

넷째, 우리나라에서는 심판정 개정 이후에 재판장이 각 당사자와 이해관계인 및 그 소송대리인을 호명하여 일일이 확인하는 절차를 밟는 데 시간을 소요하고 있는 데 반해, 미국 연방대법원의 경우에는 법정서기가 재판관 입정 전에 그러한 확인 절차를 마치고 재판부가 입정한 이후에는 실질적인 변론을 진행하는 데만 변론시간을 소요한다. 우리나라에서도 당사자와 이해관계인 및 소송대리인 등의 신분확인은 변론을 개시하기 전에 심판정에 참여한 서기관 등이 확인을 마치는 것으로 관행을 바꾸면 변론시간을 줄이면서도 변론 실체의 집중도를 높이는 방안이 될 수 있을 것이다.

제 3 절 준비절차

준비절차라 함은 변론에서의 심리를 집중적·효율적으로 행할 수 있도록 하기 위하여 수명재판관(受命裁判官)의 주재 하에 행하여지는 변론의 예행절차이다(헌재법 제40조, 민소법 제279조). 헌법재판소는 심판절차를 효율적이고 집중적으로 진행하기 위하여 당사자의 주장과 증거를 정리할 필요가 있을 때에는 심판준비절차를 실시할 수 있고, 헌법재판소는 재판부에 속한 재판관을 수명재판관으로 지정하여 심판준비절차를 담당하게 할 수 있다(심판규칙 제11조 제 1 항, 제 2 항). 수명재판관의 수는 정해진 것이 없으며, 같은 지정재판부 소속 재판관 3명이 수명재판관으로 지정되어 심판준비절차를 진행한 사례가 있다.[1]

헌법재판소는 당사자가 심판정에 직접 출석하기 어려운 경우 당사자의 동의를 받아 인터넷 화상장치를 이용하여 심판준비절차를 실시할 수 있다(심판규칙

1) 2013헌다1, 2017헌나1, 2021헌나1, 2023헌나2, 2023헌나3.

제11조 제 3 항). 준비절차는 본래의 사건과 독립된 사건이 아니므로 사건번호가 부여되거나 기록이 별도로 조제되지 않으며 준비절차에서 작성되거나 제출된 모든 서류는 본래의 사건기록에 순서대로 가철된다.[1]

헌법재판에 있어서의 준비절차는 사건이 복잡하여 쟁점과 증거를 미리 정리할 필요가 있는 경우에 활용될 수 있을 것이다.

헌법연구관은 주장의 정리나 자료의 제출을 요구하거나, 조사기일을 여는 방법 등으로 사건의 심리 및 심판에 관한 조사를 할 수 있다(심판규칙 제11조의2 제 1 항). 헌법연구관은 조사대상자가 조사기일에 직접 출석하기 어려운 경우 조사대상자의 동의를 받아 인터넷 화상장치를 이용하여 조사기일을 열 수 있다(심판규칙 제11조의2 제 2 항).

준비절차의 개시에 관한 재판은 사건을 준비절차에 회부하기로 하는 헌법재판소의 결정과 그 준비절차를 주재할 수명재판관을 구체적으로 지정하는 재판장의 명령(헌재법 제40조, 민소법 제139조 제 1 항)으로 나누어진다.

제 4 절 심 문

심문(審問)이란 결정절차에 있어 변론을 열지 않는 경우에 당사자, 이해관계인 기타 참고인에게 대석적(對席的)이 아니고 개별적으로 서면 또는 구술로 진술할 기회를 주는 절차이다(헌재법 제40조, 민소법 제134조 제 2 항).

심문은 변론과 같은 엄격한 방식에 의하지 아니하고 간이·신속하게 당사자 기타의 이해관계인에 대하여 진술할 기회를 주어 그들의 주장을 참작함으로써 당사자 일방만의 주장·입증에 의한 재판을 피하고자 함에 그 목적이 있다.[2]

---

1) 실무제요, 642면.
2) 실무제요, 645면.

제 5 절 참고인 진술

1. 참고인 지정

헌법재판소는 전문적인 지식을 가진 사람을 참고인으로 지정하여 그 진술을 듣거나 의견서를 제출하게 할 수 있고, 참고인을 지정하기에 앞서 그 지정에 관하여 당사자, 이해관계인 또는 관련 학회나 전문가 단체의 의견을 들을 수 있다(심판규칙 제13조). 재판부에서는 당사자 및 이해관계인에게 특정인을 참고인으로 지정하여 신청하도록 요청하면서 변론예정통지를 함께 하는 경우가 대부분이고, 헌법재판소가 직권으로 관련 학회나 전문가 단체에게 참고인 추천을 요청할 때도 있다.[1]

2. 참고인 지정결정의 송달

사무관등은 참고인 지정결정 등본이나 참고인 지정결정이 기재된 변론조서 등본을 참고인과 당사자에게 송달하여야 한다. 다만, 변론기일에서 참고인 지정결정을 고지받은 당사자에게는 이를 송달하지 아니한다(심판규칙 제14조 제 1 항).

참고인에게 위 등본을 송달할 때에는 참고인 의견요청서와 함께 다음 각 호의 서류를 송달하여야 한다. 즉 ① 위헌법률심판제청서 또는 심판청구서 사본, ② 피청구인의 답변서 사본, ③ 이해관계인의 의견서 사본, ④ 의견서 작성에 관한 안내문 등이다(심판규칙 제14조 제 2 항).

3. 참고인 의견서의 제출

참고인은 의견요청을 받은 사항에 대하여 재판부가 정한 기한까지 의견서를 제출하여야 한다(심판규칙 제15조 제 1 항). 사무관 등은 위 의견서 사본을 당사자에게 바로 송달하여야 한다(심판규칙 제15조 제 2 항).

---

1) 실무제요, 647면.

4. 참고인의 진술과 심문

참고인의 의견진술은 사전에 제출한 의견서의 내용을 요약·정리하고 이를 명확히 하는 것이어야 하고, 재판장은 참고인 진술시간을 합리적인 범위 내에서 제한할 수 있다. 또한 재판관은 언제든지 참고인에게 질문할 수 있으며, 당사자는 참고인의 진술이 끝난 후 그에 관한 의견을 진술할 수 있다(심판규칙 제16조).

참고인은 증인과는 달라서 직권에 의한 경우는 물론이고, 당사자의 신청에 의한 경우에도 꼭 당사자의 어느 편을 위한다는 관념이 희박하고, 다만 전문가의 입장에서 재판관의 판단에 도움이 되는 전문지식을 제공하는 데 있으므로 참고인에 대한 질문의 방식은 증인신문과 같이 엄격한 규칙에 의할 필요가 없다고 본다.

참고인의 진술은 그 요지서에 의해 1인당 10 내지 20분 내외로 진술하게 하는 것이 보통이다.[1)]

제6절 석명권의 행사 및 석명처분

석명권은 청구인의 심판청구나 당사자의 주장내용이 불명료하거나 미진한 경우 심판관계를 분명하게 하기 위하여 당사자에게 질문하고 입증을 촉구할 뿐 아니라, 간과한 법률적 사항을 지적하여 의견진술의 기회를 주는 재판부의 권능을 말한다(헌재법 제40조, 민소법 제140조). 변론주의가 엄격하게 적용되는 민사재판과는 달리 헌법재판에는 직권주의적 성격이 함께 작용하므로 비교적 넓게 석명권의 행사가 인정된다. 석명의 대상을 일반적으로 설명하기는 어렵지만, 위헌법률심판 등 규범통제절차의 경우 ① 법령의 입법경위와 목적, ② 그 목적달성을 위한 대체수단의 여부, ③ 당해 법령에 의한 공익효과(조세법규의 경우 재정수입의 규모 등), ④ 당해법령과 유기적 관계를 맺고 있는 관련조항의 체계, ⑤ 위헌결정시의 파급효과 등이 이에 해당한다고 볼 것이다.

한편, 재판부는 석명권의 행사로서 질문·입증촉구·석명준비명령 외에 심판관계를 명확하게 하기 위하여 당사자본인의 출석명령, 문서 그 밖의 물건의

1) 실무제요, 653면.

제출·유치, 검증 및 감정, 조사촉탁 등 필요한 처분을 할 수 있는데(심판규칙 제17조), 이는 어디까지나 심리의 대상이 되는 사실 또는 쟁점을 밝히기 위한 것으로 사실인정을 위한 증거조사와는 다르다.

중요한 법률상의 쟁점에 관한 다툼이 대부분인 헌법재판에서는 특히 당사자의 청구와 주장 내용을 명료하게 정리하기 위한 사전적인 조치가 필요하다고 할 것인데, 변론사건에 주로 이용되는 석명권의 행사보다는 석명처분이 유용할 경우가 많을 것이다.[1]

제 7 절 의견서의 제출

헌법재판소법은 위헌법률심판과 헌법소원심판절차에서 의견서제출제도를 규정하고 있지만(헌재법 제44조, 제74조), 헌법재판소 심판규칙은 **모든 심판절차**에 이를 확대하여 이해관계인에게 의견서 제출의 기회를 부여하고 있다(심판규칙 제10조)고 보는 견해[2]도 있으나, 앞서 설명한 바와 같이 상위법인 헌법재판소법에 저촉되지 않는 범위 내에서 헌법재판소 심판규칙이 효력이 있는 것이므로 헌법재판소 심판규칙 제10조는 위헌법률심판, 헌법소원심판뿐만 아니라 모든 심판절차에서 이해관계인에게 의견서 제출 기회를 부여한 것이라고 해석할 수는 없고, 위헌법률심판 및 헌법소원심판절차에 있어서 당해 소송사건의 당사자, 법무부장관, 이해관계가 있는 국가기관 또는 공공단체 등의 의견서 제출절차를 규정한 것이라고 해석하여야 할 것이다.

여기에서 어느 기관이 **이해관계기관**에 해당하는가는 구체적 사건에 따라 개별적으로 판단하여야 할 것이나, 일반적으로는 법령에 대한 위헌여부심판사건의 경우는 당해 **법령 시행의 주무관청**과 당해 법령이 처분의 전제가 된 경우 **처분청의 감독관청**도 이해관계인으로 보고 있다. 그리고 공권력행사 주체의 최상급관청도 이해관계인으로 보아 의견서 제출의 기회를 부여하고 있다.[3] 예컨대, 주세법 제38조의7 위헌제청사건[4]에 있어서 당해사건의 소송당사자는 (주)천안상

1) 실무제요, 639면.
2) 실무제요, 78면; 김하열, 130면.
3) 실무제요, 78면.
4) 자도소주구입제도 사건. 헌재 1996. 12. 26. 96헌가18.

사(원고)와 천안세무서장(피고)이었는데, 재정경제원장관·국세청장·국회의장 등을 이해관계기관으로 취급한 바 있다.

한편 국가인권위원회법에 의하면, 국가인권위원회는 인권의 보호와 향상에 중대한 영향을 미치는 재판이 계속 중인 경우 법원 또는 헌법재판소의 요청이 있거나 필요하다고 인정할 때에는 법원의 담당재판부 또는 헌법재판소에 법률상의 사항에 관하여 의견을 제출할 수 있으며(국가인권위원회법 제28조 제 1 항), 동법 제 4 장(인권침해 및 차별행위의 조사와 구제)의 규정에 의하여 동 위원회가 조사 또는 처리한 내용에 관하여 재판이 계속 중인 경우, 동 위원회는 법원 또는 헌법재판소의 요청이 있거나 필요하다고 인정할 때에는 법원의 담당재판부 또는 헌법재판소에 사실상 및 법률상의 사항에 관하여 의견을 제출할 수 있다(국가인권위원회법 제28조 제 2 항).

제 8 절 증거조사

1. 서 론

헌법소원심판을 포함한 헌법재판은 헌법을 보호하고 국민의 기본권을 보장하는 역할을 한다. 그런데 일반적인 법원의 민·형사재판과는 달리 헌법규범의 해석과 이로 인한 객관적인 헌법질서의 보장을 위한 기능이 헌법재판에서는 중요한 의미를 가진다.

특히 헌법재판은 일반법원에서의 재판과는 달리 헌법재판기관, 즉 헌법재판소의 직권에 의한 심리가 요구되는 정도가 크다고 볼 것이고 또한 바람직한 경우가 더 많다고 할 것이다. 그러므로 당사자의 변론이나 주장은 헌법재판소의 직권탐지를 촉구하고 보완하는 것에 그치며, 당사자가 주장하지 않은 사실도 직권으로 수집하여 재판의 기초로 삼아야 할 때가 많다.

재판부는 사건의 심리를 위하여 필요하다고 인정하는 경우에는 당사자의 신청 또는 당사자의 신청이 없어도 직권에 의하여 다음의 증거조사를 할 수 있다. 즉 ① 당사자 본인 또는 증인을 신문하는 일, ② 당사자 또는 관계인이 소지하는 문서·장부·물건 또는 그 밖의 증거자료[1)]의 제출을 요구하고 이를 영치하는 일, ③ 특별한 학식과 경험을 가진 자에게 감정을 명하는 일, ④ 필요한 물건·사람·장소 기타 사물의 성상 또는 상황을 검증하는 일 등이 그것이다(헌재법 제31조 제 1 항).

컴퓨터용 자기디스크·광디스크 그 밖에 이와 비슷한 정보저장매체에 기억된 문자정보(이른바 '전자문서')를 증거자료로 하는 경우에는 읽을 수 있도록 출력한 문서를 제출할 수 있다(민사소송규칙 제120조 제 1 항). 자기디스크 등에 기억된 정보가 도면·사진 등에 관한 것인 때에도 이를 준용한다(동조 제 3 항). 녹음·녹화테이프, 컴퓨터용 자기디스크·광디스크, 그 밖에 이와 비슷한 방법으로 음성이나 영상을 녹음 또는 녹화하여 재생할 수 있는 매체에 대한 증거조사는 녹음테이프 등을 재생하여 검증하는 방법으로 한다(민사소송규칙 제121조 제 1 항, 제 2 항).

당사자가 증거를 신청한 때에는 **증거와 증명할 사실의 관계**를 구체적으로 밝혀야 한다(심판규칙 제25조).

이때 재판장은 필요하다고 인정할 경우에는 재판관 중 1인을 지정하여 위와 같은 증거조사를 하게 할 수 있는데(헌재법 제31조 제 2 항), 이와 같이 지정된 재판관을 법원의 수명법관(민소법 제139조 제 1 항)과 같이 실무상 **수명재판관**이라고 부른다. 헌법재판소법 제31조는 지정재판부의 심리에 준용되므로(헌재법 제72조 제 5 항) 지정재판부에서도 위 증거조사를 할 수 있고 지정재판부 재판장은 수명재판관을 지정하여 그로 하여금 증거조사를 하게 할 수 있다.

증거조사기일도 기일의 일종인 이상 미리 그 일시·장소를 **당사자에게 고지**하여 출석요구하지 않으면 안 된다(헌재법 제40조, 민소법 제167조, 심판규칙 제21조). 증거조사기일이 변론기일과 일치할 때에는 변론기일의 출석요구로써 족하며 따로 증거조사기일의 출석요구를 할 필요가 없으나, 독립된 증거조사기일일 때에는 당해 기일의 출석요구를 따로 하여야 한다.

2. 당사자신문

헌법재판소는 직권 또는 당사자의 신청에 의하여 당사자 본인을 신문할 수 있다(헌재법 제31조 제 1 항 제 1 호, 제40조, 민소법 제367조). 당사자신문을 받을 자는 당사

1) '물건 또는 그 밖의 증거자료'가 무엇인지, 이에 대한 증거조사의 방법과 절차에 관한 법령으로는 헌법재판소법 제40조에 의하여 준용되는 민사소송법 제374조, 민사소송규칙 제120조, 제121조가 있다.

자본인 및 법정대리인과 법인 등이 당사자인 때의 대표자·대리인이다.

당사자신문은 직권 또는 당사자의 신청에 의하는데, 부득이한 사정이 없으면 일괄하여 이를 신청하여야 한다(심판규칙 제26조). 증인신문에 관한 규정이 준용(헌재법 제40조, 민소규칙 제119조)되므로 헌법재판소가 정한 기한까지 상대방의 수에 12를 더한 수의 신문사항을 기재한 서면을 제출하여야 한다(심판규칙 제27조).

3. 증인신문

가. 의 의

증인신문이라 함은 증인의 증언으로부터 증거자료를 얻는 증거조사를 말한다. 증인이라 함은 과거의 사실이나 상태에 관하여 자기가 인식하는 바를 진술하는 사람으로서 당사자, 법정대리인 및 법인의 대표자 외의 제 3 자를 말한다.

한편, 헌법재판소의 증인채택결정 및 출석요구 없이 변론기일에 임의출석하여 그 자리에서 바로 신청, 채택된 증인을 재정증인이라 한다.

나. 신 청

증인을 신청할 때는 당사자신문의 경우와 같이 부득이한 사정이 없는 한 일괄하여 신청하여야 하고, 증인의 이름·주소·연락처·직업, 증인과 당사자의 관계, 증인이 사건에 관여하거나 내용을 알게 된 경위를 밝혀야 한다(심판규칙 제26조).

다. 증인신문사항의 제출

증인신문신청이 채택된 때에는 신청한 당사자는 헌법재판소가 정한 기한까지 상대방의 수에 12를 더한 수의 증인신문사항을 기재한 서면을 제출하여야 한다(심판규칙 제27조). 제출된 서면 중 9통은 기록 편철 및 재판관에게 배부되고, 사무관등의 법정 녹취와 증인에게 송달하는 용도로 각 1통씩 사용되며, 나머지 1통은 상대방 당사자에게 교부된다(심판규칙 제27조).

라. 증인의 출석요구

헌법재판소의 증인신문결정이 있으면 사무관등은 그 증인을 출석요구 하여야 하는데 그 출석요구서는 부득이한 사정이 없으면 늦어도 출석할 날보다 7일 전에 송달되어야 한다(심판규칙 제28조).

그리고 출석요구서에는 신문사항의 요지를 기재하도록 되어 있으나(심판규칙 제28조 제 1 항 제 3 호), 당사자가 제출한 신문사항을 기재한 서면을 증인출석요구서와 함께 증인에게 송달하고 있는 것이 실무례이다.

마. 불출석의 신고와 증인이 출석하지 아니한 경우

헌법재판소로부터 증인출석요구를 받고 기일에 출석할 수 없으면 바로 그 사유를 밝혀 신고하여야 하고(심판규칙 제29조), 정당한 사유 없이 출석하지 아니한 증인의 구인에 관해서는 형사소송규칙 중 구인에 관한 규정을 준용하여 증인을 구인할 수 있다(심판규칙 제30조 제 1 항).

한편, 헌법재판소로부터 증인으로서 출석요구를 받고 정당한 사유 없이 출석하지 아니한 자는 1년 이하의 징역 또는 100만 원 이하의 벌금에 처하고(헌재법 제79조 제 1 호), 증인출석요구를 받고 출석한 자에게는 '헌법재판소 증인 등 비용지급에 관한 규칙' 소정의 여비·일당·숙박료 및 식비가 지급된다.

정당한 이유 없이 증언거부나 선서거부를 한 경우에는 과태료를 부과한다(심판규칙 제30조 제 2 항).

바. 증인신문의 방법

증인신문은 개별적이고 구체적으로 하여야 한다. 증인신문이 ① 증인을 모욕하거나 증인의 명예를 해치는 내용의 신문, ② 민사소송규칙 제91조 내지 제94조의 규정에 어긋나는 신문, ③ 이미 한 신문과 중복되는 신문, ④ 쟁점과 관계없는 신문, ⑤ 의견의 진술을 구하는 신문, ⑥ 증인이 직접 경험하지 아니한 사항에 관하여 진술을 구하는 신문의 어느 하나에 해당하는 때에는 재판장은 직권 또는 당사자의 신청에 따라 이를 제한할 수 있다. 다만, ② 내지 ⑥에 규정된 신문에 관하여 정당한 사유가 있으면 그러하지 아니하다(심판규칙 제31조).

4. 서 증

가. 의 의

서증이란 문서의 의미, 내용이 증거자료가 되는 증거방법이다. 문서가 증거방법이 되더라도 그 문서의 의미나 내용이 증명의 대상이 아니라 문서의 재질, 필적 또는 인영의 동일성이 증명의 대상이 되는 경우에는 그 문서는 서증이 아닌 검증의 대상 또는 목적물이다.

문서는 작성자의 일정한 사상을 표현한 것이면 족하고 작성명의인의 서명날인 유무나 작성자가 사인(私人)인가 공무원인가 하는 것은 묻지 아니한다. 다른 사건의 증인신문조서, 검증조서, 결정서 등도 서증이 될 수 있다.

나. 서증신청의 방식

서증의 신청은 문서를 제출하는 방식 또는 문서를 가진 사람에게 그것을 제출하도록 명할 것을 신청하는 방식으로 한다(심판규칙 제34조).

다. 문서의 직접제출

문서를 제출함으로써 서증신청을 하는 경우에는 문서의 제목·작성자 및 작성일을 밝혀 원본·정본 또는 인증등본을 제출함을 원칙으로 하고, 상대방의 수에 1을 더한 수의 사본을 함께 제출하여야 한다(심판규칙 제35조, 제43조).

재판장은 서증의 내용이 이해하기 어렵거나 서증의 수가 너무 많은 경우 또는 서증의 입증취지가 명확하지 아니한 경우에 제출자에게 서증과 증명할 사실의 관계를 구체적으로 밝힌 설명서를 제출하도록 명할 수 있고, 서증이 국어 아닌 문자 또는 부호로 되어 있을 경우에 제출자는 그 문서의 번역문을 붙여야 한다(심판규칙 제36조).

라. 문서제출명령

문서를 가진 사람에게 그것을 제출하도록 명하는 방법으로 서증을 신청하는 경우에는 문서의 표시, 취지, 문서를 가진 사람, 증명할 사실, 문서를 제출하여야 하는 의무의 원인을 서면에 명시하여야 하고, 이때 상대방이 신청에 관하여 의견이 있으면 의견을 기재한 서면을 제출할 수 있다(심판규칙 제38조). 그리고 상대방이 어떠한 문서를 소지하고 있는지를 몰라 신청자가 제출할 문서를 특정하지 못하는 경우 신청대상인 문서의 취지나 증명할 사실을 개괄적으로 표시하여 신청하면 헌법재판소는 상대방 당사자에게 관련문서에 관하여 그 표시와 취지 등을 명확히 적어내도록 먼저 명령할 수 있다(헌재법 제40조, 민소법 제346조). 문서제출명령신청이 있으면 헌법재판소는 제출의무와 그 소지사실에 대하여 심리한 후 그 허가 여부를 결정하여야 한다(헌재법 제40조, 민소법 제347조 제 1 항). 당사자가 문서제출명령을 받고도 이에 응하지 아니하는 경우 변론주의가 지배하는 민사소송에서는 상대방의 주장을 진실한 것으로 인정할 수 있지만(민소법 제349조), 공익을 위한 직권주의가 지배하는 헌법재판소의 심판절차에서는 이를 그대로 준용하기 어렵다. 다만, 문서제출명령에 정당한 사유 없이 불응하는 당사자나 관계인은 1년 이하의 징역 또는 100만 원 이하의 벌금이라는 형벌의 제재를 받게 된다(헌재법 제79조 제 2 호).

헌법재판소는 검사(안동완) 탄핵심판 사건에서, 청구인이 수사 당시 작성된 검찰 내부 문서 등에 대하여 문서제출명령 신청한 데 대하여 탄핵심판절차에서는 민사소송법이 아니라 형사소송법이 우선 적용되므로 청구인의 문서제출명령 신청은 문서송부촉탁 신청을 한 것으로 정리한다고 하여 증거조사절차를 진행하였다.[1]

문서제출명령에 의하여 헌법재판소에서 제출된 문서를 변론기일 또는 변론준비기일에 서증으로 제출할 것인지는 당사자가 임의로 결정할 수 있는데, 서증으로 제출하여야 증거로 삼을 수 있다.[2]

마. 문서의 송부촉탁

한편, 위의 두 가지 서증신청의 방식에도 불구하고 문서를 가지고 있는 사람에게 그 문서를 보내도록 촉탁할 것을 신청하는 방법으로도 서증신청을 할 수 있다(심판규칙 제39조 제 1 항).

헌법재판소법 제40조에 의하여 헌법재판소의 심판절차에 관하여 준용되는 민사소송법상 문서의 송부촉탁과 형사소송법상 보관서류의 송부 규정은 아래와 같다.

---

1) 적용되는 조항은 형사소송법 제272조(공무소등에 대한 조회)이다.
2) 이시윤, 신민사소송법, 520면.

민사소송법상 문서송부의 촉탁은 특히 제출 의무 없는 문서에 대해 서증 신청을 함에 있어서는, 그 소지자에 대해 문서를 보내도록 송부촉탁할 것을 신청하여 이를 할 수 있다(민소법 제352조).

한편 형사소송법상 보관서류의 송부는, 법원은 직권 또는 검사, 피고인이나 변호인의 신청에 의하여 공무소 또는 공사단체에 그 보관서류의 송부를 요구할 수 있다(형소법 제272조 제 1 항).

재판부는 결정으로 다른 국가기관 또는 공공단체의 기관에 심판에 필요한 사실을 조회하거나, 기록의 송부나 자료의 제출을 요구할 수 있다. 다만 재판·소추 또는 범죄의 수사가 진행중인 사건의 기록에 대하여는 송부를 요구할 수 없다(헌재법 제32조).

헌법재판소는 헌법재판소법 제32조에 따라 기록의 송부나 자료의 제출을 요구하는 경우로서 국가기관 또는 공공단체의 기관이 **원본**을 제출하기 곤란한 사정이 있는 때에는 그 **인증등본**을 요구할 수 있다(심판규칙 제39조 제 2 항).[1)]

법원·검찰청·그 밖의 공공기관이 보관하고 있는 기록 가운데 불특정한 일부에 대하여도 문서송부의 촉탁을 신청할 수 있으며, 헌법재판소가 그 신청을 채택한 경우에는 기록을 보관하고 있는 법원, 검찰청 등의 공공기관에 대하여 그 기록 가운데 신청인이 **지정하는 부분**의 **인증등본**을 보내 줄 것을 촉탁하여야 한다(심판규칙 제40조 제 1 항, 제 2 항). 위 촉탁을 받은 법원 등은 그 문서를 보관하고 있지 아니하거나 그 밖에 송부촉탁에 따를 수 없는 특별한 사정이 없으면 문서송부촉탁 신청인에게 그 기록을 열람하게 하여 필요한 부분을 지정할 수 있도록 하여야 한다(심판규칙 제40조 제 3 항).

송부촉탁된 문서라고 하여 모두 증거력이 생기는 것은 아니다. 송부된 문서 중에서 필요한 것은 서증으로 제출할 것이며, 그것이 사문서의 경우에는 그 진정성립이 인정되어야만 증거로 할 수 있다.[2)]

바. 문서 있는 장소에서의 서증조사

그리고 제 3 자가 가지고 있는 문서를 문서제출신청 또는 문서송부촉탁의

---

1) 헌법재판소는 헌법재판소법과 다른 법률에 저촉되지 아니하는 범위 내에서 심판에 관한 절차에 관한 규칙을 제정할 수 있을 뿐이므로 헌법재판소법 제32조 단서에 어긋나는 헌법재판소 규칙 제39조 제 2 항은 효력이 없다는 견해가 있음은 뒤에서 설명하는 바와 같다.

2) 이시윤, 신민사소송법, 521면; 대법원 1974. 12. 24. 선고 72다1532 판결.

방법에 따라 서증으로 신청할 수 없거나 신청하기 어려운 사정이 있는 경우에는 헌법재판소는 당사자의 신청 또는 직권에 의하여 그 문서가 있는 장소에서 서증조사할 수 있다(심판규칙 제41조 제 1 항). 위의 경우 신청인은 서증으로 신청한 문서의 사본을 헌법재판소에 제출하여야 한다(심판규칙 제41조 제 2 항). 수사 중인 사건의 수사기록 등 당해문서를 대외로 반출하기 어려운 경우에 주로 사용된다.

사. 협력의무

헌법재판소로부터 문서의 전부 또는 일부의 송부를 촉탁받은 사람 또는 문서가 있는 장소에서의 서증조사 대상인 문서를 가지고 있는 사람은 정당한 이유 없이 문서의 송부나 서증조사에 대한 협력을 거절하지 못한다(심판규칙 제42조 제 1 항). 헌법재판소로부터 문서의 송부를 촉탁 받은 사람이 그 문서를 보관하고 있지 아니하거나 그 밖에 송부촉탁에 따를 수 없는 사정이 있는 경우에는 그 사유를 헌법재판소에 통지하여야 한다(심판규칙 제42조 제 2 항).

아. 문서제출방법 등

헌법재판소에 문서를 제출하거나 보낼 때에는 원본, 정본, 또는 인증이 있는 등본으로 하여야 한다(심판규칙 제43조 제 1 항). 헌법재판소는 필요하다고 인정하면 원본을 제출하도록 명하거나 원본을 보내도록 촉탁할 수 있다(심판규칙 제43조 제 2 항). 헌법재판소는 당사자로 하여금 그 인용한 문서의 등본 또는 초본을 제출하게 할 수 있다(심판규칙 제43조 제 3 항). 헌법재판소는 문서가 증거로 채택되지 아니한 경우에 당사자의 의견을 들어 제출된 문서의 원본·정본·등본·초본 등을 돌려주거나 폐기할 수 있다(심판규칙 제43조 제 4 항).

서증의 증거조사 방법은 원칙적으로 민사소송에 관한 법령을 준용하기 때문에 민사소송에서의 예에 따라 이루어진다고 할 수 있다. 따라서 청구인이 제출하는 서증부호는 '갑', 피청구인이 제출하는 서증부호는 '을'로 표시하여 제출하면 된다.[1]

---

1) 실무제요, 662면.

5. 감　　정

감정이란 특별한 학식과 경험을 가진 자에게 그 전문적 지식 또는 그 지식을 이용한 판단을 소송상 보고시켜 재판관의 판단능력을 보충하기 위한 증거조사를 말하고, 그 증거방법이 감정인이다(헌재법 제31조 제 1 항 제 3 호). 감정의 대상이 되는 것은 법규(외국법규, 특정사회의 관습법, 관습 등), 경험칙 또는 사실판단자료 등이다. 감정에 관하여는 특별한 규정이 없으면 증인신문에 관한 규정이 준용된다(헌재법 제40조, 민소법 제333조, 민소규칙 제104조).

감정을 신청할 때는 감정을 구하는 사항을 적은 서면을 함께 제출하여야 하고(심판규칙 제44조), 헌법재판소가 필요하다고 인정하면 공공기관, 학교, 그 밖에 상당한 설비가 있는 단체 또는 외국의 공공기관에 감정을 촉탁할 수 있다(심판규칙 제45조).

6. 검　　증

검증이란 재판관이 시각, 청각 등 오관의 작용에 의하여 직접적으로 사물의 성상, 현상을 검사하여 그 결과를 증거자료로 하는 증거조사를 말한다(헌재법 제31조 제 1 항 제 4 호). 그 대상이 되는 것을 검증목적물이라 한다.

검증은 자동차사고의 현장, 각종 공사장에서의 사고, 기계로 인한 사고, 토지의 경계상황 등과 같이 주로 시각에 의하여 인식할 수 있는 것에 많이 활용되나 소음, 가스의 냄새 등 청각 또는 후각에 의하여 인식할 수 있는 것도 검증의 대상이 된다.

사람의 경우에 그 진술내용인 사상을 증거로 하는 경우에는 인증으로 되지만 체격, 용모 등 신체의 특징을 검사하는 경우에는 검증목적물이 되고, 문서의 경우에는 그 기재내용을 증거로 하는 경우에는 증거의 내용이 되지만 그 지질, 필적, 인영 따위를 증거로 할 때에는 검증목적물이 된다.[1]

검증을 신청할 때에는 검증의 목적을 표시하여야 하고(심판규칙 제46조), 수명재판관은 검증에 필요하다고 인정되는 경우 감정을 명하거나 증인을 신문할 수 있다(심판규칙 제47조).

---

1) 실무제요, 663면.

제 9 절 국가 또는 공공단체에 대한 자료제출요구

헌법재판소는 결정으로 다른 국가기관 또는 공공단체의 기관에 대하여 심판에 필요한 사실을 조회하거나, 기록의 송부나 자료의 제출을 요구할 수 있다(헌재법 제32조 본문). 이 역시 증거조사의 일종이라고 할 수 있으나, 여기에는 단순한 증거채부결정을 넘어선 **별도의 결정**이 필요한 점에서 앞서 본 증거조사와는 구별된다. 다만, 제출요구의 대상이 되는 자료에는 개인정보보호법 제23조의 민감정보, 제24조의 고유식별정보 및 그 밖의 개인정보가 포함된 자료도 포함되며(심판규칙 제 2 조의2 제 2 항) 위와 같은 제출요구의 대상이 되는 자료에는 '재판·소추 또는 범죄수사가 진행 중인 사건의 기록'은 **제외된다**(헌재법 제32조 단서).

단서에서 기록송부를 제한한 취지는 비밀유지 등의 면에서 진행 중인 재판이나 범죄수사에 **영향을 끼칠 우려**가 있다고 보아 이를 차단하기 위한 것으로 보인다. 그러나 헌법재판의 심리에 있어 재판이나 범죄수사가 진행 중인 사건의 기록 내용이 반드시 필요한 경우가 있는데, 위 단서가 이러한 기록에 대한 송부요구의 가능성을 원천적으로 봉쇄한다면 헌법재판에서 원활한 사건 심리에 적지 않은 장애가 초래되는바, 입법론으로 위 **단서를 삭제**하고, 법원이나 수사기관으로 하여금 적어도 그러한 기록의 **인증등본**을 헌법재판소에 제출하도록 하는 방안을 고려할 수 있다는 견해가 유력하다.[1] 2017. 5. 30. 개정 헌법재판소 심판 규칙 제39조 제 2 항은 "헌법재판소는 법 제32조에 따라 기록의 송부나 자료의 제출을 요구하는 경우로서 국가기관 또는 공공단체의 기관이 원본을 제출하기 곤란한 사정이 있는 때에는 그 인증등본을 요구할 수 있다."고 규정하였다.

재판·소추 또는 범죄수사가 진행중인 사건의 기록에 대하여는 송부를 요구할 수 없는데(헌재법 제32조 단서), 이는 기록 '원본'에 대한 송부를 요구할 수 없다는 의미라는 견해[2]가 있으나, 이에 대하여는 헌법재판소법 제32조 단서에서 '재판·소추 또는 범죄수사가 진행중인 사건의 기록에 대하여는 송부를 요구할 수 없다.'고 규정하고 있을 뿐 기록 '원본'에 대한 송부를 요구할 수 없다고 규정하고 있지 않으므로 그러한 해석은 부당하고, 헌법재판소는 헌법재판소법과

1) 김하열, 209면.
2) 실무제요, 524면.

다른 법률에 저촉되지 아니하는 범위 내에서 심판에 관한 절차에 관한 규칙을 제정할 수 있을 뿐이므로 헌법재판소법 제32조 단서에 어긋나는 헌법재판소 심판규칙 제39조 제 2 항은 효력이 없다는 견해도 가능하다.

실무상 기소유예처분취소를 구하는 헌법소원에서 피청구인 소속 검사장에게 기소유예처분사건에 대한 결정서 사본과 수사기록의 송부를 요구하지만, 이는 별도의 결정 없이 지정재판부의 재판장이 촉탁하므로 민사소송법 제294조를 준용한 **사실조회**라고 볼 것이지 헌법재판소법 제32조에 의한 자료제출요구라고 할 것은 아니다.[1)]

헌법재판소법 제40조에 의하여 헌법재판소의 심판절차에 관하여 준용되는 민사소송법상 조사·촉탁과 형사소송법상 공무소등에 대한 조회는 아래와 같다. **민사소송법상 조사·송부의 촉탁**이란 법원이 공공기관·학교·그 밖의 단체·개인 또는 외국의 공공기관에게 그 업무에 속하는 사항에 관하여 필요한 조사 또는 보관 중인 문서의 등본·사본의 송부를 촉탁하는 특별증거조사절차를 말한다(민소법 제294조). 이를 실무상 **사실조회**라고 한다. 신민소법은 개인에게 촉탁할 수 없었던 구 민소법과 달리 개인에게도 그 업무에 속하는 사항에 관하여 조사촉탁을 할 수 있도록 하였다. 조사·촉탁의 결과는 따로 서증으로 제출할 필요가 없다.[2)]

한편 **형사소송법상 공무소등에 대한 조회**는, 법원은 직권 또는 검사, 피고인이나 변호인의 신청에 의하여 공무소 또는 공사단체에 조회하여 필요한 사항의 보고 또는 그 보관 서류의 송부를 요구할 수 있다(형소법 제272조 제 1 항).

한편, 헌법재판의 직권탐지주의 기능을 제대로 수행하려면 사실조회, 자료제출요구 등을 적극적으로 활용할 필요가 있고 실제로도 헌법재판소 실무에서 많이 활용되는바, 특히 지정재판부에서 헌법소원의 사전심사를 효율적으로 하기 위해서는 심판청구의 적법 여부 판단에 필요한 사실인정을 신속히 할 필요가 있고(헌재법 제72조 제 5 항에 따라 동법 제32조는 사전심사절차에도 준용된다.), 이를 위해서는 사실조회 등의 주체를 '재판부'가 아닌 **재판장**으로 변경하고, 증거조사에서와 같이 재판장이 수명재판관을 지정하여 사실조회 등을 할 수 있게 하는 입법방안을 고려해 볼 수 있다는 견해가 있다.[3)] 헌법재판소법 개정사항으로 숙고해

1) 실무제요, 664면.
2) 이시윤, 신민사소송법, 528면.
3) 김하열, 209면.

볼 만한 사항이다.

참고로 독일 연방헌법재판소법 제27조는 모든 법원과 행정청으로 하여금 연방헌법재판소에 법률상 및 직무상 공조를 행하고, 필요한 소송기록과 문서를 연방헌법재판소에 제출하도록 규정하고 있고, 스페인 헌법재판소법 제87조 제 2 항은 법관과 법원이 헌법재판소가 요청하는 법적 원조를 우선적으로 제공하도록 의무를 부과하고, 동법 제88조는 헌법재판소가 모든 공공기관과 행정기관에 헌법소송과 관련된 기록, 자료, 문서 등의 제출을 요구할 수 있도록 규정하고 있다.[1)]

제10절 심판의 장소 및 공개

심판의 변론과 종국결정의 선고는 심판정에서 행한다. 다만, 헌법재판소장이 필요하다고 인정하는 경우에는 심판정 외의 장소에서 이를 할 수 있다(헌재법 제33조). 지정재판부의 결정이나 신청사건의 결정은 심판정에서 선고하는 방법에 의하지 아니하고 결정문(정본)을 송달하여 고지한다.

심판의 변론과 결정의 선고는 공개한다. 다만 국가의 안전보장, 안녕질서 또는 선량한 풍속을 해할 염려가 있는 때에는 결정으로 변론을 공개하지 아니할 수 있다(헌재법 제34조, 법원조직법 제57조 제 1 항 단서).

제11절 심판의 지휘와 심판정경찰권

1. 재판장의 심판지휘권

헌법재판에서 재판장은 심판지휘권을 가지고 심판변론의 지휘 및 평의의 정리(整理)를 담당한다(헌재법 제35조 제 1 항).

재판장의 심판지휘에 관한 권한으로는 변론의 지휘(헌재법 제40조, 민사소송법 제135조), 석명권의 행사(헌재법 제40조, 민사소송법 제136조), 보정명령(헌재법 제28조 제 1

1) 김하열, 209면.

항), 수명재판관의 지정(헌재법 제28조 제 5 항, 제31조 제 2 항), 기일의 지정·변경(단, 재판부의 협의를 거친다. 심판규칙 제20조), 변론의 제한(심판규칙 제12조 제 3 항, 제 4 항, 제 5 항), 종국결정의 선고(심판규칙 제48조) 등이 있다. 또한 재판장은 평의를 주재하고 정리한다. 재판장은 재판관들과 협의하여 평의일정을 확정한 후 평의일자와 평의안건 목록을 각 재판관에게 통지한다.[1)]

2. 재판장의 심판정 질서유지권

심판정의 질서유지는 재판장이 행하고(헌재법 제35조 제 1 항), 헌법재판소 심판정의 질서유지에 관하여는 법원조직법 제58조부터 제63조 규정을 준용하는데 그 내용은 다음과 같다(헌재법 제35조 제 2 항).

재판장은 심판정의 질서유지를 담당하는데, 심판정이 존엄과 질서를 해할 우려가 있는 사람의 입정을 금지하고 퇴정을 명하거나 기타 심판정의 질서유지에 필요한 명령을 발할 수 있다(법조법 제58조). 재판장은 심판정 안에서 녹화·촬영·중계방송 등을 허가할 수 있는데 누구든지 재판장의 허가 없이 이런 행위를 하지 못한다(법조법 제59조, 심판규칙 제19조). 재판장은 심판정의 질서유지를 위하여 필요하다고 인정할 때에는 개정전후를 불문하고 관할 경찰서장에게 경찰관의 파견을 요구할 수 있다. 이 요구에 의해서 파견된 경찰관은 심판정 내외의 질서유지에 관하여 재판장의 지휘를 받는다(법조법 제60조).

헌법재판소는 직권으로, 심판정 내외에서 질서유지에 필요한 재판장의 명령에 위배되는 행위를 하거나, 재판장의 허가 없이 심판정 안에서 녹화·촬영 등의 행위를 하거나, 폭언·소요 등의 행위로 헌법재판소의 심리를 방해하거나 재판의 위신을 현저하게 훼손한 자에 대하여 결정으로 20일 이내의 감치 또는 100만원 이하의 과태료에 처하거나 이를 병과할 수 있다(헌재법 제35조 제 2 항, 법조법 제61조 제 1 항). 감치의 집행방법 등에 관하여는 법원조직법 제61조 제 2 항 내지 제 4 항이 준용되나, 헌법재판의 속성상 감치 또는 과태료 재판에 대하여는 불복할 수 없다. 즉 법원조직법 제 5 조는 준용되지 않는다.[2)] 감치 또는 과태료 재판에 관한 절차 기타 필요한 사항은 헌법재판소규칙으로 정하나(동조 제 6 항), 이에 관

1) 실무제요, 81면.
2) 김하열, 231면.

한 규칙은 아직 제정되어 있지 않다.

심판정경찰권에 관하여 준용되는 법원조직법 제58조, 제60조, 제61조는 재판관이 심판정 이외의 장소에서 직무를 행하는 경우에 이를 준용한다(헌재법 제35조 제 2 항, 법조법 제63조).

대법원은, 법정소동죄 등을 규정한 형법 제138조에서의 '법원의 재판'에 '헌법재판소의 심판'을 포함된다고 보는 해석론은 문언이 가지는 가능한 범위 안에서 그 입법취지와 목적 등을 고려하여 문언의 논리적 의미를 분명히 밝히는 체계적 해석에 해당할 뿐, 피고인에게 불리한 확장해석이나 유추해석이 아니라고 판시하였다.[1)]

제12절 심판정의 언어와 녹화 등의 금지

헌법재판소 심판정의 용어사용에 관하여는 법원조직법 제62조의 규정을 준용한다(헌재법 제35조 제 2 항). 그 결과 심판정에서는 우리말을 사용한다. 심판관계인이 우리말을 하지 못하거나 듣거나 말하는 데에 장애가 있으면 통역인으로 하여금 통역하게 하거나 그 밖에 의사소통을 도울 수 있는 방법을 사용하여야 한다(심판규칙 제18조).

누구든지 심판정에서는 재판장의 허가 없이 녹화·촬영·중계방송 등의 행위를 하지 못한다(심판규칙 제19조).

헌법재판소는 변론 및 선고에 대한 녹음·녹화의 결과물을 홈페이지 등을 통해 공개할 수 있다(심판규칙 제19조의2).

1) 대법원 2021. 8. 26. 선고 2020도12017 판결.

제8장 평 의

제1절 평의의 절차

평의란 심판의 결론을 내기 위하여 재판관들이 사건의 쟁점에 관하여 의견을 나누고 표결하는 과정을 말한다. 실무상 사건을 평의에 회부하고자 하는 주심재판관은 관련 사건에 관한 평의요청서를 작성하여 각 재판관에게 배포한다. 배포는 평의 전에 상당한 기간을 두고 행해진다. 재판장은 재판관들과 협의하여 평의일정을 확정한 후 평의일자와 평의안건 목록을 각 재판관에게 통지한다.

평의에서는 먼저 주심재판관이 사건에 대한 검토내용을 요약하여 발표하고 평의를 진행한 후, 최종적으로 표결하는 '평결'을 하게 된다.

평결에서는 우선 주심재판관이 의견을 내고, 그 다음은 후임 재판관부터 순차적으로 의견을 낸 후 재판장이 마지막으로 의견을 내는 것이 관례로 되어 있다.

특정사안에 대해서 평결이 이루어지면 그 결과에 따라 주심재판관이 다수의견을 기초로 결정문 초인을 작성하는 것이 통례이다. 주심재판관이 소수의견을 낸 경우에는 다수의견의 재판관 중에서 결정문 초안 작성자가 지정된다. 그리고 어떤 재판관이 결정주문이나 결정이유에 대해서 다수의견과는 다른 소수의견을 제출하고자 하는 경우에는 이를 재판부에 알리며, 이 경우 다수의견의 결정문 초안은 결정 선고 이전에 시간적 여유를 두고 소수의견 작성자에게 제공된다. 결정문 초안이 재판부에 제출되면 그에 대한 검토과정을 거쳐서 최종적인 결정문 원안이 확정된다.[1)]

재판에 관여한 재판관이 자신의 의견을 변경하고자 하는 경우에는 결정 선고 이전까지 재평의를 요청할 수 있다.

---

1) 실무제요, 81면.

제 2 절 심판정족수와 평결방식

재판부의 평결로 사건의 주문을 결정할 때에는 헌법 제113조 제 1 항 및 헌재법 제23조의 심판정족수에 따른다. 재판부는 재판관 7명 이상의 출석으로 사건을 심리하고(헌재법 제23조 제 1 항),[1] 종국심리에 관여한 재판관 과반수의 찬성으로 사건에 관한 결정을 하는데, 다만 법률의 위헌결정, 탄핵의 결정, 정당해산의 결정 또는 헌법소원에 관한 인용결정을 하는 경우, 종전에 헌법재판소가 판시한 헌법 또는 법률의 해석 적용에 관한 의견을 변경하는 경우에는 재판관 6명 이상의 찬성이 있어야 한다(헌법 제113조 제 1 항, 헌재법 제23조 제 2 항).

보통 재판의 평의에 있어서 그 평결방식에는 **쟁점별 평결방식**과 **주문별 평결방식**이 있다. 전자는 적법요건이나 본안에 해당되는 문제들을 개개 쟁점별로 각각 표결하여 결론을 도출하는 방식을 말하고, 후자는 적법요건이나 본안에 해당되는 문제들을 개개 쟁점별로 표결하지 않고 결론에 초점을 맞추어 전체적으로 표결하여 주문을 결정하는 방식을 말한다.

헌법재판소의 실무례는 기본적으로 **주문별 평결방식**에 입각하고 있고, 적법요건과 본안을 분리하여 평결하지 않고 전체적으로 평결하여 결론을 도출하는 방식을 취하고 있다. 따라서 심판청구가 부적법하다는 의견을 낸 재판관은 본안의 이유 유무에 대한 평결에는 참여하지 않는다.[2] 평결방식과 관련하여 헌법재판소 결정에서 명시적으로 그에 관하여 언급한 예가 있다.

즉, 구 국세기본법 제42조 제 1 항 단서에 대한 헌법소원사건에서 위헌의견을 낸 5인의 재판관은, "헌법소원의 적법성의 유무에 관한 재판은 재판관 과반수의 찬성으로 족한 것이므로 이 사건에 있어서 재판관 5인이 재판의 전제성을 인정하였다면 이 사건 헌법소원은 일응 적법하다고 할 것이고, 이 사건 헌법소원이 적법한 이상 재판의 전제성을 부인하는 재판관 4인도 본안결정에 참여하는 것이 마땅하며 만일 본안에 대해 다수와 견해를 같이하는 경우 그 참여는 큰 의

1) 헌법재판소는 헌재법 제23조 제 1 항 효력정지 가처분 신청사건에서 "헌재법 제23조 제 1 항 중 '헌법재판소 재판관이 임기만료로 퇴직하여 재판관의 공석 상태가 된 경우'에 적용되는 부분의 효력은 헌법소원 본안심판 사건의 종국결정 선고 시까지 정지한다."고 인용결정을 하였다(헌재 2024. 10. 14. 2024헌사1250).
2) 실무제요, 70면.

미를 갖는 것"이라고 하였고,[1] 이에 대하여 각하의견을 낸 4인의 재판관은 "5인의 위헌의견은 헌법재판의 합의방법에 관하여 쟁점별 합의를 하여야 한다는 이론을 펴고 있으나 헌법재판소는 발족 이래 오늘에 이르기까지 예외 없이 주문합의제를 취해 왔으므로 유독 이 사건에서 주문합의제를 쟁점별 합의제로 변경하여야 한다는 이유를 이해할 수 없고, 새삼 판례를 변경하여야 할 다른 사정이 생겼다고 판단되지 아니한다."라고 하면서 본안판단에는 참여하지 아니하였다.

한편, 독일의 경우는, 주문별 평결방식을 택한 탄핵심판 등과 같은 특별한 경우를 제외하고는, 적법요건과 본안 사항에 대하여 각각 분리하여 별도로 평결하고 있다. 즉 적법요건에 대하여 평결한 후, 그에 대하여 부적법하다는 의견을 제시한 재판관도 본안 사항에 대한 평결에도 다시 참여하는 방식이다. 이는 보다 적극적으로 기본권 보장과 권리구제를 도모하는 데 유리하다는 장점이 있지만, 평의절차가 길어지고 주문의 도출이 복잡해지는 단점이 있다.

평결의 정확성 관점에서 쟁점별 평결방식이 보다 합리적이라는 학자들이 견해가 다수이나,[2] 저자가 재판관 재직 시 재판관들은 주문별 평결방식을 바꾸는 데 대해서 대체로 부정적이었다.

제 3 절 여러 의견이 분립되는 경우의 주문결정

1. 주문의 선택

평의 결과 관여 재판관의 의견이 위헌, 헌법불합치, 한정위헌(한정합헌), 합헌 등으로 분립되어 한 의견만으로는 의결정족수를 충족시킬 수 없는 경우에 주문을 어떻게 결정할 것인가가 문제된다. 그런데 이와 같은 경우의 해결방법에 대하여 헌법재판소법은 직접적으로는 아무런 규정을 두고 있지 않다. 다만 헌법재판소법 제40조 제 1 항은 "헌법재판소의 심판절차에 관하여는 이 법에 특별한 규정이 있는 경우를 제외하고는 헌법재판의 성질에 반하지 아니하는 한도에서 민사소송에 관한 법령의 규정을 준용한다. 이 경우 탄핵심판의 경우에는

1) 헌재 1994. 6. 30. 92헌바23.
2) 김하열, 214면; 성낙인, 143면; 정종섭, 160면; 허영, 159면.

형사소송에 관한 법령을, 권한쟁의심판 및 헌법소원심판의 경우에는 행정소송법을 함께 준용한다."고 규정하고 있으므로 법원조직법 제66조 소정의 '합의에 관한 규정'을 준용할 수 있을 것이다.

법원조직법 제66조 제 2 항의 규정에 의하면 '수액'이나 '형량'에 관하여 3설 이상이 나누어지고, 어느 견해도 그 자체로서는 과반수에 이르지 못한 경우에는 신청인(민사의 경우에는 원고, 형사의 경우에는 검사)에게 가장 유리한 견해를 가진 수에 순차로, 그 다음으로 유리한 견해를 가진 수를 더하여 과반수에 이르게 된 때의 견해를 그 합의체의 견해로 하도록 하고 있다.

법원조직법 제66조 제 2 항의 주문결정의 방식은 산술적으로 계량화된 액수나 형량과 관련하여 의견들 간에 공통적인 부분을 찾아가는 방식으로 결론을 도출한다. 이를 준용하여 헌법재판의 결론도 관여 재판관의 의견 사이에 서로 다른 부분을 제거하면서 동시에 공통적인 부분을 발견해 나가는 방식으로 도출될 수 있다. 다만, 헌법재판의 결론은 민사소송이나 형사소송의 결론과 달리 청구인에 대한 유·불리가 산술적으로 뚜렷이 구별되지 않는 경우가 있고, 관여 재판관 과반수의 찬성이라는 심판정족수 외에 법률의 위헌결정(헌법불합치·한정위헌·한정합헌 등) 등에는 재판관 6명 이상의 가중정족수가 적용된다는 점을 고려하여 주문을 결정하여야 한다.[1)]

평의결과 관여 재판관의 의견이 위헌 2인, 헌법불합치 2인, 한정합헌 2인, 합헌 3인으로 나누어진 경우, 청구인 등에게 가장 유리한 견해인 위헌의 견해를 가진 수(2인)에 순차로 유리한 견해의 수(헌법불합치 2인, 한정합헌 2인)를 더하여 '6인'에 이르게 된 때의 견해인 "한정합헌"의 견해에 따라 주문이 결정되어야 하는 결과가 된다.[2)]

헌법재판소는 관여 재판관의 평의 결과가 단순합헌의견 3인, 한정합헌의견 5인, 전부위헌의견 1인의 비율로 나타난 위헌법률심판사건에서, "한정합헌의견(5)은 질적인 일부위헌의견이기 때문에 전부위헌의견(1)도 일부위헌의견의 범위 내에서는 한정합헌의 의견과 견해를 같이 한 것이라 할 것이므로 이를 합산하면 헌법재판소법 제23조 제 2 항 제 1 호 소정의 위헌결정정족수에 도달하였다고 할 것이며, 그것이 주문의 의견이 되는 것"이라고 하여 한정합헌으로 결정하

1) 실무제요, 84면.
2) 실무제요, 84면.

였고,[1] 단순위헌의견 5인, 헌법불합치의견 2인, 합헌의견 2인인 경우에, 단순위헌의견(5)이 다수의견이기는 하나 헌법재판소법 제23조 제 2 항 제 1 호에 규정된 '법률의 위헌결정'을 함에 필요한 심판정족수에 이르지 못하였으므로 헌법불합치의 결정을 선고하기로 한다고 하였으며,[2] 재판관 1인의 일부단순위헌, 일부헌법불합치의견에 재판관 5인의 전부헌법불합치의견을 가산하면 위헌정족수를 충족하게 되므로 헌법불합치결정을 선고하기로 한다고 하였고,[3] 한정위헌의견 5인, 헌법불합치의견 1인, 합헌의견 3인의 경우에 "한정위헌의견은 질적인 일부위헌의견이기 때문에 위헌결정의 일종인 헌법불합치의견도 일부위헌의견의 범위 내에서는 한정위헌의견과 견해를 같이 한 것"이라 하여 한정위헌결정을 선고하였고, 한정위헌의견 5명, 헌법불합치의견 1명, 단순위헌의견 3명인 경우에도 "단순위헌의견과 헌법불합치의견도 일부위헌의견의 범위 내에서는 한정위헌의견과 견해를 같이 한 것"이라 하여 한정위헌결정을 선고하였다.[4]

한편, 위헌정족수(또는 인용)에는 이르지 못하고 본안에 관한 의견과 각하 의견이 나뉘는 경우 일반적으로는 이 중 어느 쪽 의견이라도 과반수이면 그 의견이 주문이 되나, 위헌 또는 인용 결정의 경우에 요구되는 가중 정족수로 인해 실제 평의에서 재판관들이 표시하지 않은 의견이 주문으로 선고되기도 한다. 예컨대, 재판관 2명이 위헌의견, 5명이 합헌의견인 경우[5]와 재판관 1명이 위헌의견, 3명이 헌법불합치의견, 5명이 각하의견인 경우에는 각 과반수에 달하는 의견이 있으므로 합헌결정과 각하결정을 한다. 그런데 재판관 5명이 인용의견, 4명이 각하의견인 경우[6]나 재판관 1명이 위헌의견, 4명이 헌법불합치, 4명이 각하의견인 경우[7] 위헌의견(불합치의견 포함), 인용의견이 과반수임에도 불구하고 헌법재판소는 위헌결정이나 인용결정에 필요한 정족수를 충족하지 못한다는 이유로 평의에서 제시되지 않은 합헌(기각)결정을 선고하였다.

한편 위헌확인 사건에서 재판관 4인 기각의견, 재판관 5인 인용의견의 경우 비록 인용의견이 다수이기는 하나 헌법소원 인용결정을 위한 심판정족수에

---

1) 군사기밀누설 사건. 헌재 1992. 2. 25. 89헌가104.
2) 동성동본금혼 사건. 헌재 1997. 7. 16. 95헌가6등.
3) 공무원연금법 사건. 헌재 2007. 3. 29. 2005헌바33; 군인연금법 사건. 헌재 2009. 7. 30. 2008헌가1.
4) 상호신용금고법 과점주주 부분 사건. 헌재 2002. 8. 29. 2000헌가5등.
5) 헌재 1989. 7. 14. 88헌가5등.
6) 헌재 2000. 2. 24. 97헌마13등.
7) 헌재 2003. 4. 24. 99헌바110 등.

는 미달하므로 심판청구를 기각하기로 한다고 하였고,[1] "이 사건 규칙조항에 대한 심판청구에 관하여는 재판관 2인의 기각의견, 재판관 4인의 인용의견 및 재판관 3인의 각하의견으로 재판관의 의견이 나뉘었는바, 인용의견이 다수이지만 헌법 제113조 제 1 항, 헌법재판소법 제23조 제 2 항 단서 제 1 호에서 정한 헌법소원심판 인용결정을 위한 심판정족수에는 이르지 못하였으므로 위 심판청구를 기각한다."고 판시하였다.[2]

그런데 헌법재판소는 "소송요건의 선순위성은 소송법의 확고한 원칙으로 헌법소원심판에서 본안판단으로 나아가기 위해서는 적법요건이 충족되었다는 점에 대한 재판관 과반수의 찬성이 있어야 한다. 따라서 청구인 등의 화해권유 부작위 위헌확인을 구하는 심판청구가 적법성을 충족한 것인지에 대해 어떠한 견해도 과반수에 이르지 아니한 이상, 헌법재판소는 심판청구를 각하하여야 한다."고 판시하였다.[3]

또한 권한쟁의심판의 결정은 인용 여부를 불문하고 심리에 관여한 재판관의 과반수에 의한다(헌재법 제23조 제 2 항 본문). 따라서 권한쟁의심판사건에서 각하의견·기각의견·인용의견이 각 재판관 3명씩으로 나누어진 경우 인용의견이 인용결정의 정족수에 이르지 못하였으므로 기각 주문을 낸다.[4] 그리고 피청구인(국회의장)의 법률안 가결선포행위가 청구인들의 법률안 심의·표결권을 침해한 것임을 확인한 결정 후에도 피청구인이 아무런 조치를 취하지 않자 피청구인의 부작위를 대상으로 국회의원들이 제기한 권한쟁의심판 사건에서는, 각하의견이 4명, 기각의견이 1명, 인용의견이 4명으로 나뉘자 어느 의견도 독자적으로는 권한쟁의심판의 심판정족수를 충족하지 못하고, 각하의견은 그 청구를 받아들일 수 없다는 기각의견의 결론 부분에 한하여 기각의견과 견해를 같이하는 것으로 볼 수 있다고 하여 기각주문을 낸 바 있다.[5]

위에서 설명한 헌법재판소 판례 외 몇 가지 사건의 주문 결정례와 재판관의 의견분포를 도표로 설명하면 다음과 같다.

---

1) 헌재 2022. 2. 24. 2018헌마1010.
2) 헌재 2024. 4. 25. 2020헌마542.
3) 헌재 2021. 9. 30. 2016헌마1034. 3인의 반대의견은 적법요건 충족 내부에 대한 종국적인 판단인 각하결정을 하기 위해서는 종국심리에 관여한 재판관 과반수의 찬성이 필요하므로 각하의견이 4인, 위헌의견이 4인인 경우에는 심판청구를 기각할 수밖에 없다고 하였다.
4) 헌재 1997. 7. 16. 96헌라2. 각하의견 2인, 기각의견 4인, 인용의견 3인으로 나뉘어서 기각주문을 낸 예로는 헌재 2000. 2. 24. 99헌라1.
5) 헌재 2010. 11. 25. 2009헌라12.

[도표 2] 재판관 의견이 대립되는 경우의 주문결정례

사　건	주　문	재판관 의견 분포
헌재 1992. 2. 25. 89헌가104(위헌법률심판)	한 정 합 헌	각하 3, 한정합헌 5, 위헌 1
헌재 2002. 8. 29. 2000헌가5(위헌법률심판)	한 정 위 헌	합헌 3, 한정위헌 5, 헌법불합치 1
헌재 1997. 7. 16. 95헌가6등(위헌법률심판)	헌법불합치	각하 2, 헌법불합치 2, 위헌 5
헌재 2007. 3. 29. 2005헌바33(위헌소원심판)	헌법불합치	합헌 3, 일부위헌, 일부헌법불합치 1, 전부헌법불합치 5
헌재 2007. 5. 31. 2005헌마1139(헌법소원심판)	헌법불합치 (계속적용)	일부위헌 1, 계속적용 헌법불합치 5, 적용중지 헌법불합치 2, 단순위헌 1
헌재 2009. 7. 30. 2008헌가1(위헌법률심판)	헌법불합치	합헌 3, 일부위헌, 일부헌법불합치 1, 전부헌법불합치 5
헌재 2009. 9. 24. 2008헌가25(위헌법률심판)	헌법불합치	합헌 2, 헌법불합치 2, 위헌 5
헌재 2019. 4. 11. 2017헌바127(위헌소원심판)	헌법불합치 (계속적용)	단순위헌 3, 계속적용 헌법불합치 4, 합헌 2
헌재 2021. 6. 24. 2017헌바479(위헌소원심판)	헌법불합치 (계속적용)	단순위헌 4, 계속적용 헌법불합치 2, 합헌 2
헌재 1989. 7. 14. 88헌가5(위헌법률심판)	합　　헌	각하 2, 합헌 5, 위헌 2
헌재 2003. 4. 24. 99헌바110(위헌소원심판)	합　　헌	각하 4, 헌법불합치 4, 위헌 1
헌재 1997. 7. 16. 96헌라2(권한쟁의심판)	기　　각	각하 3, 기각 3, 인용 3
헌재 2000. 2. 24. 99헌라1(권한쟁의심판)	기　　각	각하 2, 기각 4, 인용 3
헌재 2010. 11. 25. 2009헌라12(권한쟁의심판)	기　　각	각하 4, 기각 1, 인용 4
헌재 2000. 2. 24. 97헌마13(헌법소원심판)	기　　각	각하 4, 인용 5
헌재 2020. 10. 29. 2016헌마86(헌법소원심판)	기　　각	각하 4, 위헌 5
헌재 2021. 8. 31. 2018헌마563(헌법소원심판)	기　　각	각하 3, 기각 1, 헌법불합치 5
헌재 2021. 9. 30. 2016헌마1034(헌법소원심판)	각　　하	각하 4, 위헌 4
헌재 2022. 2. 24. 2018헌마1010(헌법소원심판)	기　　각	기각 4, 인용 5
헌재 2021. 10. 28. 2021헌나1(탄핵심판)	각　　하	각하 5, 심판절차종료 1, 인용 3
헌재 2024. 5. 30. 2023헌나2(탄핵심판)	기　　각	기각 5, 인용 4
헌재 2025. 1. 23. 2024헌나1(탄핵심판)	기　　각	기각 4, 인용 4
헌재 2025. 3. 24. 2024헌나9(탄핵심판)	기　　각	각하 2, 기각 5, 인용 1

2. 결정문의 기재순서

결정의 주문이 여러 개인 경우 주문과 그 이유는 각하, 위헌(인용), 합헌(기각)의 순서로 기재함이 일반적이지만, 필요에 따라 그 순서를 달리하는 것도 가능하다.

주문에 관하여 여러 의견이 있을 경우 결정문에서의 기재순서는 헌법재판소의 법정의견(주문을 이끌어낸 의견)을 먼저 쓰는 것이 원칙이다.[1)]

예컨대, 평의결과 전부위헌의견 1인, 한정합헌의견 5인, 단순합헌의견 3인인 위헌법률심판사건에서는 법정의견인 한정합헌의견을 먼저 기재하고, 그 다음에 전부위헌의견, 단순합헌의견 순으로 기재하였고,[2)] 평의결과 합헌의견 4인, 한정위헌의견 5인인 위헌법률심판사건에서는 법정의견인 합헌의견을 먼저 기재하고, 그 다음에 한정위헌의견 순으로 기재하였으며,[3)] 각하의견이 2인, 기각의견이 4인, 인용의견이 3인인 권한쟁의심판사건에서는 법정의견인 기각의견을 먼저 기재하고, 이어서 인용의견과 각하의견의 순서로 기재하였다.[4)]

그러나 단순위헌의견이 5인, 헌법불합치의견이 2인, 합헌의견이 2인인 위헌법률심판사건 및 단순위헌의견이 4명, 헌법불합치의견이 2명, 합헌의견이 3명인 위헌소원심판사건에서는 단순위헌의견, 헌법불합치의견을 차례로 소개하여 법정의견인 헌법불합치 주문을 이끌어낸 후, 반대의견인 합헌의견을 기재하였다.[5)]

한편, 위헌의견이 다수의견이지만 위헌결정을 위한 심판정족수에 이르지 못한 경우의 결정문 기재순서는 법정의견을 먼저 기재한 사례[6)]가 있는 반면, 다수의견인 위헌(인용)의견을 먼저 기재한 사례[7)]도 있다.

종국심리에 관여한 9명의 재판관 전원이 합헌의견이었으나, 그 이유에 관하여 종전에 헌법재판소가 판시한 헌법 또는 법률의 해석적용에 관한 의견을 변경하여야 한다는 의견이 5명인 경우, 종전 선례에 따른 재판관 4명의 의견을 먼저 기재한 후, 이유를 달리하는 재판관 5명의 의견은 선례를 변경하는

---

1) 실무제요, 88면.
2) 군사기밀누설 사건. 헌재 1992. 2. 25. 89헌가104.
3) 5·18 특별법 사건. 헌재 1996. 2. 16. 96헌가2등.
4) 법률안 가결·선포 사건. 헌재 2000. 2. 24. 99헌라1.
5) 동성동본금혼 사건. 헌재 1997. 7. 16. 95헌가6등; 헌재 2009. 9. 24. 2008헌가25; 헌재 2021. 6. 24. 2017헌마479.
6) 헌재 1999. 7. 22. 98헌가5; 헌재 2005. 2. 24. 2001헌바71; 헌재 2008. 10. 30. 2007헌가17등 참조.
7) 헌재 2001. 8. 30. 99헌바90; 헌재 2000. 12. 14. 2000헌마659 등 참조.

데 필요한 심판정족수에 미치지 못하였음을 기재하면서 별개의견으로 적시하였다.[1)]

1) 헌재 2020. 5. 27. 2018헌바465.

제9장 가처분

제1절 가처분의 의의와 필요성

가처분은 본안결정의 실효성을 확보하고 잠정적인 권리보호를 위해 일정한 사전조치가 필요한 경우 행하는 잠정적인 조치이다.

본안결정이 있기까지 상당한 기간이 소요되는 헌법재판에서는 상황의 변화로 인해 청구가 받아들여지더라도 소기의 목적을 달성할 수 없게 될 우려가 있다. 즉, 본안결정 전에 사실관계가 완결되어 더 이상 돌이킬 수 없는 단계에 이르면 심판청구의 당사자에게나 헌법질서에 회복하기 어려운 손해가 발생할 수 있다. 따라서 본안결정의 실효성을 확보하고 잠정적인 권리보호를 위해 본안결정이 있기까지 잠정적으로 임시의 법적 관계를 정하는 가처분 절차가 필요하다.[1)]

제2절 현행법상 가처분의 허용 여부

1. 가처분에 관한 명문규정

모든 심판사건에 적용되는 일반소송절차규정의 하나로 가처분을 규정하고 있는 독일 연방헌법재판소법(제32조)과 달리 우리 법은 정당해산심판(헌재법 제57조)과 권한쟁의심판(헌재법 제65조)에 대해서만 가처분에 관한 규정을 두고 있다.

즉, 헌법재판소법 제57조는 "헌법재판소는 정당해산심판의 청구를 받은 때에는 직권 또는 청구인의 신청에 의하여 종국결정의 선고 시까지 피청구인의 활동을 정지하는 결정을 할 수 있다."고 규정되어 있고, 헌법재판소법 제65조는 "헌법재판소는 권한쟁의심판의 청구를 받았을 때에는 직권 또는 청구인의 신청

1) 실무제요, 90면.

에 의하여 종국결정의 선고 시까지 심판대상이 된 피청구인의 처분의 효력을 정지하는 결정을 할 수 있다."고 규정하고 있다. 헌법재판소는 성남시 시장이 경기도 지사를 상대로 제기한 권한쟁의심판 사건에서 본안사건 선고 시까지 피신청인의 직접처분에 대한 효력정지 가처분신청을 인용하였다.[1)]

2. 재판정지, 권한행사정지에 관한 규정과의 구별

헌법재판소법 제42조 제1항 본문에서는 법원이 법률의 위헌여부의 심판을 헌법재판소에 제청한 때에는 당해소송사건의 재판은 헌법재판소의 위헌여부의 결정이 있을 때까지 정지된다고 규정하고, 헌법 제65조 제3항과 헌법재판소법 제50조에서 탄핵소추의 의결을 받은 자는 헌법재판소의 심판이 있을 때까지 그 권한행사가 정지된다고 규정하고 있으나 이들은 입법을 통한 법적 효과라는 점에서 헌법재판소가 결정으로 행하는 사전적인 보전조치로서의 가처분과는 구별된다.

3. 헌법소원 등 그 외의 심판절차와 가처분

그런데 명문의 규정을 두고 있는 권한쟁의심판, 정당해산심판 외에 헌법소원 등 다른 심판절차에서는 가처분에 관한 명문의 규정이 없으므로, 이들 심판절차에서도 가처분이 허용되는지 의문이 있을 수 있다.

헌법재판소법 제40조에 의하면 헌법재판소의 심판절차에 관하여는 헌법재판소법에 특별한 규정이 있는 경우를 제외하고는 민사소송에 관한 법령의 규정을 준용하고, 특히 권한쟁의심판 및 헌법소원심판의 경우에는 행정소송법을 함께 준용하되 행정소송법이 민사소송에 관한 법령과 저촉될 때에는 민사소송에 관한 법령은 준용하지 아니하도록 규정되어 있다.

위헌임이 명백한 법률에 대하여 본안결정 전에 가처분으로 미리 그 효력을 정지시킬 필요성을 인정할 수 있는 것처럼 정당해산심판이나 권한쟁의심판 외에 헌법소원심판 등에 있어서도 가처분의 필요성은 얼마든지 인정될 수 있고, 달리 헌법소원심판 등 심판절차에서 가처분을 금지할 정당한 이유를 찾아 볼 수 없다. 따라서 법상 명문의 규정이 있는 정당해산, 권한쟁의심판 외에 다른

1) 헌재 1999. 3. 25. 98헌사98.

심판절차에서도 가처분이 허용되어야 할 것이다.[1)]

그러므로 헌법재판소법 제40조에 의하여 민사집행법상의 가처분 규정(민집법 제300조 이하)이나 행정소송법상의 집행정지 규정(제23조) 등은 그 성질에 반하지 아니하는 한 헌법소송에 있어서의 모든 가처분에 준용된다고 보아야 할 것이다.[2)] 그러나 가처분은 다툼이 있는 권리관계에 대해서 임시의 지위를 접하기 위해서도 할 수 있으나(민사집행법 제300조 제 2 항), 다툼이 있는 권리관계는 민사절차인 사법상의 관계일 것이 요구되고, 공법상의 권리관계나 헌법상의 권리관계는 포함될 수 없다고 할 것이다.[3)]

헌법재판소는 사법시험령 제 4 조 제 3 항 효력정지 가처분신청 사건의 결정에서 "헌법재판소법은 정당해산심판과 권한쟁의심판에 관해서만 가처분에 관한 규정(동법 제57조 및 제65조)을 두고 있을 뿐, 다른 헌법재판절차에 있어서도 가처분이 허용되는가에 관하여는 명문의 규정을 두고 있지 않다. 그러나 위 두 심판절차 이외에 동법 제68조 제 1 항 헌법소원심판절차에 있어서도 가처분의 필요성은 있을 수 있고, 달리 가처분을 허용하지 아니할 상당한 이유를 찾아볼 수 없으므로 위 헌법소원심판청구사건에서도 가처분이 허용된다."고 판시하였다.[4)] 또한 군형법시행령 미결수용자 면회횟수제한 효력정지가처분 사건[5)]에서 군행형법시행령 제43조 제 2 항 본문 중 전단부분의 효력을 정지시키는 가처분은 허용하였고, 기간임용제 탈락자 구제 특별법 효력정지가처분 사건[6)]에서 대학교원 기간임용제 탈락자 구제를 위한 특별법 제93조 제 1 항의 효력을 정지시키는 가처분을 허용하였으며, 입국불허결정을 받은 외국인이 출입국관리사무소장을 상대로 제기한 변호인 접견 불허처분 등 위헌확인 사건의 가처분 사건에서 피신청인은 변호인의 신청인에 대한 변호인접견신청을 즉시 허가하여야 한다고 하여 가처분신청을 인용하였고,[7)] 변호사시험 합격자 성명 공개 효력정지 가처분 사건[8)]에서 변호사시험법 제11조 중 '명단을 공고' 가운데 성명공개에

---

1) 실무제요, 91면. 동지: 김하열, 167면; 성낙인, 162면; 정종섭, 214면; 허영, 187면.
2) 실무제요, 91면. 동지: 헌재 2018. 4. 6. 2018헌사242 등.
3) 동지: 이시윤, 민사집행법, 654, 655면.
4) 헌재 2000. 12. 8. 2000헌사471. 본안사건은 헌재 2001. 4. 26. 2000헌마262(사법시험령 제 4 조 제 3 항 위헌확인 사건).
5) 헌재 2003. 4. 25. 2002헌사129. 본안사건은 헌재 2003. 11. 27. 2002헌마193 헌법소원 사건.
6) 헌재 2006. 2. 23. 2005헌사754. 본안사건은 헌재 2006. 4. 27. 2005헌마1119 헌법소원 사건.
7) 헌재 2014. 6. 5. 2014헌사592. 본안사건은 헌재 2014헌마346(변호인 접견 불허처분 등 위헌확인 사건).

관한 부분의 효력을 정지시키는 가처분을 허용하였다. 또한 헌법재판소는 사립고등학교를 지원한 학생에게 평준화 지역 후기 학교에 중복지원하는 것을 금지한 초·중등교육법 시행령 조항 등에 대한 효력정지 가처분 신청사건,[1] 제10회 변호사시험의 일시·장소 및 응시자준수사항 공고 및 코로나19 관련 응시자 유의사항에 관한 법무부 공고에 대한 효력정지 가처분 신청사건,[2] 국회의장이 국회 본회의에서 국회의원인 신청인에 대한 30일의 출석정지안이 가결되었음을 선포한 행위에 대한 효력정지 가처분 신청사건,[3] 재판부는 재판관 7명 이상의 출석으로 사건을 심리한다는 헌법재판소법 제23조 제 1 항(심리정족수)에 대한 효력정지 가처분 신청사건,[4] 대통령권한대행 국무총리가 임기만료로 퇴임할 예정인 헌법재판소 재판관의 후임자로 2인을 지명한 사안에서, 위 지명행위에 기초한 일체의 임명절차의 속행을 본안사건의 종국결정 선고 시까지 효력정지를 구하는 가처분 신청사건[5]에서 가처분신청을 인용하였다.

한편 헌법재판소는 헌법재판소법 제68조 제 2 항의 헌법소원심판에서 그 심판의 계기가 된 민사소송절차의 일시정지를 구하는 가처분신청이 이유가 없다고 하여 기각결정을 한 적이 있다.[6] 그런데 법령에 대한 헌법소원심판에서 가처분이 인정된다면 위헌법률심판이나 규범통제형 헌법소원심판(헌재법 제68조 제 2 항)에서도 법령의 효력을 정지시키는 가처분도 허용된다고 보아야 할 것이다.[7]

제 3 절 가처분신청 등

1. 신청 또는 직권

이미 계속 중이거나 장래 계속될 본안소송의 청구인적격이 있는 자는 가

8) 헌재 2018. 4. 6. 2018헌사242 등. 본안사건은 헌재 2018헌마77 등 헌법소원 사건.
1) 헌재 2018. 6. 28. 2018헌사213.
2) 헌재 2021. 1. 4. 2020헌사1304.
3) 헌재 2022. 6. 3. 2022헌사448.
4) 헌재 2024. 10. 14. 2024헌사1250.
5) 헌재 2025. 4. 16. 2025헌사399.
6) 헌재 1993. 12. 20. 93헌사81. 위 사건에서 한병채 재판관은 헌재법 제68조 제 2 항 헌법소원심판절차는 규범통제절차이고, 동법 제41조에 의한 위헌법률심판의 경우 당해사건의 재판절차가 정지되는 점에 비추어 가처분신청을 인용하여야 한다는 반대의견을 내었다.
7) 동지: 김하열, 187면; 정종섭, 215면; 허영, 187면.

처분신청을 할 수 있다. 헌법재판소는 본안절차가 헌법재판소에 계속 중인 경우에는 직권으로도 가처분을 명할 수 있다(헌재법 제57조, 제65조, 제40조, 행소법 제23조 제 2 항).

2. 신청방식과 신청기간

가처분의 신청 및 가처분신청의 취하는 서면으로 하여야 하고, 다만 가처분신청의 취하는 변론기일 또는 심문기일에서 말로 할 수 있다(심판규칙 제50조 제 1 항). 가처분신청서에는 신청의 취지와 이유를 기재하여야 하며, 주장을 소명하기 위한 증거나 자료를 첨부하여야 한다(동조 제 2 항).

가처분신청에 특별한 기간제한이 없으며 본안사건의 심판 청구가 허용되는 기간 내이거나 본안사건의 심판청구가 계속 중인 이상 신청할 수 있다. 본안사건의 심판이 종결되었거나 본안심판절차가 충분하게 진행되어 종국결정을 내릴 수 있는 정도에 이른 시점에서의 가처분신청은 할 수 없다고 본다.[1]

3. 가처분신청사건의 접수 및 송달

가처분이 신청되면 별건의 가처분신청사건으로 접수하여(사건부호 '헌사') 특별사건부(가처분신청사건부)에 등재한다. 가처분신청사건 기록은 본안사건이 먼저 접수된 때에는 본안사건의 주심재판관에게 신속히 배당하여 본안소송사건 기록에 첨철한다.

가처분의 신청이 있는 때에는 신청서의 등본을 피신청인에게 바로 송달하여야 한다. 다만, 본안사건이 헌법소원심판사건인 경우로서 그 심판청구가 명백히 부적법하거나 권리의 남용이라고 인정되는 경우에는 송달하지 아니할 수 있다(심판규칙 제50조 제 3 항).

---

1) 실무제요, 92면.

[서식례 3] 가처분신청서 예시(권한쟁의심판의 경우)

가 처 분 신 청 서

신 청 인　○ ○ ○
피신청인　○ ○ ○
본안사건

신 청 취 지

"피신청인의 20 . . .자 ○○○처분의 효력은 헌법재판소 20**헌라○○○○○사건의 종국결정 선고 시까지 이를 정지한다."라는 결정을 구합니다.

신 청 이 유

1. 본안사건의 청구취지 및 이유
2. 가처분의 필요성

첨 부 서 류

20 . . .

신청인 대리인 변호사 ○ ○ ○ (인)

헌법재판소 귀중

제 4 절 가처분의 적법요건

1. 당 사 자

이미 계속 중이거나 장래 계속될 본안사건의 당사자는 가처분신청을 할 수 있다. 이때 신청인은 **당사자능력**이 있어야 함은 물론 본안사건에서 **당사자적격**이 있어야 한다. 예를 들어 국가기관 상호 간 권한쟁의심판을 본안사건으로 전제하여 정당이 원자력위원회의 의결에 대한 효력정지를 구하는 가처분신청은 신청인과 피신청인 모두 권한쟁의심판의 당사자능력이 없으므로 부적법하다.[1] 또한, 국회의원인 가처분신청인이 그 신청 후 국회의원직을 상실한 경우 그 신청절차의 종료를 선언한 사례가 있다.[2][3]

다만 **본안의 피청구인**과 **가처분의 피신청인**이 같지 않을 수도 있다. 예를 들어 대통령의 국무총리서리 임명행위에 대하여 국회의원들이 청구한 권한쟁의심판을 본안사건으로 하는 국무총리서리 임명행위의 효력정지 및 직무집행정지 가처분신청이, 임명행위를 한 대통령과 국무총리서리로 임명된 자연인을 각각 피신청인으로 하여 제기된 경우가 있다.[4][5]

이때 신청권자에는 본안사건의 참가인이 포함되지만 심판절차에서 의견진술권만을 가진 이해관계인은 포함되지 아니한다.[6]

2. 본안심판과의 관계

가처분을 하기 위해서는 본안사건이 **헌법재판소의 관할**에 속하여야 한다. 그리고 가처분은 본안사건의 심판이 헌법재판소에 계속 중일 때 신청할 수 있음이 원칙이지만 본안사건의 심판이 계속되기 전이라 하더라도 우선 가처분신청

1) 헌재 2020. 5. 27. 2019헌사1121 참조.
2) 헌재 2016. 4. 28. 2015헌사993 참조.
3) 실무제요, 94면.
4) 헌재 1998. 7. 14. 98헌사31; 헌재 1998. 7. 14. 98헌라1; 본안사건인 권한쟁의심판은 각하되었고, 가처분신청은 기각되었음.
5) 실무제요, 94면.
6) 실무제요, 81면.

을 한 후에 본안사건의 심판을 청구할 수도 있다. 만약 본안사건의 심판이 계속 중일 때에만 가처분을 신청할 수 있다고 한다면 가처분제도의 실효성을 감소시킬 우려가 있기 때문이다.[1] 다만 본안사건 계속 전에 행해지는 가처분신청은 가까운 장래에 본안심판의 청구가 행해질 가능성이 있는 경우에만 제한적으로 허용된다고 할 것이다.[2]

가처분신청은 본안사건 심판의 적법한 계속을 전제로 하므로, 본안사건이 명백하게 부적법하다면 가처분신청도 부적법하게 된다. 헌법재판소는 헌법소원심판청구를 청구기간 도과로 각하하는 경우,[3] 입법부작위에 대한 헌법소원이 허용되기 위한 작위의무를 인정하기 어려워 각하하는 경우,[4] 권리보호이익이 없어 각하하는 경우[5] 등에서 그러한 심판을 본안사건으로 하는 가처분신청도 적법하게 유지될 수 없다는 이유로 각하한 바 있다.

다만, 본안사건 심판청구의 부적법 사유가 가처분신청도 부적법하게 할 정도로 명백한지는 개별 사안에 따라 달리 판단될 수 있다. 따라서 가처분신청을 인용한 사건에서 본안사건의 심판청구를 각하할 수도 있고,[6] 본안사건 심판에서 종국적으로는 각하결정을 하면서 이와 함께 가처분신청은 기각할 수도 있다.[7]

지정재판부의 사전심사에서 헌법소원심판청구를 각하하는 경우는 그 부적법이 명백한 사안으로 볼 수 있다. 이를 본안사건으로 하는 가처분신청에 대하여, 사전심사에서 함께 기각한 사례[8]와 각하한 사례[9]가 있었고, 이후 실무에서는 기각결정이 다수였으나, 최근에는 각하결정을 하는 것이 주된 경향이다. 가처분신청만 하고 본안사건인 헌법소원심판은 청구하지 않았으나, 신청인이 청구하고자 하는 본안사건이 명백히 부적법한 경우 지정재판부의 사전심사에서 가처분신청을 각하한 사례도 있다.[10]

---

1) 실무제요, 94면.
2) 동지: 김하열, 171면; 정종섭, 220면; 허영, 189면.
3) 헌재 2004. 4. 29. 2004헌사56.
4) 헌재 2014. 10. 30. 2012헌사129; 헌재 2014. 10. 30. 2012헌마130 참조.
5) 헌재 2004. 2. 17. 2004헌사71; 헌재 2014. 10. 30. 2012헌사129; 헌재 2014. 10. 30. 2012헌마130 참조.
6) 헌재 1999. 3. 25. 98헌사98; 헌재 1999. 7. 22. 98헌라4 참조; 헌재 2000. 12. 8. 2000헌사471; 헌재 2001. 4. 26. 2000헌마262 참조.
7) 헌재 1998. 7. 14. 98헌사31; 헌재 1998. 7. 14. 98헌라1 등 참조.
8) 헌재 1997. 12. 16. 97헌사189 등.
9) 헌재 2004. 2. 17. 2004헌사71 등.
10) 헌재 2022. 4. 12. 2022헌사275.

또한 가처분은 본안결정의 실효성을 확보하기 위한 부수적인 절차이므로 본안사건의 소송물의 범위를 초과하여 가처분을 신청하는 것은 허용되지 않는다.[1]

3. 권리보호이익

가처분신청은 가처분결정을 통하여 권리구제를 받을 이익이 있는 경우에만 할 수 있다. 따라서 본안소송의 종국결정을 미리 앞당기기 위한 가처분신청은 허용되지 아니한다.[2]

가처분신청만 하고 본안사건의 심판을 청구하지 않았는데, 이미 가처분을 통해서는 신청인의 목적을 실효적으로 달성할 수 없게 되는 경우가 있다. 이와 관련하여 대통령 탄핵소추절차 진행의 정지를 구하는 가처분신청 후 국회에서 탄핵소추안이 가결된 경우,[3] 임기만료 직전 후임자가 임명되지 않은 재판관에 대하여 후임 재판관이 임명될 때까지 직무수행을 계속할 것을 구하는 가처분신청을 하였는데, 해당 재판관이 임기만료로 퇴임한 경우[4]의 가처분신청을 권리보호이익이 없다는 이유로 각하한 사례가 있다. 신청인들이 중앙선거관리위원회 위원장의 대통령선거 사전투표 관련 행위들의 효력정지를 구하고 본안사건의 심판은 청구하지 않았는데, 해당 사전투표기간은 이미 종료하였고 본투표도 종료된 경우, 가처분신청이 인용된다고 하더라도 신청인들이 주장하는 기본권 침해 상태가 회복될 가능성이 없어 그 신청이 부적법하다는 이유로 각하한 사례도 있다.[5]

본안결정이 적시에 선고될 수 있는 경우에는 권리보호이익이 인정되지 않는다(이는 가처분의 실체적 요건의 하나인 긴급성이 결여된 경우라고 볼 수도 있다.). 또 본안심판사건이 법적으로 아직 성숙되지 아니하였거나 다른 방법으로 가처분의 신청목적을 달성할 수 있는 경우에도 마찬가지로 권리보호이익이 없다고 본다. 권리보호이익이 없더라도 사정변경이 있으면 권리보호이익이 다시 생길 수 있음은 물론이다.

1) 실무제요, 96면.
2) 독일의 확립된 판례라고 한다. 허영, 190면.
3) 헌재 2016. 12. 27. 2016헌사857.
4) 헌재 2017. 2. 15. 2017헌사107.
5) 헌재 2022. 5. 17. 2022헌사183.

4. 변호사강제주의의 적용 및 국선대리인 선정의 효력

헌법소원심판을 본안사건으로 하는 가처분신청의 경우, 사인(私人)의 신청으로서 변호사강제주의가 적용된다(헌재법 제25조 제3항). 헌법재판소법 제68조 제2항의 헌법소원심판을 본안사건으로 하는 가처분신청을 당사자 본인이 신청하였고, 대리인의 추인을 받은 바도 없다면, 그 신청은 부적법하다.[1)]

본안사건인 헌법소원심판청구의 대리인은 가처분 사건에 관해서도 포괄적 대리권이 있다(헌재법 제40조에 의하여 준용되는 민소법 제90조 제1항 참조). 따라서 본안사건에서 국선대리인이 선정된 경우 가처분 사건에서 별개로 국선대리인선임을 신청할 이유가 없으며, 이러한 국선대리인선임신청은 기각된다.[2)]

제5절 가처분의 실체적 요건

1. 본안심판의 승소가능성 고려 여부

본안심판의 승소가능성은 원칙적으로 고려의 대상이 되지 않는다. 긴급성을 요구하는 가처분의 본질상 본안사건의 승소가능 여부에 대한 신속한 판단을 기대하기 어렵고, 본안사건에는 쉽게 해결되기 어려운 헌법적 문제가 내포되어 있는 경우가 많기 때문이다. 그리고 뒤에서 보는 바와 같이 가처분결정에서 중요한 것은 본안사건의 승소 여부가 아니라 중대한 불이익을 방지할 필요성의 유무이기 때문이다.

가처분의 필요성을 인정하여 그 신청을 인용하였으나, 이후 본안사건의 심판청구는 각하 또는 기각한 사례는 다음과 같다.

공원구역 외의 도시계획도로에 대한 경기도지사의 도시계획사업시행자지정 및 실시계획인가처분과 그 선행절차로서 행한 도시계획입안에 대하여 성남시의 효력정지가처분신청을 인용한 사안에서,[3)] 본안사건인 권한쟁의심판에서는 피청구인(경기도지사)의 위 처분들 중 도시계획사업시행자지정처분이 청구인

---

1) 헌재 2019. 11. 28. 2019헌사350 등 참조.
2) 헌재 2021. 1. 19. 2021헌사10; 헌재 2022. 1. 25. 2022헌사3 등 참조.
3) 헌재 1999. 3. 25. 98헌사98.

(성남시)의 권한을 침해하였음과 그 무효를 확인하였고, 나머지 청구는 각하하였다. 일부 각하의 이유는 도시계획입안에 관해서는 청구기간이 도과되었고, 실시계획인가처분에 관해서는 그 사무가 기관위임사무로서 국가사무이므로 이에 관하여 청구인에게 헌법 또는 법률에 의하여 부여받은 권한이 존재하지 않는다는 것이었다.[1]

사법시험 응시자격 제한에 관한 사법시험령 제 4 조 제 3 항 본문에 대한 효력정지가처분신청을 인용한 사안에서,[2] 본안사건인 헌법소원심판에서는 이후 위 법령이 폐지되어 응시자격의 제한도 폐지되는 등 관계 법령의 개정으로 기본권 침해행위가 배제되어 더 이상 본안에 대하여 심판을 받을 이익이 없다는 이유로 심판청구를 각하하였다.[3]

변호사시험 합격자 공고에 관한 변호사시험법 제11조 중 '명단 공고' 가운데 성명 공개에 관한 부분에 대한 효력정지가처분신청을 인용한 사안에서,[4] 본안사건인 헌법소원심판에서는 위헌의견이 5인이지만 인용결정의 정족수에 이르지 못하여 심판청구를 기각하였다.[5]

이에 반하여 가처분의 필요성을 부정하여 그 신청을 기각하였으나, 이후 본안사건의 심판청구는 인용한 사례도 있다. 군사법경찰관의 구속기간의 연장을 허용하는 군사법원법 조항에 대하여 그 효력 정지를 구하는 가처분신청은 이미 구속기간이 끝나 신청인이 회복하기 어려운 손해를 입을 우려가 없다는 이유로 기각한 사안에서,[6] 본안사건인 헌법소원심판에서는 주관적 권리보호이익은 소멸하였으나 헌법적 해명이 긴요하다는 이유로 심판의 이익을 인정하고 본안 판단을 하여 위헌결정을 하였다.[7]

그러나 본안심판이 명백히 부적법하거나 명백히 이유 없는 경우에는 가처분을 명할 수 없다.[8]

1) 헌재 1999. 7. 22. 98헌라4.
2) 헌재 2000. 12. 8. 2000헌사471.
3) 헌재 2001. 4. 26. 2000헌마262.
4) 헌재 2018. 4. 6. 2018헌사242등.
5) 헌재 2020. 3. 26. 2018헌마77등.
6) 헌재 2002. 4. 25. 2002헌사129.
7) 헌재 2003. 11. 27. 2002헌마193.
8) 헌재 1999. 3. 25. 98헌사98; 사법시험 응시횟수 제한 효력정지 가처분 사건. 헌재 2000. 12. 8. 2000헌사471; 헌재 2024. 10. 14. 2024헌사1250(헌법재판소법 제23조 제 1 항 효력정지 가처분 신청 사건에서, 이 사건 가처분신청은 본안심판이 명백히 부적법하거나 이유없는 경우에 해당한다고 보기 어렵다고 하였다).

2. 가처분의 필요성

헌법재판소법 제40조에 의하여 헌법재판에 준용되는 행정소송법 제23조 제 2 항과 민사집행법 제300조 제 2 항을 고려해 볼 때 가처분의 요건은 다음과 같다.

헌법재판소는 "헌법재판소법 제40조 제 1 항이 준용하는 행정소송법 제23조 제 2 항의 집행정지규정과 민사집행법 제300조의 가처분규정에 따를 때, 본안심판이 부적법하거나 이유 없음이 명백하지 않고, 헌법소원심판에서 문제된 '공권력 행사 또는 불행사'를 그대로 유지할 경우 발생할 회복하기 어려운 손해를 예방할 필요와 그 효력을 정지시켜야 할 긴급한 필요가 있으며, 가처분을 인용한 뒤 종국결정에서 청구가 기각되었을 때 발생하게 될 불이익과 가처분을 기각한 뒤 청구가 인용되었을 때 발생하게 될 불이익을 비교형량하여 후자의 불이익이 전자의 불이익보다 클 경우 가처분을 인용할 수 있다."고 판시하였다.[1)]

가. 회복하기 어려운 손해의 예방

가처분의 필요성은 회복하기 어려운 손해를 예방할 필요가 있어야 인정된다. 여기서 문제되는 손해는 권한쟁의심판을 본안사건으로 하는 경우 신청인의 헌법 또는 법률상 권한에 대한 침해뿐만 아니라(국회의원의 법률안 심의·표결권에 관한 헌재 2022. 6. 3. 2022헌사448 참조), 피신청인의 처분 상대방의 손해 및 공공복리상의 중대한 사유도 포함될 수 있고(도시계획에 관련된 처분에 관한 헌재 1999. 3. 25. 98헌사98 참조), 헌법소원심판을 본안사건으로 하는 경우 실효적으로 구제되어야 하는 신청인의 기본권에 대한 침해 등이 문제된다.

나. 긴급한 필요

가처분신청은 본안심판의 결정이 회복하기 어려운 중대한 손해를 방지하기에 적절한 시간 내에 이루어질 것을 기대할 수 없을 때에만 인용될 수 있다. 가처분으로 규율하고자 하는 현상이 이미 발생하였거나(예컨대 변호인접견신청을 불허한 경우에 관한 헌재 2014. 6. 5. 2014헌사592; 한시적 징계의 집행종료가 임박한 경우에 관한 헌재

1) 헌재 2018. 4. 6. 2018헌사242 등; 헌재 2000. 12. 8. 2000헌사471; 헌재 2021. 1. 4. 2020헌사1304; 헌재 2022. 6. 3. 2022헌사448등.

2022. 6. 3. 2022헌사448 등 참조), 시간적으로 매우 근접해 있어 필요한 조치를 본안결정 때까지 더 이상 미룰 수 없을 때에(예컨대 입학전형이나 시험 실시가 임박한 경우에 관한 헌재 2018. 6. 28. 2018헌사213; 헌재 2021. 1. 4. 2020헌사1304 등 참조), 법령이나 처분 등의 효력의 정지와 같은 가처분을 하여야 할 긴급한 필요가 인정된다.

헌법재판소는 헌법재판소법 제23조 제 1 항 효력정지가처분 신청사건에서 "국회의 탄핵소추 의결을 받은 신청인은 헌법재판소의 탄핵심판이 있을 때까지 그 권한행사가 정지된다. 따라서 신청인으로서는 헌법재판소법 제23조 제 1 항으로 인하여 회복하기 어려운 중대한 손해를 입을 위험이 있고, 3명의 재판관 퇴임이 임박한 만큼 손해를 방지할 긴급한 필요도 인정된다."고 판시하였고,[1] 대통령 권한대행의 임기만료로 퇴임할 예정인 헌법재판소 재판관 후임자 지명 사안에서, 지명행위에 기초한 일체의 임명절차의 속행을 본안사건의 종국결정 선고 시까지 효력정지를 구하는 가처분 신청사건에서, "피신청인이 이 사건 후보자를 재판관으로 임명하고 나면, 신청인이 적시에 이 사건 후보자의 재판관 지위를 다투거나 이 사건 후보자가 심리에 관여하는 것을 막을 수 있을지 불분명하고, 종국결정이 선고되는 경우 재심이 허용되지 않을 가능성도 존재하므로, 신청인은 회복하기 어려운 중대한 손해를 입을 위험이 있고, 손해를 방지할 긴급한 필요도 인정된다."고 판시하였다.[2]

본안사건에 대한 심판이 적시에 선고될 수 있을 때에는 가처분의 긴급한 필요성이 인정되지 않는다. 본안사건의 심판청구와 가처분신청에 대하여 동시에 결정하게 되는 경우에는 가처분신청의 적법 여부를 적극적으로 판단하는 경우가 아닌 한 그 신청을 기각하는 것이 일반적이다.

헌법재판소는, 국회 법제사법위원회 위원장이 검사의 수사권한을 제한하는 취지의 검찰청법 일부개정법률안(대안)과 형사소송법 일부개정법률안(대안)을 법사위 법률안으로 가결선포하자, 국회의원이자 법사위 위원인 신청인들이 법사위 위원장에 대한 위 개정법률안 가결선포행위의 효력정지 및 국회의장에 대한 위 개정법률안의 부의 및 상정 등을 금지하는 취지의 가처분신청을 하였고, 이후 국회의 법률안 심의절차에 따라 청구취지를 변경하면서 결국 법사위 위원장의 위 개정법률안에 대한 가결선포행위와 국회의장의 위 개정법률안을 원안으

1) 헌재 2024. 10. 14. 2024헌사1250.
2) 헌재 2025. 4. 16. 2025헌사399.

로 하는 수정안에 대한 가결선포행위에 대하여 그 효력정지를 구하는 가처분을 신청한 사안에서, 위 가처분신청에 대한 결정을 본안사건인 권한쟁의심판청구사건의 종국결정과 같은 날 선고하면서 가처분결정의 필요성을 부인하였다.[1)]

다. 이익형량

헌재법 제40조에 의하여 준용되는 행소법 제23조 제2항은 취소소송이 제기된 경우에 처분등이나 그 집행 또는 절차의 속행으로 인하여 생길 회복하기 어려운 손해를 예방하기 위하여 긴급한 필요가 있다고 인정할 때를 집행정지의 요건으로 규정하는 한편, 같은 조 제3항은 "집행정지는 공공복리에 중대한 영향을 미칠 우려가 있을 때에는 허용되지 아니한다."라고 규정하고 있다.

가처분결정은 어디까지나 잠정적이고 예외적인 조치이므로, 가처분결정을 할 것인지 여부를 판단할 때에는 회복하기 어려운 손해를 예방하기 위한 긴급한 필요성뿐만 아니라 그 결정이 공공복리에 미칠 영향을 함께 고려하는 이익형량이 필요하다.

특히, 사인간의 법률관계나 행정청의 구체적 처분의 효력을 정지시키는 것이 아니라 현재 시행되고 있는 법령의 효력을 정지시키는 것일 때에는 그 효력의 정지로 인하여 파급적으로 발생되는 효과가 클 수도 있기 때문에 이러한 점까지 고려하여 신중하게 판단하여야 한다. 법령의 효력을 정지시키는 가처분은 비록 일반적인 보전의 필요성이 인정된다고 하더라도 행소법 제23조 제3항이 규정하는 바와 같이 공공복리에 중대한 영향을 미칠 우려가 있을 때에는 인용되어서는 안 될 것이다.[2)]

이와 관련하여 헌법재판소는 회복하기 어려운 손해를 예방하기 위하여 가처분을 하여야 할 긴급한 필요 등의 요건에 덧붙여, 가처분을 인용한 뒤 종국결정에서 청구가 기각되었을 때 발생하게 될 불이익과 가처분을 기각한 뒤 청구가 인용되었을 때 발생하게 될 불이익에 대한 비교형량을 하여 후자의 불이익이 전자의 불이익보다 크다면 가처분을 인용할 수 있다고 하고,[3)] 이에 따라 가처분신청의 인용 여부를 판단하고 있다.

헌법재판소는 헌법재판소법 제23조 제1항 효력정지가처분 신청사건에서,

1) 헌재 2023. 3. 23. 2022헌사366.
2) 헌재 2002. 4. 25. 2002헌사129; 헌재 2006. 2. 23. 2005헌사754 참조.
3) 헌재 1999. 3. 25. 98헌사98; 헌재 2000. 12. 8. 2000헌사471; 헌재 2006. 2. 23. 2005헌사754 등 참조.

"가처분을 인용하더라도 이는 의결정족수가 아니라 심리정족수에 대한 것에 불과하므로, 공석인 재판관이 임명되기를 기다려 결정을 할 수도 있다. 다만 보다 신속한 결정을 위하여 후임 재판관이 임명되기 전에 쟁점을 정리하고 증거조사를 하는 등 사건을 성숙시킬 필요가 있다. 그런데 가처분신청을 기각하면, 그 후 본안심판의 종국결정에서 청구가 인용되더라도 이러한 절차를 제때에 진행하지 못하여 신청인의 신속한 재판을 받을 권리 등 기본권은 이미 침해된 이후이므로 이를 회복하기는 매우 어렵다. 결국 이 사건에서 가처분을 인용한 뒤 종국결정에서 청구가 기각되었을 때 발생하게 될 불이익보다 가처분을 기각한 뒤 청구가 인용되었을 때 발생하게 될 불이익이 더 크다."고 판시하였고,[1] 대통령 권한대행의 후임 헌법재판관 임명절차 속행정지를 구하라는 가처분 신청 사건에서, "가처분을 인용할 경우 재판관 2인의 임명이 지연될 것이나, 7인의 재판관이 사건을 심리하여 결정할 수 있다. 반면 가처분이 기각되었다가 종국결정에서 청구가 인용될 경우 이 사건 후보자가 관여한 결정 등의 효력에 의문이 제기되는 등 헌법재판소의 심판 기능 등에 극심한 혼란이 발생하게 되고, 만일 재심이 허용되지 않는다면 헌법재판의 규범력이 현저히 약화될 것이며, 재심이 허용되는 경우에도 법적 안정성을 심각하게 저해할 수 있다. 결국 이 사건에서 가처분을 인용한 뒤 종국결정에서 청구가 기각되었을 때 발생하게 될 불이익보다 가처분을 기각한 뒤 청구가 인용되었을 때 발생하게 될 불이익이 더 크다."고 판시하였다.[2]

3. 가처분신청 인용 사례

헌법재판소는 다음 사례에서 가처분의 필요성을 인정하여 그 신청을 인용하였다.

헌법재판소는 공원 내의 골프연습장 설치와 관련하여 피신청인이 한 공원구역 외의 진입도로에 관한 지정·인가처분이 신청인의 권한을 침해하였다고 주장하며 그 권한침해 확인과 처분의 무효확인을 구하는 권한쟁의심판의 직접처분 효력정지 가처분신청 사건에서, 가처분결정을 하였다가 신청인에게

1) 헌재 2024. 10. 14. 2024헌사1250.
2) 헌재 2025. 4. 16. 2025헌사399.

불리한 본안결정을 하였을 경우 처분 상대방에게는 공사지연으로 인한 손해가 발생하고 또 골프연습장을 이용하려는 잠재적 수요자의 불평이 예상된다는 점 외에 다른 불이익이 없는 반면, 가처분신청을 기각하였다가 신청인의 청구를 인용하는 종국결정을 하였을 경우 피청구인의 직접처분에 따른 처분 상대방의 공사진행으로 교통불편을 초래하고 공공용지를 훼손함과 동시에 이의 원상회복을 위한 비용이 소요되는 등의 불이익이 생기게 되므로, 종국결정에서 청구가 기각되었을 경우의 불이익과 가처분신청을 기각한 뒤 청구가 인용되었을 때의 불이익을 비교형량할 때 가처분을 인용함이 상당하다고 결정하였다.[1)]

그리고 사법시험 제1차 시험에 4회 이상 응시한 자에 대하여 일정한 응시자격제한을 규정하고 있는 사법시험령 제4조 제3항의 효력정지 가처분신청사건에서, 동 법률조항이 효력을 유지하면 신청인들은 곧 실시될 차회 사법시험에 응시할 수 없어 합격기회를 봉쇄당하는 돌이킬 수 없는 손해를 입게 되어 이를 정지시켜야 할 긴급한 필요가 인정되는 반면, 효력정지로 인한 불이익은 별다른 것이 없다고 하여 그 가처분을 인용하는 결정을 하였다.[2)]

한편, 군사법원법에 따라 재판을 받는 미결수용자의 면회 횟수를 주 2회로 정하고 있는 군행형법시행령 제43조 제2항에 대한 효력정지 가처분 사건에서는, 동 미결수용자들의 면회의 권리를 행형법시행령의 적용을 받아 매일 1회 면회할 수 있는 피구속자와 비교하여 합리적인 이유 없이 차별한다면, 군행형법시행령의 적용을 받는 자들은 이로 인하여 인간으로서의 행복추구권이나 피고인으로서의 방어권 행사에 회복하기 어려운 손상을 입게 되는 반면, 위 규정에 대한 가처분신청이 인용된다 하여 공공복리에 중대한 영향을 미칠 우려는 없다고 보아 가처분을 인용하였다.[3)]

또한 기간임용제 교원재임용 탈락의 당부에 대하여 다시 심사할 수 있도록 하면서, 재임용 탈락이 부당하였다는 결정에 대하여 학교법인은 소송으로 다투지 못하도록 하고 있는 대학교원 기간임용제 탈락자 구제를 위한 특별법 제9조 제1항에 대한 효력정지 가처분 사건에서, 가처분을 인용한 뒤 종국결정에서 청구가 기각되었을 때 침해되는 주된 공익은 부당하게 재임용에서 탈락된

---

1) 골프연습장 직접처분 효력정지 가처분 사건. 헌재 1999. 3. 25. 98헌사98.
2) 사법시험 응시횟수 제한 효력정지 가처분 사건. 헌재 2000. 12. 8. 2000헌사471.
3) 미결수용자 면회횟수 제한 효력정지 가처분 사건. 헌재 2002. 4. 25. 2002헌사129.

교원들이 입은 불이익이 장기간의 구제요구에도 불구하고 다시 이 사건의 본안 심판청구에 대한 종국결정시까지 기다려야 한다는 점이나 위와 같은 공익이 공 공복리에 중대한 영향을 미친다고 보기 어렵고, 또한 이를 제소금지조항에 대 한 가처분을 기각한 뒤 종국결정에서 청구가 인용되었을 때 신청인이 입게 되 는 손해나 권리침해와 비교형량해 볼 때 신청인이 입게 되는 불이익이 더 클 것으로 보인다고 하여 그 가처분을 인용하는 결정을 하였다.[1]

그리고 입국불허결정을 받은 외국인의 출입국관리사무소장을 상대로 한 변호인접견신청 거부행위 효력정지 가처분 사건에서, 신청인의 변호인 접견을 즉시 허용한다 하더라도 피신청인의 출입국관리, 환승구역 질서유지 업무에 특별한 지장을 초래할 것이라고 보기 어려운 반면, 가처분신청을 기각할 경우 신청인은 소송제기 후 5개월 이상 변호인을 접견하지 못하여 공정한 재판을 받을 권리를 심각하게 제한받을 뿐 아니라 변호인접견을 하지 못한 채 필요한 불복의 기회마저 상실하게 되는 돌이킬 수 없는 중대한 불이익을 입을 수 있으므로, 가처분신청을 인용한 뒤 종국결정에서 청구가 기각되었을 때 발생하게 될 불이익보다 가처분신청을 기각한 뒤 청구가 인용되었을 때 발생하게 될 불이익이 더 크다고 하여 가처분을 인용하는 결정을 하였다.[2]

또한 변호사시험 합격자 성명공개 효력정지 가처분 사건에서, 가처분을 인용하더라도 법무부장관은 제 3 회부터 제 6 회 변호사시험의 예에 따라 합격자의 응시번호만을 공개하는 방법 등 성명을 공개하지 않는 다른 방법으로 합격자를 공고할 수 있고, 그 후 종국결정에서 청구가 기각된다면 그때 비로소 성명을 추가 공고하면 되는 반면, 가처분을 기각한 뒤 청구가 인용되었을 때는 이미 합격자 명단이 법조 전문 일간지 기사, 인터넷상 게시물 등에 인용되어 널리 알려졌을 것이므로 이를 돌이킬 수 없어 신청인들에게 발생하는 불이익이 매우 클 수 있으므로, 가처분을 인용한 뒤 종국결정에서 청구가 기각되었을 때 발생하게 될 불이익보다 가처분을 기각한 뒤에 청구가 인용되었을 때 발생하게 될 불이익이 더 크다고 하여 가처분을 인용하는 결정을 하였다.[3]

자율형 사립고등학교를 지원한 학생에게 평준화지역 후기학교에 중복지원하는 것을 금지한 초·중등교육법 시행령 조항 등에 대한 효력정지가처분신청

1) 기간 임용제 탈락자 구제 제소금지조항 효력정지 가처분 사건. 헌재 2006. 2. 23. 2005헌사754.
2) 변호인 접견신청거부행위 효력정지 가처분 사건. 헌재 2014. 6. 5. 2014헌사592.
3) 변호사시험 합격자 성명공개 효력정지 가처분 사건. 헌재 2018. 4. 6. 2018헌사242 등.

사건에서는, 자사고에 진학하고자 하는 학생들은 위와 같은 시행령 개정으로 평준화지역의 경우 자사고 불합격 시 지원하지 아니한 일반고에 추가로 배정되거나 지역에 따라서는 해당 학교군 내의 일반고에 진학할 수 없게 되는데, 가처분을 인용한 뒤에 종국결정에서 심판청구가 기각된다면 이는 시행령 개정 이전과 같이 자사고에 불합격한 학생들에게 후기 일반고에 지원할 수 있는 기회를 주면서 자사고와 일반고 중복지원 금지의 시행을 본안심판의 종국결정시까지 미루는 것에 불과한 반면, 신청인들 중 학생들의 경우 고등학교 입학전형 시기가 지나간 후에는 이미 진학 결정된 학교를 변경하기 어려우므로 가처분을 기각한 뒤에 청구가 인용되었을 때 발생할 수 있는 불이익이 매우 클 수 있다는 이유로 이 부분의 가처분신청을 인용하였다.[1]

제10회 변호사시험의 일시·장소 및 응시자준수사항 공고 및 코로나19 관련 응시자 유의사항에 관한 법무부공고에 대한 효력정지가처분신청사건에서는, 위 공고들 중 시험 응시 전 또는 응시 도중 코로나19 확진 판정을 받거나 시험장 출입 후 고위험자로 판단되는 경우와 시험 전 특정 일시까지 자가격리대상자로서 응시 사전 신청을 하지 못한 경우에 제10회 변호사시험에 응시할 수 없게 되도록 기재된 부분에 대한 가처분신청을 인용하였다. 신청인들이 회복하기 어려운 중대한 손해를 입을 위험에 대하여, 변호사시험은 1년에 한 번 치러지는 자격시험으로 응시횟수와 기간의 제한이 있는데, 누구라도 감염병에 노출될 수 있고, 확진이 되더라도 무증상이거나 증상이 경미할 수 있으며, 자가격리대상자는 단지 감염의 위험이 있을 뿐이고, 시험장에서 고위험자로 분류되었더라도 아직 감염병으로 확진된 것이 아닌 상황에서 위 공고 부분에 따라 응시의 기회를 잃게 되면 직업선택의 자유에 대한 과도한 제한이 될 우려가 있다고 하였다. 또 시험 실시가 임박한 만큼 손해를 방지할 긴급한 필요도 인정할 수 있다고 하였다. 그리고 가처분을 인용한 뒤 본안 심판의 종국결정에서 청구가 기각되었을 경우 피신청인으로서는 코로나19 확진자, 고위험자 또는 응시 사전 신청을 하지 않은 자가격리대상자가 본인의 선택에 따라 응시할 기회와 여건을 마련하기 위하여 긴급하게 감염차단시설이 설치된 별도의 시험 장소를 마련하여야 하는 부담을 지는 데에 그치는 반면, 가처분을 기각한 뒤 본안 심판의 종국결정에서 청구가 인용되더라도 신청인들의 직업선택의 자유나 생명권, 건강

1) 헌재 2018. 6. 28. 2018헌사213.

권 등 기본권이 이미 침해된 이후에 이를 회복하기는 매우 어렵다고 하였다.[1)]

국회의장이 국회 본회의에서 국회의원인 신청인에 대한 30일의 출석정지 징계안이 가결되었음을 선포한 행위에 대한 효력정지가처분신청사건에서는, 이를 권한쟁의심판으로 다툴 수 있는지 여부, 신청인이 법률안 심의·표결권 등을 침해받았는지 여부에 관하여 본안심판이 명백히 부적법하거나 이유 없는 경우에 해당하지 않고, 출석정지 처분의 효력이 그대로 유지되면 신청인은 30일의 출석정지기간 동안 회기 중 여부와 관계없이 국회의 모든 회의에 참석할 수 없게 되어 사실상 국회의원으로서의 활동이 정지되는바, 법률안 심의·표결권에 회복하기 어려운 중대한 손해를 입게 되며, 30일의 출석정지 처분은 일정한 시점에 그 집행이 종료되므로, 손해를 방지할 긴급한 필요도 인정된다고 하였다. 그리고 가처분을 인용한 뒤 권한쟁의심판청구가 각하 또는 기각되면 그때부터 30일의 출석정지 처분 중 잔여기간에 대한 집행이 다시 진행되므로, 이는 신청인에 대한 징계처분의 집행을 본안심판의 종국결정 선고 시까지 미루는 것에 불과한 반면, 가처분을 기각한 뒤 권한쟁의심판청구가 인용되는 경우에는 이미 징계처분의 집행이 종료된 이후이므로 신청인은 출석정지기간 동안 침해받은 법률안 심의·표결권을 회복하여 행사할 방법이 없게 되어 그 불이익이 더 크다는 이유로 가처분신청을 인용하였다.[2)]

또한 헌법재판소법 제23조 제 1 항에 대한 효력정지 가처분 신청사건에서, 국회의 탄핵소추 의결을 받은 신청인은 헌재의 탄핵심판이 있을 때까지 권한행사가 정지되는데, 헌법재판소법 제23조 제 1 항에 따라 사건을 심리조차 할 수 없다고 한다면 이는 신청인의 신속한 재판을 받을 권리에 대한 과도한 제한이라며 신청인으로서는 헌법재판소법 제23조 제 1 항으로 인해 회복하기 어려운 중대한 손해를 입을 위험이 있고, 3명의 재판관 퇴임이 임박한 만큼 손해를 방지할 긴급한 필요도 인정된다고 하고, 임기제 하에서 임기 만료로 인한 퇴임은 당연히 예상되는 것임에도 재판관 공석의 문제가 반복해 발생하는 것은 심각한 문제라며 7명의 심리정족수에 대한 직무대행제도와 같은 제도적 보완 장치도 전무하므로 이 사건에서 가처분을 인용한 뒤 종국결정에서 청구가 기각되었을 때 발생하게 될 불이익보다 가처분을 기각한 뒤 청구가 인용되었을 때 발생하

1) 헌재 2021. 1. 4. 2020헌사1304.
2) 헌재 2022. 6. 3. 2022헌사448.

게 될 불이익이 더 크다는 이유로 가처분 신청을 인용하였다.[1]

한편, 대통령권한대행의 후임 헌법재판관 임명절차 속행정지를 구하는 가처분 신청사건에서, 이 사건 가처분신청의 본안심판이 명백히 부적법하거나 이유 없다고 단정할 수 없고, 신청인의 손해를 방지할 긴급한 필요도 인정되고, 이 사건에서 가처분을 인용한 뒤 종국결정에서 청구가 기각되었을 때 발생하게 될 불이익보다 가처분을 기각한 뒤 청구가 인용되었을 때 발생하게 될 불이익이 더 크므로, 이 사건 신청을 인용함이 상당하다고 하였다.[2]

제6절 가처분신청사건의 심리

1. 구두변론의 여부

가처분 재판에는 변론기일 또는 심문기일을 열어야 하나, 기일을 열어 심리하면 가처분의 목적을 달성할 수 없는 사정이 있는 때에는 그러하지 않다(민집법 제304조 단서). 그러므로 서면심리만으로 가처분에 관한 결정을 할 수 있다. 구두변론이나 심문을 생략할 수 있도록 한 것은 가처분 절차에서 요구되는 신속성을 고려한 것이다. 본안사건인 탄핵심판, 정당해산심판, 권한쟁의심판에서 필요적으로 구두변론을 하거나, 위헌법률심판이나 헌법소원심판에서 임의적으로 구두변론을 하더라도 가처분 절차는 구두변론 없이 진행할 수 있다.[3]

특별히 긴급을 요하는 경우에는 당사자나 기타 이해관계인의 의견진술 기회도 주지 아니하고 바로 가처분결정을 할 수도 있다. 다만, 임시의 지위를 정하기 위한 가처분에는 민사집행법 제304조가 준용되므로 변론기일 또는 심문기일을 열어야 하지만, 변론이나 심문의 실익이 없거나 권리구제의 긴급성 등으로 인하여 그 기일을 열어 심리를 하면 가처분의 목적을 달성할 수 없는 경우에는 변론기일이나 심문기일을 열지 않고 결정할 수 있다.[4]

참고로 독일에서도 가처분 재판은 변론을 거치지 않을 수 있고, 특별히 긴

1) 헌재 2024. 10. 14. 2024헌사1250.
2) 헌재 2025. 4. 16. 2025헌사399.
3) 동지: 실무제요, 106면; 김하열, 183면; 정종섭, 222면; 허영, 192면.
4) 실무제요, 106면.

급한 경우에는 본안 사건 절차의 당사자 또는 의견진술의 권리가 있는 자 등에게 의견진술의 기회를 주지 않을 수 있다(독일 연방헌법재판소법 제32조 제 2 항).

헌법재판소는 국무총리서리 임명행위의 효력정지 및 직무집행정지 가처분신청 사건[1]과 감사원장서리 임명행위의 효력정지 및 직무집행정지 가처분신청 사건,[2] 정당활동금지 가처분신청 사건[3]에서 **변론절차**를 연 바가 있고, 공원구역의 진입도로에 대한 지정인가처분의 효력정지 가처분신청 사건,[4] 정당활동금지 가처분신청 사건[5] 등에서는 **준비절차**를 실시하였다.

2. 증거조사 및 자료제출요구

재판부는 가처분심판의 심리를 위하여 필요하다고 인정하는 경우에는 당사자의 신청 또는 직권에 의하여 증거조사를 할 수 있다(헌재법 제31조 제 1 항, 심판규칙 제 6 절). 또한 재판부는 결정으로 다른 국가기관 또는 공공단체의 기관에 대하여 심판에 필요한 사실을 조회하거나, 기록의 송부나 자료의 제출을 요구할 수 있다(헌재법 제32조).

3. 심판정족수

가처분신청에 대하여도 재판관 7인 이상의 출석으로 사건을 심리하고, 종국심리에 관여한 재판관 과반수의 찬성으로 결정을 한다(헌재법 제23조 제 1 항,[6] 제 2 항).

헌법소원심판 사건에서 지정재판부가 가처분 결정을 할 수 있는지가 문제된다. 지정재판부는 헌법소원심판 사건에서 3인의 재판관의 일치된 의견으로 각하결정만을 할 수 있을 뿐이므로(헌재법 제72조 제 3 항) 가처분 기각결정 내지 인용결정은 할 수 없다고 보아야 할 것이다.[7] 헌법재판소 실무에서는 지정재판부가

1) 헌재 1998. 7. 14. 98헌사31.
2) 헌재 1998. 7. 14. 98헌사43.
3) 헌재 2014. 12. 19. 2013헌사907.
4) 헌재 1999. 3. 25. 98헌사98.
5) 헌재 2014. 12. 19. 2013헌사907.
6) 헌법재판소는 헌재법 제23조 제 1 항 효력정지 가처분 신청사건에서, 가처분신청 인용결정을 하였음(헌재 2024. 10. 14. 2024헌사1250)은 앞서 설명한 바와 같다.
7) 동지: 김하열, 185면; 정종섭, 223면; 허영, 191면.

본안인 헌법소원심판은 각하하면서 가처분신청을 이유 없다고 기각한 사례가 있으나,[1] 민사소송실무상 보전처분에는 실체적 확정력이 없기 때문에 각하와 기각은 엄격히 구별하지 아니하고 가처분신청을 각하하는 대신에 기각하는 사례가 대부분인바, 위 사례도 각하의 의미로 기각한 것이라고 보아야 할 것이다.

제 7 절 가처분에 관한 결정

1. 신청 각하 및 기각 결정

가처분신청이 부적법하거나 이유가 없을 때에는 각하 또는 기각의 결정을 한다(민집법 제301조, 제281조 참조). 다만, 가처분신청을 배척하는 결정의 효력의 측면에서는 각하와 기각을 엄격하게 구분할 실익이 적다.

2. 가처분결정(가처분신청의 인용결정)

가처분 신청이 적법하고 이유가 있으면 헌법재판소는 가처분신청의 목적을 달성함에 필요한 처분을 할 수 있다(헌재법 제40조, 민집법 제305조). 본안사건의 심판 계속 중 헌법재판소가 가처분의 필요성을 인정하여 직권으로 가처분결정을 할 수도 있다(헌재법 제57조, 제65조, 제40조, 행소법 제23조 제 2 항). 현재의 법적 상태를 규율하는 가처분뿐만 아니라 새로운 법적 상태를 형성하는 가처분도 허용된다. 사안에 따라 구체적인 내용이 달라지겠지만 다툼이 되는 처분이나 법령 등의 효력정지, 그 집행이나 절차의 속행을 금지하는 내용의 가처분(행소법 제23조 제 2 항)도 가능하고, 본안결정 시까지 응급적·잠정적으로 임시의 지위를 정하는 내용의 가처분도 가능하다(민집법 제300조 제 2 항).

이때 헌법재판소는 신청인의 신청목적에는 구속되지만 신청인의 신청취지에는 구속되지 않는다(민집법 제305조 참조). 따라서 헌법재판소는 재량으로 가처분의 시기, 기간, 방법, 범위 등을 적절하게 한정할 수 있고, 가처분의 목적달성에

1) 헌재 1997. 12. 16. 97헌사189; 헌재 1997. 12. 23. 97헌사200; 헌재 2010. 7. 6. 2010헌사485; 헌재 2014. 11. 18. 2014헌사1281등.

필요하다면 다툼의 대상이 되는 처분의 효력정지에서 나아가 임시의 지위를 정하는 가처분도 할 수 있다. 그리고 정당해산심판과 권한쟁의심판의 가처분절차를 정하고 있는 헌법재판소법 제57조가 "…활동을 정지하는 결정을 할 수 있다."라고, 헌법재판소법 제65조가 "…피청구인의 처분의 효력을 정지하는 결정을 할 수 있다."라고 각 규정하고 있지만, 이는 가처분결정의 내용을 예시하는 것일 뿐 가처분의 목적달성에 필요한 다른 내용의 가처분결정을 배제하는 것으로 보기는 어렵다.[1)]

3. 가처분결정의 형식

가처분신청이 적법하고 이유가 있을 때에는 인용결정을 하는데, 법령이나 처분등의 효력을 정지하는 가처분결정의 주문은 " … 의 효력은 … 심판청구사건의 종국결정 선고 시까지 이를 정지한다."라고 기재하는 것이 일반적이다. 가처분신청이 부적법한 때에는 가처분신청을 각하하고, 가처분의 사유가 인정되지 않을 때에는 가처분신청을 기각한다(민집법 제301조, 제281조 참조). 그러나 민사소송의 가처분 실무에서는 기각, 각하 어느 것이나 실제적 확정력이 없어 양자를 엄격히 구별할 필요가 없다고 하고,[2)] 헌법재판소의 실무 또한 각하와 기각을 엄밀히 구분하지 않으며, 가처분신청을 각하하는 예는 드물고 대부분 기각하고 있다.

가처분결정에도 이유를 기재하여야 한다(헌재법 제36조 제 2 항 제 4 호). 기각결정의 경우 '신청인들의 신청은 이유 없으므로 주문과 같이 결정한다.'라는 형태로 간략하게 이유를 기재하는 것이 통상의 실무이다.[3)] 헌법재판소는 국회가 대통령권한대행을 상대로 한 가처분 신청사건에서, 신청취지로 ① 주위적으로, 신청인이 본회의에서 선출한 헌법재판관 마은혁이 양 당사자 사이 헌법재판소 재판관 후보자 임명거부에 관한 권한쟁의 심판의 종국결정 선고시까지 헌법재판소 재판관의 지위에 있음을 확인한다. ② 예비적으로, 피신청인은 제 1 항 기재 마은혁을 헌법재판소 재판관으로 즉시 임명하여야 한다라는 재판을 구한 데 대하여, 상세한 이유를 기재하지 아니하고 '가처분 신청은 이유 없으므로 주문과

1) 실무제요, 108면.
2) 이시윤, 신민사집행법, 665면.
3) 실무제요, 109면.

같이 결정한다'고 하여 가처분 신청을 기각하였다.[1]

가처분의 본질은 본안재판 시까지 현상을 유지하거나 잠정적으로 임시의 지위를 정하는 데에 있으므로 가처분결정에는 원칙적으로 "종국결정 선고 시까지"라는 문구가 들어가야 할 것이다. 이러한 경우 본안재판에 대한 결정이 있으면 가처분결정은 당연히 실효된다.[2]

헌법재판소에서 가처분신청을 인용한 결정의 대부분은 심판대상이 된 법령이나 처분 등의 효력을 본안사건의 종국결정 선고 시까지 정지하는 유형이었다.

다만, 입국불허결정을 받은 외국인이 인천공항출입국관리사무소장을 상대로 변호인 접견신청의 허가 등을 구한 가처분신청사건에서 "피신청인은 변호인의 2014. 4. 25.자 신청인에 대한 변호인접견신청을 즉시 허가하여야 한다."라는 주문의 결정을 한 사례가 있다.[3]

시험의 실시에 관련된 공고를 대상으로 한 효력정지가처분신청에 대하여 공고의 일부분만 한정하여 가처분신청을 인용하고 나머지 신청은 기각한 사례도 있다(헌재 2021. 1. 4. 2020헌사1304 참조). 이 경우 전체적인 시험은 공고대로 실시되지만, 효력이 정지된 부분의 공고 내용은 실시되지 않음으로써 이로 인하여 발생할 수 있는 신청인의 회복할 수 없는 손해를 예방하게 된다.

가처분에 관한 결정에도 관여한 재판관은 의견을 표시하는데(헌재법 제36조 제3항), 가처분신청을 일부 인용한 결정에서 재판관 3인이 반대의견을 표시한 사례가 있다.[4]

4. 가처분 인용결정의 주문례

헌법재판소는 사법시험 응시자격을 제한하고 있는 사법시험령 제4조 제3항에 대한 효력정지 가처분신청 사건에서, "사법시험령 제4조 제3항 본문의 효력은 헌법재판소 2000헌마262 헌법소원심판청구사건의 종국결정 선고 시까지 이를 정지한다."라고 하였고,[5] 직접처분효력정지 가처분신청 사건에서, "피신청인(경기도지사)이 1998. 4. 16. 경기도고시 제1998-142호로 행한 성남도시계획

1) 헌재 2025. 2. 27. 2025헌사15.
2) 실무제요, 109면.
3) 헌재 2014. 6. 5. 2014헌사592.
4) 헌재 2002. 4. 25. 2002헌사129.
5) 사법시험 응시횟수 제한 효력정지 가처분 사건. 헌재 2000. 12. 8. 2000헌사471.

시설(서현근린공원 내 골프연습장·도시계획도로)에 대한 도시계획사업시행자지정 및 실시계획인가처분 중, 동 공원구역 외의 도시계획도로(등급: 소로, 류별: 3, 번호: 200, 폭원: 6m, 기능: 골프연습장 진입도로, 연장: 21m, 면적: 149㎡, 기점 및 종점: 성남시 분당구 이매동 128의 11 일원)에 대한 도시계획사업시행자지정 및 실시계획인가처분과 그 선행절차로서 행한 도시계획입안의 효력은 헌법재판소 98헌라4 권한쟁의심판청구사건에 대한 종국결정의 선고 시까지 이를 정지한다."라고 하였다.[1)]

또한 군사법원법에 따라 재판을 받는 미결수용자의 면회 횟수를 주 2회로 정하고 있는 군행형법시행령에 대한 효력정지가처분 사건에서는, "군행형법시행령(1999. 10. 30. 대통령령 제16587호로 전문 개정된 것) 제43조 제 2 항 본문 중 전단 부분의 효력은 헌법재판소 2002헌마193 헌법소원심판청구사건의 종국결정 선고 시까지 이를 정지한다."라고 하였고,[2)] 기간임용제 교원 재임용 탈락의 당부에 대하여 다시 심사할 수 있도록 하면서, 재임용탈락이 부당하였다는 결정에 대하여 학교법인은 소송으로 다투지 못하도록 하고 있는 대학교원 기간임용제 탈락자 구제를 위한 특별법 제 9 조 제 1 항에 대한 효력정지 가처분 사건에서, "대학교원 기간임용제 탈락자 구제를 위한 특별법 제 9 조 제 1 항의 효력은 헌법재판소 2005헌마1119 헌법소원심판 사건의 종국결정 선고 시까지 이를 정지한다."라고 하였으며,[3)] 입국불허결정을 받은 외국인이 출입국관리사무소장을 상대로 신청한 효력정지 가처분 사건에서, "피신청인은 변호인의 2014. 4. 25.자 신청인에 대한 변호인접견신청을 즉시 허가하여야 한다."라고 하였다.[4)]

또한 변호사시험에 응시한 자의 변호사시험 합격자 성명공개 효력정지 가처분 사건에서, "변호사시험법 제11조 중 '명단을 공고' 가운데 성명공개에 관한 부분의 효력은 헌법재판소 2018헌마77, 2018헌마283(병합) 헌법소원심판청구사건의 종국결정 선고 시까지 이를 정지한다."라고 하였고,[5)] 초·중등교육법시행령 조항 등에 대한 효력정지가처분 신청사건에서는 "초·중등교육법시행령(2017. 12. 29. 대통령령 제28516호로 개정된 것) 제81조 제 5 항 중 '제91조의3에 따른 자율형 사립고등학교는 제외한다' 부분의 효력은 헌법재판소 2018헌마221 헌법소원심판 청구사건의 종국결정 선고시까지 이를 정지한다."고 하였으며,[6)] 국회의장

1) 헌재 1999. 3. 25. 98헌사98.
2) 헌재 2002. 4. 25. 2002헌사129.
3) 헌재 2006. 2. 23. 2005헌사754.
4) 헌재 2014. 6. 5. 2014헌사592.
5) 헌재 2018. 4. 6. 2018헌사242 등.

이 국회 본회의에서 국회의원인 신청인에 대한 출석정지안이 가결되었음을 선포한 행위에 대한 효력정지 가처분 신청 사건에서, "신청인에 대한 30일의 출석정지 징계안이 가결되었음을 선포한 행위의 효력은 헌법재판소 2022헌라3 권한쟁의 심판청구사건의 종국결정 선고 시까지 정지한다"고 하였고,[1] 헌법재판소법 제23조 제1항 효력정지 가처분신청 사건에서는 "헌법재판소법 제23조 제1항 중 '헌법재판소 재판관이 임기만료로 퇴직하여 재판관의 공석상태가 된 경우'에 적용되는 부분의 효력은 헌법소원 본안 심판사건의 종국결정선고시까지 정지한다."고 하였고,[2] 대통령권한대행의 후임 헌법재판관 임명절차 속행정지를 구하는 가처분 신청사건에서는 "피신청인이 2025. 4. 8. 이완규, 함상훈을 헌법재판소 재판관으로 지명한 행위에 기초한, 국회에의 인사청문요청안 제출, 인사청문경과보고서 송부 요청 및 헌법재판소 재판관 임명 등 일체의 임명절차의 속행을 헌법재판소 2025헌마397 헌법소원심판청구사건의 종국결정 선고 시까지 정지한다."고 하였다.[3]

한편 시험의 실시에 관련된 공고를 대상으로 한 효력정지가처분신청에 대하여 공고의 일부분만 한정하여 가처분신청을 인용하고 나머지 신청은 기각한 사례도 있다.[4] 이 경우 전체적인 시험은 공고대로 실시되지만, 효력이 정지된 부분의 공고 내용은 실시되지 않음으로써 이로 인하여 발생할 수 있는 신청인의 회복할 수 없는 손해를 예방하게 된다.

5. 가처분결정의 효력

가. 확 정 력

가처분결정에 대해 불가변력이나 불가쟁력이 발생한다는 점에 관해서는 의문의 여지가 없으나, 실체적 확정력 즉 기판력을 인정할 것인지에 대해서는 의견의 대립이 있다. 민사소송에서는 본안소송과의 관계에서 기판력이 생기지 않는다는 것이 통설·판례이나, 후행 보전처분에서 동일한 사안에 대하여 달리 판단할 수 없다는 의미에서 기판력 유사의 구속력을 인정해야 한다는 견해가

6) 헌재 2018. 6. 28. 2018헌사213.
1) 헌재 2022. 6. 3. 2022헌사448.
2) 헌재 2024. 10. 14. 2024헌사1250.
3) 헌재 2025. 4. 16. 2025헌사399.
4) 헌재 2021. 1. 4. 2020헌사1304 참조.

유력하다.[1)]

나. 형 성 력

가처분결정이 선고되면 피청구인에 의한 별도의 행위를 필요로 하지 아니하고도 본안결정이 있을 때까지 가처분결정의 내용대로 법률관계를 형성하는 효력을 가진다.

다. 기 속 력

가처분결정은 당해사건에 관하여 당사자인 피신청인을 기속한다. 따라서 피신청인은 동일한 내용의 새로운 처분을 할 수 없다. 또한 가처분은 모든 국가기관을 기속하며, 주문에 달리 정함이 없는 한 본안사건에 대한 결정이 있을 때까지 기속력을 가진다.

제 8 절 가처분결정 이후의 절차

1. 가처분결정의 송달, 공시

가처분신청에 대한 결정을 한 때에는 결정서 정본을 신청인에게 바로 송달하여야 하고, 가처분신청에 대하여 답변서를 제출한 피신청인, 의견서를 제출한 이해관계기관이 있을 때에는 이들에게도 결정서 정본을 송달하여야 한다(심판규칙 제51조 제 1 항).

2. 가처분결정에 대한 이의신청

민사집행법상 가처분신청을 기각하거나 각하하는 결정에 대해서는 즉시항고를 할 수 있고(민집법 제301조, 제281조 제 2 항), 행정소송법상의 집행정지절차에서도 집행정지결정 또는 기각결정에 불복하는 경우 즉시항고를 할 수 있으나(행소법 제23조 제 5 항), 단심제인 헌법재판에서는 그 성질상 이를 준용할 수 없을 것이다.

1) 이시윤, 신민사집행법, 705면.

그러나 가처분 인용결정에 대해서는 민사집행법상의 이의신청(민집법 제301조, 제283조 제1항)이 준용될 수 있을 것이다. 이의신청제도는 가처분을 한 법원에게 변론 또는 당사자 쌍방이 참여하는 심문을 거쳐 다시 가처분신청의 당부를 판단해 줄 것을 요구하는 절차이기 때문이다. 이의신청이 있으면 변론기일 또는 당사자 쌍방이 참여할 수 있는 심문기일을 열어 심리하여야 한다(민집법 제301조, 제286조 제1항). 그러나 이의신청은 가처분절차의 집행을 정지시키지 아니한다(민집법 제301조, 제283조 제3항).

참고로 독일 연방헌법재판소법 제32조 제3항은 가처분이 변론을 거치지 아니한 채 결정으로 명하여지거나 기각된 때에는 이의를 신청할 수 있고(다만, 헌법소원심판절차에서 청구인은 이의를 신청할 수 없다), 연방헌법재판소는 이의에 대하여 변론을 거쳐 재판하도록 규정함으로써 이 문제에 대해 입법적으로 해결하고 있다.

3. 가처분결정의 취소

가처분 인용결정 후 본안사건 결정전 가처분사유가 소멸되었다고 인정될 경우에는 민사집행법 제301조, 제288조 제1항(소위 사정변경에 의한 보전처분취소), 제307조(특별사정에 의한 가처분취소), 행정소송법 제24조 제1항을 유추적용하여 당사자의 신청이나 직권으로 가처분을 취소할 수 있다고 볼 것이다.

가처분결정에 "종국결정의 선고 시까지"라는 문구가 들어 있지 아니한 경우 본안을 기각할 때에는 가처분결정도 직권으로 취소하여야 할 것이다.

제10장 종국결정

제 1 절 결정서의 작성과 재판관 의견의 표시

재판부가 심리를 마치면 종국결정을 한다(헌재법 제36조 제 1 항). 종국결정은 심판청구에 대한 재판부의 최종적인 판단으로 심판사건을 완결하는 의미를 갖는다. 종국결정을 할 때에는 결정서를 작성하고, 심판에 관여한 재판관 전원이 서명·날인하여야 한다. 결정서에는 사건번호와 사건명, 당사자와 심판수행자 또는 대리인의 표시, 주문, 이유, 결정일을 반드시 기재하여야 한다(헌재법 제36조 제 2 항).

심판에 관여한 재판관은 결정서에 의견을 표시하여야 한다(헌재법 제36조 제 3 항). 따라서 주문을 이끌어낸 의견인 법정의견 외에 반대의견, 별개의견, 보충의견 등 소수의견을 피력한 재판관도 그 의견을 표시할 의무를 진다. 이는 평의의 비밀을 요구하는 헌법재판소법 제34조 제 1 항 단서에 대한 예외를 규정한 것이다. 개정 전의 헌법재판소법 제36조 제 3 항은 "법률의 위헌심판, 권한쟁의심판 및 헌법소원심판에 관여한 재판관은 결정서에 의견을 표시하여야 한다."라고 규정하고 있었다. 그래서 대통령 탄핵 사건(2004헌나1)에서 재판관의 개별적 의견 및 그 의견의 수를 결정문에 표시할 수 없었다. 그러나 다른 심판절차와 달리 탄핵심판과 정당해산심판에서만 소수의견을 표시하지 못할 특별한 이유가 있는 것은 아니므로 현재의 내용으로 헌법재판소법 제36조 제 3 항을 개정하였고, 그에 따라 통합진보당에 대한 해산결정에서 기각의견과 보충의견을 표시하였고,[1] 대통령에 대한 탄핵심판사건의 파면결정에서는 보충결정을,[2] 법관에 대한 탄핵심판사건의 각하결정에서는 별개의 각하의견, 심판절차종료의견, 인용의견 및 인용의견에 대한 보충의견을 각각 표시하였고,[3] 행정안전부장

1) 헌재 2014. 12. 19. 2013헌다1.
2) 헌재 2017. 3. 10. 2016헌나1.
3) 헌재 2021. 10. 28. 2021헌나1.

관(이상민)에 대한 탄핵심판 사건의 기각 결정에서는 재판관 3인의 별개의견, 재판관 1인의 별개의견을 표시하였고,[1] 검사(안동완) 탄핵사건의 기각결정에서는 인용의견과 기각의견에 대한 보충의견을 각 표시하였고,[2] 검사(이정섭) 탄핵사건의 기각 결정에서는 2인의 별개의견,[3] 감사원장(최재해) 탄핵사건의 기각 결정에서는 3인의 별개의견,[4] 국무총리(한덕수) 탄핵사건의 기각 결정에서는 2인의 각하의견, 1인의 인용의견을 표시하였다.[5]

제 2 절 종국결정의 선고

헌법재판소법은 선고하여야 하는 종국결정의 종류나 범위에 관하여 아무런 규정을 두고 있지 않다. 헌법재판소의 실무는 전원재판부 심판사건의 종국결정에 한하여 선고를 하고 있다. 지정재판부의 결정이나 신청사건의 결정은 심판정에서 선고하는 방법에 의하지 아니하고 결정문 정본을 송달하여 고지한다. 종국결정의 선고는 심판정에서 행하며, 다만, 헌법재판소장이 필요하다고 인정하는 경우에는 심판정 외의 장소에서 이를 할 수 있다(헌재법 제33조). 종국결정의 선고는 공개한다(헌재법 제34조 제 1 항).

선고는 재판장이 재판부와 협의를 거쳐 지정하는(심판규칙 제20조 제 1 항) 선고기일에 이루어진다. 선고기일은 기일통지서 또는 출석요구서를 송달하여 통지한다(심판규칙 제21조 제 1 항).

종국결정의 선고는 재판장이 결정서 원본에 따라 주문을 읽고 이유의 요지를 설명하는 방식으로 하는데, 필요한 때에는 다른 재판관으로 하여금 이유의 요지를 설명하게 할 수 있다(심판규칙 제48조 본문). 다만, 법정의견과 다른 의견이 제출된 경우에는 재판장은 선고 시 이를 공개하고 그 의견을 제출한 재판관으로 하여금 이유의 요지를 설명하게 할 수 있다(동조 단서). 헌법재판소의 선고 방식은 일반적으로 전원일치 의견인 경우에는 먼저 이유의 요지를 설명한 후 나중에 주문을 읽고, 전원일치 의견이 아닌 경우에는 법정의견과 다른 의견이 있

1) 헌재 2023. 7. 25. 2023헌나1.
2) 헌재 2024. 5. 30. 2023헌나2.
3) 헌재 2024. 8. 29. 2023헌나4.
4) 헌재 2025. 3. 13. 2024헌나2.
5) 헌재 2025. 3. 24. 2024헌나9.

음을 알리면서 먼저 주문을 읽은 후, 나중에 이유의 요지를 설명하는 방식으로 이루어지고 있다.

제 3 절 종국결정의 송달과 공시

종국결정이 선고되면 서기는 지체없이 결정서 정본을 작성하여 이를 당사자에게 송달하여야 한다(헌재법 제36조 제 4 항). 헌법재판소는 당사자나 관계인에게 전자정보처리조직과 그에 연계된 정보통신망을 이용하여 결정서를 송달할 수 있다. 다만 당사자나 관계인이 동의하지 아니하는 경우에는 그러하지 아니하다(헌재법 제78조 제 1 항). 종국결정이 법률의 제정 또는 개정과 관련이 있으면 그 결정서 등본을 국회 및 이해관계가 있는 국가기관에게 송부하여야 한다(심판규칙 제49조). 실무상으로는 법무부장관 등 이해관계인에게도 결정서의 등본을 송달하고 있다.

그리고 종국결정은 헌법재판소규칙으로 정하는 바에 따라 관보에 게재하거나 그 밖의 방법으로 공시한다(헌재법 제36조 제 5 항). 중요한 종국결정은 관보 및 헌법재판소의 인터넷 홈페이지를 통해 공시하고, 그 밖의 종국결정은 인터넷 홈페이지를 통해서 공시하는데, 중요한 종국결정에는 법률의 위헌결정, 탄핵심판에 관한 결정, 정당해산심판에 관한 결정, 권한쟁의심판에 관한 본안결정, 헌법소원의 인용결정, 기타 헌법재판소가 필요하다고 인정한 결정이 해당한다(심판규칙 제49조의2).

제 4 절 사건의 병합

심판대상과 쟁점이 동일한 사건이 헌법재판소에 다수 계속 중일 경우 이들 사건을 하나의 사건으로 병합하여 심리하고 결정할 수 있다. 특히 평의 결과 위헌결정을 하게 되는 경우에는 당해사건 당사자들의 권리 구제를 위하여 모두 하나의 사건으로 병합하여 결정하는 것이 필요하다. 법률에 대한 위헌결정의 경우 일반적으로 심판대상이 되었던 법률이 결정 선고와 동시에 효력을 상실하게 되므로, 위헌결정 이후에는 비록 그 선고 이전에 심판청구된 사건일지라도 더 이상 해당 규정의 위헌성은 심판대상이 될 수 없어 심판청구가 부적법하게 된다.[1] 한편, 헌법재판소법 제68조 제 2 항의 헌법소원심판 계속 중 심판대상이 된 법률조항이 병합하여 심리되지 않은 다른 사건에서 이미 위헌으로 결정된 경우에는 같은 법률조항에 대하여 위헌확인결정을 선고하기도 하는데,[2] 이는 헌법재판소법 제75조 제 7 항에 의한 청구인의 재심청구를 보장하는 의미가 있다. 이처럼 심판대상이 된 법률조항이 동일한 다수의 사건들 중 일부에 대해서만 위헌결정이 선고되는 경우 아직 심판 계속 중인 사건에서 당사자의 권리구제와 관련된 문제가 발생할 수 있으므로, 병합하여 심리하고 결정하는 것이 바람직하다.

사건의 병합은 특별한 사정이 없는 한 가장 먼저 접수된 사건에 나머지 사건들을 병합하는 형태로 이루어지며, 병합결정을 한 경우 "이 사건에 … 사건을 병합한다."라는 주문의 병합결정서와 "이 사건을 … 사건에 병합한다."라는 주문의 피병합결정서를 각 사건별로 당사자와 이해관계인 등에게 송달한다. 변론을 여는 경우에는 변론에서 병합결정을 고지하고 변론조서에 이를 기재하는 방법으로 할 수 있으며, 이 경우 병합결정서를 따로 송달할 필요가 없다.

병합되는 사건은 심판대상과 쟁점이 동일하다면 위헌법률심판 사건(헌가)인지, 헌법재판소법 제68조 제 1 항에 따른 헌법소원심판 사건(헌마)인지, 또는 제68조 제 2 항에 따른 헌법소원심판 사건(헌바)인지를 불문한다.[3]

---

1) 헌재 1994. 4. 28. 92헌마280; 헌재 2016. 10. 27. 2014헌마709.
2) 헌재 1999. 6. 24. 96헌바67.
3) 실무제요, 114면.

제11장 결정의 효력

제 1 절 개 설

헌법재판소의 결정은 선고 즉시 효력이 발생한다. 단심이자 최종심이기 때문이다. 따라서 결정에 대한 불복절차도 마련되어 있지 않다.

헌법재판소의 결정은 헌법규범의 특성, 즉 개방성·불완전성·정치성·역사성 등으로 말미암아 재판의 형성적 성격이 상대적으로 강하게 나타난다. 그리고 헌법재판소의 결정에는 법적 안정성을 위하여 일반재판에서와 같이 확정력이 인정되고, 주관적 권리보호에 더하여 객관적 법질서를 보호하는 헌법재판의 특수성 때문에 다른 국가기관의 행위에는 인정되지 아니하는 특수한 효력으로서 모든 국가기관을 기속하는 기속력과 법규적 효력이 인정된다.

특히, 위헌법률심판 및 헌법소원심판의 경우 헌법재판소 위헌결정의 시간적 효력, 위헌결정의 여러 유형에 따른 효력에 대한 설명은 제 4 편 제 1 장 제 7 절 '종국결정 및 그 효과' 부분 참조.

제 2 절 확 정 력

헌법재판소 결정의 효력 가운데 확정력에 관한 명문의 규정은 없으나 헌법재판소법 제39조에서 "헌법재판소는 이미 심판을 거친 동일한 사건에 대하여는 다시 심판할 수 없다."는 일사부재리에 관한 규정을 두고 있고, 일반적으로 헌법재판소의 심판절차에 대하여 민사소송에 관한 법리가 준용되는 점을 감안하면 헌법재판소의 결정에 확정력이 인정된다. 이러한 확정력은 소송법상으로 불가변력, 불가쟁력(형식적 확정력) 및 기판력(실체적 확정력)으로 나누어 설명하는 것이 일반적이다.[1)]

1. 불가변력(자기 기속력)

헌법재판소는 결정이 선고되면 동일한 심판에서 자신이 내린 결정을 더 이상 취소하거나 변경할 수 없다.[1] 다만 결정서에 잘못된 계산이나 기재, 그 밖에 이와 비슷한 잘못이 있음이 분명한 때에 헌법재판소는 직권 또는 당사자의 신청에 의하여 경정결정을 할 수 있다(헌재법 제40조, 민소법 제211조 제 1 항).

불가변력은 동일한 심판에서 헌법재판소 자신이 내린 결정에 직접 구속된다는 점에서 후행 심판과의 관계에서 문제되는 기판력과 구별된다.

2. 불가쟁력(형식적 확정력)

헌법재판은 단심이고 상급심이 없으므로 헌법재판소의 결정은 선고(또는 결정고지)함으로써 형식적 확정력이 발생한다. 즉 당사자는 이의신청, 즉시항고, 헌법소원 등 어떤 명목으로도 헌법재판소의 결정에 대하여는 불복할 수 없다.[2] 지정재판부의 각하결정에 대해서 전원재판부에 불복할 수도 없다.[3]

3. 기판력(실체적 확정력)

기판력이라 함은 재판에 형식적 확정력이 발생하면 당사자는 확정된 당해 심판은 물론이고 후행 심판에서 동일한 사항에 대하여 다시 심판을 청구하지 못하고, 헌법재판소도 확정된 선행 결정의 판단내용에 구속되어 후행심판에서 선행심판과 모순·저촉되는 판단을 할 수 없는 것을 의미하며, 이를 실체적 확정력이라고도 한다.

기판력은 확정된 심판의 내용이 당해 심판보다는 후행 심판에서 당사자 및 헌법재판소를 구속한다는 측면에서, 심판을 행한 헌법재판소 자신과의 관계에서 논의되는 불가변력이나 당해 심판에서 당사자와의 관계에서 논의되는 불가쟁력(형식적 확정력)과 구별된다.[4]

1) 실무제요, 114면.
1) 헌재 1989. 7. 24. 89헌마141; 헌재 1993. 2. 19. 93헌마32.
2) 헌재 1990. 10. 12. 90헌마170; 헌재 1994. 12. 29. 92헌아1.
3) 김하열, 250면.
4) 실무제요, 115면.

심판청구가 부적법하다고 하여 헌법재판소가 각하결정을 하였을 경우, 그 각하결정에서 판시한 요건의 흠결을 보정하여 다시 심판청구하지 않는 한, 동일한 내용의 심판청구를 되풀이하는 것은 허용되지 않는다.[1)]

법령 아닌 개별적 공권력 행사에 대한 헌법소원, 권한쟁의, 탄핵심판과 같이 개별 당사자 간의 구체적 법적 분쟁이 심판대상인 경우에는 헌법재판소결정에 기판력을 인정하는 데 무리가 없다. 그러나 법령이 헌법에 위배되는지를 판단하는 규범통제절차(위헌법률심판, 헌재법 제68조 제 2 항의 헌법소원, 헌재법 제68조 제 1 항의 헌법소원 중 법령에 대한 헌법소원)에서 나오는 헌법재판소결정에도 기판력을 인정할지 문제된다. 일찍부터 독일에서 기판력을 인정하지 않는 견해가 제시되었는데, 그 논거는 기판력은 구체적 사실관계에 규범을 적용하는 상황을 전제하는 것인데 하위규범과 상위규범 간의 충돌 여부를 객관적으로 판단하는 규범통제재판은 이러한 요건을 충족하지 않는다거나, 고유한 의미의 당사자가 존재하지 않는다는 데 두고 있다. 그러나 독일의 판례와 통설은 이를 긍정하고 있다. 그 이유는 규범통제재판도 구체적 소송물(심판대상)에 대한 판단이라거나 규범통제의 논리적 구조는 일반법원에 의한 포섭과 다를 바 없다는 데에서 찾고 있다.[2)]

우리나라의 경우 규범통제결정의 특성이 있다 하더라도 본질적으로 사법작용에 의한 재판이라는 점에서 기판력을 인정할 수 있다고 하는 견해가 많지만,[3)] 사실인정과 밀접·불가분의 관련을 가진 기판력 이론은 규범통제재판에는 적용될 수 없다는 견해[4)]와 기판력의 반복금지 효과가 실효적이 되려면 기판력의 적용을 받는 주관적 범위를 넓혀야 하는데 이는 절차에 참가한 당사자 사이에서만 미치게 되는 기판력의 본질상 무리가 있고, 규범통제절차의 경우 당사자 자체를 상정하기도 어렵다는 이유로 기판력이론은 규범통제재판에는 적용될 수 없다고 보는 견해[5)]도 있다. 헌법재판소는 동일한 법률조항이라 하더라도 심판유형이나,[6)] 당사자나,[7)] 당해사건[8)]의 어느 하나라도 다르면 일사부재리(기

1) 헌재 1993. 6. 29. 93헌마123; 헌재 2001. 6. 28. 98헌마485.
2) 김하열, 253면에서 재인용.
3) 성낙인, 146면; 정종섭, 179면; 허영, 176면.
4) 헌재 2001. 6. 28. 2000헌바48 결정에서 표명된 반대의견은 일반소송의 기판력이론의 효능은 헌법재판소법 제39조의 일사부재리 규정을 통해 충분히 실현된다고 한다.
5) 김하열, 249면.
6) 헌재 1997. 6. 26. 96헌가8.
7) 헌재 1997. 8. 21. 96헌마48; 헌재 2006. 6. 29. 2005헌마124.
8) 헌재 2006. 5. 25. 2003헌바115.

판력)에 반하지 않는 것으로 보아 후행심판에서 종전의 본안판단을 되풀이하고 있다.

생각건대, 이 문제는 규범통제심판에 있어 기판력이 미치는 동일한 사건의 범위를 어떻게 볼 것인가의 문제인바, 동일한 당사자가 동일한 당해사건에서 동일 심판유형으로 규범통제심판을 재차 청구하는 경우에는 헌법재판소가 종전결정의 기판력에 저촉된다는 이유로 각하결정을 할 수 있을 것이나, 그렇지 않을 경우에는 동일사건이 아니므로 기판력저촉을 이유로 각하결정을 할 수는 없고, 동일한 법률조항에 대하여 종전의 본안판단을 되풀이해야 할 것이다. 다만, 종전 결정에서 이미 위헌선언 된 법률조항에 대하여 법원의 위헌제청이나 당사자의 위헌소원심판청구가 다시 있는 경우에는 법원의 기속력 위반이나 심판이익 흠결을 이유로 부적법 각하하여야 할 것이다.

제3절 기 속 력

1. 의의 및 법적 근거

헌법재판소법 제47조 제1항은 위헌법률심판의 기속력에 관하여 "법률의 위헌결정은 법원 기타 국가기관 및 지방자치단체를 기속한다."라고 규정하고 있고, 헌법재판소법 제68조 제2항의 규범통제형(위헌심사형) 헌법소원에 대하여 헌법재판소법 제75조 제6항 역시 "제68조 제2항의 헌법소원을 인용할 경우에는 제45조 및 제47조의 규정을 준용"하도록 규정하고 있으며, 또한 헌법재판소법 제75조 제1항은 헌법소원과 관련하여 "헌법소원의 인용결정은 모든 국가기관과 지방자치단체를 기속한다."라고 규정하고 있고, 헌법재판소법 제67조 제1항은 "헌법재판소의 권한쟁의심판의 결정은 모든 국가기관과 지방자치단체를 기속한다."라고 규정함으로써 기속력에 대한 법적 근거를 명시하고 있다.

그런데 탄핵심판의 결정에 관해서는 위헌법률심판이나 헌법소원심판, 권한쟁의심판의 경우와 달리 '모든 국가기관과 지방자치단체를 기속하는 효력'에 관한 명문의 규정이 없다. 기속력을 인정한 명문의 규정이 없는 탄핵심판의 결정에 대하여 해석상으로 그 기속력을 인정할 수 있는지 여부에 관하여 헌법재판소는

“기속력이라는 것은 헌법재판이 지니는 헌법수호라는 객관적 목적의 실현을 보장하기 위하여 소송당사자에게 미치는 실질적 확정력을 넘어 법원을 포함하여 모든 국가기관에까지 그 구속력을 확장한 것이라고 이해할 수 있는데, 탄핵심판절차는 헌법질서나 법질서의 객관적·합일적 확정을 목적으로 하는 것이 아니라 특정 피청구인에 관한 국회의 파면 요구에 대하여 개별적으로 판단하는 절차로서 그 구속력을 확장할 것이 필연적으로 요구되지 않기 때문이다. …… 탄핵심판의 결정에 대해서는 법원을 비롯한 모든 국가기관과 지방자치단체를 기속하는 효력을 해석상으로 인정할 근거는 없다.”고 판시하였다.[1)]

헌법재판소 결정에 기속력을 부여하는 것은 헌법의 우위를 확보하기 위함이고, 헌법의 우위는 헌법재판을 통해 관철되는데, 헌법재판소의 결정을 다른 국가기관이 따르지 않는다면 헌법의 우위는 실효적으로 보장될 수 없기 때문이다. 기속력은 헌법재판소가 그 기능과 과제를 제대로 수행하도록 하기 위해 인정되는 것이므로 헌법재판소가 위헌으로 결정하여 효력을 상실한 법률을 적용한 법원의 재판은 헌법재판소 결정의 기속력에 반하는 것일 뿐 아니라, 법률에 대한 위헌심사권을 헌법재판소에 부여한 헌법의 결단(헌법 제107조 및 제111조)에 정면으로 위배된다.[2)]

헌법재판소의 기속력 있는 위헌결정에 반하여 국민의 기본권을 침해하는 법원의 재판에 대하여는 헌법재판소가 최종적으로 다시 심사함으로써 헌법의 최고규범성을 수호하고 헌법이 헌법재판소에 부여한 법률에 대한 위헌법률심사권을 회복해야 한다. 이에 헌법재판소는 헌법재판소법 제68조 제 1 항 본문이 정하는 재판소원금지의 적용 영역에서 ‘법률에 대한 위헌결정의 기속력에 반하는 재판’ 부분을 명시적으로 제외하는 위헌결정을 선고하였다.[3)]

기판력은 원칙적으로 당사자 사이에만 미치는 데 반하여 기속력은 모든 국가기관을 구속한다는 점에서 헌법재판의 기속력은 일반법원의 재판에서는 통상적으로 볼 수 없는 헌법소송상의 특이한 효력이다.[4)]

---

1) 헌재 2021. 10. 28. 2021헌나1.
2) 헌재 1997. 12. 24. 96헌마172등; 실무제요, 116면.
3) 헌재 2022. 6. 30. 2014헌마760등.
4) 실무제요, 117면.

2. 기속력의 내용

기속력에 따라 모든 국가기관이 헌법재판소의 구체적인 결정에 따라야 하며, 그들이 장래에 어떤 처분을 행할 때 헌법재판소의 결정을 존중하여야 한다(결정준수의무). 따라서 부작위에 대한 권한쟁의심판청구나 공권력 불행사에 대한 헌법소원심판청구를 인용하는 결정을 한 때에는 피청구인은 결정취지에 따른 처분을 하여야 한다(헌재법 제66조 제 2 항, 제75조 제 4 항). 그리고 위헌으로 결정된 법률조항을 더 이상 적용해서는 안 되며, 위헌성이 인정된 공권력 행사에 근거한 후속행위를 중단하여야 한다. 나아가 사안에 따라서는 위헌으로 결정된 처분이나 공권력으로 인해 발생한 법적·사실적 결과를 제거할 의무가 발생하는 경우도 있을 수 있다.[1] 기속력은 모든 국가기관이 헌법재판소의 결정에서 문제된 심판대상뿐만 아니라 동일한 사정 하에서 동일한 이유에 근거한 동일내용의 공권력의 행사 또는 불행사를 금지한다(반복금지의무).

특히, 위헌법률심판 및 법령에 대한 헌법소원심판에서 법률의 위헌 여부를 판단한 결정의 기속력이 문제된다.

이에 관해서는 아래 내용 이외에 제 4 편 제 1 장 제 4 절 위헌법률심판의 적법요건 중 4. 부분도 참조. 권한쟁의심판의 결정의 기속력에 대해서는 제 4 편 제 3 장 4., 제 7 절 4. 결정의 효력 부분 참조.

3. 법률의 위헌 여부를 판단한 결정의 기속력

가. 위헌결정

헌법재판소가 어떤 법률을 위헌으로 결정한 경우 그 위헌결정에 대하여 기속력이 부여된다(헌재법 제47조 제 1 항). 위헌으로 결정된 법률은 별도의 절차 없이 효력을 상실하기 때문에 그 법률을 더 이상 적용해서는 안 되며 그 법률에 근거한 어떤 행위도 할 수 없다. 법률의 폐지와 달리 위헌결정으로 인한 법률의 효력 상실은 입법절차나 공포절차를 거치지 않으며 법전에서 외형적으로 삭제되지 않는다. 그러나 실질적으로는 법률폐지와 유사한 법적 효과를 가진다. 위헌결정이 내려진 법률조항은 법질서에서 더 이상 아무런 작용과 기능을 할 수

1) 실무제요, 117면.

없고, 누구도 그 법률이 유효함을 주장할 수 없다. 국가기관은 그 법률조항이 유효함을 전제로 계속 적용할 수 없다.[1] 따라서 위헌결정된 법률을 집행하기 위한 후속행위의 속행은 기속력에 반하여 허용되지 않고 당연무효이다.[2]

그러므로 헌법재판소에서 이미 위헌결정이 선고된 법률조항에 대한 위헌법률심판제청은 부적법하고,[3] 위헌결정이 선고된 법률에 대한 헌법소원심판청구는, 비록 위헌결정이 선고되기 이전에 심판청구된 것일지라도 더 이상 심판의 대상이 될 수 없으므로 부적법하다.[4] 상세한 것은 제 4 편 제 1 장 제 4 절 '4. 나. 위헌결정의 경우의 기속력' 부분 참조.

나. 합헌결정

헌법재판소법 제47조 제 1 항(제75조 제 6 항에서 준용)에 의하면, 법률의 위헌결정은 법원 기타 국가기관 및 지방자치단체를 기속한다고 규정하고 있어서, 합헌결정에도 기속력이 인정되느냐에 대하여는 논란이 있을 수 있으나, 합헌결정에는 기속력이 인정되지 않는다고 보는 것이 일반적이다. 상세한 것은 '제 4 편 제 1 장 제 4 절 4. 이미 심판을 거친 법률조항에 대한 위헌제청 등과 결정의 기속력 다. 합헌결정의 경우의 기속력' 부분 참조.

그동안 헌법재판소는 이미 합헌으로 선언된 법령조항에 대하여 이를 달리 판단하여야 할 사정변경이 있다고 인정되지 아니한 경우 다시 합헌결정을 하여 왔다.[5]

다. 한정위헌·한정합헌결정

한정위헌·한정합헌결정의 경우 모든 국가기관은 위헌으로 판단된 법률의 해석 및 적용례에 근거한 국가행위를 중지하고 헌법재판소가 합헌적으로 해석

1) 헌재 2015. 11. 26. 2013헌바343. 2인의 반대의견 있음(위헌으로 결정된 법률조항은 그 효력이 상실될 뿐이고, 그 조항의 문언자체는 없어지는 것이 아니므로 심판대상조항은 위헌결정에도 불구하고 그 효력을 유지한 채 계속 적용될 수 있다고 하였다).

2) 대법원 2012. 2. 16. 선고 2010두10907 전원합의체 판결. 대법원은 조세부과의 근거가 되었던 법률규정이 위헌으로 선언된 경우, 위와 같은 위헌결정 이후에 조세채권 집행을 위한 새로운 체납처분에 착수하거나 이를 속행하는 것은 더 이상 허용되지 않고, 나아가 이러한 위헌결정의 효력에 위배하여 이루어진 체납처분은 그 사유만으로 하자가 중대하고 객관적으로 명백하여 당연무효로 보아야 한다고 판시하였다.

3) 헌재 1994. 8. 31. 91헌가1.

4) 헌재 1994. 4. 28. 92헌마280; 동지: 헌재 2016. 10. 28. 2014헌마709.

5) 헌재 1989. 9. 29. 89헌가86; 헌재 2001. 7. 19. 2001헌바6.

한 범위 내에서 행동해야 하는 의무를 부담한다. 한정위헌·한정합헌 결정은 규범 문언의 폐지나 변경을 가져오는 것이 아니라 해석이나 적용의 범위를 제한함으로써 헌법질서를 회복하는 것이므로, 이들 결정의 기속력은 법률을 해석·적용하는 법원에 대하여 특별한 의미를 가진다. 개별사건에서 구체적으로 한정위헌·한정합헌결정의 취지를 구현하는 것은 법원의 책임이자 권한이다.[1)]

헌법재판소는 이미 한정합헌결정을 한 법률조항에 대하여, 그와 같은 한정합헌결정을 한 후에 그 결정의 논리적 내지 현실적 근거가 된 사실에 근본적인 변화가 있었다고 할 수 없으며, 지금에 이르러 위와 달리 판단하여야 할 다른 사정변경이 있다고도 인정되지 아니한다는 이유로 다시 한정합헌결정을 하였다.[2)]

이에 반해 한정위헌결정을 한 법률조항에 대하여 다시 위헌제청이나 헌법소원이 청구된 경우에는 다시 한정위헌결정을 한 사례[3)]가 있고, 특히 헌법재판소법 제68조 제 1 항에 대한 위헌확인사건과 관련해서는 한정위헌결정으로 인해 위헌부분이 이미 제거되었음을 전제로 한정위헌결정을 반복하지 않고 합헌판단(기각결정)을 한 사례[4)]도 있으며, 헌법재판소법 제68조 제 2 항의 위헌소원심판 계속 중 심판대상 법률조항이 다른 위헌소원심판 사건에서 이미 한정위헌 결정을 선고한 바가 있는 경우 "……라고 해석하는 것은 헌법에 위반됨을 확인한다."라고 선언한 사례도 있다.[5)] 상세한 것은 '제 4 편 제 1 장 제 4 절 4. 라. 한정합헌결정의 경우의 기속력, 마. 한정위헌결정의 경우의 기속력' 부분 참조.

라. 헌법불합치결정

헌법불합치결정의 경우 입법자는 불합치결정의 취지에 따라 해당법률의 규율내용을 상당한 시한 내에 또는 적어도 개선입법의 시한까지 위헌성이 제거된 법률로 개정하여야 한다. 헌법불합치결정 역시 법률조항의 위헌성을 확인

1) 실무제요, 119면.
2) 국가보안법상 찬양·고무죄 사건. 헌재 1990. 4. 2. 89헌가113; 헌재 1992. 1. 28. 89헌가8; 헌재 1997. 1. 16. 92헌바6등.
3) 헌재 2003. 12. 18. 2002헌바99.
4) 헌재 2001. 5. 31. 2000헌마640; 헌재 2003. 3. 27. 2001헌마116; 헌재 2007. 5. 31. 2005헌마172; 헌재 2007. 11. 29. 2005헌바12; 헌재 2012. 11. 29. 2010헌마27등 참조.
5) 헌재 2012. 7. 26. 2009헌바35등.

하는 결정이므로 행정관청이나 법원 등 법 적용기관은 원칙적으로 해당 법률조항의 적용이나 그에 근거한 후속행위의 속행을 개선입법이 있을 때까지 중지하여야 한다. 다만, 헌법재판소가 예외적으로 위헌결정으로 종래의 법적 상태보다 더욱 헌법질서에서 멀어지는 법적 상태의 발생을 방지하기 위하여 위헌법률의 잠정적용(불합치결정의 시점과 개정법률의 효력발생시점 사이의 기간)을 명한 경우에는 위헌인 법률이라도 적용이 허용된다.[1]

그러나 계속적용 헌법불합치결정이 부분적인 적용중지의 의미와 효력을 포함하는 경우라면, 그 부분에 관한 한 적용중지 불합치결정과 마찬가지로 당해사건·병행사건에 대한 개선입법의 소급적용은 인정되어야 할 것이다.[2] 대법원도 계속적용 헌법불합치 결정에 관하여, 문제된 법률의 규율내용 분리하여 기존제도나 급부의 합헌적 근거부분에 대하여는 계속적용의 효력을, 위헌적인 입법흠결부분에 대해서는 적용중지의 효력을 인정하였다.[3]

한편, 계속적용 헌법불합치결정을 하면서 입법시한을 부여한 경우, 그 시한까지 국회가 아무런 조치를 취하지 않으면 불합치선언된 법률 또는 법률조항의 효력은 상실되고, 이후에는 아무런 규율이 없는 법적 공백상태가 된다.[4]

이미 헌법불합치 결정된 법률조항에 대하여 법원이 다시 위헌제청을 하거나 헌법재판소법 제68조 제 2 항에 따른 헌법소원심판이 청구된 경우, 위헌결정의 경우와 같이 헌법불합치결정으로 인해 해당 법률조항에 효력을 상실하였으므로 심판대상이 될 수 없거나 심판의 이익이 없어 부적법하다고 볼 것이다.[5]

다만, 헌법재판소는 정치자금법 중 후원회지정권자를 한정적으로 열거하고 여기서 제외된 경우 후원회를 통한 정치자금 모금을 금지하는 조항에 대하여, 정당 후원회를 금지하였다는 점에 관해 헌법불합치결정을 선고한 이후[6] 위 헌법불합치 결정과 다른 측면에서 부진정입법부작위를 주장하는 청구들에서, 후원회지정권자에서 기초자치단체장선거의 예비후보자를 제외한 점에 관해서는 본안 판단을 하여 합헌결정을 선고하였으며,[7] 이후 광역자치단체장 선거의 예

---

1) 실무제요, 120면.
2) 동지: 김하열, 396면.
3) 대법원 2011. 9. 29. 선고 2008두18885 판결; 대법원 2015. 5. 29. 선고 2014두35447 판결; 대법원 2018. 7. 11. 선고 2016두47697 판결.
4) 헌재 2013. 8. 29. 2011헌바391 등.
5) 헌재 2006. 5. 25. 2005헌마11등; 헌재 2006. 6. 29. 2005헌가13 등; 헌재 2006. 6. 29. 2005헌마44; 헌재 2014. 7. 24. 2012헌바294등; 헌재 2016. 3. 31. 2014헌마785; 헌재 2017. 10. 26. 2016헌마656.
6) 헌재 2015. 12. 23. 2013헌바168.

비후보자를 제외한 부분에 대해서는 헌법불합치결정을 선고하고, 자치구의회의원 선거의 예비후보자를 제외한 부분에 대한 헌법소원심판청구는 기각하였다.[1]

한편 헌법재판소법 제68조 제 2 항에 따른 헌법소원심판 계속 중 심판대상이 된 법률조항이 다른 사건에서 헌법불합치 결정된 경우에, 병합하여 처리하지 못하고 남은 사건에서 이를 각하하지 않고 "헌법불합치확인" 결정을 한 사례도 있다.[2]

상세한 것은 '제 4 편 제 1 장 제 4 절 4. 바. 헌법불합치결정의 경우의 기속력' 부분 참조.

4. 기속력의 범위

가. 객관적 범위

결정주문은 심판대상에 관한 결정으로서 여기에 기속력이 미친다는 데에는 이론이 없다. 그러나 **결정이유**에도 기속력이 미치는가에 관하여는 견해가 나뉘어 있다. 독일의 경우, 심판대상에 대한 헌법적 판단과 내용적으로 직접적인 관계가 없는 부수적 의견(obiter dictum)에 대하여는 기속력이 미치지 않는다는 것이 일치된 견해이지만, 결정이유의 핵심적 내용을 이루는 헌법해석에 관한 판시에도 기속력을 인정할 것인가에 관하여는 견해가 긍정설과 부정설로 나뉘어 있다.

헌법재판소는 결정이유에 대하여 기속력을 인정할 것인지에 관해서 유보적인 입장을 취하고, 설령 결정이유에 대하여 기속력을 인정한다고 하더라도 결정주문을 뒷받침하는 결정이유에 대하여 적어도 재판관 6인 이상의 의견이 합치되어야 한다고 보았다.[3]

그런데 대법원은 어느 법률조항의 개정이 자구만 형식적으로 변경된 데 불과하여 그 개정 전후 법률조항들 자체의 의미내용에 아무런 변동이 없고, 개정 법률조항이 해당 법률의 다른 조항이나 관련 다른 법률과의 체계적 해석에서도 개정 전 법률조항과 다른 의미로 해석될 여지가 없어 양자의 동일성이 그대로 유지되고 있는 경우에는 '**개정 전 법률조항**'에 대한 위헌결정의 효력은 그 주문에

7) 헌재 2016. 9. 29. 2015헌바228.
1) 헌재 2019. 12. 27. 2018헌마301등.
2) 헌재 2022. 11. 24. 2021헌바301.
3) 헌재 2008. 10. 30. 2006헌마1098.

개정 법률조항이 표시되어 있지 아니하더라도 '개정 법률조항'에 대하여도 미친다고 하였고,[1] 이와 달리 '개정 법률조항'에 대한 위헌결정이 있는 경우에는, 비록 그 법률조항의 개정이 자구만 형식적으로 변경한 것에 불과하여 개정 전후 법률조항들 사이에 실질적 동일성이 인정된다 하더라도, '개정 법률조항' 에 대한 위헌결정의 효력이 '개정 전 법률조항'에까지 그대로 미친다고 할 수는 없다고 판시하였다.[2]

나. 주관적 범위

헌법재판소법 제47조 제1항, 제67조 제1항 및 제75조 제1항에 의하면 헌법재판소 결정의 기속력이 미치는 수범자의 범위는 "법원 기타 국가기관 및 지방자치단체"이다. 기속력은 후술하는 법규적 효력과는 달리 대세적 효력은 없으며, 단지 **공권력의 주체**에 대하여만 효력을 갖는다. 이러한 관점에서 본다면 기속력은 기판력의 **주관적 범위를 확장**하고 있다고 볼 수 있다. 여기에서 공권력의 주체는 사법부·행정부 및 지방자치단체, 기타 공공단체를 모두 포함하며, 국가적 공권을 부여받은 사인(公務受託私人)도 해당된다(정부조직법 제6조 제3항, '행정권한의 위임 및 위탁에 관한 규정' 참조)는 데는 이론이 없으나 사회변화에 맞추어 법질서를 형성할 권한과 책임이 있는 입법자의 헌법상 지위와 관련하여 **입법자**에게도 기속력이 미치는지에 관하여는 논란이 있다. 만약 위헌결정에도 불구하고 입법자가 종전의 법률조항과 같거나 유사한 내용의 입법을 다시 할 수 있다면 입법자에게는 위헌결정의 기속력이 미치지 않는 것이 되며, 이와 반대로 기속력으로 인해 반복입법이 가능하지 않다고 한다면 사회변화에 따라 끊임없이 새로운 법질서를 형성하여야 하는 입법자의 역할을 방기하는 셈이 되기 때문이다. 헌법재판소는 입법자에게 위헌결정의 기속력이 미치는지 여부에 관해 명시적으로 판단하지는 않았지만, 위헌결정으로 효력이 상실된 법률의 개선입법에 대해 헌법소원심판이 청구되자, 과거 위헌으로 선언된 법률조항과 심판

1) 대법원 2014. 8. 28. 선고 2014도5433 판결; 대법원 2020. 2. 21.자 2015모2204 결정; 대법원 2022. 10. 27. 선고 2022다4199, 4205 판결 참조.

2) 대법원 2020. 2. 21.자 2015모2204 결정. 형벌에 관한 법률조항에 대한 합헌결정이 갖는 규범적 의미, 위헌결정의 소급적 확장 여부에 관한 헌법재판소의 심판대상 확정의 의의 및 법원과 헌법재판소 사이의 헌법상 권한분장의 취지를 고려할 때, 헌법재판소가 합헌결정을 한 바 있는 '개정 전 법률조항'에 대하여 법원이 이와 다른 판단을 할 수는 없으며, 이는 헌법재판소가 '개정 법률조항'에 대한 위헌결정의 이유에서 '개정 전 법률조항'에 대하여 한 종전 합헌결정의 견해를 변경한다는 취지를 밝히는 경우에도 마찬가지라고 판시하였다.

대상이 된 개정 법률조항이 반복입법에 해당하는지 여부는 단지 위헌결정된 법률조항의 내용이 일부라도 포함되어 있는지 여부에 의하여 판단할 것이 아니라 입법목적이나 입법동기, 입법 당시의 시대적 배경 및 관련조항들의 체계 등을 종합적으로 고려하여 **실질적 동일성**이 있는지 여부에 따라 판단하여야 한다고 하였다.[1)]

결정의 주체인 헌법재판소에 기속력은 미치지 않는다. 따라서 헌법재판소는 기판력에 반하지 않는 한 종전의 헌법 또는 법률의 해석·적용에 관한 의견을 변경할 수 있고, 이를 통해 헌법의 고착화 방지와 헌법해석의 개방성을 유지할 수 있다.[2)]

상세한 것은 '제 4 편 제 1 장 제 4 절 4. 나. 위헌결정의 경우의 기속력 (4) 입법부에 대한 기속력' 부분 참조.

제 4 절 법규적 효력(일반적 구속력)

법규적 효력은 법규범에 대한 헌법재판소의 위헌결정이 소송당사자를 수범인으로 하는 기판력의 주관적 범위뿐만 아니라 국가기관을 수범인으로 하는 기속력의 주관적 범위를 넘어서 **일반사인**에게도 그 효력이 미치는 일반적 구속성을 말한다(대세적 효력). 따라서 위헌으로 선언된 법률 또는 법률조항은 더 이상 국민생활을 규율하는 규범이 아니므로 일반국민은 헌법재판소가 위헌으로 선언한 법규범에 더 이상 구속을 받지 않는다. 즉 헌법재판소의 결정은 당사자뿐만 아니라 모든 사람을 구속하며 국가기관뿐만 아니라 일반사인에게도 기속력이 확장된다.

독일의 경우 기본법 제94조 제 2 항에서 연방헌법재판소 판결의 법규적 효력에 대하여 연방법률에 위임하였고, 연방헌법재판소법 제31조 제 2 항은 "추상적 규범통제, 구체적 규범통제, 법률에 대한 헌법소원, 연방법의 효력에 관한 사건에서는 연방헌법재판소의 재판은 법률로서의 효력을 가진다."고 규정하여 법규적 효력에 관해 규정하고 있다. 한편 동 조항은 그러한 사건의 경우 "연방

1) 헌재 2010. 12. 28. 2008헌바89; 헌재 2013. 7. 25. 2012헌바409 등 참조.
2) 실무제요, 123면.

법무부장관이 재판주문을 법률관보에 공고하여야 한다."고 한다. 그런데 우리나라의 경우 헌법재판소 결정의 법규적 효력을 명문으로 직접 언급한 헌법규정이나 헌법재판소법의 규정은 없다.[1]

그러나 헌법재판소법 제47조 제 2 항은 "위헌으로 결정된 법률 또는 법률의 조항은 그 결정이 있는 날부터 효력을 상실한다."라고 규정하고, 동조 제 3 항은 "제 2 항에도 불구하고 형벌에 관한 법률 또는 법률의 조항은 소급하여 그 효력을 상실한다. 다만, 해당 법률 또는 법률의 조항에 대하여 종전에 합헌으로 결정한 사건이 있는 경우에는 그 결정이 있는 날의 다음 날로 소급하여 효력을 상실한다."고 규정하고 있으며, 헌법재판소법 제75조 제 6 항은 동조 제 5 항의 경우(헌법재판소법 제68조 제 1 항에 의한 통상의 일반적인 헌법소원을 인용하면서 부수적으로 공권력의 행사 또는 불행사의 근거법률 또는 법률의 조항을 위헌선언하는 경우) 및 헌법재판소법 제68조 제 2 항의 헌법소원심판절차에서 법률 또는 법률의 조항이 위헌이라는 인용결정을 하는 경우에는 위 제47조를 준용하도록 규정하고 있으므로(헌법재판소법 제68조 제 1 항에 의한 법령소원을 인용하는 경우도 마찬가지로 준용될 것이다) 이들 조항을 간접적이나마 법규적 효력의 근거로 볼 수 있다고 할 것이다.

헌법재판소도 종전 결정에서 이미 위헌선언되어 효력이 상실된 법률조항 부분이 입법의 결함에 해당한다고 주장함으로써 사실상 종전결정의 번복을 구하는 헌법소원사건에서, 그 같은 주장은 법률조항에 대한 위헌결정의 법규적 효력에 반하는 것으로 허용될 수 없음을 분명히 하였다.[2]

제 5 절 재심의 허용 여부

1. 개 설

재심은 이미 확정된 헌법재판소 결정의 취소와 사건의 재심판을 구하는 비상의 불복신청방법이다. 헌법재판소법은 헌법재판소의 결정에 대한 재심의 허용 여부에 관하여 별도의 명문규정을 두고 있지 아니하다. 그러므로 헌법재판

1) 실무제요, 123면.
2) 헌재 2012. 12. 27. 2012헌바60.

소의 결정에 대하여 재심을 허용할 수 있는가 하는 점에 관하여 논의가 있을 수 있으나, 헌법재판은 그 심판의 종류에 따라 그 절차의 내용과 효과가 한결같지 아니하기 때문에 재심의 허용 여부 내지 허용 정도 등은 심판절차의 종류에 따라서 개별적으로 판단될 수밖에 없을 것이다.[1]

2. 위헌법률심판, 헌법재판소법 제68조 제2항의 헌법소원심판 및 헌법재판소법 제68조 제1항에 의한 헌법소원심판 중 법령에 대한 헌법소원심판의 재심허용 여부

위헌법률심판절차에서 제청신청인은 위헌법률심판사건의 당사자라고 할 수 없으므로 위헌법률심판사건에서 행하여진 결정에 대하여 재심을 청구할 수 있는 지위 내지 적격을 갖지 못한다.[2] 재심은 재판을 받은 당사자에게 인정되는 특별한 불복절차이므로 당사자를 따로 상정할 수 없는 위헌법률심판절차에서 재심청구는 부적법하다.[3]

헌법재판소법 제68조 제2항에 의한 헌법소원에 있어서 인용결정은 위헌법률심판의 경우와 마찬가지로 이른바 일반적 기속력과 대세적·법규적 효력을 가진다. 이러한 효력은 법원에서의 구체적·개별적 소송사건에서 확정된 판결이 그 기속력이나 확정력에 있어서 원칙적으로 소송당사자에게만 한정하여 그 효력이 미치는 것과 크게 다른 것이다.[4] 따라서 헌법재판소는 "만약 헌법재판소법 제68조 제2항에 의한 헌법소원사건에서 선고된 헌법재판소의 결정에 대하여 재심에 의한 불복방법이 허용된다면, 종전에 헌법재판소의 위헌결정으로 효력이 상실된 법률 또는 법률조항이 재심절차에 의하여 그 결정이 취소되고 새로이 합헌결정이 선고되어 그 효력이 되살아날 수 있다거나 종래의 합헌결정이 후일 재심절차에 의하여 취소되고 새로이 위헌결정이 선고될 수 있는바, 이러한 결과는 그 문제된 법률 또는 법률조항과 관련되는 모든 국민의 법률관계에 이루 말할 수 없는 커다란 혼란을 초래하거나 그 법직 생활에 대한 불안을 가져오게 할 수도 있다. 결국 위헌법률심판을 구하는 헌법소원에 대한 헌법재

1) 헌재 1995. 1. 20. 93헌아1; 헌재 2016. 5. 26. 2015헌아20.
2) 헌재 2004. 9. 23. 2003헌아61.
3) 실무제요, 124면.
4) 실무제요, 125면.

판소의 결정에 대하여는 재심을 허용하지 아니함으로써 얻을 수 있는 법적 안정성의 이익이 재심을 허용함으로써 얻을 수 있는 구체적 타당성의 이익보다 훨씬 높을 것으로 쉽사리 예상할 수 있고, 따라서 헌법재판소의 이러한 결정에는 재심에 의한 불복방법이 그 성질상 허용될 수 없다고 보는 것이 상당하다." 라고 판시하였다.[1] 이와 같은 논리는 헌법재판소법 제68조 제 1 항에 의한 법령에 대한 헌법소원심판의 경우에도 같다고 할 것이다.[2]

3. 헌법재판소법 제68조 제 1 항의 헌법소원심판 중 권리구제형 헌법소원심판의 재심허용 여부

헌법재판소는 "헌법재판소법 제68조 제 1 항에 의한 헌법소원 중 행정작용에 속하는 공권력작용을 대상으로 하는 권리구제형 헌법소원에 있어서는 사안의 성질상 헌법재판소의 결정에 대한 재심은 재판부의 구성이 위법한 경우 등 절차상 중대하고도 명백한 위법이 있어서 재심을 허용하지 아니하면 현저히 정의에 반하는 경우에 한하여 제한적으로 허용될 수 있을 뿐"이라고 판시하였고, "헌법소원심판절차에서는 변론주의가 적용되는 것이 아니어서 직권으로 청구인이 주장하는 청구이유 이외의 헌법소원의 적법요건 및 기본권침해 여부에 관련되는 이유에 관하여 판단하는 점과, 헌법재판이 헌법의 해석을 주된 임무로 하고 있는 특성, 행정작용에 속하는 공권력작용을 대상으로 하는 권리구제형 헌법소원심판절차에서는 사전구제절차를 모두 거친 뒤에야 비로소 적법하게 헌법소원심판을 청구할 수 있다고 하는 사정 등을 고려할 때, 이러한 헌법소원심판절차에서 선고된 헌법재판소의 결정에 대하여는 민사소송법 제422조 제 1 항 제 9 호(현행 민소법 제451조) 소정의 판단유탈은 재심사유가 되지 아니한다."고 판시하였다.[3]

그러나 그 후 헌법재판소는 다음과 같은 이유로 위 판례를 변경하여 '판단유탈'도 재심사유로 인정하였다.[4] 즉, i) 권리구제형 헌법소원의 절차에서 직권주

---

1) 헌재 1992. 6. 26. 90헌아1.
2) 헌재 2002. 9. 19. 2002헌아5; 헌재 2004. 11. 23. 2004헌아47 지정부 결정; 헌재 2006. 9. 26. 2006헌아37 지정부 결정.
3) 헌재 1995. 1. 20. 93헌아1; 헌재 1998. 3. 26. 98헌아2.
4) 헌재 2001. 9. 27. 2001헌아3; 동지: 헌재 2002. 3. 28. 2001헌아22.

의가 적용된다고 하여 당사자가 주장한 사항에 대하여 판단하지 않아도 된다는 것은 아닐 뿐만 아니라 당사자의 주장에 대한 판단유탈이 원천적으로 방지되는 것도 아니므로, 직권주의가 헌법소원절차에서 '판단유탈'을 재심사유에서 배제할 만한 합당한 이유가 되지 못하고, ii) 민사소송법 제422조(현행 민소법 제451조) 제 1 항 제 9 호 소정의 '판단유탈'의 재심사유는 모든 판단유탈을 그 사유로 함에 있지 아니하고 판결에 영향을 미칠 중요한 사항에 대한 판단유탈만을 그 사유로 하고 있고, iii) 헌법재판소법 제71조 제 1 항 제 4 호에서 헌법재판소법 제68조 제 1 항에 의한 헌법소원의 심판청구서에 반드시 청구이유를 기재하도록 한 취지는 청구인의 청구이유에 대하여 유탈함이 없이 판단할 것을 요구함에 있으며, iv) 공권력의 작용을 대상으로 하는 권리구제형 헌법소원의 경우에는 법령에 대한 헌법소원과는 달리 사실의 판단이나 그에 대한 법령의 적용을 바탕으로 하여 헌법해석을 하게 되는 것이고, 사전구제절차를 거친다 하여 헌법재판 시의 판단유탈을 예방할 수 있는 것도 아니므로, 헌법의 해석을 주된 임무로 하고 있는 헌법재판의 특성이나 사전구제절차를 거친 뒤에야 비로소 헌법소원을 제기할 수 있다고 하는 사정도 '판단유탈'을 재심사유에서 배제할 합당한 이유가 되지 못하는 점을 고려할 때, 공권력의 작용에 대한 권리구제형 헌법소원절차에 있어서 '헌법재판소의 결정에 영향을 미칠 중대한 사항에 관하여 판단을 유탈한 때'를 재심사유로 허용하는 것이 헌법재판의 성질에 반한다고 볼 수 없다고 하였다. 다만, 이 경우 재심대상 결정에 청구인의 주장에 대한 판단이 포함되어 있는 이상 그 판단에 이르는 이유나 근거 등을 일일이 또는 개별적으로 설시하지 아니하였다고 하여 이를 헌법소원에 준용되는 민사소송법상 판단유탈이라고 볼 것은 아니다.[1)]

또한 잘못 기재된 사실조회회보나 우편송달보고서를 근거로 청구기간을 잘못 계산하여 헌법소원심판청구를 기간 도과로 각하한 경우에도, 이 재심대상 결정에는 '판결에 영향을 미칠 중요한 사항에 관하여 판단을 누락한 때'에 준하는 재심사유가 있다고 하여 재심을 허용하였다.[2)]

헌법재판소법 제68조 제 1 항에 의한 헌법소원 중 공권력의 작용을 대상으로 하는 권리구제형 헌법소원심판절차에서, 재심사유는 민소법 제451조 제 1 항

---

1) 헌재 2002. 3. 28. 2001헌아22.
2) 헌재 2009. 6. 25. 2008헌아23.

각 호의 사유 중 헌법소원심판에 대한 재심의 성질상 허용되는 범위 안에서 준용되므로, 이에 해당하지 아니하는 사유를 들어 재심을 청구하면 그 심판청구는 부적법하다.[1] 이는 실무상 다수의 지정재판부 결정에서 남소의 성격이 있는 재심청구를 각하하는 이유에 해당한다.

4. 정당해산결정에 대한 재심의 허용 여부

헌법재판소는 "정당해산심판은 원칙적으로 해당 정당에게만 그 효력이 미치며, 정당해산결정은 대체정당이나 유사정당의 설립까지 금지하는 효력을 가지므로 오류가 드러난 결정을 바로잡지 못한다면 장래 세대의 정치적 의사결정에까지 부당한 제약을 초래할 수 있다. 따라서 정당해산심판절차에서는 재심을 허용하지 아니함으로써 얻을 수 있는 법적 안정성의 이익보다 재심을 허용함으로써 얻을 수 있는 구체적 타당성의 이익이 더 크므로 재심을 허용하여야 한다."고 판시하였다.[2]

헌법재판소는 정당해산결정에 대하여 해산된 정당이 재심을 청구한 사건에서, 재심대상결정은 재심청구인 소속 국회의원과 당원 일부의 행위를 민주적 기본질서에 위배되는 행위유형의 하나로 보았는데, 이런 행위에 관한 내란음모 등 형사사건에서의 유무죄 여부는 재심대상결정의 심판대상 또는 논리적 선결문제가 아니므로, 위 형사사건 중 내란음모 등 혐의에 대하여 대법원에서 무죄가 확정된 경우에도 재심대상결정에 민사소송법 제451조 제 1 항 제 8 호의 재심사유가 있다고 할 수 없다고 하였다. 또한, 정당해산결정을 하더라도 소속 국회의원의 의원직을 상실시킨 것은 위법하다거나, 재심대상결정 중 경정 대상이 아닌 내용을 경정하였다는 주장은, 민사소송법 제451조 제 1 항의 어느 재심사

1) 헌재 2007. 2. 22. 2006헌아50.
2) 헌재 2016. 5. 26. 2015헌아20. 다만 3인의 반대의견은 "정당해산결정으로 그 정당의 존립과 활동이 금지되고, 정당의 잔여재산은 국고에 귀속되며, 해산된 정당과 유사한 목적을 가지는 이른바 대체정당의 창설도 금지된다. 특히 그 정당 소속 국회의원들의 의원직이 상실됨으로 인해 의원직 상실이 발생한 지역구에서는 보궐선거가 이루어짐에 따라 새로운 국회의원들이 선출되어 국회의 구성에도 변화가 있었다. 이처럼 정당해산결정의 효력은 우리 사회의 정치·사회질서에 큰 파급력을 가지므로, 이에 대한 재심을 허용하면 법적 안정성의 토대를 위태롭게 만들 수 있다. 따라서 정당해산결정에 대해서는 재심을 허용하지 아니함으로써 얻을 수 있는 법적 안정성의 이익이 재심을 허용함으로써 얻을 수 있는 구체적 타당성의 이익보다 더 중하다고 할 것이므로, 이 같은 결정은 그 성질상 재심에 의한 불복이 허용될 수 없다."고 하였다.

유에도 해당하지 않는다고 하였다. 이와 같이 재심청구인의 주장이 모두 적법한 재심사유에 해당하지 아니하고 그 밖에 재심대상결정에 재심사유가 있다고 볼 수 있는 사정이 없으면, 재심청구는 부적법하다.[1)]

5. 재심의 청구와 심판절차

재심청구서에는 '재심청구인 및 대리인의 표시', '재심할 결정의 표시와 그 결정에 대하여 재심을 청구하는 취지', '재심의 이유'를 기재하여야 하고, 재심의 대상이 되는 결정의 사본을 붙여야 한다(심판규칙 제53조).

재심의 심판절차에는 그 성질에 어긋나지 아니하는 범위 내에서 재심 전 심판절차에 관한 규정을 준용한다(심판규칙 제52조).

재심기간에 대해서는 민사소송법을 준용하여 결정이 확정된 후 재심의 사유를 안 날부터 30일 내에 제기하여야 하고, 결정이 있은 날부터 5년이 지나면 재심을 청구하지 못한다(헌재법 제40조, 민소법 제456조). 특별한 사정이 없는 한 헌법소원심판 청구인의 대리인은 결정서의 정본을 송달받은 당시에 그 결정에 판단누락이 있는지의 여부를 알았다고 할 것이므로, 헌법재판소의 결정에 대하여 판단누락이 있음을 이유로 하는 재심청구의 제기기간은 청구인의 대리인이 결정서의 정본을 송달받은 날부터 기산하여 30일 이내이다.[2)]

제6절 결정의 경정

1. 의 의

결정의 경정이란 결정서에 잘못된 계산이나 기재, 그밖에 이와 비슷한 잘못이 있음이 분명한 때에는 헌법재판소가 직권 또는 당사자의 신청으로 그 오류를 정정하는 것을 말하고(헌재법 제40조, 민소법 제211조), 이러한 결정을 경정결정이라 한다. 경정결정은 원결정과 일체가 되어 결정선고 시에 소급하여 그 효력

1) 헌재 2016. 5. 26. 2015헌아20.
2) 헌재 2012. 4. 24. 2010헌아208.

이 발생한다.[1)]

2. 요 건

결정서에 잘못된 계산이나 기재, 그밖에 이와 비슷한 잘못이 있고, 또 그러한 잘못이 분명한 경우이어야 한다. 따라서 결정에 표현상의 분명한 오류가 아니고, 판단내용의 오류나 판단유탈은 경정사유로 되지 않는다. 결정경정이 가능한 오류에는 그것이 헌법재판소의 과실로 인하여 생긴 경우뿐만 아니라 당사자의 청구에 잘못이 있어 생긴 경우도 포함된다.[2)]

3. 절 차

결정경정은 직권 또는 당사자의 신청에 의하여 어느 때라도 할 수 있다(헌재법 제40조, 민소법 제211조 제 1 항). 전원재판부에서 뿐만 아니라 지정재판부에서도 가능하다. 당사자의 결정경정신청에 의한 경우[3)]는 물론 직권에 의한 경우,[4)] 그리고 당사자가 아닌 제 3 자의 신청에 의한 경우[5)]에도 인정한 사례가 있다.

경정결정은 원결정의 원본과 정본에 덧붙여 적어야 하고, 다만 정본이 이미 당사자에게 송달되어 정본에 덧붙여 적을 수 없을 때에는 따로 경정결정의 정본을 송달한다(헌재법 제40조, 민소법 제211조 제 2 항).

---

1) 대법원 1962. 1. 25.자 4294민재항674 결정.
2) 대법원 1988. 1. 30.자 87그34 결정; 대법원 1970. 3. 31. 선고 70다104 판결; 대법원 1990. 5. 23. 자 90그17 결정 참조.
3) 헌재 1999. 11. 17. 99헌사350.
4) 헌재 2007. 8. 21. 2005헌사717.
5) 헌재 2000. 11. 23. 2000헌사464.

제12장 심판비용

제 1 절 원칙적 국가부담

헌법재판소의 심판비용은 국가부담으로 한다(헌재법 제37조 제 1 항 본문). 따라서 청구서나 준비서면 등에 인지를 첩부하지 않는다. 이와 같이 헌법재판의 심판비용을 국가가 부담하는 것은 헌법재판이 헌법을 보호하고, 권력을 통제하며, 기본권을 보호하는 등의 기능을 하는 객관적 소송이기 때문이다.[1]

국가가 부담하는 심판비용의 범위와 관련하여 변호사강제주의의 요청으로 청구인이 지출하는 당사자비용인 변호사보수가 국가 부담의 심판비용에 포함되는지 여부가 문제되나, 헌법재판소는 "포함된다고 볼 경우 헌법재판청구권의 남용을 초래하여 헌법재판소의 운영에 따른 비용을 증가시키고, 다른 국민이 헌법재판소를 이용할 기회를 침해할 수 있으며, 법에 국선대리인 제도를 함께 규정할 필요도 없었을 것이므로 국가가 부담하는 심판비용에 변호사보수는 포함되지 아니한다."고 하였다.[2]

그러나 위헌적인 공권력 행사로부터 기본권을 방어하기 위한 헌법소원심판청구가 이유 있는 것으로 인용되는 경우에는 심판청구를 위해 변호사보수를 지급하였다가 승소한 당사자에게 변호사보수를 심판비용으로 보아 합리적인 범위내에서 상환할 수 있는 제도를 마련할 필요가 있다고 할 것이다.[3]

독일은 우리와 같이 심판비용국가부담주의를 취하면서(독일 연방헌법재판소법 제34조 제 1 항), 헌법소원이 이유 있는 것으로 밝혀진 경우 일정한 경우에 청구인 등에게 변호사비용을 포함한 필요비용의 전부 또는 일부를 상환할 의무를 부과하고 있다(제34조의a). 우리나라도 헌법재판소법을 개정하여 승소한 헌법소원심판 청구인이 지급한 변호사보수를 심판비용으로서 상환받을 수 있게 해 주는

1) 헌재 2015. 5. 28. 2012헌사496.
2) 헌재 2015. 5. 28. 2012헌사496.
3) 동지: 허영, 167면; 주석 헌법재판소법, 403면.

것이 행정소송의 경우 승소한 당사자가 행정청을 상대로 변호사비용을 소송비용으로 상환받을 수 있는 것과 균형을 맞추는 것이 될 것이고 헌법소원심판청구를 활성화하는 데 도움이 될 것이다.

헌법재판소는 증인·감정인·통역인·번역인 등에게 여비 등을 지급할 수 있다. 이에 관한 헌법재판소규칙으로 '헌법재판소 증인 등 비용지급에 관한 규칙'(제정 1991. 2. 11., 최종개정 2010. 7. 6.)과 '헌법재판소 참고인 비용지급에 관한 규칙'(제정 1991. 2. 11., 최종개정 2010. 7. 6.)이 있다.

제 2 절 예비적 당사자의 비용부담과 공탁금

헌법재판소는 당사자의 신청에 의한 증거조사의 비용에 대하여는 헌법재판소규칙이 정하는 바에 따라 그 신청인에게 부담시킬 수 있다(헌재법 제37조 제 1 항 단서). 이에 따라 '헌법재판소 증거조사 비용 규칙'을 제정하여 증거조사비용의 예납, 예납의무자, 증거조사비용의 산정, 증거조사예납금의 납부 및 환급 등에 관하여 규정하고 있다. 증거조사비용의 부담은 재판부의 결정에 의하며, 담당공무원의 여비, 증인·감정인 등의 수당, 여비, 식비 등이 그 주요 대상이다(위 규칙 제 4 조 제 1 항).[1)]

또한 헌법재판소는 헌법소원심판의 청구인에 대하여 헌법재판소규칙으로 정하는 공탁금의 납부를 명할 수 있다(헌재법 제37조 제 2 항). 헌법재판의 비용이 원칙적으로 국가 부담인 것을 고려하여 헌법소원심판청구가 악용·남용되는 것을 방지함에 그 취지가 있다. 그러나 공탁금 납부를 명하는 경우에는 국민의 헌법소원청구권이 제약될 우려가 있음을 아울러 유의하여야 한다.[2)] 독일의 경우 공탁금제도를 두는 대신 헌법소원이나 가처분신청이 남용된 경우 사후적으로 과태료를 부과할 수 있도록 하고 있다.

헌법재판소는 ① 헌법소원의 심판청구를 각하하는 경우, ② 헌법소원의 심판청구를 기각하는 경우에 그 심판청구가 권리의 남용이라고 인정되는 경우에는 헌법재판소규칙으로 정하는 바에 따라 공탁금의 전부 또는 일부의 국고귀속

---

1) 실무제요, 130면.
2) 실무제요, 130면.

을 명할 수 있다(헌재법 제37조 제 3 항).

그러나 위와 같은 증거조사의 비용부담, 공탁금의 납부 및 국고귀속에 관한 헌법재판소규칙은 아직 제정되어 있지 않다. 제 4 기 재판부 시절에는 동일한 청구인이 수십 건 또는 수백 건의 유사 또는 동일 내용의 헌법소원심판청구를 한 사례도 있었는바, 위와 같은 공탁금에 관한 헌법재판소규칙이 제정되어 시행되었다면 그러한 폐해를 막을 수 있었을 것이다. 빠른 시일 내에 헌법재판소법 제37조 제 2 항의 취지를 살리는 공탁금에 관한 헌법재판소규칙을 제정하여야 할 것이다.

제13장 심판기간

헌법재판소법은 "헌법재판소는 심판사건을 접수한 날부터 180일 이내에 종국결정의 선고를 하여야 한다. 다만, 재판관의 궐위로 7인의 출석이 불가능한 경우에는 그 궐위된 기간은 심판기간에 산입하지 아니한다."고 규정하고 있다(헌재법 제38조). 한편 재판장의 보정명령이 있을 경우 그 보정기간은 위 심판기간에 산입되지 아니하도록 하였다(헌재법 제28조 제 4 항, 제72조 제 5 항).

헌법재판소법 제38조의 심판기간 규정의 법적 성격에 관하여는, 첫째로, 심판사건의 난이성·다양성·비정형성·복잡성 등을 고려할 때 많은 사건을 일률적으로 위 심판기간 내에 처리한다는 것은 사실상 곤란하고, 둘째로, 위 규정이 강행규정이라면 위반 시 결정의 효력이나 제재 등에 관한 별도의 규정이 있어야 하는데 그에 관한 규정이 없으며, 셋째로, 종국판결 선고기간을 규정한 민사소송법 제199조에 대하여도 이를 훈시규정으로 보고 있는 점 등을 이유로, 실무상 이를 훈시규정으로 취급하고 있다.[1] 그런데 매년 국회의 국정감사 시 연례행사처럼 헌법재판소가 위 심판기간을 준수하지 않는 것에 대하여 국회의원들의 질책이 이어지고 있는 실정이다. 생각건대 입법론적으로는 위 심판기간을 1년 혹은 2년으로 늘이는 법률개정을 하여 헌법재판소가 위 심판기간을 준수하도록 하는 것이 바람직할 것이다. 왜냐하면 헌법재판소 실무운용상 접수된 심판사건 중 지정재판부에서 부적법각하되는 사건을 제외하고, 적법요건을 갖추어 전원재판부에 회부된 사건 중에서 180일 내에 종국결정을 선고하는 사건의 수는 극히 소수이고 대부분 1년 내지 2년 이상의 심판기간이 소요되기 때문이다.

1) 헌재 2009. 7. 30. 2007헌마732 참조.

제 4 편

특별심판절차

제 1 장 위헌법률심판
제 2 장 헌법소원심판
제 3 장 권한쟁의심판
제 4 장 탄핵심판
제 5 장 정당해산심판

제 1 장 위헌법률심판

제 1 절 개 관

1. 규범통제심판의 유형

규범통제심판의 유형으로는, 첫째로 법령을 제정·시행하기에 앞서 헌법재판소가 개입하여 위헌적인 법률안의 입법화를 막는 방법인 **예방적 규범통제**가 있고(예컨대 프랑스, 포르투갈, 폴란드 등이 채택), 둘째로 법령의 제정·시행 후 구체적인 소송사건이 제기된 경우도 아니고 그에 의하여 직접적인 기본권의 침해를 받은 바 없음에도 법령에 대한 위헌의 의문이 있어 제기된 경우에 이를 심판하는 절차인 **추상적 규범통제**가 있으며(예컨대 독일, 오스트리아, 스페인, 포르투갈, 프랑스 등이 채택), 셋째로 구체적인 소송사건이 제기되었을 때 법원의 제청에 의하여 그 사건에 적용될 법령의 위헌여부를 가리거나 헌법에 합치되도록 해석하여 법령의 합헌성을 통제하는 절차인 **구체적 규범통제**가 있고(분산형으로는 미국이 있고, 집중형으로는 오스트리아가 그 기원이고 독일, 프랑스,[1] 스페인 등 규범통제제도를 도입하고 있는 대부분의 나라에서 채택하는 제도이다), 넷째로 법령 때문에 기본권의 침해를 받은 개인이 헌법소원의 형태로서 그 법령의 위헌심판을 구하여 구제받고자 하는 경우인 **개인적 규범통제**가 있으며(이에는 다시 위헌심사형 헌법소원, 법령 자체에 대한 헌법소원, 부수적인 법률의 위헌선언 등이 있다), 다섯째로 국회가 제정한 법률이나 행정부가 제정한 명령·규칙의 내용이 헌법이나 법률에 의하여 부여받은 다른 국가기관이나 지방자치단체의 권한을 침

1) 프랑스는 2008년 개헌 전까지는 법률(규칙·조약 포함)의 위헌심사권을 갖지만 법률의 공포 전에 그에 대한 사전적·예방적 위헌심사를 하는 데 그쳤다. 그런데 2008년 개헌으로 2010. 3. 1.부터 사후적·구체적 규범통제제도도 실시하게 되었다. 시민은 구체적 소송사건에 적용되는 법률에 대하여 파기원과 국사원에 위헌법률심판 제청신청을 할 수 있고, 위헌법률심판 제청신청에 대하여 파기원과 국사원이 이유없다고 판단한 경우 시민이 이에 대하여 불복하거나 법원이 직권으로 직접 헌법위원회에 위헌법률심판을 청구할 수는 없다. 파기원과 국사원은 3개월 이내에 제청 여부를 결정하여야 하며, 헌법위원회는 3개월 내에 결정선고를 하여야 한다. 졸저, 세계로 나아가는 한국의 헌법재판, 297~305면(프랑스 파기원, 국사원 판사와의 대담내용) 참조.

해하였거나 침해할 현저한 위험이 있는 내용일 때에는 침해당하였다고 주장하는 해당기관은 권한쟁의심판청구를 하여 권한침해의 법령에 대하여 이를 취소하는 의미에서 위헌선언을 구할 수 있는 **권한쟁의심판에 의한 규범통제**가 있다.

현행 헌법재판소법은 이른바 '위헌법률심판'이라는 이름으로 구체적 규범통제를 인정하고 있다. 그래서 보통 위헌법률심판(협의의 위헌법률심판)이라고 하면 법률이 헌법에 위반되는 여부가 재판의 전제가 된 때에 법원의 제청에 의하여 헌법재판소가 법률의 위헌여부에 관하여 심판하는 것을 말하게 된다. 그러나 현행법상 헌법재판소가 법률의 위헌여부를 심판하는 **규범통제심판**(광의의 위헌법률심판)에는 다음과 같은 5가지가 있다고 할 수 있다.

첫째, 일반법원의 제청에 의한 규범통제심판이다. 앞에서 말한 협의의 위헌법률심판인데, 헌법 제107조 제 1 항 및 헌법재판소법 제41조에 의한 법원의 제청에 의하여 헌법재판소가 법률의 위헌여부를 심판하는 경우이다. '**제청형 규범통제심판**'이라고 할 수 있다.

둘째, 입법권의 행사로 말미암아 기본권을 침해받은 자의 헌법소원에 의한 규범통제심판이다. 헌법재판소법 제68조 제 1 항에 의한 심판청구에 의하여 헌법재판소가 법률의 위헌여부를 심판하는 경우이다. '**구제형 규범통제심판**'이라고 할 수 있다.

셋째, 법원으로부터 위헌법률심판의 제청신청에 의한 기각결정을 받은 자의 헌법소원에 의한 규범통제심판이다. 헌법재판소법 제68조 제 2 항에 의한 심판청구에 의하여 헌법재판소가 법률의 위헌여부를 심판하는 경우이다. '**불복형 규범통제심판**'이라고 할 수 있다.

넷째, 권리구제를 구하는 헌법소원심판을 하는 과정에서 부수적으로 행하여지는 규범통제심판이다. 헌법재판소법 제75조 제 5 항에 의하여 공권력의 행사 또는 불행사가 위헌인 법률 또는 법률의 조항에 기인한 것이라고 인정될 경우에 그 인용결정에서 해당 법률 또는 법률의 조항이 위헌임을 선고하는 경우이다. '**부수형 규범통제심판**'이라고 할 수 있다.

다섯째, 위에서 설명한 '**권한쟁의형 규범통제심판**'인바, 헌법재판소법 제61조에 의한 권한쟁의심판청구에 의하여 헌법재판소가 법률의 위헌여부를 심판하는 경우이다.

그런데 헌법재판소는 헌법소원심판이 아닌 위헌법률심판은 구체적 사건에서 법률의 위헌여부가 재판의 전제가 되어 **법원의 제청**이 있는 경우에 한하여 할 수 있

고, 개인의 제청 또는 심판청구만으로는 위헌법률심판을 할 수 없다고 판시하였다.[1]

2. 위헌법률심판 개관

현행헌법상 위헌법률심판은 국회가 제정한 법률의 위헌여부가 일반법원에서 재판의 전제가 되는 경우에 법원이 헌법재판소에 위헌심판을 제청하고 헌법재판소가 그 위헌여부를 심사·판단하는 **사후적·구체적인** 규범통제제도이다(헌법 제107조 제 1 항, 제111조 제 1 항 제 1 호). 구체적 사건에 대한 재판을 담당하는 법원은 재판에 적용할 법률의 위헌 여부를 심사하여 헌법에 합치하는 법률만을 적용하여야 하며, 만일 위헌이라고 판단하는 경우에는 스스로 위헌 여부를 판단해서는 안 되고 헌법재판소에 위헌심판을 제청하여 그 결정에 따라 재판하여야 한다.[2] 즉 법률에 대한 **'위헌제청권'**은 일반법원이 담당하며, **'위헌결정권'**은 헌법재판소가 담당하는 구조로 되어 있다.

따라서 법률이 헌법에 위반되는 여부가 재판의 전제가 되어 해당 사건을 담당하는 법원이 직권 또는 당사자의 신청에 의하여 위헌제청결정을 하고 결정서 정본을 송부하면 헌법재판소는 이를 접수하여 사건번호와 사건명을 부여함으로써 심판절차를 개시한다.

법원의 위헌제청절차에서부터 위헌법률심판의 종국결정에 이르기까지의 심판절차를 도표로 나타내면 아래와 같다.

[도표 3] 위헌법률심판 절차도

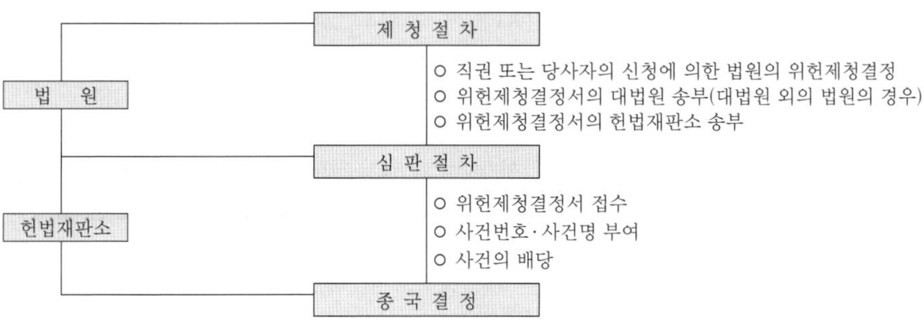

1) 헌재 1994. 6. 30. 94헌아5.
2) 실무제요, 135면.

제 2 절 위헌제청절차

1. 당사자의 위헌제청신청

가. 제청신청권자

일반법원의 재판 계속 중 당해사건에 적용될 특정의 법률 또는 법률의 조항이 헌법에 위반된다고 주장하는 당사자는 당해사건을 담당하는 법원(군사법원을 포함. 이하 같음)에 위헌제청의 신청을 할 수 있다(헌재법 제41조 제 1 항). 이러한 위헌제청신청권은 당해사건의 당사자이면 민사소송이나 행정소송의 경우 원고이든 피고이든 가능하고, 형사사건의 경우 검사나 피고인 역시 가능하다. 행정소송의 피고인 행정청 역시 위헌제청신청권이 있고,[1] 형사재판의 경우 피고인이 아닌 고소인은 형사재판의 당사자라고 볼 수 없으므로 형사사건의 고소인은 위헌제청신청을 할 수 있는 자에 해당하지 않는다.[2] 당해 민사소송 사건의 보조참가인은 위헌제청신청권을 가진다.[3]

나. 제청신청서의 제출

제청신청은 i) 사건 및 당사자의 표시, ii) 위헌이라고 해석되는 법률 또는 법률의 조항, iii) 위헌이라고 해석되는 이유 등을 기재한 서면으로 하여야 한다(헌재법 제41조 제 2 항). 이 위헌제청신청서에는 인지를 첩부하지 않는다(위헌법률심판제청사건의 처리에 관한 예규 [재일 88-3, 2015. 7. 28. 재판예규 제1541호로 개정된 것] 제 3 조). 제청신청서의 심사에는 민사소송법 제254조가 정하는 재판장의 소장심사권 규정이 준용되므로 재판장은 불비한 제청신청에 대하여는 기간을 정하여 보정명령을 할 수 있고 보정명령에 따르지 않으면 제청신청을 각하할 수 있다(헌재법 제41조 제 3 항). 당사자에 의한 위헌제청의 신청은 당해사건에 관련된 신청사건(예컨대 민사사건에 관한 것은 민사신청사건, 형사사건에 관한 것은 형사신청사건)으로 접수 처리된다(동 예규 제 2 조 제 1 항). 위헌제청신청서의 서식례는 다음과 같다.

1) 헌재 2008. 4. 24. 2004헌바44.
2) 헌재 2010. 3. 30. 2010헌바102.
3) 헌재 2003. 5. 15. 2001헌바98.

[서식례 4] 위헌제청신청서 예시

위헌법률 심판제청신청

신 청 인 성명: (주민등록번호) –

주소:

연락 가능한 전화번호:

피신청인 근로복지공단

신 청 취 지

구 상속세법(1993. 12. 31. 법률 제4662호로 개정되기 전의 것) 제18조 제 1 항은 헌법 제11조 제 1 항(평등의 원칙), 제23조 제 1 항(재산권의 보장), 제37조 제 1 항, 제 2 항(과잉금지의 원칙)에 위배될 소지가 있으므로 위헌제청을 한다.

라는 결정을 구합니다.

신 청 이 유

생략(신청취지와 같은 신청을 하는 이유를 구체적으로 기재하십시오.)

20 . . .

신청인 (서명 또는 날인)

법원 귀중

다. 제청신청에 대한 법원의 결정

당사자의 제청신청이 있으면 당해법원은 빠른 시일 내에 신청에 대한 결정을 하여야 한다.[1] 위헌법률심판 제청신청은 당해소송의 재판의 전제가 되는 법률의 위헌여부에 대한 문제제기이므로 이를 선결적으로 먼저 해결해야 할 필요가 있다. 헌법재판소는 구속적부심사절차 계속 중 군사법원법에 규정된 구속과 구속적부심사청구에 관한 조항에 대하여 위헌제청신청을 한 사건에서 구속적부심사청구를 먼저 기각하고 그 다음 위헌제청신청을 기각하였더라도 구속 및 구속적부심사에 관한 법률조항은 여전히 재판의 전제성은 있다고 보았다.[2]

라. 제청신청에 대한 법원의 기각결정과 재신청금지

법원이 위헌제청신청을 기각한 때에는 그 신청을 한 당사자는 헌법재판소법 제68조 제 2 항에 따라서 헌법재판소에 헌법소원심판을 청구할 수 있다. 그리고 이 경우 그 당사자는 당해사건의 소송절차에서 동일한 사유를 이유로 다시 위헌여부심판의 제청을 신청할 수 없다(헌재법 제68조 제 2 항). **'당해사건의 소송절차'**란 동일한 심급의 소송절차뿐 아니라 상소심의 소송절차는 물론 대법원에 의해 파기환송되기 전후의 소송절차를 모두 포함한다는 것이 헌법재판소[3]와 대법원[4]의 판례이다.

따라서 헌법소원심판의 전제가 된 당해사건의 항소심절차에서 위헌여부의 심판제청신청이 기각되었는데도 이에 대하여 헌법소원심판을 청구하지 아니하고 있다가, 또 다시 같은 항소심절차에서 같은 법률조항에 관하여 동일한 사유를 이유로 위헌여부의 심판제청을 하고 그것이 기각되자 헌법소원심판청구를 한 경우, 이는 헌법재판소법 제68조 제 2 항 후문의 규정에 위배되어 부적법하고,[5] 청구인이 당해사건의 1심재판 과정에서 이미 위헌법률심판 제청신청을 하여 그 신청이 기각되자 헌법소원심판청구를 하였고, 그 사건을 헌법재판소에

1) 위헌법률심판제청사건의 처리에 관한 예규 제 7 조 제 5 항은 180일 이내에 신청에 대한 결정을 하여야 한다고 규정하고 있으나 그 기간이 너무 길기 때문에 60일 또는 90일 이내 정도로 단축하는 것이 바람직할 것이다.
2) 헌재 1995. 2. 23. 92헌바18.
3) 헌재 2007. 7. 26. 2006헌바40; 헌재 2010. 2. 9. 2009헌바418; 헌재 2013. 6. 27. 2011헌바247.
4) 대법원 2000. 4. 11.자 98카기137 결정; 대법원 2000. 6. 23.자 2000카기44 결정.
5) 헌재 1994. 4. 28. 91헌바14; 헌재 2013. 6. 27. 2011헌바247.

서 심판하고 있는 중임에도 당해사건의 항소심 재판과정에서 다시 같은 법률조항에 대하여 위헌법률심판 제청신청을 하여 그 신청이 기각되자 헌법소원심판 청구를 한 것은 헌법재판소법 제68조 제 2 항 후문에 위반되고 헌법재판소에서 심판 중인 사건과 중복되는 것이어서 부적법하다.[1)]

한편 위와 같은 경우에 **다른 심급**에서 다시 동일한 사유로 위헌여부제청신청을 하는 것이 허용되는지 여부가 문제된다. 이에 관련하여 헌법재판소는 청구인들이 항고심 소송절차에서 위헌법률심판 제청신청을 하여 그 신청이 기각되었는데도 이에 대하여 헌법소원심판을 청구하지 아니하고 있다가 다시 그 재항고심 소송절차에서 대법원에 같은 이유를 들어 위 법조항이 위헌이라고 주장하면서 위헌법률 제청신청을 하여 그 신청이 기각되자 비로소 헌법소원심판청구를 제기한 사안에서, 이러한 청구는 제68조 제 2 항 후문의 규정에 위배된 것으로 부적법하다고 판단하였고,[2)] **당해사건의 소송절차**란 당해사건의 상소심절차를 포함하므로, 당해사건의 항소심에서 위헌법률심판 제청신청을 하였다가 기각되었는데도 헌법소원심판을 청구하지 아니하고 있다가 그 상고심 소송절차에서 같은 이유를 들어 위헌법률심판 제청신청을 하여 그 신청이 각하된 후 제기한 헌법소원심판청구는 부적법하다고 하였다.[3)]

그런데 이러한 판례의 입장과는 달리, **법원**도 심급을 달리하는 경우에는 각 심급의 법원마다 다시 재판의 전제가 되는 동일한 법률이나 법률조항에 대해 위헌제청을 할 수 있으므로 **당사자** 역시 심급을 달리하는 경우에는 위헌심판제청신청을 다시 할 수 있어야 한다는 견해[4)]가 있다. 그러나 심급을 달리하는 법원은 각 다른 법원인데 반해 당사자는 심급을 달리 하더라도 동일한 당사자인데도 불구하고 양자를 동일시하여, 법원이 각 심급마다 위헌심판제청을 할 수 있으니 당사자 역시 각 심급마다 위헌제청신청을 할 수 있어야 한다는 논리를 전개하는 것은 부당하므로 찬동하기 어렵다.

---

1) 헌재 2011. 5. 26. 2009헌바419.
2) 헌재 2007. 7. 26. 2006헌바40; 헌재 2012. 12. 27. 2011헌바155.
3) 헌재 2009. 9. 24. 2007헌바118; 헌재 2012. 12. 27. 2011헌바155. 대법원도 당해사건의 소송절차란 상소심(다른 심급)에서의 소송절차를 포함하는 것이라고 하여 이를 허용하지 않고 있다(대법원 2000. 6. 23.자 2000카기44 결정 등).
4) 성낙인, 177면; 정종섭, 275면. 한편 김하열, 406면은 법질서(법령이나 판례)나 사실관계의 변화로 인해 기왕의 제청신청이나 그에 대한 기각결정이 무의미하게 되었다면 '동일한 사유를 이유로' 한 것이 아니라고 보아 다시 제청신청하는 것을 허용하여야 한다고 한다.

2. 법원의 직권제청

법률 또는 법률의 조항이 헌법에 위반되는지 여부가 재판의 전제가 된 경우에는 당해사건을 담당하는 법원(군사법원 포함)은 직권으로 헌법재판소에 해당 법률이나 법률조항의 위헌여부심판을 제청할 수 있다(헌재법 제41조 제 1 항).

3. 법원의 위헌제청결정 및 송부

위헌제청신청을 받은 당해법원은 제청신청의 대상인 법률의 위헌여부가 당해소송의 재판의 전제가 되고 또 합리적인 위헌의 의심이 있는 때[1]에 결정의 형식으로 위헌심판제청을 결정한다. 이 밖에 당해법원은 직권으로도 위헌심판제청을 결정할 수 있다. 법원은 위헌이라는 합리적인 의심이 있으면 위헌제청결정을 해야 할 직무상 의무가 있다.[2]

당해법원은 당해사건의 전제가 되는 법률이나 법률조항에 대해 다른 법원이 행한 판단에 구속되지 않고 자신의 판단에 따라 제청권을 행사해야 한다. 따라서 다른 법원이 같은 법률이나 법률조항에 대해 위헌제청을 하지 않았더라도 당해법원의 판단에 따라 제청할 수도 있고, 다른 법원이 이미 위헌제청을 하였더라도 중복하여 제청할 수 있다.[3]

그리고 이들 두 경우 모두 대법원 외의 법원이 위헌제청결정을 한 때에는 대법원을 거치도록 되어 있기 때문에(헌재법 제41조 제 5 항), 당해법원은 위헌제청결정서 정본을 법원행정처장에게 법원장 또는 지원장 명의로 송부하게 된다(위헌법률심판제청사건의 처리에 관한 예규 [재일 88-3] 제 8 조). 이 경우 대법원은 각급 법원의 위헌법률심판제청을 심사할 권한을 가지고 있지 않다. 그리하여 법원행정처장은 이 위헌제청결정서 정본을 그대로 헌법재판소에 송부하게 되고 이로써 위헌법률심판의 제청이 이루어지게 된다(헌재법 제26조 제 1 항 단서).

헌법재판소법 제41조 제 4 항은 "위헌여부심판의 제청에 관한 결정에 대하

1) 헌재 1993. 12. 23. 93헌가2 결정은 "법원은 문제되는 법률조항이 담당법관 스스로의 법적 견해에 의하여 단순한 의심을 넘어선 합리적인 위헌의 의심이 있으면 위헌여부심판을 제청하라는 취지이다."라고 판시하였다.
2) 동지: 김하열, 298면; 성낙인, 172면; 정종섭, 267면; 허영, 209면.
3) 동지: 성낙인, 173면; 정종섭, 287면; 허영, 209면.

여는 항고할 수 없다."고 규정하고 있으므로 위헌제청신청을 기각하는 결정에 대하여는 민사소송에 의한 항고나 재항고를 할 수 없다. 뿐만 아니라 재판의 전제가 되는 어떤 법률이 위헌인지의 여부는 재판을 담당한 법원이 직권으로 심리하여야 하는 것이어서 당사자가 그 본안사건에 대하여 상소를 제기한 때에는 그 법률이 위헌인지 여부는 상소심이 독자적으로 심리 판단하여야 하는 것이므로, 위헌제청신청 기각결정은 본안에 대한 종국재판과 함께 상소심의 심판을 받는 중간적 재판의 성질을 갖는 것으로서 '특별항고의 대상이 되는 불복을 신청할 수 없는 결정'에도 해당되지 않는다.[1)]

위헌법률심판의 제청은 원칙적으로 법원에 계속 중인 구체적 사건의 심리가 충분히 진행되어 그 사건의 재판에서 적용할 법률의 윤곽이 밝혀지고 그 위헌여부에 따라 그 재판의 결과에 영향을 미칠 가능성이 보이는 단계에서 제청하여야 한다. 그렇지 않으면 경우에 따라서는 사후에 위헌법률심판의 제청이 불필요한 것으로 밝혀질 수도 있기 때문이다.[2)]

한편, 법원이 위헌제청신청을 기각한 때에는 그 신청을 한 당사자는 헌법재판소에 헌법소원심판을 청구할 수 있다. 이 경우 그 당사자는 당해사건의 소송절차에서 동일한 사유를 이유로 다시 위헌 여부 심판의 제청을 신청할 수 없다 (헌재법 제68조 제 2 항).

4. 위헌제청서의 기재사항

법원의 제청서에는 다음의 사항이 기재되어야 한다(헌재법 제43조). 즉 ① 제청법원의 표시, ② 사건 및 당사자의 표시, ③ 위헌이라고 해석되는 법률 또는 법률의 조항, ④ 위헌이라고 해석되는 이유, ⑤ 기타 필요한 사항 등이다.

헌법재판소 심판규칙 제54조는 제청서에는 헌법재판소법 제43조의 기재사항 외에 ① 당해사건이 형사사건인 경우 피고인의 구속여부 및 그 기간, ② 당해사건이 행정사건인 경우 행정처분의 집행정지 여부를 기재하여야 한다고 규정하였다. 이는 위헌법률심판절차로 인해 피고인의 구속기간이나 집행정지의 상태가 지나치게 장기화 되는 것을 간접적으로 방지하기 위한 것이다.[3)] 그리고

1) 대법원 1993. 8. 25.자 93그34 결정.
2) 실무제요, 139면.
3) 실무제요, 140면.

그 밖에 제청서에는 필요한 증거서류 또는 참고자료를 첨부할 수 있다(헌재법 제26조 제 2 항). 제청법원은 위헌법률심판을 제청한 후에도 심판에 필요한 의견이나 자료 등을 제출할 수 있다(심판규칙 제55조).

5. 위헌제청서의 예시

종전 대법원예규(재일 88-3)에서 '예시'된 위헌제청서 양식에는 그 이유 부분 중 재판의 전제성에 관한 판단부분이 명시되어 있지 아니하였는바, 실제로 법원은 위헌제청신청을 기각하거나 인용함에 있어서 재판의 전제성이 있는지에 관하여 구체적인 이유설시를 하지 않고 신청의 본안에 대한 이유설시만을 하고 있는 경우가 많았다. 그러나 2000. 7. 1.자 개정 예규(대법원 재판예규 제779호) 제 7 조 제 1 항에서는 위헌여부가 문제되는 법률이 당해소송사건의 재판에 적용되는 것이고, 그 법률이 헌법에 위반되는지의 여부에 따라 당해사건을 담당하는 법원이 다른 내용의 재판을 하게 되는 경우에 한하여 위헌제청을 할 수 있다고 규정하고, 위헌제청서 양식에서도 재판의 전제성 부분에 관한 판단을 명시하도록 하였다. 당해사건의 사실관계를 가장 잘 파악하고 있는 법원이야말로 문제의 법률조항의 위헌여부가 당해사건의 재판의 전제가 되는 것인지를 판단하는 데에 보다 적합한 위치에 있고, 법원의 이러한 이유설시는 헌법재판소가 나중에 재판의 전제성의 존재 여부를 판단함에 있어서 매우 유용한 자료로 활용될 수 있을 것이다.

위헌제청서를 예시하면 다음과 같다.

[서식례 5] 위헌제청결정서 양식(당사자의 신청에 의한 경우)

○ ○ 법 원

위 헌 제 청 결 정

사 건 2022카101 위헌제청신청

신 청 인 ○ ○ ○ (－)

서울 ○○구 ○○로 ○○○

주 문

아래 사건에 관하여 ○○법 제○조 제○항의 위헌여부에 관한 심판을 제청한다.

(예시) 사 건 2022가단100 손해배상

원 고 ○○○(서울 ○○구 ○○로 ○○○)

피 고 ○○○(서울 ○○구 ○○로 ○○○)

이 유

주문 기재 법률 제○조 제○항은 별지 기재와 같이 그 위헌여부가 주문 기재 사건 재판의 전제가 될 뿐만 아니라 이를 위헌이라고 인정할만한 상당한 이유가 있으므로 주문과 같이 결정한다.

20 . . .

판 사 ○ ○ ○ (인)

[서식례 6] 위헌제청결정서 양식(직권에 의한 경우)

○ ○ 법 원

위 헌 제 청 결 정

사 건 2022가단101 소유권이전등기

원 고 ○ ○ ○ (-)

서울 ○○구 ○○로 ○○○

피 고 ○ ○ ○ (-)

서울 ○○구 ○○로 ○○○

주 문

위 사건에 관하여 ○○○법 제○조 제○항의 위헌여부에 관한 심판을 제청한다.

이 유

주문 기재 법률 제○조 제○항은 별지 기재와 같이 그 위헌여부가 위 사건 재판의 전제가 될 뿐만 아니라 이를 위헌이라고 인정할만한 상당한 이유가 있으므로 주문과 같이 결정한다.

20 . . .

판 사 ○ ○ ○ (인)

6. 당해사건의 재판 정지

법원이 위헌법률심판을 제청한 때에는 당해소송사건의 재판은 헌법재판소의 위헌여부의 결정이 있을 때까지 정지된다. 다만, 법원이 긴급하다고 인정하는 경우에는 종국재판 외의 소송절차를 진행할 수 있다(헌재법 제42조 제 1 항). 그리고 위의 재판정지기간은 형사소송절차에서의 구속기간(형소법 제92조 제 1 항 · 제 2 항, 군사법원법 제132조 제 1 항 · 제 2 항)과 민사소송절차에서의 종국판결 선고기간(민소법 제199조)에 이를 산입하지 아니한다(헌재법 제42조 제 2 항). 이 경우 재판정지기간의 기산점은 법원이 위헌제청결정을 한 때, 그 만료점은 헌법재판소의 위헌여부결정서 정본이 위헌제청법원에 송달된 때로 본다고 대법원은 해석하고 있다. 그런데 위헌제청을 한 후 헌법재판소가 당해법률을 위헌이라고 결정하거나 그 법률이 폐지되는 등의 사유로 위헌제청의 사유가 소멸한 경우에는 위헌제청법원은 위헌제청결정을 취소하고, 그 취소결정 정본을 헌법재판소에 송부함으로써 위헌여부심판제청을 철회하여야 하는바, 이 경우에는 위헌제청결정에 대한 취소결정을 한 때에 재판정지기간이 만료된 것으로 본다(위헌법률심판제청사건의 처리에 관한 예규 [재일 88-3] 제 9 조의2).

제 3 절 위헌법률심판절차

1. 사건의 접수

위헌제청서가 제출되면 접수공무원은 이를 접수하여 사건으로 입건하고, 접수서류에 표지를 붙여 사건기록을 편성하며, 사건번호와 사건명을 부여한다(헌법재판소 사건의 접수에 관한 규칙 제 4 조, 제 9 조, 제11조. 예컨대, 2012헌가○○, 회사정리법 제15조 위헌제청). 사건기록을 편성한 때에는 사건번호 · 사건명 · 청구인 등 사건의 특정에 필요한 사항을 헌법재판정보시스템에 입력한다(접수규칙 제 4 조). 사건배당을 완료한 때에는 그 결과를 해당사건기록에 지체 없이 기록하여야 한다(헌법재판소 사건의 배당에 관한 내규 제13조).

2. 위헌제청서의 송달과 의견서 제출

위헌법률심판의 제청이 있은 때에는 법무부장관 및 당해소송사건의 당사자에게 그 제청서의 등본을 송달한다(헌재법 제27조 제 2 항). 그리고 당해소송사건의 당사자, 참가인 및 법무부장관은 헌법재판소에 법률의 위헌여부에 대한 의견서를 제출할 수 있다(헌재법 제44조, 심판규칙 제56조). 법무부장관은 정부의 법무에 관한 사항을 관장하는 기관이고, 당해사건의 당사자나 참가인은 심판대상인 법률의 위헌 여부와 관련하여 직접적인 이해관계를 가지고 있으므로, 헌법재판소의 심리를 충실하게 하는 취지에서 의견서를 제출할 수 있도록 한 것이다.

그리고 헌법재판소의 위헌법률심판, 헌법소원심판 절차에서 이해관계 있는 국가기관 또는 공공단체는 헌법재판소에 의견서를 제출할 수 있고, 헌법재판소는 이들에게 의견서를 제출할 것을 요청할 수 있으며 헌법재판소는 필요하다고 인정하면 당해 심판에 이해관계가 있는 사람에게 의견서를 제출할 수 있음을 통지할 수 있도록 하였다(헌재법 제74조, 심판규칙 제10조).[1]

한편 제청법원도 위헌법률심판절차의 당사자는 아니지만 위헌심사권에 근거한 제청권자로서 심판에 필요한 의견서를 제출할 수 있다(심판규칙 제55조).

3. 자료제출요구

재판부는 결정으로 다른 국가기관 또는 공공단체의 기관에 대하여 심판에 필요한 사실을 조회하거나, 기록의 송부나 자료의 제출을 요구할 수 있다(헌재법 제32조 본문). 그리고 제청법원은 위헌법률심판을 제청한 후에도 심판에 필요한 자료 등을 헌법재판소에 제출할 수 있다(심판규칙 제55조). 위헌법률심판의 경우 재판의 전제성 여부 및 위헌여부의 판단을 위하여 당해사건의 구체적 내용을 알아야 할 경우가 있으므로 필요한 경우 서기로 지명된 서기관, 사무관(이하 '사무관등')은 재판부의 명에 의해 제청법원에 대하여 당해사건기록의 인증등본을 송부해주

1) 헌법재판소 심판규칙 제10조가 의견서를 제출할 수 있는 범위를 더욱 확대하여 위헌법률심판, 헌법소원심판 뿐만 아니라 헌법재판소의 모든 심판절차에서 이해관계가 있는 국가기관 또는 공공단체에게 의견서 제출 기회를 부여하였다고 보는 견해(실무제요, 141면; 김하열, 307면 등)가 있으나 그러한 견해는 헌법재판소법 제44조, 제74조 제 1 항에 어긋나는 해석이므로 타당하지 아니함은 앞서 설명한 바와 같다.

도록 요청하여야 한다. 2017. 5. 30. 일부개정 헌법재판소 심판 규칙 제39조 제 2 항은 "헌법재판소는 법 제32조에 따라 기록의 송부나 자료의 제출을 요구하는 경우로서 국가기관 또는 공공단체의 기관이 원본을 제출하기 곤란한 사정이 있는 때에는 그 인증등본을 요구할 수 있다."고 규정하였다.[1] 기록등본송부요청서의 양식은 다음과 같다(서식례 7).

4. 위헌제청의 철회

위헌제청을 한 제청법원은 위헌제청을 한 후 헌법재판소가 당해법률을 위헌이라고 결정하거나 그 법률이 폐지되거나 당사자의 소송종료를 초래하는 행위(소·항소·상고 등의 취하, 화해, 청구포기, 인낙 등) 등의 사유로 위헌제청의 사유가 소멸한 경우에는 위헌제청결정을 취소하고 그 취소결정의 정본을 헌법재판소에 송부함으로써 그 위헌제청을 철회한다(위헌법률심판제청사건의 처리에 관한 예규 [재일 88-3] 제 7 조 제 4 항). 위헌제청결정의 취소결정 서식례는 다음과 같다(서식례 8). 이러한 위헌제청의 철회에 대해 헌법재판소는 예외적으로 헌법적 해명을 위하여 본안판단을 하는 경우가 아닌 한 별다른 재판 없이 위헌심판절차가 종료된 것으로 처리한다.

그러나 위의 제한적인 사유에 해당하지 않는 한 위헌 여부에 관한 견해의 변경 등으로 법원이 임의로 제청결정을 철회하는 것은 허용되지 않는다.[2]

---

1) 재판·소추 또는 범죄수사가 진행 중인 사건의 기록에 대하여는 송부를 요구할 수 없는데(헌재법 제32조 단서), 이를 기록 '원본'에 대한 송부를 요구할 수 없다는 의미라는 견해(실무제요, 524면)가 있으나, 이에 대하여는 헌재법 제32조 단서에서 '재판·소추 또는 범죄수사가 진행 중인 사건의 기록에 대하여는 송부를 요구할 수 없다.'고 규정하고 있을 뿐 기록 '원본'에 대한 송부를 요구할 수 없다고 규정하고 있지 않으므로 그러한 해석은 부당하고, 헌법재판소는 헌법재판소법과 다른 법률에 저촉되지 아니하는 범위 내에서 심판에 관한 절차에 관한 규칙을 지정할 수 있을 뿐이므로 헌재법 제32조 단서에 어긋나는 헌법재판소 심판규칙 제38조 제 2 항은 효력이 없다는 견해도 있음은 앞서 설명하는 바와 같다.

2) 실무제요, 144면.

[서식례 7] 기록등본송부요청서 양식

헌 법 재 판 소

기 록 등 본 송 부 요 청 서

수 신

사 건 2022헌가○○ ×××법 위헌제청

위 사건의 심리에 필요하여 아래 표시 기록의 인증등본의 송부를 요청하오니 조속히 송부하여 주시기 바랍니다.

아 래

대법원 2022다○○○ (사건명)

20 . . .

수 명 재 판 관 ○ ○ ○ (인)

[서식례 8] 위헌제청결정 취소 결정서 양식

○ ○ 법 원

결 정

사 건 2022가단101 소유권이전등기

원 고 ○ ○ ○

(주소)

피 고 ○ ○ ○

(주소)

주 문

위 사건에 관하여 이 법원이 2022. ○. ○.(2022카101호)로 한 위헌제청결정을 취소한다.

이 유

위 사건에서 재판의 전제가 된 ○○○법 제○조 제○항은 헌법재판소의 2022. ○. ○.자 ○○헌가○○○ 결정에 의하여 위헌으로 결정됨으로써 그 효력이 상실되었으므로(또는, 2020. ○. ○ 법률 제○○○호로 개정되고 개정법률 부칙 제○조에 의해 개정법률 시행 당시 재판이 계속중인 사건에 대하여도 개정법률인 신법 제○조를 적용하도록 됨으로써 더 이상 적용할 여지가 없게 되어 재판의 전제성을 상실하였으므로), 주문과 같이 결정한다.

20 . . .

판 사 ○ ○ ○ (인)

제 4 절 위헌법률심판의 적법요건

법률이 헌법에 위반되는 여부가 재판의 전제가 된 때에는 당해사건을 담당하는 법원(군사법원을 포함한다)은 직권 또는 당사자의 신청에 의한 결정으로 헌법재판소에 위헌여부의 심판을 제청한다(헌법 제107조 제 1 항, 헌재법 제41조 제 1 항). 당해사건에 적용할 법률이 위헌인지 여부에 관하여 합리적인 의심이 있을 때에는 법원은 그 법률을 헌법재판소에 위헌제청 해야 할 의무가 있으며, 헌법재판소는 제청된 법률의 위헌여부에 대한 판단을 내려야 한다.

1. 제청권자

가. 법 원

'법원'만이 법률의 위헌여부에 대하여 헌법재판소에 위헌제청 할 수 있다. 법원은 '직권 또는 당사자의 신청에 의한 결정'으로 위헌제청 할 수 있다. 즉, 헌법소원심판이 아닌 위헌법률심판은 구체적 사건에서 법률의 위헌여부가 재판의 전제가 되어 **법원의 제청**이 있는 경우에 한하여 할 수 있고, **개인의 제청신청** 또는 **심판청구**만으로는 위헌법률심판을 할 수 없다.[1)]

당해사건의 **당사자**는 당해사건을 담당하는 법원에 대하여 위헌제청의 신청을 할 수 있을 뿐이며, 직접 헌법재판소에 위헌법률심판을 청구할 수는 없다. 당해법원에 위헌심판제청신청을 할 수 있는 '당사자'에 당해소송의 **보조참가인**이 포함되는지 여부에 관하여 헌법재판소는, 보조참가인은 당해소송에서 자기 명의로 독립하여 소송행위를 할 수 있는 자이며 당해소송의 결과에 법률상 이해관계 있는 자이므로 위헌심판제청신청을 할 수 있는 당사자에 해당한다고 하였다.[2)] 위헌여부 심판의 제청에 관한 결정에 대해서는 그것이 기각결정이든 각하결정이든 **항고**할 수 없으며(헌재법 제41조 제 4 항), 다만 헌법재판소법 제68조 제 2 항에 의한 **'위헌소원'**을 헌법재판소에 청구할 수 있을 따름이다.

제청권자인 '법원'의 개념과 관련하여 몇 가지 문제가 있다.

---

1) 헌재 1994. 6. 30. 94헌아5.
2) 헌재 2003. 5. 15. 2001헌바98; 헌재 2008. 4. 24. 2004헌바44.

먼저 수소법원은 물론 집행법원도 제청권한이 있으며, 비송사건 담당법관의 경우에도 재판사건과 마찬가지로 제청권이 있다고 보아야 할 것이다. 그리고 민사조정위원회(민사조정법 제 8 조 이하) 및 가사조정위원회(가사소송법 제49조 이하)는 사법적 분쟁해결절차의 한 종류로서 법관이 아닌 조정위원이 참여하기는 하나 법관이 주도하는 이상 법원으로서의 성격을 잃지 않는다고 할 것이고, 따라서 제청권이 있는 법원으로 보아야 한다는 견해도 있는 반면에,[1] 상임조정위원이 조정장이 될 수도 있고, 조정이 성립하지 않을 경우 소송절차로 이행하므로 제청권을 인정할 실익이 없어 제청의 주체로 볼 수 없다는 견해도 있다.[2] 그러나 헌법 제107조 제 3 항과 행정심판법 등에 근거를 두고 설치되어 행정심판을 담당하는 각종 행정심판기관이나 법관이 주도하지 아니하는 언론중재위원회는 제청권을 갖는 법원이라 볼 수 없다. 그렇지만 우리 헌법상 특별법원으로 예외적으로 인정된(헌법 제110조 제 1 항) 군사법원에는 제청권이 있다(헌재법 제41조 제 1 항).

한편, 제청권자로서의 법원은 사법행정상의 관청으로서의 법원이 아니라 개개의 소송사건에 관하여 재판권을 행사하는 재판기관으로서의 법원을 말한다. 따라서 단독판사 관할사건의 경우에 당해소송의 담당법관 개인이 여기서 말하는 '법원'으로서 제청권이 있으며, 합의부 관할사건의 경우에 있어서는 합의부가 원칙적으로 제청권 있는 '법원'이지만, 예외적으로 소송법상 문제의 재판을 단독으로 할 수 있도록 하고 있는 경우에는 그 재판을 할 수 있는 권한이 있는 법관 개인도 '법원'에 해당한다.[3]

끝으로 대한민국의 법원만이 위헌제청권을 갖는다. 따라서 법원조직법과 군사법원법에 의한 각급 법원이 아닌, 국내의 사설 중재재판소나 외국의 법원 등에게는 위헌제청을 할 권한이 없다.[4]

나. 법률의 위헌성에 대한 의심의 정도

법원은 재판에 적용할 법률의 위헌 여부에 관한 심사권을 가지고, 그 법률에 위헌의 의심이 있는 경우에는 스스로 위헌 여부를 판단하는 대신에 헌법재판소에 위헌제청을 하여 그 판단에 따라 재판을 하여야 한다. 이때 위헌체청을 위

1) 정종섭, 264면; 허영, 207면.
2) 실무제요, 145면.
3) 실무제요, 145면.
4) 실무제요, 146면.

하여 법관에게 어느 정도의 위헌의 의심이 있어야 하는지가 문제된다.

헌법재판소는 이와 관련하여 "헌법 제107조 제 1 항과 헌법재판소법 제41조, 제43조 등의 각 규정의 취지는, 법원은 문제되는 법률조항이 담당법관 스스로의 법적 견해에 의하여 단순한 의심을 넘어선 합리적인 위헌의 의심이 있으면 위헌여부심판을 제청하라는 취지이다"[1]라고 판시하여 '단순한 의심'과 독일 연방헌법재판소의 판례가 요구하는 위헌에 대한 '확신' 사이의 중간적인 입장을 취하고 있다.

따라서 제청법원은 제청결정에서 단지 위헌의 의심을 진술하는 것으로는 부족하고, 법률이 위헌이라는 합리적인 의심을 헌법재판소에 설득력 있게 논증하여야 한다. 그렇지 않다면 위헌제청은 부적법한 것으로 각하될 수 있다.[2]

다. 직권에 의한 위헌법률심판의 가능성(다른 심판절차에서의 부수적 규범통제 가능성)

헌법재판소가 위헌법률심판절차 외의 다른 심판절차에서 사건을 심리하는 중에 관련 법률의 위헌 여부가 그 심판의 전제가 되는 경우 헌법재판소가 직권으로 그 법률의 위헌 여부에 대해 심리·판단할 수 있는지가 문제된다.

이와 관련하여 법에 명시적인 규정은 없지만, 헌법재판소법 제75조 제 5 항은 헌법소원심판절차에서 공권력의 행사 또는 불행사가 위헌인 법률 또는 법률의 조항에 기인한 것이라고 인정될 때에는 인용결정에서 당해 법률 또는 법률의 조항이 위헌임을 선고할 수 있도록 규정하고 있다.[3] 이를 부수적 위헌선언이라고 하는데, 그 취지는 구체적인 공권력의 행사 또는 불행사와 관련한 헌법문제의 일괄적 해명, 반복되는 기본권 침해의 사전예방, 소송경제의 관점을 고려한 것이다.

부수적 위헌선언을 하는 경우와 다른 심판절차에서 전제문제로서 법률의 위헌 여부를 판단하는 경우는 서로 구조적인 차이는 있지만, 모두 헌법적 분쟁의 일괄적 해결과 사전예방적인 기본권 보장, 소송경제의 측면에서 심판대상 외의 관련 법률 또는 법률조항의 위헌 여부를 심리·판단한다는 점에서 그 본질을 같이한다고 볼 것이다.

---

1) 헌재 1993. 12. 23. 93헌가2.
2) 실무제요, 146면.
3) 그러한 사례로는 변호인접견 방해 사건. 헌재 1992. 1. 28. 91헌마111; 미결수 서신검열 사건. 헌재 1995. 7. 21. 92헌마144.

이러한 관계를 고려하여 보면, 헌법재판소가 심판사건을 심리하면서 관련 법률이나 법률조항의 위헌 여부가 선결문제가 되는 경우, 헌법과 법에 의하여 헌법재판소에 부여된 심판권한을 제대로 수행하기 위하여 불가피하게 그 법률 또는 법률조항의 위헌 여부를 판단할 수밖에 없을 것이다. 그렇게 하지 않는다면 사법작용으로서 헌법재판소의 판단이 헌법적 분쟁을 해결하는 데 무용할 뿐 아니라 선결문제인 법률 또는 법률조항의 위헌성 판단을 도외시함으로써 사건의 본질을 왜곡할 수도 있고, 이 문제를 법원 등 다른 국가기관에 맡길 경우 헌법 제107조 제 1 항에 반하는 결과를 초래할 수도 있기 때문이다.[1] 참고로 오스트리아헌법은 제140조 제 1 항 제 1 문에서 '사건처리를 위해 적용해야 하는 법률의 위헌 여부가 선결문제로 된 경우 헌법재판소가 직권으로 규범통제절차를 개시할 수 있다.'고 하여 이를 허용하는 명문의 규정을 두고 있다.

헌법재판소는 지방자치단체의 자치사무에 대한 감사원의 합목적성 감사의 지방자치권 침해확인을 구하는 권한쟁의 사건에서, 합목적성 감사의 법적 근거인 감사원법 제24조 제 1 항 제 2 호의 지방자치권 침해 여부를 판단하여 그 결정이유에서 위 감사원법 조항이 지방자치권의 본질을 훼손하지 않는다고 판단하였다.[2]

또한 헌법재판소는 대통령의 발언이 공무원의 선거중립의무를 규정한 공직선거법 제 9 조에 위반된다고 하여 중앙선거관리위원회위원장이 한 '대통령의 선거중립의무 준수 요청' 조치에 대한 헌법소원 사건에서, 전제문제로서 공직선거법 제 9 조의 위헌 여부를 판단하여 그 결정이유에서 공직선거법 조항이 헌법에 위반되지 않는다고 판단하였고,[3] 공소시효를 정한 형사소송법 제249조가 위헌임을 전제로 불기소처분의 취소를 구하는 헌법소원 사건에서도 위 형사소송법 조항이 헌법에 위반되지 아니함을 결정이유에서 밝혔는데,[4] 이들 사건에서 헌법재판소는 헌법소원심판에 대해 기각결정을 하면서도 결정이유에서 심판의 전제문제로서 해당 법률조항의 위헌 여부를 판단하였다.

한편 국회의장의 법률안에 대한 심사기간 지정 거부행위로 인한 국회의원들의 법률안 심의·표결권 침해확인을 구하는 권한쟁의 사건에서 법정의견은

1) 실무제요, 147면.
2) 헌재 2008. 5. 29. 2005헌라3.
3) 헌재 2008. 1. 17. 2007헌마700.
4) 헌재 1995. 7. 21. 95헌마8등.

국회법 제85조 제 1 항 제 3 호의 위헌 여부는 위 심사기간 지정 거부행위의 효력에 아무런 영향도 미칠 수 없다고 판단하였는바,[1] 이는 영향을 미친다고 인정될 경우 국회법 제85조 제 1 항 제 3 호의 위헌 여부에 대하여 판단할 수 있음을 전제한 것이다.[2]

2. 위헌제청의 대상적격이 있는 법규범

가. 법 률

(1) 대한민국의 형식적 의미의 법률

원칙적으로 국회가 입법절차에 의거한 의결을 거쳐 제정된 이른바 '형식적 의미의 법률'만이 법원의 위헌제청의 대상이 될 수 있는 법률에 해당한다.[3] 또 여기서 말하는 법률은 대한민국의 국회가 제정한 법률만을 말한다. 따라서 대한민국의 입법권에 기초를 두고 제정된 대한민국의 법률이 아닌 외국의 법률은 제청대상적격이 없고, 섭외사건에서 외국의 법률이 준거법으로서 재판에 적용된다고 하더라도 또한 마찬가지이다.[4]

(2) 시행되어 효력이 발생한 법률

위헌법률심판은 최고규범인 헌법의 해석을 통하여 헌법에 위반되는 법률의 효력을 상실시키는 것이므로, 특별한 사정이 없는 한 현재 시행중이거나 과거에 시행되었던 것이어야 하고, 제청 당시에 공포는 되었으나 시행되지 않은 법률은 위헌여부심판의 대상법률에서 제외된다.[5]

(3) 유효한 법률

위헌제청의 대상이 될 수 있는 법률은 헌법재판소의 위헌심판 시에 '유효한 법률'이어야 함이 원칙이다. 그러므로 헌법재판소에서 이미 위헌결정이 선고된 법률조항에 대한 위헌법률심판제청은 부적법하다.[6]

또한 **폐지된 법률**에 대한 위헌심판제청도 원칙적으로 부적법하다.[7] 그러나

1) 헌재 2016. 5. 26. 2015헌라1.
2) 실무제요, 148면.
3) 헌재 1996. 6. 13. 94헌바20; 헌재 1996. 10. 4. 96헌가6.
4) 실무제요, 149면.
5) 헌재 1997. 9. 25. 97헌가4.
6) 헌재 1989. 9. 29. 89헌가86; 헌재 1991. 11. 25. 91헌가6; 헌재 1994. 8. 31. 91헌가1; 헌재 1997. 1. 16. 93헌바54; 헌재 2012. 12. 27. 2012헌바60.
7) 헌재 1989. 5. 24. 88헌가12.

폐지된 법률이라 하더라도 당해소송사건에 적용될 수 있어 재판의 전제가 되는 경우에는 예외적으로 위헌제청의 대상이 될 수 있다. 예를 들면 헌법재판소는 "보호감호처분에 대하여는 소급입법이 금지되므로 비록 구법이 개정되어 신법이 소급적용되도록 규정되었다고 하더라도 실체적인 규정에 관한 한 오로지 구법이 합헌적이어서 유효하였다는 것을 전제로 하고 다시 신법이 보다 더 유리하게 변경되었을 때에만 신법이 소급적용 될 것이므로 폐지된 구법에 대한 위헌여부의 문제는 신법이 소급적용 될 수 있기 위한 전제문제로서 판단의 이익이 있어 위헌제청은 적법하다."고 판시하였다.[1] 또한 대통령이 동원대상지역 내의 토지수용에 대한 특별조치를 할 수 있도록 규정한 국가보위에관한특별조치법 제5조 제4항 및 그에 따른 대통령령에 의하여 토지를 수용당한 소유자가 위 특별조치법 제5조 제4항이 위헌임을 이유로 하여 대한민국을 상대로 소유권이전등기말소청구소송을 제기한 경우에 비록 위 특별조치법이 폐지되었다고 하더라도 그 위헌 여부는 위 소송에서 재판의 전제가 되므로 위헌심판의 대상이 된다고 하였고,[2] 비록 조합의 구역 내에 같은 업종의 조합을 2개 이상 설립할 수 없도록 한 구 축산업협동조합법 제99조 제2항이 축산업협동조합법의 개정으로 삭제되기는 하였으나 농림수산부장관의 조합설립인가처분의 위법·부당 여부는 특별한 사정이 없는 한 위 처분 시의 법규에 비추어 판단하여야 할 것이고, 위 처분 당시 유효한 법률조항이었던 심판대상조항의 재판의 전제성이 인정된다고 하였다.[3]

그런데 헌법재판소는 양벌규정에 면책조항이 추가되는 형식으로 개정되었으나 개정법 시행 전의 범죄행위에 대하여 종전규정을 따른다는 취지의 경과규정이 없는 경우, 형법 제1조 제2항에 의해 신법이 적용된다고 보아야 할 것이므로, 당해사건에 적용되지 않는 구법은 재판의 전제성을 상실하게 된다고 판단하였다.[4] 다만 양벌규정에 면책조항이 추가되는 형태로 개정되었으나, 그 부칙

1) 보호감호 사건. 헌재 1989. 7. 14. 88헌가5등; 동지: 헌재 1994. 6. 30. 92헌가18; 헌재 1989. 12. 18. 89헌마32등; 헌재 1995. 1. 20. 90헌바1; 헌재 1995. 10. 26. 94헌마242; 헌재 1996. 8. 29. 94헌바15; 택지소유상한에관한법률 사건. 헌재 1999. 4. 29. 94헌바37등.
2) 헌재 1994. 6. 30. 92헌가18.
3) 헌재 1996. 4. 25. 92헌바47.
4) 헌재 2010. 9. 2. 2009헌가9등; 헌재 2010. 12. 28. 2010헌가51; 헌재 2010. 12. 28. 2010헌가73등; 헌재 2011. 12. 29. 2010헌바117; 헌재 2013. 6. 27. 2011헌가39. 저자는 면책조항의 신설은 종래의 해석을 명문으로 밝힌 것에 불과하여 형법 제1조 제2항에 해당한다고 볼 수 없으므로 심판대상조항이 재판의 전제성이 있다는 반대의견을 제시하였다.

에서 개정법 시행 전의 범죄행위에 대한 벌칙의 적용은 종전의 규정에 따른다는 취지의 경과규정을 두고 있는 경우에는 위 양벌규정은 당해사건에 적용되고, 또한 제청신청인에 대한 처벌의 근거규정인 양벌규정이 위헌으로 선언되면 당해사건 재판의 주문이 달라질 것이므로 위 양벌규정은 **재판의 전제성**이 인정된다고 하였다.[1)]

한편, 국적법 제 2 조 제 1 항 제 1 호 위헌제청사건에서는 심판계속 중 제청대상 법률조항이 개정되어 당해사건에 신법을 적용하게 되었으므로 **재판의 전제성**이 없다고 하였고,[2)] 법률이 전부개정된 경우에는 기존 법률을 폐지하고 새로운 법률을 제정하는 것과 같아 특별한 사정이 없는 한 종전 법률 부칙의 경과규정도 실효되는바(대법원 2012. 3. 29. 선고 2011두27919 판결 등 참조), 제청신청인이 현행 감정평가사 제 1 차시험 면제 대상이 되는지 여부는 2005. 1. 14. 전부개정된 부동산공시법에 따라 결정되고 심판대상조항인 개정 전 법률의 부칙이 적용되지 아니하므로 심판대상조항의 위헌 여부가 당해사건 재판에 영향을 미친다고 볼 수 없다고 하였다.[3)]

(4) 입법부작위의 경우

위헌법률심판이나 헌법재판소법 제68조 제 2 항에 따른 헌법소원은 입법활동의 결과인 법률이나 법률조항이 헌법에 위반되는지 여부를 적극적으로 다투는 제도이므로 법률의 부존재, 즉 **입법부작위**를 대상으로 하여 다투는 것은 그 자체로서 허용되지 않는다.[4)]

따라서 제청법원이 법률에 대한 위헌심판을 구하면서 동시에 토지수용의 경우에 가압류가 소멸함에도 그에 대한 보상의 방법과 절차를 전혀 규정하지 않아 가압류 채권자의 재산권을 침해하고 있다는 이른바 **입법부작위**로 인한 위헌청구를 한 부분은 위헌법률심판의 대상으로 삼을 수 없어 부적법하고,[5)] 청구인이 '구 조세감면규제법 제67조의7 및 제67조의8에 증여세가 면제되는 농지 등의 가액은 구 상속세법 제 4 조 제 1 항에 의하여 상속세 과세가액에 가산하는 증여재산가액에 이를 포함시키지 아니한다는 내용의 조세감면규제법 제57조

1) 헌재 2010. 10. 28. 2010헌가14; 헌재 2012. 11. 29. 2012헌가15.
2) 헌재 2000. 8. 31. 97헌가12.
3) 헌재 2016. 4. 28. 2015헌가16.
4) 헌재 2000. 1. 27. 98헌바12; 헌재 2004. 1. 29. 2002헌바36등; 헌재 2014. 9. 25. 2013헌바208; 헌재 2024. 1. 25. 2020헌바475등.
5) 헌재 2007. 12. 27. 2005헌가9.

제 4 항과 제58조 제 3 항과 같은 규정을 두지 아니한 것이 위헌'이라고 주장하면서 그와 같은 입법부작위를 다투는 심판청구는 부적법하다.[1)]

또한 공직선거법 위반행위에 대한 검사 또는 국가경찰공무원의 신속·공정한 단속·수사 의무를 규정한 공직선거법 제 9 조 제 2 항을 외형상 심판대상으로 삼고 있으나, 청구인의 주장은 '공직선거법 위반행위에 관하여는 검사 또는 국가경찰공무원의 범죄수사 등에 관한 권한을 선관위의 선행조사 후 고발 등이 있을 경우로 제한하는 취지의 규정을 마련하지 않은 것'이 위헌이라는 것인바, 이것은 공직선거법 위반행위에 대한 단속·수사 권한의 배분에 관한 문제로서 심판대상 법률조항의 규율내용과는 무관하므로 진정입법부작위를 다투는 것으로 부적법하다.[2)]

그러나 법률이 불완전·불충분하여 결함이 있는 이른바 '부진정입법부작위'는 입법부작위로 다툴 것이 아니라 불완전한 법률조항 자체를 대상으로 위헌제청이나 헌법소원을 제기하여야 한다.

예를 들면, 준재심의 사유와 방법을 정한 민사소송법 제431조(현행 민소법 제461조)에 대한 위헌소원 사건에서 헌법재판소는, 청구인은 재판상 화해의 합의가 없는 경우를 준재심의 사유로 정하지 않은 입법부작위를 다투지만, 이는 '화해의 합의가 없는 경우'와 같이 중대한 하자를 재심사건에서 제외하여 불완전, 불충분한 입법을 한 것임을, 즉 부진정입법부작위를 다투는 것이라고 하였다.[3)] 그리고 새마을금고 임원의 결격사유를 정한 새마을금고법 제21조에 대한 위헌소원 사건에서 헌법재판소는, 청구인은 선거범죄와 다른 죄에 대하여 분리선고 규정을 두지 않은 입법부작위를 다투지만, 이는 위 법률조항이 새마을금고법상 선거범죄를 범하여 징역형 또는 100만 원 이상의 벌금형을 선고받은 사람에 대하여 임원의 자격을 제한하도록 규정하면서도, 선거범죄와 다른 죄의 경합범인 경우에 분리선고규정은 두지 않음으로써 불완전, 불충분 또는 불공정한 입법을 한 것임을, 즉 부진정입법부작위를 다투는 것이라고 하였다.[4)] 또한 헌법재판소는 "청구인들의 주장은 상속재산가액에서 차감할 채무항목에 '외국 법원의 확정판결에 기초하여 이루어진 가압류의 피보전채무'를 포함시키지 아니하여 입법권

1) 헌재 2000. 1. 27. 98헌바12.
2) 헌재 2010. 2. 25. 2009헌바95.
3) 헌재 1996. 3. 28. 93헌바27.
4) 헌재 2014. 9. 25. 2013헌바208.

을 불완전 또는 불충분하게 행사하였다는 취지인바, 이 사건 심판대상은 '외국법원의 확정판결에 기초하여 이루어진 가압류의 피보전채무'를 상속재산의 가액에서 차감되는 채무에 포함시키지 아니한 구 '상속세 및 증여세법' 제14조 제 2 항이 헌법에 위반되는지 여부이다."라고 판시하였다.[1]

다만 법률이 **불완전·불충분**하게 규정되었음을 근거로 법률 자체의 위헌성을 다투는 취지로 이해될 경우에는 그 법률이 당해사건의 **재판의 전제**가 된다는 것을 요건으로 허용될 수 있다.[2] 왜냐하면 불완전·불충분한 법률의 내용에 따라서는 헌법재판소가 그 위헌성을 확인하더라도 불완전·불충분한 입법을 적용하였을 때와 다른 내용의 재판을 하기 어려운 경우가 발생할 수 있기 때문이다. 한편 심판대상 법률조항의 적용에서 배제된 자가 부진정 입법부작위를 다투는 경우, 심판대상 법률조항에 대한 위헌결정만으로는 당해사건 재판의 결과에 영향이 없다고 하더라도, 위헌 또는 불합치결정의 취지에 따라 당해 법률조항이 개정되는 때에는 당해사건의 결과에 영향을 미칠 가능성이 있으므로 재판의 전제성이 인정될 수 있다.[3] 그런데 헌법재판소는, 헌법재판소에 의하여 이미 위헌선언되어 효력이 상실된 법률조항 부분이 입법의 결함에 해당한다고 주장하는 헌법소원심판청구는 종전의 위헌결정에 대한 불복이거나, 위헌으로 선언된 규범의 유효를 주장하는 것이어서 법률조항에 대한 위헌결정의 법규적 효력에 반하여 허용될 수 없으므로 부적법하다고 하였다.[4]

(5) 심판대상 법률규정의 해석과 적용의 문제가 헌법재판소의 심판대상이 될 수 있는지 여부

헌법재판소는 군형법 제47조에 대한 헌법소원 사건에서, "각 군 참모총장의 군무이탈자에 대한 복귀명령이 이 사건 법률규정에서 말하는 '정당한 명령'에 해당하는지 여부는 위 규정의 해석·적용에 관한 문제로서 원칙으로 법원에서 판단할 사항이다. 그런데 대법원과 각 군 군사법원은 복귀명령이 위 규정의 정당한 명령에 포함되는 것으로 해석하고 있으므로, 복귀명령 위반행위를 명령위반죄로 형사처벌하는 것이 헌법에 위반된다면 결국 법원의 해석에 의하여 구체화된 위 규정이 위헌성을 지니고 있는 셈이 된다. 따라서 복귀명령 위반행위

1) 헌재 2015. 4. 30. 2011헌바177.
2) 헌재 2004. 1. 29. 2002헌바36; 헌재 2010. 2. 25. 2008헌바67; 헌재 2012. 12. 27. 2012헌바60.
3) 헌재 2003. 12. 18. 2002헌바14등; 헌재 2011. 6. 30. 2009헌바430; 헌재 2012. 12. 27. 2012헌바60.
4) 헌재 2012. 12. 27. 2012헌바60.

를 명령위반죄로 처벌하는 것이 헌법에 위반되는지 여부는 이 사건 법률규정의 위헌여부에 관한 문제로서 헌법재판소의 판단대상이 된다."고 판시하였고,[1] 구 형법 제314조 위헌소원 사건에서, "법률의 위헌성을 판단함에 있어서는 그 법률의 해석 내지 그 법률이 어느 경우에 적용되는가를 확정하는 것이 선행되어야 하므로 이 한도 내에서는 헌법재판소로서도 법률의 해석 내지 그 적용에 관여하지 않으면 안되는 것인바, 정당행위로 인정되지 않는 근로자들의 집단적 근로제공 거부행위를 구 형법 제314조의 위력업무방해죄로 형사처벌하는 것이 헌법에 위반된다면 결국 법원의 해석에 의하여 구체화된 동 조항이 위헌성을 지니고 있는 셈이며, 따라서 집단적 노무제공 거부행위를 위력업무방해죄로 형사처벌 하는 것이 헌법에 위반되는지 여부는 동 조항의 위헌여부에 관한 문제로서 헌법재판소의 판단대상이 된다."고 판시하였다.[2]

한편 헌법재판소는 "국가배상법 제 2 조 제 1 항 본문 중 '고의 또는 과실로 법령을 위반하여' 부분에 '법관의 재판상 직무행위의 경우 당해 법관이 위법 또는 부당한 목적을 가지고 재판을 하였다거나 법이 법관의 직무수행상 준수할 것을 요구하고 있는 기준을 현저하게 위반하는 등 법관이 그에게 부여된 권한의 취지에 명백히 어긋나게 이를 행사하였다고 인정할 만한 특별한 사정'의 가중된 요건을 포함시키는 것은 헌법에 위반된다."라는 취지의 이 사건 위헌법률심판제청이 적법한지 여부에 관하여, "제청법원은 대법원이 해석을 통해 이 조항에 없는 가중된 요건을 창설함으로써 법관의 재판상 직무행위로 인한 국가배상책임의 성립요건이 구체화되었다고 주장한다. 그러나 대법원은 공무원의 직무행위로 인한 국가배상책임의 인정 여부가 문제된 구체적 사안에서 해당 직무행위의 내용과 양태, 특수성 등을 고려하여 이 조항에서 정한 국가배상책임의 성립요건 해당 여부의 판단기준을 제시하고 있다. 제청법원이 위헌 여부를 다투는 내용은 대법원이 법관의 재판상 직무행위로 인한 국가배상책임의 인정 여부가 문제된 사안에서 국가배상책임의 성립요건인 고의 또는 과실 및 법령 위반에 대한 판단기준을 제시한 것일 뿐, 이로써 새로운 성립요건이 가중된 것이라고 보기는 어려우므로, 제청법원이 다투는 내용은 규범 자체에 대한 위헌 주장으로 볼 수 없다. 따라서 이 사건 위헌법률심판제청은 현행 규범통제제도에 어

1) 헌재 1995. 5. 25. 91헌바20.
2) 헌재 1998. 7. 16. 97헌바23.

긋나는 것으로서 부적법하다."고 판시하였다.[1]

나. 긴급재정·경제명령 및 긴급명령 또는 긴급조치

형식적 의미의 법률은 아니나 그와 같은 효력이 있는 대통령의 **긴급명령, 긴급재정·경제명령**은 위헌제청의 대상이 될 수 있다. 헌법재판소는 대통령의 긴급재정·경제명령도 국민의 기본권침해와 직접 관련이 되는 경우에는 당연히 헌법재판소의 심판대상이 된다고 하였고,[2] 유신헌법에 따른 긴급조치에 대한 헌법소원심판 사건에서 "헌법 제107조 제 1 항, 제 2 항에 규정된 '법률'인 여부는 그 제정 형식이나 명칭이 아니라 **규범의 효력**을 기준으로 판단하여야 하고, '법률'에는 국회의 의결을 거친 이른바 형식적 의미의 법률은 물론이고 그 밖에 조약 등 '**형식적 의미의 법률과 동일한 효력**'을 갖는 규범들도 모두 포함되므로 최소한 법률과 동일한 효력을 가지는 이 사건 **긴급조치**들의 위헌여부 심사권도 헌법재판소에 전속한다."고 판시하면서, 유신헌법 제53조에 근거한 **긴급조치**는 유신헌법이 규정하고 있던 적법절차의 원칙, 영장주의, 죄형법정주의, 기본권 제한에 관한 법률유보원칙 등을 배제하거나 제한하고, 표현의 자유 등 국민의 기본권을 직접적으로 제한하는 등 최소한 법률과 동일한 효력을 가지는 것으로 보아야 하므로 그 위헌 여부 심사권한도 헌법재판소에 전속한다고 판단하였다.[3]

그런데 대법원은 긴급명령보다 더 강력한 법률적 효력을 가졌던 유신헌법에 따른 긴급조치가 형식적 의미의 법률이 아니고, 국회의 입법권 행사라는 실질을 전혀 가지지 못한 것으로서, 헌법재판소의 위헌심판대상이 되는 '법률'에 해당한다고 할 수 없으므로 그에 대한 위헌심사권이 대법원에게 있다는 형식적 논리를 내세워 그 때의 긴급조치에 대하여 위헌결정을 하였는바[4] 이에 대하여

---

1) 헌재 2023. 3. 23. 2022헌가21(3인의 반대의견은, 제청법원은 한정위헌을 구하는 형식으로 이 사건 위헌법률심판을 제청하였으나 그 전체적 내용을 보면, 국가배상법 제 2 조 제 1 항 본문 중 '고의 또는 과실로 법령을 위반하여' 부분이 명확성원칙과 평등원칙에 위배되어 헌법에 위반된다는 취지로서 법률조항 자체의 위헌성을 다투는 것으로 봄이 상당하다. 위 조항은 재판의 전제성이 인정되므로 이 사건 위헌법률심판제청은 그 제청의 형식과 상관없이 적법하다고 하였고, 1인의 반대의견은, 이 사건 위헌법률심판제청은 이 사건 부분규범의 위헌성을 다투고 있는 것이지, 개별·구체적 사건에서 단순히 법률조항의 포섭이나 적용의 문제를 다투는 것이 아니므로, 적법한 한정위헌청구에 해당한다고 하였다).

2) 헌재 1996. 2. 29. 93헌마186.

3) 헌재 2013. 3. 21. 2010헌바132등.

4) 대법원 2010. 12. 16. 선고 2010도5986 전원합의체 판결.

는 대법원이 헌법재판소의 전속관할권을 침해하였다는 비판이 있고,[1] 저자도 그러한 비판론이 타당하고 생각한다.

한편 헌법재판소는 재조선미국육군사령부군정청 법령 제 2 호와 제33호가 대한민국 국회의 의결을 거치지는 않았지만 법률로서의 효력을 가지고 있었으므로, "현행 법령은 이 헌법에 저촉되지 아니하는 한 효력을 가진다."는 제헌 헌법 제100조에 따라 대한민국의 법질서 내로 편입되어 위헌심판의 대상이 된다는 전제에서 본안판단을 하였다.[2]

다. 조 약

헌법재판소는 비록 위헌법률심판절차가 아닌 위헌소원절차에서 내려진 결정이기는 하지만 "형식적 의미의 법률과 동일한 효력을 갖는 조약 등은 (제68조 제 2 항의 위헌소원심판의 대상에) 포함된다고 볼 것"[3]이라고 하여 그 가능성을 긍정하였고, 대한민국과 아메리카합중국 간의 상호방위조약 제 4 조에 의한 시설과 구역 및 대한민국에서의 합중국군대의 지위에 관한 협정 제 2 조 제 1 의 (나)항 위헌제청 사건에서 조약이 위헌제청의 대상적격이 있는 법규범임을 전제로 하여 본안판단을 하였고,[4] 국제통화기금 임직원의 공적 행위에 대한 재판권 면제 등을 규정한 국제통화기금협정 제 9 조 제 3 항 및 제 8 항, 전문기구의특권과면제에관한협약 제 4 절, 제19절(a)은 국회의 동의를 얻어 체결된 것이므로 헌법 제 6 조 제 1 항에 따라 국내법적 효력을 가지며, 그 효력의 정도는 법률에 준하는 효력이라고 이해되고, 재판권 면제에 관한 것이므로 성질상 국내에 바로 적용될 수 있는 법규범으로서 위헌법률심판의 대상이 된다고 하였고,[5] 일정한 규범이 위헌법률심판 또는 법 제68조 제 2 항에 따른 헌법소원심판의 대상이 되는 '법률'인지 여부는 그 제정 형식이나 명칭이 아니라 그 규범의 효력을 기준으로 판단하여야 하므로 헌법이 법률과 동일한 효력을 가진다고 규정한 긴급재정경제명령(헌법 제76조 제 1 항) 및 긴급명령(헌법 제76조 제 2 항)은 물론, 헌법상 형식적 의미의 법률은 아니지만 국내법과 동일한 효력이 인정되는 '헌법에 의하여 체결·공포된 조약과 일반적으로 승인된 국제법규'(헌법 제 6 조)의 위헌 여부의 심사권한도 헌법

1) 이시윤, 신민사소송법, 97면; 김하열, 289면; 정종섭, 252면; 허영, 219면.
2) 헌재 2021. 1. 28. 2018헌바88.
3) 헌재 1995. 12. 28. 95헌바3.
4) 헌재 1999. 4. 29. 97헌가14.
5) 헌재 2001. 9. 27. 2000헌바20.

재판소에 전속된다고 보아야 한다고 하였다.[1]

한편 헌법재판소는 **재조선미국육군사령부군정청 법령** 제 2 호와 제33호가 대한민국 국회의 의결을 거치지는 않았지만 법률로서의 효력을 가지고 있었으므로, "현행 법령은 이 헌법에 저촉되지 아니하는 한 효력을 가진다."는 제헌 헌법 제100조에 따라 대한민국의 법질서 내로 편입되어 위헌심판의 대상이 된다는 전제에서 본안판단을 하였다.[2]

여기서 주의하여야 할 점은 조약이라는 명칭에 구애됨이 없이 그 효력 여하에 따라 심사권한의 주체가 달라진다는 것이다. 헌법재판소는, '대한민국과 아메리카합중국 간의 상호방위조약 제 4 조에 의한 시설과 구역 및 대한민국에서의 합중국군대의 지위에 관한 협정'(1967. 2. 9. 조약 제232호)은 그 명칭이 "**협정**"으로 되어 있어 국회의 관여 없이 체결되는 행정협정처럼 보이기도 하나, 우리나라의 입장에서 볼 때에는 외국군대의 지위에 관한 것이고, 국가에게 재정적 부담을 지우는 내용과 근로자의 지위, 미군에 대한 형사재판권, 민사청구권 등 입법사항을 포함하고 있으므로 국회의 동의를 요하는 **조약**으로 취급되어야 한다고 보고, 위헌제청의 대상으로 인정하였다.[3]

라. 헌법규정

헌법재판소는 헌법규정은 위헌제청의 대상이 될 수 없다고 보고 있다. 헌법재판소는 군인 등의 국가배상청구를 제한하고 있는 헌법 제29조 제 2 항과 관련하여 "헌법 제111조 제 1 항 제 1 호 및 헌법재판소법 제41조 제 1 항은 위헌법률심판의 대상에 관하여, 헌법 제111조 제 1 항 제 5 호 및 헌법재판소법 제68조 제 2 항, 제41조 제 1 항은 헌법소원심판의 대상에 관하여 그것이 법률임을 명문으로 규정하고 있으며, 여기서 위헌심사의 대상이 되는 법률이 국회의 의결을 거친 이른바 형식적 의미의 법률을 의미하는 것에는 아무런 의문이 있을 수 없다. 따라서 형식적 의미의 법률과 동일한 효력을 갖는 조약 등은 포함된다고 볼 것이지만 **헌법의 개별규정** 자체는 그 대상이 아님이 명백하다. 헌법은 그 전체로서 주권자인 국민의 결단 내지 국민적 합의의 결과라고 보아야 한다."[4]고 판시하

1) 헌재 2013. 3. 21. 2010헌바132등.
2) 헌재 2021. 1. 28. 2018헌바88.
3) 헌재 1999. 4. 29. 97헌가14. 실무제요, 154면.
4) 헌재 1995. 12. 28. 95헌바3; 헌재 1996. 6. 13. 94헌바20; 헌재 1996. 6. 13. 94헌마118등; 동지: 헌

였다.

한편, 헌법재판소는 구 헌법(유신헌법) 제53조 등에 대한 위헌소원사건에서, "긴급조치는 사법적 심사의 대상이 되지 아니한다고 규정한 유신헌법 제53조 제 4 항은, 비록 고도의 정치적 결단에 의하여 행해지는 국가긴급권의 행사라고 할지라도 그것이 국민의 기본권 침해와 직접 관련되는 경우에는 헌법재판소의 심판대상이 될 수 있다는 점, 이러한 사법심사 배제조항은 근대입헌주의에 대한 중대한 예외가 될 뿐 아니라 기본권 보장 규정이나 위헌법률심판제도에 관한 규정 등 다른 헌법 조항들과 정면으로 모순·충돌되는 점, 현행 헌법에서는 그 반성적 견지에서 긴급재정경제명령·긴급명령에 관한 규정(제76조)에서 사법심사 배제 규정을 삭제하여 제소금지조항을 승계하지 아니한 점 및 긴급조치의 위헌 여부는 원칙적으로 현행 헌법을 기준으로 판단하여야 하는 점에 비추어 이 사건에서 유신헌법 제53조 제 4 항 규정의 적용은 배제되고 현행 헌법에 따라 긴급조치들의 위헌성을 다툴 수 있다"고 하여 유신헌법 제53조의 위헌성을 사실상 판단하면서도, 유신헌법 제53조는 긴급조치의 근거규정일 뿐 재판의 전제성이 있는 규정이 아니고, 긴급조치의 위헌여부는 현행 헌법에 의하여 판단된다고 하여 이를 심판대상에서 제외하였다.[1)]

마. 명령·규칙·조례

'명령·규칙'은 위헌제청의 대상이 되지 않는다(헌법 제107조 제 2 항 참조). 법률만큼 중요성이 없는 명령·규칙까지 헌법재판소에 제청하여 그 심판결과에 의하여 재판하느니 보다 본안사건을 다루는 법원이 그 심급구조 내에서 최종적으로 심판하는 것이 절차촉진에 도움이 된다는 이유 때문이다.

헌법재판소는 "명령·규칙의 위헌여부는 법원 스스로 이를 판단할 수 있는 것이므로, 이 사건 위헌여부심판제청 중 국민연금법시행령 제54조 제 1 항에 대한 부분은 법률이 아닌 대통령령에 대한 것으로 부적법하다."고 판시하였고,[2)] 건설부령에 근거하여 건설부장관이 정한 영구임대주택입주자선정기준 및 관리지침,[3)] 건설부령인 주택공급에 관한 규칙 제13조 제 2 항 제 1 호 단서 및 나, 다,

재 2001. 2. 22. 2000헌바38; 헌재 2005. 5. 26. 2005헌바28; 헌재 2018. 5. 31. 2013헌바22 등.

1) 헌재 2013. 3. 21. 2010헌바70등.

2) 헌재 1996. 10. 4. 96헌가6; 헌재 2003. 6. 26. 2001헌바54; 헌재 1992. 10. 31. 92헌바42(대통령령인 국가유공자예우등에관한법률시행령).

3) 헌재 1992. 11. 12. 92헌바7.

라목에서 규정한 '소유자' 부분,[1] 법무부령인 형의 집행 및 수용자의 처우에 관한 법률 시행규칙[2]은 헌법재판소법 제68조 제 2 항에 규정한 법률에 해당하지 아니한다고 하였다. 대법원규칙도 헌법재판소법 제68조 제 2 항의 헌법소원의 심판대상이 되지 아니한다고 하였다.[3]

다만, 법률과 시행령·규칙 등이 결합하여 전체로서 하나의 완결된 법적 효력을 발휘할 경우에 법률과 시행령·규칙 등 하위법규를 제도적으로 분리하여 따로 심사하는 것은 기본권 보장의 관점에서 바람직하지 못한 결론을 가져올 수 있다. 법률에 대해서는 위임의 형식과 내용만이, 하위법규에 대해서는 위임 범위의 준수 여부가 따로 심사의 대상이 되어 전체로서의 규율내용에 대해서는 의미 있는 판단을 하기 어려울 수도 있기 때문이다. 헌법재판소는 이 경우 법률의 위임에 따른 시행령·규칙 등 하위법규를 직접 심판대상으로 삼는 대신에 법률의 내용을 판단하는 부수적인 자료로 삼기도 하고,[4] 다른 한편으로는 반드시 법률로써 규정하여야 할 입법사항의 위임금지를 통하여 하위법규로의 위임 자체를 통제하기도 한다.[5]

한편 헌법재판소는 "위임입법의 법리는 헌법의 근본원리인 권력분립주의와 의회주의 내지 법치주의에 바탕을 두는 것이기 때문에 행정부가 제정한 대통령령에서 규정한 내용이 정당한 것인지 여부와 위임의 적법성 사이에는 직접적인 관계가 없다. 따라서 대통령령으로 규정한 내용이 헌법에 위반될 경우라도 그 대통령령의 규정이 위헌으로 되는 것은 별론으로 하고 그로 인하여 정당하고 적법하게 입법권을 위임한 수권법률조항까지도 위헌으로 되는 것은 아니다."라고 판시하였다.[6]

즉 헌법재판소는 대통령령인 수산자원보호령은 헌법재판소법 제68조 제 2 항에 따른 헌법소원심판의 대상이 될 수 없고, 설사 수산자원보호령에 위헌성이 있다 하더라도 그로 인하여 수권법률인 수산업법 제52조 제 1 항 제 3 호가 당연히 위헌으로 되는 것은 아니라고 하였고,[7] 구 소득세법시행령에서 실지거래

1) 헌재 1995. 6. 29. 93헌바56.
2) 헌재 2013. 7. 25. 2012헌바63.
3) 헌재 2001. 2. 22. 99헌바87등; 헌재 2007. 7. 26. 2005헌바100.
4) 헌재 1992. 6. 26. 90헌가23; 헌재 1995. 11. 30. 94헌바40등; 헌재 1999. 4. 29. 96헌바22 참조.
5) 실무제요, 158면.
6) 헌재 1996. 6. 26. 93헌바2; 헌재 1997. 9. 25. 96헌바18등; 헌재 1999. 4. 29. 96헌바22; 헌재 2000. 1. 27. 99헌바23; 헌재 2001. 1. 18. 98헌바75등.
7) 헌재 1999. 2. 25. 97헌바63.

가액의 증명시기에 관한 규정을 두어 실지거래가액에 의할 경우를 제한한 것이 조세법률주의 위반이나 그 밖의 이유로 헌법에 위반되는지 여부, 또는 법률에서 위임한 범위를 벗어난 것으로서 무효가 되는지 여부는 원칙적으로 위 시행령 조항 자체의 효력 문제일 뿐이고, 위 시행령 조항이 위헌으로 된다고 하더라도, 포괄위임규정으로 볼 수 없는 구 소득세법 단서조항까지 위헌으로 되는 것은 아니라고 하였다.[1)]

그리고 헌법재판소는, 지방세법 제184조 제 1 호는 그 자체에서 재산세의 비과세대상인 비영리사업자의 범위를 직접 규정하면서 청구인과 같은 비영리법인을 여기서 제외하고 있는 것이 아니고, 비영리사업자의 구체적 범위를 대통령령으로 정하도록 위임하고 있을 뿐이므로 위 법률조항 자체에는 헌법에 위반되는 사유가 들어있지 않으며, 비록 그 위임에 따라 대통령령으로 규정한 내용이 헌법에 위반되는 경우에도 그 대통령령의 규정이 위헌으로 되는 것은 별론으로 하고, 그로 인하여 정당하고 적법하게 입법권을 위임한 수권법률인 위 법률조항까지도 위헌으로 되는 것은 아니라고 하였고,[2)] 개발부담금의 부과종료시점을 분양계약을 체결한 날과 다른 날로 정할 수 있도록 대통령령에 위임하고 있는 구 '개발이익환수에 관한 법률' 제 9 조 제 3 항 단서 제 2 호는 일정한 경우의 부과종료시점을 대통령령에 위임하고 있을 뿐, 그 자체로 청구인의 재산권을 침해하는 내용을 구체적으로 정하고 있지 아니하므로, 위 법률조항의 위임에 따른 대통령령이 헌법에 위반되거나 위법한지 여부는, 정당하고 적법하게 입법권을 위임한 위 법률조항이 헌법에 위반되는지 여부에 아무런 영향을 미치지 않는다고 하였다.[3)]

또한 지방자치단체의 조례도 '법률'이 아니므로 위헌법률심판이나 헌법재판소법 제68조 제 2 항에 따른 헌법소원심판의 대상이 될 수 없다.[4)]

바. 관 습 법

헌법재판소는 법원의 판례에 의하여 관습법의 존재와 내용이 인정되어 법률과 동일한 효력을 가지는 경우에는 그 관습법은 위헌법률심판의 대상이 된다

1) 헌재 1999. 4. 29. 96헌바22등.
2) 헌재 2001. 1. 18. 98헌바75등.
3) 헌재 2010. 3. 25. 2009헌바130.
4) 헌재 1998. 10. 15. 96헌바77.

고 하였다.[1] 그러나 대법원은 관습법은 법원의 판례에 의해서 그 존재가 확인되어야 하는 법규범으로서 형식적 의미의 법률이 아니어서 법원이 관습법의 효력을 부인할 수 있으므로 관습법은 헌법재판소의 위헌법률심판의 대상이 아니라고 판시하였다.[2]

독일에서도 관습법은 위헌법률심판의 대상이 아니라고 보고 있다. 생각건대 원칙적으로 형식적 의미의 법률뿐만 아니라 법률과 동일한 효력을 갖는 규범도 헌법재판소의 위헌심판의 대상이 된다고 할 것이나, 관습법은 법원에 의하여 발견되고 성문의 법률에 반하지 아니하는 경우에 한하여 보충적인 법원(法源)이 되는 것에 불과하므로(민법 제 1 조) 관습법이 헌법에 위반되는 경우에는 법원이 그 관습법의 효력을 부인할 수 있다고 할 것이고, 따라서 관습법은 헌법재판소의 위헌법률심판의 대상이 아니라는 입론이 가능하다고 본다.

3. 재판의 전제성

법률에 대한 위헌제청이 적법하기 위하여는 법원에 계속 중인 구체적인 사건에 적용할 법률이 헌법에 위반되는 여부가 재판의 전제로 되어야 한다. 이 재판의 전제성 요건은 위헌법률심판절차의 '구체적' 규범통제절차로서의 본질을 드러내 주는 요건[3]으로 위헌법률심판절차를 '추상적 규범통제절차'와 구분해 주는 의미를 갖는다.

가. 재판의 '전제성'

재판의 '전제성'이라 함은 원칙적으로 첫째 구체적인 사건이 법원에 계속 중

1) 헌재 2013. 2. 28. 2009헌바129(호주가 사망한 경우 딸에게 분재청구권을 인정하지 아니한 구 관습법은 비록 형식적 의미의 법률은 아니지만 실질적으로는 법률과 같은 효력을 갖는 것이므로 위헌법률심판의 대상이 된다고 하였다); 헌재 2016. 4. 28. 2013헌바396("여호주가 사망하거나 출가하여 호주상속이 없이 절가된 경우, 유산은 그 절가된 가의 가족이 승계하고 가족이 없을 때에는 출가녀가 승계한다."는 구 관습법은 비록 형식적 의미의 법률은 아니지만 실질적으로는 법률과 같은 효력을 가지므로 헌재법 제68조 제 2 항에 따른 헌법소원심판의 대상이 된다고 하였다. 3인의 반대의견 있음); 헌재 2016. 12. 29. 2013헌바436(해상 경계에 관한 행정관습법 중 전라북도와 충청남도의 경계에 관한 부분을 심판대상으로 삼았다); 헌재 2020. 10. 29. 2017헌바208(분묘기지권에 관한 관습법은 형식적 의미의 법률은 아니지만 실질적으로 법률과 같은 효력을 가지므로 위헌소원의 대상이 된다고 하였다. 2인의 반대의견 있음).

2) 대법원 2009. 5. 28.자 2007카기134 결정; 대법원 2005. 7. 21. 선고 2002다1178 전원합의체 판결; 대법원 2003. 7. 24. 선고 2001다48781 전원합의체 판결.

3) 헌재 1993. 5. 13. 92헌가10; 헌재 2014. 1. 28. 2010헌바251.

이어야 하고, 둘째 위헌여부가 문제되는 법률이 당해소송사건의 재판에 적용되는 것이어야 하며, 셋째 그 법률이 헌법에 위반되는지의 여부에 따라 당해사건을 담당하는 법원이 다른 내용의 재판을 하게 되는 경우를 말한다.[1] 그리고 재판의 전제성은 법률의 위헌여부심판제청시만 아니라 심판시에도 갖추어져야 함이 원칙이다.[2] 여기서 다른 내용의 재판을 하게 되는 경우라 함은 원칙적으로 법원이 심리중인 당해사건의 재판의 결론이나 주문에 어떤 영향을 주는 경우뿐만 아니라 문제된 법률의 위헌여부가 비록 재판의 주문 자체에는 아무런 영향을 주지 않는다고 하더라도 재판의 결론을 이끌어 내는 이유를 달리하는 데 관련되어 있거나 또는 내용과 효력에 관한 법률적 의미가 달라지는 경우도 포함된다고 할 것이다.[3]

헌법재판소법 제68조 제 2 항에 따른 헌법소원 역시 그 형식에도 불구하고 실질은 위헌법률심판제도이다.[4] 따라서 위 조항에 의한 헌법소원에서도 구체적인 사건에 적용될 법률의 위헌 여부가 재판의 전제가 되어야 한다.[5]

위 각 요건들을 개별적으로 살펴보면 다음과 같다.

(1) 구체적인 사건이 법원에 계속 중일 것

'구체적인 사건이 법원에 계속 중'이어야 한다는 것은 헌법재판소법 제41조 소정의 위헌법률심판제청사건의 경우에는 위헌제청결정 당시는 물론이고 헌법재판소의 결정 시까지 구체적 사건이 법원에 계속 중이어야 한다는 의미이고, 헌법재판소법 제68조 제 2 항 소정의 헌법소원심판사건의 경우에는 위헌제청신청 시 구체적 사건이 법원에 계속 중이어야 한다는 의미이다.[6]

이와 관련하여 헌법재판소는, 제청신청인이 당해사건에서 구속적부심 계속 중에 위헌심판제청신청을 하였으나 법원이 구속적부신청을 먼저 기각하여 재판계속이 종료된 후 위헌심판제청신청을 기각한 사안에서 재판의 전제성을 인정하였다.[7] 위헌여부심판의 제청신청을 받은 법원은 법리상 늦어도 본안사건

---

1) 헌재 1996. 1. 25. 93헌바46; 헌재 1997. 11. 27. 92헌바28; 헌재 2012. 12. 27. 2010헌바406; 헌재 2014. 1. 28. 2012헌바298; 헌재 2021. 2. 25. 2013헌가13 등.
2) 헌재 1993. 12. 23. 93헌가2 참조.
3) 헌재 1992. 12. 24. 92헌가8; 헌재 2000. 11. 30. 99헌바22; 헌재 2010. 5. 27. 2009헌바49; 헌재 2010. 9. 30. 2009헌바101; 헌재 2012. 8. 23. 2010헌바471; 헌재 2014. 1. 28. 2010헌바251; 헌재 2015. 12. 23. 2015헌가27.
4) 헌재 1997. 7. 16. 96헌바36등; 헌재 2022. 6. 30. 2014헌마760등.
5) 헌재 1995. 7. 21. 93헌바46; 헌재 2003. 5. 15. 2001헌바98.
6) 실무제요, 160면; 동지 헌재 2010. 2. 25. 2007헌바34; 헌재 2016. 4. 28. 2013헌바196.
7) 헌재 1995. 2. 23. 92헌바18.

에 대한 재판을 마치기 전까지는 제청신청에 대한 재판을 하여야 할 것인데도 이 사건의 경우 위헌여부심판의 제청에 대하여는 결정을 하지 아니한 채 먼저 구속적부심사청구를 기각한 다음 제청신청을 기각하였기 때문이다.[1]

구체적인 사건, 즉 **당해사건**으로 어떤 재판절차를 볼 것인지가 문제되나, 헌법재판소는 **독립한 불복방법**(이의신청, 항고 등)이 있는 재판절차의 경우에는 그 재판절차를 당해 사건으로 보아 재판의 전제성을 인정할 수 있을 것이나, 독립한 불복방법이 없는 재판절차의 경우에는 그 재판에 대해서는 불복신청이 허용되지 아니하므로, 종국재판이 나기를 기다려 그에 대한 상소와 함께 상소심에서 다투어야 하고, 이 경우에는 **종국재판절차**를 당해 사건으로 볼 수밖에 없다고 하였다.[2]

한편, 당해사건이 법원에 원칙적으로 **'적법'하게 계속**되어 있을 것을 요한다. 그러므로 당해사건이 부적법한 것이어서 법률의 위헌여부를 따져 볼 필요조차 없이 각하를 면할 수 없는 것일 때에는 위헌여부심판의 제청신청을 적법요건인 '재판의 전제성'을 흠결한 것으로 각하하여야 한다.[3] 헌법재판소도 당해사건이

1) 실무제요, 160면.

2) 헌재 2017. 5. 25. 2015헌바349. 청구인이 건물철거와 토지인도 등을 구하는 청구만 한 상태에서, 상해를 원인으로 한 손해배상청구에 필요한 신체감정을 위하여 피고 측에 그 감정비용의 예납을 명해 달라고 법원에 신청한 경우, 민사소송에서 소송비용의 예납명령이나 증거채부결정에 대해서는 불복신청이 허용되지 아니하므로, 소송비용의 예납명령절차나 신체감정절차를 당해 사건으로 볼 수는 없고, 상해를 원인으로 한 손해배상청구소송절차를 당해 사건으로 볼 수밖에 없다. 따라서 상해를 원인으로 한 손해배상청구를 하지 않은 이상 당해 사건이 법원에 계속 중이라고 볼 수 없으므로, 소송비용의 예납에 관한 민사소송법 제116조의 위헌 여부는 재판의 전제가 되지 않는다고 하였다.

3) 헌재 1992. 8. 19. 92헌바36; 동지: 헌재 2000. 11. 30. 98헌바83(중재법 제 4 조 제 3 항 위헌소원 사건에서, 당해사건이 부적법하여 법원에서 소각하 판결이 선고되어 확정되었다면, 중재법 제 4 조 제 3 항에 대한 청구인의 위헌소원은 재판의 전제성을 결여하여 부적법하다고 하였다); 헌재 2007. 12. 27. 2006헌바34(항고소송의 대상이 되지 아니하는 반려통보에 대하여 취소를 구하는 당해사건은 부적법하여 각하되어야 할 것이므로, 심판대상 법률조항은 당해사건에 적용될 여지가 없어 재판의 전제성이 인정되지 아니한다고 하였다); 헌재 2008. 10. 30. 2007헌바66(적법한 전심절차를 거치지 않고 제기된 당해사건은 부적법하여 각하될 것이어서, 당해사건의 본안에 적용될 심판대상 법률조항에 대해서는 재판의 전제성이 인정되지 아니한다고 하였다); 헌재 2013. 7. 25. 2012헌바63(형의 집행 및 수용자의 처우에 관한 법률 제44조에 대한 심판청구는 당해사건에 대한 재판에서 이에 근거한 처분이 존재하지 아니한다는 이유로 각하 및 확정되었으므로 재판의 전제성 요건이 흠결되었다고 하였다); 헌재 2015. 11. 26. 2012헌바300(청구인이 당사자능력이 없다는 이유로 소가 각하 및 확정되었으므로 재판의 전제성 요건이 흠결되었다고 하였다); 헌재 2016. 2. 25. 2015헌바127등(청구인의 소는 원고적격이 인정되지 않는다는 이유로 각하 및 확정되었으므로 재판의 전제성 요건이 흠결되었다고 하였다); 헌재 2016. 12. 29. 2015헌바280(원고적격이 인정되지 않는다는 이유로 청구인들이 제기한 소가 각하되고 확정된 경우); 헌재 2018. 8. 30. 2017헌바258(당해사건이 제소기간을 도과하여 제기되어 부적법한 경우); 헌재 2020. 3. 26. 2016헌바55등(당해사건에서 소송대리권 수여사실이 인정되지 않아 소 각하 판결이 확정된 경우); 헌재 2021. 2.

심판대상 법률 아닌 다른 법률에서 규정한 소송요건을 구비하지 못하여 부적법하다는 이유로 법원이 소 각하 판결을 하고 그 판결이 확정되거나, 아직 확정되지 않았더라도 부적법하여 소 각하 될 것이 명백한 경우에는 심판대상 법률의 위헌여부에 따라 재판의 주문이 달라지거나 재판의 내용과 효력에 관한 법률적 의미가 달라지지 아니하므로 재판의 전제성이 인정되지 아니한다고 하였다.[1)]

헌법재판소는 과태료 부과처분의 당부를 과태료 재판절차에서 다투지 아니하고 행정소송인 과태료 부과처분 무효확인 소를 제기한 당해사건은 행정소송의 대상이 되는 행정처분을 대상으로 한 것이 아니어서 법원이 위헌여부를 따져볼 필요 없이 부적법 각하되어야 할 것이므로, 이 사건 헌법소원심판청구는 재판의 전제성을 갖추지 못하여 부적법하다고 하였고,[2)] 국세청장 등의 통지들은 모두 행정소송법 제 2 조 제 1 항 제 1 호 소정의 '구체적 사실에 관한 법집행으로서의 공권력의 행사 또는 그 거부와 그 밖에 이에 준하는 행정작용'에 해당한다고 볼 수 없어 그 통지들의 취소를 구하는 당해소송은 소송요건을 갖추지 못하여 각하를 면할 수 없으므로, 심판대상 협정조항은 당해사건의 재판의 전제가 된다고 볼 수 없다고 하였고,[3)] "미합중국 소속 미군정청이 이 사건 법령을 제정한 행위는, 제 2 차 세계대전 직후 일본은행권을 기초로 한 구 화폐질서를 폐지하고 북위 38도선 이남의 한반도 일대에서 새로운 화폐질서를 형성한다는 목적으로 행한 고도의 공권적 행위로서, 국제관습법상 재판권이 면제되는 주권적 행위에 해당한다. 따라서 이 사건 법령이 위헌임을 근거로 한 미합중국에 대한 손해배상 또는 부당이득반환 청구는 그 자체로 부적법하여 이 사건 법령의 위헌 여부를 따져 볼 필요 없이 각하를 면할 수 없으므로, 청구인의 이 사건 심판청구는 재판의 전제성이 없어 부적법하다."고 판시하였다.[4)]

그렇지만 소송사건이 향후 부적법 각하를 면할 수 있는 가능성이 있는 경우에는 헌법재판소는 재판의 전제성을 인정해야 할 필요가 있다. 사실심 소송절차에서 청구취지의 변경을 통하여 당해사건이 적법하게 되어 본안판단을 받을 가능성이 있는 경우에는 재판의 전제성이 인정된다. 헌법재판소는 당해사건의 법원

25. 2018헌바423등(재항고로 불복할 이익이 없다는 이유로 각하된 경우).
1) 헌재 2005. 3. 31. 2003헌바113; 헌재 2007. 10. 4. 2005헌바71; 헌재 2010. 2. 25. 2008헌바53; 헌재 2012. 8. 23. 2011헌바200; 헌재 2016. 4. 28. 2013헌바196.
2) 헌재 2012. 11. 29. 2011헌바251.
3) 헌재 2014. 6. 26. 2012헌바333.
4) 헌재 2017. 5. 25. 2016헌바388.

이 청구인들에게 원고적격이 없다는 이유로 본안을 각하하면서 위헌제청신청도 함께 각하하였으나, 상고심에서 원고적격을 인정하고 원심판결을 파기환송하여 사건이 다시 원심법원에 계속 중인 경우에는 재판의 전제성을 인정하여 본안판단을 하였고,[1] 공법상 당사자소송으로 다툴 사항을 항고소송으로 다툴 경우 법원의 석명을 통해 청구취지를 변경할 수 있는 사안이라면 적법하게 되어 본안판단을 받을 가능성이 있으므로 재판의 전제성을 인정할 수 있고,[2] 당해사건의 제 1 심과 항소심 법원은 '주주' 또는 '이사' 등이 가지는 이해관계를 행정소송법 제12조 소정의 '법률상 이익'으로 볼 수 없다고 하면서 소를 각하하였으나, 당해사건에 직접 원용할 만한 확립된 대법원 판례가 존재하지 않아 해석에 따라서는 당해사건에서 청구인들의 원고적격이 인정될 여지도 충분히 있으므로, 일단 청구인들이 당해소송에서 원고적격을 가질 수 있다는 전제 하에 재판의 전제성 요건을 갖춘 것으로 보고 본안에 대한 판단을 할 수 있다고 하였다.[3]

당해사건이 법원에 일단 적법하게 계속되었더라도 위헌제청 또는 헌법재판소법 제68조 제 2 항에 따른 헌법소원을 제기한 이후 헌법재판소의 심리기간 중의 **사후적인 사정변경**, 예컨대 당해사건이 소 취하(취하간주 포함)로 종료된 경우에는 재판의 전제성이 부인된다.[4] 그러나 1심 법원에 소송 계속 중 위헌여부제청신청에 대한 기각결정을 받고 헌법재판소법 제68조 제 2 항에 따른 헌법소원을 제기하였으나 항소심 계속 중 항소취하된 경우 당해사건에 적용되는 법률이 위헌으로 결정되면 확정된 원심판결에 대하여 **재심청구**를 함으로써 원심판결의 주문이 달라질 수 있으므로 재판의 전제성이 인정된다.[5]

또한 헌법재판소는 "헌법재판소법 제68조 제 2 항에 의한 헌법소원이 인용된 경우에는 당해 헌법소원과 관련된 소송사건이 이미 확정된 때에는 당사자는 **재심을 청구**할 수 있으므로(헌재법 제75조 제 7 항), 대법원이 청구인의 당해사건에 관하여 상고기각판결을 선고함으로써 원심판결이 확정되었더라도 재판의 전제성이 소멸된다고 볼 수는 없다."고 판시하였고,[6] 하급심 계속 중에 위헌제청신

---

1) 헌재 1999. 7. 22. 97헌바9.
2) 헌재 2009. 5. 28. 2005헌바20등.
3) 헌재 2004. 10. 28. 99헌바91.
4) 헌재 2007. 7. 26. 2003헌바107; 헌재 2010. 5. 27. 2008헌바110; 헌재 2011. 11. 24. 2010헌바412; 헌재 2016. 7. 28. 2015헌가34; 헌재 2022. 11. 24. 2021헌가12; 헌재 2024. 6. 27. 2021헌가19.
5) 헌재 2015. 10. 21. 2014헌바170.
6) 사립대학교수 재임용 사건. 헌재 1998. 7. 16. 96헌바33등; 헌재 2011. 2. 24. 2008헌바56.

청을 하였다면 상소를 하지 않아 당해사건이 확정된 후에 헌법소원심판을 청구하더라도 재판의 전제성은 인정된다고 하였으며,[1] 당해사건에 관한 재판에서 승소판결을 받았다고 하더라도 그 판결이 확정되지 아니한 이상 상소절차에서 그 주문이 달라질 수 있으므로, 파기환송 전 항소심에서 승소판결을 받았다는 사정만으로는 법률조항의 위헌여부에 관한 재판의 전제성이 부정된다고 할 수 없다고 하였다.[2] 그런데 헌법재판소는 항소심에서 유죄판결 선고를 받은 후 상고도 없이 위헌여부심판의 제청신청을 하였다가 위 유죄판결이 확정된 뒤 그 신청이 각하되자 제기한 헌법소원심판청구는 재판의 전제성이 흠결되기 때문에 부적법하다고 하였다.[3]

한편 헌법재판소는 소송당사자의 법정 내 녹음허가신청은 법원조직법 제59조 중 소송당사자의 법정 내 녹음행위를 금지하는 부분의 신청으로 볼 수도 있고, 민사소송법 제159조 제 1 항의 신청으로 해석할 수도 있는바, 법원조직법 조항상의 신청으로 보는 경우 재판장의 녹음불허가는 사법행정행위로서 이에 대한 불복은 행정소송이나 헌법재판소법 제68조 제 1 항의 헌법소원에 의하여야 하므로 위 불허가에 대한 이의신청이 재판절차임을 전제로 제기된 헌법소원심판청구는 헌법재판소법 제68조 제 2 항의 헌법소원의 적법요건을 갖추지 못하였고, 민사소송법상의 신청으로 보는 경우 위 법원조직법 조항은 재판장의 녹음신청기각결정에 대한 이의재판과는 아무런 관련이 없어 재판의 전제성을 갖추지 못하였다고 하였고,[4] 청구인이 감치 또는 과태료의 재판을 받았다고 볼 아무런 자료가 없는 경우에는 법원조직법 제61조(감치 등) 제 1 항에 대한 헌법소원심판청구는 당해사건의 재판이 존재하지 아니하여 재판의 전제성을 인정할 수 없다고 하였다.[5]

당해사건이 조정의 성립[6]이나 화해권고결정의 확정[7]으로 종결되었다면 문제

1) 헌재 2002. 7. 18. 2000헌바57; 헌재 2010. 7. 29. 2006헌바75.
2) 헌재 2013. 6. 27. 2011헌바247.
3) 헌재 2000. 6. 1. 99헌바73. 이 결정에 대하여는 위헌결정 및 그 효과로서의 재심이라는 구제절차를 이용하기 위해 반드시 상고의 부담을 당해사건 당사자에게 지우는 것은 부당하다는 비판이 있다(김하열, 415면). 항소심 판결이 선고되었지만 확정되기 전에 위헌제청을 신청하였으므로 위헌제청 신청 시에는 재판계속의 요건을 갖추었다 할 것인바, 위 비판론이 타당하다고 생각한다.
4) 헌재 2011. 6. 30. 2008헌바81.
5) 헌재 2013. 8. 29. 2011헌바253등.
6) 헌재 2010. 2. 25. 2007헌바34.
7) 헌재 2014. 7. 24. 2013헌바127.

가 되는 법률조항이 헌법에 위반되는지 여부는 당해 사건과의 관계에서 재판의 전제가 되지 못한다. 구체적인 사건이 법원에 계속 중인 경우라 할 수 없을 뿐 아니라, 조정의 성립이나 화해권고결정에 위 법률조항이 적용된 바도 없으므로 위 법률조항에 대하여 위헌 결정이 있다 하더라도 청구인으로서는 당해 사건에 대하여 재심을 청구할 수 없어 종국적으로 당해사건의 결과에 대하여 이를 다툴 수 없게 되었기 때문이다.[1)]

(2) 위헌여부가 문제되는 법률이 당해 소송사건의 재판에 적용되는 것일 것

(가) 적용 여부의 결정기준

어떤 법률규정이 위헌의 의심이 있다고 하더라도 그것이 당해사건에 적용될 것이 아니라면, 재판의 전제성 요건은 충족되지 않는다. 어떤 법률이 당해사건에 적용되는지 여부는 결국 법률의 해석에 관한 문제이므로 헌법재판소는 법원의 판단을 존중하면서 관련 법률규정의 체계적 해석을 통해 적용 여부를 판단하여야 한다.[2)]

헌법재판소는 청구인이 당해사건에서 해운대구에 대한 부당이득금반환청구소송의 청구원인으로 '해운대구청장이 경락기일 전에 경매법원에 취득세의 교부청구를 하지 아니하였음에도 경매법원이 이를 해운대구청장에게 배당한 것이 위법'이라는 주장, 즉 위법한 교부청구에 기한 배당의 위법만을 주장하고 있으므로 지방세의 근저당권에 대한 우선징수권에 관한 구 지방세법 제31조 제 2 항 제 3 호는 당해사건에 적용될 여지가 없다고 하였고,[3)] 헌법불합치결정에 따른 개선입법의 소급적용 여부와 소급적용의 범위는 원칙적으로 입법자의 재량에 달린 것이기는 하지만, 헌법불합치결정 당시에 법률조항의 위헌 여부가 쟁점이 되어 법원에 계속 중인 사건에 대하여는 헌법불합치결정의 소급효가 미치므로, 헌법불합치결정 후 그 취지에 맞추어 그 법률조항이 개정된 이상 개정 전 법률조항은 청구인들이 제기한 당해사건의 적용법률로 볼 수 없다고 하였다.[4)]

공소가 제기 되지 아니한 법률조항의 위헌여부는 당해 형사사건의 재판의 전제가 될 수 없다.[5)] 그러나 법관은 공소장의 변경 없이도 직권으로 공소장 기재와는 다른 법조를 적용할 수 있으므로, 공소장에 적시되지 아니한 법률조항이

1) 실무제요, 162면.
2) 실무제요, 162면.
3) 헌재 1995. 7. 21. 93헌바46.
4) 헌재 2006. 6. 29. 2004헌가3; 헌재 2007. 1. 17. 2005헌바41등.
5) 헌재 1989. 9. 29. 89헌마53; 헌재 1997. 1. 16. 89헌바240; 헌재 2006. 2. 23. 2003헌바84.

라고 할지라도 법원이 공소장변경 없이 실제 적용한 법률조항은 재판의 전제성이 있다.[1] 반면에 비록 공소장의 '적용법조'란에 적시된 법률조항이라 하더라도 구체적 소송사건에서 법원이 적용하지 아니한 법률조항은 그에 대해 위헌결정이 내려진다 해도 다른 특별한 사정이 없는 한 그로 인해 당해소송사건의 재판의 주문이 달라지지 않을 뿐만 아니라 재판의 내용과 효력에 관한 법률적 의미가 달라지지 않기 때문에 결국 재판의 전제성이 인정되지 않는다고 보아야 한다.[2]

그러나 헌법재판소의 헌법불합치결정에 따른 개선입법의 소급적용 여부와 소급적용의 범위는 원칙적으로 입법자의 재량에 달린 것이기는 하지만 헌법불합치결정 당시에 법률조항의 위헌여부가 쟁점이 되어 법원에 계속중인 사건에 대하여는 헌법불합치결정의 소급효가 미치므로, 헌법불합치결정 후 그 취지에 맞추어 그 법률조항이 개정된 이상 개정 전 법률조항은 청구인들이 제기한 당해사건의 적용법률로 볼 수 없다.[3] 그러나 헌법불합치결정에서 정한 잠정적용기간 동안 헌법불합치결정을 받은 법률조항에 따라 퇴직연금환수처분이 이루어졌고, 환수처분의 후행처분으로 압류처분이 내려진 경우에, 압류처분의 무효확인을 구하는 당해소송에서는 헌법불합치결정에 따라 개정된 법률조항이 적용될 여지가 없으므로 동 조항은 재판의 전제성이 인정되지 아니한다.[4]

또한, 헌법재판소는, 청구인이 재심사건에서 그 재심의 이유로 내세우는 사유는 단지 공판조서의 기재가 잘못되었다는 것이고, 이는 형사소송법 제420조가 정한 재심사유의 그 어느 것에도 해당되지 아니하여 공판조서의 증명력에 관한 형사소송법 제56조는 당해 재심의 청구에 대한 심판사건에 적용될 법률이 아니므로 재판의 전제성이 없다고 하였고,[5] 상고심 판결의 선고일 이전에 이미 미결구금일수가 본형의 형기를 초과하게 되었고 상고심 판결에서 상고 후의 구금일수 중 본형 형기에서 본형에 산입되는 제 1 심판결 및 원심판결 각 선고 전 구금일수를 뺀 나머지에 해당하는 일수를 본형에 산입함에 따라 미결구금일수 중 본형 형기를 초과하는 부분이 본형에 산입되지 않은 경우에는 소송촉진 등에 관한 특례법 제24조가 적용된 바 없으므로 재판의 전제성이 없다고 하였다.[6]

---

1) 헌재 1997. 1. 16. 89헌마240.
2) 헌재 1997. 1. 16. 89헌마240.
3) 헌재 2006. 6. 29. 2004헌가3; 헌재 2007. 1. 17. 2005헌바41.
4) 헌재 2013. 8. 29. 2010헌바241(공무원연금법 제64조 제 1 항 제 1 호 위헌소원 사건).
5) 헌재 1993. 11. 25. 92헌바39.
6) 헌재 2005. 11. 24. 2004헌바83.

위헌제청 이후에 개정된 신법에 의하여 당해사건에 신법을 적용하도록 하였다면 구법조항은 재판의 전제가 될 수 없고,[1] 반대로 당해사건에 구법조항이 적용되는데도 개정 후의 신법조항에 대해 위헌제청을 하였다면 신법조항의 위헌여부는 재판의 전제성이 없다.[2]

한편 헌법재판소는 양벌규정에 면책조항이 추가되어 무과실책임규정이 과실책임 규정으로 유리하게 변경된 경우에는 형법 제 1 조 제 2 항에 의하여 신법이 적용되어야 한다고 보아야 할 것이므로, 개정법 시행 전의 범죄행위에 대하여 종전 규정에 따른다는 취지의 경과규정이 없는 경우, 당해사건에 적용되지 않는 구법은 재판의 전제성을 상실하게 된다고 하였다.[3] 다만 양벌규정에 면책조항이 추가되는 형태로 개정되었으나, 그 부칙에서 개정법 시행 전의 범죄행위에 대한 벌칙의 적용은 종전의 규정에 따른다는 취지의 경과규정을 두고 있는 경우에는 위 양벌규정은 당해사건에 적용되고, 또한 제청신청인에 대한 처벌의 근거규정인 양벌규정이 위헌으로 선언되면 당해사건 재판의 주문이 달라질 것이므로 위 양벌규정은 재판의 전제성이 인정된다고 하였다.[4]

헌법재판소는 청구인이 당해사건인 과태료 재판에서 불처벌 결정을 받아 확정된 경우에는 전부 승소한 당사자로서 준재심을 구할 이익이 없으므로 과태료부과 근거조항이 헌법에 위반하는지 여부가 당해사건과의 관계에서 재판의 전제가 되지 아니한다고 하였고,[5] "당해사건이 형사사건이고, 청구인의 유·무죄가 확정되지 아니한 상태에서는 처벌의 근거가 되는 형벌조항의 위헌확인을 구하는 청구에 대하여 재판의 전제성을 인정할 수 있을 것이나, 청구인에 대한 무죄판결이 확정된 경우에는 처벌조항의 위헌확인을 구하는 헌법소원이 인용되더라도 재심을 청구할 수 없어, 청구인에 대한 무죄판결을 종국적으로 다툴 수 없게 된다. 따라서 이러한 경우 법률의 위헌여부에 따라 당해사건 재판의 주문이 달라지거나 재판의 내용과 효력에 관한 법률적 의미가 달라지는 경우에 해당한다고 볼

1) 헌재 1989. 4. 17. 88헌가4; 헌재 2000. 8. 31. 97헌가12.
2) 헌재 2001. 4. 26. 2000헌가4.
3) 헌재 2010. 9. 2. 2009헌가9. 저자는 반대의견으로서, 비록 양벌규정에 면책조항이 신설되는 형식으로 개정되었다 하여도 그러한 법률개정은 종래의 해석을 명문으로 밝힌 것에 불과하므로 이러한 법률개정은 형법 제 1 조 제 2 항에 해당한다고 할 수 없는바, 구 양벌규정 법률조항들은 재판의 전제성이 인정된다고 하였다; 헌재 2010. 12. 28. 2010헌가51; 헌재 2010. 12. 28. 2010헌가73등; 헌재 2011. 12. 29. 2010헌바117; 헌재 2013. 6. 27. 2011헌가39등.
4) 헌재 2010. 10. 28. 2010헌가14; 헌재 2012. 11. 29. 2012헌가15.
5) 헌재 2010. 2. 25. 2008헌바159.

수 없으므로 더 이상 재판의 전제성이 인정되지 아니하는 것으로 보아야 한다."고 판시하였으며,[1] 신상정보 등록의 근거규정에 의하면, 일정한 성폭력범죄로 유죄판결이 확정된 자는 신상정보 등록대상자가 되는바, 유죄판결이 확정되기 전 단계인 당해 형사사건 재판에서 신상정보 등록 근거규정이 적용된다고 볼 수 없으므로 이에 관한 청구는 재판의 전제성이 인정되지 아니한다고 하였고,[2] 당해사건에서 법원이 청구인에 대하여 신상정보공개명령을 하지 않았고 이러한 내용의 청구인에 대한 판결이 확정된 경우, 신상정보 공개명령의 근거규정에 대하여 위헌결정이 이루어지더라도 청구인에게 재심을 구할 이익이 있다고 보기 어려우므로 성폭력범죄자의 신상정보공개명령의 근거규정은 당해 형사사건에 대하여 재판의 전제성이 인정되지 아니한다고 하였다.[3]

또한 헌법재판소는 당해사건 법원이 원고의 선택적 청구 중 하나를 받아들였고, 이러한 판결이 확정된 이상, 더 이상 법원의 심판대상이 되지 않게 된 원고의 나머지 선택적 청구에 적용되는 법률조항은 당해사건 재판에 적용되는 법률조항이라고 할 수 없다고 하였고,[4] 당해사건에서 주위적 공소사실을 유죄로 인정함에 따라 예비적 공소사실에 관하여는 판단하지 아니한 판결이 확정된 경우에, 당해사건의 예비적 공소사실에 적용되는 법률조항도 마찬가지로 당해사건 재판에 적용되는 법률조항이라고 할 수 없다고 하였다.[5]

그리고 헌법재판소는, 청소년의 성보호에 관한 법률 제2조 제3호 및 제8조 제1항의 '청소년이용음란물'이 실제인물인 청소년이 등장하는 음란물을 의미하고, 단지 만화로 청소년을 음란하게 묘사한 당해사건의 공소사실을 규율할 수 없다고 본다면 위 각 규정은 당해사건에 적용될 수 없어 일응 재판의 전제성을 부인하여야 할 것으로 보이나, 아직 법원에 의하여 그 해석이 확립된 바 없어 당해 형사사건에의 적용 여부가 불명인 상태에서 검사가 그 적용을 주장하며 공소장에 적용법조로 적시하였고, 법원도 적용가능성을 전제로 재판의 전제성을 긍정하여 죄형법정주의 위반 등의 문제점을 지적하면서 위헌법률심판제청을 하여 온 이상, 헌법재판소로서는 그 법령을 해석하여 이에 대한 판단을 하여야 하고 법원은 그 판단을 전제로 당해사건을 재판하게 되는 것이므로, 위

1) 헌재 2013. 3. 21. 2011헌바150; 헌재 2014. 1. 28. 2011헌바174등.
2) 헌재 2013. 9. 26. 2012헌바109; 헌재 2015. 12. 23. 2015헌가27(2인의 반대의견 있음).
3) 헌재 2013. 9. 26. 2012헌바109.
4) 헌재 2017. 5. 25. 2016헌바373.
5) 헌재 2019. 2. 28. 2018헌바8.

각 규정은 그 해석에 의하여 당해 형사사건에의 적용 여부가 결정된다는 측면에서 재판의 전제성을 인정하여야 한다고 하였다.[1)]

㈏ 간접적용되는 법률

심판의 대상이 되는 법률은 법원의 당해사건에 직접 적용되는 법률인 경우가 대부분이겠지만, 당해 재판에 적용되는 법률이라면 반드시 직접 적용되는 법률이어야 하는 것은 아니다. 즉 제청 또는 청구된 법률조항이 법원의 당해사건의 재판에 직접 적용되지는 않더라도 그 위헌여부에 따라 당해사건의 재판에 직접 적용되는 법률조항의 위헌여부가 결정되거나,[2)] 당해 재판의 결과가 좌우되는 경우[3)] 또는 당해사건의 재판에 직접 적용되는 규범의 의미가 달라짐으로써 재판에 영향을 미치는 경우 등과 같이 **양 규범 사이에 내적 관련이 있는 경우에는 간접 적용되는 법률규정**에 대하여도 재판의 전제성을 인정할 수 있다.[4)] 재판에 직접 적용되는 시행령의 위헌여부가 수권조항인 위임법률규정의 위헌여부에 달려있는 경우에 위임법률규정을 심판의 대상으로 삼는 경우[5)]도 여기에 포함시킬 수 있을 것이다.

위와 같은 간접적용을 인정한 헌법재판소의 판례를 보면, "보호감호처분에 대하여는 소급입법이 금지되므로 비록 구법이 개정되어 신법이 소급적용되도록 규정되었다고 하더라도 실체적인 규정에 관한 한 오로지 구법이 합헌적이어서 유효하였고, 다시 신법이 보다 더 유리하게 변경되었을 때에만 신법이 소급적용 될 것이므로 **폐지된 구법에 대한 위헌여부**의 문제는 **신법이 소급적용 될 수 있기 위한 전제문제로서** 판단의 이익이 있어 위헌제청은 적법하다."고 판시하였

1) 헌재 2002. 4. 25. 2001헌가27.
2) 헌재 1996. 10. 31. 93헌바14.
3) 헌재 1996. 12. 26. 94헌바1.
4) 헌재 2000. 1. 27. 99헌바23; 헌재 2001. 10. 25. 2000헌바5; 헌재 2010. 2. 25. 2007헌바131등; 헌재 2011. 10. 25. 2009헌바234; 헌재 2014. 1. 28. 2010헌바251; 헌재 2021. 5. 27. 2019헌바332.
5) 헌재 1994. 6. 30. 92헌가18(국가보위에관한특별조치법 제 5 조 제 4 항 위헌제청 사건에서 "국가보위에관한특별조치법 제 5 조 제 4 항 및 특별조치령 제29조에 의하여 수용당한 원래의 자기소유토지에 관하여 위 법률조항이 위헌임을 이유로 하여 대한민국을 상대로 소유권이전등기말소청구소송을 제기한 경우, 상위법인 위 법률조항의 위헌여부는 하위법인 특별조치령의 위헌여부 및 효력 유무의 전제가 되고 위 법률조항에 대하여 위헌결정이 되면 자동적으로 이에 근거한 특별조치령도 위헌·무효가 되고 아울러 위헌·무효인 특별조치법에 근거한 수용처분도 위헌무효가 될 수 있기 때문에, 위 법률조항의 위헌여부는 위 소송 재판에서의 승패 여부의 전제가 된다."고 하였다); 헌재 1996. 8. 29. 95헌바36(구 산업재해보상보험법 제 4 조 단서 위헌소원 사건에서 "이 사건 법률규정이 위임입법의 한계를 일탈한 포괄위임규정이어서 위헌이라고 선언되는 경우 이에 근거한 시행령 규정도 역시 적용될 수 없게 되기 때문에 그 한도에서는 재판의 전제성이 있다."고 하였다).

고,[1] "구 영화법은 1995. 12. 30. 법률 제5130호로 제정되어 1996. 7. 1.부터 시행된 영화진흥법에 의하여 폐지되었으나, 영화진흥법 부칙 제 6 조에 의하면 위법 시행 전에 종전의 영화법에 위반한 행위에 대한 벌칙의 적용에 있어서는 종전의 영화법의 규정에 의하도록 규정하고 있다. 한편 청구인은 영화진흥법의 시행으로 영화법이 폐지되기 전에 영화법위반죄로 형사재판을 받았으므로 비록 지금은 영화법이 폐지되었다 하더라도 이 사건 심판 대상인 구 영화법 제 4 조 제 1 항의 위헌여부가 청구인에 대한 형사재판의 전제가 되므로 위 법률조항은 당연히 헌법소원심판의 대상이 될 수 있다."고 판시하였다.[2]

또한 "청구인들에 대한 공소장에는 적용법조로 직업안정 및 고용촉진에 관한 법률 제10조 제 1 항만 기재되어 있고 제10조 제 2 항은 기재되어 있지 아니하나, 청구인들은 제10조 제 1 항이 헌법에 위반된다는 중요한 이유로서 제10조 제 2 항에서 허가요건을 법률로 규정하지 않고 대통령령에 위임을 하고 있는 것이 위임입법의 한계를 벗어나 위헌이라고 주장하고 있으므로 이 사건에서 제10조 제 1 항의 위헌여부는 제10조 제 2 항의 위헌여부와 불가분적인 관계에 있다고 할 것이므로 제10조 제 2 항도 재판의 전제성이 있다고 할 것이다."고 판시하였고,[3] 검사가 신청한 공판기일 전 증인신문신청사건에 적용된 형사소송법 제221조의2 제 2 항 및 제 5 항은 관련 형사사건에서 그 신문조서의 증거 채택 여부를 결정하는 법원의 결정에 직접 적용되는 법률조항이 아니나 위 증거채부결정의 대상이 된 조서의 증거능력에 영향을 미침으로써, 그 위헌여부에 따라 법원이 그 조서를 증거로 채택할 수 있느냐 없느냐의 증거채부결정의 결과를 좌우하고 있다 하여 재판의 전제성을 인정하였다.[4]

한편 청구인이 의료보험법 제29조 제 3 항 및 이에 근거한 보건복지부의 '의료보험요양급여기준 및 진료수가기준, 지정진료에 관한 규칙'에 위반하여 금원을 편취하였다는 사실로 기소되어 서울지방법원에 재판 계속 중이고, 의료보험법 제29조 제 3 항이 위 당해사건의 재판에 간접적으로 적용되고 있으며, 심판대상 법조항의 위헌 여부에 따라 당해사건을 담당하는 법원이 다른 내용의 재판을 하게 되는 사실이 인정되므로, 재판의 전제성 요건을 갖춘 것이라고 판시

1) 헌재 1989. 7. 14. 88헌가5등.
2) 헌재 1996. 8. 29. 94헌바15. 동지: 헌재 1996. 10. 4. 93헌가13등.
3) 헌재 1996. 10. 31. 93헌바14.
4) 헌재 1996. 12. 26. 94헌바1.

하였고,[1] 국적법 제 2 조 제 1 항 제 1 호 위헌제청 사건에서, “부칙조항은 신법이 구법상의 부계혈통주의를 부모양계혈통주의로 개정하면서 구법상 부(父)가 외국인이기 때문에 대한민국 국적을 취득할 수 없었던 한국인 모(母)의 자녀 중에서 신법 시행 전 10년 동안에 태어난 자에게 신고 등 일정한 절차를 거쳐 대한민국 국적을 취득하도록 하는 경과규정이다. 그러므로 부칙조항의 위헌여부, 즉 ‘10년’의 경과규정을 둔 것이 헌법에 위반되는지 여부를 판단하기 위하여는 출생에 의한 국적취득에 있어 부계혈통주의를 규정한 구법조항의 위헌여부에 대한 판단이 전제가 된다.”고 판시하였고,[2] 이자제한법 폐지법률과 이자의 최고한도를 연 4할로 정한 이자제한법 개정법률이 무효로 선언된다면 1962년 제정 당시의 이자제한법이 되살아나 당해사건에 적용될 것이므로 개정법률과 폐지법률은 위 제정 당시의 이자제한법이 적용되는 것을 막고 있다는 의미에서 간접적으로나마 당해사건에 적용된다고 볼 수 있으므로 재판의 전제성은 인정된다고 하였으며,[3] 기반시설부담금 부과처분에 따라 납부한 기반시설부담금 상당액을 부당이득으로 반환청구하는 당해 소송사건의 재판에 직접 적용되는 법률은 민법 제741조라고 할 것이나, 기반시설부담금 부과처분의 근거법률인 구 ‘기반시설부담금에 관한 법률’ 제 3 조, 제10조는 기반시설부담금 부과처분의 근거법률이므로, 당해사건에 직접 적용되는 법률인 민법 제741조와 내적 관련이 있다고 하였다.[4] 개인회생절차 개시 여부에 관한 당해사건에 ‘고의로 가한 불법행위로 인한 손해배상채무’를 면책대상에서 제외하는 채무자회생 및 파산에 관한 법률 제625조 제 2 항 제 4 호는 간접적으로 적용되고, 당해사건에 직접 적용되는 법률조항인 위 법 제595조 제 6 호와 내적 관련이 있으므로 재판의 전제성을 인정할 수 있다고 하였다.[5]

---

1) 헌재 2000. 1. 27. 99헌바23.
2) 헌재 2000. 8. 31. 97헌가12.
3) 헌재 2001. 1. 18. 2000헌바7.
4) 헌재 2010. 2. 25. 2007헌바131등. 그러나 헌법재판소는 위헌법률에 근거한 처분은 특별한 사정이 없는 한 당연무효가 아니라 취소사유에 해당하는바, 기반시설부담금 부과처분에 대한 취소소송 제소기간이 경과한 뒤 납부한 부담금 상당액을 부당이득으로 반환청구하는 당해 사건에서 법원이 기반시설부담금 부과처분의 효력을 부인하고 법률상 원인 없는 이득이라고 판단할 수 없다고 할 것이므로 재판의 전제성이 인정되지 않는다고 하였다.
5) 헌재 2011. 10. 25. 2009헌바234(대법원은 채무자회생법 제625조 제 2 항 제 4 호에 해당하여 면책대상이 되지 않는 채무가 있는 경우에도 개인회생절차 개시신청의 기각사유로 ‘개인회생절차에 의함이 채권자 일반의 이익에 적합하지 아니한 때’를 정하고 있는 동법 제595조 제 6 호에 해당할 수 있는 것으로 해석하기 때문이라고 설명하였다).

또한 헌법재판소는 유신헌법 하의 긴급조치 제2호는 대통령의 긴급조치를 위반한 자를 심판하기 위하여 설치하는 비상군법회의의 조직법으로 긴급조치 제2호에 따라 법원이 아닌 비상군법회의가 청구인에게 긴급조치 위반의 혐의로 유죄판결을 선고할 수 있었으므로, 비록 긴급조치 제2호가 처벌의 직접적인 근거조항은 아니더라도 그것이 위헌이라면 청구인에 대한 유죄판결은 결국 **재판권이 없는 기관**에 의한 것이 된다고 하면서 당해사건(긴급조치 위반에 대한 재심청구)에 대한 전제성을 인정하였고,[1] 구 전기사업법 제7조 제1항이 정한 발전사업 허가처분은 그 내용상 백두대간 보호지역 중 핵심구역 안에서는 건축물의 건축이나 공작물 그 밖의 시설물의 설치 등을 원칙적으로 금지하되, 다만 신·재생에너지의 이용·보급을 위한 시설의 설치 등의 경우에는 예외를 인정하는 구 백두대간보호에 관한법률 제7조 제1항 제6호의 요건을 충족하는 것을 당연히 전제조건으로 하는 것이므로 위 조항은 구 전기사업법 제7조 제1항과 **내적 관련**이 있는 조항으로서 당해사건의 재판에 **간접적용**되는 법률조항이라 볼 수 있다고 하였으며,[2] 병역종류조항이 대체복무제를 포함하고 있지 않다는 이유로 위헌으로 결정된다면, 양심적 병역거부자가 현역입영 또는 소집 통지서를 받은 후 3일 내에 입영하지 아니하거나 소집에 불응하더라도 대체복무의 기회를 부여받지 않는 한 당해 형사사건을 담당하는 법원이 **무죄를 선고할 가능성**이 있으므로, 병역종류조항은 재판의 전제성이 인정된다고 하였고,[3] 증권거래소에서 상장규정을 제정할 때 증권의 상장폐지기준 및 상장폐지에 관한 내용을 포함하도록 한 자본시장과 금융투자업에 관한 법률 제390조 제2항 제2호는 거래소가 상장규정에 증권의 상장폐지기준 및 상장폐지에 관한 사항을 포함하도록 한 근거조항이고, 당해 사건의 소송물인 상장폐지결정의 직접적인 근거조항은 아니나 **간접적으로 적용**되는 근거조항이며, 거래소의 상장규정은 투자자보호 및 시장건전성 유지라는 '자본시장과 금융투자업에 관한 법률'의 목적에 벗어나지 않도록 유의해야 하므로, 심판대상조항의 위헌 여부에 따라 상장폐지결정이 무효가 될 수 있으므로, 심판대상조항은 당해사건과 관련하여 재판의 전제성 요건을 충족한다고 하였다.[4]

---

1) 헌재 2013. 3. 21. 2010헌바132등.
2) 헌재 2014. 1. 28. 2010헌바251.
3) 헌재 2018. 6. 28. 2011헌바379등.
4) 헌재 2021. 5. 27. 2019헌바332.

㈐ 그 밖에 적용 법률조항이 아니라는 이유로 재판의 전제성이 충족되지 아니하였다고 본 사례

헌법재판소는 "국가보안법과 남북교류협력에 관한 법률은 상호 그 입법목적과 규제대상을 달리하고 있는 관계로 구 국가보안법 제 6 조 제 1 항 소정의 잠입·탈출죄에서의 '잠입·탈출'과 남북교류법 제27조 제 2 항 제 1 호 소정의 죄에서의 '왕래'는 그 각 행위의 목적이 다르다고 해석되고, 따라서 두 죄는 각기 그 구성요건을 달리하고 있다고 보아야 할 것이므로, 위 두 법률조항에 관하여 형법 제 1 조 제 2 항의 신법우선의 원칙이 적용될 수 없고, 한편 청구인에 대한 공소장기재의 공소사실을 보면 청구인의 행위에 관하여는 남북교류법은 적용될 여지가 없다고 할 것이므로 '남북교류와 협력을 목적으로 하는 행위에 관하여는 정당하다고 인정되는 범위 안에서 다른 법률에 우선 하여 이 법을 적용한다.'고 규정하고 있는 동 법률 제 3 조의 위헌여부가 당해 형사사건에 관한 재판의 전제가 된 경우라고 할 수 없다."고 판시하였고,[1] 민사소송등인지법 제 2 조는 소송비용 등 인지액의 산정방법을 규정한 것에 불과하여, 관련 사건상의 인지보정명령이나 인지 미보정으로 인한 재판장의 소장각하명령의 각 재판에 있어서 적용될 법률이 아닐 뿐만 아니라, 그 위헌여부에 따라 위 각 재판의 결과가 달라지지 아니하므로 재판의 전제성이 없다고 하였으며,[2] 또한 "제청신청인에 대한 구속영장청구사건에 적용되는 법률은 형법상의 특수공무집행방해치상죄, 업무방해죄, 집회 및 시위에 관한 법률위반죄의 규정과 구속영장의 발부요건 및 절차 등에 관한 형사소송법상의 규정 등이고, 제청법원이 위헌제청한 노동조합 및 노동관계조정법 개정법은 제청 당시에 공포는 되었으나 시행되지 않았고 이 결정 당시에는 이미 폐지되어 효력이 상실된 것으로서 위 구속영장청구사건 재판에 적용되는 법률이 아닐 뿐만 아니라, 영장기재 피의사실에 적힌 범행의 계기가 된 것에 불과한 것으로, 그 위헌여부에 따라 다른 내용의 재판을 하게 되는 관계에 있지도 아니하므로 재판의 전제가 되는 법률이라고 볼 수 없다."고 판시하였다.[3]

그리고 당해 재판(공직선거 및 선거부정방지법 위반 피고사건)의 내용과 효력을 형성함에 있어 관련된 것이 아니라 별도의 구성요건("당선인이 당해 선거에 있어 법에 규정된 죄를 범함으로 인하여 징역 또는 100만 원 이상의 벌금형의 선고를 받은 때"라는)에 의해서 비

1) 헌재 1993. 7. 29. 92헌바48.
2) 헌재 1996. 8. 29. 93헌바57.
3) 헌재 1997. 9. 25. 97헌가5.

로소 형성되는 법률적 효과("그 당선은 무효로 한다")를 규정한 조항에 대한 심판청구는 재판의 전제성을 결여하여 부적법하다고 하였고,[1] "청구인의 유족연금 지급거부처분 취소청구가 구 국가유공자예우등에 관한 법률 제77조 소정의 소멸시효완성을 이유로 기각된 것이 아님이 분명하고, '이 법에 의하여 보상을 받을 권리는 법 제 6 조 제 1 항의 규정에 의한 등록신청을 한 날이 속하는 달로부터 발생한다.'고 규정한 같은 법 제 9 조가 위헌으로 결정되어 청구인의 이 사건 헌법소원심판청구가 인용된다고 하더라도, 위헌결정의 선고로써 유족연금의 지급청구권이 비로소 발생하는 것이기 때문에 위 제77조가 적용될 여지가 없다 할 것이므로 위 제77조에 대한 헌법소원심판청구는 재판의 전제성 요건을 갖추지 못하였다."고 판시하였다.[2]

"법원이 당해사건에 관하여 공동피고 중 1인에 대한 청구에 대하여는 대물변제약정을 인정할 수 없다는 이유로, 대물변제약정을 원인으로 소유권이전등기절차의 이행을 구하는 소를 기각하고, 공동피고 중 나머지 1인에 대하여는 대물변제약정을 인정할 수 없어 채권자대위권 행사를 위한 보전의 필요성이 없다는 이유로, 공동피고를 대위하여 명의신탁해지를 원인으로 하여 소유권이전등기절차의 이행을 구하는 소를 각하하는 판결을 선고하여 그 판결이 확정되었다면, 명의신탁관계를 규율하는 부동산실권리자명의등기에 관한 법률의 규정들은 당해사건에 적용될 여지가 없게 되었으므로 재판의 전제성이 인정되지 아니한다."고 판시하였고,[3] 구 지방세법 제74조 제 1 항은 심사청구제도를 규정하고 있을 뿐 행정소송과의 관계에 관하여는 아무런 규율도 하고 있지 않고, 당해사건 재판의 쟁점은 과연 청구인이 행정심판 전치의 요건을 적법하게 거쳤느냐에 관한 것인바, 이에 관한 판단은 지방세 부과처분에 대한 행정소송의 경우 반드시 심사청구를 하여 그 재결을 거치도록 규정하고 있는 지방세법 제78조 제 2 항의 위헌 여부에 달려 있는 것이지, 제74조 제 1 항의 위헌 여부에 달려있는 것이 아니므로 제74조 제 1 항은 재판의 전제성이 없다고 하였으며,[4] 공무원에 대하여는 일반근로자들을 규율하는 근로기준법과는 전혀 다른 독립한 법체계를 지닌 공무원연금법을 적용하게 되므로 공무원연금법 제61조의2에 대한

---

1) 헌재 1997. 11. 27. 96헌바60.
2) 헌재 1998. 2. 27. 97헌가10등.
3) 헌재 2000. 11. 30. 2000헌바24.
4) 헌재 2001. 6. 28. 2000헌바30.

위헌결정 또는 헌법불합치결정이 있다 하여 당해사건에서 퇴직금에 관한 근로기준법 조항이 곧바로 적용된다고 볼 수 없다고 하였다.[1)]

또한 직위해제처분은 공무원이 공무원의 신분관계를 그대로 존속시키면서 다만 그 직위를 부여하지 아니하는 처분이므로 만일 어떤 사유에 기하여 직위해제를 한 후 동일한 사유를 이유로 공무원의 신분관계를 박탈하는 파면처분을 하였을 경우에는 뒤에 이루어진 파면처분에 의하여 그전에 있었던 직위해제처분의 효력은 상실하게 되므로 직위해제 상태의 일정기간 존속이라는 사실의 효과로 당연히 발생하는 당연퇴직의 효과도 발생하지 않게 되어 직위의 해제 및 해임에 관한 구 국가공무원법 제73조의2 제 4 항 중 동조 제 1 항 제 2 호 중 공무원으로서 근무태도가 심히 불성실한 자 부분은 당해사건에 적용되지 않게 되고 따라서 재판의 전제성이 인정되지 않는다고 판시하였고,[2)] 경지정리사업에서 청구인 등이 받은 환지나 청산금이 그 주장과 같이 부당하게 적은 것이라고 하더라도 그 손해라는 것은 구 농어촌정비법 제93조로 인하여 생긴 것이 아니라 순창군이 환지처분을 함에 있어 위 법 제43조에 의한 환지계획에서 권리면적을 너무 적게 잡은 데서 연유하는 것이므로 그 환지처분의 부당성을 다툼은 별론으로 하더라도 위 법 제93조 제 1 항, 제 2 항은 당해사건의 재판에 적용될 법률이 아니어서 재판의 전제성이 없다고 하였고,[3)] 산업입지 및 개발에 관한 법률 제22조 제 1 항과 제 2 항은 사업인정고시 이후에 사업시행자가 토지수용을 하는 단계에서나 적용될 법률조항들이어서 지정처분의 취소를 구하는 당해사건에는 적용될 여지가 없으므로 위 조항들은 재판의 전제성이 없다고 하였으며,[4)] 민사집행법 제130조 제 6 항, 제 8 항은 청구인들이 제기한 매각허가결정에 대한 항고 및 재항고 사건에서는 적용될 여지가 없으므로 재판의 전제성이 없고,[5)] 당해사건 상고심에서 심판대상 법률조항이 적용되어 기소된 공소사실에 대하여 무죄취지의 판결이 선고되어 동 조항이 더 이상 환송심의 당해사건 재판에 적용될 여지가 없어져 재판의 전제성이 인정되지 아니하며,[6)] 가석방의 요건에 관한 형법 제72조의 제 1 항 중 '무기징역' 부분은 사법부에 의하여 형이 선고 확정된 이후의

1) 헌재 2003. 6. 26. 2001헌바54.
2) 헌재 2005. 12. 22. 2003헌바76.
3) 헌재 2005. 12. 22. 2003헌바109.
4) 헌재 2007. 4. 26. 2006헌바10.
5) 헌재 2009. 12. 29. 2009헌바25.
6) 헌재 2009. 12. 29. 2009헌바93.

집행에 관한 문제일 뿐 성폭력범죄의 당해 재판 단계에서 문제될 이유가 없고 달리 위 규정이 당해사건에 **적용될 법률조**항임을 인정할 자료가 없으므로 재판의 전제성이 없고,[1] 경제자유구역법 제 6 조 제 3 호, 제 4 호는 수용재결의 취소 및 수용재결에 따른 손실보상금 증액 여부에 관하여 심판하는 당해사건에 **적용되지 않으므로** 재판의 전제성이 없고,[2] 유족등록의 절차 및 보상청구권의 발생 및 소멸에 관한 규정인 구 국가유공자법 제 6 조, 제 9 조는 유족등록신청의 거부처분을 다투는 당해사건 재판에 **적용되지 아니하여** 재판의 전제성이 없고,[3] 건강기능식품의 기능성 표시광고에 대한 사전심의업무를 영업자단체에 위탁할 수 있도록 한 건강기능식품에 관한 법률 제16조 제 2 항은 청구인이 심의위원회의 심의결과와 다르게 광고를 하였다는 이유로 받은 영업정지처분의 취소를 구하는 당해사건에 **적용되는 법률이 아니므로** 재판의 전제성이 없으며,[4] 당해사건의 가정적 판단에 적용된 심판대상 조항이 주된 판단이 대법원에서 확정되어 당해사건에 **적용될 여지가 없어진** 경우에는 재판의 전제성을 갖추지 못하였다고 하였고,[5] 변호사법 위반으로 유죄확정판결을 받은 청구인이 수사검사의 불법행위를 이유로 검사와 국가에 대하여 손해배상을 구하는 당해사건에서, 유죄판결의 근거가 된 법률조항은 당해사건에서 직접 **적용되지 않으므로** 재판의 전제성이 인정되지 아니하고,[6] 문화재청장으로 하여금 매장문화재 조사용역대가의 기준과 산정방법에 관하여 필요한 사항을 정하도록 한 문화재보호법 제45조의 2, 제58조가 매장문화재 조사용역대가액 중 실제 투입비용을 초과한 부분을 편취하였다는 청구인에 대한 사기 공소사실에 대한 형사재판에 **적용되는 법률조항이 아니므로** 재판의 전제성이 없고,[7] 형사소송법 제 5 조, 제 6 조, 제 9 조, 제10조는 관할의 병합심리에 관한 문제일 뿐 당해사건에서 문제되는 변론의 병합, 분리에 관한 것이 아니어서 당해사건의 재판에 **적용되는 법률이 아니므로** 재판의 전제성이 없고,[8] 구 문화재보호법 제55조, 제61조, 제91조는 매장문화재 발굴에 따른 손실보상에 관한 당해사건에 **적용되는 법률조항이 아니어서** 재판의 전제

1) 헌재 2010. 2. 25. 2008헌가23.
2) 헌재 2010. 3. 25. 2008헌바102.
3) 헌재 2010. 5. 27. 2009헌바49.
4) 헌재 2010. 7. 29. 2006헌바75.
5) 헌재 2010. 9. 30. 2008헌바100.
6) 헌재 2011. 3. 31. 2009헌바286.
7) 헌재 2011. 3. 31. 2009헌바312.
8) 헌재 2011. 3. 31. 2009헌바351.

성이 인정되지 아니하고,[1] 차액공탁에 관한 공익사업법 제40조 제 4 항은 피수용자가 아닌 사업시행자가 수용재결에 불복한 경우에 적용되는 것으로서 피수용자인 청구인이 사업시행자를 상대로 보상금의 증액을 구하는 당해사건에 적용될 법률조항이 아니어서 재판의 전제성이 인정되지 아니하며,[2] 분수림설정 취소 후 국가에 귀속된 지상입목의 부당이득반환을 구하는 당해사건에서 구 산림법 제89조 제 3 항 중 제 1 항 제 3 호에 관한 부분은 당해사건에 적용되는 법조항이 아니어서 재판의 전제성을 인정할 수 없고,[3] 민사소송법 제119조, 제124조는 소송비용 담보제공명령을 전제로 그 불이행에 따른 본안사건에서의 효과를 정한 법률조항으로서 담보제공명령 자체의 당부를 다투는 항고사건인 당해사건에는 적용될 법률이 아니므로 재판의 전제성이 없고,[4] 의료급여 수급권자의 범위에 국민기초생활보장법에 의한 수급자를 포함하도록 규정한 의료급여법 제 3 조 제 1 항 제 1 호와 의료급여법에 따른 의료급여를 받는 자를 국민건강보험법의 적용대상에서 제외하도록 규정한 동법 제 5 조 제 1 항 제 1 호는 당해사건인 국민기초생활보장급여 중지처분 무효 등 확인소송에서 적용되지 아니하므로 재판의 전제성이 없고,[5] 영리를 목적으로 한방의료행위를 업으로 하였다는 이유로 보건범죄단속에 관한 특별조치법위반죄로 유죄판결을 받은 경우, 한의사의 처방전 없이도 독자적으로 조제할 수 있는 한약과 그렇지 않은 한약의 종류에 관하여 규정하고 있는 약사법조항은 당해사건의 재판에 적용되는 법률이 아니므로 재판의 전제성이 인정되지 아니한다고 하였고,[6] 심판청구의 당해사건은 당해법인의 단기매매차익 반환청구권을 주주가 아닌 채권자가 채무자인 당해법인을 대위하여 재판상 청구한 것이므로, 당해법인을 대위한 주주 등의 단기매매차익 반환청구권 행사기간에 관한 구 증권거래법 제188조 제 5 항 중 제 3 항에 관한 부분은 당해사건에 적용될 여지가 없어 당해사건 재판의 전제성을 인정할 수 없고,[7] 현행범인 체포의 근거 및 절차에 관한 조항인 형사소송법 제211조 제 1 항, 제212조, 제213조의2는 당해사건인 청구인에 대한 퇴거불응죄의 형사

1) 헌재 2011. 7. 28. 2009헌바244.
2) 헌재 2011. 10. 25. 2009헌바281.
3) 헌재 2011. 12. 29. 2010헌바84.
4) 헌재 2011. 12. 29. 2011헌바57.
5) 헌재 2012. 2. 23. 2010헌바127.
6) 헌재 2012. 5. 31. 2010헌바90등.
7) 헌재 2012. 5. 31. 2011헌바102.

재판에 적용되는 법률조항이 아니므로 재판의 전제성이 없고,[1] 재심제기기간 도과로 각하된 재심각하판결에 대하여 다시 재심을 청구한 사건에서 그 청구가 부적법하거나 재심사유가 없는 경우 당해사건인 재심사건의 '본안 사건에 대한 재판'에 적용될 법률조항인 재심제기기간 규정은 당해사건인 재심사건의 본안 재판에 적용될 여지가 없게 되어 재판의 전제성이 인정되지 아니하고,[2] 학교운영지원비의 조성·운용 및 사용에 관한 사항을 학교운영위원회가 심의하도록 하는 구 초·중등교육법 조항은 학교운영지원비를 징수할 수 있는 근거가 되는 조항이 아니므로 당해사건인 부당이득반환 청구의 소의 재판에 적용되는 법률이라 할 수 없다는 이유로, 학교운영지원비를 학교회계 세입항목에 포함시키도록 하는 동법 조항은 국·공립중학교에만 적용되는 것이지 사립중학교에서 징수하는 학교운영지원비에 대해서는 적용되는 것이 아니라는 이유로 재판의 전제성을 부정하였고,[3] 서울특별시장의 '용산국제업무지구 도시개발구역지정 및 개발계획 수립, 지형도면' 고시에 의한 용산국제업무지구 개발사업은 환지방식이 아닌 수용 또는 사용 방식의 사업이기 때문에 구 도시개발법 제 4 조 제 3 항의 환지동의조항은 적용될 여지가 없어 재판의 전제성이 인정되지 아니하며,[4] 근로자를 적용대상으로 하는 고용보험법 제10조 제 3 호가 현역병에 대한 고용보험수급자격불인정처분을 다투는 당해사건에 적용될 여지가 없다는 이유로 재판의 전제성을 부정하였으며,[5] 소득세법시행령 조항의 내용으로 인용되고 있는 농지법 조항의 위헌여부는 소득세법 및 그 시행령에 근거한 양도소득세 부과처분의 위법여부를 다투는 당해사건에서 재판의 전제가 되지 아니하고,[6] 종전의 친일반민족행위자 재산의 국가귀속에 관한 특별법에 따라 이루어진 친일반민족행위자조사위원회의 친일반민족행위자 결정을 개정된 친일재산귀속법에 의하여 이루어진 것으로 보도록 한 친일재산귀속법 부칙 제 2 항의 위헌여부는 국가명의 소유권이전등기의 말소를 구하는 당해사건 재판에 곧바로 적용된다고 보기 어려우므로 재판의 전제성이 인정되지 아니하고,[7] 일정한 성폭력범죄로 유죄판결이

1) 헌재 2012. 5. 31. 2011헌바135.
2) 헌재 2012. 7. 26. 2011헌바175.
3) 헌재 2012. 8. 23. 2010헌바220.
4) 헌재 2012. 8. 23. 2010헌바471.
5) 헌재 2012. 12. 27. 2010헌바406.
6) 헌재 2012. 12. 27. 2011헌바380.
7) 헌재 2013. 7. 25. 2012헌가1(재산조사위원회의 결정이 당연무효라고 보기 어렵고, 제소기간 도과로 취소될 여지도 없는 이상 위 부칙조항이 존재하지 않는다고 하더라도 제청법원이 위 결정의

확정된 자는 신상정보 등록대상자가 되는바, 유죄판결이 확정되기 전 단계인 당해 형사사건 재판에서 신상정보 등록 근거규정이 적용된다고 볼 수 없으므로 신상정보 등록조항에 관한 청구는 재판의 전제성이 인정되지 아니한다고 하였다.[1)]

또한 사립학교법 제25조 제 2 항, 제25조의3 제 2 항, 사립학교법 부칙 제 1 조 본문은 정식이사 선임처분의 취소를 구하는 당해사건에 적용될 여지가 없어 재판의 전제성이 인정되지 아니하고,[2)] 아동·청소년의 성보호에 관한 법률 제 3 조는 위 법의 해석과 적용상의 일반적 주의사항을 추상적으로 규정하고 있을 뿐 당해사건에 직접 적용되는 법률이 아니므로 재판의 전제성을 인정할 수 없고,[3)] 도시 및 주거환경정비법 제49조 제 6 항은 사업시행자가 임차인에 대하여 가지는 인도청구권을 규정한 것에 불과하여, 주택재건축사업의 경우에도 주택재개발사업 등처럼 공익사업법을 적용하여 수용방식으로 사업을 진행하도록 규정하지 아니한 것이 헌법에 위반된다고 주장하는 당해사건에 있어서 재판의 전제성이 인정되지 아니하고,[4)] 도시개발사업의 시행과정 중 토지수용 단계에 비로소 적용되는 법률조항은 그 전 단계인 '구역지정 및 개발계획수립단계'와 '실시계획 수립단계'에서 이루어진 고시와 처분의 무효확인 또는 취소를 구하고 있는 당해사건에는 적용될 여지가 없으므로 재판의 전제성이 인정되지 아니한다고 하였으며,[5)] 중앙행정심판위원회가 행정심판법 조항들을 근거로 각하재결을 하였을 뿐 심판대상 협정조항은 적용한 바 없는 이상, 심판대상 협정조항이 위헌이라고 하더라도 각하재결 자체에 고유한 위법이 있다고 볼 수 없으므로 위 협정조항은 각하재결의 취소를 구하는 재판의 전제가 되지 아니한다고 하였다.[6)]

한편 일반재산의 처분시 수의계약에 의할 수 있는 경우를 규정하고 있는 국유재산법 제43조 제 1 항 단서 전단 및 민법 제643조 중 "토지임대차" 및 "기타 지상 시설" 부분은, 사건토지의 소유자등이 본소로써 청구인들에 대하여 건물등의 철거, 토지의 인도 및 차임 상당의 부당이득 반환을 구하고, 청구인들이 반소로

효력을 부인할 수 없기 때문이라고 하였다).

1) 헌재 2013. 9. 26. 2012헌바109; 헌재 2015. 12. 23. 2015헌가27(2인의 반대의견 있음).
2) 헌재 2013. 11. 28. 2009헌바206등.
3) 헌재 2013. 12. 26. 2011헌바108.
4) 헌재 2014. 1. 28. 2011헌바363.
5) 헌재 2014. 3. 27. 2011헌바232.
6) 헌재 2014. 6. 26. 2012헌바333.

써 사건건물등의 매수등을 구하는 당해사건의 재판에 적용될 여지가 없으므로 재판의 전제성을 갖추지 못하였다고 하였고,[1] 국민의 형사재판 참여에 관한 법률 제 9 조 중 부칙 제 2 조에 따라 위 법률이 시행되는 2012. 7. 1. 이후 최초로 공소를 제기하는 사건부터 적용되는데, 청구인은 2012. 3. 29. 공소가 제기되어 국민참여재판법 조항이 적용되지 않으므로 재판의 전제성이 인정되지 아니한다고 하였으며,[2] 반대주주가 주식매수청구권을 행사한 경우의 주식 매수가격 결정절차에 관하여 규정하는 있는 금융지주회사법 제62조의2 제 3 항 제 1 호는 주식교환절차가 무효임을 이유로 그 이행을 금지하는 가처분을 구하거나 주식교환의 무효확인을 구하는 각 당해사건에 적용되는 법률조항이라고 보기 어려우므로 재판의 전제성이 인정되지 아니한다고 하였고,[3] 강제동원 피해자에 대한 미수금 지원금 지급결정에 관한 재심의 신청을 기각한 결정의 취소를 구하는 소송에서 한일청구권협정 제 2 조 제 1 항, 제 3 항은 처분의 근거조항이 아니어서 당해사건에 적용되는 법률조항이라고 보기 어려우므로 재판의 전제성이 인정되지 아니한다고 하였고, 위로금 등의 지급청구 방법을 규율하는 국외강제동원자지원법 제18조 제 1 항 역시 당해소송에서 다투어지는 처분에 적용되는 법률조항이라고 보기 어려우므로, 그 위헌 여부에 따라 당해사건의 재판의 주문이나 이유가 달라지는 경우라고 할 수 없고, 따라서 국외강제동원자지원법 제18조 제 1 항도 재판의 전제성이 인정되지 아니한다고 하였다.[4]

또한, '도시 및 주거환경정비법' 제48조 제 1 항은 분양신청절차가 종료된 후에 이루어지는 관리처분계획의 수립·변경의 절차 및 요건에 관한 것으로, 분양신청을 하지 아니하여 현금청산대상자가 된 청구인들에 대한 토지 등 수용재결 취소소송에 직접 적용되지 않으므로 재판의 전제성이 인정되지 않는다고 하였고,[5] 당해사건 소송에서 청구인들의 손해배상청구권이 소멸시효가 완성되었는지와 상관없이 청구인들의 손해배상청구권 자체가 발생하지 않았다는 이유로 청구인들의 청구가 모두 기각된 이상, 국가배상청구권의 소멸시효를 규정한 심판대상조항이 당해사건에 적용될 여지는 없다 할 것이므로, 심판대상조항은 재판

1) 헌재 2015. 2. 26. 2012헌바438.
2) 헌재 2015. 2. 26. 2013헌바107.
3) 헌재 2015. 5. 28. 2013헌바82 등.
4) 헌재 2015. 12. 23. 2009헌바317등; 동지: 헌재 2015. 12. 23. 2011헌바55(한일청구권협정 제 2 조 제 2 항 a호).
5) 헌재 2015. 12. 23. 2015헌바66.

의 전제성이 인정되지 아니한다고 하였으며,[1] 구 전투경찰대설치법 제 6 조의 소청조항은 소청 결정이 있을 때까지 해당 징계처분에 따라야 한다는 규정으로 영창처분에 관한 취소소송인 당해사건에 **적용되는 조항이 아니며**, 그 위헌 여부에 따라 재판의 주문이 달라지거나 재판의 내용과 효력에 관한 법률적 의미가 달라진다고 볼 수도 없으므로 재판의 전제성이 인정되지 아니한다고 하였고,[2] 심판대상조항인 지가공시 및 토지 등의 평가에 관한 법률 부칙 제 7 조 제 1 항은 부동산 가격공시 및 감정평가에 관한 법률로 전부개정되어 실효되었는바, 당해사건인 현행 감정평가사 제 1 차시험 면제자격 부여에 대한 행정소송에서 **적용되지 아니하므로** 재판의 전제성이 없다고 하였다.[3]

또한 소득세의 과세대상이 되는 소득을 구분한 구 소득세법 제 4 조 제 1 항은 상장주식의 양도에 대하여 위 소득과세조항을 적용하여 양도소득세를 부과한 처분의 취소를 구하는 당해사건에 직접 **적용되는 법률이 아니고** 그 위헌 여부에 따라 재판의 내용과 효력에 관한 법률적 의미가 달라진다고 볼 수도 없으므로 재판의 전제성이 인정되지 아니하고,[4] 공익사업을 위한 토지 등의 취득 및 보상에 관한 법률 제48조는 문언상 토지가 공익사업을 위하여 '사용'된 후 반환되는 경우에 적용되는 것임이 명백하고, 당해 사건과 같이 토지가 '취득'된 후 환매되는 경우에는 **적용될 여지가 없으므로**, 이 부분 심판청구는 재판의 전제성이 인정되지 아니한다고 하였고,[5] '형의 집행 및 수용자의 처우에 관한 법률' 제41조 제 4 항 중 '미결수용자의 접견내용의 녹음·녹화'에 관한 부분은 접견내용의 녹음·녹화 등에 관하여 필요한 사항을 포괄적으로 위임하고 있을 뿐 접견기록물을 수사기관에 제공하는 것에 대하여는 구체적으로 위임하고 있지 않으므로 교정시설의 장이 '범죄의 수사와 공소의 제기 및 유지에 필요한 때'에 접견기록물을 관계기관에 제공할 수 있도록 규정한 형집행법 시행령 제62조 제 4 항 제 2 호의 수권규정이 될 수 없어 접견내용의 녹음파일 녹취록이 증거로 제출된 당해사건에 **적용되는 법률조항**이라고 볼 수 없어 당해사건의 재판의 전제가 되지 않는다고 하였으며,[6] 당해 소송이 허가어업과 관련하여 허가구역 외에서의 조업행위

1) 헌재 2016. 2. 25. 2014헌바259.
2) 헌재 2016. 3. 31. 2013헌바190.
3) 헌재 2016. 4. 28. 2015헌가16.
4) 헌재 2016. 6. 30. 2014헌바62.
5) 헌재 2016. 9. 29. 2014헌바400.
6) 헌재 2016. 11. 24. 2014헌바401. 3인의 반대의견 있음.

를 기소한 형사재판인 경우, 어업허가구역의 범위를 판단할 때 고려되는 해상 경계에 대한 행정관습법 중 전라북도와 충청남도의 경계에 대한 부분은 형벌의 구성요건을 정하고 그에 상응하는 형벌의 종류와 범위를 규정하는 처벌의 근거 조항이 아니라 청구인의 조업구역을 확인하는 고려요소에 불과하므로, 이 사건 행정관습법은 당해 사건에서 **적용되는 법률**이라고 보기 어렵다고 하였다.[1)]

또한 주택재건축사업의 경우 '도시 및 주거환경정비법' 제38조, 제 8 조 제 4 항 제 1 호에 의하여 토지 등의 사용·수용이 불가능하므로, 토지수용위원회의 재결에 대한 이의신청이나 행정소송이 제기된 경우에도 토지의 수용·사용을 정지시키지 않도록 규정한 부정지 조항은 당해 사건 재판에 **적용되는 법률조항**이라고 할 수 없어 재판의 전제성이 인정되지 아니하고, 법원이 선택적 청구 중 하나를 받아들인 판결이 확정된 경우, 법원의 심판대상이 되지 않게 된 나머지 선택적 청구에 **적용되는 법률조항**들의 재판의 전제성이 인정되지 아니하며,[2)] 도시개발사업에서 수용 또는 사용되는 토지의 보상금 기준에 관한 법률조항은 손실보상 단계에서 적용될 조항으로서 도시개발사업 실시계획 인가·고시의 위법성을 다투는 당해사건의 재판에 **적용되지 않으므로** 재판의 전제성이 인정되지 아니하고,[3)] 재활용사업공제조합 분담금의 산정기준, 납부절차, 그 밖에 필요한 사항은 조합의 정관으로 정하는 바에 따르도록 규정한 구 '자원의 절약과 재활용촉진에 관한 법률' 제29조 제 1 항은 재활용사업공제조합에 가입하지 아니하여 분담금 납부의무를 부담하지 않는 제청신청인들이 재활용의무를 이행하지 아니하였다는 이유로 이루어진 재활용부과금부과처분의 취소를 구하는 당해사건 재판에 **적용된다고 볼 수 없으므로** 재판의 전제성이 인정되지 않고,[4)] 금고 이상의 형의 선고 내지 선고유예를 변호사 결격사유로 주장한 변호사법 제 5 조 제 1, 2, 3 호는 당해사건 재판이 확정된 뒤 그 결과에 따라 비로소 적용 여부가 결정되는 조항으로, 금품제공 금지조항을 위반하였다는 공소사실로 기소된 당해사건 재판에 **적용되는 조항이 아니므로** 재판의 전제성이 인정되지 않고,[5)] '재심

1) 헌재 2016. 12. 29. 2013헌바436. 당해 사건의 법원이 이 사건 행정관습법을 고려했다 하더라도, 이는 당해 사건에 적용되는 처벌규정인 수산업법 조항의 해석과 적용에 관한 사항이고, 이를 다투는 것은 결국 재판의 당부를 다투는 것과 다르지 않다. 따라서 이 사건 행정관습법은 당해 사건에서 직접적으로 적용되는 법률이 아니고, 설사 당해 사건에서 고려되는 측면이 있다 하더라도 이는 당해 사건의 법원이 행한 재판작용에 포함되므로 이에 대한 심판청구는 부적법하다고 하였다.

2) 헌재 2017. 5. 25. 2016헌바373.

3) 헌재 2017. 7. 27. 2016헌바41.

4) 헌재 2018. 5. 31. 2016헌가18.

청구 자체의 적법 여부에 대한 재판'에 적용된 법률조항인 민사집행법 제130조 제 3 항, 제 4 항에 대하여 합헌결정을 선고하는 이상, 가사 '본안 사건에 대한 재판'에 적용되는 법률조항인 민사집행법 제121조에 대하여 위헌결정이 선고되더라도, 당해 사건에서 재심사유가 인정되지 않아 본안 판단에 나아갈 수 없으므로, 민사집행법 제121조는 당해 사건의 재판에 적용될 여지가 없으므로 재판의 전제성이 인정되지 아니하며,[1] 확인신청 기간제한 조항은 직접생산 확인을 취소하는 처분의 근거법률이 아니라 직접생산 확인을 취소하는 처분을 받은 중소기업자에 대하여 직접생산 확인이 취소된 날부터 6개월간 그 중소기업자가 생산하는 모든 제품에 대하여 직접생산 여부의 확인을 신청하지 못하도록 법률상 제한을 가하는 규정이므로 위 조항은 직접생산 확인 취소 처분을 다투는 당해 사건에 적용되지 아니하고, 그 위헌여부에 따라 당해 사건의 재판의 주문이나 내용·효력에 관한 법률적 의미가 달라지는 경우에도 해당하지 아니한다고 하였다.[2]

또한, 당해사건에서 주위적 공소사실인 장물취득을 유죄로 인정함에 따라 예비적 공소사실인 장물보관에 관하여는 판단하지 아니한 판결이 확정되었는바, 당해사건의 예비적 공소사실에 적용되는 법률조항은 당해사건 재판에 적용되는 법률조항이라고 할 수 없고, 법률조항의 위헌 여부에 따라 다른 내용의 재판을 하게 되는 경우에 해당하지 않으므로 재판의 전제성이 인정되지 아니하고,[3] 확성장치사용 조항들은, 청구인이 당내경선에서 공직선거법상 허용되는 경선운동방법을 위반하여 확성장치인 마이크를 사용해 경선운동을 하였다는 범죄사실로 유죄판결을 받은 당해사건에 적용되지 아니하였고, 확성장치사용 조항들의 위헌 여부에 따라 당해사건을 담당한 법원이 다른 내용의 재판을 하게 된다고 볼 수도 없으므로 확성장치사용 조항들의 위헌 여부는 당해사건 재판의 전제가 되지 아니하며,[4] 재심청구 조항은 학교폭력 가해학생이 학교폭력예방법에 따른 징계조치를 받은 이후 그 불복 절차에 관하여 규율하고 있는 조항으로서, 징계조치 자체의 적법 여부와는 아무런 관련이 없으므로, 징계조치의 무효확인을 구하는 당해사건의 재판에 적용된다고 볼 수 없고,[5] 당해사건에서

5) 헌재 2018. 7. 26. 2018헌바112.
1) 헌재 2018. 8. 30. 2017헌바87.
2) 헌재 2018. 11. 29. 2016헌바353.
3) 헌재 2019. 2. 28. 2018헌바8.
4) 헌재 2019. 4. 11. 2016헌바458 등.

청구인이 그 취소를 구하는 과세처분은 지방세법 제146조 제 4 항의 위임을 받은 조례에 따라 가감을 받은 사실이 없어 위 조항이 위헌으로 선언된다고 하더라도 당해사건의 결론이 달라질 가능성이 있다고 보기 어려우므로, 위 조항에 대해서는 재판의 전제성을 인정할 수 없으며,[1] 근로기준법 제49조는 근로기준법에 따른 임금채권에 적용되는 소멸시효기간에 관하여 규율하고 있으나, 당해 사건은 청구인들이 부당이득반환을 청구하는 사건이고 근로기준법에 따른 임금채권을 행사하는 사건이 아니어서 위 근로기준법 조항은 당해 사건 재판에 적용될 여지가 없으므로 재판의 전제성을 인정할 수 없고,[2] 범칙금 통고처분에 대한 이의 후 진행된 형사재판에서 통고처분의 근거조항인 구 도로교통법 제163조 제 1 항 본문에 대한 헌법소원심판청구를 한 경우 위 통고처분조항은 청구인에 대한 형사재판에 적용되는 조항이 아니므로 재판의 전제성은 인정되지 아니하며,[3] 변경회생계획인가결정에 대한 즉시항고가 변경회생계획의 수행에 영향을 미치지 아니한다고 정한 항고효과 조항은 변경회생계획인가결정의 위법 여부를 심리하는 당해사건의 재판에 적용되는 것이라고 볼 수 없고, 재판의 결론이나 주문, 또는 재판의 결론을 이끌어내는 이유 등에 영향을 미친다고 볼 수도 없으므로 재판의 전제성이 인정되지 아니한다고 하였고,[4] 구 공직선거법 제254조 제 1 항(공무담임제한 조항)은 청구인의 선거운동기간 위반행위에 대한 당해사건에 적용되는 조항이 아니라, 형사사건이 확정됨으로써 비로소 적용되고 그 효과가 발생하는 조항이므로 재판의 전제성이 인정되지 아니한다고 하였고,[5] 당해사건은 물납재산의 환급에 있어 그 환급가산금 등의 지급을 청구하는 사건으로서 물납재산의 환급에 따른 환급가산금지급 여부에 있어서는 가산금제외 조항이 적용될 뿐, 가산금조항은 적용될 여지가 없으므로, 가산금조항에 대한 심판청구는 재판의 전제성이 인정되지 아니하며,[6] 당해 사건은 댐사용권 변경에 관한 이 사건 처분 자체를 다투는 것이 아니라 손실보상금 또는 손해배상을 청구하고 있는 사건이므로 댐사용권변경조항은 당해 사건에 적용되는 법률조항이

---

5) 헌재 2019. 4. 11. 2017헌바140.
1) 헌재 2020. 3. 26. 2017헌바387.
2) 헌재 2020. 12. 23. 2019헌바129.
3) 헌재 2021. 6. 24. 2019헌바5.
4) 헌재 2021. 7. 15. 2018헌바484.
5) 헌재 2021. 12. 23. 2018헌바152.
6) 헌재 2022. 1. 27. 2020헌바239.

라고 할 수 없다고 하였고,[1] 이 사건 위헌법률심판제청은 수계신청이나 법원의 속행명령이 없는 상태, 즉 심판대상조항(개인회생절차에서 부인권은 채무자가 행사하도록 정한 '채무자 회생 및 파산에 관한 법률' 제584조 제 2 항)이 직접 적용되지 않고 있는 상태에서 이루어졌고, 수계신청이나 법원의 속행명령 없이 채무자에 대한 개인회생절차가 종료됨으로써 당해 사건에 심판대상조항이 **적용될 여지가 없게** 되었으므로, 이 사건 위헌법률심판제청은 재판의 전제성 요건을 충족하지 못하여 부적법하다고 하였으며,[2] 의견서조항은 '제 1 항의 경우를 제외하고는' 기피를 당한 법관에게 바로 의견서를 제출하도록 규정하고 있는데, 청구인의 기피신청은 민사소송법 제45조 제 1 항에 따라 각하되었으므로, 의견서조항은 당해 사건에 **적용되는 법률조항**으로 보기 어렵다. 따라서 의견서조항에 대한 심판청구는 재판의 전제성이 인정되지 않아 부적법하다고 하였고,[3] 구 공직선거법 제254조 제 2 항의 기간위반 처벌조항을 적용한 공소사실부분은 2020. 12. 29. 개정된 공직선거법 제59조 단서 제 4 호가 정한 '옥내에서 다중을 대상으로 확성장치를 사용하지 아니하고 말로 선거운동을 한 경우'로서 '공직선거법에 규정된 방법'에 해당하게 되어 결국 선거운동기간의 제한을 받지 않게 되었으므로 기간위반 처벌조항은 당해 사건의 해당 공소사실에 **적용되지 않는**다고 하였으며,[4] 재산세 부과 처분에 관하여 다투는 당해 사건에서 학교법인 회계의 구분에 관하여 규정한 구 사립학교법 제29조 제 1 항, 제 2 항은 **적용될 여지가 없으므로** 재판의 전제성이 인정되지 않는다고 하였다.[5]

또한 공익사업이 시행되는 지역 밖에 있는 토지등에 대한 보상계획의 공고를 규정한 '공익사업을 위한 토지 등의 취득 및 보상에 관한 법률' 제79조 제 3 항('공고조항')이 청구기간 도과를 이유로 손실보상청구를 각하한 재결의 취소를 다투는 당해사건 재판에서 재판의 전제성이 있는지 여부에 관하여, 공고조항은 손실보상 청구기간의 도과 여부와는 관계가 없으므로 당해사건 재판에 **적용되는 조항**이라고 볼 수 없고, 위 조항이 위헌으로 선언되더라도 당해사건 재판의 주문이 달라지거나 재판의 내용과 효력에 관한 법률적 의미가 달라진다고도 볼 수 없으므로, 공고조항에 대한 심판청구는 재판의 전제성 요건을 충족하지

1) 헌재 2022. 10. 27. 2019헌바44.
2) 헌재 2022. 11. 24. 2019헌가21.
3) 헌재 2023. 3. 23. 2020헌바149.
4) 헌재 2024. 1. 25. 2021헌바233등.
5) 헌재 2024. 2. 28. 2021헌바64.

못하여 부적법하다고 하였고,[1] 소득세법 제94조 제 1 항 제 5 호 중 '대통령령으로 정하는 파생상품 등의 거래 또는 행위로 발생하는 소득' 부분은 국내 파생상품시장에서 거래되는 파생상품 등에 대한 양도소득세 과세의 근거 조항으로서, 해외 파생상품시장 거래에 대한 과세가 문제되는 당해 사건에 적용되는 법률조항이라고 볼 수 없어 재판의 전제성이 인정되지 아니한다고 하였다.[2)]

(3) 그 법률이 헌법에 위반되는지의 여부에 따라 당해사건을 담당하는 법원이 다른 내용의 재판을 하게 되는 경우일 것

헌법재판소는 '법원이 다른 내용의 재판을 하게 되는 경우'를 3가지로 분류하고 있다.

㈎ 법원이 심리중인 당해사건 재판의 결론이나 주문에 어떤 영향을 주는 경우

1) 일 반 론

헌법재판소는 이 요건은 '법률이 위헌일 때에는 합헌일 때와 다른 판단을 할 수밖에 없는 경우 즉 판결 주문이 달라질 경우'에 충족된다고 판시하였고, 헌법재판소에 판단을 구하여 제청한 법률조문의 위헌여부가 현재 제청법원이 심리중인 당해사건의 재판결과에 어떠한 영향을 준다면 그것으로써 재판의 전제성이 성립되어 제청결정은 적법한 것으로 취급될 수 있는 것이고, 제청신청인의 권리에 어떠한 영향이 있는가 여부는 이와 무관한 문제라고 하였다.[3)]

가) 긍정 사례 헌법재판소는 제청신청인들이 개정법률에 의하여 복직발령을 받았더라도 직위해제처분은 여전히 유효하기 때문에, 승급이나 보수지급에 관한 불리한 효과가 그대로 남아 있으므로 이러한 불리함을 제거하기 위하여 직위해제처분의 취소를 구할 소의 이익이 인정되고, 따라서, 형사사건으로 기소된 자에게는 직위를 부여하지 않는다는 구 국가공무원법 제73조의2 제 1 항 단서는 당해사건에서 적용되는 규정이고, 이 규정의 위헌 여부에 따라 직위해제처분의 취소 여부, 즉 재판의 결과가 달라지므로 재판의 전제성이 인정된다고 하였고,[4)] 교원지위향상을 위한 특별법 제10조 제 3 항 등 위헌확인 사건에서 "이 사건 법률조항이 위헌으로 선언될 경우에는 청구인들은 재심위원회의 결정에 대하여 행정소송을 제기할 수 있게 될 것이므로, 이 사건 법률조항의 위

1) 헌재 2024. 6. 27. 2020헌바596.
2) 헌재 2024. 7. 18. 2020헌바487등.
3) 헌재 1990. 6. 25. 89헌가98등.
4) 헌재 1998. 5. 28. 96헌가12.

헌여부에 따라 당해사건에 관한 재판의 주문이 달라지거나 재판의 내용과 효력에 관한 법률적 의미가 달라질 수 있다."고 하였으며,[1] 구 소득세법 제23조 제 4 항 제 1 호 단서 등 위헌소원 사건에서 "부산고등법원은 이 단서조항이 당해사건에서 재판의 전제가 되지 못한다는 이유로 그 위헌제청신청을 각하하였으나 위 사건의 청구인들은 헌법재판소가 1995. 11. 30.에 선고한 헌법불합치결정(91헌바1등)에 따라 위 법원이 인정한 것처럼 헌법재판소법 제75조 제 7 항의 규정에 의하여 재심을 청구할 수 있다고 할 것인데, 이 단서조항에 대하여 위 청구인들이 주장하는 바와 같은 위헌결정이 선고된다면 당해사건인 위 재심청구사건에서 재판의 주문이 달라지거나 재판의 결론을 이끌어 내는 이유를 달리하게 되어, 재판의 내용과 효력에 관한 법률적 의미가 달라질 수 있는 것이다. 따라서 이 단서조항은 재판의 전제성이 있다."고 판시하였다.[2]

한편 구 개발이익환수에 관한 법률 제10조 제 2 항 위헌소원 사건에서, "청구인의 경우에는 이 사건 조항의 요건에 해당되지 않아 그 적용대상이 되지 않으므로 이러한 점에서는 같은 조항의 위헌여부가 당해사건 재판에 직접 영향을 미치지 않는다. 그런데, 이 사건 조항이 위헌이며 그 위헌여부는 당해사건 재판의 전제가 된다고 하는 청구인의 주장은, 이 사건 조항이 그 적용범위를 지나치게 좁게 규정한 탓으로 말미암아 청구인의 평등권이 침해되었다는 주장을 포함하고 있다고 해석할 여지가 있다. 그렇다면, 이 사건 조항이 그와 같은 점에서 위헌이라고 결정되고, 그에 따라 사실상 처분가격이 제한된 경우에도 그 가격을 개발사업 완료시점의 부과대상토지가액으로 인정하는 방향으로 개정이 될 경우 당해사건의 재판의 결론 또는 내용과 효력에 관한 법률적 의미에 영향을 미칠 가능성이 있으므로 재판의 전제성이 없다고 단정짓기는 어렵다."고 판시하였다.[3]

그리고 국립공원지정처분으로 말미암은 청구인들의 손실 또는 손해는 '보상규정을 결여하여 위헌인' 자연공원법 제 4 조에 근거했기 때문이라는 주장에 대하여, 위 조항에 대한 위헌결정 또는 헌법불합치결정에 따른 개선입법에 의하여 당해사건에서 다른 내용의 재판을 할 여지가 있다며, 재판의 전제성을 인정하였고,[4] 심판대상 법률조항의 적용에서 배제된 자가 부진정 입법부작위를 다

1) 헌재 1998. 7. 16. 95헌바19.
2) 헌재 1999. 4. 29. 96헌바22등.
3) 헌재 2000. 8. 31. 98헌바100.
4) 헌재 2003. 4. 24. 99헌바110.

투는 경우, 심판대상 법률조항에 대한 위헌결정만으로는 당해사건 재판의 결과에 영향이 없다고 하더라도, 위헌 또는 불합치결정의 취지에 따라 당해법률조항이 개정되는 때에는 당해사건의 결과에 영향을 미칠 가능성이 있으므로 재판의 전제성이 인정될 수 있다고 하였다.[1)]

다만, 법원이 위헌법률심판제청을 한 경우에는 재판의 전제성 요건을 갖추고 있는지 여부에 관하여 되도록 제청법원의 이에 관한 법률적 견해를 존중해야 할 것이며, 그 전제성에 관한 법률적 견해가 명백히 유지될 수 없을 때에만 헌법재판소가 그 제청을 부적법하다 하여 각하할 수 있다고 할 것이다.[2)] 헌법재판소는 중앙정보부 소속 공무원이 위헌성이 확인되지 않은 구 '인신구속 등에 관한 임시 특례법' 제 2 조 제 1 항에 근거하여 망인을 구속한 것이 불법행위에 해당하는지 여부가 문제된 사건에서, 위 규정이 불법행위에 관한 근거 규정으로서 당해사건인 손해배상 사건에 적용되는지 여부는 당해사건 재판을 담당하는 법원이 판단할 사항으로서 헌법재판소가 그 인용 여부에 관하여 미리 판단하는 것은 적절하지 않으므로 재판의 전제성 요건을 갖춘 것으로 보고 본안판단으로 나아갔다.[3)]

또한 헌법재판소는 통신비밀보호법 제 6 조 제 7 항 단서는 당해사건에서 법원의 증거채부결정에 직접 적용되는 법률조항은 아니나 증거채부결정의 대상이 된 증거자료들의 증거능력에 영향을 미침으로써 그 위헌여부에 따라 법원이 그 증거자료들을 증거로 채택할 수 있느냐 없느냐의 증거채부결정의 결과를 좌우하고 있다 할 것이므로 위 법률조항은 당해사건 재판의 전제성이 인정된다고 하였고,[4)] 자기 또는 배우자의 직계존속을 고소하지 못하도록 규정한 형사소송법 제224조는 재정신청의 대상이 된 불기소처분의 근거가 된 조항으로서 당해사건인 재정신청 사건의 재판에 적용되는 것임은 물론, 그 위헌여부에 따라 당해사건 재판의 주문이 달라지거나 그 이유를 달리하여 재판의 내용과 효력에 관한 법률적 의미가 달라지는 경우에 해당하므로 재판의 전제성이 인정되고,[5)] 형법 제344조 중 친족상도례에 관한 형법 제328조 제 1 항을 형법 제329조 절도죄에 준용하는 부분이 피해재물 소유자의 고소가 있어야 형을 면제하도록 규정하

1) 헌재 2003. 12. 18. 2002헌바14등; 헌재 2011. 6. 30. 2009헌바430; 헌재 2012. 12. 27. 2012헌바60.
2) 실무제요, 173면.
3) 헌재 2012. 12. 27. 2011헌가5.
4) 헌재 2010. 12. 28. 2009헌가30.
5) 헌재 2011. 2. 24. 2008헌바56.

지 않은 것이 헌법에 위반된다는 이유로 헌법불합치결정을 하고, 그 결정취지에 따라 개선입법이 이루어질 경우, 당해사건에서 재물소유자의 고소가 없었으므로 청구인은 공소기각 판결을 받게 되고, 위 법률조항은 범인과 피해재물 소유자뿐만 아니라 점유자에게까지 친족관계가 있어야 적용된다고 하는 것이 헌법에 위반된다는 결정이 선고될 경우, 당해사건에서 청구인은 피해재물 소유자와 형법 제328조 제 1 항의 친족관계가 있으므로 청구인이 피해재물 점유자와 친족관계가 있는지 여부와 관계없이 형면제 판결을 받을 수 있으므로 위 법률조항의 위헌여부는 당해사건 **재판의 결론**이나 **주문**에 영향을 미치는 것으로서 재판의 전제성이 인정된다고 하였으며,[1] 새마을금고법 제21조는 형사재판인 당해사건에 적용되는 처벌조항은 아니지만, 위 법률조항에 대하여 선거범죄와 다른 죄의 경합범에 대하여 분리 선고 규정을 두지 않은 점의 위헌성이 인정될 경우 위 법률조항에 분리 선고 규정이 새로이 마련되어 그 개정 법률이 소급하여 당해사건에 적용된다면 그 **재판의 주문**이 달라지거나 **재판의 내용과 효력에 관한 법률적 의미**가 달라질 가능성이 있으므로, 재판의 전제성을 갖추었다고 하였고,[2] 병역종류조항이 양심적 병역거부자에 대한 대체복무제를 포함하고 있지 않다는 이유로 위헌으로 결정된다면, 양심적 병역거부자가 현역입영 또는 소집통지서를 받은 후에 3일 내에 입영하지 아니하거나 소집에 불응하더라도 대체복무의 기회를 부여받지 않는 한 당해 형사사건을 담당하는 법원이 무죄를 선고할 가능성이 있으므로, 병역종류조항의 위헌 여부에 따라 당해사건 **재판의 결과**가 달라질 수 있으므로 병역종류조항은 재판의 전제성이 인정된다고 하였고,[3] 신용협동조합법 제27조의2 제 2 항은 허용되는 선거운동 방법에 관하여 정하면서 제 3 항에서는 선거운동의 기간에 관하여, 제 4 항에서는 선거운동의 구체적인 방법 등에 관하여 각 정관에 위임하고 있는바, 위 조항들은 모두 선거운동에 관한 기간과 방법 등에 있어 불가분적으로 결합되어 있다고 볼 수 있으므로, 신용협동조합법 제27조의2 제 2 항 내지 제 4 항이 헌법에 위반되는지 여부에 따라 당해사건 **판결의 주문**이 달라질 가능성이 있다고 하였으며,[4] 전기판매사업자로 하여금 전기요금에 관한 약관을 작성하여 산자부장관의 인가를 받

1) 헌재 2012. 3. 29. 2010헌바89.
2) 헌재 2014. 9. 25. 2013헌바208.
3) 헌재 2018. 6. 28. 2011헌바379 등.
4) 헌재 2020. 6. 25. 2018헌바278.

도록 한 전기사업법 제16조 제 1 항 중 '전기요금'에 관한 부분이 위헌이라면 전기요금약관 중 전기요금의 산정기준이나 요금체계 등에 관한 부분은 전기판매사업자가 일방적으로 작성하는 약관으로는 정할 수 없는 것이어서 무효라는 판단이 가능하므로, 심판대상조항은 재판의 전제성 요건을 충족한다고 하였고,[1] 청구인은 등록이 불가한 국군포로인 자신의 아버지에게도 보수청구권이 인정되어야 함에도 심판대상조항이 이를 규정하지 않아 평등원칙에 위배된다고 주장하고 있고, 심판대상조항이 그 취지에 따라 등록이 불가한 국군포로 또는 그 유족에게도 보수청구권을 인정하는 것으로 개정된다면 등록하지 않은 국군포로의 보수 등 지급청구 거부를 다투는 당해사건에서 재판의 주문이 달라질 가능성이 인정되므로 재판의 전제성이 인정된다고 하였다.[2]

나) 부정 사례 그러나 헌법재판소가 심판대상조항의 위헌여부에 따라 당해사건의 주문이 달라지거나 재판의 내용과 효력에 관한 법률적 의미가 달라지는 경우에 해당한다고 할 수 없다고 한 사례는 아래와 같다.

즉 헌법재판소는 "이 사건 청구인들이 대한민국을 상대로 공공용지의 취득 및 손실보상에 관한 특례법 제 9 조 제 1 항 소정의 환매권 행사를 원인으로 한 토지소유권이전등기청구소송을 제기하였으나, 당해 토지가 위 법조항상 환매권 행사의 요건으로 규정하고 있는 '사업시행자가 토지 등의 취득일부터 10년 이내에 당해 공공사업을 폐지·변경 기타의 사유로 인하여 취득한 토지 등의 전부 또는 일부가 필요 없게 되었을 때'에 해당하지 않음이 확인됨으로써 같은 법조항상 환매권 행사의 또 다른 요건으로 규정된 '환매대금의 선지급의무'의 이행 여부에 관계없이 그 청구가 기각될 수밖에 없는 사안에서 청구인들이 환매대금의 선지급의무를 규정한 위 법률조항 부분에 대한 위헌심판제청신청을 한 이 사건과 같은 경우에는 심판대상인 위 법률조항 부분의 위헌여부에 따라서 재판의 결론이나 주문에 어떠한 영향을 줄 수 없을 뿐만 아니라 그 재판의 내용과 효력에 관한 법률적 의미가 전혀 달라지는 경우에도 해당하지 아니하므로, 결국 이 사건 심판청구는 재판의 전제성 요건을 갖추지 못하였다."고 판시하였고,[3] 형법 제250조 등 위헌소원 사건에서 "형법 제66조, 행형법 제57조 제 1 항은 사형이라는 형벌의 집행의 방법과 장소를 정하는 규정에 불과하므로 그 위헌여부에 따라 이

1) 헌재 2021. 4. 29. 2017헌가25.
2) 헌재 2022. 12. 22. 2020헌바39. 3인의 반대의견 있음.
3) 헌재 1995. 2. 23. 91헌바18.

사건 관련소송사건(살인 등 형사소송사건)의 재판의 주문이나 내용 및 효력에 관한 법률적 의미가 달라지게 되는 경우라고 할 수 없다."고 판시하였다.[1]

또한 "우리 재판소가 사립학교법 제53조 제 1 항의 경우 사립대학교 교수는 총장의 선임에 관하여 아무런 권한이 없고 학교법인만이 그에 관한 권한을 가지고 있는 것으로 규정한 것은 위헌이라고 판단한다면, 학교법인의 대학교 총장선임결의 무효확인을 구하는 부분에 관하여는 재판의 주문이 달라질 수밖에 없으므로 위 법률조항은 재판의 전제성을 갖추었다 할 것이나, 우리 재판소의 심리 중에 위 총장의 임기가 만료되어 새로운 총장이 선임된 경우 위 총장선임결의 무효확인을 구하는 부분의 청구는 결국 현재의 권리관계 내지 법률관계가 아닌 과거의 권리관계 내지 법률관계의 확인을 구하는 것으로 되어 확인의 소로서 권리보호의 요건을 결여하게 되었고, 따라서 위 법률조항의 위헌여부에 따라 당해사건에서의 재판의 내용과 효력에 관한 법률적 의미가 달라지는 경우에도 해당하지 아니하게 되었으므로 위 법률조항의 위헌여부는 더 이상 당해사건에 있어서 재판의 전제가 되지 아니한다."고 판시하였고,[2] 집행명령에 관하여 규정하고 있는 부가가치세법 제36조의 위헌여부가 부가가치세법시행령의 내용을 다투는 재판에 있어서 재판의 전제성이 없다고 하였다.[3]

한편 구 하천법 제12조 단서 위헌소원 사건에서, "이 사건의 경우 만일 이 단서조항에 대하여 위헌결정을 선고하더라도 동 위헌결정에 의하여 위 시행령 제 8 조의2 및 건설부고시가 함께 무효가 되어 국가 앞으로 이루어진 소유권보존등기가 원인무효로 인한 등기로 돌아가는지 여부는 별론으로 하고, 당해소송사건의 주문에 영향을 미치지 못하는 것은 물론, 그로 인하여 재판의 내용과 효력에 관한 법률적 의미가 달라진다고도 볼 수 없다. 왜냐하면 당해사건은 이 사건 토지들이 국유화되었음을 전제로 한 손실보상청구이므로, 이 단서조항에 대한 위헌결정이 선고되어 당해사건의 재심절차가 개시되더라도 청구인들의 청구는 그 주장 자체에서 이유없어 기각될 것이기 때문이다."라고 판시하였고,[4] "청구인이 행정소송을 통하여 그 무효확인을 구하고 있는 이 사건 허가처분은 토지거래계약허가로서 국토이용관리법 제21조의3 제 1 항에 기초한 것이고, 이 사건

1) 헌재 1996. 11. 28. 95헌바1.
2) 헌재 1997. 7. 16. 96헌바51.
3) 헌재 1998. 6. 25. 95헌바24.
4) 헌재 1998. 7. 16. 96헌바56.

법률조항은 허가신청서의 제출 및 그 기재 내용 등 위 허가에 대한 절차적인 사항만을 규정한 것이다. 그리고 이러한 절차규정에 대하여 위헌 무효가 선언된다 하더라도 이는 신청당사자 및 처분청으로 하여금 그 절차적 제약에서 벗어나게 할 뿐, 이미 발하여진 허가처분의 효력에는 아무런 영향이 없는 것이어서 그 무효확인을 구하는 행정소송의 결론에도 영향을 미칠 수 없으므로 결국 이 사건 심판청구는 재판의 전제성이 없다."고 판시하였다.[1]

과세관청이 상속세 과세표준을 산정함에 있어서, 상속공제의 합계액이 1억 원을 초과하는 경우 그 초과 부분은 이를 과세가액에서 공제하지 아니한다는 구 상속세법 제11조의5의 규정에 따라 상속세 과세가액에서 주택상속공제로서 금 1억 원을 공제하였다면, 농지 등의 상속공제에 대한 동법 제11조의3 제 3 항의 규정이 위헌이라고 하더라도 농지의 상속공제는 받을 수 없다고 할 것이므로 그 부분 심판청구는 그 위헌여부에 따라 당해사건의 주문이 달라지거나 재판의 내용과 효력에 관한 법률적 의미가 달라지는 경우에 해당한다고 할 수 없으므로 재판의 전제성이 없고,[2] 당해사건에서 청구인에게 유리한 판결이 확정되었다면 문제된 사립학교교원연금법 조항이나 농지법 조항의 위헌여부에 따라 재판의 주문이 달라지는 경우에 해당하지 않는다고 할 것이므로 재판의 전제성이 없으며,[3] 당해사건에 적용된 민법 부칙 제25조 제 2 항이 위헌이 되어 민법 제정 이전의 구 관습이 적용되더라도 청구인은 당해사건에서 문제가 된 상속을 할 수 없게 되어 당해사건의 주문이 달라지게 되는 것이 원칙이지만, 항소심인 당해사건의 소송절차에 적용되는 불이익변경금지원칙에 의하여 1심판결의 주문을 유지할 수밖에 없는 경우에는 당해사건 재판의 결론에 영향을 미치지 아니하여 재판의 전제성을 인정할 수 없고,[4] 당해사건인 국세환급소송에서 청구인이 승소 확정된 마당에 구 소득세법 제 2 조 제 3 항에 대하여 헌법재판소가 위헌결정을 한다 하더라도 당해사건 재판의 결론이나 주문에 영향을 미치는 것도 아니므로 재판의 전제성이 인정되지 아니하고,[5] 형의 경중에 관한 규정인 형법 제50조 제 2 항의 위헌여부에 따라 당해 형사재판의 주문이 달라지거나, 재판의 내용과

---

1) 헌재 1998. 11. 26. 97헌바54.
2) 헌재 2000. 1. 27. 98헌바12.
3) 헌재 2000. 7. 20. 99헌바61; 헌재 2001. 6. 28. 2000헌바61. 동지: 헌재 2009. 4. 30. 2006헌바29; 헌재 2018. 5. 31. 2012헌바90.
4) 헌재 2010. 4. 29. 2008헌바113.
5) 헌재 2010. 9. 30. 2009헌바86.

효력에 관한 법률적 의미가 달라진다고 볼 수 없어 재판의 전제성이 인정되지 아니하고,[1] 유죄판결의 근거가 된 법률조항이 헌법에 위반되는지 여부는 공무원 및 국가의 손해배상책임이 성립할지 여부에 아무런 영향을 미치지 못하므로 심판대상조항이 헌법에 위반되는지 여부에 따라 당해사건을 담당하는 법원이 다른 내용의 재판을 하게 되는 경우에 해당하지 않으므로 재판의 전제성이 인정되지 아니하고,[2] 헌법재판소법 제68조 제 2 항에 의한 헌법소원심판 청구인이 당해사건인 형사사건에서 무죄의 확정판결을 받은 때에는 처벌조항의 위헌확인을 구하는 헌법소원이 인용되더라도 재심을 청구할 수 없어, 청구인에 대한 무죄판결을 종국적으로 다툴 수 없게 되므로 결국 이러한 경우 법률의 위헌여부에 따라 당해사건 재판의 주문이 달라지거나 재판의 내용과 효력에 관한 법률적 의미가 달라지는 경우에 해당한다고 볼 수 없어 재판의 전제성이 인정되지 아니하며,[3] 특수임무수행자 보상에 관한 법률 제 2 조 제 1항 제 2 호 중 '대통령령이 정하는 기간' 부분은 특수임무수행자로 인정되기 위한 요건 중 '활동시기'에 관한 것이고, 청구인은 다른 요건인 '군 첩보부대 소속'을 충족하지 못하므로, 청구인이 특수임무수행자에 해당하지 않는다는 결론에는 변함이 없으므로 위 조항의 위헌여부에 따라 당해사건의 주문이 달라지거나 재판의 내용과 효력에 관한 법률적 의미가 달라진다고 할 수 없으므로 재판의 전제성을 갖추지 못하였고,[4] 구 병역법 제36조 제 1 항이나 제41조 제 1 항의 위헌여부에 따라 당해사건인 산업기능요원 전입취소처분, 현역병입영통지처분 취소의 소의 재판의 주문이 달라지거나 그 내용과 효력에 관한 법률적 의미가 달라진다고 할 수 없어 재판의 전제성이 인정되지 아니하고,[5] 형사소송법 제56조의2 제 1 항의 위헌여부가 당해사건인 도주미수죄의 결론 또는 그 내용과 효력에 영향을 미치지 아니하므로 재판의 전제성이 인정되지 아니하며,[6] 구 도시개발법 제21조 제 1 항 단서 및 제 2 항의 위헌여부에 따라 청구인이 서울시를 상대로 불법행위를 원인으로 손해배상을 청구하는 당해사건의 재판의 주문이 달라지거나 재판의 내용과 효력에 관한 법률적 의미가 달라지는 경우

1) 헌재 2011. 2. 15. 2011헌바20 지정부 결정.
2) 헌재 2011. 3. 31. 2009헌바286.
3) 헌재 2011. 7. 28. 2009헌바149; 헌재 2008. 7. 31. 2004헌바28; 헌재 2016. 3. 31. 2015헌바264; 헌재 2019. 11. 28. 2017헌바504등; 헌재 2023. 9. 26. 2017헌가27등; 헌재 2023. 10. 26. 2017헌가16등; 헌재 2025. 1. 23. 2019헌바317.
4) 헌재 2011. 7. 28. 2009헌바158.
5) 헌재 2011. 11. 24. 2010헌바254.
6) 헌재 2012. 5. 31. 2010헌바403.

에 해당한다고 할 수 없어 재판의 전제성이 인정되지 아니하고,[1] 당해사건 원고가 제 1 심에서 승소판결을 받은 이후 항소심 계속 중에 피고가 항소를 취하하여 원고의 승소로 사건이 종결된 경우, 심판대상 조항에 대한 위헌결정은 당해사건 재판의 결론이나 주문에 영향을 미치지 아니하므로 심판대상조항은 재판의 전제성이 인정되지 아니한다고 하였다.[2]

그리고 공무원의 고의 또는 과실에 의한 위법행위를 이유로 대한민국을 상대로 손해배상을 구하는 당해사건과 관련하여, 헌법재판소는, 일반적으로 법률이 헌법에 위반된다는 사정은 헌법재판소의 위헌결정이 있기 전에는 객관적으로 명백한 것이라고 할 수 없어 법률이 헌법에 위반되는지 여부를 심사할 권한이 없는 공무원으로서는 행위 당시의 법률에 따를 수밖에 없다 할 것이므로, 행위의 근거가 된 법률조항에 대하여 위헌결정이 선고된다 하더라도 위 법률조항에 따라 행위 한 당해 공무원에게는 고의 또는 과실이 있다 할 수 없어 국가배상책임은 성립되지 아니하고, 이러한 경우 위 법률조항이 헌법에 위반되는지 여부에 따라 당해사건 재판의 주문이 달라지거나 재판의 내용과 효력에 관한 법률적 의미가 달라진다고 볼 수 없으므로 재판의 전제성을 인정할 수 없다고 하였다.[3]

또한 헌법재판소는 장애인 고용부담금 추가징수결정의 취소를 구하는 당해사건에서, 교사 신규채용의 경우에는 가중된 신규 고용의무를 부담하지 아니한다는 조항에 불과한 장애인고용법 제27조 제 2 항 단서는 당해사건의 주문 또는 이유에 전혀 영향을 미칠 수 없어 재판의 전제성을 갖추지 못하였고,[4] 결손처분의 취소에 관하여 규정한 구 국세징수법 제86조 제 2 항의 위헌여부가 청구이의의 소인 당해사건에서 재판의 전제가 되지 아니하며,[5] 공판정에서의 속기 등에 관한 절차를 규정한 형사소송법 제56조의2 제 1 항에 대하여 위헌판단이

1) 헌재 2012. 5. 31. 2011헌바170.
2) 헌재 2012. 7. 26. 2011헌가40.
3) 헌재 2008. 4. 24. 2006헌바72; 헌재 2009. 9. 24. 2008헌바23; 헌재 2011. 3. 31. 2009헌바286; 헌재 2011. 9. 29. 2010헌바65등; 헌재 2011. 11. 24. 2010헌바353; 헌재 2014. 4. 24. 2011헌바56등; 헌재 2015. 2. 26. 2012헌바466; 헌재 2020. 12. 23. 2019헌바484.
4) 헌재 2012. 3. 29. 2010헌바432.
5) 헌재 2012. 4. 24. 2009헌바417(결손처분의 취소는 종료된 체납처분절차를 다시 시작하는 행정절차의 의미만을 가질 뿐 국민의 권리의무에 영향을 미치는 행정처분이 아니라 행정관청의 내부적인 사무처리절차에 지나지 아니하므로 과세관청은 심판대상 법률조항이 없다 하더라도 압류할 수 있는 다른 재산을 발견한 때에는 결손처분을 취소하고 체납처분절차로 나아갈 수 있기 때문에 심판대상 법률조항의 위헌여부는 당해사건에서 재판의 전제가 되지 아니한다고 하였다).

내려지는 경우에도 당해사건에서 법원이 다른 내용의 판단을 할 수 없으므로 재판의 전제성이 없고,[1] 배우자의 고소 및 고발에 따라 공소가 제기된 당해사건에서 청구인에게 인정된 범죄가 모두 비친고죄인 경우, 이에 대한 고소 및 고발은 사실상의 수사단서로 취급되어 공소제기가 가능하여, 형사소송법 제224조가 배우자에 대한 고소, 고발을 제한하지 않은 것이 헌법에 위반된다고 판단되더라도 당해사건의 재판의 결론에 영향을 미치지 아니하므로 재판의 전제성을 갖추지 못하였고,[2] 도시개발법상 수용동의조항, 동의기준일조항, 사업인정의제조항은 토지수용단계에서 적용되는 것으로서 위 조항이 헌법에 위반되는 것으로 선언된다 하더라도 그 전 단계인 구역지정 및 개발계획 수립단계에서 이루어진 당해사건 고시의 효력에 영향을 미칠 수 없으므로 재판의 전제성이 없으며,[3] 대법원이 당해사건에서 청구인의 상고이유가 심리불속행사유에 해당한다고 판단한 경우, 판결이유 기재 조항인 민사소송법 제208조 제 2 항은 판결서를 작성하는 방법에 관한 규정에 불과하여 그 위헌여부에 따라 원심판결의 당부를 판단하는 상고심 재판인 당해사건 재판의 주문이 달라지거나 재판의 내용과 효력에 관한 법률적 의미가 달라진다고 볼 수 없어 당해사건 재판의 전제가 되지 아니하고,[4] 당해사건에서 대법원은, 호주가 사망한 경우 딸에게 분재청구권을 인정하지 아니한 구 관습법이 여성에게 분재청구권의 존재를 인정하지 아니한다는 사정은 소멸시효의 진행을 막는 법률상의 장애가 아니라는 전제 아래, 청구인들이 분재청구권을 가진다고 하더라도 소 제기 이전에 이미 소멸시효가 완성되었다고 판단하여 청구인들의 상고를 기각하였는바, 당해사건에서 문제되는 소멸시효의 완성 여부에 관하여 더 이상 다툴 수 없게 되었으므로 위 관습법이 헌법에 위반되는지 여부는 당해사건에서 재판의 전제가 되지 아니하며,[5] 용산국

---

1) 헌재 2012. 4. 24. 2010헌바379(심판대상조항이 피고인의 신청이 없는 경우에도 공판정에서의 심리를 속기, 녹음 또는 녹화하도록 규정하지 아니하여 위헌이라고 하더라도, 그로 인하여 피고인의 방어권이나 변호인의 변호권이 본질적으로 침해되거나 판결의 정당성이 손상되는 것이라고 할 수 없으므로 당해사건에서 법원이 청구인에 대하여 다른 판단을 할 수 없으며, 청구인에 대한 관계에서 당해사건 재판 내용과 효력에 관한 법률적 의미가 달라지는 경우에 해당하지 아니하므로, 위 조항은 재판의 전제성이 없다고 하였다).

2) 헌재 2012. 7. 26. 2011헌바121.

3) 헌재 2012. 8. 23. 2010헌바471.

4) 헌재 2012. 12. 27. 2011헌바155.

5) 헌재 2013. 2. 28. 2009헌바129. 1인의 반대의견은 관습법에 의한 분재청구권의 소멸시효를 청구인들이 실제로 권리를 행사할 수 있는 때(헌법재판소가 위헌결정을 할 때)로부터 기산한다면, 청구인들의 분재청구권은 아직 소멸시효가 완성되지 아니하였다고 할 것이므로 위 관습법의 위헌여부에

제업무지구 구역지정·개발계획수립 및 지형도면 고시는 도시개발사업의 진행 단계 중 구역지정 및 개발계획 수립단계에서의 것인 반면, 심판대상 법률조항은 사업시행에 필요한 토지소유자의 동의 정족수에 관한 규정으로서 토지수용 단계에서 비로소 적용되는 것이며, 위 고시의 근거가 된 바도 없으므로 위 법률 조항이 헌법에 위반되는 것으로 선언된다 하더라도 위 고시의 효력에는 아무런 영향을 미칠 수 없으므로 재판의 전제성이 인정되지 아니하고,[1] 형사소송법 제56조의2 제 1 항은 소송당사자가 공판정에서의 심리에 대한 속기, 녹음 등을 신청할 수 있도록 함과 동시에 법원이 직권으로 이를 명할 수 있도록 한 것일 뿐이고, 그 위헌여부가 당해사건 재판의 결론 등에 영향을 미친다고 할 수 없으므로 동 조항의 위헌여부는 무고죄의 성립 여부를 판단하는 당해사건의 재판의 전제가 되지 아니하며,[2] 부당해고에 대하여 임금지급을 명하는 노동위원회의 구제명령에 적용될 지연손해금의 법정이율에 관하여 규정하고 있지 않은 구 소송촉진등에관한특례법 제 3 조 제 1 항 본문과 구 근로기준법 33조가 평등권을 침해한다는 청구인의 주장에 따라 위헌결정이 선고되고 이를 반영한 법 개정이 이루어진다고 하더라도, 개정법은 내용상 민사소송이 아닌 노동위원회의 부당해고 구제명령에 적용되는 것이어서 부당해고기간의 미지급임금에 대한 지연손해금 등의 지급을 구하는 당해사건인 민사소송의 결과에는 영향을 미치지 못하므로, 재판의 전제성이 인정되지 아니하고,[3] 재외동포법의 적용범위에 관한 재외동포법 제 3 조의 위헌여부는 재외동포체류자격 변경허가신청 불허처분을 다투는 당해사건에서 재판의 전제가 되지 않는다고 하였으며,[4] 자동차사고로 손해를 입은 청구인이 가해자 측 보험회사를 상대로 직접 보험금을 청구하는 당해사건에서 자동차보험계약상 부부한정특약에 따라 보험회사의 면책이 인정되는 경우, 운행자책임의 성립범위를 인적 손해로 제한한 자동차손해배상보장법 제 3 조 본문의 위헌여부는 보험회사가 부부한정특약을 내세워 보험금지급 책임을 면할 수 있다는 기존 재판의 결론에 영향을 미치지 못하므로 재판의 전제성이 인정되지 아니한다고 하였고,[5] 당해사건 계속 중 의료법 제56조 제 2 항

따라 법원이 다른 내용의 재판을 하게 되는 경우에 해당하여 재판의 전제성이 인정된다고 하였다.

1) 헌재 2013. 2. 28. 2012헌바33.
2) 헌재 2013. 8. 29. 2011헌바253등.
3) 헌재 2013. 11. 28. 2011헌바270.
4) 헌재 2014. 4. 24. 2012헌바412.
5) 헌재 2014. 6. 26. 2013헌바9.

제11호 위반의 점에 관한 공소가 취소됨에 따라 공소기각 결정이 내려지고 그 결정이 확정된 경우에는 의료법 제89조 중 제56조 제 2 항 제11호 부분은 재판의 전제성이 인정되지 아니한다고 하였다.[1)]

헌법재판소는 당해사건이 고등법원의 재정신청기각결정에 대한 재항고사건인 경우, 재정신청이 이유 있으면 공소제기결정을 하도록 규정한 형사소송법 제260조 제 2 항 제 2 호 중 '공소제기' 부분에 관한 재판의 전제성을 인정할 수 있는지 여부에 관하여 "당해사건은 고등법원의 재정신청기각결정에 대한 재항고사건이므로 심판대상조항은 당해사건에 직접 적용될 법률이 아니다. 또한, 심판대상조항이 위헌으로 결정되어 재정신청이 이유 있는 경우 공소제기 명령을 하는 대신 불기소처분을 취소하는 것으로 제도가 변경된다고 하여 불기소처분의 적법성과 타당성을 심사하는 법관의 재량적 판단이 달라질 것이라고 보기는 어렵다. 법원은 필요한 때에는 증거를 조사할 수 있으므로(형사소송법 제262조 제 2 항), 증거자료가 부족하여 공소제기명령을 할 수 없지만 수사를 더 하라는 취지로 불기소처분을 취소할 수 있는 경우를 상정하기도 어렵다. 더구나 청구인들의 주장과 같이 심판대상조항이 개정되고 그 효력이 소급된다고 하더라도, 당해사건에서 대법원이 고등법원의 재정신청기각결정이 헌법이나 법률에 위반된다고 판단할 것이라고 추단할 수 없다. 따라서 심판대상조항은 당해사건에서 재판의 전제성이 인정되지 않는다."고 판시하였고,[2)] 국민연금 가입 대상을 60세 미만인 사람으로 제한한 국민연금법 제 6 조 본문 중 '60세 미만' 부분이 위헌인지 여부가 '국민연금과 직역연금의 연계에 관한 법률'에 따른 연계신청을 거부하는 처분의 취소를 구하는 당해사건의 재판의 전제가 되는지 여부에 관하여 "당해사건에서 국민연금 가입기간과 공무원연금 재직기간의 연계신청을 거부한 처분은, 반환일시금을 지급받아 청구인의 '국민연금 가입기간이 존재하지 않음'을 이유로 한 것으로, 심판대상조항이 위헌으로 선언되더라도 그것만으로 국민연금가입기간이 다시 존재하게 되는 것은 아니다. 또한 거부처분 당시 청구인은 공무원연금법 적용을 받는 '공무원'으로서, '연령과 무관하게' 국민연금 가입자격이 없었으므로 심판대상조항이 위헌이라 하더라도 위 처분이 위법하게 될 수 없다. 따라서 심판대상조항은 당해사건에서 재판의 전제성이 인정되

1) 헌재 2014. 9. 25. 2013헌바28.
2) 헌재 2015. 1. 29. 2012헌바434.

지 아니한다."고 판시하였으며,[1] 국민주택규모의 주택이 일정 비율 이상인 주택의 건설을 국유지의 우선 매각 사유로 규정하고 있는 주택법 제25조 제 1 항 제 1 호 중 "대통령령으로 정하는 비율" 부분이 위헌으로 결정되더라도 국가가 일반재산을 매각하는 사건 매매계약의 효력 및 그에 기초하여 순차적으로 이루어진 사건 토지의 소유권이전의 효력에 영향이 없으므로, 위 조항의 위헌 여부에 따라 당해사건 재판의 주문이 달라지거나 재판의 내용과 효력에 관한 법률적 의미가 달라지는 경우에 해당한다고 보기 어려우므로 이 부분 심판청구는 재판의 전제성이 없다고 하였다.[2] 또한 관광사업자가 관광숙박업 객실의 경영을 타인에게 위탁하여 경영하게 할 경우 해당 시설의 경영은 관광사업자의 명의로 하여야 한다고 규정한 관광진흥법 제11조 제 2 항 후문 중 "해당 시설의 경영은 관광사업자의 명의로 하여야 한다" 부분이 위헌으로 결정된다 하여도, 전체 객실에 대한 관광사업과 명의의 사업계획 승인 및 등록이 유지되는 한 청구인의 숙박업신고는 수리될 수 없으므로 당해사건 재판의 주문이 달라지거나 재판의 내용과 효력에 관한 법률적 의미가 달라진다고 볼 수 없다고 하였으며,[3] "이 사건 퇴직일시금 조항은 당해사건 청구 중 제 1 예비적 청구인 차액 지급거부처분 취소소송과 제 2 예비적 청구인 사법연수생 퇴직급여 지급거부처분 취소소송의 근거가 되는 법률조항이다. 그러나 법원은 청구인의 사법연수생 재직기간이 당연히 합산되지 않는다는 이유로 제 1 예비적 청구를, 연수생퇴직급여 청구권이 시효완성으로 소멸되었다는 이유로 제 2 예비적 청구를 각 기각하였는바, 이 사건 퇴직일시금 조항이 위헌이라고 하더라도 청구인의 제 1, 제 2 예비적 청구의 결론이 달라지지 않는다. 따라서 이 사건 퇴직일시금 조항에 대한 심판청구는 재판의 전제성 요건을 흠결하여 부적법하다."고 판시하였고,[4] 청구인이 구 출입국관리법 제63조 제 1 항 위헌소원심판청구를 제기한 후 청구인이 제기한 난민불인정처분 취소소송에서 취소판결이 확정되어 청구인에 대한 보호가 해제되었으므로, 보호명령의 취소를 구하는 당해사건은 소의 이익이 없어 부적법하게 되었고, 따라서 이미 확정된 당해사건에 대한 재심이 개시된다고 하더라도 심판대상조항의 위헌 여부에 따라 재판의 주문이나 재판의 내용과 효력에 관한 법률

1) 헌재 2015. 1. 29. 2014헌바221.
2) 헌재 2015. 2. 26. 2012헌바438.
3) 헌재 2016. 2. 25. 2013헌바402.
4) 헌재 2016. 3. 31. 2015헌바18.

적 의미가 달라지지 아니하므로, 재판의 전제성이 없다고 하였으며,[1] 설령 1세대 3주택 이상 소유자의 양도소득세 중과세 시행을 1년간 유예하도록 한 소득세법 부칙 제16조 중 제104조 제 1 항 제 2 호의3 부분에 대하여 헌법불합치결정이 내려져서 청구인과 같이 임대의무기간이 경과하지 않은 주택임대사업자에 대하여 유예기간의 예외를 인정하는 방향으로 개정된다고 가정하더라도, 후속 개정법률조항들이 모두 유효하게 존속하고 있는 한 2003. 12. 30. 법률 제7006호 개정법률의 적용을 유예하는 규정에 불과한 위 부칙조항의 개정만으로는 재판의 주문이 달라지거나 재판의 내용과 효력에 관한 법률적 의미가 달라진다고 볼 수 없다고 하였으며,[2] 당해 사건에서 임차인의 보증금반환채권을 양수한 금융기관인 상호저축은행은 주택임대차보호법 제 3 조의2 제 7 항 제 1 호 내지 제 9 호에서 규정한 금융기관 중 어디에도 해당하지 아니하고, 같은 항 제10호의 위임에 따른 대통령령은 아직 마련되어 있지 아니하므로, 당해 사건에서 우선변제권을 취득한 임차인의 보증금반환채권을 양수한 금융기관 등이 임차인의 우선변제권을 승계한다고 규정한 주택임대차보호법 제 3 조의2 제 7 항의 적용시기를 장래를 향해 정한 주택임대차보호법 부칙 제 4 조 후단이 적용될 여지가 없어 심판대상조항이 위헌으로 선언되더라도 당해 사건의 결론이나 주문에 영향을 주거나 재판의 내용과 효력에 관한 법률적 의미가 달라진다고 볼 수 없으므로, 심판대상조항은 재판의 전제성이 인정되지 아니한다고 하였다.[3] 또한 소송구조에 대한 재판은 소송기록을 보관하고 있는 법원이 하도록 한 민사소송법 제128조 제 3 항은 '기록을 보관하고 있는 법원'에게 관할을 부여한 것일 뿐, 본안재판부가 소송구조 사무를 담당한다고 규정한 것이 아닌바, 관할법원 내의 여러 재판부 중 어느 재판부가 소송구조 사건을 담당할 것인지는 사무분담의 문제로서 민사소송법 제128조 제 3 항과 직접적인 관련이 없어 민사소송법 제128조 제 3 항의 위헌여부에 따라서 사무분담이 달라지는 등의 이유로 당해 사건 재판의 주문이 달라지거나 재판의 내용과 효력에 관한 법률적 의미가 달라지는 경우에 해당한다고 볼 수 없으므로, 이 부분 심판청구는 재판의 전제성이 인정되지 아니한다고 하였으며,[4] 신상정보 등록조항은 당해 사건 형사재판의 결론 및 그 확정 여부에

1) 헌재 2016. 4. 28. 2013헌바196.
2) 헌재 2016. 6. 30. 2014헌바438.
3) 헌재 2016. 6. 30. 2014헌바443.
4) 헌재 2016. 7. 28. 2014헌바242 등.

의하여 비로소 적용될 뿐, 유죄판결이 확정되기 전 단계인 당해 사건 형사재판에 적용되지 아니하고, 그 위헌 여부에 따라 당해 사건 재판의 주문이나 내용, 효력에 관한 법률적 의미가 달라진다고 볼 수 없으므로, 재판의 전제성이 인정되지 아니한다고 하였다.1)

또한 지급명령의 신청은 재판상 청구에 포함되어 소멸시효 중단의 효력이 있고(민법 제168조 제 1 호), 지급명령신청이 각하되더라도 6개월 이내 다시 소를 제기한 경우 시효는 당초 지급명령의 신청이 있었던 때 중단된 것으로 본다(민법 제170조 제 2 항)는 것이 확립된 판례의 태도이므로, 지급명령신청이 본안소송으로 이행되었는지 여부와 무관하게 채권자가 지급명령을 신청한 때 소멸시효가 중단되고, 한편, 청구인들이 소제기신청에 따른 소송이행 효과 자체를 다투는 것으로 본다면 심판대상조항이 위헌으로 선언될 경우 당해사건 채권자의 지급명령신청은 채무자의 주소불명을 이유로 각하될 것이나, 이 경우에도 채권자가 6개월 이내 소를 제기한 이상 지급명령을 신청한 때 시효가 중단된다 할 것이므로, 심판대상조항(민사소송법 제472조 제 1 항 중 '채권자가 제466조 제 1 항의 규정에 따라 소제기신청을 한 경우에 관한 부분')의 위헌 여부에 따라 당해 사건의 주문이 달라지거나 재판의 내용과 효력에 관한 법률적 의미가 달라진다 할 수 없어 재판의 전제성이 인정되지 아니한다.2)

또한 당선무효조항은 기부행위처벌조항 위반의 선거범죄인 당해 사건의 재판에 적용되는 것도 아니고, 당선무효조항이 헌법에 위반되는지의 여부에 따라 당해 사건을 담당한 법원이 다른 내용의 재판을 하게 되는 경우에 해당하지도 아니하므로 재판의 전제성 요건을 충족하지 못하고, 당선무효조항이 분리선고 규정을 두지 않은 부진정 입법 부작위 주장에 관하여도, 설령 당선무효조항이 분리 선고 규정을 두지 않은 점의 위헌성이 인정된다고 하더라도 청구인은 기부행위처벌조항, 즉 선거범죄로만 재판을 받고 있을 뿐 기부행위처벌조항에 다른 죄가 병합되어 경합범으로 재판을 받고 있는 경우가 아니므로, 당선무효조항은 당해 사건에 적용되는 것이 아닐 뿐만 아니라 그 위헌 여부에 따라 당

1) 헌재 2016. 12. 29. 2016헌바153. 2인의 반대의견 있음. 한편 법정의견의 보충의견은 등록대상 성범죄로 기소된 사람은 당해 사건에서 재판의 전제가 된 조항에 대하여 헌법재판소법 제68조 제 2 항에 따라 헌법소원심판을 청구하는 기회에, 유죄판결 확정 전이라도 신상정보 등록조항에 대하여 같은 법 제68조 제 1 항에 따른 헌법소원심판도 함께 청구할 수 있다고 하였다.
2) 헌재 2017. 8. 29. 2017헌바22.

해 사건 법원이 다른 내용의 재판을 하게 되는 경우도 아니므로 이 부분 심판청구는 재판의 전제성 요건을 충족하지 못한다고 하였고,[1] 심판대상조항은 북한을 이탈하여 보호를 신청한 자를 임시로 보호하고 그 밖의 필요한 조치를 할 수 있다는 내용으로 국가보안법 위반사건인 당해사건의 재판에 적용되는 법률이 아니고, 청구인은 심판대상조항이 위헌으로 결정된다면, 국가보안법위반(간첩) 등에 대한 형사재판에서 유죄의 증거로 채택된 구 중앙합동신문센터에서 작성한 진술서의 증거능력이 부정되어 다른 내용의 재판을 할 수 있다는 취지로 주장하나, 위 자술서의 임의성이 문제된다면 그에 대한 증거능력 인정 여부는 원칙적으로 형사소송법 제309조 이하의 해석·적용에 따라 결정되는 점, 심판대상조항은 증거채부 또는 증거능력에 관한 규정이 아닌 점, 청구인은 구 중앙합동신문센터에서의 자백을 법정에서 번복하지 않고 오히려 임시보호조치기간 이후 1심 및 2심에서 법정자백하며 자수감경을 요구한 점 등을 종합적으로 고려할 때, 심판대상조항의 위헌 여부에 따라 당해사건을 담당한 법원이 다른 내용의 재판을 하게 된다고 보기 어려우므로 심판대상조항은 재판의 전제성이 인정되지 아니한다고 하였으며,[2] 당해 사건인 부당이득반환청구소송에서, 쟁점 토지의 소유권이 친일재산귀속법의 시행에 따라 당연히 국가에 귀속되는지 여부는 구법에 따라 친일반민족행위자로 결정한 경우는 신법에 따라 결정한 것으로 본다는 경과조치조항에 의하지 않고 현행 친일재산귀속법 제 2 조 제 1 호를 적용하여 판단하여야 하므로 위 경과조치조항이 당해 사건 재판에 적용된다고 보기 어렵고, 그 위헌 여부에 따라 당해 사건 재판의 주문 또는 재판의 내용과 효력에 관한 법률적 의미가 달라진다고 할 수도 없어 재판의 전제성이 인정되지 않는다고 하였고,[3] 민법상 물건의 개념을 정의하고 있는 민법 제98조의 위헌 여부에 따라 불법행위로 인한 소유권침해를 이유로 한 손해배상청구소인 당해사건 재판의 주문이 달라지거나 재판의 내용과 효력에 관한 법률적 의미가 달라진다고 볼 수 없으므로 심판대상조항을 재판의 전제가 되지 아니한다고 하였으며,[4] 수용재결에서 정한 보상금을 공탁한 주택재개발사업조합이 현금청산대상자를 상대로 제기한 부동산 인도소송에서 수용보상금 조항의 위헌여부에 따라 당해사

1) 헌재 2018. 2. 22. 2016헌바370.
2) 헌재 2018. 4. 26. 2014헌바449.
3) 헌재 2018. 4. 26. 2017헌바88.
4) 헌재 2019. 9. 26. 2018헌바221.

건을 담당하는 법원이 다른 내용의 재판을 하게 되는 경우라고 할 수 없어 수용보상금 조항에 대한 심판청구는 재판의 전제성을 갖추지 못하였다고 하였다.[1] 또한 청구인은 개인정보를 '보유'한 것 외에도 '검색', '이용', '공개'하는 등의 방법으로 개인정보를 '처리'하였던 자임을 전제로 기소되었으므로, 설령 헌법재판소가 구 개인정보 보호법 제 2 조 제 2 호 중 '보유' 부분을 위헌으로 선언하여도 청구인은 여전히 개인정보를 '처리하였던 자'의 신분을 가지는 것은 변함이 없어 당해사건 재판의 결론이나 이유에 영향을 미치지 않으므로 구 개인정보 보호법 제 2 조 제 2 호 중 '보유' 부분에 대하여 재판의 전제성이 인정되지 않는다고 하였고,[2] 제청법원들은 제청신청인들이 진정한 양심에 따른 예비군 훈련 거부자에 해당하는지 여부를 심리하고 이를 바탕으로 정당한 사유의 존부를 가려 유·무죄 판결을 하면 되므로, 향토예비군설치법 제15조 제 9 항 제 1 호 중 '훈련을 정당한 사유 없이 받지 아니한 사람' 부분에 대한 위헌법률심판 제청은 '심판대상조항이 헌법에 위반되는지 여부에 따라 당해사건을 담당하는 법원이 다른 내용의 재판을 하게 되는 경우'에 해당한다고 볼 수 없다고 하였으며,[3] 도시개발법 제31조는 기본행위인 환지계획에 영향을 미칠 뿐이므로, 그 위헌여부에 따라 당해사건 법원이 보충행위인 시장의 환지계획인가처분에 관하여 다른 내용의 재판을 할 가능성이 없다고 하였고,[4] 고용상 연령차별금지 및 고령자 고용촉진에 관한 법률 제 2 조 제 1 호의 고령자와 근로계약을 체결하는 경우에는 2년을 초과하여도 기간제 근로자로 사용할 수 있도록 정한 기간제 및 단시간근로자 보호에 관한 법률 제 4 조 제 1 항 단서 제 4 호(심판대상조항)가 위헌으로 선고되어 실효되더라도 청구인은 경찰청 무기계약 및 기간제 근로자 등 관리규칙 제20조 단서에 따라 여전히 기간제 근로자에 해당하게 되므로, 심판대상조항의 위헌여부에 따라 당해사건 재판의 주문이나 결론이 달라지지는 아니하고 다만 청구인이 기간제 근로자가 되는 근거규정이 심판대상 규정에서 위 관리규칙 제20조 단서로 달라질 뿐이라고 하였으며,[5] 구 공직선거법 제254조 제 1 항(공무담임제한조항)이 위헌이 된다 하더라도 당해 선거운동기간 위반 형사사건에서 다른 내용의 재판을 하게 되는 경우에 해당한다고도 볼 수 없으므로 재판의 전제성이

1) 헌재 2020. 11. 26. 2017헌바350 등.
2) 헌재 2020. 12. 23. 2018헌바222.
3) 헌재 2021. 2. 25. 2013헌가13 등.
4) 헌재 2021. 3. 25. 2020헌바931.
5) 헌재 2021. 11. 25. 2019헌바42.

인정되지 아니한다고 하였다.[1)]

또한 "위임조항은 표시의무조항을 전제로 원산지 표시의무의 이행방법 등을 규율하고 있을 뿐이므로, 위임조항이 위헌이 되더라도 청구인들은 표시의무조항에 따라 여전히 원산지 표시의무를 부담한다. 따라서 위임조항의 위헌 여부에 따라 재판의 주문에 영향을 미치는 등 당해 사건 법원이 다른 내용의 재판을 하게 될 여지가 없으므로, 위임조항에 대한 심판청구는 재판의 전제성이 인정되지 아니하여 부적법하다."고 판시하였고,[2)] "청구인이 항소심에서 예비적으로 추가한 국가배상청구가 댐사용권변경조항이 위헌 무효여서 이에 근거한 처분이 불법행위라는 것에 기초하고 있다고 하더라도, 일반적으로 법률이 헌법에 위반된다는 사정은 헌법재판소의 위헌결정이 있기 전에는 객관적으로 명백한 것이라고 할 수 없어, 행위의 근거가 된 법률조항에 대하여 위헌결정이 선고되더라도 당해 공무원에게는 고의 또는 과실이 있다 할 수 없어 국가배상책임은 성립되지 아니한다. 따라서 댐사용권변경조항이 헌법에 위반되는지 여부에 따라 당해 사건을 담당한 법원이 다른 내용의 재판을 하게 되는 경우에 해당한다고 볼 수 없으므로 재판의 전제성을 갖추지 못하여 부적법하다."고 판시하였으며,[3)] "전소판결의 기판력으로 인하여 후소인 당해사건의 법원이 그와 모순·저촉되는 판단을 할 수 없게 된 경우, 헌법재판소의 심판대상이 된 법률조항의 위헌 여부에 따라 당해사건의 주문이 달라지거나 재판의 내용과 효력에 관한 법률적 의미가 달라지는 경우에 해당하지 않게 되었으므로, 헌법재판소법 제68조 제 2 항의 헌법소원심판청구는 재판의 전제성이 없어 부적법하다."고 판시하였고,[4)] "면소판결은 유죄 확정판결이라 할 수 없으므로 면소판결을 대상으로 한 재심청구는 원칙적으로 부적법하다. 그렇다면 기간위반 처벌조항에 대하여 위헌결정이 되더라도 위 청구인의 선거운동기간 위반의 점에서 관한 면소가 확정된 당해 사건 판결에 대하여 재심개시의 결정이 이루어질 여지도 없으므로 재판의 전제성이 인정되지 아니한다."고 판시하였다.[5)]

2) 쟁송기간이 경과한 후에 행정처분의 근거법률을 다투는 경우

대법원은 하자 있는 행정처분이 당연무효가 되기 위하여는 그 하자가 중대

1) 헌재 2021. 12. 23. 2018헌바152.
2) 헌재 2022. 7. 21. 2019헌바125등.
3) 헌재 2022. 10. 27. 2019헌바44.
4) 헌재 2024. 1. 25. 2021헌바203.
5) 헌재 2024. 1. 25. 2021헌바233등.

할 뿐만 아니라 명백한 것이어야 하는데, 일반적으로 법률이 헌법에 위반된다는 사정이 헌법재판소의 위헌결정이 있기 전에는 객관적으로 명백한 것이라고 할 수 없으므로, 헌법재판소의 위헌결정 전에 행정처분의 근거되는 당해 법률이 헌법에 위반된다는 사유는 특별한 사정이 없는 한 그 행정처분의 취소소송의 전제가 될 수 있을 뿐 당연무효사유는 아니라고 봄이 상당하다고 하였고(대법원 1994. 10. 28. 선고 92누9463 판결), 이후 하자 있는 행정처분이 당연무효가 되기 위하여는 그 하자가 법규의 중요한 부분을 위반한 중대한 것으로서 객관적으로 명백한 것이어야 하며, 하자가 중대하고 명백한 것인지 여부를 판별함에 있어서는 그 법규의 목적, 의미, 기능 등을 목적론적으로 고찰함과 동시에 구체적 사안 자체의 특수성에 관하여도 합리적으로 고찰함을 요한다고 하여 중대명백설을 채택하였음을 분명히 하였다.[1]

헌법재판소는 역시 행정처분에 대한 쟁송기간 경과 후 그 행정처분의 근거법률에 대하여 헌법재판소법 제68조 제 2 항에 의한 위헌여부의 심판청구를 한 경우 재판의 전제성에 관하여, "원칙적으로, 행정처분의 근거가 된 법률이 헌법재판소에서 위헌으로 선고된다고 하더라도 그 전에 이미 집행이 종료된 행정처분이 당연무효가 되지는 않으므로(대법원 1995. 7. 11. 선고 94누4615 판결) 행정처분에 대한 쟁송기간 내에 그 취소를 구하는 소를 제기한 경우는 별론으로 하고 쟁송기간이 경과한 후에는 행정처분의 근거법률이 위헌임을 이유로 무효확인소송 등을 제기하더라도 행정처분의 효력에는 영향이 없는 것이 원칙이다."라고 판시하였고,[2] "행정처분의 경우, 그 근거 법률이 헌법에 위반된다는 사정은 헌법재판소의 위헌결정이 있기 전에는 객관적으로 명백한 것이라고 할 수는 없으므로 특별한 사정이 없는 한 그러한 하자는 행정처분의 취소사유에 해당할 뿐 당연무효사유는 아니어서, 취소소송의 제소기간이 경과한 뒤에는 행정처분의 근거법률이 위헌임을 이유로 무효확인소송 등을 제기하더라도 행정처분의 효력에는 영향이 없음이 원칙이다."라고 판시하였다.[3] 따라서 행정처분의 근거가 된 법률조항의 위헌 여부에 따라 당해 행정처분의 무효확인을 구하는 당해 사

1) 대법원 1995. 7. 11. 선고 94누4615 판결.
2) 헌재 1994. 6. 30. 92헌바23; 헌재 1999. 9. 16. 92헌바9; 헌재 2007. 10. 4. 2005헌바71; 헌재 2010. 2. 25. 2007헌바131등; 헌재 2010. 12. 28. 2009헌바429; 헌재 2014. 1. 28. 2010헌바251; 헌재 2014. 1. 28. 2011헌바38; 헌재 2014. 3. 27. 2011헌바232; 헌재 2021. 9. 30. 2019헌바149.
3) 헌재 2014. 1. 28. 2010헌바251; 헌재 2021. 3. 25. 2018헌바488; 헌재 2021. 9. 30. 2019헌바149 참조.

건 재판의 주문이나, 행정처분의 근거가 된 법률조항의 위헌여부에 따라 당해 행정처분의 효력을 선결문제로 하는 민사소송의 주문이 달라지거나 재판의 내용과 효력에 관한 법률적 의미가 달라지는 것은 아니므로 재판의 전제성이 인정되지 아니한다고 하였으며,[1] "그러므로 행정처분에 대한 쟁송기간이 경과된 후에 그 행정처분의 근거가 된 법률에 대한 위헌여부에 대한 심판청구를 한 경우에는 당해사건을 담당하는 법원이 그 법률에 대한 위헌결정이 있는 경우 다른 내용의 재판을 할 예외적인 사정이 있는지 여부에 따라 재판의 전제성 유무가 달라지게 된다고 할 것인데, 그 법률에 대한 위헌결정이 행정처분의 효력에 영향을 미칠 여지가 없는 경우에는 그 법률의 위헌여부에 따라 당해사건에 대한 재판의 주문이 달라지거나 재판의 내용과 효력에 관한 법률적 의미가 달라질 수 없는 것이므로 재판의 전제성을 인정할 수 없게 된다. 물론 위헌인 법률에 기한 행정처분이 무효인지 여부는 당해사건을 재판하는 법원이 판단할 사항이다."라고 판시하였다.[2]

그러나 행정처분의 집행이 종료되었고(행정심판 및 취소소송을 제기할 수 있는 기간이 경과되었다) 그것이 번복될 경우 법적 안정성을 크게 해치게 되는 경우에는 후에 행정처분의 근거가 된 법규가 헌법재판소에서 위헌으로 선고된다고 하더라도 그 행정처분이 당연무효가 되지는 않음이 원칙이라고 할 것이나, 특히 그 처분이 위헌법률에 근거하여 내려진 것이고 그 행정처분의 목적달성을 위하여서

1) 헌재 2014. 1. 28. 2010헌바251(4인의 반대의견 있음); 헌재 2016. 11. 24. 2015헌바207(3인의 반대의견 있음); 헌재 2021. 3. 25. 2018헌바488(1인의 반대의견 있음); 헌재 2021. 9. 30. 2019헌바149(1인의 반대의견 있음).

2) 헌재 1998. 4. 30. 95헌마93등; 헌재 1999. 9. 16. 92헌바9(자연공원법 제 4 조, 제43조 제 1 항에 대한 헌법소원 사건); 헌재 2004. 1. 29. 2002헌바73; 헌재 2005. 3. 31. 2003헌바113; 헌재 2007. 10. 4. 2005헌바71; 헌재 2010. 9. 30. 2009헌바101(2인의 반대의견); 헌재 2010. 11. 25. 2006헌바103(2인의 반대의견 있음); 헌재 2010. 12. 28. 2009헌바429(2인의 반대의견 있음); 헌재 2014. 1. 28. 2010헌바251(4인의 반대의견 있음). 반대의견은 행정처분의 하자가 무효사유인지 취소사유인지를 가리는 것은 구체적인 사실관계를 토대로 그 처분의 근거가 되는 법률의 목적과 기능 등을 고려하여 이를 법적으로 평가하여 내리는 판단으로서, 이에 관한 법원의 판단 이전에 헌법재판소가 재판의 전제성을 판단하면서 행정처분이 무효사유인지 취소사유인지를 논리적·가정적으로 단정하여 판단할 수는 없다. 따라서 행정처분에 대한 무효확인소송이나 그 효력 유무를 선결문제로 하는 민사소송에서 행정처분의 근거 법률이 위헌이 될 경우 그 행정처분이 무효가 될 가능성이 상존하므로, 그 처분에 대한 취소소송의 제소기간이 지났는지 여부와는 상관없이 당해사건 재판의 주문이 달라지거나 그 내용과 효력에 관한 법률적 의미가 달라질 여지가 없음이 명백하다고 볼 수는 없어 행정처분의 근거 법률의 위헌 여부는 재판의 전제가 된다고 보아야 한다고 하였다; 헌재 2014. 1. 28. 2011헌바38(4인의 반대의견 있음); 헌재 2014. 3. 27. 2011헌바232(4인의 반대의견 있음); 헌재 2015. 12. 23. 2015헌바66(4인의 반대의견 있음); 헌재 2016. 11. 24. 2015헌바207(3인의 반대의견 있음).

는 환가 및 청산이라는 후행 행정처분이 필요한데 후행 행정처분은 아직 이루어지지 않은 경우와 같이 그 행정처분을 무효로 하더라도 법적 안정성을 크게 해치지 않는 반면에 그 하자가 중대하여 그 구제가 필요한 경우에 대하여서는 그 예외를 인정하여 이를 당연무효사유로 보아서 쟁송기간 경과 후에라도 무효확인을 구할 수 있는 것이라고 보아야 하고, 따라서 헌법재판소로서는 위 압류처분의 근거법률에 대하여 일응 재판의 전제성을 인정하여 그 위헌여부에 대하여 판단하여야 한다고 하였다.[1]

대법원도 취득세 신고행위는 납세의무자와 과세관청 사이에 이루어지는 것으로서 취득세 신고행위의 존재를 신뢰하는 제 3 자의 보호가 특별히 문제되지 않아 그 신고행위를 당연무효로 보더라도 법적 안정성이 크게 저해되지 않는 반면, 과세요건 등에 관한 중대한 하자가 있고 그 법적 구제수단이 국세에 비하여 상대적으로 미비함에도 위법한 결과를 시정하지 않고 납세의무자에게 그 신고행위로 인한 불이익을 감수시키는 것이 과세행정의 안정과 그 원활한 운영의 요청을 참작하더라도 납세의무자의 권익구제 등의 측면에서 현저하게 부당하다고 볼 만한 특별한 사정이 있는 때에는 예외적으로 이와 같은 하자 있는 신고행위가 당연무효라고 함이 타당하다고 하여,[2] 하자가 중대하지만 명백하지 않는 경우라도 당연무효로 볼 수 있다는 취지의 판결을 함으로써 중대명백설의 결론을 모든 사안에 그대로 적용할 수 없음을 보여주고 있다.

한편 헌법재판소는 과징금부과처분에 대한 취소소송 제소기간이 경과한 후에 무효확인 청구를 하고 그 근거법률인 부동산 실권리자명의 등기에 관한 법률 제12조 제 2 항이 위헌이라고 다툰 경우에, "당해사건의 주위적 청구는 행정처분에 대한 쟁송기간이 경과한 후에 무효확인소송을 제기한 것인바, 부동산 실권리자명의 등기에 관한 법률 제 5 조 등이 위헌이라고 선불리 단정할 수 없을 뿐만 아니라, 설사 위헌이라고 하더라도 국회에서 헌법과 법률이 정한 절차에 의하여 제정·공포된 법률이 헌법에 위반된다는 사정은 헌법재판소의 위헌결정이 있기

1) 구 국세기본법 제42조 제 1 항 단서에 대한 헌법소원 사건. 헌재 1994. 6. 30. 92헌바23(이에 대하여는 "비록 위헌인 법률에 기한 행정처분이라고 하더라도 그 행정처분에 대하여 법령에 정한 불복기간이 모두 경과하는 등 더 이상 취소소송을 제기하여 다툴 수 없게 된 때에는 그 뒤에 한 위헌결정의 효력이 이에 미치지 않는다고 보아야 하므로 재판의 전제성이 없다."는 재판관 4인의 반대의견이 있었고, 위헌결정 정족수 미달(5인의 재판관이 재판의 전제성을 인정하여 위헌의견 제시)로 "헌법에 위반된다고 선언할 수 없다."라고 주문에 표시하였다).

2) 대법원 2009. 2. 12. 선고 2008두11716 판결.

전에는 객관적으로 명백한 것이라고 할 수는 없으므로 특별한 사정이 없는 한 이러한 하자는 행정처분의 취소사유에 해당할 뿐 당연무효사유는 아니라 할 것이어서 위 법률조항들의 위헌여부에 따라 당해사건의 주위적 청구와 관련하여 재판의 주문이 달라지거나 재판의 내용과 효력에 관한 법률적 의미가 달라지는 경우로 볼 수 없으므로 재판의 전제성 요건을 충족하지 아니하였다."고 판시하였고,[1] 위헌법률에 근거한 처분은 특별한 사정이 없는 한 당연무효가 아니라 취소사유에 해당하는바, 기반시설부담금 부과처분에 대한 취소소송 제기기간이 경과한 뒤 납부한 부담금 상당액을 부당이득으로 반환청구 하는 당해사건에서 법원이 기반시설 부담금 부과처분의 효력을 부인하고 법률상 원인 없는 이득이라고 판단할 수 없다 할 것이므로 재판의 전제성이 인정되지 않는다고 하였고,[2] 선행처분인 사업시행자지정처분의 근거가 되는 심판대상 법률조항의 위헌여부는 사업시행자지정고시처분의 취소사유에 해당할 뿐 당연무효사유는 아니고, 선행처분에 불가쟁력이 생겨 그 효력을 다툴 수 없게 되었다면, 그 처분에 하자가 있다 하더라도 그것이 당연무효사유가 아닌 한 후행처분인 인가고시처분에 승계되는 것은 아니므로 심판대상 법률조항의 위헌여부에 따라 당해사건 재판의 주문이 달라지거나 재판의 내용과 효력에 관한 법률적 의미가 달라지는 경우로 볼 수 없으므로 재판의 전제성 요건을 충족하지 아니하였다고 하였으며,[3] 이미 제소기간이 도과하여 확정력이 발생한 교원소청심사특별위원회의 재임용거부결정에 대한 취소결정이 민사소송인 당해사건에서 선결문제가 된 경우, 위 취소결정의 근거 법률인 대학교원 기간임용제 탈락자 구제를 위한 특별법 제 4 조의 위헌여부는 재판의 전제성이 인정되지 아니한다고 하였다.[4]

다만, 조세부과의 근거가 되었던 법률규정이 위헌으로 선언된 경우, 비록 그에 기한 과세처분이 위헌결정 전에 이루어졌고, 그 과세처분에 대한 제소기간이 이미 경과하여 조세채권이 확정되었으며, 조세채권의 집행을 위한 체납처분의 근거규정에 대하여는 따로 위헌결정이 내려진 바 없다고 하더라도, 위와 같은 위헌결정 이후에 조세채권의 집행을 위한 새로운 체납처분에 착수하거나

1) 헌재 2007. 10. 4. 2005헌바71; 헌재 2010. 9. 30. 2009헌바101; 동지: 헌재 2010. 12. 28. 2009헌바429(선행처분의 취소사유인 하자가 후행처분에 승계되지 않는 한 심판대상 법률조항의 위헌여부가 당해 재판에 영향을 미칠 여지는 없다고 하였다).
2) 헌재 2010. 2. 25. 2007헌바131등.
3) 헌재 2010. 12. 28. 2009헌바429.
4) 헌재 2010. 11. 25. 2006헌바103.

이를 속행하는 것은 더 이상 허용되지 않고, 나아가 이러한 위헌결정의 효력에 위배하여 이루어진 체납처분은 그 사유만으로 하자가 중대하고 객관적으로 명백하여 당연무효라는 것이 대법원판례이다.[1)]

3) 기판력과 재판의 전제성

한편 헌법재판소는 "과세처분에 관하여 취소청구소송을 제기하였으나 원고청구기각 판결이 선고되어 확정되었다면 그 판결의 기판력은 동일한 과세처분에 대하여 제기한 무효확인청구소송에도 미치는 것이며, 청구인이 이 사건 과세처분이 무효임을 이유로 그 후행처분인 압류처분이 무효라고 주장하는 당해사건(압류처분 무효확인의 소)에서 위 과세처분의 무효 여부는 당해사건에 있어서의 선결문제라 할 것이고, 전소인 앞의 원고청구기각 판결의 기판력이 후소인 당해사건에도 미치게 되어 청구인은 당해사건에서 이 사건 과세처분이 무효임을 주장할 수 없으므로 이 사건 심판대상 조항(구 소득세법 제82조 제 2 항)이 위헌이어서 그에 기초한 위 과세처분이 무효라고 하더라도 과세처분취소청구 소송에서 원고청구기각 판결이 선고되어 확정된 전소의 기판력에 의하여 당해사건에서 이 사건 과세처분이 무효라고 판단할 수 없고, 따라서 이 경우 심판대상 조항의 위헌여부에 따라 당해사건의 주문이 달라지거나 재판의 내용과 효력에 관한 법률적 의미가 달라지는 경우에 해당한다고 할 수 없으므로 재판의 전제성 요건을 갖추지 못하였다."고 판시하였다.[2)]

또한 헌법재판소는 구 산림법 제40조 제 1 항 위헌소원 사건에서, "청구인은 이 사건 심판청구의 당해사건에서 인공조림목에 대한 국가의 환수조치가 무효임을 전제로 임목매각대금의 반환을 청구하고 있으므로 인공조림목의 소유권이 청구인에게 있는지 여부는 당해사건에 있어서 선결문제라고 할 것인데, 전소인 인공조림목에 대한 소유권확인 판결에서 패소하였으므로 그 판결의 기판력은 이 사건에도 미친다 할 것이다. 따라서 구 산림법 제40조가 위헌이어서 그에 기초한 이 사건 인공조림목 환수조치가 무효라고 하더라도 전소의 기판력 때문에 당해사건에서 이 사건 인공조림목 소유권이 청구인에게 있다고 판단할 수 없기 때문에 이 사건 심판청구는 재판의 전제성이 없다."고 판시하였고,[3)]

1) 대법원 2012. 2. 16. 선고 2010두10907 전원합의체 판결.
2) 구 소득세법 제82조 제 2 항 등 위헌소원 사건. 헌재 1998. 3. 26. 97헌바13.
3) 헌재 2000. 6. 21. 2000헌바47. 위 결정 외에 헌재 2011. 7. 28. 2009헌바24도 전소의 기판력 있는 법률효과가 후소인 당해사건의 선결문제로 되어 재판의 전제성이 부인된 사례이다.

민법 제414조 등 위헌소원 사건에서, 구상금 청구소송에서 승소판결을 선고받아 그 판결이 확정되었음에도 시효중단을 위하여 다시 동일한 소송을 제기한 경우 후소는 전소의 기판력을 받게 되어 법원은 확정된 전소판결의 내용에 어긋나는 판단을 할 수 없으므로 심판대상 조문의 위헌여부에 따라 당해사건의 주문이 달라지거나 재판의 내용과 효력에 관한 법률적 의미가 달라지는 경우에 해당한다고 할 수 없어 재판의 전제성 요건을 갖추지 못하였다고 하였다.[1)]

㈏ 재판의 이유를 달리함으로써 재판의 내용과 효력에 관한 법률적 의미가 달라지는 경우

재판의 결론에 영향이 없다 하더라도 재판의 이유를 달리하거나 재판의 내용과 효력에 관한 법률적 의미가 달라지는 경우에는 예외적으로 재판의 전제성을 인정할 수 있으나, 재판의 전제성을 규정한 헌법재판소법 제41조 제 1 항 및 제68조 제 2 항의 취지에 비추어 볼 때, 이는 적어도 이유를 달리함으로써 재판의 내용과 효력에 관한 법률적 의미가 전혀 달라지는 경우를 말한다.[2)]

재판의 전제성에 관한 헌법재판소 판례의 대부분은 재판의 이유를 달리함으로써 '재판의 내용과 효력' 양자에 관한 법률적 의미가 달라지는 경우에도 그 전제성을 인정할 수 있다고 판시하고 있으나,[3)] 예외적으로 재판의 내용이나 효력 중에 어느 하나라도 그에 관한 법률적 의미가 달라지는 경우에는 재판의 전제성이 있는 것으로 보아야 한다고 하여 재판의 내용과 효력을 선택적으로 병기하고 있는 판례도 있다.[4)]

예를 들면 소가 법률의 구성요건을 충족하지 못하여 기각되느냐 아니면 청구권의 기초가 되는 법률조항이 위헌이기 때문에 기각되느냐는 기판력의 관점에서 중요한 차이가 있는바, 이 경우 재판의 주문은 같으나 법률의 위헌여부에 따라 재판의 내용과 효력에 관한 법률적 의미가 달라지므로 재판의 전제성 요건은 충족된 것으로 보아야 한다.

헌법재판소는 국가안전기획부직원법 제22조 등에 대한 헌법소원 사건에서

1) 헌재 2012. 11. 29. 2011헌바231.

2) 헌재 1996. 3. 28. 93헌바41; 헌재 2002. 5. 30. 2000헌바58등 참조; 헌재 2021. 11. 25. 2019헌바42.

3) 예를 들면 헌재 1993. 12. 23. 93헌가2; 헌재 2013. 9. 26. 2012헌바109; 헌재 2015. 12. 23. 2015헌가27.

4) 구속영장효력 사건. 헌재 1992. 12. 24. 92헌가8(심판대상 조항인 형사소송법 제331조 단서의 위헌여부에 따라 비록 판결주문의 형식적 내용이 달라지는 것은 아니라 하더라도 그 판결의 실질적 효력에 차이가 있게 되는 것이므로 재판의 전제성이 있다고 판단하였다).

"만일 이 사건 계급정년규정이 위헌이라면 위 규정에 근거한 청구인들에 대한 퇴직인사명령의 효력이나 청구인들의 공무원지위 보유 여부에 관하여 다툴 여지가 있게 된다는 점에서 위와 같은 법적 분쟁에 관한 재판은 이 사건 계급정년규정의 위헌여부에 따라 **재판의 결론**을 이끌어 내는 이유를 달리하는 데 관련되어 있거나 **재판의 내용과 효력에 관한 법률적 의미**가 달라지는 경우에 해당된다고 할 것이므로, 이 사건 계급정년규정의 위헌여부는 이 사건 관련소송사건의 재판의 전제가 된다."고 판시하였고,[1] 형사소송법 제97조 제 3 항 위헌제청 사건에서 "보석허가결정에 대한 검사의 즉시항고권을 인정한 형사소송법 제97조 제 3 항의 위헌여부는 보석허가결정을 한 위헌심판제청법원이 같은 법 제407조, 제408조에 따라 즉시항고에 대하여 원심법원으로서 할 재판 등 조치의 **주문**이 달라지거나 그 재판 등의 기초적인 이유, 직접적인 **내용과 효력의 법률적 의미** 등에 차이가 있게 되므로 원심법원이 한 위헌심판제청은 그 심판제청 당시 재판의 전제성이 있다."고 판시하였다.[2]

손해배상청구소송에서 법원은 피고의 불법행위를 인정한 후에 원고(청구인) 일부승소의 판결을 선고하였는데 그 사실인정을 함에 있어서 서증 등의 증거조사를 하였고 청구인이 신청한 피고본인신문 등의 증거조사신청은 구 민사소송법 제263조를 근거로 배척하였는바, 위 조항이 위헌으로 결정되어 당해사건의 재심사건에서 청구인이 신청한 증거를 모두 받아들이게 된다면 손해배상의 인용금액이 인상되는 등 **재판의 주문**이 달라질 가능성을 배제할 수 없고, 설사 그렇지 않더라도 그 **재판의 이유**를 달리함으로써 **재판의 내용과 효력에 관한 법률적 의미**가 달라지는 경우라고 볼 수 있고,[3] 또한 형사소송법 제122조 단서는 당해사건에서 법원의 증거채부에 직접 적용되는 법률조항은 아니지만 동 조항이 위헌으로 결정되면 결과적으로 당해사건의 증거가 된 전자우편에 대한 압수수색절차가 헌법에 위반된 것이 되고, 따라서 위 법률조항의 위헌여부는 위 '이메일 문건'의 증거능력에 영향을 미침으로써 그 위헌여부에 따라 법원이 위 증거자료들을 증거로 채택할 수 없게 되어 당해사건의 **결론**이 달라지게 되거나 적어도 위 소송 중에 있었던 법원의 의사결정인 증거채택결정의 **내용과 의미**가 달라지게 된다고 하였고,[4] 검사만 치료감호를 청구할 수 있고 법원은 검사에게 치

1) 헌재 1994. 4. 28. 91헌바15등.
2) 헌재 1993. 12. 23. 93헌가2.
3) 헌재 2004. 9. 23. 2002헌바46.

료감호청구를 요구할 수 있다고만 규정한 '치료감호 등에 관한 법률' 제 4 조 제 1 항 및 제 4 조 제 7 항이 형사사건인 당해사건에서 재판의 전제성이 인정되는지 여부에 관하여, 헌법재판소는 비록 법상 치료감호사건과 피고사건은 그 대상이나 요건, 절차에 있어서 구별된다 하더라도 양자를 본질적으로 별개의 것이라고 단정하기 어렵고, 치료감호사건과 피고사건은 서로 긴밀하게 연관되어 있으므로, 피고사건을 선고할 때 치료감호사건에 대하여도 고려를 할 수밖에 없을 것이고, 만약 이 사건 법률조항들이 개정되어 피고인의 청구에 의하여 또는 법원의 직권에 의하여 당해 형사재판 중에 치료감호가 선고될 수 있다면, 하나의 재판절차에서 형사유무죄에 대한 판단과 치료감호 인용 여부에 대한 판단이 함께 이루어질 것이고, 이는 당해사건 재판의 주문이 달라지거나 적어도 그 내용과 효력에 관한 법률적 의미가 달라지는 것으로 볼 수 있을 것이라고 하였다.[1]

그러나 공직선거 당선자의 배우자인 청구인이 공직선거 및 선거부정방지법상의 매수 및 이해유도죄로 기소된 경우 당해사건 법원은 청구인의 행위가 위 법 제230조 제 1 항 제 4 호에 해당하는지 여부를 심리하여 청구인의 유·무죄를 판단할 뿐으로 공직선거 당선자의 배우자가 일정한 선거범죄의 유죄판결을 선고받는 경우 당선이 무효가 되도록 규정한 위 법 제265조 본문 중 '배우자' 부분이 위헌이라고 하여도 당해사건에서 법원이 청구인에 대하여 다른 판단을 할 수는 없으며 청구인에 대한 관계에서 당해사건 재판의 내용과 효력에 관한 법률적 의미가 달라지는 것도 아니라 하였고,[2] 교원지위 향상을 위한 특별법 제 9 조 제 1 항 중 청구기간 부분에 대한 위헌여부에 따라 당해사건의 재판의 주문이나 결론이 달라지지는 아니하고, 다만 위 조항의 위헌여부에 따라 각하판결의 이유가 달라지게 되나, 각하이유 구성 시 위 특별법상 재심청구기간 도과로 인한 전심절차 흠결에서 행정심판법상 청구기간 도과로 인한 전심절차 흠결로 근거조문이 달라지는 경우를 재판의 내용과 효력에 관한 법률적 의미가 달라지는 경우라고 보기는 어렵다고 하였으며,[3] '성폭력 특례법'상 법원은 신상정보 등록대상자가 된 자에게 그 사실과 신상정보 제출의무가 있음을 고지하여야 하고, '성폭력 특례법'상 그 방법이 특정되어 있지 아니하여 실무상 고지의 방법으로

4) 헌재 2012. 12. 27. 2011헌바225.
1) 헌재 2021. 1. 28. 2019헌가24 등.
2) 헌재 2005. 7. 21. 2005헌바21.
3) 헌재 2007. 1. 17. 2005헌바86.

당해 사건 판결 이유 가운데 신상정보 제출의무를 기재하는 경우가 있으나, 그 기재는 판결문의 필수적 기재사항도 아니고, 당해 사건 재판의 내용과 효력에 영향을 미치는 법률적 의미가 있는 것도 아닌바, 위 신상정보 등록조항은 그 위헌 여부에 따라 당해 사건 재판의 주문이나 내용, 효력에 관한 법률적 의미가 달라진다고 볼 수 없으므로 이에 관한 청구는 재판의 전제성이 인정되지 아니한다고 하였고,[1] 성인대상 성범죄로 형을 선고받아 확정된 자는 그 형의 집행을 종료한 날부터 10년 동안 의료기관을 개설하거나 위 기관에 취업할 수 없도록 한 아동·청소년의 성보호에 관한 법률 제56조 제 1 항 제12호 중 '성인대상 성범죄로 형을 선고받아 확정된 자'에 관한 부분(심판대상조항)은 형사소송인 당해사건에서 형벌의 근거조항으로서 직접 적용되는 조항이 아니라, 당해사건의 유죄판결이 확정되고 난 후 그 유죄판결에 기초하여 부과되는 새로운 제재의 근거조항일 뿐이므로, 심판대상조항은 그 위헌 여부로 재판의 주문이 달라지거나 재판의 내용과 효력에 관한 법률적 의미가 달라지는 경우라고 보기 어려워 재판의 전제성이 없다고 하였고,[2] 변제계획 변경 인가결정을 다투는 당해사건 재판에서 청구인의 재항고가 인용되어 변제계획변경 불인가결정이 확정되었다면 더 이상 준재심으로 제거해야 할 아무런 불이익이 남지 않게 되어 심판대상조항의 위헌 여부에 따라 당해사건 재판의 주문이 달라지거나 재판의 내용과 효력에 관한 법률적 의미가 달라진다고 볼 수 없다고 하였으며,[3] 형사소송법 제227조, 제228조는 재정신청이 부적법하다는 판단에 적용되기는 하나, 이 조항들이 위헌으로 선언된다고 하더라도 검사의 불기소처분이 정당하여 재정신청이 기각되어야 한다는 당해사건 재판의 결론에는 변함이 없고 재판의 내용과 효력에 관한 법률적 의미가 달라지지 않으므로 재판의 전제성이 인정되지 않는다고 하였고,[4] 당해 사건에서 조합의 환지예정지지정처분을 취소하는, 청구인에게 유리한 판결이 확정되었고, 이에 위 처분 또한 처분시에 소급하여 효력을 상실하였으므로 심판대상조항인 도시개발법 제31조의 위헌여부에 따라 조합의 환지예정지지정처분에 대한 당해 사건 재판의 주문이나 그 내용과 효력에 관한 법률적 의미가 달라지지 아니한다고 하였고,[5] 당해 사건에서와 같이 기각의 이유를 구성함에 있어 청구인

1) 헌재 2013. 9. 26. 2012헌바109; 헌재 2015. 12. 23. 2015헌가27(2인의 반대의견 있음).
2) 헌재 2016. 3. 31. 2015헌가8.
3) 헌재 2021. 2. 25. 2018헌바423 등.
4) 헌재 2021. 2. 25. 2019헌바53.
5) 헌재 2021. 3. 25. 2020헌바93.

이 기간제근로자가 되는 근거규정만이 달라지는 경우를 재판의 내용과 효력에 관한 법률적 의미가 달라지는 경우라고 보기는 어렵다고 하였다.[1]

(다) 재판의 결론을 이끌어 내는 이유를 달리하는 데 관련되어 있는 경우

헌법재판소는 법률의 위헌여부가 '재판의 결론을 이끌어 내는 이유를 달리하는 데 관련되어 있는 경우'에도 재판의 전제성이 있다고 보았으나,[2] 이 요건이 구체적으로 의미하는 바는 불분명하다.

구체적 규범통제는 당해사건의 재판을 위한 것이므로 법률의 위헌 여부에 관계없이 재판의 결론을 도출할 수 있다면 재판의 전제성이 없다고 보아야 한다. 따라서 재판의 주문에는 영향을 미치지 않지만 단지 판결이유의 구성에만 영향을 미치는 경우 위헌제청은 원칙적으로 허용되지 않는다.[3]

이와 관련하여 독일 연방헌법재판소는 "특히—가령 주요 이유를 선택적으로 구성할 수 있어서—재판의 기판력이 불확실하고 이러한 이유로 소송관련자들 사이에 장차 법적 분쟁이 예상될 수 있는 경우"에는 재판의 전제성이 예외적으로 존재한다고 한다.

예를 들어 원자력발전시설허가의 취소를 구하는 소송에서 법원이 허가처분의 근거조항에 대해 위헌제청을 하였는바, 당해 소송에서 발전시설의 운영자가 허가의 요건을 갖추지 못하여 허가가 취소되는지, 아니면 근거조항이 위헌이기 때문에 허가가 취소되는지는 원고, 피고 등 소송의 이해관계인 사이의 법적 상태에 영향을 미친다. 따라서 판결의 이유가 법률의 위헌 여부에 따라 선택적으로 구성이 가능하고, 또한 이로 인해 당사자의 법적 지위가 달라질 수 있는 경우에는 재판의 전제성이 인정된다고 보았다.[4]

헌법재판소는 헌법재판소법 제47조 제 2 항 위헌제청 등 사건에서 "가령 헌법재판소에서 헌법재판소법 제47조 제 2 항 본문의 규정이 단순히 위헌이라고 결정이 난다 하여도 법원에 의하여 경매절차가 종결되었을 때에는 그 당시에 적용되었던 법률의 소급적 무효를 이유로 부당이득반환청구를 인정할 수 없다고 할 수 있을지 속단하기 어려운 일이어서 당해소송사건의 재판의 결론이나 주문에 영향을 주지 않는다고 단정할 수 없을 뿐만 아니라 이 사건 역시 적어

1) 헌재 2021. 11. 25. 2019헌바42.
2) 헌재 1992. 12. 24. 92헌가8; 헌재 1993. 11. 25. 92헌바39.
3) 실무제요, 180면.
4) 실무제요, 180면.

도 재판의 결론을 이끌어내는 이유를 달리하는 데 관련되어 있을 것으로 재판의 전제성이 있음이 명백하다."고 판시한 예가 있다.[1] 그러나 이 요건에 해당하여 재판의 전제성이 긍정된 사례는 아직 없는 것으로 보인다.

구체적 규범통제는 당해사건의 재판을 위한 것이므로 법률의 위헌 여부에 관계없이 재판의 결론을 도출할 수 있다면 재판의 전제성이 없다고 보아야 한다. 따라서 재판의 주문에는 영향을 미치지 않지만 단지 판결이유의 구성에만 영향을 미치는 경우 위헌제청은 원칙적으로 허용되지 않는다.

이와 관련하여 독일 연방헌법재판소는 "특히 — 가령 주요 이유를 선택적으로 구성할 수 있어서 — 재판의 기판력이 불확실하고 이러한 이유로 소송관련자들 사이에 장차 법적 분쟁이 예상될 수 있는 경우"에는 재판의 전제성이 예외적으로 존재한다고 한다.[2]

예를 들어 원자력발전시설허가의 취소를 구하는 소송에서 법원이 허가처분의 근거조항에 대해 위헌제청을 하였는바, 당해 소송에서 발전시설의 운영자가 허가의 요건을 갖추지 못하여 허가가 취소되는지, 아니면 근거조항이 위헌이기 때문에 허가가 취소되는지는 원고, 피고 등 소송의 이해관계인 사이의 법적 상태에 영향을 미친다. 따라서 판결의 이유가 법률의 위헌 여부에 따라 선택적으로 구성이 가능하고, 또한 이로 인해 당사자의 법적 지위가 달라질 수 있는 경우에는 재판의 전제성이 인정된다고 보았다.

(4) 특수문제: 평등원칙위반과 재판의 전제성

(가) 수혜의 대상에서 제외된 자가 청구한 소송에서의 문제

당해소송절차에서의 원고를 평등원칙에 반하여 특정한 급부의 수혜대상으로부터 제외시키고 있는 법률규정의 경우에 원고는 그 법률규정이 합헌으로 선언되는 경우뿐만 아니라, 그 법률규정이 위헌이나 헌법불합치로 선언되는 경우에도 역시 당해소송의 원고는 아무것도 요구할 수 없다. 이처럼 법률규정이 평등원칙에 위반된다는 의심이 있는 경우에 재판의 전제성이 있다고 볼 수 있는가도 문제이다.

헌법재판소의 판례는 심한 동요를 보였으나, 최근에는 그러한 유형의 사건에서 평등원칙 위반의 의심을 받고 있는 법률에 재판의 전제성이 인정되는 것

---

1) 헌재 1993. 5. 13. 92헌가10등.
2) 실무제요, 180면.

을 전제로 한 판례가 형성되고 있다고 분석된다.[1)]

위와 같은 사건에서 헌법재판소는 1993. 5. 13. 선고한 90헌바22등(병합) 결정(1980년 해직공무원의 보상 등에 관한 특별조치법 제 2 조 및 제 5 조에 대한 헌법소원 사건)에서는 5인의 다수의견으로 재판의 전제성을 인정한 반면, 4인의 재판관은 소수의견을 통해 그 전제성을 부인하였다. 즉 다수의견은 만약 헌법재판소에서 위와 같은 차별적 취급부분에 대하여 위헌결정이 내려지고 그에 따라서 국회가 특별조치법의 위헌 부분을 개정한다면 정부산하기관 임직원들은 직접 정부를 상대로 보상청구가 가능하게 될 것이므로 "이 경우 법원으로서는 헌법재판소에서 내려질 위헌여부심판의 결과를 기다려서 재판을 하여야 할 것이며 만약 위헌결정이 내려지면 그에 따른 입법시정의 결과를 보고 재판하여야 하는 것으로서 만일 위헌선언에 따라 입법시정이 되었다면 법원으로서는 원고들의 청구를 기각하는 주문을 낼 수는 없을 것이므로 이러한 의미에서 위헌여부의 판단에 따라 당해 본안사건의 재판의 주문이 달라질 수밖에 없는 것이라면 재판의 전제성은 갖춘 것이라고 보아야 하는 것"이라고 판시하여 그 심판청구의 적법성을 인정하고 있다.[2)]

그러나 같은 유형의 사건인 1993. 11. 25. 선고 90헌바47등(병합) 결정(1980년 해직공무원의 보상 등에 관한 특별조치법 제 2 조에 대한 헌법소원 사건)에서 헌법재판소는 위와 반대되는 결론을 내리고 있다. 즉 이 사건에서 헌법재판소는 6인의 다수의견으로 "1980년 해직공무원의 보상 등에 관한 특별조치법 제 1 조, 제 2 조 제 1 항 등을 종합하면 위 특별조치법의 적용대상자인 해직공무원은, 그 해직원인이 국가보위비상대책위원회에서 세운 이른바 '정화계획'에 의하여 해직된 자이어야 하고, 그 해직시기가 원칙적으로 1980. 7. 1.부터 같은 해 9. 30.까지 사이이어야 하므로, 사회정화위원회의 정화계획에 의하여 1981. 5. 2.에 해직된 공무원인 청구인들은 위 법률조항의 적용대상자가 아니고, 따라서 위 법률조항은 청구인들이 법원행정처장을 상대로 제기한 해직공무원보상대상제외처분 취소청구 소송사건에 적용할 법률이 아니므로 이 사건 심판청구는 재판의 전제성

---

1) 동지: 실무제요, 181면.

2) 그러나 위헌결정에 찬성하는 재판관이 종국심리에 관여한 재판관의 과반수가 되지만, 위헌결정의 정족수인 6인에 미달하여 "1980년해직공무원의보상등에관한특별조치법 제 2 조 중 정화계획에 의하여 강제해직된 정부산하기관의 임직원을 보상대상자에 포함시키지 아니한 부분과 제 5 조는 헌법에 위반된다고 선언할 수 없다."고 주문에서 설시하였다.

요건을 갖추지 못한 부적법한 것"이라고 판시하였다.[1] 이에 대하여 3인의 소수의견은 앞서 언급한 90헌바22등 결정의 다수의견의 견해와 유사한 취지에서 재판의 전제성을 긍정하였다.

그 후 헌법재판소는 1980년의 정화계획에 따른 해직공무원에게는 특별조치법에 의하여 보상청구권을 보장하면서도 정부산하기관에 근무하던 중 해직된 이들에게는 그에 상응하는 보상청구권을 보장하는 입법을 하지 아니한 것이 위헌이라는 주장으로 제기된 헌법소원인 입법부작위위헌확인 사건에서, "청구인의 이 사건 청구는 평등원칙의 관점에서 입법자가 정부산하기관의 직원인 청구인을 당연히 공무원과 같이 특별조치법의 수혜범위에 포함시켰어야 한다는 주장에 지나지 아니하므로, 입법부작위는 헌법적 입법의무에 근거한 것이 아니라 단지 혜택부여규정의 인적 범위의 제한에 따른 결과에 지나지 아니하여 이른바 '부진정 입법부작위'에 해당할 뿐이므로 입법부작위위헌확인심판의 대상이 되지 아니한다."고 전원일치에 의한 각하결정을 내림으로써,[2] 평등원칙위반의 문제는 특별한 사정이 없는 한 진정 입법부작위의 문제가 아님을 분명히 하고 있다(같은 취지의 판례로는 대한민국과 일본국 간의 재산 및 청구권에 관한 문제의 해결과 경제협력에 관한 협정에 의거한 대일민간인 청구권 보상의 문제와 관련된 입법부작위 위헌확인 사건에 관한 결정[3]이 있다). 이 판례는 명시적이지는 않으나 헌법재판소가 위와 같은 유형의 사건에서 문제의 법률의 재판의 전제성을 긍정하는 입장으로 선회하였음을 시사하는 것으로 해석된다.

그런데 헌법재판소는 공업배치 및 공장설립에 관한 법률 부칙 제 3 조 위헌소원 사건에서, 시혜적 법률의 시혜대상에서 제외된 청구인이 그 법률이 평등권 등을 침해하는 것이라고 주장하면서 헌법재판소법 제68조 제 2 항의 헌법소원 심판청구를 한 경우 재판의 전제성이 있는지 여부에 관하여, "청구인은 당해 소송에서 심판대상조항이 평등권, 재산권 등을 침해하여 위헌이라고 하여 이미 납부한 관리비의 반환을 청구하였는데, 심판대상조항이 청구인과 같은 경우를 관리비 반환대상에서 제외하는 것이 평등권 침해로서 위헌이라는 이유로 헌법불합치결정을 하고 입법자가 그 결정취지에 따라 시혜대상을 확대하여 청구인

---

1) 동지: 헌재 1994. 4. 28. 91헌바15등; 헌재 1994. 12. 29. 92헌바22; 헌재 1995. 2. 23. 93헌바29; 헌재 1995. 2. 23. 91헌바18.
2) 헌재 1996. 11. 28. 93헌마258.
3) 헌재 1996. 10. 4. 94헌마108.

과 같은 경우에도 관리비를 반환하도록 법을 개정할 경우, 법원은 당해사건에 관한 판결을 달리하여야 할 것이다. 따라서, 심판대상조항의 위헌여부는 당해 사건 재판의 주문 또는 내용과 효력에 관한 법률적 의미에 영향을 미치는 것으로서 재판의 전제성이 있다."고 판시하여 재판의 전제성을 긍정하였다.[1]

또한 구 개발이익환수에 관한 법률 제10조 제 2 항 위헌소원 사건에서는, 청구인의 경우는 심판대상조항의 요건에 해당하지 않아 그 적용대상이 아니므로 이러한 점에서는 동 조항의 위헌여부가 당해사건 재판에 직접 영향을 미치지 않으나, 동 조항과 법시행령이 정하는 사유가 있는 경우에만 실제의 처분가격을 개발사업 완료 시점의 부과대상토지의 가액으로 인정해주고 그 외 사실상 처분가격이 제한되어 있는 경우에는 실제의 처분가격을 적용해 주지 않는 것이 평등권의 침해를 가져온다는 점에서 동 조항이 위헌이라고 결정되고, 그에 따라 사실상 처분가격이 제한된 경우에도 그 가격을 개발사업 완료 시점의 부과대상토지가액으로 인정하는 방향으로 개정이 될 경우 당해사건의 재판에 영향을 미칠 가능성이 있으므로 재판의 전제성이 있다고 하였다.[2]

그리고 부가가치세법 제 6 조 제 6 항 제 2 호 본문은 예외로서 부가가치세를 과세하지 않는 특별한 비과세 공급유형을 열거하고 있는 것에 불과하여, 가사 헌법재판소에서 위헌의 결정이 선고된다 하더라도 곧바로 청구인에게 부가가치세법상 비과세되거나 과세제외대상에 해당하는 것이 아니라고 볼 수도 있으나, 위 법률조항에 대하여 헌법불합치결정이 내려지고 입법자가 그 결정취지에 따라 개선입법을 행함으로써 부가가치세의 비과세대상으로 새로이 규정하게 되면 그로써 개정법률이 소급적용되는 결과 당해사건의 재판에 영향을 미칠 가능성이 충분히 있으므로 재판의 전제성이 있다고 하였다.[3]

또한 군인의 경우 공무상 질병 또는 부상으로 인하여 '폐질상태로 되어 퇴직한 때'에 한하여 상이연금을 지급하도록 규정한 군인연금법 제23조 제 1 항에 대한 위헌소원 사건에서, 위 법률조항이 청구인과 같은 '퇴직 이후에 폐질상태가 확정된 군인'의 경우를 상이연금 수급대상에서 제외하는 것이 평등권의 침해로서 헌법에 위반된다는 이유로 헌법불합치결정을 하고 입법자가 그 결정취지에 따라 수혜대상을 확대하여 청구인과 같은 경우에도 상이연금을 지급하도

1) 헌재 1999. 7. 22. 98헌바14.
2) 헌재 2000. 8. 31. 98헌바100.
3) 헌재 2006. 4. 27. 2005헌바69.

록 법을 개정할 경우, 법원은 당해사건에 관하여 판결을 달리하여야 할 것이므로, 위 법률조항이 헌법에 위반되는지 여부는 당해사건 재판의 결론 또는 주문에 영향을 미치는 것으로서 재판의 전제성이 인정된다고 하였다.[1)]

(나) 수혜의 대상에 포함된 자가 청구한 소송에서의 문제

수혜적·수익적 법률의 피적용자가 법원에 제기한 소송사건에서 그 법률이 제소자를 포함한 특정 집단에 대하여만 적용되는 것은 헌법에 위반된다는 이유로 법원이 직권으로 위헌제청을 할 수 있는지의 문제가 있다. 위와 같은 위헌상태를 제거하는 방법이 다른 집단에 대하여도 그 법률이 적용되도록 개정하는 것밖에 없다면 재판의 전제성은 부정하여야 할 것이지만 위헌상태를 제거하는 방법으로 위 제소자를 포함하는 수혜집단에 대하여까지 법률의 적용을 배제하는(즉 당해법률을 폐지하는) 것이 생각될 수 있다면 재판의 전제성은 인정될 수 있을 것이다.[2)]

헌법재판소는 국가가 민사소송에서 패소하여 항소한 사건에서, 법원이 피고의 항소장에 대한 심사를 함에 있어 인지첩부 및 공탁제공에 관한 법률 제 2 조가 국가에 대하여 인지첩부를 면제하고 있는 것은 사인(私人)에 비하여 국가에 대하여 우대적 조치를 하는 것으로서 평등의 원칙에 반한다는 의심이 있다는 이유로 직권으로 위헌제청한 사건에서 재판의 전제성을 인정하였다.[3)]

나. '재판'의 의미

(1) 개 요

재판이란 인적·물적으로 독립된 제 3 자인 법원이 법률이 정한 절차에 따라 구체적인 분쟁이나 법 위반의 여부를 법규범을 기준으로 하여 유권적으로 판단하는 작용이다. 따라서 법원이 하는 사법행정은 재판이 아니다. 헌법재판소는 법원조직법 제59조에 의한 재판장의 녹음불허가는 **사법행정행위**로서 이에 대한 불복은 행정소송이나 헌법재판소법 제68조 제 1 항의 헌법소원에 의하여야 하므로 위 불허가에 대한 이의신청이 재판절차임을 전제로 헌법재판소법 제68조 제 2 항에 따라 제기된 심판청구는 부적법하다고 하였고,[4)] 상표권 침해를

1) 헌재 2010. 6. 24. 2008헌바128.
2) 실무제요, 182면.
3) 헌재 1994. 2. 24. 91헌가3.
4) 헌재 2011. 6. 30. 2008헌바81; 헌재 2013. 8. 29. 2011헌바253등.

원인으로 한 침해금지 및 손해배상청구를 내용으로 하는 당해사건에서, 재판장이 변리사의 소송대리를 허용하지 아니하고 원고불출석으로 처리한 것은 제 3 자의 소송관여를 배제하고 법정질서를 유지하기 위한 **사법행정**일 뿐 소송대리 허가 또는 불허명령이라는 재판을 하였다고 볼 수 없으므로 구 변리사법 제 8 조, 민사소송법 제87조에 대한 심판청구는 재판의 전제성을 갖지 못하여 부적법하다고 하였다.[1)]

헌법재판소법 제41조 제 1 항에서 말하는 '재판'이라 함은 원칙적으로 그 형식 여하와 본안에 관한 재판이거나 소송절차에 관한 것이거나를 불문하며, 판결과 결정 그리고 명령이 여기에 포함되며, 심급을 종국적으로 종결시키는 **종국재판**뿐만 아니라 **중간재판**도 이에 포함되고, 법률이 위헌으로 심판되는 여부가 법원이 앞으로 진행될 소송절차와 관련한 중요한 문제점을 선행결정하여야 하는 여부의 판단에 영향을 주는 경우도 헌법재판소법 제41조 제 1 항에서 요구하는 '재판'의 전제성이 있다고 보아야 한다.[2)]

(2) '재판'의 개념과 관련된 특수 문제들

㈎ 체포·구속·압수·수색영장, 구속적부심사청구, 보석허가에 관한 재판

체포·구속·압수·수색영장, 구속적부심사청구, 보석허가에 관한 재판 등도 실질적인 사법작용의 결과이므로 재판에 해당한다.

5·18 민주화운동 등에 관한 특별법 제 2 조 등에 관한 위헌제청은 법원에 대한 **구속영장청구사건**에 관한 재판절차에서 이루어졌는바, 헌법재판소는 그 재판의 전제성을 묵시적으로 인정하였다.[3)]

군사법원법 제238조 등에 대한 헌법소원 사건에서 헌법재판소는 청구인은 군사법원법 제238조에 의하여 관할관이 발부한 사전구속영장에 의하여 구속되었고, 구속적부심사 청구를 관할관에 할 경우와 직접 군사법원에 할 경우와는 재판의 내용과 효력에 관한 법률적 의미가 달라지는 것으로 보아야 할 것이므로 동법 제238조 제 1 항, 제 3 항, 제 4 항 및 구속적부심사를 관할관에게 청구하도록 규정한 제252조 제 1 항에 관하여는 그 위헌 여하에 따라서 전제되는 재판의 주문이 달라지거나 재판의 내용과 효력에 관한 법률적 의미가 달라지는 경

---

1) 헌재 2011. 12. 29. 2010헌바459.
2) 인지첩부 및 공탁제공에 관한 특례법 제 2 조에 관한 위헌심판 사건. 헌재 1994. 2. 24. 91헌가3; 헌재 2012. 12. 27. 2011헌바225; 헌재 2013. 10. 24. 2011헌바79; 헌재 2023. 2. 23. 2019헌바244.
3) 5·18 특별법 사건. 헌재 1996. 2. 16. 96헌가2등.

우에 해당하여 재판의 전제성이 인정된다고 보았다. 한편 이 사건은 구속적부심 계속 중에 위헌심판제청신청을 하였으나 구속적부심사 청구를 먼저 기각하여 재판계속이 종료된 후 위헌심판제청신청을 기각한 사안으로, 이에 대하여 헌법재판소는 "위헌여부심판의 제청신청을 받은 법원은 법리상 늦어도 본안사건에 대한 재판을 마치기 전까지는 제청신청에 대한 재판을 하여야 할 것인데도 …… 위헌여부심판의 제청신청에 대하여는 결정을 하지 아니한 채 먼저 구속적부심사 청구를 기각한 다음 제청신청을 기각하여 사건을 부당하게 처리하였을 뿐만 아니라 헌법소원심판청구를 할 당시 청구인이 계속 구금상태에 있었고 또한 새로이 구속적부심사 청구를 할 수 있는 상태에 있었으므로, 헌법소원심판청구 당시 일단 구속적부심사 청구가 기각되었다고 하더라도 재판의 전제성은 있다."고 판시하였다.[1)]

또한 헌법재판소는, 보석허가결정에 대한 검사의 즉시항고권을 인정한 형사소송법 제97조 제 3 항에 대한 위헌심판절차에서, 동 법률조항의 위헌여부는 보석허가결정을 한 위헌심판제청법원이 같은 법 제407조, 제408조에 따라 즉시항고에 대하여 원심법원으로서 할 재판 등 조치의 주문이 달라지거나 그 재판 등의 기초적인 이유, 직접적인 내용과 효력의 법률적 의미 등에 차이가 있게 되므로 원심법원이 한 위헌심판제청은 그 심판제청 당시 재판의 전제성이 있다고 하였다.[2)]

⑷ 소송비용 또는 가집행에 관한 재판, 중간재판

헌법재판소는 형사소송법 제221조의2에 대한 헌법소원 사건에서, 형사소송법 제295조에 의하여 법원이 행하는 증거채부결정도 당해소송사건을 종국적으로 종결시키는 재판은 아니라고 하더라도, 그 자체가 법원의 의사결정으로서 헌법 제107조 제 1 항과 헌법재판소법 제41조 제 1 항 및 제68조 제 2 항에 규정된 재판에 해당된다고 하여,[3)] 증거채부에 관한 재판절차에서도 위헌제청신청을 할 수 있음을 시사하고 있다. 그런데 위 사건에서 전제가 되는 재판은 종국절차로

1) 헌재 1995. 2. 23. 92헌바18(청구인은 이 사건 심판청구 후 1992. 4. 14. 기소유예처분을 받고 석방되었을 뿐더러 1994. 1. 5. 법률 제4705호로 군사법원법 제238조 제 1 항, 제 3 항, 제 4 항 및 제252조 제 1 항이 군판사가 구속영장을 발부하고, 군사법원에 직접 구속적부심사를 청구할 수 있도록 개정되어 1994. 7. 1.부터 시행되었으므로 이 건 헌법소원심사청구는 결국 권리보호이익이 없어 부적법하다는 이유로 각하되었다).

2) 헌재 1993. 12. 23. 93헌가2; 동지: 헌재 2014. 8. 28. 2012헌바465.

3) 공판기일전 증인신문제도 사건. 헌재 1996. 12. 26. 94헌바1; 통신제한조치기간 연장 사건. 헌재 2010. 12. 28. 2009헌가30; 형사소송법 제122조 단서 위헌소원 사건. 헌재 2012. 12. 27. 2011헌바225; 형사소송법 제315조 제 3 호 사건. 헌재 2013. 10. 24. 2011헌바79.

서의 형사재판이 아니라 증거채부의 재판임이 분명하고, 청구인의 위헌심판제청신청 당시에는 이미 증거채부의 재판은 종결되어 있었으므로 '재판의 계속성'이 문제되었다. 그러나 증거채택결정은 이미 종료되었지만 증거채택으로 인한 효과는 본안재판의 종료 시까지 존속하므로 그 효과의 배제를 위하여 위 경우에도 예외적으로 재판의 전제성을 인정하였다. 그리고 형사소송법 제315조 제 3 호는 당해사건에서 청구인의 유·무죄를 결정하는 데 직접 적용되는 것은 아니지만, 당해사건에서 청구인의 유죄입증을 위한 주요 증거인 공범의 진술이 기재된 공판조서의 증거능력에 직접 영향을 미치는 조항으로서, 만일 위 조항이 위헌으로 되면 법원이 위 공판조서를 증거로 채택할 수 없게 되거나 그 증거능력 인정의 요건 및 근거가 달라지게 되므로, 재판의 전제성이 인정된다고 하였다.[1)]

또한 헌법재판소는 "민사소송법 제368조의2에 의하여 제청법원 또는 그 재판장이 하고자 하는 **인지첩부**를 명하는 **보정명령**은 당해소송사건의 본안에 관한 재판주문에 직접 관련된 것이 아니라고 하여도 '재판'에 해당하고, 이 사건의 경우 국가를 당사자로 하는 소송에서 인지를 첩부하지 아니하도록 규정한 인지첩부 및 공탁제공에 관한 특례법 제 2 조의 위헌여부는 앞으로 진행될 항고심절차에 관련하여 인지보정명령을 내릴 수 있는 여부의 중요한 문제를 선행결정하여야 하는 법원의 판단에 영향을 주는 것이므로 위 법률규정의 위헌여부는 원심법원이 국가에 대하여 인지첩부를 명하는 보정명령을 내리는 재판 여부에 대하여 전제성이 있다고 보아야 한다."고 판시한 바 있고,[2)] 한편, 형사소송법 제92조 제 1 항 위헌제청 사건에서는, 법원이 행하는 **구속기간갱신결정**이 당해소송사건을 종국적으로 종결시키는 재판은 아니라고 하더라도 그 자체가 소송절차에 관한 재판에 해당하는 법원의 의사결정으로서 헌법 제107조 제 1 항과 헌법재판소법 제41조 제 1 항에 규정된 재판에 해당된다고 하여 재판의 전제성을 인정하였고,[3)] 행정소송에 관하여 변론을 종결할 때까지만 청구의 취지 또는 원인을 변경할 수 있도록 하는 행정소송법 제 8 조 제 2 항 가운데 민사소송법 제262조

---

1) 헌재 2013. 10. 24. 2011헌바79.
2) 헌재 1994. 2. 24. 91헌가3.
3) 헌재 2001. 6. 28. 99헌가14. 구속기간제한규정 사건. 이 사건은 저자가 대전고등법원 부장판사 재직 시 위헌제청한 사건인바, 재판관 7 합헌의견 : 2 위헌의견으로 합헌결정이 있었으나 그 후 형사소송법 개정 시 그 취지가 일부 반영되었다.

제 1 항 본문 중 '변론을 종결할 때까지' 부분을 준용하는 부분(심판대상조항)은 당해 사건에서 청구변경의 허가 여부에 관한 중간적 재판에 적용되는 법률조항이고, 심판대상조항이 위헌으로 결정될 경우 청구인의 청구변경 신청은 시적 제한을 위반한 흠이 제거되어 허가될 가능성이 있으므로, 이 사건 헌법소원심판 청구는 재판의 전제성 요건을 충족하였다고 하였다.[1)]

(다) 재심사건의 경우

형사소송법은 재심의 절차를 '재심의 청구에 대한 심판'과 '본안사건에 대한 심판'이라는 두 단계 절차로 규정하고 있는데, 당해사건이 재심사건인 경우 재판의 전제성이 인정되기 위해서는, '재심의 청구에 대한 심판'에 적용되는 법률조항이거나, 재심의 사유가 있는 경우에 '본안사건에 대한 재심심판'에 적용되는 법률조항이어야 한다.[2)] 당해사건이 재심사건인 경우, 심판대상조항이 '재심청구 자체의 적법 여부에 대한 재판'에 적용되는 법률조항이 아니라 '본안 사건에 대한 재판'에 적용될 법률조항이라면 '재심청구가 적법하고, 재심의 사유가 인정되는 경우'에 한하여 재판의 전제성이 인정될 수 있다. 당해사건의 재심청구가 부적법하거나 재심사유가 인정되지 않으면 본안판단에 나아갈 수 없고, 그 경우 심판대상조항은 본안재판에 적용될 여지가 없으므로 그 위헌여부가 당해사건 재판의 주문을 달라지게 하거나 재판의 내용이나 효력에 관한 법률적 의미가 달라지게 하는 데 아무런 영향을 미치지 못하기 때문이다.[3)] 헌법재판소는 "당해 재심사건에서 아직 재심개시결정이 확정된 바 없는 이 사건의 경우 위헌법률심판제청이 적법하기 위해서는 심판대상 법률조항의 위헌여부가 '본안사건에 대한 심판'에 앞서 '재심의 청구에 대한 심판'의 전제가 되어야 하는데, '재심의 청구에 대한 심판'은 원판결에 형사소송법 제420조, 헌법재판소법 제47조 제 3 항 등이 정한 재심사유가 있는지 여부만을 우선 결정하는 재판이어서, 원판결에 적용된 법률조항일 뿐 '재심의 청구에 대한 심판'에 적용되는 법률조항이라고 할 수 없는 이 사건 심판대상 법률조항에 대해서는 재판의 전제성이

1) 헌재 2023. 2. 23. 2019헌바244(한편, 행정소송법 제21조도 소의 변경에 관하여 정하고 있으나, 여기서 정하는 소의 변경은 그 법조에 의하여 특별히 인정되는 것으로서 민사소송법상의 소의 변경을 배척하는 것이 아니므로, 행정소송의 원고는 행정소송법 제 8 조 제 2 항에 의하여 준용되는 민사소송법 제262조에 따라 청구의 기초에 변경이 없는 한도에서 청구의 취지 또는 원인을 변경할 수 있음을 고려하면, 심판대상조항의 재판의 전제성을 부정하기 어렵다고 하였다).

2) 실무제요, 185면. 헌재 2007. 12. 27. 2006헌바73.

3) 헌재 2000. 2. 24. 98헌바73; 헌재 2007. 12. 27. 2006헌바73; 헌재 2011. 4. 28. 2009헌바169; 헌재 2012. 7. 26. 2011헌바175.

인정되지 아니한다."고 판시하였다.[1] 또한 재심은 반드시 법률에서 정한 일정한 사유가 있는 경우에만 청구할 수 있으므로, '본안사건에 대한 재판'에 적용될 법률조항이라면 '재심청구가 적법하고, 재심의 사유가 인정되는 경우'에 한하여 재판의 전제성이 인정될 수 있다는 법리는 민사소송법이 적용되거나 준용되는 재심절차에서도 적용된다.[2]

헌법재판소는 형사소송법 제56조에 대한 위헌소원 사건에서, 청구인이 재심사건에서 재심의 이유로 내세우는 사유는 단지 공판조서의 기재가 잘못되었다는 것이고, 이는 형사소송법 제420조가 정한 재심사유의 그 어느 것에도 해당되지 아니한다는 이유로 재심 청구가 기각되었다면 심판대상 법률조항은 당해 재심사건에 적용할 법률이 아니므로 재판의 전제성이 없다고 하였고,[3] 원판결에 적용된 법률조항이 헌법에 위반된다고 재심을 청구한 통신비밀보호법 제 3 조 등 위헌소원 사건에서는, 그 주장하는 사유가 형사소송법 제420조가 정한 재심사유의 그 어느 것에도 해당되지 않는다는 이유로 재심청구가 기각된 것이라면 그 법률조항은 당해 재심사건에 적용할 법률조항이라 볼 수 없으므로 재판의 전제성이 없어 부적법하다고 할 것인데, 통신비밀보호법 제 3 조 및 제16조 제 1 호는 청구인에 대한 원판결의 전제가 된 것일 뿐 당해 재심사건에 적용될 법률조항이 아니므로 재판의 전제성을 갖추지 못하였다고 하였고,[4] 재심청구의 대상이 된 원판결에 적용된 구 변호사법 제109조 제 2 호, 제34조 제 2 항은 '재심의 청구에 대한 심판'에 적용되는 법률조항이 아니므로 재판의 전제성이 인정되지 아니하고,[5] 심리불속행으로 기각된 상고심 판결에 대하여 판단유탈로 인한 재심을 청구한 사건에서 재심사유가 인정되지 않을 경우에는 본안판단에 나아갈 수 없으므로 상고심에서의 심리불속행 사유를 규정한 구 상고심절차에 관한 특례법 제 4 조 제 1 항 제 1 호 및 제 2 호는 당해사건의 본안재판에 적용될 여지가 없으므로 재판의 전제성이 없고,[6] 헌법재판소법 제68조 제 1 항은 당해사건인 재심의 소에 적용되는 법률이라고 할 수 없고, 위 조항이 위헌으로 선언된다고 하더라도 그로 인하여 당해사건의 주문이 달라지거나 그 내용과 효력에 관한 법

1) 헌재 2010. 11. 25. 2010헌가22; 헌재 2011. 2. 24. 2010헌바98; 동지: 헌재 2016. 3. 31. 2015헌가36.
2) 헌재 2007. 12. 27. 2006헌바73; 헌재 2011. 4. 28. 2009헌바169.
3) 헌재 1993. 11. 25. 92헌바39.
4) 헌재 1999. 3. 10. 99헌바21; 헌재 2000. 2. 24. 98헌바73.
5) 헌재 2011. 2. 24. 2010헌바98.
6) 헌재 2011. 4. 28. 2009헌바169.

률적 의미가 달라지는 것이 아니므로 재판의 전제성이 없고,[1] 당해사건인 재심의 소가 부적법하거나 재심사유가 없다는 이유로 각하되어 본안에 대한 판단에 나아갈 수 없는 경우에는 본안사건에 적용될 심판대상 법률조항은 당해사건인 재심사건의 본안재판에 적용될 여지가 없게 되어 재판의 전제성이 인정되지 아니한다고 하였고,[2] 확정된 유죄판결에서 처벌의 근거가 된 법률조항은 '재심의 청구에 대한 심판' 즉, 재심의 개시 여부를 결정하는 재판에서는 재판의 전제성이 인정되지 않고, 재심의 개시 결정이 확정된 이후의 '본안사건에 대한 심판'에 있어서만 재판의 전제성이 인정되므로, 재심의 개시결정 없이 위헌제청이 되거나 재심의 개시결정과 동시에 또는 그 이후에 위헌제청이 되었다고 하더라도 그 재심의 개시결정이 상급심에서 취소된 경우에는 원칙적으로 재판의 전제성이 인정되지 아니한다고 하였다.[3]

이와 같이 확정된 유죄판결에서 처벌의 근거가 된 법률조항을 재심의 개시 여부를 결정하는 재판에서 재판의 전제성을 인정하지 않는 주된 이유는, 재심대상사건의 재판절차에서 처벌조항의 위헌성을 다툴 수 있었던 피고인이 이를 다투지 않고 유죄판결이 확정된 뒤에야 비로소 형사소송법에 정한 재심사유가 없는데도 처벌조항의 위헌성을 들어 재심을 통하여 확정된 유죄판결을 다투는 것을 재판의 전제성이 없다고 차단함으로써 형사재판절차의 법적 안정성을 추구하자는 데 있다. 그러나 만약 피고인이 재심대상사건의 재판절차에서 그 처벌조항의 위헌성을 다툴 수 없는 규범적 장애가 있는 특수한 상황이었다면, 그에게 그 재판절차에서 처벌의 근거 조항에 대한 위헌 여부를 다투라고 요구하는 것은 규범상 불가능한 것을 요구하는 노릇이므로, 이러한 경우에는 예외적으로 유죄판결이 확정된 후에라도 재판의 전제성을 인정하여 위헌성을 다툴 수 있는 길을 열어줄 필요가 있다.[4]

이러한 취지에서 헌법재판소는, "유신헌법에도 위헌법률심판제도(제105조, 제109조 제 1 항)를 두고 있었으나, 유신헌법 제53조 제 4 항은 '긴급조치는 사법적 심사의 대상이 되지 아니한다.'고 규정함으로써 긴급조치의 위헌 여부에 대한 판단을 원천적으로 봉쇄하였고, 대법원도 긴급조치는 사법적 심사의 대상이 되지

1) 헌재 2011. 6. 30. 2009헌바430.
2) 헌재 2012. 7. 26. 2011헌바175.
3) 헌재 2016. 3. 31. 2015헌가36(3인의 반대의견 있음); 동지: 헌재 2018. 3. 29. 2016헌바99.
4) 실무제요, 186면; 헌재 2018. 3. 29. 2016헌바99.

않는다고 판시하면서 긴급조치에 대한 위헌법률심판제청신청을 기각하여 왔으며, 유신헌법에서는 규범통제형 헌법소원제도(헌법재판소법 제68조 제 2 항)를 인정하지 않았던 관계로 유신헌법 당시 긴급조치 위반으로 처벌을 받게 된 사람은 재심대상사건 재판절차에서 긴급조치의 위헌성을 다툴 수조차 없는 규범적 장애가 있었으므로, 그 재심청구에 대한 재판절차에서 긴급조치의 위헌성을 비로소 다툴 수밖에 없으므로 이와 같은 경우에는 일반 형사재판에 대한 재심사건과는 달리 예외적으로 형사재판 재심절차의 이원적 구조를 완화하여 재심개시 여부에 관한 재판과 본안에 관한 재판 전체를 당해사건으로 보아 재판의 전제성을 인정함이 타당하다."라고 판시하여 재판의 전제성을 인정하고 본안에 관한 재심판단으로 나아갔다.[1)]

한편 헌법재판소는, 재심개시결정이 확정되면 법원으로서는 비록 재심사유가 없었다 하더라도 그 사건에 대해 다시 심판하여야 하며, 이후 재심개시결정의 효력은 상소심에서도 이를 다툴 수 없으므로 심판대상 법률조항의 위헌여부가 재판의 전제가 된 이상 법원의 위헌심판제청은 적법하다고 하였다.[2)]

다. 재판의 전제성 요건의 심사

(1) 제청법원 견해의 존중

헌법재판소는 "법원의 법률 위헌여부심판제청에 있어서 위헌여부가 문제되는 법률 또는 법률조항이 재판의 전제성 요건을 갖추고 있는지의 여부는, 되도록 제청법원의 이에 관한 법률적 견해를 존중"해야 하는 것을 원칙으로 삼고 있으며, 다만 그 전제성에 관한 법률적 견해가 명백히 유지될 수 없을 때에만 그 제청을 부적법하다 하여 각하할 수 있다고 하였고,[3)] 제청의 기초가 되는 법

---

1) 헌재 2013. 3. 21. 2010헌바132등. 헌재 2016. 3. 31. 2015헌가36에서는 피고인이 재심대상사건의 재판절차에서 그 처벌조항의 위헌성을 다툴 수 없는 규범적 장애가 있는 특수한 사정이 인정되지 않는다고 하였고(3인의 반대의견은 재심사유는 없지만 헌법재판소의 결정에 따라 처벌금지조항이 위헌임이 분명해졌음을 이유로 법원이 개시결정에 앞서 위헌법률심판제청을 한 경우에도 헌법재판소는 본안판단을 해주는 것이 옳다고 하였다), 헌재 2018. 3. 29. 2016헌바99에서도 제 5 공화국 헌법 부칙 제 6 조 제 3 항에 의하여 청구인에게 재심대상사건의 재판절차에서 그 처벌조항의 위헌성을 다툴 수 없는 규범적 장애가 있는 특수한 상황이 발생하였다고 볼 수는 없으므로 심판대상 조항에 대해서 예외적으로 재판의 전제성을 인정할 수도 없다고 하였다.

2) 헌재 2000. 1. 27. 98헌가9(무단용도변경행위에 대한 처벌규정인 구 건축법 제54조 제 1 항 중 제48조 규정에 의한 제 5 조 제 1 항 부분이 심판대상 조항이다). 같은 취지: 헌재 2010. 10. 28. 2010헌가14등.

3) 헌재 1996. 10. 4. 96헌가6; 헌재 1999. 9. 16. 98헌가6; 헌재 2007. 6. 28. 2006헌가14; 헌재 2012.

률해석에서 그 이유가 일부 명시되지 않은 점이 있다 하더라도 헌법재판소가 먼저 나서서 법률해석을 확정하여 제청법원의 판단을 명백히 불합리하여 유지될 수 없는 것이라고 단정하기보다는 제청법원의 제청취지를 존중하여 재판의 전제성을 긍정함이 상당하다고 하였다.[1]

한편 당해사건에서 재판의 전제성이 없다는 법원의 견해에 명백히 유지되지 않을 사유가 보이지 아니하므로 재판의 전제성이 없다고 하여 심판청구를 각하한 예[2]도 있고, 주택건설촉진법 제33조 제 4 항 등 위헌소원 사건에서는 "서울행정법원의 위헌제청신청 각하결정의 이유를 보면, 수익적 행정처분에 붙인 이 사건 부관은 법령상의 근거를 필요로 하지 아니하고, 위 부관의 변경을 구하는 청구인의 사업계획변경승인신청을 반려하는 처분을 함에 있어서도 이 사건 법률조항들을 처분의 근거로 한 것이 아니므로 이 사건 법률조항들의 위헌여부가 위 반려처분의 위법성 유무를 좌우할 수 없어서 재판의 전제가 되지 않는다는 것인데, 이를 뒤집을 만한 어떤 사유도 찾아볼 수 없으므로, 이 사건 법률조항들은 재판의 전제성이 없다."고 하여 심판청구를 각하하였다.[3]

또한 헌법재판소는 구 의료법 제69조 중 '제46조 제 4 항' 부분에 대한 재판의 전제성이 인정되려면 우선 예비적 공소사실의 적용 법조인 위 조항이 당해사건에 적용되어야 하는바, 제청법원은 주위적 공소사실이 무죄로 선고될 가능성이 높아 예비적 공소사실이 판단의 대상이 될 수 있기 때문에 위 조항은 재판의 전제성이 있다고 보았는데, 법원의 그러한 사실판단 내지 단순한 법률적 용상 견해는 존중되어야 할 것이고 그것이 명백히 유지될 수 없는 경우라고 보기 어려우므로 위 조항의 위헌여부에 따라 당해사건의 결론이 달라질 수 있어 재판의 전제성이 인정된다고 하였고,[4] 중앙정보부 소속 공무원이 위헌성이 확인되지 않은 구 인신구속 등에 관한 임시특례법 제 2 조 제 1 항에 근거하여 망인

---

12. 27. 2011헌가5; 헌재 2021. 1. 28. 2019헌가24등; 헌재 2021. 4. 29. 2017헌가25.

1) 헌재 1996. 10. 4. 96헌가6; 헌재 2001. 10. 25. 2001헌바9; 헌재 2007. 4. 26. 2004헌가29; 헌재 2007. 6. 28. 2006헌가14; 헌재 2010. 9. 30. 2008헌가3; 헌재 2012. 12. 27. 2011헌가5.

2) 헌재 1998. 12. 24. 98헌바30등(국가보위에 관한 특별조치법 제 5 조 제 4 항에 의한 동원대상지역 내의 토지의 수용·사용에 관한 특별조치령에 의하여 수용·사용된 토지의 정리에 관한 특별조치법 제 2 조 등 위헌소원 등 사건에서 당해사건에 적용되는 법률이 특별조치령인지, 신 특조법인지의 문제는 법원의 판단에 맡겨져 있는 것이고 이 사건에서 재판의 전제성에 관한 대법원의 법률적 견해는 명백히 유지되지 않을 사유가 보이지 아니한다고 하였다); 헌재 1999. 12. 23. 98헌바33; 헌재 2011. 4. 28. 2009헌바167.

3) 헌재 2000. 7. 20. 98헌바77.

4) 헌재 2007. 7. 26. 2006헌가4.

을 구속한 것이 불법행위에 해당하는지 여부는 당해사건 재판을 담당하는 법원이 판단할 사항으로서 헌법재판소에서 위 심판대상조항의 위헌여부와 관계없이 당해사건에서 청구가 인용될 수 없음을 미리 판단함은 적절하지 아니하다고 하였다.[1)]

(2) 법원의 견해와 다르게 헌법재판소가 판단한 경우

그러나 헌법재판소는 재판의 전제성에 관한 제청법원의 법률적 견해가 명백히 유지될 수 없을 때에는 이를 직권으로 조사할 수 있으며,[2)] 그 결과 전제성이 없다고 판단되면 그 제청을 부적법하다 하여 각하할 수도 있고, 법원이 재판의 전제성이 없다고 한 것을 헌법재판소가 재판의 전제성을 인정할 수도 있다. 실제로 위와 같은 사유로 법원의 위헌제청이 각하된 사례로는 노동조합 및 노동관계조정법 등 위헌제청 사건에서 내려진 결정[3)]과 음반 및 비디오물에 관한 법률 제17조 제 1 항 등 위헌제청 사건에서 내려진 결정,[4)] 사형제도 위헌제청 사건에서 형법 제72조 제 1 항 중 '무기징역' 부분에 대하여 내려진 결정,[5)] 민법 제1021조 위헌제청 사건에서 내려진 결정,[6)] 국민건강보험법 제62조 제 2 항 위헌소원 사건에서 내려진 결정[7)] 등이 있고, 또한 '친일반민족행위자 재산의 국가귀속에 관한 특별법' 제 2 조 등 위헌제청 사건에서는 법원이 행정처분의 하자를 치유하는 취지의 위 특별법 부칙 조항에 대하여 위헌제청을 하였으나, 친일반민족행위자에 해당하는지 여부는 사실관계를 조사하여야 비로소 밝혀질 수 있는 것으로서 재산조사위원회의 친일반민족행위자 결정이 사실오인에 의한 것이라고 하더라도 위 결정을 대상으로 하는 취소소송의 제소기간이 이미 도과하여 취소될 여지도 없는 이상, 그 하자를 치유하고자 하는 부칙 조항이 존재하지 아니한다고 하더라도 제청법원은 위 결정의 효력을 부인할 수 없으므로, 부칙 조항의 위헌 여부에 따라 당해사건 재판의 주문이 달라지거나 재판의 내용과 효력에 관한 법률적 의미가 달라진다고 할 수도 없다고 하여 재판

1) 헌재 2012. 12. 27. 2011헌가5.
2) 헌재 1993. 5. 13. 92헌가10등; 헌재 1997. 9. 25. 97헌가4; 헌재 1999. 9. 16. 99헌가1; 헌재 1999. 12. 23. 98헌바33; 헌재 2011. 8. 30. 2009헌가10; 헌재 2012. 4. 24. 2011헌바92; 헌재 2018. 6. 28. 2017헌가19.
3) 헌재 1997. 9. 25. 97헌가4; 헌재 1997. 9. 25. 97헌가5.
4) 헌재 1999. 9. 16. 99헌가1.
5) 헌재 2010. 2. 25. 2008헌가23.
6) 헌재 2011. 8. 30. 2009헌가10.
7) 헌재 2012. 4. 24. 2011헌바92.

의 전제성을 부인하였고,[1] 공간정보의 구축 및 관리 등에 관한 법률 제87조 단서 위헌제청 사건에서 제청법원은 심판대상조항으로 말미암아 측량감정이 불가능하다는 것을 전제로 위헌법률심판제청을 하였으나 사건 해결에 필요한 측량이 불가능하다고 보기 어렵고 일반측량만으로도 재판을 진행할 수 있는 것으로 보이므로 이 사건 위헌법률심판제청은 재판의 전제성 요건을 갖추지 못하여 부적법하다고 하였고,[2] 금융회사의 지배구조에 관한 법률 제32조 제 1 항 등 위헌소원 사건에서, 제청법원은 심판대상조항이 금융관계법령을 포함할 수개의 죄를 저지른 모든 사람에 대하여 적용됨을 전제로 당해사건의 재판의 전제성이 인정된다고 판단하였으나, 대법원은 금융관계법령을 포함한 수개의 죄를 저지른 경합범에 대하여 분리 심리하여 따로 선고를 하도록 규정한 심판대상조항의 적용대상을 '금융회사의 지배구조에 관한 법률' 제32조 제 1 항에서 정한 '적격성 심사대상'으로 한정하는 판결을 하였는바, 당해사건의 피고인은 적격성 심사대상이 아니어서 심판대상조항은 당해사건에 적용되지 않는다는 이유로 재판의 전제성을 부인하였다.[3] 또한 총포·도검·화약류 등의 안전관리에 관한 법률 제30조 제 1 항 위헌제청사건에서 제청법원은 이 사건 취소조항이 결격사유가 신설된 총포화약법 시행일 이전에 상해죄로 벌금형을 선고받은 사람의 기존면허까지 취소해야 하는 것으로 규정하고 있다고 해석하여, 당해사건에 적용된다고 보고 재판의 전제성을 갖추었다고 판단하였으나, 개정법률 시행일 이전에 발급받은 제청신청인의 화약류관리보안책임자 면허에 대하여 위 취소조항을 적용할 여지가 없다는 이유로 재판의 전제성을 부인하였다.[4]

반면에 장애인고용촉진 등에 관한 법률 제34조 제 2 항 위헌소원 사건에서, "법원은 위헌제청신청 기각결정이유에서 고용촉진법 제34조 제 2 항이 위헌이 된다 하여 그 고용비율을 높여야 하는 것은 아니므로 재판의 전제성이 없다는 이유로 각하결정을 하였으나, 만일 위 법률조항이 평등의 원칙 등에 위배된다면 그에 관하여 헌법불합치결정이 선고될 가능성이 있고, 이에 따라 청구인에게 유리한 내용으로 법률이 개정되어 적용됨으로써 이 사건 당해사건의 결론이 달라질 수 있다. 따라서 위 법률조항의 위헌여부에 따라 이 사건 당해사건의 결과에 영

---

1) 헌재 2013. 7. 25. 2012헌가1.
2) 헌재 2018. 6. 28. 2017헌가19.
3) 헌재 2019. 4. 11. 2017헌가34.
4) 헌재 2019. 8. 29. 2016헌가16.

향을 미칠 수 있으므로 위 법률조항은 이 사건 당해사건 재판의 전제가 된다고 할 것이다."라고 판시하여 헌법재판소가 재판의 전제성을 인정한 예도 있다.[1)]

한편 문제되는 법률의 위헌여부가 재판의 전제가 되느냐 하는 재판의 전제성 판단에 있어 청구인의 주장사실이 인정되는지 여부는 사건의 기록 없이 위헌여부 등을 판단할 수밖에 없는 헌법재판소로서는 특별한 사정이 없는 한 청구인의 주장사실이 모두 인정된다는 전제에서 판단할 수밖에 없다고 할 것이고, 청구인의 주장사실이 모두 인정된다고 할지라도 법률의 위헌여부가 재판의 결론에 아무런 영향을 미칠 수 없는 경우에 한하여 재판의 전제성을 부인할 수 있을 뿐이라고 보아야 한다.[2)]

또한 헌법재판소는 헌법문제가 선결문제가 되는 경우나 헌법재판소가 그 판례를 통하여 구체화한 헌법규정의 내용이 당해사건에서 적용되는 경우에는 그러한 범위 안에서 제청법원의 견해에 구속되지 아니한다. 헌법재판소는 이 문제들에 관한 제청법원의 판단을 전면적으로 심사할 수 있다. 즉 재판의 전제성 유무가 헌법과 법에 정한 헌법소송의 기능·본질 및 효력 등 헌법재판제도에 관한 헌법적 선결문제의 해명에 따라 전적으로 좌우되는 경우에는 헌법재판소는 법원의 법률적 견해에 구애받지 아니하고 법원의 위헌법률심판제청이 적법한 것인가의 여부를 독자적으로 결정하여야 한다. 왜냐하면 실체법에 관한 것이든 절차법에 관한 것이든 헌법 또는 헌법재판제도의 문제에 대한 해명은 헌법재판소의 독자적 판단사항이기 때문이다.[3)]

헌법재판소는 어업허가를 갱신한 청구인들이 갱신 전의 어업허가기간 중 공공사업의 시행으로 인하여 발생한 조업권의 침해를 원인으로 손해배상을 구한 당해사건에서 청구인들의 손해배상청구가 인용되기 위해서는 위 법률조항에 대한 위헌결정이 갱신 전의 어업허가에서 정한 허가기간을 무효로 할 수 있어야 하는데, 갱신 전의 어업허가처분에 대한 취소소송의 제기기간이 이미 도과하여 확정력이 발생한 이상 위헌결정의 소급효가 미치지 아니하고, 그 허가기간이 이미 경과하여 위 법률조항에 대하여 위헌결정이 선고된다고 하더라도 갱신 전 어업허가의 기간부분만 실효되어 기간의 정함이 없는 어업허가로 되살아날 수는 없으므로, 위 법률조항의 위헌 여부에 따라 당해사건 재판의 주문이

1) 헌재 1999. 12. 23. 98헌바33.
2) 헌재 1998. 9. 30. 96헌바93.
3) 헌재 1994. 6. 30. 92헌가18.

달라지거나 재판의 내용과 효력에 관한 법률적 의미가 달라지지 아니한다고 하여 재판의 전제성을 부정하였다.[1)]

또한 심판대상조항에 의한 법관 재임명시 청구인을 재임명에서 제외한 행위를 원인으로 국가배상을 청구한 당해사건의 법원은 심판대상조항에 관하여 재판의 전제성이 충족된다고 판단하고 위헌성 여부에 대한 판단까지 나아갔으나, 헌법재판소는 법관 재임명 제외행위의 근거인 심판대상 조항은, 당시 그 조항에 대한 위헌심사가 가능한 경우가 아니었고, 1980년 헌법 부칙에 근거한 것이어서 그 합헌성에 대하여 합리적 의심이 가능하지 않았으므로, 재임명 제외행위에 고의 또는 과실을 인정할 수 없을 것인 이상, 법원이 심판대상조항의 위헌여부에 따라 다른 내용의 재판을 하게 된다고 할 수 없으므로, 심판대상조항의 위헌여부는 당해사건의 재판의 전제가 되지 아니한다고 하였다.[2)]

그런데 헌법재판소가 (고등)법원의 제청을 받아 재판의 전제성을 인정한 뒤에 위헌결정까지 한 사건에서,[3)] 당해사건의 상고심은 재판의 전제성을 부인한 사례가 있었다. 즉 대법원 1993. 4. 27. 선고 92누9777 판결은 "과세처분의 취소소송에서 청구가 기각된 확정판결의 기판력은 다시 그 과세처분의 무효확인을 구하는 소송에도 미치므로 과세처분의 무효확인 청구가 기판력에 저촉되는 경우에는 당사자의 주장이 없더라도 직권으로 이를 심리 판단하여 청구를 기각하여야 하고, 그 과세처분의 근거 법조항이 위헌인지 여부는 재판의 전제가 될 수 없으므로 위헌제청신청이 있더라도 이를 기각하여야 한다."고 판시하였다.

라. 전제성판단 기준시점과 사정변경

(1) 기준시점

재판의 전제성은 법원에 의한 법률의 위헌제청 시만이 아니라 헌법재판소의 위헌법률심판의 시점에도 충족되어야 함이 원칙이다.[4)]

다만 헌법재판소법 제68조 제 2 항에 따른 헌법소원의 경우에는 당해소송

1) 헌재 2003. 11. 27. 2002헌바102등.
2) 헌재 2014. 4. 24. 2011헌바56(3인의 반대의견은 법원의 법률적 견해를 존중하여 재판의 전제성을 인정하여야 한다고 하였다).
3) 헌재 1992. 2. 25. 90헌가69. 이 결정에서 헌법재판소는 재판의 전제성의 문제를 명시적으로 판단하지 않았다. 그런데 병합된 당해사건 중 1건은 무효확인소송이었으나 다른 2건은 부과처분취소소송이어서 재판의 전제성을 인정하는 데 문제가 없는 사건이었다.
4) 헌재 1993. 12. 23. 93헌가2; 헌재 1997. 7. 16. 96헌바51; 헌재 2021. 2. 25. 2013헌가13등; 헌재 2024. 4. 25. 2020헌가4등.

사건이 헌법소원의 제기로 정지되지 않기 때문에 헌법소원심판의 종국결정 이전에 당해소송사건이 확정되어 종료되는 경우가 있으나 이때에도 재판의 전제성은 위헌제청사건과는 달리 인정된다. 다만 당해사건이 소의 취하(취하간주 포함)로 말미암아 종료된 경우(민소법 제267조 제 1 항 참조)에는 재판의 전제성은 인정되지 않는다.[1)]

(2) 제청 후의 사정변경과 그 법적 효과

당해사건의 당사자는 당해법원에 계속된 소송의 종료를 초래하는 소송행위(소·항소·상고 등의 취하, 화해, 인낙 등)를 함으로써 당해소송절차를 종료시킬 수 있다. 이 경우에는 법원에 계속된 구체적 사건의 존재를 전제로 하는 그 '구체적' 규범통제절차로서의 본질상 헌법재판소에 계속된 위헌법률심판절차도 무의미해진다. 따라서 제청법원은 이 경우 그 위헌제청을 철회하여야 한다. 다만, 항소·상고 취하의 경우에는 항소심·상고심 단계에서 위헌심판제청이 있었던 경우에 한한다.[2)]

헌법재판소는 헌법소원심판을 청구한 후 당해사건의 항소심에서 소를 취하하여 당해사건이 종결된 이상 심판대상조항은 당해사건에 적용될 여지가 없어 그 위헌여부가 재판의 전제가 되지 않으므로 재판의 전제성을 갖추지 못하였다고 하였다.[3)] 그런데 최근 판례는 청구인이 당해사건의 항소심에서 항소를 취하하여 원고 패소의 원심판결이 확정되었더라도 당해사건에 적용되는 법률이 위헌으로 결정되면 확정된 원심판결에 대하여 재심청구가 가능하므로(헌재법 제75조 제 7 항) 원심판결의 주문이 달라질 수 있으므로 청구인이 당해사건의 항소심에서 항소를 취하하였다고 하더라도 재판의 전제성이 인정된다고 하였다.[4)]

한편 헌법재판소는 당해사건 원고가 제 1 심에서 승소판결을 받은 후 피고가 항소하였으나, 그 항소를 취하함으로써 당해사건이 더 이상 법원에 계속중이지 아니하며, 원고의 승소로 종결된 이상, 심판대상조항에 대한 위헌결정은 당해사건 재판의 결론이나 주문에 영향을 미치지 아니하므로 재판의 전제성이 인정되지 않는다고 하였다.[5)]

유사한 상황은 제청법원이 위헌제청 이후에 새롭게 발생되거나 확인된 사

1) 헌재 2024. 4. 25. 2020헌가4등.
2) 실무제요, 191면.
3) 헌재 2007. 7. 26. 2003헌바107; 헌재 2010. 5. 27. 2008헌바110; 헌재 2011. 11. 24. 2010헌바412.
4) 헌재 2015. 10. 21. 2014헌바170.
5) 헌재 2012. 7. 26. 2011헌가40.

실, 법률의 개정, 법률의 위헌여부에 대한 헌법재판소의 결정에 의거하여 헌법재판소법 제41조 제 1 항의 위헌제청 요건들이 더 이상 충족되지 않는다는 판단에 이른 경우에도 발생한다. 가령 제청법원은 위헌제청 이후에 당해소송의 당사자가 사망한 경우나 법률이 개정·폐지된 경우에는 제청요건이 아직도 존재하는지 여부를 검토하여야 하고, 만일 그 요건이 더 이상 존재하지 않는 경우에는 그 위헌제청을 철회하여야 한다. 그리고 개정된 신 법률이나 법률조항으로 제청대상을 변경하여 제청절차를 유지할 필요가 있는 경우에는 제청대상을 변경하여야 한다. 대법원의 '위헌법률심판제청사건의 처리에 관한 예규'(재일 88-3, 2015. 7. 28. 재판예규 제1541호로 개정된 것) 제 7 조 제 4 항에서도 위헌제청결정 후 헌법재판소가 당해 법률을 위헌이라고 결정하거나 그 법률이 폐지되거나 당사자의 소송종료를 초래하는 행위 등의 사유로 위헌제청의 사유가 소멸한 경우에는 위헌제청결정을 취소하고 그 취소결정정본을 헌법재판소에 송부함으로써 위헌여부심판제청을 철회한다고 규정하고 있다.

실무상으로는 제청법원이 그 위헌제청을 철회한 경우에는 헌법재판소는 예외적으로 헌법적 해명을 위하여 본안판단을 하는 경우가 아닌 한 별다른 재판 없이 위헌심판절차가 종료된 것으로 처리하고 있다. 만일 제청법원이 재판의 전제성이 제청 이후의 사정변경으로 소멸하였음에도 그 제청을 철회하지 않는 경우에는 헌법재판소가 그 위헌제청을 전제성이 없어 부적법한 것으로 각하하여야 할 것이다.[1)]

헌법재판소는, 국적법 제 2 조 제 1 항 제 1 호 위헌제청 사건에서, 법인이 위헌여부심판을 제청할 당시, 구법조항이 위헌이라면 대한민국 국민을 모(母)로 하여 출생한 제청신청인은 대한민국 국적을 취득할 수 있기 때문에 제청신청인이 외국인임을 전제로 한 강제퇴거명령은 이를 집행할 수 없게 되므로 1997. 12. 13. 개정된 신법에서는 부모양계혈통주의로 개정하였고(제 2 조 제 1 항 제 1 호), 당해사건에서도 1998. 6. 14.부터는 신법을 적용하여야 하므로(부칙 제 1 조) 구법조항은 이 심판 계속 중 재판의 전제성을 상실하여 부적법하다고 하였다.[2)]

그리고, 헌법재판소법 제68조 제 2 항에 의한 헌법소원청구 이후 당해소송에서 청구인 승소판결이 확정된 사례에서는, 당해소송에서 승소한 당사자인 청

1) 헌재 1989. 4. 17. 88헌가4; 헌재 2012. 7. 26. 2011헌가40.
2) 헌재 2000. 8. 31. 97헌가12.

구인은 재심을 청구할 수 없고, 당해사건에서 청구인에게 유리한 판결이 확정된 마당에 심판대상조항에 대하여 헌법재판소가 위헌결정을 한다 하더라도 당해사건 재판의 결론이나 주문에 영향을 미치는 것이 아니므로 재판의 전제성이 부정된다.[1] 그러나 파기환송 전 항소심에서 승소판결을 받았다고 하더라도 그 판결이 확정되지 아니한 이상 상소절차에서 그 주문이 달라질 수 있으므로 심판대상조항의 위헌 여부에 관한 재판의 전제성이 인정된다고 하였다.[2] 또한 헌법재판소법 제68조 제 2 항에 의한 헌법소원심판 청구인이 당해사건인 형사사건에서 무죄의 확정판결을 받은 때에는 처벌조항의 위헌확인을 구하는 헌법소원이 인용되더라도 재심을 청구할 수 없어, 청구인에 대한 무죄판결을 종국적으로 다툴 수 없게 되므로 결국 이러한 경우 법률의 위헌여부에 따라 당해사건 재판의 주문이 달라지거나 재판의 내용과 효력에 관한 법률적 의미가 달라지는 경우에 해당한다고 볼 수 없어 재판의 전제성이 인정되지 아니하고,[3] 당해사건이 보석허가결정에 대한 항고사건으로, 청구인이 법원에 위헌법률심판제청을 신청할 당시에는 심판대상조항(즉시항고의 규정이 있는 경우에만 군사법원의 결정에 대하여 불복할 수 있도록 규정한 군사법원법 제454조 중 '즉시항고의 규정이 있는 경우에만' 부분)에 대한 재판의 전제성이 있었으나, 법원의 위헌법률심판제청신청 기각결정 당시에 이미 본안사건에서 피고인에게 징역형의 집행유예가 선고됨에 따라 구속영장이 효력을 상실한 경우에는 심판대상조항이 위헌으로 결정되어 청구인이 재심을 청구하더라도 당해사건에서 보석허가결정을 다툴 항고의 이익이 없으므로 심판대상조항은 더 이상 당해사건 재판의 전제가 되지 아니한다.[4]

그리고 형벌 법규가 개정되어 그 형이 구법보다 경하게 된 때에는 신법이 적용되는바(형법 제 1 조 제 2 항, 제 8 조), 위헌심판대상인 구 폭력행위 등 처벌에 관한 법률 중 협박죄 부분은 제청법원이 위헌여부의 심판을 제청한 뒤 법정형이 경하게 개정되었으므로 전제성을 상실하게 되었다고 하였고,[5] 양벌규정에 면책조항을 추가하는 형식으로 법률을 개정하였으나, 개정법 시행 전의 범죄행위에 대하여 종전 규정을 따른다는 취지의 경과규정을 두지 아니한 경우, 양벌규정에 면책조항이 추가되어 무과실책임규정이 과실책임규정으로 피고인에게 유

1) 헌재 2000. 7. 20. 99헌바61; 동지: 헌재 2012. 7. 26. 2011헌가40.
2) 헌재 2013. 6. 27. 2011헌바247.
3) 헌재 2011. 7. 28. 2009헌바149; 헌재 2008. 7. 31. 2004헌바28; 헌재 2016. 3. 31. 2015헌바264.
4) 헌재 2014. 8. 25. 2012헌바465.
5) 헌재 2006. 4. 27. 2005헌가2.

리하게 변경되었다면 당해사건에는 형법 제 1 조 제 2 항에 의하여 신법이 적용된다 할 것이고, 결국 당해사건에 적용되지 않는 개정 전 법률조항은 재판의 전제성이 없다고 하였다.[1]

(3) 재판의 전제성이 없는 경우의 헌법적 해명의 필요성

다만 헌법재판소는 당해 소송사건이 종료되어 재판의 전제성이 제청 이후의 사정변경으로 소멸한 경우이거나 또는 심판대상조항에 대한 헌법소원이 인용된다 하더라도 당해소송사건에 영향을 미칠 수 없어 재판의 전제성이 없는 경우에도 **헌법적 해명**이 필요한 사안이어서 예외적으로 객관적인 헌법질서의 수호·유지를 위하여 심판의 필요성이 인정되는 경우에는 그 위헌제청의 적법성을 인정할 수 있다고 보고 있다.[2]

즉 헌법재판소는 법원의 보석허가결정 등에 대한 검사의 즉시항고를 허용하는 형사소송법 제97조 제 3 항에 대한 위헌법률심판결정에서, "위헌심판 제청된 법률조항에 의하여 침해되는 기본권이 중요하여 동 법률조항의 위헌여부의 해명이 헌법적으로 중요성이 있는데도 그 해명이 없거나, 동 법률조항으로 인한 기본권의 침해가 반복될 위험성이 있는데도 좀처럼 그 법률조항에 대한 위헌심판의 기회를 갖기 어려운 경우에는 위헌제청 당시 재판의 전제성이 인정되는 한 당해소송이 종료되었더라도 예외적으로 객관적인 헌법질서의 수호·유지를 위하여 심판의 필요성을 인정하여 적극적으로 그 위헌여부에 대한 판단을 하는 것이 헌법재판소의 존재이유에도 부합하고 그 임무를 다하는 것이 된다."고 판시하였고,[3] 형사소송법 제482조 제 1 항 위헌제청 사건에서, "이 사건 법률조항은 형집행에 관한 것으로서 국민의 신체의 자유에 관련된 문제이고, 그 문제에 관하여 아직 헌법재판소에서 해명이 이루어진 바도 없다. 그리고 이 사건 법률조항으로 말미암아 많은 피고인들의 형집행에 있어서 기본권침해가 반복될 것 또한 명백하므로 이에 대한 위헌여부심판을 하기로 한다."고 판시하였다.[4]

또한 청구인들에 대한 보안관찰 기간갱신처분은 헌법재판소 결정 시에는 2년의 처분기간이 만료되었을 것이므로 보안관찰처분취소 등을 구하는 행정소송절차에서 집행정지를 할 수 없도록 한 보안관찰법 제24조 단서에 대한 헌법소원이 인

1) 헌재 2010. 9. 2. 2009헌가9등; 헌재 2010. 9. 2. 2009헌가15등.
2) 헌재 2022. 3. 31. 2019헌바520등; 헌재 2024. 6. 27. 2021헌가19.
3) 헌재 1993. 12. 23. 93헌가2.
4) 헌재 2000. 7. 20. 99헌가7.

용된다 하더라도 당해사건에 영향을 미칠 수 없는 것이어서 재판의 전제성이 없으나 그 헌법적 해명이 긴요한 사안이므로 본안판단을 할 필요가 있다고 하였고,[1] 비록 위헌제청 이후 제청신청인의 변제로 인하여 당해사건이 부적법하게 되어 재판의 전제성을 인정할 수 없다고 하더라도, 파산선고 후 연체료 청구권을 재단채권으로 취급하는 것이 헌법적으로 용인되는가 하는 문제는 헌법적 해명이 필요한 중요한 의미를 지니고 있다고 봄이 상당하다고 하였으며,[2] 청구인에 대하여 징역형이 확정되고 미결구금일수가 전부 산입되어 청구인으로서는 구속적부심에 대한 재심을 청구할 실익이 없게 되었으므로 재판의 전제성이 없으나, 구속적부심사에서 형사소송법 제209조 중 제70조 제 2 항을 검사 또는 사법경찰관의 피의자구속에 관하여 준용하는 부분의 위헌성 다툼은 반복될 소지가 있어 헌법적 해명이 필요하므로 심판청구의 이익이 인정되고,[3] 법원의 구속집행정지결정에 대하여 검사가 즉시항고할 수 있도록 한 형사소송법 제101조 제 3 항은 형사소송법상 피고인의 구속에 관한 소송절차규정으로서, 법원은 본안재판 자체에는 영향이 없는 것으로 보아 본안재판을 진행하여 당해 형사소송이 종료되었으며, 피고인에 대한 형이 확정됨으로써 구속집행정지결정의 당부를 심사할 실익이 없게 되었으나, 위 규정의 위헌여부는 국민의 신체의 자유와 관련되는 중요한 헌법문제라 할 수 있고, 이 문제에 대하여 아직 헌법재판소에서 해명이 이루어진 바가 없고, 앞으로도 법원의 구속집행정지결정에 대하여 검사가 즉시항고를 제기함으로써 피고인에 대한 기본권침해의 논란이 반복될 수 있으므로 이에 대한 위헌여부의 심판이익이 인정된다고 하였고,[4] 국회의원이 보유한 직무관련성 있는 주식의 매각 또는 백지신탁을 명하고 있는 구 공직자윤리법 조항에 대하여 위헌제청이 있은 후 당해사건 원고의 국회의원 임기가 만료되어 더 이상 심판대상 법률조항의 적용을 받지 않게 되어 재판의 전제성을 상실한 경우에도 헌법적 해명의 필요성 등을 인정하였다.[5]

그리고 헌법재판소는 당해사건에서 무죄판결이 선고되거나 재심청구가 기각되어 원칙적으로는 재판의 전제성이 인정되지 아니할 유신헌법에 따른 긴급조치에 대한 헌법소원심판 사건에서, 법률과 같은 효력이 있는 유신헌법에 따

1) 헌재 2001. 4. 26. 98헌바79등.
2) 헌재 2005. 12. 22. 2003헌가8; 헌재 2003. 6. 26. 2002헌바3.
3) 헌재 2010. 11. 25. 2009헌바8.
4) 헌재 2012. 6. 27. 2011헌가36.
5) 헌재 2012. 8. 23. 2010헌가65.

른 긴급조치의 위헌여부를 심사할 권한은 본래 헌법재판소의 전속적 관할사항인 점, 법률과 같은 효력이 있는 규범인 긴급조치의 위헌여부에 대한 헌법적 해명의 필요성이 있는 점, 당해사건의 대법원판결은 대세적 효력이 없는 데 비하여 형벌조항에 대한 헌법재판소의 위헌결정은 대세적 기속력을 가지고 유죄 확정판결에 대한 재심사유가 되는 점, 유신헌법 당시 긴급조치 위반으로 처벌을 받게 된 사람은 재판절차에서 긴급조치의 위헌성을 다툴 수조차 없는 규범적 장애가 있었던 점 등에 비추어 보아, 예외적으로 헌법질서의 수호·유지 및 관련 당사자의 권리구제를 위하여 재판의 전제성을 인정하였고,[1] 마약류 사범에 대한 행형상 다른 처우를 하는 법률조항에 대해서 심판청구 이후 당해사건에서 심판대상 법률조항에 근거한 도서반입신청거부처분의 취소를 구할 소의 이익이 결여되어 더 이상 재판의 전제성이 소멸된 후에도 헌법적 해명의 필요성을 이유로 본안판단을 하여 위헌이 아니라고 판시하였고,[2] 의료급여법 제11조의5 제 1 항 중 '의료법 제33조 제 2 항'에 관한 부분에 의한 의료급여비용 지급보류처분의 문제는 모든 의료급여기관에 이해관계가 있고, 이로 인한 기본권의 침해가 반복될 위험성이 있어 헌법적 해명의 필요성이 인정된다는 이유로 소취하로 종료되어 재판의 전제성이 소멸되었음에도 본안 판단에 나아가 헌법불합치 선언을 하였다.[3]

4. 이미 심판을 거친 법률조항에 대한 위헌제청(헌법소원심판)과 결정의 기속력

가. 위헌결정의 경우의 기속력

(1) 개 설

법률의 위헌결정은 법원 그 밖의 국가기관 및 지방자치단체를 기속하는 효력을 갖는다(헌재법 제47조 제 1 항, 제75조 제 6 항). 위헌결정은 법원의 제청에 의한 것이든(헌재법 제47조 제 1 항), 헌법재판소법 제68조 제 1 항의 법령소원에 의한 것이든 헌법재판소법 제68조 제 2 항의 헌법소원에 의한 것이든 기속력을 갖는 점에서는 차이가 없다. 기속력이란 법원과 국가기관 및 지방자치단체가 위헌으로 결

1) 헌재 2013. 3. 21. 2010헌바132등.
2) 헌재 2013. 7. 25. 2012헌바63.
3) 헌재 2024. 6. 27. 2021헌가19.

정된 법률을 공권력 작용의 기초로 삼아서는 안 된다는 것을 의미한다.[1)]

헌법재판소는 "위헌으로 결정된 법률은 별도의 절차 없이 효력을 상실하기 때문에 그 법률에 근거한 어떠한 행위도 할 수 없다. 법률의 폐지와 달리 위헌결정으로 인한 법률의 효력 상실은 입법절차나 공포절차를 거치지 않으며, 법전에서 외형적으로 삭제되지 않는다. 그러나 실질적으로는 법률폐지와 유사한 법적 효과를 가진다. 위헌결정이 내려진 법률조항은 법질서에서 더 이상 아무런 작용과 기능을 할 수 없으므로 누구도 그 법률이 유효함을 주장할 수 없고, 국가기관도 그 법률조항이 유효함을 전제로 계속 적용할 수 없다."고 판시하였다.[2)]

(2) 법원에 대한 기속력

법원은 위헌결정된 법률 또는 법률조항을 당해사건에서 적용하는 재판을 할 수 없을 뿐만 아니라[3)] 반복해서 위헌제청을 하는 것도 허용되지 않는다.

헌법재판소가 특정법률을 이미 위헌으로 선언한 경우에는, 모든 법원은 헌법재판소법 제47조 제 1 항, 제75조 제 6 항의 규정에 의하여 헌법재판소의 위헌결정에 기속되기 때문에 헌법재판소에서 이미 위헌결정이 선고된 법률조항에 대하여 재차 위헌법률심판을 제청하는 것은 허용되지 아니하고 그 법률에 대한 위헌제청은 부적법하다고 하여야 할 것이다.[4)] 이 문제는 헌법재판소의 위헌결정 이전에 동일한 법률에 대하여 **복수의 위헌제청** 사건이 있었으나 **병합처리** 되지 못한 경우에 남은 사건의 소송법적 처리와 관련해서도 실제로 발생될 수 있다.

그런데 헌법재판소의 결정 중에는 이미 위헌선언된 법률조항에 대한 위헌제청의 적법문제를 기속력의 문제가 아니라 '**심판대상의 부적격**'의 문제로 보고 부적법 각하한 결정[5)]이 있는가 하면, 이를 '**심판의 이익**'의 문제로 보고 부적법

---

1) 허영, 247면.

2) 헌재 2015. 11. 26. 2013헌바343.

3) 위헌결정된 법률을 적용한 재판은 재판소원의 대상이 된다. 헌재 1997. 12. 24. 96헌마172(동 결정에서 헌법재판소는 "헌법이 법률에 대한 위헌심사권을 헌법재판소에 부여하고 있음에도 법원이 헌법재판소의 위헌결정에 따르지 아니하는 것은 실질적으로 법원 스스로가 '입법작용에 대한 규범통제권'을 행사하는 것을 의미하므로, 헌법은 어떠한 경우이든 헌법재판소의 기속력 있는 위헌결정에 반하여 국민의 기본권을 침해하는 법원의 재판에 대하여는 헌법재판소가 다시 최종적으로 심사함으로써 자신의 손상된 헌법재판권을 회복하고 헌법의 최고규범성을 관철할 것을 요청하고 있다."고 판시하였다).

4) 헌재 1994. 8. 31. 91헌가1; 헌재 2009. 3. 26. 2007헌가5등; 헌재 2010. 7. 29. 2009헌가4.

5) 헌재 1989. 9. 29. 89헌가86(개정 전 사회보호법 제 5 조 제 1 항에 대해서는 헌법재판소가 이미 헌법에 위반된다고 판시한 바 있어 더 이상 심판의 대상이 될 수 없다고 하였다); 헌재 1994. 8.

각하한 결정[1]도 있으나 전자가 주류적인 입장이다.

그런데 헌법재판소법 제68조 제 2 항의 헌법소원심판 계속 중 심판대상이 된 법률조항이 다른 사건에서 위헌결정 또는 헌법불합치 결정이 선고된 경우에 "…… 부분은 위헌임을 확인한다.", "…… 부분은 헌법에 합치하지 아니함을 확인한다."라고 한 사례도 있다.[2] 헌법재판소법 제68조 제 2 항의 위헌소원의 경우 헌법재판소법 제75조 제 7 항에 따른 재심청구의 길을 열어둘 필요가 있기 때문이다.[3]

또한 헌법재판소는 계속적용을 명하는 헌법불합치결정 당시 그 대상과 동일한 법률조항의 위헌여부가 재판의 전제가 되어 법원에 위헌여부심판의 제청신청이 되어 있었던 사건에 대한 재판에서 헌법불합치결정의 취지에 따라 해당 법률조항을 그대로 적용한 경우에는 헌법재판소 결정의 기속력에 반하는 재판이라 할 수 없고, 따라서 예외적으로 헌법소원심판의 대상이 되는 법원의 재판에 해당하지 않는다고 하였다.[4]

한편 헌법재판소는, 종전 결정에서 이미 위헌선언되어 효력이 상실된 법률조항 부분이 입법의 결함에 해당한다고 주장하는 헌법소원심판청구는 종전의 위헌결정에 대한 불복이거나, 위헌으로 선언된 규범의 유효를 주장하는 것이어서 법률조항에 대한 위헌결정의 법규적 효력에 반하여 허용될 수 없다고 하였다.[5]

그런데 헌법재판소는 2018. 8. 30. 구 민주화보상법 제18조 제 2 항의 '민주화운동과 관련하여 입은 피해' 중 불법행위로 인한 정신적 손해 부분은 헌법에 위반된다는 결정을 하였는데,[6] 대법원은 위 헌재결정이 '민주화운동과 관련하여 입은 피해' 중 가분적 부분인 '불법행위로 인한 정신적 손해' 부분을 위헌으로 선언함으로써 그 효력을 상실시켜 구 민주화보상법 제18조 제 2 항의 일부가 폐지되는 것과 같은 결과를 가져오는 일부위헌결정으로서 법원에 대한 기속력이

31. 91헌가1; 헌재 2009. 3. 26. 2007헌가5등; 헌재 2010. 7. 29. 2009헌가4; 헌재 2014. 7. 24. 2012헌바294등; 동지: 헌재 2016. 10. 28. 2014헌마709.

1) 헌재 1997. 1. 16. 93헌바54(형사소송법 제221조의2 제 2 항 및 제 5 항 중 동조 제 2 항에 관한 부분에 대하여는 헌법재판소가 이미 헌법에 위반된다고 선고한 바 있으므로 위헌결정일로부터 효력이 상실되었으므로 심판의 이익이 없다고 하였다).

2) 헌재 1999. 6. 24. 96헌바67; 헌재 2012. 7. 26. 2009헌바35등(한정위헌이 선고되었던 사례); 헌재 2022. 11. 24. 2021헌바301.

3) 동지: 성낙인, 203면; 정종섭, 364면; 헌재 2014. 1. 28. 2010헌바251 소수의견.

4) 헌재 2013. 9. 26. 2012헌마806.

5) 헌재 2012. 12. 27. 2012헌바60.

6) 헌재 2018. 8. 30. 2014헌바180 등.

있다고 하였고,[1] 대법원은 "구 광주민주화운동보상법 제16조 제 2 항의 '광주민주화운동과 관련하여 입은 피해' 중 '정신적 손해' 부분은 헌법에 위반된다는 헌법재판소 2021. 5. 27. 2019헌가17 결정은 '광주민주화운동과 관련하여 입은 피해' 중 일부인 '정신적 손해' 부분을 위헌으로 선언함으로써 그 효력을 상실시켜 구 광주민주화운동보상법 제16조 제 2 항의 일부가 폐지되는 것과 같은 결과를 가져오는 일부 위헌결정으로서 **법원에 대한 기속력**이 있다. 이러한 위헌결정의 효력은 그 위헌결정이 있기 전에 구 광주민주화운동보상법 제16조 제 2 항의 위헌 여부가 재판의 전제가 되어 법원에 계속 중이던 사건에 미치므로, 구 광주민주화운동보상법에 따른 보상금 등을 받더라도 불법행위로 인한 정신적 손해에 대해서는 재판상 화해가 성립된 것으로 볼 법률상 근거가 사라지게 되었다."고 판시하였으며,[2] 헌법재판소가 2018. 8. 30. 선고한 '민법 제166조 제 1 항, 제766조 제 2 항 중 진실·화해를 위한 과거사정리 기본법 제 2 조 제 1 항 제 3 호(민간인 집단 희생사건), 제 4 호(중대한 인권침해사건·조작의혹사건)에 적용되는 부분은 헌법에 위반된다.'는 위헌결정의 효력이 위 제 3 호, 제 4 호 사건에서 공무원의 위법한 직무집행으로 입은 손해에 대한 배상을 구하는 소송이 위헌결정 당시까지 법원에 계속되어 있는 경우에도 미친다고 하였다.[3]

또한 대법원은, 도로교통법 위반(음주측정거부)죄로 형사처벌을 받은 전력이 있는 피고인이 술에 취한 상태에서 자동차를 운전하였다는 공소사실에 대하여, 원심이 도로교통법 제148조의2 제 1 항, 제44조 제 1 항을 적용하여 유죄를 선고한 제 1 심판결을 유지하였는데, 원심판결 선고 후 헌법재판소가 도로교통법 제148조의2 제 1 항 중 '제44조 제 1 항 또는 제 2 항을 1회 이상 위반한 사람으로서 다시 같은 조 제 1 항을 위반한 사람'에 관한 부분에 대하여 위헌결정을 선고한 사안에서, "원심이 피고인에 대하여 적용한 도로교통법 제148조의2 제 1 항 중 도로교통법 제44조 제 1 항의 위반만을 구성요건으로 하는 부분은 이 사건 위헌결정의 대상으로서 헌법재판소법 제47조 제 3 항 본문에 따라 소급하여 그 효력을 상실하였으므로 더 이상 유죄판결의 근거가 될 수 없고, 구 도로교통법 제

1) 대법원 2020. 10. 29. 선고 2019다249589 판결; 대법원 2020. 11. 26. 선고 2019다276307 판결; 대법원 2020. 12. 10. 선고 2020다205455 판결; 대법원 2021. 9. 30. 선고 2018재다50230 판결.
2) 대법원 2021. 7. 29. 선고 2016다259363 판결. 동지: 대법원 2022. 8. 30. 선고 2018다212610 전원합의체 판결.
3) 대법원 2021. 7. 29. 선고 2016다259363 판결.

148조의2 제 1 항 중 '제44조 제 2 항을 위반한 사람으로서 다시 같은 조 제 1 항을 위반한 사람'에 관한 부분은 위헌결정의 심판대상이 되지 않았지만 이와 동일한 내용을 규정하는 이 사건 법률조항에 대한 이 사건 위헌결정 이유와 같은 이유에서 책임·형벌 사이의 비례원칙에 어긋날 여지가 있다. 따라서 원심으로서는 도로교통법 제148조의2 제 1 항 중 제44조 제 1 항을 2회 이상 위반한 사람에 관한 부분의 위헌 여부 또는 그 적용에 따른 위헌적 결과를 피하기 위한 공소장 변경절차 등의 필요 유무 등에 관하여 심리·판단하였어야 한다."고 판시하였다.[1)]

한편 대법원은 환송판결 선고 이후 헌법재판소가 환송판결의 기속적 판단의 기초가 된 법률조항을 위헌으로 선언하여 그 법률조항의 효력이 상실된 때에는 그 범위에서 환송판결의 기속력은 미치지 않고, 환송 후 원심이나 그 상고심에서 위헌결정으로 효력이 상실된 법률조항을 적용할 수 없어 환송판결과 다른 결론에 이른다고 하더라도 환송판결의 기속력에 관한 법원조직법 제 8 조에 저촉되지 않는다고 하였다.[2)]

(3) 행정기관과 지방자치단체에 대한 기속력

행정기관과 지방자치단체는 헌법재판소가 위헌으로 결정한 법률을 집행작용의 근거로 삼아서는 아니 된다. 위헌법률에 근거한 집행작용은 효력을 가질 수 없기 때문에 당연무효이다. 따라서 행정소송법 제 4 조 제 2 호 및 제35조가 정하는 **무효확인소송**의 대상이 된다.[3)] 대법원도 "위헌법률에 기한 행정처분의 집행이나 집행력을 획득하기 위한 공법상의 당사자 소송이나 민사소송 등 제소행위는 위헌결정의 기속력에 위반되어 허용되지 않는다."고 판시하였다.[4)]

(4) 입법부에 대한 기속력

위헌결정의 입법부에 대한 기속력문제는 입법자가 위헌으로 결정된 법률과 동일하거나 실질적으로 유사한 법률을 제정한 경우, 즉 이른바 **반복입법**이 발생할 경우에 문제된다. 위헌결정의 기속력이 입법자에게도 미친다고 본다면 그러한 반복입법은 위헌결정의 기속력에 위반되는 것으로서 금지되고, 헌법재

1) 대법원 2022. 6. 30. 선고 2022도32 판결; 동지: 대법원 2022. 5. 12. 선고 2021도14074 판결; 대법원 2022. 7. 28. 선고 2022도3929 판결.
2) 대법원 2020. 11. 26. 선고 2019다2049 판결.
3) 동지: 정종섭, 372면; 허영, 248면.
4) 대법원 2002. 8. 23. 선고 2001두2959 판결.

판소는 그 사안에 대하여 본안판단에 들어갈 필요 없이 바로 위헌결정을 내려야 할 것이고, 만일 그렇지 않다고 본다면 그러한 반복입법은 허용될 수 있고 이 경우 만약 반복입법에 대하여 헌법소송이 제기되면 헌법재판소는 새롭게 본안판단을 해야 한다는 것이다.[1]

헌법재판소는 입법자인 국회에게 기속력이 미치는지 여부, 나아가 결정주문뿐만 아니라 결정이유에까지 기속력을 인정할지 여부를 헌법재판소의 헌법재판권 내지 사법권의 범위와 한계, 국회의 입법권의 범위와 한계 등을 고려하여 신중하게 접근할 필요가 있다고 판시하였다.[2] 위헌결정의 기속력이 국회에도 미치는지 여부에 관하여 부정설[3]과 긍정설,[4] 절충설[5] 등이 있다. 안마사 사건,[6] 행정수도 이전 사건,[7] 기탁금 사건,[8] 등 **반복입법**이 있은 사안에 대한 헌법재판소의 결정에 비추어 보면 헌법재판소의 기본적 입장은, 하나는 국회에 대한 기속력을 한정적 의미로 해석하여 동일 또는 유사한 입법의 반복에 합리적인 **정당화 사유**가 있으면 이를 인정하는 것이고, 다른 하나는 국회에 대한 기속력을 인정하지 않지만 입법부에 대하여 반복입법의 제한 없는 자유를 인정하는 것이 아니라, 반복입법에 대한 합리적인 **정당화 사유**가 있는 경우에 한하여 반복하여 그러한 입법을 할 권한을 허용한다는 해석이다. 그런데 위헌결정이 있은 후 입법의 기초가 되는 입법상황이나 여건이 본질적으로 변하는 등 반복입법에 대한 합리적인 정당화 사유가 없는 경우에 국회가 동일한 내용의 법률을 다시 제정하였을 때 이 법률에 대하여 위헌결정의 기속력에 위반되므로 위헌이라고 결정할 것이 아니라 다시 본안판단을 해야 한다고 보아야 할 것이므로 **기속력 부정설**에 찬동하고 싶다.

그런데 헌법재판소는, 어떤 법률조항이 위헌결정된 법률조항의 반복입법에 해당하는지 여부는 입법목적이나 동기, 입법당시의 시대적 배경 및 관련조항들의 체계 등을 종합하여 실질적 동일성이 있는지 여부에 따라 판단하여야 할 것인바, 구 정치자금법 제12조 제 2 항 등이 정한 법인·단체의 정치자금 제공금지

1) 정연주, “위헌결정의 기속력”, 헌법논총 제17집, 406면.
2) 헌재 2008. 10. 30. 2006헌마1098등. 저자가 주심재판관으로서 설시한 것이다.
3) 정종섭, 369면.
4) 김하열, 263면; 허영, 248면.
5) 성낙인, 206면.
6) 헌재 2008. 10. 30. 2006헌마1098등.
7) 헌재 2005. 11. 24. 2005헌마579.
8) 헌재 2001. 7. 19. 2000헌마91; 헌재 2003. 8. 21. 2001헌마687등.

(기부금지) 규정은 그 규율영역이 위헌결정된(헌재 1999. 11. 25. 95헌마154) 구 정치자금법 제12조 제 5 호(노동단체의 정치자금 기부금지)와 전적으로 동일한 경우에 해당하지 않고, 노동단체에 대한 차별적 규제의 의도가 전혀 존재하지 않는다는 점에서 종전에 위헌선언된 법률조항의 반복입법에 해당한다고 볼 수 없다고 하였고,[1] 방송문화진흥회가 최다출자자인 방송사업자의 경우 한국방송광고공사의 후신인 한국방송광고진흥공사가 위탁하는 방송광고에 한하여 방송광고를 할 수 있도록 한 방송광고판매대행 등에 관한 법률 제 5 조 제 2 항 중 '방송문화진흥회법에 따라 설립된 방송문화진흥회가 최다출자자인 방송사업자' 부분은 구 방송법령에 대한 헌법불합치결정(2006헌마352)의 취지에 반하는 입법이 아니므로 위 헌법불합치결정의 기속력에 반하지 않는다고 하였으며,[2] "사립학교 교원이 '직무와 관련 없는 과실로 인한 경우' 및 '소속 상관의 정당한 직무상의 명령에 따르다가 과실로 인한 경우'를 제외하고 재직중의 사유로 금고 이상의 형을 받은 경우, 퇴직급여 등을 감액하도록 규정한 구 사립학교교직원연금법 제42조 제 1 항 전문 중 공무원연금법 제64조 제 1 항 제 1 호 준용부분이, 구 공무원연금법 제64조 제 1 항 제 1 호가 공무원의 '신분이나 직무상 의무'와 관련이 없는 범죄에 대해서도 퇴직급여의 감액사유로 삼는 것이 퇴직공무원들의 기본권을 침해한다는 이유로 헌법불합치 선언을 한 헌재 2007. 3. 29. 2005헌바33 결정 및 구 공무원연금법 조항을 준용하고 있던 구 사립학교교직원연금법 제42조 제 1 항 전문에 대해 같은 취지로 헌법불합치 선언을 한 헌재 2010. 7. 29. 2008헌가15 결정에 따른 개선입법인바, 교원의 직무와 관련이 없는 범죄라 할지라도 고의범의 경우에는 교원의 법령준수의무, 청렴의무, 품위유지의무 등을 위반한 것으로 볼 수 있으므로 이를 퇴직급여의 감액사유에서 제외하지 아니하더라도 위 헌법불합치결정의 취지에 반한다고 볼 수 없다. 따라서 이 사건 법률조항은 위 불합치결정의 기속력에 저촉된다고 할 수 없다."고 판시하였다.[3]

---

1) 헌재 2010. 12. 28. 2008헌바89; 동지: 헌재 2013. 7. 25. 2012헌마409.

2) 헌재 2013. 9. 26. 2012헌마271(구 방송법령에 대한 종전 헌법불합치결정의 취지는 한국방송광고공사가 독점하던 방송광고판매대행업에 제한적이나마 실질적인 경쟁체제가 이루어질 수 있도록 하여야 한다는 것이었고, 이 결정에 따라 새로 제정된 방송광고판매대행 등에 관한 법률에서는 공영 미디어렙인 한국방송광고진흥공사 이외에 민영 미디어렙도 방송광고판매대행업을 할 수 있도록 제한경쟁체제를 도입하고 있으므로 헌법불합치결정의 취지에 반하는 입법이라고 볼 수 없다고 하였다).

3) 헌재 2013. 9. 26. 2010헌가89등; 동지: 헌재 2013. 9. 26. 2011헌바100(군인연금법 제33조 제 1 항 제 1 호 등 위헌소원 사건); 헌재 2013. 9. 26. 2013헌바170(사립학교교직원연금법 제42조 제 1 항

그런데 헌법재판소의 위헌 결정에 대하여 국회의원들이 이를 즉시 검토할 수 있는 절차가 별도로 마련되어 있지 않아 국회의 입법조치가 지연되는 사례도 발생하고 있다는 비판이 있었던바, 2016. 12. 16. 국회법을 일부개정하여, 입법조치와 관련된 헌법재판소의 종국 결정이 국회에 송부되도록 법률상 근거를 마련하였다.

즉 국회법 제58조의2 제 1 항에서 헌법재판소는 종국결정이 법률의 제정 또는 개정과 관련이 있으면 그 결정서 등본을 국회로 송부하여야 하고, 제 2 항에서 의장은 제 1 항에 따라 송부된 결정서 등본을 해당 법률의 소관 위원회와 관련위원회에 송부하며, 제 3 항에서 위원장은 제 2 항에 따라 송부된 종국결정을 검토하여 소관 법률의 제정 또는 개정이 필요하다고 판단하는 경우 제57조 제 1 항에 따른 소위원회에 회부하여 이를 심사하도록 한다고 규정하였다.

(5) 헌법재판소에 대한 기속력

헌법재판소는 헌법재판소법 제47조 제 1 항 소정의 국가기관에 포함되지 않는다. 헌법재판소는 판례를 변경할 수 있는 권한을 가지므로 위헌결정의 기속력이 미치지 아니한다. 헌법재판소는 위헌결정이 있은 후 동일하거나 유사한 법률규정이 문제된 경우 종전의 결정을 변경할 수 있다. 그러나 헌법재판소는 사정의 변경이나 다른 결정을 할 필요가 없는 경우에는 종전의 결정을 존중하여야 한다. 위헌결정의 기속력은 당해 절차의 결정을 취소·철회할 수 없는 자기구속력과 구별된다.

나. 합헌결정의 경우의 기속력

헌법재판소가 특정 법률의 합헌성을 확인한 경우에 동일한 법률에 대하여 법원이 제기한 위헌제청이 적법한지가 문제된다. 이는 헌법재판소의 합헌결정이 기속력이나 법규적 효력을 갖는 여부의 문제에 관한 것이다. 합헌결정의 기속력 인정 여부에 관하여는 긍정설과 부정설의 대립이 있다.

먼저 부정설은 헌법재판소법 제47조 제 1 항에서 명시적으로 위헌결정에 기속력이 있음을 정하고 있는 점, 합헌결정은 헌법에 합치한다고 판단한 것이 아니라 위헌이라 판단하지 아니한 결정에 불과할 뿐인 점, 헌법재판소법 제23

등 위헌소원 사건); 헌재 2013. 8. 29. 2010헌바354등(공무원연금법 제64조 제 1 항 제 1 호 등 위헌소원 사건).

조 제 2 항 제 2 호에서 헌법재판소가 판시한 법률의 해석적용에 관한 의견을 변경할 수 있음을 정하고 있는 점, 과잉금지원칙의 위반여부의 판단에서와 같이 위헌으로 판단되지 아니한 법률이 상황의 변화에 따라 위헌으로 변경될 수 있는 점, 헌법재판소의 재판부의 구성에 변경이 있거나 재판관이 의견을 변경할 가능성이 상존하고 있는 점을 고려하면, 합헌결정이 있은 법률이나 법률조항에 대해서는 언제나 위헌여부를 다툴 수 있다고 보는 것이 타당하다고 한다.[1]

반면에 긍정설은 헌법재판소법 제47조 제 1 항에서 위헌결정에 대해서만 기속력을 명문으로 규정한 이유는 합헌결정의 경우 심판대상 법률조항이 계속해서 효력을 갖기 때문에 구태여 기속력을 따로 언급할 필요가 없기 때문이지, 합헌결정된 법률조항에 대해서는 끊임없이 위헌여부를 문제 삼을 수 있도록 허용하기 위한 것은 결코 아니라고 할 것이고, 법의 집행·적용기관이 합헌결정의 기속력을 부인해서 합헌결정된 법률조항의 위헌여부를 지속적으로 문제 삼는다면 법질서의 안정성을 추구하는 법치국가의 기초는 흔들릴 수밖에 없다고 한다. 따라서 합헌결정된 법률조항에 대해 또 다시 위헌제청이 있거나 헌법재판소법 제68조 제 2 항 또는 제 1 항의 헌법소원이 청구되면 헌법재판소는 각하결정을 하여야 한다고 주장한다.[2]

법의 집행·적용기관이 헌법재판소의 합헌결정의 기속력을 부인하여 합헌결정된 법률조항의 위헌여부를 지속적으로 문제 삼는 것은 법적 안정성 측면에서 보더라도 문제가 있으므로 입법론적으로는 독일과 같이 위헌결정뿐만 아니라 합헌결정에 대해서도 기속력을 인정하는 것이 바람직하다고 할 것이나, 명시적으로 위헌결정에 대해서만 기속력을 부여하고 있는 헌법재판소법 제47조 제 1 항의 해석상 헌법재판소의 합헌결정에 대해서는 기속력을 인정하기 어렵다고 할 것이다.

헌법재판소는 이미 합헌으로 선언된 법률에 대한 위헌제청을 적법한 것으로 봄으로써 합헌결정에 대한 기속력을 인정하고 있지 않고 있고, 합헌결정이 있은 법률조항에 대하여 다시 위헌제청이나 헌법소원청구가 있으면 다시 본안판단을 하였다. 헌법재판소는 예를 들면 형법 제241조(간통죄)에 대하여 헌재 1990. 9. 10. 89헌마82 결정으로 이미 합헌선언을 하였음에도 불구하고 결정으

1) 정종섭, 336면.
2) 허영, 243면.

로 다시 세 차례나 합헌결정을 선고한 바 있다.[1] 그러나 헌법재판소는 2015. 2. 26. 2009헌바17등 결정에서 마침내 형법 제241조는 헌법에 위반된다고 선언하였다. 또한 구 소득세법 제23조 제 4 항 제 1 호 본문, 제45조 제 1 항 제 1 호 본문에 관한 결정,[2] 사립학교법 제58조 제 1 항 제 4 호에 관한 결정,[3] 구 도시 및 주거환경정비법 제39조 전문 제 1 호 중 제16조 제 3 항에 관한 결정[4]에서도 마찬가지로 다시 합헌결정을 선고하였다.

다. 한정합헌결정의 경우의 기속력

한정합헌결정이 선고된 법률규정에 대하여 다시 위헌법률심판(헌법소원심판)이 청구된 경우에도 헌법재판소는 이를 부적법한 것으로 보지 않고 다시 한정합헌을 선언하였다. 예컨대 국가보안법 제 6 조 제 2 항 위헌소원 사건에서는, 헌법재판소가 이미 국가보안법 제 6 조 제 2 항에 대하여 한정합헌의 견해를 밝혔음(헌재 1997. 1. 16. 89헌마240)을 전제한 다음, "북한은 헌법재판소의 위 결정 이후에도 대남적화혁명노선을 변경함이 없이 그 노선에 따른 각종 공작과 도발을 여전히 자행하면서 대한민국의 존립·안전이나 자유민주적 기본질서를 위태롭게 할 각종 활동을 계속하고 있으므로 위 결정의 근거가 된 사실에 근본적인 변화가 있었다고 할 수 없고, 달리 판단하여야 할 특별한 사정변경이 있다고도 인정되지 아니한다." 하여 "국가보안법 제 6 조 제 2 항은 그 소정의 행위가 국가의 존립·안전이나 자유민주적 기본질서에 해악을 끼칠 명백한 위험이 있는 경우에 적용된다 할 것이므로, 그러한 해석 하에 헌법에 위반되지 아니한다."고

---

1) 헌재 1993. 3. 11. 90헌가70; 헌재 2001. 10. 25. 2000헌바60; 헌재 2008. 10. 30. 2007헌가17등. 그 밖에 헌재 1998. 2. 27. 96헌마92(상고심절차에 관한 특례법 제 4 조 제 1 항과 같은 조 제 3 항 중 괄호부분을 제외한 나머지 부분); 헌재 1998. 3. 26. 97헌바83(특정범죄가중처벌등에 관한 법률 제 5 조의3 제 1 항 제 2 호); 헌재 1998. 4. 30. 97헌마100(형사소송법 제314조); 헌재 1999. 4. 29. 96헌바22등(구 소득세법 제23조 제 3 항 제 1 호 본문, 제45조 제 1 항 가목 본문); 헌재 1999. 4. 29. 98헌바66(국가보안법 제 7 조 제 1 항 및 제 5 항); 헌재 1999. 6. 24. 97헌바61(사립학교법 제58조 제 1 항 제 4 호); 헌재 2000. 8. 31. 2000헌바6(헌법재판소법 제47조 제 2 항 본문); 헌재 1999. 11. 25. 99헌바28; 헌재 2003. 5. 15. 2003헌가9(기초의회의원선거 정당표방금지 관련사건); 헌재 2010. 2. 25. 2008헌가23(사형제도에 관한 형법 제41조 제 1 호, 제250조 제 1 항); 헌재 2010. 12. 28. 2008헌바571; 헌재 2012. 12. 27. 2012헌바27등; 헌재 2014. 3. 27. 2012헌가21(구 도시 및 주거환경정비법 제39조 전문 제 1 호 중 제16조 제 3 항에 관한 부분); 헌재 2014. 9. 25. 2011헌바358(국가보안법 제 8 조 제 1 항) 등도 합헌결정이 있었음에도 다시 합헌결정을 한 사례들이다.

2) 헌재 1999. 4. 29. 96헌바22등.

3) 헌재 1999. 6. 24. 97헌바61.

4) 헌재 2010. 12. 28. 2008헌마571; 헌재 2012. 12. 27. 2012헌바27등; 헌재 2014. 3. 27. 2012헌가21.

다시 **한정합헌결정**을 하였고,[1] 또한 구 지방세법(1991. 12. 14. 법률 제4415호로 개정되기 전의 것) 제31조 제 2 항 제 9 호 단서 부분은 당해 재산의 소유 그 자체를 과세의 대상으로 하여 부과하는 지방세와 가산금에 한하여 적용되는 것으로 해석하는 한 헌법에 위반되지 아니한다고 한정합헌결정을 한 바 있었는데, 같은 조항에 대한 위헌소원사건(헌재 2000. 7. 20. 98헌바91)에서 다시 같은 내용의 주문으로 **한정합헌결정**을 하였다.[2]

한편, 1994. 8. 31. 한정합헌결정이 선고된 구 지방세법 제31조 제 2 항 제 3 호 단서와 그 내용이 비슷한 국세기본법 제35조 제 1 항 제 3 호 중 괄호 부분에 대한 위헌소원 사건에서는 위 지방세법 사건에서 헌법재판소가 한 한정합헌 해석과 동일한 대법원의 해석을 근거로 하여 **단순합헌**결정을 하였다.[3]

그리고 헌법재판소의 한정합헌결정 취지에 따라 **법률조항**을 **개정**한 예도 있다. 즉 헌법재판소는 1992. 4. 14. 90헌바23 사건에서 구 국가보안법 제 9 조 제 2 항에 대하여 한정합헌결정을 한 바 있는데, 그 요지는 다음과 같다.

"구 국가보안법 제 9 조 제 2 항은 편의제공죄의 본범에 해당하는 편의제공 대상자를 '이 법의 죄를 범하거나 범하려는 자'라고 규정하여 제 3 조 내지 제 8 조 소정의 국가의 안전에 직접 관계있는 죄를 범한 자에 대한 편의제공만이 아니라 구 국가보안법 소정의 범죄 일체를 망라하여 제10조의 불고지죄, 제11조의 특수직무유기죄, 제12조의 무고·날조죄와 같은 국가의 안전에 직접 관계없는 죄를 범한 자에 대한 편의제공 행위에 대해서까지 범죄가 성립될 수 있도록 획징시키고 있을 뿐만 아니라, '기타의 방법으로 편의를 제공한' 것은 문언해석상 적용범위가 넓고 불명확하여 일반적 행동자유권이나 표현의 자유를 위축시킬 수 있고 법치주의와 죄형법정주의에 위배될 소지가 있으므로, 위 조항에서 처벌대상으로 되어야 할 것은 편의제공행위 중에서 국가의 존립·안전이나 자유민주적 기본질서에 실질적 해악을 미칠 구체적이고 명백한 위험성이 있는 경우로 축소제한하여야 할 것이고 이와 같은 해석 하에서 위 조항은 헌법에 위반되지 아니한다."

위와 같은 결정 취지에 따라 국가보안법 제 9 조 제 2 항은 구 국가보안법상의 "이 법의 죄를 범하거나 범하려는 자" 부분을 "이 법 제 3 조 내지 제 8 조의

1) 헌재 1998. 8. 27. 97헌바85; 헌재 2002. 4. 25. 99헌바27등.
2) 헌재 1994. 8. 31. 91헌가1.
3) 헌재 1999. 5. 27. 97헌바8등.

죄를 범하거나 범하려는 자"로 개정하여, 편의제공의 본범에 해당하는 편의제공 대상자를 국가의 안전에 직접 관계있는 죄로 축소함으로써 구 국가보안법 규정의 위헌적 요소를 제거하였다.[1)]

라. 한정위헌결정의 경우의 기속력

위헌법률심판사건에서 한정위헌 선언된 법률조항에 대하여 후에 다시 위헌제청되거나 위헌소원이 청구되어 다시 결정한 예는 찾아볼 수 없다. 그러나 헌법재판소법 제68조 제 2 항에 따른 헌법소원심판에서 한정위헌으로 선언된 법률조항에 대하여 다시 위헌제청을 하였으나 기각되어 헌법소원이 제기된 경우 헌법재판소는 다시 한정위헌결정을 한 사례가 있다.[2)] 그런데 이 사례는 단순위헌의견(4인)과 한정위헌의견(4인)을 합하여 위헌정족수에 달하는 경우임에 유의할 필요가 있다.

헌법재판소는 "헌법재판소법 제68조 제 1 항 본문의 '법원의 재판'에 헌법재판소가 위헌으로 결정한 법령을 적용함으로써 국민의 기본권을 침해한 재판도 포함되는 것으로 해석하는 한도 내에서, 헌법재판소법 제68조 제 1 항은 헌법에 위반된다."라고 하여 2011. 4. 5. 법률 제10546호로 개정되기 전 구법 제68조 제 1 항에 대하여 한정위헌결정을 선고하였다.[3)]

한편 구 헌법재판소법 제68조 제 1 항이 헌법재판소가 위헌으로 결정한 법령을 적용함으로써 국민의 기본권을 침해한 법원의 재판에 대한 헌법소원이 허용되지 않는 것으로 해석되는 한도 내에서 헌법에 위반된다는 결정(헌재 1997. 12. 24. 96헌마172등) 이후에, 법원의 재판취소와 헌법재판소법 제68조 제 1 항의 위헌확인을 구하는 헌법소원심판 청구사건에서, 헌법재판소는 첫째로 심판의 대상이 되는 법원의 재판이 헌법소원심판의 대상이 되는 예외적인 재판이 아니어서 그 취소를 구하는 심판청구가 부적법하므로, 이를 전제로 하는 헌법재판소법 제68조 제 1 항에 대한 심판청구가 권리보호이익이 없다고 하여 부적법 각하한 사례[4)]가 있고, 둘째로 "헌법재판소법 제68조 제 1 항은 한정위헌결정에 의하여 위헌으로 선고되어 이미 그 효력을 상실한 부분, 즉 헌법재판소법 제68조 제 1

1) 헌재 2014. 9. 25. 2011헌바358 참조.
2) 헌재 2003. 12. 18. 2002헌바99.
3) 헌재 1997. 12. 24. 96헌마172등.
4) 헌재 1998. 4. 30. 97헌마147; 헌재 1998. 6. 25. 98헌마17; 헌재 1999. 3. 25. 97헌마161 참조.

항 본문의 '법원의 재판'에 헌법재판소가 위헌으로 결정한 법령을 적용함으로써 국민의 기본권을 침해한 재판을 포함하는 부분 이외에는 헌법에 위반되지 아니한다고 볼 것이다."라고 판시하면서 그 주문에서 "헌법재판소법 제68조 제 1 항은 그 본문의 '법원의 재판'에 헌법재판소가 위헌으로 결정한 법령을 적용함으로써 국민의 기본권을 침해한 재판을 포함하는 부분 이외에는 헌법에 위반되지 아니한다."고 선언한 사례[1]가 있으나, 마지막으로 주류를 이루고 있는 방안은 헌법재판소법 제68조 제 1 항 후문의 '법원의 재판'을 제외한 부분 중 종전 헌법재판소가 위헌으로 한정하여 결정한 부분을 질적으로 소거되었다는 것을 전제로 하여 "이 사건에서도 위 한정위헌결정과 달리 판단하여야 할 아무런 사정변경이 없으므로, 헌법재판소법 제68조 제 1 항 본문 중 '법원의 재판을 제외하고는' 부분이 청구인의 재판청구권 등을 침해하여 헌법에 위반된다는 청구인의 주장은 이유없다."고 판시하면서 그 주문에서 "헌법재판소법 제68조 제 1 항 본문 중 '법원의 재판을 제외하고는' 부분에 대한 심판청구를 기각한다."고 표시하고 있다.[2]

그리고 헌법재판소는, 헌법재판소법(2011. 4. 5. 법률 제10546호로 개정된 것) 제68조 제 1 항 본문 중 '법원의 재판을 제외하고는' 부분을 심판대상으로 한 헌법소원사건에서, "이 사건 법률조항은 구법조항과 동일한 내용을 규정하고 있는바, 이에 관하여는 한정위헌결정을 선고한 선례와 달리 판단하여야 할 아무런 사정변경이나 필요성이 인정되지 않는다."고 판시하면서, 그 주문에서 "헌법재판소법(2011. 4. 5. 법률 제10546호로 개정된 것) 제68조 제 1 항 본문 중 '법원의 재판을 제외하고는' 부분은, 헌법재판소가 위헌으로 결정한 법령을 적용함으로써 국민의 기본권을 침해한 재판이 포함되는 것으로 해석하는 한 헌법에 위반된다."고 선고함으로써 그 위헌부분을 제거하는 한편 그 이후에는 그 위헌 부분이 제거된 나머지 부분으로 그 내용이 축소된 재판소원금지조항이 합헌이라고 판단하고 있다.[3][4]

---

1) 헌재 1999. 10. 21. 96헌마61등.

2) 헌재 2001. 2. 22. 99헌마461등; 헌재 2001. 5. 31. 2000헌마640; 헌재 2001. 7. 19. 2001헌마102; 헌재 2002. 1. 31. 2001헌마789; 헌재 2002. 5. 30. 2001헌마781; 헌재 2002. 6. 27. 2002헌마276; 헌재 2006. 2. 23. 2005헌마49; 헌재 2006. 4. 27. 2006헌마187; 헌재 2006. 6. 29. 2005헌마124; 헌재 2007. 5. 31. 2005헌마172; 헌재 2012. 11. 29. 2010헌마27등; 헌재 2016. 5. 26. 2015헌마940; 헌재 2018. 8. 30. 2015헌마861등; 헌재 2018. 8. 30. 2016헌마344등; 헌재 2019. 6. 28. 2018헌마1093; 헌재 2021. 3. 25. 2020헌마271; 헌재 2022. 7. 21. 2021헌마272 참조.

3) 헌재 2016. 5. 26. 2015헌마940; 헌재 2018. 8. 30. 2015헌마861등; 헌재 2019. 6. 28. 2018헌마1093; 헌재 2021. 3. 25. 2020헌마271등 참조.

그 뒤 헌법재판소는 헌법재판소법 제68조 제1항 등 위헌확인사건에서, "헌재 2016. 4. 28. 2016헌마33 결정의 근본취지는 헌법재판소의 기속력 있는 위헌결정에 반하여 국민의 기본권을 침해하는 법원의 재판에 대하여는 헌법재판소가 최종적으로 다시 심사함으로써 헌법의 최고규범성을 수호하고 헌법이 헌법재판소에 부여한 법률에 대한 위헌법률심사권을 회복해야 한다는 것이다. 하지만, 앞서 본 바와 같이 한정위헌결정은 법률에 대한 위헌심사의 결과로서 법률조항 중 특정의 영역에 적용되는 부분은 위헌이라는 것을 뜻하고, 한정위헌결정의 경우 헌법재판소가 주문에서 해당 법률조항 중 적용이 배제된다고 밝힌 부분에 한하여 법원을 비롯하여 모든 국가기관 및 지방자치단체에도 위헌결정의 기속력이 미치므로, 법 제68조 제1항 본문의 '법원의 재판' 중 종전의 한정위헌결정(2016헌마33)으로 효력을 상실한 부분은 헌법재판소의 위헌결정의 기속력에 반하는 재판 중 '헌법재판소가 위헌으로 결정한 법령을 적용함으로써 국민의 기본권을 침해한 재판' 부분에 국한된다. 따라서 법 제68조 제1항 본문이 정하는 재판소원금지의 적용 영역에서 '법률에 대한 위헌결정의 기속력에 반하는 재판' 부분을 모두 제외하기 위해서는 이 사건 재판소원금지조항 중 해당 부분에 대한 별도의 위헌결정이 필요하다. 그렇다면 이 사건 재판소원금지조항 가운데 '법률에 대한 위헌결정의 기속력에 반하는 재판' 부분은 헌법에 위반된다."고 판시하면서 "1. 헌법재판소법(2011. 4. 5. 법률 제10546호로 개정된 것) 제68조 제1항 본문 중 '법원의 재판' 가운데 '법률에 대한 위헌결정의 기속력에 반하는 재판' 부분은 헌법에 위반된다. 2. 광주고등법원 2013. 11. 25.자 (제주)2013재노2 결정 및 대법원 2014. 8. 11.자 2013모2593 결정은 청구인 남○○의 재판청구권을 침해한 것이므로 이를 모두 취소한다. 3. 대법원 2014. 8. 20.자 2013모2645 결정은 청구인 이○○의 재판청구권을 침해한 것이므로 이를 취소한다." 고 선언하였다.[1]

그런데 한정위헌결정에 대하여 기속력을 인정할 것인가에 대해서는 헌법재판소와 대법원의 견해가 극명하게 대립되고 있다. 즉 헌법재판소는 법률에 대한 규범통제로서 한정위헌결정의 기속력에 관하여 "헌법재판소는 법률의 위헌 여부를 심사하는 경우 법률에 대해 다의적인 해석가능성이 있을 때 일반적

4) 헌재 2016. 4. 28. 2016헌마33.
1) 헌재 2022. 6. 30. 2014헌마760등.

인 해석 작용이 용인되는 범위 내에서 종국적으로 어느 쪽이 가장 헌법에 합치되는가를 가려, 합헌적인 한정축소해석의 영역 밖에 있는 경우에까지 법률의 적용범위를 넓히는 것은 위헌이라는 취지로 위헌의 범위를 정하여 한정위헌의 결정을 선고할 수 있다. 이는 단순히 법률을 헌법에 비추어 해석하는 것에 지나지 않는 것이 아니라 헌법규범을 기준으로 하여 법률의 위헌성 여부를 심사하는 작업이며, 헌법재판소가 법률의 위헌성 심사를 하면서 합헌적 법률해석을 하고 그 결과로서 이루어지는 한정위헌결정은 비록 법문의 변화를 가져오는 것은 아니나 법률조항 중 특정의 영역에 적용되는 부분이 위헌이라는 것을 뜻하는 일부위헌결정으로, 법률에 대한 위헌심사권을 가진 헌법재판소의 권한에 속한다(헌재 1992. 2. 25. 89헌가104; 헌재 1997. 12. 24. 96헌마172등 참조). 따라서 한정위헌결정도 법 제47조 제 1 항에서 정한 기속력이 인정되는 '법률의 위헌결정'에 해당하고, 법 제41조에 따른 위헌법률심판에서 한정위헌결정이 선고되는 경우뿐만 아니라 법 제68조 제 2 항에 따른 헌법소원심판, 그리고 법률에 대한 법 제68조 제 1 항에 따른 헌법소원심판에서 법률의 위헌성이 확인되어 한정위헌결정의 형태로 인용되는 경우 그 결정은 법률에 대한 위헌결정으로 법원을 비롯한 모든 국가기관과 지방자치단체에 대하여 기속력이 인정된다(법 제47조 제 1 항, 제75조 제 1 항, 제 6 항)."고 판시하였다.[1] 또한 헌법재판소는, 한정위헌결정도 위헌결정의 한 형태일 뿐이므로 법원과 그 밖의 국가기관을 기속하고, 따라서 헌법재판소가 한정위헌결정을 선고함으로써 이미 부분적으로 그 효력이 상실된 법률조항을 적용한 법원의 판결은 위헌결정의 기속력에 반하는 재판임이 분명하므로 이에 대한 헌법소원은 허용되고, 또한 동 판결로 말미암아 청구인의 기본권이 침해되었다 하여 헌법재판소법 제75조 제 3 항에 따라 동 판결을 취소하였다.[2]

이에 반하여 대법원은, 우리 헌법체계상 헌법재판소에도 사법권을 귀속시키고 있는 독일과는 달리 사법권을 최고법원인 대법원에 귀속시키고 있으며, 헌법 제111조 제 1 항이 법원에 포괄적으로 부여한 사법권에서 제외되어 헌법재판소가 행사할 수 있는 권한을 제한적으로 열거한 헌법정신과 헌법재판소가 제청된 법률 또는 법률조항의 위헌여부만을 결정하도록 규정하고 있는 헌법재판소법 제45조 본문과 재판소원금지를 규정한 헌법재판소법 제68조 제 1 항의 입

1) 헌재 2022. 6. 30. 2014헌마760등.
2) 헌재 1997. 12. 24. 96헌마172등.

법취지 등에 비추어 보면 헌법재판소가 법률이 헌법에 위반된다고 선언하여 그 효력을 상실시키지 아니한 채 단지 특정한 법률해석이 헌법에 위반된다고 표명한 의견은 그 권한범위를 뚜렷이 넘어선 것으로서 그 방식이나 형태가 무엇이든지 간에 법원과 그 밖의 국가기관 등을 기속할 수 없고, 헌법재판소법 제75조 제 7 항에서 정한 재심사유가 될 수 없다고 하였다.[1]

그러나 헌법재판소는 법률에 대한 위헌심사는 당연히 당해법률 또는 법률조항에 대한 해석이 전제되는 것이고, 헌법재판소의 한정위헌결정은 단순히 법률을 구체적인 사실관계에서 적용함에 있어서 그 법률의 의미와 내용을 밝히는 것이 아니라 법률에 대한 위헌성심사의 결과로서 법률조항이 특정의 적용영역에서 제외되는 부분은 위헌이라는 '부분위헌'을 뜻하므로 헌법재판소의 한정위헌결정은 결코 법률의 해석에 대한 헌법재판소의 단순한 견해가 아니라, 헌법에 정한 권한에 속하는 위헌심사의 한 유형이라고 하였으며, 대법원의 견해와 같이 한정위헌결정을 법원의 고유권한인 법률해석권에 대한 침해로 파악하여 헌법재판소의 결정유형에서 배제해야 한다면, 헌법재판소는 앞으로 헌법합치적으로 해석하여 존속시킬 수 있는 많은 법률을 모두 무효로 선언해야 하고, 이로써 합헌적 해석방법을 통하여 실현하려는 입법자의 입법형성권에 대한 존중과 헌법재판소의 사법적 자제를 포기하는 것이 된다고 하였다.[2]

이 문제는 헌법재판을 사법작용이라고 볼 것인가 비사법작용이라고 볼 것인가의 문제와 밀접한 관계가 있는 헌법해석사항인바, 대법원의 견해는 사법권의 의미를 협의로만 해석하여 헌법재판소의 재판을 사법작용으로 보지 아니하는 전제에 서 있다는 비판을 받을 수 있다.[3]

그런데 대법원은 헌법재판소가 헌재 2014. 4. 24. 2011헌가29 사건에서 "구

---

1) 대법원 2013. 3. 28. 선고 2012재두299 판결; 대법원 1996. 4. 9. 선고 95누11405 판결; 대법원 2001. 4. 27. 선고 95재다14 판결.

2) 헌재 1997. 12. 24. 96헌마172등.

3) 동지: 이시윤, 신민사소송법, 650면. 이시윤 교수는 판결주문을 내는 것만이 사법권에 전속되는 것이지, 법률해석권은 법원에만 있는 것이 아니므로, 헌법재판소의 위헌결정과 달리 법원의 법률해석이 헌법재판소를 비롯한 다른 국가기관에 대하여 기속력이 없다고 하였다. 다만 헌법재판소법 제41조 제 1 항의 해석상 위헌법률심판의 심판대상은 법률의 위헌여부이지 법률해석의 위헌여부가 심판대상이 되는 것이 아닌바, 법률조항에 대한 한정위헌 판단을 구하는 청구의 적법여부에 관한 헌재 2012. 12. 27. 2011헌바117에서 심판의 대상이 법률조항이 아닌 법률조항의 해석·적용의 위헌여부인 것처럼 설시한 것은 재고의 여지가 있다고 할 것이다. 상세한 것은 '제 4 편 제 2 장 제 6 절 6. 심판청구서의 기재사항'의 '나. 법률조항에 대한 한정위헌의 판단을 구하는 청구의 적법여부' 부분 참조.

집시법 제10조 및 제20조 제 3 호 중 '제10조 본문' 부분에 관한 부분은 각 '일몰시간 후부터 같은 날 24시까지의 옥외집회 또는 시위'에 적용하는 한 헌법에 위반된다."는 결정을 선고한 것에 대하여 위 결정은 그 주문의 표현형식에도 불구하고 구 집시법의 위 각 조항의 '옥외집회 또는 시위'에 관한 부분 중 '일몰시간 후부터 같은 날 24시까지' 부분이 헌법에 위반된다는 일부위헌의 취지라고 보아야 하므로 헌법재판소법 제47조에서 정한 위헌결정으로서의 효력을 갖는다고 하였다.[1)]

한편 헌법재판소법 제68조 제 2 항의 위헌소원심판 계속 중 심판대상 법률조항이 다른 위헌소원심판사건에서 이미 한정위헌결정을 선고한 바가 있는 경우, "구 조세감면규제법(1993. 12. 31. 법률 제4666호로 전부개정된 것)의 시행에도 불구하고 구 조세감면규제법(1990. 12. 31. 법률 제4285호) 부칙 제23조가 실효되지 않은 것으로 해석하는 것은 헌법에 위반됨을 확인한다."고 선언한 사례가 있다.[2)] 헌법재판소법 제68조 제 2 항의 헌법소원심판에서는 동법 제75조 제 7 항이 정하는 재심청구의 이익을 보호할 필요가 있기 때문에 헌법재판소가 이미 위헌으로 선언한 법률조항에 대한 심판을 구하는 경우라고 할지라도 이에 대해서는 각하하지 않고 해당 법률조항에 대하여 위헌임을 확인하는 결정을 하여 재심을 청구할 수 있는 길을 열어둘 필요가 있기 때문이다.

그런데 위 한정위헌결정이 있은 후 당해사건의 원고가 재심대상판결이 확정된 후 헌법재판소가 원고의 헌법소원을 인용하여 위헌결정인 한정위헌결정을 선고하였으므로 재심대상판결에는 헌법재판소법 제75조 제 7 항에서 정한 재심사유가 있다고 주장하면서 재심의 소를 제기하였는바, 대법원은 법률조항 자체는 그대로 둔 채 그 법률조항에 관한 특정한 내용의 해석·적용만을 위헌으로 선언하는 한정위헌결정에 관하여는 헌법재판소법 제47조가 규정하는 위헌결정의 효력을 부여할 수 없으며, 그 결과 한정위헌결정은 법원을 기속할 수 없고 재심사유가 될 수 없다는 이유로 재심청구를 기각하였다.[3)] 그 후 위 당사자가 헌재 2013헌마242로 재판취소 등 헌법소원심판청구를 제기하여 심리 중이었던 바,[4)] 위 헌재 1997. 12. 24. 96헌마172등 헌법재판소법 제68조 제 1 항 위헌

1) 대법원 2014. 7. 10. 선고 2008도4260 판결; 대법원 2014. 7. 10. 선고 2011도1602 판결.
2) 헌재 2012. 7. 26. 2009헌바35등. 심판대상법률조항에 대하여 이미 한정위헌결정을 선고한 사건은 헌재 2012. 5. 31. 2009헌바123등(GS칼텍스사건)이다.
3) 대법원 2013. 3. 28. 선고 2012재두299 판결.

확인 사건에서처럼 헌법재판소가 위 대법원의 판결을 취소할 것인지 귀추가 주목되었다.

헌법재판소는 오랜 심리 끝에 헌재 2022. 7. 21. 2013헌마242 결정에서 "헌법재판소는 2022. 6. 30. 2014헌마760등 결정에서 "헌법재판소법(2011. 4. 5. 법률 제10546호로 개정된 것) 제68조 제 1 항 본문 중 '법원의 재판' 가운데 '법률에 대한 위헌결정의 기속력에 반하는 재판' 부분은 헌법에 위반된다."라는 결정을 선고하였다. 헌법재판소가 법률의 위헌성 심사를 하면서 합헌적 법률해석을 하고 그 결과로서 이루어지는 한정위헌결정은 일부위헌결정으로서, 헌법재판소가 헌법에서 부여받은 위헌심사권을 행사한 결과인 법률에 대한 위헌결정에 해당한다. 따라서 이 사건 한정위헌결정으로 구 조세감면규제법(1990. 12. 31. 법률 제4285호) 부칙 제23조의 규범 영역 중 1993. 12. 31. 법률 제4666호로 전부개정된 구 조세감면규제법의 시행일인 1994. 1. 1. 이후에 적용되는 부분은 그 효력을 상실하였고, 이는 법원을 비롯한 모든 국가기관과 지방자치단체에 대하여 기속력이 있다. 법원은 이 사건 한정위헌결정의 기속력을 부인하여 청구인의 재심 청구를 기각하였는바, 이는 '법률에 대한 위헌결정의 기속력에 반하는 재판'으로 헌법소원심판의 대상이 되고 청구인의 재판청구권을 침해하였으므로 헌법재판소법 제75조 제 3 항에 따라 취소되어야 한다."고 판시하면서,[1] 주문에서 "대법원 2013. 3. 28. 선고 2012재두299 판결은 청구인의 재판청구권을 침해한 것이므로 이를 취소한다."고 선언하였다.[2]

한편 참고로, 위헌법률심판이나 헌법재판소법 제68조 제 2 항의 위헌소원사건의 경우, 헌법재판소에서 구법조항에 대하여 한정위헌결정이 선고된 후, 그와 법률규정의 내용이 거의 같은 신법조항에 대하여 결정하면서, 종전 구법조항에 대한 한정위헌결정을 원용하고, 심판대상인 신법조항에 대하여 같은

4) 위 사건 외에도 헌재 2012. 5. 31. 2009헌바123등 위헌소원사건의 당사자인 GS칼텍스 주식회사가 한정위헌결정이 법원을 기속할 수 없고 재심사유가 될 수 없다는 이유로 재심청구를 기각한 서울고등법원 2012재두110 판결에 대하여 헌재 2013헌마496으로 재판취소 등 헌법소원심판청구를 제기하여 심리 중이었다.

1) 헌재 2022. 7. 21. 2013헌마242; 같은 취지: 헌재 2022. 7. 21. 2013헌마496; 헌재 2022. 7. 21. 2013헌마497.

2) 헌재 2022. 7. 21. 2013헌마242; 헌재 2022. 7. 21. 2013헌마496 결정에서는 주문에서 "서울고등법원 2013. 6. 26. 선고 2012재누110 판결 및 대법원 2013. 11. 15.자 2013두14665 판결은 청구인의 재판청구권을 침해한 것이므로 이를 모두 취소한다."고 선언하고, 헌재 2022. 7. 21. 2013헌마497 결정에서는 주문에서 "서울고등법원 2013. 5. 9. 선고 2012재누103 판결 및 대법원 2013. 9. 12.자 2013두10601 판결은 청구인의 재판청구권을 침해한 것이므로 이를 모두 취소한다."고 선언하였다.

취지로 한정위헌결정을 한 것[1]과 종전 구법조항에 대하여 한정위헌결정된 부분을 제외한 나머지 부분에 대하여 헌법에 위반되지 아니한다고 결정한 것[2]이 있다. 전자의 경우 당해사건의 사안은 위헌으로 판단된 부분에 해당되는 것이고, 후자의 경우는 당해사건의 사안이 합헌으로 판단된 부분에 해당되는 것이었다. 반대로 헌법재판소에서 현행 법률조항에 대하여 한정위헌결정이 먼저 선고된 후 동일한 내용의 구법조항에 대한 위헌법률심판 사건에서, 헌법재판소가 종전의 한정위헌결정을 원용하고 구법조항에 대하여 같은 취지로 한정위헌결정을 한 것이 있다.[3] 그리고 헌법재판소에서 구법조항에 대하여 한정합헌결정을 한 바 있고, 그 결정의 취지에 따라 법이 개정되어 위헌성이 제거된 경우 개정된 신법조항에 대하여 합헌결정을 한 사례도 있다.[4]

마. 헌법불합치결정의 경우의 기속력

헌법불합치결정은 위헌결정의 일종으로서, 기속력이 있다는 데에 별다른 다툼이 없고 법원도 이를 일반적으로 인정하고 있다.[5] 헌법재판소도 헌법불합치결정의 경우 심판대상인 법률조항은 개정입법 시까지 형식적으로 계속 존속하나, 헌법재판소에 의한 위헌성 확인의 효력은 그 기속력을 가지는 것이라고 하였다.[6]

헌법재판소는 국가기관 등 채용시험에서 국가유공자와 그 가족이 응시하는 경우 만점의 10퍼센트를 가산하도록 규정하고 있는 국가유공자등예우및지원에관한법률조항에 대하여 2007. 6. 30.까지 잠정적용을 명하는 헌법불합치결정[7]을 선고하였음에도 법원이 재차 동일한 조항에 대하여 위헌법률심판제청을 한 사안에서, 이미 헌법불합치결정이 선고된 바 있어 헌법불합치결정은 기속력을 가지므로 심판의 이익이 없다는 이유로 각하결정을 하였다.[8] 이 결정 당시 헌법불

1) 헌재 1998. 5. 28. 97헌가13.
2) 헌재 1999. 4. 29. 96헌바22등.
3) 헌재 2014. 4. 24. 2011헌가29.
4) 헌재 2014. 9. 25. 2011헌바358(구 국가보안법 제 9 조 제 2 항 본문 중 제 4 조 관련 부분과 구 군사기밀보호법 제11조에 대한 위헌소원 사건이다).
5) 대법원 1991. 6. 11. 선고 90다5450 판결; 대법원 1997. 8. 26. 선고 96누6707 판결; 대법원 1998. 4. 10. 선고 97누20397 판결.
6) 헌재 1997. 12. 24. 96헌마172등; 헌재 2006. 6. 30. 2005헌가1.
7) 헌재 2006. 2. 23. 2004헌마675등.
8) 헌재 2006. 6. 29. 2005헌가13.

합치된 법률조항은 입법시한이 경과되기 전이어서 계속 적용되고 있었으므로 헌법불합치결정으로 효력을 상실하여 심판의 대상이 될 수 없다는 이유로 각하할 수 없었던 것으로 보인다.[1)]

이에 반해, 헌법재판소가 체육시설의 구체적 범위를 한정하지 않고 포괄적으로 대통령령에 위임한 구 국토의 계획 및 이용에 관한 법률조항에 대하여 포괄위임원칙에 위배된다는 이유로 2012. 12. 31.까지 잠정적용을 명하는 헌법불합치결정[2)]을 선고하였음에도 재차 동일한 조항에 대하여 헌법소원을 제기한 사안에서, 헌법재판소는 심판의 대상이 될 수 없어 부적법하다는 이유로 각하결정을 하였다.[3)]

한편, 헌법재판소가 헌법재판소법 제68조 제 1 항 헌법소원에서 군인 또는 군인이었던 자가 복무 중의 사유로 금고 이상의 형을 받은 때에는 대통령령이 정하는 바에 의하여 퇴직급여 및 퇴직수당의 일부를 감액하여 지급하도록 정하고 있는 구 군인연금법 제33조 제 1 항 제 1 호에 대하여 잠정적용을 명하는 헌법불합치결정을 한 이후 병합되지 않고 같은 법률조항에 대한 헌법소원이 헌법재판소에 계속중인 사건에 대하여, 헌법불합치결정으로 인한 개선입법의 소급효는 헌법재판소에 계속중인 사건에도 미치기 때문에, 권리보호의 이익이 없다는 이유로 각하한 사례도 있다.[4)]

그런데 헌법재판소법 제68조 제 2 항의 헌법소원 계속 중 심판대상이 된 법률조항이 이미 다른 사건에서 위헌결정 또는 헌법불합치 결정이 선고된 경우 "… 부분은 위헌임을 확인한다." 또는 "… 부분은 헌법에 합치되지 아니함을 확인한다."라고 한 사례도 있음은 앞서 설명한 바와 같은데, 청구인의 재심청구 등 권리구제의 측면을 고려하여 같은 조항에 대하여 재차 헌법불합치결정을 한 것이다.[5)]

참고로 부진정입법부작위에 관한 사안이기는 하나 '정치자금법 제 6 조 전체'에 대하여 '정당을 후원회지정권자로 규정하지 않은 것이 위헌'이라는 취지

1) 실무제요, 202면.
2) 헌재 2011. 6. 30. 2008헌바166등.
3) 헌재 2014. 7. 24. 2012헌바294등; 헌재 2016. 10. 27. 2014헌마709; 헌재 2017. 10. 26. 2016헌마656.
4) 헌재 2011. 8. 30. 2008헌마343.
5) 헌재 1999. 6. 24. 96헌바67(위헌결정이 선고되었던 사례); 헌재 2012. 7. 16. 2009헌바35등(한정위헌결정이 선고되었던 사례); 헌재 2022. 11. 24. 2021헌바301(헌법불합치결정이 선고되었던 사례).

의 헌법불합치 결정이 선고된 후,[1] 그 중 일부인 '정치자금법 제 6 조 제 6 호'의 위헌성을 다투는 사건에서 '기초자치단체장선거의 예비후보자를 후원회지정권자에서 제외하고 있는 정치자금법 제 6 조 제 6 호가 헌법에 위반되는지 여부'[2] 또는 '광역자치단체장선거의 예비후보자를 후원회지정권자에서 제외하고 자치구의회의원선거의 예비후보자를 후원회지정권자에서 제외하고 있는 정치자금법 제 6 조 제 6 호가 기본권을 침해하는지 여부'[3]를 심판대상으로 기재한 뒤, 해당 쟁점에 대해서만 판단한 사례들도 있다.

법원의 제청에 의한 법률의 위헌심판에서 헌법재판소가 잠정적용을 명하는 헌법불합치결정을 했다면 모든 국가기관은 그에 기속되고 법원은 위헌법률을 계속 적용하여 재판을 진행해야 하고, 그 재판은 헌법불합치결정에 따라 재판한 것이므로 헌법재판소 결정의 기속력에 반하는 재판이라고 볼 수 없고,[4] 적용중지를 명하는 헌법불합치결정을 했다면, 법원은 입법개선이 이루어질 때까지 정지된 재판을 진행할 수 없다. 헌법재판소가 헌법불합치결정한 법률의 효력시한을 정해준 경우에는 그 효력시한의 경과로 그 법률은 효력을 상실하게 되어 법원은 더 이상 효력상실한 법률을 적용하는 재판을 할 수 없다.[5]

헌법재판소는 방송문화진흥회가 최다출자자인 방송사업자의 경우 한국방송광고공사의 후신인 한국방송광고진흥공사가 위탁하는 방송광고에 한하여 방송광고를 할 수 있도록 한 방송광고판매대행 등에 관한 법률 제 5 조 제 2 항 중 '방송문화진흥회법에 따라 설립된 방송문화진흥회가 최다출자자인 방송사업자' 부분은 구 방송법령에 대한 헌법불합치결정(2006헌마352)의 취지에 반하는 입법이 아니므로 위 헌법불합치결정의 기속력에 반하지 않는다고 하였고,[6] "사립학교 교원이 '직무와 관련 없는 과실로 인한 경우' 및 '소속상관의 정당한 직무상

1) 헌재 2015. 12. 23. 2013헌바168.
2) 헌재 2016. 9. 29. 2015헌바228.
3) 헌재 2019. 12. 27. 2018헌마301등.
4) 헌재 2013. 9. 26. 2012헌마806. 헌재 2015. 4. 28. 2015헌마365 지정부 결정.
5) 동지: 허영, 266면. 입법자가 입법개선시한을 지키지 않은 사례로는 공무원연금법 제64조 제 1 항 위헌소원(헌재 2007. 3. 29. 2005헌바33) 사건이 있다.
6) 헌재 2013. 9. 26. 2012헌마271(구 방송법령에 대한 종전 헌법불합치결정의 취지는 한국방송광고공사가 독점하던 방송광고판매대행업에 제한적이나마 실질적인 경쟁체제가 이루어질 수 있도록 하여야 한다는 것이었고, 이 결정에 따라 새로 제정된 방송광고판매대행 등에 관한 법률에서는 공영 미디어랩인 한국방송광고진흥공사 이외에 민영 미디어랩도 방송광고판매대행업을 할 수 있도록 제한경쟁체제를 도입하고 있으므로 헌법불합치결정의 취지에 반하는 입법이라고 볼 수 없다고 하였다).

의 명령에 따르다가 과실로 인한 경우'를 제외하고 재직중의 사유로 금고 이상의 형을 받은 경우, 퇴직급여 등을 감액하도록 규정한 구 사립학교교직원연금법 제42조 제 1 항 전문 중 공무원연금법 제64조 제 1 항 제 1 호 준용부분이, 구 공무원연금법 제64조 제 1 항 제 1 호가 공무원의 '신분이나 직무상 의무'와 관련이 없는 범죄에 대해서도 퇴직급여의 감액사유로 삼는 것이 퇴직공무원들의 기본권을 침해한다는 이유로 헌법불합치선언을 한 헌재 2007. 3. 29. 2005헌바33 결정 및 구 공무원연금법 조항을 준용하고 있던 구 사립학교교직원연금법 제42조 제1항 전문에 대해 같은 취지로 헌법불합치선언을 한 헌재 2010. 7. 29. 2008헌가15 결정에 따른 개선입법인바, 교원의 직무와 관련이 없는 범죄라 할지라도 고의범의 경우에는 교원의 법령준수의무, 청렴의무, 품위유지의무 등을 위반한 것으로 볼 수 있으므로 이를 퇴직급여의 감액사유에서 제외하지 아니하더라도 위 헌법불합치결정의 취지에 반한다고 볼 수 없다. 따라서 이 사건 법률조항은 위 불합치결정의 기속력에 저촉된다고 할 수 없다."고 판시하였다.[1)]

제 5 절 위헌법률심판의 절차 및 심사기준

1. 개 설

위헌법률심판은 원칙적으로 서면심리에 의한다. 다만 재판부는 필요하다고 인정하는 경우에는 변론을 열어 당사자·이해관계인 그 밖의 참고인의 진술을 들을 수 있다(헌재법 제30조 제 2 항). 심판절차에 대한 나머지 사항은 일반심판절차에서 설명한 바와 같다.

2. 입법사실의 조사와 입법자의 예측판단에 대한 심사

법률의 위헌여부를 심사하는 과정에서 입법자의 입법의도를 파악하여 그

1) 헌재 2013. 9. 26. 2010헌가89등; 동지: 헌재 2013. 9. 26. 2011헌바100(군인연금법 제33조 제 1 항 제 1 호 위헌소원 사건); 헌재 2013. 9. 26. 2013헌바170(사립학교교직원 연금법 제42조 제 1 항 등 위헌소원 사건); 헌재 2013. 8. 29. 2010헌바354등(공무원연금법 제64조 제 1 항 제 1 호 등 위헌소원 사건); 헌재 2016. 6. 30. 2014헌바365(공무원연금법 제64조 제 1 항 제 1 호 등 위헌소원사건).

러한 입법적 구성 또는 입법자의 장래예측이 현재 헌법재판소의 헌법해석의 관점에서 볼 때 타당하였는지 심사해야 하는 경우가 있다. 그러한 경우 재판관의 주관적 판단이나 당사자가 제출한 심판기록에만 의존할 것이 아니라 입법당시의 입법자의 의도를 확인할 수 있는 입법자료 내지 입법사실의 조사가 이루어질 필요가 있다. 헌법재판소도 이러한 입법사실의 조사를 규범심사과정에서 할 수 있다고 한다.[1]

3. 위헌법률심판의 심사기준

가. 헌법의 모든 규정

위헌법률심판절차는 법원에 계속된 구체적 사건에서 적용될 법률이나 법률조항이 헌법에 위반되는지의 여부가 문제되는 객관소송의 일종이므로(헌법 제107조 제 1 항, 헌재법 제41조 제 1 항 참조) 헌법의 모든 규정이 법률의 합헌성 심사에 기준이 될 수 있다. 즉 당해소송의 당사자들에게 주관적 공권으로서의 기본권을 보장하는 헌법규정에 그 심사기준이 국한되지 아니한다.

여기서 헌법이라 함은 실정헌법으로서의 '현행 대한민국헌법(1987. 10. 29. 개정된 것)'을 말한다. 현행 헌법만이 국민주권의 발현으로서 모든 국가권력을 구속하고 규범통제의 근거가 될 수 있으며, 시대의 변천과 역사의 발전을 반영하는 헌법의 역사성에 근거한 것이다.[2] 따라서 현행헌법에서 제정·시행된 법률은 물론이고, 구 헌법 하에서 제정·시행된 법률의 위헌여부 심사의 기준도 현행헌법이다.[3] 헌법재판소도 "유신헌법 일부 조항과 긴급조치 등이 기본권을 지나치게 침해하고 자유민주적 기본질서를 훼손하였다는 반성에 따른 헌법 개정사, 국민의 기본권 강화·확대라는 헌법의 역사성, 헌법재판소의 헌법해석은 헌법이 내포하고 있는 특정한 가치를 탐색·확인하고 이를 규범적으로 관철하는 작업인 점에 비추어, 헌법재판소가 행하는 구체적 규범통제의 심사기준은 원칙적으로 헌법재판을 할 당시에 규범적 효력을 가지는 현행헌법이다."라고 판시하였다.[4]

1) 헌재 1994. 4. 28. 92헌가3.
2) 실무제요, 204면.
3) 동지: 김하열, 321면.
4) 헌재 2013. 3. 21. 2010헌바70등. 이에 반해 대법원은 같은 대통령긴급조치의 위헌 여부를 심사하면서, "긴급조치 제 1 호가 해제 내지 실효되기 이전부터 유신헌법에 위배되어 위헌이고, 나아가 긴급조치 제 1 호에 의하여 침해된 위 각 기본권 보장 규정을 두고 있는 현행 헌법에 비추어 보더

다만 구 인신구속에 관한 임시특례법 제 2 조 제 1 항은 구 헌법 제 9 조, 헌법 제12조 제 3 항에서 정한 영장주의에 위배된다고 판시하여 현행헌법뿐만 아니라 구 헌법도 심사기준으로 설시한 예도 있다.[1]

심사기준으로서의 헌법에는 헌법의 **실체적 규범**뿐만 아니라 **형식적 규범**도 포함된다. 따라서 입법권한이나 입법절차에 관한 헌법규범도 심사기준이 된다.[2] 헌법재판소도 헌법소원의 경우와는 달리 위헌법률심판에서는 **입법절차의 하자**를 다툴 수 있음을 인정하고 있으며,[3] 실제로도 입법절차에 하자가 있는지 여부를 판단한 바 있다.[4]

나. 헌법원칙

여기서 말하는 '헌법'은 원칙적으로 형식적 의미의 헌법전을 말한다. 그렇다고 여기서 말하는 '헌법'이 헌법전에 포함된 개별 규정들의 단순한 총합만을 의미하는 것은 아니며, 개별 규정들의 근저에 가로놓여 있는 헌법의 원칙들이나 근본적 결단들을 포함하는 개념이다.[5] 이러한 **원리나 원칙**에는 민주주의, 법치주의, 사회국가원리, 권력분립원칙 등이 있고, 법치주의로부터 다시 명확성원칙, 신뢰보호원칙, 비례성원칙, 자기책임의 원리 등과 같은 **하위원칙**들이 도출된다.

헌법재판소는 "수신료의 금액은 이사회가 심의·결정하고, 공사가 공보처장관의 승인을 얻어 이를 부과·징수한다."고 규정한 한국방송공사법 제36조 제 1 항이 법률유보(의회유보)원칙에 어긋나는 것이어서 헌법 제37조 제 2 항과 '법치주의원리' 및 '민주주의원리'에 위반된다고 하였고,[6] 공직선거 및 부정선거방지법 제189조 제 1 항은 민주주의원리, 직접선거의 원칙, 평등선거의 원칙에 위배된다고 하였으며,[7] "자기책임의 원리는 인간의 자유와 유책성, 그리고 인간의 존엄성을 진지하게 반영한 것으로 그것이 비단 민사법이나 형사법에 국한된 원리라기보다는 근대법의 기본이념으로서 법치주의에 당연히 내재하는 원리"라고 판

라도 위헌이다."라고 판시하여 유신헌법이 주된 심사기준이 된다고 보았다(대법원 2010. 12. 16. 선고 2010도5986 전원합의체 판결 등).

1) 헌재 2012. 12. 27. 2011헌가5.
2) 동지: 김하열, 320면.
3) 헌재 1998. 8. 27. 97헌마8.
4) 헌재 1997. 1. 16. 92헌바6; 헌재 2001. 4. 26. 98헌바79.
5) 헌재 2003. 12. 18. 2002헌마593 참조.
6) 텔레비전방송수신료 사건. 헌재 1999. 5. 27. 98헌바70.
7) 헌재 2001. 7. 19. 2000헌마91등.

시[1]하여 이를 위헌심사의 기준으로 활용하였다. 그러나 한나라당 대통령후보 이명박의 주가조작 등 범죄혐의의 진상규명을 위한 특별검사 임명 등에 관한 법률 제 3 조가 헌법상 권력분립원칙에 위배되지 않는다고 하였고,[2] 교육공무원법 제47조 제 1 항이 헌법상 신뢰보호원칙에 위배된다고 볼 수 없다고 하였다.[3]

다. 헌법관습법

그 밖에 헌법관습법도 위헌심판절차의 심사기준이 될 수 있다. 헌법재판소는 신행정수도의 건설을 위한 특별조치법 위헌확인 사건에서, 일반적인 헌법사항에 해당하는 내용 중에서 특히 국가의 기본적이고 핵심적인 사항으로서 법률에 의하여 규율하는 것이 적합하지 아니한 사항에 관하여 형성된 관행 내지 관례로서, 관습법으로서의 요건(반복계속성, 항상성, 명료성, 국민적 합의성)을 갖춘 것은 관습헌법으로서 성문헌법과 동일한 효력을 가지며 위헌확인의 심사기준이 될 수 있다고 판시하였다.[4]

위와 같은 심사기준은 헌법재판소법 제68조 제 2 항 헌법소원의 경우에도 마찬가지이다.

라. 조약이나 국제법규

조약이나 국제법규는 법규범의 효력구조에서 헌법보다 하위에 있고, 헌법에 의하여 비로소 국내법 질서에 수용되므로(헌법 제 6 조 제 1 항) 그 자체로 위헌심사의 기준이 될 수 없다.[5] 헌법재판소도 "청구인들이 드는 국제노동기구의 제87호 협약(결사의 자유 및 단결권 보장에 관한 협약), 제98호 협약(단결권 및 단체교섭권에 대한 원칙의 적용에 관한 협약), 제151호 협약(공공부문에서의 단결권 보호 및 고용조건의 결정을 위한 절차에 관한 협약)은 우리나라가 비준한 바가 없고, 헌법 제 6 조 제 1 항에서 말하는 일반적으로 승인된 국제법규로서 헌법적 효력을 갖는 것이라고 볼 만한 근거도 없으므로, 이 사건 심판대상 규정의 위헌성 심사의 척도가 될 수 없다."고 판시하였고,[6] "개정 교토협약이 국내법과 같은 효력을 가진다고 하더라도, 곧

---

1) 헌재 2004. 6. 24. 2002헌가27.
2) 헌재 2008. 1. 10. 2007헌마1468.
3) 헌재 2000. 12. 14. 99헌마112.
4) 신행정수도 사건. 헌재 2004. 10. 21. 2004헌마554등.
5) 동지: 김하열, 322면; 정종섭, 329면.
6) 헌재 2005. 10. 27. 2003헌바50.

헌법적 효력을 갖는 것이라고 볼 만한 근거는 없는바, 이 사건 법률조항의 위헌성 심사의 척도가 될 수는 없다."고 판시하였다.[1)]

그러나 예외적으로 국가 간에 헌법적 효력을 가지는 국제규범을 창설하여 각 국가가 그에 종속된다고 **합의한 경우**에는 그러한 국제규범은 심판의 기준이 될 여지가 있다.[2)]

헌법재판소도 헌법상 양심의 자유 침해 여부를 판단하면서 **시민적·정치적 권리규약**을 언급하여 그 해석의 정당성을 보완하는 논거의 하나로 사용하거나,[3)] **여성차별철폐협약**을 제대군인가산점제도의 불합리성을 인정하기 위한 보강 논거로 사용하거나,[4)] 평등원칙의 일반원리를 설명하면서 **경제적·사회적·문화적 권리규약**의 관련 규정이 우리 헌법의 해석에서 고려되어야 할 것이라고 판시하는 등[5)] 헌법 해석에 있어 국제인권규범을 참고하거나 고려하는 등 국제법을 존중·고려한 판시를 하여 오고 있다.[6)]

우리 헌법은 헌법에 의하여 체결·공포된 조약과 일반적으로 승인된 국제법규를 국내법과 마찬가지로 준수하고 성실히 이행함으로써 국제질서를 존중하여 항구적 세계평화와 인류공영에 이바지함을 기본이념의 하나로 하고 있으므로(헌법 전문 및 제 6 조 제 1 항 참조), 국제적 협력의 정신을 존중하여 될 수 있는 한 **국제법규**의 취지를 살릴 수 있도록 노력할 것이 요청된다.[7)]

마. 위헌심사의 관점

헌법재판소는 위헌법률심판절차에 있어서 규범의 위헌성을 제청법원이나 제청신청인이 주장하는 법적 관점에서만 아니라 심판대상규범의 법적 효과를 고려하여 **모든 헌법적인 관점**에서 심사한다. 법원의 위헌제청을 통하여 제한되는 것은 오로지 심판의 대상인 법률조항이지 위헌심사의 기준이 아니다.[8)]

그리하여 자도소주구입제도 사건에서는 심판대상인 주세법 규정이 청구인

1) 헌재 2015. 6. 25. 2013헌바193.
2) 동지: 정종섭, 329면. 예컨대 유럽인권협약.
3) 헌재 1991. 4. 1. 89헌마160.
4) 헌재 1999. 12. 23. 98헌마363.
5) 헌재 2007. 8. 30. 2004헌마670.
6) 실무제요, 206면.
7) 헌재 2005. 10. 27. 2003헌바50등; 헌재 2014. 5. 29. 2010헌마606.
8) 자도소주구입제도 사건. 헌재 1996. 12. 26. 96헌가18; 동지: 과외금지 사건. 헌재 2000. 4. 27. 98헌가16등.

인 주류 판매업자에 미치는 기본권 제한적 효과에 한하지 아니하고, 그 외의 관련자인 주류 제조업자나 소비자에게 미치는 효과까지 헌법적 관점에서 심사하였고, 과외교습금지에 대해서는 청구인인 과외교습자의 직업의 자유뿐 아니라 학부모나 학생 등의 교육관련 기본권에 미치는 제한의 효과까지 고려하여 위헌 여부를 심사하였다.[1] 그리고 1세대 3주택 이상에 해당하는 주택에 대하여 양도소득세를 중과하는 소득세법 조항에 대한 헌법소원사건에서도, 심판대상조항이 청구인에게 미치는 기본권 제한적 효과에 한하지 아니하고 청구인과 혼인한 배우자에게 미치는 효과까지 헌법적 관점에서 심사할 필요가 있다고 판시하였다.[2]

한편 헌법재판소는 어떤 법률조항이 동시에 여러 헌법규정에 위반되거나 기본권을 침해한다고 주장하는 경우에는 헌법규정 위반 또는 기본권침해를 주장하는 청구인의 의도 및 입법자의 객관적 동기 등을 참작하여 먼저 사안과 가장 밀접한 관계에 있는 헌법규정이나 또는 침해의 정도가 큰 기본권을 중심으로 그 위헌 여부를 따져 보아야 한다고 하였다.[3]

제 6 절 종국결정 및 그 효과

1. 종국결정의 기본적 유형

위헌법률심판절차에 있어서 내려질 수 있는 종국결정의 기본적 유형은 소송법적 결정으로 각하결정과 본안에 관한 결정, 실체법적 결정의 유형으로서 합헌결정과 위헌결정 및 이른바 변형결정(헌법불합치결정, 한정합헌결정, 한정위헌결정)이 있다.

각하결정의 주문은 "이 사건(또는 …에 대한) 위헌여부심판제청을 각하한다."로 표시한다. 합헌결정의 주문은 "…은 헌법에 위반되지 아니한다."라는 형식으로, 위헌결정의 주문은 "…은 헌법에 위반된다."라는 형식으로 표시한다. 헌법불합치결정의 경우는 헌법에 합치되지 않는 조항의 효력상실 여부나 시기, 또

1) 헌재 2000. 4. 27. 98헌가16등.
2) 헌재 2011. 11. 24. 2009헌바146.
3) 헌재 2009. 5. 28. 2007헌바105; 헌재 2015. 11. 26. 2012헌바30 참조.

는 적용중지, 잠정적용 여부에 따라 구체적 표시방법에 차이가 있다.

한정합헌·한정위헌결정의 주문형식에 대해서는 뒤에서 구체적으로 설명하기로 한다.

2. 합헌결정

가. 의 의

위헌법률심판절차에서 본안심리를 한 결과 심판대상 법률 또는 법률조항이 심사기준에 비추어 헌법에 위반되지 않는다는 결론에 이른 경우에는 합헌결정을 한다. 합헌결정의 주문은 "…은 헌법에 위반되지 아니한다."라는 형식으로 표시한다.

나. 위헌불선언결정의 문제

헌법 제113조 제 1 항, 헌법재판소법 제23조 제 2 항에 의하면 헌법재판소에서 법률에 대해 위헌결정을 할 때에는 재판관 6인 이상의 찬성이 있어야 하는바, 위헌의견이 종국심리에 관여한 재판관의 과반수가 되지만 위헌결정의 정족수인 6인에 미달인 때에는 헌법재판소 활동 초기에는 주문에 "헌법에 위반된다고 선언할 수 없다."라고 표시하였다.[1]

그런데 헌법재판소는 1996년부터는 이러한 결정형식을 지양하고 위헌의견이 종국심리에 관여한 재판관의 과반수(5인)가 되지만 위헌결정의 정족수인 6인에 미달한 경우에 주문에 "…는 헌법에 위반되지 아니한다."고 표시하였다.[2] 이에 대하여는 종래의 위헌선언불가결정의 법적 효과로는 실정법상으로 합헌으로 추정이 되나 그 법률의 내용은 다수의견에 의하여 위헌으로 확인되었다는 선언적 효력과 헌법의 유권적 해석을 국민에게 선언하는 의미가 있다고 할 것인데 이러한 종래 형식을 따르지 않고 합헌이라고 못 박은 형식에 문제가 있다는 비판도 있었다.[3]

---

1) 헌재 1989. 12. 22. 88헌가13; 헌재 1993. 5. 13. 90헌바22등; 헌재 1994. 6. 30. 92헌바23.
2) 헌재 1996. 2. 16. 96헌가2등; 헌재 1996. 12. 26. 90헌바19등; 헌재 1996. 12. 26. 93헌바17; 헌재 1999. 7. 22. 98헌가3; 헌재 1999. 7. 22. 98헌가5.
3) 이에 동조하는 견해로는 성낙인, 197면.

다. 입법개선촉구결정(立法改善促求決定)

독일 연방헌법재판소는 합헌결정의 한 유형으로 '입법개선촉구결정'을 하는 경우가 있다. 입법개선촉구결정은 주문에 그 취지가 표시되는 경우, 주문에는 단지 '이유에서 제시한 기준'에 따라 입법개선을 하도록 표시하는 경우, 주문에는 입법개선에 관한 표시를 하지 않고 이유에서만 그것을 표시하는 경우 등 다양한 형식으로 이루어진다.[1]

우리 헌법재판소는 입법개선촉구를 직접 주문에 명시한 결정례는 아직 없고, 다만 합헌결정을 하면서 결정이유에서 관련 법률 내용의 체계부조화를 지적하고 입법자에게 시정하는 것이 바람직하다고 설시한 사례,[2] 반대의견에서 입법개선촉구의견을 낸 사례[3]와 다수의견의 보충의견에서 입법개선촉구의견을 낸 사례[4]가 있다.

3. 위헌선언의 범위

가. 원　　칙

헌법재판소의 위헌결정의 범위는 심판대상과 일치하는 것이 원칙이다. 따라서 헌법재판소는 원칙적으로 '제청된 법률 또는 법률조항'으로서 '재판의 전제성이 있는 법률 또는 법률조항'에 한하여 위헌선언을 할 수 있다. 헌법재판소도 "헌법심판의 대상이 된 법률조항 중 일정한 법률조항이 위헌선언된 경우 같은 법률의 그렇지 아니한 다른 법률조항들은 효력을 유지하는 것이 원칙이다."라고 판시하였고,[5] 심판대상 법률조항이 부분적으로 합헌적인 요소도 간직하고 있는 경우에는 그 법률조항 전부에 대하여 단순위헌결정을 하게 된다면 이러한 일부 합헌적인 부분까지 함께 실효되게 되어 오히려 국민의 신속한 권리구제에 역행하는 결과를 낳게 될 우려가 있으므로 위헌부분만 제거시키고 합헌부분은 존속시키기 위하여 위헌부분만에 한하여 위헌결정하였다.[6]

---

1) 허영, 242면.
2) 헌재 1993. 7. 29. 93헌마23; 헌재 1996. 2. 29. 92헌바8등.
3) 헌재 1989. 12. 22. 88헌가13; 헌재 1991. 2. 11. 90헌가27; 헌재 1991. 9. 16. 89헌마165등.
4) 헌재 2010. 6. 24. 2009헌마257; 헌재 2011. 11. 24. 2011헌바51; 헌재 2012. 2. 23. 2009헌바34; 헌재 2012. 8. 23. 2010헌마740 등. 저자가 직접 입법개선촉구의견을 낸 사례들이다.
5) 공판기일 전 증인신문제도 사건. 헌재 1996. 12. 26. 94헌바1; 동지: 헌재 2016. 9. 29. 2016헌바44.

또한 심판대상이 헌법재판소에 의하여 위에서 설명한 바와 같은 사유로 확장된 경우에 위헌선언의 범위가 그 법률 또는 법률조항에까지 미치는 것은 당연하다.

나. 위헌선언 범위의 확장

법률조항의 위헌결정으로 인하여 **당해법률 전부**를 시행할 수 없다고 인정할 때에는 그 전부에 대하여 위헌의 결정을 할 수 있다(헌재법 제45조 단서). 헌법재판소는 예컨대 반국가행위자의 처벌에 관한 특별조치법, 토지초과이득세법, 택지소유상한에 관한 법률 등을 본래의 심판대상조항에 국한하지 아니하고 **법률 전체**에 대하여 위헌선언하였고,[1] 반국가행위자 처벌에 관한 특별조치법 사건에서 "이 법 특유의 소송절차나 처벌규정인 위 제 7 조 제 5 항, 제 6 항, 제 7 항 본문, 제 8 조가 모두 위헌으로 실효된다 할 것이고 이들 법률조항들이 이미 실효된 제11조와 함께 특조법의 **핵심적 규정**들이라고 할 것인데, 그 핵심적인 규정들의 시행이 불가능하므로 **특조법 전체**가 그 존재의미를 상실하게 되고 그 전체가 시행할 수 없는 경우라고 할 것이다. 그러므로 나머지 점에 관한 판단을 생략하고 헌법재판소법 제45조 단서규정에 의하여 특조법 전체에 대하여 위헌의 결정을 함이 타당하다."고 판시하였다.[2]

법률 전체만이 아니라 **동일한 법률의 다른 법률조항**도 그 법률 중 심판대상이 된 법률조항과 특별한 관계가 있어 심판대상이 된 법률조항에 대한 위헌결정이 있는 경우 그 다른 법률조항도 계속 적용할 수 없는 경우에는 그에 대하여도 위헌의 결정을 할 수 있다고 보아야 한다.[3] 이와 관련하여 헌법재판소는 "예외적으로 합헌으로 남아 있는 나머지 법률조항만으로는 법적으로 독립된 의미를 가지지 못하거나, 위헌인 법률조항만을 위헌으로 선언하게 되면 전체규정의 의미

---

6) 헌재 1998. 6. 25. 97헌가15(지방자치법 제131조 제 5 항 위헌제청 사건에서 심판대상인 동법 제131조 제 5 항 중 "지방자치단체의 장이 제 4 항의 기간 내에 결정을 하지 아니할 때에는 그 기간이 종료된 날로부터 60일 이내에 …… 관할 고등법원에 소를 제기할 수 있다."는 부분 전부에 대하여 위헌결정을 할 것이 아니라 그 중에서 권리구제절차에 있어 제소기간에 혼란을 가져와 국민의 재판청구의 행사를 어렵게 하는 근거가 되는 "60일 이내에" 부분에 대하여만 위헌결정을 함이 상당하다고 하였다).

1) 반국가행위자의 처벌에 관한 특별조치법 사건. 헌재 1996. 1. 25. 95헌가5; 토지초과이득세법 사건. 헌재 1994. 7. 29. 92헌바49등; 택지소유 상한에 관한 법률 사건. 헌재 1999. 4. 29. 94헌바37등.

2) 헌재 1996. 1. 25. 95헌가5.

3) 헌재 1989. 11. 20. 89헌가102; 헌재 1991. 11. 25. 91헌가6.

와 정당성이 상실되는 때에는 위헌으로 선언된 법률조항을 넘어서 다른 법률조항 내지 법률 전체를 위헌선언 하여야 할 경우가 있다."고 판시하였다.[1)]

나아가 헌법재판소는, "위헌인 법률규정을 헌법재판소에서 위헌으로 선고하기 이전에 합헌적으로 개정하면서 개정법률의 시행일 이전은 구법을 적용한다는 부칙규정을 둔 경우 위 부칙규정은 비형벌법규에 대한 위헌결정의 장래효원칙에 부합하여 합헌이라고 할 것이나, 위 부칙규정이 입법되기도 전에 구법규정의 위헌문제를 제기한 청구인 등에 대하여는 구법규정에 대한 위헌결정의 소급효를 인정해 주어야 할 것인바, 그렇게 하기 위하여는 청구인 등에 대하여는 헌법재판소법 제45조 단서의 규정을 유추적용하여 위 부칙규정의 적용을 배제해 주어야 할 필요가 생긴다."고 하였다.[2)]

그 밖에도 본래의 심판대상인 법률조항의 위헌이유와 '동일한 이유로' 동일한 법률의 다른 법률조항을 위헌선언할 수 있는 경우에 헌법재판소가 법적 안정성, 법적 명확성, 법의 통일성, 소송경제 등을 위하여 그 법률조항도 함께 위헌선언할 수 있는가가 문제된다. 이에 대해서는 앞서 심판대상의 확장 부분에서 상술하였다. 독일 연방 헌법재판소법은 제78조 제 2 항, 제82조 제 1 항에서 그 가능성을 명시함으로써 입법적으로 이 문제를 해결하고 있다. 이와 관련하여 헌법재판소는 "예외적으로 합헌으로 남아 있는 나머지 법률조항만으로는 법적으로 독립된 의미를 가지지 못하거나, 위헌인 법률조항이 나머지 법률조항과 극히 밀접한 관계에 있어서 전체적·종합적으로 양자가 분리될 수 없는 일체를 형성하고 있는 경우, 위헌인 법률조항만을 위헌으로 선언하게 되면 전체규정의 의미와 정당성이 상실되는 때에는 위헌으로 선언된 법률조항을 넘어서 다른 법률조항 내지 법률 전체를 위헌선언 하여야 할 경우가 있다."고 판시하였다.[3)]

---

1) 헌재 1996. 12. 26. 94헌바1 결정에서 증인신문절차의 참여권 및 반대신문권을 규정하고 있는 구 형소법 제221조의2 제 5 항은 진술증거를 강제적으로 수집할 수 있는 절차를 규정한 같은 조 제 2 항의 증인신문절차의 핵심적 구성부분이라고 보아야 하므로, 위 제 5 항을 위헌선언하는 경우에는 위 제 2 항도 함께 위헌선언하는 것이 타당하고 하였다. 또한 헌재 2002. 8. 29. 2001헌바82 결정에서 심판대상이 된 소득세법 제61조 제 1 항은 거주자 또는 그 배우자의 자산소득을 주된 소득자의 종합소득에 합산하여 세액을 계산하도록 정하는 자산소득 합산과세제도의 근간을 이루는 핵심적 요소이므로, 소득세법 제61조의 나머지 조항들인 제 2 항 내지 제 4 항은 독자적인 규범적 존재로서의 의미를 잃게 되므로 비록 심판대상은 아니지만 이 법조항들에 대해서는 위헌선언을 한다고 하였다.

2) 구 국세기본법 제42조 제 1 항 단서 사건. 헌재 1994. 6. 30. 92헌바23.

3) 공판기일 전 증인신문제도 사건. 헌재 1996. 12. 26. 94헌바1; 동지: 1인1표제 사건. 헌재 2001. 7. 19. 2000헌마91등; 소득세법 제61조 제 2 항 내지 제 4 항에 대한 부수적 위헌선언 사건. 헌재 2002. 8. 29. 2001헌바82; 포괄위임금지원칙위반 군인연금법 사건. 헌재 2003. 9. 25. 2001헌가22.

그리고 선거구구역표의 경우 그 전체가 불가분의 일체를 이루는 것으로서 어느 한 부분에 위헌적인 요소가 있다면, 선거구구역표 전체가 위헌의 하자를 갖는 것이라고 보아야 할 뿐만 아니라, 해당 선거구에 대하여만 인구과다를 이유로 위헌선언을 할 경우에는 헌법소원 청구기간의 적용 때문에 해당 선거구보다 인구의 불균형이 더 심한 선거구의 선거구획정이 그대로 효력을 유지하게 되는 불공평한 결과를 초래할 수도 있으므로, 헌법재판소는 일부 선거구의 선거구획정에 위헌성이 있는 경우라도 **선거구구역표의 전부**에 관하여 위헌선언을 하고 있다.[1)]

이러한 판례에 비추어 볼 때 위와 같은 사유가 있는 경우에는 위헌선언의 범위를 위헌제청된 법률과 **동일한 법률의 다른 조항**에까지 확장할 수 있다고 보아야 할 것이다.

여기서 법률이 수회의 법률개정에 의하여 개정된 경우에 개정된 신법률에 포함되어 있는 동일 내용의 법률조항이 여기서 말하는 '**동일한 법률의 다른 법률 조항**'에 해당되는지 문제된다. 독일의 판례와 학설은 이를 긍정하고 있다. 그리하여 심판대상이 된 법률규정이 후에 폐지되었거나 동일한 내용의 다른 규정으로 대체된 경우에도 법질서의 수호를 위하여 심판대상인 법률규정만이 아니라 새롭게 시행된 동일한 내용의 법률규정까지 위헌으로 선언하는 것이 필요하다고 한다. 그런데 우리 헌법재판소가 이처럼 **개정된 신법**에 포함된 **동일한 내용의 법률조항**에까지 **위헌선언을 확장**한 사례가 한 가지 있는바, 헌법재판소법 제68조 제 1 항의 법률에 대한 헌법소원이기는 하나, 방송법 개정으로 방송광고 사전심의 주체가 방송위원회로부터 방송통신심의위원회로 변경된 경우 구 방송법 규정뿐만 아니라 **개정된 조항**에 대해서도 심판대상 및 위헌결정의 범위를 확장하였음은 앞서 설명한 바와 같다.[2)]

그런데 개정 법률조항이 개정 전 법률조항과 동일성이 유지되는 경우에는 심판대상을 개정법률조항까지 확장하지 않았더라도 '개정 전 법률조항'에 대한 위헌결정의 효력은 그 주문에 개정 법률조항이 표시되어 있지 아니하더라도 '**개정 법률조항**'에 대하여도 미친다는 것이 대법원 판례이고,[3)] 다만 '개정 법률조항'

1) 헌재 1995. 12. 27. 95헌마224등; 헌재 2001. 10. 25. 2000헌마92등; 헌재 2014. 10. 30. 2012헌마192등; 헌재 2019. 2. 28. 2018헌마415등; 헌재 2021. 6. 24. 2018헌마405.

2) 헌재 2008. 6. 26. 2005헌마506. 그 외에도 심판대상을 개정된 신법조항으로 확장한 사례가 있음은 앞서 심판대상의 확장에서 설명하였다.

에 대한 위헌결정의 효력은 그와 실질적 동일성이 인정되는 '**개정 전 법률조항**'에까지 그대로 미친다고 할 수 없다는 것이 대법원의 판례[1]인 것은 앞서 제 3 편 제10장 4. 기속력의 범위, 가. 객관적 범위에서 설명한 바와 같다.

4. 위헌결정의 효력의 시간적 범위

가. 원칙적인 장래효와 장래효의 기산점

위헌으로 결정된 법률 또는 법률의 조항은 그 결정이 있은 날로부터 효력을 상실하는 것이 원칙이다. 즉 법률에 대한 위헌결정은 원칙적으로 **즉시효** 내지 **장래효**를 갖는다. 이처럼 헌법재판소의 위헌결정의 소급효를 원칙적으로 부인함으로써 우리의 입법자는 헌법재판소법 제47조 제 2 항의 규정을 통하여 형벌법규를 제외하고는 법적 안정성을 더 높이 평가하는 방안을 선택하였다.[2]

헌법재판소는 1993. 5. 13. 92헌가10등 결정에서 헌법재판소법 제47조 제 2 항 본문에 대하여 헌법에 위반되지 아니한다고 선고 하였는데, 위 92헌가10등 결정의 판시 이유의 요지는 다음과 같다.

『헌법재판소에 의하여 위헌으로 선고된 법률 또는 법률의 조항이 제정 당시로 소급하여 효력을 상실하는가 아니면 장래에 향하여 효력을 상실하는가의 문제는 특단의 사정이 없는 한 헌법적합성의 문제라기보다는 입법자가 법적 안정성과 개인의 권리구제 등 제반이익을 비교형량하여 가면서 결정할 입법정책의 문제인 것으로 보인다. 우리의 입법자는 법 제47조 제 2 항 본문의 규정을 통하여 형벌법규를 제외하고는 **법적 안정성**을 더 높이 평가하는 방안을 선택하였는바, 이에 의하여 구체적 타당성이나 평등의 원칙이 완벽하게 실현되지 않는다고 하더라도 헌법상 법치주의의 원칙의 파생인 법적 안정성 내지 신뢰보호의 원칙에 의하여 이러한 선택은 정당화된다 할 것이고, 특단의 사정이 없는 한 이로써 헌법이 침해되는 것은 아니라 할 것이다.

그렇지만 효력이 다양할 수밖에 없는 위헌결정의 특수성 때문에 예외적으

3) 대법원 2014. 8. 28. 선고 2014도5433 판결; 대법원 2020. 2. 21.자 2015모2204 결정.

1) 대법원 2020. 2. 21.자 2015모2204 결정.

2) 위헌결정의 소급효 사건. 헌재 1993. 5. 13. 92헌가10등; 헌재 2001. 12. 20. 2001헌바7; 헌재 2002. 5. 30. 2001헌바65등. 이에 의하여 구체적 타당성이나 평등의 원칙이 완벽하게 실현되지 않는다고 하더라도 헌법상 법치주의의 원칙인 법적 안정성 내지는 신뢰보호의 원칙에 의하여 정당화된다고 하였다.

로 부분적인 소급효의 인정을 부인해서는 안 될 것이다. 첫째, 구체적 규범통제 실효성의 보장의 견지에서 법원의 제청·헌법소원 청구 등을 통하여 헌법재판소에 법률의 위헌결정을 위한 계기를 부여한 당해사건, 위헌결정이 있기 전에 이와 동종의 위헌 여부에 관하여 헌법재판소에 위헌제청을 하였거나 법원에 위헌제청신청을 한 경우의 당해사건, 그리고 따로 위헌제청신청을 아니하였지만 당해 법률 또는 법률의 조항이 재판의 전제가 되어 법원에 계속 중인 사건에 대하여는 소급효를 인정하여야 할 것이다. 둘째, 당사자의 권리구제를 위한 구체적 타당성의 요청이 현저한 반면에 소급효를 인정하여도 법적 안정성을 침해할 우려가 없고 나아가 구법에 의하여 형성된 기득권자의 이득이 해쳐질 사안이 아닌 경우로서 소급효의 부인이 오히려 정의와 형평 등 헌법적 이념에 심히 배치되는 때에도 소급효를 인정할 수 있다. 어떤 사안이 후자와 같은 테두리에 들어가는가에 관하여는 본래적으로 규범통제를 담당하는 헌법재판소가 위헌선언을 하면서 직접 그 결정주문에서 밝혀야 할 것이나, 직접 밝힌 바 없으면 그와 같은 경우에 해당하는가의 여부는 일반법원이 구체적 사건에서 해당 법률의 연혁·성질·보호법익 등을 검토하고 제반이익을 형량해서 합리적·합목적적으로 정하여 대처할 수밖에 없을 것으로 본다. 일률적인 소급효의 인정이 부당한 결과를 발생시키듯이 일률적인 소급효의 완전부인도 부당한 결과를 발생할 수 있다고 할 것이다. 결론적으로 법 제47조 제 2 항 본문의 규정을 특별한 예외를 허용하는 원칙규정으로 이해 해석하는 한, 헌법에 위반되지 아니한다.』

위헌결정의 장래효와 관련해서는 장래효의 기산점, 즉 언제부터 장래를 향하여 효력을 상실하는지가 문제된다. 특히 헌법재판소의 위헌결정과 그 법률조항을 적용한 대법원의 판결이 같은 날에 선고된 경우 대법원 판결의 효력이 문제된다. 실제로 선고된 시점부터라는 해석, 결정이 있은 날의 시작인 0시부터라는 해석 등 해석론이 있을 수 있으나, 위헌결정의 시간적 효력을 객관적으로 분명히 하는 것이 기본권 우호적인 결과를 가져오므로 위헌결정이 있은 날의 0시부터 효력을 상실한다고 봄이 타당하다.[1)]

1) 실무제요, 212면.

나. 예외적인 소급효

(1) 법정 소급효, 재심청구 및 그 범위

형벌에 관한 법률 또는 법률의 조항이 위헌으로 선언되는 경우에 그 결정은 법률의 규정에 의하여 원칙적으로 소급효를 갖는다. 다만, 해당 법률 또는 법률의 조항에 대하여 종전에 합헌으로 결정한 사건이 있는 경우에는 그 결정이 있는 날의 다음 날로 소급하여 효력을 상실한다(헌재법 제47조 제 3 항).

구 헌법재판소법 제47조 제 2 항 단서는 형벌법규에 대한 위헌결정의 소급효를 인정하고 있었으나, 위헌인 형벌법규에 대하여 일률적으로 해당 조항의 제정 시점까지 소급효를 인정할 경우, 헌법재판소가 기존에 합헌결정을 하였다가 시대상황, 국민 법감정 등 사정변경으로 위헌결정을 한 경우에도 종전의 합헌결정에 관계없이 해당 조항이 제정 시점까지 소급하여 효력을 상실하는 문제가 있었다. 따라서 2014. 5. 20. 공포 법률 제12597호로 헌법재판소법 제47조를 일부 개정하여 헌법재판소가 형벌법규에 대하여 위헌결정을 한 경우에 소급하여 그 효력이 상실되는 헌법재판소법 규정을 유지하면서, 헌법재판소가 이미 합헌으로 결정을 하였던 경우에는 그 합헌결정 이후에 한하여 소급효가 미치도록 하여 종래의 합헌결정 이전의 확정판결에 대한 무분별한 재심청구를 방지하고 합헌결정에 실린 당대의 법감정과 시대상황에 대한 고려를 존중하려고 하였다. 그런데 헌법재판소법 제47조의 일부 개정 전의 대법원 판례인 대법원 2011. 4. 14. 선고 2010도5605 판결은 "형벌조항의 경우에도 그 제정이나 개정 이후의 시대적·사회적 상황의 변화로 말미암아 비로소 위헌적인 것으로 평가받는 경우에는 그 조항의 효력발생 시점까지 위헌결정의 전면적인 소급효를 인정하는 것이 오히려 사법적 정의에 현저히 반하는 결과를 초래할 수 있으므로, 헌법재판소법 제47조 제 2 항 단서의 규정에도 불구하고 그 소급효를 제한할 필요성이 있음은 비형벌조항의 경우와 크게 다르지 않다 할 것이다. 특히 동일한 형벌조항에 대하여 과거 헌법재판소의 결정에 의하여 그 조항의 합헌성이 선언된 바 있음에도 그 후의 사정변경 때문에 새로 위헌으로 결정된 경우에는 더욱 그러할 것이다. 그럼에도 형벌조항에 대한 위헌결정의 경우, 죄형법정주의 등 헌법과 형사법하에서 형벌이 가지는 특수성에 비추어 위헌결정의 소급효와 그에 따른 재심청구권을 명시적으로 규정한 법률의 문언에 반하여 해석으로 그 소급효 및 피고인의 재심에 관한 권리를 제한하는 것은 허용되기 어렵다 할 것이고, 그에 따른 현저한 불합리는 결국 입법에 의하여 해결할 수밖에 없을 것이다."라고 판시하였었다.

그리고 위헌으로 선언된 형벌에 관한 법률 또는 법률의 조항에 근거한 유죄의 확정판결에 대하여는 **재심**을 **청구**할 수 있다(헌재법 제47조 제 4 항). 이 경우 재심에 대하여는 형사소송법의 규정을 준용한다(헌재법 제47조 제 5 항). 그런데 헌법재판소법 제47조 제 4 항에 따라 재심을 청구할 수 있는 '**위헌으로 결정된 법률 또는 법률의 조항에 근거한 유죄의 확정판결**'이란 헌법재판소의 위헌결정으로 인하여 같은 조 제 3 항의 규정에 의하여 소급하여 효력을 상실하는 법률 또는 법률의 조항을 적용한 유죄의 확정판결을 의미한다. 따라서 위헌으로 결정된 법률 또는 법률의 조항이 같은 조 제 3 항 단서에 의하여 종전의 합헌결정이 있는 날의 다음 날로 소급하여 효력을 상실하는 경우 그 합헌결정이 있는 날의 다음 날 이후에 유죄 판결이 선고되어 확정되었다면, 비록 범죄행위가 그 이전에 행하여졌다 하더라도 그 판결은 위헌결정으로 인하여 소급하여 효력을 상실한 법률 또는 법률의 조항을 적용한 것으로서 '위헌으로 결정된 법률 또는 법률의 조항에 근거한 유죄의 확정판결'에 해당하므로 이에 대하여 재심을 청구할 수 있다고 보아야 한다.[1] 유의할 것은 헌법재판소법 제47조 제 4 항의 규정이 법원에 의하여 이미 선언된 유죄판결을 그 자체로 무효로 만든다거나 유죄확정판결의 집행을 정지시킨다거나 또는 진행 중인 형의 집행을 금지시키는 것은 아니고, 다만 유죄판결을 받은 자가 **재심청구**를 통하여 유죄의 확정판결을 다툴 수 있을 뿐이라는 것이다. 이미 **형의 집행**이 **종료**된 이후에도 재심청구를 제기할 수 있다.

한편 대법원은 "징역형의 집행유예를 선고한 판결이 확정된 후 선고의 실효 또는 취소 없이 유예기간을 경과함에 따라 형 선고의 효력이 소멸되어 그 확정판결이 특정범죄 가중처벌 등에 관한 법률 제 5 조의4 제 5 항에서 정한 '징역형'에 해당하지 않음에도, 위 확정판결에 적용된 형벌 규정에 대한 위헌결정 취지에 따른 재심판결에서 다시 징역형의 집행유예가 선고·확정된 후 유예기간이 경과되지 않은 경우라면, 특정범죄가중법 제 5 조의4 제 5 항의 입법취지에 비추어 위 재심판결을 위 조항에서 정한 '**징역형**'에 포함되지 않는다."고 판시하였다.[2]

---

1) 대법원 2016. 11. 10.자 2015모1475 결정.

다만 대법원은 종전 합헌결정일 이전의 범죄행위에 대하여 재심개시결정이 확정되었는데 그 범죄행위에 적용될 법률 또는 법률의 조항이 위헌결정으로 헌법재판소법 제47조 제 3 항 단서에 의하여 종전 합헌결정일의 다음 날로 소급하여 효력을 상실하였다면 범죄행위 당시 유효한 법률 또는 법률의 조항이 그 이후 폐지된 경우와 마찬가지이므로 법원은 형사소송법 제326조 제 4 호에 해당하는 것으로 보아 **면소판결**을 선고하여야 한다고 하였다.[1]

헌법재판소는 **형벌에 관한 법률 또는 법률조항**에 한하여 위헌결정의 소급효를 인정하는 것이 **자의적인 차별**로서 위헌인지 여부에 관하여 "형벌은 본질상 사회윤리적인 불승인과 행위자 개인에 대한 비난이 포함되고, 형벌을 받은 자는 전과기록에 기재되기 때문에 집행을 종료한 후에도 법률상·사실상의 불이익을 받을 수 있으므로 형벌에 관한 법률 또는 법률의 조항에 대하여 위헌결정이 선고된 경우에는 그 소급효를 인정하여 그 조항으로 인한 국민의 불이익을 해소할 필요가 더욱더 크므로 헌법재판소법 **제47조 제 2 항 단서**(현행법 제47조 제 3 항)가 형벌에 관한 법률 또는 법률의 조항에 한하여 위헌결정의 소급효를 인정하였다고 하더라도 자의적인 차별로서 **평등원칙**에 위배되지 않는다."고 판시하였다.[2]

한편 헌법재판소는 **종전에 합헌으로 결정한 사건이 있는 형벌조항**에 대하여 위헌결정이 선고된 경우 그 합헌결정이 있는 날의 다음 날로 소급하여 효력을 상실하도록 한 헌법재판소법 **제47조 제 3 항 단서**가 **평등원칙**에 위반되는지 여부에 관하여 "헌법재판소가 당대의 법 감정과 시대상황을 고려하여 합헌이라는 유권적 확인을 하였다면, 그러한 사실 자체에 대하여 법적 의미를 부여하고 그것을 존중할 필요가 있다. 헌법재판소가 특정 형벌법규에 대하여 과거에 합헌결정을 하였다는 것은, 적어도 그 당시에는 당해 행위를 처벌할 필요성에 대한 사회구성원의 합의가 유효하다는 것을 확인한 것이므로, 합헌결정이 있었던 시점 이전까지로 위헌결정의 소급효를 인정할 근거가 없다. 해당 형벌조항이 성립될 당시에는 합헌적인 내용이었다고 하더라도 시대 상황이 변하게 되면 더 이상 효력을 유지하기 어렵거나 새로운 내용으로 변경되지 않으면 안 되는 경우가 발생할 수 있다. 그런데 합헌으로 평가되던 법률이 사후에 시대적 정의의 요청을 담아내지 못하게 되었다고 하여 그동안의 효력을 전부 부인해 버린다면, 법

2) 대법원 2022. 7. 28. 선고 2020도13705 판결.
1) 대법원 2019. 12. 24. 선고 2019도15167 판결.
2) 헌재 2001. 12. 20. 2001헌바7등.

집행의 지속성과 안정성이 깨지고 국가형벌권에 대한 신뢰가 무너져 버릴 우려가 있다. 그러므로 심판대상조항은 현재의 상황에서는 위헌이더라도 과거의 어느 시점에서 합헌결정이 있었던 형벌조항에 대하여는 위헌결정의 소급효를 제한함으로써 그동안 쌓아 온 규범에 대한 사회적인 신뢰와 법적 안정성을 확보하는 것이 중요하다는 입법자의 결단에 따라 위헌결정의 소급효를 제한한 것이므로, 이러한 소급효 제한이 불합리하다고 보기는 어렵다. 결국 심판대상조항이 종전에 합헌결정이 있었던 형벌법규의 경우 위헌결정의 소급효를 제한하여 합헌결정이 없었던 경우와 달리 취급하는 것에는 합리적 이유가 있으므로 평등원칙에 위배된다고 보기 어렵다."고 판시하였다.[1)]

그런데 형사실체법 규정에 대한 위헌선언만이 소급효를 가지며, 법원조직법이나 형사소송법 등 절차규정에 대한 위헌선언의 경우에는 그러한 소급효가 없다고 보아야 한다. 즉 헌법재판소법 제47조 제 3 항(구법 제47조 제 2 항 단서) 규정에 의하여 위헌법률의 법규적 효력에 대하여 소급효가 인정되는 '형벌에 관한 법률 또는 법률의 조항'의 범위는 실체적인 형벌법규에 한정하여야 하고 위헌으로 결정된 법률이 형사소송절차에 관한 절차법적인 법률인 경우에는 동 조항이 적용되지 않는 것으로 가급적 좁게 해석하는 것이 제도적으로 합당하다.[2)]

그러나 형벌에 관한 법률 또는 법률조항이라 하더라도 그것이 위헌으로 선언될 경우 오히려 형사처벌을 받지 않았던 자들에게 형사상의 불이익이 미치게 되는 경우에는 죄형법정주의의 정신상 소급효가 인정되지 아니한다. 즉 교통사고처리 특례법 제 4 조 등에 대한 헌법소원에 대한 결정에서 헌법재판소는, "특례법 제 4 조 제 1 항은 비록 형벌에 관한 것이기는 하지만 불처벌의 특례를 규정한 것이어서 위 법률조항에 대한 위헌결정의 소급효를 인정할 경우 오히려 형사처벌을 받지 않았던 자들에게 형사상의 불이익이 미치게 되므로 이와 같은 경우까지 헌법재판소법 제47조 제 2 항 단서(현행법 제47조 제 3 항)의 적용범위에 포함시키는 것은 그 규정의 취지에 반하고, 따라서 위 법률조항이 헌법에 위반된다고 선고되더라도 형사처벌을 받지 않았던 자들을 소급하여 처벌할 수는 없다."고 판시하여[3)] 형사상으로 불이익한 결과를 가져오는 경우에는 그 소급효를

1) 헌재 2016. 4. 28. 2015헌바216.
2) 구속영장효력 사건. 헌재 1992. 12. 24. 92헌가8; 동지: 대법원 2025. 3. 13. 선고 2024도19846 판결.
3) 헌재 1997. 1. 16. 90헌마110등. 동지: 헌재 2009. 2. 26. 2005헌마764; 대법원 2022. 2. 11. 선고

인정하지 않고 있다. 대법원도 "위헌결정이 선고된 구 근로기준법 제35조 제 3 호 그 자체는 형사처벌 조항에 해당하지 않지만, 위 조항은 근로기준법 위반죄의 구성요건해당성 배제 사유를 규정한 것이기 때문에, 위 조항에 대한 위헌결정의 소급효를 인정할 경우 오히려 그 조항이 적용되어 형사처벌을 받지 않았던 사람들에게 형사상 불이익이 미치게 되므로 위 조항에 대한 위헌결정에는 헌법재판소법 제47조 제 3 항에 따른 소급효가 인정되지 아니하고, 같은 법 제47조 제 2 항에 따라 위헌결정이 있은 날부터 효력을 상실한다."고 판시하였고,[1] "형법 제328조 제 1 항은 형벌조각사유로서 형의 면제를 규정한 것이기 때문에 헌법불합치 결정의 소급효를 인정할 경우 오히려 그 조항에 따라 형의 면제가 되었던 사람들에게 형사상의 불이익이 미치게 되므로 위 조항은 2020헌마486등 헌법불합치 결정이 있는 날부터 효력을 상실한다고 보아야 한다."고 판시하였다.[2]

한편 위헌결정으로 인하여 형벌에 관한 법률 또는 법률조항이 소급하여 효력을 상실한 경우 그 법조를 적용하여 기소한 사건에 대해서는 공소사실이 범죄가 되지 아니하므로 **무죄선고**를 하여야 한다는 것이 대법원 판례이다.[3]

헌법재판소는, 검사의 기소유예처분이 있은 이후에 그 처분의 근거가 된 형벌에 관한 법률조항에 대하여 헌법재판소의 한정위헌결정이 있은 경우에는 동 결정에 따라 동 법률조항들에, '정보통신망을 이용하여 인터넷 홈페이지 또는 그 게시판, 대화방 등에 글이나 동영상 등 정보를 게시하거나 전자우편을 전송하는 방법'이 포함되는 것으로 해석하는 것은 소급하여 허용되지 않게 되었고, 이와 같이 헌법에 위배되어 허용되지 않는 법률해석을 근거로 하여 범죄혐의가 인정됨을 전제로 이루어진 처분 또한 위헌임을 면할 수 없게 되었다고 하였다.[4]

그런데 대법원은 그 동안 헌법재판소의 **한정위헌결정**에 대하여는 법률적 근거가 없다는 이유로 헌법재판소의 한정위헌결정은 법원을 기속할 수 없고, 재

2020도68 판결; 대법원 2025. 3. 13. 선고 2024도19846 판결.

1) 대법원 2022. 2. 11. 선고 2020도68 판결.

2) 대법원 2025. 3. 13. 선고 2024도19846 판결.

3) 대법원 1992. 5. 8. 선고 91도2825 판결; 대법원 2007. 6. 28. 선고 2005도8317 판결; 대법원 2010. 12. 16. 선고 2010도5958 판결; 대법원 2023. 4. 13. 선고 2023도162 판결.

4) 헌재 2012. 11. 29. 2010헌마613; 동지: 헌재 2014. 4. 24. 2009헌마248(검사의 기소유예처분 이후에 그 처분에 적용된 집회 및 시위에 관한 법률조항에 대하여 헌법재판소의 한정위헌결정이 있는 경우).

심사유로 받아들이지 않아 왔다.1) 그러나, 헌법재판소가 헌재 2014. 3. 27. 2010헌가2등 사건에서, "집회 및 시위에 관한 법률 제10조 본문 중 '시위'에 관한 부분 및 제23조 제 3 호 중 '제10조 본문' 가운데 '시위'에 관한 부분은 각 해가 진 후부터 같은 날 24시까지의 시위에 적용하는 한 헌법에 위반된다."고 선고한 한정위헌결정에 대하여, 위 헌법재판소 결정은 그 주문의 표현 형식에도 불구하고 집시법의 위 각 조항의 '시위'에 관한 부분 중 '해가 진 후부터 같은 날 24시까지' 부분이 헌법에 위반된다는 **일부위헌의 취지**라고 보아야 하므로, 헌법재판소법 제47조에서 정한 위헌결정으로서의 효력을 갖는다고 하면서, "헌법재판소 결정에 따라 자정 전 시위를 금지한 부분은 효력을 상실하였으므로 해당조항을 적용해 기소한 피고인 사건은 범죄로 인정되지 아니한다."고 판시하여 헌법재판소의 한정위헌결정을 대법원이 **사실상 수용**하였다.2) 한편 헌법재판소는 한정위헌결정도 헌법재판소법 제47조 제 1 항에서 정한 기속력이 인정되는 **'법률의 위헌결정'**에 해당하고, 헌법재판소법 제41조에 따른 위헌법률심판에서 한정위헌결정이 선고되는 경우뿐만 아니라 헌법재판소법 제68조 제 2 항에 따른 헌법소원심판에서 법률의 위헌성이 확인되어 한정위헌결정의 형태로 인용되는 경우 그 결정은 법률에 대한 위헌결정으로 법원을 비롯한 모든 국가기관과 지방자치단체에 대하여 **기속력**이 인정된다고 하였다.3)

(2) 해석에 의한 소급효

헌법재판소는 헌법재판소법 제47조 제 2 항에 관한 위헌제청사건 등의 결정에서, "위헌으로 결정된 법률 또는 법률조항은 그 결정이 있는 날로부터 효력을 상실하는 것이 원칙이다. 즉 법률에 대한 위헌결정은 **원칙적**으로 **장래효**를 갖는다. 우리의 입법자는 헌법재판소법 제47조 제 2 항 본문의 규정을 통하여 형벌법규를 제외하고는 법적 안정성을 더 높이 평가하는 방안을 선택하였는바, 이에 의하여 구체적 타당성이나 평등의 원칙이 완벽하게 실현되지 않는다고 하더라도 헌법상 법치주의의 원칙의 파생인 법적 안정성 내지 신뢰보호의 원칙에 의하여 정당화된다 할 것"이라고 하여 그 법률조항의 합헌성을 확인하면서도, 효력이 다양할 수밖에 없는 위헌결정의 특수성 때문에 예외적으로 **부분적**인 **소급효**의 인정을 부인할 수 없다고 판시하였다.4)

1) 대법원 2001. 4. 27. 선고 95재다14 판결.
2) 대법원 2014. 7. 10. 선고 2008도4260 판결; 대법원 2014. 7. 10. 선고 2011도1602 판결.
3) 헌재 2022. 6. 30. 2014헌마760등.

즉 헌법재판소는 다음과 같은 경우에는 **예외적으로** 법률의 위헌결정에 **소급효**를 인정할 수 있다고 보았다.

첫째, **구체적 규범통제의 실효성**을 보장하는 견지에서 소급효를 인정하여야 할 경우로는 ① 법원의 제청·헌법소원의 청구 등을 통하여 헌법재판소에 법률의 위헌결정을 위한 계기를 부여한 당해사건(당해사건), ② 위헌결정이 있기 전에 이와 동종의 위헌여부에 관하여 헌법재판소에 위헌제청을 하였거나 법원에 위헌제청신청을 한 경우의 당해사건(동종사건), ③ 따로 위헌제청신청을 하지 아니하였지만 당해법률 또는 법률의 조항이 재판의 전제가 되어 법원에 계속 중인 사건(병행사건) 등이 있다.

둘째, 당사자의 권리구제를 위한 **구체적 타당성의 요청**이 현저한 반면에 소급효를 인정하여도 법적 안정성을 침해할 우려가 없고 나아가 구법에 의하여 형성된 기득권자의 이득이 침해될 사안이 아닌 경우로서 소급효의 부인이 오히려 정의와 형평 등 헌법적 이념에 심히 배치되는 때에도 소급효를 인정할 수 있다. 그리고 어떤 사안이 이와 같은 사건의 테두리에 들어가는가에 관하여는 본래적으로 규범통제를 담당하는 헌법재판소가 위헌선언을 하면서 직접 그 결정주문에서 밝혀야 할 것이나, 직접 밝힌 바 없으면 그와 같은 경우에 해당하는가의 여부는 일반법원이 구체적 사건에서 당해법률의 연혁·성질·보호법익 등을 검토하고 제반이익을 형량해서 합리적·합목적적으로 정하여 대처할 수밖에 없을 것이라고 한다.

그러한 취지에서 헌법재판소는 구체적 사안에서 그것이 **병행사건**에 해당하는지, **일반사건**(위헌결정 이후에 법원에 제소된 사건)에도 위헌결정의 소급효를 인정할 것인지 여부는, 헌법재판소가 위헌결정에서 그 소급효의 범위를 직접 밝히지 않는 한, 법원의 판단을 최대한 존중한다는 입장이다.[1)]

(3) 대법원의 입장

(가) 소급효의 인정범위

법원은 법률의 위헌결정의 소급효의 범위에 관하여 헌법재판소와 부분적으로 견해를 달리하고 있다.

대법원은 처음에는 헌법재판소의 위헌결정은 법원의 제청 또는 헌법소원

4) 헌재 1993. 5. 13. 92헌가10등; 헌재 2000. 8. 31. 2000헌바6; 헌재 2008. 9. 25. 2006헌바108; 헌재 2013. 6. 27. 2010헌마535.

1) 헌재 2013. 6. 27. 2010헌마535.

의 청구 등을 통하여 '헌법재판소의 법률의 위헌결정을 위한 계기를 부여한 구체적 사건', 즉 당해사건에 대해서는 장래효 원칙의 예외로서 소급효를 인정하여야 한다고 판시하였으나,[1] 그 후 단계적으로 헌법재판소의 위헌결정의 소급효의 범위를 넓혀 왔다. 그리하여 대법원 1992. 2. 14. 선고 91누1462 판결은 "장래효 원칙의 예외로서 소급효가 미치는 범위는 당해사건뿐만 아니라 위헌결정이 있기 전에 이와 동종의 위헌여부에 관하여 헌법재판소에 위헌여부심판제청이 되어 있거나 법원에 위헌여부심판제청신청이 되어 있는 경우의 당해사건과 별도의 위헌제청신청 등은 하지 아니하였으나 위헌여부가 쟁점이 되어 법원에 계속 중인 모든 일반 사건에까지 확대하는 것이 타당하다고 본다."고 판시하여 소급효를 유사사건에 확대적용하는 것을 인정하였고,[2] 대법원 1993. 1. 15. 선고 92다12377 판결은 헌법재판소의 위헌결정의 효력은 위헌결정 이후에 제소된 일반사건에도 미친다고 하여 전면적으로 소급효를 인정하였다.[3]

특히 대법원은, 헌법재판소가 1993. 5. 13. 선고한 92헌가10등(병합) 결정에서 위헌결정은 원칙적으로 소급효가 없다고 선고한 뒤에도 여전히 위헌결정의 효력은 그 결정 이후에 당해법률 또는 법률의 조항이 재판의 전제가 되었음을 이유로 법원에 제소된 사건의 경우에도 미친다고 보았다.[4] 또한 대법원은 비형벌조항에 대한 위헌결정도 당해사건, 병행사건에는 위헌결정의 효력이 소급하여 미친다고 하였다.

한편 대법원은 "원심이 피고인에 대하여 적용한 도로교통법 제148조의2 제 1 항 중 제44조 제 1 항을 2회 이상 위반한 사람에 관한 부분은, 위 헌법재판소 결정(헌재 2021. 11. 25. 2019헌바446 등)의 심판대상이 되지 않았지만 앞서 본 이 사건 위헌 법률조항에 대한 위헌결정 이유와 같은 이유에서 책임과 형벌 사이의 비례원칙에 어긋날 수 있다. 따라서 원심으로서는 도로교통법 제148조의2 제 1 항 중 제44조 제 1 항을 2회 이상 위반한 사람에 관한 부분의 위헌 여부 또는 그 적용에 따른 위헌적 결과를 피하기 위한 공소장 변경절차 등의 필요 유무 등에 관

1) 대법원 1991. 6. 11. 선고 90다5450 판결; 대법원 1991. 6. 28. 선고 90누9346 판결; 대법원 2021. 9. 30. 선고 2018재다50230 판결.
2) 동지: 대법원 1991. 12. 24. 선고 90다8176 판결; 대법원 2020. 11. 26. 선고 2019다276307 판결. 대법원 2022. 4. 14. 선고 2021도14530 판결; 대법원 2022. 9. 29. 선고 2018다224408 판결.
3) 대법원 1993. 1. 15. 선고 91누5747 판결; 대법원 1993. 1. 15. 선고 92다12377 판결; 대법원 1993. 7. 16. 선고 93다3783 판결; 대법원 1993. 11. 26. 선고 93다30013 판결; 대법원 1995. 7. 28. 선고 94다20402 판결도 같은 취지이다.
4) 대법원 1993. 7. 16. 선고 93다3783 판결.

하여 심리·판단하였어야 한다."고 판시하였다.[1)]

㈏ 소급효의 제한

1) 법적 안정성 또는 신뢰보호

그런데 대법원은 "헌법재판소의 위헌결정의 효력은 위헌제청을 한 당해사건, 위헌결정이 있기 전에 이와 동종의 위헌여부에 관하여 헌법재판소에 위헌여부심판제청을 하였거나 법원에 위헌여부심판제청신청을 한 경우의 당해사건과, 따로 위헌제청신청은 아니하였지만 당해법률 또는 법률의 조항이 재판의 전제가 되어 법원에 계속 중인 사건뿐만 아니라 위헌결정 이후에 위와 같은 이유로 제소된 일반사건에도 미친다고 할 것이나, 그 미치는 범위가 무한정일 수는 없고 법원이 위헌으로 결정된 법률 또는 법률의 조항을 적용하지는 않더라도 다른 법리에 의하여 그 소급효를 제한하는 것까지 부정되는 것은 아니라 할 것이며, **법적 안정성**의 유지나 당사자의 **신뢰보호**를 위하여 불가피한 경우에 위헌결정의 **소급효를 제한**하는 것은 오히려 법치주의의 원칙상 요청되는 바라 할 것이다."라고 판시하였다.[2)]

대법원은 위 판결 외에도 금고 이상의 형의 선고유예를 받은 경우에 공무원직에서 당연히 퇴직하는 것으로 규정한 구 지방공무원법(2002. 12. 18. 법률 제6786호로 개정되기 전의 것) 제61조 중 제31조 제 5 호 부분에 대한 헌법재판소의 위헌결정(헌재 2002. 8. 29. 2001헌마788, 2002헌마173등)의 소급효를 인정할 경우, 그로 인하여 보호되는 퇴직공무원의 권리구제라는 구체적 타당성 등의 요청에 비하여 종래

---

1) 대법원 2022. 5. 12. 선고 2021도14074 판결; 동지: 대법원 2022. 6. 30. 선고 2022도32 판결; 대법원 2022. 7. 28. 선고 2022도3929 판결.

2) 대법원 1994. 10. 25. 선고 93다42740 판결. 이 사건은 구 국세기본법(1990. 12. 31. 법률 제4277호로 개정되기 전의 것) 제35조 제 1 항 제 3 호에 대한 위헌결정 이전에 그 위헌부분에 근거하여 국가가 교부받은 경락대금을 부당이득으로 반환청구를 구한 사건인바, 원심판결은 "국세 등은 국가재정수입의 주 원천으로서 고도의 공익성을 갖고 있는데다가 위 위헌결정 이전에 이 사건 경매절차 이외에도 이미 수많은 경매절차에서 위 국세기본법 제35조 제 1 항 제 3 호의 규정에 의거하여 국세 등의 우선순위가 인정되어 피고에 대하여 국세체납액 상당 금원의 배당, 교부가 실시되고 그 배당절차가 종료된 후 이미 막대한 액수의 금원이 국가의 재정수요에 광범하게 충당, 활용되었을 것이 경험칙상 명백하여 위 법률조항에 대한 위헌결정의 소급효를 인정할 경우 법적 안정성을 침해할 우려가 없지 않은 사정 등에 비추어 볼 때 장래효 원칙의 예외로서 당사자의 권리구제를 위한 구체적 타당성의 요청이 현저하고 위헌결정의 소급효를 인정함으로 인하여 법적 안정성을 침해할 우려가 없으며 구법에 기한 기득권자의 이득이 해쳐지지 않을 경우에 해당한다고 볼 수 없다고 하여, 위 위헌결정의 소급효가 이 사건에도 미치는 것을 전제로 한 원고의 이사건 청구는 더 나아가 살펴볼 이유 없다."고 하여 기각하였고, 대법원도 이 위헌결정의 소급효가 이 사건에 미치지 아니하는 것으로 본 원심의 판단은 수긍된다고 판시하였다. 동지: 대법원 2010. 10. 14. 선고 2010두11016 판결; 대법원 2017. 3. 9. 선고 2015다233982 판결.

의 법령에 의하여 형성된 공무원의 신분관계에 관한 법적 안정성과 신뢰보호의 요청이 현저하게 우월하다는 이유로, 위 위헌결정 이후 제소된 일반사건에 대하여 위 위헌결정의 소급효가 제한된다고 하였고,[1] 또한 퇴직연금 지급정지 대상기관의 선정 및 지급정지의 요건과 내용에 관한 구 군인연금법 제21조 제 5 항 제 2 호 내지 제 5 호에 대한 위헌결정(헌재 2003. 9. 25. 2001헌가22)의 소급효가 인정된다고 볼 경우, 헌법재판소가 합헌이라고 판단한 바 있는 퇴역연금 지급정지제도 자체의 적용이 전면적으로 배제되어 결과적인 과잉급부를 방지할 수 없게 되고, 위 위헌결정의 소급효가 일반사건에 대하여 인정됨으로써 구 군인연금법 제21조 제 5 항 제 2 호 내지 제 5 호가 시행된 2001. 1. 1.부터 이 사건 위헌결정이 있었던 2003. 9. 25.까지 퇴역연금 수급자 중 퇴역연금 지급정지 대상기관의 임·직원으로 재직하고 보수 기타 급여를 받았음을 이유로 지급을 정지한 퇴역연금을 전부 소급하여 지급하게 될 경우 현실적으로 연금기금을 조성하는 현역군인과 국고의 초과부담을 초래하게 된다는 점 등을 종합하여 보면, 구체적 타당성 등의 요청에 비하여 종래의 법령에 의하여 형성된 군인연금제도에 관한 법적 안정성의 유지와 신뢰보호의 요청이 현저하게 우월하므로 위 위헌결정의 소급효는 제한된다고 하였으며,[2] 사립학교교직원 연금법 제42조 제 1 항에 따라 사립학교 교직원에 준용되는 '재직 중의 사유로 금고 이상의 형을 받은 경우' 퇴직급여 등의 지급을 제한하는 구 공무원연금법 제64조 제 1 항 제 1 호에 대하여 2008. 12. 31.을 효력시한으로 한 헌법불합치결정이 내려졌으나 위 시한까지 개정되지 않은 상황에서 사립학교 교원 甲이 재직 중 고의범으로 집행유예의 형을 받고 퇴직하자, 사립학교 교직원연금공단이 甲에게 퇴직수당과 퇴직일시금을 지급하였고, 2009. 12. 31. 위 조항이 '직무와 관련이 없는 과실로 인한 경우' 등에는 퇴직급여 등의 지급 제한에서 제외한다는 내용으로 개정되면서 부칙 제 1 조 단서로 '제64조의 개정 규정은 2009. 1. 1.부터 적용한다'고 규정하자, 공단이 甲에 대하여 이미 지급한 돈의 일부를 환수하였는데, 그 후 위 부칙 제 1 조 단서 중 제64조의 개정 규정에 관한 부분이 소급입법 금지의 원칙에 반한다는 이유로 위헌결정을 받자, 甲이 공단을 상대로 환수금 상당의 부당이득반환을 구한 사안에서, 일반사건에 대해서까지 위헌결정의 소급효를 인정함으로써

1) 대법원 2005. 11. 10. 선고 2005두5628 판결; 대법원 2005. 11. 10. 선고 2003두14963 판결.
2) 대법원 2006. 6. 9. 선고 2006두1296 판결; 대법원 2009. 6. 11. 선고 2008두21577 판결.

보호되는 甲의 권리구제라는 구체적 타당성 등의 요청이 이미 형성된 법률관계에 관한 법적 안정성의 유지와 당사자의 신뢰보호의 요청보다 현저히 우월하다고 단정하기 어렵다고 하였다.[1)]

헌법재판소는 "구체적 사안이 병행사건에 해당하는지 여부는 구체적 사실관계를 기초로 법원이 판단할 사항이고, 일반사건에 대하여 예외적으로 위헌결정의 소급효를 인정할 것인지 여부에 관한 법원의 판단도 헌법재판소가 그에 대하여 미리 밝힌 바 없는 한 최대한 존중되어야 한다. 그렇다면 위헌결정 이후 추가로 청구한 부분이 병행사건에 해당하지 않고, 일반사건에 해당하나 예외적 소급효를 인정할 수 없다는 이 사건 법원의 판단도 존중되어야 한다."고 판시하였다.[2)]

2) 확정판결의 기판력 또는 행정처분의 확정력

그러나 대법원은 다른 한편으로는 확정판결의 기판력[3)]이나 행정처분의 확정력[4)] 등의 법리에 의하여 위헌결정의 소급효를 제한하고 있다.

대법원은 하자 있는 행정처분이 당연무효가 되기 위하여는 그 하자가 중대할 뿐만 아니라 명백한 것이어야 하는데, 일반적으로 법률이 헌법에 위반된다는 사정이 헌법재판소의 위헌결정이 있기 전에는 객관적으로 명백한 것이라고 할 수 없으므로, 헌법재판소의 위헌결정 전에 행정처분의 근거되는 당해 법률이 헌법에 위반된다는 사유는 특별한 사정이 없는 한 그 행정처분의 취소소송의 전제가 될 수 있을 뿐 당연무효사유는 아니라고 하면서, 위헌인 법률에 근거한 행정처분이 당연무효인지의 여부는 위헌결정의 소급효와는 별개의 문제로서, 위헌결정의 소급효가 인정된다고 하여 위헌인 법률에 근거한 행정처분이 당연무효가 된다고는 할 수 없고, 오히려 이미 취소소송의 제기기간이 경과하여 확정력이 발생한 행정처분에는 위헌결정의 소급효가 미치지 않는다고 본다.[5)]

한편, 대법원은 위헌결정의 소급효가 확정력이 발생한 행정처분의 효력에 영향을 미치지 못한다고 보고 있으나, 위헌결정의 기속력과 헌법을 최고규범으

1) 대법원 2017. 3. 9. 선고 2015다233982 판결.
2) 헌재 2013. 6. 27. 2010헌마535(이 사건 법원의 판단이 헌법재판소가 위헌으로 결정한 법률을 적용함으로써 국민의 기본권을 침해한 것으로 예외적으로 헌법소원의 대상이 되는 판결에 해당한다고 볼 수 없다고 하였다).
3) 증여세등 부과처분 무효확인 사건. 대법원 1993. 4. 27. 선고 92누9777 판결.
4) 압류처분 무효확인 사건. 대법원 1994. 10. 28. 선고 92누9463 판결; 부당이득금 사건. 대법원 2000. 6. 9. 선고 2000다16329 판결.
5) 대법원 1994. 10. 28. 선고 92누9463 판결; 대법원 2002. 11. 8. 선고 2001두3181 판결; 대법원 2014. 3. 27. 선고 2011두24057 판결 등 참조.

로 하는 법질서의 체계적 요청에 비추어 위헌으로 선언된 법률규정에 근거하여 새로운 행정처분을 할 수 없고, 위헌결정전에 이미 형성된 법률관계에 기한 후속처분이라도 그것이 새로운 위헌적 법률관계를 생성·확대하는 경우라면 허용될 수 없다며, 과세처분 이후 조세부과의 근거가 되었던 법률규정에 대하여 위헌결정이 내려지고, 조세채권의 집행을 위한 체납처분의 근거규정 자체에 대하여는 따로 위헌결정이 내려진 바 없다고 하더라도, 그 조세채권의 집행을 위한 체납처분은 당연무효사유에 해당한다고 보았다.[1)]

5. 변형결정

가. 변형결정의 의의

변형결정이라 함은 헌법재판소가 법률의 위헌여부를 심사함에 있어서 심판대상인 법률의 위헌성이 인정됨에도 불구하고 헌법합치적 해석의 필요 또는 입법자의 형성권에 대한 존중, 법적 공백으로 인한 혼란의 방지 등을 이유로, 법률에 대한 단순위헌선언을 피하고 그 한정된 의미영역 또는 적용영역이 위헌임을 선언하거나 법률이 헌법에 합치하지 않음을 선언하는 등 다양한 결정유형을 말한다.

헌법재판소는 "이는 헌법해석의 기본원리인 헌법합치적 법률해석의 법리와 전부부정결정권은 일부부정결정권을 포함한다는 논리에 터 잡은 것이다. 위헌이냐 합헌이냐의 결정 외에 한정합헌 또는 헌법불합치 등 중간영역의 주문형식은 헌법을 최고법규로 하는 통일적인 법질서의 형성을 위하여서 필요할 뿐만 아니라 입법부가 제정한 법률을 위헌이라고 하여 전면폐기하기보다는 그 효력을 가급적 유지하는 것이 권력분립의 정신에 합치하고 민주주의적 입법기능을 최대한 존중하는 것이라 할 것이며, 그것은 국민의 대표기관으로서 입법형성권을 가지는 국회의 정직성·성실성·전문성에 대한 예우이고 배려라고 할 것이다."라고 판시하였다.[2)]

나. 변형결정의 유형

변형결정의 유형을 나누는 데 있어서 견해에 따라 분류방법이 조금씩 다르

1) 대법원 2012. 2. 16. 선고 2010두10907 전원합의체 판결. 이에 대해 과세처분의 근거규정에 대해 위헌결정이 있었다는 이유만으로 체납처분이 위법한 것이 아니라는 반대의견 있음.
2) 헌재 1991. 3. 11. 91헌마21.

기는 하지만 헌법재판소는 다음과 같은 유형의 변형결정을 한 바 있다.

(1) 한정합헌

한정합헌결정이란 심판의 대상이 된 법률(조항)의 형식적인 문언 자체에 대하여 위헌결정을 하는 것이 아니고 그 문언의 내용이 다의적으로 해석가능한 경우이어서 그 질적인 **축소해석**으로 한정하여 해석, 적용하는 한 합헌적인 법률이 된다는 변형주문의 결정을 말하고, 법질서에서 법문을 제거하는 방법을 통해서가 아니라 위헌적인 해석방법을 배제함으로써 위헌성을 제거한다는 의미에서 **질적인 일부위헌결정**이다.[1)]

헌법재판소는 "어떤 법률의 개념이 다의적이고 그 어의의 테두리 안에서 여러 가지 해석이 가능할 때는 헌법을 그 최고 법규로 하는 통일적인 법질서의 형성을 위하여 헌법에 합치되는 해석 즉 **합헌적인 해석**을 택하여야 하며, 이에 의하여 위헌적인 결과가 될 해석을 배제하면서 합헌적이고 긍정적인 면은 살려야 한다는 것이 헌법의 일반법리이다. 이러한 합헌적 제한해석과 주문례는 헌법재판제도가 정착된 여러 나라에 있어서 널리 활용되는 것으로서 법률에 일부 합헌적 요소가 있음에도 불구하고 위헌적 요소 때문에 전면위헌을 선언할 때 생길 수 있는 큰 충격을 완화하기 위한 방안이기도 하다."고 판시하였다.[2)]

헌법재판소는 한정합헌을 선고하는 것과 한정위헌을 선고하는 두 가지 방법은 서로 표리관계에 있는 것이어서 실제적으로는 차이가 있는 것은 아니라고 하였으나,[3)] 이에 대하여 위 두 가지 결정유형을 구조적으로 다른 것으로 파악하는 견해[4)]가 있다. 그 견해에 의하면 한정합헌결정은 합헌으로 해석되는 의미 이외의 다른 내용으로 해석·적용하는 것은 언제나 헌법에 위반된다는 것을 선언한 것은 아닌바, 헌법재판소가 당해사건과 관련되는 범위 내에서 합헌적인 해석의 내용을 밝힌 것이기 때문에 다른 사건의 재판에서는 또 다른 합헌적인 해석의 여지를 완전히 차단한 것은 아니라고 한다. 또 다른 비판적인 견해[5)]에 의하면, 어떤 법률의 해석에서 다의적인 해석이 가능하고 각각의 다의적인 해석 적용에서 어느 경우가 합헌이며 어느 경우가 위헌인지가 구체적인 모든 경우들에 있어서 완전히 밝혀져 있지 않는 한, 헌법재판소는 한정합헌결정을 할

1) 헌재 1992. 2. 25. 89헌가104; 헌재 1994. 4. 28. 92헌가3.
2) 국가보안법상 찬양·고무죄 사건. 헌재 1990. 4. 2. 89헌가113.
3) 재판소원허용사건. 헌재 1997. 12. 24. 96헌마172등.
4) 허영, 251면.
5) 정종섭, 357면.

것이 아니라 한정위헌결정을 함으로써 심판할 당시 위헌이라고 해석되는 경우만을 대외적으로 선언하는 것이 논리적 모순을 피할 수 있고, 특히 한정합헌결정을 하면 헌법재판소법 제68항 제 2 항의 헌법소원절차에서 당사자의 재심청구권을 제약할 수 있다고 한다. 헌법재판소도 이러한 비판의견이 있는 것과 기속력 문제를 의식하여서인지 헌재 2000. 7. 20. 98헌바91 결정에서 마지막으로 한정합헌결정한 이후로는 한정합헌결정의 주문례를 낸 사례가 없고, 저자가 재판관으로 재직하는 기간에 한 번도 한정합헌결정 주문을 고려해 보았던 사건이 없었다.

그런데 헌법재판소는 국세기본법 제35조 제 1 항 제 3 호 위헌소원 사건에서, 심판대상 법률조항과 실질적 규정내용이 비슷한 조항에 관하여 종전에 헌법재판소가 한정합헌결정을 선고한 경우의 주문표시방법에 관하여, "국세기본법 제35조 제 1 항 제 3 호의 '(그 재산에 대하여 부과된 국세와 가산금을 제외한다)'는 부분 중 당해재산의 소유 그 자체를 과세의 대상으로 하여 부과하는 국세와 가산금을 제외하는 부분은 헌법에 위반되지 아니한다."는 주문형식을 채택하였으나,[1] 헌법재판소는 다시 구 지방세법 제31조 제 2 항 제 3 호 위헌소원 사건에서 종전의 한정합헌 결정을 선고하였던 같은 조항의 단서부분[2]에 대하여 위헌성을 판단하면서 주문에서 "구 지방세법(1991. 12. 14. 법률 제4415호로 개정되기 전의 것) 제31조 제 2 항 제 3 호 단서 부분은 당해 재산의 소유 그 자체를 과세의 대상으로 하여 부과하는 지방세와 가산금에 한하여 적용되는 것으로 해석하는 한, 헌법에 위반되지 아니한다."고 판시하여 종래의 한정합헌결정의 주문형식을 취하였다.[3]

한정합헌결정의 주문례로는 "상속세법 제32조의2 제 1 항은, 조세회피의 목적이 없이 실질소유자와 명의자를 다르게 등기 등을 한 경우에는 적용되지 아니하는 것으로 해석하는 한, 헌법에 위반되지 아니한다."[4]는 결정, "군사기밀보호

1) 헌재 1999. 5. 27. 97헌바8등(그러나 종전에 헌법재판소가 한정합헌결정을 선고한 법률조항인 구 지방세법 제31조 제 2 항 제 3 호 단서의 실질적 내용이 이 사건 심판대상조항과 그 내용이 비슷하다고 하더라도 종전의 한정합헌결정으로 그 효력을 상실한 것은 위 구 지방세법 조항일 뿐이지 그 유사 법률조항에까지 그 기속력이 미치는 것은 아니다. 따라서 이 사건의 경우에도 종래와 같은 한정합헌결정의 주문형식을 채택하는 것이 타당하다고 보는 견해도 있다. 그런데 이러한 「……조항 중 ……을 제외하는 부분은 헌법에 위반되지 아니한다.」는 주문형식은 종래의 「……라고 해석하는 한 헌법에 위반되지 아니한다」는 한정합헌결정의 주문형식이 법원의 법령해석, 적용권한을 침해한다는 주장을 일부 수용한 새로운 형태의 한정합헌결정의 주문형식으로 보는 견해도 있다).

2) 헌재 1994. 8. 31. 91헌가1.

3) 헌재 2000. 7. 20. 98헌바91.

4) 헌재 1989. 7. 21. 89헌마38(동 조항은 제 3 자 명의로 등기를 한 재산에 대한 증여의제 규정인바, 이 사건 한정합헌결정 이후 1990. 12. 31. 개정으로 단서에 "다만 타인의 명의를 빌려 소유권이전

법 제 6 조, 제 7 조, 제10조는 같은 법 제 2 조 제 1 항 소정의 군사상의 기밀이 비공지의 사실로서 적법절차에 따라 군사기밀로서의 표지를 갖추고 그 누설이 국가의 안전보장에 명백한 위험을 초래한다고 볼 만큼의 실질가치를 지닌 경우에 한하여 적용된다고 할 것이므로 그러한 해석 하에 헌법에 위반되지 아니한다."[1]는 결정, "1991. 5. 31. 개정 전의 국가보안법(1980. 12. 31. 법률 제3318호) 제 7 조 제 5 항, 제 1 항은 각 그 소정행위가 국가의 존립·안정을 위태롭게 하거나 자유민주적 기본질서에 위해를 줄 경우에 적용된다고 할 것이므로 이러한 해석 하에 헌법에 위반되지 아니한다."는 결정[2] "1989. 3. 29. 전문개정 전의 집회및시위에관한법률(1980. 12. 18. 법률 제3278호) 제 3 조 제 1 항 제 4 호, 제14호 제 1 항은 각 그 소정행위가 공공의 안녕과 질서에 직접적인 위협을 가할 것이 명백한 경우에 적용된다고 할 것이므로 이러한 해석 하에 헌법에 위반되지 아니한다."는 결정,[3] 지방세 우선원칙에 관한 구 지방세법 제31조 제 2 항 제 3 호 단서 중 '당해 재산에 대하여 부과되는 지방세'라는 부분을, 당해 재산의 소유 그 자체에 담세력을 인정하여 부과하는 강학상의 재산세에 한하여 적용되는 것으로 좁게 해석하는 한 헌법에 위반되지 아니한다고 한 결정[4] 등이 있다.

(2) 한정위헌

한정위헌결정은 법률에 대한 위헌성 심사의 결과로서 법률조항이 특정의 영역에서 적용되거나 또는 내용으로 해석되는 한 위헌이라는 변형주문의 결정이다.

헌법재판소는, "헌법재판소는 법률의 위헌여부가 심판의 대상이 되었을 경우, 재판의 전제가 된 사건과의 관계에서 법률의 문인, 의미, 목적 등을 살펴 한편으로 보면 합헌으로, 다른 한편으로 보면 위헌으로 판단될 수 있는 등 다의적인 해석가능성이 있을 때 일반적인 해석 작용이 용인되는 범위 내에서 종국적으로 어느 쪽이 가장 헌법에 합치되는가를 가려, 한정축소적 해석을 통하여 합헌적인 일정한 범위 내의 의미내용을 확정하여 이것이 그 법률의 본래적인 의미이며 그 의미 범위 내에 있어서는 합헌이라고 결정할 수도 있고(한정합헌결정),

등기를 한 것 중 부동산특별조치법 제 7 조 제 2 항의 규정에 의한 명의신탁에 해당하는 경우 및 조세회피의 목적 없이 타인의 명의를 빌려 등기 등을 한 경우로서 대통령령이 정하는 때에는 그러하지 아니하다."고 규정하였다. 1996. 12. 30. 전면개정 상속세 및 증여세법 제43조 참조).

1) 헌재 1992. 2. 25. 89헌가104.
2) 헌재 1990. 4. 2. 89헌가113; 헌재 1990. 6. 25. 90헌가11; 헌재 1992. 1. 28. 89헌가8.
3) 헌재 1992. 1. 28. 89헌가8.
4) 헌재 2000. 7. 29. 98헌바91.

또 하나의 방법으로는 위와 같은 합헌적인 한정축소해석의 타당영역 밖에 있는 경우에까지 법률의 적용범위를 넓히는 것은 위헌이라는 취지로 법률의 문언자체는 그대로 둔 채 위헌의 범위를 정하여 한정위헌의 결정을 선고할 수도 있다. 위 두 가지 방법은 서로 표리관계에 있는 것이어서 실제적으로는 차이가 있는 것이 아니다."라고 판시함으로써[1] 한정위헌결정과 전술한 한정합헌결정은 주문의 형식자체는 명백히 구별되나 주문 선택에 있어서 구체적으로 어떤 형식을 취할 것인지는 사안에 따라 결정할 문제라고 보았다.

헌법재판소는 "한정위헌결정은 비록 법문의 변화를 가져오는 것은 아니나 법률조항 중 특정의 영역에 적용되는 부분이 위헌이라는 것을 뜻하는 일부위헌결정으로, 법률에 대한 위헌심사권을 가진 헌법재판소의 권한에 속한다. 따라서 한정위헌결정도 법 제47조 제 1 항에서 정한 기속력이 인정되는 '법률의 위헌결정'에 해당하고, 한정위헌결정은 법률에 대한 위헌결정으로 법원을 비롯한 모든 국가기관과 지방자치단체에 대하여 기속력이 인정된다."고 판시하였고,[2] "구체적 사건에서의 법률의 해석·적용 권한이 사법권의 본질적 내용을 이루는 것은 부정할 수 없다. 그러나 법률조항의 문언 자체에 변화가 없고 헌법재판소가 법률조항 중 헌법에 위반되어 효력을 상실하는 부분을 '해석'이라는 표현을 사용하여 지칭하였다는 이유로 법률에 대한 위헌성 심사의 결과인 한정위헌결정을 규범통제가 아닌 구체적 사건에서의 법원의 법률의 해석·적용 권한에 대한 통제라고 볼 수는 없다."고 판시하였다.[3]

그런데 헌법재판소는 구 소득세법 제23조 제 2 항 제 1 호 등 위헌소원 사건에서, 종전에 그 법률 조항과 실질적 규정내용이 같은 구법조항에 관하여 헌법재판소가 한정위헌결정을 선고한 경우의 주문의 표시방법에 관하여, 그 이유에서 "개정 전의 구법조항에 관하여 한정위헌결정(헌재 1995. 11. 30. 94헌바40등)을 선고하였고, 이 사건에서 위 결정과 달리 판단해야 할 사정변경은 없으므로, 위 결정에서 위헌으로 선고된 부분, 즉, 실지거래가액에 의할 경우를 그 실지거래가액에 의한 세액이 그 본문의 기준시가에 의한 세액을 초과하는 경우까지를 포함하여 대통령령에 위임한 부분 이외에는 헌법에 위반되지 아니한다."고 판시하면서,

1) 재판소원허용 사건. 헌재 1997. 12. 24. 96헌마172등; 동지: 헌재 1994. 4. 28. 92헌가3; 헌재 1992. 2. 25. 89헌가104.
2) 헌재 2022. 6. 30. 2014헌마760등.
3) 헌재 2022. 6. 30. 2014헌마760등.

그 주문에서 "구 소득세법 제23조 제 4 항 제 1 호 단서, 제45조 제 1 항 가목 단서는 실지거래가액에 의할 경우를 그 실지거래가액에 의한 세액이 그 본문의 기준시가에 의한 세액을 초과하는 경우까지를 포함하여 대통령령에 위임한 부분 이외에는 헌법에 위반되지 아니한다."라고 판시하여 부분합헌의 주문형식을 채택하였고,[1] 헌법재판소법 제68조 제 1 항 위헌확인 등 사건에서, 종전에 헌법재판소가 한정위헌으로 선고한 법률조항에 대한 헌법소원에 있어서의 주문표시방법에 관하여, 그 이유에서 "헌법재판소법 제68조 제 1 항은 위 한정위헌결정에 의하여 위헌으로 선고되어 이미 그 효력을 상실한 부분, 즉 헌법재판소법 제68조 제 1 항 본문의 '법원의 재판'에 헌법재판소가 위헌으로 결정한 법령을 적용함으로써 국민의 기본권을 침해한 재판을 포함하는 부분 이외에는 헌법에 위반되지 아니한다고 할 것이다."고 판시하면서, 그 주문에서 "헌법재판소법 제68조 제 1 항은 그 본문의 '법원의 재판'에 헌법재판소가 위헌으로 결정한 법령을 적용함으로써 국민의 기본권을 침해한 재판을 포함하는 부분 이외에는 헌법에 위반되지 아니한다."고 선언한 예도 있으나,[2] 주류를 이루고 있는 방안은 헌법재판소법 제68조 제 1 항 후문의 '법원의 재판'을 제외한 부분 중 종전 헌법재판소가 위헌으로 한정하여 결정한 부분을 질적으로 소거되었다는 것을 전제로 하여 "이 사건에서도 위 한정위헌결정과 달리 판단하여야 할 아무런 사정변경이 없으므로, 헌법재판소법 제68조 제 1 항 본문 중 '법원의 재판을 제외하고는' 부분이 청구인의 재판청구권 등을 침해하여 헌법에 위반된다는 청구인의 주장은 이유없다."고 판시

1) 헌재 1999. 4. 29. 96헌바22등(종전에 헌법재판소가 한정위헌결정을 선고한 법률조항은 구 소득세법(1982. 12. 21. 법률 제3576호로 개정된 후 1990. 12. 31. 법률 제4281호로 개정되기 전의 것) 제23조 제 4 항 단서, 제45조 제 1 항 제 1 호 단서이고, 이 사건 심판대상조항은 구 소득세법(1990. 12. 31. 법률 제4281호로 개정되어 1993. 12. 31. 법률 제4661호로 개정되기 전의 것) 제23조 제 4 항 제 1 호 단서, 제45조 제 1 항 제 1 호 가목 단서로서 그 실질적 내용이 비슷하기는 하나, 종전의 한정위헌결정으로 그 효력을 상실하는 것은 전자의 구 소득세법 조항일 뿐이지, 그 유사조항인 개정된 후자의 구 소득세법에까지 그 기속력이 미치는 것은 아니다. 따라서 이 사건의 경우에도 종래와 같은 한정위헌의 주문형식을 채택하는 것이 타당했다고 보는 견해도 있다. 그런데 이러한 「……조항 중 ……부분 이외에는 헌법에 위반되지 아니한다」는 주문형식은 종래의 「……라고 해석하는 한 헌법에 위반된다」는 한정위헌결정형식이 법원의 법령 해석·적용권한을 침해한다는 주장을 일부 수용한 새로운 형태의 한정합헌결정의 주문형식으로 보는 견해도 있다).

2) 헌재 1999. 10. 21. 96헌마61등(이 결정도 한정합헌의 한 형태라고 보는 견해도 있으나, 이 결정은 헌법재판소법 제68조 제 1 항에 대한 위헌여부를 판단함에 있어, 종전에 한정위헌결정에 의하여 위헌으로 선고되어 이미 효력을 상실한 부분, 즉 헌재법 제68조 제 1 항 본문의 '법원의 재판'에 헌법재판소가 위헌으로 결정한 법령을 적용함으로써 국민의 기본권을 침해한 재판을 포함하는 부분을 제외한 나머지 부분이 헌법에 위반되지 아니한다고 판시한 것으로 단순합헌결정 형식의 한 형태로 볼 수도 있을 것이다).

하면서 그 주문에서 “심판청구를 기각한다.”고 표시하고 있다.[1)]

최근에 헌법재판소는 헌법재판소법 제68조 제 1 항 등 위헌확인 사건에서 “헌법재판소는 헌재 1997. 12. 24. 96헌마1672등 결정에서 “헌법재판소법 제68조 제 1 항 본문의 ‘법원의 재판’에 헌법재판소가 위헌으로 결정한 법령을 적용함으로써 국민의 기본권을 침해한 재판도 포함되는 것으로 해석하는 한도 내에서, 헌법재판소법 제68조 제 1 항은 헌법에 위반된다”라고 하여 2011. 4. 5. 법률 제10546호로 개정되기 전 구법 제68조 제 1 항에 대하여 한정위헌결정을 선고하였다. 이후 2011. 4. 5. 법률 제10546호로 개정된 법 제68조 제 1 항 본문의 ‘법원의 재판’에 대하여도 같은 취지의 한정위헌결정(헌재 2016. 4. 28. 2016헌마33)을 선고함으로써 그 위헌 부분을 제거하는 한편 그 이후에는 위헌 부분이 제거된 나머지 부분으로 그 내용이 축소된 이 사건 재판소원금지조항이 합헌이라고 판단하고 있다(헌재 2016. 5. 26. 2015헌마940; 헌재 2018. 8. 30. 2015헌마861등; 헌재 2019. 6. 28. 2018헌마1093; 헌재 2021. 3. 25. 2020헌마271 등 참조). 위 결정의 근본취지는 헌법재판소의 기속력 있는 위헌결정에 반하여 국민의 기본권을 침해하는 법원의 재판에 대하여는 헌법재판소가 최종적으로 다시 심사함으로써 헌법의 최고규범성을 수호하고 헌법이 헌법재판소에 부여한 법률에 대한 위헌법률심사권을 회복해야 한다는 것이다. 하지만, 앞서 본 바와 같이 한정위헌결정은 법률에 대한 위헌심사의 결과로서 법률조항 중 특정의 영역에 적용되는 부분은 위헌이라는 것을 뜻하고, 한정위헌결정의 경우 헌법재판소가 주문에서 해당 법률조항 중 적용이 배제된다고 밝힌 부분에 한하여 법원을 비롯하여 모든 국가기관 및 지방자치단체에도 위헌결정의 기속력이 미치므로, 법 제68조 제 1 항 본문의 ‘법원의 재판’ 중 종전의 한정위헌결정(2016헌마33)으로 효력을 상실한 부분은 헌법재판소의 위헌결정의 기속력에 반하는 재판 중 ‘헌법재판소가 위헌으로 결정한 법령을 적용함으로써 국민의 기본권을 침해한 재판’ 부분에 국한된다. 따라서 법 제68조 제 1 항 본문이 정하는 재판소원금지의 적용 영역에서 ‘법률에 대한 위헌결정의 기속력에 반하는 재판’ 부분을 모두 제외하기 위해서는 이 사건 재판소원금지조항 중 해당 부분에 대한 별도의 위헌결정이 필요하다. 그렇다면 이 사건 재판소원금지조항 가운데 ‘법률에 대한 위헌결정의 기속력에 반하는 재판’ 부분은 헌법에

1) 헌재 2001. 5. 31. 2000헌마640; 헌재 2001. 7. 19. 2001헌마102; 헌재 2002. 1. 31. 2001헌마789; 헌재 2002. 5. 30. 2001헌마781; 헌재 2002. 6. 27. 2002헌마276; 헌재 2006. 2. 23. 2005헌마49; 헌재 2006. 4. 27. 2006헌마187; 헌재 2006. 6. 29. 2005헌마124 참조.

위반된다."고 판시하면서, 주문에 "헌법재판소법 제68조 제 1 항 본문 중 '법원의 재판' 가운데 '법률에 대한 위헌결정의 기속력에 반하는 재판' 부분은 헌법에 위반된다."고 선언하였다.[1]

한정위헌결정의 주문례로는, "정기간행물의등록등에관한법률 제 7 조 제 1 항은 제 9 호 소정의 제 6 조 제 3 항 제 1 호 및 제 2 호의 규정에 의한 해당 시설을 자기소유이어야 하는 것으로 해석하는 한 헌법에 위반된다."는 결정,[2] "구 소득세법 제23조 제 4 항 단서, 제45조 제 1 항 제 1 호 단서(각 1982. 12. 21. 법률 제3576호로 개정된 후 1990. 12. 31. 법률 제4281호로 개정되기 전의 것)는 실지거래가액에 의할 경우를 그 실지거래가액에 의한 세액이 그 본문의 기준시가에 의한 세액을 초과하는 경우까지를 포함하여 대통령령에 위임한 것으로 해석하는 한 헌법에 위반된다."는 결정,[3] "구 국세기본법(1974. 12. 21. 법률 제2679호로 제정되고, 1993. 12. 31. 법률 제4672호로 개정되기 전의 것) 제41조는 사업양수인으로 하여금 양수한 재산의 가액을 초과하여 제 2 차 납세의무를 지게 하는 범위 내에서 헌법에 위반된다."는 결정,[4] 헌법재판소법 제68조 제 1 항 본문의 '법원의 재판'에 헌법재판소가 위헌으로 결정한 법령을 적용함으로써 국민의 기본권을 침해한 재판도 포함되는 것으로 해석하는 한도 내에서, 헌법재판소법 제68조 제 1 항은 헌법에 위반된다는 결정,[5] 국세기본법 제39조 제 1 항 제 2 호 '가목' 중 주주에 관한 부분은 '당해

1) 헌재 2022. 6. 30. 2014헌마760등.
2) 헌재 1992. 6. 26. 90헌가23(동 조항의 "당해시설"은 임차 또는 리스에 의하여도 갖출 수 있는 것이므로 그 해당시설을 자기소유이어야 할 것으로 해석하는 한 신문발행인이 자유를 제한하는 것으로서 허가제의 수단으로 남용될 우려가 있으므로 헌법 제12조의 죄형법정주의 원리에 반하고, 과잉금지원칙이나 비례원칙에 반한다고 판시하였는바, 이 사건 한정위헌결정 후 1992. 12. 21. 동 시행령 개정으로 자기 소유인 경우뿐만 아니라 시설대여나 사용대차의 경우에도 가능하도록 하였을 뿐더러 1995. 12. 30. 동법 개정시에는 일반 주간신문의 경우는 위 "해당시설"요건에서 제외하였다).
3) 헌재 1995. 11. 30. 94헌바40등(이 사건 위임조항이 "대통령령이 정하는 경우에는 실지거래가액에 의한다."라고 규정하여 직접적, 명시적으로는 위임의 범위를 구체적으로 규정하고 있지는 않지만 소득세법의 전 체계, 양도소득세의 본질과 기준시가과세원칙에 내재하는 헌법적 한계 및 이 사건 위임조항의 본문과의 관계 등을 종합적으로 고려하여 이 사건 위임조항의 의미를 합리적으로 해석할 때, 이 사건 위임조항은 납세의무자가 기준시가에 의한 양도차익의 산정으로 말미암아 실지거래가액에 의한 경우보다 불이익을 받지 않도록 보완하기 위한 규정으로서 결국 실지거래가액에 의한 세액이 기준시가에 의한 세액을 초과하지 않는 범위 내에서 실지거래가액에 의하여 양도차익을 산정할 경우를 대통령령으로 정하도록 위임한 취지로 보아야 하고, 따라서 위 위임의 범위를 벗어나 실지거래가액에 의하여 양도소득세의 과세표준을 산정할 경우를 그 실지거래가액에 의한 세액이 그 본문의 기준시가에 의한 세액을 초과하는 경우까지를 포함하여 대통령령에 위임한 것으로 해석한다면 그 한도 내에서는 헌법 제38조, 제59조가 규정한 조세법률주의와 헌법 제75조가 규정한 포괄위임금지의 원칙에 위반된다고 판시하였다).
4) 헌재 1997. 11. 27. 95헌바38.

법인의 발행주식총액의 100분의 51 이상의 주식에 관한 권리를 실질적으로 행사하는 자' 이외의 과점주주에 대하여 제2차 납세의무를 부담하게 하는 범위 내에서 헌법에 위반된다는 결정,[1] 임원과 과점주주에 대하여 연대변제책임을 인정하고 있는 상호신용금고법 제37조의3은 '부실경영의 책임이 없는 임원'과 '금고의 경영에 영향력을 행사하여 부실의 결과를 초래한 자 이외의 과점주주'에 대해서도 연대채무를 부담하게 하는 범위 내에 헌법에 위반된다는 결정,[2] "보험급여의 제한 사유에 관한 구 국민의료보험법 제41조 제 1 항의 '범죄행위'에 기인하는 보험사고의 범위에 고의와 중과실에 의한 범죄행위 이외에 경과실에 의한 범죄행위가 포함되는 것으로 해석하는 한 이는 헌법에 위반된다."는 결정,[3] 고급오락장에 대한 취득세 중과세율을 규정한 구 지방세법 제112조 제 2 항 제 4 호에 대한 위헌소원에서 고급오락장으로 사용할 목적이 없는 취득의 경우에도 적용하는 한 위헌이라는 결정,[4] "구 조세감면규제법(1993. 12. 31. 법률 제4666호로 전부 개정된 것)의 시행에도 불구하고 구 조세감면규제법(1990. 12. 31. 법률 제4285호) 부칙 제23조가 실효되지 않은 것으로 해석하는 것은 헌법에 위반된다."는 결정,[5] "법원조직법(2011. 7. 18. 법률 제10861호) 부칙 제 1 조 단서 중 제42조 제 2 항에 관한 부분 및 제 2 조는 2011. 7. 18. 당시 사법연수생의 신분을 가지고 있었던 자가 사법연수원을 수료하는 해의 판사임용에 지원하는 경우에 적용되는 한 헌법에 위반된다."는 결정,[6] 국가공무원법이나 지방공무원법에 따른 공무원도 아니고 공무원으로 간주되는 사람도 아닌 제주특별자치도통합영향평가심의위원회의 심의위원 중 위촉위원을 형법상 뇌물죄의 공무원에 포함되는 것으로 해석하는 한 위헌이라는 결정,[7] "집회 및 시위에 관한 법률(2007. 5. 11. 법률 제8424호로 개정된 것) 제10조 본문 중 '시위'에 관한 부분 및 제23조 제 3 호 중 '제10조 본문' 가운데 '시위'에 관한 부분은 각 '해가 진 후부터 같은 날 24시까지의 시위'에 적용하는 한 헌법에 위반된다."는 결정,[8] "구 집회 및 시위에 관한 법

5) 헌재 1997. 12. 24. 96헌마172등.
1) 헌재 1998. 5. 28. 97헌가13; 동지: 헌재 1997. 6. 29. 93헌바49.
2) 헌재 2002. 8. 29. 2000헌가5.
3) 헌재 2003. 12. 18. 2002헌바1.
4) 헌재 2009. 9. 24. 2007헌바87.
5) 헌재 2012. 5. 31. 2009헌바123등.
6) 헌재 2012. 11. 29. 2011헌마786등.
7) 헌재 2012. 12. 27. 2011헌바117.
8) 헌재 2014. 3. 27. 2010헌가2등.

률(1989. 3. 29. 법률 제4095호로 개정되고, 2007. 5. 11. 법률 제8424호로 개정되기 전의 것) 제10조 및 구 집회 및 시위에 관한 법률(2004. 1. 29. 법률 제7123호로 개정되고, 2007. 5. 11. 법률 제8424호로 개정되기 전의 것) 제20조 제 3 호 중 '제10조 본문'에 관한 부분은 각 '일몰시간 후부터 같은 날 24시까지의 옥외집회 또는 시위'에 적용하는 한 헌법에 위반된다."는 결정,[1] "민법 제166조 제 1 항, 제766조 제 2 항 중 '진실·화해를 위한 과거사정리기본법' 제 2 조 제 1 항 제 3 호, 제 4 호에 규정된 사건에 적용되는 부분은 헌법에 위반된다."는 결정,[2] "구 민주화운동 관련자 명예회복 및 보상 등에 관한 법률 제18조 제 2 항의 '민주화운동과 관련하여 입은 피해' 중 불법행위로 인한 정신적 손해에 관한 부분은 헌법에 위반된다."는 결정,[3] "헌법재판소법(2011. 4. 5. 법률 제10546호로 개정된 것) 제68조 제 1 항 본문 중 '법원의 재판' 가운데 '법률에 대한 위헌결정의 기속력에 반하는 재판' 부분은 헌법에 위반된다."는 결정[4] 등이 있다.

(3) 합헌적 법률해석의 한계 및 법원의 법령해석권과의 관계

입법형성권에 대한 존중은 합헌적 법률해석의 헌법적 근거이자 동시에 한계이다. 헌법재판소는 합헌적 법률해석을 통하여 입법자의 원래 의사를 왜곡·변형하거나 대체해서는 아니되므로, 법률을 해석함에 있어서 문의적 한계와 법목적적 한계를 넘지 않도록 유의해야 한다. 헌법재판소가 입법권에 대한 존중이라는 이름 아래 무리한 법률해석을 통하여 문제되는 법률의 효력을 유지시킨다면, 오히려 입법자의 입법권이 제한될 위험이 있다. 이러한 경우에는 차라리 법률을 단순위헌으로 선언하여 그 규율대상을 입법자로 하여금 새로이 입법하도록 되돌려 주는 것이 오히려 헌법적으로 바람직하다.[5]

헌법재판소는 이미 초기의 결정에서 합헌적 법률해석의 헌법적 한계를 인식하여, 사회보호법 제 5 조에 대한 위헌법률심판사건에서는 "법률은 원칙적으로 가능한 범위 안에서 합헌적으로 해석함이 마땅하나 그 해석은 법의 문구와 목적에 따른 한계가 있다. …… 따라서 위 법 제 5 조 제 1 항의 요건에 해당하는 경우에는 법원으로 하여금 감호청구와 이유유무 즉, 재범의 위험성의 유무를 불문하고 반드시 감호의 선고를 하도록 강제한 것임이 위 법률조항의 문의임은

1) 헌재 2014. 4. 24. 2011헌가29.
2) 헌재 2018. 8. 30. 2014헌바148 등.
3) 헌재 2018. 8. 30. 2014헌바180 등.
4) 헌재 2022. 6. 30. 2014헌마760등.
5) 실무제요, 223면.

물론 입법권자의 의지임을 알 수 있으므로, 위 조항에 대한 합헌적 해석은 문의의 한계를 벗어난 것이라 할 것이다."고 판시함으로써 심판대상인 법률조항을 합헌적으로 해석할 수 있는 가능성을 부인하고 단순위헌결정을 한 바 있다.[1)]

한편, 헌법은 법원에 사법권을 위임함으로써 일차적이고 원칙적인 법률해석권한을 부여하고 있다. 그러나 헌법재판소의 관할인 규범통제가 법률의 해석을 전제로 하기 때문에, 헌법재판소가 법률의 위헌 여부를 판단하기 위하여 우선 심판대상인 법률의 의미내용을 밝히는 작업인 법률해석은 불가피하다. 그러므로 법원의 법률해석과 헌법재판소의 법률해석 사이에 불일치와 충돌이 생길 수 있다. 이러한 경우 헌법재판소가 법원의 위헌적 법률해석을 배척한다면, 이는 법률에 대한 위헌심사권을 행사한다는 관점에서 정당화된다.

법원의 법령해석권은 적용하려는 법령의 합헌성을 전제로 하므로, 결국 법원의 해석권은 '법령에 대한 헌법재판소의 위헌성심사'에 의하여 유보된 의미의 해석권한이라 할 것이다. 한편, 법률해석에 있어서 입법자의 객관적인 의사가 불분명하고, 법률이 규율하고자 하는 현실상황에 비추어 법원에 의하여 종래 형성되어온 법률해석이 상당한 타당성이 있다고 판단되는 경우에는, 헌법재판소로서는 법원의 견해를 존중하는 것이 바람직하다.[2)]

합헌적 법률해석은 헌법재판소의 독점적인 권한이 아니라 모든 법원의 권한이자 의무이다. 따라서 법원은 헌법재판소에 위헌제청을 하기 전에 위헌의 의심이 있는 법률을 합헌적으로 해석하여 법률의 위헌성이 제거될 수 있는가를 우선 살펴야 하며, 합헌적 해석을 통하여 법원이 법률을 적용하려는 시도에도 불구하고 위헌의 의심이 해소되지 않는 경우에 비로소 법원은 위헌제청을 해야 한다. 그러나 헌법재판소가 법률의 위헌 여부에 관한 결정권을 갖고 있으므로, 합헌적인 법률해석에 관한 최종적인 결정권 또한 헌법재판소에 귀속된다.[3)]

그러므로 헌법재판소가 심판절차에서 합헌적 법률해석을 통하여 그 결과로서 한정합헌·한정위헌결정을 내리면, 헌법재판소법 제47조 제 1 항에 따라 법원을 비롯한 모든 국가기관이 그에 구속을 받는다. 한정합헌결정이 제청법원에 미치는 효과 및 한정합헌결정의 필요성에 관하여 헌법재판소는 국가보안법은 헌법의 하위규범이므로 헌법에 합치되게 해석·운영하여야 할 것이기 때문

1) 헌재 1989. 7. 14. 88헌가5등.
2) 실무제요, 224면.
3) 실무제요, 224면.

에 위와 같이 판시한 바이며, 이와 같은 심판이 그 한도 내에서 헌법재판소법 제47조 제 1 항에 따라 당해사건인 이 사건을 떠나 널리 법원 기타 국가기관 및 지방자치단체를 기속하느냐의 여부는 별론으로 하고, 제청법원은 적어도 이 사건 제청당사자로서 위 심판의 기판력을 받을 것은 물론 더 나아가 살필 때 헌법 제107조 제 1 항의 규정상 제청법원이 본안재판을 함에 있어서 헌법재판소의 심판에 의거하게 되어 있는 이상 위 헌법규정에 의하여서도 직접 제청법원은 이에 의하여 재판하지 않으면 안 될 구속을 받는다고 할 것이므로 이 점에서 단순합헌 아닌 합헌해석 내지는 합헌적 제한해석의 이익 내지 필요가 충분하다고 판시한 바 있다.[1)]

(4) 헌법불합치

(가) 의 의

헌법불합치결정은 헌법재판소법 제47조 제 1 항에 정한 위헌결정의 일종으로서,[2)] 심판대상이 된 법률(조항)이 위헌이라 할지라도 입법자의 형성권을 존중하여 그 법률(조항)에 대하여 단순위헌결정을 선고하지 아니하고 헌법에 합치하지 아니한다는 선언에 그침으로써 헌법재판소법 제47조 제 2 항 본문의 효력상실을 제한적으로 적용하는 변형위헌결정의 주문형식이다. 헌법불합치결정은 대상 법률의 위헌성을 확인하되 그 형식적 존속을 유지시키면서, 입법자로 하여금 위헌성의 제거를 명하고 입법자의 입법개선이 있기까지 법 적용기관으로 하여금 계류 중인 사건에 대한 절차를 중지시킴으로써 개선된 신법의 적용을 명하거나, 예외적으로 위헌법률을 잠정적으로 적용하는 것을 허용하는 결정이다.

법률이 헌법과 합치되지 아니한다고 선언된 경우 그와 같은 헌법불합치 상태는 하루빨리 법 개정을 통하여 제거되어야 할 것이며, 불합치상태를 제거하기 위한 여러 가지 가능한 방법 중 어느 것을 선택할 것인가는 입법권자의 재량에 속한다.[3)]

(나) 헌법불합치 결정을 하는 경우

법률이 헌법에 위반되는 경우, 헌법의 최고규범성을 보상하기 위하여 그 법률은 원칙적으로 위헌으로 선언되어야 하나, 다음과 같이 헌법불합치결정을

1) 헌재 1990. 6. 25. 90헌가11.
2) 국회의원입후보기탁금 사건. 헌재 1989. 9. 8. 88헌가6.
3) 친생부인의 소 제소기간제한 사건. 헌재 1997. 3. 27. 95헌가14등; 헌재 2008. 5. 29. 2006헌바5; 헌재 2009. 4. 30. 2007헌가8; 헌재 2012. 8. 23. 2010헌바28.

정당화하는 헌법적 사유가 있는 경우는 예외적으로 위헌결정을 피하고 법률의 위헌성만을 확인하는 불합치결정을 할 수 있다.[1)]

첫째, **수혜적 법률**의 경우 자유권에 대한 침해의 문제는 발생하지 않고 단지 평등권의 위반 여부만이 문제되는데, 이러한 수혜적 법률이 평등원칙에 위반되는 경우가 불합치결정을 정당화하는 대표적인 사유이다.

예컨대 일정한 범위의 수혜자에게 혜택을 부여하는 법률이 청구인을 배제하였기 때문에 평등원칙에 위반하였다는 주장으로 법률에 대한 헌법소원이 제기된 경우, 이러한 수혜적 규정에 대해 위헌선언을 한다면 이미 존재하는 혜택마저도 상실시키는 결과를 초래하므로 이러한 경우에 단순위헌결정을 하는 것은 허용될 수 없고, 헌법재판소는 동 법률규정이 평등원칙에 위반하여 위헌임을 확인하는 의미에서 불합치결정을 하고 입법자에게 그 위헌성을 제거할 의무를 지우는 결정을 하게 되는 것이다. 이 경우 청구인은 불합치결정의 효력으로 구법이 아닌 신법에 의해 법적 지위의 향상을 부여받을 수 있게 된다.

수혜적 법률이 평등권에 위반된다고 판단되는 경우에도 그것이 어떠한 방법으로 치유되어야 하는가에 관하여는 헌법에 규정되어 있지 않고, 그 위헌적 상태를 제거하여 평등원칙에 합치되는 상태를 실현할 수 있는 여러 가지 선택가능성(수혜적 법률에 의하여 부여된 혜택의 박탈, 수혜대상의 확대 또는 수혜대상범위의 재확정 등)이 있을 수 있으며, 그러한 선택의 문제는 입법자에게 맡겨진 일이다. 그러한 경우에 헌법재판소가 평등원칙에 위반되었음을 이유로 단순위헌결정을 한다면, 위헌적 상태가 제거되기는 하지만 입법자의 의사와는 관계없이 헌법적으로 규정되지 않은 법적 상태를 일방적으로 형성하는 결과가 되고, 결국 입법자의 형성권을 침해하게 된다. 이러한 이유 때문에 헌법재판소는 입법자의 형성권을 존중하여 법률의 위헌선언을 피하고 단지 법률의 위헌성만을 확인하는 결정으로서 헌법불합치결정의 유형을 필요로 하게 된다.[2)]

한편, 별개의 규정을 통해 차별적 취급이 행해지고 있고(예컨대 A 조항은 남자에게 100, B 조항은 여자에게 50의 혜택을 제공하고 있는 경우), 차등적인 혜택을 부여하고 있는 법률조항(B)이 평등권을 침해한다는 주장으로 헌법소원이 제기된 때에는, 전술한 경우와는 달리 헌법재판소가 당해법률조항을 위헌으로 선언하는 것은 위

1) 실무제요, 228면 이하.
2) 예컨대, 동성동본금혼 사건. 헌재 1997. 7. 16. 95헌가6등 결정.

헌적 상태를 제거할 수 없고 오히려 위헌적 상태를 더욱 심화시키는, 즉 헌법으로부터 더 멀어지는 상태를 초래하게 된다. 따라서 이러한 경우 헌법재판소로서는 당해법률조항이 헌법에 합치되지 아니한다는 선언에 그치게 될 것이다.[1]

헌법재판소도 수혜적 법률에 있어서 법률이 규정하는 혜택 그 자체가 위헌이 아니라 단지 다른 법익과의 교량과정에서 혜택의 범위가 문제되는 경우에, 만일 헌법재판소가 단순위헌결정을 한다면 현재 존재하는 혜택을 전부 제거하게 되므로, 일반적으로 수혜적 법률에서의 혜택의 범위를 다시 결정해야 하는 경우에도 헌법불합치결정이 정당화된다고 판시한 바 있다.[2]

구 고엽제 후유의증환자 지원 등에 관한 법률 제 8 조 제 1 항에 대한 헌법소원 사건에서는 위헌결정을 하는 경우 일정한 범위의 수혜자마저도 심판대상 법률조항의 적용을 받지 못하게 된다는 이유로 위 조항 제 2 호에 대하여 헌법불합치결정을 하면서 위 규정 부분을 입법자가 개정할 때까지 계속적용할 것을 명하였다.[3]

그런데 평등원칙에 반하는 규범이 수혜적이 아니라 국민에게 부담을 가하는 규범일 때에는 단순위헌결정이 가능하다. 위헌결정을 통하여 규범을 소거함으로써 자유나 이익의 향상을 수반하는 동등요구가 곧바로 충족될 수 있기 때문에 합헌질서의 회복을 위하여 입법적 보충이 규범적으로 요구되는 것은 아니다. 대표적 사례로는 공직선거 입후보 시 2,000만원이라는 고액의 기탁금이라는 부담을 부과하였던 공직선거법 조항에 대한 위헌결정을 하였던 사건[4]을 들 수 있다.[5] 또한 합리적인 이유가 없는 기준으로 시혜적인 조치를 받을 대상자를 한정한 것이 평등권을 침해한다고 판단하면서 조문의 구조상 헌법불합치결정을 할 특별한 필요성이 인정되지 않아 단순위헌결정을 한 사례도 있다. 즉 헌법재판소는 고엽제후유의증환자가 사망한 경우에도 유족에게 교육지원과 취업지

1) 실무제요, 229면.
2) 퇴직금 우선변제 사건. 헌재 1997. 8. 21. 94헌바19등(적용중지 명함); 독립유공자 손자녀 보상금 사건. 헌재 2013. 10. 24. 2011헌마724(잠정적용 명함); 출퇴근중의 사고조항 사건. 헌재 2016. 9. 29. 2014헌바254(계속적용 명함); 구소년법 제67조 사건. 헌재 2018. 1. 25. 2017헌가7등(구법조항에 대해 적용 중지를 명하고, 신법조항에 대해 계속적용을 명함); 헌재 2018. 6. 28. 2016헌가14(잠정적용 명함).
3) 헌재 2001. 6. 28. 99헌마516; 동지: 헌재 2010. 6. 24. 2008헌바128; 헌재 2013. 10. 24. 2011헌마724.
4) 헌재 2001. 7. 19. 2000헌마91.
5) 김하열, 367면.

원을 한다는 내용은 개정된 고엽제후유의증환자 지원 등에 관한 법률 제 7 조 제 9 항에서 규정한 것이고, 동법 부칙조항은 그 수혜자의 범위를 한정하는 내용일 뿐이므로 위 부칙조항에 대하여 단순위헌을 선언한다고 하더라도 기존의 수혜자들에 대한 수혜의 근거가 사라지지 않고, 어떠한 법적 공백이나 혼란을 초래하지 않으므로 청구인들의 평등권침해 상태를 바로 회복시킬 수 있는 단순위헌결정을 한다고 하였다.[1]

둘째, 자유권을 침해하는 법률이 위헌이라고 생각되는 경우에도 예외적으로 헌법불합치결정을 하여야 하는 경우가 있다. 자유권을 침해하는 법률이 위헌이라고 생각되면 무효선언을 통하여 자유권에 대한 침해를 제거함으로써 합헌성이 회복될 수 있고, 이 경우에는 평등원칙 침해의 경우와는 달리 헌법재판소가 결정을 내리는 과정에서 고려해야 할 입법자의 형성권은 존재하지 않음이 원칙이다. 그러나 그 경우에도 위헌성을 제거하는 것이 법률의 합헌 부분과 위헌 부분의 경계가 불분명하여 헌법재판소의 단순위헌결정으로는 적절하게 구분하여 대처하기가 어렵고, 다른 한편으로는 권력분립의 원칙과 민주주의 원칙의 관점에서 입법자에게 위헌적인 상태를 제거할 수 있는 여러 가지의 가능성을 인정할 수 있는 경우에는, 자유권의 침해에도 불구하고 예외적으로 입법자의 형성권이 헌법불합치결정을 정당화하는 근거가 될 수 있다.

그리하여 헌법재판소는 세법규정과 기탁금 규정에 있어서와 같이 국민에게 일정한 부담을 부과하는 것 그 자체는 합헌이나 그 부담의 정도가 과중하여 위헌적 요소를 지니고 있는 경우에, 단순위헌결정의 형태로는 위헌부분과 합헌부분의 경계를 설정하는 것이 불가능하다고 판단하고 한편으로는 위헌결정의 경우에 발생하는 문제, 즉 기납세자와 미납세자 간의 형평의 문제와 세수의 손실이 국가재정에 미칠 영향 등을 고려하여 헌법불합치결정을 한 바 있다.[2]

또한 헌법재판소는 입법자에게 위헌적인 상태를 제거할 수 있는 여러 가지 입법수단 선택의 가능성을 인정할 필요성이 있다고 하여 헌법불합치결정을 한 사례들이 있다.[3] 예컨대 학교정화구역 내의 극장시설 및 운영을 금지하고 있는

1) 헌재 2011. 6. 30. 2008헌마715등.

2) 예컨대 국회의원 후보자 기탁금 사건. 헌재 1989. 9. 8. 88헌가6; 지방의회의원 후보자 기탁금 사건. 헌재 1991. 3. 11. 91헌마21; 노무직공무원의 쟁의금지 사건. 헌재 1993. 3. 11. 88헌마5; 토지초과이득세 사건. 헌재 1994. 7. 29. 92헌바49등; 구 소득세법 제101조 제 2 항 위헌소원 사건. 헌재 2003. 7. 24. 2000헌바28; 성충동 약물치료명령조항 사건. 헌재 2015. 12. 23. 2013헌가9.

3) 헌재 2003. 7. 24. 2000헌바28; 학교정화구역 사건. 헌재 2004. 5. 27. 2003헌가1등; 제 2 차 국가유

학교보건법 제 6 조 제 1 항 본문 제 2 호 중 '극장' 부분 중 초·중·고등학교·유치원 정화구역 부분에 대하여 단순위헌 판단이 내려진다면, 극장에 관한 위 정화구역 내 금지가 모두 효력을 잃게 됨으로써 합헌적으로 규율된 새로운 입법이 마련되기 전까지는 학교정화구역 내에서도 제한상영관을 제외한 모든 극장이 자유롭게 설치될 수 있게 되어 입법을 하는 입법자로서는 이미 자유롭게 설치된 극장에 대하여 신뢰원칙보호의 필요성 등의 한계로 인하여 새로운 입법수단을 마련하는 데 있어서 제약을 받게 될 것이므로, 단순위헌의 판단을 하기보다는 헌법불합치결정을 하여 입법자에게 위헌적인 상태를 제거할 수 있는 여러 가지의 입법수단 선택의 가능성을 인정할 필요성이 있다고 하여 헌법불합치결정을 하였고,[1] 구 토지환경보전법 제10조의3 제 3 항 제 3 호 중 '토양오염관리대상시설을 양수한 자' 부분에 대하여 단순위헌결정을 하여 당장 그 효력을 상실시킬 경우에는 토양오염 관리대상 시설의 양수자를 오염원인자로 간주할 근거규정이 사라져 법적 공백 상태가 발생하게 될 것이고, 입법자에게는 위헌적인 상태

공자 가산점 사건. 헌재 2006. 2. 23. 2004헌마675(다만 이 사건에서는 심판대상조항을 개정할 때까지 가산점 수혜대상자가 겪을 법적 혼란을 방지할 필요가 있으므로 잠정적용을 명한다고 하였다); 재외국민 선거권 사건. 헌재 2007. 6. 28. 2004헌마644등; 헌재 2007. 6. 28. 2004헌마643(이 사건 법률조항들이 즉시 효력을 상실하면 향후 선거를 실시할 수 없는 법적 혼란상태를 초래할 것이라며, 잠정적용 헌법불합치결정을 선고하였다); 헌재 2010. 7. 29. 2008헌가4(형사보상청구에 어느 정도의 제척기간을 둘 것인지는 입법자가 결정해야 할 사항이라고 하였다); 헌재 2010. 7. 29. 2009헌가8; 헌재 2012. 2. 23. 2010헌마601(부재자투표의 개시시간을 구체적으로 언제로 정할지는 궁극적으로 입법형성의 권한을 가진 입법자가 결정해야 할 사항에 속한다고 하였다); 헌재 2012. 5. 31. 2009헌바190(이 사건 법률조항을 단순위헌 선고하는 경우 특별히 정당한 사유도 없이 재산분할을 미루는 상속인들까지 배우자상속공제를 여과 없이 적용받는 부당한 결과가 발생한다고 하여 잠정적용 헌법불합치결정을 선고하였다); 야간옥외집회금지 사건. 헌재 2009. 9. 24. 2008헌가25(야간옥외집회가 금지되는 시간대를 한정하여 위헌성을 제거하는 것은 입법자의 판단에 맡기는 것이 바람직하다는 이유로 잠정적용 헌법불합치 결정을 선고하였다); 헌재 2010. 7. 29. 2008헌가4(형사보상청구에 어느 정도의 제척기간을 둘 것인지는 입법자가 결정해야 할 사항이라고 하였다); 헌재 2010. 7. 29. 2009헌가8; 헌재 2012. 2. 23. 2010헌마601(부재자투표의 개시시간을 구체적으로 언제로 정할지는 궁극적으로 입법형성의 권한을 가진 입법자가 결정해야 할 사항에 속한다고 하였다); 헌재 2012. 5. 31. 2009헌바190(이 사건 법률조항을 단순위헌 선고하는 경우 특별히 정당한 사유도 없이 재산분할을 미루는 상속인들까지 배우자상속공제를 여과 없이 적용받는 부당한 결과가 발생한다고 하여 잠정적용 헌법불합치결정을 선고하였다); 헌재 2012. 5. 31. 2010헌마278(경찰업무나 소방업무의 특성을 고려하여 구체적으로 어느 연령까지 응시연령상한으로 둘 것인가의 문제는 원칙적으로 입법형성의 재량에 속하는 것이므로 잠정적용을 명하기로 한다고 하였다); 헌재 2015. 12. 23. 2013헌가9(장기형선고로 치료명령 선고시점과 집행시점 사이에 상당한 시간적 간극이 존재하는 경우 불필요한 치료가 이루어질 가능성을 배제할 수 있는 구체적인 방법과 절차의 형성은 입법자의 판단에 맡기는 것이 바람직하다고 하였다); 헌재 2015. 12. 23. 2013헌마575등; 헌재 2015. 12. 23. 2013헌마712; 헌재 2018. 8. 30. 2015헌가38; 헌재 2018. 8. 30. 2016헌마263; 헌재 2020. 11. 26. 2019헌바131.

1) 헌재 2004. 5. 27. 2003헌가1등.

를 제거할 수 있는 여러 가지의 가능성이 인정되므로, 위 오염원인자 조항에 대하여 적용중지를 명하는 헌법불합치결정을 한다고 하였고,[1] 수형자에 대하여 전면적·획일적으로 선거권을 제한하고 있는 공직선거법 제18조 제 1 항 제 2 호 중 수형자에 관한 부분 및 형법 제43조 제 2 항 중 수형자의 '공법상의 선거권'에 관한 부분의 위헌성은 지나치게 전면적·획일적으로 수형자의 선거권을 제한하는 데 있는바, 그 위헌성을 제거하고 수형자에게 헌법합치적으로 선거권을 부여하는 것은 입법자의 형성재량에 속하므로 위 조항 중 수형자에 관한 부분에 대하여 헌법불합치결정을 선고한다고 하였으며,[2] 법무부장관은 성폭력사범 등록정보를 최근등록일부터 20년간 보존· 관리하여야 한다고 규정한 성폭력특례법 제45조 제 2 항(관리조항)의 위헌성을 제거하기 위하여 등록기간의 범위를 차등적으로 규정하고 재범의 위험성이 없어지는 등 사정변경이 있는 경우 등록의무를 면하거나 등록기간을 단축하기 위한 수단을 마련하는 것은 입법자의 형성재량의 영역에 속하므로 헌법불합치 결정을 선고한다고 하였고,[3] 숙련기술인의 사기 진작이나 저변확대라는 국내기능경기대회의 의미를 훼손하지 않으면서 전국기능경기대회 입상자 중 어느 범위에서 국내기능경기대회에 다시 참가할 수 있는 기회를 부여할 것인지는 이에 대한 행정입법권한을 가진 기관에서 사회·경제적으로 필요한 숙련기술인의 숫자, 숙련기술인으로서 요구되는 기술연마의 정도, 대회 개최나 운영 등에 소요되는 비용 등을 고려하여 정하도록 하는 것이 바람직하므로, 이 사건 시행령조항에 대하여는 단순위헌결정 대신 헌법불합치결정을 하기로 한다고 하였으며,[4] 성충동 약물치료 명령조항에는 위헌적 부분과 합헌적 부분이 공존하고 있고, 장기형 선고로 치료명령 선고시점과 집행시점 사이에 상당한 시간적 간극이 존재하는 경우 불필요한 치료가 이루어질 가능성을 배제할 수 있는 구체적인 방법과 절차의 형성은 입법자의 판단에 맡기는 것이 바람직하다고 하였고,[5] 국회의사당 인근에서의 옥외집회 중 어떠한 형태의 옥외집회를 예외적으로 허용함으로써 집회의 자유를 필요최소한의 범위에서 제한할 것인지에 관하여서는 이를 입법자의 판단에 맡기는 것이 바람직하다고 하였고,[6] 국무총리 공관 인근에서의 옥외집회·시위 중 어떠한 형

1) 헌재 2012. 8. 23. 2010헌바28; 동지: 헌재 2012. 8. 23. 2010헌바167.
2) 헌재 2014. 1. 28. 2012헌마409등.
3) 헌재 2015. 7. 30. 2014헌마340등; 동지: 헌재 2015. 12. 23. 2013헌가9.
4) 헌재 2015. 10. 21. 2013헌마757.
5) 헌재 2015. 12. 23. 2013헌가9.

태의 옥외집회·시위를 예외적으로 허용함으로써 집회의 자유를 필요최소한의 범위에서 제한할 것인지에 관하여서는 이를 **입법자의 판단**에 맡기는 것이 바람직하다고 하였으며,[1] 입법자는 대체복무제를 형성함에 있어 그 신청절차, 심사주체 및 심사방법, 심사결과에 대한 이의신청절차, 복무분야, 복무기간 등을 어떻게 설정할지 등에 관하여 광범위한 **입법재량**을 가진다고 하였다.[2] 또한 "통신비밀보호법 제13조 제1항의 요청조항 및 같은 법 제13조의3 제1항의 통지조항이 가지는 위헌성은, 범죄수사의 필요성과 밀행성 확보를 위해 위치정보 추적자료의 제공과 그에 대한 통지의 제한이 반드시 필요한 범위를 넘어 남용될 수 있게 규정됨으로써, 정보주체의 기본권이 과도하게 침해된다는 점에 있다. 즉 이 사건 요청조항과 이 사건 통지조항에는 합헌적인 부분과 위헌적인 부분이 공존하고 있는 것인바, 수사의 필요성 및 밀행성이란 공익과 정보 주체의 기본권 보장이란 사익을 조화시키는 관점에서 구체적인 개선안을 어떻게 마련할 것인지는 원칙적으로 **입법자의 재량**에 속한다."고 하였고,[3] 통신비밀보호법 제13조 제1항의 요청조항이 위헌이라도 그 위헌 상태를 수사의 필요성이란 공익을 고려하여 헌법에 부합하게 조정하기 위한 구체적 개선안을 어떤 기준과 요건에 따라 마련할 것인지는 원칙적으로 **입법자의 재량**에 속한다고 하였으며,[4] 각급 법원 인근에서의 옥외집회·시위 중 어떤 형태를 예외적으로 허용함으로써 집회의 자유를 필요최소한의 범위에서 제한할 것인지는 **입법자의 판단**에 맡기는 것이 바람직하다고 하였고,[5] 교원의 노동조합 설립 및 운영 등에 관한 법률 제2조 본문의 위헌적 상태를 제거함에 있어 대학 교원의 특성 등을 고려하여 대학 교원의 단결권 보장의 범위를 합리적으로 형성함에 있어서는 헌법재판소의 결정취지의 한도 내에서 **입법자에게 재량**이 부여된다고 하였다.[6]

한편 통신비밀보호법 제5조 제2항 중 '인터넷회선을 통하여 송·수신하는 전기통신'에 관한 부분이 가지는 위헌성은, 다른 통신제한조치에 비해 감청의 집행 범위가 매우 광범위하게 이루어질 수밖에 없는 인터넷회선 감청의 특성에

---

6) 헌재 2018. 5. 31. 2013헌바322 등.
1) 헌재 2018. 6. 28. 2015헌가28 등.
2) 헌재 2018. 6. 28. 2011헌바379 등.
3) 헌재 2018. 6. 28. 2012헌마191 등.
4) 헌재 2018. 6. 28. 2012헌마538.
5) 헌재 2018. 7. 26. 2018헌바137.
6) 헌재 2018. 8. 30. 2015헌가38.

도 불구하고, 수사기관이 인터넷회선 감청으로 취득하는 자료에 대해 사후적으로 감독 또는 통제할 수 있는 규정이 제대로 마련되어 있지 않아 감청대상자의 통신 및 사생활의 비밀과 자유가 침해될 소지가 높다는 점에 있으므로 구체적 개선안을 어떤 기준과 요건에 따라 마련할 것인지는 원칙적으로 **입법자의 재량**에 속한다고 하였으며,[1] 디엔에이감식시료 채취영장 발부과정에서 채취대상자에게 자신의 의견을 밝히거나 영장발부 후 불복할 수 있는 절차 등에 관하여 규정하지 아니한 '디엔에이신원확인정보의 이용 및 보호에 관한 법률' 제 8 조의 입법상의 불비를 개선함에 있어서 입법자가 채취대상자의 의견 진술절차를 마련하는 데에 그칠 것인지, 영장 발부에 대한 불복절차도 마련할 것인지, 나아가 채취행위에 대한 위법성 확인 청구절차까지 마련할 것인지, 이들 절차를 구체적으로 어떠한 내용과 방법으로 만들 것인지 등에 관하여는 이를 **입법자의 판단**에 맡기는 것이 바람직하다고 하였고,[2] 즉시항고 제기의 적정한 기간에 관하여는 입법자가 충분한 논의를 거쳐 결정해야 할 사항에 속한다고 하였다.[3]

또한 자기낙태죄 조항과 의사낙태죄 조항에 대하여 각각 단순위헌결정을 할 경우, 임신 기간 전체에 걸쳐 행해진 모든 낙태를 처벌할 수 없게 됨으로써 용인하기 어려운 법적 공백이 생기게 되고, 더욱이 입법자는 결정가능기간을 어떻게 정하고 결정가능기간의 종기를 언제까지로 할 것인지, 결정가능기간 중 일정한 시기까지는 사회적·경제적 사유에 대한 확인을 요구하지 않을 것인지 여부까지를 포함하여 결정가능기간과 사회적·경제적 사유를 구체적으로 어떻게 조합할 것인지, 상담요건이나 숙려기간 등과 같은 일정한 절차적 요건을 추가할 것인지 여부 등에 관하여 앞서 헌법재판소가 설시한 한계 내에서 **입법재량**을 가진다고 하였고,[4] 확성장치 사용에 관한 공직선거법 제75조 제 3 항 등 위헌확인 사건에서 차량에 부착된 확성장치 및 휴대용 확성장치를 활용한 선거운동은 한시적인 선거운동기간 중 후보자가 본인을 알릴 수 있는 효과적인 수단으로서 보장할 필요도 있다는 점에서 사용 대상지역 및 시간대별로 확성장치의 최고출력 또는 소음 규제기준에 관하여는 선거운동의 자유 보장과 국민의 건강하고 쾌적한 환경에서 생활할 권리 등을 감안하여 **입법자**가 충분한 논의를 거쳐

1) 헌재 2018. 8. 30. 2016헌바263.
2) 헌재 2018. 8. 30. 2016헌마344 등.
3) 헌재 2018. 12. 27. 2015헌바77 등.
4) 헌재 2019. 4. 11. 2017헌바127.

결정해야 할 사항에 속한다고 하였으며,[1] 환매권의 발생기간을 제한하고 있는 토지보상법 제91조 제 1 항 위헌소원 사건에서, 이 사건 법률조항의 위헌성을 제거하기 위하여 발생기간을 제한하되 그 기간을 10년보다 장기로 정하는 방법, 발생기간을 장기로 변경하면서 10년을 초과한 경우 중 토지에 현저한 변경이 있는 등 구체적인 공익이 발생하였을 때에 사업시행자에게 환매거절권을 부여하는 방법, 환매권 발생기간을 따로 정하지 아니하고 공익사업이 '필요 없게 된 때'부터 행사기간만 제한하는 방법 등 다양한 방안이 있을 수 있고 이는 **입법재량** 영역에 속한다고 하였고,[2] 장애인활동 지원에 관한 법률 제 5 조 제 2 호 본문 위헌제청사건에서, 사회보장수급권의 특성상, 어떠한 방식으로 심판대상조항의 위헌성을 제거할 것인지는 원칙적으로 입법자의 **입법재량**에 속한다고 하였으며,[3] 공직선거법 제256조 제 3 항 제 1 호 아목 등 위헌제청사건, 공직선거법 제255조 제 1 항 제 5 호 위헌제청사건, 공직선거법 제255조 제 2 항 제 4 호 등 위헌소원사건, 공직선거법 제90조 제 1 항 제 1 호 등 위헌소원사건 등에서 정치적 표현행위의 방법을 어느 정도로 허용할 것인지는 **입법자가 논의를** 거쳐 결정할 사항이라고 하였고,[4] 국가공무원법 제33조 제6의4호 등 위헌확인사건에서 심판대상조항을 구체적으로 어떻게 합헌적으로 조정할 것인지는 원칙적으로 **입법자의 형성재량**에 속하므로, 입법자가 여러 정책적 대안을 숙고하고 충분한 사회적 합의를 거쳐 위헌성을 해소할 수 있도록 하기 위하여, 심판대상조항에 대하여 헌법불합치 결정을 선고한다고 하였으며,[5] 집회 및 시위에 관한 법률 제11조 제 2 호 중 '대통령 관저' 부분에 관한 위헌소원 등 사건에서, 대통령 관저 인근의 집회 중 어떠한 형태의 집회를 예외적으로 허용함으로써 집회의 자유를 필요최소한의 범위에서 제한할 것인지에 관하여서는 이를 **입법자의 판단**에 맡기는 것이 바람직하고, 이 사건 구법조항에 대해 계속 적용을 명하는 경우에는 구체적 규범 통제의 실효성이 보장되지 못할 수 있으므로, 이 사건 구법조항에 대하여 헌법불합치 결정을 선고하되 그 적용을 중지한다고 하였고,[6]

1) 헌재 2019. 12. 27. 2018헌마730.
2) 헌재 2020. 11. 26. 2019헌바131.
3) 헌재 2020. 12. 23. 2017헌가22 등.
4) 헌재 2022. 7. 21. 2017헌가1, 3등; 헌재 2022. 7. 21. 2017헌가4; 헌재 2022. 7. 21. 2017헌바100등; 헌재 2022. 7. 21. 2018헌바357등.
5) 헌재 2022. 11. 24. 2020헌마1181.
6) 헌재 2022. 12. 22. 2018헌바48등.

경비업법 제 7 조 제 5 항 등 위헌제청사건에서, 심판대상조항에 대해 단순위헌결정을 하게 되면 비경비업무의 수행이 경비업무의 전념성을 해치는 경우마저 경비원의 비경비업무 수행이 허용되며, 경비업자가 경비업무의 전념성을 직접적으로 훼손하는 업무에 경비원을 종사하게 한 경우에도 그 경비업 허가를 취소할 수 없게 되는 불합리한 결과가 발생할 수 있다. 또한 위헌성을 해소하기 위한 구체적인 방법을 정하는 것은 입법자의 재량에 속하므로, 심판대상조항에 대하여 단순위헌결정을 하는 대신 헌법불합치결정을 선고하고 그 적용을 중지한다고 하였으며,[1] 국민건강보험법 제109조 제10항 위헌확인사건에서, "보험급여제한 조항의 위헌성은 보험급여 제한을 실시하는 것 그 자체에 있는 것이 아니라, 보험급여제한을 하지 않을 수 있는 예외를 전혀 인정하지 않고, 보험료 체납에 따른 보험급여 제한이 실시된다는 통지절차도 전혀 마련하지 않은 것에 있다. 그러한 위헌성을 제거하고 합헌적으로 조정하는 데에는 여러 가지 선택가능성이 있고, 입법자는 충분한 사회적 합의를 거쳐 그 방안을 강구할 필요가 있다. 이러한 점들을 감안하면, 보험급여제한 조항에 대하여는 단순위헌결정을 하는 대신 입법자의 개선입법이 있을 때까지 계속 적용을 명하는 헌법불합치결정을 선고한다."고 판시하였고,[2] 군인연금법 제27조 제 1 항 제 2 호 위헌제청사건에서. "심판대상조항은 과잉금지원칙에 위배되어 원칙적으로 위헌결정을 하여야 할 것이지만, 위와 같은 위헌성은 연금지급정지제도 자체에 있다기보다 선출직 공무원으로서 받게 되는 보수가 기존의 연금에 미치지 못하는 경우에도 연금 전액의 지급을 정지하는 것에 있으므로, 헌법불합치결정을 하여 입법자로 하여금 위와 같이 과잉금지원칙 위배가 문제되는 부분의 위헌성을 제거하는 개선입법을 하도록 하는 것이 더 바람직하다. 따라서 심판대상조항에 대하여 단순위헌결정을 하는 대신 적용중지 헌법불합치결정을 하기로 한다."고 판시하였고,[3] 가축전염병 예방법 제48조 제 1 항 제 3 호 단서 위헌제청사건에서, "심판대상조항의 위헌성은 살처분 보상금 중에서 가축의 소유자인 축산계열화사업자에게 지급되어야 하는 몫까지도 계약사육농가에게 지급한다는 점에 있다. 그런데 심판대상조항에 대하여 단순위헌결정을 하게 되면, 이를 넘어서 가축의 소유자인 축산계열화사업자에게 살처분 보상금이 전액 지급되는 불합리한 결과

1) 헌재 2023. 3. 23. 2020헌가19,
2) 헌재 2023. 9. 26. 2019헌마1165.
3) 헌재 2024. 4. 25. 2022헌가33.

가 발생한다. 나아가 보상금을 축산계열화사업자와 계약사육농가에게 개인별로 나누어 지급하기 위해서는 세부적인 사항과 절차를 마련하여야 하며, 입법자는 이를 **입법으로 구체화**할 필요가 있다. 따라서 심판대상조항에 대하여는 단순위헌결정을 하는 대신 2025. 12. 31.까지 계속 적용을 명하는 헌법불합치결정을 선고함이 타당하다."고 판시하였으며,[1] 직계혈족, 배우자, 동거친족, 동거가족 또는 그 배우자간의 권리행사방해죄는 그 형을 면제하도록 한 형법 제328조 제1항의 위헌성은 '일률적으로 형면제'를 함에 따라 구체적 사안에서 형사피해자의 재판절차진술권을 형해화할 수 있다는 데 있고, 이러한 위헌성 제거에는 여러 **입법적 선택가능성**이 있으므로 심판대상조항에 대하여 적용중지를 명하는 헌법불합치결정을 한다고 하였고,[2] 허위재무제표작성죄와 허위감사보고서작성죄에 대하여 배수벌금을 규정하면서도, '그 위반행위로 얻은 이익 또는 회피한 손실액이 없거나 산정하기 곤란한 경우'에 관한 벌금 상한액을 규정하지 아니한 '주식회사 등의 외부감사에 관한 법률' 제39조 제1항 중 '그 위반행위로 얻은 이익 또는 회피한 손실액의 2배 이상 5배 이하의 벌금'에 관한 부분 중 '그 위반행위로 얻은 이익 또는 회피한 손실액이 없거나 산정하기 곤란한 경우'에 관한 부분을 단순위헌으로 선언하고 그 효력을 소급하여 상실시키면 **처벌의 법적 공백**이 발생하고, 심판대상조항의 개선임무는 1차적으로 **입법형성권**을 가진 입법자에게 있으므로, 심판대상조항에 대하여 2025. 12. 31.을 입법개정 시한으로 하는 적용중지 헌법불합치결정을 하는 것이 타당하다고 하였다.[3]

셋째, 불합치결정을 내리는 사유로서는 예외적인 경우라고 할 수 있지만, 위헌법률이라 하더라도 그 **잠정적 적용**을 가능하게 하기 위해 헌법불합치결정이 필요한 경우가 있다. 예컨대 법률이 입법재량의 한계를 넘어서 기본권을 침해한 것으로서 헌법에 위반되는 규정이라 하더라도 이에 대하여 단순위헌선언을 한다면 **법적 공백상태**가 야기되고, 개정입법이 이루어질 때까지는 기왕에 완성된 법적 효과를 다시 재론할 수 있게 되는 등 이로 인하여 적지 않은 **법적 혼란을 초래**할 우려가 있는 경우, 즉 위헌적 법률을 형식적으로나마 존속시킬 때보다도 위헌결정으로 인해서 더욱 헌법적 질서와 멀어지는 법적 상태가 발생하게 되는 경우에도 헌법불합치결정이 정당화된다.[4]

---

1) 헌재 2024. 5. 30. 2021헌가3.
2) 헌재 2024. 6. 27. 2020헌마468등.
3) 헌재 2024. 7. 18. 2022헌가6.

4) 특허쟁송절차 사건. 헌재 1995. 9. 28. 92헌가11등; 도시계획시설지정 사건. 헌재 1999. 10. 21. 97헌바26; 텔레비전 방송수신료 사건. 헌재 1999. 5. 27. 98헌바70; 국적법 부칙조항 사건. 헌재 2000. 8. 31. 97헌가12; 학교용지 부담금 사건. 헌재 2008. 9. 25. 2007헌가9; 헌재 2010. 7. 29. 2009헌가8; 헌재 2011. 6. 30. 2008헌바166등; 헌재 2011. 9. 29. 2010헌가93; 헌재 2011. 11. 24. 2009헌바146; 헌재 2012. 5. 31. 2009헌바190; 헌재 2012. 5. 31. 2010헌마278; 헌재 2013. 7. 25. 2011헌가32; 변호사의 수용자 접견장소 사건. 헌재 2013. 8. 29. 2011헌마122; 독립유공자 손자녀 보상금 사건. 헌재 2013. 10. 24. 2011헌마724; 헌재 2014. 4. 24. 2013헌가28; 재외국민 국민투표권 사건. 헌재 2014. 7. 24. 2009헌마256등; 헌재 2014. 9. 25. 2013헌바208(새마을금고법 제21조); 고급 골프장 사업에 대한 민간개발자의 수용권한 부여 사건. 헌재 2014. 10. 30. 2011헌바129등; 국회의원지역선거구구역표 사건. 헌재 2014. 10. 30. 2012헌마190등; 부(夫)의 친생자 추정조항 사건. 헌재 2015. 4. 30. 2013헌마623; 외국에서 받은 형의 집행 조항 사건. 헌재 2015. 5. 28. 2013헌바129; 성폭력사범 신상정보관리조항 사건. 헌재 2015. 7. 30. 2014헌마340등; 치과의사전문의의 수련 및 자격인정 규정 사건. 헌재 2015. 9. 24. 2013헌마197; 수형자와 소송대리인인 변호사의 접견제한사건. 헌재 2015. 11. 26. 2012헌마858; 주민등록번호 변경금지조항 사건. 헌재 2015. 12. 23. 2013헌바68등; 정당후원회금지조항 사건. 헌재 2015. 12. 23. 2013헌바168; 헌재 2015. 12. 23. 2013헌마575등; 헌재 2015. 12. 23. 2013헌마712; 사립학교 교직원 연금법 재직기간 계산조항 사건. 헌재 2016. 2. 25. 2015헌가15; 군인연금법 이자가산 조항 사건. 헌재 2016. 7. 28. 2015헌바20; 정신보건법상 보호의무자에 의한 입원조항 사건. 헌재 2016. 9. 29. 2014헌가9; 출퇴근 중의 사고조항 사건. 헌재 2016. 9. 29. 2014헌바254; 국민연금법 제64조 제 1 항 위헌소원사건. 헌재 2016. 12. 29. 2015헌바182; 청원경찰법상 노동운동 금지조항 사건. 헌재 2017. 9. 28. 2015헌마653; 소년법 제67조 사건. 헌재 2018. 1. 25. 2017헌가7등; 예비후보자 기탁금 반환 사건. 헌재 2018. 1. 25. 2016헌마541; 변호사 세무대리 사건. 헌재 2018. 4. 26. 2015헌가19; 영장없이 타인의 주거 내에서의 피의자 수사사건. 헌재 2018. 4. 26. 2015헌바370등; 변호사 세무조정업무 사건. 헌재 2018. 4. 26. 2016헌마116; 유족보상금 수급권자 사건. 헌재 2018. 6. 28. 2016헌가14; 대체복무제 사건. 헌재 2018. 6. 28. 2011헌바379등; 위치정보추적자료 사건. 헌재 2018. 6. 28. 2012헌마191 등; 통신사실확인자료 사건. 헌재 2018. 6. 28. 2012헌마538; 대학교원 단결권 사건. 헌재 2018. 8. 30. 2015헌가38; 인터넷 회선 감청 사건. 헌재 2018. 8. 30. 2016헌마263; 디엔에이감식시료채취 영장절차조항 사건. 헌재 2018. 8. 30. 2016헌마344등; 형사소송법상 즉시항고 제기기간 사건. 헌재 2018. 12. 27. 2015헌바77등; 공직선거법 제26조 제 1 항 별표2 위헌확인 사건. 헌재 2019. 2. 28. 2018헌마415등; 자기낙태죄, 의사낙태죄 조항 사건. 헌재 2019. 4. 11. 2017헌바127; 광역자치단체장 예비후보자 후원금 사건. 헌재 2019. 12. 27. 2018헌마301 등; 공직선거에 있어 확성장치 사용 사건. 헌재 2019. 12. 27. 2018헌바730; 가족관계증명서 사건. 헌재 2020. 8. 28. 2018헌마927; 지방자치단체장 선거 예비후보자 기탁금 반환사건. 헌재 2020. 9. 24. 2018헌가15 등; 병역의무 면탈 위한 국적이탈 사건. 헌재 2020. 9. 24. 2016헌마889; 장애인 활동지원급여 신청자격 제한 사건. 헌재 2020. 12. 23. 2017헌가22 등; 전몰군경자녀수당 사건. 헌재 2021. 3. 25. 2018헌가6; 재외투표기간 개시일 전에 귀국한 재외선거인 등 사건. 헌재 2022. 1. 27. 2020헌마895; 재심판결에서 선고된 형을 초과하여 집행된 구금에 대하여 보상요건을 규정하지 아니한 형사보상 및 명예회복에 관한 법률 제26조 제 1 항 사건. 헌재 2022. 2. 24. 2018헌마998등; 공직선거법 제256조 제 3 항 제 1 호 아목 등 위헌제청등 사건. 헌재 2022. 7. 21. 2017헌가1, 3등; 공직선거법 제255조 제 1 항 제 5 호 위헌제청사건. 헌재 2022. 7. 21. 2017헌가4; 공직선거법 제255조 제 2 항 제 4 호 등 위헌소원사건. 헌재 2022. 7. 21. 2017헌바100등; 공직선거법 제90조 제 1 항 제 1 호 등 위헌소원 등 사건. 헌재 2022. 7. 21. 2018헌바357등; 의료사고 피해구제 및 의료분쟁 조정 등에 관한 법률 제47조 제 2 항 등 위헌소원사건. 헌재 2022. 7. 21. 2018헌바504; 통신자료 취득행위 위헌확인 등 사건. 헌재 2022. 7. 21. 2016헌마388등; 금혼조항을 위반한 혼인을 무효로 하는 민법 제815조 제 2 호 위헌소원사건. 헌재 2022. 10. 27. 2018헌바115; 정치자금법 제 6 조 등 위헌확인사건. 헌재 2022. 11. 24. 2019헌마528등; 국가공무원법 제33조 제6의4호 등 위헌확인사건. 헌재 2022. 11. 24. 2020헌마1181; 출입국관리법 제63조 제 1 항 위헌제청사건. 헌재 2023. 3. 23. 2020헌가1등; 공직선거법 제93조 제 1 항 본문 등 위헌제청사건. 헌재 2023. 3. 23.

예컨대 헌법재판소는 학교용지확보 등에 관한 특례법 제 5 조 제 1 항 단서 제 5 호 위헌제청 사건에서, “헌법재판소가 위헌결정을 선고하여 심판대상조항의 효력을 당장 상실시킨다면, 주택개발사업에서 ‘기존 거주자와 토지 및 건물 소유자에게 분양하는 경우’의 개발사업분은 학교시설 확보의 필요성을 유발하지 않으므로 학교용지부담금을 부과하지 않도록 한 근거규정까지 효력을 잃게 됨으로써 그 입법목적을 달성하기 어려운 **법적 공백상태**가 발생한다. 따라서 심판대상조항의 효력을 당장 상실하게 하거나 적용을 중지하도록 하는 것은 잠정적용을 명하는 것보다 더 위헌적인 상황을 초래하므로 입법자가 합헌적인 방향으로 법률을 개선할 때까지 그 효력을 존속하게 하여 이를 적용하게 할 필요가 있다.”고 판시하였고,[1] 국민연금법 제64조 제 1 항에 대하여 단순위헌결정을 선고하는 경우 노령연금 수급권 형성에 기여한 이혼배우자의 분할연금 수급권의 근거규정까지도 사라지는 **법적 공백** 상태가 발생하게 될 뿐만 아니라, 입법자는 개선입법을 형성함에 있어 광범위한 **입법재량**을 가지므로 심판대상조항에 대하여 헌법불합치결정을 선고하되, 입법자의 개선입법이 있을 때까지 계속 적용을 명한다고 하였고,[2] 세무사법 제 6 조 제 1 항 및 세무사법 제20조 제 1 항 본문 중 ‘변호사’에 관한 부분은 헌법에 위반되므로 원칙적으로 위헌결정을 하여야 할 것이지만, 심판 대상 조항에 대하여 단순위헌결정을 하게 되면 일반 세무사의 세무사 등록에 관한 근거규정마저 사라지게 되는 **법적 공백상태**가 발생한다고 하였고,[3] 노동조합 및 노동관계조정법 제81조 제 4 호 중 운영비원조금지조항은 헌법에 위반되므로 원칙적으로 위헌결정을 하여야 할 것이지만, 운영비원조금지조항에 대하여 단순위헌결정을 하게 되면, 노동조합의 자주성을 저해하거나 저해할 현저한 위험이 있는 운영비 원조 행위를 부당노동행위로 규제할 수 있는 근거조항 자체가 사라지게 되는 **법적 공백상태**가 발생하므로 운영비원

2023헌가4; 가족관계의 등록 등에 관한 법률 제46조 제 2 항 등 위헌확인사건. 헌재 2023. 3. 23. 2021헌마975; 표준 휠체어 기준 안전기준 위헌확인사건. 헌재 2023. 5. 25. 2019헌마1234; 공직선거법 제90조 제 1 항 제 1 호 등 위헌제청사건. 헌재 2023. 6. 29. 2023헌가12; 국가공무원법 위헌확인사건. 헌재 2023. 6. 29. 2020헌마1605등; 유류분상실사유를 별도로 규정하지 아니한 민법 제1112조 제 1 호부터 제 3 호, 기여분에 관한 민법 제1008조의2를 준용하는 내용을 두지 않은 민법 제1118조 등 위헌제청사건. 헌재 2024. 4. 25. 2020헌가4등; 가축전염병 예방법 제48조 제 1 항 제 3 호 단서 위헌제청사건. 헌재 2024. 5. 30. 2021헌가3; 의료급여법 지급 보류 조항 사건. 헌재 2024. 6. 27. 2021헌가19.

1) 학교용지부담금 사건. 헌재 2008. 9. 25. 2007헌가9; 학교용지부담금 사건. 헌재 2013. 7. 25. 2011헌가32.
2) 헌재 2016. 12. 19. 2015헌바182.
3) 헌재 2018. 4. 26. 2015헌가19.

조금지조항에 대하여 단순위헌결정을 하는 대신 헌법불합치 결정을 선고하되, 입법자의 개선입법이 이루어질 때까지 계속 적용을 명하기로 한다고 하였으며,[1] 병역종류조항의 위헌성은 양심적 병역거부자에 대한 대체복무제를 규정하지 아니한 부작위에 있는 바, 위와 같은 부작위의 위헌성을 이유로 병역종류조항에 대해 단순위헌 결정을 할 경우 병역의 종류와 각 병역의 구체적인 범위에 관한 근거규정이 사라지게 되어 일체의 병역의무를 부과할 수 없게 되므로, 용인하기 어려운 **법적 공백**이 생기게 된다고 하였다.[2]

한편 통신비밀보호법 제13조 제 1 항의 요청조항 및 같은 법 제13조의3 제 1 항의 통지조항은 청구인들의 기본권을 침해하여 헌법에 위반되지만, 위 조항들에 대하여 단순위헌결정을 하여 그 효력을 즉시 상실시킨다면 수사기관이 수사·내사의 대상이 된 정보주체에 대한 위치정보 추적자료의 제공을 요청하거나 위 자료의 제공사실을 정보주체에게 통지할 법률적 근거가 사라져 **법적 공백** 사태가 발생하게 된다고 하였고,[3] 통신비밀보호법 제13조 제 1 항의 요청조항이 위헌으로 선언되어 즉시 효력을 상실하면 수사기관이 반드시 필요한 피의자·피해자 등의 통신사실 확인자료를 제공요청할 방법이 없어지게 됨으로써, 피해자의 보호·구조가 시급하거나 국가 안보를 위협하는 각종 범죄의 수사에 있어 **법적 공백**이 발생할 우려가 있다고 하였으며,[4] 교원의 노동조합 설립 및 운영에 관한 법률 제 2 조 본문은 대학 교원의 단결권을 침해하여 헌법에 위반되지만, 단순위헌결정을 하여 당장 그 효력을 상실시킬 경우에는 초·중등교육법 제19조 제 1 항에 의한 교원들에 대한 교원노조 설립의 근거가 사라지게 되어 재직 중인 초·중등교원에 대하여 교원노조를 인정해 줌으로써 이들의 교원노조의 자주성과 주체성을 확보하는 데 기여하는 입법목적을 달성하기 어려운 **법적 공백** 상태가 발생할 수 있다고 하였고,[5] 통신비밀보호법 제 5 조 제 2 항 중 '인터넷회선을 통하여 송·수신하는 전기통신에 관한 부분'은 청구인의 기본권을 침해하여 헌법에 위반되지만, 위 조항에 대하여 단순위헌결정을 하여 그 효력을 상실시킨다면 수사기관이 인터넷회선 감청을 통한 수사를 행할 수 있는 법률적 근거가 사라져 범행의 실행 저지가 긴급히 요구되거나 국민의 생명·신

1) 헌재 2018. 5. 31. 2012헌바90.
2) 헌재 2018. 6. 28. 2011헌바379 등.
3) 헌재 2018. 6. 28. 2012헌마191 등.
4) 헌재 2018. 6. 28. 2012헌마538.
5) 헌재 2018. 8. 30. 2015헌가38.

체·재산의 안전을 위협하는 중대 범죄의 수사에 있어 법적 공백이 발생할 우려가 있다고 하였으며,[1] 디엔에이 감식시료 채취영장 발부과정에서 채취대상자에게 자신의 의견을 밝히거나 영장발부 후 불복할 수 있는 절차 등에 관하여 규정하지 아니한 '디엔에이신원확인정보의 이동 및 보호에 관한 법률' 제 8 조의 입법상의 불비는 개선입법을 함으로써 제거될 수 있음에도, 이 사건 영장절차조항에 대하여 단순위헌결정을 하여 그 효력을 즉시 상실시킨다면, 디엔에이감식시료 채취를 허용할 법률적 근거가 사라지는 심각한 법적 공백 상태가 발생하게 된다고 하였다.[2]

또한 심판대상조항의 위헌성은 즉시항고 제기기간인 3일이 지나치게 짧아 재판청구권을 침해한다는 것에 있는데, 만약 위 조항을 단순위헌으로 선언하는 경우 즉시항고의 기간 제한이 없어지게 됨에 따라 혼란이 초래될 우려가 있다고 하였고,[3] 원칙적으로 이 사건 선거구구역표 중 인천광역시의회의원지역선거구들 부분과 경상북도 의회의원지역선거구들 부분에 대하여 위헌결정을 하여야 할 것이나, 재·보궐선거가 치러지는 경우 선거구구역표의 부재·변경 등으로 인하여 혼란이 발생할 우려가 있으므로 입법자가 위 선거구구역표 부분을 개정할 때까지 위 선거구구역표 부분의 계속 적용을 명하는 헌법 불합치결정을 하기로 한다고 하였으며,[4] 자기낙태죄 조항과 의사낙태죄 조항에 대하여 각 단순위헌결정을 할 경우, 임신기간 전체에 걸쳐 행해진 모든 낙태를 처벌할 수 없게 됨으로써 용인하기 어려운 법적 공백이 생기게 된다고 하였고,[5] 광역자치단체장 예비후보자 후원회 지정 조항에 대하여 단순위헌결정을 할 경우, 지방자치단체의 장 선거의 후보자 역시 후원회를 지정할 수 있는 근거규정이 없어지게 되어 법적 공백상태가 발생한다고 하였다.[6]

또한 공직선거법 제79조 제 3 항 제 2 호, 제 3 호 및 제216조 제 1 항의 위헌성은 전국동시지방선거의 선거운동에서 확성장치를 사용하는 것 자체에 있는 것이 아니라, 선거운동에서 사용하는 확성장치와 관련하여 그로부터 유발되는 소음의 규제기준에 관한 구체적인 규정을 두지 아니하여 건강하고 쾌적한 환경

1) 헌재 2018. 8. 30. 2016헌마263.
2) 헌재 2018. 8. 30. 2016헌마344 등.
3) 헌재 2018. 12. 27. 2015헌바77 등.
4) 헌재 2019. 2. 28. 2018헌마415 등.
5) 헌재 2019. 4. 11. 2017헌바127.
6) 헌재 2019. 12. 27. 2018헌마301 등.

에서 생활할 권리를 침해한다는 것에 있는데, 만약 위 조항을 단순위헌으로 선언하는 경우 선거운동에서 확성장치의 사용에 관한 근거규정이 사라지고, 후보자 등은 확성장치를 사용할 수 없게 됨에 따라 혼란이 초래될 우려가 있다고 하였으며,[1] 가족관계등록에 관한 법률 제14조 제 1 항 본문 중 '직계혈족이 제15조에 규정된 증명서 가운데 가족관계증명서 및 기본증명서의 교부를 청구'하는 부분에 대하여 단순위헌결정을 하여 당장 그 효력을 상실시킬 경우 가정폭력 가해자가 아닌 직계혈족까지 자녀의 가족관계증명서와 기본증명서의 교부를 청구할 수 있는 근거규정이 없어지게 되어 법적 공백의 상태가 발생하고, 이는 직계혈족이 자녀의 가족관계증명서와 기본증명서의 교부를 청구하는 것 자체를 위헌으로 판단한 것이 아닌데도 이를 위헌으로 판단한 경우와 동일한 결과를 나타내게 된다고 하였고,[2] 지방자치단체의 장 선거에 있어 정당의 공천심사에서 탈락한 후 후보자등록을 하지 않은 경우를 기탁금반환사유로 규정하지 않은 구 공직선거법 제57조 제 1 항 중 제 1 호 다목에 대해 단순위헌결정을 하면, 개정법 시행 전의 지자체장 선거에 있어서는 예비후보자의 기탁금납입조항은 효력을 그대로 유지한 채 기탁금반환의 근거규정만 사라지게 되어 법적 공백이 발생할 우려가 있다고 하였으며,[3] 헌법재판소가 국적법 제12조 제 2 항 본문 및 국적법 제14조 제 1 항 단서 중 제12조 본문에 관한 부분에 대한 단순위헌결정을 하여 그 효력이 즉시 상실되면, 국적선택이나 국적이탈에 대한 기간 제한이 정당한 경우에도 그 제한이 즉시 사라지게 되어, 병역의무의 공평성 확보에 어려움이 발생할 수 있으므로 잠정적용을 명한다고 하였고,[4] 장애인 활동 지원에 관한 법률 제 5 조 제 2 호 본문을 단순위헌으로 선언하여 즉시 효력을 상실하게 할 경우, 중복급여로 인한 문제가 발생할 가능성이 있고, 자립지원의 필요성과 간병·요양의 필요성을 기준으로 한 장애인활동법과 노인장기요양보험법의 급여의 구분체계에 법적 공백이 초래될 우려가 있으므로 잠정적용을 명한다고 하였으며,[5] 국가 유공자 등 예우 및 지원에 관한 법률 제13조 제 2 항 제 1 호 등 위헌제청사건에서 "이 사건 법률조항을 단순위헌으로 선언하여 즉시 효력을 상실하게 할 경우, 이 사건 수당 지급의 근거 규정이 사라지게 되어 법적 공백 상

1) 헌재 2019. 12. 27. 2018헌마730.
2) 헌재 2020. 8. 28. 2018헌마927.
3) 헌재 2020. 9. 24. 2018헌가15 등.
4) 헌재 2020. 9. 24. 2016헌마889.
5) 헌재 2020. 12. 23. 2017헌가22 등.

태가 발생할 수 있다. 나아가 이 사건 법률조항의 위헌적 상태를 제거함에 있어서 어떠한 기준 및 요건에 의해 수급권자를 정할 것인지 등에 관하여 헌법재판소의 결정취지의 한도 내에서 입법자에게 재량이 부여된다."고 판시하면서 계속적용을 명하였고,[1] 공직선거법 제218조의16 제 3 항 등 위헌확인사건에서 "심판대상조항에 대하여 단순위헌결정을 하여 당장 그 효력을 상실시킬 경우 재외선거인등이 재외투표기간 개시일 전에 귀국하여 투표할 수 있는 근거규정이 없어지게 되어 **법적 공백**이 발생한다. 나아가, 심판대상조항의 위헌적 상태를 제거함에 있어서 재외투표기간 개시일 이후에 귀국한 재외선거인등에 대하여 어떠한 요건 및 절차에 의해 귀국투표를 허용할 것인지 등에 관하여 헌법재판소의 결정취지의 한도 내에서 입법자에게 재량이 부여된다 할 것이다. 따라서 심판대상조항에 대하여 단순위헌결정을 하는 대신 헌법불합치결정을 선고하되, 입법자의 개선입법이 있을 때까지 잠정적용을 명하기로 한다."고 판시하였으며,[2] 형사보상 및 명예회복에 관한 법률 제26조 제 1 항 사건에서, "이상의 이유로 심판대상조항에 대해서는 위헌결정을 하여야 할 것이나, 이에 대하여 위헌결정을 하여 당장 그 효력을 상실시킬 경우에는 심판대상조항이 형사보상 대상으로 규정하고 있는 다른 경우 역시 형사보상청구를 할 수 없게 되는 **법적 공백상태**가 발생할 수 있다. 또한 입법자는 이 사건에서 문제되는 경우뿐만 아니라 일반적인 형사절차에서 무죄재판을 받지는 않았으나 공소장의 교환적 변경이 없었더라면 무죄재판을 받을만한 현저한 사유가 있었을 경우에 대하여 이를 형사보상 대상으로 규정할지 여부나 그 보상요건과 범위 등을 정할 입법재량을 가지는 등 위헌적인 규정을 합헌적으로 조정하는 임무는 원칙적으로 입법자의 형성재량에 속하는 사항이다. 따라서 입법자가 2023. 12. 31.을 시한으로 하여 심판대상조항을 개정할 때까지 심판대상조항의 계속 적용을 명하기로 한다."고 판시하였고,[3] 공직선거법 제256조 제 3 항 제 1 호 아목 등 위헌제청사건에서 "심판대상조항에 대하여 단순위헌결정을 하게 되면, 선거에 영향을 미치게 하기 위하여 그 밖의 광고물을 설치·진열·게시하거나 표시물을 착용하는 행위를 모두 규제할 수 없게 되는 **법적 공백**이 발생한다. 나아가 정치적 표현 행위의 방법을 구체적으로 어느 정도로 허용할 것인지는 일반 유권자와 후보자의 정치적

1) 헌재 2021. 3. 25. 2018헌가6.
2) 헌재 2022. 1. 27. 2020헌마895.
3) 헌재 2022. 2. 24. 2018헌마998등.

표현의 자유, 선거에서의 균등한 기회의 보장, 선거의 공정성, 우리의 선거문화 등을 종합적으로 고려하여 입법자가 충분한 논의를 거쳐 결정하여야 할 사항이다. 이러한 점을 고려하여 심판대상조항에 대하여는 단순위헌결정을 하는 대신 입법자의 개선입법이 이루어질 때까지 계속 적용을 명하는 헌법불합치결정을 선고하는 것이 타당하다."고 판시하였으며,[1] 의료사고 피해구제 및 의료분쟁 조정 등에 관한 법률 제47조 제 2 항 등 위헌소원사건에서, "이 사건 위임조항 중 '그 금액' 부분의 위헌성은 부담금의 산정방식이나 요건에 대해 아무것도 정하지 않고 대통령령에 이를 포괄적으로 위임하였다는 점에 있는데, 만약 위 조항을 단순위헌으로 선언하는 경우 대불비용 부담금의 부과·징수의 근거가 없어지게 됨에 따라 혼란이 초래될 우려가 있다. 또한 이 사건 위임조항 중 '그 금액' 부분의 위임 내용을 어떻게 구체화하여 대통령령에 위임할지에 관하여는 입법자가 충분한 논의를 거쳐 결정해야 할 사항에 속한다. 따라서 이 사건 위임조항 중 '그 금액' 부분에 대하여 헌법불합치결정을 선고하되, 입법자의 개선입법이 있을 때까지 잠정적용을 명하기로 한다."고 판시하였고,[2] 통신자료 취득행위 위헌확인 등 사건에서, 이 사건 법률조항에 대하여 단순위헌 결정을 하게 되면 법적 공백이 발생하게 되므로 잠정적용을 명하는 헌법불합치 선고를 한다고 하였으며,[3] 금혼조항을 위반한 혼인을 무효로 하는 민법 제815조 제 2 호 위헌확인사건에서, 이 사건 무효조항에 대하여 단순위헌결정을 하게 되면 이 사건 금혼조항 중 합헌인 부분의 실효성을 담보할 수단이 없게 되어 용인하기 어려운 법적 공백이 생기고 합헌적 개선방법을 강구하고 구체적 입법조치를 하는 것이 바람직하므로 잠정적용을 명하는 헌법불합치 선고를 한다고 하였고,[4] 국회의원을 후원회지정권자로 정하면서 지방의회의원을 후원회지정권자에서 제외하고 있는 정치자금법 제 6 조 제 2 호에 대하여 단순위헌결정을 하게 되면 국회의원 역시 후원회를 지정할 수 있는 근거규정이 사라지게 되므로, 개선입법이 이루어질 때까지 계속적용을 명하는 헌법불합치 선고를 한다고 하였으며,[5] 국가공무원법 제33조 제6의4호 등 위헌확인사건에서, 심판대상조항에 대하여 단순위

1) 헌재 2022. 7. 21. 2017헌가1, 3등; 같은 취지: 헌재 2022. 7. 21. 2017헌가4; 헌재 2022. 7. 21. 2017헌바100등; 헌재 2022. 7. 21. 2018헌바357등.
2) 헌재 2022. 7. 21. 2018헌바504.
3) 헌재 2022. 7. 21. 2016헌마388등.
4) 헌재 2022. 10. 27. 2018헌바115.
5) 헌재 2022. 11. 24. 2019헌마528등.

헌결정을 하게 되면, 아동에 대한 성적 학대행위로 형을 선고받아 그 형이 확정된 사람이 일반직공무원 및 부사관으로 임용되는 것을 제한할 수 없는 **법적 공백**이 발생할 수 있고, 나아가 위 사람에 대하여 일반직공무원 및 부사관으로 임용되는 것을 어느 정도로 허용할 것인지는 입법자가 충분한 논의를 거쳐 결정하여야 할 사항이므로 개선입법이 있을 때까지 계속적용을 명하는 헌법불합치 선고를 한다고 하였고,[1] 집회 및 시위에 관한 법률 제11조 제 3 호 중 '대통령 관저 부분' 등 위헌확인사건에서, 이 사건 현행법조항에 대하여 단순위헌결정을 할 경우 대통령의 헌법적 기능 보호에 관한 **법적 공백**이 초래될 우려가 있으므로, 현행법조항에 대하여는 헌법불합치 결정을 선고하되, 2024. 5. 31.을 시한으로 입법자의 개선입법이 이루어질 때까지 잠정 적용한다고 하였고,[2] 출입국관리법 제63조 제 1 항 위헌제청사건에서, 심판대상조항에 대하여 단순위헌결정을 선고하게 되면 강제퇴거명령의 집행을 위한 보호의 근거규정이 사라지게 되어 강제퇴거명령을 받은 사람의 신병을 확보할 수 없게 되는 용인하기 어려운 **법적 공백**이 발생할 우려가 있다. 또한 입법자는 보호기간의 상한을 어떻게 설정할 것인지, 보호의 개시나 연장 단계에서 인신구속의 타당성을 심사할 기관을 어떻게 구성할 것인지와 의견제출의 기회를 어떠한 형태로 보장할 것인지 등 절차 형성에 관하여 입법재량을 가진다. 따라서 심판대상조항에 대하여 헌법불합치결정을 선고하되, 2025. 5. 31.을 시한으로 개선입법이 있을 때까지 계속 적용을 명한다고 하였으며,[3] 공직선거법 제93조 제 1 항 본문 등 위헌제청사건에서, 심판대상조항의 위헌성은 선거에서의 기회균등이나 공정성을 해치는 것이 명백하다고 볼 수 없는 정치적 표현행위의 방법까지 모두 금지·처벌하는 것에 있고, 이와 관련하여 정치적 표현행위의 방법을 어느 정도로 허용할 것인지는 입법자가 논의를 거쳐 결정할 사항이라고 할 것이므로, 위 조항들에 대하여 헌법불합치 결정을 선고하되, 2024. 5. 31.을 시한으로 입법자가 개정할 때까지 계속 적용을 명한다고 하였고,[4] 가족관계의 등록 등에 관한 법률 제46조 제 2 항 등 위헌확인사건에서, 심판대상조항들에 대하여 단순위헌결정을 하게 되면, **입법 공백**이 발생하고, 나아가 입법자는 출생등록을 실효적으로 보장하면서도 법적

1) 헌재 2022. 11. 24. 2020헌마1181.
2) 헌재 2022. 12. 22. 2018헌바48등.
3) 헌재 2023. 3. 23. 2020헌가1, 2021헌가10(병합).
4) 헌재 2023. 3. 23. 2023헌가4.

부자관계의 형성에 혼란이 생기지 않도록 방안을 마련할 일차적 책임과 재량이 있다. 따라서 심판대상조항들에 대하여 입법자의 개선입법이 이루어질 때까지 계속 적용을 명하는 헌법불합치결정을 선고한다. 입법자는 늦어도 2025. 5. 31.까지는 개선입법을 이행하여야 한다고 하였으며,[1] 교통약자의 이동편의 증진법 시행규칙 제 6 조 제 3 항 별표 1의2 위헌확인사건에서, 심판대상조항은 청구인의 평등권을 침해하여 헌법에 위반되지만, 위 조항에 대하여 단순위헌결정을 하여 당장 그 효력을 상실시킬 경우 표준휠체어를 기준으로 하는 휠체어 고정설비 안전기준에 대해서도 **법적 공백**상태가 발생하게 되므로 심판대상조항에 대하여 단순위헌결정을 하는 대신 헌법불합치결정을 선고하기로 한다. 행정입법권한을 가진 국토교통부장관은 2024. 12. 31.까지 개선입법을 하여야 하고, 심판대상조항은 개선입법이 이루어질 때까지 계속 적용을 명한다고 하였다.[2]

공직선거법 제90조 제 1 항 제 1 호 등 위헌제청사건에서, 심판대상조항에 대하여 단순위헌결정을 하게 되면, 규격, 이용 규모나 횟수, 비용 등에 상관없이 선거에 영향을 미치게 하기 위하여 화환을 설치하는 행위를 모두 규제할 수 없게 되는 **법적 공백**이 발생할 수 있다. 나아가 정치적 표현 행위의 방법을 구체적으로 어느 정도로 허용할 것인지는 일반 유권자와 후보자의 정치적 표현의 자유, 선거에서의 균등한 기회의 보장, 선거의 공정성, 선거문화 등을 종합적으로 고려하여 입법자가 충분한 논의를 거쳐 결정하여야 할 사항이라고 하였고,[3] 국가공무원법 제33조 제 6 호의4 나목 위헌확인사건에서, 심판대상조항에 대하여 단순위헌결정을 하게 되면, 아동·청소년이용음란물소지죄로 형을 선고받아 그 형이 확정된 사람이 일반직공무원으로 임용되는 것을 제한할 수 없는 **법적 공백**이 발생할 수 있다. 나아가 위 사람에 대하여 일반직공무원으로 임용되는 것을 어느 정도로 허용할 것인지는 입법자가 충분한 논의를 거쳐 결정하여야 할 사항이라고 하였으며,[4] 민법 제1112조 등 위헌제청사건에서, "유류분상실사유를 별도로 규정하지 아니한 민법 제1112조 제 1 호부터 제 3 호 및 기여분에 관한 제1008조의2를 유류분에 준용하지 아니한 민법 제1118조는 모두 헌법 제37조 제 2 항에 따른 기본권제한의 입법한계를 일탈하여 재산권을 침해하므로

1) 헌재 2023. 3. 23. 2021헌마975.
2) 헌재 2023. 5. 25. 2019헌마1234.
3) 헌재 2023. 6. 29. 2023헌가12.
4) 헌재 2023. 6. 29. 2020헌마1605등.

헌법에 위반된다. 그런데 민법 제1112조 제 1 호부터 제 3 호는 피상속인의 직계비속, 배우자 및 직계존속의 각 유류분이라는 핵심적 사항을 규정하고 있고, 민법 제1118조는 대습상속에 관한 제1001조 및 제1010조, 그리고 공동상속인 중 특별수익자의 상속분에 관한 제1008조를 유류분에 준용하는 기본적인 사항을 규정하고 있다. 따라서 위 조항들에 대하여 위헌결정을 선고하여 효력을 상실시키면, 남은 조항만으로는 유류분제도를 제대로 시행할 수 없게 되어 오히려 법적 혼란이나 공백이 발생할 우려가 있을 뿐 아니라, 심판대상조항에 따른 유류분제도 자체가 헌법에 위반된다는 것이 아니라 이를 구성하는 유류분 조항들 중 일부의 내용이 헌법에 위반된다는 이 사건 결정의 취지에도 반하게 된다. 아울러 심판대상조항에 따른 유류분제도를 그대로 유지하면서 이 사건 결정의 취지에 따라서 위 각 위헌적 규정들의 구체적 위헌성을 제거하고 유류분제도를 헌법에 합치되도록 개선하는 임무는 1차적으로 입법형성의 권한을 가진 입법자에게 속한다고 할 것이고, 입법자는 충분한 사회적 합의를 거쳐 그 방안을 강구할 필요가 있다. 그러므로, 민법 제1112조 제 1 호부터 제 3 호 및 제1118조에 대하여 위헌결정을 선고하는 대신 입법자의 개선입법이 있을 때까지 계속 적용을 명하는 헌법불합치결정을 선고함이 타당하다."고 판시하였고,[1] 가축전염병 예방법 제48조 제 1 항 제 3 호 단서 위헌제청사건에서 "심판대상조항의 위헌성은 살처분 보상금 중에서 가축의 소유자인 축산계열화사업자에게 지급되어야 하는 몫까지도 계약사육농가에게 지급한다는 점에 있다. 그런데 심판대상조항에 대하여 단순위헌결정을 하게 되면, 이를 넘어서 가축의 소유자인 축산계열화사업자에게 살처분 보상금이 전액 지급되는 불합리한 결과가 발생한다. 나아가 보상금을 축산계열화사업자와 계약사육농가에게 개인별로 나누어 지급하기 위해서는 세부적인 사항과 절차를 마련하여야 하며, 입법자는 이를 입법으로 구체화할 필요가 있다. 따라서 심판대상조항에 대하여는 단순위헌결정을 하는 대신 2025. 12. 31.까지 계속 적용을 명하는 헌법불합치결정을 선고함이 타당하다."고 판시하였고,[2] 의료급여기관이 의료법 제33조 제 2 항을 위반하였다는 사실을 수사기관의 수사 결과로 확인한 경우 시장·군수·구청장으로 하여금 해당 의료급여기관이 청구한 의료급여비용의 지급을 보류할 수 있도록 규정한 의료급여

1) 헌재 2024. 4. 25. 2020헌가4등.
2) 헌재 2024. 5. 30. 2021헌가3.

법 제11조의5 제 1 항 중 '의료법 제33조 제 2 항'에 관한 부분 위헌제청 사건에서, "지급보류처분의 취소 사유나, 의료급여기관 개설자의 재산권 제한 정도를 완화하기 위한 보상으로서의 이자 내지 지연손해금 등 제도적 대안 등을 어떠한 내용으로 형성할 것인지에 관하여는, 입법자에게 폭넓은 재량이 부여되어 있다. 심판대상조항에 대하여 단순위헌결정을 하여 당장 그 효력을 상실시키는 경우 의료급여기금 재정의 건전성 확보라는 입법목적을 달성하기 어려운 **법적 공백**이 발생할 수 있다."고 판시하면서 계속적용을 명하였다.[1]

또한 헌법재판소는 기후위기 대응을 위한 탄소 중립·녹색성장 기본법 제 8 조 제 1 항 위헌확인 사건에서, "탄소중립기본법 제 8 조 제 1 항의 규범영역 전부에 대한 효력을 상실시킬 경우, 2050년의 탄소중립 목표 시점 이전에 존재하는 정량적인 중간 목표가 사라지므로, 오히려 온실가스 감축에 관한 제도적 장치가 후퇴하는 **더욱 위헌적인 상황**이 발생하게 되며, 2031년부터 2049년까지의 정량적인 온실가스 감축목표의 수준을 어떻게 정할지 등에 관해서는 입법자에게 광범위한 입법형성의 권한이 있다. 따라서 탄소중립기본법 제 8 조 제 1 항에 대해서는, 2026. 2. 28.을 시한으로 개선입법이 있을 때까지 계속 적용을 명하는 헌법불합치결정을 한다."고 판시하였고,[2] 의료법 제43조 제 1 항 위헌확인 사건에서, "심판대상조항에 대하여 단순위헌결정을 함으로써 그 효력을 즉시 상실하게 하는 경우에는 종합병원·병원·치과병원의 경우에도 한의사를 두어 한의과 진료과목을 추가로 설치·운영할 수 없게 되는 **법적 공백**이 발생하게 된다."고 판시하면서 계속적용을 명하는 헌법불합치결정을 하였으며,[3] 국가유공자 등 예우 및 지원에 관한 법률 제13조 제 2 항 제 3 호 위헌제청사건에서, "이 사건 연장자우선조항에 단순위헌결정을 할 경우 국가유공자법상 각종 보상의 수급자를 정하기 위한 **근거 규정이 사라지게 되고**, 이 사건 연장자우선조항의 위헌적 상태를 제거함에 있어서는 헌법재판소의 결정취지의 한도 내에서 **입법자에게 재량**이 있으므로, 이 사건 연장자우선조항에 대하여 2026. 12. 31.을 시한으로 입법자의 개선입법이 있을 때까지 계속 적용을 명하는 헌법불합치 결정을 내린다."고 판시하였다.[4]

1) 헌재 2024. 6. 27. 2021헌가19.
2) 헌재 2024. 8. 29. 2020헌마389등.
3) 헌재 2025. 1. 23. 2021헌마886.
4) 헌재 2025. 4. 10. 2024헌가12등.

한편 헌법재판소는 구속된 피의자가 적부심사청구권을 행사한 다음 검사가 전격기소를 하는 것을 허용하는 형사소송법 제214조의2 제 1 항 위헌소원 사건에서, 절차적 청구권을 적극적으로 형성하고 있는 법률조항에 대해 그 효력을 제거하는 단순위헌결정을 할 수 없다고 하면서 잠정적용을 명한 바 있다.[1] 즉, 헌법의 개별규정에 근거한 헌법위임에 따라 일정한 형태로 절차적 청구권을 적극적으로 형성하고 있는 위 법률조항에 대하여 그 효력을 제거하는 취지의 '단순위헌결정' 등을 선고하게 되면, 이 사건과 같이 피의자가 적부심사청구권을 행사한 이후 전격기소가 행해진 사안에 대한 권리구제의 효과는 발생하지 않고 오히려 통상적인 피의자의 구속적부심사청구권의 행사에 관한 근거규정이 전면적으로 효력을 상실하는 결과가 야기되기 때문에, 위 법률조항에 대한 위헌판단을 하는 경우 구조적으로 단순위헌결정 등을 할 수는 없다는 것이다.

(다) 헌법에 합치하는 내용으로의 개정 이전의 구법조항에 대하여 헌법불합치를 선고한 경우

헌법재판소는 일부 결정에서 헌법에 합치하는 내용의 개정입법이 있기 이전의 **구법조항**에 대하여 헌법불합치결정을 하면서 **잠정적용**을 명한 사례가 있다. 즉 헌법재판소는 구 소득세법 제60조에 대한 헌법소원 사건에서 위 조항에 대하여 단순위헌결정을 하는 경우 양도소득세를 부과할 수 없게 되어 조세수입을 감소시키고 국가재정에 영향을 주게 되며 양도소득세를 납부한 납세의무자들과의 사이에 형평에 어긋나는 결과를 초래한다는 이유로 헌법불합치결정을 하면서, 위헌조항이 이미 합헌적으로 개정되어 시행되고 있다는 법적 상황을 감안하여 결정이유에서 심판대상 위임조항을 적용하여 행한 양도소득세 부과처분 중 확정되지 아니한 모든 사건과 앞으로 행할 양도소득세 부과처분 모두에 대하여 개**정법률**을 **적용**할 것을 밝히는 결정을 하였고,[2] 구 상속세법 제 9조 제 1 항에 대한 위헌소원 사건에서는 위헌결정의 경우 발생하는 조세수입의 감소, 이미 상속세를 납부한 납세자와의 형평 문제 등을 이유로 심판대상조항에 대하여 헌법불합치선고를 하면서 입법자가 헌법합치적 개정법률이 시행되기 이전에 적용되는

---

1) 전격기소 사건. 헌재 2004. 3. 25. 2002헌바104. 그런데 헌법재판소는 소위 그린벨트 사건(헌재 1998. 12. 24. 89헌마214)에서, 개발제한구역 지정의 근거가 된 구 도시계획법 제21조의 위헌성은 그린벨트 제도 자체에 있는 것이 아니라 나대지와 같이 가혹한 부담이 발생하는 예외적인 경우에 대하여 보상규정을 두지 않은 데 있는 경우에 헌법불합치선언만 하고 잠정적용을 명하지 않았다.
2) 헌재 1995. 11. 30. 91헌바1등.

위 법 조항을 대체할 합헌적 법률을 입법할 때까지 일정 기간 동안 위헌적인 법규정을 존속케 하고 또한 **잠정적**으로 **적용**하게 할 필요가 있다고 하였다.[1)]

한편 헌법재판소는 "선례(헌재 2022. 1. 27. 2019헌바161)의 헌법불합치결정 이후 2023. 6. 30. 공무원연금법이 개정되었고, 2023. 7. 11. 군인연금법도 개정되어, 지방의회의원의 경우로서 소득세법 제20조 제 2 항에 따른 근로소득금액의 월평균금액(근로소득월액)이 본인의 퇴직연금액이나 퇴역연금액 미만인 경우에는 그 근로소득월액만큼 해당 연금 일부의 지급을 정지하는 것으로 개정되어 위 각 개정일부터 시행되었다. 따라서 심판대상조항은 향후 더 이상 적용될 여지가 없게 되었으나, 위 개정조항은 개정일(공포한 날)부터 시행되도록 되어 있어서 소급적으로 적용되지 아니하므로, 심판대상조항은 당해사건과 관련하여서는 여전히 적용된다. 만일 심판대상조항의 계속적용을 명하면, 심판대상조항에 대한 위헌선언의 효력이 당해사건에 미치지 못할 우려가 있으므로, 심판대상조항에 대하여 헌법불합치결정을 선고하되, 그 **적용**을 **중지**하기로 한다. 당해사건에서는 개정된 **신법**을 **적용**하여야 한다."고 판시하였다.[2)]

㈑ 동일한 내용의 신법조항이 있는 경우

헌법재판소는 일부 결정에서 심리 계속 중 법이 개정되자 심판대상이 된 구법조항과 동일한 내용의 신법조항을 직권으로 심판대상에 포함시키고 헌법불합치결정을 한 바 있다.[3)] 이 경우 **구법조항**에 대하여는 권리구제를 위하여 **적용중지**를 명하면서, **신법조항**에 대하여는 법적 공백을 방지하기 위하여 **계속적용**을 명하기도 한다.[4)]

예를 들면, 1세대 3주택 이상에 해당하는 주택에 대하여 양도소득세를 중과하는 구 소득세법 제104조 제 1 항 제 2 호의3 등에 대한 위헌소원 사건에서, 헌법재판소는 심리 계속 중 법이 개정되자 동일한 내용의 신법조항을 직권으로 심판대상에 포함시켰고, 단순위헌결정을 하는 경우 혼인에 따라 새로이 1세대 3주택 이상 보유자가 된 자 이외의 일반적인 1세대 3주택 이상 보유자에 대한 양도소

---

1) 헌재 2001. 6. 28. 99헌바54. 그러나 이 결정에 대해서는 다른 납세자와의 형평문제는 위헌결정의 필연적 결과인 점, 국가의 세수감소는 입법자의 위헌적 행위에 따르는 당연한 불이익으로서 국가가 감수해야 한다는 점 등을 감안하면 헌법불합치결정을 정당화하는 이유가 될 수 없다는 유력한 반대의견이 있었다. 저자도 이 반대의견에 동조하고 싶다.
2) 헌재 2024. 4. 25. 2022헌가33.
3) 실무제요, 236면.
4) 헌재 2008. 7. 31. 2007헌가4; 헌재 2010. 7. 29. 2008헌가28.

득세 중과세의 근거규정이 사라져 법적 공백상태가 발생한다는 이유로 신법조항에 대하여는 잠정적용을 명하는 헌법불합치결정을 하면서, 당해사건에서 청구인에게 적용되는 구법조항에 대하여는 적용중지의 헌법불합치결정을 한 바 있다.[1]

(마) 헌법불합치결정의 효력

1) 위헌법률의 형식적 존속과 입법자의 입법개선의무

위헌결정에 있어서는 위헌법률의 효력이 바로 상실됨에 비하여 불합치결정에 있어서는 위헌적 법률임에도 그 형식적 존재가 존속한다. 위헌적인 법률임에도 부득이 그 형식적 존재를 유지시키는 이유는 헌법재판소가 위헌결정을 통하여 위헌적 법률을 제거함으로써 스스로 합헌적 상태를 실현할 수 없고, 권력분립원칙과 민주주의원칙에 비추어 위헌적 상태의 제거는 입법자가 맡아서 해야 하는 일이기 때문이다. 이러한 의미에서 불합치결정은 위헌적 상태를 조속한 시일 내에 제거해야 할 입법자의 입법개선의무를 수반하게 되며, 따라서 입법자에 대한 입법촉구결정을 포함하게 된다.[2]

2) 위헌법률의 원칙적 적용금지와 절차의 중지

이와 같이 헌법불합치결정은 위헌결정의 일종이므로, 헌법불합치결정이 선언된 법률(조항)은 그 적용이 부인됨이 원칙이다. 따라서 헌법불합치결정이 있은 경우 행정관청과 법원은 원칙적으로 그들에게 계류된 절차를 개선입법이 있을 때까지 중지하여야 한다.[3]

위헌법률의 적용금지는 법치국가적 요청의 당연한 귀결로서, 헌법재판소가 어떠한 결정유형으로 법률의 위헌성을 확인하였든 간에 모든 국가기관은 위헌법률의 적용과 집행을 통하여 스스로 위헌적 국가행위를 해서는 아니된다. 이

---

1) 헌재 2011. 11. 24. 2009헌바146; 헌재 2018. 1. 25. 2017헌가7등; 헌재 2022. 1. 27. 2019헌바161; 헌재 2023. 3. 23. 2021헌가1; 헌재 2023. 3. 23. 2018헌바433, 2019헌가22, 2020헌바503(병합)도 구법조항에 대하여 적용중지를 명하고, 신법조항에 대해 계속적용을 명하였다.

2) 실무제요, 237면.

3) 헌재 1994. 7. 29. 92헌바49등; 헌재 1999. 10. 21. 96헌마61, 97헌마154등; 헌재 1997. 7. 16. 95헌가6등; 헌재 1997. 8. 21. 94헌바19등; 헌재 1998. 8. 27. 96헌가22; 헌재 1999. 12. 23. 99헌가2; 헌재 2000. 1. 27. 96헌바95등; 헌재 2020. 11. 26. 2019헌바131은 법원 기타 국가기관 및 지방자치단체는 입법자가 개정할 때까지 법률조항의 적용을 중지하여야 한다고 주문에서 선언하였다. 헌재 2004. 1. 29. 2002헌가22에서는 주문에서 법률조항의 적용중지를 선언하지 않았음에도 불구하고 헌법불합치결정이 있는 경우 법적용기관은 개선 입법이 있을 때까지 계속된 절차를 중지하여야 하고 입법자의 입법개선을 기다려 개정된 법률을 적용하여야 한다고 판시하였다; 헌재 2010. 7. 29. 2008헌가15; 헌재 2018. 1. 25. 2017헌가7등(구 소년법 제67조는 적용중지하고, 당해사건에서는 현행 소년법 제67조의 개정신법을 적용하여야 한다고 하였다).

렇게 불합치 결정에 있어서는 구체적 사건에 관한 법원의 판단을 입법자가 입법개선을 통하여 위헌적인 상태를 제거할 때까지 **미결상태**로 보류하여야 하며, 법원은 법률의 개정을 기다려 그에 의해 판단함으로써 당사자가 개정법률의 결과에 따른 혜택을 받을 수 있도록 기회를 열어놓아야 한다.[1] 법률에 대한 헌법소원의 청구인은 헌법불합치결정으로 말미암아 구법이 아닌 신법의 적용을 받음으로써 법적 지위의 향상을 부여받을 수 있는 가능성이 열리게 된다.

위헌결정에 있어서는 법원에게 최종적이고 확정적인 판단근거가 제공되지만, 불합치 결정에 있어서는 그 자체가 완결된 최종판단이 아니고 그 위헌적 상태의 제거에 대한 최종적 결정을 입법자에게 미루고 있으므로 법원은 입법자의 최종결정을 기다려 그에 따라 판단을 해야 하는 것이다. 다만 헌법재판소가 입법개선의 시한을 명시한 경우에 입법개선시한까지 개정이 이루어지지 않은 경우에는 당해조항은 효력을 상실하므로, 그때까지 소송이 계속 중이라면 그 재판에서 적용이 배제될 것이다.[2]

대법원은 비형벌조항에 대해 잠정적용 헌법불합치결정이 선고되었으나 위헌성이 제거된 개선입법이 이루어지지 않은 채 개정시한이 지남으로써 그 법률조항의 효력이 상실되었다고 하더라도 그 효과는 **장래에 향해서만** 미칠 뿐이고, 당해사건이라고 하여 이와 달리 취급할 이유는 없다고 하였고,[3] 개정시한이 지난 후 개선입법이 이루어졌으나 소급효를 규정하는 경과규정을 두고 있지 아니한 경우에 법원으로서는 헌법불합치결정에서 정한 개정시한까지는 종전의 법률을 그대로 적용하여 재판할 수밖에 없다고 하였다.[4]

3) **개정법률의 소급적용**

헌법재판소는 입법자가 불합치결정의 취지에 따라 위헌적 상태를 제거하는 법률을 제정하면 그것은 헌법재판소를 대신하여 합헌적 상태를 **소급적**으로 회복시키는 것이 되고, 법원이 이렇게 합헌적인 법률을 적용하여야 하는 것은 당연하다고 한다.[5] 이러한 이유 때문에 입법자가 그 개정법률의 시행시점을 별

1) 실무제요, 237면.
2) 실무제요, 238면.
3) 대법원 2012. 10. 11. 선고 2012도7455 판결; 대법원 2020. 1. 30. 선고 2018두49154 판결.
4) 대법원 2013. 7. 25. 선고 2013두6435 판결; 대법원 2013. 11. 28. 2010두6182 판결 등 참조.
5) 헌재 2000. 1. 27. 96헌바95등. 대법원도 구 토지초과이득세법 사건에서 "헌법재판소의 구 토지초과이득세법에 관한 헌법불합치결정에 따라 그 결정에서 지적된 위헌요소를 제거하거나 그 개선을 위하여 개정된 토지초과이득세법, 같은 법 시행령 및 같은 법 시행규칙의 각 조항은 그것이 납세의무자에게 불리하게 적용되지 아니하는 한 당해사건은 물론 아직 법원에 계속 중인 사건 등에

도로 규율하는 것은 큰 의미를 갖지 못한다. 헌법불합치결정은 위헌결정의 일종이므로 개정된 법률이 소급적용 되는 범위는 위헌결정에서 소급효가 인정되는 범위와 같다. 헌법재판소는 "헌법불합치결정이 선고된 경우 위헌결정과 달리 입법개선을 기다려 개선된 입법을 소급적으로 적용함으로써 합헌적 상태를 회복할 수 있으나, 헌법불합치결정도 위헌결정의 일종이므로 그 결정의 효력은 결정이 있는 날로부터 발생하고, 위헌결정의 경우와 같은 범위에서 소급효가 인정된다. 따라서 헌법불합치결정에 따른 개선입법이 소급적용되는 범위도 위헌결정에서 소급효가 인정되는 범위와 같으므로, 특별한 사정이 없는 한 헌법불합치결정 당시의 시점까지 소급되는 것이 원칙이라 할 것이다."라고 판시하였고,[1] 또한 "헌법재판소가 헌법불합치라는 변형결정주문을 선택하여 위헌적 요소가 있는 조항들을 합헌적으로 개정 혹은 폐지하는 임무를 입법자의 형성재량에 맡긴 경우에는, 헌법불합치결정의 효력이 소급적으로 미치게 되는 모든 사건이나 앞으로 위 법률조항들을 적용하여 행할 부과처분에 대하여는 법리상 헌법불합치결정 이후 입법자에 의하여 위헌성이 제거된 새로운 법률조항을 적용하여야 한다."고 판시하였다.[2]

당해사건에 적용되는 법률이 무엇인지가 문제된 사건에서, 헌법재판소가

모두 적용된다."고 판시하였다. 대법원 1997. 7. 25. 선고 95다56323 판결, 대법원 1996. 6. 28. 선고 93누13810 판결 등 참조. 다만 대법원 1997. 3. 28. 선고 95누17960 판결 등에서 "개정법률을 소급적용할 법리상 근거도 없고……"라고 판시한 예도 있다.

1) 헌재 2004. 1. 29. 2002헌가22등; 동지: 대법원 2024. 7. 25. 선고 2023다316790 판결(헌법불합치결정일 기준으로 구 토지보상법상 환매권의 발생기간이 이미 경과하였다고 하더라도 공공필요가 아직 소멸되지 아니하여 환매권의 행사가능성이 확정적으로 차단된 것이 아닌 이상 위 헌법불합치결정 이후 개선입법을 통해 환매권의 발생요건이 추가적으로 규정되어 개정 토지보상법 시행 이후 해당 요건을 충족하였다면 그에 따라 환매권을 행사할 수 있다고 보아야 하고, 이는 과거에 이미 발생한 법적 효과에 관한 것이 아니므로 개정법률이나 헌법불합치결정의 소급효를 제한하는 법리에 반하지 않는다고 판시하였다); 대법원 2024. 10. 8. 선고 2024다241510 판결("구 토지보상법 제91조 제 1 항 중 환매권의 발생기간을 제한하고 있는 '토지의 협의취득일 또는 수용의 개시일부터 10년 이내에' 부분에 대한 헌법불합치결정일 이전에 토지의 협의취득일 또는 수용의 개시일부터 10년이 경과하여 구 토지보상법에 따른 환매권 발생기간이 경과하였을 뿐만 아니라 토지의 공공필요가 소멸되어 환매권의 발생요건이 충족된 후 개정 토지보상법 시행 이전에 구 토지보상법 제91조 제 1 항에 따른 제척기간까지 경과하여 환매권이 소멸하였다면 위 헌법불합치 결정과 무관하게 개정 토지보상법 시행 당시 환매권의 행사 가능성이 확정적으로 차단되어 개정 토지보상법이 적용될 수 없다"고 판시하였다).

2) 헌재 2000. 1. 27. 96헌바95등; 헌재 1995. 7. 27. 93헌바1등도 "헌법불합치결정의 효력이 소급적으로 미치게 되는 소위 당해사건 또는 병행사건에 관하여는 위 결정 이후 입법자에 의하여 개정된 법률조항이 적용되어야 한다."고 판시하였다. 대법원 판례도 신법의 소급적용을 인정한다. 대법원 2002. 4. 2. 99다3358 판결 참조.

어떠한 법률조항에 대하여 헌법불합치결정을 하여 입법자에게 그 법률조항을 합헌적으로 개정 또는 폐지하는 임무를 입법자의 형성재량에 맡긴 이상, 그 개선입법의 소급적용 여부와 소급적용의 범위는 원칙적으로 입법자의 재량에 달린 것이기는 하지만, 그 헌법불합치결정의 취지나 위헌심판에서의 구체적 규범통제의 실효성 보장이라는 측면을 고려할 때, 적어도 헌법불합치결정을 하게 된 당해사건 및 그 결정 당시에 법률조항의 위헌여부가 쟁점이 되어 법원에 계속 중인 사건에 대하여는 헌법불합치결정의 소급효가 미치는바, 제청신청인이 제기한 당해사건은 위 법률조항에 대한 헌법불합치결정 당시 그 위헌여부가 쟁점이 되어 법원에 계속중인 사건에 해당하며 헌법불합치결정 후 그 취지에 맞추어 위 법률조항이 개정된 이상 종전의 법률조항인 위 법률조항은 제청신청인이 제기한 당해사건의 적용법률로 볼 수 없고, 위헌성이 제거된 개정법률조항이 적용되어야 한다고 하였다.[1)]

대법원도 "어떤 법률조항에 대하여 헌법재판소가 헌법불합치결정을 하여 입법자에게 그 법률조항을 합헌적으로 개정 또는 폐지하는 임무를 입법자의 형성재량에 맡긴 이상, 개선입법의 소급적용 여부와 소급적용 범위는 원칙적으로 입법자의 재량에 달린 것이다. 그러나 구법 조항에 대한 이 사건 헌법불합치결정의 취지나 위헌심판의 구체적 규범통제 실효성 보장이라는 측면을 고려할 때, 적어도 이 사건 헌법불합치결정을 하게 된 당해 사건 및 이 사건 헌법불합치결정 당시에 구법 조항의 위헌 여부가 쟁점이 되어 법원에 계속 중인 사건에 대하여는 이 사건 헌법불합치결정의 소급효가 미친다고 해야 하므로, 비록 현행 형사소송법 부칙에 소급적용에 관한 경과조치를 두고 있지 않더라도 이들 사건에 대하여는 구법 조항을 그대로 적용할 수는 없고, 위헌성이 제거된 현행 형사소송법의 규정을 적용하여야 한다(대법원 2011. 9. 29. 선고 2008두18885 판결 등 참조)."고 판시하였다.[2)]

그러나 위헌법률을 잠정적으로 적용하는 것을 허용하는 잠정적용 헌법불합치결정에 있어서는 개선입법의 당해사건 등에 대한 소급적용은 그 본질적 요소가

1) 헌재 2006. 6. 29. 2004헌가3; 헌재 2007. 1. 17. 2005헌바41. 동지: 대법원 1996. 4. 26. 선고 93누401 판결; 대법원 2006. 3. 9. 선고 2003다52647 판결. 대법원 2011. 9. 29. 선고 2008두18885 판결도 헌법불합치결정을 하게 된 당해사건 및 병행사건에 대하여는 비록 개선입법의 부칙에 소급적용에 대한 경과조치를 두고 있지 않더라도 개선입법이 소급하여 적용된다고 하였다. 한편 헌재 1995. 7. 27. 93헌바1에서 재판관 4인의 반대의견도 헌법불합치결정으로 개정된 신법의 당해사건 또는 병행사건에 대한 소급효는 헌법불합치결정에 내재되어 있는 본질적인 요소라고 하였다.

2) 대법원 2021. 5. 27. 선고 2018도13458 판결; 대법원 2021. 9. 9. 선고 2017다259445 판결. 동지: 대법원 2021. 9. 30. 선고 2018재다50230 판결.

아니고, 입법자는 개선입법의 부칙을 통해 당해사건 등에 대한 소급적용을 규정할 수도, 하지 않을 수도 있으므로 적용중지 헌법불합치의 경우와는 달리, 개선입법에서 소급적용에 관한 아무런 규정을 두지 않았다면 당해사건 등에 대해 소급적용되지 않는다는 견해가 있다.[1]

그러나 계속적용 헌법불합치결정이 부분적인 적용중지의 의미와 효력을 포함하는 경우라면, 그 부분에 관한 한 적용중지 불합치결정과 마찬가지로 당해사건·병행사건에 대한 개선입법의 소급적용은 인정되어야 할 것이다.[2]

대법원도 계속적용 헌법불합치결정에 관하여, 문제된 법률의 규율내용을 분리하여 기존 제도나 급부의 합헌적 근거부분에 대하여는 계속적용의 효력을, 위헌적인 입법흠결부분에 대해서는 적용중지의 효력을 인정하였다.[3]

한편 헌법재판소는, 입법자는 원칙적으로 개선 입법의 제정 시 불합치결정의 소급효가 미치는 범위를 고려하여 이에 부합하는 내용의 **경과규정**을 두어야 하며, 그 **소급적용의 범위**는 원칙적으로 헌법불합치결정의 시점까지로 될 것이나, 구체적 사안마다 헌법불합치결정의 취지, 불합치결정이 선고된 법률조항의 위헌성의 내용과 정도, 개선입법의 내용과 그 소급적용이 다른 보호법익에 미치는 영향 정도 등 제반 사정을 고려하여 헌법상 보호법익을 비교교량 하여 도출되어야 할 것이고, 입법자는 이러한 의무에 반하지 않는 범위 내에서 **입법형성의 재량**을 갖는다 할 것이고, 따라서 헌법불합치결정에 따른 개선입법이 제한 없이 소급적용되어야 하는 것은 아니라고 하였다.[4] 대법원도 "어느 법률 또는 법률조항에 대한 적용중지의 효력을 갖는 헌법불합치결정에 따라 개선입법이 이루어진 경우 헌법불합치결정 이후에 제소된 **일반사건**에 관하여 개선입법이 소급하여 적용될 수 있는지 여부는, 그와 같은 입법형성권 행사의 결과로 만들어진 개정법률의 내용에 따라 결정되어야 하므로, 개정법률에 소급적용에 관한 명시적인 규정이 있는 경우에는 그에 따라야 하고, 개정법률에 그에 관한 경과규정이 없는 경우에는 다른 특별한 사정이 없는 한 헌법불합치결정 전의 구법이 적용되어야 할 사안에 관하여 개정법률을 소급하여 적용할 수 있는 것이 원

1) 김하열, 388면.
2) 동지: 김하열, 388면.
3) 대법원 2011. 9. 29. 선고 2008두18885 판결; 대법원 2015. 5. 29. 선고 2014두35447 판결; 대법원 2018. 7. 11. 선고 2016두47697 판결.
4) 헌재 2004. 1. 29. 2002헌가22등.

칙이다."라고 판시하였다.[1]

또한 입법개선시한이 정해진 헌법불합치결정의 경우 그 시한까지 개선입법이 이루어지지 않으면 해당조항은 그 다음 날부터 소급해서 효력을 상실한다.[2] 대법원도 잠정적용 헌법불합치결정이 있었으나 법률조항의 위헌성이 제거된 개선입법이 이루어지지 아니한 채 위 개정시한이 도과함으로써 그 법률조항의 효력이 상실되었다고 하더라도 그 효과는 장래에 향하여만 미칠 뿐이며 그 이전에 그 법률조항에 따라 이루어진 처분의 적법성이나 효력에는 영향을 미치지 아니하고, 이른바 당해 사건이라고 하여 달리 취급하여야 할 이유는 없다고 하였고,[3] 개정시한이 지난 후 개선입법이 이루어졌으나 소급효를 규정하는 경과규정을 두고 있지 아니한 경우에 법원으로서는 헌법불합치결정에서 정한 개정시한까지는 종전의 법률을 그대로 적용하여 재판할 수밖에 없다고 하였다.[4]

대법원은 비형벌조항에 대한 적용중지 헌법불합치결정이 선고되었으나 위헌성이 제거된 개선입법이 이루어지지 않은 채 개정시한이 지난 때에는 헌법불합치 결정 시점과 법률조항의 효력이 상실되는 시점 사이에 아무런 규율도 존재하지 않는 법적 공백을 방지할 필요가 있으므로 그 법률조항은 헌법불합치 결정이 있었던 때로 소급하여 효력을 상실하고, 비형벌조항에 대하여 잠정적용 헌법불합치 결정이 선고된 경우라도 해당 법률조항의 잠정적용을 명한 부분의 효력이 미치는 사안이 아니라 적용중지 상태에 있는 부분의 효력이 미치는 사안이라면, 그 법률조항 중 적용중지 상태에 있는 부분은 헌법불합치 결정이 있었던 때로 소급하여 효력을 상실한다고 보아야 한다고 판시하였다.[5]

한편 헌법재판소가 구 군인연금법 제23조 제 1 항에 대해 헌법불합치결정을 하면서 계속적용을 명한 부분의 효력이 어느 부분까지 미치는가에 관하여, "이 사건 헌법불합치결정 중 구법 조항에 대한 계속적용 명령 부분의 효력은 기존의 상이연금 지급대상자에 대하여 상이연금을 계속 지급할 수 있는 근거 규정이라는 점에 미치는 데 그치고, '군인이 퇴직 후 공무상 질병 또는 부상으

1) 대법원 2015. 5. 29. 선고 2014두35447 판결.
2) 허영, 267면. 동지: 대법원 2011. 6. 23. 선고 2008도7562 판결; 대법원 2020. 5. 28. 선고 2017도8610 판결.
3) 대법원 2012. 10. 11. 선고 2012도7455 판결; 대법원 2020. 1. 30. 선고 2018두49154 판결; 대법원 2024. 9. 27. 선고 2018재두178 판결.
4) 대법원 2013. 7. 25. 선고 2013두6435 판결; 대법원 2013. 11. 28. 2010두6182 판결 등 참조.
5) 대법원 2020. 1. 30. 선고 2018두49154 판결; 대법원 2021. 5. 27. 선고 2018도13458 판결.

로 인하여 폐질상태로 된 경우'에 대하여 상이연금의 지급을 배제하는 근거 규정이라는 점까지는 미치지 아니하므로, 위 헌법불합치결정에 의하여 구법 조항 가운데 해석상 '군인이 퇴직 후 공무상 질병 등으로 인하여 폐질상태로 된 경우'를 상이연금 지급대상에서 제외한 부분은 개선입법 시행 전까지 **적용중지 상태**에 있었다고 보아야 한다. 따라서 원고가 퇴직 후 헌법불합치결정이 있기 전에 폐질상태로 되어 상이연금 지급대상임을 다투는 이 사건은 적용중지의 효력이 있는 헌법불합치결정 이후에 제소된 **일반사건**에 해당한다."고 판시하였다.[1] 즉 대법원은 적용중지 부분의 입법흠결을 치유한 개선입법의 소급적용 여부에 관하여, 당해사건·병행사건에서의 소급적용은 인정하고, 일반사건(헌법불합치 결정 이전에 문제된 법률에 해당하는 사유가 발생하였으나, 결정 이후 비로소 제기된 사건)에의 소급적용은 인정하지 않았다.

4) **위헌법률의 잠정적용**

위헌결정을 통하여 법률조항을 법질서에서 제거하는 것이 **법적 공백**이나 **혼란**을 초래할 우려가 있는 경우, 이러한 법적 공백상태는 헌법과 더욱 합치하지 않는 상황을 초래할 수 있다. 이러한 경우 헌법재판소는 종래의 법적 상태보다 더욱 헌법질서에서 멀어지는 법적 상태의 발생을 방지하기 위하여, 불합치결정의 시점과 개정법률의 발효시점 사이의 기간 동안 위헌법률의 **잠정적인 적용**을 명할 수 있고,[2] 이러한 경우에는 헌법재판소는 결정주문에서 위헌법률인 구법

1) 대법원 2015. 5. 29. 선고 2014두35447 판결; 대법원 2011. 9. 29. 선고 2008두18885 판결.
2) 특허쟁송절차 사건. 헌재 1995. 9. 28. 92헌가11등; 텔레비전 방송 수신료 사건. 헌재 1999. 5. 27. 98헌바70; 도시계획법 제4조 사건. 헌재 1999. 10. 21. 97헌바26; 지방세법 제111조 제2항 제2호 사건. 헌재 1999. 12. 23. 99헌가2; 형사소송법 제482조 제1항 사건. 헌재 2000. 7. 20. 99헌가7; 국적법 부칙조항 사건. 헌재 2000. 8. 31. 97헌가12; 헌재 2004. 5. 27. 2003헌가1등; 제2차 국가유공자 가산점 사건. 헌재 2006. 2. 23. 2004헌마675; 재외국민 선거권 사건. 헌재 2007. 6. 28. 2004헌마644등; 헌재 2007. 6. 28. 2004헌마643; 학교용지 부담금 사건. 헌재 2008. 9. 25. 2007헌가9; 헌재 2010. 12. 28. 2009헌가30; 헌재 2012. 2. 23. 2010헌마601; 헌재 2012. 5. 31. 2009헌바190; 헌재 2013. 7. 25. 2011헌가32; 변호사의 수용자 접견장소사건. 헌재 2013. 8. 29. 2011헌마122; 독립유공자손자녀 보상금 사건. 헌재 2013. 10. 24. 2011헌마724; 수형자에 대한 선거권제한 규정 사건. 헌재 2014. 1. 28. 2012헌마409등; 헌재 2014. 4. 24. 2013헌가28; 헌재 2014. 10. 30. 2011헌바129등; 헌재 2014. 10. 30. 2012헌마190등; 부(夫)의 친생자추정규정 사건. 헌재 2015. 4. 30. 2013헌마623; 외국에서 받은 형의 집행조항 사건. 헌재 2015. 5. 28. 2013헌바129; 성폭력사범 신상정보관리조항 사건. 헌재 2015. 7. 30. 2014헌마340등; 정신보건법상 보호의무자에 의한 입원조항 사건. 헌재 2016. 9. 29. 2014헌가9; 출퇴근 중의 사고조항 사건. 헌재 2016. 9. 29. 2014헌바254; 청원경찰법상 노동운동 금지조항 사건. 헌재 2017. 9. 28. 2015헌마653; 소년법 제67조 사건. 헌재 2018. 1. 25. 2017헌가7등; 예비후보자 기탁금 반환 사건. 헌재 2018. 1. 25 2016헌마541; 변호사 세무대리 사건. 헌재 2018. 4. 26. 2015헌가19; 영장없이 타인의 주거 내에서의 피의자 수사 사건. 헌재 2018. 4. 26. 2015헌바370등; 변호사 세무조정업무 사건. 헌재 2018. 4. 26. 2016헌마116; 노동조합운영비 원조

을 잠정적으로 적용하도록 명시하게 된다.

예컨대, 도시계획을 시행하기 위해서는 계획구역 내의 토지소유자에게 행위제한을 부과하는 법규정이 반드시 필요한데, 헌법재판소가 위헌결정을 통하여 당장 법률의 효력을 소멸시킨다면, 토지재산권의 행사를 제한하는 근거규범이 존재하지 않게 됨으로써 도시계획이라는 중요한 지방자치단체행정의 수행이 **수권규범의 결여**로 말미암아 불가능하게 된다. 도시계획은 국가와 지방자치단체의 중요한 행정으로서 잠시도 중단되어서는 안 되기 때문에, 헌법재판소는 이 사건 법률조항을 입법개선 시까지 **잠정적**으로 **적용**하는 것이 바람직하다고 판시하였고,[1] 호주제 위헌 사건에서, 호주제의 골격을 이루는 심판대상조항들이 위헌으로 선고되면 현행 호적법이 그대로 시행되기 어려워 신분관계를 공시·증명하는 공적 기록에 중대한 공백이 발생하게 되므로, 호주제를 전제하지 않는 새로운 호적체계로 호적법을 개정할 때까지 심판대상조항들을 **잠정적**으로 **계속 적용**케 하기 위하여 헌법불합치결정을 선고하였으며,[2] 구 종합부동산세법 제 5 조 등에 대한 위헌소원 사건에서, 이 사건 주택분 종합부동산세 부과규정을 단순위헌결정하면, 주택분에 대한 종합부동산세를 전혀 부과할 수 없게 되는 등 법적인 공백 상태를 초래하고, 이는 주거목적으로 한 채를 보유하고 있는 자와 같이 납세의무자의 예외를 두거나 과세표준 또는 세율을 조정하여 납세의무를 감면하는 등의 일체의 과세 예외조항이나 조정장치를 두지 않은 채 일률적으로 주택분 종합부동산세를 부과하는 것이 위헌이라는 취지와 달리 모든 주택분 종합부동산세 납세의무자에 대해서까지 주택분 종합부동산세를 부과하지 못하게 하는 부당한 결과에 이르게 할 뿐만 아니라 구체적으로 어떻게 합헌적으로 조

금지조항 사건. 헌재 2018. 5. 31. 2012헌바90; 국회의사당 집회·시위 사건. 헌재 2018. 5. 31. 2013헌바322 등; 총리공관 집회·시위사건. 헌재 2018. 6. 28. 2016헌가28 등; 유족보상금 수급권자 사건. 헌재 2018. 6. 28. 2016헌가14; 대체복무제 사건. 헌재 2018. 6. 28. 2011헌바379등; 법원 인근 집회·시위 사건. 헌재 2018. 7. 26. 2018헌바137; 교원의 노동조합 설립 및 운영에 관한 법률 제 2 조 본문 사건. 헌재 2018. 8. 30. 2015헌가38; 통신비밀보호법 제 5 조 제 2 항 사건, 헌재 2018. 8. 30. 2016헌마263; 디엔에이감식시료채취영장 절차 조항 사건. 헌재 2018. 8. 30. 2016헌마344 등; 형사소송법상 즉시항고 제기기간 사건. 헌재 2018. 12. 27. 2015헌바77 등; 자기낙태죄, 의사낙태죄 조항 사건. 헌재 2019. 4. 11. 2017헌바127; 광역자치단체장 예비후보자 후원회 지정 사건. 헌재 2019. 12. 27. 2018헌바301 등; 공직선거법상 확성장치 사용 사건. 헌재 2019. 12. 27. 2018헌마730; 유류분 사건. 헌재 2024. 4. 25. 2020헌가4등; 기후위기 대응을 위한 국가온실가스 감출 목표 사건. 헌재 2024. 8. 29. 2020헌마389등.

1) 헌재 1999. 10. 21. 97헌바26.

2) 호주제 사건. 헌재 2005. 2. 3. 2001헌가9등.

정할 것인지 여부는 입법자의 형성재량에 속하므로, 주택분 종합부동산세 부과규정에 대하여는 헌법불합치결정을 선고하되, 입법자의 개선입법이 있을 때까지 계속적용을 명한다고 하였다.[1)]

대법원은 가산점 규정의 잠정적용을 명하는 헌법불합치결정과 관련하여, 개정 전 규정의 위헌성이 제거된 개선입법이 시행되기 이전까지는 개정 전 규정을 그대로 잠정적용을 하는 것을 허용하는 것이 이 사건 헌법불합치결정의 취지라고 이해하고, 그것이 당해사건이나 병행사건이라고 하여 달리 취급하여야 할 이유는 없다고 판시한 바 있다.[2)]

헌법재판소는 통신비밀보호법 제 6 조 제 7 항 단서 중 전기통신에 관한 통신제한조치기간의 연장에 관한 부분이 총연장기간이나 횟수를 제한하지 아니하고 계속해서 연장될 수 있도록 한 것에 대하여 잠정적용을 명하는 헌법불합치결정을 하였는데,[3)] 개선입법이 이루어지지 아니한 채 위 개정시한이 도과되었다. 대법원은 위 헌법불합치 결정의 취지가 법적공백이나 혼란을 방지하기 위한 것이었으므로, 개정시한 도과로 법률조항의 효력이 상실되었다 하더라도 그 효과는 장래를 향하여만 미칠 뿐이며, 위 법률조항에 따라 이루어진 통신제한조치기간 연장의 적법성이나 효력에는 영향을 미치지 아니한다고 하면서, 이는 당해사건이라고 하여 달리 취급할 이유가 없다고 하였다.[4)]

그런데 헌법재판소는 소득세법 제60조, 구 소득세법 제23조 제 4 항 등에 대한 헌법소원 사건에서, 기준시가에 의하여 양도소득세를 부과하도록 한 구 소득세법 제60조(1978. 12. 5. 법률 제3098호로 개정된 후 1994. 12. 22. 법률 제4803호로 개정되기 전의 것)가 조세법률주의와 위임입법의 한계를 벗어났다는 이유로 헌법불합치결정을 하면서 위 1994. 12. 22. 개정법률(법률 제4803호)이 위헌성이 제거되었다는 이유로 이를 당해사건 등에 소급하여 적용할 것을 설시한 바 있었다.[5)] 그러나 대법원은 이에 대하여 위 개정법률을 소급적용할 법리상 근거도 없을 뿐만 아니

1) 헌재 2008. 11. 13. 2006헌바112등.
2) 대법원 2009. 1. 15. 선고 2008두15596 판결.
3) 헌재 2010. 12. 28. 2009헌가30.
4) 대법원 2012. 10. 11. 선고 2012도7455 판결. 헌법불합치결정을 하면서 계속적용을 명한 부분의 효력이 어느 부분까지 미치는가에 관한 대법원 판례에 관하여는 앞서 설명하였다. 다만 형벌조항에 대한 헌법불합치 선고를 하면서 개정시한을 정하여 입법개선을 촉구하였는데도 시한을 도과한 경우에는 위 법률조항은 소급하여 효력을 상실한다고 보는 것이 대법원 판례임은 뒤에서 보는 바와 같다. 대법원 2011. 6. 23. 선고 2008도7562 판결.
5) 헌재 1995. 11. 30. 91헌바1등.

라 개별공시지가 시행 이전에 이미 양도가 이루어진 사건에서는 위 개정법률에 개별공시지가로 환산하는 규정을 결하고 있으므로, 위와 같은 사례에서는 그 처분이 전부 취소될 수밖에 없어 헌법재판소의 위 결정이유에서 헌법불합치 결정을 채택하는 근거로 내세운 법적 공백의 회피, 국가의 재정의 차질 방지 및 납세자 사이의 형평 유지에 정면으로 모순되는 결과가 발생하게 되므로, 결국 위 헌법불합치 결정은 그 위헌성이 제거된 개정법률이 시행되기 전까지는 구 소득세법 제60조를 그대로 **잠정적용**하는 것을 허용하는 취지의 결정으로 보아야 할 것이라고 판시하여[1] 헌법재판소와는 다른 의견을 제시하였다. 그러나 헌법재판소는 양도소득세부과처분 취소 등·헌법재판소법 제68조 제 1 항 위헌확인 등 사건에서, 위 헌재 1995. 11. 30. 91헌바1등 헌법불합치결정의 취지에 관하여, "이는 기준시가에 의하여 양도가액이나 취득가액을 산정함에 있어서 원칙적으로 구 소득세법 제60조의 위헌적 요소를 제거한 개정 소득세법 제99조를 적용하여야 할 것이나, 다만 개정 소득세법 제99조를 적용하여서는 기준시가에 의하여 양도가액이나 취득가액을 산정할 수 없어 그 양도차익의 산정이 불가능하게 되는 예외적인 사정이 있는 경우에는 구 소득세법 제60조의 위헌적 요소를 제거하는 개정법률이 시행되기 전까지는 위 법률조항의 **잠정적인 적용**을 허용하는 취지인 것이다."라고 판시하였다.[2]

5) 형벌조항에 대한 헌법불합치결정의 효력

형벌조항에 대하여 헌법불합치결정이 가능한지에 대해서는 견해의 대립이 있으나, 헌법재판소는 형벌조항에 대하여 **적용중지** 헌법불합치결정[3]을 하였을 뿐만 아니라, **잠정적용** 헌법불합치결정[4]을 한 바도 있다. 그런데 합헌적 국가형벌권의 행사를 확보하면서도 위헌적인 형벌권 행사로부터 개인을 구제하는 데

---

1) 대법원 1997. 3. 28. 선고 96누11068 판결; 동지: 대법원 1997. 3. 28. 선고 95누17960 판결; 대법원 1997. 3. 28. 선고 96누15602 판결; 대법원 1997. 5. 7. 선고 96누16704 판결; 대법원 1997. 10. 24. 선고 96누9973 판결; 대법원 1998. 2. 10. 선고 97누2771 판결; 대법원 1998. 9. 4. 선고 97누19687 판결; 대법원 2000. 2. 8. 선고 98두1123 판결.

2) 헌재 1999. 10. 21. 96헌마61등(그러나 헌법재판소는 법원이 공시지가제도가 시행된 1990. 9. 1. 이후에 양도한 토지에 대한 양도소득세 부과처분 취소사건에서 구 소득세법 제60조를 적용하여 그 부과처분의 적법여부를 판단한 것은 헌법불합치결정의 기속력에 어긋나는 것이기는 하나, 개정 소득세법 제99조를 적용하거나 구 소득세법 제60조를 적용하거나 양자는 기준시가에 의하여 양도차익을 산정하는 방법이 동일하므로 그 세액이 동일하게 되어 그로 말미암아 기본권의 침해가 있다고 볼 수 없다고 하였다); 동지: 헌재 1999. 10. 21. 97헌마301등.

3) 헌재 2004. 5. 27. 2003헌가1.

4) 헌재 2009. 9. 24. 2008헌가25; 헌재 2018. 6. 28. 2015헌가28, 2016헌가5.

에 입법적 개입이 필요하고 적절한 경우에는 형벌조항에 대해서도 적용중지 헌법불합치결정이 가능하다 할 것이나, 형벌조항에 대한 잠정적용 헌법불합치결정은 법적 안정성과 구체적 정의의 조화 요청을 충족할 수 없어 허용되지 않는다는 견해가 있다.[1)]

형벌조항에 대하여 적용중지 헌법불합치결정이 있는 경우에는 법원 등의 법집행기관은 절차를 중지하여야 하고, 입법자는 헌법불합치결정의 취지에 따라 개선입법을 마련하여야 한다. 개선입법은 당해사건과 병행사건에 적용된다. 따라서 법적용기관은 중지되었던 절차를 재개하여 개선입법에 따라 사건을 처리하여야 하는데, 개선입법에 의해서도 가벌성이 합헌적으로 유지·형성된 부분에 대해서는 국가형벌권을 행사할 수 있지만, 그렇지 않은 부분에 대해서는 국가형벌권을 행사할 수 없다. 헌법위반으로 판단된 부분에 의해 유죄판결을 받아 확정된 당사자는 재심을 청구할 수 있다(헌재법 제47조 제 3 항).

그런데 법원은 헌법불합치결정도 위헌결정으로서 당해 형벌조항은 소급하여 효력을 상실하고, 개선입법을 당해사건에 적용하여 피고인을 처벌하는 것은 헌법상 형벌불소급원칙에 위배된다고 하면서 단순위헌결정과 마찬가지로 당해사건 피고인에 대하여 전면 무죄를 선고하였고,[2)] 법원은 나아가 이러한 논리를 형벌조항에 대한 잠정적용 헌법불합치결정에 대해서도 적용하여, "피고인이 야간옥외집회를 주최하였다는 취지의 공소사실에 대하여 원심이 집회및시위에관한법률 제23조 제 1 호, 제10조 본문을 적용하여 유죄를 인정하였는데, 원심판결 선고 후 헌법재판소가 위 법률조항에 대해 헌법불합치 선고를 하면서 개선시한을 정하여 입법개선을 촉구하였는데도 위 시한까지 법률개정이 이루어지지 않은 사안에서, 위 법률조항은 소급하여 효력을 상실하므로 이를 적용하여 공소가 제기된 위 피고사건에 대하여 무죄를 선고하여야 한다"고 판시하였다.[3)]

1) 김하열, 398면 참조.
2) 대법원 2009. 1. 15. 선고 2004도7111 판결.
3) 대법원 2011. 6. 23. 선고 2008도7562 전원합의체 판결(다만 3인의 반대의견은 "헌법재판소가 어떠한 형벌법규에 위헌성이 있다고 인정하면서도 그 가운데 합헌적 부분도 혼재되어 있어 국회입법에 의한 구분 필요성이 있거나 단순위헌결정이 가져올 법적 안정성에 대한 침해가능성이 중대하다고 보아, 헌법재판소법 제47조 제 2 항 단서에 따른 소급효의 적용을 배제하는 것이 불가피하다고 판단하여 단순위헌결정이 아닌 헌법불합치결정을 하면서 아울러 일정한 개선입법이 마련되어 시행되기까지 해당 법규의 잠정적용을 명한 경우, 법원으로서도 이러한 헌법적 가치와 이익형량에 관한 헌법재판소의 판단을 존중할 필요가 있고, 다수의견과 같이 예외적 소급효 제한의 헌법적 당부를 따지지 않은 채 단지 헌법불합치결정이 위헌결정의 일종이고 헌법불합치결정의 대상이 형벌법규이므로 당연히 헌법재판소법 제47조 제 2 항 단서의 적용에 따라 소급효가 인정될 뿐

그런데 위와 같은 법원의 결론에 대하여 비판적인 견해가 있다. 즉 헌법불합치결정에 수반되는 입법보충의 의미는 '이미 존재하는 합헌적 처벌가능성의 확인 + 위헌적 처벌요건의 제거'이다. 따라서 개선입법에서 합헌적 가벌성이 유지된 부분은 범죄행위 당시에도 성립·유효하였던 법률이지, 범죄행위 종료 후 비로소 신설된 가벌요건이 아니다. 그러므로 개선입법에 따라 당해사건 피고인에 대해 유죄판단을 하는 것은 형벌불소급원칙에 위배되지 않는다고 한다.[1)]

그런데 대법원은 구 노동조합 및 노동관계조정법 제31조 제 3 항과 결합된 같은 법 제81조 제 4 호 중 '노동조합의 운영비를 원조하는 행위'에 관한 부분이 형벌에 관한 법률조항에 해당하는지 여부에 관하여, "구 노동조합법 제81조는 운영비원조행위를 포함한 '부당노동행위'에 대해서 규정하고, 같은 법 제31조 제 3 항은 '행정관청은 단체협약 중 위법한 내용이 있는 경우에는 노동위원회의 의결을 얻어 그 시정을 명할 수 있다.'라고 규정한다. 운영비원조금지조항은 노동조합법상 금지되는 '부당노동행위'를 규정한 조항으로서 범죄의 성립과 처벌에 관한 내용을 포함하고 있지 아니하고, 구 노동조합법 제31조 제 3 항은 행정관청의 처분인 시정명령에 대한 규정이다. 따라서 구 노동조합법 제31조 제 3 항과 결합된 운영비원조금지조항은 형벌에 관한 법률조항에 해당하지 아니한다."고 판시하면서,[2)] 비형벌조항에 대하여 잠정적용 헌법불합치결정이 선고되었으나 위헌성이 제거된 개선입법이 이루어지지 않은 채 개정시한이 지남으로써 법률조항의 효력이 상실되었다면 그 효과는 장래를 향해서만 미치므로 법원으로서는 헌법불합치결정에서 정한 개정시한까지는 종전의 법률을 그대로 적용하여 재판할 수밖에 없다고 하였다.

㈓ 헌법불합치결정 이후에 이루어진 개선입법에 대한 위헌심사방법

종전 결정이 '사후적 보완입법' 등을 전제로 한 '헌법불합치결정'을 한다는 취지인 경우, 종전 결정에서 지적된 입법형성의무의 내용을 이행하는 개선입법

여기에 어떠한 예외도 허용될 수 없다고 기계적으로 해석할 것은 아니다."라고 하였다). 동지: 대법원 2020. 5. 28. 선고 2017도8610 판결.

1) 김하열, 400면. 법원이 헌법불합치결정을 위헌결정으로 보면서 위헌결정의 법원에 대한 기속력을 부인하는 것은 모순이고, 합헌적 가벌행위에 대한 국가형벌권을 확보하겠다는 적용중지 헌법불합치결정의 효력이 무시됨으로써 합헌적인 국가형벌권의 행사조차 포기되는 점에서 부당하다고 한다.

2) 대법원 2024. 9. 27. 선고 2018재두178 판결.

에 대한 위헌성을 심사하기 위해서는, 먼저 헌법재판소의 종전결정 등으로 인하여 입법자에게 부과된 입법형성의무의 구체적 내용이 어떠한지의 여부를 검토해야 하고, 다음으로 개정법이 적용되는 모든 영역에 관련하여 입법자가 종전결정의 취지에 따른 입법형성의무의 내용을 제대로 이행하였는지의 여부를 검토해야 하며, 마지막으로 심판대상 법률조항으로 인하여 종전결정에서 심리·검토되지 아니하였던 새로운 기본권에 대한 침해 등이 발생하였는지의 여부 등을 순차로 검토해야 한다.[1]

대법원도 "헌법재판소가 법률의 위헌성을 지적하되 입법시한을 정하여 개선입법을 촉구하는 내용의 헌법불합치결정을 하는 경우 입법부는 그 취지를 충분히 고려하여 헌법불합치결정에서 지적된 위헌성을 제거할 수 있는 개선입법을 해야 하고, 만일 개선입법의 내용이 불충분하여 헌법불합치결정에서 지적된 위헌성이 제거되지 못하였거나 그 개선입법의 효과를 받아야 하는 사람에게 효과를 미치지 못한다면, 그러한 개선입법은 헌법상 평등원칙에 위배되는 것으로 헌이 될 수 있다(헌재 2019. 9. 26. 2018헌바218, 2018헌가12(병합) 참조)."라고 판시하였다.[2]

헌법재판소는 한정승인 기간에 대한 종전의 헌법불합치결정에 따른 개선입법이 제대로 이루어지지 못하였다고 보고 민법 부칙 조항에 대하여 다시 헌법불합치결정을 한 사안[3]에서, 개선입법이 평등원칙, 재산권, 사적자치권을 침해하였는지 여부를 심사하고, 평등원칙, 재산권, 사적자치권을 침해하므로 헌법에 위반된다고 판단하였다.

또한 종전의 헌법불합치결정에 따른 개선입법이 제대로 이루어지지 못하였다고 보고 군인연금법 부칙 조항에 대하여 다시 헌법불합치 결정을 한 사안[4]에서도 개선입법이 평등원칙에 위반되는지 여부를 심사하고, 평등원칙에 위반되므로 헌법에 위반된다고 판단하였으며 종전 헌법불합치결정의 취지에 어긋나는지 여부에 관한 판단은 평등원칙 위배 여부 심사의 내용에 포함되어 있다.

헌법재판소는 2007. 3. 29. 2005헌바33 사건에서 구 공무원연금법(1995. 12. 29. 법률 제5117호로 개정되고, 2009. 12. 31. 법률 제9905호로 개정되기 전의 것) 제64조 제 1 항 제 1 호가 공무원의 '신분이나 직무상 의무'와 관련이 없는 범죄에 대해서도 퇴직급

1) 헌재 2003. 12. 18. 2002헌바91등.
2) 대법원 2021. 8. 19. 선고 2020도16111 판결.
3) 헌재 2004. 1. 29. 2002헌바40등.
4) 헌재 2016. 12. 29. 2015헌바208등.

여 및 퇴직수당의 감액사유로 삼는 것은 퇴직공무원들의 재산권 등을 침해한다는 이유로 헌법불합치결정을 하였는바, 위 결정 이후 개선입법이 직무와 관련이 없는 범죄 중 과실범만을 퇴직급여 등 감액사유에서 제외하자 청구인은 종전 헌법불합치결정의 기속력에 반하는 입법이라고 주장하였다. 이에 대하여 헌법재판소는 공무원의 직무와 관련이 없는 범죄라 할지라도 고의범의 경우에는 공무원의 법령준수의무, 청렴의무, 품위유지의무 등을 위반하는 것으로 볼 수 있으므로 이를 퇴직급여 등의 감액사유에서 제외하지 아니하였다고 하여 헌법불합치결정의 취지에 반하는 것으로 볼 수 없다고 하였다.[1)]

또한 헌법재판소는 업무상 재해에 통상의 출퇴근 재해를 포함하려는 개정 법률조항을 개정법 시행 후 최초로 발생하는 재해부터 적용하도록 하는 산업재해보상보험법 부칙 제 2 조 중 '제37조의 개정 규정'에 관한 부분의 위헌성은 개정법 시행 후 발생하는 통상의 출퇴근 사고에 대하여 신법 조항을 적용하는 것에 있는 것이 아니라, 적어도 이 사건 헌법불합치결정일 이후에 발생한 통상의 출퇴근 사고에 대하여 신법 조항을 소급하여 적용하지 않는 것이 평등원칙에 위배되고 이 사건 헌법불합치결정의 취지에 어긋난다는 데 있다고 하면서 심판대상조항에 대하여 헌법불합치 결정을 선고하되, 다만 입법자의 개선입법이 있을 때까지 적용할 수 없도록 함이 상당하다고 하였다.[2)] 이 결정은 계속적용 헌법불합치 결정(합헌적 규율 부분에 대한 계속적용 명령과 위헌적 입법흠결에 대한 적용중지 명령 포함)에 대한 개선입법에서 경과사건(헌법불합치 결정 이후 개선입법 시행 이전에 문제된 법률에 해당하는 사유가 발생한 사건, 소 제기 시점은 불문)에 대한 소급적용을 규정하지 않는 것은 평등원칙에 위반되어 위헌이라는 취지이다.

한편 헌법재판소는 국민연금법 부칙 제 2 조 위헌제청사건에서, "심판대상조항의 위헌성은 신법 조항 시행 후 분할연금 지급 사유가 발생한 경우에 신법 조항을 적용하는 것에 있는 것이 아니라, 종전 헌법불합치결정(헌재 2016. 12. 29. 2015헌바182)일 이후에 분할연금 지급 사유가 발생한 경우 신법 조항 시행일 이후 이행기가 도래하는 분할연금 수급권에 대하여도 신법 조항을 적용하지 않은 것이 평등원칙에 위반된다는 데 있으므로, 심판대상조항을 위헌성을 제거하기 위해서는 헌법불합치결정과 그에 따른 개선입법이 필요하다. 다만 신법 조항 시행

1) 헌재 2013. 8. 29. 2010헌바354등.
2) 헌재 2019. 9. 26. 2018헌바218등.

일 당시에는 이행기가 도래하지 않은 분할연금 수급권 중에서도 현재 기준으로는 이행기에 도달하여 분할연금 수급권자에게 이미 분할연금이 지급된 경우가 발생하므로, 이미 지급된 분할연금 수급권의 내용을 변경하는 것은 소급입법에 의한 분할연금 수급권자의 재산권 침해의 문제 및 법적 안정성에 혼란을 초래할 여지가 있다. 따라서 입법자는 종전 헌법불합치결정일부터 신법 조항 시행 전날까지 분할연금 지급사유가 발생하였고, 연금액 변경처분 등이 확정되지 않은 사람들에 대하여 적어도 이 결정일 현재 아직 이행기가 도래하지 아니한 분할연금 수급권에 대해서는 신법 조항의 적용범위에 포함시켜 위헌적인 상태를 제거할 의무가 있다. 구체적으로 신법 조항 시행일 이후 이행기가 도래하는 분할연금 중 어느 범위까지 신법 조항을 적용할 것인지는 입법자가 분할연금 수급권자의 신뢰 보호나 법적 안정성을 고려하여 정할 필요가 있으므로 입법자가 개정할 때까지 적용 중지를 명하는 헌법불합치 결정을 한다."고 판시하였다.[1]

㈓ 헌법불합치결정의 주문 유형

헌법불합치 결정의 주문유형은 몇 가지 형태로 구분된다.

먼저 **시한부 효력유지**(잠정적용)의 경우에는 "……은 헌법에 합치되지 아니한다. 위 법률조항은 ○○년 ○○월 ○○일까지 그 효력을 지속한다. (또는 위 법률조항은 ○○년 ○○월 ○○일을 시한으로 입법자가 개정할 때까지 계속 적용된다)"라는 형식으로 표시한다.[2] 그런데 입법시한을 정하지 아니한 채 "위 법률조항 부분은 입법자가

1) 헌재 2024. 5. 30. 2019헌가29.

2) 헌재 1989. 9. 8. 88헌가6; 헌재 2000. 8. 31. 97헌가12; 헌재 2008. 9. 25. 2007헌가9; 헌재 2010. 7. 29. 2009헌가8; 헌재 2010. 12. 28. 2009헌가30등; 헌재 2011. 6. 30. 2008헌바166등; 헌재 2011. 9. 29. 2010헌가93; 헌재 2011. 11. 24. 2009헌바146; 헌재 2012. 2. 23. 2010헌마601; 헌재 2012. 5. 31. 2009헌바190; 헌재 2012. 5. 31. 2010헌마278; 헌재 2013. 7. 25. 2011헌가32; 헌재 2014. 1. 28. 2012헌마409등; 헌재 2014. 4. 24. 2013헌가28; 헌재 2014. 7. 24. 2009헌마256등; 헌재 2014. 9. 25. 2013헌바208; 헌재 2014. 10. 30. 2011헌바129등; 헌재 2014. 10. 30. 2012헌마190등; 헌재 2015. 5. 28. 2013헌바129; 헌재 2015. 9. 24. 2013헌마197; 헌재 2015. 10. 21. 2013헌마757; 헌재 2015. 11. 26. 2012헌마858; 헌재 2015. 12. 23. 2013헌가9; 헌재 2016. 7. 28. 2015헌바20; 헌재 2016. 12. 29. 2015헌바182; 헌재 2017. 9. 28. 2015헌마653; 헌재 2018. 1. 25. 2017헌가7등; 헌재 2018. 1. 25. 2016헌마541; 헌재 2018. 4. 26. 2015헌가19; 헌재 2018. 4. 26. 2015헌바370등; 헌재 2018. 5. 31. 2012헌바90; 헌재 2018. 5. 31. 2013헌바322등; 헌재 2018. 6. 28. 2015헌가28등; 헌재 2018. 6. 28. 2016헌가14; 헌재 2018. 6. 28. 2011헌바379등; 헌재 2018. 6. 28. 2012헌마191 등; 헌재 2018. 6. 28. 2012헌마538; 헌재 2018. 7. 26. 2018헌바137; 헌재 2018. 8. 30. 2015헌가38; 헌재 2018. 8. 30. 2016헌마263; 헌재 2018. 8. 30. 2016헌마344 등; 헌재 2019. 4. 11. 2017헌바127; 헌재 2019. 9. 26. 2018헌바218 등; 헌재 2019. 12. 27. 2018헌바301 등; 헌재 2019. 12. 27. 2018헌마730; 헌재 2020. 9. 24. 2016헌마889; 헌재 2022. 1. 27. 2019헌바161; 헌재 2022. 2. 24. 2018헌마998등; 헌재 2024. 4. 25. 2020헌가4등; 헌재 2024. 5. 30. 2021헌가3.

개정할 때까지 계속 적용된다."고 표시한 예도 있다.[1)]

두 번째로 **시한부 효력상실** 및 **적용중지**의 경우에는 "……은 헌법에 합치되지 아니한다. 위 법률조항은 입법자가 ○○년 ○○월 ○○일까지 개정하지 아니하면 ○○년 ○○월 ○○일 그 효력을 상실한다. 법원 기타 국가기관 및 지방자치단체는 입법자가 개정할 때까지 위 법률조항의 적용을 중지하여야 한다."라는 형식으로 표시한다.[2)]

세 번째로 **시한의 정함이 없는 적용중지**의 경우에는 "……은 헌법에 합치되지 아니한다."라는 형식으로 주문에만 표시하고 그 이유에서 법률조항의 적용·시행을 중지시키되 그 형식적 존속만을 잠정적으로 유지하게 한다는 취지를 밝히는 경우[3)]와 "……은 헌법에 합치되지 아니한다. 법원 기타 국가기관 및 지방자치단체는 위 법률조항의 적용을 중지하여야 한다."고 주문에 적용중지를 표시한 사례도 있다.[4)]

네 번째로 헌법불합치 결정을 하면서 **구법 조항**에 대해서는 "법원 기타 국가기관 및 지방자치단체는 위 법률 조항의 적용을 중지하여야 한다."라는 형식으로 **적용중지**를 명하고 **현행법 조항**에 대해서는 "위 법률 조항은 2023. 6. 30. 시한으로 개정될 때까지 계속적용된다."라는 형식으로 **시한부 계속적용**을 명한 사례도 있다.[5)]

(아) 헌법불합치결정에 대한 비판의견

그런데 헌법불합치결정은 사법적 자제의 표현인데, 우리 헌법재판소는 헌법불합치 결정을 지나치게 남용하고 있다는 비판이 있다.[6)] 즉 독일에서는 위헌결정의 원칙적인 소급효 때문에 법률의 소급무효를 피하기 위해서 헌법불합치결정을 하고 적용금지를 명하는 것이 법적 안정성에 크게 기여할 수 있으나, 우리나라는 법률의 위헌결정이 형벌법규가 아닌 한 장래효를 갖기 때문에 위헌결

1) 헌재 2015. 4. 30. 2013헌마623.
2) 헌재 1997. 7. 16. 95헌가6등; 헌재 1997. 8. 21. 94헌바19등; 헌재 1998. 8. 27. 96헌가22등; 헌재 2000. 1. 27. 96헌바95등; 헌재 2010. 7. 29. 2008헌가4; 헌재 2011. 6. 30. 2010헌가86; 헌재 2011. 11. 24. 2009헌바146; 헌재 2016. 12. 29. 2013헌마142; 헌재 2024. 5. 30. 2019헌가29.
3) 헌재 1994. 7. 29. 92헌바49등; 헌재 1995. 11. 30. 91헌바1등; 헌재 1997. 3. 27. 95헌가14등; 헌재 1998. 12. 24. 89헌마214등.
4) 헌재 2003. 7. 24. 2000헌바28; 헌재 2012. 8. 23. 2010헌바28; 헌재 2012. 8. 23. 2010헌바167; 헌재 2018. 1. 25. 2017헌가7등; 헌재 2020. 11. 26. 2019헌바131; 헌재 2022. 1. 27. 2019헌바161.
5) 헌재 2022. 1. 27. 2019헌바161; 2022. 12. 22. 2018헌바48등.
6) 정종섭, 394면; 허영, 264면.

정을 해서 장래효를 발생하게 하는 것이나, 헌법불합치결정을 해서 적용금지를 명하는 것이나 법적인 효과 면에서 실질적인 차이가 없으므로 단순위헌결정을 하는 것이 원칙이고 단순위헌결정으로 인해서 생길 법적 공백 상태가 우려된다면 잠정적용을 명하는 결정을 선택하면 된다는 것이다. 다른 한편으로는 헌법재판소가 잠정적용 헌법불합치결정을 필요 이상으로 양산하고 있다는 비판[1]도 있다.

다. 변형결정의 기속력

법률에 대한 위헌결정에는 단순위헌결정은 물론 한정합헌·한정위헌결정과 헌법불합치결정도 포함되고, 이들은 모두 위헌결정의 일종으로서 헌법재판소법 제47조 제 1 항에 의하여 기속력을 가진다.[2]

헌법불합치결정은 위헌결정의 일종으로서 기속력이 있다는 데에는 별다른 다툼이 없고, 법원도 일반적으로 이를 인정하고 있다.[3] 대법원은 "헌법불합치결정은 헌법과 헌법재판소법이 규정하고 있지 않은 변형된 형태이지만 법률조항에 대한 위헌결정에 해당한다."고 판시하였다.[4] 따라서 법원의 제청에 의한 법률의 위헌심판에서 헌법재판소가 잠정적용을 명하는 헌법불합치결정을 했다면 모든 국가기관은 그에 기속되고, 법원은 이러한 예외적인 경우에 위헌법률을 계속 적용하여 재판을 진행해야 한다.[5] 반면에 적용중지를 명하는 헌법불합치결정을 했다면, 법원은 입법개선이 이루어질 때까지 정지된 재판을 진행할 수 없다. 헌법재판소가 헌법불합치 결정한 법률의 효력시한을 정해준 경우에는 그 효력시한의 경과로 그 법률은 효력을 상실하게 되어 법원은 더 이상 효력상실한 법률을 적용하는 재판을 할 수 없다. 입법권자가 효력시한 내에 입법개선을 하는 경우에는 법원은 개선된 법률에 따라 재판하게 된다.[6]

한정합헌결정은 위헌적인 해석가능성과 그에 따른 법적용을 소극적으로 배제한 것이고, 한정위헌결정은 위헌적인 해석가능성과 그에 상응하는 법적용

1) 김하열, 378면.
2) 재판소원 사건. 헌재 1997. 12. 24. 96헌마172등.
3) 대법원 1991. 6. 11. 선고 90다5450 판결; 대법원 1997. 8. 26. 선고 96누6707 판결; 대법원 1998. 4. 10. 선고 97누20397 판결.
4) 대법원 2011. 6. 23. 선고 2008도7562 판결; 대법원 2024. 7. 11. 선고 2022도8655 판결.
5) 헌재 2013. 9. 26. 2013헌마97; 헌재 2013. 9. 26. 2012헌마806.
6) 허영, 266면.

영역을 적극적으로 배제한다는 뜻에서 차이가 있을 뿐 본질적으로는 다 같은 일부위헌결정이고, 헌법불합치결정의 경우 심판의 대상인 법률조항은 개정입법 시까지 형식적으로 계속 존속하나, 헌법재판소에 의한 위헌성확인의 효력은 그 기속력을 가지는 것이라는 것이 헌법재판소의 입장이다.[1)]

한편 헌법재판소의 한정위헌결정에도 불구하고 위헌으로 확인된 법률조항이 법률문언의 변화 없이 계속 존속된다고 하는 관점은 헌법재판소 결정의 기속력을 결정하는 기준이 될 수 없다. 헌법불합치결정의 경우에도 개정입법 시까지 심판의 대상인 법률조항은 법률문언의 변화 없이 계속 존속하나 법률의 위헌성을 확인한 불합치결정은 당연히 기속력을 갖는 것이므로, 법률문언의 변화와 헌법재판소 결정의 기속력은 상관관계가 있는 것이 아니다.[2)]

이에 반하여, 대법원은 헌법재판소의 한정위헌결정은 유효하게 존속하는 법률이나 법률조항의 의미 혹은 내용과 그 적용범위에 관한 해석기준을 제시하는 것에 불과하여, 법원에 전속되어 있는 법령의 해석, 적용 권한에 대하여 기속력을 가질 수 없다는 입장을 유지하고 있다.[3)]

한정위헌결정의 기속력에 관한 상세는 제 4 편 제 1 장 제 4 절 4. 이미 심판을 거친 법률조항에 대한 위헌제청 등과 결정의 기속력의 '마. 한정위헌결정의 경우의 기속력' 부분 참조.

제 7 절 결정정본의 송달과 당해 소송절차의 속개

헌법재판소는 결정일부터 14일 이내에 결정서정본을 제청한 법원에 송달한다. 이 경우 제청한 법원이 대법원이 아닌 경우에는 대법원을 거쳐야 한다(헌재법 제46조).

제청법원은 헌법재판소의 결정이 있으면 당해사건에 관한 소송절차를 속개한다. 이 경우 재판의 전제가 된 법률의 위헌 여부와 관련한 쟁점에 대하여 제청법원은 헌법재판소의 결정에 따라 재판하여야 한다(헌법 제107조 제 1 항).

---

1) 실무제요, 244면.
2) 재판소원허용 사건. 헌재 1997. 12. 24. 96헌마172등.
3) 대법원 1996. 4. 9. 선고 95누11405 판결; 대법원 2001. 4. 27. 선고 95재다14 판결; 대법원 2013. 3. 28. 선고 2012재두299 판결.

헌법재판소의 종국결정이 법률의 제정 또는 개정과 관련이 있으면 그 결정서 등본을 국회 및 이해관계가 있는 국가기관에게 송부하여야 한다(심판규칙 제49조).

제 2 장 헌법소원심판

제 1 절 총 설

1. 헌법소원심판의 의의

우리 법제에서 '헌법소원심판'이라는 용어는 광의와 협의의 2가지 의미로 사용된다. 광의의 헌법소원심판이라 함은 공권력작용으로 인한 기본권침해의 구제를 구하거나, 법원에 의한 위헌법률심판 제청신청의 기각결정에 불복하는 절차를 말한다. 전자를 권리구제형 헌법소원심판이라고 하고, 후자를 위헌심사형 헌법소원심판이라고 한다. 헌법재판소법 제70조·제71조 제 3 항·제72조·제73조·제74조 제 1 항·제75조 제 1 항에 규정한 헌법소원 또는 헌법소원심판이라는 용어는 광의의 헌법소원심판을 가리킨다.

협의의 헌법소원심판이라 함은 공권력작용 즉 공권력의 행사 또는 불행사로 인하여 헌법상 보장된 기본권을 침해받은 자가 헌법재판소에 그 구제를 청구하는 경우에 헌법재판소가 헌법소송절차를 통하여 이를 구제함으로써 국민의 기본권을 보장하고 헌법질서를 수호·유지하는 헌법재판제도를 말한다. 다시 말하면 헌법재판소법 제68조 제 1 항에 규정한 권리구제형 헌법소원심판만을 가리킨다. 헌법소원심판은 직접 기본권의 보장과 실현을 목적으로 하는 헌법재판제도인 점에서 간접적으로 기본권의 보호와 실현에 기여하는 위헌법률심판, 탄핵심판, 정당해산심판, 권한쟁의심판 등 다른 헌법재판제도와 구별된다. 헌법재판소법 제68조 제 1 항·제69조 제 1 항·제71조 제 1 항·제75조 제 2 항 내지 제 4 항에 규정한 헌법소원 또는 헌법소원심판이라는 용어는 협의의 헌법소원심판만을 가리킨다.

2. 헌법소원심판의 종류와 성격

현행법상의 헌법소원제도는 공권력의 행사 또는 불행사로 인하여 헌법상 보장된 기본권을 침해 받은 자가 제기하는 **권리구제형** 헌법소원(헌재법 제68조 제 1 항에 의한 헌법소원)과 재판의 당사자가 법원에 위헌법률심판 제청신청을 하였으나 기각된 경우에 제기하는 **규범통제형**(위헌심사형) 헌법소원(헌재법 제68조 제 2 항에 의한 헌법소원)으로 나누어 규율되고 있다.

헌법재판소법 제68조 제 1 항에 의한 헌법소원심판은 **주관적 권리구제**의 헌법소원으로서 개별적인 공권력의 행사 또는 불행사로 인하여 헌법상 보장된 기본권을 침해받은 자가 청구할 수 있고 이 경우 헌법재판소법 제75조 제 5 항에 의하여 부수적으로 공권력행사의 근거가 된 법률이 위헌 선언될 수 있음에 대하여, 헌법재판소법 제68조 제 2 항에 의한 헌법소원심판은 **구체적 규범통제**의 헌법소원으로서 헌법재판소법 제41조 제 1 항의 규정에 의한 법률의 위헌여부심판의 제청신청이 법원에 의하여 기각된 때에 그 신청을 한 당사자가 헌법재판소에 제청신청이 기각된 법률의 위헌 여부를 가리기 위한 헌법소원심판을 청구하는 것으로서, 헌법재판소법 제68조 제 1 항과 같은 조 제 2 항에 규정된 헌법소원은 그 심판청구의 요건과 대상이 각기 다르다.[1)]

헌법재판소법 제68조 제 2 항에 의한 헌법소원 제도는 세계에서 그 유례를 찾기 힘든 헌법재판절차이다.[2)] 헌법재판소법 제68조 제 2 항은 국민의 위헌제청신청이 기각된 경우 국민이 직접 법률에 대한 헌법소원을 제기할 수 있는 가능성을 제공하고 있다. 재판의 기초가 된 규범이 위헌인 경우에 법원이 스스로 위헌제청을 하지 않는다면, 청구인은 원칙적으로 모든 심급을 경유한 후에 위헌적인 법률을 적용한 재판에 대하여 헌법소원을 제기할 수밖에 없다. 그러나

1) 헌재 1994. 4. 28. 89헌마221.

2) 오스트리아는 2013년 헌법개정을 통하여 우리 헌법재판소법 제68조 제 2 항에 의한 헌법소원과 유사한 제도인 법률소원(Gesetzesbeschwerde)을 도입하였다(오스트리아 헌법 제140조 제 1 항 제 1 호 제 d 목). 즉, 당해사건의 당사자는 제 1 심의 민·형사법원이 위헌의 소지가 있는 법률을 적용하여 판결을 선고하였고, 그로 인하여 자신의 기본권이 침해된 경우에는 당해사건에 적용된 법률의 위헌여부에 관하여 직접 헌법재판소에 헌법소원심판을 청구할 수 있게 되었다. 그러나 오스트리아의 법률소원제도는 이를 제기하기 위하여 제 1 심 법원의 판결이 선고되어야 하고, 법률의 위헌여부에 관한 법원의 판단을 받을 필요 없이 직접 헌법재판소에 법률의 위헌여부심판을 청구할 수 있다는 점에서 우리나라의 헌법재판소법 제68조 제 2 항에 의한 헌법소원제도와 차이가 있다. 주석 헌법재판소법, 961면에서 재인용.

우리 헌법재판제도에서는 재판소원을 배제하고 있고 이로써 소원청구인이 법원을 경유한 후에 재판소원의 형태로 규범의 위헌성을 물을 수 있는 길이 막혀 있기 때문에, 이에 대하여 우리 법은 미리 선행적으로 헌법재판소법 제68조 제 2 항의 헌법소원을 제기할 수 있는 길을 열어 놓았다. 따라서 헌법재판소법 제68조 제 2 항의 헌법소원제도는 '기능상으로는' 재판소원을 배제하는 우리 헌법소원제도의 결함을 일부 보완하고 있다고 하겠다.[1]

헌법재판소는 헌법재판소법 제68조 제 2 항 헌법소원의 본질과 기능에 관하여 "헌법재판소법 제68조 제 2 항의 헌법소원제도는 법원뿐 아니라 개인도 '구체적인 소송사건을 계기로 하여' 헌법재판소에 직접 법률의 위헌성을 물을 수 있다는 점에서, 그 법적 성격에 있어서 헌법재판소법 제41조의 위헌법률심판절차와 마찬가지로 **구체적 규범통제절차**의 한 유형이다. 이는 재판소원을 배제하는 우리 헌법재판제도에서 법원이 위헌제청을 하지 아니하고 재판에서 위헌적인 법률을 적용하여 재판을 한다는 의심이 있는 경우에, 당사자의 청구에 의하여 직접 헌법재판소로 하여금 법률의 위헌성심사를 가능하게 하기 위하여 도입된 것이며, '기능상으로는' **재판소원**의 일부분을 **대체**하고 있다. 헌법재판소법 제75조 제 7 항에서 재판에 적용된 법률의 위헌성이 확인된 경우 당해사건의 당사자가 재심을 청구할 수 있도록 함으로써 비록 헌법재판소가 법원의 재판을 직접 취소하지는 못하지만, 법원이 스스로 재판을 취소하도록 한 것은 사실상 헌법재판소의 결정에 의한 '간접적인 재판의 취소'에 해당하는 것이다."라고 판시하였고,[2] "법원이 아니라 개인이 직접 헌법재판소에 법률에 대한 위헌 여부 심판을 구한다는 점에서 헌법재판소법은 이를 헌법소원의 형태로 심판청구를 하는 것으로 정하고 있지만, 헌법재판소법 제68조 제 2 항의 헌법소원심판은 구체적인 소송사건을 계기로 하여 헌법재판소에 '법률의 위헌 여부'에 대한 심판을 구하는 제도라는 점에서, 헌법재판소법 제41조의 위헌법률심판과 마찬가지로 **구체적 규범통제**에 해당한다고 판시하였다.[3]

헌법재판소는 초기에는 헌법재판소법 제68조 제 2 항에 의한 심판청구에

---

1) 실무제요, 250면.
2) 헌재 2003. 4. 24. 2001헌마386. 심판청구의 취하로 헌법소원심판절차가 종료되었다고 선언하면서 동시에 심판청구가 취하될 당시의 헌법재판소의 최종평결결과와 그 이유를 밝히면서 판시한 내용이다.
3) 헌재 2022. 6. 30. 2014헌마760등.

대하여 헌법재판소법 제68조 제 1 항에 의한 헌법소원심판청구와 마찬가지로 '헌마'라는 사건부호를 부여하고 있었고, 헌법재판소법 제68조 제 2 항에 의한 헌법소원제도가 헌법소원심판의 절에 포함되어 있다는 점과 국민이 직접 심판을 청구할 수 있다는 점에 주목하여 그 성질을 헌법소원 제도의 한 유형으로 이해하는 입장을 취하였다. 이에 따라 몇몇 결정에서 그 심판청구의 적법성을 판단하면서 그 판단기준으로 청구인의 권리침해의 현재성 등 심판청구의 이익 내지 소의 이익의 존재 여부를 그 기준으로 제시하기도 하였다.[1] 그러나 1990년부터는 헌법재판소법 제68조 제 1 항에 의한 헌법소원심판청구와는 별도로 '헌바'라는 사건부호를 부여하였고, 그 심판청구의 적법성은 청구인의 소의 이익유무에 따라 판단하는 것이 아니라, 심판대상이 된 법률이 당해소송에서 재판의 전제성을 가지는가의 여부에 의하여 판단하였다.[2] 결국 헌법재판소법 제68조 제 2 항의 헌법소원심판은 법원이 제청하는 위헌법률심판과 함께 구체적 규범통제의 한 유형으로서 법률의 위헌여부를 심판하는 제도로 확립되었다.

법원이 아니라 개인이 직접 헌법재판소에 법률에 대한 위헌 여부 심판을 구한다는 점에서 헌법재판소법은 이를 헌법소원의 형태로 심판청구를 하는 것으로 정하고 있지만, 헌법재판소법 제68조 제 2 항의 헌법소원심판은 구체적인 소송사건을 계기로 하여 헌법재판소에 '법률의 위헌 여부'에 대한 심판을 구하는 제도라는 점에서, 헌법재판소법 제41조의 위헌법률심판과 마찬가지로 **구체적 규범통제**에 해당한다.[3]

한편 헌법재판소법 제68조 제 1 항에 따른 헌법소원과 제68조 제 2 항에 따른 헌법소원은 비록 그 요건과 대상은 다르다고 하더라도 **개인**에 의한 심판청구라는 헌법소원의 측면에서는 그 성질이 동일한 점, 사건번호 부여는 편의적인 것에 불과한 점, 헌법재판소법 제68조 제 1 항에 따른 헌법소원과 제68조 제 2 항에 따른 헌법소원으로 분리하여 제기하도록 하는 것은 소송경제에 반하는 점 등에 비추어 청구인은 양 청구를 **병합**하여 제기할 수 있고,[4] 양 헌법소원 간에는 **청구의 변경**도 가능한데, 이 경우 청구기간과 같은 적법요건에 대한 판단은 변경된 청구를 기준으로 한다.[5]

1) 헌재 1989. 9. 29. 89헌마53; 헌재 1989. 12. 18. 89헌마32 등.
2) 헌재 1990. 6. 25. 89헌마107.
3) 헌재 2022. 6. 30. 2014헌마760등.
4) 헌재 2010. 3. 25. 2007헌마933.
5) 헌재 2007. 10. 25. 2005헌바68.

3. 헌법소원심판의 기능

가. 주관적 권리구제 기능

헌법소원제도는 공권력에 의하여 기본권을 침해당한 자가 제기하는 주관적 권리구제절차로서, 공권력의 남용으로부터 개인의 기본권을 보호하려는 헌법재판제도이다. 헌법소원심판의 기능은 일차적으로 개인의 주관적 권리인 '기본권의 보장과 관철'에 있다.[1]

헌법소원제도는 개인의 기본권침해를 구제해 주는 제도이므로, 그 제도의 목적상 권리보호이익이 있는 경우에 비로소 헌법소원심판을 제기할 수 있는바, 개인이 헌법소원심판을 제기하기 위해서는 자신의 기본권침해를 주장하여야 하고, 개인은 공권력행위가 단지 객관적인 헌법규범에 위반된다는 주장만으로 헌법소원심판을 제기할 수 없다.[2]

나. 객관적인 헌법질서 수호·유지 기능

헌법소원심판은 개인의 주관적인 기본권 보장 기능뿐만 아니라 객관적인 헌법질서의 수호·유지기능을 가지고 있다.

헌법재판소도 헌법소원심판 계속 중에 주관적인 권리보호이익이 소멸된 경우라도 그러한 기본권침해가 반복될 위험이 있고 그 해명이 헌법질서의 수호·유지를 위하여 긴요한 사항으로 중대한 의미를 가지고 있는 경우에는 심판청구의 이익을 인정해야 한다는 일관된 입장을 견지하고 있다.[3]

그리고 헌법재판소는 "헌법소원심판에서 주관적 권리보호이익이 부정되는 경우에도 객관적 심판의 이익이 인정될 수 있는 것은 인용결정이 있을 경우 모든 국가기관과 지방자치단체를 기속하는 효력을 통해 헌법질서의 수호·유지라는 목적에 기여하는 헌법소원심판의 기능과 연관되는 것이다."라고 판시하였다.[4]

1) 동지: 주석 헌법재판소법, 962면.
2) 동지: 주석 헌법재판소법, 963면.
3) 헌재 1992. 1. 28. 91헌마111; 헌재 1999. 5. 27. 97헌마137등; 헌재 2013. 8. 29. 2010헌마562등; 헌재 2017. 11. 30. 2016헌마503.
4) 헌재 2021. 10. 28. 2021헌나1(헌법재판소는 이 사건에서 "탄핵심판은 직무집행에 있어 중대한 위헌·위법행위를 저지른 공직자에 대한 파면 여부를 결정함으로써 헌법을 수호하는 것을 제도적 목적으로 하고, 그 결정에 피청구인 이외에 모든 국가기관이나 지방자치단체를 일반적으로 기속하는 효력이 없으므로, 공직의 박탈은 불가능한 상황에서 단지 탄핵사유 유무만을 확인하는 결정을 상정한다면, 이러한 결정은 헌법질서의 수호·유지에 기여할 수 있는 어떤 법적 기능을 갖지 않

제 2 절 헌법소원심판의 대상

1. 개 설

헌법재판소법 제68조 제 1 항은 '공권력의 행사 또는 불행사'로 인하여 기본권을 침해받은 자가 헌법소원을 청구할 수 있다고만 되어 있을 뿐, 헌법소원의 대상으로서의 '공권력의 행사 또는 불행사'가 무엇을 의미하는 것인가에 대하여 구체적으로 규정하고 있지 않다. 헌법재판소는 헌법소원심판의 대상이 되는 '공권력'은 입법권·행정권·사법권을 행사하는 모든 국가기관·공공단체 등의 고권적 작용이라고 보았고,[1] 그 행사 또는 불행사로 국민의 권리와 의무에 대하여 직접적인 법률효과를 발생시켜 청구인의 법률관계 내지 법적 지위를 불리하게 변화시키는 것이어야 한다고 하였다.[2] 다만, 헌법소원심판의 대상이 되는 공권력의 행사 또는 불행사는 헌법소원의 본질상 대한민국 국가기관의 공권력작용을 의미하고 외국이나 국제기관의 공권력작용은 이에 포함되지 아니한다.[3]

헌법재판소는, "경찰서장이 국민건강보험공단에게 청구인들의 요양급여내역의 제공을 요청한 행위만으로는 청구인들의 법률관계 내지 법적 지위를 불리하게 변화시킨다고 볼 수 없고 국민건강보험공단의 자발적인 협조가 있어야만 비로소 청구인들의 개인정보자기결정권이 제한되는 것이므로, 이 사건 사실조회행위는 헌법재판소법 제68조 제 1 항에 의한 헌법소원의 대상이 되는 공권력의 행사에 해당하지 않는다."고 판시하였고,[4] "경찰서장이 김포시장에게 활동보조인과 수급자의 인적사항, 휴대전화번호 등을 확인할 수 있는 자료를 요청한 행위만으로는 청구인들의 법률관계 내지 법적 지위를 불리하게 변화시킨다고 볼 수 없고, 김포시장의 자발적인 협조가 있어야만 비로소 청구인들의 개인정보자기결정권이 제한되는 것이므로, 이 사건 사실조회행위는 헌법재판소법 제68조 제 1

는다. …… 그러므로 파면 여부와 상관없이 오로지 탄핵사유의 유무를 확인하기 위한 심판의 이익은 인정되지 않는다."고 판시하였다).

1) 헌재 2001. 3. 21. 99헌마139; 헌재 2015. 10. 21. 2015헌마214; 헌재 2021. 11. 25. 2017헌마1384등.
2) 헌재 2012. 2. 23. 2008헌마500; 헌재 2012. 8. 23. 2010헌마439; 헌재 2018. 8. 30. 2014헌마368 참조; 헌재 2018. 8. 30. 2016헌마483; 헌재 2019. 5. 30. 2018헌마1208 등; 헌재 2021. 3. 25. 2020헌마94; 헌재 2021. 11. 25. 2017헌마1384등; 헌재 2022. 7. 21. 2016헌마388등.
3) 헌재 1997. 9. 25. 96헌마159.
4) 헌재 2018. 8. 30. 2014헌마368.

항에 의한 헌법소원의 대상이 되는 **공권력 행사**에 해당하지 않는다."고 판시하였으며,[1] 피청구인 중앙선거관리위원회가 '비례○○당'의 명칭은 정당법 제41조 제 3 항에 위반되어 정당의 명칭으로 사용할 수 없다고 결정·공표한 행위는 '비례○○당'이 정당법 제41조 제 3 항에 따라 사용이 금지되는 유사명칭에 해당하는지 여부에 대한 피청구인의 내부적인 판단을 공표한 것으로서, 그 자체로 청구인의 법적 지위에 어떠한 영향을 미친다고 볼 수 없으므로 **결정·공표**는 헌법소원의 대상이 되는 '**공권력의 행사**'에 해당하지 않는다고 하였고,[2] **모의투표 불가결정·회신**은 비권력적 의견제시에 불과하여 그 자체만으로 청구인들의 법적 지위에 영향을 준다고 보기 어려우므로 헌법소원의 대상이 되는 **공권력 행사**에 해당한다고 할 수 없다고 하였으며,[3] 수사기관 등에 의한 통신자료 제공요청은 임의수사에 해당하는 것으로, 전기통신사업자가 이에 응하지 아니한 경우에도 어떠한 법적 불이익을 받는다고 볼 수 없으므로 이 사건 **통신자료 취득행위**는 헌법소원의 대상이 되는 **공권력의 행사**에 해당하지 않는다고 하였고,[4] "가상통화 TF 회의의 모든 형태의 ICO를 금지할 **이 사건 방침**은 정부기관이 ICO에 의해 발생할 수 있는 위험을 알리고, 그 소관 사무인 금융에 관한 정책 및 제도의 방향을 사전에 공표함으로써 일반 국민들의 행위를 일정한 방향으로 유도·조정하려는 목적을 지닌 행정상의 안내·권고·정보제공행위에 불과하다. 이는 국민으로 하여금 스스로의 판단에 따라 행정기관이 의도하는 바에 따르게 하는 사실상의 효력을 갖지만 직접 작위·부작위 등의 의무를 부과하는 어떤 법적 구속력도 없다. 따라서 이 사건 방침은 헌법소원의 대상이 되는 공권력의 행사에 해당된다고 볼 수 없다."고 판시하였다.[5]

또한 헌법재판소는 피청구인 방송통신위원회가 정보통신서비스제공자 및

---

1) 헌재 2018. 8. 30. 2016헌마483.
2) 헌재 2021. 3. 25. 2020헌마941(이 사건 창당준비위원회 또는 청구인이 피청구인에게 정당등록을 신청하고 이에 대하여 피청구인이 그 신청을 수리 또는 거부할 때 비로소 청구인의 법적 지위가 변동된다고 하였다).
3) 헌재 2021. 9. 30. 2020헌마494.
4) 헌재 2022. 7. 21. 2016헌마388등(5인의 별개의견은 이 사건 통신자료 취득행위는 청구인들의 개인정보인 통신자료에 대하여 대물적으로 행하는 수사행위로서 권력적 사실행위에 해당하므로, 헌법소원의 대상이 되는 공권력행사에 해당하나 이 사건 통신자료 취득행위는 이 사건 법률조항에 근거하여 이루어진 것이고, 청구인들이 종국적으로 다투고자 하는 것도 이 사건 법률조항의 위헌성이므로, 이 사건 법률조항에 대한 심판청구의 적법성을 인정하여 본안 판단에 나아가는 이상, 이 사건 통신자료 취득행위에 대해서는 별도로 심판청구의 이익을 인정할 실익이 없다고 하였다).
5) 헌재 2022. 9. 29. 2018헌마1169.

방송통신심의위원회에 방송통신심의위원회가 기존에 접속차단 시정요구를 한 웹사이트 및 향후 접속차단 시정요구를 하는 웹사이트에 대하여 기존의 인터넷 주소(URL) 차단 방식뿐만 아니라 서버이름표시(SNI) 차단 방식도 함께 적용하여 차단하도록 협조하여 달라고 요청한 **협조요청**은 자발적인 협조를 요청하고 있을 뿐, 강제하는 취지나 불이행 시에 발생할 수 있는 제재조치나 불이익 등에 관해서는 전혀 언급하고 있지 않고, 미리 협의체를 구성하여 협의된 사항을 전제로 하는 것이므로, 임의적 의사에 따른 협력을 기대하고 행정목적 달성을 위해 행하는 비권력적 사실행위로서 행정지도에 해당하므로 위 협조요청은 헌법소원심판의 대상이 되는 **공권력 행사**에 해당하지 않는다고 하였고,[1] 피청구인 강원특별자치도 인사위원회가 지방공무원인 청구인에 관해 비위사실이 인정된다는 취지의 이유를 포함하여 한 **불문의결**과 청구인에게 위 불문의결 내용을 **통지한 행위**가 헌법소원의 대상이 되는 공권력 행사에 해당하는지 여부에 대하여, "이 사건 불문의결은 청구인에 대한 징계처분을 위한 행정기관 내부의 일련의 절차 중 하나에 불과할 뿐만 아니라, 불문의 경우 지방공무원법상 징계의 종류에 해당하지도 않고 불문(경고)의 경우와 달리 그에 따른 불이익이 관련 법령상 명시되어 있지도 아니하며, 이 사건 통지행위 역시 피청구인의 의결결과에 따라 징계하지 아니한다는 뜻을 청구인에게 알려주는 사실의 고지에 불과하다. 따라서 이 사건 불문의결과 통지행위만으로는 청구인의 권리와 의무에 대하여 직접적인 법률효과를 발생시켜 청구인의 법률관계 내지 법적 지위를 불리하게 변화시킨다고 볼 수 없고, 결국 헌법소원의 대상이 되는 **공권력 행사**에 해당하지 않는다."고 판시하였으며,[2] QR코드가 표기된 사전투표용지 발급행위가 헌법소원의 대상이 되는 공권력의 행사에 해당하는지 여부에 대하여, "투표용지에 QR코드가 아닌 1차원 바코드가 인쇄되는지, 또는 QR코드가 인쇄되는지 여부만으로 곧바로 선거권자의 법적 지위에 변동이 생긴다고 보기는 어렵다. **QR코드 사전투표용지 발급행위**는 단순한 사무집행으로서 집합적 행위인 선거관리상의 사실행위에 불과할 뿐, 헌법소원의 대상이 되는 **공권력의 행사**에 해당한다고 볼 수 없다."고 판시하였고,[3] 구속피고인이 재판기록 등에 대하여 열람·복사 신청을 한 경우 법원의 참여사무관등으로 하여금 열람·복사의 기일을 정하도록 한 '재판

1) 헌재 2023. 10. 26. 2019헌마164.
2) 헌재 2023. 10. 26. 2022헌마178.
3) 헌재 2023. 10. 26. 2022헌마231등.

기록 열람·복사 예규' 제18조 제 2 항이 헌법소원의 대상이 되는 공권력 행사에 해당하는지 여부에 관하여, "기일지정 조항의 근거가 되는 법령, 즉 열람·복사 기일의 지정의 근거가 되는 법령은 존재하지 아니한다. 기일지정 조항은 재판기록 열람·복사업무에 종사하는 참여사무관등에 대하여 효력을 가지는 행정규칙으로서 단순한 법원 내부의 업무처리지침에 불과하므로 구속피고인에 대한 관계에서 이를 따라야 할 자기구속을 당하게 되는 경우에도 해당하지 아니한다. 따라서 기일지정 조항은 헌법소원의 대상이 되는 공권력 행사에 해당하지 아니한다."고 판시하였으며,[1] 피청구인 보건복지부장관이 피청구인 국민건강보험공단 이사장에게 청구인들이 판매하는 의약품에 관하여 이 사건 규칙조항에 따른 협상을 하도록 명령한 행위가 헌법소원의 대상이 되는 '공권력의 행사'에 해당하는지 여부에 관하여, "피청구인 장관은 국민건강보험 사무에 관하여 이 사건 공단 및 그 대표자인 피청구인 이사장에 대한 감독권한을 가진다. 이 사건 협상명령은 피청구인 장관이 이러한 감독기관의 지위에서 피청구인 이사장에게 한 내부적 행위에 불과하고 국민에 대하여 직접적인 법률효과를 발생시킨다고 볼 수 없으므로, 이 사건 협상명령은 헌법소원의 대상이 되는 공권력의 행사에 해당하지 않는다."고 판시하였고,[2] 피청구인 이사장이 청구인들에게 각 청구인들이 판매하는 의약품에 관한 협상일정을 알리고, 협상에 필요한 서류를 제출할 것을 통보한 행위가 헌법소원의 대상이 되는 '공권력의 행사'에 해당하는지 여부에 관하여, "이 사건 통보 당시 '국민건강보험 요양급여의 기준에 관한 규칙'에는 약제의 제조업자 등이 국민건강보험공단 이사장의 협상통보에 응하지 않았다는 이유로 의약품을 약제급여목록표에서 삭제하거나 상한금액을 인하하는 등의 불이익처분을 할 수 있는 근거가 없고, 청구인들에게 이 사건 통보에 응할 의무를 부여하는 다른 법령상 근거도 보이지 않는다. 피청구인 이사장은 이 사건 통보 이후 청구인들의 기한 연장 요청에 응하여 협상기한을 연장하기도 하였고, 그럼에도 협상절차가 진행되지 아니하자 청구인들에게 이 사건 통보와 유사한 내용의 통보를 다시 하기도 하였는바, 이는 이 사건 통보가 청구인들을 구속함으로써 청구인들이 피청구인 이사장과의 협상에 응하여야 할 의무를 부담하게 된 것은 아니라는 점을 보여준다. 뿐만 아니라 이 사건 통보 그 자

---

1) 헌재 2024. 2. 28. 2021헌마40.
2) 헌재 2024. 4. 25. 2020헌마1738.

체에는 요양급여비용의 반환 여부, 그 범위 및 조건 등에 관하여 어떠한 사항도 정해져 있지 않다. 그렇다면 이 사건 통보가 청구인들의 권리와 의무에 대하여 직접적인 법률효과를 발생시킨다고 볼 수 없으므로, 이 사건 통보는 비권력적 사실행위로서 헌법소원의 대상이 되는 **공권력의 행사**에 해당하지 않는다."고 판시하였다.[1)]

헌법재판소는 법 제68조 제 1 항에 의한 헌법소원의 대상이 되는 행위는 **국가기관**의 공권력 작용에 속하여야 하고 여기서 국가기관은 입법·행정·사법 등의 모든 기관뿐만 아니라, **간접적인 국가행정**, 예를 들어 공법상의 사단, 재단 등의 **공법인**, 국립대학교와 같은 **영조물** 등의 작용도 포함된다고 하였고,[2)] **대통령선거방송토론위원회**는 공직선거법 규정에 의해 설립되고 동법에 따른 법적 의무를 수행하는 **공권력의 주체**이므로, 동 토론위원회의 결정 및 공표행위는 헌법소원의 대상이 되는 공권력의 행사이고,[3)] **한국산업인력공단**은 한국산업인력공단법에 근거하여 설립된 **공법인**으로, '행정권한의 위임 및 위탁에 관한 규정' 제51조 제 1 항에 따라 변리사 자격시험의 관리에 관한 사무를 특허청장으로부터 위탁받아 변리사시험의 실시를 주관하고 있으므로, 변리사시험 관리사무에 관하여 공권력 행사의 주체가 된다고 하였고,[4)] 변호사 등록제도는 그 연혁이나 성질에 비추어 보건대, 원래 국가의 공행정의 일부라 할 수 있으나, 국가가 행정상 필요로 인해 대한변호사협회에 관련권한을 이관한 것이므로 **변협**은 변호사등록에 관한 한 **공법인**으로서 공권력행사의 주체가 된다고 하였다.[5)] 또한 헌법재판소는 변호사법 제23조 제 2 항 제 7 호의 위임을 받아 변호사 광고에 관한 구체적인 규제사항 등을 정한 **대한변호사협회의 '변호사 광고에 관한 규정'**이 헌법소원심판의 대상이 되는 공권력의 행사에 해당하는지 여부에 관하여, "**변협**은 변호사법 제23조 제 2 항 제 7 호에서 명시적으로 위임받은 변호사 광고에 관한 규제를 설정함에 있어 **공법인**으로서 공권력 행사의 주체가 된다. 나아가, 변협의 구성원인 변호사등은 위 규정을 준수하여야 할 의무가 있고, 이를 위반하게 되면 변호사법

1) 헌재 2024. 4. 25. 2020헌마1738.
2) 헌재 1992. 10. 1. 92헌마68등; 헌재 1998. 8. 27. 97헌마372; 헌재 2010. 4. 29. 2009헌마399; 헌재 2013. 5. 30. 2009헌마514; 헌재 2019. 5. 30. 2018헌마1208등; 헌재 2019. 11. 28. 2017헌마759; 헌재 2022. 5. 26. 2021헌마619.
3) 헌재 1998. 8. 27. 97헌마372등.
4) 헌재 2019. 5. 30. 2018헌마1208 등.
5) 헌재 2019. 11. 28. 2017헌마759.

등 관련 규정에 따라 징계를 받게 되는바, 이 사건 규정이 단순히 변협 내부 기준이라거나 사법적인 성질을 지니는 것이라 보기 어렵고, 수권법률인 변호사법과 결합하여 대외적 구속력을 가진다. 따라서 변협이 변호사 광고에 관한 규제와 관련하여 정립한 규범인 이 사건 규정은 헌법소원의 대상이 되는 공권력의 행사에 해당한다."고 판시하였고,[1] 피청구인 방송통신심의위원회가 정보통신서비스제공자 등에 대하여 웹사이트에 대한 접속차단의 시정을 요구한 행위가 헌법소원의 대상인 공권력 행사에 해당하는지 여부에 관하여, 피청구인은 공권력 행사의 주체인 국가행정기관이고, 정보통신서비스제공자는 조치결과 통지의무 등을 부담하며, 시정요구에 따르지 않을 경우 제재수단이 있으므로, 이 사건 시정요구는 헌법소원심판의 대상이 되는 공권력 행사에 해당한다고 하였다.[2]

국가 또는 공공단체의 사법상의 행위는 헌법소원의 대상이 아니다.[3] 그러나 사경제주체로서의 행위처럼 보여도 공권력 행사로서의 성질을 가지는 경우에는 헌법소원심판의 대상이 된다.[4]

사인이나 사적 단체에 의한 기본권침해 또는 사법적 법률관계에서 비롯되는 분쟁은 헌법소원심판의 대상이 되지 아니한다. 헌법재판소는 "법학전문대학원은 교육기관으로서의 성격과 함께 법조인양성이라는 국가의 책무를 일부 위임받은 직업교육기관으로서의 성격을 가지고 있기는 하나, 이화여자대학교는 사립대학으로서 국가기관이나 공법인, 국립대학교와 같은 공법상의 영조물에 해당하지 아니하고, 일반적으로 사립대학과 그 학생과의 관계는 사법상의 계약관계이므로 학교법인 이화학당을 공권력의 주체라거나 그 모집요강을 공권력의 행사로 볼 수 없다."라고 판시하였고,[5] 정당이 후보경선과정에서 여론조사 결과를

---

1) 헌재 2022. 5. 26. 2021헌마619.
2) 헌재 2023. 10. 26. 2019헌마158.
3) 헌재 1992. 11. 12. 90헌마160; 헌재 1992. 12. 24. 90헌마182(국가의 공특법에 의한 토지 등 협의취득에 따르는 보상금 지급행위); 헌재 2005. 2. 24. 2004헌마442(한국증권거래소의 회원에 대한 상장폐지결정 및 상장폐지 확정결정); 헌재 2006. 11. 30. 2005헌마855(한국방송공사가 행한 사원채용시험 응시자격제한); 헌재 2008. 11. 27. 2006헌마1244(잡종재산인 불요존국유림에 대한 대부계약); 헌재 2015. 10. 21. 2015헌마214(구청장이 한 전국 대학생 토론대회 공모 공고).
4) 헌재 2007. 5. 31. 2003헌마579(정부입찰공사의 사전심사 단계에서 국가가 일방적으로 산정한 환산재해율에 의한 불이익을 주는 것과 이 환산재해율을 반영하여 건설업체들에 대한 시공능력평가액을 산출해 줌으로써 국가기관이나 개별 발주자들이 이를 입찰에 반영하도록 하는 것은 계약상대방이 될 건설업자들의 법률상 지위에 영향을 준다는 의미에서 사경제 주체로서의 행위라기보다는 공권력 행사로서의 성질을 갖는다고 하였다.).
5) 헌재 2013. 5. 30. 2009헌마514.

반영한 것이 헌법소원심판의 대상이 되는 공권력행사에 해당한다고 할 수 없다고 하였다.[1)]

공권력의 행사[2)] 또는 불행사[3)] 사실이 존재하지 않는 경우에는 그 헌법소원 심판청구는 부적법하고, 이미 존재하는 선행 공권력 행사의 확인적 의미만을 가지는 공권력의 행사는 헌법재판소법 제68조 제 1 항 소정의 '공권력의 행사'에 해당하지 않는다.[4)]

공권력작용은 입법권의 작용, 행정권의 작용, 사법권의 작용으로 나눌 수 있는바, 이하에서는 그 동안의 헌법재판소 판례를 중심으로 하여 살펴보기로 한다.

2. 입법권의 작용

가. 법 률

헌법재판소는 문제의 소재가 법률 자체에 있을 경우, 다시 말하면 공권력 행사의 일종이라고 할 입법, 즉 법률 자체에 의한 기본권침해가 문제가 될 때에는 일반 법원에 법령 자체의 효력을 직접 다투는 것을 소송물로 하여 제소하는 길이 없어, 구제절차가 있는 경우가 아니므로 문제가 된 법률(조항)을 직접 대상으로 하여 헌법소원을 제기할 수 있다고 한[5)] 이래, 일관하여 법률이 집행행위를 기다리지 않고 직접적·현재적으로 기본권을 침해하는 경우에는 바로 그 법률에 대한 헌법소원이 가능하다고 판시하고 있다.[6)]

법률이 헌법소원의 대상이 되려면 현재 시행중인 유효한 것이어야 함이 원칙이다. 정부의 법률안 제출행위는 국가기관 간의 내부적 행위에 불과하고 국민에 대하여 직접적인 법률효과를 발생시키는 행위가 아니므로 '공권력 행사'에 해당하지 아니한다.[7)] 그러나 법률이 일반적 효력을 발생하기 전이라도 공포되어 있는 경우에는 그 법률로 인한 청구인의 불이익을 충분히 예측할 수 있을 때에는

1) 헌재 2007. 10. 30. 2007헌마1128 지정부 결정.
2) 헌재 2017. 11. 30. 2016헌마503.
3) 헌재 2013. 8. 29. 2012헌마886.
4) 헌재 2019. 11. 28. 2016헌마40.
5) 헌재 1989. 3. 17. 88헌마1.
6) 헌재 1989. 7. 21. 89헌마12; 헌재 1990. 6. 25. 89헌마220.
7) 헌재 1994. 8. 31. 92헌마174.

그 법률에 대하여 예외적으로 헌법소원을 제기할 수 있다.[1] 다만 **법률안**에 대한 헌법소원이라도 심판청구 후에 이것이 유효하게 공포·시행되었다면 헌법소원의 대상성을 부인할 수 없다.[2] 헌법재판소는 **법률안**에 대한 헌법소원심판청구 후 법률안이 공포되자 청구취지 및 청구원인 변경신청서를 제출하여 심판대상을 **법률로 변경**한 사안에서 이를 적법한 청구로 인정하였다.[3]

이미 위헌결정이 선고되어 **효력을 상실한 법률조항**에 대한 헌법소원심판청구는 심판대상이 될 수 없는 법률조항을 대상으로 한 것이므로 부적법하다.[4]

그런데 헌법재판소는, **폐지된 법률**에 대한 헌법소원은 원칙적으로 부적법하나, 폐지된 법률의 위헌 여부가 관련 소송사건의 **재판의 전제**가 되어 있다면 위헌심판의 대상이 된다고 하였고,[5] "재조선미국육군사령부군정청 법령 제2호 제4조 본문과 재조선육군사령부 군정청 법령 제33호 제2조 전단 중 '일본 국민'에 관한 부분은 법률로서의 효력을 가지고 시행되었고 이후 **폐지된 조항**이지만 계쟁 토지가 귀속재산인지 여부와 관련하여 현재까지도 여전히 유효한 재판규범으로서 적용되고 있고, 당해사건 재판에서도 이 사건 토지가 심판대상조항에 따라 귀속재산에 해당하는지 여부가 당해 사건 재판의 결론에 결정적인 영향을 미치므로, 심판대상조항은 **헌법소원대상성** 및 **재판의 전제성**이 모두 인정된다."고 판시하였다.[6]

한편 결정 선고 당시 이미 **폐지된 법률조항**인 구 지방의회의원선거법 조항에 대한 헌법소원사건에서 헌법재판소는, "(폐지된 당해)법률조항의 위헌여부에 관하여 아직 그 해명이 이루어진 바가 없고 또한 위 규정이 청구인의 기본권을 침해하는 것으로 판단되며 신법에서도 유사한 내용을 규정하고 있기 때문에, 이 사건 분쟁의 해결은 위 신 규정의 개정을 촉진하여 위헌적인 법률에 의한 기본권침해의 위험을 사전에 제거하는 등 헌법질서의 수호·유지를 위하여 긴요한 사항이어서 헌법적으로 그 해명이 중대한 의미를 지닌다고 할 것이므로,

1) 헌재 1994. 12. 29. 94헌마201.
2) 헌재 2001. 11. 29. 99헌마494.
3) 헌재 2008. 10. 30. 2005헌마222등.
4) 헌재 1994. 4. 28. 92헌마280(위헌 선언 사례); 헌재 2014. 7. 24. 2012헌바294등(헌법불합치 선언 사례); 헌재 2016. 10. 27. 2014헌마709(위헌 선언 사례); 헌재 2017. 10. 26. 2016헌마656(잠정적용 헌법불합치 선언 사례); 헌재 2020. 9. 24. 2019헌마48(헌법불합치 선언 사례); 헌재 2021. 9. 30. 2019헌바409(적용중지 헌법불합치 선언 사례).
5) 헌재 1994. 6. 30. 92헌가18; 헌재 2021. 1. 28. 2018헌바88.
6) 헌재 2021. 1. 28. 2018헌바88.

결국 폐지된 위 법률규정에 대하여도 본안 판단의 필요성이 인정된다."고 판시하였다.[1)]

헌법소원심판 청구의 대상이었던 법률이 심판계속 중에 개정되어 조문위치의 조정, 조문 내용의 일부추가 등의 변화가 있더라도 그 실질적 내용에 아무런 차이가 없다면 구법조항이 아니라 **개정된 법률**의 해당 조항이 심판의 대상이 된다.[2)]

다만, **법률의 개폐**는 입법기관의 소관사항이므로 이를 요구하는 것은 헌법소원심판청구의 대상이 될 수 없다.[3)]

또한 헌법재판소는 **입법절차의 하자**를 이유로 하여 법률에 대한 헌법소원을 청구할 수 있는지 여부에 대하여, "청구인들은 이 사건 법률의 실체적 내용으로 인하여 현재, 직접적으로 기본권을 침해받은 경우에 헌법소원심판을 청구하거나, 이 사건 법률이 구체적 소송사건에서 재판의 전제가 된 경우에 위헌여부심판의 제청신청을 하여 그 심판절차에서 입법절차에 하자가 있음을 이유로 이 사건 법률이 위헌임을 주장하는 것은 별론으로 하고, 단순히 **입법절차의 하자**로 인하여 기본권을 현재, 직접적으로 침해받았다고 주장하여 헌법소원심판을 청구할 수는 없다."고 판시하였다.[4)] 그런데 이 결정에 대하여는, 위 헌법소원 사건에서는 기본권의 침해가 없고 성질상 권한쟁의로 다투어야 할 사안이라는 점을 판시한 것이라고 보는 견해[5)]와 이 결정의 전체적인 취지에 비추어 보면, 입법절차의 하자에 대해서는 헌법소원심판으로 다툴 수 없다고 본 것이라고 해석하는 견해[6)]가 있다. 그러나 헌법에 명시된 **입법절차를 위반**하거나 입법의 권원이나 대의원리 등을 정한 **헌법의 다른 규정**을 **위반**하여 입법된 법률에 의하여 기본권에 제한이 가해지는 경우에는 기본권의 침해가 되고 헌법소원심판의 대상

1) 헌재 1995. 5. 25. 91헌마67; 헌재 2012. 3. 29. 2010헌마693
2) 헌재 2007. 6. 28. 2004헌마644.
3) 헌재 1992. 6. 26. 89헌마132; 헌재 2001. 7. 19. 2000헌마703.
4) 헌재 1998. 8. 27. 97헌마8등. "이 사건에서 청구인들이 주장하는 입법절차의 하자는 야당 소속 국회의원들에게는 개의시간을 알리지 않음으로써 이 사건 법률안의 심의에 참여할 수 있는 기회를 주지 아니한 채 여당 소속 국회의원들만 출석한 가운데 국회의장이 본회의를 개의하고 이 사건 법률안을 상정하여 가결선포 하였다는 것이므로 이와 같은 입법절차의 하자를 둘러싼 분쟁은 본질적으로 국회의장이 국회의원의 권한을 침해한 것인가 그렇지 않은가에 관한 다툼으로서 이 사건 심의, 표결에 참여하지 못한 국회의원이 국회의장을 상대로 권한쟁의에 관한 심판을 청구하여 해결하여야 할 사항이라고 할 것이다."라고 판시하였다.
5) 정종섭, 589면.
6) 김하열, 462면.

이 될 수 있다 할 것이다.[1] 헌법재판소도 법률에 대한 헌법소원심판 사건에서, 헌법 제12조 제 1 항 후문과 제 3 항에 규정된 적법절차의 원칙은 입법작용에도 적용된다고 하면서 **입법절차의 적법절차 위반여부**를 먼저 검토한 다음 실체적 위헌여부를 판단하였다.[2]

나. 조약·국제법규와 헌법의 개별 조항

헌법에 의하여 체결·공포된 **조약**과 일반적으로 승인된 **국제법규**는 국내법과 같은 효력을 가지므로(헌법 제 6 조 제 1 항) 고권적 행위로서 공권력행사에 해당하므로 헌법소원의 대상이 된다.[3] 예컨대 우리 정부가 일본 정부와 어업에 관해 체결·공포한 조약인 '대한민국과 일본국 간의 어업에 관한 협정'(조약 제1447호)은 헌법소원심판의 대상이 된다.[4]

그런데 헌법재판소는 조약과 비구속적 합의의 구분 기준 및 **비구속적 합의**가 헌법소원심판의 대상이 되는지 여부에 관하여 "조약과 비구속적 합의를 구분함에 있어서는 합의의 명칭, 합의가 서면으로 이루어졌는지 여부, 국내법상 요구되는 절차를 거쳤는지 여부와 같은 형식적 측면 외에도 합의의 과정과 내용·표현에 비추어 법적 구속력을 부여하려는 당사자의 의도가 인정되는지 여부, 법적 효과를 부여할 수 있는 구체적인 권리·의무를 창설하는지 여부 등 실체적 측면을 종합적으로 고려하여야 한다. 비구속적 합의의 경우, 그로 인하여 국민의 법적 지위가 영향을 받지 않는다고 할 것이므로, 이를 대상으로 한 헌법소원 심판청구는 허용되지 않는다."고 판시하였다.[5]

헌법은 그 전체로서 주권자인 국민의 결단 내지 국민적 합의의 결과라고 보아야 할 것으로, **헌법의 개별규정**을 헌법재판소법 제68조 제 1 항 소정의 공권력 행사의 결과라고 볼 수도 없으므로 헌법의 개별조항은 헌법소원의 대상이 될 수 없다.[6]

---

1) 동지: 김하열, 462면; 정종섭, 588면.
2) 헌재 2009. 6. 25. 2007헌마451.
3) 대한민국과 일본국 간의 어업에 관한 협정비준 등 위헌확인 사건. 헌재 2001. 3. 21. 99헌마139등.
4) 헌재 2001. 3. 21. 99헌마139등.
5) 헌재 2019. 12. 27. 2016헌마253((대한민국 외교부장관과 일본국 외무부대신이 공동발표한 일본군 위안부 피해자 문제 관련 합의를 비구속적 합의로서 헌법소원의 대상이 되지 않는다고 하였다).
6) 헌재 1995. 12. 8. 95헌바3; 헌재 1996. 6. 13. 94헌바20; 헌재 1996. 6. 13. 94헌마118등; 헌재 1998. 6. 25. 96헌마47; 헌재 2011. 9. 20. 2011헌마485 지정부 결정; 헌재 2014. 3. 4. 2014헌마140 지정부 결정.

다. 입법부작위

(1) 의 의

(가) 개 설

광의의 입법부작위에는, 입법자가 헌법상 입법의무가 있는 어떤 사항에 관하여 전혀 입법을 하지 아니함으로써 '입법행위의 흠결이 있는 경우'와 입법자가 어떤 사항에 관하여 입법은 하였으나 그 입법의 내용·범위·절차 등이 당해 사항을 불완전, 불충분 또는 불공정하게 규율함으로써 '입법행위에 결함이 있는 경우'가 있는데, 일반적으로 전자를 진정 입법부작위, 후자를 부진정 입법부작위라고 부르고 있다.[1)]

헌법재판소는 검사의 기소유예처분에 대한 피의자의 불복재판절차를 두지 않은 것이 진정 입법부작위인지 여부에 관하여, "청구인이 불충분한 입법으로 주장하는 검찰청법 제10조의 검찰항고 제도는 검찰 자체적으로 검사의 불기소처분의 적정성을 통제하기 위해 마련된 고소인 또는 고발인의 불복절차라는 점에서 기소유예처분의 피의자가 무죄를 받고자 법원에 재판을 청구할 수 있는 불복수단과는 그 성격이나 목적을 달리하고, 형사소송법 제247조는 양형의 조건인 형법 제51조를 참작하여 공소를 제기하지 않을 수 있다는 기소편의주의를 나타내는 조항일 뿐 기소유예처분에 관한 법률적 성질은 물론 그 불복여부에 관한 어떠한 내용도 담겨져 있지 않다. 따라서 청구인이 주장하는 입법부작위는 '법률조항의 불완전·불충분한 입법부작위'에 관한 것이라 볼 수 없고, '입법자가 검사의 기소유예처분에 대하여 피의자가 불복하여 재판을 받을 수 있는 절차를 마련하여야 함에도 불구하고 그러한 절차를 전혀 마련하지 않은 것' 즉 진정 입법부작위로 봄이 타당하다."고 판시하였고,[2)] "형사소송법 제201조의2 제3항은 구속 전 심문기일에 피의자, 검사, 변호인의 '출석', 즉 참여권 보장을 위하여 판사가 이들에게 심문기일과 장소를 통지하는 단순한 절차적 규정에 불과하고, 구속영장이 청구된 피의자의 사선변호인에 대한 피의사실의 요지 고지와는 아무런 관련이 없다. 따라서 청구인은 형사소송법 제201조의2 제3항이 사선변호인에 대한 심문기일의 통지 시 피의사실의 요지도 아울러 고지하도록 규

---

1) 헌재 1996. 10. 31. 94헌마108; 헌재 2001. 6. 28. 2000헌마735; 헌재 2008. 10. 30. 2006헌바80; 헌재 2010. 2. 25. 2009헌바95; 헌재 2024. 1. 25. 2020헌바475등.

2) 헌재 2013. 9. 26. 2012헌마562.

정하지 아니한 것을 부진정입법부작위의 형태로 다투고 있지만, 이는 규율내용이 불충분·불완전한 것이라기보다는 이와 같은 입법이 전혀 이루어지지 않은 것을 다투는 것으로서 그 실질은 진정입법부작위를 다투는 것으로 볼 것이다."라고 판시하였으며,[1] "청구인들이 독서실의 실내소음 규제기준을 따로 규정하지 않았다며 위 조항들의 위헌성을 부진정입법부작위의 형태로 다투고 있지만, 이는 입법자가 사업장의 실내소음에 관하여 어떠한 입법적 규율을 하였는데 그 내용이 불완전·불충분한 경우라기보다는, 애당초 모든 사업장의 실내소음을 규제하는 기준에 관한 입법적 규율 자체를 전혀 하지 않은 경우이므로 그 실질이 진정입법부작위를 다투는 것이라 할 것이다."라고 판시하였고,[2] 청구인들이 '형사보상 및 명예회복에 관한 법률' 조항을 심판대상으로 삼아 '행정절차에서의 위법하거나 부당한 구금의 피해자에 대하여도 보상하는 규정을 두지 않은 것이 헌법에 위배된다'고 주장하는 것은 헌법재판소법 제68조 제 2 항에 의한 헌법소원에서 진정입법부작위를 다투는 것에 해당한다고 하였다.[3]

한편 헌법재판소는 "청구인들은 중·대형임대주택에 관한 입법부작위를 다투고 있지만, 공공주택 특별법 시행령 제56조 제 7 항의 문언, 개정이유, 대법원 판결 내용 등을 종합하여 보면, 중·대형임대주택의 분양전환가격에 대해서는 입법이 이루어지지 않은 것이 아니라, 분양전환가격을 공공주택사업자가 자율적으로 정할 수 있도록 하는 적극적 입법이 이루어졌음을 알 수 있으므로 청구인들의 기본권 침해의 원인이 되는 공권력은 공공주택 특별법 시행령 제56조 제 7 항 중 '전용면적 85제곱미터를 초과하는 경우는 제외한다' 부분이다."라고 판시하였다.[4]

(나) 입법부작위 헌법소원의 요건

헌법재판소는 "어떠한 사항을 법규로 규율할 것인가의 여부는 특단의 사정이 없는 한 입법자의 정치적·경제적·사회적 각종 고려 하에서 정하여지는 입법정책의 문제이므로, 국민이 국회에 대하여 일정한 입법을 해 달라는 청원을 함은 별론으로 하고 법률의 제정을 소구하는 헌법소원은 헌법에서 기본권보장을 위해 법령에 명시적인 입법위임을 하였음에도 입법자가 이를 방치하고 있거나 헌

1) 헌재 2015. 12. 23. 2013헌마182.
2) 헌재 2017. 12. 28. 2016헌마45.
3) 헌재 2024. 1. 25. 2020헌바475등.
4) 헌재 2021. 4. 29. 2020헌마923.

법해석상 특정인에게 구체적인 기본권이 생겨 이를 보장하기 위한 국가의 행위의무 내지 보호의무가 발생하였음이 명백함에도 입법자가 전혀 아무런 입법조치를 취하고 있지 않은 경우가 아니면 원칙적으로 인정될 수 없다."고 판시하였다.[1)]

위와 같이 입법부작위에 대한 헌법재판소의 재판관할권을 한정적으로 인정할 수밖에 없는 이유에 대하여 "헌법상의 입법의무를 어느 정도로 인정하는가의 문제는 바로 입법자와 헌법재판소 간의 헌법을 실현하고 구체화하는 공동의무 및 과제의 배분과 직결된 문제이다. 입법자와 헌법재판소는 모두 헌법재판소가 헌법에 명시적으로 표현된 명백한 위임을 넘어 헌법해석을 통하여 입법자의 헌법적 의무를 폭넓게 인정하면 할수록, 입법자의 형성의 자유는 축소된다. 따라서 헌법상의 권력분립원칙과 민주주의원칙은 입법자의 민주적 형성의 자유를 보장하기 위하여 입법자의 헌법적 입법의무는 예외적으로만 이를 인정하고 되도록이면 헌법에 명시적인 위임이 있는 경우에만 제한할 것을 요구한다."고 판시하였다.[2)]

㈐ 입법부작위의 본안판단

한편 헌법재판소는 입법부작위 헌법소원의 본안판단에 관하여, "입법자가 입법의무를 지고 있다고 하여서 그 불이행의 모든 경우가 바로 헌법을 위반한 경우라고 단정할 수 없다. 즉 입법자에게는 형성의 자유 또는 입법재량이 인정되므로 입법의 시기 역시 입법자가 자유로이 결정할 수 있음이 원칙이라 할 것이다. 그러나 입법자는 헌법에서 구체적으로 위임받은 입법을 거부하거나 자의적으로 입법을 지연시킬 수는 없는 것이므로, 가령 입법자가 입법을 하지 않기로 결의하거나 상당한 기간 내에 입법을 하지 않는 경우에는 입법재량의 한계를 넘는 것이 된다. 따라서 입법부작위는 이와 같이 입법재량의 한계를 넘는 경우에 한하여 위헌으로 인정되는 것이다."라고 판시하였다.[3)]

(2) 입법의무가 부인된 사례

사법서사 자격의 취득을 위한 경합자 환산규정이 불리하게 개정되었다 하더

---

1) 헌재 1989. 3. 17. 88헌마1. 동지: 헌재 2001. 6. 28. 2000헌마735; 헌재 2003. 5. 15. 2000헌마192; 헌재 2003. 6. 26. 2000헌마509; 헌재 2009. 11. 26. 2008헌마385; 헌재 2015. 10. 21. 2014헌마456; 헌재 2015. 12. 23. 2013헌마182; 헌재 2017. 12. 28. 2016헌마45; 헌재 2022. 8. 31. 2019헌마1331; 헌재 2024. 1. 25. 2020헌바475등.

2) 헌재 1996. 11. 28. 93헌마258; 동지: 헌재 2003. 6. 26. 2000헌마509; 헌재 2009. 11. 26. 2008헌마385.

3) 헌재 1994. 12. 29. 89헌마2.

라도 구 사법서사법상의 기대이익 존중의 입법의무까지는 없으므로 그러한 **입법의무**의 존재를 전제한 입법부작위에 관한 헌법소원 심판청구는 부적법하고,[1] 이미 사법서사 인가를 받았다가 폐업한 자에 대하여 기득권을 인정하는 보충규정을 뚜렷이 두어달라는 **입법행위의 소구청구권**은 인정되지 아니하고,[2] 재정신청의 대상이 되는 죄의 해당범위를 확대시키기 위하여 형사소송법의 개정을 구하는 것과 같은 **법률의 제정을 소구**하는 헌법소원심판청구도 부적법하다.[3]

헌법의 어느 규정에서도 한약업사 이외의 한약혼합판매행위의 금지규정과 그 위반 시 처벌규정을 두도록 법령에다가 이를 위임하는 규정을 둔 바 없으며 청구인의 침해된 기본권의 보장을 위한 **국가의 행위의무** 내지 **보호의무**가 발생하였다고 볼 수 없고,[4] 외국에서 침구사 자격을 얻은 사람을 위하여 국내에서도 그들의 침구사 자격을 인정하는 법률을 제정하여야 한다는 헌법상의 명시적 위임은 없으며 달리 그러한 내용의 법률을 제정함으로써 그들이 기본권을 보호하여야 할 **입법자의 행위의무** 내지 **보호의무**가 존재한다고 볼 아무런 근거도 없으며,[5] 헌법에서 기존의 침구사들의 업권(業權) 보호 및 한의사 등 침구사가 아닌 자의 침구시술행위에 대한 규제를 위한 입법을 하위법규에 위임한 바 없고, 달리 그러한 내용의 **입법의무**를 인정할 수 없으므로 침구사의 업권에 관한 규정 및 한의사 등 침구사 아닌 자의 침구시술행위에 대한 금지·처벌규정을 제정하지 아니한 것은 입법부작위로의 위헌을 구할 수 있는 경우에 해당하지 아니한다고 하였다.[6]

또한 국회 및 교육부장관에게 청구인들을 중등교사로 우선 임용하여야 할 **작위의무**가 있다고 볼 근거가 없어 국회의 입법부작위 및 교육부장관의 경과조치 부작위에 대한 헌법소원심판 청구부분은 부적법하고,[7] 조세감면에 관한 입법을 함에 있어서 입법자에게 반드시 축산업용 기자재에 대해서도 농업 및 어업용 기자재와 동일한 조세감면의 혜택을 부여하는 **입법을 해야** 할 헌법상 또는 헌법해석상의 **의무**가 있다고 볼 수 없고,[8] 국회에게 대통령의 헌법 등 위배행

1) 헌재 1989. 3. 17. 88헌마1.
2) 헌재 1989. 9. 8. 89헌마37.
3) 헌재 1989. 9. 29. 89헌마13.
4) 헌재 1991. 9. 16. 89헌마163.
5) 헌재 1991. 11. 25. 90헌마19; 동지: 헌재 1992. 12. 24. 90헌마174.
6) 헌재 1993. 11. 27. 90헌마209.
7) 헌재 1995. 5. 25. 90헌마196.
8) 헌재 1995. 6. 29. 91헌마147.

위가 있을 경우에 탄핵소추 의결을 하여야 할 헌법상 작위의무가 있다 할 수 없다고 하였다.[1)]

국가보위입법회의에 의해 주도된 삼청교육이 법적 근거가 없는 공권력의 남용행위인 점은 인정되나, 이에 국가배상법이 마련되어 있는 이상 삼청교육의 피해자들에 대한 특별한 보상을 위한 국가의 입법의무가 헌법해석상 새로이 발생하였다고 할 수 없으므로 삼청교육 피해에 대한 보상입법의 부작위 자체를 이유로 입법부작위의 위헌확인을 구하는 헌법소원을 청구할 수 없고,[2)] 외교관계에 관한 비엔나협약에 의하여 외국의 대사관저에 대하여 강제집행이 불가능하게 된 경우 국가가 그 손실을 보상할 입법의무가 없으며,[3)] 외교통상부장관이 미성년자보호협약의 강제적용의 배제 등을 규정하는 입법조치를 취할 의무는 없고,[4)] 국가가 포락토지에 대하여 공공사업을 시행하였다 하더라도 청구인들에 대하여 보상조치를 취하거나 보상입법을 하여야 할 의무는 헌법 제23조 제 1 항, 제 3 항 등 헌법규정이나 헌법해석상 도출할 수 없으며 달리 그러한 의무를 구체적으로 발생시킨다고 볼만한 법률상의 근거도 없고,[5)] 청원대로 입법이 이루어지지 않고 있다고 하여 청원에 대한 심사의무를 해태하였다거나 청원권이 침해되었다고 볼 수 없다고 하였다.[6)]

또한 지방자치법 제115조의2에서 규정한 주민투표권을 보장하기 위한 법률을 제정하지 아니한 부작위는 헌법소원의 대상이 되지 아니하며,[7)] 이른바 경북 문경 및 전남 함평, 제주도 민간인 학살사건에 대해서 국회가 진상조사, 피해보상 등을 위한 특별법을 제정해야 할 헌법상 입법의무가 없고,[8)] 언론통폐합계획으로 인한 피해자들에게 국회가 원상회복 및 손해배상에 관한 법률을 제정할 입법의무가 없으며,[9)] 6·25전쟁 당시 인민군에 의해 처형된 전직 경찰관은 국가유공자에 준하여 구제하는 입법의무는 없으며,[10)] 국가가 헌납명목으로 재산을 강제취득한 것과 관련하여 그 보상 등을 위한 특별입법의무가 발생하지 않고,[11)]

1) 헌재 1996. 2. 29. 93헌마186.
2) 헌재 1996. 6. 13. 93헌마276.
3) 헌재 1998. 5. 28. 96헌마44.
4) 헌재 1998. 5. 28. 97헌마282.
5) 헌재 1999. 11. 25. 98헌마456.
6) 헌재 2000. 6. 1. 2000헌마18.
7) 헌재 2001. 6. 28. 2000헌마735.
8) 헌재 2003. 5. 15. 2000헌마192 등; 헌재 2003. 6. 26. 2000헌마509 등.
9) 헌재 2003. 3. 27. 2001헌마116.
10) 헌재 2003. 6. 26. 2002헌마624.

중국동포의 이중국적 해소 또는 대한민국국적 선택을 위한 특별법의 제정 또는 조약체결의 헌법적 의무도 없고,[1] 교육공무원 임용 시 여성 또는 남성이 선발예정인원의 일정비율 이상이 될 수 있도록 하는 양성평등채용목표제를 실시할 법률을 제정할 의무는 없다고 하였다.[2]

탈북의료인에게 국내의료면허를 부여할 입법의무가 발생한다고 볼 수 없고,[3] 비의료인의 문신시술법에 관한 법률을 만들어야 할 입법의무는 없고,[4] 정신질환 수용자를 위한 치료감금시설을 설립·운영하기 위한 근거법률을 만들어야 할 입법의무가 없으며,[5] 연명치료 중단 등에 관한 법률을 제정할 국가의 입법의무가 명백하다고 볼 수 없고,[6] 헌법 제23조 제 3 항으로부터 경제자유구역법에 의하여 토지를 수용하는 경우 현금보상 외에 토지소유자에게 환지방식에 의한 보상 내지 환지청구권을 보장하는 규정을 두어야 한다는 명시적인 입법의무를 도출해 낼 수 없고,[7] 헌법에 폐지되는 지방자치단체장으로 재임한 기간을 포함하여 계속 재임을 3기로 제한하도록 입법자에게 입법위임을 하는 규정이 없으며,[8] 비의료인도 침구술 및 대체의학을 시술할 수 있도록 그 자격 및 요건을 법률로 정할 입법의무는 없으며,[9] 시각장애인이 아닌 사람들에 대하여 안마업에 종사할 수 있도록 하는 내용의 법률을 제정할 입법의무는 없고,[10] 선거인이 투표소를 자유롭게 선택하도록 하는 규정을 만들어야 할 입법의무는 없으며,[11] 새마을금고법 위반죄에 대해 공직선거법과 유사하게 일반 공소시효보다 단기의 공소시효를 규정할 입법의무는 없고,[12] 주취자를 보호하는 법률을 제정할 입법의무는 없다고 하였으며,[13] 객관적인 기록이나 자료 없이 청구인의 주장만으로 보상입법을 하여야 할 의무가 도출된다고 할 수 없고,[14] 헌법상 선거일을 유급

11) 헌재 2003. 1. 30. 2002헌마358.
1) 헌재 2006. 3. 30. 2003헌마806.
2) 헌재 2006. 5. 25. 2005헌마362.
3) 헌재 2006. 11. 30. 2006헌마679.
4) 헌재 2007. 11. 29. 2006헌마876; 동지: 헌재 2022. 3. 31. 2017헌마1343등.
5) 헌재 2009. 2. 26. 2007헌마1285.
6) 헌재 2009. 11. 26. 2008헌마385.
7) 헌재 2010. 3. 25. 2007헌마933.
8) 헌재 2010. 6. 24. 2010헌마167.
9) 헌재 2010. 7. 29. 2008헌가19등.
10) 헌재 2010. 7. 29. 2008헌마664등.
11) 헌재 2010. 10. 28. 2008헌마332.
12) 헌재 2010. 10. 28. 2008헌마612등.
13) 헌재 2011. 6. 30. 2009헌바199.
14) 헌재 2012. 3. 29. 2010헌마554.

휴일로 정하여야 할 입법의무가 인정되지 아니하고,[1] 국회의원선거 당일 투표소에 수화통역인을 배치하도록 하는 내용의 법률을 제정할 헌법상 작위의무가 인정되지 아니한다고 하였고,[2] 검사의 기소유예처분에 대한 피의자의 불복 재판절차를 마련하는 법률을 제정할 것을 입법자에게 위임하는 명시적인 헌법의 규정이 없을 뿐만 아니라, 헌법해석상으로도 그러한 입법의무가 도출된다고 보기도 어렵다고 하였고,[3] 수원지방법원 및 그 지원에서 관할하는 민사, 형사, 가사, 행정 합의사건의 항소심을 관할하는 별도의 고등법원을 설치하는 내용의 법률을 제정할 헌법상 작위의무가 없다고 하였으며,[4] 지방자치단체장을 위한 별도의 퇴직급여제도를 마련하지 않은 것은 진정 입법부작위에 해당하는데, 헌법상 지방자치단체장을 위한 퇴직급여제도에 관한 사항을 법률로 정하도록 위임하는 조항은 존재하지 아니하고, 헌법 제 7 조, 제35조 및 제25조의 해석상으로도 위와 같은 입법의무가 도출되지 아니하므로 위 입법부작위가 헌법소원의 대상이 되지 아니한다고 하였고,[5] "6·25 참전 소년병들에 대한 피해배상 입법의무는 헌법 제29조 제 1 항을 근거로 발생한다고 볼 수 있는데, 이미 1951. 9. 8. 법률 제231호로 국가배상법이 제정되어 현재까지 존속하고 있다. 그 밖에 소년병들의 피해배상을 위한 특별법을 제정할 것을 위임하는 헌법 규정은 따로 두고 있지 않다. 한편, 헌법 제10조 제 2 문으로부터 국가 자체가 불법적으로 국민의 기본권을 침해하는 경우 그에 대한 손해배상을 해 주어야 할 국가의 작위의무가 도출된다고 볼 수 있다. 그런데 국가는 이미 국가배상제도를 마련하고 있고, 비록 국방부가 이 사건 징집행위의 위법성을 부정하고 국회의원들이 배상입법을 약속하여 특별법 제정에 대한 기대가 청구인들에게 있었다고 하더라도, 이러한 기대만으로는 소년병만을 위한 피해배상 특별법의 제정의무가 국가에게 발생하였다고 볼 수는 없다. 더욱이 '참전유공자예우 및 단체설립에 관한 법률', '국가유공자 등 예우 및 지원에 관한 법률' 등과 같이 청구인들의 희생과 공헌을 보상하기 위한 법률들도 존재한다. 그렇다면 기존의 입법 외에 청구인들만을 위한 특별법을 제정할 의무가 헌법해석상 새로 발생하였다고 볼 수 없으므로 6·25 참전 소년병들의 징집행위로 인한 피해보상입법을 하지 아니한 이

1) 헌재 2013. 7. 25. 2012헌마815등.
2) 헌재 2013. 8. 29. 2012헌마840.
3) 헌재 2013. 9. 26. 2012헌마562.
4) 헌재 2013. 12. 26. 2011헌마499.
5) 헌재 2014. 6. 26. 2012헌마459.

사건 입법부작위는 헌법소원의 대상이 되지 아니한다."고 판시하였으며,[1] "법원이 구속영장이 청구된 피의자의 사선변호인에게 구속 전 피의자심문 전에 미리 피의사실의 요지를 고지하도록 하는 내용의 헌법상 명시적인 입법위임은 존재하지 아니한다. 또한 피의자의 사선변호인이 위와 같이 미리 법원으로부터 피의사실의 요지를 고지 받을 절차적 권리는 형사절차에서 변호인의 조력자로서의 역할을 고려할 때 입법자의 입법형성이 있어야 비로소 부여되는 것일 뿐이므로, 입법자가 이와 같은 권리를 보장하는 규정을 만들어야 할 **입법의무**가 헌법의 해석상 곧바로 도출된다고 보기도 어렵다."고 판시하였다.[2]

한편 헌법재판소는 헌법은 국민 개개인에게 공무원에 대한 탄핵청구권을 보장하도록 법률로 정할 것을 명시적으로 위임하지 아니하고, 달리 헌법해석상 이러한 **입법의무**가 발생하였다고 보기도 어려우므로, 입법부작위를 대상으로 한 심판청구는 부적법하다고 하였고,[3] "헌법 제35조 제 1 항, 제 2 항만으로는 헌법이 독서실과 같이 정온을 요하는 사업장의 실내소음 규제기준을 마련하여야 할 구체적이고 명시적인 **입법의무**를 부과하였다고 볼 수 없고, 다른 헌법조항을 살펴보아도 위와 같은 사항에 대한 명시적인 입법위임은 존재하지 아니한다. 환경권의 내용과 행사는 법률에 의해 구체적으로 정해지므로(헌법 제35조 제 2 항), 입법자는 환경권의 구체적인 실현에 있어 광범위한 형성의 자유를 가진다. 정온을 요하는 사업장의 실내소음 규제기준을 마련할 것인지 여부나 소음을 제거·방지할 수 있는 다양한 수단과 방법 중 어떠한 방법을 채택하고 결합할 것인지 여부는 당시의 기술 수준이나 경제적·사회적·지역적 여건 등을 종합적으로 고려하지 않을 수 없으므로, 독서실과 같이 정온을 요하는 사업장의 실내소음 규제기준을 만들어야 할 **입법의무**가 헌법의 해석상 곧바로 도출된다고 보기도 어렵다. 결국 독서실과 같이 정온을 요하는 사업장의 실내소음 규제기준을 제정하여야 할 입법자의 입법의무를 인정할 수 없으므로, 이 사건 심판청구는 헌법소원의 대상이 될 수 없는 입법부작위를 대상으로 한 것으로서 부적법하다."고 판시하였고,[4] "한의사 등이 조제한 한약에 관하여 사전에 안전성과 유효성에 관한 검토방법과 절차를 규정하는 법률을 만들어야 할 헌법상 명시적인

1) 헌재 2015. 10. 21. 2014헌마456.
2) 헌재 2015. 12. 23. 2013헌마182.
3) 헌재 2017. 1. 11. 2016헌마1136.
4) 헌재 2017. 12. 28. 2016헌마45.

입법위임이 존재하지 아니할 뿐만 아니라, 헌법해석상으로도 위와 같은 입법을 마련할 의무가 도출된다고 볼 수 없으므로 이 사건 입법부작위에 대한 심판청구는 헌법소원의 대상이 될 수 없는 입법부작위를 심판대상으로 한 것으로서 부적법하다."고 판시하였으며,[1] "우리나라가 자유권규약의 당사국으로서 개인통보에 대한 자유권규약위원회의 견해를 존중하고 고려하여야 한다는 점을 감안하더라도, 피청구인에게 개인통보에 대한 자유권규약위원회의 견해에 언급된 구제조치를 그대로 이행하는 법률을 제정할 구체적인 입법의무가 발생하였다고 보기는 어려우므로, 이 사건 심판청구는 헌법소원심판의 대상이 될 수 없는 입법부작위를 대상으로 한 것으로서 부적법하다."고 판시하였고,[2] 헌법의 명문규정이나 헌법 해석상 국가가 동승보호자에 관한 보조금을 지급하거나 동승보호자 자격제도를 신설하는 등의 구체적인 입법의무가 바로 도출된다고 보기 어려우므로 청구인들의 이 부분 주장은 헌법소원의 대상이 될 수 없는 입법부작위에 대한 심판청구로서 부적법하다고 하였다.[3]

또한 헌법재판소는 '대한민국과 일본국 간의 재산 및 청구권에 관한 문제의 해결과 경제협력에 관한 협정'에 따라 대한민국이 일본으로부터 받은 돈을 강제동원 피해자의 유족에게 지급하는 내용의 법률을 제정하지 아니한 입법부작위에 관하여는 헌법상 명시적인 입법위임이 존재하지 아니하고, 청구권협정 당시 일본이 식민지배의 불법성을 인정하고 강제동원 피해에 대한 법적 배상을 포함시켰다고 단정하기 어려우며, 일본이 대한민국에 지급한 돈이 권리문제의 해결과 법적인 대가관계에 있다고 볼 수 있는지 불분명하며, 반면 입법자는 일본에 의한 강제동원 피해자들의 인간의 존엄과 가치를 회복시키고 이들과 그 유족을 지원하기 위하여 여러 입법을 제정·시행하여 위로금 등을 지급하였는바, 헌법 전문, 제 2 조 제 2 항, 제10조 및 제30조 등의 해석으로부터 강제동원 피해자의 유족인 청구인들의 재산권 등 기본권을 보호하기 위하여 위와 같은 내용의 법률을 제정하여야 할 구체적인 입법의무가 도출된다고 보기도 어려우므로 청구인들의 심판청구는 헌법소원의 대상이 될 수 없는 진정입법부작위를 심판대상으로 한 것으로서 부적법하다고 하였고,[4] 청구인이 주장하는 '공공기관

1) 헌재 2018. 5. 31. 2015헌마1181.
2) 헌재 2018. 7. 26. 2011헌마306등.
3) 헌재 2020. 4. 23. 2017헌마479.
4) 헌재 2021. 3. 25. 2019헌마900.

의 정보공개에 관한 법률'에 따른 법원행정처의 정보비공개결정에 대한 불복재판을 담당할, 법원행정처로부터 사법행정에 관한 감독이 배제되는 하급심 '특별재판부' 설치에 관하여 규정하지 아니한 입법부작위는 진정입법부작위로서, 특별재판부를 설치하도록 하는 헌법상 명시적 입법위임이 존재하지 않음은 물론, 재판부의 설치 여부 등은 입법자가 광범위한 형성의 자유를 가지므로 헌법해석상으로도 **입법의무**가 도출된다고 보기 어려우므로 헌법소원의 대상이 된다고 보기 어렵고, 따라서 입법부작위에 대한 심판청구는 부적법하다고 하였으며,[1] 하급심 특별재판부를 설치하도록 하는 헌법상 명시적 입법위임이 존재하지 않음은 물론, 재판부의 설치여부 등은 입법자가 광범위한 형성의 자유를 가지므로 헌법해석상으로도 **입법의무**가 도출된다고 보기 어려우므로 청구인의 입법부작위에 대한 심판청구는 부적법하다고 하였고,[2] "의료인이 아닌 사람도 문신시술을 업으로 행할 수 있도록 그 자격 및 요건을 법률로 제정하도록 하는 내용의 명시적인 입법위임은 헌법에 존재하지 않으며, 문신시술을 위한 별도의 자격제도를 마련할지 여부는 여러 가지 사회적·경제적 사정을 참작하여 입법부가 결정할 사항으로, 그에 관한 **입법의무**가 헌법해석상 도출된다고 보기는 어렵다. 따라서 이 사건 입법부작위에 대한 심판청구는 입법자의 입법의무를 인정할 수 없다."고 판시하였으며,[3] "2010. 5. 24.자 대북조치가 개성공단에서의 신규투자와 투자확대를 불허함에 따라 청구인이 보유한 개성공단 내의 토지이용권을 사용·수익하지 못하게 되는 제한이 발생하기는 하였으나, 이는 개성공단이라는 특수한 지역에 위치한 사업용 재산이 받는 사회적 제약이 구체화된 것일 뿐이므로, 공익목적을 위해 이미 형성된 구체적 재산권을 개별적, 구체적으로 제한하는 헌법 제23조 제 3 항 소정의 공용 제한과는 구별된다. 그렇다면 2010. 5. 24.자 대북조치로 인한 토지이용권의 제한은 헌법 제23조 제 1 항, 제 2 항에 따라 재산권의 내용과 한계를 정한 것인 동시에 재산권의 사회적 제약을 구체화하는 것으로 볼 수 있다. 2010. 5. 24.자 대북조치에 대하여 보상입법을 두지 않은 입법부작위는 진정입법부작위로서, 헌법의 명시적 입법위임이나 헌법해석상 입법의무가 있을 것을 요건으로 한다. 헌법 제23조 제 1 항, 제 2 항은 입법자에게 2010. 5. 24.자 대북조치로 인한 재산권 제한에 대하여 보상하도록

1) 헌재 2021. 10. 28. 2020헌마433.
2) 헌재 2021. 10. 28. 2020헌마433.
3) 헌재 2022. 3. 31. 2017헌마1343등.

하는 내용의 법률을 제정하여야 할 명시적이고 구체적인 입법의무를 부과하고 있지 않다. 북한에 대한 투자는 그 본질상 다양한 요인에 의하여 변화하는 남북관계에 따라 불측의 손해가 발생할 가능성이 당초부터 있었고, 경제협력사업을 하고자 하는 자들은 이러한 사정을 모두 감안하여 자기 책임 하에 스스로의 판단으로 사업 여부를 결정하였다. 나아가 정부는 예기치 못한 정치적 상황 변동에 따른 경제협력사업자의 손실을 보전하기 위하여 남북협력기금을 재원으로 하는 비영리 정책보험인 경제협력보험제도를 운영하고, 남북 당국의 조치에 의하여 개성공단 사업이 상당기간 중단되는 경우 경영 안정을 위한 자금지원, 투자기업의 국내 이전이나 대체생산시설 설치에 대한 자금지원 등 필요한 조치를 취할 수 있도록 하고 있다. 이를 종합하면, 헌법 해석상으로도 2010. 5. 24.자 대북조치로 인하여 재산상 손실을 입은 자에 대한 보상을 하여야 할 입법의무가 도출된다고 보기 어렵다. 따라서 이 사건 입법부작위에 대한 심판청구는 부적법하다."고 판시하였고,[1] "헌법은 전시납북자와 그 가족에 대한 보상에 관한 법률을 제정할 것을 명시적으로 위임하고 있지 아니하므로 헌법 규정으로부터 직접 도출되는 입법의무는 없다. 나아가 헌법 제30조의 해석만으로는 전시납북자와 그 가족에 대한 보상입법의무가 곧바로 도출된다고 볼 수 없고, 그 밖에 헌법 전문이나 제10조 등을 해석하여 보더라도 그와 같은 입법의무가 직접적으로 도출된다고 보기 어려우므로 이 사건 심판청구는 헌법소원의 대상이 될 수 없는 진정입법부작위를 대상으로 한 것으로서 부적법하다."고 판시하였으며,[2] "청구인들은 ICO를 전면금지하는 이 사건 방침이 국민에게 사실상 이를 따를 의무를 부과하는 권력적 사실행위임을 전제로 국회 및 행정부가 ICO와 관련 입법을 할 작위의무가 있다고 주장하나 이 사건 방침은 국민에게 직접 작위·부작위 등의 의무를 부과하는 어떤 법적 구속력도 없으므로, 이를 전제로 하는 청구인들의 심판청구는 부적법하다."고 판시하였고,[3] "헌법은 70세 이상인 불구속 피의자가 피의자신문을 받을 때 국선변호인을 선정하는 법률을 제정할 것을 명시적으로 위임하고 있지 않고, 헌법 제12조 제 4 항 본문과 단서의 논리적 관계를 고려할 때 '국선변호인의 조력을 받을 권리'는 피의자가 아닌 피고인에게만 보장되는 기본권이므로 헌법 제12조 제 4 항이 70세 이상인 불구속 피의자에 대

1) 헌재 2022. 5. 26. 2016헌마95.
2) 헌재 2022. 8. 31. 2019헌마1331.
3) 헌재 2022. 9. 29. 2018헌마1169.

하여 국선변호인의 조력을 받을 권리가 있음을 천명한 것이라고 볼 수 없으며, 그 밖에 헌법상의 다른 규정을 살펴보아도 위와 같은 권리나 이를 보장하기 위한 **입법의무**를 명시적으로나 해석상으로 인정할 근거가 없다. 따라서 이 사건 입법부작위에 대한 심판청구는 헌법소원의 대상이 될 수 없는 입법부작위를 대상으로 한 것으로서 부적법하다."고 판시하였고,[1] 외국인이 출입국관리법에 의하여 보호처분을 받아 수용되었다가 이후 난민인정을 받은 경우 및 법률상 근거 없이 송환대기실에 수용되었던 경우에 대하여, 헌법에서 명시적으로 보상을 해주어야 할 **입법의무**를 부여하고 있지 아니하고, 출입국관리법에 따른 보호명령과 송환대기실에서의 수용은 신체의 자유 제한 자체를 목적으로 하는 형사절차상의 인신구속과 그 목적이나 성질이 다르다는 점, 외국인의 입국과 국내 체류에 관한 사항은 주권국가로서의 기능을 수행하는 데 필요한 것으로서 광범위한 정책재량의 영역에 있고, 외국인의 국내 체류에 관한 사항은 주권국가로서의 기능을 수행하는 데 필수적인 것이므로 엄격하게 관리되어야 하는 점, 국가는 국가배상법 제정을 통해 스스로의 불법행위로 인한 손해를 배상함으로써 그 피해를 회복하여 주는 국가배상제도를 마련하고 있는 점 등에 비추어 보면, 헌법해석상 국가의 **입법의무**가 발생하였다고 볼 수 없다는 이유로 청구인들이 심판청구를 부적법하다고 하였다.[2]

(3) 입법의무가 인정된 사례

그러나 헌법재판소는 군정법령에 따른 보상절차가 이루어지지 않은 단계에서 조선철도의 통일폐지 법률에 의하여 군정법령을 폐지하고 그 보상에 관하여 아무런 입법조치를 취하지 않은 것이 위헌인지 여부에 관하여 "우리 헌법은 제헌 이래 현재까지 일관하여 재산의 수용·사용 또는 제한에 대한 보상금을 지급하도록 규정하면서 이를 법률이 정하도록 위임함으로써 국가에게 명시적으로 수용 등의 경우 그 **보상에 관한 입법의무**를 부과하여 왔는바, 해방 후 사설철도회사의 전 재산을 수용하면서 그 보상절차를 규정한 군정법령 제75호에 따른 보상절차가 이루어지지 않은 단계에서 조선철도의 통일폐지 법률에 의하여 위 군정법령이 폐지됨으로써 대한민국의 법령에 의한 수용은 있었으나 그에 대한 보상을 실시할 수 있는 절차를 규정하는 법률이 없는 상태가 현재까지 계속되

1) 헌재 2023. 2. 23. 2020헌마1030.
2) 헌재 2024. 1. 25. 2020헌바475등.

고 있으므로, 대한민국은 위 군정법령에 근거한 수용에 대하여 보상에 관한 법률을 제정하여야 하는 입법자의 **헌법상 명시된 입법의무**가 발생하였으며, 위 폐지법률이 시행된 지 30년이 지나도록 입법자가 전혀 아무런 입법조치를 취하지 않고 있는 것은 입법재량의 한계를 넘는 입법의무불이행으로서 보상청구권이 확정된 자의 헌법상 보장된 재산권을 침해하는 것이므로 위헌이다."라고 판시하였다.[1]

한편 헌법재판소는 헌법재판소가 입법개선시한을 정하여 헌법불합치결정을 하였음에도 국회가 입법개선시한까지 개선입법을 하지 아니하여 국회의원의 선거구에 관한 법률이 존재하지 아니하게 된 경우 국회에 국회의원의 선거구를 입법할 헌법상 의무가 존재하는지 여부와 국회가 헌법에서 위임한 **선거구에 관한 입법의무**를 상당한 기간을 넘어 정당한 사유 없이 지체하였는지 여부에 관하여, "헌법 제41조 제 3 항은 국회의원선거에 있어 필수적인 요소라고 할 수 있는 선거구에 관하여 직접 법률로 정하도록 규정하고 있으므로, 피청구인에게는 국회의원의 선거구를 입법할 **명시적인 헌법상 입법의무**가 존재한다. 나아가 헌법이 국민주권의 실현 방법으로 대의민주주의를 채택하고 있고 선거구는 이를 구현하기 위한 기초가 된다는 점에 비추어 보면, 헌법 해석상으로도 피청구인에게 국회의원의 선거구를 입법할 의무가 인정된다. 따라서 헌법재판소가 입법개선시한을 정하여 헌법불합치결정을 하였음에도 국회가 입법개선시한까지 개선입법을 하지 아니하여 국회의원의 선거구에 관한 법률이 존재하지 아니하게 된 경우, 국회는 이를 입법하여야 할 헌법상 의무가 있다. 헌법재판소는 구 선거구구역표에 대하여 헌법불합치결정을 하면서 피청구인에게 1년 2개월 동안 개선입법을 할 수 있는 기간을 부여하였는데, 이는 선거구 획정을 진지하게 논의하고 그에 따른 입법을 하기에 불충분한 시간이었다고 볼 수 없는 점, 그럼에도 불구하고 피청구인은 입법개선시한을 도과하여 선거구 공백 상태를 초래하여 국회의원선거에 출마하고자 하는 사람 등의 선거운동의 자유가 온전히 보장되지 못하고 선거권자의 선거정보 취득이 어렵게 되었던 점, 이러한 선거구 공백 상태가 2달여의 기간 동안 계속되어 제20대 국회의원선거가 불과 40여 일 앞으로 다가왔음에도 불구하고 피청구인은 여전히 선거구에 관한 법률을 제정하지 아니하였던 점 등을 종합하여 보면, 이 사건 입법부작위는 합리적인 기간

---

1) 헌재 1994. 12. 29. 89헌마2.

내의 입법지체라고 볼 수 없고, 이러한 지체를 정당화할 다른 특별한 사유를 발견할 수 없다. 그렇다면 피청구인은 선거구에 관한 법률을 제정하여야 할 헌법상 입법의무의 이행을 지체하였다."고 판시하였다.[1)]

(4) 부진정 입법부작위의 경우

한편 헌법재판소는 기본권보장을 위한 법규정이 불완전하여 보충을 요하는 경우인 이른바 부진정 입법부작위를 대상으로 헌법소원을 제기하려면 그 **불완전한 법규 자체**를 대상으로 하여 그것이 평등의 원칙에 위배된다는 등 헌법위반을 내세워 **적극적인 헌법소원**을 제기하여야 하며, 이에 대한 **입법의 부작위 자체**를 이유로 입법부작위 위헌확인을 구하는 헌법소원을 청구하는 것은 부적법하고, 불완전한 법규 자체를 대상으로 적극적인 헌법소원을 제기하는 경우에는 헌법재판소법 소정의 **제소기간**(청구기간)을 준수하여야 한다고 하였다.[2)]

그런데 위와 같은 헌법재판소의 다수의견에 대하여, "입법부작위를 진정·부진정의 두 경우로 나누는 2분법은 그 기준이 애매모호하여 부당하다고 할 것이지만, 이에 따른다고 하더라도, 헌법상 입법의무의 대상이 되는 입법사항이 여러 가지로 나누어져 있을 때에 각 입법사항을 모두 규율하고 있는 경우를 부진정 입법부작위로, 위 입법사항들 중 일부의 입법사항에 대하여는 규율하면서 나머지 일부의 입법사항에 관하여서는 전혀 규율하고 있지 아니한 경우 즉 양적·절대적으로 규율하고 있지 아니한 경우에는 진정 입법부작위로 보아야 한다."는 소수의견이 있다.[3)]

한편 헌법재판소법 제68조 제 2 항에 의한 헌법소원은 '법률'의 위헌성을 적극적으로 다투는 제도이므로 **'법률의 부존재'** 즉, 진정 입법부작위를 다투는 것은 그 자체로 허용되지 아니하고, 다만 법률이 불완전·불충분하게 규정되었음을 근거로 법률 자체의 위헌성을 다투는 취지, 즉 **부진정 입법부작위**를 다투는 것으로 이해될 경우에는 그 법률이 당해 사건의 재판의 전제가 된다는 것을 요건으

1) 헌재 2016. 4. 28. 2015헌마1177등. 다만 법정의견은 입법부작위 위헌확인심판청구 이후 국회가 국회의원 선거구를 획정함으로써 선거구에 관한 입법부작위 상태가 해소되어 청구인들의 주관적 목적이 달성되었으므로, 청구인들의 이 사건 입법부작위에 대한 심판청구는 권리보호이익이 없어 부적법하다고 하였다. 그러나 4인의 반대의견은 예외적으로 심판의 이익을 인정할 수 있는 경우에 해당하므로 본안판단에 나아가야 하며, 피청구인의 입법부작위가 청구인들의 기본권을 침해하여 헌법에 위반된다고 판단하였다.

2) 헌재 1989. 7. 28. 89헌마1; 헌재 1996. 6. 13. 94헌마118등; 헌재 1996. 10. 31. 94헌마108; 헌재 2018. 5. 31. 2016헌마626.

3) 헌재 1996. 10. 31. 94헌마108; 헌재 1999. 1. 28. 97헌마9 참조.

로 허용될 수 있다.[1)]

헌법재판소는 물리치료사와 임상병리사에 대하여는 의료기사법 제 1 조 및 같은 법 시행령 제 2 조 제 2 항이 의사의 지도 하에서만 업무를 수행하도록 규정함으로써 그들의 독자적인 영업을 적극적으로 금지하고 있으므로, 이와 같이 적극적인 입법을 하고 있는 경우에는 그와 반대되는 취지의 입법을 따로 하지 않은 것은 당연하며, 이를 가리켜 입법부작위에 해당한다고 볼 수 없고, 이러한 경우에는 언제나 그 법령조항의 위헌성을 적극적으로 다투는 형식으로 헌법소원을 제기하여야 하고, 소극적으로 그와 반대되는 취지의 입법을 하지 않은 부작위가 위헌이라고 주장하여 헌법소원을 제기할 수는 없다고 하였고,[2)] 또한 형의 실효 등에 관한 법률 제 8 조 제 1 항은 형이 실효된 경우 등 소정의 사유가 있는 경우에 전과기록 중 수형인명표의 폐기 및 수형인명부 중 해당란의 삭제에 관하여만 규정하고 수사자료표에 관하여는 아무런 규정도 하지 않음으로써 반대해석에 의하여 수사자료표는 폐기 등의 대상이 되지 아니한다는 내용의 입법을 한 것이므로 이른바 부진정 입법부작위에 해당하고, 이에 대한 심판청구는 헌법재판소법 제68조 제 1 항에 의한 이른바 법령소원으로 해석할 것이지 입법부작위에 대한 헌법소원이라고 할 수 없다고 하였으며,[3)] 청구인의 이 사건 대일민간청구권이 신고 및 보상의 대상에 포함되어 있지 않고 그 결과로 청구인이 보상을 받지 못하게 된 것은, 입법자가 1945. 8. 15. 이후 비통상의 접촉의 과정에서 취득된 청구권에 관한 보상입법을 불완전·불충분하게 함으로써 입법의 결함이 생겼기 때문이지, 보상입법을 하지 않았기 때문은 아니므로 이른바 부진정 입법부작위에 지나지 않는다고 하였다.[4)]

또한 입법자가 혜택부여 규정에서 일정 인적 집단을 배제한 경우, 그 규정의 인적 대상범위의 확대를 구하는 헌법소원은 비록 외형적으로는 진정 입법부작위에 대한 소원과 흡사하나, 실질은 그러하지 아니하고,[5)] 피징용 부상자의 청구권이 피징용 사망자의 청구권과는 달리 신고 및 보상의 대상에 포함되어 있

1) 헌재 2000. 1. 27. 98헌바12; 헌재 2005. 12. 22. 2005헌바50; 헌재 2010. 2. 25. 2008헌바67; 헌재 2014. 6. 26. 2012헌마757; 헌재 2014. 9. 25. 2013헌바208; 헌재 2015. 5. 28. 2013헌마619; 헌재 2020. 8. 28. 2018헌마927.

2) 헌재 1996. 4. 25. 94헌마129등.

3) 헌재 1996. 6. 13. 95헌마115.

4) 헌재 1996. 10. 31. 94헌마108; 헌재 1996. 10. 31. 94헌마204.

5) 헌재 1996. 11. 28. 93헌마258.

지 않고 그 결과로 청구인이 보상을 받지 못하게 된 것은 입법자가 위 협정에 의하여 일괄 타결된 청구권에 대한 보상관계 입법을 하면서 피징용 부상자의 청구권을 신고대상에서 제외하여 보상을 하지 않기로 보상입법을 불완전·불충분하게 함으로써 입법의 결함이 생겼기 때문이지, 보상입법을 하지 않았기 때문은 아니므로 이른바 **부진정 입법부작위**에 지나지 않으며[1] 형사소송법 제420조가 규정하는 재심이유 외에 '유죄의 확정판결을 받은 후 동 판결에서 인정한 사실과 법률적 가치판단이 상치되어 양립할 수 없는 사실의 인정에 관한 확정판결이 있는 때'를 별도의 재심이유로 규정하지 아니한 것은 이른바 **부진정 입법부작위**에 해당하는 것이므로, 이에 대하여 재판상 다툴 경우에는 형사소송법 제420조 그 자체를 대상으로 하여 그것이 헌법위반이라는 적극적인 헌법소원을 제기하여야 한다고 하였다.[2]

구 행형법 제10조 제 1 항 등은 미결수용자에 대하여 전혀 입법을 하지 아니함으로써 입법의 흠결이 있는 경우라고 볼 수 없으며, 청구인의 주장은 미결수용자의 처우에 대하여 입법을 하였으나 불충분하거나 불공정한 규율을 하여 입법행위에 결함이 있는 경우 즉, **부진정 부작위입법**에 대한 헌법소원으로 보아야 할 것이라고 하였고,[3] 구 도시계획법 제21조에 의하여 개발제한구역이 지정됨으로 인하여 재산권이 제한된 자에 대하여 정당한 보상을 지급하는 법률을 제정하지 아니한 것이 위헌이라는 헌법소원 심판청구는 이른바 **부진정 입법부작위**에 해당하는 것이라고 하였으며,[4] 공직선거 및 선거부정방지법 제37조 제 1 항은 국민 중 국내에 주민등록이 되어 있는 국민에 대하여 선거권을 인정하고 있을 뿐 국내에 주민등록이 되어 있지 아니한 재외국민에 대하여서는 선거권을 인정할 수 없음을 분명히 하고 있으므로 이른바 **부진정 입법부작위**에 해당한다고 하였고,[5] 공직선거 및 선거부정방지법 제38조 제 1 항은 국민 중 국내에 거주하고 있는 국민에 대하여 부재자투표를 할 수 있는 권리를 인정하고 있을 뿐 해외에 거주하고 있는 국민에 대하여서는 부재자투표를 할 수 있는 권리를 인정

1) 헌재 1996. 11. 28. 95헌마161.
2) 헌재 1997. 3. 27. 94헌마235.
3) 헌재 1998. 2. 27. 96헌마179.
4) 헌재 1999. 1. 28. 97헌마9(2인의 소수의견은 법 제21조의 규정은 재산권의 제한에 관한 입법사항만을 규정하고 있을 뿐 그 제한으로 인한 정당한 보상에 관한 입법사항에 관하여서는 전혀 규율하고 있지 아니한 경우로서 이른바 진정 입법부작위의 경우에 해당한다고 하였다).
5) 헌재 1999. 1. 28. 97헌마253등.

할 수 없음을 분명히 하고 있으므로 이른바 **부진정 입법부작위**에 해당한다고 하였다.[1)]

또한 구 국세기본법 제45조가 수정신고 제도를 규정하면서 후발적 사유에 의한 경정청구권을 인정하지 않았다 하더라도 이는 입법행위에 결함이 있는 '**부진정 입법부작위**'에 해당한다고 하였고,[2)] 선천성 심장질환에 의한 합병증의 위험 때문에 정상적인 사회생활을 할 수 없는 자를 심장장애자로 인정하는 입법을 하지 않았다고 하더라도 장애인복지법시행규칙 제 2 조 제 1 항 별표1 제10호는 심장장애의 경우를 1등급에서 3등급까지 나누어 규정하고 있고, 이는 심장장애인을 보호하기 위한 기본규정으로서 심장장애에 관한 규정이 전혀 없는 경우가 아닌, **부진정 입법부작위**에 해당한다고 하였으며,[3)] 국가유공자의 범위를 규정하면서 청구인들과 같은 특수부대원을 그 범위에 포함시키고 있지 아니한 것,[4)] 1980년 국보위에 의하여 강제해직된 공무원 중 행정부와 입법부의 공무원은 특조법 등에 의하여 보상 및 명예회복을 하였으나, 1981년 사회정화위원회에 의하여 강제해직된 법원공무원에 대하여 보상 및 명예회복을 위한 법률을 제정하지 아니한 것은 이른바 **부진정 입법부작위**에 해당하는 것이라고 하였다.[5)]

또한 컴퓨터통신을 이용한 선거운동에 대하여 규정하고 있을 뿐 인터넷을 통한 선거운동 및 광고의 절차와 방법에 관하여는 아무런 규정도 없는 경우,[6)] 재외동포법의 적용대상에서 정부수립 이전 이주동포(주로 중국동포 및 구 소련동포)를 제외한 것,[7)] 공직선거법에서 확성장치 사용 등에 따른 소음제한 기준을 따로 두지 아니한 것,[8)] 납북피해자의 보상 및 지원에 관한 법률 제 2 조 제 1 호가 납북자의 범위에 있어서 6·25 전쟁 중 납북자를 제외하고 있는 것,[9)] 태평양전쟁 전후 강제동원 된 자 중 '국내' 강제동원자에 대하여는 의료지원금 지급 규정을

---

1) 헌재 1999. 3. 25. 97헌마99.
2) 헌재 2000. 2. 24. 97헌마13등.
3) 헌재 2000. 4. 11. 2000헌마206.
4) 헌재 2000. 4. 27. 99헌마76.
5) 헌재 2000. 6. 1. 2000헌마18.
6) 헌재 2001. 3. 21. 2000헌마37.
7) 헌재 2001. 11. 29. 99헌마494.
8) 헌재 2008. 7. 31. 2006헌마711; 헌재 2019. 12. 27. 2018헌마730(심판대상조항은 공직선거법상 전국동시지방선거의 선거운동 시 확성장치를 사용할 수 있도록 허용하면서도 그 사용에 따른 소음의 규제기준을 두지 아니하는 등 그 입법 내용이 불완전·불충분하여 환경권을 침해하는지 문제된다고 하였다).
9) 헌재 2009. 6. 25. 2008헌마393.

두지 아니한 것,[1] 국가가 헌법과목을 의무교육과정의 필수과목으로 지정하는 내용의 입법을 하지 않은 것,[2] 구 태평양전쟁 전후 국외 강제동원희생자 등 지원에 관한 법률 제 2 조 제 1 호 나목이 국내 강제동원자를 위로금 지급대상에서 제외하고 있는 것,[3] 공직선거법이 계표방식에 관한 입법을 하면서 동시에 계표하는 투표함 수에 대한 제한 규정을 두지 않은 것[4] 등은 **부진정 입법부작위**에 해당하므로 결함이 있는 당해 입법규정 자체를 대상으로 **적극적인 헌법소원**을 제기하여야 하며, 그 입법부작위를 헌법소원의 대상으로 삼을 수는 없다고 판시하였다.

그런데 헌법재판소는 공익근무요원의 복무를 마친 보충역을 다시 현역병으로 복무할 수 있도록 할 것인지 여부는 기본적으로 국방의 의무에 관련된 사항이므로 국회의 입법부작위를 대상으로 하는 것으로 보아야 하고, 현역병의 입영대상 및 절차에 관한 병역법 규정에서 공익근무요원의 복무를 마친 보충역을 그 지원대상에 포함시키지 아니한 것이 불완전·불충분하여 청구인의 기본권을 침해하는 것인지가 문제되는 것이므로 청구인의 심판청구는 현역병의 입영에 관한 규정 중 지원과 관련된 부분에 대하여 **부진정 입법부작위**를 다투는 것으로 봄이 상당하다고 하였다.[5] 청구인들이 '억류지에서 사망하여 생환하지 못한 국군포로의 보수청구절차 및 국가유공자 신청절차를 입법하지 아니한 부작위'가 진정 입법부작위라고 주장하며 그 위헌확인을 구하는 데 대하여, 청구인들이 실질적으로 다투고자 하는 것은 국군포로의 보수지급과 국가유공자의 범위에 관하여 불완전, 불충분하게 규율하고 있는 국군포로법 제 9 조 제 1 항 및 국가유공자법 제 4 조 제 1 항들의 위헌확인, 즉 **부진정 입법부작위**라고 할 것이므로 심판대상은 위 법률조항들의 위헌확인으로 봄이 상당하다고 하였고,[6] 청구인은 새마을금고법 제21조가 선거범죄와 다른 죄의 경합범에 대하여 분리 선고 규정을 두지 않은 것은 명확성원칙, 과잉금지원칙, 평등원칙에 위반되어 위헌이라고 주장하고 있는바, 이는 위 법률조항이 새마을금고법상 '선거범죄를 범하여' 징역형 또는 100만 원 이상의 벌금형을 선고받은 사람에 대하여 임원의 자

1) 헌재 2011. 2. 24. 2009헌마94.
2) 헌재 2011. 9. 29. 2010헌바66.
3) 헌재 2012. 7. 26. 2011헌바352.
4) 헌재 2013. 8. 29. 2012헌마326.
5) 헌재 2010. 12. 28. 2008헌마527.
6) 헌재 2014. 6. 26. 2012헌마757.

격을 제한하도록 규정하면서도, 선거범죄와 다른 죄의 경합범인 경우에 분리 선고 규정은 두지 않음으로써 불완전, 불충분 또는 불공정한 입법을 한 것임을, 즉 **부진정 입법부작위**를 다투는 것이라 할 것이라고 하였고,[1] 청구인들이 주장하는 것은 주민등록번호의 잘못된 이용에 대비한 '주민등록번호 변경'에 대하여 아무런 규정을 두고 있지 않은 것이 헌법에 위반된다는 것이므로, 이는 주민등록번호 부여제도에 대하여 입법을 하였으나 주민등록번호의 변경에 대하여는 아무런 규정을 두지 아니한 **부진정 입법부작위**가 위헌이라는 것이므로 청구인들의 이러한 주장과 가장 밀접하게 관련되는 조항인 주민등록법 제 7 조 전체를 심판대상으로 삼고, 나머지 조항들은 심판대상에서 제외하기로 한다고 하였으며,[2] 청구인은 소년법 제32조 제 5 항, 제33조, 제35조, 제45조 제 2 항, 제46조에 대하여 위헌확인을 구하고 있으나 청구인이 주장하는 것은 위 조항들의 내용 자체가 위헌이라는 것이 아니라 소년보호사건에 있어 1심 결정에 의한 소년원 수용기간을 항고심 결정에 의한 보호기간에 산입하는 규정을 두지 아니한 것이 위헌이라는 **부진정 입법부작위**에 대한 주장이므로, 이러한 주장과 가장 밀접하게 관련되는 조항인 소년법 제33조 전체를 심판대상으로 삼고, 나머지 조항들은 심판대상에서 제외하기로 한다고 하였고,[3] 청구인들은, 군인연금법 제33조 제 2 항이 '수사가 진행 중이거나 형사재판이 계속 중'이어서 퇴직급여 등이 지급정지되었다가 이후 사유가 소멸한 경우에는 잔여 퇴직급여 등에 대해 이자를 가산하는 규정을 두면서, 재심으로 무죄판결을 선고받아 그 사유가 소멸한 경우에는 이자 가산 규정을 두지 않은 입법의 불완전, 불충분성을 다투고 있으므로, 이는 **부진정입법부작위**의 위헌성을 다투는 것이라고 하였으며,[4] 청구인은 대한민국으로 귀환하기 전에 사망한 국군포로의 보수 기타 대우와 지원에 관하여는 아무런 입법조치가 이루어지고 있지 않다고 주장하나, 국군포로법은 제 9 조 제 1 항, 제11조 제 1 항, 제15조 제 1 항 등을 통하여 등록포로에 대해서는 보수와 위로지원금을 지급하고, 귀환하기 전에 사망한 국군포로에 관해서는 그 억

1) 헌재 2014. 9. 25. 2013헌바208. 이 사건 법률조항은 형사재판인 당해사건에 직접 적용되는 처벌조항은 아니지만, 이 사건 법률조항에 대하여 선거범죄와 다른 죄의 경합범에 대하여 분리 선고 규정을 두지 않은 점의 위헌성이 인정될 경우 이 사건 법률조항에 분리 선고 규정이 새로이 마련되어 그 개정 법률이 소급하여 당해사건에 적용된다면 그 재판의 주문이 달라지거나 재판의 내용과 효력에 관한 법률적 의미가 달라질 가능성이 있으므로, 재판의 전제성을 갖추었다고 하였다.
2) 헌재 2015. 12. 23. 2013헌바68등.
3) 헌재 2015. 12. 23. 2014헌마768.
4) 헌재 2016. 7. 28. 2015헌바20.

류지출신 포로가족에게 지원금을 지급하도록 하고 있으므로, 청구인의 주장은 결국 등록포로에 대한 보수·지원에 관한 규정이나 억류지출신 포로가족에 대한 지원을 규정하고 있는 규정이 불완전, 불충분한 입법이라는 **부진정입법부작위**를 다투는 것이라고 하였고,[1] 비군사적 성격을 갖는 복무도 입법자의 형성에 따라 병역의무의 내용에 포함될 수 있고, 대체복무제는 그 개념상 병역종류조항과 밀접한 관련을 가지므로 병역종류조항에 대한 심판청구는 입법자가 아무런 입법을 하지 않은 진정입법부작위를 다투는 것이 아니라, 입법자가 병역의 종류에 관하여 입법은 하였으나 그 내용이 양심적 병역거부자를 위한 비군사적 내용의 대체복무제를 포함하지 아니하여 불완전·불충분하다는 **부진정입법부작위**를 다투는 것이라고 봄이 상당하다고 하였으며,[2] 구 동물보호법 제33조 제 3 항 제 5 호가 동물장묘업의 지역적 등록제한사유를 **불완전·불충분**하게 규정하여 청구인들의 환경권을 침해하지 않는다고 하였고,[3] 청구인은, 가정폭력 가해자인 전 남편이 이혼 후에도 청구인을 찾아가서 폭행·협박 등의 추가 가해를 행사하려는 데 이용하기 위하여 청구인의 개인정보를 무단으로 취득하려는 목적을 가지고 그 자녀의 가족관계증명서 및 기본증명서의 교부를 청구하는 것을 방지하는 입법을 마련하지 아니한 입법부작위가 위헌이라고 주장하고 있으나, 이 사건에서 청구인이 실질적으로 다투고자 하는 것은 '가족관계의 등록 등에 관한 법률' 제14조 제 1 항 본문이 불완전·불충분하게 규정되어 있어 가정폭력 피해자의 개인정보를 보호하기 위한 구체적 방안을 마련하지 아니한 **부진정입법부작위**를 다투는 취지로 볼 수 있다고 하였다.[4]

또한 헌법재판소는 "청구인들은 감염병 예방을 위하여 '감염병의 예방 및 관리에 관한 법률' 제49조 제 1 항 제 2 호에 근거하여 발령된 집합제한 조치로 인하여 발생한 손실의 보상에 관한 법률을 제정하지 아니한 입법부작위에 대하여 헌법소원심판을 청구하였으나, '감염병의 예방 및 관리에 관한 법률' 제70조 제 1 항은 동법상의 일정한 조치로 인하여 발생한 손실을 보상하도록 규정하면

1) 헌재 2018. 5. 31. 2016헌마626.
2) 헌재 2018. 6. 28. 2011헌바379등. 2인의 반대의견은 병역종류조항에 대체복무를 규정하라고 하는 것은 병역법 및 병역종류조항과 아무런 관련이 없는 조항을 신설하라는 주장이므로 헌재법 제68조 제 2 항에 의한 헌법소원에서 위와 같은 진정입법부작위를 다투는 것은 그 자체로 허용되지 아니하므로, 병역종류조항에 대한 심판청구는 부적법하다고 하였다.
3) 헌재 2020. 3. 26. 2017헌바1281.
4) 헌재 2020. 8. 28. 2018헌마927.

서도 청구인들이 받은 동법 제49조 제 1 항 제 2 호에 근거한 조치는 손실보상 대상에서 제외하고 있으므로, 이는 손실보상에 관하여 전혀 입법을 하지 않은 경우가 아니다. 결국 이 사건 심판청구는 '감염병의 예방 및 관리에 관한 법률' 제70조 제 1 항이 감염병 예방을 위한 집합제한 조치로 인한 손실의 보상을 포함하지 않음으로써 당해 사항을 **불완전·불충분** 또는 **불공정**하게 규율하였는지 여부를 다투는 것으로 봄이 상당하다."고 판시하였다.[1)]

라. 입법기관의 부작위

헌법재판소는 "입법권력의 부작위 위헌확인소원은 기본권보장을 위하여 헌법상 명문으로 또는 헌법의 해석상 특별히 공권력 주체에게 작위의무가 규정되어 있어 청구인에게 그와 같은 작위를 청구할 헌법상 기본권이 인정되는 경우에 한하여 인정되는 것인바, 헌법 제65조 제 1 항은 국회의 탄핵소추의결이 국회의 재량행위임을 명문으로 밝히고 있고 헌법해석상으로도 국정통제를 위하여 헌법상 국회에게 인정된 다양한 권한 중 어떠한 것을 행사하는 것이 적절한 것인가에 대한 판단권은 오로지 국회에 있다고 보아야 할 것이며, 나아가 청구인에게 국회의 탄핵소추의결을 청구할 권리에 관하여도 아무런 규정이 없고 헌법해석상으로도 그와 같은 권리를 인정할 수 없으므로, 국회에게 대통령의 헌법 등 위배행위가 있을 경우에 탄핵소추의결을 하여야 할 **헌법상 작위의무**가 있다 할 수 없어 **국회의 탄핵소추의결 부작위**에 대한 위헌확인소원은 부적법하다."고 판시하였고,[2)] 국회의원 총선거를 앞두고 국회의장이 선거구획정위원회 위원을 선임·위촉하지 않은 **부작위**나 선거구획정위원회가 선거구획정안을 제출하지 않은 **부작위**도 국가기관의 **내부적 의사결정행위**에 불과하여 헌법소원의 대상이 되지 않는다고 하였다.[3)]

한편 헌법재판소는 헌법 제27조, 제111조 제 2 항 및 제 3 항의 해석상, 국회가 선출하여 임명된 재판관 중 공석이 발생한 경우, 국회는 공정한 헌법재판을 받을 권리의 보장을 위하여 공석인 재판관의 후임자를 선출하여야 할 **헌법상 작위의무**를 부담한다고 하고, "국회는 공석이 된 조대현 전 재판관의 후임자를 선

1) 헌재 2023. 6. 29. 2020헌마1669.
2) 헌재 1996. 2. 29. 93헌마186(국회의 탄핵소추의결 부작위에 대한 위헌확인소원 사건에서 국회의 탄핵소추의결의 부작위는 헌법소원의 대상이 되는 공권력의 불행사에 해당한다고 볼 수 없다고 하였다).
3) 헌재 2004. 2. 26. 2003헌마285.

출함에 있어 준수하여야 할 '상당한 기간'을 정당한 사유 없이 경과함으로써, 공석인 재판관의 후임자를 선출하여야 할 헌법상 작위의무의 이행을 지체하였다고 보아야 할 것이다."라고 판시하였다.[1]

그러나 국회는 청원에 대하여 심사할 의무를 지고 청원한 청구인에게는 심사를 요구할 수 있는 권리가 있으므로, **국회의장의 청원심사부작위**는 헌법소원의 대상이 될 수 있다.[2]

마. 입법기관의 내부행위

헌법재판소는 국회의장이 국회의원을 **국회 상임위원회 위원으로 선임한 행위**가 헌법소원심판의 대상이 되는 공권력의 행사에 해당하는지 여부에 관하여, "국회의장이 국회의원을 국회 상임위원회 위원으로 선임한 행위는 국회법 제48조에 근거한 행위로서 국회 내부의 조직을 구성하는 행위에 불과할 뿐 국민의 권리·의무에 대하여 직접적인 법률효과를 발생시키는 행위라고 할 수 없다. 즉 국회의원을 위원으로 선임하는 행위는 국민의 대표자로 구성된 국회가 그 자율권에 근거하여 내부적으로 회의체 기관을 구성·조직하는 **'기관 내부의 행위'**에 불과한 것이다. 따라서 이 사건 심판청구는 청구인들의 기본권을 직접 침해한 공권력의 행사를 대상으로 한 것이 아니어서 기본권 관련성이 결여되어 부적법하다."고 판시하였고,[3] **국회의 예산안 의결**은 국가기관만을 구속할 뿐 일반 국민을 구속하지 않는다는 점에서,[4] **법률안의 제출이나 의결** 역시 국민에 대하여 직접적인 법률효과를 발생시키지 않는다는 점에서[5] 헌법소원심판의 대상이 될 수 없다고 하였다.

---

1) 헌재 2014. 4. 24. 2012헌마2(다만 국회가 2012. 9. 19. 조대현 전 재판관의 후임자를 비롯한 3인의 재판관을 선출함으로써 작위의무 이행지체 상태가 해소되었고, 청구인이 제기한 헌법소원심판 청구에 대하여 재판관 9인의 의견으로 각하결정이 선고됨으로써 청구인의 주관적 목적도 달성되었으므로 심판청구의 권리보호이익이 소멸하였다는 이유로 심판청구를 각하하였다. 그러나 4인의 반대의견은 국회가 장기간 공석인 재판관의 후임자를 선출하지 아니한 부작위가 공정한 재판을 받을 권리를 침해하는지 여부에 대해서는 아직 그 해명이 이루어진 적이 없으므로 예외적으로 심판이익을 인정할 수 있는 경우에 해당하고, 이 사건 부작위는 공정한 재판을 받을 권리를 침해한다고 하였다).

2) 헌재 2000. 6. 1. 2000헌마18.

3) 헌재 1999. 6. 24. 98헌마472등.

4) 헌재 2006. 4. 25. 2006헌마409.

5) 헌재 1994. 8. 31. 92헌마174; 헌재 2003. 9. 16. 2003헌마566.

바. 입법기관의 처분

헌법재판소는 국회예산결산특별위원회 계수조정위원회 방청허가불허 위헌확인, 국회상임위원회 방청불허행위 위헌확인 사건에서, 위와 같은 국회소위원회 방청불허행위 및 국회상임위원회 국정감사 방청불허행위가 헌법소원의 대상이 되는 공권력행사에 해당함을 긍정하였고,[1] 정보위원회 법안심사 소위원회에 대한 방청불허행위도 헌법소원의 대상이 된다고 하였다.[2]

3. 행정권의 작용

행정권의 작용에 대한 헌법소원에 있어서는 후술하는 보충성 요건 및 재판소원 금지 규정 때문에 행정소송에 의하여 권리구제를 받을 수 없거나 행정소송을 거친다 하더라도 구제받을 수 있는 기대가능성이 없어 보충성 원칙의 예외가 인정되는 경우로 제한된다. 따라서 헌법소원의 대상이 되는 행정작용에는 기본권을 침해하는 통치행위, 행정입법, 행정입법부작위, 행정부작위, 권력적 사실행위, 검사의 불기소처분 등이 있다.

가. 통치행위

통치행위를 포함하여 모든 국가작용은 국민의 기본권적 가치를 실현하기 위한 수단이라는 한계를 반드시 지켜야 하는 것이고, 헌법재판소는 헌법의 수호와 국민의 기본권 보장을 사명으로 하는 국가기관이므로 비록 **고도의 정치적 결단**에 의하여 행해지는 국가작용이라고 할지라도 그것이 국민의 기본권 침해와 직접 관련되는 경우에는 당연히 헌법소원의 대상이 된다.[3]

헌법재판소는 “이른바 통치행위를 포함하여 모든 국가작용은 국민의 기본권적 가치를 실현하기 위한 수단이라는 한계를 반드시 지켜야 하는 것이고, 헌법재판소는 헌법의 수호와 국민의 기본권보상을 사명으로 하는 국가기관이므로 비록 고도의 정치적 결단에 의하여 행해지는 국가작용이라고 할지라도 그것이 국민의 기본권침해와 직접 관련되는 경우에는 당연히 헌법재판소의 심판대

1) 헌재 2000. 6. 29. 98헌마443등.
2) 헌재 2022. 1. 27. 2018헌마1162등.
3) 실무제요, 275면.

상이 될 수 있는 것일 뿐만 아니라 **긴급재정경제명령**은 법률의 효력을 갖는 것이므로 마땅히 헌법에 기속되어야 할 것"이라고 판시하면서 긴급명령이 통치행위이므로 헌법재판의 대상이 될 수 없다는 주장을 배척하였고,[1] **신행정수도건설**이나 **수도이전**의 문제 역시 정치적 성격을 가지고 있는 것은 인정할 수 있지만, 사법심사의 대상으로 하기에 부적절한 문제라고까지 할 수는 없다고 하였다.[2] 또한 헌법재판소는 대통령(윤석열) 탄핵심판 사건에서도, 고위 공직자의 헌법 및 법률위반으로부터 헌법질서를 수호하고자 하는 탄핵심판의 취지 등을 고려하면, 비상계엄선포가 고도의 정치적 결단을 요하는 행위라 하더라도 그 헌법 및 법률위반 여부를 심사할 수 있다고 하였다.[3]

그러나 헌법재판소는 **군대의 해외파견**에 대한 대통령의 결정은 그 성격상 국방 및 외교에 관련된 고도의 정치적 결단을 요하는 문제로서 그 판단은 존중되어야 하고 헌법재판소가 사법적 기준만으로 이를 심판하는 것은 자제되어야 한다는 이유로 이에 대한 헌법소원심판청구를 각하하였다.[4]

한편 헌법재판소는 대통령이 한미연합 군사훈련의 일종인 2007년 **전시증원연습**을 하기로 한 결정이 국방에 관련되는 고도의 정치적 결단에 해당하여 사법심사를 자제하여야 하는 통치행위에 해당한다고 보기 어렵다고 하였고,[5] "**개성공단 전면 중단조치**가 북한의 핵무기 개발로 인한 위기에 대처하기 위한 조치로서 국가안보와 관련된 대통령의 의사 결정을 포함하고 그러한 의사 결정이 고도의 정치적 결단을 요하는 문제이기는 하나, 그 의사 결정에 따른 조치 결과 투자기업인 청구인들의 영업의 자유 등 기본권에 제한이 발생하였다. 그리고 국민의 기본권 제한과 직접 관련된 공권력의 행사는 고도의 정치적 고려가 필요한 대통령의 행위라도 헌법과 법률에 따라 정책을 결정하고 집행하도록 함으로써 국민의 기본권이 침해되지 않도록 견제하는 것이 국민의 기본권 보장을 사명으로 하는 헌법재판소 본연의 임무이므로, 그 한도에서 헌법소원심판의 대상이 될 수 있다고 보아야 한다."고 판시하였다.[6]

---

1) 헌재 1996. 2. 29. 93헌마186.
2) 헌재 2004. 10. 21. 2004헌마554등.
3) 헌재 2025. 4. 4. 2024헌나8.
4) 헌재 2004. 4. 29. 2003헌마814.
5) 헌재 2009. 5. 28. 2007헌마369.
6) 헌재 2022. 1. 27. 2016헌마364.

나. 행정입법(법규명령·규칙 등)

행정입법은 행정기관이 법률에서 위임받은 사항과 법률을 집행하기 위하여 필요한 사항을 대통령령·총리령·부령 등의 법규명령(헌법 제75조와 제95조)과 행정규칙으로 제정하는 행위를 말한다. 그런데 우리 헌법은 명령·규칙 등 하위규범의 구체적 통제권을 대법원의 관할로 정하고 있기 때문에(헌법 제107조 제 2 항) 행정입법은 예외적인 경우, 즉 법규명령과 행정규칙 등이 별도의 집행작용 없이 직접 기본권을 침해하는 경우에는 헌법소원의 대상이 된다.

(1) 헌법 제107조 제 2 항과 행정입법의 심사

행정입법 자체의 합법성 심사를 목적으로 하는 신청이 적법한지 여부에 관하여, 대법원은 "헌법 제107조 제 2 항은 '명령·규칙 또는 처분이 헌법이나 법률에 위반되는 여부가 재판의 전제가 된 경우에는 대법원은 이를 최종적으로 심사할 권한을 가진다.'라고 규정하여 행정입법의 심사는 일반적인 재판절차에 의하여 구체적 규범통제의 방법에 의하도록 명시하고 있으므로, 당사자는 구체적 사건의 심판을 위한 선결문제로서 행정입법의 위법성을 주장하여 법원에 대하여 당해사건에 대한 적용 여부의 판단을 구할 수 있을 뿐 행정입법 자체의 합법성의 심사를 목적으로 하는 독립한 신청을 제기할 수는 없다."고 판시하였다.[1] 또한 대법원은 "항고소송의 대상이 되는 행정처분은 행정청의 공법상의 행위로서 특정사항에 대하여 법률에 의하여 권리를 설정하고 의무를 명하며, 기타 법률상 효과를 발생케 하는 등 국민의 권리의무에 직접 관계가 있는 행위이어야 하고, 다른 집행행위의 매개 없이 그 자체로 국민의 구체적인 권리의무나 법률관계에 직접적인 변동을 초래하는 것이 아닌 일반적, 추상적인 법령 등은 항고소송의 대상이 될 수 없다."고 판시하였다.[2] 따라서 일반법원의 재판에서는 구체적 사건을 매개하지 않고 행정입법 자체의 위헌성·위법성을 다툴 수 없다.[3] 그런데 헌법재판소는 위 대법원 판례가 별도의 집행행위 없이 직접 기본권을 침해하는 명령·규칙에 대한 합헌·합법성 심사는 법원의 관할사항이 아님을 인정하였다고 보아, 명령·규칙 등이 별도의 집행행위를 기다리지 아니하고 직접 기본권을 침해하는 것일 때에는 헌법소원심판의 대상이 되어 그러한 경우에는 명령·규

1) 대법원 1994. 4. 26.자 93부32 결정.
2) 대법원 2007. 4. 12. 선고 2005두15168 판결; 대법원 2022. 12. 1. 선고 2019두48905 판결 참조.
3) 실무제요, 277면.

칙에 대하여도 헌재가 보충적으로 위헌심사권을 행사할 수 있다고 한다.[1)]

(2) 헌법소원의 대상이 되는 행정입법(법규명령의 헌법소원 대상성)

형식적 의미의 법률이 아닌 법규명령 또는 규칙으로 인하여 직접 기본권을 침해당한 피해자는 헌법소원의 심판을 청구할 수 있다.

헌법재판소는, "헌법 제107조 제 2 항의 규정은 '구체적인 소송사건에서 명령·규칙의 위헌여부가 재판의 전제가 되었을 경우 법률의 경우와는 달리 헌법재판소에 제청할 것 없이 대법원이 최종적으로 심사할 수 있다.'는 의미이며, 헌법 제111조 제 1 항 제 1 호에서 법률의 위헌여부심사권을 헌법재판소에 부여한 이상 통일적인 헌법해석과 규범통제를 위하여 공권력에 의한 기본권침해를 이유로 하는 헌법소원심판청구사건에 있어서 법률의 하위규범인 명령·규칙의 위헌여부심사권이 헌법재판소의 관할에 속함은 당연한 것으로서 헌법 제107조 제 2 항의 규정이 이를 배제한 것으로는 볼 수 없기 때문이다."라고 판시하였다.[2)]

또한 헌법재판소는, 헌법재판소법 제68조 제 1 항이 규정하고 있는 헌법소

1) 그러나 위 대법원 판례는 행정입법의 심사는 일반적인 재판절차에 의하여 구체적 규범통제의 방법에 의하여야 할 것이지 추상적 규범통제의 방법에 의할 수 없음을 밝힌 것일 뿐이지, 위와 같이 별도의 집행행위 없이 직접 기본권을 침해하는 명령·규칙의 경우에는 헌법재판소에게 보충적으로 명령·규칙에 대한 위헌심사권이 있음을 인정한 판례는 아니라고 보는 견해도 있다. 대법원 판례 중에서도 방론에서 "법령의 효력을 가진 명령이라도 그 효력이 다른 행정 행위를 기다릴 것 없이 직접적으로 또 현실히 그 자체로서 국민의 권리훼손 기타 이익 침해의 효과를 발생케 하는 성질의 것이라면 행정소송법상 처분이라고 보아야 할 것이고 따라서 그에 관한 이해관계자는 그 구체적 관계사실과 이유를 주장하여 그 명령의 취소를 법원에 구할 수 있다."고 판시한 예(대법원 1954. 8. 19. 선고 53누37 판결)와 "조례가 집행행위의 개입 없이도 그 자체로서 직접 국민의 구체적인 권리의무나 법적 이익에 영향을 미치는 등의 법률상 효과를 발생하는 경우 그 조례는 항고소송의 대상이 되는 행정처분에 해당한다."고 판시한 예(대법원 1996. 9. 20. 선고 95누8003 판결)가 있으나, 대법원 판례 중에 본론에서 명령이나 규칙 등에 대하여 직접성이 있다고 보아 처분성을 인정하여 그 명령이나 규칙 자체의 효력을 심사한 사례는 아직까지 보이지 아니한다. 대법원은 자원의 절약과 재활용촉진에 관한 법률 시행령 부칙(2015. 2. 3.) 제 2 조 중 개정규정을 2015. 1. 1. 부터 2015. 2. 2.까지 제조장 또는 보세구역에서 반출된 담배에 대하여도 소급하여 적용하도록 정한 부분은 헌법에 위반되어 무효이므로 폐기물부담금의 경우 위 기간 중에 제조장 또는 보세구역에서 반출된 담배에 대해서는 개정규정이 적용되어서는 아니된다고 판시하였다(대법원 2024. 5. 23. 선고 2021두35834 전원합의체 판결). 한편 대법원은 "지방자치법 제192조 제 8 항에 근거한 조례안 의결 무효확인소송은, 조례가 헌법 및 법률 등 상위법규와의 관계에서 효력을 갖는지를 다툴 수 있도록 마련된 것으로 일종의 추상적 규범통제의 성격을 가지고, 하위법령인 조례로서 옥외광고물 등의 관리와 옥외광고산업 진흥에 관한 법령이 정당 현수막의 표시·설치에 관하여 정한 것보다 엄격하게 규정하고 있는 조례안 규정은 옥외광고물법령에 위반된다는 이유로, 위 조례안 규정이 조례에 대한 관계에서 법령의 우위를 명시한 헌법 제117조 제 1 항과 지방자치법 제28조 제 1 항 본문에 위배되었다"고 판시하면서, 주문에서 "피고가 2023. 9. 25. '부산광역시 옥외광고물 등의 관리와 옥외광고산업 진흥에 관한 조례 일부개정조례안'에 관하여 한 의결은 효력이 없다."고 선언하였다.

2) 법무사법시행규칙 사건. 헌재 1990. 10. 15. 89헌마178; 헌재 2007. 5. 31. 2003헌마579.

원심판의 대상으로서의 공권력이란 입법·사법·행정 등 모든 공권력을 말하는 것이므로 **입법부**에서 제정한 법률, **행정부**에서 제정한 시행령이나 시행규칙 및 **사법부**에서 제정한 규칙 등은 그것들이 별도의 집행행위를 기다리지 않고 직접 기본권을 침해하는 것일 때에는 모두 헌법소원심판의 대상이 될 수 있는 것이라고 하였고,[1] "**행정부에서 제정한 명령·규칙**도 별도의 집행행위를 기다리지 않고 직접 기본권을 침해하는 것일 때에는 헌법소원심판의 대상이 될 수 있고 현행 행정소송법의 해석상 명령·규칙 자체의 효력을 다투는 것을 소송물로 하여 일반법원에 소송을 제기할 수 있는 방법은 인정되지 아니하므로 이 사건의 경우에는 헌법재판소법 제68조 제 1 항 단서의 규정이 적용되지 아니한다."고 판시하였다.[2]

(3) 행정규칙의 경우

이른바 행정규칙은 일반적으로 행정조직 내부에서만 효력을 가지는 것이고 대외적인 구속력을 갖는 것이 아니어서 원칙적으로 헌법소원의 대상이 아니다. 헌법재판소도 법적 구속력이나 외부효과가 결여되어 있는 **국가기관간의 내부적 행위**나 **행정청의 지침**, **행정규칙** 등은 공권력의 행사에 해당하지 않는다고 하였다.[3]

헌법재판소는 재기수사의 명령이 있는 사건에 관하여 지방검찰청 검사가 다시 불기소처분을 하고자 하는 경우에 미리 그 명령청의 장의 승인을 얻도록 한 **검찰사건사무규칙**의 규정은 검찰청 내부의 사무처리지침에 불과한 것일 뿐 법규적 효력을 가진 것이 아니라고 하였고,[4] 고소사건에 대한 재항고를 진정

1) 헌재 1990. 10. 15. 89헌마178(사법부에서 제정한 규칙인 법무사법 시행규칙 제 3 조 제 1 항에 대한 헌법소원 대상성을 인정하였다); 헌재 1997. 6. 26. 94헌마52(행정부에서 제정한 국가유공자 예우 등에 관한 법률 시행령에 대한 헌법소원 대상성을 인정하였다); 헌재 2000. 7. 20. 99헌마455(식품위생법 시행령 제 7 조 제 8 호 라목에 기한 보건복지부 고시인 식품접객업소 영업행위 제한기준에 대하여 헌법소원 대상성을 인정하였다); 헌재 2007. 5. 31. 2003헌마579(산업재해발생률의 구체적 산정기준을 정한 노동부령인 구 산업안전보건법 시행규칙 제 3 조의2 제 6 호, 제 7 호 [별표1] 중 제 3 호 가목 (1)과 제 4 호 부분은 기본권제한성이나 직접성이 없다고 하였다); 헌재 2018. 5. 31. 2015헌마853; 헌재 2023. 9. 26. 2020헌마1101(행정부에서 제정한 구 사건기록 열람·등사의 방법 및 수수료 등에 관한 규칙 및 구 공공기관의 정보공개에 관한 법률 시행규칙에 대한 헌법소원 대성성을 인정하였다).

2) 헌재 1997. 6. 26. 94헌마52(행정입법으로서 대통령령인 국가유공자 예우에 관한 법률 시행령 제 7 조에 대한 헌법소원에 대하여 청구기간, 기본권침해의 직접성 등 적법성을 인정하였다); 헌재 2000. 6. 29. 98헌마36(행정입법으로서 대통령령인 주택임대차보호법 시행령 제 3 조 제 1 항에 대한 위헌확인 헌법소원에 대하여 그 적법성을 인정하였다).

3) 헌재 2003. 2. 27. 2002헌마106 참조; 헌재 2018. 5. 31. 2016헌마191 등.

4) 헌재 1991. 7. 8. 91헌마42.

으로 받아들여 재기수사를 명할 수 있도록 규정한 **재항고사건처리지침**(대검찰청예규) 제 7 조 제 2 항 제 1 호는 검찰청 내부의 사무처리지침에 불과하여 헌법소원의 대상이 되는 공권력의 행사에 해당하지 아니한다고 하였으며,[1] **공직선거에 관한 사무처리예규**는 각급 선거관리위원회와 그 위원 및 직원이 공직선거에 관한 사무를 표준화·정형화하고, 관련법규의 구체적 운용기준을 마련하는 등 선거사무의 처리에 관한 통일적 기준과 지침을 제고함으로써 공정하고 원활한 선거관리를 기함을 목적으로 하는 것이므로, 개표관리 및 투표용지의 유·무효를 가리는 업무에 종사하는 각급 선거관리위원회 직원 등에 대한 업무처리지침 내지 사무처리지침에 불과할 뿐 국민이나 법원을 구속하는 효력이 없는 행정규칙이라고 할 것이어서 이 예규부분은 헌법소원 심판대상이 되지 아니한다고 하였다.[2]

그러나 '**법령보충적 행정규칙**' 즉 법령의 규정에 의하여 행정관청에 법령의 구체적 내용을 보충할 권한을 부여한 경우, 법령의 직접적인 위임에 따라 수임행정기관이 그 법령을 시행하는 데 필요한 구체적 사항을 정한 것이면, 그 제정형식은 비록 법규명령이 아닌 고시, 훈령, 예규 등과 같은 행정규칙이더라도 그것이 상위법령의 위임한계를 벗어나지 아니하는 한, **상위법령과 결합하여 대외적인 구속력을 갖는 법규명령**으로서 기능하게 된다고 보아야 할 것인바, 청구인이 법령과 예규의 관계규정으로 말미암아 직접 기본권침해를 받았다면 이에 대하여 바로 헌법소원심판을 청구할 수 있다고 하였다.[3]

---

1) 헌재 2011. 6. 28. 2011헌마300 지정부 결정.
2) 헌재 2000. 6. 29. 2000헌마325.
3) 헌재 1992. 6. 26. 91헌마25(공무원임용령 제35조의2의 위임에 따라 제정한 총무처예규 '대우공무원 및 필수실무요원의 선발·지정등운영지침'은 상위법령과 결합하여 대외적인 구속력을 갖는 법규명령으로서 기능하게 되고, 위 법령과 예규로 말미암아 직접 기본권의 침해를 받았다면 이에 대하여 바로 헌법소원심판청구를 할 수 있다고 하였다). 동지: 헌재 2000. 3. 30. 99헌마143(식품위생법 제10조 제 1 항의 위임에 따른 식품의약품안전청 고시인 '식품등의표시기준'); 헌재 2000. 7. 20. 99헌마455(식품접객업소영업행위제한기준 위헌확인 사건에서 이 사건 기준은 그 제정형식이 비록 보건복지부장관의 고시라는 행정규칙이지만, 식품위생법 제30조의 위임에 따라 식품접객업소의 영업행위에 대하여 제한대상 및 제한시간을 정한 것으로서 상위법령과 결합하여 대외적인 구속력을 갖는 법규명령의 성격을 가지고 있다고 하였다); 헌재 2000. 12. 14. 2000헌마659(의료보험진료수가 및 약제비산정기준중재정규정 위헌확인 사건에서 국민건강보험법 부칙 제11조의 위임에 따른 보건복지부 고시가 그로 인하여 청구인이 본인 일부 부담금이 인상되는 불이익을 직접 입고 있으며, 헌법소원심판을 청구하는 것 외에 달리 효과적인 구제방법이 없다는 등의 이유로 헌법소원의 대상이 된다고 하였다); 헌재 2002. 7. 18. 2001헌마605(공정거래위원회의 고시인 '신문고시'); 헌재 2007. 8. 30. 2004헌마670(중소기업청 고시인 '외국인산업연수제도 운영에 관한 지침'); 헌재 2008. 11. 27. 2005헌마161(음비게법 제32조 제 3호의 위임에 따른 문화관광부고시인 '게임제

그런데 법률이 입법사항을 고시와 같은 행정규칙의 형식으로 위임하는 것이 허용되는지 여부에 관하여, 헌법재판소는 "사회적 변화에 대응한 입법수요의 급증과 종래의 형식적 권력분립주의로는 현대사회에 대응할 수 없다는 기능적 권력분립론을 감안하여 헌법 제40조·제75조·제95조의 의미를 살펴보면, 국회가 입법으로 행정기관에게 구체적인 범위를 정하여 위임한 사항에 관하여는 당해 행정기관이 법정립의 권한을 갖게 되고, 입법자가 그 규율의 형식도 선택할 수 있다고 보아야 하므로, 헌법이 인정하고 있는 위임입법의 형식은 예시적인 것으로 보아야 한다. 법률이 일정한 사항을 행정규칙에 위임하더라도 그 행정규칙은 위임된 사항만을 규율할 수 있으므로 국회입법의 원칙과 상치하지 않는다. 다만, 행정규칙은 법규명령과 같은 엄격한 제정 및 개정절차를 필요로 하지 아니하므로, 기본권을 제한하는 내용의 입법을 위임할 때에는 법규명령에 위임하는 것이 원칙이고, 고시와 같은 형식으로 입법위임을 할 때에는 법령이 전문적·기술적 사항이나 경미한 사항으로서 업무의 성질상 위임이 불가피한 사항에 한정된다."고 판시하였다.[1)]

또한 행정조직 내부에서만 효력을 갖는 행정규칙이라 하더라도 재량권행사의 준칙인 행정규칙이 그 정한 바에 따라 되풀이 시행되어 행정관행이 이룩되게 되면 평등의 원칙이나 신뢰보호의 원칙에 따라 행정기관은 그 상대방에 대

공업소의 경품취급기준'은 상위법령과 결합하여 대외적 구속력을 갖는 법규명령으로 기능하고 있으므로 헌법소원의 대상이 된다고 하였다); 헌재 2010. 10. 28. 2008헌마408(보건복지부 고시인 요양급여비용 심사청구소프트웨어의 검사 등에 관한 기준); 헌재 2011. 10. 25. 2010헌마661(외국인근로자의 고용 등에 관한 법률의 위임에 따른 고용노동부 고시인 고용허가제 대행기관 운영에 관한 규정); 헌재 2015. 3. 26. 2014헌마372(품질경영 및 공산품안전관리법 및 법시행령 조항에 근거하여 PVC관의 안전기준의 적용범위를 정한 국가기술표준원 고시); 헌재 2018. 5. 31. 2015헌마853(지방계약법 제 9 조 제 3 항 및 구 지방자치단체를 당사자로 하는 계약에 관한 법률 시행령 제30조 제 5 항의 위임에 따라 지방계약법상 수의계약의 계약당사자 선정기준을 구체화한 예규조항인 구 지방자치단체 입찰 및 계약집행기준); 헌재 2020. 4. 23. 2017헌마103(의료급여법 제 7 조 제 2 항의 위임에 따른 보건복지부 고시인 의료급여수가의 기준 및 일반기준 제 7 조 제 1 항 본문, 제 2 항 본문); 헌재 2021. 11. 25. 2019헌마534(사회복무요원 복무관리규정 제27조 제 1 호는 상위 법령의 직접적인 위임 없이 제정되었으므로, 법령의 규정에 의하여 행정관청에 법령의 구체적 내용을 보충할 권한을 부여한 경우에 해당하지 않는다고 하였다).

1) 헌재 2004. 10. 28. 99헌바91(금융감독위원회의 고시); 헌재 2006. 12. 28. 2005헌바59(통계청장이 고시한 한국표준산업분류); 헌재 2008. 11. 27. 2005헌마161등(문화관광부고시인 '게임제공업소의 경품기준'); 헌재 2014. 7. 24. 2013헌바183등(통계청장이 고시하는 한국표준산업분류); 헌재 2016. 3. 31. 2014헌바382(국토해양부장관이 정하는 경쟁입찰의 방법); 헌재 2016. 10. 27. 2015헌바360등(여성가족부장관의 청소년 출입·고용금지업소 결정고시). 위 결정들에 대하여는, 권리·의무에 관한 법규적 사항을 법규명령이 아닌 행정규칙에 직접 위임한 것으로서 헌법에서 한정적으로 열거한 위임입법의 형식에 따르지 않았으므로 위헌(또는 헌법불합치)이라는 각 3인의 반대의견이 있다.

한 관계에서 그 규칙에 따라야 할 자기구속을 당하게 되는 경우에는 대외적인 구속력을 가지게 되고, 이러한 경우에는 헌법소원의 대상이 될 수도 있다는 것이 헌법재판소 판례이다.[1] 다만 이에 대하여는 행정규칙이 반복 적용되어 행정기관이 자기구속을 받는다고 하더라도 대외적 구속력이 있는 규범으로서 일반국민의 권리관계를 직접 변동시키거나 그 법적 지위에 영향을 주게 되는 것은 아니라는 반대의견이 있다.[2]

(4) 행정규칙에 대해 헌법소원 대상성을 인정한 사례

헌법재판소는, 교육부장관의 '특수목적 고등학교의 교과성적 내신방법 통보'에 대한 '보완통보'는 교육법 제71조의2(대학의 선발방법)에서 정하고 있는 고등학교 내신성적에 관하여 그 구체적인 내용을 보충하는 것으로서 헌법소원심판의 대상이 되는 공권력의 행사에 해당한다고 하였고,[3] "이 사건 생계보호기준은 생활보

1) 헌재 1990. 9. 3. 90헌마13(그러나 이 사건 전라남도교육위원회의 1990년도 인사관리원칙은 중등학교 교원 등에 대한 임용권을 적정하게 행사하기 위하여 그 기준을 일반적·추상적 형태로 제정한 조직 내부의 사무지침에 불과하므로, 그 변경으로 인하여 청구인의 기본권이나 법적 이익이 침해당한 것이 아니어서 결국 변경된 인사관리원칙은 헌법소원심판청구의 대상이 될 수 없다고 하였다); 헌재 2005. 5. 26. 2004헌마49(법무부 훈령인 계호근무준칙); 헌재 2007. 8. 30. 2004헌마670(노동부예규인 '외국인산업기술연수생의 보호 및 관리에 관한 지침'. 그러나 소수의견은 행정규칙은 공무원의 법령준수의무 때문에 반복적용될 수밖에 없고, 행정규칙이 반복적용되어 자기구속을 받는다고 하더라도 거기에 법규명령에 있어서와 같은 의미의 대외적 구속력을 인정하여서는 안 될 것이고, 이 사건 노동부예규는 재량권행사에 관한 것이 아니라 법률의 해석, 적용범위에 관한 것이므로 자기구속의 법리에 의한 대외적 구속력을 인정할 여지가 없으므로 기본권침해 가능성이 없어 각하하여야 한다고 하였고 저자도 소수의견에 가담하였다); 헌재 2011. 10. 25. 2009헌마588(국토해양부의 '저소득가구 전세자금 지원기준'. 이 사건에서도 저자는 행정규칙은 대외적 구속력이 없으므로 헌법소원의 대상이 될 수 없다는 반대의견을 내었다); 헌재 2019. 9. 26. 2017헌마632(근로능력판정 신청 단계에서 평가대상자에게 평가받을 질병을 확인하여 더 중한 2개 질병까지만 평가 의뢰 가능하도록 정한 보건복지부지침 조항은 평가대상자의 법적 지위에 영향을 미치는 대외적 구속력이 있으므로 헌법소원의 대상이 되는 공권력의 행사에 해당한다고 하였다); 헌재 2013. 8. 29. 2012헌마767(그러나 이 사건 운영지침조항은 법규로서의 효력이 없는 남양주시 내부의 사무처리규칙 내지 재량준칙에 불과하고 대외적으로 국민을 구속하지 아니하고, 되풀이 시행되어 행정관행이 형성되었다고 보기 어려워 헌법소원의 대상이 되지 않는다고 하였다). 동지: 헌재 2021. 11. 25. 2019헌마534(행정규칙은 원칙적으로 헌법소원의 대상이 아니나, 되풀이 시행되어 행정기관이 그 규칙에 따라야 할 자기구속을 당하게 되는 경우 예외적으로 헌법소원의 대상이 될 수 있다고 하였다. 그런데 행정규칙에 해당하는 사회복무요원 복무관리규정 제27조 제1호가 되풀이 시행되었다고 인정할 자료가 없으므로 헌법소원의 대상이 되는 공권력행사에 해당한다고 볼 수 없다고 하였다. 1인의 별개의견은 이 사건 관리규정은 되풀이 시행여부를 불문하고 행정규칙으로서의 법적 효력이 없어 기본권을 침해할 가능성이 없으므로 헌법소원의 대상이 될 수 없다고 하였다); 헌재 2024. 3. 28. 2020헌마1079(관계부처합동 '긴급재난지원금 가구구성 및 이의신청 처리기준(2차)' 중 'Ⅰ. 가구구성 관련 기준, ② 가구구성 세부기준' 가운데 '외국인만으로 구성된 가구'에 관한 부분)

2) 헌재 2007. 8. 30. 2004헌마670; 헌재 2011. 10. 25. 2009헌마588의 반대의견 참조. 저자가 이 반대의견을 집필하였다.

호법 제 5 조 제 2 항의 위임에 따라 보건복지부장관이 보호의 종류별로 정한 보호의 기준으로서 일단 보호대상자로 지정이 되면 그 구분(거택보호대상자, 시설보호대상자 및 자활보호대상자)에 따른 각 그 보호기준에 따라 일정한 생계보호를 받게 된다는 점에서 직접 대외적 효력을 가지며, 공무원의 생계보호급여지급이라는 집행행위는 위 생계보호기준에 따른 단순한 사실적 집행행위에 불과하므로, 위 생계보호기준은 그 지급대상자인 청구인에 대하여 직접적인 효력을 갖는 규정이다."라고 판시하였으며,[1] '식품접객업소 영업행위기준'은 그 제정형식이 비록 보건복지부장관의 고시라는 행정규칙이지만, 식품위생법 제30조의 위임에 따라 식품접객업소의 영업행위에 대하여 제한대상 및 제한시간을 정한 것으로서 상위법령과 결합하여 대외적인 구속력을 갖는 법규명령의 성격을 가지므로 헌법소원의 대상이 될 수 있다고 하였다.[2]

또한 보건복지부장관의 고시로서 종전의 의료보험법 등의 규정에 의하여 정한 요양급여비용의 산정기준을 개정하는 내용의 '의료보험진료수가 및 약제비 산정기준 중 개정기준'은 그로 인하여 청구인이 본인 일부부담금이 인상되는 불이익을 직접 입고 있으며 헌법소원심판을 청구하는 외에 달리 효과적인 구제방법이 없다는 등의 이유로 헌법소원의 대상이 된다고 하였고,[3] '청소년유해매체물의 표시방법'에 관한 정보통신부고시는 청소년 유해 매체물을 제공하려는 자가 하여야 할 전자적 표시의 내용을 정하고 있는데, 이는 정보통신망이용촉진및정보보호등에관한법률 제42조 및 동법시행령 제21조 제 2 항, 제 3 항의 위임규정에 의하여 제정된 것으로서 국민의 기본권을 제한하는 것인바 상위법령과 결합하여 대외적 구속력을 갖는 법규명령으로 기능하고 있는 것이므로 헌법소원의 대상이 된다고 하였으며,[4] 식품의약품안전청 고시인 식품등의표시기준 제 7 조 별지1 식품등의세부표시기준 1. 가. 10) 카) 중 '음주전후' 및 '숙취해소' 표시를 금지하는 부분이 영업의 자유, 표현의 자유 및 재산권인 특허권을 침해한 것으로서 헌법에 위반된다고 하였다.[5]

그리고 음반·비디오물 및 게임물에 관한 법률 제32조 제 3 호의 위임에 따

3) 헌재 1996. 4. 25. 94헌마119.
1) 헌재 1997. 5. 29. 94헌마33.
2) 헌재 2000. 7. 20. 99헌마455.
3) 헌재 2000. 12. 14. 2000헌마659.
4) 헌재 2004. 1. 29. 2001헌마894.
5) 헌재 2000. 3. 30. 99헌마143.

른 문화관광부고시인 '게임영업소의 경품기준',[1] 외국인근로자의 고용 등에 관한 법률의 위임에 따른 고용노동부고시인 '고용허가제 대행기관 운영에 관한 규정'[2]도 상위법령과 결합하여 대외적 구속력을 갖는 법규명령으로 기능하고 있는 것이므로 헌법소원의 대상이 된다고 하였고, 행정자치부 예규조항인 구 지방자치단체 입찰 및 계약집행기준 제 5 장 <별표1> ③ 부분은 상위법령의 위임에 따라 '지방자치단체를 당사자로 하는 계약에 관한 법률'상 수의계약의 계약상대자 선정 기준을 구체화한 것이고, 국가가 일방적으로 정한 기준에 따라 지방자치단체와 수의계약을 체결할 자격을 박탈하는 것은 상대방의 법적 지위에 영향을 미치므로, 이 사건 예규조항은 헌법소원의 대상이 되는 공권력의 행사에 해당한다고 하였으며,[3] 즉, 피청구인 한국대학교육협의회의 대학입학 전형사항 공표는 구 고등교육법 제34조의5 제 1 항에 근거하여 대학의 입학전형에 지원하고자 하는 사람들에 대하여 따르지 않을 수 없는 요건, 의무 등을 제한적으로 설정하는 것으로서, 구 고등교육법 제34조의5 제 2 항에 따라 각 대학의 장이 이를 준수하여야 하는 이상 대외적 구속력이 인정되므로 헌법소원심판의 대상이 되는 공권력 행사에 해당한다고 하였다.[4]

그 밖에도 헌법재판소는 행정규칙으로서 법무부훈령인 계호근무준칙,[5] 노동부예규인 '외국인산업기술연수생의 보호 및 관리에 관한 지침',[6] 국토해양부의 '저소득가구 전세자금 지원기준'[7], '긴급재난지원금 가구구성 및 이의신청 처리기준'[8] 등도 재량권행사의 준칙인 규칙이 그 정한 바에 따라 되풀이 시행되어 행정관행이 성립되면 평등의 원칙이나 신뢰보호의 원칙에 따라 행정기관이 그 규칙에 따라야 할 자기구속을 당하게 되는 경우에는 대외적 구속력을 가지게 되어 헌법소원의 대상이 된다고 하였다.

1) 헌재 2008. 11. 27. 2005헌마161.
2) 헌재 2011. 10. 25. 2010헌마661.
3) 헌재 2018. 5. 31. 2015헌마853(4인의 반대의견은 대외적 구속력을 가지는 행정규칙에 해당하지 않는 위 예규조항에 대한 심판청구는 헌법소원대상성이 없어 부적법하다고 하였다).
4) 헌재 2020. 3. 26. 2019헌마212.
5) 헌재 2005. 5. 26. 2004헌마49.
6) 헌재 2007. 8. 30. 2004헌마670(저자는 대외적 구속력이 없으므로 기본권침해 가능성이 없다는 반대의견을 내었다).
7) 헌재 2011. 10. 25. 2009헌마588(저자는 대외적 구속력이 없으므로 기본권침해 가능성이 없다는 반대의견을 내었다).
8) 헌재 2024. 3. 28. 2020헌마1079.

(5) 행정규칙에 대해 헌법소원 대상성을 부인한 사례

'96학년도대학입시기본계획 등 위헌확인 사건에서, "이 사건 심판대상부분은 피청구인이 발표한 1996학년도 대학입시기본계획 중 전국의 대학에 대하여 대학별고사에서 국·영·수 위주의 필답고사 실시에 신중을 기하여 줄 것을 권고하고, 그 세부사항으로 계열별·학과별 특성에 따라 대학수학능력시험이나 고등학교 내신성적을 보완하는 선에서 교과목을 최소화하도록 권고하는 내용으로서 이는 법령의 위임을 받아 그 내용을 구체화하거나 법령의 구체적인 내용을 보충하는 것으로 볼 수 없어 피청구인들의 기본권을 침해하는 공권력의 행사에 해당한다고 할 수 없다."고 판시하였고,[1] 또한 예술고 학생에 대한 학생부성적반영지침 위헌확인 사건에서, "교육부장관이 1997. 2. 24. '1998학년도 대학입학전형 기본계획'을 수립하여, 같은 해 3. 7. 고시함으로써 서울예술고등학교 1995년도 입학생들에 대하여 이른바 비교내신제를 적용하도록 하는 대학입학전형방법을 확정한 뒤, 1997. 4. 16. 위 기본계획과 실질적으로 동일한 내용으로서 그에 대한 확인적 의미만을 갖고 있을 뿐인 예술고학생에 대한 학생부성적 반영지침을 발하였다면, 위 지침은 위 기본계획에 정하여진 대학입학전형방법에 아무런 변경도 가져오는 것이 아니므로 청구인들의 기본권을 새로이 침해하는 헌법재판소법 제68조 제 1 항 소정의 공권력의 행사에 해당한다고 볼 수 없다."고 판시하였다.[2]

그 밖에도 공직선거에 관한 사무처리예규,[3] 보건복지부장관의 '한약관련 과목의 범위 및 이수인정 기준',[4] 경기도 교육청의 '학교장·교사 초빙세 실시',[5] 법무부 예규인 '중국동포국적업무처리지침',[6] 문교부고시인 표준어 규정,[7] 행정안전부의 정부 포상 업무지침,[8] 교육과학기술부의 2010년도 교원자격검정 실무편람,[9] 남양주시 기획부동산 분할제한 운영지침 제 5 조 제 1 호 및 제 6 조,[10] 소형선망어업의 경우 발줄에 죔고리와 죔줄을 부착하지 않은 어구를

1) 헌재 1997. 7. 16. 97헌마70.
2) 헌재 1997. 12. 29. 97헌마317.
3) 헌재 2000. 6. 29. 2000헌마325.
4) 헌재 2001. 2. 22. 2000헌마29.
5) 헌재 2001. 5. 31. 99헌마413.
6) 헌재 2006. 3. 30. 2003헌마806.
7) 헌재 2009. 5. 28. 2006헌마618.
8) 헌재 2009. 7. 30. 2008헌마367.
9) 헌재 2013. 2. 28. 2010헌마438.
10) 헌재 2013. 8. 29. 2012헌마767.

사용하거나 적재하면 수산자원관리법 제65조 제 4 호, 제 6 호에 의하여 처벌된다고 규정한 연근해어업의 표준어구와 어법에 관한 해석지침조항,[1] 방위사업청이 입찰을 통해 조달하는 물품의 제조·구매계약 낙찰자 결정에 적용되는 계약이행능력의 심사기준인 방위사업청 지침,[2] '상시·지속적 업무담당자의 무기계약직 전환기준 등 공공부문 비정규직 고용개선 추진지침' 중 영어회화 전문강사를 무기계약직 전환대상에서 제외하고 있는 부분,[3] 소방기본법 시행규칙 제12조 제 3 항에 따라 화재조사관 자격시험에 응시할 수 있는 자를 소방공무원으로 한정한 '화재조사관 자격시험에 관한 규정',[4] 피의자신문시 변호인 참여와 관련된 제반 절차를 규정한 검찰청 내부지침,[5] 수용자 도주방지를 위한 위치추적전자장치 운영방안,[6] 경찰청 예규인 채증활동규칙,[7] 고용노동부 최저임금 고시 중 월환산액 부분[8] 등도 **내부적인 업무처리지침**에 불과할 뿐 국민의 권리·의무에 직접 영향을 미치는 것이 아니므로 헌법소원심판 대상이 되는 공권력의 행사에 해당하지 아니한다고 하였고, 행정규칙에 해당하는 사회복무요원 복무관리규정 제27조 제 1 호가 되풀이 시행되었다고 인정할 자료가 없으므로 위 관리규정은 헌법소원의 대상이 되는 공권력행사에 해당한다고 볼 수 없다고 하였다.[9]

다. 행정청의 행위

(1) 권력적 사실행위

㈎ 의 의

권력적 사실행위란 공권력의 행사 중 행정주체의 행정행위 기타 일정한 법

1) 헌재 2013. 11. 28. 2011헌마372.
2) 헌재 2013. 11. 28. 2012헌마763(낙찰자의 계약이행능력의 심사기준인 방위사업청 지침은 국가가 사인과의 사이의 계약관계를 공정하고 합리적·효율적으로 처리할 수 있도록 관계 공무원이 지켜야 할 계약사무처리에 관한 필요한 사항을 규정한 것으로서 국가의 내부규정에 불과하고, 법령의 규정에 의하여 행정관청에 법령의 구체적 내용을 보충할 권한을 부여한 경우에 해당하지 아니한다고 하였다).
3) 헌재 2014. 4. 24. 2012헌마380(이 지침조항은 관계법령의 규정에 의하여 확정된 내용을 확인한 것에 불과하여 청구인들의 법적 지위에 어떠한 영향을 미친다고 볼 수 없다고 하였다).
4) 헌재 2016. 9. 29. 2013헌마821.
5) 헌재 2017. 11. 30. 2016헌마503.
6) 헌재 2018. 5. 31. 2016헌마191등.
7) 헌재 2018. 8. 30. 2014헌마843.
8) 헌재 2019. 12. 27. 2017헌마1366등.
9) 헌재 2021. 11. 25. 2019헌마534.

적효과의 발생을 목적으로 하는 법적행위가 아니라, 직접적으로 일정한 사실상 결과의 발생함을 목적으로 하는 **행정상의 사실행위**이다.[1] 행정상의 사실행위는 경고, 권고, 시사와 같은 정보제공행위나 단순한 지식표시로서의 행정지도와 같이 대외적 구속력이 없는 '**비권력적 사실행위**'와 행정청이 우월적 지위에서 일방적으로 강제하는 '**권력적 사실행위**'로 나뉘고,[2] 이중에서 권력적 사실행위는 헌법소원의 대상이 되는 공권력의 행사에 해당한다.

일반적으로 어떤 행정상 사실행위가 헌법소원의 대상이 되는 권력적 사실행위에 해당하는지 여부는, 당해 행정주체와 상대방과의 관계, 그 사실행위에 대한 상대방의 의사·관여정도·태도, 그 사실행위의 목적·경위, 법령에 의한 명령·강제수단의 발동 가부 등 그 행위가 행하여질 당시의 구체적 사정을 종합적으로 고려하여 개별적으로 판단하여야 한다.[3]

㈏ 헌법소원의 대상이 되는 권력적 사실행위로 인정된 사례

헌법재판소는, 소위 '국제그룹 해체 사건'에서 "재무부장관이 제일은행장에 대하여 한 **해체준비 착수지시**와 **언론발표지시**를 보면 이는 상급관청이 하급관청에 대하여 한 지시가 아님은 물론 위 인정사실에 의할 때 제일은행 측의 임의적 협력을 기대하여 행하는 비권력적인 권고, 조언 따위의 단순한 행정지도로서의 한계도 이미 넘어선 것이라 할 것이고, 오히려 위와 같은 공권력의 개입은 주거래은행으로 하여금 공권력의 뜻대로 순응케 하여 그 이름으로 제 3 자 경영권인 수식의 국제그룹 해체라는 결과를 사실상 실현시키는 행위라고 할 것으로, 이와 같은 유형의 행위는 형식적으로는 사법인인 주거래은행의 행위였던 점에서 행정행위는 될 수 없더라도 그 실질이 공권력의 힘으로 재벌기업의 해체라는 사태변동을 일으키는 경우인 점에서 일종의 **권력적 사실행위**로 볼 것이며, 헌법재판소법 제68조 제 1 항 소정의 헌법소원의 대상이 되는 공권력의 행사에 해당되는 것으로 파악할 것이다."라고 판시하였다.[4]

---

1) 헌재 1994. 5. 6. 89헌마35; 헌재 2009. 10. 29. 2007헌마992.
2) 헌재 2003. 12. 18. 2001헌마754; 헌재 2005. 3. 31. 2003헌마87; 헌재 2012. 7. 26. 2011헌마332; 헌재 2014. 5. 29. 2013헌마280; 헌재 2017. 11. 30. 2016헌마503; 헌재 2020. 12. 23. 2017헌마416; 헌재 2022. 1. 27. 2016헌마364.
3) 헌재 1994. 5. 6. 89헌마35; 헌재 2005. 3. 31. 2003헌마87; 헌재 2012. 7. 26. 2011헌마332; 헌재 2017. 11. 30. 2016헌마503; 헌재 2020. 12. 23. 2017헌마416; 헌재 2018. 4. 26. 2016헌마46; 헌재 2021. 11. 25. 2017헌마1384등; 헌재 2022. 1. 27. 2016헌마364; 헌재 2022. 11. 24. 2019헌마941.
4) 전두환 정부 시절의 국제그룹 해체 사건. 헌재 1993. 7. 29. 89헌마31(7인의 다수의견은 제일은행을 앞세운 국제그룹 해체를 위하여 한 일련의 공권력행사는 청구인의 기업활동의 자유와 평등

또한 헌법재판소는 피청구인인 국가안전기획부장이 청구인으로 하여금 그의 변호인 및 그의 처와 동시에 접견을 시키면서 소속직원을 접견에 참여시켜 대화내용을 듣거나 기록하게 한 것,[1] 교도소장의 서신검열행위, 서신의 지연교부 및 서신발송행위 등,[2] 교도소 내 접견실의 칸막이 설치행위,[3] 미결수용자에 대하여 재소자용 의류를 입게 한 행위,[4] 유치장 관리자가 피의자에게 차폐시설이 불충분한 화장실을 사용하도록 한 행위,[5] 형사재판의 증인으로 채택된 자를 소환하여 검사실에 유치한 행위,[6] 유치장 수용자에 대한 신체수색행위,[7] 교육인적자원부장관이 국·공립대학총장들에 대하여 한 학칙 시정요구,[8] 언론통폐합계획에 따라 동아방송의 허가와 관련된 일체의 권한과 방송의 기자재 일체를 포기하게 하는 등의 일련의 행위,[9] 2년 10개월 동안 56차례에 걸쳐 행하여진 군수의 폐기물관리 감사,[10] 사증발급을 신청함에 있어 청구인으로 하여금 결혼경위, 교제과정 등을 기재한 서류를 제출한 것을 요구하는 것,[11] 구치소장이 구치소에 수용되는 마약류사범에 대하여 하는 정밀 신체검사,[12] 마약류 관련 수형자에 대하여 마약류 반응검사를 위하여 소변을 받아 제출하게 하는 행위,[13] 법정 옆 대기실에서 구속 피고인의 변호인 접견신청을 불허한 행위,[14] 경찰청장이 경찰버스들로 서울광장을 둘러싸 통행을 제지한 행위,[15] 구치소장이 미결수용자의 거실에 CCTV를 설치하여 계호한 행위,[16] 수용자가 자신의 행정소송 출정비용을 출정예정일 전일까지 납부하지 아니하였다는 등의 이유로 출정을 하지

권을 침해한 것이므로 위헌임을 확인한다는 인용의견을 낸 반면에, 1인은 청구기간이 도과했다는 이유로 각하의견을 내었고, 1인은 평결에 참여하지 아니하고 기권하였다).

1) 헌재 1992. 1. 28. 91헌마111.
2) 헌재 1995. 7. 21. 92헌마144; 동지: 헌재 1998. 8. 27. 96헌마398; 헌재 2001. 11. 29. 99헌마713; 헌재 2016. 4. 28. 2013헌마870.
3) 헌재 1997. 3. 27. 92헌마273.
4) 헌재 1999. 5. 27. 97헌마137등.
5) 헌재 2001. 7. 19. 2000헌마546.
6) 헌재 2001. 8. 30. 99헌마496.
7) 헌재 2002. 7. 18. 2000헌마327.
8) 헌재 2003. 6. 26. 2002헌마337등.
9) 헌재 2003. 3. 27. 2001헌마116.
10) 헌재 2003. 12. 18. 2001헌마754.
11) 헌재 2005. 3. 31. 2003헌마87.
12) 헌재 2006. 6. 29. 2004헌마826.
13) 헌재 2006. 7. 27. 2005헌마277.
14) 헌재 2009. 10. 29. 2007헌마992.
15) 헌재 2011. 6. 30. 2009헌마406.
16) 헌재 2011. 9. 29. 2010헌마413.

못하게 한 출정제한행위,[1] 교도소장이 청구인을 교도소로 이송함에 있어 4시간 정도에 걸쳐 상체승의 포승과 수갑 2개를 채운 행위,[2] 사법경찰관이 청구인에 관한 보도자료를 기자들에게 배포한 행위 및 보도자료 배포 직후 기자들의 취재요청에 응하여 청구인이 경찰서 조사실에서 양손에 수갑을 찬 채 조사받는 모습을 촬영할 수 있도록 허용한 행위,[3] 수용자에게 상체승의 포승과 수갑을 채우고 별도의 포승으로 다른 수용자와 연승한 행위,[4] 교도소 내 화장실 창문 철망설치행위,[5] 미결수용자에게 교정시설 안에서 실시하는 종교집회 참석을 제한한 행위,[6] 교도소장이 법원에 청구인에 대한 양형참고자료를 통보한 행위,[7] 교도소장이 수형자인 청구인을 3개월 동안 서신검열대상자로 지정한 행위,[8] 구치소장이 변호인 접견실에 CCTV를 설치하여 미결수용자와 변호인 간의 접견을 관찰한 행위와 교도관이 미결수용자와 변호인 간에 주고받은 서류를 확인하고 소송관계서류처리부에 그 제목을 기재하여 등재한 행위,[9] 구치소장의 구치소 내 과밀수용행위,[10] 검찰수사관인 피청구인이 피의자신문에 참여한 변호인인 청구인에게 피의자 후방에 앉으라고 요구한 행위,[11] 법원의 수사서류 열람·등사 허용 결정에도 불구하고 검사가 해당 수사서류의 등사를 거부한 행위,[12] 최루액 혼합 살수행위,[13] 수용자에 대한 전자장치 부착행위,[14] 경찰서장이 철거대집행이 실시되는 동안 청구인들을 움막 밖으로 강제이동시킨 행위 및 움막에의 접근을 막은 행위[15] 등은 **권력적 사실행위**로서 헌법소원의 대상이 되는 공권력 행사에 해당한다고 하였다.

또한 한국문화예술위원회, 영화진흥위원회, 한국출판문화산업진흥원 소속 직원들로 하여금 청구인들을 문화예술인 지원사업에서 배제하도록 한 일련의

1) 헌재 2012. 3. 29. 2010헌마475.
2) 헌재 2012. 7. 26. 2011헌마426.
3) 헌재 2014. 3. 27. 2012헌마652.
4) 헌재 2014. 5. 29. 2013헌마280.
5) 헌재 2014. 6. 26. 2011헌마150.
6) 헌재 2014. 6. 26. 2012헌마782.
7) 헌재 2016. 4. 28. 2012헌마549등. 다만 2인의 반대의견 있음.
8) 헌재 2016. 4. 28. 2013헌마870.
9) 헌재 2016. 4. 28. 2015헌마243.
10) 헌재 2016. 12. 29. 2013헌마142.
11) 헌재 2017. 11. 30. 2016헌마503.
12) 헌재 2017. 12. 28. 2015헌마632.
13) 헌재 2018. 5. 31. 2015헌마476.
14) 헌재 2018. 5. 31. 2016헌마191등.
15) 헌재 2018. 8. 30. 2014헌마681.

지원배제 지시행위는 예술위 등으로 하여금 피청구인들의 뜻대로 순응케 하여 그 이름으로 청구인들에 대한 지원을 배제하는 결과를 사실상 실현시킨 행위이며, 그 자체로 청구인들의 법적 지위를 결정짓는 구체화되고 특정된 지시로서, 청구인들에 대한 문화예술 지원배제라는 일정한 사실상의 결과발생을 목적으로 우월한 지위에서 개입한 권력적 사실행위임을 인정할 수 있으므로 헌법소원의 대상이 되는 공권력의 행사에 해당한다고 하였고,[1] 피청구인 대통령이 2016. 2. 10.경 개성공단의 운영을 즉시 전면 중단하기로 결정하고, 피청구인 통일부장관은 피청구인 대통령의 지시에 따라 철수계획을 마련하여 관련 기업인들에게 통보한 다음 개성공단 전면중단 성명을 발표하고, 이에 대응한 북한의 조치에 따라 개성공단에 체류 중인 국민들 전원을 대한민국 영토 내로 귀환하도록 한 일련의 행위로 이루어진 개성공단 전면중단 조치가 헌법소원심판의 대상이 되는지 여부에 대하여, 개성공단 전면중단 조치가 고도의 정치적 결단을 요하는 문제이기는 하나, 조치 결과 개성공단 투자기업인 청구인들에게 기본권 제한이 발생하였고, 국민의 기본권 제한과 직접 관련된 공권력의 행사는 고도의 정치적 고려가 필요한 행위라도 헌법과 법률에 따라 결정하고 집행하도록 견제하는 것이 헌법재판소 본연의 임무이므로, 그 한도에서 권력적 사실행위로서 헌법소원심판의 대상이 될 수 있다고 하였으며,[2] 피청구인이 청구인들로 하여금 육군훈련소 내 종교행사에 참석하도록 한 종교행사 참석조치는 피청구인이 우월적 지위에서 청구인들에게 일방적으로 강제한 행위로, 헌법소원심판의 대상이 되는 권력적 사실행위에 해당한다고 하였고,[3] 청구인이 민사재판에 출정하여 법정 대기실 내 쇠창살 격리시설에 유치되어 있는 동안 교도소장이 청구인에게 양손수갑 1개를 앞으로 사용한 행위는 권력적 사실행위에 해당한다고 하였다.[4]

(다) 비권력적 사실행위에 불과하여 헌법소원의 대상이 되는 공권력행사에 해당하지 않는다고 한 사례

그런데 대한선주의 대주주권 및 경영권이 한진그룹으로 넘어가는 과정에서 관련 금융기관의 담보권실행 및 주식양도행위에 개입하였다는 피청구인인 재무부장관의 행정상 사실행위가 과연 공권력의 행사에 해당하는가에 관하여 “스스

1) 헌재 2020. 12. 23. 2017헌마416.
2) 헌재 2022. 1. 27. 2016헌마364.
3) 헌재 2022. 11. 24. 2019헌마941.
4) 헌재 2023. 6. 29. 2018헌마1215.

로는 자생능력을 상실한 부실기업의 정상화 여부와 그 방안 및 실현방법에 관하여 적법한 권한 내에서 결정할 지위에 있는 주거래은행의 의사가 기본이 되고 정부의 의사가 이에 부합되어 기업의 정리가 관철된 경우라면, 특별한 사정이 없는 한 주거래은행의 정상화 방안을 실현시키기 위하여 정부가 한 지시 등이 권력적 사실행위에 해당한다고 보기는 어렵고, 오히려 정부가 경제정책적 관점에서 국민경제에 미치는 영향이 부실기업의 정리에 관하여 주거래은행의 자율적 판단을 존중하면서 적극적이지만 비권력적으로 지원·독려한 사실행위라고 보아야 하고, 이와 같은 **비권력적 사실행위**는 공권력의 행사에 해당하지 아니하므로 이를 대상으로 한 헌법소원 심판청구는 부적법하다."고 판시하였다.[1)]

또한 선거관리위원회 위원장의 '선거법 위반행위에 대한 중지촉구',[2)] 혈액제제 에이즈 감염조사 위원회가 염기서열 조사, 분석을 실시하지 않고 역학조사를 실시한 것,[3)] 청구인과 결혼한 중국인 배우자가 입국비자 신청에 있어 주중국 한국대사가 전화예약 방법으로 비자신청 접수일을 지정한 행위,[4)] 구치소장의 수용자에 대한 우표제공 거부행위,[5)] 교도소 수용자에 대한 생활지도 명목의 이발지도행위 및 이발행위,[6)] 교도소장이 순시 중 청구인을 비롯한 수형자들을 정렬시킨 후 거실 내 봉사원의 구호에 따라 "안녕하십니까"라고 인사하도록 한 행위,[7)] 경기지방경찰청장이 전기통신사업자에게 이용자의 주소, 전화번호 등 통신자료의 제공을 요청하여 취득한 행위,[8)] 교도관들이 외부병원 진료 후 구치소 환소 과정에 있는 수형자에게 환소차 탑승을 위하여 병원 밖 주차장 의자에 앉아 있을 것을 지시한 행위,[9)] 경찰관의 압수의사에 기하여 압수된 물건

1) 대한선주㈜ 사건. 헌재 1994. 5. 6. 89헌마35(비권력적 사실행위에 불과하다는 다수의견에 반하여, 3인의 반대의견은 권력적 사실행위에 해당한다는 의견을 내었고, 1인의 반대의견은 재무부장관이 외환은행에 대하여 한 지시명령은 권력적 작용으로 보아야 한다는 의견을 내었다).
2) 헌재 2003. 2. 27. 2002헌마106.
3) 헌재 2004. 8. 26. 2003헌마505.
4) 헌재 2005. 3. 31. 2003헌마87.
5) 헌재 2009. 12. 29. 2008헌마617.
6) 헌재 2012. 4. 24. 2010헌마751.
7) 헌재 2012. 7. 26. 2011헌마332.
8) 헌재 2012. 8. 23. 2010헌마439. 헌법재판소는 "이 사건 통신자료의 취득행위의 근거가 된 법률조항은 전기통신사업자에게 이용자에 관한 통신자료를 수사관서의 장의 요청에 응하여 합법적으로 제공할 수 있는 권한을 부여하고 있을 뿐이지 어떠한 의무도 부여하고 있지 않으므로 전기통신사업자는 수사관서장의 요청이 있더라도 이에 응하지 아니할 수 있고, 이 경우 아무런 제재도 받지 아니한다. 그러므로 이 사건 통신자료 취득행위는 강제력이 개입되지 아니한 임의수사에 해당하는 것이어서 헌법소원의 대상이 되는 공권력의 행사에 해당하지 아니한다."고 판시하였다.
9) 헌재 2012. 10. 25. 2011헌마429.

이 아니라 단지 피의자가 임의로 제출하여 사법경찰관이 이를 보관하게 된 단순한 임치물을 폐기한 행위,[1] 구치소장의 청구인이 수용된 거실의 텔레비전 교체행위,[2] 판결서등본을 불구속피고인에게 송달하지 아니한 송달부작위,[3] 구치소장이 구치소에 수용되어 있는 청구인에게 우송된 소포를 반송한 행위,[4] 검찰수사관인 피청구인이 변호인인 청구인에게 변호인 참여신청서의 작성을 요구한 행위,[5] 정부의 가상통화거래를 위한 가상계좌 신규제공 중단조치, 가상통화 거래실명제 조치[6] 등은 **비권력적 사실행위**에 불과하므로 헌법소원의 대상이 되는 공권력행사에 해당하지 아니한다고 하였다.

또한 헌법재판소는 제20대 국회의원 총선거와 제19대 대통령선거에서 투표지분류기, 보고용 컴퓨터, 선거관리시스템 등의 기계장치 또는 전산조직을 사용하는 행위는 선거관리라는 일련의 과정에서 하나의 행위에 불과한 것이어서, 그 자체로는 국민의 권리의무에 영향을 미치지 아니하는 공권력 작용의 준비행위 또는 부수적 행위이자 투표 결과를 집계하기 위한 **단순한 사실행위**에 불과하다고 하고,[7] 방송통신심의위원회가 방송사업자에 대하여 한, '청구인의 보도가 심의규정을 위반한 것으로 판단되며, 향후 관련 규정을 준수할 것'을 내용으로 하는 '의견제시' 역시 **비권력적 사실행위**에 불과하며,[8] 서울용산경찰서장이 국민건강보험공단에게 청구인들의 요양급여내역의 제공을 요청한 행위[9] 및 김포경찰서장이 김포시장에게 활동보조인과 수급자의 인적사항, 휴대전화번호 등을 확인할 수 있는 자료를 요청한 행위[10] 모두 상대방의 자발적 협조가 필요하므로 공권력행사에 해당하지 않는다고 하였고, 적십자회비는 그 성격상 국민이 자율적으로 참여하는 모금으로, 지로통지서 상단에 '자율적으로 참여하는 국민성금'이라는 문구가 명시되어 있는바, 그러한 자율적 모금을 위한 지로통지서 발송행위는 단순한 **비권력적 사실행위**에 불과하여 헌법소원의 대상이 되는 공권력의 행사로 볼 수 없다고 하였으며,[11] 협상명령은 보건복지부 장관이 국민건강

1) 헌재 2012. 12. 27. 2011헌마351.
2) 헌재 2013. 5. 30. 2012헌마463.
3) 헌재 2013. 9. 26. 2012헌마631.
4) 헌재 2014. 5. 29. 2013헌마280.
5) 헌재 2017. 11. 30. 2016헌마503.
6) 헌재 2021. 11. 25. 2017헌마1384등. 4인의 반대의견 있음.
7) 헌재 2016. 3. 31. 2015헌마1056등.
8) 헌재 2018. 4. 26. 2016헌마46.
9) 헌재 2018. 8. 30. 2014헌마368.
10) 헌재 2018. 8. 30. 2016헌마483.

보험공단 이사장에게 감독기관의 지위에서 한 내부적 행위에 불과하고 국민에 대하여 직접적인 법률효과를 발생시키지 않으므로 헌법소원의 대상이 되는 공권력 행사에 해당하지 않고, 국민건강보험공단 이사장이 제약회사에서 협상에 필요한 서류를 제출할 것을 통보한 행위는 청구인들의 권리와 의무에 대하여 직접적인 법률효과를 발생시키지 아니하므로 비권력적 사실행위로서 헌법소원의 대상이 되는 공권력의 행사에 해당하지 않는다고 하였다.[1]

(2) 행정기관의 내부적 의사결정행위 또는 감독작용

헌법재판소는 농림수산부장관이 각 시·도지사를 상대로 집유질서 확립을 위한 대책지시를 한 행위,[2] 대통령의 법률안 제출행위,[3] 법무부장관의 수형자 이송지휘처분,[4] 국회의장이 국회의원을 국회 상임위원회 위원으로 선임한 행위,[5] 수사과정에서의 비공개 지명수배조치,[6] 국무총리의 새만금 간척사업에 대한 정부조치계획, 지시사항 시달,[7] 대통령이 국회 본회의에서 행한 시정연설에서 정책과 결부하지 않고 단순히 대통령의 신임 여부만을 묻는 국민투표를 실시하고자 한다고 밝힌 행위,[8] 선거구획위원회 위원 선임 및 선거획정위원회의 선거획정안 제출행위를 하지 않은 부작위,[9] 행정자치부 자치행정과장의 지방자치단체 담당과장에 대한 업무연락 공문 발송행위,[10] 노동부장관의 건설업체 재해율 산정행위,[11] 보건복지부장관의 장애인 차량 엘피지 보조금 지원에 관한 지침변경행위,[12] 구치소장이 수용자번호가 기재되지 않은 소포를 반송한 행위 및 소송서류복사 지연교부행위,[13] 노동부장관이 산하 공공기관의 단체협약내용을 분석하여 불합리한 요소들 개선하라고 요구한 행위,[14] 감사원장의 공공기관에 대한 실태점검 및 개선방향 제시행위,[15] 변호사시험 관리위원회의 심의·의결,[16]

11) 헌재 2023. 2. 23. 2019헌마1404등.
1) 헌재 2024. 4. 25. 2020헌마1738.
2) 헌재 1994. 4. 28. 91헌마55.
3) 헌재 1994. 8. 31. 92헌마174.
4) 헌재 1994. 10. 19. 94헌마197.
5) 헌재 1999. 6. 24. 98헌마472등.
6) 헌재 2002. 9. 19. 99헌마181.
7) 헌재 2003. 1. 30. 2001헌마579.
8) 헌재 2003. 11. 27. 2003헌마694등.
9) 헌재 2004. 2. 26. 2003헌마285.
10) 헌재 2005. 5. 26. 2005헌마22.
11) 헌재 2007. 5. 31. 2003헌마579.
12) 헌재 2007. 10. 25. 2006헌마1236.
13) 헌재 2009. 12. 29. 2008헌마617.
14) 헌재 2011. 12. 29. 2009헌마330등.

교원자격검정 실무편람,[1] 번호통합과 번호이동에 관한 구 통신위원회와 방송통신위원회의 의결,[2] 남양주시 기획부동산 분할제한 운영지침,[3] 건강보험심사평가원의 내부 심사업무처리기준을 정한 심사지침인 '방광내압 및 요누출압 측정 시 검사방법',[4] 근로시간 면제 한도를 정하기 위한 근로시간면제심의위원회의 의결,[5] 서울시 교육감이 관내 교육지원청 교육장들에게 보낸 초등학교 영어교육 관련 공문 또는 서울 성북 교육장이 초등학교에 보낸 초등학교 영어교육 관련 공문,[6] 교육부장관의 교장 임용 제청 기준 강화방안[7] 등은 **국가기관의 내부적 의사결정행위**에 불과하여 그 자체로 국민에 대하여 직접적인 법률효과를 발생시키는 행위가 아니므로 헌법소원의 대상이 되는 공권력의 행사 또는 불행사에 해당하지 아니한다고 하였다.

또한 헌법재판소는 대통령기록물 소관 기록관이 대통령기록물을 중앙기록물 관리기관으로 이관하는 행위는 법률이 정하는 권한분장에 따라 업무수행을 하기 위한 **국가기관 사이의 내부적·절차적 행위**에 불과하므로 헌법소원심판의 대상이 되는 공권력의 행사에 해당한다고 볼 수 없고, 대통령권한대행이 대통령지정기록물의 보호기간을 지정하는 행위는 국가기관 사이의 행위로서 국민을 상대로 행하는 직접적 공권력 작용에 해당한다고 보기 어렵다고 하였다.[8]

한편, **정부의 정부투자기관에 대한 감독행위**는 국민에 대하여 직접적으로 권리를 설정하거나 의무를 부과하는 작용이 아니므로 원칙적으로 헌법소원의 대상이 될 수 없다.[9]

헌법재판소는, 경제기획원장관의 1993년도 정부투자기관예산편성 공통지침 통보행위는 성질상 정부의 그 투자기관에 대한 **내부적 감독작용**에 해당할 뿐이므로 헌법소원의 대상이 되는 공권력의 행사라 볼 수 없다고 하였고,[10] 같은

15) 헌재 2011. 12. 29. 2009헌마330등.
16) 헌재 2012. 3. 29. 2009헌마754(단순히 법무부장관에 대한 권고에 불과하다고 하였다).
1) 헌재 2013. 2. 28. 2010헌마438(교육과학기술부의 내부 업무처리지침 내지 사무처리준칙에 불과하다고 하였다).
2) 헌재 2013. 7. 25. 2011헌마63등.
3) 헌재 2013. 8. 29. 2012헌마767.
4) 헌재 2013. 9. 26. 2010헌마204등.
5) 헌재 2014. 5. 29. 2010헌마606.
6) 헌재 2016. 2. 25. 2013헌마838.
7) 헌재 2018. 6. 28. 2015헌마1072.
8) 헌재 2019. 12. 27. 2017헌마359 등.
9) 실무제요, 299면.
10) 헌재 1993. 11. 25. 92헌마293.

맥락에서 기획예산처장관의 정부투자기관에 대한 예산편성지침 통보행위 및 예산배정유보방침 통보행위 역시 헌법소원의 대상이 되는 공권력의 행사라고 볼 수 없다고 하였다.[1)]

(3) 국민의 신청에 대한 행정청의 거부행위

㈎ 개 설

국민의 신청에 대한 행정청의 거부행위가 헌법소원심판의 대상인 공권력의 행사가 되기 위해서는 국민이 행정청에 대하여 신청에 따른 행위를 해 줄 것을 요구할 수 있는 법규상 또는 조리상 근거가 있어야 하며, 이러한 권리에 의하지 아니한 국민의 신청을 행정청이 받아들이지 아니하고 거부한 경우에는 이로 인하여 신청인의 권리나 법적 이익에 어떤 영향을 주는 것이 아니므로 그 거부행위를 행정소송의 대상이 되는 행정처분이라고는 할 수 없다.[2)]

㈏ 행정청의 거부행위가 공권력행사에 해당하여 헌법소원심판의 대상이 된다고 한 사례

헌법재판소는 지목변경신청서반려처분 취소사건에서, "청구인은 토지소유자로서 이 사건 토지에 대한 지목 등록이 잘못된 것이라고 주장하면서 이를 '전'에서 '대'로 환원, 즉 정정하여 줄 것을 신청한 것이므로 이는 지적법 제38조 제 2 항에 근거한 신청권의 행사라 할 것이고, 이에 대하여 피청구인은 이 사건 토지에 대하여는 지목변경이 불가능하다는 이유로 청구인의 신청을 반려하였는바, 이는 지적관리업무를 담당하고 있는 행정청의 지위에서 청구인의 등록사항 정정신청을 확정적으로 거부하는 의사를 밝힌 것으로서 공권력의 행사인 거부처분이라 할 것이고, 피청구인이 주장하는 바와 같이 청구인에게 적법한 증빙서류를 갖추어 신청하도록 안내 내지 지도하는 성격의 단순한 사실행위에 불과한 것으로는 볼 수 없다, 따라서 이 사건 반려처분은 헌법재판소법 제68조 제 1 항 소정의 '공권력의 행사'에 해당한다."고 판시하였고,[3)] 상속세경정청구거부처분취소 등 사건에서, 5인 재판관의 다수의견은 "후발적 사유에 의한 경정청

1) 헌재 2002. 1. 31. 2001헌마228.
2) 헌재 1991. 5. 13. 90헌마133; 헌재 1999. 6. 24. 97헌마315; 헌재 1999. 10. 21. 98헌마407; 헌재 2000. 2. 24. 97헌마13등.
3) 헌재 1999. 6. 24. 97헌마315; 동지: 헌재 2002. 1. 31. 99헌마563. 이 결정 이후 대법원은 종전의 판례를 변경하여 지목변경신청 반려행위는 항고소송의 대상이 되는 행정처분에 해당한다고 하였고 (대법원 2004. 4. 22. 선고 2003두9015 전원합의체 판결), 헌법재판소도 그 후의 지목변경신청 반려처분에 대한 헌법소원에 관해서는 보충성 흠결을 이유로 부적법 각하한다는 것은 앞서 설명하였다.

구권은 법률상 명문의 규정이 있는지의 여부에 따라 좌우되는 것이 아니라 조세법률주의 및 재산권을 보장하고 있는 헌법의 정신에 비추어 볼 때 조리상 당연히 인정되는 것인바, 위와 같이 조리상 경정청구권에 근거하여 경정을 청구하였음에도 불구하고 이를 거부한 것은 헌법재판소법 제68조 제 1 항 소정의 '공권력의 행사'에 해당하여 헌법소원의 대상이 된다."고 판시하였다.[1)]

한편, 집회신고서를 반려한 행위와 관련하여서는, 집시법상 국민은 사전신고만으로 옥외집회를 할 수 있으므로 옥외집회신고서를 반려한 주무 행정청의 행위는 공권력의 행사에 해당한다고 하였다.[2)]

(다) 행정청의 거부행위가 헌법소원심판의 대상이 되는 공권력행사에 해당하지 않는다고 한 사례

헌법이나 도시계획법 어디에서도 행정청에 대하여 도시계획의 폐지를 신청하거나 도시계획결정으로 인한 보상을 청구할 수 있는 권리를 규정하고 있지 않으므로, 도시계획의 폐지 및 그 보상을 거부한 행정청의 행위는 헌법재판소법 제68조 제 1 항 소정의 공권력행사에 해당한다고 볼 수 없고,[3)] 청구인에게 서울대학교 운동장 사용을 요구할 수 있는 법규상 또는 조리상의 신청권이 있다고 할 수 없으므로, 서울대학교의 운동장 사용금지 결정은 헌법소원의 대상이 되는 공권력 행사에 해당하지 아니하며,[4)] 취업보호 대상자의 기능직 공무원 채용의무 비율 규정만을 근거로 국가유공자를 채용시험 없이 바로 공무원으로 임용해 줄 것을 요구할 수 있는 구체적인 신청권을 갖고 있는 것으로 볼 수 없으므로 우선 임용 신청에 대한 거부 회신은 공권력 행사에 해당한다고 볼 수 없다고 하였다.[5)]

그 밖에도 교육당국이 기숙학원으로서 설립 등록 또는 변경 등록을 거부하거나 그 신청을 수리하지 아니한 행위,[6)] 교도소장이 수형자인 청구인을 가석방 대상자에 포함시키지 아니한 행위,[7)] 청구인의 독거수용 신청에 대한 교도소장의 거부행위[8)] 등은 헌법소원의 대상이 되는 공권력의 행사 또는 불행사라고

1) 헌재 2000. 2. 24. 97헌마13등.
2) 헌재 2008. 5. 29. 2007헌마712.
3) 헌재 1999. 10. 21. 98헌마407.
4) 헌재 2001. 9. 27. 2000헌마260.
5) 헌재 2004. 10. 28. 2003헌마898.
6) 헌재 2004. 1. 29. 2003헌마261.
7) 헌재 2007. 7. 26. 2006헌마298.
8) 헌재 2013. 8. 29. 2012헌마886(수용거실의 지정은 교도소장의 재량적 판단사항이며 수용자에게

볼 수 없다고 하였다.

한편 헌법재판소는 구치소장이 형사재판 또는 민사재판에 출석하는 청구인의 사복착용을 각 불허한 행위는 형집행법 제88조에 따라 재량의 여지없이 이루어지는 집행행위이고, 그 근거가 되는 법률조항을 심판대상으로 판단하므로, 위 각 행위에 대해서는 별도로 판단할 필요가 없어 이를 심판대상에서 제외한다고 하였다.[1]

라. 행정권력의 부작위

(1) 의 의

공권력의 불행사에 대한 헌법소원은 공권력의 주체에게 헌법에서 직접 도출되는 작위의무나 법률상의 작위의무가 특별히 구체적으로 존재하여 이에 의거하여 기본권의 주체가 그 공권력의 행사를 청구할 수 있음에도 불구하고 공권력의 주체가 그 의무를 해태하는 경우에 한하여 허용되며, 이러한 **작위의무**가 없는 공권력의 불행사에 대한 헌법소원은 부적법하다.[2]

행정권력의 부작위에 대한 헌법소원의 경우에는, 공권력의 주체에게 헌법에서 유래하는 작위의무가 특별히 구체적으로 규정되어 이에 의거하여 기본권의 주체가 행정행위를 청구할 수 있음에도 공권력의 주체가 그 의무를 해태하는 경우에 허용되는 것이므로 의무위반의 부작위 때문에 피해를 입었다는 단순한 일반적인 부작위 주장만으로는 족하지 않다고 할 것으로 기본권의 침해 없이 행정행위의 단순한 부작위의 경우는 헌법소원으로서는 부적법하다.[3] 여기서 '**헌법에서 유래하는 작위의무**가 특별히 **구체적으로 규정**'되어 있다 함은 첫째, 헌법상 명문으로 공권력주체의 작위의무가 규정되어 있는 경우, 둘째, 헌법의 해석상 공권력주체의 작위의무가 도출되는 경우, 셋째, 공권력주체의 작위의무가 법령에 구체적으로 규정되어 있는 경우를 포괄한다.[4]

수용거실의 변경을 신청할 권리가 없다고 하였다).

1) 헌재 2015. 12. 23. 2013헌마712; 동지: 헌재 2014. 8. 28. 2011헌마28등.

2) 헌재 1999. 9. 16. 98헌마75; 헌재 2000. 3. 30. 98헌마206; 헌재 2021. 5. 27. 2018헌마1108; 헌재 2023. 8. 31. 2020헌마116.

3) 헌재 1991. 9. 16. 89헌마163; 헌재 1996. 11. 28. 92헌마237; 헌재 1999. 11. 25. 99헌마198; 헌재 2000. 3. 30. 98헌마206; 헌재 2000. 6. 29. 98헌마391; 헌재 2004. 2. 26. 2001헌마718; 헌재 2013. 5. 30. 2009헌마514; 헌재 2015. 10. 21. 2012헌마89등.

4) 헌재 2004. 10. 28. 2003헌마898; 헌재 2011. 8. 30. 2006헌마788; 헌재 2011. 8. 30. 2008헌마648; 헌재 2013. 8. 29. 2012헌마886; 헌재 2015. 10. 21. 2012헌마89등; 헌재 2015. 12. 23. 2013헌마182;

헌법재판소는 '대한민국과 일본국 간의 재산 및 청구권에 관한 문제의 해결과 경제협력에 관한 협정' 제 3 조에 규정된 분쟁해결 절차에 관한 조항(외교상 경로를 통한, 해결, 중재위원회 회부)이 위에서 말하는 '법령에 구체적으로 작위의무가 규정되어 있는 경우'에 해당하여 '헌법에서 유래하는 작위의무'가 도출될 수 있는지에 관하여, "헌법 전문, 제 2 조 제 2 항, 헌법 제10조와 이 사건 협정 제 3 조의 문언에 비추어 볼 때, 피청구인이 위 협정 제 3 조에 따라 분쟁해결의 절차로 나아갈 의무는 일본국에 의해 자행된 조직적이고 지속적인 불법행위에 의하여 인간의 존엄과 가치를 심각하게 훼손당한 자국민들이 배상청구권을 실현하도록 협력하고 보호하여야 할 헌법적 요청에 의한 것으로서, 그 의무의 이행이 없으면 청구인들의 기본권이 중대하게 침해될 가능성이 있으므로, 피청구인의 작위의무는 헌법에서 유래하는 작위의무로서 그것이 법령에 구체적으로 규정되어 있는 경우라고 할 것이다."라고 판시하였다.[1] 그런데 헌법재판소는 "피청구인에게 헌법에서 유래하는 작위의무가 있음을 인정할 수 있다 하더라도, 피청구인이 이를 이행하고 있는 상태라면, 부작위에 대한 헌법소원심판청구는 부적법하다. 피청구인의 작위의무 이행은 이행행위 그 자체만을 가리키는 것이지 이를 통해 청구인들이 원하는 결과까지 보장해 주는 이행을 의미하는 것은 아니다."라고 판시하였다.[2]

(2) 헌법소원의 대상이 되는 행정권력의 부작위로 인정된 사례

헌법재판소는 지방자치단체가 청구인으로부터 수차례에 걸쳐 문서 또는 구두로 임야조사서 및 토지조사부의 열람·복사신청이 있었음에도 이에 불응한 사실상의 부작위도 헌법소원의 대상이 될 수 있음을 인정하였고,[3] 또한 헌법소원심판청구의 취지를 살인피의자로 입건되었던 청구외인에 대한 검사의 공소권없음 처분에 국한되는 것으로 해석하지 않고 위 청구외인을 살해한 진범에

헌재 2016. 5. 26. 2014헌마1002; 헌재 2016. 11. 24. 2015헌마11; 헌재 2018. 3. 29. 2016헌마795; 헌재 2019. 12. 27. 2012헌마939; 헌재 2023. 8. 31. 2020헌마116.

1) 헌재 2011. 8. 30. 2006헌마788(3인의 반대의견은 헌법 제10조, 제 2 조 제 2 항의 규정이나 헌법 전문으로부터 우리 정부가 청구인들에 대하여 부담하는 작위의무가 도출된다고 볼 수 없고, 또한 이 사건 협정으로부터도 청구인들을 위하여 협정상 분쟁해결절차로 나아가야 할 작위의무가 도출되지 않으며, 나아가 그러한 작위의무가 인정된다고 하더라도 이는 일반적·추상적 의무를 의미할 뿐, 구체적인 작위의무라고 볼 수 없다고 하였다. 저자도 반대의견에 가담하였다); 헌재 2019. 12. 27. 2012헌마939(1인의 반대의견 있음).

2) 헌재 2019. 12. 27. 2012헌마939.

3) 헌재 1989. 9. 4. 88헌마22; 동지: 헌재 1994. 8. 31. 93헌마174.

대한 수사의 중지 즉 공권력의 불행사를 시정해 줄 것을 소망하는 취지를 아울러 포함하고 있는 취지로 해석하여, 새로운 증거의 발견 등 특단의 사정이 없는 한, 현 단계에서는 검사가 재수사를 할 정도로 그 처사(수사의 중지)가 현저히 정의와 형평에 반하여 자의적인 것이라고 보기 어렵다고 판시한 사례도 있다.[1)]

한편 공정거래위원회의 고발권 불이행 위헌확인 사건에서 "공정거래위원회는 심사의 결과 인정되는 공정거래법위반행위에 대하여 일응 고발을 할 것인가의 여부를 결정할 재량권을 갖는다고 보아야 할 것이나, 공정거래법이 추구하는 법 목적에 비추어 행위의 위법성과 가벌성이 중대하고 피해의 정도가 현저하여 형벌을 적용하지 아니하면 법 목적의 실현이 불가능하다고 봄이 객관적으로 상당한 사안에 있어서는 공정거래위원회로서는 그에 대하여 당연히 고발을 하여야 할 의무가 있고 이러한 작위의무에 위반한 고발권의 불행사는 명백히 자의적인 것으로서 당해 위반행위로 인한 피해자의 평등권과 재판절차진술권을 침해하는 것이라고 보아야 한다."고 판시하였다.[2)]

또한 헌법재판소는 일본군 위안부 및 원폭 피해자로서 배상청구권이 소멸되었는지 여부에 관한 한·일 양국 간의 해석상 분쟁을 해결하지 않고 있는 부작위가 위헌이라고 확인하였다.[3)]

(3) 헌법소원의 대상이 되는 행정권력의 부작위로 인정되지 아니한 사례

피청구인이 약사의 한약판매행위를 단속하지 아니하고 방임함으로써 공권력의 불행사라는 부작위에 의하여 청구인의 기본권을 침해하고 있다는 주장에 대하여 법률상으로도 보사부장관에게 약사를 단속할 작위의무가 발생할 여지가 없고, 한약업사의 직업행사의 자유나 거주이전의 자유 등 기본권 보호를 위한 헌법상의 약사단속청구권이 발생할 여지가 없으므로 단속할 작위의무의 성립을 전제로 한 단속부작위 청구는 부적법하다고 하였고,[4)] 조세부과처분의 취소

1) 헌재 1992. 10. 1. 91헌마31.
2) 헌재 1995. 7. 21. 94헌마136(그러나 당해사건에 있어서는 공정거래위원회가 청구외 회사의 불공정거래행위에 대하여 시정조치를 하는 것만으로도 법목적의 실현이 상당하다고 판단하여 형사처벌을 행사하지 아니하였다고 하더라도 이를 고발권의 남용이라거나 고발권을 행사하여야 할 작위의무의 위반으로서 명백히 자의적 조치라고 단정할 수 없다고 판단되므로 이로써 청구인의 헌법상 보장된 기본권이 침해된다고 볼 수도 없다고 판시하였다).
3) 헌재 2011. 8. 30. 2006헌마788; 헌재 2011. 8. 30. 2008헌마648(3인의 반대의견은 헌법상의 명문규정이나 어떠한 헌법적 법리에 의하더라도 '청구인들에 대하여 피신청인이 협정 제3조에서 정한 분쟁해결절차로 나아가야 할 작위의무'가 있다 할 수 없어 헌법소원이 부적법하다는 의견을 제시하였으며, 저자도 반대의견에 가담하였다).
4) 헌재 1991. 9. 16. 89헌마163.

를 구하는 소송에 있어서 그 소송당사자인 조세관청이 탈세사실을 고발하거나 과세자료를 제공한 고발인 또는 제보자에게 소송계속사실을 알리고 그를 증인으로 신청할 법적 의무가 있다고 볼 아무런 근거가 없으므로 과세관청이 청구인에게 소송계속 사실을 알리지 아니하였거나, 청구인을 증인으로 신청하지 아니하였다고 하더라도, 그것이 곧 헌법소원의 대상이 되는 공권력의 불행사에 해당한다고 볼 수 없다고 하였으며,[1] 형집행정지결정의 취소결정을 한 검사에 대한 이의신청은 형사소송법 제489조에 의한 이의신청과는 달리 법률상의 근거에 의한 권리행사가 아니라 형의 집행기관인 검사의 직권발동을 촉구하는 사실상의 진정에 불과하므로 이를 방치하였다 하여 그것이 곧 헌법소원심판의 대상이 되는 공권력의 행사라고 보기 어렵다고 하였다.[2]

또한 구 국회의원선거법상 전국구 의원이 소속 정당을 탈당한 경우 그 정당의 차순위 후보자에 대하여 전국구 의원 의석승계결정을 하지 않은 것이 헌법에 위반되는 공권력의 불행사에 해당하지 않는다고 하였고,[3] 사건 토지들이 토지수용법 내지 공공용지의 취득 및 손실보상에 관한 특례법 소정의 '환매할 토지'라 할 수 없으므로 피청구인 한국수자원공사에게 환매할 토지가 생겼음을 통지하여야 할 법률상의 작위의무가 인정되지 아니하고, 따라서 그러한 통지를 하지 아니하였다 하더라도 이를 헌법소원의 심판대상이 되는 공권력의 불행사에 해당한다고 할 수 없다고 하였으며,[4] 경찰공무원에 대하여 국가배상청구권을 배제하고 있는 헌법 제29조 제 2 항 및 국가배상법 제 2 조 제 2 항 단서와, 손해를 직접 배상하거나 관련 법규정을 개정하지 아니하고 있는 내무부장관과 법무부장관의 공권력 불행사에 의하여 기본권을 침해당하였다는 주장에 대하여, 내무부장관 및 법무부장관에게는 경찰공무원의 사상과 관련한 손해배상에 대하여 헌법에서 유래하는 작위의무가 특별히 구체적으로 규정되어 있다고 할 수 없으므로 이에 관한 청구인들의 헌법소원심판청구는 부적법하다고 하였다.[5]

또한 도시계획법이나 도로법의 규정상 도시계획도로 예정지로 지정된 토지를 수용 또는 사용하거나 준용도로로 지정하여야 할 행정청의 작위의무에 관한 법률적 근거를 찾을 수 없고, 헌법상 보장된 재산권으로부터 직접 이러한 토

1) 헌재 1993. 2. 2. 93헌마2 지정부 결정.
2) 헌재 1992. 7. 23. 90헌마212.
3) 헌재 1994. 4. 28. 92헌마153.
4) 헌재 1995. 3. 23. 91헌마143.
5) 헌재 1996. 6. 13. 94헌마118등.

지에 대한 수용의무나 준용도로 지정의무가 도출된다고 볼 수도 없다고 하였고,[1] 청구인이 주장하는 국방부장관의 국가유공자 유족이 등록하도록 지도하거나 스스로 대리등록 하는 등 유가족이 보상금을 받을 수 있도록 조치를 취하여야 할 작위의무는 헌법상으로도 법률상으로도 도출되지 아니하므로 국방부장관의 부작위 위헌확인을 구하는 청구인의 헌법소원심판청구는 작위의무 없는 공권력의 불행사에 대한 헌법소원으로서 부적법하다고 하였다.[2]

독일정부의 우리나라 국민에 대한 '미성년자보호관련관헌의관할권및준거법에관한협약'의 적용을 피하기 위하여 우리나라 정부가 위 협약에 가입, 수정가입, 일부가입 또는 독일과의 별도협약을 체결하지 아니한 것이 헌법소원의 대상이 되는지 여부에 관하여, 헌법 제 2 조 제 2 항이나 다른 헌법규정으로부터도 청구인이 외교통상부장관이나 법원행정처장에게 청구인 주장과 같은 공권력의 행사를 청구할 수 있다고는 인정되지 아니한다고 하였고,[3] 피청구인이 사건 포락토지에 대하여 공공사업을 시행하였다 하더라도 청구인들에 대하여 보상조치를 취하거나 보상입법을 하여야 할 의무는 헌법 제23조 제 1 항, 제 3 항 등 헌법규정이나 헌법해석상 도출할 수 없으며 달리 그러한 의무를 구체적으로 발생시킨다고 볼 만한 법률상의 근거도 없다고 하였으며,[4] 헌법이나 도시계획법상 피청구인에게 사건 임야에 관한 도시계획결정을 취소하여야 할 작위의무가 구체적으로 규정되어 있거나 청구인이 직접 그 도시계획결정의 취소를 청구할 권리가 있다고 볼 근거가 없으므로, 피청구인이 도시계획결정을 취소하지 않는 공권력의 불행사에 대한 헌법소원 심판청구는 허용될 수 없다고 하였고,[5] 정부는 재일 한국인 피징용 부상자들의 보상청구권이 대한민국과일본국간의재산및청구권에관한문제의해결과경제협력에관한협정에 의해 타결된 것인지에 관해서 한·일 양국정부가 의견을 달리 함으로써 양국 모두로부터 사실상 보호받지 못하고 있는 재일 한국인 피징용 부상자들 및 그 유족들로 하여금 합당한 보상을 받을 수 있도록 가능한 모든 노력을 다함으로써 그들을 보호하여야 할 것이나, 우리나라 정부에게 청구인들이 원하는 바와 같이 중재회부라는 특정한 방법에 따라 우리나라와 일본국 간의 분쟁을 해결하여야 할

1) 헌재 1996. 11. 28. 92헌마237.
2) 헌재 1998. 2. 27. 97헌가10등.
3) 헌재 1998. 5. 28. 97헌마282.
4) 헌재 1999. 11. 25. 98헌마456.
5) 헌재 1999. 11. 25. 99헌마198.

헌법에서 유래하는 **구체적 작위의무**가 있고 나아가 청구인들이 이러한 공권력 행사를 청구할 수 있다고 볼 수는 없으므로, 우리나라 정부가 중재를 요청하지 아니하였다고 하더라도 헌법소원의 대상이 될 수 없다고 하였다.[1]

서울특별시 지방경찰청장이 청구인 주장과 같은 공훈사실을 확인하지 아니한 부작위,[2] 도시저소득주민의 주거환경 개선을 위한 임시조치법을 시행하면서 사인의 대지에 건축 후퇴선을 적용한 결과 그 대지 일부가 사실상 도로로 사용하게 되었음에도 행정청이 보상을 하여주지 아니한 부작위,[3] 군사법원 검찰관이 아니어서 사건송치의무가 없는 국방부 합동조사단장인 피청구인이 군인신분이 아닌 피고소인들에 대하여 관할권이 있는 검찰청에 사건송치를 하지 아니한 부작위,[4] 국가 및 지방자치단체가 사립유치원에 대한 교사인건비, 운영비 및 영양사 인건비를 예산으로 지원하지 않은 부작위,[5] 법률개정안을 발의하지 않고 있는 행정부의 부작위,[6] 장애인 복지를 위하여 저상버스를 도입하지 않은 부작위,[7] 국방부장관이 예비군 소집 훈련받은 청구인에게 금 2,000원 외 추가 훈련 보상비를 지급하지 않은 것,[8] 국가보훈처장이 국가유공자의 취업희망 신청에 대해, 고용명령에 의한 취업보호를 하지 않은 것,[9] 국가보훈처장이 독립유공자로 인정받기 위한 전제로서 요구되는 서훈추천을 거부한 것,[10] 환경부장관이 규제개혁 위원회 권고대로 이행하지 아니한 것,[11] 도시계획시설사업 실시·계획의 인가고시가 없고, 지목이 임야인 토지에 대하여 행정청이 시가에 의해 정당한 보상을 하지 않은 것,[12] 국민고충처리위원회의 시정권고에 따르지 아니한 행정기관의 부작위,[13] 수사기관이 국선변호인 선정신청서를 법원에 즉시 제출하지 아니한 부작위,[14] 교육과학기술부장관이 신 활력 지역으로 선정된

---

1) 헌재 2000. 3. 30. 98헌마206.
2) 헌재 2000. 6. 29. 98헌마391.
3) 헌재 2001. 1. 18. 99헌마636.
4) 헌재 2001. 2. 23. 2001헌마79.
5) 헌재 2006. 10. 26. 2004헌마13.
6) 헌재 2001. 7. 19. 2000헌마703.
7) 헌재 2002. 12. 18. 2002헌마52.
8) 헌재 2003. 6. 26. 2002헌마484.
9) 헌재 2004. 10. 28. 2003헌마898.
10) 헌재 2005. 6. 30. 2004헌마859.
11) 헌재 2007. 2. 22. 2003헌마428.
12) 헌재 2007. 7. 26. 2005헌마501.
13) 헌재 2007. 7. 26. 2005헌마501.
14) 헌재 2008. 9. 25. 2007헌마1126.

시 지역까지 농어촌 학생 특별전형의 지원자격을 부여하는 대학에 대하여 시정조치를 하지 않은 부작위,[1] 국가 및 지방자치단체가 초·중등 교육과정에 지역어 보전 및 지역의 실정에 적합한 기준과 내용의 교과를 편성하지 않은 부작위,[2] 구청장의 건축법상 시정명령 불행사라는 행정권력의 부작위,[3] 교도소장이 미결수용자에게 재판에 참석할 때 사복을 착용할 수 있다는 것을 고지하지 않은 부작위,[4] 수사기관이 청구인의 요청에도 불구하고 청구인의 친구를 참고인으로 조사하지 아니한 것,[5] 징발재산인 토지에 대하여 국방부장관이 피징발자의 상속인들에게 매각하지 않은 부작위[6] 등은 각각 그에 상응하는 작위의무가 인정되지 아니하므로 헌법소원의 대상이 되는 공권력의 불행사라고 할 수 없다고 하였다.

또한 헌법재판소는 피청구인이 청구인으로부터 작업장려금 사용신청을 받고도 이를 방치한 행위를 공권력의 불행사에 해당하는 것으로 보아 헌법소원의 대상으로 삼으려면 작업장려금 사용신청행위가 전제되어야 하는데, 그러한 신청을 하였다는 점을 인정할 아무런 자료가 없으므로 공권력의 불행사가 있다고 할 수 없다고 하였고,[7] 헌법소원 사건의 결정서 정본을 국선대리인에게만 송달하고 청구인에게는 송달하지 않은 부작위의 위헌확인을 구하는 헌법소원 심판청구의 적법여부에 관해서 국선대리인 외에 당사자에게 따로 송달을 하여야 할 작위의무가 있다고 할 수 없으며 공권력 불행사가 존재하지 아니한다고 하였다.[8]

한편 헌법재판소는, 헌법규정이나 헌법해석상 교육부장관에게 학교법인 이화학당의 법학전문대학원 모집요강과 관련하여 법학전문대학원 설치·운영에 관한 법률 제38조에 의한 시정명령을 할 의무가 있다고 보이지 아니하므로 헌법에서 유래하는 구체적 작위의무가 인정되는 공권력의 불행사를 대상으로 하는 심판청구가 아니므로 부적법하다고 하였고,[9] "헌법 및 법령으로부터 '교도소장

1) 헌재 2008. 9. 25. 2008헌마456.
2) 헌재 2009. 5. 28. 2006헌마618.
3) 헌재 2010. 4. 20. 2010헌마189 지정부 결정.
4) 헌재 2010. 4. 29. 2008헌마412등.
5) 헌재 2011. 9. 29. 2010헌바66.
6) 헌재 2011. 12. 29. 2009헌마621.
7) 헌재 2012. 11. 29. 2011헌마584.
8) 헌재 2012. 11. 29. 2011헌마693.
9) 헌재 2013. 5. 30. 2009헌마514.

이 수용자의 열람신청이 있는 도서에 대하여 반드시 일정한 기간 내에 대여해 주어야 한다거나 분실도서를 구입하여 대여해 주어야 할 작위의무'가 도출된다고 보기 어렵다. 다만 수용자들의 경우 증거자료의 수집, 변호사 선임과 접견, 재판 관련 정보에의 접근, 재판참석 및 변론 등 재판청구권 실현에 현실적 어려움이 있을 수밖에 없으므로 교도소장으로서는 '수용자가 재판준비와 진행에 어려움이 없도록 도움을 주어야 할 의무'가 있고, 이는 헌법 제27조 제 1 항의 재판청구권으로부터 도출되는 헌법상 작위의무라고 볼 수 있다. 그러나 이 사건 기록에 의하면, 교도소장은 급히 필요한 재판자료임을 소명하면 인터넷 출력 및 타 도서 복사 등을 통하여 해당 정보를 제공받을 수 있도록 하고, 법률상담제도를 운영하고 있으므로 도서대여가 지체된 기간 동안 다른 방법으로 청구인의 재판준비에 어려움이 없도록 적절하고 실질적인 도움을 제공하였다고 봄이 상당하다. 따라서 교도소장인 피청구인이 '수용자의 재판 준비에 도움을 주어야 할 헌법상 작위의무'를 해태하였다고 볼 수 없다."고 판시하여 이 부분 심판청구도 부적법하다고 하였다.[1)]

또한 헌법재판소는, 원자력안전위원회 위원장이 연간 최대 개인피폭 예상량이 일반인 선량한도에 미치지 아니하고 긴급 이전이 필요하지 아니한 폐아스콘에 대하여 철거 후 임시 보관하여 일반인 접근 방지조치를 취하고 종국적으로 경주방사성폐기물처분시설로 이전한 이상, 방사선재해가 발생할 경우 국민을 보호하기 위한 적절한 조치를 하여야 할 의무를 게을리하였다고 할 수 없고, 청구인들이 주장하는 바와 같이 폐아스콘을 즉시 수거·이전하지 않았다고 하여 위 작위의무를 위반하였다고 볼 수 없으므로, 원자력안전위원회 위원장에 대한 심판청구는 헌법소원의 대상이 되는 공권력의 불행사가 있다고 볼 수 없어 부적법하고, 식품의약품안전청장이 일본의 출하정지대상품목에 대하여 잠정 수입중단조치를 하고 방사성물질 검사 결과를 공개하였으며 일본산 수입식품에 대한 방사성 세슘 기준을 강화하여 후쿠시마 주변 8개현의 수산물 수입을 전면 금지한 이상, 수입 대상 식품이 방사성물질에 오염되어 위해가 발생할 우려가 있을 경우 수입금지 등 조치를 할 의무를 게을리하였다고 할 수 없고, 청구인들이 주장하는 바와 같이 일본산 수산물에 대하여 전면 수입금지조치를 하지 아니하였다고 하여 위 작위의무를 위반하였다고 볼 수 없으므로 식품의약품안전청

1) 헌재 2013. 8. 29. 2012헌마886.

장에 대한 심판청구는 헌법소원의 대상이 되는 공권력의 불행사가 있다고 볼 수 없어 부적법하다고 하였고,[1] "피청구인이 구속영장이 청구된 피의자의 사선변호인에게 구속 전 피의자심문기일 이전에 피의사실의 요지를 미리 고지하여야 할 작위의무가 헌법상 명문으로 규정되어 있지 않으며, 헌법의 해석상 피의자의 변호인의 조력을 받을 권리 등으로부터 이러한 작위의무가 도출된다고 볼 수도 없다. 나아가 피청구인의 이러한 작위의무가 형사소송법, 형사소송규칙 등 관련 법령에 구체적으로 규정되어 있지도 아니하므로, 결국 피청구인의 부작위에 대한 심판청구 부분은 헌법에서 유래한 작위의무가 없는 공권력의 불행사에 대한 것으로서 부적법하다."고 판시하였으며,[2] "헌법 제10조 및 제12조 제 1 항 전문의 해석상, 그리고 '독도의 지속가능한 이용에 관한 법률' 등의 법령에 기하여서는 피청구인에게 독도에 대피시설 등의 특정 시설을 설치하여야 할 구체적인 작위의무가 있다고 보기 어려우므로, 독도에 대피시설 등을 설치하지 아니한 피청구인의 부작위가 있다 하더라도 이는 헌법소원의 대상이 될 수 없다."고 판시하였고,[3] 구치소장이 수용자인 청구인에게 특정한 의약품을 지급해 주지 않은 행위에 대한 심판청구는, 헌법상 작위의무가 없는 행정청의 단순한 부작위에 대한 헌법소원으로 부적법하다고 하였다.[4]

또한 헌법재판소는 "헌법 명문상, 그리고 헌법 해석상 피청구인이 아우디폭스바겐코리아 주식회사 등에게 자동차교체명령을 하여야 할 작위의무는 인정되지 않고, 구 대기환경보전법 제50조 제 7 항은 부품교체명령과 자동차교체명령을 피청구인의 재량행위로 정하고 있었고, 현행 대기환경보전법 제50조 제 7 항, 제 8 항은 자동차교체명령은 부품교체명령을 이행하지 아니하거나 부품교체명령으로 그 결함을 시정할 수 없는 때에 한하여 보충적으로 내릴 수 있도록 하고 있으므로 청구인들이 주장하는 바와 같은 공권력 주체의 작위의무가 법령에 구체적으로 규정되어 있다고 볼 수 없다. 결국 피청구인에게 청구인들이 주장하는 바와 같은 내용의 헌법상 작위의무가 있다고 볼 수 없다"고 판시하였으며,[5] 전북대 총장이 서남대학교 의예과·의학과 재적생에 대한 특별편입학 모집에 따른 후속조치로 학생·학부모와의 협의, 강의실 개선, 임상실습 관련시설

1) 헌재 2015. 10. 21. 2012헌마89등.
2) 헌재 2015. 12. 23. 2013헌마182.
3) 헌재 2016. 5. 26. 2014헌마1002.
4) 헌재 2016. 11. 24. 2015헌마11.
5) 헌재 2018. 3. 29. 2016헌마795.

개선, 분반 등의 학사관리 개선, 기숙사 및 장학금 확대의 조치를 취하지 않는 부작위는 **헌법상 작위의무**가 없는 행정부작위를 대상으로 한 것이라고 하였고,[1] 일제에 의한 강제징용 등으로 사할린에 동원되었다가 그 후 대한민국에 영주귀국한 자 및 그 가족으로서 대한민국의 국적을 가진 자들의 대일청구권이 한일청구권협정에 의해 소멸하였는지 여부에 관한 한·일 양국 간 해석상 분쟁을 해결할 외교부장관의 작위의무는 인정되나 외교부장관이 위 **작위의무**를 불이행하였다고 할 수는 없다고 하였으며,[2] "장애인차별금지법 제19조 제 8 항은 제19조 제 6 항, 제 7 항 적용대상의 단계적 범위 및 정당한 편의의 내용 등 필요한 사항은 대통령령으로 정한다고 규정하므로, 장애인차별금지법 시행령 제13조 제 3 항에 규정된 의무를 넘어서는 구체적 작위의무를 법률 차원에서 직접 도출할 수는 없고, 도로교통법령에서도 청구인이 주장하는 것과 같은 구체적이고 개별적인 작위의무를 부과하고 있지는 않으며, 도로교통법령이 장애 정도에 적합하게 제작·승인된 자동차 등으로서 응시자의 소유이거나 그가 타고 온 자동차를 이용하여 기능시험을 치를 수 있도록 한 것이 현저히 자의적이라고 보기 어려우므로, 이 사건 부작위에 대한 청구인의 심판청구는 **구체적 작위의무**가 인정되지 않는 공권력의 불행사를 대상으로 한 것이어서 부적법하다."고 판시하였으며,[3] 헌법 조항 및 이를 구체화하는 교육기본법과 초·중등교육법은 '대한민국이 유엔에서 승인한 한국의 유일한 합법정부'라는 내용을 교육과정에 포함시키도록 명시적으로 위임하고 있지 않으며, 또한 사회의 구성원으로서 기본적인 품성과 보편적인 자질을 배양하고자 하는 초·중등교육의 목적에 비추어보면, 위와 같은 내용을 교육과정에 명시할 **구체적 작위의무**가 대한민국의 발전과정을 이해하고 역사적 판단력과 문제해결능력, 비판적 사고력의 기초를 형성하는데 불가결한 것으로서 관련 법률의 해석상 발생한다고 보기도 어려우므로 청구인

---

1) 헌재 2018. 2. 28. 2018헌마37 등.
2) 헌재 2019. 12. 27. 2012헌마939.
3) 헌재 2020. 10. 29. 2016헌마86(5인의 반대의견은 운전면허시험의 관리업무를 수행하는 도로교통공단에게는 관련 법령에서 운전면허취득이 허용된 신체장애인이 그러한 장애가 없는 사람과 동등하게 운전면허시험을 신청·응시·합격할 수 있도록 인적·물적 제반 수단을 제공하고 이와 관련된 조치를 취할 의무가 있고, 이와 관련하여 특히 도로교통공단이 운전면허시험관리를 위하여 예산을 투입하여 운전면허 기능시험 응시자에게 차량제공 급부작용을 함에 있어서는 장애가 없는 사람을 위해 기능시험용 차량이 제공되는 것과 동등하게 관련법령상 운전면허 취득이 허용된 신체장애인에게도 그들이 취득할 수 있는 운전면허와 관련한 신체장애 정도에 적합하게 제작·승인된 기능시험용 차량을 제공할 구체적 작위의무가 인정된다고 하였다. 결정주문은 '기각'으로 나갔다).

들의 부작위에 관한 청구는 헌법소원의 대상이 될 수 없는 공권력의 불행사를 심판대상으로 한 것으로서 부적법하다고 하였고,[1] 한국인 BC급 전범들의 대일 청구권이 '대한민국과 일본국 간의 재산 및 청구권에 관한 문제의 해결과 경제 협력에 관한 협정'(조약 제172호) 제 2 조 제 1 항에 의하여 소멸하였는지 여부에 관한 한·일 양국 간 해석상의 분쟁을 위 협정 제 3 조가 정한 절차에 의하여 해결절차에 나아가야 할 외교부장관의 구체적 작위의무가 인정되지 아니하고, 한국인 BC급 전범들이 일제의 강제동원으로 인하여 입은 피해의 경우에는 일본의 책임과 관련하여 이 사건 협정의 해석에 관한 한·일 양국 간의 분쟁이 현실적으로 존재하는지 여부가 분명하지 않으므로, 외교부장관에게 이 사건 협정 제 3 조에 따른 분쟁해결절차로 나아갈 작위의무가 인정된다고 보기 어렵다고 하였으며,[2] ○○정책연구원의 원장 직을 국회의원 선거일 30일이 지난 후 그만두고 비례대표 국회의원 후보로 등록하여 당선된 자에 대하여 중앙선거관리위원회가 당선무효를 공고하고 이를 통지하여야 할 작위의무가 인정되지 않으므로 청구인이 다투는 중앙선거관리위원회의 부작위는 헌법소원의 대상이 되는 공권력의 불행사에 해당하지 아니한다고 하였다.[3]

또한 헌법재판소는 "헌법이나 헌법해석상으로 피청구인들이 진실규명사건의 피해자인 청구인 및 피해자의 배우자, 자녀, 형제인 청구인들에게 국가배상법에 의한 배상이나 형사보상법에 의한 보상과는 별개로 배상·보상을 하거나 위로금을 지급하여야 할 작위의무가 도출되지 아니한다. 또한 과거사정리법 제34조, 제36조 제 1 항이나 '고문 및 그 밖의 잔혹한·비인도적인 또는 굴욕적인 대우나 처벌의 방지에 관한 협약' 제14조로부터도 피청구인들이 청구인들에게 직접 금전적인 피해의 배상이나 보상, 위로금을 지급하여야 할 헌법에서 유래하는 작위의무가 도출된다고 볼 수 없다. 따라서 배상조치 부작위는 헌법소원의 대상이 되는 공권력의 불행사에 해당하지 아니한다."고 판시하였고,[4] "오랜 기간 동안 범죄자의 가족이라는 부정적인 사회적 평가와 명예의 훼손을 감당하여 온 청구인 이○○ 등의 명예를 회복하기 위한 가장 적질한 조치는 다름 아닌 피해자 청구인 정○○의 명예를 회복하는 것이다. 그런데 피해자인 청구인 정

1) 헌재 2021. 5. 27. 2018헌마1108.
2) 헌재 2021. 8. 31. 2014헌마888(4인의 반대의견 있음).
3) 헌재 2021. 8. 31. 2020헌마802.
4) 헌재 2021. 9. 30. 2016헌마1034.

○○이 재심을 청구하여 무죄판결이 선고되었고, 법원의 형사보상결정에 따라 청구인 정○○에게 형사보상금이 지급되었으며, 형사보상결정이 관보에 게재되어 청구인 정○○의 명예를 회복시키기 위한 조치가 이행된 이상, 피청구인들이 청구인 정○○의 유가족인 청구인 이○○ 등의 명예를 회복시키기 위한 적절한 조치를 이행하였음이 인정된다. 따라서 헌법소원의 대상이 되는 공권력의 불행사가 존재한다고 볼 수 없다."고 판시하였으며,[1] "청구인들은 행정부가 이 사건 ICO금지 방침 후 후속 행정적 조치를 하지 아니한 부작위 역시 위헌이라고 주장하나 청구인들이 주장하는 행정부의 작위의무는 헌법상 명문으로 규정되어 있지 않고, 헌법의 해석상 작위의무가 도출되지 않으며, 법령에 구체적으로 규정되어 있지도 않다. 따라서 이러한 작위의무가 있음을 전제로 하는 행정부의 부작위의 위헌확인을 구하는 심판청구는 부적법하다."고 판시하였고,[2] "헌법은 명문으로 '70세 이상인 불구속 피의자에 대하여 피의자신문을 할 때 법률구조제도에 대한 안내 등을 통해 피의자가 변호인의 조력을 받을 권리를 행사하도록 조치할 작위의무'를 규정하고 있지 아니하다. 한편, 변호인이 피의자의 조력자로서의 역할을 수행할 수 있도록 하기 위한 절차적 권리 등은 구체적 입법형성을 통해 비로소 부여되므로, 헌법 해석상 변호인의 조력을 받을 권리로부터 위와 같은 법무부장관의 작위의무가 곧바로 도출된다고 볼 수도 없다. 위와 같은 법무부장관의 작위의무가 법률구조법, 형사소송법 등 관련 법령에 구체적으로 규정되어 있지도 아니하다. 따라서 이 사건 행정부작위에 대한 심판청구는 헌법소원의 대상이 될 수 없는 공권력의 불행사에 대한 것으로서 부적법하다."고 판시하였으며,[3] "헌법상 명문 규정이나 헌법의 해석으로부터 보건복지부장관이 이 사건에서 문제된 해당 공공기관에 장애인전용 주차구역, 장애인용 승강기 및 화장실을 설치하도록 할 작위의무가 도출된다고 보기 어렵고, '장애인·노인·임산부 등의 편의증진 보장에 관한 법률' 등 규정을 살펴보더라도 위 대상시설에 대한 시정조치 요청 행위는 재량행위로 보건복지부장관이 해당 시설의 규모나 상태, 안전성 등을 종합적으로 고려하여 판단할 사안에 해당하여 보건복지부장관으로 하여금 위 공공기관들에게 장애인전용 주차구역이나 장애인용 승강기 등을 설치하거나 시정조치를 하도록 요청할 구체적 작위의무

1) 헌재 2021. 9. 30. 2016헌마1034. 4인의 반대 위헌의견 있음.
2) 헌재 2022. 9. 29. 2018헌마1169.
3) 헌재 2023. 2. 23. 2020헌마1030.

를 도출하기 어렵다. 따라서 이 부분 심판청구는 **작위의무** 없는 공권력의 불행사에 대한 헌법소원이어서 부적법하다."고 판시하였고,[1] "헌법은 우정직 공무원의 직렬구분이나 전직시험에 관하여 아무런 규정을 두고 있지 않고, 피청구인이 우정직군 공무원의 직렬을 구분하지 아니한 부작위 및 우정직군 공무원들에 대하여 전직시험을 실시하지 아니한 부작위에 관한 **구체적 작위의무**가 헌법해석상, 또는 국가공무원법이나 공무원임용령상 인정된다고 보기 어렵다. 따라서 위와 같은 부작위에 대한 청구는 헌법소원의 대상이 될 수 없는 공권력의 불행사를 대상으로 한 것이어서 부적법하다."고 판시하였다.[2]

마. 재판을 거친 경우의 원행정처분

헌법재판소는 행정처분에 대하여 재판을 거치고 난 후에 원행정처분에 대하여 제기한 헌법소원사건에서, 행정처분의 기초가 되는 **사실관계의 인정과 평가** 또는 단순한 **일반법규의 해석과 적용**의 문제는 원칙적으로 헌법재판소의 헌법소원 심판대상이 될 수 없는 것이어서 헌법소원심판청구의 이익이 없으므로 부적법하다고 하였다.[3]

또한 헌법재판소는 위와 같은 법리는 형사재판을 집행하는 검사의 처분에 대하여 형사소송법에 의한 이의신청(고등법원에의) 및 항고절차(대법원에의)를 거쳐 헌법소원심판을 청구한 경우에도 마찬가지로 적용되어야 한다고 하였고,[4] 불기소처분에 대한 헌법소원심판청구에 있어서도 구제절차로서 재정신청절차를 경유하여 법원의 판단을 거친 경우엔, 불기소처분의 기초가 된 사실관계의 인정과 평가 또는 일반법규의 해석과 적용의 문제는 원칙적으로 헌법재판소의 심판대상이 되지 아니한다고 하였다.[5]

다만, 헌법재판소는 청구인이 행정처분에 의하여 헌법상 보장된 기본권의 침해를 받았다고 주장하는 경우, 다른 법률상 구제절차인 행정소송·행정심판

1) 헌재 2023. 7. 20. 2019헌마709.
2) 헌재 2023. 8. 31. 2020헌마116.
3) 헌재 1992. 6. 26. 90헌마73; 동지: 헌재 1993. 9. 27. 93헌마45; 헌재 1993. 10. 27. 93헌마247; 헌재 1995. 4. 20. 91헌마52; 헌재 1995. 6. 29. 93헌마196; 헌재 1999. 5. 27. 97헌바8등(어떤 국세가 우선징수권이 인정되는 "당해 재산의 소유 그 자체를 과세의 대상으로 하여 부과하는 국세와 가산금"에 해당되는지에 관한 구체적·세부적인 판단 문제는 개별법령의 해석·적용의 권한을 가진 법원의 영역에 속하므로, 헌법재판소가 가려서 답변할 성질의 것이 아니라고 하였다.).
4) 헌재 1992. 7. 23. 90헌마212.
5) 헌재 1994. 2. 24. 93헌마82.

등을 모두 경유한 후 다시 그 원행정처분에 대하여 헌법소원심판청구를 할 수 있는지 여부에 관하여, "원래 공권력의 행사로 인하여 헌법상 보장된 기본권을 침해받은 자는 원칙적으로 법원의 재판을 제외하고는 헌법재판소에 헌법소원심판을 청구할 수 있는 것이므로(헌법 제111조 제 1 항 제 5 호, 헌재법 제68조 제 1 항 본문), 행정처분에 대하여도 헌법소원심판을 청구할 수 있음이 원칙이라고 하겠다. 다만, 행정소송의 대상이 되는 행정처분의 경우에는, 헌법재판소법 제68조 제 1 항 단서에 의하여 헌법소원심판을 청구하기에 앞서 행정소송절차를 거치도록 되어 있고, 이러한 경우 행정소송절차에서 선고되어 확정된 판결과 헌법재판소가 헌법소원심판절차에서 선고하게 될 인용결정의 기속력과의 관계, 법원의 재판을 원칙적으로 헌법소원심판의 대상에서 제외한 헌법재판소법 제68조 제 1 항의 입법취지 등에 비추어 그에 대한 헌법소원심판청구의 적법성이 문제되었던 것이다. 그러나, 이 사건의 경우와 같이 법원의 판결에 대한 헌법소원이 예외적으로 허용되는 경우에는 달리 그 판결의 대상이 된 행정처분에 대한 헌법소원심판의 청구가 허용되지 아니한다고 볼 여지가 없다고 하겠다. 뿐만 아니라, 법원의 재판과 행정처분이 다 같이 헌법재판소의 위헌결정으로 그 효력을 상실한 법률을 적용함으로써 청구인의 기본권을 침해한 경우에는 그 처분의 위헌성이 명백하므로 원래의 행정처분까지도 취소하여 보다 신속하고 효율적으로 국민의 기본권을 구제하는 한편, 기본권침해의 위헌상태를 일거에 제거함으로써 합헌적 질서를 분명하게 회복하는 것이 법치주의의 요청에 부응하는 길이기도 하다."고 판시하여 간접적으로 판단한 예가 있었다.[1)]

그런데 그 뒤에 이 문제에 관하여 직접 판단한 판례가 나왔다. 즉 "헌재 1997. 12. 24. 96헌마172·173(병합) 결정에서 보는 바와 같이 원행정처분에 대한 헌법소원심판청구를 받아들여 이를 취소하는 것은, 원행정처분을 심판의 대상으로 삼았던 법원의 재판이 예외적으로 헌법소원심판의 대상이 되어 그 재판자체까지 취소되는 경우에 한하여, 국민의 기본권을 신속하고 효율적으로 구제하기 위하여 가능한 것이고, 이와는 달리 법원의 재판이 취소되지 아니하는 경우에는 확정판결의 기판력으로 인하여 원행정처분은 헌법소원심판의 대상이 되지 아니한다고 할 것이다. 원행정처분에 대하여 법원에 행정소송을 제기하여

1) 헌재 1997. 12. 24. 96헌마172등(이 결정에서 헌법재판소는 법원의 판결에 대한 헌법소원심판청구가 예외적으로 허용되어 그 재판이 취소되는 경우에는 원래의 행정처분에 대한 헌법소원심판청구도 인용하는 것이 상당하다고 판시하면서 원행정처분도 취소하였다).

패소판결을 받고 그 판결이 확정된 경우에는 당사자는 그 판결의 기판력에 의한 기속을 받게 되므로, 별도의 절차에 의하여 위 판결의 기판력이 제거되지 아니하는 한, 행정처분의 위법성을 주장하는 것은 확정판결의 기판력에 어긋나기 때문이다. 따라서 법원의 재판이 위 96헌마172등 사건과 같은 예외적인 경우에 해당하여 그 역시 동시에 취소되는 것을 전제로 하지 아니하는 한, 원행정처분의 취소 등을 구하는 헌법소원심판청구는 허용되지 아니한다고 할 것이다. 뿐만 아니라 원행정처분에 대한 헌법소원심판청구를 허용하는 것은, '명령·규칙 또는 처분이 헌법이나 법률에 위반되는 여부가 재판의 전제가 된 경우에는 대법원은 이를 최종적으로 심사할 권한을 가진다.'고 규정한 헌법 제107조 제 2 항이나, 원칙적으로 헌법소원심판의 대상에서 법원의 재판을 제외하고 있는 헌법재판소법 제68조 제 1 항의 취지에도 어긋나는 것이다."라고 판시하였고,[1] 그 후에도 수차 "원행정처분에 대한 헌법소원심판청구를 받아들여 이를 취소하는 것은, 원행정처분을 심판의 대상으로 삼았던 법원의 재판이 예외적으로 헌법소원심판의 대상이 되어 그 재판 자체까지 취소되는 경우에 한하여, 국민의 기본권을 신속하고 효율적으로 구제하기 위하여 가능한 것이고, 이와는 달리 법원의 재판이 취소되지 아니하는 경우에는 확정판결의 기판력으로 인하여 원행정처분은 헌법소원심판의 대상이 되지 아니한다."고 판시하였다.[2]

이와 같은 법리는 법원의 재판이 소를 각하하는 판결이거나,[3] 검사의 불기

1) 헌재 1998. 5. 28. 91헌마98등.

2) 헌재 1998. 6. 25. 95헌바24; 헌재 1999. 9. 16. 98헌마265(이 사건 과세처분 중 상고기각된 부분은 그 취소를 구하는 행정소송을 법원에 제기하였다가 그 청구를 기각한 판결이 확정되었으나, 그 법원의 확정판결이 헌법소원심판의 대상이 될 수 없어 취소될 수 없으므로, 그 원처분의 취소를 구하는 심판청구 역시 부적법하다고 하였다); 헌재 1999. 12. 23. 98헌마14(올림픽주경기장 사용료부과처분취소 사건에서 청구인은 이 부과처분의 취소를 구하고 있을 뿐 법원의 재판에 대한 헌법소원심판을 청구하지 아니하므로, 원행정처분의 취소를 구하는 이 헌법소원심판청구는 부적법하다고 하였다); 헌재 2000. 6. 1. 99헌마451; 헌재 2001. 2. 22. 99헌마409; 헌재 2007. 5. 31. 2006헌마1351; 헌재 2009. 12. 29. 2008헌마421; 헌재 2010. 4. 29. 2003헌마283; 헌재 2012. 5. 31. 2010헌마292; 헌재 2014. 5. 29. 2010헌마606(노동부장관의 고시의 무효확인을 구하는 행정소송을 제기하였다가 패소확정되었으나, 위 법원의 판결이 예외적으로 헌법소원의 대상이 되는 재판에 해당하지 아니하므로 그 재판의 심판대상이었던 위 고시는 헌법소원심판의 대상이 될 수 없다고 하였다); 헌재 2020. 5. 27. 2018헌바398.

3) 헌재 1998. 8. 27. 97헌마150; 헌재 2010. 4. 29. 2003헌마283(청구인들이 취임승인 취소처분의 취소를 구하는 행정소송을 제기하였다가 소의 이익이 없다는 이유로 각하판결을 받아 확정된 경우 그 판결이 헌법재판소가 위헌으로 결정한 법령을 적용한 것도 아니어서 그 재판 자체가 헌법소원심판에 의하여 취소되어야 할 예외적인 경우에 해당한다고 볼 수도 없으므로 이 사건 헌법소원심판청구는 부적법하다고 하였다). 소송판결도 당사자적격, 소의 이익 또는 처분성 등의 흠결을 이유로 소가 부적법하다는 판단에 대하여는 기판력이 생기는 것이고, 소송물인 권리관계의 존부에

소처분에 대하여 법원의 재정신청절차를 거친 경우,[1] 검사의 형기종료일 지정처분에 대한 법원의 이의신청절차를 거친 경우[2]에도 마찬가지로 적용된다.

그런데 위와 같은 헌법재판소 판례의 입장과는 달리 원행정처분에 대한 헌법소원을 부정하면 헌법소원심판의 보충성원칙이 무의미해진다거나, 법원의 재판을 헌법소원심판에서 제외함으로 인한 기본권보장의 공백을 해결할 필요가 있다거나, 원행정처분을 헌법소원의 대상에서 제외한다면 헌법재판소법 제75조 제 3 항, 제 4 항, 제 5 항은 무의미하게 된다는 등의 이유로 원행정처분에 대하여도 헌법소원심판을 인정하는 것이 타당하다는 견해[3]와 법원에서 소각하 판결을 받은 경우에는 원행정처분에 대한 헌법소원이라는 이유만으로 일률적으로 부적법하다고 볼 것이 아니라, 헌법소원의 독자적 관점에서 적법요건을 검토하여 헌법소원의 허용여부를 결정하여야 한다는 견해[4]가 있었다.

그런데 최근의 헌법재판소 판례는 법원의 재판을 거쳐 확정된 행정처분인, 피청구인이 청구인에 대하여 한 과세처분이 헌법소원심판의 대상이 되는지 여부에 관하여, "법원의 재판을 거쳐 확정된 행정처분(이하 '원행정처분'이라 한다)에 대한 헌법소원 심판청구는 헌법재판소법 제68조 제 1 항의 입법취지 등에 비추어 원칙적으로 허용되지 않지만, 원행정처분을 심판의 대상으로 삼았던 법원의 재판이 예외적으로 헌법소원심판의 대상이 되어 그 재판 자체가 취소되는 경우에는 예외적으로 원행정처분에 대하여도 헌법소원 심판청구가 허용된다. 그런데 위헌결정이 있기 전에 그 법률을 법원이 적용하는 것은 제도적으로 정당성이 보장되므로 아직 헌법재판소에 의하여 위헌으로 선언된 바가 없는 법률이 적용된 재판을 그 후에 위헌결정이 선고되었다는 이유로 위법한 공권력의 행사라고 하여 헌법소원심판의 대상으로 삼을 수는 없다. 그러므로, 이 사건 과세처분을 심판대상으로 삼았던 법원의 재판인 재심대상판결은 법률에 대한 위헌결정의

는 기판력이 미치지 아니한다(이시윤, 신민사소송법, 663면 참조).

1) 헌재 1998. 8. 27. 97헌마79; 헌재 2008. 7. 29. 2008헌마487 지정부 결정; 헌재 2011. 10. 25. 2010헌마243.

2) 헌재 2012. 5. 31. 2010헌아292.

3) 김학성, "헌법소원에 관한 연구", 서울대 박사학위 논문, 225면; 성낙인, 249면; 정종섭, 593면.

4) 김하열, 479면. 이 때 청구인은 법원의 구제절차를 적법하게 거친 것으로 보아야 하고, 헌법소원의 청구기간은 헌재법 제69조 제 1 항 본문이 아니라 동항 단서를 적용하여 법원의 최종 재판의 결과를 통지받은 날로부터 30일 이내에 청구하면 된다고 한다. 그러나 헌법재판소는 행정소송의 대상이 아닌 행정작용에 대해 행정소송을 제기하여 각하판결을 받은 후 헌법소원을 청구한 경우 부적법한 구제절차를 거친 것으로 보아 제69조 제 1 항 본문의 청구기간을 적용하였다(헌재 2003. 9. 25. 2002헌마789).

기속력에 반하는 재판에 해당하지 않는다. 따라서 이 사건 과세처분을 심판의 대상으로 삼았던 법원의 재판이 예외적으로 헌법소원의 대상이 되어 취소되는 경우에 해당하지 아니하므로, 원행정처분인 이 사건 과세처분에 대한 심판청구는 부적법하다."고 판시하였다.[1)]

한편 헌법재판소는 "구제절차로서 법원의 재판을 거친 후에 원래의 행정처분 및 기타 공권력작용에 대하여 헌법소원을 제기할 수 있느냐에 관하여는 헌법재판소법의 해석상 의문이 있으나 그 문제는 별론으로 하더라도, 청구기간 기타 나른 요건의 흠결이 있이 심판청구의 적법성이 문제될 수 있는 경우에는 그 요건 흠결에 관하여 먼저 판단할 수 있다."고 판시한 예도 있다.[2)]

바. 자치입법(조례 등)

헌법재판소는 "헌법재판소법 제68조 제 1 항에서 말하는 '공권력'에는 입법작용이 포함되며, 지방자치단체에서 제정하는 조례도 불특정 다수인에 대해 구속력을 가지는 법규이므로, **조례제정행위**도 입법작용의 일종으로서 헌법소원의 대상이 된다."고 판시하였고,[3)] "**조례**는 지방자치단체가 그 자치입법권에 근거하여 자주적으로 지방의회의 의결을 거쳐 제정한 법규이기 때문에 조례 자체로 인하여 직접 그리고 현재 자기의 기본권을 침해받은 자는 그 권리구제의 수단으로서 조례에 대한 헌법소원을 제기할 수 있다. 다만 이 경우에 그 적법요건으로서 조례가 별도의 구체적인 집행행위를 기다리지 아니하고 직접 그리고 현재 자기의 기본권을 침해하는 것이어야 함을 요한다."고 판시하였고,[4)] 서울특별시 보도상 영업시설물 관리 등에 관한 **조례** 제 3 조 제 2 항 후문 등도 헌법소원심판의 대상이 되는 공권력행사에 해당한다고 하였고,[5)] 옥외광고물 등 관리법 제

1) 헌재 2022. 7. 21. 2013헌마242(2인의 반대의견은 "헌법재판소는 위헌결정의 실효성을 확보함과 동시에 법원에 의하여 훼손된 헌법 우위의 법질서를 바로 잡고 국민의 기본권을 신속하고 효율적으로 구제하기 위하여 예외적으로 원행정처분에 대한 헌법소원심판청구를 허용할 필요가 있다. 따라서 이 사건 한정위헌결정의 기속력을 부인하여 청구인의 재심청구를 기각한 법원의 재판과 함께 이 사건 과세처분도 함께 취소하여야 한다."고 하였다); 같은 취지: 헌재 2022. 7. 21. 2013헌마496(2인의 반대의견 있음); 헌재 2022. 7. 21. 2013헌마497(2인의 반대의견 있음).
2) 헌재 1993. 7. 29. 91헌마47.
3) 헌재 1994. 12. 29. 92헌마216.
4) 헌재 1995. 4. 20. 92헌마264등(다만 조례에 대한 법률의 위임은 법규명령에 대한 법률의 위임과 같이 반드시 구체적으로 범위를 정하여 할 필요가 없으며 포괄적인 것으로 족하다고 하였다); 헌재 2009. 10. 29. 2008헌마454.
5) 헌재 2008. 12. 26. 2007헌마1387; 헌재 2008. 12. 26. 2007헌마32등. 3인의 반대의견은 이 사건

4조 제2항, 법 시행령 제25조 제3항, 신 행정수도 후속대책을 위한 연기·공주지역 행정중심 복합도시 건설을 위한 특별법 제60조의2 제1항, 제3항에 따른 '옥외광고물 표시제한 특정구역 지정고시'는 고시라는 명칭에 불구하고 **조례**의 효력을 가지므로 헌법소원심판의 대상이 되는 공권력 행사에 해당한다고 하였으며,[1] 서울특별시 도시 및 주거환경정비 **조례** 부칙 제23조 제2항 중 '상업지역의 도시정비형 재개발 사업' 부분,[2] 집회 또는 시위를 하기 위하여 인천애(愛)뜰 중 잔디마당과 그 경계 내 부지에 대한 사용허가 신청을 한 경우 인천광역시장이 이를 허가할 수 없도록 제한하는 인천애(愛)뜰의 사용 및 관리에 관한 **조례** 제7조 제1항 제5호 가목[3]도 헌법소원심판의 대상이 되는 공권력 행사에 해당한다고 하였다.

그 외에도 부산직할시 검인계약서 제도실시에 따른 시세불균일과세에 관한 **조례** 제2조 등 위헌확인 사건에서 청구인의 청구가 기본권 보장을 위한 법규정이 불완전하여 그 보충을 요하는 경우에 그 불완전한 법규 자체를 대상으로 하여 그것이 헌법위반이라는 적극적인 심판청구를 한 경우 즉, 부진정 부작위입법에 대한 헌법소원에 해당된다고 볼 수 있으므로 청구인은 위 조례에 대한 자기관련성이 있다고 판시한 예가 있다.[4]

그런데 조례에 관하여 대법원은 비록 방론이지만 조례가 집행행위의 개입 없이 그 자체로서 직접 국민의 구체적인 권리의무나 법적 이익에 영향을 미치는 등의 법률상 효과를 발생하는 경우, 그 조례는 항고소송의 대상이 되는 행정처분에 해당한다고 판시한 바 있으나,[5] 이러한 대법원의 입장에 대하여는 비판적인 견해가 유력하다. 즉 조례가 비록 집행행위의 개입 없이 직접 기본권을 침해하는 경우라고 하더라도 조례는 어디까지나 일반적 효력을 가지는 법규범으

조항들은 구체적 집행행위(갱신허가처분 내지 거부처분)가 예정되어 있고 집행행위가 매개되어야만 청구인들의 권리의무에 영향을 미칠 수 있으므로 직접성의 요건을 갖추지 못하여 부적법하다고 하였고 저자도 이에 가담하였다.

1) 헌재 2016. 3. 31. 2014헌마794.
2) 헌재 2023. 3. 23. 2019헌마758.
3) 헌재 2023. 9. 26. 2019헌마1417.
4) 헌재 1995. 10. 26. 94헌마242.
5) 대법원 1996. 9. 20. 선고 95누8003 판결(한편 피고적격에 대하여는 지방자치단체의 집행기관으로서 조례로서의 효력을 발생시키는 공포권이 있는 지방자치단체의 장이 피고 적격이 있다고 하였다). 이러한 경우 확정된 행정처분에 대한 헌법소원 심판청구로서 헌법소원심판의 대상이 될 수 없는 것에 대한 것이거나, 보충성 요건 흠결을 이유로 부적법 각하된 예가 있었다(헌재 2021. 3. 25. 2018헌마1035).

로 보아야 하고, 항고소송을 가능하게 하기 위하여 조례의 제정주체인 지방의회를 배제하고 공포권자인 지방자치단체의 장을 처분청으로 의제해서 피고적격자로 평가하는 논증도 불합리하기 때문이라고 한다.[1)]

한편, 헌법재판소는 상위 법령에서 일정한 사항을 조례에 위임한 경우 지방자치단체는 해당 조례를 제정할 헌법상 의무를 부담하므로 지방공무원법이 '사실상 노무에 종사하는 공무원의 범위'를 조례에 위임하고 있음에도 불구하고 지방자치단체가 그러한 공무원의 구체적인 범위를 조례로 제정하지 않은 부작위에 대해서는 헌법소원을 청구할 수 있다.[2)]

사. 행정계획, 행정지도 및 공고

(1) 행정계획

(가) 의 의

행정계획이란 행정에 관한 전문적·기술적 판단을 기초로 하여 특정한 행정목표를 달성하기 위하여 서로 관련되는 행정수단을 종합·조정함으로써 장래의 일정한 시점에 있어서 일정한 질서를 실현하기 위한 활동기준으로 설정된 것을 말한다.[3)]

헌법재판소는 "일반적으로 국민적 구속력을 갖는 행정계획(예컨대 도시계획 결정)은 행정행위에 해당되지만, 구속력을 갖지 않고 행정기관 내부의 행동지침에 지나지 않는 행정계획은 행정행위가 될 수 없다. 비구속적 행정계획안이나 행정지침이라도 국민의 기본권에 직접적으로 영향을 끼치고, 앞으로 법령의 뒷받침에 의하여 그대로 실시될 것이 틀림없을 것으로 예상될 수 있을 때에는, 공권력행위로서 예외적으로 헌법소원의 대상이 된다."고 판시하였다.[4)]

(나) 행정계획이 헌법소원의 대상이 되는 공권력행사에 해당한다고 인정된 사례

헌법재판소는, "서울대학교의 '1994학년도 대학입학고사 주요요강'은 교육부가 마련한 대학입시제도 개선안에 따른 것으로서 대학입학방법을 규정한 교육법시행령 제71조의2의 규정이 교육부에 개선안을 뒷받침할 수 있는 내용으

---

1) 허영, 378면.
2) 헌재 2009. 7. 30. 2006헌마358(3인의 반대의견 있음).
3) 대법원 1996. 11. 29. 선고 96누8567 판결.
4) 헌재 1994. 4. 28. 91헌마55; 헌재 2000. 6. 1. 99헌마538; 헌재 2003. 11. 27. 2003헌마694; 헌재 2011. 12. 29. 2009헌마330등; 헌재 2014. 3. 27. 2011헌마291.

로 개정될 것을 전제로 하여 제정된 것이고 위 시행령이 아직 개정되지 아니한 현 시점에서는 법적 효력이 없는 '행정계획안'이어서 이를 제정한 것은 사실상의 준비행위에 불과하고 이를 발표한 행위는 앞으로 그와 같이 시행될 것이니 미리 그에 대비하라는 일종의 사전안내에 불과하므로 위와 같은 사실상의 준비행위나 사전안내는 행정심판이나 행정쟁송의 대상이 될 수 있는 행정처분이나 공권력의 행사는 될 수 없다. 그러나 이러한 사실상의 준비행위나 사전안내라도 그 내용이 국민의 기본권에 직접 영향을 끼치는 내용이고 앞으로 법령의 뒷받침에 의하여 그대로 실시될 것이 틀림없을 것으로 예상될 수 있는 것일 때에는 그로 인하여 직접적으로 기본권침해를 받게 되는 사람에게는 **사실상의 규범작용**으로 인한 위험성이 이미 발생하였다고 보아야 할 것이므로 이러한 것도 헌법소원의 대상은 될 수 있다고 보아야 하고, 서울대학교의 '94학년도 대학입학고사 주요요강'은 교육법시행령 제71조의2의 규정이 개정되어 그대로 시행될 수 있을 것이, 그것을 제정하여 발표하게 된 경위에 비추어 틀림없을 것으로 예상되므로 이를 제정 발표한 행위는 헌법소원의 대상이 되는 헌법재판소법 제68조 제 1 항 소정의 공권력의 행사에 해당한다."고 판시하였고,[1] 서울대학교가 2021. 4. 29. 발표한 '서울대학교 2023학년도 대학 신입학생 입학전형 시행계획' 중 수능위주전형 정시모집 '나'군의 전형방법의 2단계 평가에서 교과평가를 20점 반영하도록 한 부분에 대하여 공권력 행사성을 인정하고 본안판단에 나아갔다.[2]

또한 다가구주택의 가구 수를 3가구로 제한하는 '고양·일산지구 단독, 상업 등 단지(단독, 근린생활, 상업, 업무, 공공건축물) 도시설계시행지침' 제33조 제 3 항은 구 건축법 제60조 및 제62조에 근거하여 고양시장이 그 계획형성의 범위 내에서 작성한 것으로 위 구 건축법조항과 결합하여 고양·일산지구 내 단독주택용지의 모든 다가구주택에 적용되는 법규적 효력을 가지는 **구속적 행정계획**이라고 보았다.[3]

(다) 행정계획이 헌법소원의 대상이 되는 공권력행사에 해당하지 않는다고 본 사례

그러나 1999. 7. 22. 발표한 개발제한구역제도개선방안은 건설교통부장관이 개발제한구역의 해제 내지 조정을 위한 일반적인 기준을 제시하고, 개발제한구

1) 헌재 1992. 10. 1. 92헌마68등.
2) 헌재 2022. 5. 26. 2021헌마527.
3) 헌재 2003. 6. 26. 2002헌마402.

역의 운용에 대한 국가의 기본방침을 천명하는 정책계획안으로 **비구속적 행정계획안**에 불과하므로 공권력 행위가 될 수 없으며, 이 사건 개선방안을 발표한 행위도 대내외적 효력이 없는 단순한 사실행위에 불과하므로 공권력의 행사라고 할 수 없다고 하였고,[1] 기획재정부장관이 확정 공포한 '**공공기관 선진화 추진계획**'도 국민의 기본권에 직접적인 영향을 미친다고 볼 수 없고, 장차 법령의 뒷받침에 의하여 그대로 실시될 것이 틀림없을 것으로 예상된다고 보기도 어려우므로, 헌법소원의 대상이 되는 공권력행사에 해당하지 않는다고 하였으며,[2] 국토교통부장관이 발표한 한국토지주택공사 이전방안은 행정청의 기본방침을 밝히는 **비구속적 행정계획안**에 불과하여 직접 국민의 권리의무에 영향을 미치지 아니하므로 공권력행사에 해당하지 않는다고 하였고,[3] 2012년도와 2013년도 대학교육역량강화사업 기본계획 부분은 법적 구속력을 갖지 않는 **행정계획**으로서 총장직선제를 폐지하는 내용의 학칙이 매개되지 않는 이상 그 자체만으로는 청구인들의 법적 지위나 권리의무에 어떠한 영향도 미친다고 보기 어려우므로 공권력의 행사에 해당하지 아니한다고 하였으며,[4] 정부가 수립한 제 1 차 국가탄소중립 녹색성장 기본계획 중 "재정투자계획" 부분은 정부가 편성하고 국회가 의결하는 규범인 예상에 관한 **중장기적인 계획**을 정한 것일 뿐, 국민의 기본권에 직접적인 영향을 미치는 공권력 행사라고 보기 어려워 헌법소원심판의 대상이 되지 않는다고 하였다.[5]

(2) 행정지도

행정지도라 함은 행정기관이 그 소관사무의 범위 안에서 일정한 행정목적을 실현하기 위하여 특정인에게 일정한 행위를 하거나 하지 아니하도록 지도·권고·조언 등을 하는 행정작용을 말한다(행정절차법 제 2 조 제 3 호). 행정지도는 상대방의 임의적 협력이나 동의를 필요로 하는 **비권력적 사실행위**이고, 그 자체로서는 처분성을 인정할 수 없어 항고소송의 대상이 될 수 없다는 것이 판례[6]와 다수설의 입장이다.

그런데 헌법재판소는 그 자체로 일정한 법적효과의 발생을 목적으로 하는

---

1) 헌재 2000. 6. 1. 99헌마538등.
2) 헌재 2011. 12. 29. 2009헌마330.
3) 헌재 2014. 3. 27. 2011헌마291.
4) 헌재 2016. 10. 27. 2013헌마576.
5) 헌재 2004. 8. 29. 2020헌마389등.
6) 헌재 2008. 10. 30. 2006헌마1401등.

것이 아니라 상대방의 임의적인 협력을 통하여 사실상의 효과를 발생시키고자 하는 것이라면 그 법적 성격을 행정지도로 파악하면서, 행정지도를 따르지 않을 경우, 일정한 불이익 조치를 예정하고 있어 사실상 상대방에게 그에 따를 의무를 부과한 것과 다를 바 없어 단순한 행정지도로서의 한계를 넘어 **규제적·구속적 성격**을 상당히 강하게 갖게 되는 경우에는 헌법소원의 대상이 되는 공권력의 행사로 볼 수 있다고 하였다.[1] 따라서 교육인적자원부장관의 국·공립대학 총장들에 대한 학칙시정요구[2]와 행정기관인 방송통신심의위원회의 시정요구[3]는 단순한 행정지도로서의 한계를 넘어 **규제적·구속적 성격**을 갖는 것으로서 헌법소원 또는 항고소송의 대상이 되는 공권력의 행사라고 봄이 상당하다고 하였고, 방송사업자 등에 대한 방송위원회의 경고 역시 방송평가에서 감점을 초래하고, 방송에 대한 재허가 추천 여부에 영향을 미친다는 점에서 헌법소원의 대상이 된다고 하였으며,[4] 금융위원회 위원장이 시중 은행을 상대로 투기지역·투기과열지구 내 초고가 아파트에 대한 주택구입용 주택담보대출을 금지한 조치는 비록 행정지도의 형식으로 이루어졌으나, 일정한 경우 주택담보대출을 금지하는 것을 내용으로 하므로 규제적 성격이 강하고, 부동산 가격 폭등을 억제할 정책적 필요성에 따라 추진되었으며, 그 준수 여부를 확인하기 위한 현장점검반 운영이 예정되어 있었으므로 이 사건 조치는 **규제적·구속적 성격**을 갖는 행정지도로서 헌법소원의 대상이 되는 공권력 행사에 해당된다고 하였다.[5] 반면에 노동부장관이 노동부 산하 7개 공공기관의 단체협약 내용을 분석하여 불합리한 요소를 개선하라고 요구한 행위와 감사원장의 공공기관에 대한 실태점검 및 개선방향 제시행위는 행정지도로서의 한계를 넘어 **규제적·구속적 성격**을 강하게 갖는다고 보기 어려우므로 헌법소원의 대상이 되는 공권력의 행사에 해당하지 않는다고 하였고,[6] 법무부장관이 제3회 변호사시험 합격기준을 '입학정원 대비 75%(1,500명) 이상'이라고 한 변호사시험 합격기준 공표는 최소한의 합격자 수 기준이라는 **행정관청 내부의 지침**을 대외적으로 공표하는 것에 불과하므로 공

1) 헌재 2003. 6. 26. 2002헌마337.
2) 헌재 2003. 6. 26. 2002헌마337(그에 따르지 않을 경우 일정한 불이익조치를 예정하고 있어 사실상 상대방에게 그에 따를 의무를 부과하는 것과 다를 바 없다고 하였다).
3) 헌재 2012. 2. 23. 2008헌마500(시정요구에 따르지 않을 경우 해당 정보의 취급거부·정지 또는 제한이라는 법적 조치를 받을 수 있다고 하였다).
4) 헌재 2007. 11. 29. 2004헌마290.
5) 헌재 2023. 3. 23. 2019헌마1399.
6) 헌재 2011 12. 29. 2009헌마330등.

권력 행사성을 인정할 수 없다고 하였으며,[1] 서초구 보건소장이 청구인의 광고가 약사법을 위반한다고 보고, 청구인에게 광고의 일부 표현을 수정하거나 삭제할 것을 요구한 행위는 현재의 법적 상황에 대한 행정청의 의견을 표명하면서, 약사법 등 관련 규정의 내용과 그 위반시의 불이익에 대한 일반적인 안내를 한 것에 불과하므로 위 시정요구가 헌법소원의 대상이 되는 공권력 행사에 해당한다고 볼 수 없다고 하였다.[2]

(3) 공 고

㈎ 의 의

행정청이 행하는 공고는 일반적으로 특정의 사실을 불특정 다수에게 알리는 행위로서 공고가 어떠한 법률효과를 가지는지에 대해서는 일률적으로 말할 수 없고 개별 공고의 내용과 관련 법령의 규정에 따라 구체적으로 판단하여야 한다.[3] 그런데 공고의 내용이 법령에 근거하여 법령의 내용을 구체적으로 보충하거나 세부적인 사항을 확정하는 것일 때나 관련 기본권 주체에게 구체적인 법적 효과를 발생하는 경우에는 그 공고는 헌법소원의 대상이 되는 공권력의 행사에 해당하고,[4] 사전안내의 성격을 갖는 통지행위라도 그 내용이 국민의 기본권에 직접 영향을 끼치는 내용이고 앞으로 법령의 뒷받침에 의하여 그대로 실시될 것이 틀림없을 것으로 예상될 수 있는 것일 때에는 그로 인하여 직접적으로 기본권 침해를 받게 되는 사람에게는 사실상의 규범작용으로 인한 위험성이 이미 발생하였다고 봐야 할 것이므로 이러한 것도 헌법소원의 대상이 될 수 있다.[5] 그러나 공고의 내용이 법령에 정해지거나 이미 다른 공권력 행사를 통해서 결정된 사항을 단순히 알리는 것 또는 대외적 구속력이 없는 행정관청 내부의 해석지침에 불과한 것인 때에는 공권력의 행사에 해당하지 아니한다.[6]

---

1) 헌재 2014. 3. 27. 2013헌마523.
2) 헌재 2023. 9. 26. 2020헌마1235.
3) 헌재 2000. 1. 27. 99헌마123; 헌재 2001. 9. 27. 2000헌마159; 헌재 2007. 5. 31. 2004헌마243; 헌재 2014. 3. 27. 2013헌마523; 헌재 2015. 4. 30. 2013헌마504.
4) 헌재 2000. 1. 27. 99헌마123; 헌재 2004. 3. 25. 2001헌마882; 헌재 2007. 5. 31. 2004헌마243; 헌재 2010. 6. 24. 2010헌마41; 헌재 2012. 5. 31. 2010헌마139; 헌재 2013. 7. 25. 2011헌마63등; 헌재 2018. 8. 30. 2018헌마46; 헌재 2019. 5. 30. 2018헌마1208등; 헌재 2019. 8. 29. 2019헌마616; 헌재 2023. 2. 23. 2019헌마401.
5) 헌재 2001. 9. 27. 2000헌마159; 헌재 2015. 4. 30. 2013헌마504.
6) 헌재 1997. 12. 19. 97헌마317; 헌재 2001. 2. 22. 2000헌마29; 헌재 2001. 9. 27. 2000헌마173; 헌재 2002. 12. 18. 2002헌마262; 헌재 2010. 4. 29. 2009헌마399; 헌재 2013. 7. 25. 2011헌마63등; 헌

㈏ 공고가 헌법소원의 대상이 되는 공권력행사에 해당한다고 본 사례

공무원임용시험 공고에서 모집인원과 응시자격의 상한연령 및 하한연령의 세부적인 범위 등 응시자격의 제한,[1] 시험일정과 장소,[2] 수능성적의 배점기준,[3] 과목당 시험시간[4] 등이 공고에 따라 확정되는 경우가 이에 해당하고, 국가정보원의 2005년도 7급 제한경쟁시험 채용공고 중 '남자는 병역을 필한 자' 부분은 법령의 내용을 바탕으로 응시자격을 구체적으로 결정하여 알린 것이므로 헌법소원의 대상이 되는 공권력의 행사에 해당한다고 하였고,[5] '고입검정고시'에 합격했던 자는 해당 검정고시에 다시 응시할 수 없도록 응시자격을 제한한 전라남도 교육청 공고에 대해서도, 2010년도 고졸검정고시의 구체적인 시행은 이 공고에 따라 비로소 확정되므로 헌법소원의 대상이 된다고 하였다.[6] 그 밖에 서울대학교 총장의 2009학년도 대학 신입학생입학전형 안내 중 농·어촌학생특별전형에 있어서 2008년도 제 2 기 '신활력지역'으로 선정된 시 지역을 2009학년도부터 2011학년도 지원자에 한하여 농·어촌지역으로 인정한 부분도 헌법소원의 대상이 된다고 하였다.[7]

법학전문대학원협의회의 법학적성시험 시행공고,[8] 사법시험을 토요일 또는 토요일을 포함한 기간에 실시하도록 한 법무부장관의 사법시험계획공고,[9] 법무부장관의 변호사시험 일시·장소 및 응시자 준수사항 공고,[10] 교육감의 '2013학년도 공립 중등학교교사 임용후보자 선정경쟁시험 시행 사전예고' 중 공통과학을 선발예정과목에서 제외한 부분,[11] 법학전문대학원 졸업예정자에 한하여 필기전형을 실시하도록 정한 법원행정처장의 '재판연구원 신규 임용계획' 공

재 2014. 3. 27. 2013헌마523; 헌재 2016. 6. 30. 2015헌마894; 헌재 2018. 8. 30. 2018헌마46; 헌재 2019. 8. 29. 2019헌마616; 헌재 2023. 2. 23. 2019헌마401.

1) 제 5 회 지방고시 응시연령 공고 사건. 헌재 2000. 1. 27. 99헌마123.
2) 사법시험 1차시험 시행일자 사건. 헌재 2001. 9. 27. 2000헌마159.
3) 학군사관후보생 선발 공고 사건. 헌재 2007. 5. 31. 2004헌마243.
4) 사법시험 2차시험의 과목당 시험시간 공고 사건. 헌재 2008. 6. 26. 2007헌마917.
5) 헌재 2007. 5. 31. 2006헌마627.
6) 헌재 2012. 5. 31. 2010헌마139등.
7) 헌재 2008. 9. 25. 2008헌마456.
8) 법학적성시험 시행공고 사건. 헌재 2010. 4. 29. 2009헌마399(법학전문대학원협의회는 최소한 적성시험의 주관 및 시행에 관하여 교육과학기술부장관의 지정 및 권한의 위탁에 의해 관련 업무를 수행하는 공권력행사의 주체라고 하였다).
9) 헌재 2010. 6. 24. 2010헌마41.
10) 헌재 2013. 9. 26. 2011헌마782등.
11) 헌재 2015. 4. 30. 2012헌마620.

고 및 법학전문대학원 졸업예정자에 한하여 실무기록평가를 실시하도록 정한 법무부장관의 '검사임용지원안내' 공고,[1] 한국산업인력공단의 '2019년도 제56회 변리사 국가자격시험 시행계획 공고' 중 '2019년 제 2 차 시험과목 중 특허법과 상표법 과목에 실무형 문제를 각 1개씩 출제' 부분,[2] 방위사업청장이 행정5급 일반 임기제공무원을 채용하는 경력경쟁채용시험 공고를 하면서, 그 응시자격요건으로 '변호사 자격 등록'을 요구한 부분,[3] 법무부장관이 공고한 '2021년도 검사 임용 지원 안내' 중 '임용대상' 가운데 '1. 신규임용'에서 변호사자격을 취득하고 2021년 사회복무요원 소집해제 예정인 사람을 제외한 부분,[4] 연 2회 실시하는 2021년도 간호조무사 국가시험의 시행일시를 모두 토요일 일몰 전으로 정한 '2021년도 간호조무사 국가시험 시행계획 공고'[5] 등도 헌법소원의 대상이 되는 공권력행사에 해당한다.

(다) 공고가 헌법소원의 대상이 되는 공권력행사에 해당하지 않는다고 본 사례

헌법재판소는 2000년도 공무원 임용시험 시행계획에서 응시연령을 20세 이상 32세 이하로 공고한 것은 위 공고내용이 '공무원임용 및 시험시행 규칙과 대전광역시 지방공무원 인사규칙'의 응시연령에 관한 규정들과 실질적으로 동일한 내용으로서 그에 대한 확인적 의미만을 갖고 있을 뿐 위 규칙조항에 규정된 응시연령에 아무런 변경을 가져오는 것이 아니므로 청구인들의 기본권을 새로이 침해하는 공권력행사에 해당하지 아니하여 헌법소원의 대상이 될 수 없다고 하였고,[6] 교육부장관이 각 대학에 시달한 '98학년도 대입전형시 예술고등학교 학생에 대한 학교생활기록부성적반영'지침은 기존의 대학입학전형 기본계획과 동일한 내용이라는 점에서,[7] 「2004년도 사법시험 실시계획 공고」 중 '영어대체시험' 부분도 사법시험법령에 이미 규정되어 있는 사항과 실질적으로 동일하다는 점에서,[8] '상시·지속적 업무 담당자의 무기계약직 전환기준 등 공공부문 비정규직 고용개선 추진지침'이 영어회화 전문강사를 무기계약직 전환 대상에서 제외하고 있는 부분 역시 기간제 및 단시간 근로자의 보호 등에 관한 법

1) 헌재 2015. 4. 30. 2013헌마504.
2) 헌재 2019. 5. 30. 2018헌마1208 등.
3) 헌재 2019. 8. 29. 2019헌마616.
4) 헌재 2021. 4. 29. 2020헌마999.
5) 헌재 2023. 6. 29. 2021헌마171.
6) 헌재 2001. 9. 27. 2000헌마173 등.
7) 헌재 1997. 12. 19. 97헌마317.
8) 헌재 2007. 4. 26. 2003헌마947등.

령 및 구 초·중등교육법령의 내용과 동일하다는 점에서[1] 모두 확인적 의미만을 가지고 있을 뿐, 규율 내용을 변경하거나 청구인의 법적 지위에 영향을 미친다고 볼 수 없으므로 헌법소원의 대상이 되는 공권력행사에 해당하지 않는다고 하였다.

또한 방송통신위원회의 번호통합정책 추진경과 등에 관한 홈페이지 게시는 번호통합정책 및 번호이동제도를 국민들에게 널리 알리고자 한 것일 뿐이어서, 청구인들의 법적 지위에 영향을 미치지 아니하는 것이므로 공권력행사에 해당한다고 볼 수 없고,[2] 법무부장관의 제 3 회 변호사시험 합격기준 공표는 앞으로 실시될 변호사시험의 합격자 결정에 대하여 최소한의 합격자수 기준이라는 행정관청 내부의 지침을 대외적으로 공표하는 것에 불과하고, 그 자체로 인하여 청구인들의 법적 지위에 어떠한 영향을 미친다고 보기 어려우므로 공권력 행사성을 인정할 수 없다고 하였고,[3] 중앙선관위의 홈페이지 사이트에서 "투표일 2016. 4. 13.(수)"로 공고한 것은 공직선거법 조항이 정한 선거일을 구체적으로 계산하여 그 날짜를 확인한 것에 불과하다는 점에서 확인적 의미만을 가지고 있을 뿐 규율 내용을 변경하거나 청구인의 법적 지위에 영향을 미친다고 볼 수 없으므로 헌법소원의 대상이 되는 공권력의 행사에 해당하지 않는다고 하였고,[4] 심판대상공고는 이 사건 지침조항에 의하여 이미 확정된 내용을 확인한 것에 불과할 뿐 기본권을 새로이 제한한다고 볼 수 없어, 독자적으로 헌법소원의 대상이 되는 공권력의 행사에 해당하지 않는다고 하였다.[5] 인사혁신처 2018년도 국가공무원 공개경쟁채용시험 등 계획 공고 중 국가공무원 7급 및 9급 공개경쟁채용시험 제10항 다목에서 행정직(고용노동)과 직업상담직 응시자 중 직업상담사 1급, 직업상담사 2급(단, 7급은 3% 가산) 자격증 소지자에 대하여는 각 과목 만점의 40% 이상 득점한 자에 한하여 각 과목별 득점에 각 과목별 만점의 5%에 해당하는 점수를 가산하도록 한 부분은 공무원임용시험령 제31조 제 2 항, 별표 11및 별표 12가 규정한 가산대상 자격증 및 가산비율을 그대로 확인한 것에 불과하여 헌법소원의 대상이 되는 공권력행사에 해당하지 않는다고 하였으며,[6]

1) 헌재 2014. 4. 24. 2012헌마380.
2) 헌재 2013. 7. 25. 2011헌마63등.
3) 헌재 2014. 3. 27. 2013헌마523.
4) 헌재 2016. 4. 28. 2015헌마1177등.
5) 헌재 2023. 3. 23. 2021헌마115.
6) 헌재 2018. 8. 30. 2018헌마46(다만 헌법재판소는 이 사건 심판청구에는 위 공고의 근거조항에

이 사건 공고 중 7급 관세직렬 공무원공개경쟁채용시험에서 자격증 소지자에게 가산점을 부여한다는 내용의 가산점조항은 국가공무원법 제36조의2 제 2 항의 위임에 따라 가산점근거조항 등에 확정적으로 규정되어 있는 것을 단순히 알린 것에 지나지 않는바, 가산점조항은 가산점근거조항이 규정한 내용과 실질적으로 동일한 것으로, 청구인의 법적 지위에 영향을 미친다고 볼 수 없으므로 헌법소원의 대상이 되는 공권력 행사에 해당하지 아니한다고 하였다.[1)]

아. 행정입법부작위

(1) 개 설

행정입법부작위에도 진정 행정입법부작위와 부진정 행정입법부작위가 있다. 그 구분의 기준 및 의미는 입법부작위의 경우와 같다. 따라서 부진정 행정입법부작위 즉 기본권 보장을 위한 법규정이 불완전하여 보충을 요하는 경우에는 그 불완전한 법규 자체를 대상으로 하여 그것이 헌법위반이라는 적극적인 헌법소원을 청구함은 별론으로 하고, 존재하지 않는 입법부작위를 헌법소원심판의 대상으로 삼을 수는 없다.[2)]

행정입법부작위 헌법소원이 적법하기 위해서는 헌법에서 유래하는 행정입법의무가 있어야 하고, 그럼에도 불구하고 그에 따른 행정입법이 행해지지 않았어야 한다. 헌법에서 유래하는 행정입법의무란 헌법에서 직접 도출되는 의무뿐만 아니라 법률규정에 의해 인정되는 행정입법의무도 포함된다. 헌법재판소도 행정입법의 지체가 위법으로 되어 그에 대한 법적 통제가 가능하기 위하여는, 우선 행정청에게 시행명령을 제정(개정)할 법적 의무가 있어야 하고, 상당한 기간이 지났음에도 불구하고 명령제정(개정)권이 행사되지 않아야 한다고 하였다.[3)]

한편 삼권분립의 원칙, 법치행정의 원칙을 당연한 전제로 하고 있는 우리 헌법 하에서 행정권의 입법 등 법집행의무는 헌법적 의무라고 보아야 할 것이다. 그런데 이는 행정입법의 제정이 법률의 집행에 필수불가결한 경우로서 행정입법을 제정하지 아니하는 것이 곧 행정권에 의한 입법권의 침해의 결과를 초래하는 경우를 말하는 것이므로 만일 하위 행정입법의 제정 없이 상위 법령

대한 부분까지 포함된 것으로 볼 수 있다고 하여 위 공고 부분뿐만 아니라 위 공고의 근거조항 부분도 이 사건 심판대상으로 보아 판단하였다).

1) 헌재 2023. 2. 23. 2019헌마401.

2) 헌재 1989. 7. 28. 89헌마1; 헌재 1998. 11. 26. 97헌마310; 헌재 2000. 6. 1. 2000헌마18.

3) 헌재 1998. 7. 16. 96헌마246; 헌재 2013. 5. 30. 2011헌마198.

의 규정만으로도 집행이 이루어질 수 있는 경우라면 하위 행정입법을 하여야 할 헌법적 작위의무는 인정되지 아니한다고 할 것이다.[1]

행정입법의무가 인정되지 않는 **단순한 행정입법의 부존재**는 헌법소원의 대상이 되는 공권력의 불행사가 되지 아니한다.[2]

본안판단에 있어서도 헌법에서 유래하는 행정입법의무가 인정된다는 점만으로 곧바로 헌법소원이 인용되는 것이 아니고 행정부가 위임입법에 따른 시행명령을 제정하지 않거나 개정하지 않은 것에 **정당한 이유**가 있었다면 헌법재판소가 위헌확인을 할 수 없다. 헌법재판소는 "그러한 정당한 이유가 인정되기 위하여는 그 위임입법 자체가 헌법에 위반된다는 것이 누가 보아도 명백하거나, 위임입법에 따른 행정입법의 제정이나 개정이 당시 실시되고 있는 전체적인 법질서 체계와 조화되지 아니하여 그 위임입법에 따른 행정입법 의무의 이행이 오히려 헌법질서를 파괴하는 결과를 가져옴이 명백할 정도는 되어야 할 것이다."라고 판시하였다.[3]

(2) 행정입법부작위에 해당한다고 본 사례

헌법재판소는 치과전문의 자격시험 불실시 위헌확인 등 사건에서 "삼권분립의 원칙, 법치행정의 원칙을 당연한 전제로 하고 있는 우리 헌법 하에서 **행정권의 행정입법** 등 법집행의무는 헌법적 의무라고 보아야 한다."고 전제하고, "행정명령의 제정 또는 개정의 지체가 위법으로 되어 그에 대한 법적 통제가 가능하기 위하여는, 첫째 행정청에게 시행명령을 제정(개정)할 법적 의무가 있어야 하고, 둘째 상당한 기간이 지났음에도 불구하고, 셋째 명령제정(개정)권이 행사되지 않아야 하는바, 이 사건과 같이 치과전문의 제도의 실시를 법률 및 대통령령이 규정하고 있고 그 실시를 위하여 시행규칙의 개정 등이 행해져야 함에도 불구하고, 행정권이 법률의 시행에 필요한 행정입법을 하지 아니하는 경우에는 행정권에 의하여 입법권이 침해되는 결과가 되기 때문에, 보건복지부장관에게는 헌법에서 유래하는 **행정입법의 작위의무**가 있다."고 판시하였다.[4]

또한 헌법재판소는 "산업재해보상보험법 제 4 조 제 2 호 단서 및 근로기준

1) 헌재 1998. 7. 16. 96헌마246; 헌재 2005. 12. 22. 2004헌마66; 헌재 2013. 5. 30. 2011헌마198.
2) 헌재 2003. 7. 24. 2002헌마378(행정자치부장관에게 국가유공자인 지방공무원에 대한 우선보직·우선승진의 시행에 관한 행정입법을 제정하여야 할 헌법에서 유래하는 작위의무가 인정되지 아니한다고 하였다).
3) 헌재 2004. 2. 26. 2001헌마718. 동지: 헌재 2018. 5. 31. 2016헌마626.
4) 헌재 1998. 7. 16. 96헌마246; 헌재 2013. 5. 30. 2011헌마198등; 헌재 2018. 5. 31. 2016헌마626.

법시행령 제 4 조는 근로기준법과 같은 법 시행령에 의하여 근로자의 평균임금을 산정할 수 없는 경우에 노동부장관으로 하여금 평균임금을 정하여 고시하도록 규정하고 있으므로, 노동부장관으로서는 그 취지에 따라 평균임금을 정하여 고시하는 내용의 **행정입법을 할 의무**가 있다고 할 것인바, 노동부장관의 그러한 작위의무는 직접 헌법에 의하여 부여된 것은 아니나, 법률이 행정입법을 당연한 전제로 규정하고 있음에도 불구하고 행정권이 그 취지에 따라 행정입법을 하지 아니함으로써 법령의 공백상태를 방치하고 있는 경우에는 행정권에 의하여 입법권이 침해되는 결과가 되는 것이므로, 노동부장관의 그러한 **행정입법 작위의무**는 헌법적 의무라고 보아야 한다."고 판시하면서 행정입법부작위가 위헌임을 확인하였다.[1)]

그리고 법률이 군법무관의 보수를 판사, 검사의 예에 의하도록 규정하면서 그 구체적 내용을 시행령에 위임하고 있는 경우 군법무관의 보수와 지급에 관하여 대통령령을 제정하여야 하는 것은 헌법에서 유래하는 **작위의무**가 있다고 보아 입법부작위가 위헌임을 확인하였다.[2)]

또한 지방자치단체가 지방공무원법 제58조 제 2 항의 따라 '사실상 노무에 종사하는 공무원의 범위'를 정하는 조례를 제정하도록 위임받고도 이를 정당한 이유 없이 36년이 지나도록 제정하지 아니한 입법부작위는 **헌법상 의무**를 위반하여 지방공무원이 노동3권을 부여받을 기회를 사전에 차단 또는 박탈했다고 볼 수 있어 위헌이라고 하였다.[3)]

한편 국군포로법 제15조의5 제 2 항은 같은 조 제 1 항에 따른 예우의 신청, 기준, 방법 등에 필요한 사항은 대통령령으로 정한다고 규정하고 있으므로, 피청구인은 등록포로, 등록하기 전에 사망한 귀환포로, 귀환하기 전에 사망한 국군포로에 대한 예우의 신청, 기준, 방법 등에 필요한 사항을 대통령령으로 제정할 의무가 있고, 국군포로법 제15조의5 제 1 항이 국방부장관으로 하여금 예우 여부를 재량으로 정할 수 있도록 하고 있으나, 이것은 예우 여부를 재량으로 한다는 의미이지, 대통령령 제정 여부를 재량으로 한다는 의미는 아닌바, 이처럼

1) 헌재 2002. 7. 18. 2000헌마707.
2) 헌재 2004. 2. 26. 2001헌마718.
3) 헌재 2009. 7. 30. 2006헌마358(3인의 소수의견은, 청구인들이 각급 학교에서 지방방호원 등으로 근무하고 있는 기능직 공무원들로서 각 지방자치단체에 소속된 현업기관의 작업현장에서 노무에 종사하는 공무원이라고 볼 수 없으므로 자기관련성이 없어 헌법소원심판청구를 각하하여야 한다는 의견을 제시하였고, 저자도 소수의견에 가담하였다).

피청구인에게는 대통령령을 제정할 의무가 있음에도, 그 의무는 상당 기간 동안 불이행되고 있고, 이를 정당화할 이유도 찾아보기 어려우므로 이 사건 행정입법부작위는 등록포로 등의 가족인 청구인의 명예권을 침해하는 것으로서 헌법에 위반된다고 하였다.[1)]

한편 헌법재판소는 피청구인 대통령이 구 고용보험 및 산업재해보상보험의 보험료징수 등에 관한 법률 제49조의3 제2항 단서의 위임규정에 따라 대통령령을 제정할 작위의무가 있는지 여부에 관하여, 이 사건 위임규정이 산재보험료의 사업주 전액 부담과 관련하여 그 시행 여부를 행정부의 재량에 맡긴 것으로 해석하기 어렵고, 특수형태근로종사자를 산재보험제도 내로 편입할 당시의 입법 경위에 비추어 보더라도 산재보험료의 사업주전액부담제도의 시행은 이미 예정되어 있었던 것으로 볼 수 있으므로 피청구인에게는 산재보험료를 사업주가 전부 부담하는 직종을 대통령령으로 제정할 의무가 있다고 하였으며,[2)] "입법부가 행정부에 시행령의 제정이나 개정을 위임하면서 제시하고 있는 기준이 일의적이지 않고 구체적인 시행시기나 그 내용에 대하여 행정부에 광범위한 재량을 부여한 경우에, 행정부가 법의 위임 기준에 따른 행정입법을 이행하려 노력하였으나 이를 이행하는 것이 헌법상의 평등원칙 위반 등의 문제를 야기할 수밖에 없어 행정입법을 지체하고 있다면, 이러한 경우 역시 행정부가 위임 입법에 따른 시행명령을 제정하지 못한 것에 정당한 이유가 있다."고 판시하였다.[3)]

(3) 행정입법부작위에 해당하지 않는다고 본 사례

한편 건축사 면허를 취소당한 사람들의 재면허 취득에 관하여는 규정을 두고 있지 않는 건축사법시행령이 진정 입법부작위에 해당하는지 여부에 관하여, "건축사법시행령 제4조 제1항은 새로이 건축사면허를 취득하고자 하는 사람들만을 대상으로 할 뿐, 건축사면허를 취소당한 사람들에 관하여는 규정을 두고 있지 않다 하더라도, 위 조항은 입법자가 어떤 사항에 관하여 입법은 하였으나 불완전,

---

1) 헌재 2018. 5. 31. 2016헌마626(3인의 반대의견은 행정권에게 예우 여부나 시행시기 등에 관한 재량권을 부여한 것이므로 대통령령을 제정할 헌법상 작위의무가 인정되지 않는다고 하였다.)
2) 헌재 2023. 10. 26. 2020헌마93. 행정입법을 할 수 있는 포괄적인 권한 내지 재량을 피청구인에게 부여한 것으로 봄이 타당하므로 이 사건 심판청구는 작위의무가 없는 행정입법부작위를 대상으로 한 것으로 부적법하다는 4인의 각하의견 있음.
3) 헌재 2023. 10. 26. 2020헌마93. 위임규정에 따른 대통령령을 제정하지 아니한 정당한 이유가 없으므로 이 사건 행정입법부작위는 헌법에 위반된다는 2인의 인용의견 있음.

불충분하게 규율한 경우에 불과하므로, 이를 부진정 입법부작위라 할지언정 진정 입법 부작위에 해당한다고 할 수는 없으므로, 이 사건 심판청구는 존재하지 않는 입법부작위를 심판의 대상으로 삼은 것으로서 부적법하다."고 판시하였다.[1)]

또한 헌법재판소는 행정자치부장관에게 국가유공자인 지방공무원에 대한 우선보직·우선승진의 시행에 관한 행정입법을 제정하여야 할 의무가 헌법에서 유래하는 작위의무로서 인정되지 아니하므로 이러한 작위의무가 있음을 전제로 한 헌법소원심판청구는 부적법하고,[2)] 사법시험법과 동법시행령이 '성적의 세부 산출방법 그 밖에 합격결정에 필요한 사항'에 대하여 법무부령에 의한 규율을 예정하고 있지만, 사법시험법과 동법시행령이 사법시험의 성적을 산출하여 합격자를 결정하는 데 지장이 없을 정도로 충분한 규정을 두고 있기 때문에, '성적의 세부산출방법 그 밖에 합격결정에 필요한 사항'에 관한 법무부령의 제정이 사법시험법의 집행에 필수불가결한 것이라고 보기 어려우므로, 법무부장관이 사법시험의 '성적의 세부산출방법'에 관한 법무부령을 제정하여야 할 헌법적 작위의무가 있다고 보기 어렵다고 하였고,[3)] 위임법률인 소득세법 제104조의3 제 1 항 제 2 호 가목은 비사업용 토지에서 제외되는 임야의 범위를 대통령에게 위임한 것이므로 기획재정부장관의 행정입법이 당연히 전제된다고 볼 수 없고, 위 법률조항에 의해 위임된 입법의무는 대통령에 의해 이미 구체적으로 이행되었다고 할 것이어서 기획재정부장관이 그 밖에 비사업용 토지에 제외되는 임야를 규정하지 아니하였다고 하여 법령의 공백상태를 야기한다고 볼 수도 없으므로, 기획재정부장관에게 입법을 하여야 할 명시적인 입법의무는 존재하지 아니한다고 하였으며,[4)] 청구인이 주장하는 대학원과정 조항과 관련하여 대통령령에서 교육대학원 등의 초등교사 양성과정 개설 등에 관하여 규정하지 아니한 행정입법부작위는 그와 같은 내용의 입법을 제정할 명시적 법률위임이 있다고 볼 수 없으므로 헌법소원의 대상이 되는 행정입법부작위라고 할 수 없다고 하였고,[5)] 청구인이 주장하는 소득세법 시행규칙의 제정이 일정 토지를 비사업용 토지에서 제외하도록 한 소득세법의 집행에 필수불가결하다고 할 수 없으므로 소득세법 시행규칙에 구 액화석유가스의 안전관리 및 사업법에 의하여 액화석유

1) 헌재 1998. 11. 26. 97헌마310.
2) 헌재 2003. 7. 24. 2002헌마378.
3) 헌재 2005. 12. 22. 2004헌마66.
4) 헌재 2011. 2. 15. 2011헌마40 지정부 결정.
5) 헌재 2013. 2. 28. 2010헌마438.

가스충전사업을 영위하는 데 요구되는 토지를 비사업용 토지에서 제외하도록 규정할 헌법상 작위의무가 있다고 보기 어렵다고 하였다.[1)]

자. 행정청의 사법상의 행위

행정청의 사법상 행위는 헌법소원의 대상이 되는 공권력행사에 해당하지 아니한다.

헌법재판소는 공공용지의 취득 및 손실보상에 관한 특례법에 의한 토지 등의 협의취득에 따르는 보상금의 지급행위는 토지 등의 권리이전에 대한 반대급여의 교부행위에 지나지 아니하므로 사법상의 행위라고 볼 수밖에 없으므로 피청구인의 청구인에 대한 **보상금지급행위**는 헌법소원심판의 대상이 되는 공권력의 행사라고 볼 수 없다고 하였고,[2)] 한편 폐천부지의 교환행위는 공법상의 행정처분이 아니라 사경제 주체로서 행하는 사법상의 법률행위에 지나지 않으므로 청구인이 주장하는 **폐천부지의 교환의무불이행** 역시 헌법소원심판의 대상이 되는 공권력의 불행사라고 볼 수 없다고 하였다.[3)] 마찬가지로 신도시개발지역의 사업시행자가 공공용지의 취득 및 손실보상에 관한 특별법에 의하여 당해지역 내의 종교시설물 소유자로부터 협의취득한 토지 등에 대한 보상으로 보상금 외에 대체토지로서 종교시설 이전부지를 공급함에 있어서 그 **공급조건을 결정하고 통보한 행위**는 사법상의 권리이전에 대한 반대급부의 조건 내지 내용에 관련된 사항으로서 헌법소원의 대상이 되는 공권력의 행사로 볼 수 없다고 하였다.[4)]

한편 한국토지개발공사는 구 한국토지개발공사법(현재 한국토지공사법)에 의하여 설립된 공공단체로서, 일정한 토지개발사업에 있어서는 행정권한의 위임 또는 위탁사무를 행함으로써 행정청으로 의제되는 것이므로 그 업무내용에 따라서는 헌법소원의 대상이 되는 공권력의 주체가 될 수 있으나 택지개발사업의 시행과 관련하여 철거이주민에 대한 생활대책의 일환으로 이루어진 **상업용지공급공고행위**는 공공용지의 취득 및 손실보상에 관한 특례법 소정의 이주대책을 시행한 이외에 법적 근거 없이 시혜적으로 내부규정을 정하여 청구인들에게 상

---

1) 헌재 2013. 5. 30. 2011헌마198.
2) 헌재 1992. 11. 12. 90헌마160; 헌재 1992. 12. 24. 90헌마182.
3) 헌재 1992. 11. 12. 90헌마160.
4) 헌재 1994. 2. 24. 93헌마213등.

가 부지를 일정한 공급조건 하에 수의계약으로 공급한다는 것을 통보하는 것이므로 이러한 사실관계는 사법상의 권리이전에 대한 반대급부의 조건 내지 내용에 관련된 사항에 불과하여 헌법소원의 대상이 되는 공권력행사로 보기 어렵다고 하였다.[1)]

또한 특별한 공법적 규제 없이 한국방송공사의 자율에 맡겨진 셈이 되는 한국방송공사의 직원채용관계는 사법적인 관계에 해당한다고 봄이 상당하고 그러한 채용에 필수적으로 따르는 사전절차로서 **채용시험의 응시자격을 정한 공고** 또한 사법적인 성격을 지닌다고 할 것이므로 공권력행사에 해당하지 않는다고 보았고,[2)] 민사소송에서 대한민국의 소송수행자로 나선 **교도관의 소송행위**는 청구인과 사적 주체로서의 국가 간의 소송에서 이루어진 것에 불과하여 공권력의 행사라고 볼 수 없다고 하였으며,[3)] 주택재건축정비사업조합이 분양신청을 하지 아니한 자에게 도시 및 주거환경정비법 제47조에 근거한 현금청산의무를 이행하지 아니한 것은 피청구인의 **사법상 금전지급의무 불이행**에 불과하여 공권력의 불행사라고 볼 수 없다고 하였고,[4)] 우편법상 우편역무 제공자와 이용자 간의 법률관계 역시 원칙적으로는 사법관계에 해당하므로 반송료 미납을 이유로 반송우편물을 환부하지 않은 **우체국장의 행위**도 헌법소원의 대상이 되는 공권력의 행사라고 볼 수 없다고 하였으며,[5)] "강북구청장이 한 '4·19혁명 국민문화제 2015 전국 대학생 토론대회' 공모는 민법상 우수현상광고 또는 이와 유사한 성격의 법률행위라고 봄이 상당하고, 이 사건 공고가 법률상 근거에 따른 법집행작용의 일환이라고 보기도 어려우며, 국민에게 어떠한 권리나 의무를 부여하는 것으로 볼 수 없는 점 등을 종합하면, 이 사건 **공고**는 사법상 법률행위에 불과하고 공권력 행사의 주체라는 우월적 지위에서 한 것으로서 헌법재판소법 제68조 제 1 항에 따른 헌법소원심판의 대상인 '공권력의 행사'라고 볼 수 없다."고 판시하였고,[6)] 서울교통공사의 무기계약직 근로자에 대한 일반직 전환과 관련하여 일반직 근로자의 정원을 규정한 정원표를 개정한 **'서울교통공사 정관' 부분**

1) 헌재 1996. 10. 4. 95헌마34.
2) 헌재 2006. 11. 30. 2005헌마855(3인의 반대의견은 한국방송공사가 공법인 중에서도 특히 공공적 성격이 강하다고 하여 직원채용공고를 공권력행사에 준하는 것으로 보아야 한다고 하였고 저자도 반대의견에 가담하였다).
3) 헌재 2011. 2. 24. 2009헌마209.
4) 헌재 2011. 3. 29. 2011헌마128 지정부 결정.
5) 헌재 2014. 6. 3. 2014헌마415 지정부 결정.
6) 헌재 2015. 10. 21. 2015헌마214.

은 사법관계를 규정하고 있고, 대외적 구속력이 없으므로 헌법소원의 대상이 되지 못한다고 하였다.[1)]

차. 단순한 사실의 고지

행정청에 의해 이루어진 행위라고 하더라도 그것이 단순한 사실의 고지에 불과한 경우에는 공권력의 행사에 해당하지 않는다.

행정자치부장관이 사법시험 제 1 차 시험의 불합격처분을 직권으로 취소하면서 추가합격된 자에게 그가 부여받게 되는 사법시험 제 2 차 시험의 응시자격 범위를 통보하여 준 것은, 대법원판결에 따라 관련규정을 해석하고 이를 근거로 청구인들에게 위 제 1 차 시험의 불합격처분을 취소하고 추가합격조치를 하였음과 추후 치루어질 제 2 차 시험에 응시할 자격이 부여되었음을 알려준 단순한 **사실의 고지**에 불과하여 기본권을 침해하는 공권력의 행사로는 볼 수 없고,[2)] 동장이 주민등록표 등본에 사진을 첨부한 증명서는 발급근거가 없어 발급할 수 없다고 답변한 것은 현재의 법적상황에 대한 행정청의 의견을 표명하면서, 청구인이 요청하는 증명서를 발급할 수 없음을 단순히 **알려주는** 정도의 내용에 불과한 것으로서 청구인의 법률관계나 법적 지위에 영향을 미친 바 없으므로 이를 헌법소원의 대상이 되는 공권력의 행사라고 할 수 없으며,[3)] 검찰청이 형사보상지급의 청구는 보상결정이 송달된 후 1년 이내에 하여야 한다는 형사소송법 제20조 제 3 항을 이유로 형사보상금을 지급할 수 없다고 통지한 것은 관련 법령을 해석 적용한 결과를 **알려준 것**에 불과한 것으로서 청구인의 권리관계나 법적 지위에 영향을 미친 바 없으므로 이를 헌법소원의 대상이 되는 공권력의 행사라고 할 수 없다고 하였고,[4)] 토요일에 사법시험을 실시하더라도 일몰 후에 청구인들만 따로 모아서 별도로 시험을 볼 수 있는지 질의한 것에 대하여 법무부 법조인력과에서 거부 취지로 답변한 것은 청구인들의 요청이 허용될 수 없다는 사정을 **알려준 것**에 불과하고 이로 인하여 청구인들의 법률상 지위에 불리한 변동이나 이익의 침해가 생기는 것이 아니므로 그 자체가 독립하여 헌법소원의 대상이 되는 공권력행사에 해당한다고 볼 수 없다고 하였으며,[5)] 검찰 및

1) 헌재 2021. 2. 25. 2018헌마174.
2) 헌재 1999. 11. 30. 99헌마625.
3) 헌재 2003. 7. 24. 2002헌마508.
4) 헌재 2010. 5. 27. 2009헌마421.
5) 헌재 2010. 6. 24. 2010헌마41.

방송통신심의위원회가 김정일 서거 추모행위에 대하여 국가보안법 위반행위라고 발표한 행위 역시 법률 내용의 확인 내지 단순한 사실의 고지에 불과하므로 헌법소원의 대상이 되지 않는다[1]고 하였고, 법무부의 「변호사시험 합격자 법률사무종사·연수 관련 Q & A」는 법무부가 변호사법 제21조의2 제 1 항, 제31조의2 제 1 항, 제113조 제 1 호, 제 5 호와 관련한 변호사시험 합격자들의 문의사항에 대해 법률적 해석과 안내를 회신한 것에 불과하고 이를 넘어서 청구인들에게 어떠한 새로운 법적 권리의무를 부과하거나 일정한 작위나 부작위를 구체적으로 지시하는 내용이라고 볼 수 없으므로 헌법소원 심판청구의 대상이 되는 공권력 행사로 볼 수 없다고 하였고,[2] 피청구인의 미결수용자인 청구인에 대한 고지행위는, 청구인이 외부인으로부터 연예인 사진을 교부받을 수 있는지를 문의한 것에 대하여 피청구인의 담당직원이 관련 법령과 행정규칙을 해석·적용한 결과를 청구인에게 알려준 것에 불과할 뿐, 이를 넘어 청구인에게 어떠한 새로운 법적 권리의무를 부과하거나 일정한 작위 또는 부작위를 구체적으로 지시하는 내용이라고 볼 수 없으므로, 헌법소원의 대상이 되는 '공권력의 행사'로 볼 수는 없다고 하였다.[3]

카. 각종 위원회의 결정 등

각종 위원회의 행위는 그것이 법상 부여받은 권한에 기하여 공권력 행사로서 행해진 경우라면 행정소송으로 다툴 수 있고, 다만 그 여부가 불분명하거나 다툴 수 없는 경우에는 헌법소원을 청구할 수 있다.

예컨대 대통령선거방송위원회는 공직선거법 규정에 의해 설립되고 같은 법에 따른 법적 업무를 수행하는 공권력의 주체이므로, 대통령선거 방송토론위원회가 공영방송과 일체가 되어 대통령후보자를 초청하여 합동방송토론회를 개최하기로 정한 결정 및 그 공표행위는 헌법소원의 대상이 되는 공권력의 행사이다.[4]

공정거래위원회의 심사불개시(심사대상 제외) 결정, 심의절차종료 결정 및 심사절차종료 결정은 공권력행사에 해당하며 그 결정이 자의적일 경우 '독점규제 및 공정거래에 관한 법률' 위반행위로 인한 피해자의 평등권을 침해할 수 있으므로 헌

1) 헌재 2012. 1. 31. 2011헌마849 지정부 결정.
2) 헌재 2014. 9. 25. 2013헌마424.
3) 헌재 2016. 10. 27. 2014헌마626.
4) 헌재 1998. 8. 27. 97헌마372등.

법소원의 대상이 되고,1) 공정거래위원회의 무혐의 처분도 헌법소원의 대상이 된다.2) 그런데 공정거래위원회의 경고는 청구인들의 권리의무에 직접 영향을 미치는 처분으로서 행정소송의 대상이 되고, 공정거래위원회의 경고에 대하여 행정소송을 통한 구제절차를 모두 거치지 아니한 채 제기된 헌법소원심판청구는 법률이 정한 구제절차를 거치지 않고 제기된 것이므로 부적법하다고 하였다.3) 또한 헌법재판소는 공정거래위원회의 민원회신이 실질적으로 청구인들의 공정거래법 위반행위 신고에 대한 심사불개시결정의 성격을 가진 경우에는 공권력행사에 해당되어 헌법소원의 대상이 된다고 하였고,4) 아울러 공정거래위원회가 가습기살균제에 관한 표시광고 중 일부를 심사대상에 제외한 행위 역시 헌법소원의 대상이 된다고 하였다.5)

감사원장의 국민감사 청구에 대한 기각 결정도 공권력 주체의 고권적처분이라는 점에서 헌법소원의 대상이 되는 공권력행사에 해당하고,6) 국가인권위원회의 진정 각하결정,7) 국가인권위원회의 진정 기각결정8)도 헌법소원의 대상이 된다.

나아가 대통령선거 예비주자가 인터넷 언론매체와 장래에 예정하고 있는 인터뷰에 대해 서울특별시 선거관리위원회 위원장이 공직선거법 위반을 이유로 그 중지를 촉구한 행위와 인터뷰를 저지한 행위는 국민에 대하여 직접적인 법률

---

1) 헌재 2004. 3. 25. 2003헌마404; 헌재 2011. 9. 29. 2010헌마539; 헌재 2011. 12. 29. 2011헌마100; 헌재 2014. 5. 29. 2013헌마263; 헌재 2015. 9. 24. 2015헌마149; 헌재 2022. 9. 29. 2016헌마773(공정위가 가습기살균제품인 관련 인터넷 신문기사 조건을 심사대상에서 제외한 행위가 청구인의 평등권과 재판절차진술권을 침해한 것이므로 위헌임을 확인하였고, 라벨 표시 및 홈페이지 광고의 경우는 이미 효력을 잃은 공권력 행사를 다투는 것에 해당하고 그룹 사보 기사의 경우는 공소시효와 처분시효가 만료되었으므로 권리보호의 이익이 없다는 이유로 각하하였다); 헌재 2023. 7. 20. 2020헌마295; 헌재 2024. 1. 25. 2022헌마430.

2) 헌재 2002. 6. 27. 2001헌마381; 헌재 2004. 8. 26. 2004헌마80; 헌재 2010. 2. 25. 2008헌마497; 헌재 2011. 6. 30. 2009헌마582; 헌재 2011. 11. 24. 2010헌마83; 헌재 2011. 12. 29. 2011헌마100; 헌재 2012. 5. 31. 2011헌마13; 헌재 2014. 5. 29. 2013헌마263(헌법재판소가 관여할 정도의 자의적 처분이라 할 수 없다는 이유로 청구를 기각하였다.); 헌재 2014. 7. 24. 2012헌마180(주식취득에 의한 수직적 기업결합으로 인하여 취득회사의 피취득회사에 대한 지배관계가 형성되지 않았으므로 경쟁제한적인 기업결합에 해당하지 아니하여 청구인의 재판절차진술권 등을 침해하지 않았다는 이유로 청구를 기각하였다. 소수의견은 경쟁사업자에 불과한 청구인은 자기관련성이 없으므로 각하하여야 한다고 하였다.).

3) 헌재 2012. 6. 27. 2010헌마508.

4) 헌재 2012. 12. 27. 2011헌마280.

5) 헌재 2022. 9. 29. 2016헌마773.

6) 헌재 2006. 2. 23. 2004헌마414.

7) 헌재 2004. 4. 29. 2003헌마538; 헌재 2009. 9. 24. 2009헌마63; 헌재 2011. 3. 31. 2010헌마13.

8) 헌재 2009. 2. 26. 2008헌마275; 헌재 2010. 12. 28. 2010헌마101; 헌재 2011. 4. 28. 2010헌마576; 헌재 2012. 7. 26. 2011헌마637; 헌재 2012. 7. 26. 2011헌마829.

효과를 발생시키지 않는 단순한 권고적·비권력적 행위로서 헌법소원의 대상이 되지 않으나,[1] 중앙선거관리위원회 위원장이 과거에 이루어진 대통령의 선거중립위반행위에 대해 한 '**대통령의 선거중립의무 준수요청' 등 조치**는 중앙선거관리위원회 전체회의 심의를 거쳐 대통령의 위법사실을 확인한 후 그 재발방지를 촉구하는 내용으로서 피경고자가 경고를 불이행하는 경우 관할수사기관에 수사의뢰 또는 고발되어 피의자 또는 피고발인의 지위에 서게 되어 청구인의 법적 지위에 영향을 주지 않는다고 할 수 없으므로 헌법소원의 대상이 되는 공권력 행사에 해당한다.[2]

변호사등록을 신청하는 자에게 등록료 100만원을 납부하도록 정한 **대한변호사협회의 변호사 등록 등에 관한 규칙조항**은 변호사 등록을 하려는 자와의 관계에서 대외적 구속력을 가지는 공권력 행사에 해당하므로 헌법소원의 대상이 되는 공권력 행사에 해당한다.[3]

그러나 독립된 행정관청이 아닌 방송위원회 소속의 제 1 심의위원회는 내부 의사결정과정에 참여하는 기관에 불과하므로 여기에서 한 방송프로그램 편성·방송과 관련한 **민원에 대한 의결**은 헌법소원의 대상이 될 수 없고,[4] 청구인의 법적 지위에 영향을 미치지 않는 국민고충처리위원회의 **고충민원처리결과 회신** 역시 공권력의 행사에 해당하지 아니하여 헌법소원의 대상이 될 수 없으며,[5] 변호사시험 관리위원회는 변호사시험에 관한 법무부장관의 의사결정을 보좌하기 위하여 법무부에 설치된 합의체행정기관인 자문위원회로서 심의사항에 관하여 의결절차를 거쳐 **위원회의 의사를 표명**하더라도 그것은 단순히 법무부장관에 대한 권고에 불과하여 그 자체로서는 법적 구속력이나 외부효과가 발생하지 않는 의견진술 정도의 의미를 가지는 데 지나지 않아서 공권력의 행사로 볼 수 없다.[6]

1) 헌재 2003. 2. 27. 2002헌마106.
2) 헌재 2008. 1. 17. 2007헌마700.
3) 헌재 2019. 11. 28. 2017헌마759.
4) 헌재 2001. 2. 22. 2000헌마729.
5) 헌재 2008. 7. 1. 2008헌마449.
6) 헌재 2012. 3. 29. 2009헌마754.

타. 검사의 처분

(1) 총 설

헌법재판소는 헌재 1989. 4. 17. 88헌마3 결정에서 비록 당해사건은 범죄의 공소시효의 완성을 이유로 각하하였지만, 검사의 불기소처분이 자의적으로 행해진 경우에는 형사피해자는 헌법 제27조 제 5 항의 공판절차에서의 진술권과 제11조의 평등권을 침해당했다고 주장할 수 있다고 판시함으로써 **검사의 불기소처분**이 헌법소원의 대상이 됨을 밝혔다.[1)]

헌법재판소가 검사의 불기소처분을 헌법소원의 대상에 포함시킨 주된 이유는, 형사소송법상의 재정신청절차가 지극히 제한적으로 규정되어 있기 때문에 검찰이 공소권을 독점하고 있으면서도 또한 기소편의주의를 채택하고 있는 우리의 법제에서는 검찰의 기소권 행사에 대한 유효한 견제수단이 그 동안 존재하지 않았다는 데 있었다.

그러나 2008. 1. 1.부터 시행된 형사소송법의 개정으로 재정신청의 대상범죄가 모든 범죄로 확대됨에 따라 피의자가 청구하는 헌법소원을 제외한 대부분의 검사의 불기소처분이 헌법소원의 대상에서 제외되게 되었다. 즉, 모든 범죄에 대하여 고소권자로서 고소를 한 자와, 형법상 공무원의 직무에 관한 죄 중 직권남용(형법 제123조), 불법 체포·감금(형법 제124조), 폭행·가혹행위(형법 제125조)에 대하여 고발을 한 자는 불기소처분을 한 검사 소속의 지방검찰청 소재지를 관할하는 고등법원에 불기소처분의 당부에 관한 **재정**을 **신청**할 수 있으므로(개정 형소법 제260조 제 1 항), 이에 해당하는 불기소처분은 헌법소원의 대상이 되지 아니한다.[2)] 다만 위와 같은 형사소송법 개정에도 불구하고 재정신청을 통해 구제될 수 없는 검사의 처분에 대해서는 여전히 헌법소원심판을 청구할 수 있다.

(2) 범죄피해자인 고소인이 청구하는 헌법소원

헌법재판소는 고소인은 불기소처분의 대상이 된 범죄에 대해 재정신청을 할 수 있으므로 이를 거치지 않은 헌법소원심판 청구는 헌재법 제68조 제 1 항 단서 위반으로 부적법하다고 하였고,[3)] 또한 재정신청을 거쳐 기각결정을 받은

---

1) 헌재 1989. 4. 17. 88헌마3.

2) 이와 같은 법률개정에 대하여는, 검찰권 행사에 대한 헌법재판소의 견제 권한을 박탈한 것으로서 바람직한 입법의 개선이 아닌데도 불구하고 헌법재판소가 이와 같은 법률개정에 대하여 적극적으로 방어하지 않은 것은 잘못된 것이라는 견해가 있다.

후 헌법소원을 청구하더라도 법원의 재판을 거친 행정처분으로써 원행정처분의 법리에 따라 역시 부적법하다고 하였다.[1] 따라서 **범죄피해자인 고소인**의 불기소처분에 대한 헌법소원심판청구의 가능성은 사라졌다.

고소인의 재정신청은 검사로부터 공소를 제기하지 아니한다는 통지를 받은 때에 할 수 있으므로 검찰사건사무규칙상의 **협의의 불기소처분**뿐만 아니라 검사의 공소제기가 없는 **기소중지, 참고인중지, 공소보류, 공람종결** 처분의 경우에도 재정신청이 가능할 것이고, 헌법소원심판청구는 인정되지 않을 것이다.[2]

다만 범죄피해자가 구체적으로 범죄사실을 적시하여 고소하였고, 그 고소가 부적법하다고 볼 만한 특별한 사정이 없음에도 불구하고 적법한 절차에 따라 고소사건으로 처리하지 아니하고 **진정사건**으로 **공람종결처분**을 한 경우 헌법소원심판을 청구할 수 있다.[3]

(3) 고소하지 않은 범죄피해자가 청구하는 헌법소원

범죄피해자는 그가 고소를 제기한 바 없어도 헌법상 재판절차진술권과 평등권의 주체로서 검사의 불기소처분에 대하여 헌법소원심판을 청구할 수 있는 자격이 있고, 고소인이 아니어서 불기소처분에 대한 검찰청법상의 항고, 재항고 또는 형사소송법상의 재정신청 절차에 의한 구제를 받을 방법이 없으므로 헌법소원심판을 청구할 수 있다.[4] 형사소송법 개정으로 재정신청대상이 확대되었지만, 그러한 절차로 보호되지 않는 경우에는 헌법소원심판청구가 제한되지 않는다.[5]

---

3) 헌재 2008. 8. 12. 2008헌마508; 헌재 2010. 5. 27. 2010헌마71.
1) 헌재 2008. 7. 29. 2008헌마487 지정부 결정; 헌재 2011. 10. 25. 2010헌마243.
2) 실무제요, 307면.
3) 헌재 1999. 1. 28. 98헌마85; 헌재 2000. 11. 30. 2000헌마356.
4) 헌재 1992. 1. 28. 90헌마227; 헌재 1992. 7. 23. 91헌마142; 헌재 1998. 10. 29. 98헌마292; 헌재 2008. 11. 27. 2008헌마399등; 헌재 2008. 12. 26. 2008헌마387; 헌재 2009. 2. 26. 2008헌마482 등. 헌재 2013. 7. 25. 2012헌마346(피의자에 대한 특가법 위반[도주차량] 피의사실에 대한 혐의없음 불기소처분이 피해자의 유족인 청구인들의 평등권과 재판절차진술권을 침해하였다고 보았다); 헌재 2014. 9. 25. 2013헌마60(인지사건인 피의자에 대한 사기혐의 사건에 대하여 한 검사의 혐의없음 불기소처분이 범죄피해자인 청구인의 평등권과 재판절차진술권을 침해하였다고 본 사례); 헌재 2014. 9. 25. 2013헌마455(형사피해자로서 주식회사 주주인 청구인이 동 주식회사의 대표이사인 피의자를 자본시장과 금융투자업에 관한 법률 위반 혐의로 고발한 피의사실에 대하여 한 검사의 혐의없음 불기소처분이 청구인의 평등권 및 재판절차진술권을 침해하였다고 보았다); 헌재 2021. 11. 25. 2021헌마78(피의자의 감금혐의를 부정한 검사의 불기소처분이 청구인의 평등권과 재판절차진술권을 침해하였다고 본 사례); 헌재 2021. 11. 25. 2021헌마413(피의자의 준강제추행 및 유사성행위 혐의의 고의를 부정한 검사의 불기소처분이 청구인의 평등권과 재판절차진술권을 침해하였다고 본 사례)

한편 헌법재판소는, 검사의 불기소처분에 대한 항고권자를 고소인·고발인으로 한정한 검찰청법 제10조 제 1 항 전문이 고소하지 않은 범죄피해자의 평등권을 침해하는지 여부에 관하여, "검찰청법상 항고는 검사의 불기소처분에 대하여 검찰 내부에 의한 신속하고 효율적인 자체 시정을 구하는 제도로서, 수사 절차상 지위가 불분명한 고소하지 않은 범죄피해자에게 검찰항고를 허용할 경우 이 같은 제도의 취지가 달성되지 않을 가능성이 있다. 심판대상조항이 고소하지 않은 범죄피해자를 검찰항고권자로 정하지 않은 것은 검찰항고를 거쳐 재정신청에 이르는 일련의 제도를 고려한 것이다. 고소하지 않은 범죄피해자는 헌법소원심판을 청구함으로써 부당한 불기소처분에 대한 시정을 구할 수 있다. 따라서 심판대상조항은 고소하지 않은 범죄피해자의 평등권을 침해하지 않는다."고 판시하였다.[1)]

검사의 재량권 행사에는 스스로 합리적인 한계가 있어야 하므로 기소하여 법원의 심판을 받도록 함이 마땅한 사안을 자의적으로 기소유예 처분하는 것은 형사피해자의 재판절차진술권과 평등권을 침해한다고 볼 수 있다.[2)]

(4) 피의자가 청구하는 헌법소원

피의자는 재정신청을 할 수 없으므로 여전히 기소유예 처분이나 기소중지 처분 등에 대해 헌법소원을 청구할 수 있다.

기소유예 처분이란 공소를 제기함에 충분한 혐의가 있고 소송조건도 구비되었음에도 불구하고 검찰관이나 검사가 제반사항을 고려하여 공소를 제기하지 않는다는 내용의 처분을 한 것으로, 범죄혐의가 없음이 명백한 사안을 놓고 자의적이고 타협적으로 기소유예 처분을 했다면 헌법이 금하고 있는 차별적인 공권력의 행사가 되어 그 처분을 받은 자는 평등권과 헌법 제10조의 행복추구권의

5) 실무제요, 308면.

1) 헌재 2024. 7. 18. 2021헌마248.

2) 헌재 1995. 1. 20. 94헌마246; 동지: 헌재 1996. 3. 28. 95헌마208("경찰관이 범죄의 피해를 신고하러 온 청구인을 뚜렷한 혐의도 없이 오히려 경범죄 처벌법 위반자로 몰아 즉결심판을 청구하고 보호유치의 명목으로 감금하는 과정에서 상처를 입힌 것이 사실이라면, 당해 경찰관이 초범이고, 이미 경고의 징계처분을 받았으며 상해의 정도가 경미하다는 등의 사유만으로 기소를 유예한 검사의 처분은 기소재량권의 내재적 한계를 넘어 헌법상 보장된 청구인의 평등권과 재판절차진술권을 침해한 자의적인 처분이다."라고 판시하여 검사의 기소유예 처분이 기소재량권의 남용에 해당한다고 인정하였다); 헌재 1999. 3. 25. 98헌마303(이른바 교내 집단괴롭힘 사건의 피고소인에 대한 기소유예 처분이 기소편의주의의 한계를 초월한 재량권의 남용이라고 볼 자의적인 조치는 허용될 수 없으며, 기소하여 법원의 심판을 받도록 함이 마땅한 사안을 자의적으로 기소유예 처분함을 함은 형사피해자의 재판절차진술권과 평등권을 침해한다고 본 사례이다).

침해를 이유로 헌법소원심판을 청구할 수 있다.[1)]

1) 헌재 1989. 10. 27. 89헌마56; 헌재 2001. 4. 26. 2001헌마15; 헌재 2016. 12. 29. 2014헌마296; 헌재 2020. 2. 27. 2016헌마1071(선거운동에 해당하지 않는 행위를 이유로 기소유예 처분한 사례); 헌재 2020. 2. 27. 2018헌마964(절도범의 및 불법영득 의사가 인정되지 않음에도 기소유예 처분한 사례); 헌재 2020. 3. 26. 2017헌마1179(직무유기혐의 인정하기 어려운데도 기소유예 처분한 사례); 헌재 2020. 3. 26. 2018헌마589(의무보험 미가입 자동차 운행 고의 여부에 대한 수사미진에도 기소유예 처분한 사례); 헌재 2020. 3. 26. 2019헌마1254(타인의 재물에 해당하지 않음에도 재물손괴혐의를 인정하여 기소유예 처분한 사례); 헌재 2020. 4. 23. 2019헌마427(주택법 위반 혐의가 인정되지 않음에도 기소유예 처분한 사례); 헌재 2020. 6. 25. 2019헌마1269(절도의 고의 및 불법영득의사를 인정하기 어려움에도 불구하고 기소유예 처분한 사례); 헌재 2020. 8. 28. 2020헌마285; 헌재 2020. 7. 16. 2019헌마1120(반의사불벌죄로 공소권 없음 처분을 해야 함에도 기소유예 처분한 사례); 헌재 2020. 9. 24. 2019헌마1285; 헌재 2020. 9. 24. 2020헌마130(정당행위에 해당될 여지가 있음에도 기소유예 처분한 사례); 헌재 2020. 11. 26. 2017헌마1156(식품광고로서의 한계를 벗어난 과대광고에 해당한다고 보기 어려움에도 불구하고 식품위생법위반행위를 인정하여 기소유예 처분한 사례); 헌재 2020. 12. 23. 2020헌마892(재물손괴 및 절도혐의를 인정하기 어려움에도 불구하고 기소유예 처분한 사례); 헌재 2021. 2. 25. 2020헌마820(사업주가 아닌 청구인에 대하여 산업안전보건법 위반 혐의를 인정한 기소유예 처분사례); 헌재 2021. 4. 29. 2020헌마1392(절취범의를 인정하기 어려움에도 기소유예 처분한 사례); 헌재 2021. 4. 29. 2020헌마1415(사회상규에 위배되지 아니하는 행위로서 정당행위에 해당될 소지가 있음에도 기소유예 처분한 사례); 헌재 2021. 5. 27. 2020헌마1163('추석선물특가' 문구는 다른 약국과 판매의약품의 가격을 비교하는 표시·광고에 해당하지 않음에도 불구하고 약사법위반혐의를 인정하여 기소유예 처분한 사례); 헌재 2021. 8. 31. 2020헌마125(개업공인중개사가 소속 중개보조원에게 자기의 성명 또는 상호를 사용하여 중개업무를 하게 한 것으로 인정되기 어려움에도 기소유예처분한 사례); 헌재 2021. 9. 30. 2015헌마349(대한민국의 존립·안전이나 자유민주적 기본질서를 위태롭게 한다는 정을 알면서 발언하였거나 청구인이 발언한 것만으로는 대한민국의 존립·안전이나 자유민주적 기본질서에 실질적 해악을 끼칠 명백한 위험성이 있는 정도에 이르렀다고 인정되기 어려움에도 기소유예처분한 사례); 헌재 2021. 11. 25. 2019헌마490(유사군복에 해당한다고 인정할 증거가 부족함에도 기소유예처분한 사례); 헌재 2021. 11. 25. 2019헌마834(공소시효가 완성된 피의사실에 대하여 이루어진 기소유예처분); 헌재 2021. 12. 23. 2018헌마818(객관적·외형적으로 보아 사실상의 평온상태를 해치는 방법으로 피해자의 거주지에 들어갔다고 인정하기 어려움에도 기소유예처분한 사례); 헌재 2021. 12. 23. 2020헌마1008(야구선수 학부모 회장인 청구인이 감독에게 수수금지 금품을 제공하였다고 인정하기 어려움에도 기소유예 처분한 사례); 헌재 2021. 12. 23. 2020헌마1620(오상피난 또는 피해자의 추정적 승낙을 인정할 가능성이 있음에도 기소유예 처분한 사례); 헌재 2022. 5. 26. 2018헌마1029(청구인의 직권남용권리행사방해 피의사실에 대한 기소유예 처분이 평등권과 행복추구권을 침해하였다고 본 사례); 헌재 2022. 5. 26. 2020헌마202(소속 교사의 아동학대 행위에 대한 감독과 지도를 소홀히 하였음을 인정하기 어려움에도 원장인 청구인에 대하여 기소유예 처분한 사례); 헌재 2020. 5. 26. 2020헌마1275(청구인이 칼럼을 게재한 신분이 공직선거법 제193조의 규율대상인 일반적인 문서·도화에 해당하지 않음에도 탈법방법에 의한 인쇄물 배부로 기소유예 처분한 사례); 헌재 2022. 6. 30. 2021헌마916(청구인이 게시한 댓글이 상대방의 사회적 평가를 저하시킬 수 있는 모욕적인 표현에 해당한다고 단정하기 어려움에도 기소유예 처분한 사례); 헌재 2022. 9. 29. 2020헌마1204(청구인이 개인정보처리자에 해당하지 아니하고, 빌딩관리단은 법인격이 없어 양벌규정으로 처벌할 수도 없음에도 기소유예 처분한 사례); 헌재 2022. 10. 27. 2020헌마866(청구인이 피해자의 집 마당을 넘어간 행위 및 외부출입문을 손으로 두드린 행위가 주거침입에 해당한다고 단정하기 어려움에도 기소유예 처분한 사례); 헌재 2022. 11. 24. 2019헌마159(청구인에게 입원의 필요가 없는 자녀들을 과다하게 입원시키는 방법으로 보험금을 편취하고자 하는 고의를 인정할 증거가 부족함에도 기소유예 처분한 사례); 헌재 2023. 2. 23. 2020헌마8(청구인이 북한에서 구매한 그림을 반입한 행위가 남북교류협력에 관한 법률 위반에 해당한다고 단정하기 어려움에도 기소유

기소중지처분은 검사가 피의자의 소재불명 등을 이유로 수사를 종결할 수 없는 경우 그 사유가 해소될 때까지 수사를 일시 중지하는 처분으로 이 처분 역시 재정신청의 대상이 되지 아니하고 다른 법률에 그 구제절차가 마련되어 있지 않으므로 피의자는 헌법소원심판을 청구할 수 있다.[1)]

그러나 **'공소권 없음' 처분**과 **'죄가 안됨' 처분**은 피의자에게 범죄혐의가 있음을 확정하는 것이 아니어서 검사가 청구인(피의자)에게 '공소권 없음' 혹은 '죄가 안 됨' 처분을 하였다 하더라도 이를 가리켜 피의자인 청구인의 헌법상 기본권을 침해하는 공권력의 행사라고 할 수 없으므로 이러한 처분을 대상으로 한 헌

예 처분한 사례); 헌재 2023. 2. 23. 2020헌마1739(기소유예 처분 후 공직선거법이 개정되어 청구인의 행위가 공직선거법 위반에 해당하지 않게 되었음에도 기소유예 처분한 사례); 헌재 2023. 5. 25. 2019헌마1253(임대사업자의 지위를 가지지 않는 청구인에 대하여 기소유예 처분한 사례); 헌재 2023. 5. 25. 2021헌마1391(뒤따르는 행위 없이 타인을 촬영만 하거나 뒤따랐다고 하더라도 그 행위를 타인이 인식하지 못한 경우에 경범죄처벌법 제3조 제1항 제19호를 위반한 것이라고 보아 기소유예 처분한 사례); 헌재 2023. 6. 29. 2021헌마1389(청구인이 대가를 수수·요구 또는 약속하면서 접근매체를 전달한 사실을 인정할 증거가 부족함에도 전자금융거래법 위반 혐의를 인정하여 기소유예 처분한 사례); 헌재 2023. 6. 29. 2022헌마674(구 도시 및 주거환경정비법상 현금 청산대상자인 청구인이 토지보상법에 따른 손실보상이 완료되지 않아 부동산 인도 의무가 발생하지 않았음에도 불구하고 다른 전제에서 법률위반 혐의를 인정한 기소유예 처분); 헌재 2023. 7. 20. 2021헌마160(자폐성장애가 있는 청구인에게 재물손괴의 고의와 책임능력을 인정할 증거가 부족함에도 불구하고 재물손괴혐의를 인정한 기소유예 처분); 헌재 2023. 8. 31. 2020헌마880(청구인이 최저임금을 지급하지 않았다는 근로자가 근로기준법상 근로자에 해당한다고 인정할 증거가 부족함에도 불구하고 최저임금법 위반의 혐의를 인정한 기소유예 처분); 헌재 2023. 8. 31. 2021헌마994(청구인에게 정당방위 또는 정당행위가 성립할 여지가 충분함에도 불구하고 폭행 혐의를 인정한 기소유예 처분); 헌재 2023. 9. 26. 2019헌마265(청구인들에게 정당행위가 성립할 여지가 충분함에도 불구하고 의료법위반 혐의를 인정한 기소유예 처분); 헌재 2023. 9. 26. 2021헌마1602(청구인이 타인의 주거에 침입한 사실을 인정할 증거가 부족함에도 주거침입 혐의를 인정한 기소유예 처분); 헌재 2023. 10. 26. 2017헌마1033(군형법 제92조의6의 처벌대상에 해당한다는 사실을 인정할 증거가 부족함에도 군형법상 추행 혐의를 인정한 기소유예 처분); 헌재 2024. 2. 28. 2023헌마739(인터넷 포털 뉴스기사 댓글란에 기재된 '댓글 전부'를 확인하지 아니한 채 발췌되어 송치된 '일부 표현'만을 근거로 명예훼손 피의사실을 인정한 기소유예 처분); 헌재 2024. 5. 30. 2023헌마261(정당한 사유 없이 복무를 이탈하였다고 인정할 증거가 부족함에도 불구하고 청구인에게 병역법 위반 혐의를 인정한 기소유예 처분); 헌재 2024. 6. 27. 2023헌마852(피해자를 폭행한 혐의를 인정하기 어려움에도 기소유예처분한 사례); 헌재 2024. 7. 18. 2022헌마761(정액출장 여비 지급요건을 충족하지 못하였다고 단정할 수 없고, 시간외근무수당에 대한 부당수령의 고의가 인정된다고 단정할 수 없음에도 '보조금 관리에 관한 법률' 위반혐의를 인정한 기소유예처분); 헌재 2024. 7. 18. 2023헌마1273(관할관청의 승인을 받지 않고 튜닝된 자동차라는 사실을 알고 운행하였다고 인정할 증거가 없음에도 기소유예처분한 사례); 헌재 2024. 8. 29. 2023헌마79(피해자의 우산을 자기의 우산이라고 착오하여 가져갔을 가능성이 있음에도 청구인에게 절도의 고의가 있음을 전제로 기소유예처분한 사례); 헌재 2024. 8. 29. 2022헌마1680(청구인의 탈모치료제 투약행위로 인하여 공중보건위생상 위해가 생길 우려가 있었다고 보기 어렵고, 자기 자신에 대한 치료행위가 처벌받는 무면허의료행위에 해당한다고 단정하기 어려움에도, 의료법위반 혐의를 인정한 기소유예처분).

1) 헌재 1997. 2. 20. 95헌마362; 헌재 1999. 3. 25. 98헌마222; 헌재 1999. 6. 24. 98헌마248; 헌재 2000. 7. 20. 99헌마358; 헌재 2009. 9. 24. 2008헌마210 참조.

법소원심판청구는 부적법하다.[1]

(5) 고발인이 청구하는 헌법소원

과거에는 범죄피해자인 고발인이 검찰청법 제10조에 따른 항고·재항고를 거쳐 헌법소원심판을 청구하는 것을 허용하였으나, 이후 범죄피해자인 고발인에 대해서도 검찰청법에 따른 항고를 거친 후 재정신청을 거칠 것을 요구하고 이를 거치지 않은 채 헌법소원심판을 청구하면 보충성에 위반되어 부적법하다고 판단하게 되었다.[2] 재정신청을 거쳐 기각 결정을 받은 후 헌법소원을 청구하더라도 법원의 재판을 거친 행정처분으로서 역시 부적법한 청구가 된다.

한편, 범죄피해자가 아닌 고발인은 재판절차진술권 등 기본권의 주체가 될 수 없으므로 불기소처분에 대하여 헌법소원심판을 청구하더라도 자기관련성이 인정되지 않아 부적법하다.[3]

(6) 기소처분

헌법재판소는 검사의 공소제기가 청구인(피고인)의 기본권을 침해하였음을 이유로 헌법소원을 제기한 사건에서, 검사가 공소를 제기하면 법원에 의한 재판절차가 개시되어 당해 형사재판절차에서 그 적법성에 대한 사법적 심사를 받을 수 있으므로 검사의 공소제기처분은 독립하여 헌법소원심판의 청구대상이 될 수 없는 것이라고 하여, 형사재판을 위한 사전준비행위로서의 기소처분이 헌법소원의 대상이 아님을 밝혔다.[4]

한편 헌법재판소는 고소인인 청구인이 공소제기의 부당함을 문제삼는 것이 아니라 '구속'하여 공소를 제기하여야 할 것을 '불구속'으로 공소를 제기한 것이 청구인의 평등권을 침해한 것이라 하여 제기한 심판청구 사건에서 "법원에 공소가 제기된 이후 피고인의 구속에 관한 권한은 오직 법관에게 있을 뿐 검사에게는 피의자를 구속하기 위한 검사의 구속영장청구권과 유사한 권한마저도 없으며, 법원의 재판절차에 흡수되어 구속·불구속 심리의 구체적인 사법적 심리를 받게 되므로, 검사의 불구속 공소제기는 헌법소원심사의 대상이 될 수 없다."고 하였다.[5]

1) 헌재 1996. 11. 28. 93헌마229; 헌재 2003. 1. 30. 2002헌마323; 헌재 2003. 2. 27. 2002헌마309.
2) 헌재 2021. 8. 31. 2020헌마1610; 대법원 2011. 2. 28.자 2008모1220 결정.
3) 헌재 2009. 11. 26. 2007헌마1125; 헌재 2011. 10. 25. 2010헌마505.
4) 헌재 1992. 12. 24. 90헌마158; 헌재 1996. 2. 29. 96헌마32등; 헌재 2011. 9. 29. 2010헌바66; 헌재 2012. 7. 26. 2011헌바268.
5) 헌재 1996. 11. 28. 96헌마256.

검사의 약식명령청구도 공소제기의 일종이므로 검사의 약식명령청구에 대한 헌법소원심판청구 역시 부적법하다.[1)]

(7) 공소취소처분

검사의 공소취소처분에 따라 법원이 공소기각결정을 하여 동 결정이 확정된 경우에는 설사 검사의 공소취소처분이 다시 취소된다고 하더라도 법원의 공소기각결정이 재심에 의하여 취소되지 아니하는 한 원래의 기소상태는 회복될 수 없는 것이고, 따라서 **공소취소처분의 취소**를 구하는 심판청구는 인용될 경우에도 그 인용결정이 형사소송법 제420조 소정의 재심사유에 해당되지 아니하므로 결국 원래의 공소제기로 인한 소송계속상태가 회복될 수 없으므로 부적법하다.[2)]

(8) 진정(내사)공람종결처분

내사의 대상으로 되는 진정이라 하더라도 진정 그 자체가 법률의 규정에 의하여 법률상의 권리행사로서 인정되는 것이 아니고 진정을 기초로 하여 수사소추기관의 적의처리를 요망하는 의사표시에 지나지 아니한 것인 만큼 진정에 기하여 이루어진 **내사사건의 종결처리**라는 것은 구속력이 없는 진정사건에 대한 수사기관의 내부적 사건처리방식에 지나지 아니한 것이고, 따라서 그 처리 결과에 대하여 불만이 있으면 따로 고소나 고발을 할 수 있는 것으로서 진정인의 권리행사에 아무런 영향을 미치는 것이 아니므로 이는 헌법소원의 대상이 되는 공권력의 행사라고는 할 수 없다.[3)]

한편 **수사기관의 내사**(內査)는 범죄혐의의 유무를 확인하기 위하여 범죄인지(犯罪認知) 이전에 행해지는 수사기관 내부의 조사활동에 불과하므로, 그 과정에서 피내사자의 기본권을 제한하는 별도의 처분이 있었음을 구체적으로 특정하여 다투지 않는 이상, 단지 내사 그 자체만으로는 피내사자의 기본권에 직접적이고 구체적인 침해를 가한다고 볼 수 없으므로 헌법소원의 대상이 되는 공권력행사로 보기 어렵다.[4)]

그런데 고소사건을 고소사건으로 수리하지 아니하고 **진정사건으로 수리하여**

1) 헌재 1993. 6. 2. 93헌마104 지정부 결정.
2) 헌재 1997. 3. 27. 96헌마219.
3) 헌재 1990. 12. 26. 89헌마277; 헌재 1998. 2. 27. 94헌마77; 헌재 2010. 9. 14. 2010헌마557; 헌재 2011. 2. 15. 2011헌마30 지정부 결정; 헌재 2013. 9. 26. 2012헌마562.
4) 헌재 2011. 2. 15. 2011헌마30 지정부 결정.

공람종결처분한 경우에는 동 내사종결처분은 수사기관의 내부적 사건처리방식에 지나지 않는다고 할 수 없고, 헌법소원의 대상인 공권력의 행사에 해당한다.[1]

(9) 수사재기결정

불기소처분에 대한 검사의 재기결정이란 수사를 종결한 사건에 대하여 수사를 다시 개시하는 수사기관 내부의 의사결정에 불과하며 피의자에게 어떠한 의무를 부과하거나 피의자의 기본권에 직접적이고 구체적인 침해를 가하는 것이 아니므로 재기결정은 헌법소원의 대상이 되는 공권력의 행사라고 할 수 없다.[2] 그러므로 이와 같은 재기수사의 근거가 되는 재항고사건 처리지침(대검찰청 예규)은 검찰청 내부의 사무처리지침에 불과하므로 이에 대하여 법규적 효력을 인정하기 어렵고, 따라서 헌법소원의 대상이 되는 공권력의 행사에 해당하지 아니한다.[3]

4. 사법권의 작용

가. 재 판

(1) 재판소원의 원칙적 금지

헌법재판소법 제68조 제 1 항은 "공권력의 행사 또는 불행사로 인하여 헌법상 보장된 기본권을 침해받은 자는 '법원의 재판을 제외하고는' 헌법재판소에 헌법소원심판을 청구할 수 있다."고 규정하여 법원의 재판을 헌법소원의 대상에서 제외하였다. 따라서 현행법상 법원의 재판인 판결·결정·명령 자체를 대상으로 하여 헌법소원을 제기한다면 이는 부적법하다(헌재법 제72조 제 3 항 제 1 호).

헌법재판소도 법원의 판결(결정)을 대상으로 하여 제기한 헌법소원은 부적법하다고 하였고,[4] 법원의 재판을 헌법소원심판의 대상으로부터 배제하는 헌법재판소법 제68조 제 1 항의 위헌확인 사건에서, "헌법 제111조 제 1 항 제 5 호가 '법률이 정하는 헌법소원에 관한 심판'이라고 규정한 뜻은 결국 헌법이 입법자에게 공권력작용으로 인하여 헌법상의 권리를 침해받은 자가 그 권리를 구제

1) 헌재 1999. 1. 28. 98헌마85; 헌재 2000. 11. 30. 2000헌마356; 헌재 2014. 9. 25. 2012헌마175.
2) 헌재 1996. 2. 29. 96헌마32등.
3) 헌재 2011. 6. 28. 2011헌마300 지정부 결정; 동지: 헌재 1991. 7. 8. 91헌마42.
4) 헌재 1992. 6. 26. 89헌마132; 헌재 1992. 11. 12. 90헌마229; 헌재 1993. 3. 11. 91헌마233; 헌재 1993. 11. 25. 92헌마53.

받기 위한 주관적 권리구제절차를 우리의 사법체계, 헌법재판의 역사, 법률문화와 정치적·사회적 현황 등을 고려하여 헌법의 이념과 현실에 맞게 구체적인 입법을 통하여 구현하게끔 위임한 것으로 보아야 할 것이므로, 헌법소원은 언제나 '법원의 재판에 대한 소원'을 그 심판의 대상에 포함하여야만 비로소 헌법소원제도의 본질에 부합한다고 단정할 수 없다 할 것이다. …… 법원의 재판도 헌법소원심판의 대상으로 하는 것이 국민의 기본권보호의 실효성 측면에서 바람직한 것은 분명하다. 그러나 현재의 법적 상태가 보다 이성적인 것으로 개선되어야 할 여지가 있다는 것이 곧 위헌을 의미하지는 않는다. 법원의 재판을 헌법소원심판의 대상에 포함시켜야 한다는 견해는 기본권보호의 측면에서는 보다 이상적이지만, 이는 헌법재판소의 위헌결정을 통하여 이루어질 문제라기보다 입법자가 해결해야 할 과제이다. 그렇다면 헌법재판소법 제68조 제 1 항은 국민의 기본권(평등권 및 재판청구권 등)의 관점에서는 헌법적 한계를 넘는 위헌적인 법률조항이라고 할 수 없다."라고 판시하였다.[1)]

그런데 위 결정에 대해서는 헌법 제111조 제 1 항 제 5 호의 '**법률이 정하는 헌법소원**'에서 '법률'이라는 자구에 지나치게 묶여 해석한 잘못이 있다는 비판이 있다. 즉 위 규정의 '법률이 정하는'이라는 문언은 헌법소원심판의 구체적, 세부적 절차를 법률로 정한다는 의미이지, 헌법소원의 본질적 내용에 대한 제한을 법률로 정할 수 있다는 취지로 이해하여서는 안 된다는 것이다.[2)] 그러나 현행 헌법의 해석론으로는 재판소원의 금지가 위헌이라고 보는 것은 무리가 있고, 다만 입법론으로는 헌법규정에서 '법률이 정하는' 이라는 문구를 삭제하고 헌법재판소법을 개정하여 대표적인 공권력 작용의 하나인 재판에 대해서도 헌법소원의 대상으로 삼는 것이 헌법질서의 수호와 국민의 기본권 보장을 위해서 바람직하므로 검토해볼 만하다고 할 것이다. 다만 재판소원을 일반적으로 허용할 경우 재판부의 사건과부하 문제는 재판소원을 허용하고 있는 독일 연방헌법재판소의 재판부 운영방식을 타산지석으로 삼아 지정재판부의 관장사항을 넓히는 방안을 마련하는 것이 필요하다고 생각한다.[3)]

---

1) 헌재 1997. 12. 24. 96헌마172등.
2) 성낙인, 280면; 동지: 허영, 398면.
3) 성낙인, 280면은 재판소원을 허용하여 야기되는 기술적이고 부수적인 문제에 대하여는 헌법재판소에서도 현재 법원이 시행하고 있는 상고심리불속행 제도와 유사한 제도를 법원의 재판에 대한 헌법소원제도에 도입하는 방안을 고려할 수 있다고 한다.

입법례로는 독일, 스페인, 스위스 등에서는 재판에 대한 헌법소원을 인정하고 있다. 그런데 오스트리아는 우리나라처럼 법원의 재판에 대해서는 헌법소원을 배제한 채 단지 행정청의 처분과 입법행위에 대한 헌법소원만을 인정하고 있었으나, 2012년 헌법개정을 통하여 행정처분에 대한 위헌·위법심사가 새로 설립된 행정법원의 관할이 됨에 따라, 소송당사자는 행정법원의 판결에 대하여 헌법소원을 제기할 수 있게 되었다. 즉 오스트리아 헌법 제144조 제 1 항에 의하여, 당사자는 행정법원의 판결로 인하여 헌법상 보장된 권리가 침해되었거나 위헌적 법률의 적용으로 자신의 권리가 침해되었다고 주장하면서 직접 헌법재판소에 재판소원을 제기할 수 있다.[1)]

한편, 법률조항을 심판대상으로 삼아 이것의 위헌확인을 구하는 헌법소원심판을 청구하더라도, 해당 법률조항의 위헌성에 대하여는 아무런 주장을 하지 아니한 채 단지 법원에 의한 **사실관계의 판단**과 **법률의 해석·적용**의 부당함을 주장함에 그치고 있다면, 이는 헌법소원의 대상이 되지 않는 법원의 재판을 심판대상으로 삼고 있는 것이어서 부적법하다.[2)]

다만, **법원의 해석**에 의하여 **구체화된 법률조항**의 위헌 **여부**를 다투는 것으로 볼 수 있는 경우에는, 법원의 사실관계의 인정이나 개별·구체적 사건에서 단순히 법률조항의 포섭이나 적용의 문제를 다투거나, 의미있는 헌법문제에 대한 주장 없이 단지 재판결과를 다투는 재판소원에 해당한다고 보기 어렵다.[3)]

(2) 법원의 재판의 의미

헌법재판소는 "헌법재판소법 제68조 제 1 항에서 규정하고 있는 '법원의 재판'이라 함은 소송사건을 해결하기 위하여 법원이 행하는 종국적 판단의 표시인 **종국판결**과 같은 의미로 사용되기도 하나 소송법상으로는 법원이 행하는 공권적 법률판단 또는 의사의 표현을 지칭하는 것이며, 이러한 의미에서는 사건을 종국적으로 해결하기 위한 종국판결 외에 **본안 전 종국판결** 및 **중간판결**이 모두 포함되는 것이고, 소송법적 의미에 있어서의 재판뿐만 아니라 재판을 담당하는 법원이나 재판장이 소송절차의 파생적·부수적인 사항에 대하여 하는 공권적 판단, 사실행위 및 부작위 모두를 포함하는 포괄적 재판작용을 의미한다."

---

1) 주석 헌법재판소법, 961면.
2) 헌재 2002. 3. 28. 2001헌마271; 헌재 2005. 3. 22. 2005헌마256; 헌재 2007. 2. 6. 2007헌마91; 헌재 2010. 4. 6. 2010헌마116.
3) 헌재 2015. 9. 24. 2012헌마798.

고 판시하였다.[1)]

따라서 재판장의 소장각하명령도 법원의 재판에 해당하고,[2)] 법원의 재산관계명시명령에 대한 이의신청기각결정, 이에 대한 항고기각결정 및 재항고기각결정을 심판대상으로 한 헌법소원심판청구는 헌법재판소법 제68조 제 1 항에 의하여 심판의 대상에서 제외되어 있는 법원의 재판에 대하여 헌법소원심판이 청구된 경우에 해당하여 부적법하고,[3)] 법원의 소년부송치결정에 대한 헌법소원심판청구는 법원의 재판 자체를 대상으로 하는 것이어서 부적법하며,[4)] 소송지휘 또는 재판진행에 관한 사항은 그 자체가 재판장의 결정이나 명령으로서 법원의 재판에 해당하거나, 또는 그것이 비록 재판의 형식이 아닌 사실행위로 행하여졌다고 하더라도 종국판결이 선고된 이후에는 종국판결에 흡수·포함되어 그 판결에 대한 상소에 의하여만 불복이 가능하므로 당해사건에 대한 법원의 재판진행을 대상으로 한 헌법소원심판청구는 부적법하다.[5)]

일반법원의 재판뿐만 아니라 군사법원의 재판도 포함됨은 물론이다.[6)]

(3) 헌법소원의 대상이 될 수 있는 법원의 재판

그러나 헌법재판소는 "헌법재판소법 제68조 제 1 항이 원칙적으로 헌법에 위반되지 아니한다고 하더라도, 법원이 헌법재판소가 위헌으로 결정하여 그 효력을 전부 또는 일부 상실하거나 위헌으로 확인된 법률을 적용함으로써 국민의 기본권을 침해한 경우에도 법원의 재판에 대한 헌법소원이 허용되지 않는 것으로 해석한다면, 위 법률조항은 그러한 한도 내에서 헌법에 위반된다. 모든 국가기관은 헌법의 구속을 받고 헌법에의 기속은 헌법재판을 통하여 사법절차적으로 관철되므로, 헌법재판소가 헌법에서 부여 받은 위헌심사권을 행사한 결과인 법률에 대한 위헌결정은 법원을 포함한 모든 국가기관과 지방자치단체를 기속한다. 따라서 헌법재판소가 위헌으로 결정하여 그 효력을 상실한 법률을 적용하여 한 법원의 재판은 헌법재판소에 부여한 헌법의 결단(헌법 제107조 및 제111조)에 정면으로 위배된다. 헌법이 법률에 대한 위헌심사권을 헌법재판소에 부여하

1) 헌재 1992. 6. 26. 89헌마271; 헌재 1992. 12. 24. 90헌마158; 헌재 1993. 6. 2. 93헌마104; 헌재 2004. 9. 23. 2003헌마19; 헌재 2012. 7. 26. 2011헌바268; 헌재 2018. 8. 30. 2016헌마263.
2) 헌재 1994. 6. 8. 94헌마94 지정부 결정.
3) 헌재 1993. 9. 27. 91헌마223; 헌재 1999. 5. 27. 98헌마357(대법원의 재항고 기각결정).
4) 헌재 1994. 3. 18. 94헌마36 지정부 결정.
5) 헌재 2012. 7. 26. 2011헌바268.
6) 헌재 2008. 4. 15. 2008헌마267; 헌재 2008. 5. 20. 2008헌마359; 헌재 2008. 8. 19. 2008헌마523.

고 있음에도 법원이 헌법재판소의 위헌결정에 따르지 아니하는 것은 실질적으로 법원 스스로가 '입법작용에 대한 규범통제권'을 행사하는 것을 의미하므로, 헌법은 어떠한 경우이든 헌법재판소의 기속력 있는 위헌결정에 반하여 국민의 기본권을 침해하는 법원의 재판에 대하여는 헌법재판소가 다시 최종적으로 심사함으로써 자신의 손상된 헌법재판권을 회복하고 헌법의 최고규범성을 관철할 것을 요청하고 있다."고 판시함으로써[1] 헌법재판소가 위헌으로 결정하여 그 효력을 상실한 법률을 적용하여 한 법원의 재판은 헌법소원의 대상이 될 수 있음을 분명히 하였다.

또한 헌법재판소는 "심판대상조항인 헌재법 제68조 제 1 항 본문 중 '법원의 재판을 제외하고는' 부분에 대하여, '법원의 재판'에 헌법재판소가 위헌으로 결정한 법령을 적용함으로써 국민의 기본권을 침해한 재판이 포함되는 것으로 해석하는 한 헌법에 위반된다는 한정위헌결정(헌재 2016. 4. 28. 2016헌마33)을 선고함으로써 그 위헌 부분을 제거하는 한편 그 나머지 부분이 합헌임을 밝힌 바 있다. 따라서 심판대상조항은 위헌 부분이 제거된 나머지 부분으로 이미 그 내용이 축소된 것이고, 이에 관하여는 이를 합헌이라고 판단한 위 선례와 달리 판단하여야 할 사정변경이나 필요성이 인정되지 아니하므로(헌재 2018. 8. 30. 2015헌마861 등 참조), 심판대상조항이 청구인들의 평등권 등 기본권을 침해하여 위헌이라고 볼 수 없다."고 판시하였다.[2]

이러한 입장에서 헌법재판소는, 동 사건의 (대법원)판결은 헌법재판소가 이미 한정위헌결정을 선고함으로써 이미 부분적으로 그 효력이 상실된 법률조항(구 소득세법 제23조 제 4 항 단서 등)을 적용한 것으로서 위헌결정의 기속력에 반하는 재판임이 분명하므로 이에 대한 헌법소원은 허용되고, 또한 동 판결로 말미암아 청구인의 헌법상 보장된 기본권인 재산권이 침해되었다 하여 헌법재판소법 제75조 제 3 항에 따라 동 판결을 취소하였다.[3]

---

1) 헌재 1997. 12. 24. 96헌마172등.
2) 헌재 2020. 11. 26. 2014헌마1175 등.
3) 우리 헌법체계상 헌법재판소에도 사법권을 귀속시키고 있는 독일과는 달리 사법권을 최고법원인 대법원에 귀속시키고 있으며, 대법원에 명령·규칙 또는 처분에 관하여 위헌심사권을 부여하고 있는 헌법 제107조 제 2 항의 헌법정신에 비추어 보면 헌법재판소의 한정위헌결정에 대하여는 기속력을 인정할 수 없을 것임에도 불구하고 위와 같은 헌법정신에 위반하여, 한정위헌결정에도 기속력이 있음을 전제로 하여 예외적으로 법원의 재판도 헌법소원의 대상이 될 수 있다고 본 위 헌재의 결정은 타당성이 없다는 것이 대법원의 입장이다. 그러나 위 대법원의 견해는 사법권의 의미를 좁은 의미로만 해석하고, 헌법 제107조의 제 2 항의 의미를 자의적으로 해석하였다는 비판이 가능하여 부당하므

한편 헌법재판소는 법률에 대한 위헌결정의 기속력에 반하는 법원의 재판이 헌법소원의 대상이 되는지에 관하여 "헌법은 법률에 대한 위헌심사권을 헌법재판소에 부여하고 있고(헌법 제107조, 제111조) 헌법재판소가 헌법에서 부여받은 위헌심사권을 행사한 결과인 법률에 대한 위헌결정은 법원을 포함한 모든 국가기관과 지방자치단체를 기속한다. 따라서 법률에 대한 위헌결정의 기속력을 부인하는 법원의 재판은 그 자체로 헌법재판소 결정의 기속력에 반하는 것일 뿐만 아니라 법률에 대한 위헌심사권을 헌법재판소에 부여한 헌법의 결단에 정면으로 위배된다. 이러한 법원의 재판에 대해서는, 헌재법 제68조 제 1 항 본문이 법원의 재판을 헌법소원심판의 대상에서 제외하고 있다 하더라도, 헌법의 최고규범성을 수호하고 헌법이 헌법재판소에 부여한 법률에 대한 위헌심사권을 회복하기 위하여 헌법재판소가 다시 최종적으로 심사할 필요가 있다. 이를 위해서는 헌재법 제68조 제 1 항 본문의 '법원의 재판'의 범위에서 '법률에 대한 위헌결정의 기속력에 반하는 재판' 부분을 명시적으로 제외하는 위헌결정을 함으로써 그에 대해 예외적으로 헌법소원심판을 허용하여야 한다."고 판시하면서, 동 사건의 재심기각 결정들은 모두 '법률에 대한 위헌결정의 기속력에 반하는 재판'으로 이에 대한 헌법소원은 허용되고 청구인들의 헌법상 보장된 재판청구권을 침해하였으므로 헌재법 제75조 제 3 항에 따라 취소되어야 한다고 하였고,[1] 그 주문에서 "1. 헌법재판소법(2011. 4. 5. 법률 제10546호로 개정된 것) 제68조 제 1 항 본문 중 '법원의 재판' 가운데 '법률에 대한 위헌결정의 기속력에 반하는 재판' 부분은 헌법에 위반된다. 2. 광주고등법원 2013. 11. 25.자 (제주)2013재노2 결정 및 대법원 2014. 8. 11.자 2013모2593 결정은 청구인 남○○의 재판청구권을 침해한 것이므로 이를 모두 취소한다. 3. 대법원 2014. 8. 20.자 2013모2645 결정은 청구인 이○○의 재판청구권을 침해한 것이므로 이를 취소한다."고 선언하였다.

따라서 위 결정들에 의하면, 헌법재판소의 법률에 대한 위헌결정(변형결정 포함)에 반하는 법원의 재판에 대하여는 헌법소원심판을 제기할 수 있다고 하겠다.

또한 헌법재판소는 헌재 2022. 6. 30. 2014헌마760등 결정을 통해 '법원의

로 위헌결정의 한 종류인 한정위헌결정의 기속력을 부인하는 위 대법원의 입장은 변경되어야 할 것이다. 상세한 것은 '제 4 편 제 1 장 제 4 절 4. 마. 한정위헌결정의 경우의 기속력' 부분 참조.

1) 헌재 2022. 6. 30. 2014헌마760등.

재판'을 헌법소원심판의 대상에서 원칙적으로 제외하고 있는 재판소원금지조항에서 '법률에 대한 위헌결정의 기속력에 반하는 재판' 부분에 대하여 위헌결정을 선고함으로써, 헌법이 부여한 헌법재판소의 법률에 대한 위헌심사권의 의미와 일부위헌결정으로서 한정위헌결정의 효력을 분명히 하였다. 헌법재판소는 2016. 4. 28. 2016헌마33 결정에서 헌법재판소법 제68조 제 1 항 본문의 '법원의 재판' 중 '헌법재판소가 위헌으로 결정한 법령을 적용함으로써 국민의 기본권을 침해한 재판' 부분에 대하여 위헌결정을 한 바 있으나, 위 결정의 효력은 위 주문에 표시된 부분에 국한되므로, 재판소원금지조항의 적용 영역에서 '법률에 대한 위헌결정의 기속력에 반하는 재판' 부분을 모두 제외하기 위해 헌법재판소법 제68조 제 1 항 본문 중 '법원의 재판' 가운데 '**법률에 대한 위헌결정의 기속력에 반하는 재판**' 부분은 헌법에 위반된다는 결정을 한 것이다.[1] 이 결정 이후, 같은 취지로 헌법재판소의 한정위헌결정의 기속력을 부인하고 청구인의 재심청구를 기각한 법원의 재판이 '법률에 대한 위헌결정의 기속력에 반하는 재판'으로 예외적으로 헌법소원심판의 대상이 된다고 보고 그 재판을 취소한 결정들이 선고되었다.[2]

(4) 헌법소원의 대상이 되지 않는 법원의 재판

한편, 헌법재판소의 법률에 대한 위헌결정(한정위헌·한정합헌, 헌법불합치결정 포함)에 반하는 법원의 재판에 대하여는 헌법소원심판을 청구할 수 있다고 하겠으나, 위헌으로 결정된 법률조항은 그 결정이 있는 날부터 효력을 상실하므로(헌재법 제47조 제 2 항), 원칙적으로 **위헌결정일 이후의 재판**이 헌법소원의 대상이 되는 재판에 해당할 것이다.[3] 헌법재판소도 "헌법재판소의 위헌결정은 장래효만이 있을 뿐이므로 법원이 헌법재판소의 한정위헌결정 이전에 그 법령을 적용하여 선고한 판결은 헌법재판소가 위헌으로 결정한 법령을 적용하여 국민의 기본권을 침해한 재판에 해당하지 아니하므로 그 판결을 대상으로 한 이 사건의 헌법소원 심판청구는 부적법하다."고 판시하였다.[4] 비록 나중에 해당 법률이 헌법

1) 헌재 2022. 6. 30. 2014헌마760등.
2) 헌재 2022. 7. 21. 2013헌마242; 헌재 2022. 7. 21. 2013헌마496; 헌재 2022. 7. 21. 2013헌마497.
3) 헌재 1998. 4. 30. 92헌마239(이 사건의 심판의 대상이 된 대법원의 판결은 헌법재판소가 한정위헌결정을 하기 이전에 선고된 것으로서 헌법재판소가 위헌으로 결정한 법령을 적용하여 국민의 기본권을 침해한 재판에 해당하지 아니하므로 그 판결을 대상으로 한 이 사건 헌법소원 심판청구는 부적법하다고 하였다).
4) 헌재 1998. 7. 16. 95헌마77.

재판소에 의하여 위헌으로 판명된 경우라고 하더라도 헌법재판소의 위헌결정이 있기 전의 단계에서 판사가 법률을 적용하는 것은 제도적으로 정당성이 보장된 것이기 때문이다.[1] 또한 헌법재판소는 한정위헌결정이 이루어지기 전에 확정된 법원의 재판이 헌법소원심판의 대상이 되는지 여부에 관하여, "위헌결정이 있기 전에 그 법률을 법원이 적용하는 것은 제도적으로 정당성이 보장되므로 아직 헌법재판소에 의하여 위헌으로 선언된 바가 없는 법률이 적용된 재판을 그 후에 위헌결정이 선고되었다는 이유로 위법한 공권력의 행사라고 하여 헌법소원심판의 대상으로 삼을 수는 없다. 청구인은 이 사건 한정위헌결정이 이루어지기 전에 이미 확정된 법원의 재판에 대하여 헌법재판소법 제75조 제 7 항에 따라 재심을 청구하였는바, 이러한 재심대상판결은 법률에 대한 위헌결정의 기속력에 반하는 재판에 해당하지 않으므로 이에 대한 심판청구는 부적법하다."고 판시하였다.[2]

한편 헌법재판소는 "형벌 조항은 위헌결정으로 소급하여 그 효력을 상실하지만, 위헌결정이 있기 이전의 단계에서 그 법률을 판사가 적용하는 것은 제도적으로 정당성이 보장되므로 아직 헌법재판소에 의하여 위헌으로 선언된 바가 없는 법률이 적용된 재판을 그 뒤에 위헌결정이 선고되었다는 이유로 위법한 공권력의 행사라고 하여 헌법소원심판의 대상으로 삼을 수는 없다. 따라서 이 사건 한정위헌결정 이전에 확정된 청구인들에 대한 유죄판결은 법률에 대한 위헌결정의 기속력에 반하는 재판이라고 볼 수 없으므로 이에 대한 심판청구는 부적법하다."고 판시하였다.[3]

그런데 법령에 대한 헌법재판소의 위헌결정과 이 위헌결정된 법령을 적용한 법원의 재판이 우연히 같은 날 이루어진 경우에는 법원의 재판은 헌법소원의 대상이 된다고 할 것이다. 법령에 대한 위헌결정의 효력은 같은 날 행해진 법원의 재판에도 미친다고 보는 것이 합리적이기 때문이다.[4]

---

1) 헌재 2001. 2. 22. 99헌마461. 동지: 헌재 2022. 6. 30. 2014헌마760등.
2) 헌재 2022. 7. 21. 2013헌마496; 헌재 2022. 7. 21. 2013헌마497.
3) 헌재 2022. 6. 30. 2014헌마760등(형벌조항이 헌법재판소의 위헌결정으로 소급하여 효력을 상실한 경우에도 마찬가지이며, 그에 대한 구제는 재심절차에 의해서만 가능하다고 하였다).
4) 동지: 허영, 383면. 헌법재판소는 2005. 11. 24. 2004헌가28 사건에서 필요적 운전면허 취소사유를 정하는 도로교통법 규정을 위헌결정했는데, 같은 날 헌법재판소의 위 위헌결정과 다른 취지의 판결을 한 대법원 2005. 11. 24. 선고 2005두8061 판결을 대상으로 제기한 재판소원 사건(2005헌마1198)에서 재판소원의 적법성을 인정하고 본안판단에서 위 대법원 판결을 취소하는 내용의 평의까지 마쳤으나 청구인의 헌법소원 취하로 별도의 선고 없이 심판절차가 종료되었다고 한다.

헌법재판소는 법원의 판결이 헌법소원심판의 대상이 되는 예외적인 재판에 해당하지 아니하는 경우에는 헌법재판소법 제68조 제 1 항 본문의 위헌확인을 구하는 심판청구는 권리보호의 이익이 없어 부적법하고,[1] 법원의 판결에 대한 헌법소원 심판청구를 부적법하다고 하여 각하하는 이상 그 심판청구를 전제로 한 헌법재판소법 제68조 제 1 항 본문 중 '법원의 재판을 제외하고는' 부분에 대한 헌법소원 심판청구도 권리보호이익이 없어 부적법하다고 하였다.[2]

그리고 헌법재판소는 "위헌·무효인 법령에 기한 행정처분이 항상 무효인 것은 아니고, 그 무효 여부는 당해사건을 재판하는 법원이 판단할 사항인바, 국가보위에관한특별조치법 제 5 조 제 4 항이 헌재 1994. 6. 30. 92헌가18 결정에 의하여 위헌으로 결정되었다고 하더라도 동 조항에 근거한 이 사건 각 수용처분이 무효인지 여부는 법원이 판단하여야 할 사항이지 헌법재판소에서 결정할 사항은 아니다. 헌법재판소가 위헌이라고 결정한 법령에 기한 행정처분이 당연무효가 아니라 취소할 수 있는 행정행위에 불과하다고 판단한 법원의 재판은 헌법소원심판의 대상이 되는 재판에 해당되지 않는다."고 판시하였다.[3]

또한 확정판결의 사실인정을 다투면서 법원판결에 대한 위헌확인을 구하는 헌법소원심판청구가 적법한지 여부에 관하여, "헌법재판소법 제68조 제 1 항 본문이 공권력의 행사 또는 불행사로 인하여 헌법상 보장된 기본권을 침해받은 자는 '법원의 재판'을 제외하고는 헌법재판소에 헌법소원심판을 청구할 수 있다고 규정한 것은 원칙적으로 법원의 재판자체는 헌법소원심판의 대상이 되지 아니한다는 뜻이므로, 확정판결이 한 사실인정의 잘못을 다투면서 법원의 판결에 대하여 위헌확인을 구하는 이 심판청구는 부적법한 것임이 명백하다."고 판시하였고,[4] 재판취소 등 사건에서 "심판대상 판결인 대법원 판결 중 상고기각부분은 구 소득세법 제23조 제 4 항 제 1 호 본문 및 제45조 제 1 항 제 1 호 가목 본문을 적용하였을 뿐이고, 헌법재판소가 위 각 규정에 대하여 위헌결정을 한 바가 없으므로, 위헌으로 선언된 법률을 적용하였다고 볼 수 없으며, 따라서 그 취소를 구하는 심판청구는 헌법소원의 대상이 되는 예외적 재판에 관한 것이

1) 헌재 1998. 2. 27. 96헌마371; 헌재 1998. 4. 30. 95헌마93등; 헌재 1999. 5. 27. 98헌마357; 헌재 2000. 6. 1. 99헌마451; 헌재 2015. 6. 25. 2013헌바201.
2) 헌재 1998. 4. 30. 92헌마239; 헌재 1998. 7. 16. 95헌마77.
3) 헌재 1998. 4. 30. 95헌마93등.
4) 헌재 1998. 2. 27. 96헌마371; 동지: 헌재 2002. 3. 28. 2001헌마271.

아니므로 부적법하다."고 판시하였다.[1]

헌법재판소는, "법원이 공시지가제도가 시행된 1990. 9. 1. 전에 양도한 토지에 대한 양도소득부과처분취소 사건에서 구 소득세법 제60조를 적용하여 그 부과처분의 적법 여부를 판단한 것은 헌재 1995. 11. 30. 91헌바1등 헌법불합치 결정의 기속력에 따른 것이고, 그 이후에 양도한 토지에 대한 양도소득세부과처분취소 사건에서 구 소득세법 제60조를 적용하여 그 부과처분의 적법여부를 판단한 것은 위 헌법불합치 결정의 기속력에 어긋나기는 하나 개정 소득세법 제99조를 적용하거나 구 소득세법 제60조를 적용하거나 양자는 기준시가에 의하여 양도차익을 산정하는 방법이 동일하므로 그 세액이 동일하게 되어 그로 말미암아 기본권의 침해가 있다고 볼 수 없으므로, 그 어느 것이나 예외적으로 헌법소원의 대상이 되는 재판, 즉 '위헌으로 결정한 법령을 적용함으로써 국민의 기본권을 침해한 재판'에 해당하지 아니하여 헌법소원심판의 대상이 될 수 없다."고 판시하였고,[2] 상속세부과처분 등 취소사건에서, "이 사건 판결이 적용한 구 상속세법시행령 부칙 제 2 항에 대하여는 헌법재판소가 위헌결정을 한 적이 없으며, 한편 이 조항은 헌법재판소가 1992. 12. 24. 위헌선고한 구 상속세법 제 9 조 제 2 항과 같은 취지의 것이라거나 서로 관련성이 있다고 보기 어려우므로, 결국 이 사건 판결에 대한 심판청구는 부적법하다."고 판시하였다.[3]

그 밖에 헌법재판소법 제47조 제 2 항에 따라 위헌결정은 장래효를 가지지만, 당해사건, 동종사건, 병행사건에 대해서는 예외적으로 소급효가 인정되고, 이에 해당하는지 여부에 대하여 헌법재판소가 직접 밝힌 바 없다면, 이는 구체적 사실관계를 기초로 법원이 판단할 사항이므로 구 공무원연금법 규정에 대한 2차 위헌결정 이후 제소된 퇴직연금지급소송에서 법원이 병행사건에 해당하지 않는다고 판단한 재판은 헌법소원심판의 대상이 되는 예외적인 재판에 해당한다고 볼 수 없다고 하였고,[4] "대통령의 긴급조치 발령행위 등에 대하여 국가배상책임을 인정하지 않은 이 사건 대법원 판결들이 헌법재판소의 위헌결정에 반하여 위 긴급조치들이 합헌이라고 하였거나, 합헌임을 전제로 위 긴급조치를 그대로 적용한 바가 없으며, 이 사건 대법원 판결들에서 긴급조치 발령행위에

1) 헌재 1999. 9. 16. 98헌마265.
2) 헌재 1999. 10. 21. 96헌마61등; 헌재 1999. 10. 21. 97헌마301등.
3) 헌재 2000. 6. 1. 99헌마451.
4) 헌재 2013. 6. 27. 2010헌마535.

대한 국가배상책임이 인정되지 않은 것은 긴급조치가 합헌이기 때문이 아니라 긴급조치가 위헌임에도 국가배상책임이 성립하지 않는다는 대법원의 해석론에 따른 것이다. 따라서 이 사건 대법원 판결들은 예외적으로 헌법소원심판의 대상이 되는 경우에 해당하지 않으므로 그에 대한 심판청구는 부적법하다."고 판시하였다.[1] 또한 통신제한조치에 대한 법원의 허가는 통신비밀보호법에 근거한 소송절차 이외의 파생적 사항에 관한 법원의 공권적 법률판단으로 헌법재판소법 제68조 제 1 항에서 헌법소원의 대상에서 제외하고 있는 법원의 재판에 해당하므로, 이에 대한 심판청구는 부적법하다고 하였으며,[2] 판사의 디엔에이감식시료채취영장 발부는 검사의 청구에 따라 판사가 디엔에이감식시료 채취의 필요성이 있다고 판단하여 이루어지는 재판으로서, 헌법소원심판의 대상이 될 수 있는 예외적인 재판에 해당하지 아니한다고 하였고,[3] 대통령의 긴급조치 제 1 호, 제 4 호, 제 9 호 발령행위 등에 대하여 국가배상책임을 인정하지 않은 대법원 판결에 대한 헌법소원심판청구가 적법한지 여부에 관하여 "긴급조치 제 4 호는 헌법재판소에 의해 위헌으로 결정된 적이 없으므로, 이 사건 대법원 판결 중 긴급조치 제 4 호와 관련된 부분은 헌법소원심판의 대상이 되는 재판에 해당할 여지가 없다. 긴급조치 제 1 호 및 제 9 호는 2010헌바132등 결정에서 위헌으로 선언되었으나, 이 사건 대법원 판결이 헌법재판소의 위헌결정에 반하여 위 긴급조치들이 합헌이라고 하였거나, 합헌임을 전제로 위 긴급조치를 그대로 적용한 바가 없다. 이 사건 대법원 판결에서 긴급조치 발령행위에 대한 국가배상책임이 인정되지 않은 것은 긴급조치가 합헌이기 때문이 아니라 긴급조치가 위헌임에도 국가배상책임이 성립하지 않는다는 대법원의 해석론에 따른 것이다. 따라서 이 사건 대법원 판결은 예외적으로 헌법소원심판의 대상이 되는 경우에 해당하지 않으므로 그에 대한 심판청구는 부적법하다."고 판시하였다.[4]

---

1) 헌재 2018. 8. 30. 2015헌마861 등. 2인의 소수의견은 헌법재판소가 위헌으로 결정한 법령을 적용하여 국민의 기본권을 침해한 재판은 예외적으로 헌법소원의 대상이 되는데, 이러한 재판에는 헌법재판소의 위헌이라는 결론을 뒷받침하는 핵심적인 이유의 논리를 부인하는 법원의 재판도 포함되어야 한다고 하면서, 이 사건 대법원판결들은 헌법재판소의 2010헌바132 등 위헌결정의 기속력에 반하여 청구인들의 기본권을 침해하는 것이므로 취소되어야 한다고 하였다.

2) 헌재 2018. 8. 30. 2016헌마263.

3) 헌재 2018. 8. 30. 2016헌마344 등.

4) 헌재 2019. 2. 28. 2016헌마56. 2인의 반대의견은 이 사건 대법원 판결은 2010헌바132등 결정에 반하거나 국가가 권력을 남용해 국민의 자유와 권리를 '의도적이고 적극적으로' 침해하는 '총제적' 불법행위를 자행한 경우에도 국가의 불법행위 책임을 부인함으로써 예외적으로 헌법소원심판의 대상이 되는 판결에 해당하며 헌법재판소의 위헌결정의 기속력에 반하거나 도저히 그 부정의함을

나. 사법권력의 부작위

공권력의 불행사에 대한 헌법소원은 공권력의 주체에게 헌법에서 유래하는 작위의무가 특별히 구체적으로 규정되어 이에 의거하여 기본권의 주체가 공권력의 행사를 청구할 수 있음에도 공권력의 주체가 그 의무를 해태하는 경우에 허용되는 것이므로, 작위의무가 없는 공권력의 불행사에 대한 헌법소원은 부적법하다.[1)]

따라서 헌법재판소는 "법원은 국민의 재판청구권에 근거하여 법령에 정한 국민의 정당한 재판청구행위에 대하여만 재판을 할 의무를 부담하고 법령이 규정하지 아니한 재판청구행위에 대하여는 그 의무가 없다고 할 것인바, 종국판결이 상소기간 도과로 확정된 후 동 판결선고 전에 청구의 인낙이 있었다는 이유로 하는 기일지정신청은 법령에 규정한 바 없고 위 기일지정신청을 인정하는 법리도 없으므로 그러한 기일지정신청은 법원에 대하여 아무런 의미도 부여할 수 없고 법원이 이에 대하여 재판을 하여야 할 의무를 부담하지 않으므로 위 기일지정신청에 대하여 법원이 아무런 재판을 하고 있지 않는 데 대한 헌법소원은 헌법에서 유래하는 작위의무가 없는 공권력의 불행사에 대한 헌법소원이어서 부적법하다."고 판시하였고,[2)] 또한 대법원결정에 판단유탈이 있음을 이유로 한 헌법소원의 적부에 관하여 "대법원이 판단하여야 할 사항의 일부에 관하여 판결의 주문에서 빠뜨리고 판결한 것이라면 탈루한 부분은 여전히 법원에 계속되어 있는 것이고, 그렇지 아니하고 공격방어방법에 관한 판단을 빠뜨린 것이라면 재심의 소에 의하여 구제받을 수 있으므로 그러한 절차를 생략한 채 바로 헌법재판소에 헌법소원을 청구하여 재판의 취소를 구하거나 추가재판을 구하는 것은 허용되지 않는다."고 판시하였다.[3)]

또한 기피사건 재판부가 기피신청에 대한 결정을 하지 않고 있다가 본안사건 재판부가 본안사건에 대하여 청구인에 대한 패소의 판결을 선고한 후에 "본안사건에 대한 종국판결이 선고되어 기피신청에 대한 재판을 할 이익이 없다."

묵과할 수 없는 수준으로 헌법상 보장된 기본권인 국가배상청구권을 침해하므로 취소되어야 한다고 하였다. 동지: 헌재 2020. 11. 26. 2014헌마1175등.

1) 헌재 1991. 9. 16. 89헌마163; 헌재 1994. 4. 28. 92헌마153; 헌재 1994. 6. 30. 93헌마161; 헌재 1998. 5. 28. 97헌마282; 헌재 1999. 9. 16. 98헌마75; 헌재 2021. 5. 27. 2018헌마1108.

2) 헌재 1994. 6. 30. 93헌마161.

3) 헌재 1996. 4. 25. 92헌바30.

는 이유로 기피신청을 각하하자, 기피사건 재판부가 아무런 이유 없이 본안사건에 대한 판결선고 전에 기피신청에 대한 결정을 하지 않고 그 후에 각하함으로써 소송당사자인 청구인의 기피권을 사실상 무력화하거나 박탈하는 것과 같은 결과를 초래하였으므로, 결국 기피사건 재판부의 공권력불행사인 재판지연으로 인하여 청구인의 헌법상 보장된 공정하고 신속한 재판을 받을 권리(헌법 제27조 제 1 항·제 3 항), 평등권(헌법 제11조 제 1 항) 등 기본권을 침해받았다고 주장하면서 제기한 헌법소원 사건에서는, "헌법재판소법 제68조 제 1 항 본문에 의하면 '공권력의 행사 또는 불행사로 인하여 헌법상 보장된 기본권을 침해받은 자는 법원의 재판을 제외하고는 헌법재판소에 헌법소원심판을 청구할 수 있다.'고 규정하고 있으므로, 원칙적으로 법원의 재판을 대상으로 하는 헌법소원심판청구는 허용되지 아니하고, 위 규정의 '법원의 재판'에는 재판 자체뿐만 아니라, 재판절차에 관한 법원의 판단도 포함되는 것으로 보아야 할 것이다(헌재 1997. 12. 24. 96헌마36 참조). 그런데 청구인이 기본권침해사유로 주장하는 재판의 지연은 결국 법원의 재판절차에 관한 것이므로 헌법소원의 대상이 될 수 없는 것이다."라고 판시하였다.[1)]

법원행정처장이 대한민국 국민인 미성년자의 인격이나 재산의 보호를 위해 대한민국 법에 따른 우선권 있는 긴급 법률피해구조 조치를 취하거나 제도를 확립하지 않는 것이 공권력의 위헌적인 불행사에 해당한다는 청구인의 주장에 대하여, "행정권력 내지 사법행정권의 부작위에 대한 헌법소원은 공권력의 주체에게 헌법에서 유래하는 작위의무가 특별히 구체적으로 규정되어 있어 이에 의거하여 기본권의 주체가 행정행위 등 공권력의 행사를 청구할 수 있음에도 공권력의 주체가 그 의무를 해태하는 경우에 허용되는 것인데, 헌법 제 2 조 제 2 항은 '국가는 법률이 정하는 바에 의하여 재외국민을 보호할 의무를 진다.'고 규정하고 있으나, 위 규정이나 다른 헌법규정으로부터도 청구인이 법원행정처장에게 청구인 주장과 같은 공권력의 행사를 청구할 수 있다고는 인정되지 아니하므로 이 사건 헌법소원심판청구는 부적법하다."고 판시하였다.[2)]

한편 재판지연 위헌확인 사건에서 "법원은 민사소송법 제184조에서 정하는

1) 헌재 1998. 5. 28. 96헌마46. 이에 대한 비판론으로는 재판의 결과는 별론으로 하고 재판의 진행에는 헌법재판소의 합헌적 통제가 있어야 한다는 견해가 있는바(이시윤, 신민사소송법, 28면 참조) 저자도 이 견해에 동조하고 싶다.

2) 헌재 1998. 5. 28. 97헌마282.

기간 내에 판결을 선고하도록 노력해야 하겠지만, 이 기간 내에 반드시 판결을 선고해야 할 법률상의 의무가 발생한다고 볼 수 없으며, 헌법 제27조 제 3 항 제 1 문에 의거한 신속한 재판을 받을 권리의 실현을 위해서는 구체적인 청구권이 이 헌법규정으로부터 직접 발생하지 아니하므로, 보안관찰 처분들의 취소 청구에 대해서 법원이 그 처분들의 효력이 만료되지 전까지 신속하게 판결을 선고해야 할 헌법이나 법률상의 작위의무가 존재하지 아니한다."고 판시하였다.[1]

그러나 각종 법률에서 정하고 있는 법정 판결선고기간은 이미 입법자가 여러 요소를 복합적으로 고려하여 결정한 입법형성의 결과이고, 따라서 이러한 법정 판결선고 기간의 규정에 의하여 신속한 재판을 받을 권리는 법원에 대한 직접적이고 구체적인 청구권으로서의 효력을 가지는 것이라고 할 것이므로 정당한 이유 없이 법원의 재량권을 내세워 법정 판결선고기간을 지키지 않은 법원의 재판지연은 헌법소원의 대상이 되는 공권력의 작용이라고 보아야 한다는 비판론이 유력하다.[2]

법원이 국민의 형사재판 참여에 관한 규칙 제 3 조 제 1 항에 따른 피고인 의사의 확인을 위한 안내서를 송달하지 않은 부작위에 대한 헌법소원심판청구는 법원의 소송행위를 문제삼는 것으로서 법원의 재판절차를 통해 시정되어야 하고 법원에서 상소의 방법으로 그 판단을 구해야 할 부분이므로, 법원의 재판을 대상으로 한 심판청구에 해당하여 부적법하다.[3]

다. 재판 이외의 처분

(1) 법원행정처장의 질의회신 또는 각급 법원장에 대한 예산집행에 관한 지시

헌법재판소는 법원행정처장의 민원인에 대한 법령질의회신은 법규나 행정처분과 같은 법적 구속력을 갖는 것이라고는 보여지지 아니하므로 이에 대한 헌법소원심판청구는 부적법하다고 하였고,[4] 법정관리업무처리의 부당함 등으로 인한 피해를 호소하는 민원에 대해 법원행정처장이 법원의 소관사항이 아니

1) 헌재 1999. 9. 16. 98헌마75.
2) 허영, 400면; 이시윤, 신민사소송법, 29면. 이시윤 전 재판관은 헌법차원의 신속한 재판을 받을 권리의 침해라고 보일 경우에는 사법부작위로서 헌법소원에 의한 구제가 필요하다고 하며, 신속한 재판을 받을 권리에 대응하여 법원에 소송촉진의무가 있으므로 소송의 현저한 지연은 이러한 의무위반에 의한 기본권의 침해라고 보아야 한다고 한다. 저자도 이 견해에 동조한다.
3) 헌재 2012. 11. 29. 2012헌마53.
4) 헌재 1989. 7. 28. 89헌마1; 헌재 1992. 6. 26. 89헌마132.

라는 취지의 회신을 한 것에 대하여, 이러한 회신은 청구인에게 어떠한 법적 권리의무를 부과하는 내용이 아니므로 공권력의 행사에 해당되지 않는다고 하였으며,[1] 대법원의 재항고 기각결정은 재항고의 대상이 아니므로 재항고를 재판부에 회부하지 아니하고 민원으로 처리한 법원행정처장의 행위 역시 헌법소원의 심판대상이 되는 공권력의 행사에 해당하지 않는다고 하였다.[2]

또한 헌법재판소는 "법원행정처장의 각급 법원장에 대한 '93 일반회계세출예산 연액통지 및 1/4분기 세출예산 재배정'이라는 지시는 예산집행에 대한 감독차원에서 세출예산의 내역을 통지한 것에 불과하고, 위 지시 중 재판수당 등의 지급기준을 '지법부장 및 고법판사'에서 '법조경력 10년 이상 판사'로 변경하였다는 부분 역시 재판수당 등에 관한 세출예산이 위와 같은 기준에 의하여 편성되어 있으니 그 집행에 있어서 유의하라는 주의적인 지시에 불과한 것으로서 위 지시에 의하여 청구인 주장의 평등권이 침해된 것은 아니므로 이는 공권력의 행사라고 볼 수 없어 헌법소원심판의 대상이 되지 아니한다."고 판시하였다.[3]

(2) 법원사무관 등의 접수처분

법원사무관 등의 접수처분에 대하여는 그 접수담당자의 소속법원에 그 접수처분에 대한 민사소송법 제209조 소정의 이의신청의 구제철차를 거친 뒤에 헌법소원심판청구를 하여야 한다.[4]

(3) 재판장의 소송지휘 또는 재판진행

재판장의 소송지휘권의 행사에 관한 사항은 그 자체가 재판장의 명령으로서 법원의 재판에 해당하거나, 또는 재판형식이 아닌 권력적 사실행위로 행하여졌다 하더라도 항소심의 종국판결이 선고된 이후에 위 종국판결에 흡수 포함되어 그 불복방법은 위 항소심 판결에 대한 상고에 의해서만 가능하므로 재판장의 소송지휘권의 부당한 행사를 그 대상으로 하는 헌법소원심판청구나 재판장의 소송지휘 또는 재판진행에 관한 헌법소원심판의 청구는 결국 법원의 재판을 직접 그 대상으로 하여 청구한 경우에 해당하므로 부적법하다.[5]

또한 법원의 소액사건 담당판사가 판결 선고 당시 판결이유의 요지를 구술로 설명하지 아니한 부작위는 그 자체로 독자적인 의미와 기능을 가지고 있다

1) 헌재 2009. 9. 1. 2009헌마460.
2) 헌재 2011. 12. 20. 2011헌마748.
3) 헌재 1995. 7. 21. 93헌마257.
4) 헌재 1991. 11. 25. 89헌마235.
5) 헌재 1992. 6. 26. 89헌마271; 헌재 1993. 6. 2. 93헌마104; 헌재 2012. 7. 26. 2011헌바268.

기보다 판결의 선고행위를 구성하는 행위에 불과하여 별도로 헌법소원의 대상이 되는 공권력의 행사 또는 불행사로 취급하기 곤란하고, 이는 결국 '법원의 재판'에 해당하는 것이어서 재판소원 금지규정이 적용된다고 하였다.[1)]

(4) 법원의 녹취불허결정 등

헌법재판소는 형사소송규칙 제40조에 대한 헌법소원 사건에서 "피고인이나 변호인의 공판정에서의 녹취허가신청에 대한 법원의 녹취불허결정은 판결 전의 소송절차에 관한 법원의 결정으로서 즉시항고를 인정하는 명문의 규정이 없고, 항소나 상고는 판결 자체에 대한 불복방법일 뿐 판결 전 소송절차상 결정에 대한 직접적인 불복방법이 아니어서 결국 법원의 녹취불허결정에 대하여는 직접적인 구제절차가 없다 할 것이므로, 그 녹취불허결정의 근거규정인 형사소송규칙 제40조에 대하여 직접 헌법에 위반되는지 여부의 심판을 청구할 수 있다."고 판시하였다.[2)]

그러나 법원조직법에 근거한 녹화·녹음 등에 대한 '재판장의 허가'는 재판장이 법정의 권위를 지키고 법정 내 질서를 유지하며 심리 방해를 저지하기 위하여 법정 내 모든 사람들에 대하여 행하는 사법행정행위로서 그 불허가에 대한 불복은 행정소송 등에 의하여야 하므로, 헌법소원의 대상에서 제외된다고 하였다.[3)]

(5) 공판정 심리의 녹음물 폐기행위

서울지방법원장이 청구인에 대한 형사재판이 확정된 후 그 중 제 1 심 공판정 심리의 녹음물을 폐기한 행위는 법원행정상의 구체적인 사실행위에 불과할 뿐 헌법소원심판의 대상이 되는 공권력의 행사로 볼 수 없다.[4)]

(6) 대법원장의 법관에 대한 인사처분

한편 헌법재판소는 대법원장의 법관에 대한 인사처분에 대하여, 법관인 청구인은 법원행정처의 소청심사위원회에 그 구제를 청구할 수 있고, 그 절차에서 구제를 받지 못한 때에는 다시 행정소송을 제기하여 그 구제를 청구할 수 있음에도 불구하고, 청구인이 위와 같은 구제절차를 거치지 아니한 채 제기한 헌법소원심판청구는 부적법한 심판청구라 아니할 수 없다고 하였다.[5)]

1) 헌재 2004. 9. 23. 2003헌마19.
2) 헌재 1995. 12. 28. 91헌마114.
3) 헌재 2011. 6. 30. 2008헌바81.
4) 헌재 2012. 3. 29. 2010헌마599.
5) 헌재 1993. 12. 23. 92헌마247.

(7) 청원에 대한 대법원 법정국장의 심사결과 통지

헌법재판소는 "헌법상 보장된 청원권은 공권력과의 관계에서 일어나는 여러 가지 이해관계, 의견, 희망 등에 관하여 적법한 청원을 한 모든 당사자에게 국가기관이 청원을 수리할 뿐만 아니라 이를 심사하여 청원자에게 그 처리결과를 통지할 것을 요구할 수 있는 권리를 말하나, 청원사항의 처리결과에 심판서나 재결서에 준하여 이유를 명시할 것까지를 요구하는 것은 청원권의 보호범위에 포함되지 아니하므로 청원 소관관서는 청원법이 정하는 절차와 범위 내에서 청원사항을 성실·공정·신속히 심사하고 청원인에게 그 청원을 어떻게 처리하였거나 처리하려고 하는지를 알 수 있는 정도로 결과통지 함으로써 충분하고, 비록 그 처리내용이 청원인이 기대하는 바에 미치지 않는다고 하더라도 헌법소원의 대상이 되는 공권력의 행사 내지 불행사라고는 볼 수 없다."고 판시하였다.[1)]

(8) 법원 접수담당 공무원의 협의이혼의사확인신청서 반려행위

법원의 협의이혼의사확인신청서 접수담당 공무원이 청구인 갑이 제출한 청구인 을의 협의이혼의사확인신청서 반려행위는 대법원규칙 조항에 따른 단순한 사무집행으로서 법원행정상의 사실행위에 불과할 뿐, 헌법소원의 대상이 되는 공권력행사에 해당한다고 볼 수 없다고 하였다.[2)]

(9) 대법원 실무편람

대리인에 의한 협의이혼의사확인신청서 제출을 금지하고 있는 대법원 실무편람 부분은 대외적 구속력이 없는 법원공무원의 사무처리지침에 불과하고 그 자체로 국민에 대해 어떤 권리를 설정하거나 의무를 부과하고 있다고 볼 수 없으므로 헌법소원의 대상이 될 수 없다고 하였다.[3)]

라. 사법입법 및 입법부작위

사법부의 자율적 입법권에 기해 제정되는 대법원규칙의 제정이나 동 규칙 제정의 부작위에 대해서도 그 자체에 의하여 직접 기본권이 침해되었음을 이유로 하는 때에는 다른 공권력에 의한 입법행위 또는 입법부작위와 마찬가지로

1) 헌재 1997. 7. 16. 93헌마239.
2) 헌재 2016. 6. 30. 2015헌마894. 3인의 별개의견은 동 반려행위는 비송사건신청의 접수거절행위로서 소극적 처분에 해당하고 이에 대하여는 법원에 이의신청을 할 수 있으므로 이 부분 심판청구는 보충성 요건을 충족하지 못했다고 하였다.
3) 헌재 2016. 6. 30. 2015헌마894.

헌법소원의 대상이 된다.[1)]

헌법재판소는 법무사법시행규칙 제35조 제 4 항 위헌확인 사건에서, "헌법 제107조 제 2 항에 규정된 대법원의 명령·규칙에 대한 최종심사권은 구체적인 소송사건에서 명령·규칙의 위헌여부가 재판의 전제가 되었을 경우 법률과는 달리 헌법재판소에 제청할 것 없이 대법원이 최종적으로 심사할 수 있다는 것을 의미하고, 이러한 대법원의 명령·규칙에 대한 심사권은 명령·규칙 그 자체에 의하여 직접 기본권이 침해되었음을 이유로 헌법 제111조 제 1 항 제 5 호, 헌법재판소법 제68조 제 1 항에 근거하여 헌법소원심판청구를 하는 경우와는 구별되며, 헌법재판소법 제68조 제 1 항에 규정된 헌법소원심판의 대상으로서의 공권력이란 입법·사법·행정 등 모든 공권력을 말하는 것으로서 사법부에서 제정한 규칙도 그것이 별도의 집행행위를 기다리지 않고 직접 기본권을 침해하는 것일 때에는 모두 헌법소원심판의 대상이 될 수 있는 것이므로 헌법 제107조 제 2 항 등을 근거로 헌법재판소에 이에 대한 재판권이 없다는 주장은 받아들일 수 없다."고 판시하였다.[2)]

또한 헌법재판소는, "청구인이 법관 및 법원공무원 수당규칙 및 법원공무원 자가운전차량 유지비지급지침에 의한 지급거부처분을 소송물로 하여 이를 다투는 것이 아니라 위 **수당규칙** 및 **지급지침** 그 자체에 의한 기본권침해를 이유로 그 위헌확인을 구하는 헌법소원심판청구를 하였다면 이는 보충성의 원칙에 대한 예외적인 경우에 해당한다."고 판시하였으며,[3)] 공탁금의 이자에 관한 규칙에 대한 헌법소원 사건에서 "공탁공무원의 회수인가처분이 개재되어 있다고 하더라도 위 **대법원규칙**이 공탁공무원에게 심사와 재량의 여지를 주지 않은 채 공탁금에 대하여 연 1%의 이자를 붙이게 하고 1만원 미만의 단수에 대하여는 이자를 붙이지 않도록 일의적이고 명백하게 규정하고 있는 이상 이 사건 심판청구는 위 예외에 해당하여 직접성이 있다."고 판시하였고,[4)] 변호사보수를 일

---

1) 헌재 1989. 3. 17. 88헌마1(법원서기 및 주사 경합자의 경우 주사 경력으로 환산하는 사법서사법 시행규칙을 두지 아니한 입법부작위); 헌재 1990. 10. 15. 89헌마178(법무사법시행규칙 제 3 조 제 1 항); 헌재 1995. 2. 23. 90헌마214(공탁금의이자에관한규칙 제 2 조, 제 4 조); 헌재 1995. 12. 28. 91 헌마114(형사소송규칙 제40조); 헌재 1996. 4. 25. 95헌마331(법무사법시행규칙 제35조 제 4 항); 헌재 2008. 12. 26. 2006헌마384(변호사보수의 소송비용 산입에 관한 대법원규칙); 헌재 2020. 4. 23. 2017헌마321(법관 및 법원공무원 명예퇴직 수당 등 지급규칙 제 3 조 제 5 항 본문).

2) 헌재 1996. 4. 25. 95헌마331; 헌재 1990. 10. 15. 89헌마178.

3) 헌재 1995. 7. 21. 93헌마257.

4) 헌재 1995. 2. 23. 90헌마214.

정액까지만 소송비용에 산입하여 패소한 당사자로부터 상환 받을 수 있도록 한 변호사보수의 소송비용 산입에 관한 **대법원규칙**에 대해서도 헌법소원의 대상성을 인정한 바 있다.[1)]

또한 헌법재판소는 **사법서사법 시행규칙의 입법부작위**에 관한 헌법소원 사건에서 "입법행위의 소구청구권은 원칙적으로 인정될 수 없고 다만 헌법에서 기본권 보장을 위하여 법령에 명시적인 입법위임을 하였을 때, 그리고 헌법해석상 특정인에게 구체적인 기본권이 생겨 이를 보장하기 위한 국가의 행위의무 내지 보호행위가 발생하였을 때에는 입법부작위가 헌법소원의 대상이 되지만, 이 사건에서 헌법이나 사법서사법에서 사법서사 규칙에다가 실무경력자를 위해 경합자 환산규정을 두도록 위임한 바는 없으며 청구인의 경우와 같이 이른바 부진정 소급효입법의 경우에는 특단의 사정이 없는 한 구법관계 내지 구법상의 기대이익을 존중하여야 할 입법의무가 없으므로 헌법소원심판청구는 부적법하다."고 판시하였고,[2)] **대법원규칙을 제정하지 아니한 입법부작위** 위헌확인 사건에서, "압류명령이 제3채무자에게 송달되지 아니한 경우 압류명령의 신청인에게 그 사실을 통지하거나 주소보정을 명하도록 하는 내용의 대법원규칙을 제정하도록 위임하고 있는 명시적 헌법이나 법률규정이 없을 뿐만 아니라 헌법이나 법률의 해석상으로도 그와 같은 대법원규칙을 제정하여야 할 의무가 발생한다고도 할 수 없으므로, 이러한 의무의 존재를 전제로 한 이 사건 헌법소원은 헌법소원심판의 대상이 될 수 없는 사안에 대한 헌법소원으로서 부적법하다."고 판시하였다.[3)]

5. 기타 공권력의 행사가 아닌 것

가. 민원회신

헌법재판소는 법원행정처장의 민원인에 대한 법령 질의회신,[4)] 한국방송공사의 '80해직자 보상금 지불건에 대한 회신'이라는 제목의 통지,[5)] 서울특별시장이 환매권의 발생을 부인하는 취지로 민원에 대한 회신문서를 발송하고, 민사소송절차에서 응소행위를 한 것,[6)] 피청구인이 청구인들의 환매권 행사를 부인

1) 헌재 2008. 12. 26. 2006헌마384.
2) 헌재 1989. 3. 17. 88헌마1.
3) 헌재 1997. 5. 29. 96헌마4.
4) 헌재 1989. 7. 28. 89헌마1.
5) 헌재 1993. 12. 23. 89헌마281.

하는 어떤 의사표시를 한 것,[1] 교육공무원법 제49조에 의한 고충심사청구에 대한 결정,[2] 청원인에게 그 청원을 어떻게 처리하였거나 처리하려고 하는지를 알 수 있는 정도로 결과통지한 것,[3] 공보처장관의 지역신문 발행인의 질의에 따라 보낸 통보,[4] '국가유공자예우등에 관한 법률 제 9 조 본문에 따라 순직군경 유족으로 등록신청하기 전의 보상금은 지급할 수 없음을 알린다.'는 내용의 국가보훈처장의 민원회신,[5] 법무부장관이 청구인들에게 사법시험 제 1 차 시험의 불합격처분을 취소하고 추가합격조치를 하였음과 제42회 및 제43회 사법시험 제 2 차 시험에 응시할 자격이 부여되었음을 알려준 것,[6] 공훈사실을 확인하여 달라는 호소에 대한 피청구인의 민원회시,[7] 납골당 설치에 관한 청원에 대한 육군부대장의 청원인에의 통보,[8] 법무부의 「변호사시험 합격자 법률사무 종사·연수관련 Q & A」[9] 등은 단순한 사실의 고지에 불과하거나 청구인의 권리의무나 법률관계에 영향을 미친 바 없으므로 청구인들의 기본권을 침해하는 공권력의 행사로 볼 수 없다고 하였다.

그런데 공정거래위원회의 민원회신이 단순한 질의회신의 형식을 띠고 있으나, 실질적으로는 청구인들의 공정거래법 위반행위의 신고에 대한 심사불개시결정의 성격을 가진다고 보아야 할 경우에는 공권력행사에 해당하여 헌법소원의 대상이 된다.[10]

나. 기 타

헌법재판소는 어린이헌장의 제정, 선포행위는 헌법재판소법 제68조 제 1 항 소정의 공권력의 행사로 볼 수 없어 헌법소원심판청구의 대상이 되지 아니한다고 하였고,[11] 또한 감호잔기가 남은 생태에서 가출소 하였다가 다시 무기징역형

---

6) 헌재 1994. 2. 24. 92헌마283.
1) 헌재 1995. 3. 23. 91헌마143.
2) 헌재 1996. 12. 26. 96헌마51.
3) 헌재 1997. 7. 16. 93헌마239.
4) 헌재 1997. 10. 30. 95헌마124.
5) 헌재 1998. 2. 27. 97헌가10등.
6) 헌재 1999. 11. 30. 99헌마625.
7) 헌재 2000. 6. 29. 98헌마391.
8) 헌재 2000. 10. 25. 99헌마458.
9) 헌재 2014. 9. 25. 2013헌마424.
10) 헌재 2012. 12. 27. 2011헌마280.
11) 헌재 1989. 9. 2. 89헌마170 지정부 결정.

을 선고받아 그 형의 집행 중에 있는 청구인이, 장래 무기징역에서 유기징역으로 감형되어 그 형의 집행이 종료되면 청구인에 대하여 감호잔기의 집행이 있게 되는지의 여부 및 그 법적 근거에 대하여 한 구문(求問)은 헌법소원의 대상이 되지 아니할 뿐만 아니라 감호잔기에 대한 새로운 집행이 장래에 발생할 경우에 대비한 심판청구이므로 부적법하다고 하였다.[1)]

법률의 개폐는 입법기관의 소관사항이므로 헌법소원심판청구의 대상이 될 수 없고,[2)] 헌법소원심판의 대상이 되는 공권력의 행사 또는 불행사는 헌법소원의 본질상 대한민국 국가기관의 공권력 작용을 의미하고 외국이나 국가기관의 공권력 작용은 이에 포함되지 아니하고,[3)] 외국 정부에 의하여 구금된 일수가 형법 제57조 제 1 항 소정의 판결선고 전 구금일수에 해당하여 본형에 산입되는지 여부를 알아보는 심판청구는 결국 법률의 해석문제에 관한 구문으로서 헌법소원의 대상이 되지 아니하고, 법원에서 올바른 형을 선고할 수 있도록 필요하고 적절한 조치를 취하여 달라는 심판청구 역시 헌법재판소의 권한범위 밖의 청구로서 헌법소원의 대상이 되지 아니한다.[4)]

가석방 심사대상자 선정 여부는 교도소장의 재량적 판단에 달려 있고, 수형자에게 그 심사를 청구할 권리가 있는 것이 아니므로, 교도소장이 청구인을 가석방 심사대상에 포함시키지 아니한 행위는 헌법소원의 대상이 될 수 없고,[5)] 국무총리의 새만금간척사업에 대한 정부조치계획·지시사항시달, 농림부장관의 그 후속 세부실천계획 및 새만금간척사업 공사재개행위 역시 당초 새만금간척사업시행계획에 따라 진행되다 중단된 공사를 재개하는 것에 불과하여 헌법소원의 대상이 될 수 없으며,[6)] 대통령이 국회본회의의 시정연설에서 자신에 대한 신임국민투표를 실시하고자 한다고 밝혔다 하더라도, 그것이 단순한 정치적 제안에 불과하다고 인정되는 이상 헌법소원의 대상이 되는 공권력의 행사라고 할 수 없다.[7)]

검사가 검사 및 사법경찰관 작성의 피의자신문조서의 내용 중 일부를 삭제

---

1) 헌재 1990. 3. 28. 90헌마47 지정부 결정.
2) 헌재 1992. 6. 26. 89헌마132.
3) 헌재 1997. 9. 25. 96헌마159.
4) 헌재 1997. 9. 25. 96헌마159.
5) 헌재 2007. 7. 26. 2006헌마298.
6) 헌재 2003. 1. 30. 2001헌마579.
7) 헌재 2003. 11. 27. 2003헌마694등.

한 복사문서(피의자신문조서초본)를 증거로 제출한 행위 및 검사의 구형은 재판절차를 통하여 충분한 사법적 심사를 받게 되므로 독립하여 헌법소원심판에 청구대상이 될 수 없고,[1] 수사기관이 '체포영장발부를 청구하는 행위'는 독립적으로 헌법소원심판의 대상이 될 수 없다.[2] 한편, 유가증권의 상장은 한국증권거래소와 상장신청 법인 사이의 '상장계약'이라는 사법상의 계약에 의하여 이루어지고, 상장폐지 결정 또한 그러한 사법상의 계약관계를 해소하려는 한국증권거래소의 일방적인 의사표시라고 봄이 상당하므로 한국증권거래소의 상장폐지 결정이 헌법소원의 대상이 되는 공권력의 행사에 해당한다고 볼 수 없고,[3] 한국감정평가협회는 감정평가업자와 감정평가법인 또는 감정평가사사무소의 소속 감정평가사들이 설립한 사적 임의단체로 공권력행사의 주체가 아니므로 한국감정평가협회가 제정한 토지보상평가지침 역시 헌법소원의 대상이 되는 공권력의 행사에 해당한다고 볼 수 없다.[4] 또한 강제력이 개입되지 아니한 임의수사에 해당하는 경우에는 헌법소원의 대상이 되는 공권력의 행사에 해당하지 아니하고,[5] 고소·고발인에 대한 경찰서 출석요구,[6] 근로감독관의 진정인에 대한 출석요구,[7] 특별사법경찰관인 출입국관리사무소장의 출석요구행위,[8] 검사의 출석요구행위,[9] 대검찰청지침인 변호인의 피의자신문 참여 운영지침[10]은 헌법소원의 대상이 되는 공권력행사에 해당하지 아니한다.

또한 헌법재판소는 "법학전문대학원은 교육기관으로서의 성격과 함께 법조인양성이라는 국가의 책무를 일부 위임받은 직업교육기관으로서의 성격을 가지고 있기는 하나, 이화여자대학교는 사립대학으로서 국가기관이나 공법인, 국립대학교와 같은 공법상의 영조물에 해당하지 아니하고, 일반적으로 사립대학과 그 학생과의 관계는 사법상의 계약관계이므로 학교법인 이화학당을 공권력의 주체라거나 그 모집요강을 공권력의 행사라고 볼 수 없다."고 판시하였

1) 헌재 2004. 9. 23. 2000헌마453.
2) 헌재 2005. 7. 19. 2005헌마637.
3) 헌재 2005. 2. 24. 2004헌마442.
4) 헌재 2006. 7. 27. 2005헌마307.
5) 헌재 2012. 8. 23. 2010헌마439.
6) 헌재 2012. 1. 17. 2011헌마853; 헌재 2014. 3. 25. 2014헌마207.
7) 헌재 2013. 5. 28. 2013헌마300.
8) 헌재 2011. 9. 29. 2009헌마358.
9) 헌재 2014. 8. 28. 2012헌마776의 별개의견, 4인의 반대의견은 공권력행사에 해당한다고 하였다.
10) 헌재 2017. 11. 30. 2016헌마503. 검찰청 내부의 업무처리지침 내지 사무처리준칙으로서 대외적인 구속력이 없으므로 헌법소원의 대상이 되는 공권력 행사에 해당하지 않는다고 하였다.

고,[1] 법무부의 「변호사시험 합격자 법률사무종사·연수 관련 Q&A」 역시 변호사시험 합격자들의 문의사항에 대해 관련 법률에 대한 법률적 해석과 안내를 회신한 것에 불과하여 헌법소원의 대상이 되는 공권력의 행사로 볼 수 없다고 하였으며,[2] "국회의원선거와 대통령선거에서 투표지 분류기, 보고용 컴퓨터, 선거관리시스템 등의 기계장치 또는 전산조직을 사용하는 행위인 이 사건 개표행위는 선거일의 지정, 선거인명부의 작성, 후보자 등록, 투·개표 관리, 당선인 결정 등 여러 행위를 포괄하는 집합적 행위인 선거관리라는 일련의 과정에서 하나의 행위에 불과한 것이어서, 그 자체로는 국민의 권리의무에 영향을 미치지 아니하는 공권력 작용의 준비행위 또는 부수적 행위이다. 개표 결과 각 후보자 및 정당이 얻은 구체적인 유효투표수가 각 후보자들의 당락을 결정할 뿐이므로, 이 사건 개표 행위는 투표 결과를 집계하기 위한 단순한 사실행위에 불과하여 그 자체 헌법소원심판의 대상이 되는 공권력행사에 해당한다고 볼 수 없다."고 판시하였고,[3] 방송통신심의위원회가 방송사업자인 청구인에 대하여 한 의견제시는 행정기관인 피청구인에 의한 비권력적 사실행위로서, 방송사업자 청구인의 권리와 의무에 대하여 직접적인 법률효과를 발생시켜 청구인의 법률관계 내지 법적 지위를 불리하게 변화시킨다고 보기는 어렵고, 위 의견제시의 법적 성질 등에 비추어 이 사건 의견제시가 청구인의 표현의 자유를 제한하는 정도의 위축효과를 초래하였다고 볼 수 없으므로 위 의견제시는 헌법소원의 대상이 되는 '공권력 행사'에 해당하지 않는다고 하였고,[4] 검사의 피의자 신문 계속 중 교도관에게 변호인의 피의자 접견 허가여부를 결정할 권한이 없으므로 교도관의 접견불허행위는 헌법소원의 대상이 되는 '공권력의 행사'에 해당하지 않는다고 하였으며,[5] 평가인정학습과정 운영지침은 평가인정 학습과정 운영에 관한 규정 부분의 내용을 그대로 확인한 것에 불과하여 청구인들의 기본권을 새로이 침해하는 공권력행사에 해당한다고 볼 수 없다고 하였다.[6] 또한 헌법재판소는 대한민국 외교부장관과 일본국 외무부대신이 2015.12.28. 공동발표한 일본군 위안부 피해자 관련 합의는 비구속적 합의로서 그로 인하여 국민의 법적

1) 헌재 2013. 5. 30. 2009헌마514.
2) 헌재 2014. 9. 25. 2013헌마424.
3) 헌재 2016. 3. 31. 2015헌마1056등.
4) 헌재 2018. 4. 26. 2016헌마46.
5) 헌재 2019. 2. 28. 2015헌마1204.
6) 헌재 2019. 11. 28. 2016헌마40.

지위가 영향받지 않는다 할 것이므로 이를 대상으로 한 헌법소원심판청구는 허용되지 않는다고 하였고,[1] 서울교통공사 정관은 서울교통공사직원의 임면, 근무관계라는 사법관계를 규정하고 있고, 개정 이전에 비하여 일반직이 증원되어 있는 정원표로서, 대외적인 구속력을 갖지 못하므로 헌법소원의 대상이 되는 공권력 행사에 해당하지 아니한다고 하였으며,[2] 2020년도 육군지시보고조항과 2021년도 육군지시보고조항은 장교인사관리규정 제241조 제 1 항(육군규정)과 실질적 내용이 동일하여 기본권을 새로이 제한한다고 볼 수 없으므로 공권력 행사에 해당하지 않는다고 하였고,[3] 모의투표불가 결정·회신은 그 자체로 청구인들의 법적 지위에 영향을 준다고 보기 어려우므로 공권력 행사에 해당하지 않으며,[4] 가상통화거래를 위한 가상계좌 신규제공 중단 조치, 가상통화 거래 실명제 조치는 금융기관에 방향을 제시하고 자발적 호응을 유도하려는 일종의 '단계적 가이드라인'에 불과하여 당국의 우월적 지위에 따라 일방적으로 강제된 것으로 볼 수 없으므로 헌법소원의 대상이 되는 공권력 행사에 해당된다고 볼 수 없다고 하였다.[5]

또한 헌법재판소는 관련 자격증 소지자에게 가산점을 부여하도록 한 인사혁신처 공고조항은 관련 법령에 확정적으로 규정되어 있는 것을 단순히 알린 것에 지나지 아니하므로 헌법소원의 대상이 되는 공권력 행사에 해당하지 아니한다고 하였고,[6] 정부가 수립한 제 1 차 국가 탄소중립 녹색성장 기본계획 중 재정투자계획은 정부가 편성하고 국회가 의결하는 규범인 예산에 관한 중장기적인 계획을 정한 것일 뿐, 국민의 기본권에 직접적 영향을 미치는 공권력행사라고 보기 어려우므로, 헌법소원심판의 대상이 되지 않는다고 하였으며,[7] 온라인행정심판홈페이지는 국민이 쉽고 편리하게 행정심판을 청구하고 진행 상황이나 결과를 조회할 수 있게 시스템을 구축·운영한 것에 불과하고, 온라인행정

1) 헌재 2019. 12. 27. 2016헌마253.
2) 헌재 2021. 2. 25. 2018헌마174.
3) 헌재 2021. 8. 31. 2020헌마12등.
4) 헌재 2021. 9. 30. 2020헌마494.
5) 헌재 2021. 11. 25. 2017헌마1384등(4인의 반대의견은 단순한 행정지도로서의 한계를 넘어 규제적·구속적 성격을 상당히 갖는 것으로서 규율대상과 내용의 기본권적 중요성에 상응하는 규율밀도를 갖춘 법률조항들로 구성된 구체적 법적 근거없이 이루어진 조치로서 법률유보원칙에 위반한다고 하였다).
6) 헌재 2023. 2. 23. 2019헌마401.
7) 헌재 2024. 8. 29. 2020헌마389등.

심판홈페이지의 회원가입 자격구분은 청구인등의 법률관계나 법적 지위를 불리하게 변화시킨 것이 아니므로 공권력행사성이 인정되지 아니하고, 사법행정자문회의는 중요한 사법행정사무에 관하여 대법원장의 자문에 응하기 위해 설치된 기구로, 사법행정자문회의의 의결은 공권력행사성이 인정되지 아니한다고 하였고,[1] 변호사시험 관리위원회가 '제10회 변호사시험 공법 기록형 문제' 중 '행정법 기록형 문제'에 대하여 응시자 전원 만점처리하기로 하는 한편, 위 시험 집행과정에서 발생한 시험용 법전 밑줄 허용 논란에 관하여 향후 법무부에서 미비점을 보완하고 재발방지대책을 마련하도록 하는 내용의 의결을 한 행위는 법무부장관에 대한 권고에 불과하고 그 자체로 법적 구속력이 발생하지 아니하므로 공권력행사에 해당하지 아니하고, 법무부장관이 공표한 '[법무부 알림] 제20차 변호사시험 관리위원회 주요 심의 결과' 문자 중 이 사건 의결에 관한 부분은 행정정보를 공개하거나 내부 업무처리계획을 밝힌 것에 불과하므로, 공권력행사에 해당하지 않는다고 하였다.[2]

제 3 절 헌법소원심판의 요건

청구인이 제기한 헌법소원이 본안에 대한 판단을 받으려면 헌법재판소법에서 정하는 다음과 같은 요건을 충족하여야 한다.

1. 청구권자

헌법소원심판은 헌법상 보장된 '기본권을 침해받은 자'가 청구할 수 있으므로 기본권의 주체가 될 수 있는 자, 즉 **기본권능력**이 있는 자만이 헌법소원을 청구할 수 있는 청구인이 될 수 있다. 누가 헌법소원을 청구할 수 있느냐의 문제는 구체적 사안에서 관련된 기본권들의 인적 적용범위(보호영역)에 의해 좌우된다.

---

1) 헌재 2024. 8. 29. 2020헌마839.
2) 헌재 2024. 8. 29. 2021헌마125.

가. 자 연 인

(1) 원 칙

대한민국 국적을 가진 모든 **국민** 또는 국민과 유사한 지위를 가진 **외국인인 자연인**은 기본권의 주체로서 헌법재판소법 제68조 제 1 항의 헌법소원을 청구할 수 있다.[1] 다만 외국국적 또는 무국적의 자연인은 기본권의 성질에 따라 제한적으로만 헌법소원을 제기할 수 있다.

자연인은 원칙적으로 **살아 있는 동안**에 기본권주체이다. 다시 말하면 기본권능력은 출생으로 생기고 사망으로 소멸한다. 사망으로 소원청구인이 될 수 있는 능력도 소멸하는 것이 원칙이다. 따라서 헌법소원청구인이 **사망**하게 되면 기본권은 일반적으로 **일신전속적**이기 때문에 보통 헌법재판소에 계속된 헌법소원은 **종료**된다고 보아야 할 것이다. 헌법재판소는 위증혐의사실에 대한 불기소처분에 대한 헌법소원에서 "원래 고용계약상의 노무공급의무는 일신전속적인 것이고(민법 제657조), 노무자가 사망하면 고용관계는 종료될 관리관계라고 할 것인바, 그렇다면 이 사건 검사의 불기소처분 때문에 침해되었다 할 고용계약상의 지위는 노무자인 청구인의 사망에 의하여 종료되고 상속인에게 승계될 것이 아니다. 그러므로 그에 관련된 이 사건 심판절차 또한 수계될 성질이 못되고 이 사건은 청구인이 사망함과 동시에 당연히 그 **심판절차가 종료**되었다고 할 것이다."라고 판시한 바 있다.[2]

그러나 **재산권**과 같이, 일신전속성이 상대적으로 약한 기본권의 경우에는 소원청구인의 사망 이후에도 그 상속인에 의한 **헌법소원절차의 수계**가 가능하다고 할 것이다. 헌법재판소는 직접 재산권과 관계된 절차는 아니었으나 "형사소송법 제225조 제 2 항에서 피해자가 사망한 경우 그 배우자, 직계친족 또는 형제자매에게 고소권을 인정하고 있는 취지에 비추어 볼 때, 피해자인 고소인이 고소 후에 사망한 경우 피보호법익인 재산권의 상속인은 자신들이 따로 고소를 할 것 없이 피해자 지위를 수계하여 피해자가 제기한 당해 고소사건에 관한 검사의 불기소처분에 대하여 항고, 재항고도 할 수 있고 또한 헌법소원심판도 청구할 수 있다."고 판시함으로써 그 가능성을 인정하였다.[3]

---

1) 헌재 1994. 12. 29. 93헌마120; 헌재 1998. 3. 26. 96헌마345.
2) 헌재 1992. 11. 12. 90헌마33.
3) 헌재 1993. 7. 29. 92헌마234.

헌법재판소는 헌법소원심판절차가 청구인의 사망 이후에도 속행되기 위해서는 원칙적으로 소송절차를 수계할 당사자가 있거나 수계의사가 필요하다고 보고 있다. 즉, 헌법재판소는 헌법재판소법 제68조 제 2 항에 의한 헌법소원사건에서 "**수계할 당사자**가 없거나 **수계의사**가 없는 경우에는 청구인의 사망에 의하여 헌법소원심판절차는 원칙적으로 종료된다고 할 것이고, 다만 수계의사표시가 없는 경우에도 이미 결정을 할 수 있을 정도로 사건이 성숙되어 있고, 그 결정에 의하여 유죄판결의 흠이 제거될 수 있음이 명백한 경우 등 특별히 유죄판결을 받은 자의 이익을 위하여 결정의 필요성이 있다고 판단되는 때에 한하여 종국결정을 할 수 있다."고 판시하였다.[1] 그러나 재산상속인이 아닌 자의 소송수계신청은 자기관련성이 없다는 이유로 허용하지 아니하고 심판절차 종료선언을 하였다.[2]

(2) 외 국 인

외국국적 또는 **무국적**의 자연인은 자연권적 성질을 갖는 기본권, 즉 인간의 존엄과 가치, 행복추구권, 평등권, 생명권, 신체의 자유, 사생활의 보호, 통신의 자유, 양심의 자유, 종교의 자유, 언론의 자유, 학문의 자유, 재판청구권 등과 관련해서만 헌법소원을 제기할 수 있다고 보아야 한다. 참정권이나 사회적 기본권은 '국민의 권리'로서 외국인에게는 인정되지 아니한다.

헌법재판소는 국민과 유사한 지위에 있는 '외국인'은 기본권의 주체가 될 수 있다고 판시하여 원칙적으로 외국인의 기본권주체성을 인정하였고,[3] "청구인들이 침해하였다고 주장하는 **인간의 존엄과 가치**, **행복추구권**은 대체로 '인간의 권리'로서 외국인도 주체가 될 수 있다고 보아야 하고 **평등권**도 인간의 권리로서 참정권 등에 대한 성질상의 제한 및 상호주의에 따른 제한이 있을 수 있을 뿐이다."라고 판시하였으며,[4] 청구인이 침해받았다고 주장하는 **변호인의 조력을**

1) 헌재 1994. 12. 29. 90헌바13; 동지: 헌재 1997. 1. 16. 89헌마240(청구인이 심판절차 계속중 사망했지만 헌법재판소가 헌법소원을 인용한다면 그 배우자나 직계친족 등은 확정된 유죄판결에 대하여 재심을 청구할 수 있으므로 심판청구를 각하하거나 심판종료선언을 할 것은 아니라고 하였다).
2) 헌재 2010. 6. 24. 2007헌마1256.
3) 헌재 1994. 12. 29. 93헌마120; 헌재 2001. 11. 29. 99헌마494; 헌재 2007. 8. 30. 2004헌마670; 헌재 2011. 9. 29. 2007헌마1083등; 헌재 2011. 9. 29. 2009헌마351; 헌재 2012. 8. 23. 2008헌마430; 헌재 2018. 5. 31. 2014헌마346; 헌재 2021. 12. 23. 2020헌마395; 헌재 2024. 3. 28. 2020헌마1079.
4) 헌재 2001. 11. 29. 99헌마494; 헌재 2007. 8. 30. 2004헌마670; 헌재 2011. 9. 29. 2007헌마1083등; 헌재 2011. 9. 29. 2009헌마351; 헌재 2014. 4. 24. 2011헌마474등(청구인들이 주장하는 바는 대한민국 국민과의 관계가 아닌 외국국적 동포들 사이에 재외동포법의 수혜대상에서 차별하는 것이 평등권침해라는 것으로서, 참정권과 같이 관련 기본권의 성질상 제한을 받는 것이 아니고 상호주의가

받을 권리는 성질상 인간의 권리에 해당하므로 외국인도 주체가 된다고 하였고,[1] 근로의 권리 중 인간의 존엄성 보장에 필요한 최소한의 근로조건을 요구할 수 있는 '일할 환경에 관한 권리',[2] 제한적인 직장선택의 자유[3]는 외국인도 향유한다고 하였다.

그러나 헌법재판소는 참정권과 입국의 자유에 대한 외국인의 기본권주체성은 인정되지 아니하고,[4] 외국인이 대한민국 국적을 취득하면서 자신의 외국 국적을 포기한다 하더라도 이로 인하여 재산권 행사가 직접 제한되지 않으며, 외국인이 복수국적을 누릴 자유가 우리 헌법상 행복추구권에 의하여 보호되는 기본권이라고 보기 어려우므로, 외국인의 기본권주체성 내지 기본권 침해가능성을 인정할 수 없다고 하였으며,[5] 헌법에서 인정하는 직업의 자유는 원칙적으로 대한민국 국민에게 인정되는 기본권이지, 외국인에게 인정되는 기본권은 아니고, 국가정책에 따라 정부의 허가를 받은 외국인은 정부가 허가한 범위 내에서 소득활동을 할 수 있는 것이므로, 외국인이 국내에서 누리는 직업의 자유는 법률에 따른 정부의 허가에 의해 비로소 발생하는 권리이고, 따라서 외국인인 청구인에게는 기본권주체성이 인정되지 아니한다고 하였고, 의료인 자격제도에 관한 직업선택의 자유는 외국인에게 인정되지 아니하므로 평등권과 관련하여 내국인과의 관계에서 따로 기본권주체성을 인정할 수 없다고 하였다.[6] 그러나 이와 같은 차별이 대한민국 국민과의 관계가 아닌 외국국적 동포들 간에 발생

문제되는 것도 아니므로, 외국인인 청구인들은 이 사건에서 기본권주체성이 인정된다고 하였다); 헌재 2021. 12. 23. 2020헌마395; 헌재 2024. 3. 28. 2020헌마1079.

1) 헌재 2018. 5. 31. 2014헌마346.

2) 헌재 2007. 8. 30. 2004헌마670; 동지: 헌재 2016. 3. 31. 2014헌마367(고용허가를 받아 국내에 입국한 외국인 근로자의 출국만기보험금은 퇴직금의 성질을 가지고 있어서 그 지급시기에 관한 것은 근로조건의 문제이므로 외국인인 청구인들에게도 기본권 주체성이 인정된다고 하였다); 헌재 2021. 12. 23. 2020헌마395.

3) 헌재 2011. 9. 29. 2007헌마1083등; 헌재 2011. 9. 29. 2009헌마351(직업의 자유 중 직장선택의 자유는 인간의 존엄과 가치 및 행복추구권과도 밀접한 관련을 가지는 만큼 단순히 국민의 권리가 아닌 인간의 권리로 보아야 할 것이므로 외국인도 제한적으로라도 직장선택의 자유를 향유할 수 있다고 보아야 한다고 하였고, 청구인들이 적법하게 고용허가를 받아 입국하여 우리나라에서 일정한 생활관계를 형성, 유지하는 등 우리 사회에서 정당한 노동인력으로서의 지위를 부여받은 상황임을 전제로 하는 이상 청구인들에게 직장선택의 자유에 대한 기본권주체성을 인정할 수 있다고 하였다); 헌재 2021. 12. 23. 2020헌마395.

4) 헌재 2011. 9. 29. 2009헌마351; 헌재 2011. 9. 29. 2007헌마1083등; 헌재 2014. 6. 26. 2011헌마502.

5) 헌재 2014. 6. 26. 2011헌마502.

6) 헌재 2014. 8. 28. 2013헌마359. 2인의 반대의견은 직업선택의 자유는 인간의 존엄과 가치 및 행복추구권과 밀접한 관련을 가지는 권리로서 단순히 '국민의 권리'라고 볼 수 없다고 하였다.

하면 기본권 주체성이 인정된다.[1]

(3) 태아·배아 및 사자(死者)의 청구인 능력

문제는 출생 이전 및 사망 이후에도 기본권능력을 가질 수 있는가 하는 점이다. 가령 민법상 제한된 권리를 갖는 태아도 헌법상 기본권의 주체가 될 수 있는지가 문제될 수 있다. 헌법재판소는 존엄한 인간 존재와 그 근원으로서의 생명가치를 고려할 때 출생 전 형성 중의 생명에 대해서는 일정한 예외적인 경우 기본권주체성이 긍정될 수 있는바, 형성 중의 생명인 태아에 대하여 생명권의 주체가 되며 국가는 헌법 제10조에 따라 태아의 생명을 보호할 의무가 있다고 하였다.[2] 독일 연방헌법재판소도 낙태죄 사건에서 태아에게 생명권의 주체성을 인정한 바 있다.

그런데 헌법재판소는 초기배아 즉 수정 후 14일이 경과하여 원시선이 나타나기 전의 수정란 상태에 대해서는 기본권주체성을 부정하면서 그 이유로 초기배아는 수정이 된 배아라는 점에서 형성 중인 생명의 첫걸음을 떼었다고 볼 여지가 있기는 하나 아직 모체에 착상되거나 원시선이 나타나지 않은 이상 현재의 자연과학적 인식수준에서 독립된 인간과 배아간의 개체적 연속성을 확정하기 어렵다고 봄이 일반적이라는 점, 배아의 경우 현재의 과학기술 수준에서 모태 속에서 수용될 때 비로소 독립적인 인간으로서의 성장가능성을 기대할 수 있다는 점, 수정 후 착상 전의 배아가 인간으로 인식된다거나 그와 같이 취급하여야 할 필요성이 있다는 사회적 승인이 존재한다고 보기 어려운 점 등을 들었다.[3]

그런데 최근의 헌법재판소 판례는 "모든 인간은 헌법상 생명권의 주체가 되며, 형성 중의 생명인 태아에게도 생명에 대한 권리가 인정되어야 한다. 태아가 비록 그 생명의 유지를 위하여 모(母)에게 의존해야 하지만, 그 자체로 모(母)와 별개의 생명체이고, 특별한 사정이 없는 한, 인간으로 성장할 가능성이 크기 때문이다. 따라서 태아도 헌법상 생명권의 주체가 되며, 국가는 헌법 제10조 제2문에 따라 태아의 생명을 보호할 의무가 있다."고 판시하였다.[4]

한편 사자(死者)의 인격권과 관련하여 시지에게도 기본권능력을 인정할 것

1) 헌재 2001. 11. 29. 99헌마494; 헌재 2014. 4. 24. 2011헌마474등; 헌재 2021. 12. 23. 2020헌마395.
2) 헌재 2008. 7. 31. 2004헌바81.
3) 헌재 2010. 5. 27. 2005헌마346.
4) 헌재 2019. 4. 11. 2017헌바127; 헌재 2008. 7. 31. 2004헌바81; 헌재 2008. 7. 31. 2004헌마1010등; 헌재 2010. 5. 27. 2005헌마346; 헌재 2012. 8. 23. 2010헌바402 참조.

인가가 문제된다. 죽은 사람은 원칙적으로 기본권능력을 갖지 않으므로 사자의 인격권은 인정하기 어렵지만 죽은 사람도 유족의 인격권과 관련하여 인간의 존엄과 가치의 주체가 될 수 있다고 할 것이다.[1] 헌법재판소는 이 문제에 관하여 "조사대상자가 사자의 경우에도 인격적 가치에 대한 중대한 왜곡으로부터 보호되어야 하고, 사자에 대한 사회적 명예와 평가의 훼손은 사자와의 관계를 통하여 스스로의 인격상을 형성하고 명예를 지켜온 그들의 후손의 인격권, 즉 유족의 명예 또는 유족의 사자에 대한 경애추모의 정을 침해한다고 할 것이다. 따라서 이 사건 법률조항은 조사대상자의 사회적 평가와 아울러 그 유족의 헌법상 보장된 인격권을 제한하는 것이다."라고 판시하였고,[2] 시위 도중 경찰의 직사살수행위로 인하여 사건심판절차의 계속중 사망한 청구인에 대하여 직사살수행위의 반복가능성과 그 위헌 여부에 대한 헌법적 해명의 필요성이 있으므로 심판의 이익이 인정되고, 헌법소원심판 청구인이 심판대상인 기본권 침해행위로 인하여 사건 심판절차의 계속중 사망한 경우에는 예외적으로 심판절차가 종료되지 않는다고 판단하고, 심판절차종료선언을 하지 않고 본안판단을 하였다.[3]

그런데 헌법소원심판을 청구하기 전에 이미 사망한 사람이 헌법소원심판의 청구인이 될 수 있는지 여부에 관하여, 헌법재판소는 이미 사망한 망인은 대리인에게 적법하게 소송위임을 하였다고 볼 수 없고 추인의 가능성도 없으므로, 변호사가 망인의 소송대리인으로서 한 소송행위는 무권대리로서 모두 확정적으로 무효라 할 것이므로 동 망인은 당해 헌법소원심판의 청구인이라고 볼 수 없다고 하였다.[4]

나. 사법인과 기타 사적 결사, 단체의 내부기관

사법인이나 기타 권리능력 없는 결사도 향유할 수 있는 기본권의 침해가 문제된 경우에는 헌법소원을 제기할 수 있다.[5] 성질상 법인이 누릴 수 있는 기본권으로는 종교의 자유, 언론의 자유, 결사의 자유, 학문과 예술의 자유, 거주·이전의 자유, 직업의 자유, 재산권, 재판청구권, 평등권 등을 들 수 있다. 헌법재판소는 법인의 인격권 주체성도 인정하였다.[6] 그런데 어떤 종류의 인

1) 동지: 허영, 367면.
2) 헌재 2010. 10. 28. 2007헌가23.
3) 헌재 2020. 4. 23. 2015헌마1149.
4) 헌재 2014. 6. 26. 2012헌마757.
5) 헌재 1994. 12. 29. 93헌마120; 헌재 1998. 3. 26. 96헌마345.

적결합체에 대하여 헌법소원을 제기할 수 있는 자격이 있다고 볼 수 있는지가 문제된다.

법인격이 있는 사법상의 사단이나 재단이 성질상 기본권주체가 될 수 있는 범위에서 청구인능력을 가진다는 점은 명백하다. 권리능력 없는 단체라 하더라도 대표자의 정함이 있고 독립된 사회적 조직체로서 활동하는 때에는 성질상 법인이 누릴 수 있는 기본권을 침해당하게 되면 그의 이름으로 헌법소원심판을 청구할 수 있다.[1] 헌법재판소도 '사단법인 한국영화인협회'는 민법상의 비영리 사단법인으로서 성질상 법인이 누릴 수 있는 기본권에 관한 한 그 이름으로 헌법소원심판을 청구할 수 있다고 하였고,[2] 권리능력 없는 사단의 일종인 정당에 대해 헌법소원청구능력을 인정하였으며,[3] 한국신문편집인협회에 대해서도 언론·출판의 자유는 그 성질상 법인이나 권리능력 없는 사단도 누릴 수 있다고 하여 헌법소원심판을 청구할 수 있다고 하였고,[4] 노동조합은 법인 아닌 사단으로서 기본권능력이 인정되고, 특히 헌법 제33조가 정하는 바에 따라 기본권주체성이 인정되므로, 그 범위에서는 헌법소원을 청구할 수 있다고 하였다.[5] 또한 법인 등 결사체도 그 조직과 의사형성에 있어서, 그리고 업무수행에 있어서 자기결정권을 가지고 있어 결사의 자유의 주체가 된다고 봄이 상당하므로, 축협중앙회는 그 회원조합들과 별도로 결사의 자유의 주체가 된다고 하였고,[6] 대한예수교장로회 총회신학연구원 이사회에 대하여도 장로회 총회의 단순한 내부기구가 아니라 그와는 별개의 비법인 재단에 해당된다고 하여 헌법소원 청구능력을 인정하였으며,[7] '○○ 정보공개센터'도 대표자의 정함이 있는 독립된 사회적 조직체로 볼 수 있으므로 헌법소원심판 청구능력을 인정할 수 있다고 하였다.[8]

그러나 한국영화인협회 감독위원회는 영화인협회로부터 독립된 별개의 단체가 아니고, 영화인협회의 내부에 설치된 8개 분과위원회 가운데 하나에 지나지 아니하며, 달리 단체로서의 실체를 갖추어 당사자능력이 인정되는 법인이 아닌

---

6) 헌재 1991. 6. 3. 90헌마56; 헌재 2012. 8. 23. 2009헌가27.
1) 헌재 1991. 6. 3. 90헌마56; 헌재 2011. 6. 30. 2009헌마595.
2) 헌재 1991. 6. 3. 90헌마56.
3) 헌재 1991. 3. 11. 91헌마21; 헌재 2006. 3. 30. 2004헌마246; 헌재 2014. 1. 28. 2012헌마431.
4) 헌재 1995. 7. 21. 92헌마177등.
5) 노동조합의 정치자금 기부금지 사건. 헌재 1999. 11. 25. 95헌마154.
6) 헌재 2000. 6. 1. 99헌마553.
7) 헌재 2000. 3. 30. 99헌바14.
8) 헌재 2011. 6. 30. 2009헌마595.

사단으로 볼 자료가 없으므로 헌법소원심판절차의 청구능력이 있다고 할 수 없다고 하여 단체의 부분기관에게는 청구인능력을 부인하였다.[1] 또한 헌법재판소는 교육시설에 관한 권리의무의 주체로서 당사자 능력이 있는 학교법인 외에 학교에 대하여 별도로 헌법소원의 당사자 능력을 인정할 필요는 없으므로 학교의 헌법소원심판 청구는 부적법하다고 하였고,[2] 영유아의 보육을 위한 시설에 불과한 어린이집은 헌법소원을 제기할 당사자능력이 있는 법인 등에 해당하지 아니한다고 하였으며,[3] 사이버대학은 사립학교법 및 고등교육법을 근거로 설립된 교육시설에 불과하여 헌법소원을 제기할 청구인능력이 없다고 하였다.[4]

한편, 외국 사법인에게는 원칙적으로 기본권능력이 인정되지 않는다.

다. 국가, 지방자치단체나 그 기관 및 공법인 등

공권력의 행사자인 국가, 지방자치단체나 그 기관 또는 국가조직의 일부나 국가사무 일부의 수행을 위임받아 행하는 공법인이나 그 기관은 기본권의 수범자이지 기본권의 주체로서 그 '소지자(Träger)'가 아니고 오히려 국민의 기본권을 보호 내지 실현해야 할 책임과 의무를 지니고 있을 뿐이다.[5] 따라서 국회노동위원회,[6] 국회의원,[7] 지방교육위원회의 구성원인 교육위원[8]은 헌법소원 청구인으로서의 자격이 없고, 공법인인 지방자치단체의 의결기관인 (서울특별시)의회,[9] 공법인인 농지개량조합,[10] 공무원,[11] 지방자치단체,[12] 지방자치단체의 장,[13] 주택

1) 헌재 1991. 6. 3. 90헌마56; 동지: 헌재 2010. 7. 29. 2009헌마149(인천전문대학 기성회 이사회는 인천전문대학 기성회의 내부에 설치된 회의기관에 불과하다고 하였다).
2) 헌재 1993. 7. 29. 89헌마123.
3) 헌재 2013. 8. 29. 2013헌마165.
4) 헌재 2016. 10. 27. 2014헌마1037.
5) 헌재 1994. 12. 29. 93헌마120; 헌재 1995. 2. 23. 90헌마125; 헌재 1995. 9. 28. 92헌마23등; 헌재 1997. 12. 24. 96헌마365; 헌재 1998. 3. 26. 96헌마345; 헌재 2000. 8. 31. 2000헌마156; 헌재 2006. 2. 23. 2004헌바50; 헌재 2009. 5. 28. 2007헌바80등; 헌재 2013. 9. 26. 2012헌마271; 헌재 2014. 6. 26. 2013헌바122; 헌재 2022. 7. 21. 2019헌바543등.
6) 헌재 1994. 12. 29. 93헌마120.
7) 헌재 1995. 2. 23. 90헌마125; 헌재 1995. 2. 23. 91헌마231; 헌재 2000. 8. 31. 2000헌마156.
8) 헌재 1995. 9. 28. 92헌마23등.
9) 헌재 1998. 3. 26. 96헌마345.
10) 헌재 2000. 11. 30. 99헌마190.
11) 헌재 2001. 1. 18. 2000헌마149.
12) 헌재 2006. 2. 23. 2004헌바50; 헌재 2006. 12. 28. 2006헌마312.
13) 헌재 2014. 6. 26. 2013헌바122(헌재법 제68조 제 2 항 위헌소원 사건에서 지방자치단체의 장이 기본권의 주체가 될 수 없으므로 청구인의 재판청구권 침해 주장은 더 나아가 살필 필요 없이 이유 없다고 하였다); 헌재 1997. 12. 24. 96헌마365.

재개발정비사업조합[1]은 기본권의 주체가 될 수 없고 따라서 헌법소원을 제기할 수 있는 적격이 없다.

헌법재판소도 "헌법재판소법 제68조 제 1 항의 규정에 의한 헌법소원은, 헌법이 보장하는 기본권의 주체가 국가기관의 공권력의 행사 또는 불행사로 인하여 그 기본권을 침해받았을 경우 이를 구제하기 위한 수단으로 인정된 것이므로, 헌법소원을 청구할 수 있는 자는 원칙으로 기본권의 주체로서의 국민에 한정되며 국민의 기본권을 보호 내지 실현할 책임과 의무를 지는 **국가기관**이나 **그 일부**는 헌법소원을 청구할 수 없다."고 판시하였고,[2] 검사가 발부한 형집행장에 의하여 검거된 벌금미납자의 신병에 관한 업무와 관련하여 경찰공무원은 **국가기관의 일부** 또는 그 **구성원**으로서 공법상의 권한을 행사하는 공권력 행사의 주체일 뿐, 기본권의 주체라 할 수 없으므로 헌법소원을 제기할 청구인적격을 인정할 수 없고,[3] 공직선거법이 지방자치단체장의 직무와 관련된 영역에서 금품제공행위 등을 금지하고 있는 부분은 지방자치단체장 개인의 기본권을 제한하는 것이 아니라 지방자치단체장으로서의 **공무집행의 방법을 제한**하는 것이므로 이는 헌법소원심판의 대상이 될 수 없다고 하였으며,[4] "재개발조합의 공공성과 '도시 및 주거환경정비법'에서 위 조합에 행정처분을 할 수 있는 권한을 부여한 취지 등을 종합하여 볼 때, 재개발조합이 공법인의 지위에서 행정처분의 주체가 되는 경우에 있어서는, 위 조합은 재개발사업에 관한 국가의 기능을 대신하여 수행하는 공권력 행사자 내지 기본권 수범자의 지위에 있다. 따라서 재개발조합이 기본권의 수범자로 기능하면서 행정심판의 피청구인이 된 경우에 적용되는 심판대상조항의 위헌성을 다투는 이 사건에 있어, 재개발조합인 청구인은 기본권의 주체가 된다고 볼 수 없다."고 판시하였다.[5]

다만, 공권력의 주체라 할지라도 **국·공립대학**이나 **공영방송국**과 같이 국가에 대해 독립성을 가지고 있는 **독자적인 기구**로서 해당 기본권영역에서 개인들의 기본권실현에도 이바지하는 경우에는 예외적으로 기본권주체가 될 수 있으며, 따라서 헌법소원을 제기할 수 있다고 할 것이다.[6] 헌법재판소는 서울대학교 입

1) 헌재 2022. 7. 21. 2019헌바543등.
2) 헌재 1995. 2. 23. 90헌마125; 헌재 2000. 8. 31. 2000헌마156.
3) 헌재 2009. 3. 24. 2009헌마118.
4) 헌재 2008. 5. 29. 2005헌마442.
5) 헌재 2022. 7. 21. 2019헌바543등.
6) 헌재 2013. 9. 26. 2012헌마271.

시요강 사건에서 영조물인 **국립 서울대학교**에 대하여 학문의 자유 및 대학의 자치와 관련한 기본권주체성을 인정하였고,[1] **축협중앙회**는 공법인성과 사법인성을 겸유한 특수한 법인으로서 기본권의 주체가 될 수 있다고 하였으며,[2] 공사혼합기업인 **한국전력공사**,[3] 공법상 재단법인인 방송문화진흥회가 최대출자자인 방송사업자인 **주식회사 문화방송**[4]의 기본권주체성을 인정하였다.

공법인이나 이에 준하는 지위를 가진 자라 하더라도 공무를 수행하거나 고권적 행위를 하는 경우가 아닌 **사경제주체로서 활동**하는 경우나 다른 공권력 주체와의 관계에서 **지배복종관계가 성립**되어 사인처럼 그 지배하에 있는 경우 등에는 기본권의 주체가 될 수 있다.[5] 공직선거법에 의한 피선거권 제한을 다투는 국회의원이나 지방자치단체의 장[6] 또는 주민소환에 관한 법률에 의한 공무담임권의 침해를 다투는 지방자치단체의 장,[7] 공법상 재단법인인 방송문화진흥회가 최다출자자인 주식회사 문화방송,[8] 학교안전공제회[9]는 여기에 해당한다. 헌법재판소는 노무현 대통령이 중앙선거관리위원회의 선거중립의무 준수요청 등 조치의 취소를 구한 헌법소원사건에서, "만일 심판대상 조항이나 공권력작용이 넓은 의미의 국가조직 영역 내에서 공적 과제를 수행하는 주체의 권한 내지 직무영역을 제약하는 성격이 강한 경우에는 그 기본권주체성이 부정될 것이지만, 그것이 일반 국민으로서 국가에 대하여 가지는 헌법상의 기본권을 제약하는 성격이 강한 경우에는 기본권주체성을 인정할 수 있다. 결국 **개인의 지위를 겸하는 국가기관**이 기본권의 주체로서 헌법소원의 청구적격을 가지는지 여부는, 심판대상 조항이 규율하는 기본권의 성격, 국가기관으로서의 직무와 제한되는 기본권 간의 밀접성과 연관성, 직무상 행위와 사적인 행위 간의 구별가능성 등을 종합적으로 고려하여 결정할 것이다."라고 판시하면서 "이 사건 조치로 청구

1) 헌재 1992. 10. 1. 92헌마68등; 헌재 2015. 12. 23. 2014헌마1149(국립강원대학교에 대하여 대학의 자율권의 주체로서 청구인능력 인정).
2) 헌재 2000. 6. 1. 99헌마553.
3) 헌재 2005. 2. 24. 2001헌바71.
4) 헌재 2013. 9. 26. 2012헌마271.
5) 헌재 2013. 9. 26. 2012헌마271; 헌재 2015. 7. 30. 2014헌가7. 동지: 헌재 2009. 3. 26. 2007헌마843.
6) 김하열, 442면.
7) 헌재 2009. 3. 26. 2007헌마843; 동지: 헌재 1995. 3. 23. 95헌마53; 헌재 1999. 5. 27. 98헌마214; 헌재 2005. 5. 26. 2002헌마699등.
8) 헌재 2013. 9. 26. 2012헌마271.
9) 헌재 2015. 7. 30. 2014헌가7.

인 개인으로서의 표현의 자유가 제한되었을 가능성이 있으므로 청구인의 기본권주체성 내지 청구인적격이 인정된다."고 하였다.[1]

2. 공권력행사 또는 불행사의 존재

헌법재판소법 제68조 제 1 항의 규정에 의하면 '공권력의 행사 또는 불행사로 인하여' 헌법상 보장된 기본권을 침해받은 자는 헌법소원심판을 청구할 수 있다. 따라서 그 취소를 구하는 **공권력 행사** 자체가 **존재**하지 아니하거나 위헌확인을 구하는 대상인 **공권력 불행사**의 **존재**를 인정할 수 없으면 헌법소원은 부적법하게 된다.[2]

공권력의 행사가 헌법소원의 대상이 되려면 당해 공권력의 행사가 기본권을 **새로이 침해**하여야 한다. 따라서 만약 당해 공권력의 행사에 앞서 기본권을 침해하는 내용의 다른 공권력의 행사가 이미 존재하고 있고, 당해 공권력의 행사는 선행 공권력의 행사와 실질적으로 동일한 내용으로서 그에 대한 확인적 의미만을 갖고 있을 뿐, 선행 공권력의 행사에 아무런 변경을 가져오지 않는 경우라면, 당해 공권력의 행사는 기본권을 새로이 침해하는 헌법재판소법 제68조 제 1 항 소정의 공권력의 행사에 해당하지 않는다.[3]

이와 관련한 헌법재판소의 판례를 보면,

검사의 불기소처분에 대한 헌법소원심판청구를 함에 있어서 청구인이 고소사실로서 주장한 바 없고 따라서 피청구인이 처분한 바 없는 사실을 청구인이 헌법재판소에서 새로이 주장하더라도 이는 심판의 대상이 될 수 없고,[4] 보

1) 헌재 2008. 1. 17. 2007헌마700. 저자는 반대의견에서, 이 사건 조치는 자연인 노무현의 사적 영역에서의 기본권 행사를 문제삼은 것이라기보다는 대통령 노무현의 공적 영역에서의 직무수행을 문제삼은 것이고 따라서 청구인은 국가기관인 대통령으로서 헌법소원을 제기할 청구인적격이 없다고 하였다; 헌재 2016. 11. 24. 2012헌마854(2인의 보충의견은 이 사건에서 공무원인 청구인들은 자신이 원하는 표기방식대로 공문서를 작성할 수 없는 불이익을 입게 되었고, 이는 공무원이 직무수행과정에서 자신의 의사표현과 관련하여 발생하는 개인적 불이익이므로 기본권 주체성이 인정될 수 있다고 하였다).

2) 헌재 1990. 12. 26. 90헌마2; 헌재 1992. 6. 26. 89헌마272; 헌재 1995. 3. 23. 91헌마143; 헌재 1996. 6. 26. 89헌마30; 헌재 2004. 11. 25. 2004헌마178; 헌재 2010. 10. 28. 2009헌마438; 헌재 2012. 5. 31. 2011헌마76; 헌재 2015. 4. 30. 2013헌마190.

3) 헌재 1997. 12. 19. 97헌마317; 헌재 2019. 11. 28. 2016헌마40(평가인정 학습과정운영지침이 평가인정 학습과정 운영에 관한 규정 부분의 내용을 그대로 확인한 것에 불과하여 청구인들의 기본권을 새로이 침해하는 공권력 행사에 해당한다고 볼 수 없다고 하였다) 참조.

4) 헌재 1990. 12. 26. 90헌마2.

안처분을 받은 사실이 없는 청구인들이 제기한 헌법소원사건에서도 동 청구인들은 권리침해의 공권력행사가 있음을 전제로 하는 헌법소원심판의 제기의 자격이 없으며,[1] 현재 수사 중인 사건이라면 특단의 사정이 없는 한 헌법소원심판의 대상으로서 구체적인 공권력의 행사 또는 불행사가 있다고 볼 수 없으므로 이에 대한 헌법소원심판청구는 부적법하다고 하였다.[2] 또한 청구인이 주장하는 법원행정처장의 항고장 접수거부처분은 존재하지 아니하므로 이에 대한 헌법소원심판청구는 그 심판청구대상이 존재하지 않는 사항에 대한 것이어서 부적법하다고 하였으며,[3] 청구인들이 주장하는 환매거부행위 또는 이와 유사한 공권력의 행사 자체가 존재하지 아니하므로 이 부분 심판청구는 부적법하다고 하였고,[4] 청구인이 주장하는 퇴정강제행위가 있었다고 보기 어려우므로 공권력행사가 존재하지 아니하여 이 부분 심판청구는 부적법하다고 하였으며,[5] 청구인이 주장하는 변호사 선임조치 부작위라는 공권력불행사 자체가 존재한다고 볼 수 없으므로 이 부분 심판청구는 부적법하다고 하였고,[6] 구치소 도서반입제한행위에 대한 헌법소원심판청구에서 헌법소원의 대상이 되는 공권력의 행사 자체를 특정할 수 없으므로 부적법하다고 하였다.[7]

또한 헌법소원의 심판청구가 적법하게 이루어지려면 그 대상이 되는 공권력의 행사 또는 불행사가 있어야 하고, 그 중 공권력의 불행사가 있다고 하려면 피청구인에게 그에 상응하는 법률상의 작위의무가 있어야 한다고 하였으며,[8] 연합철강주식회사의 주식양도계약의 체결과정에 공권력의 개입이 있었다고 볼 만한 증거자료가 부족하므로 청구인들 주장과 같은 공권력의 행사는 존재한다고 인정할 수 없으므로 부적법하다고 하였고,[9] 법원에서 무죄판결의 선고로 구속영장의 효력이 상실된 석방대상 피고인을 법정에서 즉시 석방하지 아니하고 석방절차를 밟기 위하여 일정한 시간 사실상 구금한 행위가 헌법상

1) 헌재 1989. 10. 27. 89헌마105등.
2) 헌재 1989. 9. 11. 89헌마169 지정부 결정.
3) 헌재 1992. 6. 26. 89헌마272; 동지: 헌재 1992. 6. 26. 89헌마132.
4) 헌재 1995. 3. 23. 91헌마143.
5) 헌재 2012. 5. 31. 2011헌마76.
6) 헌재 2013. 8. 29. 2012헌마886.
7) 헌재 2014. 5. 29. 2013헌마280; 동지: 헌재 2015. 4. 30. 2013헌마190.
8) 헌재 1991. 9. 16. 89헌마163; 헌재 1995. 3. 23. 91헌마143; 헌재 1998. 2. 27. 97헌가10, 97헌바42등; 헌재 2000. 3. 30. 98헌마206; 헌재 2000. 6. 29. 98헌마391.
9) 헌재 1996. 6. 26. 89헌마30.

정당성이 있는지 여부에 관하여, "검사는 피고인을 구금하는 사실행위를 행하는 기관이라고 볼 수 없다. 따라서, 검사가 구속피고인을 구속 내지 감금한다는 사실행위는 존재하지 아니하므로, 검사의 구속 내지 감금행위를 심판대상으로 하는 헌법소원심판청구는 부적법하다."고 판시하였다.[1]

그러나 종결된 수사기록의 열람·복사신청을 구두로 하였으나 거부당하였다는 주장만 하고 그 입증을 못한 사례에 있어 열람·복사거부라는 공권력적 처분이 있었음을 전제로 한 소원심판청구는 이유 없으므로 기각한다고 판시한 결정례[2]도 있다.

공권력의 행사 또는 불행사에 대한 자세한 설명은 전술 '제 2 절 헌법소원심판의 대상' 참조.

3. 기본권의 침해

헌법소원은 '헌법상 보장된 기본권의 침해를 받은 자'가 그 심판을 청구하는 제도이다.

가. 헌법상 보장된 기본권

(1) 의 의

먼저 어떤 권리가 헌법상 보장된 기본권인지가 문제된다. 왜냐하면 우리 헌법의 어니에도 명시직으로 기본권의 개념을 규정히거나 범위를 한정하지 않고 있기 때문이다. 이 문제는 결국 헌법의 해석을 통하여 해명되어야 할 문제이나, 일응 헌법상 보장된 기본권이란 '헌법이 직접 국민에게 부여한 **주관적 공권**, 즉 국민의 국가에 대한 **헌법적 권리**'라고 볼 수 있다. 이 기본권들은 주로 국민의 권리와 의무에 관한 제 2 장에 포함되어 있을 것이지만, 거기에만 국한된 것이 아니다. 헌법 제 8 조의 **정당조항**,[3] 제116조의 **평등한 선거운동, 공영선거의 원칙**[4]도 개인의 기본권의 근거가 될 수 있다. 그리고 헌법 제 3 조의 **영토조항**은 우리나라의 공간적인 존립기반을 선언하는 규정으로서 필연적으로 국민의 주관적

1) 헌재 1997. 12. 24. 95헌마247.
2) 헌재 1992. 4. 14. 90헌마145.
3) 헌재 2014. 4. 24. 2012헌마287 참조.
4) 헌재 2001. 10. 25. 2000헌마193 참조.

기본권에 영향을 미치므로 이를 영토권으로 구성하여 기본권의 하나로 간주할 수 있다.[1)]

물론, 국민의 권리와 의무에 관해 정하고 있는 **헌법 제 2 장**에서 보다 구체적이고 개별적인 기본권들을 **도출**해 낼 수도 있다. 예컨대 **교육의 자주성**이나 **대학의 자율성**을 규정하고 있는 헌법 제31조 제 4 항에서 교수나 교수회가 국립대학의 장 후보자 선정에 참여할 권리를 기본권으로 도출할 수 있고,[2)] **헌법 제10조**에서 부모의 분묘를 가꾸고 봉제사를 할 권리[3)]와 연명치료 중단에 관한 자기결정권을 기본권으로 도출해 낼 수 있다.[4)]

그러므로 어떤 헌법규범이 개인의 기본권을 보장하고 있는지는 결국 **개별 헌법규정**들의 해석을 통해 밝혀져야 할 것이다.[5)]

다만, 헌법재판소는 **평화적 생존권**과 관련하여, 우리 헌법은 총강에서 평화통일, 침략전쟁부인, 국제법규존중과 같은 규정을 두고 있지만, 제 2 장 국민의 권리와 의무에서 '평화적 생존권'을 따로 규정하고 있지 않으며, 평화란 헌법의 이념 내지 목적으로서 추상적인 개념에 지나지 아니하므로 개인의 구체적 권리로서 국가에 대하여 평화적 생존을 요청할 수 있는 권리는 없다고 하여,[6)] 평화적 생존권이 헌법 제10조와 제37조 제 1 항에서 나오는 기본권이라고 선언하였던 선례[7)]를 변경한 바 있다.

헌법상 보장된 기본권의 침해만을 헌법소원에서 다툴 수 있으므로 단순히 **법률에만 근거를 둔 권리**의 침해를 주장하는 헌법소원심판청구는 부적법하다. 변호인의 피의자·피고인과의 접견교통권,[8)] 지방자치법 제14조에 의한 주민투표권,[9)] 군인사법상의 육아휴직신청권,[10)] '국민의 형사재판 참여에 관한 법률'상의 국민참여재판을 받을 권리,[11)] 주민투표법 제 5 조의 주민투표권, 지방자치법 제

1) 헌재 2001. 3. 21. 99헌마139등; 헌재 2008. 11. 27. 2008헌마517.
2) 헌재 2006. 4. 27. 2005헌마1047등.
3) 헌재 2009. 9. 24. 2007헌마872.
4) 헌재 2009. 11. 26. 2008헌마385.
5) 헌재 2001. 3. 21. 99헌마139등.
6) 헌재 2009. 5. 28. 2007헌마369.
7) 헌재 2006. 2. 23. 2005헌마268.
8) 헌재 1991. 7. 8. 89헌마181. 그러나 헌재 2017. 11. 30. 2016헌마503 및 헌재 2019. 2. 28. 2015헌마1204는 변호인이 되려는 자의 접견교통권은 헌법상 기본권에 해당한다고 하였다(3인의 반대의견 있음).
9) 헌재 2005. 12. 22. 2004헌마530.
10) 헌재 2008. 10. 30. 2005헌마1156.
11) 헌재 2009. 11. 26. 2008헌바12.

15조의 조례제정과 개폐청구권,[1] 지방자치법 제20조 및 주민소환에 관한 법률에 의한 주민소환청구권,[2] 형사소송법 제194조의2 제 1 항에 의한 소송비용 보상청구권[3] 등은 헌법상 보장된 기본권이 아니라 법률상 인정되는 권리들이다.

다만, 헌법상의 기본권성이 부정되는 경우라도 비교집단 상호간에 차별이 존재할 경우에는 **평등권 심사**를 배제하지 않는다. 헌법재판소는, 주민투표권이 헌법상 보장된 기본권이 아닌 법률상의 권리에 불과하지만 당해 지방자치단체의 관할구역에 주민등록이 되어 있는 자에 한해 주민투표권을 인정함으로써, 결과적으로 '주민등록을 할 수 없는 재외국민인 주민'을 다르게 취급하는 경우 헌법상 평등권 심사를 배제하지 않는다[4]고 한 바 있다.

헌법에 의해 직접 보장된 '**주관적 공권**'만이 여기서 말하는 기본권이므로 기본권규범이라 할지라도 개인에게 주관적 공권을 부여하고 있지 아니한 경우에는 그 규범위반을 헌법소원청구의 기초로 삼을 수 없다. 예를 들면 기본권규범이 개인에게 주관적 공권이 아닌 **객관적인 제도**만을 **보장**하는 경우에는 그 침해만을 이유로 그 규범의 침해를 기초로 헌법소원을 제기할 수 없다. 헌법재판소도 "**제도적 보장**은 객관적 제도를 헌법에 규정하여 당해 제도의 본질을 유지하려는 것으로서 헌법제정권자가 특히 중요하고도 가치가 있다고 인정되고 헌법적으로도 보장할 필요가 있다고 생각하는 국가제도를 헌법에 규정함으로써 장래의 법 발전, 법 형성의 방침과 범주를 미리 규율하려는 데 있다. 이러한 제도적 보장은 주관적 권리가 아닌 객관적 법규범이라는 점에서 기본권과 구별된다."고 판시하여[5] 이를 확인하고 있다. 물론 문제된 제도적 보장에 의해 보호되는 주관적 공권으로서의 기본권침해를 주장하여 헌법소원을 청구할 수는 있으나, 이는 별개의 문제이다.

나아가 '헌법에 의해 **직접 보장된**' 개인의 주관적 공권만을 의미한다. 여기서 '직접' 보장되었다 함은 헌법에서 명문으로 보장된 것만을 의미하는 것이 아니라 **헌법에서 도출되는** 것도 포함된다.[6] 헌법재판소는 정당설립의 자유는 비록 헌법 제 8 조 제 1 항 진단에 규정되어 있지만 국민 개인과 정당의 '기본권'이라 할

1) 헌재 2014. 4. 24. 2012헌마287.
2) 헌재 2011. 12. 29. 2010헌바368.
3) 헌재 2012. 3. 29. 2011헌바19.
4) 헌재 2007. 6. 28. 2004헌마643.
5) 헌재 1997. 4. 24. 95헌바48.
6) 실무제요, 328면.

수 있고, 당연히 이를 근거로 하여 헌법소원심판을 청구할 수 있다고 하였다.[1]

(2) 기본권성이 부인된 사례

헌법재판소는 **헌법상의 변호인과의 접견교통권**은 체포 또는 구속당한 피의자·피고인 자신에만 한정되는 신체적 자유에 관한 기본권이고, **변호인 자신의 피의자·피고인과의 접견교통권**은 헌법상의 권리라 할 수 없으며 단지 형사소송법 제34조에 의하여 비로소 보장되는 권리임에 그친다고 할 것이므로 변호인인 청구인이 자신의 헌법상 보장된 기본권의 침해가 있었음을 전제로 하여 구하는 헌법소원심판청구는 부적법하다고 하였다.[2] 그러나 그 뒤 헌법재판소는 판례를 변경하여 **'변호인 되려는 자'의 접견교통권**은 피고인, 피의자 등을 조력하기 위한 핵심적인 권리로서, 피고인·피의자 등이 가지는 '변호인이 되려는 자'의 조력을 받을 권리가 실질적으로 확보되기 위하여 이 역시 헌법상 기본권으로서 보장되어야 한다고 하였다.[3]

또한 헌법재판소는 "어떠한 공권력의 행사 또는 불행사로 **헌법의 기본원리** 혹은 헌법상 보장된 **제도의 본질이 훼손**된다고 하더라도 그로 인하여 곧바로 국민의 기본권이 직접 현실적으로 침해되는 것이라고 할 수는 없다."고 판시하였고,[4] "헌법소원심판에서 공권력의 행사 또는 불행사가 위헌인지 여부를 판단함에 있어서 국민주권주의, 법치주의, 적법절차의 원리 등 헌법의 기본원리를 그 기준으로 적용할 수는 있으나, 공권력의 행사 또는 불행사로 **헌법의 기본원리**가 훼손되었다고 하여 그 점만으로 국민의 기본권이 직접 현실적으로 침해된 것이라고 할 수는 없고 또한 공권력 행사가 헌법의 기본원리에 위반된다는 주장만으로 헌법상 보장된 기본권의 주체가 아닌 자가 헌법소원을 청구할 수도 없는 것이므로, 설사 국회의장인 피청구인의 불법적인 의안처리행위로 헌법의 기본원리가 훼손되었다고 하더라도 그로 인하여 헌법상 보상된 구체적 기본권을 침

1) 헌재 2006. 3. 30. 2004헌마246.
2) 헌재 1991. 7. 8. 89헌마181.
3) 헌재 2017. 11. 30. 2016헌마503 및 헌재 2019. 2. 28. 2015헌마1204.
4) 헌재 1995. 2. 23. 90헌마125; 헌재 1998. 10. 29. 96헌마186; 헌재 2010. 11. 25. 2009헌마146, 147; 헌재 2013. 11. 28. 2012헌마166. 동지: 헌재 2004. 12. 16. 2002헌마579(적법절차원칙이나 권력분립원칙 위반을 주장하는 헌법소원에 대해서는 기본권침해 가능성을 인정할 수 없다고 하였다); 헌재 2006. 8. 31. 2006헌마266(포괄위임금지원칙 위반을 주장하는 경우); 헌재 2007. 6. 28. 2005헌마1179(신뢰보호원칙 위반을 주장하는 경우); 헌재 2008. 7. 31. 2006헌마400(경제질서에 관한 헌법상 원리나 제도 위반을 주장하는 헌법소원에 대해서도 기본권침해 가능성을 인정할 수 없다고 하였다).

해당한 바 없는 국회의원인 청구인들에게 헌법소원심판청구가 허용된다고 할 수는 없다."고 판시하였으며,[1] 지방교육자치에 관한 법률 제13조 제 1 항에 의하여 공법인인 지방자치단체의 한 기관인 지방교육위원회가 심의·의결한 사항을 같은 지방자치단체의 다른 한 기관인 지방의회가 다시 의결한다고 하더라도 일반 국민이 아닌 지방교육위원회 또는 그 구성위원의 권한을 침해하는 결과가 발생할 수 있는 것은 별론으로 하고, 지방교육위원회 구성원 개인이나 기타 국민 개개인의 기본권까지 침해하는 것은 아니라고 하였고,[2] 법률의 입법절차의 하자로 인하여 직접 침해되는 것은 청구인들의 기본권이 아니라 법률의 심의·표결에 참여하지 못한 국회의원의 심의·표결 등 권한이므로 입법절차에 하자가 있음을 이유로 당해법률이 위헌임을 주장하는 것은 별론으로 하고 단순히 입법절차의 하자로 인하여 기본권을 침해받았다고 주장하여 헌법소원을 청구할 수는 없다고 하였다.[3]

또한 청구인들이 침해받았다고 주장하는 입법권은 국회의 권한이지 국민의 기본권이라고 할 수 없고,[4] 또한 국회 내 정당간의 의석분포를 결정할 권리 내지 국회 구성권이 헌법소원으로 다툴 수 있는 국민의 기본권인지 여부에 관하여, "대의제민주주의 하에서 국민의 국회의원 선거권이란 국회의원을 보통·평등·직접·비밀선거에 의하여 국민의 대표자로 선출하는 권리에 그치며, 국민과 국회의원은 명령적 위임관계에 있는 것이 아니라 자유위임 관계에 있으므로, 유권자가 설정한 국회의원분포에 국회의원들을 기속시키고자 하는 내용의 '국회 구성권'이라는 기본권은 오늘날 이해되고 있는 대의제도의 본질에 반하는 것이어서 헌법상 인정될 여지가 없고, 청구인들 주장과 같은 대통령에 의한 여야 의석분포의 인위적 조작행위로 국민주권주의라든지 복수정당제도가 훼손될 수 있는지의 여부는 별론으로 하고 그로 인하여 바로 헌법상 보장된 청구인들의 구체적 기본권이 침해당하는 것은 아니다."라고 판시하였다.[5]

한편 헌법재판소는 헌법상의 여러 통일 관련 조항들은 국가의 통일의무를

1) 헌재 1995. 2. 23. 90헌마125; 헌재 1995. 2. 23. 91헌마231.
2) 헌재 1995. 9. 28. 92헌마23등.
3) 헌재 1998. 8. 27. 97헌마8등. 그러나 헌법에 명시된 입법절차를 위반하거나 입법의 권원이나 대의원리 등을 정한 헌법의 다른 규정을 위반하여 입법된 법률에 의하여 기본권에 제한이 가해지는 경우에는 기본권의 침해가 되고 헌법소원의 대상이 될 수 있음은 앞서 설명하였다(헌재 2009. 6. 25. 2007헌마451 참조).
4) 헌재 1998. 8. 27. 97헌마8등.
5) 헌재 1998. 10. 29. 96헌마186.

선언한 것이기는 하지만 그로부터 국민 개개인의 통일에 대한 기본권, 특히 국가기관에 대하여 통일과 관련된 구체적인 행위를 요구하거나 일정한 행동을 할 수 있는 권리가 도출되지는 않는다고 하였고,[1] 국회의원인 청구인이 청구한 국회법 제48조 제 3 항 위헌확인 사건에서, "청구인이 이 사건 법률조항에 의하여 침해당하였다고 주장하는 기본권은 청구인이 국회 상임위원회에 소속하여 활동할 권리, 청구인이 무소속 국회의원으로서 교섭단체소속 국회의원과 동등하게 대우받을 권리라는 것으로서 이는 입법권을 행사하는 국가기관인 국회를 구성하는 **국회의원의 지위에서 주장하는 권리**일지언정 헌법이 일반국민에게 보장하고 있는 기본권이라고 할 수는 없다."고 판시하였고,[2] 헌법전문에 기재된 3·1 **정신**과 같은 헌법전문, 통일정신, 국민주권원리와 같은 헌법정신은 우리나라 헌법의 연혁적·이념적 기초로서 헌법이나 법률해석에서의 해석기준으로 작용한다고 할 수 있지만, 그에 기하여 곧바로 국민의 개별적 기본권성을 도출해 낼 수는 없다 할 것이므로, 헌법소원의 대상인 '헌법상 보장된 기본권'에는 해당하지 아니하며,[3] 우리 헌법은 법률이 정하는 바에 따른 '선거권'과 '공무담임권' 및 국가안위에 관한 중요정책과 헌법개정에 대한 '국민투표권'만을 헌법상의 참정권으로 보장하고 있으므로, 지방자치법 제13조의2에서 규정한 **주민투표권**은 그 성질상 선거권, 공무담임권, 국민투표권과 전혀 다른 것이어서 이를 법률이 보장하는 참정권이라고 할 수 있을지언정 헌법이 보장하는 참정권이라고 할 수는 없다고 하였고,[4] '주민소환에 관한 법률'상의 **주민소환 청구권**,[5] 군인사법상의 **육아휴직신청권**,[6] '국민의 형사재판 참여에 관한 법률'상의 **국민참여재판을 받을 권리**,[7] 형사소송법 제194조의4 제 1 항에 의한 **소송비용 보상청구권**[8]도 법률상 인정되는 권리에 불과하고, 이러한 법률상 권리만을 주장하는 헌법소원심판청구는 부적법하다고 하였다.

또한 헌법재판소는 **지방자치권**은 지방자치단체 자체에 부여된 것으로서 헌법에 의하여 보장된 개인의 주관적 공권으로 볼 수 없고, **포괄위임금지원칙**을 규

1) 헌재 2000. 7. 20. 98헌바63.
2) 헌재 2000. 8. 31. 2000헌마156.
3) 헌재 2001. 3. 21. 99헌마139등; 헌재 2008. 11. 27. 2008헌마517.
4) 헌재 2001. 6. 28. 2000헌마735.
5) 헌재 2011. 12. 29. 2010헌바368.
6) 헌재 2008. 10. 30. 2005헌마1156.
7) 헌재 2009. 11. 26. 2008헌바12.
8) 헌재 2012. 3. 29. 2011헌바19.

정한 헌법 제75조와 그 근거가 되는 의회입법원칙이나 법치주의가 그 자체로 주관적 권리를 보장한다고 보기 어렵고,[1] 헌법 제119조 제 1 항, 제 2 항, 제126조는 경제질서에 관한 헌법상의 원리나 제도를 규정한 조항들로서 그 위반이 있다 하더라도 기본권침해는 인정되지 않는다고 하였다.[2]

한편 헌법재판소는 국회의 입법에 대한 국민의 청문권이나 재정사용의 합법성과 타당성을 감시하는 권리가 헌법상 열거되지 아니한 기본권으로 볼 수 없다고 하였고,[3] 평화적 생존권은 헌법에 열거되지 아니한 기본권으로서 특별히 새롭게 인정할 필요성이 있다거나 그 권리내용이 비교적 명확하여 구체적 권리로서의 실질에 부합한다고 보기 어려우므로 평화적 생존권은 헌법상 보장되는 기본권이라고 할 수 없다고 하였다.[4]

또한 헌법재판소는 "주민투표권이나 조례제정·개폐청구권은 법률에 의하여 보장되는 권리에 해당하고, 헌법상 보장되는 기본권이라거나 헌법 제37조 제 1 항의 '헌법에 열거되지 아니한 권리'로 보기 어려우므로, 19세 미만의 사람들에 대하여 법률에 의하여 보장되는 권리에 불과한 주민투표권이나 조례제정·개폐청구권을 인정하지 않는다고 하여 포괄적인 의미의 자유권으로서의 행복추구권이 제한된다고 볼 수 없다. 따라서 주민투표권 조항 및 조례제정·개폐청구권 조항으로 인하여 청구인들의 기본권이 침해될 가능성이 인정되지 않는다."고 판시하였다.[5]

(3) 기본권성이 인정된 사례

헌법재판소는 지방자치단체의 폐치·분합에 관한 것은 지방자치단체의 자치행정권 중 지역고권의 보장문제이나, 대상지역 주민들은 그로 인하여 인간다운 생활공간에서 살 권리, 평등권, 정당한 청문권, 거주이전의 자유, 선거권, 공무담임권, 인간다운 생활을 할 권리, 사회보장·사회복지수급권 및 환경권 등을 침해받게 될 수도 있다는 점에서 기본권과도 관련이 있어 헌법소원의 대상이 될 수 있다고 하였고,[6] 국민의 개별적 기본권이 아니라 할지라도 기본권보장의

1) 헌재 2006. 8. 31. 2006헌마266.
2) 헌재 2008. 7. 31. 2006헌마400; 헌재 2019. 12. 27. 2017헌마1366등.
3) 헌재 2005. 11. 24. 2005헌마579등.
4) 헌재 2009. 5. 28. 2007헌마369; 이 결정은 평화적 생존권을 기본권으로 인정하였던 헌재 2006. 2. 23. 2005헌마268 결정을 폐기하여 판례변경을 하였다.
5) 헌재 2014. 4. 24. 2012헌마287.
6) 헌재 1994. 12. 29. 94헌마201; 동지: 헌재 1995. 3. 23. 94헌마175.

실질화를 위하여서는, **영토조항**만을 근거로 하여 독자적으로는 헌법소원을 청구할 수 없다 할지라도, 모든 국가권능의 정당성의 근원인 국민의 기본권침해에 대한 권리구제를 위하여 그 전제조건으로서 영토에 관한 권리를, 이를테면 **영토권**이라 구성하여, 이를 헌법소원의 대상인 기본권의 하나로 간주하는 것은 가능하다고 하였다.[1] 또한 헌법 제 8 조의 **정당조항**,[2] 제116조의 **평등한 선거운동, 공영선거의 원칙**[3]도 개인의 기본권의 근거가 될 수 있다.[4]

또한 헌법재판소는 "헌법 제12조 제 4 항에 규정된 피체포자의 변호인의 조력을 받을 권리는 피체포자와 변호인 사이의 상호관계에서 비로소 실현될 수 있는 것이므로, 변호인의 조력을 받을 피체포자의 권리는 피체포자를 조력할 변호인의 권리가 보장되지 않으면 유명무실하게 된다. 따라서 피체포자를 조력할 변호인의 권리 중 그것이 보장되지 않으면 피체포자가 변호인으로부터 조력을 받는다는 것이 유명무실하게 되는 핵심적인 부분은, 조력을 받을 피체포자의 기본권과 표리의 관계에 있기 때문에 이러한 핵심부분에 관한 **변호인의 조력할 권리** 역시 헌법상의 기본권으로서 보호되어야 한다."고 판시하면서 구속적부심사절차에서 피구속자의 변호인이 고소장 또는 피의자신문조서 열람·등사를 신청하자 경찰청장이 이에 대하여 정보비공개결정을 한 것은 변호인인 청구인의 변호인으로서 조력할 권리와 알권리를 침해한 것으로 위헌임을 확인하였다.[5] 그런데 헌법재판소는 "피의자 및 피고인에 대한 변호인의 조력할 권리 중 **핵심적인 부분**만이 법률상 권리를 넘어 헌법상 기본권으로 보호된다. '피의자 등과의 접견교통 내지 면접교섭(변호인 선임을 위한 경우 포함), 변호인으로서의 법적 조언 및 상담, 피의자신문 참여, 수사기록 열람·등사 등'과 같은 것이 그 예이다. 그런데 피고인의 피해자에 대한 공탁은 형사재판에서 피고인에게 유리한 양형사유로 기능할 수는 있으나, 소송절차 밖에서 이루어지는 공탁 과정에서 변호

1) 헌재 2001. 3. 21. 99헌마139등; 동지: 헌재 2008. 11. 27. 2008헌마517.
2) 헌재 2014. 4. 24. 2012헌마287.
3) 헌재 2001. 10. 25. 2000헌마193.
4) 실무제요, 327면.
5) 헌재 2003. 3. 27. 2000헌마474; 동지: 헌재 2015. 7. 30. 2012헌마610의 4인의 반대의견 참조; 헌재 2017. 11. 30. 2016헌마503 참조(다만 동 결정의 3인의 별개의견은 변호인으로서 조력할 권리는 피체포자의 변호인의 조력을 받을 권리를 보장하기 위하여 개별법률에 따라 인정된 법률상의 권리에 불과하다고 하고, 체포영장의 등사를 제한한 거부처분으로 인하여 신체의 자유나 재판청구권을 침해받은 피체포자 본인은 헌법소원심판청구를 하여 권리구제를 받아야 하는 것이고, 또 그것만으로도 그 권리구제의 목적을 충분히 달성할 수 있으므로, 피체포자의 조력자에 불과한 변호인에게 이와 관련하여 별도로 기본권을 보장하여야 할 필요성도 없다고 하였다).

인의 역할이 필수적으로 요구되는 것은 아니다. 그러므로 **피고인의 형사공탁에 관한 변호인의 조력**이, 앞서 본 피의자 등과의 접견교통 내지 면접교섭, 변호인으로서의 법적 조언 및 상담, 피의자신문 참여, 수사기록 열람·등사 등과 같은 정도의 핵심적인 부분, 즉 피고인을 조력할 변호인의 권리 중 그것이 보장되지 않으면 피고인이 변호인의 조력을 받는다는 것이 유명무실하게 되는 핵심적인 부분이라고 보기는 어렵다. 따라서 청구인의 변호인으로서의 피구속자를 조력할 권리를 침해한다는 심판청구는 기본권 침해가능성이 인정되지 아니한다."고 판시하였다.[1]

한편 헌법재판소는 검찰수사관인 피청구인이 피의자신문에 참여한 변호인인 청구인에게 피의자 후방에 앉으라고 요구한 행위는 변호인인 청구인의 **변호권**을 침해한 것으로서 위헌임을 확인한다고 하였으며,[2] 부모가 자녀의 이름을 지어주는 것은 자녀의 양육과 가족생활을 위하여 필수적인 것이고, 가족생활의 핵심적 요소라 할 수 있으므로, **'부모가 자녀의 이름을 지을 자유'**는 혼인과 가족생활을 보장하는 헌법 제36조 제 1 항과 행복추구권을 보장하는 헌법 제10조에 의하여 보호받는다고 하였으며,[3] 지방자치단체의 장 선거권을 지방의회의원 선거권, 나아가 국회의원 선거권 및 대통령 선거권과 구별하여 하나는 법률상의 권리로, 나머지는 헌법상의 권리로 이원화하는 것은 허용될 수 없으므로 **지방자치단체의 장 선거권** 역시 다른 선거권과 마찬가지로 헌법 제24조에 의해 보호되는 기본권으로 인정하여야 한다고 하였고,[4] 피의자·피고인 등이 가지는 '변호인이 되려는 자'의 조력을 받을 권리가 실질적으로 확보되기 위해서는 **'변호인이 되려는 자'의 접견교통권** 역시 헌법상 기본권으로서 보장되어야 한다고 하면서, 청구인이 '변호인이 되려는 자'의 자격으로 피의자 접견 신청을 하였음에도 이를 허용하기 위한 조치를 취하지 않은 검사의 접견불허행위가 헌법상 기본권인 청구인의 접견교통권을 침해하였다고 보아 청구인의 헌법소원심판청구를 인용하였다.[5]

---

1) 헌재 2021. 8. 31. 2019헌마516등.
2) 헌재 2017. 11. 30. 2016헌마503(2인의 별개의견과 1인의 반대의견은 변호인의 변호권은 헌법상 기본권이 아니라 법률상 권리에 불과하다고 하였다).
3) 헌재 2016. 7. 28. 2015헌마964.
4) 헌재 2016. 10. 27. 2014헌마797.
5) 헌재 2019. 2. 28. 2015헌마1204(3인의 반대의견은 '변호인이 되려는 자'의 접견교통권 역시 피체포자 등의 '변호인의 조력을 받을 권리'를 기본권으로 인정한 결과 발생하는 간접적이고 부수적인 효과로서 형사소송법 등 개별법률을 통하여 구체적으로 형성된 법률상의 권리에 불과하고, '헌법상 보장된 독자적인 기본권'으로 볼 수 없다고 하였다).

또한 헌법재판소는 "태어난 즉시 '출생등록될 권리'는 '출생 후 아동이 보호를 받을 수 있을 최대한 빠른 시점'에 아동의 출생과 관련된 기본적인 정보를 국가가 관리할 수 있도록 등록할 권리로서, 아동이 사람으로서 인격을 자유로이 발현하고, 부모와 가족 등의 보호하에 건강한 성장과 발달을 할 수 있도록 최소한의 보호장치를 마련하도록 요구할 수 있는 권리이다. 이는 헌법에 명시되지 아니한 독자적 기본권으로서, 자유로운 인격실현을 보장하는 자유권적 성격과 아동의 건강한 성장과 발달을 보장하는 사회적 기본권의 성격을 함께 지닌다."고 판시하였다.[1)]

나. 기본권의 침해가능성

(1) 의 의

기본권의 침해란 공권력주체가 기본권규범에 의해서 보장된 기본권의 내용 내지 보호영역에 대해 간섭, 방해, 제약, 삭감, 박탈 등과 같은 제한을 가하는 것을 말한다. 그러므로 원칙적으로 **기본권규범의 수범자가 아닌 사인**, 즉 기본권의 구속을 받지 아니하는 사인은 기본권적 보호법익에 대해서 사실상 제약을 가할 수는 있으나, '침해'할 수는 없다.[2)]

그런데 대법원은 "헌법상 기본권은 제 1 차적으로 개인의 자유로운 영역을 공권력의 침해로부터 보호하기 위한 방어적 권리이지만 다른 한편으로 헌법의 기본적인 결단인 객관적인 가치질서를 구체화한 것으로서, 사법(私法)을 포함한 모든 법 영역에 그 영향을 미치는 것이므로 사인간의 사적인 법률관계도 헌법상의 기본권 규정에 적합하게 규율되어야 한다. 다만 기본권 규정은 그 성질상 사법관계에 직접 적용될 수 있는 예외적인 것을 제외하고는 관련 법규범 또는 사법상의 일반원칙을 규정한 민법 제 2 조, 제103조 등의 내용을 형성하고 그 해석기준이 되어 간접적으로 사법관계에 효력을 미치게 된다."고 판시하였다.[3)]

여기서 유의할 것은 적법요건으로서 헌법재판소법 제68조 제 1 항의 '헌법상 보장된 기본권을 침해받은 자'는 '헌법상 보장된 기본권을 **침해받았다고 주장하는 자**'로 해석하여야 하며, 소원청구인은 자신의 기본권에 대한 공권력주체의 제한

1) 헌재 2023. 3. 23. 2021헌마975.
2) 실무제요, 330면.
3) 대법원 2010. 4. 22. 선고 2008다38288 전원합의체 판결; 대법원 2018. 9. 13. 선고 2017두38560 판결 참조.

행위가 위헌적인 것임을 어느 정도 구체적으로 주장하여야 한다. 그러므로 소원청구인이 기본권침해의 가능성을 확인할 수 있을 정도의 구체적 주장을 하지 않고 막연한 주장만을 하는 경우에는 그 소원청구는 부적법한 것이 될 것이다.[1)]

헌법소원심판이 청구되면 헌법재판소로서는 청구인의 주장에만 판단을 한정할 것이 아니라 가능한 모든 범위에서 헌법상의 기본권침해의 유무를 직권으로 심사한다.[2)]

헌법재판소법 제68조 제 1 항 본문은 "공권력의 행사 또는 불행사로 인하여 헌법상 보장된 기본권을 침해받은 자는 …… 헌법재판소에 헌법소원심판을 청구할 수 있다."고 규정하고 있는바, 이는 공권력의 행사 또는 불행사로 인하여 헌법상 보장된 자신의 기본권을 현재 직접적으로 '침해'당한 자만이 헌법소원심판을 청구할 수 있다는 뜻이고, 따라서 법령으로 인한 기본권침해를 이유로 헌법소원을 청구하려면 당해 법령 그 자체에 의하여 자유의 제한, 의무의 부과, 권리 또는 법적 지위의 박탈이 생긴 경우이어야 한다.[3)] 또한 헌법재판소는 법률 등에 대한 헌법소원 심판청구를 청구인에게 당해 법률 등에 해당되는 사유가 발생함으로써 그 법률 등이 청구인의 기본권을 침해하였거나 침해의 위험이 있는 경우에 한정된다고 한다.[4)]

따라서 어떤 공권력행사로 인하여 헌법소원을 청구하고자 하는 자의 권리나 법적 지위에 아무런 영향을 미치지 아니하는 사실상의 불이익에 불과할 뿐인 경우라면 애당초 기본권침해의 가능성이나 위험성이 없으므로 그 공권력의 행사를 대상으로 헌법소원을 청구하는 것은 허용되지 아니한다.[5)] 행위의 성질상

1) 헌재 2005. 2. 3. 2003헌마544등; 헌재 2011. 11. 24. 2008헌마578등.

2) 헌재 1989. 9. 4. 88헌마22; 헌재 1992. 10. 1. 91헌마31; 헌재 1993. 5. 13. 91헌마190; 헌재 1993. 5. 13. 92헌마80; 헌재 2000. 4. 27. 98헌마429등; 헌재 2012. 3. 29. 2010헌마599.

3) 헌재 1992. 11. 12. 91헌마192; 헌재 1995. 7. 21. 94헌마191; 헌재 1999. 11. 25. 99헌마163; 헌재 2000. 1. 27. 99헌마660; 헌재 2000. 6. 29. 98헌마36; 헌재 2011. 3. 31. 2009헌마508; 헌재 2012. 8. 23. 2011헌마443등; 헌재 2013. 11. 28. 2012헌마166; 헌재 2017. 6. 29. 2015헌마654; 헌재 2024. 4. 25. 2020헌마1738.

4) 헌재 1994. 6. 30. 91헌마162; 헌재 2006. 12. 28. 2004헌마229; 헌재 2017. 12. 28. 2015헌마994; 헌재 2018. 7. 26. 2015헌마1053.

5) 헌재 1999. 5. 27. 97헌마368; 헌재 2000. 6. 29. 98헌마443등; 헌재 2002. 10. 31. 2002헌마20; 헌재 2004. 12. 16. 2002헌마579; 헌재 2008. 2. 28. 2006헌마582; 헌재 2008. 7. 31. 2005헌마667; 헌재 2009. 12. 29. 2008헌마692; 헌재 2011. 3. 31. 2009헌마508; 헌재 2012. 8. 23. 2011헌마443등; 헌재 2013. 6. 27. 2010헌마658; 헌재 2013. 11. 28. 2011헌마565; 헌재 2013. 11. 28. 2012헌마166; 헌재 2014. 8. 28. 2011헌마28등; 헌재 2015. 4. 30. 2012헌마634; 헌재 2015. 5. 28. 2014헌마926; 헌재 2015. 7. 30. 2012헌마957; 헌재 2016. 12. 29. 2015헌마315; 헌재 2017. 6. 29. 2015헌마654; 헌재 2019. 2. 28. 2018헌마37등; 헌재 2019. 5. 30. 2018헌마1208등; 헌재 2019. 11. 28. 2017헌마1356; 헌

국민의 권리를 침해할 수 없는 공권력 주체의 행위는 헌법소원심판의 대상이 될 수 없다.[1] 다시 말하면 헌법소원심판의 대상이 되는 공권력의 행사 또는 불행사는 반드시 국민의 권리의무에 대하여 **직접적인 법률효과를 발생시키는** 행위가 있어야 한다.[2]

헌법재판소는, "피청구인 서울 용산경찰서장이 피청구인 국민건강보험공단에게 청구인들의 요양급여내역의 제공을 요청한 행위의 근거조항인 이 사건 **사실조회조항**은 수사기관에 공사단체 등에 대한 사실조회의 권한을 부여하고 있을 뿐이고, 국민건강보험공단은 서울용산경찰서장의 사실조회에 응하거나 협조하여 할 의무를 부담하지 않는다. 따라서 이 사건 **사실조회행위**만으로는 청구인들의 법적 지위에 어떠한 영향을 미친다고 보기 어렵고, 국민건강보험공단의 자발적인 협조가 있어야만 비로소 청구인들의 개인정보자기결정권이 제한된다. 그러므로 이 사건 사실조회행위는 공권력 행사성이 인정되지 않는다."고 판시하였고,[3] "조약과 비구속적 합의를 구분함에 있어서는 합의의 명칭, 합의가 서면으로 이루어졌는지 여부, 국내법상 요구되는 절차를 거쳤는지 여부와 같은 형식적 측면 외에도 합의의 과정과 내용·표현에 비추어 법적 구속력을 부여하려는 당사자의 의도가 인정되는지 여부, 법적 효력을 부여할 수 있는 구체적인 권리·의무를 창설하는지 여부 등 실체적 측면을 종합적으로 고려하여야 한다. **비구속적 합의**의 경우, 그로 인하여 국민의 **법적 지위**가 영향을 받지 않는다고 할 것이므로, 이를 대상으로 한 헌법소원 심판청구는 허용되지 않는다."고 판시하였으며,[4] 공수처법 제 5 조 제 1 항, 제 6 조 제 4 항, 제 7 조 제 1 항은 수사처장과 차장의 자격 및 추천위원회의 구성 등 수사처장과 처장의 임명 절차 등에 관한 규정으로, 이와 같은 **수사처의 구성에 관한 사항**이 청구인들의 **법적 지위**에 어떠한 영향을 미친다고 볼 수 없으므로, 기본권침해가능성이 인정되지 않는다고 하였다.[5]

어떠한 국가기관이나 기구의 기본조직 및 직무범위 등을 규정한 **조직규범**은

재 2019. 12. 27. 2016헌마253; 헌재 2020. 4. 23. 2018헌마461; 헌재 2020. 7. 16. 2018헌마319; 헌재 2021. 2. 25. 2018헌마174; 헌재 2022. 12. 22. 2021헌마902; 헌재 2023. 2. 23. 2019헌마401; 헌재 2024. 4. 25. 2020헌마1738.

1) 헌재 1994. 4. 28. 91헌마55; 헌재 1999. 6. 24. 98헌마472등.
2) 헌재 1994. 8. 31. 92헌마174; 헌재 1999. 6. 24. 98헌마472등.
3) 헌재 2018. 8. 30. 2014헌마368. 동지: 헌재 2018. 8. 30. 2016헌마483.
4) 헌재 2019. 12. 27. 2016헌마253.
5) 헌재 2021. 1. 28. 2020헌마264 등.

원칙적으로 그 조직의 구성원이나 구성원이 되려는 자 등 외에 일반국민을 수범자로 하지 아니하고, 일반국민은 그러한 조직규범에 의해 자기의 헌법상 보장된 기본권이 직접적으로 침해된다고 할 수 없다.[1]

헌법재판소는 여기서 '기본권의 침해를 받은 자'란 공권력의 행사 또는 불행사로 인하여 기본권을 **현재, 직접적으로 침해받은 자**를 의미하는 것이지 **간접적** 또는 **반사적**으로 불이익을 받은 자를 의미하는 것은 아니라고 하였다.[2] 어떤 법령조항이 헌법소원을 청구하고자 하는 사람에 대하여 **시혜적인 내용**을 담고 있는 경우라면, 그 법령조항은 적용 대상자에게 자유의 제한, 의무의 부과, 권리 또는 법적 지위의 박탈을 초래하지 아니하여 애당초 기본권침해의 가능성이나 위험성이 없다 할 것이므로, 당해 법령조항을 대상으로 권리구제형 헌법소원심판을 청구하는 것은 허용되지 아니한다고 하였다.[3] 그러나 법률에 의해 인정되는 청구권의 수준에 이르지 못한 시혜적 내용을 규정한 시행규칙 등은 기본권 침해가능성이 있다고 하였다.[4] 그리고 수혜적 법률의 경우에는 수혜범위에서 제외된 자가 그 법률에 의하여 평등권이 침해되었다고 주장하는 당사자에 해당되고, 당해법률에 대한 위헌 또는 헌법불합치 결정에 따라 수혜집단과의 관계에서 평등권침해 상태가 회복될 가능성이 있다면 기본권침해성을 인정할 수 있다고 하였다.[5]

공권력의 행사 또는 불행사로 **헌법의 기본원리** 혹은 **헌법상 보장된 제도**의 본질이 훼손되었다고 하여 그 점만으로 국민의 기본권이 현실적으로 침해된 것이라고 할 수는 없다.[6] 따라서 기본권 침해에 대한 구체적인 주장 없이 적법절차원칙이나 권력분립원칙,[7] 포괄위임금지원칙,[8] 신뢰보호원칙,[9] 경제질서에 관한 헌법상 원리나 제도[10] 등의 위반을 주장하는 헌법소원에 대해서는 기본권

1) 헌재 1994. 6. 30. 91헌마162; 헌재 2006. 6. 29. 2005헌마165등; 헌재 2016. 9. 29. 2013헌마821; 헌재 2019. 11. 28. 2017헌마1356; 헌재 2024. 4. 25. 2020헌마1738 참조.
2) 헌재 1992. 9. 4. 92헌마175 지정부 결정; 동지: 헌재 1990. 9. 3. 89헌마211; 헌재 1993. 3. 11. 91헌마233; 헌재 1993. 3. 11. 90헌마306; 헌재 1995. 3. 23. 93헌마12; 헌재 1998. 9. 30. 97헌마404; 헌재 1995. 5. 27. 97헌마368; 헌재 1998. 11. 25. 99헌마163.
3) 헌재 2007. 7. 26. 2004헌마914; 헌재 2020. 7. 16. 2018헌마319.
4) 헌재 2008. 5. 29. 2006헌마170.
5) 헌재 2001. 11. 29. 99헌마494.
6) 헌재 1995. 2. 23. 90헌마125; 헌재 1998. 10. 29. 96헌마186.
7) 헌재 2004. 12. 16. 2002헌마579.
8) 헌재 2006. 8. 31. 2006헌마266.
9) 헌재 2007. 6. 28. 2005헌마1179.
10) 헌재 2008. 7. 31. 2006헌마400.

침해가능성을 인정할 수 없다.

(2) 기본권 침해가능성이 부인된 사례

헌법재판소는, "환매권은 환매의 요건이 발생하면 환매권자의 일방적 의사표시로써 행사할 수 있는 것인데 청구인들이 각 환매의 의사표시를 하여 이로써 환매권은 이미 행사된 것이므로, 그 후에 피청구인들이 이 사건 토지의 일부에 흙을 붓고 도로확장공사를 하는 등 사실상의 행위를 하였다거나, 지방공업개발장려 지구를 변경지정·공고하고 공업단지조성사업 실시계획을 변경승인·고시하였다 하더라도 이는 청구인들의 환매권의 성립·행사에 아무런 영향을 미치지 않으므로, 이로써 청구인들의 환매권이 침해되었다거나 그 행사가 방해되었다고 볼 수 없다."고 판시하였고,[1] 헌법재판소에 의하여 위헌결정된 법률조항에 근거하여 기본권침해를 당했다는 헌법소원의 적법여부에 관하여, "청구인들이 이 사건에서 침해당하고 있다고 주장하는 권리는 구 교육공무원법 제11조 제 1 항에 근거한 우선채용권이나, 헌법재판소는 1990. 10. 8. 이미 위 법률조항이 국민의 평등권 및 직업선택의 자유를 규정한 헌법 제11조 제 1 항 및 제15조에 위반된다는 이유로 위헌결정을 한 바 있으므로, 아직 교사로 임용받지 못한 청구인들로서는 헌법소원에서 더 이상 이를 내세워 기본권이 침해당하였다고 주장할 수 없음은 물론 신뢰하거나 기대하였다는 이유만으로 헌법에서 유래하는 국가의 보호의무가 발생하였다고 주장할 수 없다."고 판시하였으며,[2] 헌법소원은 공권력의 행사 또는 불행사로 인하여 헌법상 보장된 기본권을 침해받은 자만이 청구할 수 있는 제도인데, 제15대 국회의원선거 당선인들이 국회법에 규정된 시한 내에 의장과 부의장을 선출하지 않는 등 국회의 원 구성을 하지 않은 것만으로는 행복추구권 등 헌법상 보장된 청구인들의 기본권이 침해받을 여지가 없으므로 국회구성의무 불이행을 이유로 하는 헌법소원은 부적법하다고 하였고,[3] '죄가안됨'의 불기소처분이 '혐의없음'을 주장하는 피의자의 기본권을 침해하는 공권력의 행사에 해당하는지 여부에 대하여, '죄가안됨' 결정이나 '혐의없음' 결정은 모두 피의자에 대하여 소추장애사유가 있어 기소할 수 없다는 내용의 동일한 처분으로서(따라서 소추장애 사유가 없음에도 기소하지 않는다는 내용의 결정인 '기소유예' 결정과는 본질을 달리한다) '혐의없음' 결정이 피의자가 피의사건

---

1) 헌재 1995. 3. 23. 91헌마143.
2) 헌재 1995. 5. 25. 90헌마196.
3) 헌재 1996. 11. 28. 96헌마207.

과 무관하다는 사실을 확정되는 것도 아니고, '죄가안됨' 결정이 피의자에게 범죄혐의가 있음을 확정하는 것도 아니므로 검사가 형사미성년자인 피의자에 대하여 범죄 혐의유무에 불구하고 '죄가안됨' 결정을 하였다고 하여 이를 피의자의 기본권을 침해하는 공권력행사라고 할 수 없다고 하였다.[1)]

또한 이른바 12·12 사건 등에 관련하여 유죄판결을 받은 전직 대통령들에게 수여한 모든 훈장을 치탈하지 아니하고 있는 것만으로는 청구인들의 행복추구권 등 헌법상 보장된 기본권이 침해받을 여지가 없다고 하였고,[2)] 법원이 공시지가제도가 시행된 1990. 9. 1. 전에 양도한 토지에 대한 양도소득세 부과처분취소 사건에서 구 소득세법 제60조를 적용하여 그 부과처분의 적법 여부를 판단한 것은 헌법재판소 1995. 11. 30. 91헌바1등 헌법불합치 결정의 기속력에 따른 것이고, 그 이후에 양도한 토지에 대한 양도소득세 부과처분취소 사건에서 구 소득세법 제60조를 적용하여 그 부과처분의 적법 여부를 판단한 것은 위 헌법불합치 결정의 기속력에 어긋나기는 하나, 한편, 개정 소득세법 제99조, 그에 따른 개정 소득세법시행령 제164조, 개정 소득세법시행규칙 제80조의 각 규정과 구 소득세법 제60조, 그에 따른 구 소득세법시행령 제115조, 구 소득세법시행규칙 제56조의5의 각 규정을 비교하여 보면, 양자는 기준시가에 의하여 양도차익을 산정하는 방법이 동일하므로, 가사 법원이 개정 소득세법 제99조를 적용하여야 할 사건에서 구 소득세법 제60조를 적용하였다고 하더라도 그 세액이 동일하게 되어 결과적으로 그로 말미암아 기본권이 침해되었다고 할 수는 없다고 할 것이라고 하였다.[3)]

또한 대통령의 금융실명거래 및 비밀보장에 관한 긴급재정경제명령에 의하여 청구인의 기본권이 침해되었는지 여부에 관하여, 이 사건 긴급명령은 헌법이 정한 절차와 요건에 따라 헌법의 한계 내에서 발포된 것이고 따라서 이 사건 긴급명령 발포로 인한 청구인의 기본권침해는 헌법상 수인의무의 한계 내에 있다고 할 것이라고 판시하였고,[4)] 적과 교전중 적의 포탄에 맞아 부상한 자는 공무원의 직무상 불법행위로 손해를 받은 국민에 해당할 수 없으므로 헌법 제29조 제 2 항이나 국가배상법 제 2 조 제 1 항에 의하여 기본권을 침해받고 있는 자라고 볼 수 없다

1) 헌재 1996. 11. 28. 93헌마229.
2) 헌재 1998. 9. 30. 97헌마263.
3) 헌재 1999. 10. 21. 96헌마61, 97헌마154등; 동지: 헌재 1999. 10. 21. 97헌마301등.
4) 헌재 1996. 2. 29. 93헌마186.

고 하였으며,[1] 피의자신문 없이 한 불기소처분이 고소인의 기본권을 침해하였다고 볼 수 없다고 하였고,[2] 법률의 입법절차가 헌법이나 국회법에 위반된다고 하더라도 그러한 사유만으로는 그 법률로 인하여 국민의 기본권이 현재, 직접적으로 침해받는다고 볼 수 없으므로 헌법소원심판을 청구할 수 없다고 하였고,[3] 지방의회 의장이 개정조례안에 대해 절차를 위반한 채 상정하여 가결·선포하였다는 입법절차상의 하자를 둘러싼 분쟁 역시 본질적으로 시의회의장이 시의회의원의 권한을 침해한 것인가에 관한 다툼이므로, 이는 헌법소원심판을 통해서가 아니라 권한쟁의심판을 통해 해결하여야 할 사항이라고 하였다.[4] 그러나 헌법재판소는 헌재 2010. 4. 29. 2009헌라11 사건에서, 법상 지방자치단체 상호간의 권한쟁의는 서로 상이한 권리주체 간을 의미하므로 지방자치단체의 의결기관을 구성하는 지방의회의원과 그 기관의 대표자인 지방의회 의장 사이의 권한쟁의는 지방자치단체 상호 간의 권한쟁의에 속하지 아니한다고 하여 권한쟁의심판의 가능성을 명시적으로 부정하고 있다.

헌법재판소는 청구인들은 대통령의 특별사면에 관하여 일반국민의 지위에서 사실상의 또는 간접적인 이해관계를 가진다고 할 수는 있으나 대통령의 청구외인들에 대한 특별사면으로 인하여 청구인들 자신의 법적 이익 또는 권리를 직접적으로 침해당한 피해자라고는 볼 수 없다고 하였고,[5] 청원경찰법시행령 제19조는 청원경찰의 신분이나 법적 지위에 관하여 하등 새로운 규율을 행하고 있는 것이 아니며, 법률의 내용을 보충하기 위한 보다 구체적인 시행내용을 담고 있는 것도 아니어서, 청구인과 같은 청원경찰의 법적 지위에 아무런 변화를 가져오지 아니하는 것이므로, 위 조항을 대상으로 기본권침해를 주장하며 헌법소원을 청구할 수 없다고 하였으며,[6] 피청구인의 국회 위원회 위원선임행위는 그 자체가 국회 내부의 조직구성행위로서 국민에 대하여 어떠한 직접적인 법률

1) 헌재 1989. 7. 28. 89헌마61.
2) 헌재 1990. 4. 2. 88헌마25; 헌재 1990. 4. 2. 89헌마262.
3) 헌재 1998. 8. 27. 97헌마8등(청구인들이 주장하는 입법절차의 하자는 야당소속 국회의원들에게 개의시간을 알리지 않음으로써 법률안의 심의에 참여할 수 있는 기회를 주지 아니한 채 여당소속 국회의원들만 출석한 가운데 국회의장이 본회의를 개의하고 법률안을 상정하여 가결선포 하였다는 것이므로 그와 같은 입법철차의 하자를 둘러싼 분쟁은 본질적으로 법률안의 심의·표결에 참여하지 못한 국회의원이 국회의장을 상대로 권한쟁의에 관한 심판을 청구하여 해결하여야 할 사항이라고 하였다).
4) 헌재 2009. 3. 26. 2006헌마188.
5) 헌재 1998. 9. 30. 97헌마404.
6) 헌재 1999. 5. 27. 97헌마368.

효과를 발생시키지 않기 때문에 이로 인하여 청구인들의 기본권이 현재 직접 침해되고 있다고 할 수 없다고 하였다.[1)]

사료관리법시행규칙의 개정으로 동물용의약품인 물질이 새로 사료의 범위에 추가되었다 하더라도 동물용의약품제조업자가 동물의약품으로 이들 물질을 계속 제조하는 데는 아무런 지장이 없고, 다만 종전에 누리고 있던 사실상의 독점적인 영업이익이 상실될 수는 있으나, 그러한 독점적인 영업이익은 반사적인 이익에 해당하는 것이어서 그 이익이 상실되었다 하여 기본권이 침해되었다고는 할 수 없다고 하였고,[2)] 설령 한약학과 졸업예정자인 청구인들이 한약사 면허취득에 관한 관계법령에 터 잡아 이익독점을 기대하고 있었는데 한약학과 외의 학과 출신자에 대한 한약사시험 응시자격의 부여로 인해 한약사 면허취득자가 증가함으로써 그 기대가 실현되지 않게 된다고 하더라도 이는 사실상 기대되던 반사적 이익이 실현되지 않게 된 것에 불과한 것이지 어떠한 헌법상 기본권의 제한 또는 침해의 문제가 생기는 것은 아니라고 하였으며,[3)] 건축물대장에 하는 '위법건축물'이라는 표시의 말소신청을 반려한 피청구인의 행위는 청구인의 권리나 법적지위에 영향을 미치는 바가 없어서 기본권을 침해할 가능성이 없다고 하였다.[4)]

대한민국정부와 중화인민공화국정부 간 합의된 중국산 마늘에 대한 수입제한조치는 당면한 구체적 경제상황에 적응하지 못한 농가를 한시적으로 보호하여 대응조치를 할 시간적 여유를 주기 위한 것일 뿐이므로 국가가 이러한 제한조치를 연장하지 아니한다고 하여도 마늘재배농가의 재산권이 제한되는 것으로 볼 수 없고, 마늘재배의 기회가 기본권으로서 보장되는 것은 아니므로 경영상황의 악화로 마늘재배를 중단해야 하더라도 이로써 직업선택의 자유가 어떠한 영향을 받는다고 볼 수 없어 기본권침해 가능성은 인정할 수 없다고 하였고,[5)] 서울대학교 운동장 사용허가 신청을 거부한 금지결정이 서울대학교 인근 거주 주민인 청구인의 법적 지위에 영향이 없으며,[6)] 집단에너지 사업법 시행령의 출자자 규정이 청구인들에게 불리한 영향을 초래하지 아니하고,[7)] 미군기지

1) 헌재 1999. 6. 24. 98헌마472등.
2) 헌재 1999. 11. 25. 99헌마163.
3) 헌재 2000. 1. 27. 99헌마660.
4) 헌재 2000. 8. 31. 99헌마602.
5) 헌재 2004. 12. 16. 2002헌마579.
6) 헌재 2001. 9. 27. 2000헌마260.

이전 협정 및 합의서, 토지관리계획협정 등이 이전예정부지 인근 거주 주민들의 기본권을 침해할 가능성이 없으며,[1] 강원도지사가 혁신도시 입지로 원주시를 선정한 것이 춘천시민들의 기본권을 침해할 가능성이 없고,[2] 객관적 기준을 정한 중립적 내용의 법률조항,[3] 외국인 산업연수제도 운영에 관한 지침(중소기업청 고시),[4] 기초의원 총 정수를 감축하고 있는 공직선거법 제23조 제 1 항 [별표 3],[5] 기초의원 지역구를 중선거구제로 정하고 있는 공직선거법 제26조 제 2 항,[6] 수의가가 아니더라도 자기가 사육하고 있는 동물에 대하여 진료행위를 할 수 있도록 규정한 수의사법 조항,[7] 서울대학교의 농·어촌 학생특별전형에 있어서 특별전형의 지원자격을 읍·면 지역에 한정하고 2008년도 제 2 기 '신활력 지역'으로 선정된 시 지역까지 그 지원자격을 확대하지 않도록 요구한 것[8] 등은 기본권침해 가능성이 없다고 하였다.

또한 교육위원이 공직선거후보자가 되고자 하는 경우 선거일 전 60일까지 그 직을 그만두도록 규정한 공직선거법 제53조 제 1 항 본문 제 2 호 중 교육위원회의 교육위원 부분 및 교육감 선거에 공직선거법 규정을 준용하도록 규정한 지방교육자치에 관한 법률 제22조 제 3 항은 청구인의 법적 지위에 영향을 미치지 아니하므로 교육감선거에 입후보하고자 하는 교육위원의 기본권을 침해할 가능성이 없고,[9] 재단법인 한국게임산업개발원의 '게임제공업소의 경품용 상품권 지정공고'가 상품권 발행회사의 기본권을 침해할 가능성이 없고,[10] 선거사무원의 수를 제한한 공직선거법 제62조 제 2 항 제 4 호 및 제 7 호와 명함을 배포할 수 있는 자를 제한한 공직선거법 제93조 제 1 항 단서는 중증장애인 후보자의 기본권을 침해할 가능성이 없으며,[11] 법학전문대학원 설치·운영에 관한 법률의 목적규정 법학전문대학원의 설치인가기준, 이수학점, 교육과정에 관한 규

---

7) 헌재 2003. 5. 15. 2001헌바90.
1) 헌재 2006. 2. 23. 2005헌마268.
2) 헌재 2006. 12. 28. 2006헌마312.
3) 헌재 2007. 5. 31. 2003헌마422; 헌재 2007. 5. 31. 2003헌마579.
4) 헌재 2007. 8. 30. 2004헌마670.
5) 헌재 2007. 11. 29. 2005헌마977.
6) 헌재 2007. 11. 29. 2005헌마977.
7) 헌재 2008. 2. 28. 2006헌마582.
8) 헌재 2008. 9. 25. 2008헌마456.
9) 헌재 2009. 2. 26. 2007헌마279.
10) 헌재 2009. 2. 26. 2005헌마837등.
11) 헌재 2009. 2. 26. 2006헌마626.

정 및 법률의 시행시기에 관한 규정,[1] 표준어의 개념을 정의한 규정,[2] 외국인 근로자에 대한 부당한 차별금지를 규정하고 있는 외국근로자의 고용 등에 관한 법률 제22조,[3] 교육감이 특성화 중학교를 지정·고시할 수 있음을 정하고 있는 초·중등 교육법시행령 제76조,[4] 급여비용의 본인부담금이 면제되는 경우를 규정한 의료급여법 시행규칙 제7조의4 제1항 제8호,[5] 폐지되는 지방자치단체의 장이 통합 창원시장 선거에 입후보하려는 경우 그 직을 가지고 입후보할 수 있도록 규정한 경상남도 창원시 설치 및 지원특례에 관한 법률 부칙 제2조 제3항 단서,[6] 수형자에 대한 가석방 적격심사 신청주체를 소장으로 규정하고 있는 형의 집행 및 수용자의 처우에 관한 법률 제121조 제1항,[7] 도서정가제의 적용으로 비롯되는 유통단계의 경쟁의 자유의 제한을 완화하고 간행물판매자의 영업의 자유를 일부 회복시켜 보장한 출판문화진흥법시행규칙 제9조의2 제1항, 제2항,[8] 출입국관리소장의 청구인에 대한 출석요구행위 및 청구인의 사용자인 대학교에 대한 공문발송행위,[9] 연안안강망 어업허가와 유사한 어업허가를 부여하는 수산업법시행령 제25조,[10] 경호안전구역 지정공고,[11] 보험상품 설계의 일반기준을 정한 보험업감독규정 제7-62조 제6항,[12] 선거운동의 자유를 보장하기 위한 규정인 공직선거법 제61조 제6항,[13] 조합설립인가 후 토지 또는 건축물의 소유권이나 지상권 양도가 있는 경우 수인을 대표하는 1인을 조합원으로 본다고 규정한 도시 및 주거환경정비법 제19조 제1항 제3호[14] 등도 기본권침해 가능성이 없다고 하였으며, 사법시험법의 폐지로 인한 학문의 자유 침해가능성도 부인하였고,[15] 구 국가유공자 등 예우 및 지원에 관한 법률 제4조 제5항은 참전

1) 헌재 2009. 2. 26. 2007헌마1262.
2) 헌재 2009. 5. 28. 2006헌마618.
3) 헌재 2009. 9. 24. 2006헌마1264.
4) 헌재 2009. 9. 24. 2008헌마662.
5) 헌재 2009. 11. 26. 2007헌마734.
6) 헌재 2010. 6. 24. 2010헌마167.
7) 헌재 2010. 12. 28. 2009헌마70.
8) 헌재 2011. 4. 28. 2010헌마602(저자는 반대의견으로, 청구인의 주장은 '본질적으로 다른 것을 자의적으로 같게 취급'하여 청구인의 평등권을 침해하였다는 주장으로 선해할 수 있으므로 본안판단을 하여야 한다고 하였다.).
9) 헌재 2011. 9. 29. 2009헌마358.
10) 헌재 2011. 11. 24. 2010헌마397.
11) 헌재 2012. 2. 23. 2010헌마660.
12) 헌재 2012. 3. 29. 2009헌마613.
13) 헌재 2012. 3. 29. 2010헌마673.
14) 헌재 2012. 7. 26. 2011헌마169.

유공자의 예우 또는 지원에 관한 규정으로서 위 규정만으로는 참전유공자 중 고엽제후유의증환자들에게 어떠한 내용의 지원이 이루어지는지를 전혀 확정할 수 없으므로 위 조항에 의하여 청구인의 기본권이 침해된다거나 그 법적 지위에 불리한 영향을 받는다고 할 수 없다고 하였고,[1] 정신보건법 제45조, 동 시행규칙 제23조는 정신의료기관의 장이 정신질환자에 대하여 행동제한을 하는 경우 제한의 사유 및 내용 등을 진료기록부에 기재하도록 규정하고 있는 것에 불과하여 위 조항들로 인하여 군 정신병원에 수용중인 정신질환자에 대하여 기본권침해가 발생할 여지가 없고,[2] 한의사의 시험과목으로 침구학을 규정하거나 진료과목으로 침구과를 표시하도록 규정하고 있는 구 의료법 시행규칙 조항은 청구인들의 법적 지위나 권리의무에 영향을 미친다고 볼 수 없으므로 기본권침해 가능성이 없고,[3] 청구인들이 주장하는 기능직 공무원이 일반직 공무원으로 우선 임용될 권리 내지 기회보장은 공무담임권의 보호영역에 속하지 아니하고, 지방공무원 임용령 부칙 제 4 조 제 1 항으로 인하여 공무담임권 침해 문제가 생길 여지가 없으며,[4] 대한민국과 미합중국 간의 자유무역협정으로 인하여, 동 협정에 대한 대통령의 국민투표 부의가 행해지지 아니한 이상 헌법 제72조의 국민투표권이 침해될 가능성이 인정되지 아니하고, 위 협정의 경우 국회의 동의를 필요로 하는 조약의 하나로서 법률적 효력이 인정되므로, 그에 의하여 성문헌법이 개정될 수는 없으며, 따라서 헌법 제130조 제 2 항에 따른 헌법개정절차에서의 국민투표권이 침해될 가능성은 인정되지 아니하고,[5] 대학의 장이 단과대학장을 보할 때 그 대상자의 추천을 받거나 선출의 절차를 거치지 아니하고, 해당 단과대학 소속 교수 또는 부교수 중에서 직접 지명하도록 하고 있는 교육공무원 임용령 제 9 조의4가 대학의 자율성이나 국립대학 교수인 청구인들의 공무담임권을 침해할 가능성이 없다고 하였으며,[6] 귀환한 국군포로에게 억류기간에 대한 보수를 지급하도록 한 국군포로의 송환 및 대우에 관한 법률 제 9 조 제 1 항은 귀환포로에게 혜택을 주는 조항일 뿐 미귀환 포로가 군인

15) 헌재 2012. 3. 29. 2009헌마754.
1) 헌재 2012. 8. 23. 2011헌마443등.
2) 헌재 2012. 10. 25. 2011헌마307.
3) 헌재 2013. 6. 27. 2010헌마658.
4) 헌재 2013. 11. 28. 2011헌마565.
5) 헌재 2013. 11. 28. 2012헌마166.
6) 헌재 2014. 1. 28. 2011헌마239.

보수법에 따라 보수를 청구할 권리를 부인하거나 제한하는 조항이 아니므로, 억류지에서 사망한 국군포로의 자녀인 청구인들의 재산권이 침해될 가능성을 인정하기 어렵고, 위 조항은 귀환포로와 미귀환 포로를 차별하는 조항일 뿐, 미귀환포로의 자녀를 귀환포로의 자녀에 비해 차별하고 있지 않으므로, 청구인들의 평등권이 침해될 가능성도 인정할 수 없다고 하였고,[1] 부재자투표절차가 마련되지 않더라도 등록신청을 한 재외선거인은 거주지 관할 공관뿐만 아니라 재외선거를 실시하는 공관 어디에서든 투표할 수 있으므로 국외부재자 신고조항이 청구인들의 기본권을 침해할 가능성이 없다고 하였으며,[2] 디엔에이 신원확인 정보의 이용 및 보호에 관한 법률 제 8 조 제 1 항 중 감식시료 채취영장 부분은 헌법상 영장주의를 구체화한 조항이고, 동 법률 제10조 제 1 항의 감식, 수록 및 관리조항은 업무처리에 관한 방식을 규정한 것에 불과하므로 이들 조항으로 인하여 청구인들의 기본권의 직접 침해되거나, 그 법적 지위에 어떠한 영향을 발생한다고 보기 어려워 기본권침해 가능성이 없다고 하였다.[3]

또한 헌법재판소는 공직선거 후보자를 추천하기 위하여 당내경선을 실시할 수 있다고 규정한 공직선거법 제57조의2 제 1 항이 당내경선에 참여하고자 하는 청구인의 공무담임권과 평등권을 침해할 가능성이 있는지 여부에 관하여 "청구인이 정당의 내부경선에 참여할 권리는 헌법이 보장하는 공무담임권의 내용에 포함된다고 보기 어렵고, 청구인의 소속 정당이 당내경선을 실시하지 않는다고 하여 청구인이 공직선거의 후보자로 출마할 수 없는 것이 아니므로, 심판대상조항으로 인하여 청구인의 공무담임권이 침해될 여지는 없다. 또한, 당내경선 실시 여부를 정당 스스로 정할 수 있도록 하였다는 사정만으로 기성 정치인과 정치 신인을 차별하는 것으로 볼 수도 없으므로, 심판대상조항으로 말미암아 청구인의 평등권이 침해될 가능성이 있다고 보기도 어렵다."고 판시하였고,[4] 금융위원회가 론스타에 대해 내린 한도초과보유 주주승인 보유주식 처분명령 및 론스타의 비금융주력자 해당여부에 대한 심사결과들은 청구인들과 같은 외환은행의 일반주주가 가지고 있는 주식의 배당가치가 의결권 가치를 직접적으로 증가 또는 감소시키거나, 의결권 행사에 제약을 가할 내용을 포함하

1) 헌재 2014. 6. 26. 2012헌마757.
2) 헌재 2014. 7. 24. 2009헌마256등.
3) 헌재 2014. 8. 28. 2011헌마28등.
4) 헌재 2014. 11. 27. 2013헌마814.

고 있지 않아 청구인들의 주주로서의 법적 지위에 아무런 영향을 미치지 아니하므로 이로 인해 청구인들의 기본권이 침해될 가능성이 없다고 하였으며,[1] 법학전문대학원 졸업예정자에 한하여 필기전형을 실시하도록 정한 법원행정처장의 '재판연구원 신규 임용 계획' 공고 및 법학전문대학원 졸업예정자에 한하여 실무기록평가를 실시하도록 정한 법무부장관의 '검사 임용 지원안내' 공고가 법학전문대학원 졸업예정자에게 어떠한 특혜를 부여하거나, 사법연수원 수료예정자인 청구인들을 차별하기 위한 것이라 할 수 없고, 위 공고가 각각의 선발인원을 별도로 내정하기 위하여 임용절차를 이원화한 것이라고 단정할 수 없으므로 위 각 공고가 청구인들의 공무담임권이나 평등권을 침해할 가능성이 없다고 하였다.[2]

또한 형사소송법 제416조나 형사소송법 제417조 중 '검사의 압수물 환부에 관한 처분' 부분에 의한 기본권침해 가능성도 인정할 수 없다고 하였고,[3] 교육공무원승진규정을 수석교사에게 적용할 수 없도록 한 교육공무원승진규정 제 2 조 제 2 항은 독자적으로 청구인들의 기본권을 제한하는 것이 아니므로 기본권 침해가능성이 인정되지 아니하고, 교육공무원임용령 제 9 조의8 제 2 항은 수석교사에게 연구활동비를 지급할 수 있게 하는 수익적 조항으로서 청구인의 기본권을 제한하는 조항이 아니어서 기본권 침해가능성이 없다고 하였으며,[4] 의무관리대상 공동주택의 동별 대표자 선출시 입후보자가 1명인 경우 입주자 등의 과반수 투표 및 투표자의 과반수 찬성으로 선출하도록 규정하고 있는 주택법 시행령 제50조 제 3 항 제 2 호는 입주자대표회의의 구성과 운영에의 참여 자체를 제한하거나 동별 대표자를 선출할 권리 또는 그 선거에 입후보할 기회를 제한하고 있지 아니하므로 청구인의 법적 지위에 아무런 영향을 미치지 아니하여 기본권 침해가능성이 없다고 하였다.[5]

또한 교육감을 주민의 선거에 따라 선출한다고 규정한 지방교육자치에 관한 법률 제43조로 인하여 학생, 학부모, 교육자 및 교육전문가, 교사 및 교원의 평등권, 공무담임권 등의 기본권이 침해될 가능성이 없다고 하였고,[6] 대일항쟁

1) 헌재 2015. 4. 30. 2012헌마634.
2) 헌재 2015. 4. 30. 2013헌마504.
3) 헌재 2015. 5. 28. 2014헌마926.
4) 헌재 2015. 6. 25. 2012헌마494.
5) 헌재 2015. 7. 30. 2012헌마957.
6) 헌재 2015. 11. 26. 2014헌마662.

기강제동원자지원법에 규정된 위로금을 인도적 차원의 시혜적인 금전 급부로 이해하는 이상, 그 위로금은 국외강제동원 희생자 유족의 재산권에 포함된다고 하기 어려우며, 이와 관련하여 그 밖에 다른 기본권이 침해된다고 볼 만한 사정도 보이지 않으므로, 이 사건 심판청구는 부적법하다고 하였으며,[1] 형사소송법 제33조는 피고인의 변호권을 실질적으로 보장하기 위하여 국선변호인의 선정 사유 및 방법에 대하여 규정하고 있는 조항이고, 청구인에 대한 자유의 제한, 의무의 부과, 권리 또는 법적 지위의 박탈에 관한 규정이 아니어서 이로 인해 청구인의 기본권이 침해될 가능성이 인정되지 아니한다고 하였고,[2] 임기만료에 의한 국회의원선거는 그 임기만료일 전 50일 이후 첫 번째 수요일로 정한 공직선거법 조항 역시 기본권침해 가능성이 없다고 하였으며,[3] 청탁금지법 조항이 언론인 등 자연인을 수범자로 하고 있을 뿐이어서 청구인 사단법인 한국기자협회는 심판대상조항으로 인하여 자신의 기본권을 직접 침해당할 가능성이 없다고 하였고,[4] 소방기본법 시행규칙조항은 화재조사전담부서의 장이 소속 소방공무원 가운데 국민안전처장관이 실시하는 화재조사에 관한 시험에 합격한 자로 하여금 화재조사를 실시하게 하여야 한다고 규정하고 있는바, 이는 소방관서에 설치된 화재조사전담부서 내부에서 그 소속 공무원의 직무능력의 인증 등에 관하여 규정한 조직규범으로서 일반 국민을 수범자로 하지 아니하고, 따라서 이로 인하여 소속 공무원이 아닌 청구인의 헌법상 기본권이 침해될 가능성이 인정되지 아니한다고 하였다.[5]

한편, 국어 등의 개념을 정의한 국어기본법 제 3 조, 국어문화의 확산과 국어정보화의 촉진을 규정한 위 법 제15조, 제16조, 교과용도서의 어문규범 준수를 규정한 구 국어기본법 제18조 및 교과용도서에 관한 규정 제26조 제 3 항은 한자를 배제한 상태에서 문자생활을 할 것을 정한 것이라고 볼 수 없으므로, 한자사용에 관한 청구인들의 법적 지위에 어떠한 영향도 미치지 아니하므로 기본권 침해가능성이 없다고 하였고,[6] 도서벽지 근무 평정요령과 농어촌 근무 평정요령 중 월·일 평정점 상향에 관한 부분은 각각 종래에 비해 청구인을 비롯한

1) 헌재 2015. 12. 23. 2010헌마620.
2) 헌재 2016. 2. 25. 2013헌마830.
3) 헌재 2016. 4. 28. 2015헌마1177등.
4) 헌재 2016. 7. 28. 2015헌마236등.
5) 헌재 2016. 9. 29. 2013헌마821.
6) 헌재 2016. 11. 24. 2012헌마854.

모든 평정대상자의 도서벽지 가산점과 농어촌 가산점을 상향하는 것이므로 이로 인하여 청구인이 입게 되는 법적 불이익은 없고, 월·일 평정점 상향으로 인하여 다른 교사들이 종전보다 짧은 기간으로도 합산상한점인 2.00점을 취득할 수 있어 교감승진에 경쟁자들이 늘어나는 것은 사실상의 불이익에 불과하므로, 이 부분 심판청구는 기본권침해의 가능성이 없다고 하였으며,[1] 신청인이 배상금 등을 지급받고자 할 때에는 지급결정에 대한 동의서를 첨부하여 신청하도록 규정한 세월호피해지원법 제15조 제 1 항은 피해자들이 세월호피해지원법에 따라 국가배상청구권을 정당하게 행사하는 절차의 일부를 규정한 것에 불과하므로, 청구인들의 명예에 관련한 법적 지위에 어떠한 영향도 미치지 아니하고, 국가의 손해배상청구권의 대위행사를 규정한 세월호피해지원법 제18조는 신속한 피해구제를 위하여 국가로 하여금 피해자에게 먼저 손해배상금 지급의무를 부담시킨 다음, 국가에게 신청인의 손해배상청구권을 대위하도록 규정한 것이므로, 국가의 세월호 참사에 대한 책임을 면제하는 의미라고 볼 수 없으므로 따라서 위 조항들에 대한 심판청구는 기본권 침해가능성이 인정되지 아니한다고 하였으며,[2] 현직 국회의원인지 여부를 불문하고 예비후보자가 선거사무소를 설치하고 그 선거사무소에 간판·현판 또는 현수막을 설치·게시할 수 있도록 한 공직선거법 제60조의3 제 1 항 제 1 호 중 '지역구국회의원선거의 예비후보자'에 관한 부분이 현직 국회의원이 아닌 예비후보자의 선거운동에 불리하게 작용할 여지가 있다고 하더라도, 이는 공직선거법 제90조 제 2 항 제 2 호 및 구 공직선거관리규칙 제47조의2 제 2 호 라목이 다른 직업과 관련한 직무상·업무상의 행위와 마찬가지로 현직 국회의원의 경우에도 선거의 공정을 해치지 아니하는 범위 내에서 그 직무수행을 보호하는 결과 발생하는 사실적이고 반사적인 불이익에 불과하므로 심판대상조항으로 인하여 청구인의 평등권이 침해될 가능성이 있다고 보기 어렵다고 하였고,[3] 형법 제40조가 상상적 경합의 처벌에 관하여, 흡수주의 처벌방식을 채택하여 처단형의 범위가 넓어지지 않는다고 하여도, 이로 인하여 사망한 피해자들의 부 또는 모인 청구인들의 법적 지위에 어떠한 영향을 미치거나, 청구인들의 헌법상 기본권이 침해될 가능성이 있다고 볼 수 없다고 하였다.[4]

1) 헌재 2016. 12. 29. 2015헌마315.
2) 헌재 2017. 6. 29. 2015헌마654.
3) 헌재 2017. 6. 29. 2016헌마110.

또한 행정관청이 아동학대행위가 발생한 어린이집에 대해 폐쇄명령을 하기에 앞서 아동보호전문기관과 협의절차를 거치도록 한 것은 행정관청 독단으로 이루어지는 위법·부당한 조치를 방지하기 위한 것으로 이로써 청구인들의 기본권이 침해되거나 침해 위험이 있다고 볼 수 없으므로 영유아보육법 제45조 제 4 항에 대해서는 기본권 침해가능성이 인정되지 않는다고 하였고,[1] 고등학교 교사들이 대학수학능력시험의 문항 수 기준 70%를 EBS교재와 연계하여 출제한다는 심판대상계획에 따라 EBS 교재를 참고하여 하는 부담을 질 수는 있지만, 이는 사실상의 부담에 불과할 뿐 EBS 교재를 참고하여야 하는 법적 의무를 부담하는 것도 아니므로, 심판대상계획은 고등학교 교사인 청구인들에 대해 기본권 침해 가능성이 인정되지 않고, 부모는 아직 성숙하지 못하고 인격을 닦고 있는 미성년 자녀를 교육시킬 교육권을 가지지만, 자녀가 성년에 이르면 자녀 스스로 자신의 기본권 침해를 다툴 수 있으므로 이와 별도로 부모에게 자녀교육권 침해를 다툴 수 있도록 허용할 필요가 없으므로, 성년의 자녀를 둔 청구인에 대해서는 기본권 침해 가능성이 인정되지 않는다고 하였으며,[2] 개정법 시행 전에 이혼한 청구인이 분할연금을 지급받을 수 없는 것은, 분할연금을 개정법 시행 후 최초로 지급사유가 발생한 사람부터 지급하도록 한 지급적용대상 조항에서 비롯되는 문제이므로 시행일 조항은 청구인의 법적 지위에 아무런 영향을 미치지 아니하여 청구인의 기본권을 침해할 가능성이 없다고 하였고,[3] 청구인은 실제 임차인으로부터 특정 전차인에게 임대주택을 전대하는 것에 대한 구체적·현실적 동의 요구를 받은 바 없고, 실제 전대의 동의를 받으려는 임차인이 전대 사유에 해당함을 증명하는 자료를 청구인에게 제출한 사실도 없으므로 임대사업자인 청구인의 기본권 침해가능성이 인정되지 아니한다고 하였고,[4] 형사소송법 제199조 제 2 항, 구 경찰관직무집행법 제 8 조 제 1 항은 수사기관에 공사단체 등에 대한 사실조회의 권한을 부여하고 있을 뿐이고, 공사단체 등이 수사기관의 사실조회에 응하거나 협조하여야 할 의무를 부담하지 않으므로, 이 사건 사실조회조항만으로는 청구인들의 법적 지위에 어떠한 영향을 미친다고 보기 어려우므로 사실조회조항은 기본권침해의 가능성이 인정되지 않는다고

4) 헌재 2017. 8. 31. 2015헌마134.
1) 헌재 2017. 12. 28. 2015헌마994.
2) 헌재 2018. 2. 22. 2017헌마691.
3) 헌재 2018. 4. 26. 2016헌마54.
4) 헌재 2018. 7. 26. 2015헌마1053.

하였으며,[1] 폐쇄된 서남대 의과대학생을 전북대 의과대학에 편입학 모집하는 것을 내용으로 하는 전북대 총장의 모집요강으로 인해 청구인들이 받는 불이익은 사실상의 불이익에 불과하므로 기본권침해가능성이 인정되지 않는다고 하였다.[2] 또한 통합치의학과 치과의사 전공의의 수련기간을 레지던트 3년으로 정한 수련기간조항은 치과의사 전공의가 인턴으로 수련하는 것을 금지하고 있지 않으므로 통합치의학과 전문의가 되고자 하는 치의학과 재학생의 균등하게 교육을 받을 권리를 제한하지 않고, 치과대학에 재직 중인 교수와 학회의 연구내용이나 그러한 내용을 전달하는 방식을 규율하지 않으므로 이들의 교수의 자유 및 연구의 자유와 직접적인 관련이 없는바, 수련기간조항에 대한 심판청구는 기본권 침해가능성이 인정되지 아니한다고 하였고,[3] 수련경력을 인정받는 통합치의학과 전문의가 의료소비자에게 부족한 의료서비스를 제공하여 국민의 생명·신체의 안전에 관한 기본권 내지 보건권을 침해할 가능성이 있다고 단정하기 어렵고, 수련경력인정조항으로 인하여 의료소비자는 어떠한 의료서비스를 받을지 결정하는 데 있어 어떠한 제한도 받지 않는바, 위 조항은 의료소비자의 생명·신체의 안전에 관한 기본권, 보건권, 자기결정권에 관하여 기본권 침해가능성이 인정되지 아니한다고 하였으며,[4] 서울특별시 학생인권조례 제 3 조 제 1 항 및 제 5 조 제 1 항은 학생 인권 보장 및 차별받지 않을 권리를 일반적으로 선언한 것에 불과할 뿐 그 자체로 청구인들에게 자유의 제한이나 의무의 부과, 권리 또는 법적 지위의 박탈을 명시적으로 규정하고 있지 아니하여 기본권침해가능성이 인정되지 않는다고 하였고,[5] 외교부장관과 일본국 외무대신이 2015. 12. 28. 공동발표한 일본군 위안부 피해자 문제 관련 합의 내용이 청구인들의 기본권을 침해하는지 여부에 관하여 "이 사건 합의는 양국 외교장관의 공동발표와 정상의 추인을 거친 공식적인 약속이지만, 서면으로 이루어지지 않았고, 통상적으로 조약에 부여되는 명칭이나 주로 쓰이는 조문 형식을 사용하지 않았으며, 헌법이 규정한 조약체결 절차를 거치지 않았다. 또한 합의 내용상 합의의 효력에 관한 양 당사자의 의사가 표시되어 있지 않을 뿐만 아니라, 구체적인 법적 권리·의무를 창설하는 내용을 포함하고 있지도 않다. 이 사건 합의

1) 헌재 2018. 8. 30. 2014헌마368. 동지: 헌재 2018. 8. 30. 2016헌마483.
2) 헌재 2019. 2. 28. 2018헌마37 등.
3) 헌재 2019. 6. 28. 2017헌마1309.
4) 헌재 2019. 6. 28. 2017헌마1309.
5) 헌재 2019. 11. 28. 2017헌마1356.

를 통해 일본군 '위안부' 피해자들의 권리가 처분되었다거나 대한민국 정부의 외교적 보호권한이 소멸하였다고 볼 수 없는 이상 이 사건 합의가 일본군 '위안부' 피해자들의 법적 지위에 영향을 미친다고 볼 수 없으므로 위 피해자들의 배상청구권 등 기본권을 침해할 가능성이 있다고 보기 어렵고, 따라서 이 사건 합의를 대상으로 한 헌법소원심판청구는 허용되지 않는다."고 판시하였고,[1] 사업주체가 투기과열지구에서 분양가격이 9억원 초과하는 주택은 특별공급 할 수 없도록 정한 주택공급에 관한 규칙 제47조의2가 국가유공자인 청구인의 기본권을 침해할 가능성이 있는지 여부에 관하여, "주택특별공급제도의 성격과 내용을 고려할 때, 위 제도의 수혜자인 국가유공자가 분양가격 등에 관계없이 모든 주택에 관하여 특별공급 받을 기회를 보장받을 구체적인 권리까지 당연히 보유한다고 볼 수는 없으므로 심판대상조항으로 인하여 무주택세대구성원이자 국가유공자인 청구인이 위와 같은 분양가격 9억 원 초과 주택을 특별공급 받을 기회를 얻지 못한다 하여도, 이러한 청구인의 불이익은 사실적·반사적 불이익에 불과하다."고 판시하였다.[2] 또한 종교인소득 중 일부에 대하여 소득세를 비과세하고, 종교인소득과 관련하여 세무 공무원의 질문·조사권의 범위를 제한하거나 질문·조사 전수정신고를 안내하도록 규정한 소득세법 시행령 조항에 대한 종교인인 청구인들의 심판청구가 기본권침해가능성이 인정되는지 여부에 관하여, 비록 대규모 종교단체가 세제나 조사상의 혜택으로 소규모 종교단체에 비해 포교나 종교활동에 있어 유리한 지위를 점한다고 하더라도 이는 사실상의 이익에 불과할 뿐이므로 종교인인 청구인들의 심판청구는 기본권침해가능성이 인정되지 않는다고 하였고,[3] 청소년과 전기통신서비스 제공에 관한 계약을 체결하는 이동통신사업자에게 청소년유해매체물 등에 대한 차단수단을 제공하고, 그 제공 방법 및 절차 등에 필요한 사항을 대통령령으로 정하도록 한 전기통신사업법 조항과 차단수단의 제공 방법 및 전기통신서비스 제공에 관한 계약 체결 시의 차단수단제공 절차에 관하여 규정한 구 전기통신사업법 시행령 조항에 대한 청구인들의 심판청구에 기본권 침해의 가능성이 인정되는지 여부에 관하여, 위 조항들로 인하여 청구인들의 법적 지위에 어떠한 영향이 있다고 보기 어려우므로 기본권침해의 가능성이 인정되지 않는다고 하였다.[4] 또한, 공수처법

1) 헌재 2019. 12. 27. 2016헌마253.
2) 헌재 2020. 4. 23. 2018헌마461.
3) 헌재 2020. 7. 16. 2018헌마319.

제 9 조 제 6 항과 제45조는 수사처 인사위원회의 구성과 운영, 수사처의 조직 및 운영에 필요한 사항을 수사처규칙으로 정한다고 규정하고 있는데, 이러한 사항들에 대하여 수사처에 독자적인 규칙제정권을 부여하는 것이 헌법 체계에 부합하는지 여부가 곧바로 청구인들의 법적 지위에 어떠한 영향을 미친다고 볼 수 없으므로, 기본권침해가능성이 인정되지 아니하고, 공수처법 제24조 제 1 항은 고위공직자범죄수사처와 다른 수사기관 사이의 권한 배분에 관한 사항을 규정한 것으로 청구인들의 법적 지위에 영향을 미친다고 볼 수 없어 기본권침해 가능성이 인정되지 않는다고 하였고,[1] 서울교통공사의 직원이라는 직위가 헌법 제25조가 보장하는 공무담임권의 보호영역인 '공무'의 범위에는 해당하지 않으므로 일반직 근로자의 정원을 규정한 정원표를 개정하기 위한 서울특별시장의 서울교통공사 정관 개정안 중 별표부분에 대한 인가는 청구인들의 공무담임권 및 평등권을 침해할 가능성이 인정되지 않는다고 하였으며,[2] 교섭단체의 고위공직자범죄수사처장 후보추천위원회 위원 추천·위촉 조항은 교섭단체가 국가기관 구성에 관여할 수 있는 권한에 관한 것일 뿐 국회의원인 청구인의 법적 지위에는 아무런 영향을 주지 아니하므로 위 조항에 대한 심판청구는 기본권침해 가능성이 인정되지 않고, 완화된 의결정족수 조항에 의해 야당이 추천한 추천위원회위원의 사실상의 거부권이 박탈되었다 하더라도 이를 두고 야당 국회의원인 청구인의 법적 지위에 어떠한 영향을 미친다고 볼 수 없으므로, 의결정족수 조항에 대한 심판청구는 기본권침해 가능성이 인정되지 않으며, 대통령과 정치적 성향이 부합되지 않으면 수사처검사로 임명될 수 없음을 전제로 수사처 검사조항이 기본권을 침해한다는 청구인의 주장은 대통령의 임명권 행사의 내용을 다투는 취지일 뿐, 수사처검사의 자격요건, 임명절차, 임명권자를 규정한 수사처검사 조항에 의한 기본권 침해를 다루는 것으로 볼 수 없으므로 수사처검사 조항에 대한 심판청구는 기본권침해 가능성이 인정되지 않는다고 하였다.[3] 또한 '대한민국 건국(수립)'을 '대한민국 정부 수립'으로, '자유민주주의 발전'을 '민주주의 발전'으로 개정한 초·중등학교 교육과정 중 사회과 교육과정은 사회과, 특히 역사와 관련된 단원의 특성을 고려하여 추상적 수준의 학습 목

---

4) 헌재 2020. 11. 26. 2016헌마738.
1) 헌재 2021. 1. 28. 2020헌마264등.
2) 헌재 2021. 2. 25. 2018헌마174.
3) 헌재 2021. 4. 29. 2020헌마1707.

표를 제시하고 있을 뿐, 특정한 역사관이나 정치적 견해에 입각한 역사적 평가에 관한 교육을 강제한다고 보기 어려우므로, 학부모와 학생인 청구인들에 대한 기본권침해가능성이 인정되지 아니하고, 법률이 교사의 학생교육권(수업권)을 인정하고 보장하는 것은 헌법상 당연히 허용된다 할 것이나, 초·중등학교에서의 학생교육은 교사 자신의 인격의 발현 또는 학문과 연구의 자유를 위한 것이라기보다는 교사의 직무에 기초하여 초·중등학교의 교육목표를 실현하기 위한 것이므로, 교사인 청구인들이 이 사건 교육과정에 따라 학생들을 가르치고 평가하여야 하는 법적인 부담이나 제한을 받는다고 하더라도 이는 헌법상 보장된 기본권에 대한 제한이라고 보기 어려워 기본권침해가능성이 인정되지 아니하며, 일반 국민은 이 사건 교육과정에 따른 교육을 하거나 받는 위치에 있지 아니하므로, 이 사건 교육과정으로 인하여 어떠한 기본권적 제한을 받고 있다고 볼 수 없어 기본권침해가능성이 인정되지 아니한다고 하였고,[1] 피고인의 형사공탁에 관한 변호인의 조력은 피고인을 조력할 변호인의 권리 중 그것이 보장되지 않으면 피고인이 변호인의 조력을 받는다는 것이 유명무실하게 되는 핵심적 부분이라고는 보기 어려우므로 청구인의 변호인으로서의 피구속자를 조력할 권리를 침해한다는 심판청구는 기본권침해가능성이 인정되지 아니한다고 하였으며,[2] 또한 출석주의를 완화하여 최초의 등기신청 전에 한 차례 사용자등록을 하도록 한 부동산등기 규칙조항, 사용자등록 절차에 관한 사용자등록 지침조항 및 전자신청 시 스캐닝한 문서의 제출을 허용한 전자신청 지침조항은 법무사인 청구인들의 절차적 부담을 경감시켜 주는 규정일 뿐이고, 등기신청 업무를 취급할 수 있는 자격자대리인들 사이의 차별적 내용을 규정하고 있는 것도 아니고, 위 조항들로 인한 간접적 효과로서 청구인들의 등기신청 업무 관련 영업이익이 감소하더라도 이는 사실상의 기대이익이 실현되지 않게 된 것에 불과한 것이지 헌법상 기본권 제한이나 침해 문제가 생기는 것이 아니므로 위 조항들이 청구인들의 기본권을 침해할 가능성은 인정되지 아니한다고 하였고,[3] 평준화지역에서 학교장이 신입생을 선발하는 학교로 지정되었다가 그 지정이 해제되면 해당 학교는 원래 평준화지역 내 학교로서 교육감이 신입생을 배정하게 되는 것일 뿐이므로 지정 해제에 있어 평준화지역을 정할 때처럼 여

1) 헌재 2021. 5. 27. 2018헌마1108.
2) 헌재 2021. 8. 31. 2019헌마516등.
3) 헌재 2021. 12. 23. 2018헌마49.

론조사를 거치지 않았다고 하여 청구인들의 법적 지위에 어떠한 변동이 일어난다고 보기는 어려우므로 청구인들의 여론조사 등의 절차에 관하여 아무런 규정을 두지 아니한 시행령조항에 대한 심판청구는 기본권침해의 가능성이 인정되지 않고, ○○고의 입학전형이 학교장 전형에서 교육감 전형으로 변경되었다고 하더라도 부산광역시에 거주하는 학생들은 ○○고를 지원할 수 있고, 이 사건 공고가 재학생이나 졸업생 등의 기본권에 관련되었다거나 청원심사처리나 의견수렴절차에 관한 것도 아니므로, 청구인들의 이 사건 공고에 대한 심판청구는 기본권침해의 가능성 내지 자기관련성이 인정되지 않는다고 하였고,[1] 청구인들이 주택특별공급을 신청할 수 있는 지위에 있었다고 하더라도 이는 그 자체로 어떠한 확정적인 권리를 취득한 것이 아니라, 이 사건 주택특별공급에 당첨될 수 있을 것이라는 단순한 기대이익을 가진 것에 불과하므로, 심판대상조항이 청구인들의 재산권을 침해할 가능성은 인정되지 않고, 세종특별자치시에서 주택특별공급을 신청할 수 있었던 청구인들과 도청이전신도시 이전기관 종사자 주택특별공급을 신청할 수 있는 사람은 차별 취급의 존부가 문제되는 비교집단이라고 보기 어려우므로, 심판대상조항이 청구인들의 기본권을 침해할 가능성은 인정되지 아니한다고 하였고,[2] 모집인원이 적어 공무원 임용시험에 합격할 가능성이 감소하였다는 것은 단순히 간접적이고 사실적인 불이익에 불과할 뿐, 공무담임권이나 평등권에 대한 제한에 해당한다고 볼 수 없으므로, 관세직 국가공무원의 선발예정인원을 정한 인사혁신처 공고조항은 청구인의 기본권을 침해할 가능성이 없다고 하였으며,[3] "이 사건 자가격리자 응시제한 부분은, 자가격리자의 경우 사전 신청절차를 거쳐 별도시험장·별도시험실에서 응시가 가능하며, 다만, 비대면 평가 등 시험 방법에 대한 이의제기를 제한하는 것으로 해석되므로, 청구인들이 주장하는 것과 같이 피청구인의 재량에 따라 자가격리자의 응시 자체가 허용되지 않을 가능성이 인정된다고 보기 어렵다. 따라서 이 사건 헌법소원심판청구 중 이 사건 자가격리자 응시제한 부분은 기본권 침해가능성이 인정되지 아니하므로 부적법하다. 이 사건 접촉자 응시제한 부분은, 확진자와 접촉한 응시자의 경우 시험에 응시할 수는 있으며, 다만, 별도시험장·별도시험실에서 비대면 평가의 방법으로 시험의 방법을 변경할 수

1) 헌재 2021. 12. 23. 2019헌마1327.
2) 헌재 2022. 12. 22. 2021헌마902.
3) 헌재 2023. 2. 23. 2019헌마401.

있고, 그 시험 방법의 변경에 대한 이의제기를 제한하는 내용으로 해석되므로, 청구인들의 주장처럼 피청구인의 재량에 따라 접촉자의 응시 자체가 허용되지 않을 가능성이 인정된다고 보기 어렵다. 따라서 이 사건 헌법소원심판청구 중 이 사건 접촉자 응시제한 부분도 기본권 침해가능성이 인정되지 아니하므로 부적법하다."고 판시하였고,[1] "비례대표국회의원에 궐원이 생기는 경우 별도의 보궐선거 없이, 궐원된 의원이 그 선거 당시에 소속되어 있던 정당의 비례대표국회의원후보자명부에 기재된 순서대로 의석이 승계되도록 정한 공직선거법 제200조 제 2 항 중 '비례대표국회의원'에 관한 부분은 선거권 행사에 의하여 이미 형성된 의석 분포에 기초하여, 임기 중 비례대표국회의원에 궐원이 생기는 경우 위 분포를 변화시키지 않는 범위 내에서 궐원된 의석을 어떻게 승계할지의 문제만을 규정하고 있으므로, 선거권을 제한하거나 선거권에 영향을 미치는 조항이라고 볼 수 없으므로 심판대상조항이 선거권자인 청구인의 기본권을 침해할 가능성은 인정되지 아니한다."고 판시하였다.[2]

또한 교육받을 권리로부터 공무원이 재직 중 법학전문대학원에서 수학할 것을 보장받을 권리가 도출된다고 할 수 없으므로 교육과정조항(법학전문대학원 설치·운영에 관한 법률 제20조, 동 시행령 제13조)이 야간수업 또는 방송·정보통신 매체 등을 활용한 원격수업을 의무화하지 않았다고 하더라도 교육받을 권리가 침해될 가능성은 없다. 교육과정조항은 공직 취임이나 공무원 신분과 관련이 없으므로 공무담임권을 제한하지 않는다. 청구인은 공무원 재직 중 학업을 병행하려는 지원자와 학업을 전업으로 하려는 지원자 사이의 차별 취급이 부당하다고 주장하나, 이러한 차별은 교육과정조항에 의하여 발생하는 것이라고 보기 어렵다. 따라서 교육과정조항에 대한 심판청구는 기본권 침해의 가능성이 인정되지 아니한다고 하였고, 교육받을 권리로부터 공무원이 휴직하여 법학전문대학원에서 수학할 것을 보장받을 권리가 도출된다고 할 수 없으므로 휴직조항(지방공무원법 제64조 제 7 호)으로 인하여 교육받을 권리가 침해될 가능성은 없다. 휴직조항은 공직 취임이나 공무원 신분과 관련이 없으므로 공무담임권을 제한하지 않는다. 청구인은 연수휴직이 2년까지 가능한 지방자치단체 공무원과 연수휴직이 3년까지 가능한 교육공무원 사이의 차별 취급이 부당하다고 주장하나, 지방자치단

1) 헌재 2023. 2. 23. 2021헌마48.
2) 헌재 2023. 9. 26. 2021헌마260.

체 공무원과 교육공무원은 비교대상이 되기 어려울 뿐만 아니라 교육공무원이라도 법조인 양성을 목적으로 하는 법학전문대학원에 진학하기 위하여 당연히 연수휴직을 할 수 있는 것은 아니므로, 청구인이 주장하는 평등권 침해가 발생할 가능성이 인정되지 않는다. 따라서 휴직조항에 대한 심판청구는 기본권 침해의 가능성이 인정되지 아니한다고 하였으며,[1] 최저임금법령조항은 그 자체로 청구인들의 기본권에 불리한 영향을 미치지 않거나 청구인들의 기본권을 직접 침해하지 않으므로, 이 부분 심판청구는 부적법하다고 하였고,[2] 외교부 북미국장이 주한미군사령부 사령관과 사이에 주한미군에 성주 스카이힐 골프장 부지 중 일부의 사용을 공여하는 내용으로 체결한 협정은 성주군·김천시 주민 또는 원불교도 및 그 단체인 청구인들의 법적 지위에 아무런 영향을 미치지 아니하므로, 위 협정에 대한 심판청구는 기본권침해가능성이 인정되지 아니한다고 하였으며,[3] 이 사건 규칙조항(구 국민건강보험 요양급여의 기준에 관한 규칙 제13조 제6항)은 국민건강보험법 제41조 등에 근거하여 제정된 보건복지부령으로, 국민건강보험 사무에 관하여 국민건강보험공단에 대한 감독권한을 가지는 피청구인 장관이 피청구인 이사장에게 협상을 명할 수 있다는 내용을 담은 조직규범일 뿐이어서 의약품 제조·판매회사인 청구인들의 법적 지위에 아무런 영향을 미치지 않으므로 기본권침해가능성이 인정되지 않는다고 하였고,[4] 개별 법학전문대학원에 '신입생으로 충원하지 못한 결원' 또는 '자퇴 등 재학생의 제적에 따른 결원'이 발생한 경우에는 해당 법학전문대학원의 입학정원의 100분의 10을 초과하지 않는 범위에서 다음 학년도에 그 인원에 해당하는 입학정원이 따로 있는 것으로 본다고 규정한 구 '법학전문대학원 설치·운영에 관한 법률 시행령' 제6조 제3항으로 인하여 대한변호사협회장, 변호사, 법학전문대학원 자퇴생의 기본권이 침해될 가능성이 있는지 여부에 관하여, 심판대상조항은 대한변호사협회장의 의견제출권에 관하여 어떠한 내용도 규정하고 있지 아니하므로 심판대상조항으로 인해 위 청구인 대한변호사협회장이 주장하는 직업의 자유에 대한 침해가 발생할 가능성은 인정되지 아니하고, 심판대상조항이 규정한 결원 보충제로 인하여 변호사의 공급과잉이 초래되었다고 볼 수 없으며, 설령 결원

1) 헌재 2024. 2. 28. 2020헌마1377.
2) 헌재 2024. 2. 28. 2019헌마500.
3) 헌재 2024. 3. 28. 2017헌마371등.
4) 헌재 2024. 4. 25. 2020헌마1738.

보충제로 변호사시험 합격자 수에 영향이 있다 하더라도 직업의 자유는 특정인을 타인과의 경쟁으로부터 특별히 보호하기 위한 기본권이 아니므로 그러한 영향은 사실상의 불이익에 불과하므로 심판대상조항으로 인해 청구인 변호사들의 직업의 자유가 침해될 가능성은 없고, 심판대상조항이 규정한 결원보충제로 인하여 법학전문대학원의 편입학이 불가능하게 되었다고 보기 어렵고, 설령 결원보충제로 인해 법학전문대학원이 사실상 편입학을 실시하지 않게 되었다고 하더라도 '법학전문대학원 설치·운영에 관한 법률'은 편입학 실시 여부를 개별 법학전문대학원이 학칙을 통해 자율적으로 결정하도록 하고 있으므로, 심판대상조항으로 인해 법학전문대학원에서 자퇴한 청구인의 교육을 받을 권리 등이 침해될 가능성은 없다고 하였다.[1)]

(3) 기본권 침해가능성이 인정된 사례

헌법재판소는 '대한민국과 일본국간의 어업에 관한 협정'에서 독도와 그 주변 영해를 공동관리수역 안에 포함시켜 우리나라의 배타적 지배권을 배제한 것은 우리나라의 공간적 존립기반에 변동을 가져오고, 국가 법질서에도 변화를 가져와 필연적으로 국민의 주관적 기본권에도 영향을 미치므로 기본권 침해 가능성이 있다고 하였고,[2)] 교섭단체 소속의원의 입법활동을 보좌하기 위해 교섭단체에 정책 연구위원을 두도록 한 국회법 제34조 제 1 항이 교섭단체를 구성하지 못한 소수정당의 기본권을 침해할 가능성이 있다고 보았으며,[3)] 군인과 군무원의 상당계급기준표에 있어서 하사를 9급으로 규정하는 구 공무원봉급업무 처리지침 등은 기본권 침해가능성이 있고,[4)] 가축전염병예방법 제34조 제 2 항에 근거하여 농림수산식품부장관이 가축방역 및 공중위생상 필요하다고 인정하여 미국산 쇠고기의 수입위생조건을 정한 농림수산식품부 고시 제2008-15호 미국산 쇠고기 수입위생조건은 국가가 국민의 기본권을 보호할 의무를 위반하여 국민의 생명, 신체의 안전에 관한 기본권을 침해할 가능성이 있는 경우에 해당하고,[5)] 중앙선거관리위원회 위원장의 대통령에 대한 '선거중립의무 준수요청'은

---

1) 헌재 2025. 2. 27. 2021헌마548.
2) 헌재 2001. 3. 21. 99헌마139등.
3) 헌재 2008. 3. 27. 2004헌마654. 저자는 위 조항은 교섭단체에 속하지 아니한 국회의원을 불리하게 차별하는 것이라고 할 수는 있을지언정, 교섭단체가 아닌 정당의 법적 지위에 영향을 주는 것이라고는 할 수 없으므로 정당인 청구인의 기본권 침해가능성은 없다는 소수의견을 내었다.
4) 헌재 2008. 12. 26. 2006헌마1192.
5) 헌재 2008. 12. 26. 2008헌마419. 저자 등 2인의 재판관은 현재까지의 과학기술 수준에서의 논의에 한정하여 볼 때, 미국산 쇠고기 수입 등으로 인한 구체적이고 객관적인 위험상황이 드러나지

단순한 권고적, 비권력적 행위라든가 대통령인 청구인의 법적 지위에 불리한 효과를 주지 않았다고 보기 어려우므로 기본권 침해가능성을 인정할 수 있다고 하였고,[1] 공무원 수당 등에 관한 규정 제14조의3 및 특수근무수당에 관한 규칙 제 4 조,[2] 군인의 자비해외유학 휴직에 봉급을 지급하지 아니하는 군인사법 제48조 제 4 항 본문 중 제 3 항 제 2 호 부분,[3] 국민건강보험의 직장가입자와 지역가입자의 재정통합을 명하고 가입자간 보험료 산정기준을 이원화하는 국민건강보험법 제33조 제 2 항, 제62조 제 4 항,[4] 자율형 사립고등학교 모집정원의 70%를 임직원 자녀 전형으로 선발하고 10%만을 일반전형으로 선발하는 내용의 입학전형요강을 교육감이 승인한 것,[5] 난민인정심사불처분 결정을 받은 후 국제공항송환대기실에 수용중인 청구인이 변호인접견신청 거부행위를 다투는 경우[6] 등에 대하여는 기본권 침해가능성을 인정하였고, 헌법이 보장하는 '공정한 재판을 받을 권리'의 보호영역에는 피고인이 형사재판에서 양형에 관해 자신을 방어하기 위하여 유리한 주장 및 자료를 제출할 수 있는 기회를 보장하는 것이 포함되어 있고, 공탁규칙 제20조 제 2 항 제 5 호 중 '피고인의 공탁자'에 관한 부분은 피해자의 성명·주소·주민등록번호를 모두 기재하지 못하는 경우 공탁할 수 없도록 함으로써 피고인이 형법이 정한 '양형의 조건'인 '범행 후의 정황'과 관련하여 자신에게 유리한 주장 및 자료를 제출할 기회를 행사할 수 없도록 하고 있으므로, 결국 청구인의 공정한 재판을 받을 권리에 대한 기본권 침해가능성은 인정된다고 하였다.[7]

4. 법적 관련성

한편 청구인은 원칙적으로 자신의 기본권이, 현재 그리고 직접 침해당한

아니하여 기본권 침해가능성은 인정할 수 없다는 반대의견을 내었다.

1) 헌재 2008. 1. 17. 2007헌마700. 위 준수요청은 공명선거 협조요청으로서 공직선거법 제 9 조를 위반하지 말라는 취지일 뿐, 그로 인하여 기존에 없던 의무나 부담이 특별히 생기거나 청구인에게 독자적인 법적 효과를 미치는 것은 아니므로 공권력 행사성이 없다는 저자를 포함한 4인의 반대의견이 있다.

2) 헌재 2008. 5. 29. 2006헌마170.

3) 헌재 2009. 4. 30. 2007헌마290.

4) 헌재 2012. 5. 31. 2009헌마299.

5) 헌재 2015. 11. 26. 2014헌마145.

6) 헌재 2018. 5. 31. 2014헌마346.

7) 헌재 2021. 8. 31. 2019헌마516등. 4인의 반대의견 있음.

경우라야 헌법소원을 제기할 수 있다.[1] 이와 같은 법적 관련성을 자기관련성, 현재(관련)성, 직접(관련)성으로 나누어 설명한다.

가. 자기관련성

(1) 개 설

(가) 의 의

헌법재판소법 제68조 제 1 항에 의하면 헌법소원심판은 공권력의 행사 또는 불행사로 인하여 헌법상 보장된 기본권을 침해받은 자가 청구하여야 하므로, 청구인은 공권력작용에 대하여 자신이 스스로 **법적으로 관련**되어야 하고,[2] 법률에 대한 헌법소원심판청구가 적법하기 위해서는 당해 법률규정에 의하여 헌법상 보장된 기본권을 침해당하거나 그 침해가 확실히 예상되어야 한다.[3] 헌법재판소법 제68조 제 1 항에 따른 헌법소원심판청구를 통하여 법령의 기본권 침해를 주장하기 위해서는 심판대상조항과 청구인의 기본권과의 최소한의 관련성이 존재하여야 한다.[4] 헌법재판소는 청구인은 정당에 가입한 적이 없고, 교육·교육행정 경력이 8년 6개월인 사실이 인정되므로 지방교육자치에 관한 법률 제24조 제 1 항, 제 2 항이 정하고 있는 자격요건을 모두 갖추고 있는 청구인으로서는 위 법률조항들로 인하여 어떠한 기본권제한을 받고 있다고 볼 수 없으므로 위 법률조항들에 대한 심판청구는 기본권침해의 자기관련성 요건을 갖추지 못하였다고 하였다.[5]

헌법재판소는 "헌법재판소법 제68조 제 1 항에서 규정하는 '공권력의 행사 또는 불행사로 인하여 기본권의 침해를 받은 자'는 공권력의 행사 또는 불행사로 인하여 자기의 기본권이 현재 그리고 직접적으로 침해받은 자를 의미하므로 원칙적으로 공권력의 행사 또는 불행사의 **직접적인 상대방**이 청구인적격이 있으나, 공권력작용의 직접적인 상대방이 아닌 **제 3 자**라고 하더라도 공권력의 작용이 그 **제 3 자의 기본권**을 직접적이고 법적으로 침해하고 있는 경우에는 그 제 3

1) 헌재 1992. 9. 4. 92헌마175; 헌재 1995. 3. 23. 93헌마12; 헌재 1998. 2. 27. 96헌마179; 헌재 1998. 7. 16. 96헌마268.
2) 헌재 2002. 7. 18. 2001헌마605; 헌재 2014. 4. 24. 2011헌마474등.
3) 헌재 1994. 6. 30. 91헌마162; 헌재 2010. 5. 27. 2008헌마491; 헌재 2014. 1. 28. 2012헌마654; 헌재 2020. 9. 24. 2018헌마739등.
4) 헌재 2006. 12. 28. 2004헌마229등; 헌재 2019. 11. 28. 2017헌마939 참조.
5) 헌재 2019. 9. 26. 2018헌마181.

자에게 자기관련성이 인정될 수 있을 것이지만, 그 판단에 있어서는 입법의 목적, 실질적인 규율대상, 법규정에서의 제한이나 금지가 제 3 자에게 미치는 효과나 진지성의 정도 및 직접적인 수범자에 의한 헌법소원 제기의 기대가능성 등이 종합적으로 고려되어야 한다. 반대로 타인에 대한 공권력의 작용이 단지 간접적·사실적 또는 경제적인 이해관계로만 관련되어 있는 제 3 자에게는 자기관련성은 인정되지 않는다고 보아야 할 것이다."라고 판시하였다.[1]

또한 헌법재판소는 법률에 의한 기본권 침해의 경우에는 그 법률의 직접적인 수규자가 아닌 제 3 자는 특별한 사정이 없는 한 기본권 침해에 직접 관련되었다고 볼 수 없다고 하였다.[2]

(나) 자기관련성 구비여부의 판단

헌법재판소는, 어떠한 경우에 제 3 자의 자기관련성을 인정할 수 있는가의 문제는 무엇보다도 법의 목적 및 실질적인 규율대상, 법규정에서의 제한이나 금지가 제 3 자에게 미치는 효과나 진지성의 정도, 규범의 직접적인 수규자에 의한 헌법소원 제기의 기대가능성 등을 종합적으로 고려하여 판단해야 한다고 하였고,[3] 헌법재판소는 일반법원과 달리 일반 법률의 해석이나 사실인정의 문제를 다루는 기관이 아니라 사실문제에 깊이 관여할 수 없는 헌법해석기관이며, 헌법소원의 기능이 주관적 권리보장과 객관적 헌법보장기능을 함께 가지고 있으므로, 권리귀속에 대한 소명만으로써 자기관련성을 구비한 여부를 판단할 수 있다고 하였다.[4] 하지만 청구인의 막연하고 모호한 사실의 나열만으로는 자기관련성을 인정할 수 없다.[5]

---

1) 헌재 1993. 3. 11. 91헌마233; 헌재 1993. 7. 29. 89헌마123; 헌재 1994. 6. 30. 92헌마61; 헌재 1997. 3. 27. 94헌마277등; 헌재 1997. 9. 25. 96헌마133; 헌재 2000. 12. 14. 2000헌마308; 헌재 2008. 11. 27. 2008헌마372; 헌재 2009. 4. 30. 2006헌마1261; 헌재 2010. 7. 29. 2009헌마149; 헌재 2010. 11. 25. 2009헌마146, 147; 헌재 2011. 4. 28. 2010헌마602; 헌재 2013. 5. 30. 2009헌마514; 헌재 2013. 10. 24. 2011헌마871; 헌재 2014. 3. 27. 2012헌마404; 헌재 2014. 4. 24. 2010헌마747; 헌재 2015. 4. 30. 2012헌마38; 헌재 2015. 4. 30. 2012헌마634; 헌재 2018. 2. 22. 2017헌마322; 헌재 2018. 8. 30. 2016헌마442; 헌재 2020. 3. 26. 2019헌마212; 헌재 2020. 7. 16. 2018헌마319; 헌재 2020. 12. 23. 2017헌마416; 헌재 2021. 1. 28. 2018헌마456등; 헌재 2022. 1. 27. 2016헌마364; 헌재 2022. 5. 26. 2020헌마670등.

2) 헌재 2000. 6. 29. 99헌마289; 헌재 2007. 5. 31. 2005헌마1132; 헌재 2021. 1. 28. 2018헌마456등 참조.

3) 헌재 1997. 9. 25. 96헌마133; 헌재 1998. 11. 26. 94헌마207; 헌재 2000. 6. 29. 99헌마289; 헌재 2008. 11. 27. 2006헌마352; 헌재 2011. 10. 25. 2010헌마661; 헌재 2012. 5. 31. 2010헌마631; 헌재 2013. 10. 24. 2011헌마871; 헌재 2014. 3. 27. 2012헌마404; 헌재 2016. 10. 27. 2015헌마1206등.

4) 헌재 1994. 12. 29. 89헌마2; 헌재 2001. 11. 29. 99헌마494.

5) 헌재 2016. 12. 27. 2016헌마1073.

(다) 형사피해자의 재판절차진술권과 자기관련성

헌법 제27조 제 5 항에서 형사피해자의 재판절차진술권을 독립된 기본권으로 보장한 취지는 피해자 등에 의한 사인소추를 전면 배제하고 형사소추권을 검사에게 독점시키고 있는 현행 기소독점주의의 형사소송체계 아래에서 형사피해자로 하여금 당해사건의 형사재판절차에 참여할 수 있는 청문의 기회를 부여함으로써 형사사법의 절차적 적정성을 확보하기 위한 것이므로, 위 헌법조항의 형사피해자의 개념은 반드시 형사실체법상의 보호법익을 기준으로 한 피해자 개념에 한정하여 결정할 것이 아니라 형사실체법상으로는 직접적인 보호법익의 향유주체로 해석되지 않는 자라 하더라도 문제된 범죄행위로 말미암아 법률상 불이익을 받게 되는 자의 뜻으로 풀이하여야 할 것이다.[1] 또한 범죄피해자의 개념 또는 범위를 정함에 있어서는 보호법익의 주체만이 아니라 범죄의 수단이나 행위의 상대방도 포함되는 것으로 해석하여야 할 것이므로, 직권남용죄의 경우 의무없는 일을 행사하도록 요구받은 사람이나 권리행사를 방해받은 사람도 피해자라고 보아야 할 것이다.[2]

한편 헌법재판소는 헌법소원심판 청구인이 청구외인의 공정거래법 위반행위의 피해자라면 검사의 불기소처분에 대한 헌법소원과 마찬가지로 공정거래위원회의 무혐의처분으로 인하여 자신의 헌법상 보장된 재판절차진술권이 침해되었다 할 것이고, 청구인이 형사실체법상으로는 보호법익의 주체는 아니라 하더라도 범죄로 인하여 법률상의 불이익을 받게 된다면 헌법상 형사피해자의 재판절차진술권의 주체가 될 수 있다고 하였다.[3]

그런데 헌법재판소는 사단법인 태권도협회의 회장 등을 업무상 횡령, 업무방해로 고발한 태권도협회 구성원과 대의원회에 대하여 헌법상 재판절차진술권의 주체인 형사피해자의 지위에 있지 않으므로 불기소처분 취소 사건의 자기관련성이 인정되지 않는다고 하였다.[4]

---

1) 헌재 1993. 3. 11. 92헌마48(교통사고로 사망한 사람의 부모); 동지: 헌재 1992. 2. 25. 90헌마91; 헌재 1993. 11. 25. 93헌마89; 헌재 1995. 7. 21. 94헌마136; 헌재 1997. 2. 20. 96헌마76; 헌재 1997. 11. 27. 96헌마390(위증죄에 있어서 그 보호법익은 원칙적으로 국가의 심판작용의 공정이라 하더라도 위증으로 인하여 불이익한 재판을 받게 되는 소송사건의 당사자는 재판절차진술권의 주체인 형사피해자가 된다고 보아야 한다고 하였다).

2) 헌재 1993. 7. 29. 92헌마262.

3) 헌재 1995. 7. 21. 94헌마136(불공정거래행위로 대리점 계약상의 지위를 상실하는 법률상 불이익을 받고 있는 자); 헌재 2011. 11. 24. 2010헌마83(입찰에서 선순위자들의 공동 부당경쟁행위를 다투는 후순위자).

㈑ 침해적 법령과 수혜적 법령의 자기관련성

자기관련성의 인정여부를 판단함에 있어 관련법령이 침해적 법령인 경우에는 당해 법령의 직접 상대방으로서 그 법령의 적용을 받아 자신의 법익이 침해된 자가 자기관련성을 가지게 되지만, 관련법령이 수혜적 법령인 경우에는 당해 법령의 직접 상대방은 아니더라도 수혜범위에서 배제된 자가 평등원칙에 위반하여 수혜대상자에서 제외되었다는 주장을 하거나 비교집단에게 혜택을 부여하는 당해 법령이 위헌으로 선고되어 그러한 혜택이 제거된다면 비교집단과의 관계에서 자신의 법적 지위가 향상된다고 볼 여지가 있는 경우에는 자기관련성을 인정할 수 있다.[1]

㈒ 공권력 불행사로 인한 기본권침해의 자기관련성

특히 공권력의 불행사로 인한 기본권침해는, 국가가 그 공권력을 행사하였더라면 기본권의 침해상태가 제거될 수 있었음에도 불구하고 이를 행사하지 아니함으로써 기본권의 침해상태가 계속되고 있음을 전제로 하는 것이므로, 원칙적으로 현재 직접적으로 기본권을 침해당하고 있는 자만이 헌법소원심판을 청구할 수 있다고 할 것이고 제 3 자는 특별한 사정이 없는 한 기본권침해에 직접 관련되었다고 볼 수 없다.[2]

(2) 자기관련성이 인정된 사례

시·도의회 의원 후보자 기탁금 규정을 다투는 서울특별시 의회의원선거 후보자,[3] 공권력이 대인적으로 행사된 것이 아니지만 청구인의 개인주식 등 재산권과 기업경영권을 직접 대상으로 대물적으로 행사된 경우(소위 국제그룹 해체사건),[4] 법인이나 권리능력 없는 사단도 누릴 수 있는 기본권침해를 주장하는 한국 신문편집인협회,[5] 공정거래위원회의 고발권 불행사에 대하여 다투는 피해자인 불공정거래행위의 상대방,[6] 주식회사 임원의 업무상횡령 혐의에 대한 불

---

4) 헌재 2021. 2. 25. 2019헌마864.

1) 헌재 2001. 11. 29. 2000헌마84; 헌재 2003. 6. 26. 2002헌마312; 헌재 2005. 6. 30. 2003헌마841; 헌재 2010. 4. 29. 2009헌마340; 헌재 2011. 6. 30. 2008헌마715등; 헌재 2013. 12. 26. 2010헌마789(청구인은 각급학교 학생이라는 이유만으로 예비군 교육훈련에 있어 보류혜택을 부여받는 것은 부당하다고 주장할 뿐이어서 자기관련성이 부정되었다); 헌재 2020. 7. 16. 2018헌마319(청구인은 자신도 종교인과 같이 동일한 혜택을 받아야 함에도 수혜대상에서 제외되었다는 주장을 하지 않고 심판대상조항이 종교인에게 부당한 혜택을 주고 있다고 주장할 뿐이어서 자기관련성이 부정되었다).

2) 헌재 1997. 3. 27. 94헌마277; 헌재 1997. 11. 27. 96헌마226.

3) 헌재 1991. 3. 11. 91헌마21.

4) 헌재 1993. 7. 29. 89헌마31.

5) 헌재 1995. 7. 21. 92헌마177등.

기소처분에서의 주주,[1] 주주총회의사록 또는 이사회의사록의 문서위조혐의에 대한 불기소처분에서의 피위조자가 아닌 주주,[2] 공무원의 허위공문서 작성행위와 동 행사로 피해를 본 토지소유자,[3] 문중재산의 사기죄 피해자인 문중 구성원,[4] 형사소송법상 고소인의 지위에 있는 고소인,[5] 교통사고로 사망한 자의 부모,[6] 사망한 범죄피해자의 처,[7] 청구인의 딸이 그 자녀를 살해하고 자살하였다고 검사가 판단하여 청구인의 딸을 피의자로 입건한 다음 사망을 사유로 공소권없음 처분을 한 경우,[8] 피해자인 고소인이 고소 후에 사망한 경우 피보호법익인 재산권의 상속인,[9] 고소나 고발을 한 사실이 없는 범죄피해자,[10] 거주지를 기준으로 중고등학교 입학을 제한하는 교육법 시행령을 다투는, 시골에 거주하면서 자녀를 도시에 있는 학교에 진학시키기를 원하는 청구인,[11] 담배자판기 설치금지 조례를 다투는, 담배소매업을 하고 있는 청구인,[12] 눈의 시력검사와 교정을 안경사에게 허용하는 의료기사법 시행령 조항을 다투는 안과의사,[13] 교통사고처리특례법상 불기소처분을 다투는 교통사고 피해자,[14] 치과전문의 제도의 불시행을 다투는 치과의사,[15] 광고물의 사전심의제도에 대하여 다투는 광고물제작자,[16] 과외교습 금지규정의 수범자인 경우,[17] 법인의 해산과 권리의 포괄승계를 규정하는 국민건강보험법 규정을 다투는 직장의료보험조합의 조합

---

6) 헌재 1995. 7. 21. 94헌마136; 헌재 2011. 11. 24. 2010헌마83.

1) 헌재 1991. 4. 1. 90헌마65(주식회사의 주주가 고발한 사건인 주식회사 임원의 업무상 횡령 사건에서 직접적으로는 회사가 피해자라고 할 수 있지만 동시에 그 회사의 주주 모두가 피해자라고 할 수 있으며 그가 제기한 헌법소원심판 청구는 적법하다고 하였다); 헌재 2014. 9. 25. 2013헌마455(주식회사의 주주인 청구인이 고발한 사건인 주식회사 대표이사의 자본시장과 금융투자업에 관한 법률 위반 사건에서 검사의 혐의없음 불기소처분이 청구인의 평등권과 재판절차진술권을 침해하였다고 하였다).

2) 헌재 1994. 4. 28. 93헌마47.

3) 헌재 1994. 12. 29. 93헌마86.

4) 헌재 1994. 12. 29. 94헌마82.

5) 헌재 1989. 4. 17. 88헌마3.

6) 헌재 1993. 3. 11. 92헌마48; 헌재 1997. 2. 20. 96헌마76.

7) 헌재 1996. 10. 31. 95헌마74.

8) 헌재 1992. 10. 1. 91헌마31.

9) 헌재 1993. 7. 29. 92헌마234.

10) 헌재 1992. 1. 28. 90헌마227; 헌재 1996. 10. 31. 95헌마74; 헌재 1998. 10. 29. 98헌마292.

11) 헌재 1995. 2. 23. 91헌마204.

12) 헌재 1995. 4. 20. 92헌마264등.

13) 헌재 1993. 11. 25. 92헌마87.

14) 헌재 1997. 1. 16. 90헌마110등.

15) 헌재 1998. 7. 16. 96헌마246.

16) 헌재 1998. 11. 26. 94헌마207.

17) 헌재 2000. 6. 1. 99헌마553.

원,[1] 자신의 형사재판의 증인으로 채택된 자를 소환하여 검사실에 유치한 행위를 다투는 경우,[2] 경력공무원에게 법무사 자격을 인정하는 법무사법을 다투는 법무사시험 응시자,[3] 대학으로 하여금 국가유공자의 자녀에 대하여 수업료 등을 면제할 수 있게 하고 국가는 그 면제한 수업료 등의 반액을 대학에 보조하도록 정한 법률조항에 대하여 다투는, 자녀를 국외대학에 취학하게 한 국가유공자,[4] 의료기관 조제실에서 종사하는 약사가 외래 환자에게 교부된 처방전에 의하여 의약품을 조제할 수 없도록 규정한 약사법 조항을 다투는 의료기관 운영자,[5] 심판대상조항이 경쟁관계에 있는 다른 뉴스통신사를 국가기간 뉴스통신사로 지정하여 이에 대하여 재정지원 등 각종 혜택을 부여하는 경우, 이러한 혜택에서 제외된 청구인회사,[6] 학교장이 직영운영방식으로 학교급식을 운영하도록 규정한 사립학교법 조항을 다투는 위탁급식업자,[7] 방송광고 사전심의 제도를 다투는 광고주,[8] 미국산 쇠고기 수입 위생고시를 다투는 일반 소비자,[9] 지방자치단체가 지방공무원법 제58조 제 2 항의 위임에 따라 '사실상 노무에 종사하는 공무원의 범위'를 정하는 조례를 정하지 아니한 부작위를 다투는 기능직 공무원,[10] 변호사로서 변리사 등록을 한 자에게 변리사 자격을 부여하는 변리사법 조항을 다투는, 변리사 시험을 통해 변리사가 되고자 하는 자,[11] 정보통신서비스 제공자에 대한 임시조치를 규정한 법률조항에 대하여 다투는 정보게재자,[12] 여성만 진학할 수 있는 여자대학에 대하여 한 법학전문대학원 설치인가처분의 직접 상대방이 아닌 제 3 자인 남성 청구인[13] 등은 자기관련성이 있다고 보았고, 이동통신단

1) 헌재 2000. 6. 29. 99헌마289.
2) 헌재 2001. 8. 30. 99헌마496.
3) 헌재 2001. 11. 29. 2000헌마84.
4) 헌재 2003. 5. 15. 2001헌마565.
5) 헌재 2003. 10. 30. 2000헌마563.
6) 헌재 2005. 6. 30. 2003헌마841.
7) 헌재 2008. 2. 28. 2006헌마1028.
8) 헌재 2008. 6. 26. 2005헌마506.
9) 헌재 2008. 12. 26. 2008헌마419.
10) 헌재 2009. 7. 30. 2006헌마358(저자는 반대의견으로서 청구인들은 기능직 공무원들로서 각 지방자치단체에 소속된 현업기관의 작업현장에서 노무에 종사하는 공무원이라고 볼 수 없으므로 자기관련성이 인정되지 않는다는 의견을 개진하였다).
11) 헌재 2010. 2. 25. 2007헌마956.
12) 헌재 2012. 5. 31. 2010헌마88.
13) 헌재 2013. 5. 30. 2009헌마514(전체 법학전문대학원의 총 입학정원이 한정되어 있으므로 위 설치인가처분으로 청구인과 같은 남성이 진학할 수 있는 법학전문대학원의 정원이 여성에 비하여 적어지는 결과를 초래하여 청구인의 직업선택의 자유, 평등권을 침해할 가능성이 있다고 보았다).

말장치 구매 지원금의 상한을 제한한 '이동통신단말장치 유통구조 개선에 관한 법률' 조항은 이동통신사업자, 판매점 등을 직접적인 수범자로 하나 이동통신단말장치 구입 가격에 직접적인 영향을 미치므로 이용자들의 자기관련성을 인정할 수 있다고 하였다.[1)]

또한 헌법재판소는 특정문화예술인 지원사업 배제행위 등 위헌 확인 사건에서 "피청구인들의 이 사건 지원배제 지시는 형식적으로는 예술위 등에 대하여 이루어진 것이었으나, 그 실질은 청구인들에 대한 문화예술 지원배제라는 일정한 목적을 관철하기 위하여 단시 예술위 등을 이용한 것에 불과하고 청구인들은 그에 따라 문화예술 지원 대상에서 제외되었으므로, 청구인들의 자기관련성이 인정되고, 이러한 점에서 기본권 침해의 직접성도 인정된다."고 판시하였고,[2)] 개성공단 전면중단 조치 위헌확인사건에서 "투자기업인 청구인들은 남북교류협력법에 따라 협력사업 승인을 받은 후 개성공단 내에 자회사 또는 영업소를 설립하여 운영해 온 국내 모기업으로서, 이 사건 중단조치로 인하여 다른 집행행위의 매개 없이 직접 그리고 현재 개성공단 내에서 위와 같은 협력사업 활동이 제한되고 있으므로, 기본권침해의 자기관련성, 직접성 및 현재성이 인정된다."고 판시하였으며,[3)] 대가수수 변호사 광고금지규정 위헌확인사건에서, "법률서비스 온라인 플랫폼을 운영하며 변호사등의 광고·홍보·소개 등에 관한 영업행위를 하고 있는 청구인 회사는 이 사건 규정의 직접적인 수범자인 변호사의 상대방으로서 변호사가 준수해야 하는 광고방법, 내용 등의 제약을 그대로 이어받게 된다. 이는 실질적으로는 변호사등과 거래하는 위와 같은 사업자의 광고 수주 활동을 제한하거나 해당 부문 영업을 금지하는 것과 다르지 않은 점, 이 사건 규정 개정 목적의 가장 주요한 것이 청구인 회사가 운영하는 것과 같은 온라인 플랫폼을 규제하는 것이었던 점 등에 비추어 보면, 이 사건 규정은 청구인 회사의 영업의 자유 내지 법적 이익에 불리한 영향을 주는 것이므로, 기본권침해의 자기관련성을 인정할 수 있다."고 판시하였고,[4)] 공증인법 제10조 제 2 항 등 위헌확인사건에서, "인가공증인의 경우 공증인가를 받고자

1) 헌재 2017. 5. 25. 2014헌마844.
2) 헌재 2020. 12. 23. 2017헌마416.
3) 헌재 2022. 1. 27. 2016헌마364.
4) 헌재 2022. 5. 26. 2021헌마619(3인의 반대의견은 위 규정에 의하여 발생하는 청구인 회사의 불이익은 간접적·경제적·사실적 불이익에 불과하므로, 기본권침해의 자기관련성이 인정되지 아니한다고 하였다).

하는 법무법인이 직접 수범자라 할 것이지만, 인가공증인 정원제로 인하여 소속 법무법인이 공증인가를 받지 못하게 되거나 스스로 법무법인을 설립하여 공증인가를 받는 것이 제한된 변호사들로서도 법무법인과 유사한 정도의 불이익을 받는다 할 것이고, 따라서 이 사건 정원 규정은 청구인들의 직업의 자유 등 기본권을 침해할 가능성이 있으므로 기본권침해의 자기관련성이 인정된다."고 판시하였으며,[1] 주민등록법 제24조 제 2 항 위헌확인사건에서, "청구인은 이 사건 법률조항 및 이 사건 시행령조항에 따라 주민등록증 발급신청서를 제출하여야 하는데, 이 사건 규칙조항은 청구인이 발급신청서를 제출할 경우 시장·군수·구청장으로 하여금 이를 관할 경찰서의 지구대장 또는 파출소장에게 송부하도록 예정하고 있으므로, 이 사건 규칙조항에 의한 기본권 침해 또한 이 사건 법률조항 및 이 사건 시행령조항과 마찬가지로 청구인이 주민등록증 발급신청서를 제출할 의무를 부담하게 된 때 발생하므로 이 사건 규칙조항에 대한 심판청구는 자기관련성이 인정된다."고 판시하였다.[2]

(3) 자기관련성이 부인된 사례

국가의 수사권 발동을 촉구한 것에 불과한 범죄피해자가 아닌 고발인이 검사의 불기소처분에 대하여 헌법소원을 청구한 경우,[3] 지역구선거권이 없는 자가 당해 지역구 재선거에 대해 다투는 경우,[4] 납세의무자 아닌 제 3 자가 세액산정기준에 대하여 다투는 경우,[5] 단체가 그 구성원을 위하여 또는 구성원을 대신하여 헌법소원심판 청구를 한 경우,[6] 침구사 자격이 없는 자가 한의사의 침구술 시술행위 불단속에 대하여 다투는 경우,[7] 도로부지점용허가처분의 직

1) 헌재 2022. 11. 24. 2019헌마572(3인의 반대의견은 그러한 불이익은 단순히 간접적이고 사실적인 것에 불과하므로, 청구인들에게는 기본권침해의 자기관련성이 인정되지 않는다고 하였다).
2) 헌재 2024. 4. 25. 2020헌마542(주민등록증 발급신청서를 제출하지 아니한 청구인은 기본권침해의 자기관련성이 인정되지 않는다고 본 헌재 2005. 5. 26. 99헌마513 결정을 변경하였다. 3인의 반대의견 있음).
3) 헌재 1989. 12. 22. 89헌마145; 헌재 1990. 12. 26. 90헌마20; 헌재 1992. 12. 24. 91헌마168; 헌재 1994. 12. 29. 93헌마167; 헌재 1997. 2. 20. 95헌마295; 헌재 1998. 6. 25. 95헌마100. 한편 형식상 고소사건으로 수사기관에 접수되었다 하여도 실제상으로는 형사피해자로 인정되지 아니하는 청구인의 고소는 고소권 없는 자의 고소이므로 고소로서의 효력이 없고 고발로서의 효력이 있을 뿐이므로 자기관련성을 인정할 수 없다고 하였다(헌재 1990. 6. 25. 89헌마234; 헌재 1992. 1. 28. 90헌마227; 헌재 1993. 3. 11. 92헌마306; 헌재 1994. 5. 6. 90헌마106등; 헌재 1996. 6. 13. 95헌마327; 헌재 1996. 8. 29. 96헌마96; 헌재 1997. 11. 27. 96헌마390).
4) 헌재 1990. 9. 3. 89헌마90.
5) 헌재 1991. 4. 8. 91헌마53.
6) 헌재 1991. 6. 3. 90헌마56.
7) 헌재 1993. 3. 11. 89헌마79.

접적 상대방이 아닌 제 3 자가 동 허가처분에 대하여 다투는 경우,[1] 학교법인에 대한 과세처분에 관하여 다투는 학교법인이 운영하는 학교에 재학중인 학생,[2] 전국구의원의 소속 정당 탈당으로 인한 의석승계에 관한 규정에 대하여 다투는 일반 국민,[3] 비공무원이 공상 공무원의 범위를 정한 규정에 대하여 다투는 경우,[4] 당해 토지의 공유자나 제 3 자의 분할신청에 동의한 자가 공유토지 분할신청 기각결정에 대해 다투는 경우,[5] 기본권침해를 받은 타인을 위하여 변호인이 자기이름으로 헌법소원을 청구한 경우,[6] 의료기관 개설자의 의약품도매영업 금지 조항을 다투는 의약품 도매상,[7] 의료사고 피해자의 아버지나 남편,[8] 학교법인 재단이사의 학교법인재산의 횡령행위에 대한 불기소처분을 다투는 대학교수나 교수협의회,[9] 대학교의 신입생 자격제한을 시정하지 아니한 교육부장관의 부작위에 대하여 다투는 재학생,[10] 고소를 취소한 자,[11] 범죄의 피해자가 사망한 후 망인이 생전에 설립한 단체의 대표자,[12] 새로이 정당을 조직하고 그 정당후보로서 대통령선거에 출마하고자 하는 자가 정치자금에 관한 법률상 정당에 대한 보조금 배분규정에 대해 다투는 경우,[13] 검찰총장이었던 자의 기본권을 제한하고 있는 검찰청법 제12조 제 4 항의 위헌성을 다투는 고등검사장,[14] 회사의 기본권이 침해되었음에도 회사의 대표자 개인이 헌법소원을 청구한 경우,[15] 일반 국민이 대통령의 특별사면에 대해 다투는 경우,[16] 신문구독자가 신문판매업자나 신문발행업자의 행위를 제한하는 규정의 위헌여부를 다투는 경우,[17] 공무원 정원 제한 규정에 대하여 주민이 다투는 경우,[18] 상수도 정수시설

---

1) 헌재 1993. 3. 11. 91헌마233.
2) 헌재 1993. 7. 29. 89헌마123.
3) 헌재 1994. 4. 28. 92헌마153.
4) 헌재 1994. 6. 30. 91헌마161.
5) 헌재 1994. 6. 30. 92헌마61.
6) 헌재 1995. 7. 21. 95헌마136.
7) 헌재 1996. 3. 28. 93헌마198.
8) 헌재 1993. 11. 25. 93헌마81; 헌재 1995. 2. 23. 94헌마176.
9) 헌재 1997. 2. 20. 95헌마295.
10) 헌재 1999. 3. 27. 94헌마277.
11) 헌재 1998. 8. 27. 97헌마79.
12) 헌재 1995. 5. 25. 95헌마28.
13) 헌재 1997. 3. 27. 92헌마263.
14) 헌재 1997. 7. 16. 97헌마26.
15) 헌재 2000. 12. 14. 2000헌마308.
16) 헌재 1998. 9. 30. 97헌마404.
17) 헌재 2002. 7. 18. 2001헌마605.
18) 헌재 2001. 1. 18. 2000헌마149.

비용을 지방자치단체에게 부담하도록 규정한 법률조항에 대하여 다투는 주민들,[1] 세무대학 진학을 목표로 하는 고등학생들이 세무대학 설치법 폐지 법률을 다투는 경우,[2] 경찰청장의 기본권을 제한하는 법률조항에 대해 다투는 치안경감,[3] 국회가 개정한 보좌관 증원 조항이나 수당 인상 규정을 다투는 일반국민,[4] 사립학교 교원이 교육공무원의 정년 규정을 다투는 경우,[5] 세무대학교 폐지법률을 다투는 세무대학 진학을 목표로 공부해온 고등학생,[6] 백화점 이용자가 백화점의 셔틀버스 운행금지에 대해 다투는 경우,[7] 금융감독원 직원 및 노동조합이 금융감독위원회 직제의 위헌여부를 다투는 경우,[8] 정부의 이라크전쟁 파병 결정에 대하여 다투는 시민단체 대표, 정당간부, 일반시민,[9] 성매매와 관계없이 건전영업을 해왔고 앞으로도 성매매에 관여할 의사가 없는 스포츠 마사지 업주가 성매매특별법의 위헌여부를 다투는 경우,[10] 국립대학에 대한 국가의 재정지원에 대하여 다투는 사립대학의 학생 및 교수,[11] 교육인적자원부장관의 국·사립대학 총장들에 대한 학칙시정요구에 대해 다투는 해당 대학의 교수회나 소속 교수들,[12] 강원도지사가 혁신도시 입지로 원주시를 선정한 것에 대해 춘천시 시민들이 다투는 경우,[13] 레저세 납부의무자를 지방교육세의 납세의무자로 규정한 지방세법 제260조의2에 대하여 다투는, 그 납세의무자가 아닌 승마투표권 구매자,[14] 정당원 또는 국민 개인이 정당으로 하여금 후보자 등록 후에는 후보자의 추천을 취소 또는 변경할 수 없도록 규정하고 있는 공직선거법 조항에 대하여 다투는 경우,[15] 학부모 및 사적결사단체가 서울대학교 총장의

1) 헌재 2000. 11. 30. 2000헌마79등; 동지: 헌재 2001. 1. 18. 99헌마548.
2) 헌재 2001. 2. 22. 99헌마613.
3) 헌재 1999. 12. 23. 99헌마135.
4) 헌재 1999. 4. 29. 97헌마382.
5) 헌재 2000. 12. 14. 99헌마112등.
6) 헌재 2001. 2. 22. 99헌마613.
7) 헌재 2001. 6. 28. 2001헌마132.
8) 헌재 2002. 4. 25. 2001헌마285.
9) 헌재 2003. 12. 18. 2003헌마255등.
10) 헌재 2005. 12. 22. 2004헌마827.
11) 헌재 2003. 6. 26. 2002헌마312.
12) 헌재 2003. 6. 26. 2002헌마337등.
13) 헌재 2006. 12. 28. 2006헌마312(강원도지사가 혁신도시 입지로 원주시를 선정함으로써 해당 지역주민들이 받는 이익 내지 혜택은 공공정책의 실행으로 인하여 주어지는 사실적, 경제적인 것이므로 여기에서 춘천시 시민들이 배제되었다 하여 이들에게 기본권 침해의 자기관련성이 인정되는 것은 아니라고 하였다).
14) 헌재 2007. 5. 31. 2005헌마1132.
15) 헌재 2007. 10. 9. 2007헌마1032.

'2009학년도 대학 신입학생 입학전형 안내'에 대하여 다투는 경우,[1] 법학전문대학원 설치 예비인가 배제결정에 대하여 다투는 해당 학교법인 소속의 교수,[2] 주민투표가 발의된 지역의 주민이 아닌 사람들이 주민투표법 조항을 다투는 경우,[3] 춘천시 시민들이 강원도지사가 혁신도시 입지로 원주시를 선정한 것에 대하여 다투는 경우,[4] 공무원의 선거운동 등을 제한하는 규정에 대해 다투는 선거에 불출마한 자,[5] 법학전문대학원 설치·운영에 관한 법률의 위헌성을 다투는 사법시험 준비 중인 자,[6] 또는 법학전문대학원 설치인가 또는 예비인가 자체를 받지 못한 학교법인,[7] 연명치료 중단 등에 관한 법률의 입법부작위를 다투는, 연명치료 중인 환자의 자녀,[8] 범죄피해자가 아닌 고발인이 검사의 불기소처분에 대하여 헌법소원을 제기하는 경우,[9] 택시운송사업자를 수범자로 하여 택시운전자격증명에 관하여 정하고 있는 구 여객자동차 운수사업법 시행규칙 조항에 대하여 택시 운전업무 종사자가 다투는 경우,[10] 행정지원 업무를 행하는 공익근무요원이 예술·체육 분야 특기자에게 공익근무요원의 병역 혜택을 부여한 병역법 조항에 대해 다투는 경우,[11] 배아를 연구목적으로 이용할 수 있도록 하는 내용 등을 규정한 생명윤리 및 안전에 관한 법률조항에 대해 법학자, 윤리학자, 철학자, 의사 등이 다투는 경우,[12] 재단법인 인천전문대학학사운영회 설립 및 지원에 관한 조례에 대해서 학사관리직원과 기성회원이 다투는 경우,[13] 제주 4·3위원회의 희생자 결정이 청구인들에 대한 명예권을 훼손한다고 다투는 경우,[14] 직접적인 수범자가 간행물 판매업자인 심판대상 규칙에 대하여 출판업자 또는 출판사와 간행물 판매업자들의 이익증진을 위하여 구성된 사단법인들이 다투는 경우,[15] 한방물리요법 중 일부를 요양급여 대상에 포함시킨 보건복

1) 헌재 2008. 9. 25. 2008헌마456.
2) 헌재 2008. 11. 27. 2008헌마372.
3) 헌재 2009. 3. 26. 2006헌마99.
4) 헌재 2006. 12. 28. 2006헌마312.
5) 헌재 2008. 10. 30. 2006헌마547.
6) 헌재 2009. 2. 26. 2007헌마1262.
7) 헌재 2009. 2. 26. 2008헌마370등.
8) 헌재 2009. 11. 26. 2008헌마385.
9) 헌재 2009. 11. 26. 2007헌마1125; 헌재 2021. 2. 25. 2019헌마864.
10) 헌재 2010. 4. 29. 2008헌마679.
11) 헌재 2010. 4. 29. 2009헌마340.
12) 헌재 2010. 5. 27. 2005헌마346.
13) 헌재 2010. 7. 29. 2009헌마149.
14) 헌재 2010. 11. 25. 2009헌마146; 헌재 2010. 11. 25. 2009헌마147.
15) 헌재 2011. 4. 28. 2010헌마602.

지부 고시에 대하여 다투는, 한의사가 아닌 일반 의사,[1)] 국민건강보험법상 직장가입자를 차별하는 조항에 대해 지역가입자와 보험료부담 의무자인 가입자가 아니라 보험수급권자에 불과한 피부양자가 다투는 경우,[2)] 청구인에게 적용되지 않는 출입국관리법시행규칙 조항을 다투는 경우,[3)] 외국인 근로자의 고용에 관한 업무를 대행기관에게 위탁하려는 사업주들이 대행기관 지정요건에 관한 규정을 다투는 경우,[4)] 불공정거래행위의 직접 당사자가 아닌 제 3 자가 공정거래위원회가 한 무혐의처분을 대상으로 다투는 경우,[5)] 장래 법학박사 과정에 진학하고자 하는 자가 법학전문대학원을 두는 대학이 법학에 관한 학사학위과정을 둘 수 없도록 한 법률조항에 대하여 다투는 경우,[6)] 선거관리위원회 공무원에 대하여 일정한 정치활동을 하는 단체에의 가입·활동 등을 금지하는 법률조항에 대하여 전국공무원노동조합 선거관리위원회 본부가 다투는 경우,[7)] 공무원 노동조합 총연맹이 공무원의 정책 반대·방해 행위 및 정치적 주장을 표시하는 복장 등 착용행위를 금지한 '국가공무원 복무규정' 및 '지방공무원 복무규정'에 대해 다투는 경우,[8)] 소비자인 청구인이 간이과세에 관하여 규정한 부가가치세법 조항에 대하여 다투는 경우,[9)] 퇴정강제행위가 있었다고 주장하는 청구인이 공정거래위원회의 심리와 의결을 공개하지 아니 할 수 있도록 규정한 독점규제 및 공정거래에 관한 법률 제43조 제 1 항 단서를 다투는 경우,[10)] 난치병 환자인 청구인들이 의약품의 판매를 위한 품목허가 신청 시에 임상시험을 거쳐 안전성·유효성에 관한 시험성적서를 제출하도록 한 구 약사법 조항을 다투는 경우,[11)] 의약품을 공급하는 판매자를 실질적 규율대상으로 하는 구 약사법 조항에 대하여 의약품 소비자인 청구인이 다투는 경우,[12)] 변호사 자격을 갖추지

1) 헌재 2011. 6. 30. 2010헌마121.
2) 헌재 2011. 8. 30. 2008헌마757.
3) 헌재 2011. 9. 29. 2009헌마358.
4) 헌재 2011. 10. 25. 2010헌마661.
5) 헌재 2012. 2. 23. 2010헌마750.
6) 헌재 2012. 3. 29. 2009헌마754.
7) 헌재 2012. 3. 29. 2010헌마97.
8) 헌재 2012. 5. 31. 2009헌마705등(심판대상조항의 직접적인 수범자가 개별공무원이고, 조합총연맹의 기본권이 제한되는 경우가 있다 하더라도 이는 공무원 개인의 기본권이 제한됨으로써 파생되는 간접적이고 부수적인 결과일 뿐이라는 이유로 자기관련성을 부인하였다).
9) 헌재 2012. 5. 31. 2010헌마631.
10) 헌재 2012. 5. 31. 2011헌마76.
11) 헌재 2013. 5. 30. 2010헌마136.
12) 헌재 2013. 5. 30. 2011헌마281.

못한 청구인이, 금고 이상의 형의 집행유예를 선고받고 그 유예기간이 지난 후 2년이 지나지 아니한 사람이 변호사가 될 수 없도록 규정한 변호사법 제 5 조 제 2 호를 다투는 경우,[1] 국토해양부장관의 위탁업무수행기관으로 한국감정평가협회 외에 한국감정원을 추가로 지정하는 내용의 국토해양부고시에 대하여 고시의 수규자가 아닌 감정평가협회 회원인 청구인들이 다투는 경우,[2] 청구인에 대한 학교장의 조치가 긴급성을 인정하여 우선적으로 행한 조치가 아닌데 가해학생인 청구인이 학교장의 긴급조치와 관련한 징계조항을 다투는 경우,[3] 청구인 임원 등이 아직 사회복지사업법 제35조의 결격사유조항에서 정한 범죄를 저질러 벌금형, 징역형 등의 확정판결을 받은 바 없고, 현재 이와 관련된 형사재판이 계속 중인 것도 아닌 경우,[4] 특정 연도의 공무원 채용시험 공고에 가점 항목이 포함되지 아니한 것을 다투는 청구인이 그 시험에 응시하지도 아니한 경우,[5] 사립대학을 경영하는 학교법인의 이사장 또는 대표권 있는 이사가 구 사립학교교직원 연금법 조항 및 사립학교법 조항을 다투는 경우,[6] 서울특별시 및 경기도의 초등학교 임용시험에서 지역가산점을 부여하는 공권력행사에 대하여 부산교육대학교가 다투는 경우,[7] 외국국적동포가 아닌 청구인들이 외국국적동포가 재외동포체류자격을 취득하고자 하는 경우에 적용되는 조항을 다투는 경우,[8] 다른 대학교 교직원, 일반시민, 서울대학교 재학생 등이 국립대학법인 서울대학교 설립·운영에 관한 법률에 대해 다투는 경우,[9] 19세 이상 국민에게 선거권을 부여하고 있는 선거법 조항을 다투는 청구인이 다음 선거일에 19세 이상에 해당하는 경우,[10] 검사가 정당의 당원에세 검사실로 출식할 것을 요구한 행위에 대하여 정당이 청구인이 되어 헌법소원심판을 청구하는 경우,[11] 의료인을 수범자로 하는 의료법 제27조 제 1 항 본문 전단 부분 등에 대하여 의료소비자인 청

1) 헌재 2013. 9. 26. 2012헌마365.
2) 헌재 2013. 10. 24. 2011헌마871(심판대상 고시로 인하여 청구인들이 협회로부터 위탁업무를 의뢰받아 수행할 가능성이 줄어든다 하더라도 그러한 불이익은 간접적, 사실적 불이익에 해당할 뿐이라고 하였다).
3) 헌재 2013. 10. 24. 2012헌마832.
4) 헌재 2014. 1. 28. 2012헌마654.
5) 헌재 2014. 3. 27. 2011헌마532.
6) 헌재 2014. 3. 27. 2012헌마404.
7) 헌재 2014. 4. 24. 2010헌마747.
8) 헌재 2014. 4. 24. 2011헌마474등.
9) 헌재 2014. 4. 24. 2011헌마612.
10) 헌재 2014. 4. 24. 2012헌마287.
11) 헌재 2014. 8. 28. 2012헌마776.

구인이 헌법소원심판을 청구하는 경우,[1] 담배의 제조 및 판매에 관하여 규율하고 있는 구 담배사업법에 대하여 간접흡연자와 의료인이 청구인으로서 헌법소원심판을 청구하는 경우,[2] 교육감을 주민의 선거에 따라 선출한다고 규정한 지방교육자치에 관한 법률 제43조에 대해 학생, 부모, 교육장 및 교육 전문가, 교사 및 교원이 다투는 경우,[3] 학교생활세부사항기록부 학적사항의 '특기사항'란이나 출결상황의 '특기사항'란에는 기재되지 않는 조치를 받은 가해학생이 학적조항과 출결조항에 대하여 다투는 경우,[4] 이혼당사자가 아닌 제 3 자가 협의상 이혼을 하고자 하는 사람은 부부가 함께 관할 가정법원에 출석하여 협의이혼의사확인신청서를 제출하여야 한다고 규정한 대법원규칙에 대하여 다투는 경우,[5] 자연인을 수범자로 하는 청탁금지법 법률조항에 대하여 민법상 비영리 사단법인인 한국기자협회가 다투는 경우,[6] 교육부장관이 대학들을 대학교육역량강화사업 지원대상에 제외한 조치에 대하여 그 대학들에 근무하는 교수나 교수회가 다투는 경우,[7] 인터넷신문사업자를 수범자로 하는 신문 등의 진흥에 관한 법률 조항에 대하여 인터넷신문 독자들이나 인터넷신문에 종사하는 임원 또는 기자들이 다투는 경우,[8] 전문대학을 설립·운영하고 있는 학교법인이 전문대학 내 간호조무 관련학과 졸업자를 간호조무사 국가시험 응시자격 대상에서 제외하고 있는 의료법 제80조 제 1 항에 대하여 다투는 경우 및 전문대학의 간호조무 관련학과에서 학업할 수 있는 지위를 확정적으로 부여받지 아니한 일반 고등학생들이 위 조항에 대하여 다투는 경우,[9] 학점은행제 원격교육훈련기관 운영자가 보육교사 자격취득을 위해 이수해야 하는 보육관련 교과목 중 일부를 대면 교과목으로 지정한 영유아보육법 시행규칙 조항에 대하여 다투는 경우,[10] LPG를 연료로 사용할 수 있는 자동차 또는 그 사용자의 범위를 제한하고 있는 액화석유가스의 안전관리 및 사업법 시행규칙 제40조에 대하여 자동차 개조 사

1) 헌재 2014. 8. 28. 2013헌마359.
2) 헌재 2015. 4. 30. 2012헌마38. 간접흡연자에 대하여도 기본권침해의 자기관련성이 인정된다는 2인의 반대의견이 있었다.
3) 헌재 2015. 11. 26. 2014헌마662.
4) 헌재 2016. 4. 28. 2012헌마630.
5) 헌재 2016. 6. 30. 2015헌마894.
6) 헌재 2016. 7. 28. 2015헌마236등.
7) 헌재 2016. 10. 27. 2013헌마576.
8) 헌재 2016. 10. 27. 2015헌마1206등.
9) 헌재 2016. 10. 27. 2016헌마262.
10) 헌재 2016. 11. 24. 2016헌마299. 2인의 반대의견 있음.

업체의 직원들, 운영자들 내지 LPG충전소 사업자들이 다투는 경우,[1] 구 자격조항에 따라 변리사 자격을 취득한 청구인이 변리사 자격 취득요건을 강화한 변리사법 자격조항에 대하여 다투는 경우,[2] 수급자에게 활동보조급여를 제공한 활동보조기관이 지급받을 수 있는 시간당 급여비용을 규정한 장애인활동지원 급여비용 등에 관한 고시 규정에 대하여 활동보조급여수급자들이 다투는 경우,[3] 세무사 자격 보유 변호사로 하여금 세무조정업무를 할 수 없도록 규정한 법인세법 제60조 제 9 항 제 3 호 및 소득세법 제70조 제 6 항 제 3 호에 대하여 법무법인이 다투는 경우,[4] '철탑과 그 철탑에 가공으로 설치된 송전선로' 선하지 소유자인 청구인들이 '전주와 그 전주에 가공으로 설치된 전선로' 선하지 소유자가 전주와 그 전주에 가공으로 설치된 전선로의 지중이설을 요청하는 경우에 적용되는 비용부담조항(전기사업법 제72조의2 제 2 항 본문)에 대하여 다투는 경우,[5] 교장자격을 취득하지 아니한 청구인들이 교육부장관의 교장임용제청방안과 교장임용제청배제행위에 대하여 다투는 경우,[6] 선거일에 이미 25세에 이르게 된 청구인이 피선거권 연령을 25세 이상으로 정한 법률조항에 대하여 다투는 경우,[7] 테러위험인물에 해당하지 아니하여 제 3 자에 불과한 청구인들이 테러 및 테러위험인물의 개념을 정의한 '국민보호와 공공안전을 위한 테러방지법' 제 2 조 제 1 항 가목 및 라목, 제 3 호와 국가정보원장으로 하여금 테러위험인물에 대하여 정보수집 등 각종 조치를 할 수 있도록 한 테러방지법 제 9 조에 대하여 다투는 경우,[8] 검사의 피의자신문 중에 교도관이 '변호인이 되려는 자'의 접견 신청을 허용할 수 없다고 통보하면서 그 근거로 교도소장 등이 그 허가 여부를 결정하는 변호인 등의 접견신청의 경우에 적용되는 '형의 집행 및 수용자의 처우에 관한 법률 시행령' 제58조 제 1 항을 제시한 경우의 동 조항에 대하여 다투는 경우,[9] 변리사 제 1 차 시험에 불합격하거나 응시하지 아니한 청구인들이 변리사 제 2 차 시험공고에 대하여 다투는 경우,[10] 통합치의학과 외 전문과

1) 헌재 2017. 12. 28. 2015헌마997.
2) 헌재 2017. 12. 28. 2015헌마1000.
3) 헌재 2018. 2. 22. 2017헌마322.
4) 헌재 2018. 4. 26. 2016헌마116.
5) 헌재 2018. 5. 31. 2014헌마925.
6) 헌재 2018. 6. 28. 2015헌마1072.
7) 헌재 2018. 6. 28. 2017헌마362 등.
8) 헌재 2018. 8. 30. 2016헌마442.
9) 헌재 2019. 2. 28. 2015헌마1204.
10) 헌재 2019. 5. 30. 2018헌마1208등.

목 전문의가 되고자 하는 치의예과 재학생, 치의학과 재학생, 치과의사전공의, 치의예과 입시생, 교수, 학회가 통합치의학과 전문과목 수련경력 인정조항에 대하여 다투는 경우,[1] 기존에 교육공무원으로 재직중인 자에 대한 경과조치를 규정한 교육공무원법 부칙 제 4 조에 대하여 사범대학 재학중인 학생인 청구인이 다투는 경우,[2] 변호사 시험에 합격한 청구인이 변호사시험에 응시한 사람의 성적공개조항에 대하여 다투는 경우,[3] 교육훈련기관에서 학습과정을 이수하고 있는 사람들이 평가인정학습과정 운영에 관한 규정에 대하여 다투는 경우,[4] 투표용지의 후보자 게재순위조항과 기호조항에 대하여 정당의 지역위원장이 다투는 경우,[5] 2021학년도 대학입학전형기본 사항 중 재외국민 특별전형 지원자격 가운데 학생의 부모의 해외체류요건부분에 대하여 지원(예정)자의 학부모가 다투는 경우,[6] 직사살수행위의 직접 상대방이 아닌 배우자와 자녀들이 직사살수행위에 대해 다투는 경우,[7] 나무병원의 대표자 또는 근로자가 나무병원의 유효기간 등을 정한 산림보호법시행령 부칙을 다투는 경우,[8] 변호사시험에 합격한 청구인이 변호사시험한도조항을 다투는 경우,[9] 변호사시험 응시한도 예외조항이 청구인의 기본권을 어떻게 침해하고 있는지에 관하여 청구인이 최소한의 구체적인 소명이 없는 경우,[10] 청구인이 그 자녀 명의로 전기통신서비스 제공에 관한 계약을 체결하지 아니하여 구전기통신사업법시행령 조항의 적용을 받지 아니하는 경우,[11] 인터넷 언론사게시판 이용자가 실명인증표시 조치를 하지 않은 인터넷 언론사에 대한 과태료부과 근거조항에 대하여 다투는 경우,[12] 청구인들이 검찰수사관의 직에 있었다는 사실을 주장하거나 소명하지 않고 수사처장 내지 차장, 수사처검사가 되고자 하는 사정도 확인되지 않음에도 공수처법 제10조 제 2 항 단서 및 제16조 제 2 항에 대하여 다투는 경우,[13] 가맹본부

1) 헌재 2019. 6. 28. 2017헌마1309.
2) 헌재 2019. 7. 25. 2016헌마754.
3) 헌재 2019. 7. 25. 2017헌마1329.
4) 헌재 2019. 11. 28. 2016헌마40.
5) 헌재 2020. 2. 27. 2018헌마454.
6) 헌재 2020. 3. 26. 2019헌마212.
7) 헌재 2020. 4. 23. 2015헌마1149.
8) 헌재 2020. 6. 25. 2018헌마974.
9) 헌재 2020. 9. 24. 2018헌마739 등.
10) 헌재 2020. 9. 24. 2018헌마739 등; 헌재 2020. 11. 26. 2018헌마733 등.
11) 헌재 2020. 11. 26. 2016헌마738.
12) 헌재 2021. 1. 28. 2018헌마456 등.
13) 헌재 2021. 1. 28. 2020헌마264 등.

또는 가맹사업자에게 물품을 납품하는 업체가 가맹사업자에게 가맹점 운영권을 부여하는 사업자인 가명본부가 가맹희망자에게 제공하기 위한 정보공개서에 차액가맹금과 관련된 정보 등을 기재하도록 한 가맹사업법 조항에 대하여 다투는 경우,[1] 재외선거인명부 또는 국외부재자신고명부에 등재된 사실이 확인되지 아니한 청구인들이 재외선거사무 중지결정에 대하여 다투는 경우,[2] 개성공업지구 투자기업 등과 거래하던 국내기업으로 협력기업인 청구인들이 개성공단 전면중단 조치에 대하여 다투는 경우,[3] 청구인들이 용적률을 제한하는 조례에 대한 헌법소원심판을 청구하여 심판계속 중 당해 토지를 신탁회사에 신탁함으로써 그 소유권을 상실한 경우,[4] 새로이 공증인이 되고자 하는 청구인들이 개정 공증인법 경과 규정에 대하여 다투는 경우,[5] 1 내지 3과정 시험을 모두 합격하지 아니하여 4과정 시험에 응시할 자격이 없는 청구인이 4과정 시험공고를 다투는 경우,[6] 기존에 정당법에 따라 등록된 정당인 청구인이 중앙선거관리위원회의 미래한국당 중앙당 정당등록신청을 수리한 행위를 다투는 경우,[7] 사립학교 교원인 청구인들이 교육공무원의 보수에 관한 규정에 대하여 다투는 경우,[8] 직장협의회 등이 그 구성원의 기본권을 침해하는 수권규정에 대하여 다투는 경우,[9] 동물보호자인 청구인들이 수의사 등의 처방전 없이 판매할 수 없는 동물용의약품을 규정한 처방 대상 동물의약품 지정에 관한 규정을 다투는 경우,[10] 상시 5명 이상 근로자를 사용하는 사업주가 아닌 청구인들의 주 52시간 상한제를 정하고 있는 근로기준법 제53조 제 1 항에 대하여 다투는 경우,[11] 후보자등록마감시점을 기준으로 각 선거구에 유일한 후보자로 등록하여 투표를 실시하지 아니하고 당선인으로 결정된 청구인들이 '후보자등록마감후 후보자가 사퇴·사망하거나 등록이 무효로 된 경우 해당 선거구의 후보자가 그 선거구에서 선거할 정수범위를 넘지 아니하게 되어 투표를 하지 않게 된 때'에

1) 헌재 2021. 10. 28. 2019헌마288.
2) 헌재 2022. 1. 27. 2020헌마497.
3) 헌재 2022. 1. 27. 2016헌마364.
4) 헌재 2022. 7. 21. 2019헌마757.
5) 헌재 2022. 11. 24. 2019헌마572.
6) 헌재 2022. 12. 22. 2021헌마271.
7) 헌재 2023. 2. 23. 2020헌마275.
8) 헌재 2023. 3. 23. 2020헌마1159.
9) 헌재 2023. 5. 25. 2020헌마1336.
10) 헌재 2023. 6. 29. 2021헌마199.
11) 헌재 2024. 2. 28. 2019헌마500.

선거운동을 중지하도록 한 공직선거법 제275조에 대하여 다투는 경우,[1] 인조잔디 또는 탄성포장재 설치업체인 청구인들이 학교의 장을 수범자로 한 학교보건법 시행규칙 [별표2의2] 제 1 호에 대하여 다투는 경우[2] 등은 자기관련성이 없다고 보았다.

한편, 검사의 불기소처분에 대하여 헌법소원을 제기할 수 있는 자는 원칙적으로 재판절차진술권의 주체인 형사피해자에 한하므로, 범죄피해자가 아닌 고발인은 자기관련성이 인정되지 않는다.[3]

(4) 제 3 자 소송담당의 문제

'**제 3 자 소송담당**'이란 권리주체가 아닌 제 3 자가 자신의 이름으로 권리주체를 위하여 소송을 수행할 수 있는 권능이다. 권리는 원칙적으로 권리주체가 주장하여 소송수행을 하도록 하는 것이 자기책임의 원칙에 부합하므로, '제 3 자 소송담당'은 예외적으로 법률의 규정이 있는 경우에만 인정된다.[4]

제 3 자가 자신의 이름으로 **타인의 이익을 위하여** 헌법소원을 제기할 수 있는지가 문제된다. 제 3 자 소송담당은 주로 단체가 그 **구성원을 위하여** 자신의 이름으로 헌법소원을 청구한 경우에 문제되었는데, 헌법재판소는 헌법소원에서 제 3 자 소송담당을 인정하지 않고 부적법한 것으로 각하하였다. 예컨대 "단체와 그 구성원을 서로 별개의 독립된 권리주체로 인정하고 있는 현행의 우리나라 법제 아래에서는 원칙적으로 헌법상 기본권을 **직접 침해당한** 권리주체만이 헌법소원심판절차에 따라 권리구제를 청구할 수 있는 것이고, 비록 **단체의 구성원**이 기본권의 침해를 당했다고 하더라도 단체가 **구성원의 권리구제**를 위하여 그를 대신하여 헌법소원심판을 청구하는 것은 허용될 수 없어 부적법하다."고 판시하였다.[5] 다만, 단체가 구성원의 기본권 침해를 주장하면서 헌법소원심판청구를

1) 헌재 2024. 3. 28. 2022헌마885.
2) 헌재 2024. 4. 25. 2020헌마108.
3) 헌재 2009. 11. 26. 2007헌마1125; 헌재 2021. 2. 25. 2019헌마864.
4) 헌재 2007. 7. 26. 2005헌라8; 헌재 2007. 10. 25. 2006헌라5.
5) 헌재 1991. 6. 3. 90헌마56(영화인협회가 영화제작자와 영화업자를 위하여 자신의 이름으로 청구한 경우); 헌재 1995. 7. 21. 92헌마177등; 헌재 2002. 6. 27. 2000헌마642등; 헌재 2002. 10. 31. 2002헌마20(전국자동차대여사업조합이 청구인의 구성원을 위해 헌법소원을 청구한 경우); 헌재 2007. 7. 26. 2003헌마377(미술협회가 문화재 매매업자를 위해 청구한 경우); 헌재 2008. 5. 29. 2007헌마712(산업별노동조합이 산하 단위노동조합을 위해 청구한 경우); 헌재 2008. 11. 27. 2006헌마1244(사단법인 한국스키장 경영연합회가 스키장 영업자를 위해 청구한 경우); 헌재 2009. 9. 24. 2007헌마1092(대한의사협회가 그 단체에 소속된 개별 의료급여기관들을 위해 청구한 경우); 헌재 2010. 7. 29. 2008헌마664등(마사지협회등 단체가 그 구성원을 위해 청구한 경우); 헌재 2010. 9. 30. 2008헌마586(전국수렵인총연합회가 구성원을 위해 헌법소원을 청구한 경우); 헌재 2011. 11.

하였더라도, 심판대상으로 인해 단체 자체의 기본권이 제한됨이 확인되는 경우에는 직권으로 단체의 자기관련성을 인정할 수 있다.[1)]

독일의 경우에는 파산관재인(BVerfGE 21, 143), 유언집행자(BVerfGE 51, 409) 등에게 제 3 자 소송담당자로서의 지위가 인정된 바 있다.[2)]

나. 현 재 성

(1) 개 설

청구인은 공권력작용과 현재 관련이 있어야 하며, 장래 어느 때인가 관련될 수 있을 것이라는 것만으로는 헌법소원을 제기하기에 족하지 않다. 즉, 청구인이 현재 기본권을 침해당한 경우이어야 한다. 청구인이 장차 언젠가는 특정법률의 규정으로 인하여 권리침해를 받을 우려가 있다 하더라도 그러한 권리침해의 우려는 단순히 장래 잠재적으로 나타날 수도 있는 것에 불과하여 권리침해의 현재성을 구비하였다고 할 수 없다.[3)]

다만, 기본권침해가 장래에 발생하더라도 현재 그 침해가 예측된다면 기본권구제의 실효성을 위하여 침해의 현재성을 인정한다.[4)]

---

24. 2010헌마397(연안안강망낭장망영어조합법인이 조합원을 위해 청구한 경우); 헌재 2011. 12. 29. 2010헌마293(사단법인 부산광역시청소년단체협의회가 학부모들을 위하여 헌법소원심판을 대신 청구하는 경우); 헌재 2012. 3. 29. 2010헌마97; 헌재 2012. 5. 31. 2009헌마705등(공무원 개인을 위해 한 공무원 단체의 헌법소원심판청구); 헌재 2014. 6. 26. 2011헌마502; 헌재 2014. 7. 24. 2009헌마256등(유권자 총연합회가 소속 회원들 또는 외국에 거주하는 다른 재외국민의 기본권침해를 이유로 헌법소원심판 청구를 하는 경우); 헌재 2016. 10. 27. 2015헌마1206등(인터넷신문 기자단체가 회원인 기자들을 위해 청구한 경우); 헌재 2016. 11. 24. 2015헌마1191등(전국광역시도공무원노동조합연맹이 그 구성원인 단위노동조합의 조합원을 위해 청구한 경우); 헌재 2017. 12. 28. 2015헌마997(개인택시조합이 그 구성원인 개인택시운송사업자들의 기본권이 침해되었음을 이유로 청구한 경우); 헌재 2019. 8. 29. 2018헌마297등(청구인연합회가 그 구성원들의 기본권이 침해되었음을 이유로 청구한 경우); 헌재 2019. 11. 28. 2016헌마188(부동산 중개법인이 그 소속 중개보조원의 기본권 침해를 이유로 청구한 경우); 헌재 2022. 5. 26. 2020헌마670등(사단법인이 구성원의 권리구제를 위하여 청구한 경우); 헌재 2023. 5. 25. 2020헌마1336(직장협의회가 그 구성원을 위하여 청구한 경우); 헌재 2025. 1. 23. 2021헌마1192; 헌재 2025. 1. 23. 2021헌마1194(사단법인 ○○협회와 그 구성원인 오리사육업자들의 기본권이 침해되었음을 이유로 청구한 경우); 헌재 2025. 1. 23. 2021헌마1192; 헌재 2025. 1. 23. 2021헌마1194(사단법인 ○○협회와 그 구성원인 오리사육업자들의 기본권이 침해되었음을 이유로 청구한 경우).

1) 헌재 2019. 11. 28. 2016헌마188.

2) 실무제요, 343면.

3) 헌재 1989. 7. 21. 89헌마12; 헌재 2009. 11. 26. 2008헌마691; 헌재 2017. 12. 28. 2015헌마994; 헌재 2019. 7. 25. 2018헌마349; 헌재 2020. 9. 24. 2018헌마739등.

4) 헌재 1992. 10. 1. 92헌마68등; 헌재 1996. 8. 29. 95헌마108; 헌재 1999. 5. 27. 98헌마214; 헌재 2000. 6. 29. 99헌마289; 헌재 2000. 11. 30. 2000헌마79등; 헌재 2002. 7. 18. 2001헌마605; 헌재 2003. 11. 27. 2003헌마694등.

특히 법률이 헌법소원의 대상이 되려면 현재 시행 중인 유효한 법률이어야 함이 원칙이나, 법률이 일반적 효력을 발생하기 전이라도 공포되어 있고, 그로 인하여 **사실상의 위험성**이 이미 발생한 경우에는 예외적으로 침해의 현재성을 인정하여, 이에 대하여 곧 헌법소원을 제기할 수 있다고 보아야 할 것이다. 그렇게 보지 않고 법률이 시행된 다음에야 비로소 헌법소원을 제기할 수 있다고 한다면, 장기간의 구제절차 등으로 인하여 기본권을 침해받은 자에게 회복불능이거나 중대한 손해를 강요하는 결과가 될 수도 있기 때문이다.[1)]

헌법재판소도 심판청구 당시 심판대상조항들이 공포는 되어 있었으나 그 시행 전이었으므로 청구인이 심판대상 조항들로 인한 기본권침해를 현실적으로 받았던 것은 아니나, 가까운 장래에 심판대상조항들이 시행되면 청구인의 기본권이 침해되리라는 것이 **확실히 예상**되므로 예외적으로 기본권침해의 현재성이 인정된다고 하였다.[2)]

한편 헌법재판소는 "청구인이 신상정보 등록조항에 대하여 헌법재판소법 제68조 제 1 항에 따른 헌법소원심판을 청구하기 위하여 반드시 유죄판결이 확정될 필요는 없다고 보아야 한다. 청구인이 등록대상 성범죄로 기소만 된 상태이더라도, 장래에 유죄판결이 확정되면 구체적 집행행위 없이 신상정보 등록조항에 따라 신상정보 등록대상자가 될 것임이 **확실히 예측**되므로, 기본권침해의 자기관련성, 현재성, 직접성 등 적법요건을 갖춘 것으로 볼 수 있는 것이다."라고 판시하였다.[3)]

(2) 현재성을 인정한 사례

장래실시가 확실한, 일본어를 선택과목에서 제외한 서울대학교의 '1994학년도 대학입학고사 주요요강'에 대하여 고등학교 1학년인 청구인이 헌법소원을 청구한 경우,[4)] 장래에 중학교 국어교과서를 제작·발행하고자 구체적 계획을 세우고 있는 중학교 국어교사인 청구인이 중학교 교과서의 편찬은 교육부가 직접 또는 위탁하여 편찬하게 규정되어 있는 심판대상 법률조항을 다투는 경우,[5)] 공포 후 시행 전인 법률에 대해 헌법소원을 청구한 경우,[6)] 자녀들이

---

1) 헌재 1994. 12. 29. 94헌마201; 헌재 2000. 6. 1. 99헌마553; 헌재 2015. 3. 26. 2014헌마372.
2) 헌재 2015. 3. 26. 2014헌마372.
3) 헌재 2016. 12. 29. 2016헌바153 법정의견의 보충의견 참조.
4) 헌재 1992. 10. 1. 92헌마68등.
5) 헌재 1992. 11. 12. 89헌마88.
6) 헌재 1994. 12. 29. 94헌마201(법률이 일반적 효력을 발생하기 전이라도 공포되어 있고, 그로 인

초등학교·중학교에 재학 중인 청구인이 거주지 기준으로 중·고등학교 입학을 제한하는 교육법 시행령에 대하여 다투는 경우,[1] 형사사건의 상고심 판결이 원심대로 확정될 것을 전제로 보궐선거 조항에 대해 헌법소원을 청구한 경우,[2] 시·도지사선거에 입후보한 청구인이 기탁금제도에 의하여 구체적으로 기본권의 침해를 받게 되는 후보자등록신청개시일보다 약 두 달 전에 청구한 헌법소원의 경우,[3] 혼인을 앞둔 예비신랑이 결혼식 하객에 대한 음식접대금지를 다투는 경우,[4] 지방자치단체의 장으로 하여금 임기 중 대통령, 국회의원선거 등에의 입후보를 할 수 없도록 하는 공직선거법조항에 대하여 후보자등록개시일 전에 헌법소원을 청구하는 경우,[5] 국가공무원 채용시험 응시준비생이 가산점제도를 다투는 경우,[6] 증권거래법 위반죄에 대한 형사소송절차 계속 중 증권회사 임원 결격사유 규정에 대해 다투는 경우,[7] 군법무관을 다른 법조인과 달리 정부 각종 위원의 자격에서 원칙적으로 배제하고 있는 구 국가공무원법에 대해 다투는 경우,[8] 피상속인이 생존하고 있는 동안 상속에 관한 법률을 다투는 경우,[9] 부재자투표소 투표의 기간을 제한하고 있는 법률조항에 대하여, 장래의 선거에서 부재자투표 여부가 확정되는 선거인명부작성기간이 아직 도래하지 않아 부재자투표를 할 것인지 여부가 확정되지 아니한 상태에서 헌법소원을 청구한 경우[10] 등은 현재성 요건을 갖추었다고 보았다.

(3) 현재성을 부인한 사례

헌법재판소는 그 자신이 고소 또는 고발을 한 사실이 없는 청구인이 장차

하여 사실상의 위험성이 이미 발생한 경우에는 예외적으로 침해의 현재성을 인정한다고 하였다); 헌재 2000. 6. 1. 99헌마553; 의료보험통합 사건. 헌재 2000. 6. 29. 99헌마289.

1) 헌재 1995. 2. 23. 91헌마204.
2) 헌재 1995. 11. 30. 94헌마97.
3) 헌재 1996. 8. 29. 95헌마108.
4) 헌재 1998. 10. 15. 98헌마168.
5) 헌재 1999. 5. 27. 98헌마214(기본권침해가 구체화, 현실화된 시점에서는 적시에 권리구제를 하는 것이 거의 불가능하므로 기본권침해의 현재성을 충족시킨 것으로 보았다).
6) 헌재 1999. 12. 23. 98헌마363(제대군인 가산점 사건); 헌재 2001. 2. 22. 2000헌마25(제 1 차 국가유공자 가산점 사건); 헌재 2007. 5. 31. 2006헌마646(세무사자격시험 사건). 청구인이 국가시험에 응시할 경우 장차 그 합격여부를 가리는 데 있어 가산점제도가 적용된다거나 불리한 지위를 가지게 될 것임은 현재로서도 확실하게 예측되므로 기본권침해의 현재성이 있다고 하였다.
7) 헌재 2001. 3. 21. 99헌마150.
8) 헌재 2007. 5. 31. 2003헌마422.
9) 헌재 2009. 11. 26. 2007헌마1424.
10) 헌재 2010. 4. 29. 2008헌마438(주기적으로 반복되는 선거의 특성과 기본권구제의 실효성 측면을 고려하여 현재성을 갖추었다고 보아야 한다고 하였다); 동지: 헌재 2007. 6. 28. 2004헌마644등.

언젠가는 형사소송법의 규정(제260조 제 1 항)으로 인한 권리침해의 우려는 단순히 장래 잠재적으로 나타날 수도 있는 것에 불과하여 권리침해의 현재성을 구비하였다고 할 수 없다고 하였고,[1] "'경찰법'은 경찰의 기본조직 및 직무범위 등을 규정한 조직법으로서 원칙으로 그 조직의 구성원이나 구성원이 되려는 자 등 외에 일반국민을 수범자로 하지 아니하므로, 일반국민은 위 경찰법의 공포로써 헌법에 규정된 자기의 기본권이 현재 직접적으로 침해되었다고 할 수 없고, 일반국민을 수범자로 하는 추상적이고 일반적인 성격을 지닌 법률인 '국가보안법 중개정법률'에 대하여 모든 국민 개개인에게 어느 시점에서나 헌법소원심판을 청구할 수 있게 하는 것은 민중소송을 인정하는 것에 다름 아니어서 우리의 헌법재판제도상 허용될 수 없으므로, 그러한 법률에 대한 헌법소원심판청구가 적법하기 위하여는 청구인에게 당해법률에 해당하는 사유가 발생함으로써 그 법률이 청구인의 기본권을 명백히 구체적으로 현실 침해하였거나 침해가 확실히 예상되는 경우에 한정된다고 할 것인바, 이 사건 청구인들은 그들에게 위 법률에 해당되는 사유가 발생한 바 없으므로 그 법률에 의하여 자신의 기본권을 구체적으로 현실 침해당하였다거나 또는 침해가 확실히 예상된다고 할 수 없고, 장차 위 법률 소정의 해당사유가 발생할 경우 기본권침해를 받을 우려가 있다고 하더라도 이는 잠재적인 것에 불과하다고 할 것이어서 이 사건 헌법소원심판청구는 자기관련성과 현재성을 갖추지 못하였다."고 판시하였다.[2]

소득심사제도를 규정하면서 소득의 범위 및 지급정리금액 등에 관하여 필요한 사항을 대통령령에 정하도록 위임하고 있으나 아직 대통령령이 마련되지 않은 경우에는 법률에 의한 기본권침해의 현재성은 인정되지 아니한다.[3] 또한 공무원으로 특별채용되기 위한 준비·지원 사실이 없는 자가 국가정보원직원법 시행령 제 4 조 제 3 항을 다투는 경우,[4] 장해연금에서 보훈급여를 공제하는 공무원연금법 제33조 제 1 항에 대하여 아직 퇴직하지 아니하고 재직 중인 소방공무원이 다투는 경우,[5] 장래 개인택시면허를 취득하려는 자가 개인택시면허의 양도 및 상속금지 규정에 대해 다투는 경우,[6] 도시 및 주거환경정비법상 세입

1) 헌재 1989. 7. 21. 89헌마12.
2) 헌재 1994. 6. 30. 91헌마162.
3) 헌재 2003. 9. 25. 2001헌마93; 헌재 2003. 9. 25. 2001헌마194.
4) 헌재 2007. 5. 31. 2003헌마422.
5) 헌재 2009. 11. 26. 2008헌마691.
6) 헌재 2012. 3. 29. 2010헌마443등(개인택시면허를 받으려는 사람은 운전경력, 무사고운전, 거주

자에 대한 주거이전비 보상기준을 정한 규정들에 대하여 정비사업조합의 설립을 위한 추진위원회와 그 위원장에 해당하는 청구인들이 헌법소원을 제기한 경우[1] 등은 현재성 요건을 갖추지 못하였다고 보았다.

또한 헌법재판소는 '국립묘지의 설치 및 운영에 관한 법률'이 상이군경 중 금고 이상의 형을 선고받았던 자를 '국립묘지 안장대상자'에서 제외하고 있다고 하더라도 금고 이상의 형을 받은 바 없는 상이군경은 기본권 침해의 현재성 요건을 갖추었다고 볼 수 없고,[2] 지역구국회의원에 결원이 생긴 때 차순위 득표자에게 의원직을 승계시키지 않고 보궐선거를 실시하도록 규정하고 있는 공직선거법 규정과 관련하여 청구인이 3순위 득표자에 불과하고 해당 지역구에 국회의원 결원이 생기지도 않았다면, 청구인에게는 기본권 침해의 현재성이 인정되지 않는다고 하였고,[3] 영유아보육법상 결격기간 및 자격취소 조항은 기본적으로 관련자가 아동학대관련범죄로 금고 이상의 실형이나 집행유예, 또는 벌금형이 확정되는 것을 전제하고 있는바 어린이집 설치·운영자, 원장, 보육교사인 청구인들이 어린이집에 근무하고 있다는 사실만으로 위 조항들로 인한 침해가 확실히 예상되거나 그 위헌 여부에 대해 관련되어 있다고 보기 어렵다고 하였고,[4] 민간임대주택법 제46조 제 3 항의 조정권고조항으로 인한 기본권 침해는 조정권고사유가 있는 청구인들의 임대료 신고를, 제46조 제 4 항의 재신고조항으로 인한 기본권 침해는 위와 같은 임대료신고, 시장 등의 조정권고 등을 각각 거쳐야 비로소 현실화되므로 청구인들이 위 조항들로 말미암아 기본권 침해를 받을 우려가 있다고 하더라도 그런 우려는 단순히 장래 잠재적으로 나타날 수 있는 것에 불과하여 기본권 침해의 현재성을 인정할 수 없다고 하였으며,[5] 농지법 제11조 제 3 항의 매수가격 기준조항은 시장·군수·구청장의 농지처분명령과 그에 따른 농지매수청구가 있는 경우에 비로소 적용될 수 있는바, 청구인은 시장·군수·구청장으로부터 그 소유 농지의 처분명령을 받은 적이 없고, 따라서 농지의 매수청구를 한 사실도 없으므로 매수가격 기준조항에 관하여서는

지 등의 요건을 갖추어야 하기 때문이라고 하였다).

1) 헌재 2012. 7. 26. 2010헌마7등(조합이 설립되기 이전의 추진위원회 단계에서는 토지 등 소유자의 일정 비율 이상의 동의와 시장·군수의 조합설립 인가를 필요로 하므로 세입자에 대한 주거이전비 보상의무의 발생이 확실히 예견된다고 할 수 없기 때문이라고 하였다).

2) 헌재 2010. 2. 25. 2007헌마102.

3) 헌재 2010. 5. 27. 2008헌마491.

4) 헌재 2017. 12. 28. 2015헌마994.

5) 헌재 2019. 7. 25. 2018헌마349.

기본권 침해의 현재성을 인정할 수 없다고 하였고,[1] 법학전문대학원 졸업자로서 아직 변호사시험 응시가 가능한 청구인들은 변호사시험법 제 7 조 제 1 항에 대한 기본권침해의 현재성 요건을 갖추지 못하였다고 하였으며,[2] 청구인들이 3회 이상 사업장 변경을 시도하지 않았으므로, 외국인근로자의 사업장변경 횟수를 제한하는 외국인근로자의 고용 등에 관한 법률 제25조 제 4 항으로 인한 기본권 침해가 현재 확실히 예측된다고 볼 수 없으므로 기본권침해의 현재성을 인정할 수 없다고 하였고,[3] 교육대학교에 재학생이거나 졸업 후 임용시험을 준비하고 있는 청구인들은 교육공무원의 지위를 확정적으로 부여받았다거나 장차 교육공무원으로 임용되어 심판대상조항에 의한 기본권 제한을 받을 것이 확실히 예측된다고 볼 수도 없다고 하였다.[4]

(4) 주기적으로 반복되는 선거와 현재성

헌법재판소는 주기적으로 반복되는 선거의 경우 매번 새로운 후보자들이 입후보하고 매번 새로운 범위의 선거권자들에 의해 투표가 행해질 뿐만 아니라, 선거의 효과도 차기 선거에 의한 효과가 발생할 때까지로 한정되므로 선거가 끝난 후 대한민국에 주민등록이 되어 있지 아니한 국외거주자에게 부재자투표권을 인정하지 아니한 공직선거법 규정에 대해 헌법소원심판을 청구하였다고 하더라도 이는 향후 실시될 각종 선거에서 입게 될 기본권 침해, 즉 장래 그 도래가 확실히 예측되는 기본권 침해를 미리 앞당겨 다투는 것으로서 현재성 요건을 갖춘 것으로 볼 수 있다고 하였고,[5] 또한 장래 실시될 선거에서 부재자투표를 할 것인지 여부가 확정되지는 않았으나 부재자투표소 투표의 기간을 선거일 전 6일부터 2일간으로 규정하고 있는 공직선거법조항에 대해 심판청구를 한 경우, 주기적으로 반복되는 선거의 특성과 기본권 구제의 실효성 측면을 고려할 때 기본권 침해의 현재성을 갖춘 것으로 볼 수 있다고 하였다.[6]

1) 헌재 2020. 5. 27. 2018헌마362.
2) 헌재 2020. 9. 24. 2018헌바739 등.
3) 헌재 2021. 12. 23. 2020헌마395.
4) 헌재 2023. 3. 23. 2020헌마1159.
5) 헌재 2007. 6. 28. 2004헌마644등.
6) 헌재 2010. 4. 29. 2008헌마438.

다. 직접성(直接性)

(1) 개 설

㈎ 직접성의 의의

청구인은 공권력작용으로 인하여 직접적으로 기본권이 침해되어야 한다. 이 직접성의 요건은 법령에 대한 헌법소원에서는 특히 중요한 의미를 가진다.

헌법재판소는 법령 또는 법률조항 자체가 헌법소원의 대상이 될 수 있으려면 그 법률 또는 법률조항에 의하여 구체적인 집행행위를 기다리지 아니하고 직접·현재·자기의 기본권을 침해받아야 하는 것을 요건으로 하고, 여기서 말하는 기본권침해의 직접성이란 **집행행위에 의하지 아니하고** 법령 그 자체에 의하여 자유의 제한, 의무의 부과, 권리 또는 법적 지위의 박탈이 생긴 경우를 뜻하므로, 구체적인 집행행위를 통하여 비로소 당해 법령 또는 법령조항에 의한 기본권침해의 법률효과가 발생하는 경우에는 직접성의 요건이 결여된다고 하였고,[1] 위에서 말하는 집행행위에는 입법행위도 포함되므로 법률 규정이 그 규정의 구체화를 위하여 행정입법, 자치조례 등의 **위임입법** 내지 **하위규범**의 시행을 예정하고 있는 경우에는 당해법률 규정의 직접성은 부인된다고 하였다.[2] 또한 헌법재판소는 구체적인 소송사건에서 법원에 의하여 해석 적용되는 **재판규범**은 법원의 재판을 매개로 하여 비로소 기본권에 영향을 미치게 되므로 기본권침해

1) 헌재 1992. 11. 12. 91헌마192; 헌재 1996. 2. 29. 94헌마213; 헌재 1998. 7. 16. 96헌마268; 헌재 1998. 11. 26. 96헌마55등; 헌재 1999. 11. 25. 98헌마55; 헌재 2000. 6. 29. 99헌마289; 헌재 2000. 11. 30. 99헌마190; 헌재 2002. 12. 18. 2001헌마546; 헌재 2005. 5. 26. 2004헌마671; 헌재 2008. 4. 24. 2004헌마440; 헌재 2008. 11. 27. 2006헌마688; 헌재 2013. 5. 30. 2011헌마718; 헌재 2014. 3. 27. 2011헌마577; 헌재 2014. 3. 27. 2012헌마606; 헌재 2014. 4. 24. 2010헌마747; 헌재 2014. 5. 29. 2010헌마606; 헌재 2016. 5. 26. 2014헌마374; 헌재 2016. 5. 26. 2015헌마248; 헌재 2016. 9. 29. 2015헌마165; 헌재 2017. 8. 31. 2015헌마134; 헌재 2020. 10. 29. 2019헌마533; 헌재 2023. 2. 23. 2020헌마1678등; 헌재 2024. 8. 29. 2021헌마175.

2) 헌재 1996. 2. 29. 94헌마213; 헌재 2006. 6. 29. 2005헌마165등; 헌재 2008. 5. 29. 2007헌마1105; 헌재 2009. 7. 30. 2007헌마870; 헌재 2010. 10. 28. 2008헌마638; 헌재 2010. 10. 28. 2009헌마544; 헌재 2011. 10. 25. 2010헌마661; 헌재 2011. 11. 24. 2009헌마415; 헌재 2012. 3. 29. 2010헌마443등; 헌재 2012. 5. 31. 2011헌마241; 헌재 2012. 7. 26. 2010헌마7등; 헌재 2012. 7. 26. 2011헌마169; 헌재 2013. 6. 27. 2011헌마475; 헌재 2014. 4. 24. 2012헌마928; 헌재 2014. 4. 24. 2013헌마341(사법시험 실시계획 공고의 간접적인 근거가 되는 사법시험법 시행규칙 제7조 제1항 제2호); 헌재 2014. 9. 25. 2012헌마741; 헌재 2014. 10. 30. 2012헌마190등; 헌재 2015. 9. 24. 2013헌마93; 헌재 2016. 5. 26. 2014헌마374; 헌재 2016. 10. 27. 2013헌마450; 헌재 2017. 11. 30. 2016헌마448; 헌재 2018. 3. 29. 2015헌마1060등; 헌재 2018. 5. 31. 2015헌마853; 헌재 2019. 12. 27. 2017헌마1299; 헌재 2023. 5. 25. 2020헌마1336; 헌재 2023. 6. 29. 2019헌마229.

의 직접성이 인정되지 아니한다고 하였다.[1]

법령에 대한 헌법소원에 있어서 '기본권침해의 직접성'을 요구하는 이유는, 법령은 일반적으로 구체적인 집행행위를 매개로 하여 비로소 기본권을 침해하게 되므로 기본권의 침해를 받은 개인은 먼저 일반 쟁송의 방법으로 집행행위를 대상으로 하여 기본권침해에 대한 구제절차를 밟는 것이 '예외적이고 보충적인 특별권리구제수단'이라는 헌법소원의 성격상 요청되기 때문이다.[2]

헌법소원심판청구와 관련하여 직접성이 요구되는 법령에는 형식적인 의미의 법률뿐만 아니라 조약, 명령·규칙, 헌법소원의 대상성이 인정되는 행정규칙, 조례 등이 모두 포함된다.[3]

헌법재판소는 지방의회에 청원할 때에는 필요적 요건으로 지방의회의원의 소개를 얻도록 규정하고 있는 지방자치법 조항,[4] 지방공사 직원의 지방의회의원 겸직을 금지하고 있는 지방자치법 조항,[5] 지방자치단체 장의 계속 재임을 3기로 제한한 지방자치법 조항,[6] 사용자로 하여금 2년을 초과하여 기간제근로자를 사용할 수 없도록 한 '기간제 및 단시간근로자 보호 등에 관한 법률' 조항[7] 등에 대해 집행행위의 매개 없이 기본권을 제한한다는 이유로 직접성을 인정하였다.

헌법소원심판청구에 있어서 직접성 요건의 불비는 사후에 치유될 수 있는 성질의 것이라고 볼 수 없고,[8] 부진정 입법부작위를 다투는 형태의 헌법소원심판 청구의 경우에도 원칙적으로 법령소원에 있어서 요구되는 기본권침해의 직접성 요건을 갖추어야 한다.[9]

보험료액의 산정기준 내지 방법에 관해 규정하고 있는 의료보험법령의 경우 그 기본권 침해는 보험자의 보험료 부과처분이라는 집행행위를 통하여 현실화되므로 기본권 침해의 직접성이 없다.[10] 또한 대통령령이 정하는 기간 이상

1) 헌재 2006. 6. 29. 2005헌마165; 헌재 2016. 9. 29. 2015헌마165.
2) 헌재 1998. 4. 30. 97헌마141; 헌재 2000. 6. 29. 2000헌마325; 헌재 2013. 7. 25. 2012헌마934; 헌재 2013. 12. 26. 2012헌마162등; 헌재 2014. 2. 27. 2012헌마904; 헌재 2014. 3. 27. 2012헌마606; 헌재 2020. 9. 24. 2017헌마498.
3) 실무제요, 348면.
4) 헌재 1999. 11. 25. 97헌마54.
5) 헌재 2004. 12. 16. 2002헌마333등.
6) 헌재 2006. 2. 23. 2005헌마403.
7) 헌재 2013. 10. 24. 2010헌마219등.
8) 헌재 2009. 9. 24. 2006헌마1298.
9) 헌재 2010. 7. 29. 2009헌마51; 헌재 2013. 11. 28. 2011헌마529.

보험료를 체납한 지역가입자에 대하여 보험료를 완납할 때까지 보험급여를 실시하지 아니할 수 있다고 규정하고 있는 국민건강보험법 규정의 기본권 침해는 국민건강보험공단의 보험급여 거부처분이라는 **집행행위**를 통하여 이루어진다는 점에서 기본권 침해의 직접성이 없다.[1)]

다만, 헌법재판소는 법령에 의해 설계된 **보험제도 자체나 보험료부과 그 자체의 위헌성**을 주장하는 경우에는 해당 법령에 대해 직접성을 인정하고 있다.[2)] 예컨대 국민건강보험에의 가입을 의무화하거나 보험공단에 보험료 징수권한을 부여하거나 또는 직장가입자와 지역가입자의 보험료 산정을 달리 정하고 있는 국민건강보험법 조항들에 대해서는 구체적인 보험료 부과처분 이전에 이미 추상적 보험료 납부의무를 부과하거나 그 조항 자체만으로 직장가입자와 지역가입자의 보험료에 차등을 불러온다는 등의 이유로,[3)] 직장가입자와 지역가입자의 재정통합을 정하고 있는 국민건강법 조항에 대해서는 규정 자체에서 재정통합을 명하고 있다는 이유로[4)] 기본권 침해의 직접성을 인정하였다.

㈏ 구체적 집행행위와 직접성

1) 구체적 집행행위가 재량행위인 경우

특히, 법령에 근거한 구체적인 집행행위가 재량행위인 경우에는 법령은 집행기관에게 기본권침해의 가능성만을 부여할 뿐 법령 스스로가 기본권의 침해행위를 규정하고 행정청이 이에 따르도록 구속하는 것이 아니고, 이때의 기본권의 침해는 집행기관의 의사에 따른 집행행위, 즉 재량권의 행사에 의하여 비로소 이루어지고 현실화되므로 이러한 경우에는 법령에 의한 기본권침해의 직접성이 인정될 여지가 없다.[5)] 그러므로 법률에 근거한 별도의 **구체적인 집행행위**가 매개되고, 그것이 **재량행위**인 경우에는 법률은 집행기관에게 기본권침해의 가능성만을 부여할 뿐 법률 스스로가 기본권을 직접 침해하는 것은 아니며, 따라서 국민은 우선 그 집행행위를 기다렸다가 이를 대상으로 한 소송을 제기하여 구제절차를 밟아야 한다.[6)]

---

10) 헌재 1998. 2. 27. 96헌마134.
1) 헌재 2001. 8. 30. 2000헌마668.
2) 실무제요, 355면.
3) 헌재 2003. 10. 30. 2000헌마801.
4) 헌재 2000. 6. 29. 99헌마289; 헌재 2012. 5. 31. 2009헌마299.
5) 헌재 1998. 4. 30. 97헌마141; 헌재 2008. 2. 28. 2006헌마1028; 헌재 2009. 3. 26. 2007헌마988등; 헌재 2016. 5. 26. 2014헌마374; 헌재 2019. 2. 28. 2018헌마37등.
6) 헌재 1998. 4. 30. 97헌마141; 헌재 1998. 3. 26. 96헌마166; 헌재 1998. 9. 30. 96헌마297; 헌재

2) 권력적 사실행위의 근거법령과 직접성

헌법재판소는 권력적 사실행위는 헌법소원의 대상으로 받아들이면서 그 근거법령에 대해서는 직접성을 부정하고 있다.

예컨대 수용자의 서신검열에 관한 행형법 조항에 대해서는 교도관의 서신검열이나 발송거부라는 구체적인 집행행위가 있을 때 비로소 기본권 침해의 법률효과가 발생한다는 이유로,[1] 계구의 종류와 사용요건을 정하고 있는 '계구의 제식과 사용절차에 관한 규칙' 조항에 대해서는 교도소장과 교도관들의 구체적인 계구의 사용행위가 필요하다는 이유로,[2] 수용자 이송에 사용할 수 있는 보호 장비의 종류 및 사용요건 등에 관해 정하고 있는 '형의 집행 및 수용자의 처우에 관한 법률' 조항에 대해서는 교도관의 구체적인 보호 장비 사용 행위라는 집행행위가 필요하다는 이유로,[3] 일정한 경우 수용자의 접견 내용을 청취·기록·녹음 또는 녹화할 수 있도록 하고 있는 '형의 집행 및 수용자의 처우에 관한 법률' 조항들에 대해서는 구체적인 집행행위를 예정하고 있다는 이유로,[4] 최루액 혼합살수의 사용요건 또는 직사살수의 사용요건 등을 정한 '살수차 운용지침' 조항 등은 경찰의 혼합살수행위 또는 직사살수행위라는 구체적 집행행위를 예정하고 있다는 이유로[5] 기본권 침해의 직접성을 인정하지 않았다.

다만, 인터넷회선을 통하여 송·수신하는 전기통신의 감청, 즉 소위 패킷감청에 관한 사건에서는, 국가정보원장의 인터넷회선 감청 집행행위에 대해서는 심판의 이익이 없다는 이유로 부적법 각하하고, 위 집행행위의 근거가 된 통신비밀보호법 조항에 대해서는 직접성이 인정됨을 전제로 본안 판단에 나아간 바 있다.[6]

3) 형벌 또는 제재수단의 부과와 구체적 집행행위

헌법재판소는 "법률이 국민에게 행위의무 또는 금지의무를 부과한 후 그 위반행위에 대한 제재로서 형벌, 행정벌 등을 부과할 것을 정한 경우에 그 형벌이나 행정벌의 부과를 위 직접성에서 말하는 집행행위라고는 할 수 없다. 국민은 별도

2009. 3. 26. 2007헌마988등; 헌재 2013. 12. 26. 2012헌마162등; 헌재 2023. 2. 23. 2020헌마1678; 헌재 2023. 1. 22. 2021헌마893; 헌재 2024. 8. 29. 2021헌마175.

1) 헌재 1998. 8. 27. 96헌마398.
2) 헌재 2003. 12. 18. 2001헌마163.
3) 헌재 2012. 7. 26. 2011헌마426.
4) 헌재 2013. 8. 29. 2011헌마122.
5) 헌재 2018. 5. 31. 2015헌마476; 헌재 2020. 4. 23. 2015헌마1149.
6) 헌재 2018. 8. 30. 2016헌마263.

의 집행행위를 기다릴 필요 없이 제재의 근거가 되는 법률의 시행 자체로 행위의무 또는 금지의무를 직접 부담하는 것이기 때문이다. 다시 말하면 설령 형벌의 부과를 구체적인 집행행위라고 보더라도, 이러한 법규범을 다투기 위하여 국민이 이 법규범을 실제로 위반하여 재판을 통한 형벌이나 벌금부과를 받게 되는 위험을 감수할 것을 국민에게 요구할 수 없기 때문이다."라고 판시하였다.[1)]

다만, 헌법재판소는 청구인이 형벌 또는 행정제재 규정을 위반하기 전에 헌법소원심판 청구를 하고, 벌칙·과태료 조항의 전제가 되는 구성요건 조항이 벌칙·과태료 조항과 별도로 규정되어 있는 경우, 벌칙·과태료 조항에 대하여 그 법정형이나 액수가 과다하다는 등 그 조항 자체의 위헌성을 주장하지 않는 한 직접성을 인정할 수 없다고 판시한 바 있다.[2)] 영화관 경영자의 부과금 징수·납부의무 불이행에 대한 과태료 부과규정,[3)] 공항·항만 등 국가중요시설의 경비업무를 담당하는 특수경비원의 쟁의행위 금지 위반에 대한 처벌규정,[4)] 16세 미만 청소년에게 심야 인터넷게임의 제공을 금지하고 그 위반에 대해 처벌하는 규정[5)] 등에 대해 청구인들이 벌칙규정 자체의 위헌성을 주장하고 있지 않다는 이유로 기본권 침해의 직접성을 인정하지 않았다.

그러나 이에 대해서는 청구인의 주장 여부에 따라 벌칙·과태료 조항의 직접성 판단을 달리한다는 것은 논리적이지 않으므로, 위반행위 전에는 기본권침해의 현재성을 부정하거나[6)] 위헌 주장이 없는 조항은 심판대상에서 제외하는[7)] 것이 타당하다는 견해가 있다.[8)]

그러나 특정범죄 가중처벌 등에 관한 법률 제 4 조 제 2 항에 따른 정부관리기업체의 간부직원의 범위에 '농협중앙회의 과장대리급 이상의 직원'을 포함시킨 구 특정범죄 가중처벌 등에 관한 법률 시행령 제 3 조 제 1 호 관련부분이 기본권 침해의 직접성 요건을 충족하고 있는지 여부에 관하여, "이 사건 시행

1) 헌재 1996. 2. 29. 94헌마213에서 "따라서 청구인이 풍속영업법위반으로 제재를 받은 일이 없다고 할지라도 직접성을 결여하였다고 할 수는 없는 것이다."라고 판시하였다. 동지: 헌재 1998. 3. 26. 97헌마194; 헌재 1998. 4. 30. 97헌마141; 헌재 1998. 10. 29. 97헌마345; 헌재 2003. 7. 24. 2003헌마3; 헌재 2007. 7. 26. 2003헌마377.
2) 헌재 2008. 11. 27. 2007헌마860; 헌재 2013. 6. 27. 2011헌마315등.
3) 헌재 2008. 11. 27. 2007헌마860.
4) 헌재 2009. 10. 29. 2007헌마1359.
5) 헌재 2014. 4. 24. 2011헌마659등.
6) 헌재 2013. 9. 3. 2013헌마557.
7) 헌재 2021. 11. 25. 2019헌마534; 헌재 2022. 9. 29. 2019헌마535.
8) 실무제요, 356면.

령조항은 형벌조항의 구성요건 일부를 규정하고 있는 조항으로서, 검사의 기소와 법원의 재판을 통한 형벌의 부과라는 구체적 집행행위가 예정되어 있으므로, 원칙적으로 기본권 침해의 직접성을 인정할 수 없다. 나아가 집행기관인 검사나 법원이 이 사건 시행령만을 적용하여 기소나 재판을 할 수 없고 형벌조항인 '특정범죄 가중처벌 등에 관한 법률' 제 4 조, 형법 제129조 등을 함께 적용하여 기소 또는 재판을 하여야 할 것이므로, '법령이 일의적이고 명백한 것이어서 집행기관의 심사와 재량의 여지없이 법령에 따라 집행행위를 하여야 하는 경우'에 해당하지 아니하고, 청구인이 이 사건 시행령조항을 위반하여 기소된 이상 재판과정에서 곧바로 법원에 이 사건 시행령조항의 위헌 여부에 관한 판단을 구할 수 있었을 것이므로, '구제절차가 없거나 있다고 하더라도 권리구제의 기대가능성이 없는 경우'라고 볼 수도 없어, 이 사건 시행령조항은 기본권 침해의 직접성을 인정할 수 있는 예외적인 경우에 해당하지 않는다."고 판시하면서 심판청구를 각하하였다.[1)]

다만 위 결정 이후, 헌법재판소는 기소된 청구인이 청소년유해약물등의 범위를 정하고 그 판매를 금지한 '청소년 보호법' 조항 등에 대하여 헌법소원심판청구를 한 사건에서 직접성이 인정됨을 전제로 본안판단을 한 바 있고,[2)] 청구인이 검사의 기소유예처분을 받은 이후 정보통신망을 통하여 허위로 명예를 훼손한 자를 처벌하도록 정한 '정보통신망 이용촉진 및 정보보호 등에 관한 법률' 조항에 대하여 헌법소원심판 청구를 한 사건에서 직접성이 인정됨을 전제로 본안판단을 한 바 있다.[3)]

헌법재판소는, 다만 **제재수단 고유의 위헌성**을 이유로 제재수단 규정 자체를 다투는 경우에는 제재수단의 부과가 집행행위가 되므로 직접성이 인정되지 않고,[4)] 벌칙·과태료조항의 전제가 되는 구성요건 조항이 별도로 규정되어 있는 경우에는 벌칙조항에 대하여 청구인이 그 법정형이 체계정당성에 어긋난다거나 과다하다는 등 그 자체가 위헌임을 주장하지 않는 한 직접성을 인정할 수

1) 헌재 2016. 11. 24. 2013헌마403(4인의 반대의견은 형벌의 부과를 예정하고 있다는 이유로 직접성을 부정하고 있는 다수의견의 논리는 헌법재판소의 종래 입장에 배치되고, 청구인이 기소된 이상, 재판 과정에서 곧바로 법원에 이 사건 시행령조항에 대한 위헌심사를 구할 수 있었다고 하더라도, 그러한 절차가 존재한다는 사정만으로 이 사건 시행령조항이 그 자체로 직접 기본권 제한 효과를 발생시킨다는 점이 달라지지는 않는다고 하였다).

2) 헌재 2021. 6. 24. 2017헌마408.

3) 헌재 2021. 3. 25. 2015헌바438등.

4) 헌재 2008. 9. 25. 2008헌마97.

없다고 판시하였다.[1]

한편, 청구인이 행위금지규정과 제재규정의 위헌성을 함께 주장하는 경우 금지규정과 제재규정 모두에 대해 직접성이 인정된다. 헌법재판소는 법무사 아닌 자가 등기신청대행 등의 법무행위를 업으로 하는 것을 금지하고 이를 위반하는 경우 처벌하는 법무사법 조항,[2] 부동산중개업자로 하여금 법령이 정하고 있는 한도를 넘는 수수료를 받을 수 없도록 하고, 이를 위반한 경우 행정상 제재나 형사처벌을 할 수 있도록 하는 부동산중개업법 조항[3]에 대한 헌법소원 사건에서 모두 적법성을 인정하고 본안판단을 하였다.

한편, 헌법재판소는 청구인이 기소된 이후, 뇌물죄의 적용대상이 되는 정부관리기업체의 간부직원의 범위를 정한 '특정범죄 가중처벌 등에 관한 법률 시행령' 조항에 대하여 헌법소원심판 청구를 한 사건에서, 검사와 법원이 재량의 여지없이 일정한 집행행위를 하여야 하는 경우에 해당하지 않고, 기소된 이후에는 법원에 시행령 조항의 위헌심사를 구할 수 있어 구제절차가 있다는 이유로 직접성을 부정한 바 있다.[4]

다만 위 결정 이후, 헌법재판소는 기소된 청구인이 청소년유해약물등의 범위를 정하고 그 판매를 금지한 '청소년 보호법' 조항 등에 대하여 헌법소원심판 청구를 한 사건에서 직접성이 인정됨을 전제로 본안판단을 한 바 있고,[5] 또한 청구인이 검사의 기소유예처분을 받은 이후 정보통신망을 통하여 허위로 명예를 훼손한 자를 처벌하도록 정한 '정보통신망 이용촉진 및 정보보호 등에 관한 법률' 조항에 대하여 헌법소원심판 청구를 한 사건에서 직접성이 인정됨을 전제로 본안판단을 한 바 있다.[6]

---

1) 헌재 2006. 6. 29. 2005헌마165; 헌재 2006. 11. 30. 2004헌마431; 헌재 2008. 11. 27. 2007헌마860; 헌재 2009. 4. 30. 2007헌마106; 헌재 2009. 10. 29. 2007헌마1359; 헌재 2013. 6. 27. 2011헌마315등; 헌재 2014. 4. 24. 2011헌마659등; 헌재 2014. 5. 29. 2010헌마606; 헌재 2014. 9. 25. 2013헌마424; 헌재 2016. 5. 26. 2015헌마248; 헌재 2017. 12. 28. 2015헌마994(제재조항 자체의 고유한 위헌성을 다투지 않고 그 전제가 되는 금지조항이나 의무부과조항이 위헌이어서 제재조항도 위헌이라고 주장하는 경우); 헌재 2018. 6. 28. 2016헌마473; 헌재 2020. 4. 23. 2017헌마479.

2) 헌재 2003. 9. 25. 2001헌마156.

3) 헌재 2002. 6. 27. 2000헌마642등.

4) 헌재 2016. 11. 24. 2013헌마403(이에 대해서는 형벌의 부과를 집행행위로 보는 것은 헌법재판소의 종래 입장에 배치되며, 기소된 이후 법원에 위헌심사를 구할 수 있다 하더라도 시행령 조항이 직접 기본권 제한 효과를 발생시킨다는 점이 달라지지 않는다는 재판관 4인의 반대의견이 있다).

5) 헌재 2021. 6. 24. 2017헌마408.

6) 헌재 2021. 3. 25. 2015헌바438등.

4) 공권력행사로서의 구체적 집행행위

그런데 법규범이 구체적인 집행행위를 기다리지 아니하고 직접 기본권을 침해한다고 할 때의 집행행위란 **공권력행사로서의 집행행위**를 의미하는 것이므로 공권력이 아닌 사인의 행위,[1] 단순한 사실적 집행행위,[2] 소득세 원천징수행위[3] 등은 위에서 말하는 집행행위에 해당하지 아니한다. 그러나 과세관청의 부과처분에 의하여 조세채무가 확정되는 부과과세방식이나 납세의무자의 신고납세방식의 과세법령에 의한 조세의 경우에도 부과징수 형식에 의한 조세의 경우와 마찬가지로 종국적으로는 **과세처분이라는 집행행위**를 통하여 비로소 기본권침해가 현실화되므로 기본권침해의 직접성이 없는 **신고납세방식**의 법령조항을 대상으로 한 헌법소원은 부적법하다고 하였고,[4] 이러한 법리는 해당 조세법령이 조세의 면제나 부가가치세 면세율 적용 등의 **조세혜택을 배제**하는 내용을 담고 있는 경우에도 마찬가지로 적용된다고 하였다.[5]

또한 헌법재판소는 부과대상이 되는 비료의 종류 및 세율에 관하여 규정하고 있는 관세법상의 관세율표,[6] 양도소득세액 산정의 근거인 구 소득세법 규정,[7] 형사사건 변호사가 공급하는 용역을 부가가치세 면세대상에 포함하지 아니한 부가가치세법 조항,[8] 미용목적의 성형수술을 부가가치세 부과대상으로 규정하고 있는 구 부가가치세법 시행령 조항,[9] 모두 **과세처분이라는 집행행위**를 매개하며, 취득 당시 9억 원 이하인 주택에 대한 취득세 경감을 규정한 구 지방세특례제한법 조항,[10] 배우자 등이 있는 자에 대해서만 일정한 월세액을 근로소

---

1) 헌재 1996. 4. 25. 95헌마331(법무사 사무원의 수를 제한하는 법규에서 법무사의 해고행위); 헌재 1999. 3. 25. 97헌마130(사립학교의 학교운영위원회 설치를 임의사항으로 정한 법률조항을 다투는 헌법소원에서 사립학교의 운영위원회 설치행위); 헌재 2012. 5. 31. 2010헌마88(정보통신서비스 제공자의 해당 정보를 임시적으로 차단하는 임시조치).
2) 헌재 1997. 5. 29. 94헌마33.
3) 헌재 1999. 11. 25. 98헌마55.
4) 헌재 1998. 11. 26. 96헌마55; 헌재 2001. 1. 18. 2000헌마80(1인의 반대의견은 신고납세방식에 의한 조세의 경우 납세의무자는 스스로 과세표준을 확인하고 세율을 적용, 세액을 산출하여 신고하고 납부할 의무를 부담하며, 이를 해태하면 가산세를 부담하게 되므로 과세법령 그 자체로서 기본권침해의 직접성을 인정하여야 한다고 하였다); 헌재 2009. 4. 30. 2006헌마1261; 헌재 2011. 12. 29. 2011헌마149; 헌재 2013. 5. 30. 2011헌마131; 헌재 2014. 3. 27. 2011헌마577; 헌재 2020. 9. 24. 2017헌마498.
5) 헌재 2001. 1. 18. 2000헌마80; 헌재 2020. 9. 24. 2017헌마498.
6) 헌재 1998. 3. 26. 96헌마166.
7) 헌재 1999. 9. 16. 97헌마160.
8) 헌재 2013. 5. 30. 2011헌마131.
9) 헌재 2014. 3. 27. 2011헌마577.

득금액에서 공제하도록 정한 구 소득세법 조항,[1] 2010년부터 장기주택마련저축 납입액을 근로소득금액에서 공제되지 않도록 한 조세특례제한법 조항[2] 등은 종국적으로 경정청구에 대한 **거부처분 또는 과세처분이라는 집행행위**를 매개한다는 이유로 직접성을 부정하였다.

이에 반하여 **자동확정방식**의 조세의 경우에는 과세관청의 부과처분 없이 법령이 정하는 사유가 발생하면 법령이 정하는 바에 따라 그 세액이 자동적으로 확정되므로, 그 근거가 되는 조세법령에 대해 기본권 침해의 직접성을 인정한다. 헌법재판소는 이자소득 및 배당소득에 대하여 분리과세를 도입하고 20%의 세율로 원천징수하도록 규정하고 있는 '금융실명거래 및 비밀보장에 관한 법률' 부칙 조항에 대해서는 **원천징수행위**를 구체적인 집행행위로 볼 수 없으므로 직접성이 인정된다고 하였다.[3]

5) 법규범이 구체적 집행행위를 예정하고 있더라도 예외적으로 그 법규범의 권리침해의 직접성이 인정되는 경우

그러나 구체적 집행행위가 존재한 경우라고 하여 언제나 반드시 법률 자체에 대한 헌법소원심판청구의 적법성이 부정되는 것은 아니다. 즉 집행행위가 존재하는 경우라도 그 집행행위를 대상으로 하는 **구제절차가 없거나** 구제절차가 있다고 하더라도 **권리구제의 기대가능성이 없고** 다만 기본권침해를 당한 청구인에게 불필요한 우회절차를 강요하는 것밖에 되지 않는 경우 등으로서 당해법률에 대한 전제 관련성이 확실하다고 인정되는 때에는 당해법률을 직접 헌법소원의 대상으로 삼을 수 있다.[4] 헌법재판소는 변호인 등의 공판정에서의 녹취허가신

10) 헌재 2011. 12. 29. 2011헌마149.
1) 헌재 2013. 5. 30. 2011헌마718.
2) 헌재 2013. 5. 30. 2011헌마309.
3) 헌재 1999. 11. 25. 98헌마55.
4) 헌재 1989. 3. 17. 88헌마1; 헌재 1992. 4. 14. 90헌마82; 헌재 1997. 8. 21. 96헌마48; 헌재 1999. 11. 25. 98헌마55; 헌재 2002. 6. 27. 99헌마480; 헌재 2012. 7. 26. 2010헌마7등(저자는 반대의견으로서, 이 사건 시행규칙조항은 세입자에 대한 주거이전비 보상의 기준을 정함에 불과하여 그 기준에 근거한 사업시행계획, 관리처분계획과 그에 대한 각 인가라는 구체적 집행행위가 매개되지 않는 이상 이 사건 시행규칙만으로는 기본권침해의 결과가 발생한다고 볼 수 없고, 위와 같은 집행행위에 대하여 행정소송이라는 전형적인 불복방법이 존재하고 그 절차에서 집행행위의 근거가 되는 이 사건 시행규칙조항의 위헌여부 심사를 통한 권리구제가 충분히 가능하므로 직접성을 인정할 필요도 없다고 하였다); 헌재 2013. 7. 25. 2012헌마934; 헌재 2013. 8. 29. 2010헌마169(퇴직연금환수처분은 행정처분이므로 행정심판이나 행정소송 등을 통하여 권리구제를 받을 수 있고, 그 행정소송절차에서 이 사건 부칙조항에 대한 위헌법률심판제청도 신청할 수 있으므로, 그 구제절차가 없거나, 구제절차가 있다고 하더라도 권리구제의 기대가능성이 없고 청구인에게 불필요한 우회절차를 강요하는 것으로 볼 수 없다고 하였다); 헌재 2014. 3. 27. 2012헌마606(의료분쟁조정

청에 대한 법원의 불허결정에 대하여는 직접적인 구제절차가 없다고 보아 그 근거규정인 형사소송규칙의 직접성을 인정하였고,[1] '한나라당 대통령후보 이명박의 주가조작 등 범죄혐의의 진상규명을 위한 특별검사의 임명 등에 관한 법률'에 규정된 동행명령 조항에 의한 기본권 침해는 동행명령장의 발부라는 집행행위를 통해 구체적으로 현실화되나, 동행명령에 대하여는 구제절차가 없거나 권리구제의 기대가능성이 없다는 이유로 직접성을 인정하였고,[2] 수사기관 등이 전기통신사업자에게 이용자의 성명 등 통신자료의 열람이나 제출을 요청할 수 있도록 한 전기통신사업법 조항에 대해서는 수사기관 등의 통신자료 취득에 대한 직접적인 불복수단이 존재하는지 여부가 불분명하며, 이용자는 수사기관 등의 통신자료 제공요청의 직접적인 상대방이 아니어서 다른 절차를 통해 권리구제를 받지 못할 가능성이 크다는 이유로 직접성을 인정하였다.[3]

또한 헌법소원심판의 대상이 되는 법령은 그 법령에 기한 다른 집행행위를 기다리지 않고 직접 국민의 기본권을 침해하는 법령이어야 하지만, 예외적으로 법령이 일의적이고 명백한 것이어서 집행기관이 심사와 재량의 여지없이 그 법령에 따라 일정한 집행행위를 하여야 하는 때에는 당해 법령을 헌법소원의 직접대상으로 삼을 수 있으며,[4] 법규범이 집행행위를 예정하고 있더라도 법규범의 내용이 집행행위 이전에 이미 국민의 권리관계를 직접 변동시키거나 국민의 법적 지위를 결정적으로 정하는 것이어서 국민의 권리관계가 집행행위의 유무나 내용에 의하여 좌우될 수 없을 정도로 확정된 상태라면 그 법규범의 권리침해의 직접성이 인정된다.[5]

중재원장이 손해배상금 대불 부담비용을 부과·징수하는 것은 행정작용의 성격을 가지며, 징수를 위한 공고는 항고소송의 대상이 되는 처분에 해당하므로, 집행행위에 대한 구제절차가 없거나 그 구제절차에서는 권리구제의 기대가능성이 없어 청구인들에게 불필요한 우회절차를 강요한다고 보기 어렵다고 하였다); 헌재 2020. 2. 27. 2016헌마945(외교부장관의 반려 내지 거부처분 취소를 구하는 소를 제기하여 법원에 여권법 시행령 조항의 위헌 여부에 관한 판단을 구할 수 있으므로 구제절차가 없거나 구제절차가 있다고 하더라도 권리구제의 기대가능성이 없고 청구인에게 불필요한 우회절차를 강요하는 것이라고 볼 수 없다고 하였다).

1) 헌재 1995. 12. 28. 91헌마114 참조.

2) 헌재 2008. 1. 10. 2007헌마1468.

3) 헌재 2022. 7. 21. 2016헌마388등.

4) 헌재 1989. 3. 17. 88헌마1; 헌재 1995. 2. 23. 90헌마214; 헌재 2020. 2. 27. 2016헌마945.

5) 헌재 1997. 7. 16. 97헌마38(제도개선 시행지침에 의하여 학생부에 대하여 절대평가와 상대평가를 병행 활용하여야 하므로, 그 상대평가에 의하여 불이익을 입을 수 있는 청구인들이 국공립대학에 진학할 경우 제도개선지침에 의하여 바로 영향을 받을 수 있어 직접성이 인정된다고 하였다); 헌재 1999. 11. 25. 97헌마54. 동지: 헌재 1996. 2. 29. 94헌마213; 헌재 2003. 10. 30. 2001헌마700등; 헌재 2004. 8. 26. 2003헌마337; 헌재 2005. 12. 22. 2004헌마142(집행법원으로 하여금 첫 매각기일

그리고 법령의 집행행위를 기다렸다가 그 집행행위에 대한 권리구제절차를 밟을 것을 국민에게 요구할 수 없는 경우에도 예외적으로 기본권 침해의 직접성이 인정될 수 있다.[1)]

그런데 헌법재판소는 "법령에 대한 헌법소원에서 법규범이 집행행위를 예정하고 있더라도, 그 법령이 일의적이고 명백한 것이어서 집행기관이 심사와 재량의 여지없이 그 법령에 따라 일정한 집행행위를 하여야 하는 경우에는 당해 법령의 직접성을 인정할 수 있다. 그런데 이와 같은 법리를 적용함에 있어서 집행행위가 법령이 정한 요건이 충족될 경우 집행기관의 '재량'없이 이루어지는 기속행위라는 것과 집행기관이 법령이 정한 요건의 충족 여부를 '심사'할 여지도 없이 일의적이라는 것은 구분되어야 한다. 즉 집행행위가 조세의 부과처분 등과 같이 집행기관의 재량이 없는 기속행위라 하더라도 집행기관에게 적극적·소극적 과세요건의 충족 여부에 대한 심사가 예정되어 있는 경우에는 위 법리를 적용하더라도 당해 법령의 직접성을 인정할 수 없다."고 판시하였다.[2)]

이전으로 배당요구의 종기를 정하도록 한 민사집행법 제84조 제 1 항); 헌재 2007. 12. 27. 2004헌마1021(의료인이 하나의 의료기관만을 개설할 수 있도록 정한 의료법 조항); 헌재 2008. 11. 27. 2006헌마688(개인택시운송사업을 양수하고자 하는 자에게 5년 이상 무사고 운전경력을 요구하는 법령 조항); 헌재 2010. 12. 28. 2009헌마466(열람기간 제한규정은 비록 관할 선거관리위원회의 열람거부라는 집행행위가 예정되어 있다 하더라도 이와 무관하게 국민의 권리관계를 확정적인 상태로 만드는 것이므로 기본권침해의 직접성이 인정된다고 하였다); 헌재 2011. 10. 25. 2010헌마661(이 사건 고시 조항의 내용은 고용노동부장관의 집행행위 이전에 이미 대행기관 지정을 신청하려는 국민의 법적 지위를 결정적으로 정하는 것이므로 이 사건 고시 조항은 기본권침해의 직접성이 있다고 하였다); 헌재 2012. 5. 31. 2009헌마299; 헌재 2012. 5. 31. 2011헌마241(서사는 반대의견에서, 국가보훈처장의 상이등급 미달처분이라는 구체적인 집행행위가 매개되지 않는 이상 이 사건 별표 중 이명기준만으로는 청구인이 주장하는 기본권침해의 결과가 발생한다고 볼 수 없고, 위 집행행위에 대하여는 행정쟁송을 통하여 권리구제가 가능하여 직접성 요건의 예외를 인정할 여지도 없다고 하였다); 헌재 2014. 3. 27. 2012헌마606(개별 보건의료기관 개설자인 청구인들이 구체적인 액수의 손해배상금 대불비용을 납부할 의무를 지는 것은 의료분쟁조정중재원장의 부과·징수행위에 의한 것이고, 그러한 집행행위 이전에 심판대상조항들에 의하여 청구인들의 권리관계가 직접 변동되거나 확정된다고 할 수 없다고 하였다); 헌재 2015. 6. 25. 2013헌마128(국가보훈처장의 상이등급미달 판정은 재량의 여지없이 심판대상조항을 기계적으로 적용한 결과에 지나지 않고, 결국 청구인의 지위는 집행행위에 앞서 위 조항에 의하여 이미 확정되었다고 하였다. 1인의 반대의견 있음).

1) 헌재 2023. 7. 24. 2003헌마3(예컨대 형법상의 법률조항은 엄밀한 의미에서 법률 그 자체에 의하여 국민의 신체의 자유를 제한하는 것이 아니라 넓은 의미의 재량행위(법관의 양형)의 하나인 형법조항의 적용행위를 통하여 비로소 국민의 기본권이 제한되는 것이지만, 국민에게 그 합헌성이 의심되는 형법조항에 대하여 위반행위를 우선 범하고 그 적용·집행행위인 법원의 판결을 기다려 헌법소원심판을 청구할 것을 요구할 수는 없다. 따라서 이러한 경우에는 예외적으로 집행행위가 재량행위임에도 불구하고 법령에 의한 기본권침해의 직접성을 인정할 수 있다고 하였다).

2) 헌재 2020. 9. 24. 2017헌마498.

헌법재판소는 개인택시운송사업면허의 양도·양수인가에 관한 구 '여객자동차 운수사업법 시행규칙' 규정이 관할청으로 하여금 무사고 운전경력 요건을 갖추지 못한 자의 신청을 재량의 여지없이 불허하도록 하여 집행행위 이전에 이미 국민의 법적 지위를 정하고 있다는 이유로,[1] 의료인에게 하나의 의료기관만을 개설할 수 있도록 규정한 의료법 조항에 대해서는 집행행위 이전에 이미 의료인의 법적 지위를 정하고 있을 뿐만 아니라, '하나를 초과하는' 의료기관의 개설신고나 허가신청을 반려하거나 거부하도록 하여 행정청의 집행행위를 형식적인 것에 그치게 한다는 이유로,[2] 청력장애에 의한 상이등급 판정과 관련하여 이명 기준을 정하고 있는 '국가유공자 등 예우 및 지원에 관한 법률 시행규칙 별표' 규정에 대해서도, 이 규정은 '국가보훈처장에 의한 상이등급 판정'이라는 별도의 구체적인 집행행위를 예정하고 있지만, 국가보훈처장은 이명 환자인 국가유공자등록 신청자가 일정 기준 이상의 난청 증상을 가지고 있는 경우에 한해 상이등급 7급으로 결정할 뿐, 이러한 요건을 갖추지 못한 경우에는 곧바로 상이등급 미달 판정을 할 수밖에 없으므로 국가보훈처장의 집행행위 이전에 이미 국가유공자등록을 하려는 국민의 법적 지위를 결정한다는 이유로[3] 기본권 침해의 직접성을 인정하였다.

그러나 헌법재판소 결정 중에는 집행행위가 재량의 여지없이 필요적으로 예정되어 있는 경우에도 구체적 처분을 필요로 한다는 이유로 기본권 침해의 직접성을 부인한 것들이 있다.

예컨대 의료인 면허의 필요적 취소사유와 면허취소 후 재교부 금지기간을 규정하고 있는 의료법 조항에 대해, 기본권 침해는 이 조항에 따른 면허취소 또는 면허재교부 거부라는 구체적인 집행행위가 있을 때 현실적으로 나타난다고 하여 직접성을 부인하였고,[4] 금고 이상의 실형을 선고받고 그 집행이 종료된 날부터 3년이 지나지 아니한 경우 전자충격기의 소지허가를 필요적으로 취소하도록 규정한 '총포·도검·화약류 등 단속법' 조항에 대해서도 그 기본권 침해는 경찰서장의 소지허가취소라는 집행행위가 있을 때 현실적으로 나타난다고 하여 직접성을 인정하지 않았다.[5] 구체적인 처분을 다투더라도 권리구제에 지장이

1) 헌재 2008. 11. 27. 2006헌마688 참조.
2) 헌재 2007. 12. 27. 2004헌마1021.
3) 헌재 2012. 5. 31. 2011헌마241.
4) 헌재 2013. 7. 25. 2012헌마934.
5) 헌재 2014. 2. 27. 2012헌마904.

없다고 본 때문으로 보인다.[1)]

한편 헌법재판소는 "법령의 규정에 따라 구체적인 집행행위가 예정되어 있는 경우에도 그 집행행위를 대상으로 행정소송 등 구제절차를 먼저 거치지 않은 상태에서 헌법소원심판을 허용한다면, 설령 그 근거법령에 대하여 위헌결정이 있더라도 이미 집행행위가 확정되어 당연히 무효로 되거나 취소될 수 없는 경우가 발생할 수 있다. 이 경우 헌법소원심판을 청구한 사람은 오히려 권리구제를 받지 못하게 된다. 그러므로 법령에서 특정한 집행행위를 필요적으로 하도록 일의적으로 요구하고 있다는 사정만으로 그 법령 자체가 당연히 헌법소원의 대상이 된다고 볼 수는 없다."고 판시하였다.[2)] 그런데 헌법재판소가 이러한 판시를 한 사안은 심판대상이 법률이어서 법원이 위헌심사권을 갖지 못한 경우임이 주목할 만하다.

또한 헌법재판소는 "헌법재판소는 그의 재판관할의 범위 내에서만 직접성 또는 보충성 요건에 대한 예외를 인정할 수 있다. 다시 말하자면 법령조항에 대한 위헌심사가 헌법소원의 대상이 되는 경우에 비로소 직접성 요건의 충족여부를 판단하는 의미가 있고 나아가 직접성 또는 보충성 요건의 예외를 인정할 여지가 있다. 명령과 규칙이 구체적인 소송에서 재판의 전제가 된 경우에는 법원은 헌법 제107조 제 2 항에 따라 그 위헌성을 간접적으로 심사할 수 있다. 그러나 명령과 규칙에 의하여 직접 기본권을 침해받은 경우에는 그의 위헌성을 심사받을 길이 없기 때문에 헌법재판소는 이와 같이 직접 기본권을 침해하는 명령과 규칙에 대해서만 헌법소원심판을 청구할 수 있는 길을 열어 주었다. 그런데 법령조항에 따른 구체적인 집행행위가 존재하고 그 집행행위에 의하여 비로소 기본권의 침해가 현실적으로 발생하는 경우에는, 헌법재판소가 명령의 위헌성 여부를 판단할 수 있는 경우에 해당하지 아니하므로 그 법령조항에 대하여는 직접성 또는 보충성 요건의 예외를 인정할 여지가 없다."고 판시하였다.[3)]

---

1) 실무제요, 351면.

2) 헌재 2013. 7. 25. 2012헌마934(면허취소처분이나 면허재교부거부처분에 대한 행정쟁송을 통하여 권리구제를 받을 수 있고, 또 그 절차에서 집행행위의 근거가 된 심판대상조항의 위헌여부에 대한 심판제청을 할 수 있다는 이유로 직접성 요건을 갖추지 못하였다고 하였다); 헌재 2014. 2. 27. 2012헌마904(경찰서장의 전기충격기 소지허가취소처분을 받을 경우 행정소송 등을 제기할 수 있고, 그 절차에서 심판대상조항에 대하여 위헌법률심판제청신청을 통하여 권리구제를 받을 수 있으므로 직접성 요건을 갖추지 못하였다고 하였다).

3) 헌재 1998. 5. 28. 96헌마151(상속세법시행령 부칙 제 2 항을 합헌으로 판단하는 대법원판례가 형성되어 있는 경우라도 명령인 위 조항에 대한 심판청구는 직접성의 요건을 갖추지 못하여 부적법하

(다) 위임규정과 직접성

법령이 헌법소원의 대상이 되려면 구체적인 집행행위 없이 직접 기본권을 침해해야 하고, 여기의 집행행위에는 **입법행위**도 포함되고 따라서 **하위규범에 구체적인 입법규율을 위임하는 법률조항**은 직접성이 없다는 것이 헌법재판소 판례임은 앞서 설명한 바와 같다. 여기서의 **하위규범**에는 명령·규칙뿐만 아니라 행정규칙, 조례도 포함된다.

헌법재판소는 부설주차장의 설치기준을 일정 범위 안에서 조례에 위임하고 있는 주차장법 시행령 조항,[1] 의료수가기준과 그 계산방법 등에 관하여 보건복지가족부장관이 정하도록 하고 있는 구 의료급여법 조항,[2] 국외여행허가의 범위 및 기간의 구체적인 내용을 병무청장이 정하도록 위임하고 있는 병역법 시행령 조항,[3] 주택관리사보 자격시험의 응시자격 등을 대통령령에 위임하고 있는 주택법 조항,[4] 비어업인이 수산자원을 포획·채취하는 것을 제한하면서 그 구체적인 범위를 하위법령에 위임하고 있는 수산자원관리법 제18조,[5] 근로능력이 있는 수급자를 대상으로 한 조건부 수급에 대한 대통령령의 제정을 예정하고 있는 국민기초생활보장법 제 9 조 제 5 항,[6] 산업통상자원부령으로 정하는 바에 따라 LPG를 연료로 사용할 수 있는 자동차 또는 그 사용자의 범위를 제한할 수 있도록 규정한 구 액화석유가스의 안전관리 및 사업법 제28조,[7] 담배제조업의 허가기준을 대통령령에 위임한다고 규정한 담배사업법 제11조 제 1 항,[8] 교과용 도서의 범위 등을 하위법령에서 정하도록 위임하고 있는 초·중등교육법 제29조 제 2 항,[9] 행정자치부장관이 정하는 기준에 따라 수의계약대상자를 결정하도록 규정한 구 지방자치단체를 당사자로 하는 계약에 관한 법률

다고 하였다); 헌재 2008. 10. 30. 2007헌마1281 중 저자 등 반대의견; 헌재 2008. 12. 26. 2006헌마1192 중 저자 등 반대의견; 헌재 2012. 5. 31. 2011헌마241 중 저자 등 반대의견; 헌재 2015. 6. 25. 2013헌마128 중 재판관 김창종의 반대의견; 헌재 2016. 11. 24. 2013헌마403(4인의 반대의견 있음) 참조.

1) 헌재 2001. 1. 18. 2000헌마66.
2) 헌재 2011. 11. 24. 2009헌마415.
3) 헌재 2013. 6. 27. 2011헌마475.
4) 헌재 2014. 4. 24. 2012헌마928.
5) 헌재 2016. 10. 27. 2013헌마450. 이 사건에서 청구인은 비어업인의 수산자원의 포획·채취를 일반적으로 제한하는 것 자체의 위헌성이 아니라 비어업인이 잠수용 스쿠버장비를 사용하여 수산자원을 포획·채취하는 것을 금지하는 부분의 위헌성만을 주장하였다.
6) 헌재 2017. 11. 30. 2016헌마448.
7) 헌재 2017. 12. 28. 2015헌마997.
8) 헌재 2018. 2. 22. 2017헌마438.
9) 헌재 2018. 3. 29. 2015헌마1060등.

시행령 제30조 제 5 항,[1] 보건복지부장관이 의료수가기준과 그 계산방법을 정하도록 규정한 의료급여법 제 7 조 제 2 항,[2] 승진제한에 필요한 사항을 대통령령 등으로 정하도록 한 국가공무원법 제40조 제 3 항 중 '승진제한'에 관한 부분,[3] 사회복무요원에게 보수 및 직무수행에 필요한 여비 등을 지급하도록 하면서 그 기준 등에 필요한 사항을 대통령령으로 정하도록 한 병역법 제31조 제 5 항 본문,[4] 인터넷선거보도심의위원회로 하여금 인터넷 선거보도의 공정을 보장하기 위하여 필요한 사항을 공표하도록 위임한 공직선거법 제 8 조의 5 제 6 항,[5] 나무의사 자격시험에 필요한 사항을 대통령령으로 정하도록 위임하는 산림보호법 제21조의4 제 2 항, 산림사업법인의 등록요건을 대통령령으로 정하도록 위임하는 구 산림자원의 조성 및 관리에 관한 법률 제24조 제 1 항 제 2 호,[6] 근로자의 임금을 최저임금의 단위기간에 맞추어 환산하는 방법을 대통령령으로 정하도록 한 최저임금법 제 5 조의2,[7] 전산정보처리조직을 이용한 등기신청의 구체적인 방법을 대법원규칙이 정하는 바에 따르도록 한 부동산등기법 제24조 제 1 항 제 2 호,[8] 4·19혁명공로수당의 지급액 등을 대통령령에 위임하고 있는 국가유공자 등 예우 및 지원에 관한 법률 제16조의4 제 2 항,[9] 추천위원회의 구성·운영 등에 필요한 사항을 대통령령에 위임하는 교육공무원법 제24조 제 4 항 전단,[10] 문화체육관광부장관이 필요하다고 인정하는 경우 일정한 정부광고 업무를 대통령령으로 정하는 기관이나 단체에 위탁할 수 있도록 한 정부기관 및 공공법인 등의 광고시행에 관한 법률 제10조 제 1 항[11] 등에 대해 직접성 요건 결여를 이유로 각하하였다.

법령이 하위규범의 시행을 예정하고 있는 경우에는 위임규정에 대해 포괄위임금지원칙 또는 법률(의회)유보원칙 위반 주장이 있더라도, 위임규정의 직접성은 인정되지 않는다.[12]

---

1) 헌재 2018. 5. 31. 2015헌마853.
2) 헌재 2018. 7. 26. 2016헌마431.
3) 헌재 2018. 7. 26. 2016헌마930.
4) 헌재 2019. 4. 11. 2018헌마920.
5) 헌재 2019. 11. 28. 2016헌마90.
6) 헌재 2020. 6. 25. 2018헌마974.
7) 헌재 2020. 6. 25. 2019헌마15.
8) 헌재 2021. 12. 23. 2018헌마49.
9) 헌재 2022. 2. 24. 2019헌마883.
10) 헌재 2023. 5. 25. 2020헌마1336.
11) 헌재 2023. 6. 29. 2019헌마227.

다만 군법무관수당의 지급대상 및 지급액을 국방부령에 위임하고 있는 공무원수당 등에 관한 규정에 대해서는 이 수당규정이 '월봉급액의 40퍼센트'를 군법무관 수당의 상한으로 정하고 있고, 이와 같이 상한을 설정한 것 자체는 재산권을 침해할 가능성이 있다는 이유로[1] 기본권침해의 직접성을 인정하였다.

한편, 헌법재판소는 위임법령과 위임을 받은 하위규범이 함께 헌법소원의 대상이 된 경우, 위임법령에서 직접 의무를 부과하고 하위규범에는 구체적인 방법 등을 위임한 경우에는 위임법령에 대해서도 직접성을 인정한다.

즉 '정보통신망이용촉진 및 정보보호 등에 관한 법률'은 청소년유해매체물을 제공하고자 하는 자는 대통령령이 정하는 표시방법에 따라 당해 정보가 청소년유해매체물임을 표시하여야 한다고 하여 청소년유해매체물 표시방법을 대통령령에 위임하고 있으나 청소년유해매체물 표시의무 자체는 법률에서 직접 부과하고 있으므로 시행령 조항과 함께 기본권 침해의 직접성이 인정되고,[2] 시·도 조례로 정하는 지역의 후기학교 주간부 신입생을 고등학교 학교군별로 추첨에 의하여 교육감이 각 고등학교에 배정하도록 한 초·중등교육법 시행령 조항은 교육감의 추첨에 의한 고등학교 배정 제도를 직접 설정하면서 그 시행 지역만을 조례에 위임하고 있으므로 조례와 함께 기본권 침해의 직접성이 인정된다.[3]

또한 수권규정으로서의 법률조항과 그 하위법령인 시행령 조항이 서로 불가분의 관계를 이루면서 전체적으로 하나의 규율내용을 형성하고 있는 경우에는 수권조항과 시행령조항 모두에 대해 기본권침해의 직접성을 인정할 수 있다.[4] 즉, 전기통신사업법과 그 시행령 조항은 서로 불가분의 관계를 가지면서 전기통신을 이용하는 자들에게 공공의 안녕질서 또는 미풍양속을 해하는 내용의 통신을 하지 말 것을 명하고 있으므로 기본권 침해의 직접성이 인정되고,[5] 방송법과 방

12) 헌재 2008. 4. 24. 2004헌마440; 헌재 2009. 9. 24. 2008헌마11; 헌재 2010. 10. 28. 2009헌마544; 헌재 2011. 11. 24. 2009헌마415; 헌재 2016. 5. 26. 2014헌마374; 헌재 2017. 12. 28. 2015헌마997; 헌재 2019. 4. 11. 2018헌마920.

1) 헌재 2008. 5. 29. 2006헌마170.

2) 헌재 2004. 1. 29. 2001헌마894.

3) 헌재 2012. 11. 29. 2011헌마827.

4) 헌재 2012. 8. 23. 2010헌마328(저자 등 3인의 재판관은 반대의견으로서, 공무원연금법 제23조 제3항은 공무원 임용 전의 군복무기간을 공무원 재직기간으로 산입할 수 있도록 하는 근거조항일 뿐이고, 동 시행령 제16조의2에 의하여 비로소 산업기능요원의 복무기간이 공무원 재직기간에 산입되지 않게 되어 기본권침해문제가 발생하게 되므로 위 법률조항에 대한 청구는 기본권침해의 직접성을 인정할 수 없다고 하였다).

5) 헌재 2002. 6. 27. 99헌마480.

송법시행령 조항은 서로 불가분적으로 결합하여 그 자체에서 텔레비전 방송광고의 사전심의라는 의무를 부과하고 있으므로 그 권리(기본권)침해의 직접성이 인정되며,[1] 공무원연금법은 보충역소집에 의한 군 복무기간에 대하여 대통령령으로 정하는 기간을 공무원 재직기간에 산입할 수 있도록 하고 있지만, 그 시행령 조항은 산업기능요원의 복무기간을 공무원 재직기간 산입에서 제외함으로써 서로 불가분적으로 결합하여 전체적으로 하나의 규율 내용을 형성하고 있으므로 기본권 침해의 직접성이 인정된다.[2]

한편 위임입법의 내용이 일반적인 위임입법과는 달리 **특수한 헌법문제**를 내포하고 있어 그 헌법적인 해명이 필요한 경우에는 예외적으로 법률에 의한 기본권침해의 직접성을 일정할 수 있다.[3] 또한 헌법재판소는 그 자체로서는 기본권침해의 직접성이 없는 법률규정이라도 그 위헌성 여부가 적법하게 헌법소원의 심판대상이 된 법률부분에 **시원(始原)적인 영향**을 미치고 있다면 함께 심판대상이 된다고 하였고,[4] 의회유보의 원칙 위반, 포괄위임입법금지 원칙 위반 등의 문제가 법률조항에 의하여 **시원적으로 발생**하는 것이어서 법률조항의 위헌성 여부가 적법한 심판대상인 시행령 조항에 영향을 미치는 경우에는 법률조항의 위헌성 여부를 심사할 수 있다고 하였다.[5]

그런데 헌법재판소는 법률이 구체적인 사항을 대통령령에 위임하고 있고, 그 대통령령에 규정되거나 제외된 부분의 위헌성이 문제되는 경우, 헌법의 근본원리인 권력분립주의와 의회주의 내지 법치주의의 원리상, 법률조항의 위임에 따라 대통령령으로 규정한 내용이 헌법에 위반될 경우라도 그 대통령령의 규정이 위헌으로 되는 것은 별론으로 하고, 그로 인하여 정당하고 적법하게 입법권을 위임한 **수권법률조항**까지도 위헌으로 되는 것은 아니라고 하였다.[6]

1) 헌재 2008. 6. 26. 2005헌마506.
2) 헌재 2012. 8. 23. 2010헌마328.
3) 헌재 2001. 4. 26. 2000헌마122(위임입법의 내용이 일반적인 위임입법과는 성격이 다른 특수한 헌법문제 즉 입법부가 정관에 기본권 관련 사항을 위임할 수 있는지 하는 문제를 내포하고 있어 그 헌법적 해명이 필요한 경우라고 하여 예외적으로 법률에 의한 기본권침해의 직접성을 인정하였다).
4) 헌재 2007. 3. 29. 2005헌마985(인구규모의 고려 없이 국회의원 지역선거구 기준으로 일률적으로 시·도의원 정수를 2인으로 규정하고 있는 공직선거법 제22조 제1항. 인구편차에 의한 투표가치의 불평등의 문제는 위 법률조항에 의해 시원적으로 발생된다고 하였다).
5) 헌재 2012. 11. 29. 2011헌마827(고등학교의 입학방법과 절차 전부를 대통령령으로 정하도록 위임한 초·중등교육법 제47조 제2항); 헌재 2016. 5. 26. 2015헌마248(중개보수의 지급시기를 대통령령으로 정하도록 위임한 공인중개사법 제32조 제3항. 다만 2인의 반대의견은 그 자체로 청구인들의 기본권을 제한하는 내용을 포함하고 있지 아니하므로 직접성이 없다고 하였다).
6) 헌재 2011. 2. 24. 2009헌바289; 헌재 2019. 2. 28. 2017헌바245.

㈑ 정의규정, 선언규정, 조직·직무규정 등과 직접성

일반적으로 '**정의규정**' 내지 '**선언규정**'은 그 자체로 청구인에 대한 자유의 제한, 의무의 부과, 권리 또는 법적 지위의 박탈을 가져오지 않으므로 기본권 침해의 직접성 요건을 충족하지 못한다.[1)]

헌법재판소는 '경기도립학교 설치 조례 중 개정조례' 가운데 '도서벽지'의 정의규정,[2)] 구 고용보험법 중 '실업'에 대한 정의규정,[3)] '일제강점하 반민족행위 진상규명에 관한 특별법' 중 '친일반민족행위'에 대한 정의규정,[4)] 제주 4·3 특별법 중 제주 4·3 사건의 '희생자'에 대한 정의 규정,[5)] 청탁금지법 중 '공공기관' 및 '공직자등'에 대한 정의규정,[6)] 통신비밀보호법 중 위치정보추적자료가 통신사실 확인자료에 해당한다고 정의한 규정[7)] 등에 대해 해당 규정 자체에 의해서는 자유의 제한이나 법적 지위의 박탈 등이 생길 수 없다거나 관련 위원회의 결정 등의 구체적 집행행위가 예정되어 있다는 등의 이유로 직접성을 인정하지 않았다.

그러나 헌법재판소는 정의규정이 기본권 제한과 밀접하게 연관되어 있거나[8)] 형벌조항의 중요한 구성요건을 이루고 있는 경우[9)] 등에는 예외적으로 직접성을 인정하고 있다.

한편, **기관의 조직이나 직무**에 대해 정하고 있는 법령의 경우에도 직접성은 부인된다. 어떠한 국가기관이나 기구의 기본조직 및 직무범위 등을 규정한 **조직규범**은 원칙적으로 그 조직의 구성원이나 구성원이 되려는 자 등 외에 일반국민을 수범자로 하지 아니하고, 일반국민은 그러한 조직규범에 의해 자기의 헌법상 보장된 기본권이 직접적으로 침해된다고 할 수 없다.[10)] 따라서 경찰의 기본조직 및 직무범위 등을 규정한 경찰법 조항,[11)] 법관의 사무부담, 사건배당 방

---

1) 실무제요, 357면.
2) 헌재 1998. 10. 15. 96헌바77.
3) 헌재 2009. 2. 26. 2007헌마716.
4) 헌재 2010. 9. 30. 2009헌마631.
5) 헌재 2010. 11. 25. 2009헌마146.
6) 헌재 2016. 7. 28. 2015헌마236등.
7) 헌재 2018. 6. 28. 2012헌마191등.
8) 헌재 1997. 10. 30. 96헌마109; 헌재 2001. 11. 29. 99헌마494; 헌재 2006. 5. 25. 2005헌마715.
9) 헌재 2006. 6. 29. 2005헌마1167.
10) 헌재 2016. 9. 29. 2013헌마821; 헌재 2019. 11. 28. 2017헌마1356; 헌재 2024. 4. 25. 2020헌마1738.
11) 헌재 1994. 6. 30. 91헌마162.

법 등에 관하여 규정한 '법관 등의 사무분담 및 사건배당에 관한 예규' 조항,[1] 의문사진상조사위원회의 의결방법과 자문위원회의 설치 및 구성 등에 관하여 정하고 있는 '의문사 진상규명에 관한 특별법' 조항,[2] 고충처리인의 권한과 직무, 언론중재위원회의 구성방법을 정하고 있는 언론중재법 조항,[3] 사학분쟁조정위원회의 설치, 심의사항, 구성 등에 관하여 규정한 사립학교법 조항,[4] 학생인권위원회의 설치 및 업무수행 등에 관하여 규정한 '서울특별시 학생인권조례' 조항,[5] 검사 징계위원회의 구성에 관하여 정하고 있는 검사징계법 조항[6] 등은 기본권침해의 직접성이 인정되지 않는다.

(마) 법원의 명령, 허가 등을 규정한 재판규범과 직접성

법규범이 구체적인 소송사건에서 법원에 의하여 해석·적용되는 재판규범으로서, 법원의 구체적인 집행행위를 거쳐 비로소 특정인의 기본권에 영향을 미치게 되는 경우, 법원에 의한 해석·적용을 기다리지 아니하고 바로 그 규정만에 의하여 기본권이 침해된다고 볼 수 없다.[7]

헌법재판소는 재판장의 인지보정명령이 있음에도 이를 보정하지 아니한 경우 재판장의 명령으로 소장을 각하하도록 한 민사소송법 조항,[8] 기존에 구 '청소년의 성보호에 관한 법률'에 의한 열람명령을 받은 자에 대하여 검사의 청구에 의한 법원의 공개명령을 받아 여성가족부장관이 정보통신망을 이용한 신상정보 공개명령을 집행할 수 있도록 한 '아동·청소년의 성보호에 관한 법률' 부칙 조항,[9] 채무자에 대한 면책허가결정의 근거조항인 '채무자 회생 및 파산에 관한 법률' 조항,[10] 항소이유서 제출기간 내에 항소이유서를 제출하지 아니한 경우 항소기각결정을 하도록 한 형사소송법 조항[11]에 대하여 모두 구체적인 집행행위가 매개되어 있다는 이유로 직접성을 부정하였다.

다만, 헌법재판소는 집행행위가 매개되어 있다고 하더라도 별도의 구제절차

1) 헌재 2002. 12. 18. 2002헌마279.
2) 헌재 2004. 9. 23. 2002헌마563.
3) 헌재 2006. 6. 29. 2005헌마165등.
4) 헌재 2013. 11. 28. 2007헌마1189등.
5) 헌재 2019. 11. 28. 2017헌마1356.
6) 헌재 2021. 6. 24. 2020헌마1614.
7) 헌재 2006. 6. 29. 2005헌마165 등.
8) 헌재 1997. 9. 25. 96헌마41.
9) 헌재 2012. 4. 24. 2010헌마493등.
10) 헌재 2013. 3. 21. 2012헌마569.
11) 헌재 2016. 9. 29. 2015헌마165.

가 없는 경우에는 예외적으로 직접성을 인정하고 있다.

예컨대 피고인이나 변호인이 공판정에서 녹취를 하고자 할 경우 법원의 허가를 받도록 하고 있는 형사소송규칙에 대해서는, 녹취허가신청에 대한 법원의 녹취불허결정은 판결전의 소송절차에 관한 결정으로서 즉시항고를 인정하는 명문의 규정이 없어 항고를 제기할 수 없다는 이유로[1] 특별검사의 참고인 또는 피의자 지정과 동행명령을 규정한 법률조항에 대해서는, 그 불복수단을 규정하고 있지 않을 뿐만 아니라, 항고소송의 대상이 되는 처분인지 불분명하여 권리구제의 기대가능성 등이 없다는 이유로[2] 기본권 침해의 직접성을 인정하였다.

(2) 직접성을 인정한 사례

사법서사직 선택을 제한하는 사법서사법 제 4 조 제 1 호 전단 경력규정부분,[3] 청구인의 직접적인 헌법소원심판 수행권을 제한하는 변호사강제주의 조항,[4] 18세 미만자의 당구장출입을 금지한 체육시설의 설치·이용에 관한 법률시행규칙,[5] 지방자치단체를 폐지하는 법률조항,[6] 법원의 녹취불허결정의 근거규정인 형사소송규칙 제40조,[7] 통상의 입법절차를 거치지 아니한 대통령의 긴급명령,[8] 집행행위 매개 없이 직접 불균형과세를 발생시키는 부산시조례,[9] 항소된 경우에 소송기록 등을 항소법원에 송부하는 절차에 관하여 규정한 구 형사소송법 제361조 제 1 항, 제 2 항,[10] 법규범의 직접적인 수범자는 아니나 사무원이 해고위험을 부담하는 경우인 법무사법 시행규칙 제35조 제 4 항,[11] 보건복지부장관이 고시한 생활보호사업지침상의 '94년 생계보호기준',[12] 국·공립대학의 학생선발에 대한 교육제도개선시행지침,[13] 수사기관의 구속기간연장허가신청에 대

1) 헌재 1995. 12. 28. 91헌마114.
2) 헌재 2008. 1. 10. 2007헌마1468.
3) 헌재 1989. 3. 17. 88헌마1.
4) 헌재 1990. 9. 3. 89헌마120등.
5) 헌재 1993. 5. 13. 92헌마80.
6) 헌재 1995. 3. 23. 94헌마175; 헌재 1994. 12. 29. 94헌마201.
7) 헌재 1995. 12. 28. 91헌마114(집행행위인 법원의 녹취불허결정에 대하여 직접적인 구제절차가 없다는 이유로 직접성을 인정하였다).
8) 헌재 1996. 2. 29. 93헌마186.
9) 헌재 1995. 10. 26. 94헌마242.
10) 헌재 1995. 11. 30. 92헌마44.
11) 헌재 1996. 4. 25. 95헌마331.
12) 헌재 1997. 5. 29. 94헌마33(공무원의 생계보호급여 지급이라는 집행행위는 위 생계보호기준에 따른 단순한 사실적 집행행위에 불과하다고 하였다).

한 지방법원 판사의 연장허가결정을 다툴 방법이 없는 구속기간 연장을 규정한 국가보안법 제19조,[1] 지방의회에 청원할 때에는 필요적 요건으로 지방자치의원의 소개를 얻도록 규정한 지방자치법 제65조,[2] 과외교습을 금지하는 학원설립운영에 관한 법률 제 3 조, 제 4 조,[3] 우선변제 보조금 액수를 정한 주택임대차보호법 시행령 제 3 조 제 1 항, 제 4 조,[4] 직접성 요건이 충족된 심판대상조항과 내용상 내적 연관관계에 있는 경우, 별도 집행행위가 예정되어 있는 다른 법률조항,[5] 우리나라와 일본 사이에 어업에 관하여 체결·공포된 협정,[6] 농지개량조합장 등 임원의 예우를 행정규칙도 아닌 농업기반공사 정관에 위임하는 규정,[7] 선거권 연령을 20세로 한 공직선거법 규정,[8] 일정한 선거운동을 제한하는 공직선거 및 선거부정방지법 제93조 제 1 항,[9] 국회의원에게 선거기간 개시일 전일까지 의정활동 보고를 허용하는 공직선거 및 선거부정방지법 제111조 제 1 항,[10] 수용자의 교도서장 허가없는 서신 연락을 금지하는 구 수용자규율 및 징벌에 관한 규칙,[11] 준법서약에 관한 가석방심사 등에 관한 규칙,[12] 전기통신이용자들에게 공공의 안녕질서 또는 미풍양속을 해하는 내용의 통신을 하지 말 것을 명한 전기통신사업법 제53조 제 1 항, 제 2 항, 동 시행령 제53조 제 3 항,[13] 신문판매업자의 무가지, 경품류 공급을 제한하는 신문고시 제 3 조 제 1 항 제 2 호,[14] 휴직자의 국민건강보험 보험료 산정방식을 규정한 국민건강보험법 제67조,[15] 청소년 유해매체물 표시의무를 부과하면서 그 구체적 방법을 대통령령에 위임하고 있는 정보통신망이용촉진 및 정보보호 등에 관한 법률 제42조,[16] 구제대상

13) 헌재 1997. 7. 16. 97헌마38.
1) 헌재 1997. 8. 21. 96헌마48.
2) 헌재 1999. 11. 25. 97헌마54.
3) 헌재 2000. 4. 27. 98헌가16등.
4) 헌재 2000. 6. 29. 98헌마36.
5) 헌재 2000. 6. 29. 99헌마289; 헌재 2003. 10. 30. 2000헌마801.
6) 헌재 2001. 3. 21. 99헌마139등.
7) 헌재 2001. 4. 26. 2000헌마122(일반적 위임입법 문제와는 달리 특수한 헌법적 성격문제를 다투는 경우이므로 법률 자체의 직접성을 인정하였다).
8) 헌재 2001. 6. 28. 2000헌마111.
9) 헌재 2001. 8. 30. 99헌바92등.
10) 헌재 2001. 8. 30. 99헌바92등.
11) 헌재 2001. 11. 29. 99헌마713.
12) 헌재 2002. 4. 25. 98헌마425등.
13) 헌재 2002. 6. 27. 99헌마480(청구인이 전기통신사업자가 아닌 제 3 자이므로 행정소송을 통한 권리구제가능성이 없다는 이유로 직접성 예외를 인정하였다).
14) 헌재 2002. 7. 18. 2001헌마605.
15) 헌재 2003. 6. 26. 2001헌마699.

인 '미임용자'의 개념을 정의하고 있는 국립사범대학 졸업자 중 교원 미임용자 임용 등에 관한 법률 제 2 조,[1] 보건복지부장관이 고시한 2002년도 최저생계비 고시,[2] 지방공사직원의 지방의회의원 겸직금지규정,[3] 재량 없이 일률적으로 적용되는 법무부 훈령인 계호근무준칙,[4] 지방자치단체장의 계속 재임을 3기로 제한한 지방자치법조항,[5] 의료인에게 하나의 의료기관만을 개설할 수 있도록 규정한 의료법 제33조 제 2 항 단서,[6] 특별검사의 피의자나 참고인 지정행위 및 동행명령을 규정한 법률조항,[7] 군법무관 수당의 상한을 설정한 공무원 수당 등에 관한 규정,[8] 제 5 구의 잠수기어업 허가정수를 37건으로 정한 구 수산자원보호령 제17조 제 1 항 별표 12 부분,[9] 서로 불가분적으로 결합하여 텔레비전 방송광고의 사전심의 의무를 부과하는 법률조항 및 동 시행령 조항,[10] 국방부의 보조기관 등을 현역군인으로 보할 수 있게 한 정부조직법 제 2 조 제 7 항,[11] 특정국가에서의 여권사용제한 등을 정한 여권의 사용제한 등에 관한 고시,[12] 의료인에 대하여 태아성별금지 의무를 규정한 구 의료법 제19조의2,[13] 사법시험 제 2 차 시험에서 해당 문제번호의 답안지에 답안을 작성하지 아니한 자에 대하여 그 과목을 영점 처리하도록 규정하고 있는 사법시험시행규칙 조항,[14] 개인택시운송 사업면허의 양도·양수 인가요건인 5년 이상 무사고 운전경력을 규정하고 있는 구 여객자동차 운수사업법 시행규칙 조항,[15] 군무원의 초임호봉을 확정하

---

16) 헌재 2004. 1. 29. 2001헌마894.

1) 헌재 2004. 9. 23. 2004헌마192(이 사건 조항이 규정하고 있는 '미임용자'의 기준은 등록절차에서 교육감이 재량의 여지없이 반드시 고려하여야 하는 사항이므로 직접성이 있다고 하였다).

2) 헌재 2004. 10. 28. 2002헌마328.

3) 헌재 2004. 12. 16. 2002헌마333등.

4) 헌재 2005. 5. 26. 2004헌마49.

5) 헌재 2006. 2. 23. 2005헌마403.

6) 헌재 2007. 12. 27. 2004헌마1021(저자는 반대의견에서 위 조항은 행정청의 개설신고반려나 개설허가거부라는 기본권제한의 집행행위가 예정되어 있고 합헌적 해석이 가능하여 그 내용이 일의적이고 명백하다고 볼 수 없다는 이유로 직접성을 부인하였다).

7) 헌재 2008. 1. 10. 2007헌마1468.

8) 헌재 2008. 5. 29. 2006헌마170.

9) 헌재 2008. 6. 26. 2005헌마173(저자는 반대의견에서 행정청의 집행행위를 매개로 기본권침해가 발생한다는 이유로 직접성을 부인하였다).

10) 헌재 2008. 6. 26. 2005헌마506.

11) 헌재 2008. 6. 26. 2005헌마1275.

12) 헌재 2008. 7. 31. 2004헌마1010등.

13) 헌재 2008. 7. 31. 2004헌마1010등.

14) 헌재 2008. 10. 30. 2007헌마1281(저자는 반대의견에서 법무부장관의 불합격처분이라는 구체적 집행행위매개를 이유로 직접성을 부인하였다).

15) 헌재 2008. 11. 27. 2006헌마688(저자는 반대의견에서 서울시장의 인가처분에 의하여 기본권침

는 기준을 규정한 구 공무원봉급 업무처리지침 관련규정,[1] 보도상 영업시설을 운영한 자 중 자산가액 2억 원 미만인 자로서 제소전 화해조서를 제출한 자에 대하여 도로점용허가를 갱신하도록 한 서울시조례조항,[2] 미국산 쇠고기의 수입위생조건을 정한 농림수산식품부 고시,[3] 사행성 게임물의 유통·이용제공·보관 등을 금지한 게임산업 진흥에 관한 법률조항,[4] 훈시규정으로 해석되고 있는 헌법재판사건의 심판기간을 180일로 정한 헌법재판소법 제38조 본문,[5] 하위규범의 시행을 예정하고 있더라도 수권법률 조항과 서로 불가분의 관계를 이루면서 전체적으로 하나의 규율내용을 형성하고 있는 경우,[6] 제주4·3특별법 제 2 조, 제 3 조, 제 8 조, 제 9 조,[7] 외국인 근로자 고용업무를 대행하는 대행기관의 지정요건에 관하여 규정한 '고용허가제 대행기관 운영에 관한 규정(고용노동부고시)' 제 4 조,[8] 수용자가 보내려는 모든 서신에 대해 무봉함 상태의 제출을 강제한 '형의 집행 및 수용자의 처우에 관한 법률 시행령' 제65조 제 1 항,[9] 국민건강보험의 직장가입자와 지역가입자의 재정통합을 명하고 가입자간 보험료 산정기준을 이원화하는 국민건강보험법 제33조 제 2 항, 제62조 제 4 항,[10] 공무원의 정책반대·방해행위 및 정치적 주장을 표시하는 복장 등 착용행위를 금지한 국가공무원 복무규정 및 지방공무원 복무규정,[11] 정보통신서비스 제공자에 대한 임시조치를 규정한 정보통신망 이용촉진 및 정보보호 등에 관한 법률 제44조의2 제 2 항,[12] 상이등급 판정기준에 관한 '국가유공자 등 예우 및 지원에 관한 법률 시행규칙' 제 8 조의3 중 이명 기준 부분,[13] 주택재개발사업시행구역

해가 현실화 된다는 이유로 직접성을 부인하였다).

1) 헌재 2008. 12. 26. 2006헌마1192(저자는 반대의견에서 기준에 따른 임용권자의 호봉확정처분이라는 구체적인 집행행위가 매개되어야 기본권침해 결과가 발생한다는 이유로 직접성을 부인하였다).

2) 헌재 2008. 12. 26. 2007헌마1387(저자는 반대의견에서 갱신허가처분 내지 거부처분이라는 구체적 집행행위가 매개되어야만 기본권침해가 현실화된다는 이유로 직접성을 부인하였다).

3) 헌재 2008. 12. 26. 2008헌마419등.

4) 헌재 2009. 4. 30. 2007헌마103.

5) 헌재 2009. 7. 30. 2007헌마732.

6) 헌재 2009. 9. 24. 2007헌마949.

7) 헌재 2010. 11. 25. 2009헌마146(제주4·3위원회의 희생자결정행위라는 구체적 집행행위를 통하여 기본권침해가 발생할 수 있다고 하였다).

8) 헌재 2011. 10. 25. 2010헌마661.

9) 헌재 2012. 2. 23. 2009헌마333.

10) 헌재 2012. 5. 31. 2009헌마299.

11) 헌재 2012. 5. 31. 2009헌마705등.

12) 헌재 2012. 5. 31. 2010헌마88.

13) 헌재 2012. 5. 31. 2011헌마241(저자는 반대의견에서 위 규정은 국가보훈처장에 의한 상이등급

안에 있는 세입자에 대한 주거이전비 보상기준 및 세입자 기준을 규정한 도시 및 주거환경정비법 시행규칙 제 9조의2 제 2 항,[1] 수사경력자료의 보존 및 보존기간을 정한 형의 실효 등에 관한 법률 제 8 조의2,[2] 보충역 소집에 의한 군복무기간에 대하여 대통령령으로 정하는 기간을 공무원재직기간에 산입할 수 있다고 규정하고 있는 공무원연금법 제23조 제 3 항, 위 규정의 위임에 따라 산업기능요원의 복무기간이 공무원재직기간에 산입되지 않게 규정한 공무원연금법 시행령 제16조의2,[3] 사용자로 하여금 2년을 초과하여 기간제 근로자를 사용할 수 없도록 한 기간제 및 단시간근로자보호 등에 관한 법률 제 4 조 제 1 항 본문,[4] 소송기록 접수통지를 받은 후 20일 내에 항소이유서를 제출하도록 규정한 형사소송법 제361조의3 제 1 항 전문,[5] 수사기관 등이 전기통신사업자에게 이용자의 성명 등 통신자료의 열람이나 제출을 요청할 수 있도록 한 전기통신사업법 제83조 제 3 항 중 '검사 또는 수사관서의 장, 정보수사기관의 장의 수사, 형의 집행 또는 국가안전보장에 대한 위해 방지를 위한 정보수집을 위한 통신자료 제공요청'에 관한 부분[6] 등에 대해서는 청구인들의 기본권을 직접 제한한다 할 것이므로 기본권침해의 직접성을 인정할 수 있다고 하였다.

(3) 직접성을 부인한 사례

법무부장관의 보안처분결정을 정하고 있는 사회안전법의 규정,[7] 법원의 해석·적용이라는 구체적인 집행행위를 거쳐 특정인의 기본권에 영향을 미치는

판정이라는 별도의 구체적 집행행위가 예정되어 있다는 이유로 직접성을 부인하였다).

1) 헌재 2012. 7. 26. 2010헌마7등(저자는 반대의견에서 위 기준에 근거한 사업시행계획 관리처분계획과 그에 대한 각 인가라는 구체적 집행행위가 매개되지 않은 이상 기본권침해결과가 발생한다고 볼 수 없다는 이유로 직접성을 부인하였다).

2) 헌재 2012. 7. 26. 2010헌마446.

3) 헌재 2012. 8. 23. 2010헌마328(저자는 반대의견에서 공무원연금법 제23조 제 3 항을 공무원임용 전의 군복무기간을 공무원 재직기간으로 산입할 수 있도록 하는 근거조항일 뿐이므로 기본권침해의 직접성을 인정할 수 없다고 하였다).

4) 헌재 2013. 10. 24. 2010헌마219등(청구인들은 기간제근로자로 근무해 오다가 심판대상조항의 시행으로 인하여 기존의 직장에서는 더 이상 근로계약을 체결할 수 없게 되었으므로 동 조항은 청구인들의 기본권을 직접 제한한다고 하였다).

5) 헌재 2016. 9. 29. 2015헌마165.

6) 헌재 2022. 7. 21. 2016헌마388등(이 사건 법률조항은 수사기관 등의 전기통신사업자에 대한 통신자료 제공요청이라는 행위를 예정하고 있으나, 이 사건 통신자료 취득행위에 대한 직접적인 불복수단이 존재하는지 여부가 불분명하고, 청구인들이 영장주의 및 적법절차원칙 위반을 다투고 있는 부분과 관련하여서는 법률 그 자체에 의하여 청구인들의 법적 지위에 영향을 미친다고 볼 수 있으므로 이 사건 법률조항은 직접성이 인정된다고 하였다).

7) 헌재 1989. 10. 27. 89헌마105.

소송촉진 등에 관한 특례법 제24조,[1] 건설부장관의 개발제한구역 지정·고시에 관하여 정하고 있는 도시계획법 제21조,[2] 건설부장관의 용도지구 지정·고시에 관하여 정하고 있는 자연공원법 제16조 제 1 항,[3] 계획의 고시나 열람 후 그 집행절차를 규정하고 있는 농촌근대화촉진법 제94조,[4] 세무서장의 과세처분의 근거가 된 법률조항,[5] 경찰의 조직 및 직무범위 등을 규정한 경찰법,[6] 가석방의 요건을 규정한 형법 제72조 제 1 항,[7] 공정거래법 위반에 대한 공정거래위원회의 고발을 소추요건으로 규정한 공정거래법 제71조,[8] 행정처분의 기준을 정한 풍속영업의 규제에 관한 법률 시행규칙,[9] 법원의 재판규범인 부정수표단속법상의 처벌조항,[10] 인지보정명령의 불이행에 대하여 소장을 각하하도록 한 재판규범인 민사소송법 제231조 제 1 항,[11] 기록의 열람·등사에 관한 기준을 제시하고 있는 검찰보존사무규칙 제22조, 기록열람·등사에 관한 업무처리지침 제 2 조 나항,[12] 조합정관이 정한 보험료액의 산정기준 내지 방법에 관한 의료보험법 제49조 제 3 항, 동시행령 제86조,[13] 관세의 부과대상 및 세율에 관한 관세율표,[14] 국세청장이 지정한 자가 제조한 납세병마개만을 사용하도록 규정하고 있는 특별소비세법 시행령 제37조 제 3 항 단서 및 주세법 시행령 제62조 제 4 항,[15] 수용자의 서신검열을 규정한 행형법 제18조 제 3 항,[16] 정의규정 내지 선언규정인 법률조항,[17] 신고납부방식의 과세근거 법률조항,[18] 부담금부과처분이라

1) 헌재 1991. 5. 13. 89헌마267.
2) 헌재 1991. 6. 3. 89헌마46; 헌재 1999. 10. 21. 98헌마407.
3) 헌재 1991. 9. 16. 89헌마152.
4) 헌재 1992. 11. 12. 91헌마192.
5) 헌재 1994. 4. 28. 92헌마480; 헌재 1995. 1. 20. 94헌마99; 헌재 1997. 1. 16. 95헌마330; 헌재 1998. 5. 28. 96헌마151; 헌재 1999. 10. 21. 96헌마61.
6) 헌재 1994. 6. 30. 91헌마162; 동지: 헌재 2004. 9. 23. 2002헌마563; 헌재 2006. 6. 29. 2005헌마165등.
7) 헌재 1995. 3. 23. 93헌마12.
8) 헌재 1995. 7. 21. 94헌마191.
9) 헌재 1996. 2. 29. 94헌마13.
10) 헌재 1997. 6. 26. 96헌마148.
11) 헌재 1997. 9. 25. 96헌마41.
12) 헌재 1998. 2. 27. 97헌마101.
13) 헌재 1998. 2. 27. 96헌마134; 동지: 헌재 2001. 8. 30. 2000헌마668.
14) 헌재 1998. 3. 26. 96헌마166.
15) 헌재 1998. 4. 30. 97헌마141.
16) 헌재 1998. 8. 27. 96헌마398.
17) 헌재 1998. 10. 15. 96헌바77; 헌재 2004. 9. 23. 2002헌마563; 헌재 2008. 2. 28. 2006헌마1028; 헌재 2009. 2. 26. 2007헌마716; 헌재 2010. 9. 30. 2009헌마631; 헌재 2010. 11. 25. 2009헌마146; 헌재 2014. 9. 25. 2012헌마741; 헌재 2016. 7. 28. 2015헌마236등(2인의 반대의견은 정의규정이라

는 구체적 집행행위를 통하여 현실적으로 기본권침해를 받게 되는 택지소유상한에 관한 법률 제 2 조,[1] 특허법원 판결에 대해 대법원에 상고할 수 있음을 밝힌 특허법 제186조 제 7 항,[2] '무효로 하지 아니하는 투표'의 기준을 규정한 공직선거 및 선거부정방지법 제179조 제 3 항,[3] 상위규범이 임의적인 하위규범의 시행을 예정하고 있는 상태에서 하위규범이 제정된 경우의 상위규범,[4] 위원회의 희생자 결정이라는 구체적 집행행위를 통하여 기본권침해가 발생하는 제주 4·3사건진상규명 및 희생자 명예회복에 관한 특별법,[5] 수용자의 규율위반에 대한 조사절차 및 징벌의 양정기준에 관한 규칙,[6] 법무사시험의 공고와 합격자 결정에 관한 법무사법 시행규칙 제 7 조 제 6 호, 제13조 제 2 항 단서,[7] 행정자치부장관의 사법시험 선발예정인원의 결정과 공고 및 합격자 결정에 관한 사법시험법 규정,[8] 수형자 분류처우규칙의 근거법률인 행형법 제44조 제 5 항,[9] 계구의 종류와 사용요건을 정하고 있는 계구의제식과사용절차에관한규칙 제 2 조, 제 5 조,[10] 법원의 보석허가결정에 있어 일정한 보석 제한사유를 규정한 형사소송법 제95조 제 4 호,[11] 산업재해보상보험급여에의 산정기준을 정한 법령조항,[12] 교도소 내 규율위반을 이유로 조사 수용된 수형자에 대하여 교도소장이 조사기간 중 집필을 금지할 수 있도록 한 수용자규율및징벌등에관한규칙 제 7 조 제 2 항,[13] 시도지사의 구체적인 중지·폐쇄·철거명령 등을 매개로 하는 구 석유사업법 제26조의2 제 1 항,[14] 특정중학교를 제 1 지망으로 지원하도록 하는 중학교

하더라도 기본권제한과 밀접하게 연관되어 있거나 형벌조항의 중요한 구성요건을 이루고 있는 경우에는 기본권침해의 직접성을 인정할 수 있다고 하였다).

18) 헌재 1998. 11. 26. 96헌마55; 헌재 1999. 9. 16. 97헌마160; 헌재 2001. 1. 18. 2000헌마80; 헌재 2009. 4. 30. 2006헌마1261; 헌재 2009. 10. 29. 2007헌마1423; 헌재 2013. 5. 30. 2011헌마131; 헌재 2014. 3. 27. 2011헌마577.

1) 헌재 1999. 4. 29. 96헌마352등; 재건축부담금 부과처분. 헌재 2008. 3. 27. 2006헌마770.
2) 헌재 1999. 5. 27. 98헌마372.
3) 헌재 2000. 6. 29. 2000헌마325.
4) 헌재 2001. 1. 18. 2000헌마66.
5) 헌재 2001. 9. 27. 2000헌마238등.
6) 헌재 2001. 11. 29. 99헌마713.
7) 헌재 2001. 11. 29. 2000헌마84.
8) 헌재 2002. 2. 28. 99헌마693.
9) 헌재 2002. 12. 18. 2001헌마111.
10) 헌재 2003. 12. 18. 2001헌마163.
11) 헌재 2004. 4. 29. 2002헌마756.
12) 헌재 2004. 9. 23. 2003헌마231등.
13) 헌재 2005. 2. 24. 2003헌마289.
14) 헌재 2005. 11. 24. 2004헌마536.

배정계획,[1] 정당등록취소규정 및 등록취소된 정당에 대한 명칭사용금지규정,[2] 군법무관의 초임계급 부여에 관한 군인사법 제12조 제 1 항,[3] 고충처리인의 권한과 직무에 관한 규정인 언론중재법 제 6 조 제 2 항과 언론중재위원회의 구성방법에 관한 규정인 언론중재법 제 7 조 제 3 항,[4] 재판규범인 언론중재법 제 5 조 제 2 항 내지 제 5 항, 제15조 제 4 항, 제30조 제 1 항, 제 2 항,[5] 군사시설보호구역 설정·변경·해제 등에 관한 군사시설보호법 제 4 조,[6] 계구사용을 실시함에 있어 그 재량권행사의 지침을 규정한 법무부예규,[7] 분류처우를 위한 범수산정의 기준에 관한 수형자 분류처우규칙(법무부령),[8] 공인회계사 제 2 차시험의 합격기준에 관하여 절대평가제, 보충적 상대평가제 및 과목별 부분합격제를 도입한 공인회계사법 시행령 제 3 조 제 2 항, 제 3 항, 제 4 항,[9] 밴형 화물자동차 운송사업자가 화주와 동승할 경우의 화물기준에 관한 준수사항을 위반한 경우 행정제재를 가할 수 있도록 한 구 화물자동차운수사업법 제17조 제 1 항 제 3 의5 호,[10] 문화관광부장관이 과태료 부과처분을 함에 있어 과태료의 금액 및 그 경감, 가중에 관한 기준을 정한 저작권법상의 의무위반자에 대한 과태료 부과세칙 제 7 조, 제 8 조,[11] 행위의무조항과 별도로 규정되어 있는 과태료의 제재규정,[12] 18세이용가 게임물에 한하여 한국게임산업개발원이 지정하는 상품권을 경품으로 제공할 수 있도록 규정한 문화관광부 고시,[13] 중개업자의 부동산거래 신고내역 조사 및 신고의무 위반 시 등록취소조항,[14] 게임물의 재등급 분류 경과규정,[15] 친일반민족행위 결정의 근거가 되는 일제강점 하 반민족행위 진상규

1) 헌재 2006. 1. 26. 2005헌마98.
2) 헌재 2006. 4. 27. 2004헌마562.
3) 헌재 2007. 5. 31. 2003헌마422.
4) 헌재 2006. 6. 29. 2005헌마165등.
5) 헌재 2006. 6. 29. 2005헌마165등.
6) 헌재 2007. 7. 26. 2006헌마1164.
7) 헌재 2008. 5. 29. 2005헌마137등.
8) 헌재 2008. 5. 29. 2005헌마149.
9) 헌재 2008. 5. 29. 2007헌마1460(이 사건 조항들에 의거한 합격자결정이라는 구체적 집행행위가 이루어졌을 때 기본권침해가 현실적으로 이루어진다고 하였다).
10) 헌재 2008. 9. 25. 2007헌마233.
11) 헌재 2008. 9. 25. 2008헌마97등.
12) 헌재 2008. 11. 27. 2007헌마860; 동지: 헌재 2009. 4. 30. 2007헌마103; 헌재 2009. 4. 30. 2007헌마106; 헌재 2009. 10. 29. 2007헌마1359; 헌재 2013. 6. 27. 2011헌마315등.
13) 헌재 2009. 2. 26. 2005헌마837등.
14) 헌재 2009. 3. 26. 2007헌마988등.
15) 헌재 2009. 4. 30. 2007헌마106.

명에 관한 특별법 관련 조항,[1] 수용자의 전화통화 허가를 정한 구 행형법 제18조의3,[2] 미결수용자가 재판에 참석할 때 사복을 착용하기 위해 자비부담으로 신청할 경우 당해 교도소장이 부적당한 사유가 없는 한 허가하도록 규정한 구 행형법 제22조 제 2 항,[3] 개정된 산업재해보상법 시행 이후 치유된 자는 개정된 산업재해보상법 규정을 적용하여 장해등급을 결정하도록 규정한 산업재해보상법 부칙 제 6 조,[4] 도로점용료를 인접한 토지의 공시지가에 0.025를 곱한 금액으로 규정하고 있는 전주시 도로 점용료 징수조례,[5] 엽총을 소지한 자로 하여금 수렵기간을 제외하고는 이를 관할 경찰서에 보고하도록 한 총포·도검·화약류 단속법 제47조 제 2 항 동 시행령 제70조의2 제 2 항, 제 4 항,[6] 일제강점하 반민족행위 진상규명에 관한 특별법 제 2 조 제 9 호,[7] 군인복무규율에 근거한 국방부장관 및 육군참모총장의 '군대 불온서적 차단대책 강구지시',[8] 정치자금을 수입지출한 영수증 그 밖의 증빙서류 및 예금통장 사본을 사본교부대상에서 제외하고 있는 정치자금법 조항,[9] 진행 중인 재판관련 정보 등에 대하여 비공개할 수 있도록 규정한 공공기관의 정보공개에 관한 법률 제 9 조 제 1 항 제 4 호,[10] 수변구역 주민지원사업의 대상자 요건으로서 수변구역에서의 주민등록과 실제 거주 요건을 정하고 있는 영산강 섬진강수계 물관리 및 주민지원에 관한 법률시행령 조항,[11] 교도소장이 엄중격리대상자인 수용자에 대하여 한 처우의 근거규정,[12] 문화체육부장관이 설립준비위원회로 하여금 국기원 설립에 관한 사무를 처리할 수 있도록 규정한 태권도진흥법 부칙 제 3 조 제 7 항,[13] 치료감호

1) 헌재 2009. 9. 24. 2006헌마1298.
2) 헌재 2009. 12. 29. 2008헌마617(교도소장의 외부전화통화 불허가처분이라는 구체적 집행행위에 의해 기본권침해 발생).
3) 헌재 2010. 4. 29. 2008헌마412등.
4) 헌재 2010. 7. 29. 2009헌마51.
5) 헌재 2010. 9. 30. 2008헌마442(도로관리청의 부과처분이라는 구체적 집행행위가 있어야 기본권침해가 발생한다고 하였다).
6) 헌재 2010. 9. 30. 2008헌마586.
7) 헌재 2010. 9. 30. 2009헌마631(친일반민족행위결정이라는 구체적 집행행위가 있어야 기본권침해가 발생).
8) 헌재 2010. 10. 28. 2008헌마638.
9) 헌재 2010. 12. 28. 2009헌마466(청구인에 대한 기본권제한의 효과는 관할 선거관리위원회가 사본 교부를 거부하는 집행행위에 의하여 비로소 발생한다고 하였다).
10) 헌재 2011. 2. 24. 2009헌마209.
11) 헌재 2011. 3. 31. 2010헌마195(시행령 조항들의 요건에 따른 직접지원비의 지급 여부는 집행기관의 집행행위를 전제로 하고, 집행행위를 대상으로 하는 권리구제절차에 의한 권리구제가 가능하다고 하였다).
12) 헌재 2011. 4. 28. 2009헌마305.

심의위원회로 하여금 보호감호의 집행 중 가출소되는 피보호감호자에 대하여 전자장치를 부착할 수 있도록 규정한 특정 범죄자에 대한 위치추적 전자장치 부착 등에 관한 법률 제23조 제 1 항 중 '가출소되는 피보호감호자' 부분,[1] 검사로 하여금 판결 선고 당시에 부착명령을 선고받지 않은 자에 대하여도 소급하여 부착명령을 청구할 수 있도록 규정한 위 법률 부칙 제 2 조 제 1 항 중 '보호감호의 집행종료일까지 6개월 이상 남은 사람' 부분,[2] 공공기관의 정보공개에 관한 법률 시행규칙 제 7 조 관련 [별표] 규정,[3] 교도소 수용자가 없는 상태에서 거실이나 작업장을 검사하도록 한 계호업무지침,[4] 청구기간이 경과한 후 헌법소원심판이 청구된 경우에 '지정재판부 재판관 전원의 일치된 의견에 의한 결정'으로 헌법소원 심판청구를 각하한다고 규정한 헌법재판소법 제72조 제 3 항 제 2 호,[5] 의료수가기준과 그 계산방법 등에 관하여는 보건복지부장관이 정한다고 규정한 구 의료급여법 제 7 조 제 2 항 후문,[6] 취득세 경감을 규정한 구 지방세특례제한법 제40조의2 본문,[7] 시정요구의 근거조항인 방송통신위원회의 설치 및 운영에 관한 법률의 관련조항,[8] 교도소장이 재량으로 금지물품의 유무를 확인하도록 한 '형의 집행 및 수용자 처우에 관한 법률 제43조 제 3 항,[9] 부재자투표소를 관할 구·시·군 선거관리위원회의 사무소 소재지에 설치·운영하도록 한 공직선거법 제48조 제 1 항 전문,[10] G20정상회의 경호안전통제단장에게 경호안전구역을 지정한 권한을 부여하는 G20정상회의 경호안전을 위한 특별법 제 5 조 제 1 항,[11] 보험상품 설계 일반기준을 정한 보험업감독규정,[12] 재판장이

13) 헌재 2011. 5. 26. 2010헌마183(문화체육부장관의 구체적 집행행위로 기존 국기원의 기본권이 침해될 수 있다고 하였다).

1) 헌재 2011. 5. 26. 2010헌마365(심의위원회의 전자장치 부착결정에 따라 비로소 기본권침해의 효과가 생긴다고 하였다).
2) 헌재 2011. 5. 26. 2010헌마365.
3) 헌재 2011. 6. 30. 2009헌마595.
4) 헌재 2011. 10. 25. 2009헌마691.
5) 헌재 2011. 10. 25. 2011헌마175(헌법재판소 지정재판부의 각하결정이라는 구체적 집행행위를 통하여 기본권침해 효과가 발생한다고 하였다).
6) 헌재 2011. 11. 24. 2009헌마415.
7) 헌재 2011. 12. 29. 2011헌마149(과세관청의 과세처분 또는 경정거부처분 등 별도의 구체적 집행행위를 통하여 기본권침해가 현실화된다고 하였다).
8) 헌재 2012. 2. 23. 2008헌마500(방송통신심의위원회의 시정요구라는 구체적 집행행위를 매개로 하여야만 비로소 청구인들의 권리의무에 영향을 미친다고 하였다).
9) 헌재 2012. 2. 23. 2009헌마333(교도소장의 금지물품확인이라는 구체적 집행행위 매개).
10) 헌재 2012. 2. 23. 2010헌마601(기본권침해는 구·시·군 선거관리위원회의 부재자투표소 설치결정에 의하여 비로소 발생한다고 하였다).
11) 헌재 2012. 2. 23. 2010헌마660등(재량행위인 G20정상회의 경호안전통제단장의 지정행위라는

속기록·녹음물 또는 영상녹화물의 사본의 교부를 불허하거나 그 범위를 제한할 수 있도록 할 형사소송규칙 제38조의2,[1] 아동·청소년 성보호에 관한 법률 부칙 제 3 조 제 2 항 중 '열람명령을 받은 자' 부분,[2] 형의 집행 및 수용자의 처우에 관한 법률 제32조 제 2 항, 교도관직무규칙 제33조 제 1 항,[3] 학력검정고시에 관하여 필요한 사항을 교육과학기술부령으로 정하도록 규정한 초·중등학교법시행령 제98조 제 1 항,[4] 수용자 호송 시 수갑·포승 등과 같은 보호장비를 사용할 수 있도록 한 관련법령,[5] 구 전기통신사업법 제54조 제 3 항 중 '수사관서의 장으로부터 수사를 위하여 통신자료의 요청을 받은 때'에 관한 부분,[6] 군 수용자 처우 관련 법령, 정신보건법 관련조항 및 병영생활규정,[7] 검사의 불기소처분 주문 중 '각하'의 경우를 규정한 구 검찰사건사무규칙 제69조 제 3 항 제 5 호,[8] 지역농협에 조합원이 아닌 이사 중 1명을 이상을 상임이사로 두도록 한 농업협동조합법 제45조 제 2 항 단서,[9] 채무자에 대한 면책허가결정의 근거조항인 채무자 회생 및 파산에 관한 법률 제564조 제 1 항,[10] 형사사건 변호사가 공급하는 용역을 부가가치세 면세대상에 포함하지 아니한 부가가치세법 조항,[11] 구 조세

집행행위 예정).

12) 헌재 2012. 3. 29. 2009헌마613(금융위원회의 수리거부처분이라는 구체적 집행행위를 통하여 기본권침해 문제가 발생할 수 있다고 하였다).

1) 헌재 2012. 3. 29. 2010헌마599(재판장의 속기록 등 사본 교부 불허 또는 교부범위의 제한이라는 구체적인 사법작용에 의하여 기본권침해가 발생할 수 있다고 하였다).

2) 헌재 2012. 4. 24. 2010헌마493등(검사가 신상정보 공개명령을 내리는 경우에 비로소 기본권침해의 법률효과가 발생한다고 하였다).

3) 헌재 2012. 4. 24. 2010헌마751(구체적이고 개별적인 집행행위가 매개되어야 강제적 두발규제에 의한 기본권이 제한된다고 하였다).

4) 헌재 2012. 5. 31. 2010헌마139등.

5) 헌재 2012. 7. 26. 2011헌마426(교도관의 구체적인 보호장비 사용행위라는 집행행위의 매개를 통하여 청구인의 기본권 제한이나 침해가 가능하다고 하였다).

6) 헌재 2012. 8. 23. 2010헌마439(수사관서의 장의 통신자료제공요청과 이에 따른 전기통신업자의 통신자료 제공행위가 있어야 통신자료와 관련된 이용자의 기본권 제한문제가 발생할 수 있다고 하였다). 헌재 2022. 7. 21. 2016헌마388등 결정으로 이 판례를 변경하여 직접성을 인정하였다.

7) 헌재 2012. 10. 25. 2011헌마307(국방부장관의 기준설정, 군 교도소장, 해당 부대지휘관 등의 별도 집행행위가 있어야 기본권침해가 발생할 수 있다고 하였다).

8) 헌재 2012. 11. 29. 2012헌마388(검사의 불기소처분이라는 구체적 집행행위가 예정되어 있다고 하였다).

9) 헌재 2012. 12. 27. 2011헌마877(청구인이 조합원의 자격을 유지한 채 상임이사가 될 수 없는 것은 상임이사 수를 1인으로 정하고 상임이사의 자격을 조합원이 아닌 사람으로 제한한 지역농협의 정관 때문이므로 심판대상 조항은 기본권침해의 직접성이 없다고 하였다).

10) 헌재 2013. 3. 21. 2012헌마569(채권자의 기본권침해는 법원이 면책허가결정을 하는 때에 비로소 발생한다고 하였다).

11) 헌재 2013. 5. 30. 2011헌마131.

특례제한법 제87조 제 2 항 본문과 동 부칙 제73조 제 2 항,[1] 구 소득세법 제52조 제 4 항 제 2 호 괄호부분,[2] 구체적인 내용을 병무청장이 정하도록 위임하고 있는 병역법시행령 제146조 제 2 항,[3] 청구인의 법률적 지위는 전자장치부착법 조항에 의해서 이미 확정적으로 정하여져 있고 심판대상 시행령조항은 법률에 정해져 있는 사항의 기계적인 집행에 관한 조항에 불과한 경우,[4] 개정된 공무원연금법 제64조 제 1 항 제 1 호를 소급하여 적용하도록 규정한 공무원연금법 부칙 제 1 조 단서, 제 7 조 제 1 항 단서 후단,[5] 경비등급별 수형자의 처우기준을 정한 재량준칙인 교정시설 경비등급별 수형자의 처우에 관한 지침 제17조,[6] 교도소장이 교도관으로 하여금 수용자의 접견내용을 청취·기록·녹음 또는 녹화할 수 있도록 규정한 형집행법 제41조 제 2 항, 그 구체적 방법을 규정한 형집행법 시행령 제62조,[7] 가해학생에 대해 자치위원회가 학교장에게 추가조치를 요구할 수 있도록 한 학교폭력예방법 제17조 제11항,[8] 외국인의 결혼동거목적 사증발급 신청 시 한국인 배우자인 초청인이 국제결혼 안내 프로그램을 이수하였다는 증명서를 첨부하거나 초청장에 국제결혼 안내 프로그램 이수번호를 기재하여야 한다는 출입국관리법 시행규칙 제 9 조의4 제 2 항,[9] 형사사건으로 수사 또는 재판을 받고 있는 수형자의 경우 변호인 접견에 관한 특칙규정을 준용하고 있는 형의 집행 및 수용자의 처우에 관한 법률 제88조,[10] 지방자치단체의 장이 대규모점포, 대형마트, 준대규모점포 등에 대하여 일정한 범위의 영업시

1) 헌재 2013. 5. 30. 2011헌마309(종국적으로 경정청구에 대한 거부처분 또는 과세처분이라는 집행행위를 통하여 기본권침해가 현실화된다고 하였다).
2) 헌재 2013. 5. 30. 2011헌마718(경정청구에 대한 거부처분 또는 과세처분이라는 집행행위를 통하여 기본권침해가 현실화된다고 하였다).
3) 헌재 2013. 6. 27. 2011헌마475.
4) 헌재 2013. 7. 25. 2011헌마781.
5) 헌재 2013. 8. 29. 2010헌마169(부칙조항에 따른 퇴직연금 환수처분이 있을 때 비로소 청구인이 주장하는 기본권침해가 현실적으로 발생한다고 하였다).
6) 헌재 2013. 8. 29. 2011헌마270등(교도소장의 중경비처우급 수형자에 대한 처우라는 구체적 집행행위를 통하여 비로소 청구인의 기본권침해 문제가 발생할 수 있다고 하였다).
7) 헌재 2013. 8. 29. 2011헌마122.
8) 헌재 2013. 10. 24. 2012헌마832.
9) 헌재 2013. 11. 28. 2011헌마520(행정청이 청구인에게 프로그램 이수 증명서를 첨부하거나 초청장에 프로그램 이수번호를 기재하도록 요구하는 때 또는 프로그램 이수 증명서를 첨부하지도 않고 초청장에 프로그램 이수번호를 기재하지 않았다는 이유로 사증발급을 거부하는 처분을 하는 때 기본권침해가 현실적으로 발생한다고 하였다).
10) 헌재 2013. 11. 28. 2011헌마529(법 제41조 제 2 항에 근거하여 변호사와의 접견내용에 대한 청취, 녹취라는 구체적 집행행위를 통하여 기본권침해가 현실화된다고 하였다).

간 제한 및 의무휴업을 명할 수 있도록 규정한 구 유통산업발전법 제12조의2 제 1 항, 제 2 항, 제 3 항,[1] 경찰공무원의 계급을 구분하여 규정하고 있는 경찰공무원법 제 2 조 및 공무원봉급업무 처리기준으로서 호봉획정을 위한 공무원 경력의 상당계급기준표에 불과한 안전행정부 예규조항,[2] 미용목적의 성형수술을 비급여 대상으로 규정하고 있는 국민건강보험 요양급여의 기준에 관한 규칙 제 9 조 제 1 항 [별표2] 제 2 호 가목,[3] 의료사고 피해자에 대한 손해배상금의 대불에 필요한 비용의 부담과 부과·징수에 관한 의료사고피해구제및의료분쟁조정등에관한법률 제47조 제 2 항, 제 4 항,[4] 구 교육공무원법 제11조의2 중 [별표2] 제 1 호에 관한 부분, 구 교육공무원 임용후보자 선정경쟁시험규칙 제 8 조 제 3 항 제 1 호,[5] 근로시간면제심의위원회가 근로시간 면제한도를 심의·의결함에 있어 고려할 사항 및 그 구체적 한도를 정함에 있어 시간 외에 그 사용인원도 정할 수 있다는 내용을 정하고 있는 노동조합 및 노동관계조정법 시행령 제11조의2,[6] 의료인이 실태와 취업상황 등에 대한 신고의무를 이행하지 않은 경우 임의적으로 면허를 정지할 수 있도록 규정한 의료법 제66조 제 4 항,[7] 구체적인 집행행위인 교도소장의 조사기간의 징벌기간 산입처분을 예정하고 있는 형의 집행 및 수형자의 처우에 관한 법률 시행규칙 제220조 제 3 항,[8] 형집행법 제108조, 제110조와 '수용구분 및 이송·기록 등에 관한 지침' 제28조,[9] 지방자치단체는 조례로 관할구역 안의 일정한 장소를 금연구역으로 지정할 수 있다고 규정한 국민건강증진법 제 9 조 제 5 항,[10] 국회가 국회의원지역선거구를

1) 헌재 2013. 12. 26. 2012헌마162등; 헌재 2013. 12. 26. 2012헌마308; 헌재 2013. 12. 26. 2013헌마269등.
2) 헌재 2014. 1. 28. 2012헌마267.
3) 헌재 2014. 3. 27. 2011헌마577.
4) 헌재 2014. 3. 27. 2012헌마606.
5) 헌재 2014. 4. 24. 2010헌마747(개별 교육공무원 시험실시기관이 구체적으로 시험을 실시하는 경우 이들 조항에 의거한 가산점의 결정과 공고, 합격자 결정 등 별도의 집행행위에 의하여 비로소 기본권침해 여부가 문제될 수 있다고 하였다).
6) 헌재 2014. 5. 29. 2010헌마606(시행령조항만으로 청구인들이 어떠한 의무를 부담하거나 기본권을 제한당할 여지가 없다고 하였다).
7) 헌재 2014. 6. 26. 2012헌마660(보건복지부장관의 면허정지처분이라는 구체적인 집행행위를 통하여 불이익이 비로소 발생한다고 하였다).
8) 헌재 2014. 8. 28. 2012헌마623.
9) 헌재 2014. 9. 25. 2012헌마523(당해 법령에 근거한 징벌처분, 분리수용 및 처우제한, 소송서류 등재자는 구체적 집행행위를 통하여 비로소 기본권침해가 현실화된다고 하였다).
10) 헌재 2014. 9. 25. 2013헌마411등(기본권침해의 효과는 지방자치단체가 조례를 통해 금연구역을 지정할 때 비로소 발생한다고 하였다).

획정할 때 행정구역 단위 중 자치구를 분할하여 다른 선거구로 편입하는 것을 금지한 공직선거법 제25조 제 1 항 본문 중 '자치구' 부분,[1] 시정요구 및 법외노조 통보라는 별도의 집행행위를 예정하고 있는 교원의 노동조합 설립 및 운영 등에 관한 법률 시행령 제 9 조 제 1 항 중 법외노조통보조항,[2] 학원의 종류 및 교습과정의 분류를 정한 학원의 설립·운영 및 과외교습에 관한 법률 시행령 제 3 조의3 제 1 항 [별표 2] 중 "무용" 및 "댄스" 부분,[3] 사립학교법 제31조의2 제 1 항,[4] 치료감호심의위원회의 전자장치부착결정이라는 집행행위를 예정하고 있는 전자장치부착법 제23조 제 1 항 중 피치료감호자에 관한 부분,[5] 교습시간 지정에 관하여 조례의 시행을 예정하면서 교습시간 지정이 필요한지 여부부터 지정할 경우 교습시간의 범위 등에 이르기까지 교육감에게 재량권을 부여하고 있는 학원의 설립·운영 및 과외교습에 관한 법률 제16조 제 2 항 전문,[6] 행정제재조항의 고유한 위헌성을 다투는 것이 아니라 전제되는 중개보수 한도조항이 위헌이어서 행정제재조항도 당연히 위헌이라고 주장하는 것,[7] 징벌대상자에 대하여 교정시설 장이 처우 제한을 할 수 있다고 규정한 형의 집행 및 수용자의 처우에 관한 법률 제110조 제 2 항,[8] 항소이유서 제출기간 내에 항소이유서를 제출하지 아니한 경우 항소기각 결정을 하도록 규정한 형사소송법 제361조의4 제 1 항 본문,[9] 대학구성원이 아닌 사람의 도서관 이용에 관하여 대학도서관의 관장이 승인 또는 허가할 수 있도록 규정한 서울교육대학교 도서관규정 제 9 조, 제13조 등,[10] 검사의 부착명령청구와 법원의 부착명령 판결이라는 집행

1) 헌재 2014. 10. 30. 2012헌마190등(위 조항에 근거하여 국회가 편성한 선거구구역표에 의하여 비로소 기본권침해가 발생한다고 하였다).
2) 헌재 2015. 5. 28. 2013헌마671등.
3) 헌재 2015. 6. 25. 2013헌마104(집행기관인 교육감의 구체적인 학원설립거부처분을 통하여 비로소 기본권침해가 현실화된다고 하였다).
4) 헌재 2016. 2. 25. 2013헌마692(교육부장관의 감리행위라는 집행행위가 있을 경우에 비로소 기본권침해가 현실화된다고 하였다).
5) 헌재 2016. 4. 28. 2015헌마98.
6) 헌재 2016. 5. 26. 2014헌마374.
7) 헌재 2016. 5. 26. 2015헌마248.
8) 헌재 2016. 5. 26. 2014헌마45(교도소장의 처우제한이라는 구체적인 집행행위를 통하여 기본권침해가 현실화된다고 하였다).
9) 헌재 2016. 9. 29. 2015헌마165(심판대상조항은 재판규범으로서 법원의 재판이라는 구체적인 집행행위의 매개를 거쳐 특정인의 기본권에 영향을 미치게 되는 법규범이고, 집행기관이 심사와 재량의 여지없이 그 법률에 따라 일정한 집행행위를 하여야 하는 경우에도 해당하지 않으며, 즉시항고라는 구제절차도 존재하므로, 이 사건 심판청구는 기본권침해의 직접성이 없는 법률조항을 대상으로 한 것이라고 하였다. 3인의 반대의견 있음).

행위를 예정하고 있는 전자장치부착법 제 5 조 제 1 항 제 3 호, 제 9 조 제 1 항 제 1 호,[1] 교과용 도서의 범위 등을 하위법령에서 정하도록 위임하고 있는 초·중등교육법 제29조 제 2 항, 초·중등교육법 시행령 제55조, 구 교과용도서에 관한 규정 제 3 조 제 1 항, 교과용도서에 관한 규정 제 4 조,[2] 특허청장의 변리사에 대한 징계에 관하여 규정한 변리사법 제17조 제 1 항 내지 제 3 항,[3] 방송사업자가 방송법 제33조의 심의규정을 위반하였으나 그 위반 정도가 경미하여 방송법 제100조 제 1 항 각 호의 제재조치를 명할 정도에 이르지 아니한 경우 방송통신심의위원회로 하여금 해당 방송사업자에 대하여 의견제시를 할 수 있도록 규정한 구 방송법 제100조 제 1 항 단서 중 의견제시 부분,[4] 최루액 혼합살수행위의 근거규정인 '살수차 운용지침' 제 2 장 중 최루액 혼합살수에 관한 부분,[5] 위치정보추적자료가 통신사실 확인 자료에 해당한다고 정의한 통신비밀보호법 제 2 조 제11호 바목, 사목 조항,[6] 구 전기통신사업법 제22조의3 제 4 항의 조사권한 조항, 제27조 제 2 항 제 3 호의2 등록취소 등 조항, 제104조 제 3 항 제 1 호 및 제 5 항 제 2 호의2 과태료 조항,[7] 택시운송사업의 발전에 관한 법률 제18조 제 1 항 제 1 호의 제재조항,[8] 징계의 종류로 3천만원 이하의 과태료를 정한 변호사법 제90조 제 4 호와 징계사유를 정한 변호사법 제91조 제 2 항,[9] 구 개인정보보호법 제18조 제 2 항 제 7 호,[10] 경찰청 예규인 채증활동규칙,[11] 개인정보 보호법

10) 헌재 2016. 11. 24. 2014헌마977(청구인은 이 사건 도서관규정으로 인하여 도서대출 및 열람실 이용을 하지 못하는 것이 아니고, 피청구인들의 승인거부회신에 따라 도서관이용이 제한된다고 하였다).

1) 헌재 2017. 9. 28. 2016헌마964.

2) 헌재 2018. 3. 29. 2015헌마1060등.

3) 헌재 2017. 12. 28. 2015헌마1000(특허청장의 징계처분이라는 구체적인 집행행위가 있을 때 기본권 침해가 현실화 된다고 하였다).

4) 헌재 2018. 4. 26. 2016헌마46(피청구인의 심의·의결을 거친 '의견제시'라는 구체적 집행행위를 통하여 영향을 미치게 된다고 하였다).

5) 헌재 2018. 5. 31. 2015헌마476(구체적 집행행위인 '혼합살수행위'로 인하여 기본권침해가 발생한다고 하였다).

6) 헌재 2018. 6. 28. 2012헌마191 등.

7) 헌재 2018. 6. 28. 2015헌마545.

8) 헌재 2018. 6. 28. 2016헌마1153.

9) 헌재 2018. 7. 26. 2016헌마1029(변협징계위원회의 과태료 결정이라는 구체적 집행행위를 통해 기본권침해가 현실화된다고 하였다).

10) 헌재 2018. 8. 30. 2014헌마368(개인정보처리자의 개인정보 제공이라는 구체적 집행행위가 있어야 기본권 제한이 된다고 하였다).

11) 헌재 2018. 8. 30. 2014헌마843(이 사건 채증규칙은 법률의 구체적인 위임없이 제정된 경찰청 내부의 행정규칙에 불과하고, 청구인들은 구체적인 촬영행위에 의해 비로소 기본권을 제한받게 되므로, 이 사건 채증규칙이 직접 기본권을 침해한다고 볼 수 없다고 하였다).

第18조 제 2 항 제 7 호,[1] 학교폐쇄로 인하여 편입학하려는 사람에 대해서는 교육부장관이 정한 정원의 제한을 받지 않고 편입학을 허가할 수 있도록 대학의 장에게 재량을 부여한 고등교육법 시행령 제29조 제 2 항 제15,[2] 지역구 시·도의원 정수의 상한과 하한을 정한 것에 불과한 공직선거법 제22조 제 1 항 본문,[3] 신설 전문과목의 수련경력 인정 기준을 고시로 위임하고 있는 치과의사전문의의 수련 및 자격인정 등에 관한 규정 시행규칙 제 2 조,[4] 인터넷선거보도심의위원회로 하여금 인터넷 선거보도의 공정을 보장하기 위하여 필요한 사항을 정하여 공표하도록 위임하고 있는 공선법 제 8 조의5 제 6 항,[5] 실제소득의 산정을 위한 구체적인 범위·기준 등을 대통령령으로 정하도록 위임하고 있는 국민기초생활 보장법 제 6 조의3,[6] 여행금지국가에 대해 외교부장관이 예외적으로 여권사용 등을 허가할 수 있는 사유를 규정하고 있는 여권법시행령 제29조 제 1 항,[7] 직사살수행위의 근거조항인 경찰관직무집행법 제10조 제 4 항·제 6 항 등,[8] 여객자동차 운수사업법 제83조 제 1 항 제 2 호,[9] 투표소를 투표구 안의 선거인이 투표하기 편리한 곳에 설치한다고 규정한 공직선거법 제147조 제 2 항,[10] 남한산성 역사문화환경 보존지역 내 건축행위 등에 관한 허용기준을 정하고 있는 남한산성 등 3개소 국가지정문화재 역사문화환경 보존지역 내 건축행위 등에 관한 허용기준 변경 별첨자료 1 중 '건축물의 지붕은 한옥형 건축양식으로 함' 부분,[11] 부가가치세 면제대상에 관한 소급적용례를 정하고 있는 조세특례제한법 시행령 부칙 제23조 제 1 항,[12] 국외근로자의 근로소득 비과세급

1) 헌재 2018. 8. 30. 2016헌마483(개인정보처리자의 개인정보 제공이라는 구체적인 집행행위가 있어야 비로소 개인정보와 관련된 정보주체의 기본권이 제한된다고 하였다).
2) 헌재 2019. 2. 28. 2018헌마37 등.
3) 헌재 2019. 2. 28. 2018헌마415 등(기본권침해는 지역구 획정에 의해 발생한다고 하였다).
4) 헌재 2019. 6. 28. 2017헌마1309.
5) 헌재 2019. 11. 28. 2016헌마90.
6) 헌재 2019. 12. 27. 2017헌마1299.
7) 헌재 2020. 2. 27. 2016헌마945.
8) 헌재 2020. 4. 23. 2015헌마1149(기본권침해는 구체적 집행행위인 직사살수행위에 의해 비로소 발생한다고 하였다).
9) 헌재 2020. 4. 23. 2017헌마479(집행기관의 자동차 사용제한 또는 금지처분이라는 구체적 집행행위가 있어야 기본권침해가 된다고 하였다).
10) 헌재 2020. 8. 28. 2017헌마813(선거관리위원회가 승강기 등 편의시설이 없는 곳에 투표소를 설치하는 행위에 의하여 기본권침해가 비로소 발생한다고 하였다).
11) 헌재 2020. 8. 28. 2018헌마587(인허가 행정기관이 해당건설공사에 관한 건축허가신청 등을 불허하거나 문화재청장이 문화재 변경현상 등 허가신청을 불허하는 때에 비로소 기본권침해가 발생한다고 하였다).
12) 헌재 2020. 9. 24. 2017헌마498(개개의 적극적·소극적 과세요건의 충족여부를 심사한 결과에 따

여의 범위를 정한 소득세법 시행령 제16조 제 1 항 제 1 호,[1] 정치자금법 제42조 제 3 항 중 사본교부제한 조항,[2] 시·도지사 등이 감염병을 예방하기 위하여 집합을 제한하거나 방역지침의 준수를 명하는 등의 감염병 예방조치를 할 수 있도록 규정한 구 '감염병의 예방 및 관리에 관한 법률' 제49조 제 1 항 제 2 호, 제 2 호의2, 제 3 항, 제 4 항,[3] 봉급의 구체적 금액에 관하여 교육부장관에게 하위규범을 제정·시행할 권한을 부여하고 있을 뿐, 기간제교원으로 임용된 청구인들에 대하여 자유 제한, 의무 부과, 권리 또는 법적 지위의 박탈이라는 법적 효과를 발생시키는 내용을 직접 규정하고 있지 않은 공무원보수규정 제 5 조 중 [별표 11]의 비고 가운데 '「사립학교교직원 연금법」을 적용받는 사람이 기간제교원으로 채용되는 경우의 봉급은 연금 또는 명예퇴직수당을 지급받은 사실 등을 고려하여 교육부장관이 정하는 금액으로 한다'에 관한 부분,[4] 각 집단별 추천위원회 위원 최대구성비율을 정하고 있을 뿐인 시행령 조항, 직원의 투표산정비율을 확정적으로 정한 것이 아니라 학내구성원의 합의에 의하여 정하도록 하고 있는 투표산정비율조항,[5] 출입국관리법 제78조 제 2 항 제 3 호 중 '외국인의 국민건강보험 관련 체납정보'에 관한 정보요청 조항,[6] 사회복무요원의 소집대상에 관하여 규정한 병역법 제26조 제 4 항,[7] 최저임금 결정 권한 등을 정하고 있는 최저임금법 제 8 조 제 1 항, 최저임금위원회의 구성 등을 정하고 있는 최저임금법 제14조, 최저임금위원회 위원의 위촉 또는 임명 등을 정하고 있는 최저임금법 시행령 제12조,[8] 감염병예방법 제49조 제 1 항,[9] 가축 전염병 예방법 제48조 제 3 항 중 보상금감액조항,[10] 가축 전염병 예방법 제19조 제 1 항 제

르는 해당 과세기간에 대한 과세처분 또는 경정거부처분 등의 구체적인 집행행위를 통하여 비로소 현실화 되는 것이라고 하였다).

1) 헌재 2020. 10. 29. 2019헌마533(청구인에 대한 기본권침해를 종국적으로 경정청구에 대한 거부처분 또는 과세처분이라는 집행행위를 통하여 현실화된다고 하였다).
2) 헌재 2021. 5. 27. 2018헌마1168(관할 선거관리위원회가 사본교부를 거부하는 집행행위를 하는 때 비로소 기본권제한효과가 발생한다고 하였다).
3) 헌재 2023. 2. 23. 2020헌마1678등.
4) 헌재 2023. 3. 23. 2022헌마353등.
5) 헌재 2023. 5. 25. 2020헌마1336.
6) 헌재 2023. 9. 26. 2019헌마1165. 법무부장관의 보험료 체납정보라는 집행행위를 예정하고 있다고 하였다.
7) 헌재 2023. 10. 26. 2019헌마392. 구체적 하위규범의 시행을 예정하고 있다고 하였다.
8) 헌재 2024. 2. 28. 2019헌마500.
9) 헌재 2004. 8. 23. 2021헌마175.
10) 헌재 2025. 1. 23. 2021헌마1192.

1 호 중 이동제한조항, 제20조 제 1 항 단서 중 살처분 조항, 제48조 제 3 항 중 감액조항[1])에 대하여는 기본권침해의 직접성을 부인하였다.

5. 보 충 성

가. 의 의

헌법소원은 다른 법률에 구제절차가 있는 경우에는 그 절차를 모두 거친 후에 심판청구를 하여야 한다(헌재법 제68조 제 1 항 단서). 이를 헌법소원의 보충성이라고 한다.

헌법재판소법 제68조 제 1 항 단서의 뜻은 헌법소원이 그 본질상 헌법상 보장된 기본권침해에 대한 **예비적**이고 **보충적**인 **최후의 구제수단**이므로 공권력작용으로 말미암아 기본권의 침해가 있는 경우에는 먼저 다른 법률이 정한 절차에 따라 침해된 기본권의 구제를 받기 위한 모든 수단을 다하였음에도 불구하고 그 구제를 받지 못한 경우에 비로소 헌법소원심판을 청구할 수 있는 것을 밝힌 것이다.[2]) 헌법재판소는 헌법소원심판청구에 있어서 사전구제절차를 밟을 것을 청구인 측에게 요구하고 있는 입법취지는 업무처리의 효율성의 측면에서 볼 때, 우선 당해 처분기관 자체에서 스스로 시정할 수 있는 기회를 갖도록 하는 데 그 본래의 뜻이 있다고 보아야 할 것이고, 일반 국민의 헌법소원심판청구의 길을 가급적 제한하거나 억제하는 데 그 본래의 취지가 있는 것은 아니라고 하였다.[3])

다만, 먼저 헌법소원을 제기하고 나서 뒤에 종국결정 전에 권리구제절차를 거쳤을 때에는 사전에 구제절차를 거치지 않은 **하자**가 **치유**될 수 있다[4])

여기서 말하는 **권리구제절차**는 공권력의 행사 또는 불행사를 직접 대상으로 하여 그 효력을 다툴 수 있는 권리구제절차를 의미하는 것이지, **사후적·보충적 구제수단**인 손해배상청구나 손실보상청구를 의미하는 것이 아니고,[5]) 피청구인의 직권발동을 촉구하는 의사표시에 불과한 진정,[6]) 행형법상 청원제도,[7]) 형사

1) 헌재 2025. 1. 23. 2021헌마1194.
2) 헌재 1993. 12. 23. 92헌마247.
3) 헌재 1992. 10. 1. 91헌마31.
4) 헌재 1991. 4. 1. 90헌마194; 헌재 1995. 4. 20. 91헌마52; 헌재 1996. 3. 28. 95헌마211.
5) 헌재 1989. 4. 17. 88헌마3; 헌재 1990. 10. 15. 89헌마178; 헌재 2000. 12. 14. 2000헌마659; 헌재 2022. 1. 27. 2016헌마364.

피의자로 입건되었던 자의 진정서 또는 탄원서의 제출 및 수사재기 신청[1] 등도 헌법재판소법 제68조 제 1 항 단서에 따른 '다른 법률에서 정한 구제절차'에 해당하지 아니한다.

또한 구제신청이나 행정심판청구가 신청기간 또는 심판청구기간의 도과로 부적법 각하된 경우에는 그 구제절차는 **적법한 구제절차**라고 할 수 없으므로 다른 법률에 의한 적법한 구제절차를 거친 것으로 볼 수 없다.[2] 만약 그렇게 보지 아니하면 청구인이 일부러 부적법한 구제절차를 거침으로써 부당하게 청구기간을 연장할 수 있게 되어 청구기간 한정의 취지를 몰각시켜 버릴 염려가 있기 때문이다.[3]

한편 헌법재판소는 헌법재판소법 제68조 제 1 항 단서 소정의 '다른 법률에 의한 구제절차를 거친 후'라 함은 그 다른 법률에 의한 구제절차를 **적법하게 거친 경우**를 말한다고 보아야 할 것인바, 양도소득세 등 부과처분의 취소를 구하는 행정소송이 적법한 행정심판을 거치지 아니한 것이라는 이유로 각하된 경우 이 사건 헌법소원심판청구는 다른 법률에 의한 적법한 구제절차를 거쳤다고 볼 수 없어 부적법하다고 하였고,[4] 과세처분의 취소를 구하는 행정소송을 제기하였다가 그 소송을 취하하였거나 취하간주된 경우 그 과세처분의 취소를 구하는 헌법소원심판청구는 다른 법률에 의한 적법한 구제절차를 거쳤다고 볼 수 없어 부적법하다고 하였으며,[5] 항소심에서 청구의 교환적 변경이 적법하게 이루어져 제 1 심 판결이 소취하로 실효된 경우에도, 교환적 변경 이전에 행정소송의 대상이었던 처분의 취소를 구하는 헌법소원심판청구 역시 마찬가지로 적법한 구제절차를 거쳤다고 볼 수 없다고 하였다.[6]

나. 보충성과 재판소원금지

그런데 이러한 보충성의 요건은 재판에 대한 헌법소원을 금지하는 헌법재판소법 제68조 제 1 항의 규정과 함께 행정작용에 대한 헌법소원을 크게 제한하게

---

6) 헌재 1997. 9. 25. 96헌마159; 헌재 2013. 8. 29. 2013헌마125.
7) 헌재 1998. 10. 29. 98헌마4.
1) 헌재 1992. 11. 12. 91헌마146.
2) 헌재 1992. 6. 26. 91헌마68; 헌재 1993. 7. 29. 91헌마47; 헌재 1994. 6. 30. 90헌마107.
3) 헌재 1993. 7. 29. 91헌마47.
4) 헌재 1994. 6. 30. 90헌마107; 헌재 1998. 2. 5. 97헌마324.
5) 헌재 1999. 9. 16. 98헌마265.
6) 헌재 2022. 11. 24. 2019헌마619.

되어 현행헌법이 공권력행사로 인한 기본권침해에 대한 구제절차로서 헌법소원제도를 새로 마련한 의의를 충분히 살릴 수 없게 하였다. 왜냐하면 행정소송의 대상에 관하여 개괄주의를 취하는 현행 행정소송법의 체제에 의하면 행정처분에 대하여 이의가 있는 경우에는 거의 언제나 행정소송을 제기할 수 있으므로 이 보충성 요건 때문에 바로 헌법소원을 제기할 수 없고, 만일 행정소송을 제기하였다면 재판소원 금지규정(헌재법 제68조 제1항) 때문에 헌법소원이 허용되지 않기 때문이다.[1)]

따라서 행정작용에 의한 기본권침해를 이유로 헌법소원이 허용되는 경우는 검사의 불기소처분 중 일부, 행정입법이 구체적 집행행위를 거치지 않고 기본권을 직접 침해하는 경우, 헌법상 유래하는 작위의무위반의 행정(입법)부작위 등 원칙적으로 행정소송의 제기가 불가능하거나 판례상 행정소송의 대상이 되지 아니한다고 하여 구제수단이 없는 경우로 사실상 국한될 수 있다.

다. 다른 법률의 구제절차의 예

(1) 검사 또는 군검찰관의 불기소처분에 대한 헌법소원의 경우

2007년 형사소송법 개정 전까지는 (협의의) 불기소처분이나 기소유예처분, 기소중지처분 등 검사의 불기소처분에 대한 헌법소원을 제기하고자 하는 자는 그 구제절차로서 먼저 검찰청법이 정한 항고 및 재항고 절차를 거쳐, 재항고 기각결정을 통지받은 날로부터 30일 이내에 청구할 수 있었다(헌재법 제69조 제1항 단서).[2)] 따라서 검사의 불기소처분 중 일부에 대하여 검찰청법에 의한 항고를 제기하지 아니하였다면 그 부분에 대한 헌법소원심판 청구는 다른 법률에 의한 청구절차를 거치지 아니하고 헌법소원심판을 청구한 경우에 해당하여 부적법하였다.[3)] 그리고 검찰청법 소정의 항고기간 도과 후에 제기된 항고는 부적법한 항고로서 헌법재판소법 제68조 제1항의 다른 법률에 의한 적법한 구제절차를 거친 것으로 볼 수 없다고 하였다.[4)] 또한 검찰청법에 따라 항고를 하였으나 재항고를 거치지 아니하고 청구된, 불기소처분에 대한 헌법소원심판청구는 그 구제절차를 모두 거치지 아니하고 청구한 것으로서 부적법하였다.[5)] 그러나 청구인이

---

1) 실무제요, 368면.
2) 헌재 1992. 4. 14. 89헌마280; 헌재 1992. 6. 26. 92헌마24; 헌재 1992. 7. 23. 92헌마103.
3) 헌재 1993. 3. 11. 92헌마142.
4) 헌재 1992. 6. 26. 91헌마68; 헌재 1994. 12. 29. 93헌마70; 헌재 1995. 5. 25. 94헌마200.
5) 헌재 1993. 7. 29. 93헌마30; 헌재 1993. 9. 27. 92헌마284; 헌재 1993. 11. 25. 93헌마107; 헌재 1994. 2. 24. 93헌마42; 헌재 2009. 9. 24. 2008헌마255(개정 형사소송법 부칙 제5조 제1항 단서에

검찰청법에 따른 재항고를 제기하고 그 결정이 있기도 전에 헌법소원심판을 청구하였으나, 그 후 대검찰청의 재항고기각결정이 있은 경우는 심판청구 당시에 존재하던 사전구제절차 미경유의 흠결은 그로써 치유되었다고 보았다.[1]

그러나 불기소처분에 대한 항고절차의 진행 중에 항고를 취소한 경우에는 형사피해자로서의 재판절차진술권의 행사를 포기한 것으로 보아야 하므로, 그 후 고등검찰청이 항고기각 결정을 하고 대검찰청에서도 재항고기각 결정을 했다 하더라도 헌재법 제68조 제 1 항의 보충성의 요건을 갖춘 적법한 심판청구라고 할 수 없다고 하였다.[2]

그리고, 검찰항고 또는 재항고가 받아들여져 재기수사명령이 내려졌으나 재기수사결과 다시 불기소처분 한 경우에도 보충성의 예외에 해당하지 아니하고 역시 그에 대하여 항고·재항고를 거쳐야 한다고 하였다.[3] 또한 피청구인인 검사가 재기결정 후의 수사과정에서 행한 구체적인 수사처분으로 인하여 기본권을 침해받은 경우에는 형사소송법 등 관계법령에 따라 구제절차를 거친 후가 아니면 헌법소원심판을 청구할 수 없다고 하였다.[4]

다만 형사피의자로 입건되었던 자가 기소유예처분을 받았을 때 스스로 무고함을 주장하여 헌법소원심판 청구를 할 수 있는바, 이 경우 형사피의자로 입건되었던 자는 검찰청에 진정서나 탄원서를 제출하거나 수사재기를 신청함으로써 자신의 억울함을 호소할 수도 있겠으나 그것은 검사의 직권발동을 촉구하는 하나의 방법일 뿐 검사가 그에 따라 의무적으로 어떠한 조치를 해야 하는 것도 아니어서 그것은 헌법재판소법 제68조 제 1 항 단서 소정의 구제절차에 해당하는 것이라고 할 수 없으므로 법률상 구제절차가 없는 경우에 해당하므로 헌법재판소에 직접 제소가 가능하다고 하였다.[5]

그런데 원처분주의를 채택한 행정소송법 제19조를 준용하는 헌법재판소법 제40조의 규정에 비추어 항고·재항고결정 자체에 고유한 위법이 있음을 이유로 하는 경우가 아니면 원래의 불기소결정이 아닌 항고·재항고결정에 대한 헌법

따라 재정신청의 대상이 되지 않는 불기소처분에 대한 사건이다).

1) 헌재 1996. 3. 28. 95헌마211.
2) 헌재 1998. 8. 27. 98헌마41.
3) 헌재 1991. 7. 8. 91헌마42.
4) 헌재 1996. 2. 29. 96헌마32등; 헌재 1994. 9. 30. 94헌마183; 헌재 1996. 6. 13. 95헌마115.
5) 헌재 1990. 12. 26. 89헌마277; 헌재 1992. 6. 26. 92헌마7; 헌재 1992. 11. 12. 91헌마146; 헌재 1999. 12. 23. 99헌마403; 헌재 2013. 8. 29. 2013헌마125.

소원심판은 청구할 수 없다.[1)]

직권남용죄에 대하여는 형사소송법에 의한 재정신청과 검찰청법에 의한 검찰항고를 모두 제기할 수 있는바, 재정신청과 검찰항고의 택일관계와 재판소원금지의 원칙을 고려하여 재정신청과 검찰항고가 모두 가능한 범죄에 관한 불기소처분에 대하여 헌법소원을 제기함에 있어서 그 구제절차로서 검찰항고를 선택하여 이를 모두 거친 경우에는, 비록 재정신청을 거치지 아니하였더라도 다른 법률에 의한 구제절차를 모두 거친 것으로 해석하여야 할 것이라고 하였다.[2)]

그런데 헌법재판소는 불기소처분에 대하여 법원의 재정신청절차를 거친 경우, 불기소처분에 대하여 헌법소원심판을 청구할 수 있는지 여부에 관하여 "원행정처분에 대한 헌법소원심판청구를 받아들여 이를 취소하는 것은, 원행정처분을 심판대상으로 삼았던 법원의 재판이 예외적으로 헌법소원심판대상이 되어 그 재판 자체까지 취소되는 경우에 한하고, 법원의 재판이 취소되지 아니하는 경우에는 확정판결의 기판력으로 인하여 원행정처분 그 자체는 헌법소원심판의 대상이 되지 아니하는바, 이와 같은 법리는 검사의 불기소처분에 대하여 법원의 재정신청절차를 거친 경우에도 마찬가지로 적용되어야 한다."고 하였다.[3)] 그러나 살인죄는 형사소송법 제260조 제 1 항 소정의 재정신청 대상에 해당하지 않으므로, 불기소처분의 대상인 고소사실 중 살인의 점에 대하여 재정신청을 한 것만으로는 헌법재판소법 제68조 제 1 항 소정의 구제절차를 다한 것으로 볼 수 없다고 하였다.[4)]

고소를 취소한 후 그 취소가 착오로 인한 것이어서 철회하였으니 고소의 취소가 실효되었다고 주장하여 고소취소의 효력을 다투는 경우에는 고소의 취소가 유효한 것을 전제로 결정한 불기소처분에 대하여 항고 및 재항고로써 다툴 수 있다고 할 것이므로 이러한 항고 및 재항고절차를 거친 후 제기된 헌법소원은 적법한 전심절차를 거친 것이어서 부적법하다고 할 수 없다고 하였다.[5)]

그러나 2008년부터는 개정 형사소송법 제260조에 따라 재정신청 대상이 모든 범죄로 확대되어 검사의 불기소처분으로 기본권침해를 받은 고소인은 원칙

1) 헌재 1993. 5. 13. 91헌마213; 헌재 1991. 4. 1. 90헌마230.
2) 헌재 1993. 7. 29. 92헌마262.
3) 헌재 1998. 8. 27. 97헌마79.
4) 헌재 1995. 4. 20. 94헌마2; 헌재 1998. 8. 27. 97헌마79(직무유기죄에 대해 부적법한 재정신청을 한 경우).
5) 헌재 1993. 11. 25. 93헌마51.

적으로 검찰항고를 거쳐 관할 고등법원에 **재정신청**을 해서 구제받을 수 있게 되었다. 그리고 재정법원이 공소제기 결정을 하면 검사가 공소제기를 하여 공소를 유지하여야 하며(형소법 제262조), 검사는 재정법원의 공소제기결정 취지에 반하는 공소취소를 하지 못하게 하였다(형소법 제264조의2). 나아가 재정법원의 결정(공소제기 또는 신청기각)에 대하여는 불복할 수 없다(형소법 제262조 제 4 항).

그 결과 헌법소원의 대상에서 법원의 재판을 제외하고 있는 현행법 아래에서는 검찰의 불기소처분에 의한 기본권침해는 원칙적으로 헌법소원의 대상이 아니고 **법원의 통제대상**으로 바뀌었다.[1] 따라서 고소인이 고등법원에 **재정신청**을 할 수 있음에도 불구하고 이를 거치지 아니한 채 불기소처분의 취소를 구하는 헌법소원심판을 청구하는 것은 법률이 정한 구제절차를 거치지 않고 제기된 것이어서 부적법하고,[2] 검찰의 불기소처분에 대하여 법원에 재정신청을 했지만 기각되고 법원의 재정신청에 대한 재판이 취소된 바 없다면 원행정처분의 법리에 따라 재정신청기각 결정의 대상이 되었던 불기소처분은 헌법소원심판의 대상이 될 수 없다.[3]

과거에는 범죄피해자인 고발인이 검찰청법 제10조에 따른 항고·재항고를 거쳐 헌법소원심판을 청구하는 것을 허용하였으나,[4] 법원이 고소권자인 범죄피해자에 보호법익의 주체뿐만 아니라 범죄로 법률상 불이익을 받는 자도 포함된다고 판시하여 재정신청을 할 수 있는 고소권자의 범위를 넓게 해석하자, **범죄피해자인 고발인**에 대해서도 검찰청법에 따른 항고를 거친 후 재정신청을 거칠 것을 요구하고 이를 거치지 않은 채 헌법소원심판을 청구하면 보충성에 위반되어 부적법하다고 판시하게 되었다.[5]

고소권자로서 고소를 한 경우 또는 고발인이 범죄피해자에 해당하는 경우 모두 불기소처분에 대하여 재정신청을 거쳐 기각결정을 받은 후 헌법소원을 청구하는 것은 재판소원금지에 의해 마찬가지로 부적법한 청구가 된다.[6]

---

1) 이와 같은 법률개정에 대하여는, 검찰권 행사에 대한 헌법재판소의 견제 권한을 박탈한 것으로서 바람직한 입법의 개선이 아닌데도 불구하고 헌법재판소가 이와 같은 법률개정에 대하여 적극적으로 방어하지 않은 것은 잘못된 것이라는 견해도 있다.

2) 헌재 2008. 7. 8. 2008헌마479 지정부 결정; 헌재 2008. 8. 12. 2008헌마508 지정부 결정; 헌재 2010. 3. 2. 2010헌마49 지정부 결정; 헌재 2010. 5. 27. 2010헌마71; 헌재 2014. 3. 27. 2012헌마652.

3) 헌재 2011. 10. 25. 2010헌마243; 헌재 2008. 7. 29. 2008헌마487 지정부 결정.

4) 헌재 2011. 12. 29. 2011헌마2; 헌재 2013. 8. 29. 2011헌마613등.

5) 헌재 2021. 8. 31. 2020헌마1610; 헌재 2022. 3. 8. 2022헌마119; 헌재 2022. 2. 15. 2022헌마36; 대법원 2011. 2. 28.자 2008모1220 결정 등.

또한, 검사의 불기소처분에 대하여 헌법소원을 제기할 수 있는 자는 원칙적으로 재판절차진술권의 주체인 형사피해자에 한하므로, 범죄피해자가 아닌 고발인은 자기관련성이 인정되지 않는다.[1]

한편, 고소 또는 고발하지 않은 범죄피해자는 불기소처분에 대한 검찰청법상의 항고, 재항고 또는 형사소송법상의 재정신청 절차에 의한 구제를 받을 방법이 없으므로 곧바로 헌법소원심판을 청구할 수 있고[2] 적법하게 고소를 하였으나 검찰이 이를 단순한 진정사건으로 보아 공람종결처분을 한 경우에는 고소인이라 하더라도 다른 구제절차 없이 헌법소원심판을 청구할 수 있다.[3]

나아가 피의자는 항고나 재정신청을 할 수 있는 지위에 있지 않으므로 기소유예처분 등에 대해 다른 구제절차를 거치지 않고도 헌법소원심판을 청구할 수 있다. 형사피의자로 입건되었던 자가 기소유예처분을 받았을 때 스스로 무고함을 주장하여 헌법소원심판을 청구할 수 있음은 이미 확립된 판례이다.[4]

한편, 군검찰관의 불기소처분에 대하여는 검찰항고제도가 없고, 불복이 있는 고소인·고발인에게 모든 범죄에 대하여 고등군사법원에 당해 불기소처분의 당부에 대한 재정신청을 허용하는 한편(군사법원법 제301조 이하), 고등군사법원의 결정에 대하여는 재판에 영향을 미친 헌법·법률·명령 또는 규칙의 위반이 있음을 이유로 하는 때에 한하여 대법원에 즉시항고를 할 수 있으므로(군사법원법 제464조), 군검찰관의 불기소처분에 대하여 재정신청 및 즉시항고절차를 경유하지 아니하고 제기한 헌법소원은 부적법하다.[5] 이러한 절차를 거친 후 헌법소원심판을 청구한 경우에도 재판소원금지가 적용되어 부적법한 청구가 된다.

다만, 군검찰관의 기소유예처분은 공권력의 행사로서 헌법소원심판의 대상이 될 수 있고,[6] 다른 구제절차가 마련되어 있지 않으므로 곧바로 헌법소원심판을 청구하는 것이 가능하다.

한편 헌법재판소는 동일 사건에 대한 수인의 고소권자 중 일부 고소권자가 고소한 사건에 대한 불기소처분에 대하여 항고, 재정신청 등 구제절차가 진행

---

6) 실무제요, 369면.
1) 헌재 2009. 11. 26. 2007헌마1125; 헌재 2021. 2. 25. 2019헌마864.
2) 헌재 1992. 1. 28. 90헌마227; 헌재 2008. 11. 27. 2008헌마399등; 헌재 2008. 12. 26. 2008헌마387.
3) 헌재 1999. 1. 28. 98헌마85; 헌재 2000. 11. 30. 2000헌마356.
4) 헌재 1992. 11. 12. 91헌마146; 헌재 1995. 3. 23. 94헌마254.
5) 헌재 1991. 1. 25. 90헌마222; 헌재 1990. 10. 8. 89헌마278; 헌재 2002. 2. 19. 2002헌마66.
6) 헌재 1989. 10. 27. 89헌마56.

중인 상황에서 고소를 하지 아니한 고소권자가 사전구제절차 없이 헌법소원심판을 청구할 수 있는지 여부에 관하여 "일부 고소권자가 사망한 피해자의 지위를 승계하여 고소를 하고 검사의 불기소처분에 대하여 항고와 재정신청 등의 구제절차가 진행 중이라면 이는 고소하지 아니한 나머지 고소권자에 대하여 구제절차가 진행 중인 것으로 볼 수 있으므로, 청구인의 외조모, 외삼촌, 어머니가 사망한 피해자의 지위를 승계하여 고소권자로서 피의자들을 고소하고, 검사의 불기소처분에 대하여 재정신청을 하여 그 절차가 진행 중인 상황에서 미성년자인 청구인의 어머니가 법정대리인으로서 이 사건 헌법소원심판을 청구한 경우, 청구인으로서는 위 불기소처분에 대한 구제절차를 아직 거치지 않은 상황에 있다고 봄이 상당하므로, 이 사건 심판청구는 보충성 요건을 흠결하였다."고 판시하였다.[1]

(2) 행정권의 작용에 대한 헌법소원의 경우

일반 행정작용이 기본권을 침해하는 경우에는 행정심판법이나 행정소송법에 의한 적법한 행정심판이나 행정소송 기타 형사소송법상의 권리구제절차를 먼저 거쳐야 한다. 예컨대 법무부장관의 보안감호처분 또는 기간갱신결정에 대한 헌법소원을 청구하려면 그에 대한 형사소송법상 구제절차를 거쳐야 하고,[2] 검사의 형집행유예 실효지휘 처분이나 미결구금일수 산입에 관한 처분 및 형기종료일 지정처분에 대하여 그 재판을 선고한 법원에 형사소송법 제489조에 의한 이의신청을 함이 없이 곧바로 제기한 헌법소원 심판청구는 다른 법률에 의한 구제절차를 모두 거치지 아니한 것으로서 부적법하다.[3]

그런데 검사의 형기종료일 지정처분에 대하여 법원의 이의신청절차를 거친 경우에도 법원의 재판이 헌법재판소가 위헌으로 결정한 법령을 적용하여 국민의 기본권을 침해한 결과 헌법소원심판에 의하여 그 재판 자체가 취소되는 경우에 한하여 당해 행정처분에 대하여 헌법소원심판청구가 가능한 것이고, 이와 달리 법원의 재판이 헌법재판소가 위헌으로 결정한 법령을 적용한 것도 아니어서 취소될 수 없는 경우에는 검사의 위 형기종료일 지정처분에 대한 헌법소원심판청구는 허용되지 아니하므로 부적법하다고 하였다.[4]

---

1) 헌재 2020. 2. 27. 2019헌마987.
2) 헌재 1989. 10. 27. 89헌마105등.
3) 헌재 1994. 9. 7. 94헌마164 지정부 결정; 헌재 2004. 11. 25. 2003헌마819; 헌재 2008. 7. 31. 2006헌마704; 헌재 2012. 5. 31. 2010헌아292.

해운항만청장이 콘테이너 부두 축조공사를 한 데 대하여 피해어업권자인 청구인이 그 공사를 중지하고 공사로 인한 손해를 배상해 달라는 헌법소원 사건에 있어 그 사건과 관련하여 가처분신청절차를 거쳤음은 인정되더라도 그것은 잠정적인 구제절차이므로 **본안의 구제절차**를 거친 바 없으면 청구인의 헌법소원심판청구는 부적법하고,[1] 청구인이 수사기관의 부당한 수사에 대해 헌법소원을 제기하는 취지라면 그 부분에 대하여는 별도의 구제절차인 형사소송법 제417조의 **준항고** 또는 검찰청법상의 **항고·재항고**의 절차를 거쳐 비로소 헌법소원을 제기할 수 있다.[2] 또한 검사의 피의자접견 등 금지 결정은 '피의자의 구금에 관한 처분'으로서 형사소송법 제417조에 의한 **준항고** 절차를 거쳐야 한다고 하였고,[3] 호적부상 성(姓)의 한글 표기 정정신청(유→류)에 대한 읍장의 거부회시에 대해 **가정법원에 불복**이 가능한데도 이를 거치지 않은 것은 보충성원칙에 반한다고 보았고,[4] 현행범인으로 체포되어 경찰서 유치장에 구금되어 체포된 때로부터 48시간이 경과하기 전에 석방된 자가 자신에 대한 구금은 불필요하게 장기간 계속된 것으로서 기본권을 침해하였다며 제기한 헌법소원심판에서, 체포에 대해서는 형사소송법에 규정된 **체포적부심사**를 거쳐야 한다고 하였고,[5] 현행범인으로 체포된 자가 **체포적부심사**절차를 거치지 않고 제기한 헌법소원심판청구는 보충성의 원칙에 반하여 부적법하다고 하였다.[6] 그리고 사법경찰관이 피의자에 관한 보도자료를 기자들에게 배포한 행위는 피의사실공표죄 해당여부가 문제되므로 수사기관을 상대로 고소하여 행위자를 처벌받게 하거나 처리결과에 따라 검찰청법에 따른 **항고**를 거쳐 **재성신청**을 할 수 있으므로, 위와 같은 권리구제절차를 거치지 아니한 채 곧바로 제기한 헌법소원심판청구는 보충성의 요건을 갖추지 못하였다고 하였다.[7]

그러나 공정거래위원회 심사불개시결정[8]이나 무혐의처분[9]은 항고소송의

---

4) 헌재 2012. 5. 31. 2010헌아292; 동지: 헌재 2008. 7. 29. 2008헌마487; 헌재 2011. 10. 25. 2010헌마243.

1) 헌재 1990. 10. 22. 90헌마155 지정부 결정.

2) 헌재 1993. 3. 15. 93헌마36 지정부 결정; 헌재 1994. 9. 30. 94헌마183 지정부 결정; 헌재 1996. 2. 29. 96헌마32; 헌재 2011. 9. 29. 2010헌바66.

3) 헌재 2007. 5. 31. 2006헌마1131.

4) 헌재 2009. 10. 25. 2003헌마95.

5) 헌재 2010. 9. 30. 2008헌마628(반대의견은, 체포적부심사는 개별적 체포 자체의 적법여부를 다루는 절차일 뿐 청구인들이 다투고자 하는 대상에 대한 적절하거나 실효적인 구제절차가 될 수 없으므로 보충성원칙의 예외를 인정하여야 한다고 하였고, 저자도 반대의견에 가담하였다).

6) 헌재 2011. 6. 30. 2009헌바199.

7) 헌재 2014. 3. 27. 2012헌마652; 동지: 헌재 2011. 9. 29. 2010헌바66.

대상이 되는 행정처분에 해당한다고 볼 수 없으므로 이들에 대하여 곧바로 헌법소원심판을 청구하는 것은 보충성에 위배되지 않는다고 하였고, 공정거래위원회의 심의절차종료결정 및 '심사대상에서 제외한 행위'에 대하여도 보충성 요건 충족을 전제로 다른 적법요건 및 본안에 대한 판단을 한 사례가 있다.[1]

한편 건설부장관의 개발제한구역 지정행위(도시계획결정),[2] 대구직할시 지방경찰청장의 벌점부과처분,[3] 국세청장의 조세범처벌절차법 제16조에 의한 교부금지급 거부처분,[4] 교도소장의 이송처분,[5] 주택공급에 관한 규칙 제22조 제1항 제3호에 따른 경쟁과열지역의 지정처분,[6] 토지수용불인정처분,[7] 서천군의 경지정리사업에 따른 환지처분,[8] 체납상속세에 배분한 처분,[9] 중앙토지수용위원회의 신청서반려처분,[10] 내무부장관의 공로연수파견 근무명령의 취소처분[11]에 대하여 **행정심판** 내지 **행정소송**으로 다투지 아니한 채 제기한 헌법소원심판청구는 부적법하다고 하였다.

그 밖에도 군인연금급여심사위원회의 결정,[12] 구청장의 택지초과소유부담금 부과처분,[13] 서울특별시장의 과징금 부과처분,[14] 교도소장이 발송 거부한 행위,[15] 의료보험조합의 부동산 압류처분,[16] 미결수용자 접견신청에 대한 교도소장의 불허처분,[17] 불기소사건기록 열람·등사 청구에 대한 검사의 거부처분,[18] 토지수용처분,[19] 국세청장의 납세병마개 제조자 지정처분,[20] 세무서장의 과세처

8) 헌재 2004. 3. 25. 2003헌마404.
9) 헌재 2002. 6. 27. 2001헌마381; 헌재 2004. 8. 26. 2004헌마80; 헌재 2011. 11. 24. 2010헌마83.
1) 헌재 2022. 9. 29. 2016헌마773.
2) 헌재 1991. 6. 3. 89헌마46; 헌재 1991. 7. 22. 89헌마174; 헌재 1991. 9. 16. 89헌마152.
3) 헌재 1991. 12. 2. 91헌마191 지정부 결정.
4) 헌재 1992. 5. 26. 92헌마94 지정부 결정.
5) 헌재 1992. 6. 19. 92헌마110 지정부 결정.
6) 헌재 1992. 4. 28. 91헌마62.
7) 헌재 1992. 7. 23. 90헌마120.
8) 헌재 1992. 11. 12. 91헌마192.
9) 헌재 1992. 12. 24. 90헌마149.
10) 헌재 1992. 12. 24. 90헌마182.
11) 헌재 1992. 12. 24. 92헌마204.
12) 헌재 1994. 4. 28. 93헌마151.
13) 헌재 1995. 1. 20. 94헌마27.
14) 헌재 1995. 2. 23. 92헌마282.
15) 헌재 1995. 7. 21. 92헌마144; 헌재 1998. 8. 27. 96헌마398.
16) 헌재 1998. 2. 27. 96헌마134.
17) 헌재 1998. 2. 27. 96헌마179.
18) 헌재 1998. 2. 27. 97헌마101.
19) 헌재 1998. 4. 30. 95헌마93등.

분,[1] 교도소장의 일간지 구독금지처분,[2] 택지초과소유부담금 부과처분,[3] 교육과학기술부장관의 법학전문대학원 설치 예비인가 거부결정,[4] 구치소장의 국제전화 통화와 우편물발송 불허처분,[5] 교도소장의 수용자에 대한 학사고시반 편입불허행위 및 불합격처분과 전화통화 불허행위,[6] 공주시장의 도시계획시설결정,[7] 교도소장의 엄중격리대상자 지정처분, 타 교도소로의 이송처분, 영치품사용신청 불허처분, 정보공개청구에 대한 비공개결정,[8] 문화체육부장관의 기존 국기원의 정관 인가요청에 대한 회신 및 정상화 이행촉구의 반려처분,[9] 서울특별시장의 전통사찰보존구역 지정해제 신청 거부처분,[10] 방송통신심의위원회의 시정요구,[11] 공정거래위원회의 경고,[12] 공무원연금공단의 퇴직연금 환수처분,[13] 노동부장관의 근로시간면제 한도 고시,[14] 국가인권위원회의 진정 각하 또는 기각결정,[15] 교육부장관이 교장승진후보자 명부에 등재된 청구인을 승진임용대칭 대상자에 포함시키지 아니한 행위,[16] 대한변호사협회 징계위원회의 징계결정,[17] 고용노동부장관의 청구인 전국교직원노동조합에 대한 시정요구,[18] 수원시장이 공고한 여객자동차운송사업(택시) 개선명령 및 준수사항 중 '개인택시부제운행'[19]에 대하여는 **행정심판** 및 **행정소송**이라는 구제절차가 마련되어 있으므로 그 구제절차를 거친 후 헌법소원을 청구하여야 함에도 각 처분에 대하여

---

20) 헌재 1998. 4. 30. 97헌마141.
1) 헌재 1998. 5. 28. 96헌마151.
2) 헌재 1998. 10. 29. 98헌마4.
3) 헌재 1999. 4. 29. 96헌마424.
4) 헌재 2009. 2. 26. 2008헌마370등.
5) 헌재 2009. 12. 29. 2008헌마617.
6) 헌재 2010. 10. 28. 2009헌마438.
7) 헌재 2011. 2. 24. 2009헌마164.
8) 헌재 2011. 2. 24. 2009헌마209.
9) 헌재 2011. 5. 26. 2010헌마183.
10) 헌재 2011. 10. 25. 2009헌마647.
11) 헌재 2012. 2. 23. 2008헌마500.
12) 헌재 2012. 6. 27. 2010헌마508.
13) 헌재 2013. 8. 29. 2010헌마169.
14) 헌재 2014. 5. 29. 2010헌마606(동 고시는 별도의 집행행위를 요하지 아니하고 곧바로 근로시간면제한도 등에 관하여 근로자 및 노동조합에 구체적이고 직접적으로 적용되는 것으로 그 처분성이 인정되므로 동 고시에 대해 법원에 무효확인소송을 제기할 수 있다고 하였다).
15) 헌재 2015. 3. 26. 2013헌마214.
16) 헌재 2018. 6. 28. 2015헌마1072.
17) 헌재 2018. 7. 26. 2016헌마1029.
18) 헌재 2015. 5. 28. 2013헌마671등.
19) 헌재 2019. 4. 11. 2018헌마42.

구제절차를 거치지도 않은 채 청구한 헌법소원심판청구는 부적법하다.

한편, 청구인이 교도소장의 서신발송 불허처분의 취소를 구하는 행정심판을 제기하여 재결을 받았을 뿐, 이에 대한 행정소송을 제기하지 않은 채 청구한 헌법소원심판청구는 보충성의 요건을 갖추지 못하여 부적법하다고 하였고,[1] 특허청장이 서울서부지방법원의 상표등록번호 제6820076호의 상표권에 대한 압류기입등록 촉탁을 반려한 처분은 항고소송의 대상이 되는 행정처분에 해당되고, 청구인이 이를 다툴 법률상 이익이 인정되므로 그에 대한 다툼은 우선 행정심판이나 행정소송을 제기하는 방법에 따라야 하므로 행정심판이나 행정소송 등의 사전구제절차를 모두 거친 후 제기된 것이 아닌 헌법소원심판청구는 보충성의 요건을 충족하지 못하였다고 하였으며,[2] "청구인과 같은 응시자가 사전에 영어시험성적인정을 받지 않았을 경우 인터넷 홈페이지 원서접수 사이트에서 다음 단계로의 진행이 불가능하여 응시원서를 접수할 수 없도록 하는 방식으로 원서접수절차를 진행한 것은, 원서접수 창구에서 직접 대면하여 서류접수를 거부하는 것과 실질적으로 다름이 없는 것으로 행정소송의 대상이 되는 행정처분에 해당한다고 봄이 타당하다. 그런데 청구인이 이러한 절차를 거치지 아니한 채 헌법소원심판을 청구하였으므로, 응시원서접수 거부처분에 대한 심판청구는 보충성을 갖추지 못하여 부적법하다."고 판시하였다.[3]

또한 코로나바이러스감염증-19의 예방을 위하여 음식점 및 PC방 운영자 등에게 영업시간을 제한하거나 이용자 간 거리를 둘 의무를 부여하는 서울특별시 고시는 항고소송의 대상이 되는 행정처분에 해당하고 그 취소를 구할 소의 이익이 인정되므로 이에 대한 다툼은 우선 행정심판이나 행정소송이라는 구제절차를 거쳤어야 한다고 하였고,[4] 법원, 검찰청, 경찰서, 구치소에 장애인 전용 주차구역, 장애인용 승강기 또는 화장실을 설치하지 아니한 부작위에 대하여는 장애인차별금지법상 구제절차를 거친 후 헌법소원을 청구하여야 함에도 그 구제절차를 거치지 아니한 심판청구는 보충성 요건을 흠결하여 부적법하다고 하였다.[5]

---

1) 헌재 2016. 4. 28. 2013헌마870(이 사건에서 행정심판재결에 대하여 재결 자체의 고유한 위헌 사유가 있음을 그 이유로 내세우는 경우가 아니면 원처분이 아닌 재결에 대하여 헌법소원심판을 청구할 수 없다고 하였다).
2) 헌재 2021. 10. 28. 2020헌마229.
3) 헌재 2022. 10. 27. 2020헌마68.
4) 헌재 2023. 5. 25. 2021헌마21.

(3) 사법권의 작용에 대한 헌법소원의 경우

재판 이외의 기타 사법권 작용이 기본권을 침해하는 경우에는 **법률이 정하는 권리구제절차**를 먼저 거친 후에 헌법소원을 제기하여야 한다. 예컨대, 집행관의 강제집행방법이나 집행절차에 대한 헌법소원은 민사집행법 제16조 소정의 집행방법에 관한 이의신청을 한 후 집행법원의 재판을 거친 후에 제기하여야 하고,[1] 청구인의 주장과 같이 검사·판사로부터 폭행을 당한 바 있다면 우선 형사소송법 소정의 구제절차를 거친 후에 헌법소원심판을 청구하여야 하며,[2] 민사소송법 제223조는 법원사무관 등의 처분에 대한 이의는 그 법원사무관 등의 소속법원이 결정으로 재판한다고 규정하고 있으므로, 접수담당자의 소속법원에 접수처분에 대한 이의신청의 구제절차를 거치지 아니한 채 제기한 헌법소원심판청구는 부적법하다.[3]

대법원장의 법관에 대한 인사처분에 대한 헌법소원은 법원행정처에 설치된 소청심사위원회의 소청심사절차와 행정소송의 권리구제절차를 거쳐야 하고,[4] 법원의 판결이유에 관한 정보공개거부처분에 대한 헌법소원은 공공기관의 정보공개법에 따른 행정심판 및 행정소송의 구제절차를 거쳐야 하며,[5] 청구인은 법원행정처장의 정보비공개결정에 대하여 행정법원에 소를 제기하지 않고 바로 헌법소원심판을 청구하였으므로, 법원행정처장의 정보비공개결정에 대한 헌법소원 심판청구는 보충성원칙을 흠결하여 부적법하다고 하였다.[6]

라. 보충성의 예외

이상과 같은 보충성원칙에도 불구하고 일정한 예외가 인정되는바, 우리 헌법재판소법에는 명문의 규정이 없으나 독일 연방헌법재판소법과 동 재판소의 판례와 같이 우리 헌법재판소에서도 보충성의 예외를 인정하고 있다.

즉 법률상 다른 구제절차가 없는 경우, 청구인의 불이익으로 돌릴 수 없는 정당한 이유 있는 착오로 전심절차를 거치지 않은 경우, 전심절차를 거쳐도 권리가

5) 헌재 2023. 7. 20. 2019헌마709.
1) 헌재 1989. 10. 7. 89헌마203 지정부 결정.
2) 헌재 1989. 4. 18. 89헌마54 지정부 결정.
3) 헌재 1991. 11. 25. 89헌마235.
4) 헌재 1993. 12. 23. 92헌마247.
5) 헌재 2000. 12. 29. 2000헌마797 지정부 결정; 동지: 헌재 2009. 8. 25. 2009헌마440; 헌재 2012. 3. 29. 2010헌마599.
6) 헌재 2021. 10. 28. 2020헌마433.

구제될 가능성이 거의 없거나, 권리구제절차의 허용여부가 객관적으로 불확실하여 전심절차이행의 기대가능성이 없을 때에는 보충성원칙의 예외를 인정하였다.[1]

(1) 법률상 권리구제절차가 없는 경우

(가) 법령에 대한 직접적인 헌법소원의 경우

법령 자체에 의한 직접적인 기본권침해가 문제될 때에는 그 법령 자체의 효력을 직접 다투는 것을 소송물로 하여 일반법원에 소송을 제기하는 길이 없어, 구제절차가 있는 경우가 아니므로 바로 헌법소원을 청구할 수 있다.[2]

헌법재판소는 법관 및 법원공무원 수당규칙 및 법원공무원 자가운전차량 유지비 지급지침,[3] 보건복지부장관의 고시인 1994년 생계보호기준,[4] 국가유공자예우 등에 관한 법률시행령 제23조,[5] 교육부장관의 지침인 종합생활기록부 제도개선보완 시행지침,[6] 일반택시 운송사업자는 운수종사자로부터 운송수입금 전액을 납부 받고 운수종사자는 운송수입금 전액을 운송사업자에게 납부하도록 규정한 자동차운수사업법 조항,[7] 학교보건법시행령 제 4 조의2 제 5 호,[8] 국민연금법 제52조,[9] 보건복지부장관의 고시인 식품접객업소영업행위제한기준,[10] 보건복지부장관이 고시한 2002년도 최저생계비 고시,[11] 소송기록접수통지를 받은 후 일정한 기간 내 상고이유서를 제출하지 않은 경우 상고기각결정을 하도록 규정하고 있는 형사소송법 조항,[12] 금치처분을 받은 자에 대하여 금치기간 중에는 집필을 금지하고 있는 행형법 시행령 조항,[13] 문화관광부 고시인 게임제공업소의 경품취급기준,[14] 보건복지가족부 고시인 요양급여의 적용기준 및

1) 헌재 1989. 9. 4. 88헌마22; 헌재 1998. 2. 27. 94헌마77; 헌재 1999. 12. 23. 97헌마136.
2) 헌재 1989. 3. 17. 88헌마1; 헌재 1990. 6. 25. 89헌마220; 헌재 1998. 4. 30. 96헌마7; 헌재 2000. 7. 20. 99헌마455; 헌재 2011. 6. 30. 2008헌마715; 헌재 2012. 5. 31. 2011헌마241.
3) 헌재 1995. 7. 21. 93헌마257.
4) 헌재 1997. 5. 29. 94헌마33.
5) 헌재 1997. 6. 26. 94헌마52.
6) 헌재 1997. 7. 16. 97헌마38.
7) 헌재 1998. 10. 29. 97헌마345.
8) 헌재 1999. 7. 22. 98헌마480등.
9) 헌재 2000. 6. 1. 97헌마190.
10) 헌재 2000. 7. 20. 99헌마455.
11) 헌재 2004. 10. 28. 2002헌마328.
12) 헌재 2004. 11. 25. 2003헌마439.
13) 헌재 2005. 2. 24. 2003헌마289.
14) 헌재 2008. 11. 27. 2005헌마161등; 헌재 2009. 4. 30. 2007헌마106(게임제공업소의 경품제공 일반에 관한 일반적·추상적 성격을 지닌 법규로서 일반법원에 소송을 제기하여 구제될 수 없다는 이유로 보충성 요건을 요구하지 않았다).

방법에 관한 세부사항,[1] 이명에 관한 상이등급 판정기준을 정하고 있는 구 '국가유공자 등 예우 및 지원에 관한 법률 시행규칙' 조항,[2] 전라남도 교육청의 고등학교 졸업학력 검정고시 및 입학자격 검정고시 시행계획공고[3]는 법령 자체의 효력을 직접 다투는 것은 소송물로 하여 일반법원에 소송을 제기하는 길이 없어 구제절차가 있는 경우가 아니므로 바로 헌법소원심판을 청구할 수 있다고 하였다.

다만 행정관청의 고시나 지방자치단체의 조례 등은 해당 규정의 내용이 어떤 성질을 가지는지에 따라 보충성 요건을 요구하는지 여부가 달라진다. 고시가 일반·추상적 성격을 가질 때에는 법규명령 또는 행정규칙에 해당하지만, 구체적인 규율의 성격을 갖는다면 행정처분에 해당한다.[4] 따라서 고시가 일반적·추상적인 규정의 성격을 지닌 경우에는 다른 구제절차를 거칠 것 없이 바로 헌법소원심판을 청구할 수 있다.[5]

헌법재판소는 보건복지부장관이 법령의 위임에 따라 정한 최저생계비 고시에 대해, 행정소송법상 이를 다툴 방법이 없다거나,[6] 다른 권리구제절차가 있는지 객관적으로 불확실하다는 이유로[7] 보충성 요건을 요구하지 않았고, 게임제공업자가 게임이용자에게 제공할 수 있는 경품의 종류와 지급방법 등을 정한 '게임제공업소의 경품취급기준' 고시에 대해서는, 게임제공업소의 경품제공 일반에 관한 일반적·추상적 성격을 지닌 법규로서 일반법원에 소송을 제기하여 구제될 수 없다는 이유로 보충성 요건을 요구하지 않았으며,[8] 최저임금 고시에 대해, 행정소송이 허용되는지 여부가 객관적으로 불확실하고 법원이 항고소송의 대상으로 인정한 적도 없어 권리구체절차를 거치도록 요구하거나 기대할 수 없다는 이유로 보충성 요건을 충족한다고 보았다.[9]

반면에 신도시 주변지역에 대하여 개발행위허가를 제한하는 건설교통부고시는 특정 개인의 구체적인 권리·의무나 법률관계를 직접적으로 규율하는 성격

1) 헌재 2010. 9. 30. 2008헌마758.
2) 헌재 2012. 5. 31. 2011헌마241.
3) 헌재 2012. 5. 31. 2010헌마139등.
4) 실무제요, 366면.
5) 헌재 1998. 4. 30. 97헌마141; 헌재 2008. 11. 27. 2005헌마161등.
6) 헌재 1997. 5. 29. 94헌마33.
7) 헌재 2004. 10. 28. 2002헌마328.
8) 헌재 2009. 4. 30. 2007헌마106.
9) 헌재 2019. 12. 27. 2017헌마1366등.

을 갖는 행정처분에 해당하므로 행정심판 또는 행정소송법에 의한 항고소송 절차를 거쳤어야 한다고 하였다.[1)]

한편, 조례가 집행행위의 개입 없이 그 자체로서 직접 국민의 구체적인 권리 의무나 법적 이익에 영향을 미치는 등의 법률상 효과를 발생하는 경우 그 조례는 항고소송의 대상이 되는 행정처분에 해당[2)]하므로 곧바로 헌법소원심판을 청구할 수 없으나, 일반적 추상적 성격을 가지거나 항고소송의 대상이 되는 행정처분인지 여부가 불분명한 경우에는 바로 헌법소원심판을 청구할 수 있다.

또한 헌법재판소는 '부산광역시 학원의 설립·운영 및 과외교습에 관한 조례'와 '서울특별시 학원의 설립·운영 및 과외교습에 관한 조례'가 학교교과교습학원 및 교습소의 교습시간을 제한하고 있는 것과 관련하여, 이것이 항고소송의 대상이 되는 행정처분에 해당하는지 여부는 불확실하므로 항고소송에 의한 권리구제절차를 거치도록 요구하거나 기대할 수 없다고 하였다.[3)]

반면 '서울특별시 지하도상가 관리 조례'가 위 조례에 따라 발생한 권리나 의무를 타인에게 양도하는 것을 금지하는 것과 관련하여, 해당 조항이 항고소송의 대상이 되는 행정처분에 해당한다는 법원의 판단이 있음에도 항고소송을 거치지 않은 것은 보충성에 위반된다고 하였다.[4)]

나아가 법령의 직접적인 위임에 따라 수임행정기관이 그 법령을 시행하는데 필요한 구체적 사항을 정한 것이면, 그 제정형식이 고시, 훈령, 예규 등과 같은 행정규칙이더라도 상위법령과 결합하여 대외적인 구속력을 갖는 법규명령으로 기능하게 되므로 이를 대상으로 하여 곧바로 헌법소원을 청구하는 것이 가능하다고 하였고,[5)] 헌법재판소는 청소년유해매체물의 표시방법에 관한 정보통신부고시,[6)] 문화부장관이 공고한 외국인전용 카지노업 신규허가계획,[7)] 의약품 중복처방시 요양급여의 인정기준을 정하고 있는 보건복지가족부고시[8)]에 대해 상위법령과 결합된 법규명령적 성격의 행정규칙으로서 항고소송의 대상이 되기 어렵다는 등의 이유로 보충성 요건의 충족을 요구하지 않았다.

---

1) 헌재 2008. 12. 26. 2007헌마862.
2) 대법원 1996. 9. 20. 선고 95누8003 판결.
3) 헌재 2009. 10. 29. 2008헌마454; 헌재 2009. 10. 29. 2008헌마635.
4) 헌재 2021. 3. 25. 2018헌마1035.
5) 헌재 1992. 6. 26. 91헌마25; 헌재 2003. 12. 18. 2001헌마543; 헌재 2010. 9. 30. 2008헌마758.
6) 헌재 2004. 1. 29. 2001헌마894.
7) 헌재 2006. 7. 27. 2004헌마924.
8) 헌재 2010. 9. 30. 2008헌마758.

(나) 진정입법부작위에 대한 헌법소원의 경우

헌법재판소는 치과전문의 자격시험 불실시 위헌확인 등 사건에서 진정 입법부작위에 대한 헌법소원심판 청구의 보충성원칙에 대하여 "입법부작위에 대한 행정소송의 적법여부에 관하여 대법원은 '행정소송은 구체적 사건에 대한 법률상 분쟁을 법에 의하여 해결함으로써 법적 안정을 기하자는 것이므로 부작위위법확인소송의 대상이 될 수 있는 것은 구체적 권리의무에 관한 분쟁이어야 하고, 추상적인 법령에 관하여 제정의 여부 등은 그 자체로서 국민의 구체적인 권리 의무에 직접적 변동을 초래하는 것이 아니어서 행정소송의 대상이 될 수 없다.'고 판시하고 있으므로, 피청구인 보건복지부장관에 대한 청구 중 위 시행규칙에 대한 입법부작위 부분은 **다른 구제절차가 없는 경우**에 해당한다."고 판시하였다.[1)]

(다) 기타 법률상 다른 권리구제절차가 없는 경우

형사피의자로 입건되었던 자가 **기소유예처분**을 받고서 스스로 무고함을 주장하여 헌법소원심판청구를 하는 경우에는 **법률상 구제절차가 없는 경우**에 해당하므로 헌법재판소에 직접 제소하는 것이 가능하다.[2)]

또한 헌법재판소는, 형사사건에서 형사피해자인 청구인들이 고소나 고발을 제기함이 없이 **사법경찰관의 인지**(認知)에 의해 수사가 개시된 뒤 검사의 수사와 처분이 일응 종결된 사건에서 있어서는 검사의 불기소처분에 대하여 검찰청법에 정한 항고, 재항고의 제기에 의한 구제를 받을 방법이 없고, '고소권자로서 고소한 자'에 해당하지 않아 형사소송법 제260조 제 1 항 소정의 재정신청절차를 취할 수도 없으므로 **곧바로** 헌법소원심판을 청구할 수 있고, 형사피해자로 하여금 새로이 당해 형사사건에 대한 별도의 고소장을 제출하게 하고 그 처리결과에 대하여 항고, 재항고의 절차를 모두 거친 다음 헌법소원심판청구를 요구한다면 그것은 청구인의 권리구제 면에서나 국가기능 작용의 효율적인 집행의 면에서나 아무런 실익이 없음이 명백하므로 이때에는 별도의 고소절차를 거칠 필요 없이 **곧바로** 헌법소원심판청구를 하는 것이 가능하다고 하였다.[3)] 그런

1) 헌재 1998. 7. 16. 96헌마246.

2) 헌재 1992. 10. 1. 91헌마169; 헌재 1992. 11. 12. 91헌마146; 헌재 1995. 3. 23. 94헌마254; 헌재 2010. 6. 24. 2008헌마716.

3) 헌재 1992. 10. 1. 91헌마31; 헌재 2008. 11. 27. 2008헌마399등; 헌재 2010. 6. 24. 2008헌마716. 헌재 2014. 9. 25. 2013헌마60은 인지사건인 피의자에 대한 사기혐의 사건에 대하여 한 검사의 혐의없음 불기소처분이 범죄피해자인 청구인의 평등권과 재판절차진술권을 침해하였다고 본 사례이다.

데 이에 대하여는 불기소처분이 있는 경우, 고소하지 아니한 피해자는 고소를 하고 적극적으로 증거자료를 제출하여 실체적 진실을 밝힘으로써 검사의 처분이 변경되도록 노력하고, 그럼에도 불구하고 동일한 불기소처분이 있는 경우 그에 대하여 검찰청법이 정한 항고 및 재항고의 사전구제절차를 거친 후 헌법소원을 청구할 수 있다고 함이 헌법재판소법 제68조 제 1 항에 의한 헌법소원심판제도의 취지에 부합한다는 유력한 반대의견이 있다.[1]

그리고 세무대학장의 재임용추천거부행위와 같은 총·학장의 임용제청이나 그 철회는 행정기관 상호간의 내부적인 의사결정과정일 뿐 행정소송의 대상이 되는 행정처분이라고 볼 수 없다는 것이 대법원의 일관된 판례이므로 세무대학장이 청구인의 교수 재임용추천을 하지 아니한 공권력 불행사의 위헌여부를 다투는 청구인이 행정소송을 거치지 아니하고 바로 헌법소원심판을 청구하였다고 하더라도 다른 법률에 구제절차가 있는 경우에 해당하지 아니하여 소원심판청구의 적법요건인 보충성의 원칙에 반하지 아니한다고 하였다.[2]

또한 고발권 불행사 위헌확인 사건에서, "공정거래법은 고발에 대한 이해관계인의 신청권을 인정하는 규정을 두고 있지 아니할 뿐만 아니라, 법해석상으로도 공정거래위원회의 고발권 행사가 청구인의 신청이나 동의 등의 협력을 요건으로 하는 것이라고 보아야 할 아무런 근거도 없으므로 행정부작위는 행정심판 내지 행정소송의 대상이 되는 '부작위'로서의 요건을 갖추지 못하였다고 할 것이고, 이러한 경우에는 청구인에게 행정쟁송절차의 사전 경유를 요구한다면 이는 무용한 절차를 강요하는 것으로 되어 부당하다. 따라서 청구인이 이 사건 심판대상 행정부작위에 대하여 위와 같은 행정쟁송절차의 경유 없이 곧바로 헌법소원심판청구를 한 것은 보충성의 예외로서 적법하다고 보아야 한다."고 판시하였고,[3] 공정거래위원회의 무혐의결정 취소사건에서, "공정거래위원회의 무혐의 처분이 항고소송의 대상이 되는지 여부와 관련하여 대법원은 공정거래법 제49조 소정의 신고는 공정거래위원회에 대하여 공정거래법에 위반되는 사실에 관한 조사의 직권발동을 촉구하는 단서를 제공하는 것에 불과하고 신고인에게 그 신고내용에 따른 적당한 조치를 취하여 줄 것을 요구할 수 있는 구체적인

1) 헌재 1995. 5. 25. 94헌마185; 헌재 1998. 8. 27. 97헌마79; 헌재 2010. 6. 24. 2008헌마716. 저자도 이 반대의견에 가담하였다. 동지: 김하열, 480면.
2) 헌재 1993. 5. 13. 91헌마190.
3) 헌재 1995. 7. 21. 94헌마136.

청구권까지 있다고 할 수는 없으므로 공정거래위원회의 무혐의처분은 그 신고인의 권리의무에 아무런 영향을 미치지 아니하는 것이어서 항고소송의 대상이 되는 행정처분에 해당한다고 할 수 없다고 판시하였다(대법원 2000. 4. 11. 선고 98두5682 판결 참조). 위와 같은 대법원 판례에 따르면 **공정거래위원회의 무혐의처분**은 행정심판이나 행정소송의 대상이 될 수 없으므로 이러한 경우에도 청구인에게 일반적인 행정쟁송절차를 먼저 경유할 것을 요구한다면 이는 **무용한 절차를 강요**하는 것으로 되어 부당하다."고 판시하였고,[1] 공정거래위원회의 심의절차종료결정 및 '심사대상에서 제외한 행위'에 대하여도 보충성 요건 충족을 전제로 다른 적법요건 및 본안에 대한 판단을 한 사례가 있다.[2]

또한 공정거래위원회가 특정 회사의 '독점규제 및 공정거래에 관한 법률' 위반행위에 대하여 **고발을 하지 아니한 행정부작위**는 행정쟁송의 대상이 되는 '부작위'로서의 요건을 갖추지 못하였으므로 행정쟁송절차의 경유 없이 곧바로 헌법소원심판청구를 할 수 있고,[3] 추상적인 법령의 제정 여부 등은 그 자체로서 국민의 구체적인 권리의무에 직접적 변동을 초래하는 것이 아니어서 부작위위법확인소송의 대상이 될 수 없으므로 다른 구제절차 없이 **행정입법부작위**에 대해 헌법소원심판을 청구하는 것은 적법하다.[4]

또한 헌법재판소는, "피고인이나 변호인의 공판정에서의 녹취허가신청에 대한 법원의 녹취불허결정은 판결전의 소송절차에 관한 법원의 결정으로서 즉시항고를 인정하는 명문의 규정이 없고, 항소나 상고는 판결 자체에 대한 불복방법일 뿐 판결 전 소송절차상 결정에 대한 직접적인 불복방법이 아니어서 결국 **법원의 녹취불허결정**에 대하여는 직접적인 구제절차가 없다 할 것이므로, 그 녹취허부결정의 근거규정인 형사소송규칙 제40조에 대하여 직접 헌법에 위반되는지 여부의 심판을 청구할 수 있다."고 판시하였다.[5]

한편, 과거에는 법원이 지적공부에 일정한 등록사항을 직권으로 정정하거나 등록사항에 대한 변경신청을 거부(반려)하는 소관청의 행위가 행정소송의 대상이 되는 행정처분이 아니라고 보았기 때문에 **지목변경신청 반려행위**에 대해 바

1) 헌재 2011. 11. 24. 2010헌마83; 헌재 2002. 6. 27. 2001헌마381; 헌재 2004. 8. 26. 2004헌마80. 공정거래위원회의 심사불개시 결정에 대해서는 헌재 2004. 3. 25. 2003헌마404가 같은 취지임.
2) 헌재 2022. 9. 29. 2016헌마773.
3) 헌재 1995. 7. 21. 94헌마136.
4) 헌재 1998. 7. 16. 96헌마246.
5) 헌재 1995. 12. 28. 91헌마114.

로 헌법소원심판을 청구할 수 있었으나,[1] 법원이 종전의 판례를 변경하여 항고소송의 대상이 되는 행정처분에 해당한다고 판시[2]한 이후에는 이에 대한 헌법소원심판청구의 경우 보충성 요건의 흠결을 이유로 각하하고 있다.[3] 다만, 판례가 변경되는 과도기에 청구된 헌법소원심판의 경우에는 그 권리구제의 실효성을 위하여 보충성 요건을 요구하지 않는다.[4]

상속세 경정청구 거부처분 취소 등 사건에서, 4인 재판관의 다수의견은 "세법상의 명문 규정이 있는 외에는 조리상의 경정청구권을 인정할 수 없으며 개별세법에 근거하지 아니한 납세의무자의 경정청구를 거절하였다 하여 이를 두고 항고소송의 대상이 되는 거부처분이라 할 수 없다는 것이 법원의 일관된 판례인 이상, 후발적 사유에 의한 조리상 경정청구권이 인정되는 경우라도 그 거부처분에 대하여는 행정쟁송을 통한 구제의 길이 없고 달리 다른 법률에 구제절차가 있는 것도 아니며, 한편 헌법재판소법 제68조 제 1 항 단서의 다른 법률에 의한 구제절차란 헌법소원의 목적물인 공권력의 행사 또는 불행사를 직접 대상으로 하여 그 효력을 다툴 수 있는 절차를 의미하는 것이지 최종목적을 달성하기 위하여 취할 수 있는 모든 우회적인 구제절차를 의미하는 것이 아니므로 설사 위의 경우 국가를 상대로 부당이득반환청구소송을 제기할 수 있다 하더라도 그에 대하여 바로 헌법소원을 청구하였다고 하여 보충성의 요건에 반한다고 할 수 없다."고 판시하였고,[5] 법원의 열람·등사 허용 결정에도 불구하고 검사가 수사서류에 대한 **등사를 거부**한 행위는 종전의 검사의 열람·등사 거부처분과 별도로 국민의 구체적인 권리의무에 직접적 변동을 초래하는 행위라고 보기 어려워 항고소송의 대상이 되지 않는다는 것이 법원의 판례이므로 다른 절차 없이 곧바로 헌법소원심판을 청구하였다고 하여 보충성 요건에 반한다고 할 수 없다고 하였으며,[6] 또한 교육부장관이 국립대학 법학전문대학원의 신입생 일부의 **모집을 정지**하도록 한 행위에 대해서는, 법인화되지 않은 국립대학은 영조물에 불과하고 그 총장은 국립대학의 대표자일 뿐이어서 행정소송의 당사자능

1) 헌재 1999. 6. 24. 97헌마315; 헌재 2001. 1. 18. 99헌마703; 헌재 2002. 1. 31. 99헌마563.
2) 대법원 2004. 4. 22. 선고 2003두9015 판결.
3) 헌재 2005. 7. 19. 2005헌마623; 헌재 2005. 9. 13. 2005헌마829; 헌재 2009. 12. 22. 2009헌마693 등.
4) 헌재 2004. 6. 24. 2003헌마723.
5) 헌재 2000. 2. 24. 97헌마13등.
6) 헌재 2017. 12. 28. 2015헌마632.

력이 인정되지 않는다는 것이 법원의 판례이므로 다른 절차 없이 바로 헌법소원심판을 청구할 수 있다고 하였고,[1] 고졸검정고시 또는 고입검정고시에 합격했던 자는 해당 검정고시에 다시 응시할 수 없도록 응시자격을 제한한 전라남도교육청 공고는 그 자체의 효력을 직접 다투는 것을 소송물로 하여 일반법원에 소송을 제기하는 길이 없으므로 보충성 요건을 필요로 하지 않는다고 하였다.[2] 또한 교육부장관이 국립대학 법학전문대학원의 신입생 일부의 모집을 정지하도록 한 행위에 대해서는, 법인화되지 않은 국립대학은 영조물에 불과하고 그 총장은 국립대학의 대표자일 뿐이어서 행정소송의 당사자능력이 인정되지 않는다는 것이 법원의 판례이므로 다른 절차 없이 바로 헌법소원심판을 청구할 수 있다고 하였다.[3]

그 외에도 형사재판의 증인으로 채택된 자를 검사가 소환하여 검사실에 유치한 행위,[4] 공직선거 및 선거부정방지법에 의한 현수막 철거이행명령,[5] 구속적부심사건 피의자의 변호인의 수사기록 열람·등사 신청에 대한 경찰서장의 정보비공개결정,[6] 권력적 사실행위인 감사,[7] 수갑 및 포승 사용행위,[8] 교도소 화상접견시간 부여행위,[9] 외부재판 출정시 운동화를 착용하게 해달라는 수형자의 신청을 불허한 교도소장의 행위,[10] 구치소장의 미결수용자에 대한 변호인 접견불허처분,[11] 미결수용자에 대한 종교행사 등 참석불허 처우,[12] 국가인권위원회의 진정기각 결정[13] 국가인권위원회의 진정각하 결정,[14] 법원의 수사서류 열람·등사 허용결정에도 불구하고 검사가 해당 수사서류의 등사를 거부한 행

1) 헌재 2015. 12. 23. 2014헌마1149.
2) 헌재 2012. 5. 31. 2010헌마139등.
3) 헌재 2015. 12. 23. 2014헌마1149.
4) 헌재 2001. 8. 30. 99헌마496.
5) 헌재 2002. 7. 18. 99헌마592등.
6) 헌재 2003. 3. 27. 2000헌마474.
7) 헌재 2003. 12. 18. 2001헌마754.
8) 헌재 2005. 5. 26. 2001헌마728.
9) 헌재 2009. 9. 24. 2007헌마738.
10) 헌재 2011. 2. 24. 2009헌마209.
11) 헌재 2011. 5. 26. 2009헌마341(준항고 또는 청원의 절차를 거치지 않았다 하더라도 법률이 정한 구제절차를 거치지 않았다고 볼 수 없다고 하였다).
12) 헌재 2011. 12. 29. 2009헌마527.
13) 헌재 2009. 2. 26. 2008헌마275; 헌재 2010. 12. 28. 2010헌마101; 헌재 2012. 7. 26. 2011헌마637; 헌재 2012. 7. 26. 2011헌마829(국가인권위원회법은 국가인권위원회의 진정각하 또는 기각결정에 대한 불복수단으로 어떠한 구제절차도 마련해 놓고 있지 않고, 국가인권위원회의 진정 각하 또는 기각 결정의 행정처분성이 법원의 판례에 의하여 인정되고 있다고 보기도 어렵다고 하였다).
14) 헌재 2009. 9. 24. 2009헌마63; 헌재 2011. 3. 31. 2010헌마13.

위[1] 등의 경우에는 법률상 구제절차가 없는 경우에 해당하므로 보충성원칙의 예외로서 헌법소원심판 청구가 허용된다고 하였다.

그런데 헌법재판소는 진정에 대한 국가인권위원회의 각하 및 기각 결정은 법률상 신청권이 있는 피해자인 진정인의 권리행사에 중대한 지장을 초래하는 것으로서 항고소송의 대상이 되는 행정처분에 해당하므로, 그에 대한 다툼은 우선 행정심판이나 행정소송에 의하여야 할 것이라고 하여, 국가인권위원회의 진정 각하 또는 기각 결정에 대해 보충성요건은 충족하였다고 본 헌재 2011. 3. 31. 2010헌마13과 헌재 2012. 7. 26. 2011헌마829 등 선례를 변경하였다.[2]

(2) 사전에 구제절차를 거칠 것을 기대하기가 곤란한 경우

헌법소원심판 청구인이 그의 불이익으로 돌릴 수 없는 정당한 이유 있는 착오로 전심절차를 밟지 않은 경우, 전심절차로 권리가 구제될 가능성이 거의 없거나 권리구제절차가 허용되는지 여부가 객관적으로 불확실하거나 우회적 절차를 요구하는 것밖에 되지 않아 전심절차 이행의 기대가능성이 없을 때에는 보충성의 예외로 바로 헌법소원을 제기할 수 있다.[3]

그런데, 헌법재판소는 재무부장관이 제일은행장에 대하여 한 국제그룹의 해체준비착수와 언론발표지시 사건에서 "이 사건 국제그룹 해체와 그 정리조치가 형식상으로는 사법인인 제일은행이 행한 행위이므로 당시 시행되던 구 행정소송법상의 행정소송의 대상이 된다고 단정하기 어렵고, 따라서 당사자에게 그에 의한 권리구제절차를 밟을 것을 기대하기는 곤란하므로 이와 같은 범주의 권력적 사실행위의 경우에는 보충성의 원칙의 예외로서 소원의 제기가 가능하다."고 판시하였고,[4] 확정된 형사소송기록의 복사신청에 대하여 한 서울지방검찰청 의정부지청장의 거부행위에 대한 헌법소원심판청구의 적법성에 관하여, "먼저 형사소송법 제417조의 준항고 절차는 검사 또는 사법경찰관의 구금, 압수 또는 압수물의 환부에 관한 처분에 대하여서만 그에 대한 불복이 있을 때 법원에 그 처분의 취소 또는 변경을 청구할 수 있는 준항고 절차를 규정하고 있는데, 견해에 따라서는 형사확정소송기록의 열람·복사 신청에 대한 검사의 대응처분을 준항고의 대상으로 포함되는 것으로 보기는 어려우므로 형사소송

1) 헌재 2017. 12. 28. 2015헌마632.
2) 헌재 2015. 3. 26. 2013헌마214등.
3) 헌재 1989. 9. 4. 88헌마22; 헌재 1998. 2. 27. 94헌마77; 헌재 1999. 12. 23. 97헌마136등.
4) 헌재 1993. 7. 29. 89헌마31.

법 제417조의 준항고 절차를 형사확정기록의 열람·복사 거부처분에 대한 구제절차로 볼 수 없고, 다음으로 어떠한 신청에 대한 행정청의 거부행위에 대하여 행정쟁송을 제기할 수 있기 위하여는 그 신청에 따른 행정행위를 할 것을 요구할 수 있는 법규상 또는 조리상의 근거가 있어야 하는바, 형사확정소송기록에 대한 국민의 열람·복사 신청이 있는 경우 기록보관 검찰청이 일정한 처분을 하여야 한다고 규정하고 있는 실정법상의 규정은 그 당시로서는 찾아볼 수 없으므로 형사확정소송기록의 복사신청에 대한 검찰청의 거부행위가 행정쟁송으로 다툴 수 있는 성질의 처분행위에 해당하는지 단정하기 어렵다는 이유로 전심절차이행의 기대가능성이 없어 헌법소원심판청구가 적법하다."고 판시하였다.[1]

또한 "국가안전기획부 소속 수사관이 구속당한 사람의 변호인 접견에 참여하여 대화내용을 듣는 등, 자유로운 접견방해를 하는 것을 사법경찰관의 구금에 관한 처분으로 보아 형사소송법 제417조에 따라 그 처분의 취소 또는 변경을 법원에 청구할 수 있을 것처럼도 보이나 가사 그러한 청구를 하더라도 취소·변경 청구의 대상이 되어야 할 접견방해 행위는 계속 중인 것이 아니라, 이미 종료된 사실행위여서 취소·변경할 여지가 없기 때문에 법원으로서는 재판할 이익이 없다고 하여 청구를 각하할 수밖에 없을 것이므로 형사소송법 제417조 소정의 불복방법은 이 사건의 경우와 같은 수사기관에 의한 접견방해에 대한 구제방법이 될 수 없고 헌법소원의 심판청구 이외에 달리 효과 있는 구제방법을 발견할 수 없다."고 판시하였고,[2] 국가안전기획부에 의한 구속의 취소를 구하는 사건에서 "이 사건 청구이유는 청구인에 대한 구속조치의 집행기관인 국가안전기획부가 위헌적인 국가기관이고 그 위헌적 기관에 의하여 구속되었으니 이를 취소하여 달라는 것인바, 이러한 경우 헌법소원 이외의 다른 구제절차

---

1) 헌재 1991. 5. 13. 90헌마133(위 헌재 결정 당시에는 검찰보존사무규칙에 형사확정소송기록에 대한 열람등사를 청구할 수 있는 근거규정이 규정되어 있지 않았다. 그러나 1993. 12. 10. 검찰사무보존규칙 제20조에서 피고인, 형사소송규칙 제26조 제 1 항의 소송관계인, 청구사유를 소명한 고소인, 고발인 또는 피해자는 재판확정기록의 전부나 일부에 대하여 열람등사를 청구할 수 있다고 규정함으로써 기록의 열람·등사청구권에 관하여 근거규정을 신설하였고, 뿐만 아니라 1998. 1. 1.자로 공공기관의 정보공개에 관한 법률이 새로 시행되어 비공개대상정보를 제외하고는 모든 국민은 정보의 공개를 청구할 권리를 가지게 되었으므로 그 뒤로는 열람·등사 거부처분에 대하여는 행정쟁송을 제기하여야 할 것이지 바로 헌법소원을 제기하면 보충성의 적법요건에 위반된다. 헌재 1998. 2. 27. 94헌마77; 헌재 1999. 9. 16. 98헌마246; 헌재 2000. 2. 24. 99헌마96도 위와 같은 이유로 진정사건기록, 확정재판기록 또는 불기소사건 수사기록에 대한 등사신청 거부처분이 공권력의 행사 또는 불행사로 볼 수 있는 항고소송의 대상이 되는 행정처분에 해당한다고 보았다).

2) 헌재 1992. 1. 28. 91헌마111.

로는 형사소송법 제417조의 준항고와, 동법 제214조의2의 구속적부심절차를 생각할 수 있으나, 이 사건 청구이유는 위 준항고 규정이 정한 불복사유에 해당한다고 보기 어렵고, 구속적부심도 이 사건의 경우에 사전구제절차에 해당한다고 단정하기 어려움은 물론, 구속적부심으로 구속집행기관의 위헌성을 다투기 위하여는 먼저 구속적부심사청구를 하고 그 절차에서 동 기관의 설치근거 법률에 대한 위헌심판 여부의 제청을 하여 동 신청이 기각된 경우 비로소 헌법소원심판청구를 하여야 하는데 이는 청구인에게 대단히 우회적 절차를 요구하는 것밖에 되지 않아 전심절차로서 **기대가능성이 없는 경우**에 해당한다 할 것이므로, 이 사건의 경우 청구인은 다른 구제절차를 거침이 없이 직접 헌법소원심판청구를 할 수 있다."고 판시하였으며,[1] 전투경찰 순경에 대하여 발해진 시위진압명령 사건에서 "이 사건 진압명령은 특정 일시의 특정 집회와 관련된 시위의 진압을 내용으로 하는 것으로서 이 사건 심판청구 당시에 이미 청구인 등에 의하여 그 실행이 완료된 것이다. 따라서 이 사건 진압명령에 대한 행정소송은 소의 이익이 없다 하여 각하될 가능성이 매우 크므로 이와 같은 경우에는 구제절차가 있다고 하더라도 권리구제의 **기대가능성이 없고** 다만 기본권침해를 당한 자에게 불필요한 우회절차를 강요하는 것밖에 되지 않는 경우로서 헌법재판소법 제68조 제 1 항 단서의 예외의 경우에 해당하여 이 사건 진압명령에 대한 심판청구부분은 권리구제절차를 밟지 아니하였다고 하더라도 적법하다."고 판시하였고,[2] 한편 "검사의 수사기록 열람·등사거부행위에 대하여는 형사소송법상의 준항고가 허용되지 아니하고 행정심판법이나 행정소송법상의 행정쟁송이 허용된다 하더라도 그에 의하여 권리가 구제될 가능성이 없어서 청구인에게 위와 같은 절차의 선이행을 요구하는 것은 청구인으로 하여금 **불필요한 우회절차**를 강요하는 것이 된다 할 것이므로 위와 같은 경우에는 헌법재판소법 제68조 제 1 항 단서에 불구하고 구제절차를 거치지 아니하고 직접 헌법소원을 제기할 수 있는 예외적인 경우의 하나로 보아야 할 것이다."라고 판시하였다.[3]

1) 헌재 1994. 4. 28. 89헌마86.
2) 헌재 1995. 12. 28. 91헌마80.
3) 헌재 1997. 11. 27. 94헌마60(수사기록에 대한 열람·등사는 형사공판절차가 개시되기 전에 미리 필요한 것으로서 시기를 놓치게 되면 자칫 무용의 것이 되기 쉬운데 행정쟁송절차에 소요되는 기간이 결코 짧지 아니한 위의 현실을 감안할 때 그와 같은 구제절차가 당해 형사사건 공판개시 전에 완결되리라고 기대하기 어렵고, 오히려 행정쟁송이 심리단계에 들어갈 즈음에는 이미 당해 형사사건이 공판절차가 개시되어 수사서류를 검사에게서 법원으로 넘겨진 상태가 되어 그 행정쟁송은 더 이상 유지할 실익이 없어 각하될 수밖에 없는 경우가 대부분일 것이므로 청구인에게 불필

그러나 진정사건기록에 대한 등사신청 거부처분 취소 사건에서는 "이 사건의 경우 일건기록에 의하더라도 청구인이 자신의 불이익으로 돌릴 수 없는 정당한 이유 있는 착오로 전심절차를 밟지 않았다고 볼 사유도 없고, 이 사건 등사거부처분은 행정처분성이 명백히 인정되므로 권리구제절차가 허용되는지 여부가 객관적으로 불확실하여 전심절차이행의 기대가능성이 없는 경우도 아니며, 열람·등사거부처분의 취소를 구하는 행정쟁송을 통하여 전심절차로 권리가 구제될 수 있는 길도 열려있기 때문에 보충성의 원칙에 대한 예외를 인정할 특단의 사정이 있다고 볼 수 없다고 판단될 뿐 아니라, 이 사건은 이미 내사종결되어 보존 중인 진정사건의 등사신청에 관한 것이므로 행정쟁송이 실익이 없어 각하될 염려도 없어 행정쟁송절차에 의해 불복하게 하는 것이 청구인에게 불필요한 우회절차를 강요하는 것이 되는 것도 아니다."라고 판시하였고,[1] "판결이 확정되어 보존 중인 형사사건기록에 대한 이 사건 등사거부처분은 그 행정처분성이 명백히 인정되므로 권리구제절차가 허용되는지 여부가 불확실한 경우가 아니며 행정쟁송을 통하여 전심절차로 구제될 수 있는 길도 보장되어 있고, 나아가 공소제기된 수사기록과는 달리 행정쟁송으로 소요되는 기간 때문에 등사시기를 놓치게 된다거나 행정쟁송을 더 이상 유지할 실익이 없게 되어 각하될 염려도 없어 행정쟁송절차에 의하여 불복하게 하는 것이 적절하고 또한 불필요한 우회절차를 강요하는 것도 아니므로 보충성의 예외를 인정할 아무런 이유도 없다."라고 판시하였으며,[2] 불기소사건의 수사기록에 대한 등사신청 거부처분 취소 사건에서, "이 사건 등사거부처분의 경우에는 관련 법규정상 그 행정처분성이 명백히 인정되므로 권리구제절차가 허용되는지 여부가 객관적으로 불확실한 경우에 해당하지 아니할 뿐만 아니라 전심절차로 권리가 구제될 가능성이 없다거나 보충성의 원칙의 예외를 인정할 만한 정당한 이유 있는 착오로 전심절차를 밟지 않은 경우라 볼 수 없다."고 판시하였다.[3]

그러나 "다른 법률에 정하여진 권리구제절차가 있기는 하나 그 절차에서 권리구제의 실효성을 기대할 수 없어 헌법재판소법 제68조 제1항 소정 헌법소원사건에서 요구되는 이른바 '보충성의 원칙'의 적용을 배제할 예외적인 사유가 있다

요한 우회절차를 강요하는 것이 된다고 판시하였다).

1) 헌재 1998. 2. 27. 94헌마77.

2) 헌재 1999. 9. 16. 98헌마246.

3) 헌재 2000. 2. 24. 99헌마96.

고 하기 위해서는, 그 구제절차가 당해사건에 관하여 객관적으로 **실효성이 없을 것임이 확실히 예견되는** 경우라야 할 것인바, 공무원은 임용권자가 누구인지를 가리지 아니하고 국민에 대한 봉사자이며 독립을 보장하고 있을 뿐만 아니라 헌법과 법률에 의하여 그 신분을 두텁게 보장함으로써 이를 뒷받침하고 있는 터이므로 소청심사위원이나 행정소송의 재판을 담당할 법관에 대한 인사권자와 청구인에 대한 인사처분권자가 동일인이라는 이유만으로 소청이나 행정소송절차에 의하여서는 권리구제의 실효성을 기대하기 어렵다고 할 수 없다."고 판시하였다.[1]

한편 헌법재판소는 국가안전기획부장의 접견거부처분에 대해 법원에 준항고 절차까지 밟아 이를 취소하는 결정이 있었음에도 피청구인이 이를 무시한 채 재차 접견거부처분에 이르렀다면 이제 준항고 절차에 의거하여서는 권리구제의 **기대가능성이 없는 경우**로 되었다 할 것이므로, 이와 같은 경우에 보충성원칙의 예외에 해당되어 그 청구가 허용된다고 하였다.[2]

또한 헌법재판소는 이미 **종료된 권력적 사실행위**는 취소변경의 여지가 없기 때문에 법원으로서는 재판할 이익이 없다고 하여 청구를 각하할 수밖에 없을 것이므로 보충성의 원칙의 예외에 해당한다고 하였고,[3] 서신검열과 서신의 지연발송 및 지연교부행위,[4] 수형자의 서신을 교도소장이 검열하는 행위,[5] 미결수용자에 대하여 재소자용 의류를 입게 한 행위,[6] 사법경찰관이 기자들에게 피의자가 경찰서 조사실에서 양손에 수갑을 찬 채 조사받는 모습을 촬영할 수 있도록 허용한 행위[7]는 이미 **종료된 권력적 사실행위**로서 행정심판이나 행정소송의 대상으로 인정되기 어려울 뿐만 아니라 소의 이익이 부정될 가능성이 많아 헌법소원심판을 청구하는 외에 달리 효과적인 구제방법이 없으므로 보충성의 원칙에 대한 예외에 해당한다고 하였다.

뿐만 아니라 교도소장의 화상접견시간 단축 행위,[8] 외부 재판 출정시 운동화 착용을 불허한 행위,[9] 미결수용자에 대한 종교행사 참석 불허 행위,[10] 경찰

1) 헌재 1993. 12. 23. 92헌마247.
2) 헌재 1991. 7. 8. 89헌마181.
3) 헌재 1992. 1. 28. 91헌마111.
4) 헌재 1995. 7. 21. 92헌마144; 헌재 2005. 5. 26. 2001헌마728.
5) 헌재 1998. 8. 27. 96헌마398.
6) 헌재 1999. 5. 27. 97헌마137등.
7) 헌재 2014. 3. 27. 2012헌마652.
8) 헌재 2009. 9. 24. 2007헌마738.
9) 헌재 2011. 2. 24. 2009헌마209.
10) 헌재 2011. 12. 29. 2009헌마527.

청장이 서울광장을 경찰버스들로 둘러싸 시민들의 서울광장 통행을 제지한 행위,[1] 사법경찰관이 기자들에게 피의자에 대한 조사과정의 촬영을 허용한 행위[2] 역시 동일한 성격의 **권력적 사실행위**로서 보충성의 예외가 인정된다.

그리고 "방송토론위원회 자체에 그 결정의 시정을 구하는 절차나, 감독기관이라고 할 수 있는 중앙선거관리위원회에 불복하는 절차를 전혀 두고 있지 아니하므로 토론위원회의 결정에 대한 공직선거법상의 구제절차는 없다 할 것이고, 토론위원회의 결정을 일종의 행정처분으로 보아 행정심판이나 행정소송 등에 의하여 그 시정을 구할 수 있다는 견해가 있을 수도 있으나 토론위원회의 결정이 행정쟁송의 대상인 처분, 즉 행정청이 행하는 구체적 사실에 대한 법집행으로서 공권력의 행사 또는 거부에 해당하는지 여부는 객관적으로 불확실하며, 나아가 가사 처분에 해당한다고 하더라도 후보자 등록일부터 선거일 전일까지라는 짧은 법정선거운동기간에 행정쟁송절차가 완료되어 구제될 가능성은 기대하기 어려우므로, 토론위원회의 결정을 다툼에 있어 행정쟁송을 거칠 것을 요구하는 것은 **실효성 없는 우회절차**를 요구하는 것 밖에 되지 않는다."고 판시하였고,[3] 수용소에서의 신문기사 삭제처분에 대해 행정심판이나 행정소송의 대상이 될 수 있을 것이라고 일반국민이 쉽게 판단하기는 어렵고, 청구인이 구금자로서 활동의 제약을 받고 있었던 점을 아울러 고려할 때 이는 전심절차 이행의 **기대가능성이 없어** 보충성의 예외인 경우로 인정된다고 하였으며,[4] "의료보험진료보수 및 약제비산정기준 중 개정기준으로 인하여 본인 일부부담금이 인상되는 불이익을 직접 입고 있고, 이 사건 개정기준을 직접 대상으로 하는 다른 권리구제절차가 허용되는지 여부가 객관적으로 불확실할 뿐 아니라, 만일 허용된다 하더라도 이 사건 개정기준이 2000. 12. 31.까지 한시적으로만 적용되는 까닭에 그 이후에는 청구인의 권리보호의 이익이 부정될 가능성이 많은 점 등을 종합하여 판단하여 보면, 헌법소원심판을 청구하는 외에 달리 **효과적인 구제방법**이 있다고 보기는 어려우므로 기본권 구제의 사각지대를 방치할 수 없다는 헌법소원심판제도의 근본적인 취지에 비추어 이 사건 헌법소원심판청구는 적법하다고 하지 않을 수 없다."고 판시하였다.[5]

1) 헌재 2011. 6. 30. 2009헌마406.
2) 헌재 2014. 3. 27. 2012헌마652.
3) 헌재 1998. 8. 27. 97헌마372.
4) 헌재 1998. 10. 29. 98헌마4.
5) 헌재 2000. 12. 14. 2000헌마659.

또한 고소장과 피의자신문조서에 대한 열람불허처분은 기소전의 절차인 구속적부심사에서 피구속자를 변호하기 위하여 필요한 것인데, 그 열람불허를 구제받기 위하여 행정소송을 제기하더라도 그 심판에 소요되는 통상의 기간에 비추어 볼 때 이에 의한 구제가 기소 전에 이루어질 가능성이 거의 없고 오히려 기소된 후에 이르러 권리보호이익의 흠결을 이유로 행정소송이 각하될 것이 분명한 만큼, 변호인인 청구인에게 이러한 구제절차의 이행을 요구하는 것은 불필요한 우회절차를 강요하는 셈이 되어 부당하여 보충성의 예외로 허용되고,[1] 감사원장의 국민감사 청구기각결정의 처분성 인정 여부에 대하여 대법원판례는 물론 하급심판례도 아직 없으며 부패방지법상 구체적인 구제절차가 마련되어 있는 것도 아니므로, 청구인들이 행정소송을 거치지 않았다고 하여 보충성 요건에 어긋난다고 볼 수는 없다고 하였다.[2]

그 밖에도 문화관광부장관이 공고한 외국인전용 카지노업 신규허가계획,[3] 중앙선거관리위원회위원장의 대통령에 대한 '선거중립의무 준수요청',[4] 경찰서장이 옥회집회신고서를 반려한 행위,[5] 법원의 수사서류 열람·등사 허용결정에도 불구하고 검사가 열람·등사를 거부하는 행위,[6] 교도소장의 수용자에 대한 동행계호행위,[7] 구치소장의 미결수용자에 대한 변호인 접견불허처분,[8] 경찰청장이 경찰버스로 서울광장을 둘러싸 통행을 제지한 경위,[9] 교도소장의 수용자의 출정비용납부거부 또는 상계 등의 거부를 이유로 한 행정소송 변론기일 출정제한행위,[10] 교도관의 보호장비 사용행위[11] 등의 경우에도 사전권리구제절차를 거칠 것을 기대하기 어려운 경우에 해당하므로 보충성 원칙의 예외로서 헌법소원심판청구가 허용된다고 하였다.

또한 헌법재판소는 법원이 청구인들에게 고등학교 신입생 입학전형요강 승인처분의 취소를 구할 법률상 이익을 인정할지 여부가 확실치 아니하고, 심

---

1) 헌재 2003. 3. 27. 2000헌마474.
2) 헌재 2006. 2. 23. 2004헌마414.
3) 헌재 2006. 7. 27. 2004헌마924.
4) 헌재 2008. 1. 17. 2007헌마700.
5) 헌재 2008. 5. 29. 2007헌마712.
6) 헌재 2010. 6. 24. 2009헌마257.
7) 헌재 2010. 10. 28. 2009헌마438.
8) 헌재 2011. 5. 26. 2009헌마341.
9) 헌재 2011. 6. 30. 2009헌마406.
10) 헌재 2012. 3. 29. 2010헌마475.
11) 헌재 2012. 7. 26. 2011헌마426.

판청구 당시에는 이미 입학전형요강에 의한 입학전형이 실시된 이후여서 승인 처분의 취소를 다툴 "소의 이익"이 부정될 여지가 있으므로, 청구인들에게 다른 법률상의 권리구제절차가 허용된다고 단정할 수 없으므로 심판청구는 **보충성원칙의 예외**에 해당한다고 하였고,[1] 법인화되지 않은 국립대학은 영조물에 불과하고, 그 총장은 국립대학의 대표자일 뿐이어서 행정소송의 당사자능력이 인정되지 않는다는 것이 법원의 확립된 판례이므로, 설사 청구인이 교육부장관의 모집정지에 대하여 행정소송을 제기한다고 할지라도 부적법 각하될 가능성이 많아 행정소송에 의하여 권리 구제를 받을 가능성이 없는 경우에 해당되고, 따라서 **보충성의 예외**를 인정함이 상당하다고 하였고,[2] 조례의 효력을 가지는 '옥외광고물 표시제한 특정구역 지정고시'는 처분적 조례에 해당한다고 보기 어려울 뿐만 아니라 항고소송의 대상이 되는 행정처분에 해당하는지 여부 또한 불확실하므로 **보충성의 예외**에 해당한다고 하였으며,[3] 검찰수사관의 변호인에 대한 후방착석 요구행위에 대하여 준항고가 제기된 사례가 발견되지 아니하는데다가, 실제로 형사소송법 제417조의 준항고로 다툴 수 있는지 여부도 불명확하므로 **보충성의 예외**에 해당한다고 하였고,[4] 난민인정심사 불회부결정을 받은 후 국제공항 송환 대기실에 수용중인 청구인이 피청구인을 상대로 변호인 접견신청 거부의 취소를 구하는 행정심판이나 행정소송을 제기한다 하더라도 변호인 접견신청 거부가 구체적 사실에 관한 "법집행"이 아니어서 행정소송법상 "처분"에 해당되지 않는다는 이유로 각하될 가능성이 크므로 이 사건 심판청구는 행정심판이나 행정소송이라는 권리구제절차가 허용되는지 여부가 객관적으로 불확실하여 전심절차이행의 기대가능성이 없는 경우에 해당하여 이 사건 심판청구는 **보충성의 예외**가 인정된다고 하였으며,[5] 사건 당일 종료된 검사의 '변호인이 되려는 자'의 피의자접견신청불허행위에 대하여 청구인이 형사소송법 제417조에 따라 그 취소를 구하는 준항고를 제기할 경우 법원이 법률상 이익이 결여되었다고 볼 것인지 아니면 실체 판단에 나아갈 것인지가 객관적으로 불확실하여 청구인으로 하여금 전심절차를 이행할 것을 기대하기 어려우므로, 청구인의 위 접견불허행위에 대한 심판청구에 대해서는 **보충성원칙의**

1) 헌재 2015. 11. 26. 2014헌마145.
2) 헌재 2015. 12. 23. 2014헌마1149.
3) 헌재 2016. 3. 31. 2014헌마794.
4) 헌재 2017. 11. 30. 2016헌마503.
5) 헌재 2018. 5. 31. 2014헌마346.

예외가 인정된다고 하였고,[1] "이 사건 공고가 항고소송의 대상이 되는 '처분 등'에 해당하여 청구인들이 이 사건 공고의 무효확인 또는 취소를 구하는 소송을 제기할 수 있다고 하더라도, 이 사건 공고에 따른 채용절차가 종료된 이상 청구인들이 제기한 소는 소의 이익이 인정되지 않는다는 이유로 각하될 가능성이 크므로 청구인들에게 항고소송이라는 권리구제절차를 거칠 것을 기대하기가 어렵다고 할 것이고, 이 사건 공고에 대하여 **보충성원칙의 예외**를 인정함이 상당하다."고 판시하였으며,[2] 구치소장의 서신 반송행위와 같은 공권력행사에 대하여 아직 처분성 인정 여부에 대한 법원의 판단이 없고, 행정소송법에 의한 행정소송 등 다른 권리구제절차가 허용되는지 여부가 객관적으로 불확실하므로 **보충성의 예외**가 인정된다고 하였고,[3] 고용노동부 최저임금 고시 부분의 처분성을 인정하여 행정소송법에 의한 행정소송 등 다른 권리구제절차를 허용할 수 있는지 여부가 **객관적으로 불확실**하고, 최저임금 고시 부분에 대하여 법원이 항고소송의 대상으로 인정한 적도 없으므로, 청구인들에게 항고소송에 의한 권리구제절차를 거치도록 요구하거나 기대할 수 없다고 하였으며,[4] 특정문화예술인 지원사업배제행위 등 위헌확인 사건에서 "이 사건 지원배제 지시는 권력적 사실행위로서 행정심판이나 행정소송의 대상이 되는지 여부가 **객관적으로 불분명**하고, 설령 행정소송이 인정된다고 하더라도 이미 종료된 행위로서 소의 이익이 부정될 가능성도 많아 헌법소원심판을 청구하는 외에 달리 효과적인 구제방법이 없다고 볼 수 있으므로 **보충성의 예외**를 인정함이 타당하다."고 하였고,[5] 개성공단 전면중단조치는 권력적 사실행위로서 행정심판이나 행정소송의 대상이 되는지 여부가 **객관적으로 불분명**하므로 투자기업인 청구인들로서는 헌법소원심판을 청구하는 외에 달리 개성공단 전면 중단조치를 직접 다툴 수 있는 효과적인 구제방법이 있다고 보기 어려우므로 보충성도 인정된다고 하였고,[6] 정보통신망을 통하여 정보통신서비스를 제공받는 이용자인 청구인들이 시정요구에 대하여 행정소송으로 다툴 수 있는지 여부가 **불확실**하고 다른 구제절차가 없으므로 보충성이 인정된다고 하였다.[7]

---

1) 헌재 2019. 2. 28. 2015헌마1204.
2) 헌재 2019. 8. 29. 2019헌마616.
3) 헌재 2019. 12. 27. 2017헌마413 등.
4) 헌재 2019. 12. 27. 2017헌마1366 등.
5) 헌재 2020. 12. 23. 2017헌마416.
6) 헌재 2022. 1. 27. 2016헌마364.

그러나 "대법원의 확립된 판례에 비추어 패소할 것이 예견된다는 점만으로는 전심절차로 권리가 구제될 가능성이 거의 없어 전심절차이행의 기대가능성이 없는 경우에 해당한다고 볼 수 없으므로, 과세처분에 대하여 국세기본법에 따른 이의신청 등의 구제절차와 행정소송에 의한 구제절차를 거치지 아니하고 곧바로 헌법소원을 청구하는 것은 헌법소원의 보충성의 요건을 갖추지 못하여 부적법하다."고 판시하였고,[1] 또한 "대법원이 이 사건 지방공무원 채용시험 불합격처분에 대한 원심판결을 파기환송함으로써 그 사건이 원심법원에 계속 중인 상태에서 이 사건 헌법소원심판을 청구하였고, 그 후 환송심에서 청구인의 청구를 기각함에 따라 청구인이 이에 불복하여 현재 상고중인 상태라면 청구인은 다른 법률에 의한 구제절차를 모두 거쳤다고 볼 수 없다."고 판시하였고,[2] "사법행정을 총괄하는 피청구인의 이 사건 비공개결정에 대하여 청구인이 법원에 소를 제기하여도 패소할 가능성이 높다는 등의 막연한 사정만으로는 전심절차로 권리가 구제될 가능성이 거의 없거나, 권리구제절차가 허용되는지 여부가 객관적으로 불확실하여 전심절차이행의 기대가능성이 없는 경우에 해당하여 보충성의 예외가 인정된다고 보기 어렵다."고 판시하였다.[3]

또한 동일한 내용의 고소사건에 대한 검사의 불기소처분이 있었고, 이에 대한 재정신청이 기각되었다는 사정만으로는 재정신청을 통해 권리구제를 받을 가능성이 거의 없다고 단정할 수 없으므로 보충성의 예외에 해당하지 아니하고,[4] 헌법과 형사소송법이 정하고 있는 체포적부심사절차의 존재를 몰랐다는 점은 보충성의 예외로 인정될 만큼 정당한 이유 있는 착오로 볼 수 없으며, 피의자에게 체포적부심사절차를 이행하도록 하는 것이 그 절차로 권리가 구제될 가능성이 거의 없거나 대단히 우회적인 절차를 요구하는 것밖에 되지 않는 경우에 해당한다고 볼 수 없다고 하였고,[5] "청구인은 피청구인의 전통사찰보존구역 지정해제신청 거부처분에 대하여 행정심판 또는 행정소송법에 의한 항고소송을 제기하는 절차를 거치지 아니하였으므로 이 사건 심판청구는 보충성의

---

7) 헌재 2023. 10. 26. 2019헌마158등.

1) 헌재 1998. 10. 29. 97헌마285; 헌재 2010. 4. 29. 2003헌마283(임시이사 선임처분에 대한 헌법소원심판을 청구하기에 앞서 행정소송에 의한 구제절차를 거쳤어야 한다고 하였다).

2) 헌재 1999. 12. 23. 97헌마136.

3) 헌재 2021. 10. 28. 2020헌마433.

4) 헌재 2010. 3. 2. 2010헌마49 지정부 결정.

5) 헌재 2010. 9. 30. 2008헌마628. 저자 등 3인은 반대의견.

요건을 갖추지 못하였다 할 것이다. 그리고 이 사건 거부처분과 기본적인 점에서 동일한 내용으로 피청구인이 2007년에 한 전통사찰보존구역 지정해제신청 거부회신에 대하여 이미 법원에서 행정처분이 아니라고 보아 이 사건 거부회신의 취소를 구하는 소를 각하한 판결이 확정되었다고 하더라도 이 사건 거부회신과 이 사건 거부처분은 시기적으로 별개의 처분이고, 특히 이 사건 처분에는 이 사건 거부회신과는 달리 실체적 처분사유도 추가되어 있으며, 이 사건 거부회신에 대한 취소소송에서는 실체적인 처분사유에는 아무런 판단이 없었던 점, 이 사건 거부회신의 취소를 구하는 소의 진행경과에 비추어 전통사찰보존구역 내 토지소유자 등 이해관계인에게 전통사찰보존구역 지정해제를 구할 신청권이 있는지에 관한 확립된 대법원판례가 있다고 볼 수 없는 점 등을 종합하여 보면, 앞서 본 사정만으로는 이 사건 거부처분에 대하여도 행정소송을 통한 권리구제를 받을 가능성이 확정적으로 없어졌다고 단정할 수 없으므로 이 사건 거부처분에 대해 쉽사리 보충성의 예외를 인정하기 어렵다."고 판시하였다.[1)]

6. 청구기간

가. 의 의

헌법소원의 심판은 그 사유가 있음을 안 날로부터 90일 이내에, 그 사유가 있은 날로부터 1년 이내에 청구하여야 한다. 다만 다른 법률에 의한 구제절차를 거친 헌법소원의 심판은 그 최종결정을 통지받은 날로부터 30일 이내에 청구하여야 한다(헌재법 제69조 제 1 항). 이 청구기간은 2003. 3. 12.의 헌법재판소법 개정을 통하여 헌법소원의 공익성과 객관소송으로서의 성격을 반영하여 종전 60일을 90일로, 180일을 1년으로 연장하여 행정소송의 제소기간과 동일하게 조정하였다. 그런데 구법시행 당시 사건으로서 신법시행 이후에 종결된 헌법소원 사건들에 대해서도 개정된 청구기간 규정이 적용된다고 보았다.[2)] 이와 같이 청구기간 제도를 둔 것은 소정의 청구기간 이후에는 문제의 공권력작용을 더 이

---

1) 헌재 2011. 10. 25. 2009헌마647(저자는 별개의견으로 청구인에게 전통사찰보존구역 지정해제를 구할 법규상·조리상 신청권이 있다고 할 수 없으므로 이 사건 보존구역 지정해제신청을 받아들이지 아니한 이 사건 거부처분이 공권력행사에 해당한다고 볼 수 없다고 하였다).

2) 헌재 2003. 7. 24. 2003헌마97(신법이 적용되더라고 청구인들 사이에 형평성 문제나 법적 안정성 문제가 발생한다고 볼 사정이 없으므로 신법의 청구기간 규정이 적용된다고 하였다).

상 다툴 수 없도록 함으로써 권리관계를 신속히 확정하여 법적 안정성을 확보하기 위해서이다.[1)]

헌법재판소법 제40조 제 1 항은 헌법재판소의 심판절차에 관하여는 민사소송법에 관한 법령의 규정을 준용한다고 규정하고 있고, 민사소송법 제170조는 기간의 계산은 민법에 따른다고 규정하고 있다. 따라서 청구기간의 계산에 있어 초일은 산입되지 않으며(민법 제157조), 기간 말일의 종료로 청구기간이 만료된다(민법 제159조). 또한 1년의 청구기간을 계산할 때에는 역(曆)에 의해 계산하고(민법 제160조), 청구기간의 말일이 토요일 또는 공휴일이면 청구기간은 그 익일로 만료한다(민법 제161조).

헌법재판소는 헌법소원심판의 청구기간을 제한한 헌법재판소법 제69조 제 1 항 규정이 청구인의 재판청구권을 침해하여 헌법에 위반되지는 않는다고 판시하였고,[2)] 헌법소원심판을 청구할 수 있는 기간을 제한하는 헌법재판소법 제69조 제 1 항의 위헌확인을 구하는 헌법소원심판이 제기되었다는 이유만으로 그 조항의 효력이 자동으로 정지된다거나 헌법재판소가 심판대상조항을 적용할 수 없게 되는 것은 아니므로, 청구기간을 제한하고 있는 심판대상조항의 위헌확인을 구하고 있다는 이유만으로, 명백하게 청구기간이 지난 후에 제기된 헌법소원심판청구를 각하하지 않고 본안판단으로 나아가는 것은 허용될 수 없다고 하였다.[3)]

그러나 헌법재판소는 청구인이 어떠한 공권력의 행사에 대한 헌법소원심판을 청구하였다가 청구기간 도과를 이유로 각하되었다고 하더라도, 헌법소원의 청구기간을 제한하고 있는 조항에 대하여 헌법소원을 제기한 경우, 이 조항이 위헌이라고 결정되면 헌법소원에 대한 청구기간의 제한이 해소되므로 헌법재판소법 제69조 제 1 항과 함께 해당 공권력 행사에 대한 헌법소원을 다시 제기할 수 있다고 보고 있다.[4)]

또한 헌법재판소는 법령이 자구 수정 등으로 일부 변경되더라도 그러한 변경사항이 새로 기본권을 침해하는 사유에 해당하지 않고 법령의 실질적인 내용이 동일한 경우에는, 일단 개시된 청구기간 진행이 정지되고 새로운 청구기간 진행이 개시된다고 볼 수 없다고 하였다.[5)]

1) 헌재 2001. 9. 27. 2001헌마152; 헌재 2007. 10. 25. 2006헌마904.
2) 헌재 2001. 9. 27. 2001헌마152; 헌재 2007. 10. 25. 2006헌마904.
3) 헌재 2013. 2. 28. 2011헌마666.
4) 헌재 2007. 10. 25. 2006헌마904.
5) 헌재 2015. 7. 30. 2013헌마536; 헌재 2013. 2. 28. 2011헌마666; 헌재 2019. 8. 29. 2018헌마608.

헌법소원의 제기기간은 헌법이나 법에 특별한 규정이 없는 이상 일반원칙인 도달주의에 따라 헌법재판소에 심판청구서가 접수된 날부터 기산하여야 하는 것이고 예외적으로 법률에 특별한 규정이 있는 경우에 인정되는 발신주의에 따라 심판청구서의 발송일을 기준으로 할 것은 아니다.[1] 그러므로 청구인이 심판청구서를 발송한 시점을 기준으로 하면 청구기간 내라 하더라도 동 심판청구서가 헌법재판소에 도달한 시점에는 이미 청구기간이 경과한 경우라면 부적법한 청구이다.[2]

헌법소원심판청구에 대한 청구취지의 변경(추가적 또는 교환적 변경 모두 포함)이 이루어진 경우 청구기간의 준수 여부는 헌재법 제40조 제 1 항 및 민소법 제265조에 의하여 추가 또는 변경된 청구서 등이 제출된 시점을 기준으로 판단한다.[3] 다만 청구취지 변경 등 청구서의 내용이 기존 청구를 유지하면서 내용을 보충하는 것이면 기존 청구시가 청구기간 준수 여부의 기준이 된다.

헌법재판소가 발족하기 전에 있었던 공권력에 의한 기본권침해에 대한 헌법소원심판의 청구기간은 헌법재판소가 구성된 1988. 9. 19.부터 기산하여야 한다고 하였으며,[4] 헌법재판소가 발족하기 전에 제정·시행된 법규가 위헌임을 이유로 제기한 헌법소원심판청구기간의 기산점도 헌법재판소가 설치되어 재판부를 구성할 수 있게 된 1988. 9. 19.이다.[5]

나. 청구기간의 법적 성격

청구기간의 법적 성격에 관해서는 헌법재판소법에 명문의 규정이 없다.

먼저 헌법재판소법 제69조 제 1 항 단서의 청구기간 즉 구제절차를 거친 헌법소원의 청구기간과 헌법재판소법 제69조 제 1 항 본문 중 '사유가 있음을 안 날부터 90일'의 청구기간은 불변기간이라고 보아야 할 것이다.[6] 행정소송법 제

1) 헌재 1990. 5. 21. 90헌마78.
2) 헌재 1990. 4. 10. 90헌마50.
3) 헌재 1992. 6. 26. 91헌마134; 헌재 1998. 5. 28. 96헌마151; 헌재 2002. 12. 18. 2001헌마111; 헌재 2009. 7. 30. 2007헌마870; 헌재 2013. 9. 26. 2011헌마398.
4) 헌재 1990. 10. 8. 89헌마89; 헌재 1991. 9. 16. 89헌마151; 헌재 1995. 3. 23. 91헌마143; 헌재 2015. 10. 21. 2014헌마456.
5) 헌재 1991. 11. 25. 89헌마99.
6) 동지: 김하열, 560면. 헌법재판소법 제69조 제 1 항 단서의 청구기간만을 불변기간으로 보고 동법 제69조 제 1 항 본문의 청구기간은 불변기간도 아니고 제척기간도 아니라고 보는 견해(정종섭, 671, 672면)도 있으며, 헌법재판소법 제69조 본문 및 단서의 청구기간 모두를 불변기간으로 보는 견해(성낙인, 313면)도 있다.

20조 제 1 항, 제 3 항은 행정처분 등이 있음을 알았을 때와, 행정처분 등에 대한 행정심판의 재결을 거쳐 취소소송을 제기할 때 등의 제소기간을 불변기간으로 규정하고 있는데, 이 제소기간의 성격은 위 청구기간들의 성격과 대응한다고 볼 수 있으므로 헌법재판소법 제40조에 따라 준용된다고 할 것이다. 따라서 위 청구기간들은 불변기간이라 할 것이고, 민사소송법 제173조 역시 준용되므로 당사자가 책임질 수 없는 사유로 말미암아 기간을 지킬 수 없었던 경우에는 그 사유가 없어진 날부터 2주 내에 소송행위의 추후 보완이 허용된다 할 것이다.

다음으로 헌법재판소법 제69조 제 1 항 중 '사유가 있는 날로부터 1년'의 청구기간은 불변기간도 제척기간도 아니라 할 것이다.[1] 행정소송법 제20조 제 2 항은 행정처분 등이 있은 날로부터 1년의 제소기간을 규정하면서 정당한 사유가 있는 경우에는 그러하지 아니하다고 규정하고 있는데, 이 제소기간의 성격은 불변기간이 아니고 위 헌법재판소법 제69조 제 1 항의 1년의 청구기간과 대응하는 것이라 볼 수 있으므로 헌법재판소법 제40조에 따라 이를 준용해야 할 것이다.

다. 유 형

(1) 다른 법률에 의한 구제절차가 없는 경우

(가) 개 설

다른 법률에 의한 구제절차가 없거나 보충성 요건에 대한 예외가 인정되어 다른 법률에 의한 구제절차를 거칠 필요가 없는 경우에는 그 사유가 있음을 안 날부터 90일 이내에, 그 사유가 있은 날부터 1년 이내에 청구하여야 한다(헌재법 제69조 본문). 그러므로 이 경우에는 헌법소원청구의 사유, 즉 기본권침해가 있음을 안 날부터 90일이 지났거나 또는 그 사유가 있은 날부터 1년이 지났으면(즉, 둘 중 어느 하나의 기간이 지났으면) 그 심판청구는 부적법하다.[2]

(나) '그 사유가 있은 날'의 의미

여기서 '그 사유가 있은 날'이라 함은 공권력의 행사에 의해서 기본권침해가 발생한 날을 말한다. 예를 들면 법률이 정한 요건을 그 법률의 시행당시 이미 충족하여 그 법률로 인하여 기본권을 침해받은 자는 법률이 시행된 날, 법률이 시행된 뒤 비로소 동 법률이 정한 요건을 충족하게 되어 기본권을 침해받게

---

1) 동지: 김하열, 561면; 정종섭, 672면.
2) 헌재 2004. 4. 29. 2004헌마93; 헌재 2008. 3. 27. 2005헌마138.

된 자는 법정요건을 충족하게된 날, 또는 기본권을 침해하는 권력적 사실행위가 실제로 행하여진 날 등을 말한다.[1] 그리고 법률의 소급효력 때문에 기본권 침해를 받았다면 '사유가 있은 날'은 법률의 소급효력 발생일이 아니라 소급법률의 공포일이다.[2]

㈐ '그 사유가 있음을 안 날'의 의미

여기의 '그 사유가 있음을 안 날'은 적어도 공권력의 행사에 의한 기본권침해의 사실관계를 특정할 수 있을 정도로 현실적으로 인식하여 심판청구가 가능해진 경우를 뜻하고,[3] 헌법소원청구기간의 기산점인 '사유가 있음을 안 날'이라 함은 법령의 제정 등 공권력행사에 의한 기본권침해의 사실관계를 안 날을 뜻하는 것이지 법률적으로 평가하여 그 위헌성 때문에 헌법소원의 대상이 됨을 안 날을 뜻하는 것은 아니라 할 것이므로, 헌법소원의 대상이 됨을 안 날은 청구기간을 도과한 헌법소원을 허용할 '정당한 사유'의 평가자료로 참작됨은 별론으로 하고 청구기간의 기산점과는 무관한 사항이다.[4]

㈑ '다른 법률에 의한 구제절차'의 의미

여기의 '다른 법률에 의한 구제절차'도 공권력의 행사 또는 불행사를 직접 대상으로 하여 그 효력을 다툴 수 있는 권리구제절차를 의미하고, **사후적·보충적인 구제수단**이나 **우회적인 구제수단**을 의미하는 것은 아니다. 헌법재판소도 "청구인이 국가를 상대로 소유권이전등기청구를 한 민사소송은 이 사건 심판대상 처분과의 관계에서 볼 때 위 법조 단서규정에서 말하는 '다른 법률에 의한 구제절차'에는 포함되지 아니한다 할 것이므로 위 민사소송에서 상고허가신청기각 결정을 송달받은 날을 위 단서규정이 정한 청구기간의 기산일로 볼 수는 없다." 고 판시하였다.[5]

또한 헌법재판소는 "위와 같은 예외인정의 단서가 되는 '다른 법률에 의한 구제절차'는 **적법한 구제절차**임을 전제로 한다. 그것은 만약 그렇게 보지 아니하면 청구인이 일부러 부적법한 구제절차를 거침으로써 부당하게 청구기간을 연장할 수 있게 되어 청구기간 한정의 취지를 몰각시켜 버릴 염려가 있기 때문이

1) 실무제요, 385면.
2) 허영, 438면.
3) 헌재 1993. 7. 29. 89헌마31; 헌재 2002. 10. 31. 2002헌마520.
4) 헌재 1993. 11. 25. 89헌마36; 헌재 1995. 3. 23. 92헌마90; 헌재 1996. 2. 29. 94헌마213; 헌재 2000. 11. 30. 99헌마624; 헌재 2009. 10. 29. 2007헌마1423; 헌재 2013. 8. 29. 2010헌마562등.
5) 헌재 1995. 1. 20. 90헌마118.

다. 따라서 구제절차의 하나라고 할 수 있는 행정소송을 제기하였으나 행정소송사항이 아니라는 이유로 소 각하의 판결을 받은 경우는 물론, 행정소송사항에 해당하더라도 제소기간 등의 제척기간을 도과하였다는 이유로 소 각하의 판결을 받은 경우에도, 특단의 사정이 없는 한 그 각하판결을 받은 날을 기준으로 하여 헌법재판소법 제69조 제 1 항 단서에 정한 30일의 청구기간을 적용하여서는 아니 될 것이다."라고 판시하였다.[1] 따라서 행정소송의 대상이 아닌 행정작용에 대해 행정소송절차를 경유하는 것은 무익한 절차를 거친 것에 불과하고, 그 청구기간은 헌법재판소법 제69조 제 1 항 단서가 아닌 본문에 의해 산정된다.[2]

㈎ 구체적 적용례

청구인이 고소인이나 고발인이 아니어서 검사의 불기소처분에 대하여 다른 법률에 구제절차가 인정되어 있지 아니한 경우나, 형사피의자로 입건되어 기소유예 처분이나 공소권없음 처분을 받은 자는 법률상 구제절차가 없는 경우이므로, 헌법소원심판청구를 헌법재판소에 직접 제소하려면 그 불기소처분이 있은 사실을 안 날부터 90일 이내에, 늦어도 검사가 불기소처분을 한 날부터 1년 이내에 헌법소원심판을 청구하여야 하며,[3] 기소유예처분의 결과통지를 받아 그 처분이 있은 사실을 알았을 경우에는 그 날부터 90일 이내에 헌법소원심판을 청구하여야 한다.[4]

헌법재판소는 형사확정소송기록에 대한 열람 및 복사 거부행위에 대한 헌법소원심판청구는 그 열람복사를 거부당한 때에 검찰청의 거부처분이 있었음을 알았다고 보아야 한다고 하고,[5] "청구인에 대한 형사사건의 수사는 청구인이 사법경찰리에 의하여 임의동행된 1993. 1. 6.에 개시되어 검사에 의하여 공소가 제기된 1993. 2. 2.에 종료되었다 할 것이므로 청구인으로서는 늦어도 위 1993. 2. 2.에는 청구인이 다투고 있는 이 사건 가혹행위가 있음을 확정적으로 알았다고 보아야 한다."고 판시하였으며,[6] "청구인은 형사판결과 그 내용이 양

1) 헌재 1993. 7. 29. 91헌마47; 헌재 1990. 7. 9. 90헌마95; 헌재 1993. 7. 29. 92헌마6; 헌재 1995. 2. 24. 95헌마4.
2) 헌재 2003. 9. 25. 2002헌마789(부적법한 절차의 이행이 청구기간 한정의 취지를 몰각시키거나 부당하게 청구기간을 연장하려고 한 것이 아니라면, 헌법재판소법 제69조 제 1 항 단서를 적용하여 청구기간을 산정하여야 한다는 4인의 반대견해도 있다).
3) 헌재 1992. 1. 28. 90헌마227; 헌재 1998. 8. 27. 97헌마79(개정 전 청구기간 60일).
4) 헌재 1992. 10. 1. 91헌마225; 헌재 1993. 7. 29. 92헌마217(개정 전 청구기간 60일).
5) 헌재 1992. 4. 14. 89헌마280.

립할 수 없는 민사확정판결의 존재가 재심이유를 규정한 형사소송법 제420조 제 5 호 소정의 '명백한 증거가 새로 발견된 때'에 해당한다는 이유로 재항고를 하였다가 1992. 3. 2. 대법원의 재항고 기각결정을 고지받았으므로, 청구인은 최소한 위 재항고 기각결정을 고지받은 때에 위와 같은 경우가 형사소송법 제420조의 재심이유로 규정되어 있지 아니할 뿐 아니라 같은 조 제 5 호 소정의 '명백한 증거가 새로 발견된 때'에도 해당하지 아니하는 사실을 알았다고 보아야 할 것인데 이 부분 심판청구는 그로부터 60일을 경과한 후에 제기되어 부적법하다."고 판시하였다.[1]

또한 헌법재판소는 남성수용자인 청구인에 대한 여성방송 시청제한행위는 청구인이 구치소에 수용된 날부터 계속되고 있으므로 그 수용시점에 청구인이 주장하는 기본권침해가 발생하였다고 할 것이고, 나아가 청구인은 여성방송이 존재함을 안 이후인 2009. 11.경부터 별다른 이의 없이 일반방송만을 시청하였으므로 그 무렵인 2009. 11.경에는 청구인에 대한 시청제한 행위로 인한 기본권침해를 알았다고 볼 것이라고 하였고,[2] 수용자가 CCTV가 설치된 거실에 수용된 날에 그로 인한 기본권침해 사유가 있음을 알았다고 볼 것이라고 하였고,[3] 청구인은 정신과 진료 시 교도관의 입회가 있었을 때 그로 인한 기본권침해 사유가 발생하였음을 알았다고 할 것이므로 청구인이 심판청구를 한 교도관 입회행위 중 헌법소원심판을 청구한 날부터 역산하여 90일이 되는 날 전에 이루어진 행위에 대한 심판청구는 청구기간을 준수하지 못하였으므로 부적법하다고 하였다.[4]

한편 헌법재판소는 행정소송법에 구제절차가 있는 경우에 해당되지 않음에도 불구하고 청구인이 이를 간과하여 행정소송법상의 구제절차를 거침으로써 행정소송사항에 해당되지 아니한다는 이유로 대법원에서 소 각하 판결이 확정된 경우 심판의 대상이 될 당해 공권력의 행사 또는 불행사에 대한 헌법소원심판의 청구기간이 대법원 판결일로부터 진행되는 것이라고는 볼 수 없다고 하였고,[5] 거부처분에 대하여 행정소송을 제기하였으나 제 1 심 판결에 판단유탈

6) 헌재 1994. 12. 29. 93헌마267.
1) 헌재 1997. 3. 27. 94헌마235.
2) 헌재 2013. 5. 30. 2012헌마463.
3) 헌재 2010. 10. 28. 2009헌마438.
4) 헌재 2024. 1. 25. 2020헌마1725.
5) 헌재 1990. 7. 9. 90헌마95; 헌재 1993. 7. 29. 92헌마6; 헌재 1995. 2. 24. 95헌마54.

이 있다고 하여 재심의 소를 제기하였으나 재심제기기간을 도과하였다는 이유로 재심의 소 각하판결을 받은 경우, 위 재심의 소 각하판결을 받은 날을 기준으로 하여 헌법재판소법 제69조 제 1 항 단서에 정한 청구기간을 적용하여서는 아니된다고 하였다.[1]

(2) 다른 법률에 의한 구제절차를 거친 경우

다른 법률에 의한 구제절차(예컨대, 불기소처분에 대하여 검찰청법상의 항고·재항고)를 거친 경우에는 헌법소원심판의 청구는 그 최종결정을 통지받은 날부터 30일 이내에 청구하여야 한다(헌재법 제69조 제 1 항 단서).[2]

한편, 통지가 있었는지 여부는 통지에 관한 법령의 규정에 따라 판단하는데, 문서로 된 최종 결정을 송달받았다면 송달받은 날이 통지를 받은 날이 된다.[3]

헌법재판소는 증여세 등 부과처분의 취소를 구하는 행정소송의 구제절차를 거친 헌법소원심판청구에 관하여, 구제절차로서 법원의 재판을 거친 후에 기본권침해사유가 있다 하여 원래의 행정처분에 대한 헌법소원을 제기할 수 있는가 하는 문제는 별론으로 하고, 그 헌법소원심판의 청구기간 기산점은 그 행정소송의 상고심인 대법원의 판결정본을 송달받은 날이라고 하였다.[4]

한편, 불기소처분은 검사의 수사종결처분으로서 재판이 아니므로 불복기간이 경과하더라도 확정력이 발생하는 것이 아니기 때문에, 형사피해자라고 주장하는 자가 고소를 제기하였다가 혐의없음의 불기소처분이 있은 후에 바로 검찰청법에 의한 항고를 제기하지 아니하고 그 항고기간이 경과한 후에 다시 고소를 제기하고 다시 있은 불기소처분을 대상으로 하여 검찰항고를 거쳐 헌법소원심판을 청구하였더라도 헌법재판소법 제69조에 정한 청구기간 제한의 입법목적에 반하는 부적법한 심판청구라고 보기는 어렵다고 하였다.[5]

(3) 부작위에 대한 헌법소원의 경우

공권력의 불행사로 인한 기본권침해는 그 불행사가 계속되는 한 기본권침해의 부작위가 계속된다. 그러므로 가령 입법권의 불행사, 즉 진정입법부작위에 대한 헌법소원심판은 그 불행사가 계속되는 한 기간의 제약 없이 적법하게 청구할 수 있고,[6] 이는 행정입법부작위의 경우에도 마찬가지이다. 위와 같은

1) 헌재 1993. 7. 29. 91헌마47.
2) 헌재 1992. 7. 23. 92헌마103.
3) 실무제요, 384면.
4) 헌재 1992. 6. 26. 89헌마161; 헌재 1992. 6. 26. 92헌마9; 헌재 1992. 12. 24. 90헌마149.
5) 헌재 1993. 3. 11. 92헌마142.

맥락에서 행정부작위의 경우에도 청구기간의 적용이 없다. 헌법재판소는 행정부작위 사건에서[임야조사서 열람 등 불응사건(88헌마22), 일본군 위안부 사건(2006헌마788), 일본국 원폭피해자 사건(2008헌마648)] 청구기간에 관한 설시 없이 본안을 인용하였다.

그러나 부진정 입법부작위, 즉 결함이 있는 입법권의 행사에 대하여 재판상 다툴 경우에는 입법부작위 위헌확인의 심판청구가 아니라 그 불완전한 입법규정 자체가 헌법위반이라는 적극적인 헌법소원을 제기하여야 할 것이고, 이때에는 헌법재판소법 제69조 제 1 항의 적용을 받는다.[1]

(4) 일정기간 계속되는 공권력의 행사

공권력의 행사에 의해 기본권 침해 상태가 계속되는 경우 공권력의 행사로 인해 곧바로 기본권 침해가 발생하고 그 후에는 그 행위의 결과인 침해상태가 계속되는 것에 불과하다고 보는 경우에는 처음 기본권 침해시를 기준으로 청구기간을 계산하여야 하지만, 기본권 침해행위가 계속되는 것으로 보는 경우에는 기본권 침해 사유가 종료된 때를 기준으로 청구기간을 계산하여야 한다.[2]

헌법재판소는 징벌혐의자로서 조사 중에 있는 수용자를 11일 동안 조사실에 수용하고 운동, TV시청 등을 금지한 행위와 관련하여, 최초 조사실 수용시를 청구기간 기산일로 삼았고,[3] 수용자를 CCTV가 설치된 거실에 1년 이상 수용한 행위와 관련해서도 최초 수용시를 청구기간 기산일로 삼은 바 있으며,[4] 미결수용자를 구치소에 수감하면서 약 3개월간 수형자용 의류를 입도록 한 행위와 관련해서도 수의를 처음 입은 날을 청구기간의 기산일로 삼았다.[5]

일반적으로 헌법재판소는 기본권 침해 상태가 계속되는 경우 최초 기본권 침해가 발생한 때를 청구기간 기산점으로 삼고 있다.

다만 경찰청장이 주민등록증발급신청서에 날인되어 있는 지문정보를 보관·전산화하고 보관일 무렵부터 이를 범죄수사목적에 이용한 행위와 관련해서는, 이러한 경찰청장의 행위는 보관 또는 전산화한 날 이후 헌법소원심판 청구시점까지 계속되고 있었다고 할 것이므로, 이와 같이 계속되는 권력적 사실행위를 대상으로 하는 심판청구의 경우 청구기간 도과의 문제는 발생하지 않는다고 한

---

6) 헌재 1994. 12. 29. 89헌마2; 헌재 1998. 7. 16. 96헌마246; 헌재 2002. 7. 18. 2000헌마707.
1) 헌재 1996. 10. 31. 94헌마204; 헌재 2007. 2. 22. 2005헌마548; 헌재 2007. 7. 26. 2006헌마1164.
2) 실무제요, 382면.
3) 헌재 2007. 11. 29. 2005헌마616.
4) 헌재 2010. 10. 28. 2009헌마438.
5) 헌재 1996. 4. 25. 93헌마280.

바 있다.[1]

라. 법령에 대한 헌법소원심판의 청구기간

(1) 개 설

법령은 한번 제정되어 시행되면 입법자가 스스로 그 법률을 개폐하기 전, 또는 헌법재판소에 의해 그 위헌성이 확인되기 전에는 계속하여 효력을 갖게 된다. 이러한 사정에 비추어 볼 때 헌법재판소법 제69조 제 1 항 본문의 청구기간을 법령에 대한 헌법소원에 문자 그대로 적용하는 경우에는 법령으로 인한 기본권침해를 그에 대한 헌법소원을 통하여 구제받을 수 있는 가능성은 현저히 축소되고, 결과적으로 헌법소원을 통한 기본권구제의 실효성이 현저하게 저하되게 된다. 그리하여 헌법재판소는 법령에 대한 헌법소원의 청구기간을 해석을 통해 법령의 시행과 동시에 기본권을 침해받는 경우와 법령이 시행된 뒤 비로소 기본권을 침해받게 된 경우로 나누어 기산함으로써, 결과적으로 법령에 대한 헌법소원의 청구기간을 확장하고 있다.[2]

즉 법령에 대한 헌법소원의 청구기간은 그 법률의 시행과 동시에 기본권의 침해를 받게 되는 경우에는 그 법률이 시행된 사실을 안 날부터 90일 이내에, 법률이 시행된 날부터 1년 이내에 헌법소원을 청구하여야 하고,[3] 법률이 시행된 뒤에 비로소 그 법률에 해당되는 사유가 발생하여 기본권의 침해를 받게 되는 경우에는 그 사유가 발생하였음을 안 날부터 90일 이내에, 그 사유가 발생한 날부터 1년 이내에 헌법소원을 청구하여야 한다.[4]

헌법재판소는 법령에 대한 헌법소원에도 헌법재판소법 제69조 제 1 항의 청구기간 제도가 적용되는 이유를 다음과 같이 논증하였다. 즉 법규정립행위(입법행위)는 그것이 국회입법이든 행정입법이든 막론하고 일종의 법률행위이므로 그 행위의 속성상 행위 자체는 한 번에 끝나는 것이고, 그러한 입법행위의 결과인 권리침해상태가 계속될 수 있을 뿐이므로,[5] 기본권침해행위는 한 번에 끝났음에도

1) 헌재 2005. 5. 26. 99헌마513등.
2) 실무제요, 386면.
3) 헌재 1991. 7. 22. 91헌마16; 헌재 1999. 4. 29. 96헌마352등; 헌재 2004. 4. 29. 2003헌마484; 헌재 2015. 4. 30. 2012헌마38.
4) 헌재 1990. 6. 25. 89헌마220; 헌재 2004. 4. 29. 2003헌마484; 헌재 2012. 6. 27. 2010헌마716; 헌재 2015. 4. 30. 2012헌마38; 헌재 2015. 5. 28. 2011헌마731; 헌재 2018. 7. 26. 2016헌마1029; 헌재 2019. 12. 27. 2019헌마7.
5) 헌재 1992. 6. 26. 91헌마25; 헌재 1996. 6. 13. 95헌마115.

불구하고 그 결과가 계속 남아 있다고 하여 청구기간의 제한을 배제한다는 것은 법적 안정성의 확보를 위하여 청구기간을 설정한 취지에 반하는 것으로서 부당하다고 하였다.[1] 이러한 헌법재판소의 입장과는 달리 법령은 유효하게 시행되는 한 그로 인한 기본권침해는 지속되는 것이라고 봄이 타당하므로 법령에 대한 헌법소원심판 청구에서는 청구기간이 적용될 여지가 없다는 견해[2]도 있다.

헌법재판소는 "법령에 대한 헌법소원에 있어 청구기간 산정의 기산점이 되는 '**법령에 해당하는 사유가 발생한 날**'이란 법령의 규율을 구체적이고 현실적으로 적용받게 된 최초의 날을 의미하는 것으로 보는 것이 상당하다.[3] 즉, 일단 '법령에 해당하는 사유가 발생'하면 그 때부터 헌법소원의 청구기간 진행이 개시되며 그 이후 새로이 '법령에 해당하는 사유가 발생'하였다고 해서 개시된 청구기간의 진행이 정지되었다가 새로운 청구기간의 진행이 개시된다고 볼 수는 없다. 여기에서 더 나아가 '법령에 해당하는 사유가 발생'한 이후에 당해 법령의 규율을 적용받게 되는 사유가 발생할 때마다 새로이 청구기간이 진행된다고 본다면 사실상 법령에 대한 헌법소원에 대하여는 청구기간의 제한이 적용되지 아니하는 것으로 보는 결과를 초래하게 될 것이고, 이는 법령소원의 경우에도 헌법재판소법 제69조 제 1 항의 청구기간 요건이 적용되어야 함을 일관되게 판시하고 있는 우리 헌법재판소의 입장에 반한다."고 판시하였다.[4]

그런데 헌법재판소는 "우리 재판소의 결정례(헌재 1996. 3. 28. 93헌마198)는, 법령에 대한 헌법소원의 청구기간은 법령이 시행된 후에 비로소 그 법령에 해당하는 사유가 발생한 경우에는 언제나 법령시행일이 아닌 해당사유 발생일로부터 기산하여야 한다는 것이 아니라, 법령시행일을 청구기간 기산일로 하는 것이 기본권구제의 측면에서 부당하게 청구기간을 단축하는 결과가 되거나, 침해가 확실히 예상되는 때로부터 기산한다면 오히려 기산일을 불확실하게 하여 청

---

1) 헌재 1996. 8. 29. 92헌마137; 헌재 1996. 6. 13. 95헌마115.

2) 김하열, 536, 545면; 정종섭, 584면.

3) 헌재 2006. 7. 27. 2004헌마655; 헌재 2012. 6. 27. 2010헌마716; 헌재 2015. 5. 28. 2011헌마731; 헌재 2019. 12. 27. 2019헌마7; 헌재 2022. 11. 24. 2020헌마417.

4) 헌재 2004. 4. 29. 2003헌마484; 헌재 2004. 11. 25. 2004헌마178; 헌재 2006. 7. 27. 2004헌마655; 헌재 2007. 10. 4. 2006헌마648; 헌재 2011. 11. 24. 2009헌마415; 헌재 2013. 6. 27. 2011헌가39; 헌재 2014. 1. 28. 2013헌마105; 헌재 2014. 6. 26. 2013헌마119; 헌재 2019. 9. 26. 2018헌마181; 헌재 2021. 5. 27. 2018헌마1168; 헌재 2022. 5. 26. 2021헌마527; 헌재 2023. 10. 26. 2018헌마357. 이에 대하여는 기본권을 침해하는 원인이 공권력의 불행사나 법규의 내용과 같이 그로 인한 기본권침해가 계속적인 경우에는 헌법재판소법 제69조상 기본권침해사유도 계속적으로 생긴다고 보아야 한다는 반대의견이 있다.

구권의 유무를 불안정하게 하는 결과를 가져올 경우 등에는, 법령시행일이 아닌 법령이 적용될 해당사유가 발생하여 기본권침해가 비로소 현실화된 날부터 기산함이 상당하다는 취지이다. 청구인은 이 사건 법률조항의 시행으로 인하여 그 즉시 정년이 62세로 단축된 중등교원의 지위를 갖게 된 것이지, 이후 62세에 달하여 실제 정년퇴직에 이르러서야 비로소 기본권의 제한을 받게 되었다고 할 것은 아니므로, 청구기간의 기산점은 이 사건 법률조항의 공포일(시행일)로 보는 것이 타당하다."고 판시하였다.[1)]

그리고 법령의 시행 후 어느 시점에 청구인의 기본권이 구체적으로 침해받거나 그 침해가 확실히 예상되었다고 볼 수 있는지에 관하여 기록상 이를 인정할 명백한 자료가 없는 경우에는, 권리구제 및 헌법질서의 수호·유지라는 헌법소원제도의 기능에 비추어 가능한 한 청구인에게 유리한 해석을 함이 타당하다.[2)]

한편, 심판대상조항이 그 자구만 수정되었을 뿐 이전의 조항과 비교하여 실질적인 내용에 변화가 없어 청구인이 기본권을 침해당하고 있다고 주장하는 내용에 전혀 영향을 주지 않는다면, 법령조항이 일부 개정되었다고 하더라도 청구기간의 기산은 이전의 법령을 기준으로 한다.[3)] 다만, 법령조항의 개정 전부터 청구인의 기본권이 침해되고 있었는지 여부를 판단할 수 있는 자료들이 충분하지 않다면 가능한 한 청구인에게 유리한 해석을 하여야 할 것이다.[4)]

그러나 개정을 통해 규제의 실질에 변화가 있다면 청구기간의 기산은 이전 법령으로 소급되지 않고, 문제된 법령을 기준으로 한다.[5)]

(2) 현재성 요건으로서 상황성숙이론과 청구기간과의 관계

헌법재판소는 종래에는 여기에서 기본권의 침해를 당하게 되었다는 것은 당해법률이 청구인의 기본권을 명백히 구체적으로 현실 침해하였거나 그 침해가 확실히 예상되는 등 실체적 제 요건이 성숙하여 헌법판단에 적합하게 된 때를 말하고,[6)] 법률이 시행된 뒤에 비로소 그 법률에 해당되는 사유가 발생하여

1) 헌재 2002. 1. 31. 2000헌마274; 동지: 헌재 2008. 10. 30. 2006헌마217(기능직 공무원 정년 57세로 단축).
2) 헌재 2001. 6. 28. 2000헌마111; 헌재 2012. 6. 27. 2010헌마716; 헌재 2021. 8. 31. 2018헌마563.
3) 헌재 2011. 11. 24. 2009헌마415; 헌재 2013. 11. 28. 2007헌마1189등; 헌재 2014. 1. 28. 2012헌마654; 헌재 2014. 4. 21. 2014헌마117; 헌재 2015. 7. 30. 2013헌마536; 헌재 2016. 11. 24. 2015헌마1191등; 헌재 2016. 12. 29. 2015헌마315; 헌재 2017. 12. 28. 2015헌마997.
4) 실무제요, 387면.
5) 헌재 2007. 2. 22. 2003헌마428등.
6) 헌재 1991. 9. 16. 90헌마24; 헌재 1992. 11. 12. 92헌마257(사행행위규제법시행령 부칙이 종전 규

기본권의 침해를 받게 된 자는 그 사유가 발생하였음을 안 날로부터 60일(개정 전 청구기간) 이내에, 그 사유가 발생한 날로부터 180일 이내에 헌법소원을 청구하여야 하며 여기서 '사유가 발생한 날'이란 당해법률이 청구인의 기본권을 명백히 구체적으로 현실 침해하였거나 그 침해가 확실히 예상되는 등 실체적 제 요건이 성숙하여 헌법판단에 적합하게 된 때를 말한다고 하였다.[1] 그러나 이러한 판례에 따르면 청구기간의 기산점이 앞당겨지므로 청구기간이 단축되는 부작용이 발생한다.

헌법재판소는 위와 같은 오해를 불식시키기 위하여 상황성숙이론과 청구기간의 기산점을 분리시키는 방향으로 의견을 변경하여, "기본권의 침해가 확실히 예상되는 때부터 청구기간을 기산하면 청구기간의 기산점이 불명확할 뿐만 아니라 청구기간을 단축하는 결과가 되어 국민에게 불리하고, 기본권의 침해가 확실히 예상되는 때에는 이미 헌법판단에 적합할 정도의 실체적 요건이 성숙한 것으로 본다는 취지의 이른바 상황성숙성 이론은, 법령에 대한 헌법소원을 기본권침해를 받은 때를 기다렸다가 청구하라고만 요구한다면 기본권구제의 실효성을 기대할 수 없는 경우가 있으므로, 헌법소원의 적법요건 중 하나인 현재성 요건과 관련하여 구체적인 기본권의 침해가 있기 전이라도 그 침해가 확실히 예상될 때에는 미리 헌법소원을 청구할 수 있도록 하여 국민의 기본권보장의 실효성을 높이자는 것으로서, 법령에 대한 헌법소원의 청구기간의 기산점과 관련하여 이를 적용할 것은 아닌 것이다. 따라서 종전에 이와 견해를 달리하여 법령에 대한 헌법소원의 청구기간의 기산점에 관하여 기본권의 침해가 확실히 예상되는 때로부터 청구기간을 기산한다는 취지로 판시한 우리 재판소의 의견은 이를 변경하기로 한다."고 판시하였다.[2]

그리하여 아직 기본권의 침해는 없으나, 장래에 확실히 기본권 침해가 예측되는 경우에는 미리 헌법소원심판청구가 가능하고, 이때 별도로 청구기간 도과에 관한 문제는 발생하지 않게 되었다.[3]

그러나 헌법재판소는 기본권 침해가 장래에 예정되어 있는 경우라도 이미

정에 의하여 허가받은 자에 한하여는 영 시행일부터 1차에 한하여 종전규정에 의하여 다시 허가하도록 규정하고 있으므로 청구인들에게는 비록 1차에 한하여 허가가 가능하더라도 그 이후에는 허가가 불허된다는 사실이 법령의 공포·시행 시에 확실히 예상된다고 판시하였다).

1) 헌재 1990. 6. 25. 89헌마220; 헌재 1996. 2. 29. 94헌마13.

2) 헌재 1996. 3. 28. 93헌마198.

3) 헌재 1999. 12. 23. 98헌마363; 헌재 2001. 2. 22. 2000헌마25; 헌재 2006. 2. 23. 2005헌마403.

법령의 적용을 받아 자신의 지위에 변동을 받고 있는 경우에는 법령의 시행일이 청구기간 기산점이 되는 것으로 보고 있다. 교원이나 공무원의 정년을 단축하는 법률의 개정과 관련하여 헌법재판소는 이 조항의 시행으로 청구인은 그 즉시 정년이 단축된 교원 또는 공무원의 지위를 갖게 되는 것이지, 실제 정년퇴직에 이르러서야 비로소 기본권의 제한을 받게 되는 것은 아니라고 하여 청구기간의 기산일을 개정 법률조항의 공포일(시행일)로 보았다.[1] 이에 대하여는 실제 정년에 이르러 퇴직할 때에 '기본권 침해사유'가 발생한다는 반대의견이 있었다.

(3) 현재관련성 확장과 청구기간

법령에 대한 헌법소원의 경우 아직 그 법령에 의한 기본권침해는 없으나 장래 확실히 기본권침해가 예측되므로 미리 앞당겨 현재의 법적 관련성을 인정하는 경우에는 청구기간 도과의 문제가 발생할 여지가 없다.[2] 청구기간을 준수하였는지 여부는 이미 기본권침해가 발생한 경우에 비로소 문제될 수 있는 것이기 때문이다.

그러나 헌법재판소는 기본권 침해가 장래에 예정되어 있는 경우라도 이미 법령의 적용을 받아 자신의 지위에 변동을 받고 있는 경우에는 법령의 시행일이 청구기간 기산점이 되는 것으로 보고 있다. 교원이나 공무원의 정년을 단축하는 법률의 개정과 관련하여 헌법재판소는 이 조항의 시행으로 청구인은 그 즉시 정년이 단축된 교원 또는 공무원의 지위를 갖게 되는 것이지, 실제 정년퇴직에 이르러서야 비로소 기본권의 제한을 받게 되는 것은 아니라고 하여 청구기간의 기산일을 개정 법률조항의 공포일(시행일)로 보았다.[3] 이에 대해서는 실제 정년에 이르러 퇴직할 때에 '기본권 침해사유'가 발생한다는 반대의견이 있었다.

(4) 법령시행과 관련된 유예기간이 있는 경우 청구기간의 기산점

법령이 시행과 관련하여 유예기간을 둔 경우에는 청구기간의 기산점이 되는 기본권침해가 발생하는 시점이 문제된다. 헌법재판소는 개정된 법령이 종전

1) 헌재 2002. 1. 31. 2000헌마274; 헌재 2008. 10. 30. 2006헌마217.

2) 헌재 1999. 12. 23. 98헌마363(제대군인가산점 사건); 헌재 2001. 2. 22. 2000헌마25(제 1 차 국가유공자가산점 사건); 헌재 2006. 4. 27. 2005헌마997(변호사법 제 5 조 제 1 호 사건); 헌재 2007. 6. 28. 2004헌마644(재외국민 투표권 사건).

3) 헌재 2002. 1. 31. 2000헌마274(중등교원 정년 62세로 단축); 헌재 2008. 10. 30. 2006헌마217(기능직 공무원 정년 57세로 단축).

에 허용하던 영업을 금지하는 규정을 신설하면서 부칙에서 유예기간을 둔 경우에 그 법령시행 전부터 영업을 해오던 사람은 그 법령 시행일에 이미 유예기간 이후부터는 영업을 할 수 없도록 기간을 제한받은 것이므로, 부칙에 의한 유예기간과 관계없이 그 법령 시행일에 기본권의 침해를 받은 것으로 보고 있었다.[1)] 그러나 그러한 경우에는 청구인이 자기의 기본권을 명백히 구체적으로 현실 침해당한 것은 법 시행일이 아니라 유예기간이 경과하여 영업을 행할 수 없게 된 때라고 보아야 한다는 반대의견도 있었는데, 헌법재판소는 판례를 변경하여, 유예기간을 두고 있는 법령의 경우 구체적이고 현실적으로 청구인에게 적용된 것은 유예기간이 경과한 때부터라 할 것이므로 이때부터 청구기간을 기산함이 상당하다고 판시하고, 법령의 시행일 이후 일정한 유예기간을 둔 경우 이에 대한 헌법소원심판 청구기간의 가산점을 법령시행일이라고 판시한 종래 헌법재판소 결정들을 변경하였다.[2)]

그런데 법령적용에 유예기간을 둔 부칙조항에 대하여 유예기간 도과 이전에 법령에 해당하는 사유가 발생한 때에는 법령의 규율을 구체적이고 현실적으로 적용받게된 날을 청구기간의 기산점으로 삼았다.[3)]

(5) 기본권침해가 주기적으로 반복되는 경우와 청구기간

한편, 일정기간을 두고 주기적으로 반복되는 공직선거와 관련해서는 사안에 따라 청구기간 기산일이 다르다.

예컨대 대한민국에 주민등록이 되어 있지 아니한 국외거주자의 경우 부재자 투표권을 행사할 수 없도록 한 '공직선거 및 선거부정 방지법'에 대한 헌법소원 사건에서는, 국회의원선거가 이미 실시되었고 심판청구는 그로부터 90일이 경과한 후에 제기되었지만, 주기적으로 반복되는 선거의 경우 매번 새로운 후보자들이 입후보하고 매번 새로운 범위의 선거권자들에 의해 투표가 행해질 뿐만 아니라 선거의 효과도 차기 선거에 의한 효과가 발생할 때까지로 한정되므로 매 선거는 새로운 선거에 해당하고, 헌법소원의 진정한 취지도 장래 실시

1) 헌재 1996. 3. 28. 93헌마198; 헌재 1999. 7. 22. 98헌마480등; 헌재 2003. 1. 30. 2002헌마516; 헌재 2011. 3. 31. 2010헌마45; 헌재 2011. 5. 26. 2009헌마285; 헌재 2013. 11. 28. 2011헌마372; 헌재 2013. 11. 28. 2012헌마923.

2) 헌재 2020. 4. 23. 2017헌마479(2인의 반대의견 있음).

3) 헌재 2014. 5. 29. 2013헌마100(청구인에 대한 법적 강제가 시행규칙의 시행과 동시에 부과된 것이 아니라 실제로 청구인이 단기보호시설을 장기보호시설로 전환하는 때에 구체적이고 현실적으로 적용·부과되므로 청구기간의 기산점은 시설 전환일이라고 하였다. 헌재 2020. 4. 23. 2017헌마479에서 이 결정은 폐기하지 않았다).

될 선거에서 발생할 수 있는 기본권 침해를 문제 삼는 것으로 볼 수 있으므로 청구기간 도과의 문제가 발생할 여지가 없다[1]고 하였다.

그런데 이와는 달리 선거가 주기적으로 이루어지는 행위임에도 불구하고 형이 확정된 자에 대한 선거권 또는 피선거권 제한과 관련해서는 형이 확정된 때를 기본권 침해 사유가 발생한 날로 본 경우가 있는가 하면,[2] 형 확정 후 처음 실시되는 선거일에 기본권 침해사유가 발생하는 것으로 본 경우도 있다.[3] 유사한 취지로 교육감선거의 무소속후보자가 되고자 하는 자는 일정 수 이상 선거권자의 추천을 받도록 한 '지방교육자치에 관한 법률' 조항의 경우 법률 시행일 이후 최초로 청구인이 후보자로 등록한 때에 기본권침해사유가 발생한 것으로 본 사례가 있다.[4]

공직선거는 주기적으로 실시되고 매 선거는 새로운 선거로 볼 수 있지만 형의 확정을 매개로 선거권 또는 피선거권이 제한되는 자격상실의 효과는 구체적인 선거와 상관없이 형이 확정된 때 발생하기 때문에, 부재자 투표 사건의 경우와는 달리 선거권 등의 자격상실의 경우에는 형이 확정된 때를 청구기간 기산일로 삼고 있다. 다만, 동일한 사안에서 형이 확정된 날이 아닌 형 확정 이후 처음 실시되는 선거일에 기본권 침해의 사유가 발생한다고 본 것에 대해 헌법재판소는 그 이유를 명확히 밝히지 않았다.[5]

(6) 처벌조항과 청구기간

처벌조항을 위반하여 형사재판을 받게 된 자 또는 받게 될 우려가 있는 자가 법 제68조 제 1 항의 헌법소원심판을 청구하는 경우 청구기간의 기산점이 문제된다.

헌법재판소는, 처벌조항에 의한 기본권 침해의 사유가 발생한 시점은 청구인의 행위로 형사처벌을 받을 가능성이 발생하는 시점, 즉, 해당 법령의 위반을 이유로 검사가 공소를 제기한 시점이고, 공소장에는 반드시 적용 법조를 기재하여야 하고(형소법 제254조 제 3 항 제 4 호) 법원은 공소제기가 있으면 지체 없이 공소장 부본을 피고인 또는 변호인에게 송달하여야 한다는 점에서(형소법 제266조)

1) 헌재 2007. 6. 28. 2004헌마644등.
2) 헌재 2004. 1. 6. 2003헌마915; 헌재 2008. 1. 17. 2004헌마41; 헌재 2011. 12. 29. 2009헌마476.
3) 헌재 2009. 10. 29. 2007헌마1462; 헌재 2012. 12. 27. 2011헌마32; 헌재 2013. 12. 26. 2012헌마1014; 헌재 2014. 1. 28. 2013헌마105.
4) 헌재 2019. 9. 26. 2018헌마181.
5) 실무제요, 391면.

공소장 부본을 송달받은 날을 당해 법령에 의하여 기본권 침해 사유가 발생하였음을 안 날[1]이라고 보고 있다. 그리고 청구인에게 적용될 법률이 공소장 변경을 통해 바뀐 경우에는 공소장 변경 시점이 청구기간 기산점이 된다.[2] 별도로 공소장 부본을 송달하지 않는 약식명령 절차의 경우, 법원으로부터 약식명령을 송달받은 때에 기본권 침해의 사유를 알았다고 본다.[3]

다만, 헌법재판소는 해당 법령 위반 시를 기준으로 청구기간을 계산한 경우도 있는데, 무면허의료행위의 처벌과 관련해서는 그 위반행위를 한 때를,[4] 모의총포소지와 관련해서는 모의총포를 구입함으로써 소지한 때를,[5] 징계와 관련하여 변호사가 변호사선임서 등을 제출 시 사전에 소속 지방변호사회를 경유하도록 규정한 변호사법의 경우 변호사선임서 등을 제출한 날[6]을 기본권 침해 사유가 발생한 날로 보았다. 이러한 청구기간의 기산은 공소제기 시보다 청구기간 기산일을 앞당긴다는 점에서 청구인에게 불리하지만, 위와 같은 행위를 하기 위해서는 일정한 자격이 요구되거나 사전에 허가 또는 신고가 필요하다는 점에서 청구기간 기산일을 앞당길 수 있는 특수한 사정이 있었다고 볼 수 있다.

한편, 처벌규정과 관련하여 기본권 침해의 사유가 발생하였음을 안 날을 기준으로 청구기간을 계산한 결정 중에는 해당 처벌조항 위반으로 유죄판결을 선고받았을 때,[7] 혹은 1심 유죄판결에 대한 항소제기일[8]을 기준으로 한 경우도 있다. 이러한 결정들이 있는 이유는 청구인에게 공소장 부본을 송달받은 날보다 유리한 기산점을 적용하더라도 청구기간이 도과하였음이 명백하여 엄격하게 따질 필요가 없었기 때문으로 보인다. 실제 지정재판부 사건에서 이러한 기준들을 적용하여 각하한 사례가 많이 발견된다.

(7) 당연퇴직 조항과 청구기간

공무원이 형사처벌을 받으면 그 직에서 당연퇴직하도록 정하고 있는 법령

1) 헌재 2011. 7. 28. 2010헌마432; 헌재 2011. 9. 29. 2010헌마361; 헌재 2011. 12. 29. 2009헌마476 등 참조. 지정재판부 사건은 헌재 2001. 9. 11. 2001헌마619; 헌재 2007. 5. 1. 2007헌마446; 헌재 2009. 1. 13. 2008헌마756; 헌재 2021. 12. 23. 2020헌마1299 등 참조.
2) 헌재 2007. 10. 4. 2005헌마1148.
3) 헌재 2016. 11. 24. 2015헌마221 등 참조. 지정재판부 결정은 헌재 2017. 1. 3. 2016헌마1118; 헌재 2017. 4. 18. 2017헌마329; 헌재 2021. 1. 19. 2021헌마6 등 참조.
4) 헌재 2011. 10. 25. 2010헌마648.
5) 헌재 2009. 9. 24. 2007헌마949.
6) 헌재 2018. 7. 26. 2016헌마1029.
7) 헌재 1999. 9. 16. 99헌마275.
8) 헌재 2011. 3. 31. 2008헌마738.

의 경우 청구기간의 기산점인 법률에 해당하는 '사유가 있는 날'은 당연퇴직의 사유로서 확정판결을 받은 날을 말하고, '사유가 있음을 안 날'은 그 확정판결이 있음을 안 날이다.[1] 당연퇴직 조항과 관련한 청구기간계산은 판결확정일이 기준이 된다.

(8) '사유가 발생한 날'의 구체적 적용례

이러한 '사유가 발생한 날'로 본 종래의 구체적 적용례를 보면, 민법상 부동산의 점유로 인한 시효취득의 요건을 갖추게 된 청구인이 국유재산을 민법상 시효취득의 대상에서 제외하고 있는 국유재산법 관계규정이 위헌이라 하여 헌법소원을 청구한 경우에 있어서, 청구기간 기산일은 위 시효취득이 완성된 때이고,[2] 감사인의 업무 등에 관한 규정(재무부고시)에 대한 헌법소원의 청구기간 기산일은 청구인이 소속된 감사인이 위 고시에 따른 제한을 넘는 규모 또는 수의 회사와의 계약을 구체적으로 진행시킨 때가 아니라 위 고시가 시행된 때부터라고 하고,[3] 안경사에게 시력검사 행위를 허용한 의료기사법 시행령 제 2 조에 대한 헌법소원에 있어 '청구인이 안과의사로서 면허를 취득한 때'가 그 법령에 해당하는 사유가 발생한 경우에 해당한다고 하였고,[4] 심판대상규정인 지방공무원 보수규정 제 8 조 제 2 항은 1990. 1. 15. 공포·시행되었으나, 동 규정에 따라 청구인의 초임호봉이 확정된 날은 1991. 1. 12.인 경우 그 날이 사유가 발생한 날에 해당하고,[5] 또한 학원의 설립·운영에 관한 법률 제 8 조 등 심판대상인 법령들로 말미암아 늦어도 청구인이 학원등록을 한 1990. 10. 10.부터는 대학생이나 입시계 학원이 아닌 이상 입시교과목에 대한 과외교습을 할 수 없다는 제한을 현실적으로 받게 되었다고 할 것이므로, 그 때부터 청구인에 대한 기본권침해의 '사유가 발생'하였다고 하였고,[6] 공탁금의 이자에 관한 규칙에 대한 헌법소원 사건에서는 청구인이 실제로 공탁금을 수령한 날이 사유가 발생한 날에 해당한다고 하였다.[7]

또한 환매권행사의 제척기간을 협의취득일로부터 6년 이내로 규정한 공공

1) 헌재 1998. 4. 30. 96헌바7; 헌재 2004. 9. 23. 2003헌마815; 헌재 2005. 9. 29. 2004헌마449; 헌재 2008. 12. 26. 2007헌마803; 헌재 2011. 12. 29. 2009헌마476.
2) 헌재 1993. 7. 14. 93헌마137 지정부 결정.
3) 헌재 1993. 9. 27. 91헌마131.
4) 헌재 1993. 11. 25. 92헌마87.
5) 헌재 1994. 2. 24. 93헌마158.
6) 헌재 1994. 12. 29. 92헌마216.
7) 헌재 1995. 2. 23. 90헌마214.

용지의 취득 및 손실보상에 관한 특례법 제 9 조 제 2 항과 토지수용법 제71조 제 3 항으로 인하여 청구인들의 기본권이 현실적으로 침해된 것은 위 제척기간이 완성된 다음 날부터이고,[1] 국가유공자 예우 등에 관한 법률에 의하여 보상을 받을 권리의 발생시기를 정한 위 법 제 9 조에 해당하는 사유가 청구인에게 발생한 날은 '청구인이 위 법상의 수혜대상자 등록을 한 날'이라고 보았고,[2] 구 지방의회선거법 제35조 등에 의한 입후보제한 내지 겸직금지로 인하여 청구인들의 공무담임권 등 청구인들이 주장하는 기본권이 침해되는 것은 청구인들이 선거에 입후보하기 위하여 종전 직장을 사직한 때 또는 종전 직장을 사직하지 아니함으로써 입후보하지 못한 때에 비로소 현실적인 침해가 있다고 보아야 한다고 하였다.[3]

그리고 제14대 국회의원선거에서 구 국회의원선거법 제15조 제 3 항 및 제133조의 규정에 의하여 기본권이 침해되었음을 주장하는 청구인들에게 위 규정에 해당하는 사유가 발생하여 실체적 제요건의 성숙으로 헌법판단에 적합하게 된 때는 위 각 규정을 적용하여 제14대 국회의원선거가 실시된 날이라고 보았고,[4] 법관 및 법원공무원 수당규칙 중 개정규칙 등 위헌확인 사건에서 "이 사건에 있어서는 1993. 1. 1. 위 수당규칙 및 지급지침이 시행됨으로써 바로 그 시점에서 청구인은 법조경력의 산정에 있어서 사법시험 동기합격자 중 '병역면제 판사'나 '군법무관출신 판사'에 비하여 그 법조경력을 적게 인정받게 되는 불이익이 현실적으로 발생한 것이고, 비록 청구인과 동일자로 사법시험에 합격한 '병역면제 판사'와 '군법무관 출신 판사'는 차량유지비와 인상된 재판수당 등을 지급받게 됨에 반하여 청구인은 이를 지급받지 못하게 되는 차이가 발생한 것은 1993. 9. 1.이라고 하더라도, 이는 위 수당규칙 및 지급지침에 의하여 이미 법조경력을 적게 인정받은 불이익에서 비롯되는 결과가 그때에 나타나게 된다는 것일 뿐이지 그 때 비로소 청구인 주장의 평등권 등이 침해되는 것이라고는 볼 수 없다."고 판시하였고,[5] 청구인이 전투경찰대설치법 법률조항들에 의하여 현역병에서 전투경찰 순경으로 전임된 날이 위 법률조항들에 의하여 청구인의 기본권이 침해된 날이라고 하였다.[6]

1) 헌재 1995. 3. 23. 91헌마143.
2) 헌재 1995. 4. 20. 93헌마221.
3) 헌재 1995. 5. 25. 91헌마67.
4) 헌재 1995. 5. 25. 93헌마255.
5) 헌재 1995. 7. 21. 93헌마257.

청구인은 풍속영업의 규제에 관한 법률 조항들이 제정·시행된 후에 노래연습장 영업신고를 하여 경찰서장으로부터 풍속영업신고필증을 교부받아 노래연습장 영업을 시작하였으므로, 위 신고필증을 교부받은 때를 사유가 발생한 날로 보아야 한다고 하였고,[1] 구 자산재평가법시행령 제 3 조 제 2 호와 구 금융기관의 연체대출금에 관한 특별조치법 시행령 제 2 조에 있어서는 청구인들 감정평가법인이 설립됨으로써 그 적용을 받게 된 1991. 7. 1.을 헌법재판소법 제69조 제 1 항 소정의 '그 사유가 있은 날'로 보아야 한다고 하였으며,[2] 형사소송법 제260조 제 1 항이 재정신청의 대상을 형법 제123조 내지 제125조의 죄에 한정한 관계로 그 밖의 다른 범죄의 고소인 또는 고발인이 법원에 재정신청을 할 수 없게 됨으로써 받게 되는 권리침해는 그 범죄에 대한 불기소처분일에 발생하는 것이라고 하였다.[3]

감정평가법인의 성립요건에 관한 지가공시 및 토지 등의 평가에 관한 법률 시행령 제30조는 감정평가사의 자격을 취득한 날부터, 감정평가의 업무범위에 관한 위 시행령 제35조는 감정평가사로서의 업무를 시작한 때로부터 청구기간을 기산하여야 할 것이라고 하였고,[4] 공직선거의 후보자등록신청 시에 기탁금을 납부하도록 한 법령에 대해서는 후보자등록 신청 개시일에 기본권을 구체적으로 침해받게 되는 것이라고 하였으며,[5] 지방자치법 제32조 제 1 항 본문 전단, 제33조 제 1 항 제 3 호 및 제83조 제 2 항에 대하여는 청구인들이 지방의회의원으로서 임기를 개시한 날에 위 법률조항에 해당하는 사유가 발생하였다고 하였고, 정치자금에 관한 법률 제 5 조 제 1 항에 대하여는 늦어도 청구인들이 지방의회의원으로서 임기를 개시한 날에는 위 조항으로 인하여 후원회를 둘 수 없다는 제한을 받게 되어 청구인들 주장과 같은 평등권침해의 사유가 발생하였다고 하였으며,[6] 청구인은 재심위원회가 취소결정을 한 때에 교원지위 향상을 위한 특별법 제10조 제 3 항 및 교원지위법 제10조 제 2 항으로 인하여 기본권의 침해를 받게 되었다고 보아야 할 것이라고 하였고,[7] 경기도립학교설치조례 중

---

6) 헌재 1995. 12. 28. 91헌마80.
1) 헌재 1996. 2. 29. 94헌마13; 헌재 1996. 2. 29. 94헌마213.
2) 헌재 1996. 8. 29. 92헌마137.
3) 헌재 1996. 8. 29. 93헌마216.
4) 헌재 1996. 8. 29. 94헌마113.
5) 헌재 1996. 8. 29. 95헌마108.
6) 헌재 1998. 4. 30. 97헌마100.
7) 헌재 1998. 7. 16. 95헌바19등.

개정조례가 공포·시행된 날은 1994. 2. 28.이고, 두밀분교의 교사들과 기능직 기사들은 같은 달 24.과 25.에 같은 해 3. 1.자로 다른 학교로 인사발령되었으므로, 그 무렵부터 청구인들이 주장하는 기본권침해의 사유가 발생하였다고 보아야 한다고 하였다.[1)]

방송광고의 사전심의를 규정한 법률규정과 심의규정에 의한 기본권침해와 관련하여, 광고회사 입사일을 헌법소원심판 청구기간의 기산점으로 보았고,[2)] 학교보건법 시행령조항의 시행일 이전부터 노래연습장영업 신고필증을 교부받고 영업해 오던 청구인들은 위 시행령조항의 시행일에, 동 시행령조항이 시행된 이후에 노래연습장영업 신고필증을 교부받아 영업을 해오던 나머지 청구인들은 각 신고필증 교부일에 각 위 시행령 조항으로 인하여 기본권의 침해를 받게 된 것으로 보아야 할 것이라고 하였다.[3)]

도시계획법 제 4 조의 시행일 전에 사건 토지의 소유권을 취득한 청구인에 대한 기본권침해사유는 도시계획법 제 4 조의 시행일에 발생하였다고 봄이 상당하다고 하였고,[4)] 청구인은 1995. 4. 6.에 설립된 노동조합으로서 그 설립과 동시에 비로소 이 사건 심판대상인 노동조합법 제12조 등과 관련되어 기본권을 침해받게 된 경우에 해당한다고 하였으며,[5)] 회사정리법 제67조 제 2 항, 제122조 제 1 항, 제208조 제 9 호에 대한 사유들은 한보철강에 대한 회사정리절차개시결정을 한 날에 발생하였고, 같은 법 제15조 및 제23조의2에 대한 사유들은 회사정리계획인가결정을 한 날에 발생하였다고 하였고,[6)] 학원의 설립운영에 관한 법률 제 3 조 등 위헌확인 사건에서, "이 사건 법률조항의 수범자는 일반인이며, 사실상 관련이 있는 직업군도 범위를 정하여 특정하기 곤란하다. 과거 청구인들과 같은 전문음악인들 중에는 과외교습을 하는 이들이 다수 있었음에 틀림없으나 이것이 직업의 성격상 당연한 것이라고 일반화 할 수는 없다. 그러므로 청구인들이 법 시행당시 혹은 그 후에 실제로 과외교습을 하였다는 자료가 없는 이상 법률에 해당하는 구체적, 현실적 사유발생은 아직 없었다고 할 것이므로 청구기간은 도과하지 않았다고 판단된다."고 판시하였다.[7)]

1) 헌재 1998. 10. 15. 96헌바77.
2) 헌재 1998. 11. 26. 94헌마207.
3) 헌재 1999. 7. 22. 98헌마480등.
4) 헌재 1999. 10. 21. 98헌마407.
5) 헌재 1999. 11. 25. 95헌마154.
6) 헌재 2000. 2. 16. 2000헌마75.

늦어도 청구인들이 양로시설에 입소하여 '국가유공자등 예우 및 지원에 관한 법률 제20조 제 2 항 등 규정에 따라 연금 등의 지급이 정지되는 입소일이 속하는 달의 다음 달 연금지급일'에는 기본권침해의 사유가 발생하였다고 볼 것이라고 하였고,[1] 주택임대차보호법시행령 제 3 조 제 1 항 등에 따른 기본권침해의 사유가 발생한 때는 한국주택은행이 이 사건 경매신청을 한 날이고, 청구인이 그 사유발생을 안 때는 청구인이 경매법원으로부터 우선변제권을 가진 소액임차인에 관한 요건이 기재된 통지서를 수령한 날이라고 하였고,[2] 휴직기간에도 직장가입자의 자격이 유지되고 휴직 이전의 표준보수월액을 기준으로 산정된 보험료를 부담하도록 하고 있는 구 국민건강보험법 제63조 제 2 항에 의한 기본권침해 발생시점은 복직 후 건강보험료 징수가 이루어질 때가 아니라 휴직과 동시에 기본권이 침해된다고 하였다.[3]

또한 중개업자의 부동산 거래내역 신고의무에 관하여 규정하고 있는 법령에 대해서는 '공인중개사 자격을 취득한 시점'이 아닌 '사무소를 개설·등록하여 중개업을 영위할 수 있게 된 시점',[4] 금고 이상의 형의 선고를 받고 그 집행이 종료되지 않은 자의 선거권을 제한하는 공직선거법 조항에 대해서는 선거일,[5] 출생에 의해 이중국적을 가지게 된 자가 보충역 복무를 마친 경우 2년 내에 하나의 국적을 선택해야 하고 그렇지 않을 경우 대한민국 국적을 상실하도록 한 국적법조항에 대해서는 보충역복무를 마친 날,[6] 참전유공자법 개정으로 참전명예수당 지급대상의 연령이 70세에서 65세로 낮추어져 시행되었고 이 당시 청구인이 이미 65세 이상인 경우에는 그 개정법률이 시행된 날,[7] 대한민국 국민인 남자는 18세부터 제 1 국민역에 편입되도록 한 구 병역법 제 8 조 제 1 항에 대해서는 청구인이 동 조항에 의하여 제 1 국민역에 편입된 날,[8] 직장가입자와 지역가입자의 재정을 통합하여 운영하고, 직장가입자와 지역가입자의 보험료산정기준이 되는 소득을 달리 규정한 국민건강보험법 조항들에 대해서는 이들 조

7) 헌재 2000. 4. 27. 98헌마429등.
1) 헌재 2000. 6. 1. 98헌마216.
2) 헌재 2000. 6. 29. 98헌마36.
3) 헌재 2007. 10. 4. 2006헌마648.
4) 헌재 2009. 3. 26. 2007헌마988.
5) 헌재 2009. 10. 29. 2007헌마1462; 헌재 2014. 1. 28. 2013헌마105.
6) 헌재 2009. 11. 26. 2007헌마1183.
7) 헌재 2010. 2. 25. 2007헌바102.
8) 헌재 2010. 11. 25. 2006헌마328; 헌재 2011. 6. 30. 2010헌마460.

항 시행 후 최초로 직장가입자 자격을 취득한 날,[1] 무면허 의료행위를 금지하고 처벌하는 의료법 조항에 대하여는 청구인이 카이로프래틱 클리닉을 개업하여 그 시술을 시작한 날,[2] 정신질환진료에 대한 1일당 정액수가 제도를 규정하고 있는 보건복지부 고시에 대해서는 청구인이 정신과 전문의로 근무를 시작한 날,[3] 공개경쟁채용시험의 응시연령 상한을 규정한 경찰공무원임용령, 소방공무원임용령에 대해서는 연령상한의 적용을 받게 되는 때,[4] 변리사에게 소송대리를 허용하지 않고 있는 구 변리사법 제 8 조에 해당하는 사유는 청구인들이 변리사 등록을 한 날, 또는 이미 변리사 등록을 한 후 변리사로 활동 중 위 조항이 개정되어 시행된 경우에는 동 조항이 시행된 날,[5] 고엽제후유의증환자로 등록된 청구인들에 대해서는 국민건강보험법 제 5 조 제 1 항 제 2 호가 시행된 날,[6] 국민건강보험법상 지역가입자의 자격을 취득하여 현재까지 그 자격을 유지하고 있는 청구인에 대하여는 그 후 직장가입자에 대하여만 피부양자제도를 두고 있는 국민건강보험법 제 5 조 제 2 항, 국민건강보험료액 산정에 있어 직장가입자와 지역가입자를 달리 규정한 구 국민건강보험법 제62조 제 5 항, 제64조 제 1 항이 시행된 날,[7] 농협 조합장이 금고 이상의 형을 선고받고 그 형이 확정되지 아니한 경우에도 이사가 그 직무를 대행하도록 규정한 농업협동조합법 조항에 대해서는 1심 재판에서 금고 이상의 형을 선고 받은 날,[8] 시행일 이전부터 의사 업무를 수행하던 청구인에 대해서는 보건복지부 고시조항의 시행일,[9] 공무원연금법의 적용대상에서 선출직 공무원을 제외한 공무원연금법 제 3 조 제 1 항 가목 단서에 대하여는 지방자치단체장으로 취임한 날,[10] 담배사업법이 시행되기 전부터 흡연을 하고 있던 청구인에 대하여는 담배사업법이 시행된 날, 미성년자인 청구인에 대하여는 담배를 구매할 수 있었던 만 19세에 이른 날,[11] 청구인이 급여를 지급받으면서 연장시간근로수당 등에 대하여 소득세가 원천징

1) 헌재 2011. 8. 30. 2008헌마757.
2) 헌재 2011. 10. 25. 2010헌마648.
3) 헌재 2011. 11. 24. 2009헌마415.
4) 헌재 2012. 5. 31. 2010헌마278.
5) 헌재 2012. 8. 23. 2010헌마740.
6) 헌재 2012. 8. 23. 2011헌마443등.
7) 헌재 2012. 11. 29. 2011헌마140; 동지: 헌재 2012. 5. 31. 2009헌마299.
8) 헌재 2013. 8. 29. 2010헌마562등.
9) 헌재 2013. 9. 26. 2010헌마204등.
10) 헌재 2014. 6. 26. 2012헌마459.
11) 헌재 2015. 4. 30. 2012헌마38.

수된 때,[1] 구 주민등록법 시행령 제36조 제 2 항에 의한 별지 제30호 서식 중 열손가락의 지문을 찍도록 한 부분에 대하여는 주민등록증 발급통지를 받은 날,[2] 등기신청서 제출사무원을 법무법인의 변호사 수만큼 둘 수 있도록 규정한 부동산 등기규칙 제58조 제 1 항이 시행된 날,[3] 청구인은 2013. 12. 31. 기준 가산점 평정을 받은 바 있으므로, 늦어도 교감과정 응시대상자 명부가 작성된 2014. 1. 31. 무렵,[4] 독립유공자의 손자녀 중 1명에 한정하여 보상금을 지급하는 독립유공자 예우에 관한 법률 제12조 제 2 항 단서 제 1 호, 제 4 항 제 1 호가 시행된 날,[5] 지중이설조항(전기사업법 제72조의2 제 1 항)이 시행된 날,[6] 지방변호사회를 경유할 의무를 부과한 변호사법 제29조의 규율을 적용받게 되는 날인 '변호인선임시 또는 위임장을 재판부에 제출한 날',[7] 사립학교 교원으로 채용되어 늦어도 사립교원 선거운동금지 조항의 적용을 받는 2016. 4. 13. 20대 국회의원 선거일 무렵,[8] 서울특별시에는 1개의 지방변호사회만 두도록 한 변호사법 제64조 제 1 항 단서에 의한 기본권침해의 사유가 발생한 날은 청구인이 변호사등록을 하고 서울지방변호사회에 가입한 날인 2009. 4. 3.,[9] 공립학교 교원으로 임용된 후 국가공무원법 제66조 제 1 항 본문이 시행되어 적용을 받게 된 날,[10] 교육공무원이나 사립학교 교원으로 임용된 후 교육공무원조항, 사립학교교원조항의 시행일에 그 적용을 받게 된 날,[11] 변호사시험 한도조항에 의하여 기본권의 제한을 받게 되는 변호사시험 합격자발표일,[12] 변호사시험법 부칙 제 4 조가 시행된 날,[13] 협동조합의 상근직원에 대하여 선거운동을 금지하는 구 공직선거법 제60조 제 1 항 제 5 호의 규율을 구체적이고 현실적으로 적용받게 된 날인

---

1) 헌재 2015. 4. 30. 2012헌마391.
2) 헌재 2015. 5. 28. 2011헌마731.
3) 헌재 2015. 9. 24. 2013헌마93.
4) 헌재 2016. 12. 29. 2015헌마315.
5) 헌재 2018. 1. 25. 2016헌마319.
6) 헌재 2018. 5. 31. 2014헌마925.
7) 헌재 2018. 7. 26. 2016헌마1029.
8) 헌재 2019. 11. 28. 2018헌마222.
9) 헌재 2019. 12. 27. 2019헌마7(3인의 반대의견은 심판대상조항에 의한 기본권 제한의 일반성·추상성은 청구인이 변호사 등록을 마치고 최초로 서울지방변호사회에 가입한 때에 곧바로 해소된 것으로 볼 수 없고, 청구인이 별개의 지방변호사회의 결성에 착수하거나 이를 준비할 때에 비로소 해소되는 것으로 보는 것이 합리적이라고 하였다).
10) 헌재 2020. 4. 23. 2018헌마550.
11) 헌재 2020. 4. 23. 2018헌마551.
12) 헌재 2020. 9. 24. 2018헌마739 등.
13) 헌재 2020. 10. 29. 2017헌마1128.

청구인들이 각 협동조합에 입사하여 상근직원으로 근무하게 된 때,[1] 공직선거법 제18조 제 1 항 제 3 호에 해당하는 구체적인 사유발생일인 청구인에 대한 징역형의 판결이 확정된 후 첫 선거일[2]이 기본권침해 사유가 발생한 날이라고 보았다.

(9) '사유가 있음을 안 날'의 구체적 적용례

헌법재판소는, 청구인이 자동차운수사업법 시행령에 규정된 '위반행위의 종류별 과징금 부과기준'에 근거하여 택시합승행위로 단속되고 과징금부과처분을 받았다면 늦어도 그 부과처분을 받은 때에는 위 규정에 의한 기본권침해사유가 발생하였음을 알았다고 할 것이라고 하였고,[3] 주택공급에 관한 규칙 제13조의2 제 3 항 소정의 채권입찰제를 적용하여 아파트 입주자를 선정하는 경우, 청구인이 기본권침해의 '사유가 있음을 안 날'은 늦어도 위 국민주택채권매입일이라고 하였고,[4] 세무서가 납세자의 부동산에 대하여 압류등기를 한 후 압류등기 이후의 체납액까지 포함한 총 국세체납액에 대한 공매대행통지서를 발부한 경우, 압류의 효력이 압류등기 후에 발생한 국세체납액에 대하여도 미친다는 구 국세징수법 제47조 제 2 항에 대한 헌법소원의 청구기간의 기산점은 위 공매대행통지서를 청구인이 수령한 때로 보았다.[5]

또한 청구인들이 상속세 등 부과처분을 받았을 무렵 이미 사건 심판대상인 구 상속세법 제 8 조의2 제 1 항 제 1 호의 존재를 알고 있었던 것으로 인정된다고 하였고,[6] 생명권침해의 자기관련성이 생긴 형법 제338조의 존재는 적어도 검사가 이를 적용법조로 하여 공소를 제기하고 그 공소장부본이 청구인 측에 통지될 시점에는 이미 알았다고 볼 것이고, 청구인의 생명권침해의 구체적 집행규정인 행형법 제57조 제 1 항의 존재도 적어도 대법원의 사형확정판결이 선고되고 사형집행을 전제로 한 수감상태에 들어가기 시작한 때에는 알았다고 봄이 상당하다고 하였다.[7]

또한 헌법재판소는, "법률에 의하여 기본권침해사유가 발생하였음을 안 후

1) 헌재 2022. 11. 24. 2020헌마417.
2) 헌재 2024. 3. 28. 2020헌마640.
3) 헌재 1995. 2. 23. 92헌마282.
4) 헌재 1995. 3. 23. 92헌마90.
5) 헌재 1995. 5. 25. 92헌마214.
6) 헌재 1995. 6. 29. 93헌마196.
7) 헌재 1997. 11. 25. 89헌마36.

부적법한 구제절차를 거치는 경우 그로 인하여 기본권침해사유가 발생하였음을 안 날이 부적법한 구제절차의 결과를 안 날로 변경되지는 않는 것이고, 판결이 공시송달에 의하여 확정된 사실을 판결확정일로부터 5년이 지나서 알고 그 확정판결에 대하여 재심의 소를 제기하였으나, 이는 민사소송법 제426조 제3항 소정의 판결확정 후 5년의 재심제기기간을 경과하여 제기된 것으로서 부적법한 구제절차이고, 한편 위 법조항 소정의 재심제기기간이 제소기간이라는 점을 청구인이 위 판결확정사실을 알게 된 날 이전에 이미 학설 및 대법원판결에 의하여 확립되어 있었기 때문에 결국 청구인은 위 판결확정사실을 알게 된 날에 위 법조항 등에 의한 기본권침해사유가 발생하였음을 알았다고 보아야 할 것이다."라고 판시하였고,[1] 청구인들이 육군참모총장을 상대로 동법에 의한 급여수령권 확인의 행정심판을 청구하고 그 기각재결을 받은 날부터 60일 이내에 이 사건 헌법소원을 제기하기는 하였으나, 청구인들은 그 이전에 이미 육군참모총장에게 동법에 의한 퇴직급여의 지급을 구하는 청원을 제출한 사실이 있어 청구인들은 적어도 이 청원을 제출할 무렵에는 기본권침해의 사유가 있음을 알았다고 할 것이라고 하였다.[2]

청구인은 국회에 15명의 소속의원을 가지고 있는 정당으로서 특별한 사유가 없는 한 그 소속의원들이 심판대상 법률의 발의와 심의·통과 사실을 알고 있었다고 볼 것이고 그 주장에 의하면 위 법률의 시행으로 인하여 기본권의 침해를 받는 자이므로 특별한 사정이 없는 한 위 법률의 시행일 무렵에 그 시행사실을 알았다고 봄이 상당하다고 하였고,[3] 구 행형법 제10조 제1항에 의하면 신입자에 대하여 신체·의류를 검사하고 지문을 채취하며 사진을 촬영하도록 되어 있는바, 청구인은 위 법률이 시행된 날보다 뒤인 구치소에 수감된 날에 위 법률 제10조 제1항에 해당하는 사유가 발생하였고, 청구인은 위 날짜에 그 사유가 발생하였음을 알았다고 보아야 한다고 하였다.[4]

청구인은 공직선거 및 선거부정방지법에 따라 시행된 지방의회의원과 지방자치단체의 장 선거당시에 선거권자였으므로 청구인으로서는 적어도 위 선거 당시에 여론조사결과를 일정기간 공표하지 못하게 한 사실을 알았다고 볼

1) 헌재 1993. 7. 29. 92헌마6.
2) 헌재 1994. 2. 18. 94헌마12 지정부 결정.
3) 헌재 1997. 8. 21. 97헌마110.
4) 헌재 1998. 2. 27. 96헌마179.

것이라고 하였고,[1] 광고인들의 기본권이 침해되는 날은 청구인들이 광고회사에 입사하는 날부터 발생하게 되고, 특단의 사정이 없는 한 입사하는 날 기본권 침해 사유를 알았다고 보아야 한다고 하였으며,[2] 청구인이 수감 직후 도서열람 허가 및 수용자징벌, 라디오·텔레비전 시청 등 수용자준수사항에 대한 교육을 받고, 그 뒤에 독거수용되고, 최초의 서신검열을 받았다면 각 그때부터 행형법에 해당하는 사유가 발생하였음을 알았다고 할 것이라고 하였다.[3]

청구인이 형법 제35조에 의하여 기본권침해를 받았다면, 위 조항의 적용을 구하는 공소장을 송달받았을 때 위 조항에 의하여 가중처벌 받게 될 청구인의 범죄사실과 적용법조를 구체적으로 고지받음으로써 그 기본권침해사유를 알게 되었다고 할 것이라고 하였고,[4] 청구인은 약사법시행규칙이 시행된 이후에 약국을 개설하여 강동구 보건소장으로부터 약사법시행규칙을 위반하였다는 이유로 업무정지처분을 받았으므로 늦어도 이때는 위 법령조항에 의하여 자신의 기본권이 침해되었음을 알았다고 할 것이라고 하였으며,[5] 청구인은 한보철강의 관리인으로 선임된 다음, 회사정리법 제112조 단서 등에 해당하는 사유들이 이미 발생하였다는 것을 알았다고 할 것이라고 하였고,[6] 청구인은 피청구인에 대하여 생계보호를 신청하여 피청구인이 청구인을 한시적 생계보호 대상자로 결정하여 생계비를 지급한 때에는 청구인은 기본권침해 사유가 있음을 알았다고 할 것이라고 하였다.[7]

실용신안권자의 등록료 납부기간과 등록료 불납에 대한 효과를 규정한 실용신안법 제29조 제 3 항 및 제34조 부분에 대한 헌법소원청구에 있어서 늦어도 등록료 추가납부기간 만료일 다음날부터는 그 법령에 해당하는 사유가 발생하였음을 알았다고 보아야 한다고 하였고,[8] 18~19세가 된 청구인들이 선거연령을 20세 이상으로 규정하고 있는 공직선거 및 선거부정 방지법 제15조 제 1 항을 다투는 경우 선거권을 행사할 수 없게 된 것을 알게 된 것은 제16대 국회의원선거가 임박한 시점이라고 하였으며,[9] 국가 등의 양로시설 등에 입소하는 국

1) 헌재 1998. 5. 28. 97헌마362등.
2) 헌재 1998. 11. 26. 94헌마207.
3) 헌재 1998. 7. 16. 96헌마268.
4) 헌재 1999. 9. 14. 99헌마487 지정부 결정.
5) 헌재 1999. 11. 25. 97헌마188.
6) 헌재 2000. 2. 16. 2000헌마75 지정부 결정.
7) 헌재 2000. 4. 27. 98헌마375.
8) 헌재 2000. 11. 30. 99헌마624.

가유공자에게 부가연금, 생활조정수당 등의 지급을 정지하도록 한 국가유공자 등 예우 및 지원에 관한 법률 제20조 제 2 항에 대한 헌법소원에서 양로시설에 입소하여 '위 규정에 따라 연금 등의 지급이 정지되는 입소일이 속하는 달의 다음 달 연금지급일'에는 기본권침해의 사유가 발생하였고, 또 청구인들도 그 사유발생을 알았다고 볼 것이라고 하였다.[1)]

또한 선거관리위원회 위원 등으로 하여금 선거범의 관계인에게 질문·조사를 하거나 관련 자료의 제출을 요구할 수 있도록 규정하고 있는 '공직선거 및 선거부정 방지법' 규정에 대해서는, 신문칼럼에 성명 등을 게재한 행위가 문제되어 선거운동기간위반죄에 해당되는지를 조사하기 위한 서면답변 요구가 처음 선거관리위원회로부터 있었던 날,[2)] 사인소추를 금지하고 있는 형사소송법규정에 대해서는 피고소인을 고소한 때,[3)] 정당보조금 배분에 있어 교섭단체의 구성 여부에 따라 차등을 두는 '정치자금에 관한 법률' 조항에 대해서는 교섭단체를 구성하지 못한 정당으로서 이 조항 시행 후 처음 국회의원선거를 위한 보조금을 지급받은 때,[4)] 군법무관 수당의 지급대상 및 지급액을 규정하고 있는 구 '군인 등의 특수근무수당에 관한 규칙'에 대해서는 군법무관으로 임용되어 보수액을 지급받을 때[5)]를 법령에 해당하는 사유가 발생하였음을 안 날로 보았다.

청구인은 부설주차장 확보에 대하여 규정한 주차장법 시행 후에 건물용도변경허가신청서를 작성하여 제출하였으나 강남구청장에 의하여 반려되자 이에 대한 질의를 하였으므로 늦이도 질의를 한 날에는 기본권침해사유가 발생하였음을 알았다고 할 것이라고 하였고,[6)] '천연기념물 제336호 독도 관리지침' 제 5 조 및 제 6 조에 의하여 독도에 입도하여 행사를 개최하거나 이에 거주하는 것을 규제받고 있는 데에 대한 헌법소원에서, 청구인들이 독도향우회를 결성하면서 개최한 창립총회에서 독도관리지침의 철폐를 최우선사업으로 의결한 시점에서는 기본권침해사유가 발생하였음을 알았다고 할 것이라고 하였으며,[7)] 늦

9) 헌재 2001. 6. 28. 2000헌마111.
1) 헌재 2000. 6. 1. 98헌마216.
2) 헌재 2001. 11. 29. 2001헌마576.
3) 헌재 2005. 3. 31. 2004헌마436.
4) 헌재 2006. 7. 27. 2004헌마655.
5) 헌재 2010. 6. 24. 2009헌마177.
6) 헌재 2001. 1. 18. 2000헌마66.
7) 헌재 2001. 8. 30. 2000헌마349.

어도 심판대상 법률조항이 적용된 항소심 판결 선고시에는 기본권침해사유가 발생하였음을 알았다고 할 것이고,[1] 국민참여재판의 대상 사건에 사기죄를 배제한 법령에 대해서는 청구인에 대한 제 1 회 공판기일이 법령에 해당하는 사유가 발생하였음을 안 날로 보아야 한다고 하였고,[2] 청구인이 공소장 부본을 송달받음으로써 공직선거법 제250조 제 2 항, 제266조 제 1 항에 의한 기본권침해사유의 발생사실을 알았다 할 것이고,[3] 징역형 수형자의 작업장려금 지급시기를 석방 시로 제한하고 있는 형의 집행 및 수용자의 처우에 관한 법률 제73조 제 3 항에 대한 헌법소원심판청구에서, 이미 징역형의 집행을 경험한 수형자는 새로운 수형기간 중 최초로 작업장려금 계산액 고지를 받았을 때 기본권침해사유를 알았다고 보아야 한다고 하였다.[4]

또한 보건복지부 고시에 위반하여 요양급여를 청구하였다는 이유로 요양기관 업무정지처분을 받을 무렵에 기본권침해사유가 발생하였음을 알았다고 보아야 한다고 하였고,[5] 청구인이 치료감호법 제 2 조 제 2 호가 적용된 치료감호를 선고받은 날 그 법률조항에 의한 기본권침해사유가 발생하였음을 알았다고 봄이 상당하다고 하였으며,[6] 청구인들은 늦어도 남양주시장으로부터 토지분할신청불허가처분을 받은 때 구 측량·수로조사 및 지적에 관한 법률 시행규칙 제83조에 의하여 자신의 기본권이 침해받았음을 알았다고 보아야 한다고 하였고,[7] 농협조합장 직무정지조항에 대하여는 청구인이 1심 재판에서 금고 이상의 형을 선고받은 날이 기본권침해 사실을 안 날이라고 하였으며,[8] 청구인들이 재외동포(F4) 사증을 신청할 수 없어 그 이외의 사증을 신청한 시점에 기본권침해의 사유를 알았다고 보아야 한다고 하였고,[9] 청구인들이 형이 확정된 이후 최초선거일은 국회의원선거일인 2012. 4. 11.이므로 그 무렵 집행유예자의 선거권 제한 법률규정으로 인한 기본권침해의 구체적 사유가 발생하였음을 알았다고 보아야 한다고 하였고,[10] 일광욕 제한 처우 등으로 인한 기본권침해사유

1) 헌재 2010. 4. 29. 2009헌마689.
2) 헌재 2011. 7. 28. 2010헌마432.
3) 헌재 2011. 12. 29. 2009헌마476.
4) 헌재 2012. 11. 29. 2011헌마584.
5) 헌재 2012. 12. 27. 2011헌마197.
6) 헌재 2012. 12. 27. 2011헌마276; 헌재 2012. 12. 27. 2011헌마285.
7) 헌재 2013. 8. 29. 2012헌마767.
8) 헌재 2013. 8. 29. 2010헌마562등.
9) 헌재 2014. 4. 24. 2011헌마474등.
10) 헌재 2014. 1. 28. 2013헌마105.

는 청구인이 구치소에 미결수용된 시점부터 발생하였으므로 청구인이 구치소에 수용된 날에 자신의 기본권이 침해되었음을 알았다고 보아야 한다고 하였고,[1] 청구인 법인으로서는 당시 대표이사였던 청구인이 신고를 하지 않고 영어캠프를 운영하기 시작하였을 때 학원법상 교습소 제한조항의 적용을 받아 기본권침해사유가 발생하였고 그 무렵 위 조항으로 인한 기본권침해를 알았다고 보아야 한다고 하였고,[2] 청구인을 치료감호에 처한다는 판결이 확정된 무렵에는 치료감호법조항에 따른 기본권침해사유가 있음을 알았다고 보아야 한다고 하였고,[3] 청구인은 변호사시험법 제 7 조 제 2 항이 임신 및 출산을 응시기회제한의 예외사유로 규정하지 않고 있다는 사실을 늦어도 제 5 회 변호사시험의 시행일 첫날에 알았다고 보인다고 하였고,[4] 청구인이 경찰서장으로부터 성폭력특례법 제43조 제 1 항의 시행에 대한 고지를 받았을 때에 위 법률조항이 시행된 사실을 알았다고 봄이 상당하다고 하였고,[5] 공무원인 청구인들이 성과상여금을 지급받은 날에 공무원수당 등에 관한 규정에 따른 기본권침해사유가 발생하였음을 알았다고 보아야 한다고 하였으며,[6] 청구인은 구 변리사법 자격조항에 따라 변리사등록을 신청하였으므로, 늦어도 변리사 등록을 신청한 날에는 구 자격조항이 적용된다는 사실을 알고 있었을 것이라고 하였고,[7] 청구인은 녹취서 반송행위 및 사진 반송행위가 수용자 교육교화운영지침조항에 근거한 것이라 주장하고 있으므로, 늦어도 녹취서 반송행위가 청구인의 기본권을 침해한다는 이유로 헌법소원을 청구한 무렵에는 위 지침조항에 의한 기본권 침해사유가 발생하였음을 알았다고 할 것이라고 하였으며,[8] 자신이 마지막으로 응시할 수 있었던 2018년도 제 7 회 변호사시험에 응시하지 않은 청구인은 위 시험 접수일 마지막 날 또는 위 시험 시행일 첫날에는 변호사시험 한도조항에 따라 더 이상 변호사 시험에 응시할 수 없음을 알았다고 할 것이라고 하였고,[9] 청구인들은 아무리 늦어도 자신들에게 '5년내 5회째' 변호사시험의 시험일 첫날에는 변호사시

1) 헌재 2015. 4. 30. 2013헌마190.
2) 헌재 2015. 5. 28. 2012헌마653.
3) 헌재 2016. 4. 28. 2015헌마98.
4) 헌재 2016. 9. 29. 2016헌마47등.
5) 헌재 2016. 7. 28. 2016헌마109.
6) 헌재 2016. 11. 24. 2015헌마1191등.
7) 헌재 2017. 12. 28. 2015헌마1000.
8) 헌재 2019. 12. 27. 2017헌마413 등.
9) 헌재 2020. 9. 24. 2018헌마739 등; 헌재 2020. 11. 26. 2018헌마733 등.

험 응시한도 예외조항이 정한 응시기회제한의 예외사유에 청구인들이 주장하는 사유가 포함되어 있지 않다는 사실을 알았다고 봄이 상당하다고 하였으며,[1] 청구인이 연장근로 및 휴일근로에 대한 임금 미지급 사실을 알았다고 볼 만한 명백한 자료가 발견되지 않는 경우 청구인이 심판대상조항으로 인하여 가산임금 미지급 사실을 주장하는 날에 기본권침해 사유 있음을 알았다고 보아야 하고,[2] 청구인이 늦어도 후보자 등록을 한 날에는 기탁금 조항이 정하는 기탁금 납부 의무를 부담한다는 사실을 알았다고 보아야 한다고 하였고,[3] "청구인들은 대리인을 선임하지 아니하고 헌법소원심판을 청구한 때 이 사건 법률조항(헌재법 제25조 제 3 항)에 의한 기본권침해의 사유가 있음을 알았다고 할 것인데, 청구인들은 그로부터 90일이 경과하였음이 역수상 명백한 2021. 8. 12.에 이 사건 법률조항의 위헌확인을 구하는 청구를 추가하였으므로, 이 사건 법률조항에 대한 심판청구는 청구기간을 경과하여 부적법하다."고 판시하였고,[4] "청구인들은 늦어도 제21대 국회의원선거가 실시되었던 2020. 4. 15. 이 사건 의원정수조항의 내용을 알았다 할 것이므로, 안 날로부터 90일이 경과하여 제기된 이 사건 의원정수조항에 대한 심판청구는 청구기간을 도과하였다."고 판시하였으며,[5] "청구인이 작성하여 제출한 열람 및 복사신청서의 하단에는 '5. 법원복사기/프린터로 복사/출력하는 경우에는 1장당 50원의 비용을 수입인지로 납부'라는 내용이 기재되어 있는바, 청구인으로서는 위 신청 당시 복사비용의 납부 의무가 있음을 알게 되었다고 봄이 타당하고, 이 사건 심판청구는 그로부터 90일이 경과한 후 제기되었으므로 청구기간을 준수하지 못하였다."고 판시하였고,[6] 선거여론조사 결과 공표를 제한하는 공직선거법 제108조 제 1 항에 대한 심판청구에서, 청구인이 선거권자로서 해당 조항을 적용받은 최초의 선거일을 기준으로 청구기간 준수 여부를 판단하였다.[7]

그러나 주민등록증 발급통지를 받았다는 사실만으로는 청구인이 주민등록증 발급신청시 구 주민등록법 시행령 조항에 따라 열손가락 지문을 찍어야 한

---

1) 헌재 2020. 9. 24. 2018헌마739 등; 동지: 헌재 2016. 9. 29. 2016헌마47; 헌재 2018. 3. 29. 2017헌마387.
2) 헌재 2021. 8. 31. 2018헌마563.
3) 헌재 2021. 9. 30. 2020헌마899.
4) 헌재 2022. 5. 26. 2021헌마527.
5) 헌재 2023. 7. 20. 2019헌마1443등.
6) 헌재 2024. 2. 28. 2021헌마40.
7) 헌재 2024. 4. 25. 2020헌마371.

다는 사실을 알았다고 보기에 부족하다고 하였다.[1)]

(10) 헌법소원심판청구의 청구취지 추가 또는 변경이 이루어진 경우 청구기간 준수 판단 기준시점

헌법소원심판청구의 청구취지 추가 또는 변경이 이루어진 경우, 청구기간의 준수여부는 헌법재판소법 제40조 제 1 항 및 민사소송법 제265조에 의하여 추가 또는 변경된 청구서가 제출된 시점을 기준으로 판단하여야 한다.[2)] 다만 청구취지 변경 등 청구서의 내용이 기존 청구를 유지하면서 내용을 보충하는 것이면 기존 청구시가 청구기간 기산점이 된다.[3)]

(11) 부진정 입법부작위(불완전입법)를 대상으로 한 헌법소원

불완전입법에 대하여 재판상 다툴 경우에는 그 입법규정이 헌법위반이라는 적극적인 헌법소원을 제기하여야 할 것이고, 이때에는 헌법재판소법 제69조 제 1 항 소정의 청구기간의 적용을 받는다.[4)]

예컨대 헌법재판소는 구 행형법 제10조 제 1 항 등 위헌확인 사건에서, "이 사건 법률은 제 2 조에서 수형자와 미결수용자는 구분수용 하도록 규정하고, 제14장 이하에서 이발, 변호인의 접견, 작업과 교회(敎誨) 등에 대하여 미결수용자에 관한 별도의 규정을 두고 있으므로 미결수용자에 대하여 전혀 입법을 하지 아니함으로써 입법의 흠결이 있는 경우라고 볼 수 없으며, 청구인의 주장은 미결수용자의 처우에 대하여 입법을 하였으나 불충분하거나 불공정한 규율을 하여 입법행위에 결함이 있는 경우 즉, 부진정 부작위입법에 대한 헌법소원으로 보아야 하고, 이때에는 헌법재판소법 제69조 제 1 항의 청구기간이 준수되어야 한다."고 판시하였다.[5)]

---

1) 헌재 2015. 5. 28. 2011헌마731.
2) 헌재 1992. 6. 26. 91헌마134; 헌재 1998. 9. 30. 96헌바88; 헌재 2002. 12. 18. 2001헌마111; 헌재 2003. 9. 25. 2001헌마93등; 헌재 2003. 10. 30. 2002헌마275; 헌재 2007. 10. 25. 2005헌바68; 헌재 2009. 7. 30. 2007헌마870; 헌재 2011. 12. 29. 2009헌마476; 헌재 2012. 11. 29. 2011헌마140; 헌재 2013. 9. 26. 2011헌마398; 헌재 2018. 5. 31. 2017헌마167; 헌재 2022. 5. 26. 2021헌마527.
3) 실무제요, 380면.
4) 헌재 1993. 3. 11. 89헌마79; 헌재 1994. 6. 30. 91헌마161; 헌재 1996. 3. 28. 93헌마198; 헌재 1996. 6. 13. 95헌마115; 헌재 1996. 10. 31. 94헌마108; 헌재 1998. 2. 27. 96헌마179; 헌재 2000. 4. 27. 99헌마76.
5) 헌재 1998. 2. 27. 96헌마179; 헌재 1996. 6. 13. 95헌마115; 헌재 2007. 7. 26. 2006헌마1164.

마. 청구기간의 도과와 정당한 사유

헌법재판소는, "헌법재판소법 제40조 제 1 항에 의하면 행정소송법이 헌법소원심판에 준용되는 것이므로, 정당한 사유가 있는 경우 제소기간을 경과한 행정소송을 허용하는 행정소송법 제20조 제 2 항 단서가 헌법소원심판에도 준용된다고 할 것이고, 따라서 '정당한 사유'가 있는 경우에는 청구기간의 경과에 불구하고 헌법소원심판청구는 적법하다고 해석하여야 할 것이다. 여기의 '정당한 사유'라 함은 청구기간 경과의 원인 등 여러 가지 사정을 종합하여 지연된 심판청구를 허용하는 것이 사회통념상으로 보아 상당한 경우를 뜻한다."고 판시하였다.[1] 다만, 기본권을 침해받은 자가 어떤 경위로든 기본권 침해 사유가 있었음을 알았거나 쉽게 알 수 있었던 경우라면 청구기간 도과에 대해 정당한 사유를 주장하기는 어렵다.[2]

헌법재판소는 검사가 청구인에 대하여 기소유예처분을 함에 있어 그 처분사실을 통지하지 아니하고, 별도의 고지절차도 취하지 아니하였을 뿐만 아니라 사전에 청구인을 소환하여 조사하지도 아니하고 반성문이나 서약서를 받은 바 없다면, 비록 피의자라 하더라도 그 불기소처분이 있음을 쉽게 알 수 있는 처지에 있다고 할 수 없으므로, 그 청구기간 도과에 정당한 사유가 있다[3]고 하였고, 특정 문화예술인 지원사업 배제행위 등 위헌확인 사건에서 "이 사건 정보수집 등 행위 및 지원배제지시는 대통령의 지시를 받은 대통령비서실 및 문체부에서 비밀리에 행해진 것으로, '박근혜 정부의 최순실 등 민간인에 의한 국정농단 의혹 사건 규명을 위한 특별검사의 임명 등에 관한 법률'에 따라 임명된 특별검사의 수사를 통해 공소제기가 된 이후 비로소 그 사실관계의 일부가 공식적인 과정을 통해 일반에게 알려졌으므로, 청구인도 자신에 관한 개인정보가 수집되어 보유 및 이용되었을 가능성이 매우 높다는 것을 특별검사의 공소장 내용이 언론에 알려진 2017. 1. 30. 이후에야 알게 되었다고 볼 것이다. 청구인들이 그 이전에 이러한 사실을 알지 못하는 것에 아무런 과실 내지 책임이 없는 점을 고려할 때, 헌법소원의 청구기간을 준수할 수 없었던 정당한 사유가 있다고 볼 수

1) 헌재 1993. 7. 29. 89헌마31(국제그룹해체 사건); 헌재 2001. 12. 20. 2001헌마39; 헌재 2020. 12. 23. 2017헌마416.
2) 헌재 2001. 7. 19. 2001헌마335, 대법원 2002. 5. 24. 선고 2000두3641 판결 등 참조.
3) 헌재 2001. 12. 20. 2001헌마39.

있다."고 판시하였으며,[1] 전기통신사업법은 전기통신사업자가 수사기관 등에 통신자료를 제공한 경우 이를 이용자에게 통지하는 절차를 마련하고 있지 않기 때문에 청구기간이 도과하였다고 하더라도 정당한 사유가 인정된다고 하였고,[2] 청구인은 심판대상조항에 의하여 기본권 침해사유가 발생한 날인 대출 신청시부터 약 20년이 지나 헌법소원심판을 청구하였지만, 청구인의 아버지가 대출을 신청할 당시 청구인은 만 9세였으므로, 기본권 침해사유가 발생한 날로부터 1년이라는 헌법재판소법 제68조 제 1 항에 의한 헌법소원심판의 청구기간을 준수하지 못한 데에 정당한 사유가 인정된다고 하였다.[3]

한편, 행정규칙은 공포가 그 효력발생의 요건이 아닌바, 행정규칙이 내부적으로만 발령되었기 때문에 일반 국민이 그 내용을 쉽게 알 수 없었다면 청구기간을 도과하여 헌법소원심판을 청구하더라도 그 도과에 일응 정당한 사유가 있다고 볼 수 있으나, 소송과정에서 행정규칙이 자료로 현출되어 그 내용을 알았거나 알 수 있었다면 청구기간 도과에 정당한 사유가 있다고 보기 어렵다.[4]

그런데 여기서 유의할 것은 기본권침해의 사유가 있음을 안 날로부터 90일의 청구기간 및 헌법재판소법 제69조 단서의 30일의 청구기간은 불변기간이므로 2주 내에 소송행위의 추후 보완이 가능할 뿐이고, 위에서 말하는 '정당한 사유'는 적용되지 아니한다.[5]

헌법재판소는, 검사가 피의자에게 기소유예처분의 통지를 하지 아니한 경우, 청구기간의 도과에 정당한 사유를 인정할 수 있는지 여부에 관하여, "피청구인이 청구인에세 형사소송법 제258조 제 2 항 소정의 통지를 하지 아니하였다 하더라도, 청구인은 스스로 피의자이고 반성문까지 작성제출 하였으므로, 심판청구기간 내에 기소유예처분이 있은 것을 알았거나 쉽게 알 수 있었다고 할 것이어서 청구기간을 도과한 것에 정당한 사유가 있다고 볼 수 없다."고 판시하였다.[6]

---

1) 헌재 2020. 12. 23. 2017헌마416.
2) 헌재 2022. 7. 21. 2016헌마388등.
3) 헌재 2024. 4. 25. 2021헌마473(그러나 이 경우에도 기본권 침해사유를 안 날로부터 90일이라는 청구기간은 별도로 준수하여야 하는데, 청구인은 2020. 10.경 대출금에 관하여 알게 되었다고 밝히고 있으므로 청구인의 심판청구는 기본권 침해사유를 안 날로부터 90일이라는 청구기간을 준수하지 못하여 부적법하다고 하였다).
4) 헌재 2001. 7. 19. 2001헌마335.
5) 헌재 2001. 7. 19. 2001헌마335 참조. 동지: 김하열, 546면.
6) 헌재 2000. 11. 30. 2000헌마224.

또한 언론통폐합조치에 대한 헌법소원의 청구기간이 도과된 사안에서 헌법재판소는, 청구인이 대법원의 민사판결에 의한 구제를 신뢰하여 이 부분 헌법소원을 제기하지 않은 것이라는 사정은 헌법소원을 제기하지 못할 정당한 사유로 보기 어렵다고 하였고,[1] 소년병 징집행위로 인한 기본권 침해에 대하여 청구기간 도과에 정당한 사유가 있는 여부에 관하여, 청구인들은 전쟁에 의해 조성된 위난의 시기에 국가기관이 조직적·집단적으로 자행한 기본권 침해에 대하여는 통상의 법절차가 제공하는 구제절차로 권리구제가 어려우므로 청구기간 도과에 정당한 사유가 있다고 주장하나, 6·25전쟁이 끝난 지 이미 60여년이 지났고, 그 사이 정권이 수차례 바뀌면서 기본권 침해사태를 야기한 국가권력은 소멸하였으며, 민주화 이후 꽤 오랜 기간 통상의 법절차가 제대로 작동하고 있었으므로 위와 같은 사유는 청구기간 도과의 정당한 사유로 보기 어렵다고 하였다.[2]

바. 국선대리인선임신청과 청구기간

헌법소원심판을 청구하고자 하는 자가 변호사를 대리인으로 선임할 자력이 없어 헌법재판소에 국선대리인을 선임하여 줄 것을 신청하는 경우에는 헌법재판소법 제69조에 의한 청구기간은 국선대리인의 **선임신청이 있는 날**을 기준으로 정한다(헌재법 제70조 제 1 항 후문).[3]

심판청구서를 제출하기 전에 먼저 국선대리인선임신청을 한 경우에 헌법재판소가 국선대리인을 선정하지 아니한다는 결정을 한 때에는, 신청인이 선임신청을 한 날부터 위 결정통지를 받은 날까지의 기간은 위 청구기간에 이를 산입하지 아니한다(헌재법 제70조 제 4 항). 따라서 국선대리인이 청구기간을 도과하여 심판청구서를 제출하더라도 국선대리인선임신청이 청구기간 내에 이루어졌다면 헌법재판소법 제70조 제 1 항 후문에 따라 적법한 청구로 받아들여진다.[4]

그리고, 대리인의 선임 없이 심판청구서가 먼저 제출되거나 국선대리인신청서와 함께 제출된 경우에는 청구기간은 **심판청구서가 접수된 날**을 기준으로 정한다. 다만 국선대리인선임신청을 하였더라도 헌법재판소가 국선대리인을 선정

1) 헌재 2003. 3. 27. 2001헌마116(헌법적 해명이 필요한 사안이므로 비록 청구기간이 도과되었더라도 적법한 소원으로 받아들여 본안판단을 해야 한다는 반대의견도 있었다).
2) 헌재 2015. 10. 21. 2014헌마456.
3) 헌재 1998. 7. 16. 96헌마268; 헌재 2000. 6. 29. 98헌마36.
4) 헌재 1997. 6. 26. 94헌마52; 헌재 1998. 8. 27. 96헌마398.

하지 아니한다는 결정을 한 때에는 위와 같은 기준을 따를 수 없고, 신청인이 선임신청을 한 날부터 그 결정통지를 받은 날까지의 기간을 법 제69조의 청구기간에 산입하지 아니하는 것으로 족하다(헌재법 제70조 제 4 항). 헌법재판소는 청구기간 내에 청구인 본인의 명의로 헌법소원심판청구를 하였고, 대리인을 선임하라는 보정명령을 받고 대리인을 선임함과 동시에 그 대리인 명의로 심판청구서를 청구기간 도과 후에 다시 제출한 경우에는 그 사건 심판청구는 청구기간 내에 제소되었다고 보아야 한다고 하였다.[1]

한편, 국선대리인이 청구취지를 변경하는 경우 그 청구기간 준수 여부를 청구취지 변경 시를 기준으로 판단하여야 하는가에 대해서는 논란이 있다. 일반적인 경우에는 대리인이 청구취지를 변경할 때가 기준이 되지만, 국선대리인이 선임되었을 경우에도 동일한 기준이 적용되는지가 문제이다.[2] 이와 관련하여 국선대리인이 청구취지를 변경하였더라도 국선대리인 선임신청시를 기준으로 청구기간을 판단한 경우도 있지만,[3] 국선대리인이 법률전문가로서 청구인의 청구취지를 적절히 확정하는 차원을 넘어 별개의 청구취지를 추가하거나 교환적 변경을 하는 경우에는 일반적인 경우와 마찬가지로 선임된 국선대리인이 '청구취지 및 청구원인 변경신청서'를 제출한 때를 기준으로 청구기간의 준수 여부를 판단할 수 있다고 하였다.[4]

7. 변호사강제주의

가. 의 의

각종 심판절차에 있어서 당사자인 사인(私人)은 변호사를 대리인으로 선임하지 아니하면 심판청구를 하거나 심판수행을 하지 못한다. 다만 그가 변호사의 자격이 있는 때에는 그러하지 아니하다(헌재법 제25조 제 3 항).

변호사의 자격이 없는 사인인 청구인이 한 헌법소원심판청구나 주장 등 심판수행은 변호사인 대리인이 추인한 경우만이 적법한 헌법소원심판청구와 심

1) 헌재 1992. 12. 24. 92헌마186.
2) 실무제요, 381면.
3) 헌재 2012. 3. 29. 2010헌마673; 헌재 2012. 10. 25. 2011헌마307.
4) 헌재 2002. 12. 18. 2001헌마111; 헌재 2004. 4. 29. 2003헌마641; 헌재 2007. 7. 26. 2006헌마298; 헌재 2012. 11. 29. 2011헌마140.

판수행으로서의 효력이 있고 헌법소원 심판대상이 되며,[1] 이러한 취지는 대리인이 국선변호인인 경우에도 마찬가지로 적용된다.[2]

헌법재판소의 실무는, 대리인의 선임 없이 심판청구 한 경우 지정재판부의 사전심사 단계에서 상당한 기간(7~10일)을 정하여 대리인을 선임하도록 보정명령을 발하고 있다.

청구인이 변호사를 대리인으로 선임하지 아니한 채 심판청구를 하였고, 스스로 변호사의 자격이 있다고 볼 만한 자료도 없으며, 헌법재판소로부터 변호사를 대리인으로 선임하라는 보정명령을 받고도 보정기간 내 보정하지 아니한 경우에는 심판청구를 각하한다.[3]

나. 변호사강제주의의 위헌여부

헌법재판소는 변호사강제주의를 규정한 헌법재판소법 제25조 제 3 항의 위헌여부에 관하여 "변호사강제주의는 첫째, 법률지식이 불충분한 당사자의 기본권침해에 대한 구제를 보장하고, 둘째, 당사자를 설득하여 승소의 가망이 없는 헌법재판의 청구를 자제시키며, 헌법재판에서의 주장과 자료를 정리, 개발하고 객관화 하는 기능을 수행함으로써 재판소와 관계 당사자 모두가 시간, 노력, 비용을 절감하여 헌법재판의 질적 향상을 가져오고, 셋째, 변호사가 헌법재판이 공정하게 진행되도록 감시하는 역할을 수행하여 국가사법의 민주적 운영에 기여한다. 이 사건 법률조항에 의하여 국민의 경제적 부담과 재판청구권을 혼자서는 행사할 수 없다는 제약은 개인의 사적 이익에 대한 제한임에 반하여, 변호사가 헌법재판에서 수행하는 기능들은 모두 국가와 사회의 공공복리에 기여하는 것이고, 양자를 비교할 때 변호사의 강제를 통하여 얻게 되는 공공의 복리는 그로 인하여 제약되는 개인의 사익에 비하여 훨씬 크다고 할 것이다. 나아가 헌법소원심판의 경우에는 당사자가 변호사를 대리인으로 선임할 자력이 없는 때 또는 공익상 필요한 때에는 국가의 비용으로 변호사를 대리인으로 선임하여 주는 국선대리인 제도가 마련되어 있고, 변호사가 선임되어 있는 경우에도 당사자본인이 스스로의 주장과 자료를 헌법재판소에 제출하여 재판청구권을 행사

1) 헌재 1992. 6. 26. 89헌마132; 헌재 1995. 2. 23. 94헌마105; 헌재 2009. 12. 29. 2008헌바64; 헌재 2012. 10. 25. 2011헌마307; 헌재 2016. 2. 25. 2013헌바260; 헌재 2016. 7. 28. 2016헌마109; 헌재 2017. 9. 29. 2016헌마964; 헌재 2024. 1. 25. 2020헌마1725; 헌재 2024. 7. 18. 2022헌바4.
2) 헌재 1995. 2. 23. 94헌마105; 헌재 2009. 12. 29. 2008헌바64; 헌재 2024. 7. 18. 2022헌바4.
3) 헌재 1995. 1. 26. 94헌마270 지정부 결정.

하는 것이 봉쇄되어 있지 않는 점 등을 고려할 때 헌법재판소법 제25조 제 3 항은 과잉금지원칙에 위반하여 재판청구권을 침해하지 않는다."고 판시하였다.[1)]

그러나 헌법소송에서 채택하고 있는 변호사강제주의는 우리나라의 다른 소송절차는 물론 비교법적으로도 그 예를 찾기 어려운 특유한 제도로서 국민의 재판청구권을 부당하게 제약하므로 입법개선이 추진되어야 한다는 비판적인 견해[2)]도 있다.

그런데 헌법소원심판에서 국선대리인 제도를 규정한 것은 변호사강제주의의 장점을 유지하면서도 변호사를 대리인으로 선임할 자력이 부족한 국민에게 헌법소원을 청구할 기회를 실질적으로 보장하기 위한 것인바, 국선대리인 제도는 변호사강제주의의 합헌성을 지탱하는 주요 요소의 하나라고 할 것이다. 따라서 국선대리인 제도는 변호사강제주의와 불가분의 관계에 있으므로 사선대리인을 선임할 자력이 없는 국민들이 기본권 구제를 위하여 헌법소원제도를 이용하는 데 실질적 장애가 없도록 국선대리인 선임사유나 절차를 합리적으로 규정하고, 운영하여야 할 것이다.[3)]

그러나 헌법재판소법 제25조 제 3 항의 취지는 소원심판청구인의 헌법재판청구권을 제한하려는 데 그 목적이 있는 것이 아니므로 변호사인 대리인에 의한 헌법소원심판청구가 있었다면 그 이후 심리과정에서 대리인이 사임하고 다른 대리인을 선임하지 않았더라도 청구인이 그 후 자기에게 유리한 진술을 할 기회를 스스로 포기한 것에 불과할 뿐, 헌법소원심판청구를 비롯하여 기왕의 대리인의 소송행위가 무효로 되는 것은 아니고,[4)] 대리인의 사임 후 새로이 청구인의 대리인을 선임하지 아니하였다고 하더라도 그 사실 때문에 심판청구가 부적법하게 되는 것이라고 볼 수 없다. 다만, 위와 같은 판단은 대리인의 소송수행이 충분히 이루어진 이후에나 가능한 것이고, 청구인의 헌법소원심판청구서가 제출된 이후에 선임된 대리인이 청구인의 헌법소원심판청구에 관하여 추인하는 내용의 서면이나 새로운 심판청구서 등 심판청구에 관한 아무런 서면을 제출함이 없이 대리인 지위를 사임하여 헌법재판소가 대리인 선임과 그 대리인

1) 헌재 1990. 9. 3. 89헌마120등; 헌재 1992. 12. 24. 92헌마166; 헌재 1995. 2. 23. 94헌마105; 헌재 1996. 10. 4. 95헌마70; 헌재 2001. 9. 27. 2001헌마152; 헌재 2010. 3. 25. 2008헌마439.
2) 허영, 142면.
3) 동지: 김하열, 570면.
4) 헌재 1992. 4. 14. 91헌마156.

명의로 된 헌법소원심판청구서 제출을 명하는 보정명령을 발하였음에도 보정기간 내에 보정하지 아니하였다면 그 심판청구는 부적법하다.[1]

다. 국선대리인 제도

(1) 의의 및 신청절차

헌법재판소법 제70조에서는 국선대리인 제도를 두어 헌법소원심판청구에서 변호사를 대리인으로 선임할 자력이 없는 경우에는 당사자의 신청에 의하여 국고에서 그 보수를 지급하는 국선대리인을 선정해 주도록 하고 있다. 따라서, 국선대리인의 선임을 원하는 자는 헌법소원심판청구서와 함께 국선대리인 선임신청서를 제출하여야 하며, 이때 변호사를 대리인으로 선임할 자력이 없음을 소명하는 자료를 첨부하여야 한다(국선규칙 제 4 조).

헌법재판소는 이 규정에 따라 종래 영세민증명서·생활보호대상자증명서·지방세미과세증명서 등 객관적인 무자력 소명서면을 제출받아 신청인의 무자력 여부를 판단하여 왔으나, 1994년 이후에는 무자력 소명요건을 완화하여 대리인을 선임할 자력이 없다는 신청인의 진술이나 채무증명서, 경매통지서 등의 서면만으로도 무자력 소명이 되는 경우도 있도록 하였다.

한편, 2019. 6. 19.자로 개정된 국선규칙 제 4 조 제 1 항에서는 헌법재판소법 제70조 제 1 항에서 규정한 변호사를 대리인으로 선임할 자력이 없는 자의 기준을 다음과 같이 예시하고 있다.

① 월평균수입이 300만원 미만인 자

② 국민기초생활보장법에 의한 수급자

③ '국가유공자 등 예우 및 지원에 관한 법률'에 의한 국가유공자와 그 유족 또는 가족

④ 한부모가족지원법에 따른 지원대상자

⑤ 기초연금법에 따른 기초연금수급자

⑥ 장애인연금법에 따른 수급자

⑦ '북한이탈주민의 보호 및 정착지원에 관한 법률'에 따른 보호대상자

⑧ 위 각호에는 해당하지 아니하나, 청구인이 시각·청각·언어·정신 등 신체적·정신적 장애가 있는지 여부 또는 청구인이나 그 가족의 경제능력 등 제반

---

1) 헌재 2004. 9. 23. 2003헌마16; 헌재 2004. 11. 25. 2003헌마788.

사정에 비추어 보아 변호사를 대리인으로 선임하는 것을 기대하기 어려운 경우

2003. 3. 12. 법률 제6821호로 개정된 헌법재판소법 제70조 제 2 항은 "제 1 항에도 불구하고 헌법재판소가 공익상 필요하다고 인정할 때에는 국선변호인을 선임할 수 있다."라는 규정을 신설하여 국선대리인의 선임요건으로 종래의 무자력 요건 이외에 공익상 요건을 추가함으로써 국민의 헌법소원심판을 받을 권리를 실질적으로 보장하고자 하였다. '공익상 필요'가 있는지의 판단은 개별사건에서 구체적으로 행해질 수밖에 없겠지만 헌법재판이 지닌 객관적 기능을 고려할 때 '헌법상 중요한 문제의 해명'이 기대되는 사건이라면 무자력 요건을 갖추지 못하더라도 '공익상 필요'를 인정하여 국선대리인을 선임할 수 있을 것이다.[1)]

이 경우 국선대리인의 선임은 청구인의 신청을 필요로 하지 않으며 헌법재판소의 직권으로 이루어진다.

한편 위 개정법은 제70조 제 3 항 단서에서 "다만, 그 심판청구가 명백히 부적법하거나, 이유 없는 경우 또는 권리의 남용이라고 인정되는 경우에는 국선대리인을 선정하지 아니할 수 있다."라는 규정을 신설함으로써 국선대리인 선임신청이 남용되는 일이 없도록 하기 위한 제도적 장치를 새로이 마련하였다. 심판청구가 '권리의 남용'이라는 것은 기본권 구제라는 헌법소원의 본래의 목적에 명백히 반하는 심판청구를 가리킨다고 할 것인데, 예컨대 명백히 부적법하거나 이유 없는 동일 또는 유사한 심판청구를 동일인이 반복하여 청구하는 경우가 여기에 해당한다고 할 것이다.[2)]

국선대리인신청서 양식을 예시해 보면 다음과 같다.

1) 동지: 김하열, 571면.
2) 동지: 김하열, 572면. 대법원 1999. 5. 28. 선고 98재다275 판결 참조.

[서식례 9] 국선대리인 선임신청서 양식

국선대리인 선임신청서

사 건 :
신 청 인 (성 명)
(주 소)
(전 화)

신청인은 변호사를 대리인으로 선임할 자력이 없으므로 아래와 같이 국선대리인의 선임을 신청합니다.

1. 무자력 내역(해당란에 V표 하십시오)
   - □ 월 평균수입이 300만원 미만인 자
   - □ 국민기초생활보장법에 의한 수급자 및 차상위계층
   - □ 국가유공자 등 예우 및 지원에 관한 법률에 의한 국가유공자와 그 유족 또는 가족
   - □ 한부모가족지원법에 따른 지원대상자
   - □ 기초연금법에 따른 기초연금수급자
   - □ 장애인연금법에 따른 수급자
   - □ '북한이탈주민의 보호 및 정착지원에 관한 법률'에 따른 보호대상자
   - □ 위 각호에는 해당하지 아니하나, 청구인이나 그 가족의 경제능력 등 제반사정에 비추어 보아 변호사를 대리인으로 선임하는 것을 기대하기 어려운 경우
2. 소명자료(해당란에 ✔표 하고 소명자료를 신청서에 첨부하십시오. 해당란이 없는 경우에는 '기타'에 ✔표 하신 뒤 소명자료의 명칭을 기재하고 소명자료를 신청서에 첨부하십시오)
   - □ 봉급액확인서, 근로소득원천징수영수증 등
   - □ 수급자증명서, 차상위계층 확인서 등(국민기초생활보장법시행규칙 제40조)
   - □ 국가유공자와 그 유족 또는 가족증명서
   - □ 한부모가족 증명서 등
   - □ 기초연금 수급자 확인서 등
   - □ 장애인연금 수급자 확인서 등
   - □ 북한이탈주민등록 확인서 등
   - □ 기타(장애인 증명서, 지방세 세목별 과세증명서 등) ;
3. 국선대리인 선정 희망지역(해당란에 V표를 하십시오)
   - □ 서울 □ 의정부 □ 인천 □ 수원 □ 강원 □ 충북 □ 대전
   - □ 대구 □ 부산 □ 울산 □ 경남 □ 광주 □ 전북 □ 제주

   ※ 다만 신청인의 희망에도 불구하고 신청인과 대리인의 상담 편의나 신청인의 소재지 등 제반 상황을 고려하여 다른 지역이 선정될 수도 있습니다.
4. 헌법소원심판청구사유(헌법재판소법 제71조에 규정된 침해된 권리, 침해의 원인이 되는 공권력의 행사 또는 불행사, 청구이유 및 기타 필요한 사항을 간단 명료하게 별지에 기재하여 신청서에 첨부하십시오. 다만, 이 사건과 관련하여 이미 헌법소원심판청구를 한 경우에는 첨부하지 아니하여도 무방합니다)

20 . . .

신 청 인 (인)

헌법재판소 귀중

국선대리인 선임신청이 기각되는 이유는 무자력의 소명이 부족한 경우 또는 본안사건 자체가 청구기간의 경과 등으로 부적법한 경우 등이다. 그러나 헌법재판소의 국선대리인선임신청 기각결정에 대한 헌법소원심판청구는 헌법재판소의 결정을 대상으로 한 것이므로 부적법하다.[1)]

(2) 국선대리인예정자 명부

헌법재판소는 매년 연말까지 다음 연도의 국선대리인으로 예정한 변호사를 일괄 등재한 국선대리인예정자 명부를 작성하는데, 명부에 등재할 변호사는 대한변호사협회의 추천을 받아 헌법재판소장이 정한다(국선내규 제 2 조).

한편 2006년도부터는 지방에 거주하는 헌법소원심판 청구인들의 편의 및 실질적인 법률조력을 위하여 지방변호사회 소속 변호사는 국선대리인예정자 명부에 포함시켜 운영하고 있다.

(3) 국선대리인의 선정

국선대리인은 대한민국에 사무소를 둔 변호사 중에서 이를 선정하는데(국선규칙 제 2 조), 국선대리인의 선정은 위 명부에 등록된 변호사 중에서 순차로 균등하게 행함을 원칙으로 하되 다만 청구인의 거주지 등을 고려하여 명부 외의 변호사를 국선대리인으로 선정할 수 있다(국선내규 제 3 조 제 1 항). 국선대리인은 청구인마다 1인을 선정하는 것이 원칙이며 다만 사건의 특수성에 비추어 필요하다고 인정할 때에는 1인의 청구인에게 수인의 국선대리인을 선정할 수 있다. 한편 청구인 수인 간에 이해가 상반되지 아니한 때에는 그 수인의 청구인을 위하여 동일한 국선대리인을 선정할 수 있다(국선규칙 제 3 조 제 2 항).

헌법재판소가 국선대리인의 선정에 관한 결정을 한 때에는 지체없이 그 사실을 국선대리인과 신청인에게 서면으로 통지하여야 한다(동 규칙 제 5 조). 헌법재판소법 제70조 제 4 항은 국선대리인을 선정하지 않는다는 결정을 한 때에만 신청인에게 통지하도록 규정하고 있지만, 동 규칙은 신청인과 피선정자의 편의를 위해 선정 결정을 한 경우에도 이들에게 통지하도록 범위를 넓힌 것이다.

국선대리인을 선정하지 않는다는 결정을 한 때에는 선임신청을 한 날부터 그 통지를 받은 날까지의 기간은 헌법소원의 청구기간에 산입하지 아니한다(헌재법 제70조 제 4 항 제 2 문). 이것은 무자력자의 헌법소원 청구기간을 보장하기 위한

1) 헌재 1989. 7. 10. 89헌마144 지정부 결정; 헌재 1990. 9. 7. 90헌마146 지정부 결정; 헌재 1990. 11. 28. 90헌마195 지정부 결정.

고려이다.

참여사무관 등은 국선대리인의 선정결정이 있을 때에는 '국선대리인선정 및 보수지급상황부'에 이를 기재하고, 종전의 국선대리인선정 결정을 취소하고 다른 국선대리인을 선정한 때에는 동 상황부의 대리인명을 정정하고 비고란에 그 사유를 기재한다(국선내규 제 3 조 제 2 항, 제 3 항). 국선대리인 선임신청에 대한 결정을 한 때에는 결정서 정본을 신청인에게 바로 송달하여야 한다. 국선대리인을 선정하는 결정을 한 때에는 국선대리인에게도 결정서 정본을 송달하여야 한다(심판규칙 제51조 제 2 항).

(4) 국선대리인의 심판청구서 제출

2003. 3. 13. 법률 제6861호로 개정된 헌법재판소법은 제70조 제 5 항을 신설하여 "제 3 항에 따라 선정된 국선대리인은 선정된 날부터 60일 이내에 제71조에 규정된 사항을 적은 심판청구서를 헌법재판소에 제출하여야 한다."고 규정하였다. 이는 국선대리인이 심판청구서를 늦게 제출함으로써 헌법재판소가 심리를 신속하게 진행하는 데 지장을 초래하는 경우가 있으므로, 이러한 점을 바로잡기 위한 것이다.

(5) 선정의 취소 및 재선정

(가) 필요적 취소사유

헌법재판소는 다음 각호의 1에 해당하는 때에는 국선대리인의 선정을 취소하여야 한다(국선규칙 제 6 조 제 1 항).

① 청구인에게 변호사가 선임된 때

② 국선대리인이 변호사법에 규정한 자격을 상실한 때

③ 헌법재판소가 제 7 조의 규정에 의하여 국선대리인의 사임을 허가한 때

(나) 임의적 취소사유

헌법재판소는 국선대리인이 그 직무를 성실히 수행하지 아니하거나 기타 상당한 이유가 있는 때에는 선정을 취소할 수 있다(국선규칙 제 6 조 제 2 항).

헌법재판소는 청구인의 독단적인 견해에 의한 위헌사유 주장을 국선대리인이 추인하거나 주장하지 않았다고 하여 국선대리인을 개임할 필요가 생겼다고 볼 수 없다고 하였다.[1)]

---

1) 헌재 2009. 12. 29. 2008헌바64; 동지: 헌재 1995. 2. 23. 94헌마105.

(다) 재선정 및 통지

헌법재판소가 위 제 1 항 제 1 호 이외의 사유로 국선대리인의 선정을 취소한 때에는 지체없이 다른 국선대리인을 선정하여야 한다(국선규칙 제 6 조 제 3 항). 이때 실무상 통상의 경우는 하나의 결정에서 취소 및 재선정을 하고 있으며, 동 결정문은 종전의 국선대리인 선정결정문(및 송달보고서)에 이어 가철한다. 또한 별도의 사건번호가 부여되지 않으며, 종전의 신청사건번호를 그대로 사용한다. 국선대리인의 선정을 취소하거나 개임한 때에는 지체없이 그 뜻을 당해 국선대리인과 청구인에게 서면으로 통지하여야 한다(국선규칙 제 6 조 제 4 항).

(6) 국선대리인에 대한 보수지급

국선대리인으로 선정된 변호사에게는 본안사건의 종료 후에 매년 예산의 범위 안에서 심판에 관한 서류의 제출, 변론기일 또는 증거조사기일에의 참석 등의 사항을 참작하여 보수가 지급된다(국선규칙 제 9 조).

국선대리인이 심판청구인을 면담하거나 변론, 증거조사 또는 검증을 위하여 출석하였을 때에는 매회 재판관회의에서 정한 일정액을 지급한다. 다만, 면담에 대한 보수지급은 1회에 한하되 국선대리인으로 선정된 자는 청구인을 면담한 것으로 본다. 재판장은 국선대리인이 심판청구서, 증거자료, 준비서면 기타 심판에 관한 서류를 제출하였을 때에는 위의 출석을 한 것으로 보아 보수를 지급할 수 있다. 재판장은 사건의 난이, 국선대리인이 수행한 직무의 내용, 청구인의 수, 기록의 등사나 청구인의 면담 등에 지출한 비용 또는 기타 사항을 참작하여 재판관회의에서 정한 일정액 단위로 증액할 수 있다(1994. 1. 20. 자, 국선대리인보수지급에관한헌법재판소재판관회의의결).

국선대리인이 선정된 사건이 종결되었을 때에는 참여사무관은 즉시 '국선대리인보수지급의뢰서' 1통을 작성하여 재판장에게 제출하여야 한다. 동 의뢰서를 제출받은 재판장은 지체없이 보수를 결정하여 기재하고 날인한 후 이를 참여사무관에게 교부한다. 국선대리인보수지급의뢰서를 교부받은 참여사무관은 그 의뢰서에 붙어 있는 영수증에 국선대리인의 거래은행계좌·주소 등을 확인·기재하여 지체없이 이를 경리담당자에게 인계하여야 한다. 동 의뢰서를 인계받은 경리담당자는 동 의뢰서에 기재된 그 국선대리인의 거래은행계좌에 지체없이 보수를 입금하여야 한다. 다만, 국선대리인이 직접 보수의 수령을 원하는 때에는 영수증의 해당란에 서명 또는 날인을 받고 직접 이를 지급할 수 있다(국선내규 제 4 조).

(7) 보수지급확인

경리담당자는 국선대리인보수지급의뢰서 하단부의 국선대리인보수지급완료통지서를 절단하여 매월 말일 이를 심판사무과에 일괄 송부한다. 참여사무관이 동 통지서를 송부받은 때에는 위 국선대리인선정 및 보수지급상황부에 보수지급일자를 기재한 후 심판사무과장의 확인을 받는다(국선내규 제 5 조).

국선대리인으로 선정된 변호사에게는 최고 150만원의 범위 안에서 심판에 관한 서류의 제출, 변론기일 또는 증거조사기일에의 참석 등의 사항을 참작하여 보수가 지급된다(국선규칙 제 9 조, 국선대리인보수지급에관한헌법재판소재판관회의의결).

8. 권리보호이익

가. 개 설

(1) 권리보호이익의 의의

헌법소원제도는 국민의 기본권침해를 구제해 주는 제도이므로 그 제도의 목적상 권리보호의 이익이 있는 경우에 비로소 이를 제기할 수 있다. 따라서 권리보호의 이익이 없는 헌법소원심판청구는 부적법하여 각하를 면할 수 없다.[1)]

권리보호이익은 국가적·공익적 입장에서는 무익한 소송제도의 이용을 통제하는 원리이고, 당사자의 입장에서는 소송제도를 이용할 정당한 이익 또는 필요성을 말하는 것으로 **소송제도에 필연적으로 내재하는** 요청이다. 따라서 권리보호이익이라는 헌법소원심판의 적법요건은 헌법재판소법 제40조 제 1 항에 의하여 준용되는 민사소송법 내지 형사소송법 규정들에 대한 해석상 인정되는 일반적인 소송원리이지 헌법재판소법 제68조 제 1 항 소정의 '기본권의 침해를 받은'이라는 부분의 해석에서 도출되는 것은 아니다.[2)]

권리보호이익은 소송제도에 필연적으로 내재하는 요청으로 헌법소원제도의 목적상 필수적인 요건이라고 할 것이어서 이로 인하여 본안판단을 받지 못한다 하여도 재판을 받을 권리의 본질적인 부분에 대한 침해가 있다고 보기 어렵다. 다만 권리보호이익을 지나치게 좁게 인정하면 헌법재판소의 본안판단부

1) 헌재 1989. 4. 17. 88헌마3; 헌재 1992. 12. 24. 92헌마186; 헌재 1997. 1. 16. 90헌마110; 헌재 2008. 5. 29. 2006헌마1001; 헌재 2012. 3. 29. 2011헌마178.
2) 헌재 2001. 9. 27. 2001헌마152.

담을 절감할 수 있지만 반면에 재판을 받을 권리를 부당하게 박탈하는 결과에 이르게 될 것이므로 권리보호이익을 판단함에 있어 다른 분쟁의 해결수단, 행정적 구제·입법적 구제의 유무 등을 기준으로 신중히 판단하여야 한다.[1]

헌법소원은 기본권침해를 구제하는 제도이므로 헌법소원심판청구가 적법하려면 **심판청구 당시**는 물론 그 **결정 당시**에도 권리보호이익이 있어야 함이 원칙이고, 헌법소원심판청구 당시 권리보호이익이 인정되더라도 심판계속 중에 사실관계 또는 법률관계의 변동으로 말미암아 청구인이 주장하는 **기본권의 침해가 종료**된 경우에는 원칙적으로 권리보호이익이 없으므로 헌법소원이 부적법한 것으로 된다.[2]

(2) 헌법소원심판 청구 당시 권리보호이익의 흠결

심판청구 당시 권리보호이익이 없는 헌법소원은 부적법하다. 따라서 법무부장관의 출국금지조치가 심판청구 이전에 해제되었다면 권리보호이익이 없고,[3] 검사의 공소취소처분에 따라 법원이 공소기각결정을 하여 확정된 경우 원래의 공소제기로 인한 소송계속 상태가 회복될 가능성은 없으므로, 법원의 공소기각결정이 확정된 이후 공소취소처분의 취소를 구하는 헌법소원은 권리보호이익이 없으며,[4] 피고소인이 이미 사망해 버린 경우 검사의 불기소처분에 대한 헌법소원심판 청구는 권리보호의 이익이 없고,[5] 친고죄인 강간미수죄, 강제추행죄에 대하여는 범인을 알게 된 날로부터 6월을 경과하면 고소하지 못하는데(형소법 제230조 제 1 항), 청구인은 마지막 범행일시부터 6월을 경과한 후에 피고소인을 고소하였으므로 피청구인(검사)은 피고소인을 기소할 수 있고, 따라서 이 부분에 관한 헌법소원심판청구는 권리보호의 이익이 없어 부적법하고,[6] 철거대집행 중 청구인들을 강제 이동시키고 접근을 막은 행위는 특정한 상황에서의 개별적 특성이 강한 공권력행사이므로 이미 종료되었다면 권리보호이익이 없다.[7]

---

1) 헌재 2001. 9. 27. 2001헌마152.
2) 헌재 1997. 3. 27. 93헌마251; 헌재 2007. 11. 29. 2005헌마499; 헌재 2008. 7. 31. 2004헌마1010등; 헌재 2009. 4. 30. 2007헌마103; 헌재 2011. 3. 31. 2008헌마355; 헌재 2013. 12. 26. 2012헌마196; 헌재 2014. 4. 24. 2012헌마2; 헌재 2014. 6. 26. 2011헌마815; 헌재 2015. 7. 30. 2012헌마610; 헌재 2022. 1. 27. 2016헌마364.
3) 헌재 1990. 1. 6. 89헌마269.
4) 헌재 1997. 3. 27. 96헌마219.
5) 헌재 1992. 11. 12. 91헌마176; 헌재 1992. 11. 12. 91헌마222.
6) 헌재 1998. 5. 28. 98헌마62.

헌법재판소는 교통사고처리특례법 제 4 조 등에 대한 헌법소원 사건에서 "불기소처분의 근거가 된 위 특례법 제 4 조 제 1 항이 헌법에 위반된다고 선고되더라도 헌법재판소법 제47조 제 2 항 단서[1]가 적용되지 아니한다고 보아야 할 것이므로 형사처벌을 받지 않았던 자들을 소급하여 처벌할 수 없다. 그렇다면 이 사건 불기소처분에 대한 헌법소원으로써 청구인들의 기본권이 구제될 수 없으므로 주관적 권리보호이익이 없다."고 판시하였고,[2] 불기소처분에 대한 헌법소원에서 그 대상이 된 범죄가 형사소송법 제326조 제 1 호 소정의 '확정판결이 있은 때'에 해당하는 경우에는 권리보호의 이익이 없다고 할 것인데, 이미 법원에서 유죄가 확정된 범죄사실과 그 기본적 사실관계가 동일하여 공소사실의 동일성이 인정되는 관계에 있는 범죄사실에 대하여는 그 확정판결의 기판력이 미쳐, 검사로서는 위 피의사실에 대하여 따로 공소를 제기할 수 없으므로, 불기소처분의 취소를 구할 권리보호이익이 인정되지 아니한다고 하였다.[3] 또한 민사집행법 제46조 위헌확인 사건에서, "청구인에 대한 강제집행이 완료되고, 청구인이 제기한 강제집행정지신청 및 청구이의의 소가 청구인 패소로 확정된 이상, 청구인이 제기한 헌법소원이 인용된다고 하더라도 청구인은 비형벌법규인 심판대상조항과 관련한 확정판결에 대하여 재심을 청구하여 권리구제를 받을 수 없으므로 권리보호이익이 없다."고 판시하였으며,[4] 이미 심판을 거친 동일한 사건에 대하여 다시 헌법소원심판을 청구하면서 동시에 일사부재리 조항에 대하여 헌법소원심판을 청구한 경우, 동일 사건에 대한 심판청구가 부적법하여 각하되어야 하는 만큼, 일사부재리 조항에 대하여 달리 청구인의 기본권침해를 구제하기 위한 권리보호의 이익을 인정할 여지가 없다고 하였다.[5]

일죄의 일부에 대하여 확정판결이 있는 경우, 나머지 범죄사실에 대하여도 기판력이 미쳐 다른 공소를 제기할 수 없으므로 이 부분의 불기소처분에 대하여 헌법소원을 청구하는 것은 권리보호이익이 없어 부적법하고,[6] 사건의 수사

---

7) 헌재 2018. 8. 30. 2014헌마681. 이에 대하여 반대의견 있음.
1) 현행 헌법재판소법 제47조 제 3 항 본문.
2) 헌재 1997. 1. 16. 90헌마110.
3) 헌재 2010. 5. 27. 2010헌마71; 헌재 1995. 12. 28. 95헌마166.
4) 헌재 2013. 10. 24. 2012헌마701; 동지: 헌재 2008. 5. 29. 2006헌마1001; 헌재 2012. 11. 29. 2012헌마53.
5) 헌재 2012. 3. 29. 2011헌마178.
6) 포괄일죄의 경우: 헌재 1999. 7. 22. 98헌마473; 헌재 2000. 8. 31. 99헌마250, 상상적 경합의 경우: 헌재 2000. 7. 20. 99헌마186.

나 처분에 관여한 경찰관과 검사들을 직권남용권리행사방해 또는 직무유기 등의 죄로 고소하고, 고소를 각하한 검사를 고소하는 일을 되풀이 하면서 각 불기소에 대하여 항고, 재항고를 거쳐 헌법소원심판을 청구하는 일을 반복하는 것은 권리남용에 해당함이 명백하므로, 그 일환으로 청구된 헌법소원심판은 권리보호이익이 없고,[1] 철거대집행 중 청구인들을 강제이동시키고 접근을 막은 행위는 특정한 상황에서의 개별적 특성이 강한 공권력행사이므로 이미 종료되었다면 권리보호이익이 없다고 하였다.[2]

또한 물포발사행위가 이미 종료하여 이로 인한 청구인들의 기본권침해상황이 종료된 경우에는 물포사용행위에 대한 심판청구가 인용된다고 하더라도 청구인들의 권리구제에는 도움이 되지 아니하므로 헌법소원심판청구가 권리보호이익이 없다고 하였고,[3] 검사의 출석요구행위에 대하여 헌법소원심판을 청구한 이후 청구인들이 검사실에 출석하여 조사를 받았고, 그 결과 수사가 종결되었거나 기소되어 재판 중인 경우에는 더 이상 검사의 출석요구행위를 다툴 주관적 권리보호이익이 없다고 하였으며,[4] 청구인들이 제기한 상고에 대한 판결들은 이미 확정되었고, 심리불속행 상고기각 판결과 판결이유 기재의 생략을 규정한 상고심 절차에 관한 특례법 제 4 조 제 1 항, 제 3 항, 제 5 조 등이 위헌으로 선언된다 하더라도 청구인들이 확정된 위 판결들에 대하여 재심을 구하는 등으로 권리구제를 받을 수 없으므로, 청구인들의 심판청구는 주관적 권리보호이익을 인정하기 어렵다고 하였고,[5] 체포된 피의자의 변호인이 체포영장 등사를 신청하자 이를 거부한 사법경찰관의 행위에 대한 헌법소원심판청구에 대하여, 청구인의 형사절차 및 청구인들의 손해배상청구절차가 모두 끝난 시점에서 헌법소원심판청구가 인용된다고 하더라도 청구인들의 권리구제에는 아무런 도움도 되지 않으므로 권리보호이익이 없다고 하였으며,[6] 소송기록접수통지를 받은 후 20일 내에 항소이유서를 제출하도록 규정한 형사소송법 제361조의3 제 1 항 전문은 형벌에 관한 법률조항이라고 볼 수 없고, 청구인에 대한 형사판결은 이미 확정되어 이 사건 의무조항에 대한 헌법소원이 인용된

1) 헌재 2007. 1. 16. 2006헌마1475.
2) 헌재 2018. 8. 30. 2014헌마681.
3) 헌재 2014. 6. 26. 2011헌마815.
4) 헌재 2014. 8. 28. 2012헌마776.
5) 헌재 2015. 2. 26. 2013헌마574등.
6) 헌재 2015. 7. 30. 2012헌마610.

다고 하더라도 청구인은 더 이상 형사판결에 대한 재심청구를 할 수 없으므로 이 사건 심판대상조항에 대한 심판청구는 권리보호이익을 인정할 수 없다고 하였다.[1)]

또한 헌법재판소는 "세월호 사고는 2014. 4. 16. 발생하였고, 세월호 사고에 관한 이 사건 구호조치는 이 사건 심판청구가 제기되기 전에 종료되었다. 이 사건 심판청구는 이 사건 구호조치가 청구인들의 기본권을 침해하는지 여부를 그 대상으로 하는 것으로서 청구인들이 주장하는 기본권 침해사유는 이미 종료되었으므로 권리보호이익이 없다."고 판시하였다.[2)]

그러나 청구인이 헌법소원심판절차 계속 중에 사망하였다 하더라도 헌법재판소가 헌법소원을 인용한다면 형사소송법상 그 배우자나 직계친족 등은 확정된 유죄판결에 대하여 재심을 청구할 수 있으므로 권리보호의 이익이 있다.[3)]

또한 헌법재판소는, 헌법재판에 있어 변호사강제주의의 위헌성을 주장하며 스스로 심판청구 및 수행을 하고자 하는 자가 국선대리인을 통하여 헌법소원심판청구를 수행할 수 있게 되었다고 하더라도 본인 자신에 의한 심판청구 및 심판수행권 침해문제는 여전히 남아있어 그 범위에서는 권리보호의 이익이 인정된다고 하였다.[4)]

나. 공소시효와 권리보호의 이익

(1) 불기소처분의 대상이 된 피의사실에 대한 공소시효가 완성된 경우

헌법재판소는, 심판청구 당시 불기소처분의 대상이 된 피의사실에 대한 공소시효가 이미 완성된 검사의 '혐의없음' 불기소처분에 대한 헌법소원은 권리보호의 이익이 없어 부적법하다고 하였고,[5)] 검사의 '혐의 없음' 불기소처분에 대한 헌법소원심판청구 후에 그 불기소처분의 대상이 된 피의사실에 대한 공소시효가 완성된 경우에도 원칙적으로 그 헌법소원심판청구에 권리보호의 이익이 없다고 하였다.[6)]

---

1) 헌재 2016. 9. 29. 2015헌마165.
2) 헌재 2024. 5. 30. 2014헌마1189등.
3) 헌재 1997. 1. 16. 89헌마240.
4) 헌재 2010. 3. 25. 2008헌마439.
5) 헌재 1989. 4. 17. 88헌마3; 헌재 1990. 4. 2. 89헌마185; 헌재 1995. 9. 28. 94헌마263; 헌재 1998. 6. 25. 95헌마100; 헌재 2010. 5. 27. 2010헌마71.
6) 헌재 1992. 7. 23. 92헌마103; 헌재 1992. 11. 12. 91헌마157; 헌재 1994. 2. 24. 93헌마42; 헌재 1995. 1. 20. 94헌마246(이 사건은 소위 12·12 사건에 대한 검사의 불기소처분에 대한 헌법소원 사

한편 고소한 죄명과 그 고소 내용이 서로 다른 경우에는 고소내용에 따른 죄명을 기준으로 공소시효 완성 여부를 가려야 한다.[1)]

(2) 공소시효 경과 후에도 피의자에게 보다 유리한 처분이 기대되는 경우

그러나 "기소유예 처분을 받은 피의자가 검사의 피의사실의 인정에 불복하고 자기의 무고함을 주장하여 헌법소원을 제기한 경우 그 피의사실에 대한 공소시효가 완성된 때에는, 헌법재판소가 이를 인용하여 그 처분을 취소하더라도 검사로서는 '공소권없음'의 처분을 할 것으로 보이나, 기소유예 처분이 그 피의자에 대하여 피의사실을 인정하는 것과는 달리 '공소권없음' 처분은 범죄혐의의 유무에 관한 실체적 판단을 하는 것이 아니고 단지 공소권이 없다는 형식적 판단을 하는 것으로서 기소유예 처분보다는 피의자에게 유리한 것이므로, 비록 그 범행에 관한 공소시효가 이미 완성되었다고 하더라도, 그 사실만으로 피의자가 제기한 헌법소원의 권리보호이익이 없다고 할 수 없다."고 판시하였다.[2)]

또한 "청구인들이 공소시효 제도를 정하고 있는 형사소송법 제249조가 위헌임을 전제로 위 규정에 근거한 '공소권없음'의 불기소처분으로 인하여 헌법상 보장된 기본권이 침해되었다고 주장한 경우에는, 단순히 공소시효가 완성되었다는 이유로 권리보호의 이익이 없다고 하여 각하할 것이 아니고 위 법률조항의 위헌여부를 가려 '공소권없음' 처분으로 인한 기본권침해 여부를 심판하여야 할 권리보호이익이 있다."고 판시하였다.[3)]

(3) 공소시효 완성으로 인한 공소권없음 처분에 대한 헌법소원

고소사건을 수사한 검사가 '공소시효가 완성되어 공소권이 없다'는 이유로 각하한다는 불기소처분을 한 경우 이에 대한 헌법소원도 피청구인(검사)이 산정한 공소시효의 계산이 달리 잘못된 것이라고 판단되지 아니하는 이상 헌법소원심판 청구 이전에 이미 공소시효가 완성되어 권리보호이익이 없다고 판시한 예[4)]도 있으나 이에 대한 헌법소원은 검사의 공소권없음 처분의 당부를 심판대

건에서 "이 사건 심판청구 중 내란수괴, 내란목적살인 및 내란목적살인미수의 점에 대한 부분은 각 죄의 피의사실에 대한 공소시효가 이미 완성되어 권리보호의 이익이 없다."고 판시하였다); 헌재 1997. 7. 16. 97헌마40; 헌재 1997. 8. 21. 97헌마73; 헌재 2001. 4. 26. 99헌마671; 헌재 2006. 12. 28. 2006헌마434.

1) 헌재 1995. 9. 28. 94헌마48; 헌재 1996. 2. 29. 95헌마340; 헌재 2001. 4. 26. 99헌마671.

2) 헌재 1997. 5. 29. 95헌마341; 헌재 2001. 11. 29. 2001헌마524; 헌재 2012. 7. 26. 2011헌마214; 헌재 2024. 2. 28. 2023헌마739.

3) 헌재 1995. 7. 21. 95헌마8.

4) 헌재 1996. 2. 29. 95헌마340; 헌재 1998. 5. 28. 97헌마339; 헌재 2001. 4. 26. 99헌마671; 헌재

상으로 보아 대체로 기각하고 있다.[1)]

또한 헌법재판소는 "경찰서장이 공소시효의 완성을 이유로 내사종결처분을 한 사건에서 청구인은 공소시효가 완성되지 않았다고 주장하면서 범죄의 성립여부를 판단하지 아니한 채 공소시효가 완성되었다고 판단한 피청구인의 처분을 다투고 있으므로 권리보호이익을 인정함이 상당하다. 이와 달리 만일 공소시효의 완성 여부를 적법요건으로 본다면, 피청구인이 실체를 판단하지 아니한 채 공소시효의 완성 여부만을 판단한 이 사건에서는 본안의 판단 대상이 없게 되므로 공소시효 완성여부는 적법요건이 아니라 본안 심판의 대상이 된다. 따라서 이 사건 심판청구는 적법요건을 충족하였다."고 판시하였다.[2)]

(4) 헌법소원사건 심판회부 시 심판대상인 피의사실에 대한 공소시효가 정지되는지 여부

헌법소원사건 심판에 회부된 경우 심판대상인 피의사실에 대한 공소시효가 정지되는지 여부에 관하여, 헌법재판소는 "공소시효제도의 실질은 국가형벌권의 소멸이라는 점에서 형의 시효와 마찬가지로 실체법적 성격을 갖고 있는 것이어서, 그 예외로서 시효가 정지되는 경우는 특별히 법률로서 명문의 규정을 둔 경우에 한하여야 하고 법률에 명문으로 규정되어 있지 아니한 경우 다른 제도인 형사소송법상의 재정신청에 관한 규정을 유추적용하여 공소시효의 정지를 인정하는 것은 피의자의 법적 지위의 안정을 법률상 근거 없이 침해하는 것이 되며, 나아가서는 헌법상의 적법절차주의, 죄형법정주의에 반하여 기소되고 처벌받는 결과도 생길 수 있을 뿐더러, 이는 당 재판소가 사실상 입법행위를 하는 결과가 되므로 헌법소원 사건이 심판에 회부된 경우라고 하더라도 심판대

2006. 12. 28. 2006헌마434(검사가 공소시효가 완성된 것으로 잘못 판단하여 공소권없음의 불기소처분을 하였어도 헌법소원심판 청구 이후 공소시효가 완성된 경우에는 역시 권리보호이익이 없어 부적법하다는 이유로 심판청구를 각하하였다).

1) 헌재 2001. 4. 26. 99헌마671; 헌재 2001. 7. 19. 2001헌마148; 헌재 2001. 9. 27. 2001헌마4; 헌재 2004. 3. 25. 2003헌마627(3인의 반대의견은 공소시효완성여부는 적법요건이므로 결정선고시점을 기준으로 하여 공소시효완성여부를 가리고 공소시효가 완성된 경우에는 권리보호이익이 없는 것이라 하여 각하하여야 한다고 하였다); 헌재 2006. 12. 28. 2006헌마434(공소시효가 완성되었다는 이유로 검사가 공소권없음 불기소처분을 한 경우에는 공소시효가 완성되었다고 본 검사의 판단이 정당한지 여부가 헌법소원의 청구원인이 되므로 본안판단을 하여야 한다고 보아 청구를 기각하였다).

2) 헌재 2014. 9. 25. 2012헌마175. 4인의 반대의견은 내사종결처분에 대한 헌법소원사건에서 결정선고시점에서 이미 공소시효가 완성되었다면, 피청구인의 처분 이전이든 그 이후이든, 그 사건은 종국적으로 청구인의 권리구제 목적인 공소제기를 할 수 없음이 확정된 것이므로, 권리보호이익이 없다고 하였다.

상인 피의사실에 대한 공소시효는 정지되지 아니한다."고 판시하였다.[1] 이에 대하여는 헌법소원심판청구가 있는 경우 형사소송법상 재정신청에 있어서의 공소시효의 정지효에 관한 규정을 유추적용하여 심판대상인 피의사실에 대한 공소시효가 정지되는 것으로 해석해야 한다는 3인의 반대의견이 있었다.

(5) 대통령 재직 중 공소시효의 진행이 정지되는지 여부

그러나 헌법 제84조에 의하여 대통령 재직 중에는 공소시효의 진행이 당연히 정지되는지 여부에 관하여, 헌법재판소는 "우리 헌법이 채택하고 있는 국민주권주의와 법 앞의 평등, 특수계급제도의 부인, 영전에 따른 특권의 부인 등의 기본적 이념에 비추어 볼 때, 대통령의 불소추 특권에 관한 헌법의 규정이 대통령이라는 특수한 신분에 따라 일반국민과는 달리 대통령 개인에게 특권을 부여한 것으로 볼 것이 아니라 단지 국가의 원수로서 외국에 대하여 국가를 대표하는 지위에 있는 대통령이라는 특수한 직책의 원활한 수행을 보장하고, 그 권위를 확보하여 국가의 체면과 권위를 유지하여야 할 실제상의 필요 때문에 대통령으로 재직 중인 동안만 형사상 특권을 부여하고 있음에 지나지 않는 것으로 보아야 할 것이다. 위와 같은 헌법 제84조의 규정취지와 함께 공소시효 제도나 공소시효정지 제도의 본질에 비추어 보면, 비록 헌법 제84조에는 '대통령은 내란 또는 외환의 죄를 범한 경우를 제외하고는 재직 중 형사상의 소추를 받지 아니한다.'고만 규정되어 있을 뿐 헌법이나 형사소송법 등의 법률에 대통령의 재직 중 공소시효의 진행이 정지된다고 명백히 규정되어 있지는 않다고 하더라도, 위 헌법규정은 바로 공소시효진행의 소극적 사유가 되는 국가의 소추권행사의 법률상 장애사유에 해당하므로, 대통령의 재직 중에는 공소시효의 진행이 당연히 정지되는 것으로 보아야 한다."고 판시하였다.[2]

(6) 공소시효가 완성된 경우의 공정거래위원회의 심사불개시 결정 등의 취소를 구할 권리보호이익

한편 '독점규제 및 공정거래에 관한 법률' 위반행위에 대한 공정거래위원회의 시정조치나 과징금 등 부과의 시효(위반행위가 종료된 날로부터 5년)가 경과하고 공정거래위원회의 고발의 대상이 되는 범죄의 공소시효도 이미 경과하였다면 그 부분에 대한 심사불개시 결정의 취소를 구할 권리보호이익이 없고,[3] 표시·광

1) 헌재 1993. 9. 27. 92헌마284; 헌재 1995. 1. 20. 94헌마246; 헌재 1997. 7. 16. 97헌마40.
2) 헌재 1993. 1. 20. 94헌마246; 헌재 1998. 6. 25. 95헌마100.
3) 헌재 2004. 3. 25. 2003헌마404.

고에 대한 공소시효와 처분시효가 모두 만료된 경우 공정거래위원회의 심의절차 종료결정의 취소를 구할 권리보호이익이 없다고 하였다.[1)]

다. 심판청구 후 사정변경으로 권리보호이익이 없어진 경우

그런데 헌법소원심판청구 당시 권리보호이익이 인정되더라도 심판 계속 중에 생기는 사정변경 즉 사실관계 또는 법률관계의 변동으로 말미암아 청구인이 주장하는 기본권의 침해가 종료됨으로써 권리보호의 이익이 소멸 또는 제거된 경우에는 원칙적으로 심판청구는 부적법하게 된다 할 것이다.[2)]

헌법소원심판 청구 후 사정변경으로 권리보호이익이 없어진 경우로는 다음과 같은 경우를 상정해볼 수 있다.

첫째로 법령의 개정·제정 및 폐지가 있는 경우이다.

헌법소원심판청구 후 심판대상이 되었던 법령조항이 개정되어 더 이상 청구인에게 적용될 여지가 없게 된 경우에는, 특별한 사정이 없는 한 심판대상인 구 법 조항에 대하여 위헌결정을 받을 주관적 권리보호이익이 소멸되므로 그러한 헌법소원심판청구는 부적법하다.[3)] 다만, 법령이 개정·제정·폐지되었더라도 기본권 제한이 일부만 해결된 경우 해결되지 않은 나머지 부분에 대해서는 여전히 권리보호이익이 있다. 헌법재판소는 선거권 연령이 20세 이상에서 19세 이상으로 개정되었지만 19세 미만인 사람들에 관하여 권리보호이익을 인정한 바 있다.[4)]

둘째로 위헌결정으로 인한 법령의 효력 상실이 있는 경우이다.

위헌결정이 선고된 법률에 대한 헌법소원심판청구는, 비록 위헌결정이 선고되기 전에 청구된 것일지라도 부적법하다.[5)] 위헌결정으로 당해 법령의 효력이 상실되므로 이에 대해 다시 심판할 이익이 소멸되기 때문이다. 이는 별건의 사건에서 동일한 법률조항에 대해 단순위헌결정이 아닌 헌법불합치결정이 내려진 경우라도 마찬가지이다. 헌법불합치결정 역시 위헌결정의 일종이므로 해

1) 헌재 2022. 9. 29. 2016헌마773.
2) 헌재 1993. 11. 25. 92헌마169; 헌재 1994. 7. 29. 91헌마137; 헌재 1994. 8. 31. 92헌마126; 헌재 1997. 3. 27. 93헌마251; 헌재 2000. 4. 27. 98헌마6; 헌재 2004. 10. 28. 2002헌바328; 헌재 2007. 5. 31. 2003헌마579; 헌재 2019. 8. 29. 2017헌마442; 헌재 2021. 8. 31. 2019헌마516등.
3) 헌재 2009. 4. 30. 2007헌마103; 헌재 2020. 8. 28. 2017헌마187등; 헌재 2022. 5. 22. 2020헌마441; 헌재 2023. 9. 26. 2020헌마1101; 헌재 2024. 8. 29. 2020헌마389등.
4) 헌재 2013. 7. 25. 2012헌마174.
5) 헌재 1994. 4. 28. 92헌마280.

당 법률조항에 대한 심판청구는 권리보호이익이 없다.[1]

위헌결정으로 권리보호이익이 소멸되는 것은 형벌조항의 경우에도 동일하다. 형벌조항의 경우 해당 조항이 위헌으로 결정되면 소급하여 그 효력을 상실하므로 해당 심판청구의 결과에 상관없이 헌법재판소법 제47조 제 3 항(현행법 제 4 항)에 따라 재심을 청구할 수 있어 더 이상 권리보호이익이 없다.[2]

셋째로 청구인의 사망 등 **법적 지위의 변화**가 있는 경우이다.

청구인이 **사망**한 경우에는 청구인의 기본권능력이 소멸되므로 원칙적으로 헌법재판소에 계속된 헌법소원은 종료된다. 다만, 형사사건의 경우에는 청구인이 비록 심판절차 계속 중에 사망하였다고 하더라도 헌법소원심판청구가 인용된다면 형사소송법상 그 배우자나 직계친족 등은 확정된 유죄판결에 대하여 재심을 청구할 수 있으므로 권리보호이익이 있고,[3] 기본권 침해행위가 장차 반복될 위험이 있거나 위헌 여부의 해명이 헌법적으로 중요한 의미를 가지고 있고 청구인이 심판대상인 기본권 침해행위로 인하여 사망한 경우에는 예외적으로 심판의 이익이 인정된다.[4]

한편, 조직변경이나 합병, 해산 등으로 **조직**이 **소멸**하게 된 경우 과거 조직 대표로서의 자격은 더 이상 유지될 수 없으므로 새롭게 변경된 조직과 관련한 법령에 대해 권리보호이익이 인정되지 않는다. 헌법재판소는 '농업기반공사 및 농지관리기금법' 위헌확인 사건에서 청구인들의 농지개량조합연합회 노동조합 대표로서의 자격 또는 농지개량조합 노동조합 대표로서의 자격은 새로운 조직법인 '농업기반공사 및 농지관리기금법'의 시행에 앞서 이미 조직·명칭 변경, 합병 및 해산으로 소멸되거나 변경되어 더 이상 유지될 수 없게 되었으므로 '농업기반공사 및 농지관리기금법'에 대한 헌법소원은 그 권리보호이익이 없다고 하였다.[5]

넷째로 그 밖에 심판청구를 통해 달성하려던 **목적**을 **달성**한 경우이다.

헌법재판소는 1년 이상의 징역형의 선고를 받고 그 집행이 종료되지 아니한 사람의 선거권을 제한하고 있는 공직선거법 제18조 제 1 항 제 2 호 본문 위

---

1) 헌재 2006. 5. 25. 2005헌마11등; 헌재 2006. 6. 29. 2005헌마44; 헌재 2011. 8. 30. 2008헌마343; 헌재 2013. 9. 26. 2011헌마398; 헌재 2016. 3. 31. 2014헌마785.
2) 헌재 2007. 8. 30. 2005헌마1191; 헌재 2010. 11. 25. 2010헌마16; 헌재 2015. 7. 31. 2015헌마762; 헌재 2015. 10. 21. 2014헌마637등; 헌재 2016. 3. 31. 2014헌마457; 헌재 2016. 3. 31. 2014헌마785; 헌재 2018. 3. 29. 2016헌마202등.
3) 헌재 1997. 1. 16. 89헌마240.
4) 헌재 2020. 4. 23. 2015헌마1149.
5) 헌재 2000. 11. 30. 99헌마190.

헌확인 사건에서, 청구인이 참여하고자 했던 제19대 대통령선거는 이미 실시되었고, 이후 청구인이 징역형의 집행을 마침에 따라 심판대상조문에 의한 청구인의 기본권이 제한되는 상황은 종료되었으므로, 주관적 권리보호이익은 소멸하였다고 하였고,[1] 선거방송토론회가 이미 실시되어 종료되었으므로 피청구인이 청구인을 선거방송토론회의 초청대상에서 제외한 결정의 위헌확인을 구할 주관적 권리보호이익은 소멸하였다고 하였으며,[2] 피청구인들이 제19대 대통령선거에서 청구인이 투표보조인으로 지명한 가족이 아닌 활동보조인 1인을 동반하여 기표소에 들어가려고 하는 것을 제지한 행위에 대한 심판청구가 인용된다고 하더라도 제19대 대통령선거의 절차가 모두 끝나 청구인이 주장하는 제지행위로 인한 기본권침해의 상태가 이미 종료되어 청구인의 권리구제에 도움이 되지 못하고, 심판대상조항 등이 남아있는 한 이 사건 제지행위와 유사한 기본권침해가 반복되는 것을 막을 수 없으므로, 이 사건 제지행위에 대한 심판청구는 더 나아가 살필 필요가 없이 권리보호이익이 없고 심판청구의 이익도 인정되지 않는다고 하였다.[3]

헌법소원심판 청구 후 사정변경으로 권리보호이익이 없어진 경우라고 헌법재판소가 인정한 사례들을 열거하면 다음과 같다.

법원에 위헌제청신청 후 재판지연이라는 이유로 헌법소원을 제기하였으나 헌법소원심판 계속 중 법원이 위헌제청신청을 기각한 경우,[4] 헌법소원심판 계속 중 전직 대통령 예우에 관한 법률이 개정되어 기본권침해가 종료된 경우,[5] 헌법소원심판 계속 중 법령이 개정되어 기본권침해가 종료된 경우,[6] 한글전용 교과서 편찬지침에 대한 헌법소원심판청구 후 동 지침 중 "문장은 한글로 쓰되"라는 부분이 삭제된 경우,[7] 변호인접견실 칸막이설치행위에 대한 헌법소원심판 청구 후 변호인접견실의 변호인석과 재소자석을 차단하는 칸막이가 철거된 경우,[8] 서훈 심사기준 불공개에 대한 헌법소원심판 청구 후 국가보훈처장이 독립유공자

1) 헌재 2019. 8. 29. 2017헌마442.
2) 헌재 2019. 9. 26. 2018헌마128 등.
3) 헌재 2020. 5. 27. 2017헌마867.
4) 헌재 1993. 11. 25. 92헌마169.
5) 헌재 1997. 1. 16. 95헌마325.
6) 헌재 1994. 12. 29. 91헌마57; 동지: 헌재 1996. 3. 28. 92헌마200; 헌재 1997. 1. 16. 95헌마325; 헌재 1997. 3. 27. 93헌마251; 헌재 2001. 12. 20. 99헌마630.
7) 헌재 1996. 12. 26. 92헌마26.
8) 헌재 1997. 3. 27. 92헌마273.

에 대한 공적심사의 구체적 기준을 헌법소원 청구인에게 모두 알려준 경우,[1] 석방대상 피고인을 석방절차 명목으로 교도소로 연행 내지 구금하는 행위에 대한 헌법소원심판 청구 후 법무부장관의 석방지휘 신속처리 지침이 제정된 경우,[2] 검사의 수사기록 열람·등사신청 거부 후 법원에 수사기록 열람·등사를 신청하여 허용된 경우,[3] 법원의 판결이 헌법소원심판의 대상이 되는 예외적인 재판에 해당하지 아니하는 경우 헌법재판소법 제68조 제 1 항 본문의 위헌확인을 구하는 헌법소원심판청구,[4] 행정기관의 과태료 부과처분에 대하여 상대방이 이의를 제기하여 비송사건절차법에 의한 과태료재판을 하게 되는 경우 행정기관의 과태료부과처분의 취소를 구하는 헌법소원심판청구,[5] 교원에게 복수노동조합의 설립을 허용하는 등의 사정변경이 생긴 경우[6] 약식명령이 확정된 위증 범죄사실과 같은 증언기회에 이루어진 별개의 위증 피의사실에 대해 검사가 불기소처분 한 경우, 이에 대한 헌법소원심판청구,[7] 심판대상 판결 중 파기환송부분은 헌법소원심판 청구 후 원심 계속 중 취하간주됨으로써 실효된 경우,[8] 노동조합의 정치활동을 금지한 구 노동조합법 제12조는 폐지되고 공직선거 및 선거부정방지법 제87조 단서에서 사회단체 중 노동조합에 대한 예시적인 선거운동을 허용한 경우,[9] 선거구를 확정하지 아니한 입법부작위 위헌확인 헌법소원을 제기한 후 국회가 공직선거법을 개정하여 해당 선거구를 확정한 경우,[10] 교도관의 수갑 채운 행위를 다투는 헌법소원 사건에서 헌법재판소 결정 전 이미 보석으로 석방된 경우,[11] 노동조합 대표로서의 자격이 법의 시행에 앞서 조직·명칭 변경, 합병 및 해산으로 이미 소멸되서나 변경되어 더 이상 유지되지 않게 된 경우,[12] 개정된 창원시 건축조례 제29조 제 3 항 제 2 호에 건축법 시행령 별표 1 제 3 호의 제 1 종의 근린생활시설이 추가되어 더 이상 동 조항으

1) 헌재 1997. 4. 24. 92헌마47.
2) 헌재 1997. 12. 24. 95헌마247.
3) 헌재 1998. 2. 27. 96헌마211; 동지: 헌재 1993. 3. 11. 92헌마98(확정 형사기록 열람 및 복사신청을 거부하였던 검사가 헌법소원심판 청구 후 그 열람·등사를 허용한 경우).
4) 헌재 1998. 2. 27. 96헌마371.
5) 헌재 1998. 9. 30. 98헌마18.
6) 헌재 1999. 7. 22. 96헌마141.
7) 헌재 1999. 7. 22. 98헌마473; 동지: 헌재 2000. 8. 31. 99헌마250.
8) 헌재 1999. 9. 16. 98헌마265.
9) 헌재 1999. 11. 25. 95헌마154.
10) 헌재 2000. 3. 30. 99헌마594.
11) 헌재 2000. 4. 27. 98헌마594.
12) 헌재 2000. 11. 30. 99헌마190.

로 인한 기본권침해를 받을 여지가 없게 된 경우,[1] 헌법소원심판 계속 중 만 19세가 넘어 청소년보호법 제 2 조상의 규율대상이 아니게 된 경우,[2] 현수막철거 이행명령에 의한 강제철거가 이루어져 기본권침해상태가 종료된 경우,[3] 도로교통법상의 통고처분에 불복하여 정식재판을 청구한 후에 이미 효력을 상실한 그 통고처분의 취소를 구하는 헌법소원이 제기된 경우,[4] 인터넷 신문인 오마이뉴스가 개최하고자 한 대선 예비주자 초청 대담·토론회를 저지한 행위에 대한 헌법소원심판 청구 후 예비후보를 초청하여 열린 인터뷰를 개최한 경우,[5] 공정거래위원회의 시정조치나 과징금 등 부과에 대한 시효가 경과하고 고발대상이 된 범죄의 공소시효도 완성된 경우,[6] 위법건축물에 대하여 계고 등의 절차 없이 이루어진 철거행위에 대한 헌법소원심판 청구 후 그 철거행위가 이미 이루어진 경우,[7] 불법체류자인 중국동포들의 국적회복신청을 불허하고 있던 중국동포국적업무처리지침이 폐지된 경우,[8] 법률조항에 대해 잠정적용을 명하는 헌법불합치결정이 있은 후 동일 조항에 대해 별건의 헌법소원이 청구된 경우,[9] 수용자에 대한 불충분한 건강진단이 종료된 경우,[10] 청구인이 제출한 재심소장을 법원행정처 송무국장이 반려한 것에 대하여 헌법소원을 제기한 후 대법원에서 청구인의 재심소장을 정식으로 접수한 경우,[11] 검사의 개괄적인 열람·등사 불허가통지서에 의한 수사기록 열람·등사거부처분에 대하여 헌법소원을 제기한 후 형사재판이 완료되어 확정된 경우,[12] 대법원호적예규 중 한자 성의 한글표기에 관하여 두음법칙을 예외 없이 일률적·획일적으로 적용하도록 규정하던 부분이 심판청구 후 합리적 사유가 있는 경우에는 두음법칙에 따르지 않을 수 있도록 개정된 경우,[13] 수형자의 분류처우업무지침에 대한 헌법소원심판 계속중 청구인인 수형자가 출소한 경우,[14] 교도소장의 면담신청거부행위의 위

1) 헌재 2000. 11. 30. 99헌마542.
2) 헌재 2001. 1. 18. 99헌마555.
3) 헌재 2002. 7. 18. 99헌마592등.
4) 헌재 2003. 10. 30. 2002헌마275.
5) 헌재 2003. 2. 27. 2002헌마106.
6) 헌재 2004. 3. 25. 2003헌마404.
7) 헌재 2005. 10. 27. 2005헌마126.
8) 헌재 2006. 3. 30. 2003헌마806.
9) 헌재 2006. 6. 29. 2005헌마44; 헌재 2016. 3. 31. 2014헌마785.
10) 헌재 2006. 7. 27. 2004헌마476.
11) 헌재 2007. 2. 22. 2005헌마645.
12) 헌재 2005. 2. 28. 2005헌마396.
13) 헌재 2007. 10. 25. 2003헌마95.

헌확인을 구하는 헌법소원심판 청구 이후 수용자에 대한 형집행이 종료된 경우,[1] 폐지 전 국정홍보처가 발표한 취재지원시스템 선진화 방안에 대한 헌법소원심판 청구 계속 중 위 방안을 모두 폐지하고 종전 상태로 환원시킨 경우,[2] 18세 이상의 자로 국립중앙도서관 입관범위를 제한하던 국립중앙도서관 이용규칙 시행세칙이 심판청구 후 개정되어 18세 미만의 자도 입관 및 이용이 가능하게 된 경우,[3] 징벌수용거실에 수용된 자에게 도서목록의 비치와 도서열람을 제한하던 구 '수용자 교육교화 운영지침'이 심판청구 후 법무부예규로 개정되면서 그 제한이 삭제된 경우,[4] 심판대상 조례가 폐지되고 사실관계의 변동으로 청구인들이 기본권침해를 받지 않는 경우,[5] 제17대 대통령선거 투표소를 기독교 종교시설인 교회 내에 각 설치하기로 공고한 행위에 따른 대통령선거가 이미 종료된 경우,[6] 확정된 약식명령의 근거가 된 법률조항에 대한 헌법소원심판 계속 중에 다른 위헌법률심판사건에서 그 법률조항을 위헌으로 결정한 경우,[7] 헌법소원심판 계속 중 새로이 제정된 법령의 부칙에 의하여 심판대상조항인 '구 수산자원보호령'이 폐지된 경우,[8] 텔레비전 시청금지 등 교도소장의 엄중격리대상자 수용자처우에 대한 헌법소원 제기 후 청구인이 형집행 종료로 출소한 경우,[9] 법원의 청원심사처리 불이행에 대한 헌법소원심판 청구 후 법원이 청원에 대한 회신을 한 경우,[10] 예비후보자의 선거운동에서 명함을 직접 주며 지지를 호소할 수 있는 주체를 예비후보자의 배우자 또는 직계존·비속 중에서 신고한 1인으로 제한하던 공직선거법 조항이 심판청구 후 개정되어 더 이상 적용되지 않게 된 경우,[11] 헌법불합치결정 당시 헌법재판소에 계속 중인 사건에 대한 헌법소원심판 청구,[12] 시행령조항에 대한 헌법소원심판 청구 후 그 위임법률조항이 효력을 상실하여 군인연금법 시행령조항 역시 청구인에게 적용되지 않게

14) 헌재 2008. 5. 29. 2005헌마149.
1) 헌재 2008. 7. 31. 2006헌마1030.
2) 헌재 2008. 12. 26. 2007헌마775.
3) 헌재 2009. 6. 25. 2007헌마178.
4) 헌재 2009. 10. 29. 2009헌마99.
5) 헌재 2010. 7. 29. 2009헌마149.
6) 헌재 2010. 11. 25. 2008헌마207.
7) 헌재 2010. 11. 25. 2010헌마16.
8) 헌재 2010. 12. 28. 2009헌마265.
9) 헌재 2011. 4. 28. 2009헌마305.
10) 헌재 2011. 6. 30. 2009헌바430.
11) 헌재 2011. 8. 30. 2008헌마302.
12) 헌재 2011. 8. 30. 2008헌마343.

된 경우,[1] 심판청구 후 법률의 개정으로 현역병 복무 중 자녀 출산으로 인하여 상근예비역으로 복무하기를 원하는 자도 상근예비역소집 대상자의 범위에 포함된 경우,[2] 구 'G20 정상회의 경호안전을 위한 특별법'이 부칙에서 정한 유효기간의 종기가 도과하여 실효된 경우,[3] 교도소 수용자에 대한 생활지도 명목의 이발행위가 종료된 경우,[4] 상이등급판정에 관한 측정방법이 헌법소원심판 청구 후 청구인이 주장하는 바와 같이 변경된 경우,[5] 구속된 피의자심문을 앞둔 변호인에게 구속영장청구서의 열람을 제한한 조치가 이미 종료하였고, 그 근거 규정이 개정된 경우,[6] 헌법소원심판청구 이후 심판대상 법률조항이 개정되어 청구인도 전문연구요원으로 편입할 수 있게 된 경우,[7] 헌법소원심판청구 후에 심판대상 조례조항이 시장에게 영업시간의 제한과 의무휴업일 지정에 대하여 재량을 인정하는 내용으로 개정된 경우,[8] 퇴임재판관 후임선출 부작위 위헌확인 심판청구 후 국회가 후임재판관을 선출하고, 청구인이 제기한 다른 헌법소원심판청구에 대하여 재판관 9인 의견으로 종국결정이 선고된 경우,[9] 국회의원선거 및 대통령선거가 이미 종료되었고, 청구인들이 다음 국회의원 및 대통령 선거일 기준으로 모두 선거권을 가지게 되며, 국회의원 및 대통령 선거권 조항에 대하여는 이미 헌법적 해명이 이루어진 경우,[10] 교도소장이 수형자인 청구인을 3개월 동안 서신검열 대상자로 지정한 행위가 3개월의 지정기간이 이미 도과한 경우,[11] 국회의원의 선거구에 관한 법률을 제정하지 아니한 입법부작위의 위헌확인을 구하는 심판청구에 대하여, 심판청구 이후 국회가 국회의원의 선거구를 획정한 경우,[12] 또한, 중학교 역사 및 고등학교 한국사 과목의 교과용

1) 헌재 2011. 8. 30. 2008헌마343.
2) 헌재 2011. 12. 29. 2011헌마88.
3) 헌재 2012. 2. 23. 2010헌마660등.
4) 헌재 2012. 4. 24. 2010헌마751.
5) 헌재 2012. 5. 31. 2011헌마241.
6) 헌재 2012. 6. 27. 2011헌마360.
7) 헌재 2013. 11. 28. 2011헌마269.
8) 헌재 2013. 12. 26. 2012헌마196; 헌재 2013. 12. 26. 2012헌마308.
9) 헌재 2014. 4. 24. 2012헌마2(4인의 재판관은 재판관의 장기간 공석상태가 반복될 위험성이 여전히 남아있고, 헌법적 해명이 필요한 사항이므로 예외적으로 심판이익을 인정할 수 있는 경우에 해당한다는 반대의견을 제시하였다).
10) 헌재 2014. 4. 24. 2012헌마287.
11) 헌재 2016. 4. 28. 2013헌마870.
12) 헌재 2016. 4. 28. 2015헌마1177등(4인의 반대의견은 예외적으로 심판의 이익을 인정할 수 있는 경우에 해당하므로 본안판단에 나아가 위헌으로 판단된다고 하였다).

도서로 검정도서만 인정하는 내용의 '중·고등학교 교과용도서 구분 재수정' 고시의 시행으로 말미암아 중학교 역사 및 고등학교 한국사 과목의 교과용도서로 국정도서를 의무적으로 사용해야 할 상황이 종료된 경우,[1] 총장후보자에 대한 발전기금 납부조항이 삭제된 경우,[2] 통신사실 확인자료 제공을 요청하고 제공받은 행위가 종료된 경우,[3] '의료급여수가의 기준 및 일반 기준'이 심판청구 후 개정되어 청구인에게 더 이상 적용되지 않게 된 경우,[4] 헌법소원심판청구 이후 심판대상법률이 개정되어 초등학교 1·2학년의 영어 방과후 학교 과정이 허용된 경우,[5] 헌법소원심판 청구 이후 공직선거법이 개정되어 선거권 연령하한이 종전의 19세에서 18세로 낮아진 경우[6]에는 헌법소원을 통하여 달성하고자 하는 청구인의 주관적 목적이 달성되었으므로 권리보호이익이 없다고 하였다.

또한 피고인이 무죄로 확정되면서 더 이상 형사공탁의 필요성이 없게 된 경우에는 피고인인 공탁자가 형사공탁을 할 때 피해자인 피공탁자의 성명·주소·주민등록번호를 기재하도록 한 공탁규칙 제20조 제 2 항 제 5 호로 인한 기본권제한의 상황이 소멸 또는 종료하였으므로 더 이상 기본권 침해 여부를 가질 실익이 없으므로 권리보호이익이 인정되지 아니하고,[7] 청구인이 출마한 선거와 관련한 방송토론회는 이미 개최되었고 선거도 종료되었으므로 토론회 조항에 대한 심판청구는 권리보호이익이 소멸하였고, 청구인이 출마한 선거는 이미 종료되어 후원회 조항에 대한 권리보호이익이 소멸되었다고 하였고,[8] 피청구인이 정보위원회 법안심사소위원회 회의의 방청신청을 불허한 행위의 대상이 되었던 회의는 이미 종료되었으므로 방청불허행위에 관한 주관적 권리보호이익은 소멸하였다고 하였으며,[9] 재외투표소 설치·운영기간이 종료되었고, 제21대 국회의원선거도 실시·종료되었으므로 청구인들의 심판청구는 권리보호이익이 없다고 하였고,[10] 부경대학교 총장임용후보자 선정 및 추천에 관한 규정' 부칙 제 2 조는 위 규정 공포 후 최초로 실시하는 선거에 적용되는 것으로 2020.

1) 헌재 2018. 3. 29. 2015헌마1060 등.
2) 헌재 2018. 4. 26. 2014헌마274.
3) 헌재 2018. 6. 28. 2012헌마538.
4) 헌재 2018. 7. 26. 2016헌마431.
5) 헌재 2019. 5. 30. 2018헌마555.
6) 헌재 2020. 8. 28. 2017헌마187 등.
7) 헌재 2021. 8. 31. 2019헌마516등.
8) 헌재 2021. 9. 30. 2020헌마899.
9) 헌재 2022. 1. 27. 2018헌마1162등.
10) 헌재 2022. 1. 27. 2020헌마497.

7. 15. 실시된 제7대 총장후보자 선거에만 해당되는 내용이므로 그 위헌확인을 구할 주관적 권리보호이익은 소멸하였다고 하였으며,[1] 초·중등교육법 시행령 제76조의3, 제90조 제 1 항 본문에 대한 위헌 확인 심판 청구 이후 개정된 초·중등교육법 시행령이 시행됨에 따라 자사고와 외고는 여전히 자율고 및 특목고의 지위를 유지할 수 있게 되었고, 자사고 및 외고가 일반고로 전환될 상황은 종료되었으므로, 심판대상조항의 위헌 여부를 가릴 권리보호이익은 소멸하였다고 하였고,[2] 심판청구 중 구 녹색성장법 제42조 제 1 항 제 1 호, 2016년 및 2019년 구 녹색성장법 시행령 제25조 제 1 항에 대한 부분은 폐지되거나 개정되어 주관적 권리보호이익이 소멸하였다고 하였다.[3]

라. 권리보호이익이 인정된 사례

헌법재판소는 "청구인들은 공소시효제도를 정하고 있는 형사소송법 제249조가 위헌임을 전제로 위 규정에 근거한 '공소권없음'의 불기소처분으로 인하여 헌법상 보장된 기본권을 침해받았다고 주장하고 '공소권없음'의 처분으로 인한 기본권침해 여부를 심판해 달라는 것이므로 단순히 공소시효가 완성되었다는 이유로 권리보호이익이 없다고 하여 각하할 것이 아니고 위 법률조항의 위헌여부를 가려 '공소권없음'의 처분으로 인한 기본권침해 여부를 심판하여야 할 권리보호이익이 있다."고 판시하였고,[4] 또한 "이 사건 대법원규칙 제 4 조가 폐지되었더라도 개정된 위 규칙의 부칙에서 '이 규칙 시행 전에 공탁한 공탁금으로서 이 규칙 시행일 이후에 지급되는 것에 대하여도 적용한다.'고 규정되어 있으므로 위 폐지 전 규칙 제 4 조의 적용을 받는 청구인의 경우 헌법소원심판청구이익이 있다."고 판시하였다.[5]

부산직할시 검인계약서 제도 실시에 따른 시세불균일 과세에 관한 조례 제 2 조등 위헌확인사건에서 "이미 폐지되었지만 이 사건 조례 제 2 조, 제 3 조로 인하여 발생한, 청구인의 법익침해와 그로 인한 법률상태가 계속되고 있는 경우에는 헌법소원의 권리보호이익이 존속한다."고 판시하였고,[6] 기소유예처분

1) 헌재 2023. 5. 25. 2020헌마1336.
2) 헌재 2024. 3. 28. 2020헌마767등.
3) 헌재 2024. 8. 29. 2020헌마389등.
4) 헌재 1995. 7. 21. 95헌마8등.
5) 헌재 1995. 2. 23. 90헌마214; 동지: 헌재 1995. 10. 26. 93헌마246(구 국채법 제 7 조 위헌확인 사건).
6) 헌재 1995. 10. 26. 94헌마242.

의 대상이 된 피의사실에 대하여 일반사면이 있은 경우 그 처분을 받은 자의 헌법소원의 적법 여부에 관하여 "1995. 12. 2. 대통령령 제14818호로 공포·시행된 일반사면령 제 1 조 제 1 항 제11호에 의하면 청구인의 이 사건 도로교통법위반 범행은 사면되었는바, 만약 우리 재판소가 이 사건 심판청구를 받아들여 '기소유예' 처분을 취소하면 피청구인은 '공소권없음'의 결정을 할 것으로 짐작되는데, '기소유예' 처분은 피의사실은 인정되나 정상을 참작하여 단지 그 소추를 유예하는 처분임에 반하여, '공소권없음' 처분은 검사에게 피의사실에 대한 공소권이 없음을 선언하는 형식적 판단으로서 피의자의 범죄 혐의 유무에 관하여 실체적 판단을 하는 것이 아니다. 그렇다면 비록 청구인의 이 사건 음주운전 소위에 대하여 일반사면이 있었다고 하더라도 이 사건 심판청구는 권리보호의 이익이 있다."고 판시하였다.[1]

청구인이 헌법소원심판 절차 계속 중에 사망하였다 하더라도 헌법재판소가 헌법소원을 인용한다면 그 배우자나 직계친족 등은 확정된 유죄판결에 대하여 재심을 청구할 수 있으므로 권리보호이익이 있다.[2]

지목변경신청서반려처분 취소 사건에서, "이 사건 반려처분이 취소되면 이 사건 토지의 소유자인 청구인으로서는 '대'로의 지목정정이라는 주관적 목적을 달성할 수 있는 것이므로 권리보호 이익이 없다고 할 수 없다."고 판시하였고,[3] 식품위생법 시행규칙 위헌확인 사건에서 "청구인은 18세 이상인 자에 대하여 단란주점의 출입 및 주류제공이 허용되어야 한다고 주장하고 있으므로 18세 이상 19세 미만인 미성년자에 관한 부분은 여전히 권리보호의 이익이 있고, 19세 이상 20세 미만인 미성년자에 관하여도 청소년보호법이 우선 적용되는 것은 형사처벌에 관한 경우뿐이므로, 영업정지 등 행정처분에 관하여는 여전히 권리보호의 이익이 있다."고 판시하였다.[4]

산업재해보상보험법상 보험급여의 산정기초가 되는 평균임금을 고시하지 않은 노동부장관의 부작위에 대해 위헌확인을 구하는 헌법소원심판청구가 인용되어 노동부장관이 평균임금산정에 관한 결정고시를 하게 되면 기판력에 의하여 더 이상 위법성을 다툴 수 없게 된 보험급여결정지급처분과는 별도로 그

1) 헌재 1996. 10. 4. 95헌마318.
2) 헌재 1997. 1. 16. 89헌마240.
3) 헌재 1999. 6. 24. 97헌마315.
4) 헌재 1999. 9. 16. 96헌마39.

결정고시에 따른 새로운 처분이 이루어져야 할 것이므로 그 한도 내에서 권리보호이익이 있고,[1] 헌법소원심판대상이 교도관의 행위가 아니라 국가인권위원회의 진정기각 결정이므로 청구인이 헌법소원심판 청구 이후에 출소한 경우이더라도 권리보호이익이 인정된다고 하였다.[2]

공권력행사에 대하여 제기한 헌법소원심판청구가 청구기간 도과를 이유로 각하된 경우 그 청구인은 헌법소원심판의 청구기간을 제한하고 있는 법률조항에 대하여 헌법소원을 제기할 법률상 이익이 있고,[3] 판결에 따라 인공호흡기를 제거한 환자가 인공호흡 외 기타 연명치료 중단 등에 관한 입법부작위에 대한 헌법소원을 청구하는 경우에는 권리보호의 이익이 있다.[4]

또한 헌법재판소는 "청구인들에 대한 형사사건이 현재 대법원에 계속 중이어서 수사서류를 등사한다고 하더라도 이를 새로운 증거로 제출할 수는 없으나, 대법원에서 원심판결을 파기하는 경우 항소심 절차가 다시 진행될 수 있어 수사서류를 증거로 제출할 수 있는 기회가 완전히 봉쇄되었다고 볼 수 없고, 대법원에서도 공판기일을 지정하여 변호인으로 하여금 피고인을 위하여 변론하도록 하거나 필요한 경우에는 특정한 사항에 관하여 변론을 열어 참고인의 진술을 들을 수 있으므로, 이 사건 헌법소원심판 청구가 청구인들의 권리구제에 더 이상 도움이 되지 않는다고 볼 수는 없다."고 하였고,[5] "개성공단 전면 중단조치로 인하여 개성공단의 운영이 전면 중단됨으로써 투자기업인 청구인들의 개성공단 내 사업 활동이 전면 제한되었고 현재까지 그 상태가 지속되고 있으며, 중단 이후 북한의 조치나 국제 정세의 변화 등으로 개성공단이 재개될 가능성이 완전히 차단된 상태에 이르렀다고는 보기 어렵다. 따라서 이 사건 헌법소원심판 청구가 투자기업인 청구인들의 권리구제에 더 이상 도움이 되지 않는다고 볼 수 없으므로, 권리보호의 이익도 인정할 수 있다."고 판시하였다.[6]

---

1) 헌재 2002. 7. 18. 2000헌마707.
2) 헌재 2009. 2. 26. 2008헌마275.
3) 헌재 2007. 10. 25. 2006헌마904.
4) 헌재 2009. 11. 26. 2008헌마385.
5) 헌재 2017. 12. 28. 2015헌마632.
6) 헌재 2022. 1. 27. 2016헌마364.

마. 침해반복의 위험이 있거나 헌법적 해명이 긴요한 사항인 경우 심판의 이익의 예외적 인정

헌법소원의 본질은 개인의 주관적 권리구제뿐 아니라 객관적인 헌법질서의 보장도 겸하고 있으므로 헌법소원에 있어서의 권리보호이익은 일반법원의 소송사건에서처럼 주관적 권리를 기준으로 엄격하게 해석해서는 안 된다. 헌법재판소도 "헌법소원심판에서 주관적 권리보호이익이 부정되는 경우에도 객관적 심판이익이 인정될 수 있는 것은 인용결정이 있을 경우 모든 국가기관과 지방자치단체를 기속하는 효력을 통하여 헌법질서의 수호·유지라는 목적에 기여하는 헌법소원심판의 기능과 연관되는 것이다."라고 판시하였다.[1] 따라서 침해행위가 이미 종료하여 이를 취소할 여지가 없기 때문에 헌법소원이 주관적 권리구제에 별 도움이 안 되는 경우라도 그러한 침해행위가 앞으로도 반복될 위험이 있거나 당해 분쟁의 해결이 헌법질서의 수호·유지를 위하여 긴요한 사항이어서 헌법적으로 그 해명이 중대한 의미를 지니고 있는 경우에는 심판청구의 이익을 인정하여 이미 종료한 침해행위가 위헌이었음을 선언할 수 있다.[2] 다만 여기서 말하는 반복적 침해의 위험성이란 단순히 추상적이거나 이론적인 가능성이 아니라 구체적인 것이어야 한다.[3] 따라서 권력적 사실행위의 경우 그것이 일반적·계속적으로 이루어져 구체적으로 반복될 위험성이 인정되어야 하고, 그러한 행위가 개별적, 예외적으로 이루어지는 경우에는 침해행위가 반복될 위험성이 인정되지 아니한다.[4] 또한 공권력 행사에 대하여 위헌성이 아니라 단시 위법성이 문제되는 경우에는, 설사 유사한 침해행위가 반복될 가능성이 있다고 하더라도, 헌법적 해명의 필요성이 인정되지 아니한다.[5] 반면 공권력행사의 위헌

---

1) 헌재 2021. 10. 28. 2021헌나1.
2) 헌재 1992. 1. 28. 91헌마111; 헌재 1995. 5. 25. 91헌마44; 헌재 1997. 11. 27. 94헌마60; 헌재 1999. 5. 27. 97헌마137등; 헌재 2002. 7. 18. 2000헌마327; 헌재 2003. 3. 27. 2000헌마474; 헌재 2003. 12. 18. 2001헌마163; 헌재 2004. 12. 16. 2002헌마478; 헌재 2005. 5. 26. 2001헌마728; 헌재 2006. 6. 29. 2005헌마703; 헌재 2008. 7. 31. 2004헌마1010등; 헌재 2011. 12. 29. 2009헌마527; 헌재 2011. 12. 29. 2010헌마285등; 헌재 2013. 10. 24. 2012헌마311; 헌재 2013. 11. 28. 2012헌마568; 헌재 2014. 3. 27. 2012헌마652; 헌재 2015. 7. 30. 2012헌마610; 헌재 2016. 10. 27. 2014헌마626; 헌재 2017. 12. 28. 2015헌마632; 헌재 2018. 8. 30. 2014헌마843; 헌재 2020. 12. 23. 2017헌마416.
3) 헌재 1996. 11. 28. 92헌마108; 헌재 1997. 6. 26. 97헌바4; 헌재 2018. 8. 30. 2014헌마681.
4) 헌재 2016. 5. 26. 2013헌마879; 헌재 2024. 5. 30. 2014헌마1189등 참조.
5) 헌재 2005. 10. 27. 2005헌마126; 헌재 2016. 10. 27. 2014헌마626; 헌재 2022. 1. 27. 2020헌마497; 헌재 2024. 5. 30. 2014헌마1189등 참조.

여부가 특정한 사실관계를 전제로 하는 경우에도 반복의 위험성 방지 또는 헌법적 해명의 필요성을 이유로 심판의 이익을 인정한 사례들도 다수 있다.[1)]

위 판시에 의하면 기본권 침해 행위가 반복될 위험이 있는 경우와 헌법적 해명이 필요한 두 가지 경우에 권리보호이익의 예외를 인정하게 된다. 그런데 헌법재판소는 이 두 가지를 명확히 구분하여 판단하지 않고, 대부분의 경우 두 가지 모두를 심판청구이익의 예외적 인정 근거로 들고 있다. 심판청구이익의 예외적 인정사례를 분류해보면 아래와 같다.[2)]

첫째로 **권력적 사실행위로** 인한 **기본권 침해 행위가 종료**된 경우이다.[3)]

권력적 사실행위는 그 속성상 침해행위가 심판당시까지 계속되는 경우가 거의 없으므로 침해행위가 종료되었다는 이유로 심판의 이익을 인정하지 않으면 권력적 사실행위로 인한 침해행위를 다툴 방법이 사실상 존재하지 않게 되기 때문이다.[4)]

한편 기본권 침해행위와 그 근거법령이 함께 심판청구되고 근거 법령에 대하여 본안판단에 나아가는 경우에는, 근거법령과 별도로 이미 종료된 기본권 침해행위에 대한 심판의 이익은 인정되지 아니한다.[5)]

둘째로 법령의 개폐에도 불구하고 **동일·유사한 법령이 존재**하는 경우이다.

법령이 개정되거나 폐지되는 등으로 내용이 달라진 경우, 과거의 법령에 대해 위헌결정을 선고하더라도 청구인의 권리구제에는 도움이 되지 않으므로 심판의 이익은 소멸되는 것이 원칙이다. 그런데 헌법재판소는 당해 법조항이 개정되었으나 그 조항의 위헌 여부에 관하여는 아직 해명이 이루어진 바 없고, 개정된 조항에도 유사한 내용이 규정되어 있어 동종의 기본권 침해가 계속될

---

1) 헌재 2001. 7. 19. 2000헌마546; 헌재 2018. 5. 31. 2015헌마476; 헌재 2020. 4. 23. 2015헌마1149.
2) 실무제요, 407면.
3) 헌재 1992. 1. 28. 91헌마111; 헌재 1997. 11. 27. 94헌마60; 헌재 1998. 8. 27. 96헌마398; 헌재 1998. 10. 29. 98헌마4; 헌재 1999. 5. 27. 97헌마137등; 헌재 2001. 7. 19. 2000헌마546; 헌재 2001. 8. 30. 99헌마496; 헌재 2002. 7. 18. 2000헌마327; 헌재 2008. 5. 29. 2007헌마712; 헌재 2009. 10. 29. 2007헌마992; 헌재 2011. 6. 30. 2009헌마406; 헌재 2011. 12. 29. 2009헌마527; 헌재 2012. 8. 23. 2008헌마430; 헌재 2012. 12. 27. 2011헌마351; 헌재 2014. 3. 27. 2012헌마652; 헌재 2016. 12. 29. 2013헌마142; 헌재 2017. 11. 30. 2016헌마503; 헌재 2018. 8. 30. 2014헌마843 등은 권력적 사실행위와 관련하여 주관적 권리보호이익은 소멸되었지만 기본권 침해행위가 반복적으로 행하여질 것이 예상되고, 이에 대한 헌법적 해명이 필요하다는 등의 이유로 권리보호이익의 예외를 인정하였다.
4) 실무제요, 407면.
5) 헌재 2018. 6. 28. 2012헌마538; 헌재 2018. 8. 30. 2016헌마263등; 헌재 2019. 9. 26. 2018헌마128등; 헌재 2020. 5. 27. 2017헌마867.

위험이 있는 경우에는 그 조항의 위헌 여부가 궁극적으로 개정된 조항의 재개정 여부에 영향을 미칠 수 있다는 이유로 권리보호이익을 인정하고 있다.[1)]

헌법재판소는, 기초의회의원선거에서 후보등록신청 시 기탁금 200만 원을 기탁하도록 하는 구 지방의회의원선거법 조항이 심판청구 후 폐지되었으나, 신법인 공직선거법에서 동일한 액수의 기탁금을 기탁하도록 규정하고 있는 경우,[2)] 정부투자기관의 집행간부가 아닌 직원에 대하여도 지방의회의원직에 입후보하지 못하도록 규정한 구 지방의회의원선거법 조항이 폐지되었으나, 신법인 공직선거법에서 이와 유사한 내용을 규정하고 있는 경우,[3)] 대통령선거에서 기탁금 3억 원의 기탁과 득표율에 따른 기탁금의 반환 또는 국고귀속 등을 규정한 구 대통령선거법 조항이 폐지되었으나, 신법인 공직선거법에서 같은 액수의 기탁금과 득표율에 따른 기탁금의 반환 또는 국고귀속 등을 규정하고 있는 경우,[4)] 여론조사결과의 공표를 금지한 구 대통령선거법 조항이 폐지되어 효력을 상실하였으나, 새로 제정된 공직선거법이 그와 유사한 내용을 규정하고 있는 경우,[5)] 정당의 보조금 배분비율에 관한 '정치자금에 관한 법률' 조항이 개정되었으나, 개정된 정치자금법이 동일한 내용을 규정하고 있는 경우,[6)] 상조업자가 표시·광고하여야 할 중요정보 항목 및 표시장소 등에 대해 정하고 있는 공정거래위원회 고시가 개정되었으나, 새로운 고시에도 유사한 내용이 규정되어 있는 경우,[7)] 재외선거인 등록신청 시 여권을 제시하도록 한 공직선거법 조항이 개정되었으나, 개정된 조항에도 동일한 내용이 규정되어 있는 경우,[8)] 변호사 등록료를 납부하도록 정한 내한변호사협회의 규칙이 개정되었으나, 등록료의 액수만 변경되어 계속 적용되는 경우[9)] 등에 대하여 동종의 기본권 침해 위험이 있다는 이유로 심판이익을 인정하였다.

셋째로 기본권 침해가 주기적으로 반복될 우려가 있는 경우이다.[10)]

---

1) 헌재 1995. 5. 25. 91헌마44; 헌재 1995. 5. 25. 91헌마67; 헌재 2003. 5. 15. 2001헌마565; 헌재 2006. 7. 27. 2004헌마217; 헌재 2011. 8. 30. 2009헌마638; 헌재 2012. 2. 23. 2009헌마318; 헌재 2014. 4. 24. 2011헌마567; 헌재 2023. 10. 26. 2020헌마93.
2) 헌재 1995. 5. 25. 91헌마44.
3) 헌재 1995. 5. 25. 91헌마67.
4) 헌재 1995. 5. 25. 92헌마269등.
5) 헌재 1995. 7. 21. 92헌마177등.
6) 헌재 2006. 7. 27. 2004헌마655.
7) 헌재 2012. 2. 23. 2009헌마318.
8) 헌재 2014. 4. 24. 2011헌마567.
9) 헌재 2019. 11. 28. 2017헌마759.

공직선거나 국가시험 등은 주기적으로 반복되는 속성을 가지므로, 해당 선거나 시험이 종료되어 기본권 침해 상황이 종료되었다고 하더라도 장래 일정 시점에서 그러한 침해가 되풀이될 가능성이 있다고 본 것이다.[1]

헌법재판소는 공직선거와 관련하여 선거권연령을 20세 이상의 국민으로 정한 구 공직선거법 조항,[2] 선거기간에 여론조사의 경위와 결과를 공표할 수 없게 한 구 공직선거법 조항,[3] 교육공무원의 정당가입 및 선거운동을 금지하는 정당법과 공직선거법 조항,[4] 금고 이상의 형의 선고를 받고 그 집행이 종료되지 아니한 자의 선거권을 부정하는 공직선거법 조항,[5] 국회의원의 피선거권 행사연령을 '25세 이상'으로 정한 공직선거법 조항,[6] 선거구별 의원정수를 규정한 공직선거법 조항,[7] 선거방송 대담·토론회의 참가기준으로 여론조사 평균지지율 100분의 5를 요구하고 있는 공직선거법 조항,[8] 선전벽보 등에 비정규학력의 게재를 금지하는 공직선거법 조항,[9] 임기만료일 전 180일 이내에 비례대표국회의원에 궐원이 생긴 때를 비례대표국회의원 의석승계 제한 사유로 규정한 공직선거법 조항,[10] 선거권 행사 연령을 19세 이상으로 정하고 있는 공직선거법 조항,[11] 비례대표국회의원후보자의 연설·대담을 제한하는 공직선거법 조항,[12]

---

10) 헌재 1997. 6. 26. 96헌마89; 헌재 2001. 6. 28. 2000헌마111; 헌재 1998. 5. 28. 97헌마362등; 헌재 2004. 3. 25. 2001헌마710; 헌재 2004. 3. 25. 2002헌마411; 헌재 2009. 10. 29. 2007헌마1462; 헌재 2005. 4. 28. 2004헌마219; 헌재 2009. 3. 26. 2006헌마14; 헌재 2009. 3. 26. 2007헌마1327등; 헌재 2009. 11. 26. 2008헌마114; 헌재 2009. 6. 25. 2008헌마413; 헌재 2013. 7. 25. 2012헌마174; 헌재 2013. 10. 24. 2012헌마311; 헌재 2013. 11. 28. 2011헌마267; 헌재 2013. 11. 28. 2012헌마568; 헌재 2018. 4. 26. 2016헌마611; 헌재 2020. 8. 28. 2017헌마813; 헌재 2001. 9. 27. 2000헌마159; 헌재 2010. 4. 29. 2009헌마399; 헌재 2012. 5. 31. 2010헌마139등; 헌재 2013. 9. 26. 2011헌마782등; 헌재 2014. 4. 24. 2013헌마341; 헌재 2015. 11. 26. 2014헌마145; 헌재 2019. 8. 29. 2019헌마616; 헌재 2004. 10. 28. 2002헌마328; 헌재 2018. 2. 22. 2017헌마322 등에 대해서도 기본권 침해가 주기적으로 반복될 우려가 있다는 이유로 권리보호이익의 예외를 인정하거나 심판이익을 인정하였다.

1) 실무제요, 410면.
2) 헌재 1997. 6. 26. 96헌마89; 헌재 2001. 6. 28. 2000헌마111.
3) 헌재 1998. 5. 28. 97헌마362등.
4) 헌재 2004. 3. 25. 2001헌마710.
5) 헌재 2004. 3. 25. 2002헌마411; 헌재 2009. 10. 29. 2007헌마1462.
6) 헌재 2005. 4. 28. 2004헌마219.
7) 헌재 2009. 3. 26. 2006헌마14.
8) 헌재 2009. 3. 26. 2007헌마1327등.
9) 헌재 2009. 11. 26. 2008헌마114.
10) 헌재 2009. 6. 25. 2008헌마413.
11) 헌재 2013. 7. 25. 2012헌마174.
12) 헌재 2013. 10. 24. 2012헌마311.

예비후보자의 배우자가 함께 다니는 사람 중에 지정한 자도 선거운동을 위하여 명함교부 및 지지호소를 할 수 있도록 한 공직선거법 조항,[1] 예비후보자의 기탁금 반환 사유를 예비후보자의 사망, 당내 경선 탈락으로 한정하고 있는 공직선거법 조항,[2] 병역의무를 이행하는 병의 선거운동을 제한하는 국가공무원법, 공직선거법, 군형법 등 조항,[3] 육군훈련소에서 군사교육을 받고 있던 청구인에 대하여 대통령선거 대담·토론회의 시청을 금지한 행위[4] 등에 대한 헌법소원심판청구에서 권리보호이익의 예외를 인정하였다.

또한 행정자치부장관이 사법시험 제1차 시험을 일요일로 정하여 공고한 행위,[5] 고입검정고시에 합격했던 자는 해당 검정고시에 다시 응시할 수 없도록 응시자격을 제한한 전라남도 교육청의 공고,[6] 변호사시험에 관한 법무부장관의 시험장 선정행위,[7] 사법시험 제1차 시험실 입실제한시간을 시험시작 5분 전으로 한 법무부장관의 사법시험 제1차 시험 실시계획 공고,[8] 기업 주도로 설립된 자율형 사립고등학교가 임직원 자녀에게 입학정원의 상당비율을 할당하는 입시요강에 대한 교육감의 승인처분,[9] 5급 임기제공무원에 관한 경력경쟁채용시험에서 '변호사 자격 등록'을 응시자격으로 요구한 방위사업청 공고[10] 등에 대하여도 심판이익을 인정하였다.

최저생계비를 매년 보건복지부장관이 고시하도록 하고 있는 것과 관련하여 2002년도 최저생계비 고시,[11] 보건복지부장관이 주기적으로 고시하는 '장애인활동지원 급여비용 등에 관한 고시'[12]에 대해서도 동일한 맥락에서 권리보호이익의 예외를 인정하였다.

한편 여기서 말하는 '헌법적 해명이 중대한 의미를 가지는 경우'는 당해 사건을 떠나 일반적이고 중요한 의미를 지니고 있어 헌법질서의 유지·수호를 위하

1) 헌재 2013. 11. 28. 2011헌마267.
2) 헌재 2013. 11. 28. 2012헌마568.
3) 헌재 2018. 4. 26. 2016헌마611.
4) 헌재 2020. 8. 28. 2017헌마813.
5) 헌재 2001. 9. 27. 2000헌마159; 헌재 2010. 4. 29. 2009헌마399(법학적성시험의 경우).
6) 헌재 2012. 5. 31. 2010헌마139등.
7) 헌재 2013. 9. 26. 2011헌마782등.
8) 헌재 2014. 4. 24. 2013헌마341.
9) 헌재 2015. 11. 26. 2014헌마145.
10) 헌재 2019. 8. 29. 2019헌마616.
11) 헌재 2004. 10. 28. 2002헌마328.
12) 헌재 2018. 2. 22. 2017헌마322.

여 그 해명이 긴요한 경우를 의미하는바, 행정청이 적용 법률의 해석에 있어서 법 규정에 미치는 기본권의 효력을 간과하거나 오해함으로써 법 규정을 위헌적으로 해석·적용한 경우에는 헌법적 해명의 필요성이 인정되나, 단순히 법률의 해석과 적용의 문제 즉 '행정청의 행위가 법률이 정한 바에 부합하는가'라는 위법성을 문제 삼고 있는 경우에는 헌법적 해명의 필요성이 인정되지 아니하며, 이와 같이 공권력 행사의 위헌성이 아니라 단지 위법성이 문제되는 경우에는 설사 유사한 침해행위가 앞으로도 반복될 위험이 있다고 하더라도, 공권력 행사의 위헌 여부를 확인할 실익이 없어 심판청구의 이익이 부인된다.[1)]

(1) 예외적 심판이익 인정사례

변호인의 접견권을 방해한 행위가 종료한 경우,[2)] 국가보안법 제19조에 의한 구속기간의 연장허가를 받은 청구인들에 대한 구속기간이 이미 끝난 경우,[3)] 권력적 사실행위가 이미 종료된 경우,[4)] 1980년도 해직공무원 중 5급 이상 공무원을 특별채용대상에서 제외한 것을 다투는 헌법소원심판의 청구인이 공무원 연령정년이 된 경우,[5)] 법률이 폐지되거나 일부 개정되었지만 신법이 폐지된 법률과 유사한 내용이 있어 동종의 기본권침해 위험이 상존하는 경우,[6)] 미결수용자에 대한 서신 검열·발송 및 교부지연행위가 이미 종료된 경우,[7)] 시·도지사 선거에서 후보자 등록신청 시 기탁금 5,000만원을 납부하도록 하는 규정에 대하여 헌법소원심판 청구 후 선거가 실시되어 종료된 경우,[8)] 자동차보험에 가입한 교통사고 운전자에 대해 기소할 수 없도록 한 교통사고처리특례법 규정에 의한 불기소처분의 취소를 구하는 경우,[9)] 제 1 회 공판기일 전의 수사기록에 대한 열람·등사 거부행위 이후 공판절차가 진행되어 제 1 심판결이 선고된 경우,[10)] 교도소 내에서의 수형자에 대한 서신검열행위가 이미 종료되고 청구인도

1) 헌재 2003. 2. 27. 2002헌마106; 헌재 2005. 10. 27. 2005헌마126; 헌재 2016. 10. 27. 2014헌마626; 헌재 2022. 1. 27. 2020헌마497; 헌재 2024. 5. 30. 2014헌마1189등.
2) 헌재 1992. 1. 28. 91헌마111.
3) 헌재 1992. 4. 14. 90헌마82.
4) 헌재 1993. 7. 29. 89헌마31.
5) 헌재 1993. 9. 27. 92헌바21.
6) 헌재 1995. 5. 25. 91헌마44; 헌재 1995. 5. 25. 91헌마67; 헌재 1995. 5. 25. 92헌마269등; 헌재 1995. 7. 21. 92헌마177등; 헌재 2003. 5. 15. 2001헌마565; 헌재 2006. 7. 27. 2004헌마217; 헌재 2006. 7. 27. 2004헌마655; 헌재 2011. 8. 30. 2009헌마638; 헌재 2012. 2. 23. 2009헌마318; 헌재 2014. 4. 24. 2011헌마567.
7) 헌재 1995. 7. 21. 92헌마144.
8) 헌재 1996. 8. 29. 95헌마108.
9) 헌재 1997. 1. 16. 90헌마110등.

형기종료로 출소된 경우,[1] 방송토론회에 참가한 대통령 후보자를 제한적으로 선정하는 결정을 다투는 헌법소원심판 청구 후 방송토론회 및 대통령선거가 종료된 경우,[2] 형사피해자를 제외하고 검사 또는 피고인에게만 상소권을 부여하는 형사소송법 조항에 대하여 헌법소원심판을 청구한 후 형사재판이 이미 확정·종료된 경우,[3] 수용자가 구독하는 신문 일부기사 삭제행위에 대해 다투는 청구인이 보석으로 석방된 경우,[4] 미결수용자에 대하여 재소자용 의류를 입게 한 행위를 다투는 청구인들이 집행유예 및 보석허가로 석방된 경우,[5] 선거연령에 대한 헌법소원심판 청구 후 선거일이 경과된 경우,[6] 유치장 내 실내화장실 사용강제행위가 종료된 경우,[7] 형사재판의 증인으로 채택된 자를 소환하여 검사실에 유치한 행위가 종료된 경우,[8] 일요일에 시행되는 사법시험 공고에 따른 시험일정이 종료된 경우,[9] 선거운동의 제한을 다투는 공직선거 및 선거부정방지법과 정치자금법에 대한 헌법소원심판 청구 후 선거가 종료된 경우,[10] 준법서약에 관한 가석방 심사 등에 관한 규칙을 다투는 청구인들이 모두 석방된 경우,[11] 유치장 수용자에 대한 신체수색행위가 종료된 경우,[12] 군사법경찰관의 구속기간 연장 및 미결수용자에 면회제한을 다투는 청구인에 대한 구속기간 연장 효력이 종료되고 집행유예 판결을 받고 석방된 경우,[13] 경찰의 고소장과 피의자신문조서에 대한 공소제기 전의 공개거부처분을 다투는 헌법소원을 제기하였으나 이미 기소되어 판결이 확정된 경우,[14] 국회의원 재·보궐선거 실시일 이전에 정당추천후보자로 선출된 후보자들이 공직선거 및 선거부정방지법상의 재·보궐선거 실시일 및 투표시간 당선인 결정 방식 등에 관하여 위헌확인을 구하는 헌법소원을 제기한 후 그 재·보궐선거가 실시되어 종료된 경우,[15] 계구사용행

10) 헌재 1997. 11. 27. 94헌마60.
1) 헌재 1998. 8. 27. 96헌마398.
2) 헌재 1998. 8. 27. 97헌마372등.
3) 헌재 1998. 10. 29. 97헌마17.
4) 헌재 1998. 10. 29. 98헌마4.
5) 헌재 1999. 5. 27. 97헌마137등.
6) 헌재 2001. 6. 28. 2000헌마111.
7) 헌재 2001. 7. 19. 2000헌마546.
8) 헌재 2001. 8. 30. 99헌마496.
9) 헌재 2001. 9. 27. 2000헌마159.
10) 헌재 2004. 3. 25. 2001헌마710.
11) 헌재 2002. 4. 25. 98헌마425등.
12) 헌재 2002. 7. 18. 2000헌마327.
13) 헌재 2003. 11. 27. 2002헌마193.
14) 헌재 2003. 3. 27. 2000헌마474.

위가 종료된 경우,[1] 피의자신문 시 변호인의 조력요청을 거부한 행위가 헌법소원을 제기할 당시 이미 종료된 경우,[2] 보건복지부장관이 고시한 2002년도 최저생계비고시가 2002. 12. 31.이 경과하여 효력을 상실한 경우,[3] 한국인과 결혼한 중국인 배우자가 결혼동거목적거주 사증을 신청하고자 하는 경우에 당해 한국인에게 결혼행위 등을 기재하도록 요구하는 행위를 다투는 청구인에게 헌법소원 청구 이후 위 사증을 발급한 경우,[4] 국회의원의 피선거권 행사연령을 25세 이상으로 정한 것에 대하여 다투는 헌법소원 청구 후 국회의원 선거가 실시되어 종료된 경우,[5] 검사조사실에서 수갑 및 포승을 사용한 상태로 피의자신문을 받은 후 확정판결을 받아 출소한 경우,[6] 헌법소원 제기 후 등록취소된 정당이 정당등록요건을 다투는 경우,[7] 마약류 관련 수형자에 대하여 마약류 반응검사를 위하여 소변을 받아 제출하게 하는 행위가 종료된 경우,[8] 경찰서장이 옥외집회신고서를 반려한 행위를 다투는 헌법소원 제기 후 청구인들이 개최하고자 하였던 옥외집회 일시가 경과한 경우,[9] 사법시험법시행규칙을 다투는 헌법소원 제기 후 사법시험 일정이 종료된 경우,[10] 주민소환투표에서 유권자 총수의 3분의 1 이상이 투표에 참가하여야 한다는 요건을 충족하지 못함으로써 주민소환이 부결됨으로써 청구인이 청구사유에 제한을 두지 않았다고 주장하는 기본권침해가 종료된 경우,[11] 법률이 개정되기 전 유사한 조항에 대한 헌법적 판단은 있으나 개정 후 법률조항에 대해서는 헌법적 해명이 없는 경우,[12] 비례대표 국회의원 의석승계 제한사유에 대한 헌법소원에서 국회의원의 임기가 만료된 경우,[13] 청구인의 선행사건은 헌법재판소법 제38조 본문이 정한 심판기간인 180일 이내에 종국결정이 선고되지 않았지만, 기각결정이 선고됨

---

15) 헌재 2003. 11. 27. 2003헌마259등.
1) 헌재 2003. 12. 18. 2001헌마163.
2) 헌재 2004. 9. 23. 2000헌마138.
3) 헌재 2004. 10. 28. 2002헌마328.
4) 헌재 2005. 3. 31. 2003헌마87.
5) 헌재 2005. 4. 28. 2004헌마219.
6) 헌재 2005. 5. 26. 2001헌마728.
7) 헌재 2006. 3. 30. 2004헌마246.
8) 헌재 2006. 7. 27. 2005헌마277.
9) 헌재 2008. 5. 29. 2007헌마712.
10) 헌재 2008. 10. 30. 2007헌마1281.
11) 헌재 2009. 3. 26. 2007헌마843; 동지: 헌재 2011. 3. 31. 2008헌마355.
12) 헌재 2009. 3. 26. 2007헌마1327등; 헌재 2009. 11. 26. 2008헌마114.
13) 헌재 2009. 6. 25. 2008헌마413.

으로써 이미 종결되어 위 선행사건에 있어서 종국결정의 지연을 막고자 하는 취지로 청구한 청구인의 주관적 권리보호이익은 소멸된 경우,[1] 교도소의 화상접견시간 부여행위가 이미 종료되었고, 청구인은 다른 교도소로 이감된 경우,[2] 법정 옆 구속피고인 대기실에서 피고인의 변호인 접견신청을 불허한 행위가 있은 후 판결이 선고, 확정된 경우,[3] 선전벽보 등에 비정규학력의 게재를 금지하는 공직선거법 조항,[4] 2010학년도 법학적성시험이 이미 종료한 이후에 법학적성시험 시행공고의 위헌 확인을 구하는 경우,[5] 청구인들의 변호인이 수사서류에 대하여 이미 열람·등사를 마쳤으나 검사가 형사소송법 제266조의4 제 5 항 규정을 법원의 열람·등사 허용결정에도 불구하고 수사서류를 증거로 사용할 수 없는 불이익을 감수하는 한 열람·등사의 제한이 가능하다고 해석하고 있는 경우,[6] 교도소장의 수용자에 대한 동행계호행위가 종료된 경우,[7] 교도소장의 수형자에 대한 운동화착용 불허행위가 종료된 경우,[8] 주민소환투표의 청구 시 주민소환의 청구사유를 명시하지 아니하고 주민소환 청구사유의 진위 여부에 대한 확인을 규정하지 아니하고 있는 주민소환에 관한 법률 제 7 조 제 1 항 제 3 호 중 '지역선거구자치구의원' 부분에 대한 위헌확인 청구 후 청구인의 주관적 권리보호이익이 소멸된 경우,[9] 공소제기 후 구금상태에 있던 지방자치단체의 장이 구금상태를 이유로 지방자치단체장의 직무를 정지시키는 지방자치법 조항에 대하여 헌법소원심판 청구를 하였으나, 심판 계속 중 금고 이상의 형이 확정되어 자치단체장 직에서 퇴직한 경우,[10] 구치소장의 미결수용자에 대한 변호인 접견불허처분이 종료된 경우,[11] 경찰청장이 경찰버스들로 서울광장을 둘러싸 통행을 제지한 행위가 종료된 경우,[12] 심판청구 후 심판대상 시행령조항이 폐지되었으나 일정 해역 안에서 통발어법에 의한 대게 포획을 금지하

1) 헌재 2009. 7. 30. 2007헌마732.
2) 헌재 2009. 9. 24. 2007헌마738.
3) 헌재 2009. 10. 29. 2007헌마992.
4) 헌재 2009. 11. 26. 2008헌마114.
5) 헌재 2010. 4. 29. 2009헌마399. 기본권침해가 반복될 위험이 있으므로 '권리보호이익'이 있다고 설시하였으나 '심판이익'이 있다고 설시하는 편이 나았을 것이다.
6) 헌재 2010. 6. 24. 2009헌마257.
7) 헌재 2010. 10. 28. 2009헌마438.
8) 헌재 2011. 2. 24. 2009헌마209.
9) 헌재 2011. 3. 31. 2008헌마355.
10) 헌재 2011. 4. 28. 2010헌마474.
11) 헌재 2011. 5. 26. 2009헌마341.
12) 헌재 2011. 6. 30. 2009헌마406.

는 시행령조항의 위헌여부에 관하여 아직 해명이 이루어진 바 없는 경우,[1] 구치소장이 수용자의 거실에 CCTV를 설치하여 계호한 행위가 종료된 경우,[2] 미결수용자에 대한 종교행사 등 참석 불허처우로 인한 기본권침해상황이 청구인의 신분이 미결수에서 수형자로 변동되어 소멸한 경우,[3] 헌법소원심판 청구 후 공정거래위원회 고시가 개정된 경우,[4] 청구인이 부재자투표시간 조항에 대하여 헌법소원을 제기한 후 청구인이 부재자신고를 했던 전국지방동시선거가 종료된 경우,[5] 검정고시 시행계획이 이미 집행되어, 응시제한에 의한 청구인의 기본권침해가 확인된다 하더라도 응시제한 자체를 소멸시키는 것은 불가능한 경우,[6] 보호처분의 결정 등에 대하여 사건본인, 보호자, 보조인 또는 그 법정대리인만이 항고를 할 수 있도록 규정한 소년법 제43조 제 1 항에 대한 헌법소원심판 청구 후 동 조항을 적용한 재판이 확정된 경우,[7] 수용자에 대한 보호장비 사용행위가 종료된 경우,[8] 출입국관리사무소장의 불법체류 외국인에 대한 강제퇴거명령 등의 집행행위,[9] 사법경찰관이 현행범 체포과정에서 압수한 물건을 폐기한 행위가 이미 종료된 경우,[10] 면책을 받은 채무자에 대하여, 파산절차에 의한 배당을 제외하고는 파산채권자에 대한 채무의 전부를 면제하는 '채무자 회생 및 파산에 관한 법률' 조항,[11] 자유형 형기의 '연월'을 역수에 따라 계산하도록 한 형법 조항,[12] 선거권 행사 연령을 19세 이상으로 정하고 있는 공직선거법 조항,[13] 농협조합장이 금고 이상의 형을 선고받고 그 형이 확정되지 아니한 경우에도 이사가 그 직무를 대행하도록 규정한 농업협동조합법 조항에 대하여 헌법소원심판 청구 후 청구인에 대하여 금고 이상의 형을 선고한 형사재판이 확정된 경우,[14] 매년 1회 이상 반복하여 시행될 것을 예정하고 있는 변호사

1) 헌재 2011. 8. 30. 2009헌마638.
2) 헌재 2011. 9. 29. 2010헌마413.
3) 헌재 2011. 12. 29. 2009헌마527.
4) 헌재 2012. 2. 23. 2009헌마318.
5) 헌재 2012. 2. 23. 2010헌마601.
6) 헌재 2012. 5. 31. 2010헌마139등.
7) 헌재 2012. 7. 26. 2011헌마232.
8) 헌재 2012. 7. 26. 2011헌마426.
9) 헌재 2012. 8. 23. 2008헌마430.
10) 헌재 2012. 12. 27. 2011헌마351.
11) 헌재 2013. 3. 21. 2012헌마569.
12) 헌재 2013. 5. 30. 2011헌마861.
13) 헌재 2013. 7. 25. 2012헌마174.
14) 헌재 2013. 8. 29. 2010헌마562등.

시험에 관한 법무부장관의 시험장 선정행위에 대하여 헌법소원심판 청구 후 그 결정 이전에 변호사시험이 종료된 경우,[1] 공직선거법 제79조 제 1 항 및 동법 제101조 중 선거운동기간 중 공개 장소에서 비례대표국회의원 후보자의 연설·대담을 금지하는 부분에 대하여 헌법소원심판 청구 후 선거가 종료된 경우,[2] 예비후보자의 기탁금 반환사유를 예비후보자의 사망, 당내경선탈락으로 한정하고 있는 공직선거법 조항에 대하여 헌법소원심판 청구 후 기탁금 반환요건을 충족하지 못하여 청구인이 납부한 기탁금이 국고에 귀속된 경우,[3] 예비후보자의 배우자가 함께 다니는 사람 중에 지정한 자도 선거운동을 위하여 명함교부 및 지지호소를 할 수 있도록 한 공직선거법 조항,[4] 사법경찰관이 기자들에게 피의자가 경찰서 조사실에서 양손에 수갑을 찬 채 조사받는 모습을 촬영할 수 있도록 허용한 행위,[5] 재외선거인 등록신청 시 여권을 제시하도록 한 공직선거법 조항이 개정되었으나, 개정된 조항에도 동일한 내용이 규정되어 있는 경우,[6] 사법시험 제 1 차 시험실 입실제한시간을 시험시작 5분 전으로 한 법무부장관의 사법시험 제 1 차 시험 실시계획 공고,[7] 미결수용자에 대하여 교정시설 안에서 실시하는 종교집회 참석을 제한한 행위,[8] 변호사시험 합격자들이 변호사법 제21조의2 제 1 항, 제31조의2 제 1 항에 의하여 실무수습기간 중 법률사무소 개설이나 수임 등이 금지된 경우[9] 등은 이미 종료된 행위로서 주관적 권리보호이익이 없거나, 심판 계속 중에 주관적 권리보호이익이 소멸된 경우라도 그러한 기본권침해가 반복될 위험이 있거나, 그 해명이 헌법질서의 수호유지를 위하여 긴요한 사항으로서 중대한 의미를 가지고 있으므로 예외적으로 심판이익을 인정하여야 한다고 하였다.

또한 충남○○고의 2014년도 및 2015년도 입학전형은 종료되었고, 청구인 중 일부는 이미 다른 고등학교에 진학하였으므로 청구인들의 주관적 권리보호

1) 헌재 2013. 9. 26. 2011헌마782등.
2) 헌재 2013. 10. 24. 2012헌마311.
3) 헌재 2013. 11. 28. 2012헌마568(질병으로 인하여 예비후보자를 사퇴한 때에 그 기탁금을 반환받을 수 없는 상황은 앞으로도 계속될 것이어서 청구인 주장의 기본권침해행위가 반복될 것임이 충분히 예상된다고 하였다).
4) 헌재 2013. 11. 28. 2011헌마267.
5) 헌재 2014. 3. 27. 2012헌마652.
6) 헌재 2014. 4. 24. 2011헌마567.
7) 헌재 2014. 4. 24. 2013헌마341.
8) 헌재 2014. 6. 26. 2012헌마782.
9) 헌재 2014. 9. 25. 2013헌마424.

이익은 소멸하였으나 충남○○고와 같이 기업주도로 설립한 자사고의 경우 기업의 임직원 자녀에게 입학정원의 상당비율을 할당하고 있어서 사회특권층을 양산한다는 비판이 제기되었음에도 아직 이에 대한 해명이 이루어진 바 없고, 또한 충남○○고는 입학전형요강을 공고한 이후에도 2015년도 및 2016년도 입학전형계획에서 같은 내용의 입시요강을 계속 공고하고 있어서 동종의 기본권 침해문제가 반복적으로 제기될 수 있는바, 이 문제에 대한 헌법적 해명은 헌법질서의 수호·유지를 위하여 중요한 의미를 가진다 할 것이므로, 예외적으로 심판청구의 이익이 인정된다고 하였고,[1] 사건 심판청구 후 옥외 광고물 표시제한 특정구역 지정 고시가 개정되어 청구인들이 심판대상조항들에 대하여 위헌결정을 구할 주관적 권리보호이익은 소멸되었으나, 그 위헌 여부에 관한 헌법적 해명은 중대한 의미를 지니고 있으므로 예외적으로 심판의 이익도 인정된다고 하였으며,[2] 변호인접견실에 CCTV를 설치하여 접견 장면을 관찰하는 행위나 미결수용자와 변호인 간에 수수된 서류를 확인하고 소송관계서류처리부에 등재하는 행위는 앞으로도 반복될 우려가 있고, 이는 미결수용자에 대한 기본적 처우와 관련된 중요한 문제로서 그 한계에 대한 헌법적 해명은 헌법질서의 수호·유지를 위하여 중요한 의미를 가진다 할 것이므로, 심판청구의 이익을 인정할 수 있다고 하였다.[3] 또한 형의 집행 및 수용자의 처우에 관한 법률 제108조 제 4 호, 제 6 호, 제 7 호의 신문·잡지·도서 외 자비구매물품에 관한 부분, 제13호에 관한 부분이 존재하는 한 수용자들이 금치처분을 받을 경우 공동행사 참가 정지, 텔레비전 시청 제한, 신문·잡지·도서 외 자비구매물품 사용 제한, 실외운동 정지라는 처우제한을 함께 받는 것은 반복될 가능성이 크고, 이들 법률조항에 대한 위헌 여부의 판단이 헌법질서의 수호·유지를 위하여 긴요한 사항이어서 헌법적으로 해명할 필요성이 있으므로, 이 부분 심판청구는 모두 심판청구의 이익이 인정된다고 하였으며,[4] 교도소장이 수용자의 동절기 취침시간을 정한 행위는 언제든 반복될 수 있는 사안인 점, 교도소로 이송되었지만 새로운 일과시간표 적용을 받아 유사한 기본권제한을 받게 된 점, 취침시간은 개별적 성격을 넘어 일반적으로 헌법적 해명의 필요성이 있는 점 등을 고려하면 예외적으

1) 헌재 2015. 11. 26. 2014헌마145.
2) 헌재 2016. 3. 21. 2014헌마794.
3) 헌재 2016. 4. 28. 2015헌마243.
4) 헌재 2016. 5. 26. 2014헌마45.

로 심판청구의 이익이 인정된다고 하였고,[1] 청구인은 형기만료로 이미 석방되었으므로, 심판청구가 인용되더라도 청구인의 권리구제는 불가능한 상태이나 사건에서 문제되는 교정시설 내 과밀수용행위는 계속 반복될 우려가 있고, 수형자들에 대한 기본적 처우에 관한 중요한 문제로서 그에 대한 헌법적 해명의 필요성이 있으므로 예외적으로 심판의 이익을 인정할 수 있다고 하였으며,[2] 검찰수사관인 피청구인의 변호인인 청구인에 대한 후방착석 요구행위는 앞으로 반복될 위험성이 있고, 헌법적 해명 필요성도 인정되므로 예외적으로 심판의 이익을 인정할 수 있다고 하였고,[3] 법원의 열람·등사 허용 결정에도 불구하고 수사서류의 등사를 거부하는 검사의 행위가 앞으로도 반복될 가능성이 있고, 이 사건과 동일한 쟁점에 대하여 헌법적 해명이 이루어진 바 없으므로, 설령 청구인들에 대한 권리보호이익이 소멸하였다고 하더라도 이 사건 심판청구의 이익은 여전히 존재한다고 하였으며,[4] 심판청구 이후 고시가 개정되었으나, 활동보조급여의 시간당 금액이 헌법이 요구하는 바를 충족하고 있는지 여부에 대하여 아직 헌법적 해명이 이루어진 바 없고, 같은 유형의 침해행위가 반복될 위험이 있으므로 예외적으로 심판이익이 인정된다고 하였고,[5] 청구인은 만기전역하여 더는 병의 신분이 아니므로 심판대상조항으로 인한 기본권제한은 종료되었으나, 심판대상조항은 앞으로 계속 시행될 선거에서 청구인과 같이 병으로 복무하는 사람의 기본권을 반복하여 제한할 것이 확실히 예상되고, 심판대상조항에 따라 병에게도 공직선거에서 정치적 중립 의무를 부과하는 것이 헌법에 위반되는지 여부는 헌법질서 수호·유지를 위하여 긴요한 사항으로서 그 헌법적 해명이 중대한 의미를 지니므로, 심판청구의 이익을 예외적으로 인정할 수 있다고 하였고,[6] 청구인은 송환대기실에서 풀려났고, 입국이 허가되어 자유로운 변호인접견이 가능한 상태가 되었으나, 출입국항에서의 난민신청자에 대해 난민인정 심사불회부 결정이 내려진 후 송환대기실에 수용된 상태에서 변호인의 접견이 제한되는 문제는 앞으로도 반복적으로 발생할 가능성이 있고, 또한 변호인 접견신청 거부의 위헌 여부는 헌법 제12조 제 4 항 본문의 "구속"에 행정구금도 포

1) 헌재 2016. 6. 30. 2015헌마36.
2) 헌재 2016. 12. 29. 2013헌마142.
3) 헌재 2017. 11. 30. 2016헌마503.
4) 헌재 2017. 12. 28. 2015헌마632.
5) 헌재 2018. 2. 22. 2017헌마322.
6) 헌재 2018. 4. 26. 2016헌마611.

함되는지와 같은 중요한 헌법 해석 문제를 해명해야만 판단할 수 있는바 변호인 접견신청거부의 위헌 여부 판단이 헌법질서의 수호·유지를 위해 중대한 의미를 가지므로, 그 위헌 여부를 확인하여야 할 객관적인 심판의 이익이 있다고 하였으며,[1] 혼합살수행위로 인한 청구인들의 기본권 침해상황은 이미 종료되었으나 '경찰관 직무집행법'과 대통령령 및 규칙은 살수차를 경찰장비의 하나로 규정하면서 불법집회나 시위 현장에서 사용할 수 있도록 규정하고 있고, 살수차운용지침은 살수 방법으로 최루액을 혼합하여 살수할 수 있다고 규정하고 있는바 이러한 규정에 따르면 각종 집회나 시위현장에서 혼합살수행위가 반복될 가능성이 있고, 최루액 혼합살수행위는 사람의 생명이나 신체에 위험을 초래할 수 있는 중대한 법익 침해가 예견되는 공권력 행사이고 헌법재판소가 최루액 혼합살수행위가 헌법에 합치하는지 여부에 대한 해명을 한 바 없으므로, 혼합살수행위에 대하여는 심판의 이익이 인정된다고 하였고,[2] 경찰청장이 집회에 참가한 청구인들을 촬영한 행위는 이미 종료되어 주관적 권리보호이익은 소멸하였으나, 집회·시위 등 현장에서 경찰의 촬영행위는 계속적·반복적으로 이루어질 수 있고, 그에 대한 헌법적 해명이 필요하므로 예외적으로 심판의 이익이 인정된다고 하였다.[3] 또한 수용시설의 조명점등행위는 청구인이 이미 출소하여 청구인의 권리구제에는 도움이 되지 않지만, 수용거실의 조명은 계속되는 것이므로 기본권침해행위가 반복될 위험이 있고, 수용거실의 조명이 수용자의 기본권을 침해하는 것이라면 이를 헌법적으로 해명할 필요도 있다고 하였고,[4] 공무담임권 침해 여부가 문제되는 응시자격요건으로 '변호사 자격 등록'을 요구한 공고와 같은 내용의 공권력행사는 반복될 수 있고, 동일 또는 유사한 사안에 관하여 헌법적 해명이 이루어진 바가 없으므로 예외적으로 심판이익이 인정된다고 하였으며,[5] 중개 보조원이 중개의뢰인과 직접 거래하는 것을 금지하는 공인중개사법 제33조 제 6 호 해당부분에 대해 아직 헌법적 해명이 없고 향후에도 개업공인중개사의 기본권이 제한될 것이므로 심판의 이익이 있다고 하였고,[6] 변호사 등록표 규정은 침해의 반복성이 인정되며 변호사 등록표는 변호사로 등

1) 헌재 2018. 5. 31. 2014헌마346.
2) 헌재 2018. 5. 31. 2015헌마476.
3) 헌재 2018. 8. 30. 2014헌마843.
4) 헌재 2018. 8. 30. 2017헌마440.
5) 헌재 2019. 8. 29. 2019헌마616.
6) 헌재 2019. 11. 28. 2016헌마188.

록하고자 하는 자 모두에게 적용되는 것으로 청구인에 대한 개별적 사안의 성격을 넘어 일반적으로 헌법적 해명의 필요성이 있으므로 예외적으로 심판의 이익이 인정된다고 하였으며,[1] 직사살수행위에 대한 심판청구는 주관적 권리보호이익은 소멸하였으나, 기본권침해행위의 반복가능성과 헌법적 해명필요성이 있으므로 심판의 이익을 인정할 수 있다고 하였고,[2] 육군훈련소 내에서의 대통령선거 대담·토론회 시청금지행위는 주관적 권리보호이익은 소멸되었으나 기본권침해의 반복가능성과 헌법적 해명필요성이 있으므로 심판청구의 이익을 인정할 수 있다고 하였으며,[3] 정부의 지원사업에서 배제할 목적으로 문화예술인들의 정치적 견해에 관한 정보를 수집, 보유, 이용하는 행위 및 지원배제지시는 앞으로도 문화예술분야에 대한 국가지원에 부수하여 정부의 통제 또는 개입 가능성이 없을 것이라고 단정하기 어렵고 위헌여부에 대한 해명이 중대한 의미를 가지므로 심판청구의 이익을 인정할 수 있다고 하였고,[4] "이 사건 공권력 행사(삼보일배 행진 제지행위)로 인한 기본권 침해상황은 이미 종료되었으나, 앞으로도 대한민국을 방문하는 외국의 국가 원수에 대한 집회 또는 시위가 경호구역 안에서 행해질 경우 안전 활동을 위하여 집회나 시위를 제한하는 방식의 공권력 행사가 반복될 수 있고, 아직 그 헌법적 한계에 대하여 헌법적 해명이 이루어진 바 없으므로 심판이 이익이 인정된다."고 하였고,[5] 인터넷화상접견과 스마트접견은 2019. 7. 15.부터 스마트접견으로 통합되어 운영되고 있으나 통합 운영 이후에도 미결수용자의 배우자에 대한 스마트접견은 여전히 허용되지 않고 있는 점, 영상통화를 이용한 접견교통권 행사에 관하여는 충분한 헌법적 해명이 이루어지지는 않은 점을 고려하면, 인터넷화상접견 대상자 지침조항 및 스마트접견 대상자 지침조항의 위헌 여부에 관해서는 이를 판단할 객관적 권리보호이익이 인정된다고 하였으며,[6] 별건으로 공소제기 후 확정되어 검사가 보관하고 있는 서류에 대하여 법원의 열람·등사 허용 결정이 있었음에도 검사가 청구인에 대한 형사사건과의 관련성을 부정하면서 해당 서류의 열람·등사를 허용하지 아니한 행위에 대한 헌법소원심판에 있어서 심판청구의 이익을 인정

1) 헌재 2019. 11. 28. 2017헌마759.
2) 헌재 2020. 4. 23. 2015헌마1149.
3) 헌재 2020. 8. 28. 2017헌마813.
4) 헌재 2020. 12. 23. 2017헌마416.
5) 헌재 2021. 10. 28. 2019헌마1091.
6) 헌재 2021. 11. 25. 2018헌마598.

하였고,[1] 피청구인이 청구인들로 하여금 육군훈련소 내 종교행사에 참석하도록 한 종교행사 참석조치는 이미 종료된 행위이나, 반복 가능성과 헌법적 해명의 중요성을 고려할 때 심판의 이익을 인정할 수 있다고 하였으며,[2] "개정된 산재보험료징수법에도 구 산재보험료징수법 제49조의3 제 2 항 단서와 내용이 실질적으로 동일한 위임규정이 존재한다고 볼 수 있다. 개정 산업재해보상보험법의 '노무제공자'에 청구인들과 같은 '특수형태근로종사자'가 포함되어 있는 이상, 개정법의 위 위임규정 아래에서도 청구인들이 제기하는 문제의 기본권침해 상태는 여전히 계속되고 있다. 그렇다면 청구인들이 주장하는 행정입법부작위는 개정법 아래에서도 문제되어 이에 대한 헌법적 해명의 필요성이 있다고 할 것이므로, 심판의 이익을 인정할 수 있다."고 판시하였고,[3] "향후 코로나바이러스감염증-19의 재확산 및 다른 재난에 직면하여 긴급재난지원금과 같은 종류의 지원금이 지급될 가능성이 있고, 이 경우 이 사건 처리기준과 동일하거나 유사한 기준이 적용되어 외국인만으로 구성된 가구에 속한 외국인 중 청구인과 같은 난민인정자가 그 지원금의 지급대상에서 제외되는 일이 반복될 가능성이 있으므로 심판청구의 이익을 인정할 수 있다"고 판시하였다.[4]

(2) 예외적 심판이익을 부인한 사례

사전구제절차에서 이미 취소된 처분의 취소를 구하는 경우,[5] 청구인의 형사기록 열람 및 복사신청을 거부하였던 피청구인이 헌법소원심판 청구 후 태도를 바꾸어 그 열람·복사를 허용한 경우,[6] 위헌제청신청에 대한 재판지연이 헌법소원심판 청구 후 해소된 경우,[7] 단합대회의 고지방법을 제한하는 내용의 중앙선거관리위원회의 질의회답에 대하여 헌법소원심판 계속 중 선거법의 개정으로 구법상 허용되던 선거기간 중 정당의 단합대회 자체가 금지된 경우,[8] 헌법소원심판 청구 이후 법률이 개정되어 구법에 따른 피청구인의 선거일 공고 작위의무가 소멸된 경우,[9] 정부의 임금인상률 상한선 발표행위에 대한 헌법소

1) 헌재 2022. 6. 30. 2019헌마356.
2) 헌재 2022. 11. 24. 2019헌마941(3인의 반대의견 있음).
3) 헌재 2023. 10. 26. 2020헌마93(작위의무 없는 행정입법부작위를 대상으로 한 것으로 부적법하다는 4인의 반대의견 있음).
4) 헌재 2024. 3. 28. 2020헌마1079.
5) 헌재 1991. 7. 8. 89헌마181.
6) 헌재 1993. 3. 11. 92헌마98.
7) 헌재 1993. 11. 25. 92헌마169.
8) 헌재 1994. 7. 29. 91헌마137.

원심판 청구 후 임금교섭이 종료되고, 정부도 노사 간의 합의를 존중하겠다는 의지를 밝히고 있는 경우,[1] 변호인 접견실 칸막이설치행위에 대한 헌법소원심판 청구 후 칸막이가 철거된 경우,[2] 법정에서 석방대상 피고인을 교도관이 석방절차라는 명목으로 교도소로 연행 내지 구금하는 행위에 대하여 헌법소원심판 청구 후 법무부장관의 '구속피의자·피고인 석방절차 개선지침'이 제정되어 시행된 경우,[3] 교도소의 수갑 채운 처분에 대한 헌법소원심판 청구 후 청구인이 보석으로 석방되고 계호근무준칙을 개정하여 구치감 거실 내 수용자에 대한 계구사용은 원칙적으로 금지한 경우,[4] 헌법소원이 제기된 후 지역구 국회의원선거 후보자의 기탁금반환요건을 규정한 공직선거법 제57조가 개정되어 더 이상 청구인에게 적용될 여지가 없게 된 경우,[5] 현수막 철거 이행명령에 의한 강제철거가 이루어져 기본권침해상태가 종료된 경우,[6] 오마이뉴스가 개최하고자 한 대선 예비주자 초청 대담토론회를 지지한 행위에 대한 헌법소원심판 청구 후 에비후보를 초청하여 인터뷰를 개최하였고, 공권력행사의 위헌성이 아니라 위법성이 문제되는 경우,[7] 위법건축물에 대하여 계고 등의 절차 없이 이루어진 철거행위에 대한 헌법소원심판 청구 후 그 철거행위가 이미 이루어졌고, 피청구인의 철거행위가 건축법 제74조의 요건을 갖추었는지에 대한 판단이 단순히 법률의 해석과 적용의 문제인 경우,[8] 수용자에 대한 불충분한 건강진단이 실시되어 종료되었고, 그 후 법무부가 공무원 건강검진과 동일 수준의 수용자 건강검진 실시계획을 수립하여 실시하고 있는 경우,[9] 검사의 개괄적인 열람·등사 불허가 통지서에 의한 수사기록 열람·등사 거부처분에 대하여 헌법소원심판을 청구한 후 형사재판이 완료되어 확정되었고, 그 후 형사소송법의 개정으로 인하여 각 서류별로 개별적으로 열람·등사의 거부사유를 명시하지 아니한 채 정형화된 서식 중 불허부분란에 '…… 등'이라고 개괄적으로 기재하는 방법은 허용되지 아니하는 경우,[10] 민사집행법 제15조 제 3 항과 유사한 조항에 대하여 헌

9) 헌재 1994. 8. 31. 92헌마126; 헌재 1994. 8. 31. 92헌마174.
1) 헌재 1996. 11. 28. 92헌마108.
2) 헌재 1997. 3. 27. 92헌마273.
3) 헌재 1997. 12. 24. 95헌마247.
4) 헌재 2000. 4. 27. 98헌마6.
5) 헌재 2001. 10. 25. 2000헌마377.
6) 헌재 2002. 7. 18. 99헌마592등.
7) 헌재 2003. 2. 27. 2002헌마106.
8) 헌재 2005. 10. 27. 2005헌마126.
9) 헌재 2006. 7. 27. 2004헌마476.

법재판소가 이미 합헌결정을 내린 바 있는 경우,[1] 교도소장의 면담신청거부행위에 대한 헌법소원 청구 후 수용자에 대한 형집행이 종료되고 형의 집행 및 수용자의 처우에 관한 법률 제16조가 명문으로 수용자의 교도소장에 대한 면담신청권 및 면담거부사유나 면담형식에 관하여 규정한 경우,[2] 폐지 전 국정홍보처가 발표한 취재지원시스템 선진화 방안에 대한 헌법소원심판 청구 계속 중 위 방안에 따른 정책을 모두 폐지하고 종전의 상태로 환원시켰으며 국정홍보처를 폐지하고 종래 국정홍보처의 업무를 승계받은 문화체육관광부의 권한범위에서 정부 내 홍보업무 조정에 관한 사항을 제외한 경우,[3] 교도소장이 수형자를 징벌혐의자로서 조사기간 동안 조사거실에 수용할 때 자해도구로 사용될 수 있다는 이유로 개인용품을 사용하지 못하도록 제한한 행위가 출소함으로써 종료된 경우,[4] 제17대 대통령선거 투표소를 기독교 종교시설인 교회 내에 설치하기로 공고한 행위에 따라 대통령선거가 이미 종료하였고, 공직선거법 제147조 제 4 항이 개정되어 종교시설 안에는 투표소를 원칙적으로 설치하지 못하도록 규정된 경우,[5] 헌법소원심판 계속 중 새로이 제정된 법령의 부칙에 의해 심판대상조항인 '구 수산자원보호령'이 폐지되었고 헌법재판소가 종전의 다른 결정에서 심판대상조항과 관련된 헌법적 문제를 이미 해명한 경우,[6] 문제된 수용자 처우가 있은 후에 청구인에 대한 엄중격리 대상자 지정이 해제되고 청구인이 형집행 종료로 출소함으로써 종료되었으며, 계구사용행위, 동행계호행위, 폐쇄회로 텔레비전 설치행위, 실외운동 제한행위 등 엄중격리 대상자에 대한 특별처우 중 주요내용에 대하여 이미 헌법적 해명이 이루어진 경우,[7] 심판청구 후 법률의 개정으로 현역병 복무 중 자녀 출산으로 인하여 상근예비역으로 복무하기를 원하는 자도 상근예비역소집 대상자의 범위에 포함된 경우,[8] 서울시 조례가 개정되어 서울광장의 사용이 신고제로 운영되게 됨에 따라 더 이상 서울시

10) 헌재 2008. 2. 28. 2005헌마396.
1) 헌재 2008. 5. 29. 2006헌마1001.
2) 헌재 2008. 7. 31. 2006헌마1030.
3) 헌재 2008. 12. 26. 2007헌마775.
4) 헌재 2009. 12. 29. 2009헌마5.
5) 헌재 2010. 11. 25. 2008헌마207. 저자는 개정 공직선거법에서는 투표소를 설치할 적합한 장소가 없는 부득이한 경우에는 예외적으로 종교시설 안에 투표소를 설치할 수 있는 길이 열려 있어 헌법적 해명이 필요한 사안이므로 심판청구이익을 인정할 필요성이 있다고 반대의견을 제시하였다.
6) 헌재 2010. 12. 28. 2009헌마265.
7) 헌재 2011. 4. 28. 2009헌마305.
8) 헌재 2011. 12. 29. 2011헌마88.

장에 의하여 서울광장의 사용거부나 불허처분이 행해질 수 없게 된 경우,[1] 시행령 조항이 개정되어 사법연수생들과 마찬가지로 법학전문대학원생에 대한 법무사관후보생 병적 편입 상한이 29세에서 30세로 변경된 경우,[2] 골재시설이 이미 철거되어 청구인들의 주관적 목적이 달성되었을 뿐만 아니라 개발제한법이 개정되어 무허가공작물의 설치행위도 시정명령의 대상에 포함되어 그 의무의 불이행시 원상복구를 위한 행정대집행이 가능하게 된 경우,[3] G20 정상회의를 개최함에 따라 행해진 1회적인 입법조치가 유효기간의 종기가 도과하여 실효된 경우,[4] 교도소 수용자에 대한 생활지도 명목의 이발행위,[5] 구속 전 피의자심문을 앞둔 변호인에게 구속영장청구서의 열람을 제한한 조치가 이미 종료하였고, 헌법소원심판 청구 후 형사소송규칙을 개정하여 구속된 피의자심문절차에서 지방법원 판사가 열람을 제한할 수 있는 서류는 구속영장청구서에 첨부된 서류에 한하고 구속영장청구서를 명시적으로 제외한 경우,[6] 개정된 국민의 형사재판참여에 대한 법률이 아동성보호법 제 7 조 제 1 항도 국민참여재판 대상사건에 포함시켜 시행된 경우,[7] 교도소장의 거실 검사행위 및 텔레비전 시청금지행위가 이미 종료되었고 위 행위들에 대하여 헌법재판소의 합헌판단이 있은 경우,[8] 교도소장이 수형자와 변호사와의 접견을 접촉차단시설이 설치된 장소에서 하게 한 행위가 이미 종료되었고, 접견제한행위의 근거조항에 관하여 헌법재판소가 헌법에 위반됨을 선언하여 헌법적 해명을 한 바가 있는 경우,[9] 선거절차가 끝나 주관적 권리보호이익이 없고, 헌법재판소가 헌법에 위반되지 아니한다고 결정한 바 있는 공직선거법 제60조 제 2 항 제 1 호,[10] 헌법소원 제기 후 조례가 2회에 걸쳐 개정되었고, 개정된 조항은 시장에게 영업시간 제한 및 의무휴업명령에 대하여 재량을 부여하고 있는 경우,[11] 이미 종료된 물포사용행위[12]

---

1) 헌재 2012. 2. 23. 2009헌마403.
2) 헌재 2012. 2. 23. 2010헌마147.
3) 헌재 2012. 2. 23. 2010헌마300.
4) 헌재 2012. 2. 23. 2010헌마660등.
5) 헌재 2012. 4. 24. 2010헌마751.
6) 헌재 2012. 6. 27. 2011헌마360.
7) 헌재 2012. 11. 29. 2012헌마53.
8) 헌재 2013. 5. 30. 2012헌마719.
9) 헌재 2013. 9. 26. 2011헌마398.
10) 헌재 2013. 11. 28. 2011헌마267.
11) 헌재 2013. 12. 26. 2012헌마196; 헌재 2013. 12. 26. 2012헌마308.
12) 헌재 2014. 6. 26. 2011헌마815(관련규정과 대법원판례에 의하면 물포발사행위는 타인의 법익이나 공공의 안녕질서에 대하여 직접적이고 명백한 위험을 초래하는 집회나 시위에 대하여 구체적

등에는 같은 유형의 침해행위가 반복될 가능성이 있다고 보기 어렵거나 헌법적 해명 필요성을 인정하기 어렵다는 이유로 예외적인 심판이익을 부인하였다.

또한 당내경선에서도 대리투표가 허용되지 않는다는 점이 대법원판결을 통해 확인된 이상 이러한 사안에서 피의자 출석요구의 위헌여부를 판단하는 것이 헌법질서의 유지·수호를 위해 긴요한 사안이어서 헌법적으로 그 해명이 중대한 의미가 있는 경우에 해당한다고 보기도 어렵다고 하였고,[1] 헌법재판소는 심리불속행 상고기각 판결과 판결이유 기재의 생략을 규정한 심판대상 조항들에 대하여 수회에 걸쳐 합헌으로 판시한 바 있으므로, 위 심판대상 조항들은 이미 헌법적 해명이 이루어져 예외적으로 심판이익을 인정할 수 없다고 하였고,[2] 체포된 피의자의 변호인이 체포영장 등사를 신청하자 이를 거부한 사법경찰관의 행위에 대한 헌법소원심판 청구에서, 헌법재판소는 수사절차와 공판절차에서 변호인의 수사기록에 대한 열람·등사신청을 거부한 처분이 피의자 또는 피고인과 변호인인 청구인들의 기본권을 침해하여 위헌임을 이미 확인하였고, 설사 이러한 기본권침해가 반복될 가능성이 있다 하더라도 같은 판단을 반복하여 밝힐 만큼 헌법적 해명이 중대한 의미를 지닌다고 보기 어렵다고 하였으며,[3] 교도소장의 청구인에 대한 서신검열대상자 지정행위는 법무부 지침에 따라 이루어졌는데 그 후 개정된 법무부 지침에서는 반성적 이유에서 이러한 지정행위를 금지하고 있으므로, 이러한 지정행위는 앞으로 반복될 위험이 없고, 헌법적 해명의 필요성 또한 인정할 수 없어 이에 대한 심판청구에 대해 심판의 이익이 인정되지 않는다고 하였다.[4] 또한 헌법재판소는 형의 집행 및 수용자의 처우에 관한 법률 제108조 제 5 호, 제 7 호, 제 9 호, 제10호, 제11호, 제12호 중 미결수

인 해산사유를 고지하고 최소한의 범위 내에서 이루어져야 하므로, 집회 및 시위 현장에서 청구인들이 주장하는 것과 같은 유형의 근거리에서의 물포직사살수라는 기본권침해가 반복될 가능성이 있다고 보기 어렵고, 설령 물포발사행위가 그러한 한계를 위반하면 위법함이 분명하므로 헌법재판소가 헌법적으로 해명할 필요가 있는 사안이라고 보기도 어렵다고 하였다. 이에 반하여 4인의 반대의견은 집회, 시위 현장에서 물포의 반복사용이 예상되고, 이에 대한 헌법재판소의 해명도 없었으므로 예외적으로 심판의 이익을 인정할 수 있다고 하였다).

1) 헌재 2014. 8. 28. 2012헌마776. 4인의 반대의견은 법리나 사실관계에 대한 다툼이 존재하는 상황에서 이루어진 검사의 출석요구행위의 정당성에 대한 헌법적 해명은 필요하므로 헌법소원심판의 이익은 존재한다고 하였다.

2) 헌재 2015. 2. 26. 2013헌마574등.

3) 헌재 2015. 7. 30. 2012헌마610. 4인의 반대의견은 이 사건 거부처분은 체포적부심사절차에서 체포의 근거가 된 체포영장의 등사를 거부한 것으로, 다른 수사기록의 열람·등사가 문제가 된 선례들과 차이가 있고, 헌법재판소가 이에 대해 해명한 적도 없으므로 심판의 이익이 인정된다고 하였다.

4) 헌재 2016. 4. 28. 2013헌마870.

용자에 적용되는 경우에 이미 합헌결정이 있었고, 그러한 판단은 형이 확정된 수형자에게도 동일하게 적용될 수 있으므로 헌법적 해명의 필요성이 있다고 보기 어렵다고 하였고,[1] 경찰의 밀양송전탑 통행제지행위가 앞으로도 구체적으로 반복될 위험성이 있다고 보기 어렵고, 헌법재판소가 서울광장 통행제지 사건에서 제시한 헌법적 원칙 외에 새롭게 헌법적 해명을 해야 하는 경우에 해당하지 않는다고 하였으며,[2] 헌법재판소는 이미 소송기록접수통지를 받은 날부터 20일 내에 항소이유서를 제출하지 아니한 경우 항소기각결정을 하도록 한 형사소송법 제361조의4 제 1 항이 재판을 받을 권리나 평등권을 침해하지 않는다고 판단하고 합헌결정을 하였고, 비록 항소이유서 제출의무조항에 대해 헌법재판소에서 직접적인 헌법적 해명이 이루어진 것은 아니나, 형사소송법 제361조의4 제 1 항에 대한 판단에는 위 의무조항의 내용이 포함되어 있다고 할 것이므로 헌법적으로 그 해명이 새로 필요한 것으로 보기 어려워 헌법질서의 보장을 위하여 심판의 이익을 인정할 필요도 없다고 하였으며,[3] 교도소장이 미결수용자인 청구인이 자비로 구입한 흰색 런닝셔츠를 염색하여 소지하고 있던 것을 폐기한 행위가 적법한지 여부에 대한 판단은 피청구인의 공권력 행사에 대한 위헌성 판단의 문제가 아니라, 법률에 의하여 부여받은 피청구인 권한의 범위와 한계를 정하는 것으로서 단순히 법률의 해석과 적용의 문제, 즉 위법성의 문제에 불과하므로, 설사 염색한 런닝셔츠 폐기행위와 같은 기본권 침해가 앞으로 반복될 가능성이 있다고 하더라도, 그 위헌 여부를 확인할 실익이 없어 심판청구의 이익이 인정되지 않는다고 하였다.[4]

한편, 역사교과서 국정제 발표 이후 교육의 자주성·정치적 중립성에 대한 심도있는 논의 끝에 해당 고시가 폐지되었으므로 우리 사회에 이 사건과 같은 유형의 침해행위가 재현될 위험이 있다고 단언하기 어렵고, 이 사건 국정화 고시가 시행되기도 전에 역사교과서가 검정도서 체제로 바뀌어 국정 역사교과서가 학교에서 실제 사용된 상황이 전혀 발생하지 않았고, 국정도서의 우선 사용의무를 정한 이 사건 규정 제 3 조 제 1 항도 개정되었으므로 현재 상황에서 역사교과서의 국정제에 대한 헌법적 해명의 필요성도 인정할 수 없어, 예외적인

1) 헌재 2016. 5. 26. 2014헌마45.
2) 헌재 2016. 5. 26. 2013헌마879. 1인의 반대의견 있음.
3) 헌재 2016. 9. 29. 2015헌마165.
4) 헌재 2016. 10. 27. 2014헌마626.

심판의 이익도 인정되지 아니한다고 하였고,[1] "교육부는 국립대학 총장임용제도 보완 방안을 통해 총장후보자의 자격요건으로 발전기금을 요구하도록 하는 제도를 즉시 폐지하겠다고 발표하였으므로 이 사건 발전기금조항을 통한 공무담임권 침해가 반복될 위험이 있다고 단언하기 어렵고, 그에 대한 헌법적 해명의 필요성도 인정하기 어려우므로 예외적인 심판의 이익도 인정할 수 없다."고 판시하였으며,[2] 청구인이 심판청구 후에 디엔에이감식시료 채취를 마쳐 기본권 제한상황이 종료되었으므로 권리보호이익이 소멸되었고, 헌법재판소가 이미 '디엔에이신원확인정보의 이용 및 보호에 관한 법률' 제 5 조 제 1 항 제 4 호 중 '형법 제298조의 강제추행죄에 해당하는 죄에 대하여 형의 선고를 받아 확정된 사람'에 관한 부분에 대해 헌법에 위반되지 않는다고 판단한 바 있으며, 위와 같은 판단은 아동·청소년에 대한 강제추행죄에도 그대로 적용될 수 있다고 할 것이고, 헌법재판소가 이를 변경할 사정이 없으므로 헌법적 해명이 중대한 의미를 지닌다고 보기 어려운바, 심판의 이익도 인정할 수 없다고 하였고,[3] "기지국 수사로 인한 기본권 제한의 반복가능성은 이를 허용하는 이 사건 요청조항 및 허가조항이 현존하기 때문인바, 헌법재판소도 위 조항들에 대해 본안판단에 나아가는 이상, 이 사건 기지국수사에 대한 심판청구이익은 인정하지 아니한다."고 판시하였다.[4] 또한 출정 시 도주방지복 착용 강제행위로 인한 기본권 침해는 종료되었으므로 권리보호이익이 없고, 법무부장관은 '수용자 피복관리 및 제작·운용에 관한 지침'상 도주방지복의 근거가 명확하지 않다는 등의 이유로 도주방지복 사용 중지를 지시하였으므로, 출정 시 도주방지복 착용 강제행위는 앞으로 별도의 법령 근거 없이는 반복될 위험이 없고, 헌법적 해명의 필요성 또한 인정할 수 없어 심판의 이익도 인정되지 아니한다고 하였고,[5] "경찰서장이 철거대집행이 실시되는 동안 청구인들을 움막 밖으로 강제이동 시킨 행위 및 움막들에의 접근을 막은 행위로부터 위헌적인 경찰권 행사로 판단될 수 있는 일반적인 징표를 찾을 수 없으므로 이 사건 강제조치에 대한 위헌 여부의 판단이 일반적인 헌법적 의미를 부여할 수 있는 경우에 해당한다고 볼 수 없다. 그렇다면 이 사건 강제조치는 특정한 상황에서의 개별적 특성이 강한 공

1) 헌재 2018. 3. 29. 2015헌마1060 등.
2) 헌재 2018. 4. 26. 2014헌마274.
3) 헌재 2018. 4. 26. 2017헌마397.
4) 헌재 2018. 6. 28. 2012헌마538.
5) 헌재 2018. 6. 28. 2017헌마181.

권력행사로서 앞으로도 구체적으로 반복될 위험성이 있다고 보기 어렵고, 헌법재판소가 헌법적으로 해명할 필요가 있다고 볼 수 없어 이 사건 심판청구는 예외적으로 심판의 이익도 인정되지 않는다."고 판시하였으며,[1] 국가정보원장의 인터넷 회선 감청 집행행위는 이미 종료하였으므로 근거법률조항에 대해 본안판단을 하는 이상 감청집행행위에 대해 별도로 심판청구의 이익을 인정할 실익도 없다고 하였고,[2] 수형자의 선거권을 전면적·획일적으로 제한하던 구 공직선거법 제18조 제 1 항 제 2 호에 대한 종전 헌법불합치결정에서 제시된 입법방향의 취지를 반영하여 이루어진 개선입법이 심판대상조문이고, 약 2년 전에 위 심판대상조문에 대해서 수형자의 선거권을 침해하지 않는다는 이유로 헌법소원을 기각하는 결정도 있었는데, 그 사이 시간의 경과로 인하여 우리 사회가 공감하는 헌법가치가 변화되었다고 보기도 어렵고, 달리 종전 결정을 변경할 만한 사정변경도 있다고 보기 어려우므로, 예외적인 심판의 이익도 인정되지 아니한다고 하였으며,[3] 선거방송토론회 초청대상에서 제외한 결정의 근거조항인 토론회 조항에 대한 심판청구가 적법하여 본안판단이 이루어지는 이상 위 결정에 대한 별도의 헌법적 해명 필요성이 인정되지 아니하므로 심판이익도 인정되지 아니한다고 하였다.[4]

또한 청구인이 출마한 선거와 관련한 방송토론회는 이미 개최되었고 선거도 이미 종료되었으므로 토론회 조항에 대한 심판청구는 권리보호이익이 소멸하였으며, 헌법재판소가 이미 실질적으로 동일한 내용이 포함된 공직선거법 조항이 평등권을 침해하지 않는다고 판단한 바 있으므로 헌법적 해명의 필요성도 인정되지 않아 예외적 심판의 이익도 인정되지 아니하고, 청구인이 출마한 선거는 이미 종료되어 후원회 조항에 대한 권리보호이익이 소멸하였으며, 지방자치단체장 선거의 예비후보자도 후원회를 지정할 수 있게 정치자금법이 개정되었으므로 기본권 침해가 반복될 위험도 없어 예외적 심판의 이익도 인정되지 않는다고 하였고,[5] 교도소장의 서신익일발송행위는 그 제출일의 각 다음날에 이루어진 것으로서 청구인이 주장하는 기본권침해가 이미 종료되었으므로 청구인이 서신익일발송행위에 대하여 위헌확인을 구할 주관적 권리보호이익을

1) 헌재 2018. 8. 30. 2014헌마681. 4인의 반대의견 있음.
2) 헌재 2018. 8. 30. 2016헌마263.
3) 헌재 2019. 8. 29. 2017헌마442.
4) 헌재 2019. 9. 26. 2018헌마128등.
5) 헌재 2021. 9. 30. 2020헌마899.

인정할 수 없고 헌법재판소는 교도소 내 미결수용자에 대한 서신의 발송 및 교부가 어느 정도 지연되었다고 하더라도 이는 교도소 내의 서신발송과 교부 등 업무처리과정에서 불가피하게 소요되는 정도에 불과할 뿐 교도소장이 고의로 발송이나 교부를 지연시킨 것이라거나 또는 업무를 태만히 한 것이라고 볼 수 없으므로, 그로 인하여 수용자의 통신비밀의 자유 및 변호인의 조력을 받을 권리가 침해되었다고 할 수 없다는 취지로 이미 판단한 바 있고(헌재 1995. 7. 21. 92헌마144 참조), 당해 사건 서신익일발송행위에 대해서 달리 헌법적 해명의 필요성이 있다고 보기 어려우므로 객관적 권리보호이익도 인정할 수 없다고 하였으며,[1] 청구인은 이미 미결수용자의 배우자의 지위를 벗어났으므로 청구인에게 주관적 권리보호이익은 인정되지 않고, 개편되어 시행되고 있는 새로운 토요일 접견 제도를 명문화하는 지침 개정작업이 진행중이므로, 토요일 접견 결격자 지침조항에 대하여는 그 위헌 여부를 판단할 객관적 권리보호이익을 인정하지 어렵다고 하였고,[2] 정보위원회 회의는 공개하지 아니한다고 정하고 있는 국회법 제54조의2 제 1 항 본문에 대하여 심판청구의 적법성을 인정하여 본안판단에 나아가는 이상 정보위원회 법안심사소위원회 회의의 방청신청을 불허한 행위에 대해서는 별도의 심판이익도 인정되지 아니한다고 하였으며,[3] 청구인은 소송대리인 접견신청이 불허된 이후 소송대리인이 되어 소송대리인 접견이 가능하게 되었으므로 이 사건 심판청구 당시 이미 이 사건 접견불허행위에 관한 주관적 권리보호이익은 소멸하였고, 이 사건 접견불허행위는 심판대상조항을 근거로 한 것으로서, 심판대상조항에 대하여 본안 판단에 나아가는 이상 이 사건 접견불허행위에 대해서는 별도로 심판청구의 이익이 인정되지 않는다고 하였고,[4] 심리불속행 판결에 관하여 판결이유를 적지 아니할 수 있도록 규정한 이유기재생략조항은 형벌에 관한 법률조항이 아니고, 이 사건 심판청구는 헌법재판소 제68조 제 1 항에 의한 헌법소원심판이며, 청구인이 제기한 상고에 대한 기각판결은 이미 확정되었으므로, 이유기재생략조항이 위헌으로 선고된다고 하더라도 청구인은 법원 판결에 대하여 재심을 구하는 등으로 권리구제를 받을 수 없어 주관적 권리보호이익을 인정할 수 없고, 위 조항에 대하여는 반복된 헌

1) 헌재 2021. 10. 28. 2019헌마973.
2) 헌재 2021. 11. 25. 2018헌마598.
3) 헌재 2022. 1. 27. 2018헌마1162등.
4) 헌재 2022. 2. 24. 2018헌마1010.

법재판소 선례를 통하여 이미 충분한 헌법적 해명이 이루어졌으므로, 예외적으로 심판의 이익을 인정할 수도 없다고 하였으며,[1] “헌법재판소의 가처분결정을 계기로 보건당국과 교육부가 확진자의 응시를 허용하는 방향으로 지침을 변경함에 따라 피청구인도 이 사건 제2차 시험 시행 전 확진자의 응시를 허용하였고, 이후에 실시된 전국단위 자격시험 등도 변경된 지침에 따라 확진자의 응시를 허용하였다. 이처럼 청구인들이 당초 다투던 확진자의 일률적인 응시 금지는 더 이상 문제되지 않을 뿐만 아니라 이 사건 제2차 시험도 이미 종료되었으므로, 이 사건 확진자 응시금지에 관하여 심판을 구할 주관적인 권리보호이익은 더 이상 존재하지 않는다. 또한 감염병 확진자에 대하여 이 사건 확진자 응시금지와 같은 기본권제한이 반복될 가능성이 있다거나 이에 관한 헌법적 해명의 필요성이 인정된다고 보기도 어렵다.”고 판시하였고,[2] “이 사건 자료제공행위는 매년 적십자회비 모금을 위해 반복되지만, 이러한 기본권 제한의 반복 가능성은 결국 자료제공을 허용하는 이 사건 자료제공조항에 근거한 것이다. 위 청구인들의 주장취지 및 권리구제의 실효성 등을 종합적으로 고려할 때, 이 사건 자료제공조항에 대하여 본안 판단에 나아가는 이상, 이 사건 자료제공행위에 대하여는 심판청구의 이익이 인정되지 아니한다.”고 판시하였으며,[3] 청구인은 이미 형기종료로 출소하였으므로 청구인에게 주관적 권리보호이익은 인정되지 않고, 2021. 12. 20.자 법무부 교정본부의 ‘미결수용자 등 스마트접견 확대 시행 계획’에 따라서 심판대상지침에도 불구하고 2022. 1. 3.부터는 마약류수형자에 대하여도 스마트접견이 허용되고 있으며, 심판대상지침은 삭제하는 내용의 개정이 예정되어 있고, 향후 마약류수형자에 대하여 스마트접견의 제한이 반복될 위험이 있다고 보기 어려우므로, 심판대상지침에 대하여는 예외적인 심판의 이익도 인정되지 아니한다고 하였고,[4] 부경대학교 총장임용 후보자선정 및 추천에 관한 부칙조항은 향후 실시될 선거에 그대로 적용되는 조항이 아니어서 청구인이 주장하는 내용의 기본권 침해가 반복될 위험이 있다고 볼 수 없고 그 해명이 헌법질서의 수호·유지를 위하여 긴요한 사항으로 중대한 의미를 지닌다고 보기 어려우므로 예외적으로 권리보호이익을 인정할 필요성이 있다

1) 헌재 2022. 7. 21. 2021헌마272.
2) 헌재 2023. 2. 23. 2021헌마48.
3) 헌재 2023. 2. 23. 2019헌마1404등.
4) 헌재 2023. 3. 23. 2021헌마115.

고 볼 수도 없다고 하였고,[1] "제21대 비례대표 국회의원 선거에 관한 특례를 규정한 이 사건 특례조항은 2020. 4. 15. 실시된 제21대 국회의원선거에만 적용되는 조항이고, 제21대 국회의원선거는 이미 종료하여 당선자도 결정되었으므로, 헌법재판소가 이 사건 특례조항을 위헌으로 결정한다 하더라도 청구인들의 권리가 구제되기 어렵다. 또한, 이 사건 특례조항은 제21대 국회의원선거에만 적용되므로 반복침해가능성도 인정되지 않는다. 따라서 이 사건 특례조항에 대한 심판청구는 심판의 이익이 인정되지 않는다."고 판시하였으며,[2] "청구인은 이 사건 심판청구 이후 다니던 대학교로부터 이미 납부한 2020년 1학기 등록금의 일부를 코로나-19특별장학금 명목으로 돌려받았고, 곧바로 대학교를 졸업하였으므로 주관적 권리보호이익을 인정할 수 없고, 고등교육법이 2020. 10. 20. 개정되면서 코로나-19 등으로 인한 학교시설의 이용제한이나 학사운영의 부실 등이 이루어진 경우 등록금을 감면할 수 있는 법적 근거가 마련되었으므로, 예외적 심판이익도 인정하기 어려우므로 이 사건 심판청구는 권리보호이익의 요건을 갖추지 못하여 부적법하다."고 판시하였고,[3] 피청구인이 구속 전 피의자심문에 임의 출석한 청구인을 심문이 종료한 이후 유치장으로 호송하면서 청구인에게 수갑을 사용하는 행위를 한 이후, 구 '피의자 유치 및 호송 규칙'이 개정되어 구속 전 피의자심문에 임의 출석한 피의자에 대하여 원칙적으로 수갑을 사용하지 않도록 하였을 경우, 이 사건 수갑사용행위에 대하여 권리보호이익 내지 심판의 이익이 인정되지 않는다고 하였다.[4]

청구인들은 소집해제되었으므로 주관적 권리보호이익이 인정되지 않고, 헌법재판소는 병역의무조항 및 사회복무 보수조항에 대하여 기각 결정들을 하여 헌법적 해명이 새로이 필요하다고 볼 수 없고,[5] 자사고, 외고의 일반고 전환의 타당성을 둘러싸고 다양한 의견들이 제시된 끝에 자사고와 외고를 자율고 및 특목고로 존치하는 내용으로 심판대상조항을 개정하기에 이르렀으므로, 가까운 장래에 우리 사회에 이 사건과 같은 유형의 침해행위가 재현될 위험이 있다고 단언하기는 어렵고, 심판대상조항이 시행되기도 전에 심판대상조항이 다시 개정된 결과 자사고, 외고가 일반고로 일괄하여 전환된 상황이 전혀 발생하지 않

1) 헌재 2023. 5. 25. 2020헌마1336.
2) 헌재 2023. 7. 20. 2019헌마1443등.
3) 헌재 2023. 7. 20. 2020헌마434.
4) 헌재 2023. 7. 20. 2020헌마506.
5) 헌재 2023. 10. 26. 2019헌마392.

은 점, 개정된 초·중등교육법 시행령에서 자사고, 외고, 국제고를 존치하도록 하면서 제도를 일부 개편한 점 등을 종합해 볼 때, 현재 상황에서 심판대상조항에 대한 헌법적 해명의 필요성도 인정할 수 없다고 하였으며,[1] "이 사건 심판청구 당시 이미 이 사건 정보수집은 종료되었고 해당 정보는 모두 파기되었으므로 원칙적으로 권리보호이익이 없고, 처분의 근거조항인 이 사건 심판대상조항에 관하여 판단하는 이상, 반복가능성을 이유로 이 사건 정보수집에 대해 별도의 심판청구 이익을 인정할 실익이 없다. 심판대상조항을 근거로 인적사항에 관한 정보를 수집하면서 특정 시간의 특정 기지국 접속자와 같은 조건을 부과하는 방법으로 위치정보까지 함께 파악하는 것이 허용되는지 여부에 대한 의문이 있을 수 있으나, 이는 법률에 의하여 부여받은 피청구인의 권한의 범위와 한계를 정하는 문제로서, 개별 사안의 구체적인 사실관계에 따른 법률의 해석과 적용의 문제이므로, 헌법적 해명이 긴요한 사항이 아니다. 따라서 이 사건 정보수집에 관한 청구의 심판이익이 인정되지 않는다."고 판시하였고,[2] "세월호 사고 이후 입법자는 관련 법제의 정비를 통하여 세월호 사고와 같은 대형 해난사고의 발생을 예방하는 한편 사고 발생 시 국가가 적절한 구호조치를 시행할 수 있도록 제도적 보완을 하였으므로, 이 사건에서 문제되는 공권력 행사의 반복에 관하여 추상적이거나 이론적인 가능성을 넘는 구체적 위험이 존재한다고 단정하기 어렵다. 나아가 세월호 사고와 같은 대형 해난사고로부터 국민의 생명·신체의 안전을 보호하고, 침해의 위험을 방지할 국가의 포괄적 의무가 있음은 종래 헌법재판소가 이미 해명한 바에 비추어 명확하고, 다만 구체적 구호조치의 내용은 사고의 경과와 관련 법령의 해석, 적용과 포섭의 문제로서 일반적으로 헌법적 해명에 관한 것이라 보기 어렵고, 법원을 통하여 구체적 위법성이 판단되어 형사적, 민사적 책임이 인정되었으므로, 이 사건에서 헌법적 해명의 필요성을 이유로 예외적인 심판청구이익을 인정하기 어렵다."고 판시하였다.[3]

또한 헌법재판소는 "피선거권조항 및 정당법 조항의 개정으로, 국회의원, 지방의회의원, 지방자치단체의 장 피선거권 연령 하한이 25세에서 18세로 낮아졌고, 정당의 발기인 및 당원의 자격은 16세 이상의 국민일 것을 요하는 것으로 변경되었다. 따라서 피선거권조항과 정당법조항은 더 이상 청구인과 공동심판

1) 헌재 2024. 3. 28. 2020헌마767등.
2) 헌재 2024. 4. 25. 2020헌마1028.
3) 헌재 2024. 5. 30. 2014헌마1189등. 4인의 반대의견 있음.

참가인에게 적용될 여지가 없으므로 주관적 권리보호이익은 소멸하였고, 개정 전의 피선거권조항 및 정당법조항에 대한 위헌 여부의 판단이 헌법적으로 중대한 의미를 가진다고 볼 수 없으므로 예외적 심판의 이익도 인정되지 아니한다."고 판시하였고[1] "이 사건 입법예고기간은 그 기간만료일 경과로 종료되었고, 입법예고된 심판대상조항이 시행되었으므로 이 사건 입법예고를 다툴 권리보호이익이 소멸하였다. 청구인이 이 사건 입법예고기간에 대한 심판청구를 통하여 종국적으로 다투고자 하는 것은 심판대상조항으로 인한 기본권 침해 여부인바, 이 사건 입법예고기간은 심판대상조항이 이미 시행된 이상 반복될 위험이 없고, 청구인의 주장취지 및 권리구제의 실효성 등을 종합적으로 고려할 때, 심판대상조항에 대하여 본안 판단에 나아가는 이상, 이 사건 입법예고기간에 대하여는 심판청구의 이익을 인정하지 아니한다."고 판시하였으며,[2] 심판청구 중 구 녹색성장법 제42조 제 1 항 제 1 호, 2016년 및 2019년 구 녹색성장법 시행령 제25조 제 1 항 부분은 폐지되거나 개정되어 주관적 권리보호이익이 소멸하였고, 헌법적 해명이 필요하다고 볼 수도 없다고 하였다.[3]

9. 일사부재리

가. 의의 및 제도의 취지

헌법재판소는 이미 심판을 거친 동일한 사건에 대하여는 다시 심판할 수 없다(헌재법 제39조). 따라서 헌법재판소의 종국 결정에 대해서는 재심이든 헌법소원이든 그 형식을 불문하고 원칙적으로 불복할 수 없고, 헌법재판소도 헌법재판소가 내린 결정을 더 이상 취소하거나 변경할 수 없다. 헌법재판소가 심판한 사건에 대해서 다시 헌법소송을 제기하거나 헌법재판소 결정에 대해 불복을 하는 헌법소송을 제기하게 되면, 이는 헌법소송의 요건을 갖추지 못한 것으로서 부적법하여 각하된다.[4]

헌법재판소도, 헌법재판소가 이미 행한 결정에 대해서는 자기기속력 때문에 이를 취소·변경할 수 없으며 이는 법적 안정성을 위하여 불가피한 일이라고

1) 헌재 2024. 5. 30. 2020헌마1743.
2) 헌재 2024. 5. 30. 2023헌마820등.
3) 헌재 2024. 8. 29. 2020헌마389등.
4) 실무제요, 414면. 헌재 2005. 12. 22. 2005헌마330 참조.

판시하였고,[1] 헌법재판은 헌법의 해석을 주된 임무로 하고, 그 결정의 효력은 당사자만이 아니라 국가기관은 물론, 일반 국민들에 대해서도 미치기 때문에, 헌법재판소의 결정에 대해 후에 불복할 수 있도록 하여 확정적인 효력을 가지지 못하게 한다면, 문제가 된 법령 등은 계속적인 동일 소송의 반복 제기로 그 시행 여부가 불투명해질 것이고, 당사자가 소송을 멈추지 않는 한 법적 불안정 상태는 지속될 것이므로 일사부재리에 관하여 규정하고 있는 헌법재판소법 제39조가 헌법에 위반되지 아니한다고 판단하였다.[2]

또한 헌법재판소는 이미 심판을 거친 동일한 사건에 대하여는 다시 심판할 수 없으므로 헌법재판소의 결정에 대하여는 불복신청이 허용될 수 없을 뿐만 아니라 즉시항고는 헌법재판소법상 인정되지 아니한다고 하였다.[3]

나. 동일한 사건

일사부재리에 해당하여 부적법한 청구가 되기 위해서는 이미 심판을 거친 사건과 계속 중인 사건의 헌법소원을 제기하게 된 기초사실관계와 당사자, 심판대상, 쟁점 등이 모두 동일해야 한다.[4] 다만 이와 관련하여 법령의 위헌여부가 심판대상인 경우에는 당사자나 사실관계가 다르더라도 심판대상인 법규와 헌법적 쟁점이 동일하다면 '동일한 사건'에 해당한다고 보아야 한다는 견해가 있다.[5]

그런데 헌법재판소는 국가보안법 제19조 위헌제청 사건에서, "이 사건 심판대상 법률조항은 구법 제19조 중 신·구법 제 3 조·제 5 조·제 8 조·제 9 조의 죄에 관한 구속기간연장부분이고 위 90헌마82 사건의 심판대상 법률조항은 신법 제19조(구법 제19조와 같다) 전부로서 양자의 심판대상 법률조항이 일부 중복되기는 하나, 90헌마82 사건은 헌법재판소법 제68조 제 1 항에 의한 헌법소원심판 청구사건이고 이 사건은 같은 법 제41조 제 1 항에 의한 위헌법률심판제청사건

1) 헌재 1989. 7. 24. 89헌마141 지정부 결정; 동지: 헌재 2005. 12. 22. 2005헌마330; 헌재 2007. 6. 28. 2006헌마1482.
2) 헌재 2007. 6. 28. 2006헌마1482.
3) 헌재 1990. 10. 12. 90헌마170 지정부 결정; 동지: 헌재 1994. 12. 29. 92헌아1; 헌재 2000. 6. 29. 99헌아18.
4) 헌재 2001. 6. 28. 98헌마485; 헌재 2002. 12. 18. 2002헌마279등 참조; 헌재 2019. 11. 28. 2017헌마791(청구인은 이 사건 심판청구와 동일한 사건에 관하여 이미 헌법소원심판을 청구하여 헌법재판소로부터 2016헌마719 결정을 받았으므로, 이 사건 심판청구는 이미 심판을 거친 동일한 사건에 대해서 다시 심판을 청구한 것으로서 일사부재리 원칙에 위반된다고 하였다); 헌재 2021. 6. 24. 2018헌마1103.
5) 헌재 2006. 6. 29. 2005헌마44; 헌재 2007. 7. 26. 2006헌마551등 각하의견 참조.

으로서 심판청구의 유형이 상이하므로 위 두 사건이 동일한 사건이라고 할 수 없다. 따라서 이 사건 심판청구를 동일한 사건의 중복청구로 보아 헌법재판소법 제39조의 일사부재리에 위반된다는 위 주장은 받아들일 수 없다."고 판시하였고,[1] 국가보안법 제19조 위헌확인 사건에서도 "이 사건 심판대상 법률조항이 종전에 헌법재판소가 결정을 선고한 사건의 심판대상 법률조항과 중복되기는 하나, 종전의 사건에서 당해 법률조항에 대하여 위헌선언을 한 바 없으며, 두 사건들의 청구인들이 동일하지 아니하므로 두 사건이 동일한 사건이라고 할 수 없어 헌법재판소법 제39조의 일사부재리에 위반되지 않는다."고 판시하였고,[2] 헌법재판소법 제68조 제 2 항에 의한 헌법소원에 있어서 당사자와 심판대상이 동일하더라도 당해사건이 다른 경우에는 동일한 사건이 아니므로 일사부재리의 원칙이 적용되지 아니한다고 하였다.[3]

다. 각하결정과 일사부재리

헌법소원심판청구가 부적법하다고 하여 헌법재판소가 각하결정을 하였을 경우에는, 그 각하결정에서 판시한 요건의 흠결을 보정할 수 있는 때에 한하여 그 요건의 흠결을 보정하여 다시 심판청구를 하는 것은 모르되, 그러한 요건의 흠결을 보완하지 아니한 채로 동일한 내용의 심판청구를 되풀이하는 것은 허용될 수 없다는 것이 헌법재판소의 확립된 판례이다.[4]

변호사인 대리인의 선임이 없어 각하된 경우 또는 다른 법률에 의한 구제절차를 거치지 아니하여 각하된 경우에, 대리인의 선임 또는 구제절차의 경료 등 그 흠결을 보정하여 다시 청구한 경우에는 일사부재리가 적용되지 않는다.[5]

어떠한 공권력의 행사에 대하여 제기된 헌법소원심판 청구가 청구기간 도과를 이유로 각하되었다 하더라도, 헌법소원의 청구기간을 제한하고 있는 헌법재판

---

1) 헌재 1997. 6. 26. 96헌가8등; 동지: 헌재 1994. 4. 28. 89헌마221(심판을 거친 사건은 헌재법 제68조 제 2 항 헌법소원사건이고 계속 중인 사건은 제68조 제 1 항 헌법소원사건인 경우).

2) 헌재 1997. 8. 21. 96헌마48; 헌재 2006. 6. 29. 2005헌마124. 그러나 이에 대하여는 법률의 위헌여부를 심판대상으로 삼는 심판에서는 당사자나 사건의 내용에 따라 심판내용이 달라지는 것이 아니므로 기본권침해의 원인인 법규의 내용과 헌법적 쟁점이 동일하면 당사자나 사실관계가 다르다고 하더라도 동일한 사건에 해당한다는 반대의견이 있다.

3) 헌재 2001. 6. 28. 2000헌바48; 헌재 2006. 5. 25. 2003헌바115등.

4) 헌재 1992. 9. 3. 92헌마197 지정부 결정; 헌재 1993. 6. 29. 93헌마123; 헌재 1995. 2. 23. 94헌마105; 헌재 2012. 3. 29. 2011헌마178; 헌재 2018. 8. 30. 2017헌마440.

5) 실무제요, 416면.

소법 관련조항이 위헌이라고 결정되면 헌법소원에 대한 청구기간의 제한이 해소되어 청구인은 청구기간의 제한을 받음이 없이 당해 공권력행사에 대한 헌법소원을 다시 제기할 수 있다 할 것이며, 헌법재판소법 제39조의 일사부재리에 저촉된다고 볼 수도 없다. 따라서 공권력행사에 대하여 제기한 헌법소원심판청구가 청구기간 도과를 이유로 각하된 경우 그 청구인은 헌법소원심판의 청구기간을 제한하고 있는 법률조항에 대하여 헌법소원을 제기할 법률상 이익이 있다.[1)]

청구인들이 동일한 내용으로 헌법재판소에 법률조항의 위헌확인을 구하는 헌법소원심판을 청구한 것에 대하여 헌법재판소가 직접성 요건 결여를 이유로 부적법 각하하였으며 그 결정에서 판시한 요건의 흠결은 보정할 수 있는 것이 아니었으므로 청구인들이 동일한 내용으로 청구한 헌법소원심판은 이미 심판을 거친 동일한 사건에 대하여 다시 청구한 것으로서 부적법하다.[2)]

라. 재심청구와 일사부재리

한편 헌법재판소는 청구인이 재심을 청구한 사안에서, 청구인이 형식상으로는 재심을 청구하였으나 당해 청구가 실질적으로 이전 결정에 대한 단순한 불복소원에 불과하다는 이유로, 재심사유에 해당하는지 여부에 대하여 별도로 판단하지 아니한 채 당해 청구를 부적법 각하한 사례가 다수 있다.[3)]

제 4 절 헌법소원심판청구의 절차

1. 심판청구서의 제출

헌법소원심판청구는 청구서를 헌법재판소에 제출하는 방법에 의하는 것이 원칙이다(헌재법 제26조 제 1 항). 청구서는 이를 지참하여 제출하는 것이 바람직하다 하겠으나 우송의 방법으로 제출하여도 무방하다. 다만 이 경우에는 실무상 우체국에 접수된 날짜가 아니라 실제로 헌법재판소에 접수된 날짜를 기준으로

1) 헌재 2007. 10. 25. 2006헌마904.
2) 헌재 2001. 6. 28. 98헌마485; 헌재 2012. 3. 29. 2011헌마178.
3) 헌재 2005. 3. 29. 2005헌아8; 헌재 2007. 8. 28. 2007헌아76등; 헌재 2009. 7. 28. 2009헌아87 지정부 결정; 헌재 2010. 11. 16. 2010헌아290 지정부 결정; 헌재 2014. 9. 2. 2014헌아203 지정부 결정.

하여 청구기간을 계산하고 있으므로, 우편제출의 경우에 청구기간 준수 여부와 관련하여 불의의 피해를 받지 않도록 안내하여야 할 것이다. 아울러 심판청구가 부적법하거나 청구서에 기재된 내용이 불명료하여 그 뜻하는 바를 파악하기 힘든 경우 등에는 재판장에 의한 보정명령 또는 석명처분이 발해지고 이로 인하여 심판절차가 지연되게 되는 등 신속한 심판진행을 저해하게 되므로 청구서는 간결한 문장으로 정연·명료하게 작성하도록 하여야 할 것이다.

심판서류는 "헌법재판소 심판절차에서의 전자문서 이용 등에 관한 규칙"에 따라 전자헌법재판시스템을 통하여 전자문서를 제출할 수 있다(심판규칙 제2조 제3항).

2. 심판청구서의 기재사항

가. 개 설

헌법재판소에 헌법소원의 심판을 청구하고자 하는 자는 헌법소원심판청구서를 제출하여야 하며(헌재법 제26조 제1항), 심판청구서를 제출할 때 9통의 심판용 부본을 함께 제출하여야 하고, 이 경우 심판규칙 제23조에 따른 송달용 부본을 따로 제출하여야 한다(심판규칙 제9조). 동 청구서에는 헌법재판소법 제71조 제1항, 심판규칙 제68조 제1항에 규정된 사항, 즉 ① 청구인 및 대리인의 표시, ② 피청구인(다만, 법령에 대한 헌법소원의 경우 제외), ③ 침해된 권리, ④ 침해의 원인이 되는 공권력의 행사 또는 불행사, ⑤ 청구이유, ⑥ 다른 법률에 따른 구제절차의 경유에 관한 사항, ⑦ 청구기간의 준수에 관한 사항을 기재하여야 한다.

이에 관하여 헌법재판소는 "헌법재판소법 제71조 제1항에 의하면 헌법소원심판청구서에는 청구인 및 대리인의 표시 외에 침해된 권리와 침해의 원인이 되는 공권력의 행사 또는 불행사를 특정하여 표시하도록 규정하고 있다. 즉 청구인이 헌법소원심판을 청구하려면 그 심판청구의 취지나 그 이유에서 침해되었다고 주장하는 자기의 기본권을 특정하고, 소원 제기인이 침해의 원인으로 간주하는 공권력담당기관의 작위 또는 부작위 등을 특정하여 밝힘으로써 침해된 기본권을 구제받을 수 있는 것인지의 여부에 대한 헌법적 판단을 구하는 것이어야 한다. 따라서 청구취지에서 그 기본권이나 공권력을 특정할 수 없을 때에는 그 청구이유의 설시에서 공권력의 작용이 정확히 표시되어야 하고, 어떤 권리가 어떻게 침해되었는지 그 권리의 내용과 권리의 침해에 관한 상세한 설명에 의하여 기본권침해의 가능성이 충분하고도 명백하게 추론되어야 하며, 그 권리침해의 대상이 자명하지 아니하면 아니할수록 보다 더 자세한 이유의 설시가 필요하다. 헌법소원은 원칙적으로 기본권의 침해에 대한 '구제'를 본질적 사명으로 하고 있는 것이므로 자기의 기본권 구제와 직접 관련되지 않는 단순한 위헌확인을 구하는 것은 헌법소원제도의 본질상 허용될 수 없는 것이어서 부적법하다."고 판시하였다.[1)]

그러나 헌법재판소는 청구인의 심판청구서에 기재된 피청구인이나 청구취지에 구애됨이 없이 청구인의 주장요지를 종합적으로 판단하여야 하며 청구인이 주장하는 침해된 기본권과 침해의 원인이 되는 공권력을 직권으로 조사하여 피청구인과 심판대상을 확정하여 판단하여야 한다고 하고,[2)] 청구인들이 심판청구서에 재심이라는 용어를 사용했다 하더라도 그 실질에 있어서는 헌법재판소의 결정에 대한 단순한 불복소원에 불과한 경우에는 이를 재심청구로 볼 수 없다고 하였다.[3)]

한편 헌법재판소는 소송경제에 비추어 하나의 심판청구로 헌법재판소법 제68조 제 1 항에 의한 헌법소원심판청구와 동조 제 2 항에 의한 헌법소원심판청구를 병합하여 제기할 수 있다고 하였다.[4)]

나. 청구인 및 대리인의 표시

청구인의 표시란 청구인의 성명, 주소, 전화번호 등의 기재를 의미하며, 주소와는 별도로 송달을 받고자 하는 곳(송날상소)이 있으면 이를 기재할 수 있다.

헌법재판소는 독립된 별개의 단체가 아닌 단체 내부의 분과위원회에 대하여는 헌법소원심판 청구능력을 부정하였고,[5)] 교육시설에 관한 권리의무의 주체로서 당사자능력이 있는 학교법인 외에 학교에 대하여 별도로 헌법소원의 당사자능력을 인정하여야 할 필요는 없으므로 학교의 헌법소원심판청구는 부적

1) 헌재 1992. 12. 24. 90헌마158(청구인이 기존의 판결의 저촉 내지 동일성 여부의 확인을 구하는 주장과 이유만으로는 청구인의 침해된 기본권이 무엇인지 또 어떠한 공권력에 기하여 침해된 것인지 특정할 수 없으므로 부적법한 청구라고 판시하였다).

2) 헌재 1993. 5. 13. 91헌마190; 헌재 1994. 12. 29. 92헌마216; 헌재 1997. 1. 16. 90헌마110등; 헌재 1998. 3. 26. 93헌바12; 헌재 2003. 5. 15. 2002헌마90; 헌재 2012. 8. 23. 2008헌마430; 헌재 2016. 4. 28. 2012헌마549등.

3) 헌재 1994. 12. 29. 92헌아1; 동지 헌재 1994. 12. 29. 92헌아2.

4) 헌재 2010. 3. 25. 2007헌마933.

5) 헌재 1991. 6. 3. 90헌마56.

법하다고 하였으며,[1] 국회노동위원회[2]나 국회의원,[3] 지방교육위원회의 구성원인 교육위원,[4] 지방자치단체[5]나 그 기관인 지방자치단체의 장,[6] 서울특별시의회,[7] 공법인인 농지개량조합,[8] 공무원[9]의 헌법소원 청구인적격을 부인하면서 "헌법재판소법 제68조 제 1 항에서 '……기본권을 침해받은 자는 헌법소원의 심판을 청구할 수 있다.'고 규정한 것은 기본권의 주체라야만 헌법소원을 청구할 수 있고, 기본권의 주체가 아닌 자는 헌법소원을 청구할 수 없다는 것을 의미한다 할 것인데, 기본권의 보장에 관한 각 헌법규정의 해석상 국민(또는 국민 유사한 지위에 있는 외국인과 사법인)만이 기본권의 주체라 할 것이고, 국가나 국가기관 또는 국가조직의 일부나 공법인은 기본권의 '수범자(Adressat)'이지 기본권의 주체로서 그 '소지자(Träger)'가 아니고 오히려 국민의 기본권을 보호 내지 실현해야 할 '책임'과 '의무'를 지니고 있는 지위에 있을 뿐이므로, 국가기관인 국회의 일부조직인 국회의 노동위원회는 기본권의 주체가 될 수 없고 따라서 헌법소원을 제기할 수 있는 적격이 없다."고 판시하였고,[10] "국회의원이 국회 내에서 행하는 질의권·토론권 및 표결권 등은 입법권 등 공권력을 행사하는 국가기관인 국회의 구성원의 지위에 있는 국회의원에게 부여된 권한이지 국회의원 개인에게 헌법이 보장하는 권리 즉 기본권으로 인정된 것이라고 할 수 없으므로, 설사 국회의장의 불법적인 의안처리행위로 헌법의 기본원리가 훼손되었다고 하더라도 그로 인하여 헌법상 보장된 구체적 기본권을 침해당한 바 없는 국회의원인 청구인들에게 헌법소원심판청구가 허용된다고 할 수 없다."고 판시하였다.[11]

대리인의 표시란, 헌법재판소법 제25조 제 3 항에 의하여 선임된 변호사인 대리인의 성명, 주소(사무소)의 기재를 의미한다. 그리고 대리인의 선임을 증명

1) 헌재 1993. 7. 29. 89헌마123.
2) 헌재 1994. 12. 29. 93헌마120.
3) 헌재 1995. 2. 23. 90헌마125; 헌재 2000. 8. 31. 2000헌마156.
4) 헌재 1995. 9. 28. 92헌마23등.
5) 헌재 2006. 2. 23. 2004헌바50.
6) 헌재 2014. 6. 26. 2013헌바122.
7) 헌재 1998. 3. 26. 96헌마345.
8) 헌재 2000. 11. 30. 99헌마190.
9) 헌재 2001. 1. 18. 2000헌마149.
10) 헌재 1994. 12. 29. 93헌마120.
11) 헌재 1995. 2. 23. 90헌마125; 동지 헌재 2000. 8. 31. 2000헌마156(청구인이 국회상임위원회에 소속하여 활동할 권리, 무소속 국회의원으로서 교섭단체 소속 국회의원과 동등하게 대우받을 권리란 입법권을 행사하는 국가기관인 국회의원의 지위에서 주장하는 권리일지언정 헌법이 일반국민에게 보장하고 있는 기본권이라고 할 수는 없다고 하였다).

하는 서류(위임장)를 첨부하여야 한다.

한편, 헌법재판소법 제70조 제 1 항, 제 2 항에 의하여 국선대리인이 먼저 선정된 경우에는 국선대리인선정통지서(또는 국선대리인선정결정정본)를 첨부한다.

다. 피청구인

피청구인은 공권력행사에 대한 헌법소원의 경우에는 당해 공권력행사를 한 기관을, 공권력 불행사에 대한 헌법소원의 경우에는 그 행위의무가 있다고 주장하는 공권력기관을 말한다.

다만, 법령에 대한 헌법소원의 경우에는 헌법소원심판의 청구서에 피청구인의 기재를 반드시 하여야 하는 것은 아니다(심판규칙 제68조 제 1 항 제 2 호 단서).

심판규칙의 제정 전에는 헌법소원심판청구서에 피청구인을 기재하여야 하는지에 대하여 논란이 있었으나, 다음에서 보는 바와 같이, 이를 엄격하게 요구하는 것은 아니었다. 즉, 헌법소원의 심판대상은 어디까지나 공권력의 행사 또는 불행사인 처분 자체이기 때문에, 심판청구서에서 청구인이 피청구인(처분청)을 잘못 지정한 경우에도 헌법소원의 적법요건에 흠결이 있는 것이 아니어서 직권으로 불복한 처분(공권력)에 대하여 정당하게 책임져야 할 처분청(피청구인)을 지정하여 정정할 수도 있다.[1] 따라서 헌법재판소는 청구인의 심판청구서에 기재된 피청구인이나 청구취지에 구애됨이 없이 청구인의 주장요지를 종합적으로 판단하여야 하며 청구인이 주장하는 침해된 기본권과 침해의 원인이 되는 공권력을 직권으로 조사하여 피청구인과 심판대상을 확정하여 판단하여야 한다.[2]

그러나 공권력행사를 한 처분청(내무부장관)과 별도로 대통령을 피청구인으로 한 헌법소원사건에서는, 국가공무원의 파견근무명령은 소속장관이 명령권자이고 대통령은 그 명령권자가 아니므로 피청구인 대통령에 대한 청구는 심판의 대상인 파견근무명령의 명령권자가 아닌 자에 대한 청구로서 피청구인이 없는 자에 대한 부적법한 청구라고 한 사례가 있다.[3]

그런데 이후 제정된 심판규칙에서는 법령에 대한 헌법소원의 경우를 제외하고는 피청구인의 기재를 요구하고 있고(심판규칙 제68조 제 1 항 제 2 호), 그 기재가

1) 헌재 1999. 11. 25. 98헌마456; 헌재 2001. 7. 19. 2000헌마546; 헌재 2008. 12. 26. 2007헌마775; 헌재 2024. 1. 25. 2020헌마1725.
2) 헌재 1993. 5. 13. 91헌마190.
3) 헌재 1992. 12. 24. 92헌마204.

누락되거나 명확하지 아니함에도 보정명령에 불응한 경우에는 심판청구를 각하할 수 있도록 하고 있다(심판규칙 제70조). 이는 법령을 제외한 공권력의 행사 또는 불행사를 다투는 헌법소원의 경우 헌법재판소 실무가 피청구인의 존재를 전제로 하여 심판절차를 진행해 온 것을 반영한 것이다.

그러나 심판규칙이 제정된 이후에도 청구서에 피청구인의 기재를 엄격하게 요구하지 않는 것이 헌법재판소의 실무이다. 피청구인을 기재하지 아니하였거나 피청구인의 지정이 잘못된 경우 여전히 헌법재판소는 직권으로 이를 정정하여 판단하고 있다.[1]

라. 침해된 권리

헌법소원은 헌법상 보장된 기본권을 침해받은 자가 제기하는 것이므로, 침해된 권리는 헌법상 보장된 기본권을 의미한다.

헌법재판소는, 청구인이 막연히 대구고등법원 77나172호 소유권이전등기말소 청구사건과 부산지방법원 83가합4388호 소유권이전등기말소 등 청구사건의 판결은 서로 저촉되지 아니한다는 취지의 확인을 구하고 있는 데 불과하며 막연히 기존의 판결의 저촉 내지 동일성 여부의 확인을 구하는 이러한 주장과 이유만으로는 청구인의 침해된 기본권이 무엇인지 또 어떠한 공권력의 행사에 의하여 침해된 것인지 특정할 수 없으므로 부적법한 청구라고 하였다.[2]

한편 헌법재판소는 "헌법재판소법 제71조 제 1 항 제 2 호에 헌법소원의 심판청구서에는 침해된 권리를 기재할 것을 요구하고 있지만, 그 기재는 헌법재판소법 제68조 제 1 항에 비추어 헌법재판소로 하여금 헌법상 보장된 기본권의 침해가 있다는 주장인 것으로 인식할 수 있는 정도의 표시로 족하고, 헌법재판소의 심판에 있어서는 반드시 그 표시된 권리에 구애되는 것이 아니라 청구인이 주장하는 침해된 기본권과 침해의 원인이 되는 공권력의 행사를 직권으로 조사하여 판단할 수 있는 것이다."라고 판시하였고,[3] 헌법재판소법 제68조 제 1 항 위헌확인 등 사건에서 "헌법소원이 단지 주관적인 권리구제절차일 뿐 아니라 객관적 헌법질서의 수호와 유지에 기여한다는 이중적 성격을 지니고 있으

---

1) 실무제요, 254면.
2) 헌재 1992. 12. 24. 90헌마158.
3) 헌재 1993. 5. 13. 91헌마190; 헌재 1997. 1. 16. 90헌마110등; 헌재 2012. 8. 23. 2008헌마430; 헌재 2016. 4. 28. 2012헌마549등.

므로, 헌법재판소는 본안판단에 있어서 모든 헌법규범을 심사기준으로 삼음으로써 청구인이 주장한 기본권의 침해여부에 관한 심사에 한정하지 아니하고 모든 헌법적 관점에서 심판대상의 위헌성을 심사한다. 따라서 헌법재판소법 제68조 제 1 항이 비록 청구인이 주장하는 기본권을 침해하지는 않지만, 헌법 제107조 및 제111조에 규정된 헌법재판소의 권한규범에 부분적으로 위반되는 위헌적인 규정이므로, 이 사건 헌법소원은 위에서 밝힌 이유에 따라 한정적으로 인용될 수 있는 것이다."라고 판시하였다.[1]

한편, 여러 사람이 공동으로 헌법소원심판을 청구한 경우, 그들은 각자 독립된 지위를 가지므로, 헌법소원심판의 대상인 공권력의 행사 또는 불행사와 침해된 권리가 특정되어 있는지 여부는 청구인별로 개별적으로 판단하여야 한다.[2]

마. 침해의 원인이 되는 공권력의 행사 또는 불행사

이는 심판청구서의 기재사항 중 매우 중요한 것으로 헌법소원심판의 대상을 특정하는 기준이 된다. 따라서 청구인이 헌법소원심판을 청구하려면 그 심판청구의 취지나 그 이유에서 침해되었다고 주장하는 자기의 기본권을 특정하고, 심판청구인이 침해의 원인으로 간주하는 공권력 담당기관의 작위 또는 부작위 등을 특정하여 밝힘으로써 침해된 기본권을 구제받을 수 있는 것인지의 여부에 대한 헌법적 판단을 구하여야 한다.[3]

이를 구체적으로 보면, 법률이 헌법소원의 대상인 경우 법률의 명칭과 기본권침해조항, 법률의 제성 또는 개성일, 법률번호, 법률조항 등을, 행정처분이 헌법소원의 대상인 경우 처분을 행한 행정청의 명칭과 처분일시 및 구체적인 처분내용 등을, 입법부작위의 경우(행정입법부작위 포함)에는, 입법의무의 주체와 작위의무의 근거법령 및 부작위의 내용, 행정청의 부작위가 헌법소원의 대상인 경우 작위의무가 있는 행정청의 명칭, 작위의무의 법적 근거, 부작위의 구체적 내용 등을 기재하여야 한다.[4]

1) 헌재 1997. 12. 24. 96헌마172등.
2) 헌재 2007. 11. 29. 2005헌마347.
3) 헌재 1992. 12. 24. 90헌마158.
4) 실무제요, 256면.

바. 청구이유

헌법소원심판청구에 이르게 된 경위를 먼저 기재하고, 당해 공권력의 행사 또는 불행사가 청구인의 기본권을 침해하는 이유 또는 헌법에 위반되는 이유를 자세히 기재한다. 여기에는 사실관계에 관한 것뿐만 아니라 법적 상황에 대한 주장이나 설명도 요구된다. 기재의 정도는 기본권 침해의 단순한 주장만으로는 불충분하고, 주장된 사실과 기본권 침해 사이에 어느 정도 관련성이 있어야 할 것이다. 청구인이 기본권 침해의 가능성을 확인할 수 있을 정도의 구체적 주장을 하지 않고 막연하고 모호한 주장만을 하는 경우 그 헌법소원은 부적법한 것이 된다.[1]

사. 기타 필요한 사항

이에는 청구기간의 준수여부, 다른 법률에 의한 구제절차의 이행 여부와 그에 관한 소명자료의 첨부를 요한다. 나아가 청구인이 헌법소원에 의하여 달성하려는 목적이 무엇인가를 분명히 하기 위하여 청구취지를 기재하는 것이 필요하다.

그런데 청구취지와 관련하여, 헌법소원은 공권력의 행사 또는 불행사로 인하여 헌법상 보장된 기본권을 침해받은 자에게 부여한 특별구제수단이므로 헌법재판소는 객관적인 헌법질서의 보장뿐만 아니라 주관적인 권리구제의 보장에도 충분한 배려를 하여야 하나, 그렇다고 하여 헌법재판소가 일반법원의 기능과 절차를 보충하는 역할까지 담당할 수는 없다는 헌법소원의 본질적 한계와 헌법재판소법 제75조 제 3 항 및 제 1 항의 취지로 미루어 보면, 헌법소원심판청구로서 피청구인에 대한 손해배상을 구하는 것과 같은 이행청구는 불가능하다고 하였다.[2]

한편 헌법소원심판의 청구서에는 대리인의 선임을 증명하는 서류를 붙여야 하며, 다만 심판청구와 동시에 국선대리인 선임신청을 하는 경우에는 그러하지 아니하다(심판규칙 제69조 제 1 항).

아. 기재사항에 관한 보정명령

심판청구서의 필수 기재사항이 누락되거나 명확하지 아니한 경우에 헌법재판소는 적당한 기간을 정하여 이를 보정하도록 명할 수 있고(심판규칙 제70조 제

---

1) 헌재 2005. 2. 3. 2003헌마544; 헌재 2014. 6. 17. 2014헌마362 등; 헌재 2016. 3. 31. 2015헌마1056 등 참조.

2) 헌재 1992. 10. 1. 90헌마5.

1 항), 위 명령에 따른 보정기간까지 보정하지 아니한 경우에는 심판청구를 각하할 수 있다(동조 제 2 항). 실제 헌법재판소는 기본권 침해의 원인이 되는 공권력 행사의 주체나 내용, 그로 인하여 청구인의 어떤 기본권이 어떻게 침해된다는 것인지를 구체적이고 명확하게 밝힐 것을 명하는 보정명령을 받고도 이에 응하지 아니한 경우 각하 결정을 하고 있다.[1)]

3. 심판청구서의 예시

헌법재판소에 접수되는 헌법소원심판사건 중에서 그 빈도가 높은 몇 가지의 심판청구서를 실제의 예에 의거하여 예시해 본다.

1) 헌재 2007. 11. 29. 2005헌마347; 헌재 2011. 9. 15. 2011헌마444; 헌재 2012. 1. 10. 2011헌마762; 헌재 2014. 7. 1. 2014헌마436; 헌재 2014. 7. 23. 2014헌마459.

[서식례 10] 법령에 대한 헌법소원심판청구서 예시

헌법소원심판청구서

청 구 인 ○ ○ ○

서울 ○○구 ○○로 ○○○

대리인 변호사 ○ ○ ○

서울 ○○구 ○○로 ○○○

청 구 취 지

"○○법(2013. 12. 30. 법률 제○○○호) 제○○조는 헌법에 위반된다."라는 결정을 구합니다.

침 해 된 권 리

헌법 제11조 평등권, 제15조 직업선택의 자유

침 해 의 원 인

○○법 (2013. 12. 30. 법률 제○○○호) 제○○조

청 구 이 유

1. 심판청구에 이르게 된 경위(사건의 개요)
2. 심판대상조항 및 관련조항(법문 기재)
3. 적법요건의 충족 여부(예: 법적 관련성, 청구기간 등)
4. 기본권을 침해하는 이유

첨 부 서 류

1. 각종 입증서류
2. 소송위임장(소속변호사회 경유)

20 . . .

청구인 대리인 변호사 ○ ○ ○ (인)

헌법재판소 귀중

[서식례 11] 불기소처분(기소유예처분)에 대한 헌법소원심판청구서 예시

헌법소원심판청구서

청 구 인 ○ ○ ○

서울 ○○구 ○○로 ○○○

대리인 변호사 ○ ○ ○

서울 ○○구 ○○로 ○○○

피청구인 ○○지방검찰청 ○○지청 검사

청 구 취 지

"피청구인이 20 . . . ○○지방검찰청 ○○지청 2013년 형제0000호 사건에 있어서 청구인에 대하여 한 기소유예의 불기소처분은 청구인의 평등권 및 행복추구권(청구인이 피의자인 경우), 재판절차진술권(청구인이 형사피해자인 경우)을 침해한 것이므로 이를 취소한다."라는 결정을 구합니다.

침 해 된 권 리

헌법 제11조 제 1 항 평등권

헌법 제10조 행복추구권(청구인이 피의자인 경우) 또는 헌법 제27조 제 5 항 재판절차진술권(청구인이 형사피해자인 경우)

침 해 의 원 인

피청구인의 20 . . . ○○지방검찰청 ○○지청 2013년 형제0000호 사건의 청구인에 대한 기소유예처분

청 구 이 유

1. 심판에 이르게 된 경위(기소유예처분 등 약술)
2. 적법요건의 충족 여부
3. 기소유예(불기소)처분의 내용
4. 기본권을 침해하는 이유(법리오해, 수사미진, 증거판단 잘못 등)

첨 부 서 류

1. 각종 입증서류
2. 소송위임장(소속변호사회 경유)

20 . . .

청구인 대리인 변호사 ○ ○ ○ (인)

헌법재판소 귀중

[서식례 12] 행정행위에 대한 헌법소원심판청구서 예시

헌법소원심판청구서

청 구 인 ○ ○ ○

서울 ○○구 ○○로 ○○○

대리인 변호사 ○ ○ ○

서울 ○○구 ○○로 ○○○

피청구인 공정거래위원회

청 구 취 지

"피청구인이 20 . . . ○○회사에 대하여 한 무혐의결정은 청구인의 평등권 및 재판절차진술권을 침해한 것이므로 이를 취소한다."라는 결정을 구합니다.

침 해 된 권 리

헌법 제11조 제 1 항 평등권

헌법 제27조 제 5 항 재판절차에서의 진술권

침 해 의 원 인

피청구인의 20 . . .자 ○○회사에 대한 무혐의결정

청 구 이 유

1. 심판청구에 이르게 된 경위(사건의 개요)
2. 행정행위의 내용
3. 적법요건의 충족 여부(예: 공권력의 행사, 법적 관련성, 청구기간 등)
4. 기본권을 침해하는 이유

첨 부 서 류

1. 각종 입증서류
2. 소송위임장(소속변호사회 경유)

20 . . .

청구인 대리인 변호사 ○ ○ ○ (인)

헌법재판소 귀중

[서식례 13] 부작위에 대한 헌법소원심판청구서 예시

헌법소원심판청구서

청 구 인 ○ ○ ○

서울 ○○구 ○○동

대리인 변호사 ○ ○ ○

서울 ○○구 ○○동

피청구인 고용노동부장관

청 구 취 지

"피청구인이 ○○법 제○○조 및 ○○법 시행령 제○○조가 정하는 경우에 관하여 평균임금을 정하여 고시하지 아니한 부작위는 청구인의 재산권을 침해한 것이므로 위헌임을 확인한다."라는 결정을 구합니다.

침 해 된 권 리

헌법 제23조 재산권

침 해 의 원 인

피청구인이 ○○법 제○○조 및 ○○법 시행령 제○○조가 정하는 경우에 관하여 평균임금을 정하여 고시하지 아니한 부작위

청 구 이 유

1. 심판청구에 이르게 된 경위(사건의 개요)
2. 부작위의 내용(입법의무 등의 주체, 작위의무의 내용, 의무의 해태)
3. 기본권을 침해하는 이유(작위의무의 근거, 헌법이나 헌법해석, 행정부작위의 경우 법령상의 근거 포함)

첨 부 서 류

1. 각종 입증서류
2. 소송위임장(소속변호사회 경유)

20 . . .

청구인 대리인 변호사 ○ ○ ○ (인)

헌법재판소 귀중

제 5 절 헌법소원심판의 절차

1. 심판절차의 개관

청구인이 공권력작용으로 인하여 헌법상 보장된 기본권을 침해받았다고 주장하여 헌법재판소에 헌법소원심판청구서를 제출하면 사건번호와 사건명이 부여되고 지정재판부의 사전심사를 받게 된다.

지정재판부의 재판장은 심판청구서를 심사하여 심판청구가 부적법하나 보정할 수 있다고 인정하는 경우에는 상당한 기간을 정하여 보정을 요구하여야 한다(헌재법 제72조 제 5 항, 제28조). 사전심사를 통과하여 전원재판부에 회부되면 본격적인 심리에 들어간다.

이상과 같이 심판청구서의 접수에서부터 종국결정에 이르기까지의 심판절차를 도표로 나타내면 다음과 같다.

[도표 4] 헌법소원심판 절차도

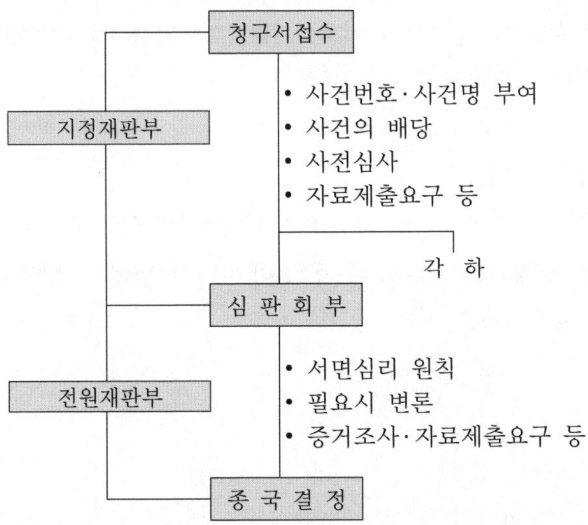

2. 사전심사

가. 지정재판부에 의한 각하

헌법재판소에 접수된 헌법소원심판사건은 헌법재판소법 제68조 제 1 항에 의한 헌법소원과 동조 제 2 항에 의한 헌법소원을 불문하고 먼저 지정재판부의 사전심사를 거치게 되는데(헌재법 제72조 제 1 항), 이러한 사전심사는 심판청구의 본안에 대한 판단이 아니라 단지 적법요건의 구비 여부만을 심사하는 것이다.

다음의 각 경우에는 지정재판부 재판관 전원의 일치된 의견에 의한 결정으로 심판청구를 각하한다(헌재법 제72조 제 3 항).

① 다른 법률에 구제절차가 있음에도 불구하고 그 절차를 모두 거치지 아니한 경우

② 법원의 재판에 대하여 청구된 경우

다만, 헌법재판소의 법률에 대한 위헌결정(변형결정 포함)에 반하는 법원의 재판에 대하여는 헌법소원심판을 제기할 수 있으나,[1] 위헌으로 결정된 법률(조항)은 그 결정이 있는 날로부터 효력을 상실하므로(헌재법 제47조 제 2 항), 원칙적으로 동 위헌결정일 이후의 재판이 이에 해당할 것이다.[2]

③ 청구기간이 경과된 경우

④ 변호사를 대리인으로 선임하지 않고 청구한 경우(다만, 청구인 자신이 변호사의 자격을 가진 자인 때에는 각하사유에 해당되지 않는다)

⑤ 기타 헌법소원심판의 청구가 부적법하고 그 흠결을 보정할 수 없는 경우

헌법재판소는 청구서의 필수 기재사항이 누락되거나 명확하지 아니한 경우에 적당한 기간을 정하여 이를 보정하도록 명할 수 있고(심판규칙 제70조 제 1 항), 위 보정기간까지 보정하지 아니한 경우에는 심판청구를 각하할 수 있다(동조 제 2 항). 이것은 지정재판부의 사전심사에도 마찬가지로 적용된다.

그런데 기타 사유로 헌법소원심판청구가 부적법한 경우에 관한 헌법재판소의 판례를 보면, 헌법소원의 인용결정을 할 때에는 기본권침해의 원인이 된 공권력의 행사를 취소하거나 그 불행사가 위헌임을 확인할 수 있을 뿐이므로 헌법소원의 방식으로 사소유권 확인의 심판을 구하는 것은 청구취지 그 자체로

1) 재판소원허용 사건. 헌재 1997. 12. 24. 96헌마172등.
2) 헌재 1998. 4. 30. 92헌마239.

서 부적법하다고 하였고,[1] 헌법소원의 본질적 한계와 헌법재판소법 제75조 제 3 항 제 1 항의 취지로 미루어 보면 헌법소원의 심판청구로서 피청구인에 대한 손해배상을 구하는 것과 같은 이행청구는 불가능하다고 하였다.[2] 또한 헌법소원에 대한 심판이 있을 때까지 형의 집행정지를 구하는 청구는 헌법재판소법 제75조 제 3 항의 취지에 비추어 헌법소원으로 심판청구 할 수 없는 사항에 대한 헌법소원심판청구이어서 부적법하다고 하였고,[3] 공권력에 의한 처분의 위헌확인은 헌법소원제도에서 허용하고 있지 아니하므로 이는 청구인의 기본권 침해를 원인으로 그 취소를 주장하는 것으로 받아들여야 한다고 판시한 바 있으며,[4] 또한 입법기관 소관사항인 법률조문들의 개폐를 구하는 헌법소원심판 청구는 헌법소원심판청구의 대상이 될 수 없는 사항에 대한 심판청구이어서 부적법하다고 하였다.[5]

한편 헌법재판소는 "헌법소원은 공권력의 행사 또는 불행사로 인하여 헌법상 보장된 기본권을 침해받은 자에게 부여한 특별구제수단이므로, 일반 법원의 기능과 절차를 보충하는 역할까지 담당할 수는 없다. 그리고 헌법재판소법 제75조 제 3 항은 헌법재판소가 헌법소원을 인용하는 결정을 하는 경우 '기본권침해의 원인이 된 공권력의 행사를 취소하거나 그 불행사가 위헌임을 확인할 수 있다.'라고 규정하고 있을 뿐이다. 위와 같은 헌법소원의 본질적 한계와 위 법률조항의 취지로 미루어 보면, 손해배상이나 등기절차이행을 구하는 등 이행청구는 헌법소원심판의 청구로는 구할 수 없는 것으로 보아야 한다."고 판시하였다.[6]

또한 피청구인의 거부처분은 공권력의 행사임이 명백하므로 청구인으로서는 그 거부처분의 취소를 구하는 헌법소원심판을 청구함으로 족한 것이며, 이와 병행하여 공권력의 불행사를 이유로 부작위위헌확인 심판청구를 하는 것은 허용되지 않는다고 한 사례도 있다.[7]

한편, 헌법재판소법 제40조 제 1 항에 의하여 준용되는 행정소송법 제13조

1) 헌재 1991. 7. 8. 89헌마155.
2) 헌재 1992. 10. 1. 90헌마5.
3) 헌재 1992. 6. 26. 89헌마272.
4) 헌재 1991. 7. 8. 89헌마181.
5) 헌재 1992. 6. 26. 89헌마132.
6) 헌재 1998. 12. 24. 97헌마87등.
7) 헌재 1993. 5. 10. 93헌마92 지정부 결정.

제 1 항에서는 피고적격을 처분행정청으로 한정하고 있어 공권력행사를 한 처분청과 별도로 국가를 피청구인으로 한 헌법소원심판청구 부분은 부적법하다고 하였다.[1] 그러나 헌법재판소는 "헌법소원심판은 그 청구서와 결정문에 반드시 피청구인을 특정하거나 청구취지를 기재하여야 할 필요가 없다. 그러므로 헌법소원심판청구서에 피청구인을 특정하고 있더라도 피청구인의 잘못된 표시는 헌법소원심판청구를 부적법하다고 각하할 사유가 되는 것이 아니며 소원심판대상은 어디까지나 공권력의 행사 또는 불행사인 처분 자체이기 때문에 심판청구서에서 청구인이 피청구인(처분청)이나 청구취지를 잘못 지정한 경우에도 권리구제절차의 적법요건에 흠결이 있는 것이 아니어서 직권으로 불복한 처분(공권력)에 대하여 정당하게 책임져야 할 처분청(피청구인)을 지정하여 정정할 수도 있고 처분청을 기재하지 아니할 수도 있다. 따라서 헌법재판소는 청구인의 심판청구서에 기재된 피청구인이나 청구취지에 구애됨이 없이 청구인의 주장요지를 종합적으로 판단하여야 하며 청구인이 주장하는 침해된 기본권과 침해의 원인이 되는 공권력을 직권으로 조사하여 피청구인과 심판대상을 확정하여 판단하여야 하는 것이다."라고 판시하였다.[2]

그리고 위헌결정이 선고된 법률에 대한 헌법소원심판청구는, 비록 위헌결정이 선고되기 이전에 심판청구된 것일지라도 더 이상 심판의 대상이 될 수 없으므로 부적법하다.[3]

또한 헌법재판소법 제41조 제 4 항 및 제68조 제 2 항은 바로 법원의 합헌판단권이나 그에 따른 위헌제청 기각결정의 근거가 되는 법률조항이 아니므로, 청구인이 그로 말미암아 재판청구권 기타 기본권이 침해되었다고 주장하며 위헌법재판소법 조항에 대한 법령소원을 제기할 수 없으므로 이 부분에 대한 헌법소원심판청구는 부적법하다고 하였고,[4] 청구인의 대리인인 변호사들이 소송위임장만 제출한 채 심판수행을 전혀 하지 아니하고 있다가 대리인 사임계를 제출한 뒤, 청구인이 재판소로부터 변호사를 대리인으로 선임할 것과 대리인명의의 위헌이라고 해석되는 청구이유서를 제출할 것을 명하는 취지의 보정명령

1) 헌재 1992. 12. 24. 90헌마182; 동지: 헌재 1992. 12. 24. 92헌마204.
2) 헌재 1993. 5. 13. 91헌마190; 헌재 1997. 1. 16. 90헌마110등.
3) 헌재 1994. 4. 28. 92헌마280; 헌재 1989. 9. 29. 89헌가86; 헌재 2016. 10. 28. 2014헌마709(위헌결정이 선고된 법률조항은 헌재법 제47조 제 2 항에 따라 효력을 상실하였으므로 헌법소원심판 대상이 될 수 없다고 하였다).
4) 헌재 1993. 7. 29. 90헌바35.

서를 송달받고서도 보정기간이 경과할 때까지 이에 따르지 아니한 헌법소원심판청구는 부적법하다고 하였다.[1)]

그러나 "청구인 대리인이 헌법재판소법 소정의 요건에 맞추어 심판청구서를 제출하였고 그 외 추가로 제출한 청구이유서에서 사건의 발단 및 경위 등 사건의 핵심적인 쟁점이라고 할 수 있는 점에 관하여 상세히 주장하고 있으며, 피청구인의 답변요지가 결국 피청구인의 이 사건 불기소처분은 정당한 것이므로 청구인의 심판청구는 이유 없어 이를 기각해 달라는 것일 뿐 그 외에 다른 주장이 없다고 한다면, 피청구인의 답변서 제출 전에 청구인 대리인이 사임한 경우라도, 구태여 다시 보정명령을 발하여 새로운 대리인을 선임하게 하고 그 대리인으로 하여금 심판을 수행하게 할 필요는 없는 것이며, 그 상태로 종국결정을 한다고 하더라도 청구인의 재판을 통한 기본권의 실질적 보장에 조금도 소홀함이 없는 것이므로, 그 대리인의 사임 후 새로이 청구인의 대리인을 선임하지 아니하였다고 하더라도 그 사실 때문에 이 사건 심판청구가 부적법하게 되는 것이라고는 볼 수 없다."고 판시하였다.[2)]

또한 헌법소원심판청구가 부적법하다고 하여 헌법재판소가 각하결정을 하였을 경우에는 그 각하결정에서 판시한 요건의 흠결을 보정할 수 있는 때에 한하여 그 요건의 흠결을 보정하여 다시 심판청구를 하는 것은 모르되 그러한 요건의 흠결을 보정하지 아니한 채로 동일한 내용의 심판청구를 되풀이하는 것은 허용될 수 없다고 하였다.[3)]

그런데 헌법재판소는 교통사고처리특례법 제 4 조 등에 대한 헌법소원 사건에서 "헌법재판소법 제68조 제 1 항에 의한 헌법소원에 있어서는 재판의 전제성이 심판청구의 적법요건으로서 요구되는 것이 아니므로, 이 사건 법률조항이 청구인들의 기본권을 직접 침해하였음을 이유로 한 이 사건 헌법소원 심판청구가 재판의 전제성을 결여하여 부적법하다고 할 수는 없다."고 판시하였다.[4)]

한편, 지정재판부의 권한으로 가처분신청에 대한 결정을 할 수 있는지에 관하여는 명시적인 규정이 없다. 그러나 가처분은 본안재판에 부수적인 성격을

1) 헌재 1994. 4. 28. 92헌바16.
2) 헌재 1996. 10. 4. 95헌마70.
3) 헌재 1992. 12. 8. 92헌마276 지정부 결정; 동지: 헌재 1992. 9. 3. 92헌마197 지정부 결정; 헌재 1993. 5. 13. 92헌마276 지정부 결정; 헌재 1995. 1. 12. 94헌아7 지정부 결정.
4) 헌재 1997. 1. 16. 90헌마110등.

가지므로 사전심사에서 헌법소원을 각하할 경우 가처분 신청을 받아들이지 않는 결정도 함께 할 수 있다. 지정재판부에서 헌법소원이 각하됨에도 불구하고 가처분 신청만을 따로 떼어 전원재판부에서 재판하도록 하는 것은 사전심사제도의 취지나 가처분의 효율적 처리에 반한다. 실무에서는 지정재판부가 가처분 인용결정을 한 사례는 없으며, 적법요건 흠결 등을 이유로 헌법소원을 각하하는 경우 그에 부수된 가처분 신청에 대해서도 함께 기각결정을 하고 있다.[1)]

한편 최근에는 지정재판부에서 헌법소원을 각하하면서, 그에 부수된 가처분 신청을 함께 기각하는 사례뿐 아니라 각하하는 사례도 늘어나고 있다.[2)]

나. 심판회부

지정재판부가 심판청구를 각하하지 아니하는 경우에는 그 사건을 전원재판부의 심판에 회부하는 결정을 하여야 하는데, 헌법소원심판의 청구 후 30일이 지날 때까지 각하결정이 없는 때에는 심판에 회부하는 결정이 있는 것으로 본다(헌재법 제72조 제 4 항). 그런데 지정재판부 재판장이 심판청구의 보정을 요구하면서 정한 보정기간은 헌법재판소법 제72조 제 4 항이 정한 지정재판부의 사전심사기간에서 제외되고, 재판부 기피신청으로 인하여 심판절차가 정지된 기간 역시 지정재판부의 위 사전심사기간에 산입하지 아니한다.[3)]

---

1) 실무제요, 265면. 지방교육자치에 관한 법률 제49조 제 1 항 등 위헌확인 사건에서 지정부각하(헌재 2010. 7. 6. 2010헌마324)와 동시에 그에 따른 효력정지 가처분신청을 기각한 사례(헌재 2010. 7. 6. 2010헌사485), 민사소송법 제48조 단서 위헌소원 사건에서 지정부각하(헌재 2012. 3. 27. 2012헌바72)와 동시에 그에 따른 소송절차정지 가처분신청을 기각한 사례(헌재 2012. 3. 27. 2012헌사185), 헌법재판소법 제41조 제 1 항 위헌소원 사건에서 지정부각하(헌재 2013. 10. 22. 2013헌바364)와 동시에 그에 따른 소송절차정지 가처분신청을 기각한 사례(헌재 2013. 10. 22. 2013헌사876), 대전도솔초등학교 공고 제2014－2호 2014학년도 원아모집요강 위헌확인 사건에서 지정부각하(헌재 2014. 11. 18. 2014헌마900)와 동시에 그에 따른 위 요강 효력정지 가처분신청을 기각한 사례(헌재 2014. 11. 18. 2014헌사1281) 등 다수 사례가 있다.

2) 헌법재판소법 제68조 제 1 항 위헌확인 등 사건에서 지정부각하(헌재 2019. 7. 2. 2019헌마673)와 동시에 그에 따른 효력정지 가처분신청을 각하한 사례(헌재 2019. 7. 2. 2019헌사482), 미세먼지 저감 및 관리에 관한 특별법 제18조 제 1 항 위헌소원 사건에서 지정부각하(헌재 2020. 11. 17. 2020헌바538)와 동시에 그에 따른 효력정지 가처분신청을 각하한 사례(헌재 2020. 11. 17. 2020헌사1123), 행정부작위 위헌확인 사건에서 지정부각하(헌재 2021. 9. 28. 2021헌마1137)와 동시에 그에 따른 효력정지 가처분신청을 각하한 사례(헌재 2021. 9. 28. 2021헌사983), 민법 제397조 제 1 항 등 위헌소원 사건에서 지정부각하(헌재 2022. 3. 29. 2022헌바72)한 후 그에 부수된 효력정지 가처분신청을 각하한 사례(헌재 2022. 4. 19. 2022헌사297), 청와대 이전결정 위헌확인 사건에서 지정부각하(헌재 2022. 5. 3. 2022헌마432)와 동시에 그에 따른 효력정지 등 가처분신청을 각하한 사례(헌재 2022. 5. 3. 2022헌사309) 등 다수 사례가 있다.

3) 헌재 1993. 10. 29. 93헌마222.

다. 통 지

지정재판부는 헌법소원을 각하하거나 심판회부결정(심판회부간주의 경우에도 같다)을 한 때에는 그 결정일부터 14일 이내에 청구인 또는 그 대리인 및 피청구인에게 그 사실을 통지하여야 한다(헌재법 제73조 제 1 항). 헌법재판소장은 헌법소원이 재판부의 심판에 회부된 때에는 법무부장관, 헌법재판소법 제68조 제 2 항에 의한 헌법소원심판에 있어서는 청구인이 아닌 당해사건의 당사자에게 지체없이 그 사실을 통지하여야 한다(헌재법 제73조 제 2 항).

3. 심판절차

가. 서면심리원칙

헌법소원심판은 서면심리를 원칙으로 하는데 재판부가 필요하다고 인정하는 경우에는 변론을 열어 당사자·이해관계인 그 밖의 참고인의 진술을 들을 수 있다(헌재법 제30조 제 2 항).

나. 증거조사, 자료제출요구 등

재판부는 사건의 심리를 위하여 필요하다고 인정하는 경우에는 당사자의 신청 또는 직권에 의하여 당사자 본인 또는 증인에 대한 신문, 증거자료의 제출요구 및 영치, 감정 또는 검증의 증거조사를 할 수 있다(헌재법 제31조 제 1 항).

재판장은 재판관 중 1인을 지정하여 그 재판관으로 하여금 증거조사를 하게 할 수 있다(헌재법 제31조 제 2 항).

또한 재판부는 결정으로 다른 국가기관 또는 공공단체에 대하여 심판에 필요한 사실을 조회하거나, 기록의 송부나 자료의 제출을 요구할 수 있다. 다만, 재판·소추 또는 범죄수사가 진행 중인 사건의 기록에 대하여는 송부를 요구할 수 없다(헌재법 제32조).

다. 심판의 장소 및 공개

심판의 변론과 종국결정의 선고는 심판정에서 행한다. 다만 헌법재판소장이 필요하다고 인정하는 경우에는 심판정 외의 장소에서 변론 또는 종국결정의 선고를 할 수 있다(헌재법 제33조).

심판의 변론과 결정의 선고는 공개한다. 다만 서면심리와 평의(評議)는 공개하지 아니한다. 또한 국가의 안전보장, 안녕질서 또는 선량한 풍속을 해할 염려가 있는 때에는 결정으로 변론을 공개하지 아니할 수 있다(헌재법 제34조, 법원조직법 제57조 제 1 항 단서).

4. 종국결정

가. 개 관

재판부가 심리를 마치면 종국결정을 한다(헌재법 제36조 제 1 항). 종국결정은 심판청구에 대한 재판부의 최종적인 판단으로 심판사건을 완결하는 의미를 갖는다. 종국결정을 할 때에는 결정서를 작성하고, 심판에 관여한 재판관 전원이 서명·날인하여야 한다. 결정서에는 사건번호와 사건명, 당사자와 심판수행자 또는 대리인의 표시, 주문, 이유, 결정일을 반드시 기재하여야 한다(헌재법 제36조 제 2 항).

심판에 관여한 재판관은 결정서에 의견을 표시하여야 한다(헌재법 제36조 제 3 항). 따라서 주문을 이끌어낸 의견인 법정의견 외에 반대의견, 별개의견, 보충의견 등 소수의견을 피력한 재판관도 그 의견을 표시할 의무를 진다. 이는 평의의 비밀을 요구하는 헌법재판소법 제34조 제 1 항의 단서에 대한 예외를 규정한 것이다. 개정 전의 헌법재판소법 제36조 제 3 항은 "법률의 위헌심판, 권한쟁의심판 및 헌법소원심판에 관여한 재판관은 결정서에 의견을 표시하여야 한다."라고 규정하고 있었다. 그래서 대통령 탄핵 사건(2004헌나1)에서 재판관의 개별적 의견 및 그 의견의 수를 결정문에 표시할 수 없었다. 그러나 다른 심판절차와 달리 탄핵심판과 정당해산심판에서만 소수의견을 표시하지 못할 특별한 이유가 있는 것은 아니므로 현재의 내용으로 헌법재판소법 제36조 제 3 항을 개정하였고, 그에 따라 통합진보당에 대한 해산결정에서 기각의견과 보충의견을 표시하였고,[1] 대통령에 대한 탄핵심판사건의 파면결정에서는 보충의견을[2] 법관에 대한 탄핵심판사건의 각하결정에서는 별개의 각하의견, 심판절차종료의견, 인

1) 헌재 2014. 12. 19. 2013헌다1.
2) 헌재 2017. 3. 10. 2016헌나1.

용의견 및 인용의견에 대한 보충의견을 각각 표시하였다.[1]

종국결정은 종국심리에 관여한 재판관의 과반수의 찬성으로 하는바, 다만 헌법소원에 대한 인용결정을 하는 경우에는 재판관 6인 이상의 찬성이 있어야 한다(헌재법 제23조 제 2 항 단서 제 1 호). 따라서 헌법재판소는 재판관 5인이 인용(위헌) 의견인 경우라 하더라도 나머지 재판관이 기각(합헌) 또는 각하의견을 낸 경우에는 '기각(합헌)' 주문을 내야 한다.

헌법재판소도 헌법재판소법 제68조 제 1 항에 따른 헌법소원의 경우에 인용의견 5명, 기각의견 4명인 경우에 기각주문을 낸 것[2]과 인용의견이 5명이고 각하의견이 4명인 경우에 기각주문을 낸 것이 있다.[3] 한편 헌법재판소는 각하의견이 4인이고 위헌의견이 4인인 경우에 본안판단으로 나아가기 위해서는 적법요건이 충족되었다는 점에 대한 과반수 찬성이 필요하다는 이유로 각하결정을 한 바 있는데,[4] 이에 대하여는 각하의견이 과반수에 이르지 못하였으므로 적법요건 충족 여부에 대한 종국적인 판단인 각하결정을 할 수 없고 기각하여야 한다는 재판관 3인의 반대의견이 있었다.

선고하여야 하는 종국결정의 종류나 범위에 관하여 법은 아무런 규정을 두고 있지 않다. 헌법재판소의 실무는 전원재판부 심판사건의 종국결정에 한하여 선고를 하고 있다. 따라서 지정재판부의 결정이나 신청사건의 결정은 선고에 의하지 않고 결정문 정본을 송달하여 고지한다. 종국결정의 선고는 심판정에서 행하며, 다만, 헌법재판소장이 필요하다고 인정하는 경우에는 심판정 외의 장소에서 이를 할 수 있다(헌재법 제33조). 종국결정의 선고는 공개한다(헌재법 제34조 제 1 항).

선고는 재판장이 재판부와 협의를 거쳐 지정하는 선고기일에 이루어진다(심판규칙 제20조 제 1 항). 선고기일은 기일통지서 또는 출석요구서를 송달하여 통지한다(심판규칙 제21조 제 1 항).

종국결정의 선고는 재판장이 결정서 원본에 따라 주문을 읽고 이유의 요지를 설명하는 방식으로 하는데, 필요한 때에는 다른 재판관으로 하여금 이유의

1) 헌재 2021. 10. 28. 2021헌나1; 헌재 2025. 4. 4. 2024헌나8.
2) 헌재 1999. 1. 28. 98헌마85; 헌재 2000. 12. 14. 2000헌마659; 헌재 2003. 3. 27. 2002헌마573; 헌재 2008. 5. 29. 2005헌마137등; 헌재 2008. 11. 27. 2007헌마860; 헌재 2009. 2. 26. 2006헌마626; 헌재 2014. 8. 28. 2013헌마553.
3) 헌재 2000. 2. 24. 97헌마13등.
4) 헌재 2021. 9. 30. 2016헌마1034.

요지를 설명하게 할 수 있다(심판규칙 제48조 본문). 다만, 법정의견과 다른 의견이 제출된 경우에는 재판장은 선고시 이를 공개하고 그 의견을 제출한 재판관으로 하여금 이유의 요지를 설명하게 할 수 있다(심판규칙 제48조 단서). 헌법재판소의 선고 방식은 일반적으로 전원일치 의견인 경우에는 먼저 이유의 요지를 설명한 후 나중에 주문을 읽고, 전원일치 의견이 아닌 경우에는 법정의견과 다른 의견이 있음을 알리면서 먼저 주문을 읽은 후, 나중에 이유의 요지를 설명하는 방식으로 이루어지고 있다.

종국결정이 선고되면 서기는 지체 없이 결정서 정본을 작성하여 당사자에게 송달하여야 한다(헌재법 제36조 제 4 항). 종국결정이 법률의 제정 또는 개정과 관련이 있으면 그 결정서 등본을 국회 및 이해관계가 있는 국가기관에게 송부하여야 한다(심판규칙 제49조). 실무상으로는 법무부장관 등 이해관계인에게도 결정서의 등본을 송달하고 있다.

그리고 종국결정은 헌법재판소규칙으로 정하는 바에 따라 관보에 게재하거나 그 밖의 방법으로 공시한다(헌재법 제36조 제 5 항). 중요한 종국결정은 관보 및 헌법재판소의 인터넷 홈페이지를 통해 공시하고, 그 밖의 종국결정은 인터넷 홈페이지를 통해서 공시하는데, 중요한 종국결정에는 법률의 위헌결정, 탄핵심판에 관한 결정, 정당해산심판에 관한 결정, 권한쟁의심판에 관한 본안결정, 헌법소원의 인용결정, 기타 헌법재판소가 필요하다고 인정한 결정이 해당한다(심판규칙 제49조의2).

나. 종국결정의 유형

종국결정에는 ① 심판청구가 부적법한 경우에 하는 각하결정, ② 심판청구가 이유 없는 경우에 하는 기각결정, ③ 심판청구가 이유 있는 경우에 하는 인용결정, 그리고 ④ 심판절차종료선언의 4가지가 있다.

헌법재판소법 제68조 제 1 항에 따른 법령에 대한 헌법소원의 경우에는 단순위헌선언, 일부위헌선언, 헌법불합치선언, 한정위헌선언, 한정합헌선언 등의 인용결정 유형이 있고, 심판청구가 이유 없는 경우에는 심판청구를 기각하는 형식의 주문을 선언한다.

한편 법령에 대한 헌법소원의 대상규정이 헌법에 위반된다는 재판관의 의견이 과반수이나 헌법재판소법 제23조 제 2 항 단서 제 1 호에 정한 헌법소원의 인용결정의 정족수에 이르지 못한 경우에도 “심판청구를 기각한다.”는 형식의 주문을 선언하고,[1] 상속세경정청구거부처분취소 등 사건에서 재판관 과반수인 5인의 의견이 인용의견이나 재판관 4인의 의견이 부적법 각하의견이어서 헌법재판소법 제23조 제 2 항 제 1 호에 규정된 헌법소원 인용결정의 정족수에 미달하므로 청구를 기각할 수밖에 없다고 하였다.[2]

또한 헌법재판소는 법무사법시행규칙 제 3 조 제 1 항에 대한 헌법소원을 인용결정하면서, 동 조항은 헌법재판소법 제75조 제 3 항에 의하여 취소되어야 하는 것이므로 이를 취소하는 의미에서 위헌선언하기로 한다며 “……헌법에 위반된다.”라고 판시한 주문례가 있다.[3]

다. 인용결정

(1) 개 요

헌법재판소법 제68조 제 1 항의 헌법소원에 대하여 헌법재판소가 인용결정을 하는 때에는 침해된 기본권과 침해의 원인이 된 공권력의 행사 또는 불행사를 특정하고, 그 공권력의 행사를 취소하거나 불행사가 위헌임을 확인하는 결정을 선고한다(헌재법 제75조 제 2 항, 제 3 항).

공권력 행사에 대한 헌법소원을 인용하여 취소결정을 하는 경우에는 주문에서 “피청구인이 0000. 00. 00. 공정거래위원회 ㅁㅁ 사건에서 ○○주식회사에 대하여 한 무혐의결정은 청구인의 평등권과 재판절차에서의 진술권을 침해한 것이므로 이를 취소한다.”[4]라고 기재하고, 위헌확인결정을 하는 경우에는 주문에서 “…… 피청구인의 행위는 헌법 제10조에 의하여 보장되는 청구인들의 인격권을 침해한 것으로 위헌임을 확인한다.”[5]라고 기재한다.

그러나 헌법재판소법 제68조 제 1 항에 따른 헌법소원 중 법령소원을 인용할 경우에는 헌법재판소법 제75조 제 3 항의 해석에 따라 이를 취소하는 의미로 주문에서 법령이 ‘헌법에 위반된다’고 결정한다.[6] 이때 주문에서 침해된 기본권

---

1) 헌재 1997. 1. 16. 90헌마110등; 헌재 1997. 12. 24. 97헌마16; 헌재 2000. 12. 14. 2000헌마659; 헌재 2003. 3. 27. 2002헌마573; 헌재 2014. 8. 28. 2013헌마553.
2) 헌재 2000. 2. 24. 97헌마13등.
3) 헌재 1990. 10. 15. 89헌마178.
4) 헌재 2004. 6. 24. 2002헌마496.
5) 헌재 2001. 7. 19. 2000헌마546; 헌재 2016. 12. 29. 2013헌마142 등 참조.
6) 헌재 1990. 10. 15. 89헌마178.

을 특정하여 기재한 사례도 발견되나,[1] 침해된 기본권을 표시하지 않는 것이 일반적이다.[2] 그 이유는 법령에 대한 헌법소원에 있어서는 청구인의 침해된 기본권을 구제한다는 측면도 있으나 객관적인 헌법질서의 확립이라는 성질이 더 부각되어야 할 것이고, 헌법재판소법 제75조 제 2 항의 취지가 동조 제 3 항 내지 제 5 항과의 관계에서 볼 때 입법권, 즉 법률에 의한 기본권침해의 경우에 부합하는 규정이라고 보여지지 않고, 오히려 동조 제 6 항이 헌법소원을 인용하여 법률의 위헌을 선고할 경우에는 헌법재판소법 제45조, 제47조의 규정을 준용하도록 하고 있어서 구태여 주문에 침해된 기본권을 표시할 필요까지는 없다고 해석되기 때문이다.[3] 이에 대하여 기본권을 침해하는 법령이 합헌 부분과 위헌 부분을 포함하고 있어 헌법불합치결정을 하는 경우에는 그 주문으로써 해당 법령조항이 기본권을 침해하였는지 여부가 표시되었다고 보기 어려우므로 주문에서 침해된 기본권의 표시를 생략할 수 없다는 반대의견이 있다.[4]

한편, 공권력의 불행사에 대한 헌법소원을 인용하는 경우에는 주문에 침해된 기본권을 특정하지 않는 것이 일반적이다.

공권력의 불행사가 입법부작위(행정입법부작위 포함)에 관한 경우 침해된 기본권을 특정하여 기재하지 않았으며[89헌마2(조선철도주식회사 사건), 96헌마246(전문의 자격시험 사건), 2000헌마707(노동부장관 평균임금 고시 사건), 2001헌마718(군법무관 보수 사건), 2006헌마358(사실상 노무에 종사하는 공무원의 범위에 관한 조례 사건), 2016헌마626(국군포로에 대한 예우에 관한 대통령령 사건)], 행정부작위인 경우에도 침해된 기본권을 특정한 경우가 있기는 하지만[88헌마22(임야조사서 열람 등 불응 사건)] 기재하지 않는 것이 일반적이다[2006헌마788(일본군 위안부 사건), 2008헌마648(일본국 원폭피해자 사건) 등].

통상의 처분(부작위) 소원을 인용하는 경우에 공권력의 행사 또는 불행사가 위헌인 법률(조항)에 기인하는 것이라고 인정될 때에는 인용결정에서 당해법률(조항)이 위헌임을 선고할 수 있다(헌재법 제75조 제 5 항). 이와 같은 경우를 소위 '부수적 규범통제'라고 부르기도 한다.

헌법재판소가 헌법재판소법 제75조 제 5 항에 따라 위헌선언을 한 예로는, 미결수용자가 그의 변호인과 접견할 때 수사관이 참여하여 대화내용을 듣거나

1) 헌재 1990. 10. 15. 89헌마178; 헌재 1993. 5. 13. 92헌마80; 헌재 2000. 3. 30. 99헌마143 등.
2) 헌재 1999. 12. 23. 98헌마363; 헌재 2006. 5. 25. 2003헌마715등 등 참조.
3) 헌재 1991. 3. 11. 91헌마21.
4) 헌재 2010. 9. 2. 2010헌마418.

기록한 공권력의 행사가 위헌임을 확인하면서 피청구인의 위헌적인 공권력행사가 위헌법률에 기인한 것이라고 인정된다는 이유로 헌법재판소법 제75조 제 5 항에 의하여, “행형법 제62조의 준용규정 중 동법 제18조 제 3 항을 미결수용자의 변호인접견에도 준용하도록 한 부분은 헌법에 위반된다.”고 선언한 예[1]와 변호인이 청구인에게 발송한 서신 및 청구인이 변호인에게 발송의뢰한 서신을 교도소장이 검열한 행위가 위헌임을 확인하면서 헌법재판소법 제75조 제 5 항에 따라, “구 행형법 제62조의 준용규정 중 동법 제18조 제 3 항 및 동법 시행령 제62조를, 미결수용자와 그 변호인 또는 변호인이 되려는 자 사이의 서신으로서 그 서신에 마약 등 소지금지품이 포함되어 있거나 그 내용에 도주·증거인멸·수용시설의 규율과 질서의 파괴 기타 형벌법령에 저촉되는 내용이 기재되어 있다고 의심할 만한 합리적인 이유가 없는 경우에도 준용하는 것은 헌법에 위반된다.”고 선언한 예[2]가 있고, 기소유예처분을 취소하면서 기소유예처분의 근거가 되는 구 정신보건법 제58조 중 ‘개인의 대리인·사용인 기타 종업원이 그 개인의 업무에 관하여 제57조 제 2 호의 위반행위를 한 때에는 그 개인에 대하여도 해당 조의 벌금형을 과한다’는 부분이 헌법에 위반된다고 선언한 예가 있다.[3]

(2) 인용결정의 효력

헌법소원심판에 있어서 헌법소원의 인용결정은 모든 국가기관과 지방자치단체를 기속한다(헌재법 제75조 제 1 항).

이에 관하여 헌법재판소는 “헌법재판소법 제75조 제 1 항이 헌법소원의 피청구인에 대하여 가지는 뜻은 헌법소원의 인용결정이 있으면 피청구인은 모름지기 그 인용결정의 취지에 맞도록 공권력을 행사하여야 한다는 데 있다.”고 판시하면서, “헌법재판소가 검사의 불기소처분에 대하여 객관적으로 유지될 수 없는 자의적인 증거판단으로 명백히 사안의 진상에 상응치 아니한 판단을 한 것이라는 이유로 이를 취소하는 결정을 한 때에는 재기 수사하는 검사로서는 헌법재판소가 그 취소결정에서 검사의 수사상의 잘못에 관하여 설시한 제반판단을 존중하여 그 취지에 맞도록 성실히 수사하여 결정을 하여야 하는데도, 헌법재판소법 제75조 제 1 항에서 명시된 헌법소원 인용결정의 기속력을 간과하고

1) 변호인접견방해 사건. 헌재 1992. 1. 28. 91헌마111.
2) 미결수서신검열 사건. 헌재 1995. 7. 21. 92헌마144.
3) 헌재 2015. 2. 26. 2013헌마789.

거듭 자의적인 증거판단을 하거나, 마땅히 조사하였어야 할 중요한 사항을 조사하지 아니한 무성의하고 자의적인 수사를 하여 다시 불기소처분을 한 것은, 불기소처분취소결정에 따라 재기된 피의사건에 대하여 차별 없이 성실한 수사를 요구할 수 있는 청구인의 평등권과 재판절차진술권을 침해한 것이다."라고 판시하였고,[1] 헌법재판소의 기소유예처분 취소결정에 따라 검사가 사건을 재기한 후 아무런 추가수사를 함이 없이 단지 죄명만을 변경하여 다시 기소유예처분을 한 것은 헌법재판소 결정의 기속력을 규정한 헌법재판소법 제75조 제1항에 위배되고, 원 기소유예처분의 법리오해 및 수사미진의 점은 이 사건 기소유예처분에 있어서도 그대로 남아있는 것이라고 하였다.[2]

한편 헌법재판소법 제68조 제1항 위헌확인 사건에서, "모든 국가기관은 헌법의 구속을 받고 헌법에의 기속은 헌법재판을 통하여 사법절차적으로 관철되므로, 헌법재판소가 헌법에서 부여받은 위헌심사권을 행사한 결과인 법률에 대한 위헌결정은 법원을 포함한 모든 국가기관과 지방자치단체를 기속한다. 따라서 헌법재판소가 위헌으로 결정하여 그 효력을 상실한 법률을 적용하여 한 법원의 재판은 헌법재판소 결정의 기속력에 반하는 것일 뿐 아니라, 법률에 대한 위헌심사권을 헌법재판소에 부여한 헌법의 결단(헌법 제107조 및 제111조)에 정면으로 위배된다. 결국, 그러한 판결은 헌법의 최고규범성을 수호하기 위하여 설립된 헌법재판소의 존재의의, 헌법재판제도의 본질과 기능, 헌법의 가치를 구현함을 목적으로 하는 법치주의의 원리와 권력분립의 원칙 등을 송두리째 부인하는 것이라 하지 않을 수 없는 것이다. 한편 헌법이 법률에 대한 위헌심사권을 헌법재판소에 부여하고 있음에도 법원이 헌법재판소의 위헌결정에 따르지 아니하는 것은 실질적으로 법원 스스로가 '입법작용에 대한 규범통제권'을 행사하는 것을 의미하므로, 헌법은 어떠한 경우이든 헌법재판소의 기속력 있는 위헌결정에 반하여 국민의 기본권을 침해하는 법원의 재판에 대하여는 헌법재판소가 다시 최종적으로 심사함으로써 자신의 손상된 헌법재판권을 회복하고 헌법의 최고규범성을 관철할 것을 요청하고 있다. 또한, 청구인과 같이 권리의 구제를 구하는 국민의 입장에서 보더라도, 이러한 결과는 국민이 행정처분의 근거가 된 법률의 위헌성을 헌법재판을 통하여 확인받았으나 헌법재판소의 결정에 위

1) 헌재 1993. 11. 25. 93헌마113; 헌재 1997. 7. 16. 95헌마290; 헌재 1997. 7. 16. 97헌마106.
2) 헌재 2011. 3. 31. 2010헌마312.

배되는 법원의 재판으로 말미암아 권리의 구제를 받을 수 없는, 법치국가적으로 도저히 받아들일 수 없는, 법적 상태가 발생한다."고 판시하였다.[1)]

또한 헌법재판소가 공권력의 불행사에 대한 헌법소원을 인용하는 결정을 한 때에는 피청구인은 그 결정의 취지에 따라 **새로운 처분**을 하여야 한다(헌재법 제75조 제 4 항). 헌법소원 인용결정은 그 밖에도 종국결정의 효력으로서 자기구속력, 형식적·실질적 확정력을 갖는다.

헌법재판소법 제68조 제 2 항의 규정에 의한 헌법소원 및 헌법재판소법 제68조 제 1 항의 규정에 의한 법령소원을 인용하는 경우, 그리고 헌법재판소법 제75조 제 5 항의 규정에 따른 부수적 규범통제의 경우에는 헌법재판소법 제45조와 제47조가 준용된다(헌재법 제75조 제 6 항). 헌법재판소법 제68조 제 1 항에 따른 법령소원의 인용결정에도 헌법재판소법 제45조, 제47조가 준용될 수 있는지에 관해서는 명문의 규정이 없지만, 이 역시 규범통제로서의 성질을 가진다는 점에서 위 규정들의 적용이 배제될 이유가 없다고 본다.[2)] 또한 위와 같은 규범통제의 인용결정으로는 단순위헌결정뿐만 아니라 헌법불합치결정, 한정위헌·한정합헌결정 등 이른바 '**변형결정**'의 다양한 유형이 있다. 그리고 이 경우 당사자는 위헌으로 결정된 법령에 근거한 유죄의 확정판결에 대하여 또는 당해 헌법소원과 관련된 소송사건이 이미 확정된 때에는 **재심**을 청구할 수 있고(헌재법 제75조 제 6 항, 제 7 항, 제47조 제 4 항), 형사사건의 재심에는 형사소송법의 규정이, 그 외의 사건의 재심에는 민사소송법의 규정이 준용된다(헌재법 제75조 제 8 항). 이들 법조항은 헌법재판소법 제40조 제 1 항에 의하여 헌법재판소의 심판절차에 준용되는 민사소송법 제451조 제 1 항, 형사소송법 제420조의 재심이유 외에 **독립된 재심사유**를 설정하고 있는 셈이다.[3)] 그리고 위헌소원(헌재법 제68조 제 2 항)과 법령소원(헌재법 제68조 제 1 항) 및 부수적 규범통제(헌재법 제75조 제 5 항)에서 행한 법령에 대한 위헌결정은 일반적 효력을 가지므로 해당 법령은 사실상 효력을 상실하게 된다.

(3) 인용결정의 유형

논의의 편의상 법령에 대한 헌법소원의 경우와 기타 공권력에 대한 헌법소원의 경우로 나누어 살펴본다.

---

1) 헌재 1997. 12. 24. 96헌마172등.
2) 실무제요, 435면; 성낙인, 328면.
3) 헌재 2000. 6. 29. 99헌바66등.

㈎ 법령에 대한 헌법소원의 경우

1) 단순위헌결정이 선언된 사례

단순위헌결정의 주문례로는 “교육공무원법(1981. 11. 23. 법률 제4458조 전문개정) 제11조 제 1 항은 헌법에 위반된다.”[1] “국가보안법 제19조 중 제 7 조 및 제10조의 죄에 관한 구속기간연장 부분은 헌법에 위반된다.”[2]라고 한 것이 있다.

2) 헌법불합치결정이 선언된 사례

헌법불합치결정의 주문례로는 “지방의회의원선거법 제36조 제 1 항의 ‘시·도의원 후보자는 700만 원의 기탁금 부분’은 헌법에 합치되지 아니한다. 위 법률조항 부분은 1995년 12월말을 시한으로 입법자가 개정할 때까지 그 효력을 지속한다.”라고 한 것[3] “노동쟁의조정법 제12조 제 2 항(1963. 4. 17. 법률 제1327호 제정, 1987. 11. 28. 법률 제3967호 개정) 중 ‘국가지방자치단체에 종사하는 근로자’에 관한 부분은 헌법에 합치하지 아니한다. 위 법률조항 부분은 위 법률시행 후 최초로 실시하는 시·도의회의원선거일 공고일을 시한으로 입법자가 개정할 때까지 그 효력을 지속한다.”라고 한 것,[4] “민법 제844조 제 2 항 중 ‘혼인관계종료의 날로부터 300일 내에 출생한 자’에 관한 부분은 헌법에 합치하지 아니한다. 위 법률조항 부분은 입법자가 개정할 때까지 계속 적용된다.”라고 한 것,[5] “‘성폭력범죄의 처벌 등에 관한 특례법’(2012. 12. 18. 법률 제11556호로 전부 개정된 것) 제45조 제 1 항은 헌법에 합치하지 아니한다. 위 조항은 2016. 12. 31.을 시한으로 입법자가 개정할 때까지 계속 적용된다.”라고 한 것[6] 등이 있다.

3) 한정위헌결정이 선언된 사례

한정위헌결정의 주문형태는 일반적으로 “……으로 해석하는 한, 헌법에 위반된다.” 또는 “……으로 해석하는 것은 헌법에 위반된다.”라는 것이 주로 사용되나 그 외에도 다양한 형태의 주문이 보인다.

먼저 일반적인 형태의 주문례로는 “헌법재판소법 제68조 제 1 항 본문의 ‘법원의 재판’에 헌법재판소가 위헌으로 결정한 법령을 적용함으로써 국민의 기본권을 침해한 재판도 포함되는 것으로 해석하는 한도 내에서, 헌법재판소법

1) 헌재 1990. 10. 8. 89헌마89.
2) 헌재 1992. 4. 14. 90헌마82.
3) 헌재 1991. 3. 11. 91헌마21.
4) 헌재 1993. 3. 11. 88헌마5.
5) 헌재 2015. 4. 30. 2013헌마623.
6) 헌재 2015. 7. 30. 2014헌마340등.

제68조 제 1 항은 헌법에 위반된다."고 한 것[1]이 있다.

다음으로 다른 형태의 주문례로는, "공직선거및선거부정방지법 제146조 제 2 항 중 '1인 1표로 한다' 부분은 국회의원선거에 있어 지역구국회의원선거와 병행하여 정당명부식 비례대표제를 실시하면서도 별도의 정당투표를 허용하지 않는 범위에서 헌법에 위반된다."[2] 등이 있다.

(나) 기타 공권력에 대한 헌법소원의 경우

1) 공권력행사 취소 결정

공권력행사를 취소한 예로는 검사의 불기소처분에 대하여 "…… 불기소처분이 청구인의 평등권을 침해한 것이므로 이를 취소한다."라고 한 것 또는 "…… 피청구인이 청구인에 대하여 한 기소유예처분은 청구인의 평등권과 행복추구권을 침해한 것이므로 이를 취소한다."라고 한 것과 "피청구인이 청구인의 …… 수사기록에 대한 복사신청에 대하여 이를 거부한 행위는 청구인의 '알 권리'를 침해한 것이므로 이를 취소한다."고 한 것이 있다.

또한 헌법재판소법 제68조 제 1 항 위헌확인 등 사건에서, "이 사건 대법원판결은 헌법재판소가 이 사건 법률조항에 대하여 한정위헌 결정을 선고함으로써 이미 부분적으로 그 효력이 상실된 법률조항을 적용한 것으로서 위헌결정의 기속력에 반하는 재판임이 분명하므로 이에 대한 헌법소원은 허용된다고 할 것이고, 또한 이 사건 대법원판결로 말미암아 청구인의 헌법상 보장된 기본권인 재산권 역시 침해되었다고 할 것이다. 따라서 이 사건 대법원판결은 헌법재판소법 제75조 제 3 항에 따라 취소되어야 마땅하다."고 판시하면서 주문에서 "대법원 1996. 4. 9. 95누11405 판결은 청구인의 재산권을 침해한 것이므로 이를 취소한다."고 하였고,[3] 같은 사건에서 "행정처분이 헌법에 위반되는 것이라는 이유로 그 취소를 구하는 행정소송을 제기하였으나 법원에 의하여 그 청구가 받아들여지지 아니한 후 다시 원래의 행정처분에 대하여 헌법소원심판을 청구하는 것이 원칙적으로 허용될 수 있는지의 여부에 관계없이 이 사건의 경우와 같이 행정소송으로 행정처분의 취소를 구한 청구인의 청구를 받아들이지 아니한 법원의 판결에 대한 헌법소원심판의 청구가 예외적으로 허용되어 그 재판이 헌법재판소법 제75조 제 3 항에 따라 취소되는 경우에는 원래의 행정처분에 대한

1) 헌재 1997. 12. 24. 96헌마172등.
2) 1인1표제 사건. 헌재 2001. 7. 19. 2000헌마91등.
3) 헌재 1997. 12. 24. 96헌마172등.

헌법소원심판 청구도 이를 인용하는 것이 상당하다."고 판시하면서 그 주문에서 "피청구인 동작세무서장이 1992. 6. 16. 청구인에게 양도소득세 금 736,254,590원 및 방위세 금 147,250,910원을 부과한 처분은 청구인의 재산권을 침해한 것이므로 이를 취소한다."고 하였다.[1)]

또한 헌법재판소는 지목변경신청서 반려처분 취소사건에서 "이 사건 반려처분은 청구인의 적법한 신청을 아무런 정당한 이유 없이 거부한 것으로서, 이 사건 토지의 정당한 등록을 통하여 토지소유자인 청구인이 누리게 될 재산권을 침해하였으므로 헌법재판소법 제75조 제 3 항에 따라 취소됨이 마땅하다."고 판시하면서, 그 주문에서 "피청구인이 1997. 9. 12. 서울 강서구 공항동 97 전 3,896㎡ 및 같은 동 1292 전 770㎡에 관한 지적공부상의 지목을 '전'에서 '대'로 정정하여 달라는 청구인의 신청을 반려한 처분은 청구인의 재산권을 침해한 것이므로 이를 취소한다."고 하였고,[2)] ○○대학교 법학전문대학원 모집정지처분 취소사건에서 "피청구인이 ○○대학교 법학전문대학원에 대하여, 2016학년도 신입생 1명의 모집을 정지하도록 한 행위는 청구인의 대학의 자율권을 침해하므로 이를 취소한다."고 하였다.[3)]

2) 공권력 불행사 위헌확인 결정

헌법재판소는 공권력의 불행사에 대한 헌법소원의 경우 취소의 객체가 되는 공권력행사가 없기 때문에 위헌확인결정을 한다. 이 경우 피청구인은 결정의 취지에 따라 새로운 처분을 하여야 하고(헌재법 제75조 제 4 항), 새로운 처분에는 입법행위(행정입법, 자치입법 포함)도 포함된다.

한편 **공권력의 불행사**가 위헌임을 확인한 예로는 "임야조사서 또는 토지조사부의 열람·복사신청이 있었음에도 이에 불응한 부작위는 청구인의 '알 권리'를 침해한 것이므로 위헌임을 확인한다."고 한 것[4)]이 있고, 일본군위안부[5)] 및 원폭피해자[6)]가 일본국에 대하여 가지는 배상청구권과 관련하여 외교통상부장관이 분쟁해결절차에 나아가지 않은 부작위에 대해 각 위헌임을 확인한 바 있다.

---

1) 헌재 1997. 12. 24. 96헌마172등.
2) 헌재 1999. 6. 24. 97헌마315.
3) 헌재 2015. 12. 23. 2014헌마1149.
4) 임야조사서 열람신청 사건. 헌재 1989. 9. 4. 88헌마22.
5) 헌재 2011. 8. 30. 2006헌마788.
6) 헌재 2011. 8. 30. 2008헌마648.

입법부작위에 대하여 위헌임을 확인한 예로는 "재조선미국육군사령부군정청법령 제75호 조선철도의통일(1946. 5. 7. 제정)을 폐지한 조선철도의 통일폐지법령(1961. 12. 30. 법률 제922호)이 시행되기 전에 같은 군정청법령 제 2 조에 의하여 수용된 조선철도주식회사, 경남철도주식회사 및 경춘철도주식회사 재산의 재산관계권리자로서 같은 법령 제 3 조에 따라 같은 군정청 운수부장에게 보상청구서면을 제출하여 위 수용으로 인한 보상청구권을 포기하지 않은 것으로 확정된 자 또는 그 보상청구권을 승계취득한 자에 대하여 위 수용으로 인한 손실보상금을 지급하는 절차에 관한 법률을 제정하지 아니하는 입법부작위는 위헌임을 확인한다."고 선언한 주문례[1)]가 있다.

행정입법부작위에 대하여 위헌임을 확인한 예로는 "피청구인 보건복지부장관이 의료법과 전문의의 수련 및 자격인정 등에 관한 규정의 위임에 따라 치과전문의자격시험제도를 실시할 수 있는 절차를 마련하지 아니하는 입법부작위는 위헌임을 확인한다."라고 한 결정,[2)] "피청구인이 산업재해보상보험법 제 4 조 제 2 호 단서와 근로기준법시행령 제 4 조의 위임에 의하여 평균임금을 정하여 고시하지 아니하는 행정입법 부작위는 위헌임을 확인한다."라고 한 결정,[3)] "피청구인이 구 군법무관임용법 제 5 조 제 3 항 및 군법무관임용 등에 관한 법률 제 6 조의 위임에 따라 군법무관의 봉급과 그 밖의 보수를 법관 및 검사의 예에 준하여 지급하도록 하는 대통령령을 제정하지 아니하는 입법부작위는 위헌임을 확인한다."라고 한 결정,[4)] '국군포로의 송환 및 대우 등에 관한 법률'에서 위임한 대통령령을 제정하지 아니한 행정입법부작위 등에 대해 위헌임을 확인하는 결정[5)]이 있다.

조례를 제정하지 않은 부작위가 위헌임을 확인한 사례는 "피청구인들이 지방공무원법 제58조 제 2 항의 위임에 따라 사실상 노무에 종사하는 공무원의 범위를 정하는 조례를 제정하지 아니한 것은 위헌임을 확인한다."라고 한 결정[6)] 등이 있다.

---

1) 조선철도주식 사건. 헌재 1994. 12. 29. 89헌마2.
2) 헌재 1998. 7. 16. 96헌마246.
3) 헌재 2002. 7. 18. 2000헌마707.
4) 헌재 2004. 2. 26. 2001헌마718.
5) 헌재 2018. 5. 31. 2016헌마626.
6) 헌재 2009. 7. 30. 2006헌마358.

3) 공권력행사 위헌확인 결정

또한 헌법재판소는 당해사건에 대한 헌법재판이 헌법질서의 수호·유지를 위하여 긴요한 사항이어서 헌법적으로 그 해명이 중요한 의미를 지니고 있는 경우에 이미 종료된 기본권침해행위가 위헌이었음을 선언적 의미에서 확인할 수 있다. 그 예로는 피의자의 변호인 접견시 수사관이 참여하여 대화내용을 듣거나 기록한 것은 헌법 제12조 제 4 항이 규정한 변호인의 조력을 받을 권리를 침해한 것으로서 위헌임을 확인한 것[1] 및 피청구인이 대통령에 보고하여 그 지시를 받아 청구인 경영의 국제그룹을 해체키로 기본방침을 정하고 그 인수업체를 정하는 한편, 이의 실행을 위하여 제일은행장 등에 지시하여 국제그룹계열사에 대한 은행자금관리에 착수하게 하고 청구인으로부터 처분위임장 등 계열사의 처분권을 위임받게 하며 피청구인이 만든 보도자료에 의거하여 제일은행의 이름으로 해체를 언론에 발표하게 하는 등 국제그룹해체를 위하여 한 일련의 공권력의 행사는 청구인의 기업활동의 자유와 평등권을 침해한 것이므로 위헌임을 확인한 것[2]과 청구인 박○옥이 청구인 이○호에게 발송한 서신 및 청구인 이○호가 청구인 박○옥에게 보내기 위하여 발송 의뢰한 서신을 피청구인이 각 검열한 행위는 청구인들의 통신의 비밀을 침해받지 아니할 권리, 청구인 이○호의 변호인의 조력을 받을 권리를 침해한 것으로서 위헌임을 확인한 것[3]이 있으며, 등사신청거부처분취소 사건에서 "피청구인이 국가보안법위반사건의 피고인인 청구인의 변호인 김선수의 위 사건의 수사기록 일체의 열람·등사신청에 대하여 국가기밀의 누설이나 증거인멸, 증인협박, 사생활침해의 우려 등 정당한 사유를 밝히지 아니한 채 전부 거부한 것은 청구인의 신속하고 공정한 재판을 받을 권리와 변호인의 조력을 받을 권리를 침해한 것으로서 위헌임을 확인한다."고 선고한 예[4] 및 재소자용수의착용처분 위헌사건에서, "피청구인 성동구치소장이 청구인 강○현을 성동구치소에, 피청구인 영등포구치소장이 청구인 서○식을 영등포구치소에, 각 수용하는 동안 재소자용 의류를 입게 하여 수사 또는 재판을 받게 한 행위는 무죄추정의 원칙에 반하고 청구인들의 인격권, 행복추구권, 공정한 재판을 받을 권리를 침해한 것으로 위헌임을 확인한다."고

1) 변호인접견방해 사건. 헌재 1992. 1. 28. 91헌마111.
2) 국제그룹해체 사건. 헌재 1993. 7. 29. 89헌마31.
3) 헌재 1995. 7. 21. 92헌마144.
4) 헌재 1997. 11. 27. 94헌마60.

선고한 예[1]가 있고, "청구인들이 ○○경찰서 유치장에 수용되어 있는 동안 차폐시설이 불충분하여 사용과정에서 신체부위가 다른 유치인들 및 경찰관들에게 관찰될 수 있고 냄새가 유출되는 실내화장실을 사용하도록 강제한 피청구인의 행위는 헌법 제10조에 의하여 보장되는 청구인들의 인격권을 침해한 것으로 위헌임을 확인한 것,"[2] 피청구인이 ○○대학교 법학전문대학원에 대하여, 2015학년도 신입생 1명의 모집을 정지하도록 한 행위는 청구인의 대학의 자율권을 침해하므로 위헌임을 확인한 것[3] 등이 있으며, 포승으로 팔과 상반신을 묶고 양손에 수갑을 채운 상태에서 피의자조사를 받게 한 행위,[4] 법원의 수사서류 열람·등사 허용결정에 따르지 아니한 검사의 거부행위,[5] 경찰청장이 서울광장을 경찰버스들로 둘러싸 통행을 제지한 행위,[6] 법정 출정비용납부거부 등을 이유로 행정소송 변론기일에 청구인의 출정을 제한한 행위,[7] 경찰의 살수차를 이용한 직사살수행위[8] 등의 **권력적 사실행위**가 문제된 사건에서 해당 행위가 위헌임을 확인하는 결정을 하였다.

라. 심판절차종료선언

전술한 각하결정, 기각 또는 합헌결정, 인용 또는 위헌결정 이외에 특별한 결정유형으로 심판절차종료선언이 있다. 본안판단에 들어가지 않는 점에서는 각하결정과 같지만 심판절차종료선언은 청구인의 사망 또는 심판청구의 취하 등으로 심판절차의 종료 여부가 불분명하게 된 경우에 절차관계의 종료를 명백히 확인하는 의미에서 하는 결정이다.

(1) 청구인의 사망

청구인이 사망한 경우에는 청구인의 기본권능력이 소멸하는 것이 원칙이므로 일반적으로 헌법재판소에 계속된 헌법소원은 종료된다고 보아야 할 것이나,[9] 일신전속성이 비교적 약한 기본권의 경우에는 청구인의 사망 이후에도 그

1) 헌재 1999. 5. 27. 97헌마137등.
2) 헌재 2001. 7. 19. 2000헌마546.
3) 헌재 2015. 12. 23. 2014헌마1149.
4) 헌재 2005. 5. 26. 2001헌마728.
5) 헌재 2010. 6. 24. 2009헌마257.
6) 헌재 2011. 6. 30. 2009헌마406.
7) 헌재 2012. 3. 29. 2010헌마475.
8) 헌재 2020. 4. 23. 2015헌마1149.
9) 헌재 2002. 5. 30. 2001헌마849; 헌재 2015. 4. 30. 2012헌마38; 헌재 2016. 2. 25. 2011헌마165; 헌

상속인에 의한 헌법소원절차의 수계가 가능하다고 하는 점은 앞에서 언급한 바와 같다.

청구인의 사망으로 인한 **심판절차종료선언**의 예로는 청구인이 제기한 해고무효 확인소송에서 피고소인이 위증을 하였다는 피의사실에 대한 불기소처분의 취소를 구하는 헌법소원에서 피청구인의 위 불기소처분으로 인하여 침해된 청구인의 고용계약상의 지위는 청구인이 사망하면 종료될 일신전속적인 것이라는 이유로 "이 사건 심판절차는 1990. 12. 4. 청구인의 사망으로 종료되었다."라고 한 것,[1] 강도살인죄 등으로 사형선고를 받은 자가 강도살인죄의 법정형인 사형에 대해 헌법소원심판을 청구하였으나 심판절차 계속 중 사형집행으로 사망함으로써 소송절차가 종료되었다고 본 사례,[2] 무고 고소사실에 대한 불기소처분취소를 구하는 청구인이 헌법소원 계속 중 사망한 경우에 피무고자인 청구인이 사망한 이상 무고로 인한 법적 불이익은 그로써 종료되고, 청구인의 상속인은 그러한 무고의 고소사실과 아무런 법적 관련성을 갖지 않는다는 이유로 "이 사건 심판절차는 1999. 7. 21. 청구인의 사망으로 종료되었다."라고 한 것[3] 등이 있으며, 종중의 대표자라고 주장하는 자가 불기소처분의 취소를 구하는 헌법소원심판절차의 계속 중에 청구인이 사망한 경우 망인의 재산상속인이 아닌 제 3 자의 소송수계신청을 받아들이지 않고 심판절차의 종료를 선언한 사례[4]도 있다.

또한 **보건권, 생명권, 행복추구권, 인간다운 생활을 할 권리** 등의 기본권은 성질상 **일신전속적**인 것으로 당사자가 사망한 경우 승계되거나 상속될 수 있는 것이 아니어서 이에 대한 심판절차 역시 수계될 수 없으므로 담배사업법이 청구인의 위 기본권 등을 침해하였다는 심판청구는 청구인의 사망과 동시에 그 심판절차가 종료되었다고 하였고,[5] 청구인이 사망함에 따라 당해사건의 항소심 법원이 공소기각결정을 하여 확정되었고, 심판대상조항의 위헌 여부에 의하여 당해사건의 내용이나 결과가 달라질 수 없게 되었으며, 청구인의 상속인 등이 이 사건 심판결과에 따라 어떤 법적 이익을 얻을 수 있는 경우도 아니므로 심판절차는

재 2016. 9. 29. 2014헌마341 참조.

1) 헌재 1992. 11. 12. 90헌마33.
2) 헌재 1994. 12. 29. 90헌바13.
3) 헌재 1999. 11. 25. 99헌마431.
4) 헌재 2010. 6. 24. 2007헌마1256.
5) 헌재 2015. 4. 30. 2012헌마38.

수계될 성질이 아니라는 이유로 심판절차의 종료를 선언하였으며,[1] "청구인 ○○패는 비법인사단에 해당하여 그 해산 이후에도 청산사무가 완료될 때까지 청산의 목적범위 내에서 권리·의무의 주체가 되나, 이 사건 지원배제 지시의 위헌 확인에 관한 헌법소원심판 청구는 위 청구인의 청산 목적과 관련되어 있다고 보기 어려우므로, 그 당사자능력을 인정할 수 없다. 따라서 청구인 ○○패의 이 사건 심판청구는 2018. 6. 30. 위 청구인의 폐업과 동시에 그 심판절차가 종료되었다."고 선언하였고,[2] "부작위 위헌확인을 구하는 이 사건 심판절차는 2021. 3. 29. 청구인의 사망으로 종료하였다고 하였다."고 선언하였다.[3]

그러나 헌법재판소는 헌법소원제도는 개인의 권리구제뿐만 아니라 객관적인 헌법질서의 보장기능도 가지므로, 기본권 침해행위가 장차 반복될 위험이 있거나 그 심판대상에 대한 위헌 여부의 해명이 헌법적으로 중요한 의미를 가지고 있고, 헌법소원심판청구인이 심판대상인 기본권 침해행위로 인하여 사망한 경우에는 예외적으로 심판의 이익이 인정되어 심판절차가 종료되지 않는다고 봄이 타당하다고 하였다.[4]

(2) 심판청구의 취하

헌법소원심판청구의 취하와 이에 대한 피청구인의 동의 및 그 효력에 관하여는 특별한 규정이 없으므로 헌법재판소법 제40조에 따라 소의 취하에 관한 민사소송법 제266조가 준용되고,[5] 헌법소원심판청구의 취하는 청구인이 제기한 심판청구를 철회하여 심판절차의 계속을 소멸시키는 청구인의 헌법재판소에 대한 소송행위이므로 일반 사법상의 행위와는 달리 내심의 의사보다 그 표시를 기준으로 하여 그 효력 유무를 판정할 수밖에 없다.[6]

심판청구의 취하로 인한 심판절차종료선언의 주문은 "이 사건 헌법소원심판절차는 청구인들의 심판청구의 취하로 1995. 12. 14. 종료되었다."[7] 등으로

---

1) 헌재 2018. 2. 22. 2016헌바100.
2) 헌재 2020. 12. 23. 2017헌마416.
3) 헌재 2021. 9. 30. 2016헌마1034.
4) 헌재 2020. 4. 23. 2015헌마1149(피청구인들의 직사살수행위로 청구인이 사망한 경우 예외적으로 심판이익을 인정하였다).
5) 헌재 1995. 12. 14. 95헌마221등; 헌재 2003. 4. 24. 2001헌마386.
6) 헌재 2005. 2. 15. 2004헌마911.
7) 헌재 1995. 12. 15. 95헌마221등; 동지: 헌재 2003. 4. 24. 2001헌마386. 그런데 법령을 심판대상으로 하는 헌법소원심판의 경우에는 피청구인을 상정할 수 없으므로 상대방의 동의절차를 밟을 필요가 없이 심판청구의 취하서를 헌법재판소에 제출하였을 때 종료한다고 볼 것이다.

표시한다. 동 결정이유에 의하면 "청구인들이 1995. 11. 29. 서면으로 이 사건 헌법소원심판청구를 모두 취하하였고, 이미 본안에 관한 답변서를 제출한 피청구인에게 취하의 서면이 그 날 송달되었는바, 피청구인이 그날로부터 2주일 내에 이의를 하지 아니하였음이 분명하므로, 민사소송법 제239조에 따라 피청구인이 청구인들의 심판청구의 취하에 동의한 것으로 본다. 그렇다면 이 사건 헌법소원심판절차는 청구인들의 심판청구의 취하로 1995. 12. 14. 종료되었음이 명백하므로, 헌법재판소로서는 이 사건 헌법소원심판청구가 적법한 것인지 여부와 이유가 있는 것인지 여부에 대하여 판단할 수 없게 되었다."고 판시하였다.[1)]

다만 이 결정에서 1인의 반대의견은 헌법소원 사건에 대한 심판이 청구인의 권리구제에는 도움이 되지 않는다고 하더라도 헌법질서의 수호·유지를 위하여 중요한 의미가 있는 경우에는 예외적으로 청구인이 심판청구를 취하하여도 심판절차는 종료되지 않는다고 하였고, 3인의 반대의견은 청구인이 심판청구를 취하하면 헌법소원심판청구 중 주관적 권리구제 부분에 대해서는 심판종료선언을 하되 헌법질서의 수호·유지를 위하여 긴요한 사항으로서 그 해명이 헌법적으로 특히 중대한 의미를 지니고 있는 부분에 대하여는 헌법적 해명을 하는 선고를 함이 마땅하다고 하였다.[2)]

헌법재판소는 청구인이 종교집회 참석신청에 대한 교도소장의 불허행위에 대해 헌법소원심판을 청구하였다가 취하한 사건에서, 헌법소원심판청구 취하의 서면이 피청구인에게 송달되고, 피청구인이 그 날부터 2주일 내에 이의를 하지 아니하면 민사소송법 제266조에 따라 심판청구 취하에 동의한 것으로 보아 심판절차를 종료하여야 하고, 설령 청구인의 취하가 피청구인의 기망에 의한 것이라 하더라도 이를 무효로 하거나 임의로 취소할 수 없다[3)]고 하였고, 또한 한정위헌결정이 선고되었음에도 법원이 재심청구를 기각하여 재판소원이 청구되었으나 그 심리가 사실상 종결된 상태에서 심판청구가 취하된 경우, 취하의 서면이 피청구인에 송달된 날부터 2주일이 경과하고 그 기간 내에 피청구인의 이의제기가 없었다면 민소 제266조에 따라 심판청구의 취하에 동의한 것으로 보아야 한다고 하여[4)] 소송종료를 선언하였다.

1) 헌재 1995. 12. 15. 95헌마221등.
2) 헌재 1995. 12. 15. 95헌마221등. 위 3인의 반대의견과 같은 취지의 2인의 반대의견이 헌재 2003. 4. 24. 2001헌마386에도 있었다.
3) 헌재 2005. 2. 15. 2004헌마911.

그런데 심판청구의 취하가 있으면 본안에 대한 평결까지 마친 경우에도 헌법재판소는 별도의 조치 없이 심판절차를 종료하는 것이 일반적이다. 그러나 예외적으로 다수의견으로 심판절차종료선언을 하고 소수의견에서 본안의 실질적 평의내용과 평의결과를 공개하는 경우가 있는바, 헌재 1995. 12. 15. 95헌마221 등의 경우가 그러한 예이고, 헌재 2003. 4. 24. 2001헌마386의 경우에는 결정이유에서 헌법소원 심판청구가 취하될 당시의 사건에 관한 헌재의 최종평결 결과를 밝히고, 헌법재판소가 어떠한 이유로 평결결과에 이르게 되었는지는 반대의견 중 '심판대상의 위헌성을 인정하는 의견요지'에서 밝히고 있다.

5. 기 타

가. 심판비용

(1) 심판비용의 의의

심판비용, 즉 헌법소송비용이란 소송당사자가 현실적으로 소송에서 지출한 비용 중 법령에 정한 범위에 속하는 비용을 말한다. 소송비용의 범위수액과 예납에 관하여는 민사소송비용법, 변호사보수의 소송비용산입에 관한 규칙, 민사소송규칙 등에 규정이 있다(헌재법 제40조 제 1 항 참조). 소송비용은 재판비용과 당사자비용으로 대별된다.

㈎ 재판비용

이는 재판 수수료인 인지액 및 헌법재판소가 심판 등을 위해 지출하는 비용이다. 다만, 헌법소송은 아래에서 보는 바와 같이 국가부담이 원칙이므로 인지는 첨부하지 않으며 기타 송달료, 공고비(민사소송비용법 제 8 조 참조), 증인·감정인·통역인·번역인과 참고인 등에 지급하는 여비·일당·숙박료·재판관과 참여사무관 등이 검증 등을 위해 출장하는 여비·일당·숙박료 등은 모두 국가가 부담한다.

㈏ 당사자비용

당사자가 소송수행을 위해 자신이 지출하는 비용이다. 예를 들면 청구서 등 소송서류의 작성료(대서료), 당사자나 대리인이 기일에 출석하기 위한 여비·일당·숙박료와 소송대리인인 변호사에게 지급하거나 지급할 보수(민소법 제109조)

---

4) 헌재 2003. 4. 24. 2001헌마386.

등이다.

(2) 심판비용 국가부담주의

(가) 원칙적 국가부담

헌법재판소의 심판비용은 국가부담으로 한다(헌재법 제37조 제 1 항 본문). 따라서 청구서나 준비서면 등에 인지를 첩부하지 않는다. 그리고 국고에서 지급하는 증인·감정인·통역인·번역인 등에게 여비 등을 지급할 수 있다. 이에 관한 헌법재판소규칙으로 '헌법재판소 증인 등 비용지급에 관한 규칙'(제정 1991. 2. 11., 최종개정 2010. 7. 6.)과 '헌법재판소 참고인 비용지급에 관한 규칙'(제정 1991. 2. 11., 최종개정 2010. 7. 6.)이 있다.

(나) 당사자가 부담하는 경우

헌법재판소는 당사자의 신청에 의한 증거조사의 비용에 대하여는 헌법재판소규칙이 정하는 바에 따라 그 신청인에게 부담시킬 수 있다(헌재법 제37조 제 1 항 단서).

또한 헌법재판소는 헌법소원심판의 청구인에 대하여 헌법재판소규칙으로 정하는 공탁금의 납부를 명할 수 있다(헌재법 제37조 제 2 항).

그 밖에 헌법재판소는 ① 헌법소원의 심판청구를 각하할 경우 ② 헌법소원의 심판청구를 기각하는 경우에 그 심판청구가 권리의 남용이라고 인정되는 경우에는, 헌법재판소규칙으로 정하는 바에 따라 공탁금의 전부 또는 일부의 국고귀속을 명할 수 있다(헌재법 제37조 제 3 항).

그러나 위와 같은 증거조사의 비용부담, 공탁금의 납부 및 국고귀속에 관한 헌법재판소규칙은 아직 제정되어 있지 않다.

그런데 헌법소원심판 실무에서는 동일한 청구인이 동일하거나 유사한 내용의 헌법소원심판청구를 수십 건씩 제기하는 경우도 있는데 이러한 헌법소원심판청구의 악용과 남용으로 인한 헌법재판 업무의 비효율성과 국고부담을 줄이기 위해서는 하루 빨리 공탁금 납부에 관한 헌법재판소 규칙을 제정하여 실시할 필요가 있다.

(3) 심판비용 부담과 재판

위와 같이 헌법소송의 비용은 국가부담이 원칙이므로 심판비용을 확정하기 위한 재판절차는 원칙적으로 불필요하다.

헌법소원심판청구인의 경우 청구취지에서 "심판비용은 국가부담으로 한다."

라는 청구를 기재하는 예가 간혹 있으나 헌법재판소가 이에 대하여 주문에서 결정한 예는 없으며, 이유에서도 이에 관하여 설시하는 예는 없었다. 그리고 인용결정을 받은 청구인이 변호사비용을 포함한 심판비용을 청구해 온 사례도 없었다.

그런데 구 병역법 시행령 제119조 제 1 항 제 2 호가 개정되어 법무사관후보생 병적편입연령에 있어 법학전문대학원생과 사법연수생 사이의 차별문제가 더 이상 발생하지 않게 됨에 따라 권리보호이익 소멸을 이유로 신청인들의 헌법소원심판청구를 각하하면서, 헌법재판소법 제40조 제 1 항에 의하여 민사소송법 제104조, 제109조, 행정소송법 제32조를 준용하여 신청인들이 지출한 변호사선임비용이 포함된 신청인들의 심판비용을 대한민국이 부담한다고 결정하였어야 함에도 불구하고 이를 누락하였다는 심판비용부담결정 등 신청사건에서, 헌법재판소는 "헌법재판의 심판비용을 국가가 부담하는 것은 헌법재판이 헌법을 보호하고, 권력을 통제하며, 기본권을 보호하는 등의 기능을 하는 객관적 소송이기 때문인데, 국가가 부담하는 심판비용에 변호사보수와 같이 청구인 등이 소송수행을 위하여 스스로 지출하는 비용인 당사자비용도 포함된다고 볼 경우에는 헌법재판청구권의 남용을 초래하여 헌법재판소의 운영에 따른 비용을 증가시키고 다른 국민이 헌법재판소를 이용할 기회를 침해할 수 있으며 헌법재판소법에 국선대리인 제도를 함께 규정할 필요도 없었을 것이므로, 국가가 부담하는 심판비용에는 재판수수료와 헌법재판소가 심판 등을 위하여 지출하는 비용인 재판비용만 포함되고, 여기에 변호사강제주의에 따른 변호사보수 등의 당사자비용은 포함되지 아니한다고 봄이 상당하다."고 판시하였다.[1]

그러나 위헌적인 공권력행사로부터 기본권을 방어하기 위한 헌법소원심판청구가 이유 있는 것으로 인용되는 경우에는 심판청구를 위해 변호사보수를 지급하였다가 승소한 당사자에게 변호사보수를 심판비용으로 보아 합리적인 범위 내에서 상환할 수 있는 제도를 마련할 필요가 있다는 점은 앞서 본 바와 같다.[2]

나. 준용법령

(1) 개 설

헌법소원심판절차에 관하여는 헌법재판소법에 특별한 규정이 있는 경우를

1) 헌재 2015. 5. 28. 2012헌사496.
2) 제 3 편 제11장 제 1 절 '원칙적 국가부담' 참조.

제외하고는 민사소송에 관한 법령의 규정 및 행정소송법을 준용하는데, 행정소송법이 민사소송에 관한 법령과 저촉될 때에는 민사소송에 관한 법령은 준용하지 아니한다(헌재법 제40조).

그런데 헌법재판소는 심판비용부담 결정 등 신청사건에서, "헌법재판의 정의나 헌법소원심판이 수행하는 객관적인 헌법질서에 관한 수호·유지기능, 그리고 헌법소원심판의 직권주의적 성격과 심판비용의 국가부담 원칙, 변호사강제주의, 국선대리인제도 등에 관한 헌법재판소법의 규정 내용 등을 종합하여 보면, 당사자비용을 제외한 심판비용을 국가가 모두 부담하는 헌법소원심판절차에서 청구인이 승소하였는지 아니면 패소하였는지를 구분하지 않고 승소자의 당사자비용을 그 상대방인 패소자에게 반드시 부담시켜야만 하는 민사소송법과 행정소송법의 소송비용에 관한 규정들을 준용하는 것은 헌법재판의 성질에 반한다고 보아야 한다."고 판시하였다.[1)]

(2) 민사소송법의 준용

헌법재판소는 소위 5·18 사건에 대한 검사의 불기소처분 취소 사건에서 헌법소원심판청구가 취하되면 소의 취하에 관한 민사소송법 제239조(현행 민소법 제266조)가 준용되어 헌법소원심판절차가 종료되는지 여부에 관하여 "헌법재판소법이나 행정소송법에 헌법소원 심판청구의 취하와 이에 대한 피청구인의 동의나 그 효력에 관하여 특별한 규정이 없으므로, 소의 취하에 관한 민사소송법 제239조는 검사가 한 불기소처분의 취소를 구하는 헌법소원심판절차에 준용된다고 보아야 한다. 따라서 청구인들이 헌법소원심판청구를 취하하면 헌법소원심판절차는 종료되며, 헌법재판소로서는 헌법소원심판청구가 적법한 것인지 여부와 이유가 있는 것인지 여부에 대하여 판단할 수 없게 되었다. 다만 청구인들의 심판청구의 취하로 인하여 이 사건 헌법소원심판절차가 종료되었다고 보는 다

1) 헌재 2015. 5. 28. 2012헌사496. 헌법재판소는 이 결정에서 "독일은 헌법소원심판절차 등에서 청구인이 승소한 경우 청구인이 지출한 당사자비용을 국가가 보상하는 제도를 두고 있으나, 이는 청구인이 승소한 경우에만 인정되는 편면적인 제도로서, 청구인이 승소하였는지 패소하였는지를 구분하지 않고 양면적으로 적용되는 우리 민사소송법과 행정소송법의 소송비용 부담제도와는 그 성격이 달라 이에 관한 별도의 입법이 없는 이상 이러한 제도를 해석에 의하여 곧바로 인정할 수는 없다. 다만 헌법소원심판은 주관적인 기본권 보호기능뿐만 아니라 객관적인 헌법질서의 수호·유지기능도 함께 가지는 것이어서 헌법재판소가 청구인의 헌법소원심판청구를 인용하면서 법률 또는 법률의 조항을 위헌이라고 선고할 경우 등에는 청구인의 헌법소원심판청구에 의하여 헌법질서가 수호·유지되어 모든 국민들이 혜택을 보게 되므로, 이러한 청구인이 지출한 당사자비용은 국가가 보상하는 것이 바람직하겠으나, 그것은 결국 독일에서 시행하고 있는 소송비용보상과 같은 제도를 도입하는 입법을 통하여 해결할 수밖에 없다."고 판시하였다.

수의견에 대하여 반대의견이 있으므로, 이 사건 헌법소원심판절차가 이미 종료되었음을 명확하게 선언하기로 하여 주문과 같이 결정한다."고 판시하였다.[1)]

또한 헌법재판소는 헌법소원심판절차에 피청구인의 답변서가 제출되지 않은 경우 소 취하에 관한 민사소송법 규정이 준용되는지 여부에 관하여, "헌법재판소법 제40조 제 1 항 전단에 따라 소의 취하에 관한 민사소송법 제266조는 헌법소원심판절차에 준용된다. 헌법소원심판절차에서 피청구인의 본안에 관한 답변서가 제출되지 않았으므로, 민사소송법 제266조에 따라 청구인은 상대방 당사자의 동의 내지 동의간주 없이 청구를 취하할 수 있다."고 판시하였고, 헌법소원심판청구의 취하를 철회할 수 있는지 여부에 관하여, "헌법소원심판청구의 취하는 청구인이 제기한 심판청구를 철회하여 심판절차의 계속을 소멸시키는 청구인의 헌법재판소에 대한 소송행위이고, 소송행위의 특질상 소송절차의 명확성과 안정성을 기하기 위한 표시주의가 관철되어야 하는 것이므로 민법상의 법률행위에 관한 규정이 원칙적으로 적용되지 아니하고, 일단 청구취하의 효력이 발생한 뒤에는 원칙적으로 그 철회가 허용되지 아니한다."고 판시하였으며, 변호사인 대리인의 추인 없이 청구인이 단독으로 헌법소원심판청구를 취하할 수 있는지 여부에 관하여, "헌법소원심판은 개인의 주관적인 권리구제제도로서의 성격을 가지고 있고, 헌법소원심판절차에서 변호사강제주의의 취지는 당사자를 보호해주며 사법적 정의의 실현에 기여하려는 데 있는 것이지 청구인의 헌법재판청구권을 제한하려는 데 그 목적이 있는 것이 아니다. 청구인 의사에 따른 심판청구 취하·포기를 변호사인 대리인의 추인 없이 인정하더라도 특별한 사정이 없는 한 이를 변호사강제주의의 본질이나 취지에 반한다고 할 수 없다."고 판시하였다.[2)]

한편 헌법재판소는 헌법소원심판에서 임의적 당사자변경이 가능한지 여부에 관하여, "이 점에 관해서는 헌법재판소법에 명문의 규정이 없기 때문에 준용규정인 같은 법 제40조에 의거하여 행정소송법과 민사소송법의 규정을 준용하여 판단할 수밖에 없다 할 것이다. 행정소송법 제14조가 피고의 경정을 인정하고 있고, 1990. 1. 13. 개정된 민사소송법 제234조의2가 피고의 경정을, 같은 법 제63조의2가 필요적 공동소송인의 추가를 인정하는 외에는 이 사건에서 문제되는 원고의 임의적 변경을 인정하는 규정을 두고 있지 아니하여 원칙적으로 임의적

1) 헌재 1995. 12. 15. 95헌마221등.
2) 헌재 2024. 6. 27. 2024헌마352.

당사자변경을 인정하지 않고 있다. 당사자변경을 자유로이 허용한다면 심판절차의 진행에 혼란을 초래하고 또 상대방의 방어권 행사에도 지장을 줄 우려가 있기 때문에 당사자의 동일성을 해치는 임의적 당사자변경(특히 청구인의 변경)은 헌법소원심판에서도 원칙적으로 허용되지 않는다고 보아야 할 것이다."라고 판시하였다.[1]

또한 헌법소원심판에서의 **공동심판참가와 보조참가의 적법요건**에 대하여, "헌법재판소법 제40조 제 1 항에 의해서 **준용**될 수 있는 민사소송법 제83조 제 1 항에 의해서 현재 계속 중인 헌법소원심판에 공동청구인으로서 참가를 하려면 그 청구기간 내에 참가신청을 하여야 하고, 헌법소원심판의 당사자적격을 갖춘 자들이 그 청구기간 내에 자신들을 청구인으로 추가하여 줄 것을 요청하는 내용의 '청구인추가신청서'를 제출한 경우, 이들에게도 사실상 위헌결정의 효력이 미친다면 합일확정의 필요가 인정되므로 적법한 공동심판참가신청으로 보아 허용할 수 있다. 한편 청구기간이 경과한 후에 이루어진 공동심판참가신청은 부적법하나, 국민의 기본권 보호를 목적으로 하는 헌법소원제도의 취지에 비추어 위헌결정의 효력이 미치는 범위에 있는 자들은 이 사건 헌법소원심판의 결과에 법률상 이해관계를 가지므로 보조참가인으로 보기로 한다."고 판시하였다.[2]

또한 헌법재판소는 헌법재판소법 제40조 제 1 항에 따라 민사소송에 관한 법령은 헌법소원심판에 **준용**되므로, **중복제소**를 **금지**하고 있는 민사소송법 제259조는 헌법소원심판에 준용되고, 따라서 헌법소원 심판이 이미 계속중인 사건에 대하여 당사자는 다시 동일한 헌법소원심판을 청구할 수 없다고 하였다.[3]

(3) 행정소송법의 준용

한편 행정소송법이 준용되는 경우를 보면, "헌법재판소법 제40조 제 1 항에 의하여 행정소송법이 제20조 제 2 항 단서가 헌법소원심판에 **준용**됨에 따라 정당한 사유가 있는 경우에는 제소기간의 도과에도 불구하고 헌법소원심판청구는 적법하다고 할 것인바, 여기의 정당한 사유라 함은 청구기간의 도과의 원인 등 여러 가지 사정을 종합하여 지연된 심판청구를 허용하는 것이 사회통념상으로 보아 상당한 경우를 뜻한다."고 판시하였고,[4] "공정거래위원회의 무혐의처

---

1) 헌재 1998. 11. 26. 94헌마207; 헌재 2003. 12. 18. 2001헌마163; 헌재 2012. 3. 29. 2010헌마97.
2) 헌재 2008. 2. 28. 2005헌마872등; 헌재 2010. 10. 28. 2008헌마408.
3) 헌재 2001. 5. 15. 2001헌마298등; 헌재 2017. 5. 25. 2017헌바149.

분에 대하여 청구된 헌법소원심판이 계속 중인 상태에서 당해 무혐의처분을 받은 자가 행정소송법 제16조의 제 3 자의 소송참가를 신청한 경우, 헌법소원심판절차의 공법적 분쟁해결절차로서의 성질에 비추어 행정소송법 제16조는 헌법소원심판절차에도 준용되어야 한다."고 판시하여 신청인의 제 3 자 심판참가를 허가하였다.[1]

(4) 형사소송법의 준용

헌법재판소는 불기소처분에 대한 헌법소원사건이 심판에 회부된 경우에 심판대상인 피의사실에 대한 공소시효가 정지되는지 여부에 관하여, 법률에 명문으로 시효정지 규정을 두지 아니하였음에도 불구하고 다른 제도인 형사소송법상의 재정신청에 있어서의 공소시효 정지효에 관한 규정을 유추적용하여 공소시효의 정지를 인정할 수 없다고 하였다.[2]

다. 재 심

(1) 개 설

헌법재판소법은 헌법재판소의 결정에 대한 재심의 허용 여부에 관하여 별도의 명문규정을 두고 있지 아니하므로 헌법재판소의 결정에 대하여 재심을 허용할 수 있는가 하는 점에 관하여 논의가 있을 수 있다. 다만 심판규칙에서 재심의 심판절차에는 그 성질에 어긋나지 아니하는 범위 내에서 재심 전 심판절차에 관한 규정을 준용한다는 내용(심판규칙 제52조)과 재심청구서의 기재사항(심판규칙 제53조)을 규정하고 있다. 헌법재판소는 헌법재판은 그 심판의 종류에 따라 그 절차의 내용과 결정의 효과가 한결같지 아니하기 때문에 재심의 허용여부 내지 허용정도 등은 심판절차의 종류에 따라서 개별적으로 판단될 수밖에 없다고 하였다.[3]

(2) 권리구제형 헌법소원에 있어서 판단유탈이 재심사유가 되는지 여부

그런데 헌법재판소는 행정작용에 속하는 공권력작용을 대상으로 한 권리구제형 헌법소원에 있어서 판단유탈이 헌법재판소 결정에 대한 재심사유가 되는지 여부에 관하여, "헌법재판소의 결정은 일반법원의 재판에 비하여 재심을

---

4) 헌재 1993. 7. 29. 89헌마31; 헌재 2000. 4. 27. 99헌마76.

1) 헌재 2008. 10. 6. 2005헌마1005에 대한 제 3 자의 심판참가허가 결정(본안사건은 헌재 2008. 10. 30. 2005헌마1005).

2) 헌재 1993. 9. 27. 92헌마284; 헌재 1995. 1. 20. 94헌마246(형사소송법상의 재정신청에 있어서의 공소시효 정지효 규정을 유추적용하여야 한다는 재판관 3인 또는 2인의 반대의견이 있었다).

3) 헌재 1995. 1. 20. 93헌아1.

허용하지 아니함으로써 얻을 수 있는 법적 안정성의 이익이 재심을 허용할 수 있는 구체적 타당성의 이익보다 상대적으로 높다고 할 수 있다. 헌법재판소법 제68조 제 1 항에 의한 헌법소원 중 행정작용에 속하는 공권력 작용을 대상으로 하는 권리구제형 헌법소원절차에 있어서는, 사안의 성질상 헌법재판소의 결정에 대한 재심은 재판부의 구성이 위법한 경우 등 절차상 중대하고도 명백한 위법이 있어서 재심을 허용하지 아니하면 현저히 정의에 반하는 경우에 한하여 제한적으로 허용될 수 있을 뿐이다. 헌법소원심판절차에서는 변론주의가 적용되는 것이 아니어서 직권으로 청구인이 주장하는 청구이유 이외의 헌법소원의 적법요건 및 기본권침해 여부에 관련되는 이유에 관하여 판단할 수 있다는 점과, 헌법재판이 헌법의 해석을 주된 임무로 하고 있는 특성, 사전구제절차를 모두 거친 뒤에야 비로소 적법하게 헌법소원심판을 청구할 수 있다고 하는 사정 등을 들고 있으나 이와 같은 사유는 어느 것이나 '판단유탈'이 재심사유가 되지 아니한다."고 판시하였다.[1)]

그러나 그 뒤 판례를 변경하여, "첫째로 권리구제형 헌법소원절차에서 직권주의가 적용된다고 하여 당사자가 주장한 사항에 대하여 판단하지 않아도 된다는 것은 아닐 뿐만 아니라 당사자의 주장에 대한 판단유탈이 원칙적으로 방지되는 것도 아니므로, 직권주의가 헌법소원절차에서 '판단유탈'을 재심사유에서 배제할 만한 합당한 이유가 되지 못하고, 둘째로 민사소송법 제422조(현행 민소법 제451조) 제 1 항 제 9 호 소정의 '판단유탈'의 재심사유는 모든 판단유탈을 그 사유로 함에 있지 아니하고 판결에 영향을 미칠 중요한 사항에 대한 판단유탈만을 그 사유로 하고 있고, 셋째로 헌법재판소법 제71조 제 1 항 제 4 호에서 헌법재판소법 제68조 제 1 항에 의한 헌법소원의 심판청구서에 반드시 청구이유를 기재하도록 한 취지는 청구인의 청구이유에 대하여 유탈함이 없이 판단할 것을 요구함에 있으며, 넷째로 공권력의 작용을 대상으로 하는 권리구제형 헌법소원의 경우에는 법령에 대한 헌법소원과는 달리 사실의 판단이나 그에 대한 법령의 적용을 바탕으로 하여 헌법해석을 하게 되는 것이고, 사전구제절차를 거친다 하여 헌법판단시의 판단유탈을 예방할 수 있는 것은 아니므로, 헌법의 해석을 주된 임무로 하고 있는 헌법재판의 특성이나 사전구제절차를 거친 뒤에야 비로소 헌법소원을

1) 헌재 1995. 1. 20. 93헌아1; 헌재 1995. 1. 20. 94헌아4. 그런데 헌재 1998. 3. 26. 98헌아2 및 헌재 1998. 5. 28. 97헌아1 사건에서 재판관 5인이 "결정에 영향을 미칠 중요한 사항에 관하여 판단을 유탈한 때"는 재심사유가 된다는 반대의견을 표시하였으나 판례변경을 위한 정족수에 이르지 못하였다.

제기할 수 있다고 하는 사정도 '판단유탈'을 재심사유에서 배제할 합당한 이유가 되지 못하는 점을 고려할 때, 공권력의 작용에 대한 권리구제형 헌법소원 절차에 있어서 민사소송법 제422조 제 1 항 제 9 호 소정의 '판결에 영향을 미칠 중요한 사항에 관하여 판단을 유탈한 때'를 재심사유로 허용하는 것은 권리구제형 헌법소원의 성질에 반한다고 할 수 없으므로 민사소송법 제422조 제 1 항 제 9 호를 준용하여 **'판단유탈'**도 **재심사유로 허용**되어야 한다."라고 판시하였다.[1)]

여기서 '판단누락'이라는 재심사유의 존재는 재심대상결정서를 읽어 봄으로써 알 수 있는 것이므로, 특별한 사정이 없는 한 헌법소원심판 청구인의 대리인은 결정서의 정본을 송달받은 당시에 그 결정에 판단누락이 있는지의 여부를 알았다고 할 것이고, 그 대리인이 이를 안 경우에는 청구인도 이를 알았던 것이라고 보아야 할 것이므로, 헌법재판소의 결정에 대하여 판단누락이 있음을 이유로 하는 **재심청구의 제기기간**은 청구인의 대리인이 결정서의 정본을 송달받은 때부터 기산하여야 한다.[2)]

그런데 재심청구인은 민사소송법 제451조 제 1 항 각호의 사유 중 헌법소원심판에 대한 재심의 성질상 허용되는 사유를 재심청구의 이유로 주장하여야 하고, 이에 해당하지 아니하는 사유를 들어 재심을 청구하면 그 심판청구는 부적법하다.[3)] 헌법재판소는 재심대상사건에서 재판소원금지 및 법령소원 청구기간 도과를 이유로 각하결정을 받은 청구인이 재심을 청구하면서 그 재심대상결정이 청구인의 본안주장에 대해 판단하지 않은 것이 판단누락이라는 취지로 주장하는 경우는 헌법소원이 적법요건을 충족하지 못하여 각하결정을 받는 경우에는 본안주장에 대한 판단을 하지 않는 것이 적법요건의 성질상 당연하므로 판단누락에 해당하지 아니하여 적법한 재심사유에 해당하지 않는다고 하였다.[4)] 또한 '사실인정의 오류'는 민사소송법상의 재심사유(민소법 제451조 제 1 항)에 포함되어 있지 않으므로 이러한 사유는 헌법소원에서도 재심사유에 해당하지 아니한다.[5)]

---

1) 헌재 2001. 9. 27. 2001헌아3; 헌재 2002. 3. 28. 2001헌아22. 헌법재판소가 판단유탈을 이유로 재심사건에서 스스로 재심대상 결정을 취소한 사례(헌재 2009. 6. 25. 2008헌아23)도 있고, 잘못 기재된 사실조회결과를 근거로 적법한 불기소처분 취소청구를 각하한 경우에 헌법재판소가 '판결에 영향을 미칠 중요한 사항에 관하여 판단을 누락한 때'에 준하는 재심사유가 있다고 보아 인용결정을 한 예도 있다(헌재 2011. 2. 24. 2008헌아4).
2) 헌재 2003. 5. 20. 2003헌아29; 헌재 2007. 12. 27. 2006헌바73; 헌재 2012. 4. 24. 2010헌아208.
3) 헌재 2007. 2. 22. 2006헌아50; 헌재 2013. 2. 28. 2012헌아99.
4) 헌재 2013. 2. 28. 2012헌아99.
5) 헌재 2000. 6. 29. 99헌아18.

(3) 법령소원의 경우 재심이 허용되는지 여부

한편 법령에 관한 헌법재판소법 제68조 제 1 항의 헌법소원에 대한 헌법재판소의 결정에 대하여 재심이 허용되는지 여부에 관하여, "헌법재판소법 제68조 제 1 항의 헌법소원 중 법령에 대한 헌법소원의 경우 헌법재판소의 인용(위헌)결정은 일반적 기속력과 대세적·법규적 효력을 가지는 것이므로 그 효력면에서 같은 법 제68조 제 2 항의 헌법소원과 유사한 성질을 지니고 있고, 위헌법률심판을 구하는 헌법소원에 대한 헌법재판소의 결정에 대하여는 재심을 허용하지 아니함으로써 얻을 수 있는 법적 안정성의 이익이 재심을 허용함으로써 얻을 수 있는 구체적 타당성의 이익보다 훨씬 높을 것으로 예상할 수 있으므로 헌법재판소의 이러한 결정에는 재심에 의한 불복방법이 그 성질상 허용될 수 없다고 보는 것이 상당하다(헌재 1992. 6. 26. 90헌아1; 헌재 1992. 12. 8. 92헌아3 참조). 그렇다면 헌법재판소법 제68조 제 1 항에 의한 헌법소원 중 법령에 대한 헌법소원은 같은 법 제68조 제 2 항에 의한 헌법소원의 경우와 동일한 근거로써 재심을 허용하지 아니함이 상당하다."고 판시하였다.[1)]

제 6 절 헌법재판소법 제68조 제 2 항의 헌법소원(위헌소원)

1. 개 설

가. 의 의

일반법원의 재판절차가 진행되는 과정에서 재판의 전제가 되는 법률에 대하여 당사자의 위헌여부심판 제청신청이 있었을 때 법원이 이 신청을 이유 없다고 기각한 경우, 그 신청을 한 당사자는 직접 헌법재판소에 당해법률의 위헌여부에 대한 심판을 헌법소원의 형태로 청구할 수 있다(헌재법 제68조 제 2 항). 이러한 헌법소원을 위헌소원이라고도 한다.

헌법재판소법 제68조 제 2 항에 따른 헌법소원심판은 위헌법률심판제청신

---

1) 헌재 1992. 9. 19. 2002헌아5; 헌재 2004. 11. 23. 2004헌아47 지정부 결정; 헌재 2006. 9. 26. 2006헌아37 지정부 결정. 헌법재판소가 제68조 제 2 항에 의한 헌법소원심판청구 사건에서 선고된 헌법재판소의 결정에 대하여 재심이 허용되지 않는다는 취지의 결정은 헌재 1992. 6. 26. 90헌아1; 헌재 1992. 12. 8. 92헌아3 등이 있다.

청을 하였다가 기각당한 당사자가 청구할 수 있는데, 헌법재판소법 제40조에 따라 준용되는 민사소송법에 의하면 보조참가인은 피참가인의 소송행위와 저촉되지 아니하는 한 소송에 관하여 공격·방어·이의·상소 기타 일체의 소송행위를 할 수 있으므로 헌법재판소법 소정의 위헌심판제청사건의 '당사자'에 해당한다 할 것이고, 보조참가인이 제청신청을 하였다가 기각되면 헌법소원심판을 청구할 수 있다.[1] 이때 청구인은 사인(私人)에 한정되지 않는다. 행정처분의 주체인 행정청도 당해사건의 당사자나 보조참가인으로서 위헌 여부 심판의 제청신청을 할 수 있고, 그 신청이 기각되면 헌법재판소법 제68조 제 2 항에 따른 헌법소원을 제기할 수 있고,[2] 헌법재판소법 제68조 제 1 항에 따른 헌법소원의 경우 기본권주체로서 일반사인만이 헌법소원심판을 청구할 수 있고, 국가기관이나 지방자치단체 또는 공법인의 경우에는 원칙적으로 청구인이 될 수 없는 것과 다르다.

헌법재판소법 제68조 제 2 항은 '법률의 위헌여부심판의 제청신청이 기각된 때에는' 그 신청을 한 당사자가 헌법재판소에 헌법소원심판을 청구할 수 있다고 규정하고 있다. 그런데 당해법원이 실질적으로 헌법문제에 관한 판단을 했으므로 제청신청을 기각하여야 함에도 불구하고 각하결정이라는 재판형식으로 배척한 경우에도 헌법재판소법 제68조 제 2 항의 규정에 따른 헌법소원심판의 청구는 허용된다.[3]

기각결정이 아직 내려지지 않았다면 설사 위헌제청 여부의 결정이 지연되고 있다 하더라도 바로 헌법소원심판을 청구할 수 없고,[4] 복수의 법률조항에 대한 헌법소원 심판청구가 있는 경우 제청신청이나 기각결정의 대상이 되지 않았던 법률조항에 대한 청구 부분은 부적법하게 된다.[5]

헌법재판소법 제68조 제 2 항에 따른 헌법소원은 위헌 여부 심판의 제청신청을 하여 그 신청이 기각된 때에만 청구할 수 있는 것이므로, 청구인이 당해소송법원에 위헌 여부 심판의 제청신청을 하지 않았고 따라서 법원의 기각결정도 없었던 부분에 대한 심판청구는 그 심판청구요건을 갖추지 못하여 부적법하다.[6]

---

1) 헌재 2003. 5. 15. 2001헌바98.
2) 헌재 2006. 2. 23. 2004헌마50; 헌재 2008. 4. 24. 2004헌바44. 동지: 헌재 2006. 2. 23. 2004헌바50; 헌재 2014. 1. 28. 2021헌바216.
3) 헌재 1989. 12. 18. 89헌마32등.
4) 헌재 1999. 4. 29. 98헌바29.
5) 예컨대 헌재 1997. 11. 27. 96헌바12.

그러나 당사자가 위헌법률심판 제청신청의 대상으로 삼지 않았고 또한 법원이 기각결정의 대상으로 삼지 않았음이 명백한 법률조항이라 하더라도 예외적으로 위헌제청신청을 기각 또는 각하한 법원이 당해조항을 실질적으로 판단하였거나 당해조항이 명시적으로 위헌제청신청을 한 조항과 필연적 연관관계를 맺고 있어서 법원이 위 조항을 묵시적으로 위헌제청신청의 대상으로 삼아 판단한 것으로 볼 수 있는 경우에는 이러한 법률조항에 대한 심판청구도 적법하다.[1]

나. 위헌심판제청신청의 제한

다만 이 경우 그 당사자는 당해사건의 소송절차에서 동일한 사유를 이유로 다시 위헌여부심판의 제청을 신청할 수 없다(헌재법 제68조 제 2 항 후문). '당해사건의 소송절차'란 동일한 심급의 소송절차뿐 아니라 상소심의 소송절차는 물론 대법원에 의해 파기환송되기 전후의 소송절차를 모두 포함한다는 것이 헌법재판소[2]와 대법원의 판례이다.[3] 따라서 헌법소원심판의 전제가 된 당해사건의 항소심절차에서 위헌여부의 심판제청신청이 기각되었는데도 이에 대하여 헌법소원심판을 청구하지 아니하고 있다가, 또 다시 같은 항소심절차에서 같은 법률조항에 관하여 동일한 사유를 이유로 위헌여부의 심판제청을 하고 그것이 기각되자 헌법소원 심판청구를 한 경우, 이는 헌법재판소법 제68조 제 2 항 후문의 규정에 위배되어 부적법하고,[4] 청구인이 당해사건의 1심 재판 과정에서 이미 위헌법률심판 제청신청을 하여 그 신청이 기각되자 헌법소원심판청구를 하였고, 그 사건을 헌법재판소에서 심판하고 있는 중임에도 당해사건의 항소심 재판과정에서 다시 같은 법률조항에 대하여 위헌법률심판 제청신청을 하여 그 신청이 기각되자, 헌법소원심판청구를 한 것은 헌법재판소법 제68조 제 2 항 후문에 위반되고 헌법재판소에서 심판 중인 사건과 중복되는 것이어서 부적법하다.[5]

---

6) 헌재 1994. 4. 28. 89헌마221; 헌재 2006. 7. 27. 2005헌바19; 헌재 2009. 9. 24. 2007헌바17; 헌재 2011. 11. 24. 2010헌바412등.

1) 헌재 1998. 3. 26. 93헌바12; 헌재 2001. 2. 22. 99헌바93; 헌재 2005. 2. 24. 2004헌바24; 헌재 2010. 9. 30. 2009헌바2; 헌재 2012. 3. 29. 2010헌바432; 헌재 2012. 4. 24. 2010헌바1; 헌재 2014. 7. 24. 2013헌바169; 헌재 2016. 3. 31. 2013헌바372; 헌재 2016. 11. 24. 2015헌바62; 헌재 2019. 8. 29. 2017헌바403.

2) 헌재 2007. 7. 26. 2006헌바40; 헌재 2009. 9. 24. 2007헌바118; 헌재 2010. 2. 9. 2009헌바418; 헌재 2013. 6. 27. 2011헌바247; 헌재 2022. 8. 31. 2019헌바421.

3) 대법원 2000. 4. 11.자 98카기137 결정; 대법원 2000. 6. 23.자 2000카기44 결정.

4) 헌재 1994. 4. 28. 91헌바14; 헌재 2013. 6. 27. 2011헌바247.

5) 헌재 2011. 5. 26. 2009헌바419.

한편 위와 같은 경우에 **다른 심급**에서 다시 **동일한 사유**로 위헌여부 제청신청을 하는 것이 허용되는지 여부가 문제된다. 이에 관련하여 헌법재판소는 청구인들이 항고심 소송절차에서 위헌법률심판 제청신청을 하여 그 신청이 기각되었는데도 이에 대하여 헌법소원심판을 청구하지 아니하고 있다가 다시 그 **재항고심 소송절차**에서 대법원에 같은 이유를 들어 위 법조항이 위헌이라고 주장하면서 위헌법률 제청신청을 하여 그 신청이 기각되자 비로소 헌법소원 심판청구를 제기한 사안에서 이러한 청구는 제68조 제 2 항 후문의 규정에 위배된 것으로 부적법하다고 판단하였고,[1] 당해사건의 소송절차란 당해사건의 상소심절차를 포함하므로, 당해사건의 항소심에서 위헌법률심판 제청신청을 하였다가 기각되었는데도 헌법소원심판을 청구하지 아니하고 있다가 그 **상고심 소송절차**에서 같은 이유를 들어 위헌법률심판 제청신청을 하여 그 신청이 각하된 후 제기한 헌법소원심판청구는 부적법하다고 하였다.[2]

그런데 이러한 판례의 입장과는 달리, 법원도 심급을 달리하는 경우에는 각 심급의 법원마다 다시 재판의 전제가 되는 동일한 법률이나 법률조항에 대해 위헌제청을 할 수 있으므로 당사자 역시 심급을 달리하는 경우에는 위헌심판제청 신청을 다시 할 수 있어야 한다는 견해[3]가 있다. 그러나, 심급을 달리하는 법원은 각 다른 법원인데 반해 당사자는 심급을 달리 하더라도 동일한 당사자인데도 불구하고 양자를 동일시하여, 법원이 각 심급마다 위헌심판제청을 할 수 있으니 당사자 역시 각 심급마다 위헌제청신청을 할 수 있어야 한다는 논리를 전개하는 것은 부당하므로 찬동하기 어렵다.

다. 헌법재판소법 제68조 제 2 항 헌법소원의 법적 성격과 적법요건

한편 헌법재판소는 헌법재판소법 제68조 제 2 항 헌법소원의 법적 성격에 관하여 "헌법재판소법 제68조 제 2 항의 헌법소원제도는 법원뿐이 아니라 개인도 '구체적인 소송사건을 계기로 하여' 헌법재판소에 직접 법률의 위헌성을 물

---

1) 헌재 2007. 7. 26. 2006헌바40; 헌재 2012. 12. 27. 2011헌바155.

2) 헌재 2009. 9. 24. 2007헌바118; 헌재 2012. 12. 27. 2011헌바155. 대법원도 당해사건의 소송절차란 상소심(다른 심급)에서의 소송절차를 포함하는 것이라고 하여 이를 허용하지 않고 있다(대법원 2000. 4. 11.자 98카기137 결정; 대법원 2000. 6. 23.자 2000카기44 결정 등).

3) 성낙인, 152면; 정종섭, 275면. 한편 김하열, 406면은 법질서(법령이나 판례)나 사실관계의 변화로 인해 기왕의 제청신청이나 그에 대한 기각결정이 무의미하게 되었다면 '동일한 사유를 이유로' 한 것이 아니라고 보아 다시 제청신청하는 것을 허용하여야 한다고 한다.

을 수 있다는 점에서, 그 법적 성격에 있어서 헌법재판소법 제41조의 위헌법률심판절차와 마찬가지로 **구체적 규범통제절차**의 한 유형이다. 이는 재판소원을 배제하는 우리 헌법재판제도에서 법원이 위헌제청을 하지 아니하고 재판에서 위헌적인 법률을 적용하여 재판을 한다는 의심이 있는 경우에, 당사자의 청구에 의하여 직접 헌법재판소로 하여금 법률의 위헌성심사를 가능하게 하기 위하여 도입된 것이며, '기능상으로는' **재판소원의 일부분을 대체**하고 있다. 헌법재판소법 제75조 제 7 항에서 재판에 적용된 법률의 위헌성이 확인된 경우 당해사건의 당사자가 재심을 청구할 수 있도록 함으로써 비록 헌법재판소가 법원의 재판을 직접 취소하지는 못하지만, 법원이 스스로 재판을 취소하도록 한 것은 사실상 헌법재판소의 결정에 의한 '**간접적인 재판의 취소**'에 해당하는 것이다."라고 판시하였다.[1)]

한편 헌법재판소는 당해사건의 소송절차에서 위헌제청신청이 교환적으로 변경된 경우 종전 위헌제청신청의 대상인 법률을 대상으로 한 헌법재판소법 제68조 제 2 항 소정의 심판청구는 심판청구요건을 갖추지 못하여 부적법하고,[2)] 청구인이 헌법소원심판청구를 한 후 당해사건의 항소심에서 소를 취하하여 당해사건이 종결된 경우에는 심판대상 법률조항이 당해사건에 적용될 여지가 없어 그 위헌여부가 재판의 전제가 되지 않으므로 동 조항에 대한 심판청구는 재판의 전제성을 갖추지 못하여 부적법하다고 하였다.[3)]

또한 헌법재판소법 제68조 제 2 항 소정의 헌법소원은 그 본질이 헌법소원이라기 보다는 위헌법률심판이므로 헌법재판소법 제68조 제 1 항 소정의 헌법소원에서 요구되는 보충성의 원칙은 적용되지 아니하고,[4)] 헌법재판소법 제68조 제 1 항에 의한 법령에 대한 헌법소원의 경우의 적법요건인 직접성이나 공권력행사에 대한 사전구제절차의 구비 여부는 그 적법요건이 되지 아니하

1) 헌재 2003. 4. 24. 2001헌마386. 심판청구의 취하로 헌법소원심판절차가 종료되었다고 선언하면서 동시에 심판청구가 취하될 당시의 헌법재판소의 최종평결결과와 그 이유를 밝히면서 판시한 내용이다. 동지: 헌재 2022. 6. 30. 2014헌마760등; 헌재 1997. 7. 16. 96헌바36등.
2) 헌재 1998. 9. 30. 96헌바88; 헌재 1997. 11. 27. 96헌바12.
3) 헌재 2007. 7. 26. 2003헌바107; 헌재 2010. 5. 27. 2008헌바110; 헌재 2011. 11. 24. 2010헌바412. 그러나 헌재 2015. 10. 21. 2014헌바170은 청구인이 당해사건의 항소심에서 항소를 취하하여 원고패소의 원심판결이 확정되었더라도 당해사건에 적용되는 법률이 위헌으로 결정되면 확정된 원심판결에 대하여 재심청구를 함으로써 원심판결의 주문이 달라질 수 있으므로 재판의 전제성이 인정된다고 하였다.
4) 헌재 1997. 7. 16. 96헌바36등.

며,[1] 헌법재판소법 제68조 제 2 항에 의한 헌법소원은 구체적인 사건에 적용될 법률의 위헌여부가 '재판의 전제'가 되면 제소요건이 충족하고(헌재법 제41조 제 1 항) 그 외에 따로 헌법재판소법 제68조 제 1 항의 헌법소원에서 요구되는 기본권침해나 제소요건(자기관련성, 현재성, 직접성, 청구기간)을 갖출 것을 요하지 않는다고 하였다.[2]

그런데 헌법재판소법 제68조 제 2 항에 의한 헌법소원심판의 청구는 당해 사건의 당사자에 의한 적법한 위헌여부 심판의 제청신청을 법원이 각하 또는 기각하였을 경우에 그 제청신청인이 직접 헌법재판소에 헌법소원의 형태로 심판을 청구할 수 있는 것이고, 위헌여부 심판의 제청을 신청하지 아니한 당사자의 법원의 기각결정 대상이 되지 아니한 규정들에 대한 심판청구는 헌법재판소법 제68조 제 2 항에 의한 헌법소원심판의 대상이 될 수 없는 사항에 대한 것으로서 부적법하다.[3] 헌법재판소는 청구인들이 당해 소송사건에서 소송승계를 하여 원고의 지위를 승계하였다는 사정은 기록상 발견되지 아니하는바, 청구인들은 당해사건에서 제청신청을 하였다가 기각당한 당사자가 아니므로 헌법재판소법 제68조 제 2 항의 헌법소원을 청구할 수 없다고 하였다.[4]

2. 위헌소원심판의 대상

가. 법 률

헌법재판소법 제68조 제 2 항의 헌법소원은 법률이 헌법에 위반되는지 여부가 재판의 전제가 될 때 하는 소위 규범통제형 헌법소원제도로서 그 심판의 대상은 재판의 전제가 되는 법률 또는 법률조항 자체인 것이지 대통령령은 그 대상이 될 수 없다고 하였다.[5]

---

1) 헌재 1996. 12. 26. 90헌바19등.
2) 헌재 2003. 5. 15. 2001헌바98; 동지: 헌재 1997. 8. 21. 94헌바2; 헌재 1998. 4. 30. 96헌바62.
3) 헌재 1994. 4. 28. 89헌마221; 헌재 1997. 8. 21. 93헌바51; 헌재 1997. 11. 27. 96헌바12; 헌재 1998. 9. 30. 97헌바38; 헌재 1999. 12. 23. 99헌가5등; 헌재 2001. 9. 27. 2000헌바13; 헌재 2005. 2. 24. 2004헌바24; 헌재 2006. 7. 27. 2005헌바19; 헌재 2009. 9. 24. 2007헌바17등; 헌재 2010. 9. 30. 2008헌바132; 헌재 2010. 10. 28. 2009헌바4; 헌재 2011. 11. 24. 2010헌바412; 헌재 2014. 6. 26. 2012헌바333; 헌재 2015. 8. 12. 2015헌바242등; 헌재 2015. 10. 21. 2012헌바415; 헌재 2016. 2. 25. 2015헌바257; 헌재 2019. 11. 28. 2017헌바241; 헌재 2022. 8. 31. 2020헌바307등; 헌재 2024. 4. 25. 2022헌바204.
4) 헌재 2019. 12. 27. 2018헌바109.
5) 헌재 2007. 4. 26. 2004헌바19; 헌재 2007. 4. 26. 2005헌바51; 헌재 2013. 5. 30. 2011헌바227; 헌

그리고 심판청구의 대상으로서의 법률은 형식적 의미의 법률 및 그와 동일한 효력을 가진 명령이다. 따라서 대통령령인 국가유공자예우등에관한법률시행령 제17조 제 1 항 규정을 대상으로 한 헌법재판소법 제68조 제 2 항 헌법소원심판 청구는 부적법하고,[1] 주택건설촉진법 제32조 제 1 항에 의거한 건설부령인 주택공급에 관한 규칙 제13조 제 1 항에 근거하여 건설부장관이 정한 영구임대주책입주자선정기준 및 관리지침 제 5 조 제 3 호,[2] 및 대통령령인 구 토초세법 시행령 제20조 제 1 항, 제23조,[3] 도시계획법 시행령 제 6 조 제 1 항 제 4 호 및 제 7 조의3 제 3 호 가목,[4] 조세범처벌절차법 시행령 제 6 조 제 1 항,[5] 구 법인세법 시행령 제124조의3 제 5 항,[6] 특수임무수행자 보상에 관한 법률 시행령 제 2 조,[7] 구 학원법 시행령 제 3 조의2 제 1 항 [별표 1] 중 '예능 및 기타'에 관한 부분,[8] 국외강제동원자지원법 시행령 제16조와 별지 제13호 서식 제 3 항,[9] 산업재해보상보험법 시행령 제29조[10] 그리고 보건복지부장관의 고시[11] 등은 헌법재판소법 제41조 제 1 항 및 제68조 제 2 항에서 규정한 법률에 해당하지 아니한다.

헌법재판소는 "헌법재판소법 제68조 제 2 항의 규정에 의한 헌법소원심판 청구는 법률이 헌법에 위반되는 여부가 재판의 전제가 되는 때에 당사자가 위헌제청신청을 하였음에도 불구하고 법원이 이를 배척하였을 경우에 법원의 제청에 갈음하여 당사자가 직접 헌법재판소에 헌법소원의 형태로서 심판청구를 하는 것이므로 그 심판의 대상은 재판의 전제가 되는 법률인 것이지 대통령령이나 시행규칙, 부령 등의 하위법령, 대법원규칙 등은 될 수 없다."고 하였다.[12]

재 2022. 9. 29. 2019헌바536.
1) 헌재 1992. 10. 31. 92헌바42.
2) 헌재 1992. 11. 12. 92헌바7.
3) 헌재 1995. 7. 27. 93헌바1등.
4) 헌재 1997. 10. 30. 95헌바7.
5) 헌재 1999. 1. 28. 97헌바90.
6) 헌재 2000. 1. 27. 96헌바95.
7) 헌재 2011. 7. 28. 2009헌바158.
8) 헌재 2013. 5. 30. 2011헌바227.
9) 헌재 2015. 12. 23. 2009헌바317등.
10) 헌재 2016. 9. 29. 2014헌바254.
11) 헌재 2000. 1. 27. 99헌바23.
12) 헌재 1998. 6. 25. 95헌바24; 헌재 1999. 1. 28. 97헌바90; 헌재 2000. 1. 27. 96헌바95등; 헌재 2001. 4. 26. 99헌바108등; 헌재 2003. 6. 26. 2001헌바54; 헌재 2003. 7. 24. 2002헌바51; 헌재 2004. 8. 26. 2004헌바14; 헌재 2007. 4. 26. 2005헌바51; 헌재 2008. 5. 29. 2006헌바85등; 헌재 2010. 5. 27. 2008헌바110; 헌재 2010. 6. 24. 2007헌바101등; 헌재 2014. 4. 24. 2012헌바412; 헌재 2014. 6. 26. 2012헌바299; 헌재 2015. 7. 30. 2013헌바416; 헌재 2016. 6. 30. 2014헌바456등; 헌재 2016. 9. 29. 2014헌바254; 헌재 2019. 9. 26. 2018헌바337; 헌재 2020. 12. 23. 2017헌바463등; 헌

한편 헌법재판소는 "헌법재판소법 제68조 제 2 항의 규정에 따른 헌법소원은 '법률'의 위헌성을 적극적으로 다투는 제도이므로 **'법률의 부존재'** 즉, **입법부작위**를 다투는 것은 그 자체로 허용되지 아니한다."고 하였다.[1] 다만 법률이 불완전·불충분하게 규정되었음을 근거로 법률 자체의 위헌성을 다투는 취지, 즉 **부진정 입법부작위**를 다투는 것으로 이해될 경우에는 그 법률이 당해사건의 재판의 전제가 된다는 것을 요건으로 허용될 수 있다고 하였다.[2] 그러나 헌법재판소는 "청구인이 형사소송법 조항들이 재정신청 사건의 재판에서 검사의 피의자신문조서 제출을 강제하고 이를 위반한 검사를 처벌하는 규정을 두지 않은 것이 위헌이라고 주장하고 있는바. 청구인이 주장하는 내용의 입법부작위는 청구인이 구체적으로 지적한 조항들을 포함하여 형사소송법 조항들의 불완전 또는 불충분한 규율의 문제라기보다는 입법의 부존재에 해당하는 것으로 보는 것이 타당하다."고 판시하였고,[3] 성질상 '형사보상 및 명예회복에 관한 법률'이 적용되지 않는 행정작용에 의하여 신체의 자유가 침해된 자에 대하여 위 법과 동일한 정도의 보상을 내용으로 하는 새로운 입법을 하여 달라는 심판청구는 진정입법부작위를 다투는 것에 해당하고, 헌법재판소법 제68조 제 2 항에 의한 헌법소원에서 **진정입법부작위**를 다투는 것은 그 자체로 허용되지 않으므로, 청구인들의 이 부분 심판청구는 모두 부적법하다고 하였으며,[4] "민법은 혼인관계가 '일방 당사자의 사망으로 종료된 경우'에는 생존 배우자도 다른 상속인들과 마찬

재 2022. 7. 21. 2019헌바125등; 헌재 2022. 9. 29. 2019헌바536; 헌재 2023. 10. 26. 2019헌바385.

1) 헌재 2000. 1. 27. 98헌바12; 헌재 2004. 1. 29. 2002헌바36등; 헌재 2005. 12. 22. 2005헌바50; 헌재 2008. 10. 30. 2006헌바80; 헌재 2010. 2. 25. 2009헌바95; 헌재 2010. 3. 25. 2007헌마933; 헌재 2011. 5. 26. 2010헌바202; 헌재 2013. 11. 28. 2011헌바270; 헌재 2014. 9. 25. 2013헌바208; 헌재 2016. 11. 24. 2015헌바413등(이 사건 심판청구는 성질상 근로기준법이 전면적으로 적용되지 못하는 특수형태근로종사자의 노무조건·환경 등에 대하여 근로기준법과 동일한 정도의 전면적 보호를 내용으로 하는 새로운 입법을 하여 달라는 것에 다름 아니므로, 실질적으로 진정입법부작위를 다투는 것에 해당한다고 하였다); 헌재 2024. 1. 25. 2020헌바475등(성질상 '형사보상 및 명예회복에 관한 법률'이 적용되지 않는 행정작용에 의하여 신체의 자유가 침해된 자에 대하여 위 법과 동일한 정도의 보상을 내용으로 하는 새로운 입법을 하여 달라는 심판청구는 진정입법부작위를 다투는 것에 해당한다고 하였다); 헌재 2024. 8. 29. 2023헌바365(형사소송법 제194조의2는 무죄판결이 확정된 피고인에 대한 비용보상제도이므로 기소유예처분을 받은 피의자가 헌법소원심판청구를 통해 혐의없음 처분을 받은 경우에 그 피의자에 대하여도 소요비용을 보상하는 규정을 마련해 달라는 심판청구는 진정입법부작위를 다투는 것에 해당한다고 하였다).

2) 헌재 2004. 1. 29. 2002헌바36; 헌재 2008. 10. 30. 2006헌바80; 헌재 2010. 2. 25. 2008헌바67; 헌재 2011. 5. 26. 2010헌바202; 헌재 2012. 12. 27. 2012헌바60; 헌재 2014. 9. 25. 2013헌바208; 헌재 2018. 2. 22. 2016헌바370; 헌재 2024. 1. 25. 2020헌바475등.

3) 헌재 2011. 5. 26. 2010헌바202.

4) 헌재 2024. 1. 25. 2020헌바475등.

가지로 상속제도의 규율을 받도록 정하고, 혼인관계가 '쌍방 생전에 해소된 경우'에는 재산분할제도의 규율을 받도록 정하여 그 체계를 달리하고 있다. 그러므로 입법자는 이혼과 같이 생전에 혼인이 해소된 경우의 재산분할제도만을 재산분할청구권조항의 입법사항으로 하였다고 봄이 타당하다. 그렇다면 청구인이 문제삼는 '일방의 사망으로 사실혼이 종료된 경우 생존 사실혼 배우자에게 재산분할청구권을 부여하는 규정을 두지 않은 부작위'는, 입법자가 애당초 그러한 입법적 규율 자체를 전혀 하지 않는 경우에 해당한다. 따라서 이 부분 심판청구는 외형상 특정 법률조항을 심판대상으로 삼아 제기되었으나 실질적으로는 헌법재판소법 제68조 제 2 항에 의한 헌법소원에 허용되지 아니하는 진정입법부작위의 위헌성을 다투는 것이므로 그 자체로 부적법하다."라고 판시하였다.[1)]

한편 헌법재판소는, 심판대상 법률조항의 적용에서 배제된 자가 부진정 입법부작위를 다투는 경우, 심판대상 법률조항에 대한 위헌결정만으로는 당해사건 재판의 결과에 영향이 없다고 하더라도, 위헌 또는 불합치결정의 취지에 따라 당해 법률조항이 개정되는 때에는 당해사건의 결과에 영향을 미칠 가능성이 있으므로 재판의 전제성이 인정될 수 있다고 하였고,[2)] 헌법재판소에 의하여 이미 위헌선언되어 효력이 상실된 법률조항 부분이 입법의 결함에 해당한다고 주장하는 헌법소원심판청구는 종전의 위헌결정에 대한 불복이거나, 위헌으로 선언된 규범의 유효를 주장하는 것이어서 법률조항에 대한 위헌결정의 법규적 효력에 반하여 허용될 수 없으므로 부적법하다고 하였다.[3)]

한편 헌법재판소는 "헌법재판소법 제68조 제 2 항에 의하면, 법률에 대한 위헌심판제청신청이 법원에서 기각된 경우에 한하여 그에 따른 헌법소원심판을 청구할 수 있는데, 위헌심판제청신청이 법률조항 자체의 위헌성을 다투는 것이 아니라 법원에 의한 사실관계의 판단과 법률의 해석·적용의 부당함을 주장하는 등 사실상 법원의 재판을 다투는 것일 때에는 원칙으로 부적법하여 이에 기한 헌법소원심판청구가 허용되지 않는다."고 판시하였다.[4)]

---

1) 헌재 2024. 3. 28. 2020헌바494등(3인의 반대의견은 재산분할청구권 조항이 일방의 사망으로 사실혼이 해소된 경우를 배제한 것은 부진정입법부작위에 해당하므로 심판청구가 적법하다고 하였다).
2) 헌재 2003. 12. 18. 2002헌바14; 헌재 2011. 6. 30. 2009헌바430; 헌재 2012. 12. 27. 2012헌바60.
3) 헌재 2012. 12. 27. 2012헌바60.
4) 헌재 2002. 10. 31. 2000헌바76; 헌재 2010. 4. 6. 2010헌마116; 헌재 2016. 6. 30. 2014헌바62; 헌재 2020. 12. 23. 2018헌바382 참조.

나. 유효한 법률

그리고 이때의 법률은 이미 공포된 것이어야 하고 원칙적으로 위헌심판 시를 기준으로 효력을 가지고 있는 법률이어야 한다. 다만 폐지된 법률이라 하더라도 청구인들의 침해된 법익을 보호하기 위하여 그 위헌여부가 가려져야 할 필요가 있는 경우에는 대상이 될 수 있다는 것이 헌법재판소의 판례이다.[1)]

다. '위헌제청신청기각' 결정의 대상법률

또한 헌법재판소법 제68조 제 2 항에 의한 헌법소원은 헌법재판소법 제41조 제 1 항의 규정에 의한 위헌여부심판의 제청신청을 법원이 각하 또는 기각한 경우에만 당사자가 직접 당 재판소에 헌법소원의 형태로 심판청구를 할 수 있는 것이므로, 법원의 위헌제청신청 기각결정의 대상이 되지 아니한 규정들에 대한 심판청구는 헌법재판소법 제68조 제 2 항에 따른 헌법소원심판의 대상이 될 수 없는 사항에 대한 것으로서 부적법하다.[2)] 그런데 위헌법률심판제청신청의 대상이 되지 아니한 법률조항에 대해서도 묵시적으로 제청신청 및 그 신청에 대한 기각결정이 있었다고 볼 수 있는 경우에는 그 법률조항에 대한 심판청구는 적법하다.[3)]

또한 헌법재판소는 법원의 위헌여부심판의 제청신청을 각하 또는 기각하기 전에 청구한 헌법소원심판청구도 부적법하다고 하였고,[4)] 청구인이 당해사건을 담당하는 법원에 대하여 구체적 사건에 적용될 법률조항인 형사소송법 제

1) 헌재 1989. 12. 18. 89헌마32등(국가보위입법회의법 등 위헌여부에 대한 헌법소원); 헌재 1989. 7. 14. 88헌가5등(사회보호법 제 5 조의 위헌심판); 헌재 1995. 1. 20. 90헌바1(소송촉진에관한특례법 제11조 및 제12조의 위헌여부에 관한 헌법소원); 헌재 1995. 10. 26. 94헌마242(부산직할시검인계약서제도실시에따른불균일과세에관한조례 제 2 호등 위헌확인); 헌재 1996. 8. 29. 94헌바15(구 영화법 제 4 조 제 1 항 등 위헌소원).

2) 헌재 1994. 4. 28. 89헌마221; 헌재 2000. 7. 20. 98헌바74; 헌재 2006. 7. 27. 2005헌바19; 헌재 2010. 10. 28. 2009헌바4; 헌재 2011. 4. 28. 2009헌바169; 헌재 2011. 6. 30. 2010헌바395; 헌재 2012. 4. 24. 2010헌바1; 헌재 2015. 4. 30. 2013헌바103; 헌재 2015. 6. 25. 2013헌바201(위헌법률심판제청신청을 하지 않은 채 헌법소원심판 청구 단계에서 심판대상으로 추가한 경우); 헌재 2015. 6. 25. 2014헌바61; 헌재 2016. 2. 25. 2015헌바257; 헌재 2017. 12. 28. 2015헌바232(묵시적으로 함께 판단한 것으로 볼 수도 없는 조항); 헌재 2019. 11. 28. 2017헌바241.

3) 헌재 1998. 3. 26. 93헌바12; 헌재 2001. 2. 22. 99헌바93; 헌재 2005. 2. 24. 2004헌바24; 헌재 2010. 9. 30. 2009헌바2; 헌재 2012. 4. 24. 2010헌바1; 헌재 2012. 12. 27. 2010헌바489; 헌재 2013. 5. 30. 2011헌바227; 헌재 2013. 5. 30. 2012헌바335; 헌재 2016. 3. 31. 2013헌바372; 헌재 2016. 11. 24. 2015헌바62; 헌재 2016. 12. 29. 2015헌바199.

4) 헌재 1999. 4. 29. 98헌바29등; 헌재 2000. 7. 20. 98헌바74.

70조 제 1 항 제 3 호의 위헌심판제청신청을 한 것이 아니고 법원의 구속에 관한 재판의 부당성을 주장하면서 그 재판 자체를 위헌심판 제청신청의 대상으로 삼은 경우, 심판대상 법률조항에 대하여는 법원에 위헌심판제청신청을 한 바 없다 할 것이므로 헌법재판소법 제68조 제 2 항에서 정하고 있는 법률의 위헌여부심판의 제청신청이 법원에서 기각되었을 것이라는 요건을 갖추지 못하였다고 하였으며,[1] 법원에 위헌제청신청을 한 사실이 없고, 법원도 그 조항의 위헌여부에 대해 실질적으로 판단한 사실이 없는 민사소송법 제110조에 대한 헌법소원심판청구는 부적법하다고 하였다.[2]

라. 헌법의 개별규정

헌법재판소는 "헌법 제111조 제 1 항 제 1 호 및 헌법재판소법 제41조 제 1 항은 위헌법률심판의 대상에 관하여, 헌법 제111조 제 1 항 제 5 호 및 헌법재판소법 제68조 제 2 항, 제41조 제 1 항은 헌법소원심판의 대상에 관하여 그것이 법률임을 명문으로 규정하고 있으며, 여기서 위헌심사의 대상이 되는 법률이 국회의 의결을 거친 이른바 형식적 의미의 법률을 의미하는 것에 아무런 의문이 있을 수 없으므로, 헌법의 개별규정 자체는 헌법소원에 의한 위헌심사의 대상이 아니다."라고 판시하였다.[3]

마. 긴급재정·경제명령과 긴급명령 또는 긴급조치

그런데 긴급재정·경제명령과 긴급명령(헌법 제76조)이 법률과 동일한 효력을 가지는 것이나 헌법소원심판청구의 대상이 되는지 여부에 대한 헌법재판소의 판례는 방론에서나마 이를 긍정한 사례가 있었으나,[4] 본론에서 이를 직접 긍정한 사례가 수차례 있었다. 즉 헌법재판소는 대통령의 긴급재정·경제명령은 통치행위에 속한다고 할 수 있으나 비록 고도의 정치적 결단에 의하여 행해지는 국가작용이라 할지라도 그것이 국민의 기본권침해와 직접 관련되는 경우에는 당연히 헌법재판소의 심판대상이 된다고 하였고,[5] 유신헌법에 따른 긴급조치

1) 헌재 1994. 9. 6. 94헌바36 지정부 결정; 동지: 헌재 2015. 3. 26. 2014헌바202; 헌재 2022. 8. 31. 2020헌바307등.
2) 헌재 2013. 5. 30. 2012헌바335; 동지: 헌재 2015. 3. 26. 2014헌바202.
3) 헌재 1995. 12. 28. 95헌바3; 헌재 1996. 6. 13. 94헌바20; 헌재 1996. 6. 13. 94헌마118등; 헌재 2001. 2. 22. 2000헌바38; 헌재 2018. 5. 31. 2013헌바22등.
4) 헌재 1995. 12. 28. 95헌바3; 헌재 1996. 6. 13. 94헌바20; 헌재 1996. 6. 13. 94헌마118등.

에 대한 헌법소원 심판사건에서, "헌법 제107조 제 1 항, 제 2 항에 규정된 '법률' 인지 여부는 그 제정 형식이나 명칭이 아니라 규범의 효력을 기준으로 판단하여야 하고, '법률'에는 국회의 의결을 거친 이른바 형식적 의미의 법률은 물론이고 그 밖에 조약 등 '형식적 의미의 법률과 동일한 효력'을 갖는 규범들도 모두 포함되므로 최소한 법률과 동일한 효력을 가지는 이 사건 긴급조치들의 위헌여부 심사권한도 헌법재판소에 전속한다."고 판시하였다.[1]

그런데 대법원은 긴급명령보다 더 강력한 법률적 효력을 가졌던 유신헌법에 따른 긴급조치가 형식적 의미의 법률이 아니므로 그에 대한 위헌심사권은 대법원에게 있다는 형식적 논리를 내세워 그 때의 긴급조치에 대하여 위헌결정을 하였다.[2] 이에 대하여는 대법원이 헌법재판소의 전속관할권을 침해하였다는 비판이 있다.[3] 저자도 그러한 비판론이 타당하다고 생각한다.

바. 조　　약

조약에 대해서는, 국제통화기금협정 제 9 조(지위, 면제 및 특권) 제 3 항(사법절차의 면제) 및 제 8 항(직원 및 피용자의 면제와 특권), 전문기구의특권과면제에관한협약 제 4 절 본문, 제19절(a)는 각 국회의 동의를 얻어 체결된 것으로서, 헌법 제 6 조 제 1 항에 따라 국내법적 효력, 법률에 준하는 효력을 가지는바, 재판권 면제에 관한 것이므로 성질상 국내에 바로 적용될 수 있는 법규범으로서 위헌법률심판의 대상이 된다고 하였다.[4]

사. 관 습 법

헌법재판소는 법원의 판례에 의하여 관습법의 존재와 내용이 인정되어 법률과 동일한 효력을 가지는 경우에는 그 관습법은 위헌법률심판의 대상이 된다고 하였다.[5] 그러나 대법원은 관습법은 법원의 판례에 의해서 그 존재가 확인되

---

5) 헌재 1996. 2. 29. 93헌마186.

1) 헌재 2013. 3. 21. 2010헌바70등.

2) 대법원 2010. 12. 16. 선고 2010도5986 전원합의체 판결.

3) 이시윤, 신민사소송법, 97면; 김하열, 280면; 정종섭, 251면; 허영, 215면.

4) 헌재 2001. 9. 27. 2000헌바20.

5) 헌재 2013. 2. 28. 2009헌바129(호주가 사망한 경우 딸에게 분재청구권을 인정하지 아니한 구 관습법이 실질적으로는 법률과 같은 효력을 갖는 것이므로 위헌법률심판의 대상이 된다고 하였다); 헌재 2016. 4. 28. 2013헌바396등(민법 시행 이전의 "여호주가 사망하거나 출가하여 호주상속이 없이 절가된 경우, 유산은 그 절가된 가의 가족이 승계하고 가족이 없을 때에는 출가녀가 승계한다."

어야 하는 법규범으로서 형식적 의미의 법률이 아니어서 법원이 관습법의 효력을 부인할 수 있으므로 관습법은 헌법재판소의 위헌법률심판대상이 아니라고 하였다.[1)]

독일에서도 관습법은 위헌법률심판의 대상이 아니라고 보고 있다. 생각건대 원칙적으로 형식적 의미의 법률뿐만 아니라 법률과 동일한 효력을 갖는 규범도 헌법재판소의 위헌심판의 대상이 된다고 할 것이나, 관습법은 법원에 의하여 발견되고 성문의 법률에 반하지 아니하는 경우에 한하여 보충적인 법원(法源)이 되는 것에 불과하므로(민법 제 1 조) 관습법이 헌법에 위반되는 경우에는 법원이 그 관습법의 효력을 부인할 수 있다 할 것이고, 따라서 관습법은 헌법재판소의 위헌법률심판의 대상이 아니라는 입론이 가능하다고 생각한다.[2)]

아. 조 례

헌법재판소법 제68조 제 2 항에 의한 헌법소원의 대상은 당해사건의 재판의 전제가 되는 '법률'인 것이므로 지방자치단체의 조례는 그 대상이 될 수 없다.[3)]

3. 재판전제성

헌법재판소법 제68조 제 2 항에 따른 헌법소원심판은, 비록 그것이 당사자 개인에 의해 청구되고 헌법재판소법 제5절의 헌법소원심판 부분에 규정되어 있지만, 그 본실은 헌법소원이라기보다는 규범통제에 있으므로 위헌법률심판의 일종이다.[4)] 따라서 이 조항에 따른 헌법소원심판을 청구하기 위해서는 구체적인 사건에 적용될 법률의 위헌 여부가 '재판의 전제'가 되면 적법하고, 그 외에 헌법재판소법 제68조 제 1 항에 따른 헌법소원에서 요구되는 법적 관련성 등의 제소요건을 갖출 것을 요하지 않는다.[5)] 이 경우 재판의 전제라 함은 문제된 법

는 구 관습법은 실질적으로는 법률과 같은 효력을 갖는 것이므로 위헌법률심판의 대상이 된다고 하였다. 다만 이 결정에서는 3인의 반대의견이 있었다).

1) 대법원 2009. 5. 28.자 2007카기134 결정; 대법원 2005. 7. 21. 선고 2002다1178 전원합의체 판결; 대법원 2003. 7. 24. 선고 2001다48781 전원합의체 판결.

2) 헌재 2016. 4. 28. 2013헌바396등 결정의 3인의 반대의견도 관습법에 대한 위헌심사는 법원이 담당하는 것이 타당하고, 관습법은 형식적 의미의 법률과 동일한 효력이 없으므로 헌법재판소의 위헌법률심판이나 헌법재판소법 제68조 제 2 항에 따른 헌법소원심판의 대상이 될 수 없다고 하였다.

3) 헌재 1998. 10. 15. 96헌바77.

4) 헌재 1997. 7. 16. 96헌바36등; 헌재 2022. 6. 30. 2014헌마760등 참조.

률이 당해소송사건에 적용될 법률이어야 하고 그 위헌여부에 따라 재판의 주문이 달라지거나 재판의 내용과 효력에 관한 법률적 의미가 달라지는 경우를 말한다.[1] 특히 헌법재판소는 헌법재판소법 제47조 제 2 항 위헌제청 등 사건에서, "위헌법률심판제청 내지 헌법재판소법 제68조 제 2 항에 의한 헌법소원심판청구의 적법요건인 재판의 전제성이라 함은, 첫째 구체적인 사건이 법원에 계속되어 있었거나 계속 중이어야 하고, 둘째 위헌여부가 문제되는 법률이 당해소송사건의 재판에 적용되는 것이어야 하며, 셋째 그 법률이 헌법에 위반되는지의 여부에 따라 당해사건을 담당한 법원이 다른 내용의 재판을 하게 되는 경우를 말하는 것으로, 여기에서 법원이 '다른 내용의' 재판을 하게 되는 경우라 함은 원칙적으로 법원이 심리중인 당해사건의 재판의 결론이나 주문에 어떠한 영향을 주는 것뿐만이 아니라, 문제된 법률의 위헌여부가 비록 재판의 주문 자체에는 아무런 영향을 주지 않는다고 하더라도 재판의 결론을 이끌어 내는 이유를 달리 하는 데 관련되어 있거나 또는 재판의 내용과 효력에 관한 법률적 의미가 전혀 달라지는 경우도 포함한다 할 것이다."라고 판시하였다.[2]

법원에 위헌법률심판제청신청을 하였다가 각하되자 헌법소원심판을 청구한 경우, 접수공무원이 이를 헌법재판소법 제68조 제 1 항에 따른 헌법소원청구로 보아 사건번호를 부여하였다 하더라도, 헌법소원청구에 대한 사건번호는 헌법재판소의 내부준칙인 '헌법재판소 사건의 접수에 관한 규칙'에 따라 접수공무원이 임의로 부여한 것에 불과하므로 그 사건번호에도 불구하고 이러한 심판청구는 헌법재판소법 제68조 제 2 항에 따른 헌법소원심판청구에 해당하고, 따라서 적법요건에 대한 판단도 그에 상응하여 이루어져야 한다.[3]

이러한 재판의 전제성은 위헌제청신청 당시뿐만 아니라 심판이 종료될 때까지 갖추어져야 함이 원칙이다.[4] 그러므로 법원에서 당해 소송사건에 적용되는 재

---

5) 헌재 1997. 8. 21. 94헌바2; 헌재 1996. 12. 26. 90헌바19등; 헌재 2003. 5. 15. 2001헌바98.

1) 헌재 1989. 7. 14. 88헌가55등; 헌재 1992. 12. 24. 92헌가8; 헌재 1993. 5. 13. 90헌바22등; 헌재 1998. 10. 15. 96헌바77; 헌재 2000. 7. 20. 98헌바77; 헌재 2007. 4. 26. 2006헌바10; 헌재 2011. 2. 24. 2008헌바56; 헌재 2015. 10. 21. 2012헌바415; 헌재 2015. 12. 23. 2015헌바65.

2) 헌재 1993. 5. 13. 92헌가10등; 헌재 1994. 4. 28. 91헌바15등; 헌재 1996. 11. 28. 96헌가13; 헌재 1997. 11. 27. 96헌바60.

3) 헌재 2010. 3. 25. 2007헌마933. 이와 반대로 헌법소원심판청구서 접수 시 헌법재판소법 제68조 제 2 항에 따른 헌법소원청구로 사건번호가 부여되었으나, 애초 법원에 위헌법률심판제청신청이 없었던 경우에는 헌법재판소법 제68조 제 1 항에 따른 헌법소원청구라고 보아야 할 것이다(헌재 2007. 11. 29. 2005헌바12).

4) 헌재 2010. 2. 25. 2007헌바34; 헌재 2016. 4. 28. 2013헌바196.

판규범 중 위헌제청신청대상이 아닌 관련 법률에서 규정한 소송요건을 구비하지 못하였기 때문에 부적법하다는 이유로 소각하 판결을 선고하고 그 판결이 확정되거나, 소각하 판결이 확정되지 않았더라도 당해 소송사건이 부적법하여 각하될 수밖에 없는 경우에는 위헌제청신청대상인 법률의 위헌 여부에 따라 재판의 주문이 달라지거나 재판의 내용과 효력에 관한 법률적 의미가 달라지는 것이 아니어서 당해 소송사건에 관한 재판의 전제성 요건이 흠결되어 부적법하다.[1)]

또한 헌법재판소는 "여기서 '재판'이라 함은 판결·결정·명령 등 그 형식 여하와 **본안**에 관한 재판이거나 **소송절차**에 관한 재판이거나를 불문하며, 심급을 종국적으로 종결시키는 **종국재판**뿐만 아니라 **중간재판**도 이에 포함된다고 하겠다. 법관이 법원으로서 어떠한 의사결정을 하여야 하고 그 때 일정한 법률조항의 위헌여부에 따라 그 의사결정의 결론이 달라질 경우에는 우선, 헌법재판소에 그 법률에 대한 위헌여부의 심판을 제청한 뒤 헌법재판소의 심판에 의하여 재판하여야 한다는 것이 법치주의의 원칙과 헌법재판소에 위헌법률심판권을 부여하고 있는 헌법 제111조 제 1 항 제 1 호 및 헌법 제107조 제 1항의 취지에 부합하기 때문이다. 그러므로 형사소송법 제295조에 의하여 법원이 행하는 증거채부결정도 당해소송사건을 종국적으로 종결시키는 재판은 아니라고 하더라도, 그 자체가 법원의 의사결정으로서 헌법 제107조 제 1 항과 헌법재판소법 제41조 제 1 항 및 제68조 제 2 항에 규정된 재판에 해당된다."고 판시하였다.[2)]

한편, 헌법재판소에서의 판단을 구하여 제청한 법률조문의 위헌여부가 현재 제청법원이 심리중인 당해사건의 **재판결과**에 어떠한 영향을 준다면 그것으로써 재판의 전제성이 성립되어 제청결정은 적법한 것으로 취급될 수 있는 것이고, **제청신청인의 권리**에 어떠한 영향이 있는가 여부는 이와 무관한 문제라고 한다.[3)]

그런데 위헌법률심판이나 헌법재판소법 제68조 제 2 항의 규정에 의한 헌법소원심판에 있어서 위헌여부가 문제되는 법률이 재판의 전제성 요건을 갖추고 있는지의 여부는 헌법재판소가 별도로 독자적인 심사를 하기보다는 되도록 **법원**의 이에 관한 **법률적 견해**를 **존중**해야 할 것이며, 다만 그 전제성에 관한 법률적 견해가 명백히 유지될 수 없을 때에만 헌법재판소는 이를 직권으로 조사

1) 헌재 2005. 3. 31. 2003헌바113; 헌재 2007. 10. 4. 2005헌바71; 헌재 2012. 11. 29. 2011헌바251; 헌재 2016. 4. 28. 2013헌바196; 헌재 2016. 10. 27. 2015헌바358; 헌재 2020. 12. 23. 2018헌바382.
2) 헌재 1996. 12. 26. 94헌바1.
3) 헌재 1990. 6. 25. 89헌가98등.

할 수 있다고 한다.[1]

한편, 제소기간이 경과한 후 처분의 무효확인을 구하면서 **행정처분의 근거법률이 위헌**이라고 주장하는 경우, 그 재판의 전제성 인정 여부는 근거법률에 대한 위헌결정이 해당 행정처분을 무효로 할 수 있는가 여부에 따라 달라진다. 그런데 행정처분의 근거법률이 헌법에 위반된다는 사정은 헌법재판소의 위헌결정이 있기 전에는 객관적으로 명백한 것이라고 할 수 없으므로, 특별한 사정이 없는 한 그러한 하자는 행정처분의 취소사유에 해당할 뿐 당연무효사유는 아니다. 따라서 당해 소송에서 불가쟁력이 발생한 행정처분의 무효를 다툴 경우 처분의 근거가 된 법률조항의 위헌 여부는 아무런 영향을 주지 못하므로 재판의 전제성을 인정할 수 없다.[2]

위와 같은 입장에 대해서는 행정처분의 하자가 무효사유인지 취소사유인지를 가리는 것은 최종적으로 법원의 몫이므로 행정처분의 근거 법률이 위헌이 될 경우 그 행정처분의 하자가 무효가 될 가능성도 있다는 점에서 행정처분의 무효를 다투는 경우에도 그 근거법률에 대해 재판의 전제성을 인정하여야 한다는 반대의견이 있다.[3]

또한 일반적으로, 법률이 헌법에 위반된다는 사정은 헌법재판소의 위헌결정이 있기 전에는 객관적으로 명백한 것이라고 할 수 없으므로, 공무원이 직무집행의 근거로 한 법률이 사후에 위헌결정되어 해당 직무집행이 결과적으로 위법하게 되었다고 하더라도, 이에 이르는 과정에 있어서 공무원에게 불법행위의 고의 또는 과실이 있다거나 그로써 국가에게 손해배상책임이 성립한다고는 볼 수 없으므로 손해배상 청구소송에서 **직무집행의 근거가 된 법률**에는 재판의 전제성이 인정되지 않고,[4] 전소의 기판력 있는 법률효과가 후소의 선결문제로 되는 때에도 후소는 전소의 기판력을 받게 되어 법원은 전소판결의 내용에 어긋나는 판단을 할 수 없으므로 후행처분의 취소를 구하면서 그 전제로 **선행처분의 실효**를 주장하는 경우 당해사건 관련규정에 대해서는 재판의 전제성이 인정되지 않

1) 헌재 1993. 5. 13. 92헌가10등; 헌재 1998. 12. 24. 98헌바30등; 헌재 2000. 7. 20. 98헌바77; 헌재 2003. 11. 27. 2003헌바39; 헌재 2009. 12. 29. 2008헌바171; 헌재 2012. 4. 24. 2011헌바92.
2) 헌재 1999. 9. 16. 92헌바9; 헌재 2004. 1. 29. 2002헌바73; 헌재 2005. 3. 31. 2003헌바113; 헌재 2007. 10. 4. 2005헌바71; 헌재 2010. 9. 30. 2009헌바101; 헌재 2014. 1. 28. 2010헌바251; 헌재 2014. 3. 27. 2011헌바232 등 참조.
3) 4인 재판관의 반대의견. 헌재 2014. 1. 28. 2010헌바251; 헌재 2014. 3. 27. 2011헌바232 등 참조.
4) 헌재 2009. 9. 24. 2008헌바23; 헌재 2011. 3. 31. 2009헌바286; 헌재 2011. 9. 29. 2010헌바65등; 헌재 2011. 11. 24. 2010헌바353; 헌재 2014. 4. 24. 2011헌바56 등 참조.

으며,[1] 부과처분에 대한 취소소송 제소기간이 경과한 뒤 부담금 부과의 근거조항이 위헌임을 전제로 납부한 부담금에 대한 부당이득반환 청구소송에서 해당 조항들은 재판의 전제성이 인정되지 않는다.[2]

나아가 두 개 이상의 행정처분이 연속적으로 행하여지는 경우 선행처분과 후행처분이 서로 결합하여 1개의 법률효과를 완성하는 때에는, 선행처분에 하자가 있으면 그 하자는 후행처분에 승계되므로 선행처분에 불가쟁력이 생겨 그 효력을 다툴 수 없게 된 경우에도 선행처분의 하자를 이유로 후행처분의 효력을 다툴 수 있는 반면, 선행처분과 후행처분이 서로 독립하여 별개의 법률효과를 목적으로 하는 때에는 선행처분에 불가쟁력이 생겨 그 효력을 다툴 수 없게 된 경우 선행처분의 하자가 중대하고 명백하여 당연무효인 경우를 제외하고는 선행처분의 하자를 이유로 후행처분의 효력을 다툴 수 없다.[3] 따라서 단계적으로 별개의 법률효과가 발생되는 독립한 행정처분이 이루어진 경우 선행처분에 불가쟁력이 생겨 그 효력을 다툴 수 없게 되었다면, 그 처분에 하자가 있다고 하더라도 당연무효사유가 아닌 한 후행처분에 승계되는 것은 아니므로 선행처분의 근거규정은 후행처분의 취소를 다투는 소송에서 재판의 전제성이 인정되지 않는다.[4]

한편, 법률의 목적조항은 해당 법률의 해석과 적용에 있어 일반적 주의사항을 추상적으로 규정하고 있을 뿐 당해사건에 직접 적용되는 법률이 아니므로 원칙적으로 재판의 전제성을 인정할 수 없다.[5]

심판청구 이후 재판의 전제성이 소멸한 경우에는 각하하는 것이 원칙이나,[6] 반복가능성과 헌법적 해명의 필요성이 인정되는 경우 예외적으로 심판이익이 인정된다고 보아 심판청구를 적법하다고 본 사례[7]도 있다.

주의할 것은 헌법재판소법 제68조 제 2 항에 따른 헌법소원의 경우에는 당해소송사건이 헌법소원의 제기로 정지되지 않기 때문에 헌법소원심판의 종국결정 이전에 당해소송사건이 확정되어 종료되는 경우가 있을 수 있으나, 헌법재판소법 제68조 제 2 항에 의한 헌법소원이 인용된 경우에는 당해 헌법소원과

1) 헌재 2011. 7. 28. 2009헌바24.
2) 헌재 2010. 2. 25. 2007헌바131등.
3) 대법원 2005. 4. 15. 선고 2004두14915 판결; 대법원 2009. 4. 23. 선고 2007두13159 판결.
4) 헌재 2010. 12. 28. 2009헌바429; 헌재 2014. 3. 27. 2011헌바232 등 참조.
5) 헌재 2013. 12. 26. 2011헌바108.
6) 헌재 2001. 6. 28. 2000헌바61; 헌재 2008. 7. 31. 2004헌바28; 헌재 2010. 2. 25. 2008헌바159; 헌재 2016. 4. 28. 2013헌바196 등 참조.
7) 헌재 2015. 9. 24. 2012헌바302.

관련된 소송사건이 이미 확정된 때라도 당사자는 재심을 청구할 수 있으므로(헌재법 제75조 제 7 항) 이때에도 재판의 전제성은 위헌제청사건과는 달리 소멸되었다고 볼 수 없다.[1] 다만, 당해소송사건이 소의 취하(취하간주 포함)로 말미암아 종료된 경우(민소법 제267조 제 1 항 참조)에는 재판의 전제성은 인정되지 않는다.

한편 헌법재판소법 제68조 제 2 항에 의한 헌법소원심판 청구인이 당해사건인 형사사건에서 무죄의 확정판결을 받은 때에는 처벌조항의 위헌확인을 구하는 헌법소원이 인용되더라도 재심을 청구할 수 없어, 청구인에 대한 무죄판결을 종국적으로 다툴 수 없게 되므로 결국 이러한 경우 법률의 위헌여부에 따라 당해사건 재판의 주문이 달라지거나 재판의 내용과 효력에 관한 법률적 의미가 달라지는 경우에 해당한다고 볼 수 없어 재판의 전제성이 인정되지 아니한다.[2]

그리고 당사자가 당해사건에서 승소하여 확정된 경우 헌법재판소가 위헌결정을 하더라도 당해사건 재판의 결론이나 주문에 아무런 영향을 미치지 않기 때문에 재판의 전제성이 소멸되는 경우도 있다.[3] 다만, 헌법재판소는 대법원이 긴급조치위반에 대한 재심청구 사건에서 무죄판결을 선고한 것과 관련하여, 법률과 같은 효력이 있는 유신헌법에 따른 긴급조치의 위헌 여부에 대한 심사권한은 본래 헌법재판소의 전속적 관할사항인 점, 법률과 같은 효력이 있는 규범인 긴급조치의 위헌 여부에 대해서는 헌법적 해명의 필요성이 있는 점, 당해사건의 대법원판결은 대세적 효력이 없는 데 비하여 형벌조항에 대한 헌법재판소의 위헌결정은 대세적 기속력을 가지고 유죄 확정판결에 대한 재심사유가 되는 점 등을 이유로 재판의 전제성을 인정한 바 있다.[4]

또한 헌법재판소는 헌법소원심판을 청구한 후 당해사건의 항소심에서 소를 취하하여 당해사건이 종결된 이상 심판대상조항은 당해사건에 적용될 여지가 없어 그 위헌여부가 재판의 전제가 되지 않으므로 재판의 전제성을 갖추지 못하였다고 하였다.[5] 그런데 최근 판례는 소의 취하의 경우와는 달리 청구인이 당해사건의 항소심에서 항소를 취하하여 원고 패소의 원심판결이 확정되었더라도 당해사건에 적용되는 법률이 위헌으로 결정되면 확정된 원심판결에 대하여

1) 헌재 1998. 7. 16. 96헌바33등; 헌재 2011. 2. 24. 2008헌바56.
2) 헌재 2008. 7. 31. 2004헌바28; 헌재 2011. 7. 28. 2009헌바149; 헌재 2015. 1. 29. 2012헌바113; 헌재 2023. 10. 26. 2017헌가16등.
3) 헌재 2001. 6. 28. 2000헌바61; 헌재 2010. 2. 25. 2008헌바159.
4) 헌재 2013. 3. 21. 2010헌바132등.
5) 헌재 2007. 7. 26. 2003헌바107; 헌재 2010. 5. 27. 2008헌바110; 헌재 2011. 11. 24. 2010헌바412.

재심청구가 가능하여(헌재법 제75조 제 7 항), 원심판결과 주문이 달라질 수 있으므로, 청구인이 당해사건의 항소심에서 항소를 취하하였다고 하더라도 재판의 전제성이 인정된다고 판시하였다.[1]

기타 재판의 전제성에 관한 상세한 것은 제 4 편 제 1 장 제 4 절 위헌법률심판의 적법요건으로서 3. 재판의 전제성 부분을 참조.

4. 권리보호의 이익

가. 의　　의

헌법재판소법 제68조 제 2 항에 의한 헌법소원의 경우에도 청구인에게 권리보호의 이익이 있는 경우에 비로소 이를 제기할 수 있다. 따라서 권리보호의 이익이 없는 위헌소원청구는 부적법하여 각하를 면할 수 없다.

나. 권리보호이익이 부인된 사례

헌법재판소는 군사법원법 제238조 등에 대한 헌법소원 사건에서 "청구인은 이 사건 헌법소원심판청구 후 기소유예처분을 받고 석방되었을 뿐만 아니라 그 뒤 군사법원법 제238조 제 1 항, 제 3 항, 제 4 항 및 제252조 제 1 항이 관할관이 아닌 군판사가 구속영장을 발부하고, 보통군사법원 관할관이 아니라 군사법원에 직접 구속적부심사를 청구할 수 있도록 개정되어 현재 시행 중이므로 결국 이 사건 헌법소원심판청구는 권리보호의 이익이 없어 부적법하다."고 판시하였고,[2] "헌법재판소 92헌바49, 52 사건에서의 헌법불합치결정의 효력과 이에 따라 국회가 위와 같이 개정한 법률의 시행으로 인하여, 이 사건 심판대상이 된 구 토초세법 조항들 중 제 8 조 제 1 항 제13호, 같은 항 제14호 가목, 제 8 조 제 4 항, 제12조 등은 이 사건 청구인들이 제기한 각 당해 행정소송에서는 더 이상 적용될 여지가 없게 되었다 할 것이므로, 위 각 구 토초세법의 법률조항들에 대한 위헌여부의 심판을 구하는 청구인들의 이 사건 헌법소원심판청구부분은 결국 재판의 전제성이 상실된 것으로서 권리보호의 이익이 없어 부적법하다."고 판시하였다.[3]

또한 형사소송법 제221조의2 위헌소원 사건에서는 "이 사건 법률조항들 가

1) 헌재 2015. 10. 21. 2014헌바170.
2) 헌재 1995. 2. 23. 92헌바18.
3) 헌재 1995. 7. 27. 93헌바1등.

운데 형사소송법 제221조의2 제 2 항 및 제 5 항 중 동조 제 2 항에 관한 부분이 심판의 이익이 있는지에 관하여 보건대, 이미 헌법재판소가 헌재 1996. 12. 26. 94헌바1 사건에서 위 법률조항들이 헌법에 위반된다는 결정을 선고한 바 있으므로 동 법률조항들은 헌법재판소법 제47조 제 2 항에 의하여 위 결정일로부터 효력이 상실되었다. 따라서 이 사건 심판청구중 제 2 항 및 제 5 항 중 동조 제 2 항에 관한 부분에 대한 청구는 심판의 이익이 없어 부적법하다."고 판시하였고,[1] 공무원연금법 제 3 조 제 1 항 제 1 호 등 위헌소원 사건에서 "이 사건 헌법소원심판이 청구되어 계속 중인 1999. 8. 31. 임용결격공무원등에 대한 퇴직보상금지급등에 관한 특례법이 법률 제6008호로 공포되었다. 그렇다면 이 사건 심판청구는 심판계속 중 청구인이 심판을 통하여 달성하고자 하는 주관적인 목적을 위 법률을 통하여 달성할 수 있게 되었으므로 권리보호의 이익, 즉 심판의 이익이 상실되어 부적법하다."고 판시하였으며,[2] "이 사건 헌법소원심판이 계속 중에 제정된 하천편입토지 보상 등에 관한 특별조치법 제 3 조와 부칙 제 4 조에 따라 2013. 12. 31.까지 보상청구권을 행사할 수 있게 되어 심판 계속 중 청구인이 심판을 통하여 이루고자 하는 주관적 목적을 위 법률을 통하여 달성할 수 있게 되었으므로 권리보호의 이익, 즉 심판의 이익이 상실되어 부적법하다."고 판시하였고,[3] "헌법재판소는 2017. 10. 26. 2015헌바239등 사건에서 형법 부칙 제 2 조 제 1 항이 형벌불소급원칙에 위반된다는 이유로 위헌결정을 하였고, 위 형법 부칙조항은 헌법재판소법 제47조 제 3 항에서 규정한 '형벌에 관한 법률조항'에 해당하므로, 청구인은 헌법재판소법 제75조 제 6 항, 제47조 제 4 항에 따라 위 형법 부칙조항을 적용하여 벌금형에 대한 노역장유치를 선고한 확정판결에 대하여 재심을 청구할 수 있으므로, 청구인의 위 형법 부칙조항에 대한 심판청구는 심판의 이익이 없어 부적법하다."고 판시하였다.[4]

다. 권리보호의 이익이 인정된 사례

헌법재판소는 "심판의 대상이 되는 법규는 심판 당시 유효한 것이어야 함이 원칙이지만 위헌제청신청기각결정에 따른 헌법소원심판은 실질상 헌법소원

1) 헌재 1997. 1. 16. 93헌바54.
2) 헌재 1999. 9. 16. 98헌바46.
3) 헌재 2009. 10. 29. 2007헌바132.
4) 헌재 2018. 3. 29. 2016헌바202등.

심판이라기보다는 위헌법률심판이라 할 것이므로 폐지된 법률이라고 할지라도 그 위헌여부가 재판의 전제가 된다면 심판청구의 이익이 인정된다."고 판시하였고,[1] 또한 "재정신청의 대상이 된 범죄사실의 공소시효가 지났기 때문에 가사 재정신청이 인용되어 공소가 제기되어도 공소기각의 판결을 면할 수 없다고 하더라도, 이 사건 법률조항이 위헌이 되는 경우 재정신청기각결정에 대하여 항고를 할 수 있는 권리를 취득하게 되므로, 항고심에서 항고의 인용 여부나 고소사실에 대한 부심판 결정 후 형사재판의 결과에 관계없이 청구인에게 권리보호의 이익은 인정된다."고 판시하였다.[2]

또한 "형벌에 관한 법률 또는 법률조항에 대한 헌법재판소법 제68조 제2항의 헌법소원이 인용되는 경우에는 위헌으로 결정된 법률 또는 법률조항에 근거한 유죄의 확정판결에 대하여 재심을 청구할 수 있고 이 재심에 있어서는 형사소송법의 규정을 준용하도록 되어 있는바(헌재법 제75조 제6항, 제47조 제3항·제4항) 형사소송법은 유죄의 선고를 받은 자가 사망한 경우에는 그 배우자, 직계친족 또는 형제자매가 재심의 청구를 할 수 있으며 검사도 유죄판결을 선고받은 자의 이익을 위하여 재심의 청구를 할 수 있도록 규정하고 있다(형소법 제424조). 따라서 청구인이 비록 이 사건 심판절차 계속 중에 사망하였다고 하더라도 헌법재판소가 이 사건 헌법소원을 인용한다면 그 배우자나 직계친족 등은 확정된 유죄판결에 대하여 위와 같이 재심을 청구할 수 있는 것이므로 권리보호의 이익이 있다고 할 것이어서 동인의 심판청구에 대하여 이를 각하하거나 심판종료선언을 할 것은 아니다."라고 판시하였고,[3] 국세기본법 제39조 제1항 제1호 위헌소원 사건에서 "국세청장은, 법원이 당해 소송사건에 대한 재판에서 청구인이 청구외 회사의 업무에 실질적으로 관여하였음을 인정하여 청구인의 청구를 기각한 것이므로, 이 사건 법률규정이 청구인 주장처럼 한정위헌이 된다 하더라도 청구인으로서는 당해 소송사건에 대한 재심절차에서 구제를 받을 수 없다는 점에서 이 사건 법률규정의 위헌을 주장할 실익(권리보호의 이익)이 없다고 주장하나 이 사건에서 청구인이 단지 회사경영에 대한 실질적 관여 여부라는 기준만으로 이 사건 법률규정의 위헌성을 다투는 것이 아니라, 출자지분에 의한 상이한 취급이라는 관점에서도 그 위헌성을 다투고 있으므로 후자의 관점에

1) 헌재 1996. 4. 25. 92헌바47.
2) 헌재 1996. 10. 31. 94헌바3.
3) 헌재 1997. 1. 16. 89헌마240.

서 보면 권리보호의 필요성은 있다."고 판시하였다.[1)]

라. 헌법적 해명의 필요, 침해반복의 위험과 심판의 이익

헌법재판소는 1980년 해직공무원의 보수 등에 관한 특별조치법 제 4 조에 대한 헌법소원 사건에서 "헌법소원제도는 개인의 주관적인 권리구제에만 그 목적이 있는 것이 아니고 객관적인 헌법질서의 유지·수호에도 있다고 할 것인바, 이 사건 헌법소원에서 문제되고 있는 5급 이상 공무원 특별채용 배제문제는 비단 청구인 한 사람에게만 국한된 것이 아니고 비슷한 처지에 있는 1980년도 해직공무원 1,367명에게 이해관계가 있고 헌법적 해명이 필요한 중요한 의미를 지니고 있는 사안이므로 본안판단의 필요성이 있다."고 판시하였고,[2)] 선거운동의 재판을 다투는 공직선거 및 선거부정방지법과 정치자금법에 대한 헌법소원심판청구 후 선거가 종료되었지만 헌법적으로 해명할 필요가 있는 중요한 사안일 뿐 아니라 앞으로도 계속 반복될 수 있는 사안이므로 본안판단을 한다고 하였다.[3)]

구 형사소송법 제214조의2 제 1 항이 구속적부심사 청구인적격을 피의자 등으로 한정하고 있어 청구인이 구속적부심사 청구권을 행사한 다음 검사가 법원의 결정이 있기 전에 기소한 경우 법원은 그 청구를 기각할 수밖에 없어 문제된 사안에서, 검사가 수사단계에서 발부받은 구속영장의 효력이 유지되는 기간은 비교적 단기간으로서 이에 관련된 헌법소원심판청구의 심리 도중에 심판청구인의 권리보호이익이 사후적으로 소멸될 개연성이 높아 이러한 유형의 사건에서 주관적 권리보호이익이 사후적으로 소멸하였다는 이유로 헌법소원심판청구의 이익이 없다고 보게 되면, 인신구속에 관한 중요한 사항에 대하여 적용되는 법률의 위헌여부를 헌법재판소로부터 판단 받을 기회를 사실상 박탈당하는 결과를 초래하기 때문에, 예외적 상황을 인정하여 그 권리보호이익을 인정함이 상당하다고 하였다.[4)]

또한 추징금 미납을 이유로 출국금지처분을 받아 출국금지가 되었으나 그 이후에 출국금지기간 만료로 해제된 경우 당해소송에서 출국금지 처분의 취소를 구하는 청구는 그 권리보호이익을 상실하게 되므로 출입국관리법 제 4 조에

1) 헌재 1999. 3. 25. 98헌바2.
2) 헌재 1993. 9. 27. 92헌바21.
3) 헌재 2001. 8. 30. 99헌바92등.
4) 헌재 2004. 3. 25. 2002헌바104.

대한 위헌여부를 판단할 소의 이익은 소멸되었으나 위 조항의 위헌여부는 거주이전의 자유 중 출국의 자유와 연계되는 중요한 헌법문제라고 볼 수 있으므로 이에 대한 위헌여부의 심판이익이 있다고 하였다.[1)]

그러나 기본권침해행위의 반복위험성과 헌법적 해명의 필요성이 부정된 사례도 있는바, 헌법재판소는 형법 제314조 위헌소원 사건에서, "청구인에게 구속영장이 발부될 당시와는 달리 이 심판 계속 중 노동관계법개정법이 폐지되고 새로이 제정되었으며, 청구인이 경제난 극복을 위한 공동대책회의의 구성원으로 활동하고 있는 사실 등 제반여건이 변동된 점과 구속영장이 실효되어 반환된 다음 다시 영장이 청구되는 이른바 권리침해의 반복위험성에 관하여 청구인 측에서 아무런 주장 입증을 하지 않고 있는 점 등을 종합하면 특단의 사정이 없는 한 권리침해의 반복위험성은 부정할 수밖에 없다. 그리고 수사기관에 계류 중인 이 사건 법률규정에 대한 헌법적 해명을 고려하는 것은 상당하지 않다."고 판시하였다.[2)]

5. 청구기간

가. 의　　의

2003. 3. 12. 법률 제6861호로 개정된 헌법재판소법 제69조 제 2 항은 "제68조 제 2 항의 규정에 의한 헌법소원심판은 위헌여부심판의 제청신청을 기각하는 결정을 통지받은 날부터 30일 이내에 청구하여야 한다."라고 규정하고 있다. 이것은 개정 전 조항의 "제청신청이 기각된 날로부터 14일 이내에"를 "제청신청을 기각하는 결정을 통지받은 날부터 30일 이내에"로 변경함으로써, 청구기간을 연장함과 동시에 개정 전 조항의 "제청신청이 기각된 날"의 의미를 특별한 사정이 없는 한 제청신청에 대한 기각결정을 송달받은 날을 의미하는 것으로 보아 온 종래의 판례의 입장[3)]을 명문화한 것이다.

그런데 형사공판정에서 청구인이 출석한 가운데 재판서에 의하여 위헌법률심판제청신청을 기각하는 취지의 주문을 낭독하는 방법으로 재판의 선고를 한 경우, 청구인은 이를 통하여 위헌법률심판제청신청에 대한 기각 결정을 통

1) 헌재 2004. 10. 28. 2003헌가18; 동지: 헌재 2015. 9. 24. 2012헌바302.
2) 헌재 1997. 6. 26. 97헌바4.
3) 헌재 1989. 7. 21. 89헌마38; 헌재 1992. 1. 28. 90헌바59; 헌재 1999. 5. 27. 98헌바70등.

지받았다고 보아야 하므로 그로부터 30일이 경과한 후 제기된 헌법소원 심판청구는 청구기간을 경과한 것으로서 부적법하다고 하였다.[1)]

헌법재판소는 헌법재판소법 제68조 제 2 항의 규정에 의한 헌법소원의 경우에 동법 제69조 제 2 항 소정의 고유한 청구기간 외에 동법 제68조 제 1 항의 규정에 의한 헌법소원의 청구기간에 관한 규정인 동법 제69조 제 1 항 소정의 청구기간도 아울러 준수해야 하는지 여부에 관하여 헌법재판소법 제68조, 제69조의 해석상 동법 제68조 제 2 항의 규정에 의한 헌법소원의 경우에는 동법 제69조 제 2 항의 청구기간 외에 같은 조 제 1 항의 청구기간도 함께 준수해야 한다고 볼 수 없다고 하였다.[2)]

다만 헌법소원심판을 청구하려는 자가 국선대리인선임신청을 한 경우에는 그 신청이 있는 날을 기준으로 청구기간을 정하도록 하고 있으므로(헌재법 제70조 제 1 항), 국선대리인선임신청이 있는 경우에는 비록 헌법소원심판청구가 청구인에 대한 제청신청기각결정을 통지받은 날부터 30일이 경과한 후에 이루어졌다고 하더라도 청구인이 그 결정을 통지받은 날부터 30일 이내에 국선대리인선임신청을 하였다면 청구기간은 준수된 것이다.[3)]

국선대리인선임신청이 기각된 경우에는 신청인이 선임신청을 한 날부터 기각통지를 받은 날까지의 기간은 헌법재판소법 제69조의 청구기간에 이를 산입하지 않는다(헌재법 제70조 제 4 항).

그리고 법률의 위헌 여부 심판 제청신청절차는 당해 소송사건과 전혀 다른 별개의 절차라기보다는 당해사건으로부터 부수·파생하는 절차로 보아야 할 것이고, 따라서 당해 소송사건의 공동소송대리인은 특별한 사정이 없는 한 위헌 여부 심판 제청신청에 관하여도 소송대리권을 가지는 것이므로, 이들 중 1인에게 행한 위헌제청신청기각결정의 송달은 적법하게 송달된 것으로 본다.[4)]

한편, 헌법재판소법 제68조 제 2 항에 따라 법률조항의 위헌확인을 구하는 헌법소원심판을 청구하였다가 이후 청구취지의 변경을 통해 심판대상조항을 추가한 경우에는 청구기간 준수 여부를 헌법재판소법 제40조 제 1 항 및 민사소송법 제265조에 따라 추가된 청구서가 제출된 시점을 기준으로 하여 판단한다.[5)]

---

1) 헌재 2018. 8. 30. 2016헌바316; 헌재 2021. 5. 27. 2019헌바227.
2) 헌재 1997. 8. 21. 94헌바2.
3) 헌재 1994. 12. 29. 92헌바31; 헌재 2001. 3. 21. 99헌바7.
4) 헌재 1993. 7. 29. 91헌마150.
5) 헌재 2008. 10. 30. 2007헌바109등.

나. 청구기간의 경과와 정당한 사유

헌법소원심판이 비록 청구기간을 지나 청구된 것이라 하더라도 정당한 사유가 있는 경우에는 이를 허용하는 것이 헌법재판소법 제40조에 따라 준용되는 행정소송법 제20조 제 2 항 단서에 부합하는 해석이다. 여기서 '정당한 사유'라 함은 청구기간 도과의 원인 등 여러 가지 사정을 종합하여 지연된 심판청구를 허용하는 것이 사회통념상 상당한 경우를 뜻한다.[1]

헌법재판소는 청구인이 위헌제청신청기각결정의 송달을 알지 못한 점에 과실이 없다는 점을 들어 정당한 사유가 있다고 주장한 것에 대하여, 같은 날 송달된 본안사건에 대하여는 항소기간을 준수하여 항소를 제기하면서 통상 본안판결과 같이 송달되는 위헌제청신청기각결정의 정본을 챙겨보지 않은 것은 쉽사리 납득하기 어렵다고 하여 정당한 사유에 해당하지 않는다고 하였다.[2]

또한 위헌법률심판제청신청에 대한 각하결정에 대상조항이 재판의 전제가 되지 못한다는 이유가 제시되어 있어 이를 믿고 헌법소원을 제기하지 않다가 당해사건의 상고심판결에서 비로소 재판의 전제가 됨이 확인되어 심판청구에 이른 경우에도, 헌법재판소법 제69조 제 2 항에 대하여는 이를 불변기간이라고 규정하는 법 규정이 없어서 그 기간의 준수에 대하여 추완이 허용되지 않을 뿐만 아니라, 불변기간이라 하더라도 이때에는 당사자가 책임질 수 없는 사유가 사라진 후 2주일 내에 해태된 소송행위를 추완하여야 하는데, 대법원 판결을 송달받은 날부터 2주일이 지나 헌법소원심판청구를 한 것은 부적법하다고 하였다.[3]

6. 심판청구서의 기재사항

가. 개　　설

헌법재판소법 제68조 제 2 항에 의한 헌법소원심판을 청구하고자 하는 자는 심판청구서를 부본 2부와 함께 헌법재판소에 제출하여야 한다. 동 청구서에는 헌법재판소법 제71조 제 2 항, 제43조, 심판규칙 제68조 제 2 항의 규정에 따라 ① 청구인 및 대리인의 표시, ② 사건 및 당사자의 표시, ③ 위헌이라고 해

1) 실무제요, 425면.
2) 헌재 1993. 3. 11. 91헌바22.
3) 헌재 2001. 4. 26. 99헌바96.

석되는 법률 또는 법률의 조항, ④ 위헌이라고 해석되는 이유, ⑤ 법률이나 법률 조항의 위헌여부가 재판의 전제가 되는 이유, ⑥ 청구기간의 준수에 관한 사항을 기재하여야 한다.

한편, 헌법재판소법 제68조 제 2 항에 따른 헌법소원심판의 청구서를 제출할 때에는 ① 위헌법률심판제청신청서 사본, ② 위헌법률심판 제청신청 기각결정서 사본, ③ 위헌법률심판 제청신청 기각결정서 송달증명원, ④ 당해사건의 재판서를 송달받은 경우에는 그 재판서 사본 등을 제출하여야 한다(심판규칙 제69조 제 2 항).

그런데 헌법재판소는 헌법재판소법 제68조 제 2 항에 의한 헌법소원심판의 청구인적격에 관하여 "당해사건에서 위헌여부심판의 제청을 신청하지 아니한 당사자는 헌법재판소법 제68조 제 2 항에 의한 헌법소원심판을 청구할 수 없다."고 판시하였고,[1] 위헌제청신청은 당해사건의 당사자만 할 수 있고, 형사재판의 경우 피고인이 아닌 고소인은 형사재판의 당사자라고 볼 수 없으므로 위헌제청신청을 할 수 있는 자에 해당하지 않는다고 하였다.[2] 또한 위헌법률심판의 제청을 신청하려면 사건 및 당사자, 위헌이라고 해석되는 법률 또는 법률의 조항, 위헌이라고 해석되는 이유를 기재한 서면으로 신청하여야 하는데(헌재법 제41조 제 2 항, 제43조 제 2 호 내지 제 4 호) 청구인은 그러한 서면으로 제청신청을 한 바 없고, 따라서 법원으로부터 위헌제청신청에 대한 기각결정도 받지 못하였기 때문에 청구인의 심판청구는 헌법재판소법 제68조 제 2 항의 헌법소원으로 볼 수 없다고 하였다.[3]

한편 헌법재판소는 하나의 청구로 헌법재판소법 제68조 제 1 항에 의한 헌법소원심판청구와 동조 제 2 항에 의한 헌법소원심판청구를 병합하여 제기할 수 있다고 하였다.[4]

나. 법률조항에 대한 한정위헌의 판단을 구하는 청구의 적법여부

(1) 개 설

헌법재판소법 제68조 제 2 항의 헌법소원에 있어 법률조항에 대한 한정위헌의 판단을 구하는 청구가 적법한지 여부에 관하여 "법률조항 자체의 위헌판단을

1) 헌재 1997. 8. 21. 93헌바51.
2) 헌재 2010. 3. 30. 2010헌바102 지정부 결정.
3) 헌재 2011. 3. 31. 2008헌마738.
4) 헌재 2010. 3. 25. 2007헌마933.

구하는 것이 아니라 법률조항을 '……하는 것으로 해석·적용하는 한 위헌'이라는 판단을 구하는 청구는, 헌법재판소법 제68조 제 2 항이 "법률의 위헌여부 심판의 제청신청이 기각된 때에는"이라고 규정하고 있어 심판의 대상을 '법률'에 한정하고 있으므로 헌법재판소법 제68조 제 2 항상의 청구로서 적절치 아니하다."라고 판시하였고,[1] 한정위헌 심판청구의 형식을 취하고 있으나, 실제로는 개별적·구체적 사건에서의 법률조항의 단순한 포섭·적용에 관한 문제를 다투거나 의미있는 헌법문제를 주장하지 않으면서 법원의 법률해석이나 재판결과를 다투는 것에 불과한 경우에는 헌법소원심판의 대상이 될 수 없는 것에 대한 청구이므로 부적법하다고 하였다.[2] 다만 청구인의 주장이 단순히 법률조항의 해

1) 헌재 1995. 7. 21. 92헌바40; 헌재 1997. 2. 20. 95헌바27; 헌재 1999. 3. 25. 98헌바2; 헌재 1999. 7. 22. 97헌바9; 헌재 2001. 9. 27. 2000헌바20등.

2) 헌재 2013. 12. 26. 2011헌바162(청구인은 이 사건 영업손실보상조항이 수용으로 인해 사업시행지구 밖에서의 영업을 사업시행지역 안으로 이전·재개하지 못함으로써 발생할 손해를 보상의 대상에 포함하지 않는 것으로 해석하는 한 헌법에 위반된다고 주장); 헌재 2015. 4. 30. 2012헌바95등(국가보안법 제 2 조 제 1 항의 반국가단체에 북한이 포함된다고 해석하는 것이 헌법에 위반된다는 주장); 헌재 2015. 12. 23. 2013헌바194(행정청이 거부처분취소판결에 따른 이행을 하지 않는 때에 법원이 행정소송법 제34조 제 1 항에 근거하여 간접강제결정을 하는 경우, 법원의 간접강제결정을 심리적 강제수단에 불과하다고 해석하는 것의 위헌확인을 구하는 청구); 헌재 2016. 2. 25. 2013헌마830(아동·청소년이 성매수남인 청구인을 유인하여 성매매를 한 후 강도범행에 나아간 경우에도 구 아청법 제10조 제 1 항을 적용하여 성매수남만을 처벌하고, 성매도 청소년을 처벌하지 않는 것은 청구인의 행복추구권, 평등권을 침해한다는 주장); 헌재 2018. 4. 26. 2017헌바88(친일재산귀속법 제 2 조 제 2 호 후문의 추정조항에 대한 청구인의 주장은 위 조항 자체의 위헌성을 다투는 것이라기보다는 '위 추정조항에서 말하는 재산의 취득에는 토지 및 임야조사사업을 통한 사정의 원인으로 소유권을 취득하는 경우는 물론, 그 사정 명의를 제 3 자에게 신탁하여 취득한 경우도 포함된다.'고 본 '취득'의 의미에 관한 당해 사건 법원의 법률 해석 및 적용이 부당하다는 것에 불과하므로, 위 추정조항에 대한 심판청구는 헌법소원의 대상이 되지 않는 '법원의 재판'을 대상으로 한 것으로서 부적법하다고 하였다); 헌재 2018. 12. 27. 2017헌바377. 동지: 헌재 2017. 10. 26. 2015헌바223(청구인들이 국회의 동의절차를 거치지 아니한 쟁점합의를 근거로 이 사건 조약조항의 "부동산소득"에 '부동산 과다보유법인의 주식 양도로 인한 소득'이 포함되는 것으로 해석하는 한 헌법에 위반된다는 주장); 헌재 2023. 2. 23. 2020헌바314(구 소방시설공사업법 시행령 제 9 조 [별표 3]에 규정된 소방공사감리업무의 수행 방법을 따르지 않은 것이 법 제36조 제 3 호의 위반행위 태양 중 하나에 포함된다고 해석·적용한 당해 사건의 법원 판단을 다투는 것으로 볼 수 있는 경우); 헌재 2023. 3. 23. 2018헌바433등(의료기관의 개설 주체를 의료법인 등으로 제한하고 있는 구 의료법 제33조 제 2 항 제 3 호에 대한 심판청구는 법률조항 자체의 위헌성을 다투는 것이 아니라 당해 사건 재판의 기초가 되는 사실관계의 인정이나 평가 또는 개별적·구체적 사건에서의 법률조항의 단순한 포섭·적용에 관한 문제를 다투는 경우에 불과하다고 하였다); 헌재 2023. 9. 26. 2017헌가27(반국가단체조항의 반국가단체에 북한이 포함된다고 해석하는 것이 헌법에 위반된다는 주장은 법원의 법률해석이나 재판결과를 다투는 것에 불과하여 현행의 규범통제 제도에 어긋나는 것으로서 허용될 수 없다고 하였다); 헌재 2020. 2. 27. 2017헌바422(특경법 제 3 조 제 1 항 제 2 호 자체의 위헌 여부를 다투는 것이라기보다는 문제된 행위가 사기죄에 해당한다고 평가한 법원의 판단을 다투는 경우); 헌재 2021. 7. 15. 2019헌바172(국가배상법 제 2 조 제 1 항 자체의 위헌성을 다투는 것이 아니라 사법보좌관의 행위를 법관의 재판과 동일시하여 법관의 재판에 관한

석을 다투는 것이 아니라 법률조항 자체의 위헌성을 다투는 경우로 이해되는 경우에는 헌법재판소법 제68조 제 2 항의 적법한 청구로 받아들여진다고 하였다.[1)]

(2) 한정위헌청구가 적법한 경우

헌법재판소가 그 동안 적극적으로 심판대상으로 삼아 판단한 경우는 대개 다음과 같이 세 가지로 분류할 수 있다. 첫째, 법규정 자체의 불명확성을 다투는 것으로 보는 경우로서, 헌법상의 명확성원칙을 다투는 경우 혹은 조세법률주의(과세요건 명확주의) 위반을 다투는 경우,[2)] 둘째, 소위 법원의 해석에 의하여 구체화된 심판대상규정의 위헌성 문제가 있는 것으로 볼만큼 일정한 사례군이 상당기간에 걸쳐 형성·집적된 경우,[3)] 셋째, 위 두 가지 경우에 해당하지 않지만 한정위헌의 판

위 조항의 해석을 사법보좌관에게도 적용한 것을 다투고 있으므로 개별·구체적 사건에서 단순히 법률조항의 포섭이나 적용의 문제를 다투는 것으로서 허용되지 않는 한정위헌청구에 해당한다고 하였다); 헌재 2023. 8. 31. 2021헌바306(위헌심판제청신청이 법률조항 자체의 위헌성을 다투는 것이 아니라 법원에 의한 사실관계의 판단과 법률의 해석·적용의 부당함을 주장하는 등 사실상 법원의 재판을 다투는 것일 때); 헌재 2024. 6. 27. 2021헌바201(학교교육에 직접 사용되는 학교법인의 재산 매도 등을 금지하는 규정을 사립학교 경영자에게 준용하는 구 사립학교법 제51조 부분에 관하여, '학교 교육에 직접 사용되는 학교법인의 재산'에 '사립학교 경영자의 소유가 아닌 경우'를 제외하는 것으로 해석하는 한 헌법에 위반된다는 청구는 한정위헌청구의 형식을 취하고 있지만 실제로는 심판대상조항과 관련하여 의미 있는 헌법문제를 주장한다고 보기 어렵고, 오히려 당해 사건과 같은 사실관계에 심판대상조항을 적용하여야 한다는 취지의 주장으로서 단순히 법원의 법률 해석을 다투거나 법원의 재판결과를 다투는 것에 불과하여 부적법하다고 하였다); 헌재 2024. 7. 18. 2022헌바4(전자금융거래법 조항, 여신전문금융업법 조항 자체의 위헌 여부를 다투는 것이 아니라 당해 사건 재판의 기초가 되는 사실관계의 인정이나 평가 또는 조항들의 포섭·적용에 관한 법원의 재판 결과를 다투는 것에 불과한 경우).

1) 헌재 1995. 7. 21. 92헌바40; 헌재 1997. 2. 20. 95헌바27.

2) 헌재 1995. 7. 21. 92헌바40(지방세법 제111조 제 5 항 제 3 호의 규정을 장부가액에 의하여 취득가액이 입증되는 경우에 그 가액을 취득세나 등록세의 과세표준으로 하는 것으로 해석·적용하지 아니하고, 법인의 장부가격이 실제 취득가액인가의 여부에 관계없이 그 법인의 장부가액을 과세표준으로 하는 것으로 해석·적용하는 것은 위헌이라는 청구); 헌재 1997. 2. 20. 95헌바27(소득세법 제 5 조 제 6 호 자목 소정의 '1세대 1주택'을 "주택을 여러 사람들이 공동상속하는 경우 그 주택에 거주하는지 여부나 상속지분에 따라 그 중 한 사람의 상속지분을 포함하는 것은 별론으로 하고 공동상속인 각자의 상속지분도 포함하는 것"으로 해석하는 것은 위헌이라는 청구); 헌재 1997. 7. 22. 97헌바9(자연공원법 제16조 제 1 항 제 4 호 및 제21조의2 제 1 항을 자연공원법의 입법취지에서 벗어나, 내무부장관에게 영리를 목적으로 하는 대규모 위락단지를 개발하는 것을 허용하는 것으로 해석하는 것은 위헌이라는 청구); 헌재 2001. 4. 26. 99헌바39(개발이익환수에 관한 법률 제22조 제 2 항을 정산처분 자체의 고유한 위법만을 다툴 수 있도록 한 것이라고 해석하는 것은 위헌이라는 청구); 헌재 2011. 2. 24. 2009헌바33등(부가가치세법 제13조 제 1 항 제 1 호의 '그 대가'를 실질적 대가액(형식적 수입총액에서 이를 얻기 위하여 지출한 총액을 공제한 금액)을 초과한 금액까지도 포함하는 것으로 해석하는 한 위헌이고, 부가가치세법 제 1 조 제 1 항 제 1 호의 '재화 또는 용역의 공급'에 성인용 사행오락인 릴게임에 의한 수입을 동조 소정의 과세거래에 포함하는 것으로 해석하는 한 위헌이라는 청구).

3) 헌재 1995. 5. 25. 91헌바20(육군참모총장의 군무이탈자 복귀명령이 군형법 제47조의 정당한 명령에 포함되는 것으로 해석하는 것은 위헌이라는 청구); 헌재 1998. 7. 16. 97헌바23(폭행·협박 등

단을 구하는 청구가 법률조항 자체에 대한 다툼으로 볼 수 있는 경우[1] 등이다.

(3) 한정위헌청구의 적법성에 관한 선례변경 결정과 그에 대한 비판

그런데 헌법재판소는 헌재 2012. 12. 27. 2011헌바117 사건에서 재판관 6 : 3의 결정으로 한정위헌청구의 적법성에 관한 종래의 선례를 변경하여 원칙적으로 한정위헌청구가 적법하다는 입장을 표명하였다.[2] 즉 “법률의 의미는 결국 개별·

별도의 위법행위를 수반하지 않는 집단적 노무제공 거부행위를 대법원이 위력업무방해죄에 있어서 위력에 해당한다고 해석하여 정당행위로서 위법성이 조각되지 않는 한 형사처벌 할 수 있다고 하는 것은 위헌이라는 청구); 헌재 2001. 8. 30. 2000헌바36(민소법 제714조[현행 민집법 제300조]의 임시의 지위를 정하기 위한 가처분에 방송프로그램이 제작, 방영되기 전에 그 방영 금지하는 가처분을 포함시키는 것은 위헌이라는 청구); 헌재 2001. 12. 20. 2001헌바25(구 상속세법 제 4 조 제 2 항 본문 및 제18조 제 3 항 본문에서 말하는 ‘증여재산’에 피상속인이 증여계약만 체결한 채 소유권 이전등기를 경료하지 아니한 경우가 포함되지 않는다고 해석하는 것은 위헌이라는 청구); 헌재 2010. 4. 29. 2007헌바144(피상속인이 증여한 재산을 수증자가 처분한 경우나 국가가 지방자치단체에서 증여재산을 수용한 경우에도 민법 제1113조 제 1 항에 의하여 증여재산의 가액을 상속개시시의 가액으로 평가하는 것과 공동상속인이 수증자인 경우 유류분권 침해여부나 시점에 관계없이 모든 증여재산을 유류분 산정의 기초재산에 산입하는 것은 위헌이라는 청구).

1) 헌재 1999. 3. 25. 98헌바2(국세기본법 제39조 제 1 항 제 1 호가 제 2 차 납세의무자로 규정한 무한책임사원을 ‘법인의 경영을 사실한 지배하는 자 또는 당해 법인에 대한 총출자액 중 100분의 51 이상의 출자지분에 관한 권리를 실질적으로 행사하는 자’로 한정하여 해석·적용하는 것으로 해석하는 한 위헌이라는 청구); 헌재 2000. 6. 1. 97헌바74(사면법 제 5 조 제 1 항 제 2 호가 정하는 특별사면의 효력을 징역형의 집행유예와 벌금형을 병과하여 선고받은 자가 징역형의 집행유예에 대하여 특별사면을 받았을 경우 그 효력이 벌금형에 대하여도 미치는 것으로 해석·적용하지 아니하는 한 위헌이라는 청구); 헌재 2000. 6. 29. 99헌바66등(헌법재판소법 제68조 제 2 항의 헌법소원이 인용된 경우에, 당해사건의 당사자뿐만 아니라 헌법소원을 제기한 바는 없으나 위헌선언 된 법률조항의 적용을 받았던 다른 사건의 당사자도 이미 확정된 관련사건의 재심을 구할 수 있다는 것으로 헌법재판소법 제75조 제 7 항을 해석하지 않는 한 위헌이라는 청구); 헌재 2001. 6. 28. 2000헌바77(토지수용법 제75조의 2 제 1 항 본문을 수용재결에 불복하는 경우 전심절차로서 이의신청을 필요적으로 경유하여야 한다고 해석하는 한 위헌이라는 청구); 헌재 2001. 10. 25. 2001헌바9(형사소송법 제196조 제 2 항의 사법경찰리의 수사보조업무를 ‘형식적 보조’로 한정하여 해석하지 않고 ‘실질적 보조’로 확대해석 하는 한 위헌이라는 청구); 헌재 2001. 12. 20. 2000헌바96등(공선법의 여러 규정이 공직선거에 출마한 후보자 등 이외에 자에 대하여 적용될 경우에 한하여 위헌이라는 청구); 헌재 2001. 12. 20. 2001헌바7등(헌법재판소법 제47조 제 2 항 단서에 관하여, 형벌에 관한 법률 또는 법률조항에 택지초과소유부담금의 부과근거 법률인 택상법 조항들이 포함되지 않는다고 해석하는 한 위헌이라는 청구); 헌재 2006. 2. 23. 2003헌바84(지방교육자치에 관한 법률 제158조 제 2 항 제 1 호 소정의 각종 인쇄물에 명함이 포함되는 것으로 해석하는 한 위헌이라는 청구); 헌재 2011. 10. 25. 2010헌바486등(민사집행법 제16조 제 1 항을 집행관의 집행처분에 대한 이의재판에 대하여 통상항고를 허용하지 않는 것으로 해석하는 한 위헌이라는 청구); 헌재 2012. 5. 31. 2009헌바123등(구 조세감면규제법[1993. 12. 31. 법률 제4666호로 전부 개정한 것]의 시행에도 불구하고 구 조세감면규제법[1990. 12. 31. 법률 제4285호] 부칙 제23조가 실효되지 않은 것으로 해석하는 한 위헌이라는 청구); 헌재 2015. 9. 24. 2012헌마798(형사소송법 제383조 제 1 호를 제 1 심판결에 대하여 검사만이 양형부당을 이유로 항소하였을 뿐이고 피고인들은 항소하지 아니한 경우에는, 피고인들로서는 항소심판결에 대하여 사실오인, 채증법칙위반, 심리미진 또는 법령위반 등의 사유를 들어 상고이유로 삼을 수 없다고 해석하는 것은 위헌이라는 청구)이다.

2) 헌재 2012. 12. 27. 2011헌바117.

구체화된 법률해석에 의하여 확인되는 것이므로 법률과 법률해석을 구분할 수는 없고, 재판의 전제가 되는 법률에 대한 규범통제는 해석에 의해 구체화된 법률의 의미와 내용에 대한 헌법적 통제로서 헌법재판소의 고유권한이며, 헌법합치적 법률해석의 원칙상 법률조항 중 위헌성이 있는 부분에 한정하여 위헌결정을 하는 것은 입법권에 대한 자제와 존중으로서 당연하고 불가피한 결론이다. 따라서 헌법재판소가 한정위헌결정을 계속해오면서도 원칙적으로 한정위헌 청구를 할 수 없고 예외적인 경우에만 한정위헌청구를 할 수 있다고 하는 종래의 선례들은 사리상 합당하지 않으므로 이러한 한정위헌결정을 구하는 한정위헌청구는 원칙적으로 적법하고, 다만 구체적인 사건에 관한 사실관계의 인정과 평가 및 단순한 법률 해석·적용을 다투는 한정위헌 청구는 허용되지 않는다."고 판시하였다.

그런데 위 결정은 헌법재판소가 한정위헌결정을 할 수 있고, 또 필요한 경우 하여야 한다는 문제와 당사자가 일반적으로 한정위헌청구를 할 수 있는지 문제는 별개의 문제인데 이를 혼동하여, 헌법재판소가 한정위헌결정을 할 수 있다고 하면서 당사자가 한정위헌청구를 하는 것은 부적법하다고 하는 것은 사리상 합당하지 않다고 판시한 것은 부당하다고 할 것이다.

종래의 선례들이 당사자의 한정위헌청구가 원칙적으로 적법하지 않다고 본 이유는 헌법재판소법 제68조 제 2 항이 "법률의 위헌여부 심판의 제청신청이 기각된 때에는"이라고 규정하고 있어 심판의 대상을 법률에 한정하고 있으므로 법률해석은 심판의 대상이 될 수 없다고 보았기 때문이다. 즉 종래 선례들은 당사자의 한정위헌청구가 예외적으로 적법한 경우에는 단순히 법률조항의 해석을 다투는 것이 아니라 법률조항 자체의 위헌성을 다투는 것으로 이해하여 한정위헌청구의 심판대상을 어디까지나 법률조항 자체로 보았다. 그런데 위 선례변경 결정은 한정위헌청구의 심판대상이 법률조항 자체가 아니라 법률의 해석으로 본 잘못이 있다.[1] 법률의 해석이 심판대상 즉 소송물이라면 헌법재판소에서 판단한 결과 위헌인 경우에는 "……라고 해석하는 것은 헌법에 위반된다."라고 표시할 뿐만 아니라, 합헌인 경우에도 "……라고 해석하는 것은 헌법에 위반되지 아니한다."라고 주문에 표시하는 것이 논리적일 것이다.[2] 그런데 심판대상을 당사자가 청구하는 대로

---

1) 헌재 2012. 12. 27. 2011헌바117 결정은 사건의 심판대상을 형법 제129조 제 1 항의 '공무원'에 구 제주특별자치도설치및국제자유도시조성을위한특별법 제299조 제 2 항의 제주특별자치도통합영향평가심의위원회 심의위원 중 위촉위원이 포함되는 것으로 해석·적용하는 것이 위헌인지 여부로 정하였다.

2) 정종섭, 384면도 구체적 규범통제 및 법률에 대한 헌법소원심판에서는 심판대상이 법률조항의

한정하는 것은 하나의 법률조항에 대하여 수없이 많은 후행의 한정위헌청구를 허용하게 되어 규범통제에 있어서 바람직한 모습이 아니고, 후행의 한정위헌청구가 선행의 한정위헌청구와 그 심판대상이 동일한 것인지 여부의 판단에 많은 어려움이 있게 되며, 다의적인 법률조항에 대하여 명확성원칙 위반을 이유로 단순위헌결정을 해야 함에도 한정위헌결정을 하는 결과를 초래할 위험도 있다.[1]

뿐만 아니라 위 결정은 법률조항의 가분된 의미 영역이 아닌 단순한 법률조항의 적용부분에 대하여 한정위헌결정을 주문에 표시한 잘못이 있다. 종래 한정위헌청구가 법률조항에 대한 위헌성을 다투는 경우로 이해하여 적법하다고 한 것은 법률조항의 가분된 의미영역이 인정된 경우라 할 것이다. 그런데 위 헌법소원사건의 경우에는 심판대상은 형법 제129조 제 1 항의 '공무원' 부분이고, 동 조항의 가분된 의미영역으로는 동 공무원에 '국가공무원법·지방공무원법에 따른 공무원이나 다른 법률에 따라 형법 제129조 제 1 항의 공무원으로 간주되는 사람이 아닌 사람이 포함된다는 해석'을 생각할 수 있다. 따라서 당해 한정위헌청구에 대한 한정위헌결정으로서는 "형법 제129조 제 1 항 중 '공무원'에 '국가공무원법·지방공무원법에 따른 공무원이나, 다른 법률에 따라 형법 제129조 제 1 항의 공무원으로 간주되는 사람'이 아닌 사람이 포함되는 것으로 해석하는 한 헌법에 위반된다."고 선언하였어야 마땅할 것인데, 위 결정은 "형법 제129조 제 1 항의 '공무원'에 구 제주특별자치도 설치 및 국제자유도시 조성을 위한 특별법 제299조 제 2 항의 제주특별자치도 통합영향평가심의위원회 심의위원 중 위촉위원이 포함되는 것으로 해석하는 한 헌법에 위반된다."고 선언하였다. 제주특별자치도 위촉위원이 형법 제129조 제 1 항의 '공무원'에 포함·적용

위헌여부이지 법률해석의 위헌여부가 될 수 없다고 한다. 앞으로 헌법재판소에서 한정위헌청구가 적법하다고 보아 본안판단을 하면서 합헌인 경우에 주문에 종래와 같이 "……법률조항은 헌법에 위반되지 아니한다."라고 할지, 아니면 "……라고 해석하는 것은 헌법에 위반되지 아니한다."라고 표시할지 주목되었다. 그런데 헌법재판소는 위 판례변경 이후에도 심판대상을 법률의 해석·적용의 위헌여부가 아니라 법률조항의 위헌여부로 확정하고, 결정이유에서는 "……라고 해석·적용하는 것은 조세법률주의, 엄격해석의 원칙에 반하지 아니하므로 심판대상 조항은 헌법에 위반되지 아니한다."고 설시하고, 주문에서는 종래와 같이 "……법률조항은 헌법에 위반되지 아니한다."라고 표시하였다(헌재 2013. 11. 28. 2012헌바22). 그 외에도 청구인이 한정위헌청구를 한 헌법소원의 심판대상을 확정함에 있어 법률해석이 아니라 법률조항 자체임을 판시한 사례로는 헌재 2015. 2. 26. 2012헌바355; 헌재 2015. 4. 30. 2012헌바95등; 헌재 2015. 4. 30. 2011헌바269; 헌재 2015. 4. 30. 2014헌바30; 헌재 2015. 7. 30. 2013헌바120; 헌재 2015. 12. 23. 2013헌바194 등이 있다.

1) 예산회계법사건. 헌재 2008. 11. 27. 2004헌바54의 저자 등 2인 재판관 소수의견. 헌재 2012. 12. 27. 2011헌바117의 3인 재판관 소수의견; 동지: 정종섭, 384면.

되는지 여부는 당해사건에서 제주특별자치도 위촉위원을 위 형법조항의 공무원으로 보아 동 조항을 적용할 수 있는가 하는 단순한 법률해석·적용의 문제일 뿐 법률조항의 가분된 의미영역이 아닌데도 불구하고 이를 한정위헌결정의 주문에 표시한 것은 잘못되었다 할 것이다. 결국 위 결정은 한정위헌청구의 적법성 여부를 판단하는데 필요한 객관적이고 구체적인 기준을 제시하지도 아니한 채 한정위헌청구의 심판대상을 당사자가 청구하는 대로 한정하면서 한정위헌청구를 허용하는 것은 원칙적으로 재판소원을 금지하고 있는 헌법재판소법 제68조 제 1 항의 취지에도 어긋난다고 할 것이다.[1] 그런데 이 문제점에 관하여 헌법재판소는 "구체적 사건에서의 법률의 해석·적용 권한이 사법권의 본질적 내용을 이루는 것은 부정할 수 없다. 그러나 법률조항의 문언 자체에 변화가 없고 헌법재판소가 법률조항 중 헌법에 위반되어 효력을 상실하는 부분을 '해석'이라는 표현을 사용하여 지칭하였다는 이유로 법률에 대한 위헌성 심사의 결과인 한정위헌결정을 규범통제가 아닌 구체적 사건에서의 법원의 법률의 해석·적용 권한에 대한 통제라고 볼 수는 없다. 이 사건 한정위헌결정은 구체적 사건에서 형벌 조항에 대한 법원의 특정한 해석·적용의 당부를 심사한 것이 아니라, 형벌 조항의 일부가 헌법에 위반되어 무효라는 내용의 일부위헌결정이다. 이 사건 한정위헌결정에서 위헌결정의 범위를 위와 같이 구체적으로 한정한 이유는 형벌 조항에 대하여 위헌결정이 선고되는 경우 소급효로 인한 법적 안정성의 혼란을 최소화하고 법원 등 국가기관에 대하여 기속력을 가지는 위헌결정의 범위를 가능한 한 명확히 할 필요성이 있었기 때문이고, 아울러 형벌 조항 중 위헌적인 부분만을 제거하는 것은 입법행위에 대한 개입 자제와 입법기관에 대한 존중의 표현이다."라고 판시하였다.[2]

한편 헌법재판소는 위 선례변경 결정 이후 청구인들이 한정위헌청구를 한 헌법소원의 심판대상을 확정함에 있어 법률해석이 아니라 법률조항 자체임을 수차례 판시하였다.

즉, 헌법재판소는 청구인들의 청구취지를 "구 소득세법 제94조 제 1 항 제 3 호 가목 전단의 '대주주'에 해당주식 등을 양도한 주주 1인 이외의 제 3 자가 포함되는 것으로 해석하는 한 헌법에 위반된다."라고 하여 일견 한정위헌심판청

1) 동지: 헌재 2012. 12. 27. 2011헌바117의 3인 반대의견.
2) 헌재 2022. 6. 30. 2014헌마760등.

구를 한 것으로 보이나, 심판청구서의 기재내용을 종합하여 보면, 구 소득세법 제94조 제 1 항 제 3 호 가목 전단 중 "대통령령이 정하는 대주주"에 관한 부분의 위헌성을 다투는 것으로 선해할 수 있다고 하여 심판대상을 법률조항 부분의 위헌여부로 확정하였고,[1] "청구인은 구 조세특례제한법 제97조 제 2 항에서 당해 거주자의 소유주택으로 보지 않는 대상을 단순히 '임대주택'이라고만 규정하고 어떤 조건의 임대주택이어야 하는지에 대해 규정한 바 없으므로, 위 조항의 '임대주택'을 같은 조 제 1 항의 감면요건을 갖춘 임대주택으로 해석하는 것은 엄격해석의 원칙에 위배된다고 주장하는바, 이러한 주장은 위와 같은 해석이 가능하도록 '임대주택'을 불명확하게 규정한 구 조세특례제한법 제97조 제 2 항 자체의 위헌성을 다투는 취지로 이해할 수 있다."고 판시하여 심판대상을 구 조세특례제한법 제97조 제 2 항의 위헌여부로 확정하였다.[2]

또한 헌법재판소는 "청구인은 '설계심의분과위원회 소위원회 위원으로 선정되지 않은 지방위원회 위원도 이 사건 법률조항에 포함되는 것으로 해석하는 한 위헌'이라는 결정을 구하고 있지만, 위와 같은 한정위헌 청구는 이 사건 법률조항에 관한 단순위헌을 구하는 청구의 양적 일부분에 불과하므로 이를 별도의 심판대상으로 삼지 아니하고, 다만 한정위헌 청구에 관한 주장을 이 사건 법률조항의 위헌 여부에 관한 판단의 이유 중에서 함께 판단하기로 한다."고 판시하였고,[3] 청구인들은 청구취지에서 "소득세법 시행령 제17조 제 1 항 제 1 호의 '공장'의 의미를 제조업으로만 한정해석하는 것은 법률에 위반된다"고 주장하니, 이는 결국 위 시행령 조항이 모법인 소득세법 제12조 제 3 호 더목에서 규정하고 있는 '생산직 및 그 관련 직'이라는 위임 취지에 반하여 '공장'에서 근로를 제공한 자로 범위를 축소하여 규정함으로써 위헌이라는 주장으로 파악되므로 위 시행령 조항 가운데 '공장' 부분으로 심판대상을 한정한다고 하였으며,[4] "청구인은, 청구취지에서 민사소송법 제390조 제 1 항 전체의 위헌을 구하면서도, 제 1 심에서 응소하지 않아 자백간주로 패소판결을 선고받은 피고에게도 항소적격을 인정하는 것으로 해석·적용하는 한 위 조항은 위헌이라는 한정위헌 취지의 주장을 하고 있다. 이러한 청구인의 주장은 위 조항에 자백간주로 인한 피

1) 헌재 2015. 2. 26. 2012헌바355.
2) 헌재 2015. 4. 30. 2011헌바269.
3) 헌재 2015. 4. 30. 2014헌바30.
4) 헌재 2015. 4. 30. 2012헌마391.

고 패소판결을 항소의 대상에서 제외하는 규정을 두지 않은 부진정 입법부작위가 위헌이라는 취지로 선해할 수 있다. 따라서 이 사건 헌법소원의 심판대상은, 자백간주로 인한 피고 패소판결을 항소의 대상에서 제외하는 규정을 두지 않은 민사소송법 제390조 제 1 항이 헌법에 위반되는지 여부이다."라고 판시하였으며,[1] "대법원은 형사소송법 제383조 제 1 호의 내용을 '항소심에서 심판대상이 된 사항에 한하여 법령위반의 상고이유로 삼을 수 있도록 상고를 제한하는 것'으로 구체화하였는바, 청구인들은 형사소송법 제383조 제 1 호를 이 사건 상고기각 이유와 같이 한정하여 해석하는 것은 청구인들의 기본권을 침해한다는 취지로 주장하고 있으나, 이러한 청구인들의 주장은 법원의 해석에 의해 구체화된 형사소송법 제383조 제 1 호의 적용범위가 너무 좁아서 위헌이라는 취지로 받아들일 수 있으며, 이는 결국 위 법률조항의 위헌을 다투는 것으로 볼 수 있다."고 판시하였고, "청구인들은 군인연금법 제33조 제 2 항의 '수사가 진행 중이거나 형사재판이 계속 중'인 사유에 '형을 받거나 파면된 경우'가 포함되지 않는다고 해석하는 한 헌법에 위반된다는 취지의 청구를 하였으나, '형을 받거나 파면'된 자가 '수사가 진행 중이거나 형사재판이 계속 중'인 자에 해당하지 않는다는 점은 군인연금법 제33조 제 2 항 자체에 의해 명백하게 정해진 내용이지 해석에 따라 달라진다고 볼 수 없으므로, 청구인들의 청구는 법률조항 자체를 다투는 것으로 볼 것이다."라고 판시하였으며,[2] "청구인은 '구 국세기본법 제15조 전문을 개별 과세 객체에 대한 조세부과처분의 근거로 적용하는 한 헌법에 위반된다.'고 주장하여 한정위헌의 결정을 구하였으나 당해사건에서 구 국세기본법 제15조 전문은 부가가치세를 부과하는 근거로 적용된 것이 아니라 부가가치세 환급을 거부하는 근거로 적용되었으므로, 이 사건 심판대상은 법원이 과세관청의 부가가치세 환급거부처분을 적법하다고 판단한 근거로 적용한 구 국세기본법 제15조 전문이 헌법에 위반되는지 여부라고 봄이 상당하다."고 판시하였다.[3]

또한 헌법재판소는 "청구인은 청구취지를 "사립학교교직원 연금법 제54조

1) 헌재 2015. 7. 30. 2013헌바120.
2) 헌재 2016. 7. 28. 2015헌바20.
3) 헌재 2016. 10. 27. 2012헌바280. 다만, 청구인의 주장은 심판대상조항의 구체화된 의미와 내용이 헌법에 위반되는지 여부를 다투는 것이 아니라, 심판대상조항을 근거로 과세관청의 부가가치세 환급거부처분이 적법하다고 한 법원 판결의 정당성에 관하여 다투는 것으로서 법원의 재판을 대상으로 하는 헌법소원심판청구이고, 예외적으로 헌법소원심판의 대상이 되는 법원의 재판에도 해당되지 아니하므로 이러한 심판청구는 부적법하다고 하였다.

제 1 항 중 '그 급여의 사유가 발생한 날'에 그 급여의 사유가 발생한 사실을 인식하지 못한 경우를 포함하는 것으로 해석하는 한 헌법에 위반된다."고 기재하고 있으나 그 내용을 종합적으로 살펴보면, 결국 위 조항에 급여의 사유가 발생한 사실을 인식하지 못한 경우를 제외하는 규정을 두지 아니한 부진정 입법부작위가 위헌이라는 취지이므로, 위 조항 자체의 위헌성을 다투는 것으로 볼 수 있다. 그리고 당해 사건에서 적용된 법률은 위 조항 중 '장기급여에 관한 부분'이므로, 심판대상을 이 부분으로 한정한다."고 판시하였고,[1] "청구인은 변리사법 제11조 중 '제 5 조 제 1 항에 따라 등록한 변리사' 부분, 제15조 제 1 항 중 '제 5 조 제 1 항에 따라 등록한 변리사' 부분, 제17조 중 '변리사' 부분에 변호사 자격이 있는 사람을 포함하여 해석하는 한 헌법에 위반된다고 주장하나, 청구인의 이러한 주장은 결국 위 조항들이 변호사 자격이 있는 사람에게까지 변리사회 가입의무 및 연수의무를 부과하고 변호사 자격이 있는 사람을 특허청장의 징계 대상에 포함시키는 것이 위헌이라는 취지이므로 위 조항들 자체의 위헌성을 다투는 것으로 볼 수 있다."고 판시하였으며,[2] 청구인들이 손해배상채권의 소멸시효 조항에 대해 위헌확인을 구하면서 예비적으로 그와 관련된 한정위헌도 구하고 있는 경우, 청구인들은 사건 유형의 특수성을 고려하지 아니한 채 일반적인 손해배상채권의 소멸시효를 동일하게 적용하도록 한 소멸시효 조항들의 위헌성을 주장하는 취지로 파악되고, 예비적 심판청구도 동일한 소멸시효 조항의 입법적 결함에 관한 위헌성을 보충·강조하는 취지로 이해된다는 이유로 손해배상채권의 소멸시효 조항의 위헌여부를 판단하는 이상, 예비적 심판청구는 별도의 심판대상으로 삼지 아니한다고 하였고,[3] 청구인들이 주위적으로 민간임대주택법 제46조 제 2 항 내지 제 4 항에 대한 단순위헌청구를 하고 예비

---

1) 헌재 2017. 12. 28. 2016헌바341. 다만 2인의 소수의견은 심판대상조항은 '급여의 사유가 발생한 날'이라고만 규정할 뿐, 사유가 발생한 사실의 인식 여부에 관하여 아무런 규정을 두고 있지 아니하므로, 문리해석상 급여의 사유가 발생한 사실의 인식 여부에 관한 부분을 임의로 심판대상조항의 가분된 의미영역으로 잘라낼 수 없다는 점에서 청구인의 주장을 부진정입법부작위로 선해하더라도 이는 허용되지 않는 형태의 한정위헌 청구로서 법원의 법률해석이나 재판결과를 다투는 경우에 해당되어 부적법하므로 각하되어야 한다고 하였다.

2) 헌재 2017. 12. 28. 2015헌마1000.

3) 헌재 2018. 8. 30. 2014헌바148 등. 다만 3인의 소수의견은 청구인들의 심판청구는 심판대상조항들 자체의 위헌 여부를 다투는 것이 아니라, 당해사건 재판의 기초가 되는 사실관계의 인정이나 평가 또는 개별적·구체적 사건에서의 법률조항의 단순한 포섭·적용에 관한 법원의 해석·적용이나 재판결과를 다투는 것에 불과하므로, 재판소원을 금지하는 헌법재판소법 제68조 제 1 항의 취지에 비추어 부적법하다고 하였다.

적으로 위 법률 제46조 제 3 항, 제 4 항은 구 임대주택법에 따라 등록한 임대주택에 대해서도 적용하는 것으로 해석하는 한 헌법에 위반된다는 한정위헌청구를 하고 있는 경우, 예비적 심판청구에 관한 청구인들의 주장은 주위적 심판청구의 위헌 주장을 보충하는 취지로 선해되므로, 예비적 심판청구에 관하여 별도로 판단하지 아니하되 이에 관한 청구인들의 주장은 주위적 심판청구에 관하여 판단할 때 참작하기로 한다고 하였으며,[1] "청구인 남○○은 헌법재판소법(2011. 4. 5. 법률 제10546호로 개정된 것) 제68조 제 1 항 본문의 '법원의 재판'과 관련하여, 이 부분이 헌법재판소가 한정위헌으로 결정한 법령을 적용함으로써 국민의 기본권을 침해한 재판도 포함되는 것으로 해석하는 한도 내에서 헌법에 위반된다고 주장한다. 그런데 이 부분의 위헌을 주장하는 주된 이유는, 모든 국가기관에 대하여 당연히 기속력이 인정되는 헌법재판소의 법률에 대한 한정위헌결정이 있는데도 법원이 청구인의 재심청구를 허용하지 않고 이에 대한 재항고도 기각하는 재판을 함으로써 청구인의 재판청구권을 침해하였다는 것이다. 이는 같은 법 제68조 제 1 항 본문의 '법원의 재판을 제외하고는' 부분에도 불구하고 자신이 취소를 구하는 법원의 재판에 대한 헌법소원심판은 허용되어야 한다는 취지라 할 것이다. 따라서 이 부분 심판청구는 같은 법 제68조 제 1 항 본문의 '법원의 재판' 부분에 대한 것으로 본다."고 판시하였다.[2]

헌법재판소의 위와 같은 판시들은 한정위헌청구의 심판대상은 법률해석이 아니라 법률조항 자체임을 재차 확인한 것이 아닌가 생각된다.

위 선례변경 결정 이후에도 헌법재판소 실무제요[3]에서 "헌법재판소법 제68조 제 2 항에 따른 헌법소원에서 한정위헌청구의 형식으로 심판이 청구되더라도, 헌법재판소는 청구인이 다투고자 하는 법원 등의 법률해석을 법률의 내용으로 볼 수 있거나 해석을 통해 구체화된 법률의 내용으로 평가할 수 있는 한 적법한 청구로 보고 본안판단을 하여야 한다."고 설시하고 있는 것으로 미루어 보아도 위 선례변경 결정이 법률조항 자체가 아니라 법원의 법률해석을 한정위헌심판청구의 심판대상으로 보아 한정위헌 청구가 원칙적으로 적법하다고 판시한 것은 잘못한 것이라고 인정한 것이 아닌가 생각된다.

---

1) 헌재 2019. 7. 25. 2018헌마349; 동지: 헌재 2022. 9. 29. 2019헌바536(한정위헌 청구를 하는 예비적 청구취지는 단순위헌 청구를 하는 주위적 청구취지의 양적 일부분에 불과하다고 하였다).
2) 헌재 2022. 6. 30. 2014헌마763등.
3) 실무제요, 428면.

[서식례 14] 헌법재판소법 제68조 제 2 항 헌법소원심판 청구서의 예시

헌법소원심판청구서

청 구 인 ○ ○ ○
서울 ○○구 ○○로 ○○○
대리인 변호사 ○ ○ ○
서울 ○○구 ○○로 ○○○

청 구 취 지

"○○법(2013. 5. 30. 개정법률 ×××호) 제○○조는 헌법에 위반된다."라는 결정을 구합니다.

당 해 사 건

서울고등법원 00구00호 퇴직처분 무효확인 청구의 소
원고 ○○○, 피고 ×××

위헌이라고 판단(해석)되는 법률조항

○○법 (2013. 5. 30. 법률 제×××호) 제○○조

청 구 이 유

1. 심판청구에 이르게 된 경위(사건의 개요)
2. 심판대상조항 및 관련조항(법문 기재)
3. 적법요건의 충족 여부(예: 재판의 전제성, 청구기간 등)
4. 헌법에 위반되는 이유

첨 부 서 류

1. 위헌제청신청서
2. 위헌제청신청기각 결정문 및 동 결정의 송달증명서
3. 당해사건의 판결문 등 기타 부속서류
4. 소송위임장(소속변호사회 경유)

20 . . .

청구인 대리인 변호사 ○ ○ ○ (인)

헌법재판소 귀중

7. 종국결정

가. 개 설

재판부가 심리를 마친 때에는 종국결정을 한다(헌재법 제36조 제 1 항). 종국결정을 할 때에는 사건번호와 사건명, 당사자와 심판수행자 또는 대리인의 표시, 주문, 이유, 결정일을 적은 결정서를 작성하고 심판에 관여한 재판관 전원이 이에 서명·날인하여야 한다(헌재법 제36조 제 2 항). 헌법소원심판에 관여한 재판관은 결정서에 의견을 표시하여야 하고(헌재법 제36조 제 3 항), 종국결정이 선고되면 서기는 지체 없이 결정서 정본을 첨부하여 이를 당사자에게 송달하여야 하며(헌재법 제36조 제 4 항), 종국결정은 헌법재판소규칙으로 정하는 바에 따라 관보에 게재하거나 그 밖의 방법으로 공시한다(헌재법 제36조 제 5 항).

종국결정은 종국심리에 관여한 재판관의 과반수의 찬성으로 하는바, 다만 헌법소원에 대한 인용결정을 하는 경우에는 재판관 6인 이상의 찬성이 있어야 한다(헌재법 제23조 제 2 항 제 1 호). 따라서 헌법재판소는 재판관 5인이 인용(위헌)의견인 경우라 하더라도 나머지 재판관이 합헌 또는 각하의견을 낸 경우에는 '합헌' 주문을 내어야 한다.

한편, 헌법재판소법 제68조 제 2 항에 따른 헌법소원의 경우에는 위헌의견 5명, 합헌의견 4명(또는 3명)인 경우에 합헌주문을 낸 것이 있고,[1] 위헌의견이 5명, 각하의견이 4명인 경우 합헌주문을 낸 것[2]이 있다.

나. 종국결정의 유형

(1) 개 설

종국결정에는 ① 심판청구가 부적법한 경우에 하는 각하결정, ② 심판청구가 이유 없는 경우에 하는 합헌결정, ③ 심판청구가 이유 있는 경우에 하는 인용결정, ④ 심판절차종료선언 등이 있다.

합헌결정의 경우에는 심판청구를 기각하는 대신 그 "법률이 헌법에 위반되

1) 헌재 2003. 7. 24. 2001헌바96; 헌재 2005. 2. 24. 2001헌바71; 헌재 2009. 5. 28. 2007헌바24; 헌재 2011. 2. 24. 2008헌바56; 헌재 2012. 11. 29. 2011헌바137; 헌재 2012. 12. 27. 2011헌바217; 헌재 2013. 6. 27. 2011헌바75; 헌재 2013. 7. 25. 2012헌바320; 헌재 2014. 4. 24. 2011헌바228; 헌재 2018. 3. 29. 2016헌바361 등 참조.

2) 헌재 1993. 5. 13. 90헌바22등; 헌재 1994. 6. 30. 92헌바23 등 참조.

지 아니한다."는 형식의 주문을 선언한다.[1)]

그러나 위헌소원 대상규정이 헌법에 위반된다는 재판관의 의견이 과반수이나 헌법재판소법 소정의 위헌결정의 정족수 미달이어서 위헌선언을 할 수 없는 경우에는 "헌법에 위반된다고 선언할 수 없다."는 주문형태를 취하였으나, 노동쟁의조정법 제 4 조, 제30조 제 3 호, 제31조, 제47조에 대한 헌법소원 사건에서 위헌의견이 종국심리에 관여한 재판관의 과반수(5인)가 되지만 위헌결정의 정족수 6인에 미달한 경우였음에도 불구하고 주문에 "헌법에 위반된다고 선언할 수 없다."라고 표시하지 아니하고 "노동쟁의조정법 제 4 조 제 5 호의 방송사업에 관한 부분, 제30조 제 3 호와, 제31조 및 제47조의 '제31조'에 관한 부분 중 각 제30조 제 3 호에 의하여 중재에 회부된 때에 관한 부분은 헌법에 위반되지 아니한다."라고 표시함으로써 종래의 '위헌선언불가'라는 주문형식을 폐기하였다.[2)]

인용결정의 유형으로는 단순위헌선언, 일부위헌선언, 한정위헌선언, 헌법불합치선언, 한정합헌선언 등이 있는바, 이는 법원의 제청에 의한 법률의 위헌여부심판의 경우 및 헌법재판소법 제68조 제 1 항에 따른 법률에 대한 헌법소원의 경우와 동일하다.

그런데 헌법재판소는 헌법재판소법 제68조 제 2 항의 헌법소원심판 계속 중 심판대상이 된 법률조항이 다른 사건에서 이미 위헌으로 결정한 경우의 주문표시방법에 관하여, "청구인들이 헌법재판소법 제68조 제 2 항에 따라 헌법소원심판청구를 한 이 사건 법률조항은 이 사건 심판계속 중 이미 헌법재판소가 1997. 12. 24. 96헌가19등 사건에서 위헌결정을 선고한 바가 있으므로, 이 사건 법률조항에 대하여는 위헌임을 확인하는 결정을 하기로 한다."고 판시하면서, 그 주문에서 "구 상속세법 제 9 조 제 1 항(1993. 12. 31. 법률 제4662호로 개정되기 전의 것) 중 '상속재산의 가액이 가산할 증여의 가액은 ……상속개시 당시의 현황에 의

---

1) 이 경우에도 주문표시를 "심판청구를 기각한다."로 함이 상당하다는 소수의견이 있다(헌재 1995. 10. 26. 92헌바45; 헌재 1997. 12. 24. 95헌바29등). 그 이유는 합헌결정에는 기속력이 없으며, 헌법재판소법 제68조 제 2 항의 헌법소원의 경우는 국민이 위헌이라고 주장하여 심판을 청구하는 것이므로 그 뜻을 받아들일 수 없는 결론 즉 합헌이라면 굳이 아무런 실효도 없이 국민이 청구한 바도 없는 '합헌'임을 주문에 표시할 필요가 없기 때문이라고 주장한다.

2) 헌재 1996. 12. 26. 90헌바19등; 동지: 헌재 1996. 12. 26. 93헌바17(노동쟁의조정법 제 4 조, 제30조 제 3 호, 제31조, 제47조에 대한 헌법소원 사건에서 합헌론에 찬성한 재판관이 3인이고, 위헌론에 찬성한 재판관이 5인이어서 다수의견이기는 하지만 헌법재판소법 제23조 제 2 항 제 1 호에 정한 위헌결정의 정족수에 이르지 못하여 헌법에 위반되지 아니한다고 선고할 수밖에 없다고 판시하였다).

한다.'는 부분은 위헌임을 확인한다."고 하였다.[1)]

(2) 인용결정의 유형

㈎ 단순위헌선언 사례

헌법재판소법 제68조 제 2 항 헌법소원에 의하여 단순위헌이 선언된 사례로는 국가보위입법회의법(1980. 10. 28. 법률 제3260호) 부칙 제 4 항 후단,[2)] 특정범죄가중처벌등에관한법률(1996. 2. 23. 법률 제1744호, 개정 1973. 2. 24. 법률 제2550호, 1984. 8. 4. 법률 제3744호) 제 5 조의3 제 2 항 제 1 호,[3)] 1988. 12. 26. 개정 전의 상속세법(1981. 12. 31. 법률 제3474호 신설) 제 9 조 제 2 항 본문,[4)] 형사소송법 제221조의2(1973. 1. 25. 법률 제 2450호 신설) 제 2 항 및 제 5 항 중 같은 조 제 2 항에 관한 부분[5)] 등이 있다.

㈏ 한정위헌선언 사례

한정위헌결정의 주문형태는 일반적으로 "……으로 해석하는 한, 헌법에 위반된다." 또는 "……으로 해석하는 것은 헌법에 위반된다."라는 것이 주로 사용되나 그 외에도 다양한 형태의 주문이 있다.

먼저 일반적 형태의 주문례로는 구 음반에관한법률(1967. 3. 30. 법률 제1944호, 최종 개정 1989. 12. 30. 법률 제4183호, 폐지 1991. 3. 8.) 제 3 조 제 1 항 및 제13조 제 1 항 제 1 호는 제 3 조 제 1 항 각 호에 규정한 시설을 자기 소유이어야 하는 것으로 해석하는 것은 헌법에 위반된다는 것,[6)] 구 상속세법(1990. 12. 31. 법 제4283호로 개정되기 전의 법) 제 7 조의2 제 1 항 중 '용도가 객관적으로 명백하지 아니한 것 중 대통령령으로 정하는 경우'를 추정규정으로 보지 아니하고 간주규정으로 해석하는 것은 헌법에 위반된다는 것,[7)] 구 상속세법(1990. 12. 21. 법률 제4283호로 개정되기 전의 법) 제 7 조의2 제 1 항 중 "용도가 객관적으로 명백하지 아니한 것 중 대통령령으로 정하는 경우"를 추정규정으로 보지 아니하고 간주규정으로 해석하는 것은 헌법에 위반된다는 것,[8)] 구 소득세법 제23조 제 4 항 단서, 제45조 제 1 항 제 1 호 단서(각 1982. 12. 21. 법률 제3576호로 개정된 후 1990. 12. 31. 법률 제4281호로 개정되기 전의 것) 실지거래가액에 의할 경우를 그 실지거래가액에 의한 세액이 그 본문의 기준시가

1) 헌재 1999. 6. 24. 96헌바67.
2) 헌재 1989. 12. 18. 89헌마32등.
3) 헌재 1992. 4. 28. 90헌바24.
4) 헌재 1992. 12. 24. 90헌바21.
5) 헌재 1996. 12. 26. 94헌바1.
6) 헌재 1993. 5. 13. 91헌바17.
7) 헌재 1994. 6. 30. 93헌바9.
8) 헌재 1995. 7. 21. 92헌바27등.

에 의한 세액을 초과하는 경우까지를 포함하여 대통령령에 위임한 것으로 해석하는 것은 헌법에 위반된다는 것,[1] 구 조세감면규제법(1993. 12. 31. 법률 제4666호로 전부 개정된 것)의 시행에도 불구하고 구 조세감면규제법(1990. 12. 31. 법률 제4285호) 부칙 제23조가 실효되지 않은 것으로 해석하는 것은 헌법에 위반된다는 것[2] 등이 있다.

다음으로 다른 형태의 주문례[3]로는 민법 제764조(1958. 2. 22. 법률 제471호)의 "명예회복에 적당한 처분"에 사죄광고를 포함시키는 것은 헌법에 위반된다는 것,[4] 화재로 인한 재해보상과 보험가입에 관한 법률(1973. 2. 6. 법률 제2482호) 제5조의 "특수건물" 부분에 동법 제2조 제3호 가목 소정의 "4층 이상의 건물"을 포함시키는 것은 헌법에 위반된다는 것,[5] 조세감면규제법 부칙 제13조 및 제21조는 법인의 사업연도 중 이 법 시행일 이전의 당해 자본증가액의 잔존증가 소득공제기간에 대하여 적용하는 것은 헌법에 위반된다는 것,[6] 구 국세기본법 제39조 제2호(1993. 12. 31. 법률 제4672호로 개정되기 전의 것) 중 주주에 관한 부분은 "법인의 경영을 사실상 지배하는 자" 또는 "당해 법인의 발행주식총액의 100분의 51 이상의 주식에 관한 권리를 실질적으로 행사하는 자" 이외의 과점주주에 대하여 제2차 납세의무를 부담하게 하는 범위 내에서 헌법에 위반된다는 것,[7] 구 국세기본법(1974. 12. 21. 법률 제2679호로 제정되고, 1993. 12. 31. 법률 제4672호로 개정되기 전의 것) 제41조는 사업양수인으로 하여금 양수한 재산의 가액을 초과하여 제2차 납세의무를 지게 하는 범위 내에서 헌법에 위반된다는 것[8] 등이 있다.

(다) 헌법불합치선언 사례

헌법재판소법 제68조 제2항 헌법소원에 의하여 헌법불합치가 선언된 사례로는 토지초과이득세법(제정 1989. 12. 30. 법률 제4177호, 개정 1993. 6. 11. 법률 제4561호, 1993. 6. 11. 법률 제4563호),[9] 구 소득세법 제60조,[10] 민법 제1026조 제2호,[11] 도시계

1) 헌재 1995. 11. 30. 94헌바40등.
2) 헌재 2012. 5. 31. 2009헌바123등.
3) 헌법재판소는 종래 일부위헌으로 분류하고 있던 결정사례들을 1999. 9.부터는 한정위헌결정 사례로 분류하고, 심판통계상 일부위헌이라는 결정 분류방식을 폐기하였다.
4) 헌재 1991. 4. 1. 89헌마160.
5) 헌재 1991. 6. 3. 89헌마204.
6) 헌재 1995. 10. 26. 94헌바12.
7) 헌재 1997. 6. 26. 93헌바49등.
8) 헌재 1997. 11. 27. 95헌바38.
9) 헌재 1994. 7. 29. 92헌바49등.
10) 헌재 1995. 11. 30. 91헌바1등.

획법(1971. 1. 19. 법률 제2291호로 제정되어 1972. 12. 30. 법률 제2435호로 개정된 것) 제21조,[1] 한국방송공사법(1990. 8. 1. 법률 제4264호로 개정된 것) 제36조 제 1 항,[2] 도시계획법 제 4 조(1971. 1. 19. 제2291호로 전문개정되어 1991. 12. 14. 법률 제4427호로 최종 개정된 것)[3] 등이 있다.

㈑ 한정합헌선언 사례

헌법재판소법 제68조 제 2 항 헌법소원에 의하여 한정합헌이 선언된 주문례로는 “상속세법 제32조의2 제 1 항(1981. 12. 31. 법률 제3474호 개정)은 조세회피의 목적이 없는 실질소유자와 명의자를 다르게 등기 등을 한 경우에는 적용되지 아니하는 것으로 해석하는 한 헌법에 위반되지 아니한다.”는 것,[4] “개정 전 국가보안법(1980. 12. 31. 법률 제3318호) 제 9 조 제 2 항은 그 소정행위가 국가의 존립·안전을 위태롭게 하거나 자유민주적 기본질서에 위해를 줄 명백한 위험이 있는 경우에 한하여 적용된다고 할 것이므로 이러한 해석 하에 헌법에 위반되지 아니한다.”는 것,[5] “1. 1991. 5. 31. 개정 전 국가보안법 제 7 조 제 1 항, 제 3 항, 제 5 항 및 제 8 조 제 1 항은, 각 소정의 행위가 국가의 존립·안전이나 자유민주적 기본질서에 해악을 끼칠 명백한 위험이 있는 경우에 적용된다 할 것이므로, 그러한 해석 하에 헌법에 위반되지 아니한다. 2. 1991. 5. 31. 개정 후의 국가보안법 제 4 조 제 1 항 제 2 호 ‘나’목은 그 소정의 ‘군사상 기밀 또는 국가기밀’을 일반인에게 알려지지 아니한 것으로 그 내용이 누설되는 경우 국가의 안전에 명백한 위험을 초래한다고 볼 만큼의 실질가치를 지닌 사실, 물건 또는 지식이라고 해석하는 한 헌법에 위반하지 아니한다.”는 것,[6] “구 지방세법 제31조 제 2 항 제 3 호 단서(1991. 12. 14. 법률 제4415호로 개정되기 전의 것)는, 당해 재산의 소유 그 자체를 과세의 대상으로 하여 부과하는 지방세와 가산금에 한하여 적용되는 것으로 해석하는 한 헌법에 위반되지 아니한다.”는 것[7] 등이 있다.

11) 헌재 1998. 8. 27. 96헌바81등.
1) 헌재 1998. 12. 24. 89헌마214등.
2) 헌재 1999. 5. 27. 98헌바70.
3) 헌재 1999. 10. 21. 97헌바26.
4) 헌재 1989. 7. 21. 89헌마38.
5) 헌재 1992. 4. 14. 90헌바23.
6) 헌재 1997. 1. 16. 92헌바6등.
7) 헌재 2000. 7. 20. 98헌바91.

다. 종국결정의 효력

(1) 일반적 효력

헌법재판소법 제68조 제 2 항 헌법소원에서 내려진 인용결정(법률에 대한 위헌결정)의 효력은 위헌법률심판절차에서 내려진 위헌결정의 효력과 같다. 헌법재판소법 제75조 제 6 항은 위헌법률심판에서의 위헌결정의 범위 및 효력에 관한 헌법재판소법 제45조 및 제47조를 준용한다고 규정하고 있다. 따라서 이 헌법소원에서 내려진 위헌결정은 법원, 국가기관 등에 대해 기속력을 가지며, 위헌으로 결정된 법률은 결정이 있는 날부터 장래를 향하여 효력을 상실하고, 다만 형벌에 관한 법률은 소급하여 그 효력을 상실하고, 그 법률에 근거하여 유죄의 확정판결을 받은 사람은 재심을 청구할 수 있으며, 이때에는 형사소송법이 준용된다(헌재법 제75조 제 6 항, 제 7 항, 제 8 항).

(2) 당해사건에 대한 재심청구 및 그 범위

한편, 위헌법률심판절차와는 달리 헌법재판소법 제68조 제 2 항에 따른 헌법소원심판의 경우에는 당해사건에 대한 법원의 재판이 정지되지 않는다. 따라서 헌법재판소의 결정이 있기 전에 당해사건 재판이 확정될 수 있는데, 이러한 경우에도 위헌결정이 선고되면 당해사건 재판에서 패소한 청구인은 재심을 청구할 수 있다(헌재법 제75조 제 7 항). 대법원은 일부위헌결정 선고 전에 헌법소원의 전제가 된 해당 소송사건에서 이미 확정된 판결에 대해서 일부 위헌결정이 선고된 사정은 헌법재판소법 제75조 제 7 항에서 정한 재심사유가 된다고 하였다.[1)]

한편 위헌법률심판 제청신청인은 위헌법률심판 사건의 당사자라고 할 수 없으므로 위헌법률심판 사건에서 행하여진 재판에 대하여 재심을 청구할 수 있는 지위 내지 적격을 갖지 못한다고 하였다.[2)]

그리고 형사재판절차에서 청구인에게 적용된 형법 규정에 대하여 헌법재판소법 제68조 제 2 항에 의한 헌법소원심판을 청구한 후 유죄판결이 확정되고 청구인도 사망한 경우의 사건처리방법에 관하여, 헌법재판소는 "헌법소원심판을 청구할 당시의 전제되는 재판이 종료된 경우에도 헌법소원이 인용되면 헌법재판소법 제75조 제 7 항에 의하여 유죄의 확정판결에 대하여 재심을 청구할 수

1) 대법원 2020. 10. 29. 선고 2019다249589 판결; 대법원 2020. 12. 10. 선고 2020다205455 판결.
2) 헌재 2004. 9. 23. 2003헌아61.

있으므로 같은 법 제40조, 민사소송법 제211조 제 1 항에 따라 청구인의 사망 후에 재심을 청구할 수 있는 자는 헌법소원심판절차를 수계할 수 있다. 그러나 수계할 당사자가 없거나 수계의사가 없는 경우에는 청구인의 사망에 의하여 헌법소원심판절차는 원칙적으로 종료된다고 할 것이고, 다만 수계의사표시가 없는 경우에도 이미 결정을 할 수 있을 정도로 사건이 성숙되어 있고, 그 결정에 의하여 유죄판결의 흠이 제거될 수 있음이 명백한 경우 등 특별히 유죄판결을 받은 자의 이익을 위하여 결정의 필요성이 있다고 판단되는 때에 한하여 종국결정을 할 수 있다."고 판시하였다.[1)]

한편 헌법재판소는 헌법재판소법 제75조 제 7 항에 대한 위헌소원사건에서, "헌법재판소법 제75조 제 7 항은 확정판결이 근거로 하고 있는 법률에 대한 헌법재판소의 위헌결정이 있을 때에는, 이미 확정된 당해 소송사건에 관하여 재심을 청구할 수 있도록 하였다. 여기서 심판대상법조항의 '당해 헌법소원과 관련된 소송사건'이란, 문면상 당해 헌법소원의 전제가 된 당해 소송사건만을 가리키는 것이라고 볼 수밖에 없다(대법원 1993. 7. 27. 선고 92누13400 판결 참조). 재심은 확정판결에 대한 특별한 불복방법이고, 확정판결에 대한 법적 안정성의 요청은 미확정판결에 대한 그것보다 훨씬 크다고 할 것이므로 재심을 청구할 권리가 헌법 제27조에서 규정한 재판을 받을 권리에 당연히 포함된다고 할 수 없고, 심판대상법조항에 의한 재심청구의 혜택은 일정한 적법요건 하에 헌법재판소법 제68조 제 2 항에 의한 헌법소원을 청구하여 인용된 자에게는 누구에게나 일반적으로 인정되는 것이고, 헌법소원청구의 기회가 규범적으로 균등하게 보장되어 있기 때문에, 이 사건조항이 헌법재판소법 제68조 제 2 항에 의한 헌법소원을 청구하여 인용결정을 받지 않은 사람에게는 재심의 기회를 부여하지 않는다고 하여 청구인의 재판청구권이나 평등권, 재산권과 행복추구권을 침해하였다고는 볼 수는 없다. 따라서 헌법재판소법 제68조 제 2 항 규정에 의한 헌법소원이 인용된 경우에 당해 헌법소원의 전제가 되는 확정된 당해 소송사건의 당사자에게만 재심을 청구할 수 있도록 한 심판대상조항이 헌법에 위반된다고 할 수 없다."고 판시하였다.[2)]

1) 헌재 1994. 12. 29. 90헌바13.
2) 헌재 2000. 6. 29. 99헌바66등; 동지: 헌재 2021. 11. 25. 2020헌바401(헌법재판소법은 국가공권력에 의한 형벌권 행사를 초래하는 형벌법규에 대해 위헌결정을 선고한 경우는 소급효 및 재심을 통한 구제를 허용함으로써 국민의 권리구제 및 기본권 보호의 요청을 우선하도록 하였으나, 비형벌법규에 대한 위헌결정에 대해서는 법적 안정성의 이념을 우선하여 장래효를 원칙으로 하면서 위헌결정이 선고된 헌법소원사건의 당해 소송사건에 한해서 재심을 허용하고 있는데, 이러한 입

또한 헌법재판소법 제75조 제 6 항 중 '헌법재판소법 제68조 제 2 항에 따른 헌법소원을 인용하는 경우 제47조 제 2 항을 준용하는 부분'에 대한 위헌소원사건에서 "헌법재판소법 제47조 제 2 항은 비형벌법규에 대한 위헌결정의 장래효를 원칙으로 하고 있으나, 헌법재판소는 구체적 규범통제의 실효성을 보장할 필요가 있는 경우 또는 당사자의 권리구제를 위한 구체적 타당성의 요청이 현저한 반면 소급효를 인정해도 법적 안정성을 침해할 우려가 없는 경우에는 소급효를 인정하는 것이 위 조항의 근본취지에 반하지 않는다고 하여, 위 조항의 합리적 해석을 통해 비형벌법규에 대한 위헌결정의 소급효를 인정할 수 있음을 밝혔다. 대법원 역시 비형벌법규에 대한 위헌결정의 효력은 위헌제청을 한 당해사건, 위헌결정이 있기 전에 이와 동종의 위헌 여부에 관하여 헌법재판소에 위헌여부심판제청을 하였거나 법원에 위헌여부심판제청신청을 한 동종사건과 따로 위헌제청신청은 아니하였지만 당해 법률 또는 법률 조항이 재판의 전제가 되어 법원에 계속 중인 병행사건뿐만 아니라, 위헌결정 이후에 위와 같은 이유로 제소된 일반사건에도 미치지만, 법적 안정성의 유지나 당사자의 신뢰보호를 위하여 불가피한 경우에는 위헌결정의 소급효를 제한할 수 있다고 판단하였다(대법원 2005. 11. 10. 선고 2005두5628 판결 참조). 그렇다면 헌법재판소법 제47조 제 2 항은 비형벌법규에 대한 위헌결정의 장래효를 원칙으로 하면서 구체적 타당성이 강하게 요청되는 경우, 즉 앞서 헌법재판소와 대법원이 들고 있는 일정한 경우에는 해석을 통해 예외적으로 소급효를 인정하는 규정으로 이해할 수 있는데, 이는 입법자가 구체적 타당성 내지 정의의 요청과 법적 안정성 내지 신뢰보호의 요청을 종합적으로 고려하여 양자를 조화시키기 위해 입법형성권을 행사한 결과라고 볼 수 있으므로, 헌법재판소법 제47조 제 2 항을 준용하는 장래효조항이 입법형성권의 한계를 일탈하였다고 보기 어렵다."고 판시하였다.[1)]

헌재법 제75조에서 말하는 '헌법소원이 인용된 경우'에는 헌재법 제68조 제 2 항 헌법소원에서 헌법재판소가 한 단순 위헌결정은 물론 헌법불합치결정도 여기에 포함되고[2)] 한정위헌결정도 여기에 포함되는지에 관하여 대법원은 한정

법내용이 비상의 불복절차인 재심제도를 구성함에 있어 입법자에게 부여된 입법형성권의 한계를 일탈한 것이라고 보기 어려우므로 헌재법 제75조 제 7 항은 입법형성권의 한계를 일탈하여 재판청구권을 침해하지 아니한다고 하였다).

1) 헌재 2021. 11. 25. 2020헌바401.
2) 대법원 2006. 3. 9. 선고 2003재다262 판결.

위헌결정을 단순한 법률해석으로 보아 법원에 대한 기속력이 없기 때문에 재심청구를 할 수 있는 경우가 아니라고 하였으나,[1] 헌법재판소는 한정위헌결정도 헌재법 제47조 제 1 항에서 정한 기속력이 인정되는 '법률의 위헌결정'에 해당하고, 헌재법 제41조에 따른 위헌법률심판에서 한정위헌결정이 선고되는 경우뿐만 아니라 헌재법 제68조 제 2 항에 따른 헌법소원심판에서 법률의 위험이 확인되어 한정위헌결정의 형태로 인용되는 경우 그 결정은 법률에 대한 위헌결정으로 법원을 비롯한 모든 국가기관과 지방자치단체에 대하여 기속력이 인정된다고 하였다.[2]

8. 기 타

그 밖에 변호사강제주의(헌재법 제25조 제 3 항), 국선대리인제도(헌재법 제70조), 일사부재리(헌재법 제39조), 지정재판부의 사전심사(헌재법 제72조) 등 심리절차, 심판비용(헌재법 제37조) 등은 헌법재판소법 제68조 제 1 항의 헌법소원의 경우와 같다.

헌법재판소법 제68조 제 2 항에 따른 헌법소원의 경우 당해사건 재판이 정지되지 않으므로 재판의 전제성에서도 위헌법률심판과 다른 취급을 할 필요가 있다. 먼저 재판의 전제성 요건 중 구체적인 사건이 법원에 계속 중일 것이라는 요건이 경우에 따라 적용되지 않을 수 있다. 재판이 정지되지 않아 헌법재판소의 결정이 선고되기 전에 당해사건 판결이 선고·확정될 수 있기 때문이다. 그리고 당사자가 당해사건에서 승소하여 확정된 경우 헌법재판소가 위헌결정을 하더라도 당해사건 재판의 결론이나 주문에 아무런 영향을 미치지 않기 때문에 재판의 전제성이 소멸되는 경우도 있다.[3] 다만, 헌법재판소는 대법원이 긴급조치위반에 대한 재심청구 사건에서 무죄판결을 선고한 것과 관련하여, 법률과 같은 효력이 있는 유신헌법에 따른 긴급조치의 위헌 여부에 대한 심사권한은 본래 헌법재판소의 전속적 관할사항인 점, 법률과 같은 효력이 있는 규범인 긴급조치의 위헌 여부에 대해서는 헌법적 해명의 필요성이 있는 점, 당해사건의 대법원판결은 대세적 효력이 없는 데 비하여 형벌조항에 대한 헌법재판소의 위헌결정은 대세적 기속력을 가지고 유죄 확정판결에 대한 재심사유가 되는 점

1) 대법원 2001. 4. 27. 선고 95재다14 판결.
2) 헌재 2022. 6. 30. 2014헌마760등.
3) 헌재 2001. 6. 28. 2000헌바61; 헌재 2010. 2. 25. 2008헌바159.

등을 이유로 재판의 전제성을 인정한 바 있다.[1)]

그런데 헌법재판소는 헌법재판소법 제68조 제 2 항에 의한 헌법소원에 관한 헌법재판소의 결정에 대한 재심절차의 허용여부에 관하여, "헌법재판소법 제68조 제 2 항에 의한 헌법소원심판의 인용결정은 위헌법률심판의 경우와 마찬가지로 이른바 일반적 기속력과 대세적·법규적 효력을 가지는 것이고, 이러한 효력은 일반법원의 확정판결이 그 기속력이나 확정력에 있어서 원칙적으로 소송당사자에게만 한정하여 그 효력이 미치는 것과 크게 다르므로, 만약 헌법재판소법 제68조 제 2 항에 의한 헌법소원사건에서 선고된 헌법재판소의 결정에 대하여 재심에 의한 불복방법이 허용된다면, 종전에 헌법재판소의 위헌결정으로 효력이 상실된 법률 또는 법률조항이 재심절차에 의하여 그 결정이 취소되고 새로이 합헌결정이 선고되어 그 효력이 되살아날 수 있다거나 종래의 합헌결정이 후일 재심절차에 의하여 취소되고 새로이 위헌결정이 선고될 수 있는바, 이러한 결과는 그 문제된 법률 또는 법률조항과 관련되는 모든 국민의 법률관계에 이루 말할 수 없는 커다란 혼란을 초래하거나 그 법적 생활에 대한 불안을 가져오게 할 수도 있다. 결국 헌법재판소법 제68조 제 2 항에 의한 헌법소원사건에 관한 헌법재판소의 결정에 대하여는 재심을 허용하지 아니함으로써 얻을 수 있는 법적 안정성이 이익이 재심을 허용함으로써 얻을 수 있는 구체적 타당성의 이익보다 높기 때문에 사안의 성질상 재심을 허용할 수 없다."고 판시하였다.[2)]

한편, 헌법재판소법 제68조 제 2 항의 규정에 의한 헌법소원 심판청구를 할 때에는 법률이 위헌이라고 해석되는 이유를 구체적으로 기재하여야 한다(헌재법 제71조 제 2 항, 제43조 제 4 호 참조). 그런데 청구인이 해당 법률조항의 위헌성을 직접 다투는 것이라고는 볼 수 없고, 심판청구서에서 '위헌이라고 해석되는 이유'도 전혀 기재하지 않고 있는 경우라면, 이러한 심판청구는 결국 법률의 위헌 여부를 다투는 것이 아니므로 헌법재판소법 제68조 제 2 항에 따른 청구로서 부적법하다.[3)]

---

1) 헌재 2013. 3. 21. 2010헌바132등.

2) 헌재 1992. 6. 26. 90헌아1; 헌재 1992. 12. 8. 92헌아3. 이와 같은 논리는 헌법재판소법 제68조 제 1 항에 의한 법령소원의 경우에도 마찬가지라고 할 것이다(헌재 2004. 11. 23. 2004헌아47 지정부 결정; 헌재 2006. 9. 26. 2006헌아37 지정부 결정).

3) 헌재 2001. 3. 21. 99헌바107; 헌재 2009. 5. 12. 2009헌바65 등 참조.

제 3 장 권한쟁의심판

제 1 절 개 관

1. 권한쟁의심판제도의 의의

헌법은 헌법재판소가 '국가기관 상호간, 국가기관과 지방자치단체 간 및 지방자치단체 상호간의 권한쟁의에 관한 심판'을 관장한다고 규정하고 있다(헌법 제111조 제 1 항 제 4 호). 권한쟁의심판제도는 국가기관 사이나, 국가기관과 지방자치단체, 또는 지방자치단체 사이에 권한의 유무 또는 범위에 관하여 다툼이 발생한 경우에, 독립한 국가기관인 헌법재판소가 이를 심판하여 그 권한과 의무의 한계를 명확히 함으로써 국가기능의 원활한 수행을 도모하고, 권력 상호간의 견제와 균형을 유지시켜 헌법질서를 보호하려는 데 그 제도적 의의가 있다.[1] 우리 헌법상 헌법재판소가 관장하는 권한쟁의의 개념에는 동일한 법 주체 내의 기관 간의 권한분쟁을 다루는 기관소송과 위와 같은 공법인 간의 권한에 관한 다툼이 포함된다(헌법 제111조 제 1 항 제 4 호, 헌재법 제 2 조 제 4 호).

권한쟁의제도는 19세기 독일의 국사(國事)재판소의 심판절차에 그 연원을 두고 있으며 그것은 원래 정부 및 의회 간의 다툼을 중립적 헌법수호자인 헌법재판소가 헌법상 권력분립제도의 취지에 따라 해결하는 장치를 의미하였다. 이러한 의미에서 기관소송은 최고 국가기관 간의 의견차이로 다툼이 발생한 경우 헌법해석을 통하여 분쟁을 해결함으로써 정치적 평화에 기여하고 정치적 통일을 확보하는 데 제도적 의의가 있었다. 그러나 의회와 정부가 다수당에 의해 통합되는 정당국가적 경향이 진전됨에 따라 의회의 정부에 대한 통제기능이 약화되고 권력의 통제 및 견제의 메커니즘이 여당과 야당의 구도로 변하게 되자, 권한쟁의제도는 정치과정에서 소수파가 다수파의 월권적 행위를 헌법적 원리에 의해

1) 헌재 1995. 2. 23. 90헌라1; 동지: 헌재 2011. 8. 30. 2011헌라1.

통제할 수 있는 장치로서의 기능도 갖게 되었다. 이에 더하여 지방자치단체의 입장에서 권한쟁의심판제도는 중앙정부로부터 지방자치단체를 보호하고, 지방자치단체 사이의 분쟁과 갈등을 해결함으로써 지방자치제도를 실현하는 역할을 하고 있다.[1)]

우리 헌법상 권한쟁의심판제도는 1960년 제 2 공화국 헌법에서 처음 규정되었는데, 국가기관 간의 권한쟁의심판을 헌법재판소의 관장사항으로 하고 있었으나 제 2 공화국의 단명으로 인해서 헌법재판소는 설치되지 못한 채 권한쟁의심판제도는 실현되지 못하였다. 그 후의 헌법에서는 권한쟁의심판제도를 규정하지 않다가 현행헌법에서 위 제 2 공화국 헌법보다 심판범위를 확대한 위와 같은 규정을 두고 있다.

2. 권한쟁의심판제도의 특징

우리 헌법상 권한쟁의심판제도는 다음과 같은 특징을 갖는다.[2)]

첫째, 헌법재판소가 관장하는 권한쟁의심판에는 국가기관 간의 권한분쟁인 이른바 기관소송의 유형뿐 아니라, 상이한 법주체인 국가기관과 지방자치단체 간 및 지방자치단체 상호간의 권한쟁의도 포함된다. 이와 관련하여 권한쟁의의 당사자가 될 수 있는 자격이 권한쟁의의 유형과 함께 논란된다.

둘째, 권한쟁의의 대상이 되는 법적 분쟁은 헌법상의 분쟁뿐 아니라 비헌법상의 공법적 분쟁도 포함하는 것으로 규정되고 있다(헌재법 제61조 제 2 항). 이 점에서 현행법상의 권한쟁의제도는 법률상의 분쟁을 포함하지 않는 독일의 기관소송(권한쟁의)과는 다르고 스페인이나 이태리의 권한쟁의제도와 유사하다고 할 수 있다(스페인의 권한쟁의심판제도는 헌법뿐 아니라 법률에 정한 권한의 충돌에 대하여도 권한쟁의의 대상으로 하고 있으며, 이태리에서도 권한쟁의의 결정에 기준이 되는 것은 헌법에 국한하지 않고 헌법을 집행하는 법률, 헌법에 따른 중요한 조직법률, 지역자치단체의 법규약에 대한 집행법률, 지역자치단체에 사무를 이양하는 국가의 위임법률 등도 포함된다). 따라서 헌법재판소의 권한쟁의심판은 일반법원의 행정소송 관할권과의 중복을 가져오게 된다.

셋째, 권한쟁의심판에서 논의되는 '권한'(Kompetenz)이란 일반적인 주관적 권

---

1) 실무제요, 458면.
2) 실무제요, 458면.

리의무가 아니라 국가나 지방자치단체 등 공법인 또는 그 기관이 헌법 또는 법률에 의하여 부여되는 법적으로 유효한 행위를 할 수 있는 능력 또는 그 범위를 말하며,[1] 그 귀속주체는 이를 임의로 처분하거나 포기할 수 없다. 이것은 한편에서 보면 적극적 권능으로서의 능력을 의미하나 그 반면을 보면 직무상 의무의 범위를 지칭하게 된다. 이러한 권한 내지 관할권은 권력분립적 견제와 균형을 도모하면서 국가의 기능질서를 확보하기 위해 각 국가기관에 분배된 독자적인 활동 및 결정영역을 의미하고, 이러한 분배는 객관적 법규범에 의해 이루어지게 된다. 따라서 권한쟁의는 이른바 객관소송으로서의 특징을 가지며, 이 특징은 권한쟁의의 심판청구요건이나 심판의 이익을 판단하는 데 중요한 의미를 갖는다. 헌법재판소법은 '권한의 유무 또는 범위에 관하여 다툼이 있을 때'(제61조 제 1 항) 및 '헌법 또는 법률에 의하여 부여받은 청구인의 권한을 침해하였거나 침해할 현저한 위험이 있는 경우'(제61조 제 2 항) 권한쟁의가 허용되는 것으로 규정하고 있지만, 객관소송에서 주장되는 권한침해는 소송을 위해 주관적인 것으로 의제된 권한이라고 생각된다.

넷째, 이러한 권한쟁의심판은 헌법재판소의 원칙적이고 포괄적인 관할로 하고 있다는 점이다(헌법 제111조 제 1 항 제 4 호, 헌재법 제 2 조 제 4 호, 제62조). 법원에 의한 일차적 권리구제를 요구하여 보충성 요건을 둔 헌법소원심판과는 달리, 권한쟁의 심판사항과 중첩될 여지가 많은 기관소송에 관하여, 헌법재판소의 관장사항으로 되는 소송을 기관소송사항에서 제외함으로써 권한쟁의에 관한 한 헌법재판소에 원칙적이고 포괄적인 관할권을 인정하고 있다(행소법 제 3 조 제 4 호).

제 2 절 권한쟁의심판의 종류와 당사자

1. 개 설

우리 헌법과 헌법재판소법상의 권한쟁의심판에는 첫째로, 동일한 법 주체 내부의 기관 상호간의 권한분쟁으로서 본래의 의미의 기관소송이 있다. 여기에는 국가기관 상호간의 권한분쟁과 지방자치단체 내의 기관 상호간의 권한분쟁이 포함되

1) 헌재 2010. 12. 28. 2009헌라2; 헌재 2011. 8. 30. 2011헌라1.

는데, 전자는 헌법재판소의 관할로, 후자는 지방자치법상 대법원의 관할로 규정되고 있다. 둘째로는 국가(기관)와 지방자치단체 간의 권한분쟁이 있고, 셋째로 상이한 지방자치단체 간의 권한분쟁이 포함된다.

법인격이 인정되는 국가와 지방자치단체 간, 또는 지방자치단체 상호간의 권한쟁의에서 각 주체가 권한쟁의의 당사자가 될 수 있음은 물론이다. 법인격의 주체는 당연히 소송에서의 당사자능력도 갖는 것이기 때문이다. 그러나 동일한 법 주체 내의 기관 상호간의 법적 분쟁을 다루는 기관소송에 있어서는 국가기관 자체가 법인격을 갖는 것은 아니지만 당사자능력을 인정받는다는 점에 주목을 요한다.

2. 국가기관 상호간의 권한쟁의

가. 의 의

헌법재판소법 제62조 제 1 항 제 1 호는 국가기관 간의 권한쟁의를 "국회, 정부, 법원 및 중앙선거관리위원회 상호간의 권한쟁의"로 규정하고 있다. 이것은 본래의 의미에서 기관소송의 유형에 해당하는 것인데, 국가의 기능을 상이한 기관에 분장시켜 기능을 배분함으로써 생길 수 있는 기관과의 부조화를 해소하여 국가의 행위능력과 기능질서를 확보하는 측면과 함께 국가권력의 견제와 균형에 의해 기본권을 보장한다는 헌법상 권력분립원칙을 실현하는 의미를 갖는다.[1)]

나. 독일에서의 당사자범위의 확장

국가기관이 기관쟁의에서 당사자능력을 인정받고, 그 범위가 확대된 과정은 주목을 요한다. 원래 기관소송은 국왕과 의회 간의 관계에서 헌법을 보호하려는 장치로 시작한 것이어서 독일의 예를 보더라도 바이마르공화국 이전에는 주로 국회와 정부만이 기관소송을 제기할 수 있었다. 그러나 국가의사 형성과정에서 차지하는 비중이 미미해 권한쟁의의 당사자능력이 부인되었던 다른 국가기

---

1) 법률안변칙처리 사건. 헌재 1997. 7. 16. 96헌라2(국가기관 상호간의 권한쟁의심판은 헌법상의 국가기관 상호간에 권한의 존부나 범위에 관한 다툼이 있고 이를 해결할 수 있는 적당한 기관이나 방법이 없는 경우에 헌법재판소가 헌법해석을 통하여 그 분쟁을 해결함으로써 국가기능의 원활한 수행을 도모하고 국가권력 간의 균형을 유지하여 헌법질서를 수호·유지하고자 하는 제도라고 판시하였다).

관도 정치·경제의 상황변화에 따라 그 국가내의 역할이 점차 증대되고 그 지위가 다른 국가기관과 대등해져 권한에 관한 다툼을 일으키게 되었음에도, 그에 관한 정치적인 해결이 불가능하여 헌법재판에 의한 해결의 길을 열어주기 위하여 당사자능력을 인정하는 범위가 확대되게 되었다.

독일의 경우를 보면 연방의 **최고국가기관**(연방 대통령·연방 의회·연방 참사원·연방 정부·연방 양원합동위원회·공동위원회)뿐만 아니라 헌법이나 연방 최고기관의 직무규칙에 의해 독자적인 권리를 부여받는 그 밖의 **부분기관**(연방 국회의장·연방 국회의원·연방 수상·연방 장관·교섭단체 등)도 기관소송의 당사자능력이 인정되고 있다.

이러한 과정에서 특히 논란이 된 것은 국가조직의 일부라고 생각될 수 없는 **정당**에 대하여도 당사자능력을 인정할 것인가 하는 문제였다. 의회주의와 민주주의가 발전되는 과정에서 정당국가적 성향이 강해짐에 따라 입법과정에서 무시될 수 있는 소수자를 기관소송에 의해 보호할 필요가 생기게 되었고, 그에 따라 점차 의회 내 소수세력과 정당에게도 권한쟁의의 당사자능력을 인정하여야 할 필요가 커지게 되었다. 이러한 이유 때문에 독일 연방헌법재판소는 설립초기부터 정당국가 이론의 영향을 받아 정당이 헌법적 기능과 역할을 수행하는 범위 내에서 그의 당사자능력을 인정하여 왔다. 다만 정당은 **적극적 당사자**로서 기관쟁의를 제기할 수 있을 뿐, 기관쟁의의 **상대방**이 될 수는 없다.

이렇게 **정당**이나 **교섭단체**에 당사자능력이 인정된다는 것은 소수파가 권한쟁의에 의해 다수파의 전횡을 견제하게 하는 방도를 마련하고, 정치적 문제라 할지라도 헌법의 해석에 의해 해결될 수 있는 경우에는 이를 모두 헌법소송화하는 가능성을 열어 준다는 데 큰 의미를 갖는다고 할 수 있다. 예컨대 독일에서는 1976년 연방의회 선거를 앞두고 연방정부가 그 동안 정부의 업적을 대대적으로 홍보하자 야당이었던 기독교민주당은 그것이 집권당을 위한 선거운동이 되므로 선거에서의 기회균등을 위반하였다고 주장하면서 기관쟁의를 제기하였는데, 연방헌법재판소는 연방정부가 각종 매체를 통해 선거운동에 참여한 행위와 그를 연방의 예산을 사용한 것은 선거에 있어서 기회균등의 원칙을 위반한 것이라고 판시한 바 있다.[1)]

1) 구 실무제요(제 2 개정판), 403, 404면.

다. 권한쟁의의 당사자인 '국가기관'의 해당 기준 및 범위

헌법재판소법 제62조 제 1 항 제 1 호는 권한쟁의의 당사자가 될 수 있는 국가기관으로서 "국회, 정부, 법원 및 중앙선거관리위원회"만이 규정되어 있다. 이 규정이 한정적 열거인가 예시적인 열거인가에 관하여 논란이 있었고, 헌법재판소는 국회의원과 국회의장 간의 권한쟁의 사건에서, "여기서 **열거되지 아니한** 기관이나 또는 **열거된 국가기관 내의 각급기관**은 비록 그들이 공권적 처분을 할 수 있는 지위에 있을지라도 권한쟁의심판의 대상이 되지 않는다고 볼 수밖에 없다."라고 판시하여 **당사자능력의 범위**를 엄격하게 **축소**한 바 있었다.[1)]

그러나 헌법재판소는 헌재 1997. 7. 16. 96헌라2 국회의원과 국회의장 간의 권한쟁의 사건에서, 헌법재판소법 제62조 제 1 항 제 1 호를 한정적, 열거적인 조항이 아니라 **예시적인 조항**으로 해석하는 것이 헌법에 합치된다고 판시함으로써 종전의 입장을 변경하고 **당사자의 범위**를 크게 **확대**하였다. 이 결정에서 헌법재판소는 "헌법 제111조 제 1 항 제 4 호 소정의 '국가기관'에 해당하는지 아닌지를 판별함에 있어서는 그 국가기관이 헌법에 의하여 설치되고[2)] 헌법과 법률에 의하여 독자적인 권한을 부여받고 있는지 여부, 헌법에 의하여 설치된 국가기관 상호간의 권한쟁의를 해결할 수 있는 적당한 기관이나 방법이 있는지 여부 등을 종합적으로 고려하여" 판단해야 한다고 그 **기준**을 **제시**하고 있다.[3)] 위 결정에 의하면 여기서 국가기관은 그 설립이 헌법에 근거하는 것이어야 하고, 그 기관은 공권력을 담당, 행사하는 지위를 가져야 한다고 생각된다. 또한 헌법재판소는 "권한쟁의심판의 당사자능력을 법률에 의하여 설치된 국가기관으로까지 넓게 인정한다면 이는 헌법해석을 통하여 중요한 헌법상의 문제를 심판하는 헌법수호기관으로서의 헌법재판소의 지위와 기능에도 맞지 아니하고 헌법재판

1) 헌재 1995. 2. 23. 90헌라1.

2) 헌법재판소는 이 기준에 따라 헌법상의 설치근거 없이 오로지 법률에 의해 설치된 국가인권위원회의 권한쟁의심판의 당사자능력을 부인하였다. 헌재 2010. 10. 28. 2009헌라6 참조. 이에 대해서는 헌법 제111조 제 1 항 제 4 호가 '헌법기관'이라고 표현하고 있지 아니하고 '국가기관'이라고 표현하고 있는 점, 비록 법률에 의해 설치된 국가기관이라고 할지라도 그 권한 및 존립의 근거가 헌법에서 유래하여 헌법적 위상을 가진다고 볼 수 있는 독립적 국가기관으로서 달리 권한침해를 다툴 방법이 없는 경우에는 헌법재판소에 의한 권한쟁의심판이 허용된다고 보아야 하는 점 등에 비추어 국가인권위원회의 경우에도 권한쟁의심판청구의 당사자능력을 인정하여야 한다는 재판관 3명의 소수의견이 있다.

3) 헌재 1997. 7. 16. 96헌라2; 헌재 2010. 10. 28. 2009헌라6; 헌재 2020. 5. 27. 2019헌라4; 헌재 2022. 12. 22. 2022헌라5; 헌재 2023. 12. 21. 2023헌라1.

소와 법원의 관할을 나누어 놓고 있는 헌법체계에도 반한다. 행정소송법상 기관소송이 그 관할범위가 협소하여 국가기관의 권한분쟁에 대한 해결수단으로 미흡하다면, 이는 입법적으로 기관소송의 범위를 확대하는 등의 방법으로 해결해야 할 것이다"라고 판시하였다.[1)]

그리고 국회나 정부와 같이 일체적 권한을 행사하는 전체기관뿐 아니라 그 **부분기관**이라 할지라도 상대 당사자와의 관계에서 독자적인 지위를 인정해 줄 필요가 있는 경우에는 당사자능력이 인정될 수 있다. 다만 보조기관에 불과하거나 독자적 지위가 인정될 수 없는 경우에는 당사자능력이 부인된다.

위 기준에 의한다면 우선 **국가기관**인 국회,[2)] 국회의장[3)](헌법 제48조), 국회의원(헌법 제41조 제 1 항), 국회의 각 위원회(헌법 제62조), 상임위원회 위원장,[4)] 특별위원회 위원장[5)] 등이 독립한 헌법기관으로서 당사자능력을 가질 수 있다.[6)] 그러나 국회법 제57조에 근거한 **소위원회**는 위원회의 부분기관에 불과하여 헌법에 의하여 설치된 국가기관에 해당하지 아니한다.

헌법은 권한쟁의심판청구의 당사자로 **교섭단체**에 대해서 규정하고 있지 않고 국회의원들이 교섭단체를 구성하여 활동하는 것까지 예정하고 있지 아니한 바, 교섭단체의 권한 침해는 교섭단체에 속한 국회의원 개개인의 심의·표결권 등 권한 침해로 이어질 가능성이 높아 국회의원과 국회의장 등 사이의 권한쟁의심판으로 해결할 수 있으므로 교섭단체는 그 권한침해를 이유로 권한쟁의심

1) 헌재 2010. 10. 28. 2009헌라6; 헌재 2023. 12. 21. 2023헌라1 참조.

2) 전체로서의 국회가 당사자로 된 것은 헌재 2005. 12. 22. 2004헌라3과 같이 규범통제적 권한쟁의 심판의 피청구인으로서이다.

3) 헌법재판소는 국회부의장은 국회의장의 위임에 따라 그 직무를 대리하여 법률안 가결선포행위를 할 수 있을 뿐, 법률안 가결선포행위에 따른 법적 책임을 지는 주체가 될 수 없으므로 국회의장만이 권한쟁의심판청구의 피청구인적격을 가지고, 국회부의장은 권한쟁의심판청구의 피청구인 적격이 인정되지 아니한다고 하였다. 헌재 1997. 7. 16. 96헌라2; 헌재 2000. 2. 24. 99헌라1; 헌재 2009. 10. 29. 2009헌라8등; 헌재 2011. 8. 30. 2009헌라7.

4) 헌재 2010. 12. 28. 2008헌라7(헌법재판소는 피청구인 외통위 위원장은 외통위 의사절차의 주재자로서 질서유지권, 의사정리권의 귀속주체이므로 피청구인적격이 있다고 인정한 반면에, 국회상임위원회가 그 소관에 속하는 의안, 청원 등을 심사하는 권한은 법률상 부여된 위원회의 고유한 권한이므로, 국회 상임위원회 위원장이 위원회를 대표해서 의안을 심사하는 권한이 국회의장으로부터 위임된 것을 전제로 한 국회의장에 대한 심판청구는 피청구인적격이 없는 자를 상대로 한 청구로서 부적법하다고 하였다); 헌재 2023. 10. 26. 2023헌라2(피청구인 국회 과학기술정보통신위원회 위원장); 헌재 2023. 10. 26. 2023헌라3(피청구인 국회 환경노동위원회 위원장).

5) 헌재 2020. 5. 27. 2019헌라3등; 헌재 2020. 5. 27. 2019헌라5.

6) 헌재 1997. 7. 16. 96헌라2; 헌재 1998. 7. 14. 98헌라3; 헌재 2000. 2. 24. 99헌라1; 헌재 2003. 10. 30. 2002헌라1; 헌재 2006. 2. 23. 2005헌라6; 헌재 2011. 8. 30. 2009헌라7에서도 국회의원이나 국회의장은 권한쟁의심판의 당사자가 될 수 있는 국가기관에 해당한다고 판시하였다.

판을 청구할 수 없다.[1)]

그런데 청구인 국회가 대통령권한대행을 피청구인으로 한 권한쟁의 심판사건(2025헌라1 사건)에서 국회 본회의의 의결을 거치지 아니하고 국회의장이 국회의 대표자로서 국회의 이름으로 권한쟁의심판청구를 할 수 있는지가 쟁점화되었다. 위 사건의 대리인이었던 저자는 국회의 권한은 국회 내의 의결을 통하여 외부기관과의 관계에서 행사될 수 있는 것이므로 국회가 권한쟁의심판을 청구하기 위해서는 국회 본회의의 의결을 거쳐야 하는바 국회 본회의의 의결을 거치지 아니하고 국회의장이 직권으로 국회의 이름으로 청구한 이 사건 권한쟁의심판청구는 헌법, 국회법 등 소송법규에 합치하지 아니한 하자있는 소송행위로서 무효이므로 부적법하여 각하되어야 한다고 주장하였는데 이에 대한 헌법재판소의 판단이 어떠할지 주목되었다. 그런데 헌법재판소는 2025헌라1 국회와 대통령 간의 권한쟁의 사건에서, 5인의 의견은 국회의장은 그 대표권에 기하여 청구인의 권한이 침해받고 있는 데에 대한 방어적 행위로서 해당 국가기관을 상대로 권한쟁의심판을 청구할 수 있고, 권한쟁의심판을 청구하기 위한 별도의 본회의 의결은 필요하지 않다고 하였고, 3인의 의견은 국회가 헌법상 권한행사로서 다른 헌법상 국가기관 등을 상대로 권한쟁의심판을 청구하기 위해서는 본회의 의결을 거쳐야 하고, 그러한 절차 없이 당사자가 되어 권한쟁의심판을 청구하는 것은 부적법하다고 하였다.[2)] 그러나 종래에도 국회가 권한쟁의심판의 피청구인이 되는 경우에는 그 대표자인 국회의장이 국회본회의의 의결 없이도 국회의 이름으로 소송행위를 할 수 있는 피청구인 적격이 있나고 보았다.[3)]

국가기관인 정부로서는 전체로서의 정부[4)]뿐 아니라 그 부분기관으로서 대통령(헌법 제66조),[5)] 국무총리(헌법 제86조), 국무회의(헌법 제88조) 및 국무위원(헌법 제87

---

1) 헌재 2020. 5. 27. 2019헌라6등.

2) 헌재 2025. 2. 27. 2025헌라1.

3) 헌재 2005. 12. 22. 2004헌라3; 헌재 2006. 5. 25. 2005헌라4; 헌재 2008. 6. 26. 2007헌라7; 헌재 2010. 10. 28. 2007헌라4; 헌재 2023. 3. 23. 2022헌라4 등.

4) 전체로서의 정부가 당사자로 된 사건으로는 법률안제출행위가 심판대상이 되었던 헌재 2005. 12. 22. 2004헌라3 사건이 있다. 헌법 제52조와 제53조는 입법절차에 관하여 '정부'와 '대통령'을 구분하고 있다. 이에 의하면 법률안제출권한은 '정부'에 속하고, 법률안 공포 및 환부의 권한은 '대통령'에 속한다. 이와 같이 정부의 부분기관이 아니라 전체로서의 정부에 속하는 권한이 문제되는 경우에는 정부가 당사자가 되어야 한다. 법률안제출권한 외에 이러한 예로는 예산안 편성 등 예산에 관한 정부의 권한(헌법 제54조 내지 57조)이 있다. 정부가 당사자인 때에는 법무부장관이 정부를 대표한다(헌재법 제25조 제 1 항)(김하열, 643면).

5) 대통령이 당사자가 된 사건으로는, 국회의원과의 사이에서 당사자가 된 98헌라1, 2005헌라8,

조), 행정각부의 장(헌법 제94조)[1] 등이 독립한 헌법기관으로서 당사자능력을 가질 수 있다. 다만 이 같은 정부 내 기관들 간의 권한분쟁은 위계적 행정조직의 상명하복관계에 따라 상급기관에 의해 조정되게 되고, 최종적으로 국무회의의 조정에 의하거나 대통령에 의해 자체적으로 해결될 수 있는 경우에는 권한쟁의가 허용될 수 없을 것이다. 따라서 국가인권위원회법에 의하여 설립된 **국가인권위원회**는 헌법 제111조 제 1 항 제 4 호 소정의 국가기관에 해당한다고 볼 수 없다.[2] 그러므로 이들 **부분기관**들이 권한쟁의를 제기할 수 있는 경우란 주로 그들이 국회나 지방자치단체 등과의 **대외적** 관계에서 권한의 다툼이 있는 경우와 그들 상호간이라고 하더라도 **대외적**으로 이해관계를 가질 수 있고, 상호간 **독자적** 지위가 인정되는 경우에 한한다고 하여야 할 것이다. 헌법재판소는 **국회의원**과 법원 간의 권한쟁의 사건에서, 국가기관의 행위라 할지라도 헌법과 법률에 의해 그 국가기관에게 부여된 **독자적인 권능**을 행사하는 경우가 아닌 때에는 비록 그 행위가 제한을 받더라도 권한쟁의심판에서 말하는 권한이 침해될 가능성은 없는바, 특정정보를 인터넷 홈페이지에 게시하거나 언론에 알리는 것과 같은 행위는 헌법과 법률이 특별히 국회의원에게 부여한 국회의원의 독자적인 권능이라고 할 수 없고, 국회의원 이외의 다른 국가기관은 물론 일반 개인들도 누구든지 할 수 있는 행위로서, 그러한 행위가 제한된다고 해서 국회의원의 권한이 침해될 가능성은 없다고 하였다.[3]

헌법재판소는 국회 행정안전위원회 제천화재관련평가소위원회 위원장에게 권한쟁의심판의 청구인능력이 인정되는지 여부에 관하여, "헌법 제62조는 '국회의 소위원회'를 명시하지 않고 있는 점, 국회법 제57조에 따르면 소위원회는 위원회의 의결에 따라 그 설치·폐지 및 권한이 결정될 뿐인 위원회의 부분기관에

2006헌라5 사건 외에도, 서울특별시 강남구가 청구인이 되어 대통령령에 의한 지방자치권한 침해 여부를 다툰 사건(헌재 2002. 10. 31. 2001헌라1)이 있다.

1) 행정각부의 장이 당사자가 된 사건에는, 지방자치단체가 청구인이 되어 중앙정부로부터의 권한 침해를 다툰 사건들이 많았다(헌재 2001. 10. 25. 2000헌라3; 헌재 2002. 10. 31. 2002헌라2; 헌재 2006. 3. 30. 2003헌라2; 헌재 2006. 3. 30. 2005헌라1; 헌재 2005. 12. 22. 2005헌라5; 헌재 2007. 3. 29. 2006헌라7; 헌재 2009. 5. 28. 2006헌라6 등).

2) 헌재 2010. 10. 28. 2009헌라6에서 헌법재판소는 국가인권위원회는 중앙행정기관에 해당하고 타부처와의 갈등이 생길 우려가 있는 경우에는 대통령의 명을 받아 행정각부를 통할하는 국무총리나 대통령에 의해 분쟁이 해결될 수 있고, 국가인권위원회의 대표자가 국무회의에 출석해 국무위원들과 토론을 통하여 문제를 해결할 수 있는 점에 비추어서도 '국가기관'에 해당한다고 보기 어렵다고 하였다. 3인의 반대의견 있음.

3) 헌재 2010. 7. 29. 2010헌라1.

불과한 점 등을 종합하면, **소위원회 및 그 위원장**은 헌법에 의하여 설치된 국가기관에 해당한다고 볼 수 없다. 또한, 소위원회 위원장이 그 소위원회를 설치한 위원회의 위원장과의 관계에서 어떠한 법률상 권한을 가진다고 보기도 어렵고, 위원회와 그 부분기관인 소위원회 사이의 쟁의 또는 위원회 위원장과 소속 소위원회 위원장과의 쟁의가 발생하더라도 이는 위원회에서 해결될 수 있으므로, 이러한 쟁의를 해결할 적당한 기관이나 방법이 없다고 할 수도 없다. 따라서 소위원회 위원장은 헌법 제111조 제 1 항 제 4 호 및 헌법재판소법 제62조 제 1 항 제 1 호의 '국가기관'에 해당한다고 볼 수 없다."고 판시하였고,[1] 국회법 제57조의2에 근거한 **안건조정위원회 위원장**은 국회법상 소위원회의 위원장으로서 헌법 제111조 제 1 항 제 4 호 및 헌법재판소법 제62조 제 1 항 제 1 호의 '국가기관'에 해당한다고 볼 수 없으므로, 청구인들의 피청구인 조정위원장의 가결선포행위에 대한 청구는 권한쟁의심판의 당사자가 될 수 없는 피청구인을 대상으로 하는 청구로서 부적법하다고 하였다.[2]

헌법재판소는, 헌법은 권한쟁의심판청구의 당사자로 교섭단체에 대해서 규정하고 있지 않고 국회의원들이 교섭단체를 구성하여 활동하는 것까지 예정하고 있지 아니한바, 교섭단체의 권한 침해는 교섭단체에 속한 국회의원 개개인의 심의·표결권 등 권한 침해로 이어질 가능성이 높아 국회의원과 국회의장 등 사이의 권한쟁의심판으로 해결할 수 있으므로, **교섭단체**는 그 권한침해를 이유로 권한쟁의심판을 청구할 수 없다고 하였고,[3] **교섭단체 대표 의원**이 권한쟁의심판의 당사자능력이 있는지 여부에 관하여, "헌법은 국회의원들이 교섭단체 대표의원을 정하여 이를 통해 일정한 권한을 행사할 것을 예정하지 않고 있으며, 교섭단체 대표의원이 가지는 국회법상 권한이 국회의원으로서의 권한과 구분되는 독자적인 권한에 해당하는 것도 아니다. 따라서 교섭단체 대표의원은 헌법 제111조 제 1 항 제 4 호 및 헌법재판소법 제62조 제 1 항 제 1 호의 '국가기관'에 해당한다고 볼 수 없으므로, 권한쟁의심판의 당사자능력이 인정되지 아니한다"고 판시하였다.[4]

또한 헌법재판소는 **법무부장관과 검사**들은 헌법과 법률에 의해 독자적인 권

1) 헌재 2020. 5. 27. 2019헌라4.
2) 헌재 2020. 5. 27. 2019헌라5.
3) 헌재 2020. 5. 27. 2019헌라6등.
4) 헌재 2023. 9. 26. 2020헌라2.

한을 부여받고 있으므로 권한쟁의심판에서 일반적인 당사자능력이 인정된다고 하고,[1] **국가경찰위원회**에게 권한쟁의심판의 당사자능력이 인정되는지 여부에 관하여 "국회가 제정한 경찰법에 의하여 비로소 설립된 청구인은 국회의 경찰법 개정행위에 의하여 존폐 및 권한범위 등이 좌우되므로, 헌법 제111조 제 1 항 제 4 호 소정의 헌법에 의하여 설치된 국가기관에 해당한다고 할 수 없다. 국가경찰위원회 제도를 채택하느냐의 문제는 우리나라 치안여건의 실정이나 경찰권에 대한 민주적 통제의 필요성 등과 관련하여 입법 정책적으로 결정되어야 할 사항이다. 정부조직법상 합의제 행정기관을 포함한 정부의 부분기관 사이의 권한에 관한 다툼은 정부조직법상의 상하 위계질서나 국무회의, 대통령에 의한 조정 등을 통하여 자체적으로 해결될 가능성이 있고 청구인의 경우도 정부 내의 상하관계에 의한 권한질서에 의하여 권한쟁의를 해결하는 것이 불가능하지 않다. 따라서 권한쟁의심판의 당사자능력은 헌법에 의하여 설치된 국가기관에 한정하여 인정하는 것이 타당하므로, 법률에 의하여 설치된 청구인에게는 권한쟁의심판의 당사자능력이 인정되지 아니한다"고 판시하였고,[2] **문화재청 및 문화재청장**에게 권한쟁의심판의 당사자능력이 인정되는지 여부에 관하여, "문화재청 및 문화재청장은 정부조직법 제36조 제 3 항, 제 4 항에 의하여 행정각부 장의 하나인 문화체육관광부장관 소속으로 설치된 기관 및 기관장으로서, 오로지 법률에 그 설치 근거를 두고 있으며 그 결과 국회의 입법행위에 의하여 그 존폐 및 권한범위가 결정된다. 따라서 이 사건 피청구인인 문화재청장은 '헌법에 의하여 설치되고 헌법과 법률에 의하여 독자적인 권한을 부여받은 국가기관'이라고 할 수 없으므로, 법률에 의하여 설치된 피청구인에게는 권한쟁의심판의 당사자능력이 인정되지 아니한다"고 판시하였다.[3]

권한쟁의심판에 있어서 심판자가 되는 **헌법재판소**는 자신이 관련된 분쟁을 스스로 결정할 수 없다는 절차적 정의의 원칙상 권한쟁의의 당사자가 될 수 없다.[4]

그 밖에 행정부에 소속되나 직무상 독립성이 보장되는 **감사원**[5]의 경우에는

1) 헌재 2023. 3. 23. 2022헌라4.
2) 헌재 2022. 12. 22. 2022헌라5.
3) 헌재 2023. 12. 21. 2023헌라1.
4) 헌재 1995. 2. 23. 90헌라1. 동지: 김하열, 644면; 허영, 326면; 성낙인, 354면. 헌법재판소법 제62조 제 1 항 제 1 호의 권한쟁의심판 당사자를 예시적인 것으로 해석하는 판례 변경(헌재 1997. 7. 16. 96헌라2)을 하였으므로 당사자가 될 수 없다고 한 헌법재판소의 종전의 입장이 현재까지 유지되고 있는지는 명확하지 않다는 견해도 있다(실무제요, 463면).
5) 감사원이 당사자로 된 사건으로는 감사원의 포괄적 감사권 행사로 인한 지방자치권한 침해 여

당사자능력이 인정될 수 있을 것이다.

헌법재판소법 제62조 제 1 항 제 1 호의 명문규정상 **법원**[1]과 **중앙선거관리위원회**가 당사자가 될 수 있음은 분명하다.

법관은 독립하여 심판하는 헌법기관으로서(헌법 제103조), 이론적으로는 대법원을 비롯한 각급 법원뿐만 아니라 법원으로서의 개별법관(단독판사)도 모두 당사자가 될 수 있다. 국회의원이 서울남부지방법원 제51민사부를 피청구인으로 하여 권한쟁의심판을 청구한 사례가 있다.[2]

그러나 법원조직 내부의 권한분쟁으로서 심급제도라든가 사법행정적 위계질서에 의하여 해결될 수 있는 경우에는 권한쟁의심판을 청구할 수 없을 것이다.[3]

정당은 국민의 자발적 조직으로, 그 법적 성격은 일반적으로 사적·정치적 결사 내지는 법인격 없는 사단으로서 공권력의 행사 주체로서 국가기관의 자위를 갖는다고 볼 수 없고, 정당이 국회 내에서 교섭단체를 구성하고 있다고 하더라도, 교섭단체는 그 권한침해를 이유로 권한쟁의심판을 청구할 수 없으므로 정당은 '국가기관'에 해당한다고 볼 수 없어 권한쟁의심판의 당사자능력이 인정되지 아니한다.[4]

'국민'인 청구인은 그 자체로는 헌법에 의하여 설치되고 헌법과 법률에 의하여 독자적인 권한을 부여받은 기관이라고 할 수 없으므로, '국민'인 청구인은 권한쟁의심판의 당사자가 되는 '국가기관'이 아니다.[5]

3. 국가기관과 지방자치단체 간의 권한쟁의

헌법은 권한쟁의의 한 종류로서 국가기관과 지방자치단체 간의 권한분쟁을 들고 있는데, 이것은 상호 독립된 법인격체로서 국가(의 기관)와 지방자치단체 간의 수직적 권력분립관계에서 헌법상 제도적으로 보장되는 **지방자치권을 보호**한다는 측면 이외에 통일적 국가사무 수행에 있어서 국가기관과 지방자치단체

부가 문제되었던 헌재 2008. 5. 29. 2005헌라3 사건이 있다.

1) 헌재 2010. 7. 29. 2010헌라1에서 헌법재판소는 국회의원이 법원 재판부의 가처분 및 그 가처분에 따른 의무이행을 위한 간접강제 결정을 한 것에 대해 한 권한쟁의심판청구는 국회의원으로서의 독자적인 권한이 침해될 가능성이 없다는 이유로 각하하였다.

2) 헌재 2010. 7. 29. 2010헌라1.

3) 실무제요, 463면.

4) 헌재 2020. 5. 27. 2019헌라6등; 동지: 김하열, 646면; 정종섭, 528면; 성낙인, 354면.

5) 헌재 2017. 5. 25. 2016헌라2.

간의 권한의 분배에 관한 다툼을 조정하는 의미를 갖는다. 그런데 헌법재판소법 제62조 제 1 항 제 2 호는 국가기관과 지방자치단체 간의 권한쟁의를 "가. 정부와 특별시·광역시·특별자치시·도 또는 특별자치도 간의 권한쟁의, 나. 정부와 시·군 또는 지방자치단체인 구 간의 권한쟁의"로 규정하고 있다.

위 유형의 권한쟁의에서 헌법재판소법은 일방 당사자가 되는 '국가기관'을 '정부'라고만 규정하고 있는데, 여기서 '정부'가 무엇을 의미하는가, 또는 여타 국가기관은 당사자가 될 수 없는가 하는 문제가 제기된다.

이에 대하여는 국회, 법원 등의 내부기관의 행위가 귀속되는 전체로서의 국가를 정부가 대표하고, 지방자치단체의 장이 지방자치단체를 대표하는 것으로 해석하여 당사자능력에 관한 문제를 해결하려는 견해를 생각해볼 수 있다. 예를 들어 국가가 지방자치단체의 자치권을 침해하는 입법을 하는 경우에 지방자치단체는 정부를 상대로 이에 대한 권한쟁의심판을 제기할 수 있다는 것이다. 그러나 이 견해는 헌법의 명문규정에 반할 뿐 아니라, 국가조직법상 독자적 기능이 인정되는 기관의 독자적인 소송수행능력을 부인하게 되는 결함을 갖는다.

헌법재판소법 제62조 제 1 항 제 2 호는 국가기관과 지방자치단체 간의 권한쟁의심판에 대한 국가기관 측 당사자로 '정부'만을 규정하고 있지만, 이 규정의 '정부'는 예시적인 것이므로 대통령이나 행정각부의 장 등과 같은 정부의 부분기관뿐만 아니라 국회, 법원 등 여타 국가기관도 여기서의 당사자가 될 수 있다고 해석하여야 할 것이다.[1]

국가기관과 지방자치단체와의 사이에 발생한 권한쟁의 사건의 경우에도 전체로서의 정부가 당사자가 되는 경우에는 법무부장관이 정부를 대표한다.[2]

헌법재판소는, 경기도지사가 재결청의 지위에서 행정심판법의 규정에 따라 행한 직접처분이 성남시의 권한을 침해하였는지 여부를 심판하면서, 이 사건을 '지방자치단체인 청구인(성남시)과 국가기관인 재결청으로서의 피청구인(경기도지사) 사이의 권한쟁의 사건'이라고 규정한 바 있으며,[3] 이어서 대통령,[4] 행정자치부장관,[5] 건설교통부장관,[6] 해양수산부장관,[7] 교육부장관,[8] 감사원[9] 등을 정

1) 헌재 2003. 10. 30. 2002헌라1; 헌재 2005. 12. 22. 2004헌라3; 헌재 2008. 3. 27. 2006헌라1; 헌재 2008. 6. 26. 2005헌라7; 헌재 2010. 10. 28. 2007헌라4 참조.
2) 헌재 1998. 8. 27. 96헌라1; 헌재 2005. 12. 22. 2004헌라3.
3) 헌재 1999. 7. 22. 98헌라4.
4) 헌재 2002. 10. 31. 2001헌라1.
5) 헌재 2001. 10. 25. 2000헌라3; 헌재 2002. 10. 31. 2002헌라2; 헌재 2009. 5. 28. 2006헌라6.

부의 부분기관으로서 지방자치단체를 상대방으로 하는 권한쟁의심판의 당사자로 인정하였다. 그리고 **국회**는 지방자치단체가 청구하는 규범통제적 권한쟁의심판의 상대방 당사자가 되고,1) **감사원**도 지방자치단체와의 권한쟁의심판의 당사자가 될 수 있다.2) **강남구선거관리위원회**도 헌법 제114조 제 7 항에 근거를 두고 헌법 제115조, 제116조, 공직선거법 등에 따른 독자적인 권한을 부여받은 기관이므로 지방자치단체와의 사이에 권한쟁의심판 당사자가 될 수 있다.3) 그러나 **부산지방해양수산청**은 해양수산부장관의 일부 사무를 관장할 뿐 독자적인 권한을 가지고 있지 못하므로 권한쟁의심판의 당사자가 될 수 없다.4)

헌법재판소는 **성남시**와 **경기도** 간의 권한쟁의 사건에서, 지방자치단체가 자치사무가 아닌 **국가위임사무**에 관하여 권한쟁의심판을 청구할 수 있는지 여부에 관하여, "지방자치단체는 헌법 또는 법률에 의하여 부여받은 그의 권한, 즉 지방자치단체의 사무에 관한 권한이 침해되거나 침해될 우려가 있는 때에 한하여 권한쟁의심판을 청구할 수 있다고 할 것인데, 도시계획사업 실시계획 인가사무는 건설교통부장관으로부터 시·도지사에게 위임되었고, 다시 시장·군수에게 재위임된 기관위임사무로서 국가사무라고 할 것이므로, 청구인의 이 사건 심판청구 중 도시계획사업 실시계획 인가처분에 대한 부분은 지방자치단체의 권한에 속하지 아니하는 사무에 관한 것으로서 부적법하다."고 판시하였고,5) 위 결정은 동시에 광역지방자치단체장이 행정심판의 재결청의 지위에서 처분을 행하는 경우 그 재결청인 광역지방자치단체의 장은 **국가기관의 지위**에 있다고 할 수 있으므로 재결처분으로 관할구역 내의 기초지방자치단체의 권한을 침해했다면 그것은 국가기관과 지방자치단체 상호간의 권한쟁의사건으로 보아야 한다고 판시하였다. 또한 청구인 **인천광역시 중구**가 피청구인 **인천광역시**를 상대로 인천경제자유구역 송도지구 제 9 공구 매립지 중 일부에 대하여 관할권한의 확인을 구하는 권한쟁의심판청구의 적법 여부에 관하여, "청구인의 피청구인에

6) 헌재 2006. 3. 30. 2003헌라2.
7) 헌재 2008. 3. 27. 2006헌라1.
8) 헌재 2013. 9. 26. 2012헌라1.
9) 헌재 2008. 5. 29. 2005헌라3.
1) 헌재 2008. 6. 26. 2005헌라7; 헌재 2010. 10. 28. 2007헌라4.
2) 헌재 2008. 5. 29. 2005헌라3.
3) 헌재 2008. 6. 26. 2005헌라7.
4) 헌재 2008. 3. 27. 2006헌라1.
5) 헌재 1999. 7. 22. 98헌라4.

대한 심판청구의 본질은 국가사무인 이 사건 계쟁지역의 지번부여 및 토지등록 사무에 관한 권한의 존부 및 범위에 관한 다툼이라고 할 것이고, 청구인과 피청구인 사이에 청구인의 지방자치권에 대한 실질적이며 직접적인 다툼이 있는 경우라고 볼 수 없으므로, 이 부분 심판청구는 지방자치단체인 청구인이 자신의 권한에 속하지 아니하는 국가사무에 관하여 다투고 있다고 봄이 상당하다. 또한 이 사건 계쟁지역의 지번부여 및 토지등록에 관한 사무는 인천광역시장이 피청구인의 집행기관으로서가 아니라 국가기관으로서 담당하는 사무이므로 피청구인은 인천광역시장의 토지등록 처분에 대하여 법적 책임을 지는 자에 해당하지도 아니한다. 따라서 이 사건 심판청구는 청구인의 권한에 속하지 아니하는 사무 또는 피청구인적격을 갖추지 못한 자를 상대로 한 권한쟁의심판청구로서 부적법하다."고 판시하였다.[1)]

4. 지방자치단체 상호간의 권한쟁의

지방자치의 활성화는 지방자치단체 간의 이해의 상충 또는 경쟁관계의 확대를 초래한다. 이에 따라 지방자치단체 상호간의 갈등과 분쟁이 증가하는 것은 불가피하다. 지방자치단체 상호간의 권한쟁의심판은 이러한 분쟁과 갈등을 사법적·유권적 판단을 통하여 해결하여 분쟁을 종식시킴으로써 지방자치의 원활한 실현을 도와주는 기능을 한다.[2)]

헌법재판소법 제62조 제 1 항 제 3 호는 지방자치단체 상호간의 권한쟁의심판으로, 특별시·광역시·특별자치시·도 또는 특별자치도 상호간의 권한쟁의심판, 시·군 또는 자치구 상호 간의 권한쟁의심판, 특별시·광역시·특별자치시·도 또는 특별자치도와 시·군 또는 자치구 간의 권한쟁의심판을 규정하고 있다. 이처럼 헌법재판소가 담당하는 지방자치단체 상호간의 권한쟁의심판의 종류는 헌법 및 법률에 의하여 명확하게 규정되어 있는바, 지방자치단체 '상호간'의 권한쟁의심판에서 말하는 '상호간'이란 '서로 상이한 권리주체간'을 의미한다.[3)] 이것

1) 헌재 2011. 9. 29. 2009헌라3; 동지: 헌재 2011. 9. 29. 2009헌라4; 헌재 2011. 9. 29. 2009헌라5.
2) 실무제요, 466면.
3) 헌재 2010. 4. 29. 2009헌라11; 헌재 2016. 6. 30. 2014헌라1(교육감과 해당 자치단체 사이의 내부적 분쟁과 관련된 심판청구는 헌법재판소가 관장하는 권한쟁의심판에 속하지 아니한다고 하였다); 헌재 2018. 7. 26. 2018헌라1.

은 공권력을 담당 행사하는 공법인인 지방자치단체 상호간의 법적 분쟁으로서 각 지방자치단체 간에 관할의 유무 및 범위에 관한 다툼이 헌법재판소에 의해 관장됨을 의미한다. 여기서는 일반 행정소송과의 관계에서 재판권의 경합문제가 제기된다.

지방자치단체 상호간의 권한쟁의에서 **당사자**는 특별시, 광역시, 특별자치시, 도, 특별자치도, 시, 군, 자치구이다. 지방자치단체는 각 **지방자치단체장**이 대표한다(지방자치법 제101조).

지방자치단체의 기관, 예컨대 지방자치단체의 장, 지방의회, 지방의회의원 등이 당사자가 될 수 있는지에 관하여 긍정설[1]도 있으나, 국가의 경우 '국가기관'이라고 명시하면서도 지방자치단체의 경우는 '지방자치단체'라고 규정하고 있는 헌법 문언상으로나, 지방자치법은 헌법의 위임을 받아 지방자치단체의 종류를 규정하고 있으므로 헌법재판소가 헌법해석을 통하여 권한쟁의심판의 당사자가 될 지방자치단체의 범위를 **새로이 확정할 필요가 없으므로** 지방자치단체의 기관은 권한쟁의심판의 당사자가 될 수 없다고 볼 것이다.[2] 헌법재판소도 지방자치단체 상호간의 권한쟁의심판을 규정하고 있는 헌법재판소법 제62조 제1항 제3호의 경우에는 이를 예시적으로 해석할 필요성 및 법적 근거가 없다고 하였고,[3] 지방자치단체의 장, 지방의회의원, 지방의회의장, 지방의회 등 지방자치단체 기관의 **당사자능력을 부정**하였다.[4] 하지만 지방자치법 제2조 제3항이 설치가능성을 예정하고 있는 **'특별지방자치단체'**의 경우에는 헌법재판소법 제62조 제1항 제3호의 규정을 예시적으로 보거나 이에 대한 입법의 흠결로 보아 당사자능력을 인정할 필요성이 있다.[5] 그러나 지방자치단체의 의결기관인 **지방**

1) 신평, 539면; 정종섭, 526면.
2) 동지: 김하열, 649면; 허영, 328면; 성낙인, 355면.
3) 헌재 2010. 4. 29. 2009헌라11.
4) 헌재 2006. 8. 31. 2003헌라1(지방자치단체의 장은 기관위임사무의 집행권한과 관련된 범위에서 그 사무를 위임한 국가기관의 지위에 서게 되는 경우 이외에는 지방자치단체사무의 집행기관에 불과하므로 지방자치단체 기관의 권한쟁의심판청구를 허용하고 있지 않은 현행법에서는 당사자능력이 없다고 하였다); 헌재 2010. 4. 29. 2009헌라11(지방자치단체의 의결기관인 지방의회를 구성하는 지방의회의원과 그 지방의회의 대표자인 지방의회의장 간의 권한쟁의심판은 헌법 및 헌법재판소법에 의하여 헌법재판소가 관장하는 지방자치단체 상호간의 권한쟁의심판의 범위에 속한다고 볼 수 없다고 하였다. 다만 2인의 반대의견도 있다); 헌재 2018. 7. 26. 2018헌라1(지방자치단체의 의결기관인 지방의회와 지방자치단체의 집행기관인 지방자치단체장 간의 내부적 분쟁은 지방자치단체 상호간의 권한쟁의심판의 범위에 속하지 않는다고 하였다).
5) 실무제요, 467면.

의회와 지방자치단체의 집행기관인 지방자치단체장 간의 내부적 분쟁과 관련된 심판청구는 지방자치단체 상호간의 권한쟁의심판의 범위에 속하지 아니하므로 헌법재판소가 관장하는 권한쟁의심판에 속하지 아니한다.[1)]

헌법재판소법 제62조 제 2 항은 권한쟁의가 지방교육자치에 관한 법률 제 2 조의 규정에 따른 교육·학예에 관한 지방자치단체의 사무에 관한 것인 때에는 교육감이 당사자가 된다고 규정하고 있지만, 그 의미는 교육감이 지방자치단체를 대표한다는 취지라고 할 것이다.[2)]

그런데 헌법재판소는 "'지방교육자치에 관한 법률'은 교육감을 명시적으로 시·도의 교육·학예에 관한 사무의 '집행기관'으로 규정하고 있으므로(제18조 제 1 항), 교육감을 지방자치단체 그 자체라거나 지방자치단체와 독립한 권리주체로 볼 수 없다. 따라서 교육감과 지방자치단체 상호간의 권한쟁의심판은 '서로 상이한 권리주체간'의 권한쟁의심판청구로 볼 수 없다."고 판시하였고,[3)] 한편, 헌법재판소는 헌법재판소법 제62조 제 1 항 제 3 호가 정하는 지방자치단체 상호간의 권한쟁의심판의 종류를 예시적인 것으로 보아, 교육감과 지방자치단체 상호간의 권한쟁의도 헌법재판소가 관장하는 것으로 볼 수 있는지에 대하여 "지방자치법은 헌법의 위임에 따라 지방자치단체의 종류를 특별시, 광역시, 특별자치시, 도, 특별자치도와 시, 군, 구로 정하고 있고(지방자치법 제 2 조 제 1 항), 헌법재판소법은 지방자치법이 규정하고 있는 지방자치단체의 종류를 감안하여 권한쟁의심판의 종류를 정하고 있다. 즉, 지방자치법은 헌법의 위임을 받아 지방자치단체의 종류를 규정하고 있으므로 헌법재판소가 헌법해석을 통하여 권한쟁의심판의 당사자가 될 지방자치단체의 범위를 새로이 확정하여야 할 필요가 없다. 따라서 '국가기관'의 경우에는 헌법 자체에 의하여 그 종류나 범위를 확정할 수 없고 달리 헌법이 법률로 정하도록 위임하지도 않았기 때문에 헌법재판소법 제62조 제 1 항 제 1 호가 규정하는 '국회, 정부, 법원 및 중앙선거관리위원회'를 국가기관의 예시에 불과한 것이라고 해석할 필요가 있었던 것과는 달리, '지방자치단체'의 경우에는 지방자치단체 상호간의 권한쟁의심판을 규정하고 있는 헌법재판소법 제62조 제 1 항 제 3 호를 예시적으로 해석할 필요성 및 법적 근거가 없다."고 판시하였다.[4)]

1) 헌재 2018. 7. 26. 2018헌라1.
2) 실무제요, 467면; 김하열, 651면; 정종섭, 528면.
3) 헌재 2016. 6. 30. 2014헌라1.
4) 헌재 2010. 4. 29. 2009헌라11; 헌재 2016. 6. 30. 2014헌라1 참조.

기존 실무에서도 광역지방자치단체 교육감이 교육과학기술부장관을 상대로 권한쟁의심판을 청구한 경우 청구인 표시는 광역지방자치단체로 하고 그 대표자로서 교육감을 기재하였다.[1)]

지방자치단체 상호간의 권한쟁의 중 상급 지방자치단체와 하급 지방자치단체간의 권한쟁의 사례는 3건 있었다.[2)] 그 밖에는 모두 동급 지방자치단체 상호간의 권한쟁의이고 그것도 모두 지방자치단체의 관할구역의 경계를 다투는 관할분쟁이었다. 지방자치법 제 4 조 제 1 항이 "지방자치단체의 명칭과 구역은 종전과 같이하고, 명칭과 구역을 바꾸거나 지방자치단체를 폐지하거나 설치하거나 나누거나 합칠 때에는 법률로 정한다. 다만, 지방자치단체의 관할구역 경계변경과 한자명칭의 변경은 대통령령으로 정한다."라고 규정하고 있음에 따라, 헌법재판소는 종전의 관할구역의 경계가 어떤 기준에 의하여 어떻게 설정되어 있었는지에 대한 판단을 통하여 관할분쟁을 해결하였다. 헌법재판소는 "지방자치단체의 관할구역의 경계는 1948. 8. 15. 당시의 관할구역의 경계가 원천적인 기준이 되고, 공유수면에 대한 지방자치단체의 관할구역 경계 역시 위와 같은 기준에 따라 1948. 8. 15. 당시 존재하던 경계가 먼저 확인되어야 할 것인데, 지금까지 우리 법체계에서는 공유수면의 행정구역 경계에 관한 명시적인 법령상의 규정이 존재한 바 없으므로, 공유수면에 대한 행정구역 경계가 불문법상으로 존재한다면 그에 따라야 한다. 그리고 만약 해상경계에 관한 불문법도 존재하지 않으면, 주민, 구역과 자치권을 구성요소로 하는 지방자치단체의 본질에 비추어 지방자치단체의 관할구역에 경계가 없는 부분이 있다는 것은 상정할 수 없으므로, 권한쟁의심판권을 가지고 있는 헌법재판소가 지리상의 자연적 조건, 관련 법령의 현황, 연혁적인 상황, 행정권한 행사 내용, 사무 처리의 실상, 주민의 사회·경제적 편익 등을 종합하여 형평의 원칙에 따라 합리적이고 공평하게 해상경계선을 획정할 수밖에 없다."고 판시하였다.[3)]

---

1) 헌재 2011. 8. 30. 2010헌라4; 헌재 2013. 9. 26. 2012헌라1; 헌재 2013. 12. 26. 2012헌라3 참조. 동 결정에서 헌법재판소는 교육감 소속 교육공무원에 대한 징계사무는 법령에 의해서 교육감에게 위임된 국가사무이고 교육감의 자치고유사무가 아니므로 교육부장관이 학교폭력사실의 학생부 기록 지시를 어긴 해당 지방자치단체 교육공무원에 대하여 징계의결을 요구하는 업무지시는 교육감의 권한을 침해하거나 침해할 현저한 위험이 있다고 볼 수 없다고 판시하였다.

2) 헌재 2004. 9. 23. 2003헌라3(강남구와 서울특별시 간의 권한쟁의); 헌재 2022. 8. 31. 2021헌라1(남양주시와 경기도 간의 권한쟁의); 헌재 2023. 3. 23. 2020헌라5(남양주시와 경기도 간의 권한쟁의).

3) 헌재 2015. 7. 30. 2010헌라2(헌법재판소는 이 결정에서 국가기본도상의 해상경계선을 불문법상

관할구역에 관한 법령이 없는 경우에 헌법재판소의 사법적 판단으로 관할의 경계를 획정하는 것이 과연 바람직할 것인지에 관하여는 논란이 있었다. 법령에 의한 해결 가능성이 없는 가운데 적극적으로 관할구역을 획정함으로써 분쟁해결의 소임을 다하였다는 긍정적 평가가 있는 반면, 변론절차를 통하여 해상경계에 대한 복잡한 조사와 심리를 할 수 있다 할지라도, 사실에 관한 평가와 판단이 주된 쟁점이 되는 이런 유형의 재판을 단심의 헌법전문 재판기관인 헌법재판소가 계속 담당하는 것은 바람직하지 않다는 평가도 있었다.[1)]

국회는 2009. 4. 1. 지방자치법을 개정하여 **공유수면 매립, 지적공부 등록 누락**을 둘러싼 관할구역 분쟁을 해결하는 절차를 마련하였다. 이에 따르면 「공유수면 관리 및 매립에 관한 법률」에 따른 매립지와 「공간정보의 구축 및 관리 등에 관한 법률」 제 2 조 제19호의 지적공부에 등록이 누락되어 있는 토지의 지역

의 해상경계를 기초로 이해해온 헌재 2004. 9. 23. 2000헌라2; 헌재 2006. 8. 31. 2003헌라1 등의 기존 법리를 폐기하고, 이 사건 쟁송해역의 해상경계선은 청구인과 피청구인의 육상지역, 죽도, 안면도, 황도의 각 현행법상 해안선(약최고고조면 기준)만을 고려하여 **등거리 중간선 원칙**에 따라 획정함이 타당하다고 하였다); 헌재 2019. 4. 11. 2016헌라8등(헌법재판소는 제 1 쟁송해역의 해상경계선은 **등거리 중간선 원칙**, 도서들의 존재, 관련 행정구역의 관할 변경, 지리상의 자연적 조건, 행정권한 행사 연혁, 사무처리 실상, 주민들의 생업과 편익 등을 종합하여 형평의 원칙에 따라 합리적이고 공평하게 획정함이 타당하고, 제 2 쟁송해역의 해상경계선은 **등거리 중간선 원칙**, 도서들의 존재, 지리상의 자연적 조건, 행정권한 행사 연혁, 사무처리 실상, 주민들의 생업과 편익, 간조 시 죽도가 갯벌을 통해 청구인의 육지와 연결되는 곰소만의 지리적 특성 등을 종합하여 형평의 원칙에 따라 합리적이고 공평하게 획정함이 타당하다고 하였다); 헌재 2021. 2. 25. 2015헌라7(헌법재판소는 "지방자치단체 사이의 불문법상 해상경계가 성립하기 위해서는 관계 지방자치단체·주민들 사이에 해상경계에 관한 일정한 관행이 존재하고, 그 해상경계에 관한 관행이 장기간 반복되어야 하며, 그 해상경계에 관한 관행을 법규범이라고 인식하는 관계 지방자치단체·주민들의 법적 확신이 있어야 한다. 국가기본도에 표시된 해상경계선은 그 자체로 불문법상 해상경계선으로 인정되는 것은 아니나, 관할 행정청이 국가기본도에 표시된 해상경계선을 기준으로 하여 과거부터 현재에 이르기까지 반복적으로 처분을 내리고, 지방자치단체가 허가, 면허 및 단속 등의 업무를 지속적으로 수행하여 왔다면 **국가기본도상의 해상경계선**은 여전히 지방자치단체 관할 경계에 관하여 불문법으로서 그 기준이 될 수 있다."고 판시하였다); 헌재 2024. 8. 29. 2022헌라1(헌법재판소 법정의견은 쟁송해역을 둘러싼 도서의 존재, 행정권한 행사 연혁, 주민들의 생업과 편익, 관련 행정구역(갈도)의 관할 변경, 지리상의 자연적 조건 등을 종합하여 보면, 구돌서 동쪽 쟁송해역에서 형평의 원칙에 따른 해상경계는 유인도인 두미도·욕지도·갈도·상노대도·하노대도와 무인도인 구돌서의 해안선을 기점으로 한 **등거리·중간선**으로 획정함이 상당하다고 하였고, 4인의 반대의견은 무인도인 구돌서를 다른 유인도들과 함께 그 기점에 포함시키되, 구돌서와 다른 유인도들 사이에 1대3의 가중치를 부여함으로써 그 잠정적인 등거리·중간선을 조정하여 해상경계를 획정하는 것이 형평의 원칙에 부합한다고 하였다).

1) 이러한 취지의 재판관 4인 또는 2인의 반대의견도 있었다. 헌재 2015. 7. 30. 2010헌라2 사건에서 2인의 반대의견은 헌법재판소가 분쟁해소와 관련된 범위에서 해상경계를 확인해줄 수밖에 없으나 등거리 중간선 원칙이라는 획일적 척도로 공유수면의 해상경계선을 획정하는 것이 타당하지 않다고 한 반면, 1인의 반대의견은 헌법재판소가 지방자치단체의 관할구역이나 관할권을 창설하는 입법·행정기능을 수행할 수는 없다고 하였다.

이 속한 지방자치단체는 행정안전부장관이 지방자치단체중앙분쟁조정위원회의 심의·의결에 따라 관할구역을 결정하고, 이에 불복이 있는 지방자치단체의 장은 그 결과를 통보받은 날부터 15일 이내에 **대법원**에 소송을 제기할 수 있으며, 대법원의 인용결정이 있으면 그 취지에 따라 행정안전부장관은 다시 결정해야 한다(지방자치법 제 4 조). 이에 따라 지방자치단체 간의 관할분쟁 사건은 대부분 권한쟁의심판 사항에서 벗어나게 되었다고 보는 견해가 있다. 그러나 공유수면 매립지가 아닌 **공유수면 자체**에 대한 지방자치단체의 관할구역 경계획정은 여전히 **헌법재판소**가 이를 획정한다.[1] 위와 같은 지방자치법 개정입법에 대해서는 헌법재판소의 권한쟁의심판사건에 대한 관할권(지방자치단체 상호간의 권한쟁의에 관한 심판을 헌법재판소의 관장사항으로 규정한 헌법 제111조 제 1 항 제 4 호)을 박탈한 것으로서 부당하다는 비판의견[2]도 있다. 헌법재판소도 "공유수면 매립지의 경계에 관한 불문법마저 존재하지 않는 경우에는, 주민, 구역과 자치권을 구성요소로 하는 지방자치단체의 본질에 비추어 지방자치단체의 관할구역에 경계가 없는 부분이 있다는 것은 상정할 수 없으므로, 권한쟁의심판권을 가지고 있는 헌법재판소로서는 공유수면의 매립 목적, 그 사업목적의 효과적 달성, 매립지와 인근 지방자치단체의 교통관계나 외부로부터의 접근성 등 지리상의 조건, 행정권한의 행사 내용, 사무 처리의 실상, 매립 전 공유수면에 대한 행정권한의 행사 연혁이나, 주민들의 사회적·경제적 편익 등을 모두 종합하여 형평의 원칙에 따라 합리적이고 공평하게 그 경계를 획정할 수밖에 없다."고 판시하여 **공유수면 매립지**에 대한 지방자치단체의 관할구역 분쟁에 대하여 헌법재판소가 권한쟁의심판권을 가지고 있음을 분명히 하는 것처럼 보였다.[3] 그러나 헌법재판소는 매립전 공유수면에 대한 관할권을 가졌던 청구인들이 새로이 형성된 **공유수면 매립지**와 관련하여 청구한 권한쟁의심판 청구 사건에서 다수의견은 "개정 지방자치법 제 4 조 제 3 항은, 매립지의 관할에 대하여는 앞으로 같은 조 제 1 항이 처음부터 배제되고 행정안전부장관의 결정에 의하여 비로소 관할 지방자치단체가 정해

1) 헌재 2015. 7. 30. 2010헌라2; 헌재 2024. 8. 29. 2022헌라1 참조.
2) 남복현, "공유수면 매립지의 경계획정을 둘러싼 법적 분쟁", 「헌법학연구」 제16권 제 3 호(2010), 757면; 조재연, "법률의 개정과 권한쟁의심판 결정의 기속력", 「헌법재판연구」(2016. 6.), 27면; 이시윤 전 재판관도 동지.
3) 헌재 2019. 4. 11. 2015헌라2. 이 결정에서 헌법재판소는 이미 소멸되어 사라진 종전 공유수면의 해상경계선을 매립지의 관할경계선으로 인정해 온 헌재 2011. 9. 29. 2009헌라3 결정 등은 이 결정의 견해와 저촉되는 범위 내에서 변경하였다.

지며, 그 전까지 해당 매립지는 어느 지방자치단체에도 속하지 않는다는 의미로 해석함이 타당하다."고 판시하였고, 그 보충의견에서 "헌법재판소는 종래 공유수면 매립지를 둘러싼 권한쟁의사건에서 '지방자치단체의 관할구역에 경계가 없는 부분이 있다는 것을 상정할 수 없다'(헌재 2019. 4. 11. 2015헌라2), '매립지에 대한 자치권한이 어느 일방에 부여될 수 있는 가능성이 존재하기만 하면 적법요건은 충족된다.'(헌재 2010. 6. 24. 2005헌라9등)고 하였다. 이는 권한쟁의사건에 대한 심판권을 가진 헌법재판소가, 지방자치법 제 4 조 제 3 항이 개정되기 전 구 지방자치법 제 4 조 제 1 항에서 정한 기준에 따라 공유수면 매립지에 대한 지방자치단체의 관할구역 경계를 확정할 수밖에 없었던 상황에서, 분쟁의 대상이 된 공유수면 매립지에 대한 청구인 또는 피청구인의 자치권한은 존재하는 것을 전제로 그 매립지가 어느 지방자치단체에 속하느냐를 결정한 것이었다. 그러나 2009. 4. 1. 지방자치법의 개정으로 같은 법 제 4 조 제 3 항이 적용되는 공유수면 매립지에 대해서 행정안전부장관의 결정이 확정되기 전에는 어느 지방자치단체도 관할권을 가질 수 없고, 헌법재판소의 위와 같은 '지방자치단체의 관할구역에 경계가 없는 부분이 있다는 것은 상정할 수 없다.' '매립지에 대한 자치권한이 어느 일방에 부여될 수 있는 가능성이 존재하기만 하면 적법요건은 충족된다.'고 한 법리 또한 개정 지방자치법이 적용되는 공유수면 매립지에는 더 이상 적용될 수 없게 되었다."고 판시함으로써[1] 명시적인 것은 아니지만, 새로이 형성된 공유수면매립지에 대한 지방자치단체의 관할구역 분쟁에 대하여 헌법재판소가 권한쟁의심판권을 가지지 않는다는 입장을 취한 것으로 보인다.[2]

그런데 대법원은 새만금방조제 일부구간 귀속 지방자치단체 결정 취소(새만금방조제 행정구역 사건) 사건에서 지방자치법 제 4 조 제 3 항, 제 5 항, 제 6 항, 제 7 항, 제 8 항, 제 9 항 등 관계법령의 내용, 형식, 취지 및 개정경과 등에 비추어 보면, 2009. 4. 1. 법률 제9577호로 지방자치법이 개정되기 전까지 종래 매립지 등 관할결정의 준칙으로 적용되어온 지형도상 해상경계선 기준이 가지던 관습법적 효력은 위 지방자치법의 개정에 의하여 변경 내지 제한되었다고 보는 것이 타당하다고 판시하였는바,[3] 위와 같은 개정 지방자치법에 근거하여 이루어

1) 헌재 2020. 7. 16. 2015헌라3. 같은 취지: 대법원 2021. 2. 4. 선고 2015추528 판결.

2) 2인의 반대의견은 지방자치법 제 4 조 제 8 항의 대법원에 대한 소송과 헌법재판소에 대한 권한쟁의심판은 소송물이 다를 뿐만 아니라 결정의 기속력에 있어서도 차이가 있으므로 지방자치법 제 4 조 제 8 항에 의하여 헌법재판소의 권한쟁의심판 관할권이 배제된다고 볼 수 없다고 하였다.

진 중앙분쟁조정위원회와 행정자치부 장관의 공유수면 매립지 관할에 관한 결정이 헌법재판소 결정(2000헌라2)의 기속력에 반하는 것이 아닌지에 관하여 논란이 있다.[1]

한편 대법원은 지방자치법 제 4 조 제 3 항부터 제 7 항이 행정안전부장관 및 그 소속 위원회의 매립지 관할 귀속에 관한 의결·결정의 실체적 결정기준이나 고려요소를 구체적으로 규정하지 않았다고 하더라도 지방자치제도의 본질을 침해하였다거나 명확성원칙, 법률유보 원칙에 반한다고 볼 수 없다고 하였다.[2]

제 3 절 권한쟁의심판권의 범위

헌법재판소의 권한쟁의심판권의 범위를 확정함에 있어서는 특정 사안에 대해서 서로 자기에게 권한이 없다고 주장하는 소극적 권한쟁의를 인정할 것인지 여부와, 헌법재판소의 권한쟁의심판권과 법원의 행정재판권과의 관계를 어떻게 구분할 것인지가 문제된다.

1. 소극적 권한쟁의

권한쟁의에서 '권한의 유무나 그 범위에 대한 다툼'은 통상적으로 특정 사안에 대해서 서로 권한을 가진다고 주장하는 적극적 권한쟁의의 형태로 발생하는 것이 보통이지만, 특정 사안에 대해서 서로 권한이 없다고 주장하는 소극적 권한쟁의의 형태로도 발생할 수 있다.

헌법 제111조 제 1 항 제 4 호는 권한쟁의심판을 헌법재판소의 관장사항으

3) 대법원 2013. 11. 14. 선고 2010추73 판결.

1) 조재연, "법률의 개정과 권한쟁의심판 결정의 기속력", 「헌법재판연구」(2016. 6.), 27면.

2) 대법원 2021. 2. 4. 선고 2015추528 판결(헌법재판소도 헌재 2020. 7. 16. 2015헌라3 결정에서 개정된 지방자치법 제 4 조가 합헌임을 전제로, 개정된 지방자치법 제 4 조가 시행된 이후로는 공유수면 매립지의 관할귀속 문제는 헌법재판소가 관장하는 권한쟁의심판의 대상에 속하지 않는다고 판단하였다고 판시하였고, 해상의 공유수면의 밑바닥은 물권의 객체인 '토지'로 보지 않으므로 여기서 매립공사를 시행하여 매립지를 조성하면 종전에 존재하지 않았던 토지가 새로 생겨난 경우에 해당하며, 새로 생겨난 토지는 종전에 어느 지방자치단체에도 속하지 않았으므로 국가가 지방자치법 제 4 조 제 1 항 본문에 의하여 법률의 형식으로 또는 지방자치법 제 4 조 제 3 항에 의하여 행정안전부장관의 결정의 형식으로 관할 지방자치단체를 정하여야 하며, 그전까지는 어느 지방자치단체에도 속하지 않는다고 하였다).

로 정하고, 헌법재판소법은 제61조 제 1 항에서 국가기관 또는 지방자치단체의 권한의 유무 또는 범위에 관하여 다툼이 있는 경우에 권한쟁의심판을 청구할 수 있도록 규정하고 있다. 그러나 헌법재판소법 제61조 제 2 항은 권한쟁의심판의 청구요건으로서 '피청구인의 처분 또는 부작위'가 헌법 또는 법률에 의하여 부여받은 '청구인의 권한'을 침해하거나 침해할 현저한 위험이 있어야 한다고 규정하고 있어서 소극적 권한쟁의가 이 요건을 충족하는지 여부와 관련하여 해석상 논란이 있을 수 있다.

적극설은 헌법 제111조 제 1 항 제 4 호의 취지는 모든 권한쟁의를 헌법재판소의 원칙적 관할로 규정하고 있으며, 헌법재판소법 제61조 제 1 항에서 정하고 있는 '권한의 유무 또는 범위에 관한 다툼'에는 소극적 권한쟁의도 당연히 포함되고, 소극적 권한쟁의를 인정하지 않을 경우 객관적 권한질서의 유지와 국가업무의 지속적 수행이라는 권한쟁의심판제도의 목적을 충분히 달성할 수 없다는 입장이다.[1)]

이에 반하여 **소극설**은 헌법 제111조 제 1 항 제 4 호는 소극적 권한쟁의를 반드시 인정하여야 할 근거가 될 수 없고 그 인정 여부는 입법자에게 맡겨져 있으며, 헌법재판소법 제61조 제 2 항에서 청구인의 권한을 침해하였거나 침해할 현저한 위험성이 있을 것을 요구하고 있는데 소극적 권한쟁의는 이 요건을 충족할 수 없고, 현행 사법제도상 소극적 권한쟁의를 법적으로 해결할 길이 전혀 없는 것도 아니라는 입장이다.[2)]

입법례를 보면 독일에서는 소극적 권한쟁의가 인정되지 아니하나, 오스트리아와 스페인에서는 명문으로 이를 인정하고 있다.

생각건대 소극적 권한쟁의는 권한쟁의의 개념본질적 요소가 아니므로 소극적 권한쟁의의 인정여부를 입법정책적으로 결정할 수 있는 문제이고, 소극적 권한쟁의를 인정하지 않더라도 이해관계인이 항고소송(거부처분 취소 혹은 부작위위법확인)을 제기하여 권리구제를 받을 수 있고, 국가와 지방자치단체는 그런 분쟁들을 '공법상의 법률관계'로서 당사자 소송을 통하여 해결할 수 있는 가능성이 열려 있으므로 소극설에 찬동한다.

헌법재판소는 어업면허의 유효기간연장 불허가처분에 따른 손실보상금의

1) 정종섭, 549면; 허영, 351면.
2) 김하열, 664면.

지급사무에 대한 권한이 청구인(포항시) 또는 피청구인(정부) 중 누구에게 속하는가를 확정해달라고 청구한 권한쟁의사건에서, 문제되는 다툼은 "유효기간연장의 불허가처분으로 인한 손실보상금 지급권한의 존부 및 범위 자체에 관한 청구인과 피청구인 사이의 직접적인 다툼이 아니라, 그 손실보상금 채무를 둘러싸고 어업권자와 청구인, 어업권자와 피청구인 사이의 단순한 채권채무관계의 분쟁에 불과한 것으로 보인다."라고 판시하여 심판청구를 각하한 바 있다.[1]

한편, 시화공업단지 내의 공공시설의 관리권자가 누구인지를 둘러싸고 시흥시가 청구한 사건에서, 시흥시는 시화공업단지 내의 공공시설의 관리권자는 정부임을 전제로 정부가 공공시설을 관리하지 아니함으로 인하여 시흥시의 지방자치권(자치재정권)을 침해하였다고 주장한 데 대하여 헌법재판소는, 정부가 아니라 청구인인 시흥시가 공공시설의 관리권자이므로 권한이 침해되지 않았으며, 설사 정부가 관리권자라 하더라도 청구인으로서는 공공시설을 관리하지 않으면 되는 것이지, 정부의 부작위로 청구인의 권한이 침해될 여지가 없다고 하면서, 심판청구를 기각하였다.[2] 이에 대하여 재판관 3인의 반대의견은 공공시설의 관리권한이 누구에게 귀속되는지와 관계없이 정부의 부작위로 청구인의 권한이 침해될 우려가 없어 헌법재판소법 제61조 제 2 항의 적법요건을 갖추지 못한 것이므로 각하하여야 한다는 의견을 피력하였다.

또한 서울특별시 은평구가 기관 위임사무를 수행하면서 지출한 경비에 대하여 기획재정부장관에게 예산배정요청을 하였으나 기획재정부장관이 이를 거부하자 위 거부처분에 대한 권한쟁의심판 사건에서, 그 분쟁의 본질이 관리비용을 둘러싼 청구인과 피청구인 사이의 단순한 채권채무관계에 관한 다툼에 불과하여 동 심판청구는 권한쟁의심판을 청구할 수 있는 적법요건을 갖추지 못하였다는 이유로 심판청구를 각하하였다.[3]

위 결정례들이 소극적 권한쟁의의 허용여부에 대하여 명시적 판단을 한 것은 아니나 소극적 권한쟁의의 성격을 띠고 있는 권한쟁의심판청구를 헌법재판소법 제61조 제 2 항 소정의 요건을 갖추지 못한 것이라는 이유로 배척한 점에 의의가 있다고 할 것이다.

1) 헌재 1998. 6. 25. 94헌라1.
2) 헌재 1998. 8. 27. 96헌라1.
3) 헌재 2010. 12. 28. 2009헌라2.

2. 헌법재판소의 권한쟁의심판권과 법원의 행정재판 관할권

헌법재판소의 권한쟁의심판권과 일반법원의 행정재판 관할권의 관계에 있어서 주로 논의되는 것으로는, 첫째 행정소송법상의 기관소송과의 관할 구분의 문제, 둘째 지방자치단체가 국가기관 등의 감독작용에 대하여 불복하는 경우 대법원의 지방자치법상 재판관할권과 헌법재판소의 권한쟁의심판권 간의 충돌 여부의 문제, 셋째 헌법재판소의 권한쟁의심판권과 법원의 항고소송 등의 관할권과의 경합 내지 충돌의 문제가 있다.

가. 권한쟁의심판과 기관소송

행정소송법 제 3 조 제 4 호는 국가 또는 공공단체의 기관 상호간에 권한의 존부 또는 그 행사에 관한 다툼이 있을 때에 제기하는 소송(기관소송)에 관하여 법원의 관할을 인정하고 있으나, 헌법과 헌법재판소법상 국가기관 상호간의 권한쟁의는 헌법재판소가 관할하게 되어 있고 헌법재판소의 관장사항으로 되는 것은 법원의 기관소송의 대상에서 제외되기 때문에(행소법 제 3 조 제 4 호 단서) 행정소송법 제 3 조 제 4 호에 의거한 기관소송은 공공단체의 기관 상호간의 권한분쟁의 경우에만 인정된다.

따라서 국가기관 상호간의 권한쟁의심판과 행정소송법상의 기관소송과는 관할충돌의 문제가 발생하지 않는다.

현행법에 의하면 공공단체인 지방자치단체 내에서 지방자치단체의 장과 지방의회 사이의 기관소송(지방자치법 제120조 제 3 항 및 제192조 제 4 항) 및 교육감과 시·도의회 또는 교육위원회 간의 기관소송(지방교육자치에 관한 법률 제28조 제 3 항)이 인정되고 있다.

나. 권한쟁의심판과 지방자치법상의 소송

(1) 지방자치법 제188조의 소송(위법·부당한 명령·처분의 취소)

지방자치법 제188조는 지방자치단체의 사무에 관한 지방자치단체의 장의 명령이나 처분이 법령에 위반되거나 현저히 부당하여 공익을 해친다고 인정되면 시·도에 대하여는 주무부장관이, 시·군 및 자치구에 대하여는 시·도지사가 기간을 정하여 서면으로 시정할 것을 명하고, 그 기간에 이행하지 아니하면 이를 취소하거나 정지할 수 있다고 하고(제 1 항), 지방자치단체의 장은 자치사무에 관한 명령이나 처분의 취소 또는 정지에 대하여 이의가 있으면 **대법원**에 제소할 수 있다(제 6 항).

한편, 지방자치법 제188조에 의거하여 국가나 상급지방자치단체가 한 취소나 정지 등 감독처분이 지방자치단체의 자치권한을 침해하는 경우 지방자치단체는 대법원에 제소하는 것과는 별도로 **헌법재판소**에 권한쟁의심판을 청구할 수도 있다.

국가의 지방자치사무에 관한 감독처분은 대부분 지방자치단체의 지방자치권을 침해할 소지가 있으므로, 이와 관련한 다툼의 경우 국가와 지방자치단체 간의 전형적인 법적 분쟁으로서 헌법재판소의 권한쟁의심판의 대상에 해당한다고 할 수 있다. 따라서 지방자치법 제188조 제 6 항이 **헌법재판소의 권한쟁의심판을 배제하는 취지라면** 헌법 제111조 제 1 항 제 4 호 위배 여부가 문제될 수 있다.[1)]

(2) 지방자치법 제189조의 소송(지방자치단체의 장에 대한 직무이행명령)

지방자치법 제189조 제 1 항 등에 의거하여 국가기관(주무부장관) 또는 상급 지방자치단체의 장이 국가위임사무 또는 상급 지방자치단체의 위임사무에 관하여 내린 **직무이행명령**에 이의가 있는 때에 **지방자치단체의 장**은 동조 제 6 항에 의거하여 **대법원**에 제소할 수 있다. 이러한 제소는 지방자치단체 고유의 권한을 다투는 것이 아니라 자치사무가 아닌 **위임사무**의 처리와 관련하여 지방자치단체의 장이 하위 기관의 지위에서 상급 감독기관을 상대로 제기하는 것이므로 기관소송의 성격을 갖는 것이어서 권한쟁의심판청구는 성립될 수 없다.

헌법재판소는 국가사무로서 지방자치단체장에게 위임된 '**기관위임사무**'의 경우 지방자치단체의 권한에 속하지 않으므로 지방자치단체가 그 집행권한의 존부 및 범위에 관하여 다투는 권한쟁의심판청구는 부적법하다고 본다.[2)]

(3) 지방자치법 제 5 조 제 9 항의 소송

2009. 4. 1. 개정된 지방자치법은 매립지와 지적공부 등록 누락지의 귀속을 행정안전부장관이 정하도록 하였고, 그 결정에 이의가 있으면 지방자치단체의

1) 실무제요, 472면; 김하열, 635면. 이 문제에 관하여는 지방자치단체장의 헌법재판소 및 대법원에 대한 중복제소가 있는 경우에는 헌법의 규정이 법률의 규정보다 우선적 효력을 가지기 때문에 헌법재판소가 우선적인 심판권을 가진다고 할 것인바, 권한쟁의심판청구의 길을 봉쇄하지 않는 한 지방자치법 제188조 제 6 항이 위헌이라고 보기는 어렵다는 견해가 있다. 허영, 331면.

2) 헌재 1999. 7. 22. 98헌라4; 헌재 2004. 9. 23. 2000헌라2; 헌재 2008. 12. 26. 2005헌라11; 헌재 2013. 12. 26. 2012헌라3 등.

장이 대법원에 제소할 수 있도록 하였다(지방자치법 제 4 조 제 8 항, 2021년 전부 개정된 현행 지방자치법 제 5 조 제 9 항, 이에 기한 구체적 사례로는 대법원 2013. 11. 14. 선고 2010추73 판결 참조). 이로써 매립지와 지적공부 등록 누락지의 귀속을 둘러싼 지방자치단체 사이의 권한 다툼은 헌법재판소의 권한쟁의심판절차와 관련하여 관할 경합의 문제가 발생할 우려가 있다.

지방자치법 제 5 조 제 9 항의 명시적 규정에도 불구하고 공유수면 매립지, 지적공부 등록 누락지의 귀속문제는 지방자치단체의 관할구역에 관한 문제로서 이에 대한 행정안전부장관의 결정이나 다른 지방자치단체의 관할권 행사가 다른 지방자치단체의 자치권을 침해할 가능성이 있고, 해상의 어업면허나 공유수면의 해상경계 등을 둘러싼 지방자치단체 간의 분쟁은 여전히 헌법 또는 법률상의 권한문제에 해당하므로 헌법재판소의 권한쟁의심판의 대상이 되는바, 헌법재판소와 대법원 사이에 관할이나 판결의 중복 또는 모순이 발생할 가능성이 큰 부분으로 헌법재판소의 판례를 통한 관할의 획정이 필요한 부분이라는 견해가 있다.[1)]

그런데 헌법재판소는 이 문제에 관하여 "개정 지방자치법 제 4 조 제 3 항은, 매립지의 관할에 대하여는 앞으로 같은 조 제 1 항이 처음부터 배제되고, 행정안전부 장관의 결정에 의하여 비로소 관할지방자치단체가 정해지며, 그 전까지는 해당 매립지는 어느 지방자치단체에도 속하지 않는다는 의미로 해석함이 타당하다."고 판시하면서, 매립 전 공유수면에 대한 관할권을 가졌을 뿐인 청구인들이 그 후 새로이 형성된 이 사건 매립지에 대해서까지 어떠한 권한을 보유하고 있다고 볼 수 없어 청구인들의 자치권한이 침해되거나 침해될 현저한 위험이 있다고 보기는 어렵다는 이유로 권한쟁의심판청구를 각하하였다.[2)]

1) 실무제요, 473면.
2) 헌재 2020. 7. 16. 2015헌라3(이에 대하여 1인의 별개의견과 2인의 반대의견이 있다. 1인의 별개의견은 지방자치법 제 4 조 제 8 항은 행정안전부장관의 결정에 대하여 대법원에 소송을 제기할 수 있도록 규정하여 공유수면 매립지 경계획정에 관한 종래 헌법재판소의 권한쟁의심판 관할권을 배제하고 대법원에 그 판단권한을 부여한 것이라고 해석하는 것이 타당하고, 이는 권한쟁의심판에 대한 헌법재판소의 원칙적 관할권을 부정하는 것이 아니어서 헌법에 위반된다고 볼 수 없는바, 이 사건 매립지가 청구인들에게 속하는지 여부, 피청구인 행정안전부장관의 결정 등에 대한 심판청구는 헌법재판소가 관장하는 권한쟁의심판에 속하지 않으므로 부적법하다는 의견을 개진하였다. 반면, 2인의 반대의견은 지방자치법 제 4 조 제 8 항의 소송과 이 사건 권한쟁의심판은 소송물이 다를 뿐 아니라 결정의 기속력에 있어서도 차이가 있으므로 지방자치법 제 4 조 제 8 항에 의하여 헌법재판소의 권한쟁의심판 관할권이 배제된다고 볼 수 없고, 헌법재판소는 본안판단으로 나아가 이 사건 매립지에 대한 청구인들의 자치권한의 유무 및 범위에 관하여 판단하여야 한다는 의견을

대법원도 “헌법재판소도 개정된 지방자치법 제 4 조가 합헌임을 전제로, 개정된 지방자치법 제 4 조가 시행된 이후로는 공유수면 매립지의 관할귀속문제는 헌법재판소가 관장하는 권한쟁의심판의 대상에 속하지 않는다고 판단하였다.”고 판시하였다.[1)]

그러나 새로이 형성된 공유수면 매립지에 대한 지방자치단체의 관할구역 분쟁에 대하여 헌법재판소가 권한쟁의심판권을 가지지 않는다는 입장을 취한 것으로 보이지만, 공유수면매립지가 아닌 공유수면 자체에 대한 관할구역 경계 획정은 여전히 헌법재판소가 이를 획정하는 것은 앞서 설명한 바와 같다.[2)]

다. 권한쟁의심판과 행정소송법상 항고소송 및 당사자소송

헌법 제111조 제 1 항 제 4 호에 의해 헌법재판소가 관장하는 권한쟁의는 헌법뿐만 아니라 법률에 의하여 부여받은 권한에 관한 다툼도 포함된다(헌재법 제62조 제 1 항 제 2 호). 한편 현행 행정소송법상 법원은 항고소송 및 당사자소송을 통하여 국가 또는 지방자치단체를 둘러싸고 발생하는 공법상의 분쟁에 관하여 행정재판 관할권을 행사하게 된다. 따라서 이러한 공법상의 분쟁에 관하여는 헌법재판소의 권한쟁의심판권과 일반법원의 행정재판권이 경합될 수 있고, 이 경우 양자의 판단이 상충할 가능성이 있다.

(1) 권한쟁의심판과 항고소송

㈎ 지방자치단체도 항고소송의 원고가 될 수 있다는 것이 학계의 다수설이므로, 국가나 다른 지방자치단체의 처분이 법령에 위반된다고 보는 경우에 지방자치단체는 그 처분의 취소를 구하는 항고소송을 제기할 수 있다.[3)] 예를 들어서 상급 지방자치단체의 위법한 처분으로 인하여 하급 지방자치단체가 도시계획법상 자신에게 주어진 도시계획 입안권이 침해되었다고 하면서 그 처분의

개진하였다).

1) 대법원 2021. 2. 4. 선고 2015추528 판결.

2) 헌재 2015. 7. 30. 2010헌라2, 헌재 2024. 8. 29. 2022헌라1 참조.

3) 이에 대한 법원의 판례는 아직 없다. 다만 대법원은 경기도 선거관리위원회가 ‘헌법에 의하여 설치된 국가기관’이 아니어서 권한쟁의심판의 당사자가 될 수 없다는 이유를 들어 국가기관인 경기도 선거관리위원회위원장도 항고소송의 당사자가 될 수 있다고 판시하였다. 즉 경기도 선거관리위원회위원장이 국민권익위원회의 처분으로 불이익을 받을 수 있는 상황인데도 국민권익위원회법에서 국민권익위원회의 조치요구에 대해서는 기관소송을 허용하지 않고 있고, 항고소송 이외에는 다른 구제수단이 없으므로 국가기관인 경기도선거관리위원회위원장도 항고소송을 제기할 수 있다고 판시하였다. 대법원 2013. 7. 25. 선고 2011두1214 판결 참조.

취소를 구하는 항고소송을 제기할 수 있다. 한편 국가나 지방자치단체가 일정한 처분을 내린 경우 다른 지방자치단체는 그것이 자신의 헌법상 또는 법률상 권한을 침해한다는 이유로 헌법재판소에 권한쟁의심판을 청구할 수도 있다. 위의 예에서 보면 하급 지방자치단체는 상급 지방자치단체의 위법한 처분으로 인하여 도시계획법이 자신에게 부여한 도시계획입안 권한이 침해되었다고 하면서 권한쟁의심판을 제기할 수 있게 될 것이다. 따라서 이 경우에는 권한쟁의심판과 행정재판이 중첩될 수 있고, 그 결과가 충돌할 수 있다.

그런데, 이러한 다툼의 본질은 지방자치단체와 국가 또는 상급 지방자치단체간의 권한분쟁이므로 이는 헌법 제111조 제 1 항 제 4 호에 따라 헌법재판소의 전속관할에 속하며, 이를 행정소송의 대상으로 삼아 법원의 관할로 하는 것은 위헌이 아니냐는 견해가 있으며, 저자도 이 의견에 동조한다.[1)]

(나) 위와 같은 상황은 사인(私人)이 제기한 항고소송에서 권한의 소재가 선결문제로 되는 경우에도 발생할 수 있다. 즉, 일반 사인이 국가 또는 지방자치단체가 내린 일정한 처분이 위법하다는 등의 이유로 법원에 그 취소 또는 무효확인을 구하는 항고소송을 제기할 수도 있는데, 이 경우 법원은 그 선결문제로서 당해 행정청에게 법률상의 권한이 있는지의 여부를 판단하여야 할 것이다. 이 경우 다른 지방자치단체는 그 처분권한은 자신에게 있음을 주장하면서 자신의 헌법상 또는 법률상 권한의 침해를 이유로 헌법재판소에 권한쟁의심판을 청구할 수 있다. 따라서 이 두 절차가 함께 진행되는 경우에는 권한의 유무 또는 범위에 관한 판단을 놓고 헌법재판소와 법원이 충돌하는 상황이 발생할 수 있다. 그러나 선결문제에 대한 판단은 판결이유에 설시됨에 불과하여 기판력이 부여되지 못하고, 예외적으로 기판력이 인정되는 경우에도 그것은 당사자 사이에서만 효력을 가지며, 기속력도 당사자 또는 관계 행정청에만 미침에 비하여 헌법재판소의 권한쟁의심판에서는 관할권의 소재 자체가 소송물이 되어 그에 대한 판단은 모든 국가기관을 구속하는 기속력이 인정되게 된다(헌재법 제67조 제 1 항).[2)]

(다) 해결방안

이 문제는 결국 입법에 의해서 해결되어야 할 것이지만, 그 때까지는 일단 청구인이 어떠한 소송(권한쟁의심판 또는 행정소송)을 제기하느냐에 따라서 결정될

1) 실무제요, 476면.
2) 실무제요, 476면.

수밖에 없다. 그리고 만약 헌법재판소의 결정과 행정법원의 판결이 충돌하게 되는 경우에는 헌법재판소법 제67조 제 1 항에 따라 권한쟁의심판의 결정이 모든 국가기관을 기속하므로 권한쟁의심판결정이 법원의 판결보다 우선하는 형식으로 해결하여야 할 것이나, 법원의 판결이 확정된 경우에는 재판에 대한 헌법소원이 허용되지 않는 이상 헌법재판소의 결정을 관철할 수 없다 할 것이다.[1)]

또 국가기관의 권한분쟁이 일반법원의 민사소송이나 행정소송의 선결문제로 되는 경우의 해결을 위하여 스페인의 헌법재판소법은 권한쟁의가 헌법재판소에 제기된 경우 국가기관이나 지방자치단체는 헌법재판소의 결정이 있을 때까지 문제된 규칙, 결정 및 처분을 집행할 수 없도록 규정하고 있다. 입법론적으로 참고할 필요가 있을 것이다.[2)]

(2) 권한쟁의심판과 당사자소송(또는 민사소송)

지방자치단체가 특정 하천에서 발생한 오염물질을 급박하게 제거하면서 지출한 비용의 상환을 국가에게 요청하였으나 국가가 이 하천의 관리권한이 자신에게 없다고 주장하며 이를 지급하지 않는 경우에 지방자치단체는 **공법상의 비용상환청구소송**을 제기할 수 있다. 이 경우 법원은 선결문제로서 하천의 관리권한이 누구에게 존재하는지를 판단하게 된다. 그런데 위의 경우 지방자치단체는 특정하천의 관리 권한이 국가에게 존재한다고 주장하며 **권한쟁의심판**을 청구하는 것도 예상할 수 있다. 이러한 이른바 소극적 권한쟁의를 인정한다면 당사자소송과의 중복이 발생할 수 있다. 이러한 점은 일반 민사소송의 경우에도 마찬가지로 발생할 수 있다.[3)]

그러나 위에서도 본 바와 같이 헌법재판소는 소극적 권한쟁의 허용 여부에 관하여 부정적인 태도를 보이고 있다.[4)]

---

1) 김하열, 634면.
2) 김하열, 633면.
3) 실무제요, 477면.
4) 헌재 1998. 6. 25. 94헌라1; 헌재 2010. 12. 28. 2009헌라2 등 참조.

제 4 절 심판청구의 절차

1. 심판청구서의 제출

권한쟁의심판청구서는 헌법재판소에 직접 제출하거나, 우편의 방법으로 제출할 수 있다(헌재법 제26조 제 1 항). 다만 후자의 경우에는 청구기간을 계산함에 있어 실제로 헌법재판소에 도달된 날짜를 기준으로 한다. 헌법재판소에 청구서를 제출할 때에는 9통의 심판용 부본을 함께 제출하여야 하며, 이 경우 송달용 부본은 따로 제출하여야 한다(심판규칙 제 9 조).

2. 심판청구서의 기재사항

헌법재판소에 권한쟁의심판을 청구할 때에는 심판청구서에 다음과 같은 사항을 기재하여야 한다(헌재법 제64조).

가. 청구인 또는 청구인이 속한 기관 및 심판수행자 또는 대리인의 표시

청구인 또는 청구인이 속한 기관의 표시란 청구인 또는 청구인이 속한 기관의 명칭, 대표자 성명 등의 기재를 의미한다. 심판수행자 또는 대리인의 표시란 헌법재판소법 제25조 제 2 항에 의거하여 선임된 변호사인 대리인의 성명, 주소(사무소)의 기재를 뜻하며, 변호사의 자격이 있는 소속직원이 심판을 수행하는 경우 그 성명, 직위의 기재를 의미한다. 이 때 대리인의 선임을 증명하는 위임장을 첨부하여야 한다.

나. 피청구인의 표시와 피청구인 경정

청구인의 상대방인 피청구인의 명칭, 대표자 성명 등을 표시하여야 한다. 청구인이 피청구인을 잘못 지정한 때에는 청구인의 신청에 의하여 결정으로써 피청구인의 경정을 허가할 수 있다(헌재법 제40조 제 1 항, 행소법 제14조). 피청구인의 경정을 허가한 사례를 보면 피청구인 '정부'를 '정부 및 국회'로(2004헌라3), 피청구인 '정부'를 '대통령'(2005헌라8)으로, 피청구인 '대한민국 정부'를 '1. 해양수산부장관,

2. 부산지방해양수산청장'(2006헌라1)으로 경정을 허가한 바 있다.

다. 심판의 대상이 되는 피청구인의 처분 또는 부작위

피청구인의 처분이나 부작위의 내용 등을 특정하여 기재하여야 한다.

라. 청구취지

청구인이 권한쟁의심판청구에 의하여 달성하려는 목적이 무엇인가를 분명히 하기 위한 '청구취지'를 기재하여야 할 것이다. 청구취지는 권한쟁의의 소송물인 심판대상을 특정하는 의미를 가진다.

(1) 권한의 유무 또는 범위 확인

심판의 대상이 된 국가기관 또는 지방자치단체의 **권한의 유무** 또는 **범위의 확인**을 구하는 것이 기본적인 청구취지로 된다(헌재법 제66조 제 1 항).

실무상으로는 피청구인의 처분 또는 부작위에 의하여 청구인의 **권한이 침해되었음의 확인**을 구하는 사례가 많은데,[1] 이러한 청구에서도 '권한의 유무 또는 범위'에 대한 확인을 구하는 청구취지가 **내포**되어 있다고 볼 것이다.[2]

헌법재판소는 국회와 대통령간의 권한쟁의 사건에서, 국회가 재판관으로 선출한 마은혁이 재판관 지위에 있음을 확인한다는 결정을 할 수 있는지 여부 또는 피청구인은 마은혁을 즉시 재판관으로 임명하여야 한다는 결정을 할 수 있는지 여부에 관하여, "국가기관의 부작위가 다른 국가기관의 권한을 침해할 경우 헌법재판소가 그 권한침해를 확인하는 것을 넘어 일정한 법적 관계를 형성할 수 있도록 하는 내용의 결정을 할 수 있다는 헌법 및 헌법재판소법상 근거가 없는 이상, 헌법재판소법 제66조 제 1 항 및 제 2 항이 예정하지 아니한 방식의 결정을 구하는 청구인의 이 부분 심판청구는 권한쟁의심판의 대상이 될 수 없는 것에 대한 청구로서 부적법하다."고 판시하였다.[3]

한편, 여기의 '권한의 유무 또는 범위'의 의미를 '권한 행사'와 구별하여 보는 견해가 없는 것은 아니나, 권한 행사를 배제할 특별한 이유가 없으므로

---

1) 법률안변칙처리 사건. 헌재 1997. 7. 16. 96헌라2; 헌재 1998. 7. 14. 98헌라3; 헌재 2000. 2. 24. 99헌라1 등; 헌재 2008. 12. 26. 2005헌라11; 헌재 2009. 7. 30. 2005헌라2; 헌재 2010. 11. 25. 2009헌라12; 헌재 2011. 9. 29. 2009헌라3.
2) 실무제요, 479면; 허영, 333면.
3) 헌재 2025. 2. 27. 2025헌라1.

피청구인의 권한 행사가 권한 침해임을 다투는 권한쟁의심판청구도 가능하다 할 것이다.[1]

(2) 처분의 취소 또는 무효확인

청구인의 권한이 이미 침해된 때에는 나아가 피청구인의 처분의 취소나 무효확인을 구할 수 있다(헌재법 제66조 제 2 항).

예컨대, 지방자치단체의 관할구역을 정하는 법률의 제정으로 경상남도 진해시의 일부 지역이 부산광역시 강서구의 관할로 변경되었음에도 불구하고, 진해시가 해당 지역에 관한 사무 및 재산의 인계를 하지 아니하고 오히려 이 지역 도로를 점용하고 있는 청구외인에게 도로점용료를 부과한 것에 대해, 부산시 강서구가 진해시를 상대로 관할구역 변경에 따른 사무 등 인계를 하지 않는 부작위의 위법확인과 점용료부과처분의 취소를 구하는 권한쟁의심판을 청구한 사례가 있다.[2]

또한 법률안 등의 상정에서 심의·의결에 이르기까지 국회의장에 의해 이루어진 일련의 행위가 국회의원의 심의·표결권을 침해하였음을 확인함과 아울러 이러한 권한침해에 의해 이루어진 법률안 가결선포행위는 무효임을 구하는 권한쟁의심판 사건도 있었다.[3]

마. 청구이유

'청구이유'에서는 청구인과 피청구인의 권한분배를 다루는 헌법 및 법률의 규정을 들어 권한의 소재 및 범위를 설명하고, 문제되는 권한의 유무 또는 범위에 관한 다툼이 발생하게 된 경위와 피청구인의 처분 또는 부작위에 의해서 헌법 및 법률에 의하여 청구인에게 부여된 특정한 권한이 침해받았거나 침해받을 현저한 위험이 있다는 이유와 함께, 피청구인의 처분 등이 헌법이나 법률에 위배되어 취소 또는 무효확인을 구하는 이유를 기재한다.[4]

---

1) 실무제요, 479면.
2) 헌재 2006. 8. 31. 2004헌라2.
3) 헌재 2009. 10. 29. 2009헌라8 등; 헌재 2010. 12. 28. 2008헌라7 등; 헌재 2011. 8. 30. 2009헌라7; 헌재 2012. 2. 23. 2010헌라6 등; 헌재 2023. 3. 23. 2022헌라2 참조.
4) 실무제요, 480면; 허영, 334면.

바. 그 밖에 필요한 사항

그 밖에 필요한 사항에는 청구기간의 준수 여부 등을 기재한다.

권한쟁의심판청구서에는 필요한 증거서류 또는 참고자료를 첨부할 수 있다(헌재법 第26조 제 2 항).

3. 심판청구서의 예시

헌법재판소에 접수되는 권한쟁의심판사건 중에서 대표적인 사건의 심판청구서를 예시하면 다음과 같다(서식례 15, 16).

4. 사건의 접수 및 통지

권한쟁의심판청구서가 제출되면 접수공무원은 이를 사건으로 접수하여 사건기록을 편성하고, 사건번호와 사건명을 부여하여 사건을 특정하며, 이런 사항들을 헌법재판정보시스템에 입력한다(접수규칙 제 4 조, 제 7 조). 권한쟁의심판 사건의 사건부호는 '헌라'를 사용한다.

권한쟁의심판이 청구되면 헌법재판소장은 법무부장관, 지방자치단체를 당사자로 하는 경우에는 행정안전부장관(다만, 헌재법 제62조 제 2 항에 의한 교육·학예에 관한 지방자치단체의 사무에 관한 것일 때에는 행정안전부장관 및 교육부장관), 시·군·자치구를 당사자로 하는 경우에는 그 지방자치단체가 소속된 특별시·광역시·도 또는 특별자치도, 그 밖에 권한쟁의심판에 이해관계가 있다고 인정되는 국가기관 또는 지방자치단체에게 그 사실을 바로 통지하여야 한다(심판규칙 제67조).

[서식례 15] 권한쟁의심판청구서 예시 1

권한쟁의심판청구서

청 구 인 국회의원 ○ ○ ○
대리인 변호사 ○ ○ ○
피청구인 국회의장 ○ ○ ○

심판대상이 되는 피청구인의 처분 또는 부작위

피청구인이 20 . . . 국회 본회의에서 ○○○ 법률안을 가결 선포한 행위

침해된 청구인의 권한

헌법 및 국회법에 의하여 부여된 청구인의 법률안 심의·표결권

청 구 취 지

피청구인이 20 . . . 국회 본회의에서 ○○○법률안을 가결 선포한 행위가 헌법 및 국회법에 의하여 부여된 청구인의 법률안 심의·표결의 권한을 침해한 것이라는 확인을 구하며, 또한 피청구인의 동 행위가 무효라고 확인하여 줄 것을 청구합니다.

청 구 이 유

1. 헌법 또는 법률에 의하여 부여된 청구인의 권한의 유무 및 그 범위
2. 권한다툼이 발생하여 심판청구에 이르게 된 경위
3. 피청구인의 행위에 의한 청구인의 권한의 침해
4. 피청구인의 처분이 취소 또는 무효로 되어야 하는 이유
5. 청구기간의 준수 여부 등

첨 부 서 류

1. 각종 입증서류
2. 소송위임장

20 . . .

청구인 대리인 변호사 ○ ○ ○ (인)

헌법재판소 귀중

[서식례 16] 권한쟁의심판청구서 예시 2

권한쟁의심판청구서

청 구 인 서울특별시 ○○구
대표자 구청장 ○ ○ ○
대리인 변호사 ○ ○ ○

피청구인 ○ ○ ○ 부 장관

심판대상이 되는 피청구인의 처분 또는 부작위

피청구인이 20 . . . 자 ○○○업무처리지침 중에서 ………라고 규정한 것

침해된 청구인의 권한

헌법 및 ○○법에 의하여 부여된 청구인의 예산편성 및 집행권

청 구 취 지

피청구인이 20 . . .자 ○○○업무처리지침 중에서 ………라고 규정한 것은 헌법 및 ○○법에 의하여 부여된 청구인의 ○○에 대한 예산편성 및 집행의 권한을 침해한 것이라는 확인을 구하며, 또한 피청구인의 동 행위가 무효임을 확인하여 줄 것을 구합니다.

청 구 이 유

1. 헌법 또는 법률에 의하여 부여된 청구인의 권한의 유무 및 그 범위
2. 권한다툼이 발생하여 심판청구에 이르게 된 경위
3. 피청구인의 행위에 의한 청구인의 권한의 침해
4. 피청구인의 처분이 무효로 되어야 하는 이유
5. 청구기간의 준수 여부 등

첨 부 서 류

1. 각종 입증서류
2. 소송위임장

20 . . .

청구인 대리인 변호사 ○ ○ ○ (인)

헌법재판소 귀중

제 5 절 심판청구의 적법요건

헌법재판소법 제61조 제 1 항은 "국가기관 상호간, 국가기관과 지방자치단체 간 및 지방자치단체 상호간에 권한의 유무 또는 범위에 관하여 다툼이 있을 때에는 해당 국가기관 또는 지방자치단체는 헌법재판소에 권한쟁의심판을 청구할 수 있다."고 규정하고 있고, 그 제 2 항은 "제 1 항의 심판청구는 피청구인의 처분 또는 부작위가 헌법 또는 법률에 의하여 부여받은 청구인의 권한을 침해하였거나 침해할 현저한 위험이 있는 경우에만 할 수 있다."고 규정하고 있다. 따라서 권한쟁의심판을 청구하려면 당사자능력 및 적격이 있어야 하고, 피청구인의 처분 또는 부작위가 존재하여야 하며, 이로 인한 권한의 침해 또는 현저한 침해 위험의 가능성이 인정되어야 한다.[1)]

1. 당 사 자

가. 당사자능력

권한쟁의의 당사자능력에 관하여는 앞서 권한쟁의심판의 종류 및 당사자의 항목에서 설명한 바에 따른다.

나. 당사자적격

'헌법과 법률에 의하여 부여받은 **권한**'을 **가진 자**만이 그 권한의 침해를 다투며 권한쟁의심판을 청구할 수 있다. 침해당하였다고 주장하는 권한과의 적절한 관련성 있는 기관만이 **청구인적격**을 가지는 것으로서, 이는 마치 헌법소원심판에서 기본권침해의 자기관련성을 가지는 자만이 적법한 청구권자가 되는 것과 흡사하다.

한편 처분 또는 부작위를 야기한 기관으로서 법적 책임을 지는 기관만이 **피청구인적격**을 가지므로 심판청구는 이들 기관을 상대로 하여야 한다.[2)]

이러한 **권한관련성**이 인정되는지 여부는 청구인이 주장하는 바와 같은 권한

---

1) 헌재 2009. 7. 30. 2005헌라2; 헌재 2015. 7. 30. 2010헌라2; 헌재 2019. 4. 11. 2016헌라8 등 참조.
2) 헌재 2016. 5. 26. 2015헌라1.

이 헌법과 법률에 의할 때 과연 당사자에게 부여되어 있는지 혹은 부여된 권한의 범위 내에 포함되는지에 따라 판단하여야 할 것이다. 다만, 적법성 심사단계에서의 판단이므로 추상적 권한질서의 틀에 비추어 보아 개연성이 있다고 인정되면 족하다고 할 것이고, 본안에서의 판단과는 달리 권한의 존부나 범위에 관하여 구체적, 종국적으로 판단할 필요는 없다.[1)]

헌법재판소는 국회가 2022. 5. 9. 법률 제18861호로 검찰청법을 개정한 행위 및 같은 날 법률 제18862호로 형사소송법을 개정한 행위에 대한 권한쟁의심판에서, 법무부장관의 '청구인적격' 인정 여부에 관하여 "법무부장관은 헌법상 소관 사무에 관하여 부령을 발할 수 있고 정부조직법상 법무에 관한 사무를 관장하지만, 이 사건 법률개정행위는 이와 같은 법무부장관의 권한을 제한하지 아니한다. 물론 법무부장관은 일반적으로 검사를 지휘·감독하고 구체적 사건에 대하여는 검찰총장만을 지휘·감독할 권한이 있으나, 이 사건 법률개정행위가 이와 같은 법무부장관의 지휘·감독 권한을 제한하는 것은 아니다. 따라서 법무부장관은 이 사건 법률개정행위에 대해 권한쟁의심판을 청구할 적절한 관련성이 인정되지 아니하므로, 청구인적격이 인정되지 아니한다."고 판시하였다.[2)]

헌법재판소는 국회의원의 심의·표결권은 국회의 대내적인 관계에서 행사되고 침해될 수 있을 뿐 다른 국가기관과의 대외적인 관계에서는 침해될 수 없다고 하였고,[3)] 이에 따라 국회의원의 심의·표결권을 다투는 경우의 피청구인은 국회의장이, 상임위원회의 의결을 다투는 경우의 피청구인은 상임위원회 위원장이, 국회의 법률제정과 개정을 다투는 경우의 피청구인은 국회가 된다.[4)]

조약의 체결·비준에 대한 동의권은 국회에 속하므로 국회의 조약 체결·비준에 대한 동의권이 침해되었음을 다투는 권한쟁의 심판청구에 있어 국회의원은 청구인 적격이 없고,[5)] '예산 외에 국가의 부담이 될 계약' 체결에 대한 동의권 역시 국회의 권한이므로 국회의원은 청구인 적격이 없다.[6)]

---

1) 실무제요, 484면; 허영, 335면.
2) 헌재 2023. 3. 23. 2022헌라4(4인의 반대의견 있음. 이는 법무부장관이 헌법상 행정각부의 장으로서 정부조직법에 의하여 검찰 및 검사에 관한 사무를 관장하면서 갖는, 검찰청법상 검사에 대한 일반적인 지휘·감독권, 검찰조직 전반의 운용 및 검사와 검찰청 직원의 보직에 관한 권한에 영향을 미치는 것이므로, 청구인 법무부장관의 청구인적격이 인정된다고 하였다).
3) 헌재 2007. 7. 26. 2005헌라8; 헌재 2008. 1. 17. 2005헌라10.
4) 동지: 성낙인, 353면.
5) 헌재 2007. 7. 26. 2005헌라8; 헌재 2007. 10. 25. 2006헌라5; 헌재 2011. 8. 30. 2011헌라2.
6) 헌재 2008. 1. 17. 2005헌라10.

국회 본회의의 의결을 거치지 아니하고 국회의장이 국회의 대표자로서 국회의 이름으로 대통령 권한대행자를 상대로 권한쟁의심판청구를 할 수 있는지가 헌재 2025헌라1 사건에서 쟁점이 되었음은 앞서 설명한 바와 같다. 그런데 종래에도 국회가 권한쟁의심판의 피청구인이 되는 경우에는 그 대표자인 국회의장이 국회본회의의 의결 없이도 국회의 이름으로 소송행위를 할 수 있는 피청구인적격이 있다고 보았다.[1)] 왜냐하면 헌법재판소법 제40조 제1항에 의하여 준용되는 민사소송법 제56조는 법정대리인은 상대방의 소제기에 관하여 소송행위를 하는 경우에는 특별한 권한을 받을 필요가 없다고 규정하고, 민사소송법 제64조는 법인의 대표자에게는 법정대리인에 관한 규정을 준용한다고 규정하고 있었기 때문이다.

한편 헌법재판소는 "의안을 발의한 의원은 의안이 본회의에서 의제가 되기 전까지는 철회의 요구만으로 이를 철회할 수 있으나, 의안이 본회의에 상정되어 **의제로 성립된 이후**에는 이를 일방적으로 철회할 수 없고, 재적의원 과반수의 출석과 출석의원 과반수의 찬성에 의한 본회의의 동의를 받아야 한다. 이 때 의안의 **철회에 대한 본회의의 동의**는 독립된 의제로서 의결의 대상이 되므로, 의안이 본회의에서 의제로 성립된 이후에 의안에 대한 철회요구가 있는 경우에는 **국회의원**들은 본회의에서 의제가 된 의안의 철회 동의 여부에 대해 심의 및 표결을 할 수 있는 심의·표결권을 가진다."고 판시하였다.[2)]

또한 지방자치단체의 의결기관인 지방의회를 구성하는 **지방의회의원**과 그 지방의회의 대표자인 **지방의회 의장** 간의 권한쟁의심판은 헌법재판소가 관장하는 지방자치단체 상호간의 권한쟁의심판의 범위에 속한다고 볼 수 없으므로 이들은 권한쟁의심판 사건의 당사자가 될 수 없음은 물론, 당사자적격도 가질 수 없고,[3)] **부산지방해양수산청장**은 해양수산부장관의 명을 받아 소관사무를 통할하고 소속공무원을 지휘·감독하는 자로서 항만에 관한 독자적인 권한을 가지고 있지 못하므로 항만구역의 명칭결정에 관한 권한쟁의심판의 당사자가 될 수 없고, 당사자적격도 인정되지 않는다.[4)]

한편, 법률의 제·개정 행위를 다투는 권한쟁의심판의 경우에는 **국회**가 피

---

1) 헌재 2005. 12. 22. 2004헌라3; 헌재 2023. 3. 23. 2022헌라4등.
2) 헌재 2024. 3. 28. 2023헌라9.
3) 헌재 2010. 4. 29. 2009헌라11 참조.
4) 헌재 2008. 3. 27. 2006헌라1 참조.

청구인적격을 가지므로, 청구인들이 **국회의장** 및 **기획재정위원회 위원장**에 대하여 제기한 국회법 개정행위에 대한 심판청구는 피청구인적격이 없는 자를 상대로 한 청구로서 부적법하고,[1] **국회부의장**은 국회의장의 직무를 대리하여 법률안을 가결 선포할 수 있을 뿐, 법률안 가결선포행위에 따른 법적 책임을 지는 주체가 될 수 없으므로 피청구인 적격이 인정되지 아니하고,[2] **국회 상임위원회**가 그 소관에 속하는 의안, 청원 등을 심사하는 권한은 법률상 부여된 위원회의 고유한 권한이므로, **국회 상임위원회 위원장**이 위원회를 대표해서 의안을 심사하는 권한이 국회의장으로부터 위임된 것임을 전제로 한 국회 상임위원회 의원들의 국회의장에 대한 권한쟁의심판청구는 피청구인적격이 없는 자를 상대로 한 청구로서 부적법하다.[3]

지방자치단체에 위임된 **기관위임사무**는 국가사무이지, 지방자치단체의 권한에 속하지 아니하므로 **지방자치단체**가 그러한 사무에 관한 권한의 침해를 다투는 심판청구는 부적법하다.[4] 그런데 헌법재판소는 어업면허사무는 기관위임사무가 아니라 자치사무에 해당한다고 하였다.[5]

다. 제 3 자 소송담당

제 3 자 소송담당의 문제는 권리주체가 아닌 **제 3 자**가 자신의 이름으로 권리주체를 위하여 소송을 수행하는 것이 허용되는지에 관한 것이고, 권한쟁의심판에서는 특히 **부분기관**이 자신의 이름으로 소속기관의 권한을 주장할 수 있는지가 문제된다. 우리 헌법재판소법은 이에 관하여 명문의 규정을 두고 있지 않다. **교섭단체**를 결성하지 못한 정당 소속의 국회의원 전원인 청구인들이 국회를 위하여 국회의 조약에 대한 체결·비준 동의권한의 침해를 다투는 권한쟁의심판을 청구할 수 있는지가 문제된 사안에서 헌법재판소는, 다수결의 원리와 의회주의의 본질, 남용가능성을 들어 **제 3 자 소송담당**은 예외적으로 법률의 규정이 있는 경우에만 인정된다고 보아 **청구인적격**을 **부인**하였다.[6] 이에

---

1) 헌재 2016. 5. 26. 2015헌라1.
2) 헌재 2009. 10. 29. 2009헌라8등.
3) 헌재 2010. 12. 28. 2008헌라6등.
4) 헌재 1999. 7. 22. 98헌라4(도시계획사업실시계획인가사무); 헌재 2004. 9. 23. 2000헌라2(지적공부등록사무); 헌재 2008. 12. 26. 2005헌라11(지적공부등록사무); 헌재 2011. 9. 29. 2009헌라3; 헌재 2011. 9. 29. 2009헌라4; 헌재 2011. 9. 29. 2009헌라5(지번부여 및 토지등록사무); 헌재 2013. 12. 26. 2012헌라3등(교육장 등에 대한 징계사무).
5) 헌재 2015. 7. 30. 2010헌라2.

대하여는 헌법의 권력분립원칙과 소수자보호의 이념으로부터 제 3 자 소송담당을 직접 도출할 수 있으며, 적어도 국회의 교섭단체 또는 그에 준하는 정도의 실체를 갖춘 의원 집단에게는 제 3 자 소송담당의 방식으로 권한쟁의심판을 청구할 수 있는 지위를 인정하여야 한다는 1인의 반대의견이 있었다. 학설로는 제 3 자 소송담당을 인정해야 한다는 견해[1]가 다수설이고, 우리나라 권한쟁의심판에서 법적 근거가 없으므로 제 3 자 소송담당을 인정할 수 없다는 견해[2]가 소수설이다.

참고로 독일 연방헌법재판소법 제63조는 권한쟁의심판의 청구인과 피청구인을 "연방대통령, 연방의회, 연방참사원, 연방정부 그리고 기본법과 연방의회·연방참사원의 규칙에 의하여 독자적인 권리를 부여받은 위 기관들의 부분들"이라고 규정하고, 동법 제64조는 청구인이 자신이 속한 기관의 권리와 의무가 피청구인의 처분 또는 부작위로 인하여 침해되었거나 직접적인 침해위험이 있다는 것을 주장하면서 권한쟁의심판을 청구할 수 있도록 규정함으로써 명문으로 제 3 자 소송담당을 인정하고 있다. 독일 연방헌법재판소는 판례를 통하여 교섭단체는 연방의회를 위하여 소송담당을 할 수 있다고 하였고(BVerfGE 90, 286), 개개 국회의원들은 자신의 고유권한을 권한쟁의로 다툴 수는 있으나, 국회를 위하여 소송담당을 할 수는 없다고 하였다(BVerfGE 67, 100).

2. 피청구인의 처분 또는 부작위의 존재

권한쟁의심판을 청구하려면 피청구인의 '처분 또는 부작위'가 있어야 한다(헌재법 제61조 제 2 항). 헌법재판소법 제61조 제 1 항에 의한 권한쟁의심판은 피청구인의 처분 또는 부작위가 존재하지 아니하는 경우에는 이를 허용하지 않는 것이 원칙이다.[3]

---

6) 헌재 2007. 7. 26. 2005헌라8; 헌재 2007. 10. 25. 2006헌라5; 헌재 2008. 1. 17. 2005헌라10; 헌재 2011. 8. 30. 2011헌라2. 저자도 법정의견에 가담하였다; 동지: 헌재 2015. 11. 26. 2013헌라3(교섭단체 내지 그에 준하는 실체를 갖춘 의원집단에게만 한정하여 제 3 자소송담당 방식으로 권한쟁의심판을 제기하는 지위를 인정하는 것이 가능하다는 3인의 반대의견이 있었다); 헌재 2016. 4. 28. 2015헌라5.

1) 김하열, 667면; 성낙인, 364면; 정종섭, 529면; 허영, 337면.

2) 신평, 460면.

3) 헌재 2019. 4. 11. 2015헌라2.

가. 처 분

'처분'은 법적 중요성을 지녀야 하고, 청구인의 법적 지위에 구체적으로 영향을 미칠 가능성이 없는 행위는 '처분'이라 할 수 없다.[1] 헌법재판소는 헌법재판소법 제61조 제 2 항의 처분은 입법행위와 같은 법률의 제정과 관련된 권한의 존부 및 행사상의 다툼, 행정처분은 물론 행정입법과 같은 모든 행정작용 그리고 법원의 재판 및 사법행정작용 등을 포함하는 넓은 의미의 공권력 처분을 의미하는 것으로 보아야 한다고 하였다.[2] 정부의 법률안 제출행위,[3] 행정자치부장관이 지방자치단체에게 한 단순한 업무협조 요청, 업무연락, 견해표명,[4] 각급 선거관리위원회의 해당 지방자치단체에 대한 선거관리경비 산출통보행위,[5]사회보장위원회의 '지방자치단체 유사·중복 사회보장사업정비추진방안' 의결행위, 보건복지부장관이 광역지방자치단체장에게 한 통보행위,[6] 형식적 요건을 갖춘 신고인지 여부만 확인하는 사실행위에 불과한 신고수리[7]는 '처분'이라 할 수 없으나, 건설교통부장관의 고속철도역 명칭 결정행위,[8] 감사원의 지방자치단체를 상대로 한 감사행위,[9] 대통령의 시행령 개정행위,[10] 공유수면 점용·사용료 부과처분 및 어업면허처분[11]은 '처분'에 해당한다.

'처분'에는 개별적 행위(예: 교육과학기술부장관이 전라북도 교육감에게 한 시정명령[12])뿐

1) 헌재 2008. 6. 26. 2005헌라7; 헌재 2018. 7. 26. 2015헌라4.
2) 헌재 2006. 5. 25. 2005헌라4; 헌재 2008. 6. 26. 2005헌라7; 헌재 2010. 6. 24. 2005헌라9등; 헌재 2018. 7. 26. 2015헌라4; 헌재 2023. 3. 23. 2022헌라4("국가기관의 헌법상 권한은 국회의 입법행위를 비롯한 다양한 국가기관의 행위로 제한될 수 있으나, 국가기관의 법률상 권한은, 다른 국가기관의 행위로 침해될 수 있음은 별론으로 하고, 국회의 입법행위로는 침해될 수 없다. 국가기관의 '법률상 권한'은 국회의 입법행위에 의해 비로소 형성·부여된 권한일 뿐, 역으로 국회의 입법행위를 구속하는 기준이 될 수 없기 때문이다"라고 판시하였다).
3) 헌재 2005. 12. 22. 2004헌라3(정부가 법률안을 제출하였다 하더라도 그것이 법률로 성립되기 위해서는 국회의 많은 절차를 거쳐야 하고, 법률안을 받아들일지 여부는 전적으로 헌법상 입법권을 독점하고 있는 의회의 권한이므로 정부가 법률안을 제출하는 행위는 입법을 위한 하나의 사전 준비행위에 불과하고, 권한쟁의심판의 독자적 대상이 되기 위한 법적 중요성을 지닌 행위로 볼 수 없다고 하였다).
4) 헌재 2006. 3. 30. 2005헌라1.
5) 헌재 2008. 6. 26. 2005헌라7.
6) 헌재 2018. 7. 26. 2015헌라4.
7) 헌재 2019. 4. 11. 2016헌라8등.
8) 헌재 2006. 3. 30. 2003헌라2.
9) 헌재 2008. 5. 29. 2005헌라3.
10) 헌재 2010. 6. 24. 2005헌라9등.
11) 헌재 2019. 4. 11. 2016헌라8등.
12) 헌재 2011. 8. 30. 2010헌라4.

만 아니라 일반적 규범의 정립까지도 포함된다. 입법영역에서 처분은 법률의 제정과 관련된 행위(예를 들어 국회의장의 개의일시 미통지 개의 및 법률안가결선포행위),[1] 나아가 법률 제·개정행위,[2] 국회의장의 국회상임위원 사·보임 결재행위,[3] 국회의장의 국회사개특위위원 개선행위,[4] 국회 상임위원회 위원장이 자유무역협정 비준동의안을 상임위 전체회의에 상정한 행위 및 이 동의안을 법안심사소위원회에 회부한 행위[5], 국회 특별위원회 위원장의 위원회 심사 법률안 가결선포행위,[6] 국회 특별위원회 위원장의 신속처리 안건 지정동의안 가결선포행위 및 국회의장의 신속처리안건 지정행위[7]를 포함한다. 법률 제·개정행위가 심판대상인 경우 피청구인은 국회가 된다.

법률에 대한 권한쟁의심판은 '법률 그 자체'가 아니라 '법률 제·개정 행위'를 그 심판대상으로 하는데,[8] 그 실질이 법률에 대한 규범통제절차인지 여부, 법률의 효력을 상실하게 하는지 여부에 따라 그 인용정족수가 권한쟁의심판에서 요구하는 관여 재판관의 과반수인지, 법률의 위헌결정에 필요한 재판관 6명 이상인지에 관한 논의가 있다.[9]

행정영역에서 처분은 행정소송법에서 정하고 있는 처분 개념보다 넓어 명령·규칙 제·개정행위[10] 및 개별적 행정행위를 포함한다. 사실행위(예: 건설교통부장관의 고속철도역 명칭 결정행위[11])나 내부적인 행위도 청구인의 권한에 부정적인 영향을 주어서 법적으로 문제되는 경우에는 이에 해당한다.

장래처분을 대상으로 하는 심판청구는 원칙적으로 허용되지 않으나, 장래처

1) 헌재 1997. 7. 16. 96헌라2; 헌재 2006. 2. 23. 2005헌라6.
2) 헌재 2005. 12. 22. 2004헌라3; 헌재 2006. 5. 25. 2005헌라4(권한쟁의심판과 위헌법률심판은 원칙적으로 구분되어야 한다는 점에서 법률에 대한 권한쟁의심판은 '법률 자체'가 아니라 '법률제정행위'를 심판대상으로 하여야 한다고 하였다); 헌재 2008. 6. 26. 2005헌라7(국회가 공직선거법 제122조의2를 개정한 행위).
3) 헌재 2003. 10. 30. 2002헌라1.
4) 헌재 2020. 5. 27. 2019헌라1.
5) 헌재 2010. 12. 28. 2008헌라7 등.
6) 헌재 2020. 5. 27. 2019헌라5.
7) 헌재 2020. 5. 27. 2019헌라3등.
8) 헌재 2006. 5. 25. 2005헌라4; 헌재 2016. 5. 26. 2015헌라1.
9) 실무제요, 488면.
10) 대통령령 제정행위에 대한 헌재 2002. 10. 31. 2001헌라1; 대통령령 개정행위에 대한 헌재 2010. 6. 24. 2005헌라9등; 조례개정행위에 대한 헌재 2004. 9. 23. 2003헌라3; 헌재 2009. 11. 26. 2008헌라4.
11) 헌재 2006. 3. 30. 2003헌라2(건설교통부장관이 경부고속철도 제4-1공구 역의 이름을 '천안아산역(온양온천)'으로 결정한 것).

분이 확실히 예정되어 있고, 장래처분에 의해 권한이 침해될 위험성이 있어서 사전에 보호해 주어야 할 필요성이 매우 큰 예외적인 경우에는 장래처분에 대해서도 권한쟁의심판을 청구할 수 있다. 권한의 유무 또는 범위에 대한 다툼이 이미 발생한 경우에는 피청구인의 장래처분이 내려지기를 기다렸다가 권한쟁의심판을 청구하게 하는 것보다는 사전에 권한쟁의심판을 통하여 권한다툼을 사전에 해결하는 것이 권한쟁의심판제도의 목적에 더 부합되기 때문이다.[1)]

나. 부 작 위

여기서의 부작위는 단순한 사실상의 부작위가 아니고 헌법상 또는 법률상의 **작위의무**가 있는데도 불구하고 이를 이행하지 아니하는 것을 말한다.[2)]

헌법재판소는 국무총리임명동의안에 대한 표결이 적법하게 진행되어 정상적으로 종결된 것인지 불분명하고, 이에 관한 여·야의 합의조차 무산된 경우에 국회의장에게 개표절차를 진행하여 표결결과를 선포하여야 할 **작위의무**가 있음을 인정할 수 없고, 그러한 작위의무가 인정되지 않는 이상 국회의장의 **부작위**에 의한 권한침해를 다투는 권한쟁의심판은 허용되지 않는다고 하였고,[3)] "사건 도로들, 제방, 섬들은 청구인(부산광역시 강서구)의 관할구역으로 변경되었으므로, 피청구인(진해시)은 지방자치법 제 5 조에 따라 새로 그 지역을 관할하게 된 지방자치단체인 청구인에게 그 사무와 재산을 인계할 의무(**법률상 작위의무**)가 있고, 따라서 피청구인이 청구인에게 현재까지 위 토지들에 대한 사무와 재산을 인계하지 않고 있는 **부작위**는 지방자치법 제 5 조를 위반한 위법이 있고, 이러한 위법한 부작위는 위 토지들을 관할구역으로 하는 청구인의 자치권한을 침해하는 것"이라고 판시하였다.[4)]

---

1) 헌재 2004. 9. 23. 2000헌라2; 헌재 2008. 12. 26. 2005헌라11; 헌재 2009. 7. 30. 2005헌라2; 헌재 2010. 6. 24. 2005헌라9등; 헌재 2011. 9. 29. 2009헌라3; 헌재 2011. 9. 29. 2009헌라4; 헌재 2011. 9. 29. 2009헌라5; 헌재 2019. 4. 11. 2015헌라2; 헌재 2021. 2. 25. 2015헌라7; 헌재 2022. 10. 27. 2020헌라4(청구인이 주장하는 피청구인의 장래처분이 확실하게 예정되어 있다고 보기 어렵고, 청구인의 권한을 사전에 보호해야 할 필요성이 있다고 보기 어려우므로, 장래처분에 관한 부분도 부적법하다고 하였다. 3인의 반대의견 있음); 헌재 2024. 8. 29. 2022헌라1(육지풍력 주식회사가 기존 발전사업허가 및 계획에 따라 추가적인 공유수면 점·사용 허가를 신청할 경우, 피청구인은 쟁송해역에 대한 관할권한을 주장하며 가처분들과 유사한 장래처분을 행사할 가능성이 있으므로 장래처분에 대한 심판청구가 적법하다고 하였다).

2) 헌재 1998. 7. 14. 98헌라3; 헌재 2006. 8. 31. 2004헌라2.

3) 헌재 1998. 7. 14. 98헌라3.

4) 헌재 2006. 8. 31. 2004헌라2.

또한 헌법재판소는 권한침해확인 결정 이후 피청구인(국회의장)의 부작위가 재차 청구인들(국회의원)의 법률안 심의·표결권을 침해한 것이라고 주장하여 제기된 권한쟁의심판사건에서 피청구인의 법률안 가결선포 행위가 청구인들의 법률안 심의·표결권을 침해한 것임을 확인한 종전 권한침해확인 결정의 기속력으로 피청구인이 구체적인 특정한 조치를 취할 작위의무를 부담한다고 볼 수 없다는 이유로 심판청구를 기각하였고,[1] 국회 상임위원회 의안 심사와 관련하여 국회의장이 회의의 원만한 진행을 위한 질서유지조치를 취하지 않은 부작위는 작위의무가 인정되지 않아 권한쟁의심판의 대상이 되지 않는다고 하였다.[2]

그런데 국회가 대통령권한대행 부총리 겸 기획재정부 장관 최상목을 상대로 청구인이 2024. 12. 26. 본회의에서 선출한 헌법재판관 마은혁의 임명을 피청구인이 2024. 12. 31.자로 거부 또는 임명하지 아니한 부작위가 헌법 및 헌법재판소법에 따라 부여된 헌법재판소 재판관의 선출권한, 헌법재판소 구성에 참여할 권한 및 9인의 재판관으로 구성된 헌법재판관에서 탄핵심판 및 권한쟁의심판을 공정하게 받을 권한 등을 침해한 것으로 위헌임을 확인한다는 권한쟁의심판을 2025헌라1 사건으로 청구하였다.[3] 이 사건에서는 국회가 선출한 재판관 후보자를 대통령 권한대행이 임명할 법상 작위의무가 있는지, 윤석열 대통령 탄핵소추 가결 전에 여·야 원내대표 사이에 재판관 추천합의가 있었는지 등이 쟁점사항이 되었다.

헌법재판소는 국회가 선출한 재판관 후보자가 헌법과 헌법재판소법에서 정한 자격요건을 갖추고 그 선출과정에 의회민주주의를 원칙으로 하는 헌법 및 국회법 등 법률을 위반한 하자가 없는 한 헌법 제111조 제 2 항에 따라 그 사람을 재판관으로 임명할 헌법상 의무를 부담하는바, 청구인이 선출한 재판관 후보자가 헌법과 헌법재판소법에서 정한 자격요건을 갖추고 있고, 청구인이 각

---

1) 헌재 2010. 11. 25. 2009헌라12. 재판관 1인은 기각의견, 재판관 4인은 각하의견(저자는 이 의견에 가담), 재판관 4인은 인용의견을 내었다(각하의견은 "헌법재판소법은 헌법재판소가 피청구인이나 제 3 자에 대하여 적극적으로 의무를 부과할 권한을 부여하고 있지 않고, 부작위에 대한 심판청구를 인용하는 결정을 한 때에 피청구인에게 결정의 취지에 따른 처분의무가 있음을 규정할 뿐이다. 따라서 헌법재판소가 권한의 존부 및 범위에 관한 판단을 하면서 피청구인이나 제 3 자인 국회에게 직접 어떠한 작위의무를 부과할 수는 없고, 권한의 존부 및 범위에 관한 판단 자체의 효력으로 권한침해행위에 내재하는 위헌·위법상태를 적극적으로 제거할 의무가 발생한다고 보기도 어렵다."고 판시하였다).

2) 헌재 2010. 12. 28. 2008헌라7.

3) 저자는 이 사건의 피청구인 측 대리인으로 참여하였다.

교섭단체와의 어떠한 협의도 없이 일방적으로 재판관들을 선출한 것이라고 볼 수 없어 청구인이 의회민주주의 원칙에 의한 절차를 위반하였다고 볼 수 없으므로 피청구인은 마은혁 후보자를 재판관으로 임명하여야 할 헌법상 구체적 작위의무를 부담함에도 불구하고 피청구인의 임명부작위를 청구인의 재판관 선출을 통한 헌법재판소 구성원을 침해하였다고 인용결정을 하였다.[1)]

3. '권한의 침해 또는 현저한 침해위험'의 가능성

권한쟁의심판에서의 **'권한'**이란 국가나 지방자치단체 등 공법인 또는 그 기관이 헌법 또는 법률에 의해 법적으로 유효한 행위를 할 수 있는 **능력 또는 그 범위**를 말한다. 따라서 국가기관의 행위라 할지라도 헌법과 법률에 의해 그 국가기관에게 부여된 **독자적인 권능**을 행사하는 경우가 아닌 때에는 비록 국가기관의 행위가 제한을 받더라도 권한쟁의심판에서 말하는 권한이 침해될 가능성은 없다.[2)] 그리고 일반적인 권한이 있다 하더라도 **권한을 행사할 수 있는 기간**이 정해져 있다면 그 권한은 기간 경과 후 소멸하므로 그 기간 경과 이후에는 해당 권한에 대한 침해가 발생할 수 없다.[3)]

'권한의 침해'는 피청구인의 처분 또는 부작위로 인한 청구인의 권한침해가 과거에 발생하였거나 현재까지 지속되는 침해를 말한다.[4)] 헌법재판소는 피청구인이 지방재정법 시행령 제36조 제 3 항, 제 4 항을 개정한 행위는 지역 간 세원 격차가 큰 현실에서 공정하고 합리적인 지방재정 조정을 통한 재정균형, 더 나아가 성공적인 지방자치 운영을 위한 것으로 볼 수 있으며, 이로 인하여 청구인들의 자치재정권이나 자치권한이 다소 제한을 받는다 하더라도, 이것이 청구인들의 고유한 자치권한을 유명무실하게 할 정도의 지나친 제한이라고 보기는 어려우므로, 이 사건 개정행위는 청구인들의 자치재정권을 침해한다고 볼 수 없다고 하였다.[5)] **'현저한 침해위험'**은 아직 침해라고는 할 수 없으나 급박하게 조만간 권한침해에 이르게 될 개연성이 현저히 높은 상황을 이른다.[6)] 국가기관의

1) 헌재 2025. 2. 27. 2025헌라1.
2) 헌재 2010. 7. 29. 2010헌라1.
3) 헌재 2013. 9. 26. 2012헌라1.
4) 헌재 2019. 4. 11. 2016헌라3; 헌재 2022. 12. 22. 2020헌라3.
5) 헌재 2019. 4. 11. 2016헌라7.
6) 헌재 2006. 5. 25. 2005헌라4; 헌재 2009. 11. 26. 2008헌라3; 헌재 2009. 11. 26. 2008헌라4; 헌재

부작위로부터는 권한침해의 위험이 야기되지 않음이 원칙이다.

적법요건 단계에서의 '침해' 요건은 청구인의 권한이 구체적으로 관련되어 **침해가능성**이 있다고 인정되는 경우에는 충족된다고 본다. 피청구인의 처분 또는 부작위가 헌법 또는 법률에 따라 부여받은 청구인의 권한을 침해할 가능성이 없는 경우에 제기된 권한쟁의심판청구는 부적법하다.[1] 청구인의 권한 침해

2019. 4. 11. 2016헌라3; 헌재 2022. 12. 22. 2020헌라3.

1) 헌재 1998. 6. 25. 94헌라1; 헌재 2009. 11. 26. 2008헌라4(지방자치단체의 특정한 행정동 명칭에 관한 독점적·배타적 권한을 인정할 수 없는 이상, 피청구인의 행정동 명칭 변경에 관한 조례로 인하여 청구인의 행정동 명칭에 관한 권한이 침해될 가능성이 있다고 볼 수 없다고 하였다); 헌재 2010. 6. 24. 2005헌라9등; 헌재 2010. 12. 28. 2009헌라2; 헌재 2011. 8. 30. 2011헌라1(낙동강 살리기 사업은 국가사무일 뿐 지방자치단체인 청구인의 권한이라 할 수 없으므로 자신의 권한인 자치사무라고 주장하면서 제기한 권한쟁의심판청구는 청구인의 권한이 침해될 개연성이 전혀 없어 부적법하다고 하였다); 헌재 2012. 7. 26. 2010헌라3; 헌재 2013. 12. 26. 2012헌라3등(국가사무인 교육장 등에 대한 징계사무에 관하여 지방자치단체가 청구한 권한쟁의심판청구는 지방자치단체의 권한에 속하지 아니하는 사무에 관한 심판청구로서 청구인들의 권한이 침해되거나 침해될 현저한 위험이 있다고 볼 수 없어 부적법하다고 하였다); 헌재 2014. 3. 27. 2012헌라4(행정안전부장관의 지방세 과세권 귀속결정은 법적 구속력이 없으므로 청구인인 서울특별시의 자치재정권을 침해할 가능성이 없다고 하였다); 헌재 2016. 5. 26. 2015헌라1; 헌재 2017. 12. 28. 2017헌라2(국가사무인 군공항 이전사업이 청구인의 의사를 고려하지 아니하고 진행된다고 하더라도 이로써 지방자치단체인 청구인의 자치권한을 침해하였다거나 침해할 현저한 위험이 있다고 볼 수 없으므로 부적법하다고 하였다); 헌재 2019. 4. 11. 2016헌라3; 헌재 2020. 5. 27. 2019헌라3 등(자유한국당 소속 국회의원인 청구인들 중 사개특위위원이 아닌 청구인들은 사개특위에서 이루어진 피청구인 국회의장의 국회의원 오신환, 권은희에 대한 각 개선행위에 의하여 그 권한을 침해받았거나 침해받을 현저한 위험성이 있다고 보기 어렵고, 자유한국당 소속으로서 사개특위 위원인 청구인들의 경우에도 이 사건 각 개선행위만으로는 권한의 침해나 침해의 위험성이 발생한다고 보기 어렵고, 사개특위가 개화되어 신속처리안건 지정동의안에 관한 심의·표결 절차에 들어갔을 때 비로소 그 권한의 침해 또는 침해의 위험성이 존재한다고 하였고, 법률안에 대한 국회의원의 심의·표결권이 침해될 가능성 또는 위험은 각 국회의원이 해당 법률안을 심의할 수 있는 상태가 되었을 때 비로소 현실화될 수 있으므로 국회의장의 이 사건 법률안 수리행위에 대한 권한쟁의심판청구가 법률안에 대한 위원회 회부나 안건 상정, 본회의 부의 등과는 별도로 오로지 전자정보시스템으로 제출된 법률안을 접수하는 수리행위만을 대상으로 하는 한, 그러한 법률안 수리행위만으로는 사개특위 및 정개특위 위원인 청구인들의 법률안 심의·표결권이 침해될 가능성이나 위험성이 없다고 하였다); 헌재 2020. 5. 27. 2019헌라6등(피청구인 국회의 공직선거법 개정행위로 개정된 공직선거법의 내용은 국회의원선거와 관련하여 준연동형 비례대표제를 도입하는 등 선거와 관련된 내용만을 담고 있어, 청구인 국회의원들의 법률안 심의·표결권과는 아무런 관련이 없으므로 위와 같은 공직선거법 개정행위로 인하여 청구인 국회의원들의 법률안 심의·표결권이 침해될 가능성은 없다고 하였다); 헌재 2020. 7. 16. 2015헌라3(개정 지방자치법의 취지와 공유수면과 매립지의 성질상 차이 등을 종합하여 볼 때, 신생 매립지는 개정 지방자치법 제 4 조 제 3 항에 따라 같은 조 제 1 항이 처음부터 배제되어 종전의 관할구역과의 연관성이 단절되고, 행정안전부장관의 결정이 확정됨으로써 비로소 관할 지방자치단체가 정해지며, 그 전까지 해당매립지는 어느 지방자치단체에도 속하지 않는다 할 것이다. 그렇다면 이 사건 매립지의 매립 전 공유수면에 대한 관할권을 가졌을 뿐인 청구인들이, 그 후 새로이 형성된 이 사건 매립지에 대해서까지 어떠한 권한을 보유하고 있다고 볼 수 없으므로, 이 사건에서 청구인들의 자치권한이 침해되거나 침해될 현저한 위험이 있다고 보기는 어렵다고 하였다. 2인의 반대의견 있음); 헌재 2022. 12. 22. 2020헌라3(특별조정교부금 배분에

가능성이 있는 경우에 제기된 권한쟁의심판청구는 적법하고, 권한의 침해가 실제적으로 존재하고 위헌 내지 위법한지 여부는 **본안결정**에서 판단하게 된다.[1] 그런데 헌법재판소는 국회의 입법에 의하여 지방자치권이 침해되었는지 여부를 심사함에 있어서는 **지방자치권의 본질적 내용**이 침해되었는지 여부만을 심사

서 제외한 행위는 특별조정교부금에 관한 청구인의 권한과 구체적으로 관련이 있으며, 청구인의 자치재정권이 침해될 가능성이 있으므로 권한쟁의심판청구가 적법하다고 하였다. 1인의 반대의견 있음).

1) 헌재 2006. 5. 25. 2005헌라4(종래 지방세에 속하던 부동산 보유세를 국세로 전환하는 내용의 법률제정행위가 지방자치단체의 자치재정권을 침해할 가능성이 있다고 하였다); 헌재 2008. 5. 29. 2005헌라3(감사원의 감사로 인하여 지방자치단체의 인사권이 제한되고 자치적 정책판단의 범위가 축소되는 등 지방자치권이 침해될 가능성이 있다고 하였다); 헌재 2009. 5. 28. 2006헌라6(이 사건 합동감사로 인하여 청구인의 자치행정권과 자치재정권 등 지방자치권이 침해될 가능성이 전혀 없다고 보기는 어려우므로 권한쟁의심판청구의 적법요건을 충족하였다고 하였고, 본안에서도 피청구인이 청구인의 자치사무에 대하여 실시한 정부합동감사는 헌법 및 지방자치법에 의하여 부여된 청구인의 지방자치권을 침해한 것이라고 인용결정하였다); 헌재 2011. 9. 29. 2009헌라3, 헌재 2011. 9. 29. 2009헌라4, 헌재 2011. 9. 29. 2009헌라5(계쟁지역에 대한 관할권한이 청구인에게 귀속된다고 할 수 없으므로 피청구인이 계쟁지역에서 행사할 장래처분으로 인하여 헌법상 및 법률상 부여받은 청구인의 자치권한이 침해될 현저한 위험성이 존재한다고 볼 수 없다고 하면서 심판청구를 모두 기각하였다); 헌재 2012. 2. 23. 2010헌라5등(국회의장이 본회의에서 의안들을 본회의에 상정하는 과정은 물론 심의·의결하는 과정에서 국회법에 위반된 사정이 없으므로 국회의장의 이 사건 가결선포 행위는 청구인들의 심의·표결권을 침해한 것이 아니라고 하여 심판청구를 기각하였다); 헌재 2013. 9. 26. 2012헌라1(교육감의 재의요구 철회, 재의요구를 하지 않은 부작위 및 조례안 공포행위가 교육부장관의 재의요구 요청권한을 침해하였거나 침해할 위험이 없다는 이유로 심판청구를 기각하였다); 헌재 2015. 7. 30. 2010헌라2(관할구역의 범위 여하에 따라 쟁송해역에 대한 청구인의 자치권한의 침해가능성을 인정할 수 있다고 하였다); 헌재 2019. 4. 11. 2015헌라2(청구인이 이 사건 쟁송매립지에 대한 헌법상 및 법률상 자치권한을 가지고 있다고 인정할 가능성이 있다면 앞으로 피청구인이 행사할 장래처분으로 인해 이 사건 쟁송매립지에 대한 청구인의 자치권한이 침해될 현저한 위험성이 존재한다고 할 수 있으나, 매립의 경위나 목적 등 여러 가지 사정들을 종합하면, 이 사건 쟁송매립지에 대한 관할권한이 청구인에게 귀속된다고 볼 수 없으므로, 피청구인이 이 사건 쟁송매립지에서 행사할 장래처분으로 인하여 헌법상 및 법률상 부여받은 청구인의 자치권한이 침해되지 않는다는 이유로 심판청구를 기각하였다); 헌재 2019. 4. 11. 2016헌라8 등(본안심리의 결과 청구인과 피청구인이 각각 제 1 쟁송해역 및 제 2 쟁송해역에 대한 헌법상 및 법률상 자치권한을 가지고 있다고 인정될 경우, 피청구인의 이 사건 부과처분과 청구인의 이 사건 면허처분은 각각 상대방의 자치권한을 침해한 것으로 인정될 수 있으므로 이 사건 부과처분과 이 사건 면허처분으로 인한 권한침해가능성도 모두 인정된다고 하였다); 헌재 2022. 12. 22. 2020헌라3(피청구인이 청구인을 특별조정교부금 배분에서 제외한 행위가 청구인의 지방재정권을 침해한 것이라고 볼 수 없다는 이유로 심판청구를 기각하였다. 1인의 반대의견 있음); 헌재 2023. 10. 26. 2023헌라2(피청구인 국회 과방위 위원장의 이 사건 본회의 부의 요구행위는 청구인 국회의원들의 법률안 심의·표결권을 침해하지 않는다는 이유로 심판청구를 기각하였다. 4인의 반대의견 있음); 헌재 2023. 10. 26. 2023헌라3(피청구인 환노위 위원장의 이 사건 본회의 부의 요구행위는 청구인 국회의원들의 법률안 심의·표결권을 침해하지 않는다는 이유로 심판청구를 기각하였다. 4인의 반대의견 있음); 헌재 2025. 2. 27. 2023헌라5(감사원의 직무감찰로 인한 중앙선거관리위원회의 권한침해 가능성이 인용된다고 하였고, 피청구인이 청구인에 대하여 실시한 직무감찰로 헌법 및 선거관리위원회법에 의하여 부여받은 청구인의 독립적인 업무수행에 관한 권한을 침해한 것이라고 하였다).

하면 족하고, 기본권침해를 심사하는 데 적용되는 과잉금지원칙이나 평등원칙 등을 적용할 것은 아니라고 하였다.[1)]

국가기관 상호간에 권한의 침해 또는 그 위험이 있는 경우로는 헌법 또는 법률상의 수권범위를 벗어나, 한 국가기관이 월권함으로써 다른 국가기관의 권한을 침범하여 잠식하는 경우, 한 국가기관이 다른 국가기관의 정당한 권한행사를 저해하는 경우, 입법에 의하여 행정부나 법원의 권한 일부를 삭제하는 경우처럼 한 국가기관의 권한행사로 말미암아 다른 국가기관의 권한이 박탈당하는 경우 등이 존재할 수 있다.[2)]

국가정책에 참고하기 위해 행정자치부장관의 요구에 의해 실시되는 주민투표법 제 8 조의 주민투표 실시를 요구받지 않은 지방자치단체에게는 주민투표 실시에 관한 권한이 발생하였다고 볼 수 없으므로 그 권한의 침해 여지도 없어서 이를 다투는 청구는 부적법하고,[3)] 국회의원의 심의·표결권은 국회의 대내적인 관계에서 행사되고 침해될 수 있을 뿐 다른 국가기관과의 대외적인 관계에서는 침해될 수 없는 것이므로, 대통령이 국회의 동의 없이 조약을 체결·비준하였다 하더라도 국회의 체결·비준 동의권이 침해될 수는 있어도 국회의원인 청구인들의 심의·표결권이 침해될 가능성은 없다.[4)]

헌법재판소는 다른 지방자치단체의 관계에서 어느 지방자치단체가 특정한 행정동 명칭을 독점적·배타적으로 사용할 권한이 있다고 볼 수 없으므로 행정동 명칭 변경에 관한 조례로 인하여 청구인의 행정동 명칭에 관한 권한이 침해될 가능성이 없다고 하였고,[5)] 특정 지방자치단체의 일부 구역을 다른 지방자치단체의 명칭을 사용하는 지정항만의 구역으로 지정하는 항만법 시행령 제 2 조

1) 헌재 2010. 10. 28. 2007헌라4(지방세법 제 6 조의2, 제 6 조의3을 제정하는 국회의 행위로 청구인들의 재산세 수입이 다소 감소함으로써 청구인들의 자치재정권이 다소 제한되었다고 하더라도 그로 인하여 청구인들의 자치재정권이 유명무실하게 될 정도로 지나치게 침해되었다고 할 수 없다는 이유로 심판청구를 기각하였다); 헌재 2002. 10. 31. 2002헌라2.

2) 실무제요, 491면.

3) 헌재 2005. 12. 22. 2005헌라5.

4) 헌재 2007. 7. 26. 2005헌라8; 헌재 2007. 10. 25. 2006헌라5; 헌재 2008. 1. 17. 2005헌라10(정부가 국회의 동의 없이 예산 외에 국가의 부담이 될 계약을 체결하였다 하더라도 국회의 동의권이 침해될 수는 있어도 국회의원인 청구인들의 심의·표결권이 침해될 가능성은 없다고 하였다); 헌재 2011. 8. 30. 2011헌라2; 헌재 2015. 11. 26. 2013헌라3; 헌재 2016. 4. 28. 2015헌라5(국회의원의 심의·표결권은 피청구인 행정자치부장관의 행위(국민안전처 등을 세종시로 이전하는 내용의 처분)로 침해될 가능성이 없다고 하였다).

5) 헌재 2009. 11. 26. 2008헌라3; 헌재 2009. 11. 26. 2008헌라4.

(별표1) 지정항만의 명칭·위치 및 구역 중 부산항의 위치 및 해상구역 부분의 개정행위가 지방자치단체의 청구인들의 권한을 침해하거나 침해할 현저한 위험이 있다고 볼 수 없다고 하였으며,[1] 또한 특정정보를 인터넷 홈페이지에 게시하거나 언론에 알리는 것과 같은 행위는 헌법과 법률이 특별히 국회의원에게 부여한 국회의원의 독자적인 권능이라 할 수 없고 국회의원 이외의 다른 국가기관은 물론 일반 개인들도 누구든지 할 수 있는 행위로서, 그러한 행위가 제한된다고 해서 국회의원의 권한이 침해될 가능성은 없다고 하였고,[2] 지방자치단체인 청구인이 기관위임사무를 수행하면서 지출한 경비에 대하여 기획재정부장관인 피청구인에게 예산배정요청을 하였으나 피청구인이 이를 거부한 경우 위 거부처분에 대한 권한쟁의심판청구는 위 거부처분으로 말미암아 청구인의 자치재정권 등 헌법 또는 법률이 부여한 청구인의 권한이 침해될 가능성이 인정되지 아니하므로 부적법하다고 하였고,[3] 국토해양부장관이 낙동강 사업에 관한 포괄적 시행권을 대행계약의 형태로 경상남도지사에게 대행시킨 후 계약상 채무불이행을 이유로 위 대행계약을 해제하고 낙동강사업의 시행권을 회수한 행위가 청구인인 경상남도의 권한을 침해하였거나 침해할 현저한 위험의 가능성이 없다고 하였으며,[4] 피청구인인 대통령이 국회의 동의 없이 조약을 체결·비준하였다 하더라도 국회의 조약 체결·비준에 대한 동의권이 침해될 수는 있어도 국회의원인 청구인들의 심의·표결권이 침해될 가능성은 없다고 하였고,[5] 교육과학기술부장관의, 국가사무인 사립대학의 신설이나 학생정원에 관한 '수도권 사립대학 정원규제'는 청구인(경기도)의 권한을 침해하거나 침해할 현저한 위험이 있다고 할 수 없다고 하였다.[6]

또한 헌법재판소는 국가사무인 교육장 등에 대한 징계사무에 관하여 지방

1) 헌재 2010. 6. 24. 2005헌라9등(이 결정은 '권한침해 또는 현저한 침해위험의 가능성이 있다고 할 수 없다'고 설시하여야 할 것을 '권한을 침해하였거나 침해할 현저한 위험이 있다고 볼 수 없다'고 판시하면서 심판청구를 부적법각하한 것은 잘못이라 할 것이다).
2) 헌재 2010. 7. 29. 2010헌라1.
3) 헌재 2010. 12. 28. 2009헌라2(청구인이 공법상의 비용상환청구소송 등 소정의 권리구제절차를 통하여 국가로부터 이를 보전받을 수 있으므로 청구인이 그 비용을 최종적으로 부담하게 되는 것이 아니라고 하였다).
4) 헌재 2011. 8. 30. 2011헌라1.
5) 헌재 2011. 8. 30. 2011헌라2; 동지: 헌재 2015. 11. 26. 2013헌라3; 헌재 2016. 4. 28. 2015헌라5.
6) 헌재 2012. 7. 26. 2010헌라3(이 결정도 '권한침해 또는 현저한 침해위험의 가능성이 있다고 할 수 없다'고 설시하여야 할 것을 '권한을 침해하였거나 침해할 현저한 위험이 있다고 볼 수 없다'고 판시하면서 심판청구를 부적법각하한 것은 잘못이라 할 것이다).

자치단체가 청구한 권한쟁의심판청구는, 지방자치단체의 권한에 속하지 아니하는 사무에 관한 심판청구로서 청구인들의 권한이 침해되거나 침해될 현저한 위험이 있다고 볼 수 없으므로 부적법하고,[1] 대여용 차량에 대한 지방세 과세권 귀속결정은 지방세 과세권의 귀속 여부 등에 관하여 지방자치단체의 장의 의견이 서로 다른 경우 피청구인의 행정적 관여 내지 공적인 견해 표명에 불과할 뿐, 그 결정에 법적 구속력이 있다고 보기 어려우므로 피청구인의 과세권 귀속결정으로 말미암아 청구인의 자치재정권 등 자치권한이 침해될 가능성이 없으므로 권한쟁의심판청구는 부적법하다고 하였다.[2]

또한 헌법재판소는 소위 국회선진화법 권한쟁의 사건에서, "국회 기획재정위원회 위원장이 서비스산업발전 기본법안에 대한 신속처리대상안건 지정 요청에 대해 기재위 재적위원 과반수에 못 미치는 위원이 서명한 신속처리안건 지정동의라는 이유로 표결실시를 거부한 행위는 신속처리대상안건 지정동의가 적법한 요건을 갖추지 못하였으므로, 위 표결실시 거부행위로 인하여 기재위 소속 위원인 청구인 나○린의 신속처리안건지정동의에 대한 표결권이 직접 침해당할 가능성은 없다. 가사 청구인 나○린의 주장과 같이 국회법 제85조의2 제1항 중 재적위원 5분의 3 이상의 찬성을 요하는 부분이 위헌으로 선언되더라도, 피청구인 기재위 위원장에게 신속처리대상안건 지정요건을 갖추지 못한 신속처리안건지정동의에 대하여 표결을 실시할 의무가 발생하는 것은 아니므로 그 위헌 여부는 이 사건 표결실시 거부행위의 효력에는 아무런 영향도 미칠 수 없다. 따라서 이 사건 표결실시 거부행위는 청구인 나○린의 신속처리안건지정동의에 대한 표결권을 침해하거나 침해할 위험성이 없으므로 이에 대한 심판청구는 부적법하다."고 판시하였고,[3] 피청구인 국회의장의 법률안에 대한 심사기간 지정요청 거부행위가 청구인들의 법률안 심의·표결권을 침해할 가능성이 있는지에 관하여 "(1) 국회법 제85조 제1항의 지정사유가 있다 하더라도 국회의장은 직권상정권한을 행사하지 않을 수 있으므로, 청구인들의 법안 심의·표결권에 대한 침해위험성은 해당안건이 본회의에 상정되어야만 비로소 현실화된다. 따라

1) 헌재 2013. 12. 26. 2012헌라3등(이 결정은 '권한이 침해될 가능성'이 없어 부적법하다고 하여 심판청구를 각하하면서도 '청구인들에게 부여한 권한을 침해하거나 침해할 현저한 위험이 있다고 볼 수 없다'고 설시한 것은 부적절하다고 할 것이다).
2) 헌재 2014. 3. 27. 2012헌라4.
3) 헌재 2016. 5. 26. 2015헌라1.

서 이 사건 심사기간 지정 거부행위로 말미암아 청구인들의 법률안 심의·표결권이 직접 침해당할 가능성은 없다. (2) '의장이 각 교섭단체대표의원과 합의하는 경우'를 심사기간 지정사유로 규정한 국회법 제85조 제 1 항 제 3 호가 헌법에 위반된다고 하더라도, 법률안에 대한 심사기간 지정 여부에 관하여는 여전히 국회의장에게 재량이 인정되는 것이지 법률안에 대한 심사기간 지정 의무가 곧바로 발생하는 것은 아니다. 따라서 국회법 제85조 제 1 항 제 3 호의 위헌 여부는 이 사건 심사기간 지정 거부행위의 효력에 아무런 영향도 미칠 수 없다. (3) 국회법 제85조 제 1 항에 국회 재적의원 과반수가 의안에 대하여 심사기간 지정을 요청하는 경우 국회의장이 그 의안에 대하여 의무적으로 심사기간을 지정하도록 규정하지 아니한 입법부작위는 '진정입법부작위'에 해당하므로 이 사건 입법부작위의 위헌 여부와 국회법 제85조 제 1 항은 아무런 관련이 없고, 그 위헌 여부가 이 사건 심사기간 지정 거부행위에 어떠한 영향도 미칠 수 없다. 나아가 헌법재판소가 근거규범도 아닌 이 사건 입법부작위의 위헌 여부에 대한 심사에까지 나아가는 것은 부적절하므로 그 심사를 최대한 자제하여 의사절차에 관한 국회의 자율성을 존중하는 것이 바람직하다. 만일 이 사건 입법부작위의 위헌 여부를 선결문제로 판단하더라도, 헌법의 명문규정이나 해석상 국회 재적의원 과반수의 요구가 있는 경우 국회의장이 심사기간을 지정하고 본회의에 부의해야 한다는 의무는 도출되지 않으므로, 국회법 제85조 제 1 항에서 이러한 내용을 규정하지 않은 것이 다수결의 원리, 나아가 의회민주주의에 반한다고도 볼 수 없다. (4) 이와 같이 이 사건 심사기간 지정 거부행위는 국회의원인 청구인들의 법률안 심의·표결권을 침해하거나 침해할 위험성이 없으며, 그 근거조항인 국회법 제85조 제 1 항 제 3 호나 이 사건 입법부작위의 위헌성을 이유로 이 사건 심사기간 지정 거부행위가 청구인들의 법률안 심의·표결권을 침해할 가능성 또한 인정되지 아니하므로 이 사건 심사기간 지정 거부행위에 대한 심판청구는 부적법하다."고 판시하였다.[1)]

1) 헌재 2016. 5. 26. 2015헌라1. 다만, 국회를 구성하는 헌법기관인 국회의원은 헌법에 의하여 국회 본회의에서 법률안에 대한 심의·표결을 할 수 있는 권한을 부여받았는바, 이 사건 심사기간 지정 거부행위로 인하여 청구인들이 심사기간 지정을 요구한 법률안들의 본회의 부의·상정이 불가능하게 됨으로써 청구인들은 본회의에서 그 법률안들에 대한 심의·표결권을 행사함에 있어 중대한 지장이 초래되었다고 봄이 상당하므로, 이로써 청구인들의 권한이 침해될 가능성이 있다고 보아야 한다는 2인의 반대의견이 있다. 동 반대의견은 청구인들이 국회법 제85조 제 1 항 심사기간 지정거부에 대한 부진정입법부작위를 주장하는 것이 명백하므로 동 조항의 위헌여부는 이 사건 심사기간 지정거부행위에 대한 위헌여부를 판단함에 있어 선결문제가 된다고 하고, 본안에 관하여

또한 헌법재판소는 군공항 이전건의권은 군 공항 이전사업에 대한 국가권한의 행사를 촉구하고 그에 대한 검토 결과를 통보받을 수 있는 권한에 불과하므로 모든 종전부지 지방자치단체의 장이 함께 행사하여야 하는 것은 아닌바, 수원시장의 이전건의권 행사를 근거로 이 사건 공항예비이전 후보지선정처분이 내려진 것이더라도 청구인의 이전건의권이 침해되거나 침해될 현저한 위험이 있다고 볼 수 없으므로 부적법하다고 하였고,[1] 지방교부세법 시행령 제 2 조 제 1 항 제 9 호 및 모법인 지방교부세법 제11조 제 2 항은 '지방자치단체가 협의·조정을 거치지 않거나 그 결과를 따르지 아니하고 경비를 지출한 경우 지방교부세를 감액하거나 반환하도록 명할 수 있다.'는 것에 불과하므로 실제로 지방교부세가 감액되거나 반환되지 않는 이상 권한침해가 현실화되었다고 보기는 어렵고, 그 전에는 조건 성립 자체가 유동적이므로 권한침해의 현저한 위험, 즉 조만간에 권한침해에 이르게 될 개연성이 현저하게 높은 상황이라고 보기도 어려우므로 개정행위 자체로써 지방자치단체의 자치권한의 침해가 확정적으로 현실화되었다거나 자치권한을 침해할 현저한 위험이 인정된다고 보기는 어렵다고 하였다.[2]

한편 헌법재판소는 교육·학예에 관한 시·도의회의 의결사항에 대한 교육감의 재의요구 권한과, 교육부장관의 재의요구 요청권한은 별개의 독립된 권한이므로 지방의회의 조례안 의결에 대하여 재의요구를 한 교육감은 지방의회가 재의결을 하기 전까지 재의요구를 철회할 수 있고, 교육감의 동 재의요구 철회가 교육부장관의 재의요구 요청권한을 침해하였거나 침해할 현저한 위험이 있다고 볼 수 없고, 조례안을 이송 받고 20일이 경과한 이후에 한 교육부장관의 재의요구 요청은 부적법하므로, 교육감이 조례안에 대하여 재의요구를 하여야 할 헌법이나 법률상의 작위의무가 있다고 볼 수 없고, 재의요구가 철회

국회법 제85조 제 1 항이 그 요건으로 천재지변이나 국가비상사태의 경우만을 마련하고 있을 뿐, 위원회 단계에서 교착상태에 빠진 쟁점안건에 대하여 재적의원 과반수가 심사기간 지정요구를 하는 경우 국회의장이 의무적으로 심사기간을 지정하도록 하는 내용의 규정을 마련하지 아니함으로써, 당해 안건에 대하여 재적의원 과반수가 요구하더라도 그 안건에 대한 국회의원의 본회의에서의 심의·표결을 원천 봉쇄하고 있는바, 이는 헌법 제49조에 의한 국회 의사결정방식으로서의 다수결원리와 헌법상의 본회의 결정주의에 위반되고, 나아가 국민주권주의와 대의민주주의 및 의회민주주의 원리에도 위반된다. 따라서 국회법 제85조 제 1 항은 국회의 입법재량 및 의사자율권의 한계를 일탈한 것으로서 헌법에 위반된다고 하였다.

1) 헌재 2017. 12. 28. 2017헌라2.
2) 헌재 2019. 4. 11. 2016헌라3.

된 이상 처음부터 재의요구가 없었던 것과 같게 되므로 교육감은 조례안을 공포할 권한이 있으므로 교육감이 조례안 재의요구를 하지 않은 부작위 및 교육감이 조례안을 공포한 행위는 교육부장관의 재의요구 요청권한을 침해하였거나 침해할 현저한 위험이 있다고 볼 수 없다고 하여 청구인의 심판청구를 기각하였다.[1)]

헌법재판소는, 국회의장의 국회 특별위원회 위원 개선행위에 의하여 해당 특별위원회 위원이 아닌 국회의원들이 권한을 침해받았거나 침해받을 현저한 위험성이 있다고 보기 어려우며, 개선 대상이 아닌 해당 특별위원회 위원들의 경우에도 국회의장의 개선행위만으로는 권한의 침해나 침해의 위험성이 발생한다고 보기 어렵고, 특별위원회가 개회되어 안건에 대한 심의·표결 절차에 들어갔을 때 비로소 그 권한의 침해 또는 침해의 위험성이 존재한다. 법률안에 대한 국회의원의 심의·표결권이 침해될 가능성 또는 위험은 각 국회의원이 해당 법률안을 심의할 수 있는 상태가 되었을 때 비로소 현실화될 수 있으므로, 국회의장의 법률안 수리행위에 대한 권한쟁의심판청구가 법률안에 대한 위원회 회부나 안건 상정, 본회의 부의 등과는 별도로 오로지 전자정보시스템으로 제출된 법률안을 접수하는 수리행위만을 대상으로 하는 한, 그러한 법률안 수리행위만으로는 국회의원으로서 특별위원회 위원인 청구인들의 법률안 심의·표결권이 침해될 가능성이나 위험성이 없다고 하였고,[2)] 국회가 공직선거법을 개정한 행위를 대상으로 하는 권한쟁의심판청구의 경우 선거와 관련된 내용만을 담고 있는 공직선거법 개정행위로 인하여 청구인 국회의원들의 법률안 심의·표결권이 침해될 가능성은 없다고 하였다.[3)]

또한 특정한 정보를 인터넷 홈페이지에 게시하거나 언론에 알리는 것과 같은 행위는 헌법과 법률이 특별히 국회의원에게 부여한 독자적인 권능이라고 할 수 없으므로 법원이 국회의원인 청구인에게 교원노조에 가입한 교원들 명단을 인터넷 등에 공개해서는 안 된다는 가처분결정과 그 위반에 대한 간접강제 결정을 하였더라도 이것이 국회의원의 권한을 침해할 가능성이 있다고는 볼 수 없고,[4)] 교육과학기술부장관의 수도권 사립대학 정원규제 역시 지방자치단체의

1) 헌재 2013. 9. 26. 2012헌라1(권한이 침해될 가능성이 없어 부적법 각하하였어야 하는 사안이 아닌가 생각한다).
2) 헌재 2020. 5. 27. 2019헌라3등.
3) 헌재 2020. 5. 27. 2019헌라6등.

사무가 아닌 국가사무이므로 지방자치단체의 권한을 침해하거나 침해할 현저한 위험이 있다고 볼 수 없다고 하였다.1)

한편 헌법재판소는 매립 전 공유수면에 대한 관할권을 가졌던 청구인들(지방자치단체)이 새로이 형성된 공유수면 매립지와 관련하여 청구한 권한쟁의심판에서 신생 매립지는 개정 지방자치법 제 4 조 제 3 항(현행 지방자치법에는 제 5 조에 대응하는 조항 있음)에 따라 같은 조 제 1 항이 처음부터 배제되어 종전의 관할구역과의 연관성이 단절되고, 행정안전부장관의 결정이 확정됨으로써 비로소 관할 지방자치단체가 정해지며, 그 전까지 해당 매립지는 어느 지방자치단체에도 속하지 않는다 할 것이므로, 매립 전 공유수면에 대한 관할권을 가졌을 뿐인 청구인들이 그 후 새로이 형성된 이 사건 매립지에 대해서까지 어떠한 권한을 보유하고 있다고 볼 수 없어 청구인들의 자치권한이 침해되거나 침해될 현저한 위험이 있다고 보기는 어렵다는 이유로 권한쟁의심판청구를 각하하였다.2)

또한 헌법재판소는 국회의 검찰청법 및 형사소송법 개정행위로 인한 검사의 '권한침해 가능성' 인정 여부에 관하여, 국가기관의 '헌법상 권한'은 국회의 입법행위를 비롯한 다양한 국가기관의 행위로 침해될 수 있다. 그러나 국가기관의 '법률상 권한'은, 다른 국가기관의 행위로 침해될 수 있음은 별론으로 하고, 국회의 입법행위로는 침해될 수 없다. 국가기관의 '법률상 권한'은 국회의 입법행위에 의해 비로소 형성·부여된 권한일 뿐, 역으로 국회의 입법행위를 구속하는 기준이 될 수 없기 때문이다. 따라서 문제 된 침해의 원인이 '국회의 입법행위'인 경우에는 '법률상 권한'을 침해의 대상으로 삼는 심판청구는 권한침해가능성을 인정할 수 없다. 이 사건 법률개정행위는 검사의 수사권 및 소추권을 조정·배분하는 내용을 담고 있으므로, 해당 수사권 및 소추권이 검사의 '헌법상 권한'인지 아니면 '법률상 권한'인지 문제 된다. 수사 및 소추는 우리 헌법상 본질적으로 행정에 속하는 사무이므로, 특별한 사정이 없는 한 '대통령을 수반으로 하는 행정부'(헌법 제66조 제 4 항)에 부여된 '헌법상 권한'이다. 그러나 수사권 및 소추권이 행

---

4) 헌재 2010. 7. 29. 2010헌라1.

1) 헌재 2012. 7. 26. 2010헌라3.

2) 헌재 2020. 7. 16. 2015헌라3(이에 대하여 공유수면 매립지의 관할과 관련하여 권한쟁의심판이 청구된 경우, 매립지가 어느 편의 관할구역에 속하는지 여부는 본안판단에서 확정될 문제이므로, 적법요건 단계에서는 그 매립지에 대한 자치권한이 어느 일방에 부여될 가능성이 존재하기만 하면 자치권한이 침해되거나 침해될 현저한 위험이 있다고 볼 수 있다는 취지의 별개의견 및 반대의견이 있다).

정부 중 어느 '특정 국가기관'에 전속적으로 부여된 것으로 해석할 헌법상 근거는 없다. 이에 헌법재판소는, 행정부 내에서 수사권 및 소추권의 구체적인 조정·배분은 헌법사항이 아닌 '입법사항'이므로, 헌법이 수사권 및 소추권을 행정부 내의 특정 국가기관에 독점적·배타적으로 부여한 것이 아님을 반복적으로 확인한 바 있다(94헌바2, 2007헌마1468, 2017헌바196, 2020헌마264등). 같은 맥락에서 입법자는 검사·수사처검사·경찰·해양경찰·군검사·군사경찰·특별검사와 같은 '대통령을 수반으로 하는 행정부' 내의 국가기관들에, 수사권 및 소추권을 구체적으로 조정·배분하고 있다. 헌법 제12조 제 3 항, 제16조는 검사의 영장신청권을 규정한다. 이에 헌법재판소는, 헌법상 영장신청권 조항은 수사과정에서 남용될 수 있는 다른 수사기관의 강제수사를 '법률전문가인 검사'가 합리적으로 '통제'하기 위한 취지에서 도입된 것임을 확인한 바 있다(96헌바28등). 물론 헌법은 검사의 수사권에 대해 침묵하므로, 입법자로서는 영장신청권자인 검사에게 직접 수사권을 부여하는 방향으로 입법형성을 하여 영장신청의 신속성·효율성을 증진시킬 수 있다. 그러나 형사절차가 규문주의에서 탄핵주의로 이행되어 온 과정을 고려할 때, 수사기관이 자신의 수사대상에 대한 영장신청 여부를 스스로 결정하도록 하는 것은 객관성을 담보하기 어려운 구조라는 점도 부인하기 어렵다. 이에 영장신청의 신속성·효율성 측면이 아니라, 법률전문가이자 인권옹호기관인 검사로 하여금 제 3 자의 입장에서 수사기관의 강제수사 남용을 통제하는 취지에서 영장신청권이 헌법에 도입된 것으로 해석되므로, 헌법상 검사의 영장신청권 조항에서 '헌법상 검사의 수사권'까지 도출된다고 보기 어렵다. 결국 이 사건 법률개정행위는 검사의 '헌법상 권한'(영장신청권)을 제한하지 아니하고, 국회의 입법행위로 그 내용과 범위가 형성된 검의 '법률상 권한'(수사권·소추권)이 법률개정행위로 침해될 가능성이 있다고 볼 수 없으므로, 권한침해가능성이 인정되지 아니한다고 하였다.[1)]

또한 헌법재판소는 국회의장이 검사 등에 대한 탄핵소추안의 철회요구를

1) 헌재 2023. 3. 23. 2022헌라4. 4인의 반대의견 있음(반대의견은, 이 사건의 법률개정행위의 내용은 법무부장관이 헌법상 행정각부의 장으로서 정부조직법에 의하여 검찰 및 검사에 관한 사무를 관장하면서 갖는, 검찰청법상 검사에 대한 일반적인 지휘·감독권, 검찰조직 전반의 운용 및 검사와 검찰청 직원의 보직에 관한 권한에 영향을 미치는 것이므로, 청구인 법무부장관의 권한침해가능성이 인정된다고 하였고, 검사는 국가기관 상호간의 권한쟁의심판의 당사자능력이 인정되며, 이 사건 법률개정행위의 내용은 검사의 수사권 및 소추권의 범위를 축소하고 검사의 직접 수사개시와 관련하여 국회가 통제를 가하는 것이므로, 청구인들 중 검사들의 청구인적격과 권한침해가능성도 인정된다고 하였다).

수리한 행위가 국회의원인 청구인들의 심의·표결권을 침해할 가능성이 있는지 여부에 관하여, "피청구인은 이 사건 탄핵소추안이 발의되었음을 본회의에 보고하였을 뿐 이 사건 탄핵소추안을 의사일정에 기재하고 본회의의 안건으로 상정한 바가 없으므로, 이 사건 탄핵소추안은 국회법 제90조 제 2 항의 '본회의에서 의제가 된 의안'에 해당하지 아니한다. 이처럼 이 사건 탄핵소추안이 본회의에서 의제가 된 의안에 해당하지 아니하여 이를 발의한 국회의원이 본회의의 동의 없이 이를 철회할 수 있는 이상, 청구인들에게는 이 사건 탄핵소추안 철회 동의 여부에 대해 심의·표결할 권한 자체가 발생하지 아니하고, 그 권한의 발생을 전제로 하는 권한의 침해 가능성도 없다. 따라서 이 사건 수리행위를 다투는 청구는 부적법하다"고 판시하였고,[1] 국회의장이 위 탄핵소추안과 동일한 내용으로 다시 발의된 검사 2명에 대한 탄핵소추안을 국회 본회의에서 안건으로 상정하여 표결을 실시한 후, 이에 대하여 가결을 선포한 행위가 국회의원인 청구인들의 심의·표결권을 침해할 가능성이 있는지 여부에 관하여, "청구인들이 이 사건 수리행위로 인한 권한침해를 다툴 수 없게 된 이상, 이 사건 탄핵소추안 철회의 효력은 여전히 유효하다. 그리고 국회법 제92조의 '부결된 안건'에 적법하게 철회된 안건은 포함되지 아니하므로, 이 사건 탄핵소추안과 동일한 내용으로 발의된 재발의 탄핵소추안은 적법하게 발의된 의안으로 일사부재의 원칙에 위배되지 아니한다. 그렇다면 이 사건 가결선포행위로 인하여 청구인들의 심의·표결권 침해가 발생할 가능성은 인정되지 아니하므로, 이 사건 가결선포행위를 다투는 청구 역시 부적법하다"고 판시하면서 심판청구를 각하하였고,[2] 대통령권한대행 국무총리 탄핵소추안 의결에 관한 권한쟁의 사건에서, 대통령 권한대행인 국무총리에 대한 탄핵소추안에 관련하여 국회의장이 헌법 제65조 제 2 항 본문의 의결정족수를 적용하여 이를 가결로 선포한 행위 및 소추의결서 등본을 피소추자에게 송달한 행위가, 그 의결정족수 적용에 반대하는 국회의원들의 위 탄핵소추안에 관한 심의·표결권을 침해할 가능성이 없다고 하였다.[3]

그러나 헌법재판소는 종래 지방세에 속하던 부동산 보유세를 국세로 전환하는 내용의 법률제정행위에 대해, 이러한 행위는 지방자치단체의 자치재정권

1) 헌재 2024. 3. 28. 2023헌라9.
2) 헌재 2024. 3. 28. 2023헌라9.
3) 헌재 2025. 4. 10. 2024헌라8(2인의 반대의견은 피청구인의 가결선포행위가 헌법상 다수결의 원리 및 의회민주주의를 위반하여 청구인들의 심의·표결권을 침해하였다고 하였다).

을 침해할 가능성이 있으므로 권한침해가능성 요건이 충족되었다고 보았다.[1]

4. 청구기간

권한쟁의심판의 청구는 그 사유가 있음을 '안 날'부터 60일 이내, 그 사유가 '있은 날'부터 180일 이내에 하여야 한다(헌재법 제63조 제 1 항).[2] 권한쟁의심판청구에 있어 '그 사유가 있음을 안 날'은 다른 국가기관 등의 처분에 의하여 자신의 권한이 침해되었다는 사실을 특정할 수 있을 정도로 현실적으로 인식하고 이에 대하여 심판청구를 할 수 있게 된 때를 말하고, 그 처분의 내용이 확정적으로 변경될 수 없게 된 것까지를 요하는 것은 아니다.[3] 권한침해의 사유가 '있은 날'은 다른 국가기관 등의 처분 등에 의해 권한침해가 발생한 날을 말한다.

헌법재판소는 지방자치단체인 군 사이의 공유수면 관할에 관한 권한쟁의 심판사건에서, 피청구인의 쟁송해역에 대한 종래의 어업면허처분 및 연장허가처분이 종료될 것과 그에 대한 피청구인의 후속 어업면허처분이 그 무렵 이루어질 것을 청구인이 알았던 날로부터 60일 이후에 이루어진 후속 어업면허처분에 대한 심판청구는 청구기간 도과로 부적합하다고 하였다고,[4] 중앙행정기관이 지방자치단체에 '업무처리요령'을 일방적으로 통보함으로써 자치권한의 침해 여부가 다투어진 사건에서, 통보받은 무렵부터 권한침해의 사유가 있음을 알았다고 보았다.[5] 이와는 달리 감사원의 지방자치단체에 대한 감사가 문제된 사안에서는, 권한쟁의심판청구의 적법요건 단계에서 요구되는 권한침해의 요건은 청구인의 권한이 구체적으로 관련되어 이에 대한 침해가능성이 존재할 경우 충족되는 것이라는 이유를 들어 감사 통보의 날이 아니라 실제 감사가 이루어진 날을 기준으로 청구기간을 계산한 바 있다.[6] 또한 국회의 법률제정행위에 대한

1) 헌재 2006. 5. 25. 2005헌라4.
2) 헌재 2015. 7. 30. 2010헌라2(심판청구 중 태안양식 제192호, 제193호의 어업면허처분에 대한 심판청구부분은 면허처분일로부터 180일을 지나 청구기간을 도과한 것으로 부적법하다고 하였다); 헌재 2022. 10. 27. 2020헌라4(청구인으로서는, 늦어도 분쟁조정 간담회가 이루어진 2020년 8월 10일경에는, 만호해역에 대한 종래의 어업면허처분 및 연장허가처분이 2020년 6월 종료될 것이며 그에 대한 피청구인의 후속 어업면허처분이 그 무렵 이루어질 것임을 알았다고 할 것인바, 그로부터 60일 이후에 이루어진 이 사건 어업면허처분에 대한 심판청구는 청구기간 도과로 부적법하다고 하였다).
3) 헌재 2007. 3. 29. 2006헌라7.
4) 헌재 2022. 10. 27. 2020헌라4.
5) 헌재 2001. 10. 25. 2000헌라3.

권한쟁의심판 청구기간의 기산점을 법률이 공포되거나 이와 유사한 방법으로 일반에게 알려진 것으로 간주된 때로 본 사례가 있다.[1]

또한 시행령 개정이 지방자치단체의 권한을 둘러싼 분쟁의 계기가 되었다면 개정된 시행령의 **시행일**을 **기준**으로 청구기간을 계산한다. 헌법재판소는 지방자치단체의 관할구역 변경에 관한 시행령 개정행위를 다투는 권한쟁의 사건에서 개정 시행령이 시행된 날부터 청구기간을 계산하였다.[2] 법률의 개정행위와 관련하여 수차례 개정이 있었던 경우에는 실제 청구인에게 적용된 법률의 **개정**을 **기준**으로 청구기간을 계산한다. 예컨대 지방자치권한을 침해할 가능성이 있는 공직선거법 조항이 수차례 개정되었다면 청구기간 기산점은 실제 청구인에게 적용된 공직선거법 개정이 기준이 된다.[3]

처분의 경우에는 처분행위가 있는 때에 권한침해행위는 종료하고 그 위법상태가 계속될 수 있음에 비하여, 부작위의 경우에는 부작위가 계속되는 한 권한침해가 계속된다. 따라서 **부작위**에 대한 권한쟁의심판은 그 부작위가 계속되는 한 기간의 제약없이 적법하게 청구할 수 있다고 보아야 한다.[4] **장래처분**에 의한 권한침해를 다투는 심판청구가 예외적으로 허용되는 경우에는 장래처분이 내려지지 않은 상태이므로 청구기간의 제한이 없다.[5]

청구인이 권한쟁의심판청구를 한 후에 심판청구서 정정신청서를 제출해서 청구를 추가하는 등 **청구변경**을 한 경우에 새로운 청구는 정정신청서를 제출한 때 제기한 것으로 보아 이 때를 기준으로 청구기간 준수 여부를 판단한다.[6]

청구기간은 **불변기간**이기 때문에(헌재법 제63조 제 2 항) 헌법재판소는 이를 늘이거나 줄일 수 없으나, 주소 또는 거소가 멀리 떨어져 있는 곳에 있는 사람을 위하여 부가기간을 정할 수 있다(헌재법 제40조, 민소법 제172조 제 1 항, 제 2 항). 청구인이 책임질 수 없는 사유로 말미암아 불변기간을 지킬 수 없는 경우에는 그 사유가 없어진 날부터 2주일 내에 게을리 한 소송행위를 보완할 수 있다(헌재법 제

---

6) 헌재 2009. 5. 28. 2006헌라6.

1) 헌재 2006. 5. 25. 2005헌라4; 헌재 2008. 6. 26. 2005헌라7.

2) 헌재 2010. 6. 24. 2005헌라9등.

3) 헌재 2008. 6. 26. 2005헌라7.

4) 헌재 2006. 8. 31. 2004헌라2.

5) 헌재 2004. 9. 23. 2000헌라2; 헌재 2008. 12. 26. 2005헌라11; 헌재 2009. 7. 30. 2005헌라2; 헌재 2011. 9. 29. 2009헌라5; 헌재 2019. 4. 11. 2015헌라2.

6) 헌재 1999. 7. 22. 98헌라4; 헌재 2010. 6. 24. 2005헌라9등; 헌재 2010. 12. 28. 2008헌라6등; 헌재 2016. 5. 26. 2015헌라1.

40조, 민소법 제173조 제 1 항). 불변기간의 준수 여부는 헌법재판소의 직권조사사항에 해당된다.

권한쟁의심판청구 사건에서도 청구기간 도과에 정당한 사유가 있는 경우에는 청구기간 도과 후 심판청구가 이루어지더라도 적법한 청구로 받아들여질 것이다. '정당한 사유'라 함은 청구기간이 경과된 원인 등 여러 가지 사정을 종합하여 지연된 심판청구를 허용하는 것이 사회통념상 상당한 경우를 뜻한다.[1]

5. 심판의 이익

권한쟁의심판은 비록 객관소송이라 하더라도 국가기관과 지방자치단체 간의 권한쟁의로써 해결해야 할 구체적인 보호이익이 있어야 하고, 그 청구인에 대한 권한침해의 상태가 이미 종료된 경우에는 권리보호이익이 없으므로 이에 관한 권한쟁의심판 청구는 부적법하다.[2]

청구인에 대한 권한침해상태가 이미 종료하여 이를 취소할 여지가 없다 하더라도 헌법질서의 수호 및 유지를 위한 헌법적 해명이 긴요하다면 심판청구의 이익을 인정할 수 있다.[3]

헌법재판소는 국회 상임위원회 위원에 대한 국회의장의 사·보임행위와 관련하여 국회의원이 청구한 권한쟁의심판 사건에서, 청구인이 권한쟁의심판청구를 통해 달성하고자 하는 목적은 이미 이루었지만, 상임위원회 위원의 개선 행위는 국회법의 근거 하에 국회관행상 빈번하게 행해지고 있고, 그 과정에서 당해 위원의 의사에 반하는 사·보임이 이루어지는 경우도 얼마든지 예상할 수 있으므로 이는 청구인에게 뿐만 아니라 일반적으로도 다시 반복될 수 있는 사안이어서 헌법적 해명의 필요성이 있다고 하였고,[4] 국회 상임위원회 위원의 개선은 국회법 제48조에 따라 빈번하게 행해지고 있고 앞으로도 당해 위원의 의사에 반하는 개선이 이루어질 가능성이 있고, 헌재 2003. 10. 30. 2002헌라1 결정은 국회의장인 피청구인이 국회의원인 청구인을 그 의사에 반하여 국회 보건복

1) 헌재 2007. 3. 29. 2006헌라7.
2) 헌재 2011. 8. 30. 2010헌라4.
3) 헌재 2003. 10. 30. 2002헌라1; 헌재 2009. 5. 28. 2006헌라6; 헌재 2011. 8. 30. 2010헌라4; 헌재 2020. 5. 27. 2019헌라1; 헌재 2025. 2. 27. 2023헌라5.
4) 헌재 2003. 10. 30. 2002헌라1.

지위원회에서 사임시키고 환경노동위원회로 보임한 행위가 헌법이나 법률의 규정을 위배하여 청구인의 법률안 심의·표결권을 침해한 것으로 볼 수 없다고 판단하였으나, 위원 개선행위가 2003. 2. 4. 법률 제6855호로 신설된 국회법 제48조 제 6 항에 위배되는지 여부에 관하여는 아직 그 해명이 이루어진 바가 없으므로 이 사건 심판청구는 예외적으로 **심판청구의 이익**을 인정할 수 있다고 하였다.[1] 또한 행정안전부장관의 서울시에 대한 합동감사 실시와 관련해서도, 합동감사는 이미 끝나 권한침해상태가 종료되었지만, 같은 유형의 침해행위가 앞으로도 반복될 위험이 있고 중앙행정기관장의 자치단체에 대한 자치사무 감사권의 존부, 감사범위, 감사의 방법 등에 관하여는 헌법적 해명이 긴요하다고 하여 **심판청구의 이익**을 인정한 바 있고,[2] 남양주시와 경기도 간의 권한쟁의 사건에서 피청구인은 이 사건 감사계획에 의한 이 사건 자료제출요구, 사전조사 및 감사를 중단하였으나, 그 절차의 재개될 가능성을 배제할 수 없으며, 피청구인이 청구인을 비롯한 산하 시·군에 대하여 주기적으로 종합감사를 실시하므로 같은 유형의 침해행위가 앞으로도 반복될 위험이 있고, 특별한 제한이 없는 자료제출요구를 통하여 감사대상을 특정하는 행위가 헌법상 허용되는지 여부에 관한 헌법적 해명이 필요하므로 예외적으로 **심판청구의 이익**을 인정할 수 있다고 하였고,[3] 남양주시와 경기도 간의 권한쟁의 사건에서 피청구인이 청구인에 대하여 이 사건 감사의 종료를 통보하면서 '이번에 진행하지 못한 사항에 대하여는 향후 별도계획을 수립하여 추진할 예정'임을 밝히고 있어 앞으로 같은 유형의 침해행위가 반복될 위험이 있다. 또한 이 사건에서 문제가 된 감사대상 통보의무의 유무, 감사대상의 특정과 관련하여 감사 개시 이후 감사대상의 확장이나 추가 가능 여부, 감사 개시 전 위법성의 확인 방법 및 정도 등에 대한 해명이 필요하므로 예외적으로 **심판청구의 이익**을 인정할 수 있다고 하였으며,[4] 중앙선거관리위원회의 감사원에 대한 권한쟁의 사건에서, 앞으로 같은 유형의 침해행위가 반복될 위험이 있고, 청구인의 독립적인 업무 수행에 관한 권한과 피청구인의 직무감찰 대상에 관한 헌법적 해명의 필요성 역시 인정되므로, 이 사건의 경우 예외적으로 심판청구의 이익을 인정할 수 있다고 하였다.[5]

1) 헌재 2020. 5. 27. 2019헌라1.
2) 헌재 2009. 5. 28. 2006헌라6.
3) 헌재 2022. 8. 31. 2021헌라1.
4) 헌재 2023. 3. 23. 2020헌라5.
5) 헌재 2025. 2. 27. 2023헌라5.

그런데 권한침해상태가 이미 종료하여 권리보호이익뿐만 아니라 심판청구의 이익도 부인한 사례도 있는바, 헌법재판소는 전라북도와 교육과학기술부장관 간의 권한쟁의 사건에서, "학교법인이 제기한 자율형 사립고 지정 고시 취소처분의 취소 등을 구하는 소에서 교육감이 한 취소처분을 취소하는 판결이 확정되었으므로 이로써 위 취소처분의 효력이 소멸되었고, 따라서 이를 시정대상으로 하던 위 시정명령 또한 그 효력을 상실하였다고 보아야 한다. 그렇다면 청구인은 더 이상 시정명령에 따를 법적 의무, 즉 위 취소처분을 시정할 의무나 위 시정명령에 불응할 경우 위 취소처분이 취소·정지될 위험을 부담하지 않게 되었으므로 이 사건 심판청구는 권한침해상태가 이미 종료한 경우에 해당하여 권리보호의 이익을 인정할 수 없고, 같은 유형의 침해행위가 반복될 위험이 있는 사안으로서 헌법적 해명의 필요가 긴요한 경우라 할 수 없어 심판청구의 이익을 인정할 수 없다."고 판시하였다.[1]

제 6 절 심리 등

1. 변 론

헌법재판소는 권한쟁의사건을 심리하기 위해 구두변론을 거쳐야 한다(헌재법 제30조 제 1 항). 재판부가 변론을 열 때에는 기일을 정하고 당사자와 관계인을 소환(출석요구)하여야 한다(헌재법 제30조 제 3 항).

부적법한 권한쟁의심판청구로서 그 흠을 보정할 수 없는 경우에는 민소법 제219조의 규정을 준용하여 변론 없이 결정으로 심판청구를 각하할 수 있다(헌재법 제40조).[2]

2. 소송참가

권한쟁의심판은 청구인과 피청구인이 대립하는 대심적 구조를 취하지만,

1) 헌재 2011. 8. 30. 2010헌라4. 동지: 헌재 2023. 9. 26. 2020헌라2.
2) 헌재 2010. 4. 29. 2009헌라11; 헌재 2011. 8. 30. 2011헌라2; 헌재 2013. 12. 26. 2012헌라3등.

그에 대한 헌법재판소의 결정은 그 절차 당사자 간의 권한관계뿐 아니라 헌법상 권한질서 전반에 영향을 미칠 수 있고, 모든 국가기관 및 지방자치단체를 기속하는 효력을 갖게 되므로 다른 이해관계 있는 국가기관이나 지방자치단체가 그 절차에 참여할 기회를 마련해 줄 필요가 있다.

이 경우 헌법재판소의 권한쟁의심판절차에 참가할 수 있는 자는 그 결과에 의해 권한관계의 확정으로 영향을 받게 될 국가기관 등이 될 것이나, 제 3 자는 쟁의당사자 일방(피참가인)을 위해서만 소송참가 할 수 있으며, 쟁의절차에 참가한 제 3 자는 독립한 당사자가 되는 것은 아니다. 현행법상 헌법재판소의 권한쟁의심판에 소송참가를 할 수 있는지 여부 및 그 구체적 절차에 관하여는 행정소송법과 민사소송법이 준용된다(헌재법 제40조 제 1 항, 행소법 제17조).[1)]

헌법재판소는 다른 국가기관 또는 공법인을 소송에 참가시킬 필요가 있다고 인정할 때에는 당사자의 신청 또는 직권에 의한 결정으로써 그 제 3 자를 권한쟁의심판에 참가시킬 수 있다(행소법 제17조 제 1 항). 헌법재판소는 권한쟁의사건이 접수된 경우 이러한 소송참가의 기회를 부여하기 위해 참가할 이익이 있다고 생각되는 국가기관이나 지방자치단체에게 권한쟁의심판이 제기된 사실을 알려 줄 수 있을 것이다.[2)]

헌법재판소가 참가의 허부에 관한 결정을 하고자 할 때에는 당사자의 의견을 들어야 한다(행소법 제17조 제 2 항). 헌법재판소의 결정에 의해 권한쟁의심판에 참가한 자는 심판에 관하여 공격, 방어, 이의 그 밖의 모든 소송행위를 할 수 있다. 다만, 참가할 때의 소송의 진행정도에 따라 할 수 없는 소송행위는 그러하지 아니하다. 참가인의 소송행위가 피참가인의 소송행위에 어긋나는 경우에는 그 참가인의 소송행위는 효력을 가지지 아니한다(행소법 제17조 제 3 항, 민소법 제76조).

3. 가 처 분

헌법재판소법 제65조에 의거, 헌법재판소는 권한쟁의심판의 청구를 받은 때에 직권 또는 청구인의 신청에 의하여 종국결정의 선고 시까지 심판대상이 된 피청구인의 처분의 효력을 정지하는 결정을 할 수 있다. 가처분결정을 함에

---

1) 실무제요, 500면; 허영, 335면.
2) 실무제요, 500면.

있어서는 행정소송법 또는 민사소송법의 가처분 관련규정이 준용되므로 권한쟁의심판에서의 가처분결정은 피청구기관의 처분 등이나 그 집행 또는 절차의 속행으로 인하여 생길 회복하기 어려운 손해를 예방할 필요가 있거나 기타 공공복리상의 중대한 사유가 있어야 하고, 그 처분의 효력을 정지시켜야 할 긴급한 필요가 있어야 한다.[1]

헌법재판소는 성남시와 경기도 간의 권한쟁의 사건에서 피청구인 경기도지사의 처분의 효력을 정지하는 가처분결정을 내린 바 있고,[2] 국회의장이 국회 본회의에서 국회의원인 신청인에 대한 30일의 출석정지 징계안이 가결되었음을 선포한 행위에 대한 효력정지가처분신청사건에서는, 이를 권한쟁의심판으로 다툴 수 있는지 여부, 신청인이 법률안 심의·표결권 등을 침해받았는지 여부에 관하여 본안심판이 명백히 부적법하거나 이유 없는 경우에 해당하지 않고, 출석정지 처분의 효력이 그대로 유지되면 신청인은 30일의 출석정지기간 동안 회기 중 여부와 관계없이 국회의 모든 회의에 참석할 수 없게 되어 사실상 국회의원으로서의 활동이 정지되는바, 법률안 심의·표결권에 회복하기 어려운 중대한 손해를 입게 되며, 30일의 출석정지 처분은 일정한 시점에 그 집행이 종료되므로, 손해를 방지할 긴급한 필요도 인정된다고 하였다. 그리고 가처분을 인용한 뒤 권한쟁의심판청구가 각하 또는 기각되면 그때부터 30일의 출석정지 처분 중 잔여기간에 대한 집행이 다시 진행되므로, 이는 신청인에 대한 징계처분의 집행을 본안심판의 종국결정 선고 시까지 미루는 것에 불과한 반면, 가처분을 기각한 뒤 권한쟁의심판청구가 인용되는 경우에는 이미 징계처분의 집행이 종료된 이후이므로 신청인은 출석정지기간 동안 침해받은 법률안 심의·표결권을 회복하여 행사할 방법이 없게 되어 그 불이익이 더 크다는 이유로 가처분신청을 인용하였다.[3] 한편 헌법재판소는 "헌법재판소가 권한쟁의심판의 청구를 받았을 때에는 종국결정의 선고 시까지 심판 대상이 된 피청구인의 처분의 효력을 정지하는 결정을 할 수 있다. 그런데 헌법재판소가 가처분신청의 본안사건에 대하여 종국결정을 선고하는 이상, 이 사건에서 가처분결정을 할 필요성이 인정된다고 보기 어렵다"고 판시하였다.[4]

1) 헌재 1999. 3. 25. 98헌사98.
2) 헌재 1999. 3. 25. 98헌사98.
3) 헌재 2022. 6. 3. 2022헌사448.
4) 헌재 2023. 3. 23. 2022헌사336. 1인의 반대의견 있음.

그러나 헌법재판소가 처분의 효력을 정지하는 결정만을 할 수 있다고 하여서는 가처분제도의 실효성을 발휘할 수 없다. 헌법재판소법 제65조의 법문은 가장 대표적인 가처분결정의 내용을 예시한 것으로 해석하여야 하고, 따라서 가처분신청의 목적을 달성함에 필요한 그 밖의 다른 내용의 결정도 할 수 있다고 보아야 한다. 즉 처분의 집행정지 또는 절차의 속행정지를 내용으로 하는 가처분(행소법 제23조 제 2 항), 적극적으로 임시의 지위를 정하는 가처분(민집법 제300조 제 2 항)도 가능하다고 할 것이다. 헌법재판소법 제40조에 의하여 행정소송법상의 집행정지제도와 민사소송에서의 가처분제도가 준용될 수 있기 때문이다.[1] 그러나 가처분은 다툼이 있는 권리관계에 대해서 임시의 지위를 정하기 위해서도 할 수 있으나(민집법 제300조 제 2 항) 다툼이 있는 권리관계는 민사절차인 사법상의 관계일 것을 요하고 공법상의 권리관계나 헌법상의 권리관계는 포함될 수 없다.[2]

헌법재판소는 국회가 대통령권한대행을 상대로 한 가처분신청사건에서, 주위적으로 신청인이 선출한 재판관 후보자를 재판관 후보자 임명거부에 관한 권한쟁의 심판의 종국결정 선고 시까지 헌법재판소 재판관 지위에 있음을 확인하고, 예외적으로 피신청인은 위 후보자를 헌법재판소 재판관으로 즉시 임명하여야 한다는 신청취지에 대하여 이 사건 가처분신청은 이유없다고 하여 기각하였다.[3]

가처분신청절차, 가처분결정의 내용 및 그 효력 등에 관한 자세한 내용은 '제 3 편 제 9 장 가처분' 부분을 참조.

제 7 절 종국결정

1. 심판정족수

헌법재판소는 권한쟁의심판사건을 9인의 재판관으로 구성되는 재판부(헌재법 제22조 제 1 항)에서 재판관 7인 이상의 출석으로 심리하며(헌재법 제23조 제 1 항),[4]

1) 실무제요, 501면; 김하열, 665면; 정종섭, 571면; 허영, 350면.
2) 동지: 이시윤, 신민사집행법, 654, 655면.
3) 헌재 2025. 2. 27. 2025헌사15.
4) 헌법재판소는 헌재 2014. 10. 14. 2014헌사1250 가처분 사건에서, 이 조항 중 헌법재판소 재판관이 임기만료로 퇴직하여 재판관의 공석상태가 된 경우에 적용되는 부분의 효력은 헌법재판소

재판부는 종국심리에 관여한 재판관의 과반수의 찬성으로 권한쟁의심판사건에 관한 결정을 한다(헌재법 제23조 제 2 항). 인용결정이든, 기각결정이든, 각하결정이든 같다. 따라서 재판관 7인이 심리하여 그 중 4인의 찬성으로도 인용결정을 할 수 있다. 권한쟁의심판의 인용결정에는 6인의 가중(加重)정족수가 아니라 과반수의 찬성만을 요구하는 것은, 권한쟁의심판은 대립당사자 간의 쟁송이라는 성격이 강한데다 청구인과 피청구인 중 누구에게 권한이 귀속되는지를 결정하기도 하는 절차여서, 청구인용에 재판관 6인의 찬성이라는 가중 다수를 요구하게 되면 그 자체로 대립당사자 중의 일방인 청구인 측에 불리하게 된다는 본질적 속성을 고려한 것으로 보인다.[1)]

다만, 헌법재판소법 제23조 제 2 항 단서 제 2 호에 의하면 종전에 헌법재판소가 판시한 헌법 또는 법률의 해석 적용에 관한 의견을 변경하는 경우 재판관 6명 이상의 찬성이 있을 것을 요구하고 있는데, 권한쟁의심판사건의 경우에도 판례 변경의 경우 이 규정이 적용되어 과반수의 찬성이 아닌 6명 이상의 찬성이 필요한지에 대해서는 논란이 될 수 있으나 헌법재판소의 의견변경의 경우에는 6명 이상의 찬성을 요한다고 생각한다. 헌법재판소는 재판관 6명 이상의 찬성으로, 공유수면에 대한 지방자치단체의 관할구역 경계 획정에 있어 국가기본도상의 해상경계선을 공유수면에 대한 불문법상의 해상경계선으로 인정해 온 2000헌라2 결정 등을 변경한 바 있고,[2)] 재판관 전원일치의 의견으로, 이미 소멸되어 사라진 종전 공유수면의 해상경계선을 매립지의 관할경계선으로 인정해 온 2009헌라3 결정 등을 변경한 예로는 헌재 2019. 4. 11. 2015헌라2가 있다.

2. 종국결정의 유형

헌법재판소가 권한쟁의심판에 관한 심리를 마치면 종국결정을 한다.

종국결정에 필요한 정족수, 정족수를 충족할 수 없는 경우의 주문결정 방법에 관해서는 일반심판절차의 규정이 적용된다.

권한쟁의심판의 종국결정에는 심판청구가 부적법한 경우에 하는 각하결정,

2024헌마900 헌법소원심판 청구사건의 종국결정 선고 시까지 이를 정지한다는 인용결정을 하였음을 앞서 설명한 바와 같다.

1) 김하열, 682면.

2) 헌재 2015. 7. 30. 2010헌라2.

심판청구가 적법하나 이유 없는 경우에 하는 기각결정, 심판청구가 적법하고 이유 있는 경우에 하는 인용결정, 그리고 심판절차종료선언이 있다.

심판청구가 부적법하면 "이 사건 심판청구를 각하한다."라는, 심판청구가 이유 없으면 "이 사건 심판청구를 기각한다."라는 일반적 주문형태를 취한다.

3. 본안결정의 내용 및 결정주문

헌법재판소는 심판의 대상이 된 국가기관 또는 지방자치단체의 권한의 유무 또는 범위에 관하여 판단하고(헌재법 제66조 제 1 항), 나아가 권한침해의 원인이 된 피청구인의 처분을 취소하거나 그 무효를 확인할 수 있고 헌법재판소가 부작위에 대한 심판청구를 인용하는 결정을 한 때에는 피청구인은 결정취지에 따른 처분을 하여야 한다(헌재법 제66조 제 2 항). 이와 같이 권한쟁의심판에서는 2단계의 판단과 그에 따른 결정이 행해질 수 있다.

가. 권한의 유무 또는 범위 확인

헌법재판소법 제66조 제 1 항에 의해 헌법재판소는 심판의 대상이 된 국가기관 또는 지방자치단체의 **권한의 유무** 또는 **범위**에 관하여 판단한다. 여기서 헌법재판소는 관련된 헌법 또는 법률을 해석하여 관련 기관에 권한이 존재하는지 여부와 그 권한의 범위를 확정한다. 이 부분은 권한쟁의심판에서 핵심을 이루는 소송물인 동시에 결정의 **필수적 주문 부분**을 이루게 된다. 이 부분 헌법재판소의 판단은 객관소송으로서의 특성 때문에 청구인의 청구취지에 구애됨이 없이 객관적 권한질서에 따라 다투어지고 있는 권한이 청구인과 피청구인 어디에 소재하는가를 판단하게 된다.[1] 헌법재판소법 제66조 제 1 항의 문언에 충실하자면 주문은 "○○에 관한 **권한은** 청구인(또는 피청구인)에게 **존재한다**(또는 존재하지 아니한다)."와 같은 형태로 표시될 것이다. 헌법재판소는 제방, 도로 등의 관할권한의 귀속에 관하여 지방자치단체 상호간에 권한분쟁이 발생하여 청구된 사건을 인용하면서 문제된 관할권한이 청구인에게 있음을 직접 확인하는 결정을 하였다.[2] 예컨대, 동경 126° 38', 북위 33° 55'에 위치한 섬에 대한 관할권한이 청구인에게 있음을

1) 실무제요, 503면.

2) 헌재 2004. 9. 23. 2000헌라2; 헌재 2006. 8. 31. 2003헌라1; 헌재 2006. 8. 31. 2004헌라2; 헌재 2008. 12. 26. 2005헌라11; 헌재 2015. 7. 30. 2010헌라2.

확인한다,[1] 또는 부산 신항만 내……조성된 공유수면매립지 ○○㎡ 중……의 각 점을 순차 연결한 △△에 대한 관할권한은 청구인에 있고, ㅁㅁ에 대한 관할권한은 피청구인에 있음을 확인한다[2]와 같은 주문형태이다.

그러나 권한쟁의 심판사건에서는 피청구인의 권한 행사가 헌법 또는 법률에 위반되기 때문에 청구인이 가지는 권한이 침해되었는지의 여부가 쟁점이 된다. 이러한 경우 심판청구가 이유 있는 것으로 인정된다면, 결정의 주문은 결국, "청구인에게는 헌법(또는 법률)에 의하여 부여받은 ○○권한이 있다."는 내용과 "청구인의 이러한 권한이 피청구인의 행위로 인하여 침해되었다."는 내용을 결합하여 "피청구인의 처분(또는 부작위)이 헌법(또는 법률)에 의하여 부여된 청구인의 ○○권한을 침해한 것이다."라는 형태로 표시하게 된다.

헌법재판소의 결정례를 보면, "피청구인이 1996. 12. 26. 06:00경 제182회 임시회 제 1 차 본회의를 개의하고 국가안전기획부법 중 개정법률안……을 상정하여 가결선포한 것은 청구인들의 법률안 심의·표결의 권한을 침해한 것이다."라는 주문을 낸 바 있으며,[3] 이어, "피청구인이 1998. 4. 16. 경기도고시 제1998-142호로 행한 ……에 대한 도시계획사업시행자지정처분은 도시계획법 제23조 제 5 항에 의한 청구인의 권한을 침해한 것이다."라는 주문을 낸 바 있다.[4] 또한 피청구인이 2006. 9. 14.부터 2006. 9. 29.까지 청구인의 자치사무에 대하여 실시한 정부합동감사는 헌법 및 지방자치법에 의하여 부여된 청구인의 지방자치권을 침해한 것이라든가,[5] 피청구인 국회 외교통상통일위원회 위원장이 외교통상통일위원회 회의실 출입문을 폐쇄한 상태로 외교통상통일위원회 전체회의를 개의하여 '대한민국과 미합중국 간의 자유무역협정' 비준동의안을 상정한 행위 및 위 비준동의안을 법안심사소위원회로 회부한 행위는 청구인들의 위 비준동의안 심의권을 침해한 것이다[6]와 같은 형태의 주문도 있다.

또한 남양주시와 경기도 간의 권한쟁의 사건에서 "지방자치단체의 자치권 보장을 위하여 자치사무에 대한 감사는 합법성 감사로 제한되어야 하는바, 포괄적·사전적 일반감사나 법령위반사항을 적발하기 위한 감사는 합목적성 감사

1) 헌재 2008. 12. 26. 2005헌라11.
2) 헌재 2010. 6. 24. 2005헌라9 등.
3) 법률안변칙처리 사건. 헌재 1997. 7. 16. 96헌라2.
4) 헌재 1999. 7. 22. 98헌라4.
5) 헌재 2009. 5. 28. 2006헌라6.
6) 헌재 2010. 12. 28. 2008헌라6등.

에 해당하므로 구 지방자치법 제171조 제 1 항 후문 상 허용되지 않는다는 점은 헌법재판소가 2009. 5. 28. 2006헌라6 결정에서 확인한 바 있다. 이 사건 자료제출요구는 헌법재판소가 위 결정에서 허용될 수 없다고 확인한 자치사무에 대한 포괄적·사전적 감사나 법령위반사항을 적발하기 위한 감사 절차와 그 양태나 효과가 동일하고, 감사자료가 아닌 사전조사자료 명목으로 해당 자료를 요청하였다고 하여 그 성질이 달라진다고 볼 수 없다. 따라서, 이 사건 자료제출요구는 합법성 감사로 제한되는 자치사무에 대한 감사의 한계를 벗어난 것으로서 헌법상 청구인에게 보장된 지방자치권을 침해한다."고 판시하면서 "피청구인이 2021. 4. 1. 청구인에게 통보한 '경기도 종합감사(남양주시) 실시계획 알림'(경기도 감사담당관-3234)에 따른 [별지 1] 자료 요구서식에 의한 자료제출요구 중, 피청구인이 2021. 4. 30. 청구인에게 통보한 '경기도 종합감사(남양주시) 사전조사 자료 재요구'(경기도 감사담당관-4352)에서 특정한 자치사무에 관한 [별지 2] '사전조사 자료 재요청 목록' 기재 항목에 해당하는 부분은 헌법 및 지방자치법에 의하여 부여된 청구인의 지방자치권을 침해한 것이다."라는 주문을 낸 바 있고,[1] 또 다른 남양주시와 경기도 간의 권한쟁의 사건에서, "이 사건 감사 중 [별지 1] 목록 순번 1 내지 8 기재 각 항목에 대한 감사는 감사 착수 시에 감사대상이 특정되고 감사 개시에 필요한 정도의 법령 위반 여부 확인도 있어 감사의 개시요건을 갖추었으나, 같은 목록 순번 9 내지 14 기재 각 항목에 대한 감사는 감사대상이 특정되지 않거나 당초 특정된 감사대상과의 관련성이 인정되지 않아 감사의 개시요건을 갖추지 못하였다. 이 사건 감사 중 [별지 1] 목록 순번 9 내지 14 기재 각 항목에 대해서만 감사의 개시요건을 갖추지 못하였는바, 위 항목들에 대한 감사가 이 사건 감사의 주된 목적이고 같은 목록 순번 1 내지 8 기재 각 항목에 대한 감사는 부수적인 것에 불과하다는 등의 특별한 사정이 없는 이상 같은 목록 순번 9 내지 14 기재 각 항목에 대한 감사에 한정해서 위법한 감사로 봄이 타당하다."고 판시하면서 주문에서 "1. 피청구인이 2020. 11. 16.부터 2020. 12. 7.까지 청구인에 대하여 실시한 [별지 1] 목록 기재 각 항목에 대한

1) 헌재 2022. 8. 31. 2021헌라1. 4인의 반대의견은 이 사건 자료제출요구를 피청구인이 자치사무에 대한 사전조사 개시여부를 판단하기 위해 필요한 범위에 해당되고 그로 인해 청구인의 자치권이 중대하게 제한되었다고 보기 어려우므로 이 사건 자료제출요구는 감사나 사전조사에 해당되지 않는 보고수령권의 행사이고, 보고수령권 행사 재량의 한계를 준수하였는바, 이로 인하여 청구인의 자치권이 침해되었다고 볼 수 없다고 하였다.

감사 중 순번 9 내지 14 기재 각 항목에 대한 감사는 헌법 및 지방자치법에 의하여 부여된 청구인의 지방자치권을 침해한 것이다. 2. 청구인의 나머지 심판청구를 기각한다."고 선언하였다.[1)]

또한 헌법재판소는 중앙선거관리위원회와 감사원 간의 권한쟁의 사건에서, "피청구인이 2023. 6. 1.부터 2025. 2. 25.까지 청구인에 대하여 실시한 '선거관리위원회 채용 등 인력관리실태'에 관한 직무감찰은 헌법 및 선거관리위원회법에 의하여 부여받은 청구인의 독립적인 업무 수행에 관한 권한을 침해한 것이다"고 선언하였고,[2)] 국회와 대통령간의 권한쟁의 사건에서, "피청구인이 대통령 권한대행으로서 청구인이 2024. 12. 26. 헌법재판소 재판관으로 선출한 마은혁을 헌법재판소 재판관으로 임명하지 아니한 부작위는 헌법에 의하여 부여된 청구인의 헌법재판소 재판관 선출을 통한 헌법재판소 구성권을 침해한 것이다"라고 선언하였다.[3)]

한편 헌법재판소는 헌법재판소법은 헌법재판소가 피청구인이나 제 3 자에 대하여 적극적으로 의무를 부과할 권한을 부여하고 있지 않고, 부작위에 대한 심판청구를 인용하는 결정을 한 때에 피청구인에게 결정의 취지에 따른 처분 의무가 있음을 규정할 뿐이므로 헌법재판소가 권한의 존부 및 범위에 관한 판단을 하면서 피청구인이나 제 3 자에게 직접 어떠한 의무를 부과할 수는 없고, 권한의 존부 및 범위에 관한 판단 자체의 효력으로 권한침해행위에 내재하는 위헌·위법상태를 적극적으로 제거할 의무가 발생한다고 보기도 어렵다고 하였다.[4)]

한편 청구인의 권한침해가 인정되지 않아 심판청구가 이유 없는 것으로 판명된다면, "이 사건 심판청구를 기각한다."라는 일반적 주문형태를 취하게 된다.[5)]

---

1) 헌재 2023. 3. 23. 2020헌라5(3인의 별개의견 및 반대의견은 피청구인의 이 사건 조사행위는 헌법재판소 결정의 취지와 구 지방자치법 제171조 등에 따른 지방자치단체의 자치사무에 대한 감사개시요건을 충족하지 못한 위법한 감사로서, 이는 포괄적·사전적 일반감사나 위법사항을 특정하지 않고 개시하는 감사 또는 법령위반사항을 적발하기 위한 감사에 해당하여 허용될 수 없다고 하였다).

2) 헌재 2025. 2. 27. 2023헌라5.

3) 헌재 2025. 2. 27. 2025헌라1.

4) 헌재 2010. 11. 25. 2009헌라12 참조(헌법재판소가 종전 권한침해확인 결정에서 권한침해만을 확인하고, 권한침해의 원인이 된 처분의 무효확인이나 취소를 선언하지 아니한 이상, 종전 권한침해확인결정의 기속력으로 피청구인에게 종전 권한침해행위에 내재하는 위헌·위법성을 제거할 적극적 조치를 취할 법적 의무가 발생한다고 볼 수 없다고 하였다).

나. 처분의 취소 또는 무효확인

헌법재판소는 권한침해의 원인이 된 피청구인의 **처분을 취소**하는 결정 또는 처분의 **무효**를 **확인**하는 결정을 내릴 수 있다(헌재법 제66조 제 2 항). '권한의 유무 또는 범위'에 관하여는 헌법재판소법 제66조 제 1 항에 의하여 헌법재판소가 필요적으로 판단해야 하지만, 동조 제 2 항은 헌법재판소에게 재량을 부여하고 있으므로, **재판부의 재량**에 따라 부가적으로 처분의 취소나 무효확인을 할 수 있다.[1]

이러한 취소 또는 무효확인결정은 청구인의 **신청** 또는 헌법재판소의 **직권**으로 내릴 수 있다.

처분의 취소 또는 무효확인결정을 할 경우에는 "피청구인의 처분을 취소한다." 또는 "피청구인의 처분이 무효임을 확인한다."라고 **결정주문**을 낸다.[2]

한편, 헌법재판소는 피청구인의 처분 등이 **권한침해**임을 **확인**하면서도 해당 처분 등의 **무효확인청구**에 대해서는 **기각결정**을 할 수도 있다. 헌법재판소는 입법절차상 법률안 가결선포행위를 무효라고 하려면 헌법 제49조의 다수결원칙, 제50조의 회의공개의 원칙을 명백히 위반한 흠이 있어야 한다고 하여 이 경우의 무효사유를 엄격히 제한한 바 있다.[3] 즉 헌법재판소는 "국회 입법절차의 특성상 그 개개의 과정에서 의도적이든 아니든 헌법이나 법률의 규정을 제대로 준수하지 못하는 잘못이 있을 수 있고, 그러한 잘못이 현실로 나타날 경우 그로 인하여 일부 국회의원들의 입법에 관한 각종의 권한이 침해될 수 있으나, 만일 이러한 사정만으로 곧바로 법률안의 가결 선포행위를 무효로 한다면 국법질서의 안정에 위해를 초래하게 되므로, 국회의 입법과 관련하여 일부 국회의원들의 권한이 침해되었다 하더라도 그것이 입법절차에 관한 헌법의 규정을 명백히 위반한 흠에 해당하는 것이 아니라면 그 법률안의 가결 선포행위를 곧바로 무

5) 헌재 1998. 8. 27. 96헌라1; 헌재 2000. 2. 24. 99헌라1; 헌재 2008. 4. 24. 2006헌라2; 헌재 2012. 2. 23. 2010헌라5등; 헌재 2013. 9. 26. 2012헌라1.

1) 실무제요, 505면.

2) 무효확인을 한 것으로는 헌재 1999. 7. 22. 98헌라4; 헌재 2006. 8. 31. 2003헌라1; 헌재 2015. 7. 30. 2010헌라2; 헌재 2019. 4. 11. 2016헌라8등. 취소한 것으로는 헌재 2006. 8. 31. 2004헌라2.

3) 헌재 2011. 8. 30. 2009헌라7(2인의 별개의견 있음. 저자는 법정의견 가담); 소위 미디어법 사건. 헌재 2009. 10. 29. 2009헌라8등(3인의 반대의견은 무효확인 청구를 인용하여야 한다고 하였다. 저자는 법정의견에 가담); 헌재 1997. 7. 16. 96헌라2(3인의 반대의견은 무효확인 청구를 인용하여야 한다고 하였다).

효로 볼 것은 아니라 할 것이다. 헌법은 국회의 의사절차에 관한 기본원칙으로 제49조에서 '다수결의 원칙'을, 제50조에서 '회의공개의 원칙'을 선언하고 있으므로, 결국 법률안의 가결 선포행위의 효력은 입법절차상 위 헌법규정을 명백히 위반한 하자가 있었는지에 따라 결정된다 할 것이다."라고 판시하였고,[1] 국회 상임위원회 위원장이 자유무역협정 비준동의안을 상임위 전체회의에 상정한 행위 등이 회의에 참석하지 못한 소수당 소속 상임위원회 위원들의 조약비준동의안에 대한 심의권을 침해하였음을 확인하면서도 조약비준동의안 상정행위 등에 대한 무효확인청구는 기각하였다.[2]

또한 헌법재판소는 국회의원과 국회 법제사법위원회 위원장 등 간의 권한쟁의 사건에서 피청구인 국회 법제사법위원회 위원장이 2022. 4. 27. 제395회 국회(임시회) 제4차 법제사법위원회 전체회의에서 검찰청법 일부개정법률안(대안)과 형사소송법 일부개정법률안(대안)을 법사위 법률안으로 각 가결선포한 행위가 청구인들의 법률안 심의·표결권을 침해하였음을 확인하면서도 피청구인 법사위 위원장의 가결선포행위가 무효확인청구는 기각하였다.[3]

그런데 위 사건에서 재판관 4인의 청구인들에 법률안 심의·표결권 침해 인용의견은, "헌법상 다수결원칙은 다수에 의한 의사결정 이전에 합리적인 토론과 상호 설득의 과정에서 의사의 내용이 변동되거나 조정될 수 있음을 전제로 하며, 이를 위해 의원들에게 실질적이고 자유로운 토론의 기회가 부여되어 있을 것을 요구한다. 특히, 헌법 제49조 후문에서는 "가부동수인 때에는 부결된 것으로 본다."라고 규정하여 우리 헌법상 국회 내 회의의 의결정족수 충족에 있어 회의의 주재자가 다른 구성원과 동등한 지위의 표결권을 넘어서는 결정권을 갖지 못하도록 하고 있다. 이는 국회 내 의결 절차에서 회의 주재자의 중립적 지위를 엄격하게 요구하는 것이다. 또한, 국회의 의사절차를 의안에 대한 실질적 토론 및 이에 기초한 표결을 보장하지 않는 방식으로 형성한다면, 헌법상 다수결의 원칙에 반하게 되어 국회의 자율권의 한계를 벗어난다고 할 것이다. 민형배 위원의 탈당 과정과 피청구인 법사위 위원장의 조정위원 선임과정

1) 헌재 1997. 7. 16. 96헌라2(3인의 반대의견은 본회의 출석가능성을 배제한 가운데 한 법률안 가결선포행위는 다수결의 원리를 규정한 헌법 제49조에 위반한 것이라고 하였다); 헌재 2009. 10. 29. 2009헌라8등(3인의 반대의견 있음); 헌재 2011. 8. 30. 2009헌라7(2인의 별개의견이 있음).
2) 헌재 2010. 12. 28. 2008헌라7.
3) 헌재 2023. 3. 23. 2022헌라2.

및 법사위 위원 구성 등의 사정을 살펴보면, 민형배 위원은 법사위에서 조정위원회가 구성될 경우 비교섭단체 몫의 조정위원으로 선임되어 더불어민주당(이하 '민주당'이라 한다) 소속 조정위원들과 함께 조정위원회의 의결정족수를 충족시킬 의도로 민주당과 협의하여 민주당을 탈당하였고, 같은 당 소속으로 민형배 위원과 함께 그 교섭단체 대표의원이 발의한 법률안에 찬성자로 참여하였던 피청구인 법사위 위원장은 이러한 사정을 알고도 검사의 수사권을 폐지 또는 축소하는 내용의 입법이 민주당의 당론에 따라 신속하게 추진될 수 있도록 하기 위해 민형배 위원을 조정위원으로 선임한 것임을 합리적으로 추단할 수 있다. 피청구인 법사위 위원장은 위와 같이 회의의 주재자로서의 중립적인 지위에서 벗어나 그 위원회 활동의 일부인 조정위원회에 관하여 미리 가결의 조건을 만들어 두었고, 조정위원회에서 축조심사 및 질의·토론이 모두 생략되어 실질적인 조정심사 없이 의결된 조정안에 대하여, 법사위 전체회의에서도 심사보고나 실질적인 토론의 기회를 부여하지 않은 채 그 조정안의 내용 그대로 이 사건 개정법률안의 가결을 선포한 것이다. 이는 제1교섭단체 소속 조정위원 수와 그렇지 않은 조정위원 수를 동수로 구성하도록 한 국회법 제57조의2 제 4 항을 위반한 것이고, 제1교섭단체인 민주당 소속 조정위원 3명과 민형배 위원만으로 재적 조정위원 6명의 3분의 2인 4명이 충족되도록 함으로써 국회 내 다수세력의 일방적 입법 시도를 저지할 수 있도록 의결정족수를 규정한 국회법 제57조의2 제 6 항의 기능을 형해화한 것이며, 위원회의 안건심사절차에 관하여 규정한 국회법 제58조도 위반한 것이다. 그뿐만 아니라 피청구인 법사위 위원장은 이를 통해 회의 주재자의 중립적인 지위에서 벗어나 법사위 법안심사에서의 실질적인 토론의 기회를 형해화하였다는 점에서 헌법 제49조도 위반하였다. 따라서 피청구인 법사위 위원장의 이 사건 가결선포행위는 청구인들의 법률안 심의·표결권을 침해한 것이라고 하였고, 재판관 1인의 인용의견은, 민형배 위원의 탈당 경위 등을 종합하면, 민형배 위원은 개정법률안 원안들의 4월 임시국회 처리를 위하여 양향자 위원 대신 비교섭단체 몫의 조정위원으로 선임될 목적으로 민주당을 탈당하였고, 피청구인 법사위 위원장은 같은 민주당 소속으로 이러한 민형배 위원의 탈당 경위를 충분히 알 수 있었음에도 민형배 위원을 비교섭단체 몫의 조정위원으로 선임하였음을 인정할 수 있다. 이는 제1교섭단체 소속 조정위원과 그 밖의 조정위원을 3:3 동수가 아닌 사실상 의

결정족수를 충족시킬 수 있는 4:2가 되도록 하여 실질적인 조정심사 없이도 조정안 가결이 이루어지도록 한 것이므로, 제1교섭단체 소속 조정위원의 수와 그렇지 않은 조정위원의 수를 동수로 구성하여 대화와 타협을 통해 조정안 의결이 이루어지도록 한 국회법 제57조의2 제 4 항 및 제 6 항과 조정위원회 심사 시 축조심사와 토론을 거치도록 한 국회법 제57조의2 제10항, 제57조 제 8 항 및 제58조 제 1 항을 위반한 것이다. 또한, 피청구인 법사위 위원장은 제 4 차 법사위 전체회의에서 이 사건 개정법률안에 대하여 어떠한 조치도 취하지 않은 채 토론 등의 절차를 모두 생략하고 표결을 진행하여 위원회의 심사절차를 정한 국회법 제58조 제 1 항도 위반하였다. 따라서 피청구인 법사위 위원장의 이 사건 가결선포행위로 청구인들의 법률안 심의·표결권이 침해되었다고 봄이 타당하다."고 하였다.

한편 심의·표결권 침해에 대해서는 인용의견을 내었음에도 무효확인청구에 대해서는 기각의견을 낸 1인의 재판관의 기각의견은, "헌법재판소법 제61조와 제66조는 권한쟁의심판사건에서 권한침해확인에서 나아가 피청구인의 처분을 취소하거나 그 무효를 확인하는 것에 대하여는 헌법재판소에게 그의 재량에 따른 부가적인 심판 가능성을 부여하고 있을 뿐이다. 따라서 국가기관 상호간의 권한쟁의심판 결과 드러난 위헌·위법 상태를 제거함에 있어 피청구인인 국가기관에 여러 가지 정치적 형성의 여지가 있는 경우, 헌법재판소로서는 피청구인의 정치적 형성권을 존중하여야 하므로 원칙적으로 처분의 권한 침해만을 확인하고 권한 침해로 야기된 위헌·위법 상태의 시정은 피청구인에게 맡겨두는 것이 바람직하며, 재량적 판단에 의한 무효확인 또는 취소를 통하여 피청구인의 처분의 효력을 직접 결정하는 것은 권한질서의 회복을 위하여 헌법적으로 요청되는 예외적인 경우에 한정되어야 한다. 특히 국회의원이 국회에서의 입법 관련 처분의 하자로 인하여 심의·표결권을 침해받았음을 다투는 권한쟁의심판의 경우, 사법기관으로서 사법본질상의 한계에 구속되는 헌법재판소는 대의민주주의와 권력분립을 원칙으로 하는 헌법질서 아래에서 국민의 대표기관이자 정치적 헌법기관인 국회가 가지는 자율권과 정치적 형성권을 최대한 존중하여야 한다. 따라서 헌법재판소는 원칙적으로 처분의 권한 침해만을 확인하고, 권한 침해로 인하여 야기된 위헌·위법 상태의 시정은 피청구인에게 맡겨두는 것이 합당하다. 다만, 그 처분에 의회주의의 이념에 입각한 국회의 기능을 형해화할 정도의 중대한 헌법 위반이 있고, 국회의 정치적 형성권을 존중할 필요가 없거나 국회에 다른 정치적 형성방법을 기대할 수 없는 경우에는 예외적으로 헌법질서의 회복을 위하여 헌법재판소가 취소·무효확인 결정을 부가적으로 선언함으로써 직접 처분의 효력을 소멸시킬 수 있다고 할 것이다. 피청구인 법사위 위원장의 이 사건 가결선포행위는 청구인들의 법률안 심의·표결권을 침해하였으나, 이 사건 개정법률안에 대해서는 이 사건 조정위원회가 열리기에 앞서 이미 법사위 소위원회에서 청구인들이 출석한 가운데 위원들의 토론과 정부 측 및 법원 측 참석자의 의견 진술, 축조심사 등이 이루어지는 등 실질적인 심사가 이루어졌다. 또한 이 사건 개정법률안은 '국회의장 여야 합의문'을 토대로 민주당이 마련한 개정안에 기초한 것으로, '국회의장 여야 합의문'은 밀실에서 이루어진 것이 아니라 각 당의 의원총회를 거쳐 작성된 것이고, 법사1소위에서는 위 합의문을 토대로 각 당이 마련한 개정안에 대해 심사가 진행되었으며, 청구인들은 그 심사 과정에서 각 개정안에 대한 의견을 진술하는 등 실질적인 토론이 이루어졌다. 이상의 사정을 종합하면, 청구인들이 비록 이 사건 조정위원회의 의결 과정과 제4차 법사위 전체회의 표결 과정에서 심의·표결권을 침해받기는 하였으나, 법사위 법안 심사과정에서 전혀 심의·표결권을 행사할 수 없는 등 의회주의 이념에 입각한 국회의 기능이 형해화될 정도의 중대한 헌법 위반이 있었다고 보기 어렵다. 또한 국회법이 위원회 중심주의를 택하고 있으나, 위원회의 역할은 국회의 예비적 심사기관으로서 본회의에 판단자료를 제공하는 데 있으므로, 헌법재판소가 위원회 단계에서 이루어진 의결의 하자만을 기준으로 국회의 정치적 형성권을 존중할 필요가 없다거나 다른 정치적 형성방법을 기대할 수 없다고 평가하는 것은 적절하지 아니하다. 따라서 피청구인 법사위 위원장의 이 사건 가결선포행위가 청구인들의 법률안 심의·표결권을 침해하였다고 확인한 이상, 피청구인 법사위 위원장의 이 사건 가결선포행위에 대한 무효확인청구는 국회의 정치적 형성권을 존중하여 기각하여야 한다."고 하였다.[1)]
한편 헌법재판소는 위 사건에서 피청구인 국회의장이 2022. 4. 30. 제396회 국

1) 헌재 2023. 3. 23. 2022헌라2(청구인들의 법률안 심의·표결권 침해에 대하여 기각의견을 낸 4인의 재판관은 당연히 무효확인청구에 대하여도 기각의견을 내었고, 심의·표결권 침해에 대하여 인용의견을 내었던 1인의 재판관이 무효확인청구에 대해서는 기각의견을 내었으므로 무효확인청구에 대하여 기각주문이 선고되었다. 그러나 법률안 심의·표결권 침해에 대하여는 인용의견이 5인이었으므로 주문에서 법률안 심의·표결권을 침해한 것이라고 선언하였다).

회(임시회) 제 1 차 본회의에서 이 사건 검찰청법 수정안을 가결선포한 행위와 2022. 5. 3. 제397회 국회(임시회) 제 1 차 본회의에서 이 사건 형사소송법 수정안을 가결선포한 행위가 청구인들의 법률안 심의·표결권을 침해하였다고 보기 어렵다고 판단하였고,[1] 피청구인 국회의장이 법률안 본회의 부의의 건을 안건으로 상정하여 무기명투표로 표결한 후 이에 가결을 선포한 행위는 청구인들의 법률안 심의·표결권을 침해하지 아니하고, 그 침해를 전제로 하는 이에 대한 무효확인청구 역시 이유없다고 하였다.[2]

부작위의 경우, 부작위위법확인 주문례를 보면, "피청구인이 위 각 토지에 관하여 지방자치법 제 5 조에 의한 사무와 재산의 인계를 청구인에게 행하지 아니하는 부작위는 위법함을 확인한다."라는 주문을 낸 바 있고,[3] 국회와 대통령 간의 권한쟁의 사건에서, "피청구인이 대통령 권한대행으로서 청구인이 2024. 12. 26. 헌법재판소 재판관으로 선출한 마은혁을 헌법재판소 재판관으로 임명하지 아니한 부작위는 헌법에 의하여 부여된 청구인의 헌법재판소 재판관 선출을 통한 헌법재판소 구성권을 침해한 것이다"라는 주문을 내었다.[4] 한편 헌법재판소는 청구인들은 청구취지에서 이 사건 WTO 정부조달협정 개정 의정서의 무효 확인도 구하고 있으나, 이 사건 의정서 자체는 대한민국에서 아직 발효되기 전의 조약안으로서 헌법재판소법 제61조 제 2 항의 "피청구인의 처분 또는 부작위"라고 볼 수 없으므로 그 무효 확인을 구하는 것은 위 조항이 정하고 있는 권한쟁의심판의 대상이 되지 않는다고 하였다.[5]

그런데 헌법재판소법 제66조 제 1 항에 따라 부작위의 위헌 또는 위법을 확인하는 내용의 결정을 한 때에는 피청구인은 결정취지에 따른 처분을 하여야 한다(헌재법 제66조 제 2 항).

다. 심판절차종료선언

심판절차종료선언은 청구인의 사망 또는 심판청구의 취하 등으로 심판절차의 종료 여부가 불분명하게 된 경우에 절차관계의 종료를 명백히 확인하는 의미에서 하는 결정이다.

1) 헌재 2023. 3. 23. 2022헌라2. 4인의 반대의견 있음.
2) 헌재 2023. 10. 26. 2023헌라2; 헌재 2023. 10. 26. 2023헌라3. 각 4인의 별개의견 있음.
3) 헌재 2006. 8. 31. 2004헌라2.
4) 헌재 2025. 2. 27. 2025헌라1.
5) 헌재 2015. 11. 26. 2013헌라3.

주문의 형식은 “이 사건 헌법소원심판절차는 ○○년 ○월 ○○일 청구인의 사망으로 종료되었다.” 또는 “이 사건 헌법소원심판절차는 ○○년 ○월 ○○일 청구인의 심판청구의 취하로 종료되었다.”로 된다.

국회의원인 청구인의 사망으로 심판절차종료선언을 한 사례가 있고,[1] 권한쟁의심판절차 계속중 청구인이 국회의원직을 상실하여 심판절차가 종료된 사례가 있으며,[2] 심판청구의 취하로 심판절차종료선언을 한 사례도 있다.[3]

청구인은 심판청구를 취하할 수 있고, 이 경우 원칙적으로 소의 취하에 관한 민사소송법의 규정이 준용된다. 권한쟁의심판에서 심판청구의 취하로 인하여 심판절차종료선언을 한 예가 있으며, 이에 대해서는 이미 실체적 심리를 마쳐 더 이상의 심리가 필요하지 않은 단계에 이르렀고 헌법적 해명의 중대성이 인정된다면 예외적으로 민사소송법 규정의 준용을 배제하여 취하에도 불구하고 평의한대로 결정을 선고하여야 한다는 반대의견이 있었다.[4]

라. 권한쟁의심판청구가 인용된 주요사례

	사건번호	심판대상(결론)	기준법령
1	헌재 1997. 7. 16. 96헌라2	국회의원의 법률안 심의·표결권한 침해 확인	국회법 제76조 제 3 항 위반 (재판관 3인의 의견은 헌법 제49조 위반까지 인정)
2	헌재 1999. 7. 22. 98헌라4	지방자치단체의 도시계획사업시행자지정 권한 침해 확인	행정심판법 제37조 제 2 항 위반
3	헌재 2004. 9. 23. 2000헌라2	관할구역 귀속 확인	지형도상의 해상경계선 ← 행정관습법(←지방자치법 제 4 조 제 1 항)

1) 헌재 2010. 11. 25. 2009헌라12(“위 청구인은 법률안 심의·표결권의 주체인 국가기관으로서의 국회의원 자격으로 이 사건 권한쟁의심판을 청구한 것인바, 국회의원의 법률안 심의·표결권은 성질상 일신전속적인 것으로 당사자가 사망한 경우 승계되거나 상속될 수 있는 것이 아니다. 따라서 그에 관련된 이 사건 권한쟁의심판절차 또한 수계될 수 있는 성질의 것이 아니므로, 위 청구인의 이 사건 심판청구는 위 청구인의 사망과 동시에 당연히 그 심판절차가 종료되었다고 할 것이다.…… 따라서 청구인 ○○○의 이 사건 권한쟁의심판절차는 2010. 1. 20. 위 청구인의 사망으로 종료되었으므로, 이를 명확하게 하기 위하여 심판절차종료를 선언함이 상당하다.”고 판시하였다).

2) 헌재 2016. 4. 28. 2015헌라5; 헌재 2023. 9. 26. 2020헌라2; 헌재 2024. 3. 28. 2023헌라9; 헌재 2024. 6. 27. 2022헌라3.

3) 헌재 2001. 6. 28. 2000헌라1.

4) 헌재 2001. 6. 28. 2000헌라1.

	사건번호	심판대상(결론)	기준법령
4	헌재 2006. 8. 31. 2004헌라2	관할구역 귀속 확인	'서울특별시 광진구 등 9개 자치구 설치 및 특별시·광역시·도간 관할구역 변경 등에 관한 법률' 제 8 조
		지방자치단체의 자치권한 침해 확인	지방자치법 제 5 조 위반
5	헌재 2009. 7. 10. 2005헌라5	관할구역 귀속 확인	국가기본도상 해상경계선 (지방자치법 제 4 조 제 1 항)
6	헌재 2009. 5. 28. 2006헌라6	지방자치단체의 지방자치권 침해 확인	지방자치법 제158조 단서 위반
7	헌재 2009. 10. 29. 2009헌라8등	국회의원의 법률안 심의·표결권한 침해확인	국회법 제92조, 제93조, 제109조 위반
		법률안 가결선포행위 무효확인청구기각	무효로 할 정도의 하자에 불해당
8	헌재 2010. 6. 24. 2005헌라9, 2007헌라1, 2(병합)	관할구역 귀속 확인	국가기본도상 해상경계선 (지방자치법 제 4 조 제 1 항)
9	헌재 2011. 8. 30. 2009헌라7	국회의원의 법률안 심의·표결권한 침해 확인	국회법 제93조 위반
		법률안 가결선포행위 무효확인청구기각	무효로 할 정도의 하자에 불해당
10	헌재 2015. 7. 30. 2010헌라2	관할구역 귀속 확인	형평의 원칙에 따라 등거리중간선원칙에 따라 획정한 선
11	헌재 2019. 4. 11. 2016헌라8등	관할구역 귀속 확인	형평의 원칙에 따라 해안선을 기점으로 한 등거리중간선으로 확정하되 일부 갯벌에 해당하는 공유수면은 등거리중간선의 예외로서 포함 획정
12	헌재 2022. 8. 31. 2021헌라1	지방자치단체의 지방자치권 침해 확인	구 지방자치법 제171조 제 1 항 전문 전단
13	헌재 2023. 3. 23. 2000헌라5	지방자치단체의 지방자치권 침해 확인	구 지방자치법 제171조 제 1 항 전문 전단
14	헌재 2023. 3. 23. 2022헌라2	국회의원의 법률안 심의·표결 권한 침해	국회법 제57조의4, 6, 10항 제57조 제 8 항, 제58조 제 1 항
		법률안 가결선포행위 무효확인청구기각	무효로 할 정도의 하자 불해당
15	헌재 2024. 8. 29. 2022헌라1	관할구역귀속확인	형평의 원칙에 따라 유인도와 무인도의 해안선을 기점으로 한 등거리·중간선으로 획정
16	헌재 2025. 2. 27. 2023헌라5	중앙선거관리위원회의 독립적 업무수행에 관한 권한 침해 확인	헌법 체계 및 헌법 제97조와 감사원법 제24조 위반

	사건번호	심판대상(결론)	기준법령
17	헌재 2025. 2. 27. 2025헌라1	국회의 헌법재판소 재판관 선출을 통한 헌법재판소 구성권 침해 확인	헌법 제111조 제 2 항, 제 3 항 위반

4. 결정의 효력

가. 개 설

헌법재판소법 제67조는 결정의 효력에 관하여 제 1 항에서 "헌법재판소의 권한쟁의심판의 결정은 모든 국가기관과 지방자치단체를 기속한다."고 규정하여 기속력을 명문으로 부여하고 있다. 헌법소원의 경우 **인용결정**이 다른 국가기관에 대한 기속력을 가짐에 반하여(헌재법 제75조 제 1 항), 권한쟁의심판의 경우 **모든 결정**이 기속력을 가진다(권한에 관한 아무런 실체적 판단이 없는 각하결정의 경우에는 별다른 의미가 없다).

권한쟁의심판의 본안결정이 내려지면 그것이 인용결정이든 기각결정이든, 그것이 헌법재판소법 제66조 제 1 항에 의한 확인결정이든, 동조 제 2 항에 의한 취소결정이든, 다른 국가기관은 이에 관한 헌법재판소의 판단에 저촉되는 다른 판단이나 행위를 할 수 없고, 헌법재판소 결정의 내용을 자신의 판단 및 조치의 기초로 삼아야 한다.

피청구인은 위헌·위법성이 확인된 행위를 반복하여서는 아니될 뿐만 아니라, 나아가 자신이 야기한 기존의 위헌·위법상태를 제거하여 합헌·합법적 상태를 회복할 의무를 부담한다.[1] 부작위에 대한 인용결정의 경우 피청구인은 결정취지에 따른 처분을 하여야 한다(헌재법 제66조 제 2 항).

나. 입법절차의 흠으로 권한침해를 확인한 인용결정의 기속력

헌법재판소는 입법절차의 흠으로 권한침해를 확인한 인용결정의 기속력에 위헌·위법한 **결과의 제거의무**까지 포함되는지에 관해서 의견이 갈린 바 있는데 저자는 각하의견에 가담하였다.[2]

즉 재판관 4인의 **각하의견**은 "기속력은 피청구인의 처분의 취소결정이나 무

1) 실무제요, 507면; 김하열, 692면; 허영, 360면.
2) 헌재 2010. 11. 25. 2009헌라12(기각: 1, 각하: 4, 인용: 4로 주문은 기각이었다).

효확인결정 뿐만 아니라 권한침해의 확인결정에도 인정된다. 그러나 그 내용은 장래에 어떤 처분을 행할 때 그 결정의 내용을 존중하고 동일한 사정 하에서 동일한 내용의 행위를 하여서는 아니되는 의무를 부과하는 것에 그치고, 적극적인 재처분 의무나 결과제거 의무를 포함하는 것이라 해석할 것은 아니다. 재처분 의무나 처분으로 인한 위헌·위법한 결과의 제거의무는 처분 자체가 위헌·위법하여 그 효력을 상실하는 것을 전제하는데, 이는 처분의 취소결정이나 무효확인결정에 달린 것이기 때문이다. 그러므로 2009헌라8 등 사건에서 헌법재판소가 권한침해만을 확인하고 권한침해의 원인이 된 처분의 무효확인이나 취소를 선언하지 아니한 이상, 종전 권한침해확인결정의 기속력으로 피청구인에게 종전 권한침해행위에 내재하는 위헌·위법성을 제거할 적극적 조치를 취할 법적 의무가 발생한다고 볼 수 없으므로 이 사건 심판청구는 부적법하다." 고 판시하였고, 재판관 1인의 기각의견은 "일반적인 권한쟁의심판과는 달리, 국회나 국회의장을 상대로 국회의 입법과정에서의 의사절차의 하자를 다투는 이 사건과 같은 특수한 유형의 권한쟁의심판에 있어서는, '처분'이 본래 행정행위의 범주에 속하는 개념으로 입법행위를 포함하지 아니하는 점, 권한침해확인결정의 구체적 실현방법에 관하여 국회법이나 국회규칙에 국회의 자율권을 제한하는 규정이 없는 점, 법률안 가결선포행위를 무효확인 하거나 취소하는 것은 해당 법률전체를 무효화하여 헌법 제113조 제 1 항의 취지에도 반하는 점 때문에 헌법재판소법 제66조 제 2 항을 적용할 수 없다. 이러한 권한침해확인결정의 기속력의 한계로 인하여 이 사건 심판청구는 이를 기각함이 상당하다."고 하였다. 한편 재판관 3인의 인용의견은 "2009헌라8등 권한침해확인결정에도 불구하고, 국회가 이 사건 각 법률안에 대한 심의·표결절차의 위법성을 바로잡고 침해된 청구인들의 심의·표결권을 회복시켜줄 의무를 이행하지 않는 것은 헌법재판소의 종전 결정의 기속력을 무시하고 청구인들의 심의·표결권 침해상태를 계속 존속시키는 것이므로, 이 사건 심판청구를 받아들여야 한다."고 하였고, 재판관 1인의 인용의견은 "취소나 무효확인 결정이 부가되지 아니한 권한침해확인 결정의 기속력이 피청구인에 대해서까지도 단순히 반복금지의 효력만이 있을 뿐이라고 한다면 그것은 헌법적 해명의 의미만 갖게 되어 주관적 권한구제 수단으로서는 아무런 의미가 없게 되고, 결국 헌법재판소는 법적 구속력이 없는 권고적 재판을 한 것에 지나지 않게 되어 권한쟁의심판제도를 유명무실하게 만들 위험이 다분하다."고 하였다.

다. 취소결정의 효력제한

헌법재판소가 국가기관 또는 지방자치단체의 처분을 취소하는 결정을 하더라도 그 처분의 상대방에 대하여 이미 생긴 효력에는 영향을 미치지 아니한다(헌재법 제67조 제 2 항). 이 조항은 처분의 유효성을 믿은 **제 3 자의 법적 안정성 내지 법적 지위를 보호**하기 위하여 처분의 상대방에 대한 관계에서는 취소결정의 **소급효를 제한**하기 위한 것이라 할 것이다. 즉 청구인, 피청구인, 제 3 자의 삼각관계가 형성된 경우에 청구인과 피청구인간의 권한분쟁으로 인하여 선의의 제 3 자에게 피해를 끼치게 할 수 없다는 고려를 반영한 것이다. 그렇기 때문에 **처분의 상대방**이 곧 **청구인**이어서 제 3 자의 법적 지위에 대한 영향이 있을 수 없는 경우에는 이 조항이 적용되지 않는다. 이 조항을 그와 같은 경우에도 적용하여 청구인에 대하여 이미 생긴 효력, 즉 청구인이 입고 있는 기존의 권한침해 상태를 구제하지 않는 것으로 풀이한다면 권한쟁의심판의 의의나 효용성이 크게 감소되기 때문이다. 이 조항이 적용되는 경우에는 처분의 상대방에 대하여 이미 생긴 효력에 영향을 미치지 아니한다. '이미' 생긴 효력만 그대로 인정될 뿐 취소결정 이후 장래에까지 그 효력을 계속 주장할 수 있다는 것은 아니다.[1)]

---

1) 실무제요, 508면; 김하열, 678면; 성낙인, 393면.

제 4 장 탄핵심판

제 1 절 총 설

1. 탄핵심판제도의 의의

탄핵심판제도는 고위직 공직자에 의한 헌법침해로부터 헌법을 보호하기 위한 헌법재판제도이다.1) 즉 탄핵심판제도는 대통령을 비롯한 고위직 공직자를 대상으로 그 법적인 책임을 특히 헌법이 정하는 특별한 소추절차에 따라 추궁함으로써 헌법을 보호하는 제도이다. 일반사법절차에 따라 책임을 추궁하기 어렵거나 징계절차에 따라 징계하기도 곤란한 고위직 공직자나 헌법상 독립된 기관의 신분이 보장된 공직자가 헌법과 법률을 위반할 때 법적인 책임추궁을 가능하게 하는 제도이다.2) 현행헌법상 탄핵심판 대상이 되는 공직자 중 국무총리·국무위원·행정각부의 장의 경우에는 국회에서 해임 '의결'의 대상이 아니라 해임 '건의'의 대상이 되는 것에 지나지 않으므로 탄핵심판제도에 의해 그 법적 책임을 물을 수 있다는 점에서 탄핵심판제도는 현실적인 의미도 가지고 있다.3)

2. 우리나라 탄핵심판제도의 연혁

탄핵심판제도는 1948년 제헌헌법 이래로 계속 존속되어 온 제도이다. 정치적 상황의 변화에 따라, 그리고 이에 따른 여러 차례의 헌법개정으로 말미암아 탄핵의 대상, 소추기관 및 심판기관이 변천을 겪게 되었지만 탄핵의 사유는 동일하게 유지되었다. 즉 제 1 공화국 헌법에서는 헌법재판을 담당하던 헌법위원

1) 헌재 2004. 5. 14. 2004헌나1; 헌재 2017. 3. 10. 2016헌나1.
2) 헌재 1996. 2. 29. 93헌마186 참조.
3) 실무제요, 444면.

회와 별도로 탄핵재판소를 설치해서 탄핵심판을 하게 했고, 제 3 공화국 헌법에서는 헌법재판기관을 따로 두지 않고 법원이 법률의 위헌심사·결정권을 행사했기 때문에 탄핵심판을 위해서 탄핵심판위원회를 두었다. 제 2 공화국과 제 4, 5 공화국 그리고 현행헌법에서는 헌법재판기관의 관할사항에 탄핵심판을 포함시켰다.

3. 탄핵제도에 관한 규범

탄핵제도에 관한 규범으로는 헌법 제65조(국회의 탄핵소추권), 헌법 제111조 제 1 항 제 3 호(헌법재판소의 탄핵심판권)와 이를 구체화한 국회법 제130조 내지 134조(탄핵소추절차), 헌법재판소법 제48조 내지 제54조(탄핵심판절차)가 있다. 현행헌법은 제65조에서 탄핵소추의 사유를 '헌법이나 법률에 대한 위배'로 명시하고, 헌법재판소가 탄핵심판을 관장하게 함으로써 탄핵절차를 정치적 심판절차가 아니라 규범적 심판절차로 규정하였다.[1)]

4. 탄핵심판제도의 성질과 기능

탄핵심판은 고위공직자가 권한을 남용하여 헌법이나 법률을 위반하는 경우 그 권한을 박탈함으로써 헌법질서를 지키는 헌법재판이고,[2)] 탄핵결정은 대상자를 공직으로부터 파면함에 그치고 형사상 책임을 면제하지 아니한다(헌법 제65조 제 4 항)는 점에서 탄핵심판절차는 형사절차나 일반 징계절차와는 성격을 달리 한다.[3)] 결국 탄핵결정으로 발생하는 공직파면이라는 효과 면에서는 징계적인 제재조치의 성질을 갖지만, 탄핵소추와 탄핵심판이 이루어지는 절차 면에서 보면 대의적(代議的)·헌법적인 책임 추궁의 성질을 갖는 복합적 성질의 법적인 제재수단이다.[4)]

탄핵심판제도는 고위 공직자의 권력형 헌법침해로부터 헌법을 보호하는 기

1) 헌재 2004. 5. 14. 2004헌나1; 헌재 2017. 3. 10. 2016헌나1; 헌재 2023. 7. 25. 2023헌나1; 헌재 2024. 5. 30. 2023헌나2; 헌재 2025. 7. 17. 2023헌나3.
2) 헌재 2004. 5. 14. 2004헌나1.
3) 헌재 2017. 3. 10. 2016헌나1.
4) 허영, 275면.

능을 갖는다. 따라서 탄핵심판제도도 헌법보호를 통한 헌법실현기능을 갖는다는 점에서 다른 헌법재판제도와 같다. 그러나 탄핵심판제도가 갖는 헌법 보호의 기능은 실제로는 헌법침해가 발생한 후에 탄핵에 의한 공직파면을 통해서 사후적으로 실현된다기보다는 권력형 헌법침해를 사전에 예방하는 경고적 기능이 오히려 더 중요하다고 할 것이다.[1)]

헌법재판소는 탄핵심판제도의 기능에 관하여, "탄핵심판절차는 행정부와 사법부의 고위공직자에 의한 헌법침해로부터 헌법을 수호하고 유지하기 위한 제도이다. 헌법 제65조는 행정부와 사법부의 고위공직자에 의한 헌법위반이나 법률위반에 대하여 탄핵소추의 가능성을 규정함으로써, 그들에 의한 헌법위반을 경고하고 사전에 방지하는 기능을 하며, 국민에 의하여 국가권력을 위임받은 국가기관이 그 권한을 남용하여 헌법이나 법률에 위반하는 경우에는 다시 그 권한을 박탈하는 기능을 한다. 즉, 공직자가 직무수행에 있어서 헌법에 위반한 경우 그에 대한 법적 책임을 추궁함으로써, 헌법의 규범력을 확보하고자 하는 것이 바로 탄핵심판절차의 목적과 기능인 것이다."라고 판시하였고,[2)] "국민에 의하여 직접 선출된 대통령을 파면하는 경우 상당한 정치적 혼란이 발생할 수 있지만 이는 국가공동체가 자유민주적 기본질서를 지키기 위하여 불가피하게 치러야 하는 민주주의의 비용이다."라고 판시하였으며,[3)] "행정각부의 장은 정해진 임기가 없고, 정무직 공무원으로서 국가공무원법상 징계에 관한 규정이나 당연퇴직 등에 관한 규정이 적용되지 않으므로(국가공무원법 제 3 조 제 1 항, 제 2 항) 형사처벌을 받는 경우에도 곧바로 공직에서 추방되지 않는다. 국회는 국무위원인 행정각부의 장의 해임을 대통령에게 건의할 수 있지만(헌법 제63조), 해임건의에는 법적 구속력이 없다(헌재 2004. 5. 14. 2004헌나1 참조). 행정각부의 장에 대한 탄핵심판은 행정각부의 장이 직무집행에 있어 헌법이나 법률을 위반한 경우 고유한 법적 책임을 추궁하여 파면함으로써, 누구도 법 위에 있지 않다는 법의 지배 원리를 구현하고 국가권력을 통제하며, 침해된 헌법질서를 회복하고 헌법을 수호하기 위한 제도이다."라고 판시하였고,[4)] "행정각부의 장에 대한 탄핵심판은 행정각부의 장이 직무집행에 있어 헌법이나 법률을 위반한 경우 고유한 법적 책임을 추궁하

1) 허영, 276면.
2) 헌재 2004. 5. 14. 2004헌나1.
3) 헌재 2017. 3. 10. 2016헌나1.
4) 헌재 2023. 7. 25. 2023헌나1.

여 파면함으로써, 누구도 법 위에 있지 않다는 법의 지배 원리를 구현하고 국가권력을 통제하며, 침해된 헌법질서를 회복하고 헌법을 수호하기 위한 제도이다. 위와 같은 탄핵심판의 제도적 기능에 비추어보면, 행정각부의 장의 법 위반 행위가 헌법질서에 미치는 부정적 영향이나 해악이 중대하여 침해된 헌법질서를 다시 회복하고 헌법을 수호하기 위해 간접적으로 부여된 국민의 신임을 박탈하여야 할 정도로 행정각부의 장이 법 위반 행위를 통하여 국민의 신임을 배반하는 경우에 행정각부의 장을 파면할 수 있다."고 판시하였다.[1] 또한 "검사에 대한 탄핵심판은 검사에 의한 **헌법 위반**을 **경고**하고 **사전**에 **방지**하는 기능을 하며, 검사가 직무집행에 있어서 헌법이나 법률을 위반한 경우 국회가 탄핵소추의결을 하고 헌법재판소가 **법적 책임**을 **추궁**하여 **파면**함으로써 **헌법의 규범력**을 **확보**하는 기능을 한다. 검사에 대한 탄핵심판은 누구도 법 위에 있지 않다는 법의 지배 원리를 구현하고 국가권력을 통제하며 침해된 헌법질서를 회복하고 헌법을 **수호**하기 위한 제도이다."라고 판시하였으며,[2] "방통위원장에 대한 탄핵심판은 방통위원장에 의한 헌법 및 법률 위반을 **사전**에 **방지**하는 기능과, 방통위원장이 그 직무집행에 있어서 헌법이나 법률을 위반한 경우 사후적으로 **법적 책임**을 추궁하여 **파면**함으로써 **헌법의 규범력**을 **확보**하는 기능을 한다. 또한 방통위는 방송의 자유와 공공성 및 공익성을 높이고 방송의 독립성을 보장하기 위하여 설치되었는바(방통위법 제 1 조 내지 제 3 조 참조), 방통위원장에 대한 탄핵심판은 위헌·위법적인 직무집행으로 침해된 방송의 공적 기능의 회복을 통하여 방송의 자유 및 언론의 자유 보장에 기여할 수 있다."고 판시하였고,[3] "감사원장에 대한 탄핵심판은 감사원장에 의한 헌법 및 법률 위반을 **사전**에 **방지**하고, 감사원장이 직무집행에 있어 헌법이나 법률을 위반한 경우 사후적으로 **법적 책임**을 **추궁**하여 **파면**함으로써 **헌법의 규범력**을 **확보**하는 기능을 한다.[4] 또한 감사원은 국가의 세입·세출 결산, 국가 및 법률이 정한 단체의 회계검사와 행정기관 및 공무원의 직무에 관한 감찰을 하기 위하여 설치된 헌법기관인바(헌법 제97조, 감사원법 제20조 참조), 감사원장에 대한 탄핵심판을 통해 위헌·위법적인 직무집행으로 침해된 **감사원의 기능**을 **회복**할 수 있다."고 판시하였다.[5]

1) 헌재 2025. 4. 10. 2024헌나6.
2) 헌재 2024. 5. 30. 2023헌나2.
3) 헌재 2025. 1. 23. 2024헌나1.
4) 헌재 2004. 5. 14. 2004헌나1 참조.
5) 헌재 2025. 3. 13. 2024헌나2.

헌법재판소는 임성근 판사 탄핵사건에서 "탄핵심판은 직무집행에 있어 위헌·위법행위를 저지른 공직자에 대하여 파면여부를 결정함으로써 헌법을 수호하는 것을 목적으로 하고, 그 결정이 피청구인 이외의 모든 국가기관이나 지방자치단체를 일반적으로 기속하는 효력이 없으므로, 공직의 박탈은 불가능한 상황에서 탄핵사유 유무만을 확인하는 결정을 상정한다면, 이러한 결정은 헌법질서의 수호·유지에 기여할 수 있는 어떤 법적 기능을 갖지 않는다."고 판시하였고,[1] 대통령(윤석열) 탄핵사건에서 "고위공직자의 헌법 및 법률 위반으로부터 헌법질서를 수호하고자 하는 탄핵심판의 취지 등을 고려하면, 이 사건 계엄 선포가 고도의 정치적 결단을 요하는 행위라 하더라도 그 헌법 및 법률 위반 여부를 심사할 수 있다"고 판시하였다.[2]

5. 탄핵심판제도의 운용실태

우리 헌정사상 탄핵소추안이 발의된 것은 모두 39건인데, 대통령에 대한 것이 3건, 대법원장에 대한 것이 1건, 감사원장에 대한 것이 1건, 국무총리에 대한 것이 1건, 법관에 대한 것이 1건, 법무부장관에 대한 것이 1건, 행정부장관에 대한 것이 1건, 검찰총장 또는 검사에 대한 것이 19건, 경찰청장에 대한 것이 1건, 방송통신위원장에 대한 것이 3건이다. 그 중 탄핵소추가 의결되고 탄핵심판이 행해진 것은 16건[3]이다.

1) 헌재 2021. 10. 28. 2021헌나1(따라서 기속력과 심판의 이익의 관련성에서 볼 때, 파면결정을 통한 해당 공직박탈이 불가능한 상황에서 예외적 심판이익을 인정하여 탄핵사유의 유무만을 확인하는 결정을 상정하기 어렵다고 하면서, 탄핵심판 계속 중 피청구인이 임기만료로 퇴직한 경우에도 탄핵사유의 유무를 객관적으로 확인하기 위해 탄핵심판의 이익을 인정해야 한다는 소추위원 대리인의 주장을 배척하였다. 3인의 반대의견은 이 사건은 헌법적 해명의 필요성이 인정되므로 심판의 이익을 인정할 수 있다고 하였다).
2) 헌재 2025. 4. 4. 2024헌나8.
3) 헌재 2004. 5. 14. 2004헌나1; 헌재 2017. 3. 10. 2016헌나1; 헌재 2021. 10. 28. 2021헌나1; 헌재 2023. 7. 25. 2023헌나1; 헌재 2024. 5. 30. 2023헌나2; 헌재 2024. 8. 29. 2023헌나4; 헌재 2025. 1. 23. 2024헌나1; 헌재 2025. 3. 13. 2024헌나2; 헌재 2025. 3. 13. 2024헌나3; 헌재 2025. 3. 13. 2024헌나4; 헌재 2025. 3. 13. 2024헌나5; 헌재 2025. 3. 24. 2024헌나9; 헌재 2025. 7. 17. 2023헌나3.

제 2 절 탄핵의 대상과 사유

1. 탄핵의 대상이 되는 공직자

현행헌법 제65조 제 1 항과 헌법재판소법 제48조는 탄핵의 대상이 되는 공직자로서 대통령, 국무총리, 국무위원, 행정각부의 장, 헌법재판소 재판관, 법관, 중앙선거관리위원회 위원, 감사원장, 감사위원 그 밖에 법률이 정하는 공무원을 들고 있다. 헌법재판소 재판관이 탄핵대상이 되는 경우에는 재판관 3인 이상을 동시에 소추할 수 없다고 보아야 한다. 탄핵소추가 의결되면 재판관의 권한행사가 정지되므로 7명 이상이 요구되는 헌법재판소의 심리정족수를 충족할 수 없기 때문이다(헌재법 제23조 제 1 항, 제50조 참조). '**그 밖에 법률이 정하는 공무원**'에는 경찰법 제14조 제 5 항에 규정된 **경찰청장**, 경찰법 제16조 제 5 항에 규정된 **국가수사본부장**, 방송통신위원회의 설치 및 운영에 관한 법률 제 6 조 제 5 항에 규정된 **방송통신위원회 위원장**, 원자력안전위원회의 설치 및 운영에 관한 법률 제 6 조 제 5 항에 규정된 **원자력안전위원회 위원장**이 있다. 그 밖에 어떤 공무원이 속하는지에 관해 여러 견해가 있으나, 현행법상 검찰청법 제37조, 공수처법 제14조, 선거관리위원회법 제 9 조에 의거하여 **검사**,[1] **공수처 처장, 차장, 수사처 검사** 및 각급 **선거관리위원회 위원**을 탄핵대상으로 예상할 수 있으며, 그밖에 어떤 공무원을 탄핵의 대상으로 할 것인지는 국회의 재량사항이지만, 탄핵제도의 취지를 생각할 때 일반사법절차에 의한 소추나 징계절차에 의한 징계처분이 곤란한 고위직 공무원이 여기에 속한다고 볼 수 있을 것이다.[2] 다만 일반 사법절차에 의한 소추나 징계절차에 의한 징계가 곤란한 권력기관이라고 볼 수 있는 국가정보원장·국세청장 등을 탄핵의 대상으로 생각할 수 있으나 이를 공직자에 대하여는 법률의 명문규정이 없으므로 아직은 탄핵의 대상은 아니라는 견해가 있다.[3]

탄핵대상자의 **권한대행자** 또는 **직무대리자**는 원래의 대상자와 동일한 지위에서 동일한 직무를 수행하므로 탄핵의 대상이 된다는 견해가 있다.[4] 다만 대행

1) 헌재 2024. 5. 30. 2023헌나2 사건에서 검찰청법 제37조는 검사가 탄핵심판의 대상임을 규정하고 있다고 하였다.
2) 실무제요, 513면, 김하열, 721면; 정종섭, 434면; 성낙인, 401면.
3) 허영, 278면.
4) 실무제요, 513면; 김하열, 722면; 정종섭, 434면; 주석 헌법재판소법, 653면.

되는 공직 및 본래의 공직 모두 탄핵대상인 경우(헌법 제71조, 정부조직법 제19조, 검찰청법 제13조 제 2 항)에는 권한대행자의 탄핵소추 발의 및 의결의 정족수는 대행되는 공직자의 그것을 기준으로 하고, 대행자로서의 직무집행 중의 위법행위만 탄핵사유로 된다고 하고, 권한대행자 자신의 본래 직무집행 중 위법행위에 대해서 본래 신분으로서 탄핵대상이 된다고 한다.[1] 그러나 대행되는 공직은 탄핵대상에 해당하지만, 본래의 직은 탄핵대상에 해당하지 않는 경우(정부조직법 제 7 조 제 2 항, 제10조, 경찰법 제15조 제 2 항)에는 대행자로서의 직무집행 중의 위법행위만 탄핵사유로 되고 자신의 본래 직무집행 중의 위법행위를 사유로 대행자를 탄핵할 수 없다고 한다.[2] 그러나 헌법 제65조 제 1 항, 헌법재판소법 제48조는 '그 밖에 법률이 정하는 공무원'을 탄핵의 대상이 되는 공직자를 한정적, 열거적으로 규정하고 있으므로 탄핵대상자의 권한대행자 또는 직무대리자를 법률에서 명문으로 탄핵대상자로 규정하지 않는 한 법률조항의 해석에 의하여 탄핵대상자의 권한대행자 또는 직무대리자가 탄핵의 대상이 된다고 볼 수는 없다는 견해도 상정해 볼 수 있다.[3] 그런데 탄핵심판사건 실무에서 탄핵대상자의 권한대행자에 대한 탄핵소추사건이 발생하였다. 즉 탄핵소추된 윤석열 대통령의 권한대행자인 한덕수 국무총리에 대한 탄핵소추안이 국회 재적의원 과반수의 찬성으로 가결되는 일이 벌어졌다.[4] 헌법재판소는 국무총리(한덕수) 탄핵사건에서, 대통령의 권한을 대행하는 국무총리에 대한 탄핵소추에는 본래의 신분상의 지위에 따라 헌법 제65조 제 2 항 본문에 의한 의결정족수인 국회 재적의원 과반수의 찬성이 있으면 족하다고 하였다.[5]

한편 대통령 취임 전의 대통령 당선인은 탄핵대상자가 아니다. 국회의원은

1) 주석 헌법재판소법, 653, 654면.
2) 주석 헌법재판소법, 654면.
3) 이 문제를 이상인 방송통신위원회 위원장 직무대리에 대한 탄핵소추에서 쟁점이 되었으나, 이상인 직무대행이 자진사퇴함으로써 종결되었다.
4) 총리로서 행한 업무와 관련된 탄핵사유로는 ① '김건희 여사 특검법', '채해병 특검법' 재의요구권 행사 방치, ② 비상계엄 내란행위 공모·묵인·방조, ③ 한동훈·한덕수 공동운영체제 등이고, 대통령 권한대행 업무와 관련된 탄핵사유로는 ① 내란 상설특검 임명 회피, ② 헌법재판관 임명거부가 적시되었다. 이에 대하여 대통령권한대행 탄핵안 의결정족수가 '재적의원 3분의 2 이상'이라고 주장해 온 여당 소속 국회의원들은 국회의장을 상대로 권한쟁의심판 청구 및 피청구인 처분의 효력정지 가처분 신청을 제기하였다.
5) 헌재 2025. 3. 24. 2024헌나9. 2인의 반대의견은 대통령 권한대행 중인 국무총리에 대한 국회의 탄핵소추에는 헌법 제65조 제 2 항 단서에 따른 국회 재적의원 3분의 2 이상의 찬성이 요구되므로 이 사건 탄핵심판청구는 헌법이 정한 탄핵소추 의결정족수를 충족하지 못하여 부적법 각하되어야 한다고 하였다.

탄핵소추기관이지 탄핵소추의 대상자가 되지 아니한다.[1] 또한 국무위원의 직을 겸하고 있는 국회의원에 대해 국무위원으로서의 지위에서 행한 직무행위를 이유로 탄핵소추 하는 것은 가능하다.[2]

2. 탄핵의 사유

헌법 제65조 제 1 항과 헌법재판소법 제48조는 탄핵의 사유를 탄핵의 대상이 되는 공직자에 따라 달리 규정하지 않고, '그 직무집행에서 헌법이나 법률을 위배한 경우'라 하여 이를 포괄적으로 규정하고 있다.

특기할 점은 헌법 및 헌법재판소법은 탄핵사유를 "헌법위반"으로 제한하지 않고 "법률위반"까지 포함하는 것을 규정하고 있는데, 이에 대하여 헌법재판소는, "모든 국가기관은 헌법의 구속을 받으며, 특히 입법자는 입법작용에 있어서 헌법을 준수해야 하고, 행정부와 사법부는 각 헌법상 부여받은 국가권력을 행사함에 있어서 헌법과 법률의 구속을 받는다. 헌법 제65조는 행정부와 사법부의 국가기관이 헌법과 법률의 구속을 받는다는 것을 다시 한 번 강조하면서, 바로 이러한 이유에서 탄핵사유를 헌법위반에 제한하지 아니하고 헌법과 법률에 대한 위반으로 규정하고 있다. 행정부·사법부가 입법자에 의하여 제정된 법률을 준수하는가의 문제는 헌법상의 권력분립원칙을 비롯하여 법치국가원칙을 준수하는지의 문제와 직결되기 때문에, 행정부와 사법부에 의한 법률의 준수는 곧 헌법질서에 대한 준수를 의미하는 것이다."라고 판시하였다.[3]

헌법재판소법은 '탄핵심판청구가 이유 있는 경우'에 헌법재판소는 피청구인을 해당 공직에서 파면하는 결정을 선고한다(헌재법 제53조 제 1 항)고 규정하고 있다. 이와 관련하여 헌법이나 법률을 위반한 모든 경우에 탄핵 사유가 있다고 볼 것인지, 아니면 탄핵제도의 취지 등에 비추어 이를 제한적으로 해석하여야 하는지의 논의가 있다.

헌법 제65조 제 1 항은 탄핵사유에 아무런 제한을 두고 있지 아니하므로 대상자의 위헌·위법적인 직무관련행위에 대하여 탄핵소추를 할 것인지는 국회의 판단에 맡겨야 하고, 사법기관인 헌법재판소가 탄핵사유의 중대성 여부에 대해

1) 성낙인, 402면.
2) 김하열, 719면; 성낙인, 402면.
3) 헌재 2004. 5. 14. 2004헌나1.

서까지 판단하는 것은 부적절하다는 견해가 있는 반면, 탄핵대상자에 따라 탄핵사유를 구별해서 규정할 필요가 있다든지,[1] 대통령의 경우는 다른 고위 공무원과는 달리 '중대한 위헌·위법행위'와 '국민의 신임을 배반한 행위'가 탄핵사유가 된다는 견해,[2] 탄핵소추의결이 이루어지면 자동적으로 권한행사가 정지되고 탄핵결정의 효과는 파면이므로 모든 위헌·위법행위를 탄핵사유로 보는 것으로 합리적이지 않고 헌법과 법률에 대한 '중대한' 위반으로 탄핵사유를 제한하여 해석하여야 한다는 견해,[3] 헌법 제65조 제 1 항의 '헌법이나 법률에 위배한 때'는 '파면할 만한 헌법이나 법률의 위반이 있는 경우'로 제한하여 해석하여야 한다는 견해,[4] 법에서 '탄핵심판청구가 이유있는 경우에' '파면결정'을 한다고 하고 있으므로, 탄핵소추사유나 탄핵결정사유를 구별하여 후자의 경우에는 '파면을 정당화 할 정도의 중대한 법위반이 있는 경우'로 한정하여 파면 여부를 결정하여야 하고 이때 공직자의 법위반 행위의 중대성과 파면결정으로 인한 효과 사이의 법익형량을 통해 결정할 수 있다는 견해[5]도 있다.

헌법재판소는 "헌법재판소법 제53조 제 1 항은 헌법 제65조 제 1 항의 탄핵사유가 인정되는 모든 경우에 자동적으로 파면결정을 하도록 규정하고 있는 것으로 문리적으로 해석할 수 있으나, 이러한 해석에 의하면 피청구인의 법위반 행위가 확인되는 경우 법위반의 경중을 가리지 아니하고 헌법재판소가 파면결정을 해야 하는바, 직무행위로 인한 모든 사소한 법위반을 이유로 파면을 해야 한다면, 이는 피청구인의 책임에 상응하는 헌법적 징벌의 요청 즉, 법익형량의 원칙에 위반된다. 따라서 헌법재판소법 제53조 제 1 항의 '탄핵심판청구가 이유 있는 때'란, 모든 법위반의 경우가 아니라, 단지 공직자의 파면을 정당화할 정도로 '중대한' 법위반의 경우를 말한다."고 판시함으로써[6] '헌법이나 법률을 위배한 경우'라는 탄핵사유는 대통령이나 기타 고위 공무원의 경우에 동일하고, 탄핵사유 자체는 좁히지 않으면서 헌법재판소법 제53조 제 1 항에 규정된 '탄핵심판청구가 이유 있는 경우'를 '파면을 정당화할 정도의 중대한 법위반이 있는 경우'로 좁혀서 해석하였고, '법위반의 중대성'이란 한편으로는 법위반이 어느 정도로 헌

1) 성낙인, 403면.
2) 허영, 279면.
3) 이준일, 헌법학강의, 홍문사, 1069~1070면.
4) 김하열, 728면.
5) 한수웅, 헌법학, 1490면; 정종섭, 448면.
6) 헌재 2004. 5. 14. 2004헌나1.

법질서에 부정적 영향이나 해악을 미치는지의 관점과 다른 한편으로는 피청구인을 파면하는 경우 초래되는 효과를 서로 형량하여 결정하게 된다고 판시한 바 있다.[1)]

또한 헌법재판소는 행정안전부 장관(이상민) 탄핵사건에서, “피청구인의 책임에 상응하는 헌법적 징벌의 요청 및 침해된 헌법질서를 회복하고 헌법을 수호하기 위한 탄핵심판의 제도적 기능에 비추어보면, ‘탄핵심판 청구가 이유 있는 경우’란 피청구인의 파면을 정당화할 수 있을 정도로 중대한 헌법이나 법률 위반이 있는 경우를 말한다. 즉, 행정각부의 장의 법 위반행위가 헌법질서에 미치는 부정적 영향이나 해악이 중대하여 침해된 헌법질서를 다시 회복하고 헌법을 수호하기 위해 임명권자인 대통령을 통하여 간접적으로 부여된 국민의 신임을 박탈하여야 할 정도로 행정각부의 장이 법 위반행위를 통하여 국민의 신임을 배반한 경우에 행정각부의 장에 대한 탄핵사유가 존재한다고 볼 수 있다. 행정각부의 장에 대한 파면 결정이 가져오는 국가적 손실이 경미하다고 보기는 어렵다. 다만 대통령과 비교할 때, 파면의 효과에 근본적인 차이가 있으므로, ‘법 위반 행위의 중대성’과 ‘파면 결정으로 인한 효과’ 사이의 법익형량을 함에 있어 이 점이 고려되어야 한다.”고 판시함으로써 대통령이 아닌 탄핵대상자의 경우에도 헌법 또는 법률 위배가 ‘중대한 경우’에서 탄핵사유가 인정된다는 법리를 명시적으로 밝힌 바 있고, 검사 탄핵사건에서도, “피청구인의 책임에 상응하는 헌법적 징벌의 요청 및 침해된 헌법질서를 회복하고 헌법을 수호하기 위한 탄핵심판의 제도적 기능에 비추어 보면, ‘탄핵심판 청구가 이유 있는 경우’란 피청구인의 파면을 정당화할 수 있을 정도로 중대한 헌법이나 법률 위반이 있는 경우를 말한다.”고 판시하였고,[2)] 방통위원장 탄핵사건에서도 “피청구인의 책임에 상응하는 헌법적 징벌의 요청 및 침해된 헌법질서를 회복하고 헌법을 수호하기 위한 탄핵심판의 제도적 기능에 비추어 보면, ‘탄핵심판 청구가 이유 있는 경우’란 피청구인의 파면을 정당화할 수 있을 정도로 중대한 헌법이나 법률 위반이 있는 경우를 말한다[3)]”고 판시하였다.[4)] 그런데 검사(안동완) 탄

1) 헌재 2004. 5. 14. 2004헌나1; 헌재 2017. 3. 10. 2016헌나1; 헌재 2023. 7. 25. 2023헌나1; 헌재 2024. 5. 30. 2023헌나2; 헌재 2024. 8. 29. 2023헌나4; 헌재 2025. 7. 17. 2023헌나3 참조.
2) 헌재 2024. 5. 30. 2023헌나2; 헌재 2024. 8. 29. 2023헌나4; 헌재 2025. 3. 13. 2024헌나3, 4, 5.
3) 헌재 2017. 3. 10. 2016헌나1; 헌재 2023. 7. 25. 2023헌나1 참조.
4) 헌재 2025. 1. 23. 2024헌나1.

핵사건에서 탄핵심판 기각의견(5인) 중 2인의 의견은, "다만 대통령 또는 행정각부의 장과 비교할 때, 검사는 정치적 기능이나 비중에서 본질적인 차이가 있고, 검사에 대한 파면 결정이 국정공백이나 정치적 혼란 등 중대한 국가적 손실을 가져올 가능성이 높다고 보기 어려운 점을 고려하면 파면의 효과 측면에서도 근본적인 차이가 있다(헌재 2004. 5. 14. 2004헌나1 참조). 따라서 '법 위반행위의 중대성'과 '파면 결정으로 인한 효과' 사이의 법익형량을 함에 있어 이와 같은 점이 고려되어야 한다."고 하였다.[1]

한편 헌법재판관은 탄핵심판절차에서도 공소사실 특정에 관한 형사소송법 제254조 제 4 항이 준용되므로 소추사유에 해당하는 사실을 구체적으로 특정하여야 하는데, 소추의견서에 기재된 소추사실은 그 일시·장소·방법·행위태양 등이 특정되지 않은 채 추상적으로 기재되어 있으므로 부적법하다는 청구인의 주장에 관하여, "탄핵심판은 고위공직자가 권한을 남용하여 헌법이나 법률을 위반하는 경우 그 권한을 박탈함으로써 헌법질서를 지키는 헌법재판이고, 탄핵결정은 대상자를 공직으로부터 파면함에 그치고 형사상 책임을 면제하지 아니한다는 점에서 탄핵심판절차는 형사절차나 일반 징계절차와는 성격을 달리한다. 헌법 제65조 제 1 항이 정하고 있는 탄핵소추사유는 '공무원이 그 직무집행에 있어서 헌법은 물론 형사법이 아닌 법률의 규정이 형사법과 같은 구체성과 명확성을 가지지 않은 경우가 많으므로 탄핵소추사유를 형사소송법상 공소사실과 같이 특정하도록 요구할 수는 없고, 따라서 소추의결서에는 피청구인이 방어권을 행사할 수 있고 헌법재판소가 심판대상을 확정할 수 있을 정도로 사실관계를 구체적으로 기재하면 된다. 한편, 공무원 징계의 경우 징계사유의 특정은 그 대상이 되는 비위사실을 다른 사실과 구별될 정도로 기재하면 충분하므로,[2] 탄핵소추사유도 그 대상 사실을 다른 사실과 명백하게 구분할 수 있을 정도의 구체적 사정이 기재되면 충분하다"고 판시하였다.[3] 그러나 이에 대하여는 공무원징계사유의 특정성의 정도에 대한 대법원 판시를 인용하면서 공무원징계와 대통령 탄핵을 같은 차원에서 평가함으로써 대통령 탄핵의 헌법적인 의미를 과소평가하였다는 비판이 있다.[4]

1) 헌재 2024. 5. 30. 2023헌나2.
2) 대법원 2005. 3. 24. 선고 2004두14380 판결.
3) 헌재 2017. 3. 10. 2016헌나1; 헌재 2024. 8. 29. 2023헌나4.
4) 허영, 288면.

그리고 검사(이창수, 조상원, 최재훈) 탄핵사건에서, "이 사건 기자회견 및 백브리핑에서 누가 어떤 발언을 하였는지가 당시의 기록 및 보도 등에 비추어 확인이 가능하고 소추의결서에 진위 여부가 문제되는 구체적 내용을 적시하였다는 점, 검사 김△△의 도이치모터스 주가조작 사건 수사 관여 과정에서의 절차상 위법을 다투는 소추사유임을 알 수 있다는 점에서 그 대상 사실을 다른 사실과 명백하게 구분할 수 있을 정도의 구체적 사정이 기재되어 있다고 할 수 있다. 그러므로 이 사건 소추사유는 피청구인이 방어권을 행사할 수 있고 헌법재판소가 심판대상을 확정할 수 있을 정도로 특정되었다고 할 것이어서 이 사건 탄핵심판청구가 부적법하다고 볼 수 없다"고 판시하였고,[1] 법무부장관(박성재) 탄핵사건에서, "서울동부구치소 내 구금시설 마련 지시 및 삼청동 대통령 안전가옥에서의 회동 부분에 관한 소추사유의 경우, 이 사건 소추의결서에 구체적인 시간이나 장소, 상대방 등이 특정되어 있고, 국회의 자료 제출 요구를 거부한 행위 부분에 관한 소추사유 역시 이 사건 소추의결서에 요구 시점, 자료의 유형, 피청구인의 제출거부사유 등이 특정되어 있어 다른 사실과 구분할 수 있으므로, 탄핵소추사유가 특정되지 않아 이 사건 심판청구가 부적법하다는 주장은 받아들일 수 없다"고 판시하였다.[2]

그런데 헌법재판소는 검사(이정섭) 탄핵사건에서, "피청구인에 대한 탄핵소추사유 중 범죄경력조회 무단 열람 등, 부정청탁금지법위반 부분, 골프장 예약 편의 제공, 수사 무마 의혹은 행위의 일시·대상·상대방 등 구체적 태양, 직무집행과의 관련성 등이 특정되지 아니하여 심판대상을 확정할 수 있을 정도로 사실관계가 구체화되어 다른 사실과 명백하게 구분할 수 있다고 보기 어렵고, 따라서 피청구인으로 하여금 소추사유에 대하여 방어권을 행사할 것을 기대하기 어려우므로, 위 소추사유들은 특정되었다고 볼 수 없다. 이처럼 **소추사유가 특정되지 아니하여** 형식적 적법성을 갖추지 못한 소추사유들에 대하여는 더 나아가 판단하지 아니한다"고 판시하였다.[3]

가. 직무집행의 의미

여기서 헌법 제65조 제 1 항 소정의 '직무'라 함은 법제상 소관 직무의 고유

1) 헌재 2025. 3. 13. 2024헌나3, 4, 5.
2) 헌재 2025. 4. 10. 2024헌나6.
3) 헌재 2024. 8. 29. 2023헌나4.

업무 및 통념상 이와 관련된 업무를 말하고,[1] 법령에 근거한 행위뿐만 아니라 행정각부의 장이나 검사의 지위에서 국정수행, 직무수행과 관련하여 행하는 모든 행위를 포괄하는 개념이다.[2] '직무집행'이라 함은 소관 직무로 인한 의사결정·집행·통제행위를 포괄하며 법령에 규정된 추상적 직무에 근거하여 구체적으로 외부에 표출되고 현실화되는 작용을 말한다. 따라서 순수한 직무행위 그 자체만을 뜻하는 것은 아니고 직무행위의 외형을 갖춘 행위까지도 포함한다. 결과적으로 직무집행과 관계가 없는 행위는 탄핵의 사유가 될 수 없다. 사생활은 원칙적으로 직무관련성이 없다. 따라서 직무취임 전이나 퇴직 후의 행위는 탄핵의 사유가 되지 아니한다.[3] 대통령이 탄핵대상자인 경우 당선 후 취임 시까지의 기간에 이루어진 행위는 탄핵사유가 될 수 없다.[4] 또한 헌법재판소는 검사(이정섭) 탄핵사건에서, "집합금지명령위반 부분 및 위장전입 부분은 소추의결서 기재 자체로 피청구인의 직무집행에 관한 사실이 아님이 명백하다. 따라서 위 소추사유들은 그 내용 자체로 피청구인의 직무집행에 관한 것으로 볼 수 없어 탄핵의 사유가 될 수 없다"고 판시하였다.[5]

탄핵대상자가 다른 공직을 거쳐 현 공직에 취임한 경우 전직 및 현직 공히 소추대상의 직이라면 전직 시의 위법행위는 탄핵사유에 포함된다고 할 것이다(임명에 있어서 국회의 동의가 필요한 공직자가 동의를 받기 전 서리의 신분으로 한 직무집행행위는 탄핵대상행위에 포함된다고 할 것이다). 또한 탄핵소추절차가 개시된 이후에 탄핵소추를 면탈하게 하기 위하여 임명권자가 피소추자를 전직(轉職)시킨 경우에는 전직 이전의 행위는 현직중의 행위로 볼 것이다. 이 경우 탄핵결정을 받게 되면 현직에서 파면된다.[6] 그러나 탄핵소추절차가 개시된 이후에 사임, 해임하여 공직을 떠난 경우에는 탄핵심판의 대상이 될 수 없다 할 것이다.[7]

---

1) 헌재 2004. 5. 14. 2004헌나1; 헌재 2017. 3. 10. 2016헌나1. 동지: 헌재 2023. 7. 25. 2023헌나1; 헌재 2024. 8. 29. 2023헌나4; 헌재 2025. 1. 23. 2024헌나1.
2) 헌재 2023. 7. 25. 2023헌나1; 헌재 2024. 5. 30. 2023헌나2; 헌재 2025. 1. 23. 2024헌나1; 헌재 2025. 3. 13. 2024헌나2; 헌재 2025. 3. 13. 2024헌나3, 4, 5; 헌재 2025. 7. 17. 2023헌나3.
3) 실무제요, 514면; 김하열, 730면.
4) 헌재 2004. 5. 14. 2004헌나1; 헌재 2017. 3. 10. 2016헌나1.
5) 헌재 2024. 8. 29. 2023헌나4.
6) 김하열, 731면; 허영, 280면.
7) 김하열, 730면; 성낙인, 402면. 동지: 헌재 2021. 10. 28. 2021헌나1.

나. '헌법이나 법률을 위배한 경우'의 의미

여기서 '헌법'이라 함은 명문의 헌법규정뿐만 아니라 헌법재판소의 결정에 의하여 형성되어 확립된 불문헌법도 포함된다.[1] 그러나 탄핵제도의 취지에 비추어 성문헌법과 달리 법적 명확성과 안정성이 없는 관습헌법을 위반하였다는 이유로 공직에서 파면하는 것은 법치주의원리에 비추어 허용되기 어렵다는 견해가 있다.[2] '법률'도 형식적 의미의 법률뿐만 아니라 법률과 동등한 효력을 가지는 국제조약, 일반적으로 승인된 국제법규 그리고 긴급명령·긴급재정경제명령 등도 포함된다.[3] 그러나 '법률'에 법률 하위의 명령·규칙은 포함되지 아니한다.[4] 헌법이나 법률을 위배한 때에 국한되기 때문에 위법차원이 아닌 부당한 정책결정행위나 정치적 무능력으로 야기되는 행위 등 정책수행의 성실성 여부는 그 자체로서 탄핵의 사유가 되지 아니한다.[5]

헌법과 법률을 위배하였다 함은 주로 직무집행에 있어서 헌법과 법률상의 권한을 유월하거나 작위·부작위의무를 이행하지 않는 것을 의미한다. 헌법이나 법률을 위반한 행위를 명시적으로 예시한 입법례도 있으나, 우리 헌법은 이를 구체적으로 적시하지 않고 단지 포괄적으로 규정해 둠으로써 해석론에 맡겨 두고 있다.[6] 이와 관련하여, 헌법 제66조 제 2 항(헌법수호 책무), 제 3 항(평화통일을 위한 성실 의무), 제69조(취임선서에 의한 의무), 국가공무원법 제56조(성실 의무), 제59조(친절공정의무)와 같이 추상적·지침적 헌법규정이나 법률규정의 위반을 탄핵의 사유로 한다면 현행의 탄핵제도를 법적 책임추궁이 아니라 정치적 책임추궁제도로 전환하는 도구가 될 위험성이 있다는 점을 지적하는 견해가 있다.[7] 저자도

1) 헌재 2004. 5. 14. 2004헌나1; 헌재 2017. 3. 10. 2016헌나1; 헌재 2023. 7. 25. 2023헌나1; 헌재 2024. 5. 30. 2023헌나2; 헌재 2025. 1. 23. 2024헌나1; 헌재 2025. 3. 13. 2024헌나2; 헌재 2025. 3. 13. 2024헌나3, 4, 5; 헌재 2025. 7. 17. 2023헌나3. 허영, 280면.
2) 실무제요, 514면; 김하열, 724면.
3) 헌재 2004. 5. 14. 2004헌나1; 헌재 2017. 3. 10. 2016헌나1; 헌재 2023. 7. 25. 2023헌나1; 헌재 2024. 5. 30. 2023헌나2; 헌재 2024. 8. 29. 2023헌나4; 헌재 2025. 1. 23. 2024헌나1; 헌재 2025. 3. 13. 2024헌나2; 헌재 2025. 3. 13. 2024헌나3, 4, 5; 헌재 2025. 7. 17. 2023헌나3.
4) 헌재 2025. 1. 23. 2024헌나1("청구인은 피청구인이 사전통지 없이 이 사건 회의를 소집하여 이 사건 방통위규칙 제 3 조 제 4 항을 위반하였다는 주장도 하고 있으나, 이 사건 방통위규칙은 방통위의 회의 운영 등에 필요한 세부사항을 정하는 행정규칙으로서 헌법 또는 법률에 해당하지 아니하므로 이 부분은 판단의 대상에서 제외한다"고 판시하였다).
5) 실무제요, 514면; 허영, 279면; 김하열, 724면; 성낙인, 403면; 헌재 2004. 5. 14. 2004헌나1.
6) 실무제요, 514면.
7) 실무제요, 515면; 김하열, 725면.

이 견해에 찬동한다.

헌법재판소는 헌법 제69조가 대통령의 취임 선서를 규정하면서 대통령으로서 직책을 성실히 수행할 의무를 언급하고 있으나, 대통령의 '직책을 성실히 수행할 의무'는 헌법적 의무에 해당하지만, '헌법을 수호해야 할 의무'와는 달리 규범적으로 그 이행이 관철될 수 있는 성격의 의무가 아니므로 원칙적으로 사법적 판단의 대상이 되기는 어렵다고 하였으나,[1] 국가공무원법 제56조(성실의무) 위반은 탄핵사유가 될 수 있음을 인정한 바 있다.[2]

헌법재판소는 "'대통령을 파면할 정도로 중대한 법위반이 어떠한 것인지'에 관하여 일반적으로 규정하는 것은 매우 어려운 일이나, 대통령직을 유지하는 것이 더 이상 헌법수호의 관점에서 용납될 수 없거나 대통령이 국민의 신임을 배신하여 국정을 담당할 자격을 상실한 경우에 한하여, 대통령에 대한 파면결정은 정당화되는 것이다."라고 판시하였고,[3] "대통령의 파면을 요청할 정도로 '헌법수호의 관점에서 중대한 법위반'이란, 자유민주적 기본질서를 위협하는 행위로서 법치국가원리와 민주국가원리를 구성하는 기본원칙에 대한 적극적인 위반행위를 뜻하는 것이고, '국민의 신임을 배반한 행위'란 '헌법수호의 관점에서 중대한 법위반'에 해당하지 않는 그 외의 행위유형까지도 모두 포괄하는 것으로서, 자유민주적 기본질서를 위협하는 행위 외에도, 예컨대, 뇌물수수, 부정부패, 국가의 이익을 명백히 해하는 행위가 그의 전형적인 예라 할 것이다."라고 판시하였다.[4]

또한 대통령(노무현) 단핵사건에서는 노대통령의 기자회견에서의 발언이 공직선거법 제 9 조의 공무원의 중립의무에 위반하고, 중앙선거관리위원회의 선거법 위반 결정에 대한 노대통령의 현행법의 정당성과 규범력을 문제삼는 행위는 법치국가이념에 위반되어 대통령의 헌법수호의무에 위반하였고, 노대통령의 재신임 국민투표 제안행위는 헌법 제72조에 반하는 것으로 헌법수호의무에 위반하였으나, 첫 번째 행위는 자유민주적 기본질서를 구성하는 의회제나 선거제도에 대한 적극적인 위반행위에 해당한다고 할 수 없으며, 두 번째 행위도 자유민주적 기본질서에 역행하고자 하는 적극적인 의사를 가지고 있다거나 법치국가원리를 근

1) 헌재 2017. 3. 10. 2016헌나1.
2) 헌재 2023. 7. 25. 2023헌나1; 헌재 2024. 5. 30. 2023헌나2.
3) 헌재 2004. 5. 14. 2004헌나1.
4) 헌재 2004. 5. 14. 2004헌나1.

본적으로 문제삼는 중대한 위반행위라 할 수 없고, 세 번째 행위도 민주주의원리를 구성하는 헌법상 기본원칙에 대한 적극적인 위반행위라고 할 수 없다는 이유로 대통령에 대한 파면결정을 정당화하는 사유가 존재하지 않는다고 하였다.[1)]

그러나 헌법재판소는 대통령(박근혜) 탄핵사건에서는, 피청구인의 재단기금 출연요구행위, 사기업경영관여 등 일련의 행위는 최서원 등의 이익을 위해 대통령으로서의 지위와 권한을 남용한 것으로서 공정한 직무수행이라 할 수 없으므로 피청구인은 헌법 제 7 조 제 1 항, 국가공무원법 제59조, 공직자윤리법 제 2 조의2 제 3 항, 부패방지권익위법 제 2 조 제 4 호 가목, 제 7 조를 위반하였고, 아무런 법적 근거 없이 대통령의 지위를 이용하여 기업의 사적 자치 영역에 간섭한 피청구인의 행위는 해당 기업의 재산권 및 기업경영의 자유를 침해한 것이며, 피청구인은 최서원에게 직무상 비밀에 해당하는 문건이 유출되도록 지시 또는 방치하였으므로, 이는 국가공무원법 제60조의 비밀엄수의무 위배에 해당한다고 한 다음, "검찰이나 특별검사의 조사에 응하지 않았고 청와대에 대한 압수수색도 거부하여 피청구인에 대한 조사는 이루어지지 않았다. 위와 같이 피청구인은 자신의 헌법과 법률 위배행위에 대하여 국민의 신뢰를 회복하고자 하는 노력을 하는 대신 국민을 상대로 진실성 없는 사과를 하고 국민에게 한 약속도 지키지 않았다. 이 사건 소추사유와 관련하여 피청구인의 이러한 언행을 보면 피청구인의 헌법수호의지가 분명하게 드러나지 않는다. 이상과 같은 사정을 종합하여 보면, 피청구인의 이 사건 헌법과 법률 위배행위는 국민의 신임을 배반한 행위로서 헌법수호의 관점에서 용납될 수 없는 중대한 법 위배행위라고 보아야 한다. 그렇다면 피청구인의 법 위배행위가 헌법질서에 미치게 된 부정적 영향과 파급 효과가 중대하므로, 국민으로부터 직접 민주적 정당성을 부여받은 피청구인을 파면함으로써 얻는 헌법수호의 이익이 대통령 파면에 따르는 국가적 손실을 압도할 정도로 크다고 인정된다."고 판시하였다.[2)]

그러나 대통령(박근혜) 탄핵사건의 위 결정은 헌법위반 사유를 엄격하게 해석하지 않음으로써 형사범죄행위에 이르지 않는 행위라도 재산권 침해, 기업경

1) 헌재 2004. 5. 14. 2004헌나1. 그러나 기자회견에서 특정정당을 지지한 대통령의 발언이 공무원의 선거운동금지를 규정하는 공직선거법 제60조에 위반되지 아니하고, 대통령 측근의 권력형 부정부패와 관련하여 대통령의 법위반이 인정되지 아니한다고 하였다.

2) 헌재 2017. 3. 10. 2016헌나1. 그러나 공무원 임면권 남용이나 언론의 자유 침해를 인정할 증거가 부족하고, 세월호 참사에 대한 피청구인의 대응조치에 미흡하고 부적절한 면이 있었다고 하여 피청구인이 생명권 보호의무를 위반하였다고 인정하기 어렵다고 하였다.

영의 자유 침해 등을 헌법위반이 되어 대통령까지도 파면이 가능하도록 했다는 비판적 의견도 있다. 탄핵사유가 헌법위반 또는 법률위반으로 막연한 탓에 어떠한 법위반이라도 정치환경에 따라 국회의원 3분의 2가 찬성하고 헌재가 이를 받아들이면 이른바 '정부불신임'이 가능해졌으므로 결국 대통령은 국회해산권이 없지만 국회는 정부불신임권을 가진 셈이 되어 큰 틀에서 보면 3권분립이 무너진 것으로 해석할 수 있다는 견해도 있다.

입법론적으로는 선진국의 예처럼 탄핵사유가 되는 헌법이나 법률위반 행위를 명시적으로 규정하는 것이 바람직하다고 하겠다.

헌법재판소는 행정안전부장관(이상민) 탄핵사건에서, 이태원에서 발생한 다중밀집으로 인한 인명피해사고와 관련하여 피청구인의 사전예방 조치, 사후재난 대응조치가 헌법이나 법률에 위반하지 않았다고 하였고, 피청구인의 사후발언도 품위유지의무 위반에 해당하지 않는다고 하였다.[1)]

또한 헌법재판소는 검사(안동완) 탄핵사건에서, "가. 피청구인이 2014. 5. 9. 유○○에 대하여 외국환거래법위반 혐의로 공소를 제기한 행위가 헌법 또는 법률을 위반한 것인지 여부 및 (법위반이 인정된다면) 피청구인에 대한 파면 결정을 정당화하는 사유가 인정되는지 여부 및 나. 이 사건 공소제기가 공소권남용에 해당한다는 이유로 공소를 기각한 항소심판결에 대하여 상고한 행위와 관련하여 피청구인의 헌법 또는 법률 위반을 인정할 수 있는지 여부에 관하여, 재판관 3인의 기각의견은 피청구인은 유○○의 외국환거래법위반 혐의에 관한 재수사가 필요하다고 판단하여 수사를 개시하였고, 유○○이 외당숙과 공모하여 적극적으로 '환치기' 범행에 가담한 점, 사실은 중국 국적의 화교임에도 이를 숨기고 북한이탈주민으로 인정받은 후 각종 범행을 저지른 점 등 종전 기소유예처분을 번복하고 유○○을 기소할 만한 사정이 밝혀져 이 사건 공소제기를 하였으므로, 이 사건 공소제기가 형법 제123조, 구 검찰청법 제 4 조 제 2 항, 국가공무원법 제56조를 위반한 것으로 볼 수 없다."고 하였고, 재판관 2인의 기각의견은 "종전 기소유예처분과 비교할 때 외국환거래법위반 범행의 총 거래액수가 오히려 줄어들었고, 주요 범행 가담 내용은 동일한 점 등을 고려하면, 피청구인의

1) 헌재 2023. 7. 25. 2023헌나1. 3인의 별개의견은 피청구인의 행위가 공무원의 성실의무 위반과 품위유지의무 위반에 해당하나 법위반행위가 중대하여 파면을 정당화할 사유가 존재한다고 보기 어렵다고 하였고, 1인의 별개의견은 피청구인의 발언이 품위손상행위에 해당하나 품위유지의무 위반만으로는 법위반행위가 중대하여 파면을 정당화 할 사유가 존재한다고 볼 수는 없다고 하였다.

수사 결과 종전 기소유예처분을 번복하고 유○○을 기소할 만한 사정이 밝혀졌다고 보기 어려우므로, 이 사건 공소제기는 구 검찰청법 제 4 조 제 2 항 및 국가공무원법 제56조를 위반한 것이다. 다만, 이 사건 공소제기의 위법·부당의 정도가 직무 본래의 수행이라고 평가할 수 없을 정도에 이르러 형법 제123조가 규정한 직권남용에 해당한다고 보기는 어렵고, 피청구인에게 직권남용의 고의도 인정할 수 없으므로, 이 사건 공소제기가 형법 제123조를 위반한 것이라고 볼 수 없다. 피청구인이 법질서에 역행하고자 하는 적극적인 의도로 법률을 위반하였다고 보기 어렵고, 실체적 진실에 반하는 국가형벌권의 행사를 도모한 것도 아닌 점, 이 사건 공소제기가 공소권남용에 해당한다고 판단한 법원의 판결 등이 존재하는 이상 검사의 공소권남용이 반복될 가능성이 높다고 보기 어려운 점, 이 사건 공소제기 이후 피청구인은 9년이 넘는 기간 동안 공직을 수행해 왔으므로 이 사건 공소제기가 헌법질서에 미친 부정적인 영향은 상당 부분 희석된 점 등을 고려하면, 피청구인에 대한 파면 결정을 정당화하는 사유가 인정된다고 보기 어렵다."고 하였으며, 피청구인이 이 사건 상고에 관여하였음을 인정할 아무런 증거가 없으므로, 이 사건 상고와 관련하여 피청구인의 헌법 또는 법률 위반을 인정할 수 없다고 판시하였다.[1)]

또한 헌법재판소는 검사(이정섭) 탄핵사건에서, "증인신문 전 증인 사전면담이 재판의 공정성을 해하여 헌법 제27조를 위반하였다고 볼 수 없고, 검사로서의 직무수행에 있어 현저하게 불합리하거나 피고인의 정당한 이익을 옹호할 의무를 저버린 것으로서 피청구인이 국민 전체에 대한 봉사자로서 주어진 권한을 남용한 것이라고 볼 수 없으므로 구 검찰청법 제 4 조 제 2 항을 위반하였다고 볼 수 없으며, 피청구인이 국가기관으로서 성실의무를 위반하여 국가공무원법 제56조를 위반하였다고 볼 수 없다"고 하였고,[2)]

검사(이창수, 조상원, 최재훈) 탄핵사건에서, 각 피청구인의 김건희의 도이치모터스 주가조작 사건의 수사 또는 수사에 대한 지휘·감독, 김건희에 대한 불기소처분 뒤 기자회견에서 보도참고자료의 배포와 발언, 국정감사장에서의 발언,

1) 헌재 2024. 5. 30. 2023헌나2. 4인의 판시사항 가. 부분에 대한 인용의견은 피청구인의 이 사건 공소제기는 구 검찰청법 제 4 조 제 2 항, 국가공무원법 제56조 및 형법 제12조를 위반한 것이고, 법위반의 정도가 중대하여 피청구인에 대한 파면결정을 정당화할 사유가 인정된다고 하였다.

2) 헌재 2024. 8. 29. 2023헌나4. 2인의 별개의견은 이 사건 사전면담이 국가공무원법 제56조를 위반하였고, 헌법 제 7 조 제 1 항도 위반하였으나 이러한 헌법 및 법률위반이 파면을 정당화 하는 사유에는 해당하지 않는다고 하였다.

피청구인 이창수의 검사 김△△의 도이치모터스 주가조작 사건에 참여시킨 행위 등과 관련하여, 헌법상 탄핵사유인 '직무집행에 있어서 헌법이나 법률을 위배한 때'에 해당하지 아니한다고 하였다.[1)]

한편 감사원장(최재해) 탄핵사건에서는, 피청구인이 감사원의 독립성을 훼손하거나, 권익위원장 등에 대하여 표적감사를 하거나, 일부 사안에 대하여 부실감사를 하는 등 감사원장으로서의 의무를 다하지 아니하거나, 국회의 자료제출요구에 응하지 아니함으로써 헌법이나 법률을 위반하였는지 여부, 나아가 헌법이나 법률 위반이 인정된다면 파면 결정을 선고할 것인지 여부가 문제되었는바, 법정의견은, 피청구인이 주심위원의 열람 없이 감사보고서의 시행이 가능하도록 전자문서 시스템을 변경한 행위 및 국회의 현장검증에서 기록 열람을 거부한 행위는 법률에 위반되나, 피청구인을 파면할 정도로 중대한 헌법이나 법률의 위배가 있는 때에는 해당하지 않는다고 판단하였고,[2)] 피청구인이 ① 국회 법제사법위원회 전체회의 및 국정감사에서 '감사원이 대통령의 국정운영을 지원하고 있다'는 취지로 발언한 것이 감사원법 제 2 조 제 1 항, 국가공무원법 제63조에 위반하지 아니하고, 피청구인이 국무총리에게 공익감사청구권을 부여하는 내용의 훈령 개정을 한 것이 감사원법 제 2 조 제 1 항, 제12조 제 1 항 제 1 호, 제23조, 헌법 제100조, 국가공무원법 제56조, 형법 제123조에 위반되지 아니하며, ② 피청구인이 위법한 목적으로 권익위원회에 대한 감사를 실시하여 감사원법 제 2 조 제 1 항, 국가공무원법 제56조를 위반하지 아니하였고, 피청구인이 감사위원회의 의결과 예고통지 없이 복무감사를 개시한 것이 감사원법 제 2 조 제 1 항, 국가공무원법 제56조에 위반되지 아니하며, 피청구인이 권익위원장에 대하여 수사요청을 한 것이 국가공무원법 제56조, 형법 제156조에 위반되지 아니하고, 피청구인이 복무감사의 대상 또는 진행과 관련하여 국가공무원법 제56조, 행정조사기본법 제 4 조 제 1 항 등을 위반하지 아니하였으며, ③ 피청구인이 대통령실·관저 이전 감사와 관련하여 감사원법 제 2 조 제 1 항, 국가공무원법 제56조를 위반하지 아니하였고, 피청구인이 서해 공무원 피격사건 감사

1) 헌재 2025. 3. 13. 2024헌나3, 4, 5.
2) 헌재 2025. 3. 13. 2024헌나2(재판관 3인의 별개의견은, 전자문서 시스템 변경행위와 기록 열람 거부 행위에 더하여, 이 사건 훈령 개정이 헌법 및 법률에 위반된다고 판단하였으나, 법정의견과 마찬가지로 피청구인을 파면할 정도로 중대한 헌법이나 법률의 위배가 있는 때에는 해당하지 않는다고 보았다).

와 관련하여 군사기밀보호법 제13조 제 1 항을 위반하지 아니하였으며, ④ 피청구인이 법제사법위원회의 서류제출요구에 응하지 아니하여 국회에서의 증언·감정 등에 관한 법률 제 2 조, 제 4 조, 제12조를 위반하지 아니하였고, 피청구인이 법제사법위원회의 현장검증에서 회의록 열람 거부행위 등이 형법 제122조, 형법 제123조를 위반한 것이 아니라고 하였다.

그리고 국무총리(한덕수) 탄핵사건에서, 4인의 기각의견은 이 사건 탄핵소추사유 중 특별검사 임명 법률안에 대한 재의요구권 행사 관련, 비상계엄 선포 및 내란행위 관련, 공동 국정운영 관련, 특별검사 후보자 추천 의뢰와 관련하여 피청구인이 헌법과 법률을 위반하였다고 볼 수 없고, 헌법재판관 임명 부작위는 헌법 제66조, 제111조 및 국가공무원법 제56조 등을 위반한 것이나, 그 헌법과 법률 위반이 임명권자인 대통령을 통하여 간접적으로 부여된 국민의 신임을 배반한 경우에 해당한다고 단정할 수 없어 파면을 정당화하는 사유가 존재한다고 볼 수 없다는 것이고, 재판관 1인의 기각의견은 피청구인의 헌법재판관 임명 부작위도 헌법과 법률을 위반하였다고 보기 어렵다는 것이며, 재판관 1인의 인용의견은 이 사건 탄핵소추 사유 중 특별검사 후보자 추천의뢰 및 헌법재판관 임명 부작위와 관련하여 피청구인의 헌법과 법률 위반이 인정되고 그 위반의 정도가 피청구인의 파면을 정당화할 수 있을 정도로 중대하다는 것이었다.[1]

한편 헌법재판소는 대통령(윤석열) 탄핵사건에서, "피청구인의 계엄선포는 비상계엄 선포의 실체적 요건을 위반하였고, 헌법 및 계엄법이 정한 비상계엄 선포의 절차적 요건을 위반하였으며, 피청구인의 국회에 대한 군경투입은 국회에 계엄해제요구권을 부여한 헌법조항을 위반하였고, 국군의 정치적 중립성을 침해하고 헌법에 따른 국군통수의무를 위반하였다. 또한 피청구인의 포고령 발령은 헌법 및 계엄법 조항, 영장주의를 위반하여 국민의 정치적 기본권, 단체행동권, 직업의 자유 등을 침해하였고, 피청구인의 중앙선관위에 대한 압수수색은 영장주의를 위반하고 선관위의 독립성을 침해한 것이며, 피청구인의 법조인에 대한 위치확인 시도는 사법권의 독립을 침해한 것이다. 피청구인이 군경을 동원하여 국회 등 헌법기관의 권한을 훼손하고 국민의 기본적 인권을 침해함으로써 헌법수호의 책무를 저버리고 국민의 신임을 중대하게 배반하는 것으로서 헌법수호

---

1) 헌재 2025. 3. 24. 2024헌나9. 2인의 각하의견은 대통령권한대행 중인 국무총리에 대한 탄핵소추에는 헌법 제65조 제 2 항 단서에 따른 국회재적의원 3분의 2 이상의 찬성이 요구되므로 의결정족수를 충족하지 못하여 부적법하다고 하였다.

의 관점에서 용납될 수 없는 중대한 법위반행위에 해당한다"고 판시하였고,[1] 법무부장관(박성재) 탄핵사건에서, 피청구인이 대통령의 비상계엄 선포에서 가담하였다고 인정할 증거가 없고, 국회의 자료제출요구를 거부한 행위가 국회증언감정법에 위반된다고 볼 수 없으며, 피청구인의 국회본회의장 중도퇴장 행위가 국가공무원법상 법령준수의무나 성실의무를 위반하였다고 보기 어렵고, 다만 소추사유 중 구치소 출정기록 관련 거부행위는 정당한 이유가 없어 국회증언감정법을 위반한 것이나 그 법위반의 정도가 중대하여 피청구인에게 간접적으로 부여된 국민의 신임을 박탈하여야 할 정도에 이르지 않았다고 판단하였다.[2]

그리고 검사(손준성) 탄핵사건에서는, 피청구인이 총선 정보수집과 관련하여 헌법 제 7 조 제 1 항, 공직선거법 제85조 제 1 항, 형법 제123조, 구 검찰청법 제 4 조 제 2 항을 위반하였다는 소추사유 및 피청구인이 수사정보정책관실 공무원 등에게 실명판결문 검색 등을 지시하여 형법 제123조 및 구 검찰청법 제 4 조 제 2 항을 위반하였다는 소추사유는 인정되지 아니하며, 김웅에 대한 실명판결문 및 1, 2차 고발장 전달 부분에 대한 소추사유는 공직선거법 제 8 조 제 1 항 위반, 구 형사소송법 제195조 위반은 인정하기 어렵고, 개인정보 보호법 제59조 제 2 호, 형사절차전자화법 제14조 제 3 항 위반에 관한 소추사유도 인정되지 아니한다고 하였다. 다만 피청구인이 수사정보정책관으로서의 지위를 이용하여 1차 고발장 관련자료, 실명판결문 및 1, 2차 고발장 사진을 담은 텔레그램 메시지 원본을 생성하여 누군가에게 전송함으로써, 검사로서 그 직무를 수행할 때 국민 전체에 대한 봉사자로서 정치적 중립을 지켜야 한다는 구 검찰청법 제 4 조 제 2 항 및 공무원의 공익실현의무를 천명한 헌법 제 7 조 제 1 항을 위반하였으나, 피청구인의 법률위반행위가 헌법질서에 미치는 부정적 영향이나 해악의 정도가 중대하여 피청구인에게 간접적으로 부여된 국민의 신임을 박탈하여야 할 정도에 이르렀다고 보기는 어렵다고 판단하였다.[3]

한편 헌법재판소는 "소추의결서에서 그 위반을 주장하는 **'법규정의 판단'**에 관하여 헌법재판소는 원칙적으로 구속을 받지 않으므로, 청구인이 그 위반을 **주장한 법규정** 외에 **다른 관련 법규정**에 근거하여 탄핵의 원인이 된 사실관계를 판단할 수 있고, 또한 헌법재판소는 소추사유를 판단할 때 국회의 소추의결서에

1) 헌재 2025. 4. 4. 2024헌나8.
2) 헌재 2025. 4. 10. 2024헌나6.
3) 헌재 2025. 7. 17. 2023헌나3. 관여 재판관 전원일치된 의견으로 탄핵심판 청구를 기각하였다.

서 분류된 소추사유의 체계에 구속되지 않으므로, 소추사유를 어떤 연관관계에서 법적으로 고려할 것인가 하는 것은 전적으로 헌법재판소의 판단에 달려있다.[1]"고 판시하였다.

헌법이나 법률을 위배한 피청구인의 위법행위에는 고의에 의해 행해진 것 이외에도 과실이나 법의 무지에 의한 것도 포함된다.[2]

제 3 절 탄핵의 소추

우리 헌법상 탄핵의 소추기관은 대의기관인 국회이다. 따라서 국회가 행하는 탄핵소추의 의결은 탄핵대상자에 대한 대의적 책임추궁의 의미도 함께 갖게 된다.

1. 탄핵소추의 발의

가. 발의정족수 및 구비요건

탄핵소추는 국회 재적의원 3분의 1 이상의 발의로 한다. 다만 대통령에 대한 탄핵소추 발의만은 국회재적의원 과반수의 발의가 있어야 한다(헌법 제65조 제 2 항). 탄핵소추의 발의에는 피소추자의 성명·지위와 탄핵소추의 사유·증거 기타 조사상 참고가 될 만한 자료를 제시하여야 한다(국회법 제130조 제 3 항). 구체적이고 신빙성 있는 증거 등이 제시되어야 하고 단순한 소문 등에 의존한 탄핵소추의 발의는 허용될 수 없다.[3]

탄핵소추 발의에는 법률상 기간이나 시효의 제한이 없다. 탄핵사유 자체에 직무집행성의 제약이 수반되므로 탄핵대상자 중 대통령, 국무총리 등과 같이 그 재임기간이 단기인 경우에는 시효를 두지 않아도 큰 문제가 없다고 할 수 있다. 그러나 장기간 복무가 예정된 법관이나 검사의 경우 아무리 오래 전에 저지른 법위반행위에서도 탄핵소추가 발동될 수 있다고 하는 것은 이들의 신분안정성을 위해서나, 오래된 사실관계에 대한 조사와 판단의 어려움이라는 시효제도 자체의 관점에서 적정하지 않으므로 시효를 설정하는 것이 타당하다는 견

1) 헌재 2004. 5. 14. 2004헌나1; 헌재 2017. 3. 10. 2016헌나1. 동지: 허영, 289면.
2) 김하열, 732면; 성낙인, 403면; 정종섭, 447면; 허영, 281면.
3) 동지: 성낙인, 405면.

해[1]가 있고 저자도 이 견해에 찬동한다. 헌법재판소도 검사(안동완) 탄핵사건에서, 기각의견에 대한 보충의견으로 탄핵심판제도의 실효성을 제고하기 위해서는 탄핵절차에도 소추기간을 제한할 필요성이 인정된다고 하였다.[2] 참고로 독일은 연방대통령 소추의 경우 소추기관이 탄핵소추의 기초되는 사실을 안 때로부터 3월 내에 소추를 하도록 제한하고 있고(연방헌법재판소법 제50조), 연방법관에 대하여는 그 위반행위 시로부터 2년이 경과한 때에는 소추를 허용하지 않고 있으며(동법 제58조 제 3 항), 일본은 법관에 대하여 탄핵소추사유가 있은 후 3년이 경과할 때에는 원칙적으로 탄핵소추를 허용하지 않고 있다(재판관탄핵법 제12조).

나. 발의 후의 절차

탄핵소추의 발의가 있는 때에는 국회의장은 즉시 본회의에 보고하고 본회의는 의결로 법제사법위원회에 회부하여 조사하게 할 수 있다(국회법 제130조 제 1 항).[3] 법제사법위원회가 탄핵소추의 발의를 회부 받았을 때에는 지체없이 조사·보고하여야 하고 그 조사에 있어서는 '국정감사 및 조사에 관한 법률'이 규정하는 조사의 방법 및 조사상의 주의의무규정이 준용된다(국회법 제131조 제 1 항, 제 2 항). 조사를 받은 국가기관은 그 조사를 신속히 완료시키기 위하여 충분한 협조를 하여야 한다(국회법 제132조).

헌법재판소는 국회법 제90조가 해당 조항이 적용되는 의안의 종류나 유형에 관하여 아무런 제한을 두고 있지 아니하고, 달리 탄핵소추안의 철회를 허용하는 것이 탄핵소추의 성질에 반한다고 보이지도 아니하므로, 탄핵소추안에 대해서도 의안의 철회에 대한 일반 규정인 국회법 제90조가 적용된다고 하였고, "국

1) 김하열, 734면; 성낙인, 405면.
2) 헌재 2024. 5. 30. 2023헌나2.
3) 헌법재판소는 국회법 제130조 제 1 항이 조사의 여부를 국회의 재량으로 규정하고 있다는 이유로, 국회가 별도의 조사를 거치지 않더라도 헌법이나 법률을 위반하였다고 할 수 없다고 하였다(헌재 2004. 5. 14. 2004헌나1; 헌재 2017. 3. 10. 2016헌나1; 헌재 2025. 4. 4. 2024헌나8; 헌재 2025. 4. 10. 2024헌나6). 그러나 이 점에 관하여는 국회의 자율권 존중을 빙자하여 면죄부를 줄 것이 아니라 독일 헌재처럼 국회의 의사진행에 대해서도 헌법재판소가 통세를 하여야 하고, 비교법적으로도 사전조사 없는 탄핵소추의 법제도는 찾을 수 없다는 비판이 유력하다. 동지: 허영, 282면. 그런데 거대야당이 명확한 근거없이 정치적 압박용으로 탄핵소추권을 남용한다는 법조계의 비판을 받은 현직 검사 4명에 대한 탄핵소추 발의의 경우에는 국회 본회의 의결을 법제사법위원회에 회부하여 조사절차를 거쳤으나 조사 후에도 국회에서 탄핵소추 여부의 표결절차를 미루고 있는 사례가 있었다. 그런데 탄핵소추안은 공직의 정상적인 운용과 피소추자에게 심대한 영향을 미치기 때문에 즉각적인 의사결정이 이루어져야 하므로 법제사법위원회에 회부할 경우에도 본회의 의결 시한에 관한 규정을 두어야 한다는 견해(성낙인, 406면)가 있고 저자도 이 견해에 찬동한다.

회법 제130조 제 1 항의 **보고**는 국회의 구성원인 국회의원들에게 탄핵소추안이 발의되었음을 알리는 것으로, 탄핵소추안을 실제로 회의에서 심의하기 위하여 의사일정에 올리는 **상정**과 절차적으로 구분된다. 따라서 탄핵소추안도 일반 의안과 마찬가지로, 국회의장이 탄핵소추가 발의되었음을 본회의에 **보고**하고, 국회법 제130조 제 2 항에 따른 표결을 위해 이를 본회의의 안건으로 **상정**한 이후에 비로소 국회법 제90조 제 2 항의 '본회의에서 **의제가 된 의안**'이 된다고 할 것이다. 그러므로 탄핵소추안이 본회의에 보고되었다고 할지라도, 본회의에 상정되어 실제 논의의 대상이 되기 전에는 이를 발의한 국회의원은 본회의의 동의 없이 탄핵소추안을 **철회**할 수 있다."고 판시하였다.[1)]

한편 국회는 탄핵소추 의결을 위하여 국회법 제93조에 따른 토론절차를 생략할 수 있는지가 문제인데, 헌법재판소는 국회법 제130조 제 2 항을 탄핵소추에 대한 특별규정으로 해석하여 국회법 제93조에 따른 질의와 토론 없이 표결할 수 있다고 보았으나,[2)] 국회법 제93조는 국회의 의사결정에 있어 일반규정의 성격을 가지므로 탄핵소추의 결과같이 중대한 사안에 질의나 토론을 생략할 수는 없다는 견해[3)]가 있으며 저자도 이 견해에 찬동한다.

그리고 헌법재판소는 대통령(윤석열) 탄핵사건에서 "국회법은 부결된 안건을 같은 회기 중에 다시 발의할 수 없도록 규정하고 있고, 피청구인에 대한 1차 탄핵소추안이 제418회 정기회 회기에 투표 불성립되었지만, 이 사건 탄핵소추안은 제419회 임시회 회기 중에 발의되었으므로, 일사부재의 원칙에 위반되지 않는다"고 판시하였다.[4)]

다. 발의의 기간제한 여부

현행법은 탄핵사유의 시효에 관하여는 규정하고 있지 않으므로, 국회는 탄핵대상자가 공직에 있는 한 언제든지 탄핵소추를 발의할 수 있다고 할 것이다.

그러나 탄핵사유 자체에 직무집행성의 제약이 수반되므로 장기간 복무가

1) 헌재 2024. 3. 28. 2023헌라9. 국회법 제92조의 '부결된 안건'에 적법하게 철회된 안건은 포함되지 아니하므로, 이 사건 탄핵소추안과 동일한 내용으로 발의된 재발의 탄핵소추안은 적법하게 발의된 의안으로 일사부재의 원칙에 위배되지 아니한다고 하였다.
2) 헌재 2004. 5. 14. 2004헌나1; 헌재 2017. 3. 10. 2016헌나1; 헌재 2025. 4. 4. 2024헌나8; 헌재 2025. 4. 10. 2024헌나6.
3) 성낙인, 406면.
4) 헌재 2025. 4. 4. 2024헌나8. 이에 대해서는 다른 회기에도 탄핵소추안의 발의 횟수를 제한하는 입법이 필요하다는 1인의 보충의견이 있다.

예정된 법관이나 검사의 경우 아무리 오래 전에 저지른 법위반행위에서도 탄핵소추가 발동될 수 있다고 하는 것은 이들의 신분안전성을 위해서나, 오래된 사실관계에 대한 조사와 판단의 어려움이라는 시효제도 자체의 관점에서 적정하지 않으므로 시효를 설정하는 것이 타당하고, 헌법재판소도 검사(안동완) 탄핵 사건에서, 기각의견에 대한 보충의견으로 탄핵심판제도의 실효성을 제고하기 위해서는 탄핵절차에도 소추기간을 제한할 필요성이 인정된다고 하였음[1)]은 앞서 설명한 바와 같다.

한편 이미 헌법재판소에서 탄핵심판을 받은 사건은 일사부재리원칙에 의하여(헌재법 제39조) 국회에서 다시 소추발의의 대상이 될 수 없다.[2)]

라. 탄핵소추권의 남용 여부

헌법재판소는 검사(이정섭) 탄핵사건에서, 이 사건 탄핵소추의결은 충분히 확인된 사실관계를 기초로 이루어진 것이 아니라, 국회의원이 국정감사에서 피청구인에 대한 의혹을 제기한 지 하루 만에 추진되었고, 국회에서의 충분한 조사 내지 심사도 결여된 상태에서 소추사유에 대한 구체적 입증 없이 가정이나 추측만으로 이루어졌는바, 이 사건 탄핵소추의결은 야당 대표를 수사 중이었던 피청구인의 직무를 정지시키기 위한 것이 아닌지 의문이 있다는 주장에 대하여, 탄핵소추안이 적법하게 철회된 이상 다시 발의되었다는 사정만으로 국회 또는 국회의원이 탄핵소추권을 남용한 것이라고 보기 어려운 점, 탄핵소추안의 첫 발의부터 의결에 이르기까지의 경과를 보면 탄핵소추권을 가진 국회가 소추사유의 구체적 내용이나 존부에 관하여 충분한 조사 내지 검토를 거칠 시간이 있었음에도 그러한 절차를 거치지 않는 것으로 보이나, 국회법은 탄핵소추의 발의가 있을 때 그 사유 등에 대한 조사 여부를 국회의 재량으로 규정하고 있고, 탄핵심판은 형사절차나 일반 징계절차와는 성격을 달리하므로, 국회가 탄핵소추사유에 대하여 별도의 조사를 하지 않았다거나 수사결과 내지 감차결과를 기다리지 않고 탄핵소추안을 의결하였다고 하여 그것만으로 그 의결이 헌법이나 법률을 위반한 것이라고 볼 수 없는 점, 비록 이 사건 소추사유 중 일부가 특정되었다고 볼 수 없고, 또한 이 사건 소추 사유 중 일부는 피청구인의 직무

1) 헌재 2024. 5. 30. 2023헌나2; 동지; 성낙인, 405면.
2) 실무제요, 517면; 성낙인, 405면; 허영, 282면.

집행에 관한 것이라고 볼 수 없으나 앞서 본 탄핵심판의 성격에 비추어 그것만으로는 이 사건 탄핵심판청구가 탄핵소추권의 남용에 해당한다고 단정하기에는 부족한 점 등을 종합하면, 피청구인이 주장하는 사정들로는 청구인이 소추재량권을 일탈하여 **탄핵소추권**을 **남용**하였다고 인정하기 부족하다고 하였다.[1)]

또한 헌법재판소는 방통위원장(이진숙) 탄핵 사건에서, 피청구인은 이 사건 소추의결이 피청구인의 임명 직후 이루어진 점, 피청구인의 전임자들에 대하여 연이은 탄핵소추가 있었고 피청구인에 대하여도 취임 이전부터 탄핵소추 가능성이 제기된 점, 일부 소추사유에서 피청구인의 취임 이전의 행위를 언급하고 있는 점 등을 이유로, 이 사건 소추의결은 피청구인의 직무를 정지시켜 방통위의 기능을 마비시키고자 하는 정치적 목적으로 이루어진 탄핵소추권의 남용에 해당한다는 주장에 대하여, "국회의 탄핵소추의결 과정에서 법정 절차가 준수되고 피소추자의 헌법 내지 법률 위반행위가 일정한 수준 이상 소명되었다면, 해당 탄핵소추의결은 피소추자의 법적 책임을 추궁하고 동종의 위반행위가 재발하는 것을 예방함으로써 헌법을 수호하기 위한 것으로 보아야 하고, 설령 부수적으로 정치적 목적이나 동기가 내포되어 있다 하더라도 그러한 점만으로 탄핵소추권이 남용되었다고 볼 수 없고, 피청구인이 취임 당일에 한 행위의 위법성을 문제 삼아 곧바로 탄핵소추로 나아갔다고 하더라도 위와 같은 탄핵심판의 헌법수호 기능이 충분히 실현될 여지가 있으므로, 위와 같은 점만으로 **탄핵소추권의 남용**을 인정하기 어려우며, 청구인은 피청구인에게 방문진 임원 임명 안건에 대한 회피의무가 있다는 주장 또는 피청구인이 이 사건 기피신청에 대한 의결에 참여한 것이 위법하다는 주장의 근거로서 청구인이 피청구인의 자질 내지 방통위원장 취임 이전의 행위를 탄핵사유로 주장하고 있으므로 **탄핵소추권 남용** 주장도 이유없다"고 판시하였고,[2)] 검사(이창수, 조상원, 최재훈) 탄핵 사건에서, "국회의 탄핵소추안 의결 과정에서 필요한 법정절차가 준수되고 피소추자의 헌법 내지 법률 위반행위가 일정 수준 이상 소명되었는바, 이 사건 탄핵소추의 주요 목적은 위와 같은 위반에 대한 법적 책임을 추궁하고 동종의 위반행위가 재발하는 것을 사전에 예방함으로써 헌법을 수호하기 위한 것으로 보아야 하고, 설령 부수적으로 정치적 목적이나 동기가 내포되어 있다 하더라도 이를 들어 **탄핵**

1) 헌재 2024. 8. 29. 2023헌나4.
2) 헌재 2025. 1. 23. 2024헌나1.

소추권이 남용되었다고 단정할 수 없다"고 판시하였고,[1] 대통령(윤석열) 탄핵 사건에서, "이 사건 탄핵소추안의 의결 과정에서 적법하고, 피소추자의 헌법 또는 위반 행위가 일정한 수준 이상 소명되었으므로, 탄핵소추권이 남용되었다고 볼 수 없다"고 판시하였으며,[2] 법무부장관(박성재) 탄핵 사건에서, "국회의 탄핵소추안 의결 과정에서 필요한 법정절차가 준수되었고 피소추자의 헌법 내지 법률 위반행위가 일정한 수준 이상 소명되었으므로 이 사건 탄핵소추의 주요 목적은 위와 같은 위반에 대한 법적 책임을 추궁하고 동종의 위반행위가 재발하는 것을 사전에 예방함으로써 헌법을 수호하기 위한 것으로 보아야 하고, 설령 부수적으로 정치적 목적이나 동기가 내포되어 있다 하더라도 탄핵소추권이 남용되었다고 단정할 수 없다"고 판시하였다.[3]

2. 탄핵소추의 의결

가. 의결정족수

탄핵소추의 의결은 국회 재적의원 과반수의 찬성이 있어야 한다. 다만 대통령에 대한 탄핵소추 의결만은 국회 재적의원 3분의 2 이상의 찬성이 있어야 한다(헌법 제65조 제 2 항). 헌법재판소는, 대통령 권한대행 중인 국무총리에 대한 국회의 탄핵소추에 적용되는 의결정족수는 헌법 제65조 제 2 항 본문에 따라 피청구인의 본래 신분상 지위인 국무총리에 대한 탄핵소추 의결정족수인 국회재적의원 과반수 찬성이라고 하였다.[4]

나. 의결사항

국회 본회의가 조사를 위하여 법제사법위원회에 회부하기로 의결하지 아니한 때에는 본회의에 보고된 때로부터 24시간 이후 72시간 이내에 탄핵소추의 여부를 무기명투표로 표결한다. 이 기간 내에 표결하지 아니한 때에는 그 탄핵

1) 헌재 2025. 3. 13. 2024헌나3, 4, 5.
2) 헌재 2025. 4. 4. 2024헌나8
3) 헌재 2025. 4. 10. 2024헌나6.
4) 헌재 2025. 3. 24. 2024헌나9. 2인의 반대의견은 대통령 권한대행 중인 국무총리에 대한 국회의 탄핵소추에는 헌법 제65조 제 2 항 단서에 따른 국회재적의원 3분의 2 이상의 찬성이 요구되므로 이 사건 탄핵심판 청구는 헌법이 정한 탄핵소추 의결정족수를 충족하지 못하여 부적법 각하되어야 한다고 하였다.

소추안은 폐기된 것으로 본다(국회법 제130조 제 2 항).

국회가 탄핵소추사유가 존재한다고 하더라도 탄핵소추의결을 하지 않을 수 있는지에 대하여는, 헌법 제65조 제 1 항의 명문규정상 탄핵소추 여부는 국회의 재량에 속한다고 보아야 할 것이다.[1)]

다. 의결방식

국회법 제93조는 '본회의는 안건을 심의함에 있어서 질의·토론을 거쳐 표결할 것'을 규정하고 있으므로 탄핵소추의 중대성에 비추어 국회 내의 충분한 질의와 토론을 거치는 것이 바람직하다. 그러나 헌법재판소는, 법제사법위원회에 회부되지 않은 탄핵소추안에 대하여 "본회의에 보고된 때로부터 24시간 이후 72시간 이내에 탄핵소추의 여부를 무기명투표로 표결한다."고 규정하고 있는 국회법 제130조 제 2 항을 탄핵소추에 관한 특별규정인 것으로 보아, '탄핵소추의 경우에는 질의와 토론 없이 표결할 것을 규정한 것'으로 해석할 여지가 있기 때문에, 국회의 자율권과 법해석을 존중한다면, 이러한 법해석이 자의적이거나 잘못되었다고 볼 수 없다고 하였다.[2)] 그러나 탄핵소추안은 국가적으로 대단히 중요한 안건인데, 이에 관하여 법제사법위원회에 의한 조사·보고절차를 생략하고서 다시 질의와 토론마저 생략한 채 표결한다는 것은 국회 의사결정의 정당성을 담보할 수 있는 최소한의 요건마저 흠결하게 되므로 이를 생략할 수 없다는 견해가 있다.[3)] 저자도 이 견해에 찬동한다.

본회의의 탄핵소추의 의결은 피소추자의 성명·직위 및 탄핵소추의 사유를 표시한 문서(소추의결서)로 하여야 한다(국회법 제133조). 탄핵소추의결은 개별사유별로 이루어지는 것이 국회의원들의 표결권을 제대로 보장하기 위해서 바람직하나,[4)] 헌법재판소는 우리 국회법상 이에 대한 명문규정이 없으므로, 여러 소추사유들을 하나의 안건으로 표결할 것인지의 여부는 기본적으로 표결할 안건의 제목설정권을 가진 국회의장에게 달려 있다고 보아 국회가 여러 개 탄핵사유 전체에 대하여 일괄하여 의결한 것은 헌법에 위배된다는 주장을 배척하였는바,[5)] 이 문제는 입법적으로 해결하는 것이 바람직할 것이다.

---

1) 헌재 1996. 2. 25. 93헌나186 참조; 동지: 성낙인, 407면.
2) 헌재 2004. 5. 14. 2004헌나1; 헌재 2017. 3. 10. 2016헌나1; 헌재 2025. 4. 10. 2024헌나6.
3) 김하열, 736면; 성낙인, 406면.
4) 성낙인, 467면.
5) 헌재 2004. 5. 14. 2004헌나1; 헌재 2017. 3. 10. 2016헌나1.

한편 헌법재판소는 대통령(박근혜) 탄핵사건에서 피청구인은 국회가 탄핵소추를 의결하면서 피청구인에게 혐의사실을 알려주지 않고 의견 제출의 기회도 주지 않았으므로 적법절차원칙에 위반된다는 주장에 대하여 "탄핵소추절차는 국회와 대통령이라는 헌법기관 사이의 문제이고, 국회의 탄핵소추의결에 따라 사인으로서 대통령 개인의 기본권이 침해되는 것이 아니며 국가기관으로서 대통령의 권한행사가 정지될 뿐이다. 따라서 국가기관이 국민에 대하여 공권력을 행사할 때 준수하여야 하는 법원칙으로 형성된 적법절차의 원칙을 국가기관에 대하여 헌법을 수호하고자 하는 탄핵소추절차에 직접 적용할 수 없다."고 판시하였다.[1] 그러나 위와 같은 판시는 탄핵제도의 본질을 오해한 나머지 헌법상의 기본권 보장을 도외시한 잘못된 견해라는 비판이 있다.[2]

라. 소추의결서 정본의 송달

탄핵소추의 의결이 있는 때에는 국회의장은 지체없이 소추의결서의 정본을 소추위원인 법제사법위원장에게 송달하고 그 등본을 헌법재판소·피소추자와 그 소속기관의 장에게 송달한다(국회법 제134조 제 1 항).

1) 헌재 2017. 3. 10. 2016헌나1; 헌재 2004. 5. 14. 2004헌나1; 헌재 2025. 1. 23. 2024헌나1 참조.
2) 탄핵소추는 권한쟁의와 달리 소추대상이 된 국가기관(공직)의 직무권한만을 문제삼는 것이 아니라 소추대상이 된 자연인의 헌법·법률 위배행위를 이유로 그의 파면을 목적으로 하는 것이어서 본질적으로 '징계적 제재'의 성질을 갖는 것이므로 국회의 탄핵소추 역시 국가 공권력이 국민에 대하여 불이익한 결정을 하는 절차라 할 것인바, 피청구인에게도 적법절차원칙이 적용되어야 한다는 견해이다(동지: 김하열, 736면). 저자도 이 견해에 찬동한다.

[서식례 17] 탄핵소추의결서 예시

○○○ 탄핵소추의결서

주 문

제○○○회 국회(임시회) 제○차 본회의에서 헌법 제65조 제 2 항의 규정에 의한 찬성을 얻어 ○○○의 탄핵을 소추한다.

피소추자

성 명 :
직 위 :

탄핵소추사유

3. 탄핵소추의 효과

가. 권한행사의 정지

국회에서 탄핵소추가 의결되어 소추의결서가 송달된 때에는 피소추자는 헌법재판소의 심판이 있을 때까지 그 권한행사가 정지된다(헌법 제65조 제 3 항, 헌재법 제50조, 국회법 제134조 제 2 항). 따라서 권한행사정지의 시점은 국회의 탄핵소추의결의 시점이 아니라 소추의결서가 피소추자에게 송달된 때이다. 그러나 권한행사정지의 효력이 종료하는 시점은 헌법재판소의 탄핵심판에 대한 종국결정의 송달 시가 아니라 선고 시로 보아야 할 것이다. 따라서 종국결정의 내용에 따라 기각결정이라면 선고 즉시 직무권한이 회복되고, 인용결정이라면 종국적인 파면의 효과가 발생한다고 할 것이다.[1)]

피소추자가 대통령인 경우에는 탄핵소추의결의 효과로 곧바로 피소추자의 직무집행을 정지시킬 것이 아니라 외국의 경우처럼 직무집행을 정지시킬 권한을 심판기관인 헌법재판소에 부여하는 것이 입법론적으로 바람직하다는 견해가 있다.[2)] 저자도 이 견해에 찬동한다.

탄핵소추된 자라 할지라도 직무의 계속수행의 필요성이 있으므로 탄핵소추의 효력을 정지시키는 가처분 필요성이 있다는 논의도 있으나 탄핵절차가 형사절차가 아닌 징계절차의 성격을 가진다는 점을 고려하면 무죄추정의 원칙이 적용되지 않으므로 탄핵소추의 효력 정지 가처분은 우리 탄핵제도에서는 허용되지 않는다는 견해가 있다.[3)] 지자도 이 견해에 찬동한다.

나. 사직원 접수, 해임의 금지

권한행사가 정지된 상태에서 임명권자는 피소추자의 사직원을 접수하거나 해임할 수 없다(국회법 제134조 제 2 항). 이에 위반한 사직원의 접수 또는 해임은 무효이다. 탄핵심판결정의 효과는 파면에 있는데 사직원의 접수 또는 해임은 파면의 법적 효과에 이르지 않기 때문이다. 이와 달리 피소추자가 헌법재판소의 결정 선고 전에 파면된 때에는 헌법재판소법 제53조 제 2 항에 따라 헌법재판소는 탄핵심판청구를 기각하여야 한다.[4)] 임명권자 없는 피소추자, 예를 들어

1) 실무제요, 518면; 성낙인, 409면.
2) 주석 헌법재판소법, 685면.
3) 성낙인, 409면.

국회에서 선출하거나 대법원장이 지명한 중앙선거관리위원회 위원이 피소추자인 경우에도 사임이 제한되는지에 관하여는 논란이 있을 수 있다. 탄핵제도의 실효성 확보를 위해 이들의 경우에도 사직은 허용되지 않는다고 보는 견해가 있으나,[1] 임명권자 없는 피소추자의 사임을 금지하는 명문의 법률규정이 없음에도 불구하고 사임의 효력이 없다고 할 수 없으므로 사임이 제한되지 않는다고 할 것이다.[2] 대통령이 피소추자인 경우에도 위 법규정의 정신 및 탄핵제도의 본질에 비추어 보거나 자진사퇴와 탄핵결정의 법적효과가 다르기 때문에 탄핵소추 후의 자진사퇴는 허용되지 않는다는 견해도 있다.[3]

다. 피소추자가 탄핵심판이 개시된 단계에서 사임·퇴임한 경우

탄핵소추가 의결되어 탄핵심판이 개시된 단계에서 피소추자가 사임하거나 퇴임한 경우에는, 피청구인이 결정선고 전에 해당 공직에서 파면된 때에는 심판청구를 기각하도록 한 헌법재판소법 제53조 제 2 항의 취지에 비추어 보면 헌법재판소로서는 탄핵심판의 심리를 계속할 이익이 없다고 할 것이므로 심판청구를 각하(또는 기각)해야 한다는 견해가 있고,[4] 저자도 이 견해에 찬동한다. 다른 한편으로 탄핵심판이 지닌 헌법보호의 객관적 기능을 중시함으로써 심판절차는 계속하여야 한다는 견해[5]가 있으나, 심판절차를 계속한 결과 피소추자의 헌법 또는 법률위반이 인정된다고 하여도 피소추자가 이미 사임하거나 퇴임하였으므로 파면결정을 할 수는 없다 할 것이다. 왜냐하면 사임·퇴임하였음에도 불구하고 그 법적 효과가 다르다는 이유로 파면이라는 더 불리한 결정을 할 수 있으려면 사임·퇴임의 효력이 없어야 할 것이고 이를 위해서는 사임·퇴임의 금지가 전제되어야 할 것이기 때문이다.[6] 또한 명문규정이 없음에도 불구하고 단

4) 헌재 2021. 10. 28. 2021헌나1은 헌재법 제53조 제 2 항의 '기각'은 실체재판으로서의 '본안판단 후 기각'을 의미하기보다는 '형식재판으로서의 소추기각에 준하는 의미의 기각'을 의미하는 것으로 이해하는 것이 합리적이라고 하였다.

1) 김하열, 738면.

2) 대통령에 대해 사임이 가능하다고 보는 견해로, 한수웅, 헌법학 1547면.

3) 허영, 285면(다른 탄핵소추자에 대하여는 사직원을 접수하거나 해임할 수 없으면서 임명권자인 대통령 자신은 이 규정의 적용을 받지 않는다는 것은 법적용의 형평성에도 어긋나는 일이라고 설명한다).

4) 김하열, 탄핵심판에 관한 연구, 179면.

5) 대통령의 경우에 사임하더라도 탄핵절차의 진행에 아무런 영향을 미치지 않는다는 견해로, 한수웅, 헌법학, 1480면. 헌법재판소의 심판절차는 종료되지 않고 대통령의 법위반을 확인할 수 있다고 하는 견해로 이준일, 헌법학강의, 1068면.

6) 동지: 주석 헌법재판소법, 667, 668면.

순히 위헌·위법을 확인하는 결정을 할 수 있을지 문제이고, 이러한 결정을 할 수 없다면 심판절차를 계속할 이익이 부정된다고 할 것이다.[1]

참고로 독일의 경우 피소추자인 연방대통령의 사직이나 임기만료로 인한 퇴임 자체를 금지하고 있지는 않지만 절차의 속행은 그에 의하여 방해받지 않는다(독일연방헌법재판소법 제51조, 제58조 제 1 항).[2] 한편 독일연방법관의 탄핵의 경우 해당법관이 사직 등으로 그 신분을 상실한 경우에는 탄핵절차를 개시할 수 없고, 이미 탄핵절차가 개시된 후에 법관의 신분이 상실되었다면 절차를 중지하거나 절차종료를 선언하여야 한다. 연방법관의 경우 탄핵절차에서 가능한 것은 기본법 제98조 제 2 항에 따라 파면, 전직, 퇴직에 국한되는데, 이미 사직한 법관에 대해 이러한 법률효과를 부과할 수 없기 때문이라고 한다.[3]

그런데 탄핵심판 사건 실무에서 탄핵심판이 개시된 후 피소추자가 임기만료로 퇴임한 사건이 발생하였다. 즉 임성근 부장판사가 이른바 사법농단 사건에 연루되었다는 이유로 기소되어 1심 형사재판에서 무죄가 선고되었으나 그 후 뒤늦게 2021. 2. 4. 국회가 1심 무죄판결에 언급된 일부 '위헌행위'가 있었다는 것을 탄핵소추사유로 하여 임 부장판사를 탄핵소추 의결을 하였다.[4] 그러나 임성근 부장판사는 2021. 2. 28. 임기만료로 퇴임하여 법관의 신분을 상실하였다. 피청구인 측은 탄핵심판의 목적과 기능이 고위공직자의 헌법·법률 위반의 경우 그 권한을 박탈하는 것인바, 피청구인이 이미 법관의 신분을 상실하였으므로 헌법재판소로서는 파면결정을 할 수 없다 할 것이어서, 탄핵심판의 심리를 계속할 이익이 없으므로 심판청구를 각하하거나 심판종료선언을 하여야 한다고 주장하였다. 이에 대하여, 소추위원 측은 탄핵심판은 헌법을 수호하기 위한 제도이므로, 피청구인이 이미 퇴임하여 파면결정을 할 수 없다 하더라도 탄핵심판결정에서 피청구인의 행위가 위헌·위법임을 확인하는 결정을 할 수 있으므로 탄핵심판절차를 속행하여야 한다고 주장하였다. 그 뒤 소추위원 측은 종래의 주장을 변경하여, 파면과 (임기만료)퇴직은 그 법적 성격이나 부수적

1) 동지: 주석 헌법재판소법, 668면; 김하열, 745면.
2) 독일 연방대통령에 대한 탄핵소추는 헌법적 갈등의 해소 및 연방대통령의 지위를 둘러싼 헌법분쟁의 해명에 그 목적이 있기 때문에 연방대통령의 사임에도 불구하고 연방헌법재판소는 탄핵심판절차를 속행할 수 있도록 규정하고 있는 것으로 설명되고 있다. 주석 헌법재판소법, 668면에서 재인용.
3) 주석 헌법재판소법, 668, 669면 인용.
4) 헌재 2021. 10. 28. 2021헌나1 법관탄핵사건, 저자는 이 사건의 대표대리인으로서 활동하였다.

효과가 상이하므로, 청구인이 임기만료로 퇴임했더라도 파면결정을 할 수 있고, 파면결정의 효력이 피청구인의 임기가 만료되는 2021. 2. 28.부터 발생한다는 점이 드러나는 변형주문이 필요하다고 주장하였다. 이에 대하여 피청구인 측은 '임기제 공무원의 경우 탄핵소추가 되면 그 임기가 정지된다.'라는 취지의 명문의 법률규정이 없는 이상 임기제 공무원의 임기종료를 막을 수 없으므로 설령 탄핵소추 당시에는 피청구인이 공직자의 지위에 있어 그 탄핵소추가 적법하다고 하더라도 탄핵심판 결정 당시에 공직자의 지위가 소멸된 이상 탄핵심판청구를 인용하여 피청구인을 파면할 수 없는바, 이미 퇴직한 피청구인에 대하여 임기만료일로 소급하여 파면할 수 있다는 소추위원 대리인의 주장은 개인의 권리를 소급적으로 제한할 수 있다는 위헌적 해석론이라고 주장하였다. 헌법재판소가 어느 견해를 채택할지 주목되었다.

그런데 헌법재판소는 2021헌나1 법관(임성근)탄핵 사건에서, "피청구인이 임기만료 퇴직으로 법관직을 상실함에 따라 본안심리를 마친다 해도 파면결정이 불가능해졌으므로, 공직박탈의 관점에서 심판의 이익을 인정할 수 없다. 임기만료라는 일상적 수단으로 민주적 정당성이 상실되었으므로, 민주적 정당성의 박탈의 관점에서도, 탄핵이라는 비상적인 수단의 역할 관점에서도 심판의 이익을 인정할 수 없다. 결국 이 사건 심판청구는 탄핵심판의 이익이 인정되지 아니하여 부적법하므로 각하해야 한다."고 판시하였다.[1)]

라. 소추위원의 탄핵심판청구 의무

국회가 탄핵소추를 의결한 때에는 국회 법제사법위원회의 위원장이 국회를 대리하는 소추위원이 되는데(헌재법 제49조 제 1 항), 소추위원은 변호사를 대리인으로 선임하여 탄핵심판을 수행하게 할 수 있다(심판규칙 제57조). 소추위원은 헌법재판소에 소추의결서의 정본을 제출하여 그 심판을 청구할 의무를 진다(헌재법 제49조 제 2 항).

1) 헌재 2021. 10. 28. 2021헌나1. 재판관 5인의 각하의견, 1인의 심판절차종료의견, 3인의 헌법위반 확인 인용의견으로 나뉘어졌다. 3인의 반대의견은 이 사건은 헌법적 해명의 필요성이 인정되므로 심판의 이익을 인정할 수 있고, 피청구인의 행위는 법관의 재판상 독립을 보장한 헌법 제103조에 위반되는 행위로서 중대한 헌법위반행위이나 피청구인이 임기만료로 퇴직하여 그 직에서 파면할 수 없으므로, 피청구인의 행위가 중대한 헌법위반에 해당함을 확인하는 것에 그칠 수밖에 없다고 하였다.

제 4 절 탄핵심판

1. 탄핵심판의 청구

가. 소추의결서 정본의 제출

탄핵심판은 국회법제사법위원장이 소추위원이 되어 소추의결서의 정본을 헌법재판소에 제출함으로써 청구된다(헌재법 제49조). 즉 소추의결서의 정본이 탄핵심판청구서로 갈음되는 것이다. 이 때 필요한 증거서류 또는 참고자료를 첨부할 수 있다(헌재법 제26조).

현행법에는 소추의결서를 작성한 후 언제까지 헌법재판소에 제출하여야 하는가에 관한 명문의 규정이 없다. 그러나 권한행사 정지기간을 최소화하고 탄핵을 둘러싼 정치적 불안정을 신속히 해결하기 위하여 지체없이 제출하도록 하여야 할 것이다.[1] 참고로 독일의 경우 탄핵소추 의결 시로부터 1월 내에 국회의장이 탄핵소추장을 작성하여 연방헌법재판소에 발송하도록 하고 있다(독일 연방헌법재판소법 제49조 제 2 항, 제58조 제 1 항).

나. 사건의 접수

국회법제사법위원장이 소추의결서 정본을 제출하면 헌법재판소의 접수공무원은 이를 사건으로 접수하여 사건기록을 편성하고, 사건번호와 사건명을 부여하여 사건을 특정하며, 이런 사항들을 헌법재판정보시스템에 입력한다(접수규칙 제 4 조, 제 7 조). 탄핵심판사건의 사건부호는 '헌나'이다. 예컨대 ○○부장관인 ○○○에 대해 2014년도에 탄핵심판의 첫 번째 사건으로 청구되었다면 사건번호와 사건명은 '2014헌나1 ○○부장관 탄핵'이 된다.

다. 심판청구의 효과

헌법재판소가 소추의결서를 접수한 때에는 지체없이 그 등본을 피소추자에게 송달한다(헌재법 제27조). 송달을 받은 피소추자는 헌법재판소에 답변서를 제출할 수 있다(헌재법 제29조).

---

1) 실무제요, 519면; 김하열, 739면; 성낙인, 411면; 허영, 287면.

탄핵심판이 청구된 후 국회의 입법기가 종료하고 선거에 의해 새로운 국회가 구성되었다 하더라도 기존의 탄핵심판청구는 그대로 유효하다고 할 것이다.[1]

라. 심판절차의 중단

소추위원인 국회법제사법위원장이 그 자격을 잃은 때에는 탄핵심판절차는 중단된다. 이 경우 새로 국회법제사법위원장이 된 사람이 심판절차를 수계하여야 한다.[2] 다만, 소추위원의 대리인이 있는 경우에는 탄핵심판절차는 중단되지 아니한다(심판규칙 제58조).

또한, 국회법제사법위원장이 사망·사임 등으로 궐위된 때에는 소속 의원수가 많은 교섭단체 소속 간사의 순으로 위원장의 직무를 대리한다(국회법 제50조 제 4 항). 간사가 위원장의 직무를 대행하는 범위에 대하여는 아무런 제한이 없으므로, 그 권한은 일반적으로 위원장과 같다고 할 수 있다. 헌법재판소 탄핵심판 계속 중 국회법제사법위원장이 그 직을 사임하여 궐위된 적이 있었는데, 국회법 제50조 제 4 항에 따라 간사가 국회법제사법위원장의 직무를 대리하여 변론기일에 출석하여 최종의견을 진술한 바 있다.[3]

마. 심판청구의 취하

헌법재판소법은 탄핵심판의 취하에 관한 규정을 따로 두고 있지 않다. 소추위원이 독자적으로 취하할 수 있는지, 국회의 의결을 거쳐야 하는지, 취하를 위한 국회 의결의 정족수는 어떻게 볼 것인지, 취하에 있어 피청구인의 동의를 필요로 하는지 등에 관하여 견해가 갈릴 수 있으나,[4] 탄핵심판의 취하는 국회의 의결을 거쳐야 하고, 취하를 위한 국회의 의결 정족수 또한 탄핵소추 발의를 위한 정족수와 동일한 정족수가 적용되며, 탄핵심판청구의 취하에 피청구인의 동의를 요한다고 볼 것이다.[5] 참고로 독일 연방헌법재판소법은 판결의 선고가 있을 때까지 소추기관의 의결로 취하할 수 있도록 하면서 의결정족수, 피청구인의 이의제기로 인한 취하효력의 상실 등을 규정하고 있다(제52조 제 1 항 등).

1) 실무제요, 519면; 성낙인, 412면.
2) 검사(손준성) 탄핵 사건(헌재 2023헌나3)에서, 제21대 국회가 종료됨에 따라 제22대 국회 법제사법위원장으로 선출된 신임 법제사법위원장(정청래)이 탄핵심판절차를 수계하였다.
3) 헌재 2021. 10. 28. 2021헌나1.
4) 실무제요, 520면.
5) 동지: 주석 헌법재판소법, 678, 679면; 성낙인, 412면; 정종섭, 443면; 김하열, 751면.

탄핵심판청구가 취하되었음에도 불구하고 당해사건에서 헌법질서의 수호·유지를 위하여 또는 헌법적 해명을 위하여 예외적으로 본안결정을 할 수 있는지 여부에 관하여는 탄핵심판절차는 그 객관적 기능이 인정되는 심판절차인 동시에 파면 여부를 결정함으로써 피소추자의 개인적인 법적 지위를 결정하는 주관적인 성격의 심판이기도 하므로 예외적 심판이익을 인정하지 않는 것이 타당하다고 할 것이다.[1]

2. 탄핵심판의 절차

가. 탄핵심판절차의 성격

탄핵심판절차는 형사재판절차나 징계절차와 유사한 부분이 있지만, 이들 절차들과는 다른 고유한 목적과 기능을 가진 헌법재판절차이다. 탄핵심판절차에는 모든 재판절차에 보편적인 요소, 헌법재판절차에 공통적인 요소, 형사재판적 요소, 징계절차적 요소가 혼재되어 있다. 따라서 탄핵심판이라는 헌법재판제도의 의의와 기능을 잘 살려나가기 위해서는 상이한 여러 절차적 요소들을 적절히 배분하고 조화시키는 것이 중요하다. 다만, 형사소송에 관한 법령을 우선적으로 준용하도록 한 입법의 취지(헌재법 제40조), 탄핵심판절차는 피소추자를 공직에서 파면하는 중대한 결과를 초래하는 절차라는 점, 형사소송절차를 통하여 소추사실을 밝히는 것이 피소추자의 절차적 기본권을 충실히 보장하게 된다는 점에 비추어 볼 때 1차적으로 형사소송에 관한 법리를 적용하는 것이 원칙이라 할 것이다.[2] 여기서 '헌법재판의 성질에 반하지 않는' 경우란, 다른 절차법의 준용이 헌법재판의 고유한 성질을 훼손하지 않는 경우로 해석할 수 있고, 이는 헌법재판소가 당해 헌법재판이 갖는 고유의 성질·헌법재판과 일반재판의 목적 및 성격의 차이·준용 절차와 대상의 성격 등을 종합적으로 고려하여 구체적·개별적으로 판단할 수 있다.[3]

헌법재판소도 검사(안동완) 탄핵사건에서, 청구인이 문서제출명령 신청을 한 데 대하여 탄핵심판절차에는 형사소송법이 우선적으로 적용되므로 청구인의 문서제출명령 신청은 문서송부촉탁 신청을 한 것으로 정리하여 증거조사절차를

1) 동지: 김하열, 751면.
2) 실무제요, 521면; 김하열, 741면.
3) 헌재 2014. 2. 27. 2014헌마7 참조.

진행하였다.

그런데 헌법재판소는 대통령(박근혜) 탄핵심판 사건에서 탄핵심판사건은 헌법재판의 고유의 속성을 가지고 있기 때문에 형사소송법상 전문증거 배제의 원칙을 꼭 따라야 할 필요가 없다는 입장을 취하여 검찰에서 작성된 진술조서 중 전 과정이 영상녹화되어 있거나 변호인이 입회해 신문이 집행된 진술조서만은 피청구인 측이 증거로 하는 데 동의하지 않는 경우에도 증거능력이 있다는 취지의 결정을 하고 심판을 진행하였다. 이 점에 관하여 피청구인 대리인은 최소한 형사법규위반행위에 기초한 헌법위반의 소추사유에 대하여는 피청구인의 방어권 보장을 위한 반대신문권을 보장받기 위하여 형사소송법상 전문증거 배제의 원칙이 적용되어야 한다고 강력히 주장하였으나 받아들여지지 않았다. 위와 같은 헌법재판소의 결정에 대하여는 헌법재판소법 제40조 제 1 항 소정의 '헌법재판의 성질에 반하지 아니하는 한도'를 자의적으로 해석한 것이라는 비판이 많았다.

헌법재판소는 검사(안동완) 탄핵사건의 준비절차에서, "헌법재판소는 기존 선례를 통해 탄핵심판에서 형사소송법상 전문법칙을 완화해서 적용해 있다. 이 사건에서도 기존 선례가 제시한 기준에 따라 증거채부를 결정하도록 하겠다. 먼저 당사자가 동의한 것을 모두 증거로 채택하고, 동의하지 않은 피의자 신문조서, 진술조서 등은 절차상 적법성이 담보되는 것, 예를 들면 진술 과정에서 영상으로 녹화된 조서 또는 진술과정에 변호인이 입회했고 그 변호인이 진술과정에 문제가 없다고 확인한 조서 등에 대해서는 증거로 채택하겠다."고 고지하였다.

한편 헌법재판소는 대통령(윤석열) 탄핵사건에서, 증거법칙과 관련하여, 탄핵심판절차의 성격과 탄핵심판절차와 형사소송절차의 차이, 신속한 절차의 필요성 등을 종합적으로 고려하여 탄핵심판절차에서 형사소송법상 전문법칙을 완화하여 적용할 수 있다는 재판관 2인의 보충의견과, 탄핵심판의 중대성, 피청구인의 방어권 보장 등을 고려할 때 탄핵심판절차에서 앞으로는 형사소송법상 전문법칙을 보다 엄격하게 적용할 필요가 있다는 재판관 2인의 보충의견이 있었다.[1)]

나. 탄핵심판의 심판대상과 탄핵소추사유의 추가

(1) 탄핵심판의 심판대상

탄핵심판의 심판대상은 피소추자가 직무집행에 있어서 헌법이나 법률에

1) 헌재 2025. 4. 4. 2024헌나8.

위반했다는 탄핵소추사유들이 이유 있는지 여부 및 이유 있다고 인정되는 탄핵소추사유들을 종합해 볼 때 피소추자에 대한 파면결정을 할 것인지 여부이다.[1)] 탄핵심판의 경우에는 형사소송법이 우선적으로 준용되도록 규정한 헌법재판소법 제40조의 취지에 비추어 피소추자에 대한 여러 개의 소추사유 전부를 심리하지 아니하고 그 중 중대한 탄핵소추사유만 심리하여 파면결정을 하는 것은 바람직하지 않다고 하겠다.[2)]

(2) 탄핵소추사유의 추가·철회 및 변경

소추사유의 추가라 함은 기존의 소추사유에 대하여 새로운 헌법 또는 법률 위반 사실을 소추사유로 추가하는 것을 말하고, 소추사유의 철회란 단일의 소추사유에 대하여 그 부분사실(포괄일죄나 과형상 일죄를 이루는 사실의 일부)에 대한 소추의사를 철회하는 것을 말한다(예를 들어 포괄일죄인 동일인으로부터의 수차의 뇌물수수 중 일부 수수행위를 소추사유에서 제외하는 경우). 여러 개의 소추사실(과형상 수죄를 이루는 소추사실)의 전부 또는 일부를 철회하거나, 부분사실 없는 단일의 소추사실을 온전히 철회함으로써 탄핵심판의 계속을 전부 또는 일부 종료시키는 것은 소추의 전부 또는 일부 취하(심판청구의 전부 또는 일부 취하)이지 소추사유의 철회가 아니다.[3)] 소추사유의 변경은 소추사실의 추가와 철회(또는 취하)를 동시에 행하는 것을 말한다.

국회는 원래의 탄핵소추 발의·의결과 동일한 절차 및 방식을 거쳐 피소추자의 새로운 위헌·위법행위를 소추사유로 기재한 소추의결서를 소추위원으로 하여금 헌법재판소에 제출케 함으로써 소추사유를 추가할 수 있다. 그러나 국회가 탄핵소추의 발의나 의결절차를 거치지 않고 단순한 의안채택의 형식으로 소추사유를 추가하는 것은 허용되지 않는다고 할 것이다.[4)] 헌법재판소도 대통령

1) 대통령(노무현) 탄핵사건과 대통령(박근혜) 탄핵사건에서 헌법재판소는 심판대상은 대통령이 직무집행에 있어서 헌법이나 법률에 위반했는지 여부 및 대통령에 대한 파면결정을 선고할 것인지의 여부라고 하였다. 또한 법관(임성근) 탄핵사건에서도 심판대상은 법관 임성근이 직무집행에 있어서 헌법이나 법률을 위반했는지 여부 및 파면결정을 선고할 것인지 여부라고 하였고, 행정안전부장관(이상민) 탄핵사건과 검사(안동완) 탄핵사건, 검사(이정섭) 탄핵사건, 감사원장(최재해) 탄핵사건, 국무총리(한덕수) 탄핵사건, 검사(손준성) 탄핵사건에서도 심판대상은 행정안전부장관 이상민과 검사 안동완, 검사 이정섭, 검사 이창수, 조상원, 최재훈, 감사원장 최재해, 국무총리 한덕수, 검사 손준성이 직무집행에 있어서 헌법이나 법률을 위반했는지 여부 및 파면결정을 선고할 것인지 여부라고 하였다.

2) 동지: 주석 헌법재판소법, 673면.

3) 동지: 주석 헌법재판소법, 674면.

4) 동지: 주석 헌법재판소법, 675면.

(노무현) 탄핵사건에서 소추의결서에 기재되지 아니한 새로운 사실을 탄핵심판절차에서 소추위원이 임의로 추가하는 것은 허용되지 아니한다고 하였고,[1] 대통령(박근혜) 탄핵사건에서 "국회가 탄핵심판을 청구한 뒤 별도의 의결절차 없이 소추사유를 추가하거나 기존의 소추사유와 동일성이 인정되지 않는 정도로 소추사유를 변경하는 것은 허용되지 아니한다. 따라서 청구인이 2017. 2. 1. 제출한 준비서면 등에서 주장한 소추사유 중 소추의결서에 기재되지 아니한 소추사유를 추가하거나 변경한 것으로 볼 여지가 있는 부분은 이 사건 판단 범위에서 제외한다."고 판시하였으며,[2] 방송통신위원장(이진숙) 탄핵 사건에서, "그 밖에 청구인은 피청구인이 이 사건 심의·의결을 비공개로 진행하여 방청과 언론 보도를 허용하지 않았다는 점도 문제 삼고 있으나, 이는 탄핵소추의결서에 적시되지 않은 사유로서 국회가 탄핵심판을 청구한 뒤 별도의 의결절차 없이 소추사유를 추가하거나 기존의 소추사유와 동일성이 인정되지 않는 정도로 소추사유를 변경하는 것은 허용되지 아니하므로,[3] 이 부분 역시 판단의 대상에서 제외한다"고 판시하였다.[4]

또한 헌법재판소는 대통령(박근혜) 탄핵사건에서, "헌법재판소는 변론준비기일에 양 당사자의 동의 아래 소추사유를 사실관계를 중심으로 ① 비선조직에 따른 인치주의로 국민주권주의와 법치국가원칙 등 위배, ② 대통령의 권한 남용, ③ 언론의 자유 침해, ④ 생명권 보호 의무 위반, ⑤ 뇌물수수 등 각종 형사법 위반의 5가지 유형으로 정리하였다. 그 뒤 변론절차에서 이와 같이 정리된 유형에 따라 청구인과 피청구인의 주장과 증거 제출이 이루어졌다. 청구인은 2017. 2. 1. 제10차 변론기일에 다른 유형과 사실관계가 중복되는 각종 형사법 위반 유형을 제외하고 ① 최서원 등 비선조직에 의한 국정농단에 따른 국민주권주의와 법치주의 위반, ② 대통령의 권한 남용, ③ 언론의 자유 침해, ④ 생명권 보호의무와 직책성실수행의무 위반 등 4가지 유형으로 소추사유를 다시 정리하였다. 그런데 피청구인은 청구인의 소추사유의 유형별 정리 자체에 대하여는 이의를 제기하지 아니한 채 변론을 진행하다가 2017. 2. 22. 제16차 변론기일에 이

1) 헌재 2004. 5. 14. 2004헌나1.
2) 헌재 2017. 3. 10. 2016헌나1. 그러나 헌법재판소는 K스포츠클럽관련 이권 개입 항목과 사익추구 사실 철저은폐 항목은 소추의결서에 기재되지 않은 부분임에도 불구하고 소추사유로서 판단하였다는 비판을 받았다.
3) 헌재 2017. 3. 10. 2016헌나1 참조.
4) 헌재 2025. 1. 23. 2024헌나1.

흐러 이 사건 심판청구가 여러 가지 적법요건을 갖추지 못하였다고 주장하면서 소추사유가 특정되지 않았고 청구인의 소추사유 정리가 위법하다는 취지의 주장을 하기 시작하였다. 그러나 소추의결서에 소추사유의 구체적 사실관계가 기재되어 있어 소추사유를 확정하는 데 어려움이 없고, 이미 변론준비기일에 양 당사자가 소추사유의 유형별 정리에 합의하고 15차례에 걸쳐 변론을 진행해 온 점 등에 비추어 볼 때 소추사유가 특정되지 않았다는 피청구인의 주장은 받아들일 수 없다."고 판시하였다. 그러나 피청구인 측 대리인은 2017. 2. 6.자 준비서면(부제: 소추사유의 유형별 구체화 준비서면에 대한 입장)을 제출하고 구두변론에서도 위와 같은 '소추사유의 유형별 정리'가 헌법과 법률상 허용되지 않는 소추사유의 변경이므로 불법이라고 명백히 주장하였음에도 불구하고 헌법재판소가 위 2017. 2. 6.자 준비서면을 읽지도 않고 구두변론을 듣지도 않았느냐고 비판하였다.

한편 대통령(윤석열) 탄핵 사건에서 대통령의 비상계엄 선포가 실체적·절차적 요건을 구비하지 못한 위헌·위법인 행위이고, 대통령이 계엄선포권을 남용하여 국헌을 문란할 목적으로 폭동하는 내란죄를 범하였다는 탄핵소추안을 의결하였다가 국회 소추위원 대리인이 탄핵심판 2차 준비절차에서 탄핵소추 사유 중 내란죄 부분을 철회한다고 하여 그 철회에 대하여 국회의 별도의 의결절차가 필요한지가 쟁점이 되었다. 그런데 헌법재판소는 소추의결서에서 내란죄 등 형법 위반 행위로 구성하였던 것을 탄핵심판청구 이후에 헌법 위반 행위로 포섭하여 주장하는 점에 대하여, "기본적 사실관계는 동일하게 유지하면서 적용법조문을 철회·변경하는 것은 소추사유의 철회·변경에 해당하지 않으므로, 특별한 절차를 거치지 않더라도 허용된다"고 판시하였다.[1]

다. 탄핵심판의 심리

(1) 탄핵심판의 당사자

탄핵심판절차에서 탄핵결정을 구하는 적극적 당사자가 국회인지, 소추위원인지에 관하여는 견해가 나뉠 수 있다. 헌법재판소는 대통령 탄핵사건(2004헌나1)에서 결정문 첫머리의 '청구인'란에 '국회'라고 쓰고 이어 줄을 바꿔 그 밑에 '소추위원 국회 법제사법위원회 위원장'이라고 표시한 바 있다. 피소추자가 피청구인이 됨은 물론이다. 소추위원은 변호사를 대리인으로 선임하여 탄핵심판을 수

---

1) 헌재 2025. 4. 4. 2024헌나8.

행하게 할 수 있다(심판규칙 제57조).

(2) 심의정족수 규정(헌법재판소법 제23조 제 1 항)에 대한 효력정지 가처분

신청인(이진숙 방송통신위원회 위원장)은 재판관 7명 이상의 출석으로 사건을 심리한다고 규정한 헌법재판소법 제23조 제 1 항이 신청인의 재판청구권 등을 침해한다고 주장하며 헌법소원심판을 청구(2024헌마900)함과 동시에 본안 사건의 종국결정 선고 시까지 위 조항의 효력정지를 구하는 가처분 신청을 하였다. 헌법재판소는 "헌법재판소법 제23조 제 1 항 중 헌법재판소 재판관이 임기만료로 퇴직하여 재판관의 공적 상태가 된 경우에 적용되는 부분의 효력은 헌법재판은 2024헌마900 헌법소원심판 청구사건의 종국결정 선고 시까지 이를 정지한다"는 인용결정을 하였다.[1)]

(3) 심리의 방식

탄핵사건의 심판은 **구두변론**에 의한다(헌재법 제30조 제 1 항). 재판부가 변론을 열 때에는 기일을 정하여 당사자와 관계인을 소환하여야 한다(헌재법 제30조 제 3 항). 당사자가 변론기일에 출석하지 아니한 때에는 다시 기일을 정하여야 한다. 다시 정한 기일에도 당사자가 출석하지 아니하면 그 출석없이 심리할 수 있다(헌재법 제52조 제 1 항, 제 2 항).

소추위원은 심판의 변론에 있어 **피청구인**을 **신문**할 수 있다(헌재법 제49조 제 2 항). 그러나 이는 피청구인 본인이 변론기일에 **출석한 경우**에만 **가능**하다.[2)] 헌법재판소도 2021헌나1 법관탄핵사건에서, 당사자의 출석이 당사자의 절차적 권리 보장을 위한 것이라는 점, 헌법재판소법 제52조 제 2 항이 당사자의 연속된 불출석에도 불구하고 심리를 진행하기 위한 규정이라는 점, 이미 첫 변론기일에 출석하여 자신의 권리를 행사한 당사자가 이후 변론절차에 불출석하더라도 대리인을 통하여 절차를 진행하는 이상 당사자의 권리보호에 미흡하다고 보기 어려운 점 등을 고려하여, 첫 변론기일에 출석한 피청구인이 이후 변론기일에 불출석하더라도 다시 기일을 정함이 없이 그대로 심리를 진행한 바 있고, 탄핵심판에서는 형사소송에 관한 규정이 우선 적용되므로(헌재법 제40조), 여기서 피청구인 신문은 형사소송에서의 피고인신문에 준하는 절차로 이해하여야 하는바, 피청구인 본인이 변론기일에 출석한 경우에만 피청구인 신문을 할 수 있을 뿐 소

1) 헌재 2024. 10. 14. 2024헌사1250.
2) 동지: 김하열, 744면.

추위원 측에서 민사소송에서 인정되는 증거방법으로서 피청구인 신문을 신청할 수는 없다고 하였다.[1]

재판장은 피청구인이 변론기일에 출석한 경우 피청구인을 신문하거나 소추위원과 그 대리인 또는 피청구인의 대리인으로 하여금 신문하게 할 수 있다(심판규칙 제62조의2 제 1 항). 피청구인은 진술하지 아니하거나 개개의 질문에 대하여 진술을 거부할 수 있다(심판규칙 제62조의2 제 2 항). 재판장은 피청구인에 대한 신문 전에 피청구인에게 제 2 항과 같이 진술을 거부할 수 있음을 고지하여야 한다(심판규칙 제62조의2 제 3 항). 제 1 항에 따른 피청구인에 대한 신문은 소추위원과 피청구인의 최종의견 진술 전에 한다. 다만, 재판장이 필요하다고 인정한 때에는 피청구인의 최종의견 진술 후에도 신문할 수 있다(심판규칙 제62조의2 제 4 항).[2]

탄핵심판절차에서 심판절차를 효율적이고 집중적으로 진행하기 위하여 당사자의 주장과 증거를 정리할 필요가 있을 때에는 심판준비절차를 실시할 수 있다(심판규칙 제11조 제 1 항). 헌법재판소는 대통령 탄핵사건(2016헌나1)과 법관 탄핵사건(2021헌나1), 행정안전부장관 탄핵사건(2023헌나1), 검사 안동완 탄핵사건(2023헌나2), 검사 손준성 탄핵사건(2023헌나3), 검사 이정섭 탄핵사건(2023헌나4), 행정안전부 장관(이상민) 탄핵사건(2023헌나1), 방송통신위원회 위원장(이진숙) 탄핵사건(2024헌나1), 대통령(윤석열) 탄핵사건(2024헌나8), 국무총리(한덕수) 탄핵사건(2024헌나9)에서 심판준비절차를 실시한 바 있다.

변론기일은 사건과 당사자의 이름을 부름으로써 시작한다(심판규칙 제59조). 소추위원은 먼저 소추의결서를 낭독하여야 하는데, 재판장은 원활한 심리를 위하여 필요하다고 인정하면 소추사실의 요지만을 진술하게 할 수 있다(심판규칙 제60조 제 2 항). 재판장은 피청구인에게 소추에 대한 의견을 진술할 기회를 주어야 한다(심판규칙 제61조).

2023헌나2 검사(안동완) 탄핵심판 사건에서 헌법재판소는 사인인 유우성의 변론에서의 진술기회 부여 요청에 대하여, 탄핵심판 사건에서 사인에게 진술할 기회를 당연히 부여할 수는 없다는 이유로 유우성의 변론참여 신청을 기각하였다.

---

1) 동지: 실무제요, 522면.

2) 위와 같은 피청구인에 대한 신문 조항들은 2017. 5. 30. 개정 심판규칙에 신설된 조항들인바, 대통령(박근혜) 탄핵사건의 심리 중에 노정된 문제점들을 해결하기 위하여 새로이 규정한 것으로 생각된다.

(4) 증거조사

재판부는 탄핵심판의 심리를 위하여 필요하다고 인정하는 경우에는 직권 또는 당사자의 신청에 의하여 증거조사를 할 수 있다(헌재법 제31조). 소추위원 또는 피청구인은 증거로 제출된 서류를 증거로 하는 것에 동의하는지 여부에 관한 의견을 진술하여야 한다(심판규칙 제62조).

2004헌나1 사건에서는 피청구인이 대부분 증거동의를 하여 증거능력이 크게 문제되지 않았고 전체적으로 민사소송절차에 준하여 진행되었다. 그러나 2016헌나1 사건에서는 증거능력이 문제되었는데, 제 6 차 변론기일에서 형사소송법상 전문법칙 적용과 관련하여 '전문법칙이 완전히 배제되는 것도 아니고, 전면적으로 적용되는 것도 아니'라는 입장을 표명하면서, 검찰 작성 피의자신문조서나 진술조서의 증거능력에 관하여, 피청구인 측이 동의한 것은 증거로 채택하되, 동의하지 않은 조서에 대해서는 절차적 적법성이 담보되는 조서, 예를 들면, 진술과정 전부가 영상으로 녹화된 조서나 진술과정에 변호인이 입회했고 그 조사과정에 문제가 없다고 확인된 조서에 한하여는 증거로 채택한다는 원칙을 밝힌 바 있다.[1)]

재판부는 결정으로 다른 국가기관 또는 공공단체의 기관에 심판에 필요한 사실을 조회하거나, 기록의 송부나 자료의 제출을 요구할 수 있다(헌재법 제32조 본문). 다만, 재판·소추 또는 범죄 수사가 진행 중인 사건의 기록에 대하여는 송부를 요구할 수 없는데(헌재법 제32조 단서), 이는 기록 '원본'에 대한 송부를 요구할 수 없다는 의미라는 견해가 있다.[2)] 헌법재판소는 국가기관 또는 공공단체의 기관이 원본을 제출하기 곤란한 사정이 있는 때에는 그 인증등본을 요구할 수 있다(심판규칙 제39조 제 2 항).[3)]

재판장은 서증의 내용을 이해하기 어렵거나 서증의 수가 너무 많은 경우 또는 서증의 입증취지가 명확하지 아니한 경우에는 당사자에게 서증과 증명할 사실의 관계를 구체적으로 밝힌 설명서를 제출하도록 명할 수 있다(심판규칙 제36

1) 이에 대하여는 헌법재판소법 제40조 제 1 항 소정의 '헌법재판의 성질에 반하지 않는 한도'를 자의적으로 해석한 것이라는 비판이 있고, 검사(안동완) 탄핵사건의 준비절차에서도 같은 원칙을 밝힌 바 있음을 앞서 설명한 바와 같다.

2) 실무제요, 524면. 이에 대하여는 헌법재판소법 제32조 단서에서 '재판·소추 또는 범죄수사가 진행중인 사건의 기록에 대하여는 송부를 요구할 수 없다'고 규정하고 있을 뿐 기록'원본'에 대한 송부를 요구할 수 없다고 규정하고 있지 않으므로 그러한 해석은 부당하다는 견해도 있다.

3) 이 규정도 대통령(박근혜) 탄핵사건 심리중에 노정된 문제점을 해결하기 위해 2017. 5. 30. 개정 심판규칙에 신설된 조항이다.

조 제 1 항).

(5) 최종의견 진술

소추위원은 탄핵소추에 관하여 최종의견을 진술할 수 있으며, 소추위원이 출석하지 아니한 경우에는 소추의결서 정본의 기재사항에 의하여 의견을 진술한 것으로 본다(심판규칙 제63조 제 1 항). 재판장은 피청구인에게 최종의견을 진술할 기회를 주어야 한다(심판규칙 제63조 제 2 항).[1] 재판장은 심리의 적절한 진행을 위하여 필요한 경우 위 소추위원과 피청구인의 의견진술 시간을 제한할 수 있다(심판규칙 제63조 제 3 항).

(6) 심판절차의 정지

피청구인에 대한 탄핵심판청구와 동일한 사유로 형사소송[2]이 진행되고 있는 경우에는 재판부는 심판절차를 정지할 수 있다(헌재법 제51조). 이 규정은 형사절차와 탄핵절차 간의 병행이 바람직하지 않음을 간접적으로 시사하고 있다고 보는 견해[3]가 있고, 이 규정은 탄핵심판이 형사재판의 결과에 구속되어야 한다는 것이 아니라 엄밀한 증거법칙에 의하여 판단되는 형사재판의 결과를 탄핵심판에 고려할 수 있도록 제도적으로 보장한 것이라고 본다. 저자도 이 견해에 찬동한다. 심판절차의 정지기간 및 재개시기 등에 관한 규정이 없으나 이것은 재판부의 재량사항으로 볼 수 있다.[4] 검사 손준성 탄핵사건에서 피청구인 대리인은 피청구인에 대하여 탄핵심판 청구와 동일한 사유로 형사소송이 진행되고 있다는 이유로 심판절차 정지신청을 하였던 바, 재판부는 피청구인에 대하여 탄핵심판청구와 동일한 사유로 형사소송이 진행되고 있으므로 헌재법 제51조에 의하여 '이 사건 심판절차를 정지한다.'는 결정을 하였다.[5]

---

1) 헌법재판소는 대통령(박근혜) 탄핵심판 사건에서 피청구인이 최종 변론기일에 출석하여 최종의견진술을 할 기회를 요청하였으나 헌법재판소법 제49조 제 2 항 소정의 소추위원의 변론에서의 피청구인 신문권, 헌법재판소법 제31조 소정의 재판부의 당사자 신문권 등이 있음을 이유로 피청구인이 신문을 받지 아니하고 최종의견을 진술할 수는 없다고 결정하여 피청구인은 최종의견 진술권을 포기하였다. 피청구인에게는 진술거부권이 있음에도 불구하고, 변론에 출석하여 신문을 받지 아니한 피청구인은 최종의견 진술권을 가질 수 없는지 의문이라는 비판이 있다.

2) 탄핵심판청구의 피청구인과 형사소송의 피고인이 동일한 경우이고, 탄핵소추사유와 형사소송의 공소사실의 기본적 사실관계가 동일한 경우를 가리킨다고 보아야 할 것이다.

3) 김하열, 742면.

4) 실무제요, 524면; 성낙인, 418면; 정종섭, 451면.

5) 탄핵심판 사건 절차 정지 중 탄핵심판청구와 동일한 사유로 형사소송이 진행되어 항소심(서울고등법원 2024노495 공직선거법 위반 등 사건)에서 피청구인에 대하여 일부 유죄를 선고한 1심판결을 파기하고 무죄판결이 선고되었고, 대법원에서 검사 상고기각으로 확정되었다.

3. 탄핵심판의 종국결정

헌법재판소는 탄핵심판절차의 심리를 마친 후 탄핵심판의 종국결정을 한다. 종국결정에는 각하결정, 기각결정, 탄핵결정의 세 가지가 있다. 당사자가 출석하지 아니한 경우에도 종국결정을 선고할 수 있다(심판규칙 제64조).

헌법재판소는 대통령(박근혜) 탄핵심판사건에서 헌법재판관 1인이 결원이 되어 8인의 재판관으로 구성된 재판부가 탄핵심판을 심리하고 결정하는 데 헌법과 법률상 문제가 없다고 하였다.[1)]

가. 각하결정

재판부가 탄핵소추의 적법요건을 심사하여 **부적법**하다고 인정할 때 내리는 결정이다.[2)] 각하결정의 주문은 "이 사건 심판청구를 각하한다."라고 표시한다.

나. 기각결정

탄핵심판청구가 이유 없을 때에는 탄핵심판청구를 기각한다. 탄핵소추사유가 심리결과 위법하지 않은 경우나, 탄핵소추사유의 위법성은 인정할 수 있으나 법익형량의 결과 파면을 정당화할 정도의 중대한 위법행위가 아니라고 인정할 경우도 탄핵결정할 이유가 없는 경우이어서 **기각결정**을 내린다. 이와 같은 사유에 대해 재판관 사이에 의견이 나뉘어 파면결정에 필요한 정족수인 재판관 6인 이상의 찬성을 얻지 못한 경우에 실제적으로 **기각결정**을 내리게 된다. 헌법재판소는 검사(안동완) 탄핵심판 사건에서 재판관 5:4의 의견으로 동 사건 탄핵**심판청구**를 기각하였다. 재판관 5인은 동 사건 탄핵심판청구를 기각하는 데 의견이 일치하였으나, 그 이유에 있어서는 2가지로 나뉘는바, 재판관 3인은 동 사건 공소제기가 어떠한 법률도 위반하지 않은 것이라고 본 반면, 재판관 2인은 동 사건 공소제기가 구 검찰청법 제 4 조 제 2 항 및 국가공무원법 제56조를 위반한 것이라는 점은 인정하면서도 헌법 제123조 위반을 인정하지 않고, 피청구인에 대한 파면결정을 정당화하는 사유가 존재하지 않다고 보아 동 사건 탄핵심판청구를 기각하여야 한다는 결론에 이르렀다. 반면, 재판관 4인은 동 사건 공소제

---

1) 헌재 2017. 3. 10. 2016헌나1.
2) 헌재 2021. 10. 28. 2021헌나1. 법관(임성근) 탄핵사건.

기가 형법 제123조, 구 검찰청법 제 4 조 제 2 항, 국가공무원법 제56조를 모두 위반하였고, 이는 피청구인의 파면을 정당화할 수 있을 정도로 중대한 법률 위반이므로, 피청구인을 그 직에서 파면하여야 한다고 보았다. 한편 재판관 4인의 기각의견에 대한 보충의견은 탄핵소추시효 또는 탄핵심판의 청구기간에 관한 입법이 필요하다고 하였다.[1] 또한 피청구인(방송통신위원회 위원장 이진숙)이 방송통신위원회 전원회의에서 ① 재적의원 2인에 의하여 의결한 것, ② 방송문화진흥회 임원 임명에 관한 안건에 대하여 회피하지 않은 것, ③ 자신에 대한 기피신청에 대한 의결에 참여하여 각하한 것, ④ 한국방송공사 이사를 추천하고 방송문화진흥회 이사를 임명한 것이 헌법과 법률을 중대하게 위반하였다는 이유로 국회가 탄핵심판청구를 한 사안에서, 헌법재판소는 재판관 4 : 4의 의견으로, 탄핵심판청구를 기각하였다.[2]

한편 감사원장(최재해) 탄핵사건에서는, 피청구인이 감사원의 독립성을 훼손하거나, 권익위원장 등에 대하여 표적감사를 하거나, 일부 사안에 대하여 부실감사를 하는 등 감사원장으로서의 의무를 다하지 아니하거나, 국회의 자료제출요구에 응하지 아니함으로써 헌법이나 법률을 위반하였는지 여부, 나아가 헌법이나 법률위반이 인정된다면 파면 결정을 선고할 것인지 여부가 문제되었는바, 법정의견은 피청구인이 주심위원의 열람 없이 감사보고서의 시행이 가능하도록 전자문서시스템을 변경한 행위 및 국회의 현장검증에서 기록 열람을 거부한 행위는 법률에 위반되나, 피청구인을 파면할 정도로 중대한 헌법이나 법률의 위배가 있는 때에는 해당하지 않는다고 판단하였고, 재판관 3인의 별개의견은, 전자문서 시스템 변경행위와 기록 열람거부 행위에 더하여, 이 사건 훈령 개정이 헌법 및 법률에 위반된다고 판단하였으나, 법정의견과 마찬가지로 피청구인을 파면할 정도로 중대한 헌법이나 법률의 위배가 있는 때에는 해당하지 않는다고 보았다. 결국 헌법재판소는 관여 재판관 전원의 일치된 의견으로 이 사건 탄핵심판청구를 기각하였다.[3]

또한 국무총리(한덕수) 탄핵사건에서, 4인의 기각의견은 이 사건 탄핵소추

1) 헌재 2024. 5. 30. 2023헌나2.
2) 헌재 2025. 1. 23. 2024헌나1. 법정의견은 이 사건 회의에서의 심의·의결과 관련하여 피청구인의 헌법 또는 법률위반이 인정되지 않는다고 하였고, 4인의 반대의견은 이 사건 회의에서 재적의원 2인에 의하여 의결한 것이 방통위의 의결정족수에 관한 방통위법 제13조 제 2 항을 위반한 것이고 이는 중대한 법률위반에 해당한다고 하였다.
3) 헌재 2025. 3. 13. 2024헌나2.

사유 중 특별검사 임명 법률안에 대한 재의요구권 행사 관련, 비상계엄 선포 및 내란행위 관련, 공동 국정운영 관련, 특별검사 후보자 추천 의뢰와 관련하여 피청구인이 헌법과 법률을 위반하였다고 볼 수 없고, 헌법재판관 임명 부작위는 헌법 제66조, 제111조 및 국가공무원법 제56조 등을 위반한 것이나, 그 헌법 및 법률 위반이 임명권자인 대통령을 통하여 간접적으로 부여된 국민의 신임을 배반한 경우에 해당한다고 단정할 수 없어 파면을 정당화하는 사유가 존재한다고 볼 수 없다는 것이고, 재판관 1인의 기각의견은 피청구인의 헌법재판관 임명 부작위도 헌법과 법률을 위반하였다고 보기 어렵다는 것이었다.[1]

한편 법무부장관(박성재) 탄핵사건에서는, 피청구인이 대통령의 비상계엄 선포에 가담하였다고 인정할 증거 또는 객관적 자료가 부족하고, 국회의 특수활동비 사용내역 관련자료 제출요구는 국회증언감정법상 적법한 요구가 아니므로 이에 대한 피청구인의 거부행위가 국회증언감정법에 위반된다고 볼 수 없으며, 피청구인이 국회의 자료제출요구의 내재적 한계분석문건을 작성한 행위를 국회의 특정한 자료제출 요구에 거부한 행위로 평가할 수 없고, 피청구인의 국회본회의장 중도퇴장 행위가 국가공무원법상 법령준수의무나 성실의무를 위반하였다고 보기 어렵다고 하였고, 다만 소추사유 중 구치소출정기록 관련 거부부분은 피청구인이 정당한 이유로 제출을 거부한 것이라고 보기 어려워 국회증언감정법 제 4 조 제 1 항 및 제12조 제 1 항을 위반한 것이나 그 위반행위가 피청구인에게 간접적으로 부여된 국민의 신임을 박탈하여야 할 정도로 중대하지는 않다는 이유로 관여 재판관 전원의 일치된 의견으로 탄핵심판청구를 기각하였다.[2]

그리고 검사(손준성) 탄핵사건에서는, 피청구인이 총선 정보수집과 관련하여 헌법 제 7 조 제 1 항, 공직선거법 제85조 제 1 항, 형법 제123조, 구 검찰청법 제 4 조 제 2 항을 위반하였다는 소추사유 및 피청구인이 수사정보정책관실 공무원 등에게 실명판결문 검색 등을 지시하여 형법 제123조 및 구 검찰청법 제 4 조 제 2 항을 위반하였다는 소추사유를 인정되지 아니하며, 김웅에 대한 실명판결문 및 1, 2차 고발장 전달 부분에 대한 소추사유를 공직선거법 제 8 조 제 1 항 위반, 구 형사소송법 제195조 위반은 인정하기 어렵고, 개인정보 보호법 제59조

1) 헌재 2025. 3. 24. 2024헌나9. 반대의견으로 1인의 인용의견이 있다.
2) 헌재 2025. 4. 10. 2024헌나6.

제 2 호, 형사절차전자화법 제14조 제 3 항 위반에 관한 소추사유도 인정되지 아니한다고 하였다. 다만, 피청구인이 수사정보정책관으로서의 지위를 이용하여 1차 고발장 관련 자료, 실명판결문 및 1, 2차 고발장 사진을 담은 텔레그램 메시지 원본을 생성하여 누군가에게 전송함으로써, 검사로서 그 직무를 수행할 때 국민 전체에 대한 봉사자로서 정치적 중립을 지켜야 한다는 구 검찰청법 제 4 조 제 2 항 및 공무원의 공익실현의무를 천명한 헌법 제 7 조 제 1 항을 위반하였으나, 피청구인의 법률위반행위가 헌법질서에 미치는 부정적 영향이나 해악의 정도가 중대하여 피청구인에게 간접적으로 부여된 국민의 신임을 박탈하여야 할 정도에 이르렀다고 보기는 어렵다는 이유로 관여 재판관 전원의 일치된 의견으로 탄핵심판 청구를 기각하였다.[1]

또한 피청구인이 결정 선고 전에 해당 공직에서 **파면**되었을 때에는 심판의 이익이 없으므로 역시 심판청구를 **기각**하여야 한다(헌재법 제53조 제 2 항). 여기서 **'파면'**의 의미에 관하여, 2021헌나1 사건에서 재판관 4인의 각하의견은 파면과 임기만료로 인한 퇴직은 서로 구별되므로, 헌법재판소법 제53조 제 2 항의 '파면'에는 '임기만료로 인한 퇴직'은 포함되지 않는다고 보았고,[2] 재판관 1인의 각하의견은 헌법재판소법 제53조 제 2 항의 '파면'에는 면직이나 퇴직 등과 같은 일체의 공무원관계 소멸 사유도 포함하여 해석하는 것이 그 취지에 부합한다고 보았다.[3]

또한, 위 조항의 **'기각'** 의미에 관하여도 2021헌나1 사건에서 재판관 4인의 각하의견은 위 조항의 입법연혁, 법 제40조 제 1 항 단서, 형사소송법상 형식재판인 공소기각의 사유 등을 종합하면, 이는 실체재판으로서의 '본안판단 후 기각'을 의미하기 보다는, '형식재판으로서의 소추기각에 준하는 의미의 기각'을 의미한다고 보았다.[4] 재판관 1인의 각하의견은 위 '기각'이 형식재판을 의미한다고 보면서도, 현행 헌법재판소법이 위 '기각'이 형식재판을 의미한다고 보면서도, 현행 헌법재판소법이 과거 '소추' 개념 대신 '청구' 개념을 도입한 이상 '소추 기각'의 주문은 현행 법체계에 부합하지 않으므로 위와 같은 문언에도 불구하고 위 법 조항에 해당하는 경우에는 '각하' 주문을 선고하여야 한다고 보았다.[5]

---

1) 헌재 2025. 7. 17. 2023헌나3.
2) 헌재 2021. 10. 28. 2021헌나1. 재판관 이선애, 이은애, 이종석, 이영진의 의견 참조.
3) 헌재 2021. 10. 28. 2021헌나1 참조. 재판관 이미선의 의견 참조.
4) 헌재 2021. 10. 28. 2021헌나1 참조.
5) 헌재 2021. 10. 28. 2021헌나1. 재판관 이미선의 의견 참조.

한편, 2021헌나1 사건에서는 피청구인이 탄핵심판 계속 중 임기만료로 퇴직하여 탄핵심판청구가 적법한지 여부가 문제가 되었다. 재판관 4인은 피청구인의 퇴직으로 탄핵심판에 따른 파면결정을 통해 공직의 상실과 회복에 기여하는 역할을 수행할 심판의 이익이 없다는 이유로 각하의견을, 재판관 1인은 헌법재판소법 제53조 제 2 항이 적용된다는 이유로 각하의견을, 재판관 1인은 퇴직으로 피청구인의 자격이 상실되었으므로 심판절차종료선언을 해야 한다는 의견을, 재판관 3인은 헌법적 해명의 필요성을 인정할 수 있어 적법하다는 의견이었는데, 5인의 재판관이 부적법하다는 입장이어서 **각하결정**이 내려졌다.

탄핵심판은 당사자가 출석하지 아니한 경우에도 종국결정을 선고할 수 있다(심판규칙 제64조).

기각결정의 주문은 "이 사건 심판청구를 기각한다."라고 표시한다.

다. 탄핵결정

(1) 탄핵결정의 내용과 주문형식

헌법재판소는 재판관 6인 이상의 찬성으로 탄핵의 결정을 할 수 있다(헌법 제113조 제 1 항, 헌재법 제23조 제 2 항 제 1 호). **탄핵심판청구가** 이유 있는 경우에는 헌법재판소는 피청구인을 해당 공직에서 파면하는 결정을 선고한다(헌재법 제53조 제 1 항).

여기서 '**탄핵심판청구가 이유 있는 경우**'란 공직자의 파면을 정당화할 정도로 '중대한' 법위반이 있는 경우를 말하며, '**법위반의 중대성**'이란 한편으로는 법위반이 어느 정도로 헌법질서에 부정적 영향이나 해악을 미치는지의 관점과 다른 한편으로는 피청구인을 파면하는 경우 초래되는 효과를 **서로 형량**하여 결정하게 된다.[1)]

헌법재판소는 대통령(노무현)탄핵 사건에서, 대통령을 파면할 정도로 중대한 법위반이 어떠한 것인지에 관하여, "대통령을 제외한 다른 공직자의 경우에는 파면결정으로 인한 효과가 일반적으로 적기 때문에 상대적으로 경미한 법위반행위에 의해서도 파면이 정당화될 가능성이 큰 반면, 대통령의 경우에는 파면결정의 효과가 지대하기 때문에 파면결정을 하기 위해서는 이를 압도할 수 있는 중대한 법위반이 존재해야 한다. …… 대통령의 파면을 요청할 정도로 '**헌법수호의 관점에서 중대한 법위반**'이란, 자유민주적 기본질서를 위협하는 행위로서

1) 헌재 2004. 5. 14. 2004헌나1; 헌재 2017. 3. 10. 2016헌나1.

법치국가원리와 민주국가원리를 구성하는 기본원칙에 대한 적극적인 위반행위를 뜻하는 것이고, '국민의 신임을 배반한 행위'란 '헌법수호의 관점에서 중대한 법위반'에 해당하지 않는 그 외의 행위유형까지도 모두 포괄하는 것으로서, 자유민주적 기본질서를 위협하는 행위 외에도, 예컨대, 뇌물수수, 부정부패, 국가의 이익을 명백히 해하는 행위가 그의 전형적인 예라 할 것이다. 따라서 예컨대, 대통령이 헌법상 부여받은 권한과 지위를 남용하여 뇌물수수, 공금의 횡령 등 부정부패행위를 하는 경우, 공익실현의 의무가 있는 대통령으로서 명백하게 국익을 해하는 활동을 하는 경우, 대통령이 권한을 남용하여 국회 등 다른 헌법기관의 권한을 침해하는 경우, 국가조직을 이용하여 국민을 탄압하는 등 국민의 기본권을 침해하는 경우, 선거의 영역에서 국가조직을 이용하여 부정선거운동을 하거나 선거의 조작을 꾀하는 경우에는, 대통령이 자유민주적 기본질서를 수호하고 국정을 성실하게 수행하리라는 믿음이 상실되었기 때문에 더 이상 그에게 국정을 맡길 수 없을 정도에 이르렀다고 보아야 한다. 결국, 대통령의 직을 유지하는 것이 더 이상 헌법수호의 관점에서 용납될 수 없거나 대통령이 국민의 신임을 배신하여 국정을 담당할 자격을 상실한 경우에 한하여, 대통령에 대한 파면결정은 정당화되는 것이다."라고 판시하였다.[1]

또한 헌법재판소는 대통령(박근혜) 탄핵사건에서는 "대통령의 파면을 정당화할 수 있는 헌법이나 법률 위배의 중대성을 판단하는 기준은 탄핵심판절차가 헌법을 수호하기 위한 제도라는 관점과 파면결정이 대통령에게 부여한 국민의 신임을 박탈한다는 관점에서 찾을 수 있다. 탄핵심판절차가 궁극적으로 헌법의 수호에 기여하는 절차라는 관점에서 보면, 파면결정을 통하여 손상된 헌법질서를 회복하는 것이 요청될 정도로 대통령의 법 위배 행위가 헌법 수호의 관점에서 중대한 의미를 가지는 경우에 비로소 파면결정이 정당화된다. 또 대통령이 국민으로부터 직접 민주적 정당성을 부여받은 대의기관이라는 관점에서 보면, 대통령에게 부여한 국민의 신임을 임기 중 박탈하여야 할 정도로 대통령이 법 위배행위를 통하여 국민의 신임을 배반한 경우에 한하여 대통령에 대한 탄핵사유가 존재한다고 보아야 한다."고 판시하였다.[2]

---

1) 헌재 2004. 5. 14. 2004헌나1.
2) 헌재 2017. 3. 10. 2016헌나1. 그런데 대통령(박근혜) 탄핵사건에서 헌법재판소는 대통령이 검찰이나 특별검사의 조사에 응하지 아니하였고 청와대에 대한 압수수색도 거부하여 피청구인에 대한 조사가 이루어지지 아니한 점과 국민을 상대로 진실성 없는 사과를 하고 국민에게 한 약속도 지

한편 헌법재판소는 대통령(윤석열) 탄핵사건에서는, "피청구인은 헌법과 법률을 위반하여 이 사건 계엄을 선포함으로써 국가긴급권 남용의 역사를 재현하여 국민을 충격에 빠트리고, 사회·경제·정치·외교 전 분야에 혼란을 야기하였고, 국민 모두의 대통령으로서 자신을 지지하는 국민을 초월하여 사회공동체를 통합시켜야 할 책무를 위반하였으며, 군경을 동원하여 국회 등 헌법기관의 권한을 훼손하고, 국민의 기본적 인권을 광범위하게 침해함으로써 헌법수호의 책무를 저버리고 민주공화국의 주권자인 대한국민의 신임을 중대하게 배반하였다. 결국 피청구인의 위헌·위법행위는 국민의 신임을 배반한 것으로 헌법수호의 관점에서 용납될 수 없는 중대한 법 위배 행위에 해당하고, 피청구인의 법 위반행위가 헌법질서에 미친 부정적 영향과 파급효과가 중대하므로, 피청구인을 파면함으로써 얻는 헌법 수호의 이익이 대통령 파면에 따르는 국가적 손실을 압도할 정도로 크다고 인정된다"고 판시하였다.[1]

탄핵결정의 주문은 예컨대 "피청구인을 파면한다." 또는 "피청구인 '공직명' ○○○을(를) 파면한다."라는 형식을 취하게 된다.[2] 탄핵심판청구가 이유 없을 때는 "이 사건 심판청구를 기각한다."라는 주문형태를 취하게 된다(2004헌나1).

(2) 탄핵결정의 효력

탄핵결정의 효력발생시점에 관하여는 명문의 규정이 없으나 탄핵심판에 관하여 별도의 이의절차가 있을 수 없으므로 결정선고 시부터 발생한다고 보아야 할 것이다. 단심으로 이루어지는 탄핵심판은 결정선고 시가 바로 결정확정시라고 할 것이다. 헌법재판소는 탄핵심판청구를 인용한 사안에서 선고 효력시점의 명확성을 기한다는 취지에서 결정문 '선고일' 기재란에 '선고일시'라고 표시한 후 "2017. 3. 10. 11:21"라고 기재한 사례가 있다.[3]

헌법재판소의 탄핵결정은 다음과 같은 효력을 지닌다.

(가) 공직파면

피청구인은 탄핵결정의 선고에 의하여 그 공직에서 파면된다(헌법 제65조 제 4

키지 않았으므로 피청구인에게 헌법수호의 의자가 없다고 보아 법위반의 중대성을 인정하였다. 그러나 이점에 관하여는 변론에서 쟁점이 되지 않은 사유이므로 피청구인에게 방어권 행사의 기회를 주지 않은 것으로서 변론주의원칙에 위배되고, 소추의결서의 소추사유로 되지 않은 사실을 법위반의 중대성 판단자료로 삼는 것은 잘못된 것이라는 비판이 있다.

1) 헌재 2025. 4. 4. 2024헌나8.
2) 헌재 2017. 3. 10. 2016헌나1.
3) 헌재 2017. 3. 10. 2016헌나1.

항, 헌재법 제54조 제 2 항).

(나) 민·형사상의 책임 불면제

탄핵결정에 의하여 민사상이나 형사상의 책임이 면제되는 것은 아니다(헌법 제65조, 헌재법 제54조 제 1 항).

(다) 공직취임의 제한

탄핵결정에 의하여 파면된 자는 탄핵결정의 선고를 받은 날로부터 5년이 경과하지 아니하면 공무원이 될 수 없다(헌재법 제54조 제 2 항). 공직취임제한 규정은 종전 1980년헌법 하에서의 헌법위원회법 제31조보다 기간과 범위 면에서 더욱 강화되었는데, 취임금지기간은 종전 3년에서 5년으로, 취임할 수 없는 공무원의 범위도 탄핵의 대상이 되는 공무원뿐만 아니라 모든 공무원으로 확대되었다. 나아가 파면된 자는 특정 전문직업의 보유에 있어 일정기간 제한을 받는다(변호사법 제 5 조, 변리사법 제 4 조, 세무사법 제 4 조, 공인회계사법 제 4 조, 공증인법 제13조 참조).

참고로 탄핵결정을 받은 사람이 대통령인 경우 대통령이 궐위된 때에 해당하여 대통령의 궐위로 인한 선거를 치러야 한다(헌법 제68조 제 2 항). 그 선거는 선거의 실시사유가 확정된 때부터 60일 이내에 실시하여야 하는데(헌법 제68조 제 2 항, 공직선거법 제35조 제 1 항), 대통령 선거의 실시사유가 확정된 때는 탄핵결정이 선고된 날이라고 할 것이다.

헌법재판소는 헌재법 제54조 제 2 항의 공직취임제한 규정을 고려할 때 탄핵심판계속 중 임기만료 퇴직의 경우에도 피청구인에게 공직취임제한의 효력을 미치기 위하여 탄핵심판이익이 인정되어야 한다는 주장에 대하여, "'탄핵결정에 의한 파면'의 부수적 효력인 공직취임제한은 헌법상 탄핵제도의 본질에서 당연히 도출되는 것은 아니다. 헌재법 제53조 제 1 항에서 정한 '해당 공직에서 파면하는 결정'을 '임기만료로 퇴직하여 해당 공직에 있지 않은 사람'에 대하여도 할 수 있도록 유추해석하거나, 헌재법 제54조 제 2 항에서 정한 '탄핵결정으로 파면된 사람에 대한 공직취임 제한'을 '임기만료로 퇴직한 사람에게 파면사유가 있었던 것으로 확인되는 경우'에까지 적용되도록 유추해석하는 것은, 그 문언해석의 한계를 넘어 공무담임권을 자의적으로 배제하거나 부당하게 박탈하는 것이므로 받아들이기 어렵고, 따라서 헌재법 제54조 제 2 항의 공직취임배제의 취지를 고려하여 탄핵심판의 이익을 인정해야 한다는 주장은 이유없다."고 판시하였다.[1)]

---

1) 헌재 2021. 10. 28. 2021헌나1.

(라) 사면의 금지

탄핵결정을 받은 자에 대하여는 대통령의 사면권 행사가 제한된다고 보아야 할 것이다. 이에 관하여는 학설의 다툼이 있으나, 명문의 규정이 없더라도 탄핵제도의 취지에 비추어 대통령의 사면은 허용되지 않는다는 설이 다수설이다.[1] 참고로 미국헌법은 제 2 조 제 2 항에서 “대통령은 탄핵의 경우를 제외하고 미합중국에 대해 저질러진 범법행위에 대하여 …… 사면할 권리를 갖는다.”라고 하여 탄핵결정을 받은 자에 대하여 사면할 수 없음을 명백히 하고 있다.

라. 소수의견의 공표

개정 전의 헌법재판소법 제36조 제 3 항은 “법률의 위헌심판, 권한쟁의심판 및 헌법소원심판에 관여한 재판관은 결정서에 의견을 표시하여야 한다.”고 규정하고 있었다. 헌법재판소는 대통령 탄핵사건에서, 위 조항으로 인하여 재판관들의 개별적 의견 및 그 의견의 수를 결정문에 표시할 수 없다고 하였고, 단지 위 조항의 해석에 관하여 소수의견의 재량적 표시를 막는 것으로 볼 수 없다는 견해도 있었음을 밝혔다.[2]

이를 계기로 탄핵심판 결정에서 소수의견을 표시하는 것의 적정 여부에 관하여 논의가 뒤따랐고, 국회는 2005. 7. 29. 헌법재판소법 제36조 제 3 항을 “심판에 관여한 재판관은 결정서에 의견을 표시하여야 한다.”고 개정하였다.

이에 따라 탄핵심판에 관여한 재판관은 결정서에 의견을 표시하여야 하므로(헌재법 제36조 제 3 항), 소수의견을 피력한 재판관도 그 의견을 표시할 의무를 진다. 2016헌나1 대통령(박근혜) 탄핵 결정에서는 소수의견으로 보충의견이 개진된 바 있고,[3] 2021헌나1 법관(임성근) 탄핵 결정에서도 심판절차종료의견과 인용의견이 소수의견으로 개진된 바 있고, 2023헌나2 검사(안동완) 탄핵 결정에서 소수의견으로 인용의견과 기각의견에 대한 보충의견이 개진되었다.

마. 종국결정의 효력

탄핵심판의 종국결정은 자기구속력, 형식적 확정력, 실체적 확정력(기판력)

---

1) 김하열, 757면; 성낙인, 423면; 정종섭, 456면; 허영, 293면.
2) 헌재 2004. 5. 14. 2004헌나1.
3) 사법적 판단과는 전혀 무관한 헌법정책적인 개헌방향을 보충의견으로 덧붙인 것은 논란의 여지가 있다는 비판이 있다. 허영, 274면.

등 헌법재판의 종국결정이 갖는 효력을 가진다. 다만 탄핵심판결정에는 기속력을 인정하는 규정이 없으므로 기속력을 부정하여야 할 것이다. 탄핵심판절차는 특정 피소추자에 대한 국회의 파면요구에 대한 개별적 판단을 위한 절차로서의 그 구속력을 확장할 것이 필연적으로 요구되지 않기 때문이다.[1]

바. 탄핵결정에 대한 재심

헌법재판소법은 탄핵심판에 관하여는 물론이고 다른 심판절차에 관하여도 재심에 관하여는 규정을 두고 있지 않다. 그리하여 헌법재판에 대하여 재심이 허용되는지의 여부는 심판의 종류에 따라 개별적으로 판단할 수밖에 없다.[2]

탄핵절차가 비록 헌법보호와 권력통제라는 중대한 헌법적 기능을 수행하는 절차이긴 하나, 탄핵결정의 효력은 피소추자에게만 미치고 탄핵심판절차에 있어서 절차상 중대한 하자가 있어서 탄핵결정을 그대로 유지함이 현저히 정의에 반하는 경우에는 피소추자의 권리보호의 요청이 법적 안정성에 비하여 앞선다고 하지 않을 수 없다. 따라서 탄핵결정에 대한 재심은 허용된다고 할 것이다.

그러나 헌법재판소의 탄핵심판 기각 또는 각하결정에 대하여는 헌법재판의 확정력 내지 일사부재리의 원칙에 따라 재심이 허용되지 아니하고, 이는 헌법재판소법 제40조에 의하여 준용되는 형사소송법 제420조와의 관계를 비추어 분명하다는 견해가 있다.[3]

그런데 대통령 파면결정에 대해서도 재심을 허용할 것인지 문제되는바, 대통령 파면결정이 지닌 헌법적 의미의 중대성, 재심절차로 인한 사회적·정치적 파장, 새로 선출된 대통령의 정당성 등 여러 가지 면에서 대통령 파면결정에 대한 재심은 헌법재판소법 제40조에 규정된 준용의 한계인 '헌법재판의 성질에 반하지 아니하는 한도'를 벗어나므로 허용되지 않는다고 보아야 할 것이다.[4]

탄핵심판에 관하여는 형사소송에 관한 법령이 민사소송에 관한 법령보다 우선적으로 적용되므로(헌재법 제40조) 재심의 사유와 절차에 관하여는 일차적으로 형사소송법이 준용된다. 재심사유에 관한 형사소송법 제420조, 재심과 집행

---

1) 헌재 2021. 10. 28. 2021헌나1(탄핵심판의 결정에 대하여는 법원을 비롯한 모든 국가기관이나 지방자치단체를 기속하는 효력을 해석상으로도 인정할 근거가 없다고 하였다). 김하열, 753면.
2) 헌재 1995. 1. 20. 93헌아1.
3) 성낙인, 424면.
4) 동지: 김하열, 758면. 독일 연방헌법재판소법은 대통령에 대해서는 재심을 인정하지 않고 법관에 대해서만 재심을 인정하고 있다(제61조).

정지에 관한 제428조, 불이익변경의 금지에 관한 제439조 등이 주된 준용규정이 될 것이다.[1)]

사. 탄핵심판이 기각 또는 각하되었을 때 피청구인에 대한 비용보상

탄핵심판의 결과가 기각 또는 각하결정으로 내려졌을 때 탄핵심판과정에서 피청구인이 자신의 결백함을 입증하기 위하여 들인 노력과 비용을 보상해 주어야 하고, 특히 국회 다수파에의 한 탄핵제도의 정치적 남용을 방지하기 위하여도 비용보상규정이 필요하다는 견해[2)]가 있다. 저자도 이 견해에 찬동한다.

---

1) 김하열, 758면; 성낙인, 424면; 정종섭, 458면.
2) 성낙인, 426면.

제 5 장 정당해산심판

제 1 절 총 설

1. 정당해산심판의 의의

헌법 제 8 조 제 4 항은 "정당의 목적이나 활동이 민주적 기본질서에 위배될 때에는 정부는 헌법재판소에 그 해산을 제소할 수 있고, 정당은 헌법재판소의 심판에 의하여 해산된다."라고 규정하고, 헌법 제111조 제 1 항은 정당의 해산심판을 헌법재판소가 관장한다고 규정하고 있다.

정당해산심판제도는 정당의 목적이나 활동이 민주적 기본질서에 위배될 때 헌법재판소의 심판을 통하여 위헌정당을 해산하는 제도로서 강제해산의 일종이라고 할 수 있다.[1]

2. 정당해산심판제도의 목적

정당해산심판제도는 기본적으로 위헌정당을 해산한다는 면에서 헌법을 부정하고 파괴하려는 조직화된 헌법의 적들에 대하여 헌법을 보호하는 데 목적이 있으며, 다른 한편으로 위헌정당이라는 이유로 정당을 해산하고자 하는 경우에는 행정처분이나 다른 공권력의 작용으로써 할 수 없고 헌법재판소의 심판을 통해서만 이를 할 수 있게 함으로써 일반단체에 비하여 정당을 두텁게 보호하는 데 목적이 있다.[2] 헌법재판소는 헌법재판소법 제40조 제 1 항 등 위헌확인 사건에서 정당해산심판제도의 성격에 관하여, "정당해산제도는 정당에 대하여 일반 결사와 달리 엄격한 요건과 절차에 의해서만 해산하도록 한다는 정당보호

1) 헌재 2014. 2. 27. 2014헌마7.
2) 실무제요, 531면.

의 의미와, 정당이 정당 활동의 자유라는 미명으로 헌법을 공격하여 파괴하는 것을 방지한다는 헌법보호의 의미를 가진다. 따라서 정당해산제도는 정당 존립의 특권을 보장함(정당의 보호)과 동시에, 정당 활동의 자유에 관한 한계를 설정한다(헌법의 보호)는 이중적 성격을 가진다."고 판시하였고,[1] 통합진보당 해산 사건에서 정당해산심판제도의 의의에 관하여 "정당해산심판제도는 정부의 일방적인 행정처분에 의해 진보적 야당이 등록취소되어 사라지고 말았던 우리 현대사에 대한 반성의 산물로서 제 3 차 헌법 개정을 통해 헌법에 도입된 것이다. 우리나라의 경우 이 제도는 발생사적 측면에서 정당을 보호하기 위한 절차로서의 성격이 부각된다. 따라서 모든 정당의 존립과 활동은 최대한 보장되며, 설령 어떤 정당이 민주적 기본질서를 부정하고 이를 적극적으로 공격하는 것으로 보인다 하더라도 국민의 정치적 의사형성에 참여하는 정당으로서 존재하는 한 헌법에 의해 최대한 두텁게 보호되므로, 단순히 행정부의 통상적인 처분에 의해서는 해산될 수 없고, 오직 헌법재판소가 그 정당의 위헌성을 확인하고 해산의 필요성을 인정한 경우에만 정당정치의 영역에서 배제된다. 그러나 한편 이 제도로 인해서, 정당활동의 자유가 인정된다 하더라도 민주적 기본질서를 침해해서는 안 된다는 헌법적 한계 역시 설정된다."고 판시하였다.[2]

3. 정당해산심판제도의 연혁

정당해산심판제도는 1960년헌법에서 정당조항과 함께 도입되어, 심판기관의 변천을 겪으면서 현재까지 계속 규정되어 왔다. 그러나 정당해산심판제도가 도입된 이후 아직까지 정당해산이 문제된 사건은 없었으나 2013. 11. 5. 법무부는 통합진보당의 목적과 활동이 위헌이라며 위헌정당해산심판청구를 하였고, 헌법재판소는 헌재 2014. 12. 19. 2013헌다1 통합진보당 해산 사건에서 재판관 8 : 1의 의견으로 통합진보당을 해산하고, 통합진보당 소속 국회의원 5인은 의원직을 상실한다고 선언하였다. 한편 정당해산심판제도가 도입되기 이전인 1958년에 당시 공보실에 의해 진보당이 등록취소됨으로써 해산된 사건이 있었다.

1) 헌재 2014. 2. 27. 2014헌마7.
2) 헌재 2014. 12. 19. 2013헌다1.

4. 독일의 정당해산심판의 사례

독일의 정당해산제도는 한편으로는 바이마르공화국이 상대주의적 민주주의에 근거해서 전체주의적 세력에게 무방비였다는 역사인식을 전제로 하였고, 다른 한편으로는 나치의 이른바 '합법적 권력획득'이라는 악몽을 배경으로 이러한 경험을 되풀이하지 않기 위해 고안된 방어적·투쟁적 민주주의를 기초로 형성되었다.[1)]

독일기본법이 제정된 이후 몇 차례에 걸친 정당해산 청구가 있었으나 그 중 현재까지 정당해산에 이른 것은 1952년과 1956년의 두 가지 경우였다. 먼저, 극우정당으로서 나치당의 후계정당이라는 사회주의제국당(Die Sozialistische Reichspartei: SRP)의 해산결정이 있었고, 다음으로, 폭력혁명의 방법으로 연방공화국의 권력을 장악하려 하고 있고, 또한 권력을 획득함으로써 프롤레타리아 독재국가 형태를 수립하려고 하는 혁명정당이라는 독일공산당(Kommunistische Partei Deutschlands: KPD)의 해산결정이 있었다.

그 밖에도 정당해산 청구는 이루어지지 않았지만 이에 대하여 논의한 경우가 있었다. 즉 1960년대 후반 KPD의 후신으로 보이던 독일공산당(Deutsche Kommunitsche Partei: DKP)과 극우정당인 독일민족민주당(Nationaldemokratische Partei Deutschlands: NDP)에 대해 내각에서 내무장관의 위헌정당이라는 주장을 인정하면서도 제소하지 않기로 결정하였다. 극우·극좌정당에 대해서는 정당해산심판이라는 사법적 수단보다는 정치적으로 대처하는 것이 더 낫다는 이유에서였다.

그 후 위헌정당이라는 의심으로부터 자유롭지 않은 군소정당들이 있었지만 정당해산심판의 청구가 진지하게 고려되지 않았다. 독일 통일 후에도 구 동독 집권당이었던 사회주의통일당(Sozialistische Einheitspartei Deutschlands: SED)의 후신인 민주사회주의당(Partei des Demokratischen Sozialismus: PDS)에 대한 정당해산심판 청구의 요구가 여론 일각에서 제기된 적은 있었으나 분단되었던 정치공동체의 통합을 위한다는 명목으로 제소의 움직임은 없었다.[2)]

그 뒤 2001년 극우 신 나치주의 정당인 독일민족민주당(NDP)에 대해 연방정부, 연방의회, 연방참사원이 위헌정당해산심판 청구를 하였으나 연방헌법보호청의 정보원이 위 정당의 수뇌부에서 활동하고 있다는 사실이 밝혀짐에 따라

---

1) 헌법재판소, 정당해산심판제도에 관한 연구, 59면.
2) 헌법재판소, 정당해산심판제도에 관한 연구, 56면; 김하열, 767면.

헌법재판소가 헌법보호청이 첩보활동에 동원한 직원들의 명단을 제출할 것을 요구하였고, 헌법보호청이 업무수행의 계속성과 직원의 신변보호를 이유로 이를 거부하자, 연방헌법재판소는 2003. 3. 18. 소송법적인 이유로 정당해산심판을 정지할 것을 선언하였다.[1)]

제 2 절 정당해산심판의 청구

1. 심판청구의 주체

가. 청구절차

정부는 정당의 목적이나 활동이 민주적 기본질서에 위배될 때에는, 국무회의의 심의를 거쳐 헌법재판소에 그 해산을 제소할 수 있다(헌법 제 8 조 제 4 항, 헌재법 제55조). 현행헌법은 제소권자를 정부로 규정하고 있는데, 여기서 정부라 함은 대한민국이라는 국가를 의미하는 것이 아니라, 입법부·사법부와 대등한 지위에 있는 정부를 의미한다. 정부의 정당해산의 제소는 국무회의의 필요적 심의사항이며(헌법 제89조 제14호), 국무회의의 심의를 거치지 않은 정당해산심판청구는 부적법하다. 다만, 대통령이 사고로 직무를 수행할 수 없는 경우에는 국무총리가 그 직무를 대행하므로 대통령이 해외순방 중인 경우와 같이 일시적으로 직무를 수행할 수 없는 경우(직무대리규정 제 2 조 제 4 호 참조)에는, 국무총리가 주재한 국무회의에서 한 정당해산심판청구서 제출안의 의결도 적법하다.[2)] 정당은 정당해산심판을 청구할 수 없다. 자신에 대한 해산을 구하는 것은 물론, 자신이 합헌적인 정당이라는 확인을 구하는 청구도 허용되지 않는다.[3)]

나. 심판청구권행사의 성격

정부의 심판청구권행사가 기속행위이냐 재량행위이냐에 대해서 학설이 나누어지고 있다.[4)] 독일의 다수설에 의하면 정부의 정당해산심판청구권 행사 여

1) 헌법재판소, 정당해산심판제도에 관한 연구, 58면; 김하열, 767면.
2) 헌재 2014. 12. 19. 2013헌다1.
3) 김하열, 776면; 성낙인, 436면.
4) 기속재량행위설: 김하열, 777면; 정종섭, 473면; 허영, 306면. 재량행위설: 성낙인, 435면.

부는 정치적 재량에 속하는 일로서 정부의 기속적인 의무는 아니라고 한다. 정부의 심판청구는 기속재량행위라고 보는 것이 타당하다고 생각한다. 즉 정부는 해산사유가 있는 정당이 있는 경우에도 정당해산심판절차가 아닌 다른 방법으로 충분히 헌법보호의 목적을 달성할 수 있을 때에는 정당해산심판청구를 유보할 수도 있을 것이다.

2. 심판청구의 절차

국무회의가 위헌정당제소를 의결하면 법무부장관이 정부를 대표하여 정당해산의 심판청구서를 헌법재판소에 제출하여야 한다(헌재법 제25조 제 1 항). 심판청구서에는 해산을 요구하는 정당을 표시하여야 하고 청구의 이유를 기재하여야 한다(헌재법 제56조). 정당해산심판의 청구서에는 정당해산의 제소에 관하여 국무회의의 의결을 거쳤음을 증명하는 서류를 붙여야 하고, 중앙당등록대장등본 등 피청구인이 정당해산심판의 대상이 되는 정당임을 증명할 수 있는 자료를 붙여야 한다(심판규칙 제65조).

정당해산심판에도 일사부재리의 원칙이 적용되기 때문에(헌재법 제39조), 헌법재판소가 정당해산여부를 결정한 후에는 정부는 동일한 정당을 동일한 사유로 재차 제소할 수 없다.

제 3 절 정당해산심판의 절차

1. 사건의 접수 및 통지

법무부장관이 정당해산심판의 청구서를 제출하면 접수공무원은 이를 사건으로 접수하여 사건기록을 편성하고, 사건번호와 사건명을 부여하여 사건을 특정하며, 이런 사항들을 헌법재판정보시스템에 입력한다(접수규칙 제 4 조, 제 7 조). 정당해산심판 사건의 사건부호는 '헌다'이다. 예컨대 ○○정당에 대해 2014년도에 정당해산심판의 첫 번째 사건으로 청구되었다면 사건번호와 사건명은 '2014헌다1 ○○당 해산'이 된다.

헌법재판소가 정당해산심판의 청구를 받은 때에는 그 청구서의 등본을 피청구인에게 송달하여야 한다(헌재법 제27조). 송달받은 피청구인은 헌법재판소에 답변서를 제출할 수 있다(헌재법 제29조 제 1 항). 정당해산심판의 청구 또는 청구의 취하가 있는 때에는 헌법재판소장은 국회와 중앙선거관리위원회에 청구서 부본 또는 취하서 부본을 붙여 그 사실을 통지하여야 한다(헌재법 제58조 제 1 항, 심판규칙 제66조 제 1 항).

2. 심판청구 후의 자진해산, 분당·합당

정부의 심판청구를 받은 피청구인 정당이 자진해산할 수 있는지에 관하여는 견해가 갈릴 수 있으나,[1] 명문규정은 없지만, 정당해산심판의 목적, 잔여재산의 국고귀속 및 대체정당의 창당 금지 등 해산결정의 실효성 확보를 위해 정당해산심판청구 후에는 피청구인 정당은 자진해산, 분당·합당을 할 수 없다고 할 것이다.

3. 심판청구의 취하

가. 청구취하의 가능성

정부는 정당해산심판을 청구한 후 심판청구를 유지할 만한 사정이나 필요가 없다고 판단할 경우에는 심판청구를 취하할 수 있는지에 대하여도 견해가 나뉜다. 취하할 수 있다는 견해는 정부가 청구를 취하할 때에는 청구할 때와 마찬가지로 국무회의의 심의를 거쳐야 한다고 본다.

나. 청구취하에 대한 피청구인의 동의

취하의 절차에 관하여는 헌법재판소법 제40조에 따라 민사소송법 규정이 준용된다. 따라서 피청구인이 본안에 관하여 응소한 이상 청구의 취하는 피청구인 정당의 동의를 받아야만 효력이 있다고 할 것이다(민소법 제266조 제 2 항). 또한 청구취하의 서면이 송달된 날부터 2주 이내에 피청구인 정당이 이의를 제기

---

1) 자진해산할 수 있다는 견해: 신평, 507, 508면; 정종섭, 475면; 허영, 307면. 자진해산할 수 없다는 견해: 김하열, 779면. 심판청구 후에 자진해산할 수 있다는 견해들도 심판청구 후의 분당, 합당은 허용되지 않는다고 한다.

하지 않으면 취하에 동의한 것으로 본다(민소법 제266조 제 6 항).

다. 청구취하에도 불구하고 예외적으로 본안결정을 할 수 있는지 여부

정당해산심판의 변론이 종결되어 사건에 관한 실체적 심리가 다 마쳐진 후에 비로소 취하가 있은 한편 당해사건에서 헌법질서의 수호·유지를 위하여 또는 헌법적 해명을 위하여 본안결정을 하는 것이 긴요하다고 인정되는 경우에 헌법재판소는 예외적으로 취하의 효력에 관한 민사소송법 제267조 제 1 항의 적용을 배제하여 본안결정을 할 수 있을 것인지 문제된다.

헌법재판소는 헌법소원심판과 권한쟁의심판에서 이 문제에 관하여 소극적 태도를 취하였다.[1] 정당해산심판절차는 헌법보호를 이념으로 하는 절차이므로 다른 헌법재판과 마찬가지로 일정하게 그 객관적 기능이 인정되는 심판절차이다. 그러나 정당해산심판절차는 고도로 정치적 색채를 띠고 있다. 피청구인 정당이 취하에 동의함으로써 당사자 간에 분쟁이, 특히 정치적으로 종식되었는데도 불구하고 헌법재판소가 그 분쟁의 당부에 관하여 다시 판단할 필요는 없다고 할 것이므로 기존의 헌법재판소 입장과 같은 태도를 취함이 타당하다고 본다.[2]

4. 가 처 분

헌법재판소는 정당해산심판의 청구를 받은 때에는 직권 또는 청구인의 신청에 의하여 종국결정의 선고 시까지 피청구인의 활동을 정지하는 가처분결정을 할 수 있다(헌재법 제57조). 헌법재판소는 "정당해산심판에 가처분을 허용하는 헌법재판소법 제57조는 정당해산심판이 갖는 헌법보호라는 측면에 비추어 그 필요성이 인정되므로 입법목적의 정당성 및 수단의 적절성이 인정된다. 또한 가처분 결정이 인용되려면 인용요건이 충족되어야 하고, 그 인용범위도 종국결정의 실효성을 확보하고 헌법질서를 보호하기 위해 필요한 범위 내로 한정되며, 인용 시 종국결정 선고 시까지만 정당의 활동을 정지시키므로 기본권제한의 범위가 광범위하다고 볼 수 없다. 나아가 가처분과 동등하거나 유사한 효과가 있는 보다 덜 침해적인 사후적 수단이 존재한다고 볼 수도 없으므로 침해의 최소성의 요건도

1) 헌법소원: 헌재 1995. 12. 14. 95헌마221, 권한쟁의: 헌재 2001. 6. 28. 2000헌라1.
2) 동지: 김하열, 781면.

충족된다. 아울러 정당해산심판의 실효성확보 및 헌법질서의 유지 및 수호라는 공익은 정당해산심판의 종국결정 시까지 잠정적으로 제한되는 정당활동의 자유에 비하여 결코 작다고 볼 수 없으므로 법익균형성요건도 충족하였다. 따라서 가처분조항은 정당활동의 자유를 침해한다고 볼 수 없다."고 판시하였다.[1)]

헌법재판소의 가처분결정은 일반심판정족수로 하기 때문에 7인 이상의 재판관이 참여해서 심리한 후 과반수의 찬성으로 결정한다(헌재법 제23조). 가처분결정을 한 때에는 헌법재판소장은 가처분결정서 등본을 붙여 그 사실을 국회와 중앙선거관리위원회에 통지하여야 한다(헌재법 제58조 제 1 항, 심판규칙 제66조 제 1 항).

헌법재판소법 제57조의 법문은 가장 대표적인 가처분결정의 내용을 예시한 것으로 해석되므로, 헌법재판소는 피청구인의 **활동을 정지**하는 가처분 이외의 **다른 내용**의 가처분도 할 수 있다.[2)] 따라서 적극적으로 임시의 지위를 정하는 가처분(민집법 제300조 제 2 항)도 가능하다고 할 것이다. 위에서 본 바와 같이 정당해산심판 청구 후 피청구인이 자진해산, 분당·합당을 사실상 시도하는 경우에는 이를 차단하는 가처분을 할 수 있다. 또한 해산결정의 효과로 국고에 귀속될 정당재산을 확보하기 위해 필요한 가처분(예: 정당명의의 부동산처분금지 가처분)도 할 수 있을 것이다.[3)]

피청구인 정당의 활동을 정지하는 가처분을 하면 **정당 명의의 정당활동**을 할 수 없다. 공직선거 후보자 추천, 선거운동 등을 할 수 없으므로 선거참여가 불가능하다. 국회 교섭단체로서의 권한행사나 활동도 정지된다. 정당의 자격으로 교섭단체가 되기 때문이다(국회법 제33조 제 1 항). 피청구인 정당 소속의 국회의원의 직무활동은 정지되지 않는다고 할 것이다. 소속 국회의원의 직무활동은 개별 국회의원별로 판단할 때 그 직무활동의 계속으로 인한 헌법훼손의 위험성을 방지할 필요가 있을 때에 한하여 별도의 가처분을 통해서만 정지시킬 수 있다고 할 것이다.[4)]

가처분으로 활동이 정지된 정당에 대해서는 정당운영에 필요한 자금을 보조하기 위해 지급되는 국고보조금을 지급할 수 없다는 견해가 있으나,[5)] 중앙선거관리위원회는 매년 분기별로 국고보조금을 정당에 지급해야 하고(정치자금법 제25조 제 4 항), 정당이 해산된 경우에 비로소 지급받은 국고보조금의 잔액을 반환

1) 헌재 2014. 2. 27. 2014헌마7.
2) 실무제요, 535면.
3) 김하열, 783면; 허영, 309면.
4) 동지: 김하열, 783면.
5) 허영, 309면.

하도록 하고 있으므로(동법 제30조 제 1 항) 정당의 활동정지 가처분만으로 국고보조금을 지급하지 않을 수 있는 법적인 근거는 없다고 할 것이다.[1)]

5. 정당해산심판의 심리

정당해산심판의 심리는 **구두변론**에 의한다(헌재법 제30조 제 1 항). 당사자는 정부가 청구인이 되고 제소된 정당이 피청구인이 된다. 재판부가 변론을 열 때에는 기일을 정하고 당사자와 관계인에게 출석을 요구하여야 하며(헌재법 제30조 제 3 항), 변론은 공개한다(헌재법 제34조 제 1 항). 재판부는 정당해산심판의 심리를 위하여 필요하다고 인정하는 경우에는 당사자의 신청 또는 직권에 의하여 증거조사를 할 수 있다(헌재법 제31조). 또한 재판부는 다른 국가기관 또는 공공단체의 기관에 대하여 심판에 필요한 사실을 조회하거나, 기록의 송부나 자료의 제출을 요구할 수 있다(헌재법 제32조). 정당해산심판의 심리에 관하여 헌법재판소법에 특별한 규정이 있는 경우를 제외하고는 헌법재판의 성질에 반하지 아니하는 한도 내에서 **민사소송에 관한 법령**의 규정이 준용된다(헌재법 제40조). 헌법재판소도 통합진보당 해산 사건에서 정당해산심판절차에 적용되는 법령에 관하여 "정당해산심판절차에 관하여 민사소송에 관한 법령을 준용하도록 한 헌법재판소법 제40조 제 1 항은 헌법상 재판을 받을 권리를 침해하지 아니하므로(헌재 2014. 2. 27. 2014헌마7), 정당해산심판절차에는 헌법재판소법과 헌법재판소 심판규칙, 그리고 헌법재판의 성질에 반하지 않는 한도 내에서 민사소송에 관한 법령이 적용된다."고 판시하였다.[2)]

헌법재판소는 위 준용조항이 청구인의 재판청구권 즉 공정한 재판을 받을 권리를 침해하는지 여부에 관하여, "위 준용규정은 헌법재판에서의 불충분한 절차진행규정을 보완하고, 원활한 심판절차진행을 도모하기 위한 조항으로, 그 절차보완적 기능에 비추어 볼 때, 소송절차 일반에 준용되는 절차법으로서의 민사소송에 관한 법령을 준용하도록 한 것이 현저히 불합리하다고 볼 수 없다. 또한 '헌법재판의 성질에 반하지 아니하는 한도'에서 **민사소송에 관한 법령**을 준용하도록 규정하여 정당해산심판의 고유한 성질에 반하지 않도록 적용범위를

1) 동지: 김하열, 784면.
2) 헌재 2014. 12. 19. 2013헌다1.

한정하고 있는바, 여기서 '헌법재판의 성질에 반하지 않는' 경우란, 다른 절차법의 준용이 헌법재판의 고유한 성질을 훼손하지 않는 경우로 해석할 수 있고, 이는 헌법재판소가 당해 헌법재판이 갖는 고유의 성질·헌법재판과 일반재판의 목적 및 성격의 차이·준용절차와 대상의 성격 등을 종합적으로 고려하여 구체적·개별적으로 판단할 수 있다. 따라서 준용조항은 청구인의 공정한 재판을 받을 권리를 침해한다고 볼 수 없다."고 판시하였다.[1)]

헌법재판소는 심판절차를 효율적이고 집중적으로 진행하기 위하여 당사자의 주장과 증거를 정리할 필요가 있을 때에는 **심판준비절차**를 실시할 수 있다(심판규칙 제11조 제 1 항). 헌법재판소는 헌재 2014. 12. 19. 2013헌다1 통합진보당 해산 사건에서 2회의 변론준비기일과 18회의 변론기일을 진행하였다.

헌법재판소는 통합진보당 해산 결정(2013헌다1)에서 정당해산심판은 **민사소송에 관한 법령**이 우선 준용되므로 형사소송법상 전문증거의 증거능력 제한에 관한 규정이 준용되지 않는다는 전제하에 피청구인 측에서 증거채택에 동의하거나 성립의 진정을 인정하는 증거는 원칙적으로 증거로 채택하였고, 민사소송법상의 공문서 추정규정도 원칙적으로 적용된다고 보았다. 신문기사는 위조의 의심이 특별히 없는 한 성립이 인정된다고 보고 다만 그 내용에 관하여는 증명력의 문제로 보았으나, 언론기사가 명확하지 않거나 출처가 불분명한 경우에는 문서의 진정성 내지 출처를 증명해야 한다고 하였다.[2)]

제 4 절 정당해산심판의 대상이 되는 정당

정당해산심판의 대상이 되는 정당은 원칙적으로 정당법에서 정하는 요건을 갖추고 중앙선거관리위원회에 등록을 마친 정당이다. 정당법에 따라 정당의 창당 활동이 진행되어 중앙당과 법정 시·도당을 창당하고 정당법에 따른 등록절차만을 남겨 둔 이른바 '등록 중의 정당'도 여기의 정당에 속한다고 할 것이

1) 헌재 2014. 2. 27. 2014헌마7(헌법재판소는 "증거조사와 사실인정에 관한 민사소송법의 규정을 적용함으로써 실체적 진실과 다른 사실관계가 인정될 수 있는 규정은 헌법과 정당을 동시에 보호하는 정당해산심판의 성질에 반하는 것으로 준용될 수 없을 것이고, 또 민사소송에 관한 법령의 준용이 배제되어 법률의 공백이 생기는 부분에 대하여는 헌법재판소가 정당해산심판의 성질에 맞는 절차를 창설하여 이를 메울 수밖에 없다."고 판시하였다).
2) 헌재 2014. 4. 1. 2013헌다1 변론조서.

다.[1] 창당준비위원회도 피청구인이 될 수 있다는 학계의 견해가 있다.[2]

헌법재판소는 통합진보당 해산사건에서 피청구인인 통합진보당 외에 민주노동당의 목적과 활동이 심판대상이 되는지 여부에 관하여 "피청구인 통합진보당은 민주노동당이 국민참여당 등과 함께 신설합당 형식으로 창당한 정당이므로, 민주노동당의 목적과 활동은 피청구인의 목적이나 활동과의 관련성이 인정되는 범위에서 이 사건의 판단자료로 삼을 수 있을 뿐이고, 민주노동당의 목적이나 활동 그 자체가 이 사건의 심판대상이 되는 것은 아니다."고 판시하였다.[3]

다만, 정당으로부터 법적으로 독립되어 있는 정당의 방계조직은 정당이 아닌 일반 단체에 불과하기 때문에 정당해산심판의 대상이 아니다.[4]

---

1) 실무제요, 538면; 김하열, 768면; 정종섭, 480면; 허영, 307면.
2) 정종섭, 480면.
3) 헌재 2014. 12. 19. 2013헌다1.
4) 실무제요, 538면; 김하열, 769면; 정종섭, 480면; 허영, 307면.

[서식례 18] 정당해산심판청구서 예시

정당해산심판청구서

청 구 인: 대한민국 정부
법률상 대표자 법무부장관 ○ ○ ○

피청구인: ○ ○ 정당
주소(중앙당 소재지) : 서울 영등포구 ○○로 ○○○
대표자 ○ ○ ○

청 구 취 지

"○ ○ 정당을 해산한다"라는 결정을 구합니다.

청 구 이 유

가. 사건의 개요
나. 정당의 목적, 활동의 민주적 기본질서 위배 내용
다. 기타 필요사항

첨부서류: 각종 입증서류

20 . . .

대한민국 정부
법률상 대표자 법무부장관 ○ ○ ○ (인)

헌법재판소 귀중

제 5 절 정당해산의 사유

1. '민주적 기본질서'의 의미

정당은 그 목적이나 활동이 민주적 기본질서에 위배될 때에는 헌법재판소의 결정에 의하여 해산된다(헌법 제 8 조 제 4 항).

정당해산심판제도가 수호하고자 하는 민주적 기본질서는 우리가 오늘날의 입헌적 민주주의 체제를 구성하고 운영하는 데에 필요한 가장 핵심적인 내용이나 요소를 의미한다. 민주적이고 자율적인 정치적 절차를 통해 국민적 의사를 형성·실현하기 위한 요소, 즉 민주주의원리에 입각한 요소들과, 이러한 정치적 절차를 운영하고 보호하는 데에 필요한 기본적인 요소, 즉 법치주의원리에 입각한 요소들 중에서 필요불가결한 부분이 중심이다. 이것이 보장되지 않으면 우리의 입헌적 민주주의 체제가 유지될 수 없다고 평가되는 최소한의 내용인 것이다.[1]

이러한 헌법 제 8 조 제 4 항의 민주적 기본질서 개념은 정당해산결정의 가능성과 긴밀히 결부되어 있다. 이 민주적 기본질서의 외연이 확장될수록 정당해산결정의 가능성은 확대되고, 이와 동시에 정당활동의 자유는 축소될 것이다. 민주 사회에서 정당의 자유가 지니는 중대한 함의나 정당해산심판제도의 남용가능성 등을 감안한다면, 헌법 제 8 조 제 4 항의 민주적 기본질서는 최대한 엄격하고 협소한 의미로 이해해야 한다.[2]

민주적 기본질서의 의미에 대해서는 견해가 나뉘지만, 다수설은 '자유민주적 기본질서'를 의미하는 것으로 본다.[3] 헌법재판소는 정당해산심판 청구사건은 아니었지만 제주 4·3사건진상규명법 헌법소원 사건에서, "우리 헌법은 …… 자유민주주의의 실현을 헌법의 지향이념으로 삼고 있다. 즉 국가권력의 간섭을 배제하고, 개인의 자유와 칭의를 존중하며 다양성을 포용하는 자유주의와 국가권력이 국민에게 귀속되고, 국민에 의한 지배가 이루어지는 것을

1) 실무제요, 538면.
2) 실무제요, 539면.
3) 김하열, 772면. '민주적 기본질서'와 '자유민주적 기본질서'의 관계에 관하여는, 헌법재판소, 정당해산심판제도에 관한 연구, 138~142면 참조.

내용적 특징으로 하는 민주주의가 결합된 개념인 자유민주주의를 헌법질서의 최고 기본가치로 파악하고, 이러한 헌법질서의 근간을 이루는 기본적 가치를 '기본질서'로 선언한 것이다."라고 판시하였고,[1] "우리 헌법은 자유민주적 기본질서의 보호를 그 최고의 가치로 인정하고 있고, 그 내용은 모든 폭력적 지배와 자의적 지배를 배제하고 다수의 의사에 의한 국민의 자치, 자유·평등의 기본원칙에 의한 법치주의적 통치질서를 말하고 구체적으로는 기본적 인권의 존중, 권력분립, 의회제도, 복수정당제도, 선거제도, 사유재산과 시장경제를 골간으로 한 경제질서 및 사법권의 독립 등 우리의 내부체제를 말한다."라고 판시한 바 있다.[2]

마침내 헌법재판소는 통합진보당 해산 사건에서 "우리 헌법 제 8 조 제 4 항이 의미하는 '민주적 기본질서'는, 개인의 자율적 이성을 신뢰하고 모든 정치적 견해들이 상대적 진리성과 합리성을 지닌다고 전제하는 다원적 세계관에 입각한 것으로서, 모든 폭력적·자의적 지배를 배제하고, 다수를 존중하면서도 소수를 배려하는 민주적 의사결정과 자유·평등을 기본원리로 하여 구성되고 운영되는 정치질서를 말하며, 구체적으로는 국민주권의 원리, 기본적 인권의 존중, 권력분립제도, 복수정당제도 등이 현행 헌법상 주요한 요소라고 볼 수 있다."고 판시하였다.[3]

2. 목적이나 활동의 민주적 기본질서 위배

정당의 목적이 민주적 기본질서에 위배되는 경우란 정당의 공식적인 강령(기본정책)이나 당헌의 내용은 물론 그 밖에 당수 및 당 간부의 연설, 당 기관지, 당의 출판물 및 선전자료, 기타 당원의 활동으로 보아 그 정당의 전체적 성격이 민주적 기본질서에 위배된 경우도 포함한다.[4] 또한 정당의 활동에는 정당명의의 활동뿐만 아니라 그 구성원의 활동, 즉 당수와 당 간부의 활동과 평당원의 활동을 포함한다. 다만 평당원의 활동은 개인적인 동기에 의한 활동이 아니라

1) 헌재 2001. 9. 27. 2000헌마238등.
2) 국가보안법상찬양·고무죄 사건. 헌재 1990. 4. 2. 89헌가113; 제주 4·3사건 진상규명법 사건. 헌재 2001. 9. 27. 2000헌마238.
3) 헌재 2014. 12. 19. 2013헌다1.
4) 김하열, 770면; 정종섭, 481면.

당명(黨命)에 의한 활동인 경우에만 정당의 활동으로 간주된다. 즉 당원이 당의 이름으로 활동하고 그 효과가 당에 귀속할 때 당원의 활동은 당 자체의 활동으로 간주된다.[1)]

헌법재판소는 통합진보당 해산 사건에서 “정당의 목적이나 활동”의 의미에 관하여 “‘**정당의 목적**’이란, 어떤 정당이 추구하는 정치적 방향이나 지향점 혹은 현실 속에서 구현하고자 하는 정치적 계획 등을 통칭한다. 이는 주로 정당의 공식적인 강령이나 당헌의 내용을 통해 드러나겠지만, 그 밖에 정당대표나 주요 당직자 등의 공식적 발언, 정당의 기관지나 선전자료와 같은 간행물, 정당의 의사결정과정에서 일정한 영향력을 가지거나 정당의 이념으로부터 영향을 받은 당원들의 행위 등도 정당의 목적을 파악하는 데에 도움이 될 수 있다. 만약 정당의 진정한 목적이 숨겨진 상태라면 이 경우에는 강령 이외의 자료를 통해 진정한 목적을 파악해야 한다. 한편 ‘**정당의 활동**’이란, 정당 기관의 행위나 주요 정당관계자, 당원 등의 행위로서 그 정당에게 귀속시킬 수 있는 활동 일반을 의미한다. 여기에서는 정당에게 귀속시킬 수 있는 활동의 범위, 즉 정당과 관련한 활동 중 어느 범위까지를 그 정당의 활동으로 볼 수 있는지가 문제된다. 구체적으로 살펴보면, 당대표의 활동, 대의기구인 당대회와 중앙위원회의 활동, 집행기구인 최고위원회의 활동, 원내기구인 원내의원총회와 원내대표의 활동 등 정당 기관의 활동은 정당 자신의 활동이므로 원칙적으로 정당의 활동으로 볼 수 있고, 정당의 최고위원 등 주요 당직자의 공개된 정치 활동은 일반적으로 그 지위에 기하여 한 것으로 볼 수 있으므로 원칙적으로 정당에 귀속시킬 수 있을 것으로 보인다. 정당 소속의 국회의원 등은 비록 정당과 밀접한 관련성을 가지지만 헌법상으로는 정당의 대표자가 아닌 국민 전체의 대표자이므로 그들의 행위를 곧바로 정당의 활동으로 귀속시킬 수는 없겠으나, 가령 그들의 활동 중에서도 국민의 대표자의 지위가 아니라 그 정당에 속한 유력한 정치인의 지위에서 행한 활동으로서 정당과 밀접하게 관련되어 있는 행위들은 정당의 활동이 될 수도 있을 것이다. 그 밖의 정당에 속한 개인이나 단체의 활동은 그러한 활동이 이루어진 구체적인 경위를 살펴서 그것을 정당의 활동으로 볼 수 있는 사정이 있는지를 판단해야 한다. 예컨대, 활동을 한 개인이나 단체의 지위 등에 비추어 볼 때 정당이 그러한 활동을 할 권한을 부여하거나 그 활동을 독려하였

1) 김하열, 770면; 정종섭, 481면.

는지 여부, 설령 그러한 권한의 부여 등이 없었다 하더라도 사후에 그 활동을 적극적으로 옹호하는 등 그 활동을 사실상 정당의 활동으로 추인한 것과 같다고 볼 수 있는 사정이 있는지 여부, 혹은 사전에 그 정당이 그러한 활동의 계획을 알았더라도 이를 정당 차원에서 지원하고 지지했을 것이라고 가정적으로 판단할 수 있는 사정이 있는지 여부 등을 구체적으로 살펴 전체적이고 종합적으로 판단해야 한다. 반면, 정당대표나 주요 관계자의 행위라 하더라도 개인적 차원의 행위에 불과한 것이라면 이러한 행위에 대해서까지 정당해산심판의 심판대상이 되는 활동으로 보기는 어렵다."고 판시하였다.[1)]

정당의 '**목적**'이나 '**활동**'이 모두 또는 그 중의 어느 하나가 민주적 기본질서에 위배되면 정당해산의 요건이 충족된다고 볼 것이다.[2)]

이와는 달리 정당의 목적과 활동은 상호 밀접하게 연관되어 있어서 해산사유의 존부를 판단함에 있어 이를 분리하기는 현실적으로 어려우므로 헌법 제 8 조 제 4 항은 민주적 기본질서를 훼손할 '**목적으로 활동**'할 때라고 제한적으로 해석하여야 할 것인바, 위헌 목적의 표방이나 경향성, 추상적 위험만으로는 해산사유가 있다고 할 수 없고, 정당의 정책이나 당원의 활동이 민주적 기본질서에 실질적 위해를 가할 구체적 위험성이 있을 때 해산사유가 있다는 견해[3)]도 있다.

정당의 목적·활동이 민주적 기본질서에 위배된다는 것을 정당 스스로가 인식하여야 하는 것은 아니다.[4)]

헌법재판소는 통합진보당 해산 사건에서 정당의 목적이나 활동이 민주적 기본질서에 "**위배될 때**"의 의미에 관하여 "헌법 제 8 조 제 4 항에서 말하는 민주적 기본질서의 위배란 민주적 기본질서에 대한 단순한 위반이나 저촉을 의미하는 것이 아니라, 민주사회의 불가결한 요소인 정당의 존립을 제약해야 할 만큼 그 정당의 목적이나 활동이 우리 사회의 민주적 기본질서에 대하여 실질적인 해악을 끼칠 수 있는 구체적 위험성을 초래하는 경우를 가리킨다."고 판시하였다.[5)]

---

1) 헌재 2014. 12. 19. 2013헌다1.
2) 헌재 2014. 12. 19. 2013헌다1; 실무제요, 540면; 신평, 512면; 정종섭, 482면.
3) 김하열, 773면.
4) 실무제요, 541면; 성낙인, 444면.
5) 헌재 2014. 12. 19. 2013헌다1. 헌법재판소는 이 사건에서 피청구인의 진정한 목적과 활동은 1차적으로 폭력에 의하여 진보적 민주주의를 실현하고, 최종적으로는 북한식 사회주의를 실현하는 것으로 판단하고, 피청구인의 위와 같은 진정한 목적이나 그에 기초한 활동은 우리 사회의 민주적 기본질서에 대해 실질적인 해악을 끼칠 수 있는 구체적 위험성을 초래하였다고 판단하였다. 반면

참고로 독일 기본법 제21조 제 2 항은 "정당의 목적이나 당원의 활동이 자유민주적 기본질서를 침해 또는 제거하려는 것이거나, 독일연방공화국의 존립을 위태롭게 하는 경우에는 그 정당은 위헌이다. 위헌성의 문제에 대해서는 연방헌법재판소가 결정한다."라고 규정하고 있다. 따라서 독일 기본법은 정당해산사유를 '자유민주적 기본질서에 대한 공격'과 '국가의 존립에 대한 위협'의 두 가지로 나누어서 규정하고 있다.

3. 비례원칙의 준수

헌법재판소는 정당해산심판의 사유로서 '정당의 목적이나 활동의 민주적 기본질서 위배' 외에도 정당해산의 헌법적 정당화 사유로서 '비례원칙'의 준수가 필요하다고 하였다. 즉 헌법재판소는 통합진보당 해산사건에서 "강제적 정당해산은 헌법상 핵심적인 정치적 기본권인 정당활동의 자유에 대한 근본적 제한이므로, 헌법재판소는 이에 관한 결정을 할 때 헌법 제37조 제 2 항이 규정하고 있는 비례원칙을 준수해야만 한다. 따라서 헌법 제 8 조 제 4 항의 명문규정상 요건이 구비된 경우에도 해당 정당의 위헌적 문제성을 해결할 수 있는 다른 대안적 수단이 없고, 정당해산결정을 통하여 얻을 수 있는 사회적 이익이 정당해산결정으로 인해 초래되는 정당활동 자유 제한으로 인한 불이익과 민주주의 사회에 대한 중대한 제약이라는 사회적 불이익을 초과할 수 있을 정도로 큰 경우에 한하여 정당해산결정이 헌법적으로 정당화될 수 있다."고 판시하였다.[1]

에 1인의 소수의견은 피청구인의 지역조직의 활동을 피청구인 정당 전체의 책임으로 볼 수 없고, 피청구인의 일부 구성원의 개별활동들이 피청구인 자신의 정치적 기본노선에 입각한 것이거나, 거꾸로 피청구인의 기본노선에 중대한 영향을 미치는 것으로서 민주적 기본질서에 실질적 해악을 끼칠 구체적 위험이 있다고 보기에는 부족하다고 하였다.

1) 헌재 2014. 12. 19. 2013헌다1. 이 사건에서 8인의 법정의견은, "북한식 사회주의를 실현하고자 하는 피청구인의 목적과 활동에 내포된 중대한 위헌성, 대한민국 체제를 파괴하려는 북한과 대치하고 있는 특수한 상황, 피청구인 구성원에 대한 개별적인 형사처벌로는 정당 자체의 위험성이 제거되지 않는 등 해산 결정 외에는 피청구인의 고유한 위험성을 제거할 수 있는 다른 대안이 없는 점, 그리고 민주적 기본질서의 수호와 민주주의의 다원성 보장이라는 사회적 이익이 정당해산결정으로 인한 피청구인의 정당활동의 자유에 대한 근본적 제약이나 다원적 민주주의에 대한 일부 제한이라는 불이익에 비하여 월등히 크고 중요하다는 점을 고려하면, 피청구인에 대한 해산결정은 민주적 기본질서에 가해지는 위험성을 실효적으로 제거하기 위한 부득이한 해법으로서 비례원칙에 위배되지 아니한다."고 판시한 반면에, 1인의 소수의견은 "피청구인에 대한 해산결정을 통해 얻을 수 있는 이익은 상대적으로 미약한 데 반하여 그로 인해 우리 사회의 민주주의에 야기되는 해악은 매우 심각하므로, 정당해산결정은 그러한 이익이라도 긴절하게 요구되는 매우 제한적인 경우에 한하여 최후적이고 보충적으로 선고되어야 하는데, 피청구인 소속 당원들 중 대한민국의

제 6 절 정당해산심판의 결정과 그 효력

1. 정당해산심판의 종국결정의 유형

헌법재판소는 정당해산심판의 심리를 마쳤을 때에는 종국결정을 한다(헌재법 제36조 제 1 항).

헌법재판소의 정당해산심판결정에는 각하결정, 기각결정, 해산결정이 있다. 각하결정은 정당해산심판청구가 그 적법요건을 갖추지 못한 경우에 본안심리에 들어갈 것을 거부하는 결정이다. 정당해산심판청구가 적법요건을 갖춘 경우에는 본안심리에 들어가 심판청구가 이유 있는지, 즉 피청구인 정당의 목적이나 활동이 민주적 기본질서에 위배되는지를 판단하는데 심판청구가 이유 없는 때에는 기각결정을, 이유 있는 때에는 피청구정당의 해산을 명하는 결정을 한다(헌재법 제59조). 해산결정에는 재판관 6인 이상의 찬성이 필요하다(헌법 제113조 제 1 항, 헌재법 제23조 제 2 항 제 1 호).

각하결정을 할 경우에는 "이 사건 심판청구를 각하한다."는 주문형태가 되고, 기각결정을 할 경우에는 "이 사건 심판청구를 기각한다."는 주문형태가 된다. 해산결정의 경우 "피청구인 ○○정당을 해산한다."는 주문형태가 될 것이다. 정당해산심판청구의 취하로 인한 심판절차종료선언을 한다면 "이 사건 정당해산심판절차는 청구인의 심판청구의 취하로 20○○. ○. ○. 종료되었다."는 주문형태가 될 것이다.

참고로 독일에서는 결정주문에서 해산결정에 앞서 위헌확인을 하며, 그 소속정당의원의 자격상실결정도 함께 하고 있다. 헌법재판소도 통합진보당 해산 사건에서 피청구인 소속 국회의원의 의원직을 상실한다고 주문에서 선언하였다.[1)]

정당해산심판에 관여한 재판관은 결정서에 의견을 표시하여야 하므로(헌재

민주적 기본질서를 전복하려는 세력이 있다면 형사처벌 등을 통해 그러한 세력을 피청구인의 정책결정과정으로부터 배제할 수 있는 점, 정당해산 여부는 원칙적으로 정치적 공론의 장에 맡기는 것이 적절한데 지방선거 등 우리 사회의 정치적 공론 영역에서 이미 피청구인에 대한 실효적인 비판과 논박이 이루어지고 있는 점, 피청구인에 대한 해산결정이 피청구인의 대다수 일반 당원들에게 가하게 될 사회적 낙인 효과, 그리고 현격한 국력차를 비롯한 오늘날 남북한의 변화된 현실 등을 고려할 때, 피청구인에 대한 해산결정은 비례원칙에 위배된다."고 하였다.

1) 헌재 2014. 12. 19. 2013헌다1.

법 제36조 제 3 항), 소수의견을 피력한 재판관도 그 의견을 표시할 의무를 진다.

2. 정당해산심판의 종국결정의 일반적 효력

정당해산심판에서의 결정도 다른 유형의 헌법재판에 대한 결정과 마찬가지로 자기구속력, 형식적 확정력, 기판력(실체적 확정력)을 지닌다(헌재법 제39조).

정당해산심판에 관한 결정이 내려진 후 정부가 동일한 정당에 대하여 동일한 해산사유를 주장하며 재차 정당해산심판을 하는 것은 일사부재리(헌재법 제39조)에 반하므로 허용되지 않는다. 그러나 새로운 사실에 근거하여 동일한 정당에 대해 다시 청구를 하는 것은 가능하다.

정당해산심판에서의 결정에 대한 재심은 민사소송에 관한 법령을 준용하되 헌법재판의 성질에 반하지 않는 한도에서 허용된다(헌재법 제40조).[1]

헌법재판소도 정당해산결정에 대하여 재심이 허용되는지 여부에 관하여, "정당해산심판은 원칙적으로 해당 정당에게만 그 효력이 미치며, 정당해산결정은 대체정당이나 유사정당의 설립까지 금지하는 효력을 가지므로 오류가 드러난 결정을 바로잡지 못한다면 장래 세대의 정치적 의사결정에까지 부당한 제약을 초래할 수 있다. 따라서 정당해산심판절차에서는 재심을 허용하지 아니함으로써 얻을 수 있는 법적 안정성의 이익보다 재심을 허용함으로써 얻을 수 있는 구체적 타당성의 이익이 더 크므로 재심을 허용하여야 한다. 한편, 이 재심절차에서는 원칙적으로 민사소송법의 재심에 관한 규정이 준용된다."고 판시하였다.[2]

헌법재판소법은 정당해산심판의 결정에 대해 기속력을 인정하는 규정을 두고 있지 않다. 따라서 정당해산심판의 결정(해산결정을 포함하여)에는 기속력이 없다. 기속력을 헌법재판이 지니는 헌법수호의 객관적 과제를 보장하기 위하여

---

1) 동지: 김하열, 786면. 정당해산결정에 대해서는 재판부 구성에 위법한 점이 있는 경우를 제외하고는 재심이 인정되지 않는다는 견해도 있다(정종섭, 498면).

2) 헌재 2016. 5. 26. 2015헌아20. 정당해산결정은 그 성질상 재심에 의한 불복이 허용될 수 없다는 3인의 의견이 있었다. 다만 법정의견은 통합진보당 해산결정에 대한 재심청구가 적법한지 여부에 관하여 "이석기 등에 대한 내란음모 등 형사사건에서 대법원이 지하혁명조직의 존재와 내란음모죄의 성립을 모두 부정하였다 해도, 재심대상결정에 민사소송법 제451조 제 1 항 제 8 호의 재심사유가 있다고 할 수 없고, 재심대상결정에서 소속 국회의원의 의원직을 상실시킨 것이 위법하다거나 재심대상결정 중 경정 대상이 아닌 내용을 경정한 것이 위법하다는 주장은, 재심대상결정이 사실을 잘못 인정하였거나 법리를 오해한 위법이 있다는 것에 불과하므로 민사소송법 제451조 제 1 항의 어느 재심사유에도 해당하지 않는다."고 하였다.

소송당사자에게 미치는 실질적 확정력을 모든 국가기관에까지 그 구속력을 확장한 것이라 이해한다면, 정당해산심판절차는 헌법질서의 객관적·합일적 획정을 1차적 목적으로 하는 것이 아니라 특정 정당에 대한 정부의 해산요구에 대한 개별적 판단을 위한 절차이므로 다른 국가기관에 대해서까지 그 구속력을 확장할 것이 필연적으로 요구되지 않기 때문이다.[1)]

3. 해산결정의 효력

헌법재판소의 해산결정은 다음과 같은 효력을 지닌다.

가. 정당의 해산

헌법재판소가 해산결정을 선고한 때에는 그 정당은 해산된다(헌재법 제59조). 헌법재판소의 정당해산결정은 창설적 효력을 가진다. 즉 이러한 정당해산의 효과는 헌법재판소의 결정에 의하여 비로소 발생하며, 중앙선거관리위원회가 헌법재판소의 통지를 받고 정당법(제47조)에 따라 그 정당의 등록을 말소하고 이를 공고하는 행위는 단순한 사후적 행정조치에 불과하다. 해산결정이 확정된 정당은 그 때부터 불법결사가 되기 때문에 행정청이 행정처분으로 그 정당의 존립과 활동을 금지할 수 있다. 정당의 조직의 일부를 구성하는 부분조직이나 정당의 부분으로서 특수한 과제를 담당하는 특별조직도 해산되는 정당과 운명을 같이한다.

정당의 일부에 대해서만 해산결정을 내리는 것이 가능한가에 대하여, 독일에서는 법적으로 또는 조직상으로 정당의 독립적인 부분에 대해서 해산할 수 있다고 명문으로 규정하고 있으나(독일 연방헌법재판소법 제46조 제 2 항·제 3 항), 명문의 규정이 없는 우리 제도 하에서는 논란이 있다.[2)]

나. 잔여재산의 국고귀속

해산결정에 의하여 해산된 정당의 잔여재산은 국고에 귀속된다(정당법 제48조 제 2 항). 이에 관하여 해산 정당의 채무는 국가가 부담하지 않는다는 견해[3)]도 있으나 '잔여재산'이라고 표현하였으므로 자산(적극재산)이 부채(소극재산)를 초과

1) 김하열, 787면.
2) 부정설로는 허영, 312면; 긍정설로는 정종섭, 493면.
3) 정종섭, 493면.

하는 경우에 한하여 국고에 귀속된다고 해석할 것이다.[1]

다. 대체정당의 금지 및 동일 당명 사용금지

해산된 정당과 유사한 목적을 가진 이른바 '대체정당'의 창설이 금지된다. 따라서 해산된 정당의 강령 또는 기본정책과 동일하거나 유사한 것으로 정당을 창당할 수 없고(정당법 제40조), 해산된 정당의 명칭과 동일한 명칭은 다시는 정당의 이름으로 사용하지 못하게 된다(정당법 제41조 제 2 항). 해산된 정당의 대체정당 내지 일반결사형태의 대체조직으로 확인될 경우 다시 헌법재판소의 위헌정당해산심판으로 해산되는 것은 아니고, 불법결사가 되므로 행정청이 행정처분으로 그 존립과 활동을 금지할 수 있다.[2] 중앙선거관리위원회는 대체정당이라고 판단되면 정당등록을 거부해야 하고, 등록 후에 대체정당임이 판명된 때에는 등록을 취소해야 할 것이다.[3]

라. 해산정당 소속 국회의원의 자격상실

헌법재판소의 정당해산결정에 따라 정당이 해산된 경우 해산된 정당에 소속되어 있던 국회의원의 지위는 어떻게 되느냐 하는 것이 문제가 된다. 이에 관한 명문의 규정은 없다. 정당해산심판제도가 가지고 있는 헌법보호의 취지나 방어적 민주주의의 이념과 원리상 정당이 위헌으로 해산되면 그 정당에 소속되어 있던 국회의원의 자격은 당연히 상실된다는 견해[4]와 국회의원의 자격유지의 문제는 국회의 자율적 결정사항이므로 국회의 사격심사나 제명처분에 의해서만 국회의원의 자격을 상실하고, 그렇지 않으면 종전과 같이 유지된다는 견해[5]가 있다.

헌법재판소는 통합진보당 해산 사건에서 "헌법재판소의 해산 결정으로 해산되는 정당 소속 국회의원의 의원직 상실은 정당해산심판제도의 본질로부터 인정되는 기본적 효력으로 봄이 상당하므로, 이에 관하여 명문의 규정이 있는지 여부는 고려의 대상이 되지 아니하고, 그 국회의원이 지역구에서 당선되었는지, 비례대표로 당선되었는지에 따라 아무런 차이가 없이, 정당해산결정으로

1) 동지: 신평, 519, 520면.
2) 실무제요, 544면.
3) 김하열, 789면.
4) 정종섭, 496면; 허영, 314면.
5) 김철수, 헌법학개론, 1444면; 신평, 520면.

인하여 신분유지의 헌법적인 정당성을 잃으므로 그 의원직은 상실되어야 한다."고 판시하였다.[1)]

한편 대법원은 국회의원 지위확인 사건에서 "해산결정을 받은 정당이 국민의 정치적 의사형성과정에 참여하는 것을 배제하기 위해서는, 그 이념과 정책을 실현하기 위한 활동을 직접적으로 행하는 지위에 있는 그 정당 소속 국회의원을 국민의 정치적 의사형성 과정이 이루어지는 국회에서 배제하여야 하는 것은 당연한 논리적 귀결임과 동시에 방어적 민주주의 이념에 부합하는 결론이다. 따라서 위헌정당 해산결정의 효과로 그 정당의 추천 등으로 당선되거나 임명된 공무원 등의 지위를 상실시킬지 여부는 헌법이나 법률로 명확히 규정하는 것이 보다 바람직하다고 할 것이나, 그와 같은 명문규정이 없더라도 위헌정당 해산결정에 따른 효과로 위헌정당 소속 국회의원은 그 국회의원직을 상실한다고 보아야 한다."고 판시하였다.[2)]

참고로 우리나라 1962년 헌법은 제38조에서 국회의원은 "소속정당이 해산된 때에는 그 자격이 상실된다."라는 규정을 두고 있었다. 독일 연방헌법재판소는 1952. 10. 23. 사회주의제국당(SRP)에 대한 위헌판결에서 "정당의 위헌성이 확인되면 당해 정당의 소속의원의 연방의회·주의회 의원직은 상실된다.", "의원직상실로 이미 행한 의회에서의 의결의 효력에는 영향이 없다."고 판시한 바 있었다. 그 후 독일에서는 연방선거법에서 위헌정당해산 시 의원직을 상실한다는 명문규정(동법 제46조, 제47조)을 두어 이 문제를 입법적으로 해결하였다.[3)]

우리나라도 이 문제를 해산정당 소속 국회의원의 의원직 상실에 관한 명문규정을 두어 입법적으로 해결하는 것이 바람직하다고 하겠다.

마. 해산정당 소속 지방의회의원의 자격상실 여부

헌법재판소의 정당해산결정에 따라 정당이 해산된 경우 해산된 정당에 소속되어 있던 국회의원의 지위에 관해서는 헌법재판소 2014. 12. 19. 선고 2013

1) 헌재 2014. 12. 19. 2013헌다1.
2) 대법원 2021. 4. 29. 선고 2016두39856 판결(구체적 사건에서의 헌법과 법률의 해석·적용은 사법권의 본질적 내용으로서 그 권한은 대법원을 최고법원으로 하는 법원에 있으므로, 법원은 위와 같은 위헌정당 해산결정에 따른 법적 효과와 관련한 헌법과 법률의 해석·적용에 관한 사항을 판단하여야 한다고 판시하면서 정당해산결정으로 해산된 정당 소속 국회의원이 국회의원직을 상실하는지 여부를 판단하였다).
3) 실무제요, 545면.

헌다1 결정에서 그 국회의원직이 상실되어야 한다고 판시한 것은 위 라.항에서 살펴본 바와 같다.

그런데 헌법재판소의 위 결정에서 해산된 정당 소속 지방의회의원도 자격이 상실되는지에 관해서는 아무런 판단을 하지 않았는데, 위 헌법재판소 결정을 유추해석하면 해산된 정당 소속 지방의회의원도 국회의원과 마찬가지로 당연히 의원직이 상실된다고 보는 견해가 있을 수 있는 반면, 지방의회의원은 국회의원과 그 역할에 있어 본질적인 차이가 있고 헌법과 법률이 지위를 보장하는 정도도 다르다는 등의 이유로 지방의회의원은 지위를 상실하지 않는다고 보는 견해가 있을 수 있다.

실제로 위 헌법재판소 결정 이후 중앙선거관리위원회는 2014. 12. 22. 통진당 소속 비례대표 지방의회의원들은 위 정당해산 결정에 따라 당연퇴직된다는 결정을 하였고, 이에 통진당 소속 지방의회의원들이 지방자치단체를 상대로 법원에 비례대표지방의회의원 퇴직처분취소 등 청구의 소를 제기하였다. 1심법원인 전주지방법원은 2015. 11. 25.에, 광주지방법원은 2016. 5. 19.에 각각 원고승소판결을 선고하였고,[1] 각 지방자치단체가 항소하였으나 모두 항소기각되었다.[2] 그 중 광주고법(전주) 2015누1125 판결에 대해서는 상고가 제기되었으나, 대법원은 2021. 4. 29.에 상고를 기각하여(대법원 2016두39825 판결) 해산된 통진당 소속 비례대표 지방의회의원은 지위를 상실하지 않았다고 판단하였고, 이 대법원판결 이후 선고된 광주고등법원 2016누3917 판결에 대해서는 지방자치단체의 상고포기로 확정되있다.

그런데 앞서 살펴본 바와 같이 위헌정당해산결정에 따른 효과로 위헌정당 소속 국회의원은 그 국회의원직을 상실한다는 헌법재판소 결정[3] 및 대법원 판결[4]과는 달리 법원이 헌법재판소의 해산결정이 내려진 정당 소속 지방의회의원의 지위를 그대로 유지된다고 판결한 데 대해서는 논란의 여지가 있다. 특히 대법원은 위 판결과 앞서 본 국회의원직 상실에 관한 대법원 판결(2016두39856 판결)에서 "구체적 사건에서의 헌법과 법률의 해석·적용은 사법권의 본질적 내용으로서 그 권한은 대법원을 최고법원으로 하는 법원에 있으므로(대법원 2013. 3. 28.

---

1) 전주지법 2015. 11. 25. 선고 2015구합407 판결, 광주지법 2016. 5. 19. 선고 2015구합10766 판결.
2) 광주고법 2016. 4. 25. 선고 (전주)2015누1125 판결, 광주고법 2021. 7. 8. 선고 2016누3917 판결.
3) 헌재 2014. 12. 19. 2013헌다1.
4) 대법원 2021. 4. 29. 선고 2016두39856 판결.

선고 2012재두299 판결 참조), 법원은 위헌정당 해산결정에 따른 법적 효과와 관련한 헌법과 법률의 해석·적용에 관한 사항을 판단하여야 한다."는 점을 근거로 들고 있는데, 이것은 정당해산결정으로 해산된 정당 소속 국회의원이나 지방의회 의원이 그 의원직을 상실하는지 여부는 위헌정당해산결정에 따른 법적 효과와 관련한 헌법과 법률의 해석·적용에 관한 사항이므로 대법원을 최고법원으로 하는 법원에 그 심판권이 있는 것이지 헌법재판소에는 이에 관한 심판권이 없다는 취지를 간접적으로 판시한 것이라고 볼 수도 있을 것이다.

4. 결정서의 송달과 정당해산결정의 집행

가. 결정서의 송달

정당해산심판에서 종국결정이 선고되면 헌법재판소는 지체없이 결정서 정본을 당사자에게 송달하여야 한다(헌재법 제36조 제 4 항). 당사자 외에도 국회와 중앙선거관리위원회에 종국결정 등본을 붙여 그 사실을 통지하여야 한다(헌재법 제58조 제 1 항, 심판규칙 제66조 제 1 항).

헌법재판소가 정당의 해산을 명하는 결정을 한 때에는, 그 결정서를 피청구인 외에 정부, 국회와 중앙선거관리위원회에 송달하여야 한다(헌재법 제58조 제 2 항). 정당해산을 명하는 결정서를 정부에 송달할 경우에는 법무부장관에게 송달하여야 한다(심판규칙 제66조 제 2 항). 따라서 법무부장관과 피청구인에게는 결정서 정본을 송달하고 국회의장과 중앙선거관리위원회 위원장에게는 결정서 등본을 송달하여야 한다.

나. 정당해산결정의 집행

정당의 해산을 명하는 헌법재판소의 결정은 중앙선거관리위원회가 정당법의 규정에 의하여 이를 집행한다(헌재법 제60조).

독일의 경우 헌법재판소 결정의 실효성을 확보하기 위하여 위헌으로 선언된 정당 및 해산된 정당의 대체조직임이 확인된 정당의 조직적 결합을 수괴 또는 배후조종자로서 유지한 자 또는 여기의 구성원으로 활동한 자, 그 조직적 결합을 원조한 자를 형법상 처벌하고 있다(독일 형법 제84조 제 1 항, 제 2 항). 나아가 정당해산 관련 본안판결이나 본안판결의 집행중에 내려진 집행조치에 위반한 자도 처벌하고 있다(동조 제 3 항). 또한 위헌으로 선언된 정당 또는 그러한 정당의 대체조직임이 확인된 정당이나 단체의 선전물의 반포나 표지사용을 금지하고 있다(동법 제86조, 제86조의a).[1)]

5. 정당해산결정에 대한 재심의 허용 여부

헌법재판소는 정당해산결정에 대하여 재심이 허용되는지 여부에 관하여 "정당해산심판은 원칙적으로 해당 정당에게만 그 효력이 미치며, 정당해산결정은 대체정당이나 유사정당의 설립까지 금지하는 효력을 가지므로 오류가 드러난 결정을 바로잡지 못한다면 장래 세대의 정치적 의사결정에까지 부당한 제약을 초래할 수 있다. 따라서 정당해산심판절차에서는 재심을 허용하지 아니함으로써 얻을 수 있는 법적 안정성의 이익보다 재심을 허용함으로써 얻을 수 있는 구체적 타당성의 이익이 더 크므로 재심을 허용하여야 한다."고 판시하였다.[2)] 다만 헌법재판소는 통합진보당 해산 결정에 대한 재심사건에서, "(1) 재심대상결정의 심판대상은 재심청구인의 목적이나 활동이 민주적 기본질서에 위배되는지, 재심청구인에 대한 정당해산결정을 선고할 것인지, 정당해산결정을 할 경우 그 소속 국회의원에 대하여 의원직 상실을 선고할 것인지 여부이다. 내란음모 등 형사사건에서 내란음모 혐의에 대한 유·무죄 여부는 재심대상결정의 심판대상이 아니었고 논리적 선결문제도 아니다. 따라서 이석기 등에 대한 내란음모 등 형사사건에서 대법원이 지하혁명조직의 존재와 내란음모죄의 성립을 모두 부정하였다 해도, 재심대상결정에 민사소송법 제451조 제 1 항 제 8 호의 재심사유가 있다고 할 수 없다. (2) 재심대상결정에서 소속 국회의원의 의원직을 상실시킨 것이 위법하다거나 재심대상결정 중 경정 대상이 아닌 내용을

1) 구 실무제요(제2개정판), 470면.

2) 헌재 2016. 5. 26. 2015헌아20(3인의 반대의견은 "정당해산결정으로 그 정당의 존립과 활동이 금지되고, 정당의 잔여재산은 국고에 귀속되며, 해산된 정당과 유사한 목적을 가지는 이른바 대체정당의 창설도 금지된다. 특히 그 정당 소속 국회의원들의 의원직이 상실됨으로 인해 의원직 상실이 발생한 지역구에서는 보궐선거가 이루어짐에 따라 새로운 국회의원들이 선출되어 국회의 구성에도 변화가 있었다. 이처럼 정당해산결정의 효력은 우리 사회의 정치·사회질서에 큰 파급력을 가지므로, 이에 대한 재심을 허용하면 법적 안정성의 토대를 위태롭게 만들 수 있다. 따라서 정당해산결정에 대해서는 재심을 허용하지 아니함으로써 얻을 수 있는 법적 안정성의 이익이 재심을 허용함으로써 얻을 수 있는 구체적 타당성의 이익보다 더 중하다고 할 것이므로, 이 같은 결정은 그 성질상 재심에 의한 불복이 허용될 수 없다."고 하였다).

경정한 것이 위법하다는 주장은, 재심대상결정이 사실을 잘못 인정하였거나 법리를 오해한 위법이 있다는 것에 불과하므로 민사소송법 제451조 제 1 항의 어느 재심사유에도 해당하지 않는다."고 판시하면서 적법한 재심사유가 없다는 이유로 재심청구를 각하하였다.[1)]

1) 헌재 2016. 5. 26. 2015헌아20.

부 록

1. 헌법재판소법
2. 헌법재판소 심판 규칙

헌법재판소법

[법률 제4017호, 1988. 8. 5. 제정]
[시행 2025. 1. 31.][법률 제20769호, 2025. 1. 31. 일부개정]

제1장 총 칙 〈개정 2011. 4. 5.〉

제1조(목적) 이 법은 헌법재판소의 조직 및 운영과 그 심판절차에 관하여 필요한 사항을 정함을 목적으로 한다.
[전문개정 2011. 4. 5.]

제2조(관장사항) 헌법재판소는 다음 각 호의 사항을 관장한다.
1. 법원의 제청(提請)에 의한 법률의 위헌(違憲) 여부 심판
2. 탄핵(彈劾)의 심판
3. 정당의 해산심판
4. 국가기관 상호간, 국가기관과 지방자치단체 간 및 지방자치단체 상호간의 권한쟁의(權限爭議)에 관한 심판
5. 헌법소원(憲法訴願)에 관한 심판

[전문개정 2011. 4. 5.]

제3조(구성) 헌법재판소는 9명의 재판관으로 구성한다.
[전문개정 2011. 4. 5.]

제4조(재판관의 독립) 재판관은 헌법과 법률에 의하여 양심에 따라 독립하여 심판한다.
[전문개정 2011. 4. 5.]

제5조(재판관의 자격) ① 재판관은 다음 각 호의 어느 하나에 해당하는 직(職)에 15년 이상 있던 40세 이상인 사람 중에서 임명한다. 다만, 다음 각 호 중 둘 이상의 직에 있던 사람의 재직기간은 합산한다.
1. 판사, 검사, 변호사
2. 변호사 자격이 있는 사람으로서 국가기관, 국영·공영 기업체, 「공공기관의 운영에 관한 법률」 제4조에 따른 공공기관 또는 그 밖의 법인에서 법률에 관한 사무에 종사한 사람
3. 변호사 자격이 있는 사람으로서 공인된 대학의 법률학 조교수 이상의 직에 있던 사람

② 다음 각 호의 어느 하나에 해당하는 사람은 재판관으로 임명할 수 없다.
1. 다른 법령에 따라 공무원으로 임용하지 못하는 사람
2. 금고 이상의 형을 선고받은 사람
3. 탄핵에 의하여 파면된 후 5년이 지나지 아니한 사람
4. 「정당법」 제22조에 따른 정당의 당원 또는 당원의 신분을 상실한 날부터 3년이 경과되지 아니한 사람
5. 「공직선거법」 제2조에 따른 선거에 후보자(예비후보자를 포함한다)로 등록한 날부터 5년이 경과되지 아니한 사람
6. 「공직선거법」 제2조에 따른 대통령선거에서 후보자의 당선을 위하여 자문이나 고문의 역할을 한 날부터 3년이 경과되지 아니한 사람

③ 제2항 제6호에 따른 자문이나 고문의 역할을 한 사람의 구체적인 범위는 헌법재판소규칙으로 정한다. 〈신설 2020. 6. 9.〉

[전문개정 2011. 4. 5.]

제 6 조(재판관의 임명) ① 재판관은 대통령이 임명한다. 이 경우 재판관 중 3명은 국회에서 선출하는 사람을, 3명은 대법원장이 지명하는 사람을 임명한다.

② 재판관은 국회의 인사청문을 거쳐 임명·선출 또는 지명하여야 한다. 이 경우 대통령은 재판관(국회에서 선출하거나 대법원장이 지명하는 사람은 제외한다)을 임명하기 전에, 대법원장은 재판관을 지명하기 전에 인사청문을 요청한다.

③ 재판관의 임기가 만료되거나 정년이 도래하는 경우에는 임기만료일 또는 정년도래일까지 후임자를 임명하여야 한다.

④ 임기 중 재판관이 결원된 경우에는 결원된 날부터 30일 이내에 후임자를 임명하여야 한다.

⑤ 제 3 항 및 제 4 항에도 불구하고 국회에서 선출한 재판관이 국회의 폐회 또는 휴회 중에 그 임기가 만료되거나 정년이 도래한 경우 또는 결원된 경우에는 국회는 다음 집회가 개시된 후 30일 이내에 후임자를 선출하여야 한다.

[전문개정 2011. 4. 5.]

제 7 조(재판관의 임기) ① 재판관의 임기는 6년으로 하며, 연임할 수 있다.

② 재판관의 정년은 70세로 한다. 〈개정 2014. 12. 30.〉

[전문개정 2011. 4. 5.]

제 8 조(재판관의 신분 보장) 재판관은 다음 각 호의 어느 하나에 해당하는 경우가 아니면 그 의사에 반하여 해임되지 아니한다.

1. 탄핵결정이 된 경우
2. 금고 이상의 형을 선고받은 경우

[전문개정 2011. 4. 5.]

제 9 조(재판관의 정치 관여 금지) 재판관은 정당에 가입하거나 정치에 관여할 수 없다.

[전문개정 2011. 4. 5.]

제10조(규칙 제정권) ① 헌법재판소는 이 법과 다른 법률에 저촉되지 아니하는 범위에서 심판에 관한 절차, 내부 규율과 사무처리에 관한 규칙을 제정할 수 있다.

② 헌법재판소규칙은 관보에 게재하여 공포한다.

[전문개정 2011. 4. 5.]

제10조의2(입법 의견의 제출) 헌법재판소장은 헌법재판소의 조직, 인사, 운영, 심판절차와 그 밖에 헌법재판소의 업무와 관련된 법률의 제정 또는 개정이 필요하다고 인정하는 경우에는 국회에 서면으로 그 의견을 제출할 수 있다.

[전문개정 2011. 4. 5.]

제11조(경비) ① 헌법재판소의 경비는 독립하여 국가의 예산에 계상(計上)하여야 한다.

② 제 1 항의 경비 중에는 예비금을 둔다.

[전문개정 2011. 4. 5.]

제 2 장 조 직 〈개정 2011. 4. 5.〉

제12조(헌법재판소장) ① 헌법재판소에 헌법재판소장을 둔다.

② 헌법재판소장은 국회의 동의를 받아 재판관 중에서 대통령이 임명한다.

③ 헌법재판소장은 헌법재판소를 대표하고, 헌법재판소의 사무를 총괄하며, 소속 공무원을 지휘·감독한다.

④ 삭제 〈2025. 1. 31.〉

[전문개정 2011. 4. 5.]

제12조의2(헌법재판소장의 권한대행) ① 헌법재판소장이 일시적인 사고로 인하여 직무를 수행할 수 없을 때에는 재판관 중 임명일자 순으로 그 권한을 대행한다. 다

만, 임명일자가 같을 때에는 연장자 순으로 대행한다.

② 헌법재판소장이 궐위(闕位)되거나 1개월 이상 사고로 인하여 직무를 수행할 수 없을 때에는 재판관 중 재판관회의에서 선출된 사람이 그 권한을 대행한다. 다만, 그 권한대행자가 선출될 때까지는 제1항에 해당하는 사람이 권한을 대행한다.

③ 제2항 단서의 권한대행자는 제2항의 사유가 생긴 날부터 7일 이내에 제2항 본문의 권한대행자를 선출하기 위한 재판관회의를 소집하여야 한다.

④ 제2항 본문의 권한대행자는 재판관 전원의 3분의 2를 초과하는 인원의 출석과 출석인원 과반수의 찬성으로 선출한다. 다만, 1차 투표결과 피선자(被選者)가 없을 때에는 최고득표자와 차점자에 대하여 결선투표를 하여 그 중 다수득표자를 피선자로 하되, 다수득표자가 2명 이상일 때에는 연장자를 피선자로 한다.

[본조신설 2025. 1. 31.]

제13조 삭제 〈1991. 11. 30.〉

제14조(재판관의 겸직 금지) 재판관은 다음 각 호의 어느 하나에 해당하는 직을 겸하거나 영리를 목적으로 하는 사업을 할 수 없다.

1. 국회 또는 지방의회의 의원의 직
2. 국회·정부 또는 법원의 공무원의 직
3. 법인·단체 등의 고문·임원 또는 직원의 직

[전문개정 2011. 4. 5.]

제15조(헌법재판소장 등의 대우) 헌법재판소장의 대우와 보수는 대법원장의 예에 따르며, 재판관은 정무직(政務職)으로 하고 그 대우와 보수는 대법관의 예에 따른다.

[전문개정 2011. 4. 5.]

제16조(재판관회의) ① 재판관회의는 재판관 전원으로 구성하며, 헌법재판소장이 의장이 된다.

② 재판관회의는 재판관 전원의 3분의 2를 초과하는 인원의 출석과 출석인원 과반수의 찬성으로 의결한다. [개정 2022. 2. 3.]

③ 의장은 의결에서 표결권을 가진다.

④ 다음 각 호의 사항은 재판관회의의 의결을 거쳐야 한다.

1. 헌법재판소규칙의 제정과 개정, 제10조의2에 따른 입법 의견의 제출에 관한 사항
2. 예산 요구, 예비금 지출과 결산에 관한 사항
3. 사무처장, 사무차장, 헌법재판연구원장, 헌법연구관 및 3급 이상 공무원의 임면(任免)에 관한 사항
4. 특히 중요하다고 인정되는 사항으로서 헌법재판소장이 재판관회의에 부치는 사항

⑤ 재판관회의의 운영에 필요한 사항은 헌법재판소규칙으로 정한다.

[전문개정 2011. 4. 5.]

제17조(사무처) ① 헌법재판소의 행정사무를 처리하기 위하여 헌법재판소에 사무처를 둔다.

② 사무처에 사무처장과 사무차장을 둔다.

③ 사무처장은 헌법재판소장의 지휘를 받아 사무처의 사무를 관장하며, 소속 공무원을 지휘·감독한다.

④ 사무처장은 국회 또는 국무회의에 출석하여 헌법재판소의 행정에 관하여 발언할 수 있다.

⑤ 헌법재판소장이 한 처분에 대한 행정소송의 피고는 헌법재판소 사무처장으로 한다.

⑥ 사무차장은 사무처장을 보좌하며, 사무처장이 부득이한 사유로 직무를 수행할

수 없을 때에는 그 직무를 대행한다.

⑦ 사무처에 실, 국, 과를 둔다.

⑧ 실에는 실장, 국에는 국장, 과에는 과장을 두며, 사무처장·사무차장·실장 또는 국장 밑에 정책의 기획, 계획의 입안, 연구·조사, 심사·평가 및 홍보업무를 보좌하는 심의관 또는 담당관을 둘 수 있다.

⑨ 이 법에 규정되지 아니한 사항으로서 사무처의 조직, 직무 범위, 사무처에 두는 공무원의 정원, 그 밖에 필요한 사항은 헌법재판소규칙으로 정한다.

[전문개정 2011. 4. 5.]

제18조(사무처 공무원) ① 사무처장은 정무직으로 하고, 보수는 국무위원의 보수와 같은 금액으로 한다.

② 사무차장은 정무직으로 하고, 보수는 차관의 보수와 같은 금액으로 한다.

③ 실장은 1급 또는 2급, 국장은 2급 또는 3급, 심의관 및 담당관은 2급부터 4급까지, 과장은 3급 또는 4급의 일반직국가공무원으로 임명한다. 다만, 담당관 중 1명은 3급 상당 또는 4급 상당의 별정직국가공무원으로 임명할 수 있다.

④ 사무처 공무원은 헌법재판소장이 임면한다. 다만, 3급 이상의 공무원의 경우에는 재판관회의의 의결을 거쳐야 한다.

⑤ 헌법재판소장은 다른 국가기관에 대하여 그 소속 공무원을 사무처 공무원으로 근무하게 하기 위하여 헌법재판소에의 파견근무를 요청할 수 있다.

[전문개정 2011. 4. 5.]

제19조(헌법연구관) ① 헌법재판소에 헌법재판소규칙으로 정하는 수의 헌법연구관을 둔다. 〈개정 2011. 4. 5.〉

② 헌법연구관은 특정직국가공무원으로 한다. 〈개정 2011. 4. 5.〉

③ 헌법연구관은 헌법재판소장의 명을 받아 사건의 심리(審理) 및 심판에 관한 조사·연구에 종사한다. 〈개정 2011. 4. 5.〉

④ 헌법연구관은 다음 각 호의 어느 하나에 해당하는 사람 중에서 헌법재판소장이 재판관회의의 의결을 거쳐 임용한다. 〈개정 2011. 4. 5.〉

1. 판사·검사 또는 변호사의 자격이 있는 사람
2. 공인된 대학의 법률학 조교수 이상의 직에 있던 사람
3. 국회, 정부 또는 법원 등 국가기관에서 4급 이상의 공무원으로서 5년 이상 법률에 관한 사무에 종사한 사람
4. 법률학에 관한 박사학위 소지자로서 국회, 정부, 법원 또는 헌법재판소 등 국가기관에서 5년 이상 법률에 관한 사무에 종사한 사람
5. 법률학에 관한 박사학위 소지자로서 헌법재판소규칙으로 정하는 대학 등 공인된 연구기관에서 5년 이상 법률에 관한 사무에 종사한 사람

⑤ 삭제 〈2003. 3. 12.〉

⑥ 다음 각 호의 어느 하나에 해당하는 사람은 헌법연구관으로 임용될 수 없다. 〈개정 2011. 4. 5.〉

1. 「국가공무원법」 제33조 각 호의 어느 하나에 해당하는 사람
2. 금고 이상의 형을 선고받은 사람
3. 탄핵결정에 의하여 파면된 후 5년이 지나지 아니한 사람

⑦ 헌법연구관의 임기는 10년으로 하되, 연임할 수 있고, 정년은 60세로 한다. 〈개정 2011. 4. 5.〉

⑧ 헌법연구관이 제6항 각 호의 어느 하나에 해당할 때에는 당연히 퇴직한다. 다만, 「국가공무원법」 제33조 제5호에 해당할 때에는 그러하지 아니하다. 〈개정

2011. 4. 5.〉

⑨ 헌법재판소장은 다른 국가기관에 대하여 그 소속 공무원을 헌법연구관으로 근무하게 하기 위하여 헌법재판소에의 파견근무를 요청할 수 있다. 〈개정 2011. 4. 5.〉

⑩ 사무차장은 헌법연구관의 직을 겸할 수 있다. 〈개정 2011. 4. 5.〉

⑪ 헌법재판소장은 헌법연구관을 사건의 심리 및 심판에 관한 조사·연구업무 외의 직에 임명하거나 그 직을 겸임하게 할 수 있다. 이 경우 헌법연구관의 수는 헌법재판소규칙으로 정하며, 보수는 그 중 고액의 것을 지급한다. 〈개정 2011. 4. 5., 2014. 12. 30.〉

[제목개정 2011. 4. 5.]

제19조의2(헌법연구관보) ① 헌법연구관을 신규임용하는 경우에는 3년간 헌법연구관보(憲法研究官補)로 임용하여 근무하게 한 후 그 근무성적을 고려하여 헌법연구관으로 임용한다. 다만, 경력 및 업무능력 등을 고려하여 헌법재판소규칙으로 정하는 바에 따라 헌법연구관보 임용을 면제하거나 그 기간을 단축할 수 있다.

② 헌법연구관보는 헌법재판소장이 재판관회의의 의결을 거쳐 임용한다.

③ 헌법연구관보는 별정직국가공무원으로 하고, 그 보수와 승급기준은 헌법연구관의 예에 따른다.

④ 헌법연구관보가 근무성적이 불량한 경우에는 재판관회의의 의결을 거쳐 면직시킬 수 있다.

⑤ 헌법연구관보의 근무기간은 이 법 및 다른 법령에 규정된 헌법연구관의 재직기간에 산입한다.

[전문개정 2011. 4. 5.]

제19조의3(헌법연구위원) ① 헌법재판소에 헌법연구위원을 둘 수 있다. 헌법연구위원은 사건의 심리 및 심판에 관한 전문적인 조사·연구에 종사한다.

② 헌법연구위원은 3년 이내의 범위에서 기간을 정하여 임명한다.

③ 헌법연구위원은 2급 또는 3급 상당의 별정직공무원이나 「국가공무원법」 제26조의5에 따른 임기제공무원으로 하고, 그 직제 및 자격 등에 관하여는 헌법재판소규칙으로 정한다. 〈개정 2012. 12. 11.〉

[본조신설 2007. 12. 21.]

제19조의4(헌법재판연구원) ① 헌법 및 헌법재판 연구와 헌법연구관, 사무처 공무원 등의 교육을 위하여 헌법재판소에 헌법재판연구원을 둔다.

② 헌법재판연구원의 정원은 원장 1명을 포함하여 40명 이내로 하고, 원장 밑에 부장, 팀장, 연구관 및 연구원을 둔다. 〈개정 2014. 12. 30.〉

③ 원장은 헌법재판소장이 재판관회의의 의결을 거쳐 헌법연구관으로 보하거나 1급인 일반직국가공무원으로 임명한다. 〈신설 2014. 12. 30.〉

④ 부장은 헌법연구관이나 2급 또는 3급 일반직공무원으로, 팀장은 헌법연구관이나 3급 또는 4급 일반직공무원으로 임명하고, 연구관 및 연구원은 헌법연구관 또는 일반직공무원으로 임명한다. 〈개정 2014. 12. 30.〉

⑤ 연구관 및 연구원은 다음 각 호의 어느 하나에 해당하는 사람 중에서 헌법재판소장이 보하거나 헌법재판연구원장의 제청을 받아 헌법재판소장이 임명한다. 〈신설 2014. 12. 30.〉

1. 헌법연구관
2. 변호사의 자격이 있는 사람(외국의 변호사 자격을 포함한다)
3. 학사 또는 석사학위를 취득한 사람으

로서 헌법재판소규칙으로 정하는 실적 또는 경력이 있는 사람
4. 박사학위를 취득한 사람
⑥ 그 밖에 헌법재판연구원의 조직과 운영에 필요한 사항은 헌법재판소규칙으로 정한다. 〈신설 2014. 12. 30.〉
[전문개정 2011. 4. 5.]

제20조(헌법재판소장 비서실 등) ① 헌법재판소에 헌법재판소장 비서실을 둔다.
② 헌법재판소장 비서실에 비서실장 1명을 두되, 비서실장은 1급 상당의 별정직국가공무원으로 임명하고, 헌법재판소장의 명을 받아 기밀에 관한 사무를 관장한다.
③ 제 2 항에 규정되지 아니한 사항으로서 헌법재판소장 비서실의 조직과 운영에 필요한 사항은 헌법재판소규칙으로 정한다.
④ 헌법재판소에 재판관 비서관을 둔다.
⑤ 재판관 비서관은 4급의 일반직국가공무원 또는 4급 상당의 별정직국가공무원으로 임명하며, 재판관의 명을 받아 기밀에 관한 사무를 관장한다.
[전문개정 2011. 4. 5.]

제21조(서기 및 정리) ① 헌법재판소에 서기(書記) 및 정리(廷吏)를 둔다.
② 헌법재판소장은 사무처 직원 중에서 서기 및 정리를 지명한다.
③ 서기는 재판장의 명을 받아 사건에 관한 서류의 작성·보관 또는 송달에 관한 사무를 담당한다.
④ 정리는 심판정(審判廷)의 질서유지와 그 밖에 재판장이 명하는 사무를 집행한다.
[전문개정 2011. 4. 5.]

제 3 장 일반심판절차 〈개정 2011. 4. 5.〉

제22조(재판부) ① 이 법에 특별한 규정이 있는 경우를 제외하고는 헌법재판소의 심판은 재판관 전원으로 구성되는 재판부에서 관장한다.
② 재판부의 재판장은 헌법재판소장이 된다.
[전문개정 2011. 4. 5.]

제23조(심판정족수) ① 재판부는 재판관 7명 이상의 출석으로 사건을 심리한다.
② 재판부는 종국심리(終局審理)에 관여한 재판관 과반수의 찬성으로 사건에 관한 결정을 한다. 다만, 다음 각 호의 어느 하나에 해당하는 경우에는 재판관 6명 이상의 찬성이 있어야 한다.
1. 법률의 위헌결정, 탄핵의 결정, 정당해산의 결정 또는 헌법소원에 관한 인용결정(認容決定)을 하는 경우
2. 종전에 헌법재판소가 판시한 헌법 또는 법률의 해석 적용에 관한 의견을 변경하는 경우
[전문개정 2011. 4. 5.]

제24조(제척·기피 및 회피) ① 재판관이 다음 각 호의 어느 하나에 해당하는 경우에는 그 직무집행에서 제척(除斥)된다.
1. 재판관이 당사자이거나 당사자의 배우자 또는 배우자였던 경우
2. 재판관과 당사자가 친족관계이거나 친족관계였던 경우
3. 재판관이 사건에 관하여 증언이나 감정(鑑定)을 하는 경우
4. 재판관이 사건에 관하여 당사자의 대리인이 되거나 되었던 경우
5. 그 밖에 재판관이 헌법재판소 외에서 직무상 또는 직업상의 이유로 사건에 관여한 경우
② 재판부는 직권 또는 당사자의 신청에 의하여 제척의 결정을 한다.
③ 재판관에게 공정한 심판을 기대하기 어려운 사정이 있는 경우 당사자는 기피

(忌避)신청을 할 수 있다. 다만, 변론기일(辯論期日)에 출석하여 본안(本案)에 관한 진술을 한 때에는 그러하지 아니하다.
④ 당사자는 동일한 사건에 대하여 2명 이상의 재판관을 기피할 수 없다.
⑤ 재판관은 제1항 또는 제3항의 사유가 있는 경우에는 재판장의 허가를 받아 회피(回避)할 수 있다.
⑥ 당사자의 제척 및 기피신청에 관한 심판에는 「민사소송법」 제44조, 제45조, 제46조 제1항·제2항 및 제48조를 준용한다.
[전문개정 2011. 4. 5.]

제25조(대표자·대리인) ① 각종 심판절차에서 정부가 당사자(참가인을 포함한다. 이하 같다)인 경우에는 법무부장관이 이를 대표한다.
② 각종 심판절차에서 당사자인 국가기관 또는 지방자치단체는 변호사 또는 변호사의 자격이 있는 소속 직원을 대리인으로 선임하여 심판을 수행하게 할 수 있다.
③ 각종 심판절차에서 당사자인 사인(私人)은 변호사를 대리인으로 선임하지 아니하면 심판청구를 하거나 심판 수행을 하지 못한다. 다만, 그가 변호사의 자격이 있는 경우에는 그러하지 아니하다.
[전문개정 2011. 4. 5.]

제26조(심판청구의 방식) ① 헌법재판소에의 심판청구는 심판절차별로 정하여진 청구서를 헌법재판소에 제출함으로써 한다. 다만, 위헌법률심판에서는 법원의 제청서, 탄핵심판에서는 국회의 소추의결서(訴追議決書)의 정본(正本)으로 청구서를 갈음한다.
② 청구서에는 필요한 증거서류 또는 참고자료를 첨부할 수 있다.
[전문개정 2011. 4. 5.]

제27조(청구서의 송달) ① 헌법재판소가 청구서를 접수한 때에는 지체 없이 그 등본을 피청구기관 또는 피청구인(이하 "피청구인"이라 한다)에게 송달하여야 한다.
② 위헌법률심판의 제청이 있으면 법무부장관 및 당해 소송사건의 당사자에게 그 제청서의 등본을 송달한다.
[전문개정 2011. 4. 5.]

제28조(심판청구의 보정) ① 재판장은 심판청구가 부적법하나 보정(補正)할 수 있다고 인정되는 경우에는 상당한 기간을 정하여 보정을 요구하여야 한다.
② 제1항에 따른 보정 서면에 관하여는 제27조 제1항을 준용한다.
③ 제1항에 따른 보정이 있는 경우에는 처음부터 적법한 심판청구가 있은 것으로 본다.
④ 제1항에 따른 보정기간은 제38조의 심판기간에 산입하지 아니한다.
⑤ 재판장은 필요하다고 인정하는 경우에는 재판관 중 1명에게 제1항의 보정요구를 할 수 있는 권한을 부여할 수 있다.
[전문개정 2011. 4. 5.]

제29조(답변서의 제출) ① 청구서 또는 보정 서면을 송달받은 피청구인은 헌법재판소에 답변서를 제출할 수 있다.
② 답변서에는 심판청구의 취지와 이유에 대응하는 답변을 적는다.
[전문개정 2011. 4. 5.]

제30조(심리의 방식) ① 탄핵의 심판, 정당해산의 심판 및 권한쟁의의 심판은 구두변론에 의한다.
② 위헌법률의 심판과 헌법소원에 관한 심판은 서면심리에 의한다. 다만, 재판부는 필요하다고 인정하는 경우에는 변론을 열어 당사자, 이해관계인, 그 밖의 참고인의 진술을 들을 수 있다.
③ 재판부가 변론을 열 때에는 기일을 정

하여 당사자와 관계인을 소환하여야 한다.
[전문개정 2011. 4. 5.]

제31조(증거조사) ① 재판부는 사건의 심리를 위하여 필요하다고 인정하는 경우에는 직권 또는 당사자의 신청에 의하여 다음 각 호의 증거조사를 할 수 있다.
1. 당사자 또는 증인을 신문(訊問)하는 일
2. 당사자 또는 관계인이 소지하는 문서·장부·물건 또는 그 밖의 증거자료의 제출을 요구하고 영치(領置)하는 일
3. 특별한 학식과 경험을 가진 자에게 감정을 명하는 일
4. 필요한 물건·사람·장소 또는 그 밖의 사물의 성상(性狀)이나 상황을 검증하는 일

② 재판장은 필요하다고 인정하는 경우에는 재판관 중 1명을 지정하여 제1항의 증거조사를 하게 할 수 있다.
[전문개정 2011. 4. 5.]

제32조(자료제출 요구 등) 재판부는 결정으로 다른 국가기관 또는 공공단체의 기관에 심판에 필요한 사실을 조회하거나, 기록의 송부나 자료의 제출을 요구할 수 있다. 다만, 재판·소추 또는 범죄수사가 진행 중인 사건의 기록에 대하여는 송부를 요구할 수 없다.
[전문개정 2011. 4. 5.]

제33조(심판의 장소) 심판의 변론과 종국결정의 선고는 심판정에서 한다. 다만, 헌법재판소장이 필요하다고 인정하는 경우에는 심판정 외의 장소에서 변론 또는 종국결정의 선고를 할 수 있다.
[전문개정 2011. 4. 5.]

제34조(심판의 공개) ① 심판의 변론과 결정의 선고는 공개한다. 다만, 서면심리와 평의(評議)는 공개하지 아니한다.
② 헌법재판소의 심판에 관하여는 「법원조직법」 제57조 제1항 단서와 같은 조 제2항 및 제3항을 준용한다.
[전문개정 2011. 4. 5.]

제35조(심판의 지휘와 법정경찰권) ① 재판장은 심판정의 질서와 변론의 지휘 및 평의의 정리(整理)를 담당한다.
② 헌법재판소 심판정의 질서유지와 용어의 사용에 관하여는 「법원조직법」 제58조부터 제63조까지의 규정을 준용한다.
[전문개정 2011. 4. 5.]

제36조(종국결정) ① 재판부가 심리를 마쳤을 때에는 종국결정을 한다.
② 종국결정을 할 때에는 다음 각 호의 사항을 적은 결정서를 작성하고 심판에 관여한 재판관 전원이 이에 서명날인하여야 한다.
1. 사건번호와 사건명
2. 당사자와 심판수행자 또는 대리인의 표시
3. 주문(主文)
4. 이유
5. 결정일

③ 심판에 관여한 재판관은 결정서에 의견을 표시하여야 한다.
④ 종국결정이 선고되면 서기는 지체 없이 결정서 정본을 작성하여 당사자에게 송달하여야 한다.
⑤ 종국결정은 헌법재판소규칙으로 정하는 바에 따라 관보에 게재하거나 그 밖의 방법으로 공시한다.
[전문개정 2011. 4. 5.]

제37조(심판비용 등) ① 헌법재판소의 심판비용은 국가부담으로 한다. 다만, 당사자의 신청에 의한 증거조사의 비용은 헌법재판소규칙으로 정하는 바에 따라 그 신청인에게 부담시킬 수 있다.
② 헌법재판소는 헌법소원심판의 청구인

에 대하여 헌법재판소규칙으로 정하는 공탁금의 납부를 명할 수 있다.

③ 헌법재판소는 다음 각 호의 어느 하나에 해당하는 경우에는 헌법재판소규칙으로 정하는 바에 따라 공탁금의 전부 또는 일부의 국고 귀속을 명할 수 있다.

1. 헌법소원의 심판청구를 각하하는 경우
2. 헌법소원의 심판청구를 기각하는 경우에 그 심판청구가 권리의 남용이라고 인정되는 경우

[전문개정 2011. 4. 5.]

제38조(심판기간) 헌법재판소는 심판사건을 접수한 날부터 180일 이내에 종국결정의 선고를 하여야 한다. 다만, 재판관의 궐위로 7명의 출석이 불가능한 경우에는 그 궐위된 기간은 심판기간에 산입하지 아니한다.

[전문개정 2011. 4. 5.]

제39조(일사부재리) 헌법재판소는 이미 심판을 거친 동일한 사건에 대하여는 다시 심판할 수 없다.

[전문개정 2011. 4. 5.]

제39조의2(심판확정기록의 열람 · 복사)

① 누구든지 권리구제, 학술연구 또는 공익 목적으로 심판이 확정된 사건기록의 열람 또는 복사를 신청할 수 있다. 다만, 헌법재판소장은 다음 각 호의 어느 하나에 해당하는 경우에는 사건기록을 열람하거나 복사하는 것을 제한할 수 있다.

1. 변론이 비공개로 진행된 경우
2. 사건기록의 공개로 인하여 국가의 안전보장, 선량한 풍속, 공공의 질서유지나 공공복리를 현저히 침해할 우려가 있는 경우
3. 사건기록의 공개로 인하여 관계인의 명예, 사생활의 비밀, 영업비밀(「부정경쟁방지 및 영업비밀보호에 관한 법률」 제2조 제2호에 규정된 영업비밀을 말한다) 또는 생명 · 신체의 안전이나 생활의 평온을 현저히 침해할 우려가 있는 경우

② 헌법재판소장은 제1항 단서에 따라 사건기록의 열람 또는 복사를 제한하는 경우에는 신청인에게 그 사유를 명시하여 통지하여야 한다.

③ 제1항에 따른 사건기록의 열람 또는 복사 등에 관하여 필요한 사항은 헌법재판소규칙으로 정한다.

④ 사건기록을 열람하거나 복사한 자는 열람 또는 복사를 통하여 알게 된 사항을 이용하여 공공의 질서 또는 선량한 풍속을 침해하거나 관계인의 명예 또는 생활의 평온을 훼손하는 행위를 하여서는 아니 된다.

[전문개정 2011. 4. 5.]

제40조(준용규정) ① 헌법재판소의 심판절차에 관하여는 이 법에 특별한 규정이 있는 경우를 제외하고는 헌법재판의 성질에 반하지 아니하는 한도에서 민사소송에 관한 법령을 준용한다. 이 경우 탄핵심판의 경우에는 형사소송에 관한 법령을 준용하고, 권한쟁의심판 및 헌법소원심판의 경우에는 「행정소송법」을 함께 준용한다.

② 제1항 후단의 경우에 형사소송에 관한 법령 또는 「행정소송법」이 민사소송에 관한 법령에 저촉될 때에는 민사소송에 관한 법령은 준용하지 아니한다.

[전문개정 2011. 4. 5.]

제4장 특별심판절차 〈개정 2011. 4. 5.〉

제1절 위헌법률심판 〈개정 2011. 4. 5.〉

제41조(위헌 여부 심판의 제청) ① 법률이 헌법에 위반되는지 여부가 재판의 전제가

된 경우에는 당해 사건을 담당하는 법원(군사법원을 포함한다. 이하 같다)은 직권 또는 당사자의 신청에 의한 결정으로 헌법재판소에 위헌 여부 심판을 제청한다.
② 제1항의 당사자의 신청은 제43조 제2호부터 제4호까지의 사항을 적은 서면으로 한다.
③ 제2항의 신청서면의 심사에 관하여는 「민사소송법」 제254조를 준용한다.
④ 위헌 여부 심판의 제청에 관한 결정에 대하여는 항고할 수 없다.
⑤ 대법원 외의 법원이 제1항의 제청을 할 때에는 대법원을 거쳐야 한다.
[전문개정 2011. 4. 5.]

제42조(재판의 정지 등) ① 법원이 법률의 위헌 여부 심판을 헌법재판소에 제청한 때에는 당해 소송사건의 재판은 헌법재판소의 위헌 여부의 결정이 있을 때까지 정지된다. 다만, 법원이 긴급하다고 인정하는 경우에는 종국재판 외의 소송절차를 진행할 수 있다.
② 제1항 본문에 따른 재판정지기간은 「형사소송법」 제92조 제1항·제2항 및 「군사법원법」 제132조 제1항·제2항의 구속기간과 「민사소송법」 제199조의 판결 선고기간에 산입하지 아니한다.
[전문개정 2011. 4. 5.]

제43조(제청서의 기재사항) 법원이 법률의 위헌 여부 심판을 헌법재판소에 제청할 때에는 제청서에 다음 각 호의 사항을 적어야 한다.
1. 제청법원의 표시
2. 사건 및 당사자의 표시
3. 위헌이라고 해석되는 법률 또는 법률의 조항
4. 위헌이라고 해석되는 이유
5. 그 밖에 필요한 사항

[전문개정 2011. 4. 5.]

제44조(소송사건 당사자 등의 의견) 당해 소송사건의 당사자 및 법무부장관은 헌법재판소에 법률의 위헌 여부에 대한 의견서를 제출할 수 있다.
[전문개정 2011. 4. 5.]

제45조(위헌결정) 헌법재판소는 제청된 법률 또는 법률 조항의 위헌 여부만을 결정한다. 다만, 법률 조항의 위헌결정으로 인하여 해당 법률 전부를 시행할 수 없다고 인정될 때에는 그 전부에 대하여 위헌결정을 할 수 있다.
[전문개정 2011. 4. 5.]

제46조(결정서의 송달) 헌법재판소는 결정일부터 14일 이내에 결정서 정본을 제청한 법원에 송달한다. 이 경우 제청한 법원이 대법원이 아닌 경우에는 대법원을 거쳐야 한다.
[전문개정 2011. 4. 5.]

제47조(위헌결정의 효력) ① 법률의 위헌결정은 법원과 그 밖의 국가기관 및 지방자치단체를 기속(羈束)한다.
② 위헌으로 결정된 법률 또는 법률의 조항은 그 결정이 있는 날부터 효력을 상실한다. 〈개정 2014. 5. 20.〉
③ 제2항에도 불구하고 형벌에 관한 법률 또는 법률의 조항은 소급하여 그 효력을 상실한다. 다만, 해당 법률 또는 법률의 조항에 대하여 종전에 합헌으로 결정한 사건이 있는 경우에는 그 결정이 있는 날의 다음 날로 소급하여 효력을 상실한다. 〈신설 2014. 5. 20.〉
④ 제3항의 경우에 위헌으로 결정된 법률 또는 법률의 조항에 근거한 유죄의 확정판결에 대하여는 재심을 청구할 수 있다. 〈개정 2014. 5. 20.〉
⑤ 제4항의 재심에 대하여는 「형사소송

법」을 준용한다. 〈개정 2014. 5. 20.〉
[전문개정 2011. 4. 5.]

제 2 절 탄핵심판 〈개정 2011. 4. 5.〉

제48조(탄핵소추) 다음 각 호의 어느 하나에 해당하는 공무원이 그 직무집행에서 헌법이나 법률을 위반한 경우에는 국회는 헌법 및 「국회법」에 따라 탄핵의 소추를 의결할 수 있다.

1. 대통령, 국무총리, 국무위원 및 행정각부(行政各部)의 장
2. 헌법재판소 재판관, 법관 및 중앙선거관리위원회 위원
3. 감사원장 및 감사위원
4. 그 밖에 법률에서 정한 공무원

[전문개정 2011. 4. 5.]

제49조(소추위원) ① 탄핵심판에서는 국회 법제사법위원회의 위원장이 소추위원이 된다.

② 소추위원은 헌법재판소에 소추의결서의 정본을 제출하여 탄핵심판을 청구하며, 심판의 변론에서 피청구인을 신문할 수 있다.

[전문개정 2011. 4. 5.]

제50조(권한 행사의 정지) 탄핵소추의 의결을 받은 사람은 헌법재판소의 심판이 있을 때까지 그 권한 행사가 정지된다.

[전문개정 2011. 4. 5.]

제51조(심판절차의 정지) 피청구인에 대한 탄핵심판 청구와 동일한 사유로 형사소송이 진행되고 있는 경우에는 재판부는 심판절차를 정지할 수 있다.

[전문개정 2011. 4. 5.]

제52조(당사자의 불출석) ① 당사자가 변론기일에 출석하지 아니하면 다시 기일을 정하여야 한다.

② 다시 정한 기일에도 당사자가 출석하지 아니하면 그의 출석 없이 심리할 수 있다.

[전문개정 2011. 4. 5.]

제53조(결정의 내용) ① 탄핵심판 청구가 이유 있는 경우에는 헌법재판소는 피청구인을 해당 공직에서 파면하는 결정을 선고한다.

② 피청구인이 결정 선고 전에 해당 공직에서 파면되었을 때에는 헌법재판소는 심판청구를 기각하여야 한다.

[전문개정 2011. 4. 5.]

제54조(결정의 효력) ① 탄핵결정은 피청구인의 민사상 또는 형사상의 책임을 면제하지 아니한다.

② 탄핵결정에 의하여 파면된 사람은 결정 선고가 있은 날부터 5년이 지나지 아니하면 공무원이 될 수 없다.

[전문개정 2011. 4. 5.]

제 3 절 정당해산심판 〈개정 2011. 4. 5.〉

제55조(정당해산심판의 청구) 정당의 목적이나 활동이 민주적 기본질서에 위배될 때에는 정부는 국무회의의 심의를 거쳐 헌법재판소에 정당해산심판을 청구할 수 있다.

[전문개정 2011. 4. 5.]

제56조(청구서의 기재사항) 정당해산심판의 청구서에는 다음 각 호의 사항을 적어야 한다.

1. 해산을 요구하는 정당의 표시
2. 청구 이유

[전문개정 2011. 4. 5.]

제57조(가처분) 헌법재판소는 정당해산심판의 청구를 받은 때에는 직권 또는 청구인의 신청에 의하여 종국결정의 선고 시까지 피청구인의 활동을 정지하는 결정을 할 수 있다.

[전문개정 2011. 4. 5.]

제58조(청구 등의 통지) ① 헌법재판소장은 정당해산심판의 청구가 있는 때, 가처분결정을 한 때 및 그 심판이 종료한 때에는 그 사실을 국회와 중앙선거관리위원회에 통지하여야 한다.

② 정당해산을 명하는 결정서는 피청구인 외에 국회, 정부 및 중앙선거관리위원회에도 송달하여야 한다.

[전문개정 2011. 4. 5.]

제59조(결정의 효력) 정당의 해산을 명하는 결정이 선고된 때에는 그 정당은 해산된다.

[전문개정 2011. 4. 5.]

제60조(결정의 집행) 정당의 해산을 명하는 헌법재판소의 결정은 중앙선거관리위원회가 「정당법」에 따라 집행한다.

[전문개정 2011. 4. 5.]

제 4 절 권한쟁의심판 〈개정 2011. 4. 5.〉

제61조(청구 사유) ① 국가기관 상호간, 국가기관과 지방자치단체 간 및 지방자치단체 상호간에 권한의 유무 또는 범위에 관하여 다툼이 있을 때에는 해당 국가기관 또는 지방자치단체는 헌법재판소에 권한쟁의심판을 청구할 수 있다.

② 제 1 항의 심판청구는 피청구인의 처분 또는 부작위(不作爲)가 헌법 또는 법률에 의하여 부여받은 청구인의 권한을 침해하였거나 침해할 현저한 위험이 있는 경우에만 할 수 있다.

[전문개정 2011. 4. 5.]

제62조(권한쟁의심판의 종류) ① 권한쟁의심판의 종류는 다음 각 호와 같다. [개정 2018. 3. 20.]

1. 국가기관 상호간의 권한쟁의심판
   국회, 정부, 법원 및 중앙선거관리위원회 상호간의 권한쟁의심판
2. 국가기관과 지방자치단체 간의 권한쟁의심판
   가. 정부와 특별시 · 광역시 · 특별자치시 · 도 또는 특별자치도 간의 권한쟁의심판
   나. 정부와 시 · 군 또는 지방자치단체인 구(이하 "자치구"라 한다) 간의 권한쟁의심판
3. 지방자치단체 상호간의 권한쟁의심판
   가. 특별시 · 광역시 · 특별자치시 · 도 또는 특별자치도 상호간의 권한쟁의심판
   나. 시 · 군 또는 자치구 상호간의 권한쟁의심판
   다. 특별시 · 광역시 · 특별자치시 · 도 또는 특별자치도와 시 · 군 또는 자치구 간의 권한쟁의심판

② 권한쟁의가 「지방교육자치에 관한 법률」 제 2 조에 따른 교육 · 학예에 관한 지방자치단체의 사무에 관한 것인 경우에는 교육감이 제 1 항 제 2 호 및 제 3 호의 당사자가 된다.

[전문개정 2011. 4. 5.]

제63조(청구기간) ① 권한쟁의의 심판은 그 사유가 있음을 안 날부터 60일 이내에, 그 사유가 있은 날부터 180일 이내에 청구하여야 한다.

② 제 1 항의 기간은 불변기간으로 한다.

[전문개정 2011. 4. 5.]

제64조(청구서의 기재사항) 권한쟁의심판의 청구서에는 다음 각 호의 사항을 적어야 한다.

1. 청구인 또는 청구인이 속한 기관 및 심판수행자 또는 대리인의 표시
2. 피청구인의 표시
3. 심판 대상이 되는 피청구인의 처분 또

는 부작위

4. 청구 이유

5. 그 밖에 필요한 사항

[전문개정 2011. 4. 5.]

제65조(가처분) 헌법재판소가 권한쟁의심판의 청구를 받았을 때에는 직권 또는 청구인의 신청에 의하여 종국결정의 선고 시까지 심판 대상이 된 피청구인의 처분의 효력을 정지하는 결정을 할 수 있다.

[전문개정 2011. 4. 5.]

제66조(결정의 내용) ① 헌법재판소는 심판의 대상이 된 국가기관 또는 지방자치단체의 권한의 유무 또는 범위에 관하여 판단한다.

② 제1항의 경우에 헌법재판소는 권한침해의 원인이 된 피청구인의 처분을 취소하거나 그 무효를 확인할 수 있고, 헌법재판소가 부작위에 대한 심판청구를 인용하는 결정을 한 때에는 피청구인은 결정 취지에 따른 처분을 하여야 한다.

[전문개정 2011. 4. 5.]

제67조(결정의 효력) ① 헌법재판소의 권한쟁의심판의 결정은 모든 국가기관과 지방자치단체를 기속한다.

② 국가기관 또는 지방자치단체의 처분을 취소하는 결정은 그 처분의 상대방에 대하여 이미 생긴 효력에 영향을 미치지 아니한다.

[전문개정 2011. 4. 5.]

제5절 헌법소원심판 〈개정 2011. 4. 5.〉

제68조(청구 사유) ① 공권력의 행사 또는 불행사(不行使)로 인하여 헌법상 보장된 기본권을 침해받은 자는 법원의 재판을 제외하고는 헌법재판소에 헌법소원심판을 청구할 수 있다. 다만, 다른 법률에 구제절차가 있는 경우에는 그 절차를 모두 거친 후에 청구할 수 있다.

② 제41조 제1항에 따른 법률의 위헌 여부 심판의 제청신청이 기각된 때에는 그 신청을 한 당사자는 헌법재판소에 헌법소원심판을 청구할 수 있다. 이 경우 그 당사자는 당해 사건의 소송절차에서 동일한 사유를 이유로 다시 위헌 여부 심판의 제청을 신청할 수 없다.

[전문개정 2011. 4. 5.]

제69조(청구기간) ① 제68조 제1항에 따른 헌법소원의 심판은 그 사유가 있음을 안 날부터 90일 이내에, 그 사유가 있는 날부터 1년 이내에 청구하여야 한다. 다만, 다른 법률에 따른 구제절차를 거친 헌법소원의 심판은 그 최종결정을 통지받은 날부터 30일 이내에 청구하여야 한다.

② 제68조 제2항에 따른 헌법소원심판은 위헌 여부 심판의 제청신청을 기각하는 결정을 통지받은 날부터 30일 이내에 청구하여야 한다.

[전문개정 2011. 4. 5.]

제70조(국선대리인) ① 헌법소원심판을 청구하려는 자가 변호사를 대리인으로 선임할 자력(資力)이 없는 경우에는 헌법재판소에 국선대리인을 선임하여 줄 것을 신청할 수 있다. 이 경우 제69조에 따른 청구기간은 국선대리인의 선임신청이 있는 날을 기준으로 정한다.

② 제1항에도 불구하고 헌법재판소가 공익상 필요하다고 인정할 때에는 국선대리인을 선임할 수 있다.

③ 헌법재판소는 제1항의 신청이 있는 경우 또는 제2항의 경우에는 헌법재판소규칙으로 정하는 바에 따라 변호사 중에서 국선대리인을 선정한다. 다만, 그 심판청구가 명백히 부적법하거나 이유 없는 경우 또는 권리의 남용이라고 인정되는

경우에는 국선대리인을 선정하지 아니할 수 있다.

④ 헌법재판소가 국선대리인을 선정하지 아니한다는 결정을 한 때에는 지체 없이 그 사실을 신청인에게 통지하여야 한다. 이 경우 신청인이 선임신청을 한 날부터 그 통지를 받은 날까지의 기간은 제69조의 청구기간에 산입하지 아니한다.

⑤ 제3항에 따라 선정된 국선대리인은 선정된 날부터 60일 이내에 제71조에 규정된 사항을 적은 심판청구서를 헌법재판소에 제출하여야 한다.

⑥ 제3항에 따라 선정한 국선대리인에게는 헌법재판소규칙으로 정하는 바에 따라 국고에서 그 보수를 지급한다.

[전문개정 2011. 4. 5.]

제71조(청구서의 기재사항) ① 제68조 제1항에 따른 헌법소원의 심판청구서에는 다음 각 호의 사항을 적어야 한다.

1. 청구인 및 대리인의 표시
2. 침해된 권리
3. 침해의 원인이 되는 공권력의 행사 또는 불행사
4. 청구 이유
5. 그 밖에 필요한 사항

② 제68조 제2항에 따른 헌법소원의 심판청구서의 기재사항에 관하여는 제43조를 준용한다. 이 경우 제43조 제1호 중 "제청법원의 표시"는 "청구인 및 대리인의 표시"로 본다.

③ 헌법소원의 심판청구서에는 대리인의 선임을 증명하는 서류 또는 국선대리인 선임통지서를 첨부하여야 한다.

[전문개정 2011. 4. 5.]

제72조(사전심사) ① 헌법재판소장은 헌법재판소에 재판관 3명으로 구성되는 지정재판부를 두어 헌법소원심판의 사전심사를 담당하게 할 수 있다. 〈개정 2011. 4. 5.〉

② 삭제 〈1991. 11. 30.〉

③ 지정재판부는 다음 각 호의 어느 하나에 해당되는 경우에는 지정재판부 재판관 전원의 일치된 의견에 의한 결정으로 헌법소원의 심판청구를 각하한다. 〈개정 2011. 4. 5.〉

1. 다른 법률에 따른 구제절차가 있는 경우 그 절차를 모두 거치지 아니하거나 또는 법원의 재판에 대하여 헌법소원의 심판이 청구된 경우
2. 제69조의 청구기간이 지난 후 헌법소원심판이 청구된 경우
3. 제25조에 따른 대리인의 선임 없이 청구된 경우
4. 그 밖에 헌법소원심판의 청구가 부적법하고 그 흠결을 보정할 수 없는 경우

④ 지정재판부는 전원의 일치된 의견으로 제3항의 각하결정을 하지 아니하는 경우에는 결정으로 헌법소원을 재판부의 심판에 회부하여야 한다. 헌법소원심판의 청구 후 30일이 지날 때까지 각하결정이 없는 때에는 심판에 회부하는 결정(이하 "심판회부결정"이라 한다)이 있는 것으로 본다. 〈개정 2011. 4. 5.〉

⑤ 지정재판부의 심리에 관하여는 제28조, 제31조, 제32조 및 제35조를 준용한다. 〈개정 2011. 4. 5.〉

⑥ 지정재판부의 구성과 운영에 필요한 사항은 헌법재판소규칙으로 정한다. 〈개정 2011. 4. 5.〉

[제목개정 2011. 4. 5.]

제73조(각하 및 심판회부 결정의 통지) ① 지정재판부는 헌법소원을 각하하거나 심판회부결정을 한 때에는 그 결정일부터 14일 이내에 청구인 또는 그 대리인 및 피청구인에게 그 사실을 통지하여야 한

다. 제72조 제 4 항 후단의 경우에도 또한 같다.

② 헌법재판소장은 헌법소원이 제72조 제 4 항에 따라 재판부의 심판에 회부된 때에는 다음 각 호의 자에게 지체 없이 그 사실을 통지하여야 한다.

1. 법무부장관
2. 제68조 제 2 항에 따른 헌법소원심판에서는 청구인이 아닌 당해 사건의 당사자

[전문개정 2011. 4. 5.]

제74조(이해관계기관 등의 의견 제출) ① 헌법소원의 심판에 이해관계가 있는 국가기관 또는 공공단체와 법무부장관은 헌법재판소에 그 심판에 관한 의견서를 제출할 수 있다.

② 제68조 제 2 항에 따른 헌법소원이 재판부에 심판 회부된 경우에는 제27조 제 2 항 및 제44조를 준용한다.

[전문개정 2011. 4. 5.]

제75조(인용결정) ① 헌법소원의 인용결정은 모든 국가기관과 지방자치단체를 기속한다.

② 제68조 제 1 항에 따른 헌법소원을 인용할 때에는 인용결정서의 주문에 침해된 기본권과 침해의 원인이 된 공권력의 행사 또는 불행사를 특정하여야 한다.

③ 제 2 항의 경우에 헌법재판소는 기본권 침해의 원인이 된 공권력의 행사를 취소하거나 그 불행사가 위헌임을 확인할 수 있다.

④ 헌법재판소가 공권력의 불행사에 대한 헌법소원을 인용하는 결정을 한 때에는 피청구인은 결정 취지에 따라 새로운 처분을 하여야 한다.

⑤ 제 2 항의 경우에 헌법재판소는 공권력의 행사 또는 불행사가 위헌인 법률 또는 법률의 조항에 기인한 것이라고 인정될 때에는 인용결정에서 해당 법률 또는 법률의 조항이 위헌임을 선고할 수 있다.

⑥ 제 5 항의 경우 및 제68조 제 2 항에 따른 헌법소원을 인용하는 경우에는 제45조 및 제47조를 준용한다.

⑦ 제68조 제 2 항에 따른 헌법소원이 인용된 경우에 해당 헌법소원과 관련된 소송사건이 이미 확정된 때에는 당사자는 재심을 청구할 수 있다.

⑧ 제 7 항에 따른 재심에서 형사사건에 대하여는 「형사소송법」을 준용하고, 그 외의 사건에 대하여는 「민사소송법」을 준용한다.

[전문개정 2011. 4. 5.]

제 5 장 전자정보처리조직을 통한 심판절차의 수행 〈신설 2009. 12. 29.〉

제76조(전자문서의 접수) ① 각종 심판절차의 당사자나 관계인은 청구서 또는 이 법에 따라 제출할 그 밖의 서면을 전자문서(컴퓨터 등 정보처리능력을 갖춘 장치에 의하여 전자적인 형태로 작성되어 송수신되거나 저장된 정보를 말한다. 이하 같다)화하고 이를 정보통신망을 이용하여 헌법재판소에서 지정·운영하는 전자정보처리조직(심판절차에 필요한 전자문서를 작성·제출·송달하는 데에 필요한 정보처리능력을 갖춘 전자적 장치를 말한다. 이하 같다)을 통하여 제출할 수 있다.

② 제 1 항에 따라 제출된 전자문서는 이 법에 따라 제출된 서면과 같은 효력을 가진다.

③ 전자정보처리조직을 이용하여 제출된 전자문서는 전자정보처리조직에 전자적으로 기록된 때에 접수된 것으로 본다.

④ 제 3 항에 따라 전자문서가 접수된 경우에 헌법재판소는 헌법재판소규칙으로 정하는 바에 따라 당사자나 관계인에게

전자적 방식으로 그 접수 사실을 즉시 알려야 한다.

[전문개정 2011. 4. 5.]

제77조(전자서명 등) ① 당사자나 관계인은 헌법재판소에 제출하는 전자문서에 헌법재판소규칙으로 정하는 바에 따라 본인임을 확인할 수 있는 전자서명을 하여야 한다.

② 재판관이나 서기는 심판사건에 관한 서류를 전자문서로 작성하는 경우에 「전자정부법」 제2조 제6호에 따른 행정전자서명(이하 "행정전자서명"이라 한다)을 하여야 한다.

③ 제1항의 전자서명과 제2항의 행정전자서명은 헌법재판소의 심판절차에 관한 법령에서 정하는 서명 · 서명날인 또는 기명날인으로 본다.

[본조신설 2009. 12. 29.]

제78조(전자적 송달 등) ① 헌법재판소는 당사자나 관계인에게 전자정보처리조직과 그와 연계된 정보통신망을 이용하여 결정서나 이 법에 따른 각종 서류를 송달할 수 있다. 다만, 당사자나 관계인이 동의하지 아니하는 경우에는 그러하지 아니하다.

② 헌법재판소는 당사자나 관계인에게 송달하여야 할 결정서 등의 서류를 전자정보처리조직에 입력하여 등재한 다음 그 등재 사실을 헌법재판소규칙으로 정하는 바에 따라 전자적 방식으로 알려야 한다.

③ 제1항에 따른 전자정보처리조직을 이용한 서류 송달은 서면으로 한 것과 같은 효력을 가진다.

④ 제2항의 경우 송달받을 자가 등재된 전자문서를 헌법재판소규칙으로 정하는 바에 따라 확인한 때에 송달된 것으로 본다. 다만, 그 등재 사실을 통지한 날부터 1주 이내에 확인하지 아니하였을 때에는 등재 사실을 통지한 날부터 1주가 지난 날에 송달된 것으로 본다.

⑤ 제1항에도 불구하고 전자정보처리조직의 장애로 인하여 전자적 송달이 불가능하거나 그 밖에 헌법재판소규칙으로 정하는 사유가 있는 경우에는 「민사소송법」에 따라 송달할 수 있다.

[전문개정 2011. 4. 5.]

제6장 벌칙 〈개정 2011. 4. 5.〉

제79조(벌칙) 다음 각 호의 어느 하나에 해당하는 자는 1년 이하의 징역 또는 100만원 이하의 벌금에 처한다.

1. 헌법재판소로부터 증인, 감정인, 통역인 또는 번역인으로서 소환 또는 위촉을 받고 정당한 사유 없이 출석하지 아니한 자
2. 헌법재판소로부터 증거물의 제출요구 또는 제출명령을 받고 정당한 사유 없이 이를 제출하지 아니한 자
3. 헌법재판소의 조사 또는 검사를 정당한 사유 없이 거부 · 방해 또는 기피한 자

[전문개정 2011. 4. 5.]

부칙〈제4017호, 1988. 8. 5.〉

제1조 (시행일) 이 법은 1988년 9월 1일부터 시행한다. 다만, 이 법에 의한 헌법재판소장 · 상임재판관 및 재판관의 임명 기타 이 법 시행에 관한 준비는 이 법 시행전에 할 수 있다.

제2조 (폐지법률) 법률 제2530호 헌법위원회법은 이를 폐지한다.

제3조 (계속사건에 대한 경과조치) 이 법 시행당시 헌법위원회에 계속중인 사건은 헌법재판소에 이관한다. 이 경우 이미 행하여진 심판행위의 효력에 대하여는 영향을 미치지 아니한다.

제 4 조 (종전의 사항에 관한 경과조치) 이 법은 이 법 시행전에 생긴 사항에 관하여도 적용한다. 다만, 이 법 시행전에 헌법위원회법에 의하여 이미 생긴 효력에는 영향을 미치지 아니한다.
제 5 조 (종전 직원에 관한 경과조치) 이 법 시행당시 헌법위원회 사무국공무원은 헌법재판소사무처소속공무원으로 임용된 것으로 본다.
제 6 조 (예산에 관한 경과조치) 이 법 시행당시 헌법위원회의 소관예산은 헌법재판소의 소관예산으로 본다.
제 7 조 (권리의무의 승계) 이 법 시행당시 헌법위원회가 가지는 권리 및 의무는 헌법재판소가 이를 승계한다.
제 8 조 생략

부칙〈제4408호, 1991. 11. 30.〉
제 1 조 (시행일) 이 법은 공포한 날부터 시행한다.
제 2 조 (경과조치) 이 법 시행 당시 상임재판관 및 상임재판관이 아닌 재판관은 이 법에 의하여 재판관으로 임명된 것으로 보며, 그 임기는 이 법 시행전의 상임재판관 또는 재판관으로 임명된 때부터 기산한다.
제 3 조 생략

부칙〈제4815호, 1994. 12. 22.〉
이 법은 공포한 날부터 시행한다.

부칙〈제4963호, 1995. 8. 4.〉
이 법은 공포한 날부터 시행한다.

부칙〈제5454호, 1997. 12. 13.〉
(정부부처명칭등의변경에따른건축법등의정비에관한법률)
이 법은 1998년 1월 1일부터 시행한다. 〈단서 생략〉

부칙〈제6622호, 2002. 1. 19.〉(국가공무원법)
제 1 조 (시행일) 이 법은 공포한 날부터 시행한다. 〈단서 생략〉
제 2 조 생략
제 3 조 (다른 법률의 개정) ① 및 ②생략
③ 헌법재판소법중 다음과 같이 개정한다.
제15조 제 1 항중 "대법원장의 예에, 재판관의 대우와 보수"를 "대법원장의 예에 의하며, 재판관은 정무직으로 하고 그 대우와 보수"로 한다.
④ 내지 ⑥생략

부칙〈제6626호, 2002. 1. 26.〉(민사소송법)
제 1 조 (시행일) 이 법은 2002년 7월 1일부터 시행한다.
제 2 조 내지 제 7 조 생략

부칙〈제6861호, 2003. 3. 12.〉
① (시행일) 이 법은 공포후 3월이 경과한 날부터 시행한다.
② (경과조치) 이 법 시행 당시 일반직국가공무원 또는 별정직국가공무원인 헌법연구관 및 헌법연구관보는 이 법에 의하여 각각 특정직국가공무원인 헌법연구관과 별정직국가공무원인 헌법연구관보로 임용된 것으로 본다. 다만, 이 법 시행전에 헌법연구관 및 헌법연구관보로 근무한 기간은 이 법 및 다른 법령에 규정된 헌법연구관 및 헌법연구관보의 재직기간에 산입하고, 국가기관에서 4급공무원으로 근무한 기간은 호봉획정시 헌법연구관보로 근무한 기간으로 본다.
③ (다른 법률의 개정) 공직자윤리법중 다음과 같이 개정한다.

제3조 제1항에 제5호의2를 다음과 같이 신설한다.
5의2. 헌법재판소 헌법연구관

부칙〈제7427호, 2005. 3. 31.〉(민법)

제1조 (시행일) 이 법은 공포한 날부터 시행한다. 다만, …생략… 부칙 제7조(제2항 및 제29항을 제외한다)의 규정은 2008년 1월 1일부터 시행한다.

제2조 내지 **제6조** 생략

제7조 (다른 법률의 개정) ①내지 〈25〉생략
〈26〉헌법재판소법 일부를 다음과 같이 개정한다.
제24조 제1항 제2호중 "친족·호주·가족"을 "친족"으로 한다.
〈27〉내지 〈29〉생략

부칙〈제7622호, 2005. 7. 29.〉

이 법은 공포한 날부터 시행한다.

부칙〈제8729호, 2007. 12. 21.〉

이 법은 2008년 1월 1일부터 시행한다.

부칙〈제8893호, 2008. 3. 14.〉

이 법은 공포 후 3개월이 경과한 날부터 시행한다.

부칙〈제9839호, 2009. 12. 29.〉

이 법은 2010년 3월 1일부터 시행한다. 다만, 제28조 제5항의 개정규정은 공포한 날부터 시행한다.

부칙〈제10278호, 2010. 5. 4.〉

이 법은 공포한 날부터 시행한다. 다만, 제19조의4의 개정규정은 공포 후 6개월이 경과한 날부터 시행한다.

부칙〈제10546호, 2011. 4. 5.〉

이 법은 공포한 날부터 시행한다.

부칙〈제11530호, 2012. 12. 11.〉
(국가공무원법)

제1조(시행일) 이 법은 공포 후 1년이 경과한 날부터 시행한다. 〈단서 생략〉

제2조부터 **제5조**까지 생략

제6조(다른 법률의 개정) ①부터 〈26〉까지 생략
〈27〉 헌법재판소법 일부를 다음과 같이 개정한다.
제19조의3 제3항 중 "계약직공무원"을 「국가공무원법」 제26조의5에 따른 "임기제공무원"으로 한다.
제19조의4 제3항을 삭제한다.

제7조 생략

부칙〈제12597호, 2014. 5. 20.〉

이 법은 공포한 날부터 시행한다.

부칙〈제12897호, 2014. 12. 30.〉

이 법은 공포 후 6개월이 경과한 날부터 시행한다. 다만, 제7조 제2항의 개정규정은 공포한 날부터 시행한다.

부칙〈제15495호, 2018. 3. 20.〉

이 법은 공포한 날부터 시행한다.

부칙〈제17469호, 2020. 6. 9.〉

제1조(시행일) 이 법은 공포 후 6개월이 경과한 날부터 시행한다.

제2조(재판관 결격사유에 관한 적용례) 제5조 제2항 및 제3항의 개정규정은 이 법 시행 이후 재판관으로 임명하는 경우부터 적용한다.

부칙〈제18836호, 2022. 2. 3.〉

제 1 조(시행일) 이 법은 공포한 날부터 시행한다.

제 2 조(적용례) 제78조 제 4 항의 개정규정은 이 법 시행 후 최초로 청구서가 접수된 사건부터 적용한다.

부칙〈제20769호, 2025. 1. 31.〉

이 법은 공포한 날부터 시행한다.

헌법재판소 심판 규칙

[헌법재판소규칙 제201호, 2007. 12. 7. 제정]
[시행 2021. 9. 14.][헌법재판소규칙 제436호, 2021. 9. 14. 일부개정]

제1장 총 칙

제1조(목적) 이 규칙은 「대한민국헌법」 제113조 제2항과 「헌법재판소법」 제10조 제1항에 따라 헌법재판소의 심판절차에 관하여 필요한 사항을 규정함을 목적으로 한다.

제2조(헌법재판소에 제출하는 서면 또는 전자문서의 기재사항) ① 헌법재판소에 제출하는 서면 또는 전자문서에는 특별한 규정이 없으면 다음 각 호의 사항을 기재하고 기명날인하거나 서명하여야 한다. 〈개정 2010. 2. 26.〉

1. 사건의 표시
2. 서면을 제출하는 사람의 이름, 주소, 연락처(전화번호, 팩시밀리번호, 전자우편주소 등을 말한다. 다음부터 같다)
3. 덧붙인 서류의 표시
4. 작성한 날짜

② 제출한 서면에 기재한 주소 또는 연락처에 변동사항이 없으면 그 후에 제출하는 서면에는 이를 기재하지 아니하여도 된다.

③ 심판서류는 「헌법재판소 심판절차에서의 전자문서 이용 등에 관한 규칙」에 따라 전자헌법재판시스템을 통하여 전자문서로 제출할 수 있다. 〈신설 2010. 2. 26.〉

[제목개정 2010. 2. 26.]

제2조의2(민감정보 등의 처리) ① 헌법재판소는 심판업무 수행을 위하여 필요한 범위 내에서 「개인정보 보호법」 제23조의 민감정보, 제24조의 고유식별정보 및 그 밖의 개인정보를 처리할 수 있다.

② 헌법재판소는 「헌법재판소법」(다음부터 "법"이라 한다) 제32조에 따라 국가기관 또는 공공단체의 기관에 제1항의 민감정보, 고유식별정보 및 그 밖의 개인정보가 포함된 자료의 제출 요구 등을 할 수 있다.

[본조신설 2012. 11. 26.]

제3조(심판서류의 작성방법) ① 심판서류는 간결한 문장으로 분명하게 작성하여야 한다.

② 심판서류의 용지크기는 특별한 사유가 없으면 가로 210mm · 세로 297mm(A4 용지)로 한다.

제4조(번역문의 첨부) 외국어나 부호로 작성된 문서에는 국어로 된 번역문을 붙인다.

제5조(심판서류의 접수와 보정권고 등) ① 심판서류를 접수한 공무원은 심판서류를 제출한 사람이 요청하면 바로 접수증을 교부하여야 한다.

② 제1항의 공무원은 제출된 심판서류의 흠결을 보완하기 위하여 필요한 보정을 권고할 수 있다.

③ 헌법재판소는 필요하다고 인정하면 심판서류를 제출한 사람에게 그 문서의 전자파일을 전자우편이나 그 밖에 적당한 방법으

로 헌법재판소에 보내도록 요청할 수 있다.

제 2 장 일반심판절차

제 1 절 당 사 자

제 6 조(법정대리권 등의 증명) 법정대리권이 있는 사실, 법인이나 법인이 아닌 사단 또는 재단의 대표자나 관리인이라는 사실, 소송행위를 위한 권한을 받은 사실은 서면으로 증명하여야 한다.

제 7 조(법인이 아닌 사단 또는 재단의 당사자능력을 판단하는 자료의 제출) 헌법재판소는 법인이 아닌 사단 또는 재단이 당사자일 때에는 정관이나 규약, 그 밖에 그 당사자의 당사자능력을 판단하기 위하여 필요한 자료를 제출하게 할 수 있다.

제 8 조(대표대리인) ① 재판장은 복수의 대리인이 있을 때에는 당사자나 대리인의 신청 또는 재판장의 직권에 의하여 대표대리인을 지정하거나 그 지정을 철회 또는 변경할 수 있다.

② 대표대리인은 3명을 초과할 수 없다.

③ 대표대리인 1명에 대한 통지 또는 서류의 송달은 대리인 전원에 대하여 효력이 있다.

제 2 절 심판의 청구

제 9 조(심판용 부본의 제출) 법 제26조에 따라 헌법재판소에 청구서를 제출하는 사람은 9통의 심판용 부본을 함께 제출하여야 한다. 이 경우 제23조에 따른 송달용 부본은 따로 제출하여야 한다. 〈개정 2012. 11. 26.〉

제10조(이해관계기관 등의 의견서 제출 등) ① 헌법재판소의 심판에 이해관계가 있는 국가기관 또는 공공단체와 법무부장관은 헌법재판소에 의견서를 제출할 수 있고, 헌법재판소는 이들에게 의견서를 제출할 것을 요청할 수 있다.

② 헌법재판소는 필요하다고 인정하면 당해심판에 이해관계가 있는 사람에게 의견서를 제출할 수 있음을 통지할 수 있다.

③ 헌법재판소는 제 1 항 후단 및 제 2 항의 경우에 당해심판의 제청서 또는 청구서의 등본을 송달한다.

제 3 절 변론 및 참고인 진술

제11조(심판준비절차의 실시) ① 헌법재판소는 심판절차를 효율적이고 집중적으로 진행하기 위하여 당사자의 주장과 증거를 정리할 필요가 있을 때에는 심판준비절차를 실시할 수 있다.

② 헌법재판소는 재판부에 속한 재판관을 수명재판관으로 지정하여 심판준비절차를 담당하게 할 수 있다. 〈개정 2017. 5. 30.〉

③ 헌법재판소는 당사자가 심판정에 직접 출석하기 어려운 경우 당사자의 동의를 받아 인터넷 화상장치를 이용하여 심판준비절차를 실시할 수 있다. 〈신설 2021. 9. 14.〉

제11조의2(헌법연구관의 사건의 심리 및 심판에 관한 조사) ① 헌법연구관은 주장의 정리나 자료의 제출을 요구하거나, 조사기일을 여는 방법 등으로 사건의 심리 및 심판에 관한 조사를 할 수 있다. 〈개정 2021. 9. 14.〉

② 헌법연구관은 조사대상자가 조사기일에 직접 출석하기 어려운 경우 조사대상자의 동의를 받아 인터넷 화상장치를 이용하여 조사기일을 열 수 있다. 〈신설 2021. 9. 14.〉

[본조신설 2018. 6. 15.]

제12조(구두변론의 방식 등) ① 구두변론

은 사전에 제출한 준비서면을 읽는 방식으로 하여서는 아니되고, 쟁점을 요약·정리하고 이를 명확히 하는 것이어야 한다.

② 재판관은 언제든지 당사자에게 질문할 수 있다.

③ 재판장은 필요에 따라 각 당사자의 구두변론시간을 제한할 수 있고, 이 경우에 각 당사자는 그 제한된 시간 내에 구두변론을 마쳐야 한다. 다만, 재판장은 필요하다고 인정하는 경우에 제한한 구두변론시간을 연장할 수 있다.

④ 각 당사자를 위하여 복수의 대리인이 있는 경우에 재판장은 그 중 구두변론을 할 수 있는 대리인의 수를 제한할 수 있다.

⑤ 재판장은 심판절차의 원활한 진행과 적정한 심리를 도모하기 위하여 필요한 한도에서 진행중인 구두변론을 제한할 수 있다.

⑥ 이해관계인이나 참가인이 구두변론을 하는 경우에는 제 1 항부터 제 5 항까지의 규정을 준용한다.

⑦ 조서에는 서면, 사진, 속기록, 녹음물, 영상녹화물, 녹취서 등 헌법재판소가 적당하다고 인정한 것을 인용하고 소송기록에 첨부하거나 전자적 형태로 보관하여 조서의 일부로 할 수 있다. 〈신설 2017. 5. 30.〉

⑧ 제 7 항에 따라 속기록, 녹음물, 영상녹화물, 녹취서를 조서의 일부로 한 경우라도 재판장은 서기로 지명된 서기관, 사무관(다음부터 "사무관등"이라 한다)으로 하여금 당사자, 증인, 그 밖의 심판관계인의 진술 중 중요한 사항을 요약하여 조서의 일부로 기재하게 할 수 있다. 〈신설 2017. 5. 30.〉

제13조(참고인의 지정 등) ① 헌법재판소는 전문적인 지식을 가진 사람을 참고인으로 지정하여 그 진술을 듣거나 의견서를 제출하게 할 수 있다.

② 헌법재판소는 참고인을 지정하기에 앞서 그 지정에 관하여 당사자, 이해관계인 또는 관련 학회나 전문가 단체의 의견을 들을 수 있다.

제14조(지정결정 등본 등의 송달) ① 사무관등은 참고인 지정결정 등본이나 참고인 지정결정이 기재된 변론조서 등본을 참고인과 당사자에게 송달하여야 한다. 다만, 변론기일에서 참고인 지정결정을 고지 받은 당사자에게는 이를 송달하지 아니한다. 〈개정 2017. 5. 30.〉

② 참고인에게는 다음 각 호의 서류가 첨부된 의견요청서를 송달하여야 한다.

1. 위헌법률심판제청서 또는 심판청구서 사본
2. 피청구인의 답변서 사본
3. 이해관계인의 의견서 사본
4. 의견서 작성에 관한 안내문

제15조(참고인 의견서) ① 참고인은 의견요청을 받은 사항에 대하여 재판부가 정한 기한까지 의견서를 제출하여야 한다.

② 사무관등은 제 1 항의 의견서 사본을 당사자에게 바로 송달하여야 한다.

제16조(참고인 진술) ① 참고인의 의견진술은 사전에 제출한 의견서의 내용을 요약·정리하고 이를 명확히 하는 것이어야 한다.

② 재판장은 참고인 진술시간을 합리적인 범위 내에서 제한할 수 있다.

③ 재판관은 언제든지 참고인에게 질문할 수 있다.

④ 당사자는 참고인의 진술이 끝난 후 그에 관한 의견을 진술할 수 있다.

제17조(헌법재판소의 석명처분) ① 헌법재판소는 심판관계를 분명하게 하기 위하여

다음 각 호의 처분을 할 수 있다.

1. 당사자 본인이나 그 법정대리인에게 출석하도록 명하는 일
2. 심판서류 또는 심판에 인용한 문서, 그 밖의 물건으로서 당사자가 가지고 있는 것을 제출하게 하는 일
3. 당사자 또는 제3자가 제출한 문서, 그 밖의 물건을 헌법재판소에 유치하는 일
4. 검증을 하거나 감정을 명하는 일
5. 필요한 조사를 촉탁하는 일

② 제1항의 검증·감정과 조사의 촉탁에는 법 및 이 규칙, 민사소송법 및 민사소송규칙의 증거조사에 관한 규정을 준용한다.

제18조(통역) ① 심판정에서는 우리말을 사용한다.

② 심판관계인이 우리말을 하지 못하거나 듣거나 말하는 데에 장애가 있으면 통역인으로 하여금 통역하게 하거나 그 밖에 의사소통을 도울 수 있는 방법을 사용하여야 한다.

제19조(녹화 등의 금지) 누구든지 심판정에서는 재판장의 허가 없이 녹화·촬영·중계방송 등의 행위를 하지 못한다.

제19조의2(변론영상 등의 공개) 헌법재판소는 변론 및 선고에 대한 녹음·녹화의 결과물을 홈페이지 등을 통해 공개할 수 있다.

[본조신설 2017.5.30.]

제19조의3(변론 또는 선고의 방송) 재판장은 필요하다고 인정하는 경우 변론 또는 선고를 인터넷, 텔레비전 등 방송통신매체를 통하여 방송하게 할 수 있다.

[본조신설 2021.9.14.]

제4절 기 일

제20조(기일의 지정과 변경) ① 재판장은 재판부의 협의를 거쳐 기일을 지정한다. 다만, 수명재판관이 신문하거나 심문하는 기일은 그 수명재판관이 지정한다.

② 이미 지정된 기일을 변경하는 경우에도 제1항과 같다.

③ 기일을 변경하거나 변론을 연기 또는 속행하는 경우에는 심판절차의 중단 또는 중지, 그 밖에 다른 특별한 사정이 없으면 다음 기일을 바로 지정하여야 한다.

제21조(기일의 통지) ① 기일은 기일통지서 또는 출석요구서를 송달하여 통지한다. 다만, 그 사건으로 출석한 사람에게는 기일을 직접 고지하면 된다.

② 기일의 간이통지는 전화·팩시밀리·보통우편 또는 전자우편으로 하거나 그 밖에 적절하다고 인정되는 방법으로 할 수 있다.

③ 제2항의 규정에 따라 기일을 통지한 때에는 사무관등은 그 방법과 날짜를 심판기록에 표시하여야 한다.

제5절 송 달

제22조(전자헌법재판시스템·전화 등을 이용한 송달) ① 사무관등은 「헌법재판소 심판절차에서의 전자문서 이용 등에 관한 규칙」에 따라 전자헌법재판시스템을 이용하여 송달하거나 전화·팩시밀리·전자우편 또는 휴대전화 문자전송을 이용하여 송달할 수 있다. 〈개정 2010. 2. 26.〉

② 양쪽 당사자가 변호사를 대리인으로 선임한 경우에 한쪽 당사자의 대리인인 변호사가 상대방 대리인인 변호사에게 송달될 심판서류의 부본을 교부하거나 팩시밀리 또는 전자우편으로 보내고 그 사실을 헌법재판소에 증명하면 송달의 효력이 있다. 다만, 그 심판서류가 당사자 본인에게 교부되어야 할 경우에는 그러하지 아니하다. 〈개정 2008. 12. 22, 2010. 2.

26.〉

[제목개정 2010. 2. 26.]

제22조의2(공시송달의 방법) 「민사소송법」 제194조 제1항 및 제3항에 따라 공시송달을 실시하는 경우에는 사무관등은 송달할 서류를 보관하고 다음 각 호 가운데 어느 하나의 방법으로 그 사유를 공시하여야 한다. 〈개정 2015. 7. 22.〉

1. 헌법재판소게시판 게시
2. 헌법재판소홈페이지 전자헌법재판센터의 공시송달란 게시

[본조신설 2010. 2. 26.]

제22조의3(송달기관) 헌법재판소는 우편이나 재판장이 지명하는 사무처 직원에 의하여 심판서류를 송달한다.

[본조신설 2017. 5. 30.]

제23조(부본제출의무) 송달을 하여야 하는 심판서류를 제출할 때에는 특별한 규정이 없으면 송달에 필요한 수만큼 부본을 함께 제출하여야 한다.

제24조(공동대리인에게 할 송달) 「민사소송법」 제180조에 따라 송달을 하는 경우에 그 공동대리인들이 송달을 받을 대리인 한 사람을 지정하여 신고한 때에는 지정된 대리인에게 송달하여야 한다.

제6절 증 거

제25조(증거의 신청) 증거를 신청할 때에는 증거와 증명할 사실의 관계를 구체적으로 밝혀야 한다.

제26조(증인신문과 당사자신문의 신청) ① 증인신문은 부득이한 사정이 없으면 일괄하여 신청하여야 한다. 당사자신문을 신청하는 경우에도 마찬가지이다.

② 증인신문을 신청할 때에는 증인의 이름 · 주소 · 연락처 · 직업, 증인과 당사자의 관계, 증인이 사건에 관여하거나 내용을 알게 된 경위를 밝혀야 한다.

제27조(증인신문사항의 제출 등) ① 증인신문을 신청한 당사자는 헌법재판소가 정한 기한까지 상대방의 수에 12를 더한 수의 증인신문사항을 기재한 서면을 함께 제출하여야 한다.

② 사무관등은 제1항의 서면 1통을 증인신문기일 전에 상대방에게 송달하여야 한다.

③ 증인신문사항은 개별적이고 구체적이어야 한다.

제28조(증인 출석요구서의 기재사항 등) ① 증인의 출석요구서에는 다음 각 호의 사항을 기재하고 재판장이 서명 또는 기명날인하여야 한다.

1. 출석일시 및 장소
2. 당사자의 표시
3. 신문사항의 요지
4. 출석하지 아니하는 경우의 법률상 제재
5. 출석하지 아니하는 경우에는 그 사유를 밝혀 신고하여야 한다는 취지
6. 제5호의 신고를 하지 아니하는 경우에는 정당한 사유 없이 출석하지 아니한 것으로 인정되어 법률상 제재를 받을 수 있다는 취지

② 증인에 대한 출석요구서는 늦어도 출석할 날보다 7일 전에 송달되어야 한다. 다만, 부득이한 사정이 있으면 그러하지 아니하다.

제29조(불출석의 신고) 증인이 출석요구를 받고 기일에 출석할 수 없으면 바로 그 사유를 밝혀 신고하여야 한다.

제30조(증인이 출석하지 아니한 경우 등) ① 정당한 사유 없이 출석하지 아니한 증인의 구인에 관하여는 「형사소송규칙」 중 구인에 관한 규정을 준용한다.

② 증언거부나 선서거부에 정당한 이유가

없다고 한 결정이 있은 뒤에 증언거부나 선서거부를 한 증인에 대한 과태료재판절차에 관하여는 「비송사건절차법」 제248조, 제250조의 규정(다만, 검사, 항고, 과태료재판절차의 비용에 관한 부분을 제외한다)을 준용한다.

제31조(증인신문의 방법) ① 신문은 개별적이고 구체적으로 하여야 한다.

② 당사자의 신문이 다음 각 호의 어느 하나에 해당하는 때에는 재판장은 직권 또는 당사자의 신청에 따라 이를 제한할 수 있다. 다만, 제2호 내지 제6호에 규정된 신문에 관하여 정당한 사유가 있으면 그러하지 아니하다.

1. 증인을 모욕하거나 증인의 명예를 해치는 내용의 신문
2. 「민사소송규칙」 제91조 내지 제94조의 규정에 어긋나는 신문
3. 이미 한 신문과 중복되는 신문
4. 쟁점과 관계없는 신문
5. 의견의 진술을 구하는 신문
6. 증인이 직접 경험하지 아니한 사항에 관하여 진술을 구하는 신문

제32조(이의신청) ① 증인신문에 관한 재판장의 명령 또는 조치에 대한 이의신청은 그 명령 또는 조치가 있은 후 바로 하여야 하며, 그 이유를 구체적으로 밝혀야 한다.

② 재판부는 제1항에 따른 이의신청에 대하여 바로 결정하여야 한다.

제33조(증인의 증인신문조서 열람 등) 증인은 자신에 대한 증인신문조서의 열람 또는 복사를 청구할 수 있다.

제34조(서증신청의 방식) 당사자가 서증을 신청하려는 경우에는 문서를 제출하는 방식 또는 문서를 가진 사람에게 그것을 제출하도록 명할 것을 신청하는 방식으로 한다.

제35조(문서를 제출하는 방식에 의한 서증신청) ① 문서를 제출하면서 서증을 신청할 때에는 문서의 제목·작성자 및 작성일을 밝혀야 한다. 다만, 문서의 내용상 명백한 경우에는 그러하지 아니하다.

② 서증을 제출할 때에는 상대방의 수에 1을 더한 수의 사본을 함께 제출하여야 한다. 다만, 상당한 이유가 있으면 헌법재판소는 기간을 정하여 나중에 사본을 제출하게 할 수 있다.

③ 제2항의 사본은 명확한 것이어야 하며 재판장은 사본이 명확하지 아니한 경우에는 사본을 다시 제출하도록 명할 수 있다.

④ 문서의 일부를 증거로 할 때에도 문서의 전부를 제출하여야 한다. 다만, 그 사본은 재판장의 허가를 받아 증거로 원용할 부분의 초본만을 제출할 수 있다.

⑤ 헌법재판소는 서증에 대한 증거조사가 끝난 후에도 서증 원본을 다시 제출할 것을 명할 수 있다.

제36조(증거설명서의 제출 등) ① 재판장은 서증의 내용을 이해하기 어렵거나 서증의 수가 너무 많은 경우 또는 서증의 입증취지가 명확하지 아니한 경우에는 당사자에게 서증과 증명할 사실의 관계를 구체적으로 밝힌 설명서를 제출하도록 명할 수 있다.

② 서증이 국어 아닌 문자 또는 부호로 되어 있으면 그 문서의 번역문을 붙여야 한다. 다만, 문서의 일부를 증거로 할 때에는 재판장의 허가를 받아 그 부분의 번역문만을 붙일 수 있다.

제37조(서증에 대한 증거결정) 당사자가 서증을 신청한 경우에 다음 각 호의 어느 하나에 해당하는 사유가 있으면 헌법재판

소는 그 서증을 채택하지 아니하거나 채택결정을 취소할 수 있다.

1. 서증과 증명할 사실 사이에 관련성이 인정되지 아니하는 경우
2. 이미 제출된 증거와 같거나 비슷한 취지의 문서로서 별도의 증거가치가 있음을 당사자가 밝히지 못한 경우
3. 국어 아닌 문자 또는 부호로 되어 있는 문서로서 그 번역문을 붙이지 아니하거나 재판장의 번역문 제출명령에 따르지 아니한 경우
4. 제36조에 따른 재판장의 증거설명서 제출명령에 따르지 아니한 경우
5. 문서의 작성자나 그 작성일이 분명하지 아니하여 이를 명확히 하도록 한 재판장의 명령에 따르지 아니한 경우

제38조(문서제출신청의 방식 등) ① 문서를 가진 사람에게 그것을 제출하도록 명하는 방법으로 서증을 신청하려는 경우에는 다음 각 호의 사항을 기재한 서면으로 하여야 한다.

1. 문서의 표시
2. 문서의 취지
3. 문서를 가진 사람
4. 증명할 사실
5. 문서를 제출하여야 하는 의무의 원인

② 상대방은 제1항의 신청에 관하여 의견이 있으면 의견을 기재한 서면을 헌법재판소에 제출할 수 있다.

제39조(문서송부의 촉탁) ① 서증의 신청은 제34조의 규정에 불구하고 문서를 가지고 있는 사람에게 그 문서를 보내도록 촉탁할 것을 신청하는 방법으로 할 수도 있다. 다만, 당사자가 법령에 따라 문서의 정본이나 등본을 청구할 수 있는 경우에는 그러하지 아니하다. 〈개정 2017. 5. 30.〉

② 헌법재판소는 법 제32조에 따라 기록의 송부나 자료의 제출을 요구하는 경우로서 국가기관 또는 공공단체의 기관이 원본을 제출하기 곤란한 사정이 있는 때에는 그 인증등본을 요구할 수 있다. 〈신설 2017. 5. 30.〉

제40조(기록 가운데 일부문서에 대한 송부촉탁) ① 법원, 검찰청, 그 밖의 공공기관(다음부터 이 조문에서 이 모두를 "법원등"이라 한다)이 보관하고 있는 기록 가운데 불특정한 일부에 대하여도 문서송부의 촉탁을 신청할 수 있다.

② 헌법재판소가 제1항의 신청을 채택한 경우에는 기록을 보관하고 있는 법원등에 대하여 그 기록 가운데 신청인이 지정하는 부분의 인증등본을 보내 줄 것을 촉탁하여야 한다.

③ 제2항에 따른 촉탁을 받은 법원등은 그 문서를 보관하고 있지 아니하거나 그 밖에 송부촉탁에 따를 수 없는 특별한 사정이 없으면 문서송부촉탁 신청인에게 그 기록을 열람하게 하여 필요한 부분을 지정할 수 있도록 하여야 한다.

제41조(문서가 있는 장소에서의 서증조사 등) ① 제3자가 가지고 있는 문서를 문서제출신청 또는 문서송부촉탁의 방법에 따라 서증으로 신청할 수 없거나 신청하기 어려운 사정이 있으면 헌법재판소는 당사자의 신청 또는 직권에 의하여 그 문서가 있는 장소에서 서증조사를 할 수 있다.

② 제1항의 경우 신청인은 서증으로 신청한 문서의 사본을 헌법재판소에 제출하여야 한다.

제42조(협력의무) ① 헌법재판소로부터 문서의 전부 또는 일부의 송부를 촉탁 받은 사람 또는 문서가 있는 장소에서의 서증조사 대상인 문서를 가지고 있는 사람은 정당한 이유 없이 문서의 송부나 서증조

사에 대한 협력을 거절하지 못한다.

② 문서의 송부촉탁을 받은 사람이 그 문서를 보관하고 있지 아니하거나 그 밖에 송부촉탁에 따를 수 없는 사정이 있으면 그 사유를 헌법재판소에 통지하여야 한다.

제43조(문서제출방법 등) ① 헌법재판소에 문서를 제출하거나 보낼 때에는 원본, 정본 또는 인증이 있는 등본으로 하여야 한다.

② 헌법재판소는 필요하다고 인정하면 원본을 제출하도록 명하거나 원본을 보내도록 촉탁할 수 있다.

③ 헌법재판소는 당사자로 하여금 그 인용한 문서의 등본 또는 초본을 제출하게 할 수 있다.

④ 헌법재판소는 문서가 증거로 채택되지 아니한 경우에 당사자의 의견을 들어 제출된 문서의 원본·정본·등본·초본 등을 돌려주거나 폐기할 수 있다.

제44조(감정의 신청 등) ① 감정을 신청할 때에는 감정을 구하는 사항을 적은 서면을 함께 제출하여야 한다.

② 제 1 항의 서면은 상대방에게 송달하여야 한다.

제45조(감정의 촉탁) 헌법재판소는 필요하다고 인정하면 공공기관, 학교, 그 밖에 상당한 설비가 있는 단체 또는 외국의 공공기관에 감정을 촉탁할 수 있다. 이 경우 선서에 관한 규정은 적용하지 아니한다.

제46조(검증의 신청) 당사자가 검증을 신청할 때에는 검증의 목적을 표시하여 신청하여야 한다.

제47조(검증할 때의 감정 등) 수명재판관은 검증에 필요하다고 인정하면 감정을 명하거나 증인을 신문할 수 있다.

제 7 절　그 밖의 절차

제48조(선고의 방식) 결정을 선고할 경우에는 재판장이 결정서 원본에 따라 주문을 읽고 이유의 요지를 설명하되, 필요한 때에는 다른 재판관으로 하여금 이유의 요지를 설명하게 할 수 있다. 다만, 법정의견과 다른 의견이 제출된 경우에는 재판장은 선고 시 이를 공개하고 그 의견을 제출한 재판관으로 하여금 이유의 요지를 설명하게 할 수 있다.

제49조(결정서 등본의 송달) 헌법재판소의 종국 결정이 법률의 제정 또는 개정과 관련이 있으면 그 결정서 등본을 국회 및 이해관계가 있는 국가기관에게 송부하여야 한다.

제49조의2(종국결정의 공시) ① 다음 각 호의 종국결정은 관보에, 그 밖의 종국결정은 헌법재판소의 인터넷 홈페이지에 각 게재함으로써 공시한다.

1. 법률의 위헌결정
2. 탄핵심판에 관한 결정
3. 정당해산심판에 관한 결정
4. 권한쟁의심판에 관한 본안결정
5. 헌법소원의 인용결정
6. 기타 헌법재판소가 필요하다고 인정한 결정

② 관보에 게재함으로써 공시하는 종국결정은 헌법재판소의 인터넷 홈페이지에도 게재한다.

[본조신설 2011. 7. 8.]

제50조(가처분의 신청과 취하) ① 가처분의 신청 및 가처분신청의 취하는 서면으로 하여야 한다. 다만, 변론기일 또는 심문기일에서는 가처분신청의 취하를 말로 할 수 있다.

② 가처분신청서에는 신청의 취지와 이유를 기재하여야 하며, 주장을 소명하기 위한 증거나 자료를 첨부하여야 한다.

③ 가처분의 신청이 있는 때에는 신청서

의 등본을 피신청인에게 바로 송달하여야 한다. 다만, 본안사건이 헌법소원심판사건인 경우로서 그 심판청구가 명백히 부적법하거나 권리의 남용이라고 인정되는 경우에는 송달하지 아니할 수 있다. 〈개정 2014. 6. 9.〉

제51조(신청에 대한 결정서 정본의 송달) ① 가처분신청에 대한 결정을 한 때에는 결정서 정본을 신청인에게 바로 송달하여야 한다. 가처분신청에 대하여 답변서를 제출한 피신청인, 의견서를 제출한 이해관계기관이 있을 때에는 이들에게도 결정서 정본을 송달하여야 한다.

② 재판관에 대한 제척 또는 기피의 신청에 대한 결정, 국선대리인 선임신청에 대한 결정을 한 때에는 결정서 정본을 신청인에게 바로 송달하여야 한다. 국선대리인을 선정하는 결정을 한 때에는 국선대리인에게도 결정서 정본을 송달하여야 한다.

제52조(재심의 심판절차) 재심의 심판절차에는 그 성질에 어긋나지 아니하는 범위 내에서 재심 전 심판절차에 관한 규정을 준용한다.

제53조(재심청구서의 기재사항) ① 재심청구서에는 다음 각 호의 사항을 기재하여야 한다.

1. 재심청구인 및 대리인의 표시
2. 재심할 결정의 표시와 그 결정에 대하여 재심을 청구하는 취지
3. 재심의 이유

② 재심청구서에는 재심의 대상이 되는 결정의 사본을 붙여야 한다.

제 3 장 특별심판절차

제 1 절 위헌법률심판

제54조(제청서의 기재사항) 제청서에는 법 제43조의 기재사항 외에 다음 각 호의 사항을 기재하여야 한다.

1. 당해사건이 형사사건인 경우 피고인의 구속여부 및 그 기간
2. 당해사건이 행정사건인 경우 행정처분의 집행정지 여부

제55조(제청법원의 의견서 등 제출) 제청법원은 위헌법률심판을 제청한 후에도 심판에 필요한 의견서나 자료 등을 헌법재판소에 제출할 수 있다.

제56조(당해사건 참가인의 의견서 제출) 당해사건의 참가인은 헌법재판소에 법률이나 법률조항의 위헌 여부에 관한 의견서를 제출할 수 있다.

제 2 절 탄핵심판

제57조(소추위원의 대리인 선임) 소추위원은 변호사를 대리인으로 선임하여 탄핵심판을 수행하게 할 수 있다.

제58조(소추위원의 자격상실과 심판절차의 중지) ① 소추위원인 국회법제사법위원회의 위원장이 그 자격을 잃은 때에는 탄핵심판절차는 중단된다. 이 경우 새로 국회법제사법위원회의 위원장이 된 사람이 탄핵심판절차를 수계하여야 한다.

② 소추위원의 대리인이 있는 경우에는 탄핵심판절차는 중단되지 아니한다.

제59조(변론기일의 시작) 변론기일은 사건과 당사자의 이름을 부름으로써 시작한다.

제60조(소추의결서의 낭독) ① 소추위원은 먼저 소추의결서를 낭독하여야 한다.

② 제 1 항의 경우에 재판장은 원활한 심리를 위하여 필요하다고 인정하면 소추사

실의 요지만을 진술하게 할 수 있다.

제61조(피청구인의 의견진술) 재판장은 피청구인에게 소추에 대한 의견을 진술할 기회를 주어야 한다.

제62조(증거에 대한 의견진술) 소추위원 또는 피청구인은 증거로 제출된 서류나 물건 등을 증거로 하는 것에 동의하는지 여부에 관한 의견을 진술하여야 한다. 〈개정 2017. 5. 30.〉

[제목개정 2017. 5. 30.]

제62조의2(피청구인에 대한 신문) ① 재판장은 피청구인이 변론기일에 출석한 경우 피청구인을 신문하거나 소추위원과 그 대리인 또는 피청구인의 대리인으로 하여금 신문하게 할 수 있다.

② 피청구인은 진술하지 아니하거나 개개의 질문에 대하여 진술을 거부할 수 있다.

③ 재판장은 피청구인에 대한 신문 전에 피청구인에게 제2항과 같이 진술을 거부할 수 있음을 고지하여야 한다.

④ 제1항에 따른 피청구인에 대한 신문은 소추위원과 피청구인의 최종 의견진술 전에 한다. 다만, 재판장이 필요하다고 인정한 때에는 피청구인의 최종 의견진술 후에도 피청구인을 신문할 수 있다.

[본조신설 2017. 5. 30.]

제63조(최종 의견진술) ① 소추위원은 탄핵소추에 관하여 최종 의견을 진술할 수 있다. 다만, 소추위원이 출석하지 아니한 경우에는 소추의결서 정본의 기재사항에 의하여 의견을 진술한 것으로 본다. 〈개정 2017. 5. 30.〉

② 재판장은 피청구인에게 최종 의견을 진술할 기회를 주어야 한다.

③ 재판장은 심리의 적절한 진행을 위하여 필요한 경우 제1항과 제2항에 따른 의견진술 시간을 제한할 수 있다.

[제목개정 2017. 5. 30.]

제64조(당사자의 불출석과 선고) 당사자가 출석하지 아니한 경우에도 종국결정을 선고할 수 있다.

제3절 정당해산심판

제65조(정당해산심판청구서의 첨부서류) ① 정당해산심판의 청구서에는 정당해산의 제소에 관하여 국무회의의 심의를 거쳤음을 증명하는 서류를 붙여야 한다.

② 정당해산심판의 청구서에는 중앙당등록대장등본 등 피청구인이 정당해산심판의 대상이 되는 정당임을 증명할 수 있는 자료를 붙여야 한다.

제66조(청구 등의 통지방법) ① 정당해산심판의 청구 또는 청구의 취하가 있는 때, 가처분결정을 한 때 및 그 심판을 종료한 때에는 헌법재판소장은 국회와 중앙선거관리위원회에 정당해산심판청구서 부본 또는 취하서 부본, 가처분결정서 등본, 종국결정 등본을 붙여 그 사실을 통지하여야 한다.

② 법 제58조 제2항에 따라 정당해산을 명하는 결정서를 정부에 송달할 경우에는 법무부장관에게 송달하여야 한다.

제4절 권한쟁의심판

제67조(권한쟁의심판청구의 통지) 헌법재판소장은 권한쟁의심판이 청구된 경우에는 다음 각 호의 국가기관 또는 지방자치단체에게 그 사실을 바로 통지하여야 한다. 〈개정 2021. 9. 14.〉

1. 법무부장관
2. 지방자치단체를 당사자로 하는 권한쟁의심판인 경우에는 행정안전부장관. 다만, 법 제62조 제2항에 의한 교육·학예에 관한 지방자치단체의 사무에 관한

것일 때에는 행정안전부장관 및 교육부장관
3. 시 · 군 또는 지방자치단체인 구를 당사자로 하는 권한쟁의심판인 경우에는 그 지방자치단체가 소속된 특별시 · 광역시 또는 도
4. 그 밖에 권한쟁의심판에 이해관계가 있다고 인정되는 국가기관 또는 지방자치단체

제 5 절 헌법소원심판

제68조(헌법소원심판청구서의 기재사항)
① 법 제68조 제 1 항에 따른 헌법소원심판의 청구서에는 다음 각 호의 사항을 기재하여야 한다.
1. 청구인 및 대리인의 표시
2. 피청구인(다만, 법령에 대한 헌법소원의 경우에는 그러하지 아니하다)
3. 침해된 권리
4. 침해의 원인이 되는 공권력의 행사 또는 불행사
5. 청구이유
6. 다른 법률에 따른 구제 절차의 경유에 관한 사항
7. 청구기간의 준수에 관한 사항

② 법 제68조 제 2 항에 따른 헌법소원심판의 청구서에는 다음 각 호의 사항을 기재하여야 한다.
1. 청구인 및 대리인의 표시
2. 사건 및 당사자의 표시
3. 위헌이라고 해석되는 법률 또는 법률조항
4. 위헌이라고 해석되는 이유
5. 법률이나 법률 조항의 위헌 여부가 재판의 전제가 되는 이유
6. 청구기간의 준수에 관한 사항

제69조(헌법소원심판청구서의 첨부서류)
① 헌법소원심판의 청구서에는 대리인의 선임을 증명하는 서류를 붙여야 한다. 다만, 심판청구와 동시에 국선대리인선임신청을 하는 경우에는 그러하지 아니하다.
② 법 제68조 제 2 항에 따른 헌법소원심판의 청구서를 제출할 때에는 다음 각 호의 서류도 함께 제출하여야 한다.
1. 위헌법률심판제청신청서 사본
2. 위헌법률심판제청신청 기각결정서 사본
3. 위헌법률심판제청신청 기각결정서 송달증명원
4. 당해사건의 재판서를 송달받은 경우에는 그 재판서 사본

제70조(보정명령) ① 헌법재판소는 청구서의 필수 기재사항이 누락되거나 명확하지 아니한 경우에 적당한 기간을 정하여 이를 보정하도록 명할 수 있다.
② 제 1 항에 따른 보정기간까지 보정하지 아니한 경우에는 심판청구를 각하할 수 있다.

부칙〈제201호, 2007. 12. 7.〉

제 1 조 (시행일) 이 규칙은 공포 후 30일이 경과한 날부터 시행한다.
제 2 조 (계속사건에 관한 경과조치) 이 규칙은 특별한 규정이 없으면 이 규칙 시행 당시 헌법재판소에 계속 중인 사건에도 적용한다. 다만, 이 규칙 시행 전에 생긴 효력에는 영향을 미치지 아니한다.

부칙〈제233호, 2008. 12. 22.〉

이 규칙은 2009년 1월 1일부터 시행한다.

부칙〈제251호, 2010. 2. 26.〉

이 규칙은 2010년 3월 1일부터 시행한다.

부칙〈제265호, 2011. 7. 8.〉
이 규칙은 공포한 날부터 시행한다.

부칙〈제299호, 2012. 11. 26.〉
이 규칙은 공포한 날부터 시행한다.

부칙〈제324호, 2014. 6. 9.〉
이 규칙은 공포한 날부터 시행한다.

부칙〈제369호, 2015. 7. 22.〉
이 규칙은 공포한 날부터 시행하되, 2015년 7월 1일부터 적용한다.

부칙〈제389호, 2017. 5. 30.〉
이 규칙은 공포한 날부터 시행한다.

부칙〈제399호, 2018. 6. 15.〉
이 규칙은 공포한 날부터 시행한다.

부칙〈제436호, 2021. 9. 14.〉
제1조(시행일) 이 규칙은 공포한 날부터 시행한다.
제2조(다른 규칙의 개정) ①「헌법재판소 기록물 관리 규칙」 일부를 다음과 같이 개정한다
제53조 제1항 제2호 각 목 외의 부분 중 "행정자치부령"을 "행정안전부령"으로, "행정자치부장관"을 "행정안전부장관"으로 하고, 같은 항 제3호 중 "행정자치부령"을 "행정안전부령"으로 한다.
②「헌법재판소 보안업무 규칙」 일부를 다음과 같이 개정한다.
제35조 제3항 중 "행정자치부장관"을 "행정안전부장관"으로 한다.
③「헌법재판소 인사사무 규칙」 일부를 다음과 같이 개정한다.
제19조 중 "안전행정부장관"을 "행정안전부장관"으로 한다.

판 례 색 인

[헌법재판소]

헌재 1989. 3. 17. 88헌마1 ········ 427, 433, 434, 536, 537, 621, 622, 632, 662
헌재 1989. 4. 17. 88헌가4 ········ 248, 313
헌재 1989. 4. 17. 88헌마3 ········ 512, 593, 649, 724, 728
헌재 1989. 4. 18. 89헌마54 지정부 결정 ········ 661
헌재 1989. 5. 24. 88헌가12 ········ 228
헌재 1989. 7. 10. 89헌마144 지정부 결정 ········ 721
헌재 1989. 7. 14. 88헌가5등 ········ 145, 147, 229, 251, 372, 828
헌재 1989. 7. 14. 88헌가55등 ········ 832
헌재 1989. 7. 21. 89헌마12 ········ 427, 607, 610
헌재 1989. 7. 21. 89헌마38 ········ 364, 841, 860
헌재 1989. 7. 24. 89헌마141 ········ 183, 771
헌재 1989. 7. 28. 89헌마1 ········ 444, 501, 532, 537
헌재 1989. 7. 28. 89헌마61 ········ 570
헌재 1989. 9. 2. 89헌마170 지정부 결정 ········ 538
헌재 1989. 9. 4. 88헌마22 ········ 476, 565, 662, 670, 803
헌재 1989. 9. 8. 88헌가6 ········ 373, 376, 411
헌재 1989. 9. 8. 89헌마37 ········ 434
헌재 1989. 9. 11. 89헌마169 지정부 결정 ········ 554
헌재 1989. 9. 29. 89헌가86 ········ 188, 228, 318, 789
헌재 1989. 9. 29. 89헌마13 ········ 434
헌재 1989. 9. 29. 89헌마53 ········ 246, 419
헌재 1989. 10. 7. 89헌마203 지정부 결정 ········ 661
헌재 1989. 10. 27. 89헌마105등 ········ 554, 636, 656
헌재 1989. 10. 27. 89헌마56 ········ 515, 655
헌재 1989. 11. 20. 89헌가102 ········ 97, 346
헌재 1989. 12. 18. 89헌마32등 ········ 229, 419, 820, 828, 858
헌재 1989. 12. 22. 88헌가13 ········ 344, 345
헌재 1989. 12. 22. 89헌마145 ········ 596
헌재 1990. 1. 6. 89헌마269 ········ 725

헌재 1990. 3. 28. 90헌마47 지정부 결정 ··· 539
헌재 1990. 4. 2. 88헌마25 ··· 570
헌재 1990. 4. 2. 89헌가113 ··· 189, 363, 365, 1016
헌재 1990. 4. 2. 89헌마185 ··· 728
헌재 1990. 4. 2. 89헌마262 ··· 570
헌재 1990. 4. 10. 90헌마50 ··· 682
헌재 1990. 5. 21. 90헌마78 ··· 87, 682
헌재 1990. 6. 25. 89헌가98등 ··· 267, 833
헌재 1990. 6. 25. 89헌마107 ··· 419
헌재 1990. 6. 25. 89헌마220 ··· 427, 662, 689, 692
헌재 1990. 6. 25. 89헌마234 ··· 596
헌재 1990. 6. 25. 90헌가11 ··· 365, 373
헌재 1990. 7. 9. 90헌마95 ··· 685, 686
헌재 1990. 9. 3. 89헌마90 ··· 596
헌재 1990. 9. 3. 89헌마120등 ··· 78, 632, 717
헌재 1990. 9. 3. 89헌마211 ··· 567
헌재 1990. 9. 3. 90헌마13 ··· 460
헌재 1990. 9. 7. 90헌마146 지정부 결정 ··· 721
헌재 1990. 9. 10. 89헌마82 ··· 325
헌재 1990. 10. 8. 89헌마89 ··· 682, 801
헌재 1990. 10. 8. 89헌마278 ··· 655
헌재 1990. 10. 12. 90헌마170 ··· 183, 771
헌재 1990. 10. 15. 89헌마178 ··· 456, 457, 536, 649, 796, 797
헌재 1990. 10. 22. 90헌마155 지정부 결정 ··· 657
헌재 1990. 11. 28. 90헌마195 지정부 결정 ··· 721
헌재 1990. 12. 26. 89헌마277 ··· 518, 652
헌재 1990. 12. 26. 90헌마2 ··· 553
헌재 1990. 12. 26. 90헌마20 ··· 596
헌재 1991. 1. 25. 90헌마222 ··· 655
헌재 1991. 2. 11. 90헌가27 ··· 345
헌재 1991. 3. 11. 91헌마21 ··· 362, 376, 549, 592, 797, 801
헌재 1991. 4. 1. 89헌마160 ··· 342, 859
헌재 1991. 4. 1. 90헌마65 ··· 593
헌재 1991. 4. 1. 90헌마194 ··· 649
헌재 1991. 4. 1. 90헌마230 ··· 653
헌재 1991. 4. 8. 91헌마53 ··· 596

헌재 1991. 5. 13. 89헌마267 ······ 637
헌재 1991. 5. 13. 90헌마133 ······ 473, 671
헌재 1991. 6. 3. 89헌마46 ······ 637, 658
헌재 1991. 6. 3. 89헌마204 ······ 859
헌재 1991. 6. 3. 90헌마56 ······ 549, 550, 596, 606, 775
헌재 1991. 7. 8. 89헌마155 ······ 788
헌재 1991. 7. 8. 89헌마181 ······ 556, 558, 674, 758, 788
헌재 1991. 7. 8. 91헌마42 ······ 457, 519, 652
헌재 1991. 7. 22. 89헌마174 ······ 658
헌재 1991. 7. 22. 91헌마16 ······ 689
헌재 1991. 9. 16. 89헌마151 ······ 682
헌재 1991. 9. 16. 89헌마152 ······ 637, 658
헌재 1991. 9. 16. 89헌마163 ······ 72, 73, 75, 434, 475, 477, 530, 554
헌재 1991. 9. 16. 89헌마165등 ······ 345
헌재 1991. 9. 16. 90헌마24 ······ 691
헌재 1991. 11. 25. 89헌마99 ······ 682
헌재 1991. 11. 25. 89헌마235 ······ 533, 661
헌재 1991. 11. 25. 90헌마19 ······ 434
헌재 1991. 11. 25. 91헌가6 ······ 97, 228, 346
헌재 1991. 12. 2. 91헌마191 지정부 결정 ······ 658
헌재 1992. 1. 28. 89헌가8 ······ 189, 365
헌재 1992. 1. 28. 90헌마227 ······ 513, 593, 596, 655, 685
헌재 1992. 1. 28. 90헌바59 ······ 841, 842
헌재 1992. 1. 28. 91헌마111 ······ 226, 420, 466, 671, 674, 743, 744, 748, 798, 805
헌재 1992. 2. 25. 89헌가104 ······ 145, 147, 148, 331, 363, 365, 366
헌재 1992. 2. 25. 90헌가69 ······ 311
헌재 1992. 2. 25. 90헌마91 ······ 591
헌재 1992. 4. 14. 89헌마280 ······ 651, 685
헌재 1992. 4. 14. 90헌마82 ······ 621, 748, 801
헌재 1992. 4. 14. 90헌마145 ······ 555
헌재 1992. 4. 14. 90헌바23 ······ 327, 860
헌재 1992. 4. 14. 91헌마156 ······ 79, 717
헌재 1992. 4. 28. 90헌바24 ······ 858
헌재 1992. 4. 28. 91헌마62 ······ 658
헌재 1992. 5. 26. 92헌마94 지정부 결정 ······ 658
헌재 1992. 6. 19. 92헌마110 지정부 결정 ······ 658

헌재 1992. 6. 26. 89헌마132 ··· 79, 429, 519, 532, 539, 554, 716, 788
헌재 1992. 6. 26. 89헌마161 ··· 687
헌재 1992. 6. 26. 89헌마271 ··· 522, 533
헌재 1992. 6. 26. 89헌마272 ··· 553, 554, 788
헌재 1992. 6. 26. 90헌가23 ··· 238, 369
헌재 1992. 6. 26. 90헌마73 ··· 487
헌재 1992. 6. 26. 90헌아1 ··· 196, 819, 865
헌재 1992. 6. 26. 91헌마25 ··· 458, 664, 689
헌재 1992. 6. 26. 91헌마68 ··· 650, 651
헌재 1992. 6. 26. 91헌마134 ··· 682, 711
헌재 1992. 6. 26. 92헌마7 ··· 652
헌재 1992. 6. 26. 92헌마9 ··· 687
헌재 1992. 6. 26. 92헌마24 ··· 651
헌재 1992. 7. 23. 90헌마120 ··· 658
헌재 1992. 7. 23. 90헌마212 ··· 478, 487
헌재 1992. 7. 23. 91헌마142 ··· 513
헌재 1992. 7. 23. 92헌마103 ··· 651, 687, 728
헌재 1992. 8. 19. 92헌바36 ··· 242
헌재 1992. 9. 3. 92헌마197 지정부 결정 ··· 772, 790
헌재 1992. 9. 4. 92헌마175 지정부 결정 ··· 567, 589
헌재 1992. 9. 19. 2002헌아5 ··· 819
헌재 1992. 10. 1. 90헌마5 ··· 780, 788
헌재 1992. 10. 1. 91헌마31 ··· 477, 565, 593, 649, 665
헌재 1992. 10. 1. 91헌마169 ··· 665
헌재 1992. 10. 1. 91헌마225 ··· 685
헌재 1992. 10. 1. 92헌마68등 ··· 425, 494, 552, 607, 608
헌재 1992. 10. 31. 92헌바42 ··· 237, 825
헌재 1992. 11. 12. 89헌마88 ··· 608
헌재 1992. 11. 12. 90헌마33 ··· 544, 807
헌재 1992. 11. 12. 90헌마160 ··· 426, 506
헌재 1992. 11. 12. 90헌마229 ··· 519
헌재 1992. 11. 12. 91헌마146 ··· 650, 652, 655, 665
헌재 1992. 11. 12. 91헌마157 ··· 728
헌재 1992. 11. 12. 91헌마176 ··· 725
헌재 1992. 11. 12. 91헌마192 ··· 565, 613, 637, 658
헌재 1992. 11. 12. 91헌마222 ··· 725

헌재 1992. 11. 12. 92헌마257 ··· 691
헌재 1992. 11. 12. 92헌바7 ··· 237, 825
헌재 1992. 12. 8. 92헌마276 지정부 결정 ··· 790
헌재 1992. 12. 8. 92헌아3 ··· 819, 865
헌재 1992. 12. 24. 90헌마149 ··· 658, 687
헌재 1992. 12. 24. 90헌마158 ··· 517, 522, 775, 778, 779
헌재 1992. 12. 24. 90헌마174 ··· 434
헌재 1992. 12. 24. 90헌마182 ··· 426, 506, 658, 789
헌재 1992. 12. 24. 90헌바21 ··· 858
헌재 1992. 12. 24. 91헌마168 ··· 596
헌재 1992. 12. 24. 92헌가8 ··· 241, 290, 294, 354, 832
헌재 1992. 12. 24. 92헌마166 ··· 717
헌재 1992. 12. 24. 92헌마186 ··· 715, 724
헌재 1992. 12. 24. 92헌마204 ··· 658, 777, 789
헌재 1993. 1. 20. 94헌마246 ··· 731
헌재 1993. 2. 2. 93헌마2 지정부 결정 ··· 478
헌재 1993. 2. 19. 93헌마32 ··· 183
헌재 1993. 3. 11. 88헌마5 ··· 376, 801
헌재 1993. 3. 11. 89헌마79 ··· 596, 711
헌재 1993. 3. 11. 90헌가70 ··· 326
헌재 1993. 3. 11. 90헌마306 ··· 567
헌재 1993. 3. 11. 91헌마233 ··· 519, 567, 590, 597
헌재 1993. 3. 11. 91헌바22 ··· 843
헌재 1993. 3. 11. 92헌마48 ··· 591, 593
헌재 1993. 3. 11. 92헌마98 ··· 735, 758
헌재 1993. 3. 11. 92헌마142 ··· 651, 687
헌재 1993. 3. 11. 92헌마306 ··· 596
헌재 1993. 3. 15. 93헌마36 지정부 결정 ··· 657
헌재 1993. 5. 10. 93헌마92 지정부 결정 ··· 788
헌재 1993. 5. 13. 90헌바22등 ··· 296, 344, 832, 856
헌재 1993. 5. 13. 91헌마190 ··· 68, 90, 565, 666, 775, 777, 778, 789
헌재 1993. 5. 13. 91헌마213 ··· 653
헌재 1993. 5. 13. 91헌바17 ··· 858
헌재 1993. 5. 13. 92헌가10등 ··· 240, 295, 308, 349, 357, 358, 832, 834
헌재 1993. 5. 13. 92헌마80 ··· 565, 632, 797
헌재 1993. 5. 13. 92헌마276 지정부 결정 ··· 790

헌재 1993. 6. 2. 93헌마104 ………… 518, 522, 533
헌재 1993. 6. 29. 93헌마123 ………… 184, 772
헌재 1993. 7. 14. 93헌마137 지정부 결정 ………… 697
헌재 1993. 7. 29. 89헌마31 ………… 465, 592, 670, 684, 712, 748, 805, 816
헌재 1993. 7. 29. 89헌마123 ………… 550, 590, 597, 776
헌재 1993. 7. 29. 90헌바35 ………… 789
헌재 1993. 7. 29. 91헌마47 ………… 491, 650, 685, 687
헌재 1993. 7. 29. 91헌마150 ………… 842
헌재 1993. 7. 29. 92헌마6 ………… 685, 686, 705
헌재 1993. 7. 29. 92헌마217 ………… 685
헌재 1993. 7. 29. 92헌마234 ………… 544, 593
헌재 1993. 7. 29. 92헌마262 ………… 591, 653
헌재 1993. 7. 29. 92헌바48 ………… 254
헌재 1993. 7. 29. 93헌마23 ………… 345
헌재 1993. 7. 29. 93헌마30 ………… 651
헌재 1993. 9. 27. 89헌마248 ………… 75
헌재 1993. 9. 27. 91헌마131 ………… 697
헌재 1993. 9. 27. 91헌마223 ………… 522
헌재 1993. 9. 27. 92헌마284 ………… 651, 731, 816
헌재 1993. 9. 27. 92헌바21 ………… 748, 840
헌재 1993. 9. 27. 93헌마45 ………… 487
헌재 1993. 10. 27. 93헌마247 ………… 487
헌재 1993. 10. 29. 93헌마222 ………… 791
헌재 1993. 11. 25. 89헌마36 ………… 684
헌재 1993. 11. 25. 90헌바47등 ………… 296
헌재 1993. 11. 25. 92헌마53 ………… 519
헌재 1993. 11. 25. 92헌마87 ………… 593, 697
헌재 1993. 11. 25. 92헌마169 ………… 732, 734, 758
헌재 1993. 11. 25. 92헌마293 ………… 472
헌재 1993. 11. 25. 92헌바39 ………… 247, 294, 304
헌재 1993. 11. 25. 93헌마51 ………… 653
헌재 1993. 11. 25. 93헌마81 ………… 597
헌재 1993. 11. 25. 93헌마89 ………… 591
헌재 1993. 11. 25. 93헌마107 ………… 651
헌재 1993. 11. 25. 93헌마113 ………… 799
헌재 1993. 11. 27. 90헌마209 ………… 434

헌재 1993. 12. 20. 93헌사81 ······ 153
헌재 1993. 12. 23. 89헌마281 ······ 537
헌재 1993. 12. 23. 92헌마247 ······ 534, 649, 661, 674
헌재 1993. 12. 23. 93헌가2 ······ 214, 226, 241, 290, 291, 301, 311, 315
헌재 1994. 2. 18. 94헌마12 지정부 결정 ······ 705
헌재 1994. 2. 24. 91헌가3 ······ 299, 300, 302
헌재 1994. 2. 24. 92헌마283 ······ 538
헌재 1994. 2. 24. 93헌마42 ······ 651, 728
헌재 1994. 2. 24. 93헌마82 ······ 487
헌재 1994. 2. 24. 93헌마158 ······ 697
헌재 1994. 2. 24. 93헌마213등 ······ 506
헌재 1994. 3. 18. 94헌마36 지정부 결정 ······ 522
헌재 1994. 4. 28. 89헌마86 ······ 672
헌재 1994. 4. 28. 89헌마221 ······ 87, 417, 772, 821, 824, 828
헌재 1994. 4. 28. 91헌마55 ······ 471, 493, 566
헌재 1994. 4. 28. 91헌바14 ······ 212, 821
헌재 1994. 4. 28. 91헌바15등 ······ 291, 297, 832
헌재 1994. 4. 28. 92헌가3 ······ 101, 339, 363, 366
헌재 1994. 4. 28. 92헌마153 ······ 478, 530, 597
헌재 1994. 4. 28. 92헌마280 ······ 181, 188, 428, 732, 789
헌재 1994. 4. 28. 92헌마480 ······ 637
헌재 1994. 4. 28. 92헌바16 ······ 790
헌재 1994. 4. 28. 93헌마47 ······ 593
헌재 1994. 4. 28. 93헌마151 ······ 658
헌재 1994. 5. 6. 89헌마35 ······ 465, 469
헌재 1994. 5. 6. 90헌마106등 ······ 596
헌재 1994. 6. 8. 94헌마94 지정부 결정 ······ 522
헌재 1994. 6. 30. 90헌마107 ······ 650
헌재 1994. 6. 30. 91헌마161 ······ 597, 711
헌재 1994. 6. 30. 91헌마162 ······ 565, 567, 589, 610, 630, 637
헌재 1994. 6. 30. 92헌가1 ······ 527
헌재 1994. 6. 30. 92헌가18 ······ 229, 310, 428
헌재 1994. 6. 30. 92헌마61 ······ 590, 597
헌재 1994. 6. 30. 92헌바23 ······ 143, 285, 287, 344, 347, 856
헌재 1994. 6. 30. 93헌가15등 ······ 105
헌재 1994. 6. 30. 93헌마71 ······ 69

헌재 1994. 6. 30. 93헌마161 ········· 530
헌재 1994. 6. 30. 93헌바9 ········· 858
헌재 1994. 6. 30. 94헌아5 ········· 209, 224
헌재 1994. 7. 29. 91헌마137 ········· 732, 758
헌재 1994. 7. 29. 92헌바49등 ········· 97, 346, 376, 397, 412, 859
헌재 1994. 8. 31. 91헌가1 ········· 188, 228, 318, 327, 364
헌재 1994. 8. 31. 92헌마126 ········· 732, 759
헌재 1994. 8. 31. 92헌마174 ········· 427, 452, 471, 476, 566, 759
헌재 1994. 9. 6. 94헌바36 지정부 결정 ········· 829
헌재 1994. 9. 7. 94헌마164 지정부 결정 ········· 656
헌재 1994. 9. 30. 94헌마183 지정부 결정 ········· 652, 657
헌재 1994. 10. 19. 94헌마197 ········· 471
헌재 1994. 12. 29. 89헌마2 ········· 433, 443, 590, 688, 804
헌재 1994. 12. 29. 90헌바13 ········· 545, 807, 862
헌재 1994. 12. 29. 91헌마57 ········· 734
헌재 1994. 12. 29. 92헌마216 ········· 90, 491, 697, 775
헌재 1994. 12. 29. 92헌바22 ········· 297
헌재 1994. 12. 29. 92헌바31 ········· 842
헌재 1994. 12. 29. 92헌아1 ········· 183, 771, 775
헌재 1994. 12. 29. 92헌아2 ········· 775
헌재 1994. 12. 29. 93헌마70 ········· 651
헌재 1994. 12. 29. 93헌마86 ········· 593
헌재 1994. 12. 29. 93헌마120 ········· 544, 545, 548, 550, 776
헌재 1994. 12. 29. 93헌마167 ········· 596
헌재 1994. 12. 29. 93헌마267 ········· 686
헌재 1994. 12. 29. 94헌마82 ········· 593
헌재 1994. 12. 29. 94헌마201 ········· 428, 561, 608, 632
헌재 1995. 1. 12. 94헌아7 지정부 결정 ········· 790
헌재 1995. 1. 20. 90헌마118 ········· 684
헌재 1995. 1. 20. 90헌바1 ········· 229, 828
헌재 1995. 1. 20. 93헌아1 ········· 195, 196, 816, 817, 1001
헌재 1995. 1. 20. 94헌마27 ········· 658
헌재 1995. 1. 20. 94헌마99 ········· 637
헌재 1995. 1. 20. 94헌마246 ········· 514, 728, 731, 816
헌재 1995. 1. 20. 94헌아4 ········· 817
헌재 1995. 1. 26. 94헌마270 지정부 결정 ········· 716

헌재 1995. 2. 23. 90헌라1 ······ 866, 871, 876
헌재 1995. 2. 23. 90헌마125 ······ 550, 551, 558, 559, 567, 776
헌재 1995. 2. 23. 90헌마214 ······ 536, 622, 697, 740
헌재 1995. 2. 23. 91헌마204 ······ 593, 609
헌재 1995. 2. 23. 91헌마231 ······ 550, 559
헌재 1995. 2. 23. 91헌바18 ······ 271, 297
헌재 1995. 2. 23. 92헌마282 ······ 658, 704
헌재 1995. 2. 23. 92헌바18 ······ 212, 241, 301, 837
헌재 1995. 2. 23. 93헌바29 ······ 297
헌재 1995. 2. 23. 94헌마105 ······ 79, 716, 717, 722, 772
헌재 1995. 2. 23. 94헌마176 ······ 597
헌재 1995. 2. 24. 95헌마4 ······ 685
헌재 1995. 2. 24. 95헌마54 ······ 686
헌재 1995. 3. 23. 91헌마143 ······ 478, 538, 553, 554, 568, 682, 698
헌재 1995. 3. 23. 92헌마90 ······ 684, 704
헌재 1995. 3. 23. 93헌마12 ······ 567, 589, 637
헌재 1995. 3. 23. 94헌마175 ······ 561, 632
헌재 1995. 3. 23. 94헌마254 ······ 655, 665
헌재 1995. 3. 23. 95헌마53 ······ 552
헌재 1995. 4. 20. 91헌마52 ······ 487, 649
헌재 1995. 4. 20. 92헌마264등 ······ 491, 593
헌재 1995. 4. 20. 93헌마221 ······ 698
헌재 1995. 4. 20. 94헌마2 ······ 653
헌재 1995. 5. 25. 90헌마196 ······ 434, 568
헌재 1995. 5. 25. 91헌마44 ······ 743, 745, 748
헌재 1995. 5. 25. 91헌마67 ······ 429, 698, 745, 748
헌재 1995. 5. 25. 91헌바20 ······ 233, 846
헌재 1995. 5. 25. 92헌마214 ······ 704
헌재 1995. 5. 25. 92헌마269등 ······ 745, 748
헌재 1995. 5. 25. 93헌마255 ······ 698
헌재 1995. 5. 25. 94헌마185 ······ 666
헌재 1995. 5. 25. 94헌마200 ······ 651
헌재 1995. 5. 25. 95헌마28 ······ 597
헌재 1995. 5. 27. 97헌마368 ······ 567
헌재 1995. 6. 29. 91헌마147 ······ 434
헌재 1995. 6. 29. 93헌마196 ······ 487, 704

헌재 1995. 6. 29. 93헌바56 ··· 238
헌재 1995. 7. 21. 92헌마144 ··· 226, 466, 658, 674, 748, 766, 798, 805
헌재 1995. 7. 21. 92헌마177등 ··· 549, 592, 606, 745, 748
헌재 1995. 7. 21. 92헌바27등 ··· 858
헌재 1995. 7. 21. 92헌바40 ··· 845, 846
헌재 1995. 7. 21. 93헌마257 ··· 533, 536, 662, 698
헌재 1995. 7. 21. 93헌바46 ··· 241, 246
헌재 1995. 7. 21. 94헌마136 ··· 477, 591, 593, 666, 667
헌재 1995. 7. 21. 94헌마191 ··· 565, 637
헌재 1995. 7. 21. 95헌마8 ··· 729, 740
헌재 1995. 7. 21. 95헌마136 ··· 597
헌재 1995. 7. 27. 93헌바1등 ··· 399, 400, 825, 837
헌재 1995. 9. 28. 92헌가11등 ··· 384, 403
헌재 1995. 9. 28. 92헌마23등 ··· 550, 559, 776
헌재 1995. 9. 28. 94헌마48 ··· 729
헌재 1995. 9. 28. 94헌마263 ··· 728
헌재 1995. 10. 26. 92헌바45 ··· 857
헌재 1995. 10. 26. 93헌마246 ··· 740
헌재 1995. 10. 26. 94헌마242 ··· 229, 492, 632, 740, 828
헌재 1995. 10. 26. 94헌바12 ··· 859
헌재 1995. 11. 30. 91헌바1등 ··· 395, 405, 406, 412, 528, 859
헌재 1995. 11. 30. 92헌마44 ··· 632
헌재 1995. 11. 30. 94헌가2 ··· 98
헌재 1995. 11. 30. 94헌마97 ··· 609
헌재 1995. 11. 30. 94헌바40등 ··· 238, 366, 369, 859
헌재 1995. 12. 8. 95헌바3 ··· 430
헌재 1995. 12. 15. 95헌마221등 ··· 808, 809, 810, 814, 1009
헌재 1995. 12. 27. 95헌마224등 ··· 348
헌재 1995. 12. 28. 91헌마80 ··· 672, 699
헌재 1995. 12. 28. 91헌마114 ··· 534, 536, 622, 632, 667
헌재 1995. 12. 28. 95헌마166 ··· 726
헌재 1995. 12. 28. 95헌바3 ··· 235, 236, 829
헌재 1996. 1. 25. 93헌바46 ··· 241
헌재 1996. 1. 25. 95헌가5 ··· 97, 346
헌재 1996. 2. 16. 96헌가2등 ··· 52, 148, 300, 344
헌재 1996. 2. 25. 93헌나186 ··· 974

헌재 1996. 2. 29. 92헌바8등 ········ 345
헌재 1996. 2. 29. 93헌마186 ········ 234, 435, 451, 454, 569, 632, 830, 947
헌재 1996. 2. 29. 94헌마13 ········ 637, 692, 699
헌재 1996. 2. 29. 94헌마213 ········ 613, 617, 622, 684, 699
헌재 1996. 2. 29. 95헌마340 ········ 729
헌재 1996. 2. 29. 96헌마32등 ········ 517, 519, 652, 657
헌재 1996. 3. 28. 92헌마200 ········ 734
헌재 1996. 3. 28. 93헌마198 ········ 597, 690, 692, 694, 711
헌재 1996. 3. 28. 93헌바27 ········ 231
헌재 1996. 3. 28. 93헌바41 ········ 290
헌재 1996. 3. 28. 95헌마208 ········ 514
헌재 1996. 3. 28. 95헌마211 ········ 649, 652
헌재 1996. 4. 25. 92헌바30 ········ 530
헌재 1996. 4. 25. 92헌바47 ········ 229, 839
헌재 1996. 4. 25. 93헌마280 ········ 688
헌재 1996. 4. 25. 94헌마119 ········ 461
헌재 1996. 4. 25. 94헌마129등 ········ 445
헌재 1996. 4. 25. 95헌마331 ········ 536, 620, 632
헌재 1996. 6. 13. 93헌마276 ········ 435
헌재 1996. 6. 13. 94헌마118등 ········ 236, 430, 444, 478, 829
헌재 1996. 6. 13. 94헌바20 ········ 228, 236, 430, 829
헌재 1996. 6. 13. 95헌마115 ········ 445, 652, 689, 690, 711
헌재 1996. 6. 13. 95헌마327 ········ 596
헌재 1996. 6. 26. 89헌마30 ········ 553, 554
헌재 1996. 6. 26. 93헌바2 ········ 238
헌재 1996. 8. 29. 92헌마137 ········ 690, 699
헌재 1996. 8. 29. 93헌마216 ········ 699
헌재 1996. 8. 29. 93헌바57 ········ 254
헌재 1996. 8. 29. 94헌마113 ········ 699
헌재 1996. 8. 29. 94헌바15 ········ 229, 251, 828
헌재 1996. 8. 29. 95헌마108 ········ 607, 609, 699, 748
헌재 1996. 8. 29. 95헌바36 ········ 250
헌재 1996. 8. 29. 96헌마96 ········ 596
헌재 1996. 10. 4. 93헌가13등 ········ 251
헌재 1996. 10. 4. 94헌마108 ········ 297
헌재 1996. 10. 4. 95헌마34 ········ 507

헌재 1996. 10. 4. 95헌마70 ······ 717, 790
헌재 1996. 10. 4. 95헌마318 ······ 741
헌재 1996. 10. 4. 96헌가6 ······ 228, 237, 306, 307
헌재 1996. 10. 31. 93헌바14 ······ 250, 251
헌재 1996. 10. 31. 94헌마108 ······ 431, 444, 445, 711
헌재 1996. 10. 31. 94헌마204 ······ 445, 688
헌재 1996. 10. 31. 94헌바3 ······ 839
헌재 1996. 10. 31. 95헌마74 ······ 593
헌재 1996. 11. 28. 92헌마108 ······ 743, 759
헌재 1996. 11. 28. 92헌마237 ······ 475, 479
헌재 1996. 11. 28. 93헌마229 ······ 517, 569
헌재 1996. 11. 28. 93헌마258 ······ 297, 433, 445
헌재 1996. 11. 28. 95헌마161 ······ 446
헌재 1996. 11. 28. 95헌바1 ······ 272
헌재 1996. 11. 28. 96헌가13 ······ 98, 832
헌재 1996. 11. 28. 96헌마207 ······ 568
헌재 1996. 11. 28. 96헌마256 ······ 517
헌재 1996. 12. 26. 90헌바19등 ······ 344, 824, 832, 857
헌재 1996. 12. 26. 92헌마26 ······ 734
헌재 1996. 12. 26. 93헌바17 ······ 344, 857
헌재 1996. 12. 26. 94헌바1 ······ 97, 101, 250, 251, 301, 345, 347, 833, 838, 858
헌재 1996. 12. 26. 96헌가18 ······ 126, 342
헌재 1996. 12. 26. 96헌마51 ······ 538
헌재 1997. 1. 16. 89헌마240 ······ 246, 247, 326, 545, 728, 733, 741, 839
헌재 1997. 1. 16. 90헌마110등 ······ 354, 593, 724, 726, 748, 775, 778, 789, 790, 796
헌재 1997. 1. 16. 92헌바6등 ······ 189, 340, 860
헌재 1997. 1. 16. 93헌바54 ······ 228, 319, 838
헌재 1997. 1. 16. 95헌마325 ······ 734
헌재 1997. 1. 16. 95헌마330 ······ 637
헌재 1997. 2. 20. 95헌마295 ······ 596, 597
헌재 1997. 2. 20. 95헌마362 ······ 516
헌재 1997. 2. 20. 95헌바27 ······ 845, 846
헌재 1997. 2. 20. 96헌마76 ······ 591, 593
헌재 1997. 3. 27. 92헌마263 ······ 597
헌재 1997. 3. 27. 92헌마273 ······ 466, 734, 759
헌재 1997. 3. 27. 93헌마251 ······ 732, 734

헌재 1997. 3. 27. 94헌마235 …… 446, 686
헌재 1997. 3. 27. 94헌마277등 …… 590, 592
헌재 1997. 3. 27. 95헌가14등 …… 373, 412
헌재 1997. 3. 27. 96헌마219 …… 518, 725
헌재 1997. 3. 27. 96헌바86 …… 91
헌재 1997. 4. 24. 92헌마47 …… 735
헌재 1997. 4. 24. 95헌바48 …… 92, 557
헌재 1997. 5. 29. 94헌마33 …… 461, 620, 632, 662, 663
헌재 1997. 5. 29. 95헌마341 …… 729
헌재 1997. 5. 29. 96헌마4 …… 537
헌재 1997. 6. 26. 93헌바49등 …… 859
헌재 1997. 6. 26. 94헌마52 …… 457, 662, 714
헌재 1997. 6. 26. 96헌가8 …… 184, 772
헌재 1997. 6. 26. 96헌마89 …… 746
헌재 1997. 6. 26. 96헌마148 …… 637
헌재 1997. 6. 26. 97헌바4 …… 743, 841
헌재 1997. 6. 29. 93헌바49 …… 370
헌재 1997. 7. 16. 93헌마239 …… 535, 538
헌재 1997. 7. 16. 95헌가6등 …… 145, 147, 148, 374, 397, 412
헌재 1997. 7. 16. 95헌마290 …… 799
헌재 1997. 7. 16. 96헌라2 …… 146, 147, 869, 871, 872, 876, 897, 908, 933, 936, 937, 942
헌재 1997. 7. 16. 96헌바36등 …… 68, 241, 823, 831
헌재 1997. 7. 16. 96헌바51 …… 272, 311
헌재 1997. 7. 16. 97헌마26 …… 597
헌재 1997. 7. 16. 97헌마38 …… 622, 633, 662
헌재 1997. 7. 16. 97헌마40 …… 729, 731
헌재 1997. 7. 16. 97헌마70 …… 463
헌재 1997. 7. 16. 97헌마106 …… 799
헌재 1997. 7. 22. 97헌바9 …… 846
헌재 1997. 8. 21. 93헌바51 …… 824, 844
헌재 1997. 8. 21. 94헌바2 …… 824, 832
헌재 1997. 8. 21. 94헌바19등 …… 375, 397, 412
헌재 1997. 8. 21. 96헌마48 …… 184, 621, 633, 772
헌재 1997. 8. 21. 97헌마73 …… 729
헌재 1997. 8. 21. 97헌마110 …… 705
헌재 1997. 9. 25. 96헌마41 …… 631, 637

헌재 1997. 9. 25. 96헌마133 ······ 590
헌재 1997. 9. 25. 96헌마159 ······ 421, 539, 650
헌재 1997. 9. 25. 96헌바18등 ······ 238
헌재 1997. 9. 25. 97헌가4 ······ 228, 308
헌재 1997. 9. 25. 97헌가5 ······ 254, 308
헌재 1997. 10. 30. 95헌마124 ······ 538
헌재 1997. 10. 30. 95헌바7 ······ 825
헌재 1997. 10. 30. 96헌마109 ······ 630
헌재 1997. 11. 25. 89헌마36 ······ 704
헌재 1997. 11. 27. 92헌바28 ······ 241
헌재 1997. 11. 27. 94헌마60 ······ 672, 743, 744, 749, 805
헌재 1997. 11. 27. 95헌바38 ······ 369, 859
헌재 1997. 11. 27. 96헌마226 ······ 592
헌재 1997. 11. 27. 96헌마390 ······ 591, 596
헌재 1997. 11. 27. 96헌바12 ······ 820, 823, 824
헌재 1997. 11. 27. 96헌바60 ······ 255, 832
헌재 1997. 12. 16. 97헌사189 ······ 157, 171
헌재 1997. 12. 19. 97헌마317 ······ 497, 499, 553
헌재 1997. 12. 23. 97헌사200 ······ 171
헌재 1997. 12. 24. 95헌마247 ······ 555, 735, 759
헌재 1997. 12. 24. 95헌바29등 ······ 857
헌재 1997. 12. 24. 96헌가19등 ······ 857
헌재 1997. 12. 24. 96헌마36 ······ 531
헌재 1997. 12. 24. 96헌마172등 ······ 45, 186, 318, 328, 331, 332, 333, 335, 363, 366, 370, 413, 414, 488, 520, 523, 779, 787, 800, 802, 803
헌재 1997. 12. 24. 96헌마365 ······ 550
헌재 1997. 12. 24. 96헌마1672등 결정 ······ 368
헌재 1997. 12. 24. 97헌마16 ······ 796
헌재 1997. 12. 29. 97헌마317 ······ 463
헌재 1998. 2. 5. 97헌마324 ······ 650
헌재 1998. 2. 27. 94헌마77 ······ 518, 662, 670, 671, 673
헌재 1998. 2. 27. 95헌바32 ······ 91
헌재 1998. 2. 27. 96헌마92 ······ 326
헌재 1998. 2. 27. 96헌마134 ······ 615, 637, 658
헌재 1998. 2. 27. 96헌마179 ······ 446, 589, 658, 705, 711
헌재 1998. 2. 27. 96헌마211 ······ 735

헌재 1998. 2. 27. 96헌마371 ········· 527, 735
헌재 1998. 2. 27. 97헌가10등 ········· 255, 479, 538, 554
헌재 1998. 2. 27. 97헌마101 ········· 637, 658
헌재 1998. 3. 26. 93헌바12 ········· 90, 110, 775, 821, 828
헌재 1998. 3. 26. 96헌마166 ········· 615, 620, 637
헌재 1998. 3. 26. 96헌마345 ········· 544, 548, 550, 776
헌재 1998. 3. 26. 97헌마194 ········· 617
헌재 1998. 3. 26. 97헌바13 ········· 289
헌재 1998. 3. 26. 97헌바83 ········· 326
헌재 1998. 3. 26. 98헌아2 ········· 196, 817
헌재 1998. 4. 30. 92헌마239 ········· 525, 527, 787
헌재 1998. 4. 30. 95헌마93등 ········· 286, 527, 658
헌재 1998. 4. 30. 96헌마7 ········· 662, 697
헌재 1998. 4. 30. 96헌바62 ········· 824
헌재 1998. 4. 30. 96헌바78 ········· 92
헌재 1998. 4. 30. 97헌마100 ········· 326, 699
헌재 1998. 4. 30. 97헌마141 ········· 614, 615, 617, 637, 659, 663
헌재 1998. 4. 30. 97헌마147 ········· 328
헌재 1998. 5. 28. 91헌마98등 ········· 489
헌재 1998. 5. 28. 96헌가12 ········· 267
헌재 1998. 5. 28. 96헌마44 ········· 435
헌재 1998. 5. 28. 96헌마46 ········· 531
헌재 1998. 5. 28. 96헌마151 ········· 625, 637, 659, 682
헌재 1998. 5. 28. 97헌가13 ········· 335, 370
헌재 1998. 5. 28. 97헌마282 ········· 435, 479, 530, 531
헌재 1998. 5. 28. 97헌마339 ········· 729
헌재 1998. 5. 28. 97헌마362등 ········· 706, 746
헌재 1998. 5. 28. 97헌아1 ········· 817
헌재 1998. 5. 28. 98헌마62 ········· 725
헌재 1998. 6. 25. 94헌라1 ········· 889, 895, 912
헌재 1998. 6. 25. 95헌마100 ········· 596, 728, 731
헌재 1998. 6. 25. 95헌바24 ········· 272, 489, 825
헌재 1998. 6. 25. 96헌마47 ········· 430
헌재 1998. 6. 25. 97헌가15 ········· 346
헌재 1998. 6. 25. 98헌마17 ········· 328
헌재 1998. 7. 14. 98헌라1 ········· 156, 157

헌재 1998. 7. 14. 98헌라3 ········· 872, 897, 909
헌재 1998. 7. 14. 98헌사31 ········· 156, 157, 170
헌재 1998. 7. 14. 98헌사43 ········· 170
헌재 1998. 7. 16. 95헌마77 ········· 525, 527
헌재 1998. 7. 16. 95헌바19등 ········· 268, 699
헌재 1998. 7. 16. 96헌마246 ········· 501, 502, 593, 665, 667, 688, 804
헌재 1998. 7. 16. 96헌마268 ········· 589, 613, 706, 714
헌재 1998. 7. 16. 96헌바33등 ········· 244, 836
헌재 1998. 7. 16. 96헌바56 ········· 272
헌재 1998. 7. 16. 97헌바23 ········· 233, 846
헌재 1998. 8. 27. 96헌가22등 ········· 397, 412
헌재 1998. 8. 27. 96헌라1 ········· 878, 889, 936
헌재 1998. 8. 27. 96헌마398 ········· 466, 616, 637, 658, 674, 714, 744, 749
헌재 1998. 8. 27. 96헌바81등 ········· 860
헌재 1998. 8. 27. 97헌마8등 ········· 340, 429, 559, 570
헌재 1998. 8. 27. 97헌마79 ········· 490, 597, 653, 666, 685
헌재 1998. 8. 27. 97헌마150 ········· 489
헌재 1998. 8. 27. 97헌마372등 ········· 425, 509, 675, 749
헌재 1998. 8. 27. 97헌바85 ········· 327
헌재 1998. 8. 27. 98헌마41 ········· 652
헌재 1998. 9. 30. 96헌마297 ········· 615
헌재 1998. 9. 30. 96헌바88 ········· 90, 711, 823
헌재 1998. 9. 30. 96헌바93 ········· 310
헌재 1998. 9. 30. 97헌마263 ········· 569
헌재 1998. 9. 30. 97헌마404 ········· 567, 570, 597
헌재 1998. 9. 30. 97헌바38 ········· 824
헌재 1998. 9. 30. 98헌가7등 ········· 93
헌재 1998. 9. 30. 98헌마18 ········· 735
헌재 1998. 10. 15. 96헌바77 ········· 239, 630, 637, 700, 831, 832
헌재 1998. 10. 15. 98헌마168 ········· 90, 92, 609
헌재 1998. 10. 29. 96헌마186 ········· 558, 559, 567
헌재 1998. 10. 29. 97헌마17 ········· 749
헌재 1998. 10. 29. 97헌마285 ········· 679
헌재 1998. 10. 29. 97헌마345 ········· 617, 662
헌재 1998. 10. 29. 98헌마4 ········· 650, 659, 675, 744, 749
헌재 1998. 10. 29. 98헌마292 ········· 513, 593

헌재 1998. 11. 25. 99헌마163 ············ 567
헌재 1998. 11. 26. 94헌마207 ············ 68, 590, 593, 700, 706, 815
헌재 1998. 11. 26. 96헌마55등 ············ 613, 620, 638
헌재 1998. 11. 26. 97헌마310 ············ 501, 505
헌재 1998. 11. 26. 97헌바54 ············ 273
헌재 1998. 12. 24. 89헌마214등 ············ 395, 412, 860
헌재 1998. 12. 24. 97헌마87등 ············ 788
헌재 1998. 12. 24. 98헌가1 ············ 92
헌재 1998. 12. 24. 98헌바30등 ············ 307, 834
헌재 1999. 1. 28. 97헌마9 ············ 444, 446
헌재 1999. 1. 28. 97헌마253등 ············ 446
헌재 1999. 1. 28. 97헌바90 ············ 825
헌재 1999. 1. 28. 98헌가17 ············ 98
헌재 1999. 1. 28. 98헌마85 ············ 513, 519, 655, 794
헌재 1999. 2. 25. 97헌바63 ············ 238
헌재 1999. 3. 10. 99헌바21 ············ 304
헌재 1999. 3. 25. 97헌마99 ············ 447
헌재 1999. 3. 25. 97헌마130 ············ 620
헌재 1999. 3. 25. 97헌마161 ············ 328
헌재 1999. 3. 25. 98헌가11등 ············ 102, 105
헌재 1999. 3. 25. 98헌마222 ············ 516
헌재 1999. 3. 25. 98헌마303 ············ 514
헌재 1999. 3. 25. 98헌바2 ············ 840, 845, 847
헌재 1999. 3. 25. 98헌사98 ············ 151, 157, 159, 160, 161, 163, 165, 170, 174, 929
헌재 1999. 3. 27. 94헌마277 ············ 597
헌재 1999. 4. 29. 94헌바37등 ············ 97, 229, 346
헌재 1999. 4. 29. 96헌마352등 ············ 638, 689
헌재 1999. 4. 29. 96헌마424 ············ 659
헌재 1999. 4. 29. 96헌바22등 ············ 238, 239, 268, 326, 335, 367
헌재 1999. 4. 29. 97헌가14 ············ 91, 235, 236
헌재 1999. 4. 29. 97헌마382 ············ 598
헌재 1999. 4. 29. 98헌바29 ············ 820, 828
헌재 1999. 4. 29. 98헌바66 ············ 326
헌재 1999. 5. 27. 97헌마137등 ············ 420, 466, 674, 743, 744, 749, 806
헌재 1999. 5. 27. 97헌마368 ············ 565, 570
헌재 1999. 5. 27. 97헌바8등 ············ 327, 364, 487

헌재 1999. 5. 27. 98헌마214 ······ 552, 607, 609
헌재 1999. 5. 27. 98헌마357 ······ 522, 527
헌재 1999. 5. 27. 98헌마372 ······ 638
헌재 1999. 5. 27. 98헌바70 ······ 340, 384, 403, 841, 860
헌재 1999. 6. 24. 96헌바67 ······ 181, 319, 336, 858
헌재 1999. 6. 24. 97헌마315 ······ 473, 668, 741, 803
헌재 1999. 6. 24. 97헌바61 ······ 326
헌재 1999. 6. 24. 98헌마248 ······ 516
헌재 1999. 6. 24. 98헌마472등 ······ 452, 471, 566, 571
헌재 1999. 7. 22. 96헌마141 ······ 735
헌재 1999. 7. 22. 97헌바9 ······ 244, 845
헌재 1999. 7. 22. 97헌바55 ······ 111
헌재 1999. 7. 22. 98헌가3 ······ 344
헌재 1999. 7. 22. 98헌가5 ······ 148, 344
헌재 1999. 7. 22. 98헌라4 ······ 157, 160, 174, 878, 879, 891, 905, 924, 933, 936, 942
헌재 1999. 7. 22. 98헌마473 ······ 726, 735
헌재 1999. 7. 22. 98헌마480등 ······ 662, 694, 700
헌재 1999. 7. 22. 98헌바14 ······ 298
헌재 1999. 9. 14. 99헌마487 지정부 결정 ······ 706
헌재 1999. 9. 16. 92헌바9 ······ 285, 286, 834
헌재 1999. 9. 16. 96헌마39 ······ 741
헌재 1999. 9. 16. 97헌마160 ······ 620, 638
헌재 1999. 9. 16. 98헌가6 ······ 306
헌재 1999. 9. 16. 98헌마75 ······ 475, 530, 532
헌재 1999. 9. 16. 98헌마246 ······ 671, 673
헌재 1999. 9. 16. 98헌마265 ······ 489, 528, 650, 735
헌재 1999. 9. 16. 98헌바46 ······ 838
헌재 1999. 9. 16. 99헌가1 ······ 102, 308
헌재 1999. 9. 16. 99헌마275 ······ 696
헌재 1999. 10. 21. 96헌마61등 ······ 329, 367, 397, 406, 528, 569, 637
헌재 1999. 10. 21. 97헌마301등 ······ 406, 528, 569
헌재 1999. 10. 21. 97헌바26 ······ 110, 384, 403, 404, 860
헌재 1999. 10. 21. 98헌마407 ······ 473, 474, 637, 700
헌재 1999. 11. 17. 99헌사350 ······ 200
헌재 1999. 11. 25. 95헌마154 ······ 323, 549, 700, 735
헌재 1999. 11. 25. 97헌마54 ······ 614, 622, 633

헌재 1999. 11. 25. 97헌마188 ······ 706
헌재 1999. 11. 25. 98헌마55 ······ 92, 613, 620, 621
헌재 1999. 11. 25. 98헌마141 ······ 106
헌재 1999. 11. 25. 98헌마456 ······ 69, 435, 479, 777
헌재 1999. 11. 25. 99헌마163 ······ 565, 571
헌재 1999. 11. 25. 99헌마198 ······ 475, 479
헌재 1999. 11. 25. 99헌마431 ······ 807
헌재 1999. 11. 25. 99헌바28 ······ 326
헌재 1999. 11. 30. 99헌마625 ······ 508, 538
헌재 1999. 12. 23. 97헌마136 ······ 662, 670, 679
헌재 1999. 12. 23. 98헌마14 ······ 489
헌재 1999. 12. 23. 98헌마363 ······ 342, 609, 692, 693, 797
헌재 1999. 12. 23. 98헌바33 ······ 307, 308, 310
헌재 1999. 12. 23. 99헌가2 ······ 397, 403
헌재 1999. 12. 23. 99헌가5등 ······ 824
헌재 1999. 12. 23. 99헌마135 ······ 598
헌재 1999. 12. 23. 99헌마403 ······ 652
헌재 2000. 1. 27. 96헌바95등 ······ 397, 398, 399, 412, 825
헌재 2000. 1. 27. 98헌가9 ······ 306
헌재 2000. 1. 27. 98헌바12 ······ 230, 231, 273, 445, 826
헌재 2000. 1. 27. 99헌마123 ······ 497, 498
헌재 2000. 1. 27. 99헌마660 ······ 565, 571
헌재 2000. 1. 27. 99헌바23 ······ 238, 250, 252, 825
헌재 2000. 2. 16. 2000헌마75 ······ 700, 706
헌재 2000. 2. 24. 97헌마13등 ······ 145, 147, 447, 473, 474, 668, 794, 796
헌재 2000. 2. 24. 98헌바73 ······ 303, 304
헌재 2000. 2. 24. 99헌라1 ······ 146, 147, 148, 872, 897, 936
헌재 2000. 2. 24. 99헌마96 ······ 671, 673
헌재 2000. 3. 30. 98헌마206 ······ 475, 480, 554
헌재 2000. 3. 30. 99헌마143 ······ 458, 461, 797
헌재 2000. 3. 30. 99헌마594 ······ 735
헌재 2000. 3. 30. 99헌바14 ······ 549
헌재 2000. 4. 11. 2000헌마206 ······ 447
헌재 2000. 4. 27. 98헌가16등 ······ 342, 343, 633
헌재 2000. 4. 27. 98헌마6 ······ 732, 759
헌재 2000. 4. 27. 98헌마375 ······ 706

헌재 2000. 4. 27. 98헌마429등 ······ 565, 701
헌재 2000. 4. 27. 98헌마594 ······ 735
헌재 2000. 4. 27. 99헌마76 ······ 447, 711, 816
헌재 2000. 6. 1. 97헌마190 ······ 662
헌재 2000. 6. 1. 97헌바74 ······ 847
헌재 2000. 6. 1. 98헌마216 ······ 701, 707
헌재 2000. 6. 1. 99헌마451 ······ 489, 527, 528
헌재 2000. 6. 1. 99헌마538 ······ 493, 495
헌재 2000. 6. 1. 99헌마553 ······ 549, 552, 593, 608, 609
헌재 2000. 6. 1. 99헌바73 ······ 245
헌재 2000. 6. 1. 2000헌마18 ······ 435, 447, 452, 501
헌재 2000. 6. 21. 2000헌바47 ······ 289
헌재 2000. 6. 29. 98헌마36 ······ 457, 565, 633, 701, 714
헌재 2000. 6. 29. 98헌마391 ······ 475, 480, 538, 554
헌재 2000. 6. 29. 98헌마443등 ······ 453, 565
헌재 2000. 6. 29. 99헌가9 ······ 107
헌재 2000. 6. 29. 99헌가16 ······ 91
헌재 2000. 6. 29. 99헌마289 ······ 590, 594, 607, 609, 613, 615, 633
헌재 2000. 6. 29. 99헌바66등 ······ 800, 847, 862
헌재 2000. 6. 29. 99헌아18 ······ 771, 818
헌재 2000. 6. 29. 2000헌마325 ······ 458, 463, 614, 638
헌재 2000. 7. 20. 98헌마52 ······ 106
헌재 2000. 7. 20. 98헌바63 ······ 560
헌재 2000. 7. 20. 98헌바74 ······ 828
헌재 2000. 7. 20. 98헌바77 ······ 307, 832, 834
헌재 2000. 7. 20. 98헌바91 ······ 327, 364, 860
헌재 2000. 7. 20. 99헌가7 ······ 315, 403
헌재 2000. 7. 20. 99헌마186 ······ 726
헌재 2000. 7. 20. 99헌마358 ······ 516
헌재 2000. 7. 20. 99헌마455 ······ 457, 458, 461, 662
헌재 2000. 7. 20. 99헌바61 ······ 273, 314
헌재 2000. 7. 29. 98헌바91 ······ 365
헌재 2000. 8. 31. 97헌가12 ······ 99, 109, 230, 248, 252, 313, 384, 403, 411
헌재 2000. 8. 31. 98헌바100 ······ 268, 298
헌재 2000. 8. 31. 98헌바27등 ······ 110
헌재 2000. 8. 31. 99헌마250 ······ 726, 735

헌재 2000. 8. 31. 99헌마602 ········· 571
헌재 2000. 8. 31. 2000헌마156 ········· 550, 551, 560, 776
헌재 2000. 8. 31. 2000헌바6 ········· 326, 357
헌재 2000. 10. 25. 99헌마458 ········· 538
헌재 2000. 11. 23. 2000헌사464 ········· 200
헌재 2000. 11. 30. 98헌바83 ········· 242
헌재 2000. 11. 30. 99헌마190 ········· 550, 613, 733, 735, 776
헌재 2000. 11. 30. 99헌마542 ········· 736
헌재 2000. 11. 30. 99헌마624 ········· 684, 706
헌재 2000. 11. 30. 99헌바22 ········· 241
헌재 2000. 11. 30. 2000헌마79등 ········· 598, 607
헌재 2000. 11. 30. 2000헌마224 ········· 713
헌재 2000. 11. 30. 2000헌마356 ········· 513, 519, 655
헌재 2000. 11. 30. 2000헌바24 ········· 255
헌재 2000. 12. 8. 2000헌사471 ········· 152, 157, 160, 161, 163, 165, 173
헌재 2000. 12. 14. 99헌마112 ········· 341, 598
헌재 2000. 12. 14. 2000헌마308 ········· 72, 590, 597
헌재 2000. 12. 14. 2000헌마659 ········· 148, 458, 461, 649, 675, 794, 796
헌재 2000. 12. 29. 2000헌마797 지정부 결정 ········· 661
헌재 2001. 1. 18. 98헌바75등 ········· 238, 239
헌재 2001. 1. 18. 99헌마548 ········· 598
헌재 2001. 1. 18. 99헌마555 ········· 736
헌재 2001. 1. 18. 99헌마636 ········· 480
헌재 2001. 1. 18. 99헌마703 ········· 668
헌재 2001. 1. 18. 99헌바112 ········· 99
헌재 2001. 1. 18. 2000헌마66 ········· 626, 638, 707
헌재 2001. 1. 18. 2000헌마80 ········· 620, 638
헌재 2001. 1. 18. 2000헌마149 ········· 550, 597, 776
헌재 2001. 1. 18. 2000헌바7 ········· 252
헌재 2001. 1. 18. 2000헌바29 ········· 103
헌재 2001. 2. 22. 99헌마409 ········· 489
헌재 2001. 2. 22. 99헌마461등 ········· 329, 526
헌재 2001. 2. 22. 99헌마613 ········· 598
헌재 2001. 2. 22. 99헌바87등 ········· 238
헌재 2001. 2. 22. 99헌바93 ········· 821, 828
헌재 2001. 2. 22. 2000헌마25 ········· 609, 692, 693

헌재 2001. 2. 22. 2000헌마29 ······ 463, 497
헌재 2001. 2. 22. 2000헌마729 ······ 511
헌재 2001. 2. 22. 2000헌바38 ······ 236, 829
헌재 2001. 2. 23. 2001헌마79 ······ 480
헌재 2001. 3. 21. 99헌마139등 ······ 421, 430, 556, 560, 562, 587, 633
헌재 2001. 3. 21. 99헌마150 ······ 609
헌재 2001. 3. 21. 99헌바7 ······ 842
헌재 2001. 3. 21. 99헌바107 ······ 865
헌재 2001. 3. 21. 2000헌마37 ······ 447
헌재 2001. 3. 21. 2000헌바25 ······ 91
헌재 2001. 4. 26. 98헌바79등 ······ 316, 340
헌재 2001. 4. 26. 99헌마671 ······ 729, 730
헌재 2001. 4. 26. 99헌바108등 ······ 825
헌재 2001. 4. 26. 99헌바39 ······ 846
헌재 2001. 4. 26. 99헌바96 ······ 843
헌재 2001. 4. 26. 2000헌가4 ······ 107, 248
헌재 2001. 4. 26. 2000헌마122 ······ 629, 633
헌재 2001. 4. 26. 2000헌마262 ······ 152, 157, 160, 173
헌재 2001. 4. 26. 2001헌마15 ······ 515
헌재 2001. 5. 15. 2001헌마298등 ······ 815
헌재 2001. 5. 31. 99헌마413 ······ 463
헌재 2001. 5. 31. 2000헌마640 ······ 189, 329, 368
헌재 2001. 6. 28. 98헌마485 ······ 184, 773
헌재 2001. 6. 28. 99헌가14 ······ 302
헌재 2001. 6. 28. 99헌마516 ······ 375
헌재 2001. 6. 28. 99헌바34 ······ 109
헌재 2001. 6. 28. 99헌바54 ······ 396
헌재 2001. 6. 28. 2000헌라1 ······ 942, 1009
헌재 2001. 6. 28. 2000헌마111 ······ 633, 691, 707, 746, 749
헌재 2001. 6. 28. 2000헌마735 ······ 431, 433, 435, 560
헌재 2001. 6. 28. 2000헌바30 ······ 255
헌재 2001. 6. 28. 2000헌바48 ······ 184, 772
헌재 2001. 6. 28. 2000헌바61 ······ 273, 835, 836, 864
헌재 2001. 6. 28. 2000헌바77 ······ 847
헌재 2001. 6. 28. 2001헌마132 ······ 598
헌재 2001. 7. 19. 2000헌마91등 ······ 97, 322, 340, 347, 375, 802

헌재 2001. 7. 19. 2000헌마546 ········· 68, 69, 466, 744, 749, 777, 796, 806
헌재 2001. 7. 19. 2000헌마703 ········· 429, 480
헌재 2001. 7. 19. 2001헌마102 ········· 329, 368
헌재 2001. 7. 19. 2001헌마148 ········· 730
헌재 2001. 7. 19. 2001헌마335 ········· 712, 713
헌재 2001. 7. 19. 2001헌바6 ········· 188
헌재 2001. 8. 30. 99헌마496 ········· 466, 594, 669, 744, 749
헌재 2001. 8. 30. 99헌바90 ········· 52, 148
헌재 2001. 8. 30. 99헌바92등 ········· 633, 840
헌재 2001. 8. 30. 2000헌마349 ········· 707
헌재 2001. 8. 30. 2000헌마668 ········· 615, 637
헌재 2001. 8. 30. 2000헌바36 ········· 847
헌재 2001. 9. 11. 2001헌마619 ········· 696
헌재 2001. 9. 27. 2000헌마159 ········· 497, 498, 746, 747, 749
헌재 2001. 9. 27. 2000헌마173 ········· 497, 499
헌재 2001. 9. 27. 2000헌마238등 ········· 638, 1016
헌재 2001. 9. 27. 2000헌마260 ········· 474, 571
헌재 2001. 9. 27. 2000헌바13 ········· 824
헌재 2001. 9. 27. 2000헌바20 ········· 235, 830, 845
헌재 2001. 9. 27. 2001헌마4 ········· 730
헌재 2001. 9. 27. 2001헌마152 ········· 78, 681, 717, 724, 725
헌재 2001. 9. 27. 2001헌아3 ········· 196, 818
헌재 2001. 10. 25. 2000헌라3 ········· 874, 878, 923
헌재 2001. 10. 25. 2000헌마92등 ········· 348
헌재 2001. 10. 25. 2000헌마193 ········· 555, 562
헌재 2001. 10. 25. 2000헌마377 ········· 759
헌재 2001. 10. 25. 2000헌바5 ········· 250
헌재 2001. 10. 25. 2000헌바60 ········· 326
헌재 2001. 10. 25. 2001헌바9 ········· 307, 847
헌재 2001. 11. 29. 99헌마494 ········· 102, 428, 447, 545, 547, 567, 590, 630
헌재 2001. 11. 29. 99헌마713 ········· 466, 633, 638
헌재 2001. 11. 29. 2000헌마84 ········· 592, 594, 638
헌재 2001. 11. 29. 2001헌마524 ········· 729
헌재 2001. 11. 29. 2001헌마576 ········· 707
헌재 2001. 12. 20. 99헌마630 ········· 734
헌재 2001. 12. 20. 2000헌바96등 ········· 847

헌재 2001. 12. 20. 2001헌마39 ··· 712
헌재 2001. 12. 20. 2001헌바7 ··· 349, 353, 847
헌재 2001. 12. 20. 2001헌바25 ··· 847
헌재 2002. 1. 31. 99헌마563 ··· 473, 668
헌재 2002. 1. 31. 2000헌마274 ··· 691, 693
헌재 2002. 1. 31. 2001헌마228 ··· 473
헌재 2002. 1. 31. 2001헌마789 ··· 329, 368
헌재 2002. 2. 19. 2002헌마66 ··· 655
헌재 2002. 2. 28. 99헌마693 ··· 638
헌재 2002. 3. 28. 2001헌마271 ··· 521, 527
헌재 2002. 3. 28. 2001헌아22 ··· 196, 197, 818
헌재 2002. 4. 25. 98헌마425등 ··· 633, 749
헌재 2002. 4. 25. 99헌바27등 ··· 327
헌재 2002. 4. 25. 2001헌가27 ··· 250
헌재 2002. 4. 25. 2001헌마285 ··· 598
헌재 2002. 4. 25. 2002헌사129 ··· 160, 163, 165, 173, 174
헌재 2002. 5. 30. 2000헌바58등 ··· 290
헌재 2002. 5. 30. 2001헌마781 ··· 329, 368
헌재 2002. 5. 30. 2001헌마849 ··· 806
헌재 2002. 5. 30. 2001헌바65등 ··· 349
헌재 2002. 6. 27. 99헌마480 ··· 621, 628, 633
헌재 2002. 6. 27. 2000헌마642등 ··· 606, 619
헌재 2002. 6. 27. 2001헌마381 ··· 510, 658, 667
헌재 2002. 6. 27. 2002헌마276 ··· 329, 368
헌재 2002. 7. 18. 99헌마592등 ··· 669, 736, 759
헌재 2002. 7. 18. 2000헌마327 ··· 466, 743, 744, 749
헌재 2002. 7. 18. 2000헌마707 ··· 503, 688, 742, 804
헌재 2002. 7. 18. 2000헌바57 ··· 245
헌재 2002. 7. 18. 2001헌마605 ··· 458, 589, 597, 607, 633
헌재 2002. 8. 29. 2000헌가5 ··· 145, 147, 370
헌재 2002. 8. 29. 2001헌마788등 ··· 359
헌재 2002. 8. 29. 2001헌바82 ··· 103, 347
헌재 2002. 9. 19. 99헌마181 ··· 471
헌재 2002. 9. 19. 2002헌아5 ··· 196
헌재 2002. 10. 31. 99헌바76등 ··· 107
헌재 2002. 10. 31. 2000헌바76 ··· 827

헌재 2002. 10. 31. 2001헌라1 ········· 874, 878, 908
헌재 2002. 10. 31. 2002헌라2 ········· 874, 878, 914
헌재 2002. 10. 31. 2002헌마20 ········· 565, 606
헌재 2002. 10. 31. 2002헌마520 ········· 684
헌재 2002. 11. 28. 2002헌가5 ········· 100
헌재 2002. 12. 18. 2001헌마111 ········· 638, 682, 711, 715
헌재 2002. 12. 18. 2001헌마546 ········· 613
헌재 2002. 12. 18. 2002헌마52 ········· 480
헌재 2002. 12. 18. 2002헌마262 ········· 497
헌재 2002. 12. 18. 2002헌마279 ········· 631
헌재 2003. 1. 30. 2001헌가4 ········· 105
헌재 2003. 1. 30. 2001헌마579 ········· 471, 539
헌재 2003. 1. 30. 2002헌마323 ········· 517
헌재 2003. 1. 30. 2002헌마358 ········· 436
헌재 2003. 1. 30. 2002헌마516 ········· 694
헌재 2003. 2. 27. 2002헌마106 ········· 457, 469, 511, 736, 748, 759
헌재 2003. 2. 27. 2002헌마309 ········· 517
헌재 2003. 3. 27. 2000헌마474 ········· 562, 669, 676, 743, 749
헌재 2003. 3. 27. 2001헌마116 ········· 189, 435, 466, 714
헌재 2003. 3. 27. 2002헌마573 ········· 794, 796
헌재 2003. 4. 24. 99헌바110 ········· 147, 268
헌재 2003. 4. 24. 2001헌마386 ········· 76, 418, 808, 809, 810, 823
헌재 2003. 4. 25. 2002헌사129 ········· 152
헌재 2003. 5. 15. 2000헌마192 ········· 433, 435
헌재 2003. 5. 15. 2001헌마565 ········· 594, 745, 748
헌재 2003. 5. 15. 2001헌바90 ········· 572
헌재 2003. 5. 15. 2001헌바98 ········· 210, 224, 241, 820, 824, 832
헌재 2003. 5. 15. 2002헌마90 ········· 90, 110, 775
헌재 2003. 5. 15. 2003헌가9 ········· 326
헌재 2003. 5. 20. 2003헌아29 ········· 818
헌재 2003. 6. 26. 2000헌마509 ········· 433, 435
헌재 2003. 6. 26. 2001헌가17 ········· 99
헌재 2003. 6. 26. 2001헌마699 ········· 633
헌재 2003. 6. 26. 2001헌바54 ········· 237, 256, 825
헌재 2003. 6. 26. 2002헌마312 ········· 592, 598
헌재 2003. 6. 26. 2002헌마337등 ········· 466, 496, 598

헌재 2003. 6. 26. 2002헌마402 ··· 494
헌재 2003. 6. 26. 2002헌마484 ··· 480
헌재 2003. 6. 26. 2002헌마624 ··· 435
헌재 2003. 6. 26. 2002헌바3 ··· 316
헌재 2003. 7. 24. 2000헌바28 ··· 376, 412
헌재 2003. 7. 24. 2001헌바96 ··· 856
헌재 2003. 7. 24. 2002헌마378 ··· 502, 505
헌재 2003. 7. 24. 2002헌마508 ··· 508
헌재 2003. 7. 24. 2002헌바51 ··· 825
헌재 2003. 7. 24. 2003헌마3 ··· 617
헌재 2003. 7. 24. 2003헌마97 ··· 680
헌재 2003. 8. 21. 2001헌마687등 ··· 322
헌재 2003. 9. 16. 2003헌마566 ··· 452
헌재 2003. 9. 25. 2001헌가22 ··· 97, 100, 103, 347, 360
헌재 2003. 9. 25. 2001헌마93 ··· 610, 711
헌재 2003. 9. 25. 2001헌마143 ··· 72
헌재 2003. 9. 25. 2001헌마156 ··· 619
헌재 2003. 9. 25. 2001헌마194 ··· 610
헌재 2003. 9. 25. 2002헌마789 ··· 490, 685
헌재 2003. 10. 30. 2000헌마563 ··· 594
헌재 2003. 10. 30. 2000헌마801 ··· 615, 633
헌재 2003. 10. 30. 2001헌마700등 ··· 622
헌재 2003. 10. 30. 2002헌라1 ··· 872, 878, 908, 925
헌재 2003. 10. 30. 2002헌마275 ··· 711, 736
헌재 2003. 11. 27. 2002헌마193 ··· 152, 160, 174, 749
헌재 2003. 11. 27. 2002헌바102등 ··· 311
헌재 2003. 11. 27. 2003헌마259등 ··· 750
헌재 2003. 11. 27. 2003헌마694등 ··· 471, 493, 539, 607
헌재 2003. 11. 27. 2003헌바39 ··· 834
헌재 2003. 12. 2. 2003헌사535 ··· 61
헌재 2003. 12. 2. 2003헌사536 ··· 61
헌재 2003. 12. 18. 2001헌마163 ··· 616, 638, 743, 750, 815
헌재 2003. 12. 18. 2001헌마543 ··· 664
헌재 2003. 12. 18. 2001헌마754 ··· 465, 466, 669
헌재 2003. 12. 18. 2002헌마593 ··· 340
헌재 2003. 12. 18. 2002헌바1 ··· 370

헌재 2003. 12. 18. 2002헌바14등 ········· 232, 269, 827
헌재 2003. 12. 18. 2002헌바91등 ········· 409
헌재 2003. 12. 18. 2002헌바99 ········· 189, 328
헌재 2003. 12. 18. 2003헌마255등 ········· 598
헌재 2003. 12. 18. 2011헌마163 ········· 68
헌재 2004. 1. 6. 2003헌마915 ········· 695
헌재 2004. 1. 29. 2001헌마894 ········· 461, 628, 634, 664
헌재 2004. 1. 29. 2002헌가22등 ········· 397, 399, 401
헌재 2004. 1. 29. 2002헌바36등 ········· 230, 232, 826
헌재 2004. 1. 29. 2002헌바40등 ········· 409
헌재 2004. 1. 29. 2002헌바73 ········· 286, 834
헌재 2004. 1. 29. 2003헌마261 ········· 474
헌재 2004. 2. 17. 2004헌사71 ········· 157
헌재 2004. 2. 26. 2001헌마718 ········· 475, 502, 503, 804
헌재 2004. 2. 26. 2003헌마285 ········· 451, 471
헌재 2004. 3. 25. 2001헌마710 ········· 746, 749
헌재 2004. 3. 25. 2001헌마882 ········· 497
헌재 2004. 3. 25. 2002헌마411 ········· 746
헌재 2004. 3. 25. 2002헌바104 ········· 395, 840
헌재 2004. 3. 25. 2003헌마404 ········· 510, 658, 667, 731, 736
헌재 2004. 3. 25. 2003헌마627 ········· 730
헌재 2004. 4. 29. 2002헌마756 ········· 638
헌재 2004. 4. 29. 2003헌마78 ········· 78
헌재 2004. 4. 29. 2003헌마484 ········· 689, 690
헌재 2004. 4. 29. 2003헌마538 ········· 510
헌재 2004. 4. 29. 2003헌마641 ········· 715
헌재 2004. 4. 29. 2003헌마814 ········· 454
헌재 2004. 4. 29. 2004헌마93 ········· 683
헌재 2004. 4. 29. 2004헌사56 ········· 157
헌재 2004. 5. 14. 2004헌나1 ········· 63, 178, 947, 948, 949, 950, 951, 954, 955, 956, 957, 959, 960, 961, 962, 968, 969, 970, 974, 986, 996, 997, 1000
헌재 2004. 5. 27. 2003헌가1등 ········· 376, 377, 403, 406
헌재 2004. 6. 24. 2002헌마496 ········· 796
헌재 2004. 6. 24. 2003헌마723 ········· 668
헌재 2004. 8. 23. 2021헌마175 ········· 648
헌재 2004. 8. 26. 2003헌마337 ········· 622

헌재 2004. 8. 26. 2003헌마505 ········· 469
헌재 2004. 8. 26. 2004헌마80 ········· 510, 658, 667
헌재 2004. 8. 26. 2004헌바14 ········· 825
헌재 2004. 8. 29. 2020헌마389등 ········· 495
헌재 2004. 9. 23. 2000헌라2 ········· 884, 891, 905, 909, 924, 932, 942
헌재 2004. 9. 23. 2000헌마138 ········· 750
헌재 2004. 9. 23. 2000헌마453 ········· 540
헌재 2004. 9. 23. 2002헌마563 ········· 631, 637
헌재 2004. 9. 23. 2002헌바46 ········· 291
헌재 2004. 9. 23. 2003헌라3 ········· 883, 908
헌재 2004. 9. 23. 2003헌마16 ········· 80, 718
헌재 2004. 9. 23. 2003헌마19 ········· 522, 534
헌재 2004. 9. 23. 2003헌마231등 ········· 638
헌재 2004. 9. 23. 2003헌마815 ········· 697
헌재 2004. 9. 23. 2003헌아61 ········· 195, 861
헌재 2004. 9. 23. 2004헌마192 ········· 634
헌재 2004. 10. 21. 2004헌마554등 ········· 341, 454
헌재 2004. 10. 28. 99헌바91 ········· 244, 459
헌재 2004. 10. 28. 2002헌마328 ········· 99, 634, 662, 663, 746, 747, 750
헌재 2004. 10. 28. 2002헌바328 ········· 732
헌재 2004. 10. 28. 2003헌가18 ········· 841
헌재 2004. 10. 28. 2003헌마898 ········· 474, 475, 480
헌재 2004. 11. 23. 2004헌아47 지정부 결정 ········· 196, 819, 865
헌재 2004. 11. 25. 2003헌마439 ········· 662
헌재 2004. 11. 25. 2003헌마788 ········· 80, 718
헌재 2004. 11. 25. 2003헌마819 ········· 656
헌재 2004. 11. 25. 2004헌마178 ········· 553, 690
헌재 2004. 12. 16. 2002헌마333등 ········· 614, 634
헌재 2004. 12. 16. 2002헌마478 ········· 743
헌재 2004. 12. 16. 2002헌마579 ········· 558, 565, 567, 571
헌재 2005. 2. 3. 2001헌가9등 ········· 103, 404
헌재 2005. 2. 3. 2003헌마544등 ········· 565, 780
헌재 2005. 2. 15. 2004헌마911 ········· 808, 809
헌재 2005. 2. 24. 2001헌바71 ········· 148, 552, 856
헌재 2005. 2. 24. 2003헌마289 ········· 638, 662
헌재 2005. 2. 24. 2004헌마442 ········· 426, 540

헌재 2005. 2. 24. 2004헌바24 ······ 821, 824, 828
헌재 2005. 2. 28. 2005헌마396 ······ 736
헌재 2005. 3. 22. 2005헌마256 ······ 521
헌재 2005. 3. 29. 2005헌아8 ······ 773
헌재 2005. 3. 31. 2003헌마87 ······ 465, 466, 469, 750
헌재 2005. 3. 31. 2003헌바113 ······ 243, 286, 834
헌재 2005. 3. 31. 2004헌마436 ······ 707
헌재 2005. 4. 28. 2004헌마219 ······ 746, 750
헌재 2005. 5. 26. 99헌마513등 ······ 596, 689
헌재 2005. 5. 26. 2001헌마728 ······ 669, 674, 743, 750, 806
헌재 2005. 5. 26. 2002헌마699등 ······ 552
헌재 2005. 5. 26. 2004헌마49 ······ 460, 462, 634
헌재 2005. 5. 26. 2004헌마671 ······ 613
헌재 2005. 5. 26. 2005헌마22 ······ 471
헌재 2005. 5. 26. 2005헌바28 ······ 237
헌재 2005. 6. 30. 2003헌마841 ······ 592, 594
헌재 2005. 6. 30. 2004헌마859 ······ 480
헌재 2005. 7. 19. 2005헌마623 ······ 668
헌재 2005. 7. 19. 2005헌마637 ······ 540
헌재 2005. 7. 21. 2005헌바21 ······ 292
헌재 2005. 9. 13. 2005헌마829 ······ 668
헌재 2005. 9. 29. 2004헌마449 ······ 697
헌재 2005. 10. 27. 2003헌바50등 ······ 341, 342
헌재 2005. 10. 27. 2005헌마126 ······ 736, 743, 748, 759
헌재 2005. 11. 24. 2004헌가28 ······ 526
헌재 2005. 11. 24. 2004헌마536 ······ 638
헌재 2005. 11. 24. 2004헌바83 ······ 247
헌재 2005. 11. 24. 2005헌마579등 ······ 322, 561
헌재 2005. 12. 22. 2003헌가8 ······ 316
헌재 2005. 12. 22. 2003헌바76 ······ 256
헌재 2005. 12. 22. 2003헌바109 ······ 256
헌재 2005. 12. 22. 2004헌라3 ······ 68, 872, 873, 878, 904, 907, 908
헌재 2005. 12. 22. 2004헌마66 ······ 502, 505
헌재 2005. 12. 22. 2004헌마142 ······ 622
헌재 2005. 12. 22. 2004헌마530 ······ 556
헌재 2005. 12. 22. 2004헌마827 ······ 598

헌재 2005. 12. 22. 2005헌라5 ························ 874, 914
헌재 2005. 12. 22. 2005헌마330 ························ 770, 771
헌재 2005. 12. 22. 2005헌바50 ························ 445, 826
헌재 2006. 1. 26. 2005헌마98 ························ 639
헌재 2006. 2. 23. 2003헌바84 ························ 246, 847
헌재 2006. 2. 23. 2004헌마50 ························ 820
헌재 2006. 2. 23. 2004헌마414 ························ 510, 676
헌재 2006. 2. 23. 2004헌마675 ························ 335, 377, 403
헌재 2006. 2. 23. 2004헌바50 ························ 550, 776, 820
헌재 2006. 2. 23. 2005헌라6 ························ 872, 908
헌재 2006. 2. 23. 2005헌마49 ························ 329, 368
헌재 2006. 2. 23. 2005헌마268 ························ 556, 561, 572
헌재 2006. 2. 23. 2005헌마403 ························ 614, 634, 692
헌재 2006. 2. 23. 2005헌사754 ························ 152, 163, 166, 174
헌재 2006. 3. 21. 99헌바150 ························ 93
헌재 2006. 3. 30. 2003헌라2 ························ 874, 879, 907, 908
헌재 2006. 3. 30. 2003헌마806 ························ 436, 463, 736
헌재 2006. 3. 30. 2004헌마246 ························ 549, 558, 750
헌재 2006. 3. 30. 2005헌라1 ························ 874, 907
헌재 2006. 3. 30. 2005헌마598 ························ 72
헌재 2006. 4. 25. 2006헌마409 ························ 452
헌재 2006. 4. 27. 2004헌마562 ························ 639
헌재 2006. 4. 27. 2005헌가2 ························ 314
헌재 2006. 4. 27. 2005헌마997 ························ 693
헌재 2006. 4. 27. 2005헌마1047등 ························ 556
헌재 2006. 4. 27. 2005헌마1119 ························ 152, 174
헌재 2006. 4. 27. 2005헌바69 ························ 298
헌재 2006. 4. 27. 2006헌마187 ························ 329, 368
헌재 2006. 5. 25. 2003헌마715등 ························ 797
헌재 2006. 5. 25. 2003헌바115등 ························ 184, 772
헌재 2006. 5. 25. 2005헌가17 ························ 91
헌재 2006. 5. 25. 2005헌라4 ························ 873, 907, 908, 911, 913, 923, 924
헌재 2006. 5. 25. 2005헌마11등 ························ 190, 733
헌재 2006. 5. 25. 2005헌마362 ························ 436
헌재 2006. 5. 25. 2005헌마715 ························ 630
헌재 2006. 6. 29. 2004헌가3 ························ 246, 247, 400

헌재 2006. 6. 29. 2004헌마826 ··· 466
헌재 2006. 6. 29. 2005헌가13 ··· 190, 335
헌재 2006. 6. 29. 2005헌마44 ··· 190, 733, 736, 771
헌재 2006. 6. 29. 2005헌마124 ··· 184, 329, 368, 772
헌재 2006. 6. 29. 2005헌마165등 ··· 567, 613, 614, 619, 631, 637, 639
헌재 2006. 6. 29. 2005헌마703 ··· 743
헌재 2006. 6. 29. 2005헌마1167 ··· 630
헌재 2006. 6. 30. 2005헌가1 ··· 335
헌재 2006. 7. 27. 2004헌마217 ··· 745, 748
헌재 2006. 7. 27. 2004헌마476 ··· 736, 759
헌재 2006. 7. 27. 2004헌마655 ··· 690, 707, 745, 748
헌재 2006. 7. 27. 2004헌마924 ··· 664, 676
헌재 2006. 7. 27. 2005헌마277 ··· 466, 750
헌재 2006. 7. 27. 2005헌마307 ··· 540
헌재 2006. 7. 27. 2005헌바19 ··· 821, 824, 828
헌재 2006. 8. 31. 2003헌라1 ··· 881, 884, 932, 936
헌재 2006. 8. 31. 2004헌라2 ··· 898, 909, 924, 932, 936, 941, 943
헌재 2006. 8. 31. 2006헌마266 ··· 558, 561, 567
헌재 2006. 9. 26. 2006헌아37 지정부 결정 ··· 196, 819, 865
헌재 2006. 10. 26. 2004헌마13 ··· 480
헌재 2006. 11. 30. 2004헌마431 ··· 619
헌재 2006. 11. 30. 2005헌마855 ··· 426, 507
헌재 2006. 11. 30. 2006헌마679 ··· 436
헌재 2006. 12. 28. 2004헌마229 ··· 565, 589
헌재 2006. 12. 28. 2005헌바59 ··· 459
헌재 2006. 12. 28. 2006헌마312 ··· 550, 572, 598, 599
헌재 2006. 12. 28. 2006헌마434 ··· 729, 730
헌재 2007. 1. 16. 2006헌마1475 ··· 727
헌재 2007. 1. 17. 2005헌바41 ··· 246, 247, 400
헌재 2007. 1. 17. 2005헌바86 ··· 292
헌재 2007. 2. 6. 2007헌마91 ··· 521
헌재 2007. 2. 22. 2003헌마428 ··· 480, 691
헌재 2007. 2. 22. 2005헌마548 ··· 688
헌재 2007. 2. 22. 2005헌마645 ··· 736
헌재 2007. 2. 22. 2006헌아50 ··· 198, 818
헌재 2007. 3. 29. 2005헌마985 ··· 106, 629

헌재 2007. 3. 29. 2005헌바33 ······ 145, 147, 323, 337, 338, 409
헌재 2007. 3. 29. 2006헌라7 ······ 874, 923, 925
헌재 2007. 4. 26. 2003헌마947등 ······ 499
헌재 2007. 4. 26. 2004헌가29 ······ 307
헌재 2007. 4. 26. 2004헌바19 ······ 824
헌재 2007. 4. 26. 2005헌바51 ······ 824, 825
헌재 2007. 4. 26. 2006헌가2 ······ 94
헌재 2007. 4. 26. 2006헌바10 ······ 256, 832
헌재 2007. 5. 1. 2007헌마446 ······ 696
헌재 2007. 5. 31. 2003헌마422 ······ 572, 609, 610, 639
헌재 2007. 5. 31. 2003헌마579 ······ 426, 456, 457, 471, 572, 732
헌재 2007. 5. 31. 2004헌마243 ······ 497, 498
헌재 2007. 5. 31. 2005헌마172 ······ 111, 189, 329
헌재 2007. 5. 31. 2005헌마1132 ······ 590, 598
헌재 2007. 5. 31. 2005헌마1139 ······ 147
헌재 2007. 5. 31. 2005헌바47 ······ 103
헌재 2007. 5. 31. 2006헌마627 ······ 498
헌재 2007. 5. 31. 2006헌마646 ······ 609
헌재 2007. 5. 31. 2006헌마1131 ······ 657
헌재 2007. 5. 31. 2006헌마1351 ······ 489
헌재 2007. 6. 28. 2004헌마643 ······ 377, 403, 557
헌재 2007. 6. 28. 2004헌마644등 ······ 377, 403, 429, 609, 612, 693, 695
헌재 2007. 6. 28. 2005헌마1179 ······ 558, 567
헌재 2007. 6. 28. 2006헌가14 ······ 306, 307
헌재 2007. 6. 28. 2006헌마1482 ······ 771
헌재 2007. 7. 26. 2003헌마377 ······ 606, 617
헌재 2007. 7. 26. 2003헌바107 ······ 244, 312, 823, 836
헌재 2007. 7. 26. 2004헌마914 ······ 567
헌재 2007. 7. 26. 2005헌라8 ······ 68, 606, 903, 906, 914
헌재 2007. 7. 26. 2005헌마501 ······ 480
헌재 2007. 7. 26. 2005헌바100 ······ 238
헌재 2007. 7. 26. 2006헌가4 ······ 307
헌재 2007. 7. 26. 2006헌마298 ······ 474, 539, 715
헌재 2007. 7. 26. 2006헌마551등 ······ 771
헌재 2007. 7. 26. 2006헌마1164 ······ 639, 688, 711
헌재 2007. 7. 26. 2006헌바40 ······ 212, 213, 821, 822

헌재 2007. 8. 21. 2005헌사717 ······ 200
헌재 2007. 8. 28. 2007헌아76등 ······ 773
헌재 2007. 8. 30. 2003헌바51등 ······ 94
헌재 2007. 8. 30. 2004헌마670 ······ 342, 458, 460, 462, 545, 546, 572
헌재 2007. 8. 30. 2005헌마1191 ······ 733
헌재 2007. 10. 4. 2005헌마1148 ······ 696
헌재 2007. 10. 4. 2005헌바71 ······ 243, 285, 286, 288, 833, 834
헌재 2007. 10. 4. 2006헌마648 ······ 690, 701
헌재 2007. 10. 9. 2007헌마1032 ······ 598
헌재 2007. 10. 25. 2003헌마95 ······ 736
헌재 2007. 10. 25. 2005헌바68 ······ 419, 711
헌재 2007. 10. 25. 2006헌라5 ······ 606, 903, 906, 914
헌재 2007. 10. 25. 2006헌마904 ······ 681, 742, 773
헌재 2007. 10. 25. 2006헌마1236 ······ 471
헌재 2007. 10. 30. 2007헌마1128 지정부 결정 ······ 427
헌재 2007. 11. 29. 2004헌마290 ······ 496
헌재 2007. 11. 29. 2005헌마347 ······ 779, 781
헌재 2007. 11. 29. 2005헌마499 ······ 725
헌재 2007. 11. 29. 2005헌마616 ······ 688
헌재 2007. 11. 29. 2005헌마977 ······ 572
헌재 2007. 11. 29. 2005헌바12 ······ 189, 832
헌재 2007. 11. 29. 2006헌마876 ······ 436
헌재 2007. 12. 27. 2004헌마1021 ······ 623, 624, 634
헌재 2007. 12. 27. 2005헌가9 ······ 230
헌재 2007. 12. 27. 2006헌바73 ······ 303, 304, 818
헌재 2008. 1. 10. 2007헌마1468 ······ 341, 622, 632, 634
헌재 2008. 1. 17. 2004헌마41 ······ 695
헌재 2008. 1. 17. 2005헌라10 ······ 903, 906, 914
헌재 2008. 1. 17. 2007헌마700 ······ 227, 511, 553, 588, 676
헌재 2008. 2. 28. 2005헌마396 ······ 760
헌재 2008. 2. 28. 2005헌마872등 ······ 69, 72, 74, 75, 815
헌재 2008. 2. 28. 2006헌마582 ······ 565, 572
헌재 2008. 2. 28. 2006헌마1028 ······ 594, 615, 637
헌재 2008. 3. 27. 2004헌마654 ······ 587
헌재 2008. 3. 27. 2005헌마138 ······ 683
헌재 2008. 3. 27. 2006헌라1 ······ 68, 878, 879, 904

헌재 2008. 3. 27. 2006헌마770 ········· 638
헌재 2008. 4. 15. 2008헌마267 ········· 522
헌재 2008. 4. 24. 2004헌마440 ········· 613, 628
헌재 2008. 4. 24. 2004헌바44 ········· 210, 224, 820
헌재 2008. 4. 24. 2006헌라2 ········· 936
헌재 2008. 4. 24. 2006헌바72 ········· 275
헌재 2008. 5. 20. 2008헌마359 ········· 522
헌재 2008. 5. 29. 2005헌라3 ········· 227, 877, 879, 907, 913
헌재 2008. 5. 29. 2005헌마137등 ········· 639, 794
헌재 2008. 5. 29. 2005헌마149 ········· 639, 737
헌재 2008. 5. 29. 2005헌마442 ········· 551
헌재 2008. 5. 29. 2006헌마1001 ········· 724, 726, 760
헌재 2008. 5. 29. 2006헌마170 ········· 567, 588, 628, 634
헌재 2008. 5. 29. 2006헌바5 ········· 373
헌재 2008. 5. 29. 2006헌바85등 ········· 825
헌재 2008. 5. 29. 2007헌마712 ········· 474, 606, 676, 744, 750
헌재 2008. 5. 29. 2007헌마1105 ········· 613
헌재 2008. 5. 29. 2007헌마1460 ········· 639
헌재 2008. 6. 26. 2005헌라7 ········· 878, 879, 907, 908, 924
헌재 2008. 6. 26. 2005헌마173 ········· 634
헌재 2008. 6. 26. 2005헌마506 ········· 108, 348, 594, 629, 634
헌재 2008. 6. 26. 2005헌마1275 ········· 634
헌재 2008. 6. 26. 2007헌라7 ········· 873
헌재 2008. 6. 26. 2007헌마917 ········· 498
헌재 2008. 7. 1. 2008헌마449 ········· 511
헌재 2008. 7. 8. 2008헌마479 지정부 결정 ········· 654
헌재 2008. 7. 29. 2008헌마487 지정부 결정 ········· 490, 513, 654, 657
헌재 2008. 7. 31. 2004헌마1010등 ········· 108, 547, 634, 725, 743
헌재 2008. 7. 31. 2004헌바28 ········· 274, 314, 835, 836
헌재 2008. 7. 31. 2004헌바81 ········· 547
헌재 2008. 7. 31. 2005헌마667 ········· 565
헌재 2008. 7. 31. 2006헌마400 ········· 558, 561, 567
헌재 2008. 7. 31. 2006헌마704 ········· 656
헌재 2008. 7. 31. 2006헌마711 ········· 447
헌재 2008. 7. 31. 2006헌마1030 ········· 737, 760
헌재 2008. 7. 31. 2007헌가4 ········· 99, 396

헌재 2008. 8. 12. 2008헌마508 ······ 513, 654
헌재 2008. 8. 19. 2008헌마523 ······ 522
헌재 2008. 9. 25. 2006헌바108 ······ 357
헌재 2008. 9. 25. 2007헌가9 ······ 384, 385, 403, 411
헌재 2008. 9. 25. 2007헌마233 ······ 639
헌재 2008. 9. 25. 2007헌마1126 ······ 480
헌재 2008. 9. 25. 2008헌마97 ······ 618, 639
헌재 2008. 9. 25. 2008헌마456 ······ 481, 498, 572, 599
헌재 2008. 10. 30. 2005헌마222등 ······ 428
헌재 2008. 10. 30. 2005헌마1005 ······ 74, 816
헌재 2008. 10. 30. 2005헌마1156 ······ 556, 560
헌재 2008. 10. 30. 2005헌바32 ······ 94
헌재 2008. 10. 30. 2006헌마217 ······ 691, 693
헌재 2008. 10. 30. 2006헌마547 ······ 599
헌재 2008. 10. 30. 2006헌마1098 ······ 191, 322
헌재 2008. 10. 30. 2006헌마1401등 ······ 495
헌재 2008. 10. 30. 2006헌바80 ······ 431, 826
헌재 2008. 10. 30. 2007헌가17등 ······ 148, 326
헌재 2008. 10. 30. 2007헌마1281 ······ 626, 634, 750
헌재 2008. 10. 30. 2007헌바66 ······ 242
헌재 2008. 10. 30. 2007헌바109등 ······ 842
헌재 2008. 11. 13. 2006헌바112등 ······ 405
헌재 2008. 11. 27. 2004헌바54 ······ 849
헌재 2008. 11. 27. 2005헌마161등 ······ 458, 459, 462, 662, 663
헌재 2008. 11. 27. 2006헌마352 ······ 590
헌재 2008. 11. 27. 2006헌마688 ······ 613, 623, 624, 634
헌재 2008. 11. 27. 2006헌마1244 ······ 426, 606
헌재 2008. 11. 27. 2007헌가13 ······ 94
헌재 2008. 11. 27. 2007헌마860 ······ 617, 619, 639, 794
헌재 2008. 11. 27. 2008헌마372 ······ 590, 599
헌재 2008. 11. 27. 2008헌마399등 ······ 513, 655, 665
헌재 2008. 11. 27. 2008헌마517 ······ 556, 560, 562
헌재 2008. 12. 26. 2005헌라11 ······ 891, 897, 905, 909, 924, 932, 933
헌재 2008. 12. 26. 2006헌마384 ······ 536, 537
헌재 2008. 12. 26. 2006헌마1192 ······ 587, 626, 635
헌재 2008. 12. 26. 2007헌마32등 ······ 491

헌재 2008. 12. 26. 2007헌마1387 ······ 491, 635
헌재 2008. 12. 26. 2007헌마775 ······ 737, 760, 777
헌재 2008. 12. 26. 2007헌마803 ······ 697
헌재 2008. 12. 26. 2007헌마862 ······ 664
헌재 2008. 12. 26. 2008헌마387 ······ 513, 655
헌재 2008. 12. 26. 2008헌마419 ······ 587, 594, 635
헌재 2009. 1. 13. 2008헌마756 ······ 696
헌재 2009. 2. 26. 2005헌마764 ······ 354
헌재 2009. 2. 26. 2005헌마837등 ······ 572, 639
헌재 2009. 2. 26. 2006헌마626 ······ 572, 794
헌재 2009. 2. 26. 2007헌마279 ······ 572
헌재 2009. 2. 26. 2007헌마716 ······ 630, 637
헌재 2009. 2. 26. 2007헌마1262 ······ 573, 599
헌재 2009. 2. 26. 2007헌마1285 ······ 436
헌재 2009. 2. 26. 2008헌마275 ······ 510, 669, 742
헌재 2009. 2. 26. 2008헌마370등 ······ 599, 659
헌재 2009. 2. 26. 2008헌마482 ······ 513
헌재 2009. 3. 24. 2009헌마118 ······ 551
헌재 2009. 3. 26. 2006헌마14 ······ 746
헌재 2009. 3. 26. 2006헌마99 ······ 599
헌재 2009. 3. 26. 2006헌마188 ······ 570
헌재 2009. 3. 26. 2007헌가5등 ······ 318, 319
헌재 2009. 3. 26. 2007헌마843 ······ 552, 750
헌재 2009. 3. 26. 2007헌마988등 ······ 615, 639, 701
헌재 2009. 3. 26. 2007헌마1327등 ······ 746, 750
헌재 2009. 4. 30. 2006헌마1261 ······ 590, 620, 638
헌재 2009. 4. 30. 2006헌바29 ······ 273
헌재 2009. 4. 30. 2007헌가8 ······ 373
헌재 2009. 4. 30. 2007헌마103 ······ 635, 639, 725, 732
헌재 2009. 4. 30. 2007헌마106 ······ 69, 73, 75, 619, 639, 662, 663
헌재 2009. 4. 30. 2007헌마290 ······ 588
헌재 2009. 4. 30. 2007헌바29등 ······ 94
헌재 2009. 5. 12. 2009헌바65 ······ 865
헌재 2009. 5. 28. 2005헌바20등 ······ 244
헌재 2009. 5. 28. 2006헌라6 ······ 874, 878, 924, 925, 926, 933, 934, 943
헌재 2009. 5. 28. 2006헌마618 ······ 463, 481, 573

헌재 2009. 5. 28. 2006헌바24 ········ 94
헌재 2009. 5. 28. 2007헌마369 ········ 454, 556, 561
헌재 2009. 5. 28. 2007헌바24 ········ 856
헌재 2009. 5. 28. 2007헌바80등 ········ 550
헌재 2009. 5. 28. 2007헌바105 ········ 343
헌재 2009. 6. 25. 2007헌마178 ········ 737
헌재 2009. 6. 25. 2007헌마451 ········ 430, 559
헌재 2009. 6. 25. 2007헌사556 ········ 58
헌재 2009. 6. 25. 2008헌마393 ········ 447
헌재 2009. 6. 25. 2008헌마413 ········ 746, 750
헌재 2009. 6. 25. 2008헌아23 ········ 197, 818
헌재 2009. 7. 10. 2005헌라5 ········ 943
헌재 2009. 7. 28. 2009헌아87 지정부 결정 ········ 773
헌재 2009. 7. 30. 2005헌라2 ········ 897, 902, 909, 924
헌재 2009. 7. 30. 2006헌마358 ········ 493, 503, 594, 804
헌재 2009. 7. 30. 2007헌마732 ········ 204, 635, 751
헌재 2009. 7. 30. 2007헌마870 ········ 613, 682, 711
헌재 2009. 7. 30. 2008헌가1 ········ 145, 147
헌재 2009. 7. 30. 2008헌마367 ········ 463
헌재 2009. 8. 25. 2009헌마440 ········ 661
헌재 2009. 9. 1. 2009헌마460 ········ 533
헌재 2009. 9. 24. 2006헌마1264 ········ 573
헌재 2009. 9. 24. 2006헌마1298 ········ 614, 640
헌재 2009. 9. 24. 2007헌마738 ········ 669, 674, 751
헌재 2009. 9. 24. 2007헌마872 ········ 556
헌재 2009. 9. 24. 2007헌마949 ········ 635, 696
헌재 2009. 9. 24. 2007헌마1092 ········ 606
헌재 2009. 9. 24. 2007헌바17 ········ 821, 824
헌재 2009. 9. 24. 2007헌바87 ········ 370
헌재 2009. 9. 24. 2007헌바118 ········ 213, 821, 822
헌재 2009. 9. 24. 2008헌가25 ········ 94, 147, 148, 377, 406
헌재 2009. 9. 24. 2008헌라5 ········ 118
헌재 2009. 9. 24. 2008헌마11 ········ 628
헌재 2009. 9. 24. 2008헌마210 ········ 516
헌재 2009. 9. 24. 2008헌마255 ········ 651
헌재 2009. 9. 24. 2008헌마662 ········ 573

헌재 2009. 9. 24. 2008헌바23 ············ 275, 834
헌재 2009. 9. 24. 2009헌마63 ············ 510, 669
헌재 2009. 10. 25. 2003헌마95 ············ 657
헌재 2009. 10. 29. 2007헌마992 ············ 465, 466, 744, 751
헌재 2009. 10. 29. 2007헌마1359 ············ 617, 619, 639
헌재 2009. 10. 29. 2007헌마1423 ············ 111, 638, 684
헌재 2009. 10. 29. 2007헌마1462 ············ 695, 701, 746
헌재 2009. 10. 29. 2007헌바132 ············ 838
헌재 2009. 10. 29. 2008헌마454 ············ 491, 664
헌재 2009. 10. 29. 2008헌마635 ············ 664
헌재 2009. 10. 29. 2008헌바146등 ············ 94
헌재 2009. 10. 29. 2009헌라8등 ············ 872, 898, 905, 936, 937, 943
헌재 2009. 10. 29. 2009헌마99 ············ 737
헌재 2009. 11. 26. 2007헌마734 ············ 573
헌재 2009. 11. 26. 2007헌마1125 ············ 517, 599, 606, 655
헌재 2009. 11. 26. 2007헌마1183 ············ 701
헌재 2009. 11. 26. 2007헌마1424 ············ 609
헌재 2009. 11. 26. 2008헌라3 ············ 118, 911, 914
헌재 2009. 11. 26. 2008헌라4 ············ 908, 911, 912, 914
헌재 2009. 11. 26. 2008헌마114 ············ 746, 750, 751
헌재 2009. 11. 26. 2008헌마385 ············ 433, 436, 556, 599, 742
헌재 2009. 11. 26. 2008헌마691 ············ 607, 610
헌재 2009. 11. 26. 2008헌바12 ············ 556, 560
헌재 2009. 12. 22. 2009헌마693 등 ············ 668
헌재 2009. 12. 29. 2008헌마421 ············ 489
헌재 2009. 12. 29. 2008헌마617 ············ 469, 471, 640, 659
헌재 2009. 12. 29. 2008헌마692 ············ 565
헌재 2009. 12. 29. 2008헌바64 ············ 79, 716, 722
헌재 2009. 12. 29. 2008헌바171 ············ 834
헌재 2009. 12. 29. 2009헌마5 ············ 760
헌재 2009. 12. 29. 2009헌바25 ············ 256
헌재 2009. 12. 29. 2009헌바93 ············ 256
헌재 2010. 2. 9. 2009헌바418 ············ 212, 821
헌재 2010. 2. 25. 2007헌마102 ············ 611
헌재 2010. 2. 25. 2007헌마956 ············ 594
헌재 2010. 2. 25. 2007헌바102 ············ 701

헌재 2010. 2. 25. 2007헌바131등 ········· 250, 252, 285, 288, 835
헌재 2010. 2. 25. 2007헌바34 ········· 241, 245, 832
헌재 2010. 2. 25. 2008헌가23 ········· 257, 308, 326
헌재 2010. 2. 25. 2008헌마497 ········· 510
헌재 2010. 2. 25. 2008헌바53 ········· 243
헌재 2010. 2. 25. 2008헌바67 ········· 232, 826
헌재 2010. 2. 25. 2008헌바159 ········· 109, 111, 248, 835, 836, 864
헌재 2010. 2. 25. 2009헌바95 ········· 231, 431, 826
헌재 2010. 3. 2. 2010헌마49 지정부 결정 ········· 654, 679
헌재 2010. 3. 25. 2007헌마933 ········· 419, 436, 775, 826, 832, 844
헌재 2010. 3. 25. 2008헌가5 ········· 95
헌재 2010. 3. 25. 2008헌마439 ········· 78, 717, 728
헌재 2010. 3. 25. 2008헌바102 ········· 257
헌재 2010. 3. 25. 2009헌바130 ········· 239
헌재 2010. 3. 30. 2010헌바102 ········· 210, 844
헌재 2010. 4. 6. 2010헌마116 ········· 521, 827
헌재 2010. 4. 20. 2010헌마189 지정부 결정 ········· 481
헌재 2010. 4. 29. 2003헌마283 ········· 489, 679
헌재 2010. 4. 29. 2007헌바144 ········· 847
헌재 2010. 4. 29. 2008헌마412등 ········· 481, 640
헌재 2010. 4. 29. 2008헌마438 ········· 609, 612
헌재 2010. 4. 29. 2008헌마679 ········· 599
헌재 2010. 4. 29. 2008헌바113 ········· 273
헌재 2010. 4. 29. 2009헌라11 ········· 570, 880, 881, 882, 927
헌재 2010. 4. 29. 2009헌마340 ········· 592, 599
헌재 2010. 4. 29. 2009헌마399 ········· 425, 497, 498, 746, 747, 751
헌재 2010. 4. 29. 2009헌마689 ········· 708
헌재 2010. 5. 27. 2005헌마346 ········· 547, 599
헌재 2010. 5. 27. 2008헌마491 ········· 589, 611
헌재 2010. 5. 27. 2008헌바110 ········· 244, 312, 823, 825, 836
헌재 2010. 5. 27. 2009헌마421 ········· 508
헌재 2010. 5. 27. 2009헌바49 ········· 241, 257
헌재 2010. 5. 27. 2009헌바183 ········· 94
헌재 2010. 5. 27. 2010헌마71 ········· 513, 654, 726, 728
헌재 2010. 6. 24. 2005헌라9등 ········· 886, 907, 908, 909, 912, 915, 924, 933, 943
헌재 2010. 6. 24. 2007헌마1256 ········· 545, 807

헌재 2010. 6. 24. 2007헌바101등 ··· 825
헌재 2010. 6. 24. 2008헌마716 ··· 665, 666
헌재 2010. 6. 24. 2008헌바128 ··· 299, 375
헌재 2010. 6. 24. 2009헌마177 ··· 707
헌재 2010. 6. 24. 2009헌마257 ··· 345, 676, 751, 806
헌재 2010. 6. 24. 2010헌마41 ··· 497, 498, 508
헌재 2010. 6. 24. 2010헌마167 ··· 436, 573
헌재 2010. 7. 6. 2010헌마324 ··· 791
헌재 2010. 7. 6. 2010헌사485 ··· 171, 791
헌재 2010. 7. 29. 2006헌바75 ··· 245, 257
헌재 2010. 7. 29. 2008헌가4 ··· 377, 412
헌재 2010. 7. 29. 2008헌가15 ··· 323, 338, 397
헌재 2010. 7. 29. 2008헌가19등 ··· 436
헌재 2010. 7. 29. 2008헌가28 ··· 108, 396
헌재 2010. 7. 29. 2008헌마664등 ··· 436
헌재 2010. 7. 29. 2008헌마668등 ··· 606
헌재 2010. 7. 29. 2009헌가4 ··· 318, 319
헌재 2010. 7. 29. 2009헌가8 ··· 377, 384, 411
헌재 2010. 7. 29. 2009헌마51 ··· 614, 640
헌재 2010. 7. 29. 2009헌마149 ··· 550, 590, 599, 737
헌재 2010. 7. 29. 2010헌라1 ··· 874, 877, 911, 915, 920
헌재 2010. 9. 2. 2009헌가9등 ··· 229, 248, 315
헌재 2010. 9. 2. 2009헌가15등 ··· 315
헌재 2010. 9. 2. 2010헌마418 ··· 797
헌재 2010. 9. 14. 2010헌마557 ··· 518
헌재 2010. 9. 30. 2008헌가3 ··· 307
헌재 2010. 9. 30. 2008헌마442 ··· 640
헌재 2010. 9. 30. 2008헌마586 ··· 606, 640
헌재 2010. 9. 30. 2008헌마628 ··· 657, 679
헌재 2010. 9. 30. 2008헌마758 ··· 663, 664
헌재 2010. 9. 30. 2008헌바100 ··· 257
헌재 2010. 9. 30. 2008헌바132 ··· 824
헌재 2010. 9. 30. 2009헌마631 ··· 630, 637, 640
헌재 2010. 9. 30. 2009헌바2 ··· 111, 821, 828
헌재 2010. 9. 30. 2009헌바86 ··· 273
헌재 2010. 9. 30. 2009헌바101 ··· 241, 286, 288, 834

헌재 2010. 10. 28. 2007헌가23 ··· 548
헌재 2010. 10. 28. 2007헌라4 ··· 873, 878, 879, 914
헌재 2010. 10. 28. 2008헌마332 ··· 436
헌재 2010. 10. 28. 2008헌마408 ··· 74, 75, 459, 815
헌재 2010. 10. 28. 2008헌마612등 ··· 436
헌재 2010. 10. 28. 2008헌마638 ··· 613, 640
헌재 2010. 10. 28. 2009헌라6 ··· 871, 872, 874
헌재 2010. 10. 28. 2009헌마438 ··· 553, 659, 676, 686, 688, 751
헌재 2010. 10. 28. 2009헌마544 ··· 613, 628
헌재 2010. 10. 28. 2009헌바4 ··· 824, 828
헌재 2010. 10. 28. 2010헌가14 ··· 230, 248, 306
헌재 2010. 11. 16. 2010헌아290 지정부 결정 ··· 773
헌재 2010. 11. 25. 2006헌마328 ··· 701
헌재 2010. 11. 25. 2006헌바103 ··· 286, 288
헌재 2010. 11. 25. 2008헌마207 ··· 737, 760
헌재 2010. 11. 25. 2009헌라12 ··· 146, 147, 897, 910, 935, 942, 944
헌재 2010. 11. 25. 2009헌마146 ··· 558, 590, 599, 630, 635, 637
헌재 2010. 11. 25. 2009헌마147 ··· 599
헌재 2010. 11. 25. 2009헌바8 ··· 316
헌재 2010. 11. 25. 2010헌가22 ··· 304
헌재 2010. 11. 25. 2010헌마16 ··· 733, 737
헌재 2010. 12. 28. 2008헌라6등 ··· 905, 924, 933
헌재 2010. 12. 28. 2008헌라7 ··· 872, 898, 908, 910, 937
헌재 2010. 12. 28. 2008헌마527 ··· 90, 448
헌재 2010. 12. 28. 2008헌바89 ··· 94, 193, 323
헌재 2010. 12. 28. 2008헌바571 ··· 326
헌재 2010. 12. 28. 2009헌가30 ··· 269, 301, 403, 405, 411
헌재 2010. 12. 28. 2009헌라2 ··· 868, 889, 895, 912, 915
헌재 2010. 12. 28. 2009헌마70 ··· 573
헌재 2010. 12. 28. 2009헌마265 ··· 737, 760
헌재 2010. 12. 28. 2009헌마466 ··· 623, 640
헌재 2010. 12. 28. 2009헌바429 ··· 285, 286, 288, 835
헌재 2010. 12. 28. 2010헌가51 ··· 229, 248
헌재 2010. 12. 28. 2010헌가73등 ··· 229, 248
헌재 2010. 12. 28. 2010헌마101 ··· 510, 669
헌재 2011 12. 29. 2009헌마330등 ··· 496

헌재 2011. 2. 15. 2011헌마30 지정부 결정 ········· 518
헌재 2011. 2. 15. 2011헌마40 지정부 결정 ········· 505
헌재 2011. 2. 15. 2011헌바20 지정부 결정 ········· 274
헌재 2011. 2. 24. 2008헌바56 ········· 244, 269, 832, 836, 856
헌재 2011. 2. 24. 2008헌아4 ········· 818
헌재 2011. 2. 24. 2009헌마94 ········· 448
헌재 2011. 2. 24. 2009헌마164 ········· 659
헌재 2011. 2. 24. 2009헌마209 ········· 507, 640, 659, 669, 674, 751
헌재 2011. 2. 24. 2009헌바33등 ········· 846
헌재 2011. 2. 24. 2010헌바98 ········· 304
헌재 2011. 2. 24. 2009헌바289 ········· 629
헌재 2011. 3. 29. 2011헌마128 지정부 결정 ········· 507
헌재 2011. 3. 31. 2008헌마355 ········· 725, 750, 751
헌재 2011. 3. 31. 2008헌마738 ········· 696, 844
헌재 2011. 3. 31. 2009헌마508 ········· 565
헌재 2011. 3. 31. 2009헌바286 ········· 257, 274, 275, 834
헌재 2011. 3. 31. 2009헌바312 ········· 257
헌재 2011. 3. 31. 2009헌바351 ········· 257
헌재 2011. 3. 31. 2010헌마13 ········· 510, 669, 670
헌재 2011. 3. 31. 2010헌마45 ········· 694
헌재 2011. 3. 31. 2010헌마195 ········· 640
헌재 2011. 3. 31. 2010헌마312 ········· 799
헌재 2011. 4. 28. 2009헌마305 ········· 640, 737, 760
헌재 2011. 4. 28. 2009헌바167 ········· 307
헌재 2011. 4. 28. 2009헌바169 ········· 303, 304, 828
헌재 2011. 4. 28. 2010헌마474 ········· 751
헌재 2011. 4. 28. 2010헌마576 ········· 510
헌재 2011. 4. 28. 2010헌마602 ········· 573, 590, 599
헌재 2011. 5. 26. 2009헌마285 ········· 694
헌재 2011. 5. 26. 2009헌마341 ········· 669, 676, 751
헌재 2011. 5. 26. 2009헌바419 ········· 213, 821
헌재 2011. 5. 26. 2010헌마183 ········· 641, 659
헌재 2011. 5. 26. 2010헌마365 ········· 641
헌재 2011. 5. 26. 2010헌바202 ········· 826
헌재 2011. 6. 28. 2011헌마300 지정부 결정 ········· 458, 519
헌재 2011. 6. 30. 2008헌마715등 ········· 376, 592, 662

헌재 2011. 6. 30. 2008헌바81 ········· 245, 299, 534
헌재 2011. 6. 30. 2008헌바166등 ········· 336, 384, 411
헌재 2011. 6. 30. 2009헌마406 ········· 466, 675, 676, 744, 751, 806
헌재 2011. 6. 30. 2009헌마582 ········· 510
헌재 2011. 6. 30. 2009헌마595 ········· 549, 641
헌재 2011. 6. 30. 2009헌바199 ········· 436, 657
헌재 2011. 6. 30. 2009헌바430 ········· 232, 269, 305, 737, 827
헌재 2011. 6. 30. 2010헌가86 ········· 412
헌재 2011. 6. 30. 2010헌마121 ········· 600
헌재 2011. 6. 30. 2010헌마460 ········· 701
헌재 2011. 6. 30. 2010헌바395 ········· 828
헌재 2011. 7. 28. 2009헌바24 ········· 289, 835
헌재 2011. 7. 28. 2009헌바149 ········· 274, 314, 836
헌재 2011. 7. 28. 2009헌바158 ········· 274, 825
헌재 2011. 7. 28. 2009헌바244 ········· 258
헌재 2011. 7. 28. 2010헌마432 ········· 696, 708
헌재 2011. 8. 30. 2006헌마788 ········· 475, 476, 477, 803
헌재 2011. 8. 30. 2008헌마302 ········· 737
헌재 2011. 8. 30. 2008헌마343 ········· 336, 733, 737, 738
헌재 2011. 8. 30. 2008헌마648 ········· 475, 477, 803
헌재 2011. 8. 30. 2008헌마757 ········· 600
헌재 2011. 8. 30. 2009헌가10 ········· 308
헌재 2011. 8. 30. 2009헌라7 ········· 872, 898, 936, 937, 943
헌재 2011. 8. 30. 2009헌마638 ········· 745, 748, 752
헌재 2011. 8. 30. 2010헌라4 ········· 883, 907, 925, 927
헌재 2011. 8. 30. 2011헌라1 ········· 866, 868, 912, 915
헌재 2011. 8. 30. 2011헌라2 ········· 903, 906, 914, 915, 927
헌재 2011. 9. 15. 2011헌마444 ········· 781
헌재 2011. 9. 20. 2011헌마485 지정부 결정 ········· 430
헌재 2011. 9. 29. 2007헌마1083등 ········· 545, 546
헌재 2011. 9. 29. 2009헌라3 ········· 880, 885, 897, 905, 909, 913
헌재 2011. 9. 29. 2009헌라4 ········· 880, 905, 909, 913
헌재 2011. 9. 29. 2009헌라5 ········· 880, 905, 909, 913, 924
헌재 2011. 9. 29. 2009헌마351 ········· 545, 546
헌재 2011. 9. 29. 2009헌마358 ········· 540, 573, 600
헌재 2011. 9. 29. 2010헌가93 ········· 384, 411

헌재 2011. 9. 29. 2010헌마361 ··· 696
헌재 2011. 9. 29. 2010헌마413 ··· 466, 752
헌재 2011. 9. 29. 2010헌마539 ··· 510
헌재 2011. 9. 29. 2010헌바65등 ··· 275, 834
헌재 2011. 9. 29. 2010헌바66 ··· 448, 481, 517, 657
헌재 2011. 10. 25. 2009헌마588 ··· 460, 462
헌재 2011. 10. 25. 2009헌마647 ··· 659, 680
헌재 2011. 10. 25. 2009헌마691 ··· 641
헌재 2011. 10. 25. 2009헌바234 ··· 250
헌재 2011. 10. 25. 2009헌바281 ··· 258
헌재 2011. 10. 25. 2010헌마243 ··· 490, 513, 654, 657
헌재 2011. 10. 25. 2010헌마505 ··· 517
헌재 2011. 10. 25. 2010헌마648 ··· 696, 702
헌재 2011. 10. 25. 2010헌마661 ··· 459, 462, 590, 600, 613, 623, 635
헌재 2011. 10. 25. 2010헌바126 ··· 111
헌재 2011. 10. 25. 2010헌바486등 ··· 847
헌재 2011. 10. 25. 2011헌마175 ··· 641
헌재 2011. 11. 24. 2008헌마578등 ··· 565
헌재 2011. 11. 24. 2009헌마415 ··· 613, 626, 628, 641, 690, 691, 702
헌재 2011. 11. 24. 2009헌바146 ··· 343, 384, 397, 411, 412
헌재 2011. 11. 24. 2010헌마83 ··· 510, 591, 593, 658, 667
헌재 2011. 11. 24. 2010헌마397 ··· 573, 606
헌재 2011. 11. 24. 2010헌바254 ··· 274
헌재 2011. 11. 24. 2010헌바353 ··· 275, 834
헌재 2011. 11. 24. 2010헌바412 ··· 244, 312, 821, 823, 824, 836
헌재 2011. 11. 24. 2011헌바51 ··· 94, 345
헌재 2011. 12. 20. 2011헌마748 ··· 533
헌재 2011. 12. 29. 2009헌마330등 ··· 471, 472, 493, 495
헌재 2011. 12. 29. 2009헌마476 ··· 695, 696, 697, 708, 711
헌재 2011. 12. 29. 2009헌마527 ··· 669, 674, 743, 744, 752
헌재 2011. 12. 29. 2009헌마621 ··· 481
헌재 2011. 12. 29. 2010헌마285등 ··· 743
헌재 2011. 12. 29. 2010헌마293 ··· 607
헌재 2011. 12. 29. 2010헌바84 ··· 258
헌재 2011. 12. 29. 2010헌바117 ··· 229, 248
헌재 2011. 12. 29. 2010헌바368 ··· 557, 560

헌재 2011. 12. 29. 2010헌바459 ···· 300
헌재 2011. 12. 29. 2011헌마2 ···· 654
헌재 2011. 12. 29. 2011헌마88 ···· 738, 760
헌재 2011. 12. 29. 2011헌마100 ···· 510
헌재 2011. 12. 29. 2011헌마149 ···· 620, 621, 641
헌재 2011. 12. 29. 2011헌바57 ···· 258
헌재 2012. 1. 10. 2011헌마762 ···· 781
헌재 2012. 1. 17. 2011헌마853 ···· 540
헌재 2012. 1. 31. 2011헌마849 지정부 결정 ···· 509
헌재 2012. 2. 23. 2008헌마500 ···· 421, 496, 641, 659
헌재 2012. 2. 23. 2009헌마318 ···· 745, 748, 752
헌재 2012. 2. 23. 2009헌마333 ···· 635, 641
헌재 2012. 2. 23. 2009헌마403 ···· 761
헌재 2012. 2. 23. 2009헌마623 ···· 75
헌재 2012. 2. 23. 2009헌바34 ···· 345
헌재 2012. 2. 23. 2010헌라5등 ···· 913, 936
헌재 2012. 2. 23. 2010헌라6 ···· 898
헌재 2012. 2. 23. 2010헌마147 ···· 761
헌재 2012. 2. 23. 2010헌마300 ···· 761
헌재 2012. 2. 23. 2010헌마601 ···· 377, 403, 411, 641, 752
헌재 2012. 2. 23. 2010헌마660등 ···· 573, 641, 738, 761
헌재 2012. 2. 23. 2010헌마750 ···· 600
헌재 2012. 2. 23. 2010헌바127 ···· 258
헌재 2012. 3. 27. 2012헌바72 ···· 791
헌재 2012. 3. 27. 2012헌사185 ···· 791
헌재 2012. 3. 29. 2009헌마613 ···· 573, 642
헌재 2012. 3. 29. 2009헌마754 ···· 472, 511, 574, 600
헌재 2012. 3. 29. 2010헌마97 ···· 68, 600, 815
헌재 2012. 3. 29. 2010헌마443등 ···· 610, 613
헌재 2012. 3. 29. 2010헌마475 ···· 467, 676, 806
헌재 2012. 3. 29. 2010헌마554 ···· 436
헌재 2012. 3. 29. 2010헌마599 ···· 534, 565, 642, 661
헌재 2012. 3. 29. 2010헌마673 ···· 573, 715
헌재 2012. 3. 29. 2010헌마693 ···· 429
헌재 2012. 3. 29. 2010헌바89 ···· 270
헌재 2012. 3. 29. 2010헌바432 ···· 275, 821

헌재 2012. 3. 29. 2011헌마178 ······ 724, 726, 772, 773
헌재 2012. 3. 29. 2011헌바19 ······ 557, 560
헌재 2012. 4. 24. 2009헌바417 ······ 275
헌재 2012. 4. 24. 2010헌마493등 ······ 631, 642
헌재 2012. 4. 24. 2010헌마751 ······ 469, 642, 738, 761
헌재 2012. 4. 24. 2010헌바1 ······ 103, 821, 828
헌재 2012. 4. 24. 2010헌바379 ······ 276
헌재 2012. 4. 24. 2010헌아208 ······ 199, 818
헌재 2012. 4. 24. 2011헌바92 ······ 308, 834
헌재 2012. 5. 31. 2009헌마299 ······ 588, 615, 623, 635, 702
헌재 2012. 5. 31. 2009헌마705등 ······ 600, 607, 635
헌재 2012. 5. 31. 2009헌바123등 ······ 333, 370, 847, 859
헌재 2012. 5. 31. 2009헌바190 ······ 377, 384, 403, 411
헌재 2012. 5. 31. 2010헌마88 ······ 594, 620, 635
헌재 2012. 5. 31. 2010헌마139등 ······ 497, 498, 642, 663, 669, 746, 747, 752
헌재 2012. 5. 31. 2010헌마278 ······ 377, 384, 411, 702
헌재 2012. 5. 31. 2010헌마292 ······ 489
헌재 2012. 5. 31. 2010헌마631 ······ 590, 600
헌재 2012. 5. 31. 2010헌바90등 ······ 258
헌재 2012. 5. 31. 2010헌바401 ······ 95
헌재 2012. 5. 31. 2010헌바403 ······ 274
헌재 2012. 5. 31. 2010헌아292 ······ 490, 656, 657
헌재 2012. 5. 31. 2011헌마13 ······ 510
헌재 2012. 5. 31. 2011헌마76 ······ 553, 554, 600
헌재 2012. 5. 31. 2011헌마241 ······ 613, 623, 624, 626, 635, 662, 663, 738
헌재 2012. 5. 31. 2011헌바102 ······ 258
헌재 2012. 5. 31. 2011헌바135 ······ 259
헌재 2012. 5. 31. 2011헌바170 ······ 275
헌재 2012. 6. 27. 2010헌마508 ······ 510, 659
헌재 2012. 6. 27. 2010헌마716 ······ 689, 690, 691
헌재 2012. 6. 27. 2011헌가36 ······ 316
헌재 2012. 6. 27. 2011헌마360 ······ 738, 761
헌재 2012. 7. 16. 2009헌바35등 ······ 336
헌재 2012. 7. 26. 2009헌바35등 ······ 189, 319, 333
헌재 2012. 7. 26. 2010헌라3 ······ 912, 915, 920
헌재 2012. 7. 26. 2010헌마446 ······ 636

헌재 2012. 7. 26. 2010헌마7등 ········· 611, 613, 621, 636
헌재 2012. 7. 26. 2011헌가40 ········· 275, 313, 314
헌재 2012. 7. 26. 2011헌마169 ········· 573, 613
헌재 2012. 7. 26. 2011헌마214 ········· 729
헌재 2012. 7. 26. 2011헌마232 ········· 752
헌재 2012. 7. 26. 2011헌마332 ········· 465, 469
헌재 2012. 7. 26. 2011헌마426 ········· 467, 616, 642, 676, 752
헌재 2012. 7. 26. 2011헌마637 ········· 510, 669
헌재 2012. 7. 26. 2011헌마829 ········· 510, 669, 670
헌재 2012. 7. 26. 2011헌바121 ········· 276
헌재 2012. 7. 26. 2011헌바175 ········· 259, 303, 305
헌재 2012. 7. 26. 2011헌바268 ········· 517, 522, 533
헌재 2012. 7. 26. 2011헌바352 ········· 448
헌재 2012. 8. 23. 2008헌마430 ········· 545, 744, 752, 775, 778
헌재 2012. 8. 23. 2009헌가27 ········· 108, 549
헌재 2012. 8. 23. 2010헌가65 ········· 316
헌재 2012. 8. 23. 2010헌마328 ········· 102, 628, 629, 636
헌재 2012. 8. 23. 2010헌마439 ········· 421, 469, 540, 642
헌재 2012. 8. 23. 2010헌마740 ········· 345, 702
헌재 2012. 8. 23. 2010헌바167 ········· 378, 412
헌재 2012. 8. 23. 2010헌바28 ········· 373, 378, 412
헌재 2012. 8. 23. 2010헌바220 ········· 259
헌재 2012. 8. 23. 2010헌바402 ········· 107, 547
헌재 2012. 8. 23. 2010헌바471 ········· 241, 259, 276
헌재 2012. 8. 23. 2011헌마443등 ········· 565, 574, 702
헌재 2012. 8. 23. 2011헌바200 ········· 243
헌재 2012. 10. 25. 2011헌마307 ········· 574, 642, 715, 716
헌재 2012. 10. 25. 2011헌마429 ········· 469
헌재 2012. 11. 29. 2010헌마27등 ········· 189, 329
헌재 2012. 11. 29. 2010헌마613 ········· 355
헌재 2012. 11. 29. 2011헌마140 ········· 702, 711, 715
헌재 2012. 11. 29. 2011헌마584 ········· 481, 708
헌재 2012. 11. 29. 2011헌마693 ········· 481
헌재 2012. 11. 29. 2011헌마786등 ········· 370
헌재 2012. 11. 29. 2011헌마827 ········· 628, 629
헌재 2012. 11. 29. 2011헌바137 ········· 856

헌재 2012. 11. 29. 2011헌바231 ··· 290
헌재 2012. 11. 29. 2011헌바251 ··· 243, 833
헌재 2012. 11. 29. 2012헌가15 ··· 230, 248
헌재 2012. 11. 29. 2012헌마53 ··· 532, 726, 761
헌재 2012. 11. 29. 2012헌마388 ··· 642
헌재 2012. 12. 27. 2010헌바406 ··· 241, 259
헌재 2012. 12. 27. 2010헌바489 ··· 828
헌재 2012. 12. 27. 2011헌가5 ··· 269, 306, 307, 308, 340
헌재 2012. 12. 27. 2011헌마32 ··· 695
헌재 2012. 12. 27. 2011헌마197 ··· 708
헌재 2012. 12. 27. 2011헌마276 ··· 708
헌재 2012. 12. 27. 2011헌마280 ··· 510, 538
헌재 2012. 12. 27. 2011헌마285 ··· 708
헌재 2012. 12. 27. 2011헌마351 ··· 470, 744, 752
헌재 2012. 12. 27. 2011헌마877 ··· 642
헌재 2012. 12. 27. 2011헌바117 ··· 332, 370, 847, 848, 849, 850
헌재 2012. 12. 27. 2011헌바155 ··· 213, 276, 822
헌재 2012. 12. 27. 2011헌바217 ··· 52, 856
헌재 2012. 12. 27. 2011헌바225 ··· 292, 300, 301
헌재 2012. 12. 27. 2011헌바380 ··· 259
헌재 2012. 12. 27. 2012헌바27등 ··· 326
헌재 2012. 12. 27. 2012헌바46 ··· 111
헌재 2012. 12. 27. 2012헌바60 ··· 194, 228, 232, 269, 826, 827
헌재 2013. 2. 28. 2009헌바129 ··· 240, 276, 830
헌재 2013. 2. 28. 2010헌마438 ··· 463, 472, 505
헌재 2013. 2. 28. 2011헌마666 ··· 681
헌재 2013. 2. 28. 2012헌바33 ··· 277
헌재 2013. 2. 28. 2012헌바62 ··· 94, 95
헌재 2013. 2. 28. 2012헌아99 ··· 90, 111, 818
헌재 2013. 3. 21. 2010헌바70등 ··· 237, 339, 830
헌재 2013. 3. 21. 2010헌바132등 ··· 234, 236, 253, 306, 317, 836, 865
헌재 2013. 3. 21. 2011헌바150 ··· 249
헌재 2013. 3. 21. 2012헌마569 ··· 631, 642, 752
헌재 2013. 5. 28. 2013헌마300 ··· 540
헌재 2013. 5. 30. 2009헌마514 ··· 425, 426, 475, 481, 541, 590, 594
헌재 2013. 5. 30. 2010헌마136 ··· 600

헌재 2013. 5. 30. 2011헌마131 ········· 620, 638, 642
헌재 2013. 5. 30. 2011헌마198 ········· 501, 502, 506
헌재 2013. 5. 30. 2011헌마281 ········· 600
헌재 2013. 5. 30. 2011헌마309 ········· 621, 643
헌재 2013. 5. 30. 2011헌마718 ········· 613, 621, 643
헌재 2013. 5. 30. 2011헌마861 ········· 752
헌재 2013. 5. 30. 2011헌바227 ········· 824, 825, 828
헌재 2013. 5. 30. 2012헌마463 ········· 470, 686
헌재 2013. 5. 30. 2012헌마719 ········· 761
헌재 2013. 5. 30. 2012헌바335 ········· 828, 829
헌재 2013. 6. 27. 2010헌마535 ········· 357, 361, 528
헌재 2013. 6. 27. 2010헌마658 ········· 565, 574
헌재 2013. 6. 27. 2011헌가39 ········· 229, 248, 690
헌재 2013. 6. 27. 2011헌마315등 ········· 617, 619, 639
헌재 2013. 6. 27. 2011헌마475 ········· 613, 626, 643
헌재 2013. 6. 27. 2011헌바75 ········· 856
헌재 2013. 6. 27. 2011헌바247 ········· 212, 245, 314, 821
헌재 2013. 6. 27. 2012헌마1015 ········· 103
헌재 2013. 7. 15. 2013헌마496 ········· 333
헌재 2013. 7. 25. 2011헌가32 ········· 384, 385, 403, 411
헌재 2013. 7. 25. 2011헌마63등 ········· 472, 497, 500
헌재 2013. 7. 25. 2011헌마781 ········· 643
헌재 2013. 7. 25. 2012헌가1 ········· 259, 309
헌재 2013. 7. 25. 2012헌마174 ········· 732, 746, 752
헌재 2013. 7. 25. 2012헌마346 ········· 513
헌재 2013. 7. 25. 2012헌마409 ········· 323
헌재 2013. 7. 25. 2012헌마815등 ········· 437
헌재 2013. 7. 25. 2012헌마934 ········· 614, 621, 624, 625
헌재 2013. 7. 25. 2012헌바63 ········· 238, 242, 317
헌재 2013. 7. 25. 2012헌바320 ········· 856
헌재 2013. 7. 25. 2012헌바409 ········· 193
헌재 2013. 8. 29. 2010헌마169 ········· 621, 643, 659
헌재 2013. 8. 29. 2010헌마562등 ········· 420, 684, 702, 708, 752
헌재 2013. 8. 29. 2010헌바241 ········· 247
헌재 2013. 8. 29. 2010헌바354등 ········· 324, 338, 410
헌재 2013. 8. 29. 2011헌가19등 ········· 94, 95, 111

헌재 2013. 8. 29. 2011헌마122 ········· 384, 403, 616
헌재 2013. 8. 29. 2011헌마270등 ········· 643
헌재 2013. 8. 29. 2011헌마613 ········· 654
헌재 2013. 8. 29. 2011헌바253등 ········· 245, 277, 299
헌재 2013. 8. 29. 2011헌바391 등 ········· 190
헌재 2013. 8. 29. 2012헌마767 ········· 460, 463, 472, 708
헌재 2013. 8. 29. 2012헌마840 ········· 437
헌재 2013. 8. 29. 2012헌마886 ········· 427, 474, 475, 482, 554
헌재 2013. 8. 29. 2013헌마125 ········· 650, 652
헌재 2013. 8. 29. 2013헌마165 ········· 550
헌재 2013. 9. 3. 2013헌마557 ········· 617
헌재 2013. 9. 26. 2010헌가89등 ········· 323, 338
헌재 2013. 9. 26. 2010헌마204등 ········· 472, 702
헌재 2013. 9. 26. 2011헌마398 ········· 682, 711, 733, 761
헌재 2013. 9. 26. 2011헌마782등 ········· 498, 746, 747, 753
헌재 2013. 9. 26. 2011헌바100 ········· 323, 338
헌재 2013. 9. 26. 2012헌라1 ········· 879, 883, 911, 913, 919, 936
헌재 2013. 9. 26. 2012헌마271 ········· 323, 337, 550, 551, 552
헌재 2013. 9. 26. 2012헌마365 ········· 601
헌재 2013. 9. 26. 2012헌마562 ········· 431, 437, 518
헌재 2013. 9. 26. 2012헌마631 ········· 470
헌재 2013. 9. 26. 2012헌마806 ········· 319, 337, 413
헌재 2013. 9. 26. 2012헌바109 ········· 249, 260, 290, 293
헌재 2013. 9. 26. 2013헌마97 ········· 413
헌재 2013. 9. 26. 2013헌바170 ········· 323, 338
헌재 2013. 10. 22. 2013헌바364 ········· 791
헌재 2013. 10. 22. 2013헌사876 ········· 791
헌재 2013. 10. 24. 2010헌마219등 ········· 614, 636
헌재 2013. 10. 24. 2011헌마724 ········· 375, 384, 403
헌재 2013. 10. 24. 2011헌마871 ········· 590, 601
헌재 2013. 10. 24. 2011헌바79 ········· 300, 301, 302
헌재 2013. 10. 24. 2012헌마311 ········· 743, 746, 753
헌재 2013. 10. 24. 2012헌마701 ········· 726
헌재 2013. 10. 24. 2012헌마832 ········· 601, 643
헌재 2013. 11. 28. 2007헌마1189등 ········· 631, 691
헌재 2013. 11. 28. 2009헌바206등 ········· 260

헌재 2013. 11. 28. 2011헌마267 ············ 746, 747, 753, 761
헌재 2013. 11. 28. 2011헌마269 ············ 738
헌재 2013. 11. 28. 2011헌마372 ············ 464, 694
헌재 2013. 11. 28. 2011헌마520 ············ 643
헌재 2013. 11. 28. 2011헌마529 ············ 614, 643
헌재 2013. 11. 28. 2011헌마565 ············ 565, 574
헌재 2013. 11. 28. 2011헌바270 ············ 277, 826
헌재 2013. 11. 28. 2012헌마166 ············ 558, 565, 574
헌재 2013. 11. 28. 2012헌마568 ············ 743, 746, 747, 753
헌재 2013. 11. 28. 2012헌마763 ············ 464
헌재 2013. 11. 28. 2012헌마923 ············ 694
헌재 2013. 11. 28. 2012헌바22 ············ 849
헌재 2013. 12. 26. 2010헌마789 ············ 592
헌재 2013. 12. 26. 2011헌마499 ············ 75, 437
헌재 2013. 12. 26. 2011헌바108 ············ 260, 835
헌재 2013. 12. 26. 2011헌바162 ············ 845
헌재 2013. 12. 26. 2012헌라3등 ············ 883, 891, 905, 912, 916, 927
헌재 2013. 12. 26. 2012헌마162등 ············ 614, 616, 644
헌재 2013. 12. 26. 2012헌마196 ············ 725, 738, 761
헌재 2013. 12. 26. 2012헌마308 ············ 644, 738, 761
헌재 2013. 12. 26. 2012헌마1014 ············ 695
헌재 2013. 12. 26. 2013헌마269등 ············ 644
헌재 2014. 1. 28. 2010헌바251 ············ 240, 241, 250, 253, 285, 286, 319, 834
헌재 2014. 1. 28. 2011헌마239 ············ 574
헌재 2014. 1. 28. 2011헌바174등 ············ 249
헌재 2014. 1. 28. 2011헌바38 ············ 285, 286
헌재 2014. 1. 28. 2011헌바363 ············ 260
헌재 2014. 1. 28. 2012헌마267 ············ 644
헌재 2014. 1. 28. 2012헌마409등 ············ 378, 403, 411
헌재 2014. 1. 28. 2012헌마431 ············ 549
헌재 2014. 1. 28. 2012헌마654 ············ 589, 601, 691
헌재 2014. 1. 28. 2012헌바298 ············ 241
헌재 2014. 1. 28. 2013헌마105 ············ 690, 695, 701, 708
헌재 2014. 1. 28. 2021헌바216 ············ 820
헌재 2014. 2. 27. 2012헌마904 ············ 614, 624, 625
헌재 2014. 2. 27. 2012헌바424 ············ 111

헌재 2014. 2. 27. 2014헌마7 ······ 49, 50, 983, 1003, 1004, 1010, 1011, 1012
헌재 2014. 3. 4. 2014헌마140 지정부 결정 ······ 430
헌재 2014. 3. 25. 2014헌마207 ······ 540
헌재 2014. 3. 27. 2010헌가2등 ······ 356, 370
헌재 2014. 3. 27. 2011헌마291 ······ 493, 495
헌재 2014. 3. 27. 2011헌마532 ······ 601
헌재 2014. 3. 27. 2011헌마577 ······ 613, 620, 638, 644
헌재 2014. 3. 27. 2011헌바232 ······ 260, 285, 286, 834, 835
헌재 2014. 3. 27. 2012헌가21 ······ 326
헌재 2014. 3. 27. 2012헌라4 ······ 912, 916
헌재 2014. 3. 27. 2012헌마404 ······ 590, 601
헌재 2014. 3. 27. 2012헌마606 ······ 613, 614, 621, 623, 644
헌재 2014. 3. 27. 2012헌마652 ······ 467, 654, 657, 674, 675, 743, 744, 753
헌재 2014. 3. 27. 2012헌바293 ······ 95, 111
헌재 2014. 3. 27. 2013헌마523 ······ 497, 500
헌재 2014. 4. 1. 2013헌다1 ······ 1012
헌재 2014. 4. 21. 2014헌마117 ······ 691
헌재 2014. 4. 24. 2009헌마248 ······ 355
헌재 2014. 4. 24. 2010헌마747 ······ 590, 601, 613, 644
헌재 2014. 4. 24. 2011헌가29 ······ 332, 335, 371
헌재 2014. 4. 24. 2011헌마474등 ······ 545, 547, 589, 601, 708
헌재 2014. 4. 24. 2011헌마567 ······ 745, 748, 753
헌재 2014. 4. 24. 2011헌마612 ······ 601
헌재 2014. 4. 24. 2011헌마659등 ······ 617, 619
헌재 2014. 4. 24. 2011헌바17등 ······ 95
헌재 2014. 4. 24. 2011헌바56 ······ 275, 311, 834
헌재 2014. 4. 24. 2011헌바228 ······ 856
헌재 2014. 4. 24. 2012헌마2 ······ 30, 452, 725, 738
헌재 2014. 4. 24. 2012헌마287 ······ 99, 555, 557, 561, 562, 601, 738
헌재 2014. 4. 24. 2012헌마380 ······ 464, 500
헌재 2014. 4. 24. 2012헌마928 ······ 111, 613, 626
헌재 2014. 4. 24. 2012헌바412 ······ 277, 825
헌재 2014. 4. 24. 2013헌가28 ······ 384, 403, 411
헌재 2014. 4. 24. 2013헌마341 ······ 613, 746, 747, 753
헌재 2014. 5. 29. 2010헌마606 ······ 342, 472, 489, 613, 619, 644, 659
헌재 2014. 5. 29. 2012헌바390등 ······ 95

헌재 2014. 5. 29. 2013헌마100 ······ 694
헌재 2014. 5. 29. 2013헌마263 ······ 510
헌재 2014. 5. 29. 2013헌마280 ······ 465, 467, 470, 554
헌재 2014. 6. 3. 2014헌마415 지정부 결정 ······ 507
헌재 2014. 6. 5. 2014헌사592 ······ 152, 161, 166, 174
헌재 2014. 6. 17. 2014헌마362 ······ 780
헌재 2014. 6. 26. 2011헌마150 ······ 467
헌재 2014. 6. 26. 2011헌마502 ······ 546, 607
헌재 2014. 6. 26. 2011헌마815 ······ 725, 727, 761
헌재 2014. 6. 26. 2012헌마331 ······ 111
헌재 2014. 6. 26. 2012헌마459 ······ 437, 702
헌재 2014. 6. 26. 2012헌마660 ······ 644
헌재 2014. 6. 26. 2012헌마757 ······ 111, 445, 448, 548, 575
헌재 2014. 6. 26. 2012헌마782 ······ 467, 753
헌재 2014. 6. 26. 2012헌바299 ······ 825
헌재 2014. 6. 26. 2012헌바333 ······ 243, 260, 824
헌재 2014. 6. 26. 2013헌마119 ······ 690
헌재 2014. 6. 26. 2013헌바9 ······ 277
헌재 2014. 6. 26. 2013헌바122 ······ 550, 776
헌재 2014. 7. 1. 2014헌마436 ······ 781
헌재 2014. 7. 23. 2014헌마459 ······ 781
헌재 2014. 7. 24. 2009헌마256등 ······ 384, 411, 575, 607
헌재 2014. 7. 24. 2011헌바275 ······ 111
헌재 2014. 7. 24. 2012헌마180 ······ 510
헌재 2014. 7. 24. 2012헌바188 ······ 91
헌재 2014. 7. 24. 2012헌바294등 ······ 190, 318, 428
헌재 2014. 7. 24. 2012헌바370 ······ 91
헌재 2014. 7. 24. 2013헌바127 ······ 245
헌재 2014. 7. 24. 2013헌바169 ······ 821
헌재 2014. 7. 24. 2013헌바183등 ······ 459
헌재 2014. 8. 25. 2012헌바465 ······ 314
헌재 2014. 8. 28. 2011헌마28등 ······ 91, 475, 565, 575
헌재 2014. 8. 28. 2011헌바32등 ······ 93
헌재 2014. 8. 28. 2012헌마623 ······ 644
헌재 2014. 8. 28. 2012헌마776 ······ 540, 601, 727, 762
헌재 2014. 8. 28. 2012헌바433 ······ 91, 95

헌재 2014. 8. 28. 2012헌바465 ······ 301
헌재 2014. 8. 28. 2013헌마359 ······ 546, 602
헌재 2014. 8. 28. 2013헌마553 ······ 794, 796
헌재 2014. 9. 2. 2014헌아203 지정부 결정 ······ 773
헌재 2014. 9. 25. 2011헌바358 ······ 326, 328, 335
헌재 2014. 9. 25. 2012헌마175 ······ 519, 730
헌재 2014. 9. 25. 2012헌마523 ······ 644
헌재 2014. 9. 25. 2012헌마741 ······ 613, 637
헌재 2014. 9. 25. 2013헌마60 ······ 513, 665
헌재 2014. 9. 25. 2013헌마411등 ······ 644
헌재 2014. 9. 25. 2013헌마424 ······ 509, 538, 541, 619, 753
헌재 2014. 9. 25. 2013헌마455 ······ 513, 593
헌재 2014. 9. 25. 2013헌바28 ······ 278
헌재 2014. 9. 25. 2013헌바162 ······ 95
헌재 2014. 9. 25. 2013헌바208 ······ 230, 231, 270, 384, 411, 445, 449, 826
헌재 2014. 10. 14. 2014헌사1250 ······ 930
헌재 2014. 10. 30. 2011헌바129등 ······ 384, 403, 411
헌재 2014. 10. 30. 2012헌마130 ······ 157
헌재 2014. 10. 30. 2012헌마190등 ······ 384, 403, 411, 613, 645
헌재 2014. 10. 30. 2012헌마192등 ······ 348
헌재 2014. 10. 30. 2012헌사129 ······ 157
헌재 2014. 11. 18. 2014헌마900 ······ 791
헌재 2014. 11. 18. 2014헌사1281 ······ 171, 791
헌재 2014. 11. 27. 2013헌마814 ······ 575
헌재 2014. 12. 19. 2013헌다1 ······ 64, 178, 793, 1004, 1006, 1011, 1012, 1013, 1016, 1018, 1019, 1024, 1025
헌재 2014. 12. 19. 2013헌사907 ······ 170
헌재 2015. 1. 29. 2012헌바113 ······ 836
헌재 2015. 1. 29. 2012헌바434 ······ 278
헌재 2015. 1. 29. 2014헌바221 ······ 279
헌재 2015. 2. 26. 2009헌바17등 ······ 103, 326
헌재 2015. 2. 26. 2012헌바355 ······ 849, 851
헌재 2015. 2. 26. 2012헌바438 ······ 261, 279
헌재 2015. 2. 26. 2012헌바466 ······ 275
헌재 2015. 2. 26. 2013헌마574등 ······ 727, 762
헌재 2015. 2. 26. 2013헌마789 ······ 798

헌재 2015. 2. 26. 2013헌바107 ········· 261
헌재 2015. 3. 26. 2013헌마214 ········· 659, 670
헌재 2015. 3. 26. 2013헌바186 ········· 111
헌재 2015. 3. 26. 2014헌마372 ········· 459, 608
헌재 2015. 3. 26. 2014헌바156 ········· 111
헌재 2015. 3. 26. 2014헌바202 ········· 829
헌재 2015. 4. 28. 2015헌마365 지정부 결정 ········· 337
헌재 2015. 4. 30. 2011헌바177 ········· 232
헌재 2015. 4. 30. 2011헌바269 ········· 849, 851
헌재 2015. 4. 30. 2012헌마38 ········· 590, 602, 689, 702, 807
헌재 2015. 4. 30. 2012헌마391 ········· 851
헌재 2015. 4. 30. 2012헌마620 ········· 498
헌재 2015. 4. 30. 2012헌마634 ········· 565, 576, 590
헌재 2015. 4. 30. 2012헌바95등 ········· 845, 849
헌재 2015. 4. 30. 2013헌마190 ········· 553, 554, 709
헌재 2015. 4. 30. 2013헌마504 ········· 497, 499, 576
헌재 2015. 4. 30. 2013헌마623 ········· 384, 403, 412, 801
헌재 2015. 4. 30. 2013헌바103 ········· 828
헌재 2015. 4. 30. 2014헌바30 ········· 849, 851
헌재 2015. 5. 28. 2011헌마731 ········· 689, 690, 703, 711
헌재 2015. 5. 28. 2012헌마653 ········· 709
헌재 2015. 5. 28. 2012헌사496 ········· 201, 812, 813
헌재 2015. 5. 28. 2013헌마619 ········· 90, 112, 445
헌재 2015. 5. 28. 2013헌마671등 ········· 645, 659
헌재 2015. 5. 28. 2013헌바82 등 ········· 261
헌재 2015. 5. 28. 2013헌바129 ········· 384, 403, 411
헌재 2015. 5. 28. 2014헌마926 ········· 565, 576
헌재 2015. 6. 25. 2012헌마494 ········· 576
헌재 2015. 6. 25. 2013헌가17등 ········· 91, 93, 95
헌재 2015. 6. 25. 2013헌마104 ········· 645
헌재 2015. 6. 25. 2013헌마128 ········· 623, 626
헌재 2015. 6. 25. 2013헌바193 ········· 342
헌재 2015. 6. 25. 2013헌바201 ········· 527, 828
헌재 2015. 6. 25. 2014헌마674 ········· 111
헌재 2015. 6. 25. 2014헌바61 ········· 91, 93, 828
헌재 2015. 7. 7. 2015헌사669 ········· 57

헌재 2015. 7. 30. 2010헌라2 …… 883, 884, 885, 893, 902, 905, 913, 923, 931, 932, 936, 943
헌재 2015. 7. 30. 2012헌마610 …… 562, 725, 727, 743, 762
헌재 2015. 7. 30. 2012헌마957 …… 565, 576
헌재 2015. 7. 30. 2013헌가8 …… 108
헌재 2015. 7. 30. 2013헌마536 …… 681, 691
헌재 2015. 7. 30. 2013헌바120 …… 849, 852
헌재 2015. 7. 30. 2013헌바416 …… 825
헌재 2015. 7. 30. 2014헌가7 …… 552
헌재 2015. 7. 30. 2014헌마340등 …… 378, 384, 403, 801
헌재 2015. 7. 31. 2015헌마762 …… 733
헌재 2015. 8. 12. 2015헌바242등 …… 824
헌재 2015. 9. 24. 2012헌마798 …… 521, 847
헌재 2015. 9. 24. 2012헌바302 …… 835, 841
헌재 2015. 9. 24. 2013헌마93 …… 613, 703
헌재 2015. 9. 24. 2013헌마197 …… 384, 411
헌재 2015. 9. 24. 2013헌바102 …… 95
헌재 2015. 9. 24. 2014헌바154등 …… 108
헌재 2015. 9. 24. 2014헌바291 …… 95
헌재 2015. 9. 24. 2015헌마149 …… 510
헌재 2015. 10. 21. 2012헌마89등 …… 475, 483
헌재 2015. 10. 21. 2012헌바415 …… 824, 832
헌재 2015. 10. 21. 2013헌마757 …… 378, 411
헌재 2015. 10. 21. 2013헌바248 …… 111, 112
헌재 2015. 10. 21. 2014헌마456 …… 433, 438, 682, 714
헌재 2015. 10. 21. 2014헌마637등 …… 733
헌재 2015. 10. 21. 2014헌바170 …… 244, 312, 823, 837
헌재 2015. 10. 21. 2014헌바266 …… 95
헌재 2015. 10. 21. 2015헌마214 …… 421, 426, 507
헌재 2015. 11. 26. 2012헌마858 …… 108, 111, 384, 411
헌재 2015. 11. 26. 2012헌바30 …… 343
헌재 2015. 11. 26. 2012헌바300 …… 242
헌재 2015. 11. 26. 2013헌라3 …… 906, 914, 915, 941
헌재 2015. 11. 26. 2013헌바343 …… 188, 318
헌재 2015. 11. 26. 2014헌마145 …… 588, 677, 746, 747, 754
헌재 2015. 11. 26. 2014헌마662 …… 576, 602
헌재 2015. 12. 23. 2009헌바317등 …… 261, 825

헌재 2015. 12. 23. 2010헌마620 ········ 577
헌재 2015. 12. 23. 2011헌바55 ········ 261
헌재 2015. 12. 23. 2013헌가9 ········ 63, 376, 377, 378, 411
헌재 2015. 12. 23. 2013헌마182 ········ 90, 432, 433, 438, 475, 483
헌재 2015. 12. 23. 2013헌마575등 ········ 102, 377, 384
헌재 2015. 12. 23. 2013헌마712 ········ 377, 384, 475
헌재 2015. 12. 23. 2013헌바68등 ········ 384, 449
헌재 2015. 12. 23. 2013헌바168 ········ 190, 337, 384
헌재 2015. 12. 23. 2013헌바194 ········ 845, 849
헌재 2015. 12. 23. 2014헌마1149 ········ 552, 669, 677, 803, 806
헌재 2015. 12. 23. 2014헌마768 ········ 449
헌재 2015. 12. 23. 2015헌가27 ········ 241, 249, 260, 290, 293
헌재 2015. 12. 23. 2015헌바65 ········ 832
헌재 2015. 12. 23. 2015헌바66 ········ 261, 286
헌재 2016. 2. 25. 2011헌마165 ········ 806
헌재 2016. 2. 25. 2013헌마692 ········ 645
헌재 2016. 2. 25. 2013헌마830 ········ 577, 845
헌재 2016. 2. 25. 2013헌마838 ········ 472
헌재 2016. 2. 25. 2013헌바260 ········ 79, 716
헌재 2016. 2. 25. 2013헌바402 ········ 279
헌재 2016. 2. 25. 2014헌바259 ········ 262
헌재 2016. 2. 25. 2015헌가15 ········ 384
헌재 2016. 2. 25. 2015헌바127등 ········ 242
헌재 2016. 2. 25. 2015헌바257 ········ 824, 828
헌재 2016. 3. 21. 2014헌마794 ········ 754
헌재 2016. 3. 31. 2013헌바190 ········ 262
헌재 2016. 3. 31. 2013헌바372 ········ 828
헌재 2016. 3. 31. 2014헌마367 ········ 546
헌재 2016. 3. 31. 2014헌마457 ········ 733
헌재 2016. 3. 31. 2014헌마785 ········ 190, 733, 736
헌재 2016. 3. 31. 2014헌마794 ········ 492
헌재 2016. 3. 31. 2014헌바382 ········ 459
헌재 2016. 3. 31. 2015헌가8 ········ 293
헌재 2016. 3. 31. 2015헌가36 ········ 304, 305, 306
헌재 2016. 3. 31. 2015헌마1056등 ········ 470, 541, 780
헌재 2016. 3. 31. 2015헌바18 ········ 279

헌재 2016. 3. 31. 2015헌바264 ………… 274, 314
헌재 2016. 4. 28. 2012헌마549등 ………… 467, 775, 778
헌재 2016. 4. 28. 2012헌마630 ………… 602
헌재 2016. 4. 28. 2013헌마870 ………… 466, 467, 660, 738, 762
헌재 2016. 4. 28. 2013헌바196 ………… 241, 243, 832, 833, 835
헌재 2016. 4. 28. 2013헌바396등 ………… 240, 830, 831
헌재 2016. 4. 28. 2015헌가16 ………… 230, 262
헌재 2016. 4. 28. 2015헌라5 ………… 906, 914, 915, 942
헌재 2016. 4. 28. 2015헌마98 ………… 645, 709
헌재 2016. 4. 28. 2015헌마243 ………… 467
헌재 2016. 4. 28. 2015헌마1177등 ………… 444, 500, 577, 738
헌재 2016. 4. 28. 2015헌바216 ………… 354
헌재 2016. 4. 28. 2015헌사993 ………… 156
헌재 2016. 4. 28. 2016헌마33 ………… 330, 368, 523, 525
헌재 2016. 5. 26. 2013헌마879 ………… 743, 763
헌재 2016. 5. 26. 2014헌마45 ………… 645, 754, 763
헌재 2016. 5. 26. 2014헌마374 ………… 613, 615, 628, 645
헌재 2016. 5. 26. 2014헌마1002 ………… 476, 483
헌재 2016. 5. 26. 2015헌라1 ………… 902, 905, 908, 912, 916, 917, 924
헌재 2016. 5. 26. 2015헌마248 ………… 613, 619, 629, 645
헌재 2016. 5. 26. 2015헌마940 ………… 329, 368
헌재 2016. 5. 26. 2015헌바176 ………… 93
헌재 2016. 5. 26. 2015헌아20 ………… 195, 198, 199, 1021, 1027, 1028
헌재 2016. 6. 30. 2013헌가1 ………… 96
헌재 2016. 6. 30. 2014헌라1 ………… 880, 882
헌재 2016. 6. 30. 2014헌바62 ………… 262, 827
헌재 2016. 6. 30. 2014헌바365 ………… 338
헌재 2016. 6. 30. 2014헌바438 ………… 280
헌재 2016. 6. 30. 2014헌바443 ………… 280
헌재 2016. 6. 30. 2014헌바456등 ………… 825
헌재 2016. 6. 30. 2015헌마36 ………… 755
헌재 2016. 6. 30. 2015헌마894 ………… 498, 535, 602
헌재 2016. 7. 28. 2014헌바242 등 ………… 280
헌재 2016. 7. 28. 2015헌가34 ………… 244
헌재 2016. 7. 28. 2015헌마236등 ………… 577, 602, 630, 637
헌재 2016. 7. 28. 2015헌마964 ………… 563

헌재 2016. 7. 28. 2015헌바20 ········· 384, 411, 449, 852
헌재 2016. 7. 28. 2016헌마109 ········· 709, 716
헌재 2016. 9. 29. 2013헌마821 ········· 464, 567, 577, 630
헌재 2016. 9. 29. 2014헌가9 ········· 384, 403
헌재 2016. 9. 29. 2014헌마341 ········· 806
헌재 2016. 9. 29. 2014헌바254 ········· 375, 384, 403, 825
헌재 2016. 9. 29. 2014헌바400 ········· 262
헌재 2016. 9. 29. 2015헌마165 ········· 613, 614, 631, 636, 645, 728, 763
헌재 2016. 9. 29. 2015헌바228 ········· 191, 337
헌재 2016. 9. 29. 2015헌바325 ········· 96
헌재 2016. 9. 29. 2016헌마47등 ········· 709, 710
헌재 2016. 9. 29. 2016헌바44 ········· 345
헌재 2016. 10. 27. 2012헌바280 ········· 852
헌재 2016. 10. 27. 2013헌마450 ········· 613, 626
헌재 2016. 10. 27. 2013헌마576 ········· 495, 602
헌재 2016. 10. 27. 2014헌마626 ········· 509, 743, 748, 763
헌재 2016. 10. 27. 2014헌마709 ········· 181, 336, 428
헌재 2016. 10. 27. 2014헌마797 ········· 563
헌재 2016. 10. 27. 2014헌마1037 ········· 550
헌재 2016. 10. 27. 2015헌마1206등 ········· 590, 602, 607
헌재 2016. 10. 27. 2015헌바358 ········· 833
헌재 2016. 10. 27. 2015헌바360등 ········· 459
헌재 2016. 10. 27. 2016헌마262 ········· 602
헌재 2016. 10. 28. 2014헌마709 ········· 188, 319, 789
헌재 2016. 11. 24. 2012헌마854 ········· 553, 577
헌재 2016. 11. 24. 2013헌마403 ········· 619, 626
헌재 2016. 11. 24. 2014헌마977 ········· 646
헌재 2016. 11. 24. 2014헌바401 ········· 262
헌재 2016. 11. 24. 2015헌마11 ········· 476, 483
헌재 2016. 11. 24. 2015헌마221 ········· 696
헌재 2016. 11. 24. 2015헌마902 ········· 54, 59
헌재 2016. 11. 24. 2015헌마1191등 ········· 607, 691, 709
헌재 2016. 11. 24. 2015헌바62 ········· 108, 828
헌재 2016. 11. 24. 2015헌바207 ········· 286
헌재 2016. 11. 24. 2015헌바413등 ········· 826
헌재 2016. 11. 24. 2016헌마299 ········· 602

헌재 2016. 12. 19. 2015헌바182 ………… 385
헌재 2016. 12. 27. 2016헌마1073 ………… 590
헌재 2016. 12. 27. 2016헌사857 ………… 158
헌재 2016. 12. 29. 2013헌마142 ………… 412, 467, 744, 755, 796
헌재 2016. 12. 29. 2013헌바436 ………… 91, 240, 263
헌재 2016. 12. 29. 2014헌마296 ………… 515
헌재 2016. 12. 29. 2015헌마315 ………… 565, 578, 691, 703
헌재 2016. 12. 29. 2015헌바182 ………… 384, 410, 411
헌재 2016. 12. 29. 2015헌바199 ………… 828
헌재 2016. 12. 29. 2015헌바208등 ………… 409
헌재 2016. 12. 29. 2015헌바280 ………… 242
헌재 2016. 12. 29. 2016헌바153 ………… 281, 608
헌재 2017. 1. 3. 2016헌마1118 ………… 696
헌재 2017. 1. 11. 2016헌마1136 ………… 438
헌재 2017. 2. 15. 2017헌사107 ………… 158
헌재 2017. 3. 10. 2016헌나1 ………… 52, 178, 793, 947, 948, 949, 951, 956, 957, 959, 960, 961, 962, 968, 969, 970, 974, 986, 992, 996, 997, 998
헌재 2017. 4. 18. 2017헌마329 ………… 696
헌재 2017. 5. 25. 2014헌마844 ………… 595
헌재 2017. 5. 25. 2015헌바349 ………… 242
헌재 2017. 5. 25. 2016헌라2 ………… 877
헌재 2017. 5. 25. 2016헌바373 ………… 249, 263
헌재 2017. 5. 25. 2016헌바388 ………… 243
헌재 2017. 5. 25. 2017헌바149 ………… 815
헌재 2017. 6. 29. 2015헌마654 ………… 565, 578
헌재 2017. 6. 29. 2016헌마110 ………… 578
헌재 2017. 7. 27. 2016헌바41 ………… 263
헌재 2017. 8. 29. 2017헌바22 ………… 281
헌재 2017. 8. 31. 2015헌마134 ………… 579, 613
헌재 2017. 9. 28. 2015헌마653 ………… 384, 403, 411
헌재 2017. 9. 28. 2016헌마964 ………… 646
헌재 2017. 9. 29. 2016헌마964 ………… 716
헌재 2017. 10. 26. 2015헌바223 ………… 845
헌재 2017. 10. 26. 2016헌마656 ………… 190, 336, 428
헌재 2017. 11. 30. 2016헌마448 ………… 613, 626
헌재 2017. 11. 30. 2016헌마503 ………… 420, 427, 464, 465, 467, 470, 540, 556,

558, 562, 563, 677, 744, 755
헌재 2017. 12. 28. 2015헌마632 ········· 467, 668, 670, 742, 743, 755
헌재 2017. 12. 28. 2015헌마994 ········· 565, 579, 607, 611, 619
헌재 2017. 12. 28. 2015헌마997 ········· 603, 607, 626, 628, 691
헌재 2017. 12. 28. 2015헌마1000 ········· 603, 646, 709, 853
헌재 2017. 12. 28. 2015헌바232 ········· 828
헌재 2017. 12. 28. 2016헌마45 ········· 90, 432, 433, 438
헌재 2017. 12. 28. 2016헌바341 ········· 853
헌재 2017. 12. 28. 2016헌바346 ········· 106
헌재 2017. 12. 28. 2017헌라2 ········· 912, 918
헌재 2017. 12. 28. 2017헌바130 ········· 93
헌재 2018. 1. 25. 2016헌마319 ········· 703
헌재 2018. 1. 25. 2016헌마541 ········· 384, 403, 411
헌재 2018. 1. 25. 2017헌가7등 ········· 375, 384, 397, 403, 411, 412
헌재 2018. 2. 22. 2015헌바124 ········· 96
헌재 2018. 2. 22. 2016헌바100 ········· 808
헌재 2018. 2. 22. 2016헌바370 ········· 282, 826
헌재 2018. 2. 22. 2017헌마322 ········· 590, 603, 746, 747, 755
헌재 2018. 2. 22. 2017헌마438 ········· 626
헌재 2018. 2. 22. 2017헌마691 ········· 579
헌재 2018. 2. 22. 2017헌바59 ········· 112
헌재 2018. 2. 28. 2018헌마37 ········· 484
헌재 2018. 3. 29. 2015헌마1060 ········· 613, 626, 646, 739, 764
헌재 2018. 3. 29. 2016헌마202등 ········· 733
헌재 2018. 3. 29. 2016헌마795 ········· 476, 483
헌재 2018. 3. 29. 2016헌바99 ········· 305, 306
헌재 2018. 3. 29. 2016헌바202등 ········· 838
헌재 2018. 3. 29. 2016헌바361 ········· 856
헌재 2018. 3. 29. 2017헌마387 ········· 710
헌재 2018. 4. 6. 2018헌사242 ········· 152, 153, 160, 161, 166, 174
헌재 2018. 4. 26. 2014헌마274 ········· 739, 764
헌재 2018. 4. 26. 2014헌바449 ········· 282
헌재 2018. 4. 26. 2015헌가19 ········· 384, 385, 403, 411
헌재 2018. 4. 26. 2015헌바370 ········· 384, 403, 411
헌재 2018. 4. 26. 2016헌마116 ········· 384, 403, 603
헌재 2018. 4. 26. 2016헌마46 ········· 465, 470, 541, 646

헌재 2018. 4. 26. 2016헌마54 ························ 579
헌재 2018. 4. 26. 2016헌마611 ························ 746, 747, 755
헌재 2018. 4. 26. 2017헌마397 ························ 764
헌재 2018. 4. 26. 2017헌바88 ························ 282, 845
헌재 2018. 5. 31. 2012헌바90 ························ 273, 386, 404, 411
헌재 2018. 5. 31. 2013헌바22 ························ 237, 829
헌재 2018. 5. 31. 2013헌바322 ························ 379, 404, 411
헌재 2018. 5. 31. 2014헌마346 ························ 152, 545, 546, 588, 677, 756
헌재 2018. 5. 31. 2014헌마925 ························ 603, 703
헌재 2018. 5. 31. 2015헌마476 ························ 467, 616, 646, 744, 756
헌재 2018. 5. 31. 2015헌마853 ························ 457, 459, 462, 613, 627
헌재 2018. 5. 31. 2015헌마1181 ························ 439
헌재 2018. 5. 31. 2016헌가18 ························ 263
헌재 2018. 5. 31. 2016헌마191 ························ 457, 464, 467
헌재 2018. 5. 31. 2016헌마626 ························ 444, 450, 502, 504, 804
헌재 2018. 5. 31. 2017헌마167 ························ 711
헌재 2018. 6. 28. 2011헌바379 ························ 253, 270, 379, 384, 386, 404, 411, 450
헌재 2018. 6. 28. 2012헌마191 ························ 379, 384, 386, 411, 630, 646
헌재 2018. 6. 28. 2012헌마538 ························ 379, 384, 386, 411, 739, 744, 764
헌재 2018. 6. 28. 2015헌가28 ························ 379, 406, 411
헌재 2018. 6. 28. 2015헌마545 ························ 646
헌재 2018. 6. 28. 2015헌마1072 ························ 472, 603, 659
헌재 2018. 6. 28. 2016헌가14 ························ 375, 384, 404, 411
헌재 2018. 6. 28. 2016헌가28 ························ 404
헌재 2018. 6. 28. 2016헌마473 ························ 619
헌재 2018. 6. 28. 2016헌마1153 ························ 646
헌재 2018. 6. 28. 2017헌가19 ························ 308, 309
헌재 2018. 6. 28. 2017헌마181 ························ 764
헌재 2018. 6. 28. 2017헌마362 ························ 603
헌재 2018. 6. 28. 2018헌사213 ························ 153, 162, 167, 175
헌재 2018. 7. 26. 2011헌마306 ························ 439
헌재 2018. 7. 26. 2015헌라4 ························ 907
헌재 2018. 7. 26. 2016헌마431 ························ 627, 739
헌재 2018. 7. 26. 2016헌마930 ························ 627
헌재 2018. 7. 26. 2015헌마1053 ························ 565, 579
헌재 2018. 7. 26. 2016헌마1029 ························ 646, 659, 689, 696, 703

헌재 2018. 7. 26. 2018헌라1 ························ 880, 881, 882
헌재 2018. 7. 26. 2018헌바112 ························ 264
헌재 2018. 7. 26. 2018헌바137 ························ 379, 404, 411
헌재 2018. 8. 30. 2014헌마368 ························ 421, 470, 566, 580, 646
헌재 2018. 8. 30. 2014헌마681 ························ 467, 726, 727, 743, 765
헌재 2018. 8. 30. 2014헌마843 ························ 464, 646, 743, 744, 756
헌재 2018. 8. 30. 2014헌바148 ························ 371, 853
헌재 2018. 8. 30. 2014헌바180 등 ························ 319, 371
헌재 2018. 8. 30. 2015헌가38 ························ 377, 379, 384, 386, 404, 411
헌재 2018. 8. 30. 2015헌마861등 ························ 329, 368, 523, 529
헌재 2018. 8. 30. 2016헌마263 ························ 377, 384, 387, 404, 411, 522, 529, 616, 744, 765
헌재 2018. 8. 30. 2016헌마344 ························ 329, 380, 384, 387, 404, 411, 529
헌재 2018. 8. 30. 2016헌마442 ························ 590, 603
헌재 2018. 8. 30. 2016헌마483 ························ 421, 422, 470, 566, 580, 647
헌재 2018. 8. 30. 2016헌바263 ························ 380
헌재 2018. 8. 30. 2016헌바316 ························ 842
헌재 2018. 8. 30. 2017헌마440 ························ 756, 772
헌재 2018. 8. 30. 2017헌바87 ························ 264
헌재 2018. 8. 30. 2017헌바258 ························ 242
헌재 2018. 8. 30. 2018헌마46 ························ 497, 498, 500
헌재 2018. 11. 29. 2016헌바353 ························ 264
헌재 2018. 12. 27. 2015헌바77 ························ 380, 384, 387, 404
헌재 2018. 12. 27. 2017헌바377 ························ 845
헌재 2019. 2. 28. 2015헌마1204 ························ 541, 556, 558, 563, 603, 678
헌재 2019. 2. 28. 2016헌마56 ························ 529
헌재 2019. 2. 28. 2017헌바245 ························ 629
헌재 2019. 2. 28. 2018헌마37 ························ 565, 580, 615, 647
헌재 2019. 2. 28. 2018헌마415 ························ 348, 384, 387, 647
헌재 2019. 2. 28. 2018헌바8 ························ 249, 264
헌재 2019. 4. 11. 2015헌라2 ························ 885, 886, 906, 909, 913, 924, 931
헌재 2019. 4. 11. 2016헌라3 ························ 911, 912, 918
헌재 2019. 4. 11. 2016헌라7 ························ 911
헌재 2019. 4. 11. 2016헌라8 ························ 884, 902, 907, 913, 936, 943
헌재 2019. 4. 11. 2016헌바458 ························ 264
헌재 2019. 4. 11. 2017헌가34 ························ 91, 93, 309
헌재 2019. 4. 11. 2017헌마820 ························ 90, 112

헌재 2019. 4. 11. 2017헌바127 ························ 147, 380, 384, 387, 404, 411, 547
헌재 2019. 4. 11. 2017헌바140 ························ 265
헌재 2019. 4. 11. 2018헌가14 ························ 96
헌재 2019. 4. 11. 2018헌마42 ························ 659
헌재 2019. 4. 11. 2018헌마920 ························ 627, 628
헌재 2019. 5. 30. 2018헌가12 ························ 99
헌재 2019. 5. 30. 2018헌마555 ························ 739
헌재 2019. 5. 30. 2018헌마1208 ························ 69, 421, 425, 497, 499, 565, 603
헌재 2019. 6. 28. 2017헌마1309 ························ 580, 604, 647
헌재 2019. 6. 28. 2018헌마1093 ························ 329, 368
헌재 2019. 7. 2. 2019헌마673 ························ 791
헌재 2019. 7. 2. 2019헌사482 ························ 791
헌재 2019. 7. 25. 2016헌마754 ························ 604
헌재 2019. 7. 25. 2017헌마1329 ························ 604
헌재 2019. 7. 25. 2018헌마349 ························ 607, 611, 854
헌재 2019. 8. 29. 2016헌가16 ························ 309
헌재 2019. 8. 29. 2017헌마442 ························ 732, 734, 765
헌재 2019. 8. 29. 2017헌바403 ························ 821
헌재 2019. 8. 29. 2018헌마297 ························ 607
헌재 2019. 8. 29. 2018헌마608 ························ 681
헌재 2019. 8. 29. 2019헌마616 ························ 497, 498, 499, 678, 746, 747, 756
헌재 2019. 9. 26. 2018헌마128등 ························ 734, 744, 765
헌재 2019. 9. 26. 2018헌마181 ························ 589, 690, 695
헌재 2019. 9. 26. 2018헌바218, 2018헌가12(병합) ························ 409, 410, 411
헌재 2019. 9. 26. 2018헌바221 ························ 282
헌재 2019. 9. 26. 2018헌바337 ························ 825
헌재 2019. 11. 28. 2016헌마40 ························ 427, 541, 553, 604
헌재 2019. 11. 28. 2016헌마90 ························ 627, 647
헌재 2019. 11. 28. 2016헌마188 ························ 607, 756
헌재 2019. 11. 28. 2017헌마759 ························ 104, 425, 511, 745, 757
헌재 2019. 11. 28. 2017헌마791 ························ 771
헌재 2019. 11. 28. 2017헌마939 ························ 589
헌재 2019. 11. 28. 2017헌마1356 ························ 565, 567, 580, 630, 631
헌재 2019. 11. 28. 2017헌바241 ························ 824, 828
헌재 2019. 11. 28. 2017헌바504등 ························ 274
헌재 2019. 11. 28. 2018헌마222 ························ 703

헌재 2019. 11. 28. 2019헌사350 ········ 159
헌재 2019. 12. 27. 2012헌마939 ········ 476, 484
헌재 2019. 12. 27. 2016헌마253 ········ 430, 542, 565, 566, 581
헌재 2019. 12. 27. 2017헌마1299 ········ 613, 647
헌재 2019. 12. 27. 2017헌마1366 ········ 464, 561, 663, 678
헌재 2019. 12. 27. 2017헌마359 ········ 472
헌재 2019. 12. 27. 2017헌마413 ········ 678, 709
헌재 2019. 12. 27. 2018헌마301등 ········ 191, 337, 384, 387
헌재 2019. 12. 27. 2018헌마730 ········ 381, 388, 404, 411, 447
헌재 2019. 12. 27. 2018헌바109 ········ 104, 824
헌재 2019. 12. 27. 2018헌바301 ········ 404, 411
헌재 2019. 12. 27. 2018헌바730 ········ 384
헌재 2019. 12. 27. 2019헌마7 ········ 689, 690, 703
헌재 2020. 2. 27. 2016헌마945 ········ 622, 647
헌재 2020. 2. 27. 2017헌바422 ········ 845
헌재 2020. 2. 27. 2018헌마454 ········ 604
헌재 2020. 2. 27. 2018헌마964 ········ 515
헌재 2020. 2. 27. 2019헌마987 ········ 656
헌재 2020. 3. 26. 2016헌가17 등 ········ 74
헌재 2020. 3. 26. 2016헌바55 ········ 93, 242
헌재 2020. 3. 26. 2017헌마1179 ········ 515
헌재 2020. 3. 26. 2017헌바387 ········ 265
헌재 2020. 3. 26. 2017헌바1281 ········ 450
헌재 2020. 3. 26. 2018헌마77등 ········ 160
헌재 2020. 3. 26. 2018헌마589 ········ 515
헌재 2020. 3. 26. 2019헌마212 ········ 462, 604
헌재 2020. 3. 26. 2019헌마1254 ········ 515
헌재 2020. 3. 28. 2019헌마212 ········ 590
헌재 2020. 4. 23. 2015헌마1149 ········ 69, 75, 548, 604, 616, 647, 733, 744, 757, 806, 808
헌재 2020. 4. 23. 2017헌마103 ········ 459
헌재 2020. 4. 23. 2017헌마321 ········ 536
헌재 2020. 4. 23. 2017헌마479 ········ 439, 619, 647, 694
헌재 2020. 4. 23. 2018헌마461 ········ 566, 581
헌재 2020. 4. 23. 2018헌마550 ········ 703
헌재 2020. 4. 23. 2018헌마551 ········ 703
헌재 2020. 4. 23. 2019헌마427 ········ 515

헌재 2020. 5. 26. 2020헌마1275 ········· 515
헌재 2020. 5. 27. 2017헌마867 ········· 734, 744
헌재 2020. 5. 27. 2017헌마1326 ········· 112
헌재 2020. 5. 27. 2018헌마362 ········· 612
헌재 2020. 5. 27. 2018헌바398 ········· 489
헌재 2020. 5. 27. 2018헌바465 ········· 149
헌재 2020. 5. 27. 2019헌라1 ········· 908, 925, 926
헌재 2020. 5. 27. 2019헌라3등 ········· 872, 908, 912, 919
헌재 2020. 5. 27. 2019헌라4 ········· 871, 875
헌재 2020. 5. 27. 2019헌라5 ········· 872, 875, 908
헌재 2020. 5. 27. 2019헌라6 ········· 912
헌재 2020. 5. 27. 2019헌라6등 ········· 873, 875, 877, 919
헌재 2020. 5. 27. 2019헌사1121 ········· 156
헌재 2020. 6. 25. 2018헌마974 ········· 69, 604, 627
헌재 2020. 6. 25. 2018헌바278 ········· 270
헌재 2020. 6. 25. 2019헌가9등 ········· 108
헌재 2020. 6. 25. 2019헌마15 ········· 627
헌재 2020. 6. 25. 2019헌마1269 ········· 515
헌재 2020. 7. 16. 2015헌라3 ········· 886, 887, 892, 912, 920
헌재 2020. 7. 16. 2018헌마319 ········· 566, 567, 581, 590, 592
헌재 2020. 7. 16. 2019헌마1120 ········· 515
헌재 2020. 8. 28. 2017헌마187 ········· 732, 739
헌재 2020. 8. 28. 2017헌마813 ········· 647, 746, 747, 757
헌재 2020. 8. 28. 2018헌마587 ········· 647
헌재 2020. 8. 28. 2018헌마927 ········· 384, 388, 445, 450
헌재 2020. 8. 28. 2020헌마285 ········· 515
헌재 2020. 9. 24. 2016헌마889 ········· 384, 388, 411
헌재 2020. 9. 24. 2017헌마498 ········· 614, 620, 623, 647
헌재 2020. 9. 24. 2018헌가15 ········· 384, 388
헌재 2020. 9. 24. 2018헌마739 ········· 589, 604, 607, 612, 703, 709, 710
헌재 2020. 9. 24. 2019헌마1285 ········· 515
헌재 2020. 9. 24. 2019헌마48 ········· 428
헌재 2020. 9. 24. 2019헌바130 ········· 94, 515
헌재 2020. 10. 29. 2016헌마86 ········· 147, 484
헌재 2020. 10. 29. 2017헌마1128 ········· 703
헌재 2020. 10. 29. 2017헌바208 ········· 240

헌재 2020. 10. 29. 2019헌마533 ··· 613, 648
헌재 2020. 11. 17. 2020헌바538 ··· 791
헌재 2020. 11. 17. 2020헌사1123 ··· 791
헌재 2020. 11. 26. 2014헌바1175 ··· 523, 530
헌재 2020. 11. 26. 2016헌마738 ··· 582, 604
헌재 2020. 11. 26. 2017헌마1156 ··· 515
헌재 2020. 11. 26. 2017헌바350 ··· 283
헌재 2020. 11. 26. 2018헌마733 ··· 604, 709
헌재 2020. 11. 26. 2019헌바131 ··· 100, 377, 381, 397, 412
헌재 2020. 12. 23. 2017헌가22 ··· 381, 384, 388
헌재 2020. 12. 23. 2017헌마416 ··· 465, 468, 590, 595, 678, 712, 713, 743, 757, 808
헌재 2020. 12. 23. 2017헌바463등 ··· 825
헌재 2020. 12. 23. 2018헌바222 ··· 283
헌재 2020. 12. 23. 2018헌바382 ··· 827, 833
헌재 2020. 12. 23. 2019헌바129 ··· 265
헌재 2020. 12. 23. 2019헌바484 ··· 275
헌재 2020. 12. 23. 2020헌마892 ··· 515
헌재 2021. 1. 4. 2020헌사1304 ··· 153, 161, 162, 168, 173, 175
헌재 2021. 1. 19. 2021헌마6 ··· 696
헌재 2021. 1. 19. 2021헌사10 ··· 159
헌재 2021. 1. 28. 2018헌마456 ··· 108, 590, 604
헌재 2021. 1. 28. 2018헌바88 ··· 235, 236, 428
헌재 2021. 1. 28. 2019헌가24 ··· 292, 307
헌재 2021. 1. 28. 2020헌마264 ··· 566, 582, 604
헌재 2021. 2. 25. 2013헌가13 ··· 241, 283, 311
헌재 2021. 2. 25. 2015헌라7 ··· 884, 909
헌재 2021. 2. 25. 2018헌마174 ··· 508, 542, 566, 582
헌재 2021. 2. 25. 2018헌바423 ··· 242, 293
헌재 2021. 2. 25. 2019헌마864 ··· 592, 599, 606, 655
헌재 2021. 2. 25. 2019헌바53 ··· 293
헌재 2021. 2. 25. 2020헌마820 ··· 515
헌재 2021. 3. 8. 2021헌사152 ··· 58
헌재 2021. 3. 25. 2015헌바438등 ··· 618, 619
헌재 2021. 3. 25. 2018헌가6 ··· 384, 389
헌재 2021. 3. 25. 2018헌마1035 ··· 492, 664
헌재 2021. 3. 25. 2018헌바488 ··· 285, 286

헌재 2021. 3. 25. 2019헌마900 ······ 439
헌재 2021. 3. 25. 2020헌마27 ······ 329
헌재 2021. 3. 25. 2020헌마94 ······ 421
헌재 2021. 3. 25. 2020헌마271등 ······ 329, 368
헌재 2021. 3. 25. 2020헌마941 ······ 422
헌재 2021. 3. 25. 2020헌바93 ······ 293
헌재 2021. 3. 25. 2020헌바931 ······ 283
헌재 2021. 4. 29. 2017헌가25 ······ 271, 307
헌재 2021. 4. 29. 2020헌마923 ······ 90, 432
헌재 2021. 4. 29. 2020헌마999 ······ 499
헌재 2021. 4. 29. 2020헌마1415 ······ 515
헌재 2021. 4. 29. 2020헌마1707 ······ 582
헌재 2021. 5. 27. 2018헌마1108 ······ 75, 76, 475, 485, 530, 583
헌재 2021. 5. 27. 2018헌마1168 ······ 648, 690
헌재 2021. 5. 27. 2018헌바277 ······ 104
헌재 2021. 5. 27. 2019헌바227 ······ 842
헌재 2021. 5. 27. 2019헌바332 ······ 250, 253
헌재 2021. 5. 27. 2020헌마1163 ······ 515
헌재 2021. 6. 24. 2017헌가31 ······ 52
헌재 2021. 6. 24. 2017헌마408 ······ 96, 618, 619
헌재 2021. 6. 24. 2017헌바479 ······ 147, 148
헌재 2021. 6. 24. 2018헌마405 ······ 348
헌재 2021. 6. 24. 2018헌마526 ······ 113
헌재 2021. 6. 24. 2018헌마1103 ······ 771
헌재 2021. 6. 24. 2019헌바5 ······ 265
헌재 2021. 6. 24. 2019헌바133등 ······ 79
헌재 2021. 6. 24. 2020헌마1614 ······ 631
헌재 2021. 7. 15. 2018헌바484 ······ 265
헌재 2021. 7. 15. 2019헌바172 ······ 845
헌재 2021. 8. 31. 2014헌마888 ······ 485
헌재 2021. 8. 31. 2018헌마563 ······ 147, 691, 710
헌재 2021. 8. 31. 2019헌마516등 ······ 563, 583, 588, 732, 739
헌재 2021. 8. 31. 2020헌마12등 ······ 542
헌재 2021. 8. 31. 2020헌마125 ······ 515
헌재 2021. 8. 31. 2020헌마802 ······ 485
헌재 2021. 8. 31. 2020헌마1610 ······ 517, 654

헌재 2021. 9. 28. 2021헌마1137 ········· 791
헌재 2021. 9. 28. 2021헌사983 ········· 791
헌재 2021. 9. 30. 2015헌마349 ········· 515
헌재 2021. 9. 30. 2016헌마1034 ········· 146, 147, 485, 486, 794, 808
헌재 2021. 9. 30. 2019헌바149 ········· 285, 286
헌재 2021. 9. 30. 2019헌바409 ········· 428
헌재 2021. 9. 30. 2020헌마494 ········· 422, 542
헌재 2021. 9. 30. 2020헌마899 ········· 710, 739, 765
헌재 2021. 10. 28. 2019헌마288 ········· 605
헌재 2021. 10. 28. 2019헌마973 ········· 766
헌재 2021. 10. 28. 2019헌마1091 ········· 757
헌재 2021. 10. 28. 2020헌마229 ········· 660
헌재 2021. 10. 28. 2020헌마433 ········· 440, 661, 679
헌재 2021. 10. 28. 2021헌나1 ········· 147, 178, 186, 743, 794, 951, 959, 978, 979, 980, 982, 992, 995, 999, 1001
헌재 2021. 11. 25. 2017헌마1384등 ········· 421, 465, 470, 542
헌재 2021. 11. 25. 2018헌마598 ········· 757, 766
헌재 2021. 11. 25. 2019헌마490 ········· 515
헌재 2021. 11. 25. 2019헌마534 ········· 459, 460, 464, 617
헌재 2021. 11. 25. 2019헌마834 ········· 515
헌재 2021. 11. 25. 2019헌바42 ········· 283, 290, 294
헌재 2021. 11. 25. 2019헌바446 ········· 358
헌재 2021. 11. 25. 2020헌바401 ········· 862, 863
헌재 2021. 11. 25. 2021헌마78 ········· 513
헌재 2021. 11. 25. 2021헌마413 ········· 513
헌재 2021. 12. 23. 2018헌마49 ········· 583, 627
헌재 2021. 12. 23. 2018헌마818 ········· 515
헌재 2021. 12. 23. 2018헌바152 ········· 265, 284
헌재 2021. 12. 23. 2019헌마656 ········· 69, 75
헌재 2021. 12. 23. 2019헌마1327 ········· 584
헌재 2021. 12. 23. 2020헌마395 ········· 545, 546, 547, 612
헌재 2021. 12. 23. 2020헌마1008 ········· 515
헌재 2021. 12. 23. 2020헌마1299 ········· 696
헌재 2021. 12. 23. 2020헌마1620 ········· 515
헌재 2022. 1. 25. 2022헌사3 ········· 159
헌재 2022. 1. 27. 2016헌마364 ········· 454, 465, 468, 590, 595, 605, 649, 678, 725, 742

헌재 2022. 1. 27. 2018헌마1162등 ········ 453, 739, 766
헌재 2022. 1. 27. 2019헌바161 ········ 396, 397, 411, 412
헌재 2022. 1. 27. 2020헌마497 ········ 605, 739, 743, 748
헌재 2022. 1. 27. 2020헌마895 ········ 384, 389
헌재 2022. 1. 27. 2020헌바239 ········ 265
헌재 2022. 2. 15. 2022헌마36 ········ 654
헌재 2022. 2. 24. 2018헌마146 ········ 108
헌재 2022. 2. 24. 2018헌마998등 ········ 113, 384, 389, 411
헌재 2022. 2. 24. 2018헌마1010 ········ 146, 147, 766
헌재 2022. 2. 24. 2019헌마883 ········ 627
헌재 2022. 3. 8. 2022헌마119 ········ 654
헌재 2022. 3. 29. 2022헌바72 ········ 791
헌재 2022. 3. 31. 2017헌마1343등 ········ 436, 440
헌재 2022. 3. 31. 2019헌바520등 ········ 315
헌재 2022. 4. 12. 2022헌사275 ········ 157
헌재 2022. 4. 19. 2022헌사297 ········ 791
헌재 2022. 5. 3. 2022헌마432 ········ 791
헌재 2022. 5. 3. 2022헌사309 ········ 791
헌재 2022. 5. 17. 2022헌사183 ········ 158
헌재 2022. 5. 22. 2020헌마441 ········ 732
헌재 2022. 5. 26. 2016헌마95 ········ 441
헌재 2022. 5. 26. 2018헌마1029 ········ 515
헌재 2022. 5. 26. 2020헌마202 ········ 515
헌재 2022. 5. 26. 2020헌마670 ········ 590, 607
헌재 2022. 5. 26. 2020헌마1342 ········ 104
헌재 2022. 5. 26. 2021헌마527 ········ 494, 690, 710, 711
헌재 2022. 5. 26. 2021헌마619 ········ 425, 426, 595
헌재 2022. 6. 3. 2022헌사448 ········ 153, 161, 168, 175, 929
헌재 2022. 6. 30. 2014헌마760 ········ 186
헌재 2022. 6. 30. 2014헌마760등 ········
45, 113, 241, 330, 331, 334, 356, 366, 369, 371, 418, 419, 524, 525, 526, 823, 831, 850, 864
헌재 2022. 6. 30. 2014헌마763등 ········ 854
헌재 2022. 6. 30. 2019헌마356 ········ 758
헌재 2022. 6. 30. 2021헌마916 ········ 515
헌재 2022. 7. 21. 2013헌마242 ········ 45, 334, 491, 525
헌재 2022. 7. 21. 2013헌마496 ········ 334, 491, 525, 526

헌재 2022. 7. 21. 2013헌마497 ········ 334, 491, 525, 526
헌재 2022. 7. 21. 2016헌마388등 ········ 384, 390, 421, 422, 622, 636, 642, 713
헌재 2022. 7. 21. 2017헌가1, 3등 ········ 381, 384, 390
헌재 2022. 7. 21. 2017헌가4 ········ 381, 390
헌재 2022. 7. 21. 2017헌바100등 ········ 381, 384, 390
헌재 2022. 7. 21. 2018헌바357등 ········ 381, 384, 390
헌재 2022. 7. 21. 2018헌바504 ········ 384, 390
헌재 2022. 7. 21. 2019헌마757 ········ 605
헌재 2022. 7. 21. 2019헌바125등 ········ 284, 825
헌재 2022. 7. 21. 2019헌바543등 ········ 550, 551
헌재 2022. 7. 21. 2021헌마272 ········ 329, 767
헌재 2022. 8. 31. 2019헌마1331 ········ 433, 441
헌재 2022. 8. 31. 2019헌바421 ········ 821
헌재 2022. 8. 31. 2020헌바307등 ········ 824, 829
헌재 2022. 8. 31. 2021헌라1 ········ 883, 926, 934, 943
헌재 2022. 9. 29. 2016헌마773 ········ 510, 658, 667, 732
헌재 2022. 9. 29. 2018헌마1169 ········ 422, 441, 486
헌재 2022. 9. 29. 2019헌마535 ········ 617
헌재 2022. 9. 29. 2019헌바536 ········ 824, 826, 854
헌재 2022. 9. 29. 2020헌마1204 ········ 515
헌재 2022. 10. 27. 2018헌바115 ········ 384, 390
헌재 2022. 10. 27. 2019헌바44 ········ 266, 284
헌재 2022. 10. 27. 2020헌라4 ········ 909, 923
헌재 2022. 10. 27. 2020헌미68 ········ 660
헌재 2022. 10. 27. 2020헌마866 ········ 515
헌재 2022. 11. 24. 2019헌가21 ········ 266
헌재 2022. 11. 24. 2019헌마159 ········ 515
헌재 2022. 11. 24. 2019헌마528등 ········ 384, 390
헌재 2022. 11. 24. 2019헌마572 ········ 596, 605
헌재 2022. 11. 24. 2019헌마619 ········ 650
헌재 2022. 11. 24. 2019헌마941 ········ 465, 468, 758
헌재 2022. 11. 24. 2020헌마417 ········ 690, 704
헌재 2022. 11. 24. 2020헌마1181 ········ 381, 384, 391
헌재 2022. 11. 24. 2021헌가12 ········ 244
헌재 2022. 11. 24. 2021헌바301 ········ 191, 319, 336
헌재 2022. 12. 22. 2018헌바48등 ········ 381, 391

헌재 2022. 12. 22. 2020헌라3 ··· 911, 912, 913
헌재 2022. 12. 22. 2020헌바39 ··· 271
헌재 2022. 12. 22. 2021헌마271 ··· 605
헌재 2022. 12. 22. 2021헌마902 ··· 566, 584
헌재 2022. 12. 22. 2022헌라5 ··· 871, 876
헌재 2023. 1. 22. 2021헌마893 ··· 616
헌재 2023. 2. 23. 2019헌마401 ··· 497, 498, 501, 542, 566, 584
헌재 2023. 2. 23. 2019헌마1404등 ··· 471, 767
헌재 2023. 2. 23. 2019헌바244 ··· 300, 303
헌재 2023. 2. 23. 2020헌마8 ··· 515
헌재 2023. 2. 23. 2020헌마275 ··· 605
헌재 2023. 2. 23. 2020헌마1030 ··· 442, 486
헌재 2023. 2. 23. 2020헌마1678 ··· 613, 616, 648
헌재 2023. 2. 23. 2020헌마1739 ··· 516
헌재 2023. 2. 23. 2020헌바314 ··· 845
헌재 2023. 2. 23. 2021헌마48 ··· 585, 767
헌재 2023. 3. 23. 2000헌라5 ··· 943
헌재 2023. 3. 23. 2018헌바433, 2019헌가22, 2020헌바503(병합) ··· 397, 845
헌재 2023. 3. 23. 2019헌마758 ··· 492
헌재 2023. 3. 23. 2019헌마1399 ··· 496
헌재 2023. 3. 23. 2020헌가1, 2021헌가10(병합) ··· 384, 391
헌재 2023. 3. 23. 2020헌가19 ··· 382
헌재 2023. 3. 23. 2020헌라5 ··· 883, 926, 935
헌재 2023. 3. 23. 2020헌마1159 ··· 605, 612
헌재 2023. 3. 23. 2020헌바149 ··· 266
헌재 2023. 3. 23. 2021헌가1 ··· 397
헌재 2023. 3. 23. 2021헌마115 ··· 500, 767
헌재 2023. 3. 23. 2021헌마975 ··· 385, 392, 564
헌재 2023. 3. 23. 2022헌가21 ··· 234
헌재 2023. 3. 23. 2022헌라2 ··· 898, 937, 940, 941, 943
헌재 2023. 3. 23. 2022헌라4 ··· 873, 876, 903, 904, 907, 921
헌재 2023. 3. 23. 2022헌마353등 ··· 648
헌재 2023. 3. 23. 2022헌사336 ··· 929
헌재 2023. 3. 23. 2022헌사366 ··· 163
헌재 2023. 3. 23. 2023헌가4 ··· 384, 391
헌재 2023. 5. 25. 2019헌마1234 ··· 385, 392

헌재 2023. 5. 25. 2019헌마1253 ··· 516
헌재 2023. 5. 25. 2020헌마1336 ··· 72, 74, 605, 607, 613, 627, 648, 740, 768
헌재 2023. 5. 25. 2021헌마21 ··· 660
헌재 2023. 5. 25. 2021헌마1391 ··· 516
헌재 2023. 6. 29. 2018헌마1215 ··· 468
헌재 2023. 6. 29. 2019헌마227 ··· 627
헌재 2023. 6. 29. 2019헌마229 ··· 613
헌재 2023. 6. 29. 2020헌마1605등 ··· 385, 392
헌재 2023. 6. 29. 2020헌마1669 ··· 451
헌재 2023. 6. 29. 2021헌마171 ··· 499
헌재 2023. 6. 29. 2021헌마199 ··· 605
헌재 2023. 6. 29. 2021헌마1389 ··· 516
헌재 2023. 6. 29. 2022헌마674 ··· 516
헌재 2023. 6. 29. 2023헌가12 ··· 385, 392
헌재 2023. 7. 20. 2019헌마1443 ··· 710, 768
헌재 2023. 7. 20. 2019헌마709 ··· 487, 661
헌재 2023. 7. 20. 2020헌마295 ··· 510
헌재 2023. 7. 20. 2020헌마434 ··· 768
헌재 2023. 7. 20. 2020헌마506 ··· 768
헌재 2023. 7. 20. 2021헌마160 ··· 516
헌재 2023. 7. 25. 2023헌나1 ··· 179, 948, 951, 956, 959, 960, 961, 963
헌재 2023. 8. 31. 2020헌마116 ··· 475, 476, 487
헌재 2023. 8. 31. 2020헌마880 ··· 516
헌재 2023. 8. 31. 2021헌마994 ··· 516
헌재 2023. 8. 31. 2021헌바306 ··· 846
헌재 2023. 9. 26. 2017헌가27등 ··· 274, 845
헌재 2023. 9. 26. 2019헌마265 ··· 516
헌재 2023. 9. 26. 2019헌마1165 ··· 382, 648
헌재 2023. 9. 26. 2019헌마1417 ··· 492
헌재 2023. 9. 26. 2020헌라2 ··· 875, 927, 942
헌재 2023. 9. 26. 2020헌마1101 ··· 457, 732
헌재 2023. 9. 26. 2020헌마1235 ··· 497
헌재 2023. 9. 26. 2021헌마260 ··· 585
헌재 2023. 9. 26. 2021헌마1602 ··· 516
헌재 2023. 10. 26. 2017헌가16등 ··· 274, 836
헌재 2023. 10. 26. 2017헌마1033 ··· 516

헌재 2023. 10. 26. 2018헌마357 ········· 690
헌재 2023. 10. 26. 2019헌마158등 ········· 426, 679
헌재 2023. 10. 26. 2019헌마164 ········· 423
헌재 2023. 10. 26. 2019헌마392등 ········· 648, 768
헌재 2023. 10. 26. 2019헌바385 ········· 826
헌재 2023. 10. 26. 2020헌마93 ········· 504, 745, 758
헌재 2023. 10. 26. 2022헌마178 ········· 423
헌재 2023. 10. 26. 2022헌마231등 ········· 423
헌재 2023. 10. 26. 2023헌라2 ········· 872, 913, 941
헌재 2023. 10. 26. 2023헌라3 ········· 872, 913, 941
헌재 2023. 12. 21. 2023헌라1 ········· 871, 872, 876
헌재 2024. 1. 25. 2020헌마1725 ········· 686, 716, 777
헌재 2024. 1. 25. 2020헌바475등 ········· 230, 431, 432, 433, 442, 826
헌재 2024. 1. 25. 2021헌가14 ········· 74
헌재 2024. 1. 25. 2021헌바203 ········· 284
헌재 2024. 1. 25. 2021헌바233등 ········· 266, 284
헌재 2024. 1. 25. 2022헌마430 ········· 510
헌재 2024. 2. 28. 2019헌마500 ········· 586, 605, 648
헌재 2024. 2. 28. 2020헌마1377 ········· 586
헌재 2024. 2. 28. 2021헌마40 ········· 424, 710
헌재 2024. 2. 28. 2021헌바64 ········· 266
헌재 2024. 2. 28. 2023헌마739 ········· 516, 729
헌재 2024. 3. 28. 2017헌마371등 ········· 586
헌재 2024. 3. 28. 2020헌마640 ········· 704
헌재 2024. 3. 28. 2020헌마767등 ········· 740, 769
헌재 2024. 3. 28. 2020헌마1079 ········· 460, 462, 545, 546, 758
헌재 2024. 3. 28. 2020헌바494등 ········· 827
헌재 2024. 3. 28. 2022헌마885 ········· 606
헌재 2024. 3. 28. 2023헌라9 ········· 904, 922, 942, 970
헌재 2024. 4. 25. 2020헌가4등 ········· 311, 312, 385, 393, 404, 411
헌재 2024. 4. 25. 2020헌마108 ········· 606
헌재 2024. 4. 25. 2020헌마1028 ········· 769
헌재 2024. 4. 25. 2020헌마1738 ········· 424, 425, 471, 565, 566, 567, 586, 630
헌재 2024. 4. 25. 2020헌마371 ········· 710
헌재 2024. 4. 25. 2020헌마542 ········· 146, 596
헌재 2024. 4. 25. 2021헌마473 ········· 713

헌재 2024. 4. 25. 2022헌가33 ······ 382, 396
헌재 2024. 4. 25. 2022헌바204 ······ 824
헌재 2024. 5. 30. 2014헌마1189등 ······ 728, 743, 748, 769
헌재 2024. 5. 30. 2019헌가29 ······ 411, 412
헌재 2024. 5. 30. 2020헌마1743 ······ 770
헌재 2024. 5. 30. 2020헌바234 ······ 73
헌재 2024. 5. 30. 2021헌가3 ······ 383, 385, 393, 411
헌재 2024. 5. 30. 2023헌나2 ······ 147, 179, 948, 950, 951, 952, 956, 957, 959, 960, 961, 964, 969, 971, 993
헌재 2024. 5. 30. 2023헌마261 ······ 516
헌재 2024. 5. 30. 2023헌마820등 ······ 770
헌재 2024. 6. 27. 2020헌마468등 ······ 114, 383
헌재 2024. 6. 27. 2020헌바596 ······ 267
헌재 2024. 6. 27. 2021헌가19 ······ 244, 315, 317, 385, 394
헌재 2024. 6. 27. 2021헌바201 ······ 114, 846
헌재 2024. 6. 27. 2022헌라3 ······ 942
헌재 2024. 6. 27. 2024헌마352 ······ 814
헌재 2024. 7. 18. 2020헌바487등 ······ 267
헌재 2024. 7. 18. 2021헌마248 ······ 514
헌재 2024. 7. 18. 2022헌가6 ······ 383
헌재 2024. 7. 18. 2022헌마761 ······ 516
헌재 2024. 7. 18. 2022헌바4 ······ 716, 846
헌재 2024. 7. 18. 2023헌마1273 ······ 516
헌재 2024. 8. 29. 2020헌마389등 ······ 73, 394, 404, 542, 732, 740, 770
헌재 2024. 8. 29. 2020헌마839 ······ 73, 543
헌재 2024. 8. 29. 2021헌마125 ······ 543
헌재 2024. 8. 29. 2021헌마175 ······ 613, 616
헌재 2024. 8. 29. 2022헌라1 ······ 884, 885, 893, 909, 943
헌재 2024. 8. 29. 2022헌마1680 ······ 516
헌재 2024. 8. 29. 2023헌나4 ······ 951, 956, 957, 958, 959, 960, 964, 972
헌재 2024. 8. 29. 2023헌마79 ······ 516
헌재 2024. 8. 29. 2023헌바365 ······ 826
헌재 2024. 10. 14. 2024헌사1250 ······ 51, 142, 153, 160, 162, 164, 169, 170, 175, 988
헌재 2025. 1. 23. 2019헌바317 ······ 274
헌재 2025. 1. 23. 2021헌마886 ······ 394
헌재 2025. 1. 23. 2021헌마1192 ······ 607, 648

헌재 2025. 1. 23. 2021헌마1194 ········· 607, 649
헌재 2025. 1. 23. 2024헌나1 ········· 147, 950, 951, 956, 959, 960, 972, 975, 986, 993
헌재 2025. 2. 27. 2021헌마548 ········· 587
헌재 2025. 2. 27. 2023헌라5 ········· 913, 925, 926, 935, 943
헌재 2025. 2. 27. 2023헌바155 ········· 73, 74, 75, 76
헌재 2025. 2. 27. 2025헌라1 ········· 25, 28, 873, 897, 911, 935, 941
헌재 2025. 2. 27. 2025헌사15 ········· 173, 930
헌재 2025. 3. 13. 2024헌나2 ········· 179, 950, 951, 959, 960, 965, 993
헌재 2025. 3. 13. 2024헌나3, 4, 5 ········· 951, 956, 958, 959, 960, 965, 973
헌재 2025. 3. 24. 2024헌나9 ········· 147, 179, 951, 953, 966, 973, 994
헌재 2025. 4. 4. 2024헌나8 ········· 454, 794, 951, 967, 969, 970, 973, 984, 987, 998
헌재 2025. 4. 10. 2024헌가12등 ········· 394
헌재 2025. 4. 10. 2024헌나6 ········· 950, 958, 967, 969, 970, 973, 974, 994
헌재 2025. 4. 10. 2024헌라8 ········· 922
헌재 2025. 4. 16. 2025헌사399 ········· 153, 162, 164, 169, 175
헌재 2025. 7. 17. 2023헌나3 ········· 948, 951, 956, 959, 960, 967, 995

[대 법 원]

대법원 1954. 8. 19. 선고 53누37 판결 ········· 456
대법원 1962. 1. 25.자 4294민재항674 결정 ········· 200
대법원 1965. 8. 31. 선고 65다1102 판결 ········· 55
대법원 1970. 3. 31. 선고 70다104 판결 ········· 200
대법원 1971. 6. 22. 선고 70다1010 전원합의체 판결 ········· 17
대법원 1974. 12. 24. 선고 72다1532 판결 ········· 133
대법원 1988. 1. 30.자 87그34 결정 ········· 200
대법원 1990. 5. 23.자 90그17 결정 ········· 200
대법원 1991. 6. 11. 선고 90다5450 판결 ········· 335, 358, 413
대법원 1991. 6. 28. 선고 90누9346 판결 ········· 358
대법원 1991. 12. 24. 선고 90다8176 판결 ········· 358
대법원 1992. 2. 14. 선고 91누1462 판결 ········· 358
대법원 1992. 5. 8. 선고 91도2825 판결 ········· 355
대법원 1993. 1. 15. 선고 91누5747 판결 ········· 358
대법원 1993. 1. 15. 선고 92다12377 판결 ········· 358
대법원 1993. 4. 27. 선고 92누9777 판결 ········· 311, 361
대법원 1993. 7. 16. 선고 93다3783 판결 ········· 358
대법원 1993. 7. 27. 선고 92누13400 판결 ········· 862

대법원 1993. 8. 25.자 93그34 결정 ········ 215
대법원 1993. 11. 26. 선고 93다30013 판결 ········ 358
대법원 1994. 4. 26.자 93부32 결정 ········ 455
대법원 1994. 10. 25. 선고 93다42740 판결 ········ 359
대법원 1994. 10. 28. 선고 92누9463 판결 ········ 285, 361
대법원 1995. 7. 11. 선고 94누4615 판결 ········ 285
대법원 1995. 7. 28. 선고 94다20402 판결 ········ 358
대법원 1996. 4. 9. 선고 95누11405 판결 ········ 332, 414, 802
대법원 1996. 4. 26. 선고 93누401 판결 ········ 400
대법원 1996. 6. 28. 선고 93누13810 판결 ········ 399
대법원 1996. 9. 20. 선고 95누8003 판결 ········ 456, 492, 664
대법원 1996. 11. 29. 선고 96누8567 판결 ········ 493
대법원 1997. 3. 28. 선고 95누17960 판결 ········ 399, 406
대법원 1997. 3. 28. 선고 96누11068 판결 ········ 406
대법원 1997. 3. 28. 선고 96누15602 판결 ········ 406
대법원 1997. 5. 7. 선고 96누16704 판결 ········ 406
대법원 1997. 7. 25. 선고 95다56323 판결 ········ 399
대법원 1997. 8. 26. 선고 96누6707 판결 ········ 335, 413
대법원 1997. 10. 24. 선고 96누9973 판결 ········ 406
대법원 1998. 2. 10. 선고 97누2771 판결 ········ 406
대법원 1998. 4. 10. 선고 97누20397 판결 ········ 335, 413
대법원 1998. 9. 4. 선고 97누19687 판결 ········ 406
대법원 1999. 5. 28. 선고 98재다275 판결 ········ 719
대법원 2000. 2. 8. 선고 98두1123 판결 ········ 406
대법원 2000. 4. 11. 선고 98두5682 판결 ········ 667
대법원 2000. 4. 11.자 98카기137 결정 ········ 212, 821, 822
대법원 2000. 6. 9. 선고 2000다16329 판결 ········ 361
대법원 2000. 6. 23.자 2000카기44 결정 ········ 212, 213, 821, 822
대법원 2001. 4. 27. 선고 95재다14 판결 ········ 332, 356, 414, 864
대법원 2002. 4. 2. 99다3358 판결 ········ 399
대법원 2002. 5. 24. 선고 2000두3641 판결 ········ 712
대법원 2002. 8. 23. 선고 2001두2959 판결 ········ 321
대법원 2002. 11. 8. 선고 2001두3181 판결 ········ 361
대법원 2003. 7. 24. 선고 2001다48781 전원합의체 판결 ········ 240, 831
대법원 2004. 4. 22. 선고 2003두9015 전원합의체 판결 ········ 473, 668
대법원 2005. 3. 24. 선고 2004두14380 판결 ········ 957

대법원 2005. 4. 15. 선고 2004두14915 판결 ··· 835
대법원 2005. 7. 21. 선고 2002다1178 전원합의체 판결 ··· 240, 831
대법원 2005. 11. 10. 선고 2003두14963 판결 ··· 360
대법원 2005. 11. 10. 선고 2005두5628 판결 ··· 360, 863
대법원 2005. 11. 24. 선고 2005두8061 판결 ··· 526
대법원 2006. 3. 9. 선고 2003다52647 판결 ··· 400
대법원 2006. 3. 9. 선고 2003재다262 판결 ··· 863
대법원 2006. 6. 9. 선고 2006두1296 판결 ··· 360
대법원 2007. 4. 12. 선고 2005두15168 판결 ··· 455
대법원 2007. 6. 28. 선고 2005도8317 판결 ··· 355
대법원 2009. 1. 15. 선고 2004도7111 판결 ··· 407
대법원 2009. 1. 15. 선고 2008두15596 판결 ··· 405
대법원 2009. 2. 12. 선고 2008두11716 판결 ··· 287
대법원 2009. 4. 23. 선고 2007두13159 판결 ··· 835
대법원 2009. 5. 28.자 2007카기134 결정 ··· 240, 831
대법원 2009. 6. 11. 선고 2008두21577 판결 ··· 360
대법원 2010. 4. 22. 선고 2008다38288 전원합의체 판결 ··· 564
대법원 2010. 10. 14. 선고 2010두11016 판결 ··· 359
대법원 2010. 12. 16. 선고 2010도5958 판결 ··· 355
대법원 2010. 12. 16. 선고 2010도5986 전원합의체 판결 ··· 234, 340, 830
대법원 2011. 2. 28.자 2008모1220 결정 ··· 517, 654
대법원 2011. 4. 14. 선고 2010도5605 판결 ··· 351
대법원 2011. 6. 23. 선고 2008도7562 전원합의체 판결 ··· 402, 405, 407, 413
대법원 2011. 9. 29. 선고 2008두18885 판결 ··· 190, 400, 401, 403
대법원 2012. 2. 16. 선고 2010두10907 전원합의체 판결 ··· 188, 289, 362
대법원 2012. 3. 29. 선고 2011두27919 판결 ··· 230
대법원 2012. 10. 11. 선고 2012도7455 판결 ··· 398, 402, 405
대법원 2013. 3. 28. 선고 2012재두299 판결 ··· 332, 333, 334, 414, 1025
대법원 2013. 7. 25. 선고 2011두1214 판결 ··· 893
대법원 2013. 7. 25. 선고 2013두6435 판결 ··· 398, 402
대법원 2013. 9. 12.자 2013두10601 판결 ··· 334
대법원 2013. 11. 14. 선고 2010추73 판결 ··· 887, 892
대법원 2013. 11. 15.자 2013두14665 판결 ··· 334
대법원 2013. 11. 28. 2010두6182 판결 ··· 398, 402
대법원 2014. 3. 27. 선고 2011두24057 판결 ··· 361
대법원 2014. 7. 10. 선고 2008도4260 판결 ··· 333, 356

대법원 2014. 7. 10. 선고 2011도1602 판결 ······ 333, 356
대법원 2014. 8. 11.자 2013모2593 결정 ······ 330, 524
대법원 2014. 8. 20.자 2013모2645 결정 ······ 330, 524
대법원 2014. 8. 28. 선고 2014도5433 판결 ······ 192, 349
대법원 2015. 5. 29. 선고 2014두35447 판결 ······ 190, 401, 402, 403
대법원 2016. 11. 10.자 2015모1475 결정 ······ 352
대법원 2017. 3. 9. 선고 2015다233982 판결 ······ 359, 361
대법원 2017. 6. 22. 선고 2014다225809 전원합의체 판결 ······ 73
대법원 2018. 7. 11. 선고 2016두47697 판결 ······ 190, 401
대법원 2018. 9. 13. 선고 2017두38560 판결 ······ 564
대법원 2019. 1. 4.자 2018스563 결정 ······ 58
대법원 2019. 12. 24. 선고 2019도15167 판결 ······ 353
대법원 2020. 1. 30. 선고 2018두49154 판결 ······ 398, 402
대법원 2020. 2. 21.자 2015모2204 결정 ······ 192, 349
대법원 2020. 5. 28. 선고 2017도8610 판결 ······ 402, 408
대법원 2020. 10. 29. 선고 2019다249589 판결 ······ 320, 861
대법원 2020. 11. 26. 선고 2019다2049 판결 ······ 321
대법원 2020. 11. 26. 선고 2019다276307 판결 ······ 320, 358
대법원 2020. 12. 10. 선고 2020다205455 판결 ······ 320, 861
대법원 2021. 2. 4. 선고 2015추528 판결 ······ 886, 887, 893
대법원 2021. 4. 29. 선고 2016두39856 판결 ······ 1024, 1025
대법원 2021. 5. 27. 선고 2018도13458 판결 ······ 400, 402
대법원 2021. 7. 29. 선고 2016다259363 판결 ······ 320
대법원 2021. 8. 19. 선고 2020도16111 판결 ······ 409
대법원 2021. 8. 26. 선고 2020도12017 판결 ······ 140
대법원 2021. 9. 9. 선고 2017다259445 판결 ······ 400
대법원 2021. 9. 30. 선고 2018재다50230 판결 ······ 320, 358, 400
대법원 2022. 2. 11. 선고 2020도68 판결 ······ 354, 355
대법원 2022. 4. 14. 선고 2021도14530 판결 ······ 358
대법원 2022. 5. 12. 선고 2021도14074 판결 ······ 321, 359
대법원 2022. 6. 30. 선고 2022도32 판결 ······ 321, 359
대법원 2022. 7. 28. 선고 2020도13705 판결 ······ 353
대법원 2022. 7. 28. 선고 2022도3929 판결 ······ 321, 359
대법원 2022. 8. 30. 선고 2018다212610 전원합의체 판결 ······ 320
대법원 2022. 9. 29. 선고 2018다224408 판결 ······ 358
대법원 2022. 10. 27. 선고 2022다4199, 4205 판결 ······ 192

대법원 2022. 12. 1. 선고 2019두48905 판결 ········· 455
대법원 2023. 4. 13. 선고 2023도162 판결 ········· 355
대법원 2024. 5. 23. 선고 2021두35834 전원합의체 판결 ········· 456
대법원 2024. 7. 11. 선고 2022도8655 판결 ········· 413
대법원 2024. 7. 25. 선고 2023다316790 판결 ········· 399
대법원 2024. 9. 27. 선고 2018재두178 판결 ········· 402, 408
대법원 2024. 10. 8. 선고 2024다241510 판결 ········· 399
대법원 2025. 3. 13. 선고 2024도19846 판결 ········· 354, 355

[하급심]

서울고등법원 2013. 5. 9. 선고 2012재누103 판결 ········· 334
서울고등법원 2013. 6. 26. 선고 2012재누110 판결 ········· 334
광주고등법원 2013. 11. 25.자 (제주)2013재노2 결정 ········· 524
광주고등법원 2016. 4. 25. 선고 (전주)2015누1125 판결 ········· 1025
광주고등법원 2021. 7. 8. 선고 2016누3917 판결 ········· 1025
광주지방법원 2016. 5. 19. 선고 2015구합10766 판결 ········· 1025
전주지방법원 2015. 11. 25. 선고 2015구합407 판결 ········· 1025

사 항 색 인

[ㄱ]

가중(加重)정족수 931

가처분 150, 928, 1009

______의 실체적 요건 159

______의 의의 150

______의 적법요건 156

______의 필요성 150

가처분결정 171

______에 대한 이의신청 176

______의 공시 176

______의 기속력 176

______의 내용 171

______의 송달 176

______의 취소 177

______의 형성력 176

______의 형식 172

______의 확정력 175

______의 효력 175

가처분 사유 161

가처분신청 153

가처분심판의 절차 169

각종 위원회의 결정 509

간접적용되는 법률 250

감정 135

개인적 규범통제 207

객관소송 339

검사의 처분 512

검증 135

검찰항고 653

결정의 경정 199

______의 효력 944

결정유형에 따른 기속력 187

결정정족수 51

겸직금지의무 31

경정청구 668

고발권 불행사 666

고소취소 653

고시 459, 461, 462

공고 497

공권력불행사 위헌확인 803

______의 존재 553

공권력행사 위헌확인 805

______의 존재 553

______ 취소 802

공동소송적 보조참가 73

공동소송참가 75

공동심판참가 73

공무수탁사인 192

공법인 550

공소권없음 처분 729, 740

공소시효 728

______의 정지 731

공소취소처분 518

공익상 필요 719

공정거래위원회의 무혐의처분 667

공직취임의 제한 999

공직파면 998

공탁금 202

관습법 239, 830

구두변론 118, 169, 984, 987, 988, 1011

구두변론주의 118

구제형 규범통제심판 208

구체적 규범통제 15, 19, 207
구체적 규범통제절차 823
구체적 집행행위 615
국가기관과 지방자치단체 간의 권한쟁의 877
국가기관 상호간의 권한쟁의 869
국고보조금 1010
국민의 신임을 배반한 행위 997
국사(國事)재판소 866
국선대리인선임신청 714
국선대리인예정자 명부 721
국선대리인 제도 718
국제법규 341
국회 구성권 559
국회법제사법위원장 981
국회의원의 자격상실 1023
권력적 사실행위 464, 465, 467
권력통제기능 4
권리구제절차 649
권리구제형 헌법소원심판 196, 416, 417
권리보호의 이익 158, 724, 837
_____의 의의 724
_____의 흠결 725
권리의 남용 719
권한(Kompetenz) 867
_____의 유무 또는 범위 확인 932
_____의 침해 911
권한쟁의심판 866
_____에 의한 규범통제 208
_____의 당사자 868
_____의 종류 868
권한쟁의심판권의 범위 887
권한쟁의심판제도의 의의 866
권한쟁의형 규범통제심판 208
규범통제 12
규범통제심판 207
규범통제형(위헌심사형) 헌법소원 417, 824
그 사유가 있은 날 683
그 사유가 있음을 안 날 684
기관소송 866, 890
기본권의 침해 555
_____의 침해가능성 564, 568, 587
기본권보호기능 4
기소처분 517
기속력 798, 799, 1021
_____의 내용 187
_____의 범위 191
기판력(실체적 확정력) 182, 183, 289, 1021
기피 57
긴급명령 234, 829
긴급재정·경제명령 234, 829
긴급조치 234, 829

[ㄴ]

내부의 사무처리지침 457, 458
내부적인 업무처리지침 464
녹취불허결정 667

[ㄷ]

다른 법률에 의한 구제절차 651, 683, 687
단순다수결 52
답변서의 제출 87, 88
당사자 표시정정 69
당사자능력 902
당사자범위의 확장 869
당사자비용 810
당사자소송 893
당사자신문 128
당사자적격 902
대리인 77, 78
_____ 선임 보정명령 80

______의 표시 775
대법원의 헌법재판 14
대법원장의 법관에 대한 인사처분 534
대심적 구조 927
대체정당의 금지 1023
대표대리인 83
대표자 77
독일공산당(Kommunistische Partei Deutschlands: KPD) 1005
동일 당명 사용금지 1023
동일한 사건 770, 771, 773
등록 중의 정당 1012

[ㅁ]
명령·규칙 9, 10, 237
무자력 소명요건 718
문서의 송부촉탁 132
문서제출명령 131
민사소송법의 준용 813, 928, 942, 1008
민원회신 537
민주적 기본질서 1015

[ㅂ]
발의정족수 968
방어적·투쟁적 민주주의 1005
배아 547
법령보충적 행정규칙 458
법령소원 819
법령시행과 관련된 유예기간 693
법령시행일 690
법령에 대한 헌법소원 662, 689
법령에 해당하는 사유가 발생한 날 690
법률상 권리구제절차가 없는 경우 662
법률상 다른 권리구제절차가 없는 경우 665
법률의 해석 848
법률조항에 대한 한정위헌의 판단을 구하는 청구 844
법률조항의 가분된 의미 영역 849
법무부장관 77
법원에 대한 기속력 318
______의 재판 44, 318, 319, 328, 329, 367, 418, 488, 521
______의 직권제청 214
법원사무관 등의 접수처분 533
법원행정처장의 질의회신 532
법위반의 중대성 996
법적 관련성 588
법정 소급효 351
변론의 방식과 제한 119
______의 순서 119
______의 진행 119
변론관행의 개선 120
변형결정 362
______의 기속력 413
______의 유형 362
______의 의의 362
변호사강제주의 78, 715
보조참가 72
보조참가인 56
보충성 649
______의 예외 661
본안심판의 승소가능성 159
부수적 의견(obiter dictum) 191
부수형 규범통제심판 208
부작위 909
______에 대한 헌법소원 687
부진정 입법부작위 444, 711
부진정 행정입법부작위 501
분당·합당 1008
불가변력 182, 183
불가쟁력(형식적 확정력) 182, 183
불변기간 682
불복형 규범통제심판 208

불송부결정권 20, 21
비권력적 사실행위 465, 468, 470

[ㅅ]
사면의 금지 1000
사무처 33
사무처 공무원 60
사법권력의 부작위 530
사법권의 작용 519
사법인 548
사법입법부작위 535
사법작용설 7, 8
사법파동 16
사실의 고지 508
사유가 발생한 날 697
사유가 있음을 안 날 704
사자(死者) 547
사전심사 787
사전에 구제절차를 거칠 것을 기대하기가 곤란한 경우 670
사회주의제국당(Die Sozialistische Reichspartei: SRP) 1005
상대주의적 민주주의 1005
상황성숙성 이론 692
상황성숙이론 691
서면심리 118, 792
서증 131
서증신청의 방식 131
서증조사 133
석명권 125
_____의 행사 125
석명처분 125
소극적 권한쟁의 887
소송대리인의 사임 79
소송참가 927
소수의견의 공표 1000
소지자(Träger) 550, 776
수명재판관(受命裁判官) 122
수범자(Adressat) 776
수사재기결정 519
수혜적 법령 592
수혜적 법률 567
승계참가 76
시혜적인 내용 567
심리의 방식 118
심리정족수 51
심문 123
심판의 대상 848
_____의 이익 743, 840, 925
_____의 청구 84
심판기간 204
심판대상의 변경 109
심판비용 201, 810
_____ 국가부담주의 811
_____의 의의 810
심판서류 84
_____의 보정권고 85
_____의 접수 85
심판절차종료선언 806, 941
심판정족수 51, 170, 930
심판참가 72
심판청구의 방식 84
_____의 보정 86
_____의 절차 896
_____의 취하 808, 982, 1008
_____ 후 사정변경 732
심판청구서 773
심판회부 791

[ㅇ]
amicus curiae brief 121
연구관에 의한 재판 38
영토권 562
예방적 규범통제 207

예외적 심판이익 748, 758
원처분주의 652
원행정처분 487
위임규정 250, 461, 626, 630, 631
위헌결정권 209
위헌결정의 경우의 기속력 317
위헌법률의 잠정적용 403
_____의 형식적 존속 397
위헌법률심판 207
_____의 심사기준 338, 339
_____의 적법요건 224
_____의 절차 338
위헌법률심판절차 219
위헌불선언결정 344
위헌선언 범위의 확장 346
_____의 범위 345
위헌소원 819
위헌소원심판의 대상 824
위헌심사형 헌법소원심판 416
위헌심판제청신청의 제한 821
위헌제청의 대상적격 228
_____의 철회 221
위헌제청권 209
위헌제청서의 기재사항 215
_____의 송달 220
위헌제청절차 210
유리한 처분 729
유사법률조항에 대한 확장 107
유신헌법 18
유효한 법률 228, 828
의견서의 제출 126
이결정족수 973
이해관계인 70
인용결정 796
_____의 유형 800, 858
_____의 효력 798
인지(認知) 665
일사부재리 726, 770
_____의 원칙 1007
임의적 당사자변경 68
입법개선촉구결정(立法改善促求決定) 345
입법권의 작용 427
입법기관의 내부행위 452
_____의 부작위 451
_____의 처분 453
입법부에 대한 기속력 321
입법부작위 230, 431
_____의 본안판단 433
_____ 헌법소원의 요건 432
입법사실의 조사 338
입법의견의 제출 42
입법작용설 7
입법절차의 하자 340, 559
_____의 흠 944

[ㅈ]
자기관련성 589
자기구속력 1021
자료제출요구 136, 220
자연인 544
자유민주적 기본질서 1015
자진해산 1008
자치입법 491
잔여재산의 국고귀속 1022
장래효 349
재량권행사의 준칙 459, 462
재량행위 615
재신청금지 212
재심 194, 816
_____의 심판절차 199
_____의 청구 199
재심사건 303
재심사유 816

재정신청 653, 654, 657
재판 299, 522, 525, 811
재판관 임명의 절차 26
______에 의한 재판 37
______의 신분보장 30
______의 임기 29
______의 자격 28
______의 전념의무 30
______의 정년 29
재판관회의 32
재판부 51
재판비용 810
재판소원금지 650
재판소원의 원칙적 금지 519
재판의 전제성 240, 419, 831
______ 요건의 심사 306
재판장의 소송지휘 533
재판절차진술권 591
재항고 651
쟁점별 평결방식 142
적극적 권한쟁의 887
적법한 구제절차 650
전원재판부 51
전자헌법재판시스템 774
전제성판단 기준시점 311
전직(轉職) 959
접수처분에 대한 이의신청 661
정당의 목적 1017
______의 해산 1022
정당해산심판 1003
______의 의의 1003
정당해산심판제도의 목적 1003
정치작용설 7
정치적 평화보장기능 5
제 1 공화국 헌법 9
제 2 공화국 헌법 11
제 3 공화국 헌법 14
제 3 자 소송담당 606, 905
제 4 공화국 헌법 18
제 4 의 국가작용설 7
제 5 공화국 헌법 20
제도적 보장 557
제재수단의 부과 616
제척 54
제척기간 683
제청 후의 사정변경 312
제청권자 224
제청신청권자 210
제청형 규범통제심판 208
제헌헌법 9
조례 831
조례제정·개폐청구권 561
조약 235, 341, 830
종국결정 178, 343, 793, 856, 930, 992
______의 기본적 유형 343
______의 선고 179
______의 송달 180
______의 유형 795, 856, 931, 1020
______의 효과 343
______의 효력 1000
주관적 공권 557
주문별 평결방식 142
준비절차 122
준용법령 812
준항고 657
증거조사 127
증거채부결정 301
증인신문 129
지방자치권 560
지방자치단체 상호간의 권한쟁의 880
지방자치법 제169조의 소송 890
지방자치법 제170조의 소송 891
지정재판부 53, 786
______에 의한 각하 787

직권심리주의 65
직무집행 958
직접성(直接性) 613
진정 행정입법부작위 501
진정(내사)공람종결처분 518
진정입법부작위 665
집행방법에 관한 이의신청 661

[ㅊ]
참가인 72
참고인 지정 124
참고인 진술 124
창당준비위원회 1013
처분 907
______의 취소 또는 무효확인 936
청구권자 543
청구기간 680, 841, 923
______의 도과 712
______의 법적 성격 682
청구서의 송달 86
청구인 62, 119, 144, 649, 774, 775, 896
______의 사망 806
______의 표시 775
체계적으로 밀접불가분 101
체포적부심사 657
추상적 규범통제 207
추인 79
취소결정의 효력제한 946
침해된 권리 778
______의 원인 779
침해반복의 위험 743, 840
침해적 법령 592

[ㅌ]
탄핵의 대상 952
______의 사유 952, 954
______의 소추 968
탄핵결정에 대한 재심 1001
______의 내용 996
______의 효력 998
탄핵소추의 발의 968
______의 의결 973
______의 효과 977
탄핵심판 947, 981
탄핵심판위원회 16, 948
______의 구성 16
탄핵심판절차의 성격 983
탄핵심판제도의 기능 948
______의 성질 948
______의 의의 947
탄핵재판소 10, 948
태아 547
통치행위 453
특별다수결 52

[ㅍ]
파면 996
판단유탈 816
평결 141
평결방식 142
평등원칙위반과 재판의 전제성 295
평의 141
______의 절차 141
평화적 생존권 561
피의자 729
피청구인 62, 777
______ 경정 896
______의 직권변경 69

[ㅎ]
한정위헌결정 365
______의 경우의 기속력 328
한정합헌결정 363
______의 경우의 기속력 326

합헌결정 344
______의 경우의 기속력 324
항고 651
항고소송 893
행정계획 493
행정관청의 처분 464
행정관행 459, 462
행정권력의 부작위 475
행정권의 작용 453
행정규칙 457, 460, 463
행정기관과 지방자치단체에 대한 기속력 321
______의 내부행위 471
행정상의 사실행위 465
행정소송 656, 658, 661
행정소송법의 준용 815
행정심판 656, 658, 661
행정입법 455
행정입법부작위 501
행정지도 495
행정청의 거부행위 473
______의 사법상의 행위 506
헌법의 개별규정 829
______의 규범력과 실효성 보장기능 5
______의 기본원리 558
______이나 법률을 위배한 경우 960
헌법관습법 341
헌법규정 236
헌법보호기능 3
헌법불합치결정 373
______의 경우의 기속력 335
______의 효력 397
헌법상 보장된 기본권 555, 560
헌법소송의 당사자 62
헌법소원심판 416
______의 기능 420
______의 대상 421
______의 성격 417
______의 요건 543
______의 의의 416
______의 절차 786
______의 종류 417
헌법소원심판청구의 절차 773
헌법수호의 관점에서 중대한 법위반 996
헌법연구관 35, 60
헌법원칙 340
헌법위원회 9, 10, 18, 20
헌법재판 3
______ 당사자의 권리 66
______ 당사자의 지위 65
______의 기능 3
______의 법적 성격 6
______의 의의 3
헌법재판소 11
______에 대한 기속력 324
______와 법원의 관계 43
______의 구성 25
______의 권한 40
______의 규칙제정권 40
______의 재판권 40
______의 조직 32
헌법재판소 결정의 기속력 185
______의 법규적 효력 193
______의 확정력 182
______의 효력 182
헌법재판소장 25, 32
헌법재판연구원 38
헌법재판정보시스템 899, 1007
헌법적 해명 743, 840
______의 필요성 315
현재성 607
현저한 침해위험 911

현행헌법 339
협력의무 134
형벌조항에 대한 헌법불합치결정 406
형사소송법상 구제절차 656
형사소송법의 준용 816
형사피해자 591
형식적 확정력 1021
확정판결의 기판력 726
회피 59
훈시규정 204

저자약력

이 동 흡

학 력

서울대학교 법과대학 학사
한국방송통신대학교 일문학사, 중문학사, 영문학사
서울대학교 대학원 민사법 석사
죠지타운대학교 대학원(미국) 법학 석사

경 력

제15회 사법시험 합격
사법연수원 수료(제 5 기)
군법무관
부산지방법원 판사
서울고등법원 판사
대법원 재판연구관
대구지방법원 부장판사
헌법재판소 헌법연구부장 파견
사법연수원 교수
대법원 사법제도발전위원회 제 2 분과위 위원
인천지방법원 부천지원 지원장
서울고등법원 부장판사
서울고등법원 수석부장판사
서울가정법원 법원장
수원지방법원 법원장
사법제도개혁추진위원회 실무위원
헌법재판소 재판관
아시아 헌법재판소연합 창립 준비위원회 위원장
위드 피플 법률사무소 고문변호사
대한상사중재원 국내 및 국제 중재인
헌법재판소 국선대리인

주요 저서

헌법소송, 사법연수원, 2001
주석 행정소송법(공저)
주석 민사소송법(공저)
세계로 나아가는 한국의 헌법재판, 박영사, 2011
세계로 나아가는 한국의 헌법재판 Ⅱ, 박영사, 2015

제 4 판
헌법소송법

초판발행 2015년 1월 10일
제 2 판발행 2018년 3월 20일
제 3 판발행 2022년 5월 30일
제 4 판발행 2025년 9월 25일

지은이 이동흡
펴낸이 안종만 · 안상준

편 집 이승현
기획/마케팅 조성호
표지디자인 BEN STORY
제 작 고철민 · 김원표

펴낸곳 (주) 박영사
서울특별시 금천구 가산디지털2로 53, 210호(가산동, 한라시그마밸리)
등록 1959. 3. 11. 제300-1959-1호(倫)
전 화 02)733-6771
f a x 02)736-4818
e-mail pys@pybook.co.kr
homepage www.pybook.co.kr
ISBN 979-11-303-4805-6 93360

정 가 65,000원